〔漢〕班固撰
〔唐〕顔師古注

漢書

中華書局

二十四史

漢書

漢蘭臺令史 班固 撰
唐祕書少監 顏師古 注

第一冊
卷一至卷一二(紀)

中華書局

出版說明

一

漢書亦稱前漢書，班固撰。固字孟堅，後漢扶風安陵(故城在今陝西咸陽市東)人，生於光武帝建武八年(公元三二年)。他的父親班彪字叔皮，生平好述作，專心於史籍。當時有好些人做過司馬遷史記的續篇，班彪都覺得不滿意，於是博采遺事異聞，作成後傳六十五篇。班彪死於建武三十年(公元五四年)，班固回到家鄉，有志完成父業，就着手這部大著作，那時他才二十三歲。後來有人上書明帝，告他私改國史，他因此被捕下獄，所有的書稿都被抄。他的弟弟班超怕他遭遇危險，趕到洛陽去替他上書辨白，同時當地官吏也把他的書稿送到京師。明帝看過了，覺得他才能卓異，就把他叫到京師，派他做蘭臺令史(事在永平五年，公元六二年)。蘭臺是漢朝皇家藏書的地方，有六名官員叫令史，他就是這六員之一。隨後他升遷爲郎，典校祕書，明帝叫他把他那部沒有完成的書繼續做下去。從此一連做了二十多年，直到章帝建初的中葉。

和帝永元初，竇憲出擊匈奴，以班固爲中護軍，參與謀議。此後幾年，班固都在竇憲幕中。竇憲在燕然山刻石勒功，那篇大文章就是班固的手筆。竇憲原是外戚，此番出擊匈奴

立了功，封了侯，威勢更可炙手。因此班固家裏的人也不免有仗勢欺人的事。有一次洛陽令种兢路遭班固家奴的侮辱，不久之後，竇憲失勢自殺，賓客都遭拿問，种兢就趁此逮捕了班固。永元四年(公元九二年)，固死在獄中，時年六十一。

他死時，漢書還有八表和天文志沒有作成，和帝命其妹班昭參考東觀藏書替他補作，又命他的同郡人馬續幫助班昭作成天文志。所以這部漢書正如趙翼所指出，是「經過四人(卽彪、固、昭、續)手，閱三四十年始成完書」的。

二

漢書是我國第一部紀傳體的斷代史。

我國古代原有像春秋那樣按年月記事的史書，叫做編年體。至於用「本紀」序帝王，「列傳」誌人物的紀傳體，則創始于司馬遷的史記。班固作漢書沿襲史記，所不同的是史記有「世家」，漢書沒有；史記記載典章制度的部分叫做「書」，漢書改稱「志」。一部漢書就是由十二本紀、八表、十志和七十列傳組成的。

史記上起黃帝，下訖漢武，通貫古今，不以一個朝代爲限，所以叫通史。漢書紀傳所記則斷自漢高祖，止於王莽，都是西漢一代的史實，所以叫斷代史(表、志也有不限於西漢的，如古今人表就包括很多漢以前的人物，但這是個別的)。斷代爲史始于班固，以後列朝的

中華書局

所謂「正史」都沿襲漢書的體裁，正如劉知幾所說「自爾訖今，無改斯道」了。

班固在敍傳裏說「爲春秋考紀、表、志、傳，凡百篇」，那末漢書的自定本是一百卷。而隋書經籍志和舊唐書經籍志著錄都作一百十五卷，唐志又說顏師古注漢書一百二十卷。四庫書目提要僅云「皆以卷帙太重，故析爲子卷」，沒有說明那第一次被析出的十五卷和第二次被析出的五卷到底是哪幾卷。現在我們查出第五十七、六十四、八十、九十六和一百卷的篇題底下都有顏師古說明析卷的注文（武英殿本第一百卷的篇題底下漏脫了那條注），從此可知顏師古作注時析出的就是這五卷。今本卷一、十五、十九、二十一、二十四、二十五、二十八、九十四、九十七都有一個分卷，卷二十七有四個分卷，卷九十九有兩個分卷，一共多出十五卷來，那第一次析出的大概就是這一部分。漢書經過了一分再分，本紀就有十三卷，表有十卷，志有十八卷，列傳有七十九卷，這才是我們現在這部一百二十卷本漢書的面貌。

三

後漢書班昭傳說：「時漢書始出，多未能通者。同郡馬融伏於閣下，從昭受讀。」又三國吳志孫登傳說：「權欲登讀漢書，習知近代之事，以張昭有師法，重煩勞之，乃令休從昭受讀，還以授登。」由此可見漢書是自始就認爲難讀的，所以它行世不及百年，到了靈帝時代

（公元一六八—一八九）就有服虔、應劭等人替它作了音義。魏、晉、南北朝作漢書音注的人更多，到了唐初顏師古（公元五八一—六四五）作注，所徵引的注本已共有二十三家，具見本書前面他所撰的敍例。

宋、明兩朝治漢書側重校訂，清代學者才並重釋義，成書也比前代多得多。到了光緒二十六年（公元一九〇〇年）王先謙的漢書補注刊行，被徵引的專著和參訂者多至六十七家，在當時可說是集大成了。

四

現在我們用王先謙的漢書補注本（下面簡稱王本）作爲底本，分段標點，析出注文，可是只收顏注，不收補注。校勘記裏有時徵引補注諸家說，讀者欲知其來源，請參看補注本的序例。此外還有近人楊樹達的漢書窺管（科學出版社一九五五年版），校勘記也徵引到它。

我們用來校王本的是北宋景祐本（商務印書館影印的百衲本）、明末毛氏汲古閣本、清乾隆武英殿本（簡稱殿本）和同治金陵書局本（簡稱局本）四種本子。這幾種本子互有短長，但王本最後出，注中備錄諸家的意見，對以前各本的得失已經有所論證，所以用它作底本較爲方便。

我們的校勘方法是不主一本，擇善而從。除了比較各本的異文，也參考了前人的研究成果，二者之中，側重前者。前人的說法如果在版本上找不出根據，我們就不輕易信從。例如天文志的「中宮」、「東宮」、「南宮」、「西宮」、「北宮」，王念孫和錢大昕都說「宮」當爲「官」，但是我們查不出版本的徵據，而且本志上文明說「皆有州國官宮物類之象」，王氏補注說「官如三公、藩臣，宮如紫宮、閣道」，可見官與宮各爲一事，不得混而爲一。所以我們仍存其舊文，沒有照王、錢之說校改。

但是也有本書沒有版本的徵據而在別的書裏可以找到旁證的，我們就根據旁證校改了。例如高祖本紀上「雍地定八十餘縣」一句（三八頁九行），各本都作「雍州」。王先謙說「州」字誤，當爲「地」。我們查了通鑑這一句正作「雍地」，而地理志裏也沒有雍州，我們就根據王說校改了。

我們用來互校的五種本子可以區分成兩個系統。王本自言「以汲古本爲主」，局本也自稱「毛氏正本」，所以汲古本和局本、王本成一個系統。殿本根據明監本，明監本根據南宋劉之問的建安本，這一條線往上通過宋祁的校本而連到北宋景祐本，所以景祐本跟殿本成一個系統。我們的校勘記裏以「景祐、殿本都作某」的形式爲最多，就是這一個緣故。王本以汲古本爲主，它對汲古本非常忠實，但王氏仍舊「遵用官本（即殿本）校定，詳載

文字異同」，只是不用殿本改汲古本的正文和注文。這就是王本跟局本不同的一點。王氏發見的文字異同詳載他的補注中。注文有兩種形式：其一是「某字官本作某，是」，又其一是「某字官本作某」，不下斷語。凡是他用第一形式作注的地方，我們就拿殿本的異文去對景祐本，往往彼此符合，而異文也往往比原文所用的字優長，因此我們就把底本原來的字用圓括弧括起來放在上頭，再把改正的字用方括弧括起來放在底下，同時在校勘記裏寫着「景祐、殿本都作某。王先謙說作某是」（其他各家之說可從的，也同樣處理）。至於他用第二形式不下斷語的地方，我們拿殿本的異文去對景祐本，往往不合，倒是底本原來的字跟景祐本相同，我們就照底本不改動，也不提殿本的異文。這就是我們校勘本書的一般方法。此外，校勘記裏也有說「景祐、殿、局本都作某」的，也有說「景祐、汲古、殿、局本都作某」的，也有說「殿、局本都作某」的，也有單說「景祐本作某」或是「殿本作某」的，讀者可由我們的一般方法推知其意。

我們不僅校字而已，同時還校正舊注的句讀，例如卷一上的校勘記一〇頁四行和卷七的校勘記二二三頁一行。

這個本子的標點符號使用法和本局出版的標點本史記大體一致，只有一點需要說明，即遇有含義複雜的名詞，我們或者標專名線或者不標。例如「三輔」，作爲地名用就標線，

作爲官名用就不標。又如「后土」，用於一般意義的「祠后土」就不標線，用於專指汾陰后土祠的「汾陰后土」就標線。再如「拔胡將軍」、「度遼將軍」、「貳師將軍」、「因杅將軍」之類，因胡、遼、貳師、因杅已經失去專名的原意，都不標線。

這個本子是西北大學歷史系的同志們分段標點的，經傅東華先生整理加工作了校勘記，難免有不妥之處，希望讀者指正。

中華書局編輯部　一九六〇年七月

漢書敍例

唐正議大夫行祕書少監琅邪縣開國子 顏師古 撰

儲君體上哲之姿，膺守器之重，俯降三善，博綜九流，觀炎漢之餘風，究其終始，懿孟堅之述作，嘉其宏贍，以爲服、應曩說疏紊尚多，蘇、晉衆家剖斷蓋尠，蔡氏纂集尤爲牴牾，自茲以降，蔑足有云。悵前代之未周，愍將來之多惑，顧召幽仄，俾竭芻蕘，匡正睽違，激揚鬱滯，將以博喻胄齒，遠覃邦國，弘敷錦帶，啓導青衿。曲稟宏規，備蒙嘉惠，增榮改觀，重價流聲。斗筲之材，徒思罄力，駑蹇之足，終慙遠致。歲在重光，律中大呂，是謂涂月，其書始就。不恥狂簡，輒用上聞，粗陳指例，式存揚搉。

漢書舊無注解，唯服虔、應劭等各爲音義，自別施行。至典午中朝，爰有晉灼，集爲一部，凡十四卷，又頗以意增益，時辯前人當否，號曰漢書集注。屬永嘉喪亂，金行播遷，此書雖存，不至江左。是以爰自東晉迄于梁、陳，南方學者皆弗之見。有臣瓚者，莫知氏族，考其時代，亦在晉初，又總集諸家音義，稍以己之所見，續厠其末，舉駁前說，喜引竹書，自

題明，非無差爽，凡二十四卷，分爲兩帙。今之集解音義則是其書，而後人見者不知臣瓚所作，乃謂之應劭等集解。王氏七志、阮氏七錄，並題云然，斯不審耳。學者又斟酌瓚姓，附著安施，或云傅族，既無明文，未足取信。蔡謨全取臣瓚一部散入漢書，自此以來始有注本。但意浮功淺，不加隱括，屬輯乖舛，錯亂實多，或乃離析本文，隔其辭句，穿鑿妄起。職此之由，與未注之前大不同矣。謨亦有兩三處錯意，然於學者竟無弘益。

漢書舊文多有古字，解說之後屢經遷易，後人習讀，以意刊改，傳寫既多，彌更淺俗。今則曲覈古本，歸其眞正，一往難識者，皆從而釋之。

古今異言，方俗殊語，末學膚受，或未能通，意有所疑，輒就增損，流遯忘返，穢濫實多。今皆删削，克復其舊。

諸表列位，雖有科條，文字繁多，遂致舛雜。前後失次，上下乖方，昭穆參差，名實虧廢。今則尋文究例，普更刊整，澄蕩愆違，審定阡陌，就其區域，更爲局界，非止尋讀易曉，庶令轉寫無疑。

禮樂歌詩，各依當時律呂，修短有節，不可格以恒例。讀者茫昧，無復識其斷章，解者支離，又乃錯其句韻，遂使一代文采，空韞精奇，累葉鑽求，罕能通習。今並隨其曲折，剖判義理，歷然易曉，更無疑滯，可得諷誦，開心順耳。

凡舊注是者，則無間然，具而存之，以示不隱。其有指趣略舉，結約未伸，衍而通之，使皆備悉。至於詭文僻見，越理亂眞，匡而矯之，以袪惑蔽。若汎說非當，蕪辭競逐，苟出異端，徒爲煩冗，祗穢篇籍，蓋無取焉。舊所闕漏，未嘗解說，普更詳釋，無不洽通。上考典謨，旁究蒼雅，非苟臆說，皆有援據。六藝殘缺，莫覩全文，各自名家，揚鑣分路。是以向、歆、班、馬、仲舒、子雲所引諸經或有殊異，與近代儒者訓義弗同，不可追駁前賢，妄指瑕纇，曲從後說，苟會局塗。今則各依本文，敷暢厥指，非不考練，理固宜然，亦猶康成注禮，與其書、易相背，元凱解傳，無係毛、鄭詩文。以類而言，其意可了。爰自陳、項，以訖哀、平，年載既多，綜緝斯廣，所以紀傳表志時有不同，當由筆削未休，尚遺秕稗，亦爲後人傳授，先後錯雜，隨手率意，遂有乖張。今皆窮波討源，搆會甄釋。

字或難識，兼有借音，義指所由，不可暫闕。若更求諸別卷，終恐廢於披覽。今則各於其下，隨即翻音。至如常用可知，不涉疑昧者，衆所共曉，無煩翰墨。

近代注史，競爲該博，多引雜說，攻擊本文，至有詆訶言辭，掎摭利病，顯前修之紕僻，騁己識之優長，乃效矛盾之仇讎，殊乖粉澤之光潤。今之注解，翼贊舊書，一遵軌轍，閉絕歧路。

諸家注釋，雖見名氏，至於爵里，頗或難知。傳無所存，具列如左：

荀悅字仲豫，潁川人，後漢祕書監。撰漢紀三十卷，其事皆出漢書。

服虔字子愼，滎陽人，後漢尚書侍郎，高平令，九江太守。初名重，改名祇，後定名虔。

應劭字仲瑗，一字仲援，一字仲遠。汝南南頓人，後漢蕭令，御史營令，泰山太守。

伏儼字景宏，琅邪人。

劉德，北海人。

鄭氏，晉灼音義序云不知其名，而臣瓚集解輒云鄭德。既無所據，今依晉灼但稱鄭氏耳。

李斐，不詳所出郡縣。

李奇，南陽人。

鄧展，南陽人，魏建安中爲奮威將軍，封高樂鄉侯。

文穎字叔良，南陽人，後漢末荊州從事，魏建安中爲甘陵府丞。

張揖字稚讓，清河人，一云河間人。魏太和中爲博士。止解司馬相如傳一卷。

蘇林字孝友，陳留外黃人，魏給事中領祕書監，散騎常侍，永安衞尉，太中大夫，黃初中遷博士，封安成亭侯。

張晏字子博，中山人。

如淳，馮翊人，魏陳郡丞。

孟康字公休，安平廣宗人，魏散騎常侍，弘農太守，領典農校尉，勃海太守，給事中，散騎侍郎，中書令，後轉爲監，封廣陵亭侯。

項昭，不詳何郡縣人。

韋昭字弘嗣，吳郡雲陽人，吳朝尚書郎，太史令，中書郎，博士祭酒，中書僕射，封高陵亭侯。

晉灼，河南人，晉尚書郎。

劉寶字道眞，高平人，晉中書郎，河內太守，御史中丞，太子中庶子，吏部郎，安北將軍。侍皇太子講漢書，別有駁義。

臣瓚，不詳姓氏及郡縣。

郭璞字景純，河東人，晉贈弘農太守。止注相如傳序及游獵詩賦。

蔡謨字道明，陳留考城人，東晉侍中五兵尚書，太常領祕書監，都督徐、兗、青三州諸軍事，領徐州刺史，左光祿大夫開府儀同三司，領揚州牧，侍中司徒不拜，贈侍中司空，謚文穆公。

崔浩字伯深，清河人，後魏侍中特進撫軍大將軍，左光祿大夫，司徒，封東郡公。撰荀悅漢紀音義。

漢書目錄

漢書卷一上

高帝紀第一上

師古曰：「紀，理也，統理衆事而繫之於年月者也。」

高祖，〔一〕沛豐邑中陽里人也，〔二〕姓劉氏。〔三〕母媼〔四〕嘗息大澤之陂，〔五〕夢與神遇。〔六〕是時雷電晦冥，〔七〕父太公往視，則見交龍於上。已而有娠，〔八〕遂產高祖。

〔一〕荀悅曰：「諱邦，字季。邦之字曰國。」張晏曰：「禮謚法無『高』，以爲功最高而爲漢帝之太祖，故特起名焉。」師古曰：「邦之字曰國者，臣下所避以相代也。」

〔二〕應劭曰：「沛，縣也。豐，其鄉也。」孟康曰：「後沛爲郡而豐爲縣。」師古曰：「沛者，本秦泗水郡之屬縣。豐者，沛之聚邑耳。方言高祖所生，故舉其本稱以說之也。此下言『縣鄉邑告喻之』，故知邑繫於縣也。」

〔三〕師古曰：「本出劉累，而范氏在秦者又爲劉，因以爲姓。」

〔四〕文穎曰：「幽州及漢中皆謂老嫗爲媼。」孟康曰：「媼，母別名，音烏老反。」師古曰：「媼，女老稱也，孟音是矣。史家不詳著高祖母之姓氏，無得記之，故取當時相呼稱號而言也。其下王媼之屬，意義皆同。至如皇甫謐等妄引讖記，好奇騁博，強爲高祖父母名字，皆非正史所說，蓋無取焉。寧有劉媼本姓實存，史遷肯不詳載？即理而言，

斷可知矣。他皆類此。」

〔五〕師古曰：「蓄水曰陂。蓋於澤陂隄塘之上休息而寢寐也。陂音彼皮反。」

〔六〕師古曰：「遇，會也。不期而會曰遇。」

〔七〕師古曰：「晦冥皆謂暗也。言大雷電而雲霧晝晦。」

〔六〕師古曰：「遇，會也。不期而會曰遇。」

〔七〕師古曰：「晦冥皆謂暗也。言大雷電而雲霧晝晦。」

〔八〕應劭曰：「娠，動，懷任之意。左傳曰邑姜方娠。」孟康曰：「娠音身，漢史身多作娠，古今字也。」師古曰：「孟說是也。漢書皆以娠爲任身字。『邑姜方震』，自爲震動之字，不作娠。」

高祖爲人，隆準而龍顏，〔一〕美須髯，〔二〕左股有七十二黑子。〔三〕寬仁愛人，意豁如也。〔四〕常有大度，不事家人生產作業。及壯，試吏，〔五〕爲泗上亭長，〔六〕廷中吏無所不狎侮。〔七〕好酒及色。常從王媼、武負貰酒，〔八〕時飲醉臥，武負、王媼見其上常有怪。高祖每酤留飲，酒讎數倍。〔九〕及見怪，歲竟，此兩家常折券棄責。〔一〇〕

〔一〕服虔曰：「準音拙。」應劭曰：「隆，高也。準，頰權準也。顏，頟顙也。」李斐曰：「準，鼻也。」文穎曰：「音準的之準。」晉灼曰：「戰國策云『眉目準（頞）〔頞〕權衡』，史記秦始皇蜂目長準。李說文音是也。」師古曰：「頰權頄字，豈當借準爲之？服音應說皆失之。」

〔二〕師古曰：「在頤曰須，在頰曰髯。髯音人占反。」

〔三〕師古曰：「今中國通呼爲黶子，吳楚俗謂之誌。誌者，記也。」

〔四〕師古曰：「豁然開大之貌，音呼活反。」

〔五〕應劭曰：「試用補吏。」

〔六〕師古曰：「秦法十里一亭。亭長者，主亭之吏也。亭謂停留行旅宿食之館。」

〔七〕師古曰：「廷中，郡府廷之中。廷音定。他皆類此。」

〔八〕如淳曰：「武，姓也。俗謂老大母爲阿負。」師古曰：「劉向列女傳云『魏曲沃負者，魏大夫如耳之母也』。此則古語謂老母爲負耳。王媼，王家之媼也。武負，武家之母也。貰，賒也，李登、呂忱並音式制反，而今之讀者謂與射同，乃引地名射陽其字作貰以爲證驗，此說非也。假令地名爲射，自是假借，亦猶鄅陽音紂，蓮勺音酌，當時所呼，別有意義，豈得即定其字以爲正音乎？」

〔九〕如淳曰：「讎，亦售也。」

〔一〇〕師古曰：「以簡牘爲契券，既不徵索，故折毀之，棄其所負。」

高祖常繇咸陽，〔一〕縱觀秦皇帝，〔二〕喟然大息，曰：「嗟乎，大丈夫當如此矣！」〔三〕

〔一〕應劭曰：「繇者，役也。」文穎曰：「咸陽，今渭北渭城是也。」師古曰：「咸陽，秦所都。繇讀曰徭，古通用字。」

〔二〕師古曰：「縱，放也。天子出行，放人令觀。觀音工喚反。」

〔三〕師古曰：「喟，歎息貌。大息言其歎息之大。喟音丘位反。」

單父人呂公〔一〕善沛令，辟仇，從之客，因家焉。〔二〕沛中豪傑吏聞令有重客，皆往賀。〔三〕蕭何爲主吏，〔四〕主進，〔五〕令諸大夫曰：「進不滿千錢，坐之堂下。」〔六〕高祖爲亭長，素易諸吏，〔七〕乃紿爲謁曰「賀錢萬」，〔八〕實不持一錢。謁入，呂公大驚，起，迎之門。〔九〕呂公

者，好相人，見高祖狀貌，因重敬之，引入坐上坐。〔一〇〕蕭何曰：「劉季固多大言，少成事。」高祖因狎侮諸客，遂坐上坐，無所詘。〔一一〕酒闌，〔一二〕呂公因目固留高祖。〔一三〕竟酒，後。呂公曰：「臣少好相人，〔一四〕相人多矣，無如季相，願季自愛。臣有息女，願爲箕帚妾。」〔一五〕酒罷，呂媼怒呂公曰：「公始常欲奇此女，與貴人。〔一六〕沛令善公，求之不與，何自妄許與劉季？」呂公曰：「此非兒女子所知。」卒與高祖。〔一七〕呂公女即呂后也，生孝惠帝、魯元公主。〔一八〕

〔一〕孟康曰：「單音善。父音甫。」師古曰：「地理志山陽縣也。」

〔二〕師古曰：「與沛令相善，因辟仇亡匿，初就爲客，後遂家沛也。仇，讎也，音求。」

〔三〕師古曰：「以禮物相慶曰賀。」

〔四〕孟康曰：「主吏，功曹也。」

〔五〕文穎曰：「主賦斂禮進，爲之帥也。」鄭氏曰：「主賦斂醵錢也。」師古曰：「進者，會禮之財也。字本作賮，又作贐，音皆同耳。古字假借，故轉而爲進。賮又音才忍反。陳遵傳云陳遂與宣帝博，數負進，帝後詔云可以償博進未。其進雖有別解，然而所賭者之財賮充會食，義又與此通。」

〔六〕師古曰：「令，號令也。大夫，客之貴者總稱耳。」

〔七〕師古曰：「素，故也，謂舊時也。易，輕也，音弋豉（也）〔反〕。」

〔八〕應劭曰：「紿，欺也。」師古曰：「爲謁者，書刺自言爵里，若今參見尊貴而通名也。蓋當時自陳姓名，并列賀錢數耳。紿音徒在反。」

〔九〕師古曰：「以其錢多，故特禮之。」
〔一〇〕師古曰：「上坐，尊處也。令於尊處坐。上坐音才臥反，次下亦同。」
〔一一〕師古曰：「詘，曲橈也，音丘勿反。」
〔一二〕文穎曰：「闌言希也。謂飲酒者半罷半在，謂之闌。」
〔一三〕師古曰：「不欲對坐者顯言，故動目而留之。」
〔一四〕張晏曰：「古人相與語多自稱臣，自卑下之道也，若今人相與言自稱僕也。」
〔一五〕師古曰：「息，生也。言已所生之女。」
〔一六〕師古曰：「奇，異也。謂顯而異之，而嫁於貴人。」
〔一七〕師古曰：「卒，終也。」
〔一八〕服虔曰：「元，長也。食邑於魯。」韋昭曰：「元，諡也。」師古曰：「公主，惠帝之姊也，以其最長，故號曰元。呂后謂高帝曰張王以魯元故不宜有謀，齊悼惠王尊魯元公主爲太后，當時並已謂之元，不得爲諡也。韋說失之。」

高祖嘗告歸之田。〔一〕呂后與兩子居田中，有一老父過請飲，呂后因餔之。〔二〕老父相后曰：「夫人天下貴人也。」令相兩子，見孝惠帝，曰：「夫人所以貴者，乃此男也。」〔三〕相魯元公主，亦皆貴。老父已去，高祖適從旁舍來，呂后具言客有過，相我子母皆大貴。高祖問，曰：「未遠。」乃追及，問老父。老父曰：「鄉者夫人兒子皆以君，〔四〕君相貴不可言。」高祖乃謝曰：「誠如父言，不敢忘德。」〔五〕及高祖貴，遂不知老父處。

〔一〕服虔曰：「告音如嘷呼之嘷。」李斐曰：「休謁之名，吉曰告，凶曰寧。」孟康曰：「古者名吏休假曰告。告又音嚳。漢律，吏二千石有予告，有賜告。予告者，在官有功最，法所當得也。賜告者，病滿三月當免，天子優賜其告，使得帶印綬將官屬歸家治病。至成帝時，郡國二千石賜告不得歸家。至和帝時，予賜皆絕。」師古曰：「告者，請謁之言，謂請休耳。或謂之謝，謝亦告也。假爲嘷嚳二音，並無別義，固當依本字以讀之。左氏傳曰『韓獻子告老』，禮記曰『若不得謝』。漢書諸云謝病皆同義。」
〔二〕師古曰：「餔食之餔，屈原曰『餔其糟』是也。以食食人亦謂之餔，國語曰『國中童子無不餔也』，呂氏春秋曰『下壺飧以餔之』，是也。父本請飲，后因食之，故言餔也。餔音必胡反。」
〔三〕師古曰：「言因有此男，故大貴。」
〔四〕如淳曰：「言并得君之貴相也。以或作似。」師古曰：「如說非也。言夫人及兒子以君之故，因得貴耳，不當作似也。鄉讀曰嚮。」
〔五〕師古曰：「誠，實也。」

高祖爲亭長，乃以竹皮爲冠，令求盜之薛治，〔一〕時時冠之，〔二〕及貴常冠，所謂「劉氏冠」也。〔三〕

〔一〕應劭曰：「以竹始生皮作冠，今鵲尾冠是也。求盜者，亭卒。舊時亭有兩卒，一爲亭父，掌開閉埽除，一爲求盜，掌逐捕盜賊。薛，魯國縣也，有作冠師，故往治之。」文穎曰：「高祖居貧志大，取其約省，與衆有異。」韋昭曰：「竹皮，竹筠也。今南夷取竹幼時績以爲帳。」師古曰：「之，往也。竹皮，筍皮，謂筍上所解之籜耳，非竹筠也。今人亦往往爲筍皮巾，古之遺制也。韋說失之。以，古以字。籜音托。」
〔二〕師古曰：「愛珍此冠，休息之暇則冠之。」
〔三〕師古曰：「後遂號爲『劉氏冠』者，卽此冠也。後詔曰『爵非公乘以上不得冠劉氏冠』者，卽此冠。」

高祖以亭長爲縣送徒驪山，〔一〕徒多道亡。自度比至皆亡之，〔二〕到豐西澤中亭，止飲，〔三〕夜皆解縱所送徒。〔四〕曰：「公等皆去，吾亦從此逝矣！」〔五〕徒中壯士願從者十餘人。高祖被酒，〔六〕夜徑澤中，〔七〕令一人行前。〔八〕行前者還報曰：「前有大蛇當徑，願還。」高祖醉，曰：「壯士行，何畏！」乃前，拔劍斬蛇。蛇分爲兩，道開。行數里，醉困臥。後人來至蛇所，有一老嫗夜哭。人問嫗何哭，嫗曰：「人殺吾子。」人曰：「嫗子何爲見殺？」嫗曰：「吾子，白帝子也，化爲蛇，當道，今者赤帝子斬之，〔九〕故哭。」人乃以嫗爲不誠，〔一〇〕欲苦之，〔一一〕嫗因忽不見。〔一二〕後人至，高祖覺。〔一三〕告高祖，高祖乃心獨喜，自負。〔一四〕諸從者日益畏之。

〔一〕應劭曰：「秦始皇葬於驪山，故郡國送徒士往作。」文穎曰：「在新豐南。」項氏曰：「故驪戎國也。」
〔二〕師古曰：「度音徒各反。比音必寐反。他皆類此。」
〔三〕師古曰：「豐邑之西，其亭在澤中，因以爲名。」
〔四〕師古曰：「縱，放也。」
〔五〕師古曰：「逝，往也。」
〔六〕師古曰：「被，加也。被酒者，爲酒所加。被音皮義反。」
〔七〕師古曰：「徑，小道也。言從小道而行，於澤中過，故其下曰有大蛇當徑。」

〔八〕師古曰：「行，案行也，音胡更反。」
〔九〕應劭曰：「秦襄公自以居西，主少昊之神，作西畤，祠白帝。至獻公時櫟陽雨金，以爲瑞，又作畦畤，祠白帝。少昊，金德也。赤帝堯後，謂漢也。殺之者，明漢當滅秦也。」
〔一〇〕師古曰：「謂所言不實。」
〔一一〕蘇林曰：「欲困苦辱之。」師古曰：「今書苦字或作笞。笞，擊也，音丑之反。」
〔一二〕師古曰：「見音胡電反。他皆類此。」
〔一三〕師古曰：「覺謂寢寐而寤也，音功效反。」
〔一四〕應劭曰：「負，恃也。」

秦始皇帝嘗曰「東南有天子氣」，於是東游以猒當之。〔一〕高祖隱於芒、碭山澤間，〔二〕呂后與人俱求，常得之。高祖怪問之，呂后曰：「季所居上常有雲氣，故從往常得季。」〔三〕高祖又喜。沛中子弟或聞之，多欲附者矣。

〔一〕師古曰：「猒，塞也，音一涉反。」
〔二〕應劭曰：「芒屬沛國，碭屬梁國，二縣之界有山澤之固，故隱其間。」蘇林曰：「芒音忙遽之忙。碭音唐。」師古曰：「碭亦音宕。所言屬沛國、梁國者，皆是注釋之人據見在所屬，非必本當時稱號境界。他皆類此。」
〔三〕師古曰：「言隨雲氣所在而求得之。」

秦二世元年[一]秋七月,陳涉起蘄,[二]至陳,自立爲楚王,[三]遣武臣、張耳、陳餘略趙地。[四]八月,武臣自立爲趙王。郡縣多殺長吏以應涉。九月,沛令欲以沛應之。掾、主吏蕭何、曹參曰:[五]「君爲秦吏,今欲背之,帥沛子弟,恐不聽。願君召諸亡在外者,[六]可得數百人,因以劫衆,[七]衆不敢不聽。」乃令樊噲召高祖。[八]高祖之衆已數百人矣。

[一]應劭曰:「始皇欲以一至萬,示不相襲。始者一,故稱二世。」
[二]蘇林曰:「蘄音機,縣名,屬沛國。」
[三]李奇曰:「秦滅楚,楚人怨秦,故涉因民之欲,自稱楚王,從民望也。」
[四]師古曰:「凡言略地者,皆謂行而取之,用功力少。」
[五]師古曰:「曹參爲掾,蕭何爲主吏。」
[六]師古曰:「時苦秦虐政,賦役煩多,故有逃亡辟吏。」
[七]師古曰:「劫謂威脅之。」
[八]師古曰:「噲音快。」

於是樊噲從高祖來。沛令後悔,恐其有變,乃閉城城守,[一]欲誅蕭、曹。蕭、曹恐,踰城保高祖。[二]高祖乃書帛射城上,與沛父老曰:「天下同苦秦久矣。今父老雖爲沛令守,諸侯並起,今屠沛。[三]沛今共誅令,擇可立立之,以應諸侯,即室家完。[四]不然,父子俱屠,無爲也。」父老乃帥子弟共殺沛令,開城門迎高祖,欲以爲沛令。高祖曰:「天下方擾,諸侯

並起,[五]〔令〕〔今〕置將不善,一敗塗地。[六]吾非敢自愛,恐能薄,[七]不能完父兄子弟。[八]此大事,願〔吏〕〔更〕擇可者。」蕭、曹〔等〕皆文吏,自愛,恐事不就,[九]後秦種族其家,[一〇]盡讓高祖。諸父老皆曰:「平生所聞劉季奇怪,當貴,且卜筮之,莫如劉季最吉。」高祖數讓。衆莫肯爲,[一一]高祖乃立爲沛公。[一二]祠黃帝,祭蚩尤於沛廷,[一三]而釁鼓旗。[一四]幟皆赤,[一五]由所殺蛇白帝子,〔所〕殺者赤帝子故也。於是少年豪吏如蕭、曹、樊噲等皆爲收沛子弟,得三千人。

[一]師古曰:「城守者,守其城也。守音狩。他皆類此。」
[二]師古曰:「保,安也,就高祖以自安。」
[三]師古曰:「屠謂破取城邑,誅殺其人,如屠六畜然。」
[四]師古曰:「完,全也。」
[五]師古曰:「擾,亂也。」
[六]師古曰:「一見破敗,即當肝腦塗地。」
[七]師古曰:「能謂材也。能本獸名,形似熊,足似鹿,爲物堅中而强力,故人之有賢材者,皆謂之能。」
[八]師古曰:「鄉邑之人,老及長者父兄之行,少及幼者子弟之黨,故總而言之。」
[九]師古曰:「就,成也。」
[一〇]師古曰:「誅及種族也。」

[一一]師古曰:「數音所角反。他皆類此。」
[一二]孟康曰:「楚舊僭稱王,其縣宰爲公。陳涉爲楚王,沛公起應涉,故從楚制,稱曰公。」
[一三]應劭曰:「黃帝戰於阪泉,以定天下。蚩尤亦古天子,好五兵,故祠祭之,求福祥也。」臣瓚曰:「孔子三朝記云蚩尤庶人之貪者,非天子也。管仲曰『割盧山發而出水,金從之出,蚩尤受之以作劍戟』也。」師古曰:「瓚所引者同是大戴禮,出用兵篇,而非三朝記也。其餘則如應說。沛廷,沛縣之廷。」
[一四]應劭曰:「釁,祭也。殺牲以血塗鼓釁呼爲釁。」臣瓚曰:「禮記及大戴禮有釁廟之禮,皆無祭事。」師古曰:「許慎云『釁,血祭也』,然即凡殺牲以血祭者皆爲釁,安在其無祭事乎?又古人新成鐘鼎,亦必釁之,豈取釁呼爲義?應氏之說亦未允也。呼音火亞反。」
[一五]師古曰:「幟,幖也,音式志反。旗旒之屬,幟即總稱焉,史家字或作識,或作志,音義皆同。」

是月,項梁與兄子羽起吳。田儋與從弟榮、橫起齊,[一]自立爲齊王。韓廣自立爲燕王。魏咎自立爲魏王。陳涉之將周章西入關,至戲,[二]秦將章邯距破之。[三]

[一]服虔曰:「儋音負擔之擔。」師古曰:「音丁甘反。」
[二]應劭曰:「章字文,陳人也。戲,弘農湖縣西界也。」孟康曰:「水名也。」蘇林曰:「在新豐東南三十里。」師古曰:「戲在新豐東,今有戲水驛。其水本出藍田北界横嶺,至此而北流入渭。孟、蘇說是。東越鄭及華陰數百里,然始至湖西界,應說大失之矣。戲音許宜反。」
[三]蘇林曰:「邯音酒酣之酣。」師古曰:「音下甘反。」

秦二年十月,[一]沛公攻胡陵、[二]方與,[三]還守豐。秦泗川監平將兵圍豐。[四]二日,

出與戰,破之。令雍齒守豐。十一月,沛公引兵之薛。秦泗川守壯兵敗於薛,[五]走至戚,[六]沛公左司馬得殺之。[七]沛公還軍亢父,[八]至方與。趙王武臣爲其將所殺。十二月,楚王陳涉爲其御莊賈所殺。魏人周市略地豐沛,使人謂雍齒曰:「豐,故梁徙也,[九]今魏地已定者數十城。齒今下魏,魏以齒爲侯守豐;[一〇]不下,且屠豐。」雍齒雅不欲屬沛公,[一一]及魏招之,即反爲魏守豐。[一二]沛公攻豐,不能取。沛公還之沛,怨雍齒與豐子弟畔之。

[一]文穎曰:「十月,秦正月。始皇即位,周火德,以五勝之法勝火者水,秦文公獲黑龍,此水德之瑞,於是更名河爲『德水』,十月爲正月,謂建亥之月水得位,故以爲歲首。」
[二]鄧展曰:「屬山陽,章帝元和元年改爲胡陵。」
[三]鄭氏曰:「音房預,屬山陽郡。」
[四]文穎曰:「泗川,今沛郡也,高祖更名沛。秦時御史監郡,若今刺史。平,其名也。」師古曰:「泗川郡川字或爲水,其實一也。」
[五]如淳曰:「秦并天下爲三十六郡,置守、尉、監。此泗川有監有守。壯,其名也。」
[六]鄭氏曰:「音憂戚之戚。」如淳曰:「音將毒反。」師古曰:「東海之縣也,讀如本字。」
[七]師古曰:「得者,司馬之名。」
[八]鄭氏曰:「亢音人相抗荅,父音甫,屬任城郡。」
[九]文穎曰:「晉大夫畢萬封魏,今河東河北縣是也。其後爲秦所逼徙都,今魏郡魏縣是也。至文侯孫惠王,畏秦,徙

徙都大梁，今浚儀縣大梁亭是也。故世或言魏惠王，或言梁惠王。至孫假爲秦所滅，轉東徙於豐，故曰豐故梁徙也。」臣瓚曰：「史記及世本畢萬居魏，昭子徙安邑，文侯亦居之。汲郡古文云惠王之六年自安邑遷於大梁。」師古曰：「魏不常都於魏郡魏縣，瓚說是也。其他則如文氏之釋。」
〔一〇〕師古曰：「封爲侯，因令守豐。」
〔一一〕蘇林曰：「雅，素也。」
〔一二〕師古曰：「爲音于僞反。」

正月，張耳等立趙後趙歇爲趙王。〔一〕東陽甯君、秦嘉立景駒爲楚王，〔二〕在留。〔三〕沛公往從之，道得張良，遂與俱見景駒，請兵以攻豐。時章邯從陳，別將〔四〕司馬𡰥將兵北定楚地，〔五〕屠相，〔六〕至碭。東陽甯君、沛公引兵西，與戰蕭西，〔七〕不利，還收兵聚留。二月，攻碭，三日拔之。〔八〕收碭兵，得六千人，與故合九千人。三月，攻下邑，拔之。〔九〕還擊豐，不下。四月，項梁擊殺景駒、秦嘉，止薛，沛公往見之。項梁益沛公卒五千人，五大夫將十人。〔一〇〕沛公還，引兵攻豐，拔之。雍齒奔魏。

〔一〕鄭氏曰：「歇音遏絕之遏。」蘇林曰：「歇音毒歇。」師古曰：「依本字以讀之，不當借音。」
〔二〕文穎曰：「秦嘉，東陽郡人，爲甯縣君。景駒，楚族。景，氏；駒，名也。」晉灼曰：「東陽，縣也。」臣瓚曰：「陳勝傳云『凌人秦嘉』，然則嘉非東陽人。嘉初起於郯，號大司馬，又不爲甯縣君。東陽甯君自一人，秦嘉又一人。」師古曰：「東陽甯君及秦嘉二人是也。東陽者，爲其所屬縣名。甯君者，姓甯，時號爲君。」

〔三〕師古曰：「留，縣名。」
〔四〕如淳曰：「從陳涉將也。涉在陳，其將相別在他許，皆稱陳。」師古曰：「從謂追討也。尚書曰『夏師敗績，湯遂從之』。」
〔五〕如淳曰：「𡰥，章邯司馬。」師古曰：「𡰥，古夷字。」
〔六〕師古曰：「相，縣名。」
〔七〕師古曰：「蕭縣之西。」
〔八〕師古曰：「拔者，破城邑而取之，言若拔樹木，並得其根本也。」
〔九〕師古曰：「下邑，縣名。」
〔一〇〕蘇林曰：「五大夫，弟九爵名。以五大夫爲將，凡十人。」

五月，項羽拔襄城還。項梁盡召別將。〔一〕六月，沛公如薛，〔二〕與項梁共立楚懷王孫心爲楚懷王。〔三〕章邯破殺魏王咎、齊王田儋於臨濟。〔四〕七月，大霖雨。〔五〕沛公攻亢父。章邯圍田榮於東阿。沛公與項梁共救田榮，大破章邯東阿。田榮歸，沛公、項羽追北，〔六〕至城陽，攻屠其城。軍濮陽東，復與章邯戰，又破之。

〔一〕師古曰：「別將，謂小將別在他所者。」
〔二〕師古曰：「如，往也。他皆類此。」
〔三〕應劭曰：「六國爲秦所幷，楚最無罪，爲百姓所思，故求其後，立爲楚懷王，以祖謚爲號，順民望也。」
〔四〕師古曰：「破其軍而殺其身。」
〔五〕師古曰：「雨三日以上爲霖。」
〔六〕服虔曰：「師敗曰北。」韋昭曰：「古背字也，背去而走也。」師古曰：「北，陰幽之處，故謂退敗奔走者爲北。老子曰『萬物向陽而負陰』。許慎說文解字云『北，乖也』。史記樂書曰『紂爲朝歌北鄙之音』，『朝歌者不時，北者敗也，鄙者陋也』。是知北卽訓乖，訓敗，無勞借音。韋昭之徒並爲妄矣。」

章邯復振，〔一〕守濮陽，環水。〔二〕沛公、項羽去，攻定陶。八月，田榮立田儋子市爲齊王。定陶未下，沛公與項羽西略地至雍丘，與秦軍戰，大敗之，斬三川守李由。〔三〕還攻外黃，外黃未下。

〔一〕李奇曰：「振，整也。」如淳曰：「振，起也，收散卒自振迅而起。」晉灼曰：「左氏云『振廢滯』，如說是也。」
〔二〕文穎曰：「決水以自環守爲固也。」張晏曰：「依河水以自環繞作壘。」師古曰：「文說是也。環音宦。」
〔三〕應劭曰：「三川，今河南郡也。由，李斯子。」韋昭曰：「有河、洛、伊，故曰三川也。」

項梁再破秦軍，有驕色。宋義諫，不聽。秦益章邯兵。九月，章邯夜銜枚擊項梁定陶，〔一〕大破之，殺項梁。時連雨自七月至九月。沛公、項羽方攻陳留，聞梁死，士卒恐，乃與將軍呂臣引兵而東，徙懷王自盱台都彭城。〔二〕呂臣軍彭城東，項羽軍彭城西，沛公軍碭。魏咎弟豹自立爲魏王。後九月，〔三〕懷王幷呂臣、項羽軍自將之。以沛公爲碭郡長，〔四〕封武安侯，將碭郡兵。以羽爲魯公，封長安侯，呂臣爲司徒，其父呂青爲令尹。〔五〕

〔一〕師古曰：「銜枚者，止言語讙囂，欲令敵人不知其來也。周官有銜枚氏。枚狀如箸，橫銜之，繣絜於項。繣者，結礙也。絜，繞也。蓋爲結紐而繞項也。繣音獲。絜音頡。」
〔二〕鄭氏曰：「音昫怡。」師古曰：「昫音許于反。」
〔三〕文穎曰：「卽閏九月也。時律曆廢，不知閏，謂之後九月。」如淳曰：「時因秦以十月爲歲首，至九月則歲終。後九月卽閏月。」師古曰：「文說非也。若以律曆廢不知閏者，則當徑謂之十月，不應有後九月。蓋秦之曆法，應置閏者總致之於歲末。觀其此意，當取左傳所謂歸餘於終耳。何以明之？據漢書表及史記，漢未改秦曆之前，迄至高后、文帝，屢書後九月，是知故然，非曆廢也。」
〔四〕蘇林曰：「長如郡守也。」韋昭曰：「秦名曰守，是時改曰長。」
〔五〕應劭曰：「天子曰師尹，諸侯曰令尹。時去六國尚近，故置令尹。」臣瓚曰：「諸侯之卿，唯楚稱令尹，其餘國稱相。時立楚之後，故置官司皆如楚舊也。」師古曰：「瓚說得之。」

章邯已破項梁，以爲楚地兵不足憂，乃渡河北擊趙王歇，大破之。歇保鉅鹿城，秦將王離圍之。趙數請救，懷王乃以宋義爲上將，項羽爲次將，范增爲末將，北救趙。

初，懷王與諸將約，先入定關中者王之。〔一〕當是時，秦兵彊，常乘勝逐北，諸將莫利先入關。〔二〕獨羽怨秦破項梁，奮勢，〔三〕願與沛公西入關。懷王諸老將皆曰：「項羽爲人慓悍禍賊，〔四〕嘗攻襄城，襄城無噍類，〔五〕所過無不殘滅。且楚數進取，〔六〕前陳王、項梁皆敗，〔七〕不如更遣長者扶義而西，〔八〕告諭秦父兄。秦父兄苦其主久矣，今誠得長者往，毋侵

暴，宜可下。項羽不可遣，獨沛公素寬大長者。」卒不許羽，而遣沛公西收陳王、項梁散卒。乃道碭[九]至（陽城）〔城陽〕與杠里，[一〇]攻秦軍壁，破其二軍。

[一]師古曰：「約，要也，謂言契也。」
[二]師古曰：「不以入關爲利，言畏秦也。自函谷關以西總名關中。」
[三]晉灼曰：「憤激也。」
[四]師古曰：「慓，疾也。悍，勇也。禍賊者，好爲禍害而殘賊也。慓音頻妙反，又匹妙反。悍音胡旦反。」
[五]如淳曰：「噍音詐笑反。無復有活而噍食者也。青州俗呼無孑遺爲無噍類。」
[六]如淳曰：「楚謂陳涉。數進取，多所攻取也。」師古曰：「楚者，總言楚兵，陳涉、項梁皆是。」
[七]孟康曰：「前陳王，陳涉也。」師古曰：「孟說非也。此言前者陳王及項梁皆敗，今須得長者往，非謂涉爲前陳王也，安有後陳王乎？」
[八]師古曰：「扶，助也，以義自助也。扶字或作杖，杖亦倚任之意。」
[九]孟康曰：「道由碭。」
[一〇]孟康曰：「二縣名也。」師古曰：「杠音江。」

秦三年十月，齊將田都畔田榮，將兵助項羽救趙。沛公攻破東郡尉於成武。[一]十一月，項羽殺宋義，幷其兵渡河，自立爲上將軍，諸將黥布等皆屬。十二月，沛公引兵至栗，[二]遇剛武侯，[三]奪其軍四千餘人，幷之，與魏將皇欣、武滿軍合，攻秦軍，破之。故齊王建孫田

安[四]下濟北，從項羽救趙。羽大破秦軍鉅鹿下，虜王離，走章邯。[五]

[一]孟康曰：「尉，郡都尉也。」師古曰：「本謂之郡尉，至景帝時乃改曰都尉。」
[二]韋昭曰：「栗，沛郡縣名也。」
[三]應劭曰：「楚懷王將也。功臣表棘蒲剛侯陳武。武一姓柴。剛武侯宜爲剛侯武，魏將也。」孟康曰：「功臣表柴武以將軍起薛，至霸上，入漢中，非懷王將，又非魏將也，例未有稱謚者。」師古曰：「史失其名姓，唯識其爵號，不知誰也。不當改剛武侯爲剛侯武。應氏以爲懷王將，又云魏將，無所據矣。」
[四]師古曰：「建，齊襄王子也，立四十四年爲秦兵所擊，以兵降秦。秦虜之，遷建於河內，遂滅齊。」
[五]師古曰：「章邯被破而走。」

二月，沛公從碭北攻昌邑，遇彭越。越助攻昌邑，未下。沛公西過高陽，[一]酈食其爲里監門，[二]曰：「諸將過此者多，吾視沛公大度。」乃求見沛公。沛公方踞牀，使兩女子洗。[三]酈生不拜，長揖曰：[四]「足下必欲誅無道秦，不宜踞見長者。」於是沛公起，攝衣謝之，延上坐。食其說沛公襲陳留。[五]沛公以爲廣野君，以其弟商爲將，將陳留兵。三月，攻開封，未拔。[六]西與秦將楊熊會戰白馬，[七]又戰曲遇東，[八]大破之。楊熊走之滎陽，[九]二世使使斬之以徇。[一〇]四月，南攻潁川，屠之。因張良遂略韓地。[一一]

[一]文穎曰：「聚邑名，屬陳留圉。」臣瓚曰：「陳留傳在雍丘西南。」
[二]服虔曰：「音歷異基。」蘇林曰：「監門，門卒也。」

[三]師古曰：「踞，反企也。洗，洗足也。踞音據。洗音先典反。」
[四]師古曰：「長揖者，手自上而極下。」
[五]臣瓚曰：「輕行無鐘鼓曰襲。」
[六]師古曰：「開封，縣名，屬滎陽。」
[七]師古曰：「白馬亦縣名，屬東郡。」
[八]文穎曰：「地名也。」蘇林曰：「曲音齲。遇音顒。」師古曰：「齲音丘羽反。」
[九]師古曰：「西走也。」
[一〇]師古曰：「徇，行示也。司馬法曰『斬以徇』，言使人將行徧示衆士以爲戒。」
[一一]文穎曰：「河南新鄭南至潁川南北，皆韓地也。以良累世相韓，故因之。」

時趙別將司馬卬[一]方欲渡河入關，沛公乃北攻平陰，[二]絕河津。南，戰雒陽東，軍不利，從轘轅[三]至陽城，收軍中馬騎。六月，與南陽守齮戰犨東，[四]（大）破之。略南陽郡，南陽守走，保城守宛。[五]沛公引兵過宛西。[六]張良諫曰：「沛公雖欲急入關，秦兵尙衆，距險。[七]今不下宛，宛從後擊，彊秦在前，此危道也。」於是沛公乃夜引軍從他道還，偃旗幟，遲明，圍宛城三帀。[八]南陽守欲自剄，[九]其舍人陳恢曰：[一〇]「死未晚也。」乃踰城見沛公，曰：「臣聞足下約先入咸陽者王之，今足下留守宛。宛郡縣連城數十，其吏民自以爲降必死，故皆堅守乘城。[一一]今足下盡日止攻，士死傷者必多；引兵去宛，宛必隨足下。足下前則失

咸陽之約，後有彊宛之患。爲足下計，莫若約降，[一二]封其守，因使止守，[一三]引其甲卒與之西。諸城未下者，聞聲爭開門而待足下，足下通行無所累。」[一四]沛公曰：「善。」七月，南陽守齮降，封爲殷侯，封陳恢千戶。引兵西，無不下者。至丹水，高武侯鰓、襄侯王陵降。[一五]還攻胡陽，遇番君別將梅鋗，[一六]與偕攻析、酈，[一七]皆降。所過毋得鹵掠，[一八]秦民喜。遣魏人甯昌使秦。是月，章邯舉軍降項羽，羽以爲雍王。瑕丘申陽下河南。[一九]

[一]師古曰：「卬音五剛反。」
[二]孟康曰：「縣名也，屬河南。魏文帝改曰河陰。」
[三]臣瓚曰：「險道名也，在緱氏東南。」師古曰：「直渡曰絕。轘音環。」
[四]師古曰：「犨，縣名也。齮音蟻。犨音昌由反。」
[五]師古曰：「宛，南陽之縣也，音於元反。」
[六]師古曰：「未拔宛城而兵過宛城西出。」
[七]師古曰：「依險阻而自固以距敵。」
[八]服虔曰：「欲天疾明也。」文穎曰：「遲，未（明）也。天未明之頃已圍其城矣。」晉灼曰：「文說是也。」師古曰：「文、晉二家得其大意耳。此言圍城事畢，然後天明，明遲於事，故曰遲明。變爲去聲，音丈二反。漢書諸言遲某事者，義皆類此。史記遲字作邌，亦徐緩之意也，音黎。」
[九]鄭氏曰：「剄音姑鼎反。以刀割頸爲剄。」

中華書局

〔一〇〕文穎曰：「主廄內小吏，官名也。」蘇林曰：「藺相如爲宦者令舍人。韓信爲侯，亦有舍人。」師古曰：「舍人，親近左右之通稱也，後遂以爲私屬官號。恢音口回反。」
〔一一〕師古曰：「乘，登也，謂上城而守也。春秋左氏傳曰『授兵登陴』。」
〔一二〕師古曰：「共爲要約，許其降也。」
〔一三〕師古曰：「封其郡守爲侯，即令守其郡。」
〔一四〕師古曰：「纍音力瑞反。」
〔一五〕蘇林曰：「鰓音魚鰓之鰓。」晉灼曰：「功臣表戚鰓也。王陵，安國侯王陵也。」韋昭曰：「漢封王陵爲安國侯，初起兵時在南陽。南陽有穰縣，疑襄當爲穰，而無禾，字省耳。」臣瓚曰：「時韓成封穰侯，江夏有襄，是陵所封也。」師古曰：「戚鰓初從即爲郎，以都尉守蘄城，非至丹水乃降也。此自一人耳，不知其姓。王陵亦非安國侯者。晉說非也。韋氏改襄爲穰者，蓋亦穿鑿也。」
〔一六〕蘇林曰：「番，音婆，豫章番陽縣。」韋昭曰：「吳芮初爲番令，故號曰番君。鋗音呼玄反。」
〔一七〕蘇林曰：「酈音躑躅之躑。」如淳曰：「音持益反。」師古曰：「析、酈，二縣名。蘇、如兩音並同耳。析縣今內鄉。酈即菊潭縣也。」
〔一八〕應劭曰：「鹵與擄同。」師古曰：「毋，止之辭也，音與無同。他皆類此。掠音力向反，謂略奪也。」
〔一九〕服虔曰：「瑕丘，縣名。申，姓；陽，名也。」文穎曰：「姓瑕丘，字申陽。」臣瓚曰：「項羽傳瑕丘公申陽，是瑕丘縣公也。」師古曰：「文說非也。此申陽即項羽所封河南王者耳，何云姓瑕丘乎？」

八月，沛公攻武關，〔一〕入秦。秦相趙高恐，乃殺二世，使人來，欲約分王關中，〔二〕沛公

不許。九月，趙高立二世兄子子嬰爲秦王。子嬰誅滅趙高，遣將將兵距嶢關。〔三〕沛公欲擊之，張良曰：「秦兵尚彊，未可輕。願先遣人益張旗幟於山上爲疑兵，〔四〕使酈食其、陸賈往說秦將，啗以利。」〔五〕秦將果欲連和，沛公欲許之。張良曰：「此獨其將欲叛，恐其士卒不從，不如因其怠懈擊之。」沛公引兵繞嶢關，踰蕢山，〔六〕擊秦軍，大破之藍田南。遂至藍田，又戰其北，秦兵大敗。

〔一〕應劭曰：「武關，秦南關，通南陽。」文穎曰：「武關在析西百七十里。」
〔二〕師古曰：「自與沛公中分關中之地。」
〔三〕應劭曰：「嶢音堯。嶢山之關。」李奇曰：「在上洛北，藍田南，武關之西。」
〔四〕師古曰：「益，多也。多張旗幟，過其人數，令敵疑有多兵。」
〔五〕師古曰：「啗者，本謂食啗耳，音徒敢反。以食餧人，令其啗食，音則改變爲徒濫反。今言以利誘之，取食爲譬。他皆類此。」
〔六〕鄭氏曰：「蕢音匱。」蘇林曰：「蕢音蒯。」師古曰：「蘇音是也，丘怪反。」

元年冬十月，〔一〕五星聚于東井。〔二〕沛公至霸上。〔三〕秦王子嬰素車白馬，係頸以組，〔四〕封皇帝璽符節，〔五〕降枳道旁。〔六〕諸將或言誅秦王，沛公曰：「始懷王遣我，固以能寬容，且人已服降，殺之不祥。」乃以屬吏。〔七〕遂西入咸陽，欲止宮休舍，〔八〕樊噲、張良諫，乃

封秦重寶財物府庫，還軍霸上。蕭何盡收秦丞相府圖籍文書。十一月，召諸縣豪桀曰：「父老苦秦苛法久矣，〔九〕誹謗者族，耦語者棄市。〔一〇〕吾與諸侯約，先入關者王之，吾當王關中。與父老約，法三章耳：殺人者死，傷人及盜抵罪。〔一一〕餘悉除去秦法。吏民皆按堵如故。〔一二〕凡吾所以來，爲父兄除害，非有所侵暴，毋恐！且吾所以軍霸上，待諸侯至而定要束耳。」〔一三〕乃使人與秦吏行至縣鄉邑告諭之。〔一四〕秦民大喜，爭持牛羊酒食獻享軍士。沛公讓不受，曰：「倉粟多，不欲費民。」民又益喜，唯恐沛公不爲秦王。

〔一〕如淳曰：「張（倉）〔蒼〕傳云以高祖十月至霸上，故因秦以十月爲歲首。」
〔二〕應劭曰：「東井，秦之分野。五星所在，其下當有聖人以義取天下。」占見天文志。
〔三〕應劭曰：「霸上，地名，在長安東三十里，古曰滋水，秦穆公更名霸。」師古曰：「霸水上，故曰霸上，即今所謂霸頭。」
〔四〕應劭曰：「子嬰不敢襲帝號，但稱王耳。素車白馬，喪人之服。組者，天子韍也。係頸者，言欲自殺也。」師古曰：「此組謂綬也，所以帶璽也。韍音弗。」
〔五〕應劭曰：「璽，信也，古者尊卑共之。左傳襄公在楚，季武子使公冶問璽書，追而與之。秦漢尊者以爲信，羣下乃避之。」師古曰：「符謂諸所合符以爲契者也。節以毛爲之，上下相重，取象竹節，因以爲名，將命者持之以爲信。」
〔六〕蘇林曰：「亭名也，在長安東十三里。」師古曰：「枳音軹。軹道亭在霸成觀西四里。」

〔七〕師古曰：「屬，委也，音之欲反。」
〔八〕師古曰：「舍，息也，於殿中休息也。一曰舍謂屋舍也。」
〔九〕師古曰：「苛，細也，音何。」
〔一〇〕應劭曰：「秦法禁民聚語。耦，對也。」師古曰：「族謂誅及其族也。棄市者，取刑人於市，與衆棄之。」
〔一一〕服虔曰：「隨輕重制法也。」李奇曰：「傷人有曲直，盜臧有多少，罪名不可豫定，故凡言抵罪，未知抵何罪也。」師古曰：「抵，至也，當也。服、李二說，意並得之，自外諸家，皆妄解釋，故不取也。抵音丁禮反。」
〔一二〕應劭曰：「按，按次第。堵，牆堵也。」師古曰：「言不遷動也。堵音覩。」
〔一三〕師古曰：「要亦約。」
〔一四〕師古曰：「軍中遣人與秦吏相隨，徧至諸縣鄉邑而告諭也。」

或說沛公曰：「秦富十倍天下，地形彊。今聞章邯降項羽，羽號曰雍王，王關中。即來，沛公恐不得有此。可急使守函谷關，〔一〕毋內諸侯軍，稍徵關中兵以自益，距之。」沛公然其計，從之。十二月，項羽果帥諸侯兵欲西入關，關門閉。聞沛公已定關中，羽大怒，使黥布等攻破函谷關，遂至戲下。沛公左司馬曹毋傷聞羽怒，欲攻沛公，使人言羽曰：〔二〕「沛公欲王關中，令子嬰相，珍寶盡有之。」欲以求封。亞父范增說羽曰：「沛公居山東時，貪財好色，今聞其入關，珍物無所取，婦女無所幸，此其志不小。吾使人望其氣，皆爲龍，成五色，此天子氣。急擊之，勿失。」於是饗士，旦日合戰。〔三〕是時，羽兵四十萬，號百萬。沛公兵

十萬，號二十萬，[四]力不敵。會羽季父左尹項伯素善張良，[五]夜馳見張良，具告其實，欲與俱去，毋特俱死。[六]良曰：「臣爲韓王送沛公，不可不告，亡去不義。」乃與項伯俱見沛公。沛公與伯約爲婚姻，曰：「吾入關，秋豪無所敢取，[七]籍吏民，封府庫，待將軍。[八]所以守關者，備他盜也。日夜望將軍到，豈敢反邪！願伯明言不敢背德。」項伯許諾，即夜復去。戒沛公曰：「旦日不可不早自來謝。」項伯還，具以沛公言告羽，因曰：「沛公不先破關中兵，公巨能入乎？[九]且人有大功，擊之不祥，不如因善之。」羽許諾。

[一]文穎曰：「是時關在弘農縣衙嶺，今移東，在河南穀城縣。」師古曰：「今桃林縣南有洪溜澗水，即古所謂函谷也。其水北流入河，夾河之岸尙有舊關餘跡焉。穀城即新安。」

[二]如淳曰：「亞，次也。尊敬之次父，猶管仲爲仲父。」

[三]師古曰：「饗謂飲食也。旦日，明旦也。」

[四]師古曰：「兵家之法，不言實數，皆增之。」

[五]師古曰：「伯者，其字也，名纏。」

[六]文穎曰：「特，獨也。無爲獨與沛公俱死。」蘇林曰：「特，但也。」師古曰：「蘇說是也。但，空也，空死而無成名。」

[七]文穎曰：「豪，秋乃成好，舉盛而言也。」師古曰：「豪成之時，端極纖細，適足諭小，非言其盛。」

[八]師古曰：「籍謂爲簿籍。」

[九]服虔曰：「巨音渠，猶未應得入也。」師古曰：「服說非也。巨讀曰詎，詎猶豈也。」

沛公旦日從百餘騎見羽鴻門，[一]謝曰：「臣與將軍勠力攻秦，[二]將軍戰河北，臣戰河南，不自意先入關，能破秦，與將軍復相見。[三]今者有小人言，令將軍與臣有隙。」[四]羽曰：「此沛公左司馬曹毋傷言之，不然，籍何以(生)[至]此？」羽因留沛公飮。范增數目羽擊沛公，[五]羽不應。范增起，出謂項莊曰：「君王爲人不忍，[六]汝入以劍舞，因擊沛公，殺之。不者，汝屬且爲所虜。」莊入爲壽。[七]壽畢，曰：「軍中無以爲樂，請以劍舞。」因拔劍舞。項伯亦起舞，常以身翼蔽沛公。樊噲聞事急，直入，怒甚。羽壯之，賜以酒。噲因譙讓羽。[八]有頃，沛公起如廁，招樊噲出，置車官屬，[九]獨騎，與樊噲、靳彊、滕公、紀成步，從間道走軍，[一〇]使張良留謝羽。羽問：「沛公安在？」[一一]曰：「聞將軍有意督過之，[一二]脫身去，間至軍，[一三]故使臣獻璧。」羽受之。又獻玉斗范增。增怒，撞其斗，起曰：「吾屬今爲沛公虜矣！」[一四]

[一]孟康曰：「在新豐東十七里，舊大道北下坂口名。」

[二]師古曰：「勠力，并力也，音力竹反，又力周反。」

[三]師古曰：「意不自謂得然。」

[四]師古曰：「隙謂間隙，言乖離不合。」

[五]師古曰：「動目以諭之。」

[六]師古曰：「莊，項羽從弟。」

[七]師古曰：「凡言爲壽，謂進爵於尊者，而獻無疆之壽。」

[八]師古曰：「譙讓，以辭相責也。譙音才笑反。」

[九]師古曰：「置，留也，不以自隨。」

[一〇]晉灼曰：「紀成，紀通父也。」服虔曰：「走音奏。」師古曰：「間，空也，投空隙而行，不公顯也。走謂趣向也，服音是矣。凡此之類，音義皆同。」

[一一]師古曰：「安在，何在也。他皆類此。」

[一二]師古曰：「督謂視責也。」

[一三]師古曰：「脫，免也，不敢謁辭，苟自免而去，間行以至軍也。脫音他活反。」

[一四]師古曰：「撞音丈江反。」

沛公歸數日，羽引兵西屠咸陽，殺秦降王子嬰，燒秦宮室，所過無不殘滅。秦民大失望。羽使人還報懷王，懷王曰：「如約。」[一]羽怨懷王不肯令與沛公俱西入關，而北救趙，後天下約。乃曰：「懷王者，吾家所立耳，非有功伐，何以得專主約！[二]本定天下，諸將與籍也。」春正月，[三]陽尊懷王爲義帝，實不用其命。

[一]師古曰：「謂令沛公王關中。」

[二]師古曰：「積功曰伐。春秋左氏傳曰『大夫稱伐』。」

[三]如淳曰：「以十月爲歲首，而正月更爲三時之月。」服虔曰：「漢正月也。」師古曰：「凡此諸月號，皆太初正曆之後，

記事者追改之，非當時本稱也。以十月爲歲首，即謂十月爲正月。今此眞正月，當時謂之四月耳。他皆類此。」

二月，羽自立爲西楚霸王，[一]王梁、楚地九郡，都彭城。背約，更立沛公爲漢王，王巴、蜀、漢中四十一縣，都南鄭。[二]三分關中，立秦三將：章邯爲雍王，都廢丘；[三]司馬欣爲塞王，[四]都櫟陽；[五]董翳爲翟王，[六]都高奴。[七]楚將瑕丘申陽爲河南王，都洛陽。趙將司馬卬爲殷王，都朝歌。[八]當陽君英布爲九江王，都六。[九]懷王柱國共敖爲臨江王，[一〇]都江陵。[一一]番君吳芮爲衡山王，都邾。[一二]故齊王建孫田安爲濟北王。徙魏王豹爲西魏王，都平陽。徙燕王韓廣爲遼東王。燕將臧荼爲燕王，[一三]都薊。[一四]徙齊王田市爲膠東王。齊將田都爲齊王，都臨菑。[一五]徙趙王歇爲代王。趙相張耳爲常山王。漢王怨羽之背約，欲攻之，丞相蕭何諫，乃止。[一六]

[一]文穎曰：「史記貨殖傳曰淮以北沛、陳、汝南、南郡爲西楚，彭城以東東海、吳、廣陵爲東楚，衡山、九江、江南、豫章、長沙爲南楚。羽欲都彭城，故自稱西楚。」孟康曰：「舊名江陵爲南楚，吳爲東楚，彭城爲西楚。」師古曰：「孟說是也。」

[二]師古曰：「即今之梁州南鄭縣。」

[三]孟康曰：「縣名，今槐里是。」韋昭曰：「即周時犬丘，懿王所都，秦欲廢之，更名廢丘。」

[四]韋昭曰：「在長安東，名桃林塞。」師古曰：「取河、華之固爲阨塞耳，非桃林也。塞音先代反。」

[五]蘇林曰：「櫟音藥。」師古曰：「即今之櫟陽縣是其地。」

(六)文穎曰：「本上郡，秦所置，項羽以董翳爲王，更名爲翟。」
(七)師古曰：「今在鄜州界。」
(八)師古曰：「即今之朝歌縣也。」
(九)師古曰：「六者，縣名，本古國，皐陶之後。」
(一〇)應劭曰：「柱國，上卿官也，若相國矣。共敖，其姓名也。」孟康曰：「本南郡，改爲臨江國。」師古曰：「共音龔。」
(一一)師古曰：「即今之荊州江陵縣。」
(一二)文穎曰：「邾音朱，縣名，屬江夏。」
(一三)鄭氏曰：「荼音荼毒之荼。」如淳曰：「音舒。」師古曰：「鄭音是也，音大胡反。」
(一四)師古曰：「薊即幽州薊縣。」
(一五)師古曰：「在今青州。」
(一六)服虔曰：「稱丞相者，錄事追言之。」

夏四月，諸侯罷戲下，各就國。(一)羽使卒三萬人從漢王，楚子、諸侯人之慕從者數萬人，(二)從杜南入蝕中。(三)張良辭歸韓，漢王送至襃中，(四)因說漢王燒絕棧道，(五)以備諸侯盜兵，亦視項羽無東意。(六)

(一)師古曰：「戲謂軍之旌麾也，音許宜反，亦讀曰麾。先是，諸侯從項羽入關者，各帥其軍，稟命於羽，今既受封爵，各使就國，故總言罷戲下也。一說云時從項羽在戲水之上，故言罷戲下，此說非也。項羽見高祖於鴻門，已過戲

矣。又入秦燒秦宮室，不復在戲也。漢書通以戲爲麾字，義見竇田灌韓傳。」
(二)文穎曰：「楚子，猶言楚人也。諸侯人，猶諸侯國人。」
(三)李奇曰：「蝕音力，在杜南。」如淳曰：「蝕，入漢中道川谷名。」
(四)師古曰：「即今梁州之襃縣也。襃音褒。中，言居襃谷之中。隋室諱忠，改爲襃內。」
(五)師古曰：「棧即閣也，今謂之閣道。」
(六)如淳曰：「視音示。」師古曰：「言令羽知漢王更無東出之意也。漢書多以視爲示，古通用字。」

漢王既至南鄭，諸將及士卒皆歌謳思東歸，(一)多道亡還者。(二)韓信爲治粟都尉，亦亡去，蕭何追還之，因薦於漢王，曰：「必欲爭天下，非信無可與計事者。」於是漢王齊戒設壇場，(三)拜信爲大將軍，問以計策。信對曰：「項羽背約而王君王於南鄭，(四)是遷也。(五)吏卒皆山東之人，日夜企而望歸，(六)及其鋒而用之，可以有大功。天下已定，民皆自寧，不可復用。(七)不如決策東向。」因陳羽可圖，(八)三秦易并之計。(九)漢王大說，(一〇)遂聽信策，部署諸將。(一一)留蕭何收巴蜀租，給軍糧食。

(一)師古曰：「謳，齊歌也，謂齊聲而歌，或曰齊地之歌。謳音一侯反。」
(二)師古曰：「未至南鄭，在道即亡歸。」
(三)師古曰：「齊讀曰齋。築土而高曰壇，除地爲場。」
(四)師古曰：「上王音于放反。」

(五)如淳曰：「秦法，有辠遷徙之於蜀漢。」
(六)師古曰：「企謂舉足而竦身。」
(七)師古曰：「寧，安也，各安其處。」
(八)師古曰：「圖謂謀而取之。」
(九)應劭曰：「章邯爲雍王，司馬欣爲塞王，董翳爲翟王，分王秦地，故曰三秦。」
(一〇)師古曰：「說讀曰悅。」
(一一)師古曰：「分部而署置。」

五月，漢王引兵從故道(一)出襲雍。雍王邯迎擊漢陳倉，雍兵敗，還走；戰好畤，(二)又大敗，走廢丘。漢王遂定雍地。東如咸陽，引兵圍雍王廢丘，而遣諸將略地。

(一)孟康曰：「縣名，屬武都。」
(二)孟康曰：「畤音止，神靈之所止也。好畤，縣名，屬右扶風。」師古曰：「即今雍州好畤縣。」

田榮聞羽徙齊王市於膠東而立田都爲齊王，大怒，以齊兵迎擊田都。都走降楚。六月，田榮殺田市，自立爲齊王。時彭越在鉅野，(一)衆萬餘人，無所屬。榮與越將軍印，因令反梁地。越擊殺濟北王安，榮遂并三齊之地。(二)燕王韓廣亦不肯徙遼東。秋八月，臧荼殺韓廣，并其地。塞王欣、翟王翳皆降漢。

(一)師古曰：「鉅野，澤名，因以爲縣，今屬鄆州。」

(二)服虔曰：「齊與濟北、膠東。」

初，項梁立韓後公子成爲韓王，張良爲韓司徒。羽以良從漢王，韓王成又無功，故不遣就國，與俱至彭城，殺之。及聞漢王并關中，而齊、梁畔之，羽大怒，乃以故吳令鄭昌爲韓王，距漢。令蕭公角擊彭越，(一)越敗角兵。時張良徇韓地，(二)遺羽書曰：「漢欲得關中，如約即止，不敢復東。」羽以故無西意，而北擊齊。

(一)蘇林曰：「蕭公，官號也。」孟康曰：「蕭令也，時令皆稱公。」師古曰：「孟說是也。」
(二)蘇林曰：「徇音巡，撫其民人也。」孟康曰：「徇，略也。」師古曰：「孟說是。音辭峻反。」

九月，漢王遣將軍薛歐、王吸出武關，(一)因王陵兵，(二)從南陽迎太公、呂后於沛。羽聞之，發兵距之陽夏，(三)不得前。

(一)師古曰：「歐音烏垢反。吸音翕。」
(二)如淳曰：「王陵亦聚黨數千人，居南陽。」
(三)鄭氏曰：「音假借之假。」師古曰：「即今亳州陽夏縣。」

二年冬十月，項羽使九江王布殺義帝於郴。(一)陳餘亦怨羽獨不王己，從田榮藉助兵，(二)以擊常山王張耳。耳敗走降漢，漢王厚遇之。陳餘迎代王歇還趙，歇立餘爲代王。張良自韓間行歸漢，漢王以爲成信侯。

〔一〕文穎曰：「郴，縣名，屬桂陽。」如淳曰：「郴音綝。」師古曰：「說者或以爲史記本紀及漢注云衡山、臨江王殺之江中，謂漢書言黥布殺之爲錯。然今據史記黥布傳四月陰令九江王等行擊義帝，其八月布使將追殺之郴，又與漢書項羽、英布傳相合，是則衡山、臨江與布同受羽命，而殺之者布也。非班氏之錯。郴綝二字並音丑林反。」
〔二〕師古曰：「藉，借也。」

漢王如陝，〔一〕鎮撫關外父老。〔二〕河南王申陽降，置河南郡。使韓太尉韓信擊韓，韓王鄭昌降。十一月，立韓太尉信爲韓王。漢王還歸，都櫟陽，使諸將略地，拔隴西。以萬人若一郡降者，封萬戶。〔三〕繕治河上塞。〔四〕故秦苑囿園池，令民得田之。〔五〕

〔一〕師古曰：「陝，今陝州陝縣也，音式冉反。」
〔二〕師古曰：「鎮，安也。撫，慰也。」
〔三〕師古曰：「若者，豫及之辭，言以萬人或以一郡降者，皆封萬戶。」
〔四〕晉灼曰：「鼂錯傳秦北攻胡，築河上塞。」師古曰：「繕，補也。」
〔五〕師古曰：「養鳥獸曰苑，苑有垣曰囿，所以種植謂之園。田謂耕作也。囿音宥。」

春正月，羽擊田榮城陽，榮敗走平原，平原民殺之。齊皆降楚，楚焚其城郭，齊人復畔之。諸將拔北地，虜雍王弟章平。赦罪人。二月癸未，令民除秦社稷，立漢社稷。施恩德，賜民爵。〔一〕蜀漢民給軍事勞苦，復勿租稅二歲。〔二〕關中卒從軍者，復家一歲。舉民年五十以上，有脩行，能帥衆爲善，置以爲三老，鄉一人。擇鄉三老一人爲縣三老，與縣令丞尉以

事相教，復勿繇戍。〔三〕以十月賜酒肉。

〔一〕臣瓚曰：「爵者，祿位。民賜爵，有罪得以減也。」
〔二〕師古曰：「復者，除其賦役也，音方目反。其下並同。」
〔三〕師古曰：「繇讀曰傜。」

三月，漢王自臨晉渡河，〔一〕魏王豹降，將兵從。下河內，虜殷王卬，置河內郡。至脩武，陳平亡楚來降。漢王與語，說之，〔二〕使參乘，監諸將。南渡平陰津，〔三〕至洛陽，新城三老董公遮說漢王曰：「臣聞『順德者昌，逆德者亡』，『兵出無名，事故不成』。〔四〕故曰：『明其爲賊，敵乃可服。』〔五〕項羽爲無道，放殺其主，〔六〕天下之賊也。夫仁不以勇，義不以力，〔七〕三軍之衆爲之素服，以告之諸侯，爲此東伐，〔八〕四海之內莫不仰德。此三王之舉也。」〔九〕漢王曰：「善，非夫子無所聞。」於是漢王爲義帝發喪，袒而大哭，〔一〇〕哀臨三日。〔一一〕發使告諸侯曰：「天下共立義帝，北面事之。今項羽放殺義帝江南，大逆無道。寡人親爲發喪，兵皆縞素。〔一二〕悉發關中兵，收三河士，〔一三〕南浮江漢以下，願從諸侯王〔一四〕擊楚之殺義帝者。」

〔一〕師古曰：「舊縣名，其地居河之西濱，東臨晉境，本列國時秦所名也，即今之同州朝邑縣界也。」
〔二〕師古曰：「說讀曰悅。」
〔三〕蘇林曰：「在河陰。」
〔四〕蘇林曰：「名者，伐有罪。」
〔五〕應劭曰：「爲音無爲之爲。布告天下，言項羽殺義帝，明其爲賊亂，舉兵征之，乃可服也。」鄭氏曰：「爲晉人相爲之爲。」師古曰：「應說是也。」
〔六〕師古曰：「殺讀曰弒。諸弒君者，其例皆同。」
〔七〕李奇曰：「彼有仁，我不能以勇服；彼有義，我不能以力服。」文穎曰：「以，用也。已有仁，天下歸之，可不用勇而天下自服；已有義，天下奉之，可不用力而天下自定。」師古曰：「爲義帝發喪，此爲行仁義，不用勇力，文說是也。」
〔八〕師古曰：「爲並音于僞反。」
〔九〕師古曰：「三王：夏、殷、周也。言以德義取天下，則可比蹤於三王。」
〔一〇〕如淳曰：「袒亦如禮袒踊也。」師古曰：「袒謂脫衣之袖也，音徒旱反。」
〔一一〕師古曰：「衆哭曰臨，音力禁反。」
〔一二〕師古曰：「縞，白素也，音工老反。」
〔一三〕韋昭曰：「河南、河東、河內也。」
〔一四〕服虔曰：「漢名王爲諸侯王。」師古曰：「服說非也。當時漢未有此稱號，直言諸侯及王耳。自謙言隨諸侯王之後也。」

夏四月，田榮弟橫收得數萬人，立榮子廣爲齊王。羽雖聞漢東，既擊齊，欲遂破之而後擊漢，漢王以故得劫五諸侯兵，〔一〕東伐楚。到外黃，彭越將三萬人歸漢。漢王拜越爲魏相國，令定梁地。漢王遂入彭城，收羽美人貨賂，置酒高會。〔二〕羽聞之，令其將擊齊，而自以精

兵三萬人從魯出胡陵，至蕭，晨擊漢軍，大戰彭城靈壁東〔三〕睢水上，〔四〕大破漢軍，多殺士卒，睢水爲之不流。〔五〕圍漢王三帀。大風從西北起，折木發屋，揚砂石，晝晦，〔六〕楚軍大亂，而漢王得與數十騎遁去。過沛，使人求室家，室家亦已亡，不相得。漢王道逢孝惠、魯元，載行。楚騎追漢王，漢王急，推墮二子。滕公下收載，遂得脫。〔七〕審食其從太公、呂后閒行，反遇楚軍，〔八〕羽常置軍中以爲質。諸侯見漢敗，皆亡去。塞王欣、翟王翳降楚，殷王卬死。

〔一〕應劭曰：「雍、翟、塞、殷、韓也。」如淳曰：「塞、翟、魏、殷、河南也。」韋昭曰：「塞、翟、韓、殷、魏也。雍時已敗。」師古曰：「諸家之說皆非也。張良遺羽書云：『漢欲得關中，如約即止，不敢復東。』東謂出關之東。今羽聞漢東之時，漢固已得三秦矣。五諸侯者，謂常山、河南、韓、魏、殷也。此年十月，常山王張耳降，河南王申陽降，韓王鄭昌降。（二）〔三〕月，魏王豹降，虜殷王卬。皆在漢東之後，故知謂此爲五諸侯。時雖未得常山之地，據功臣表云張耳棄國，與大臣歸漢，則亦有士卒也。又叔孫通傳云二年漢王從五諸侯入彭城。爾時雍王猶在廢丘被圍，即非五諸侯之數也。尋此紀文昭然可曉，前賢注釋，並失指趣。」
〔二〕服虔曰：「大會也。」
〔三〕孟康曰：「故小縣，在彭城南。」
〔四〕師古曰：「睢音雖。」
〔五〕師古曰：「殺人既多，塡於睢水。」
〔六〕師古曰：「晦，暗也。」

〔七〕鄭氏曰：「滕公，夏侯嬰也。」師古曰：「脫音他活反。」
〔八〕師古曰：「此審食其及武帝時趙食其讀皆與酈食其同，音異基。而近代學者，酈則爲異基，審則爲食基，趙則食其，非也。同是人名，更無別義，就中舛駮，何所據依？且荀悅漢紀三者並爲異基字，斷可知矣。太公、呂后本避楚軍，乃反與之遇，而見拘執。」

呂后兄周呂侯〔一〕將兵居下邑，〔二〕漢王往從之。稍收士卒，軍碭。

〔一〕蘇林曰：「以姓名侯也。」晉灼曰：「外戚表周呂令武侯澤也。呂，縣名，封於呂以爲國。」師古曰：「周呂，封名；令武，其謚也。蘇云以姓名侯，非也。」
〔二〕師古曰：「縣名也。」

漢王西過梁地，至虞，〔一〕謂謁者隨何曰：「公能說九江王布使舉兵畔楚，項王必留擊之。得留數月，吾取天下必矣。」隨何往說布，果使畔楚。

〔一〕師古曰：「即今宋州虞城縣。」

五月，漢王屯滎陽，蕭何發關中老弱未傅者悉詣軍。〔一〕韓信亦收兵與漢王會，兵復大振。與楚戰滎陽南京、索間，破之。〔二〕築甬道，屬河，〔三〕以取敖倉粟。〔四〕魏王豹謁歸視親疾，〔五〕至則絕河津，反爲楚。〔六〕

〔一〕服虔曰：「傅音附。」孟康曰：「古者二十而傅，三年耕有一年儲，故二十三而後役之。」如淳曰：「律，年二十三傅之疇官，各從其父疇學之，高不滿六尺二寸以下爲罷癃。漢儀注云民年二十三爲正，一歲爲衞士，一歲爲材官

騎士，習射御騎馳戰陳。又曰年五十六衰老，乃得免爲庶民，就田里。今老弱未嘗傅者皆發之。未二十三爲弱，過五十六爲老。」師古曰：「傅，著也。言著名籍，給公家繇役也。服音是。」
〔二〕應劭曰：「京，縣名。今有大索、小索亭。」晉灼曰：「音冊。」師古曰：「音求索之索。」
〔三〕應劭曰：「恐敵鈔輜重，故築垣牆如街巷也。」鄭氏曰：「甬音踊。」師古曰：「屬，聯也，音之欲反。」
〔四〕孟康曰：「敖，地名，在滎陽西北，山上臨河有大倉。」
〔五〕師古曰：「謁，請也。親謂母也。」
〔六〕師古曰：「斷其津濟以距漢軍。爲音于僞反。」

六月，漢王還櫟陽。壬午，立太子，赦罪人。令諸侯子在關中者皆集櫟陽爲衞。引水灌廢丘，廢丘降，章邯自殺。雍（州）〔地〕定，八十餘縣，置河上、渭南、中地、隴西、上郡。〔一〕令祠官祀天地四方上帝山川，以時祠之。興關中卒乘邊塞。〔二〕關中大飢，米斛萬錢，〔三〕人相食。令民就食蜀漢。

〔一〕服虔曰：「河上，即左馮翊也。渭南，京兆也。中地，右扶風也。」師古曰：「凡新置五郡。」
〔二〕李奇曰：「乘，守也。」師古曰：「乘，登也。登而守之，義與上乘城同。」
〔三〕師古曰：「一斛直萬錢。」

秋八月，漢王如滎陽，謂酈食其曰：「緩頰往說魏王豹，〔一〕能下之，以魏地萬戶封生。」〔二〕食其往，豹不聽。漢王以韓信爲左丞相，與曹參、灌嬰俱擊魏。食其還，漢王問：「魏大將誰也？」對曰：「柏直。」王曰：「是口尚乳臭，不能當韓信。〔三〕騎將誰也？」曰：「馮敬。」曰：「是秦將馮無擇子也，雖賢，不能當灌嬰。步卒將誰也？」曰：「項它。」〔四〕曰：「是不能當曹參。吾無患矣。」九月，信等虜豹，傳詣滎陽。定魏地，置河東、太原、上黨郡。信使人請兵三萬人，願以北舉燕趙，東擊齊，南絕楚糧道。漢王與之。

〔一〕張晏曰：「緩頰，徐言引譬喻也。」
〔二〕師古曰：「生猶言先生。他皆類此。」
〔三〕師古曰：「乳臭，言其幼少。」
〔四〕師古曰：「它字與他同，並音徒何反。」

三年冬十月，韓信、張耳東下井陘擊趙，〔一〕斬陳餘，獲趙王歇。置常山、代郡。甲戌晦，日有食之。十一月癸卯晦，日有食之。

〔一〕服虔曰：「井陘，山名，在常山，今爲縣。」師古曰：「陘音形。」

隨何既說黥布，布起兵攻楚。楚使項聲、龍且攻布，〔一〕布戰不勝。十二月，布與隨何間行歸漢。漢王分之兵，與俱收兵至成皋。

〔一〕韋昭曰：「且音子閭反。」

項羽數侵奪漢甬道，漢軍乏食，與酈食其謀橈楚權。〔一〕食其欲立六國後以樹黨，〔二〕漢

王刻印，將遣食其立之。以問張良，良發八難。漢王輟飯吐哺，〔三〕曰：「豎儒，〔四〕幾敗乃公事！」〔五〕令趣銷印。〔六〕又問陳平，乃從其計，與平黃金四萬斤，以間疏楚君臣。〔七〕

〔一〕服虔曰：「橈，弱也。」師古曰：「音女教（而）〔反〕，其字從木。」
〔二〕師古曰：「樹，立也。」
〔三〕師古曰：「輟，止也。哺，口中所含食也。飯音扶晚反。哺音步。」
〔四〕師古曰：「言其賤劣無智，若童豎也。」
〔五〕師古曰：「幾，近也。乃，汝也。公，漢王自謂也。幾音鉅依反。」
〔六〕師古曰：「趣讀曰促。促，速也。他皆類此。」
〔七〕師古曰：「間音居莧反。次下反間，其音亦同。」

夏四月，項羽圍漢滎陽，漢王請和，割滎陽以西者爲漢。亞父勸項羽急攻滎陽，漢王患之。陳平反間既行，羽果疑亞父。亞父大怒而去，發病死。

五月，將軍紀信曰：「事急矣！臣請誑楚，可以間出。」〔一〕於是陳平夜出女子東門二千餘人，楚因四面擊之。紀信乃乘王車，黃屋左纛，〔二〕曰：「食盡，漢王降楚。」楚皆呼萬歲，之城東觀，以故漢王得與數十騎出西門遁。令御史大夫周苛、魏豹、樅公守滎陽。〔三〕羽見紀信，問：「漢王安在？」曰：「已出去矣。」羽燒殺信。而周苛、樅公相謂曰：「反國之王，難與守城。」〔四〕因殺魏豹。

〔一〕師古曰：「間出，投間隙私出，若言間行微行耳。紀信詐爲漢王，而王出西門遁，是私出也。」

〔二〕李斐曰：「天子車以黃繒爲蓋裏。纛，毛羽幢也，在乘輿車衡左方上注之。蔡邕曰以犛牛尾爲之，如斗，或在騑頭，或在衡。」應劭曰：「雉尾爲之，在左騑，當鑣上。」師古曰：「纛音毒，又徒到反。應說非也。」

〔三〕應劭曰：「樅公者，不知其名，故曰公。」蘇林曰：「音樅木之樅。」師古曰：「音千容反。」

〔四〕師古曰：「謂豹先已經畔漢。」

漢王出滎陽，至成皋。自成皋入關，收兵欲復東。轅生說漢王〔一〕曰：「漢與楚相距滎陽數歲，漢常困。願君王出武關，項王必引兵南走，〔二〕王深壁，令滎陽成皋間且得休息。使韓信等得輯河北趙地，〔三〕連燕齊，君王乃復走滎陽。如此，則楚所備者多，力分。漢得休息，復與之戰，破之必矣。」漢王從其計，出軍宛葉間，〔四〕與黥布行收兵。

〔一〕文穎曰：「轅姓，生謂諸生。」

〔二〕師古曰：「走亦謂趨，嚮也，音奏。次後亦同。」

〔三〕師古曰：「輯與集同，謂和合也。詩序曰『勞來還定安集之』。春秋左氏傳曰『羣臣輯睦』。他皆類此。」

〔四〕師古曰：「葉，縣名，古葉公之國，音式涉反。宛縣葉縣之間也。」

羽聞漢王在宛，果引兵南，漢王堅壁不與戰。是月，彭越渡睢，〔一〕與項聲、薛公戰下邳，破殺薛公。羽使終公守成皋，而自東擊彭越。漢王引兵北，擊破終公，復軍成皋。六月，羽已破走彭越，〔二〕聞漢復軍成皋，乃引兵西拔滎陽城，生得周苛。羽謂苛：「爲我將，以公爲

上將軍，封三萬戶。」周苛罵曰：「若不趨降漢，今爲虜矣！〔三〕若非漢王敵也。」羽亨周苛，〔四〕并殺樅公，而虜韓王信，遂圍成皋。漢王跳，〔五〕獨與滕公共車出成皋玉門，〔六〕北渡河，宿小脩武。〔七〕自稱使者，晨馳入張耳、韓信壁，而奪之軍。乃使張耳北收兵趙地。

〔一〕師古曰：「過睢水也。睢音雖。」

〔二〕師古曰：「破之而令遁走。」

〔三〕師古曰：「若，汝也。趨讀曰促。」

〔四〕師古曰：「亨謂煮而殺之，音普庚反。他皆類此。」

〔五〕如淳曰：「跳音逃，謂走也。史記作逃。」晉灼曰：「跳，猶出意也。」師古曰：「晉說是也，音徒彫反。」

〔六〕張晏曰：「成皋北門。」

〔七〕晉灼曰：「在大脩武城東。」

秋七月，有星孛于大角。〔一〕漢王得韓信軍，復大振。八月，臨河南鄉，〔二〕軍小脩武，欲復戰。郎中鄭忠說止漢王，高壘深塹勿戰。漢王聽其計，使盧綰、劉賈將卒二萬人，騎數百，〔三〕渡白馬津入楚地，佐彭越燒楚積聚，〔四〕復擊破楚軍燕郭西，〔五〕攻下睢陽、外黃十七城。九月，羽謂海春侯大司馬曹咎曰：「謹守成皋。卽漢王欲挑戰，愼勿與戰，〔六〕勿令得東而已。我十五日必定梁地，復從將軍。」〔七〕羽引兵東擊彭越。

〔一〕李奇曰：「孛，彗類也，是謂妖星，所以除舊布新也。」師古曰：「孛音步內反。」

〔二〕師古曰：「鄉讀曰嚮。」

〔三〕蘇林曰：「綰音以繩綰結物之綰。」師古曰：「音烏板反。」

〔四〕師古曰：「所畜軍糧芻稾之屬也。積音子賜反。聚音才喻反。」

〔五〕師古曰：「燕，縣名，古南燕國。」

〔六〕李奇曰：「挑音徒了反。」臣瓚曰：「挑戰，擿嬈敵求戰也，古謂之致師。」師古曰：「李音瓚說是。擿音他歷反。嬈音乃了反。」

〔七〕師古曰：「從，就也。」

漢王使酈食其說齊王田廣，罷守兵與漢和。

四年冬十月，韓信用蒯通計，襲破齊。齊王亨酈生，東走高密。項羽聞韓信破齊，且欲擊楚，使龍且救齊。

漢果數挑成皋戰，楚軍不出，使人辱之數日，大司馬咎怒，渡兵汜水。〔一〕士卒半渡，漢擊之，大破楚軍，盡得楚國金玉貨賂。大司馬咎、長史欣皆自剄汜水上。漢王引兵渡河，復取成皋，軍廣武，〔二〕就敖倉食。

〔一〕張晏曰：「汜水在濟陰界。」如淳曰：「汜音祀。左傳曰『鄙在鄭地汜』。」臣瓚曰：「高祖攻曹咎於成皋，咎渡汜水而戰，今成皋城東汜水是也。」師古曰：「瓚說得之，此水不在濟陰也。『鄙在鄭地汜』，釋者又云在襄城，則非此

也。此水舊讀音凡，今彼鄉人呼之音祀。」

〔二〕孟康曰：「於滎陽築兩城而相對，名爲廣武城，在敖倉西三室山上。」

羽下梁地十餘城，聞海春侯破，乃引兵還。漢軍方圍鍾離眜於滎陽東，〔一〕聞羽至，盡走險阻。〔二〕羽亦軍廣武，與漢相守。丁壯苦軍旅，老弱罷轉餉。〔三〕漢王、羽相與臨廣武之間而語。羽欲與漢王獨身挑戰，漢王數羽曰：〔四〕「吾始與羽俱受命懷王，曰先定關中者王之。羽負約，王我於蜀漢，罪一也。羽矯殺卿子冠軍，自尊，罪二也。〔五〕羽當以救趙還報，〔六〕而擅劫諸侯兵入關，罪三也。懷王約入秦無暴掠，羽燒秦宮室，掘始皇帝冢，收私其財，罪四也。〔七〕又彊殺秦降王子嬰，罪五也。詐阬秦子弟新安二十萬，王其將，〔八〕罪六也。皆王諸將善地，而徙逐故主，令臣下爭畔逆，罪七也。出逐義帝彭城，自都之，奪韓王地，幷王梁楚，多自與，罪八也。使人陰殺義帝江南，罪九也。夫爲人臣而殺其主，殺其已降，爲政不平，主約不信，天下所不容，大逆無道，罪十也。吾以義兵從諸侯誅殘賊，使刑餘罪人擊公，〔九〕何苦乃與公挑戰！」羽大怒，伏弩射中漢王。漢王傷胸，乃捫足曰：「虜中吾指！」〔一〇〕漢王病創臥，張良彊請漢王起行勞軍，以安士卒，〔一一〕毋令楚乘勝。漢王出行軍，疾甚，因馳入成皋。

〔一〕師古曰：「眜音莫葛反。其字從本末之末。」

〔二〕師古曰：「走音奏。」
〔三〕師古曰：「罷讀曰疲。轉，運；餉，饋也，音式向反。」
〔四〕師古曰：「數，責其罪也，音所具反。」
〔五〕如淳曰：「卿者，卿大夫之號。子者，子男之爵。冠軍，人之首也。」文穎曰：「卿子，時人相褒尊之辭，猶言公子也。時上將，故言冠軍。」師古曰：「矯，託也，託懷王命而殺之也。卿子冠軍，文說是也。」
〔六〕李奇曰：「前受命於懷王往救趙，當還反報。」
〔七〕師古曰：「掘而發之，收取其財以私自有也。掘音其勿反。」
〔八〕李奇曰：「章邯等爲王。」
〔九〕師古曰：「言輕賤也。」
〔10〕師古曰：「捫，摸也。傷胸而捫足者，以安衆也。捫音門。中音竹仲反。」
〔11〕師古曰：「行音下更反。其下亦同。」

十一月，韓信與灌嬰擊破楚軍，殺楚將龍且，追至城陽，虜齊王廣。齊相田横自立爲齊王，奔彭越。漢立張耳爲趙王。

漢王疾瘉，〔一〕西入關，至櫟陽，存問父老，置酒。梟故塞王欣頭櫟陽市。〔二〕留四日，復如軍，軍廣武。關中兵益出，而彭越、田横居梁地，往來苦楚兵，絕其糧食。

〔一〕師古曰：「瘉與愈同。愈，差也。」

〔二〕師古曰：「梟，縣首於木上。」

韓信已破齊，使人言曰：「齊邊楚，〔一〕權輕，不爲假王，恐不能安齊。」漢王怒，欲攻之。張良曰：「不如因而立之，使自爲守。」春二月，遣張良操印，立韓信爲齊王。〔二〕秋七月，立黥布爲淮南王。八月，初爲算賦。〔三〕北貉、燕人來致梟騎助漢。〔四〕漢王下令：〔五〕軍士不幸死者，吏爲衣衾棺斂，〔六〕轉送其家。〔七〕四方歸心焉。〔八〕

〔一〕師古曰：「邊，共爲邊界。」
〔二〕師古曰：「操，持也，音千高反。」
〔三〕如淳曰：「漢儀注民年十五以上至五十六出賦錢，人百二十爲一算，爲治庫兵車馬。」
〔四〕應劭曰：「北貉，國也。梟，健也。」張晏曰：「梟，勇也，若六博之梟也。」師古曰：「貉在東北方，三韓之屬皆貉類也，音莫客反。」
〔五〕師古曰：「令，敎命也。下音胡嫁反。他皆類此。」
〔六〕師古曰：「棺音工喚反。斂音力贍反。與作衣衾而斂尸於棺。」
〔七〕師古曰：「轉，傳送也。」
〔八〕師古曰：「以仁愛故。」

項羽自知少助食盡，韓信又進兵擊楚，羽患之。漢遣陸賈說羽，請太公，羽弗聽。漢復使侯公說羽，羽乃與漢約，中分天下，割鴻溝以西爲漢，〔一〕以東爲楚。九月，歸太公、呂后，軍皆稱萬歲。乃封侯公爲平國君。〔二〕羽解而東歸。漢王欲西歸，張良、陳平諫曰：「今漢有天下太半，〔三〕而諸侯皆附，楚兵罷食盡，〔四〕此天亡之時，不因其幾而遂取之，〔五〕所謂養虎自遺患也。」漢王從之。

〔一〕應劭曰：「在滎陽東南二十里。」文穎曰：「於滎陽下引河東南爲鴻溝，以通宋、鄭、陳、蔡、曹、衞，與濟、汝、淮、泗會於楚，即今官渡水也。」
〔二〕師古曰：「以其善說，能平和邦國。」
〔三〕韋昭曰：「凡數三分有二爲（大）〔太〕半，有一分爲少半。」
〔四〕師古曰：「罷讀曰疲。」
〔五〕鄭氏曰：「幾，微也。」師古曰：「幾，危也。」

校勘記

二頁三行　眉目準（頞）〔頞〕權衡，　景祐、汲古、殿、局本都作「頞」，王先謙說作「頞」是。
四頁一四行　音弋豉（也）〔反〕。　景祐、殿、局本都作「反」。王先謙說作「反」是。
一〇頁一行　（令）〔今〕置將不善，　景祐、殿本都作「今」。王先謙說作「今」是。
一〇頁二行　顧（吏）〔更〕擇可者。　景祐、殿本都作「更」。王先謙說作「更」是。
一〇頁二行　蕭、曹（等）皆文吏，　景祐本無「等」字。楊樹達說無「等」字是。
一〇頁四行　祭蚩尤於沛廷，而釁鼓旗。〔一四〕幟皆赤，　注〔一四〕原在「鼓」字下，明顏讀「釁鼓」句絕。吳

仁傑據封禪書「祠蚩尤，釁鼓旗」之文，以爲「旗」字當屬上句。王先謙、楊樹達都說吳讀是。
一〇頁五行　（所）殺者赤帝子故也。　王念孫說下「所」字涉上「所」字而衍。
一七頁二行　至（陽城）〔城陽〕　齊召南據史記及曹參傳改。王先謙說齊說是。
一九頁二行　（大）破之。　景祐本無「大」字，史記亦無。王念孫說係後人所加。
二〇頁三行　遲，未（明）也。　景祐、殿本都無「明」字。王先謙說無「明」字是。
二三頁七行　張（倉）〔蒼〕傳云　殿本作「蒼」。王先謙說作「蒼」是。
二六頁三行　籍何以（生）〔至〕此？　錢大昭說明南監、閩本都作「至」。王念孫據史記項羽紀、高祖紀及通鑑漢紀，以爲「生」當爲「至」字之誤。
三〇頁三行　給軍（糧）食。　景祐、殿本及通鑑都有「糧」字。
三六頁九行　（二）〔三〕月，　景祐、汲古、殿、局本都作「三」。王先謙說作「三」是。
三八頁九行　雍（州）〔地〕　王先謙說「州」字誤，當爲「地」。按通鑑亦作「地」。
四〇頁三行　音女敎（而）〔反〕，　景祐、殿本都作「反」。王先謙說作「反」是。
四七頁七行　爲（大）〔太〕半，　景祐、汲古、殿、局本都作「太」。

漢書卷一下

高帝紀第一下

五年冬十月，漢王追項羽至陽夏南〔一〕止軍，與齊王信、魏相國越期會擊楚，至固陵，〔二〕不會。楚擊漢軍，大破之。漢王復入壁，深塹而守。謂張良曰：「諸侯不從，柰何？」良對曰：「楚兵且破，未有分地，〔三〕其不至固宜。〔四〕君王能與共天下，可立致也。〔五〕齊王信之立，非君王意，信亦不自堅。〔六〕彭越本定梁地，始君王以魏豹故，拜越爲相國。今豹死，越亦望王，而君王不早定。今能取睢陽以北至穀城皆以王彭越，〔七〕從陳以東傅海與齊王信，〔八〕信家在楚，其意欲復得故邑。能出捐此地以許兩人，〔九〕使各自爲戰，則楚易敗也。」於是漢王發使使韓信、彭越。至，皆引兵來。

〔一〕師古曰：「夏音工雅反，已解於上。」

〔二〕晉灼曰：「即固始也。」師古曰：「後改爲固始耳。地理志固始屬淮陽。」

〔三〕李奇曰：「信、越等未有益地之分。」師古曰：「分音扶問反。」

〔四〕師古曰：「理宜然也。」

〔五〕師古曰：「共有天下之地，割而封之。」

〔六〕師古曰：「因信自請爲假王，故立之耳，故曰非君王意。」

〔七〕師古曰：「睢音雖。」

〔八〕師古曰：「傅讀曰附。」

〔九〕師古曰：「捐，棄也，音弋全反。」

十一月，劉賈入楚地，圍壽春。漢亦遣人誘楚大司馬周殷。殷畔楚，以舒屠六，〔一〕舉九江兵迎黥布，並行屠城父，〔二〕隨劉賈皆會。

〔一〕如淳曰：「以舒之衆屠破六縣。」師古曰：「六者，縣名，即上所謂九江王都六者也，後屬廬江郡。」

〔二〕如淳曰：「並行，並擊也。」師古曰：「城父，縣名。父音甫。」

十二月，圍羽垓下。〔一〕羽夜聞漢軍四面皆楚歌，〔二〕知盡得楚地，羽與數百騎走，是以兵大敗。灌嬰追斬羽東城。〔三〕楚地悉定，獨魯不下。漢王引天下兵欲屠之，爲其守節禮義之國，乃持羽頭示其父兄，魯乃降。初，懷王封羽爲魯公，及死，魯又爲之堅守，故以魯公葬羽於穀城。〔四〕漢王爲發（葬）〔喪〕，哭臨而去。〔五〕封項伯等四人爲列侯，賜姓劉氏。〔六〕諸民略在楚者皆歸之。漢王還至定陶，馳入齊王信壁，奪其軍。初項羽所立臨江王共敖前死，子尉嗣立爲王，不降。遣盧綰、劉賈擊虜尉。

〔一〕應劭曰：「垓音該。」李奇曰：「沛洨縣聚邑名也。」師古曰：「洨音衡交反。」

〔二〕應劭曰：「楚歌者，雞鳴歌也。漢已略得其地，故楚歌者多雞鳴時歌也。」師古曰：「楚歌者，爲楚人之歌，猶言吳歈越吟耳。若以雞鳴爲歌曲之名，於理則可，不得云雞鳴時也。高祖令戚夫人楚舞，自爲作楚歌，豈亦雞鳴時乎？」

〔三〕晉灼曰：「九江縣。」

〔四〕師古曰：「即濟北穀城。」

〔五〕師古曰：「臨音力禁反。」

〔六〕師古曰：「皆羽之族，先有功於漢者。」

春正月，追尊兄伯號曰武哀侯。〔一〕下令曰：「楚地已定，義帝亡後，欲存恤楚衆，以定其主。齊王信習楚風俗，更立爲楚王，〔二〕王淮北，都下邳。魏相國建城侯彭越勤勞魏民，卑下士卒，〔三〕常以少擊衆，數破楚軍，其以魏故地王之，號曰梁王，都定陶。」又曰：「兵不得休八年，萬民與苦甚，〔四〕今天下事畢，其赦天下殊死以下。」〔五〕

〔一〕應劭曰：「兄伯早亡，追謚之。」

〔二〕師古曰：「更，改也。」

〔三〕師古曰：「言安輯魏地，保其人衆也。下音胡稼反。」

〔四〕如淳曰：「與音相干與之與。」師古曰：「音弋庶反。」

〔五〕如淳曰：「死罪之明白也。左傳曰斬其木而弗殊。」韋昭曰：「殊死，斬刑也。」師古曰：「殊，絕也，異也，言其身首

離絕而異處也。」

於是諸侯上疏曰：「楚王韓信、韓王信、淮南王英布、梁王彭越、故衡山王吳芮、〔一〕趙王張敖、燕王臧荼昧死再拜言，〔二〕大王陛下：〔三〕先時秦爲亡道，天下誅之。大王先得秦王，定關中，於天下功最多。存亡定危，救敗繼絕，以安萬民，功盛德厚。又加惠於諸侯王有功者，使得立社稷。地分已定，而位號比儗，亡上下之分，〔四〕大王功德之著，於後世不宣。〔五〕昧死再拜上皇帝尊號。」漢王曰：「寡人聞帝者賢者有也，〔六〕虛言亡實之名，非所取也。今諸侯王皆推高寡人，將何以處之哉？」諸侯王皆曰：「大王起於細微，滅亂秦，威動海內。又以辟陋之地，〔七〕自漢中行威德，誅不義，立有功，平定海內，功臣皆受地食邑，非私之也。大王德施四海，諸侯王不足以道之，居帝位甚實宜，願大王以幸天下。」〔八〕漢王曰：「諸侯王幸以爲便於天下之民，則可矣。」於是諸侯王及太尉長安侯臣綰等三百人，〔九〕與博士稷嗣君叔孫通〔一〇〕謹擇良日二月甲午，上尊號。漢王即皇帝位于氾水之陽。〔一一〕尊王后曰皇后，太子曰皇太子，追尊先媼曰昭靈夫人。

〔一〕張晏曰：「漢元年，項羽立芮爲衡山王，後又奪之地，謂之番君，是以曰故。」

〔二〕張晏曰：「秦以爲人臣上書當言昧犯死罪而言，漢遂遵之。」

〔三〕應劭曰：「陛者，升堂之陛。王者必有執兵陳於階陛之側，羣臣與至尊言，不敢指斥，故呼在陛下者而告之，因卑

中華書局

以達尊之意也。若今稱殿下、閣下、侍者、執事，皆此類也。」
〔四〕師古曰：「言大王與臣等並稱王，是爲比類相儗，無尊卑之差別也。地分音扶問反。」
〔五〕師古曰：「言位號不殊，則功德之著明者，不宣於後世也。」
〔六〕師古曰：「言賢德之人乃可有帝號。」
〔七〕師古曰：「辟讓曰僻。」
〔八〕晉灼曰：「漢儀注民臣被其德以爲僥倖也。」師古曰：「倖者，吉而免凶，可慶幸也，故福喜之事皆稱爲幸，而死謂之不幸。」
〔九〕師古曰：「綰，盧綰也。」
〔一〇〕孟康曰：「稷嗣，邑名。」
〔一一〕張晏曰：「在濟陰界，取其汜愛弘大而潤下也。」師古曰：「據叔孫通傳曰爲皇帝於定陶，則此水在濟陰是也。音敷劍反。」

詔曰：〔一〕「故衡山王吳芮與子二人、兄子一人，從百粵之兵，〔二〕以佐諸侯，誅暴秦，有大功，諸侯立以爲王。項羽侵奪之地，謂之番君。〔三〕其以長沙、豫章、象郡、桂林、南海立番君芮爲長沙王。」〔四〕又曰：「故粵王亡諸世奉粵祀，秦侵奪其地，使其社稷不得血食。〔五〕諸侯伐秦，亡諸身帥閩中兵以佐滅秦，〔六〕項羽廢而弗立。今以爲閩粵王，王閩中地，勿使失職。」

〔一〕如淳曰：「詔，告也。自秦漢以下，唯天子獨稱之。」

〔二〕服虔曰：「非一種，若今言百蠻也。」
〔三〕師古曰：「番音潘何反。」
〔四〕臣瓚曰：「茂陵書象郡治臨塵，去長安萬七千五百里。」文穎曰：「桂林，今鬱林也。」師古曰：「桂林，今之桂州境界左右皆是其地，非鬱林也。」
〔五〕師古曰：「祭者尚血腥，故曰血食也。」
〔六〕如淳曰：「閩音緡。」應劭曰：「音文飾之文。」師古曰：「閩越，今泉州建安是其地也。其人本蛇種，故其字從虫。如音是也。虫音許尾反。」

帝乃西都洛陽。夏五月，兵皆罷歸家。詔曰：「諸侯子在關中者，復之十二歲，〔一〕其歸者半之。〔二〕民前或相聚保山澤，不書名數，〔三〕今天下已定，令各歸其縣，復故爵田宅，〔四〕吏以文法教訓辨告，勿笞辱。〔五〕民以飢餓自賣爲人奴婢者，皆免爲庶人。軍吏卒會赦，其亡罪而亡爵及不滿大夫者，皆賜爵爲大夫。〔六〕故大夫以上賜爵各一級，〔七〕其七大夫以上，皆令食邑，〔八〕非七大夫以下，皆復其身及戶，勿事。」〔九〕又曰：「七大夫、公乘以上，皆高爵也。〔一〇〕諸侯子及從軍歸者，甚多高爵，吾數詔吏先與田宅，及所當求於吏者，亟與。〔一一〕爵或人君，上所尊禮，〔一二〕久立吏前，曾不爲決，〔一三〕甚亡謂也。〔一四〕異日秦民爵公大夫以上，令丞與亢禮。〔一五〕今吾於爵非輕也，吏獨安取此！〔一六〕且法以有功勞行田宅，〔一七〕今小吏未嘗從軍者多滿，〔一八〕而有功者顧不得，〔一九〕背公立私，守尉長吏教訓甚不善。〔二〇〕其令諸吏善遇高爵，稱吾意。〔二一〕且廉問，有不如吾詔者，以重論之。」〔二二〕

〔一〕師古曰：「復音方目反。」
〔二〕師古曰：「各已還其本土者，復六歲也。」
〔三〕師古曰：「保，守也，安也。守而安之，以避難也。名數，謂戶籍也。」
〔四〕師古曰：「復，還也，音扶目反。」
〔五〕師古曰：「辨告者，分別義理以曉喻之。」
〔六〕如淳曰：「軍吏卒會赦，得免罪，及本無罪而亡爵級者，皆賜爵爲大夫。」師古曰：「大夫，第五爵也。」
〔七〕師古曰：「就加之也。級，等也。」
〔八〕臣瓚曰：「秦制，列侯乃得食邑，今七大夫以上皆食邑，所以寵之也。」師古曰：「七大夫，公大夫也，爵第七，故謂之七大夫。」
〔九〕應劭曰：「不輸戶賦也。」如淳曰：「事謂役使也。」師古曰：「復其身及一戶之內皆不傜賦也。復音扶目反。」
〔一〇〕師古曰：「公乘，第八爵。」
〔一一〕師古曰：「亟，急也，音居力反。」
〔一二〕師古曰：「爵高有國邑者，則自君其人，故云或人君也。上謂天子。」
〔一三〕師古曰：「有辨（說）〔訟〕及陳請者，不早爲決斷。」
〔一四〕師古曰：「亡謂者，失於事宜，不可以訓。」
〔一五〕應劭曰：「言從公大夫以上，民與令丞亢禮。亢禮者，長揖不拜。」師古曰：「異日，猶言往日也。亢者，當也，言高下相當，無所卑屈，不獨謂揖拜也。」

〔一六〕師古曰：「於何得此輕爵之法也。」
〔一七〕蘇林曰：「行音行酒之行，猶付與也。」
〔一八〕如淳曰：「多自滿足也。」
〔一九〕師古曰：「顧猶反也，言若人反顧然。」
〔二〇〕師古曰：「守，郡守也。尉，郡尉也。長吏，謂縣之令長。」
〔二一〕師古曰：「稱，副也。」
〔二二〕師古曰：「廉，察也。廉字本作覝，其音同耳。」

帝置酒雒陽南宮。上曰：〔一〕「通侯諸將〔二〕毋敢隱朕，〔三〕皆言其情。吾所以有天下者何？項氏之所以失天下者何？」高起、王陵對曰：〔四〕「陛下嫚而侮人，〔五〕項羽仁而敬人。然陛下使人攻城略地，所降下者，因以與之，與天下同利也。項羽妒賢嫉能，有功者害之，賢者疑之，戰勝而不與人功，得地而不與人利，此其所以失天下也。」上曰：「公知其一，未知其二。夫運籌帷幄之中，決勝千里之外，吾不如子房；塡國家，撫百姓，給餉餽，不絕糧道，吾不如蕭何；〔六〕連百萬之衆，戰必勝，攻必取，吾不如韓信。三者皆人傑，吾能用之，〔七〕此吾所以取天下者也。項羽有一范增而不能用，此所以爲我禽也。」羣臣說服。〔八〕

〔一〕如淳曰：「蔡邕云上者尊位所在也。但言上，不敢言尊號耳。」

〔二〕應劭曰：「舊曰徹侯，避武帝諱曰通侯。通亦徹也。通者，言其功德通於王室也。」張晏曰：「後改爲列侯。列者，見序列也。」

〔三〕如淳曰：「朕，我也。蔡邕曰古者上下共之。咎繇與帝舜言稱朕，屈原曰『朕皇考』，至秦獨以爲尊稱，漢遂因之而不改也。」

〔四〕張晏曰：「詔使高官者起，故陵先對。」孟康曰：「姓高，名起。」臣瓚曰：「漢帝年紀高帝時有信平侯臣陵、都武侯臣起。魏相、邴吉高帝時奏事有將軍臣陵、臣起。」師古曰：「張說非也。若言高官者起，則丞相蕭何、太尉盧綰及張良、陳平之屬時皆在陵上，陵不得先對也。」

〔五〕師古曰：「嫚，易也，讀與慢同。」

〔六〕師古曰：「塡與鎮同。鎮，安也。餽亦饋字。」

〔七〕師古曰：「傑言桀然獨出也。」

〔八〕師古曰：「說讀曰悅。」

初，田橫歸彭越。項羽已滅，橫懼誅，與賓客亡入海。上恐其久爲亂，遣使者赦橫，曰：「橫來，大者王，小者侯；〔一〕不來，且發兵加誅。」橫懼，乘傳詣雒陽，〔二〕未至三十里，自殺。上壯其節，爲流涕，發卒二千人，以王禮葬焉。

〔一〕師古曰：「大者，謂其長率，即橫身也。小者，其徒屬也。」

〔二〕如淳曰：「律，四馬高足爲置傳，四馬中足爲馳傳，四馬下足爲乘傳，一馬二馬爲軺傳。急者乘一乘傳。」師古曰：

「傳者，若今之驛，古者以車，謂之傳車，其後又單置馬，謂之驛騎。傳音張戀反。」

戍卒婁敬求見，說上曰：「陛下取天下與周異，而都雒陽，不便，不如入關，據秦之固。」上以問張良，良因勸上。是日，車駕西都長安。〔一〕拜婁敬爲奉春君，〔二〕賜姓劉氏。六月壬辰，大赦天下。

〔一〕師古曰：「凡言車駕者，謂天子乘車而行，不敢指斥也。是日，即其日也。著是日者，言從善之速也。長安本秦之鄉名，高祖作都焉。」

〔二〕張晏曰：「春，歲之始也，今婁敬發事之始，故號曰奉春君也。」

秋七月，燕王臧荼反，上自將征之。九月，虜荼。詔諸侯王視有功者立以爲燕王。荊王臣信等十人〔一〕皆曰：「太尉長安侯盧綰功最多，請立以爲燕王。」使丞相噲將兵平代地。

〔一〕如淳曰：「荊亦楚也。」賈逵曰：「秦莊襄王名楚，故改諱荊，遂行於世。」晉灼曰：「詩曰『奮伐荊楚』，自秦之先故以稱荊也。」師古曰：「晉說是也。左傳又云『荊尸而舉』，亦已久矣。」

利幾反，上自擊破之。利幾者，項羽將。羽敗，利幾爲陳令，降，上侯之潁川。上至雒陽，舉通侯籍召之，〔一〕而利幾恐，反。〔二〕

〔一〕蘇林曰：「都以侯籍召之。」

〔二〕師古曰：「嘗召通侯，而利幾自以項羽將，故恐懼而反也。」

後九月，徙諸侯子關中。治長樂宮。

六年冬十月，令天下縣邑城。〔一〕

〔一〕張晏曰：「皇后、公主所食曰邑。令各自築其城也。」師古曰：「縣之與邑，皆令築城。」

人告楚王信謀反，上問左右，左右爭欲擊之。用陳平計，乃僞游雲夢。〔一〕十二月，會諸侯于陳，楚王信迎謁，因執之。詔曰：「天下既安，豪桀有功者封侯，新立，未能盡圖其功。〔二〕身居軍九年，或未習法令，或以其故犯法，〔三〕大者死刑，吾甚憐之。其赦天下。」田肯賀上曰：「甚善，陛下得韓信，又治秦中。〔四〕秦，形勝之國也，〔五〕帶河阻山，縣隔千里，〔六〕持戟百萬，秦得百二焉。〔七〕地勢便利，其以下兵於諸侯，譬猶居高屋之上建瓴水也。〔八〕夫齊，東有琅邪、即墨之饒，〔九〕南有泰山之固，西有濁河之限，〔一〇〕北有勃海之利，地方二千里，持戟百萬，縣隔千里之外，齊得十二焉。〔一一〕此東西秦也。非親子弟，莫可使王齊者。」上曰：「善。」賜金五百斤。上還至雒陽，赦韓信，封爲淮陰侯。

〔一〕韋昭曰：「在南郡之華容也。」師古曰：「夢讀如本字，又音莫鳳反。」

〔二〕師古曰：「新立，言新即帝位也。圖謂謀而賞之。」

〔三〕韋昭曰：「言未習知法令而犯之者，有司因以故犯法之罪罪之，故帝愍焉。」師古曰：「此說非也，言以未習法令之故，不知避罪，遂致犯刑，帝原其本情，故加憐之。」

〔四〕師古曰：「治謂都之也。秦中謂關中，秦地也。」

〔五〕張晏曰：「得形勢之勝便也。」

〔六〕鄭氏曰：「縣音懸。」師古曰：「此本古之懸字耳，後人轉用爲州縣字，乃更加心以別之，非當借音。他皆類此。」

〔七〕應劭曰：「言河山之險，與諸侯相縣隔，絕千里也。所以能禽諸侯者，得天下之利百二也。」李斐曰：「河山之險，由地勢高，順流而下易，故天下於秦縣隔千里也。持戟百萬，秦得百二焉。」蘇林曰：「百二，得百中之二，二萬人也。秦地險固，二萬人足當諸侯百萬人也。」師古曰：「縣隔千里，李、應得之。秦得百二，蘇說是也。」

〔八〕如淳曰：「瓴，盛水瓶也。居高屋之上而幡瓴水，言其向下之勢易也。建音蹇。」蘇林曰：「瓴讀曰鈴。」師古曰：「如、蘇音說皆是。建音居偃反。」

〔九〕師古曰：「二縣近海，財用之所出。」

〔一〇〕晉灼曰：「齊西有平原，河水東北過高唐。高唐即平原也。孟津號黃河，故曰濁河也。」

〔一一〕應劭曰：「齊得十之二耳，故湣王稱東帝，後復歸之，卒爲秦所滅者，利鈍之勢異也。」李斐曰：「齊有山河之限，地方二千里，是與天下縣隔也。設有持戟百萬之衆，齊得十中之二焉。百萬十分之二，亦二十萬也。但文相避，故言東西秦，其勢敵也。」蘇林曰：「十二，得十中之二，二十萬人當百萬。言齊雖固，不如秦二萬乃當百萬也。」晉灼曰：「案文改義，蘇說是也。」師古曰：「蘇、晉之釋得其意也。秦得百二者，二萬人當諸侯百萬人也。齊得十二者，二十萬人當諸侯百萬也。所以言縣隔千里之外者，除去秦地，而齊乃與諸侯計利便也。」

甲申，始剖符封功臣曹參等爲通侯。〔一〕詔曰：「齊，古之建國也，今爲郡縣，其復以爲諸侯。〔二〕將軍劉賈數有大功，及擇寬惠脩絜者，王齊、荊地。」春正月丙午，韓王信等奏請以

故東陽郡、鄣郡、吳郡五十三縣立劉賈爲荆王，〔三〕以碭郡、薛郡、郯郡三十六縣立弟文信君交爲楚王。〔四〕壬子，以雲中、鴈門、代郡五十三縣立兄宜信侯喜爲代王，以膠東、膠西、臨淄、濟北、博陽、城陽郡七十三縣立子肥爲齊王，以太原郡三十一縣爲韓國，徙韓王信都晉陽。

〔一〕師古曰：「剖，破也，與其合符而分授之也。剖音普口反。」
〔二〕師古曰：「爲國以封諸侯王。」
〔三〕文穎曰：「東陽，今下邳也。鄣郡，今丹（楊）〔陽〕也。吳郡，本會稽也。」韋昭曰：「鄣郡，今故鄣縣也，後郡徙丹（楊）〔陽〕，轉以爲縣，故謂之故鄣也。」師古曰：「鄣音章。」
〔四〕文穎曰：「薛郡，今魯國是也。郯郡，今東海郡也。」師古曰：「郯音談。」

上已封大功臣〔三〕〔二〕十餘人，其餘爭功，未得行封。上居南宮，從復道上〔一〕見諸將往往耦語，以問張良。良曰：「陛下與此屬共取天下，今已爲天子，而所封皆故人所愛，所誅皆平生仇怨。今軍吏計功，以天下爲不足用徧封，〔二〕而恐以過失及誅，故相聚謀反耳。」上曰：「爲之奈何？」良曰：「取上素所不快，〔三〕計羣臣所共知最甚者一人，先封以示羣臣。」三月，上置酒，封雍齒，因趣丞相急定功行封。〔四〕罷酒，羣臣皆喜，曰：「雍齒且侯，吾屬亡患矣！」

〔一〕如淳曰：「復音複，上下有道，故謂之復。」
〔二〕師古曰：「言有功者多，而土地少。」
〔三〕師古曰：「言有舊嫌者也。」
〔四〕師古曰：「趣讀曰促。」

上歸櫟陽，五日一朝太公。太公家令說太公曰：「天亡二日，土亡二王。皇帝雖子，人主也；太公雖父，人臣也。奈何令人主拜人臣！如此，則威重不行。」後上朝，太公擁彗，〔一〕迎門卻行。〔二〕上大驚，下扶太公。太公曰：「帝，人主，奈何以我亂天下法！」於是上心善家令言，〔三〕賜黃金五百斤。夏五月丙午，詔曰：「人之至親，莫親於父子，故父有天下傳歸於子，子有天下尊歸於父，此人道之極也。前日天下大亂，兵革並起，萬民苦殃，朕親被堅執銳，〔四〕自帥士卒，犯危難，平暴亂，立諸侯，偃兵息民，天下大安，此皆太公之教訓也。諸王、通侯、將軍、羣卿、大夫已尊朕爲皇帝，而太公未有號。今上尊太公曰太上皇。」〔五〕

〔一〕李奇曰：「爲恭也，如今卒持帚也。」師古曰：「彗者，所以埽也，音似歲反。」
〔二〕師古曰：「卻退而行也，音丘略反。」
〔三〕師古曰：「晉太子庶子劉寶云善其發悟已心，因得尊崇父號，非善其令父敬已。」
〔四〕師古曰：「被堅謂甲冑也。執銳謂利兵也。被音皮義反。」
〔五〕師古曰：「太上，極尊之稱也。皇，君也。天子之父，故號曰皇。不預治國，故不言帝也。」

秋九月，匈奴圍韓王信於馬邑，信降匈奴。

七年冬十月，上自將擊韓王信於銅鞮，〔一〕斬其將。信亡走匈奴，（與）其將曼丘臣、王黃〔二〕共立故趙後趙利爲王，〔三〕收信散兵，與匈奴共距漢。上從晉陽連戰，乘勝逐北，至樓煩，會大寒，士卒墮指者什二三。〔四〕遂至平城，爲匈奴所圍，七日，用陳平祕計得出。〔五〕使樊噲留定代地。

〔一〕師古曰：「縣名也。鞮音丁奚反。」
〔二〕師古曰：「姓曼丘，名臣也。曼丘、毋丘本一姓也，語有緩急耳。曼音萬。」
〔三〕師古曰：「故趙，六國時趙也。」
〔四〕師古曰：「十人之中，二三墮指。」
〔五〕應劭曰：「陳平使畫工圖美女，間遣人遺閼氏，云漢有美女如此，今皇帝困厄，欲獻之。閼氏畏其奪己寵，因謂單于曰：『漢天子亦有神靈，得其土地，非能有也。』於是匈奴開其一角，得突出。」鄭氏曰：「以計鄙陋，故祕不傳。」師古曰：「應氏之說出桓譚新論，蓋譚以意測之，事當然耳，非紀傳所說也。」

十二月，上還過趙，不禮趙王。是月，匈奴攻代，代王喜棄國，自歸雒陽，赦爲合陽侯。辛卯，立子如意爲代王。

春，令郎中有罪耐以上，請之。〔一〕民產子，復勿事二歲。〔二〕

〔一〕應劭曰：「輕罪不至于髡，完其耏鬢，故曰耏。古耐字從彡，髮膚之意也。杜林以爲法度之字皆從寸，後改如是。言耐罪已上，皆當先請也。耐音若能。」如淳曰：「耐猶任也，任其事也。」師古曰：「依應氏之說，耏當音而，如氏之解則音乃代反，其義亦兩通。（而）〔耏〕謂頰旁毛也。彡，毛髮貌也，音所廉反，又先廉反。而功臣侯表宣曲侯通耏爲鬼薪，則應氏之說斯爲長矣。」
〔二〕師古曰：「勿事，不役使也。」

二月，至長安。蕭何治未央宮，立東闕、北闕、前殿、武庫、大倉。〔一〕上見其壯麗，甚怒，謂何曰：「天下匈匈，勞苦數歲，成敗未可知，〔二〕是何治宮室過度也！」何曰：「天下方未定，故可因以就宮室。〔三〕且夫天子以四海爲家，非令壯麗亡以重威，且亡令後世有以加也。」上說。〔四〕自櫟陽徙都長安。置宗正(官)〔官〕以序九族。夏四月，行如雒陽。〔五〕

〔一〕師古曰：「未央殿雖南嚮，而上書奏事謁見之徒皆詣北闕，公車司馬亦在北焉。是則以北闕爲正門，而又有東門、東闕。至於西南兩面，無門闕矣。蓋蕭何初立未央宮，以厭勝之術，理宜然乎？」
〔二〕師古曰：「匈匈，喧擾之意。」
〔三〕師古曰：「就，成也。」
〔四〕師古曰：「說讀曰悅。」
〔五〕師古曰：「如，往也。」

八年冬，上東擊韓信餘寇於東垣。(一)還過趙，趙相貫高等恥上不禮其王，陰謀欲弑上。上欲宿，心動，問「縣名何？」曰「柏人。」上曰「柏人者，迫於人也。」去弗宿。

(一)孟康曰：「眞定也。」師古曰：「垣音袁。」

十一月，令士卒從軍死者爲槥，(一)歸其縣，縣給衣衾棺葬具，(二)祠以少牢，長吏視葬。十二月，行自東垣至。(三)

(一)服虔曰：「槥音衞。」應劭曰：「小棺也，今謂之櫝。」

(二)如淳曰：「棺音貫，謂棺斂之服也。」臣瓚曰：「初以槥致其尸於家，縣官更給棺衣更斂之也。金布令曰『不幸死，死所爲櫝，傳歸所居縣，賜以衣棺』也。」師古曰：「初爲槥櫝，至縣更給衣及棺，備其葬具耳。不勞改讀音爲貫也。金布者，令篇(者)[名]，若今言倉庫令也。」

(三)師古曰：「至京師。」

春三月，行如雒陽。令吏卒從軍至平城及守城邑者(一)皆復終身勿事。(二)爵非公乘以上毋得冠劉氏冠。(三)賈人毋得衣錦繡綺縠絺紵罽，操兵，乘騎馬。(四)秋八月，吏有罪未發覺者，赦之。九月，行自雒陽至，淮南王、梁王、趙王、楚王皆從。

(一)如淳曰：「平城左右諸城能堅守(也)[者]。」

(二)師古曰：「復音方目反。」

(三)文穎曰：「即竹皮冠也。」

(四)師古曰：「賈人，坐販賣者也。綺，文繒也，即今之細綾也。絺，細葛也。紵，織紵爲布及疏也。罽，織毛若今毼及氍毹之類也。操，持也。兵，凡兵器也。乘，駕車也。騎，單騎也。賈音古。絺音丑知反。紵音佇。罽音居例反。操音千高反。」

九年冬十月，淮南王、梁王、趙王、楚王朝未央宮，置酒前殿。上奉玉卮(一)爲太上皇壽，(二)曰：「始大人常以臣亡賴，(三)不能治產業，不如仲力。(四)今某之業所就孰與仲多？」(五)殿上羣臣皆稱萬歲，大笑爲樂。

(一)應劭曰：「飲酒禮器也，古以角作，受四升。古卮字作觗。」晉灼曰：「音支。」師古曰：「卮，飲酒圓器也，今尙有之。」

(二)師古曰：「進酒而獻壽也，已解於上。」

(三)應劭曰：「賴者，恃也。」晉灼曰：「許慎云『賴，利也』，無利入於家也。或曰江淮之間謂小兒多詐狡猾爲亡賴。」師古曰：「晉說是也。猾音工外反。」

(四)服虔曰：「力，勤力也。」

(五)師古曰：「就，成也。與亦如也。」

十一月，徙齊楚大族昭氏、屈氏、景氏、懷氏、田氏五姓關中，與利田宅。(一)十二月，行如雒陽。

(一)師古曰：「利謂便好也。屈音九勿反。」

貫高等謀逆發覺，逮捕高等，(一)并捕趙王敖下獄。詔敢有隨王，罪三族。(二)郎中田叔、孟舒等十人自髡鉗爲王家奴，(三)從王就獄。王實不知其謀。春正月，廢趙王敖爲宣平侯。徙代王如意爲趙王，王趙國。丙寅，前有罪殊死以下，皆赦之。

(一)師古曰：「逮捕，謂事相連及者皆捕之也。一曰，在道守禁，相屬不絕，若今之傳送囚耳。」

(二)張晏曰：「父母兄弟妻子也。」如淳曰：「父族、母族、妻族也。」師古曰：「如說是也。」

(三)師古曰：「鉗，以鐵束頸也，音其炎反。」

二月，行自雒陽至。賢趙臣田叔、孟舒等十人，召見與語，漢廷臣無能出其右者。(一)上說，(二)盡拜爲郡守、諸侯相。

(一)師古曰：「古者以右爲尊，言材用無能過之者，故云不出其右也。他皆類此。」

(二)師古曰：「說讀曰悅。」

夏六月乙未晦，日有食之。

十年冬十月，淮南王、燕王、荊王、梁王、楚王、齊王、長沙王來朝。

夏五月，太上皇后崩。(一)秋七月癸卯，太上皇崩，葬萬年。(二)赦櫟陽囚死罪以下。(三)八月，令諸侯王皆立太上皇廟于國都。

(一)如淳曰：「王陵傳楚取太上皇、呂后爲質。又項羽歸太公、呂后，不見歸媼也。又上五年追尊母媼爲昭靈夫人，高后時乃追尊爲昭靈后耳。漢儀注高帝母兵起時死小黃北，後於小黃作陵廟。以此二者推之，不得有太上皇后崩也。」李奇曰：「高祖後母也。」晉灼曰：「五年，追尊先媼曰昭靈夫人，言追尊，則明其已亡。史記十年春夏無事，七月太上皇崩，葬櫟陽宮，明此長『夏五月太上皇后崩』八字也。又漢儀注先媼已葬陳留小黃。」師古曰：「如、晉二說皆得之，無此太上皇后也。諸家之說更有異端，適爲煩穢，不足采也。」

(二)師古曰：「三輔黃圖云高祖初居櫟陽，故太上皇因在櫟陽。十年太上皇崩，葬其北原，起萬年邑，置長丞也。」

(三)臣瓚曰：「萬年陵在櫟陽縣界，故特赦之。」

九月，代相國陳豨反。(一)上曰：「豨嘗爲吾使，甚有信。(二)代地吾所急，故封豨爲列侯，以相國守代，今乃與王黃等劫掠代地！吏民非有罪也，能去豨、黃來歸者，皆赦之。」(三)上自東，至邯鄲。上喜曰：「豨不南據邯鄲而阻漳水，吾知其亡能爲矣。」趙相周昌奏常山二十五城亡其二十城，請誅守尉。(四)上曰：「守尉反乎？」對曰：「不。」上曰：「是力不足，亡罪。」上令周昌選趙壯士可令將者，白見四人。(五)上嫚罵曰：(六)「豎子能爲將乎！」四人慙，皆伏地。上封各千戶，以爲將。左右諫曰：「從入蜀漢，伐楚，賞未徧行，今封此，何功？」上曰：「非汝所知。陳豨反，趙代地皆豨有。吾以羽檄徵天下兵，未有至者，(七)今計唯獨邯鄲中兵耳。吾何愛四千戶，不以慰趙子弟！」皆曰：「善。」又求樂毅有後乎？」(八)得其孫

叔，封之樂鄉，號華成君。問豨將，皆故賈人。上曰：「吾知與之矣。」〔九〕乃多以金購豨將，〔一〇〕豨將多降。

〔一〕鄧展曰：「東海人名豬曰豨。」師古曰：「豨音許豈反。」
〔二〕師古曰：「爲音于僞反。」
〔三〕師古曰：「去謂棄離之而來也。」
〔四〕師古曰：「守者，郡守；尉者，郡尉也。」
〔五〕師古曰：「白於天子而召見也。」
〔六〕師古曰：「嫚者，褻汙也。」
〔七〕師古曰：「檄者，以木簡爲書，長尺二寸，用徵召也。其有急事，則加以鳥羽插之，示速疾也。魏武奏事云今邊有警，輒露檄插羽。檄音胡歷反。」
〔八〕師古曰：「樂毅，戰國時燕將也。」
〔九〕師古曰：「與，如也，言能如之何也。」
〔一〇〕師古曰：「購，設賞募也，（音搆）。」

十一年冬，上在邯鄲。豨將侯敞將萬餘人游行，王黃將騎千餘軍曲逆，〔一〕張春將卒萬餘人度河攻聊城。〔二〕漢將軍郭蒙與齊將擊，大破之。太尉周勃道太原入定代地，〔三〕至馬

邑，馬邑不下，攻殘之。〔四〕豨將趙利守東垣，高祖攻之不下。卒罵，上怒。城降，卒罵者斬之。諸縣堅守不降反寇者，復租賦三歲。

〔一〕文穎曰：「今中山蒲陰是也。」
〔二〕師古曰：「即今博州聊城縣。」
〔三〕師古曰：「道由太原也。」
〔四〕師古曰：「殘謂多所殺戮也。」

春正月，淮陰侯韓信謀反長安，夷三族。將軍柴武斬韓王信於參合。〔一〕

〔一〕師古曰：「代之縣也。」

上還雒陽。詔曰：「代地居常山之北，與夷狄邊，趙乃從山南有之，遠，數有胡寇，難以爲國。頗取山南太原之地益屬代，〔一〕代之雲中以西爲雲中郡，則代受邊寇益少矣。王、相國、通侯、吏二千石擇可立爲代王者。」燕王綰、相國何等三十三人皆曰：「子恆賢知溫良，請立以爲代王，都晉陽。」〔二〕大赦天下。

〔一〕師古曰：「少割以益之，不盡取也。頗音普我反。後皆類此。」
〔二〕如淳曰：「文紀言都中都，又文帝過太原，復晉陽、中都二歲，似遷都於中都也。」

二月，詔曰：「欲省賦甚。〔一〕今獻未有程，〔二〕吏或多賦以爲獻，而諸侯王尤多，民疾之。〔三〕令諸侯王、通侯常以十月朝獻，及郡各以其口數率，〔四〕人歲六十三錢，以給獻費。」

又曰：「蓋聞王者莫高於周文，伯者莫高於齊桓，〔五〕皆待賢人而成名。今天下賢者智能豈特古之人乎？〔六〕患在人主不交故也，士奚由進！〔七〕今吾以天之靈，賢士大夫定有天下，以爲一家，欲其長久，世世奉宗廟亡絕也。賢人已與我共平之矣，而不與吾共安利之，可乎？賢士大夫有肯從我游者，吾能尊顯之。布告天下，使明知朕意。御史大夫昌下相國，〔八〕相國酇侯下諸侯王，〔九〕御史中執法下郡守，〔一〇〕其有意稱明德者，必身勸，爲之駕，〔一一〕遣詣相國府，署行、義、年。〔一二〕有而弗言，覺，免。年老癃病，勿遣。」〔一三〕

〔一〕師古曰：「意甚欲省賦斂也。」
〔二〕師古曰：「程，法式也。」
〔三〕師古曰：「諸侯王賦其國中，以爲獻物，又多於郡，故百姓疾苦之。」
〔四〕師古曰：「率，計也。」
〔五〕師古曰：「伯讀曰霸。」
〔六〕師古曰：「特，獨也。」
〔七〕師古曰：「奚，何也。」
〔八〕臣瓚曰：「周昌已爲趙相，御史大夫是趙堯耳。」
〔九〕臣瓚曰：「茂陵書何封國在南陽。酇音贊。」師古曰：「瓚說是也。而或云何封沛郡酇縣，音才何反，非也。案地理志南陽酇縣云侯國，沛酇縣不云侯國也。又南陽酇者，本是春秋時陰國，所謂遷陰于下陰者也。今爲襄州陰

城縣，有酇城，城西見有蕭何廟。彼土又有筑水，筑水之陽古曰筑陽縣，與酇側近連接。據何本傳，何薨之後子祿無嗣，高后封何夫人同爲酇侯，小子延爲筑陽侯。孝文罷同，更封延爲酇侯。是知何封酇國兼得筑陽，此明驗也。但酇字別有鄼音，是以沛之鄼縣，史記、漢書皆作酇字，明其音同也。班固泗水亭碑以蕭何相國所封，與何同韻，於義無爽。然其封邑實在南陽，非沛縣也。且地理志云王莽改沛酇曰贊治，然則沛酇亦有贊音。鄼、酇相亂，無所取信也。說者又引江統徂淮賦以爲證，此乃統之疏謬，不可考覈，亦猶潘岳西征以陝之曲沃爲成師所居耳。斯例甚多，不可具載。」
〔一〇〕晉灼曰：「中執法，中丞也。」
〔一一〕文穎曰：「有賢者，郡守身自往勸勉，令至京師，駕車遣之。」
〔一二〕蘇林曰：「行狀年紀也。」
〔一三〕師古曰：「癃，疲病也，音隆。」

三月，梁王彭越謀反，夷三族。〔一〕詔曰：「擇可以爲梁王、淮陽王者。」燕王綰、相國何等請立子恢爲梁王，子友爲淮陽王。罷東郡，頗益梁；罷潁川郡，頗益淮陽。

〔一〕師古曰：「夷，平也，謂盡誅除之。」

夏四月，行自雒陽至。令豐人徙關中者皆復終身。〔一〕

〔一〕應劭曰：「太上皇思（上）欲歸豐，高祖乃更築城寺市里如豐縣，號曰新豐，徙豐民以充實之。」師古曰：「徙豐人所居，即今之新豐古城是其處。復音方目反。」

五月，詔曰：「粵人之俗，好相攻擊，前時秦徙中縣之民南方三郡，〔一〕使與百粵雜處。〔二〕會天下誅秦，南海尉它居南方長治之，〔三〕甚有文理，中縣人以故不耗減，〔四〕粵人相攻擊之俗益止，俱賴其力。今立它爲南粵王。」使陸賈即授璽綬。〔五〕它稽首稱臣。

〔一〕如淳曰：「中縣之民，中國縣民也。秦始皇略取（彊）〔陸〕梁地以爲桂林、象郡、南海郡，故曰三郡。」

〔二〕李奇曰：「欲以介其間，使不相攻擊也。」

〔三〕晉灼曰：「長音長吏之長。」師古曰：「它，古佗字也，書本亦或作他，並音徒何反。它者，南海尉之名也，姓趙。長治，謂爲之長（治）〔帥〕而治理之也。」

〔四〕師古曰：「耗，損也，音火到反。」

〔五〕師古曰：「即，就也，就其所居而立之。」

六月，令士卒從入蜀、漢、關中者皆復終身。〔一〕

〔一〕師古曰：「復音方目反。」

秋七月，淮南王布反。上問諸將，滕公言故楚令尹薛公有籌策。上（見公）〔召見〕，薛公言布形勢，上善之，封薛公千戶。詔王、相國擇可立爲淮南王者，羣臣請立子長爲王。上乃發上郡、北地、隴西車騎，巴蜀材官及中尉卒三萬人〔一〕爲皇太子衞，軍霸上。布果如薛公言，東擊殺荊王劉賈，劫其兵，度淮擊楚，楚王交走入薛。上赦天下死罪以下，皆令從軍；徵諸侯兵，上自將以擊布。

〔一〕應劭曰：「材官，有材力者。」張晏曰：「材官、騎士習射御騎馳戰陳，常以八月，太守、都尉、令、長、丞會都試，課殿最。水處則習船，邊郡將萬騎行障塞。光武時省。」韋昭曰：「中尉卽執金吾也。」

十二年冬十月，上破布軍于會缶，〔一〕布走，令別將追之。

〔一〕孟康曰：「音儈保，邑名，屬沛國蘄縣。」蘇林曰：「缶音甀。」晉灼曰：「蘄縣鄉名也。」師古曰：「會音工外反。缶音丈瑞反。蘇音是也。此字本作甀，而轉寫者誤爲缶字耳。音保，非也。黥布傳則正作甀字，此足明其不作缶也。」

上還，過沛，留。置酒沛宮，悉召故人父老子弟佐酒。〔一〕發沛中兒得百二十人，教之歌。酒酣，〔二〕上擊筑，〔三〕自歌曰：「大風起兮雲飛揚，威加海內兮歸故鄉，安得猛士兮守四方！」令兒皆和習之。〔四〕上乃起舞，忼慨傷懷，〔五〕泣數行下。〔六〕謂沛父兄曰：「游子悲故鄉。〔七〕吾雖都關中，萬歲之後吾魂魄猶思（樂）沛。且朕自沛公以誅暴逆，遂有天下，其以沛爲朕湯沐邑，〔八〕復其民，世世無有所與。」〔九〕沛父老諸母故人日樂飲極歡，道舊故爲笑樂。〔一〇〕十餘日，上欲去，沛父兄固請。上曰：「吾人衆多，父兄不能給。」乃去。沛中空縣皆之邑西獻。〔一一〕上留止，張飲三日。〔一二〕沛父兄皆頓首曰：「沛幸得復，豐未得，唯陛下哀矜。」上曰：「豐者，吾所生長，極不忘耳。〔一三〕吾特以其爲雍齒故反我爲魏。」沛父兄固請之，乃并復豐，比沛。

〔一〕應劭曰：「助行酒。」

〔二〕師古曰：「酣，洽也，音胡甘反。」

〔三〕鄧展曰：「筑音竹。」應劭曰：「狀似琴而大，頭安弦，以竹擊之，故名曰筑。」師古曰：「今筑形似瑟而細頸也。」

〔四〕師古曰：「和音胡臥反。」

〔五〕師古曰：「忼音口朗反。慨音口代反。」

〔六〕師古曰：「泣，目中淚也。」

〔七〕師古曰：「游子，行客也。悲謂顧念也。」

〔八〕師古曰：「凡言湯沐邑者，謂以其賦稅供湯沐之具也。」

〔九〕師古曰：「復音方目反。與讀曰豫。」

〔一〇〕師古曰：「言日日樂飲也。樂並音來各反。」

〔一一〕如淳曰：「獻牛酒也。」師古曰：「之，往也。皆往邑西，競有所獻，故縣中空無人。」

〔一二〕張晏曰：「張，帷帳也。」師古曰：「張音竹亮反。」

〔一三〕師古曰：「極，至也。至念之不忘也。」

漢別將擊布軍洮水南北，〔一〕皆大破之，追斬布番陽。〔二〕

〔一〕蘇林曰：「洮音兆。」

〔二〕師古曰：「番音蒲何反。」

周勃定代，斬陳豨於當城。〔一〕

〔一〕韋昭曰：「代郡縣也。」

詔曰：「吳，古之建國也，日者荊王兼有其地，〔一〕今死亡後。朕欲復立吳王，其議可者。」長沙王臣等言：〔二〕「沛侯濞重厚，〔三〕請立爲吳王。」已拜，上召謂濞曰：「汝狀有反相。」因拊其背，曰：「漢後五十年東南有亂，豈汝邪？〔四〕然天下同姓一家，汝慎毋反。」濞頓首曰：「不敢。」

〔一〕師古曰：「日者，猶往日也。」

〔二〕師古曰：「臣者，長沙王之名，吳芮之子也。今書本或臣下有芮字者，流俗妄加也。」

〔三〕服虔曰：「濞音滂濞。」師古曰：「音普懿反。」

〔四〕應劭曰：「高祖有聰略，反相徑可知。至於東南有亂，克期五十，占者所知也。若秦始皇東巡以厭氣，後劉項起東南，疑當如此耳。」如淳曰：「度其貯積足用爲難，又吳楚世不賓服。」師古曰：「應說是也。拊謂摩循之。」

十一月，行自淮南還。過魯，以大牢祠孔子。

十二月，詔曰：「秦皇帝、楚隱王、〔一〕魏安釐王、〔二〕齊愍王、〔三〕趙悼襄王〔四〕皆絕亡後。其與秦始皇帝守冢二十家，楚、魏、齊各十家，趙及魏公子亡忌各五家，〔五〕令視其家，復亡與它事。」〔六〕

〔一〕師古曰：「陳勝也。」

(二)師古曰：「昭王之子也。釐讀曰僖。漢書僖諡及福禧字，例多爲釐。」
(三)師古曰：「宣王之子，爲淖齒所殺。」
(四)師古曰：「孝成王之子。」
(五)師古曰：「亡忌即信陵君也。」
(六)師古曰：「復音方目反。與讀曰豫。」

陳豨降將言豨反時燕王盧綰使人之豨所陰謀。(一)上使辟陽侯審食其迎綰，(二)綰稱疾。食其言綰反有端。春二月，使樊噲、周勃將兵擊綰。詔曰：「燕王綰與吾有故，愛之如子，聞與陳豨有謀，吾以爲亡有，故使人迎綰。綰稱疾不來，謀反明矣。燕吏民非有罪也，賜其吏六百石以上爵各一級。與綰居，去來歸者，赦之，(三)加爵亦一級。」詔諸侯王議可立爲燕王者，長沙王臣等請立子建爲燕王。

(一)師古曰：「之，往也。」
(二)師古曰：「辟音必亦反。食其音異基。」
(三)師古曰：「先與綰居，今能去之來歸漢者，赦其罪。」

詔曰：「南武侯織亦粵之世也，立以爲南海王。」(一)

(一)文穎曰：「高祖五年，以象郡、桂林、南海、長沙立吳芮爲長沙王。象郡、桂林、南海屬尉佗，佗未降，遙虛奪以封芮耳。後佗降漢，十一年，更立佗爲南越王，自此王三郡。芮唯得長沙、桂林、零陵耳。今復封織爲南海王，復遙奪

佗一郡，織未得王之。」

三月，詔曰：「吾立爲天子，帝有天下，十二年于今矣。與天下之豪士賢大夫共定天下，同安輯之。(一)其有功者上致之王，次爲列侯，下乃食邑。(二)而重臣之親，或爲列侯，皆令自置吏，得賦斂，女子公主。(三)爲列侯食邑者，皆佩之印，賜大第室。(四)吏二千石，徙之長安，受小第室。入蜀漢定三秦者，皆世世復。(五)吾於天下賢士功臣，可謂亡負矣。其有不義背天子擅起兵者，與天下共伐誅之。(六)布告天下，使明知朕意。」

(一)師古曰：「輯與集同。」
(二)師古曰：「謂非列侯而特賜食邑者。」
(三)如淳曰：「公羊傳曰『天子嫁女於諸侯，必使諸侯同姓者主之』，故謂之公主。百官表『列侯所食曰國，皇后、公主所食曰邑』。帝姊妹曰長公主，諸王女曰翁主。」師古曰：「如說得之。天子不親主婚，故謂之公主。諸王即自主婚，故其女曰翁主。翁者，父也，言父主其婚也。亦曰王主，言王自主其婚也。高祖答項羽曰『吾翁即若翁也』。揚雄方言云『周、晉、秦、隴謂父曰翁』。而臣瓚、王楙或云公者比於上爵，或云主者婦人尊稱，皆失之。」
(四)孟康曰：「有甲乙次第，故曰第也。」
(五)師古曰：「復音方目反。」
(六)師古曰：「擅，專也，音上戰反。他皆類此。」

上擊布時，爲流矢所中，行道疾。疾甚，呂后迎良醫。醫入見，上問醫。曰：「疾可治

(不醫曰可治)。」於是上嫚罵之，曰：「吾以布衣提三尺取天下，(一)此非天命乎？命乃在天，雖扁鵲何益！」(二)遂不使治疾，賜黃金五十斤，罷之。呂后問曰：「陛下百歲後，蕭相國既死，誰令代之？」上曰：「曹參可。」問其次，曰：「王陵可，然少戇，(三)陳平可以助之。陳平知有餘，然難獨任。周勃重厚少文，然安劉氏者必勃也，可令爲太尉。」呂后復問其次，上曰：「此後亦非乃所知也。」(四)

(一)師古曰：「三尺，劍也。下韓安國傳所云三尺亦同，而流俗書本或云提三尺劍，劍字後人所加耳。」
(二)韋昭曰：「泰山盧人也。名越人，魏桓侯時醫也。」臣瓚曰：「史記云齊勃海人也，魏無桓侯。」師古曰：「瓚說是也。扁音步典反。」
(三)師古曰：「戇，愚也，古音下紺反，今則竹巷反。」
(四)師古曰：「乃，汝也。言自此之後，汝亦終矣，不復知之。」

盧綰與數千人居塞下候伺，幸上疾愈，自入謝。(一)夏四月甲辰，帝崩于長樂宮。(二)盧綰聞之，遂亡入匈奴。

(一)師古曰：「冀得上疾愈，自入謝以爲己身之幸也。」
(二)臣瓚曰：「帝年四十二即位，即位十二年，壽五十三。」

呂后與審食其謀曰：「諸將故與帝爲編戶民，(一)北面爲臣，心常鞅鞅，(二)今乃事少主，非盡族是，天下不安。」(三)以故不發喪。人或聞，以語酈商。酈商見審食其曰：「聞帝已崩，

四日不發喪，欲誅諸將。誠如此，天下危矣。陳平、灌嬰將十萬守滎陽，樊噲、周勃將二十萬定燕代，此聞帝崩，諸將皆誅，必連兵還鄉，以攻關中。(四)大臣內畔，諸將外反，亡可蹻足待也。」(五)審食其入言之，乃以丁未發喪，大赦天下。

(一)師古曰：「編戶者，言列次名籍也。編音鞭。」
(二)師古曰：「鞅鞅，不滿足也，音於亮反。他皆類此。」
(三)師古曰：「族謂族誅之。是亦此也。」
(四)師古曰：「鄉讀曰嚮。還嚮，猶言反嚮、內嚮也。」
(五)文穎曰：「蹻猶翹也。」如淳曰：「蹻音如今作樂蹻行之蹻。」晉灼曰：「許慎云『蹻，舉足小高也』，音矯。」師古曰：「晉說是也。」

五月丙寅，葬長陵。(一)已下，(二)皇太子羣臣皆反至太上皇廟。羣臣曰：「帝起細微，撥亂世反之正，(三)平定天下，爲漢太祖，功最高。」上尊號曰高皇帝。(四)

(一)臣瓚曰：「自崩至葬凡二十三日。長陵在長安北四十里。」
(二)蘇林曰：「下音下書之下。」鄭氏曰：「已下棺也。」師古曰：「蘇音鄭說是也。下音胡亞反。」
(三)師古曰：「反，還也，還之於正道。」
(四)師古曰：「尊號，謚也。」

初，高祖不脩文學，而性明達，好謀，能聽，自監門戍卒，見之如舊。初順民心作三章之

約。天下既定，命蕭何次律令，韓信申軍法，張蒼定章程，〔一〕叔孫通制禮儀，陸賈造新語。又與功臣剖符作誓，〔二〕丹書鐵契，金匱石室，〔三〕藏之宗廟。雖日不暇給，規摹弘遠矣。〔四〕

〔一〕如淳曰：「章，曆數之章術也。程者，權衡丈尺斗斛之平法也。」師古曰：「程，法式也。」

〔二〕如淳曰：「謂功臣表誓『使河如帶，泰山若厲，國乃滅絕』。」

〔三〕如淳曰：「金匱，猶金縢也。」師古曰：「以金爲匱，以石爲室，重緘封之，保愼之義。」

〔四〕鄧展曰：「若畫工規模物之摹。」韋昭曰：「正員之器曰規。摹者，如畫工未施采事摹之矣。」師古曰：「取喻規摹，謂立制垂範也。給，足也。日不暇足，言衆事繁多，常汲汲也。」

贊曰：春秋晉史蔡墨有言，陶唐氏既衰，〔一〕其後有劉累，學擾龍，事孔甲，〔二〕范氏其後也。〔三〕而大夫范宣子亦曰：「祖自虞以上爲陶唐氏，〔四〕在夏爲御龍氏，〔五〕在商爲豕韋氏，〔六〕在周爲唐杜氏，〔七〕晉主夏盟爲范氏。」范氏爲晉士師，〔八〕魯文公世奔秦。〔九〕後歸于晉，其處者爲劉氏。〔一〇〕劉向云戰國時劉氏自秦獲於魏。〔一一〕秦滅魏，遷大梁，〔一二〕都于豐，故周市說雍齒曰「豐，故梁徙也」。是以頌高祖云：「漢帝本系，出自唐帝。降及于周，在秦作劉。涉魏而東，遂爲豐公。」〔一三〕豐公，蓋太上皇父。其遷日淺，墳墓在豐鮮焉。〔一四〕及高祖即位，置祠祀官，則有秦、晉、梁、荆之巫，〔一五〕世祠天地，綴之以祀，豈不信哉！〔一六〕由是推之，

漢承堯運，德祚已盛，斷蛇著符，旗幟上赤，協于火德，自然之應，得天統矣。〔一七〕

〔一〕荀悅曰：「唐者，帝堯有天下號。陶，發聲也。」韋昭曰：「陶唐皆國名，猶湯稱殷商矣。」臣瓚曰：「堯初居於唐，後居陶，故曰陶唐也。」師古曰：「三家之說皆非也。許愼說文解字云：『陶，丘再成也，在濟陰。夏書曰東至陶丘。陶丘有堯城，堯嘗居之，後居於唐，故堯號陶唐氏。』斯得之矣。」

〔二〕應劭曰：「擾，馴也，能順養得其嗜欲也。孔甲，夏天子也。」師古曰：「擾音繞，又音饒。」

〔三〕師古曰：「晉司空士蔿之孫士會爲晉大夫，食采於范，因號范氏。」

〔四〕師古曰：「范宣子即士會之孫士匄也。」

〔五〕師古曰：「即劉累也。」

〔六〕師古曰：「豕韋，國名，在東郡白馬縣東南。」

〔七〕師古曰：「唐、杜，二國名也。殷末豕韋徙國於唐，周成王滅唐，遷之於杜，爲杜伯。杜伯之子隰叔奔晉。士會即隰叔之玄孫也。唐，太原晉陽縣也。杜，京兆杜縣也。」

〔八〕師古曰：「晉晉爲霸，主諸夏之盟，而范氏爲晉正卿。」

〔九〕師古曰：「文公六年，晉襄公卒，士會與先蔑如秦逆公子雍，欲以爲嗣。七年，以秦師納雍，而趙宣子立靈公，與秦師戰，敗之于令狐。先蔑奔秦，士會從之。」

〔一〇〕師古曰：「文十三年，晉人使魏壽餘僞以魏叛，誘士會而納之。秦人歸其帑，其別族留在秦者既無官邑，而乃復劉累之姓也。」

〔一一〕文穎曰：「六國時，秦伐魏，劉氏隨軍爲魏所獲，故得復居魏也。」師古曰：「春秋之後，周室卑微，諸侯彊盛，交相攻伐，故總謂之戰國。」

〔一二〕師古曰：「秦昭王伐魏，魏惠王棄安邑，東徙大梁，更號曰梁，非始皇滅六國之時。」

〔一三〕晉灼曰：「涉猶入也。」

〔一四〕師古曰：「鮮，少也，音先淺反。」

〔一五〕應劭曰：「先人所在之國，悉致祠巫祝，博求神靈之意也。」文穎曰：「巫，掌神之位次者也。范氏世仕於晉，故祠祀有晉巫。范會支庶，留秦爲劉氏，故有秦巫。劉氏隨魏都大梁，故有梁巫。後徙豐，豐屬荆，故有荆巫也。」

〔一六〕師古曰：「綴，言不絕也。」

〔一七〕孟康曰：「十一月天統，物萌色赤，故云得天統也。」臣瓚曰：「漢承堯緒，爲火德。秦承周後，以火代木，得天之統序，故曰得天統。漢初因秦正，至太初元年始用夏正，不用十一月爲正也。」師古曰：「瓚說得之。」

校勘記

五〇頁一四行　漢王爲發(葬)〔喪〕，景祐、汲古、殿本都作「喪」。王先謙說作「喪」是。

五五頁一五行　有辨(說)〔訟〕及陳請者，景祐、殿本都作「訟」。王先謙說作「訟」是。

六二頁七行　丹(楊)〔陽〕景祐、殿本都作「陽」。

六二頁一〇行　上已封大功臣(三)〔二〕十餘人，周壽昌說高帝功臣表六年正月以前封二十七人，合韓信二十八人，「三」是「二」之誤。王先謙說通鑑亦作「二十餘人」，此積畫傳寫之誤。

六三頁二行　(與)其將曼丘臣、王黃共立故趙後趙利爲王，朱子文說「與」字衍。王先謙說朱說是。

六四頁三行　(而)〔耏〕謂頰旁毛也。景祐、殿本都作「耏」。按下句云「彡，毛髮貌也」，是釋「耏」字所從，則作「耏」是。

六四頁九行　置宗正(宮)〔官〕景祐、殿、局本都作「官」。錢大昭說「宮」當作「官」。

六五頁九行　金布者，令篇(者)〔名〕，景祐、汲古、殿、局本都作「名」。

六五頁一四行　能堅守(也)〔者〕。殿本作「者」。王先謙說作「者」是。

六九頁一三行　購，設賞募也，〔音搆〕。景祐、殿本都多「音搆」二字。

七二頁一五行　太上皇思(上)欲歸豐，殿、局本「上」作「土」。景祐本無此字。

七三頁五行　略取(彊)〔陸〕梁地以爲桂林　史記秦始皇本紀作「陸梁」，地名。王先謙說作「陸」是。

七三頁七行　謂爲之長(治)〔帥〕而治理之也。景祐、殿、局本都作「帥」。王先謙說作「帥」是。

七三頁一三行　上(見公)〔召見〕，景祐、殿本都作「召見」。

七四頁一〇行　吾魂魄猶思(樂)沛。景祐本無「樂」字。

七九頁一行　(不醫曰可治)　宋祁說舊本及越本並無「不醫曰可治」五字。王念孫說景祐本無五字是。

漢書卷二

惠帝紀第二

孝惠皇帝，〔一〕高祖太子也，母曰呂皇后。帝年五歲，高祖初為漢王。二年，立為太子。十二年四月，高祖崩。五月丙寅，太子即皇帝位，尊皇后曰皇太后。賜民爵一級。〔二〕中郎、郎中滿六歲爵三級，四歲二級。〔三〕外郎滿六歲二級。〔四〕中郎不滿一歲一級。外郎不滿二歲賜錢萬。〔五〕宦官尚食比郎中。〔六〕謁者、執楯、執戟、武士、騶比外郎。〔七〕太子御驂乘賜爵五大夫，舍人滿五歲二級。〔八〕賜給喪事者，二千石錢二萬，六百石以上萬，五百石、二百石以下至佐史五千。〔九〕視作斥上者，將軍四十金，〔一〇〕二千石二十金，六百石以上六金，五百石以下至佐史二金。減田租，復十五稅一。〔一一〕爵五大夫、吏六百石以上及宦皇帝而知名者有罪當盜械者，皆頌繫。〔一二〕上造以上及內外公孫耳孫有罪當刑及當為城旦舂者，皆耐為鬼薪白粲。〔一三〕民年七十以上若不滿十歲有罪當刑者，皆完之。〔一四〕又曰：「吏所以治民也，能盡其治則民賴之，故重其祿，所以為民也。〔一五〕今吏六百石以上父母妻子與同居，及故吏嘗佩將軍都尉印將兵及佩二千石官印者，家唯給軍賦，他無有所與。」〔一六〕

〔一〕荀悅曰：「諱盈之字曰滿。」應劭曰：「禮謚法『柔質慈民曰惠』。」師古曰：「孝子善述父之志，故漢家之謚，自惠帝已下皆稱孝也。臣下以滿字代盈者，則知帝諱盈也。他皆類此。」

〔二〕師古曰：「帝初即位為恩惠也。」

〔三〕蘇林曰：「中郎，省中郎也。」

〔四〕蘇林曰：「外郎，散郎也。」

〔五〕張晏曰：「不滿一歲，謂不滿四歲之一歲，作郎三歲也。不滿二歲，謂不滿六歲之二歲，作郎四歲也。」師古曰：「此說非也。直謂作郎未經一歲二歲耳。」

〔六〕應劭曰：「宦官，閹寺也。尚，主也。舊有五尚。尚冠、尚帳、尚衣、尚席亦是。」如淳曰：「主天子物曰尚，主文書曰尚書，又有尚符璽郎也。漢儀注省中有五尚，而內官婦人有諸尚也。」

〔七〕應劭曰：「執楯、執戟，親近陛衞也。武士，力士也，高祖使武士縛韓信是也。騶，騶騎也。」師古曰：「騶本廄之御者，後又令為騎，因謂騶騎耳。」

〔八〕師古曰：「武士、騶以上，皆舊侍從天子之人也。舍人以上，太子之官屬。」

〔九〕如淳曰：「律有斗食佐史。」韋昭曰：「若今曹史書佐也。」師古曰：「自五百石以下至於佐史皆賜五千。今又言二百石者，審備其等也。」

〔一〇〕服虔曰：「斥上，壙上也。」如淳曰：「斥，開也。開土地為冢壙，故以開斥言之。」鄭氏曰：「四十金，四十斤金也。」晉灼曰：「近上二千石賜錢二萬，此言四十金，實金也。下凡言黃金，真金也。不言黃，謂錢也。食貨志黃金一斤直萬錢。」師古曰：「諸賜言黃金者，皆與之金。不言黃者，一金與萬錢也。」

〔一一〕鄧展曰：「漢家初十五稅一，儉於周十稅一也。中間廢，今復之也。」如淳曰：「秦作阿房之宮，收太半之賦，遂行，至此乃復十五而稅一。」師古曰：「鄧說是也。復音房目反。」

〔一二〕文穎曰：「言皇帝者，以別仕諸王國也。」張晏曰：「時諸侯治民，新承六國之後，咸慕鄉邑，或貪逸豫，樂仕諸侯，今特為京師作優裕法也。」如淳曰：「知名，謂宦人教帝書學，亦可表異者也。盜者逃也，恐其逃亡，故著械也。頌者容也，言見寬容，但處曹吏舍，不入(陛)〔狴〕牢也。」師古曰：「諸家之說皆非也。宦皇帝而知名者，謂雖非五大夫爵、六百石吏，而早事惠帝，特為所知，故亦優之，所以云及耳，非謂凡在京師異於諸王國，亦不必在於宦人教書學也。左官之律起自武帝，此時未有。禮記曰『宦學事師』，謂凡仕宦，非閹寺也。盜械者，凡以罪著械皆得稱焉，不必逃亡也。據山海經，貳負之臣、相柳之尸皆云盜械，其義是也。古者頌與容同。五大夫，第九爵也。」

〔一三〕應劭曰：「上造，爵滿十六者也。內外公孫謂王侯內外孫也。耳孫者，玄孫之子也，言去其曾高益遠，但耳聞之也。今以上造有功勞，內外孫有骨血屬婕，施德布惠，故事從其輕也。城旦者，旦起行治城；舂者，婦人不豫外徭，但舂作米：皆四歲刑也。今皆就鬼薪白粲。取薪給宗廟為鬼薪，坐擇米使正白為白粲，皆三歲刑也。」李斐曰：「耳孫，曾孫也。」張晏曰：「公孫，宗室侯王之孫也。」晉灼曰：「耳孫，玄孫之曾孫也，諸侯王表在八世。」師古曰：「上造，第二爵名也。內外公孫，國家宗室及外戚之孫也。耳孫，諸說不同。據平紀及諸侯王表說『梁孝王玄孫之(子)耳孫〔者〕』，耳音仍。又匈奴傳說握衍朐鞮單于，云『烏維單于耳孫』。以此參之，李云曾孫是也。然漢書諸處又皆云曾孫非一，不應雜兩稱而言。據爾雅『曾孫之子為玄孫，玄孫之子為來孫，來孫之子為昆孫，昆孫之子為仍孫』，從己而數，是為八葉，則與晉說相同。仍、耳聲相近，蓋一號也。但班氏唯存古名，而計其葉數則錯也。婕音連。」

〔一四〕孟康曰：「不加肉刑髡鬄也。」師古曰：「若，預及之言也。謂七十以上及不滿十歲以下，皆完之也。鬄音他計反。」

〔一五〕師古曰：「為音于偽反。」

〔一六〕師古曰：「同居，謂父母妻子之外若兄弟及兄弟之子等見與同居業者，若今言同籍及同財也。無有所與，與讀曰豫。」

令郡諸侯王立高廟。〔一〕

〔一〕師古曰：「諸郡及諸侯王國皆立廟也。今書本郡下或有國字者，流俗不曉妄加之。」

元年冬十二月，趙隱王如意薨。民有罪，得買爵三十級以免死罪。〔一〕賜民爵，戶一級。

〔一〕應劭曰：「一級直錢二千，凡為六萬，若今贖罪入三十疋縑矣。」師古曰：「令出買爵之錢以贖罪。」

春正月，城長安。

二年冬十月，齊悼惠王來朝，獻城陽郡以益魯元公主邑，尊公主為太后。〔一〕

〔一〕如淳曰：「張敖子偃為魯王，故公主得為太后。」師古曰：「此說非也。蓋齊王憂不得脫，故從內史之言，請尊公主為齊太后，以母禮事之，用悅媚呂太后耳。若魯元以子為魯王，自合稱太后，何待齊王尊之乎？據張耳傳『高后元年魯元太后薨，後六年宣平侯敖薨，呂太后立敖子偃為王，以母為太后故也』，是則偃因母為齊王太后而得王，

非母因偃乃爲太后也。」

春正月癸酉，有兩龍見蘭陵家人井中，〔一〕乙亥夕而不見。隴西地震。

〔一〕師古曰：「家人，言庶人之家。」

夏旱。郃陽侯仲薨。〔二〕秋七月辛未，相國何薨。〔三〕

〔二〕師古曰：「高帝之兄，吳王濞父也。」

〔三〕師古曰：「蕭何也。」

三年春，發長安六百里內男女十四萬六千人城長安，三十日罷。〔一〕

〔一〕鄭氏曰：「城一面，故速罷。」

以宗室女爲公主，嫁匈奴單于。

夏五月，立閩越君搖爲東海王。〔一〕

〔一〕應劭曰：「搖，越王句踐之苗裔也，帥百越之兵助高祖，故封。東海，在吳郡東南濱海云。」師古曰：「即今泉州是其地。」

六月，發諸侯王、列侯徒隸二萬人城長安。

秋七月，都廐災。南越王趙佗稱臣奉貢。〔一〕

〔一〕師古曰：「佗音徒何反。」

四年冬十月壬寅，立皇后張氏。〔一〕

〔一〕師古曰：「張敖之女也。史記及漢書無名字，皇甫謐作帝王世紀皆爲惠帝張后及孝文薄后已下別制名焉，至於薄父之徒亦立名字，何從而得之乎？雖欲示博聞，不知陷於穿鑿。」

春正月，舉民孝弟力田者復其身。〔一〕

〔一〕師古曰：「弟者，言能以順道事其兄也。弟音徒計反。復音方目反。」

三月甲子，皇帝冠，赦天下。省法令妨吏民者；除挾書律。〔一〕長樂宮鴻臺災。宜陽雨血。

〔一〕應劭曰：「挾，藏也。」張晏曰：「秦律敢有挾書者族。」

秋七月乙亥，未央宮淩室災；〔二〕丙子，織室災。〔三〕

〔二〕師古曰：「淩室，藏冰之室也。豳詩七月之篇曰『納于淩陰』。」

〔三〕師古曰：「主織作繒帛之處。」

五年冬十月，靁；桃李華，棗實。

春正月，復發長安六百里內男女十四萬五千人城長安，三十日罷。

夏，大旱。

秋八月己丑，相國參薨。〔一〕

〔一〕師古曰：「曹參也。」

九月，長安城成。賜民爵，戶一級。〔二〕

〔二〕師古曰：「家長受也。」

六年冬十月辛丑，齊王肥薨。

令民得賣爵。女子年十五以上至三十不嫁，五算。〔一〕

〔一〕應劭曰：「國語越王勾踐令國中女子年十七不嫁者父母有罪，欲人民繁息也。漢律人出一算，算百二十錢，唯賈人與奴婢倍算。今使五算，罪謫之也。」孟康曰：「或云復之也。」師古曰：「應說是。」

夏六月，舞陽侯噲薨。〔二〕

〔二〕師古曰：「樊噲也。」

起長安西市，修敖倉。

七年冬十月，發車騎、材官詣滎陽，〔一〕太尉灌嬰將。

〔一〕師古曰：「車，常擬軍興者，若近代之戍車也。騎，常所養馬，并其人使行充騎，若今武馬及所養者主也。材官，解在高紀。」

春正月辛丑朔，日有蝕之。夏五月丁卯，日有蝕之，既。〔一〕

〔一〕師古曰：「既，盡也。」

秋八月戊寅，帝崩于未央宮。〔二〕九月辛丑，葬安陵。〔三〕

〔二〕臣瓚曰：「帝年十七即位，即位七年，壽二十(四)〔三〕。」

〔三〕臣瓚曰：「自崩至葬凡二十四日。安陵在長安北三十五里。」師古曰：「三輔黃圖云去長陵十里。」

贊曰：孝惠內修親親，外禮宰相，優寵齊悼、趙隱，恩敬篤矣。〔一〕聞叔孫通之諫則懼然，〔二〕納曹相國之對而心說，〔三〕可謂寬仁之主。遭呂太后虧損至德，〔四〕悲夫！

〔一〕師古曰：「篤，厚也。」

〔二〕蘇林曰：「諫復道乘衣冠道也。」師古曰：「懼讀曰瞿。瞿然，失守貌，音居具反。」

〔三〕蘇林曰：「對修高帝制度、蕭何法也。」師古曰：「說讀曰悅。」

〔四〕師古曰：「謂殺趙王，戮戚夫人，因以憂疾不聽政而崩。」

校勘記

八七頁六行　不入(鯉)〔狸〕牢也。　殿、局本都作「狸」。王先謙說作「狸」是。

八七頁一五行　梁孝王玄孫之(子)耳孫(音)。　景祐本無「子」字，有「音」字，與平紀文合。諸侯王表「王音以孝王玄孫之曾孫紹封」，故下文說「以此參之，李云曾孫是也」。

九一頁四行　壽二十(四)〔三〕。史記集解引皇甫謐曰「帝以秦始皇三十七年生，崩時年二十三」。王先謙說瓚說誤。

漢書卷三

高后紀第三

高皇后呂氏，〔一〕生惠帝。佐高祖定天下，父兄及高祖而侯者三人。〔二〕惠帝即位，尊呂后爲太后。太后立帝姊魯元公主女爲皇后，無子，取後宮美人子名之以爲太子。惠帝崩，太子立爲皇帝，年幼，太后臨朝稱制，〔三〕大赦天下。乃立兄子呂台、產、祿、台子通四人爲王，〔四〕封諸呂六人爲列侯。語在外戚傳。

〔一〕荀悅曰：「諱雉之字曰野雞。」應劭曰：「禮，婦人從夫諡，故稱高也。」師古曰：「呂后名雉，字娥姁，故臣下諱雉也。姁音許于反。」

〔二〕師古曰：「父謂臨泗侯呂公也。兄謂周呂侯澤、建成侯釋之。」

〔三〕師古曰：「天子之言一曰制書，二曰詔書。制書者，謂爲制度之命也，非皇后所得稱。今呂太后臨朝行天子事，斷決萬機，故稱制詔。」

〔四〕蘇林曰：「台音胞胎。」

元年春正月，詔曰：「前日孝惠皇帝言欲除三族辠、妖言令，〔一〕議未決而崩，今除之。」二月，賜民爵，戶一級。初置孝弟力田二千石者一人。〔二〕夏五月丙申，趙王宮叢臺災。〔三〕立孝惠後宮子彊爲淮陽王，〔四〕不疑爲恆山王，〔五〕弘爲襄城侯，朝爲軹侯，〔六〕武爲壺關侯。秋，桃李華。

〔一〕師古曰：「罪之重者戮及三族，過誤之語以爲妖言，今謂重酷，皆除之。」

〔二〕師古曰：「特置孝弟力田官而尊其秩，欲以勸厲天下，令各敦行務本。」

〔三〕師古曰：「連聚非一，故名叢臺。蓋本六國時趙王故臺也，在邯鄲城中。」

〔四〕如淳曰：「外戚恩澤侯表曰皆呂氏子也，以孝惠子侯。」晉灼曰：「漢注名長。」韋昭曰：「今陳留郡。」

〔五〕如淳曰：「今常山也，因避文帝諱改曰常。」

〔六〕師古曰：「軹音只。」

二年春，詔曰：「高皇帝匡飭天下，〔一〕諸有功者皆受分地爲列侯，〔二〕萬民大安，莫不受休德。〔三〕朕思念至於久遠而功名不著，亡以尊大誼，施後世。今欲差次列侯功以定朝位，〔四〕臧于高廟，世世勿絕，嗣子各襲其功位。其與列侯議定奏之。」丞相臣平言：〔五〕「謹與絳侯臣勃、〔六〕曲周侯臣商、〔七〕潁陰侯臣嬰、〔八〕安國侯臣陵等議，〔九〕列侯幸得賜餐錢奉邑，〔一〇〕陛下加惠，以功次定朝位，〔一一〕臣請臧高廟。」奏可。春正月乙卯，地震，羌道、〔一二〕武

都道山崩。（三）夏六月丙戌晦，日有蝕之。秋七月，恆山王不疑薨。行八銖錢。（四）

（一）師古曰：「匡，正也。飭，整也。飭讀與勅同，其字從力。」
（二）師古曰：「分音扶問反。」
（三）師古曰：「休，美也，音虛糾反。他皆類此。」
（四）師古曰：「以功之高下爲先後之次。」
（五）師古曰：「陳平。」
（六）師古曰：「周勃。」
（七）師古曰：「酈商。」
（八）師古曰：「灌嬰。」
（九）師古曰：「王陵。」
（一〇）應劭曰：「餐與飧同。諸侯四時皆得賜餐錢。」文穎曰：「飧，邑中更名算錢，如今長吏食奉，自復臊錢，即租奉也。」韋昭曰：「熟食曰飧，酒肴曰錢，粟米曰奉。稅租奉祿，正所食也。四時得聞賜，是爲飧錢。飧，小食也。」師古曰：「餐，飧同一字耳，音（子）〔千〕安反。飧，所謂吞食物也。餐錢，賜廚膳錢也。奉邑，本所食邑也。奉音扶用反。」
（一一）如淳曰：「功大者位在上。功臣侯表有第一、第二之次。」
（一二）服虔曰：「縣有蠻夷曰道。」師古曰：「羌道屬隴西郡。」
（一三）師古曰：「武都道屬武都郡。」
（一四）應劭曰：「本秦錢，質如周錢，文曰『半兩』，重如其文，即八銖也。漢以其太重，更鑄莢錢，今民間名榆莢錢是也。民患其太輕，至此復行八銖錢。」

三年夏，江水、漢水溢，流民四千餘家。（一）秋，星晝見。

（一）師古曰：「水所漂沒也。」

四年夏，少帝自知非皇后子，出怨言，皇太后幽之永巷。（一）詔曰：「凡有天下治萬民者，蓋之如天，容之如地；上有驩心以使百姓，百姓欣然以事其上，驩欣交通而天下治。今皇帝疾久不已，乃失惑惛亂，不能繼嗣奉宗廟，守祭祀，不可屬天下。（二）其議代之。」羣臣皆曰：「皇太后爲天下計，所以安宗廟社稷甚深。頓首奉詔。」五月丙辰，立恆山王弘爲皇帝。（三）

（一）如淳曰：「列女傳周宣姜后脫簪珥，待罪永巷，後改爲掖庭。」師古曰：「永，長也。本謂宮中之長巷也。」
（二）師古曰：「屬，委也，音之欲反。」
（三）晉灼曰：「史記惠帝元年，子不疑爲常山王，子山爲襄城侯。二年，常山王薨，即不疑也。以弟襄城侯山爲常山王，更名義。丙辰，立常山王義爲帝。義更名弘。漢書一之，皆弘以爲正也。」師古曰：「即元年所立弘爲襄城侯者，晉說是也。」

五年春，南粵王尉佗自稱南武帝。（一）秋八月，淮陽王彊薨。九月，發河東、上黨騎屯北地。

（一）韋昭曰：「生以武爲號，不稽古也。」師古曰：「此說非也。成湯曰『吾甚武』，因自號武王。佗言武帝亦猶是耳，何謂其不稽古乎？」

六年春，星晝見。夏四月，赦天下。秩長陵令二千石。（一）六月，城長陵。（二）匈奴寇狄道，攻阿陽。（三）行五分錢。（四）

（一）應劭曰：「長陵，高祖陵，尊之，故增其令秩也。」
（二）張晏曰：「起縣邑，故築城也。」師古曰：「此說非也。黃圖云長陵城周七里百八十步，因爲殿垣，門四出，及便殿掖庭諸官寺皆在中。是即就陵爲城，非止謂邑居也。」
（三）師古曰：「狄道屬隴西。阿陽，天水之縣也。今流俗書本或作河陽者，非也。」
（四）應劭曰：「所謂莢錢者。」

七年冬十二月，匈奴寇狄道，略二千餘人。春正月丁丑，趙王友幽死于邸。己丑晦，日有蝕之，既。以梁王呂產爲相國，趙王祿爲上將軍。立營陵侯劉澤爲琅邪王。夏五月辛未，詔曰：「昭靈夫人，太上皇妃也；武哀侯、（一）宣夫人，高皇帝兄姊也。（二）號謚不稱，其議尊

號。」丞相臣平等請尊昭靈夫人曰昭靈后，武哀侯曰武哀王，宣夫人曰昭哀后。六月，趙王恢自殺。秋九月，燕王建薨。南越侵盜長沙，遣隆慮侯竈將兵擊之。（三）

（一）張晏曰：「高帝兄伯也。」
（二）如淳曰：「皆追謚。」
（三）應劭曰：「竈姓周，高祖功臣也。隆慮，今林慮也，後避殤帝諱，故改之。」師古曰：「慮音廬。」

八年春，封中謁者張釋卿爲列侯。（一）諸中官、宦者令丞皆賜爵關內侯，食邑。（二）夏，江水、漢水溢，流萬餘家。

（一）孟康曰：「宦官也。」如淳曰：「百官表謁者掌賓贊受事。灌嬰爲中謁者，後常以閹人爲之。諸官加中者，多閹人也。」
（二）如淳曰：「列侯出關就國，關內侯但爵耳。其有加（悉）〔異〕者，與之關內之邑，食其租稅。宣紀曰『賜〔爵〕食邑』是也。」師古曰：「諸中官，凡閹人給事於中者皆是也。宦者令丞，宦者署之令丞。」

秋七月辛巳，皇太后崩于未央宮。遺詔賜諸侯王各千金，將相列侯下至郎吏各有差。大赦天下。

上將軍祿、相國產顓兵秉政，（一）自知背高皇帝約，（二）恐爲大臣諸侯王所誅，因謀作亂。時齊悼惠王子朱虛侯章在京師，以祿女爲婦，知其謀，乃使人告兄齊王，令發兵西。章欲

與太尉勃、丞相平爲內應，以誅諸呂。齊王遂發兵，又詐琅邪王澤發其國兵，并將而西。產、祿等遣大將軍灌嬰將兵擊之。嬰至滎陽，使人諭齊王與連和，待呂氏變而共誅之。〔三〕

〔一〕師古曰：「顓讀與專同。」

〔二〕師古曰：「非劉氏而王，非有功而侯。」

〔三〕師古曰：「變謂發動也。」

太尉勃與丞相平謀，以曲周侯酈商子寄與祿善，使人劫商令寄紿說祿〔一〕曰：「高帝與呂后共定天下，劉氏所立九王，呂氏所立三王，皆大臣之議。事（以）〔已〕布告諸侯王，諸侯王以爲宜。今太后崩，帝少，足下不急之國守藩，〔二〕乃爲上將將兵留此，爲大臣諸侯所疑。何不速歸將軍印，以兵屬太尉，〔三〕請梁王亦歸相國印，與大臣盟而之國？齊兵必罷，大臣得安，足下高枕而王千里，此萬世之利也。」祿然其計，使人報產及諸呂老人。或以爲不便，計猶豫〔四〕未有所決。祿信寄，與俱出遊，過其姑呂嬃。〔五〕嬃怒曰：「汝爲將而棄軍，呂氏今無處矣！」〔六〕乃悉出珠玉寶器散堂下，曰：「無爲它人守也！」

〔一〕師古曰：「紿，誑也。」

〔二〕師古曰：「之，往也。」

〔三〕師古曰：「屬音之欲反。」

〔四〕師古曰：「猶，獸名也。爾雅曰『猶如麏，善登木』。此獸性多疑慮，常居山中，忽聞有聲，即恐有人且來害之，每豫

上樹，久之無人，然後敢下，須臾又上。如此非一，故不決者稱猶豫焉。一曰隴西俗謂犬子爲猶，犬隨人行，每豫在前，待人不得，又來迎候，故云猶豫也。麏音几。」

〔五〕張晏曰：「嬃音須。」師古曰：「呂后妹。」

〔六〕師古曰：「言見誅滅，無處所也。處字或作類，言無種類也。」

八月庚申，平陽侯窋行御史大夫事，〔一〕見相國產計事。郎中令賈壽使從齊來，因數產〔二〕曰：「王不早之國，今雖欲行，尚可得邪？」具以灌嬰與齊楚合從狀告產。〔三〕平陽侯窋聞其語，馳告丞相平、太尉勃。勃欲入北軍，不得入。襄平侯紀通尚符節，〔四〕乃令持節矯內勃北軍。〔五〕勃復令酈寄、典客劉揭說祿，〔六〕曰：「帝使太尉守北軍，欲令足下之國，急歸將軍印辭去。不然，禍且起。」祿遂解印屬典客，〔七〕而以兵授太尉勃。勃入軍門，行令軍中曰：「爲呂氏右袒，爲劉氏左袒。」〔八〕軍皆左袒。勃遂將北軍。然尚有南軍，丞相平召朱虛侯章佐勃。勃令章監軍門，令平陽侯告衞尉，毋內相國產殿門。產不知祿已去北軍，入未央宮欲爲亂。殿門弗內，徘徊往來。〔九〕平陽侯馳語太尉勃，勃尚恐不勝，未敢誦言誅之，〔一〇〕乃謂朱虛侯章曰：「急入宮衞帝。」章從勃請卒千人，入未央宮掖門，〔一一〕見產廷中。日餔時，遂擊產。產走。天大風，從官亂，莫敢鬭者。逐產，殺之郎中府吏舍廁中。〔一二〕

〔一〕師古曰：「窋，曹參子也，音竹出反。」

〔二〕師古曰：「數，責之也，音數具反。」

〔三〕師古曰：「齊楚俱在山東，連兵西向，欲誅諸呂，亦猶六國爲從以敵秦，故言合從也。從音子容反。」

〔四〕張晏曰：「紀通，信子也。尚，主也，今符節令也。」晉灼曰：「紀信焚死，不見其後。功臣表云紀通紀成之子，以成死事，故封侯。」師古曰：「晉說是也。」

〔五〕師古曰：「矯，詐也，詐以天子之命也。」

〔六〕應劭曰：「典客，今大鴻臚也。」師古曰：「揭音竭。」

〔七〕師古曰：「屬音之欲反。」

〔八〕師古曰：「袒，脫衣袖而肉袒也。左右者，偏脫其一耳。袒音徒旱反。」

〔九〕師古曰：「徘徊猶傍偟，不進之意也。徘音裴。」

〔一〇〕鄧展曰：「誦言，公言也。」

〔一一〕師古曰：「非正門而在兩旁，若人之臂掖也。」

〔一二〕如淳曰：「百官表郎中令掌宮殿門戶，故其府在宮中，後轉爲光祿勳。」

章已殺產，帝令謁者持節勞章。〔一〕章欲奪節，謁者不肯，章乃從與載，因節信馳斬長樂衞尉呂更始。〔二〕還入北軍，復報太尉勃。勃起拜賀章，曰：「所患獨產，今已誅，天下定矣。」辛酉，（殺）〔斬〕呂祿，笞殺呂嬃。分部悉捕諸呂男女，無少長皆斬之。〔三〕

〔一〕師古曰：「慰問之。」

〔二〕師古曰：「因謁者所持之節，用爲信也。章與謁者同車，故爲門者所信，得入長樂宮。」

〔三〕師古曰：「分音扶問反。」

大臣相與陰謀，以爲少帝及三弟爲王者皆非孝惠子，復共誅之，尊立文帝。語在周勃、高五王傳。

贊曰：孝惠、高后之時，海內得離戰國之苦，君臣俱欲無爲，故惠帝拱已，〔一〕高后女主制政，不出房闥，〔二〕而天下晏然，刑罰罕用，民務稼穡，衣食滋殖。〔三〕

〔一〕師古曰：「垂拱而治。」

〔二〕師古曰：「闥，宮中小門，音他曷反。」

〔三〕師古曰：「滋，益也。殖，生也。」

校勘記

九七頁一三行　音（于）〔千〕安反。景祐、殿本都作「千」。王先謙說作「千」是。

九八頁二行　江水、（漢水）溢。錢大昭說「江水」下脫「漢水」二字。按景祐、殿本都有，通鑑亦有。

一〇〇頁一〇行　其有加（愚）〔異〕者，景祐、殿、局本都作「異」。王先謙說作「異」是。

一〇二頁七行　事（以）〔已〕布告諸侯王，景祐、汲古、殿、局本都作「已」。

一〇三頁一五行　（殺）〔斬〕呂祿，景祐、殿本都作「斬」。

漢書卷四

文帝紀第四

孝文皇帝,〔一〕高祖中子也,母曰薄姬。〔二〕高祖十一年,誅陳豨,定代地,立爲代王,都中都。十七年秋,高后崩,〔三〕諸呂謀爲亂,欲危劉氏。丞相陳平、太尉周勃、朱虛侯劉章等共誅之,謀立代王。語在高后紀、高五王傳。

〔一〕荀悅曰:「諱恒之字曰常。」應劭曰:「謚法『慈惠愛民曰文』。」

〔二〕如淳曰:「姬音怡,衆妾之總稱。漢官儀曰姬妾數百,外戚傳亦曰幸姬戚夫人。」臣瓚曰:「漢秩祿令及茂陵書姬並內官也,秩比二千石,位次婕妤下,在八子上。」師古曰:「姬者,本周之姓,貴於衆國之女,所以婦人美號皆稱姬焉。故左氏傳曰:『雖有姬、姜,無棄蕉萃。』姜亦大國女也。後因總謂衆妾爲姬。史記云『高祖居山東時好美姬』是也。若姬是官號,不應云幸姬戚夫人,且外戚傳備列后妃諸官,無姬職也。如云衆妾總稱,則近之。不當音怡,宜依字讀耳。瓚說謬也。」

〔三〕張晏曰:「代王之十七年也。」

大臣遂使人迎代王。郎中令張武等議,皆曰:「漢大臣皆故高帝時將,習兵事,多謀詐,

其屬意非止此也,〔一〕特畏高帝、呂太后威耳。今已誅諸呂,新喋血京師,〔二〕以迎大王爲名,實不可信。願稱疾無往,以觀其變。」中尉宋昌進曰:「羣臣之議皆非也。夫秦失其政,豪傑並起,人人自以爲得之者以萬數,然卒踐天子位者,劉氏也,〔三〕天下絕望,一矣。高帝王子弟,地犬牙相制,所謂盤石之宗也,〔四〕天下服其彊,二矣。漢興,除秦煩苛,約法令,施德惠,〔五〕人人自安,難動搖,三矣。夫以呂太后之嚴,立諸呂爲三王,擅權專制,然而太尉以一節入北軍,一呼〔六〕士皆袒左,爲劉氏,畔諸呂,卒以滅之。此乃天授,非人力也。今大臣雖欲爲變,百姓弗爲使,〔七〕其黨寧能專一邪?內有朱虛、東牟之親,外畏吳、楚、淮南、琅邪、齊、代之彊。方今高帝子獨淮南王與大王,大王又長,賢聖仁孝,聞於天下,故大臣因天下之心而欲迎立大王,大王勿疑也。」代王報太后,計猶豫未定。卜之,兆得大橫。〔八〕占曰:「大橫庚庚,余爲天王,夏啓以光。」〔九〕代王曰:「寡人固已爲王,又何王乎?」卜人曰:「所謂天王者,乃天子也。」於是代王乃遣太后弟薄昭見太尉勃,勃等具言所以迎立王者。〔一〇〕薄昭還報曰:「信矣,無可疑者。」代王笑謂宋昌曰:「果如公言。」乃令宋昌驂乘,〔一一〕張武等六人乘六乘傳〔一二〕詣長安。至高陵止,而使宋昌先之長安觀變。

〔一〕師古曰:「言常有異志也。屬意,猶言注意也。屬音之欲反。」

〔二〕服虔曰:「喋音蹀屣履之蹀。」如淳曰:「殺人流血滂沱爲喋血。」師古曰:「喋音大頰反,本字當作蹀。蹀謂履涉之耳。」

〔三〕師古曰:「卒,終也。」

〔四〕師古曰:「犬牙,言地形如犬之牙交相入也。」

〔五〕師古曰:「約,省也。」

〔六〕師古曰:「呼,叫也,音火故反。他皆類此。」

〔七〕師古曰:「爲音于僞反。」

〔八〕應劭曰:「龜曰兆,筮曰卦。卜以荆灼龜,文正橫也。」

〔九〕服虔曰:「庚庚,橫貌也。」李奇曰:「庚庚,其繇文也。占謂其繇也。」張晏曰:「先是五帝官天下,老則禪賢,至夏啓始傳嗣,能光先君之業。文帝亦襲父迹,言似啓也。」師古曰:「繇音丈救反,本作籀。籀,書也,謂讀卜詞。」

〔一〇〕師古曰:「說所以迎代王之意也。」

〔一一〕師古曰:「乘車之法,尊者居左,御者居中,又有一人處車之右,以備傾側。是以戎事則稱車右,其餘則曰驂乘。驂者,三也,蓋取三人爲名義耳。」

〔一二〕張晏曰:「傳車六乘也。」師古曰:「傳音張戀反。」

昌至渭橋,〔一〕丞相已下皆迎。昌還報,代王乃進至渭橋。羣臣拜謁稱臣,代王下拜。太尉勃進曰:「願請間。」〔二〕宋昌曰:「所言公,公言之;所言私,王者無私。」太尉勃乃跪上天子璽。代王謝曰:「至邸而議之。」〔三〕

〔一〕蘇林曰:「在長安北三里。」

〔二〕師古曰:「間,容也,猶今言中間也。請容暇之頃,當有所陳,不欲於衆顯論也。他皆類此。」

〔三〕師古曰:「郡國朝宿之舍,在京師者率名邸。邸,至也,言所歸至也,音丁禮反。他皆類此。」

閏月己酉,入代邸。羣臣從至,上議曰:「丞相臣平、太尉臣勃、大將軍臣武、〔一〕御史大夫臣蒼、〔二〕宗正臣郢、〔三〕朱虛侯臣章、東牟侯臣興居、典客臣揭〔四〕再拜言大王足下:子弘等皆非孝惠皇帝子,〔五〕不當奉宗廟。臣謹請陰安侯、〔六〕頃王后、〔七〕琅邪王、〔八〕列侯、吏二千石議,大王高皇帝子,宜爲嗣。願大王即天子位。」代王曰:「奉高帝宗廟,重事也。寡人不佞,〔九〕不足以稱。〔一〇〕願請楚王計宜者,〔一一〕寡人弗敢當。」羣臣皆伏,固請。代王西鄉讓者三,南鄉讓者再。〔一二〕丞相平等皆曰:「臣伏計之,大王奉高祖宗廟最宜稱,雖天下諸侯萬民皆以爲宜。臣等爲宗廟社稷計,不敢忽。〔一三〕願大王幸聽臣等。臣謹奉天子璽符再拜上。」代王曰:「宗室將相王列侯以爲(其)〔莫〕宜寡人,寡人不敢辭。」遂即天子位。羣臣以次侍。〔一四〕使太僕嬰、東牟侯興居先淸宮,〔一五〕奉天子法駕迎代邸。〔一六〕皇帝即日夕入未央宮。夜拜宋昌爲衞將軍,領南北軍,張武爲郎中令,行殿中。〔一七〕還坐前殿,下詔曰:「制詔丞相、太尉、御史大夫:間者諸呂用事擅權,〔一八〕謀爲大逆,欲危劉氏宗廟,賴將相列侯宗室大臣誅之,皆伏其辜。朕初即位,其赦天下,賜民爵一級,女子百戶牛酒,〔一九〕酺五日。」〔二〇〕

〔一〕服虔曰:「柴武。」

〔二〕文穎曰：「張武。」
〔三〕文穎曰：「劉郢。」
〔四〕蘇林曰：「劉揭也。」師古曰：「揭音竭。」
〔五〕師古曰：「不羿其有爵位，故總謂之子。」
〔六〕蘇林曰：「高帝兄伯妻，羹頡侯母，丘嫂也。」晉灼曰：「若蕭何夫人封爲酇侯也。」
〔七〕蘇林曰：「高帝兄仲妻也。仲名喜，爲代王，後廢爲郃陽侯。子濞爲吳王，故追謚爲頃王。」如淳曰：「王子侯表曰合陽侯喜以子濞爲王，追謚爲頃王。頃王后封陰安侯，時呂嬃爲林光侯，蕭何夫人亦爲酇侯。又宗室侯表此時無陰安侯，知其爲頃王后也。案漢祠令，陰安侯高帝嫂也。」師古曰：「諸謚爲傾者，漢書例作頃字，讀皆曰傾。」
〔八〕文穎曰：「劉澤也。」
〔九〕師古曰：「不佞，不材也。」
〔一〇〕師古曰：「稱，副也，音尺孕反。其下皆同。」
〔一一〕蘇林曰：「楚王名交，高帝弟也。」
〔一二〕如淳曰：「讓羣臣也。或曰賓主位東西面，君臣位南北面，故西鄉坐三讓不受，羣臣猶稱宜，乃更南鄉坐，示變即君位之漸也。」師古曰：「鄉讀曰嚮。」
〔一三〕師古曰：「忽，怠忘也。」
〔一四〕師古曰：「各依職位。」
〔一五〕應劭曰：「舊典，天子行幸所至，必遣靜室令先案行清淨殿中，以虞非常。」

〔一六〕如淳曰：「法駕者，侍中驂乘，奉車郎御，屬車三十六乘。」
〔一七〕師古曰：「行謂案行也，音下更反。」
〔一八〕師古曰：「間者，猶言中間之時也。他皆倣此。」
〔一九〕蘇林曰：「男賜爵，女子賜牛酒。」師古曰：「賜爵者，謂一家之長得之也。女子謂賜爵者之妻也。率百戶共得牛若干頭，酒若干石，無定數也。」
〔二〇〕服虔曰：「酺音蒲。」文穎曰：「音步。漢律，三人以上無故羣飲酒，罰金四兩，今詔横賜得令會聚飲食五日也。」師古曰：「酺之爲言布也，王德布於天下而合聚飲食爲酺。服音是也。字或作脯，音義同。」

元年冬十月辛亥，皇帝見于高廟。遣車騎將軍薄昭迎皇太后于代。詔曰：「前呂產自置爲相國，呂祿爲上將軍，擅遣將軍灌嬰將兵擊齊，欲代劉氏。嬰留滎陽，與諸侯合謀以誅呂氏。呂產欲爲不善，丞相平與太尉勃等謀奪產等軍。朱虛侯章首先捕斬產。太尉勃身率襄平侯通持節承詔入北軍。典客揭奪呂祿印。其益封太尉勃邑萬戶，賜金五千斤。丞相平、將軍嬰邑各三千戶，金二千斤。朱虛侯章、襄平侯通邑各二千戶，金千斤。封典客揭爲陽信侯，賜金千斤。」

十二月，立趙幽王子遂爲趙王，徙琅邪王澤爲燕王。呂氏所奪齊楚地皆歸之。盡除收帑相坐律令。〔一〕

〔一〕應劭曰：「帑，子也。秦法，一人有罪，并其室家。今除此律。」師古曰：「帑讀與奴同，假借字也。」

正月，有司請蚤建太子，〔二〕所以尊宗廟也。詔曰：「朕既不德，上帝神明未歆饗也，天下人民未有愜志。〔三〕今縱不能博求天下賢聖有德之人而嬗天下焉，〔三〕而曰豫建太子，是重吾不德也。〔四〕謂天下何？〔五〕其安之。」〔六〕有司曰：「豫建太子，所以重宗廟社稷，不忘天下也。」上曰：「楚王，季父也，春秋高，閱天下之義理多矣，〔七〕明於國家之體。吳王於朕，兄也；淮南王，弟也：皆秉德以陪朕，〔八〕豈爲不豫哉！諸侯王宗室昆弟有功臣，多賢及有德義者，若舉有德以陪朕之不能終，是社稷之靈，天下之福也。今不選舉焉，而曰必子，〔九〕人其以朕爲忘賢有德者而專於子，非所以憂天下也。朕甚不取。」〔一〇〕有司固請曰：「古者殷周有國，治安皆且千歲，〔一一〕有天下者莫長焉，〔一二〕用此道也。〔一三〕立嗣必子，所從來遠矣。高帝始平天下，建諸侯，爲帝者太祖。諸侯王列侯始受國者亦皆爲其國祖。子孫繼嗣，世世不絕，天下之大義也。故高帝設之以撫海內。〔一四〕今釋宜建〔一五〕而更選於諸侯宗室，非高帝之志也。更議不宜。〔一六〕子啟最長，〔一七〕敦厚慈仁，請建以爲太子。」上乃許之。因賜天下民當爲父後者爵一級。〔一八〕封將軍薄昭爲軹侯。〔一九〕

〔一〕師古曰：「蚤，古以爲早晚字也。」
〔二〕應劭曰：「愜音篋。愜，滿也。」師古曰：「愜，快也。」

〔三〕晉灼曰：「嬗，古禪字。」
〔四〕師古曰：「重謂增益也，音直用反。他皆類此。」
〔五〕師古曰：「猶言何以稱天下之望。」
〔六〕師古曰：「安猶徐也，言不宜汲汲耳。」
〔七〕如淳曰：「閱猶更歷也。」
〔八〕文穎曰：「陪，輔也。」
〔九〕師古曰：「必將傳位於子。」
〔一〇〕師古曰：「不取，猶言不用此爲善也。」
〔一一〕師古曰：「治安，言治理而且安寧也。治音丈吏反。」
〔一二〕師古曰：「言上古以來，國祚長久，無及殷周者也。」
〔一三〕師古曰：「所以能爾者，以承嗣相傳故也。」
〔一四〕師古曰：「設，置立也，謂立此法也。」
〔一五〕師古曰：「釋，捨也。宜建，謂適嗣。」
〔一六〕師古曰：「不當更議。」
〔一七〕文穎曰：「景帝名。」
〔一八〕師古曰：「雖非已生正嫡，但爲後者即得賜爵。」
〔一九〕師古曰：「軹音只。」

三月，有司請立皇后。皇太后曰：「立太子母竇氏爲皇后。」

詔曰：「方春和時，草木羣生之物皆有以自樂，而吾百姓鰥寡孤獨窮困之人或阽於死亡，〔一〕而莫之省憂。〔二〕爲民父母將何如？其議所以振貸之。」〔三〕又曰：「老者非帛不煖，非肉不飽。〔四〕今歲首，不時使人存問長老，〔五〕又無布帛酒肉之賜，將何以佐天下子孫孝養其親？今聞吏稟當受鬻者，或以陳粟，〔六〕豈稱養老之意哉！具爲令。」〔七〕有司請令縣道，〔八〕年八十已上，賜米人月一石，肉二十斤，酒五斗。其九十已上，又賜帛人二疋，絮三斤。〔九〕賜物及當稟鬻米者，長吏閱視，丞若尉致。〔一〇〕不滿九十，嗇夫、令史致。二千石遣都吏循行，〔一一〕不稱者督之。〔一二〕刑者及有罪耐以上，不用此令。〔一三〕

〔一〕服虔曰：「阽音反坫之坫。」孟康曰：「阽音屋檐之檐。」如淳曰：「阽，近邊欲墮之意。」師古曰：「服、孟二音並通。」

〔二〕師古曰：「省，視也。」

〔三〕師古曰：「振，起也，爲給貸之，令其存立也。諸振救、振贍，其義皆同。今流俗作字從貝者非也，自別有訓。貸音吐戴反。」

〔四〕師古曰：「煖，溫也，音乃短反。」

〔五〕師古曰：「存，省視也。」

〔六〕師古曰：「稟，給也。鬻，淖糜也。給米使爲糜鬻也。陳，久舊也。小雅甫田之詩曰『我取其陳』。鬻音之六反。

淖，溺也，音女教反。」

〔七〕師古曰：「使其備爲條制。」

〔八〕師古曰：「或縣或道，皆用此制也。有蠻夷曰道。」

〔九〕師古曰：「絮，綿也。」

〔一〇〕師古曰：「長吏，縣之令長也。若者，豫及之詞。致者，送至也。或丞或尉，自致之也。」

〔一一〕蘇林曰：「取其都吏有德也。」如淳曰：「律說，都吏今督郵是也。閑惠曉事，即爲文無害都吏。」師古曰：「如說是也。行音下孟反。」

〔一二〕師古曰：「循行有不如詔意者，二千石察視責罰之。」

〔一三〕蘇林曰：「一歲爲罰作，二歲刑以上爲耐。耐，能任其罪也。」師古曰：「刑謂先被刑也。有罪，在吏未決者也。言八十、九十之人雖合加賜，其中有被刑罪者，不在此賜物令條中也。」

楚元王交薨。

四月，齊楚地震，二十九山同日崩，大水潰出。〔一〕

〔一〕師古曰：「旁決曰潰，上湧曰出。」

六月，令郡國無來獻。施惠天下，諸侯四夷遠近驩洽。乃脩代來功。〔一〕詔曰：「方大臣誅諸呂迎朕，朕狐疑，皆止朕，〔二〕唯中尉宋昌勸朕，朕(已)〔以〕得保宗廟。已尊昌爲衞將軍，〔三〕其封昌爲壯武侯。諸從朕六人，官皆至九卿。」〔四〕又曰：「列侯從高帝入蜀漢者六十八人益邑各三百戶。吏二千石以上從高帝潁川守尊等十人食邑六百戶，淮陽守申屠嘉等十人五百戶，衞尉足等十人四百戶。」封淮南王舅趙兼爲周陽侯，齊王舅駟鈞爲靖郭侯，〔五〕故常山丞相蔡兼爲樊侯。

〔一〕師古曰：「自代來時有功者。」

〔二〕師古曰：「狐之爲獸，其性多疑，每渡冰河，且聽且渡，故言疑者，而稱狐疑。」

〔三〕師古曰：「尊，高也，高其官秩。」

〔四〕師古曰：「張武等。」

〔五〕如淳曰：「邑名也，六國時齊有靖郭君。靖音靜。」師古曰：「外戚恩澤侯表云鄔侯駟鈞以齊王舅侯，今此云靖郭，豈初封靖郭後改爲鄔乎？鄔音一戶反，又音於(度)〔庶〕反。」

二年冬十月，丞相陳平薨。詔曰：「朕聞古者諸侯建國千餘，各守其地，以時入貢，民不勞苦，上下驩欣，靡有違德。今列侯多居長安，邑遠，〔一〕吏卒給輸費苦，而列侯亦無繇教訓其民。〔二〕其令列侯之國，爲吏及詔所止者，遣太子。」〔三〕

〔一〕師古曰：「所食之邑去長安遠。」

〔二〕師古曰：「繇讀與由同。」

〔三〕李奇曰：「爲吏，謂爲卿大夫者。詔所止，特以恩愛見留者。」

十一月癸卯晦，日有食之。詔曰：「朕聞之，天生民，爲之置君以養治之。人主不德，布政不均，則天示之災以戒不治。〔一〕乃十一月晦，日有食之，適見于天，〔二〕災孰大焉！〔三〕朕獲保宗廟，以微眇之身託于士民君王之上，天下治亂，在予一人，唯二三執政猶吾股肱也。朕下不能治育羣生，上以累三光之明，〔四〕其不德大矣。令至，其悉思朕之過失，〔五〕及知見之所不及，匄以啓告朕。〔六〕及舉賢良方正能直言極諫者，以匡朕之不逮。〔七〕因各敕以職任，務省繇費以便民。〔八〕朕既不能遠德，故憪然念外人之有非，〔九〕是以設備未息。今縱不能罷邊屯戍，又飭兵厚衞，〔一〇〕其罷衞將軍軍。太僕見馬遺財足，〔一一〕餘皆以給傳置。」〔一二〕

〔一〕師古曰：「治音直吏反。」

〔二〕師古曰：「適讀曰讁，讁，責也，音張革反。見音胡電反。」

〔三〕師古曰：「災莫大於此。」

〔四〕師古曰：「三光，日、月、星也。累音力瑞反。」

〔五〕師古曰：「令謂此詔書。」

〔六〕師古曰：「匄音蓋。匄亦乞也。啓，開也。言以過失開告朕躬，是則於朕爲恩惠也。商書說命曰『啓乃心，沃朕心』。」

〔七〕師古曰：「匡，正也。逮，及也。不逮者，意慮所不及。」

〔八〕師古曰：「省，減也，音所領反。繇讀曰傜。」

〔九〕蘇林曰：「憪，寢視不安貌也。」孟康曰：「憪猶介然也。非，姦非也。」師古曰：「孟說是也。憪音下板反。」

〔一〇〕師古曰：「飭，整也，讀與勑同。」

〔一一〕師古曰：「遺，留也。財與纔同。纔，少也。太僕見在之馬今當減，留纔足充事而已。」

〔一二〕師古曰：「傳音張戀反。置者，置傳驛之所，因名置也。他皆類此。」

春正月丁亥，詔曰：「夫農，天下之本也，其開藉田，〔一〕朕親率耕，以給宗廟粢盛。〔二〕民讁作縣官及貸種食未入、入未備者，皆赦之。」〔三〕

〔一〕應劭曰：「古者天子耕藉田(十)〔千〕畝，爲天下先。藉者，帝王典藉之常也。」韋昭曰：「藉，借也。借民力以治之，以奉宗廟，且以勸率天下，使務農也。」臣瓚曰：「景帝詔曰『朕親耕，后親桑，爲天下先』，本以躬親爲義，不得以假借爲稱也。藉謂蹈藉也。」師古曰：「瓚說是也。國語曰『宣王即位，不藉千畝，虢文公諫』。斯則藉非假借明矣。」

〔二〕師古曰：「黍稷曰粢，在器曰盛。粢音咨。」

〔三〕師古曰：「種者，五穀之種也。食者，所以爲糧食也。貸音吐戴反。種音之勇反。」

三月，有司請立皇子爲諸侯王。詔曰：「前趙幽王幽死，朕甚憐之，已立其太子遂爲趙王。遂弟辟彊〔一〕及齊悼惠王子朱虛侯章、東牟侯興居有功，可王。」乃(遂)立辟彊爲河閒王，章爲城陽王，興居爲濟北王。因立皇子武爲代王，參爲太原王，揖爲梁王。

〔一〕師古曰：「辟彊，言辟禦彊梁者，亦猶辟兵辟非耳。辟音必亦反。彊音其良反。一說辟讀曰闢，彊讀曰疆。闢疆，言開土地也。賈誼書曰：『衞侯朝於周，周行人問其名，衞侯曰辟疆。行人還之曰：「啓疆、辟疆，天子之號也，諸侯弗得用。」更其名曰燬。』則其義兩說並通。他皆類此。」

五月，詔曰：「古之治天下，朝有進善之旌，〔一〕誹謗之木，〔二〕所以通治道而來諫者也。今法有誹謗訞言之罪，〔三〕是使衆臣不敢盡情，而上無由聞過失也。將何以來遠方之賢良？其除之。民或祝詛上，以相約而後相謾，〔四〕吏以爲大逆，其有他言，吏又以爲誹謗。此細民之愚，無知抵死，〔五〕朕甚不取。自今以來，有犯此者勿聽治。」

〔一〕應劭曰：「旌，幡也，堯設之五達之道，令民進善也。」如淳曰：「欲有進者，立於旌下言之。」

〔二〕服虔曰：「堯作之，橋梁交午柱頭也。」應劭曰：「橋梁邊板，所以書政治之愆失也。至秦去之，今乃復施也。」師古曰：「應說是也。」

〔三〕師古曰：「高后元年詔除妖言之令，今此又有訞言之罪，是則中閒曾重復設此條也。訞與妖同。」

〔四〕師古曰：「謾，欺也。初爲要約，共行祝詛，後相欺誑，中道而止，無實事也。謾音慢，又音莫連反。」

〔五〕師古曰：「抵，觸也，亦至也。」

九月，初與郡守爲銅虎符、竹使符。〔一〕

〔一〕應劭曰：「銅虎符第一至第五，國家當發兵遣使者，至郡合符，符合乃聽受之。竹使符皆以竹箭五枚，長五寸，鐫刻篆書，第一至第五。」張晏曰：「符以代古之圭璋，從簡易也。」師古曰：「與郡守爲符者，謂各分其半，右留京師，左以與之。使音所吏反。」

詔曰：「農，天下之大本也，民所恃以生也，而民或不務本而事末，故生不遂。〔一〕朕憂其然，故今茲親率羣臣農以勸之。其賜天下民今年田租之半。」〔二〕

〔一〕師古曰：「衣食(之)〔乏〕絕，致有夭喪，故不遂其生。」

〔二〕師古曰：「免不收之。」

三年冬十月丁酉晦，日有食之。十一月丁卯晦，日有蝕之。

詔曰：「前日詔遣列侯之國，辭未行。丞相朕之所重，其爲(遂)〔朕〕率列侯之國。」遂免丞相勃，遣就國。十二月，太尉潁陰侯灌嬰爲丞相。罷太尉官，屬丞相。

夏四月，城陽王章薨。淮南王長殺辟陽侯審食其。〔一〕

〔一〕師古曰：「殺之於其家。」

五月，匈奴入居北地、河南爲寇。〔一〕上幸甘泉，〔二〕遣丞相灌嬰擊匈奴，匈奴去。發中尉材官屬衞將軍，軍長安。

〔一〕師古曰：「北地郡之北，黃河之南，即白羊所居。」

〔二〕如淳曰：「蔡邕云天子車駕所至，民臣以爲僥幸，故曰幸。見令長三老官屬，親臨軒作樂，賜以酒食帛葛越巾佩帶之屬，民爵有級數，或賜田租之半，故因謂之幸也。」師古曰：「甘泉在雲陽，本秦林光宮。」

上自甘泉之高奴，〔一〕因幸太原，見故羣臣，皆賜之。舉功行賞，諸民里賜牛酒。〔二〕復晉陽、中都民三歲租。〔三〕留游太原十餘日。

〔一〕師古曰：「之，往也。高奴，上郡之縣。」

〔二〕師古曰：「里別率賜之。」

〔三〕師古曰：「復音方目反。」

濟北王興居聞帝之代，欲自擊匈奴，乃反，發兵欲襲滎陽。於是詔罷丞相兵，以棘蒲侯柴武爲大將軍，〔一〕將四將軍十萬衆擊之。祁侯繒賀爲將軍，軍滎陽。秋七月，上自太原至長安。詔曰：「濟北王背德反上，詿誤吏民，〔二〕爲大逆。濟北吏民兵未至先自定及以軍城邑降者，皆赦之，復官爵。〔三〕與王興居去來者，亦赦之。」〔四〕八月，虜濟北王興居，自殺。赦諸與興居反者。

〔一〕臣瓚曰：「漢帝年紀爲陳武，此云柴武，爲有二姓。」

〔二〕師古曰：「詿亦誤也，音卦。」

〔三〕師古曰：「復音扶目反。」

〔四〕師古曰：「雖始與興居共反，今棄之去而來降者，亦赦。」

四年冬十二月，丞相灌嬰薨。

夏五月，復諸劉有屬籍，家無所與。〔一〕賜諸侯王子邑各二千戶。

〔一〕師古曰：「復音方目反。與讀曰豫。」

秋九月，封齊悼惠王子七人爲列侯。

絳侯周勃有罪，逮詣廷尉詔獄。

作顧成廟。〔一〕

〔一〕服虔曰：「廟在長安城南，文帝作。還顧見城，故名之。」應劭曰：「文帝自爲廟，制度卑狹，若顧望而成，猶文王靈臺不日成之，故曰顧成。賈誼曰『因顧成之廟，爲天下太宗，與漢無極。』」如淳曰：「身存而爲廟，若尚書之顧命也。景帝廟號德陽，武帝廟號龍淵，昭帝廟號徘徊，宣帝廟號樂游，元帝廟號長壽，成帝廟號陽池。」師古曰：「以還顧見城，因即爲名，於義無取。又書本不作城郭字，應說近之。」

五年春二月，地震。

夏四月，除盜鑄錢令。〔一〕更造四銖錢。〔二〕

〔一〕應劭曰：「聽民放鑄也。」

〔二〕應劭曰：「文帝以五分錢太輕小，更作四銖錢，文亦曰『半兩』，今民間半兩錢最輕小者是也。」

六年冬十月，桃李華。

十一月，淮南王長謀反，廢遷蜀嚴道，死雍。〔一〕

〔一〕師古曰：「遷於蜀郡之嚴道，行至扶風雍縣，在道而死也。」

七年冬十月，令列侯太夫人、夫人、諸侯王子及吏二千石無得擅徵捕。〔一〕

〔一〕如淳曰：「列侯之妻稱夫人。列侯死，子復爲列侯，乃得稱太夫人，子不爲列侯不得稱也。」

夏四月，赦天下。

六月癸酉，未央宮東闕罘罳災。〔一〕

〔一〕如淳曰：「東闕與其兩旁罘罳皆災也。」晉灼曰：「東闕之罘罳獨災也。」師古曰：「罘罳，謂連闕曲閣也，以覆重刻垣墉之處，其形罘罳然，一曰屏也。罘音浮。」

八年夏，封淮南厲王長子四人爲列侯。

有長星出于東方。〔一〕

〔一〕文穎曰：「孛、彗、長三星，其占略同，然其形象小異。孛星光芒短，其光四出蓬蓬孛孛也。彗星光芒長，參參如埽彗。長星光芒有一直指，或竟天，或十丈，或三丈，或二丈，無常也。大法，孛、彗星多爲除舊布新，火災，長星多爲兵革事。」

九年春，大旱。

十年冬，行幸甘泉。

將軍薄昭死。〔一〕

〔一〕鄭氏曰：「昭殺漢使者，文帝不忍加誅，使公卿從之飲酒，欲令自引分。昭不肯，使羣臣喪服往哭之，乃自殺。有罪，故言死。」如淳曰：「一說昭與文帝博不勝，當飲酒，侍郎酌，爲昭少，一侍郎譴呵之。時此郎下沐，昭使人殺之，是以文帝使自殺。」師古曰：「外戚恩澤侯表云坐殺漢使者自殺。鄭說是也。」

十一年冬十一月，行幸代。春正月，上自代還。

夏六月，梁王揖薨。

匈奴寇狄道。

十二年冬十二月，河決東郡。

春正月，賜諸侯王女邑各二千戶。

二月，出孝惠皇帝後宮美人，令得嫁。

三月，除關無用傳。〔一〕

〔一〕張晏曰：「傳，信也，若今過所也。」如淳曰：「兩行書繒帛，分持其一，出入關，合之乃得過，謂之傳也。」李奇曰：

「傳，棨也。」師古曰：「張說是也。古者或用棨，或用繒帛。棨者，刻木爲合符也。傳音張戀反。棨音啓。」

詔曰：「道民之路，在於務本。朕親率天下農，十年于今，而野不加辟，〔一〕歲一不登，民有飢色，〔二〕是從事焉尚寡，而吏未加務也。〔三〕吾詔書數下，歲勸民種樹，〔四〕而功未興，是吏奉吾詔不勤，而勸民不明也。且吾農民甚苦，而吏莫之省，〔五〕將何以勸焉？其賜農民今年租稅之半。」

〔一〕師古曰：「辟讀曰闢。闢，開也。」

〔二〕師古曰：「登，成也。言五穀一歲不成則衆庶飢餒，是無蓄積故也。」

〔三〕師古曰：「從事，從農事也。」

〔四〕師古曰：「樹，謂藝殖也。」

〔五〕師古曰：「省，視也。」

又曰：「孝悌，天下之大順也。力田，爲生之本也。三老，衆民之師也。廉吏，民之表也。朕甚嘉此二三大夫之行。今萬家之縣，云無應令，〔一〕豈實人情？是吏舉賢之道未備也。其遣謁者勞賜三老、孝者帛人五匹，悌者、力田二匹，廉吏二百石以上率百石者三匹。〔二〕及問民所不便安，而以戶口率置三老孝悌力田常員，〔三〕令各率其意以道民焉。」〔四〕

〔一〕師古曰：「無孝悌力田之人可應察舉之令。」

〔二〕師古曰：「自二百石以上，每百石加三匹。」

〔三〕師古曰：「計戶口之數以率之，增置其員，廣教化也。」

〔四〕師古曰：「道讀曰導。」

十三年春二月甲寅，詔曰：「朕親率天下農耕以供粢盛，皇后親桑以奉祭服，其具禮儀。」〔一〕

〔一〕師古曰：「令立耕桑之禮制也。」

夏，除祕祝，〔一〕語在郊祀志。五月，除肉刑法，語在刑法志。

〔一〕應劭曰：「祕祝之官，移過于下，國家諱之，故曰祕也。」

六月，詔曰：「農，天下之本，務莫大焉。今廑身從事，〔一〕而有租稅之賦，是謂本末者無以異也，〔二〕其於勸農之道未備。其除田之租稅。賜天下孤寡布帛絮各有數。」

〔一〕晉灼曰：「廑，古勤字。」

〔二〕李奇曰：「本，農也。末，賈也。言農與賈俱出租，無異也，故除田租。」

十四年冬，匈奴寇邊，殺北地都尉卬。〔一〕遣三將軍軍隴西、北地、上郡，中尉周舍爲衞將軍，郎中令張武爲車騎將軍，軍渭北，車千乘，騎卒十萬人。上親勞軍，勒兵，申教令，〔二〕

賜吏卒。自欲征匈奴，羣臣諫，不聽。皇太后固要上，乃止。〔三〕於是以東陽侯張相如爲大將軍，建成侯董赫、內史欒布皆爲將軍，擊匈奴。匈奴走。

〔一〕師古曰：「功臣表云缾侯孫單以父北地都尉卬力戰死事，文帝十四年封，與此正合。然則卬姓孫，而徐廣乃云姓段，說者因曰段會宗即卬之玄孫，無所據也。會宗，漢書有傳，班固不云是卬後，何從而知之乎？」

〔二〕師古曰：「申謂約束之。」

〔三〕文穎曰：「要（却）〔劫〕也，哀痛祝誓之言。」

春，詔曰：「朕獲執犧牲珪幣以事上帝宗廟，十四年于今。歷日彌長，以不敏不明〔一〕而久撫臨天下，朕甚自媿。〔二〕其廣增諸祀墠場珪幣。〔三〕昔先王遠施不求其報，望祀不祈其福，右賢左戚，〔四〕先民後己，至明之極也。今吾聞祠官祝釐，〔五〕皆歸福於朕躬，不爲百姓，朕甚媿之。夫以朕之不德，而專鄉獨美其福，百姓不與焉，〔六〕是重吾不德也。〔七〕其令祠官致敬，無有所祈。」

〔一〕師古曰：「敏，材識捷疾。」

〔二〕師古曰：「媿，古愧字。」

〔三〕師古曰：「築土爲壇，除地爲場。幣，祭神之帛。」

〔四〕師古曰：「以賢爲上，然後及親也。」

〔五〕如淳曰：「釐，福也。賈誼傳『受釐坐宣室』是也。」師古曰：「釐，本字作禧，假借用耳，同音僖。」

〔六〕師古曰：「與讀曰豫。」

〔七〕師古曰：「重音直用反。」

十五年春，黃龍見於成紀。〔一〕上乃下詔議郊祀。公孫臣明服色，新垣平設五廟。〔二〕語在郊祀志。夏四月，上幸雍，始郊見五帝，赦天下，修名山大川嘗祀而絕者，有司以歲時致禮。

〔一〕師古曰：「成紀，隴西縣。」

〔二〕文穎曰：「公孫臣，魯人也。」應劭曰：「新垣平，趙人也。」師古曰：「五廟，即下渭陽五帝之廟也。」

九月，詔諸侯王公卿郡守舉賢良能直言極諫者，上親策之，傅納以言。〔一〕語在鼂錯傳。〔二〕

〔一〕師古曰：「傅讀曰敷，敷陳其言而納用之。」

〔二〕師古曰：「錯音千故反。」

十六年夏四月，上郊祀五帝于渭陽。〔一〕

〔一〕韋昭曰：「在渭城。」師古曰：「郊祀志云在長安東北，非渭城也。韋說謬矣。」

五月，立齊悼惠王子六人、淮南厲王子三人皆爲王。

秋九月，得玉杯，〔一〕刻曰「人主延壽」。令天下大酺，明年改元。

〔一〕應劭曰：「新垣平詐令人獻之。」

後元年〔一〕冬十月，新垣平詐覺，謀反，〔二〕夷三族。

〔一〕張晏曰：「新垣平候日再中，以爲吉祥，故改元年，以求延年之祚也。」

〔二〕師古曰：「以詐事發覺，自恐被誅，因謀反也。」

春三月，孝惠皇后張氏薨。〔一〕

〔一〕張晏曰：「后黨於呂氏，廢處北宮，故不曰崩。」

詔曰：「間者數年比不登，〔一〕又有水旱疾疫之災，朕甚憂之。愚而不明，未達其咎。意者朕之政有所失而行有過與？〔二〕乃天道有不順，地利或不得，人事多失和，鬼神廢不享與？何以致此？將百官之奉養或費，無用之事或多與？何其民食之寡乏也！夫度田非益寡，而計民未加益，〔三〕以口量地，其於古猶有餘，而食之甚不足者，其咎安在？無乃百姓之從事於末以害農者蕃，〔四〕爲酒醪以靡穀者多，〔五〕六畜之食焉者衆與？細大之義，吾未能得其中。〔六〕其與丞相列侯吏二千石博士議之，有可以佐百姓者，率意遠思，無有所隱。」

〔一〕師古曰：「比猶頻也。」

〔二〕師古曰：「與讀曰歟，音弋於反。下皆類此。」

〔三〕師古曰：「度謂量計之，音徒各反。」
〔四〕師古曰：「末謂工商之業也。蕃亦多也，音扶元反。」
〔五〕師古曰：「醪，汁滓酒也。靡，散也。醪音來高反。靡音糜。」
〔六〕師古曰：「中音竹仲反。」

二年夏，行幸雍棫陽宮。〔一〕

〔一〕蘇林曰：「棫音域。」張晏曰：「秦昭王所作也。」晉灼曰：「黃圖在扶風。」

六月，代王參薨。匈奴和親。詔曰：「朕既不明，不能遠德，使方外之國或不寧息。夫四荒之外不安其生，〔一〕封圻之內勤勞不處，〔二〕二者之咎，皆自於朕之德薄而不能達遠也。間者累年，匈奴並暴邊境，多殺吏民，邊臣兵吏(入)〔又〕不能諭其內志，以重吾不德。〔三〕夫久結難連兵，中外之國將何以自寧？今朕夙興夜寐，勤勞天下，憂苦萬民，爲之惻怛不安，〔四〕未嘗一日忘於心，故遣使者冠蓋相望，結徹於道，〔五〕以諭朕志於單于。〔六〕今單于反古之道，〔七〕計社稷之安，便萬民之利，新與朕俱棄細過，偕之大道，〔八〕結兄弟之義，以全天下元元之民。〔九〕和親以定，始于今年。」

〔一〕師古曰：「戎狄荒服，故曰四荒，言其荒忽去來無常也。爾雅曰『孤竹、北戶、西王母、日下謂之四荒』。」
〔二〕師古曰：「圻亦畿字。王畿千里。不處者，不獲安居。」

〔三〕師古曰：「諭，曉告也。重音直用反。」
〔四〕師古曰：「惻，痛也。怛，恨也。怛音丁曷反。」
〔五〕韋昭曰：「使車往還，故轍如結也。」
〔六〕師古曰：「單于，匈奴天子之號也。單音蟬。」
〔七〕師古曰：「(返)〔反〕，還也。」
〔八〕師古曰：「偕亦俱也。之，往也，趣也。」
〔九〕師古曰：「元元，善意也。」

三年春二月，行幸代。

四年夏四月丙寅晦，日有蝕之。五月，赦天下。免官奴婢爲庶人。行幸雍。

五年春正月，行幸隴西。三月，行幸雍。秋七月，行幸代。

六年冬，匈奴三萬騎入上郡，三萬騎入雲中。以中大夫令免爲車騎將軍屯飛狐，〔一〕故楚相蘇意爲將軍屯句注，〔二〕將軍張武屯北地，河內太守周亞夫爲將軍次細柳，〔三〕宗正劉禮爲將軍次霸上，祝茲侯徐厲爲將軍次棘門，〔四〕以備胡。

〔一〕如淳曰：「在代郡。」師古曰：「中大夫，官名，其人姓令名免耳。此諸將軍下至徐厲，皆書姓，而徐廣以爲中大夫令是官名，此說非也。據百官表，景帝初改衞尉爲中大夫令，文帝時無此官。而中大夫是郎中令屬官，秩比二千石。」
〔二〕應劭曰：「山險名也，在鴈門陰館。」師古曰：「句音章句之句。」
〔三〕服虔曰：「在長安西北。」如淳曰：「長安細柳倉在渭北，近石徼。」張揖曰：「在昆明池南，今有柳市是也。」臣瓚曰：「一宿曰宿，再宿曰信，過信爲次。匈奴傳云『置三將軍，軍長安西細柳、渭北棘門、霸上』。此則細柳不在渭北，揖說是也。」
〔四〕孟康曰：「在長安北，秦時宮門也。」如淳曰：「三輔黃圖棘門在橫門外也。」

夏四月，大旱，蝗。〔一〕令諸侯無入貢。弛山澤。〔二〕減諸服御。損郎吏員。發倉庾〔三〕以振民。民得賣爵。

〔一〕師古曰：「蝗即螽也，食苗爲災，今俗呼爲簸蝩。蝗音胡光反。蝩音鍾。」
〔二〕師古曰：「弛，解也，解而不禁，與衆庶同其利。」
〔三〕應劭曰：「水漕倉曰庾。」胡公曰『在邑曰倉，在野曰庾』。」

七年夏六月己亥，帝崩于未央宮。〔一〕遺詔曰：「朕聞之，蓋天下萬物之萌生，靡不有

死。〔二〕死者天地之理，物之自然，奚可甚哀！〔三〕當今之世，咸嘉生而惡死，厚葬以破業，重服以傷生，吾甚不取。且朕既不德，無以佐百姓；今崩，又使重服久臨，〔四〕以罹寒暑之數，〔五〕哀人父子，傷長老之志，損其飲食，絕鬼神之祭祀，以重吾不德，〔六〕謂天下何！朕獲保宗廟，以眇眇之身託于天下君王之上，〔七〕二十有餘年矣。賴天之靈，社稷之福，方內安寧，〔八〕靡有兵革。〔九〕朕既不敏，常畏過行，以羞先帝之遺德；〔一〇〕惟年之久長，懼于不終。今乃幸以天年得復供養于高廟，朕之不明與嘉之，其奚哀念之有！〔一一〕其令天下吏民，令到出臨三日，皆釋服。〔一二〕無禁取婦嫁女祠祀飲酒食肉。自當給喪事服臨者，皆無踐。〔一三〕(絰)〔經〕帶無過三寸。無布車及兵器。〔一四〕無發民哭臨宮殿中。殿中當臨者，皆以旦夕各十五舉音，禮畢罷。非旦夕臨時，禁無得擅哭(臨)。以下，〔一五〕服大紅十五日，小紅十四日，纖七日，釋服。〔一六〕它不在令中者，皆以此令比類從事。〔一七〕布告天下，使明知朕意。霸陵山川因其故，無有所改。〔一八〕歸夫人以下至少使。」〔一九〕令中尉亞夫爲車騎將軍，屬國悍爲將屯將軍，〔二〇〕郎中令張武爲復土將軍，〔二一〕發近縣卒萬六千人，發內史卒萬五千人，臧郭穿復土屬將軍武。〔二二〕賜諸侯王以下至孝悌力田金錢帛各有數。乙巳，葬霸陵。〔二三〕

〔一〕臣瓚曰：「帝年二十三即位，即位二十三年，壽四十六也。」
〔二〕師古曰：「始生者曰萌。」

〔三〕師古曰：「奚，何也。」

〔四〕師古曰：「臨，哭也，音力禁反。下云服臨、當臨者，音並同也。」

〔五〕師古曰：「罹音離，遭也。」

〔六〕師古曰：「眞音直用反。」

〔七〕師古曰：「眇眇，猶言細末也。」

〔八〕臣瓚曰：「方，四方也。內，中也。猶云中外。」師古曰：「此說非也，直謂（四）方之內耳。」

〔九〕師古曰：「靡，無也。」

〔一〇〕師古曰：「過行，行有過失也。羞謂忝辱也。行音下更反。」

〔一一〕如淳曰：「得卒天年，已善矣。」晉灼曰：「若以朕不明，當嘉善朕之儉約，何哀念之有也。」師古曰：「如、晉之說非也。與讀曰歟，音弋於反。帝自言或者豈朕見之不明乎，以不可嘉爲嘉耳。然朕自謂得終天年，供養高廟，爲可嘉之事，無所哀念也。今俗語猶然，其意可曉矣。」

〔一二〕師古曰：「令謂此詔文也。」

〔一三〕伏儼曰：「踐，翦也，謂無斬衰也。」孟康曰：「踐，跣也。」晉灼曰：「漢語作跣。跣，徒跣也。」師古曰：「孟、晉二說是也。」

〔一四〕應劭曰：「無以布衣車及兵器也。」服虔曰：「不施輕車介士也。」師古曰：「應說是也。」

〔一五〕師古曰：「爲下棺也。音義與高紀同。」

〔一六〕服虔曰：「皆當言大功、小功布也。纖，細布衣也。」應劭曰：「紅者，中祥、大祥以紅爲領緣。纖者，禫也。凡三十

六日而釋服矣。此以日易月也。」晉灼曰：「漢書例以紅爲功也。」師古曰：「紅與功同。服、晉二說是也。此喪制者，文帝自率己意創而爲之，非有取於周禮也，何爲以日易月乎！三年之喪，其實二十七月，豈有三十六月之文！禫又無七月也。應氏既失之於前，而近代學者因循謬說，未之思也。」

〔一七〕師古曰：「言此詔中無文者，皆以類比而行事。」

〔一八〕應劭曰：「因山爲藏，不復起墳，山下川流不遏絕，就其水名以爲陵號。」

〔一九〕應劭曰：「夫人以下有美人、良人、八子、七子、長使、少使，皆遣歸家，重絕人類。」

〔二〇〕師古曰：「典屯軍以備非常。」

〔二一〕如淳曰：「主穿壙塡瘞事也。」師古曰：「穿壙，出土下棺也。已而塡之，又即以爲墳，故云復土。復，反還也，音扶目反。」

〔二二〕師古曰：「即張武也。」

〔二三〕師古曰：「自崩至葬凡七日也。霸陵在長安東南。」

贊曰：孝文皇帝即位二十三年，宮室苑囿車騎服御無所增益。有不便，輒弛以利民。〔一〕嘗欲作露臺，召匠計之，直百金。上曰：「百金，中人十家之產也。〔二〕吾奉先帝宮室，常恐羞之，何以臺爲！」〔三〕身衣弋綈，〔四〕所幸慎夫人衣不曳地，帷帳無文繡，以示敦朴，爲天下先。治霸陵，皆瓦器，不得以金銀銅錫爲飾，因其山，不起墳。南越尉佗自立爲帝，召貴佗兄弟，以德懷之，佗遂稱臣。與匈奴結和親，後而背約入盜，令邊備守，不發兵深入，恐煩百姓。吳王詐病不朝，賜以几杖。羣臣袁盎等諫說雖切，常假借納用焉。〔五〕張武等受賂金錢，覺，更加賞賜，以媿其心。專務以德化民，是以海內殷富，興於禮義，斷獄數百，幾致刑措。〔六〕嗚呼，仁哉！

〔一〕師古曰：「弛，廢弛，音式爾反。」

〔二〕師古曰：「中謂不富不貧。」

〔三〕師古曰：「今新豐縣南驪山之頂有露臺鄉，極爲高顯，猶有文帝所欲作臺之處。」

〔四〕如淳曰：「弋，皂也。賈誼曰『身衣皂綈』。」師古曰：「弋，黑色也。綈，厚繒。綈音大奚反。」

〔五〕蘇林曰：「假音休假。借音以物借人之借。」

〔六〕應劭曰：「措，置也。民不犯法，無所刑也。」師古曰：「斷獄數百者，言普天之下死罪人不過數百。幾，近也，音巨衣反。」

校勘記

一〇八頁一〇行　宗室將相王列侯以爲（其）〔莫〕宜寡人，　王念孫說「其」字文義不順，當依史記作「莫」。楊樹達說王校是。

一一四頁一五行　朕（巳）〔以〕得保宗廟。　蘇輿說史記作「以」，依本書例，作「以」爲合。

一一五頁九行　又音於（度）〔庶〕反。　景祐、殿本都作「庶」。王先謙說作「庶」是。

一一七頁六行　古者天子耕籍田（十）〔千〕畝，　景祐、殿本都作「千」，史記集解同。

一一七頁一三行　乃（遂）立辟彊爲河間王，　王先謙說「遂」字涉上文而衍。按史記無「遂」字。

一一九頁一行　衣食（之）〔乏〕絕，　景祐、殿本都作「乏」。王先謙說作「乏」是。

一一九頁四行　其爲（遂）〔朕〕率列侯之國。　景祐、殿本都作「朕」，史記同。

一二六頁六行　要（却）〔劫〕也，　景祐、殿、局本都作「劫」，通鑑注引同。

一二六頁九行　右賢左戚，〔四〕先民後己，　注〔四〕原在「後己」下，王先謙說當在「左戚」下。

一二九頁九行　邊臣兵吏（入）〔又〕不能諭其內志，　景祐、殿本都作「又」，史記同。王先謙說作「又」是。

一三〇頁五行　（返）〔反〕，還也。　景祐、殿本都作「反」。

一三二頁七行　（絰）〔經〕帶無過三寸。　景祐、殿、局本都作「經」，史記同。

一三二頁九行　禁無得擅哭（臨）。　李慈銘說史記無「臨」字，此誤衍。

一三三頁六行　直謂（四）方之內耳。　景祐、殿本都無「四」字。

漢書卷五

景帝紀第五

孝景皇帝，[一]文帝太子也。母曰竇皇后。後七年六月，文帝崩。丁未，太子即皇帝位，尊皇太后薄氏曰太皇太后，皇后曰皇太后。

[一]荀悅曰：「諱啓之字曰開。」應劭曰：「禮謚法『布義行剛曰景』。」

九月，有星孛于西方。

元年冬十月，詔曰：「蓋聞古者祖有功而宗有德，[一]制禮樂各有由。歌者，所以發德也；舞者，所以明功也。高廟酎，[二]奏武德、文始、五行之舞。[三]孝惠廟酎，奏文始、五行之舞。孝文皇帝臨天下，通關梁，不異遠方；[四]除誹謗，去肉刑，賞賜長老，收恤孤獨，以遂羣生；[五]減耆欲，不受獻，[六]罪人不帑，[七]不誅亡罪，不私其利也；除宮刑，出美人，重絕人之世也。朕既不敏，弗能勝識。[八]此皆上世之所不及，而孝文皇帝親行之。[九]德厚侔天

地，利澤施四海，[一〇]靡不獲福。明象乎日月，而廟樂不稱，朕甚懼焉。[一一]其爲孝文皇帝廟爲昭德之舞，[一二]以明休德。[一三]然后祖宗之功德，施于萬世，永永無窮，朕甚嘉之。其與丞相、列侯、中二千石、禮官具禮儀奏。」丞相臣嘉等奏曰：[一四]「陛下永思孝道，立昭德之舞以明孝文皇帝之盛德，皆臣嘉等愚所不及。臣謹議：世功莫大於高皇帝，德莫盛於孝文皇帝。高皇帝廟宜爲帝者太祖之廟，孝文皇帝廟宜爲帝者太宗之廟。天子宜世世獻祖宗之廟。郡國諸侯宜各爲孝文皇帝立太宗之廟。諸侯王列侯使者侍祠天子所獻祖宗之廟。[一五]請宣布天下。」制曰：「可」。

[一]應劭曰：「始取天下者爲祖，高帝稱高祖是也。始治天下者爲宗，文帝稱太宗是也。」師古曰：「應說非也。祖，始也，始受命也。宗，尊也，有德可尊。」

[二]張晏曰：「正月旦作酒，八月成，名曰酎。酎之言純也。至武帝時，因八月嘗酎會諸侯廟中，出金助祭，所謂酎金也。」師古曰：「酎，三重釀，醇酒也，味厚，故以薦宗廟。酎音直救反。」

[三]孟康曰：「武德，高祖所作也。文始，舜舞也。五行，周舞也。武德者，其舞人執干戚。文始舞執羽籥。五行舞，冠冕衣服法五行色。見禮樂志。」

[四]張晏曰：「孝文十二年，除關不用傳，令遠近若一。」

[五]師古曰：「遂，成也，達也。」

[六]師古曰：「耆讀曰嗜。」

[七]蘇林曰：「刑不及妻子。」師古曰：「帑讀與孥同。」

[八]師古曰：「敏，材智速疾也。勝識，盡知之。」

[九]師古曰：「上世，謂古昔之帝王也。」

[一〇]師古曰：「侔，等也，音牟。」

[一一]師古曰：「稱，副也，音尺孕反。」

[一二]師古曰：「昭，明也。」

[一三]師古曰：「休，美也。」

[一四]師古曰：「申屠嘉。」

[一五]張晏曰：「王及列侯歲時遣使詣京師侍祠助祭。」如淳曰：「若光武廟在章陵，南陽太守稱使者往祭是也。不使侯王祭者，諸侯不得祖天子。凡臨祭宗廟皆爲侍祭。」師古曰：「張說是也。既云天子所獻祖宗之廟，非謂郡國之廟也。」

春正月，詔曰：「間者歲比不登，民多乏食，夭絕天年，朕甚痛之。郡國或磽陿，無所農桑毄畜；[一]或地饒廣，薦草莽，水泉利，而不得徙。[二]其議民欲徙寬大地者，聽之。」

[一]師古曰：「磽謂磽埆瘠薄也。陿謂褊隘也。毄謂食養之。畜謂收放也。磽音苦交反。陿音狹。毄古繫字。」

[二]如淳曰：「莊周云麋鹿食薦。一曰草稠曰薦，深曰莽。」

夏四月，赦天下。賜民爵一級。

遣御史大夫青翟至代下與匈奴和親。[一]

[一]文穎曰：「姓嚴，諱青翟。」臣瓚曰：「此陶青也。莊青翟乃自武帝時人，此紀誤。」師古曰：「後人傳習不曉，妄增翟字耳，非本作紀之誤。」

五月，令田半租。

秋七月，詔曰：「吏受所監臨，以飲食免，重；受財物，賤買貴賣，論輕。[一]廷尉與丞相更議著令。」[二]廷尉信謹與丞相議曰：[三]「吏及諸有秩受其官屬所監、所治、所行、所將，[四]其與飲食計償費，勿論。[五]它物，若買故賤，賣故貴，皆坐臧爲盜，沒入臧縣官。[六]吏遷徙免罷，受其故官屬所將監治送財物，奪爵爲士伍，免之。[七]無爵，罰金二斤，令沒入所受。有能捕告，畀其所受臧。」[八]

[一]師古曰：「帝以爲當時律條吏受所監臨賂遺飲食，即坐免官爵，於法太重，而受所監臨財物及賤買貴賣者，論決太輕，故令更議改之。」

[二]蘇林曰：「著音著櫝之著。」師古曰：「蘇音非也。著音著作之著，音竹筯反。」

[三]師古曰：「丞相申屠嘉。」

[四]師古曰：「行謂按察也，音下更反。」

[五]師古曰：「計其所費，而償其直，勿論罪也。」

[六]師古曰：「它物，謂非飲食者。」

〔七〕李奇曰：「有爵者奪之，使爲士伍，有位者免官也。」師古曰：「此說非也。謂奪其爵，令爲士伍，又免其官職，即今律所謂除名也。謂之士伍者，言從士卒之伍也。」

〔八〕師古曰：「畀，與也，以所受之臧與捕告者也。畀音必寐反。」

二年冬十二月，有星孛于西南。

令天下男子年二十始傅。〔一〕

〔一〕師古曰：「舊法二十三，今此二十，更爲異制也。傅讀曰附。解在高紀。」

春三月，立皇子德爲河間王，閼爲臨江王，〔一〕餘爲淮陽王，非爲汝南王，彭祖爲廣川王，發爲長沙王。

〔一〕師古曰：「閼音一曷反。」

夏四月壬午，太皇太后崩。〔一〕

〔一〕服虔曰：「文帝母薄太后也。」

六月，丞相嘉薨。

封故相國蕭何孫係爲列侯。〔一〕

〔一〕師古曰：「係音胡計反。」

秋，與匈奴和親。

三年冬十二月，詔曰：「襄平侯嘉〔一〕子恢說不孝，謀反，欲以殺嘉，大逆無道。〔二〕其赦嘉爲襄平侯，及妻子當坐者復故爵。〔三〕論恢說及妻子如法。」

〔一〕晉灼曰：「紀通子也。功臣表襄平侯紀通以父功侯，孝景三年，康侯相夫嗣。推其封薨，正與此合，豈更名嘉乎？」

〔二〕晉灼曰：「恢說言嘉知反情，而實不知也。」師古曰：「此辨非也。恢說有私怨於其父，而自謀反，欲令其父坐死也。說讀曰悅。」

〔三〕如淳曰：「律，大逆不道，父母妻子同產皆棄市。今赦其餘子不與恢說謀者，復其故爵。」

春正月，淮陽王宮正殿災。

吳王濞、膠西王卬、楚王戊、趙王遂、濟南王辟光、〔一〕菑川王賢、膠東王雄渠皆舉兵反。大赦天下。遣太尉亞夫、〔二〕大將軍竇嬰將兵擊之。斬御史大夫晁錯以謝七國。〔三〕

〔一〕師古曰：「辟音壁，又音闢，其義兩通。」

〔二〕師古曰：「周亞夫。」

〔三〕晉灼曰：「錯音錯置之錯。」師古曰：「晁，古朝字。」

二月壬子晦，日有食之。

諸將破七國，斬首十餘萬級。追斬吳王濞於丹徒。膠西王卬、楚王戊、趙王遂、濟南王辟光、菑川王賢、膠東王雄渠皆自殺。夏六月，詔曰：「乃者吳王濞等爲逆，起兵相脅，詿誤吏民，吏民不得已。〔一〕今濞等已滅，吏民當坐濞等及逋逃亡軍者，皆赦之。楚元王子蓺等與濞等爲逆，〔二〕朕不忍加法，除其籍，毋令汙宗室。」立平陸侯劉禮爲楚王，續元王後。〔三〕立皇子端爲膠西王，勝爲中山王。賜民爵一級。

〔一〕師古曰：「已，止也，言不得止而從之，非本心也。」

〔二〕師古曰：「蓺音藝。」

〔三〕孟康曰：「禮，元王子也。」

四年春，復置諸關用傳出入。〔一〕

〔一〕應劭曰：「文帝十二年除關無用傳，至此復用傳。以七國新反，備非常。」

夏四月己巳，立皇子榮爲皇太子，徹爲膠東王。

六月，赦天下，賜民爵一級。

秋七月，臨江王閼薨。

十月戊戌晦，日有蝕之。

五年春正月，作陽陵邑。〔一〕夏，募民徙陽陵，賜錢二十萬。

〔一〕張晏曰：「景帝作壽陵，起邑。」

遣公主嫁匈奴單于。

六年冬十二月，雷，霖雨。

秋九月，皇后薄氏廢。

七年冬十一月庚寅晦，日有蝕之。

春正月，廢皇太子榮爲臨江王。

二月，罷太尉官。

夏四月乙巳，立皇后王氏。

丁巳，立膠東王徹爲皇太子。賜民爲父後者爵一級。

中元年夏四月，赦天下，賜民爵一級。封故御史大夫周苛、周昌孫子爲列侯。〔一〕

〔一〕師古曰：「封苛之孫及昌之子也。苛、昌皆嘗爲御史大夫而從昆弟也，故總言之。」

二年春二月，令諸侯王薨、列侯初封及之國，大鴻臚奏諡、誄、策。[一]列侯薨及諸侯太傅初除之官，大行奏諡、誄、策。[二]王薨，遣光祿大夫弔襚祠賵，[三]視喪事，因立嗣子。列侯薨，遣大中大夫弔祠，視喪事，因立嗣。其（薨）葬，國得發民輓喪，穿復土，治墳無過三百人畢事。[四]

[一]應劭曰：「皇帝延諸侯王，賓王諸侯，皆屬大鴻臚。故其薨，奏其行迹，賜與諡及哀策誄文也。」臣瓚曰：「景帝此年已置大鴻臚，而百官表云武帝太初元年更以大行爲大鴻臚，與此錯。」師古曰：「誄者，詠累德行之文，音力水反。」

[二]如淳曰：「凡言除者，除故官就新官也。」晉灼曰：「漢儀有大行人、小行人，主諡官，故以此名之。」臣瓚曰：「大行是官名，掌九儀之制以賓諸侯者。」師古曰：「大鴻臚者，本名典客，後改曰大鴻臚。大行令者，本名行人，即典客之屬官也，後改曰大行令。故事之尊重者遣大鴻臚，而輕賤者遣大行也。據此紀文，則景帝已改典客爲大鴻臚，改行人爲大行矣。而百官公卿表乃云景帝中六年更名典客爲大行令，武帝太初元年更名大行令爲大鴻臚，更名行人爲大行令。當是表誤。」

[三]應劭曰：「衣服曰襚。祠，飲食也。車馬曰賵。」師古曰：「襚音遂。賵音芳鳳反。」

[四]師古曰：「輓謂引車也。畢事，畢葬事也。輓音晚。」

匈奴入燕。

改磔曰棄市，[一]勿復磔。

[一]應劭曰：「先此諸死刑皆磔於市，今改曰棄市，自非妖逆不復磔也。」師古曰：「磔謂張其尸也。棄市，殺之於市也。謂之棄市者，取刑人於市，與衆棄之也。磔音竹客反。」

三月，臨江王榮坐侵太宗廟地，徵詣中尉，自殺。

夏四月，有星孛于西北。

立皇子越爲廣川王，寄爲膠東王。

秋七月，更郡守爲太守，郡尉爲都尉。[一]

[一]師古曰：「更謂改其號。」

九月，封故楚、趙傳相內史前死事者四人子[一]皆爲列侯。

[一]文穎曰：「楚相張尙，太傅趙夷吾。趙相建德，內史王悍。此四人各諫其王無使反，不聽，皆殺之，故封其子。」

甲戌晦，日有蝕之。

三年冬十一月，罷諸侯御史大夫官。[一]

[一]師古曰：「所以抑損其權。」

春正月，皇太后崩。[一]

[一]文穎曰：「景帝母竇太后，以帝崩後六年乃亡。凡立五十一年，武帝建元六年崩。今此言皇太后崩，誤耳。」孟康曰：「此太后崩，史記無也。」臣瓚曰：「王楙云景帝薄后以此年死，獘是也。當言廢后，而言太后，誤也。」師古曰：「孟說是也。廢后死不書，又不言崩。瓚解爲謬。」

夏旱，禁酤酒。[一]秋九月，蝗。有星孛于西北。戊戌晦，日有蝕之。

[一]師古曰：「酤謂賣酒也，音工護反。」

立皇子乘爲清河王。

四年春三月，起德陽宮。[一]

[一]臣瓚曰：「是景帝廟也。帝自作之，諱不言廟，故言宮。西京故事云景帝廟爲德陽。」

御史大夫綰奏禁馬高五尺九寸以上，齒未平，不得出關。[一]

[一]服虔曰：「綰，衞綰也。馬十歲，齒下平。」

夏，蝗。

秋，赦徒作陽陵者，死罪欲腐者，許之。[一]

[一]蘇林曰：「宮刑，其創腐臭，故曰腐也。」如淳曰：「腐，宮刑也。丈夫割勢，不能復生子，如腐木不生實。」師古曰：「如說是。腐音輔。」

十月戊午，日有蝕之。

五年夏，立皇子舜爲常山王。六月，赦天下，賜民爵一級。

秋八月己酉，未央宮東闕災。

更名諸侯丞相爲相。[一]

[一]師古曰：「亦所以抑黜之，令異於漢朝。」

九月，詔曰：「法令度量，所以禁暴止邪也。獄，人之大命，死者不可復生。吏或不奉法令，以貨賂爲市，朋黨比周，[一]以苛爲察，以刻爲明，令亡罪者失職，朕甚憐之。[二]有罪者不伏罪，姦法爲暴，甚亡謂也。諸獄疑，若雖文致於法而於人心不厭者，輒讞之。」[三]

[一]師古曰：「比音頻寐反。」

[二]師古曰：「職，常也。失其常理也。」

[三]師古曰：「厭，服也，音一贍反。讞，平議也，音魚列反。」

六年冬十月，行幸雍，郊五時。

十二月，改諸官名。定鑄錢僞黃金棄市律。[一]

[一]應劭曰：「文帝五年，聽民放鑄，律尚未除。先時多作僞金，僞金終不可成，而徒損費，轉相誑燿，窮則起爲盜賊，故定其律也。」孟康曰：「民先時多作僞金，故其語曰『金可作，世可度』。費損甚多而終不成。民亦稍知其意，犯者希，因此定律也。」師古曰：「應說是。」

春三月，雨雪。〔一〕

〔一〕師古曰：「雨音于具反。」

夏四月，梁王薨，分梁爲五國，立孝王子五人皆爲王。

五月，詔曰：「夫吏者，民之師也，車駕衣服宜稱。〔一〕吏六百石以上，皆長吏也，〔二〕亡度者或不吏服，出入閭里，與民亡異。令長吏二千石車朱兩轓，〔三〕千石至六百石朱左轓。車騎從者不稱其官衣服，下吏出入閭巷亡吏體者，二千石上其官屬，三輔舉不如法令者，〔四〕皆上丞相御史請之。」先是吏多軍功，車服尚輕，故爲設禁。又惟酷吏奉憲失中，乃詔有司減笞法，定箠令。語在刑法志。〔五〕

〔一〕師古曰：「稱其官也，音尺孕反。」

〔二〕張晏曰：「長，大也。六百石，位大夫。」

〔三〕應劭曰：「車耳反出，所以爲之藩屏，翳塵泥也。二千石雙朱，其次乃偏其左。轓以簟爲之，或用革。」如淳曰：「轓音反，小車兩屏也。」師古曰：「據許愼、李登說，轓，車之蔽也。左氏傳云『以藩載欒盈』，卽是有鄣蔽之車也。言車耳反出，非矣。轓音甫元反。轓音方遠反。」

〔四〕應劭曰：「京兆尹、左馮翊、右扶風共治長安城中，是爲三輔。」師古曰：「時未有京兆、馮翊、扶風之名。此三輔者，謂主爵中尉及左右內史也。應說失之。」

〔五〕師古曰：「箠音止蘂反。」

六月，匈奴入鴈門，至武泉，入上郡，取苑馬。〔一〕吏卒戰死者二千人。

〔一〕如淳曰：「漢儀注太僕牧師諸苑三十六所，分布北邊、西邊。以郎爲苑監，官奴婢三萬人，養馬三十萬疋。」師古曰：「武泉，雲中之縣也。養鳥獸者通名爲苑，故謂牧馬處爲苑。」

秋七月辛亥晦，日有蝕之。

後元年春正月，詔曰：「獄，重事也。人有智愚，官有上下。獄疑者讞有司。有司所不能決，移廷尉。有令讞而後不當，讞者不爲失。〔一〕欲令治獄者務先寬。」三月，赦天下，賜民爵一級，中二千石諸侯相爵右庶長。〔二〕夏，大酺五日，民得酤酒。

〔一〕師古曰：「假令讞訖，其理不當，所讞之人不爲罪失。」

〔二〕如淳曰：「雖有尊官未必有高爵，故數有賜爵。」師古曰：「右庶長，第十一爵也。」

五月，地震。秋七月乙巳晦，日有蝕之。

條侯周亞夫下獄死。

二年冬十月，省徹侯之國。〔一〕

〔一〕晉灼曰：「文紀遣列侯之國，今省之。」師古曰：「省音所領反。」

春，匈奴入鴈門，太守馮敬與戰死。發車騎材官屯。〔一〕

〔一〕師古曰：「屯鴈門。」

春，以歲不登，禁內郡食馬粟，沒入之。〔一〕

〔一〕師古曰：「食讀曰飤。沒入者，沒入其馬。」

夏四月，詔曰：「雕文刻鏤，傷農事者也；錦繡纂組，害女紅者也。〔一〕農事傷則飢之本也，女紅害則寒之原也。夫飢寒並至，而能亡爲非者寡矣。朕親耕，后親桑，以奉宗廟粢盛祭服，爲天下先；不受獻，減太官，省繇賦，〔二〕欲天下務農蠶，素有畜積，以備災害。〔三〕彊毋攘弱，衆毋暴寡，〔四〕老耆以壽終，幼孤得遂長。〔五〕今歲或不登，民食頗寡，其咎安在？或詐僞爲吏，〔六〕吏以貨賂爲市，漁奪百姓，侵牟萬民。〔七〕縣丞，長吏也，奸法與盜盜，甚無謂也。〔八〕其令二千石各修其職；不事官職耗亂者，丞相以聞，請其罪。〔九〕布告天下，使明知朕意。」

〔一〕應劭曰：「纂，今五采屬綷是也。組者，今綬紛絛是也。」臣瓚曰：「許愼云『纂，赤組也』。」師古曰：「瓚說是也。綷，會也。會五綵者，今謂之錯綵，非纂也。紅讀曰功。綷音子內反。絛音它牢反。」

〔二〕師古曰：「省音所領反。繇讀曰傜。」

〔三〕師古曰：「畜讀曰蓄。」

〔四〕師古曰：「攘，取也，音人羊反。」

〔五〕師古曰：「遂，成也。」

〔六〕張晏曰：「以詐僞人爲吏也。」臣瓚曰：「律所謂矯枉以爲吏者也。」師古曰：「二說並非也。直謂詐自稱吏耳。」

〔七〕李奇曰：「牟，食苗根蟲也。侵牟食民，比之蟊賊也。」師古曰：「漁言若漁獵之爲也。」

〔八〕李斐曰：「奸法，因法作奸也。」文穎曰：「與盜，謂盜者當治，而知情反佐與之，是則共盜無異也。」師古曰：「與盜盜者，共盜爲盜耳。」

〔九〕師古曰：「耗，不明也，讀與眊同，音莫報反。」

五月，詔曰：「人不患其不知，患其爲詐也；不患其不勇，患其爲暴也；不患其不富，患其亡厭也。其唯廉士，寡欲易足。今訾算十以上乃得宦，〔一〕廉士算不必衆。有市籍不得宦，無訾又不得宦，朕甚愍之。訾算四得宦，亡令廉士久失職，貪夫長利。」〔二〕

〔一〕服虔曰：「訾萬錢，算百二十七也。」應劭曰：「古者疾吏之貪，衣食足知榮辱，限訾十算乃得爲吏。十算，十萬也。賈人有財不得爲吏，廉士無訾又不得宦，故減訾四算得官矣。」師古曰：「訾讀與貲同。他皆類此。」

〔二〕師古曰：「長利，長獲其利。」

秋，大旱。

三年春正月，詔曰：「農，天下之本也。黃金珠玉，飢不可食，寒不可衣，以爲幣用，不識其終始。〔一〕間歲或不登，意爲末者衆，農民寡也。其令郡國務勸農桑，益種樹，可得衣食

物。〔三〕吏發民若取庸采黃金珠玉者，坐臧爲盜。〔四〕二千石聽者，與同罪。」

〔一〕師古曰：「帑者，所以通有無，易貴賤也。」

〔二〕師古曰：「樹，殖也。」

〔三〕韋昭曰：「發民，用其民。取庸，用其資以顧庸。」

皇太子冠，賜民爲父後者爵一級。

甲子，帝崩于未央宮。〔一〕遺詔賜諸侯王列侯馬二駟，〔二〕吏二千石黃金二斤，吏民戶百錢。出宮人歸其家，復終身。〔三〕二月癸酉，葬陽陵。〔四〕

〔一〕臣瓚曰：「帝年三十二即位，即位十六年，壽四十八。」

〔二〕師古曰：「八匹也。」

〔三〕師古曰：「復音方目反。」

〔四〕臣瓚曰：「自崩及葬凡十日。陽陵在長安東北四十五里。」

贊曰：孔子稱「斯民，三代之所以直道而行也」，〔一〕信哉！周秦之敝，罔密文峻，而姦軌不勝。〔二〕漢興，掃除煩苛，與民休息。至于孝文，加之以恭儉，孝景遵業，五六十載之間，至於移風易俗，黎民醇厚。〔三〕周云成康，漢言文景，美矣！

〔一〕師古曰：「此論語載孔子之辭也。言此今時之人，亦夏、殷、周之所馭，以政化淳壹，故能直道而行。傷今不然。」

〔二〕師古曰：「不可勝。」

〔三〕師古曰：「黎，衆也。醇，不澆雜。」

校勘記

一四四頁三行 其(葬)葬，王念孫說「葬」字涉上文四「葬」字而衍。葬事已見上文，此文則專指葬事，故師古云「畢事，畢葬事也」。

漢書卷六

武帝紀第六

孝武皇帝，〔一〕景帝中子也，母曰王美人。〔二〕年四歲立爲膠東王。七歲爲皇太子，母爲皇后。十六歲，後三年正月，景帝崩。〔三〕甲子，太子即皇帝位，尊皇太后竇氏曰太皇太后，皇后曰皇太后。三月，封皇太后同母弟田蚡、勝皆爲列侯。〔四〕

〔一〕荀悅曰：「諱徹之字曰通。」應劭曰：「禮謚法『威彊叡德曰武』。」

〔二〕師古曰：「外戚傳美人比二千石，視少上造。」

〔三〕張晏曰：「武帝以景帝元年生，七歲爲太子，爲太子十歲而景帝崩，時年十六矣。」師古曰：「後三年，景帝後三年也。」

〔四〕蘇林曰：「蚡音鼢鼠之鼢。」師古曰：「蚡亦鼢鼠字也，音扶粉反。」

建元元年〔一〕冬十月，詔丞相、御史、列侯、中二千石、二千石、諸侯相舉賢良方正直言

極諫之士。丞相綰〔二〕奏：「所舉賢良，或治申、商、韓非、蘇秦、張儀之言，〔三〕亂國政，請皆罷。」奏可。

〔一〕師古曰：「自古帝王未有年號，始起於此。」

〔二〕師古曰：「衞綰也。」

〔三〕應劭曰：「申不害，韓昭侯相。衞公孫鞅爲秦孝公相，封於商，號商君。韓非，韓諸公子，非，名也。蘇秦爲關東從長。張儀爲秦昭王相，爲衡說以抑諸侯。」李奇曰：「申不害書執術。商鞅爲法，賞不失卑，刑不諱尊，然深刻無恩德。韓非兼行申、商之術。」師古曰：「從音子容反。」

春二月，赦天下，賜民爵一級。年八十復二算，九十復甲卒。〔一〕行三銖錢。〔二〕

〔一〕張晏曰：「二算，復二口之算也。復甲卒，不豫革車之賦也。」師古曰：「復音方目反。」

〔二〕師古曰：「新壞四銖錢造此錢也，重如其文。見食貨志。」

夏四月己巳，詔曰：「古之立教，鄉里以齒，朝廷以爵，扶世導民，莫善於德。然則於鄉里先耆艾，奉高年，古之道也。〔一〕今天下孝子順孫願自竭盡以承其親，外迫公事，內乏資財，是以孝心闕焉。朕甚哀之。民年九十以上，已有受鬻法，〔二〕爲復子若孫，令得身帥妻妾遂其供養之事。」〔三〕

〔一〕師古曰：「六十曰耆，五十曰艾。」

〔二〕師古曰：「給米粟以爲糜鬻。鬻音之六反。」

〔三〕師古曰：「若者，豫及之辭也。有子卽復子，無子卽復孫也。遂，(中)〔申〕也。復音方目反。」

五月，詔曰：「河海潤千里，其令祠官修山川之祠，爲歲事，〔一〕曲加禮。」〔二〕

〔一〕孟康曰：「爲農祈也。於此造之，歲以爲常，故曰爲歲事也。」師古曰：「歲以爲常是也。總致敬耳，非止祈農。」

〔二〕如淳曰：「祭禮有所加益。」

赦吳楚七國帑輸在官者。〔一〕

〔一〕應劭曰：「吳楚七國反時，其首事者妻子沒入爲官奴婢，武帝哀焉，皆赦遣之也。」師古曰：「帑讀與孥同。」

秋七月，詔曰：「衞士轉置送迎二萬人，〔一〕其省萬人。罷苑馬，以賜貧民。」〔二〕

〔一〕鄭氏曰：「去故置新，常二萬人。」

〔二〕師古曰：「養馬之苑，舊禁百姓不得芻牧采樵，今罷之。」

議立明堂。遣使者安車蒲輪，束帛加璧，徵魯申公。〔一〕

〔一〕師古曰：「以蒲裹輪，取其安也。」

二年冬十月，御史大夫趙綰坐請毋奏事太皇太后，及郎中令王臧皆下獄，自殺。〔一〕丞相嬰、太尉蚡免。〔二〕

〔一〕應劭曰：「禮，婦人不豫政事，時帝已自躬省萬機。王臧儒者，欲立明堂辟雍。太后素好黃老術，非薄五經。因欲絕奏事太后，太后怒，故殺之。」

〔二〕師古曰：「竇嬰、田蚡。」

春二月丙戌朔，日有蝕之。夏四月戊申，有如日夜出。

初置茂陵邑。〔一〕

〔一〕應劭曰：「武帝自作陵也。」師古曰：「本槐里(之縣)〔縣之〕茂鄉，故曰茂陵。」

三年春，河水溢于平原，大饑，人相食。〔一〕

〔一〕師古曰：「河溢之處損害田畝，故大饑。」

賜徙茂陵者戶錢二十萬，田二頃。初作便門橋。〔一〕

〔一〕蘇林曰：「去長安四十里。」服虔曰：「在長安西北，茂陵東。」師古曰：「便門，長安城北面西頭門，卽平門也。古者平便皆同字。於此道作橋，跨渡渭水以趨茂陵，其道易直，卽今所謂便橋是其處也。便讀如本字。」

秋七月，有星孛于西北。

濟川王明坐殺太傅、中傅廢遷防陵。〔一〕

〔一〕應劭曰：「中傅，宦者也。」師古曰：「防陵，漢中縣也，今謂之房州。」

閩越圍東甌，〔一〕東甌告急。遣中大夫嚴助持節發會稽兵，浮海救之。未至，閩越走，兵還。

〔一〕應劭曰：「高祖五年立無諸爲閩越王。惠帝立搖爲東海王，都東甌，故號東甌。」師古曰：「甌音一侯反。」

九月丙子晦，日有蝕之。

四年夏，有風赤如血。六月，旱。秋九月，有星孛于東北。

五年春，罷三銖錢，行半兩錢。〔一〕

〔一〕師古曰：「又新鑄作也。」

置五經博士。

夏四月，平原君薨。〔一〕

〔一〕服虔曰：「王太后之母，武帝外祖母。」

五月，大蝗。

秋八月，廣川王越、清河王乘皆薨。

六年春二月乙未，遼東高廟災。夏四月壬子，高園便殿火。〔一〕上素服五日。

〔一〕師古曰：「凡言便殿、便室、便坐者，皆非正大之處，所以就便安也。園者，於陵上作之，既有正寢以象平生正殿，又立便殿爲休息閑宴之處耳。說者不曉其意，乃解云便殿、便室皆是正名，斯大惑矣。疇石建、韋玄成、孔光等

傳，其義可知。便讀如本字。」

五月丁亥，太皇太后崩。

秋八月，有星孛于東方，長竟天。

閩越王郢攻南越。遣大行王恢將兵出豫章，大司農韓安國出會稽，擊之。未至，越人殺郢降，兵還。

元光元年〔一〕冬十一月，初令郡國舉孝廉各一人。〔二〕

〔一〕臣瓚曰：「以長星見，故爲元光。」

〔二〕師古曰：「孝謂善事父母者。廉謂清潔有廉隅者。」

衞尉李廣爲驍騎將軍屯雲中，中尉程不識爲車騎將軍屯鴈門，六月罷。

夏四月，赦天下，賜民長子爵一級。復七國宗室前絕屬者。〔一〕

〔一〕師古曰：「此等宗室前坐七國反，故絕屬。今加恩赦之，更令上屬籍於宗正也。復音扶目反。」

五月，詔賢良曰：「朕聞昔在唐虞，畫象而民不犯，〔一〕日月所燭，莫不率俾。〔二〕周之成康，刑錯不用，〔三〕德及鳥獸，教通四海。海外肅眘，〔四〕北發渠搜，〔五〕氐羌徠服。〔六〕星辰不孛，日月不蝕，山陵不崩，川谷不塞；麟鳳在郊藪，河洛出圖書。嗚虖，何施而臻此與！〔七〕

今朕獲奉宗廟，夙興以求，夜寐以思，〔八〕若涉淵水，未知所濟。猗與偉與！〔九〕何行而可以章先帝之洪業休德，〔一〇〕上參堯舜，下配三王！〔一一〕朕之不敏，不能遠德，〔一二〕此子大夫之所睹聞也。〔一三〕賢良明於古今王事之體，受策察問，咸以書對，著之於篇，〔一四〕朕親覽焉。」於是董仲舒、公孫弘等出焉。

〔一〕應劭曰：「二帝但畫衣冠，異章服，而民不敢犯也。」師古曰：「白虎通云『畫象者，其衣服象五刑也。犯墨者蒙巾，犯劓者以赭著其衣，犯髕者以墨蒙其髕，象而畫之，犯宮者扉，犯大辟者布衣無領。』墨謂以墨黥其面也。劓，截其鼻也。髕，去膝蓋骨也。宮，割其陰也。扉，草屨也。劓音牛冀反，字或作劓，其音同耳。髕音頻忍反。扉音扶味反。」

〔二〕師古曰：「燭，照也。率，循也。俾，使也。言皆循其貢職而可使也。」

〔三〕師古曰：「錯，置也，音千故反。」

〔四〕晉灼曰：「東夷傳今挹婁地是也，在夫餘之東北千餘里大海之濱。」師古曰：「周書序云『成王既伐東夷，肅眘來賀』，即謂此。」

〔五〕服虔曰：「地名也。」應劭曰：「禹貢析支、渠搜屬雍州，在金城河關之西，西戎也。」晉灼曰：「王恢傳『北發、月支可得而臣』，似國名也。地理志朔方有渠搜縣。」臣瓚曰：「孔子三朝記云『北發渠搜，南撫交阯』，此舉北以南爲對也。禹貢渠搜在雍州西北。渠搜在朔方。」師古曰：「北發，非國名也，言北方即可徵發渠搜而役屬之。瓚說近是。」

〔六〕師古曰：「徠，古往來之字也。氐音丁奚反。」

〔七〕師古曰：「虖讀曰呼。嗚呼，歎辭也。臻，至也。」

〔八〕師古曰：「夙興，早起也。夜寐，夜久方寐也。」

〔九〕師古曰：「猗，美也。偉，大也。與，辭也。言美而且大也。與讀曰歟，音弋於反。」

〔一〇〕師古曰：「章，明也。洪，大也。休，美也。」

〔一一〕師古曰：「三王，夏、殷、周。」

〔一二〕師古曰：「言德不及遠也。」

〔一三〕師古曰：「子者，人之嘉稱。大夫，舉官稱也。志在優賢，故謂之子大夫也。睹，古覩字。」

〔一四〕師古曰：「篇謂竹簡也。」

秋七月癸未，日有蝕之。

二年冬十月，行幸雍，祠五時。〔一〕

〔一〕師古曰：「五帝之時也。」

春，詔問公卿曰：「朕飾子女以配單于，金幣文繡賂之甚厚，單于待命加嫚，侵盜亡已。〔一〕邊境被害，朕甚閔之。今欲舉兵攻之，何如？」大行王恢建議宜擊。夏六月，御史大夫韓安國爲護軍將軍，衞尉李廣爲驍騎將軍，太僕公孫賀爲輕車將軍，大行王恢爲將屯將軍，〔大〕〔太〕中大夫李息爲材官將軍，將三十萬衆屯馬邑谷中，誘致單于，欲襲擊之。單于入塞，覺之，走出。六月，軍罷。將軍王恢坐首謀不進，下獄死。〔二〕

〔一〕師古曰：「待命，謂承詔命也。嫚與慢同。」

〔二〕師古曰：「首爲此謀，而反不進擊匈奴輜重。」

秋九月，令民大酺五日。

三年春，河水徙，從頓丘東南流入勃海。〔一〕

〔一〕師古曰：「頓丘，丘名，因以爲縣，本衞地也。地理志屬東郡，今即在魏州界也。」

夏五月，封高祖功臣五人後爲列侯。

河水決濮陽，氾郡十六。〔一〕發卒十萬救決河。起龍淵宮。〔二〕

〔一〕師古曰：「濮陽，東郡之縣也。水所氾及，凡十六郡界也。氾音敷劍反。」

〔二〕服虔曰：「宮在長安西，作銅飛龍，故以冠名也。」如淳曰：「三輔黃圖云有龍淵宮，今長安城西有其處。溝洫志救河決亦起龍淵宮於其傍。」孟康曰：「在西平界，其水可用淬刀劍，特堅利。古龍淵之劍取於此水。」師古曰：「黃圖云龍淵廟在茂陵東，不言宮也。此言救決河，起龍淵宮，則宮不在長安之西矣。又漢章帝賜尙書韓稜龍淵劍。孟說是也。淬音千內反。」

四年冬，魏其侯竇嬰有罪，棄市。〔一〕

〔一〕師古曰：「以黨灌夫也。」

春三月乙卯，丞相蚡薨。

夏四月，隕霜殺草。五月，地震。赦天下。

五年春正月，河間王德薨。

夏，發巴蜀治南夷道，又發卒萬人治雁門阻險。〔一〕

〔一〕師古曰：「所以爲固，用止匈奴之寇。」

秋七月，大風拔木。

乙巳，皇后陳氏廢。捕爲巫蠱者，皆梟首。

八月，螟。〔一〕

〔一〕師古曰：「食苗心之蟲也，音莫經反。」

徵吏民有明當時之務、習先聖之術者，縣次續食，令與計偕。〔一〕

〔一〕師古曰：「計者，上計簿使也，郡國每歲遣詣京師上之。偕者，俱也。令所徵之人與上計者俱來，而縣次給之食。後世謡誤，因承此語，遂總謂上計爲計偕。闕闒不詳，妄爲解說，云秦漢謂諸侯朝使曰計偕。偕，次也。晉代有計

借箸。又改借為階，失之彌遠，致誤後學。」

六年冬，初算商車。(一)

(一)李奇曰：「始稅商賈車船，令出算。」

春，穿漕渠通渭。(二)

(二)如淳曰：「水轉運曰漕。」師古曰：「音才到反。」

匈奴入上谷，殺略吏民。遣車騎將軍衞青出上谷，騎將軍公孫敖出代，輕車將軍公孫賀出雲中，驍騎將軍李廣出鴈門。青至龍城，(一)獲首虜七百級。廣、敖失師而還。詔曰：「夷狄無義，所從來久。閒者匈奴數寇邊境，故遣將撫師。古者治兵振旅，因遭虜之方入，將吏新會，上下未輯，(二)代郡將軍敖、鴈門將軍廣所任不肖，(三)校尉又背義妄行，棄軍而北，少吏犯禁。(四)用兵之法：不勤不教，將率之過也；教令宣明，不能盡力，士卒之罪也。將軍已下廷尉，使理正之，(五)而又加法於士卒，二者並行，非仁聖之心。朕閔衆庶陷害，欲刷恥改行，(六)復奉正(議)[義]，厥路亡繇。(七)其赦鴈門、代郡軍士不循法者。」(八)

(一)應劭曰：「匈奴單于祭天，大會諸國，名其處為龍城。」

(二)晉灼曰：「入猶還也，不得已而用兵，言師不踰時也。入或作人，因其習俗土地之宜而教革之也。」師古曰：「晉說非也。詔言古者出則治兵，入則振旅，蒸練其衆，不廢戎律。今之出師，因遭寇虜方入為害，而將吏新會，上下

未和，故校尉棄軍而奔北也。輯與集同。」

(三)師古曰：「肖，似也。不肖者，言無所象類，謂不材之人也。」

(四)文穎曰：「少吏，小吏也。」

(五)師古曰：「下謂以身付廷尉也。理，法也，言以法律處正其罪。下音胡稼反。他皆類此。」

(六)師古曰：「刷，除也，音所劣反。」

(七)師古曰：「一陷軍刑，無因復從正道也。繇讀與由同。」

(八)師古曰：「循，從也，由也。」

夏，大旱，蝗。

六月，行幸雍。

秋，匈奴盜邊。遣將軍韓安國屯漁陽。

元朔元年(一)冬十一月，詔曰：「公卿大夫，所使總方略，壹統類，廣教化，美風俗也。夫本仁祖義，褒德祿賢，勸善刑暴，(二)五帝三王所繇昌也。(三)朕夙興夜寐，嘉與宇內之士臻於斯路。(四)故旅耆老，復孝敬，(五)選豪俊，講文學，(六)稽參政事，祈進民心，(七)深詔執事，興廉舉孝，庶幾成風，紹休聖緒。(八)夫十室之邑，必有忠信；三人並行，厥有我師。(九)今或至闔郡而不薦一人，(一〇)是化不下究，而積行之君子雍於上聞也。(一一)二千石官長紀綱人倫，(一二)將何以佐朕燭幽隱，勸元元，(一三)厲蒸庶，(一四)崇鄉黨之訓哉？且進賢受上賞，蔽賢蒙顯戮，古之道也。其與中二千石、禮官、博士議不舉者罪。」有司奏議曰：「古者，諸侯貢士，壹適謂之好德，(一五)再適謂之賢賢，三適謂之有功，乃加九錫；(一六)不貢士，壹則黜爵，再則黜地，三而黜爵地畢矣。(一七)夫附下罔上者死，附上罔下者刑，與聞國政而無益於民者斥，(一八)在上位而不能進賢者退，此所以勸善黜惡也。今詔書昭先帝聖緒，令二千石舉孝廉，所以化元元，移風易俗也。不舉孝，不奉詔，當以不敬論。(一九)不察廉，不勝任也，當免。」(二〇)奏可。

(一)應劭曰：「朔，蘇也。孟軻曰『后來其蘇』。蘇，息也，言萬民品物大繁息也。」師古曰：「朔猶始也，言更為初始也。蘇息之息，非息生義，應說失之。」

(二)師古曰：「本仁祖義，謂以仁義為本始。」

(三)師古曰：「五帝，伏羲、神農、黃帝、堯、舜也。三王，夏、殷、周也。繇讀與由同。」

(四)師古曰：「天地四方為宇。臻，至也。」

(五)師古曰：「旅耆老者，加惠於耆老之人，若賓旅也。復孝敬者，謂優復孝弟之人也。復音方目反。」

(六)師古曰：「講謂和習之。」

(七)師古曰：「祈，求也。」

(八)師古曰：「休，美也。緒，業也。言紹先聖之休緒也。故下言昭先帝聖緒。」

(九)師古曰：「論語稱孔子云：『十室之邑，必有忠信如丘者焉。』又曰：『三人行，必有我師焉。擇其善者而從之，其不善者而改之。』故詔引焉。」

(一〇)師古曰：「闔，閉也。總(一)[一]郡之中，故云闔郡。」

(一一)師古曰：「究，竟也。言見壅遏，不得聞(照)[達]於天子也。雍讀曰壅。」

(一二)師古曰：「謂郡之守尉，縣之令長。」

(一三)師古曰：「燭，照也。元元，善意。」

(一四)師古曰：「蒸，衆也。」

(一五)服虔曰：「適，得其人。」

(一六)應劭曰：「一曰車馬，二曰衣服，三曰樂器，四曰朱戶，五曰納陛，六曰虎賁百人，七曰鈇鉞，八曰弓矢，九曰秬鬯。此皆天子制度，尊之，故事事錫與，但數少耳。」張晏曰：「九錫，經本無文，周禮以為九命，春秋說有之。」臣瓚曰：「九錫備物，伯者之盛禮，齊桓、晉文猶不能備，今三進賢便受之，似不然也。當受進賢之一錫。尚書大傳云『三適謂之有功，賜以車服弓矢』是也。」師古曰：「總列九錫，應說是也。進賢一錫，瓚說是也。」

(一七)李奇曰：「爵地俱削盡。」

(一八)師古曰：「與讀曰豫。斥謂棄逐之。」

(一九)張晏曰：「謂其不勤求士報國。」

(二〇)張晏曰：「當率身化下，今親宰牧而無賢人，為不勝任也。」

十二月，江都王非薨。

春三月甲子，立皇后衞氏。詔曰：「朕聞天地不變，不成施化；陰陽不變，物不暢茂。〔一〕易曰『通其變，使民不倦』。〔二〕詩云『九變復貫，知言之選』。〔三〕朕嘉唐虞而樂殷周，據舊以鑒新。〔四〕其赦天下，與民更始。諸逋貸及辭訟在孝景後三年以前，皆勿聽治。」〔五〕

〔一〕師古曰：「暢，通也。」

〔二〕應劭曰：「黃帝、堯、舜祖述伏羲、神農，結網耒耜，以日中爲市。交易之業，因其所利，變而通之，使民知之，不苦倦也。」師古曰：「此易下繫之辭也。言通物之變，故能樂其器用，不解倦也。」

〔三〕應劭曰：「逸詩也。陽數九，人君當陽，言變政復體，合於先王舊貫。知言之選，選，善也。」孟康曰：「貫，道也。選，數也。極天之變而不失道者，知言之數也。」臣瓚曰：「先王創制易教，以救流弊也，是以三王之教有文有質。九，數之多也。」師古曰：「貫，事也。選，擇也。論語曰『仍舊貫』，此言文質不同，寬猛殊用，循環復舊，擇善而從之。瓚說近之也。」

〔四〕師古曰：「追觀舊跡，以知新政，而爲鑒戒。」

〔五〕師古曰：「逋，亡也。久負官物亡匿不還者，皆謂之逋。逋音布胡反。」

秋，匈奴入遼西，殺太守；入漁陽、雁門，敗都尉，殺略三千餘人。遣將軍衞青出雁門，將軍李息出代，獲首虜數千級。

東夷薉君南閭等〔一〕口二十八萬人降，爲蒼海郡。

〔一〕服虔曰：「穢貊在辰韓之北，高句麗沃沮之南，東窮于大海。」晉灼曰：「薉，古穢字。」師古曰：「南閭者，薉君之名。」

魯王餘、長沙王發皆薨。

二年冬，賜淮南王、菑川王几杖，毋朝。〔一〕

〔一〕師古曰：「淮南王安、菑川王志皆武帝諸父列也，故賜几杖焉。」

春正月，詔曰：「梁王、城陽王親慈同生，〔一〕願以邑分弟，其許之。諸侯王請與子弟邑者，朕將親覽，使有列位焉。」於是藩國始分，而子弟畢侯矣。

〔一〕文穎曰：「慈，愛也。」

匈奴入上谷、漁陽，殺略吏民千餘人。遣將軍衞青、李息出雲中，至高闕，〔一〕遂西至符離，〔二〕獲首虜數千級。收河南地，置朔方、五原郡。

〔一〕師古曰：「山名也，一曰塞名也，在朔方之北。」

〔二〕師古曰：「幕北塞名也。」

三月乙亥晦，日有蝕之。

夏，募民徙朔方十萬口。又徙郡國豪傑及訾三百萬以上于茂陵。

秋，燕王定國有罪，自殺。

三年春，罷蒼海郡。三月，詔曰：「夫刑罰所以防姦也，內長文所以見愛也；〔一〕以百姓之未洽于教化，朕嘉與士大夫日新厥業，祗而不解。〔二〕其赦天下。」

〔一〕晉灼曰：「長音長吏之長。」張晏曰：「長文，長文德也。」師古曰：「韶言有文德者，即親內而崇長之，所以見仁愛之道。見謂顯示也，音胡電反。」

〔二〕師古曰：「解讀曰懈。」

夏，匈奴入代，殺太守；入雁門，殺略千餘人。

六月庚午，皇太后崩。

秋，罷西南夷，城朔方城。令民大酺五日。

四年冬，行幸甘泉。

夏，匈奴入代、定襄、上郡，殺略數千人。

五年春，大旱。大將軍衞青將六將軍兵十餘萬人出朔方、高闕，獲首虜萬五千級。

夏六月，詔曰：「蓋聞導民以禮，風之以樂，〔一〕今禮壞樂崩，朕甚閔焉。故詳延天下方

聞之士，咸薦諸朝。〔二〕其令禮官勸學，講議洽聞，舉遺興禮，以爲天下先。〔三〕太常其議予博士弟子，崇鄉黨之化，以厲賢材焉。」〔四〕丞相弘請爲博士置弟子員，〔五〕學者益廣。

〔一〕師古曰：「風，教也。詩序曰『上以風化下』。」

〔二〕師古曰：「詳，悉也。延，引也。方，道也。聞，博聞也。言悉引有道博聞之士而進於朝也。禮記曰『隆禮由禮，謂之有方之士』。又曰『博聞强識而讓，謂之君子』。一曰方謂方正也。」

〔三〕師古曰：「舉遺逸之文而興禮學。」

〔四〕師古曰：「爲博士置弟子，既得崇化於鄉黨，又以獎厲賢材之人。」

〔五〕師古曰：「公孫弘。」

秋，匈奴入代，殺都尉。

六年春二月，大將軍衞青將六將軍兵十餘萬騎出定襄，斬首三千餘級。還，休士馬于定襄、雲中、鴈門。赦天下。

夏四月，衞青復將六將軍絕幕，〔一〕大克獲。前將軍趙信軍敗，降匈奴。右將軍蘇建亡軍，獨身脫還，贖爲庶人。

〔一〕應劭曰：「幕，沙幕，匈奴之南界也。」臣瓚曰：「沙土曰幕。直度曰絕。」師古曰：「應、瓚二說皆是也，而說者或云是塞外地名，非矣。幕者，即今之突厥中磧耳。李陵歌曰『徑萬里兮渡沙幕』。」

六月，詔曰：「朕聞五帝不相復禮，三代不同法，所繇殊路而建德一也。〔一〕蓋孔子對定公以徠遠，〔二〕哀公以論臣，〔三〕景公以節用，〔四〕非期不同，所急異務也。〔五〕今中國一統而北邊未安，朕甚悼之。日者大將軍巡朔方，征匈奴，斬首虜萬八千級，諸禁錮及有過者，咸蒙厚賞，得免減罪。〔六〕今大將軍仍復克獲，〔七〕斬首虜萬九千級，受爵賞而欲移賣者，無所流貤。〔八〕其議爲令。」有司奏請置武功賞官，以寵戰士。

〔一〕師古曰：「復，因也，音扶目反。繇讀與由同。」
〔二〕臣瓚曰：「論語及韓子皆言葉公問政於孔子，孔子答以悅近徠遠。今云定公，與二書異。」
〔三〕如淳曰：「韓非云哀公問政，仲尼曰政在選賢。」
〔四〕如淳曰：「韓非云齊景公問政，仲尼曰政在節財。」
〔五〕李奇曰：「期，要也。非要當必不同，所急異務，不得不然。」
〔六〕師古曰：「有罪者，或被釋免，或得減輕。」
〔七〕師古曰：「仍，頻也。」
〔八〕應劭曰：「貤音移。言軍吏士斬首虜，爵級多無所移與，今爲置武功賞官，爵多者分與父兄子弟及賣與他人也。」師古曰：「此說非也。許愼說文解字云『貤，物之重次第也』。此詔言欲移賣爵者，無有差次，不得流行，故爲置官級也。貤音弋賜反。今俗猶謂凡物一重爲一貤也。」

元狩元年〔一〕冬十月，行幸雍，祠五畤。獲白麟，〔二〕作白麟之歌。

〔一〕應劭曰：「獲白麟，因改元曰元狩也。」
〔二〕師古曰：「麟，麇身，牛尾，馬足，黃色，圜蹄，一角，角端有肉。」

十一月，淮南王安、衡山王賜謀反，誅。黨與死者數萬人。

十二月，大雨雪，民凍死。〔一〕

〔一〕師古曰：「雨音于具反。」

夏四月，赦天下。

丁卯，立皇太子。賜中二千石爵右庶長，〔一〕民爲父後者一級。詔曰：「朕聞咎繇對禹，曰在知人，知人則哲，惟帝難之。〔二〕蓋君者心也，民猶支體，支體傷則心憯怛。〔三〕日者淮南、衡山修文學，流貨賂，兩國接壤，怵於邪說，〔四〕而造篡弒，此朕之不德。詩云：『憂心慘慘，念國之爲虐。』〔五〕已赦天下，滌除與之更始。朕嘉孝弟力田，哀夫老眊孤寡鰥獨〔六〕或匱於衣食，甚憐愍焉。其遣謁者巡行天下，存問致賜。〔七〕曰『皇帝使謁者〔八〕賜縣三老、孝者帛，人五匹；鄉三老、弟者、力田帛，人三匹；年九十以上及鰥寡孤獨帛，人二匹，絮三斤；八十以上米，人三石。有冤失職，使者以聞。〔九〕縣鄉卽賜，毋贅聚』。」〔一〇〕

〔一〕師古曰：「第十一等爵。」
〔二〕師古曰：「尚書咎繇謨載咎繇之辭也。帝謂堯也。」
〔三〕師古曰：「憯，痛也。怛，悼也。憯音千感反。怛音丁曷反。」
〔四〕服虔曰：「怵音裔。」應劭曰：「狃怵也。」如淳曰：「怵音怵惕，見誘怵於邪說也。」師古曰：「作怵者非。如說云見誘怵，其義是也，而音怵惕，又非也。怵或體訹字耳。訹者，誘也，音如戌亥之戌。南越傳曰『不可怵好語入朝』。諸如此例，音義同耳。今俗猶云相謏訹，而說者或改爲鉥導之鉥，蓋穿鑿也。謏音先誘反。鉥音述。」
〔五〕師古曰：「小雅正月之詩也。慘慘，憂戚之貌。」
〔六〕師古曰：「眊，古耄字。八十曰耄。耄，老稱也。一曰眊，不明之貌。」
〔七〕師古曰：「致，送至也。行音下更反。」
〔八〕師古曰：「謁者令使者宣詔書之文。」
〔九〕師古曰：「職，常也。失職者，失其常業及常理也。」
〔一〇〕如淳曰：「贅，會也。令勿擅徵召贅聚三老孝弟力田也。」師古曰：「卽，就也。各遣就其所居而賜之，勿會聚也。贅音之銳反。」

五月乙巳晦，日有蝕之。

匈奴入上谷，殺數百人。

二年冬十月，行幸雍，祠五畤。

春三月戊寅，丞相弘薨。

遣驃騎將軍霍去病出隴西，至臯蘭，〔一〕斬首八千餘級。

〔一〕應劭曰：「在隴西白石縣，塞外河名也。」孟康曰：「山關名也。」師古曰：「臯蘭，山名也。霍去病傳云『過焉支山千有餘里，合短兵鏖臯蘭下』，則此山也，非河名也。白石縣在金城，又不屬隴西。應說並失之。鏖音烏曹反。」

夏，馬生余吾水中。〔一〕南越獻馴象、〔二〕能言鳥。〔三〕

〔一〕應劭曰：「在朔方北也。」
〔二〕應劭曰：「馴者，敎能拜起周章，從人意也。」師古曰：「馴音巡，謂擾也。應說是也。」
〔三〕師古曰：「卽鸚鵡也，今隴西及南海並有之。萬震南州異物志云有三種，一種白，一種靑，一種五色。交州以南諸國盡有之。白及五色者，其性尤慧解，蓋謂此也。隋開皇十八年，林邑國獻白鸚鵡，時以爲異。是歲貢士咸試賦之。聖皇馭歷，屢有兹獻。上以幽遐勞費，撫慰弗受。」

將軍去病、公孫敖出北地二千餘里，過居延，〔一〕斬首虜三萬餘級。

〔一〕師古曰：「居延，匈奴中地名也，韋昭以爲張掖縣，失之。張掖所置居延縣者，以安處所獲居延人而置此縣。」

匈奴入鴈門，殺略數百人。遣衞尉張騫、郎中令李廣皆出右北平。廣殺匈奴三千餘人，盡亡其軍四千人，獨身脫還，及公孫敖、張騫皆後期，當斬，贖爲庶人。

江都王建有罪，自殺。膠東王寄薨。

秋，匈奴昆邪王殺休屠王，〔一〕并將其衆合四萬餘人來降，置五屬國以處之。〔二〕以其地

爲武威、酒泉郡。〔三〕

〔一〕師古曰：「昆音下門反。屠音儲。」

〔二〕師古曰：「凡言屬國者，存其國號而屬漢朝，故曰屬國。」

〔三〕師古曰：「武威，今涼州也。酒泉，今肅州。」

三年春，有星孛于東方。夏五月，赦天下。立膠東康王少子慶爲六安王。封故相國蕭何曾孫慶爲列侯。

秋，匈奴入右北平、定襄，殺略千餘人。

遣謁者勸有水災郡種宿麥。〔一〕舉吏民能假貸貧民者以名聞。〔二〕

〔一〕師古曰：「秋冬種之，經歲乃熟，故云宿麥。」

〔二〕師古曰：「貸音吐戴反。」

減隴西、北地、上郡戍卒半。

發謫吏穿昆明池。〔一〕

〔一〕如淳曰：「食貨志以舊吏弄法，故謫使穿池，更發有貲者爲吏也。」臣瓚曰：「西南夷傳有越嶲、昆明國，有滇池，方三百里。漢使求身毒國，而爲昆明所閉。今欲伐之，故作昆明池象之，以習水戰，在長安西南，周回四十里。食貨志又曰時越欲與漢用船戰，遂乃大修昆明池也。」師古曰：「謫吏，吏有罪者，罰而役之。滇音顛。」

四年冬，有司言關東貧民徙隴西、北地、西河、上郡、會稽凡七十二萬五千口，縣官衣食振業，用度不足，請收銀錫造白金及皮幣以足用。〔一〕初算緡錢。〔二〕

〔一〕應劭曰：「時國用不足，以白鹿皮爲幣，朝覲以薦璧。又造銀錫爲白金。見食貨志。」

〔二〕李斐曰：「緡，絲也，以貫錢也。一貫千錢，出算二十也。」臣瓚曰：「茂陵書諸賈人末作貰貸，置居邑儲積諸物，及商以取利者，雖無市籍，各以其物自占，率緡錢二千而一算。此緡錢是儲錢也。故隨其用所施，施於（吏）〔利〕重者，其算亦多也。」師古曰：「謂有儲積錢者，計其緡貫而稅之。李說爲是。緡音武巾反。」

春，有星孛于東北。

夏，有長星出于西北。

大將軍衞青將四將軍出定襄，將軍去病出代，各將五萬騎。步兵踵軍後數十萬人。〔一〕青至幕北圍單于，斬首萬九千級，至闐顏山乃還。〔二〕去病與左賢王戰，斬獲首虜七萬餘級，封狼居胥山乃還。〔三〕兩軍士（戰）死者數萬人。前將軍廣、後將軍食其皆後期。廣自殺，食其贖死。〔四〕

〔一〕師古曰：「踵，接也，猶言躡其踵。」

〔二〕鄧展曰：「音塡塞之塡。」

〔三〕師古曰：「登山祭天，築土爲封，刻石紀事，以彰漢功。」

〔四〕如淳曰：「李廣傳『引兵與右將軍食其合軍，出東道』。又曰『廣自剄，右將軍下吏當死，贖爲庶人』。霍去病傳亦云趙食其爲右將軍，平陽侯襄爲後將軍。此紀爲誤也。」師古曰：「傳寫者誤以右爲後。食其，音異基。」

五年春三月甲午，丞相李蔡有罪，自殺。〔一〕

〔一〕文穎曰：「李廣從弟，坐侵陵壖地。」

天下馬少，平牡馬匹二十萬。〔一〕

〔一〕如淳曰：「貴平牡馬賈，欲使人競畜馬。」

罷半兩錢，行五銖錢。

徙天下姦猾吏民於邊。〔一〕

〔一〕師古曰：「猾，狡也，音乎八反。」

六年冬十月，賜丞相以下至吏二千石金，千石以下至乘從者帛，〔一〕蠻夷錦各有差。

〔一〕晉灼曰：「乘騎諸從者也。」師古曰：「流俗書本乘上或有公字，非也，後人妄加之。」

雨水亡冰。〔一〕

〔一〕師古曰：「雨音于具反。」

夏四月乙巳，廟立皇子閎爲齊王，旦爲燕王，胥爲廣陵王。〔一〕初作誥。〔二〕

〔一〕師古曰：「於廟中策命之。」

〔二〕服虔曰：「誥敕王，如尚書諸誥也。」李斐曰：「今敕封拜諸侯王策文亦是也。見武五子傳。」

六月，詔曰：「日者有司以幣輕多姦，〔一〕農傷而末衆，〔二〕又禁（以）〔兼〕并之塗，〔三〕故改幣以約之。〔四〕稽諸往古，制宜於今。〔五〕廢期有月，〔六〕而山澤之民未諭。〔七〕夫仁行而從善，義立則俗易，意奉憲者所以導之未明與？〔八〕將百姓所安殊路，而撟虔吏因乘勢以侵蒸庶邪？〔九〕何紛然其擾也！〔一〇〕今遣博士大等六人分循行天下，〔一一〕存問鰥寡廢疾，無以自振業者貸與之。〔一二〕諭三老孝弟以爲民師，舉獨行之君子，徵詣行在所。〔一三〕朕嘉賢者，樂知其人。廣宣厥道，士有特招，使者之任也。〔一四〕詳問隱處亡位，及冤失職，〔一五〕姦猾爲害，野荒治苛者，舉奏。〔一六〕郡國有所以爲便者，上丞相、御史以聞。」

〔一〕李奇曰：「幣，錢也。輕者，若一馬直二十萬，是爲幣輕而物重也。重難得，則用不足而姦生。」

〔二〕師古曰：「末謂工商也。」

〔三〕李奇曰：「謂大家兼役小民，富者兼役貧民，欲平之也。」文穎曰：「兼并者，食祿之家不得治產，兼取小民之利；商人雖富，不得復兼畜田宅，作客耕農也。」師古曰：「李說是。」

〔四〕李奇曰：「更去半兩錢，行五銖錢、皮幣，以檢約姦邪。」

〔五〕師古曰：「稽，考也，音工奚反。」

〔六〕應劭曰：「禁半兩錢及餘幣物，禁之有期月而民未悉從也。」如淳曰：「期音朞。自往年三月至今年四月，朞有餘

月矣。」師古曰：「如說是。」

〔七〕師古曰：「未諭者，未曉告示之意。」

〔八〕師古曰：「與讀曰歟。」

〔九〕孟康曰：「虔，固也。矯稱上命以貨賄用爲固。」尚書曰『敚攘矯虔』。」韋昭曰：「凡稱詐爲矯，彊取爲虔。左傳曰『虔劉我邊垂』。」師古曰：「撟與矯同，其字從手。矯，託也。虔，固也。妄託上命而堅固爲邪惡者也。蒸，衆也。」

〔一〇〕師古曰：「擾，煩也。」

〔一一〕師古曰：「稍大也。行音下更反。」

〔一二〕師古曰：「貸音土戴反。」

〔一三〕如淳曰：「蔡雍云天子以天下爲家，自謂所居爲行在所，言今雖在京師，行所在至耳。」師古曰：「此說非也。天子或在京師，或出巡狩，不可豫定，故言行在所耳。不得亦謂京師爲行在也。」

〔一四〕李奇曰：「設士有殊才異行，當特招者，任在使者分別之。」

〔一五〕師古曰：「無位，不被任用也。冤，屈也。失職，失其常業也。」

〔一六〕師古曰：「野荒，言田畝不闢也。治苛，爲政尙細刻。」

秋九月，大司馬驃騎將軍去病薨。

元鼎元年〔一〕夏五月，赦天下，大酺五日。

〔一〕應劭曰：「得寶鼎故，因是改元。」

得鼎汾水上。

濟東王彭離有罪，廢徙上庸。〔一〕

〔一〕應劭曰：「春秋時庸國。」

二年冬十一月，御史大夫張湯有罪，自殺。十二月，丞相青翟下獄死。〔一〕

〔一〕師古曰：「莊青翟。」

春，起柏梁臺。〔一〕

〔一〕服虔曰：「用百頭梁作臺，因名焉。」師古曰：「三輔舊事云以香柏爲之。今書字皆作柏。服說非。」

三月，大雨雪。〔一〕夏，大水，關東餓死者以千數。

〔一〕師古曰：「雨音于具反。」

秋九月，詔曰：「仁不異遠，義不辭難。〔一〕今京師雖未爲豐年，山林池澤之饒與民共之。今水潦移於江南，迫隆冬至，朕懼其飢寒不活。江南之地，火耕水耨，〔二〕方下巴蜀之粟致之江陵，遣博士中等分循行，〔三〕諭告所抵，無令重困。〔四〕吏民有振救飢民免其戹者，具舉以聞。」

〔一〕師古曰：「遠近如一，是爲仁也。不憚艱難，是爲義也。」

〔二〕應劭曰：「燒草，下水種稻，草與稻並生，高七八寸，因悉芟去，復下水灌之，草死，獨稻長，所謂火耕水耨。」

〔三〕師古曰：「行音下更反。」

〔四〕師古曰：「抵，至也。重音直用反。」

三年冬，徙函谷關於新安。〔一〕以故關爲弘農縣。

〔一〕應劭曰：「時樓船將軍楊僕數有大功，恥爲關外民，上書乞徙東關，以家財給其用度。武帝意亦好廣闊，於是徙關於新安，去弘農三百里。」

十一月，令民告緡者以其半與之。〔一〕

〔一〕孟康曰：「有不輸稅，令民得告言，以半與之。」

正月戊子，陽陵園火。夏四月，雨雹，〔一〕關東郡國十餘飢，人相食。

〔一〕師古曰：「雨音于具反。」

常山王舜薨。子勃嗣立，有罪，廢徙房陵。

四年冬十月，行幸雍，祠五畤。賜民爵一級，女子百戶牛酒。行自夏陽，東幸汾陰。〔一〕十一月甲子，立后土祠于汾陰脽上。〔二〕禮畢，行幸滎陽。還至洛陽，詔曰：「祭地冀州，〔三〕瞻望河洛，巡省豫州，觀于周室，邈而無祀。〔四〕詢問耆老，乃得孽子嘉。其封嘉爲周子南

君，〔五〕以奉周祀。」

〔一〕師古曰：「夏陽，馮翊之縣也。汾陰屬河東。汾音扶云反。」

〔二〕蘇林曰：「脽音誰。」如淳曰：「脽者，河之東岸特堆掘，長四五里，廣（一）〔二〕里餘，高十餘丈。汾陰縣治脽之上。后土祠在縣西。汾在脽之北，西流與河合。」師古曰：「二說皆是也。脽者，以其形高起如人尻脽，故以名云。一說此臨汾水之上，地本名鄈，音與葵同，彼鄉人呼葵音如誰，故轉而爲脽字耳，故漢舊儀云葵上。」

〔三〕服虔曰：「后土祠在汾陰。汾陰本冀州地也。周時乃分爲幷州。爾雅曰『兩河閒曰冀州』。」

〔四〕師古曰：「邈，遠絕之意。」

〔五〕臣瓚曰：「汲冢古文謂衞將軍文子爲子南彌牟，其後有子南固、子南勁。紀年勁朝于魏，後惠成王如衞，命子南爲侯。秦并六國，衞最後亡。疑嘉是衞後，故氏子南而稱君也。初元五年爲周承休侯，元始四年爲鄭公，建武十三年（此）〔封〕于觀爲衞公。」師古曰：「子南，其封邑之號，以爲周後，故總言周子南君。瓚說非也。例不先言姓而後稱君，且自嘉已下皆姓姬氏，著在史傳。」

春二月，中山王勝薨。

夏，封方士欒大爲樂通侯，位上將軍。

六月，得寶鼎后土祠旁。秋，馬生渥洼水中。〔一〕作寶鼎、天馬之歌。

〔一〕李斐曰：「南陽新野有暴利長，當武帝時遭刑，屯田敦煌界。數於此水旁見羣野馬中有奇（異）者，與凡馬〔異〕，來飲此水。利長先作土人，持勒靽於水旁。後馬玩習，久之代土人持勒靽收得其馬，獻之。欲神異此馬，云從水中

出。」蘇林曰：「洼音窐曲之窐。」師古曰：「渥音握。洼音於佳反。」

立常山憲王子商爲泗水王。

五年冬十月，行幸雍，祠五畤。遂踰隴，〔一〕登空同，〔二〕西臨祖厲河而還。〔三〕

〔一〕應劭曰：「隴，隴阺坂也。」師古曰：「即今之隴山，阺音丁禮反。」

〔二〕應劭曰：「山名也。」

〔三〕李斐曰：「音嗟賴。」

十一月辛巳朔旦，冬至。立泰畤于甘泉。天子親郊見，〔一〕朝日夕月。〔二〕詔曰：「朕以眇身託于王侯之上，〔三〕德未能綏民，〔四〕民或飢寒，故巡祭后土以祈豐年。冀州脽壤乃顯文鼎，獲（祭）〔薦〕於廟。〔五〕渥洼水出馬，朕其御焉。戰戰兢兢，懼不克任，思昭天地，內惟自新。詩云：『四牡翼翼，以征不服。』親省邊垂，用事所極。〔六〕望見泰一，修天文襢。〔七〕辛卯夜，若景光十有二明。易曰：『先甲三日，後甲三日。』〔八〕朕甚念年歲未咸登，〔九〕飭躬齋戒，〔10〕丁酉，拜況于郊。」〔11〕

〔一〕師古曰：「祠太一也。見音胡電反。」

〔二〕應劭曰：「天子春朝日，秋夕月。朝日以朝，夕月以夕。」臣瓚曰：「漢儀注郊泰畤，皇帝平旦出竹宮，東向揖日，其夕，西南向揖月，便用郊日，不用春秋也。」師古曰：「春朝朝日，秋暮夕月，蓋常禮也。郊泰畤而揖日月，此又別儀。」

〔三〕師古曰：「眇，細末也。」

〔四〕師古曰：「綏，安也。」

〔五〕師古曰：「得鼎祠旁，祠在脽上，故云脽壤。壤謂土也。文鼎，言其有刻鏤之文。」

〔六〕李斐曰：「極，至也，所至者輒祭也。」師古曰：「逸詩也。」

〔七〕文穎曰：「襢，祭也。」晉灼曰：「襢，古禪字也。」臣瓚曰：「此年初祭太畤於甘泉，此祭天於文襢也。祭天則天文從，故曰修天文襢也。」師古曰：「文、晉二說是也。朝日夕月，即天文襢之謂也。」

〔八〕應劭曰：「先甲三日，辛也。後甲三日，丁也。言王者齊戒必自新，臨事必自丁寧。」師古曰：「此易蠱卦之辭。」

〔九〕師古曰：「登謂百穀成。」

〔10〕師古曰：「飭，整也，讀與敕同。」

〔11〕師古曰：「況，賜也。辛夜有光，是先甲三日也。丁日拜況，是後甲三日也。故詔引易文。」

夏四月，南越王相呂嘉反，殺漢使者及其王、王太后。赦天下。

丁丑晦，日有蝕之。

秋，鼃、蝦蟆鬭。〔一〕

〔一〕師古曰：「鼃，黽也，似蝦蟆而長脚，其色青，音下媧反。蝦音遐。蟆音麻。黽音莫幸反。」

遣伏波將軍路博德出桂陽，下湟水；樓船將軍楊僕出豫章，下湞水；〔一〕歸義越侯嚴爲戈船將軍，出零陵，下離水；〔二〕甲爲下瀨將軍，下蒼梧。〔三〕皆將罪人，江淮以南樓船十萬人。越馳義侯遺〔四〕別將巴蜀罪人，發夜郎兵，下牂柯江，咸會番禺。〔五〕

〔一〕鄭氏曰：「湞音檉。」孟康曰：「湞音貞。」蘇林曰：「湞音撐柱之撐。」師古曰：「蘇音是也。音丈庚反。」

〔二〕張晏曰：「嚴故越人，降爲歸義侯。越人於水中負人船，又有蛟龍之害，故置戈於船下，因以爲名也。」臣瓚曰：「伍子胥書有戈船，以載干戈，因謂之戈船也。離水出零陵。」師古曰：「以樓船之例言之，則非爲載干戈也。此蓋船下安戈戟以御蛟鼉水蟲之害。張說近之。」

〔三〕服虔曰：「甲，故越人歸漢者也。」臣瓚曰：「瀨，湍也，吳越謂之瀨，中國謂之磧。伍子胥書有下瀨船。」師古曰：「瀨音賴。」

〔四〕應劭曰：「亦越人也。」

〔五〕如淳曰：「音潘（禺）〔愚〕，尉佗所都。」師古曰：「即今之廣州。」

九月，列侯坐獻黃金酎祭宗廟不如法奪爵者百六人，丞相趙周下獄死。〔一〕樂通侯欒大坐誣罔要斬。

〔一〕服虔曰：「因八月獻酎祭宗廟時使諸侯各獻金來助祭也。」如淳曰：「漢儀注諸侯王歲以戶口酎黃金於漢廟，皇帝臨受獻金，金少不如斤兩，色惡，王削縣，侯免國。」臣瓚曰：「食貨志南越反時卜式上書願死之。天子下詔褒揚，布告天下，天下莫應。列侯以百數，莫求從軍。至酎飲酒，少府省金，而列侯坐酎金失侯者百餘人。而表云趙周坐爲丞相知列侯酎金輕下獄自殺。然則知其輕而不糾擿之也。」師古曰：「酎，三重釀醇酒也，音丈救反。」

西羌衆十萬人反，與匈奴通使，攻故安，圍枹罕。〔一〕匈奴入五原，殺太守。

〔一〕鄧展曰：「枹音鈇。罕音漢。」師古曰：「枹罕，金城之縣也。罕讀如本字。」

六年冬十月，發隴西、天水、安定騎士及中尉，河南、河內卒十萬人，遣將軍李息、郎中令（一）〔徐〕自爲征西羌，平之。

行東，將幸緱氏，〔一〕至左邑桐鄉，〔二〕聞南越破，以爲聞喜縣。春，至汲新中鄉，〔三〕得呂嘉首，以爲獲嘉縣。馳義侯遺兵未及下，上便令征西南夷，平之。〔四〕遂定越地，以爲南海、蒼梧、鬱林、合浦、交阯、九眞、日南、珠厓、儋耳郡。〔五〕定西南夷，以爲武都、牂柯、越巂、沈黎、文山郡。〔六〕

〔一〕師古曰：「河南縣也。緱音工侯反。」

〔二〕師古曰：「左邑，河東之縣也。桐鄉，其鄉名也。」

〔三〕師古曰：「汲，河內縣。新中，其鄉名。」

〔四〕師古曰：「便音頻面反。」

〔五〕應劭曰：「二郡在大海中崖岸之邊。出眞珠，故曰珠厓。儋耳者，種大耳。渠率自謂王者耳尤緩，下肩三寸。」張晏曰：「異物志二郡在海中，東西千里，南北五百里。珠厓，言珠若崖矣。儋耳之云，鏤其頰皮，上連耳匡，分爲數支，狀似雞腸，纍耳下垂。」臣瓚曰：「茂陵書珠厓郡治瞫都，去長安七千三百一十四里。儋耳去長安七千三百六十

八里，領縣五。」師古曰：「儋音丁甘反，字本作瞻。 躔音審。」

〔六〕孟康曰：「嶲音髓，本卭都。」服虔曰：「今蜀郡北部都尉所治，本筰都也。」臣瓚曰：「茂陵書沈黎治筰都，去長安三千三百三十五里，領縣二十一。」應劭曰：「文山，今蜀郡峄山，本冉駹是也。」

秋，東越王餘善反，攻殺漢將吏。遣橫海將軍韓說、中尉王溫舒出會稽，〔一〕樓船將軍楊僕出豫章，擊之。又遣浮沮將軍公孫賀出九原，〔二〕匈河將軍趙破奴出令居，〔三〕皆二千餘里，不見虜而還。乃分武威、酒泉地置張掖、敦煌郡，〔四〕徙民以實之。

〔一〕師古曰：「說讀曰悅。」

〔二〕臣瓚曰：「浮沮，井名，在匈奴中，去九原二千里，見漢輿地圖。」師古曰：「沮音子閭反。」

〔三〕臣瓚曰：「匈河，水名，在匈奴中，去令居千里，見匈奴傳。」師古曰：「令音鈴。」

〔四〕師古曰：「敦音徒門反。」

元封元年〔一〕冬十月，詔曰：「南越、東甌咸伏其辜，西蠻北夷頗未輯睦，〔二〕朕將巡邊垂，擇兵振旅，躬秉武節，置十二部將軍，親帥師焉。」行自雲陽，北歷上郡、西河、五原，出長城，北登單于臺，至朔方，臨北河。勒兵十八萬騎，旌旗徑千餘里，威震匈奴。遣使者告單于曰：「南越王頭已縣於漢北闕矣。單于能戰，天子自將待邊；不能，亟來臣服。〔三〕何但亡匿幕北寒苦之地爲！」匈奴讋焉。〔四〕還，祠黃帝於橋山，〔五〕乃歸甘泉。

〔一〕應劭曰：「始封泰山，故改年。」

〔二〕師古曰：「輯與集同。集，和也。」

〔三〕師古曰：「亟，急也，音居力反。」

〔四〕師古曰：「讋，失氣也，音之涉反。」

〔五〕應劭曰：「在上郡，周陽縣有黃帝冢。」

東越殺王餘善降。詔曰：「東越險阻反覆，爲後世患，遷其民於江淮閒。」遂虛其地。

春正月，行幸緱氏。詔曰：「朕用事華山，至於中嶽，〔一〕獲駮麃，見夏后啓母石。〔二〕翌日親登嵩高，〔三〕御史乘屬，在廟旁吏卒咸聞呼萬歲者三。〔四〕登禮罔不答。〔五〕其令祠官加增太室祠，〔六〕禁無伐其草木。以山下戶三百爲之奉邑，名曰崇高，〔七〕獨給祠，復亡所與。」〔八〕行，遂東巡海上。

〔一〕文穎曰：「嵩高也，在潁川陽城縣。」

〔二〕應劭曰：「啓生而母化爲石。」文穎曰：「在嵩高山下。」師古曰：「啓，夏禹子也。其母塗山氏女也。禹治鴻水，通轘轅山，化爲熊，謂塗山氏曰：『欲餉，聞鼓聲乃來。』禹跳石，誤中鼓。塗山氏往，見禹方作熊，慚而去，至嵩高山下化爲石，方生啓。禹曰：『歸我子。』石破北方而啓生。事見淮南子。景帝諱啓，今此詔云啓母，蓋史追書之，非當時文。」

〔三〕應劭曰：「翌，明也。」

〔四〕服虔曰：「乘，同乘。屬，官屬也。」如淳曰：「漢儀注御史亦有屬。」晉灼曰：「天子出，御史除二人爲乘曹，護車駕。」荀悅曰：「萬歲，山神稱之也。」應劭曰：「嵩高縣有上中下萬歲里。」師古曰：「乘屬，如、晉二說是也。乘音食證反。」

〔五〕師古曰：「罔，無也。言登禮於神，無不答應。」

〔六〕韋昭曰：「嵩高山有太室、少室之山，山有石室，故以名云。」

〔七〕師古曰：「謂之崇者，示尊崇之。奉音扶用反。」

〔八〕師古曰：「復音方目反。與讀曰預。」

夏四月癸卯，上還，登封泰山，〔一〕降坐明堂。〔二〕詔曰：「朕以眇身承至尊，〔三〕兢兢焉惟德菲薄，不明于禮樂，〔四〕故用事八神。〔五〕遭天地況施，〔六〕著見景象，屑然如有聞。〔七〕震于怪物，欲止不敢，遂登封泰山，至於梁父，然後升禮肅然。〔八〕自新，嘉與士大夫更始，其以十月爲元封元年。行所巡至，博、奉高、蛇丘、歷城、梁父，〔九〕民田租逋賦貸，已除。〔一〇〕加年七十以上孤寡帛，人二匹。四縣無出今年算。〔一一〕賜天下民爵一級，女子百戶牛酒。」

〔一〕孟康曰：「王者功成治定，告成功於天。封，崇也，助天之高也。刻石紀號，有金策石函金泥玉檢之封焉。」應劭曰：「封者，壇廣十二丈，高二丈，階三等，封於其上，示增高也。刻石，紀績也。立石三丈一尺，其辭曰：『事天以禮，立身以義。事親以孝，育民以仁。四守之內莫不爲郡縣，四夷八蠻咸來貢職，與天無極。人民蕃息，天祿永得。』尙玄酒而俎生魚。下禪梁父，祀地主，示增廣。（比）〔此〕古制也。武帝封廣丈二尺，高九尺，其下則有玉牒書，

祕。語在郊祀志。」

〔二〕臣瓚曰：「郊祀志『初，天子封泰山，泰山東北阯古時有明堂處』，則此所坐者也。明年秋乃作明堂耳。」

〔三〕師古曰：「眇，微細也。」

〔四〕師古曰：「菲，亦薄也，音敷尾反，又音匪。」

〔五〕文穎曰：「武帝祭太一，並祭名山於太壇西南，開除八通鬼道，故言用事八神也。一曰八方之神。」

〔六〕應劭曰：「況，賜也。施，與也。言天地神靈乃賜我瑞應。」

〔七〕臣瓚曰：「聞呼萬歲者三是也。」

〔八〕服虔曰：「增天之高，歸功於天。禪，闡也，廣土地也。肅然，山名也，在梁父。」張晏曰：「天，高不可及，於泰山上立封，又禪而祭之，冀近神靈也。」師古曰：「父讀曰甫。」

〔九〕鄭氏曰：「蛇音移。」

〔一〇〕師古曰：「逋賦，未出賦者也。逋貸，官以物貸之，而未還也。貸音吐戴反。」

〔一一〕師古曰：「自博至梁父凡五縣，今云四縣毋出算者，奉高一縣素以供神，非算限也。」

行自泰山，復東巡海上，至碣石。〔一〕自遼西歷北邊九原，歸于甘泉。

〔一〕文穎曰：「在遼西絫縣。絫縣今罷，屬臨榆。此石著海旁。」師古曰：「碣，碣然特立之貌也，音其列反。」

秋，有星孛于東井，又孛于三台。

齊王閎薨。

二年冬十月，行幸雍，祠五畤。春，幸緱氏，遂至東萊。夏四月，還祠泰山。至瓠子，臨決河，〔一〕命從臣將軍以下皆負薪塞河隄，作瓠子之歌。赦所過徒，賜孤獨高年米，人四石。還，作甘泉通天臺、長安飛廉館。〔二〕

〔一〕服虔曰：「瓠子，隄名也，在東郡白馬。」蘇林曰：「在鄄城以南，濮陽以北，廣百步，深五丈。」

〔二〕應劭曰：「飛廉，神禽能致風氣者也。明帝永平五年，至長安迎取飛廉幷銅馬，置上西門外，名平樂館。董卓悉銷以為錢。」晉灼曰：「身似鹿，頭如爵，有角而蛇尾，文如豹文。」師古曰：「通天臺者，言此臺高，上通於天也。漢舊儀云高三十丈，望見長安城。」

朝鮮王攻殺遼東都尉，乃募天下死罪擊朝鮮。

六月，詔曰：「甘泉宮內中產芝，九莖連葉。〔一〕上帝博臨，不異下房，賜朕弘休。〔二〕其赦天下，賜雲陽都百戶牛酒。」〔三〕作芝房之歌。

〔一〕應劭曰：「芝，芝草也，其葉相連。」如淳曰：「瑞應圖王者敬事耆老，不失舊故，則芝草生。」師古曰：「內中，謂後庭之室也，故云不異下房。」

〔二〕師古曰：「上帝，天也。博，廣也。弘，大也。休，美也。言天廣臨，不以下房為幽側而隔異之，賜以此芝，是大美也。」

〔三〕晉灼曰：「雲陽、甘泉，黃帝以來祭天圜丘處也。武帝常以避暑，有宮觀，故稱都也。」師古曰：「此說非也。都謂縣之所居在宮側者耳。賜不徧其境內，故指稱其都，非謂天子之都也。若以有宮觀稱都，則非止雲陽矣。」

秋，作明堂于泰山下。

遣樓船將軍楊僕、左將軍荀彘將應募罪人擊朝鮮。〔一〕又遣將軍郭昌、中郎將衞廣發巴蜀兵平西南夷未服者，以為益州郡。

〔一〕應劭曰：「樓船者，時欲擊越，非水不至，故作大船，上施樓也。」

三年春，作角抵戲，〔一〕三百里內皆(來)觀。

〔一〕應劭曰：「角者，角技也。抵者，相抵觸也。」文穎曰：「名此樂為角抵者，兩兩相當角力，角技藝射御，故名角抵，蓋雜技樂也。巴俞戲、魚龍蔓延之屬也。漢後更名平樂觀。」師古曰：「抵者，當也。非謂抵觸。文說是也。」

夏，朝鮮斬其王右渠降，〔一〕以其地為樂浪、臨屯、玄菟、真番郡。〔二〕

〔一〕師古曰：「右渠，朝鮮王名。」

〔二〕臣瓚曰：「茂陵書臨屯郡治東暆縣，去長安六千一百三十八里，十五縣；真番郡治霅縣，去長安七千六百四十里，十五縣。」師古曰：「樂音洛。浪音郎。番音普安反。暆音弋支反。霅音丈甲反。」

樓船將軍楊僕坐失亡多免為庶民，左將軍荀彘坐爭功棄市。〔一〕

〔一〕師古曰：「棄市，殺之於市也。解在景紀。」

秋七月，膠西王端薨。

武都氐人反，分徙酒泉郡。〔一〕

〔一〕師古曰：「不盡徙。」

四年冬十月，行幸雍，祠五畤。通回中道，〔一〕遂北出蕭關，〔二〕歷獨鹿、鳴澤，〔三〕自代而還，幸河東。春三月，祠后土。詔曰：「朕躬祭后土地祇，見光集于靈壇，一夜三燭。〔四〕幸中都宮，殿上見光。〔五〕其赦汾陰、夏陽、中都死罪以下，賜三縣及楊氏皆無出今年租賦。」〔六〕

〔一〕應劭曰：「回中在安定高平，有險阻，蕭關在其北，通治至長安也。」孟康曰：「回中在北地，有山險，武帝故宮。」如淳曰：「三輔黃圖云回中宮在汧也。」師古曰：「回中在安定，北通蕭關。應說是也。而云治道至長安，非也。蓋自回中通道以出蕭關。孟、如二家皆失之矣。回中宮在汧者，或取安定回中為名耳，非今所通道。」

〔二〕如淳曰：「匈奴傳『入朝那蕭關』，蕭關在安定朝那縣也。」

〔三〕服虔曰：「獨鹿，山名也。鳴澤，澤名也。皆在涿郡遒縣北界也。」

〔四〕服虔曰：「燭音注。」師古曰：「燭謂照也，讀如本字。」

〔五〕師古曰：「中都在太原。」

〔六〕師古曰：「楊氏，河東聚邑名。」

夏，大旱，民多暍死。〔一〕

〔一〕如淳曰：「暍音謁。」師古曰：「中熱而死也。」

秋，以匈奴弱，可遂臣服，乃遣使說之。單于使來，死京師。匈奴寇邊，遣拔胡將軍郭昌屯朔方。

五年冬，行南巡狩，至于盛唐，〔一〕望祀虞舜于九嶷。〔二〕登灊天柱山，〔三〕自尋陽浮江，親射蛟江中，獲之。〔四〕舳艫千里，〔五〕薄樅陽而出，〔六〕作盛唐樅陽之歌。遂北至琅邪，並海，〔七〕所過禮祠其名山大川。春三月，還至泰山，增封。甲子，祠高祖于明堂，以配上帝，因朝諸侯王列侯，受郡國計。〔八〕夏四月，詔曰：「朕巡荆揚，輯江淮物，〔九〕會大海氣，〔十〕以合泰山。〔十一〕上天見象，增修封禪。〔十二〕其赦天下。所幸縣毋出今年租賦，賜鰥寡孤獨帛，貧窮者粟。」還幸甘泉，郊泰畤。

〔一〕文穎曰：「案地(里)〔理〕志不得，疑當在廬江左右，縣名也。」韋昭曰：「在南郡。」師古曰：「韋說是也。」

〔二〕應劭曰：「舜葬蒼梧。九嶷，山名，今在零陵營道。」文穎曰：「九嶷山半在蒼梧，半在零陵。」如淳曰：「舜葬九嶷。九嶷在蒼梧馮乘縣，故或云舜葬蒼梧也。」師古曰：「文說是也。嶷音疑，其山九峯，形勢相似，故云九嶷山。」

〔三〕應劭曰：「灊音若潛。南嶽霍山在灊。灊，縣名，屬廬江。」文穎曰：「天柱山在灊縣南，有祠。灊音岑。」師古曰：「灊音與潛同。應說是。」

〔四〕師古曰：「許慎云『蛟，龍屬也』。郭璞說其狀云似蛇而四脚，細頸，頸有白嬰，大者數圍，卵生，子如一二斛瓮，能吞人也。」

〔五〕李斐曰：「舳，船後持柂處也。艫，船前頭刺櫂處也。言其船多，前後相銜，千里不絕也。」師古曰：「舳音軸。艫音盧。」
〔六〕服虔曰：「縣名，屬廬江。」師古曰：「樅音千松反。」
〔七〕師古曰：「並讀曰傍。傍，依也，音步浪反。」
〔八〕師古曰：「計，若今之諸州計帳也。」
〔九〕如淳曰：「輯，合也。物猶神也，郊祀志所祭祀事也。」師古曰：「輯與集同。」
〔一〇〕鄭氏曰：「會合海神之氣，并祭之。」
〔一一〕師古曰：「集江淮之神，會大海之氣，合致於太山，然後修封，總祭饗也。」
〔一二〕師古曰：「見謂顯示也。」

大司馬大將軍青薨。

初置刺史部十三州。〔一〕名臣文武欲盡，詔曰：「蓋有非常之功，必待非常之人，故馬或奔踶而致千里，〔二〕士或有負俗之累而立功名。〔三〕夫泛駕之馬，〔四〕跅弛之士，〔五〕亦在御之而已。〔六〕其令州郡察吏民有茂材異等〔七〕可爲將相及使絕國者。」〔八〕

〔一〕師古曰：「漢（書）〔舊〕儀云初分十三州，假刺史印綬，有常治所。常以秋分行部，御史爲駕四封乘傳。到所部，郡國各遣一吏迎之界上，所察六條。」
〔二〕師古曰：「踶，蹋也。奔，走也。奔踶者，乘之即奔，立則踶人也。踶音徒計反。」

〔三〕晉灼曰：「負俗，謂被世譏論也。」師古曰：「累音力瑞反。」
〔四〕師古曰：「泛，覆也，音（力）〔方〕勇反。字本作覂，後通用耳。覆駕者，言馬有逸氣而不循軌轍也。」
〔五〕如淳曰：「跅（拓也）〔音拓〕。弛，廢也。士行有卓異，不入俗檢而見跅逐者也。」師古曰：「跅者，跅落無檢局也。弛者，放廢不遵禮度也。跅音土各反。弛音式爾反。」
〔六〕師古曰：「在人所以制御之。」
〔七〕應劭曰：「舊言秀才，避光武諱稱茂才。異等者，超等軼羣不與凡同也。」師古曰：「茂，美也。」
〔八〕師古曰：「絕遠之國，謂聲教之外。」

六年冬，行幸回中。春，作首山宮。〔一〕

〔一〕應劭曰：「首山在上郡，於其下立宮廟也。」文穎曰：「在河東蒲坂界。」師古曰：「尋此下詔文及依地理志，文說是。」

三月，行幸河東，祠后土。詔曰：「朕禮首山，昆田出珍物，化或爲黃金。〔一〕祭后土，神光三燭。其赦汾陰殊死以下，賜天下貧民布帛，人一匹。」

〔一〕應劭曰：「昆田，首山之下田也。武帝祠首山，故神爲出珍物，化爲黃金。」

益州、昆明反，赦京師亡命令從軍，遣拔胡將軍郭昌將以擊之。

夏，京師民觀角抵于上林平樂館。

秋，大旱，蝗。

太初元年〔一〕冬十月，行幸泰山。

〔一〕應劭曰：「初用夏正，以正月爲歲首，故改年爲太初也。」

十一月甲子朔旦，冬至，祀上帝于明堂。

乙酉，柏梁臺災。

十二月，禪高里，〔二〕祠后土。東臨勃海，望祠蓬萊。春還，受計于甘泉。〔三〕

〔二〕伏儼曰：「山名，在泰山下。」師古曰：「此高字自作高下之高，而死人之里謂之蒿里，或呼爲下里者也，字則爲蓬蒿之蒿。或者既見太山神靈之府，高里山又在其旁，即誤以高里爲蒿里。混同一事，文學之士共有此謬，陸士衡尚不免，況其餘乎？今流俗書本此高字有作蒿者，妄加增耳。」
〔三〕師古曰：「受郡國所上計簿也。若今之諸州計帳。」

二月，起建章宮。〔一〕

〔一〕文穎曰：「越巫名勇，謂帝曰越國有火災即復大起宮室以厭勝之，故帝作建章宮。」師古曰：「在未央宮西，今長安故城西俗所呼貞女樓者，即建章宮之闕也。」

夏五月，正曆，以正月爲歲首。〔一〕色上黃，數用五，〔二〕定官名，協音律。

〔一〕師古曰：「謂以建寅之月爲正也。未正曆之前謂建亥之月爲正，今此言以正月爲歲首者，史追正其月名。」

〔二〕張晏曰：「漢據土德，土數五，故用五，謂印文也。若丞相曰『丞相之印章』，諸卿及守相印文不足五字者，以『之』足之。」

遣因杅將軍公孫敖〔一〕築塞外受降城。

〔一〕服虔曰：「匈奴地名，因所征以名將軍也。」師古曰：「杅音羽俱反。」

秋八月，行幸安定。遣貳師將軍李廣利〔二〕發天下謫民西征大宛。〔三〕

〔二〕張晏曰：「貳師，大宛城名。」
〔三〕師古曰：「庶人之有罪謫者也。大宛，國名。宛音於元反。」

蝗從東方飛至敦煌。

二年春正月戊申，丞相慶薨。〔一〕

〔一〕師古曰：「石慶也。」

三月，行幸河東，祠后土。令天下大酺五日，膢五日，祠門戶，比臘。〔一〕

〔一〕如淳曰：「膢音樓。漢儀注立秋貙膢。」伏儼曰：「膢音劉。劉，殺也。」蘇林曰：「膢，祭名也。貙，虎屬。常以立秋日祭獸王者，亦以此日出（臘）〔獵〕，還，以祭宗廟，故有貙膢之祭也。」師古曰：「續漢書作貙劉。膢、劉義各通耳。臘者，冬至後臘祭百神也。臘音來盍反。」

夏四月，詔曰：「朕用事介山，祭后土，皆有光應。〔一〕其赦汾陰、安邑殊死以下。」

〔一〕文穎曰：「介山在河東皮氏縣東南。其山特立，周七十里，高三十里。」

五月，籍吏民馬，補車騎馬。〔一〕

〔一〕師古曰：「籍者，總入籍錄而取之。」

秋，蝗。遣浚稽將軍趙破奴〔一〕二萬騎出朔方擊匈奴，不還。

〔一〕應劭曰：「浚稽山在武威塞北，匈奴常（取）〔所〕以爲障蔽。」師古曰：「浚音峻。稽音雞。」

冬十二月，御史大夫兒寬卒。〔一〕

〔一〕師古曰：「兒音五兮反。」

三年春正月，行東巡海上。夏四月，還，修封泰山，禪石閭。〔一〕

〔一〕應劭曰：「石閭山在泰山下阯南方，方士言仙人閭也。」

遣光祿勳徐自爲築五原塞外列城，〔一〕西北至盧朐，〔二〕游擊將軍韓說將兵屯之。〔三〕彊弩都尉路博德築居延。

〔一〕晉灼曰：「地理志從五原稒陽縣北出石門鄣即得所築城。」師古曰：「稒音固。」

〔二〕服虔曰：「匈奴地名。」張晏曰：「山名。」師古曰：「張說是也。朐音劬。」

〔三〕師古曰：「說讀曰悅。」

秋，匈奴入定襄、雲中，殺略數千人，行壞光祿諸亭障；〔一〕又入張掖、酒泉，殺都尉。

〔一〕應劭曰：「光祿勳徐自爲所築列城，今匈奴從此往壞敗也。」師古曰：「漢制，每塞要處別築爲城，置人鎮守，謂之候城，此即障也。音之向反。」

四年春，貳師將軍廣利斬大宛王首，獲汗血馬來。〔一〕作西極天馬之歌。

〔一〕應劭曰：「大宛舊有天馬種，蹋石汗血。汗從前肩髆出，如血。號一日千里。」師古曰：「蹋石者，謂蹋石而有跡，言其蹏堅利。」

秋，起明光宮。〔一〕

〔一〕師古曰：「三輔黃圖云在城中。元后傳云成都侯商避暑借明光宮，蓋謂此。」

冬，行幸回中。

徙弘農都尉治武關，稅出入者以給關吏卒食。

天漢元年〔一〕春正月，行幸甘泉，郊泰畤。三月，行幸河東，祠后土。

〔一〕應劭曰：「時頻年苦旱，故改元爲天漢，以祈甘雨。」師古曰：「大雅有雲漢之詩，周（周）大夫仍叔所作也。以美宣王遇旱災修德勤政而能致雨，故依以爲年號也。」

匈奴歸漢使者，使使來獻。

夏五月，赦天下。

秋，閉城門大搜。〔一〕發謫戍屯五原。

〔一〕臣瓚曰：「漢帝年紀六月禁踰侈，七月閉城門大搜，則搜索踰侈者也。」李奇曰：「搜索巫蠱也。」師古曰：「時巫蠱未起，瓚說是也。踰侈者，踰法度而奢侈也。」

二年春，行幸東海。還幸回中。

夏五月，貳師將軍三萬騎出酒泉，與右賢王戰于天山，〔一〕斬首虜萬餘級。又遣因杅將軍出西河，騎都尉李陵將步兵五千人出居延北，與單于戰，斬首虜萬餘級。陵兵敗，降匈奴。

〔一〕晉灼曰：「在西域，近蒲類國，去長安八千餘里。」師古曰：「即祁連山也。匈奴謂天爲祁連。祁音巨夷反。今鮮卑語尚然。」

秋，止禁巫祠道中者。〔一〕大搜。〔二〕

〔一〕文穎曰：「始漢家於道中祠，排禍咎移之於行人百姓。以其不經，今止之也。」師古曰：「文說非也。祕祝移過，文帝久已除之。今此總禁百姓巫覡於道中祠祭者耳。」

〔二〕臣瓚曰：「搜謂索姦人也。」晉灼曰：「搜巫蠱也。」師古曰：「瓚說是。」

渠黎六國使使來獻。〔一〕

〔一〕臣瓚曰：「渠黎，西域胡國名。」

泰山、琅邪羣盜徐敦等阻山攻城，〔一〕道路不通。遣直指使者暴勝之等衣繡衣杖斧分部逐捕。〔二〕刺史郡守以下皆伏誅。

〔一〕師古曰：「阻山者，依山之險以自固也。」

〔二〕師古曰：「杖斧，持斧也。謂建持之以爲威也。分音扶問反。」

冬十一月，詔關都尉曰：「今豪傑多遠交，依東方羣盜。其謹察出入者。」

三年春二月，御史大夫王卿有罪，自殺。

初榷酒酤。〔一〕

〔一〕如淳曰：「榷音較。」應劭曰：「縣官自酤榷賣酒，小民不復得酤也。」韋昭曰：「以木渡水曰榷。謂禁民酤釀，獨官開置，如道路設木爲榷，獨取利也。」師古曰：「榷者，步渡橋，爾雅謂之石杠，今之略彴是也。禁閉其事，總利入官，而下無由以得，有若渡水之榷，因立名焉。韋說如音是也。酤音工護反。彴音酌。」

三月，行幸泰山，修封，祀明堂，因受計。還幸北地，祠常山，瘞玄玉。〔一〕夏四月，赦天下。行所過毋出田租。

〔一〕鄭展曰：「瘞，埋也。」師古曰：「爾雅曰『祭地曰瘞薶』。薶其物者，示歸于地也。瘞音於例反。」

秋，匈奴入鴈門，太守坐畏愞棄市。〔一〕

〔一〕如淳曰：「軍法，行逗留畏愞者要斬。愞音如掾反。」師古曰：「又音乃館反。」

四年春正月，朝諸侯王于甘泉宮。發天下七科讁〔一〕及勇敢士，遣貳師將軍李廣利將六萬騎、步兵七萬人出朔方，因杅將軍公孫敖萬騎、步兵三萬人出鴈門，游擊將軍韓說〔二〕步兵三萬人出五原，彊弩都尉路博德步兵萬餘人與貳師會。廣利與單于戰余吾水上連日，敖與左賢王戰不利，皆引還。

〔一〕張晏曰：「吏有罪一，亡（人）〔命〕二，贅壻三，賈人四，故有市籍五，父母有市籍六，大父母有市籍七，凡七科也。」

〔二〕師古曰：「說讀曰悅。」

夏四月，立皇子髆為昌邑王。〔一〕

〔一〕孟康曰：「髆音博。」晉灼曰：「許慎以為肩髆字。」

秋九月，令死罪（人）〔入〕贖錢五十萬減死一等。

太始元年〔一〕春正月，因杅將軍敖有罪，要斬。

〔一〕應劭曰：「言盪滌天下，與民更始，故以冠元。」

徙郡國吏民豪桀于茂陵、雲陵。〔一〕

〔一〕師古曰：「此當言雲陽，而轉寫者誤為陵耳。茂陵帝自所起，而雲陽甘泉所居，故總使徙豪桀也。鉤弋趙倢伃死，

葬雲陽，至昭帝即位始尊為皇太后而起雲陵。武帝時未有雲陵。」

夏六月，赦天下。

二年春正月，行幸回中。

三月，詔曰：「有司議曰，往者朕郊見上帝，西登隴首，獲白麟以饋宗廟，渥洼水出天馬，泰山見黃金，〔一〕宜改故名。今更黃金為麟趾褭蹏以協瑞焉。」〔二〕因以班賜諸侯王。

〔一〕師古曰：「見音胡電反。」

〔二〕應劭曰：「獲白麟，有馬瑞，故改鑄黃金如麟趾褭蹏以協嘉祉也。古有駿馬名要褭，赤喙黑身，一日行萬五千里也。」師古曰：「既云宜改故名，又曰更黃金為麟趾褭蹏，是則舊金雖以斤兩為名，而官有常形制，亦由今時吉字金挺之類矣。武帝欲表祥瑞，故普改鑄為麟足馬蹏之形以易舊法耳。今人往往於地中得馬蹏金，金甚精好，而形製巧妙。褭音奴了反。」

秋，旱。九月，募死罪（人）〔入〕贖錢五十萬減死一等。

御史大夫杜周卒。

三年春正月，行幸甘泉宮，饗外國客。

二月，令天下大酺五日。行幸東海，獲赤鴈，作朱鴈之歌。幸琅邪，禮日成山。〔一〕登之罘，〔二〕浮大海。山稱萬歲。冬，賜行所過戶五千錢，鰥寡孤獨帛人一匹。

〔一〕孟康曰：「禮日，拜日也。」如淳曰：「祭日於成山也。」師古曰：「成山在東（萊）〔萊〕不夜縣，斗入海。郊祀志作盛山，其音同。」

〔二〕晉灼曰：「地理志東萊腄縣有之罘山祠。」師古曰：「罘音浮。腄音直瑞反。」

四年春三月，行幸泰山。壬午，祀高祖于明堂，以配上帝，因受計。癸未，祀孝景皇帝于明堂。甲申，修封。丙戌，禪石閭。夏四月，幸不其，〔一〕祠神人于交門宮，〔二〕若有鄉坐拜者。〔三〕作交門之歌。夏五月，還幸建章宮，大置酒，赦天下。

〔一〕如淳曰：「其音基。不其，山名，因以為縣。」應劭曰：「東萊縣也。」

〔二〕應劭曰：「神人，蓬萊仙人之屬也。」晉灼曰：「琅邪縣有交門宮，武帝所造。」

〔三〕師古曰：「如有神之景象嚮祠坐而拜也。漢注云神並見，且白且黑，且大且小，鄉坐三拜。鄉讀曰嚮。坐音才臥反。」

秋七月，趙有蛇從郭外入邑，與邑中蛇羣鬭孝文廟下，〔一〕邑中蛇死。

〔一〕服虔曰：「趙所立孝文廟也。」

冬十月甲寅晦，日有蝕之。

十二月，行幸雍，祠五時，西至安定、北地。

征和元年〔一〕春正月，還，行幸建章宮。

〔一〕應劭曰：「言征伐四夷而天下和平。」

三月，趙王彭祖薨。

冬十一月，發三輔騎士大搜上林，閉長安城門索，〔一〕十一日乃解。巫蠱起。

〔一〕文穎曰：「簡車馬，數軍實也。」臣瓚曰：「搜謂索姦人也。上林苑周回數百里，故發三輔車騎入大搜索也。漢帝年紀發三輔騎士大搜長安上林中，閉城門十五日，待詔北軍征官多餓死。然則皆搜索，非數軍實也。」師古曰：「文說非也。索音山客反。」

二年春正月，丞相賀下獄死。

夏四月，大風發屋折木。

閏月，諸邑公主、陽石公主〔一〕皆坐巫蠱死。

〔一〕師古曰：「諸邑，琅邪縣也，以封公主故謂之邑。陽石，北海縣也。（主）〔二〕公主皆衞皇后之女也。陽字或作羊。」

夏，行幸甘泉。

秋七月，（桉）〔按〕道侯韓說、〔一〕使者江充等掘蠱太子宮。壬午，太子與皇后謀斬充，以

節發兵與丞相劉屈氂大戰長安，〔二〕死者數萬人。庚寅，太子亡，〔三〕皇后自殺。初置城門屯兵。更節加黃旄。〔四〕御史大夫暴勝之、司直田仁坐失縱，勝之自殺，仁要斬。八月辛亥，太子自殺于湖。〔五〕

〔二〕師古曰：「卽上游擊將軍韓說也。」
〔三〕師古曰：「屈音丘勿反，又音其勿反。氂音力之反。」
〔三〕師古曰：「謂逃匿也。」
〔四〕應劭曰：「時太子亦發節以戰，故加其上黃以別之。」
〔五〕師古曰：「湖，縣名也，卽今虢州閿鄉、湖城二縣皆其地。」

癸亥，地震。

九月，立趙敬肅王子偃爲平〔干〕王。

匈奴入上谷、五原，殺略吏民。

三年春正月，行幸雍，至安定、北地。匈奴入五原、酒泉，殺兩都尉。三月，遣貳師將軍廣利將七萬人出五原，御史大夫商丘成二萬人出西河，重合侯馬通四萬騎出酒泉。成至浚稽山〔一〕與虜戰，多斬首。通至天山，虜引去，因降車師。皆引兵還。廣利敗，降匈奴。

〔一〕師古曰：「音峻雞。」

夏五月，赦天下。

六月，丞相屈氂下獄要斬，妻(子)梟首。〔一〕

〔一〕鄭氏曰：「妻作巫蠱，夫從坐，但要斬也。」師古曰：「屈氂亦坐與貳師將軍謀立昌邑王。」

秋，蝗。

九月，反者公孫勇、胡倩發覺，皆伏辜。〔一〕

〔一〕師古曰：「倩音千見反。」

四年春正月，行幸東萊，臨大海。

二月丁酉，隕石于雍，二，〔一〕聲聞四百里。

〔一〕師古曰：「雍，扶風之縣也。二者，石之數。」

三月，上耕于鉅定。〔二〕還幸泰山，修封。庚寅，祀于明堂。癸巳，禪石閭。夏六月，還幸甘泉。

〔二〕服虔曰：「地名也，近東海。」應劭曰：「齊國縣也。」晉灼曰：「案地理志，應說是。」

秋八月辛酉晦，日有蝕之。

後元元年春正月，行幸甘泉，郊泰畤，遂幸安定。昌邑王髆薨。

二月，詔曰：「朕郊見上帝，〔一〕巡于北邊，見羣鶴留止，以不羅罔，靡所獲獻。〔二〕薦于泰畤，光景並見。其赦天下。」

〔一〕師古曰：「見音胡電反。次下光景並見亦同。」
〔二〕如淳曰：「時春也，非用羅罔時，故無所獲也。」

夏六月，御史大夫商丘成有罪自殺。〔一〕侍中僕射莽何羅與弟重合侯通謀反，〔二〕侍中駙馬都尉金日磾、奉車都尉霍光、騎都尉上官桀討之。〔三〕

〔一〕師古曰：「坐於廟中醉而歌。」
〔二〕孟康曰：「征和三年言重合侯馬通，今此言莽，明德馬后惡其先人有反，易姓莽。」師古曰：「莽音莫戶反。」
〔三〕師古曰：「磾音丁奚反。」

秋七月，地震，往往涌泉出。

二年春正月，朝諸侯王于甘泉宮，賜宗室。

二月，行幸盩厔五柞宮。〔一〕乙丑，立皇子弗陵爲皇太子。〔二〕丁卯，帝崩于五柞宮，〔三〕

入殯于未央宮前殿。三月甲申，葬茂陵。〔四〕

〔一〕晉灼曰：「盩厔，扶風縣也。」張晏曰：「有五柞樹，因以名宮也。」師古曰：「盩音張流反。厔音竹乙反。」
〔二〕張晏曰：「昭帝也。後但名弗，以二名難諱故。」
〔三〕臣瓚曰：「帝年十七卽位，卽位五十四年，壽七十一。」
〔四〕臣瓚曰：「自崩至葬凡十八日。茂陵在長安西北八十里也。」

贊曰：漢承百王之弊，高祖撥亂反正，文景務在養民，至于稽古禮文之事，猶多闕焉。孝武初立，卓然罷黜百家，〔一〕表章六經。〔二〕遂疇咨海內，舉其俊茂，〔三〕與之立功。興太學，修郊祀，改正朔，定曆數，〔四〕協音律，作詩樂，建封禪，禮百神，紹周後，號令文章，煥焉可述。後嗣得遵洪業，而有三代之風。〔五〕如武帝之雄材大略，不改文景之恭儉以濟斯民，雖詩書所稱何有加焉！〔六〕

〔一〕師古曰：「百家，謂諸子雜說，違背六經。」
〔二〕師古曰：「六經，謂易、詩、書、春秋、禮、樂也。」
〔三〕師古曰：「疇，誰也。咨，謀也。言謀於衆人，誰可爲事者也。」
〔四〕師古曰：「正音之成反。他皆類此。」
〔五〕師古曰：「三代，夏、殷、周。」

中華書局

〔六〕師古曰：「美其雄材大略，而非其不恭儉也。」

校勘記

一五七頁一行　遂，（中）〔申〕也。　景祐、汲古、殿、局本都作「申」。王先謙說作「申」是。

一五八頁四行　本槐里（之縣）〔縣之〕茂鄉，　景祐、殿本都作「縣之」。王先謙說作「縣之」是。

一六三頁一行　（大）〔太〕中大夫李息　景祐、汲古、殿、局本都作「太」。

一六五頁一三行　復奉正（議）〔義〕，　景祐、殿本都作「義」。王先謙說作「義」是。

一六八頁三行　總（一）郡之中，　景祐、汲古、殿、局本都有「一」字。王先謙說有「一」字是。

一六八頁四行　不得聞（雍）〔達〕於天子也。　景祐、汲古、殿、局本都作「達」。王先謙說作「達」是。

一七八頁五行　施於（吏）〔利〕重者，　景祐、殿、局本都作「利」。王先謙說作「利」是。

一七八頁一二行　兩軍士（戰）死者數萬人。　景祐本無「戰」字。王念孫說「戰」字後人所加，云死者數萬人則戰死可知。

一八〇頁三行　又禁（以）〔醫〕并之塗，　景祐、汲古、殿、局本都作「醫」。

一八四頁三行　廣（一）〔二〕里餘，　景祐、殿、局本都作「二」。

一八四頁一〇行　十三年（此）〔封〕于觀爲衞公。　景祐、殿、局本都作「封」。王先謙說作「封」是。

一八四頁一五行　見羣野馬中有奇（異）者，與凡馬〔異〕，　景祐本如此，與汲古、殿、局本都不同。

一八五頁九行　獲（祭）〔薦〕於廟。　景祐、殿本都作「薦」。王先謙說作「薦」是。

一八七頁一〇行　音潘（禺）〔愚〕，　殿、局本都作「愚」。王先謙說作「愚」是。

一八八頁四行　郎中令（一）〔徐〕自爲　景祐、殿、局本都作「徐」。王先謙說作「徐」是。

一九一頁一六行　（比）〔此〕古制也。　景祐、殿本都作「此」。王先謙說作「此」是。

一九四頁五行　三百里內皆（來）觀。　景祐本無「來」字。王念孫說後人所加。

一九六頁九行　椉地（里）〔理〕志不得，　景祐、殿本都作「理」。

一九七頁一四行　漢（書）〔舊〕儀云　景祐、殿本都作「舊」。王先謙說作「舊」是。

一九八頁二行　香（力）〔方〕勇反。　景祐、汲古、殿、局本都作「方」。

一九八頁三行　跅（拓也）〔音拓〕。　景祐、殿本都作「音拓」。王先謙說作「音拓」是。

二〇〇頁一三行　亦以此日出（矙）〔獵〕，　殿、局本都作「獵」。王先謙說作「獵」是。

二〇一頁五行　匈奴常（取）〔所〕以爲障蔽。　景祐、汲古、殿、局本都作「所」。王先謙說作「所」是。

二〇三頁一二行　周（周）大夫仍叔所作也。　景祐、殿本都無下「周」字，此衍。

二〇五頁五行　亡（人）〔命〕二，　景祐、汲古、殿、局本都作「命」。

二〇五頁九行　令死罪（人）〔入〕贖錢　景祐、殿本都作「入」。

二〇六頁一二行　募死罪（人）〔入〕贖錢　景祐本作「入」。

二〇七頁二行　成山在東（來）〔萊〕不夜縣，　景祐、汲古、殿、局本都作「萊」。王先謙說作「萊」是。

二〇八頁一二行　（主）〔二〕公主皆衞皇后之女也。　景祐、殿本都作「二」。王先謙說作「二」是。

二〇八頁一三行　（按）〔按〕道侯韓說　景祐、殿本都作「按」。王先謙說作「按」是。

二〇九頁一〇行　偃爲平〔干〕王。　景祐、殿、局本都有「干」字。

二一〇頁三行　妻（子）梟首。　景祐本無「子」字。王念孫說「子」字乃後人依屈氂傳加之也。

漢書卷七

昭帝紀第七

孝昭皇帝，〔一〕武帝少子也。母曰趙倢伃，〔二〕本以有奇異得幸，〔三〕及生帝，亦奇異。〔四〕語在外戚傳。武帝末，戾太子敗，燕王旦、廣陵王胥行驕嫚，〔五〕後元二年二月上疾病，〔六〕遂立昭帝爲太子，年八歲。以侍中奉車都尉霍光爲大司馬大將軍，受遺詔輔少主。明日，武帝崩。戊辰，太子即皇帝位，謁高廟。帝姊鄂邑公主〔七〕益湯沐邑，爲長公主，〔八〕共養省中。〔九〕大將軍光秉政，領尚書事，車騎將軍金日磾、左將軍上官桀副焉。

〔一〕荀悅曰：「諱弗之字曰不。」應劭曰：「禮謚法『聖聞周達曰昭』。」
〔二〕師古曰：「倢，接幸也。伃，美稱也。故以名宮中婦官。倢音接。伃音余。字或並從女。」
〔三〕師古曰：「謂望氣者言有奇女天子氣。及召見，手指拳，上自披之，即時伸。」
〔四〕文穎曰：「十四月乃生。」
〔五〕師古曰：「行音下更反。」
〔六〕師古曰：「疾甚曰病。」

〔七〕應劭曰：「鄂，縣名，屬江夏。公主所食曰邑。」師古曰：「鄂音五各反。」
〔八〕師古曰：「帝之姊妹則稱長公主，儀比諸王，又以供養天子，故益邑也。」
〔九〕伏儼曰：「蔡邕云本爲禁中，門閤有禁，非侍御之臣不得妄入。行道豹尾中亦爲禁中。孝元皇后父名禁，避之，故曰省中。」師古曰：「省，察也，言入此中皆當察視，不可妄也。共讀曰供，音居用反。養音弋亮反。他皆類此。」

夏六月，赦天下。

秋七月，有星孛于東方。

濟北王寬有罪，自殺。

賜長公主及宗室昆弟各有差。追尊趙倢伃爲皇太后，起雲陵。〔一〕

〔一〕文穎曰：「倢伃先葬於雲陽，是以就雲陽爲起雲陵。」

冬，匈奴入朔方，殺略吏民。發軍屯西河，左將軍桀行北邊。〔一〕

〔一〕師古曰：「行音下更反。」

始元元年春二月，黃鵠下建章宮太液池中。〔一〕公卿上壽。賜諸侯王、列侯、宗室金錢各有差。

〔一〕如淳曰：「謂之液者，言天地和液之氣所爲也。」臣瓚曰：「時漢用土德，服色尚黃，鵠色皆白，而今更黃，以爲〈土〉德之瑞，故紀之也。太液池，言承陰陽津液以作池也。」師古曰：「如、瓚之說皆非也。黃鵠，大鳥也，一舉千里者，非白鵠也。太液池者，言其津潤所及廣也。鵠音胡篤反。」

己亥，上耕于鉤盾弄田。〔一〕

〔一〕應劭曰：「時帝年九歲，未能親耕帝籍，鉤盾，宦者近署，故往試耕爲戲弄也。」臣瓚曰：「西京故事弄田在未央宮中。」師古曰：「弄田爲宴游之田，天子所戲弄耳，非爲昭帝年幼創有此名。」

益封燕王、廣陵王及鄂邑長公主各萬三千戶。

夏，爲太后起園廟雲陵。

益州廉頭、姑繒、牂柯談指、同並二十四邑皆反。〔一〕遣水衡都尉呂破胡募吏民及發犍爲、蜀郡犇命擊益州，大破之。〔二〕

〔一〕蘇林曰：「皆西南夷別種名也。」師古曰：「並音伴。」
〔二〕應劭曰：「舊時郡國皆有材官騎士以赴急難，今夷反，常兵不足以討之，故權選取精勇。聞命奔走，故謂之奔命。」李斐曰：「平居發者二十以上至五十爲甲卒，今者五十以上六十以下爲奔命。奔命，言急也。」師古曰：「應說是也。犇，古奔字耳。犍音虔，又音鉅言反。」

有司請河內屬冀州，河東屬并州。〔一〕

〔一〕文穎曰：「本屬司州。」師古曰：「蓋屬京師司隸所部。」

秋七月，赦天下，賜民百戶牛酒。大雨，渭橋絕。

八月，齊孝王孫劉澤謀反，欲殺青州刺史雋不疑，〔一〕發覺，皆伏誅。遷不疑爲京兆尹，賜錢百萬。

〔一〕師古曰：「雋音材兗反，又音辭兗反。」

九月丙子，車騎將軍日磾薨。

閏月，遣故廷尉王平等五人〔一〕持節行郡國，〔二〕舉賢良，問民所疾苦、冤、失職者。

〔一〕師古曰：「前爲此官今不居者，皆謂之故也。」
〔二〕師古曰：「行音下更反。」

冬，無冰。

二年春正月，大將軍光、左將軍桀皆以前捕斬反虜重合侯馬通功封，光爲博陸侯，桀爲安陽侯。

以宗室毋在位者，舉茂才劉辟彊、劉長樂皆爲光祿大夫，辟彊守長樂衞尉。〔一〕

〔一〕師古曰：「長樂宮之衞尉也。」

三月，遣使者振貸貧民毋種、食者。〔一〕秋八月，詔曰：「往年災害多，今年蠶麥傷，所振貸種、食勿收責，毋令民出今年田租。」

〔一〕師古曰：「貸音吐戴反。其下並同。」

冬，發習戰射士詣朔方，調故吏將屯田張掖郡。〔一〕

〔一〕師古曰：「調謂發選也。故吏，前爲官職者。令其部率習戰射士於張掖爲屯田也。調音徒釣反。將音子亮反。」

三年春二月，有星孛于西北。

秋，募民徙雲陵，賜錢田宅。

冬十月，鳳皇集東海，遣使者祠其處。

十一月壬辰朔，日有蝕之。

四年春三月甲寅，立皇后上官氏。〔一〕赦天下。辭訟在後二年前，皆勿聽治。〔二〕夏六月，皇后見高廟。賜長公主、丞相、將軍、列侯、中二千石以下及郎吏宗室錢帛各有差。

〔一〕文穎曰：「上官桀孫，安之女。」

〔二〕孟康曰：「武帝後二年。」

徙三輔富人雲陵，賜錢，戶十萬。

秋七月，詔曰：「比歲不登，民匱於食，〔一〕流庸未盡還，〔二〕往時令民共出馬，其止勿出。諸給中都官者，且減之。」〔三〕

〔一〕師古曰：「匱，空也。」

〔二〕師古曰：「流庸，謂去其本鄉而行爲人庸作。」

〔三〕師古曰：「中都官，京師諸官府。」

冬，遣大鴻臚田廣明擊益州。廷尉李种坐故縱死罪棄市。〔一〕

〔一〕師古曰：「縱謂容放之。种音沖。」

五年春正月，追尊皇太后父爲順成侯。

夏陽男子張延年〔一〕詣北闕，自稱衞太子，誣罔，要斬。

〔一〕師古曰：「夏陽，馮翊之縣。」

夏，罷天下亭母馬及馬弩關。〔一〕

〔一〕應劭曰：「武帝數伐匈奴，再擊大宛，馬死略盡，乃令天下諸亭養母馬，欲令其繁孳，又作馬上弩機關，今悉罷之。」孟康曰：「舊馬高五尺六寸齒未平，弩十石以上，皆不得出關，今不禁也。」師古曰：「亭母馬，應說是；馬弩關，孟說是也。」

六月，封皇后父驃騎將軍上官安爲桑樂侯。〔一〕

〔一〕師古曰：「樂音來各反。」

詔曰：「朕以眇身獲保宗廟，〔一〕戰戰栗栗，夙興夜寐，修古帝王之事，通保傅傳、孝經、論語、尚書，未云有明。〔二〕其令三輔、太常舉賢良各二人，郡國文學高第各一人。賜中二千石以下至吏民爵各有差。」

〔一〕師古曰：「眇，微也。」

〔二〕文穎曰：「賈誼作保傅傳，在禮大戴記。言能通讀之也。」晉灼曰：「帝自謂通保傅傳，未能有所明也。」臣瓚曰：「帝自謂雖通舉此四書，皆未能有所明，此帝之謙也。」師古曰：「晉、瓚之說皆非也。帝自言雖通保傅傳，而孝經、論語、尚書猶未能明也。」

罷儋耳、眞番郡。〔一〕

〔一〕師古曰：「儋耳本南越地，眞番本朝鮮地，皆武帝所置也。番音普安反。」

秋，大鴻臚廣明、軍正王平擊益州，〔一〕斬首捕虜三萬餘人，獲畜產五萬餘頭。

〔一〕師古曰：「廣明，田廣明。」

六年春正月，上耕于上林。

二月，詔有司問郡國所舉賢良文學民所疾苦。議罷鹽鐵榷酤。〔一〕

〔一〕應劭曰：「武帝時，以國用不足，縣官悉自賣鹽鐵，酤酒。昭帝務本抑末，不與天下爭利，故罷之。」

移中監蘇武〔一〕前使匈奴，留單于庭十九歲乃還，奉使全節，以武爲典屬國，〔二〕賜錢百

萬。

〔一〕蘇林曰：「栘音移，廄名也。」應劭曰：「栘，地名。監，其官也，掌鞍馬鷹犬射獵之具。」如淳曰：「栘，爾雅『唐棣，栘也』。栘園之中有馬廄也。」師古曰：「蘇音如說是。」

〔二〕如淳曰：「以其久在外國，知邊事，故令典主諸屬國。」師古曰：「典屬國，本秦官，漢因之，掌歸義蠻夷，屬官有九譯令。後省，并大鴻臚。」

夏，旱，大雩，不得舉火。〔一〕

〔一〕臣瓚曰：「不得舉火，抑陽助陰也。」

秋七月，罷榷酤官，令民得以律占租，〔一〕賣酒升四錢。以邊塞闊遠，取天水、隴西、張掖郡各二縣置金城郡。

〔一〕如淳曰：「律，諸當占租者家長身各以其物占，占不以實，家長不身自書，皆罰金二斤，沒入所不自占物及賈錢縣官也。」師古曰：「占謂自隱度其實，定其辭也。占音章贍反。下又言占名數，其義並同。今猶謂獄訟之辨曰占，皆其意也。蓋武帝時賦斂繁多，律外而取，今始復舊。」

詔曰：「鉤町侯毋波〔一〕率其君長人民擊反者，斬首捕虜有功。其立毋波爲鉤町王。大鴻臚廣明將率有功，賜爵關內侯，食邑。」

〔一〕服虔曰：「鉤音左傳射兩鉤之鉤。」應劭曰：「町音若挺，西南夷也。毋波，其名也。今牂柯鉤町縣是也。」師古曰：「音劬挺。」

元鳳元年春，〔一〕長公主共養勞苦，復以藍田益長公主湯沐邑。

〔一〕應劭曰：「三年中，鳳皇比下東海海西樂鄉，於是以冠元焉。」

泗水戴王前薨，以毋嗣，國除。後宮有遺腹子煖，〔一〕相、內史不奏言，上聞而憐之，立煖爲泗水王。相、內史皆下獄。

〔一〕師古曰：「煖音許遠反。」

三月，賜郡國所選有行義者涿郡韓福等五人帛，人五十匹，遣歸。詔曰：「朕閔勞以官職之事，〔一〕其務修孝弟以教鄉里。令郡縣常以正月賜羊酒。有不幸者賜衣被一襲，祠以中牢。」〔二〕

〔一〕鄧展曰：「閔哀韓福等，不忍勞役以官職之事。」

〔二〕師古曰：「幸者，吉而免凶也，故死謂之不幸。一襲，一稱也，猶今言一副也。中牢即少牢，謂羊豕也。」

武都氐人反，〔一〕遣執金吾馬適建、龍頟侯韓增、〔二〕大鴻臚廣明將三輔、太常徒，皆免刑擊之。〔三〕

〔一〕師古曰：「氐音丁奚反。」

〔二〕師古曰：「姓馬適，名建也。龍頟，漢書本或作雒字。功臣侯表云弓高壯侯韓頹當子說封龍雒侯，元鼎五年坐酎金免。後元元年說弟子增紹封龍雒侯。而荀悅漢紀龍雒皆爲頟字。」崔浩曰：「雒音洛。今河閒龍雒村，與弓高

相近。」然此既地名，無別指義，各依書字而讀之，斯則通矣。說音女交反。

〔三〕蘇林曰：「是時太常主諸陵縣治民也。」

夏六月，赦天下。

秋七月乙亥晦，日有蝕之，既。

八月，改始元爲元鳳。

九月，鄂邑長公主、燕王旦與左將軍上官桀、桀子票騎將軍安、御史大夫桑弘羊皆謀反，伏誅。初，桀、安父子與大將軍光爭權，欲害之，詐使人爲燕王旦上書言光罪。時上年十四，〔一〕覺其詐。後有譖光者，上輒怒曰：「大將軍國家忠臣，先帝所屬，〔二〕敢有譖毀者，坐之。」光由是得盡忠。語在燕王、霍光傳。

〔一〕張晏曰：「武帝崩時八歲，即位於今七歲，今年十五。」師古曰：「此云『初，桀、安父子與大將軍爭權，詐爲燕王上書』，蓋追道前年事耳，非今歲也。張說(非)〔失〕之。」

〔二〕師古曰：「屬音之欲反。」

冬十月，詔曰：「左將軍安陽侯桀、票騎將軍桑樂侯安、御史大夫弘羊皆數以邪枉干輔政，〔一〕大將軍不聽，而懷怨望，與燕王通謀，置驛往來相約結。燕王遣壽西長、孫縱之等〔二〕賂遺長公主、丁外人、謁者杜延年、大將軍長史公孫遺等，交通私書，〔三〕共謀令長公主置酒，伏兵殺大將軍光，徵立燕王爲天子，大逆毋道。故稻田使者燕倉先發覺，〔四〕以告大司農敞，〔五〕敞告諫大夫延年，〔六〕延年以聞。丞相徵事任宮手捕斬桀，〔七〕丞相少史王壽誘將安入府門，〔八〕皆已伏誅，吏民得以安。封延年、倉、宮、壽皆爲列侯。」又曰：「燕王迷惑失道，前與齊王子劉澤等爲逆，抑而不揚，望王反道自新，〔九〕今乃與長公主及左將軍桀等謀反危宗廟。王及公主皆自伏辜。其赦王太子建、公主子文信及宗室子與燕王、上官桀等謀反父母同產當坐者，皆免爲庶人。其吏爲桀等所詿誤，未發覺在吏者，除其罪。」〔一〇〕

〔一〕師古曰：「枉，曲也，以邪曲之事而干求也。」

〔二〕蘇林曰：「壽西，姓也。長，名也。孫姓，縱之名。」

〔三〕服虔曰：「外人，主之所幸也。」晉灼曰：「漢語字少君。」師古曰：「此杜延年自別一人，非下諫大夫也。」

〔四〕如淳曰：「特爲諸稻田置使者，假與民收其稅入也。」

〔五〕師古曰：「楊敞也。」

〔六〕師古曰：「杜延年，杜周之子。」

〔七〕文穎曰：「徵事，丞相官屬，位差尊，掾屬也。」如淳曰：「時宮以時事召，待詔丞相府，故曰丞相徵事。」張晏曰：「漢儀注徵事比六百石。皆故吏二千石不以贓罪免者爲徵事，絳衣奉朝賀正月。」師古曰：「張說是也。」

〔八〕如淳曰：「漢儀注丞相、太尉、大將軍史秩四百石。武帝又置丞相少史，秩四百石。」

〔九〕師古曰：「所爲邪僻，違失正道，欲其旋反而歸正，故云反道。」

〔一〇〕師古曰：「其罪未發，未爲吏所執持者。」

二年夏四月，上自建章宮徙未央宮，大置酒。賜郎從官帛，及宗室子錢，人二十萬。吏民獻牛酒者賜帛，人一匹。

六月，赦天下。詔曰：「朕閔百姓未贍，〔一〕前年減漕三百萬石。〔二〕頗省乘輿馬及(菀)〔苑〕馬，〔三〕以補邊郡三輔傳馬。〔四〕其令郡國毋斂今年馬口錢，〔五〕三輔、太常郡得以叔粟當賦。」〔六〕

〔一〕師古曰：「贍，足也。」

〔二〕師古曰：「減省轉漕，所以休力役也。」

〔三〕師古曰：「乘輿馬謂天子所自乘以駕車輿者。他皆類此。」

〔四〕張晏曰：「驛馬也。」師古曰：「傳音張戀反。」

〔五〕文穎曰：「往時有馬口出斂錢，今省。」如淳曰：「所謂租及六畜也。」

〔六〕如淳曰：「百官表太常主諸陵，別治其縣，爵秩如三輔郡矣。元帝永光五年，令各屬在所郡也。」師古曰：「諸應出賦算租稅者，皆聽以叔粟當錢物也。叔，豆也。」

三年春正月，泰山有大石自起立，上林有柳樹枯僵自起生。〔一〕

〔一〕師古曰：「僵，偃也，謂樹枯死偃臥在地者也。僵音紀良反。」

罷中牟苑賦貧民。〔一〕詔曰：「乃者民被水災，頗匱於食，朕虛倉廩，〔二〕使使者振困乏。其止四年毋漕。三年以前所振貸，非丞相御史所請，邊郡受牛者勿收責。」〔三〕

〔一〕師古曰：「在滎陽。」

〔二〕師古曰：「倉，新穀所藏也。廩，穀所振入也。」

〔三〕應劭曰：「武帝始開三邊，徙民屯田，皆與犁牛。後丞相御史復間有所請。今勑自上所賜與勿收責，丞相所請乃令其顧稅耳。」

夏四月，少府徐仁、廷尉王平、左馮翊賈勝胡皆坐縱反者，仁自殺，平、勝胡皆要斬。

冬，遼東烏桓反，以中郎將范明友爲度遼將軍，〔一〕將北邊七郡郡二千騎擊之。

〔一〕應劭曰：「當度遼水往擊之，故以度遼爲官號。」

四年春正月丁亥，帝加元服，〔一〕見于高廟。賜諸侯王、丞相、大將軍、列侯、宗室下至吏民金帛牛酒各有差。賜中二千石以下及天下民爵。毋收四年、五年口賦。〔二〕三年以前逋更賦未入者，皆勿收。〔三〕令天下酺五日。

〔一〕如淳曰：「元服，謂初冠加上服也。」師古曰：「如氏以爲衣服之服，此說非也。元，首也。冠者，首之所著，故曰元服。其下汲黯傳序云『上正元服』，是知謂冠爲元服。」

〔二〕如淳曰：「漢儀注民年七歲至十四出口賦錢，人二十三。二十錢以食天子，其三錢者，武帝加口錢以補車騎馬。」

〔三〕如淳曰：「更有三品，有卒更，有踐更，有過更。古者正卒無常人，皆當迭爲之，一月一更，是謂卒更也。貧者欲得顧更錢者，次直者出錢顧之，月二千，是謂踐更也。天下人皆直戍邊三日，亦名爲更，律所謂繇戍也。雖丞相子亦在戍邊之調。不可人人自行三日戍，又行者當自戍三日，不可往便還，因便住一歲一更。諸不行者，出錢三百入官，官以給戍者，是謂過更也。律說，卒踐更者，居也，居更縣中五月乃更也。後從尉律，卒踐更一月，休十一月也。食貨志曰：『月爲更卒，已復爲正，一歲屯戍，一歲力役，三十倍於古。』此漢初因秦法而行之也。後遂改易，有謫乃戍邊一歲耳。逋，未出更錢者也。」師古曰：「更音工衡反。」

甲戌，丞相千秋薨。〔一〕

〔一〕師古曰：「田千秋。」

夏四月，詔曰：「度遼將軍明友前以羌騎校尉將羌王侯君長以下擊益州反虜，後復率擊武都反氐，今破烏桓，斬虜獲生，有功。〔一〕其封明友爲平陵侯。平樂監傅介子持節使，〔二〕誅斬樓蘭王安，歸首縣北闕，封義陽侯。」

〔一〕師古曰：「既斬反虜，又獲生口也。俘取曰獲。」

〔二〕師古曰：「持節而爲使。」

五月丁丑，孝文廟正殿火，上及羣臣皆素服。發中二千石將五校作治，六日成。〔一〕太常及廟令丞郎吏皆劾大不敬，會赦，太常轑陽侯德免爲庶人。〔二〕

〔一〕師古曰：「率領五校之士以作治也。校音下教反。」

〔二〕文穎曰：「轑音料。德，江德也。轑陽在魏郡清淵。」師古曰：「會六月赦耳。史終言之。」

六月，赦天下。

五年春正月，廣陵王來朝，益國萬一千戶，賜錢二千萬，黃金二百斤，劍二，安車一，乘馬二駟。〔一〕

〔一〕師古曰：「八匹也。」

夏，大旱。

六月，發三輔及郡國惡少年吏有告劾亡者，屯遼東。〔一〕

〔一〕如淳曰：「告者，爲人所告也。劾者，爲人所劾也。」師古曰：「惡少年謂無賴子弟也。告劾亡者，謂被告劾而逃亡。」

秋，罷象郡，分屬鬱林、牂柯。

冬十一月，大雷。

十二月庚戌，丞相訢薨。〔一〕

〔一〕師古曰：「王訢也。訢亦欣字。」

六年春正月，募郡國徒築遼東玄菟城。夏，赦天下。詔曰：「夫穀賤傷農，〔一〕今三輔、太常穀減賤，〔二〕其令以叔粟當今年賦。」〔三〕

〔一〕師古曰：「糴多而錢少，是爲傷也。」

〔二〕鄭氏曰：「減音減少之減。」

〔三〕應劭曰：「太常掌諸陵園，皆徙天下豪富民以充實之，後悉爲縣，故與三輔同賦。」

右將軍張安世宿衞忠謹，封富平侯。

烏桓復犯塞，遣度遼將軍范明友擊之。

元平元年春二月，詔曰：「天下以農桑爲本。日者省用，罷不急官，〔一〕減外繇，〔二〕耕桑者益衆，而百姓未能家給，〔三〕朕甚愍焉。其減口賦錢。」有司奏請減什三，上許之。

〔一〕師古曰：「謂非要職（官）〔者〕。」

〔二〕師古曰：「繇讀曰傜。」

〔三〕師古曰：「給，足也。家家自給足，是（謂）〔爲〕家給也。」

甲申，晨有流星，大如月，衆星皆隨西行。

夏四月癸未，帝崩于未央宮。〔一〕六月壬申，葬平陵。〔二〕

〔一〕臣瓚曰：「帝年九歲即位，即位十三年，壽二十二。」師古曰：「帝年八歲即位，明年改元，改元之後凡十三年，年二十一。」

〔二〕臣瓚曰：「自崩至葬凡四十九日。平陵在長安西北七十里。」

贊曰：昔周成以孺子繼統，而有管、蔡四國流言之變。〔一〕孝昭幼年即位，亦有燕、蓋、上官逆亂之謀。成王不疑周公，孝昭委任霍光，各因其時以成名，大矣哉！承孝武奢侈餘敝師旅之後，海內虛耗，戶口減半，〔二〕光知時務之要，輕繇薄賦，與民休息。〔三〕至始元、元鳳之間，匈奴和親，百姓充實。舉賢良文學，問民所疾苦，議鹽鐵而罷榷酤，尊號曰「昭」，不亦宜乎！

〔一〕師古曰：「四國，謂管、蔡、商、奄也。流，放也。武王崩，成王幼弱，周公攝政，四國乃流言曰公將不利於孺子，遂致雷風之異。成王既見金縢之册，乃不疑周公。事見豳詩及周書大誥。」

〔二〕師古曰：「耗，損也，音火到反。減讀爲減省之減。」

〔三〕師古曰：「繇讀曰傜。」

校勘記

二八頁一四行　以爲(上)〔土〕德之瑞，　景祐、汲古、殿、局本都作「土」。王先謙說作「土」是。

二三三頁一行　通保傅，傳孝經、論語、尚書，未云有明。　舊注「保傅傳」連讀，以爲是賈誼所作書名。李慈銘說，帝自謂雖通接保傅，傳授孝經、論語、尚書，皆未能有明，當以傳字絕句。王先謙、楊樹達都從李讀。

二二六頁一一行　張說(非)〔失〕之。　景祐、殿本都作「失」。王先謙說作「失」是。

二二八頁四行　頗省乘輿馬及(菀)〔苑〕馬，　景祐、殿本都作「苑」。王先謙說作「苑」是。

二三三頁一〇行　謂非要職(官)〔者〕。　景祐本作「者」。

二三三頁一三行　是(謂)〔爲〕家給也。　景祐、殿本都作「爲」。

漢書卷八

宣帝紀第八

孝宣皇帝，〔一〕武帝曾孫，戾太子孫也。〔二〕太子納史良娣，〔三〕生史皇孫。〔四〕皇孫納王夫人，生宣帝，號曰皇曾孫。生數月，遭巫蠱事，太子、良娣、皇孫、王夫人皆遇害。語在太子傳。曾孫雖在襁緥，〔五〕猶坐收繫郡邸獄。〔六〕而邴吉爲廷尉監，〔七〕治巫蠱於郡邸，憐曾孫之亡辜，使女徒復作淮陽趙徵卿、渭城胡組更乳養，〔八〕私給衣食，視遇甚有恩。

〔一〕荀悅曰：「諱詢，字次卿。詢之字曰謀。」應劭曰：「謚法『聖善周聞曰宣』。」

〔二〕韋昭曰：「以違戾擅發兵，故謚曰戾。」臣瓚曰：「太子誅江充以除讒賊，而事不見明。後武帝覺寤，遂族充家，宣帝不得以加惡謚也。董仲舒曰『有其功無其意謂之戾，無其功有其意謂之罪』。」師古曰：「瓚說是也。」

〔三〕服虔曰：「史，姓也。良娣，官也。」師古曰：「太子有妃，有良娣，有孺子，凡三等。娣音大計反。」

〔四〕師古曰：「以外家姓稱之，故曰史皇孫。」

〔五〕李奇曰：「襁，絡也，以繒布爲之，絡負小兒。緥，小兒大藉也。」孟康曰：「緥，小兒被也。」師古曰：「襁即今之小兒繃也。緥，孟說是也。襁音居丈反。緥音保。繃音補耕反。」

〔六〕如淳曰：「謂諸郡邸置獄也。」師古曰：「據漢舊儀，郡邸獄治天下郡國上計者，屬大鴻臚。此蓋巫蠱獄繁，收繫者衆，故曾孫寄在郡邸獄。」

〔七〕師古曰：「監者，廷尉之官屬。」

〔八〕李奇曰：「復作者，女徒也。謂輕罪，男子守邊一歲，女子輭弱不任守，復令作於官，亦一歲，故謂之復作徒也。」孟康曰：「復音服，謂弛刑徒也，有赦令詔書去其鉗釱赭衣。更犯事，不從徒加，與民爲例，故當復爲官作，滿其本罪年月日，律名爲復作也。」師古曰：「孟說是也。趙徵卿淮陽人，胡組渭城人，皆女徒也。二人更遞乳養曾孫。而邴吉傳云郭徵卿。紀、傳不同，未知孰是。更音工衡反。」

巫蠱事連歲不決。至後元二年，武帝疾，往來長楊、五柞宮，〔一〕望氣者言長安獄中有天子氣，上遣使者分條中都官獄〔二〕繫者，輕重皆殺之。內謁者令郭穰夜至郡邸獄，〔三〕吉拒閉，使者不得入，曾孫賴吉得全。因遭大赦，吉乃載曾孫送祖母史良娣家。語在吉及外戚傳。

〔一〕師古曰：「長楊、五柞二宮並在盩厔，皆以樹名之。帝往來二宮之間也。柞字或作祚，其音同。」

〔二〕師古曰：「中都官，凡京師諸官府也。」

〔三〕師古曰：「百官表云內者署屬少府。續漢書志云掌宮中布張諸褻物。丁孚漢官云令秩千石，蓋當時權爲此使。」

後有詔掖庭養視，上屬籍宗正。〔一〕時掖庭令張賀嘗事戾太子，思顧舊恩，〔二〕哀曾孫，奉養甚謹，以私錢供給教書。既壯，爲取暴室嗇夫許廣漢女，〔三〕曾孫因依倚廣漢兄弟及祖

毋家史氏。〔四〕受詩於東海澓中翁，〔五〕高材好學，然亦喜游俠，〔六〕鬭雞走馬，具知閭里奸邪，吏治得失。數上下諸陵，〔七〕周徧三輔，〔八〕常困於蓮勺鹵中。〔九〕尤樂杜、鄠之間，〔一〇〕率常在下杜。〔一一〕時會朝請，舍長安尚冠里，〔一二〕身足下有毛，臥居數有光燿。〔一三〕每買餅，所從買家輒大讎，〔一四〕亦以(自是)〔是自〕怪。

〔一〕應劭曰：「掖庭，宮人之官，有令丞，宦者爲之。詔敕掖庭養視之，始令宗正著其屬籍。」

〔二〕師古曰：「顧，念也。」

〔三〕應劭曰：「暴室，宮人獄也，今曰薄室。許廣漢坐法腐爲宦者，作嗇夫也。」師古曰：「暴室者，掖庭主織作染練之署，故謂之暴室，取暴曬爲名耳。或云薄室者，薄亦暴也。今俗語亦云薄曬。蓋暴室職務既多，因爲置獄主治其罪人，故往往云暴室獄耳。然本非獄名，應說失之矣。嗇夫者，暴室屬官，亦猶縣鄉之嗇夫也。曬音所懈反，又音所智反。」

〔四〕師古曰：「倚音於綺反。」

〔五〕服虔曰：「澓音馥。」師古曰：「東海人，姓澓，字中翁也。澓音房福反。中讀曰仲。」

〔六〕師古曰：「喜音許吏反。」

〔七〕師古曰：「諸陵皆據高敞地爲之，縣即在其側。帝每周游往來諸陵縣，去則上，來則下，故言上下諸陵。」

〔八〕師古曰：「游行皆至其處。」

〔九〕如淳曰：「爲人所困辱也。蓮勺縣有鹽池，縱廣十餘里，其鄉人名爲鹵中。蓮音輦。勺音灼。」師古曰：「如說是

也。鹵者，鹹地也，今在櫟陽縣東。其鄉人謂此中爲鹵鹽池也。」

〔一〇〕師古曰：「二縣之間也。杜屬京兆，鄠屬扶風。鄠音戶。」

〔一一〕孟康曰：「在長安南。」師古曰：「率者，總計之言也。下杜即今之杜城。」

〔一二〕文穎曰：「以屬弟倚親，故歲時隨宗室朝會也。」如淳曰：「春曰朝，秋曰請。」師古曰：「舍，止也。尚冠者，長安中里名。帝會朝請之時，即於此里中止息。請音才姓反。」

〔一三〕師古曰：「遍身及足下皆有毛。」

〔一四〕師古曰：「讎讀曰售。」

元平元年四月，昭帝崩，毋嗣。大將軍霍光請皇后徵昌邑王。六月丙寅，王受皇帝璽綬，尊皇后曰皇太后。癸巳，光奏王賀淫亂，請廢。語在賀及光傳。

秋七月，光奏議曰：「禮，人道親親故尊祖，尊祖故敬宗。大宗毋嗣，擇支子孫賢者爲嗣。孝武皇帝曾孫病已，〔一〕有詔掖庭養視，至今年十八，師受詩、論語、孝經，操行節儉，慈仁愛人，可以嗣孝昭皇帝後，奉承祖宗，子萬姓。」〔二〕奏可。遣宗正德至曾孫尚冠里舍，洗沐，賜御府衣。太僕以軨獵車奉迎曾孫，〔三〕就齊宗正府。庚申，入未央宮，見皇太后，封爲陽武侯。〔四〕已而羣臣奉上璽綬，即皇帝位，謁高廟。

〔一〕師古曰：「蓋以夙遭屯難而多病苦，故名病已，欲其速差也。後以爲鄙，更改諱詢。」

〔二〕師古曰：「天子以萬姓爲子，故云子萬姓。」

〔三〕文穎曰：「軨獵，小車，前有曲輿不衣也，近世謂之軨獵車也。」孟康曰：「今之戴獵車也。前有曲軨，特高大，獵時立其中格射禽獸。」李奇曰：「蘭輿輕車也。」師古曰：「文、李二說皆是。時未備天子車駕，故且取其輕便耳，非譏高大也。孟說失之。軨音鈴。」

〔四〕師古曰：「先封侯者，不欲立庶人爲天子也。」

八月己巳，丞相敞薨。〔一〕

九月，大赦天下。

十一月壬子，立皇后許氏。賜諸侯王以下金錢，至吏民鰥寡孤獨各有差。皇太后歸長樂宮。初置屯衞。

〔一〕師古曰：「楊敞也。」

本始元年春正月，募郡國吏民訾百萬以上徙平陵。〔一〕遣使者持節詔郡國二千石謹牧養民而風德化。〔二〕

〔一〕文穎曰：「昭帝陵。」

〔二〕師古曰：「以德化被於下，故云風也。詩序曰『上以風化下』。」

大將軍光稽首歸政，上謙讓委任焉。論定策功，益封大將軍光萬七千戶，車騎將軍光祿勳富平侯安世萬戶。〔一〕詔曰：「故丞相安平侯敞等居位守職，與大將軍光、車騎將軍安世

建議定策，以安宗廟，功賞未加而薨。其益封敞嗣子忠及丞相陽平侯義、〔二〕度遼將軍平陵侯明友、〔三〕前將軍龍雒侯增、〔四〕太僕建平侯延年、〔五〕太常蒲侯昌、〔六〕諫大夫宜春侯譚、〔七〕當塗侯平、〔八〕杜侯屠耆堂、〔九〕長信少府關內侯勝〔一〇〕邑戶各有差。封御史大夫廣明爲昌水侯，〔一一〕後將軍充國爲營平侯，〔一二〕大司農延年爲陽城侯，〔一三〕少府樂成爲爰氏侯，〔一四〕光祿大夫遷爲平丘侯。〔一五〕賜右扶風德、〔一六〕典屬國武、〔一七〕廷尉光、〔一八〕宗正德、〔一九〕大鴻臚賢、〔二〇〕詹事畸、〔二一〕光祿大夫吉、〔二二〕京輔都尉廣漢〔二三〕爵皆關內侯。德、武食邑。」〔二四〕

〔一〕李斐曰：「居光祿位，以車騎官號尊之，無車騎官屬。」

〔二〕師古曰：「蔡義。」

〔三〕師古曰：「范明友。」

〔四〕師古曰：「韓增。」

〔五〕師古曰：「杜延年。」

〔六〕師古曰：「蘇昌。」

〔七〕師古曰：「王譚。」

〔八〕師古曰：「功臣表云魏不害以捕反者胡倩功封當塗侯，其子聖以定策功益封，凡二千二百戶。今此紀言當塗侯平，與表乖錯，未知孰是。或者有二名乎？」

〔九〕蘇林曰：「姓復陸，其祖父復陸支本匈奴胡也，歸義爲屬國王，從驃騎有功，乃更封也。」

〔一○〕師古曰：「夏侯勝。」
〔一一〕師古曰：「田廣明。」
〔一二〕師古曰：「趙充國。」
〔一三〕師古曰：「田延年。」
〔一四〕師古曰：「史樂成。」
〔一五〕師古曰：「王遷。」
〔一六〕師古曰：「周德。」
〔一七〕師古曰：「蘇武。」
〔一八〕師古曰：「李光。」
〔一九〕師古曰：「楚元王之曾孫，劉辟彊子。」
〔二○〕師古曰：「韋賢。」
〔二一〕蘇林曰：「晻音蹄隻之蹄。」師古曰：「宋（蹄）〔畸〕也。晻音居宜反。」
〔二二〕師古曰：「丙吉。」
〔二三〕師古曰：「趙廣漢也。三輔郡皆有都尉，如諸郡。左輔都尉治高陵，右輔都尉治郿，京輔都尉治華陰灌北。」
〔二四〕張晏曰：「舊關內侯無邑也，以蘇武守節外國，劉德宗室俊彥，故特令食邑。」

夏四月庚午，地震。詔內郡國舉文學高第各一人。〔一〕

〔一〕韋昭曰：「中國爲內郡，緣邊有夷狄障塞者爲外郡。成帝（侍）〔時〕，內郡舉方正，北邊二十二郡舉勇猛士。」

五月，鳳皇集膠東、千乘。赦天下。賜吏二千石、諸侯相、下至中都官、宦吏、六百石爵，各有差，〔一〕自左更至五大夫。〔二〕賜天下人爵各一級，孝者二級，女子百戶牛酒。租稅勿收。

〔一〕如淳曰：「中都官宦吏，奄人爲吏者也。」晉灼曰：「凡職在京師者也。」師古曰：「二說皆非也。中都官，謂在京師諸官也。宦吏，諸奄官也。」
〔二〕師古曰：「左更，第十二爵也。五大夫，第九爵也。更音工衡反。」

六月，詔曰：「故皇太子在湖，未有號謚。〔一〕歲時祠，其議謚，置園邑。」語在太子傳。

〔一〕師古曰：「湖，縣名也。死於湖，因即葬焉。」

秋七月，詔立燕剌王太子建爲廣陽王，〔一〕立廣陵王胥少子弘爲高密王。

〔一〕師古曰：「剌音來曷反。」

二年春，以水衡錢爲平陵，徙民起第宅。〔一〕

〔一〕應劭曰：「水衡與少府皆天子私藏耳。縣官公作，當仰給司農，今出水衡錢，言宣帝即位爲異政也。」晉灼曰：「食貨志『初，大司農管鹽鐵，官布多，故置水衡，欲以主鹽鐵。及楊可告緡，上林財物衆，乃令水衡主上林』。上林三官，主鑄錢也。」

大司農陽城侯田延年有罪，自殺。〔一〕

〔一〕師古曰：「坐增僦直而自入。」

夏五月，詔曰：「朕以眇身奉承祖宗，夙夜惟念孝武皇帝躬履仁義，選明將，討不服，匈奴遠遁，平氐、羌、昆明、南越，百蠻鄉風，〔一〕款塞來享；〔二〕建太學，修郊祀，定正朔，協音律；封泰山，塞宣房，〔三〕符瑞應，寶鼎出，白麟獲。功德茂盛，不能盡宣，而廟樂未稱，〔四〕其議奏。」有司奏請宜加尊號。六月庚午，尊孝武廟爲世宗廟，奏盛德、文始、五行之舞，〔五〕天子世世獻。武帝巡狩所幸之郡國，皆立廟。賜民爵一級，女子百戶牛酒。

〔一〕師古曰：「鄉讀曰嚮也。」
〔二〕應劭曰：「款，叩也，皆叩塞門來服從也。」如淳曰：「款，寬也。請除守塞者，自保不爲寇害也，故曰款五原塞。」師古曰：「應說是也。此汎說夷狄來賓之事，非呼韓邪保塞意也。」
〔三〕蘇林曰：「隄名，在東郡界。」李斐曰：「決河上宮名也。」張晏曰：「瓠子隄名。」師古曰：「蘇、張二說皆是。」
〔四〕師古曰：「稱，副也。」
〔五〕應劭曰：「宣帝復采昭德之舞爲盛德舞，以尊世宗廟也。諸帝廟皆常奏文始、四時、五行舞也。」

匈奴數侵邊，又西伐烏孫。烏孫昆彌及公主因國使者上書，〔一〕言昆彌願發國精兵擊匈奴，唯天子哀憐，出兵以救公主。秋，大發興調關東輕車銳卒，〔二〕選郡國吏三百石伉健習騎射者，皆從軍。〔三〕御史大夫田廣明爲祁連將軍，〔四〕後將軍趙充國爲蒲類將軍，〔五〕雲

中太守田順爲虎牙將軍，及度遼將軍范明友、前將軍韓增，凡五將軍，兵十五萬騎，校尉常惠持節護烏孫兵，咸擊匈奴。

〔一〕師古曰：「昆彌，烏孫王之號也。國使者，漢朝之使也。」
〔二〕師古曰：「調亦選也。銳，利也，言其勇利也。調音徒釣反。」
〔三〕師古曰：「伉，强也，音口浪反。」
〔四〕應劭曰：「祁連，匈奴中山名也。諸將分部，廣明值此山，因以爲號也。」師古曰：「祁音上夷反。」
〔五〕應劭曰：「蒲類，匈奴中海名也，在敦煌北。」晉灼曰：「匈奴傳有蒲類澤。」師古曰：「晉說是也。」

三年春正月癸亥，皇后許氏崩。戊辰，五將軍師發長安。夏五月，軍罷。祁連將軍廣明、虎牙將軍順有罪，下有司，皆自殺。〔一〕校尉常惠將烏孫兵入匈奴右地，大克獲，封列侯。

〔一〕晉灼曰：「田千秋子也。廣明坐逗留，順坐增虜獲。」

大旱。郡國傷旱甚者，民毋出租賦。三輔民就賤者，且毋收事，盡四年。〔一〕

〔一〕晉灼曰：「不給官役也。」師古曰：「收謂租賦也，事謂役使也。盡本始四年而止。」

六月己丑，丞相義薨。〔一〕

〔一〕師古曰：「蔡義。」

四年春正月，詔曰：「蓋聞農者興德之本也，今歲不登，已遣使者振貸困乏。其令太官損膳省宰，〔一〕樂府減樂人，使歸就農業。丞相以下至都官令丞〔二〕上書入穀，輸長安倉，助貸貧民。民以車船載穀入關者，得毋用傳。」〔三〕

〔一〕師古曰：「膳，具食也，食之善者也。宰爲屠殺也。省，減也。漢儀注太宰令屠者七十二人，宰二百人。」

〔二〕師古曰：「都官令丞，京師諸署之令丞。」

〔三〕師古曰：「傳，傳符也。欲穀之多，故不問其出入也。傳音張戀反。」

三月乙卯，立皇后霍氏。賜丞相以下至郎吏從官金錢帛各有差。赦天下。

夏四月壬寅，郡國四十九地震，或山崩水出。詔曰：「蓋災異者，天地之戒也。朕承洪業，奉宗廟，託于士民之上，未能和羣生。乃者地震北海、琅邪，壞祖宗廟，朕甚懼焉。丞相、御史其與列侯、中二千石博問經學之士，有以應變，〔一〕輔朕之不逮，毋有所諱。令三輔、太常、內郡國舉賢良方正各一人。律令有可蠲除以安百姓，條奏。被地震壞敗甚者，勿收租賦。」大赦天下。上以宗廟墮，素服，避正殿五日。〔二〕

〔一〕師古曰：「謂禦塞災異也。」

〔二〕師古曰：「墮者，毀也，音火規反。」

五月，鳳皇集北海安丘、淳于。〔一〕

〔一〕師古曰：「二縣皆屬北海郡。」

秋，廣川王吉有罪，廢遷上庸，自殺。

地節元年〔一〕春正月，有星孛于西方。

〔一〕應劭曰：「以先者地震，山崩水出，於是改年曰地節，欲令地得其節。」

三月，假郡國貧民田。〔一〕

〔一〕師古曰：「權以給之，不常與。」

夏六月，詔曰：「蓋聞堯親九族，以和萬國。〔一〕朕蒙遺德，奉承聖業，惟念宗室屬未盡而以罪絕，若有賢材，改行勸善，其復屬，使得自新。」〔二〕

〔一〕師古曰：「尚書堯典云：『克明俊德，以親九族。九族既睦，平章百姓。百姓昭明，協和萬邦。』故詔引之。」

〔二〕師古曰：「復音扶目反。」

冬十一月，楚王延壽謀反，自殺。

十二月癸亥晦，日有蝕之。

二年春三月庚午，大司馬大將軍光薨。詔曰：「大司馬大將軍博陸侯〔一〕宿衞孝武皇帝三十餘年，輔孝昭皇帝十有餘年，遭大難，躬秉義，率三公、諸侯、九卿、大夫定萬世策，以安宗廟。天下蒸庶，咸以康寧，〔二〕功德茂盛，朕甚嘉之。復其後世，疇其爵邑，〔三〕世世毋有所與。〔四〕功如蕭相國。」

〔一〕師古曰：「尊之，故不名。」

〔二〕師古曰：「蒸庶，衆人也。康，安也。」

〔三〕張晏曰：「律，非始封，十減二。疇者，等也，言不復減也。」師古曰：「復音方目反。」

〔四〕師古曰：「與讀曰豫。」

夏四月，鳳皇集魯郡，羣鳥從之。〔一〕大赦天下。

〔一〕師古曰：「今流俗書本此下云『戊申立皇太子』，而後年又有立皇太子事，此蓋以元紀云元帝二歲宣帝即位，八歲爲皇太子，故後人妄於此書加之，舊本無也。據疏廣及丙吉傳並云地節三年立皇太子，此即明驗，而或者妄爲臆說，乖於實矣。」

五月，光祿大夫平丘侯王遷有罪，下獄死。

上始親政事，又思報大將軍功德，乃復使樂平侯山領尚書事，〔一〕而令羣臣得奏封事，以知下情。五日一聽事，（自丞相）以下各奉職奏事，以傳奏其言，〔二〕考試功能。侍中尚

書功勞當遷及有異善，厚加賞賜，至于子孫，終不改易。〔三〕樞機周密，品式備具，上下相安，莫有苟且之意也。

〔一〕師古曰：「霍山，光之兄孫。」

〔二〕應劭曰：「敷，陳也。各自奏陳其言，然後試之以官，考其功德也。」師古曰：「傅讀曰敷。」

〔三〕師古曰：「言各久其職事也。」

三年春三月，詔曰：「蓋聞有功不賞，有罪不誅，雖唐虞猶不能以化天下。今膠東相成勞來不怠，〔一〕流民自占八萬餘口，〔二〕治有異等。〔三〕其秩成中二千石，賜爵關內侯。」

〔一〕師古曰：「王成也。勞來者，言慰勉而招延之也。小雅鴻鴈之詩序曰『勞來還定安集之』。勞音盧到反。來音盧代反。」

〔二〕師古曰：「占者，謂自隱度其戶口而著名籍也。占音之贍反。」

〔三〕師古曰：「政治異於常等。」

又曰：「鰥寡孤獨高年貧困之民，朕所憐也。前下詔假公田，貸種、食。〔一〕其加賜鰥寡孤獨高年帛。二千石嚴敎吏謹視遇，毋令失職。」〔二〕

〔一〕師古曰：「貸音吐戴反。」

〔二〕師古曰：「職，常也。失職，謂失其常業也。」

令內郡國舉賢良方正可親民者。

夏四月戊申，立皇太子，大赦天下。賜御史大夫爵關內侯，中二千石爵右庶長，〔一〕天下當爲父後者爵一級。賜廣陵王黃金千斤，諸侯王十五人黃金各百斤，列侯在國者八十七人黃金各二十斤。

〔一〕張晏曰：「自公孫弘後，丞相常封列侯，第二十等爵。故賜御史大夫爵關內侯，第十九等爵也。右庶長，第十一等爵也。」師古曰：「張說非也。此以立皇太子國之大慶，故特賜御史大夫及中二千石爵耳，非常制也。」

冬十月，詔曰：「乃者九月壬申地震，朕甚懼焉。有能箴朕過失，〔一〕及賢良方正直言極諫之士以匡朕之不逮，〔二〕毋諱有司。〔三〕朕既不德，不能附遠，是以邊境屯戍未息。今復飭兵重屯，久勞百姓，〔四〕非所以綏天下也。其罷車騎將軍、右將軍屯兵。」又詔：「池籞未御幸者，假與貧民。〔五〕郡國宮館，勿復修治。流民還歸者，假公田，貸種、食，〔六〕且勿算事。」〔七〕

〔一〕師古曰：「箴，戒也。」

〔二〕師古曰：「匡，正也。」

〔三〕李奇曰：「諱，避也。雖有司在顯職，皆言其過，勿避之。」

〔四〕師古曰：「飭讀與敕同。飭，整也。」

〔五〕蘇林曰：「折竹以繩緜連禁籞，使人不得往來，律名爲籞。」服虔曰：「籞，在池水中作室，可用棲鳥，鳥入中則捕之。」應劭曰：「池者，陂池也。籞者，禁苑也。」臣瓚曰：「籞者，所以養鳥也。設爲藩落，周覆其上，令鳥不得出，

猶苑之畜獸，池之畜魚也。」師古曰：「蘇、應二說是。」

〔六〕師古曰：「貸音吐戴反。種，五穀種也，音之勇反。」

〔七〕師古曰：「不出算賦及給徭役。」

十一月，詔曰：「朕既不逮，導民不明，〔一〕反側晨興，念慮萬方，不忘元元。唯恐羞先帝聖德，〔二〕故並舉賢良方正以親萬姓，歷載臻茲，然而俗化闕焉。〔三〕傳曰：『孝弟也者，其爲仁之本與！』〔四〕其令郡國舉孝弟、有行義聞于鄉里者各一人。」

〔一〕師古曰：「不逮者，意慮不及也。」

〔二〕師古曰：「羞謂忝辱也。」

〔三〕師古曰：「多歷年載，迄至于今。」

〔四〕師古曰：「論語載有若之言。與讀曰歟。」

十二月，初置廷尉平四人，秩六百石。

省文山郡，并蜀。〔一〕

〔一〕師古曰：「以其縣道隸蜀郡。」

四年春二月，封外祖母爲博平君，故酇侯蕭何曾孫建世爲侯。

詔曰：「導民以孝，則天下順。今百姓或遭衰絰凶災，〔一〕而吏繇事，使不得葬，〔二〕傷孝子之心，朕甚憐之。自今諸有大父母、父母喪者勿繇事，使得收斂送終，盡其子道。」

〔一〕師古曰：「衰音千回反。」

〔二〕師古曰：「繇讀曰徭。事謂役使之。」

夏五月，詔曰：「父子之親，夫婦之道，天性也。雖有患禍，猶蒙死而存之。〔一〕誠愛結于心，仁厚之至也，豈能違之哉！自今子首匿父母，妻匿夫，孫匿大父母，皆勿坐。〔二〕其父母匿子，夫匿妻，大父母匿孫，罪殊死，皆上請廷尉以聞。」

〔一〕師古曰：「蒙，冒也。」

〔二〕師古曰：「凡首匿者，言爲謀首而藏匿罪人。」

立廣川惠王孫文爲廣川王。

秋七月，大司馬霍禹謀反。詔曰：「乃者，東織室令史張赦〔一〕使魏郡豪李竟〔二〕報冠陽侯霍雲謀爲大逆，〔三〕朕以大將軍故，抑而不揚，冀其自新。今大司馬博陸侯禹與母宣成侯夫人顯及從昆弟冠陽侯雲、樂平侯山、〔四〕諸姊妹壻度遼將軍范明友、長信少府鄧廣漢、中郎將任勝、騎都尉趙平、長安男子馮殷等〔五〕謀爲大逆。顯前又使女侍醫淳于衍進藥殺共哀后，〔六〕謀毒太子，欲危宗廟。逆亂不道，咸(服)〔伏〕其辜。諸爲霍氏所詿誤未發覺在吏者，皆赦除之。」八月己酉，皇后霍氏廢。

〔一〕應劭曰：「舊時有東西織室，織作文繡郊廟之服。令史，其主者吏。」

〔二〕文穎曰：「有權勢豪右大家。」

〔三〕如淳曰：「報，白也。」師古曰：「此說非也。謂張赦因李竟傳言於霍雲與共謀反耳，非告白其罪也。赦既爲織室令史，身在京師，不須令李竟發之。據霍禹傳，其事明矣。」

〔四〕師古曰：「據霍光傳，雲、山皆去病之孫，則於禹爲子行也。今此紀言從昆弟，蓋轉寫者脫子字耳。當言從昆弟子也。」

〔五〕晉灼曰：「漢語字子都。」

〔六〕師古曰：「殺讀曰弒。共讀曰恭。」

九月，詔曰：「朕惟百姓失職不贍，遣使者循行郡國問民所疾苦。〔一〕吏或營私煩擾，不顧厥咎，朕甚閔之。今年郡國頗被水災，已振貸。〔二〕鹽，民之食，而賈咸貴，〔三〕衆庶重困。〔四〕其減天下鹽賈。」

〔一〕師古曰：「行音下更反。」

〔二〕師古曰：「貸音吐戴反。」

〔三〕師古曰：「賈讀曰價。其下亦同。」

〔四〕師古曰：「更增其困也。重音直用反。」

又曰：「令甲，死者不可生，〔一〕刑者不可息。〔二〕此先帝之所重，而吏未稱。〔三〕今繫者或

以掠辜若飢寒瘐死獄中，〔四〕何用心逆人道也！朕甚痛之。其令郡國歲上繫囚以掠笞若瘐死者所坐名、縣、爵、里，〔五〕丞相御史課殿最以聞。」〔六〕

〔一〕文穎曰：「蕭何承秦法所作爲律令，律經是也。天子詔所增損，不在律上者爲令。令甲者，前帝第一令也。」如淳曰：「令有先後，故有令甲、令乙、令丙。」師古曰：「如說是也。甲乙者，若今之第一、第二篇耳。」

〔二〕李斐曰：「息，滅也。若黥劓者，雖欲改過，其創瘢不可復滅也。」師古曰：「息謂生長也，言劓、刖、臏、割之徒不可更生長，亦猶謂子爲息耳。李說非也。」

〔三〕師古曰：「稱，副也。」

〔四〕蘇林曰：「瘐，病也。囚徒病，律名爲瘐。」如淳曰：「律，囚以飢寒而死曰瘐。」師古曰：「瘐，病，是也。此言囚或以掠笞及飢寒及疾病而死。如說非矣。瘐音庾，字或作瘉，其音亦同。」

〔五〕師古曰：「名，其人名也。縣，所屬縣也。爵，其身之官爵也。里，所居邑里也。」

〔六〕師古曰：「凡言殿最者，殿，後也，課居後也；最，凡要之首也，課居先也。殿音丁見反。」

十二月，清河王年有罪，廢遷房陵。

元康元年春，以杜東原上爲初陵，更名杜縣爲杜陵。徙丞相、將軍、列侯、吏二千石、訾百萬者杜陵。

三月，詔曰：「乃者鳳皇集泰山、陳留，甘露降未央宮。朕未能章先帝休烈，〔一〕協寧

百姓，承天順地，調序四時，獲蒙嘉瑞，賜茲祉福，夙夜兢兢，靡有驕色，內省匪解，永惟罔極。〔二〕書不云乎？『鳳皇來儀，庶（不）〔尹〕允諧。』〔三〕其赦天下徒，賜勤事吏中二千石以下至六百石爵，自中郎吏至五大夫，〔四〕佐史以上二級，民一級，女子百戶牛酒。加賜鰥寡孤獨、三老、孝弟力田帛。所振貸勿收。」

〔一〕師古曰：「章，明也。休，美也。烈，業也。」

〔二〕師古曰：「省，視也。永，長也。惟，思也。罔，無也。極，中也。帝言內自視察，不敢惰怠，長思正道，恐無其中也。解讀曰懈。」

〔三〕師古曰：「虞書益稷之篇曰：『簫韶九成，鳳皇來儀，擊石拊石，百獸率舞，庶尹允諧。』言奏樂之和，鳳皇以其容儀來下，百獸相率舞蹈。是乃衆官之長，信皆和輯，故神人交暢。」

〔四〕師古曰：「賜中郎吏爵得至五大夫。自此以上，每爲等級而高賜也。五大夫，第九爵也。一曰二千石至五大夫，自此以下而差降。」

夏五月，立皇考廟。益奉明園戶爲奉明縣。〔一〕

〔一〕師古曰：「奉明園即皇考史皇孫之所葬也，本名廣明，後追改也。」

復高皇帝功臣絳侯周勃等百三十六人家子孫，令奉祭祀，〔一〕世世勿絕。其毋嗣者，復其次。

〔一〕師古曰：「復音方目反。次下亦同。」

秋八月，詔曰：「朕不明六藝，鬱于大道，〔一〕是以陰陽風雨未時。其博舉吏民，厥身修正，通文學，明於先王之術，宣究其意者，各二人，〔二〕中二千石各一人。」

〔一〕孟康曰：「鬱，不通也。」

〔二〕師古曰：「究，盡也。」

冬，置建章衞尉。

二年春正月，詔曰：「書云『文王作罰，刑茲無赦』，〔一〕今吏修身奉法，未有能稱朕意，朕甚愍焉。其赦天下，與士大夫厲精更始。」〔二〕

〔一〕師古曰：「周書康誥之辭也。言文王作法，罰其有亂常違敎者，則刑之無放釋也。」

〔二〕李斐曰：「今吏已修身奉法矣，但不能稱上意耳，故赦之。」師古曰：「言文王作罰，有犯之者，皆刑無赦，今我意有所閔，閔吏修身奉法矣，而未稱其任，故特赦之，與更始耳。李說非也。」

二月乙丑，立皇后王氏。〔一〕賜丞相以下至郎從官錢帛各有差。

〔一〕師古曰：「王奉光女。」

三月，以鳳皇甘露降集，賜天下吏爵二級，民一級，女子百戶牛酒，鰥寡孤獨高年帛。

夏五月，詔曰：「獄者萬民之命，所以禁暴止邪，養育羣生也。能使生者不怨，死者不

恨，則可謂文吏矣。今則不然。用法或持巧心，析律貳端，深淺不平，〔一〕增辭飾非，以成其罪。奏不如實，上亦亡繇知。〔二〕此朕之不明，吏之不稱，四方黎民將何仰哉！二千石各察官屬，勿用此人。吏務平法。或擅興繇役，飾廚傳，稱過使客，〔三〕越職踰法，以取名譽，譬猶踐薄冰以待白日，豈不殆哉！〔四〕今天下頗被疾疫之災，朕甚愍之。其令郡國被災甚者，毋出今年租賦。」

〔一〕師古曰：「析，分也。謂分破律條，妄生端緒，以出入人罪。」

〔二〕師古曰：「上者，天子自謂也。繇讀與由同。」

〔三〕韋昭曰：「廚謂飮食，傳謂傳舍。言修飾意氣，以稱過使而已。」師古曰：「使人及賓客來者，稱其意而遣之，令過去也。稱音尺孕反。過者，過度之過也。」

〔四〕師古曰：「殆，危也。」

又曰：「聞古天子之名，難知而易諱也。今百姓多上書觸諱以犯罪者，朕甚憐之。其更諱詢。諸觸諱在令前者，赦之。」〔一〕

〔一〕師古曰：「令謂今詔書。」

冬，京兆尹趙廣漢有罪，要斬。

三年春，以神爵數集泰山，賜諸侯王、丞相、將軍、列侯、二千石金，郎從官帛，各有差。賜天下吏爵二級，民一級，女子百戶牛酒，鰥寡孤獨高年帛。

三月，詔曰：「蓋聞象有罪，舜封之。〔一〕骨肉之親粲而不殊。〔二〕其封故昌邑王賀爲海昏侯。」

〔一〕應劭曰：「象者，舜弟也，日以殺舜爲事。舜爲天子，猶封之於有鼻之國。」

〔二〕師古曰：「粲，明也。殊，絕也。當明於仁恩不離絕也。」

又曰：「朕微眇時，御史大夫丙吉、中郎將史曾、史玄、長樂衞尉許舜、侍中光祿大夫許延壽皆與朕有舊恩。及故掖庭令張賀輔導朕躬，修文學經術，恩惠卓異，厥功茂焉。詩不云乎？『無德不報。』〔一〕封賀所子弟子侍中中郎將彭祖爲陽都侯，〔二〕追賜賀謚曰陽都哀侯。吉、曾、玄、舜、延壽皆爲列侯。故人下至郡邸獄復作〔三〕嘗有阿保之功，〔四〕皆受官祿田宅財物，各以恩深淺報之。」

〔一〕師古曰：「大雅抑之詩也。言受人之德必有報也。」

〔二〕如淳曰：「賀，張安世兄，有一子早死，故以彭祖爲子。」師古曰：「所子者，言養弟子以爲子。」

〔三〕師古曰：「謂胡組、趙徵卿之輩也。復音扶目反。」

〔四〕臣瓚曰：「阿，倚；保，養也。」

夏六月，詔曰：「前年夏，神爵集雍。〔一〕今春，五色鳥以萬數飛過屬縣，〔二〕翺翔而舞，欲集未下。其令三輔毋得以春夏擿巢探卵，彈射飛鳥。〔三〕具爲令。」

〔一〕晉灼曰：「漢注大如鷃爵，黃喉，白頸，黑背，腹斑文也。」師古曰：「鷃音晏。」

〔二〕師古曰：「三輔諸縣也。」

〔三〕師古曰：「擿音佗狄反。射音食亦反。」

立皇子欽爲淮陽王。

四年春正月，詔曰：「朕惟耆老之人，髮齒墮落，血氣衰微，亦亡暴虐之心，今或罹文法，拘執囹圄，不終天命，朕甚憐之。自今以來，諸年八十以上，非誣告殺傷人，佗皆勿坐。」〔一〕

〔一〕師古曰：「誣告人及殺傷人皆如舊法，其餘則不論。」

遣大中大夫彊等十二人循行天下，〔一〕存問鰥寡，覽觀風俗，察吏治得失，舉茂材異倫之士。

〔一〕師古曰：「行音下更反。」

二月，河東霍徵史等謀反，誅。

三月，詔曰：「乃者，神爵五采以萬數集長樂、未央、北宮、高寢、甘泉泰畤殿中及上林苑。朕之不逮，寡于德厚，屢獲嘉祥，非朕之任。其賜天下吏爵二級，民一級，女子百戶牛酒。加賜三老、孝弟力田帛，人二匹，鰥寡孤獨各一匹。」

秋八月，賜故右扶風尹翁歸子黃金百斤，以奉其祭祀。又賜功臣適後〔一〕黃金，人二十斤。

〔一〕師古曰：「適讀曰嫡，承嗣者也。或子或孫，不拘後裔，故總言後也。」

丙寅，大司馬衞將軍安世薨。

比年豐，穀石五錢。〔一〕

〔一〕師古曰：「比，頻也。」

神爵元年〔一〕春正月，行幸甘泉，郊泰畤。三月，行幸河東，祠后土。詔曰：「朕承宗廟，戰戰栗栗，惟萬事統，未燭厥理。〔二〕乃元康四年嘉穀玄稷降于郡國，〔三〕神爵仍集，〔四〕金芝九莖產于函德殿銅池中，〔五〕九眞獻奇獸，〔六〕南郡獲白虎威鳳爲寶。〔七〕朕之不明，震于珍物，〔八〕飭躬齋精，祈爲百姓。〔九〕東濟大河，天氣清靜，神魚舞河。幸萬歲宮，神爵翺集。〔一〇〕朕之不德，懼不能任。其以五年爲神爵元年。賜天下勤事吏爵二級，民一級，女子百戶牛酒，鰥寡孤獨高年帛。所振貸物勿收。行所過毋出田租。」

〔一〕應劭曰：「前年神爵集于長樂宮，故改年。」

〔二〕師古曰：「惟，思也。統，緒也。燭，照也。」

〔三〕服虔曰：「玄稷，黑粟也。」

〔四〕師古曰：「仍，頻也。」

〔五〕服虔曰：「金芝，色像金也。」如淳曰：「函亦舍也。銅池，承霤也。」晉灼曰：「以銅作池也。」師古曰：「函德，殿名也。銅池，承霤是也，以銅爲之。函讀與含同。」

〔六〕蘇林曰：「白象也。」晉灼曰：「漢注駒形，（鱗）〔麟〕色，牛角，仁而愛人。」師古曰：「非白象也，晉說是矣。」

〔七〕服虔曰：「威鳳，鳥名也。」晉灼曰：「鳳之有威儀者也，與尚書『鳳皇來儀』同意。」師古曰：「晉說是。」

〔八〕服虔曰：「震，驚也。」蘇林曰：「震，動也。珍物，瑞應也。」師古曰：「蘇說是也。獲珍物而心感動也。」

〔九〕師古曰：「飭與敕同。爲音于僞反。」

〔一〇〕服虔曰：「萬歲宮在東郡平陽縣，今有韓。」晉灼曰：「黃圖汾陰有萬歲宮，是時幸河東。」師古曰：「晉說是。」

西羌反，發三輔、中都官徒弛刑，〔一〕及應募佽飛射士、〔二〕羽林孤兒，〔三〕胡、越騎，三河、潁川、沛郡、淮陽、汝南材官，金城、隴西、天水、安定、北地、上郡騎士、羌騎，詣金城。夏四月，遣後將軍趙充國、彊弩將軍許延壽擊西羌。

〔一〕李奇曰：「弛，廢也。謂若今徒解鉗釱赭衣，置任輸作也。」師古曰：「中都官，京師諸官府也。漢儀注長安中諸官獄三十六所。弛刑，李說是也。若今徒囚但不枷鎖而責保散役之耳。弛音式爾反。」

〔二〕服虔曰：「周時度江，越人在船下負船，將覆之。佽飛入水殺之。漢因以材力名官。」如淳曰：「呂氏春秋荊有茲非，得寶劍於干將。度江中流，兩蛟繞舟。茲非拔寶劍赴江刺兩蛟殺之。荊王聞之，任以執圭。後世以為勇力之官。茲、佽音相近。」臣瓚曰：「本秦左弋官也，武帝改曰佽飛官，有一令九丞，在上林苑中結矰繳以弋鳧鴈，歲萬頭，以供祀宗廟。許慎曰『佽，便利也』。便利矰繳以弋鳧鴈，故曰佽飛。詩曰『抉拾既佽』者也。」師古曰：「取古勇力人以名官，熊渠之類是也。亦因取其便利輕疾若飛，故號佽飛。弋鳧鴈事，自使佽飛為之，非取飛鳥為名。瓚說失之。佽音次。」

〔三〕應劭曰：「天有羽林大將軍之星。林，喻若林木之盛。羽，羽翼鷙擊之意。故以名武官焉。」如淳曰：「百官表取從軍死事者之子養羽林，官敎以五兵，號曰羽林孤兒，少壯令從軍。漢儀注羽林從官七百人。」

六月，有星孛于東方。

卽拜酒泉太守辛武賢為破羌將軍，〔一〕與兩將軍並進。〔二〕詔曰：「軍旅暴露，轉輸煩勞，其令諸侯王、列侯、蠻夷王侯君長當朝二年者，皆毋朝。」〔三〕

〔一〕師古曰：「卽，就也。就酒泉而拜之，不徵入。」

〔二〕師古曰：「兩將軍，卽趙充國、許延壽。」

〔三〕師古曰：「朝來年之正月。」

秋，賜故大司農朱邑子黃金百斤，以奉祭祀。後將軍充國言屯田之計，語在充國傳。

二年春二月，詔曰：「乃者正月乙丑，鳳皇甘露降集京師，羣鳥從以萬數。朕之不德，屢獲天福，祗事不怠，其赦天下。」

夏五月，羌虜降服，斬其首惡大豪楊玉、酋非首。〔一〕置金城屬國以處降羌。

〔一〕文穎曰：「羌胡名大帥為酋，如中國言魁。非首，其名也。」如淳曰：「酋音酒酳熟。」師古曰：「文說失矣。酋者，自其魁帥之稱，而此酋不當其義也。蓋首惡者，唱首為惡也。大豪者，魁帥也。楊玉及酋非皆人名，言斬此二人之首級耳。既已言大豪，不當重言酋。且趙充國傳又云酋非、楊玉首，此其明驗也。酋音才由反。」

秋，匈奴日逐王先賢撣〔一〕將人衆萬餘來降。使都護西域騎都尉鄭吉迎日逐，破車師，皆封列侯。

〔一〕鄭氏曰：「撣音纏束之纏。」晉灼曰：「音田。」師古曰：「鄭音是也。」

九月，司隸校尉蓋寬饒有罪，下有司，自殺。

匈奴單于遣名王奉獻，〔一〕賀正月，始和親。〔二〕

〔一〕師古曰：「名王者，謂有大名，以別諸小王也。」

〔二〕師古曰：「賀來歲之正月。」

三年春，起樂游苑。〔一〕

〔一〕師古曰：「三輔黃圖云在杜陵西北。又關中記云宣帝立廟於曲池之北，號樂游。案其處則今之所呼樂游廟者是也，其餘基尚可識焉。蓋本為苑，後因立廟乎？樂音來各反。」

三月丙午，丞相相薨。〔一〕

〔一〕師古曰：「魏相。」

秋八月，詔曰：「吏不廉平則治道衰。今小吏皆勤事，而奉祿薄，〔一〕欲其毋侵漁百姓，難矣。〔二〕其益吏百石以下奉十五。」〔三〕

〔一〕師古曰：「奉音扶用反。其下亦同。」

〔二〕如淳曰：「漁，奪也，謂奪其利便也。」晉灼曰：「許慎云捕魚之字也。」師古曰：「漁者，若言漁獵也。晉說是也。」

〔三〕如淳曰：「律，百石奉月六百。」韋昭曰：「若食一斛，則益五斗。」

四年春二月，詔曰：「乃者鳳皇甘露降集京師，嘉瑞並見。修興泰一、五帝、后土之祠，祈為百姓蒙祉福。〔一〕鸞鳳萬舉，蜚覽翺翔，集止于旁。〔二〕齊戒之暮，神光顯著。薦鬯之夕，神光交錯。〔三〕或降于天，或登于地，或從四方來集于壇。上帝嘉嚮，海內承福。〔四〕其赦天下，賜民爵一級，女子百戶牛酒，鰥寡孤獨高年帛。」

〔一〕師古曰：「為音于偽反。」

〔二〕師古曰：「萬舉，猶言舉以萬數也。蜚，古飛字也。言鸞鳳飛翔，覽觀都邑也。」

〔三〕師古曰：「鬯，香酒，所以祭神。」

〔四〕師古曰：「嚮讀曰饗。」

夏四月，潁川太守黃霸以治行尤異秩中二千石，〔一〕賜爵關內侯，黃金百斤。及潁川吏民有行義者爵，人二級，力田一級，貞婦順女帛。

〔一〕如淳曰：「太守雖號二千石，有千石、八百石居者。有功德茂異乃得滿秩。霸得中二千石，九卿秩也。」晉灼曰：「此直謂二千石增秩為中二千石耳，不謂滿不滿也。」師古曰：「如說非也。霸舊已二千石矣，今增為中二千石，以寵異之。此與地節三年增膠東相王成秩其事同耳。漢制，秩二千石者一歲得一千四百四十石，實不滿二千石也，其云中二千石者，一歲得二千一百六十石。舉成數言之，故曰中二千石。中者，滿也。」

令內郡國舉賢良可親民者各一人。

五月，匈奴單于遣弟呼留若王勝之來朝。〔一〕

〔一〕師古曰：「呼留若者，王之號也，勝之其人名。」

冬十月，鳳皇十一集杜陵。

十一月，河南太守嚴延年有罪，棄市。

十二月，鳳皇集上林。

五鳳元年〔一〕春正月，行幸甘泉，郊泰畤。

〔一〕應劭曰：「先者鳳皇五至，因以改元云。」

皇太子冠。皇太后賜丞相、將軍、列侯、中二千石帛，人百匹，大夫人八十匹，〔夫人六十匹〕。又賜列侯嗣子爵五大夫，男子爲父後者爵一級。

夏，赦徒作杜陵者。

冬十二月乙酉朔，日有蝕之。

左馮翊韓延壽有罪，棄市。

二年春三月，行幸雍，祠五畤。

夏四月己丑，大司馬車騎將軍增薨。〔一〕

〔一〕師古曰：「韓增。」

秋八月，詔曰：「夫婚姻之禮，人倫之大者也；酒食之會，所以行禮樂也。今郡國二千石或擅爲苛禁，禁民嫁娶不得具酒食相賀召。由是廢鄉黨之禮，令民亡所樂，非所以導民也。詩不云乎？『民之失德，乾餱以愆。』〔一〕勿行苛政。」

〔一〕師古曰：「小雅伐木之詩也。餱，食也。愆，過也。言人無恩德，不相飲食，則闕乾餱之事，爲過惡也。乾音干。餱音侯。」

冬十一月，匈奴呼遬累單于帥衆來降，〔一〕封爲列侯。

〔一〕師古曰：「遬，古速字。累音力追（切）〔反〕。」

十二月，平通侯（陽）〔楊〕惲〔一〕坐前爲光祿勳有罪，免爲庶人。不悔過，怨望，大逆不道，要斬。

〔一〕師古曰：「惲音於吻反。」

三年春正月癸卯，丞相吉薨。〔一〕

〔一〕師古曰：「丙吉也。」

三月，行幸河東，祠后土。詔曰：「往者匈奴數爲邊寇，百姓被其害。朕承至尊，未能綏定匈奴。虛閭權渠單于請求和親，病死。右賢王屠耆堂代立。骨肉大臣立虛閭權渠單于子爲呼韓邪單于，擊殺屠耆堂。諸王並自立，分爲五單于，更相攻擊，〔一〕死者以萬數，畜產大耗什八九，〔二〕人民飢餓，相燔燒以求食，〔三〕因大乖亂。單于閼氏〔四〕子孫昆弟及呼遬累單于、名王、右伊秩訾、且渠、當戶以下〔五〕將衆五萬餘人來降歸義。單于稱臣，使弟奉珍朝賀正月，北邊晏然，靡有兵革之事。朕飭躬齊戒，〔六〕郊上帝，祠后土，神光並見，或興于谷，燭燿齊宮，十有餘刻。〔七〕甘露降，神爵集。已詔有司告祠上帝、宗廟。三月辛丑，鸞鳳又集長樂宮東闕中樹上，〔八〕飛下止地，文章五色，留十餘刻，吏民並觀。朕之不敏，懼不能任，婁蒙嘉瑞，獲茲祉福。〔九〕書不云乎？『雖休勿休，祗事不怠。』〔一〇〕公卿大夫其勗焉。〔一一〕減天下口錢。赦殊死以下。賜民爵一級，女子百戶牛酒。大酺五日。加賜鰥寡孤獨高年帛。」

〔一〕師古曰：「更音工衡反。」

〔二〕師古曰：「耗，損也。言十損其八九也。耗音呼到反。」

〔三〕師古曰：「燔，焚也，音扶元反。」

〔四〕服虔曰：「閼氏音焉支。」

〔五〕師古曰：「伊秩訾、且渠、當戶，皆匈奴官號也。訾音子移反。且音子余反。」

〔六〕師古曰：「飭與敕同。」

〔七〕師古曰：「燭亦照也。刻者，以漏言時也。」

〔八〕張晏曰：「門外闕內（行）〔衡〕馬之裏樹也。」

〔九〕師古曰：「婁，古屢字。」

〔一〇〕師古曰：「周書呂刑之辭。言雖見（哀）〔褒〕美，勿自以爲有德美，當敬於事，無怠（墮）〔惰〕也。」

〔一一〕師古曰：「勗，勉也。」

置西河、北地屬國以處匈奴降者。

四年春正月，廣陵王胥有罪，自殺。

匈奴單于稱臣，遣弟谷蠡王入侍。〔一〕以邊塞亡寇，減戍卒什二。

〔一〕服虔曰：「谷音鹿。」韋昭曰：「蠡音如羅反。」師古曰：「谷，服音是也。蠡音落奚反。」

大司農中丞耿壽昌奏設常平倉，以給北邊，〔一〕省轉漕。賜爵關內侯。

〔一〕應劭曰：「壽昌奏令邊郡穀賤時增賈而糴，穀貴時減賈而糶，名曰常平倉。見食貨志。」

夏四月辛丑晦，日有蝕之。詔曰：「皇天見異，以戒朕躬，是朕之不逮，吏之不稱也。〔一〕以前使使者問民所疾苦，復遣丞相、御史掾二十四人循行天下，〔二〕舉冤獄，察擅爲苛禁深刻不改者。」

〔一〕師古曰：「稱，副也。」

〔二〕師古曰：「行音下更反。」

甘露元年春正月，行幸甘泉，郊泰畤。

匈奴呼韓邪單于遣子右賢王銖婁渠堂入侍。〔一〕

〔一〕師古曰：「銖音殊。婁音力于反。」

二月丁巳，大司馬車騎將軍延壽薨。〔一〕

〔一〕文穎曰：「許延壽。」

夏四月，黃龍見新豐。

丙申，太上皇廟火。甲辰，孝文廟火。上素服五日。

冬，匈奴單于遣弟左賢王來朝賀。

二年春正月，立皇子囂爲定陶王。〔一〕

〔一〕師古曰：「囂音敖。」

詔曰：「乃者鳳皇甘露降集，黃龍登興，醴泉滂流，枯槁榮茂，〔一〕神光並見，咸受禎祥。〔二〕其赦天下。減民算三十。〔三〕賜諸侯王、丞相、將軍、列侯、中二千石金錢各有差。賜民爵一級，女子百戶牛酒，鰥寡孤獨高年帛。」

〔一〕師古曰：「槁音口老反。」

〔二〕師古曰：「禎，正也。祥，福也。禎音貞。」

〔三〕師古曰：「一算減錢三十也。」

夏四月，遣護軍都尉祿將兵擊珠崖。

秋九月，立皇子宇爲東平王。

冬十二月，行幸萯陽宮〔一〕屬玉觀。〔二〕

〔一〕應劭曰：「宮在鄠，秦文王所起。」伏儼曰：「在扶風。」李斐曰：「萯音倍。」師古曰：「應說、李音是也。」

〔二〕服虔曰：「以玉飾，因名焉，在扶風。」李奇曰：「屬玉音鸑鷟。其上有此鳥，因以爲名。」晉灼曰：「屬玉，水鳥，似鵁鶄，以名觀也。」師古曰：「晉說是也。屬音之欲反。」

匈奴呼韓邪單于款五原塞，〔一〕願奉國珍朝三年正月。〔二〕詔有司議。咸曰：「聖王之制，施德行禮，先京師而後諸夏，先諸夏而後夷狄。詩云：『率禮不越，遂視既發。相土烈烈，海外有截。』〔三〕陛下聖德，充塞天地，光被四表。〔四〕匈奴單于鄉風慕義，〔五〕舉國同心，奉珍朝賀，自古未之有也。單于非正朔所加，王者所客也，禮儀宜如諸侯王，稱臣昧死再拜，位次諸侯王下。」詔曰：「蓋聞五帝三王，禮所不施，不及以政。〔六〕今匈奴單于稱北藩臣，朝正月，朕之不逮，德不能弘覆。其以客禮待之，位在諸侯王上。」

〔一〕師古曰：「款，叩也。」

〔二〕師古曰：「欲於甘露三年正月行朝禮。」

〔三〕文穎曰：「遂，徧也。發，行也。言契能使其民率禮不越法度，徧承視其教令奉順而行也。相土，契孫也。烈烈，威也。截，整齊也。威武之盛烈烈然，四海之外率服整齊也。」師古曰：「此商頌長發之詩。」

〔四〕師古曰：「四表，四方之外也。」

〔五〕師古曰：「鄉讀曰嚮。」

〔六〕師古曰：「言荒外之人非禮所設者，政刑亦不及。」

三年春正月，行幸甘泉，郊泰畤。匈奴呼韓邪單于稽侯狦來朝，〔一〕贊謁稱藩臣而不名。賜以璽綬、冠帶、衣裳、安車、駟馬、黃金、錦繡、繒絮。使有司道單于〔二〕先行就邸長安，宿長平。上自甘泉宿池陽宮。上登長平阪，〔三〕詔單于毋謁。〔四〕其左右當戶之羣皆列觀，〔五〕蠻夷君長王侯迎者數萬人，夾道陳。上登渭橋，咸稱萬歲。單于就邸。置酒建章宮，饗賜單于，觀以珍寶。〔六〕二月，單于罷歸。（之）〔遣〕長樂衞尉高昌侯忠、〔七〕車騎都尉昌、〔八〕騎都尉虎〔九〕將萬六千騎送單于。單于居幕南，保光祿城。〔一〇〕詔北邊振穀食。郅支單于遠遁，〔一一〕匈奴遂定。

〔一〕應劭曰：「狦音若訕。」李奇曰：「狦音山。」師古曰：「稽音古奚反。狦音删，又音先安反。」

〔二〕師古曰：「道讀曰導。導，引也。」

〔三〕如淳曰：「阪名也，在池陽南。上原之阪有長平觀，去長安五十里。」師古曰：「涇水之南原，即今所謂眭城阪也。」

〔四〕師古曰：「不拜見也。」

〔五〕孟康曰：「左右當戶，匈奴官名。」

〔六〕師古曰：「觀，示也。」

〔七〕晉灼曰：「功臣表董忠。」

〔八〕晉灼曰：「韓昌。」

〔九〕文穎曰：「不（異）〔知〕姓。」晉灼曰：「百官表唯記三輔、郡以上。若此皆不見姓，無從知之。」

〔一〇〕孟康曰：「前光祿徐自爲所築城。」

〔一一〕師古曰：「郅音質。」

詔曰：「乃者鳳皇集新蔡，羣鳥四面行列，皆鄉鳳皇立，以萬數。〔一〕其賜汝南太守帛百匹，新蔡長吏、三老、孝弟力田、鰥寡孤獨各有差。賜民爵二級。毋出今年租。」

〔一〕師古曰：「行音胡郎反。鄉讀曰嚮。」

三月己丑，丞相霸薨。〔一〕

〔一〕文穎曰：「黃霸。」

詔諸儒講五經同異，太子太傅蕭望之等平奏其議，上親稱制臨決焉。乃立梁丘易、大小夏侯尚書、穀梁春秋博士。

冬，烏孫公主來歸。〔一〕

〔一〕應劭曰：「楚王女解憂。」

四年夏，廣川王海陽有罪，廢遷房陵。

冬十月丁卯，未央宮宣室閣火。

黃龍元年〔一〕春正月，行幸甘泉，郊泰畤。

〔一〕應劭曰：「先是黃龍見新豐，因以冠元焉。」師古曰：「漢注云此年二月黃龍見廣漢郡，故改年。然則應說非也。見新豐者於此五載矣。」

匈奴呼韓邪單于來朝，禮賜如初。二月，單于歸國。

詔曰：「蓋聞上古之治，君臣同心，舉措曲直，各得其所。〔一〕是以上下和洽，海內康平，其德弗可及已。〔二〕朕既不明，數申詔公卿大夫務行寬大，〔三〕順民所疾苦，〔四〕將欲配三王之隆，明先帝之德也。今吏或以不禁姦邪為寬大，縱釋有罪為不苛，或以酷惡為賢，皆失其中。〔五〕奉詔宣化如此，豈不謬哉！方今天下少事，繇役省減，兵革不動，而民多貧，盜賊不止，其咎安在？上計簿，具文而已，〔六〕務為欺謾，以避其課。〔七〕三公不以為意，朕將何任？〔八〕諸請詔省卒徒自給者皆止。〔九〕御史察計簿，疑非實者，按之，使真偽毋相亂。」

〔一〕師古曰：「措，置也，音千故反。」

〔二〕師古曰：「已，語終辭。」

〔三〕師古曰：「申，束也，謂約束之。」

〔四〕師古曰：「知所疾苦，則順其意也。」

〔五〕師古曰：「中音竹仲反。」

〔六〕師古曰：「雖有其文，而實不副也。簿音步戶反。其下亦同。」

〔七〕師古曰：「謾，誑言也，音慢，又音莫連反。」

〔八〕師古曰：「言無所委任。」

〔九〕應劭曰：「時有請云，詔使出者省卒徒，以其直自給，不復取稟假。雖有進入於官，非舊章也，故絕之。」張晏曰：「先是武帝以用度不足，宜有以益官者。或奉使，求不受奉祿，自省其徒衆，以取其稟者或自給。於是姦吏緣以為利，所得多於本祿，故絕之。」如淳曰：「是時有所省卒徒，而羣臣有請之以自給官府者。先時聽與之，今更悔之，不復聽也。」師古曰：「應、張二說是也。」

三月，有星孛于王良、閣道，入紫宮。〔一〕

〔一〕蘇林曰：「皆星名。」

夏四月，詔曰：「舉廉吏，誠欲得其真也。吏六百石位大夫，有罪先請，秩祿上通，足以效其賢材，自今以來毋得舉。」〔一〕

〔一〕韋昭曰：「吏六百石者不得復舉為廉吏也。」

冬十二月甲戌，帝崩于未央宮。〔一〕癸巳，尊皇太后曰太皇太后。〔二〕

〔一〕臣瓚曰：「帝年十八即位，即位二十五年，壽四十（八）〔三〕。」

〔二〕師古曰：「於此已書尊太皇太后，而元紀之首又重書之。然尊太皇太后及皇太后宜同一時，則元紀為是，而此紀誤重之。」

贊曰：孝宣之治，信賞必罰，〔一〕綜核名實，政事文學法理之士咸精其能，至于技巧工匠器械，自元、成間鮮能及之，〔二〕亦足以知吏稱其職，民安其業也。遭值匈奴乖亂，推亡固存，〔三〕信威北夷，〔四〕單于慕義，稽首稱藩。功光祖宗，業垂後嗣，可謂中興，侔德殷宗、周宣矣。〔五〕

〔一〕師古曰：「有功必賞，有罪必罰。」

〔二〕師古曰：「械者，器之總名也。一曰有盛為械，無盛為器。鮮，少也，言少有能及之者。鮮音先踐反。」

〔三〕李奇曰：「推亡者，若紂為無道，天下苦之，有滅亡之形，周武遂推而斃之。固存者，譬如鄭國以道治民，上下一心，勢必能存，因就而堅固之。今匈奴內自誇爭有事，故宣帝能朝呼韓邪而固存之，走郅支單于使遠遁，是謂推亡也。」師古曰：「尚書仲虺之誥曰『推亡固存，邦乃其昌』。言有亡道者則推而滅之，有存道者則輔而固之。王者如此，國乃昌盛，故此贊引之。」

〔四〕師古曰：「信讀為申，古通用字。一說恩信及威並著北夷。」

〔五〕師古曰：「侔等殷之高宗及周宣王也。」

校勘記

二三七頁四行　亦以（自是）〔是自〕怪。　景祐、殿、局本都作「是自」。

二四一頁三行　宋（跨）〔畸〕也。　殿本作「畸」。王先謙說作「畸」是。

二四一頁七行　成帝（侍）〔時〕，　景祐、殿本「侍」都作「時」。

二四七頁一五行　〔自丞相〕以下各奉職奏事，　景祐、殿本都有「自丞相」三字，通鑑同。

二五一頁一四行　咸（服）〔伏〕其辜。　景祐、殿本都作「伏」。

二五四頁二行　庶（不）〔尹〕允諧。　景祐、汲古、殿、局本都作「尹」。

二六〇頁七行　（鱗）〔麟〕色，　景祐、殿本都作「麟」。王先謙說作「麟」是。

二六五頁二行　大夫人八十四，〔夫人六十四〕。　景祐、殿本有此五字。

二六六頁三行　平通侯（陽）〔楊〕惲　景祐本作「揚」。殿、局本都作「楊」。王先謙說作「楊」是。

二六七頁一三行　（行）〔衡〕馬之裏樹也。　景祐、殿本都作「衡」。

二六七頁一四行　言雖見（裒）〔褎〕美，無怠（墮）〔惰〕也。　殿本作「褎」作「惰」。王先謙說作「褎」「惰」是。

二七一頁八行　（之）〔遣〕長樂衞尉高昌侯忠、　景祐、殿本都作「遣」。錢大昭說當作「遣」。

二七三頁三行　不（異）〔知〕姓。　景祐、殿、局本都作「知」。王先謙說作「知」是。

二七四頁一六行　壽四十（八）〔三〕。　景祐、殿本都作「三」，通鑑同。王鳴盛說「八」字誤。

漢書卷九

元帝紀第九

孝元皇帝，〔一〕宣帝太子也。母曰共哀許皇后，〔二〕宣帝微時生民間。年二歲，宣帝即位。八歲，立爲太子。〔三〕壯大，柔仁好儒。見宣帝所用多文法吏，以刑名繩下，〔四〕大臣楊惲、(盍)〔蓋〕寬饒等坐刺譏辭語爲罪而誅，〔五〕嘗侍燕從容言：〔六〕「陛下持刑太深，宜用儒生。」宣帝作色曰：〔七〕「漢家自有制度，本以霸王道雜之，奈何純(住)〔任〕德教，用周政乎！〔八〕且俗儒不達時宜，好是古非今，使人眩於名實，〔九〕不知所守，何足委任！」乃歎曰：「亂我家者，太子也！」繇是疏太子而愛淮陽王，〔一〇〕曰：「淮陽王明察好法，宜爲吾子。」而王母張倢伃尤幸。上有意欲用淮陽王代太子，然以少依許氏，俱從微起，故終不背焉。

〔一〕荀悅曰：「諱奭之字曰盛。」應劭曰：「謚法『行義悅民曰元』。」師古曰：「奭音式亦反。」

〔二〕張晏曰：「禮，婦人從夫謚。閔其見殺，故兼二謚。」師古曰：「共讀曰恭。」

〔三〕師古曰：「宣帝即位之明年改元曰本始。本始凡四年而改元曰地節。地節三年立皇太子。若初即位年二歲，則

立爲太子時年九歲矣。又宣帝以元平元年七月即位，而外戚傳云許后生元帝數月，宣帝立爲帝。是則即位時太子未必二歲也。參校前後衆文，此紀進退爲錯。」

〔四〕晉灼曰：「刑，刑家；名，名家也。太史公曰：『法家嚴而少恩，名家儉而善失眞。』」師古曰：「晉說非也。劉向別錄云申子學號刑名。刑名者，以名責實，尊君卑臣，崇上抑下。宣帝好觀其君臣篇。繩謂彈治之耳。」

〔五〕師古曰：「惲音於吻反。」

〔六〕師古曰：「從音千容反。」

〔七〕師古曰：「作，動也。意怒故動色。」

〔八〕師古曰：「姬周之政。」

〔九〕師古曰：「眩，亂視也，音胡眄反。」

〔一〇〕師古曰：「繇讀與由同。」

黃龍元年十二月，宣帝崩。癸巳，太子即皇帝位，謁高廟。尊皇太后曰太皇太后，〔一〕皇后曰皇太后。〔二〕

〔一〕蘇林曰：「上官后。」

〔二〕文穎曰：「邛成王皇后，母養元帝者也。」

初元元年春正月辛丑，孝宣皇帝葬杜陵。〔一〕賜諸侯王、公主、列侯黃金，吏二千石以下錢帛，各有差。大赦天下。三月，封皇太后兄侍中中郎將王舜爲安平侯。丙午，立皇后王氏。以三輔、太常、郡國公田及苑可省者振業貧民，〔二〕貲不滿千錢者賦貸種、食。〔三〕封外祖父平恩戴侯同產弟子中常侍許嘉爲平恩侯，奉戴侯後。〔四〕

〔一〕臣瓚曰：「自崩至葬凡二十八日。杜陵在長安南五十里也。」

〔二〕師古曰：「振起之，令有作業。」

〔三〕師古曰：「賦，給與之也。貸，假也。貸音土戴反。種音之勇反。」

〔四〕文穎曰：「戴侯，許廣漢。」

夏四月，詔曰：「朕承先帝之聖緒，獲奉宗廟，戰戰兢兢。間者地數動而未靜，懼於天地之戒，不知所繇。〔一〕方田作時，朕憂蒸庶之失業，〔二〕臨遣光祿大夫褒等十二人〔三〕循行天下，〔四〕存問耆老鰥寡孤獨困乏失職之民，〔五〕延登賢俊，招顯側陋，因覽風俗之化。相守二千石誠能正躬勞力，〔六〕宣明教化，以親萬姓，則六合之內和親，庶幾虖無憂矣。書不云乎？『股肱良哉，庶事康哉！』〔七〕布告天下，使明知朕意。」又曰：「關東今年穀不登，民多困乏。其令郡國被災害甚者毋出租賦。江海陂湖園池屬少府者以假貧民，〔八〕勿租賦。賜宗室有屬籍者馬一匹至二駟，〔九〕三老、孝者帛五匹，弟者、力田三匹，鰥寡孤獨二匹，吏民五十戶牛酒。」〔一〇〕

〔一〕師古曰：「繇與由同。」

〔二〕師古曰：「蒸，衆也。」

〔三〕應劭曰：「自臨面約敕乃遣之。」

〔四〕師古曰：「行音下更反。」

〔五〕師古曰：「失職，失其常業。」

〔六〕師古曰：「相者，諸侯王相也。守，郡守也。」

〔七〕師古曰：「虞書益稷之辭也。言君能任賢，股肱之臣皆得良善，則衆事安寧。」

〔八〕師古曰：「湖，深水。」

〔九〕師古曰：「二駟，八匹。」

〔一〇〕師古曰：「以五十戶爲率，共賜之。」

六月，以民疾疫，令大官損膳，減樂府員，省苑馬，以振困乏。

秋八月，上郡屬國降胡萬餘人亡入匈奴。

九月，關東郡國十一大水，饑，或人相食，轉旁郡錢穀以相救。詔曰：「間者陰陽不調，黎民饑寒，無以保治，〔一〕惟德淺薄，不足以充入舊貫之居。〔二〕其令諸宮館希御幸者勿繕治，〔三〕太僕減穀食馬，水衡省肉食獸。」〔四〕

〔一〕師古曰：「保，安也。」

〔二〕應劭曰：「言已德淺薄，不足以充舊貫。舊貫者，常居也。」師古曰：「論語稱閔子騫云『仍舊貫』。帝自謙，言不足充入先帝之宮室，故引以爲言也。」

〔三〕師古曰：「繕，補也。」

〔四〕師古曰：「減謂損其數。省者，全去之。」

二年春正月，行幸甘泉，郊泰畤。賜雲陽民爵一級，女子百戶牛酒。

立弟竟爲清河王。

三月，立廣陵厲王太子霸爲王。

詔罷黃門乘輿狗馬，〔一〕水衡禁囿、宜春下苑、〔二〕少府佽飛外池、〔三〕嚴籞池田〔四〕假與貧民。詔曰：「蓋聞賢聖在位，陰陽和，風雨時，日月光，星辰靜，黎庶康寧，考終厥命。〔五〕今朕恭承天地，託于公侯之上，明不能燭，德不能綏，災異並臻，連年不息。乃二月戊午，地震于隴西郡，毀落太上皇廟殿壁木飾，壞敗豲道縣城郭官寺及民室屋，壓殺人衆。〔六〕山崩地裂，水泉涌出。天惟降災，震驚朕師。〔七〕治有大虧，咎至於斯。夙夜兢兢，不通大變，深惟鬱悼，未知其序。〔八〕間者歲數不登，元元困乏，不勝饑寒，以陷刑辟，朕甚閔之。郡國被地動災甚者無出租賦。赦天下。有可蠲除減省以便萬姓者，條奏，毋有所諱。丞相、御史、中

二千石舉茂材異等直言極諫之士，朕將親覽焉。」

〔一〕師古曰：「黃門，近署也，故親幸之物屬焉。」

〔二〕孟康曰：「宮名也，在杜縣東。」晉灼曰：「史記云葬二世杜南宜春苑中。」師古曰：「宜春下苑即今京城東南隅曲江池是。」

〔三〕如淳曰：「漢儀注佽飛具矰繳以射鳧鴈，給祭祀，是故有池也。」

〔四〕蘇林曰：「嚴飾池上之屋及其地也。」晉灼曰：「嚴籞，射苑也。許慎曰：『籞，弋射者所蔽也。』池田，苑中田也。」師古曰：「晉說是。」

〔五〕師古曰：「考，老也。言得壽考，終其天命。」

〔六〕師古曰：「豲道屬天水。凡府庭所在皆謂之寺。豲音完。壓音烏狎反。」

〔七〕師古曰：「師，衆也。」

〔八〕師古曰：「鬱，不通之意也。序，次也。」

夏四月丁巳，立皇太子。賜御史大夫爵關內侯，中二千石右庶長，〔一〕天下當爲父後者爵一級，列侯錢各二十萬，五大夫十萬。〔二〕

〔一〕師古曰：「第十一爵。」

〔二〕師古曰：「五大夫，第九爵。」

六月，關東饑，齊地人相食。秋七月，詔曰：「歲比災害，民有菜色，〔一〕慘怛於心。〔二〕已詔吏虛倉廩，開府庫振救，賜寒者衣。今秋禾麥頗傷。一年中地再動。北海水溢，流殺人民。陰陽不和，其咎安在？公卿將何以憂之？其悉意陳朕過，靡有所諱。」〔三〕

〔一〕師古曰：「五穀不收，人但食菜，故其顏色變惡。」

〔二〕師古曰：「慘，痛也。怛，悼也。」

〔三〕師古曰：「悉意，盡意也。靡，無也。」

冬，詔曰：「國之將興，尊師而重傅。故前將軍望之傅朕八年，道以經書，厥功茂焉。〔一〕其賜爵關內侯，食邑八百戶，朝朔望。」

〔一〕師古曰：「茂，美也。道讀曰導。」

十二月，中書令弘恭、石顯等譖望之，令自殺。

三年春，令諸侯相位在郡守下。〔一〕

〔一〕師古曰：「此諸侯謂諸侯王也。」

珠厓郡山南縣反，博謀羣臣。待詔賈捐之以爲宜棄珠厓，救民饑饉。〔一〕乃罷珠厓。

〔一〕師古曰：「穀不熟爲饑，蔬不熟爲饉。蔬，菜也。」

夏四月乙未晦，茂陵白鶴館災。詔曰：「乃者火災降於孝武園館，朕戰栗恐懼。不燭變

異，咎在朕躬。〔一〕羣司又未肯極言朕過，以至於斯，將何以寤焉！百姓仍遭凶阨，無以相振，〔二〕加以煩擾虖苛吏，拘牽乎微文，不得永終性命，〔三〕朕甚閔焉。其赦天下。」

〔一〕師古曰：「燭，照也。」

〔二〕師古曰：「仍，頻也。」

〔三〕師古曰：「永，長也。」

夏，旱。立長沙煬王弟宗爲王。〔一〕封故海昏侯賀子代宗爲侯。

〔一〕（師古）〔鄭氏〕曰：「煬音供養之養也。」

六月，詔曰：「蓋聞安民之道，本繇陰陽。〔一〕間者陰陽錯謬，風雨不時。朕之不德，庶幾羣公有敢言朕之過者，今則不然。媮合苟從，未肯極言，〔二〕朕甚閔焉。永惟烝庶之饑寒，遠離父母妻子，勞於非業之作，衞於不居之宮，〔三〕恐非所以佐陰陽之道也。其罷甘泉、建章宮衞，令就農。百官各省費。〔四〕條奏毋有所諱。有司勉之，毋犯四時之禁。丞相御史舉天下明陰陽災異者各三人。」於是言事者衆，或進擢召見，人人自以得上意。〔五〕

〔一〕師古曰：「繇與由同。」

〔二〕師古曰：「媮與偷同。」

〔三〕師古曰：「不急之事，(古)〔故〕云非業也。」

〔四〕師古曰：「費用之物務減省。」

〔三〕師古曰：「人人各自以當天子之意。」

四年春正月，行幸甘泉，郊泰畤。三月，行幸河東，祠后土。赦汾陰徒。賜民爵一級，女子百戶牛酒，鰥寡高年帛。行所過無出租賦。

五年春正月，以周子南君爲周承休侯，〔一〕位次諸侯王。

〔一〕文穎曰：「姓姬，名延年。其祖父姬嘉，本周後，武帝元鼎四年封爲周子南君，令奉周（祠）〔祀〕。」師古曰：「承休國在潁川。」

三月，行幸雍，祠五畤。

夏四月，有星孛于參。詔曰：「朕之不逮，序位不明，〔一〕衆僚久瘝，〔二〕未得其人。元元失望，上感皇天，陰陽爲變，咎流萬民，朕甚懼之。乃者關東連遭災害，饑寒疾疫，夭不終命。詩不云乎？『凡民有喪，匍匐救之。』〔三〕其令太官毋日殺，〔四〕所具各減半。〔五〕乘輿秣馬，無乏正事而已。〔六〕罷角抵、上林宮館希御幸者、齊三服官、〔七〕北假田官、〔八〕鹽鐵官、常平倉。博士弟子毋置員，以廣學者。賜宗室子有屬籍者馬一匹至二駟，三老、孝者帛，人五匹，弟者、力田三匹，鰥寡孤獨二匹，吏民五十戶牛酒。」省刑罰七十餘事。除光祿大夫以下

至郎中保父母同產之令。〔九〕令從官給事宮司馬中者，得爲大父母父母兄弟通籍。〔一〇〕

〔一〕師古曰：「逮，及也。言官人之位失其次序。」

〔二〕應劭曰：「瘝音曠。」師古曰：「瘝，古曠字。曠，空也。不得其人，則職事空廢。」

〔三〕師古曰：「邶國谷風之詩也。言見人有喪禍之事，則當盡力以救之。匍音步扶反。匐音步得反。」

〔四〕師古曰：「不得日日宰殺。」

〔五〕師古曰：「食具也。」

〔六〕師古曰：「秣，養也，以粟秣食之也。正事謂駕供郊祀蒐狩之事，非游田者也。秣音末。」

〔七〕李斐曰：「齊國舊有三服之官。春獻冠幘縰爲首服，紈素爲冬服，輕綃爲夏服，凡三。」如淳曰：「地理志曰齊冠帶天下。胡公曰服官主作文繡，以給袞龍之服。地理志襄邑亦有服官。」師古曰：「齊三服官，李說是也。縰與纚同，音山爾反，即今之方目紗也。紈素，今之絹也。輕綃，今之輕紗也。襄邑自出文繡，非齊三服也。」

〔八〕李斐曰：「主假賃見官田與民，收其假稅也。故置田農之官。」晉灼曰：「匈奴傳秦始皇渡河據陽山北假中，王莽傳五原北假膏壤殖穀。北假，地名。」師古曰：「晉說是也。」

〔九〕應劭曰：「舊時相保，一人有過，皆當坐之。」師古曰：「特爲郎中以上除此令者，所以優之也。同產，謂兄弟也。」

〔一〇〕應劭曰：「從官，謂宦者及虎賁、羽林、太醫、太官是也。司馬中者，宮內門也。司馬主武，兵禁之意也。籍者，爲二尺竹牒，記其年紀名字物色，縣之宮門，案省相應，乃得入也。」師古曰：「應說非也。從官，親近天子常侍從者皆是也。故此下云科第郎、從官。司馬門者，宮之外門也。衞尉有八屯，衞候司馬主衞士徼巡宿衞。每面各二司馬，故謂宮之外門爲司馬門。」

冬十二月丁未，御史大夫貢禹卒。

衞司馬谷吉使匈奴，不還。〔一〕

〔一〕師古曰：「即衞尉八屯之衞司馬。」

永光元年春正月，行幸甘泉，郊泰畤。赦雲陽徒。賜民爵一級，女子百戶牛酒，高年帛。行所過毋出租賦。

二月，詔丞相、御史舉質樸敦厚遜讓有行者，光祿歲以此科第郎、從官。〔一〕

〔一〕師古曰：「始令丞相、御史舉此四科人以擢用之。而見在郎及從官，又令光祿每歲依此科考校，定其第高下，用知其人賢否也。」

三月，詔曰：「五帝三王任賢使能，以登至平，而今不治者，豈斯民異哉？〔一〕咎在朕之不明，亡以知賢也。是故壬人在位，〔二〕而吉士雍蔽。〔三〕重以周秦之弊，民漸薄俗，〔四〕去禮義，觸刑法，豈不哀哉！繇此觀之，元元何辜？〔五〕其赦天下，令厲精自新，各務農畝。無田者皆假之，貸種、食如貧民。〔六〕賜吏六百石以上爵五大夫，勤事吏二級，爲父後者民一級，女子百戶牛酒，鰥寡孤獨高年帛。」是月雨雪，〔七〕隕霜傷麥稼，秋罷。〔八〕

〔一〕師古曰：「言今所治人，即五帝三王之衆庶。」

〔二〕服虔曰：「壬人，佞人也。」

〔三〕師古曰：「吉，善也。大雅卷阿之詩曰『藹藹王多吉士』。雍讀曰（擁）〔壅〕。」

〔四〕師古曰：「爲薄俗所漸染也。重音直用反。」

〔五〕師古曰：「繇讀與由同。」

〔六〕師古曰：「此皆謂遇赦新免罪者也，故云如貧人。」

〔七〕師古曰：「雨音于具反。」

〔八〕如淳曰：「當言罷某官某事，爛脫失之。」晉灼曰：「或無稼字，或稼字在秋下。稼或作（穢）〔桑〕，或作霜。五行志永光元年三月隕霜殺桑，九月二日隕霜殺稼，天下大饑。言傷麥稼，秋罷，是也。」師古曰：「晉說得之。秋者，謂秋時所收穀稼也。今俗猶謂麥豆之屬爲雜稼。云秋罷者，言至秋時無所收也。」

二年春二月，詔曰：「蓋聞唐虞象刑而民不犯，〔一〕殷周法行而姦軌服。〔二〕今朕獲承高祖之洪業，託位公侯之上，夙夜戰栗，永惟百姓之急，未嘗有忘焉。然而陰陽未調，三光晻昧。〔三〕元元大困，流散道路，盜賊並興。有司又長殘賊，失牧民之術。是皆朕之不明，政有所虧。咎至於此，朕甚自恥。爲民父母，若是之薄，謂百姓何！〔四〕其大赦天下，賜民爵一級，女子百戶牛酒，鰥寡孤獨高年、三老、孝弟力田帛。」又賜諸侯王、公主、列侯黃金，中二千石以下至中都官長吏各有差，吏六百石以上爵五大夫，勤事吏各二級。

〔一〕師古曰：「象刑，解在武紀。」
〔二〕師古曰：「軌與宄同。亂在外曰姦，在內曰軌。」
〔三〕師古曰：「晻與暗同，又音烏感反。」
〔四〕師古曰：「言何以撫臨百姓。」

三月壬戌朔，日有蝕之。詔曰：「朕戰戰栗栗，夙夜思過失，不敢荒寧。〔一〕惟陰陽不調，未燭其咎。婁敕公卿，日望有效。〔二〕至今有司執政，未得其中，〔三〕施與禁切，未合民心。〔四〕暴猛之俗彌長，和睦之道日衰，百姓愁苦，靡所錯躬。〔五〕是以氛邪歲增，侵犯太陽，〔六〕正氣湛掩，日久奪光。〔七〕乃壬戌，日有蝕之，天見大異，以戒朕躬，〔八〕朕甚悼焉。其令內郡國舉茂材異等賢良直言之士各一人。」

〔一〕師古曰：「荒，廢也。不敢廢事而自寧。」
〔二〕師古曰：「婁，古屢字。其後亦同。」
〔三〕師古曰：「中音竹仲反。」
〔四〕師古曰：「施惠稀薄，禁令煩苛。」
〔五〕師古曰：「錯，置也，音千故反。」
〔六〕師古曰：「氛，惡氣也。邪者，言非正氣也。太陽，日也。」
〔七〕師古曰：「湛讀與沈同。湛掩者，見掩而湛沒。」

〔八〕師古曰：「見，顯示。」

夏六月，詔曰：「間者連年不收，四方咸困。元元之民，勞於耕耘，又亡成功，困於饑饉，亡以相救。朕為民父母，德不能覆，而有其刑，甚自傷焉。其赦天下。」

秋七月，西羌反，遣右將軍馮奉世擊之。八月，以太常任千秋為奮威將軍，別將五校並進。〔一〕

〔一〕師古曰：「別領五校之兵，而與右將軍並進。」

三年春，西羌平，軍罷。

三月，立皇子康為濟陽王。

夏四月癸未，大司馬車騎將軍接薨。〔一〕

〔一〕師古曰：「王接。」

冬十一月，詔曰：「乃者己丑地動，中冬雨水，大霧，〔一〕盜賊並起。吏何不以時禁？各悉意對。」〔二〕

〔一〕師古曰：「中讀曰仲。雨音于具反。」
〔二〕師古曰：「時禁，謂月令所當禁斷者也。悉，盡也。」

冬，復鹽鐵官、博士弟子員。〔一〕以用度不足，民多復除，〔二〕無以給中外繇役。

〔一〕師古曰：「復音扶目反。」
〔二〕師古曰：「復音方目反。」

四年春二月，詔曰：「朕承至尊之重，不能燭理百姓，婁遭凶咎。加以邊竟不安，師旅在外，〔一〕賦斂轉輸，元元騷動，窮困亡聊，犯法抵罪。夫上失其道而繩下以深刑，朕甚痛之。其赦天下，所貸貧民勿收責。」

〔一〕師古曰：「婁讀曰屢。竟讀曰境。」

三月，行幸雍，祠五畤。

夏六月甲戌，孝宣園東闕災。

戊寅晦，日有蝕之。詔曰：「蓋聞明王在上，忠賢布職，則羣生和樂，方外蒙澤。今朕晻于王道，〔一〕夙夜憂勞，不通其理，靡瞻不眩，靡聽不惑，〔二〕是以政令多還，民心未得，〔三〕邪說空進，事亡成功。此天下所著聞也。公卿大夫好惡不同，〔四〕或緣姦作邪，侵削細民，元元安所歸命哉！乃六月晦，日有蝕之。詩不云虖？『今此下民，亦孔之哀！』〔五〕自今以來，公卿大夫其勉思天戒，慎身修永，以輔朕之不逮。〔六〕直言盡意，無有所諱。」

〔一〕師古曰：「晻讀與暗同。」
〔二〕師古曰：「靡，無也。眩，視亂也，音胡眄反。」
〔三〕李奇曰：「還，反也。易曰『渙汗其大號』，言王者發號施令如汗出，不可復反。」
〔四〕師古曰：「愛憎各異也。」
〔五〕師古曰：「小雅十月之交之詩也。孔，甚也。言災異既多，百姓甚可哀愍。」
〔六〕師古曰：「虞書咎繇謨云『慎厥身修思永』，言當慎修其身，思為長久之道。故此詔云慎身修永也。今流俗書本永上有職字者，後人不曉，妄加之耳。」

九月戊子，罷衞思后園〔一〕及戾園。冬十月乙丑，罷祖宗廟在郡國者。諸陵分屬三輔。〔二〕以渭城壽陵亭部原上為初陵。〔三〕詔曰：「安土重遷，黎民之性；〔四〕骨肉相附，人情所願也。頃者有司緣臣子之義，奏徙郡國民以奉園陵，令百姓遠棄先祖墳墓，破業失產，親戚別離，人懷思慕之心，家有不安之意。是以東垂被虛耗之害，關中有無聊之民，〔五〕非久長之策也。詩不云虖？『民亦勞止，迄可小康，惠此中國，以綏四方。』〔六〕今所為初陵者，勿置縣邑，使天下咸安土樂業，亡有動搖之心。布告天下，令明知之。」又罷先后父母奉邑。〔七〕

〔一〕服虔曰：「戾太子母也。」
〔二〕師古曰：「先是諸陵總屬太常，今各依其地界屬三輔。」
〔三〕服虔曰：「元帝初置陵，未有名也，故曰初。」

中華書局

〔四〕師古曰：「重，難也。」
〔五〕師古曰：「耗，損也，音呼到反。」
〔六〕師古曰：「大雅民勞之詩也。止，語助也。迄，至也。康，安也。言人勞已久，至此可以小安逸之。施惠京師，以及四遠也。」
〔七〕應劭曰：「先后爲其父母置邑守冢，以奉祭祀，既已久遠，又非典制，故罷之。」師古曰：「奉邑，奉音扶用反。」

五年春正月，行幸甘泉，郊泰畤。三月，上幸河東，祠后土。

秋，潁川水出，流殺人民。吏、從官縣被害者與告，〔一〕士卒遣歸。

〔一〕晉灼曰：「從官，猶從役從軍也。」臣瓚曰：「告，休假也。」師古曰：「晉說非也。從官，卽上侍從之官也。言凡爲吏爲從官，其本縣有被害者，皆與休告。」

冬，上幸長楊射熊館，〔一〕布車騎，大獵。

〔一〕師古曰：「射音食亦反。」

十二月乙酉，毀太上皇、孝惠皇帝寢廟園。

建昭元年春三月，上幸雍，祠五畤。

秋八月，有白蛾羣飛蔽日，從東都門至枳道。〔一〕

〔一〕如淳曰：「三輔黃圖長安城東面北頭門號曰宣平城門，其外郭曰東都門也。」師古曰：「蛾，若今之蠶蛾類也。音五何反。枳音只。枳道解在高紀。」

冬，河間王元有罪，廢遷房陵。罷孝文太后、孝昭太后寢園。

二年春正月，行幸甘泉，郊泰畤。三月，行幸河東，祠后土。益三河（大）郡太守秩。戶十二萬爲大郡。

夏四月，赦天下。

六月，立皇子（興）〔興〕爲信都王。閏月丁酉，太皇太后上官氏崩。

冬十一月，齊楚地震，大雨雪，〔一〕樹折屋壞。

〔一〕師古曰：「雨音于具反。」

淮陽王舅張博、魏郡太守京房坐窺道諸侯王以邪意，漏泄省中語，〔一〕博要斬，房棄市。

〔一〕師古曰：「道讀曰導。」

三年夏，令三輔都尉、大郡都尉秩皆二千石。

六月甲辰，丞相玄成薨。〔一〕

〔一〕師古曰：「韋玄成。」

秋，使護西域騎都尉甘延壽、副校尉陳湯〔一〕撟發戊己校尉屯田吏士及西域胡兵攻郅支單于。〔二〕冬，斬其首，傳詣京師，縣蠻夷邸門。〔三〕

〔一〕師古曰：「言延壽及湯本充西域之使，故先言使而後序其官職及姓名。」
〔二〕師古曰：「撟與矯同。矯，託也。實不奉詔，詐以上命發兵，故言矯發也。戊己校尉者，鎮安西域，無常治處，亦猶甲乙等各有方位，而戊與己四季寄王，故以名官也。時有戊校尉，又有己校尉。一說，戊己位在中央，今所置校尉處三十六國之中，故曰戊己也。郅音質。」
〔三〕師古曰：「縣，古縣字也。蠻夷邸，若今鴻臚客館。」

四年春正月，以誅郅支單于告祠郊廟。赦天下。羣臣上壽置酒，以其圖書示後宮貴人。〔一〕

〔一〕服虔曰：「討郅支之圖書也。或曰單于土地山川之形書也。」師古曰：「或說非。」

夏四月，詔曰：「朕承先帝之休烈，〔一〕夙夜栗栗，懼不克任。間者陰陽不調，五行失序，百姓饑饉。惟烝庶之失業，臨遣諫大夫博士賞等二十一人循行天下，〔二〕存問耆老鰥寡孤獨乏困失職之人，舉茂材特立之士。相將九卿，其帥意毋怠，使朕獲觀教化之流焉。」

〔一〕師古曰：「休，美也。烈，業也。」

〔二〕師古曰：「行音下更反。」

六月甲申，中山王竟薨。

藍田地沙石雍霸水，安陵岸崩雍涇水，水逆流。〔一〕

〔一〕孟康曰：「安陵岸，惠帝陵旁涇水岸也。」師古曰：「雍讀曰壅。」

五年春三月，詔曰：「蓋聞明王之治國也，明好惡而定去就，崇敬讓而民興行，故法設而民不犯，令施而民從。今朕獲保宗廟，兢兢業業，匪敢解怠，〔一〕德薄明晻，教化淺微。〔二〕傳不云虖？『百姓有過，在予一人。』〔三〕其赦天下，賜民爵一級，女子百戶牛酒，三老、孝弟力田帛。」又曰：「方春農桑興，百姓（戮）〔勠〕力自盡之時也，故是月勞農勸民，無使後時。〔四〕今不良之吏，覆案小罪，〔五〕徵召證案，興不急之事，以妨百姓，使失一時之作，亡終歲之功，公卿其明察申敕之。」〔六〕

〔一〕師古曰：「兢兢，慎也。業業，危也。解讀曰懈。」
〔二〕師古曰：「晻讀與暗同。」
〔三〕師古曰：「論語載殷湯伐桀告天下之文也。言君天下者，當任其憂責。」
〔四〕師古曰：「勞農，謂慰勉之。勞音來到反。」
〔五〕師古曰：「覆音方目反。」

〔六〕師古曰：「申，重也，一日約束之耳。」

夏六月庚申，復戾園。

壬申晦，日有蝕之。

秋七月庚子，復太上皇寢廟園、原廟、〔一〕昭靈后、武哀王、昭哀后、衞思后園。〔二〕

〔一〕文穎曰：「高祖已自有廟，在長安城中，惠帝更於渭北作廟，謂之原廟。爾雅曰原者再，再作廟也。」晉灼曰：「原，本也。始祖之廟，故曰本也。」師古曰：「文說是。」

〔二〕師古曰：「昭靈后，高祖母也。武哀王，高祖兄也。昭哀后，高祖姊也。衞思后，戾太子母也。」

竟寧元年〔一〕春正月，匈奴虖韓邪單于來朝。詔曰：「匈奴郅支單于背叛禮義，既伏其辜，虖韓邪單于不忘恩德，鄉慕禮義，〔二〕復修朝賀之禮，願保塞傳之無窮，邊垂長無兵革之事。其改元爲竟寧，賜單于待詔掖庭王檣爲閼氏。」〔三〕

〔一〕應劭曰：「虖韓邪單于願保塞，邊竟得以安寧，故以冠元也。」師古曰：「據如應說，竟讀爲境。古之用字，境竟實同。但此詔云『邊垂長無兵革之事』，竟者終極之言，言永安寧也。既無兵革，中外安寧，豈止境上？若依本字而讀，義更弘通也。」

〔二〕師古曰：「鄉讀曰嚮。」

〔三〕應劭曰：「郡國獻女未御見，須命於掖庭，故曰待詔。王檣，王氏女，名檣，字昭君。」文穎曰：「本南郡秭歸人

也。」蘇林曰：「閼氏音焉支，如漢皇后也。」師古曰：「秭音姊。」

皇太子冠。賜列侯嗣子爵五大夫，〔一〕天下爲父後者爵一級。

〔一〕師古曰：「第九爵。」

二月，御史大夫延壽卒。〔一〕

〔一〕師古曰：「即繁延壽也。繁音蒲何反。」

三月癸未，復孝惠皇帝寢廟園、孝文太后、孝昭太后寢園。

夏，封騎都尉甘延壽爲列侯。賜副校尉陳湯爵關內侯，黃金百斤。

五月壬辰，帝崩于未央宮。〔一〕

〔一〕臣瓚曰：「帝年二十七即位，即位十六年，壽四十三。」

毀太上皇、孝惠、孝景皇帝廟。罷孝文、孝昭太后、昭靈后、武哀王、昭哀后寢園。

秋七月丙戌，葬渭陵。〔一〕

〔一〕臣瓚曰：「自崩及葬凡五十五日。渭陵在長安北五十六里也。」

贊曰：臣外祖兄弟爲元帝侍中，〔一〕語臣曰元帝多材藝，善史書。〔二〕鼓琴瑟，吹洞簫，〔三〕自度曲，被歌聲，〔四〕分刌節度，〔五〕窮極幼眇。〔六〕少而好儒，及即位，徵用儒生，委之以政，貢、薛、韋、匡迭爲宰相。〔七〕而上牽制文義，優游不斷，〔八〕孝宣之業衰焉。然寬弘盡下，出於恭儉，號令溫雅，有古之風烈。

〔一〕應劭曰：「元、成帝紀皆班固父彪所作，臣則彪自說也。外祖，金敞也。」如淳曰：「班固外祖，樊叔皮也。」師古曰：「應說是。」

〔二〕應劭曰：「周宣王太史史籀所作大篆。」

〔三〕如淳曰：「簫之無底者。」

〔四〕應劭曰：「自隱度作新曲，因持新曲以爲歌詩聲也。」荀悅曰：「被聲，能播樂也。」臣瓚曰：「度曲，謂歌終更授其次，謂之度曲。西京賦曰『度曲未終，雲起雪飛』。張衡舞賦亦曰『度終復位，次受二八』。」師古曰：「應、荀二說皆是也。度音大各反。被音皮義反。」

〔五〕蘇林曰：「刌，度也，知曲之終始節度也。」韋昭曰：「刌，切也，謂能分切句絕，爲之節制也。」師古曰：「韋說是也。刌音千本反。」

〔六〕師古曰：「幼眇讀曰要妙。」

〔七〕師古曰：「貢禹、薛廣德、韋賢、匡衡迭互而爲丞相也。迭音大結反。」

〔八〕師古曰：「爲文義所牽制，故不斷決。」

校勘記

二七七頁五行　（盡）〔蓋〕寬饒等　錢大昭說明南監、閩本作「蓋」。按殿本作「蓋」，本傳同。

二七七頁六行　奈何純（仕）〔任〕德教，　景祐、殿、局本都作「任」。錢大昭說當作「任」。

二八四頁七行　（師古）〔鄭氏〕曰：　景祐、殿本都作「鄭氏」。

二八四頁一五行　（古）〔故〕云非業也。　景祐、殿本都作「故」，通鑑注引同。

二八五頁五行　令奉周（祠）〔祀〕。　王先謙說殿本作「祀」是。按通鑑注亦作「祀」。

二八八頁二行　雍讀曰〔壅〕。　景祐、殿本都有「壅」字，此脫。

二八八頁七行　稼或作（感）〔桑〕，　錢大昭說明南監、閩本作「桑」。王先謙說殿本作「桑」是。

二九四頁四行　盎三河〔大〕郡太守秩。　景祐本有「大」字。

二九四頁七行　立皇子（興）〔興〕爲信都王。　景祐本作「興」。宋祁說作「興」是。

二九六頁八行　百姓（戮）〔勠〕力　景祐、殿本都作「勠」。王先謙說作「勠」是。

漢書卷十

成帝紀第十

孝成皇帝，〔一〕元帝太子也。母曰王皇后，元帝在太子宮生甲觀畫堂，〔二〕爲世嫡皇孫。宣帝愛之，字曰太孫，常置左右。年三歲而宣帝崩，元帝即位，帝爲太子。壯好經書，寬博謹慎。初居桂宮，〔三〕上嘗急召，太子出龍樓門，〔四〕不敢絕馳道，〔五〕西至直城門，〔六〕得絕乃度，還入作室門。上遲之，問其故，以狀對。上大說，〔七〕乃著令，令太子得絕馳道云。〔八〕其後幸酒，樂燕樂，〔九〕上不以爲能。而定陶恭王有材藝，母傅昭儀又愛幸，上以故常有意欲以恭王爲嗣。賴侍中史丹護太子家，輔助有力，上亦以先帝尤愛太子，故得無廢。

〔一〕荀悅曰：「諱驁，字太孫。驁之字曰俊。」應劭曰：「謚法『安民立政曰成』。」師古曰：「驁音五到反。」

〔二〕應劭曰：「甲觀在太子宮甲地，主用乳生也。畫堂畫九子母。」如淳曰：「甲觀，觀名。畫堂，堂名。三輔黃圖云太子宮有甲觀。」師古曰：「甲者，甲乙丙丁之次也。元后傳言見於丙殿，此其例也。而應氏以爲在宮之甲地，謬矣。畫堂，但畫飾耳，豈必九子母乎？霍光止畫室中，是則宮殿中通有綵畫之堂室。」

〔三〕師古曰：「三輔黃圖桂宮在城中，近北宮，非太子宮。」

〔四〕張晏曰：「門樓上有銅龍，若白鶴、飛廉之爲名也。」

〔五〕應劭曰：「馳道，天子所行道也，若今之中道。」師古曰：「絕，橫度也。」

〔六〕晉灼曰：「黃圖西出南頭第二門也。」

〔七〕師古曰：「說讀曰悅。」

〔八〕師古曰：「言云者，此舉著令之文。」

〔九〕晉灼曰：「幸酒，好酒也。樂燕，沈讌也。」師古曰：「幸酒，晉說是也。樂燕樂者，論語稱孔子云『損者三樂：樂驕樂，樂逸遊，樂燕樂，損矣。』燕樂，燕私之樂也。上樂讀如本字，又音五孝反。下樂音來各反。今流俗本無下樂字，後人不曉輒去之。」

竟寧元年五月，元帝崩。六月己未，太子即皇帝位，謁高廟。尊皇太后曰太皇太后，皇后曰皇太后。以元舅侍中衞尉陽平侯王鳳爲大司馬大將軍，領尚書事。

乙未，有司言：「乘輿車、牛馬、禽獸皆非禮，不宜以葬。」奏可。

七月，大赦天下。

建始元年春正月乙丑，皇曾祖悼考廟災。〔一〕

〔一〕文穎曰：「宣帝父史皇孫廟。」

立故河間王弟上郡庫令良爲王。〔一〕

〔一〕如淳曰：「漢官北邊郡庫，官之兵器所藏，故置令。」

有星孛于營室。

罷上林詔獄。〔一〕

〔一〕師古曰：「漢舊儀云上林詔獄主治苑中禽獸宮館事，屬水衡。」

二月，右將軍長史姚尹等使匈奴還，去塞百餘里，暴風火發，燒殺尹等七人。

賜諸侯王、丞相、將軍、列侯、王太后、公主、王主、〔一〕吏二千石黃金，宗室諸官吏千石以下至二百石及宗室子有屬籍者、三老、孝弟力田、鰥寡孤獨錢帛，各有差，吏民五十戶牛酒。

〔一〕張晏曰：「天子女曰公主，秩比公也。王主，王之女也。」師古曰：「王主即翁主也。王自主婚，故曰王主。」

詔曰：「乃者火災降於祖廟，有星孛于東方，始正而虧，〔一〕咎孰大焉！〔二〕書云：『惟先假王正厥事。』〔三〕羣公孜孜，帥先百寮，輔朕不逮。〔四〕崇寬大，長和睦，凡事恕己，毋行苛刻。〔五〕其大赦天下，使得自新。」

〔一〕如淳曰：「言始即帝之正而有彗星之虧也。」

〔二〕師古曰：「孰有大於此者。孰，誰也。」

〔三〕師古曰：「商書高宗彤日載武丁之臣祖己之辭也。假，至也。言先古至道之君遭遇災變，則正其行事，修德以應

之。」

〔四〕師古曰：「孜孜，不怠之意。孜音茲。」

〔五〕師古曰：「恕者，仁也。恕己之心以度於物。」

封舅諸吏光祿大夫關內侯王崇爲安成侯。〔一〕賜舅王譚、商、立、根、逢時爵關內侯。

〔一〕應劭曰：「百官表諸吏得舉法案劾，職如御史中丞。武帝初置，皆數官所加，或列侯、將軍、卿大夫爲之，無員也。」

夏四月，黃霧四塞，博問公卿大夫，無有所諱。六月，有青蠅無萬數〔一〕集未央宮殿中朝者坐。〔二〕

〔一〕師古曰：「言其極多，雖欲以萬數計之而不可得，故云無萬數。」

〔二〕服虔曰：「公卿以下朝會坐也。」晉灼曰：「內朝臣之朝坐也。」師古曰：「朝臣坐之在宮殿中者也，服說是矣。坐音才臥反。」

秋，罷上林宮館希御幸者二十五所。

八月，有兩月相承，晨見東方。〔一〕

〔一〕服虔曰：「相承，在上下也。」應劭曰：「案京房易傳云『君弱如婦，爲陰所乘，則兩月出』。」

九月戊子，流星光燭地，長四五丈，委曲蛇形，貫紫宮。

十二月，作長安南北郊，罷甘泉、汾陰祠。是日大風，拔甘泉畤中大木十韋以上。〔一〕郡

國被災什四以上，毋收田租。〔三〕

〔一〕師古曰：「韋與圍同。」

〔三〕師古曰：「什四，謂田畝所收，十損其四。」

二年春正月，罷雍五畤。辛巳，上始郊祀長安南郊。詔曰：「乃者徙泰畤、后土于南郊、北郊，朕親飭躬，郊祀上帝。〔一〕皇天報應，神光並見。三輔長無共張繇役之勞，〔二〕赦奉郊縣長安、長陵〔三〕及中都官耐罪徒。〔四〕減天下賦錢，算四十。」〔五〕

〔一〕師古曰：「飭，整也，讀與敕同。」

〔二〕師古曰：「共音居用反。張音竹亮反。謂供具張設。他皆類此。」

〔三〕應劭曰：「天郊在長安城南，地郊在長安城北長陵界中。二縣有奉郊之勤，故一切並赦之。」

〔四〕師古曰：「中都官，京師諸官府。」

〔五〕孟康曰：「本算百二十，今減四十，爲八十。」

閏月，以渭城延陵亭部爲初陵。

二月，詔三輔內郡舉賢良方正各一人。〔一〕

〔一〕師古曰：「內郡，謂非邊郡。」

三月，北宮井水溢出。

辛丑，上始祠后土于北郊。

丙午，立皇后許氏。〔一〕

〔一〕師古曰：「許嘉女。」

罷六廐、技巧官。〔一〕

〔一〕服虔曰：「倡技巧者也。」師古曰：「謂巧藝之技耳，非倡樂之技也。」

夏，大旱。

東平王宇有罪，削樊、亢父縣。〔一〕

〔一〕師古曰：「樊及亢父，東平之二縣也。亢音抗。父音甫。」

秋，罷太子博望苑，〔一〕以賜宗室朝請者。〔二〕減乘輿廐馬。

〔一〕文穎曰：「武帝爲衞太子作此苑，令受賓客也。」

〔二〕師古曰：「請音才性反。」

三年春三月，赦天下徒。賜孝弟力田爵二級。諸逋租賦所振貸勿收。

秋，關內大水。七月，虒上小女陳持弓聞大水至，走入横城門，闌入尚方掖門，〔一〕至未央宮鉤盾中。吏民驚上城。九月，詔曰：「乃者郡國被水災，流殺人民，多至千數。京師無故訛言大水至，〔二〕吏民驚恐，奔走乘城。〔三〕殆苛暴深刻之吏未息，元元冤失職者衆。〔四〕遣諫大夫林等循行天下。」〔五〕

〔一〕服虔曰：「虒音斯。」應劭曰：「虒上，地名，在渭水邊。陳，姓也。持弓，名也。無符籍妄入宮曰闌。掖門者，正門之傍小門也。」如淳曰：「横音光。三輔黃圖北面西頭第一門。」師古曰：「掖門在兩傍，言如人臂掖也。」

〔二〕師古曰：「訛，僞言。」

〔三〕師古曰：「乘，登也。」

〔四〕師古曰：「職，常也。失其常業。」

〔五〕師古曰：「行音下更反。」

冬十二月戊申朔，日有蝕之。夜，地震未央宮殿中。詔曰：「蓋聞天生衆民，不能相治，爲之立君以統理之。君道得，則草木昆蟲咸得其所；〔一〕人君不德，謫見天地，〔二〕災異婁發，以告不治。〔三〕朕涉道日寡，舉錯不中，〔四〕乃戊申日蝕地震，朕甚懼焉。公卿其各思朕過失，明白陳之。『女無面從，退有後言。』〔五〕丞相、御史與將軍、列侯、中二千石及內郡國舉賢良方正能直言極諫之士，詣公車，朕將覽焉。」

〔一〕師古曰：「昆，衆也。昆蟲，言衆蟲也。又許慎說文云『二虫爲䖵』，讀與昆同，謂蟲之總名。兩義並通。而鄭康成以昆蟲爲明蟲，失之矣。虫音許尾反。」

〔二〕師古曰：「言天地見變，所以責之。」

〔三〕師古曰：「婁，古屢字也。治音丈吏反。」

〔四〕師古曰：「中，當也，音竹仲反。」

〔五〕師古曰：「虞書益稷之篇云帝曰『予違汝弼，汝無面從，退有後言』。謂我有違道，汝當正之，無得對面則順從唯唯，退後則有謗譏之言也。故此詔引之。」

越嶲山崩。

四年春，罷中書宦官，〔一〕初置尚書員五人。〔二〕

〔一〕臣瓚曰：「漢初中人有中謁者令。孝武加中謁者令爲中書謁者令，置僕射。宣帝時，任中書官弘恭爲令，石顯爲僕射。元帝即位數年，恭死，顯代爲中書令，專權用事。至成帝乃罷其官。」

〔二〕師古曰：「漢舊儀云尚書四人爲四曹：常侍尚書主丞相御史事，二千石尚書主刺史二千石事，戶曹尚書主庶人上書事，主客尚書主外國事。成帝置五人，有三公曹，主斷獄事。」

夏四月，雨雪。〔一〕

〔一〕師古曰：「雨音于具反。」

五月，中謁者丞陳臨殺司隸校尉轅豐於殿中。〔一〕

〔一〕應劭曰：「豐爲長安令，治有能名，擢拜司隸校尉。臨素與豐有怨，見其尊顯，畏爲己害，拜訖未出，使人刺殺。」

秋，桃李實。大水，河決東郡金隄。〔二〕冬十月，御史大夫尹忠以河決不憂職，自殺。

〔一〕師古曰：「金隄者，河隄之名，今在滑州界。」

河平元年春三月，詔曰：「河決東郡，流漂二州，〔二〕校尉王延世隄塞輒平，其改元爲河平。賜天下吏民爵，各有差。」

〔一〕師古曰：「兗州、豫州之地。」

夏四月己亥晦，日有蝕之，既。詔曰：「朕獲保宗廟，戰戰栗栗，未能奉稱。〔一〕傳曰：『男教不修，陽事不得，則日爲之蝕。』天著厥異，辜在朕躬。公卿大夫其勉悉心，以輔不逮。〔二〕百寮各修其職，惇任仁人，退遠殘賊。〔三〕陳朕過失，無有所諱。」大赦天下。

〔一〕師古曰：「謂不副先帝之業。」

〔二〕師古曰：「悉，盡也。逮，及也。」

〔三〕師古曰：「惇，厚也。遠，離也。遠音于萬反。」

六月，罷典屬國并大鴻臚。

秋九月，復太上皇寢廟園。

二年春正月，沛郡鐵官冶鐵飛。語在五行志。

夏六月，封舅譚、商、立、根、逢時皆爲列侯。

三年春二月丙戌，犍爲地震山崩，〔一〕雍江水，水逆流。〔二〕

〔一〕師古曰：「犍音其言反，又其連反。」

〔二〕師古曰：「雍音壅。其下皆同。」

秋八月乙卯晦，日有蝕之。

光祿大夫劉向校中祕書。〔一〕謁者陳農使，使求遺書於天下。〔二〕

〔一〕師古曰：「言中以別外。」

〔二〕師古曰：「言令陳農爲使，而（吏反下使）使之求遺書也。上使音所（吏反，下使）讀如本字。」

四年春正月，匈奴單于來朝。

赦天下徒，賜孝弟力田爵二級，諸逋租賦所振貸勿收。

二月，單于罷歸國。

三月癸丑朔，日有蝕之。

遣光祿大夫博士嘉等十一人行舉瀕河之郡〔一〕水所毀傷困乏不能自存者，財振貸。〔二〕其爲水所流壓死，不能自葬，令郡國給槥櫝葬埋。〔三〕已葬者與錢，人二千。避水它郡國，在所冗食之，〔四〕謹遇以文理，無令失職。〔五〕舉惇厚有行能直言之士。

〔一〕師古曰：「巡行而舉其狀也。瀕，水厓也。瀕河，言傍河也。行音下更反。瀕音頻，又音賓。傍音步浪反。」

〔二〕師古曰：「財與裁同，謂量其等差而振貸之。」

〔三〕師古曰：「槥櫝謂小棺。槥音衞。櫝音讀。」

〔四〕文穎曰：「冗，散也。散廩食使生活，不占著戶給役使也。」如淳曰：「散著人間給食之，官償其直也。」師古曰：「文說是也。冗音如勇反。食讀曰飤。」

〔五〕師古曰：「勿使失其常理。」

壬申，長陵臨涇岸崩，雍涇水。

夏六月庚戌，楚王囂薨。

山陽火生石中，改元爲陽朔。

陽朔元年。〔一〕

〔一〕應劭曰：「時陰盛陽微，故改元曰陽朔，欲陽之蘇息也。」師古曰：「應說非也。朔，始也。以火生石中，言陽氣之始。」

春二月丁未晦，日有蝕之。

三月，赦天下徒。

冬，京兆尹王章有罪，下獄死。

二年春，寒。詔曰：「昔在帝堯立羲、和之官，〔一〕命以四時之事，令不失其序。故書云『黎民於蕃時雍』，〔二〕明以陰陽爲本也。今公卿大夫或不信陰陽，薄而小之，〔三〕所奏請多違時政。〔四〕傳以不知，周行天下，〔五〕而欲望陰陽和調，豈不謬哉！其務順四時月令。」

〔一〕應劭曰：「尚書堯典曰『乃命羲、和』。羲氏、和氏世掌天地之官。」

〔二〕應劭曰：「黎，衆也。時，是也。雍，和也。言衆民於是變化，用是太和也。」韋昭曰：「蕃，多也。」師古曰：「此虞書堯典之辭也。今尚書作變，而此紀作蕃，兩說並通。蕃音扶元反。」

〔三〕師古曰：「謂爲輕小之事也。」

〔四〕李奇曰：「時政，月令也。」

〔五〕如淳曰：「在位者皆不知陰陽時政，轉轉相因，故令後人遂不知也。」師古曰：「如說非也。言遞相因循，以所不知之事施設教命，周徧天下。」

三月，大赦天下。

夏五月，除吏八百石、五百石秩。〔一〕

〔一〕李奇曰：「除八百就六百，除五百就四百。」

秋，關東大水，流民欲入函谷、天井、壺口、五阮關者，勿苛留。〔一〕遣諫大夫博士分行視。〔二〕

〔一〕應劭曰：「天井在上黨高都。壺口在壺關。五阮在代郡。」如淳曰：「阮音近捲反。」師古曰：「苛，細刻也。阮音其遠反。苛音何。」

〔二〕師古曰：「行音下更反。」

八月甲申，定陶王康薨。

九月，奉使者不稱。〔一〕詔曰：「古之立太學，將以傳先王之業，流化於天下也。儒林之官，四海淵原，宜皆明於古今，溫故知新，通達國體，〔二〕故謂之博士。否則學者無述焉，爲下所輕，非所以尊道德也。『工欲善其事，必先利其器。』〔三〕丞相、御史其與中二千石、二千石雜舉可充博士位者，使卓然可觀。」〔四〕

〔一〕師古曰：「不副上意。」

〔二〕師古曰：「溫，厚也，謂厚積於故事也。」

〔三〕師古曰：「論語載孔子之言也，故此詔引焉。」

〔四〕師古曰：「卓然，高遠之貌也。」

是歲，御史大夫張忠卒。〔一〕

〔一〕師古曰：「史不記其月，故書之於歲末。其下王駿亦同。」

三年春三月壬戌，隕石東郡，八。

夏六月，潁川鐵官徒申屠聖等百八十人殺長吏，盜庫兵，自稱將軍，經歷九郡。遣丞相長史、御史中丞逐捕，以軍興從事，皆伏辜。〔一〕

〔一〕師古曰：「逐捕之事須有發興，皆依軍法。」

秋八月丁巳，大司馬大將軍王鳳薨。

四年春正月，詔曰：「夫洪範八政，以食爲首，〔一〕斯誠家給刑錯之本也。〔二〕先帝劭農，〔三〕薄其租稅，寵其彊力，〔四〕令與孝弟同科。〔五〕間者，民彌惰怠，鄉本者少，趨末者衆，將何以矯之？〔六〕方東作時，〔七〕其令二千石勉勸農桑，出入阡陌，致勞來之。〔八〕書不云乎？『服田力嗇，乃亦有秋。』〔九〕其勗之哉！」

〔一〕師古曰：「洪範，尚書篇名，箕子爲周武王所說。洪，大也。範，法也。八政一曰食，蓋王政之所先，故以爲首。」

〔二〕師古曰：「言倉廩充盈，則家家自足，人不犯禁，無所用刑也。」

〔三〕蘇林曰：「劭音翹，精異之意也。」晉灼曰：「劭，勸勉也。」師古曰：「晉說是也。其字從力，音時召反。」

〔四〕師古曰：「謂優寵力田之人。」

〔五〕師古曰：「謂每同薦舉及加賜也。」

〔六〕師古曰：「鄉讀曰嚮。矯，正也。」

〔七〕應劭曰：「東作，耕也。」師古曰：「春位在東，耕者始作，故曰東作。虞書堯典曰『平秩東作』。」

〔八〕師古曰：「阡陌，田間道也，南北曰阡，東西曰陌，蓋秦時商鞅所開也。勞來，勸勉之意也。勞音郎到反。來音郎代反。」

〔九〕應劭曰：「農夫服田，厲其膂力，乃有秋收也。」師古曰：「此商書盤庚之辭。」

二月，赦天下。

秋九月壬申，東平王宇薨。

閏月壬戌，御史大夫于永卒。〔一〕

〔一〕師古曰：「于定國子。」

鴻嘉元年春二月，詔曰：「朕承天地，獲保宗廟，明有所蔽，德不能綏，刑罰不中，衆冤失職，趨闕告訴者不絕。是以陰陽錯謬，寒暑失序，〔一〕日月不光，百姓蒙辜，朕甚閔焉。〔二〕書不云乎？『即我御事，罔克耆壽，咎在厥躬。』〔三〕方春生長時，臨遣諫大夫理等〔四〕舉三輔、三河、弘農冤獄。公卿大夫、部刺史明申敕守相，稱朕意焉。其賜天下民爵一級，女子百戶牛酒，加賜鰥寡孤獨高年帛。逋貸未入者勿收。」

〔一〕師古曰：「序，次也。」

〔二〕師古曰：「蒙，被也。」

〔三〕文穎曰：「此尚書文侯之命篇中辭也。言我周家用事者，無能有耆老賢者，使國之危亡，罪咎在其用事者也。」師古曰：「『咎在厥躬』，平王自謂，故帝引之以自責耳。文氏乃云咎在用事，斯失之矣。」

〔四〕師古曰：「天子自臨敕而遣。」

壬午，行幸初陵，赦作徒。〔一〕以新豐戲鄉爲昌陵縣，〔二〕奉初陵，賜百戶牛酒。

〔一〕師古曰：「徒人之在陵作役者。」

〔二〕師古曰：「戲水之鄉也，音許宜反。」

上始爲微行出。〔一〕

〔一〕張晏曰：「於後門出，從期門郎及私奴客十餘人。白衣組幘，單騎出入市里，不復警蹕，若微賤之所爲，故曰微行。」

冬，黃龍見眞定。〔一〕

〔一〕師古曰：「本趙國東垣縣也，高祖十一年更名眞定。」

二年春，行幸雲陽。

三月，博士行飲酒禮，有雉蜚集于庭，歷階升堂而雊，〔一〕後集諸府，又集承明殿。〔二〕

〔一〕師古曰：「蜚，古飛字也。歷階，謂以次而登也。」

〔二〕師古曰：「在未央宮中。」

詔曰：「古之選賢，傅納以言，明試以功，〔一〕故官無廢事，下無逸民，〔二〕教化流行，風雨和時，百穀用成，衆庶樂業，咸以康寧。朕承鴻業十有餘年，數遭水旱疾疫之災，黎民婁困於飢寒，〔三〕而望禮義之興，豈不難哉！朕既無以率道，〔四〕帝王之道日以陵夷，〔五〕意乃招賢選士之路鬱滯而不通與，〔六〕將舉者未得其人也？其舉敦厚有行義能直言者，冀聞切言嘉謀，匡朕之不逮。」

〔一〕師古曰：「傅讀曰敷。敷，陳也。令其陳言而省納之，乃試以事也。」

〔二〕師古曰：「逸，遁也。」

〔三〕師古曰：「婁，古屢字。」

〔四〕師古曰：「道讀曰導。」

〔五〕師古曰：「陵，丘陵也。夷，平也。言其頹替若丘陵之漸平也。又曰陵遲亦言如丘陵之逶遲，稍卑下也。他皆類此。」

〔六〕師古曰：「與讀曰歟。」

夏，徙郡國豪傑貲五百萬以上五千戶于昌陵。賜丞相、御史、將軍、列侯、公主、中二千石冢地、第宅。〔一〕

〔一〕師古曰：「並於昌陵賜之。」

六月，立中山憲王孫雲客爲廣德王。

三年夏四月，赦天下。令吏民得買爵，賈級千錢。〔一〕

〔一〕師古曰：「賈讀曰價。」

大旱。

秋八月乙卯，孝景廟闕災。

冬十一月甲寅，皇后許氏廢。

廣漢男子鄭躬等六十餘人攻官寺，篡囚徒，〔一〕盜庫兵，自稱山君。

〔一〕師古曰：「逆取曰篡。」

四年春正月，詔曰：「數敕有司，務行寬大，而禁苛暴，訖今不改。一人有辠，舉宗拘繫，農民失業，怨恨者衆，傷害和氣，水旱爲災，關東流冗者衆，〔一〕青、幽、冀部尤劇，朕甚痛焉。未聞在位有惻然者，孰當助朕憂之！〔二〕已遣使者循行郡國。〔三〕被災害什四以上，民貲不滿三萬，勿出租賦。逋貸未入，皆勿收。流民欲入關，輒籍內。〔四〕所之郡國，謹遇以理，〔五〕務有以全活之。思稱朕意。」

〔一〕師古曰：「冗，散失其事業也。冗音人勇反。」

〔二〕師古曰：「孰，誰也。」

〔三〕師古曰：「行音下更反。」

〔四〕師古曰：「錄其名籍而內之。」

〔五〕師古曰：「之，往也。」

秋，勃海、清河河溢，被災者振貸之。

冬，廣漢鄭躬等黨與寖廣，〔一〕犯歷四縣，衆且萬人。拜河東都尉趙護爲廣漢太守，發郡中及蜀郡合三萬人擊之。或相捕斬，除罪。〔二〕旬月平，遷護爲執金吾，賜黃金百斤。

〔一〕師古曰：「寖，古浸字。浸，漸也。」

〔二〕師古曰：「賊黨相捕斬而來者，赦其本罪。」

永始元年春正月癸丑，太官凌室火。〔一〕戊午，戾后園闕火。

〔一〕師古曰：「藏冰之室。」

夏四月，封婕妤趙氏父臨爲成陽侯。五月，封舅曼子侍中騎都尉光祿大夫王莽爲新都侯。六月丙寅，立皇后趙氏。〔一〕大赦天下。

〔一〕師古曰：「趙飛燕也，即上所謂婕妤趙氏。」

秋七月，詔曰：「朕執德不固，謀不盡下，〔一〕過聽將作大匠萬年〔二〕言昌陵三年可成。作治五年，中陵、司馬殿門內尚未加功。〔三〕天下虛耗，〔四〕百姓罷勞，〔五〕客土疏惡，〔六〕終不可成。朕惟其難，怛然傷心。〔七〕夫『過而不改，是謂過矣』。〔八〕其罷昌陵，及故陵勿徙吏民，令天下毋有動搖之心。」立城陽孝王子俚爲王。〔九〕

〔一〕師古曰：「言不博謀於羣下。」

〔二〕師古曰：「過，誤也。萬年，解萬年也。」

〔三〕如淳曰：「陵中有司馬殿門，如生時制也。」臣瓚曰：「天子之藏壙中無司馬殿門也。此謂陵上寢殿及司馬門也。時皆未作之，故曰尚未加功。」師古曰：「中陵，陵中正寢也。司馬殿門內，瓚說是也。」

〔四〕師古曰：「耗，損也，音呼到反。」

〔五〕師古曰：「罷讀曰疲。」

〔六〕服虔曰：「取他處土以增高，爲客土也。」

〔七〕師古曰：「惟，思也。」

〔八〕師古曰：「論語載孔子之言，故詔引之。」

〔九〕如淳曰：「俚音里。」

八月丁丑，太皇太后王氏崩。〔一〕

〔一〕師古曰：「宣帝王皇后也。」

二年春正月己丑，大司馬車騎將軍王音薨。

二月癸未夜，星隕如雨。乙酉晦，日有蝕之。詔曰：「乃者，龍見于東萊，日有蝕之。天著變異，以顯朕郵，〔一〕朕甚懼焉。公卿申敕百寮，深思天誡，有可省減便安百姓者，條奏。所振貸貧民，勿收。」又曰：「關東比歲不登，〔二〕吏民以義收食貧民、入穀物助縣官振贍者，已賜直，〔三〕其百萬以上，加賜爵右更，〔四〕欲爲吏補三百石，其吏也遷二等。〔五〕三十萬以上，賜爵五大夫，〔六〕吏亦遷二等，民補郎。十萬以上，家無出租賦三歲。萬錢以上，一年。」

〔一〕師古曰：「郵與尤同，謂過也。」
〔二〕師古曰：「比，頻也。」
〔三〕如淳曰：「賜之爵，復租賦以爲直。」師古曰：「此說非也。收食貧人，謂收取而養食之。助縣官振贍，謂出物以助郡縣之官也。已賜直，謂官賜其所費直也。今方更加爵及免賦耳。食讀曰飤。」
〔四〕師古曰：「第十四爵也。更音工行反。」
〔五〕師古曰：「先已爲吏，則遷二等。」
〔六〕師古曰：「第九爵也。」

冬十一月，行幸雍，祠五畤。

十二月，詔曰：「前將作大匠萬年知昌陵卑下，不可爲萬歲居，奏請營作，建置郭邑，妄爲巧詐，積土增高，多賦斂繇役，興卒暴之作。〔一〕卒徒蒙辜，死者連屬，〔二〕百姓罷極，天下匱竭。〔三〕常侍閎前爲大司農中丞，數奏昌陵不可成。〔四〕侍中衞尉長數白宜早止，徙家反故處。〔五〕朕以長言下閎章，〔六〕公卿議者皆合長計。〔長〕首建至策，閎典主省大費，〔七〕民以康寧。閎前賜爵關內侯，黃金百斤。其賜長爵關內侯，食邑千戶，閎五百戶。萬年佞邪不忠，毒流衆庶，海內怨望，至今不息，雖蒙赦令，不宜居京師。其徙萬年敦煌郡。」

〔一〕師古曰：「卒讀曰（猝）〔猝〕，謂急也。」
〔二〕師古曰：「屬音之欲反。」
〔三〕師古曰：「罷讀曰疲。匱，空也。竭，盡也。」
〔四〕師古曰：「閎，王閎也。」
〔五〕師古曰：「長，淳于長也。」
〔六〕如淳曰：「以衞尉長數白罷，故因下閎請奏罷作之章。」師古曰：「下音胡稼反。」
〔七〕師古曰：「司農中丞主錢穀顧庸，故云典主。」

是歲，御史大夫王駿卒。〔一〕

〔一〕師古曰：「王吉之子也。」

三年春正月己卯晦，日有蝕之。詔曰：「天災仍重，朕甚懼焉。〔一〕惟民之失職，〔二〕臨遣大中大夫嘉等循行天下，〔三〕存問耆老，民所疾苦。其與部刺史舉惇樸遜讓有行義者各一人。」

〔一〕師古曰：「仍，頻也。重音直用反。」
〔二〕師古曰：「失其常業也。」
〔三〕師古曰：「行音下更反。」

冬十月庚辰，皇太后詔有司復甘泉泰畤、汾陰后土、雍五畤、陳倉陳寶祠。〔一〕語在郊祀志。

〔一〕師古曰：「陳寶祠在陳倉。」

十一月，尉氏男子樊並等十三人謀反，〔一〕殺陳留太守，劫略吏民，自稱將軍。徒李譚等五人共格殺並等，皆封爲列侯。

〔一〕師古曰：「尉氏，陳留之縣。」

十二月，山陽鐵官徒蘇令等二百二十八人攻殺長吏，盜庫兵，自稱將軍，經歷郡國十九，殺東郡太守、汝南都尉。遣丞相長史、御史中丞持節督趣逐捕。〔一〕汝南太守嚴訢捕斬令等。〔二〕遷訢爲大司農，賜黃金百斤。

〔一〕師古曰：「趣讀曰促。」
〔二〕師古曰：「訢與欣同。令即蘇令。」

四年春正月，行幸甘泉，郊泰畤，神光降集紫殿。大赦天下。賜雲陽吏民爵，女子百戶牛酒，鰥寡孤獨高年帛。三月，行幸河東，祠后土，賜吏民如雲陽，行所過無出田租。

夏四月癸未，長樂臨華殿、未央宮東司馬門皆災。〔一〕

〔一〕師古曰：「東面之司馬門也。」

六月甲午，霸陵園門闕災。出杜陵諸未嘗御者歸家。詔曰：「乃者，地震京師，火災婁降，〔一〕朕甚懼之。有司其悉心明對厥咎，〔二〕朕將親覽焉。」

〔一〕師古曰：「婁，古屢字。」
〔二〕師古曰：「悉，盡也。」

又曰：「聖王明禮制以序尊卑，異車服以章有德，雖有其財，而無其尊，不得踰制，故民興行，〔一〕上義而下利。〔二〕方今世俗奢僭罔極，〔三〕靡有厭足。公卿列侯親屬近臣，四方所則，〔四〕未聞修身遵禮，同心憂國者也。或乃奢侈逸豫，務廣第宅，治園池，多畜奴婢，被服

綺縠，〔五〕設鐘鼓，備女樂，車服嫁娶葬埋過制。吏民慕效，寖以成俗，〔六〕而欲望百姓儉節，家給人足，豈不難哉！詩不云乎？『赫赫師尹，民具爾瞻。』〔七〕其申敕有司，以漸禁之。〔八〕青綠民所常服，且勿止。〔九〕列侯近臣，各自省改。〔一〇〕司隸校尉察不變者。」

〔一〕師古曰：「行音下更反。」

〔二〕師古曰：「以義爲上，以利爲下。」

〔三〕師古曰：「罔，無也。極，中也，一曰止也。」

〔四〕師古曰：「則，法也。」

〔五〕師古曰：「被音皮義反。」

〔六〕師古曰：「寖，漸也。」

〔七〕師古曰：「小雅節南山之詩也。赫赫，盛貌也。師尹，尹氏爲太師之官也。言居位甚高，備爲衆庶所瞻仰。」

〔八〕師古曰：「謂約束也。」

〔九〕師古曰：「然則禁紅紫之屬。」

〔一〇〕師古曰：「省，視也。視而改之。論語稱曾子曰『吾日三省吾身』。」

秋七月辛未晦，日有蝕之。

元延元年春正月己亥朔，日有蝕之。

三月，行幸雍，祠五畤。

夏四月丁酉，無雲有雷，聲光耀耀，四面下至地，昏止。赦天下。

秋七月，有星孛于東井。詔曰：「乃者，日蝕星隕，謫見于天，大異重仍。〔一〕在位默然，罕有忠言。今孛星見于東井，朕甚懼焉。公卿大夫、博士、議郎其各悉心，惟思變意，明以經對，無有所諱；與內郡國舉方正能直言極諫者各一人，〔二〕北邊二十二郡舉勇猛知兵法者各一人。」

〔一〕師古曰：「仍，頻也。重音直用反。」

〔二〕師古曰：「令公卿與內郡國各舉一人。」

封蕭相國後喜爲酇侯。

冬十二月辛亥，大司馬大將軍王商薨。

是歲，昭儀趙氏害後宮皇子。〔一〕

〔一〕師古曰：「趙飛燕之妹。」

二年春正月，行幸甘泉，郊泰畤。

三月，行幸河東，祠后土。

夏四月，立廣陵孝王子守爲王。

冬，行幸長楊宮，從胡客大校獵。〔一〕宿萯陽宮，〔二〕賜從官。

〔一〕如淳曰：「合軍聚衆，有幡校擊鼓也。周禮校人掌王田獵之馬，故謂之校獵。」師古曰：「如說非也。此校謂以木自相貫穿爲闌校耳。校人職云『六廄成校』，是則以遮闌爲義也。校獵者，大爲闌校以遮禽獸而獵取也。軍之幡旗雖有校名，本因部校，此無豫也。」

〔二〕師古曰：「萯音倍。」

三年春正月丙寅，蜀郡岷山崩，〔一〕雍江三日，江水竭。

〔一〕師古曰：「岷音武巾反。」

二月，封侍中衞尉淳于長爲定陵侯。

三月，行幸雍，祠五畤。

四年春正月，行幸甘泉，郊泰畤。

二月，罷司隸校尉官。

三月，行幸河東，祠后土。

甘露降京師，賜長安民牛酒。

綏和元年春正月，大赦天下。

二月癸丑，詔曰：「朕承太祖鴻業，奉宗廟二十五年，德不能綏理宇內，百姓怨望者衆。不蒙天祐，至今未有繼嗣，天下無所係心。觀于往古近事之戒，禍亂之萌，皆由斯焉。〔一〕定陶王欣於朕爲子，慈仁孝順，可以承天序，繼祭祀。其立欣爲皇太子。封中山王舅諫大夫馮參爲宜鄉侯，益中山國三萬戶，以慰其意。〔二〕賜諸侯王、列侯金，天下當爲父後者爵，三老、孝弟力田帛，各有差。」

〔一〕師古曰：「始生曰萌。」

〔二〕師古曰：「以不得繼統爲帝之後，恐其怨恨。」

又曰：「蓋聞王者必存二王之後，所以通三統也。〔一〕昔成湯受命，列爲三代，〔二〕而祭祀廢絕。考求其後，莫正孔吉。〔三〕其封吉爲殷紹嘉侯。」三月，進爵爲公，及周承休侯皆爲公，地各百里。

〔一〕師古曰：「天、地、人是爲三統。二王之後并已爲三。」

〔二〕師古曰：「夏、殷、周是爲三代。」

〔三〕臣瓚曰：「無若孔吉最正也。」

行幸雍，祠五畤。

夏四月，以大司馬票騎（大）將軍（根）爲大司馬，〔一〕罷將軍官。御史大夫爲大司空，封爲列侯。益大司馬、大司空奉如丞相。〔二〕

〔一〕文穎曰：「王根也。」

〔二〕如淳曰：「律，丞相、大司馬大將軍奉錢月六萬，御史大夫奉月四萬也。」

秋八月庚戌，中山王興薨。

冬十一月，立楚孝王孫景爲定陶王。

定陵侯淳于長大逆不道，下獄死。廷尉孔光使持節賜貴人許氏藥，飲藥死。〔一〕

〔一〕師古曰：「即前所廢皇后許氏也。」

十二月，罷部刺史，更置州牧，秩二千石。

二年春正月，行幸甘泉，郊泰畤。

二月壬子，丞相翟方進薨。

三月，行幸河東，祠后土。

丙戌，帝崩于未央宮。〔一〕皇太后詔有司復長安南北郊。四月己卯，葬延陵。〔二〕

〔一〕臣瓚曰：「帝年二十即位，即位二十六年，壽四十五。」師古曰：「即位明年乃改元耳，壽四十六。」

〔二〕臣瓚曰：「自崩至葬凡五十四日。延陵在扶風，去長安六十二里。」

贊曰：臣之姑充後宮爲婕妤，〔一〕父子昆弟侍帷幄，數爲臣言成帝善修容儀，升車正立，不內顧，不疾言，不親指，〔二〕臨朝淵嘿，尊嚴若神，可謂穆穆天子之容者矣！〔三〕博覽古今，容受直辭。公卿稱職，奏議可述。〔四〕遭世承平，上下和睦。然湛于酒色，〔五〕趙氏亂內，外家擅朝，言之可爲於邑。〔六〕建始以來，王氏始執國命，哀、平短祚，莽遂篡位，蓋其威福所由來者漸矣！

〔一〕晉灼曰：「班彪之姑也。」

〔二〕師古曰：「不內顧者，謂儼然端嚴，不迴眄也。不疾言者，爲輕肆也。不親指者，爲惑下也。此三句者，本論語鄉黨篇述孔子之事，故班氏引之以美成帝。今論語云：『車中不內顧，不疾言，不親指。』內顧者，說者以爲前視不過衡軛，旁視不過輢較，與此不同。輢音於綺反。」

〔三〕師古曰：「禮記云『天子穆穆，諸侯皇皇，大夫濟濟，士蹌蹌』，故此贊引之。」

〔四〕師古曰：「稱職，克當其任也。可述，言有文采。」

〔五〕師古曰：「湛讀曰耽。」

〔六〕師古曰：「於邑，短氣貌，讀如本字。於又音烏。邑又音烏合反。他皆類此。」

校勘記

三一〇頁八行　言令陳農爲使，而（吏反下使）使之求遺書也。上使音所〔吏反，下使〕讀如本字。景祐、殿、局本都如此。

三二三頁五行　〔長〕首建至策，李慈銘說「首建」上當更有「長」字。

三二三頁八行　卒讀曰（倅）〔猝〕，景祐、殿、局本都作「猝」。王先謙說作「猝」是。

三二九頁三行　以大司馬票騎（大）將軍（根）爲大司馬，沈欽韓說「大」字衍，荀紀無。按景祐、殿本都無「根」字。

漢書卷十一

哀帝紀第十一

孝哀皇帝，〔一〕元帝庶孫，定陶恭王子也。母曰丁姬。年三歲嗣立爲王，長好文辭法律。〔二〕元延四年入朝，盡從傅、相、中尉。〔三〕時成帝少弟中山孝王亦來朝，獨從傅。上怪之，以問定陶王，對曰：「令，諸侯王朝，得從其國二千石。傅、相、中尉皆國二千石，故盡從之。」上令誦詩，通習，能說。〔四〕他日問中山王：「獨從傅在何法令？」不能對。令誦尚書，又廢。〔五〕及賜食於前，後飽；起下，韤係解。〔六〕成帝由此以爲不能，而賢定陶王，數稱其材。時王祖母傅太后隨王來朝，私賂遺上所幸趙昭儀及帝舅票騎將軍曲陽侯王根。昭儀及根見上亡子，亦欲豫自結爲長久計，皆更稱定陶王，〔七〕勸帝以爲嗣。成帝亦自美其材，爲加元服而遣之，〔八〕時年十七矣。明年，使執金吾任宏守大鴻臚，持節徵定陶王，立爲皇太子。謝曰：「臣幸得繼父守藩爲諸侯王，材質不足以假充太子之宮。〔九〕陛下聖德寬仁，敬承祖宗，奉順神祇，宜蒙福祐子孫千億之報。〔一〇〕臣願且得留國邸，旦夕奉問起居，俟有聖嗣，歸

國守藩。」書奏，天子報聞。後月餘，立楚孝王孫景爲定陶王，奉恭王祀，所以獎厲太子專爲後之誼。〔一一〕語在外戚傳。

〔一〕荀悅曰：「諱欣之字曰喜。」應劭曰：「恭仁短折曰哀。」

〔二〕師古曰：「年長而好之。」

〔三〕師古曰：「三官皆從王入朝。」

〔四〕師古曰：「說其義。」

〔五〕師古曰：「中忘之。」

〔六〕師古曰：「食而獨在後飽，及起，又韤係解也。韤音武伐反。」

〔七〕師古曰：「更音工衡反。」

〔八〕師古曰：「爲之冠。」

〔九〕師古曰：「謙不敢言爲太子，故云假充，若言非正。」

〔一〇〕師古曰：「大雅假樂之詩曰『干祿百福，子孫千億』。言成王宜衆宜人，天所保祐，求得福祿，故子孫衆多也。十萬曰億。故此謝書引以爲言。」

〔一一〕師古曰：「獎，勸使也。」

綏和二年三月，成帝崩。四月丙午，太子卽皇帝位，謁高廟。尊皇太后曰太皇太后，皇后曰皇太后。大赦天下。賜宗室王子有屬者馬各一駟，〔一〕吏民爵，百戶牛酒，三老、孝弟力田、鰥寡孤獨帛。太皇太后詔尊定陶恭王爲恭皇。

〔一〕師古曰：「有屬，謂親未盡，尙有服者。」

五月丙戌，立皇后傅氏。〔一〕詔曰：「春秋『母以子貴』，尊定陶太后曰恭皇太后，丁姬曰恭皇后，各置左右詹事，食邑如長信宮、中宮。」〔二〕追尊傅父爲崇祖侯，丁父爲襃德侯。〔三〕封舅丁明爲陽安侯，舅子滿爲平周侯。追謚滿父忠爲平周懷侯，皇后父晏爲孔鄉侯，皇太后弟侍中光祿大夫趙欽爲新成侯。

〔一〕師古曰：「傅晏女。」

〔二〕應劭曰：「成帝母王太后居長信宮。」李奇曰：「傅姬如長信，丁姬如中宮也。」師古曰：「中宮，皇后之宮。」

〔三〕師古曰：「傅父，傅太后之父。丁父，丁太后之父。」

六月，詔曰：「鄭聲淫而亂樂，〔一〕聖王所放，〔二〕其罷樂府。」

〔一〕師古曰：「鄭國有溱、洧之水，男女亟於其間聚會，故俗亂而樂淫。」

〔二〕師古曰：「放，棄也。論語稱孔子曰『放鄭聲』。」

曲陽侯根前以大司馬建社稷策，益封二千戶。〔一〕太僕安陽侯舜輔導有舊恩，益封五百戶，〔二〕及丞相孔光、大司空氾鄉侯何武益封各千戶。〔三〕

〔一〕師古曰：「王根也，建議立哀帝爲太子。」

〔二〕師古曰：「王舜。」

〔三〕師古曰：「氾音汎。」

詔曰：「河閒王良喪太后三年，爲宗室儀表，〔一〕益封萬戶。」

〔一〕師古曰：「儀表者，言爲禮儀之表率。」

又曰：「制節謹度以防奢淫，爲政所先，百王不易之道也。〔一〕諸侯王、列侯、公主、吏二千石及豪富民多畜奴婢，田宅亡限，與民爭利，百姓失職，重困不足。〔二〕其議限列。」〔三〕有司條奏：「諸王、列侯得名田國中，列侯在長安及公主名田縣道，關內侯、吏民名田，皆無得過三十頃。〔四〕諸侯王奴婢二百人，列侯、公主百人，關內侯、吏民三十人。年六十以上，十歲以下，不在數中。賈人皆不得名田、爲吏，〔五〕犯者以律論。諸名田畜奴婢過品，皆沒入縣官。齊三服官、諸官織綺繡，難成，害女紅之物，皆止，無作輸。〔六〕除任子令及誹謗詆欺法。〔七〕掖庭宮人年三十以下，出嫁之。官奴婢五十以上，免爲庶人。禁郡國無得獻名獸。益吏三百石以下奉。〔八〕察吏殘賊酷虐者，以時退。有司無得舉赦前往事。博士弟子父母死，予寧三年。」〔九〕

〔一〕師古曰：「言爲常法，不可改易。」

〔二〕師古曰：「失職，失其常分也。重音直用反。」

〔三〕師古曰：「令條列而爲限禁。」

〔四〕如淳曰：「名田國中者，自其所食國中也，既收其租稅，又自得有私田三十頃。名田縣道者，令甲，諸侯在國，名田他縣，罰金二兩。今列侯有不之國者，雖遙食其國租稅，復自得田於他縣道，公主亦如之，不得過三十頃。」

〔五〕如淳曰：「市井子孫不得爲吏，見食貨志。」

〔六〕如淳曰：「紅亦工也。其所作已成未成皆止，無復作，皆輸所近官府也。」師古曰：「如說非也。謂未成者不作，已成者不輸耳。」

〔七〕應劭曰：「任子令者，漢儀注吏二千石以上視事滿三年，得任同產若子一人爲郎。不以德選，故除之。」師古曰：「任者，保也。詆，誣也，音丁禮反。」

〔八〕師古曰：「奉音扶用反。」

〔九〕師古曰：「寧謂處家持喪服。」

秋，曲陽侯王根、成都侯王況皆有罪。根就國，況免爲庶人，歸故郡。

詔曰：「朕承宗廟之重，戰戰兢兢，懼失天心。間者日月亡光，五星失行，郡國比比地動。〔一〕乃者河南、潁川郡水出，流殺人民，壞敗廬舍。朕之不德，民反蒙辜，朕甚懼焉。已遣光祿大夫循行舉籍，〔二〕賜死者棺錢，人三千。〔三〕其令水所傷縣邑及他郡國災害什四以上，民貲不滿十萬，皆無出今年租賦。」〔四〕

〔一〕師古曰：「比比，猶言頻頻也。」

〔二〕師古曰：「舉其名籍也。行音下更反。」

〔三〕師古曰：「賜錢三千以充棺。」

〔四〕師古曰：「什四，謂十分損四。」

建平元年春正月，赦天下。侍中騎都尉新成侯趙欽、成陽侯趙訢皆有罪，免爲庶人，〔一〕徙遼西。

〔一〕師古曰：「訢，欽皆趙昭儀之兄。」

太皇太后詔外家王氏田非冢塋，皆以賦貧民。〔一〕

〔一〕師古曰：「塋，冢域也。賦，給與也。塋音營。」

二月，詔曰：「蓋聞聖王之治，以得賢爲首。其與大司馬、列侯、將軍、中二千石、州牧、守、相舉孝弟惇厚能直言通政事，延于側陋可親民者，各一人。」〔一〕

〔一〕師古曰：「謂有孝弟惇厚直言通政事之人，雖在側陋，可延致而任者，皆令舉之。」

三月，賜諸侯王、公主、列侯、丞相、將軍、中二千石、中都官郎吏金錢帛，各有差。

冬，中山孝王太后媛、〔一〕弟宜鄉侯馮參有罪，皆自殺。

〔一〕師古曰：「馮奉世之女也。媛音愛。」

二年春三月，罷大司空，復御史大夫。〔一〕

〔一〕師古曰：「復音扶目反。此下皆同。」

夏四月，詔曰：「漢家之制，推親親以顯尊尊。〔一〕定陶恭皇之號不宜復稱定陶。尊恭皇太后曰帝太太后，稱永信宮；恭皇后曰帝太后，稱中安宮。立恭皇廟于京師。赦天下徒。」

〔一〕師古曰：「天子之至親，當極尊號。」

罷州牧，復刺史。

六月庚申，帝太后丁氏崩。上曰：「朕聞夫婦一體。詩云：『穀則異室，死則同穴。』〔一〕昔季武子成寢，杜氏之殯在西階下，請合葬而許之。〔二〕附葬之禮，自周興焉。〔三〕『郁郁乎文哉！吾從周。』〔四〕孝子事亡如事存。帝太后宜起陵恭皇之園。」遂葬定陶。發陳留、濟陰近郡國五萬人穿復土。〔五〕

〔一〕師古曰：「詩王風大車之篇也。穀，生也。穴，冢壙也。」

〔二〕師古曰：「季武子，魯大夫季孫宿也。成寢，新爲寢室也。事見禮記檀弓。」

〔三〕師古曰：「禮記稱孔子曰『合葬非古也，自周公以來未之有改也』。」

〔四〕師古曰：「論語稱孔子曰『周監於二代，郁郁乎文哉！吾從周』。言周觀視夏、殷之禮而損益之，典文大備，吾從周禮也。郁郁，文章貌。」

〔五〕師古曰：「爲冢壙也。復音扶目反。」

待詔夏賀良等言赤精子之讖，〔一〕漢家曆運中衰，當再受命，宜改元易號。詔曰：「漢興二百載，曆數開元。皇天降非材之佑，〔二〕漢國再獲受命之符，朕之不德，曷敢不通！夫基事之元命，必與天下自新，〔三〕其大赦天下。以建平二年爲太初元將元年。號曰陳聖劉太平皇帝。〔四〕漏刻以百二十爲度。」〔五〕

〔一〕應劭曰：「諸以材技徵召，未有正官，故曰待詔。夏，姓也。賀良，名也。高祖感赤龍而生，自謂赤帝之精，良等因是作此讖文。」

〔二〕應劭曰：「哀帝自言不材，天降之佑。」

〔三〕師古曰：「基，始也。元，大也。始爲大事之命，謂改制度也。又曰更受天之大命。」

〔四〕李斐曰：「陳，道也。言得神道聖者劉也。」如淳曰：「陳，舜後。王莽，陳之後。謬語以明莽當篡立而不知。」韋昭曰：「敷陳聖劉之德也。」師古曰：「如、韋二說是也。」

〔五〕師古曰：「舊漏晝夜共百刻，今增其二十。此本齊人甘忠可所造，今賀良等重言，遂施行之。事見李尋傳。」

七月，以渭城西北原上永陵亭部爲初陵。勿徙郡國民，使得自安。

八月，詔曰：「(時)〔待〕詔夏賀良等建言改元易號，增益漏刻，可以永安國家。朕過聽賀良等言，〔一〕冀爲海內獲福，卒亡嘉應。皆違經背古，不合時宜。六月甲子制書，非赦令也，皆蠲除之。〔二〕賀良等反道惑衆，下有司。」皆伏辜。

〔一〕師古曰：「過，誤也。」

〔二〕如淳曰：「悔前赦令不蒙其福，故收令還之。」臣瓚曰：「改元易號，大赦天下，以求延祚，而不蒙福，哀帝悔之，故更下制書，諸非赦罪事皆除之。謂改制易號，令皆復故也。」師古曰：「如釋非也，瓚說是矣。非赦令也，猶言自非赦令耳。也，語終辭也。而讀者不曉，輒改也爲他字，失本文也。」

丞相博、御史大夫玄、孔鄉侯晏有罪。〔一〕博自殺，玄減死二等論，晏削戶四分之一。語在博傳。

〔一〕師古曰：「博，朱博。玄，趙玄。晏，(何)〔傅〕晏。」

三年春正月，立廣德夷王弟廣漢爲廣平王。

癸卯，帝太太后所居桂宮正殿火。

三月己酉，丞相當薨。〔一〕有星孛于河鼓。

〔一〕師古曰：「平當。」

夏六月，立魯頃王子郚鄉侯閔爲王。〔一〕

〔一〕蘇林曰：「郚音魚，縣名也，屬東海。」師古曰：「又音吾。」

冬十一月壬子，復甘泉泰畤、汾陰后土祠，罷南北郊。

東平王雲、雲后謁、安成恭侯夫人放〔一〕皆有罪。雲自殺，謁、放棄市。

〔一〕文穎曰：「恭侯王崇，王太后弟。」

四年春，大旱。關東民傳行西王母籌，〔一〕經歷郡國，西入關至京師。民又會聚祠西王母，或夜持火上屋，〔二〕擊鼓號呼相驚恐。〔三〕

〔一〕師古曰：「西王母，元后壽考之象。行籌，又言執國家籌策行於天下。」

〔二〕李奇曰：「皆陰爲陽之象。」

〔三〕師古曰：「呼音火故反。」

二月，封帝太太后從弟侍中傅商爲汝昌侯，太后同母弟子侍中鄭業爲陽信侯。

三月，侍中駙馬都尉董賢、光祿大夫息夫躬、南陽太守孫寵皆以告東平王封列侯。語在賢傳。

夏五月，賜中二千石至六百石及天下男子爵。

六月，尊帝太太后爲皇太太后。

秋八月，恭皇園北門災。

冬，詔將軍、中二千石舉明兵法有大慮者。〔一〕

〔一〕師古曰：「慮謂策謀思慮。」

元壽元年春正月辛丑朔，日有蝕之。詔曰：「朕獲保宗廟，不明不敏，宿夜憂勞，未皇寧息。〔一〕惟陰陽不調，元元不贍，〔二〕未睹厥咎。婁敕公卿，庶幾有望。〔三〕至今有司執法，未得其中，〔四〕或上暴虐，假勢獲名，溫良寬柔，陷於亡滅。是故殘賊彌長，和睦日衰，百姓愁怨，靡所錯躬。〔五〕乃正月朔，日有蝕之，厥咎不遠，在余一人。公卿大夫其各悉心勉帥百寮，〔六〕敦任仁人，黜遠殘賊，〔七〕期於安民。陳朕之過失，無有所諱。其與將軍、列侯、中二千石舉賢良方正能直言者各一人。大赦天下。」

〔一〕師古曰：「皇，暇也。」

〔二〕師古曰：「贍，足也。」

〔三〕師古曰：「望其厲精爲治。婁，古屢字。」

〔四〕師古曰：「中音竹仲反。」

〔五〕師古曰：「錯，置也，音千故反。」

〔六〕師古曰：「悉，盡也。寮，官也。」

〔七〕師古曰：「敦，厚也。遠音(手)〔于〕萬反。」

丁巳，皇太太后傅氏崩。

三月，丞相嘉有罪，下獄死。〔一〕

〔一〕師古曰：「王嘉。」

秋九月，大司馬票騎將軍丁明免。

孝元廟殿門銅龜蛇鋪首鳴。〔一〕

〔一〕如淳曰：「門鋪首作龜蛇之形而鳴呼也。」師古曰：「門之鋪首，所以銜環者也。鋪音普胡反。」

二年春正月，匈奴單于、烏孫大昆彌來朝。二月，歸國，單于不說。〔一〕語在匈奴傳。

〔一〕師古曰：「說讀曰悅。」

夏四月壬辰晦，日有蝕之。

五月，正三公官分職。大司馬衞將軍董賢爲大司馬，丞相孔光爲大司徒，御史大夫彭宣爲大司空，封長平侯。正司直、司隸，造司寇職，〔一〕事未定。

〔一〕師古曰：「司直、司隸，漢舊有之，但改正其職掌。而司寇舊無，今特創置，故云造也。」

六月戊午，帝崩于未央宮。〔一〕秋九月壬寅，葬義陵。〔二〕

〔一〕臣瓚曰：「帝年二十即位，即位六年，壽二十五。」師古曰：「即位明年乃改元，壽二十六。」

〔二〕臣瓚曰：「自崩至葬凡百五日。義陵在扶風，去長安四十六里。」

贊曰：孝哀自爲藩王及充太子之宮，文辭博敏，幼有令聞。〔一〕睹孝成世祿去王室，權柄外移，是故臨朝婁誅大臣，欲彊主威，以則武、宣。〔二〕雅性不好聲色，時覽卞射武戲。〔三〕即位痿痺，〔四〕末年寖劇，〔五〕饗國不永，哀哉！〔六〕

〔一〕師古曰：「博，廣也。敏，疾也。令，善也。聞，名也。」
〔二〕師古曰：「則，法也。」
〔三〕應劭曰：「卞射，皮卞而射也。」蘇林曰：「手搏爲卞，角力爲武戲也。」晉灼曰：「甘延壽傳『試卞爲期門』。」師古曰：「蘇、晉二說是。」
〔四〕蘇林曰：「痿音萎枯之萎。」如淳曰：「痿音顚蹶痿。病兩足不能相過曰痿。」師古曰：「痿亦痺病也，音人佳反。痺音必寐反。顚蹶者，弩名，事見晉令。顚音頻。蹶音蟨。」
〔五〕師古曰：「寖，漸也。」
〔六〕師古曰：「永，長也。」

校勘記

三四〇頁一四行 （時）〔待〕詔夏賀良等 錢大昭說「時」當作「待」。按景祐、殿、局本都作「待」。
三四一頁七行 晏、（何）〔傅〕晏。 景祐、殿、局本都作「傅」。
三四三頁一四行 遠音（手）〔于〕萬反。 景祐、殿、局本都作「于」。王先謙說作「于」是。

漢書卷十二

平帝紀第十二

孝平皇帝，〔一〕元帝庶孫，中山孝王子也。母曰衞姬。年三歲嗣立爲王。元壽二年六月，哀帝崩，太皇太后詔曰：「大司馬賢年少，不合衆心。〔二〕其上印綬，罷。」賢即日自殺。新都侯王莽爲大司馬，領尚書事。秋七月，遣車騎將軍王舜、大鴻臚左咸使持節迎中山王。〔三〕辛卯，貶皇太后趙氏爲孝成皇后，退居北宮，哀帝皇后傅氏退居桂宮。〔四〕孔鄉侯傅晏、少府董恭等皆免官爵，徙合浦。〔五〕九月辛酉，中山王即皇帝位，謁高廟，大赦天下。

〔一〕荀悅曰：「諱衎之字曰樂。」應劭曰：「布綱治紀曰平。」師古曰：「衎音口旱反。」
〔二〕師古曰：「董賢。」
〔三〕師古曰：「爲使而持節也。使音所吏反。」
〔四〕師古曰：「北宮及桂宮皆在城中，而非未央宮中也。」
〔五〕師古曰：「恭，董賢之父。」

帝年九歲，太皇太后臨朝，大司馬莽秉政，百官總己以聽於莽。〔一〕詔曰：「夫赦令者，將與天下更始，誠欲令百姓改行絜己，全其性命也。（性）〔往〕者有司多舉奏赦前事，累增罪過，誅陷亡辜，殆非重信慎刑，洒心自新之意也。〔二〕及選舉者，其歷職更事有名之士，則以爲難保，〔三〕廢而弗舉，甚謬於赦小過舉賢材之義。〔四〕對諸有臧及內惡未發而薦舉者，皆勿案驗。〔五〕令士厲精鄉進，〔六〕不以小疵妨大材。〔七〕自今以來，有司無得陳赦前事置奏上。〔八〕有不如詔書爲虧恩，以不道論。定著令，布告天下，使明知之。」

〔一〕師古曰：「聚東曰總，音揔。」
〔二〕師古曰：「洒，滌也，音先禮反。」
〔三〕師古曰：「更，經也。難保者，言已嘗有罪過，不可保也。更音工衡反。」
〔四〕師古曰：「論語云仲弓問政，孔子對曰『赦小過，舉賢材』，故此詔引之。」
〔五〕師古曰：「有臧，謂以臧貨致罪。」
〔六〕師古曰：「鄉讀曰嚮。」
〔七〕師古曰：「疵，病也。」
〔八〕師古曰：「置，立也。置奏上，謂立文奏而上陳也。上音時掌反。」

元始元年春正月，越裳氏重譯獻白雉一，黑雉二，〔一〕詔使三公以薦宗廟。

〔一〕師古曰：「越裳，南方遠國也。譯謂傳言也。道路絕遠，風俗殊隔，故累譯而後乃通。」

羣臣奏言大司馬莽功德比周公，賜號安漢公，及太師孔光等皆益封。語在莽傳。賜天下民爵一級，吏在位二百石以上，一切滿秩如眞。〔一〕

〔一〕如淳曰：「諸官吏初除，皆試守一歲乃爲眞，食全奉。平帝即位故賜眞。」師古曰：「此說非也。時諸官有試守者，特加非常之恩，令如眞耳。非凡除吏皆當試守也。一切者，權時之事，非經常也。猶如以刀切物，苟取整齊，不顧長短縱橫，故言一切。他皆放此。」

立故東平王雲太子開明爲王，故桃鄉頃侯子成都爲中山王。封宣帝耳孫信等三十六人皆爲列侯。太僕王惲等二十五人〔一〕前議定陶傅太后尊號，守經法，不阿指從邪，右將軍孫建爪牙大臣，大鴻臚咸前正議不阿，〔二〕後奉節使迎中山王，〔三〕及宗正劉不惡、執金吾任岑、中郎將孔永、尚書令姚恂、沛郡太守石詡，〔四〕皆以前與建策，東迎即位，〔五〕奉事周密勤勞，賜爵關內侯，食邑各有差。賜帝徵即位前所過縣邑吏二千石以下至佐史爵，各有差。又令諸侯王、公、列侯、關內侯亡子而有孫若子同產子者，皆得以爲嗣。〔六〕公、列侯嗣子有罪，耐以上先請。宗室屬未盡而以罪絕者，復其屬，〔七〕其爲吏舉廉佐史，補四百石。〔八〕天下吏比二千石以上年老致仕者，參分故祿，以一與之，終其身。〔九〕遣諫大夫行三輔，〔一〇〕舉籍吏民，〔一一〕以元壽二年倉卒時橫賦斂者，償其直。〔一二〕義陵民冢不妨殿中者勿發。〔一三〕天下吏（舍）〔民〕亡得置什器儲偫。〔一四〕

〔一〕師古曰：「惲音於吻反。」

〔二〕師古曰：「左咸。」

〔三〕師古曰：「謂奉持節而爲使。」

〔四〕師古曰：「岑音士林反。恂音荀。詡音況羽反。」

〔五〕師古曰：「帝本在中山，出關而迎，故曰東迎。與讀曰豫。」

〔六〕師古曰：「子同產子者，謂養昆弟之子爲子者。」

〔七〕師古曰：「復音扶目反。」

〔八〕如淳曰：「宗室爲吏及舉廉及佐史，皆補四百石。」師古曰：「此說非也。冒宗室爲吏者，皆令舉廉，各從本秩。而依廉吏遷之爲佐史者，例補四百石。」

〔九〕師古曰：「參，三也。」

〔一〇〕師古曰：「行音下更反。」

〔一一〕張晏曰：「舉錄賦斂之籍而（賞）〔償〕之。」

〔一二〕師古曰：「卒讀曰猝。橫音胡孟反。」

〔一三〕如淳曰：「陵上有宮牆，象生制度爲殿屋，故曰殿中。」師古曰：「此說非也。殿中，謂壙中象正殿處。」

〔一四〕師古曰：「軍法，五人爲伍，二伍爲什，則共其器物。故通謂生生之具爲什器，亦猶今之從軍及作役者十人爲火，共畜調度也。儲，積也。偫，具也。偫音丈紀反。」

二月，置羲和官，秩二千石；外史、閭師，秩六百石。〔一〕班教化，禁淫祀，放鄭聲。

〔一〕應劭曰：「周禮閭師掌四郊之民，時其徵賦也。」

乙未，義陵寢神衣在柙中，丙申旦，衣在外牀上，〔一〕寢令以急變聞。〔二〕用太牢祠。

〔一〕文穎曰：「哀帝陵也。衣在寢中，今自出在牀上。」師古曰：「柙，匱也，音狎。」

〔二〕師古曰：「非常之事，故云急變。」

夏五月丁巳朔，日有蝕之。大赦天下。公卿、將軍、中二千石舉敦厚能直言者各一人。

六月，使少傅左將軍豐〔一〕賜帝母中山孝王姬璽書，拜爲中山孝王后。賜帝舅衞寶、寶弟玄爵關內侯。賜帝女弟四人號皆曰君，食邑各二千戶。

〔一〕師古曰：「甄豐。」

封周公後公孫相如爲褒魯侯，孔子後孔均爲褒成侯，奉其祀。追謚孔子曰褒成宣尼公。

罷明光宮及三輔馳道。

天下女徒已論，歸家，顧山錢月三百。〔一〕復貞婦，鄉一人。〔二〕置少府海丞、果丞各一人；〔三〕大司農部丞十三人，人部一州，勸農桑。

〔一〕如淳曰：「已論者，罪已定也。令甲，女子犯罪，作如徒六月，顧山遣歸。說以爲當於山伐木，聽使入錢顧功直，故

謂之顧山。」應劭曰：「舊刑鬼薪，取薪於山以給宗廟，今使女徒出錢顧薪，故曰顧山也。」師古曰：「如說近之。謂女徒論罪已定，並放歸家，不親役之，但令一月出錢三百，以顧人也。爲此恩者，所以行太皇太后之德，施惠政於婦人。」

〔二〕師古曰：「復音方目反。鄉一人，取其尤最者。」

〔三〕師古曰：「海丞，主海稅也。果丞，掌諸果實也。」

太皇太后省所食湯沐邑十縣，屬大司農，常別計其租入，以贍貧民。

秋九月，赦天下徒。

以中山苦陘縣爲中山孝王后湯沐邑。〔一〕

〔一〕師古曰：「陘音形。」

二年春，黃支國獻犀牛。〔一〕

〔一〕應劭曰：「黃支在日南之南，去京師三萬里。」師古曰：「犀狀如水牛，頭似豬而四足類象，黑色，一角當額前，鼻上又有小角。」

詔曰：「皇帝二名，通于器物，〔一〕今更名，合於古制。〔二〕使太師光奉太牢告祠高廟。」

〔一〕孟康曰：「平帝本名箕子，更名曰衎。箕，用器也，故云通于器物。」

〔二〕師古曰：「更，改也。」

夏四月，立代孝王玄孫之子如意爲廣宗王，江都易王孫盱台侯宮爲廣川王，〔一〕廣川惠王曾孫倫爲廣德王。封故大司馬博陸侯霍光從父昆弟曾孫陽、宣平侯張敖玄孫慶忌、絳侯周勃玄孫共、舞陽侯樊噲玄孫之子章皆爲列侯，復爵。〔二〕賜故曲周侯酈商等後玄孫酈明友等百一十三人爵關內侯，食邑各有差。

〔一〕師古曰：「盱音許于反。台音怡。」

〔二〕師古曰：「共讀曰恭。復音扶福反。」

郡國大旱，蝗，青州尤甚，民流亡。安漢公、四輔、三公、卿大夫、吏民爲百〔姓〕困乏獻其田宅者二百三十人，〔一〕以口賦貧民。〔二〕遣使者捕蝗，民捕蝗詣吏，以石㪷受錢。〔三〕天下民貲不滿二萬，及被災之郡不滿十萬，勿租稅。民疾疫者，舍空邸第，爲置醫藥。〔四〕賜死者一家六尸以上葬錢五千，四尸以上三千，二尸以上二千。罷安定呼池苑，以爲安民縣，〔五〕起官寺市里，募徙貧民，縣次給食。至徙所，賜田宅什器，假與犂、牛、種、食。〔六〕又起五里於長安城中，〔七〕宅二百區，以居貧民。

〔一〕張晏曰：「王莽爲太傅，孔光爲太師，王舜爲太保，甄豐爲少傅，是爲四輔。莽復兼大司馬，馬宮爲司徒，王崇爲司空，是爲三公。」

〔二〕師古曰：「計口而給其田宅。」

〔三〕師古曰：「量蝗多少而賞錢。」

〔四〕師古曰：「舍，止也。」

〔五〕師古曰：「中山之安定也。池音大河反。」

〔六〕師古曰：「種音之勇反。」

〔七〕如淳曰：「民居之里。」

秋，舉勇武有節明兵法，郡一人，詣公車。

九月戊申晦，日有蝕之。赦天下徒。

使謁者大司馬掾四十四人持節行邊兵。〔一〕

〔一〕師古曰：「行音下更反。」

遣執金吾候陳茂假以鉦鼓，〔一〕募汝南、南陽勇敢吏士三百人，諭說江湖賊成重等二百餘人皆自出，送家在所收事。〔二〕重徙雲陽，〔三〕賜公田宅。

〔一〕晉灼曰：「百官表執金吾屬官有兩丞、候、司馬。」應劭曰：「將帥乃有鉦鼓，今茂官輕兵少，又但往諭曉之耳，所以假鉦鼓者，欲重其威也。鉦者，鐃也，似鈴，柄中上下通。」師古曰：「鉦音征。鐃音女交反。」

〔二〕如淳曰：「賊雖自出，得還其家而已，不得復除，尙當役作之也。」師古曰：「如說非也。胥身既自出，又各送其家人詣本屬縣邑從賦役耳。」

〔三〕服虔曰：「重，成重也。作賊長帥，故徙之也。」

冬，中二千石舉治獄平，歲一人。〔一〕

〔一〕李奇曰：「吏治獄平端也。」

三年春，詔有司爲皇帝納采安漢公莽女。〔一〕語在莽傳。又詔光祿大夫劉歆等雜定婚禮。四輔、公卿、大夫、博士、郎、吏家屬皆以禮娶，親迎立軺併馬。〔二〕

〔一〕師古曰：「婚禮有納采、問名之禮，謂采擇其可娶者。」

〔二〕服虔曰：「軺音軺，立乘小車也。併馬，驪駕也。」師古曰：「新定此制也。併音步鼎反。」

夏，安漢公奏車服制度，吏民養生、送終、嫁娶、奴婢、田宅、器械之品。立官稷及學官。〔一〕郡國曰學，縣、道、邑、侯國曰校。校、學置經師一人。鄉曰庠，聚曰序。〔二〕序、庠置孝經師一人。

〔一〕如淳曰：「郊祀志曰『已有官社，未有官稷，遂立官稷於官社之後』。」臣瓚曰：「漢初除秦社稷，立漢社稷，其後又立官社，配以夏禹，而不立官稷。至此始立官稷。光武之後，但有官社，不立官稷。」師古曰：「淳、瓚二說皆未盡也。初立官稷於官社之後，是爲一處。今更創置建於別所，不相從也。」

〔二〕張晏曰：「聚，邑落名也。」師古曰：「聚小於鄉。聚音才喻反。」

陽陵任橫等自稱將軍，盜庫兵，攻官寺，出囚徒。大司徒掾督逐，皆伏辜。

安漢公世子宇與帝外家衞氏有謀。宇下獄死，誅衞氏。

四年春正月，郊祀高祖以配天，宗祀孝文以配上帝。

改殷紹嘉公曰宋公，周承休公曰鄭公。

詔曰：「蓋夫婦正則父子親，人倫定矣。前詔有司復貞婦，歸女徒，〔一〕誠欲以防邪辟，〔二〕全貞信。及眊悼之人〔三〕刑罰所不加，聖王之所制也。惟苛暴吏多拘繫犯法者親屬，婦女老弱，構怨傷化，百姓苦之。〔四〕其明敕百寮，婦女非身犯法，及男子年八十以上七歲以下，家非坐不道，詔所名捕，它皆無得繫。〔五〕其當驗者，卽驗問。〔六〕定著令。」

〔一〕師古曰：「復音方目反。」

〔二〕師古曰：「辟讀曰僻。」

〔三〕師古曰：「八十曰眊，七年曰悼。眊者老稱，言其昏暗也。悼者，未成爲人，於其死亡，可哀悼也。眊音莫報反。」

〔四〕師古曰：「構，結也。」

〔五〕張晏曰：「名捕，謂下詔特所捕也。」

〔六〕師古曰：「就其所居而問。」

二月丁未，立皇后王氏，大赦天下。

遣太僕王惲等八人置副，假節，分行天下，覽觀風俗。〔一〕

〔一〕師古曰：「行音下更反。」

賜九卿已下至六百石、宗室有屬籍者爵，自五大夫以上各有差。〔一〕賜天下民爵一級，鰥寡孤獨高年帛。

〔一〕師古曰：「五大夫，第九爵。」

夏，皇后見于高廟。加安漢公號曰「宰衡」。〔一〕賜公太夫人號曰功顯君。封公子安、臨皆爲列侯。

〔一〕應劭曰：「周公爲太宰，伊尹爲阿衡，采伊、周之尊以加莽。」

安漢公奏立明堂、辟廱。〔一〕尊孝宣廟爲中宗，孝元廟爲高宗，天子世世獻祭。

〔一〕應劭曰：「明堂所以正四時，出敎化。明堂上圜下方，八窗四達，布政之宮，在國之陽。上八窗法八風，四達法四時，九室法九州，十二重法十二月，三十六戶法三十六(雨)〔旬〕，七十二牖法七十二(風)〔候〕。孝經曰：『宗祀文王於明堂，以配上帝。』上帝謂五時帝太昊之屬。黃帝曰合宮，有虞曰總章，殷曰陽館，周曰明堂。辟廱者，象璧圜，雍之以水，象敎化流行。」

置西海郡，徙天下犯禁者處之。

梁王立有罪，自殺。

分京師置前煇光、後丞烈二郡。更公卿、大夫、八十一元士官名位次〔一〕及十二州名。

分界郡國所屬，罷置改易，天下多事，吏不能紀。

〔一〕師古曰：「更，改也。」

冬，大風吹長安城東門屋瓦且盡。

五年春正月，祫祭明堂。〔一〕諸侯王二十八人、列侯百二十人、宗室子九百餘人徵助祭。〔二〕禮畢，皆益戶，賜爵及金帛，增秩補吏，各有差。

〔一〕應劭曰：「禮五年而再殷祭，壹禘壹祫。祫祭者，毀廟與未毀廟之主皆合食於太祖。」師古曰：「祫音洽。」

〔二〕師古曰：「徵，召也。」

詔曰：「蓋聞帝王以德撫民，其次親親以相及也。昔堯睦九族，舜惇敍之。〔一〕朕以皇帝幼年，且統國政，〔二〕惟宗室子皆太祖高皇帝子孫及兄弟吳頃、楚元之後，〔三〕漢元至今，十有餘萬人，雖有王侯之屬，莫能相糾，〔四〕或陷入刑罪，敎訓不至之咎也。傳不云乎？『君子篤於親，則民興於仁。』〔五〕其爲宗室自太上皇以來族親，各以世氏，郡國置宗師以糾之，致敎訓焉。二千石選有德義者以爲宗師。考察不從敎令有冤失職者，宗師得因郵亭書言宗伯，請以聞。〔六〕常以歲正月賜宗師帛各十匹。」

〔一〕師古曰：「虞書堯典云『昔在帝堯，克明俊德，以親九族，九族既睦，平章百姓』。咎繇謨曰『惇敍九族，庶明厲翼』。言堯能明俊德之士而任用之，以(陸)〔睦〕高祖玄孫之親，乃令百姓平和章明。舜又厚敍此親，使衆庶皆明其敎，而自勉勵翼戴上命也。故此詔引之。」

〔二〕師古曰：「朕者，太皇太后自稱也。」

〔三〕師古曰：「吳頃謂高帝之兄仲也。初爲代王，後廢爲合陽侯，而子濞封爲吳王，故追謚仲爲吳頃王。頃讀曰傾。」

〔四〕師古曰：「糾謂禁察也。」

〔五〕師古曰：「此論語載孔子之辭也。言上能厚於親屬，則下皆化之，起爲仁行也。以論語傳聖人之言，故(爲)〔謂〕之傳。他皆類此。」

〔六〕晉灼曰：「宗伯，宗正也。」師古曰：「郵，行書舍也。言爲書以付郵亭，令送至宗伯也。郵音尤。」

太僕王惲等八人使行風俗，〔一〕宣明德化，萬國齊同。皆封爲列侯。

〔一〕師古曰：「爲使者而典其事。」

〔二〕師古曰：「文王築靈臺，周公成雒邑，言與之符合。」

〔三〕師古曰：「行音下更反。」

羲和劉歆等四人使治明堂、辟廱，〔二〕令漢與文王靈臺、周公作洛同符。〔三〕

徵天下通知逸經、古記、天文、曆算、鍾律、小學、史篇、方術、本草及以五經、論語、孝經、爾雅敎授者，在所爲駕一封軺傳，〔一〕遣詣京師。至者數千人。

〔一〕如淳曰：「律，諸當乘傳及發駕置傳者，皆持尺五寸木傳信，封以御史大夫印章。其乘傳參封之。參，三也。有期會累封兩端，端各兩封，凡四封也。乘置馳傳五封也，兩端各二，中央一也。軺傳兩馬再封之，一馬一封也。」師古曰：「以一馬駕軺車而乘傳。傳音張戀反。」

閏月，立梁孝王玄孫之耳孫音爲王。

冬十二月丙午，帝崩于未央宮。〔一〕大赦天下。有司議曰：「禮，臣不殤君。皇帝年十有四歲，宜以禮斂，加元服。」〔二〕奏可。葬康陵。〔三〕詔曰：「皇帝仁惠，無不顧哀，〔四〕每疾一發，氣輒上逆，害於言語，故不及有遺詔。其出媵妾，皆歸家得嫁，如孝文時故事。」〔五〕

〔一〕臣瓚曰：「帝年九歲即位，即位五年，壽十四。」師古曰：「漢注云帝春秋益壯，以母衞大后故怨不悅。莽自知益疏，篡殺之謀由是生，因到(獵)〔臘〕日上椒酒，置藥酒中。故翟義移書云『莽鴆弒孝平皇帝』。」

〔二〕師古曰：「斂音力贍反。」

〔三〕臣瓚曰：「在長安北六十里。」

〔四〕師古曰：「言帝平生多所顧念哀憐。」

〔五〕師古曰：「媵妾，謂從皇后俱來者。媵之言送。媵音食證反，又音孕也。」

贊曰：孝平之世，政自莽出，褒善顯功，以自尊盛。觀其文辭，方外百蠻，亡思不服；〔一〕休徵嘉應，頌聲並作。〔二〕至乎變異見於上，民怨於下，莽亦不能文也。〔三〕

〔一〕師古曰：「大雅文王有聲之詩曰：『自(東)〔西〕自(西)〔東〕，自南自北，亡思不服。』言武王於鎬京行辟雍之禮，自四

方來觀者皆感其德化，心無不歸服。故此贊引之。」

〔二〕師古曰：「休，美也。徵，證也。」

〔三〕如淳曰：「不可復文飾也。」

校勘記

三四八頁二行　（性）〔往〕者有司多舉奏赦前事，　景祐、殿、局本都作「往」。錢大昭說「性」當作「往」。

三五〇頁一行　天下吏（舍）〔民〕亡得置什器儲偫。　景祐、殿本都作「民」。周壽昌說作「民」是。

三五〇頁一三行　畢錄賦斂之籍而（賞）〔償〕之。　景祐、殿本都作「償」。王先謙說作「償」是。

三五三頁七行　爲百〔姓〕困乏獻其田宅者　景祐、殿、局本都有「姓」字，此脫。

三五七頁二行　三十六戶法三十六（雨）〔旬〕，七十二牖法七十二（風）〔候〕。　宋祁說「雨」字舊作「旬」，「風」字舊作「候」，疑此本有誤。按景祐本正作「旬」作「候」。

三五九頁一行　以（睦）〔睦〕高祖玄孫之親，　景祐、殿、局本都作「睦」。

三五九頁六行　故（爲）〔謂〕之傳。　錢大昭說「爲」當作「謂」。按景祐、殿本都作「謂」。

三六〇頁八行　因到（獵）〔臘〕日上椒酒，　錢大昭說「獵」當作「臘」。按景祐、殿本都作「臘」。

三六〇頁一五行　自（東）〔西〕自（西）〔東〕，　景祐本如此，與詩合。

漢書

漢蘭臺令史　班　固　撰

唐祕書少監　顏師古　注

第　二　册

卷一三至卷一六（表一）

中　華　書　局

中華書局

漢書卷十三

異姓諸侯王表第一

昔詩書述虞夏之際，舜禹受禪，〔一〕積德累功，洽於百姓，攝位行政，考之于天，〔二〕經數十年，然後在位。殷周之王，乃繇卨稷，〔三〕修仁行義，歷十餘世，至于湯武，然後放殺。〔四〕秦起襄公，章文、繆、獻，〔五〕孝、昭、嚴，稍蠶食六國，〔六〕百有餘載，至始皇，乃并天下。以德若彼，用力如此其（艱）〔囏〕難也。〔七〕

〔一〕師古曰：「古禪字，音上扇反。」

〔二〕師古曰：「謂在璿璣玉衡以齊七政。考之于天，知已合天心不也。」

〔三〕師古曰：「繇讀與由同。」

〔四〕師古曰：「殺讀曰弒。它皆類此。」

〔五〕師古曰：「言秦之初大，起於襄公始爲諸侯，至文公、繆公、獻公，更爲章著也。襄公，莊公之子；文公，襄公之子也。繆公，德公之少子；獻公，靈公之子也。」

〔六〕師古曰：「孝謂孝公也，即獻公之子。昭謂昭襄王，即惠王之子，武王之弟也。嚴謂莊襄王，即昭襄王之孫，孝文

王之子也。後漢時避明帝諱，以莊爲嚴，故漢書姓及謚本作莊者皆易爲嚴也。它皆類此。蠶食，謂漸吞滅之，如蠶食葉也。」

〔七〕師古曰：「囏，古艱字也。」

秦既稱帝，患周之敗，以爲起於處士橫議，諸侯力爭，四夷交侵，以弱見奪。〔一〕於是削去五等，〔二〕墮城銷刃，〔三〕箝語燒書，〔四〕內鋤雄俊，外攘胡粵，〔五〕用壹威權，爲萬世安。〔六〕然十餘年間，猛敵橫發乎不虞，〔七〕適戍彊於五伯，〔八〕閭閻偪於戎狄，〔九〕嚮應瘖於謗議，〔一〇〕奮臂威於甲兵。鄉秦之禁，適所以資豪桀而速自斃也。〔一一〕是以漢亡尺土之階，繇一劍之任，五載而成帝業。〔一二〕書傳所記，未嘗有焉。何則？古世相革，皆承聖王之烈，〔一三〕今漢獨收孤秦之弊。鐫金石者難爲功，摧枯朽者易爲力，〔一四〕其勢然也。故據漢受命，譜十八王，月而列之，天下一統，乃以年數。〔一五〕訖于孝文，異姓盡矣。

〔一〕服虔曰：「言因橫議而敗也。」應劭曰：「孟軻云『聖王不作，諸侯恣行，處士橫議』。」師古曰：「處士謂不官於朝而居家者也。橫音（朝）〔胡〕孟反。次下『橫發』，其音亦同也。」

〔二〕應劭曰：「周制，公、侯、伯、子、男五等爵。」

〔三〕應劭曰：「壞其堅城，恐復阻以害己也。聚天下之兵，鑄以爲銅人十二，不欲令民復逆命也。古者以銅爲兵。」師古曰：「墮音火規反。」

〔四〕應劭曰：「禁民聚語，畏其謗己。箝，緘也。箝與鉗同。」晉灼曰：「許慎云『箝，籋也』。」師古曰：「晉說是也。謂箝

箝其口，不聽妄言也，即所謂禁耦語者也。箝音（某）〔其〕占反。籋音蹑。」

〔五〕師古曰：「攘，卻也。粵，古越字。」

〔六〕師古曰：「令威權壹歸於己。」

〔七〕師古曰：「虞，度也。意所不度，謂之不虞。」

〔八〕師古曰：「適讀曰謫。謫戍，謂陳勝、吳廣也。伯讀曰霸。五霸謂昆吾、大彭、豕韋、齊桓、晉文也。謫音陟厄反。」

〔九〕應劭曰：「周禮二十五家爲閭。閻音簷，門閭外旋下廕，謂之步簷也。閭閻民陳勝之屬，言其逼秦甚於戎狄也。」師古曰：「閭，里門也。閻，里中門也。陳勝、吳廣本起閭左之戍，故總言閭閻，應說非也。閭左解在陳勝傳。偪音逼。」

〔一〇〕服虔曰：「瘖音愔。」應劭曰：「秦法，誹謗者族。今陳勝奮臂大呼，天下莫不嚮應，嚮應之害更瘖烈於所謗議也。」師古曰：「嚮音響。響應者，如響之應聲。瘖，痛也。服音是也。」

〔一一〕師古曰：「鄉讀曰嚮，謂曩時也。秦禁，謂墮城銷刃、箝語燒書之屬是也。」

〔一二〕師古曰：「繇讀與由同。任，用也，事也。」

〔一三〕師古曰：「革，變也。烈謂餘烈也。」

〔一四〕師古曰：「鐫，琢石也，音子全反。」

〔一五〕應劭曰：「譜音補。項羽爲西楚霸王，爲天下主，命立十八王，王高祖於蜀漢。漢元年，諸王畢封各就國，始受命之元，故以冠表焉。」張晏曰：「時天下未定，參錯變易，不可以年紀，故列其月，五年誅籍，乃以年紀焉。」

公元前 206

漢		元年一月。應劭曰：「諸王始受封之月也。十八王同時稱一月。趙歇起已二十七月，徙爲代王。皆以月數旁行題都上云。」
楚		西楚霸王項籍始，爲天下主，命立十八王。
	分爲衡山	王吳芮始，故番君。師古曰：「番音蒲河反。」
	分爲臨江	王共敖始，故楚柱國。師古曰：「共讀曰恭。」
	分爲九江	王英布始，故楚將。
趙	常山	王張耳始，故趙將。
	分爲代	廿七 王趙歇始，故趙王。
齊	臨菑	王田都始，故齊將。
	分爲濟北	王田安始，故齊將。
	分爲膠東	二十 王田市始，故齊（將）〔王〕。
雍	分關中	王章邯始，故秦將。
塞	分關中	王司馬欣始，故秦長史。
翟	分關中	王董翳始，故秦都尉。
燕		王臧荼始，故燕將。師古曰：「荼音大胡反。」
	分爲遼東	三十 王韓廣始，故燕王。
魏		十九 王魏豹始，故魏王。
	分爲殷	王司馬卬始，故趙將。
韓		廿二 王韓成始，故韓王。
	分爲河南	王申陽始，故楚將。

二月	三月	四月	五月
二 都彭城。	〔三〕	〔四〕	〔五〕
二 都郴。	〔三〕	〔四〕	〔五〕
二 都江陵。	〔三〕	〔四〕	〔五〕
二 都六。	〔三〕	〔四〕	〔五〕
二 都襄國。	〔三〕	〔四〕	〔五〕
廿八 都代。	〔廿九〕	〔三十〕	〔卅一〕
二 都臨淄。	〔三〕	四 田榮擊都,降楚。	五 王田榮始,故齊相。
二 都博陽。	〔三〕	〔四〕	〔五〕
廿一 都即墨。	廿二	廿三	廿四 田榮擊殺市。屬齊。
二 都廢丘。	〔三〕	〔四〕	〔五〕
二 都櫟陽。	〔三〕	〔四〕	〔五〕
二 都高奴。	〔三〕	〔四〕	〔五〕
二 都薊。	〔三〕	〔四〕	〔五〕
(廿)〔卅〕一 都無終。	卅二	卅三	卅四
二十 都平陽。	廿一	(卅)〔廿〕二	廿三
二 都朝歌。	三	四	五
廿三 都陽翟。	〔廿四〕	〔廿五〕	〔廿六〕
二 都雒陽。	〔三〕	〔四〕	〔五〕

六月	七月	八月
六	七	八
六	七	八
六	七	八
六	七	八
六	七	八
卅二	卅三	卅四
二	三	四
六 田榮擊殺安。屬齊。		
六	〔七〕 邯守廢丘,漢圍之。	八
六	七 欣降漢。	屬漢,為渭南、河上郡。
六	七 翳降漢。	屬漢,為上郡。
六	〔七〕	〔八〕
卅五	卅六 臧荼擊殺廣。屬燕。	
(卅)〔廿〕四	廿五	廿六
六	七	八
廿七 項籍誅成。	王鄭昌始,項王立之。	二
六	七	八

205

九月	十月	十一月
九	十	十一
九	十	十一
九	十	十一
九	十	十一
九 耳降漢。	代王歇還王趙。	卅七
卅五 歇復趙王。	歇以陳餘為代王,號(安成)〔成安〕君。	二
五	六	七
九	十 漢拔我隴西。	十一
九	十	十一
廿七	廿八	廿九
九	十	十一
三	王韓信始,漢立之。	二
九 陽降漢。	屬漢,為河南郡。	

十二月	二年一月	二月
十二	二年一月	二
十二	二年一月	二
十二	十三	十四
十二	二年一月	二
卅八	卅九	四十
三	四	五
項籍擊榮,走平原,民殺之。	二 項籍復立故齊王田假為王。	田榮弟橫反城
十二 漢拔我北地。	二年一月	二
十二	二年一月	二
卅	卅一	卅二 豹降,
十二	(卅)〔十〕三	十四 卬降
三	四	五

	三月 項王三萬人破漢兵五十六萬。	四月	五月
	三	四	五
	三	四	五
	十五	十六	十七
	三	四	五
	四十六 一	四十七 二	四十八 三
陽，繫假，假奔楚。殺假。	王廣始，故田榮子，橫立之。	二	三
		（二）	（三）
	三	四	五 漢殺
	三	四	五
爲王。	卅三 從漢伐楚。	卅四 豹歸，畔漢。	卅五
漢。	屬漢，爲河內郡。		
	六 從漢伐楚。	七	八

	六月	七月	八月
	六	七	八
	六	七	八
	十八	十九	廿
	六	七	八
	四十九 四	四十十 五	四十十一 六
	四	五	六
邯。屬漢爲中地、隴西、北地郡。			
	六	七	八
	卅六	卅七	卅八 漢將韓信擊虜豹。
	九	十	十一

204

九月	十月	十一月	十二月	三年 一月
九	十	十一	十二	三年 一月
九	十	十一	十二	三年 一月
廿一	廿二	廿三	（廿四）	廿五
九	十	〔十一〕	布降漢。	
四十十二 七	四十十〔三〕 八 漢滅歇。			
		屬漢，爲太原郡。		
七	八	九	十	十一
九	十	十一	十二	三年 一月
屬漢，爲河東、上黨郡。				
十二	二年 一月	二	三	四

二月	三月	四月	五月	六月	七月
二	三	四 （漢圍）（圍漢）滎陽。	五	六	七
二	三	四	五	六	七
廿六	廿七	廿八	廿九	卅	卅一
十二	十三	十四	十五	十六	十七
二	三	四	五	六	七
五	六	七	八	九	十

		203		
八月	九月	十月	十一月	十二月
八	九	十	十一 漢將韓信擊殺龍且。	十二
八	九	十	十一	十二
子尉嗣爲王。	二	三	四	五
			復趙，王張耳始，漢立之。	二
十八	十九	廿	廿一 漢將韓信擊殺廣。屬漢，爲郡。	
八	九	十	十一	十二
十一	十二	三年一月	二	三

四年一月	二月	三月	四月	五月	六月
四年一月	二	三	四	五	六
四年一月	二	三	四	五	六
六	七	八	九	十	十一
					更爲淮南(王)
三	四	五	六	七	八
齊國。	王韓信始，漢立之。	二	三	四	五
四年一月	二	三	四	五	六
四	五	六	七	八	九

				202
	七月	八月	九月	五年 即皇帝位。
	七	八	九	正月 漢誅籍。王韓信始。
	七	八	九	十 芮徙長沙。
	十二	十三	十四	十二月 漢虜尉。
〔國〕。	王英布始，漢立之。	二	三(月)	二年
	九	十	十一	十二月乙丑，耳薨。
				以太原爲國。
	六	七	八	徙韓信王楚。
	七	八	九 反。漢誅荼。	後九月，王盧綰始，故太尉。
			置梁國。	王彭越始。
	十	十一	十二	四年
			初置長沙國。	二月乙未，王吳芮始，六月，

	201	200	199	198
	六年	七年	八年	九年
	十一月 信廢爲侯。			
	三	四	五	六
	一 子敖嗣爲王。	二	三 敖廢爲侯。	
	王韓信始。九月，信反，降匈奴。			
	二	三	四	五
	二	三	四	五
	五 信徙太原。			
薨。	成王臣嗣。	二	三	四

197 (一)十年	196 十一年	195 十二年	194 孝惠(帝)元年	193 二年	192 三年
七	八 布反,誅。				
六	綰反,降匈奴。				
六 越反,誅。					
五	六	七	八	哀王回嗣。	二

191 四年	190 五年	189 六年	188 七年	187 高后元年
			初置魯國。	四月,王張偃始,高后外孫。
			初置淮陽國。	四月辛卯,王強始,高后所詐立孝惠子。
			復置常山國。	四月辛卯,王不疑始,高后所詐
			初置呂國。	四月辛卯,王呂台始,高后兄子。
三	四	五	六	七

	186 二年	185 三年
	二	三
	二	三
		(三)
立孝惠子。	不疑薨,謚曰哀,無子。十月癸丑,王義始,故襄城侯。	二
		(三)
	台薨,謚曰肅。子嘉嗣爲王。	〔二〕
	共王若嗣。	二

184 四年	183 五年	182 六年
四	五	六
四	五 強薨,謚曰懷,無子。	王武始,故壺關侯。
義立爲帝。五月丙辰,王朝始,故軹侯。	二	三
(三)	(四)	
三	四	嘉坐驕廢。十一月,王
		初置梁國。
三	四	五

	181	180
	七年	八年
	七	八 偃廢爲侯。
	二	三 武以非子誅。
	四	五 朝以非子誅。
	趙王呂祿始，高后兄子。	八月，漢大臣共誅祿。
呂產始。	產徙梁。十一月丁巳，王大始，故平昌侯。	
	初置燕國。	七月癸丑，王呂通。八月，漢大臣共誅通。
	二月，王呂產始。	二 漢大臣共誅產。
	六	七

179	178	177	176	175	174	173
孝文元年	二年	三年	四年	五年	六年	七年
八	靖王產嗣。	二	三	四	五	六

172	171	170	169	168	167	166
八年	九年	十年	十一年	十二年	十三年	十四年
七	八	九	十	十一	十二	十三

165	164	163	162	161	160	159
十五年	十六年	後元元年	二年	三年	四年	五年
十四	十五	十六	十七	十八	十九	二十

158	157
六年	七年
二十一	二十二 來朝，薨。無子，國除。

校勘記

三六三頁五行 秦起襄公，章文、繆，獻、〔五〕孝、昭、嚴，稍蠶食六國。 注〔五〕在「獻」下，明顔以「章文、繆、獻」斷句。王念孫說獻公在繆公之後十六世，而與文、繆並數，既爲不倫，且上下句法，亦屬參差。當斷「章文、繆」爲句，「獻、孝、昭、嚴」爲句。王先謙說王說是。

三六三頁六行 其（艱）〔囏〕難也。 錢大昭說「艱」當作「囏」。按景祐、殿、局本都作「囏」。

三六四頁三行 横音（朝）〔胡〕孟反。 景祐、汲古、殿、局本都作「胡」。

三六五頁一行 犇音（某）〔其〕占反。 景祐、汲古、局本都作「其」。

三六六頁二欄 十格「故齊將」，錢大昭說當作「齊王」。按景祐、殿本都作「齊王」。

三六七頁一欄 十五格「廿一」，景祐、殿本都作「卅一」。王先謙說作「卅一」是。

三六七頁二欄 二至十八格缺字據殿、局本補，十九格據局本補。

三六七頁三欄 缺字據殿、局本補。十六格「卅二」，景祐本作「廿二」。朱一新說作「廿二」是。

三六七頁四欄 缺字據殿、局本補。

三六八頁一欄 十六格「卅四」，景祐、殿、局本都作「廿四」。朱一新說作「廿四」是。

三六八頁二欄 十一格「七」字據殿本補。十四格「七」字據殿、局本補。十八格八字原在十九格，據景祐、殿、局本移上。

三六八頁三欄 十四格「八」字據殿、局本補。

三六九頁二欄 七格「安成」，王先謙說殿本作「成安」是。

三七〇頁二欄 原分作三欄，據王先謙說併。十七格，殿本作「十三」是。

三七一頁三欄 王先謙說九格「二」字衍。按景祐、汲古本有，殿、局本無。

三七一頁四欄 王先謙說九格「三」字衍。按景祐、汲古本有，殿、局本無。

三七三頁二欄 七格「十二」，景祐、汲古、殿、局本都作「十三」。

三七三頁三欄 五格「十一」據殿、局本補。

三七三頁四欄 四格「廿四」據殿、局本補。

三七三頁五欄 原分作二欄，殿本併爲一欄。王先謙說殿本不誤。

三七四頁三欄 二格「漢園」，景祐、殿、局本都作「園漢」。

三七六頁六欄 五格，王先謙說「王」當爲「國」，各本誤。

三七七頁四欄 五格，王先謙說「月」字衍。按景祐本有，殿本無。

三七九頁一欄 一格，王先謙說「一」字衍。按汲古本有，景祐、殿、局本無。

三七九頁四欄 一格，景祐、殿本都無「帝」字。

三八一頁三欄 王先謙說五、七格「二」字衍。按景祐本有，殿、局本無。八格「二」字據景祐、汲古、殿、局本補。

三八二頁一欄 王先謙說七格「三」字衍。按景祐、汲古本有，殿、局本無。

三八二頁二欄 王先謙說七格「四」字衍。按景祐、汲古本有，殿、局本無。

三八二頁三欄 八格十一字原在九格，汲古本同，王先謙說誤。據景祐、殿、局本移上。

漢書卷十四

諸侯王表第二

昔周監於二代，〔一〕三聖制法，〔二〕立爵五等，〔三〕封國八百，同姓五十有餘。周公、康叔建於魯、衞，各數百里；太公於齊，亦五侯九伯之地。〔四〕詩載其制曰：「介人惟藩，大師惟垣。大邦惟屏，大宗惟翰。懷德惟寧，宗子惟城。毋俾城壞，毋獨斯畏。」〔五〕所以親親賢賢，褒表功德，〔六〕關諸盛衰，深根固本，爲不可拔者也。故盛則周、邵相其治，致刑錯；衰則五伯扶其弱，與共守。〔七〕自幽、平之後，日以陵夷，〔八〕至虖阸陿河洛之間，〔九〕分爲二周，〔一〇〕有逃責之臺，被竊鈇之言。〔一一〕然天下謂之共主，〔一二〕彊大弗之敢傾。〔一三〕歷載八百餘年，數極德盡，既於王赧，〔一四〕降爲庶人，用天年終。號位已絕於天下，尚猶枝葉相持，莫得居其虛位，海內無主，三十餘年。〔一五〕

〔一〕師古曰：「監，視也。二代，夏、殷也。」

〔二〕師古曰：「三聖謂文王、武王及周公也」。」

〔三〕師古曰：「公、侯、伯、子、男。」

〔四〕臣瓚曰：「禮記王制云：『五國以爲屬，屬有長；二百一十國以爲州，州有伯。』」師古曰：「五侯，五等諸侯也。九伯，九州之伯也。伯，長也。」

〔五〕師古曰：「大雅板之詩也。介，善也。藩，籬也。屏，蔽也。垣，牆也。翰，幹也。懷，和也。俾，使也。以善人爲之藩籬，謂封周公、康叔於魯、衞；以大師爲垣牆，謂封太公於齊也。大邦以爲屏蔽，謂成國諸侯也；大宗以爲楨幹，謂王之同姓也。能和其德則天下安寧，分建宗子則列城堅固。城不可使墮壞，宗不可使單獨。單獨墮壞，則畏懼斯至。」

〔六〕師古曰：「親賢俱封，功德並建。」

〔七〕師古曰：「伯讀曰霸。此五霸謂齊桓、宋襄、晉文、秦穆、吳夫差也。」

〔八〕師古曰：「陵夷，言如山陵之漸平。夷謂頹替也。」

〔九〕應劭曰：「阸者，狹也。陿者，踦嶇也。西迫強秦，東有韓魏，數見侵暴，踦嶇不安也。」師古曰：「阸音於懈反。陿音區。」

〔一〇〕師古曰：「謂東西二周也。」

〔一一〕服虔曰：「周赧王負責，無以歸之，主迫責急，乃逃於此臺，後人因以名之。」劉德曰：「洛陽南宮謻臺是也。」應劭曰：「竊鈇，謂出至路邊竊取人鈇也。」師古曰：「應說非也。鈇鉞，王者以爲威，用斬戮也。言周室衰微，政令不行於天下，雖有鈇鉞，無所用之，是謂私竊隱藏之耳。被音皮義反。鈇音膚。謻音移，又音直移反。」

〔一二〕如淳曰：「雖至微弱，猶共以爲之主。」

〔一三〕師古曰：「言諸侯雖彊大者，不敢傾滅周也。」

〔一四〕師古曰：「既亦盡也。赧，謚也，一曰名也，音女版反。」

〔一五〕師古曰：「秦昭襄王五十二年周初亡，五十六年昭襄王卒，孝文王立一年而卒，莊襄王立四年而卒，子政立二十六年而乃并天下，自號始皇帝。是爲三十五年無主也。」

秦據勢勝之地，騁狙詐之兵，〔一〕蠶食山東，壹切取勝。〔二〕因矜其所習，自任私知，姍笑三代，盪滅古法，〔三〕竊自號爲皇帝，而子弟爲匹夫，內亡骨肉本根之輔，外亡尺土藩翼之衞。陳、吳奮其白挺，〔四〕劉、項隨而斃之。故曰，周過其曆，秦不及期，國勢然也。〔五〕

〔一〕應劭曰：「狙，伺也，因（閒）〔間〕伺隙出兵也。狙音若蛆反。」師古曰：「音千絮反。」

〔二〕師古曰：「蠶食，解在異姓諸侯王表。壹切，解在平紀也。」

〔三〕師古曰：「姍，古訕字也。訕，謗也，音所諫反，又音刪。」

〔四〕應劭曰：「白挺，大杖也。孟子書曰『可使制挺以撻秦楚』是也。」師古曰：「挺音徒鼎反。」

〔五〕應劭曰：「武王克商，卜世三十，卜年七百，今乃三十六世，八百六十七歲，此謂過其曆者也。秦以謚法少，恐後世相襲，自稱始皇，子曰二世，欲以一迄萬，今至子而亡，此之爲不及期也。」

漢興之初，海內新定，同姓寡少，懲戒亡秦孤立之敗，於是剖裂疆土，立二等之爵。〔一〕功臣侯者百有餘邑，尊王子弟，大啓九國。〔二〕自鴈門以東，盡遼陽，爲燕、代。〔三〕常山以南，太行左轉，度河、濟，漸于海，爲齊、趙。〔四〕穀、泗以往，奄有龜、蒙，爲梁、楚。〔五〕東帶

江、湖，薄會稽，爲荊吳。〔六〕北界淮瀕，略廬、衡，爲淮南。〔七〕波漢之陽，亙九嶷，爲長沙。〔八〕諸侯（北）〔比〕境，周（市）〔帀〕三垂，外接胡越。〔九〕天子自有三河、東郡、潁川、南陽，〔一〇〕自江陵以西至巴蜀，北自雲中至隴西，與京師內史凡十五郡，公主、列侯頗邑其中。〔一一〕而藩國大者夸州兼郡，連城數十，〔一二〕宮室百官同制京師，可謂撟枉過其正矣。〔一三〕雖然，高祖創業，日不暇給，孝惠享國又淺，高后女主攝位，而海內晏如，〔一四〕亡狂狡之憂，卒折諸呂之難，成太宗之業者，亦賴之於諸侯也。

〔一〕（項羽）〔韋昭〕曰：「漢封功臣，大者王，小者侯也。」

〔二〕師古曰：「九國之數在下也。」

〔三〕師古曰：「遼陽，遼水之陽也。」

〔四〕師古曰：「太行，山名也。左轉，亦謂自太行而東也。漸，入也，一曰浸也。行音胡剛反。漸音子廉反，亦讀如本字。」

〔五〕晉灼曰：「水經云泗水出魯（下）〔卞〕縣。」臣瓚曰：「穀在彭城，泗之下流爲穀水。」師古曰：「奄，覆也。龜、蒙，二山名。」

〔六〕文穎曰：「即今吳也。高帝六年爲荊國，十年更名吳。」師古曰：「荊吳，同是一國也。」

〔七〕師古曰：「瀕，水涯也，音頻，又音賓。廬、衡，二山名也。」

〔八〕鄭氏曰：「波音陂澤之陂。」孟康曰：「亙，竟也，音古贈反。」師古曰：「波漢之陽者，循漢水而往也。水北曰陽。（陂）

〔波〕音彼皮反，又音彼義反。九嶷，山名，有九峯，在零陵營道。嶷音疑。」
〔九〕師古曰：「比謂相接次也。三垂，謂北東南也。比音頻寐反。」
〔10〕師古曰：「三河，河東、河南、河內也。」
〔11〕師古曰：「十五郡中又往往有列侯、公主之邑。」
〔12〕師古曰：「夸音跨。」
〔13〕師古曰：「撟與矯同。枉，曲也。正曲曰矯。言矯秦孤立之敗而大封子弟，過於强盛，有失中也。」
〔14〕師古曰：「晏如，安然也。」

然諸侯原本以大，末流濫以致溢，小者淫荒越法，大者睽孤橫逆，以害身喪國。〔一〕故文帝采賈生之議分齊、趙，景帝用鼂錯之計削吳、楚。武帝施主父之册，下推恩之令，使諸侯王得分戶邑以封子弟，不行黜陟，而藩國自析。自此以來，齊分爲七，〔二〕趙分爲六，〔三〕梁分爲五，〔四〕淮南分爲三。〔五〕皇子始立者，大國不過十餘城。長沙、燕、代雖有舊名，皆亡南北邊矣。〔六〕景遭七國之難，抑損諸侯，減黜其官。〔七〕武有衡山、淮南之謀，作左官之律，〔八〕設附益之法，〔九〕諸侯惟得衣食稅租，不與政事。〔10〕

〔一〕師古曰：「易睽卦九四爻辭曰『睽孤，見豕負塗』。睽孤，乖剌之意。睽音工攜反。」
〔二〕師古曰：「謂齊、城陽、濟北、濟南、淄川、膠西、膠東也。」
〔三〕師古曰：「謂趙、平原、眞定、中山、廣川、河閒也。」

〔四〕師古曰：「謂梁、濟川、濟東、山陽、濟陰也。」
〔五〕師古曰：「謂淮南、衡山、廬江。」
〔六〕如淳曰：「長沙之南更置郡，燕、代以北更置緣邊郡。其所有饒利、兵馬、器械，三國皆失之矣。」
〔七〕師古曰：「謂改丞相曰相，省御史大夫、廷尉、少府、宗正、博士，損大夫、謁者諸官長丞員等也。」
〔八〕服虔曰：「仕於諸侯爲左官，絕不得使仕於王侯也。」應劭曰：「人道上右，今舍天子而仕諸侯，故謂之左官也。」師古曰：「左官猶言左道也。皆僻左不正，應說是也。漢時依上古法，朝廷之列以右爲尊，故謂降秩爲左遷，仕諸侯爲左官也。」
〔九〕張晏曰：「律鄭氏說，封諸侯過限曰附益。或曰阿媚王侯，有重法也。」師古曰：「附益者，蓋取孔子云『求也爲之聚斂而附益之』之義也，皆背正法而厚於私家也。」
〔10〕師古曰：「與讀曰豫。」

至於哀、平之際，皆繼體苗裔，親屬疏遠，〔一〕生於帷牆之中，不爲士民所尊，勢與富室亡異。而本朝短世，國統三絕，〔二〕是故王莽知漢中外殫微，本末俱弱，〔三〕亡所忌憚，生其姦心；因母后之權，假伊周之稱，顓作威福廟堂之上，不降階序而運天下。〔四〕詐謀既成，遂據南面之尊，分遣五威之吏，馳傳天下，班行符命。漢諸侯王厥角䭫首，〔五〕奉上璽韍，惟恐在後，〔六〕或乃稱美頌德，以求容媚，豈不哀哉！是以究其終始彊弱之變，明監戒焉。

〔一〕師古曰：「言非始封之君，皆其後裔也，故於天子益疏遠矣。」

〔二〕師古曰：「謂成、哀、平皆早崩，又無繼嗣。」
〔三〕師古曰：「殫，盡也，音單。」
〔四〕師古曰：「序謂東西廂。顓與專同。」
〔五〕應劭曰：「厥者，頓也。角者，領角也。稽首，首至地也。言王莽漸漬威福日久，亦值漢之單弱，王侯見莽篡弒，莫敢怨望，皆頓角稽首至地而上其璽綬也。」晉灼曰：「厥猶豎也，叩頭則額角豎。」師古曰：「應說是也。䭫音口禮反，與稽同。」
〔六〕師古曰：「韍音弗，璽之組也。」

號謚	屬	始封	子	孫	曾孫	玄孫	六世	七世
								張晏曰：「禮，服盡於玄孫，故以世數名也。」
楚元王交	高帝弟。師古曰：「楚元王，帝弟，而表居代王前者，以封日先後爲次	六年正月丙午立，二十三年薨。	孝文二年，夷王郢客嗣，四年薨。	六年，王戊嗣，二十一年，孝景三年，反，誅。				
	也。」		孝景四年，文王禮以元王子平陸侯紹封，三年薨。	七年，安王道嗣，二十二年薨。	元朔元年，襄王注嗣，十二年薨。	元鼎元年，節王純嗣，十六年薨。	天漢元年，王延壽嗣，三十二年，地節元年，謀反，誅。	
代王喜	高帝兄。	正月壬子立，七年，爲匈奴所攻，棄國自歸，廢爲郃陽侯，孝惠二年薨。	吳高祖十二年十月辛丑，王濞以故代王子沛侯立，四十二年，孝景三年，反，誅。					
齊悼惠王肥	高帝子。	正月壬子立，十三年薨。	孝惠七年，哀王襄嗣，十二年薨。	孝文二年，文王則嗣，十四年薨，亡後。				
			孝文十六年，孝	孝景四年，懿王	元光四年，厲			

			王將閭以悼惠王子楊虛侯紹封，十一年薨。	壽嗣，二十三年薨。	王次昌嗣，五年薨，亡後。			
			城陽 孝文二年二月乙卯，景王章以悼惠王子朱虛侯立，二年薨。	四年，共王喜嗣，八年，徙淮南，四年，復還，凡三十三年薨。	孝景後元年，頃王延嗣，二十六年薨。	元狩六年，敬王義嗣，九年薨。	元封三年，惠王武嗣，十(三)〔一〕年薨。	天漢四年，荒王順嗣，四十六年薨。
			八世 甘露三年，戴王恢嗣，八年薨。	九世 永光元年，孝王景嗣，二十四年薨。	十世 鴻嘉二年，哀王雲嗣，一年薨，亡後。(元)〔永〕始元年，王俚以雲弟紹封，二十五年，王莽篡位，貶為公，明年			

					廢。			
			濟北 二月乙卯，王興居以悼惠王子東牟侯立，二年謀反，誅。					
			菑川 十六年四月丙寅，懿王志以悼惠王子安都侯立為濟北王，十一年，孝景四年，徙菑川，三十五年薨。	元光六年，靖王建嗣，二十年薨。	元封二年，頃王遺嗣，三十五年薨。	元平元年，思王終古嗣，二十八年薨。	初元三年，考王尚嗣，六年薨。	永光四年，孝王橫嗣，三十一年薨。
			八世 元延四年，懷王	九世 建平四年，王永				

			友嗣，六年薨。	嗣，十二年，王莽篡位，貶為公，明年廢。				
			濟南 四月丙寅，王辟光以悼惠王子扐侯立，十一年反，誅。師古曰：「扐音力。」					
			菑川 四月丙寅，王賢以悼惠王子武城侯立，十一年反，誅。					

			膠西 四月丙寅，王卬以悼惠王子平昌侯立，十一年反，誅。					
			膠東 四月丙寅，王熊渠以悼惠王子白石侯立，十一年反，誅。					
荊王賈	高帝從父弟。	六年正月丙午立，六年十二月，為英布所攻，亡後。						

淮南厲王長	高帝子。	十一年十月庚午立，二十三年，孝文六年，謀反，廢徙蜀，死雍。	十六年四月丙寅，王安以厲王子阜陵侯紹封，四十(二)〔三〕年，元狩元年，謀反，自殺。		
			衡山　四月丙寅，王賜以厲王子陽周侯立為廬江王，十二年，徙衡山，(三)〔四〕十三年，謀反，自殺。		
			濟北　四月丙寅，王勃	孝景六年，成王胡嗣，五十四年	天漢四年，王寬嗣，十一年，

			以厲王子安陽侯立為衡山王，十二年，徙濟北，一年薨，謚曰貞王。	薨。	後二年，謀反，自殺。
趙隱王如意	高帝子。	九年四月立，十二年，為呂太后所殺，亡後。			
代王	高帝子。	十一年正月丙子立，十七年，高后八年，為皇帝。			
趙共王恢　師古曰：「共讀曰恭。下皆類	高帝子。	十一年三月丙午，為梁王，十六年，高后七年，徙趙，其年自殺，亡			

此。」		後。		
趙幽王友	高帝子。	十一年三月丙寅，立為淮陽王，二年，徙趙，十四年，高后七年，自殺。	孝文元年，王遂以幽王子紹封，二十六年，孝景三年，反，誅。	
			河間　孝文二年(二)〔三〕月乙卯，文王辟彊以幽王子立，十三年薨。	十五年，哀王福嗣，一年薨，亡後。
燕靈王建	高帝子。	十二年二月甲午立，十五年，高后七年，薨。呂太后殺其子。		

燕敬王澤	高帝從祖昆弟。	高后七年，以營陵侯立為琅邪王，二年，孝文元年，徙燕，二年薨。	三年，康王嘉嗣，二十六年薨。	孝景六年，王定國嗣，二十四年，坐禽獸行，自殺。				

右高祖十一人。吳隨父，凡十二人。

師古曰：「吳王濞從其父代王喜在此表中，故十二人也。」

梁懷王揖	文帝子。	二年二月乙卯立，十年薨，亡後。						
梁孝王武	文帝子。	二月乙卯，立為代王，三年，徙為淮陽王，十年，徙梁，三十五年薨。	孝景後元年，恭王買嗣，七年薨。	建元五年，平王襄嗣，四十年薨。	太始元年，貞王毋傷嗣，十一年薨。	始元二年，敬王定國嗣，四十年薨。	初元四年，夷王遂嗣，六年薨。	永光五年，荒王嘉嗣，十五年薨。
		八世　陽朔元年，王立						

		嗣，二十七年，元始三年，有罪，廢，徙漢中，自殺。元始五年二月丁酉，王晉以孝王玄孫之曾孫紹封，五年，王莽篡位，貶爲公，明年廢。						
		濟川 孝景中六年五月丙戌，王明以孝王子桓邑侯立，七年，建元三年，坐殺中傅，廢遷房陵。						

		濟東 五月丙戌，王彭離以孝王子立，二十九年，坐殺人，廢遷上庸。						
		山陽 五月丙戌，哀王定以孝王子立，九年薨，亡後。						
		濟陰 五月丙戌，哀王不識以孝王子立，(七)〔一〕年薨，亡後。						

代孝王參	文帝子。	二月乙卯，立爲太原王，(王)三年，更爲代王，七年薨。	孝文後三年，恭王登嗣，二十九年薨。	清河 元光三年，剛王義嗣，十九年，元鼎三年，徙清河，三十八年薨。	太始三年，頃王陽嗣，二十五年薨。	地節元年，王年嗣，四年，坐與同產妹姦，廢遷房陵，與邑百家。	廣宗 元始二年四月丁酉，王如意以孝王玄孫之子紹封，七年，王莽篡位，貶爲公，明年廢。	

右孝文三人。齊、城陽、兩濟北、濟南、菑川、膠西、膠東、趙、河間、淮南、衡山十二人隨父，凡十五人。

河間獻王德	景帝子。	二年三月甲寅立，二十六年薨。	元光六年，共王不周嗣，四年薨。	元朔四年，剛王基嗣，十二年薨。	元鼎四年，頃王授嗣，十七年薨。	天漢四年，孝王慶嗣，四十(七)〔三〕年薨。	五鳳四年，王元嗣，十七年，建昭元年，坐殺人，廢遷房陵。	

							建始元年正月丁亥，惠王良以孝王子紹封，二十七年薨。	建平二年，王尚嗣，十四年，王莽篡位，貶爲公，明年廢。
臨江哀王閼 師古曰：「閼音一曷反。」	景帝子。	三月甲寅立，三年薨，亡後。						
魯共王餘	景帝子。	三月甲寅，立爲淮陽王，二年，徙魯，二十八年薨。	元朔元年，安王光嗣，四十年薨。	後元元年，孝王慶忌嗣，三十七年薨。	甘露三年，頃王封嗣，二十八年薨。	陽朔二年，文王晙嗣，十九年薨，亡後。晉灼曰：「晙音鐫。」師古曰：「晙音子緣反。」		

					建平三年六月辛卯，王閔以頃王子郚鄉侯紹封，十三年，王莽篡位，貶爲公，明年，獻神書言莽德，封列侯，賜姓王。師古曰：「郚音吾，又音魚。」			
江都易王非 師古曰：「謚法，好更故舊曰易。」	（高）〔景〕帝子。	三月甲寅，立爲汝南王，二年，徙江都，二十八年薨。	元朔二年，王建嗣，六年，元狩二年，謀反，自殺。	廣世 元始二年四月丁酉，王宮以易王庶孫盱眙侯子紹封，五年，王				

				莽篡位，貶爲公，明年廢。				
趙敬肅王彭祖	景帝子。	二月甲寅，立爲廣川王，四年，徙趙，六十三年薨。	征和元年，頃王昌嗣，十九年薨。	本始元年，懷王尊嗣，五年薨。				
				地節四年二月甲子，哀王高以頃王子紹封，四月薨。	元康元年，共王充嗣，五十六年薨。	元延三年，王隱〔嗣〕，十九年，王莽篡位，貶爲公，明年廢。		
			平干 征和二年，頃王偃以敬肅王小子立，十一年薨。	元鳳元年，繆王元嗣，二十四年，五鳳二年，坐殺謁者，會薨，不得代。				

長沙定王發	景帝子。	三月甲寅立，二十八年薨。	元朔二年，戴王庸嗣，二十七年薨。	天漢元年，頃王附朐嗣，十七年薨。晉灼曰：「附音符。」師古曰：「附讀如本字。朐音劬。本傳作鮒鮈，其音同耳。」	始元四年，剌王建德嗣，三十四年薨。	黃龍元年，煬王旦嗣，二年薨，亡後。		
						初元四年，孝王宗以剌王子紹封，三年薨。	永光二年，繆王魯人嗣，四十八年薨。	居攝二年，舜嗣，二年，王莽篡位，貶爲公，明年廢。
膠西于王端	景帝子。	三年六月乙巳立，四十七年，元封三年薨，亡後。						

中山靖王勝	景帝子。	六月乙巳立，四十二年薨。	元鼎五年，哀王昌嗣，二年薨。	元封元年，糠王昆侈嗣，二十一年薨。師古曰：「糠音與康同。糠，惡謚也。好樂怠政曰糠。它皆類此。」	征和四年，頃王輔嗣，三年薨。	始元元年，憲王福嗣，十七年薨。	地節元年，懷王脩嗣，十五年薨，亡後。	廣德 鴻嘉二年八月，夷王雲客以懷王從父弟子紹封，一年薨，亡後。
								廣平 建平三年正月壬寅，王漢以夷王弟紹封，十三年，王莽篡位，貶爲公，明年廢。
膠東王	景帝子。	四年四月乙巳立，四年爲皇太						

		子。						
臨江閔王榮	景帝子。	七年十一月己酉,以故皇太子立,三年,坐侵廟壖地爲宮,自殺。						
廣川惠王越	景帝子。	中二年四月乙巳立,十二年薨。	建元五年,繆王齊嗣,四十五年薨。	征和二年,王去嗣,二十二年,本始四年,坐亨姬不道,廢徙上庸,予邑百戶。師古曰:「忿怒其姬,亨煮而殺。」 地節四年五月庚午,戴王文以繆王子紹封,二	元康二年,王汝陽嗣,十五年,甘露四年,			

				年薨。	殺人,廢徙房陵。			
					廣德 元始二年四月丁酉,靜王檢以惠王曾孫,戴王子紹封,四年薨。	居攝元年,王赤嗣,三年,王莽篡位,貶爲公,明年廢。		
膠東康王寄	景帝子。	四月乙巳立,二十八年薨。	元狩三年,哀王賢嗣,十四年薨。	元封五年,戴王通平嗣,二十四年薨。	始元五年,頃王音嗣,五十四年薨。	河平元年,恭王授嗣,十四年薨。	永始三年,王殷嗣,二十三年,王莽篡位,貶爲公,明年廢。	
			六安 元狩二年七月	始元四年,夷王祿嗣,十(四)年	本始元年,繆王定嗣,二十	甘露四年,頃王光嗣,二十	陽朔二年,王育嗣,三十三	

			壬子,恭王慶以康王少子立,三十八年薨。	薨。	三年薨。	七年薨。	年,王莽篡位,貶爲公,明年廢。	
清河哀王乘	景帝子。	中三年三月丁酉立,十二年薨,亡後。						
常山憲王舜	景帝子。	中五年三月丁巳立,三十二年薨。	元鼎三年,王勃嗣,坐憲王喪服姦,廢徙房陵。					
			眞定 元鼎三年,頃王平以憲王子紹封,二十五年薨。	征和四年,烈王偃嗣,十八年薨。	本始三年,孝王(由)〔申〕嗣,(二十二)〔三十三〕年薨。	建昭元年,安王雍嗣,十六年薨。	陽朔三年,共王普嗣,十五年薨。	綏和二年,王楊嗣,十六年,王莽篡位,貶爲公,明年廢。

			泗水 元鼎二年,思王商以憲王少子立,十五年薨。	太初二年,哀王安世嗣,一年薨,亡後。				
				三年,戴王賀以思王子紹封,二十年薨。	元鳳元年三月丙子,勤王綜嗣,三十九年薨。	永光三年,戾王駿嗣,三十一年薨。	元延三年,王靖嗣,十九年,王莽篡位,貶爲公,明年廢。	

右孝景十四人。楚、濟川、濟東、山陽、濟陰五人隨父,凡十九人。

師古曰:「此表列諸王次第與本傳不同者,本傳因母氏之次而盛言所生,表則敍其昆弟長幼。又臨江閔王封時年月在後,故不同也。它皆類此。」

齊懷王閎	武帝子。	元狩六年四月乙巳立,八年,元封元年薨,亡後。						

燕刺王旦	武帝子。	四月乙巳立，三十七年，元鳳元年，(圭)〔坐〕謀反，自殺。	廣陽 本始元年五月，頃王建以刺王子紹封，二十九年薨。	初元五年，穆王舜嗣，二十一年薨。	陽朔二年，思王璜嗣，二十一年薨。	建平四年，王嘉嗣，十二年，王莽篡位，貶爲公，明年廢。
廣陵厲王胥	武帝子。	四月乙巳立，六十三年，五鳳四年，坐祝詛上，自殺。	初元二年三月壬申，孝王霸以厲王子紹封，十三年薨。	建昭五年，共王意嗣，十三年薨。	建始二年，哀王護嗣，十五年薨，亡後。	
				元延二年，靖王守以孝王子紹封，十七年薨。	居攝二年，王宏嗣，三年，王莽篡位，貶爲公，明年廢。	
			高密 本始元年十月，哀王弘以厲王子立，八年薨。	元康元年，頃王章嗣，三十四年薨。	建始二年，懷王寬嗣，十一年薨。	鴻嘉元年，王愼嗣，二十九年，王莽篡位，貶爲公，明年廢。

昌邑哀王髆	武帝子。	天漢四年六月乙丑立，十一年薨。	(元始)〔始元〕元年，王賀嗣，十二年，徵爲昭帝後，立二十七日，以行淫亂，廢歸故國，予邑三千戶。			

右孝武四人。六安、眞定、泗水、平干四人隨父，(兄)〔凡〕八人。

淮陽憲王欽	宣帝子。	元康三年四月丙子立，三十六年薨。	河平二年，文王玄嗣，二十六年薨。	元壽二年，王縯嗣，十九年，王莽篡位，貶爲公，明年廢。		

				師古曰：「縯音羊晉反。」		
東平思王宇	宣帝子。	甘露二年十月乙亥立，三十二年薨。	鴻嘉元年，煬王雲嗣，十六年，建平三年，坐祝詛上，自殺。	元始元年二月丙辰，王開明嗣，立五年薨，亡後。		
				中山 元始元年二月丙辰，王成都以思王孫桃鄉頃侯宣子立，奉中山孝王後，八年，王莽篡位，貶爲公，明年，獻書言莽德，封(烈)〔列〕侯，賜姓王。	居攝元年，嚴鄉侯子匡爲東平王。	

楚孝王囂 師古曰：「囂音敖。」	宣帝子。	十月乙亥，立爲定陶王，四年，徙楚，二十八年薨。	陽朔元年，懷王芳嗣，一年薨，亡後。			
			陽朔二年，思王衍以孝王子紹封，〔二〕十一年薨。	元壽元年，王紆嗣，十年，王莽篡位，貶爲公，(子)明年廢。		
				信都 綏和元年十一月壬子，王景以孝王孫立爲定陶王，奉恭王後，三年，建平二年，徙信都，十三年，		

				王莽篡位，貶爲公，明年廢。
中山哀王竟	宣帝子。	初元二年二月丁巳，立爲淸河王，五年，徙中山王，十三年薨，亡後。		

右孝宣四人。燕王繼絕，高密隨父，凡六人。

定陶共王康	元帝子。	永光三年三月，立爲濟陽王，八年，徙山陽，八年，河平四年四月，徙定陶，凡十九年薨。	陽朔三年，王欣嗣，十四年，綏和元年，爲皇太子。

中山孝王興	元帝子。	建昭二年六月乙亥，立爲信都王，十五年，陽朔二年，徙中山，凡三十年薨。	綏和二年，王箕子嗣，六年，元壽二年，立爲皇帝。

右孝元二人。廣陵繼絕，凡三人。孝成時河間、廣德、定陶三國，孝哀時廣平一國，孝平時東平、中山、廣德、廣世、廣宗五國，皆繼絕。

校勘記

三九三頁八行 因（閒）〔間〕伺隙出兵也。朱一新說「閒」疑作「間」。按景祐、殿、局本都作「間」。

三九四頁二行 諸侯（北）〔比〕境，周（市）〔帀〕三垂，景祐、殿本「北」都作「比」，「市」都作「帀」。王先謙說作「比」作「帀」是。

三九四頁七行 （項羽）〔韋昭〕曰：朱一新說史表集解引作「韋昭」。

三九四頁一三行 泗水出魯（下）〔卞〕縣。景祐、汲古、殿、局本都作「卞」。朱一新說作「卞」是。

三九四頁一六行 （陂）〔波〕音彼皮反。景祐、殿本都作「波」。

三九九頁二欄 八格，王先謙說「二」當作「一」。按景祐本作「一」。

三九九頁三欄 六格「元始」當作「永始」，據資治通鑑改。

四〇三頁一欄 四格，王先謙說「四十二」當作「四十三」，史表不誤。

四〇三頁二欄 四格，王先謙說「三十三」當作「四十三」。按景祐本作「三十四」。

四〇五頁三欄 四格，朱一新說文紀作「三月」，汪本亦作「三月」，此作「二月」誤。

四〇八頁三欄 三格，殿本「七」作「二」。王先謙說作「二」是。

四〇九頁一欄 三格，朱一新說汪本無「王」字是。按景祐本無「王」字。

四〇九頁三欄 七格，王先謙說「七」當作「三」。按景祐本作「二」。

四一一頁二欄 二格，王先謙說「高」當作「景」。按景祐、殿、局本都作「景」。

四一三頁三欄 五、六、七格原在六、七、八格，據錢大昭說及景祐、殿、局本提上。七格「嗣」字據殿、局本補。

四一六頁四欄 五格，王先謙說「四」字衍。按景祐本「四」作「一」。

四一七頁四欄 六格，王先謙說「由」字閩本、汪本、殿本都作「申」。按景祐本作「申」。又說「二十二年」當作「三十三年」。按景祐本正作「三十三年」。

四一九頁一欄 三格「主」，景祐、殿、局本都作「坐」。王先謙說作「坐」是。

四二〇頁二欄 四格，王先謙說「始元」誤倒作「元始」。按景祐、殿、局本都作「始元」。

四二〇頁三欄 錢大昭說「兄」當作「凡」。按殿、局本都作「凡」。

四二一頁三欄 五格，殿、局本「烈」都作「列」。王先謙說作「列」是。

四二三頁二欄 四格，王先謙說「十」上脫「二」字。五格，王先謙說「子」字衍。按景祐、殿、局本都無「子」字。

漢書卷十五上

王子侯表第三上

大哉，聖祖之建業也！後嗣承序，以廣親親。至于孝武，以諸侯王畺土過制，或替差失軌，而子弟為匹夫，〔一〕輕重不相準，於是制詔御史：「諸侯王或欲推私恩分子弟邑者，令各條上，朕且臨定其號名。」自是支庶畢侯矣。詩云「文王孫子，本支百世」，〔二〕信矣哉！〔三〕

〔一〕師古曰：「畺亦壃字也。替，古僭字也。軌，法也。」

〔二〕師古曰：「大雅文王之詩也。本，本宗也。支，支子也。言文王有明德，故天祚之，子孫嫡者為天子，支庶為諸侯，皆不絕也。」

〔三〕師古曰：「侯所食邑，皆書其郡縣於下。其有不書者，史失之也。或但言某人嗣及直書薨，不具年月，皆闕文也。」

號謚名	屬	始封位次	子	孫	曾孫	玄孫
羹頡侯信 服虔曰「音戛擊之戛。」師古曰「音居黠反。」	帝兄子。	七年中封，十三年，高后元年，有罪，削爵一級，為關內侯。師古曰：「不記月日，故云七年中也。」				
合陽侯喜	帝兄，為代王。匈奴攻代，棄國，廢為侯。	八年九月丙午封，七年，孝惠二年薨，以子為王，謚曰頃王。	沛 十一年十二月癸巳，侯濞以帝兄子封，十二年，為吳王。			
德哀侯廣		一百二十〔七〕 十二年十一月庚辰，以兄子封，（十年）〔七年八月〕薨。	高后三年，頃侯通嗣，〔三〕〔二〕十四年薨。	孝景六年，康侯齕嗣，二十四年薨。師古曰：「齕音紇。下亦同。」	元鼎四年，侯何嗣。五年，坐酎金免。	泰山 元康四年，廣玄孫長安大夫猛，詔復家。師古曰：「大夫，第五爵也。復家，蠲賦役也。復音方目反。」

				六世	七世
					元壽二年五月甲子，侯勳以廣玄孫之孫長安公乘紹封，千戶，九年，王莽篡位，絕。師古曰：「公乘，第八爵也。」

右高祖

號謚名	屬	始封位次	子	孫	曾孫	玄孫
上邳侯郢客	楚元王子。	一百二十八 二年五月丙申封，七年，為楚王。				
朱虛侯章	齊悼惠王子。	一百二十九 五月丙申封，八年，為城陽王。張晏曰：「高后二年詔丞相陳平，令差第列侯位次高下，故王子侯三人有第，二年之後皆不第。」				
東牟侯興居	齊悼惠王子。	六年四月丁酉封，四年，為濟北王。				

右高后

號謚名	屬	始封位次	子	孫	曾孫	玄孫
管共侯罷軍 師古曰：「罷音皮彼反，又讀曰疲。共讀曰恭。下皆類此。」	齊悼惠王子。	四年五月甲寅封，二年薨。	六年，侯戎奴嗣，二十年，孝景〔二〕〔三〕年，反，誅。			

氏丘共侯甯國	齊悼惠王子。	五月甲寅封，十一年薨。	十五年，侯偃嗣，十年，孝景三年，反，誅。			
營平侯信都	齊悼惠王子。	五月甲寅封，十年薨。	十四年，侯廣嗣，十一年，孝景三年，反，誅。			
楊丘共侯安	齊悼惠王子。	五月甲寅封，十二年薨。	十六年，侯偃嗣，十一年，孝景四年，坐出國界，耐爲司寇。			
楊虛侯將閭	齊悼惠王子。	五月甲寅封，十二年，爲齊王。				

杋侯辟光 師古曰：「杋音其力反。下亦同。」	齊悼惠王子。	五月甲寅封，十二年，爲（齊）〔濟〕南王。				
安都侯志	齊悼惠王子。	五月甲寅封，十二年，爲濟北王。				
平昌侯卬	齊悼惠王子。	五月甲寅封，十二年，爲膠西王。				
武成侯賢	齊悼惠王子。	五月甲寅封，十二年，爲菑川王。				
白石侯雄渠	齊悼惠王子。	五月甲寅封，十二年，爲膠東王。				
阜陵侯安	淮南厲王子。	八年五月丙午封，八年，爲淮南王。				

安陽侯勃	淮南厲王子。	五月丙午封，八年，爲衡山王。				
陽周侯賜	淮南厲王子。	五月丙午封，八年，爲廬江王。				
東城哀侯（良）〔良〕	淮南厲王子。	五月丙午封，七年薨，亡後。				
右孝文						
平陸侯禮	楚元王子。	元年四月乙巳封，三年，爲楚王。				
休侯富	楚元王子。	四月乙巳封，三年，以兄子楚王戊反，免。三年，侯富更封紅侯，六年薨，謚曰懿。	七年，懷侯登嗣，一年薨。	中元年，敬侯嘉嗣，二十四年薨。	元朔四年，哀侯章嗣，一年薨，亡後。	

沈猷夷侯歲 師古曰：「沈音審。」	楚元王子。	四月乙巳封，二十年薨。	建元五年，侯受嗣，十八年，元狩五年，坐爲宗正聽請，不具宗室，耐爲司寇。 師古曰：「受爲宗正，人有私請求者，受聽許之，故於宗室之中事有不具，而受獲罪。」			
宛朐侯埶 師古曰：「埶音藝。」	楚元王子。	四月乙巳封，三年，反，誅。				
棘樂敬侯調	楚元王子。	三年八月壬子封，十六年薨。	建元三年，恭侯應嗣，十五年薨。	元朔元年，侯慶嗣，十六年，元鼎五年，坐酎金免。		

乘氏侯買	梁孝王子。	中五年五月丁卯封，一年，爲梁王。				
桓邑侯明	梁孝王子。	五月丁卯封，一年，爲濟川王。				
右孝景						
茲侯明	河間獻王子。	元光五年正月壬子封，四年，元朔三年，坐殺人，自殺。				
安城思侯蒼	長沙定王子。	六年七月乙巳封，十三年薨。	元鼎元年，節侯自當嗣。	侯壽光嗣，五鳳二年，坐與姊亂，下獄病死。		豫章

宜春侯成	長沙定王子。	七月乙巳封，十七年，元鼎五年，坐酎金免。				
句容哀侯黨 師古曰：「句讀爲章句之句。」	長沙定王子。	七月（巳）〔乙〕巳封，二年薨，亡後。				會稽
容陵侯福	長沙定王子。	七月乙巳封，十七年，元鼎五年，坐酎金免。				
杏山侯成	楚安王子。	後九月壬戌封，十七年，元鼎五年，坐酎金免。				

浮丘節侯不害	楚安王子。	後九月壬戌封，十一年薨。	元狩五年，侯霸嗣，六年，元鼎五年，坐酎金免。			沛
廣戚節侯將	魯共王子。	元朔元年十月丁酉封，薨。	侯始嗣，元鼎五年，坐酎金免。			
丹（楊）〔陽〕哀侯敢	江都易王子。	十二月甲辰封，六年，元狩元年薨，亡後。				蕪湖
盱台侯蒙之	江都易王子。	十二月甲辰封，十六年，元鼎五年，坐酎金免。				
胡孰頃侯胥行	江都易王子。	正月丁卯封，十六年薨。	元鼎五年，侯聖嗣，坐知人脫亡名數，以爲保，殺			丹陽

			人，免。師古曰：「脫亡名數，謂不占戶籍也。以此人爲庸保，而又別殺人也。」			
秣陵終侯纏	江都易王子。	正月丁卯封，元鼎四年薨，亡後。				
淮陵侯定國	江都易王子。	正月丁卯封，十六年，元鼎五年，坐酎金免。				淮陵
張梁哀侯仁	梁共王子。	二年五月乙巳封，十三年薨。	元鼎三年，侯順嗣，二十三年，征和三年，爲奴所殺。			

龍丘侯代	菑川懿王子。	五月乙巳封，十五年，元鼎五年，坐酎金免。				琅邪
劇原侯錯	菑川懿王子。	(九)〔五〕月乙巳封，十七年薨。	元鼎二年，孝侯廣昌嗣。	戴侯骨嗣。	質侯吉嗣。	節侯嚚嗣。
			六世 侯勝容嗣。			
懷昌夷侯高 遂	菑川懿王子。	五月乙巳封，二年薨。	四年，胡侯延年嗣。	節侯勝時嗣。	侯可置嗣。	
平望夷侯賞	菑川懿王子。	五月乙巳封，七年薨。	元狩三年，原侯楚人嗣，二十六年薨。	太始三年，敬侯光嗣，十四年薨。	神爵四年，頃侯起嗣。	孝侯均嗣。
			六世 侯且嗣。			

臨衆敬侯始 昌	菑川懿王子。	五月乙巳封，三十一年薨。	太始元年，康侯革生嗣，十八年薨。	元鳳三年，頃侯廣平嗣，薨。	原侯農嗣。	臨原 節侯理嗣。
			六世 釐侯賢嗣。	七世 侯商嗣，王(莾)〔莽〕篡位，絕。		
葛魁節侯寬	菑川懿王子。	五月乙巳封，八年薨。	元狩四年，侯戚嗣，五年，元鼎三年，坐縛家吏恐猲受賕，棄市。師古曰：「猲謂以威力脅人也。賕，枉法以財相謝。猲音呼葛反。賕音求。」			

益都敬侯胡	菑川懿王子。	五月乙巳封，薨。	原侯廣嗣。	侯嘉嗣，元鳳三年，坐非廣子免。		
平的戴侯強 師古曰：「的音丁歷反。」	菑川懿王子。	五月乙巳封，十七年薨。	元狩元年，思侯中時嗣，(二)〔三〕十年薨。	太始三年，節侯福嗣，十三年薨。	神爵四年，頃侯鼻嗣。	釐侯利親嗣。
			六世 侯宣嗣。			
劇魁夷侯黑	菑川懿王子。	五(年)〔月〕乙巳封，十七年薨。	元狩元年，思侯招嗣，三年薨。	四年，康侯德嗣。	孝侯利親嗣。	釐侯嬰嗣。
			六世 侯向嗣。			

壽梁侯守	菑川懿王子。	五月乙巳封，十五年，元鼎五年，坐酎金免。				壽樂
平度康侯行	菑川懿王子。	五月乙巳封，四十七年薨。	元鳳元年，節侯慶忌嗣，三年薨。	四年，質侯帥軍嗣。	頃侯欽嗣。	孝侯宗嗣。
			六世 侯嘉嗣。			
宜成康侯偃	菑川懿王子。	五月乙巳封，十一年薨。	元鼎元年，侯福嗣，十二年，太初元年，坐殺弟棄市。			平原
臨朐夷侯奴 師古曰：「朐音劬。」	菑川懿王子。	五月乙巳封，四十一年薨。	戴侯乘嗣。	節侯賞嗣。	孝侯信嗣。	東海 安侯禕嗣。師古曰：「禕音猗。」

			六世 侯岑嗣。			
雷侯豨	城陽共王(第)〔子〕。	五月甲戌封，十五年，元鼎五年，坐酎金免。				東海
東莞侯吉	城陽共王子。	五月甲戌封，五年，痼病不任朝，免。				
辟土節侯壯 師古曰：「辟音闢。」	城陽共王子。	五月甲戌封，三年薨。	五年，侯明嗣，十二年，元鼎五年，坐酎金免。			東海
尉文節侯丙	趙敬肅王子。	六月甲午封，五年薨。	元狩元年，侯犢嗣，十年，元鼎五年，坐酎金免。			南郡

封斯戴侯胡傷	趙敬肅王子。	六月甲午封，二十五年薨。	太初三年，原侯如意嗣，五十二年薨。	甘露四年，孝侯宮嗣。	侯仁嗣。	
榆丘侯受福	趙敬肅王子。	六月甲午封，十五年，元鼎五年，坐酎金免。				
襄嚵侯建 晉灼曰：「音內言嚵嚵。」師古曰：「音士咸反。」	趙敬肅王子。	六月甲午封，十五年，元鼎五年，坐酎金免。				廣平
邯會衍侯仁	趙敬肅王子。	六月甲午封，薨。	哀侯慧嗣。	後元年，勤侯賀嗣，三十五年薨。	甘露元年，原侯張嗣。	釐侯康嗣。
			六世 節侯重嗣。	七世 懷侯蒼嗣，薨，亡後。		

朝節侯義	趙敬肅王子。	六月甲午封，十三年薨。	元鼎三年，戴侯祿嗣。	侯固城嗣，五鳳四年，坐酎金少四兩免。		
東城侯遺	趙敬肅王子。	六月甲午封，十一年，元鼎元年，爲孺子所殺。師古曰：「孺子，妾之號也。」				
陰城思侯蒼	趙敬肅王子。	六月甲午封，十七年，太初元年薨。嗣子有罪，不得代。				
廣望節侯忠	中山靖王子。	六月甲午封，三十年薨。	天漢四年，頃侯中嗣，十三年薨。	始元三年，思侯何齊嗣。	恭侯遂嗣。	侯閎嗣。

將梁侯朝平	中山靖王子。	六月甲午封，十五年，元鼎五年，坐酎金免。				涿
薪館侯未央	中山靖王子。	六月甲午封，十五年，元鼎五年，坐酎金免。				涿
陸城侯貞	中山靖王子。	六月甲午封，十五年，元鼎五年，坐酎金免。				涿
薪處侯嘉	中山靖王子。	六月甲午封，十五年，元鼎五年，坐酎金免。				涿
蒲領侯嘉	廣川惠王子。	三年十月癸酉封，有罪，絕。				東海

西熊侯明	廣川惠王子。	十月癸酉封，薨，亡後。				
棗彊侯晏	廣川惠王子。	十月癸酉封，薨，亡後。				
畢梁侯嬰	廣川惠王子。	十月癸酉封，十九年，元封四年，坐首匿罪人，爲鬼薪。				魏
旁光侯殷	河間獻王子。	十月癸酉封，十年，元鼎元年，坐貸子錢不占租，取息過律，會赦，免。師古曰：「以子錢出貸人，律合收租，匿不占，取息利又多也。占音之贍反。」				魏

距陽憲侯匄	河間獻王子。	十月癸酉封，十四年薨。	元鼎五年，侯渫嗣，坐酎金免。師古曰：「渫音褻。」			
蔞節侯退 師古曰：「蔞音力朱反。」	河間獻王子。	十月癸酉封，十六年薨。	元封元年，釐侯嬰嗣，二十二年薨。	後元年，原侯益壽嗣，三十一年薨。	五鳳元年，安侯充世嗣，三年薨。	四年，侯遺嗣，二十年，建始四年薨，亡後。
阿武戴侯豫	河間獻王子。	十月癸酉封，二十四年薨。	太初三年，敬侯宣嗣，二十年薨。	始元三年，節侯信嗣，二十三年薨。	神爵元年，釐侯嬰齊嗣。	頃侯黃嗣。
			六世 侯長久嗣，王莽篡位，絕。			

參戶節侯免	河間獻王子。	十月癸酉封，四十六年薨。	元鳳元年，敬侯嚴嗣。	頃侯元嗣。	孝侯利親嗣。	侯度嗣。
州鄉節侯禁	河間獻王子。	十月癸酉封，十一年薨。	元鼎二年，思侯齊嗣。	元封六年，憲侯惠嗣。	釐侯商嗣。	恭侯伯嗣。
			六世 侯禹嗣，王莽篡位，絕。			
平城侯禮	河間獻王子。	十月癸酉封，六年，元狩三年，坐恐猲取雞以令買償免，復謾，完爲城旦。師古曰：「恐猲取人雞，依令買雞以償，坐此免侯，又犯欺謾，故爲城旦也。謾音漫。」				

廣侯順	河間獻王子。	十月癸酉封，十四年，元鼎五年，坐酎金免。				勃海
蓋胥侯讓 師古曰：「蓋音公臘反。」	河間獻王子。	十月癸酉封，十四年，元鼎五年，坐酎金免。				魏
陰安康侯不害	濟北貞王子。	十月癸酉封，十一年薨。	元鼎三年，哀侯秦（荅）〔客〕嗣，三年薨，亡後。			魏
榮關侯騫	濟北貞王子。	十月癸酉封，坐謀殺人，會赦，免。				茌平 師古曰：「茌音仕疑反。」

周望康侯何	濟北貞王子。	十（年）〔月〕癸酉封，八年薨。	元狩五年，侯當時嗣，六年，元鼎五年，坐酎金免。				
陪繆侯則	濟北貞王子。	十月癸酉封，十一年薨。	元鼎二年，侯邑嗣，五年，坐酎金免。				平原
前侯信 師古曰：「字或作菆，音側流反。」	濟北貞王子。	十月癸酉封，十四年，元鼎五年，坐酎金免。					平原
安陽侯樂	濟北貞王子。	十月癸酉封，三十八年薨。	後元年，穅侯延年嗣，十六年薨。	本始二年，康侯記嗣，十五年薨。	五鳳元年，安侯戚嗣。		平原 哀侯得嗣，薨，亡後。
五據侯（臞）〔臞〕丘	濟北式王子。	十月癸酉封，十四年，元鼎五年，					泰山

師古曰：「（臞）〔臞〕音劬，又音懼。」		坐酎金免。					
富侯龍	濟北式王子。	十月癸酉封，十六年，元康元年，坐使奴殺人，下獄瘐死。					
平侯遂	濟北式王子。	十月癸酉封，四年，元狩元年，坐知人盜官母馬爲臧，會赦，復作。師古曰：「有人盜馬，爲藏匿之，雖會赦，猶復作。復作者，徒役也。復音扶目反。」					
羽康侯成	濟北式王子。	十月癸酉封，六十年薨。	地節三年，恭侯保嗣。	侯棄嗣，王莽篡位，絕。			

胡母侯楚	濟北式王子。	二月癸酉封，十四年，元鼎五年，坐酎金免。					泰山
離石侯綰	代共王子。	正月壬戌封，後更爲涉侯，坐上書謾，耐爲鬼(新)〔薪〕。師古曰：「謾，欺誑也，音漫。」					
邵侯順	代共王子。	正月壬戌封，二十六年，天漢元年，坐殺人及奴凡十六人，以捕匈奴千騎，免。師古曰：「詐云捕得					

匈奴騎，故私殺人以當之。」							
利昌康侯嘉	代共王子。	正月壬戌封，五十一年薨。	元鳳五年，戴侯樂嗣，十二年薨。	元康二年，頃侯萬世嗣。	節侯光祿嗣。		刺侯殷嗣。
			六世 侯換嗣，王莽篡位，絕。				
藺侯罷軍	代共王子。	（五）〔正〕月壬戌封，後更爲武原侯，坐盜賊免。					西河
臨河侯賢	代共王子。	正月壬戌封，後更爲高俞侯，坐酎金免。					

濕成侯忠 師古曰：「濕音它合反。」	代共王子。	正月壬戌封，後更爲端氏侯，薨，亡後。				
土軍侯郢客 師古曰：「土軍，西河之縣也，說者以爲洛陽土軍里，非也。」	代共王子。	正月壬戌封，後更爲鉅乘侯，坐酎金免。				
皋琅侯遷	代共王子。	正月壬戌封，薨，亡後。				臨淮
千章侯遇	代共王子。	正月壬戌封，後更爲夏丘侯，坐酎金免。				平原

博陽頃侯就	齊孝王子。	三月乙卯封，薨。	侯終古嗣，元鼎五年，坐酎金免。			濟南
寧陽節侯恬	魯共王子。	三月乙卯封，五十二年薨。	元鳳六年，安侯慶忌嗣，十八年薨。	五鳳元年，康侯信嗣。	孝侯扈嗣。	侯方嗣。
瑕丘節侯政	魯共王子。	三月乙卯封，五十三年薨。	元平元年，思侯國嗣，四年薨。	本始四年，孝侯湯嗣，十年薨。	神爵二年，煬侯奉義嗣。	釐侯遂成嗣。
			六世 侯禹嗣。			
公丘夷侯順	魯共王子。	三月乙卯封，三十年薨。	太始元年，康侯置嗣。	地節四年，煬侯延壽嗣，九年薨。	五鳳元年，思侯賞嗣。	侯元嗣，王莽篡位，絕。
郁根侯驕 師古曰：「根音狠。」	魯共王子。	三月乙卯封，十四年，元鼎五年，坐酎金免。				

西昌侯敬	魯共王子。	三月乙卯封，十四年，元鼎五年，坐酎金免。				
陸地侯義	中山靖王子。	三月乙卯封，十四年，元鼎五年，坐酎金免。				辛處
邯平侯順	趙敬肅王子。	三月乙卯封，十四年，元鼎五年，坐酎金免。				廣平
武始侯昌	趙敬肅王子。	四月甲辰封，三十四年，爲趙王。				魏
爲氏節侯賀	趙敬肅王子。	四月甲辰封，十八年薨。	元封三年，思侯安意嗣，二十七年薨。	始元六年，康侯千秋嗣，十六年薨。	元康元年，孝侯漢彊嗣。	侯鄭嗣，王莽篡位，絕。

易安侯平	趙敬肅王子。	四月甲辰封，二十年薨。	元封五年，康侯種嗣。	侯德嗣，始元元年，坐殺人免。		鄗 師古曰：「鄗音呼各反。」
路陵侯童	長沙定王子。	四年三月乙丑封，四年，元狩二年，坐殺人，自殺。				南陽
攸輿侯則	長沙定王子。	三月乙丑封，二十二年，太初元年，坐篡死罪囚，棄市。				南陽
茶陵節侯訢 師古曰：「茶音塗。訢與欣同。」	長沙定王子。	三月乙丑封，十年薨。	元鼎二年，哀侯湯嗣，十一年，太初元年薨，亡後。			桂陽
建成侯拾	長沙定王子。	三月乙丑封，元鼎二年，坐使行				

		人奉璧皮薦，賀元年十月不會，免。師古曰：「以皮薦璧也。時以十月為歲首，有賀而不及會也。」				
安衆康侯丹	長沙定王子。	三月乙丑封，三十年薨。	元封六年，節侯山柎嗣，三十八年薨。師古曰：「柎音方于反。」	地節三年，繆侯毋妨嗣。	釐侯褒嗣。	侯歆嗣。師古曰：「歆音其禁反，又音其錦反。」
			侯崇嗣，居攝元年舉兵，為王莽所滅。			

			侯寵，建武二年以崇從父弟紹封。	建武十三年，侯松嗣。		今見。師古曰：「作表時見為侯也。」
葉平侯喜師古曰：「葉音式涉反。」	長沙定王子。	三月乙丑封，十三年，元鼎五年，坐酎金免。				
利鄉侯嬰	城陽共王子。	三月乙丑封，五年，元狩三年，有罪免。				
有利侯釘師古曰：「音丁，又音鼎。」	城陽共王子。	三月乙丑封，三年，元狩元年，坐遺淮南王書稱臣棄市。				東海

東平侯慶	城陽共王子。	三月乙丑封，五年，元狩三年，坐與姊姦，下獄瘐死。				東海
運平侯記	城陽共王子。	三月乙丑封，十三年，元鼎五年，坐酎金免。				東海
山州侯齒	城陽共王子。	三月乙丑封，十三年，元鼎五年，坐酎金免。				
海常侯福	城陽共王子。	三月乙丑封，十三年，元鼎五年，坐酎金免。				琅邪

騶丘敬侯寬	城陽共王子。	三月乙丑封，六年薨。	元狩四年，原侯報德嗣。	侯毋害嗣，本始二年，坐使人殺兄棄市。		
南城節侯貞	城陽共王子。	三月乙丑封，四十二年薨。	始元四年，戴侯猛嗣，二十二年薨。	神爵元年，元侯尊嗣，二年薨。	四年，釐侯充國嗣。	頃侯遂嗣。
			六世侯友嗣，王莽篡位，絕。			
廣陵虒侯表晉灼曰：「虒音斯。」	城陽共王子。	三月乙丑封，七年薨。	元狩五年，侯成嗣，六年，元鼎五年，坐酎金免。			
杜原侯皋	城陽共王子。	三月乙丑封，十三年，元鼎五年，坐酎金免。				

臨樂敦侯光 師古曰：「敦字或音弋灼反，又作敦，古穆字。」	中山靖王子。	四月甲午封，二十年薨。	元封六年，憲侯建嗣。	列侯固嗣。	五鳳三年，節侯萬年嗣。	侯廣都嗣，王莽篡位，絕。
東野戴侯章	中山靖王子。	四月甲午封，薨。	侯中時嗣，太初四年薨，亡後。			
高平侯喜	中山靖王子。	四月甲午封，十三年，元鼎五年，坐酎金免。				平原
廣川侯頗	中山靖王子。	四月甲午封，十三年，元鼎五年，坐酎金免。				
重侯擔 師古曰：「擔音丁甘反。」	河間獻王子。	四月甲午封，四年，元狩二年，坐不使人爲秋請免。師古曰：「請音材姓反。」				平原

被陽敬侯燕 師古曰：「被音疲彼反。千乘之縣也。」	齊孝王子。	四月乙卯封，十三年薨。	元鼎五年，糠侯偃嗣，二十八年薨。	始元二年，頃侯壽嗣。	孝侯定嗣。	節侯閎嗣。
			六世 侯廣嗣，王莽篡位，絕。			
定敷侯越	齊孝王子。	四月乙卯封，十二年薨。	元鼎四年，思侯德嗣，五十一年薨。	元康四年，憲侯福嗣。	恭侯湯嗣。	定侯乘嗣，王莽篡位，絕。
稻夷侯定	齊孝王子。	四月乙卯封，薨。	簡侯陽都嗣。	本始二年，戴侯咸嗣，四十二年薨。	甘露元年，頃侯閎嗣。	侯永嗣，王莽篡位，絕。

山原侯國	齊孝王子。	四月乙卯封，二十七年薨。五百五十戶。	天漢三年，康侯棄嗣，十四年薨。	始元三年，安侯守嗣，二十二年薨。	侯發嗣。	勃海
						甘露二年，孝侯外人嗣，十八年，建始五年薨。
繁安夷侯忠	齊孝王子。	四月乙卯封，十八年薨。	元封四年，安侯守嗣。	節侯壽漢嗣。	元鳳五年，頃侯嘉嗣。	孝侯光嗣。
			六世 侯起嗣。			
柳康侯陽已	齊孝王子。	四月乙卯封，薨。	敷侯罷師嗣。	于侯自爲嗣。	安侯攜嗣。	繆侯軻嗣。
			六世 侯守嗣，王莽篡位，絕。			
雲夷侯信	齊孝王子。	四月乙卯封，十四年薨。	元鼎六年，侯茂發嗣。	太始二年，康侯遂嗣。	釐侯終古嗣。	侯得之嗣，王莽篡位，絕。

牟平共侯渫 師古曰：「渫音先列反。」	齊孝王子。	四月乙卯封，五年薨。	元狩三年，節侯奴嗣，(三)〔二〕十五年薨。	太始二年，敬侯更生嗣，(一)〔二〕十九年薨。	地節四年，康侯建嗣，一年薨。	元康元年，孝侯乾嗣。
			六世 釐侯威嗣。	七世 侯隆嗣，王莽篡位，絕。		
柴原侯代	齊孝王子。	四月乙卯封，三十四年薨。	征和二年，節侯勝之嗣，二十七年薨。	元康二年，敬侯賢嗣。	三年，康侯齊嗣。	恭侯莫如嗣，薨，亡後。
柏暢戴侯終古	趙敬肅王子。	五年十一月辛酉封，薨。	侯朱嗣，始元三年薨，亡後。			中山
鄗安侯延年 師古曰：「鄗音許昭反。」	趙敬肅王子。	十一月辛酉封，十二年，元鼎五年，坐酎金免。				

乘丘節侯將夜	中山靖王子。	三月癸酉封，十一年薨。	元鼎四年，戴侯德嗣。	侯外人嗣，元康四年，坐爲子時與後母亂，免。		
高丘哀侯破胡	中山靖王子。	三月癸酉封，八年，元鼎元年薨，亡後。				
柳宿夷侯蓋	中山靖王子。	三月癸酉封，四年薨。	元狩三年，侯蘇嗣，八年，元鼎五年，坐酎金免。			
戎丘侯讓	中山靖王子。	(二)〔三〕月癸酉封，十(三)〔二〕年，元鼎五年，坐酎金免。				
樊輿節侯脩	中山靖王子。	二月癸酉封，三十六年薨。	後元年，煬侯過倫嗣。	思侯異衆嗣。	頃侯土生嗣。	侯自(于)〔予〕嗣，王莽篡位，絕。

曲成侯萬歲	中山靖王子。	(二)〔三〕月癸酉封，十二年，元鼎五年，坐酎金免。				涿
安郭于侯傳富	中山靖王子。	(二)〔三〕月癸酉封，薨。五百二十戶。	鳌侯偃嗣。	侯崇嗣，元康元年，坐首匿死罪免。		涿
安險侯應	中山靖王子。	三月癸酉封，十二年，元鼎五年，坐酎金免。				
安道侯恢	中山靖王子。	三月癸酉封，十二年，元鼎五年，坐酎金免。				
夫夷敬侯義	長沙定王子。	三月癸酉封，十二年薨。	元鼎五年，節侯禹嗣，五十八年薨。	五鳳三年，頃侯奉宗嗣。	釐侯慶嗣。	懷侯福嗣。

			六世　侯商嗣，王莽篡位，絕。			
舂陵節侯買	長沙定王子。	六月壬子封，四年薨。	元狩三年，戴侯熊渠嗣，五十六年薨。	元康元年，孝侯仁嗣。	侯敞嗣。	建武二年，立敞子(社)〔祉〕爲城陽王。
都梁敬侯定	長沙定王子。	六月壬子封。八(月)〔年〕薨。	元鼎元年，頃侯傒嗣。師古曰：「傒音胡雞反。」	節侯弘嗣。	原侯順懷嗣。	煬侯容嗣。
			六世　侯佗人嗣，王莽篡位，絕。			

洮陽靖侯狩燕	長沙定王子。	六月壬子封，七年，元狩六年薨，亡後。				
衆陵節侯賢	長沙定王子。	六月壬子封，五十年薨。	本始四年，戴侯眞定嗣，二十二年薨。	黃龍元年，頃侯慶嗣。	侯骨嗣，王莽篡位，絕。	
終弋侯廣置	衡山賜王子。	六年四月丁丑封，十一年，元鼎五年，坐酎金免。				汝南
麥侯昌	城陽頃王子。	元鼎元年四月戊寅封，五年，坐酎金免。				琅邪
鉅合侯發	城陽頃王子。	四月戊寅封，五年，坐酎金免。				平原

昌侯差	城陽頃王子。	四月戊寅封，五年，坐酎金免。					琅邪
蕢侯方 師古曰：「蕢音口怪反，字或作蕡，音扶未反，又音祕。」	城陽頃王子。	四月戊寅封，五年，坐酎金免。					
虖葭康侯澤 師古曰：「虖音乎。葭音工遐反。」	城陽頃王子。	四月戊寅封，六十二年薨。	神爵元年，夷侯舞嗣。	頃侯閣嗣。		侯永嗣，王莽篡位，絕。	
原洛侯敢	城陽頃王子。	四月戊寅封，二十六年，征和三年，坐殺人棄市。					琅邪
挾術侯昆景	城陽頃王子。	四月戊寅封，十六年，天漢元年薨，亡後。					琅邪

挾釐侯霸	城陽頃王子。	四月戊寅封，三十五年薨。	始元五年，夷侯成嗣，二十一年薨。	神爵元年，節侯賢嗣。	頃侯思嗣。		孝侯衆嗣，薨，亡後。
杸節侯讓	城陽頃王子。	四月戊寅封，薨。	侯興嗣，為人所殺。				平原
文成侯光	城陽頃王子。	四月戊寅封，五年，坐酎金免。					東海
挍靖侯雲 師古曰：「挍音效。」	城陽頃王子。	四月戊寅封，五年，坐酎金免。					
庸侯餘	城陽頃王子。	四月戊寅封，有罪死。					琅邪
翟侯壽	城陽頃王子。	四月戊寅封，五年，坐酎金免。					東海

鱣侯應 師古曰：「鱣音竹連反。」	城陽頃王子。	四月戊寅封，五年，坐酎金免。					襄賁 師古曰：「賁音奔，又音肥。」
彭侯強	城陽頃王子。	四月戊寅封，五年，坐酎金免。					東海
瓡節侯息 師古曰：「瓡即瓠字也，又音孤。」	城陽頃王子。	四月戊寅封，五十五年薨。	元康四年，質侯守嗣，七年薨。				
虛水康侯禹	城陽頃王子。	四月戊寅封，三十八年薨。	地節元年，息侯爵嗣，七年薨。	五鳳四年，侯敞嗣，王莽篡位，絕。			
東淮侯類	城陽頃王子。	四月戊寅封，五年，坐酎金免。					北海
拘侯賢	城陽頃王子。	四月戊寅封，五年，坐酎金免。					千乘

淯侯不疑 師古曰：「淯音育。」	城陽頃王子。	四月戊寅封，五年，坐酎金免。					東海
陸元侯何	菑川靖王子。	七月辛卯封，薨。	原侯賀嗣。	侯延壽嗣，五鳳三年，坐知女妹夫亡命笞二百，首匿罪，免。師古曰：「妹夫亡命，又有笞罪，而藏匿之，坐免也。」			壽光
廣饒康侯國	菑川靖王子。	七月辛卯封，五十年薨。	地節三年，共侯坊嗣，十四年薨。師古曰：「坊音房。」	甘露元年，侯麟嗣，王莽篡位，絕。			
缾敬侯成 師古曰：「缾音步(于)〔丁〕反。」	菑川靖王子。	七月辛卯封，五十四年薨。	地節二年，頃侯龍嗣，五十年薨。	(永)〔元〕康三年，原侯融嗣。	侯閎嗣，王莽篡位，絕。		

俞閭煬侯毋害師古曰：「俞音喻。」	菑川靖王子。	七月辛卯封，四十四年薨。	地節三年，原侯沉嗣，十年薨。	五鳳元年，侯隣嗣，十二年，初元三年薨，亡後。師古曰：「隣音鄰。」		
甘井侯光	廣川繆王子。	七月乙酉封，二十五年，征和二年，坐殺人棄市。				鉅鹿
襄隄侯聖師古曰：「隄音丁奚反。」	廣川繆王子。	七月乙酉封，五十年，地節四年，坐奉酎金斤(十)〔八〕兩少四兩，免。	(始元)〔元始〕二年，聖子倫以曾祖廣川惠王曾孫爲廣德王。			鉅鹿
皋虞煬侯建師古曰：「煬音戈向反。後皆類此。」	膠東康王子。	元封元年五月丙午封，九年薨。	太初四年，糠侯定嗣，十四年薨。	本始二年，節侯哀嗣。	薝侯勳嗣。	頃侯顯嗣。

			六世侯樂嗣，王莽篡位，絕。			
魏其煬侯昌	膠東康王子。	五月丙午封，十七年薨。	本始四年，原侯傳光嗣，三十三年薨。	甘露三年，孝侯禹嗣。	質侯蟜嗣。師古曰：「蟜音矯。」	侯嘉嗣，王莽篡位，絕。
祝茲侯延年	膠東康王子。	五月丙午封，五年，坐棄印綬出國，免。				琅邪
高樂康侯師古曰：「史失其名也。」	齊孝王子。	不得封年，薨，亡後。				濟南
參鬷侯則晉灼曰：「鬷音惚鬷。」師古曰：「音子弄反，又音子公反。」	廣川惠王子。	不得封年，坐酎金免。				東海

沂陵侯喜師古曰：「沂音牛衣反。」	廣川惠王子。	不得封年，坐酎金免。				東海
沈陽侯自爲	河間獻王子。	不得封年。				勃海
漳北侯寬	趙敬肅王子。	不得封年，元鳳三年，爲奴所殺。				魏
南䜌侯佗師古曰：「䜌音力專反。」	趙敬肅王子。	不得封年，征和二年，坐酎金免。				鉅鹿
南陵侯慶	趙敬肅王子。	不得封年，後三年，坐爲沛郡太守橫恣罔上，下獄瘐死。				臨淮

鄗侯舟師古曰：「鄗音呼各反。」	趙敬肅王子。	不得封年，征和四年，坐祝𧀼上，要斬。師古曰：「𧀼，古詛字也，音側據反。」				常山
安檀侯福	趙敬肅王子。	不得封年，後三年，坐爲常山太守祝𧀼上，訊未竟，病死。師古曰：「訊謂考問之。」				魏
爰戚侯當	趙敬肅王子。	不得封年，後三年，坐與兄廖謀反，自殺。				濟南

栗節侯樂	趙敬肅王子。	征和元年封，二十七年薨。	地節四年，煬侯忠嗣。	賓侯終根嗣。	侯況嗣。	
洨夷侯周舍 師古曰：「洨音交，又音爻。」	趙敬肅王子。	元年封，薨。	孝侯惠嗣。	節侯廼始嗣。	哀侯勳嗣。	侯承嗣。
猇節侯起 晉灼曰：「猇音內言鴞。」師古曰：「音于虯反。」	趙敬肅王子。	元年封，十三年薨。	始元六年，夷侯充國嗣，二十年薨。	神爵元年，恭侯廣明嗣。	釐侯固嗣。	侯鉅鹿嗣。
揤裴戴侯道 鄭氏曰：「揤裴音卽非，在肥鄉縣南五里，卽非(成)〔城〕也。」	趙敬肅王子。	元年封，十二年薨。	元鳳元年，哀侯尊嗣。	頃侯章嗣。	釐侯景嗣。	東海侯發嗣。
澎侯屈釐 師古曰：「澎音彭，東海縣也。屈音丘勿反，又音求勿反。」	中山靖王子。	二年三月丁巳封，三年，坐爲丞相祝詛，要斬。				
右孝武						

校勘記

四二八頁三欄 三格，錢大昭說「一百二十」當作「一百二十七」。王先謙說史表正作「一百二十七」。「十年」，景祐、殿本都作「七年八月」。四格「二」，景祐、殿本都作「二」。

四三〇頁四欄 四格，錢大昭說「二年」當作「三年」。王先謙說史表作「三年」。按景祐本正作「三年」。

四三一頁三欄 四格，景祐、殿本「耐」作「削」。

四三二頁一欄 三格「齊」，景祐、殿、局本都作「濟」。

四三三頁三欄 一格「艮」，景祐、殿本都作「良」。王先謙說「艮」字誤。

四三四頁一欄 四格，景祐本作「削」，殿本作「耐」。

四三六頁二欄 三格，王先謙說「己」當爲「乙」。按景祐、殿本正作「乙」。

四三七頁三欄 一格「楊」，景祐、殿本都作「陽」。

四三九頁二欄 三格，王先謙說「九」當爲「五」。按景祐、殿、局本都作「五」。

四四〇頁二欄 五格「恭」，景祐、殿、局本都作「莽」。王先謙說作「莽」是。

四四一頁二欄 四格「二十」，景祐本作「三十」。

四四一頁四欄 三格「五年」，景祐、殿、局本都作「五月」。王先謙說作「五月」是。

四四三頁二欄 二格「弟」，殿、局本都作「子」。王先謙說作「子」是，史表同。

四五〇頁四欄 四格「容」，王先謙說閩本、汪本都作「客」，史表同。按景祐本作「客」。

四五一頁一欄 三格，王先謙說「十年」當作「十月」。按景祐本作「十月」。

四五二頁五欄 一格，殿本作「曜」，景祐本誤作「曜」。

四五三頁二欄 三格「新」，殿、局本都作「蘄」。

四五三頁三欄 三格原在四格，據景祐、殿、局本提上。

四五四頁四欄 三格「五月」，景祐、殿本都作「正月」。王先謙說作「正月」是。

四六六頁一欄 四格，王念孫說「三」字誤，景祐本作「二十五年」。五格「一十九年」，景祐、殿本「一」作「二」。王先謙說作「二」是。

四六六頁二欄 四、五格原在三、四格，據景祐、殿本改。

四六七頁四欄 三格，王先謙說汪本「二」作「三」、「三」作「二」，是。按景祐、殿本同。

四六七頁五欄 七格「子」，景祐、殿本都作「予」。

四六八頁一欄 三格「二月」，景祐、殿本都作「三月」。

四六八頁二欄 三格「二月」，景祐、殿本都作「三月」。

四六九頁二欄 七格「祉」，景祐、殿、局本都作「祉」。朱一新說作「祉」是。

四六九頁三欄 三格「八月」，景祐、殿、局本都作「八年」。王先謙說作「八年」是。

四七四頁四欄 一格「于」，景祐、殿本都作「丁」。五格「永」，景祐、殿本都作「元」。

四七五頁三欄 三格「十兩」，景祐、殿、局本都作「八兩」。四格，錢大昭說「始元」當作「元始」。

四七九頁四欄 一格，王先謙說「成」當作「城」。按景祐、殿本都作「城」。

漢書卷十五下

王子侯表第三下

孝元之世，亡王子侯者，盛衰終始，豈非命哉！元始之際，王莽擅朝，僞褎宗室，侯及王之孫焉；〔一〕居攝而愈多，非其正，故弗錄。〔二〕旋踵亦絕，悲夫！

〔一〕師古曰：「王之孫亦得封侯，謂承鄉侯閟以下是也。」

〔二〕師古曰：「王莽所封，故不以爲正也。」

號謚姓名	屬	始封	子	孫	曾孫	玄孫	
松茲戴侯霸	六安共王子。	始元五年六月辛丑封，二十二年薨。	神爵二年，共侯始嗣。	頃侯（縷）〔縺〕嗣。師古曰：「縺音（于）〔千〕涉反。」	侯均嗣。王莽篡位，絕者凡百八十一人。師古曰：「此下言免絕者皆是也。」		

溫水侯安國	膠東哀王子。	六月辛丑封，十年，本始二年，坐上書爲妖言，會赦，免。					
蘭旗頃侯臨	魯安王子。	六月辛丑封，二十二年薨。	神爵二年，節侯去疾嗣，七年薨。	甘露元年，釐侯嘉嗣。	侯位嗣，絕。		
朝							
容丘戴侯方	魯安王子。	六月辛丑封。	頃侯未央嗣。	侯昭嗣，絕。			
山							
良成頃侯文	魯安王子。	六月辛丑封。	共侯舜嗣。	釐侯原嗣。	戴侯元嗣。	侯閎嗣，絕。	
德							
蒲領煬侯祿	清河綱王子。	六年五月乙卯封。	哀侯推嗣，亡後。				

			元延三年，節侯不識以推弟紹封。	侯京嗣，免。			
南曲煬侯遷	清河綱王子。	五月乙卯封，三十年薨。	甘露三年，節侯江嗣。	侯尊嗣，免。			
高城節侯梁	長沙頃王子。	六月乙未封。	質侯景嗣。	頃侯請士嗣。	侯馮嗣，免。		
成獻侯喜	中山康王子。	元鳳五年十一月庚子封，十五年薨。	神爵元年，頃侯得疵嗣。師古曰：「疵音才斯反。」	煬侯倘嗣。師古曰：「倘音普等反。」	哀侯貴嗣，建平元年薨，亡後。		涿郡
新市康侯吉	廣川繆王子。	十一月庚子封，二十五年薨。	甘露三年，頃侯義嗣。	侯欽嗣。			堂陽
江陽侯仁	城陽慧王子。	六年十一月乙丑封，十年，元康元年，坐役使附					東海

		落免。師古曰：「有聚落來附者，輒役使之，非法制也。」					
陽武侯	孝武皇帝曾孫。	元平元年七月庚申封，即日即皇帝位。					
右孝昭十二							
朝陽荒侯聖	廣陵厲王子。	本始元年七月壬子封。	思侯廣德嗣。	侯安國嗣，免。			濟南
平曲節侯曾	廣陵厲王子。	七月壬子封，十九年，五鳳四年，坐父祝詛上，免，後復封。	釐侯臨嗣。	侯農嗣，免。			東海

南利侯昌	廣陵厲王子。	七月壬子封，五年，地節二年，坐賊殺人免。				汝南
安定戾侯賢	燕剌王子。	（十）〔七〕月壬子封。	頃侯延年嗣。	侯昱嗣，免。		鉅鹿
東襄愛侯寬	廣川繆王子。	（二）〔三〕年四月壬申封。	侯使親嗣，建昭元年薨，亡後。			信都
宣處節侯章	中山康王子。	三年六月甲辰封，四年薨。	地節三年，原侯衆嗣，薨，亡後。			
修市原侯寅	清河綱王子。	四年四月己丑封，（二）〔三〕年薨。	地節三年，頃侯千秋嗣。	釐侯元嗣。	侯雲嗣，免。	勃海
東昌趮侯成 晉灼曰：「音躁疾。」師古曰：「即古躁字也。」	清河綱王子。	四月己丑封。	頃侯親嗣。	節侯霸嗣。	侯祖嗣，免。	

新鄉侯豹	清河綱王子。	四月（乙）〔己〕丑封，四年薨。	地節四年，釐侯步可嗣。	煬侯膏嗣。	侯佟嗣，元始元年上書言王莽宜居攝，莽篡位，賜姓王。師古曰：「佟音徒冬反。」	
修故侯福	清河綱王子。	四月（乙）〔己〕丑封，五年，元康元年，坐首匿羣盜棄市。				清河
東陽節侯弘	清河綱王子。	四月己丑封，十年薨。	神爵二年，釐侯縱嗣。	頃侯遁始嗣。	哀侯封親嗣。	侯伯造嗣，免。
新昌節侯慶	燕剌王子。	五月癸丑封。	頃侯稱嗣。	哀侯未央嗣，薨，亡後。元延元年，釐侯	侯晉嗣，免。	涿

				嫋以未央弟紹封。師古曰：「嫋音乃了反。」		
邯蕣節侯偃 師古曰：「邯音寒。蕣音溝。」	趙頃王子。	地節（三）〔二〕年四月癸卯封，九年薨。	神爵三年，釐侯勝嗣。	頃侯度嗣。	侯定嗣，免。	魏
樂陽繆侯說	趙頃王子。	四月癸卯封。	孝侯宗嗣。	頃侯崇嗣。	侯鎮嗣，免。	常山
桑中戴侯廣	趙頃王子。	四月癸卯封。	節侯縱嗣。	頃侯敞嗣，亡後。		
漢				元延二年，侯舜以敞弟紹封，十九年免。		
張侯嵩	趙頃王子。	四月癸卯封，八年，神爵二年，坐				常山

		賊殺人，上書要上下獄瘐死。師古曰：「要上者怙親而不服罪也。」				
景成原侯雍	河間獻王子。	四月癸卯封，六年薨。	元康四年，頃侯歐嗣。	釐侯禹嗣。	節侯福嗣，免。	勃海
平隄嚴侯招 師古曰：「隄音丁奚反。」	河間獻王子。	四月癸卯封，一年薨。	三年，繆侯榮嗣。	節侯曾世嗣。	釐侯育嗣。	鉅鹿 侯酒始嗣，免。
樂鄉憲侯佟	河間獻王子。	四（年）〔月〕癸卯封，九年薨。	神爵三年，節侯蒯嗣。	頃侯鄧嗣。	釐侯勝嗣。	鉅鹿 侯地緒嗣，免。
高郭節侯瞌 師古曰：「瞌音一蓋反。」	河間獻王子。	四月癸卯封，薨。	孝侯久長嗣。	頃侯非嗣。師古曰：「非音斐。」	共侯稱嗣。	哀侯霸嗣，薨，亡後。

						鄚 元延元年，侯異眾以霸弟紹封。師古曰：「河閒之縣也，音莫。」
			六世 侯發嗣，免。			
樂望孝侯光	膠東戴王子。	四年二月甲寅封。	釐侯林嗣。	侯起嗣，免。		北海
成康侯饒	膠東戴王子。	二月甲寅封。	侯新嗣，免。			北海
柳泉節侯強	膠東戴王子。	二月甲寅封，十七年薨。	黃龍元年，孝侯建嗣。	煬侯萬年嗣。	侯永昌嗣，免。	南陽

復陽嚴侯延（平）〔年〕 師古曰：「復音（力）〔方〕目反。」	長沙頃王子。	元康元年正月癸卯封。	煬侯漢嗣。	侯道嗣，免。		南陽
鍾武節侯度	長沙頃王子。	正月癸卯封。	孝侯宣嗣。	哀侯霸嗣，亡後。		
			元延二年，節侯則以霸叔父紹封。			
高城節侯梁	長沙頃王子。	正月癸卯封。	質侯景嗣。	頃侯諸士嗣。	侯馮嗣，免。	
富陽侯賜	六安夷王子。	二年五月丙戌封，二十八年，建昭二年，坐上書歸印綬免八百戶。				

海昏侯賀	昌邑哀王子。	（二）〔三〕年四月壬子，以昌邑王封，四年，神爵三年薨。坐故行淫辟，不得置後。師古曰：「辟讀曰僻。」	初元三年，釐侯代宗以賀子紹封。	原侯保世嗣。	侯會邑嗣，免，建武後封。	豫章
曲梁安侯敬	平干頃王子。	七月壬子封。	節侯時光嗣。	侯瓠辯嗣，免。		魏郡
遽鄉侯宣	眞定列王子。	四年三月甲寅封，二年薨，亡後。				常山
新利侯偃	膠東戴王子。	神爵元年四月癸巳封，十一年，甘露四年，坐上書謾，免，復更封戶都侯，建始三年又上書謾，免。四百戶。				

樂信頃侯強	廣川繆王子。	三年四月戊戌封。	孝侯何嗣。	節侯賀嗣。	侯涉嗣，免。	鉅鹿
昌成節侯元	廣川繆王子。	四月戊戌封，四年薨。	五鳳三年，頃侯齒嗣。	釐侯應嗣。	質侯江嗣，建平三年薨，亡後。	信都
廣鄉孝侯明	平干頃王子。	七月壬申封。	節侯安嗣。	釐侯周齊嗣。	侯充國嗣，免。	鉅鹿
成鄉質侯慶	平干頃王子。	七月壬申封，九百戶。	節侯霸嗣，鴻嘉三年薨，亡後。			廣平
			元延二年，侯果以霸弟紹封，十九年免。			
平利節侯世	平干頃王子。	四年三月癸丑封。	質侯嘉嗣。	釐侯禹嗣。	侯旦嗣，免。	魏郡
平鄉孝侯（壬）〔王〕	平干頃王子。	三月癸丑封。	節侯成嗣。	侯陽嗣，免。		魏郡

平纂節侯梁	平干頃王子。	三月癸丑封，薨，亡後。				平原
成陵節侯充	平干頃王子。	(二)〔三〕月癸丑封，四百一十戶。	侯德嗣，鴻嘉三年，坐弟與後母亂，共殺兄，德知不舉，不道，下獄瘐死。			廣平
西梁節侯關兵	廣川戴王子。	三月乙亥封，七年薨。	甘露三年，孝侯廣嗣。	哀侯宮嗣。	侯敞嗣，免。	鉅鹿
歷鄉康侯必勝	廣川繆王子。	七月壬子封，五年薨。	甘露元年，頃侯長壽嗣。	繆侯宮嗣。	侯東之嗣，免。	鉅鹿
陽城愍侯田	平干頃王子。	七月壬子封。	節侯賢嗣。	釐侯說嗣。	侯報嗣，免。	

祚陽侯仁	平干頃王子。	五鳳元年四月乙未封，十三年，初元五年，坐擅興繇賦，削爵一級，爲關內侯，九百一十戶。				廣平
武陶節侯朝	廣川繆王子。	七月壬午封。	孝侯弘嗣。	節侯勳嗣。	侯京嗣，免。	鉅鹿
陽興侯昌	河間孝王子。	十二月癸巳封，二十六年，建始二年，坐朝私留它縣，使庶子殺人，棄市。千三百五十戶。				涿郡
利鄉孝侯安	中山頃王子。	甘露元年三月壬辰封。	戴侯遂嗣。	侯(固)〔國〕嗣，免。		常山

都鄉孝侯景	趙頃王子。	二年七月辛未封。	侯溱嗣，免。師古曰：「溱音臻。」			東海
昌慮康侯弘 師古曰：「慮音力於反。」	魯孝王子。	四年閏月丁亥封。	釐侯奉世嗣。	侯蓋嗣，免。		泰山
平邑侯敞	魯孝王子。	閏月丁亥封，二年，初元元年，坐殺一家二人棄市。				東海
山鄉節侯綰	魯孝王子。	閏月丁亥封。	侯丘嗣，免。			東海
建陵靖侯遂	魯孝王子。	閏月丁亥封，一年薨。	黃龍元年，節侯魯嗣。	侯連文嗣，免。		東海
合陽節侯平	魯孝王子。	閏月丁亥封，千一百六十戶。	孝侯安上嗣，建始元年薨，亡後。			東海

東安孝侯強	魯孝王子。	閏月丁亥封。	侯拔嗣，免。			東海
承鄉節侯當 師古曰：「承音證。」	魯孝王子。	閏月丁亥封，二千七百戶。	侯德天嗣，鴻嘉二年，坐恐猲國人，受財臧五百以上，免。			東海
建陽節侯咸	魯孝王子。	閏月丁亥封。	孝侯霸嗣。	侯並嗣，免。		東海
高鄉節侯休	城陽惠王子。	十一月壬申封。	頃侯興嗣。	侯革始嗣，免。		琅邪
茲鄉孝侯弘	城陽荒王子。	十一月壬申封。	頃侯昌嗣。	節侯應嗣。	侯宇嗣，免。	琅邪
藉陽侯顯	城陽荒王子。	十一月壬申封，十六年，建昭四年，坐恐猲國民取財物，免。六百戶。				東海
都平愛侯丘	城陽荒王子。	十一月壬申封。	恭侯訢(免)〔嗣〕。	侯堪嗣，免。		東海

槖原侯山	城陽荒王子。	十一月壬申封。	節侯蒻嗣。	侯妾得嗣，薨，亡後。			琅邪
箕愿侯文師古曰：「愿音願，又音原。」	城陽荒王子。	十一月壬申封。	節侯瞵嗣。師古曰：「瞵音鄰。」	侯(欽)〔褱〕嗣，免。			琅邪
高廣節侯勳	城陽荒王子。	十一月壬申封。	哀侯賀嗣。	質侯福嗣。	侯吳嗣，免。		琅邪
卽來節侯佼師古曰：「佼音狡。」	城陽荒王子。	十一月壬申封。	侯欽嗣，免。				琅邪
右孝宣							
膠鄉敬侯漢	高密哀王子。	初元元年三月丁巳封，七百四十戶。	節侯成嗣，陽朔四年薨，亡後。				琅邪
桃煬侯良	廣川繆王子。	三月封。	共侯敞嗣。	侯狗嗣，免。			鉅鹿

安平釐侯習	長沙孝王子。	三月封。	侯嘉嗣，免。				鉅鹿
陽山節侯宗	長沙孝王子。	三月封。	侯買奴嗣，免。				桂陽
庸釐侯談	城陽荒王子。	三月封，九百一十戶。	侯端嗣，永光二年，坐強姦人妻，會赦，免。				琅邪
昆山節侯光	城陽荒王子。	三月封。	侯儀嗣，免。				琅邪
折泉節侯根	城陽荒王子。	三月封。	侯翮嗣，免。				琅邪
博石頃侯淵	城陽荒王子。	三月封。	侯獲嗣，免。				琅邪
要安節侯勝	城陽荒王子。	三月封。	哀侯守嗣，薨，亡後。				琅邪
房山侯勇	城陽荒王子。	三月封，五十六年薨。					琅邪

式節侯憲	城陽荒王子。	三月封，三百戶。	哀侯霸嗣，鴻嘉元年薨，亡後。				泰山
			元延元年，侯萌以霸弟紹封，十九年免。				
臨鄉頃侯雲	廣陽頃王子。	五年六月封。	侯交嗣，免。				涿
西鄉頃侯容	廣陽頃王子。	六月封。	侯景嗣，免。				涿
陽鄉思侯發	廣陽頃王子。	六月封。	侯度嗣，免。				涿
益昌頃侯嬰	廣陽頃王子。	永光三年三月封。	共侯政嗣。	侯福嗣，免。			涿
羊石頃侯回	膠東頃王子。	三月封。	共侯成嗣。	侯順嗣，免。			北海
石鄉煬侯理	膠東頃王子。	三月封。	侯建國嗣，免。				北海
新城節侯根	膠東頃王子。	三月封。	侯霸嗣，免。				北海

上鄉侯歙師古曰：「歙音翕。」	膠東頃王子。	三月封，三十九年免。					北海
于鄉節侯定	泗水勤王子。	三月封。	侯聖嗣，免。				東海
就鄉節侯璋	泗水勤王子。	三月封，七年薨，亡後。					東海
石山節侯玄	城陽戴王子。	三月封。	釐侯嘉嗣，免。				
都陽節侯音	城陽戴王子。	三月封。	侯閔嗣，免。				
參封侯嗣	城陽戴王子。	三月封。	侯殷嗣，免。				
伊鄉頃侯遷	城陽戴王子。	三月封，薨，亡後。					
襄平侯疊	廣陽厲王子。	五年三月封，四十七年免。					
貰鄉侯平師古曰：「貰音式制反。」	梁敬王子。	建昭元年正月封，四年，病狂自殺。					

樂侯義	梁敬王子。	正月封,四年,坐使人殺人,髡爲城旦。				
中鄉侯延年	梁敬王子。	正月封,四十六年薨。				
鄭頃侯罷軍	梁敬王子。	正月封。	節侯駿嗣。	侯良嗣,免。		
黄節侯順	梁敬王子。	正月封。	釐侯申嗣,元壽二年薨,亡後。			濟陰
平樂節侯遷	梁敬王子。	正月封。	侯寶嗣,免。			
菑鄉釐侯就	梁敬王子。	正月封。	侯逢喜嗣,免。			濟南
東鄉節侯方	梁敬王子。	正月封。	侯護嗣,免。			沛
陵鄉侯訢	梁敬王子。	正月封,七年,建始二年,坐使人傷家丞,又貸穀				沛

		息過律,免。師古曰:「以穀貸人而多取其息也。」				
溧陽侯欽 師古曰:「溧音栗。」	梁敬王子。	正月封。	侯畢嗣,免。			沛
釐鄉侯固 師古曰:「釐音力之反。」	梁敬王子。	正月封,二十一年,鴻嘉四年,坐上書歸印綬,免。四百七十二戶。				沛
高柴節侯發	梁敬王子。	正月封。	釐侯賢嗣。	侯隱嗣,免。		沛
臨都節侯未央	梁敬王子。	正月封。	侯息嗣,免。			
高質侯舜	梁敬王子。	正月封。	釐侯始嗣。	侯便翕嗣,免。		
北鄉侯譚	菑川孝王子。	四年六月封,四十三年免。				

蘭陵節侯宜	廣陵孝王子。	五年十二月封。	共侯譚嗣。	侯便強嗣,免。		
廣平節侯德	廣陵孝王子。	十二月封。	侯德嗣,免。			
博鄉節侯交	六安繆王子。	竟寧元年四月丁卯封。	侯就嗣,免。			
柏鄉戴侯買	趙哀王子。	四月丁卯封。	頃侯雲嗣。	侯譚嗣,免。		
安鄉孝侯喜	趙哀王子。	四月丁卯封。	釐侯胡嗣。	侯合衆嗣,免。		
廣釐侯便	菑川孝王子。	四月丁卯封。	節侯護嗣。	侯宇嗣,免。		齊
平節侯服	菑川孝王子。	四月丁卯封。	侯嘉嗣,免。			齊
右孝元						
昌鄉侯憲	膠東頃王子。	建始二年正月封,三十年,元壽二年,坐使家丞封上印綬,免。				

順陽侯共	膠東頃王子。	正月封,三十九年免。				
樂陽侯獲	膠東頃王子。	正月封,三十九年免。				
平城釐侯邑	膠東頃王子。	正月封。	節侯珍嗣。	侯理嗣,免。		
密鄉頃侯林	膠東頃王子。	正月封。	孝侯欽嗣。	侯敞嗣,免。		
樂都煬侯訢	膠東頃王子。	正月封。	繆侯臨嗣。	侯延年嗣,免。		
卑梁侯都	高密頃王子。	正月封,三十九年免。				
膠陽侯恁 師古曰:「恁音女林反。」	高密頃王子。	正月封,三十九年免。				
武鄉侯慶	高密頃王子。	正月封。	侯勁嗣,免。			

成鄉釐侯安	高密頃王子。	正月封。	侯德嗣，免。			
麗茲共侯賜	高密頃王子。	正月封。	侯放嗣，免。			
賓梁懷侯強	河間孝王子。	正月封，四年薨，亡後。				
廣戚（陽）〔煬〕侯勳	楚孝王子。	河平三年二月乙亥封。	侯顯嗣。	子嬰，居攝元年爲孺子，王莽篡位，爲定安公，莽敗，死。		
陰平釐侯回	楚孝王子。	陽朔二年正月丙午封。	侯詩嗣，免。			
			承鄉 元始元年二月丙午，侯闓以孝王孫封，八年免。			

樂平侯訢	淮陽憲王子。	閏六月壬午封，病狂易，免，元壽二年更封共樂侯。師古曰：「病狂而改易其本性也。」	外黃 元始元年二月丙辰，侯圉以憲王孫封，八年免。			
			高陽 二月丙辰，侯並以憲王孫封，八年免。			
			平陸 二月丙辰，侯寵以憲王孫封，八年免。			

郚鄉侯閔 師古曰：「郚音魚，又音吾。」	魯頃王子。	四年四月甲寅封，十七年，建平三年，爲魯王。	宰鄉 侯延以頃王孫封，八年免。			
建鄉釐侯康	魯頃王子。	四月甲寅封。	侯自當嗣，免。			
安丘侯常	高密頃王子。	鴻嘉元年正月癸巳封，二十八年免。				
栗鄉頃侯護	東平思王子。	四月辛巳封。	侯玄成嗣，免。			
			金鄉 元始元年二月丙辰，侯不害以思王孫封，八年免。			

			平通 二月丙辰，侯且以思王孫封，八年免。			
			西安 二月丙辰，侯漢以思王孫封，八年薨。			
			湖鄉 二月丙辰，侯開以思王孫封，八年免。			
			重鄉 二月丙辰，侯少			

			柏以思王孫封，八年(免)〔薨〕。			
桑丘侯頃	東平思王子。	四月辛巳封。	陽興 二月丙辰，侯寄生以思王孫封，八年免。			
			陵陽 二月丙辰，侯嘉以思王孫封，八年免。			
			高樂 二月丙辰，侯修以思王孫封，八年免。			

			平邑 二月丙辰，侯閔以思王孫封，八年免。			
			平纂 二月丙辰，侯況以思王孫封，八年免。			
			合昌 二月丙辰，侯輔以思王孫封，八年免。			
			伊鄉 二月丙辰，侯開			

			以思王孫封，八年免。			
			就鄉 二月丙辰，侯不害以思王孫封，八年免。			
			膠鄉 二月丙辰，侯武以思王孫封，八年免。			
			宜鄉 二月丙辰，侯恢以思王孫封，八年免。			

			昌城 二月丙辰，侯豐以思王孫封，八年免。			
			樂安 二月丙辰，侯禹以思王孫封，八年免。			
桃鄉頃侯宣	東平思王子。	二年正月戊子封。	侯立嗣，免。			
新陽頃侯永	魯頃王子。	五月戊子封。	侯級嗣，免。			
陵石侯慶	膠東共王子。	四年六月乙巳封，二十五年免。				

祁鄉節侯賢	梁夷王子。	永始二年五月乙亥封。	侯富嗣，免。			
富陽侯萌	東平思王子。	三年三月庚申封，二十三年免。				
曲鄉頃侯鳳	梁荒王子。	六月辛卯封，十七年薨。	侯雲嗣，免。			濟南
桃山侯欽	城陽孝王子。	四年五月戊申封，二十一年免。				
昌陽侯霸	泗水戾王子。	五月戊申封，二十一年免。				
臨安侯閔	膠東共王子。	五月戊申封，二十一年免。				
徐鄉侯炔 師古曰：「炔音桂，字	膠東共王子。	元延元年二月癸卯封，二十一				齊

或作炔。」		年，王莽建國元年，舉兵欲誅莽，死。				
臺鄉侯畛 師古曰：「畛音軫。」	菑川孝王子。	二年正月癸卯封，十八年免。				
西陽頃侯並	東平思王子。	四月甲寅封。	侯偃嗣，免。			東萊
堂鄉哀侯𢘍	膠東共王子。	綏和元年五月戊午封，三年薨，亡後。				
安國侯吉	趙共王子。	六月丙寅封，十六年免。				
梁鄉侯交	趙共王子。	六月丙寅封，十六年免。				

襄鄉頃侯福	趙共王子。	六月丙寅封。	侯章嗣，免。			
容鄉釐侯強	趙共王子。	六月丙寅封。	侯弘嗣，免。			
緼鄉侯固 師古曰：「緼音於粉反。」	趙共王子。	六月丙寅封，十六年免。				
廣昌侯賀	河間孝王子。	六月丙寅封，十六年免。				
都安節侯普	河間孝王子。	六月丙寅封。	侯胥嗣，免。			
樂平侯永	河間孝王子。	六月丙寅封，十六年免。				
方鄉侯常得	廣陽惠王子。	六月丙寅封，十六年免。				
庸鄉侯宰	六安頃王子。	三年七月庚午封，十五年免。				

右孝成

南昌侯宇	河間惠王子。	建平二年五月丁酉封，十二年免。				
嚴鄉侯信	東平煬王子。	五月丁酉封，四年，坐父大逆，免，元始元年復封。六年，王莽居攝二年，東郡太守翟義舉兵，立信爲天子，兵敗，死。				
武平侯璜	東平煬王子。	五月丁酉封，四年，坐父大逆，免，元始元年復封，				

		居攝二年舉兵死。				
陵鄉侯曾	楚思王子。	四年三月丁卯封，至王莽六年，舉兵欲誅莽，死。				
武安侯慢師古曰：「慢音受。」	楚思王子。	三月丁卯封，二年，元壽二年，坐使奴殺人免，元始元年復封，八年免。				
湘鄉侯昌	長沙王子。	五月丙午封，十一年免。				
方樂侯嘉	廣陵繆王子。	元壽元年五月乙卯封，十一年免。				

宜禾節侯得	河間孝王子。	二年四月丁酉封。	侯恢嗣，免。			
富春侯玄	河間孝王子。	四月丁酉封，十年免。				
右孝哀						
陶鄉侯恢	東平煬王子。	元始元年二月丙辰封，八年〔免〕。				
釐鄉侯褒	東平煬王子。	二月丙辰封，八年免。				
昌鄉侯且	東平煬王子。	二月丙辰封，八年免。				
新鄉侯鯉	東平煬王子。	二月丙辰封，八年免。				

郚鄉侯光	楚思王子。	二月丙辰封，八年免。				
新（成）〔城〕侯武	楚思王子。	二月丙辰封，八年免。				
宜陵侯豐	楚思王子。	二月丙辰封，八年免。				
堂鄉侯護	楚思王子。	二月丙辰封，八年免。				
成陵侯由	楚思王子。	二月丙辰封，八年免。				
成陽侯衆	楚思王子。	二月丙辰封，八年免。				
復昌侯休	楚思王子。	二月丙辰封，八年免。				

安陸侯平	楚思王子。	二月丙辰封，八年免。				
梧安侯譽	楚思王子。	二月丙辰封，八年免。				
朝鄉侯充	楚思王子。	二月丙辰封，八年免。				
扶鄉侯普	楚思王子。	二月丙辰封，八年免。				
方城侯宣	廣陽繆王子。	二年四月丁酉封，七年免。				
當陽侯益	廣陽思王子。	四月丁酉封，七年免。				

廣城侯（連）〔遬〕師古曰：「（連）〔遬〕音竹二反。」	廣陽思王子。	四月丁酉封，七年免。
春城侯允	東平煬王子。	四月丁酉封，七年免。
昭陽侯賞	長沙剌王子。	五年閏月丁酉封，四年免。
承陽侯景師古曰：「承音烝，字或作烝。」	長沙剌王子。	閏月丁酉封，四年免。
信昌侯廣	眞定共王子。	閏月丁酉封，四年免。
呂鄉侯尙	楚思王子。	閏月丁酉封，四年免。

李鄉侯殷	楚思王子。	閏月丁酉封，四年免。
宛鄉侯隆	楚思王子。	閏月丁酉封，四年免。
壽泉侯承	楚思王子。	閏月丁酉封，四年免。
杏山侯遵	楚思王子。	閏月丁酉封，四年免。

右孝平

校勘記

四八五頁二欄　五格，錢大昭說「𦀚」不成字，閩本作「縺」。按殿本作「縺」。注「于」，殿本作「千」。

四八七頁二欄　三格「十」，景祐、殿本都作「七」。朱一新說作「七」是。

四八七頁三欄　三格「二」，景祐、殿本都作「三」。

四八七頁五欄　三格「二」，景祐、殿本都作「三」。王先謙說作「三」是。

四八八頁一欄　三格，錢大昭說「乙」當作「己」，下脩故侯亦誤。按殿本都作「己」。

四八九頁二欄　三格「三」，景祐、殿本都作「二」。蘇輿說作「二」是。

四九〇頁四欄　三格「四年」，景祐、殿、局本都作「四月」。

四九二頁一欄　一格「平」，景祐本作「年」，殿本脫。注「力」，景祐、殿本都作「方」。

四九三頁一欄　三格，蘇輿說「二年」當作「三年」。按景祐本作「三年」。

四九四頁七欄　一格「王」，殿本作「壬」。王先謙說作「壬」是。

四九五頁二欄　三格「二月」，景祐、殿本都作「三月」。朱一新說作「三月」是。

四九六頁四欄　五格「固」，景祐、殿本都作「國」。

四九八頁七欄　四格「兎」，景祐、殿、局本都作「嗣」。朱一新說作「嗣」是。

四九九頁二欄　五格「欽」，錢大昭說閩本作「褒」，朱一新說汪本作「褒」。按景祐、殿本都作「褒」。

五〇七頁四欄　一格，錢大昭說「陽」當作「煬」。按景祐、殿本都作「煬」。

五一二頁一欄　四格，朱一新說汪本「兎」作「薨」。按景祐、殿本都作「薨」。

五二〇頁四欄　三格「兎」，據景祐、殿、局本補。

五二一頁二欄　一格「成」，景祐、殿本都作「城」。

五二三頁一欄　一格，錢大昭說「連」不成字，汪本作「遬」。按景祐、殿本都作「遬」。

漢書卷十六

高惠高后文功臣表第四

自古帝王之興，曷嘗不建輔弼之臣所與共成天功者乎！〔一〕漢興自秦二世元年之秋，楚陳之歲，〔二〕初以沛公總帥雄俊，三年然後西滅秦，立漢王之號，五年東克項羽，即皇帝位，八載而天下乃平，始論功而定封。訖十二年，侯者百四十有三人。時大城名都民人散亡，戶口可得而數裁什二三，〔三〕是以大侯不過萬家，小者五六百戶。封爵之誓曰：「使黃河如帶，泰山若厲，國以永存，爰及苗裔。」〔四〕於是申以丹書之信，重以白馬之盟，〔五〕又作十八侯之位次。〔六〕高后二年，復詔丞相陳平盡差列侯之功，錄弟下竟，臧諸宗廟，副在有司。〔七〕始未嘗不欲固根本，而枝葉稍落也。

〔一〕師古曰：「天功，天下之功業也。虞書舜典曰『欽哉，惟時亮天功』也。」

〔二〕師古曰：「謂陳涉自稱楚王時也。」

〔三〕師古曰：「裁與纔同，十分之內纔有二三也。」

〔四〕應劭曰：「封爵之誓，國家欲使功臣傳祚無窮也。帶，衣帶也。厲，砥厲石也。河當何時如衣帶，山當何時如厲石，言如帶厲，國猶永存，以及後世之子孫也。」

〔五〕師古曰：「丹書，解在高紀。白馬之盟，謂刑白馬歃其血以為盟也。」

〔六〕孟康曰：「唯作元功蕭、曹等十八人位次耳。高后乃詔作位次下竟。」師古曰：「謂蕭何、曹參、張敖、周勃、樊噲、酈商、奚涓、夏侯嬰、灌嬰、傅寬、靳歙、王陵、陳武、王吸、薛歐、周昌、丁復、蟲達，從第一至十八也。」

〔七〕師古曰：「副，貳也。其列侯功籍已藏於宗廟，副貳之本又在有司。」

故逮文、景四五世間，流民既歸，戶口亦息，列侯大者至三四萬戶，小國自倍，〔一〕富厚如之。〔二〕子孫驕逸，忘其先祖之艱難，多陷法禁，隕命亡國，〔或〕（云）〔亡〕子孫。訖於孝武後元之年，靡有孑遺，耗矣。〔三〕罔亦少密焉。〔四〕故孝宣皇帝愍而錄之，乃開廟臧，覽舊籍，詔令有司求其子孫，咸出庸保之中，〔五〕並受復除，或加以金帛，〔六〕用章中興之德。

〔一〕師古曰：「自倍者，謂舊五百戶，今者至千也。曹參初封萬六百戶，至後嗣侯宗免時，有戶二萬三千，是為戶口蕃息故也。它皆類此。」

〔二〕師古曰：「言其貲財亦稍富厚，各如戶口之多也。」

〔三〕孟康曰：「耗音毛。無有毛米在者也。」師古曰：「孟音是也，而解非也。孑然，獨立貌，言無有獨存者，至於耗盡也。今俗語猶謂無為耗，音毛。」

〔四〕服虔曰：「法罔差益密也。」

〔五〕師古曰：「庸，〔賃〕功庸也；保，可安信也：皆賃作者也。」

〔六〕師古曰：「復音方目反。」

降及孝成，復加卹問，稍益衰微，不絕如綫。〔一〕善乎，杜業之納說也！曰：「昔唐以萬國致時雍之政，〔二〕虞、夏以（之）多羣后饗共己之治。〔三〕湯法三聖，殷氏太平。〔四〕周封八百，重譯來賀。〔五〕是以內恕之君樂繼絕世，隆名之主安立亡國，〔六〕至於不及下車，德念深矣。〔七〕成王察牧野之克，顧羣后之勤，知其恩結於民心，功光於王府也，故追述先父之志，錄遺老之策，高其位，大其寓，〔八〕愛敬飭盡，命賜備厚。〔九〕大孝之隆，於是為至。至其沒也，世主歎其功，無民而不思。所息之樹且猶不伐，〔一〇〕況其廟乎？是以燕、齊之祀與周並傳，子繼弟及，歷載不墮。〔一一〕豈無刑辟，繇祖之竭力，故支庶賴焉。〔一二〕迹漢功臣，亦皆剖符世爵，受山河之誓，存以著其號，亡以顯其魂，賞亦不細矣。百餘年間而襲封者盡，或絕失姓，或乏無主，朽骨孤於墓，苗裔流於道，生為愍隸，死為轉屍。〔一三〕以往況今，甚可悲傷。〔一四〕聖朝憐閔，詔求其後，四方忻忻，靡不歸心。出入數年而不省察，恐議者不思大義，設言虛亡，則厚德掩息，遴柬布章，〔一五〕非所以視化勸後也。〔一六〕三人為眾，雖難盡繼，宜從尤功。」〔一七〕於是成帝復紹蕭何。

〔一〕晉灼曰：「綫，今線縷字也，音先戰反。」

〔二〕師古曰：「雍，和也。堯典云『黎萌於變時雍』，故杜業引之也。」

〔三〕師古曰：「羣后謂諸侯也。恭己，無為也。孔子曰：『無為而治者，其舜也歟！夫何為哉？恭己正南面而已。』共讀曰恭。」

〔四〕師古曰：「三聖謂堯、舜、禹也。」

〔五〕師古曰：「重譯謂越裳氏也。」

〔六〕師古曰：「以立亡國之後為安泰也。」

〔七〕張晏曰：「謂武王入殷，未及下車，封黃帝之後於薊，虞舜之後於陳也。」

〔八〕師古曰：「寓謂啟土所居也。」

〔九〕師古曰：「飭，謹也，讀與敕同。」

〔一〇〕師古曰：「謂召伯止於甘棠之下而聽訟，人思其德，不伐其樹，召南甘棠之詩是也。」

〔一一〕師古曰：「弟代兄位謂之及。墮，毀也，音火規反。」

〔一二〕師古曰：「言國家非無刑辟，而功臣子孫得不陷罪辜而能長存者，思其先人之力，令有續嗣也。繇讀與由同。」

〔一三〕應劭曰：「死不能葬，故屍流轉在溝壑之中。」師古曰：「愍隸者，言為徒隸，可哀愍之也。」

〔一四〕師古曰：「況，譬也。」

〔一五〕晉灼曰：「許慎云『遴，難行也』。柬，古簡字也。簡，少也。言今難行封，則得繼絕者少，若然，此必布聞彰於天下也。」師古曰：「遴讀與吝同。」

〔一六〕師古曰：「視讀與示同。」

〔七〕孟康曰：「晉人三爲衆，雖難盡繼，取其功尤高者(三)〔一〕人繼之，於名爲衆矣。」服虔曰：「尤功，封重者一人也。」師古曰：「孟說是也。」

哀、平之世，增修曹參、周勃之屬，得其宜矣。以綴續前記，究其本末，并序位次，盡于孝文，以昭元功之侯籍(云)。〔一〕

〔一〕師古曰：「籍謂名錄也，高紀所云通侯籍也。」

號諡姓名	侯狀戶數	始封	位次	子	孫	曾孫	玄孫
平陽懿侯曹參	以中涓從起沛，至霸上，侯。以將軍入漢，以假左丞相定魏、齊，以右丞相，侯，萬六百戶。師古曰：「中涓，親近之臣，若謁者、舍人之類也。涓，潔也，主居中	六年十二月甲申封，十二年薨。	孟康曰：「曹參位第二而表在首，蕭何位第一而表在十三，以封前後故也。」	孝惠六年，靖侯窋嗣，二十九年薨。	孝文後四年，簡侯奇嗣，七年薨。	孝景四年，夷侯時嗣，二十三年薨。	元光五年，共侯襄嗣，十六年薨。

	埽潔也。涓音工玄反。」			六世 元鼎二年，侯宗嗣，二十四年，征和二年，坐與中人姦，闌入宮掖門，入財贖完爲城旦。戶二萬三千。	七世 元康四年，參玄孫之孫杜陵公乘喜詔復家。孟康曰：「諸復家皆世世無所與，得傳同產子。」	八世	九世 元壽二年五月甲子，侯本始以參玄孫之玄孫杜陵公士紹封，千戶，元始元年益滿二千戶。
				十世 建武二年，侯宏嗣，以本(治)〔始〕子舉兵佐軍，紹封。	十一世 侯曠嗣，今見。		

信武肅侯靳歙 師古曰：「歙音翕。」	以中涓從起宛朐，入漢，以騎都尉定三秦，擊項籍，別定江漢，侯，五千三百戶。以將軍攻豨、布。	十二月甲申封，九年薨。	十一	高后六年，侯亭嗣，二十一年，孝文後三年，坐事國人過律，免。師古曰：「事謂役使之也。」	孫	曾孫	玄孫
				六世 元康四年，歙玄孫之子長安上造安漢詔復家。			
汝陰文侯夏侯嬰	以令史從降沛，爲太僕，常奉車，竟定天下，及全	十二月甲申封，三十年薨。	八	孝文九年，夷侯竈嗣，七年薨。	十六年，共侯賜嗣，四十一年薨。	元光(三)〔二〕年，侯頗嗣，十八年，元鼎二年，坐	玄孫

	皇太子、魯元公主，侯，六千九百戶。					尙公主與父御〔婢〕姦，自殺。	
				六世 元康四年，嬰玄孫之子長安大夫信詔復家。			
清河定侯王吸	以中涓從起豐，至霸上，爲騎郎將，入漢，以將軍擊項籍，侯，二千二百戶。	十二月甲申封，二十三年薨。	十四	孝文元年，哀侯彊嗣。七年薨。	八年，孝侯伉嗣，二十年薨。師古曰：「伉音口浪反，又音工郎反。」	孝景五年，哀侯不害嗣，十九年，元光二年薨，亡後。	元康四年，吸玄孫長安大夫充國詔復家。
				元壽二年八			

				月，詔賜吸代後爵關內侯，不言世。			
陽陵景侯傅寬	以舍人從起橫陽，至霸上，爲騎將，入漢，定三秦，屬淮陰，定齊，爲齊丞相，侯，二千六百戶。	十二月甲申封，十二年薨。	十 位次曰武忠侯。師古曰：「漢列侯位次簿有謚號姓名與史所記不同者，表則具載矣。」	孝惠六年，頃侯清嗣，二十(四)〔二〕年薨。	孝文十五年，共侯明嗣，〔二〕十二年薨。	孝景四年，侯偃嗣，三十一年，元狩元年，坐與淮南王謀反，誅。	玄孫
				六世	七世 元康四年，寬玄孫之孫長陵士伍景詔復家。		
廣嚴侯召歐 師古曰：「召讀曰邵。歐音烏后反。它皆類此。」	以中涓從起沛，至霸上，爲連敖，入漢，以騎將定燕、趙，得燕將軍，侯，二千二百戶。	十二月甲申封，二十三年薨。	二十八	孝文二年，戴侯勝嗣，九年薨。	十一年，共侯嘉嗣，十三年，孝文後七年薨，亡後。	曾孫	元康四年，歐玄孫安陵大夫不識詔復家。
廣平敬侯薛歐	以舍人從起豐，至霸上，爲郎，入漢，以將軍擊項籍將鍾離眛，侯，四千五百戶。	十二月甲申封，十四年薨。	十五	高后元年，靖侯山嗣，二十六年薨。	孝文後三年，侯澤嗣，孝景中三年，有罪，免。中五年，澤復封，三十三年薨，謚曰節侯。	元朔四年，侯穰嗣，三年，元狩元年，坐受淮南路稱臣，在赦前，免。	元康四年，歐玄孫長安大夫去病詔復家。
博陽嚴侯陳濞	以舍人從碭，以刺客將入漢，以都尉擊項羽榮陽，絕甬道，殺追士卒，侯。師古曰：「楚軍追漢兵者，濞殺其士卒也。」	十二月甲申封，三十年薨。	十九	塞 孝文後三年，侯始嗣，九年，坐謀殺人，會赦，免。孝景中五年，始復封，二年，後元年，有罪，免。	孫		元康四年，濞曾孫茂陵公乘壽詔復家。
堂邑安侯陳嬰	以自定東陽爲將，屬楚項梁，爲楚柱國。四歲，項羽死，屬漢，定豫章、浙江，都漸，定自爲王壯息，侯，六百戶。復相楚元王十二年。師古曰：「漸，水名。在丹陽黝縣南蠻中。嬰既定諸地而都之，時又有壯息者，稱僭王，嬰復討平也。」	十二月甲申封，(六)〔十八〕年薨。	八十六	高后五年，共侯祿嗣，十八年薨。	孝文三年，侯午嗣，尚館陶公主，四十八年薨。	元光六年，侯季須嗣。十三年，元鼎元年，坐母公主卒未除服姦，兄弟爭財，當死，自殺。	
					隆慮 孝景中五年，侯融以長公主子侯，萬五千戶，二十九年，坐母喪未除服姦，自殺。		

	曲逆獻侯陳平	
	以故楚都尉,漢王二年初起修武,爲都尉,以護軍中尉出奇計,定天下,侯,五千戶。	
	十二月甲申封,二十四年薨。	
	四十七	
六世 元康四年,嬰玄孫之子霸陵公士尊詔復家。	孝文三年,共侯買嗣,二年薨。	六世 元康四年,平玄孫之子長安簪褭莫詔
	五年,簡侯悝嗣,二十二年薨。	元始二年,詔賜平代後者夙爵關內侯,不
	孝景五年,侯何嗣,二十三年,元光五年,坐略人妻,棄市。戶萬六千。	

	留文成侯張良
	以廄將從起下邳,以韓申都下韓,入武關,設策降秦王嬰,解上與項羽隙,請漢中地,常爲計謀,侯,萬戶。師古曰:「韓申都即韓王信也,楚漢春秋作信都。古信申同義。」
	正月丙午封,十六年薨。
	六十二 師古曰:「高祖自云(傳)〔得〕天下由張良,稱其才也。敍位次,乃以曹參比蕭何,校其勤也。至如戶數多少,或以才德,或以功勞,亦無定也。故稱蕭何功第一,戶唯八千。張良食萬戶,而位過六十。它皆類此。」
復家。	高后三年,侯不疑嗣,十年,孝文五年,坐與門大夫殺故楚內史,贖爲城旦。師古曰:「門大夫,侯之屬官也。」
言世。	孫
	曾孫
	玄孫

	射陽侯劉纏 師古曰:「即項伯也。射字或作貰者,後人改也。」	酇文終侯蕭何 師古曰:「酇音贊。」
	兵初起,與諸侯共擊秦,爲楚左令尹。漢王與項羽有隙於鴻門,纏解難,以破羽降漢,侯。	以客初從入漢,爲丞相,守蜀及關中,給軍食,佐定諸侯,爲法令
	正月丙午封,九年,孝惠三年薨。嗣子睢有罪,不得代。	正月丙午封,九年薨。
		一
六世 元康四年,良玄孫之子陽陵公乘千秋詔復家。		孝惠三年,哀侯祿嗣,六年薨,亡後。高后二年,封何夫

宗廟,侯,八千戶。		
人祿母同爲侯,孝文元年罷。	筑陽 高后二年,定侯延以何少子封,孝文元年更爲酇,二年薨。師古曰:「筑音逐。」	
	煬侯遺嗣,一年薨,亡後。	武陽 五年,侯則以何孫遺弟紹封,二

				十年有罪，免。二萬六千戶。			
					孝景二年，侯嘉以則弟紹封，二千戶，七年卒。	中二年，侯勝嗣，二十一年，坐不齋，耐爲隸臣。師古曰：「謂當侍祠而不齋也。」	
						鄲 元狩三年，共侯慶以何曾孫紹封，二千四百戶，三年薨。	六年，侯壽成嗣，十年，坐爲太常犧牲瘦，免。
							地節四年，安侯建世以何玄孫

							紹封，十四年薨。
				六世 甘露二年，思侯輔嗣。	七世 侯獲嗣，永始元年，坐使奴殺人，減死，完爲城旦。		
				六世 永始元年七月癸卯，釐侯喜以何玄孫之子南䜌長紹封，三年薨。師古曰：「䜌音力全反，鉅鹿之縣也。」	七世 永始四年，質侯尊嗣，五年薨。	八世 綏和元年，質侯章嗣，元始元年，益封滿二千戶，十三年薨。	九世 王莽居攝元年，侯禹嗣，建國元年更爲蕭鄉侯，莽敗，絕。

絳武侯周勃	以中涓從起沛，至霸上，侯。定三秦，食邑，爲將軍。入漢，定隴西，擊項籍，守嶢關，定泗水、東海，侯，八千一百戶。	正月丙午封，三十三年薨。	四	孝文十二年，侯勝之嗣，六年，有罪，免。			
				修 後（二）〔三〕年，侯亞夫以勃子紹封，十八年，有罪，免。師古曰：「修讀曰條。」			
				平曲 孝景後元（元）	元朔五年，侯建德嗣，	元康四年，勃曾孫槐里公乘廣	元始二年，侯共以勃玄孫紹封，

				年，共侯堅以勃子紹封，十九年薨。	十二年，元鼎五年，坐酎金免。	漢詔復家。	千戶。
舞陽武侯樊噲	以舍人起沛，從至霸上，爲侯。以郎入漢，定三秦，爲將軍，擊項籍，再益封。從破燕，執韓信，侯，五千戶。	正月丙午封，十三年薨。	五	孝惠七年，侯伉嗣，九年，高后八年，坐呂氏誅。師古曰：「伉音口浪反，又音岡。」			
				孝文元年，荒侯市人以噲子紹封，二十九年薨。	（老）〔孝〕景七年，侯它廣嗣，中六年，坐非子免。	元康四年，噲曾孫長陵不更勝客詔復家。師古曰：「不更，爵名。勝客，其人名。」	玄孫

				六世 元始二年，侯章以噲玄孫之子紹封，千戶。			
曲周景侯酈商	以將軍從起岐，攻長社以南，別定漢及蜀，定三秦，擊項籍，侯，四千八百戶。	正月丙午封，二十二年薨。	六	孝文元年，侯寄嗣，三十二年，有罪，免。戶萬八千。			
				繆 孝景中三年，靖侯堅紹封。	元光四年，康侯遂成嗣。	懷侯世宗嗣。	元鼎二年，侯終根嗣，二十九年，後二年，祝詛上，腰斬。

				六世 元康四年，商玄孫之子長安公士共詔復家。	元始二年，詔賜商代後者猛友爵關內侯。		
潁陰懿侯灌嬰	以中涓從起碭，至霸上，爲昌文君，入漢，定三秦，食邑。以將軍屬韓信，定齊、淮南及八邑，殺項籍，侯，五千戶。	正月丙午封，二十六年薨。	九	孝文五年，平侯何嗣，二十八年薨。	孝景中三年，侯彊嗣，十三年，有罪，免。戶八千四百。		
					臨汝 元光二年，侯賢以嬰	元康四年，嬰曾孫長安官首匿詔復家。	元壽二年八月，詔賜嬰代後者誼爵關內侯。

					孫紹封，九年，元朔五年，坐子傷人首匿，免。千戶。	師古曰：「官首，爵名；匿，其人名也。」	
汾陰悼侯周昌	初起，以職志擊秦，入漢，出關，以內史堅守敖倉，以御史大夫侯，比清陽侯。如淳曰：「職志官名，主旗幟也。」師古曰：「志音式吏反。」	正月丙午封，十年薨。	十六	孝惠四年，哀侯開方嗣，十六年薨。	孝文前五年，侯意嗣，十三年，坐行賕，髡爲城旦。		
					安陽 孝景中二年，侯左車	元康四年，昌曾孫沃侯國士伍明詔復家。	

					以昌孫紹封，八年，建元元年，有罪，免。	師古曰：「明舊有官爵，免爲士伍而屬沃侯之國也。」	
梁鄒孝侯武虎	兵初起，以謁者從擊破秦，入漢，定三秦，出關，以將軍擊定諸侯，比博陽侯，二千八百戶。	正月丙午封，十一年薨。	二十	孝惠五年，侯最嗣，五十八年薨。	元光三年，頃侯嬰齊嗣，二十年薨。	元鼎四年，侯山柎嗣，一年，坐酎金免。師古曰：「柎音膚。其字從木。」	玄孫
				六世 元康四年，虎玄孫之子夫夷侯國公乘充竟詔復家。			

成敬侯董渫 師古曰：「渫音先列反，字或作緤。」	初起以舍人從擊秦，爲都尉，入漢，定三秦，出關，以將軍定諸侯，比厭次侯，二千八百戶。	正月丙午封，七年薨。	二十五	節氏 孝惠元年，康侯赤嗣，四十四年，有罪，免。戶五千六百。孝景中五年，赤復封，八年薨。	建元四年，共侯罷軍嗣，五年薨。	元光三年，侯朝嗣，十二年，元狩三年，坐爲濟南太守與城陽王女通，耐爲鬼薪。	元康四年，渫玄孫平陵公乘誧詔復家。
蓼夷侯孔聚	以執盾前元年從起碭，以左司馬入漢，爲將軍，三以都尉擊項籍，屬韓信，侯。師古曰：「前元年，謂初起之年，即秦胡亥元年。後皆類此。擊項	正月丙午封，三〔十〕年薨。	三十	孝文九年，侯臧嗣，四十五年，元朔三年，坐爲太常衣冠道橋壞不得度，免。師古曰：「游衣冠之道。」	孫	曾孫	元康四年，聚玄孫長安公士宣詔復家。

	籍者，即楚漢春秋及史記所謂孔將軍居左者。」						
費侯陳賀 師古曰：「費音扶味反。說者以爲季氏邑，非也。」	以舍人前元年從起碭，以左司馬入漢，用都尉屬韓信，擊項籍，爲將軍，定會稽、浙江、湖陵，侯。	正月丙午封，二十二年薨。	三十一	孝文元年，共侯常嗣，二十四年薨。	孝景二年，侯偃嗣，八年，有罪，免。		
				巢 孝景中六年，侯最以賀子紹封，二年薨，亡後。		元康四年，賀曾孫茂陵上造僑詔復家。	

陽夏侯陳豨	以特將將卒五百人前元年從起宛朐，至霸上，爲游擊將軍，別定代，破臧荼，侯。	正月丙午封，十年，以趙相國反，自爲王，十二年，誅。					
隆慮克侯周竈	以卒從起碭，以連敖入漢，以長鈚都尉擊項籍，侯。如淳曰：「連敖，楚官。左傳楚有連尹、莫敖，其後合爲一官號。」師古曰：「長鈚，長刃兵也，爲刀而劍形。史記作長鈹，鈹亦刀耳。鈚音丕。鈹音披。」	正月丁未封，三十九年薨。	三十四	孝文後二年，侯通嗣，十二年，孝景中元年，有罪，完爲城旦。	孫	曾孫	元康四年，竈玄孫陽陵公乘詔復家。

陽都敬侯丁復 師古曰：「復音扶目反。」	以越將從起薛，至霸上，以樓煩將入漢，定三秦，屬周呂侯，破龍且彭城，爲大司馬，破項籍葉，爲將軍，忠臣，侯，七千八百戶。	正月戊申封，十九年薨。	十七	高后六年，趮侯甯嗣，十(三)〔二〕年薨。師古曰：「趮，古躁字也。」	孝文十年，侯安城嗣，十五年，孝景二年，有罪，免。戶萬七千。	元康四年，復曾孫臨沂公士賜詔復家。	
陽信胡侯呂青	以漢五年用令尹初從，功比堂邑侯，千戶。	正月壬子封，十年薨。	八十七	孝惠四年，頃侯臣嗣，十八年薨。	孝文七年，懷侯義嗣，二年薨。	九年，惠侯它嗣，十九年薨。	孝景五年，共侯善嗣，五年薨。
				六世 中三年，侯談嗣，三十五年，元鼎五年，坐			元康四年二月，青玄孫長陵大夫陽詔復家。

				酎金免。			
東武貞侯郭蒙	以戶衞起薛,屬周呂侯,破秦軍杠里,陷楊熊軍曲遇,入漢,爲城將,定三秦,以都尉堅守敖倉,爲將軍破項籍,侯,三千戶。師古曰:「城將,將築城之兵也。」	正月戊午封,十九年薨。	四十一	高后六年,侯它嗣,三十一年,孝景六年,有罪,棄市。戶萬一百。	孫	曾孫	元康四年,蒙玄孫茂陵公士廣漢詔復家。
汁防肅侯雍齒 (師古)〔如淳〕曰:「汁音什。防音方。」	以趙將前三年從定諸侯,二千五百戶,功比平定侯。齒故沛豪,	三月戊子封,九年薨。	五十七	孝惠三年,荒侯鉅鹿嗣,三十八年薨。	孝景三年,侯野嗣,十年薨。	終侯桓嗣,不得年,元鼎五年,坐酎金免。	

	有力,與上有隙,故晚從。						
棘蒲剛侯陳武	以將軍前元年將卒二千五百人起薛,別救東阿,至霸上,(一)〔二〕歲十月入漢,擊齊歷下軍臨(菑)〔菑〕,侯。	三月丙申封,(四)〔三〕十八年,孝文後元年薨。子奇反,誅,不代。	十三	子	孫	元康四年,武曾孫雲陽上造嘉詔復家。	
都昌嚴侯朱軫	以舍人前元年從起沛,以隊帥先降翟王,虜章邯,侯。	三月庚子封,十四年薨。	二十三	高后元年,剛侯率嗣,十五年薨。	孝文八年,夷侯詘嗣,十六年薨。	孝景元年,共侯偃嗣,二年薨。	三年,侯辟彊嗣,五年,中元年薨,亡後。元康四年,軫玄孫昌侯國公士

							先詔復家。
武彊嚴侯嚴不職	以舍人從起沛(公)至霸上,以騎將入漢,還擊項籍,屬丞相甯,功侯。用將軍擊黥布,侯。	三月庚子封,二十年薨。	三十三	高后七年,簡侯嬰嗣,十九年薨。	孝文後二年,侯青翟嗣,四十七年,元鼎二年,坐爲丞相建御史大夫(陽)〔湯〕不直,自殺。師古曰:「以獄建之意,而不直也。」	元康四年,不職曾孫長安公乘仁詔復家。	
賁齊合侯傅胡害	以越戶將從破秦,入漢,定三秦,	三月庚子封,二年薨。	三十六	八年,共侯方山嗣,二十年	孝文元年,煬侯赤嗣,	十二年,康侯遺嗣,四十四年薨。	元朔五年,侯猜嗣,八年,元鼎元

師古曰:「賁音式制反。」	以都尉擊項籍,侯,六百戶,功比臺侯。			薨。	十一年薨。		年,坐殺人,棄市。
							元康四年,胡害玄孫茂陵公士世詔復家。
				元壽(二)〔二〕年八月,詔賜胡害爲後者爵(太)〔大〕上造。			
海陽齊信侯搖毋餘	以越隊將從破秦,入漢,定三秦,以都尉擊項籍,侯,千七百戶。	三月庚子封,九月薨。	三十七	孝惠三年,哀侯昭襄嗣,九年薨。	高后五年,康侯建嗣,三十年薨。	孝景四年,哀侯省嗣,十年薨,亡後。	玄孫

				六世	元康四年，母餘玄孫之子不更未央詔復家。	元壽二年八月，詔賜母餘代後者爵關內侯。	
南安嚴侯宣虎	以河南將軍漢王三年降晉陽，以重將破臧荼，侯，九百戶。師古曰：「重將者，主將領輜重也。重音直用反。一曰持重之將也，音直勇反。」	三月庚子封，三十年薨。	六十三	孝文九年，共侯戎嗣，十一年薨。	後四年，侯千秋嗣，十一年，孝景中元年，坐傷人，免。戶二千一百。	元康四年，虎曾孫南安簪裹護詔復家。	
肥如敬侯蔡寅	以魏太僕漢王三年初從，以車騎將軍破龍且	三月庚子封，二十四年薨。	六十六	孝文三年，嚴侯戎嗣，十四年薨。	後元年，侯奴嗣，七年，孝景元年	元康四年，寅曾孫肥如大夫福詔復家。	

	及彭城，侯，千戶。				薨，亡後。		
曲成圉侯蟲達	以西城戶將三十七人從起碭，至霸上，為執金吾，五年，為二隊將，屬周呂侯，入漢，定三秦，以都尉破項籍陳下，侯，四千戶。以將軍擊燕、代。	三月庚子封，二十二年薨。	十八位次曰夜侯恆。	孝文元年，侯捷嗣，八年，有罪，免。十四年，捷復封，十八年，復免。戶九千三百。孝景中五年，侯捷復封，五年薨。	建元二年，侯皇柔嗣，二十四年，元鼎二年，坐為汝南太守知民不用赤側錢為賦，為鬼薪。師古曰：「赤側解在食貨志。時並令以充賦，而汝南不遵詔令。」	曾孫	元康四年，達玄孫茂陵公乘宣詔復家。

河陽嚴侯陳涓	以卒前元年起碭，從以二隊將入漢，擊項籍，得梁郎將處，侯。以丞相定齊。	三月庚子封，二十二年薨。	二十九	孝文元年，信嗣，三年，坐不償人責過六月，免。	孫	曾孫	元康四年，涓玄孫郎丘公士元詔復家。
淮陰侯韓信	初以卒從項梁，梁死，屬項羽，為郎中，至咸陽，亡從入漢，為連敖粟客。蕭何言信，為大將軍，別定魏、趙，為齊王，徙楚，擅發兵，廢為侯。師古曰：「高紀及信傳並云為治粟都尉，	六年封，五年，十一年，坐謀反，誅。					

	而此云粟客，參錯不同。或者以其粟疾而賓客禮之，故云粟客也。粟音頻妙反。」						
芒侯耏跖師古曰：「耏音而。左氏傳曰宋耏班。跖音之亦反。」	以門尉前元年初起碭，至霸上，為定武君，入漢，還定三秦，為都尉，擊項羽，功侯。	六年封，三年薨，亡後。		張　九年，侯昭嗣，四年，有罪，免。孝景三年，詔以故列侯將兵擊吳楚，復封。	侯申嗣，元朔六年，坐尚南宮公主不敬，免。師古曰：「景帝女也。」		
敬市侯閻澤赤	以執盾初起從入漢，為河上守，遷為殷相，擊項籍，侯，千戶，功比平定侯。	四月癸未封，三年薨。	五十五	九年，夷侯無害嗣，三十八年薨。	孝文後四年，戴侯續嗣，八年薨。	孝景五年，侯穀嗣，四十年，元鼎五年，坐酎金免。	

				六世 元康四年，澤赤玄孫之子長安上造章世詔復〔家〕。			
柳丘齊侯戎 賜	以連敖從起薛，以三隊將入漢，定三秦，以都尉破項籍軍，爲將軍，侯，八千戶。	六月丁亥封，十八年薨。	三十九	高后五年，侯安國嗣，三十年薨。	孝景四年，敬侯嘉成嗣，十年薨。	後元年，侯角嗣，有罪，免。戶三千。	元康四年，賜玄孫長安公士元生詔復家。
魏其嚴侯周 止	以舍人從起沛，以郎中入漢，爲周信侯，定三秦，以爲騎郎將，破項籍東城，侯，千	六月丁亥封，十八年薨。	四十四	高后五年，侯簡嗣，二十九年，孝景三年，謀反，誅。戶三千。	孫	曾孫	元康四年，止玄孫長陵不更廣世詔復家。

	戶。						
祁穀侯繒賀	以執盾漢王三年初起從晉陽，以連敖擊項籍。漢王敗走，賀擊楚追騎，以故不得進。漢王顧謂賀祁王。戰彭城，斬項籍，爭惡絕延壁，侯，千四百戶。師古曰：「謂之祁王，蓋嘉其功，故寵號之，許以爲王也。爭惡，謂爭惡地。延壁，壁壘之名也。」	六月丁亥封，三十三年薨。	五十一	孝文十二年，頃侯胡嗣，十七年薨。	孝景六年，侯它嗣，十九年，元光二年，坐射擅罷，免。師古曰：「方大射而擅自罷去也。」	曾孫	元康四年，賀玄孫茂陵公大夫賜詔復家。

平悼侯工師 喜	初以舍人從擊破秦，以郎中入漢，以將軍定諸侯，守雒陽，侯，比費侯賀，千三百戶。	六月丁亥封，六年薨。	三十二 位次曰聊城侯。	十二年，靖侯奴嗣，三十一年薨。	孝文十六年，侯執嗣，十九年，孝景中五年，坐匿死罪，會赦，免。戶三千三百。		
魯侯奚涓	以舍人從起沛，至咸陽爲郎，入漢，以將軍定諸侯，四千八百戶，功比舞陽侯，死軍事。	重平 六年，侯涓亡子，封母底爲侯，十九年薨。	七				
城父嚴侯尹 恢	初以謁者從入漢，以將軍擊定	六年封，九年薨。	二十六	孝惠三年，侯開方嗣，七年，	孫	曾孫	玄孫

	諸侯，以右丞相備守淮陽，功比厭次侯（頃侯館甚），二千戶。			高后三年，奪爵爲關內侯。			
				六世 元康四年，恢玄孫之子新豐簪褭殷詔復家。			
任侯張越	以騎都尉漢五年從起東垣，擊燕、代，屬雍齒，有功，爲車騎將軍。	六年封，十六年，高后三年，坐匿死罪，免。戶七百五十。					
棘丘侯襄	以執盾隊史前	六年封，十					

元年從起碭,破秦,治粟內史入漢,以上郡守擊定西魏地,功侯。
四年,高后元年,有罪,免。戶九百七十。

河陵頃侯郭亭
以連敖前元年從起單父,以塞路入漢,還定三秦,屬周呂侯,以都尉擊項籍,功侯。師古曰:「塞路者,主遮塞要路,以備敵寇也。」
七月庚寅封,二十四年薨。
二十七
孝文三年,惠侯歐嗣,二十二年薨。
孝景二年,勝侯客嗣,八年,有罪,免。
南
中六年,靖
元光六年,侯則嗣,十七年,元鼎
元康四年,亭玄孫茂陵公乘賢

侯延居紹封,十五年薨。
五年,坐酎金免。
詔復家。

昌武靖信侯單究
初以舍人從,以郎入漢,定三秦,以郎騎將軍擊諸侯,侯,九百戶,功比魏其侯。
七月庚寅封,十三年薨。
四十五
孝惠六年,惠侯如意嗣,四十三年薨。
孝景中元四年,侯賈成嗣,十六年薨。
元光五年,侯德嗣,四年,元朔三年,坐傷人二旬內死,棄市。戶六百。
六世
七世
元康四年,究玄孫之孫陽陵公乘萬年詔復家。

高宛制侯丙猜
初以客從入漢,定三秦,以中尉破項籍,侯,千六百五戶,比斥丘侯。
七月戊戌封,七年薨。
四十一
孝惠元年,簡侯得嗣,三十年薨。
孝文十六年,平侯武嗣,二十四年薨。
建元元年,侯信嗣,三年,坐出入屬車間,免。戶三千二百。師古曰:「天子出行,陳列屬車,而輒至於其間。」
六世
七世
元康四年,猜玄孫之孫高宛大夫齡詔復家。
八世
元始三年,猜玄孫之曾孫內賜爵關內侯。

宣曲齊侯丁義
以卒從起留,以騎將入漢,定三秦,破籍軍滎陽,
七月戊戌封,三十二年薨。
四十三
發婁
孝文十一年,侯通嗣,十七
孫
元康四年,義曾孫陽安公士年詔復家。

爲郎騎將,破鍾離眛軍固陵,侯,六百七十戶。
年,有罪,赦爲鬼薪。戶千一百。孝景中五年,通復封,十一年,有罪,免。

終陵齊侯華毋害
以越將從起留,入漢,定三秦,擊臧荼,侯,七百四十戶。從攻馬邑及布。
七月戊戌封,三十五年薨。
四十六
孝文四年,共侯勃嗣,十六年薨。
後四年,侯祿嗣,七年,孝景四年,坐出界,耐爲司寇。戶千五百。
元康四年,曾孫於陵大夫告詔復家。

東茅敬侯劉到
以舍人從起碭,至霸上,以二隊入漢,定三秦,以都尉擊項籍,破
八月丙辰封,二十四年薨。
四十八
孝文三年,侯告嗣,十二年,十六年,坐事國人過員,免。
孫
元康四年,到曾孫鯛陽公乘咸詔復家。師古曰:「鯛音紂。」

	臧荼,侯,捕韓王信,爲將軍,(邑益)〔益邑〕千戶。			師古曰:「嗣晉十三年至孝文十六年而免也。事謂役使之員數也。」			
斥丘懿侯唐厲	以舍人初從起豐,以左司馬入漢,以亞將攻籍,卻敵,爲東部都尉,破籍,侯成武,爲漢中尉,擊布,爲斥丘侯,千戶。師古曰:「初爲成武侯,後更封斥丘也。」	八月丙辰封,二十年薨。	四十	孝文九年,共侯朝嗣,十三年薨。	後六年,侯賢嗣,四十三年薨。	元鼎二年,侯尊嗣,二年,坐酎金免。 元康四年,厲曾孫長安公士廣	

						意詔復家。	
臺定侯戴野	以舍人從起碭,用隊率入漢,以都尉擊籍,籍死,擊臨江,屬將軍賈,功侯。以將軍擊燕、代。	八月甲子封,二十五年薨。	三十五	孝文四年,侯午嗣,二十二年,孝景三年,坐謀反,誅。	孫	曾孫	元康四年,野玄孫長陵上造安昌詔復家。
安國武侯王陵	以自聚黨定南陽,漢王還擊項籍,以兵屬,從定天下,侯,五千戶。	八月甲子封,二十一年薨。	十二	高后八年,哀侯忌嗣,一年薨。	孝文元年,終侯斿嗣,三十九年薨。	建元元年,安侯辟方嗣,二十年薨。	元狩三年,侯定嗣,八年,元鼎五年,坐酎金免。 元康四年,陵玄孫長安公乘襄詔復家。

樂成節侯丁禮	以中涓騎從起碭,爲騎將入漢,定三秦,爲正奉侯,以都尉擊籍,屬灌嬰,殺龍且,更爲樂成侯,千戶。	八月甲子封,二十六年薨。	四十二	孝文五年,夷侯馬從嗣,十八年薨。	後七年,武侯吾客嗣,四十二年薨。	元鼎二年,侯義嗣,三年,坐言五利侯不道,棄市。戶二千四百。	玄孫
				六世	七世 元康四年,禮玄孫之孫長安公士禹詔復家。		
辟陽幽侯審食其	以舍人初起,侍呂后、孝惠。二歲	八月甲子封,二十五	五十九	孝文四年,侯平嗣,二十一		元康四年,食其曾孫茂陵公乘	

	十月,呂后入楚,食其侍從一歲,侯。	年,爲淮南王長所殺。		年,孝景二年,坐謀反,自殺。		非詔復家。	
鄡成制侯周緤 師古曰:「鄡音陪,又音普肯反。緤音息列反。」	以舍人從起沛,至霸上,入漢,定三秦,食邑池陽,擊項籍滎陽,絕甬道,從度平陰,遇韓信軍襄國。楚、漢分鴻溝,以緤爲信,戰不利,不敢離上,侯,二千二百戶。	八月甲子封,二十七年薨。	二十二	侯昌嗣,有罪,免。			長沙
				鄲 孝景中元年,	中〔三〕〔二〕年,侯仲居	元康四年,緤曾孫長安公士禹	沛 元始元年,緤玄

				康侯應以昌弟紹封，一年薨。師古曰：「酇，沛之縣也，音多。」	嗣，三十四年，元鼎三年，坐爲太常收赤側錢不收，完爲城旦。如淳曰：「食貨志民巧法，用之不便，又廢也。」	詔賜黃金十斤復家，死，亡子，復免。	孫護以詔書爲次復爲同產弟子，死，亡子，絕。
安平敬侯鄂秋	以謁者漢王三年初從，定諸侯，有功（秋）〔秩〕，舉蕭何功，因故侯，二千戶。師古曰：「先以食邑，因就封之也。事見蕭	八月甲子封，十二年薨。	六十一	孝惠三年，簡侯嘉嗣，九年薨。	高后八年，頃侯應嗣，十四年薨。	孝文十四年，煬侯寄嗣，二十五年薨。	孝景後三年，侯但嗣，十九年，元狩元年，坐與淮南王安通，遺王書稱臣盡力，棄市。

	何傳。」						
				六世　元康四年，秋玄孫之子解大夫后詔復家。			
北平文侯張蒼	以客從起武陽，至霸上，爲常山守，得陳餘，爲代相，從趙相，以代相侯。爲計相四歲，淮南相十四歲。千二百戶。如淳曰：「計相，官名，但知計會。」	八月丁丑封，五十年薨。	六十五	孝景六年，康侯奉嗣，八年薨。	後元年，侯類嗣，七年，建元五年，坐臨諸侯喪後，免。	曾孫	玄孫

				六世　元康四年，蒼玄孫之子長安公士蓋宗詔復家。			
高胡侯陳夫乞	以卒從起杠里，入漢，以都尉擊籍，將軍定燕，千戶。	六年封，十五年薨。	八十二	孝文五年，煬侯程嗣，薨，亡後。			元康四年，夫乞玄孫長陵公乘勝之詔復家。
猒次侯爰類	以慎將元年從起留，入漢，以都尉守廣武，功侯。師古曰：「以謹慎爲將也。」	六年封，十二年薨。	二十四	孝文元年，侯（賀）嗣，五年，謀反，誅。	孫	曾孫	玄孫
				六世　元康四年，類	七世　元始三年，		

				玄孫之子陽陵公士世詔復家。	類玄孫之孫萬詔賜爵關內侯。		
平皋煬侯劉它　師古曰：「它音徒何反。」	漢六年以碭郡長初從，功比軑侯，侯，五百八十戶。實項氏，賜姓。師古曰：「軑音大，又音第。」	七年十月癸亥封，十年薨。	百二十一	孝惠五年，共侯遠嗣，（二）〔三〕十四年薨。	孝景元年，節侯光嗣，十六年薨。	建元元年，侯勝嗣，二十八年，元鼎五年，坐酎金免。	玄孫
				六世	七世　元康四年，它玄孫之孫長安簪褭勝之詔復家。		

復陽剛侯陳胥	以卒從起薛，以將軍入漢，以右司馬擊項籍，侯，千戶。	七年十月甲子封，三十一年薨。	四十九	孝文十一年，共侯嘉嗣，十八年薨。	孝景六年，康侯拾嗣，二十(三)〔五〕年薨。	元朔元年，侯彊嗣，七年，元狩二年，坐父拾非嘉子，免。	
						元康四年，胥曾孫雲陽簪褭幸詔復家。	玄孫
				六世 元始元年，胥玄孫之子傳詔賜帛百疋。			
陽河齊侯其石	以中謁者從入漢，以郎中騎從定諸侯，侯，五百戶，功比高湖侯。	十一月甲子封，三年薨。	八十三	十年，侯安國嗣，五十一年薨。	孝景中四年，侯午嗣，三十三年薨。	埤山 元鼎四年，共侯章更封，十三年薨。	元封元年，侯仁嗣，征和三年，坐祝詛，要斬。

						師古曰：「埤音脾，又音婢。」	
				六世 元康四年，石玄孫之子長安官大夫益壽詔復家。			
柏至靖侯許盎	以駢鄰從起昌邑，以說衞入漢，以中尉擊籍，侯，千戶。師古曰：「二馬曰駢。駢鄰，謂並兩騎爲軍翼也。說讀曰稅。(稅)衞謂軍行初舍止之時主爲衞也。」	十月戊辰封，十四年，高后元年，有罪，免，三年，復封，六年薨。	五十八	孝文元年，簡侯祿嗣，十四年薨。	十五年，侯昌嗣，三十二年薨。	元光二年，侯安如嗣，十三年薨。	元狩三年，侯福嗣，五年，元鼎二年，坐爲姦，爲鬼薪。

				六世 元康四年，盎玄孫之子長安公士建詔復家。			
中水嚴侯呂馬童	以郎騎將漢元年從好時，以司馬擊龍且，復共斬項籍，侯，千五百戶。	正月己酉封，三十年薨。	百一	孝文十年，夷侯瑕嗣，三年薨。	十(二)〔三〕年，共侯青肩嗣，三十二年薨。	建元六年，靖侯德嗣，一年薨。	元光元年，侯宜城嗣，二十二年，元鼎五年，坐酎金免。
				六世	七世 元康四年，馬童玄孫之孫長安公士建明		

					詔復家。		
杜衍嚴侯王翥 如淳曰：「翥音暑。」師古曰：「音之庶反。」	以中郎騎漢王二年從起下邳，屬淮陰侯，從灌嬰共斬項羽，侯，千七百戶。	正月己酉封，十八年薨。	百二	高后六年，共侯福嗣，七年薨。	孝文五年，孝侯市臣嗣，七年薨。	十二年，侯舍嗣，二十四年，有罪，爲鬼薪。戶三千四百。	
				孝景後元年，侯郢人以翥子紹封，十二年薨。	元光四年，侯定國嗣，十三年，元狩五年，有罪，免。	元康四年，翥曾孫長安大夫安樂詔復家。	
赤泉嚴侯楊喜	以郎中騎漢王二年從起杜，屬淮陰，後從灌嬰共斬項籍，侯，千	正月己酉封，十三年，高后元年，有罪，免，二	百三	孝文十二年，定侯敷嗣，十五年薨。	臨汝 孝景四年，侯毋害嗣，六年，坐詐	曾孫	元康四年，喜玄孫茂陵不更孟嘗詔賜黃金十斤，復家。

	九百戶。	年，復封，十八年，薨。			紿人臧六百，免。中五年，毋害復封，十二年，元光二年，有罪，免。		
				六世 子恢代復。	七世 子譚代。	八世 子並代，永始元年，賜帛百疋。	元始二年，求復不得。
朝陽齊侯華寄	以舍人從起薛，以連敖入漢，以都尉擊項羽，復攻韓王信，侯，千戶。	三月壬寅封，十二年薨。	六十九	高后元年，文侯要嗣，二十一年薨。	孝文十四年，侯當嗣，三十九年，元朔二年，坐教人上書枉法，耏。	曾孫	元康四年，寄玄孫奉明大夫定國詔復家。

					爲鬼薪。戶五千。		
棘陽嚴侯杜得臣	以卒從起湖陵，入漢，以郎將迎左丞相軍擊項籍，侯，二千戶。	七月丙申封，二十六年薨。	八十一	孝文六年，侯但嗣，四十三年薨。	元光四年，懷侯武嗣，七年，元朔五年薨，亡後。		
涅陽嚴侯呂騰	以騎士漢三年從出關，以郎中共擊斬項羽，侯，千五百戶，比杜衍侯。	七年封，二十五年，孝文五年薨。子成實非子，不得代。	百四		孫	曾孫	玄孫
				六世 元康四年，騰玄孫之子涅			

				陽不更忠詔復家。			
平棘懿侯林摯	以客從起亢父，斬章邯所置蜀守，用燕相侯，千戶。	七年封，二十四年薨。	六十四	孝文五年，侯辟彊嗣，有罪，爲鬼薪。		元康四年，摯曾孫項圉大夫常驩詔復家，死，亡子，絕。	
深澤齊侯趙將夕	以趙將漢王三年降，屬淮陰侯，定趙、齊、楚，以擊平城功，侯，七百戶。	八年十月癸丑封，十二年，高后元年，有罪，免，二年，復封，二年薨。	九十八	孝文後二年，戴侯頭嗣，八年薨。	孝景三年，侯脩嗣，七年，有罪，耏爲司寇。	曾孫	元康四年，將夕玄孫平陵上造延世詔復家。
					夷 中五年，夷胡侯以頭		

					子紹封，二十一年，元朔五年，薨，亡後。		
撟頃侯溫疥 師古曰：「撟音詢，又音旬。疥音介。」	以燕將軍漢王四年從破曹咎軍，爲燕相，告燕王荼反，侯。以燕相國定盧綰。千九百戶。	十月丙辰封，二十五年薨。	九十一	孝文六年，文侯仁嗣，十七年薨。	後七年，侯何嗣，七年，孝景四年薨。	曾孫	元康四年，疥玄孫長安公士福詔復家。
歷簡侯程黑	以趙衛將軍漢王三年從起盧奴，擊項羽敖倉下，爲將軍攻臧荼有功，封千戶。	十月癸酉封。十四年薨。	九十二	高后三年，孝侯釐嗣，二十二年薨。	孝文後元年，侯竈嗣，十四年，孝景中元年，有罪，免。	曾孫	玄孫

				六世 元康四年，黑玄孫之子長安簪褭弘詔復家。	元始五年。詔賜黑代復者安爵關內侯。		
武原靖侯衛胠師古曰：「胠音脅，又音怯。」	漢七年以梁將軍從初起，擊韓信、陳豨、黥布軍，功侯，二千八百戶，功比高陵侯。	十二月丁未封，八年薨。	九十三	孝惠四年，共侯寄嗣，三十七年薨。	孝景三年，侯不害嗣，(三十)〔十二〕年，後二年，坐葬過律，免。	曾孫	元康四年，胠玄孫郭公乘堯詔復家。
槀祖侯陳鍇師古曰：「槀音公老反。鍇音口駭反。」	高帝七年爲將從擊代陳豨有功，侯，六百戶。	十二月丁未封，七年薨。	百二十四	孝惠三年，懷侯嬰嗣，十九年薨。	孝文七年，共侯應嗣，十四年薨。	後五年，節侯安嗣，三十一年薨。	元狩二年，侯千秋嗣，九年，元鼎五年，坐酎金免。
				六世 元康四年，鍇			

				玄孫之子茂陵公乘主儒詔復家。			
宋子惠侯許瘛師古曰：「瘛音充制反。」	以漢三年用趙右林將初擊定諸侯，五百三十六戶，功比歷侯。師古曰：「林將，將士林，猶言羽林之將也。」	二月丁卯封，四年薨。	九十九	十二年，共侯留嗣，二十五年薨。	孝文十年，侯九嗣，二十二年，孝景中二年，坐寄使匈奴買塞外禁物，免。	曾孫	玄孫
				六世	七世 元康四年，瘛玄孫之孫宋子大夫酒詔復		

					家。		
猗氏敬侯陳遬師古曰：「遬，古速字。」	以舍人從起豐，入漢，以都尉擊項羽，侯，千一百戶。	三月丙戌封，十一年薨。	五十 位次曰長陵侯。	孝惠七年，靖侯支嗣，三十四年薨。	孝景三年，頃侯羌嗣，一年薨，亡後。	元康四年，遬曾孫猗氏大夫胡詔賜黃金十斤，復家。	
清簡侯室中同	以弩將初起，從入漢，以都尉擊項羽、代，侯，比彭侯，戶千。	三月丙戌封，五年薨。	七十一	孝惠元年，頃侯聖嗣，二十二年薨。	孝文八年，康侯鮒嗣，五十二年薨。	元狩三年，共侯古嗣，七年薨。	元鼎四年，侯生嗣，一年，坐酎金免。
							元康四年，同玄孫高宛簪褭武詔復家。
彊圉侯留肦	以客吏初起，從入漢，以都尉擊項籍、代，侯，比彭	三月丙戌封，三年薨。	七十二	十一年，戴侯章復嗣，二十九年薨。	(文侯)〔孝文〕三年，侯復嗣，二	元康四年，肦曾孫長安大夫定詔復家。	

	侯，千戶。				年，有罪，免。		
彭簡侯秦同	以卒從起薛，以弩將入漢，以都尉擊項羽、代，侯，千戶。	三月丙戌封，二十二年薨。	七十	孝文三年，戴侯執嗣，二十三年薨。	孝景三年，侯武嗣，十一年，後元年，有罪，免。	曾孫	元康四年，同玄孫費公士壽王詔復家。
吳房嚴侯楊武	以郎中騎將漢元年從起下邽，擊陽夏，以騎都尉斬項籍，侯，七百戶。	三月辛卯封，三十二年薨。	九十四	孝文十三年，侯去疾嗣，二十五年，孝景後三年，有罪，耐爲司寇。	元康四年，武孫霸陵公乘談詔賜黃金十斤，復家，亡子，絕。		談兄孫爲次復，亡子，絕。
甯嚴侯魏遬	以舍人從碭，入漢，以都尉擊臧荼功，侯，千戶。	四月辛卯封，三十五年薨。	七十八	孝文十六年，共侯連嗣，八年薨。	孝文後元年，侯指嗣，三年，坐出國界，免。	曾孫	元康四年，遬玄孫長安公士都詔復家。

昌圉侯旅卿	以齊將漢王四年從韓信起無鹽，定齊，擊項羽，又擊韓王信於代，侯，千戶。	六月戊申封，三十四年薨。	百九	孝文十五年，侯通嗣，十一年，孝景三年，坐謀反，誅。	孫	曾孫	元康四年，卿玄孫昌上造光詔賜黃金十斤，復家。
				六世 子賜代，死，無子，絕。有同產子，元始二年求不得。			
共嚴侯旅罷師 師古曰：「共音恭。罷音皮彼反，又讀曰皮。」	以齊將漢王四年從淮陰侯起，擊項籍，又攻韓王信於平城，有功，侯，千二百戶。	六月壬子封，二十六年薨。	百一十四	孝文七年，惠侯黨嗣，八年薨。	十五年，懷侯高嗣，五年薨，亡子。	元康四年，罷師曾孫霸陵簪褭信詔復家。	

閼氏節侯馮解散	以代大與漢王三年降，爲鴈門守，以將軍平代反寇，侯，千戶。師古曰：「大與，主爵祿之官。」	六月壬子封，四年薨。	一百	十二年，共侯它嗣，一年薨，亡後。	孝文二年，文侯遺以它遺腹子嗣，十四年薨。	十六年，共侯勝之嗣，十三年薨。	孝景六年，侯平嗣，(二)〔三〕十九年，元鼎五年，坐酎金免。
安丘懿侯張說 師古曰：「說讀曰悅。」	以卒從起方與，屬魏豹，一歲五月，以執盾入漢，以司馬擊項羽，以將軍定代，侯，二千戶。	七月癸酉封，三十二年薨。	六十七	孝文十三年，共侯奴嗣。十(二)〔三〕年薨。	孝景三年，敬侯執嗣，一年薨。	四年，康侯訢嗣，三十一年薨。	元狩元年，侯拾嗣，九年，元鼎四年，坐入上林謀盜鹿，又搏揜，完爲城旦。師古曰：「搏揜謂搏擊揜襲人而奪其物也。搏字或作博。一曰博，六博也，揜，意錢之屬也，皆謂戲而取人財也。」

				六世 元康四年，說玄孫之子陽陵上造舜詔復〔家〕。			
襄平侯紀通	父城以將軍從擊破秦，入漢，定三秦，功比平定侯，戰好畤，死事，子侯。	九月丙午封，五十二年薨。	六十六	孝景中三年，康侯相夫嗣，十九年薨。	元朔元年，侯夷吾嗣，十九年，元封元年薨，亡後。		元康四年，通玄孫長安簪褭萬年詔復家。
龍陽敬侯陳署	以卒從，漢王元年起霸上，以謁者擊項籍，斬曹咎，侯，戶千。	九月己未封，十八年薨。	八十四	高后七年，侯堅嗣，十八年，孝文後元年，有罪，免。			

平嚴侯張瞻師	以趙騎將漢王五年從擊諸侯，比吳房侯，千五百戶。	九年十二月壬寅封，八年薨。	九十五	孝惠五年，康侯惇嗣，三十七年薨。師古曰：「惇音紫。」	孝景四年，侯寄嗣。	侯安國嗣，不得年，元狩元年，爲人所殺。	玄孫
				六世 元康四年，瞻師玄孫之子敏上造連城詔復家，			
陸量侯須無 如淳曰：「秦始皇本紀所謂陸梁地也。」	詔以爲列諸侯，自置吏令長，受令長沙王。	三月丙戌封，三年薨。	百三十七	十二年，共侯桑嗣，三十四年薨。	孝文後三年，康侯慶忌嗣，五年薨。	孝景元年，侯冉嗣，四十四年，元鼎五年，坐酎金免。	
						元康四年，無曾	

						孫鄺陽秉鐸聖詔復家。師古曰：「秉鐸，武功爵第六級。」	
高景侯周成	父苛以內史從擊破秦，爲御史，入漢，圍取諸侯，守滎陽，功比辟陽侯，罵項籍死事，子侯。	四月戊寅封，三十五年，孝文後五年，謀反，下獄死。	六十	子	繩　孝景中元年，侯應以成孫紹封。	侯平嗣，元狩四年，坐爲太常不繕園屋，免。	元康四年，成玄孫長安公大夫賜詔復家。
離侯鄧弱	四月戊寅封。楚漢春秋亦闕。成帝時，光祿大夫滑滋日旁占驗曰：「鄧弱以長沙將兵侯。」						

義陵侯吳郢	以長沙柱國侯，千五百戶。	九月丙子封，七年薨。	百三十四	孝惠四年，侯重嗣，十年，高后七年薨，亡後。			
宣平武侯張敖	嗣父耳爲趙王，坐相貫高等謀反，廢王爲侯。	九年封，十七年薨。	三　師古曰：「張耳及敖並爲無大功，蓋以魯元之故，呂后曲升之也。」	高后二年，侯偃爲魯王，孝文元年復爲侯，十五年薨，謚共。	六年，哀侯歐嗣，十七年薨。	孝景中三年，侯王嗣，十四年，有罪，免。	
						睢陵　元光三年，侯廣國以王弟紹封，十八年薨。	元鼎二年，侯昌嗣，十二年，太初二年，坐爲太常乏祠，免。師古曰：「祠事有闕也。」

							元始二年，侯慶忌以敖玄孫紹封，千戶。
						信都　高后八年四月丁酉，侯侈以魯太后子封，孝文元年，以非正免。 樂昌　四月丁亥，侯受以魯太后子封，元年免。	元康四年，耳玄孫長陵公乘遂詔復家。

東陽武侯張相如	高祖六年爲中大夫，以河間守擊陳豨，力戰，功侯，千三百戶。	十一年十二月癸巳封，三十二年薨。	百一十八	孝文十六年，共侯殷嗣，五年薨。	後五年，戴侯安國嗣，六年薨。	孝景四年，哀侯彊嗣，十三年，建元元年薨，亡後。	玄孫
				六世　元康四年，相如玄孫之子茂陵公乘宣詔復家。			
愼陽侯樂說　如淳曰：「愼音震。」師古曰：「字本作滇，音眞，後誤作愼耳。滇陽，汝南縣名也。說讀曰悅。」	淮陰侯韓信舍人，告信反，侯，二千戶。	十二月甲寅封，五十一年薨。	百三十一	孝景中六年，靖侯願嗣，四年薨。	建元元年，侯買之嗣，二十二年，元狩五年，坐鑄白金，棄市。	曾孫	玄孫

				六世 元康四年，詘玄孫之子長安公士通詔復家。			
開封愍侯陶舍	以右司馬漢王五年初從，以中尉擊燕、代，侯，比共侯，二千戶。	十二月丙辰封，一年薨。	百一十五	十二年，夷侯青嗣，四十八年薨。	孝景中三年，節侯偃嗣，十七年薨。	元光五年，侯睢嗣，十八年，元狩五年，坐酎金免。	玄孫
				六世	七世 元康四年，舍玄孫之孫長安公士元始詔復家。		

禾成孝侯公孫昔	以卒漢王五年初從，以郎中擊代擊陳豨，侯，千九百戶。	正月己未封，二十年薨。	百一十七	孝文五年，懷侯漸嗣，九年薨。	孫	元康四年，昔曾孫霸陵公乘廣意詔復家。	
堂陽哀侯孫赤	以中涓從起沛，以郎入漢，以將軍擊項籍，爲惠侯，坐守滎陽降楚，免，復來，以郎擊籍，爲上黨守，擊陳豨，侯，八百戶。	正月己未封，九年薨。	七十七	高后元年，侯德嗣，四十三年，孝景中六年，有罪，免。	孫	元康四年，赤曾孫霸陵公乘明詔復家。	
祝阿孝侯高色	以客從起齧桑，以上隊將入漢，以將軍擊魏太	正月己卯封，二十一年薨。	七十四	孝文五年，侯成嗣，十四年，後三年，坐事	孫	曾孫	元康四年，色玄孫長陵上造弘詔復家。

	原、井陘，屬淮陰侯，罌度軍破項籍及豨，侯，千八百戶。如淳曰：「齧桑，邑名。」			國人過律，免。			
長脩平侯杜恬	以漢王二年用御史初從出關，以內史擊諸侯，攻項昌，以廷尉死事，侯，千九百戶。	三月丙戌封，四年薨。	百八 位次曰信平侯。	孝惠三年，懷侯中嗣，十七年薨。	孝文五年，侯意嗣，二十七年，有罪，免。	陽平 孝景中五年，侯相夫紹封，三十七年，元封三年，坐爲太常與大樂令中可當鄭舞人擅繇，闌出入關，免。師古曰：「擇可以爲鄭舞，而擅從役使之，又闌出入關。」	

江邑侯趙堯	以漢五年爲御史，用奇計徙御史大夫周昌爲趙相，代昌爲御史大夫，從擊陳豨，功侯，六百戶。	十一月封，高后元年，有罪，免。					
營陵侯劉澤	漢三年爲郎中擊項羽，以將軍擊陳豨，得王黃，侯。帝從昆弟，萬一千戶。	十一月封，十五年，高后七年，爲瑯邪王。	八十八				
土軍式侯宣義	高祖六年爲中地守，以廷尉擊陳豨，侯，一千一百戶，就國後爲	二月丁亥封，七年薨。	百二十二 位次曰信成侯。	孝惠六年，孝侯莫如嗣，三十五年薨。	孝景三年，康侯平嗣，十九年薨。	建元六年，侯生嗣，八年，元朔二年，坐與人妻姦，免。	玄孫

	燕相。						
				六世	元康四年，義玄孫之子阿武不更寄詔復家。		
廣阿懿侯任敖	以客從起沛，爲御史，守豐二歲，擊項籍，爲上黨守，陳豨反，堅守，侯，千八百戶。後遷爲御史大夫。	二月丁亥封，十九年薨。	八十九	孝文三年，夷侯敬嗣，一年薨。	四年，敬侯但嗣，四十年薨。	建元五年，侯越人嗣，二十一年，元鼎二年，坐爲太常廟酒酸，免。	元康四年，敖玄孫廣阿簪褭定詔復家。
須昌貞侯趙衍	以謁者漢王元年初從起漢中，雍軍塞渭上，上	二月己丑封，三十二年薨。	百七	孝文十六年，戴侯福嗣，四年薨。	後四年，侯不害嗣，八年，孝景五	曾孫	玄孫

	計欲還，衍言從它道，道通，後爲河間守，豨反，誅都尉相如，功侯，千四百戶。				年，有罪，免。		
				六世	七世 元康四年，衍玄孫之孫長安簪褭步昌詔復家。		
臨轅堅侯戚鰓	初從爲郎，以都尉守蘄城，以中尉侯，五百戶。	二月乙酉封，六年薨。	百一十六	孝惠五年，夷侯觸龍嗣，三十七年薨。	孝景四年，共侯中嗣，十六年薨。	建元四年，侯賢嗣，二十五年，元鼎五年，坐酎金免。	元康四年，鰓玄孫梁郎官大夫常詔復家。師古曰：「仕梁爲郎

							而有官大夫之爵也。」
				六世	七世 元始二年，鰓玄孫之孫少詔賜爵關內侯。		
汲紹侯公上不害	高祖六年爲太僕，擊代豨有功，侯，千三百戶。爲趙太僕。	二月乙酉封，三年薨。	百二十三	孝惠二年，夷侯武嗣，二十七年薨。	孝文十四年，康侯通嗣，二十七年薨。	建元二年，侯廣德嗣，九年，元光五年，坐妻大逆，棄市。	元康四年，不害玄孫安陵五大夫常詔復家。
甯陵夷侯呂臣	以舍人從起留，以郎入漢，破曹咎成皋，爲都尉，擊豨，功侯，千戶。	二月辛亥封，二十七年薨。	七十三	孝文十一年，戴侯謝嗣，十六年薨。	孝景四年，惠侯始嗣，十七年薨。	曾孫	元康四年，呂臣玄孫南陵公大夫得詔復家。

汾陽嚴侯靳彊	以郎中騎千人前三年從起櫟陽，擊項羽，以中尉破鍾離眛軍，功侯。	三月辛亥封，十一年薨。	九十六	高后三年，共侯解嗣，三十三年薨。	孝景五年，康侯胡嗣，十二年絕，不得狀。	江鄒 元鼎五年，侯石封嗣，九年，太始四年，坐爲太常行幸離宮道橋苦惡，大僕敬聲繫以謁聞，赦免。	元康四年，彊玄孫長安公乘忠詔復家。
戴敬侯祕彭祖 師古曰：「今見有祕姓，讀如祕書，而韋昭妄爲音讀，非也。」	以卒從起沛，以卒開沛城門，爲太公僕，以中廄令擊陳豨，功侯，千一百戶。	三月癸酉封，十一年薨。	百二十六	高后三年，共侯悼嗣，十二年薨。	孝文八年，夷侯安國嗣，四十八年薨。	元朔五年，安侯軫嗣，十二年薨。	元鼎五年，侯蒙嗣，二十五年，後元年，坐祝詛上，大逆，腰斬。
				六世	七世 元康四年，彭祖玄孫		

					之孫陽陵大夫政詔復家。		
衍簡侯翟盱 師古曰:「盱音況于反。」	以漢王二年爲燕令,以都尉下楚九城,堅守燕,侯,九百戶。	七月己丑封,十二年薨。	百三十	高后四年,祗侯山嗣,(二)〔二〕年薨。	六年,節侯嘉嗣,四十四年薨。	建元三年,侯不疑嗣,十年,元朔元年,坐挾詔書論,耐爲司寇。師古曰:「詔書當奉持之,而挾以行,故爲罪也。」	元康四年,盱玄孫陽陵公乘光詔復家。
平州共侯昭涉掉尾 師古曰:「姓昭涉,名掉尾也。音徒弔反。」	漢四年以燕相從擊項籍,還擊臧荼,侯,千戶。	八月甲辰封,十八年薨。	百一十一	孝文二年,戴侯種嗣,三年薨。	五年,懷侯它人嗣,四年薨。	九年,孝侯馬童嗣,二十九年薨。	孝景後一年,侯昧嗣,二十四年,元狩五年,坐行馳道中,免。 元康四年,掉尾玄孫涪不更福

							詔復家。
中牟共侯單右車	以卒從沛,入漢,以郎擊布,功侯,二千二百戶。始高祖微時有急,給高祖馬,故得侯。	十二年十月乙未封,二十三年薨。	百二十五	孝文八年,敬侯繒嗣,五年薨。	十三年,戴侯終根嗣,三十七年薨。	元光二年,侯舜嗣,十八年,元鼎五年,坐酎金免。	玄孫
				六世 元康四年,右車玄孫之子陽陵不更充國詔復家。			
邔嚴侯黃極忠 師古曰:「邔音鉅已	以羣盜長爲臨江將,已而爲漢擊臨江王及諸	十月戊戌封,二十七年薨。	百十三	孝文十二年,夷侯榮成嗣,九年薨。	後元五年,共侯明嗣,三十五年	元朔五年,侯遂嗣,八年,元鼎元年,坐掩搏奪公	

反。」	侯,破布,封千戶。				薨。	主馬,髡爲城旦。 戶四千。 師古曰:「搏字或作博,已解於上。」	
				六世 元康四年,極忠玄孫之子邔公乘調詔復家。	元始元年,賜極忠代後者爵關內侯。		
博陽節侯周聚	以卒從豐,以隊率入漢,擊項籍,(城)〔成〕皋有功,爲將軍,布反,定吳郡,侯。	十月辛丑封,二十四年薨。	五十三	孝文九年,侯遬嗣,十五年,孝景元年,有辠,奪爵一級。	孫	元康四年,聚曾孫長陵公乘萬年詔復家。	

陽羨定侯靈常	以荊令尹漢五年初從,擊鍾離眛及陳公利幾,徙爲漢中大夫,從至陳,取韓信,遷中尉,以擊布,侯,二千戶。	十月壬寅封,十四年薨。	百一十九	高后七年,共侯賀嗣,八年薨。	孝文七年,哀侯勝嗣,六年薨,亡後。	曾孫	元康四年,常玄孫南和大夫橫詔復家。
下相嚴侯泠耳 師古曰:「泠音零。」	以客從起沛,入漢,用兵擊破齊田解軍,以楚丞相堅守彭城距布軍,功侯,二千戶。	十月己酉封,十八年薨。	八十五	孝文三年,侯順嗣,二十三年,孝景三年,坐謀反,誅。	孫	曾孫	元康四年,耳玄孫長安公士安詔復家。
高陵圉侯王虞人	以騎司馬漢王元年從起廢丘,	十二月丁亥封,十年	九十二	高后三年,侯弄弓嗣,十八年,	孝文十三年,侯行嗣,		

	期思康侯賁赫 師古曰:「賁音肥。」	戚圉侯季必 師古曰:「灌嬰傳云季必,今此作季。表、傳不同,當有誤。」
以都尉破田橫、龍且,追籍至東城,以將軍擊布,侯,九百戶。	淮南王英布中大夫,告反,侯,一千戶。	以騎都尉漢二年初起櫟陽,攻破廢丘,因擊項籍,屬韓信,破齊,攻臧荼,爲將軍,擊韓信,侯,千五
薨。	十二月癸卯封,二十九年,孝文十四年薨,亡後。	十二月癸卯封,十六年薨。
	百三十二	九十
年薨。	子	孝文元年,賁侯長嗣,三年薨。
十二年,孝景三年,謀反,誅。	孫	四年,躁侯瑕嗣,三十八年薨。
	曾孫	建元三年,侯信成嗣,二十年,元狩五年,坐爲太常縱丞相侵神道,爲隸臣。師古曰:「刑法志罪
	元康四年,赫玄孫壽春大夫充詔復家。	元康四年,必玄孫長安公士買之詔復家。

	穀陽定侯馮谿		嚴敬侯許猜
百戶。	以卒前二年起(拓)〔柘〕,擊籍,定代,爲將軍,功侯。		以楚將漢二年
	正月乙丑封,二十二年薨。		正月乙丑
	百五		百一十二
	孝文七年,共侯熊嗣,十八年薨。	六世 元康四年,谿玄孫之子轂陽不更武詔復家。	孝景二年,侯
	孝景二年,隱侯卯嗣,三年薨。		建元二年,
人獄已決,完爲城旦舂,滿三歲爲鬼薪白粲,一歲爲隸臣妾,一歲免爲庶人。然則男子爲隸臣,女子爲隸妾也。」	五年,懿侯解中嗣,十二年薨。		元光五年,節侯
	建元四年,侯偃嗣。		元朔二年,侯廣

師古曰:「猜音千才反。」		成陽定侯奚意
降,從起臨濟,以郎中擊項羽、陳豨,侯,六百戶。		以魏郎漢王二年從起陽武,擊項籍,屬魏王豹,豹反,徙屬相國彭越,以太原尉定代,侯,六百戶。
封,四十年薨。		正月乙酉封,二十六年薨。
		百一十
恢嗣,十六年薨。	六世 元康四年,猜玄孫之子平壽公士任壽詔復家。	孝文十一年,侯信嗣,二十九年,建元元年,有罪,要斬。
煬侯則嗣,九年薨。		孫
周嗣,三年薨。		元康四年,意曾孫陽陵公乘通詔復家。
宗嗣,十五年,元鼎五年,坐酎金免。		

桃安侯劉襄		高粱共侯酈疥
以客從,漢王二年起定陶,以大謁者擊布,侯,千戶。爲淮南太守。項氏親。		父食其以客從破秦,以列侯入〔漢〕,還定諸侯,常使使約和諸
三月丁巳封,七年,孝惠七年,有罪,免,二年,復封,十六年薨。		二月丙寅封,六十三年薨。
百三十五		六十六
孝文十年,懿侯舍嗣,三十年薨。	六世 元康四年,襄玄孫之子長安上造益壽詔復家。	元光三年,侯勃嗣。
建元元年,厲侯由嗣,十三年薨。		侯平嗣,元狩元年,坐詐衡山王取金,免。
元朔二年,侯自爲嗣,十五年,元鼎五年,坐酎金免。		曾孫
玄孫		元康四年,食其玄孫陽陵公乘賜詔復家。

	侯，說齊王死事，子侯。						
紀信匡侯陳倉	以中涓從起豐，以騎將入漢，以將軍擊項籍，後攻盧綰，侯，七百戶。	六月壬辰封，十年薨。	八十	高后三年，夷侯開嗣，二十二年薨。	孝文後二年，侯煬嗣，八年，孝景二年，反，誅。	曾孫	玄孫
				六世 元康四年，倉玄孫之子長安公士千秋詔復家。			
景嚴侯王競	以車司馬漢元年初從起高陵，屬劉賈，以都尉	六月壬辰封，七年薨。	百六	孝惠七年，戴侯眞粘嗣，十九年薨。	孝文十一年，侯嬹嗣，二十二年，	曾孫	元康四年，競玄孫長安公士昌詔復家。

	從軍，侯，五百戶。			師古曰：「粘亦黏字。」	孝景十年，有罪，免。師古曰：「嬹音許孕反。」		
張節侯毛釋之	以中涓從起豐，以郎騎入漢，還從擊諸侯，侯，七百戶。	六月壬辰封，二十六年薨。	七十九	孝文十一年，侯鹿嗣，二年薨。	十三年，侯舜嗣，二十三年，孝景中六年，有罪，免。	曾孫	元康四年，釋之玄孫長安公士景詔復家。
責裹端侯革朱	以越連敖從起薛，別以越將入漢，擊諸侯，以都尉侯，九百戶。	六月壬辰封，七年，孝惠七年薨。嗣子有罪，不得代。	七十五	孝文二年，康侯式以朱子紹封，二十一年薨。	孝景中二年，侯昌嗣，二年，有罪，免。	曾孫	元康四年，朱玄孫陽陵大夫奉詔復家。

傿陵嚴侯朱濞	以卒從起豐，入漢，以都尉擊項籍、臧荼，侯，二千七百戶。	十二月封，十一年薨。〔二〕	五十（一）	高后四年，共侯慶嗣，十一年，孝文七年薨，亡後。		元康四年，濞曾孫陽陵公士言詔復家。	
（菌）鹵（嚴）侯張平	以中尉前元年從起單父，不入關，以擊黥布、盧綰，得南陽，侯，二千七百戶。	十二月封，十二年薨。	四十八	高后五年，侯勝嗣，七年，孝文四年，有罪，為隸臣。		曾孫	玄孫
				六世 元康四年，平玄孫之子長安公士常詔復家。			

右高祖百四十七人。周呂、建成二人在外戚，羹頡、合陽、沛、德四人在王子，凡百五十三人。

便頃侯吳淺	以父長沙王功侯，二千戶。	元年九月癸卯封，三十七年薨。	百三十三	孝文後七年，共侯信嗣，六年薨。	孝景六年，侯廣志嗣。	侯千秋嗣，元鼎五年，坐酎金免。	編 元康四年，淺玄孫長陵上造長樂詔復家。
軑侯黎朱蒼 師古曰：「軑音大，又音第。」	以長沙相侯，七百戶。	二年四月庚子封，八年薨。	百（一）〔二〕十	高后三年，孝侯豨嗣，二十一年薨。	孝文十六年，侯彭祖嗣，二十四年薨。	侯扶嗣，元封元年，坐為東海太守行過擅發卒為衞，當斬，會赦，免。	玄孫 江夏
				六世 元康四年，蒼玄孫之子竟陵簪褭漢詔復家。			

平都孝侯劉到	以齊將高祖三年定齊，降侯，千戶。	五年六月乙亥封，十三年薨。	百一十	孝文三年，侯成嗣，三十五年，孝景後二年，有罪，免。		元康四年，到曾孫長安公乘如意詔復家。	

右孝惠三人。

南宮侯張買	以父越人爲高祖騎將從軍，以中大夫侯。	元年四月丙寅，封。		侯生嗣，孝武初有罪，爲隸臣。萬六千六百戶。			北海
梧齊侯陽城延	以軍匠從起郟，入漢，後爲少府，作長樂、未央宮，築長安城先就，侯。	四月乙酉封，六年薨。	七十六	七年，敬侯去疾嗣，三十四年薨。	孝景中三年，靖侯偃嗣，十五年薨。	元光三年，侯戎奴嗣，十四年，元狩五年，坐使人殺季父，棄市。戶三千三百。	玄孫

	師古曰：「郟，潁川之縣也，音夾。」						
				六世　元康四年，延玄孫之子梧公士注詔復家。			
平定敬侯齊受	以卒從起留，以家車吏入漢，以驍騎都尉擊項籍，得樓煩將，用齊丞相侯。 師古曰：「家車吏，主漢王之家車，非軍國所用。」	四月乙酉封，九年薨。	五十四	孝文二年，齊侯市人嗣，四年薨。	六年，共侯應嗣，四十一年薨，亡後。	元光二年，康侯延居嗣，八年薨。	元鼎（四）〔二〕年，侯昌嗣，二年，元鼎（二）〔四〕年，有罪，免。

							元康四年，受玄孫安平大夫安德詔復家。
博成敬侯馮無擇	以悼武王郎中從高祖起豐，攻雍，共擊項籍，力戰，奉悼武王出滎陽，侯。 師古曰：「悼武王，高后兄，周呂侯呂澤也，高后追尊曰悼武王。」	四月己丑封，三年薨。		四年，侯代嗣，八年，坐呂氏誅。			
沅陵頃侯吳陽 師古曰：「沅音元。」	以父長沙王功侯。	七月丙申封，二十五年薨。	百三十六	孝文後二年，頃侯福嗣，十七年薨。	孝景中五年，哀侯周嗣，薨，亡後。		

中邑貞侯朱進	以執矛從入漢，以中尉破曹咎，用呂相侯，六百戶。 師古曰：「爲呂王之相也。」	四年四月丙申封，二十二年薨。		孝文後二年，侯悼嗣，二十一年，孝景後三年，有罪，免。			
樂（成）〔平〕簡侯衛毋擇	以隊率從起沛，屬皇訢，以郎擊陳餘，用衛尉侯，六百戶。	四月丙申封，二年薨。		六年，共侯勝嗣，四十一年薨。	孝景後三年，侯修嗣，六年，建元六年，坐買田宅不法，有請賕吏，死。		
山都貞侯王恬啓	漢五年爲郎中柱下令，以衛將	四月丙申封，八年薨。		孝文四年，惠侯中黃嗣，二	孝景四年，敬侯觸龍	元狩五年，侯當嗣，八年，元封元	

	軍擊陳豨,用梁相侯。師古曰:「柱下令,今主柱下書史也。」			十三年薨。	嗣,二十三年薨。	年,坐闌入甘泉上林,免。	
祝茲夷侯徐厲	以舍人從沛,以郎中入漢,還,得雍王邯家屬,用常山丞相侯。	四月丙申封,十一年薨。		孝文七年,康侯悼嗣,二十九年薨。	孝景中六年,侯偃嗣,九年,建元六年,有罪,免。		
成陰夷侯周信	以卒從起單父,為呂后舍人,度呂后,為河南守,侯,五百戶。師古曰:「時有寇難,得度於水,因以免也。」	四月丙申封,十六年薨。		孝文十二年,侯勃嗣,十五年,有罪,免。			

俞侯呂它 如淳曰:「俞音輸。」	父嬰以連敖從高祖破秦,入漢,以都尉定諸侯,功比朝陽侯,死事,子侯。	四月丙申封,四年,坐呂氏誅。					
醴陵侯越	以卒從,漢二年起櫟陽,以卒吏擊項羽,為河內都尉,用長沙相侯,六百戶。	四月丙申封,八年,孝文四年,有罪,免。					

右高后十二人。扶柳、襄城、軹、壺關、昌平、贅其、騰、昌城、腄、祝茲、建陵十一人在恩澤外戚,洨、沛、信都、樂昌、東平五人隨父,上邳、朱虛、東牟三人在王子,凡三十一人。

師古曰:「腄音直瑞反。洨音交,又音下交反。」

陽信夷侯劉揭	高祖十三年為郎,以典客奪呂祿印,閉殿門止產等,共立皇帝,侯,二千戶。	元年十一月辛丑封,十四年薨。		十五年,侯中意嗣,十四年,孝景六年,有罪,免。			
壯武侯宋昌	以家吏從高祖起山東,以都尉從滎陽,食邑,以代中尉勸王,驂乘入即帝位,侯,千四百戶。	四月辛亥封,三十三年,孝景中四年,有罪,奪爵一級,為關內侯。					
樊侯蔡兼	以睢陽令高祖初從阿,以韓家子還定北地,用常山相侯,千二	六月丙寅封,十四年薨。		十五年,康侯客嗣,十八年薨。	孝景中二年,共侯平嗣,二十一年薨。	元朔二年,侯辟方嗣,元鼎四年,坐搏揜,完為城旦。	

	百戶。師古曰:「本六國時韓家之諸子也,後更姓蔡也。」						
沶陵康侯魏駟 晉灼曰:「沶,古低字。」師古曰:「音直夷反。」	以陽陵君侯。	七年三月丙寅封,十二年薨,亡後。					
南鄍侯起 師古曰:「鄍音貞。說者云當為鄭,非也。」	以信平君侯。	(二)〔三〕月丙寅封,坐後父故削爵一級,為關內侯。師古曰:「會於廷中而躐父,失朝廷以					

		爵之序，故創爵也。」					
黎頃侯召奴 師古曰：「召平之子也。召讀曰邵。」	以父齊相侯。	十年四月癸丑封，十一年薨。		後五年，侯澮嗣，三十五年薨。	元朔五年，侯延嗣，十九年，元封六年，坐不出持馬，要斬。戶千八百。師古曰：「時發馬給軍，匿而不出也。」		
餅侯孫單 師古曰：「餅音步丁反。」	父卬以北地都尉匈奴入力戰死事，子侯。	十四年三月丁巳封，十二年，孝景前三年，					

		坐反，誅。					
弓高壯侯韓隤當	以匈奴相國降，侯。故韓王子。	十六年六月丙子封。		不得子嗣侯者年名。	元朔五年，侯則嗣，薨，亡後。		
					龍頟 元朔五年四月丁未，侯譊以都尉擊匈奴得王，侯，十二年，元鼎五年，坐酎金，免。師古曰：「譊音女交反。」		

					按道 元封元年五月己卯，愍侯說以橫海將軍擊東越，侯，十九年，為衞太子所殺。	延和三年，侯興嗣，四年，坐祝詛上，要斬。	齊
						後元元年，侯曾以與弟紹封龍頟，三十一年薨。	五鳳元年，思侯寶嗣，鴻嘉元年薨，亡後。
							元封元年，節侯共以寶從父昆弟紹封。

				六世 侯敞弓嗣，王莽敗，絕。			
襄城哀侯韓嬰	以匈奴相國降，侯，二千戶。韓王信太子之子。	六月丙子封，七年薨。		後七年，侯釋之嗣，三十一年，元朔四年，坐詐疾不從，耐為隸臣。			魏
故安節侯申屠嘉	孝文二年舉淮陽守，從高祖功，食邑五百戶，用丞相侯。	後三年四月丁巳封，七年薨。		孝景前三年，侯共嗣，二十二年薨。	〔清安〕 元狩三年，侯臾更封，五年，元鼎元年，坐為九江太守受故官送，		

兔。

右孝文十人。軑、鄔、周陽三人在外戚，管、氏（營）丘、營平、陽虛、楊丘、朸、安都、平昌、武成、白石、阜陵、安陽、陽周、東城十四人在王子，凡二十七人。

師古曰：「鄔音一戶反，又音於庶反。今書本有鄔字者，誤。」

校勘記

五二八頁八行　隕命亡國，〔或〕（云）〔亡〕子孫。　錢大昭所見閩本、朱一新所見汪本都作「或亡子孫」。王先謙說閩、汪本是。

五二九頁一行　庸，〔賨〕功庸也；　朱一新說汪本有「賨」字是。按景祐、殿本都有。

五二九頁四行　虞、夏以（之）多羣后饗共己之治。　王念孫說「以」下「之」字涉上下文而衍，漢紀孝成紀無。

五三一頁一行　取其功尤高者（三）〔一〕人繼之，　景祐、殿本都作「一」。王先謙說作「一」是。

五三一頁四行　錢大昭、朱一新說閩、汪本無「云」字。按景祐本亦無。

五三二頁三欄　五格「本治」，錢大昭說當作「本始」。按景祐、殿本都作「本始」。

五三三頁五欄　七格「元光三年」，景祐本作「二年」。朱一新說史記作「二年」是。下脫「婢」字，史表有。

五三五頁二欄　五格「二十四年」，景祐、殿本都作「二十二年」。六格「十二年」，景祐本作「二十二年」。

五三七頁五欄　三格，蘇輿說「六」字蓋「十八」二字之駮文。按景祐本正作「十八」。

五四〇頁二欄　四格，王先謙說「傳」是「得」之誤。按景祐、殿、局本都作「得」。

五四三頁二欄　五格「後二年」，朱一新說汪本「二」作「三」是。按景祐本作「三」。

五四五頁三欄　五格「後元年」，朱一新說汪本作「後元年」是。按景祐本作「後元年」。

五四六頁三欄　六格「老」，景祐、殿、局本都作「孝」。

五五一頁二欄　三格，景祐、殿本都作「三十年」。

五五四頁一欄　五格，蘇輿說「三」當作「二」。按景祐本正作「二」。

五五五頁三欄　一格，景祐、殿本都作「如齊」。

五五六頁二欄　二格「一歲」，景祐本作「二歲」，史表同。「臨菑」，王鳴盛說監本作「臨菑」，「菑」字誤。按殿、局本都作「臨菑」。三格「四十八年」，景祐、殿本都作「三十八年」。

五五七頁二欄　二格，王先謙說「公」字衍。按史表作「以舍人從至霸上」。六格，王先謙說史表作「遠御史大夫湯」，張湯也，此誤。

五五八頁三欄　五格，朱一新說汪本「一」作「二」是。王先謙說「太」殿本作「大」是。按景祐本正作「二」作「大」。

五六三頁一欄　五格，殿本有「家」字，此脫，景祐本亦脫。

五六六頁一欄　二格，王先謙說史表無「頃侯諸莊」四字，疑衍。

五六六頁二欄　五格原在六格，據景祐、殿、局本提上。

五七一頁一欄　二格，王先謙說「邑盇」當作「盇邑」。按殿本作「盇邑」。

五七四頁五欄　六格，王先謙說史表「中三年」作「中二年」。按景祐本亦作「中二年」。

五七五頁二欄　二格，據史表校，「秋」當作「秩」。

五七七頁三欄　五格，王先謙說「侯」下奪「賀」字，史表「賀」字兩見。

五七八頁二欄　五格，朱一新說汪本「二」作「三」是。按殿本作「三」。

五七九頁一欄　六格，殿本「三」作「五」。齊召南說作「三」非。

五八〇頁三欄　二格，「稅」字據史表集解引補。

五八一頁二欄　六格「十二年」，景祐、殿本都作「十三年」，史表同。

五八七頁二欄　六格「三十年」，景祐、殿本都作「十二年」。

五八九頁五欄　六格「文侯」，景祐、殿本都作「孝文」，此誤。

五九二頁一欄　八格，蘇輿說「二十九」當作「三十九」。按景祐本正作「三十九」。

五九二頁二欄　五格，王念孫說「十二年」景祐本作「十三年」是。

五九三頁一欄　五格，「家」字據景祐、殿本補。

六〇七頁二欄　五格，王先謙說殿本「一」作「二」是。

六〇九頁三欄　二格，殿本「城」作「成」，王先謙說作「成」是。

六一三頁二欄　二格「拓」，景祐、殿本都作「柘」。

六一四頁三欄　二格，王先謙說「入」下脫「漢」字，史表有。

六一七頁一欄　四格「五十一」，錢大昭說當從史表作「五十二」。按景祐、殿本正作「五十二」。

六一七頁二欄　一格，景祐、殿本都作「鹵嚴侯」。

六一八頁三欄　四格，錢大昭說閩本作「百二十」是。按景祐、殿本都作「百二十」。

六二〇頁三欄　八格，朱一新說元鼎「四年」「二年」誤倒。按局本不誤。

六二三頁二欄　一格，王先謙說史表「戍」作「平」。按景祐、殿本都作「平」。

六二六頁三欄　三格「二月」，景祐、殿本都作「三月」。

六三〇頁三欄　六格「清安」，據景祐、殿、局本補，史表有。

六三一頁二行　管、氏（營）丘、營平　錢大昕說王子侯表管一國，氏丘一國，營平一國，此「氏」下多「營」字。

漢蘭臺令史 班固 撰
唐祕書少監 顏師古 注

漢書

第三册

卷一七至卷二〇(表二)

中華書局

漢書卷十七

景武昭宣元成功臣表第五

昔書稱「蠻夷帥服」，〔一〕詩云「徐方既倈」，〔二〕春秋列潞子之爵，許其慕諸夏也。〔三〕漢興至于孝文時，乃有弓高、襄城之封，〔四〕雖自外倈，本功臣後。故至孝景始欲侯降者，丞相周亞夫守約而爭。〔五〕帝黜其議，初開封賞之科，〔六〕又有吳楚之事。武興胡越之伐，將帥受爵，應本約矣。〔七〕後(有)〔世〕承平，頗有勞臣，輯而序之，續元功次云。〔八〕

〔一〕師古曰：「舜典之辭也。言王者德澤廣被，則四夷相率而降服也。」

〔二〕師古曰：「大雅常武之詩曰：『王猷允塞，徐方既倈。』言周之王道信能充實，則徐方、淮夷並來朝也。倈，古來字。」

〔三〕應劭曰：「潞子離狄內附，春秋嘉之，稱其爵，列諸盟會也。」師古曰：「潞音路。」

〔四〕師古曰：「弓高侯穨當，襄城侯桀龍，皆從匈奴來降而得封也。」

〔五〕應劭曰：「景帝欲封王皇后兄信，亞夫對『高祖之約，非功臣不侯也』。」師古曰：「景帝欲封匈奴降者徐盧等，而亞夫爭之，以為不可。今表所稱，蓋謂此爾，不列王信事也。應說失之。」

〔六〕師古曰：「不從亞夫之言，竟封也。」

〔七〕師古曰：「應高祖非有功不得侯之約。」

〔八〕師古曰：「輯與集同。元功，謂佐興其帝業者也。」

號謚姓名	功狀戶數	始封	子	孫	曾孫	玄孫
俞侯欒布 師古曰：「俞音輸。」	以將軍吳楚反擊齊，侯。	六年四月丁卯封，六年薨。	中六年，侯賁嗣，二十二年，元狩六年，坐為太常雍犧牲不如令，免。師古曰：「雍，右扶風縣也，五時祠在焉。」			
建陵哀侯衞綰	以將軍擊吳楚，用中尉侯。	四(年)〔月〕丁卯封，二十一年薨。	元光五年，侯信嗣，十八年，元鼎五年，坐酎金免。			
建平敬侯程嘉	以將軍擊吳楚，用江都相侯。	四月丁卯封，十八年薨。	元光二年，節侯橫嗣，一年薨。	三年，侯回嗣，四年薨，亡後。		

中華書局

平曲侯公孫渾邪 師古曰：「渾音胡溫反。字或作昆，又作混，其音同。」	以將軍擊吳楚，用隴西太守侯。	四月己巳封，五年，中四年，有罪，免。	南奅 元朔五年四月丁卯，侯賀以將軍擊匈奴得王，侯。十二年，元鼎五年，坐酎金免。師古曰：「奅音普孝反。」	葛繹 太初二年，侯賀〔（獲）〕〔復〕以丞相封。三年，延和二年，以子敬聲有罪，下獄死。師古曰：「延亦征字也。」		

江陽康侯蘇息	以將軍擊吳楚，用趙相侯。	中二年，懿侯盧嗣，八年薨。	建元二年，侯朋嗣，十六年薨。	元朔六年，侯雕嗣，十一年，元鼎五年，坐酎金免。		
遽侯橫 師古曰：「史失其姓。它皆類此。」	父建德以趙相不聽王遂反，死事，子侯，千一百七十戶。	中二年四月乙巳封，六年，後二年，有罪，棄市。				
新市侯王棄之	父悍以趙內史，王遂反不聽，死事，子侯。	四月乙巳封，八年薨。	煬侯始昌嗣，元光四年為人所賊殺。			
商陵侯趙周	父夷吾以楚太傅，王戊反不聽，死事，子侯。	四月乙巳封，三十六年，元鼎五年，坐為丞相知列侯酎金輕，下獄自殺。				

山陽侯張當居	父尚以楚相，王戊反不聽，死事，子侯。	四月乙巳封，二十四年，元朔五年，坐為太常擇博士弟子故不以實，完為城旦。				
安陵侯子軍	以匈奴王降侯，千五百五十戶。	中三年十一月庚子封，十三年，建元六年薨，亡後。				
桓侯賜	以匈奴王降侯。	十二月丁丑封。				
遒侯陸彊 師古曰：「遒即古遒字，音子修反。涿郡之縣。」	以匈奴王降侯，千五百七十戶。	十二月丁丑封。	侯則嗣，孝武後元年坐祝詛上，要斬。			

容城攜侯徐盧	以匈奴王降侯，七百戶。	十二月丁丑封，七年薨。	建元二年，康侯纏嗣，十四年薨。	元朔三年，侯光嗣，四十年，後元二年，坐祝詛上，要斬。		
（翕）〔易〕侯僕黚 鄭氏曰：「黚音怛。」	以匈奴王降侯，千一百十戶。	十二月丁丑封，六年，後三年薨，亡後。				
范陽靖侯范代	以匈奴王降侯，六千二百戶。	十二月丁丑封，十四年薨。	元光二年，懷侯德嗣，四年薨，亡後。			涿郡 元始二年，玄孫政詔賜爵關內侯。
翕侯邯鄲	以匈奴王降（矦）〔侯〕。	十二月丁丑封，六年，元光四年，坐行來不請長信，免。				內黃

		如淳曰:「長信宮,太后所居也。」師古曰:「譪,謁也。」				
亞谷簡侯盧它之	以匈奴東胡王降侯,千戶。故燕王綰子。	中五年四月丁巳封,二年薨。	後(元)元年,侯種嗣,七年薨。	建元五年,康侯漏嗣,七年薨。	元光六年,侯賀嗣,三十九年,延和二年,坐受衛太子節,掠死。師古曰:「以衛太子擅發兵,而賀受其節,疑有反心,故見考掠而死也。」	
塞侯直不疑	以御史大夫侯,前有將兵擊吳楚功。	後元年八月封,六年薨。	建元四年,康侯相如嗣,十二年薨。	元朔四年,侯堅嗣,十三年,元鼎五年,坐酎金免。		

右孝景十八人。平陸、休、沈猶、紅、宛朐、棘樂、乘氏、桓邑八人在王子,魏其、蓋二人在外戚,隆慮一人隨父,凡二十九人。

師古曰:「據楚元王傳云休侯富免侯後更封為紅侯,而王子侯表但云休侯富,雖述更封,又無紅邑,其數止七人。然此表乃以休及紅列為二數,又稱八人在王子侯,是則此表為誤也。」

翕侯趙信	以匈奴相國降侯,元朔二年擊匈奴功益封,千六百八十戶。	元光四年十月壬午封,六年,元朔六年,為右將軍擊匈奴,兵敗,降匈奴。				內黃
特轅侯樂	以匈奴都尉降侯,六百五十戶。	元朔元年後九月丙寅封,十三年,元鼎元年薨,亡後。				南陽
親陽侯月氏 師古曰:「氏音支。」	以匈奴相降侯,六百八十戶。	元朔二年十月癸巳封,五年,坐謀反入匈奴,要斬。				舞陽

若陽侯猛	以匈奴相降侯,五百三十戶。	十月癸巳封,五年,坐謀反入匈奴,要斬。				平氏
平陵侯蘇建	以都尉從車騎將軍擊匈奴功侯,元朔五年,用游擊將軍從大將軍,益封,凡一千戶。	三月丙辰封,六年,坐為前將軍與翕侯信俱敗,獨身脫來歸,當斬,贖罪,免。				武當
岸頭侯張次公	以都尉從車騎將軍擊匈奴侯,從大將軍,益封,凡二千戶。	五月己巳封,五年,元狩元年,坐與淮南王女陵姦,受財物,免。師古曰:「陵,淮南王安女名也。」				皮氏

涉安侯於單	以匈奴單于太子降侯。	三年四月丙子封,五月薨,亡後。				
昌武侯趙安稽	以匈奴王降侯,以昌武侯從驃騎將軍擊左王,益封。	四年七月庚申封,二十一年薨。	太初元年,侯充國嗣,四年薨,亡後。			舞陽
襄城侯桀龍 師古曰:「此龍蓋匈奴名耳,而說者以為龍桀,非也。」	以匈奴相國降侯,四百戶。	七月庚申封,十二年,與浞野侯俱戰死事。	太初三年,侯病已嗣,十五年,後二年,坐祝詛上,下獄瘐死。			襄垣
安樂侯李蔡	以將軍再擊匈奴得王,侯,二千戶。	四月乙巳封,六年,元狩五年,坐以丞相侵賣園陵道壖地,自殺。				昌

合騎侯公孫敖	以護軍都尉三從大將軍擊匈奴，至右王庭得王侯，元朔六年，從大將軍，益封，九千五百戶。	以五年四月丁未封，至元狩二年坐將兵擊匈奴與票騎將軍期後，畏懦當斬，贖罪。師古曰：「懦音乃喚反，又曰音而掾反。」				高城
輕侯李朔 師古曰：「輕音只。」	以校尉三從大將軍擊匈奴，至右王庭得虜閼氏功侯。	四月乙卯封，六年，有罪，當免。				西安
從平侯公孫戎奴	以校尉三從大將軍擊匈奴，至右王庭爲鴈行	四月乙卯封，三年，元狩二年，坐爲上黨太守發				樂昌

	上石山先登侯，一千一百戶。	兵擊匈奴不以聞，免。				
隨城侯趙不虞	以校尉三從大將軍擊匈奴，攻辰吾先登石壘，侯，七百戶。師古曰：「辰吾水之上也，時匈奴軍在焉。山絕水曰壘，音門。」	四月乙卯封，三年，元狩二年，坐爲定襄都尉，匈奴敗，太守以聞非實，謾，免。師古曰：「謾，誑也，音漫。」				千乘
博望侯張騫	以校尉數從大將軍擊匈奴，知道水，及前使絕國大夏，侯。	六年三月甲辰封，元狩二年，坐以將軍擊匈奴畏懦，當斬，贖罪，免。				

衆利侯郝賢 師古曰：「郝音呼各反，又音式亦反。」	以上谷太守四從大將軍擊匈奴，首虜千級以上，侯，千一百戶。	五月壬辰封，二年，元狩二年，坐爲上（容）〔谷〕太守入（戈守）〔戍卒〕財物，〔上〕計謾，免。師古曰：「上財物之計簿而欺謾不實。」				姑莫
潦悼侯王援訾	以匈奴趙王降侯，五百六十戶。	元狩元年七月壬午封，二年薨，亡後。				舞陽
從票侯趙破奴 師古曰：「票音頻妙反。」	以司馬再從票騎將軍擊匈奴，得兩王（千）〔子〕騎〔將〕侯，	二年五月丙戌封，九年，元鼎五年，坐酎金免。元封三年，以匈				

	二千戶。	（奴）河將軍擊樓蘭，封浞野侯。五年，太初二年，以浚稽將軍擊匈奴，爲虜所獲，軍沒。				
宜冠侯高不識	以校尉從票騎將軍再擊匈奴。侯，一千一百戶。故匈奴歸義。	五月庚戌封，四年坐擊匈奴增首不以實，當斬，贖罪，免。師古曰：「增加所獲首級之數也。」				昌
煇渠忠侯僕朋 師古曰：「煇音許圍反。」	以校尉從票騎將軍再出擊匈奴得王、侯，從票騎將軍虜五王，	二年二月乙丑封，八年薨。	元鼎四年，侯雷電嗣，二十二年，延和三年，以五原屬國都尉與			魯陽

	益封。故匈奴歸義。		貳師將軍俱擊匈奴，沒。			
下摩侯謼毒尼 師古曰：「謼字與呼同。」	以匈奴王降封，七百戶。	六月乙亥封，九年薨。	元鼎五年，煬侯伊即軒嗣。師古曰：「軒音居言反。」	侯冠支嗣，神爵三年，詔居弋居山，坐將家屬闌入惡師居，免。師古曰：「惡師，地名，有官所置居室。」		猗氏
濕陰定侯昆邪 師古曰：「濕音吐合反。昆音胡門反。」	以匈奴昆邪王將衆十萬降侯，萬戶。	三年七月壬午封，四月薨。	元鼎元年，魏侯蘇嗣，十年，元封五年薨，亡後。			平原
煇渠慎侯應疕 師古曰：「疕音疋履反。」	以匈奴王降侯。	七月壬午封，五年，元鼎三年薨，亡後。				魯陽

河綦康侯烏黎	以匈奴右王與渾邪降侯，六百戶。	七月壬午封，六年薨。	元鼎三年，侯餘利鞮嗣，四十二年，本始二年薨，亡後。師古曰：「鞮音丁奚反。」			濟南
常樂侯稠雕	以匈奴大當戶與渾邪降侯，五百七十戶。師古曰：「當戶，匈奴官名也。」	七月壬午封，十八年薨。	太初三年，侯廣漢嗣，六年，太始元年薨，亡後。			濟南
邳離侯路博德	以右北平太守從票騎將軍擊左王，得重，會期，虜首萬二千七百人，侯，千六百	四年六月丁卯封，十五年，太初元年，坐見知子犯逆不道罪，免。				朱虛

	戶。師古曰：「得重，得輔重也。會期，不失期也。」					
義陽侯衞山	以北地都尉從票騎將軍擊匈奴得王，侯，千一百戶。	六月丁卯封，三十六年，太始四年，坐教人誣告衆利侯當時棄市罪，獄未斷病死。				平氏
杜侯復陸支	以匈奴歸義因孰王從票騎將軍擊左王，以少破多，捕虜三千一百，侯，千三百戶。	六月丁卯封，五年薨。	元鼎三年，侯偃嗣。	侯屠耆嗣。	侯宣平嗣。	重平 侯福嗣，河平四年，坐非子免。

衆利侯伊即軒 師古曰：「軒音居言反。」	以匈奴歸義樓剸王從票騎將軍擊左王，手劍合，侯，千一百戶。師古曰：「手用劍而合戰也。剸音專，又音之兗反。」	六月丁卯封，十四年薨。	元封六年，侯當時嗣。	侯輔宗嗣，始元五年薨，亡後，爲諸縣。		
湘成侯敞屠洛	以匈奴符離王降侯，千八百戶。	六月丙子封，七年，元鼎五年，坐酎金免。				陽成
散侯董舍吾	以匈奴都尉降侯，千一百戶。	六(年)〔月〕丙子封，十七年薨。	太初三年，侯安漢嗣。	侯賢嗣，征和三年，坐祝詛(二)〔上〕，下獄病死。		陽成
臧馬康侯雕延年	以匈奴王降侯，八百七十戶。	六(年)〔月〕丙子封，五年薨，亡後。				朱虛

瞭侯次公 師古曰：「瞭音遼。」	以匈奴歸義王降侯，七百九十戶。	元鼎四年六月丙午封，五年，坐酎金免。				舞陽
術陽侯建德	以南越王兄越高昌侯侯，三千戶。	五年三月壬午封，四年，坐使南海逆不道，誅。				下邳
龍侯摎廣德 師古曰：「摎音居虯反。」	父樂以校尉擊南越死事，子侯，六百七十戶。	三（年）〔月〕壬午封，六年，坐酎金免。				
成安侯韓延年	父千秋以校尉擊南越死事，子侯，千三百八十戶。	三月壬午封，七年，元封六年，坐爲太常行大行令事留外國書一月，乏興，入穀贖，完爲城旦。				郟 師古曰：「音夾。」

		師古曰：「當有所興發，因其淹留故闕乏。」				
昆侯渠復絫 師古曰：「絫音力追反。」	以屬國大首渠擊匈奴侯。	五月戊戌封。	侯乃始嗣，地節四年薨，亡後。			鉅鹿
騏侯駒幾 師古曰：「騏音其。」	以屬國騎擊匈奴捕單于兄侯，五百二十戶。	五月壬子封。	侯眘嗣。	釐侯崇嗣，陽朔二年薨，亡後。		北屈
				元延元年六月己未，侯詩以崇弟紹封，五百五十戶。		
梁期侯任破胡	以屬國都尉間出擊匈奴將軍絫絺縵等侯。	五（年）〔月〕辛巳封。	侯當千嗣，太始四年，坐賣馬一匹賈錢十五萬，			

	師古曰：「絫音力追反。縵音莫漢反。」		過平，臧五百以上，免。			
瞭侯畢取	以南越將軍降侯，五百一十戶。	六年三月乙酉封。	侯奉義嗣，後二年，坐祝詛上，要斬。			南陽
將梁侯楊僕	以樓船將軍擊南越推鋒卻敵侯。	三月乙酉封，四年，元封四年，坐爲將軍擊朝鮮畏懦，入竹二萬箇，贖完爲城旦。師古曰：「箇，枚也。音古賀反。」				
安道侯揭陽定 師古曰：「揭音竭。」	以南越揭陽令聞漢兵至自定降，侯，六百戶。	三月乙酉封。	侯當時嗣，延和四年，坐殺人，棄市。			南陽

隨桃頃侯趙光	以南越蒼梧王聞漢兵至降，侯，三千戶。	四月癸亥封，薨。	侯昌樂嗣，本始元年薨。嗣子有罪，不得代。			元始五年，放以光玄孫紹封，千戶。
湘成侯監居翁	以南越桂林監聞漢兵破番禺，諭甌駱民四十餘萬降，侯，八百三十戶。	五月壬申封。	侯益昌嗣，五鳳四年，坐爲九眞太守盜使人出買犀、奴婢，臧百萬以上，不道，誅。			〔堵陽〕
海常嚴侯蘇弘	以伏波司馬得南越王建德侯。	七月乙酉封，七年，太初元年薨，亡後。				
外石侯吳陽	以故東越衍侯佐繇王功侯，千戶。	元封元年正月壬午封，九年薨。	太初四年，侯首嗣，十四年，後二年，坐祝詛上，要斬。			濟陽

下鄜侯左將黃同 師古曰:「鄜音孚。」	以故甌駱左將斬西于王功侯,七百戶。	四月丁酉封。	侯奉漢嗣,後二年,坐祝詛上,要斬。				南陽
繚嫈侯劉福 師古曰:「繚音聊。嫈音於耕反。」	以校尉從橫海將軍擊南越侯。	正月乙卯封,二年,有辠,免。					
蘌兒嚴侯轅終古 師古曰:「蘌音御。」	以軍卒斬東越徇北將軍侯。	閏月癸卯封,六年,太初元年薨,亡後。					
開陵侯建成	以故東粵建成侯與繇王斬餘善侯,二千戶。	閏月癸卯封。	侯祿嗣,(延)〔征〕和三年,坐舍衞太子所私幸女子,又祝詛上,要斬。師古曰:「舍謂居止也。」				臨淮

臨蔡侯孫都	以南粵郎,漢軍破番禺,爲伏波得南粵相呂嘉,侯,千戶。	閏月癸卯封。	侯襄嗣,太初元年,坐擊番禺奪人虜,死。				河內
東城侯居股	以故東粵繇王斬東粵王餘善侯,萬戶。	閏月癸卯封,二十年,延和三年,坐衞太子舉兵謀反,要斬。					九江
無錫侯多軍	以東粵將軍,漢兵至,棄軍降,侯,千戶。	元年封。	侯卯嗣,延和四年,坐與歸義趙文王將兵追反虜,到弘農擅棄兵還,贖罪,免。				會稽
涉都侯喜	以父棄故南海太守,漢兵至,以	元年封,八年,太初二年薨,亡後。					南陽

	越邑降,子侯,二千四十戶。						
平州侯王唊 如淳曰:「唊音頰。」	以朝鮮將,漢兵至,降,侯,千四百八十戶。	三年四月丁卯封,四年薨,亡後。					梁父
荻(直)〔苴〕侯韓陶 師古曰:「荻音狄。苴音七余反。」	以朝鮮相將,漢兵圍之,降,侯,五百四十戶。師古曰:「爲相而將朝鮮兵。」	四月丁卯封,十九年,延和二年薨,封終身,不得嗣。					勃海
澅清侯參 師古曰:「澅音獲,又音胡卦反。」	以朝鮮尼谿相使人殺其王右渠,降,侯,千戶。	六月丙辰封,十一年,天漢二年,坐匿朝鮮亡虜,下獄病死。					齊

騠兹侯稽谷姑 師古曰:「騠音大奚反。」	以小月氏右苴王將衆降,侯,千九百戶。師古曰:「苴音子余反。」	四年十一月丁未封,三年,太初元年薨,亡後。					琅邪
浩侯王恢	以故中郎將將兵捕得車師王,侯。	正月甲申封,一月,坐使酒泉矯制害,當死,贖罪,免。如淳曰:「律,矯詔大害,要斬。有矯詔害,矯詔不害。」					
瓡讘侯杆者 師古曰:「瓡讀與狐同。讘音之涉反。」	以小月氏王將軍衆千騎降,侯,七百六十戶。	正月乙酉封,二年薨。	六月,侯勝嗣,五年,天漢二年薨,制所幸封,不得嗣。				河東

幾侯張路 師古曰：「路音格，又音各。」	以朝鮮王子漢兵圍朝鮮降侯。	三年癸未封，六年，使朝鮮，謀反，格死。				河東
涅陽康侯最	以父朝鮮相路人，漢兵至，首先降，道死，子侯。	三月壬寅封，五年，太初元年薨，亡後。				齊
海西侯李廣利	以貳師將軍擊大宛斬王侯，八千戶。	太初四年四月丁巳封，十一年，延和三年，擊匈奴兵敗，降。				
新畤侯趙弟	以貳師將軍騎士斬（郁）〔郁〕成王首，侯。師古曰：「郁成，西域國名也。」	四月丁巳封，七年，太始三年，坐爲太常鞫獄不實，入錢百萬贖死，而完爲城旦。				齊

		如淳曰：「鞫者以其辭決罪也。」晉灼曰：「律說出罪爲故縱，入罪爲故不直。」				
承父侯續相如	以使西域發外王子弟，誅斬扶樂王首，虜二千五百人，侯，千百五十戶。	太始三年五月封，五年，延和四年四月癸亥，坐賊殺軍吏，謀入蠻夷，祝詛上，要斬。				東萊
開陵侯成娩 師古曰：「娩音晚，又音免。」	以故匈奴介和王將兵擊車師，不得封年。		侯順嗣。	質侯襃嗣，薨，亡後。		
				元延元年六月乙未，釐侯級以	侯參嗣，王莽敗，絕。	

				襃弟紹封，千二十戶。		
秺侯商丘成 如淳曰：「秺音腐蠹反。」	以大鴻臚擊衛太子，力戰，亡它意，侯，二千一百二十戶。	延和二年七月癸巳封，四年，後二年，坐爲詹事侍祠孝文廟，醉歌堂下曰「出居，安能鬱鬱」，大不敬，自殺。				濟陰
重合侯莽通	以侍郎發兵擊反者如侯，侯，四千八百七十戶。	七月癸巳封，四年，後二年，坐發兵與衛尉潰等謀反，要斬。				勃海
德侯景建	以長安大夫從莽通共殺如侯，	七月癸巳封，四年，後二年，坐共				濟南

	得少傅石德，侯，三千七百三十五戶。	莽通謀反，要斬。				
題侯張富昌	以山陽卒與李壽共得衛（李）〔太子〕，侯，八百五十八戶。	九月封，四年，後二年四月甲戌，爲人所賊殺。				鉅鹿
邘侯李壽 師古曰：「邘音于。」	以新安令史得衛太子，侯，一百五十戶。	九月封，三年，坐爲衛尉居守，擅出長安界，送海西侯至高橋，又使吏謀殺方士，不道，誅。				河內
轑陽侯江喜 師古曰：「轑音聊。」	以圉嗇夫捕反者故城父令公	二年十一月封。	六年，侯仁嗣，永光四年，坐使家			清河

	孫勇侯，千一百二十戶。師古曰：「圍，淮陽縣也。」		丞上書還印符，隨方士，免。			
當塗康侯魏不害	以圉守尉捕反者淮陽胡倩侯，侯聖與議定策，益封，凡二千二百戶。	十一月封，薨。	愛侯聖嗣。	剌侯楊嗣。	戴侯向嗣。	九江 侯堅居嗣，居攝二年，更爲翼漢侯，王莽篡位，爲翼新侯，莽敗，絕。
蒲侯蘇昌	以圉小史捕反者故越王子鄒起侯，千二十六戶。	十一月封。	侯夷吾嗣，鴻嘉三年，坐婢自贖爲民後略以爲婢，免。			琅邪
丞父侯孫王	以告反者太原白義等侯，千一	四年三月乙酉封，三年，始元元				東萊

	百五十戶。	年，坐殺人，會赦，免。				

右孝武七十五人。武安、周陽、長平、冠軍、平津、周子南、樂通、牧丘、富民九人在外戚恩澤，南奅、龍頟、宜春、陰安、發干五人隨父，凡八十九人，王子不在其中。

秺敬侯金日磾	以駙馬都尉發覺侍中莽何羅反，侯，二千二百一十八戶。	始元二年，侯丙子封，一日薨。	始元二年，侯賞嗣，四十二年薨，亡後。	孫	元始四年，侯常以日磾曾孫紹侯，千戶，王莽敗，絕。	
建平敬侯杜延年	以諫大夫告左將軍等反，侯，二千戶，以太僕與大將軍先定策，益封，（三）〔二〕千三百六十戶。	元鳳元年七月甲子封，二十八年薨。	甘露二年，孝侯緩嗣，十九年薨。	竟寧元年，荒侯業嗣，三十四年薨。	元始二年，侯輔嗣。	濟陽 侯憲嗣，建武中以先降梁王，薨，不得代。師古曰：「梁王，劉永也。」

宜城戴侯燕倉	以假稻田使者先發覺左將軍桀等反謀，告大司農敞，侯。侯安削戶六百，定七百戶。	七月甲子封，六年薨。	元平元年，剌侯安嗣，四十一年薨。	竟寧元年，釐侯壽嗣，十年薨。	陽朔二年，煬侯武嗣。	濟陰 侯級嗣。
			六世 侯舊嗣，王莽敗，絕。			
弋陽節侯任宮	以故丞相徵事手捕反者左將軍桀，侯，九百一十五戶。	七月甲子封，三十三年薨。	初元二年，剛侯千秋嗣，三十二年薨。	河平三年，愿侯惲嗣，二年薨。	陽朔元年，孝侯岑嗣，二十四年薨。	元始元年，侯固嗣，更始元年，爲兵所殺。
商利侯王山壽	以丞相少史誘反者車騎將軍	七月甲子封，十四年，元康元年，				徐

	安入丞相府，侯，九百一十五戶。	坐爲代郡太守故劾十人罪不直，免。				
成安嚴侯郭忠	以張掖屬國都尉匈奴入寇與戰，斬黎汗王，侯，七百二十四戶。	三年二月癸丑封，七年薨。	本始三年，愛侯遷嗣，四年薨。	元康三年，刻侯賞嗣，四十一年薨。	陽朔三年，郹侯長嗣。師古曰：「郹音臭。」	潁川 釐侯萌嗣，薨，亡後。
			六世 居攝元年，侯每以忠玄孫之子紹封，王莽敗，絕。			
平陵侯范明友	以校尉擊反氐，後以將軍擊烏桓，獲王，虜首六千二百，侯，與大	四年七月乙巳封，十一年，地節四年，坐謀反，誅。				武當

	將軍光定策，益封，凡二千九百二十戶。					
義陽侯傅介子	以平樂廄監使誅樓蘭王，斬首，侯，七百五十九戶。	七月乙巳封，十三年，元康元年薨。嗣子有罪，不得代。			元始四年，侯長以介子曾孫紹封，更始元年，爲兵所殺。	平氏

右孝昭八人。博陸、安陽、宜春、安平、富平、陽平六人在恩澤外戚，桑樂一人隨父，凡十五人。

長羅壯侯常惠	以校尉光祿大夫持節將烏孫兵擊匈奴，獲名王，首虜三萬九千級，侯，二千八百五十戶。	本始四年四月癸巳封，二十四年薨。	初元二年，嚴侯成嗣，十六年薨。	建始三年，愛侯邯嗣，五年薨。	河平四年，侯翕嗣，四十九年，建武四年薨，亡後。	陳留

爰戚靖侯趙長年	以平陵大夫告楚王延壽反，侯，千五百三十戶。	地節二年四月癸卯封，十七年薨。	節侯訢嗣。	永始四年，侯牧嗣，四十年，建武四年，以先降梁王，免。		
博成侯張章	以長安男子先發覺大司馬霍禹等謀反，以告期門董忠，忠以聞，侯，三千九百一十三戶。	四年八月乙丑封，九年薨。	五鳳元年，侯建嗣，十二年，建始四年，坐尚陽邑公主與婢姦主旁，數醉罵主，免。			淮陽
高昌壯侯董忠	以期門受張章言霍禹謀反，告左曹楊惲，侯，再坐法，削戶千一百，定七十九戶。	八月乙丑封，十九年薨。	初元二年，煬侯宏嗣，四十一年，建平元年，坐佞邪，免，二年，復封故國，三年薨。	元壽元年，侯武嗣，二年，坐父宏前爲佞邪，免。	建武二年五月己巳，侯永紹封。	千乘

平通侯楊惲	以左曹中郎受董忠等言霍禹等謀，以告侍中金安上，侯，二千五百戶。	八月乙丑封，十年，五鳳三年，坐爲光祿勳誹謗政治，免。				博陽
都成敬侯金安上	以侍中中郎將受楊惲言霍禹等反謀，傳言止內霍氏禁闥，侯，千七百七十一戶。	八月乙丑封，十一年薨。	五鳳三年，夷侯常嗣，一年薨，亡後。	元始元年，侯欽以安上孫紹封，爲王莽誅。	元始元年，戴侯楊嗣，王莽敗，絕。	
合陽愛侯梁喜	以平陽大夫告霍徵史、徵史子信、家監迴倫、故侍郎鄭尚時謀反，侯，千五百戶。	元康四年二月壬午封，四十一年薨。	建始二年，侯放嗣。	元始五年，侯萌以喜孫紹封，千戶，王莽敗，絕。		平原

安遠繆侯鄭吉	以校尉光祿大夫將兵迎日逐王降，又破車師，侯，坐法削戶三百，定七百九十戶。	神爵三年四月壬戌封，十一年薨。	初元元年，侯光嗣，八年，永光三年薨，亡後。	居攝元年，侯永以吉曾孫紹封，千戶，王莽敗，絕。		慎
歸德靖侯先賢撣 師古曰：「撣音纏。」	以匈奴單于從兄日逐王率衆降，侯，二千二百五十戶。	四月戊戌封，二十六年薨。	竟寧元年，煬侯富昌嗣，二年薨。	建始二年，侯諷嗣，五十六年薨。	建武二年，侯襃嗣。	汝南　侯霸嗣，永平十四年，有罪免。
信成侯王定	以匈奴烏桓屠纍單于子左大將軍率衆降，侯，千六百戶，後坐弟謀反，削百五	五鳳二年九月癸巳封，十二年薨。	初元五年，侯廣漢嗣，三年，永光三年薨，亡後。	元始五年，侯楊以定孫紹封，千戶。		細陽

	戶。師古曰：「㝠音莫白反。」						
義陽侯厲溫敦	以匈奴謼遬累單于率衆降侯，千五百戶。師古曰：「謼與呼同。累音力佳反。」	三年二月甲子封，四年，坐子伊細王謀反，削爵爲關內侯，食邑千戶。					

右孝宣十一人。陽都、營平、平丘、昌水、陽城、爰氏、扶陽、高平、陽城、博陽、邛成、將陵、建成、西平、平恩、平昌、樂陵、平臺、樂昌、博望、樂成二十一人在恩澤外戚，樂平、冠陽、酇、周子南君四人隨父，凡三十六人。

義成侯甘延壽	以使西域騎都尉討郅支單于斬王以下千五百級侯，四百戶，	竟寧元年四月戊辰封，九年薨。	陽朔元年，煬侯建嗣，十九年薨。	建平元年，節侯遷嗣，居攝二年更爲誅郅支侯，十四年薨。	建國二年，侯相嗣，建武四年爲兵所殺。		

	孫遷益封，凡二千戶。						
騏望忠侯冷廣師古曰：「冷音零。」	以濕沃公士告男子馬政謀反，侯，千八百戶。師古曰：「濕音它合反。」	（煬）〔鴻〕嘉元年正月辛丑封，薨。	侯何齊嗣，王莽敗，絕。				琅邪
延鄉節侯李譚	以尉氏男子捕得反者樊並侯，千戶。	永始四年七月己巳封，十三年薨。	元始元年，侯成嗣，王莽敗，絕。				
新山侯稱忠	以捕得反者樊並侯，千戶。	十一月己酉封。					
童鄉釐侯鍾祖	以捕得反者樊並侯，千戶。	七月己酉封，薨，亡後。	元始五年，侯匡以祖子紹封，王莽敗，絕。				

樓虛侯訾順	以捕得反者樊並侯，千戶。	七月己酉封。					

右孝元一人。安平、平恩、扶陽三人隨父，陽平、樂安二人在恩澤外戚，凡六人。孝成五人。安昌、高陽、安陽、城陽、高陵、定陵、殷紹嘉、宜鄉、汜鄉、博山十人在恩澤外戚，武陽、博陽、贊、騏、龍頟、開陵、樂陵、博望、樂成、安平、平阿、成都、紅陽、曲陽、高平十五人隨父，凡三十人。師古曰：「頟字或作額。」

校勘記

六三五頁六行　後（有）〔世〕承平，　景祐、殿本都作「世」。王先謙說作「世」是。

六三六頁三欄　三格，王先謙說「四年」當作「四月」。按景祐、殿、局本都作「四月」。

六三七頁二欄　四格「獲」，景祐、殿本都作「復」。王先謙說作「復」是。

六四〇頁二欄　一格「翕侯」，王先謙說史表作「易侯」是。按景祐、殿本都作「易侯」。

六四〇頁四欄　二格，王先謙說「漢」當爲「侯」。按殿、局本作「侯」，景祐本亦誤。

六四一頁二欄　四格，蘇輿說「後」下「元」字衍。按景祐本無。

六四七頁一欄　三格，王先謙說史表「上容」作「上谷」，「戈守」作「戍卒」，「討」上有「上」字，是。按景祐、殿本「谷」「卒」二字不誤，局本「卒」亦誤作「守」。

六四七頁三欄　二格，王先謙說史表作「得兩王子騎將功侯」，此表「子」誤「千」，又奪「將」字。

六五二頁三欄　三格「匈奴河」，史表無「奴」字。王說此衍。

六五二頁三欄　三格「六年」，景祐、殿本都作「六月」。五格「二」，景祐、殿、局本都作「上」。

六五二頁四欄　三格「六年」，景祐、殿本都作「六月」，史表同。

六五三頁三欄　三格，蘇輿說「三年」當作「三月」。按景祐、殿、局本都作「三月」。

六五四頁五欄　三格，王先謙說「五年」當爲「五月」。按殿本作「五月」。

六五六頁二欄　七格「堵陽」，據景祐、殿本補。

六五七頁四欄　四格「延和」當作「征和」。衞太子死於征和二年。漢無延和年號。

六五九頁三欄　一格，錢大昭說南監本、閩本「直」作「苴」。按景祐、殿、局本都作「苴」。

六六一頁四欄　二格，王先謙說「都」是「鄗」傳寫之誤。按景祐、殿本都作「鄗」。

六六四頁二欄　二格，王先謙說「李」乃「太子」二字合誤一字。按景祐、殿、局本都作「太子」。

六六六頁四欄　二格，朱一新說據傳，「三千」當作「二千」。按景祐、殿本都作「二千」。

六七四頁二欄　三格「煬」，景祐、殿本都作「鴻」。王先謙說作「鴻」是。

漢書卷十八

外戚恩澤侯表第六

自古受命及中興之君，必興滅繼絕，修廢舉逸，然後天下歸仁，四方之政行焉。〔一〕傳稱武王克殷，追存賢聖，至乎不及下車。〔二〕世代雖殊，其揆一也。高帝撥亂誅暴，庶事草創，日不暇給，然猶修祀六國，求聘四皓，過魏則寵無忌之墓，適趙則封樂毅之後。〔三〕及其行賞而授位也，爵以功爲先後，官用能爲次序。後嗣共己遵業，舊臣繼踵居位。〔四〕至乎孝武，元功宿將略盡。會上亦興文學，進拔幽隱，公孫弘自海瀕而登宰相，〔五〕於是寵以列侯之爵。又疇咨前代，詢問耆老，初得周後，復加爵邑。自是之後，宰相畢侯矣。元、成之間，晚得殷世，以備賓位。

〔一〕師古曰：「論語孔子陳帝王之法云『審法度，修廢官，四方之政行焉；興滅國，繼絕世，舉逸人，天下之人歸心焉』。故此序引之也。」

〔二〕師古曰：「禮記云『武王克殷，未及下車，而封黃帝之後於薊，封帝堯之後於祝，封帝舜之後於陳』。此其事也。」

〔三〕師古曰：「高紀十二年詔云：『秦皇帝、楚隱王、魏安釐王、齊愍王、趙悼襄王皆絕無後。其與秦皇帝守冢二十家，楚、魏、齊各十家，趙及魏公子無忌各五家。』張良傳高帝謂四人曰『吾求公，公避逃我，今公何自從吾兒游乎？』又高紀十年『求樂毅有後乎，得其孫叔，封之樂鄉，號華成君』也。楚、魏、齊、趙皆舊六國，故總云六國。四皓須眉皓白，故謂之四皓。稱號在王貢兩龔鮑傳。」

〔四〕師古曰：「共讀曰恭。」

〔五〕師古曰：「海瀕，謂近海之地。瀕音頻，又音賓。」

漢興，外戚與定天下，侯者二人。〔一〕故誓曰：「非劉氏不王，若有亡功非上所置而侯者，天下共誅之。」是以高后欲王諸呂，王陵廷爭；孝景將侯王氏，脩侯犯色。〔二〕卒用廢黜。是後薄昭、竇嬰、上官、衞、霍之侯，以功受爵。其餘后父據春秋褒紀之義，〔三〕帝舅緣大雅申伯之意，〔四〕寖廣博矣。〔五〕是以別而敍之。

〔一〕服虔曰：「呂后兄周呂侯澤、建成侯釋之。」師古曰：「與讀曰豫，言豫其功也。」

〔二〕師古曰：「脩音條。」

〔三〕應劭曰：「春秋，天子將納后於紀，紀本子爵也，故先褒爲侯，言王者不取於小國。」

〔四〕應劭曰：「申伯，周宣王元舅也，爲邑於謝。後世欲光寵外親者，緣申伯之恩，援此義以爲諭也。」

〔五〕師古曰：「寖，漸也。」

號謚姓名	侯狀戶數	始封	子	孫	曾孫	玄孫
臨泗侯呂公	以漢王后父賜號。	元年封，四年薨，高后元年追尊曰呂宣王。				
周呂令武侯澤	以客從入漢，定三秦，將兵下碭，漢王敗彭城，往從之，佐定天下。	六年正月丙戌封，三年薨。	侯台嗣，高祖九年更封爲酈侯，四年，高后元年，爲呂王，二年薨，謚曰肅，追尊令武曰悼武王。	腄 三年，王嘉嗣，坐驕廢。侯通，嘉弟，六年四月丁酉封，八年，爲燕王，九月，反，誅。東平 侯庀，通弟，八年五月丙辰封，九月，反，誅。師古曰：「腄音之瑞反，庀音匹履反。」		
				汶 侯產，台弟，高后元年四月辛卯封，六年，爲呂王，七年，爲梁王，八年，反，誅。師古曰：「汶音問。」		
建成康侯釋之	以客從擊秦。漢王入漢，使釋之歸豐衞太上皇。	六年四月丙戌封，九年薨。	孝惠二年，侯則嗣，七年，有罪免。則弟種，高后元年四月乙酉封，奉呂宣王國，七年，更爲不其侯，八年，反，誅。			

			漢陽侯祿，種弟，高后元年九月丙寅封，八年，爲趙王，追尊康侯曰趙昭王，九月，反，誅。			
右高祖三人。						
扶柳侯呂平	以皇太后姊長姁子侯。師古曰：「平既呂氏所生，不當姓呂，蓋史家唯記母族也。姁音況于反，又音況羽反。」	元年四月丙寅封，八年，反，誅。				

襄城侯義	以孝惠子侯。	四月辛卯封，三年，爲常山王。				
軹侯朝	以孝惠子侯。	四月辛卯封，四年，爲常山王。				
壺關侯武	以孝惠子侯。	四月辛卯封，六年，爲淮陽王。				
昌平侯大	以孝惠子侯。	二月癸未封，七年，爲呂王。				
贅其侯呂勝	以皇太后昆弟子淮陽丞相侯。	四月丙申封，八年，反，誅。				
滕侯呂更始	爲舍人郎中十二歲，以都尉屯霸上，用楚丞相侯。	四月丙申封，八年，反，誅。				

呂成侯呂忿	以皇太后昆弟子侯。	四月丙申封，八年，反，誅。				
祝茲侯呂瑩 師古曰：「瑩音榮，又音烏瞑反。」	以皇太后昆弟子侯。	八年四月丁酉封，九月，反，誅。				
建陵侯張釋寺人	以大謁者勸王諸呂侯。	四月丁酉封，九月，免。				
右高后十人。五人隨父，凡十五人。						
軹侯薄昭	高祖七年爲郎，從軍十七年，以中大夫迎帝於代，以車騎將軍迎皇太后，侯，萬戶。	元年正月乙巳封，十年，坐殺使者，自殺。帝臨，爲置後。	十一年，易侯戎奴嗣，三十年薨。	建元二年，侯梁嗣。		

鄔侯駟鈞 師古曰：「鄔音一戶反，又音於度反。」	以齊王舅侯。	四月辛未封，六年，坐濟北王興居舉兵反弗救，免。				
周陽侯趙兼	以淮南王舅侯。	四月辛未封，六年，有罪，免。				
右孝文三人。						
章武景侯竇廣國	以皇太后弟侯，萬一千戶。	孝文後七年六月乙卯封，七年薨。	孝景七年，共侯定嗣，十八年薨。	元光三年，侯常生嗣，十年，元狩元年，坐謀殺人，未殺，免。		
南皮侯竇彭祖	以皇太后兄子侯。	六月乙卯封，二十一年薨。	建元六年，夷侯良嗣，五年薨。	元光五年，侯桑林嗣，十八年，元鼎五年，坐酎金免。		

魏其侯竇嬰	以將軍屯滎陽扞破吳楚七國侯。皇太后昆弟子。	三年六月乙巳封，二十三年，元光四年，有罪，棄市。				
蓋靖侯王信	以皇后兄侯。	中五年五月甲戌封，二十五年薨。	元光三年，頃侯充嗣。	侯受嗣，元鼎五年坐酎金免。		
右孝景四人。						
武安侯田蚡	以皇太后同母弟侯。	孝景後三年三月封，十年薨。	元光四年，侯恬嗣，五年，元朔三年，坐衣襜褕入宮，不敬，免。師古曰：「衣謂著之也。襜褕，直裾襌衣也。襜音昌占反。褕音踰。」			

周陽懿侯田勝	以皇太后同母弟侯。	三月封，十二年薨。	元光六年，侯祖嗣，八年，元狩三年，坐當歸軹侯宅不與，免。			
長平烈侯衞青	以將軍擊匈奴取朔方侯，後破右賢王，益封，又封三子。皇后弟。	元朔二年二月丙辰封，二十三年薨。	宜春 侯伉，五年四月丁未以青功封，元鼎元年坐撟制不害免，太初元年嗣侯，五年，（蘭）〔闌〕入宮，完為城旦。			
			陰安 侯不疑，四月丁未以青功封，十			

			二年，元鼎五年，坐酎金免。			
			發干 侯登，四月丁未以青功封，坐酎金免。	元康四年，詔賜青孫錢五十萬，復家。	永始元年，青曾孫玄以長安公乘為侍郎。	元始四年，賜青玄孫賞爵關內侯。
平津獻侯公孫弘	以丞相詔所褒侯，三百七十三戶。	元朔三年十一月乙丑封，六年薨。	元狩三年，侯度嗣，十三年，元封四年，坐為山陽太守詔徵鉅野令史成不遣，完為城旦。			高城
冠軍景桓侯霍去病	以校尉擊匈奴侯，後以將軍破祁連迎昆邪王，	六年四月壬申封，七年薨。	南陽 元鼎元年，哀侯嬗嗣，七年薨，亡	樂平 侯山，地節二年四月癸巳以從		東郡

	益封。皇后姊子。		後。師古曰：「嬗音上戰反。」	祖祖父大將軍光功封，三千戶，四年，坐謀反，誅。		
				冠陽 侯雲，山弟，三年四月戊申以大將軍光功封，千八百戶，四年，坐謀反，誅。		南陽
周子南君姬嘉	以周後詔所褒侯，三千戶。	元鼎四年十一月丁卯封，六年薨。	元封四年，君置嗣，二十四年薨。	始元四年，君當嗣，十六年，地節三年，坐使奴殺家丞，棄市。		長社
				元康元年三月丙戌，君延年以	建昭三年，質侯安嗣，四年薨。	陽朔二年，釐侯世嗣，八年薨。

				當弟紹封，初元五年正月癸巳，更封為周承休侯，位次諸侯王，二十九年薨，謚曰考。		
			六世 永始二年，侯當嗣，七年，綏和元年，進爵為公，地滿百里，元始四年，為鄭公，王莽篡位，為章牟公。	七世 天鳳元年，公常嗣，建武二年五月戊辰更為周承休侯。	八世 五年，侯武嗣，十三年，更為衞公。	觀

樂通侯欒大	以方術詔所褒侯，三千戶。	四年四月乙巳封，五年，坐罔上，要斬。				高平
牧丘恬侯石慶	以丞相及父萬石積行侯。	五年九月丁丑封，十年薨。	太初三年，侯德嗣，二年，天漢元年，坐為太常失法罔上，祠不如令，完為城旦。			平原
富民定侯車千秋	以丞相侯，八百戶，以遺詔益封，凡千六百戶。	征和四年六月丁巳封，十二年薨。	元鳳四年，侯順嗣，六年，本始三年，坐為虎牙將軍擊匈奴詐增虜獲，自殺。			蘄

右孝武九人。三人隨父，凡十二人。

博陸宣成侯霍光	以奉車都尉捕反者莽何羅侯，二千三百五十戶，後以大將軍益封，萬七千二百戶。	始元二年正月壬寅封，十七年薨。	地節二年四月癸卯，侯（禹）〔禹〕嗣，四年，謀反，要斬。		元始二年四月乙酉，侯陽以光從父昆弟之曾孫龍勒士伍紹封，三千戶，王莽篡位，絕。	北海河間東郡 師古曰：「光初封食北海、河間，後益封又食東郡。」
安陽侯上官桀	以騎都尉捕反者莽何羅侯，二千三百戶。女孫為皇后。	正月壬寅封，五年，元鳳元年，反，誅。	桑樂侯安 始元五年六月辛丑以皇后父車騎將軍封，千五百戶，二年，反，誅。			蕩陰 師古曰：「桀所食也。」 千乘 師古曰：「安所食也。」
宜春敬侯王訢	以丞相侯，子譚與大將軍光定策，益封，坐法削	元鳳四年二月乙丑封，二年薨。	元鳳六年，康侯譚嗣，四十五年薨。	建始三年，孝侯咸嗣，十八年薨。	元延元年，釐侯章嗣，（十）八年薨。	汝南 建平三年，侯強嗣，二十六年，更

	戶五百，定六百八戶。					始元年，為兵所殺。
安平敬侯（陽）〔楊〕敞	以丞相侯，七百戶，與大司馬大將軍光定策，益封子忠，凡五千五百四十七戶。	六年二月乙丑封，一年薨。	元平元年，頃侯忠嗣，十一年薨。	元康三年，侯譚嗣，九年，五鳳四年，坐為典屬國季父惲有罪，譚言誹，免。		汝南
富平敬侯張安世	以右將軍光祿勳輔政勤勞侯，以車騎將軍與大將軍光定策，益封，凡萬三千六百四十戶。	十一月乙丑封，十三年薨。	陽都 元（侯）〔康〕四年，愛侯延壽嗣，十一年薨。元康三年三月乙未，侯彭祖以世父故掖庭令賀有舊恩封，千六百	甘露三年，繆侯敞嗣，四年薨。 師古曰：「自敞以下至純皆延壽之嗣也。」	初元二年，共侯臨嗣，十五年薨。	平原 恩侯放嗣，三十六年薨。

			戶,四年,神爵三年,爲小妻所殺。			
			六世 建平元年,侯純嗣,王莽建國四年更爲張鄉侯,建武中爲武始侯。			今見
陽平節侯蔡義	以丞相侯,前爲御史大夫與大將軍光定策,益封,凡七百戶。	元平元年九月戊戌封,三年,本始四年薨,亡後。				

右孝昭六人。一人桑樂侯隨父,凡七人。

營平壯侯趙充國	以後將軍與大將軍光定策功侯,千二百七十九戶。	本始元年八月辛未封,二十二年薨。	甘露三年,質侯弘嗣,二十二年薨。	建始四年,考侯欽嗣,七年薨。	陽朔三年,侯岑嗣,十二年,元延三年,坐父欽詐以長安女子王君俠子爲嗣,免。戶二千九百四十四。	濟南
平丘侯王遷	以光祿大夫與大將軍光定策功侯,千二百五十三戶。	八月辛未封,五年,地節二年,坐平尚書聽請受臧六百萬,自殺。如淳曰:「律,諸爲人請求於吏以枉法,而事已行,爲聽行者,皆爲司寇。」師古曰:「有人私請求,而聽受之。」				肥城

昌水侯田廣明	以鴻臚擊武都反氐,賜爵關內侯,以左馮翊與大將軍光定策侯,二千七百戶。	八月辛未封,三年,坐爲祁連將軍擊匈奴不至期,自殺。				於陵
陽城侯田延(平)〔年〕	以大司農與大將軍光定策功侯,二千四百五十三戶。	八月辛未封,二年,坐爲大司農盜都內錢三千萬,自殺。如淳曰:「天子錢藏中都內,又曰大內。」				濟陽
爰氏肅侯便樂成 師古曰:「杜周傳作史樂成,霍光傳作便樂成。今此云姓便,三者不同,疑表誤。」	以少府與大將軍光定策功侯,二千三百二十七戶。	八月辛未封,一年薨。	本始二年,康侯輔嗣,三年薨。	地節元年,哀侯臨嗣,二年薨,亡子,絕。	元始五年閏月丁酉,侯鳳以樂成曾孫紹封,千戶,王莽敗,絕。	單父

扶陽節侯韋賢	以丞相侯,七百一十一戶。	(二)〔三〕年六月甲辰封,十年薨。	神爵元年,共侯玄成嗣,九年,有罪,削一級爲關內侯,永光二年二月丁酉復以丞相侯,六年薨。	建昭三年,頃侯寬嗣。	元延元年,釐侯育嗣。	蕭 侯湛嗣,元始中戶千四百二十,王莽敗,絕。
平恩戴侯許廣漢	以皇太子外祖父昌成君侯,五千六百戶。	地節三年四月戊申封,七年薨,亡後。	初元元年,共侯嘉以廣漢弟子中常侍紹侯,二十二年薨。	河平二年,嚴侯況嗣。	鴻嘉二年,質侯旦嗣,二十九年薨。	建國四年,侯敬嗣,王莽敗,絕。
高平憲侯魏相	以丞相侯,八百一十三戶。	地節三年六月壬戌封,八年薨。	神爵三年,侯弘嗣,六年,甘露元年,坐酎宗廟騎至司馬門,不敬,削爵一級爲關內侯。			柘

平昌節侯王無故	以帝舅關內侯侯,六百戶。	四年二月甲寅封,九年薨。	五鳳元年,考侯接嗣,十六年薨。	永光三年,釐侯臨嗣,二十一年薨。	鴻嘉元年,侯獲嗣,三十八年,建武五年,詔書復獲。師古曰:「以其失爵復之也。復音方目反。」	
樂昌共侯王武	以帝舅關內侯侯,六百戶。	二月甲寅封,十四年薨。	甘露二年,戾侯商嗣,二十七年薨。	河平四年,侯安始嗣,二十七年,元始三年,為王莽所殺。		汝南
陽城繆侯劉德	以宗正關內侯行隧重為宗室率侯,子安民以戶五百贖弟更	四年三月甲寅封,十年薨。	五鳳二年,節侯安民嗣,(十)八年薨。	初元元年,釐侯慶忌嗣,二十一年薨。	居攝元年,侯颯嗣,王莽敗,絕。師古曰:「颯音立。」	汝南

	生罪,減一等,定戶六百四十戶。					
樂陵安侯史高	以悼皇考舅子侍中關內侯與發霍氏姦,侯,二千三百戶。師古曰:「與讀曰豫。」	八月乙丑封,二十四年薨。	永光二年,嚴侯術嗣,十一年薨。	建始二年,康侯崇嗣,四年薨,亡後。元延二年六月癸巳,侯淑以崇弟紹封,亡後。	元始四年,侯岑以高曾孫紹封,王莽敗,絕。	
		武陽頃侯丹	鴻嘉元年四月庚辰以帝為太子時輔導有舊恩侯,千三百戶,七年薨。	永始四年,煬侯郚嗣,十一年薨。	元壽二年,侯獲嗣,更始元年為兵所殺。	鄭
邛成共侯王奉光	以皇后父關內侯侯,二千七百五十戶。	元康二年三月癸未封,十八年薨。	初元二年,侯敞嗣,二十八年薨。	鴻嘉二年,侯勳嗣,十四年,建平二年,坐選舉不	元始元年,侯堅固以奉光曾孫紹封,王莽敗,絕。	濟陰

				以實,罵廷史,大不敬,免。		
		安平夷侯舜	初元元年癸卯以皇太后兄侍中中郎將封,千四百戶,十三年薨。	建昭四年,剛侯章嗣,十四年薨。	陽朔四年,釐侯淵嗣,二十五年薨。	元始五年,懷侯買嗣,王莽敗,絕。
將陵哀侯史(魯)〔曾〕	以悼皇考舅子侍中中郎將關內侯有舊恩侯,二千二百戶。	三月乙未封,五年,神爵四年薨,亡後。				
平臺康侯史玄	以悼皇考舅子侍中中郎將關內侯有舊恩侯,千九百戶。	三月乙未封,二十五年薨。	建昭元年,戴侯憠嗣,十九年薨。師古曰:「憠音女林反。」	鴻嘉二年,侯習嗣。		常山

博望頃侯許舜	以皇太子外祖父同產弟長樂衞尉有舊恩侯,千五百戶。	三月乙未封,四年薨。	神爵三年,康侯敞嗣,八年薨。	甘露三年,戾侯黨嗣,二十六年薨。	河平四年,釐侯並嗣,薨,亡後。	
					元延二年六月癸巳,侯報子以並弟紹封,千戶,王莽敗,絕。	
樂成敬侯許延壽	以皇太子外祖父同產弟侍中關內侯有舊恩侯,千五百戶。	三月乙未封,十年薨。	甘露元年,恩侯湯嗣,六年薨。	初元二年,哀侯常嗣,九年薨。		平氏
				元延二年,節侯恭以常弟紹封,千戶。	建昭元年,康侯去疾嗣,二十一年,鴻嘉三年薨,	

					亡後,侯修嗣,王莽敗,絕。	
博陽定侯丙吉	以御史大夫關內侯有舊恩功德茂侯,千三百三十戶。	元康三年二月乙未封,八年薨。	五鳳三年,(侯)顯嗣,二年,甘露元年坐酎宗廟騎至司馬門,不敬,奪爵一級,爲關內侯。	鴻嘉元年六月己巳,康侯昌以吉孫紹(封)。	元始二年,釐侯並嗣。	南頓 侯勝客嗣,王莽敗,絕。
建成定侯黃霸	以丞相侯,六百戶,侯賞以定陶太后不宜立號,益封,二千二百戶。	五鳳三年二月壬申封,四年薨。	甘露三年,思侯賞嗣,三十年薨。	陽朔三年,忠侯輔嗣,二十七年薨。	居攝二年,侯輔嗣,王莽敗,絕。	沛

西平安侯于定國	以丞相侯,六百六十戶。	甘露三年五月甲子封,十一年薨。	永光四年,頃侯永嗣,二十四年薨。	鴻嘉元年,侯恬嗣,四十三年,更始元年絕。		臨淮

右孝宣二十人。一人陽都侯隨父,凡二十一人。

陽平頃侯王禁	以皇后父侯,二千六百戶,子鳳以大將軍益封五千四百戶,凡八千戶。	初元元年三月癸卯封,六年薨。	永光二年,敬成侯鳳嗣,二十(四)年薨。	陽朔三年,釐侯襄嗣,十九年薨。	建平四年,康侯岑嗣,十三年薨。	東郡 建國三年,侯莫嗣,十二年,更始元年,爲兵所殺。
		安成共侯崇	建始元年二月壬子,以皇太后母弟散騎光祿大夫關內侯侯,萬戶,二年薨。	建始三年,靖侯奉世嗣,三十九年薨。	建國二年,侯持弓嗣,王莽敗,絕。	汝南

		平阿安侯譚	河平二年六月乙亥,以皇太后弟關內侯侯,二千一百戶,十一年薨。	永始元年,剌侯仁嗣,十九年爲王莽所殺。	元始四年,侯述嗣,建武二年薨,絕。	沛
		成都景成侯商	六月乙亥,以皇太后弟關內侯侯,二千戶,以大司馬益封二千戶,十六年薨。	元延四年,侯況嗣,四年,綏和二年,坐山陵未成置酒歌舞,免。		山陽
				建平元年,侯邑以況弟紹封,王莽篡位,爲隆信公,與莽俱死。		

		紅陽荒侯立	六月乙亥封,以皇太后弟關內侯侯,二千一百戶,三十年薨。	元始四年,侯柱嗣,王莽敗,絕。	曾孫武桓侯泓,建武元年以父丹爲將軍戰死,往與上有舊,侯。	南陽
		曲陽煬侯根	六月乙亥,以皇太后弟關內侯侯,三千七百戶,再以大司馬益封七千七百戶,哀帝又益二千戶,凡萬二千四百戶,二十一年薨。	建平元年,侯涉嗣,王莽篡位,爲直道公,爲莽所殺。		九江

		高平戴侯逢時	六月乙亥，以皇太后弟關內侯侯，三千戶，十八年薨。	元延四年，侯置嗣，王莽敗，絕。		臨淮
			新都侯莽	永始元年五月乙未，以帝舅曼子侯，千五百戶，後篡位，誅。	褒新侯安，元始四年四月甲子以莽功侯，二千戶，莽篡位，爲信遷公，病死。賞都侯臨，四月甲子以莽功侯，二千戶。莽篡位爲天	南陽

					子，侯爲統義陽王，自殺。	
樂安侯匡衡	以丞相侯，六百四十七戶。	建昭三年七月癸亥封，七年，建始四年，坐顓地盜土，免。				僮

右孝元二人。一人安平侯隨父，凡三人。

安昌節侯張禹	以丞相侯，六百一十七戶，益戶四百。	河平四年六月丙午封，二十年薨。	建平二年，侯宏嗣，二十八年，更始元年，爲兵所殺。			汝南
高陽侯薛宣	以丞相侯，千九十戶。	鴻嘉元年四月庚辰封，五年，永始二年，坐西州				東莞

		盜賊羣輩免，其年復封，十年，綏和二年，坐不忠孝，父子賊傷近臣，免。				
安陽敬侯王音	以皇太后從弟大司馬車騎將軍侯，千六百戶，子舜益封。	六月己巳封，五年薨。	永始二年，侯舜嗣，王莽篡位，爲安新公。	建國三年，公攝嗣，更號和新公，與莽俱死。		
成陽節侯趙臨	以皇后父侯，二千戶。	永始元年四月乙亥封，五年薨。	元延二年，侯訢嗣，建平元年，坐弟昭儀絕繼嗣，免，徙遼西。			新息
		新成侯欽	綏和二年五月壬辰以皇太后			〔穰〕

			弟封，一年，建平元年，坐弟昭儀絕繼嗣，免，徙遼西。			
高陵共侯翟方進	以丞相侯，千戶，哀帝卽位，益子宣五百戶。	永始二年十一月壬子封，八千戶，八年薨。	綏和二年，侯宣嗣，十二年，居攝元年，弟東郡太守義舉兵欲討莽，莽滅其宗。			琅邪
定陵侯淳于長	以侍中衞尉言昌陵不可成侯，千戶。皇太后姊子。	元延三年二月丙午封，二年，綏和元年，坐大逆，下獄死。				汝南

殷紹嘉侯孔何齊	以殷後孔子世吉適子侯，千六百七十戶，後六月進爵爲公，地方百里，建平二年益戶九百三十二。師古曰：「適讀曰嫡。孔吉之適子也。」	綏和元年二月甲子封，八年，元始二年，更爲宋公。				沛
宜鄉侯馮參	以中山王舅侯，千戶。	綏和元年二月甲子封，建平元年，坐姊中山太后祝詛，自殺。				
氾鄉侯何武 師古曰：「氾音凡。」	以大司空侯，千戶，哀帝卽位益	四月乙丑封，十年，元始三年，爲	元始四年，侯況嗣，建國四年薨。			南陽

	千戶。	莽所殺，賜謚曰剌。				
博山簡烈侯孔光	以丞相侯，千戶，元始元年益萬戶。	二年三月丙戌封，二年，建平二年，坐棄職廢，免，元壽元年五月乙卯復以丞相侯，六年薨。	元始五年，侯放嗣，王莽敗，絕。			順陽
右孝成十八人。安成、平阿、成都、紅陽、曲陽、高平、新都、武陽侯八人隨父，凡十八人。						
陽安侯丁明	以帝舅侯，五千戶。	綏和二年四月壬寅封，七年，元始元年，爲王莽〔所〕殺。				

孔鄉侯傅晏	以皇后父侯，三千戶，又益二千戶。	四月壬寅封，六年，元壽二年，坐亂妻妾位免，徙合浦。				夏丘
平周侯丁滿	以帝舅子侯，千七百三十九戶。	五月己丑封，元始三年，坐非正免。				湖陽
高樂節侯師丹	以大司馬關內侯侯，二千三十六戶。	綏和二年七月庚午封，一年，建平元年，坐漏泄免，元始三年二月癸巳更爲義陽侯，二月薨。	侯業嗣，王莽敗，絕。			新野 東海

高武貞侯傅喜	以帝祖母皇太太后從父弟大司馬侯，二千三十戶。	建平元年正月丁酉封，十五年薨。	建國二年，侯勁嗣，王莽敗，絕。			杜衍
陽鄉侯朱博	以丞相侯，二千五十戶，上書以故事不過千戶，還千五十戶。	建〔元〕〔平〕二年四月乙亥封，八月，坐誣罔，自殺。				湖陵
新甫侯王嘉	以丞相侯，千六十八戶。	三年四月丁酉封，三年，元壽元年，罔上，下獄瘐死。	元始四年，侯崇紹封，王莽敗，絕。			新野
汝昌侯傅商	以皇太太后從父弟封，千戶，後	四年二月癸卯封，一年，元壽元	元壽二年五月，侯昌以商兄子			陽穀

	以奉先侯祀益封，凡五千戶。	年，坐外附諸侯免。	紹奉祀封，八月，坐非正免。			
陽新侯鄭業	以皇太后同母弟子侯，千戶。	八月辛卯封，二年，元壽二年，坐非正免。				新野
高安侯董賢	以侍中駙馬都尉告東平王雲祝詛反逆侯，千戶，後益封，二千戶。	建平四年八月辛卯封，二年，元壽二年，坐爲大司馬不合衆心免，自殺。				朱扶
方陽侯孫寵	以騎都尉與息夫躬告東平王反謀侯，千戶。	八月辛卯封，二年，元壽二年，坐前爲姦讒免，徙合浦。				龍亢

宜陵侯息夫躬	以博士弟子因董賢告東平王反謀侯，千戶。	八月辛卯封，二年，元壽二年，坐祝詛，下獄死。				杜衍
長平頃侯彭宣	以大司空侯，二千七十四戶。	元壽二年五月甲子封，四年薨。	元始四年，節侯聖嗣，十四年薨。	天鳳五年，侯業嗣，王莽敗，絕。		濟南

右孝哀十三人。新成、新都、平陽、營陵、德五人隨父，凡十八人。

扶德侯馬宮	以大司徒侯，二千戶。	元始元年二月丙辰封，王莽篡位，爲太子師，卒官。				贛榆
扶平侯王崇	以大司空侯，二千戶。	二月丙辰封，三年，爲傅婢所毒，薨。				臨淮

廣陽侯甄豐	以左將軍光祿勳定策安宗廟侯，五千三百六十五戶。	二月癸巳封，王莽篡位，爲廣新公，後爲王莽所殺。				南陽
承陽侯甄邯 師古曰：「承音烝。」	以侍中奉車都尉定策安宗廟功侯，二千四百戶。	三月癸卯封，王莽篡位，爲承新公。				汝南
褒魯節侯公子寬	以周公世魯頃公玄孫之玄孫奉周祀侯，二千戶。	六月丙午封，薨。	十一月，侯相如嗣，更姓公孫氏，後更爲姬氏。			南陽平
褒成侯孔均	以孔子世褒成烈君霸（曾）	六月丙午封。				瑕丘

	〔曾〕孫奉孔子祀侯，二千戶。					
防鄉侯平晏	以長（安）〔樂〕少府與劉歆、孔永、孫遷四人使治明堂辟雍得萬國驩心功侯，各千戶。	五年閏月丁丑封，王莽篡位，爲就新公。				
紅休侯劉歆	以侍中犧和與平晏同功侯。	閏月丁酉封，王莽篡位，爲國師公，後爲莽所誅。				
寧鄉侯孔永	以侍中五官中郎將與平晏同功侯。	閏月丁酉封，王莽篡位，爲大司馬。				

定鄉侯孫遷	以常侍謁者與平晏同功侯。	閏月丁酉封。				
常鄉侯王惲 師古曰：「惲音於粉反。」	以太僕與閻遷、陳崇等八人使行風俗齊同萬國功侯，各千戶。	閏月丁酉封。				
望鄉侯閻遷	以鴻臚與王惲同功侯。	閏月丁酉封。				
南鄉侯陳崇	以大司徒司直與王惲同功侯。	閏月丁酉封。				
邑鄉侯李翕	以水衡都尉與王惲同功侯。	閏月丁酉封。				
亭鄉侯郝黨	以中郎將與王惲同功侯。	閏月丁酉封。				

章鄉侯謝殷	以中郎將與王惲同功侯。	閏月丁酉封。				
蒙鄉侯逯普 師古曰：「逯音錄，字或作逮。二姓皆有之。」	以騎都尉與王惲同功侯。	閏月丁酉封，王莽篡位，爲大司馬。				
盧鄉侯陳鳳	以中郎將與王惲同功侯。	閏月丁酉封。				
成武侯孫建	以強弩將軍有折衝之威〔侯〕。	閏月丁酉封，王莽篡位，爲成新公。				
明統侯侯輔	以騎都尉明爲人後一統之義侯。	閏月丁酉封。				

破胡侯陳馮	以父湯前爲副校尉討郅支單于侯，千四百戶。	七月丙申封。				
討狄侯杜勳	以前爲軍假丞手斬郅支單于首侯，千戶。	七月丙申封。				

右孝平二十二人，邛成、博陸、宣平、紅、舞陽、秺、樂陵、都成、新甫、爰氏、合陽、義陽、章鄉、信成、隨桃、褒新、賞都十七人隨父繼世，凡三十九人。

師古曰：「據功臣表及王子侯表，平帝時無紅侯，唯周勃玄孫恭以元始二年紹封絳侯。疑紅字當爲絳，轉寫者誤耳。又功臣表作童鄉侯，今此作章鄉，二表不同，亦當有誤也。」

校勘記

六八六頁二欄 四格，王先謙說「蘭」當爲「闌」，誤加艸。按各本都誤。

六九一頁一欄 四格，王先謙說「禹」當爲「禹」。按景祐、殿、局本都作「禹」。

六九一頁二欄 四格原在五格，據殿本移上。

六九一頁三欄 六格，蘇輿說「十」字衍，是。

六九二頁二欄 一格，殿本考證說，敞姓楊，非姓陽，各本誤。

六九三頁三欄 四格「元侯」，景祐、殿、局本都作「元康」。王先謙說作「元康」是。

六九五頁二欄 一格「平」，景祐、殿、局本都作「年」，史表同。

六九六頁一欄 三格，朱一新說「二年」當作「三年」。按景祐、殿本都作「三年」。

六九七頁三欄 四格，王念孫說景祐本無「十」字是。

六九九頁三欄 一格「魯」，景祐、殿、局本都作「曾」，史表同。王先謙說此形近致誤。

七〇一頁二欄 四格「侯」字、五格「封」字，都據殿本補。

七〇三頁三欄 四格，蘇輿說「四」字衍，是。

七〇七頁四欄 七格「穰」字據景祐、殿本補。

七一〇頁四欄 三格，王先謙說「莽」下脫「所」字。按殿、局本都有。

七一三頁二欄 三格，錢大昭說「建元」當作「建平」。按景祐、殿本都作「建平」。

七一五頁四欄 二格，王先謙說「魯」是「曾」之誤。

七一六頁二欄 二格，王先謙說「長安」誤，當作「長樂」。

七一八頁四欄 二格，錢大昭說威下脫「侯」字，閩本有。按景祐、殿、局本都有。

漢書卷十九上

百官公卿表第七上

師古曰：「漢制，三公號稱萬石，其俸月各三百五十斛穀。其稱中二千石者月各百八十斛，二千石者百二十斛，比二千石者百斛，千石者九十斛，比千石者八十斛，六百石者七十斛，比六百石者六十斛，四百石者五十斛，比四百石者四十五斛，三百石者四十斛，比三百石者三十七斛，二百石者三十斛，比二百石者二十七斛，一百石者十六斛。」

易敍宓羲、神農、（皇）〔黄〕帝作教化民，〔一〕而傳述其官，〔二〕以爲宓羲龍師名官，〔三〕神農火師火名，〔四〕黄帝雲師雲名，〔五〕少昊鳥師鳥名。〔六〕自顓頊以來，爲民師而命以民事，〔七〕有重黎、句芒、祝融、后土、蓐收、玄冥之官，然已上矣。〔八〕書載唐虞之際，命羲和四子〔九〕順天文，授民時；咨四岳，以舉賢材，揚側陋；〔一〇〕十有二牧，柔遠能邇；〔一一〕禹作司空，平水土；〔一二〕棄作后稷，播百穀；〔一三〕卨作司徒，敷五教；〔一四〕咎繇作士，正五刑；〔一五〕垂作共工，利器用；〔一六〕

精作朕虞，育草木鳥獸；〔一七〕伯夷作秩宗，典三禮；〔一八〕夔典樂，和神人；〔一九〕龍作納言，出入帝命。〔二〇〕夏、殷亡聞焉，〔二一〕周官則備矣。〔二二〕天官冢宰，地官司徒，春官宗伯，夏官司馬，秋官司寇，冬官司空，是爲六卿，〔二三〕各有徒屬職分，用於百事。〔二四〕太師、太傅、太保，是爲三公，〔二五〕蓋參天子，坐而議政，無不總統，故不以一職爲官名。又立三少爲之副，少師、少傅、少保，是爲孤卿，與六卿爲九焉。記曰三公無官，言有其人然後充之，〔二六〕舜之於堯，伊尹於湯，周公、召公於周，是也。或説司馬主天，司徒主人，司空主土，是爲三公。四岳謂四方諸侯。自周衰，官失而百職亂，戰國並爭，各變異。秦兼天下，建皇帝之號，〔二七〕立百官之職。漢因循而不革，〔二八〕明簡易，隨時宜也。其後頗有所改。王莽篡位，慕從古官，而吏民弗安，亦多虐政，遂以亂亡。故略表舉大分，〔二九〕以通古今，備温故知新之義云。〔三〇〕

〔一〕應劭曰：「宓羲氏始作八卦，神農氏爲耒耜，黄帝氏作衣裳，神而化之，使民宜之。」師古曰：「見易下繫。宓音伏，字本作虙，轉寫訛謬耳。」

〔二〕師古曰：「春秋左氏傳載郯子所説也。」

〔三〕應劭曰：「師者長也，以龍紀其官長，故爲龍師。春官爲青龍，夏官爲赤龍，秋官爲白龍，冬官爲黑龍，中官爲黄龍。」張晏曰：「庖羲將興，神龍負圖而至，因以名師與官也。」

〔四〕應劭曰：「火德也，故爲炎帝。春官爲大火，夏官爲鶉火，秋官爲西火，冬官爲北火，中官爲中火。」張晏曰：「神農有火星之瑞，因以名師與官也。」

〔五〕應劭曰：「黄帝受命有雲瑞，故以雲紀事也。由是而言，故春官爲青雲，夏官爲縉雲，秋官爲白雲，冬官爲黑雲，中官爲黄雲。」張晏曰：「黄帝有景雲之應，因以名師與官也。」

〔六〕應劭曰：「金天氏，黄帝子青陽也。」張晏曰：「少昊之立，鳳鳥適至，因以名官。鳳鳥氏爲歷正，玄鳥司分，伯趙司至，青鳥司開，丹鳥司閉。」師古曰：「玄鳥，燕也。伯趙，伯勞也。青鳥，鶬鴳也。丹鳥，鷩雉也。」

〔七〕應劭曰：「顓頊氏代少昊者也，不能紀遠，始以職事命官也。春官爲木正，夏官爲火正，秋官爲金正，冬官爲水正，中官爲土正。」師古曰：「自此以上皆郯子之辭也。」

〔八〕應劭曰：「少昊有四叔，重爲句芒，該爲蓐收，修及熙爲玄冥。顓頊氏有子曰黎，爲祝融。共工氏有子曰句龍，爲后土。故有五行之官，皆封爲上公，祀爲貴神。」師古曰：「上謂其事久遠也。該音該。」

〔九〕應劭曰：「堯命四子分掌四時之教化也。」張晏曰：「四子謂羲仲、羲叔、和仲、和叔也。」師古曰：「事見虞書堯典。」

〔一〇〕師古曰：「四嶽，分主四方諸侯者。」

〔一一〕應劭曰：「牧，州牧也。」師古曰：「柔，安也。能，善也。邇，近也。」

〔一二〕師古曰：「空，穴也。古人穴居，主穿土爲穴以居人也。」

〔一三〕應劭曰：「棄，臣名也。后，主也，爲此稷官之主也。」師古曰：「播謂布種也。」

〔一四〕應劭曰：「五教，父義，母慈，兄友，弟恭，子孝也。」師古曰：「卨音先列反。」

〔一五〕應劭曰：「士，獄官之長。」張晏曰：「五刑謂墨、刖、劓、刵、宫、大辟也。」師古曰：「咎音皋。繇音弋昭反。墨，鑿其額而涅以墨也。刖，斷足也。劓，割鼻也。刵，去髕骨也。宫，陰刑也。大辟，殺之也。」

〔一六〕應劭曰：「垂，臣名也。爲共工，理百工之事也。」師古曰：「共讀曰龔。」

〔一七〕應劭曰：「精，伯益也。虞，掌山澤禽獸官名也。」師古曰：「精，古益字也。虞，度也，主商度山川之事。」

〔一八〕應劭曰：「伯夷，臣名也。典天神、地祇、人鬼之禮也。」師古曰：「秩，次也；宗，尊也：主尊神之禮，可以次序也。」

〔一九〕應劭曰：「夔，臣名也。」師古曰：「夔音鉅龜反。」

〔二〇〕應劭曰：「龍，臣名也。納言，如今尚書，管王之喉舌也。」師古曰：「自此以上皆堯典之文。」

〔二一〕師古曰：「言夏、殷置官事不見於書傳也。禮記明堂位曰『夏后氏官百，殷二百』，蓋言其大數而無職號統屬也。」

〔二二〕師古曰：「事見周書周官篇及周禮也。」

〔二三〕師古曰：「冢宰掌邦治，司徒掌邦教，宗伯掌邦禮，司馬掌邦政，司寇掌邦禁，司空掌邦土也。」

〔二四〕師古曰：「言百者，舉大數也。分音扶問反。」

〔二五〕應劭曰：「師，訓也。傅，覆也。保，養也。」師古曰：「傅，相也。」

〔二六〕師古曰：「不必備員，有德者乃處之。」

〔二七〕張晏曰：「五帝自以德不及三皇，故自去其皇號。三王又以德不及五帝，自損稱王。秦自以德褒二行，故兼稱之。」

〔二八〕師古曰：「革，改也。」

〔二九〕師古曰：「分音扶問反。」

〔三〇〕師古曰：「論語稱孔子曰『温故而知新，可以爲師矣』。温猶厚也，言厚蓄故事，多識於新，則可爲師。」

相國、丞相，〔一〕皆秦官，金印紫綬，掌丞天子助理萬機。秦有左右，〔二〕高帝即位，置一丞相，十一年更名相國，緑綬。孝惠、高后置左右丞相，文帝二年復置一丞相。有兩長史，

中華書局

秩千石。哀帝元壽二年更名大司徒。武帝元狩五年初置司直，秩比二千石，掌佐丞相舉不法。

〔一〕應劭曰：「丞者，承也。相者，助也。」

〔二〕荀悅曰：「秦本次國，命卿二人，是以置左右丞相，無三公官。」

太尉，秦官，〔一〕金印紫綬，掌武事。武帝建元二年省。元狩四年初置大司馬，〔二〕以冠將軍之號。〔三〕宣帝地節三年置大司馬，不冠將軍，亦無印綬官屬。成帝綏和元年初賜大司馬金印紫綬，置官屬，祿比丞相，去將軍。哀帝建平二年復去大司馬印綬、官屬，冠將軍如故。元壽二年復賜大司馬印綬，置官屬，去將軍，位在司徒上。有長史，秩千石。

〔一〕應劭曰：「自上安下曰尉，武官悉以爲稱。」

〔二〕應劭曰：「司馬，主武也，諸武官亦以爲號。」

〔三〕師古曰：「冠者，加於其上共爲一官也。」

御史大夫，秦官，〔一〕位上卿，銀印青綬，掌副丞相。有兩丞，秩千石。一曰中丞，在殿中蘭臺，掌圖籍祕書，外督部刺史，內領侍御史員十五人，受公卿奏事，舉劾按章。成帝綏和元年更名大司空，金印紫綬，祿比丞相，置長史如中丞，官職如故。哀帝建平二年復爲御史大夫，元壽二年復爲大司空，御史中丞更名御史長史。侍御史有繡衣直指，〔二〕出討姦

猾，治大獄，武帝所制，不常置。

〔一〕應劭曰：「侍御史之率，故稱大夫云。」臣瓚曰：「茂陵書御史大夫秩中二千石。」

〔二〕服虔曰：「指事而行，無阿私也。」師古曰：「衣以繡者，尊寵之也。」

太傅，古官，高后元年初置，金印紫綬。後省，八年復置。後省，哀帝元壽二年復置。位在三公上。

太師、太保，皆古官，平帝元始元年皆初置，金印紫綬。太師位在太傅上，太保次太傅。

前後左右將軍，皆周末官，秦因之，位上卿，金印紫綬。漢不常置，或有前後，或有左右，皆掌兵及四夷。有長史，秩千石。

奉常，秦官，掌宗廟禮儀，有丞。景帝中六年更名太常。〔一〕屬官有太樂、太祝、太宰、太史、太卜、太醫六令丞，又均官、都水兩長丞，〔二〕又諸廟寢園食官令長丞，有廱太宰、太祝令丞，〔三〕五畤各一尉。又博士及諸陵縣皆屬焉。景帝中六年更名太祝爲祠祀，武帝太初元年更曰廟祀，初置太卜。博士，秦官，掌通古今，秩比六百石，員多至數十人。武帝建元五年初置五經博士，宣帝黃龍元年稍增員十二人。元帝永光元年分諸陵邑屬三輔。王莽改太常曰秩宗。

〔一〕應劭曰：「常，典也，掌典三禮也。」師古曰：「太常，王者旌旗也，畫日月焉，王有大事則建以行，禮官主奉持之，故曰奉常也。後改曰太常，尊大之(儀)〔義〕也。」

〔二〕服虔曰：「均官，主山陵上稾輸入之官也。」如淳曰：「律，都水治渠隄水門。三輔黃圖云三輔皆有都水也。」

〔三〕文穎曰：「廱，主熟食官。」如淳曰：「五畤在廱，故特置太宰以下諸官。」師古曰：「如說是也。雍，右扶風之縣也。太宰即是具食之官，不當復置饔人也。」

郎中令，秦官，〔一〕掌宮殿掖門戶，有丞。武帝太初元年更名光祿勳。〔二〕屬官有大夫、郎、謁者，皆秦官。又期門、羽林皆屬焉。〔三〕大夫掌論議，有太中大夫、中大夫、諫大夫，皆無員，多至數十人。武帝元狩五年初置諫大夫，秩比八百石，太初元年更名中大夫爲光祿大夫，秩比二千石，太中大夫秩比千石如故。郎掌守門戶，出充車騎，有議郎、中郎、侍郎、郎中，皆無員，多至千人。議郎、中郎秩比六百石，侍郎比四百石，郎中比三百石。中郎有五官、左、右三將，秩皆比二千石。郎中有車、戶、騎三將，〔四〕秩皆比千石。謁者掌賓讚受事，員七十人，秩比六百石，有僕射，〔五〕秩比千石。期門掌執兵送從，武帝建元三年初置，比郎，無員，多至千人，有僕射，秩比千石。平帝元始元年更名虎賁郎，〔六〕置中郎將，秩比二千石。羽林掌送從，次期門，武帝太初元年初置，名曰建章營騎，後更名羽林騎。又取從軍死事之子孫養羽林，官教以五兵，號曰羽林孤兒。〔七〕羽林有令丞。宣帝令中郎將、騎都尉監

羽林，秩比二千石。僕射，秦官，自侍中、尚書、博士、郎皆有。古者重武官，有主射以督課之，軍屯吏、騶、宰、永巷宮人皆有，取其領事之號。〔八〕

〔一〕臣瓚曰：「主郎內諸官，故曰郎中令。」

〔二〕應劭曰：「光者，明也。祿者，爵也。勳，功也。」如淳曰：「胡公曰勳之言閽也。閽者，古主門官也。光祿主宮門。」師古曰：「應說是也。」

〔三〕服虔曰：「與期門下以微行，後遂以名官。」師古曰：「羽林，亦宿衞之官，言其如羽之疾，如林之多也。一說羽所以爲王者羽翼也。」

〔四〕如淳曰：「主車曰車郎，主戶衞曰戶郎。漢儀注郎中令主郎中，左右車將主左右車郎，左右戶將主左右戶郎也。」

〔五〕應劭曰：「謁，請也，白也。僕，主也。」

〔六〕師古曰：「賁讀與奔同，言如猛獸之奔。」

〔七〕師古曰：「五兵謂弓矢、殳、矛、戈、戟也。」

〔八〕孟康曰：「皆有僕射，隨所領之事以爲號也。若軍屯吏則曰軍屯僕射，永巷則曰永巷僕射。」

衞尉，秦官，掌宮門衞屯兵，〔一〕有丞。景帝初更名中大夫令，後元年復爲衞尉。屬官有公車司馬、衞士、旅賁三令丞。〔二〕衞士三丞。又諸屯衞候、司馬二十二官皆屬焉。長樂、建章、甘泉衞尉皆掌其宮，〔三〕職略同，不常置。

〔一〕師古曰：「漢舊儀云衞尉寺在宮內。胡廣云主宮闕之門內衞士，於周垣下爲區廬。區廬者，若今之仗宿屋矣。」

〔二〕師古曰：「漢官儀云公車司馬掌殿司馬門，夜徼宮中，天下上事及闕下凡所徵召皆總領之，令秩六百石。旅，衆也。賓與奔同，言爲奔走之任也。」

〔三〕師古曰：「各隨所掌之官以名官。」

太僕，秦官，〔一〕掌輿馬，有兩丞。屬官有大廄、未央、家馬三令，各五丞一尉。〔二〕又車府、路軨、騎馬、駿馬四令丞；〔三〕又龍馬、閑駒、橐泉、騊駼、承華五監長丞；〔四〕又邊郡六牧師菀令，各三丞；〔五〕又牧橐、昆蹏令丞〔六〕皆屬焉。中太僕掌皇太后輿馬，不常置也。武帝太初元年更名家馬爲挏馬，〔七〕初置路軨。

〔一〕應劭曰：「周穆王所置也，蓋大御衆僕之長，中大夫也。」

〔二〕師古曰：「家馬者，主供天子私用，非大祀戎事軍國所須，故謂之家馬也。」

〔三〕伏儼曰：「主乘輿路車，又主凡小車。軨，今之小馬車曲輿也。」師古曰：「軨音零。」

〔四〕如淳曰：「橐泉廄在橐泉宮下。騊駼，野馬也。」師古曰：「閑，闌，養馬之所也，故曰閑駒。騊駼出北海中，其狀如馬，非野馬也。騊音徒高反。駼音塗。」

〔五〕師古曰：「漢官儀云牧師諸菀三十六所，分置北邊、西邊，分養馬三十萬頭。」

〔六〕應劭曰：「橐，橐佗。昆蹏，好馬名也。蹏音啼。」如淳曰：「爾雅曰『昆蹏研，善升甗』者也，因以爲廄名。」師古曰：「牧橐，言牧養橐佗也。昆，獸名也。蹏研者，謂其蹏下平也。善升甗者，謂山形如甑，而能升之也。蹏即古蹄字耳。研音五見反。甗音言，又音牛偃反。」

〔七〕應劭曰：「主乳馬，取其汁挏治之，味酢可飲，因以名官也。」如淳曰：「主乳馬，以韋革爲夾兜，受數斗，盛馬乳，挏取其上(把)〔肥〕，因名曰挏馬。禮樂志丞相孔光奏省樂官七十二人，給大官挏馬酒。今梁州亦名馬酪爲馬酒。」晉灼曰：「挏音挺挏之挏。」師古曰：「晉音是也。挏音徒孔反。」

廷尉，秦官，〔一〕掌刑辟，有正、左右監，秩皆千石。景帝中六年更名大理，武帝建元四年復爲廷尉。宣帝地節三年初置左右平，秩皆六百石。哀帝元壽二年復爲大理。王莽改曰作士。

〔一〕應劭曰：「聽獄必質諸朝廷，與衆共之，兵獄同制，故稱廷尉。」師古曰：「廷，平也。治獄貴平，故以爲號。」

典客，秦官，掌諸歸義蠻夷，有丞。景帝中六年更名大行令，武帝太初元年更名大鴻臚。〔一〕屬官有行人、譯官、別火三令丞〔二〕及郡邸長丞。〔三〕武帝太初元年更名行人爲大行令，初置別火。王莽改大鴻臚曰典樂。初，置郡國邸屬少府，中屬中尉，後屬大鴻臚。

〔一〕應劭曰：「郊廟行禮讚九賓，鴻聲臚傳之也。」

〔二〕如淳曰：「漢儀注別火，獄令官，主治改火之事。」

〔三〕師古曰：「主諸郡之邸在京師者也。」

宗正，秦官，〔一〕掌親屬，有丞。平帝元始四年更名宗伯。屬官有都司空令丞，〔二〕內官長丞。〔三〕又諸公主家令、門尉皆屬焉。王莽并其官於秩宗。初，內官屬少府，中屬主爵，後屬宗正。

〔一〕應劭曰：「周成王之時彤伯入爲宗正也。」師古曰：「彤伯爲宗伯，不謂之宗正。」

〔二〕如淳曰：「律，司空主水及罪人。賈誼曰『輸之司空，編之徒官』。」

〔三〕師古曰：「律曆志主分寸尺丈也。」

治粟內史，秦官，掌穀貨，有兩丞。景帝後元年更名大農令，武帝太初元年更名大司農。屬官有太倉、均輸、平準、都內、籍田五令丞，〔一〕斡官、鐵市兩長丞。〔二〕又郡國諸倉農監、都水六十五官長丞皆屬焉。騪粟都尉，〔三〕武帝軍官，不常置。王莽改大司農曰羲和，後更爲納言。初，斡官屬少府，中屬主爵，後屬大司農。

〔一〕孟康曰：「均輸，謂諸當所有輸於官者，皆令輸其地土所饒，平其所在時賈，官更於佗處賣之，輸者既便，而官有利也。」

〔二〕如淳曰：「斡音筦，或作幹。斡，主也，主均輸之事，所謂斡鹽鐵而榷酒酤也。」晉灼曰：「此竹箭幹之官長也。均輸自有令。」師古曰：「如說近是也。縱作幹讀，當以幹持財貨之事耳，非謂箭幹也。」

〔三〕服虔曰：「騪音搜狩之搜。搜，索也。」

少府，秦官，掌山海池澤之稅，以給共養，〔一〕有六丞。屬官有尚書、符節、太醫、太官、湯官、導官、樂府、若盧、考工室、左弋、居室、甘泉居室、左右司空、東織、西織、東園匠十〔二〕〔六〕官令丞，〔二〕又胞人、都水、均官三長丞，〔三〕又上林中十池監，〔四〕又中書謁者、黃門、鉤盾、尚方、御府、永巷、內者、宦者〔七〕〔八〕官令丞。〔五〕諸僕射、署長、中黃門皆屬焉。〔六〕武帝太初元年更名考工室爲考工，左弋爲佽飛，居室爲保宮，甘泉居室爲昆臺，永巷爲掖廷。佽飛掌弋射，有九丞兩尉，太官七丞，昆臺五丞，樂府三丞，掖廷八丞，宦者七丞，鉤盾五丞兩尉。成帝建始四年更名中書謁者令爲中謁者令，初置尚書，員五人，有四丞。河平元年省東織，更名西織爲織室。綏和二年，哀帝省樂府。王莽改少府曰共工。

〔一〕應劭曰：「名曰禁錢，以給私養，自別爲藏。少者，小也，故稱少府。」師古曰：「大司農供軍國之用，少府以養天子也。(供)〔共〕音居用反。養音弋亮反。」

〔二〕服虔曰：「若盧，詔獄也。」鄧展曰：「舊洛陽兩獄，一名若盧，主受親戚婦女。」如淳曰：「若盧，官名也，藏兵器。品令曰若盧郎中二十人，主弩射。漢儀注有若盧獄令，主治庫兵將相大臣。」臣瓚曰：「冬官爲考工，主作器械也。」師古曰：「太官主膳食，湯官主餅餌，導官主擇米。若盧，如說是也。左弋，地名。東園匠，主作陵內器物者也。」

〔三〕師古曰：「胞人，主掌宰割者也。胞與庖同。」

〔四〕師古曰：「三輔黃圖云上林中池上籞五所，而此云十池監，未詳其數。」

〔五〕師古曰：「鉤盾主近苑囿，尚方主作禁器物，御府主天子衣服也。」

〔六〕師古曰：「中黃門，奄人居禁中在黃門之內給事者也。」

中尉，秦官，掌徼循京師，〔一〕有兩丞、候、司馬、千人。〔二〕武帝太初元年更名執金吾。〔三〕屬官有中壘、寺互、武庫、都船四令丞。〔四〕都船、武庫有三丞，中壘兩尉。又式道左右中候、候丞及左右京輔都尉、尉丞兵卒皆屬焉。〔五〕初，寺互屬少府，中屬主爵，後屬中尉。

〔一〕如淳曰：「所謂遊徼，徼循禁備盜賊也。」師古曰：「徼謂遮繞也。徼音工釣反。」

〔二〕師古曰：「候及司馬及千人皆官名也。屬國都尉云有丞、候、千人。西域都護云司馬、候、千人各二人。凡此千人，皆官名也。」

〔三〕應劭曰：「吾者，禦也，掌執金革以禦非常。」師古曰：「金吾，鳥名也，主辟不祥。天子出行，職主先導，以禦非常，故執此鳥之象，因以名官。」

〔四〕如淳曰：「漢儀注有寺互。都船獄令，治水官也。」

〔五〕應劭曰：「式道凡三候，車駕出還，式道候持麾至宮門，門乃開。」師古曰：「式，表也。」

自太常至執金吾，秩皆中二千石，丞皆千石。

太子太傅、少傅，古官。屬官有太子門大夫、〔一〕庶子、〔二〕先馬、〔三〕舍人。

〔一〕應劭曰：「員五人，秩六百石。」

〔二〕應劭曰：「員五人，秩六百石。」

〔三〕張晏曰：「先馬，員十六人，秩比謁者。」如淳曰：「前驅也。國語曰句踐親為夫差先馬。先或作洗也。」

將作少府，秦官，掌治宮室，有兩丞、左右中候。景帝中六年更名將作大匠。屬官有石庫、東園主章、左右前後中校七令丞，〔一〕又主章長丞。〔二〕武帝太初元年更名東園主章為木工。成帝陽朔三年省中候及左右前後中校五丞。

〔一〕如淳曰：「章謂大材也。舊將作大匠主材吏名章曹掾。」師古曰：「今所謂木鍾者，蓋章聲之轉耳。東園主章掌大材，以供東園大匠也。」

〔二〕師古曰：「掌凡大木也。」

詹事，秦官，〔一〕掌皇后、太子家，有丞。〔二〕屬官有太子率更、家令丞，僕、中盾、衞率、廚廄長丞，〔三〕又中長秋、私府、永巷、倉、廄、祠祀、食官令長丞。諸宦官皆屬焉。〔四〕成帝鴻嘉三年省詹事官，并屬大長秋。〔五〕長信詹事掌皇太后宮，景帝中六年更名長信少府，〔六〕平帝元始四年更名長樂少府。

〔一〕應劭曰：「詹，省也，給也。」臣瓚曰：「茂陵書詹事秩真二千石。」

〔二〕師古曰：「皇后、太子各置詹事，隨其所在以名官。」

〔三〕張晏曰：「太子稱家，故曰家令。」臣瓚曰：「茂陵中書太子家令秩八百石。」應劭曰：「中盾主周衞徼道，秩四百石。」如淳曰：「漢儀注衞率主門衞，秩千石。」師古曰：「掌知漏刻，故曰率更。自此以上，太子之官也。更音工衡反。」

〔四〕師古曰：「自此以上，皆皇后之官。」

〔五〕師古曰：「省皇后詹事，總屬長秋也。」

〔六〕張晏曰：「以太后所居宮為名也。居長信宮則曰長信少府，居長樂宮則曰長樂少府也。」

將行，秦官，〔一〕景帝中六年更名大長秋，〔二〕或用中人，或用士人。〔三〕

〔一〕應劭曰：「皇后卿也。」

〔二〕師古曰：「秋者收成之時，長者恆久之義，故以為皇后官名。」

〔三〕師古曰：「中人，奄人也。」

典屬國，秦官，掌蠻夷降者。武帝元狩三年昆邪王降，〔一〕復增屬國，置都尉、丞、候、千人。屬官，九譯令。成帝河平元年省并大鴻臚。

〔一〕師古曰：「昆音下門反。」

水衡都尉，〔一〕武帝元鼎二年初置，掌上林苑，有五丞。屬官有上林、均輸、御羞、禁圃、輯濯、鍾官、技巧、六廄、辯銅九官令丞。〔二〕又衡官、水司空、都水、農倉，又甘泉上林、都水七官長丞皆屬焉。上林有八丞十二尉，均輸四丞，御羞兩丞，都水三丞，禁圃兩尉，甘泉上林四丞。成帝建始二年省技巧、六廄官。王莽改水衡都尉曰予虞。初，御羞、上林、衡官及鑄錢皆屬少府。

〔一〕應劭曰：「古山林之官曰衡。掌諸池苑，故稱水衡。」張晏曰：「主都水及上林苑，故曰水衡。主諸官，故曰都。有卒徒武事，故曰尉。」師古曰：「衡，平也，主平其稅入。」

〔二〕如淳曰：「御羞，地名也，在藍田，其土肥沃，多出御物可進者，揚雄傳謂之御宿。三輔黃圖御羞、宜春皆苑名也。輯濯，船官也。鍾官，主鑄錢官也。辯銅，主分別銅之種類也。」師古曰：「御宿，則今長安城南御宿川也，不在藍田。羞、宿聲相近，故或云御羞，或云御宿耳。羞者，珍羞所出；宿者，止宿之義。輯讀與楫同，音集。濯音直孝

反：皆所以行船也。漢舊儀云天子六廄，未央、承華、騊駼、騎馬、輅軨、大廄也，馬皆萬匹。據此表，大僕屬官以有大廄、未央、輅軨、騎馬、騊駼、承華，而水衡又云六廄技巧官，是則技巧之徒供六廄者，其官別屬水衡也。」

內史，周官，秦因之，掌治京師。景帝二年分置左〔右〕內史。〔一〕右內史武帝太初元年更名京兆尹，〔二〕屬官有長安市、廚兩令丞，又都水、鐵官兩長丞。左內史更名左馮翊，〔三〕屬官有廩犧令丞尉。〔四〕又左都水、鐵官、雲壘、長安四市四長丞皆屬焉。

〔一〕師古曰：「地理志云武帝建元六年置左右內史，而此表云景帝二年分置，表志不同。又據史記，知志誤矣。」

〔二〕張晏曰：「地絕高曰京。左傳曰『莫之與京』。十億曰兆。尹，正也。」師古曰：「京，大也。兆者，衆數。言大衆所在，故云京兆也。」

〔三〕張晏曰：「馮，輔也。翊，佐也。」

〔四〕師古曰：「廩主藏穀，犧主養牲，皆所以供祭祀也。」

主爵中尉，秦官，掌列侯。景帝中六年更名都尉，武帝太初元年更名右扶風，〔一〕治內史右地。屬官有掌畜令丞。〔二〕又(有)〔右〕都水、鐵官、廄、廱廚四長丞皆屬焉。〔三〕與左馮翊、京兆尹是為三輔，〔四〕皆有兩丞。列侯更屬大鴻臚。元鼎四年更置(二)〔三〕輔都尉、都尉丞各一人。

〔一〕張晏曰：「扶，助也。風，化也。」

〔二〕如淳曰：「尹翁歸傳曰『豪彊有論罪，輸掌畜官，使斫莝』。東方朔曰『益為右扶風』，畜牧之所在也。」

〔三〕如淳曰：「五時在鄜，故有廚。」

〔四〕服虔曰：「皆治在長安城中。」師古曰：「三輔黃圖云京兆在尚冠前街東入，故中尉府，馮翊在太上皇廟西入，右扶風在夕陰街北入，故主爵府。長安以東爲京兆，長陵以北爲左馮翊，渭城以西爲右扶風也。」

自太子太傅至右扶風，皆秩二千石，丞六百石。

護軍都尉，秦官，武帝元狩四年屬大司馬，成帝綏和元年居大司馬府比司直，哀帝元壽元年更名司寇，平帝元始元年更名護軍。

司隸校尉，周官，〔一〕武帝征和四年初置。持節，從中都官徒千二百人，〔二〕捕巫蠱，督大姦猾。〔三〕後罷其兵。察三輔、三河、弘農。元帝初元四年去節。成帝元延四年省。綏和二年，哀帝復置，但爲司隸，冠進賢冠，屬大司空，比司直。

〔一〕師古曰：「以掌徒隸而巡察，故云司隸。」

〔二〕師古曰：「中都官，京師諸官府也。」

〔三〕師古曰：「督謂察視也。」

城門校尉掌京師城門屯兵，有司馬、〔一〕十二城門候。〔二〕中壘校尉掌北軍壘門內，外掌西域。〔三〕屯騎校尉掌騎士。步兵校尉掌上林苑門屯兵。越騎校尉掌越騎。〔四〕長水校尉

掌長水宣曲胡騎。〔五〕又有胡騎校尉，掌池陽胡騎，不常置。〔六〕射聲校尉掌待詔射聲士。〔七〕虎賁校尉掌輕車。凡八校尉，皆武帝初置，有丞、司馬。〔八〕自司隸至虎賁校尉，秩皆二千石。西域都護加官，宣帝地節二年初置，以騎都尉、諫大夫使護西域三十六國，有副校尉，秩比二千石，丞一人，司馬、候、千人各二人。戊己校尉，元帝初元元年置，〔九〕有丞、司馬各一人，候五人，秩比六百石。

〔一〕師古曰：「八屯各有司馬也。」

〔二〕師古曰：「門各有候，蕭望之署小苑東門候，亦其比也。」

〔三〕師古曰：「掌北軍壘門之內，而又外掌西域。」

〔四〕如淳曰：「越人內附，以爲騎也。」晉灼曰：「取其材力超越也。」師古曰：「宣紀言佽飛射士、胡越騎，又此有胡騎校尉。如說是。」

〔五〕師古曰：「長水，胡名也。宣曲，觀名，胡騎之屯於宣曲者。」

〔六〕師古曰：「胡騎之屯池陽者也。」

〔七〕服虔曰：「工射者也。冥冥中聞聲則中之，因以名也。」應劭曰：「須詔所命而射，故曰待詔射也。」

〔八〕師古曰：「自中壘以下凡八校尉。城門不在此數中。」

〔九〕師古曰：「甲乙丙丁庚辛壬癸皆有正位，唯戊己寄治耳。今所置校尉亦無常居，故取戊己爲名也。有戊校尉，有己校尉。一說戊己居中，鎭覆四方，今所置校尉亦處西域之中撫諸國也。」

奉車都尉掌御乘輿車，駙馬都尉掌駙馬，〔一〕皆武帝初置，秩比二千石。侍中、左右曹諸吏、散騎、中常侍，皆加官，〔二〕所加或列侯、將軍、卿大夫、將、都尉、尚書、太醫、太官令至郎中，亡員，〔三〕多至數十人。侍中、中常侍得入禁中，諸曹受尚書事，諸吏得舉法，散騎騎並乘輿車。〔四〕給事中亦加官，〔五〕所加或大夫、博士、議郎，掌顧問應對，位次中常侍。中黃門有給事黃門，位從將大夫。皆秦制。

〔一〕師古曰：「駙，副馬也。非正駕車，皆爲副馬。一曰駙，近也，疾也。」

〔二〕應劭曰：「入侍天子，故曰侍中。」晉灼曰：「漢儀注諸吏、給事中日上朝謁，平尚書奏事，分爲左右曹。魏文帝合散騎、中常侍爲散騎常侍也。」

〔三〕如淳曰：「將謂郎將以下也。自列侯下至郎中，皆得有散騎及中常侍加官。是時散騎及常侍各自一官，亡員也。」

〔四〕師古曰：「並音步浪反。騎而散從，無常職也。」

〔五〕師古曰：「漢官解詁云掌侍從左右，無員，常侍中。」

爵：一級曰公士，〔一〕二上造，〔二〕三簪裊，〔三〕四不更，〔四〕五大夫，〔五〕六官大夫，七公大夫，〔六〕八公乘，〔七〕九五大夫，〔八〕十左庶長，十一右庶長，〔九〕十二左更，十三中更，十四右更，〔一〇〕十五少上造，十六大上造，〔一一〕十七駟車庶長，〔一二〕十八大庶長，〔一三〕十九關

內侯，〔一四〕二十徹侯。〔一五〕皆秦制，以賞功勞。徹侯金印紫綬，避武帝諱，曰通侯，或曰列侯，改所食國令長名相，又有家丞、門大夫、庶子。

〔一〕師古曰：「言有爵命，異於士卒，故稱公士也。」

〔二〕師古曰：「造，成也，言有成命於上也。」

〔三〕師古曰：「以組帶馬曰裊。簪裊者，言飾此馬也。裊音乃了反。」

〔四〕師古曰：「言不豫更卒之事也。更音工衡反。」

〔五〕師古曰：「列位從大夫。」

〔六〕師古曰：「加官、公者，示稍尊也。」

〔七〕師古曰：「言其得乘公家之車也。」

〔八〕師古曰：「大夫之尊也。」

〔九〕師古曰：「庶長，言爲衆列之長也。」

〔一〇〕師古曰：「更言主領更卒，部其役使也。更音工衡反。」

〔一一〕師古曰：「言皆主上造之士也。」

〔一二〕師古曰：「言乘駟馬之車而爲衆長也。」

〔一三〕師古曰：「又更尊也。」

〔一四〕師古曰：「言有侯號而居京畿，無國邑。」

〔一五〕師古曰：「言其爵位上通於天子。」

中華書局

諸侯王，高帝初置，〔一〕金璽盭綬，〔二〕掌治其國。有太傅輔王，內史治國民，中尉掌武職，丞相統衆官，羣卿大夫都官如漢朝。景帝中五年令諸侯王不得復治國，天子爲置吏，改丞相曰相，省御史大夫、廷尉、少府、宗正、博士官，大夫、謁者、郎諸官長丞皆損其員。武帝改漢內史爲京兆尹，中尉爲執金吾，郎中令爲光祿勳，故王國如故。損其郎中令，秩千石；改太僕曰僕，秩亦千石。成帝綏和元年省內史，更令相治民，如郡太守，中尉如郡都尉。

〔一〕師古曰：「蔡邕云漢制皇子封爲王，其實諸侯也。周末諸侯或稱王，漢天子自以皇帝爲稱，故以王號加之，總名諸侯王也。」

〔二〕如淳曰：「盭音戾。盭，綠也，以綠爲質。」晉灼曰：「盭，草名也，出琅邪平昌縣，似艾，可染綠，因以爲綬名也。」師古曰：「晉說是也。璽之言信也。古者印璽通名，今則尊卑有別。漢舊儀云諸侯王黃金璽，橐佗鈕，文曰璽，謂刻云某王之璽。」

監御史，秦官，掌監郡。漢省，丞相遣史分刺州，不常置。武帝元封五年初置部刺史，掌奉詔條察州，〔一〕秩六百石，員十三人。成帝綏和元年更名牧，秩二千石。哀帝建平二年復爲刺史，元壽二年復爲牧。

〔一〕師古曰：「漢官典職儀云刺史班宣，周行郡國，省察治狀，黜陟能否，斷治冤獄，以六條問事，非條所問，即不省。一條，強宗豪右田宅踰制，以強淩弱，以衆暴寡。二條，二千石不奉詔書遵承典制，倍公向私，旁詔守利，侵漁百姓，聚斂爲姦。三條，二千石不卹疑獄，風厲殺人，怒則任刑，喜則淫賞，煩擾刻暴，剝截黎元，爲百姓所疾，山崩石裂，祆祥訛言。四條，二千石選署不平，苟阿所愛，蔽賢寵頑。五條，二千石子弟恃怙榮勢，請託所監。六條，二千〔石〕違公下比，阿附豪強，通行貨賂，割損正令也。」

郡守，秦官，掌治其郡，秩二千石。有丞，邊郡又有長史，掌兵馬，秩皆六百石。景帝中二年更名太守。

郡尉，秦官，掌佐守典武職甲卒，秩比二千石。有丞，秩皆六百石。景帝中二年更名都尉。

關都尉，秦官。農都尉、屬國都尉，皆武帝初置。

縣令、長，皆秦官，掌治其縣。萬戶以上爲令，秩千石至六百石。減萬戶爲長，秩五百石至三百石。皆有丞、尉，秩四百石至二百石，是爲長吏。〔一〕百石以下有斗食、佐史之秩，〔二〕是爲少吏。大率十里一亭，亭有長。十亭一鄉，鄉有三老、有秩、嗇夫、游徼。三老掌教化。嗇夫職聽訟，收賦稅。游徼徼循禁賊盜。縣大率方百里，其民稠則減，稀則曠，鄉、亭亦如之，皆秦制也。列侯所食縣曰國，皇太后、皇后、公主所食曰邑，有蠻夷曰道。凡縣、道、國、邑千五百八十七，鄉六千六百二十二，亭二萬九千六百三十五。

〔一〕師古曰：「吏，理也，主理其縣內也。」

〔二〕師古曰：「漢官名秩簿云斗食月奉十一斛，佐史月奉八斛也。一說，斗食者，歲奉不滿百石，計日而食一斗二升，故云斗食也。」

凡吏秩比二千石以上，皆銀印青綬，〔一〕光祿大夫無。〔二〕秩比六百石以上，皆銅印黑綬，大夫、博士、御史、謁者、郎無。〔三〕其僕射、御史治書尚符璽者，有印綬。比二百石以上，皆銅印黃綬。〔四〕成帝陽朔二年除八百石、五百石秩。綏和元年，長、相皆黑綬。哀帝建平二年，復黃綬。吏員自佐史至丞相，十二萬二百八十五人。

〔一〕師古曰：「漢舊儀云銀印背龜鈕，其文曰章，謂刻曰某官之章也。」

〔二〕師古曰：「無印綬。」

〔三〕師古曰：「大夫以下亦無印綬。」

〔四〕師古曰：「漢舊儀云六百石、四百石至二百石以上皆銅印鼻鈕，文曰印。謂鈕但作鼻，不爲蟲獸之形，而刻文云某官之印。」

校勘記

七二二頁七行　(皇)〔黃〕帝　景祐、殿、局本都作「黃」。王先謙說作「黃」是。

七二六頁三行　博士，秦官，　此處本提行，景祐、汲古、局本並同，惟殿本連上。王先謙說博士屬太常，不提行是。

七二七頁二行　尊大之(儀)〔義〕也。　景祐、殿本都作「義」。王先謙說作「義」是。

七二七頁七行　大夫掌論議，　此處本提行，汲古本同，景祐、殿、局本連上。王先謙說此郎中令屬官，不提行是。

七二八頁一行　僕射，秦官，　此處本提行，而景祐、殿本連上。王先謙說不提行是。

七三〇頁二行　搤取其上(把)〔肥〕，　景祐、殿本都作「肥」。王先謙說作「肥」是。

七三一頁一四行　十(二)〔六〕官令丞，　錢大昭說「十二」疑是「十六」。按殿本作「十六」。王先謙說作「十六」是。

七三一頁一六行　(七)〔八〕官令丞。　殿本「七」作「八」。王先謙說作「八」是。

七三二頁六行　(供)〔共〕音居用反。　景祐、殿本都作「共」。王先謙說作「共」是。

七三三頁五行　分置左〔右〕內史。　王念孫說脫「右」字，下文「右內史」、「左內史」皆承此句言之。

七三六頁三行　又(有)〔右〕都水、　劉攽說「有」當作「右」。上云「左都水」，此云「右都水」。

七三六頁一三行　更置(二)〔三〕輔都尉、　錢大昭說「二」當作「三」。按景祐、殿本都作「三」。

七四二頁五行　二千〔石〕違公下比　「石」字據景祐、殿、局本補。

漢書卷十九下

百官公卿表第七下

師古曰：「此表中記公卿姓名不具及但舉其官而無名或言若干年不載遷免死者，皆史之闕文，不可得知。」

	公元前 206 高帝元年	205 二	204 三	203 四	202 五	201 六	200 七	199 八	198 九	197 十
相國 丞相 大司徒 太師 太傅 太保	沛相蕭何爲丞相。								丞相何遷爲相國。	
太尉 大司馬					太尉盧綰，後九月爲燕王。					
御史大夫 大司空	內史周苛爲御史大夫，守滎陽，三年死。			中尉周昌爲御史大夫，六年徙爲趙丞相。						符璽御史趙堯爲御史大夫，十年免。
列將軍										
奉常 太常							博士叔孫通爲奉常，三年徙爲太子太傅。			
郎中令 光祿勳					郎中令王恬啓。					
衞尉 中大夫令						將軍酈商爲衞尉。				
太僕	滕令夏侯嬰爲太僕。					汲侯公上不害爲太僕。				
廷尉 大理					廷尉義渠。					中地守宣義爲廷尉。
典客 大行令 大鴻臚					廣平侯薛歐爲典客。師古曰：「歐音一后反。」					
宗正 治粟內史 大司農	執盾襄爲治粟內史。									
中尉執金吾 少府	職志周昌爲中尉，三年遷。師古曰：「志音式異反。」				軍正陽咸延爲少府，二十一年卒。中尉丙猜。					
水衡都尉 主爵都尉 右扶風										
左內史 左馮翊 右內史 京兆尹	內史周苛遷。				殷內史杜恬。					

196	十一		絳侯周勃爲太尉，後官省。					衛尉王氏。					中尉戚鰓。師古曰：「鰓音先才反。」		
195	十二					太子太傅叔孫通復爲奉常。				廷尉育。					
194	孝惠元年							營陵侯劉澤爲衛尉。							
193	二	七月辛未，相國何薨。七月癸巳，齊相曹參爲相國。													

192	三									長修侯杜恬爲廷尉。					
191	四														
190	五	八月己丑，相國參薨。													

189	六	十月己丑，安國侯王陵爲右丞相，曲逆侯陳平爲左丞相。	絳侯周勃復爲太尉，〔十年〕遷。							土軍侯宣義爲廷尉。					
188	七					奉常免。師古曰：「名免也。」					辟陽侯審食其爲典客，一年遷。				

187	高后元年	十一月甲子，右丞相陵爲太傅，左丞相平爲右丞相，典客審食其爲左丞相。		上黨守任敖爲御史大夫，三年免。											

186 二	185 三	184 四	183 五
		平陽侯曹（窟）〔窋〕爲御史大夫，五年免。	
上邳侯劉郢客爲宗正，七年爲楚王。			

182 六	181 七	180 八	179 孝文元年
	七月辛巳，左丞相食其爲太傅。	九月丙戌，復爲丞相，後九月免。	十月辛亥，
			十月辛亥，
		淮南丞相張蒼爲御史大夫，四年遷。	
			太中大夫
	奉常根。		
			郎中令張
	廷尉圍。		河南守吳公爲
	典客劉揭。		

	178 二
右丞相平爲左丞相，太尉周勃爲右丞相，八月辛未免。	十月，丞相平薨。十一
將軍灌嬰爲太尉，二年遷，官省。	
薄昭爲車騎將軍。代中尉宋昌爲衞將軍。	
	奉常饒。
武。	
	衞尉足。
廷尉。	

	177 三	176 四
月乙亥，絳侯勃復爲丞相。	十二月，丞相勃免。乙亥，太尉灌嬰爲丞相。	十二月乙
		御史大夫圍。
	中郎將張釋之爲廷尉。	
	典客馮敬，四年遷。	

年	記事
(前頁續)	已，丞相嬰免。正月甲午，御史大夫張蒼爲丞相。
五 175	
六 174	
七 173	典客馮敬爲御史大夫。／典客靚。師古曰：「靚與靜同。」

年	記事
八 172	太僕嬰薨。
九 171	
十 170	廷尉昌。／廷尉嘉。
十一 169	
十二 168	奉常昌閭。
十三 167	
十四 166	中尉周舍。／內史董赤。
十五 165	廷尉宜昌。

年	記事
十六 164	淮陽守申屠嘉爲御史大夫，二年遷。
後元年 163	廷尉信。
二 162	八月戊戌，丞相（倉）〔蒼〕免。庚午，御史大夫申屠嘉爲丞相。／八月庚午，開封侯陶青爲御史大夫，七年遷。

年	記事
三 161	
四 160	
五 159	
六 158	
七 157	奉常信。
孝景元年 156	太中大夫周仁爲郎中令，十三年老。／廷尉歐。師古曰：「歐讀與驅同。」／平陸侯劉禮爲宗正，二年爲楚王。／中尉嘉。／中大夫鼂錯爲左內史，一年遷。

年	155
	病免，食二千石祿。
二	六月，丞相嘉薨。八月丁未，御史大夫陶青為丞相。 八月丁巳，左內史朝錯為御史大夫。 奉常斿。

年	154 153 152
三	中尉周亞夫為太尉，五年遷，官省。 正月壬子，錯有罪要斬。 故詹事竇嬰為大將軍。 故吳相袁盎為奉常。〔奉常〕殷。 廷尉勝。 德侯劉通為宗正，三年薨。 河間大傅衛綰為中尉，四年賜告，後為太子太傅。
四	御史大夫介。 南皮侯竇彭祖為奉常。
五	安丘侯張歐為奉常。 姚丘侯劉舍為太僕。師古曰：「侯表及

年	151 150 149
六	諸傳皆云桃侯，獨此為姚丘，疑誤也。」
七	六月乙巳，丞相青免。太尉周亞夫為丞相。 太僕劉舍為御史大夫，三年遷。 鄭侯蕭勝為奉常。 濟南太守郅都為中尉，三年免。
中元年	廷尉福。

年	148 147 146 145
二	（中尉）
三	九月戊戌，丞相亞夫免。御史大夫劉舍為丞相。 太子太傅衛綰為御史大夫，四年遷。 煮棗侯乘昌為奉常。
四	
五	軑侯吳利為奉常。師古曰： 少府神。 主爵都尉不疑。

	144	143
	六	後元年
		七月丙午，丞相舍〔死〕〔免〕。八月壬辰，御史大夫
		八月壬辰，衞尉直不疑爲御史大夫，三年〔死〕〔免〕。
「軼音大，又音第。」	奉常利更爲太常。	
		郎中令賀。
	中大夫令直不疑更爲衞尉。	
	廷尉瑕更爲大理。	
	濟南都尉甯成爲中尉，四年遷。	

	142	141	140
	二	三	孝武建元元年
衞綰爲丞相。			六月，丞相綰免。〔後〕丙寅，魏其侯
			武安侯田蚡爲太尉。
			齊相牛抵爲御史大夫。師古曰：「抵音丁禮反。」
		柏至侯許昌爲太常，二年遷。	
			郎中令王臧，一年，有罪自殺。
			淮南太守灌夫爲太僕，二年爲燕相。
			大行令光。
	大農令惠。		
	中尉廣意。		中尉張歐，九年遷。
	主爵都尉奴。		
			中尉甯成爲內史，下獄論。內史印。

	139	138
	二	三
竇嬰爲丞相。	十月，丞相嬰免。三月乙未，太常許昌爲丞相。	
	太尉蚡免，官省。	
	御史大夫趙綰，有罪自殺。	
	南陵侯趙周爲太常，四年免。	
	郎中令石建，六年卒。	
	大理信。	
	大行令過期。	
		北地都尉韓安
	內史石慶。	內史石徧。

	137	136	135
	四	五	六
			六月癸巳，
	武強侯嚴青翟爲御史大夫，二年，坐竇太后喪不辦免。		大農令韓安國
			太常定。
			太僕賀，三十三
	廷尉遷。廷尉建。	廷尉武。	廷尉殷。
		大行令王恢。	
國爲大農令，三年遷。			大農令殷。
			東海太守汲黯
	江都相鄭當時爲右內史，五年，貶爲詹事。		

	134 元光元年	133 二	132 三	131 四		130 五
丞相昌免。武安侯田蚡爲丞相。				三月乙卯，丞相	蚡薨。五月丁巳，平棘侯薛澤爲丞相。	
爲御史大夫，四年病免。				九月，中尉張歐爲御史	大夫，五年老病免，食上大夫祿。	
	太常王臧。			宣平侯張歐爲太常。	師古曰：「歐音一后反。」	
	隴西太守李廣爲衞尉。					
年〔遷〕。						
						廷尉翟公。
						詹事鄭當時爲大農令，十一年免。
						故御史大夫韓安國爲中尉，一年遷。
爲主爵都尉，十一年徙。						
		內史充。				右內史番係。博士公孫弘爲左內史，四年遷。師古曰：「番音普安反。」

129 六	128 元朔元年	127 二	126 三	125 四	124 五
					十一月乙丑，丞相澤免。御
			左內史公孫弘爲御史大夫，二年遷。		四月丁未，河東太守九江番係爲御史
太常司馬當時。		蓼侯孔臧爲太常，三年坐南陵橋壞衣冠道絕免。			山陽侯張當居爲太常，坐選子弟不以
中尉韓安國爲(都)〔衞〕尉，二年爲將軍。			衞尉蘇建。		
			中大夫張湯爲廷尉，五年遷。		
大行令丘。					
				宗正劉棄。	
中大夫趙禹爲中尉。			少府孟賁。中尉李息。	少府逢。	中尉趙禹爲少府。中尉殷容。
					主爵都尉李蔡。
			左內史李沮，四年爲將軍。師古曰：「沮音組。」	右內史賁。師古曰：「賁音奔。」	主爵都尉汲黯爲右內史，五年免。

史大夫公孫弘爲丞相。

大夫。

賓免。

123 六

繩侯周平爲太常，四年坐不繕園陵免。

右北平太守李廣爲郎中令，五年免。

122 元狩元年

樂安侯李蔡爲御史大

大行令李息。

宗正劉受。

中尉司馬安。

會稽太守朱買臣爲主

左內史敞。

夫，一年遷。

爵都尉。

121 二

三月戊寅，丞相弘薨。壬辰，御史大夫李蔡爲丞相。

120 三

三月壬辰，廷尉張湯爲

冠軍侯霍去病

衞尉張騫。

廷尉李友。廷尉安。

中尉霸。

主爵都尉趙食其，二年

御史大夫，六年有罪自殺。

爲驃騎將軍。

廷尉禹。

爲將軍。

119 四

大將軍衞青爲大司馬大將軍。驃騎將軍霍去病爲大司

戚侯李信成爲太常，二年坐縱丞相李蔡侵道免。

沈猷侯劉受爲宗正，二年坐聽請不具宗室論。大農令顏

河內太守王溫舒爲中尉，五年遷。

中尉丞(陽)〔楊〕僕爲主爵都尉。

定襄太守義縱爲右內史，二年下獄棄市。

馬驃騎將軍。

異，二年坐腹非誅。

118 五

三月甲午，丞相蔡有罪自殺。四月乙卯，太子少傅嚴青翟

郎中令李敢。

衞尉充國，三年坐齋不謹棄市。

廷尉司馬安。

	117	116	115
	六	元鼎元年	二
爲丞相。			二月壬辰，丞相
	九月，大司馬去病薨。		
			二月辛亥，太子太傅石
	俞侯欒賁爲太常，坐犧牲不如令免。	蓋侯王信爲太常。	廣安侯任越人爲太常，
	郎中令徐自爲，十三年爲光祿勳。		
		廷尉霸。	
			中郎將張騫爲大行令，
	大農令正夫。		大農令孔僅。
			少府當，四年下獄死。
			水衡都尉張罷。
	右內史王鼂。	右內史蘇縱。	

	114
	三
青翟有罪自殺。二月辛亥，太子太傅趙周爲丞相。	
慶爲御史大夫，三年遷。	
坐廟酒酸論。師古曰：「任敖傳及侯表皆云廣阿侯。今此爲廣安，此表誤。」	郿侯周仲居爲太常，坐不收赤側錢收
	中尉王溫舒爲廷尉，一年復徙中尉。
三年卒。	
	關都尉尹齊爲中尉，一年抵罪。

	113	112
	四	五
		九月辛巳，丞相
行錢論。師古曰：「赤側當廢而不收，乃收見行之錢也。郿音多。」	睢陵侯張廣國爲太常。	平曲侯周建德爲太常。
		衛尉路博德。
	故少府趙禹爲廷尉，四年以老貶爲燕相。	
	宗正劉安國。(爲)大農令客。	
	廷尉王溫舒爲中尉，二年免。	
	水衡都尉豹。	
	右內史李信成。中大夫兒寬爲左內史，三年遷。	

	111
	六
周下獄死。丙申，御史大夫石慶爲丞相。	
	齊相卜式爲御史大夫，一年貶爲太子太傅。
陽平侯杜相爲太常，五年坐擅繇大樂令論。師古曰：「擅役使人也。」	
	大農令張成。
	少府豹爲中尉。

110 元封元年	109 二	108 三
左內史兒寬爲御史大夫，八年卒。		
	御史中丞杜周爲廷尉，十一年免。	
	故中尉王溫舒爲少府，三年徙。	
水衡都尉閻奉。		
御史中丞咸宣爲左內史，六年免。師古曰：「咸音減，省之減。」		

107 四	106 五	105 六
	大將軍青薨。	
鄗侯蕭壽成爲太常，坐犧牲不如令論。	成安侯韓延年爲太常，二年坐留外國，使人入粟贖論。	
		少府德有罪自殺。右輔
水衡都尉德遷。		
少府王溫舒爲右內史，二年免。		

	104 太初元年	103 二
		正月戊寅，丞相慶薨。
	睢陵侯張昌爲太常，二年坐乏祠論。	
	郎中令自爲更爲光祿勳。	
		侍中公孫敬聲爲太僕，十二年
	大鴻臚壺充國。	大鴻臚商丘成，十二年遷。
都尉王溫舒行中尉事，二年獄族。	中尉。	少府王偉。（中尉）
	故左內史咸宣爲右扶風，三年下獄自殺。	
	京兆尹無忌。左馮翊殷周。	

	102 三
閏月丁丑，大僕公孫賀爲丞相。	
	正月，膠東太守延廣爲御史大夫。
	牧丘侯石德爲太常，三年坐廟牲瘦入穀贖論。
下獄死。	
	搜粟都尉上官桀爲少府，年老免。師古曰：「疑此非上官桀，表誤也。」

101 四	100 天漢元年	99 二
	濟南太守琅邪王卿爲御史大夫，二年有罪自殺。	
		新時侯趙弟爲太常，五年坐鞫獄不實論。
	大司農桑弘羊，四年貶爲搜粟都尉。	
		故廷尉杜周爲執金吾，一年遷。

98 三	97 四
二月，執金吾杜周爲御史大夫，四年卒。	
廷尉吳尊。	
	弘農太守沛范方渠中翁爲執金吾。師古曰：「沛人，姓范，名方渠，字中翁也。中讀曰仲。」
	左馮翊韓不害。

96 太始元年	95 二	94 三
		三月，光祿大夫河東暴勝之公子爲御史大夫，三年下獄自殺。師古曰：「公子，亦勝之字也。」
		容城侯唯塗光爲太常，徙爲安定都尉。
廷尉郭居。		
大司農。		
	少府充國。	
	水衡都尉守。	直指使者江充爲水衡都尉，五年爲太子所斬。

	93 四	92 征和元年	91 二
			四月，壬申，
後皆類此。」			九月，大鴻臚商
	江都侯靳石爲太常，四年坐爲謁問四故太僕敬聲亂尊卑免。		
			光祿勳韓
		廷尉常。	廷尉信。
		光祿大夫公孫遺守少府。	
			京兆尹于己衍

丞相賀下獄死。五月丁巳，涿郡太守劉屈氂爲左丞相。

丘成爲御史大夫，四年坐祝詛自殺。

說少卿爲太子所殺。

坐大逆誅。

90

三

六月壬寅，丞相屈氂下獄要斬。

邗侯李壽爲衛尉，坐居守擅出長安界，使吏殺人下獄死。

廷尉意。

高廟郎中田千秋爲大鴻臚，一年遷。

89

四

六月丁巳，大鴻臚田千秋爲丞相。

繆侯酈終根爲太常，十一年坐祝詛誅。

光祿勳有祿。

大鴻臚戴仁坐祝詛誅。淮陽太守田廣明爲鴻臚，五年遷。

右輔都尉王訢爲右扶風，九年遷。

88

後元元年

守衛尉不害。

京兆尹建坐祝詛要斬。

87

二

二月丁卯，侍中奉車都尉霍光爲大司馬大將軍。

二月乙卯，搜粟都尉桑弘羊爲御史大夫，七年坐謀反誅。

侍中駙馬都尉金日磾爲車騎將軍，一年薨。太僕上官桀爲左將軍，七年反誅。

當塗侯魏不害爲太常，六年坐孝文廟風發瓦免。

守衛尉遺。

太僕并左將軍。

執金吾郭廣意免。

86

孝昭始元元年

尚書令張安世爲光祿勳，六年遷。

衛尉天水王莽稚叔，三年遷。

司隸校尉雒陽李仲季主爲廷尉，四年坐誣罔下獄棄市。

執金吾河東馬適建子孟任職，六年坐殺人下獄自殺。

水衡都尉呂辟胡，五年爲雲中太守。

青州刺史雋不疑爲京兆尹，五年病免。

85

二

光祿大夫劉辟彊爲宗正，數月卒。

84 三

膠西太守齊徐仁中孫為少府,六年坐縱反者自殺。師古曰:「中讀曰仲。」

83 四

衛尉王莽為右將軍衛尉,三年

大鴻臚田廣明為衛尉,五年遷。

卒。

騎都尉上官安為車騎將軍,三年反,誅。

82 五

軍正齊王平子心為廷尉,四年坐縱(道)〔首〕匿謀反者

下獄棄市。

81 六

轑陽侯江德為太常,四年坐廟(夜郎)〔郎夜〕飲失火免。

大將軍司馬楊敞為大司農,四年遷。

守京兆尹樊福。

80 元鳳元年

九月庚午,右扶風王訢為御史大夫,三

光祿勳張安世為右將軍

光祿勳并右將軍。

諫大夫杜延年為太僕,十五年免。

太中大夫劉德為宗正,數

執金吾壺信。

中郎將趙充國為水衡都尉,六年遷。

左馮翊賈勝胡,二年坐縱謀反者棄市。

年遷。

光祿勳,六年遷。

月免。

79 二

78 三

中郎將范明友為度遼將軍衛尉,十二年遷。

衛尉并將軍。

廷尉夏國。

青州刺史劉德為宗正,二十二年薨。

光祿大夫蔡義為少府,三年遷。

衛尉田廣明為左馮翊,四年遷。

77 四

正月甲戌,

二月乙丑,大司

蒲侯蘇昌為太

河內太守

京兆尹彭祖。

	76
	五
丞相千秋薨。二月乙丑，御史大夫王訢爲〔丞〕相。	十二月庚戌，丞相訢薨。
農楊敞爲御史大夫，二年遷。	
常，十一年坐籍霍山書泄祕書免。師古曰：「以祕書借霍山。」	
	鉅鹿太守淮陽朱壽少樂爲廷尉，坐侍
	詹事韋賢爲大鴻臚，四年爲長信少府。
平原趙彭祖爲大司農，三年卒。	
	沛國太守李壽爲執金吾。

	75	74
	六	元平元年
	十一月己丑，御史大夫楊敞爲丞相。	八月己巳，
	十一月，少府蔡義爲御史大夫，一年遷。	九月戊戌，左馮
		右將軍安
中〔加〕〔邢〕元下獄，風吏殺元棄市。	廷尉李光，四年免。	
	河東太守田延年爲大司農，三年有罪自殺。	
	便樂成爲少府，四年卒。	執金吾延壽。
	右扶風周德。	
		左馮翊武。

丞相敞薨。九月戊戌，御史大夫蔡義爲丞相。
翊田廣明爲御史大夫，三年爲祁連將軍。
世爲車騎將軍光祿勳，七年遷。水衡都尉趙充國爲後將軍。水衡都尉光祿大

	73	72
	孝宣本始元年	二
夫韓增爲前將軍，十三年遷。		
		詹事東海宋畸翁壹爲大鴻臚，二年遷。
		河南太守魏相爲大司農，
		博士后倉爲少府，二年。執金吾辟兵，三
	守京兆〔田〕〔尹〕廣陵相成。	

70 71

	三	四
	六月己丑,丞相義薨。甲辰,長信少府韋賢爲丞相。	
	六月甲辰,大司農魏相爲御史大夫,四年遷。	
	廷尉李義。	
		山陽太守粱爲大鴻臚。
一年遷。	大司農淳于賜。	
年。	少府瑕。	左馮翊宋疇爲少府,六
	光祿大夫于定國爲水衡都尉,二年遷。	六安相朱山拊爲右扶
	潁川太守趙廣漢爲京兆尹,六年下獄要斬。	大鴻臚宋疇爲左馮翊,

68 69

	地節元年	二
		三月庚午,
		侍中中郎
	水衡都尉光祿大夫于定國爲廷尉,十七年遷。	
年坐議鳳皇下彭城未至京師不足美貶爲泗水太傅。		執金吾鄧元。
風,一年下獄死。	水衡都尉朱輔。(爲)右扶風博。	潁川太守廣爲
一年遷。左馮翊延,三年免。		

67

	三
	正月甲申,丞相賢賜金免。六月壬辰,御史大夫魏相
大司(農)〔馬〕光薨。	四月戊申,車騎將軍光祿勳張安世爲大司馬車騎
	六月辛丑,太子太傅丙吉爲御史大夫,八年遷。
將霍禹爲右將軍,一年遷。	
	度遼將軍衛尉范明友爲光祿勳,一年坐謀反誅。
	大司農輔。
	執金吾延年。
右扶風,三年。	
	左馮翊官。

爲丞相。
將軍,七月戊戌,更爲大司馬衛將軍。右將軍霍禹爲大司馬。七月壬辰,大司馬

65 66

	四	元康元年
禹下獄要斬。		
	弋陽侯任宮爲太常，四年坐人盜茂陵園中物免。	
		北海太守張延壽爲太僕，四年病免。
	北海太守朱邑爲大司農，四年卒。	
		平原太守蕭望之爲少府，一年徙。
	勃海太守龔遂爲水衡都尉。	東海太守尹翁歸爲右扶風，四年卒。
	潁川太守讓爲左馮翊。	守京兆尹彭城太守遺。

62 63 64

二	三	四
		八月丙寅，大司馬安世薨。
		蒲侯蘇昌復爲太常，六年病免。
執金吾廣意。		太中大夫李彊中君守少府，三年遷。師古曰:
		光祿大夫馮奉世爲水衡都尉，十四年遷。
少府蕭望之爲左馮翊，三年遷。	守京兆尹潁川太守黃霸，數月還故官。	

59 60 61

	神爵元年	二	三
			三月丙午，丞相
	前將軍韓增爲大司馬車騎將軍。		
			七月甲子，大鴻臚蕭望
		後將軍充國。	
	中郎將楊惲爲諸吏光祿勳，五年免。		
		衛尉忠。	
	太僕戴長樂，五年免。		
	左馮翊蕭望之爲大鴻臚，二年遷。		少府李彊爲大鴻臚。
	大司農王禹，四年遷。		
「中讀曰仲。」		南陽太守賢爲執金吾。	光祿大夫梁丘賀爲少
	廣陵太守陳萬年爲右扶風，五年遷。		
	膠東相張敞爲京兆尹，八年免。左馮翊彊，三年免。		東郡太守韓延壽爲左

57 58

	四	五鳳元年
相薨。四月戊戌，御史大夫丙吉爲丞相。		
之爲御史大夫，三年貶爲太子太傅。		
	河內太守韋玄成爲衛尉，二年遷。	
		大司農王禹爲
		大司農延。
府。		
馮翊，二年下獄棄市。		守左馮翊勃海

	56 二
	四月己丑，大司馬增薨。五月，強弩將軍許延壽爲大司馬車騎將軍。
	〔八月壬午，太子太傅黃霸爲御史大夫，一年遷。〕
	衛尉韋玄成爲太常，二年免。
	衛尉弘。
	右扶風陳萬年爲太僕，五年遷。
大鴻臚。	
	宗正劉丁。
太守信。	守左馮翊五原太守延壽。

55 三	54 四	53 甘露元年
正月癸卯，丞相吉薨。二月壬申，御史大夫黃霸爲丞相。		
		三月丁巳，大司
六月辛酉，西河太守杜延年爲御史大夫，三年以病賜安車駟馬免。		
		蒲侯蘇昌復爲太常，二
執金吾田聽天，三年遷。		

	52 二	51 三
		(二)〔三〕月己丑，丞相霸薨。五月甲午，御史大
馬延壽薨。		
	五月己丑，廷尉于定國爲御史大夫，一年遷。	五月甲午，太僕陳萬年爲御史大夫，七年卒。
年病免。		鴈門太守建平侯杜緩爲太常，七年坐盜賊多免。
		博陽侯丙顯爲太僕，一年爲建章衛尉。
	執金吾田聽天爲廷尉，三年遷。	
	守左馮翊廣川相充郎。	

	50 四	49 黃龍元年
夫于定國爲丞相。		
		十二月癸酉，侍中樂陵侯
	典屬國常惠爲右將軍，四年薨。	太子太傅蕭望之爲前將
	衛尉順。	
	秺侯金賞爲侍中太僕，七年遷。	
	中山相加守廷尉。	廷尉解延年。
	執金吾平。	
	右扶風武。	
	京兆尹成。	〔左馮翊常。〕

48

孝元初元元年

史高為大司馬車騎將軍。

軍，一年為光祿勳，二年免。

光祿勳并將軍。

平昌侯王接為衛尉，五年遷。

大鴻臚顯，十一年。

散騎諫大夫劉更生為宗正，二年免。大司農宏。

淮陽中尉韋玄成為少府，二年為太子太傅。水衡都尉馮奉世為執金吾，二年

水衡都尉〔馮奉世〕。

太原太守陳遂為京兆尹，一年遷。

遷。

47

二

光祿勳賞。

京兆尹陳遂為廷尉，二年卒。

大司農充郎。

京兆尹代郡范。守左馮翊延免。

46

三

執金吾馮奉世為右將軍，三年為諸吏典屬國，二年

光祿大夫周堪為光祿勳，三年貶為河東太守。

丞相司直南郡李延壽子惠為執金吾，九年遷。

淮陽相鄭弘為右扶風，四年遷。

為光祿勳。侍中衛尉許嘉為右將軍，五年遷。

45

四

弋陽侯任千秋長伯為太常，四年以將軍將兵。

廷尉魏郡尹忠子賓，十四年為諸吏光祿大夫。

少府延，二年免。

京兆尹成。

44

五

六月辛酉，長信少府貢禹為御史大夫，十二月丁未卒。丁巳，長信少府薛廣德為御史大夫，一年以病賜安車駟馬免。

河南太守劉彭祖為左馮翊，二年遷太子太傅。

43 永光元年		42 二	41 三
十一月戊寅,丞相定國賜金,安車駟馬免。		二月丁酉,御史大夫韋玄成爲丞相。	
七月癸未,大司馬高賜金,安車駟馬免。九月戊子,侍中衞尉王接爲大司馬車	騎將軍。		四月癸未,大司馬接薨。七月壬
七月辛亥,太子太傅韋玄成爲御史大夫,一年遷。		二月丁酉,右扶風鄭弘爲御史大夫,五年有辠自殺。	
			右將軍奉世爲左將軍光祿勳,
太僕金賞爲光祿勳,一年卒。			
衞尉雲。			
故建章衞尉丙顯爲太僕,十年免。			
大司農堯。		光祿大夫非調爲大司農。	
侍中中大夫歐陽餘爲少府,五年卒。			
		右扶風強,五年。	
		隴西太守馮野王爲左馮翊,五年遷。	

	40 四		39 五	38 建昭元年	37 二
戊,左將軍衞尉許嘉爲大司馬車騎將軍。					
					八月癸亥,諸吏散騎光祿(勳)匡衡爲御史大夫
二年卒。侍中中郎將王商爲右將軍,十一年遷。					
				太子少傅匡衡爲光祿勳,一年遷。	左曹西平侯于永爲光祿勳,十
					執金吾李延壽爲衞尉,一年遷。
					左馮翊馮野王爲大鴻臚,五年爲上郡太守。
	宗正劉臨。				
				尚書令五鹿充宗爲少府,五年貶爲玄菟太守。	
	水衡都尉福。			右扶風	
	光祿大夫琅邪張譚仲叔爲京兆尹,四年不勝	任免。			左馮翊郭延。

36 三

夫，一年遷。

六年遷。

六月甲辰，丞相玄成薨。七月癸亥，御史大夫匡衡為丞相。

七月戊辰，衛尉李延壽為御史大夫，三年卒。一姓(棨)〔繁〕。師古曰：「(棨)〔繁〕音蒲元反。」

陽平侯王鳳為侍中衛尉，三年遷。

35 四

中郎將丙禹(顯)〔為〕水衡都尉，五年。

34 五

京兆尹王昌稚賓，二年轉為鴈門太守。

33 竟寧元年

六月己未，侍中衛尉王鳳為大司馬大將軍。

(七)〔二〕月丙寅，太子少傅張譚為御史大夫，三年坐選舉不實免。

太僕譚。

陽城侯劉慶忌寧君為宗正，三年遷。

河南太守召信臣為少府，二年徙。中少府安平侯王章子然為執金吾，三年遷。

32 孝成建始元年

騏侯駒普為太常，數月薨。

衛尉王罷軍。

常山太守溫順子敎為右扶風，一年遷。

弘農太守宋平次君為京兆尹。河南太守畢衆為左馮翊。

31 二

宗正劉慶忌為太常，五年病免。

執金吾王章為太僕，五年病免。

蜀郡太守何壽為廷尉，四年徙。

大鴻臚浩賞，二年徙。

右扶風溫順為少府，二年坐買公田與近臣下獄論。弋陽侯任千秋長伯為執金吾，一年遷。

水衡都尉爵。太原太守讓為右扶風。

河東太守杜陵甄〔尊〕少公為京兆尹，二年貶為河南太守。

30 三

十二月丁丑，丞相衡免。

八月癸丑，大司馬嘉賜金免。

十月乙卯，諸吏左曹光祿大夫尹忠為御史大夫，一年執金

右將軍王商為左將軍，一年遷。

宗正劉通。

南陽太守王昌為右扶風，三年免。

	四
	三月甲申，右將軍王商爲丞相。
坐河決自殺。	十一月壬戌，少府張忠爲御史大夫，六年卒。
吾千秋爲右將軍，一年遷。	右將軍千秋爲左將軍，三年薨。長樂衞尉史丹爲右
	河南太守漢爲大鴻臚，一年免。
	東平相鉅鹿張忠子贛爲少府，十一月遷。
	守京輔都尉王遵爲京兆尹，二年免。大鴻臚浩賞爲左馮翊，九月減死罪一等

	河平元年
將軍，三年遷。	
	衞尉王玄中都。師古曰：「中讀曰仲。」
	千乘太守東萊劉順爲宗正，四年坐使合陽侯舉子免。
	司隸校尉王駿爲少府，七年徙。執金吾輔。
	水衡都尉王勳。
論。	杜陵韓勳長賓爲左馮翊，三年爲少府。

二	三
	右將軍丹爲左將軍，十三
	宜春侯王咸長伯爲太常，一年病免。平
	侍中中郎將王音爲太僕，三年遷。
北海太守安成范延壽子路爲廷尉，八年卒。	
廷尉何壽爲大司農。	
	右曹光祿大夫辛慶忌爲執金吾，四年
漢中太守平原王賞少公爲右扶風，三年免。	
楚相齊宋登爲京兆尹，三年貶爲東萊都尉，未發，坐漏泄省中語下獄自殺。	光祿大夫武爲左馮翊。

	四
	四月壬寅，丞相商免。六月丙午，諸吏散騎光祿大夫
年薨。太僕王章爲右將軍。	
昌侯王臨爲太常，六年薨。	
	大夫章安世爲大鴻臚，二年爲長樂衞尉。
貶爲雲中太守。	
	侍中奉車都尉金敞爲水衡都尉，一年遷。
	司隸校尉王章爲京兆尹，一年下獄死。

	24	23
	陽朔元年	二
張禹為丞相。		
		四月癸卯，侍中
	侍中水衡都尉金敞為衛尉，四年卒。	
		史柱國衛公為
		大鴻臚勳。
	常山太守劉武成為宗正，四年卒。	
	水衡都尉順。河內太守甄尊為右扶風，三年遷。	
	弘農太守平陵逢信少子為京兆尹，三年遷陳留太守。薛宣為左馮翊，二年遷。	

	22
	三
	八月丁巳，大司馬鳳薨。九月甲子，御史大夫王音為大司
太僕王音為御史大夫，一年遷。	十一月丁卯，諸吏散騎光祿勳于永為御史大夫，二年卒。
	右將軍王章為光祿勳，數月薨。
太僕。師古曰：「姓史，名柱國，字衛公也。」	右扶風甄尊為太僕。
	護西(城)〔域〕騎都尉韓立子淵為執金吾，五年坐選舉不實免。
	左曹水衡都尉河內苟參威神。

	21	20
	四	鴻嘉元年
		三月庚戌，丞相
馬車騎將軍。		
		正月癸巳，少府薛宣為
		光祿勳辛慶忌
		平臺侯史中為太常，六
	雲中太守辛慶忌為光祿勳，四年遷。	
		陽平侯王襄為衛尉，五
	京兆尹逢信為太僕，六年遷。	
		大鴻臚慎。
		千乘令劉慶忌
	左馮翊薛宣為少府，二月遷。	東都太守琅邪王賞中
	水衡都尉禹。太原太守淳于信中君為右扶風。師古曰：「中讀曰仲。」	
	少府王駿為京兆尹，一年遷。	太原太守河內鄧義子

	19
	二
禹賜金，安車駟馬免。四月庚辰，御史大夫薛宣為丞相。	
御史大夫。四月庚辰，京兆尹王駿為御史大夫，五年卒。	
為右將軍。	
月病免。建平侯杜業君都為太常，七年免。	
年徙。	
	左馮翊趙增壽為廷尉，五年貶
為宗正，六月坐平都公主殺子貶為遼東太守。	
子為少府，四年免。師古曰：「中讀曰仲。」	
華為京兆尹，一年為鉅鹿太守。廬江太守趙增壽稚公為左馮翊，一年遷。	隴西太守劉威子然為京兆尹，

	18
	三
	右將軍慶忌為光祿勳,四年遷。光祿
為常山都尉。	
	張掖太守牛商子夏為右扶風,四年免。
一年卒。泗水相茂陵滿子橋為左馮翊,四年貶為漢中都尉。	丞相司直翟方進為京兆尹,三年遷。

	17	16	15
	四	永始元年	二
			十月己丑,
			正月乙巳,
			三月丁酉,京兆
勳并將軍。			諸吏散騎
			太僕逢信為衞
			衞尉王襃為太
			長信少府平當
	中少府韓勳為執金吾,四年遷。師古曰:「中少府,皇后官。」	南陽太守陳咸為少府,二年免。	御史大夫翟方
		水衡都尉淳于長,三年免。	
			信都太守長安

丞相宣免。十一月壬子,執金吾翟方進為丞相。
大司馬音薨。二月丁酉,特進成都侯王商為大司馬衞將軍。
尹翟方進為御史大夫,八月貶為執金吾。十一月壬子,諸吏散騎光祿勳孔光為御史大夫,七年貶為廷尉。
光祿大夫孔光為光祿勳,九月遷。執金吾韓勳為光祿勳,六月遷。
尉,二年免。
僕,三年病免。
為大鴻臚,三年遷。
進為執金吾,一月遷。
宗正子泄為京兆尹,二年貶為河南太守。琅邪太守朱博為左馮翊,一年遷。

14
三
右將軍辛慶忌為左將軍,三年卒。光祿勳韓勳為右將軍,一年卒。
少府師丹為光祿勳,二年遷侍中光祿大夫。
琅邪太守陳慶君卿為廷尉,一年為長信少府。
朔方太守劉它人為宗正。左馮翊朱博為大司農,一年為犍為太守。
光祿大夫師丹為少府,五月遷。詹事許商為少府,二年為侍中光祿大夫。金城太守廉襃子上為執金吾,一年遷。
東平太傅彭宣為右扶風,一年遷。
河內太守杜陵(寵)〔龐〕真稺孫為左馮翊,三年遷。

13

四

十一月庚申，大司馬商賜金，安車駟馬免。

執金吾廉襃爲右將軍，五年免。

酇侯蕭尊爲太常，六年薨。

侍中水衡都尉淳于長爲衛尉，三年免。

右扶風彭宣爲廷尉，三年以王國人爲太原太守。

會稽太守沛劉交游君爲宗正，十年。汝南太守嚴訢子慶爲大司農，三年卒。

護羌校尉尹岑子河爲執金吾，一年遷。

光祿大夫潁川師臨子威爲水衡都尉，八月遷。水衡都尉臨爲右扶風，三年爲沛郡都尉。

司隸校尉何武爲京兆尹，一年貶爲楚內史。

12

元延元年

正月壬戌，成都侯商復爲大司馬衛將軍，十二月乙未遷。爲大司馬大將軍，辛

執金吾尹岑爲右將軍，二年薨。

大鴻臚平當爲光祿勳，七月坐前議昌陵貶爲鉅鹿太守。曲陽侯王根爲光祿

護軍都尉甄舜子節爲太僕。東萊太守平陵范隆偉公爲太僕，二年免。

左馮翊龐眞爲少府，四年遷。廣漢太守趙護子夏爲執金吾。

侍中光祿大夫趙彪大伯爲侍中水衡都尉，三年卒。

廣陵太守王建爲京兆尹。河南太守徐讓子張爲左馮翊，四年免。

11

亥薨。庚申，光祿勳王根爲大司馬票騎將軍。

勳，一月遷。

二

樂昌侯王安惠公爲光祿勳，數

光祿大夫朱博爲廷尉，一年遷。

太山太守蕭育守大鴻臚，數月徙。

廣陵太守孫寶爲京兆尹，一年免。

10

月病免。

三

廷尉朱博爲後將軍，二年免。

尚書僕射趙(亡)〔玄〕少平爲光祿勳，二年爲太子太傅。

護軍都尉任宏偉公爲太僕，二年徙。

沛郡太守何武爲廷尉，二年遷。

九江太守王嘉爲大鴻臚，三年遷。

大司農堯。

水衡都尉南陽王超驕軍，三年坐淳于長自殺。守鴻臚太山太守蕭育爲右扶風，三年免。

9 四	8 綏和元年
	四月丁丑,大司馬票騎將軍根更爲大司
	三月戊午,廷尉何武爲御史大夫,四月乙卯爲大司空,一年免。
	廷尉孔光爲左將軍,一年遷。執金吾王咸
	侍中光祿大夫師丹爲諸吏散騎光祿勳,
	成(湯)(陽)侯趙訢君偉爲衞尉,六月。侍中光祿大夫司農趙
	駙馬都尉王舜爲太僕,二年病免。
	御史大夫孔光爲廷尉,九月遷。少府龐眞爲廷尉,二年爲長信
北地太守谷永爲大司農,一年免。	侍中光祿大夫許商爲大司農,數月遷。太
	詹事(中)(平)陵賈延初卿爲少府,三年。太僕宏爲執金吾,十一
	京兆都尉甄豐長伯爲水衡都尉,二年爲泗(州)(水)相。
	長信少府薛宣爲京兆尹,一年貶爲淮陽相。丞相司直琅邪逯

馬,七月甲寅賜金,安車駟馬免。十一月丙寅,侍中騎都尉光祿大夫王莽爲大司馬。
爲右將軍,一年遷。
十一月爲太子太傅。大司農許商爲光祿勳,四月遷。
玄爲衞尉,一月爲中少府。
少府。
原太守彭宣爲大司農,一年遷。
月貶爲代郡太守。光祿大夫王臧幼公爲執金吾,三月遷,南陽謝堯長平一年遷。
義子贛爲左馮翊,坐選舉免。

7 二
二月壬子,丞相方進薨。三月丙戌,左將軍孔光爲丞相。
十一月丁卯,大司馬莽賜金,安車駟馬免。庚午,左將軍師丹爲大司馬,四月徙。
十月癸酉,大司馬丹爲大司空,一年免。
右將軍王咸爲左將軍,十月免。衞尉傅喜爲右將軍,十一月賜金,罷。太子太傅師丹
安丘侯劉常爲太常,四年病,賜金百斤,安車駟馬免就國。
大司農彭宣爲光祿勳,六月遷。衞尉王能爲侍中光祿勳,二年貶爲弘農,坐呂寬自
太子中庶子傅喜稺游爲衞尉,二月遷。侍中光祿大夫王龔子卿爲衞尉,二月遷。城門校尉丁望爲衞尉,三年遷。
執金吾謝堯爲大鴻臚,三年徙。
大司農河東梁相子夏,一年遷。
光祿大夫鉅鹿閻宗君闌爲執金吾,六年卒。執金吾河內孫雲子叔,三年遷。
故太僕范隆爲右扶風,八月爲冀州牧。太山馬嘉夾君爲右扶風,一年免。
光祿大夫朱博爲京兆尹,數月遷。光祿大夫酈漢游君爲京兆尹,數月病,爲中大夫。大鴻臚王嘉爲京兆尹,二年遷。

	6 孝哀建平元年
	四月丁酉,侍中光祿大夫
	十月壬午,京兆尹朱博爲大司空。
爲左將軍,五月遷。光祿勳彭宣爲右將軍,二年遷。	右將軍彭宣爲左將軍,一
殺。	
	大司農梁相爲廷尉,二年貶爲東海都
	大司農左咸,一年徙。
	司隸校尉東海方賞君賓爲左馮翊,二

5

傅喜爲大司馬。
年坐與淮陽王婚免。
尉。
年遷。

二

四月乙未，丞相光免。御史大夫朱博爲丞相，八月甲戌有
二月丁丑，大司馬喜免。陽安侯丁明爲大司馬衞將軍。
四月戊午，大司空博爲御史大夫，乙亥遷。中尉趙玄爲御史大夫，五月下獄論。九月乙
光祿勳丁望爲左將軍卒。執金吾公孫祿爲右將軍，一年

衞尉望爲光祿勳，一月遷。光祿大夫平當爲光祿勳，四月
少府賈延爲衞尉，十一月還故官。執金吾孫雲爲衞尉，四年遷。
城門校尉丁憲子尉爲太僕，四年遷。

大鴻臚雲陽畢申世叔，五年徙。

衞尉賈延爲少府，一年遷。五官中郎將潁川公孫祿中子爲執金吾。師古曰：「中讀曰仲。」
侍中水衡都尉讓。大鴻臚謝堯爲扶風，一年遷。

辠自殺。十二月甲寅，御史大夫平當爲丞相。

酉，諸吏散騎光祿勳平當爲御史大夫，二月遷。十月丙寅，京兆尹王嘉爲御史大夫，一年遷。
遷。

遷。

4

三

三月己酉，丞相

四月丁酉，河南太守王
右將軍公孫祿

少府賈延爲光

左馮翊方賞爲廷尉，四

御史大夫王崇
尚書令涿郡趙昌君仲
光祿大夫東海魏章子
潁川太守毋將隆爲京

當薨。四月丁酉，御史大夫王嘉爲丞相。

崇爲御史大夫，九月貶。
爲左將軍，二年免。執金吾(嶠)[蟜]望爲右將軍，一年遷。

祿勳，三年遷。

年徙。

爲大司農，二年遷。
爲少府，一年爲河內太守。將作大匠東海蟜望王君爲執金吾，三月遷。光祿大夫蕭育爲執金吾，一年免。
讓爲右扶風，一年免。
兆尹，一年遷。大司農左咸爲左馮翊，三年爲復土將軍。

3

四

三月丁卯，諸吏散騎光祿勳賈延爲御史大夫，一年遷。
諸吏散騎光祿大夫王安爲右將軍，一年遷，
建平侯杜業爲太常，三年貶爲上黨都尉。

陳留太守渤海劉不惡子麗爲宗正，更名容。
光祿大夫董恭孟君爲少府，一年遷。京兆尹毋將隆爲執金吾，一年貶爲沛郡都尉。
光祿大夫龔勝爲右扶風，一年歸故官。
光祿大夫茂陵申屠博夾孫爲京兆尹，一年遷。

3

元壽元年

三月丙午，丞相嘉下
正月辛丑，大司馬衞
五月乙卯，諸吏光祿大夫孔光
御史大夫何武爲前

詹事馬宮爲光祿勳，
少府董恭爲衞尉，二月爲光祿

衞尉孫雲爲少府，一月。陳留太
光祿大夫沛弘譚巨君爲右扶
京兆尹南陽翟萌幼中。師古曰：

獄死。七月丙午，御史大夫孔光爲丞相。

將軍明更爲大司馬票騎大將軍。特進孔鄉侯傅晏爲大司馬衞將軍，辛亥賜

爲御史大夫，二月遷。七月丙午，汜鄉侯何武爲御史大夫，二月免。

將軍，二年免。

二年遷。

大夫。右扶風弘譚爲衞尉，一年遷。

守茂陵耿豐爲少府，二年爲復土將軍。京兆尹申屠博爲執金吾，一年免。

風，冬遷。

「中讀曰仲。」

金，安車駟馬免。

〔二〕

九月己卯，大司馬明免。十一月壬午，諸吏光祿大夫韋賞爲大

八月辛卯，光祿大夫彭宣爲御史大夫。

光祿大夫南夏常仲齊爲右扶風。

司馬車騎將軍，己丑卒。十二月庚子，侍中駙馬都尉董賢爲大司馬衞將軍。

公元前1

〔三〕〔二〕

五月甲子，丞相光爲大司徒，九月辛酉爲太傅。右將軍馬宮爲大司徒。

五月甲子，大司馬衞將軍賢更爲大司馬，六月乙未免。庚申，新都侯王莽爲大

五月甲子，御史大夫宣爲大司空，三月病免。八月戊午，右將軍王崇爲大司空。

安陽侯王舜爲車騎將軍，八月遷。衞尉王崇爲右將軍，二月。光祿勳馬宮爲右

博陽侯丙昌長孺爲太常，二年貶爲東(都)〔郡〕太守。

左曹中郎將甄豐爲光祿勳，一年遷。

大司農王崇爲衞尉，二月遷。建成侯黃輔子元爲衞尉。

長樂衞尉王惲子敬爲太僕，五年遷。

故廷尉梁相復爲大理，二年坐除吏不次免。

復土將軍左咸爲大鴻臚。

衞尉弘譚爲大司農。

光祿大夫韓容子伯爲執金吾，一月免。護軍都尉孫建子夏爲執金吾，三月遷。

大鴻臚畢由爲右扶風，六月貶爲定襄太守。

京兆尹清河孫意子承。廷尉方賞爲左馮翊，一年遷。

將軍，三月遷。光祿勳甄豐爲右將軍，六月遷。執金吾孫建爲右將軍，二年遷。

司馬。

公元1

孝平元始元年

二月丙辰，太傅孔光爲太師，大司馬王莽爲太傅，大司馬車騎將軍王舜爲太保車騎將軍。

二月丙辰，大司馬莽遷。

侍中奉車都尉甄邯子心爲光祿勳，三年遷。

中郎將蕭咸爲大司農，一年卒。

少府宗伯鳳君房。中郎將任岑爲執金吾，一年卒。

右輔都尉趙恢君向爲右扶風，一年免。

大司徒司直金欽爲京兆尹，一月爲侍中。光祿大夫左馮翊張嘉。

2

二

二月癸酉，大司空王崇(爲)病免。四月丁酉，少(府)〔傅〕左將軍甄豐爲大司空。

右將軍孫建爲左將軍光祿勳。甄邯爲右將軍光祿勳。

安昌侯張宏子夏爲太常，二年貶爲越騎校尉。

大鴻臚橋仁。

光祿大夫孫寶爲大司農，數月免。

左輔都尉尹賞爲執金吾，一年卒。

中郎將辛成子淵爲水衡都尉。大司馬司直沛武襄君孟爲右扶風，三年爲冀州牧。

3

三

城門校尉劉岑子張爲太常，二年徙爲宗伯。

尚書令潁川鍾元寧君爲大理。

執金吾長安王駿君公，三年遷。

左馮翊匡咸子期。

4

四

宗正容更爲宗伯，一年免。

將作大匠謝堯爲右扶風，年七十病免，賜爵關內侯。

京兆尹鍾義。左馮翊沛孫信子儒。

5

五

四月乙未，

執金吾王

太僕惲爲

大鴻臚左咸。

太常劉岑

尚書令南陽鄧

宰衡護軍武襄

太師光甍。大司徒宮爲大司馬，八月壬午免。十二月丙午，長樂少府平晏爲大司徒。
晙爲步兵將軍。
光祿勳。
爲宗伯。大司農尹咸。
馮君侯爲右扶風。
爲京兆尹，數月遷。中郎將南陽郝黨子巖爲左馮翊。

校勘記

七五一頁一欄　三格「十年」據景祐、殿本補。

七五三頁三欄　四格原在三格，據景祐、殿、局本移下。王先謙說「窋」譌「窟」。按局本作「窋」。

七五四頁三欄　四格原在五格，據景祐、殿、局本移上。

七五九頁三欄　二格「倉」，殿本作「蒼」。王先謙說作「蒼」是。

七六二頁一欄　六格「奉常」據景祐、殿本補。王先謙說蓋盎免而殷代也。

七六四頁一欄　十三格，王先謙說中尉都三年方免，此處不應有「中尉」二字。

七六五頁三欄　二格，王先謙說「死」爲「免」字之譌。按殿本作「免」。四格，王先謙說「死」亦「免」之誤。

七六六頁四欄　二格，王先謙說「後」字蓋衍。

七六九頁一欄　九格，王先謙說「年」下脫「遷」字。按各本都脫。

七七二頁一欄　八格，王先謙說「都」當爲「衞」。按景祐、殿本都作「衞」。

七七五頁二欄　十四格，王先謙說「陽」當爲「楊」。按景祐、殿本都作「楊」。

七七九頁二欄　十二格，王先謙說「爲」字衍。按景祐、殿本無。

七八二頁三欄　十三格，王先謙說「中尉」衍文。

七八六頁二欄　十五格原在十四格，據景祐、殿本移下。

七九四頁二欄　十格，王先謙說「道」是「首」之誤字。

七九五頁二欄　六格「夜郎」，景祐、殿本都作「郎夜」。王先謙說「郎」在「夜」上是。

七九七頁一欄　二格，殿本考證說「相」上脫「丞」字。按景祐本有。

七九八頁一欄　十格，殿本「加」作「邢」。

八〇〇頁二欄　十五格，王先謙說「田」是「尹」之誤。按景祐、局本都作「尹」。

八〇二頁二欄　十四格，沈欽韓說「爲」字衍。

八〇三頁一欄　三格，錢大昭說「農」當爲「馬」。按景祐、殿、局本都作「馬」。

八〇九頁二欄　四格據景祐、殿本補。錢大昭說閩本有。六格原在五格，八格原在七格，據景祐、殿本移下。

八一二頁三欄　二格「二」，景祐、殿本都作「三」。王先謙說作「三」是。

八一三頁三欄　十五格據景祐、殿本補。錢大昭說閩本有。

八一三頁二欄　十四格，殿本有「馮奉世」三字，考證說從宋本補。按景祐本無此三字。

八一七頁一欄　十二格原在十一格，據景祐、殿、局本移下。

八二〇頁四欄　四格，錢大昭說「光祿」下脫「勳」字。按各本都脫。

八二二頁二欄　四格「𥼶」，王先謙說殿本作「繁」是。

八二三頁一欄　十四格「謂」，景祐、殿、局本都作「爲」。

八二三頁三欄　四格，沈欽韓說史表作「三月」，「七月」是傳寫之誤。按景祐本正作「三月」。

八二五頁三欄　十五格，「𢑴」字據景祐、殿本補。

八三〇頁二欄　十三格，景祐、殿本都作「域」，「域」字誤。

八三六頁一欄　十五格「寵」，景祐、殿本都作「龐」。王先謙說作「龐」是。

八四〇頁二欄　七格「亡」，景祐、殿本都作「玄」。

八四一頁二欄　八格「湯」，景祐、殿、局本都作「陽」。王先謙說作「陽」是。十三格「中陵」，景祐、殿本都作「平陵」。王先謙說作「平陵」是。十四格「州」，景祐、殿本都作「水」。王先謙說作「水」是。

八四七頁一欄　五格「嶠」，景祐、殿本都作「蟜」。

八五〇頁二欄　一格，景祐、殿本無「二」字。

八五二頁一欄　一格「三」，景祐、殿本都作「二」。周壽昌說孝哀崩於元壽二年，無三年。

八五三頁一欄　六格「都」，景祐、殿本都作「郡」。王先謙說作「郡」是。

八五五頁二欄　四格，王先謙說「病」上「爲」字衍，「府」當作「傅」。

漢書卷二十

古今人表第八

師古曰：「但次古人而不表今人者，其書未畢故也。」

自書契之作，先民可得而聞者，經傳所稱，唐虞以上，帝王有號謚，輔佐不可得而稱矣，〔一〕而諸子頗言之，雖不考虖孔氏，然猶著在篇籍，歸乎顯善昭惡，勸戒後人，故博采焉。孔子曰：「若聖與仁，則吾豈敢？」〔二〕又曰：「何事於仁，必也聖乎！」〔三〕「未知，焉得仁？」〔四〕「生而知之者，上也；學而知之者，次也；困而學之，又其次也；困而不學，民斯為下矣。」〔五〕又曰：「中人以上，可以語上也。」〔六〕「唯上智與下愚不移。」〔七〕傳曰：譬如堯舜，禹、稷、禼與之為善則行，〔八〕鮌、讙兜欲與為惡則誅。〔九〕可與為善，不可與為惡，是謂上智。桀紂，龍逢、比干欲與之為善則誅，〔一〇〕于莘、崇侯與之為惡則行。〔一一〕可與為惡，不可與為善，是謂下愚。齊桓公，管仲相之則霸，豎貂輔之則亂。〔一二〕可與為善，可與為惡，是謂中人。因茲以列九等之序，究極經傳，繼世相次，總備古今之略要云。〔一三〕

〔一〕文穎曰：「言遠，經傳不復稱序也。」師古曰：「契謂刻木以記事。自唐虞以上帝王有號見於經典，其臣佐不可得而稱記也。」

〔二〕師古曰：「此孔子自謙，不敢當聖與仁也。」

〔三〕師古曰：「言能博施於人而濟衆者，非止稱仁，乃為聖人也。」

〔四〕師古曰：「言智者雖能利物，猶不及仁者所濟遠也。」

〔五〕師古曰：「困謂有所不通也。」

〔六〕師古曰：「言中庸之人漸於訓誨，可以知上智之所知也。」

〔七〕師古曰：「言上智不染於惡，下愚雖教無成。自此已上皆見論語。凡引此者，蓋班氏自述所表先聖後仁及智愚之次，皆依於孔子者也。」

〔八〕師古曰：「傳謂解說經義者也。」

〔九〕師古曰：「鮌，禱抗也。讙兜，渾敦也。」

〔一〇〕師古曰：「關龍逢，桀之臣也；王子比干，紂之臣也：皆直諫而死也。」

〔一一〕師古曰：「于莘，桀之勇人也。崇侯，紂之佞臣也。」

〔一二〕師古曰：「豎貂，即寺人貂也。」

〔一三〕張晏曰：「老子玄默，仲尼所師，雖不在聖，要為大賢，文伯之母達於禮典，動為聖人所歎，言為後世所則，而在第四。田單以即墨孤城復强齊之大，魯連之博通，忽於榮利，藺子申威秦王，退讓廉頗，乃在第五。大姬巫怪，好祭鬼神，陳人化之，國多淫祀，寺人孟子違於大雅，以保其身，既被宮刑，怨刺而作，乃在第三。嫪毐上烝，昏亂禮度，惡不忍聞，乃在第七。其餘差違紛錯不少，略舉揚較，以起失謬。獨馳騖於數千歲之中，旁觀諸子，事業未究，而尋遇竇氏之難，使之然乎？」師古曰：「六家之論，輕重不同；百行所存，趣捨難壹。張氏輒申所見，掎摭班史，然其所論，又自差錯。且年代久遠，墳典隟亡，學者舛駮，師論分異，是以表載古人名氏，或與諸書不同。今則特有發明，用暢厥旨。自女媧以下，帝鴻以前，諸子傳記，互有舛駮，敍說不同，無所取正，大要知其古帝之號而已。諸人士見於史傳，彰灼可知者，無待解釋，其間幽昧者，時復及焉。」

上上 聖人	上中 仁人	上下 智人	中上	中中	中下	下上	下中	下下 愚人
太昊帝宓羲氏 張晏曰：「太昊，有天下號也。作罔罟田漁以備犧牲，故曰宓羲氏。」師古曰：「宓音伏，字本作虙，其音同。」	女媧氏 師古曰：「媧音古蛙反，又音瓜。」 共工氏 師古曰：「共讀曰龔。下皆類此。」 容成氏 大廷氏 師古曰：「廷讀曰庭。」 柏皇氏 中央氏 栗陸氏							

驩連氏
赫胥氏
尊盧氏
沌渾氏 師古曰：「沌音大本反，渾音胡本反。」
昊英氏
有巢氏
朱襄氏
葛天氏
陰康氏

炎帝神農氏 張晏曰：「以火德王，故號曰炎帝。作耒耜，故曰神農。」

亡懷氏 師古曰：「亡讀曰無。下皆類此。」
東扈氏
帝鴻氏
悉諸 炎帝師。
少典 炎帝妃，生黃帝。
列山氏
歸臧氏

黃帝軒轅氏 張晏曰：「以土德王，故號曰黃帝。作軒冕之服，故謂之軒轅。」

方雷氏 黃帝妃，生玄囂，是爲青陽。
絫祖 黃帝妃，生昌意。 師古曰：「絫音力追反。」
彤魚氏 黃帝妃，生夷鼓。
⿰巾每母 黃帝妃，生倉林。

倉頡 黃帝史。

蚩尤

師古曰：「⿰巾每音暮，字從巾。即嫫母也。」
封鉅 黃帝師。
大塡 黃帝師。
大山稽 黃帝師。
力牧
風后
鬼臾區 師古曰：「即鬼容區也。臾、容聲相近。」

少昊帝
金天氏
張晏曰：「以金德王，故號曰金天。」

封胡
孔甲
岐伯
泠淪氏
服虔曰：「淪音鯀，始造十二律者。」師古曰：「音零綸。」
五鳥
五鳩
昌僕
昌意妃，生顓頊。

顓頊帝
高陽氏

女祿
顓頊妃，生老童。
嬌極
老童妃，生重黎。
吳回
后土
蓐收
玄冥
熙
柱
帥味
允格

〔九黎〕

臺駘
師古曰：「駘音胎。」
窮蟬
顓頊子，生敬康。
大款
顓頊師。
柏夷亮父
顓頊師。
師古曰：「父讀曰甫。下皆同。」
綠圖
顓頊師。

帝嚳高辛氏
張晏曰：「少昊以前天下之號象其德，顓頊以來天下之號因其名。高陽、高辛，皆所興地名也。顓頊與嚳，皆以字爲號，上古質故也。」

僑極
玄囂子，生帝嚳。
姜原
帝嚳妃，生棄。
簡逷
帝嚳妃，生卨。
師古曰：「逷音吐歷反，卽簡狄也。」

陳豐
帝嚳妃，生堯。師古曰：「即陳鋒是也。」
娵訾
帝嚳妃，生摯。
祝融
陸終
祝融子。
女潰
陸終妃，生六子：一曰昆吾，二曰

參胡，三曰
彭祖，四曰
會乙，五曰
曹姓，六曰
季連。
廖叔安
師古曰：「〔左氏傳作（戳）〔飂〕，同音力周反，又力授反。」
舟人
赤松子
帝嚳師。
柏招
帝嚳師。
句望

敬康子，生蟜牛。師古曰：「句音鉤。蟜音矯。」
帝摯
〔帝堯〕陶唐氏
張晏曰：「翼善傳聖曰堯。」
女皇
堯妃，散宜氏女。
羲仲
羲叔
和仲
和叔
倉舒
隤敳
朱
堯子。
共工
閼伯
讙兜
實沈
三苗
女志
鮌

師古曰：「隤音頹。敳音五來反。」
檮戭
師古曰：「音疇演。」
大臨
尨降
師古曰：「降音下江反。」
䆁繇
仲容
叔達
柏奮
仲堪
鮌妃，有㜪氏女，生禹。師古曰：「㜪音所巾反。」

叔獻 季仲 柏虎 仲熊 叔豹 季熊 師古曰：「卽左氏傳所謂季貍者也。」 尹壽 堯師。 被衣 師古曰：「被音披。」 方回

帝舜有虞氏 張晏曰：「仁聖盛明曰舜，舜之

王兒 師古曰：「兒音五奚反。」 齧缺 許繇 師古曰：「卽許由也。」 巢父 子州支父 娥皇 舜妃。 女罃

敤手 舜妹。 師古曰：「敤音

鼓叟 (嬌)〔蟜〕牛子，生舜。 象

言充也。」

舜妃。 師古曰：「卽女英也。罃音於耕反。」 姞人 棄妃。 師古曰：「姞音其乙反。」 禼 垂 朱斨 柏譽 師古曰：「譽音弋於反。」

口果反。流俗書本作擊字者誤。」 董父 石戶之農 北人亡擇 雒陶 續身 柏陽 東不訾 秦不虛 師古曰：「雒陶

舜弟。 商均 舜子。

帝禹夏后氏

柏益 龍 夔 女趫 禹妃，塗山氏女，生啓。 師古曰：「趫音丘遙反。」 啓 禹子。

已下皆舜之(支)〔友〕也。身或作耳。虛或作(字)〔字〕。並見尸子。」 昭明 禼子。 奚仲 相土 昭明子。 六卿 不窋

昌若 相土子。

太康

有扈氏 師古曰：「卽與啓戰于甘者也。」

中華書局

棄子。師古曰：「窋音竹出反。」 少康 相子。 二姚 少康妃。 芬 師古曰：「音紛。」 芒 槐子。 泄
胤 靡 女艾 冥 根圉子。 垓 冥子。師古曰：「音該。」 微 垓子。 鞠 不窋子。
根圉 昌若子。 有扔君 師古曰：「扔音仍。」 武羅 柏因 熊髡 尨圉 師古曰：「武羅以下四人皆羿之賢臣也。尨音茫。」 虞后氏 杼 少康子。師古曰：「杼音大呂反。」 槐 〔杼子〕。 報丁 微子。
中康 太康弟。師古曰：「中讀曰（中）〔仲〕。下皆類此。」 相 中康子。 后緡 相妃，生少康。
后䕫玄妻 斟灌氏 斟尋氏 師古曰：「二國，夏同姓諸侯，爲羿所滅。」
啓子，昆弟五人，號五觀。 羲和 師古曰：「即廢時亂日，胤往征之者也。」 逢門子 殪 師古曰：「殪音許冀反。」 柏封叔
羿 師古曰：「有窮君也。」 韓浞 師古曰：「羿之相也。浞音七角反。」 奡 師古曰：「音五到反。楚辭所謂澆者也。」

帝湯殷商氏 師古曰：「禹、湯皆字。三王去唐虞之文，從高古之質，故夏殷之王皆以名爲號也。」
公劉 鞠子。 有㜪氏 湯中妃，生大丁。 師古曰：「㜪與莘同。」 大丁 伊尹
不降 劉絫 師古曰：「古累字。」 關龍逢 仲虺 師古曰：「湯左相也。」 老彭 義伯 中伯 師古曰：「義、仲，湯之二臣。」
扃 不降弟。師古曰：「扃音工熒反。」 廑 師古曰：「音勤，又音覲。」 虞公遂 逢公柏陵 費昌 師古曰：「費音扶味反。」 終古 夏太史令。
報乙 報丙 主壬 主癸 慶節 公劉子。
皇僕 慶節子。
孔甲 不降子。 臯 師古曰：「墓在殽者也。」 發 韋 師古曰：「豕韋國，彭姓。」 鼓 師古曰：「即顧國，已姓。」 昆吾 師古曰：「妘姓國也。三者皆湯所誅也。」
癸 發子，是爲桀。 末嬉 桀妃。 于莘 推侈 葛伯 師古曰：「湯所征。」 尹諧 師古曰：「湯所誅，見孔子家語。」

二十四史

中華書局

咎單師古曰：「湯臣，主土地之官也。單音善。下皆類此。」
太甲大丁子。

卞隨
務光

外丙大丁弟。
中壬外丙弟。
沃丁太甲子。
大庚沃丁弟。
小甲大庚子。
雍己小甲弟。

差弗皇僕子。師古曰：「差音楚宜反。」

大戊雍己弟。
巫咸師古曰：「大戊之臣也。」
祖乙河亶甲弟。

伊陟師古曰：「伊尹子也。」
臣扈師古曰：「亦湯臣。」
外壬中丁弟。
河亶甲外壬弟。
巫賢

孟獻益後。
中衍
中丁大戊弟。
祖辛祖乙子。
沃甲

毀隃差弗子。師古曰：「隃音踰。」
公非毀隃子。
辟方公非子。師古曰：「辟音壁。」

盤庚陽甲弟。

大彭
豕韋
陽甲祖丁子。
小辛盤庚子。

祖辛弟。
祖丁祖辛子。
南庚沃甲子。

高圉辟方子。
夷竢高圉子。師古曰：「竢與俟同。」
亞圉高圉子。
雲都亞圉弟。
公祖

武丁小乙子。
傅說師古曰：「說讀曰悅。武丁相也。」
甘盤師古曰：「武丁師也。」
大王亶父公祖子。
姜女

小乙小辛弟。
祖己
孝己
祖伊

劉姓豕韋
祖庚武丁子。

亞圉子。
甲

大王妃。 太伯 中雍 王季 大任 王季妃，生文王。 微子 紂兄。 箕子
祖庚弟。 馮辛 甲子。 庚丁 馮辛弟。
武乙 庚丁子。 大丁 武乙子。 乙 大丁子。
辛 乙子，是爲紂。

比干 伯夷 叔齊
太師摯 亞飯干 師古曰：「飯音扶晚反。」 三飯繚 師古曰：「繚音來雕反。」
膠鬲 微中 商容 師涓 師古曰：「涓音工玄反。」 梅伯
妲己 紂妃。 師古曰：「妲音丁葛反。」 費中 師古曰：「費音扶味反。」 飛廉 惡來 左強

文王周氏
大姒 文王妃。
四飯缺 鼓方叔 播鞉武 師古曰：「鞉音徒高反。」 少師陽 擊磬襄 師古曰：「自師摯已下八人皆紂時奔走分散而去。鄭玄以爲周平王時人，非也。」 虢中 虢叔 師古曰：「中、叔
邢侯 鬼侯 伯達 伯适 師古曰：「适音江闊反。」 中突 中曶 師古曰：「曶與忽同。」 叔夜
伯邑考 文王子。 楚熊麗 鬻子。 師古曰：「鬻

武王 文王子。
大顛 閎夭 散宜生 南宮适 師古曰：「大顛以下，文王之四友也。」 祭公 師古曰：「祭音側介反。」 師尚父 畢公
二人皆文王弟也。」 粥熊 師古曰：「文王師也。粥音弋六反。」 辛甲 周任 史扁 師古曰：「扁音編。」 向摯 殷（太）史。 邑姜 武王妃。
叔夏 季隨 季騧 師古曰：「伯達以下，周之八士也，騧音瓜。」 成叔武 文王子。 霍叔處 文王子。 檀伯達 師古曰：「武王
與粥同。」 虞侯 芮侯 師古曰：「二國訟田質於文王者。」 吳周章 中雍曾孫。
芮伯 師古曰：「周同姓之國在圻內者，當武王時作旅巢命。」 巢伯 師古曰：「南方遠國，武王克商而來（朝）。」

文王子。太師疪 少師彊 成王誦 武王子。召公

大姬 武王妃。曹叔振鐸 文王子。毛叔鄭 文王子。虞閼父 陳胡公滿 舜後。衞康叔封 文王子。

臣。」蘇忿生 師古曰：「武王司寇蘇公。」滕叔繡 文王子。原公 文王子。郜子 文王子。師古曰：「郜音告。」雍子 文王子。酆侯

杜伯 楚熊狂 麗子。虞中 周章弟。杞東樓公 禹後。邘侯 武王子。韓侯 武王子。齊丁公

季勝 惡來弟。秦女妨 惡來子。楚子繹 狂子。

祿父 紂子。

周公 文王子。

周同姓。史佚

聃季載 文王子。君陳 芮伯 師古曰：「周司徒也。」師伯 師古曰：「周宗伯也。尚書作彤伯。」毛公 師古曰：「周司空也。」師氏 師古曰：「周大夫也。」

文王子。郇侯 文王子。師古曰：「郇音荀。」唐叔虞 武王子。應侯 武王子。右史戎夫 祝雍 邘叔

伋 師尚父子。魯公伯禽 周公子。凡伯 周公子。蔣侯 周公子。邢侯 周公子。茅侯 周公子。胙侯

孟會 季勝子。蔡中胡 叔度子。

管叔鮮 文王子。蔡叔 文王子。

龍臣 師古曰：「周武賁氏也。尚書作武臣。」中桓 南宮髦 師古曰：「二人亦周大夫也。桓、髦皆其名也。自芮伯以下皆見周書顧命。」康王釗 成王子。師古曰：「釗音之遙反，又音工遼反。」

商子

周公子。祭侯 周公子。師古曰：「祭音側介反。」晉侯燮 虞子。秦旁臯 女防子。楚熊艾 繹子。宋微中 啓子。魯孝公 伯禽子。

衞康叔 封子。陳申公 滿子。蔡伯 胡子。楚熊亶

蔡侯宮 伯子。

祭公 辛繇靡 師古曰：「繇讀與由同。」

穆王滿 昭王子。呂侯 師古曰：「穆王司寇也。」

齊乙公 丁公子。晉武公 燮子。秦大几 旁臯子。魯煬公 孝公子。師古曰：「煬音式向反。」齊癸公 乙子。秦大雒 大乙子。楚熊盤

艾子。宋公稽 仲子。衞孝伯 康伯子。陳柏公 申公弟。陳孝公 造父 衡父子。師古曰：「造音千到反。」徐隱王 師古曰：「卽偃

衡父 孟增子。

昭王瑕 康王子。房后 師古曰：「昭王后也。」

君牙 師古曰：「穆王司徒也。」 伯褧 師古曰：「穆王太僕也。褧音居永反。」 祭公謀父 師古曰：「祭音側介反。」 密母

艾子。 衞嗣伯 孝伯子。 衞(建)〔疌〕 嗣伯子。 秦非子 大雒子。

王也。」 鉛陵卓 子 楚熊鍚 盤子。 宋愍公 共公子。 衞靖伯 (建)〔疌〕子。

共王伊 扈 穆王子。 晉成侯 武侯子。 陳慎侯

魯幽公 煬公子。 齊哀公 癸公子。 密康公 懿王堅 穆王子。 詩作。

宋煬公 愍公弟。 齊胡公 哀公弟。

宋弗父何 愍公子。 芮良夫

共伯和 師古曰：「共，國名也。伯，爵也。和，

秦嬴 非子子。 秦侯 嬴子。

楚摯紅 渠子。 衞貞伯 靖伯子。 魯獻公 厲公弟。 燕惠公 邵公九世。 宋釐公 厲公子。 師古曰：「釐讀曰僖。下皆類

孝侯子。 蔡厲侯 宣侯子。 魯厲公 魏公子。 晉厲侯 成侯子。 衞頃侯 貞伯子。 楚熊延 摯弟。 蔡武侯 厲侯子。 衞釐公

師古曰：「政道既衰，怨刺之詩始作也。」 孝王辟方 共王弟。 師古曰：「辟音壁。」 夷王摺 懿王子。 師古曰：「摺音孌。」 齊武公 (厲)〔獻〕 公子。

魯魏公 幽公弟。 楚熊摯 渠子。 宋厲公 愍公子。 齊獻公 胡公弟。

召虎

共伯之名也。共音恭。而遷史以為周召二公行政，號曰共和，無所據也。」 嘉父 譚大夫 寺人孟

史伯 宋父 何子。 秦中 伯〔子〕。 魯武公 慎公弟。 秦嚴公 仲子。 楚熊霜 嚴子。

此。」 曹夷伯 振鐸六世。 魯慎公 獻公子。 齊文公 厲公弟。 晉釐侯 靖侯子。 楚熊絢 嚴弟。 師古曰：「絢音巡。」 衞武公

頃公子。 楚熊勇 延子。 晉靖侯 厲侯子。 邾顏 夏父 蔡夷侯 武侯子。 楚熊學 絢子。 陳釐公 幽〔公〕子。

杞題公 東樓子。 曹幽伯 夷伯子。 陳幽公 慎公子。 齊厲公 武公子。 魯懿公 武公子。 叔術 盱

厲王胡 夷王子。 衞巫 楚熊嚴 勇子。 伯御 魯懿公兄子。 衞共伯

周宣王靖 厲王子。

方叔 南中 中山父 申伯 尹吉父 韓侯 蹶父 師古曰：「蹶音居衞反。」 張中 程伯休父 師古曰：「休音

子 伯陽父 史伯 師服 虢文公

宋世子 士 蔡夷侯 奄父 造父六世孫。 鄭桓公 友

釐公子。 宋惠公 釐公子。 燕釐侯 十世。 宋戴公 惠公子。

晉獻侯 釐侯子。 晉繆侯 獻侯子。 齊成公 文公子。 魯孝公 懿公子。 陳武公 釐公子。 蔡釐侯 夷侯子。 燕頃侯

曹戴伯 幽〔伯〕子。

釐公子。 晉殤公 繆公弟。 幽王宮涅 宣王子。

許𠜱反。」

楚若敖 罢子。

十一世。 齊嚴侯 成侯子。 陳夷公 武公子。 陳平公 夷公弟。

曹惠伯 戴伯子。

褒姒 虢石父 皇父卿士 司徒皮 師古曰：「即十月之交詩所謂『番維司徒』是也。」 太宰家伯

秦襄公 嚴公子。 文子

晉文侯

魯惠公 孝公子。 秦文公

膳夫中術 師古曰：「即所謂中允膳夫也。」 內史掫子 師古曰：「掫音側流反。」 趣馬蹶 師古曰：「趣音(于)〔千〕後反。蹶音居衞反。」 師氏萬 師古曰：「萬讀與楀同，音九禹

〔宋正考父〕

辛有

仇 繆侯子。 趙叔帶 奄父子。 宋武公 戴公子。 衞嚴公 武公子。 陳文公 平公子。 宋宣公 武公子。 楚蚠冒 霄子。

襄公子。 楚霄敖 若敖子。 鄭武公 桓公子。 燕哀侯 十二世。 燕鄭侯 十三世。 蔡共侯 釐公子。 齊釐公 嚴公子。 燕繆侯

晉昭侯 文侯子。 潘父 曹桓公 繆公子。 蔡戴侯 共公子。

反。」 申侯 平王宜臼 曹繆公 惠公子。 曲沃桓叔 晉文侯弟。

宋大金 考父子。 臧釐伯 石碏 師古曰：「碏音千若反。」

師古曰：「蚡音扶粉反。」 宋繆公和 宣公弟。 蔡桓侯封人 宣侯子。 邾儀父 潁考叔 鄭公子

十四世。 陳桓侯鮑 文侯子。 展亡駭 宋司徒皇父 司空牛父

蔡宣侯 戴侯子。 鄭嚴公寤生 武公子。 叔段 晉鄂侯 孝侯子。

晉孝侯 昭侯子。 曲沃嚴伯 桓叔子。 魯隱公 惠公子。 公子翬 師古曰：「翬音暉。」 衞桓公完

宋孔父　大金子。　衞太子伋　公子壽

臧哀伯

楚武王　蚡冒弟。　鄧曼　楚武王夫人。　魯施父

呂　曹嚴公亦姑　桓公子。　師古曰：「即射姑也。」　秦憲公　文公子。　宋嚴公馮

公子穀生　彭班　師古曰：「彭音而。」　桓王林　平王孫，泄父子。　衞宣公晉　桓公子。　虞公

宰咺　師古曰：「咺音許遠反。」　宋殤公　宣公子。　華督　師古曰：「華音下化反。」　蔡哀侯　桓侯弟。　晉哀侯　鄂侯子。　晉小子侯　哀侯子。

嚴公子。　公子州吁　芮伯　魯桓公　惠公子。　夫人文姜　彭生　陳厲公　〔桓公弟。〕

隨季良　魯申繻　楚保申

鬬伯比　熊率且比　師古曰：「率音力出反，且音子余反。」　鄭祭足　楚文王　武王子。　〔駐〕〔騅〕甥　聃甥　師古曰：「聃音乃甘反。」　養甥

繆公子。　燕宣公　十五世。　觀丁父　薳章　師古曰：「薳音于詭反。」　嚴王佗　桓王子。　鄧祁侯　衞惠公朔　宣公子。　公子黔

虞叔　楚瑕丘　隨少師　魯嚴公同　桓公子。

秦出公曼　鄭厲公突　嚴公子。　夫人哀姜

長狄僑如

管仲

鮑叔牙

齊寺人費　師古曰：「即徒人費也。費音祕。」　王青二友　高傒

謝丘章　辛甲　石之紛如　師古曰：「紛音扶云反。」　齊桓公小白　襄公弟。

牟　左公子泄　潘和　秦武公　出公兄。　燕桓侯　十六世。　齊公子糾　魯公孫隱

鄭昭公忽　厲公兄。　高渠彌　鄭子亹　昭公弟。　右公子職　王子克　紀侯　紀季

周公黑肩　連稱　管至父　雍人稟　鮒里乙　宋愍公捷

齊襄公兒　公子亡知

召忽　師古曰：「召讀曰邵。」　隰朋　甯戚　宋仇牧　魯曹劌　師古曰：「劌音居衞反。」

師古曰：「傒音奚。」　王子成父　賓須亡　麥丘人　輪邊　師古曰：「輪扁也。扁音翩。」　平陵老

蕭叔大心　石祁子　原繁

顓孫　師古曰：「顓音上專反。」　曹釐公夷　嚴公子。　宋桓公禦說　愍公弟。　師古曰：「說讀曰悅。」　秦德公　武公弟。

齊伯氏　寺人貂　易牙　常之巫　師古曰：「齊桓時人也，見呂覽。」　衞公子開方　釐王胡齊　嚴王子。

南宮萬　子游　猛獲　南宮牛　鄭子嬰齊　子亹子。　傅瑕　晉愍侯　哀侯弟。　曲沃武公　嚴公子。

楚鬻拳 宰孔

愚公 陳公子完 佗子。 虢史嚚 周內史過

息嬀 虢叔 魯繫孫

秦宣公 德公子。 燕嚴侯 十七世。 鄭文公 棱 厲公子。 彊鉏

陳宣公 杵臼 嚴公弟。 息侯 惠王母 涼 鄭高克 公孫素 陳轅濤塗

王子頹 蔿國 邊柏 楚杜敖 文王子。師古曰：「即堵敖。」 陳太子御寇

魯公子季友 魯公子奚斯 衞弘鬳 師古曰：「鬳音演。」 荀息

楚屈(桓)〔完〕 師古曰：「屈音九勿反。」 卜偃 辛廖 師古曰：「廖音聊。」

召伯廖 齊仲孫湫 師古曰：「湫音子小反。」 許夫人 先丹木 羊舌大夫 史蘇

秦成公 宣公弟。 曹昭公班 釐公子，作詩。 衞戴公 黔牟子。 趙夙 畢萬

楚申侯 魯公子般 魯閔公啓 嚴公子。 史華龍滑

魯公子牙 圉人犖 公子慶父 卜齮 師古曰：「齮音蟻。」 衞懿公 惠公子。 晉獻公 武公子。

晉驪姬

宋公子目夷 宮之奇 百里奚 奄息 中行 師古曰：「行音

梁餘子養 罕夷 申生 狐突 秦繆公 成公弟。 秦繆夫人 公孫枝 繇余 師古曰：「即由

魯釐公 楚逢伯 衞甯嚴子 富辰 晉冀芮 慶鄭 韓簡 鄭叔詹

畢公後。 士蔿 臣猛足 井伯 衞文公 戴公弟。 宋襄公 桓公子。 蔡嚴侯 穆侯子。

奚齊 卓子 師古曰：「卓音敕角反。」 趙孟 夙子，生衰。 師古曰：「衰音楚危反。」 蔡繆公 許釐公 襄王鄭

優施 梁五 東關五 虞公 為晉所滅，太王後。 虢公 為晉所滅，王季後。 鄭子華 曹共公 昭公子。

甯武子

戶郎反。」 鍼虎 師古曰：「鍼音其廉反。」 狐偃

余。」 蹇叔 燭之武 內史叔興 卜徒父 禽息 王廖 師古曰：「廖音聊。」 晉文公 獻公子。

皇武子 釐負羈妻 曹豎侯獳 師古曰：「獳音乃侯反。」 楚子玉 鬬宜申 成大心 欒悼子

燕襄公 十八世。 梁卜招父 師古曰：「招音上遙反。」 衞元咺 師古曰：「咺音許遠反。」 叔武 鍼嚴子

晉惠公 獻公子。 里克 虢(叔)〔射〕 宋襄公 成公子。 齊孝公 桓公子。

惠后 梁伯 晉懷公 惠公子。 衞成公 文公子。

王子帶 楚成王惲 師古曰：「左傳作頵，音於倫反。」 潘崇

趙衰 師古曰：「衰音楚危反。」 衰妻 介子推 推母 郤縠 舟之僑 荀林父

夫人姜氏 魏犫 畢萬子。 顛頡 胥臣 賈佗 師古曰：「佗音徒何反。」 董因 豎頭須 齊國嚴子

晉李離 寺人披 曹文公壽 共公子。 燕桓公 十九世。 秦康公 繆公子。

倉葛 鄭繆公蘭 文公子。 石㚟 師古曰：「㚟音丑略反。」 陳繆公 宣公子。

鄭子臧

曹共公 昭公子。 齊公子無詭 師古曰：「左氏傳作無虧。」 齊昭公 孝公子。

先軫 狼瞫 師古曰：「瞫音審。」 陽處父 甯嬴 臾駢 師古曰：「駢音步千反。」 鄭弦高 叔仲惠伯

周內史叔服 孟明視 西气術 士會 繞朝 石癸 公孫壽 蕩意諸

晉襄公 文公子。 邾文公 宋子哀 邾子貜且 師古曰：「貜音居碧反。且音子余反。」 魯公孫

陳共公 繆公子。 魯文公 周匡王班 齊君舍 昭公子。 單伯

周頃王 王臣 夏父不忌 宋昭公 胥申父 狐射姑 師古曰：「射音夜。」 魯宣公

楚繆王 商臣

宋方叔 嘉子。 樂豫 董狐 令尹子

公冉務人 卜楚丘 晉趙盾 衰子。 鉏麑 宋伯夏 叔子。 （鬬伯比） 楚嚴王

敖 蔡文公 嚴公子。 單襄子 靈輒 祁彌明 師古曰：「祁音上尸反。」 鄭子良 士貞子

魯叔孫得臣 秦共公 康公子。 晉成公黑臀 靈公弟。 秦桓公 共公子。 衞穆公速

周定王榆

邴歜 師古曰：「歜音觸。」 閻職 晉趙穿 鄭靈公

齊懿公商人 晉靈公夷皋 襄公子。 陳靈公 共公子。

文 楚薳賈 申叔時 孫叔敖

穆王子。 王孫滿 箴尹克黃 魏顆 師古曰：「顆音口果反。」 五參 陳應 申公申培

泄冶 孔達 王子伯廖 師古曰：「廖音聊。」 晉解陽 荀尹 箕鄭 公子雍 秦景公

逢大夫 王札子 魯公子歸生 申舟 齊惠公 懿公弟。 陳成公 靈公子。

宋文公鮑 昭公弟。 翟豐舒 召伯 師古曰：「召讀曰邵。」 毛伯 少師慶 士蠆 鄭襄公堅

公子歸生 子公 晉（失）〔先〕縠 楚子越

夏姬 孔寧 儀行父

二十四史

中華書局

師古曰：「塔音陪。」 樂伯 優孟 鄭公子 棄疾 子反 逢丑父 賓媚人

桓公子。 楚鄖公 鍾儀 楚共王 嚴王子。 晉郤克 辟司徒 妻 師古曰：「辟讀曰壁。」

燕宣公 二十世。 曹宣公 盧 文公子。 吳壽夢 中雍後，十五世。 師古曰：「夢音莫風反。」 鄭悼公

靈公子。 衛繆公 成公子。 周簡王 夷 定王子。 魯成公 宣公子。 齊頃公 惠公子。 衛定公

穀陽豎

曹郗時 師古曰：「卽曹欣時也。郗音許其反。」

范文子 士燮。 臧宣叔 韓獻子 厥 程嬰 羊舌

荀罃 鄭賈人 伯宗 伯宗妻 秦醫緩 桑田巫 呂相 郄至

襄公子。 申公巫 臣 王孫閱 燕昭公 二十一世。 趙朔 盾子。 郄犨 郄錡

繆公子。 衛孫良 夫 中叔于 奚 宋共公 瑕 文公子。 晉景公 成公子。 宋平公 成公子。

鄭公子 班 曹成公 負芻 宣公弟。 屠顏賈 師古曰：「卽屠岸賈也。音工下反。」 宋蕩子 晉厲公 景公子。

公孫杵 臼 劉康公 單襄公 苗賁皇 叔嬰齊 宋華元 孟獻子

姚句耳 師古曰：「句音鉤。」 呂錡 養由基 叔山舟 匡句須 師古曰：「句音其于反。」

師古曰：「錡音蟻。」 中行偃 胥童 欒書 羊魚 鮑嚴子 牽 向于 鄭成公 綸 師古曰：「綸音工頑反，左傳作踚，音工頓反。」

叔孫僑 如 公子偃 長魚矯 羊斟

宋魚石

欒正求 牧中 晉悼公 周 鄭唐 楚工尹 襄 祁奚 羊舌職 魏絳

鮑國 晉解狐 祁午 韓亡忌 銅鞮伯 華 魯匠慶 衛柳壯

燕武公 二十二世。 鄭廖 楊干 子服佗 叔梁紇 師古曰：「紇音下結反。」 秦堇父 狄斯彌

靈王泄 心 簡王子。 魯襄公

慶克 國佐 楚公子 申 公子壬 夫 鄭釐公

張老 籍偃 汝齊 宋子罕 (自)〔向〕 戌 范宣子 士匄。 晉邢蒯 齊殖綽

師古曰：「壯讀曰莊。」 吳諸樊 齊晏桓 子 楚子囊 鄭師慧 衞大叔 儀 公子鱄

士鞅 尹公佗 庾公差 公孫丁 無終子 嘉父 姜戎駒 支

齊靈公 環 頃公子。 衞獻公 衎 定公子。 衞殤公 焱 獻公弟。 師古曰：「春秋焱作剽。」

成公子。 子駟 孫蒯 朱庶其 鄭尉止 衞甯喜

程鄭 西鉏吾

范武子 師古曰：「據今春秋說范武子即士會也，而此重見，豈別人乎？未詳其說。」

魯季文 子 欒王鮒

鄭游眅 師古曰：「眅音普板反。」 齊杞梁 殖妻 華州 師古曰：「即華周。」 祝佗父 師古曰：「佗音徒何反。」 申蒯

曹武公 勝 成公子。 鄭簡公 嘉 釐公子。 晉陽(畢)〔畢〕 行人子 員 師古曰：「員音云。」 子朱

楚令尹 子南 觀起 師古曰：「觀音工喚反。」 燕文公 二十三世。 魯國歸 父 鄭公孫 夏 燕懿公

孫文子 林父。 福陽子 妘姓。 師古曰：「即偪陽也。妘音云。」 楚屈建 魯臧堅 宋華臣 晉叔魚

巢牛臣

晉叔向 向母 師古曰：「向讀曰嚮。」 蘧伯玉 吳季札 鄭子產 晏平仲

楚申叔 豫 齊大史 三人 南史氏 陳文子 卞嚴子 臧文仲

陳不占 士鞅 衞右宰 穀臣 厚成子 衞公子 荆 絳老人 史趙 士文伯

楚湫舉 師古曰：「即椒舉。」 薳奄 趙武 朔子。 鬷蔑 師古曰：「鬷音子公反。」 鄭子皮

二十四世。 楚康王 共王子。 晉亥唐 秦醫和

齊崔杼 慶封 慶嗣 吳遏 壽夢子。 晉平公 彪 悼公子。 齊陳桓 子 衞襄公 惡 獻公子。

宋伊戾 吳餘祭 師古曰：「祭音側介反。」 景王貴 靈王子。 魯昭公 稠 師古曰：「稠音直流反。」

齊嚴公 光 靈公子。 楚夾敖 康王子。

仲尼

太子晉 左丘明 顏淵 閔子騫 冉伯牛

宰我 子貢 冉有 季路 子游 子夏

鄭卑湛 師古曰：「卑音脾。湛音諶。」 行人子 羽 馮簡子 子大叔 衞北宮 文子

劉定公

晉船人 固來 師古曰：「即固乘也。」 舟人清 涓 魯謝息 鄭定公 簡公子。

曹平公 武公子。 陳惠公 哀公孫。 鄭孔張

晉昭公 夷 平公子。 燕惠公 二十五世。 陳公子 招 周儋桓 伯 魯南蒯 莒子庚 輿

蔡景侯 蔡靈侯 陳哀公 弱 成公子。 吳餘昧 餘祭弟。 師古曰：「昧音秣。」 宋寺人

一	
二	仲弓
三	曾子　子張　曾晳　子賤　南容師古曰：「南宮縚也，字子容。」　公冶長　公西華
四	魯叔孫豹　狐丘子林　晉趙文子　孟鳌子　孟懿子　南宮敬叔師古曰：「南宮
五	公孫楚　公孫黑　韓宣子　魯叔孫昭子　楚薳罷師古曰：「罷讀曰疲。」　吳厥由師古曰：「即蹶
六	燕悼公二十六世。　薳啓疆　申子亹　左史倚相　申亡宇　申亥亡宇子。　晉籍談
七	周原伯魯
八	晉頃公昭公子。　宋元公平公子。佐　蔡平侯景侯子。　樊頃子　司徒醜　子鼂　賓猛
九	柳魯豎牛　楚靈王圍　晉邢侯　雍子　楚公子比　觀從師古曰：「觀音工喚反。」

一	
二	
三	有若　漆彫啓　澹臺滅明師古曰：「澹音大甘反。」　樊遲　巫馬期　司馬牛　子羔
四	適。」　鄭子　老子　南榮疇師古曰：「即南榮趎也。趎音直俱反。」　公伯寮
五	由。」　衞史鼂　師曠　屠蒯　子服惠伯　晉荀吳　裨竈　里析
六	子鉏商　周史大弢　蜎子師古曰：「蜎音一兗反。」　孝成子　齊虞人
七	齊景公杵臼嚴公弟。
八	師古曰：「即賓孟也。」　蔡悼侯靈侯孫。　梁丘據　曹桓公平公子。　南宮極　頓子
九	周悼王猛景王子。　敬王丐景王子，悼王兄。

一	
二	
三	原憲　顏路　商瞿師古曰：「瞿音劬。」　季次　公良　顏刻
四	公肩子　子石　隰成子　琴牢
五	梓慎　申須　林既　北郭騷　逢於何　司馬穰苴
六	越石父　栢常騫　燕子干　魏獻子絳孫。　司馬彌牟
七	裔款　許男　燕共公二十七世。
八	胡子髡　沈子逞　陳夏齧　魯季平子　宋樂大心　季公鳥
九	楚平王棄疾靈王弟。　費亡極　曹聲公悼公弟。

一	
二	
三	
四	
五	師古曰：「穰音人羊反。苴音子余反。」　楚伍奢　伍尚　魯師己　子家羈
六	司馬篤　魏戊　智徐吾　孟丙　成鱄師古曰：「鱄音上兗反。」　閻沒　汝寬
七	楚太子建　燕平公二十八世。　專諸　秦哀公
八	公叔務人　寺人僚柤師古曰：「柤音側加反。」　臧昭伯　厚昭伯師古曰：「即郈昭伯也。」　吳王闔
九	吳僚餘昧子。師古曰：「僚音聊。」　曹隱公通平公弟。　吳夫槩

楚子西　公子閭　伍子胥　江上丈人　史魚　公叔文子

吳孫武　申包胥　蔡墨　楚史皇　王孫由于　鑪金

楚司馬子期　沈尹戌　衞彪傒師古曰：「傒音奚。」　萇弘　員公辛師古曰：「員讀

景公子。　楚昭王平王子。　鍾建　鄭獻公禹定公子。　宋景公　兜欒

廬　楚郄宛　越王允常　夏少康後。　鬭且師古曰：「且音子余反。」　魯定公

師古曰：「夫音扶。槩音工代反。」　徐子章禹　衞靈公元　襄公子。　南子　蒯聵師古曰：「蒯音五怪反。」

中叔圉　祝佗師古曰：「佗音徒何反。」　王孫賈　公父文伯母　衞公子遈

師古曰：「鑪音盧。」　屠羊說師古曰：「說讀曰悅。」　莫敖大心　蒙穀　陳逢滑　司馬狗師古曰：「斷宣

曰鄖。」　王孫章　楚石奢　劉文公卷師古曰：「卷音其專反。」　季康子

元公子。　宋中幾　齊高張　榮駕鵞師古曰：「鵞音加。」　〔秦惠公

宋昭公　郳嚴公　夷射姑師古曰：「射音夜。」　楚囊瓦　唐成公　蔡昭侯

宋朝　彌子瑕　雍渠　黎且子。師古曰：「且音子余反。」　季桓子

觀射父師古曰：「觀音工喚反。」

公臣也。見魯連子。」　顏讎由　大夫選　陳司城貞子　顏燭雛師古曰：「卽顏涿聚子也。」　郵亡卹

公父文伯　東野畢

哀公孫。〕　鄭聲公勝　獻公子。

悼侯弟。　晉定公頃公子。　陳懷公惠公子。　滕悼公　許幼　莒郊公

曹靖公路　聲公子。　范吉射師古曰：「射音

鳴犢　竇犨　越句踐允常子。師古曰：「句音鉤。」　大夫種

王良　柏樂　陽城胥渠　扁鵲　董安于　田饒

周舍　田果　行人燭過　燕簡公二十九世。　嚴先生

趙簡子武子孫。　韓悼子宣子子。　齊國夏　桑掩胥

郳悼公　頓子　胡子　薛襄子　小郳子

食亦反。」　中行寅師古曰：「行音戶郎反。」　杞隱公悼公子。　杞釐公隱公子。　曹伯陽爲宋所滅。

范蠡
葉公子高

后庸
諸稽到
苦成
臯如
計然

仇汜
榮聲期 師古曰：「即榮啓期也。聲或作啓。」
楚芊尹文 師古曰：「芊音于具反。」
隰斯彌
市南熊宜僚

師古曰：「即殺陶朱公兒者也。」
秦悼公 惠公弟。
燕獻公 三十世。
楚白公勝

魯哀公
齊晏孺子 師古曰：「即安孺子也。」
高昭子
楚惠王章

齊悼公
陽生
鮑牧
田恆 陳乞子。
諸御鞅

公孫彊
田乞 完六世孫。
齊簡公壬
子我

朱張

達巷黨人

儀封人
長沮 師古曰：「沮音

大陸子方
嚴善
魯太師
公明賈
陳亢 師古曰：「音岡，

屈固
檀弓
公儀中子
臯魚
顏亡父

昭王子。
申鳴
孔文子
太叔疾
陳轅頗
蔡成公 昭公子。

衞太叔遺
衞出公輒
渾良夫 師古曰：「渾音下昆反。」
孔悝
石乞
狐黶

子行

少連

子余反。」
桀溺
丈人
何蕢 師古曰：「蕢音匱。」
楚狂接輿

又音抗。」
子服景伯
林放
陳司敗
陳子禽
陽膚

顏隃倫
顏夷
陳棄疾
工尹商陽

齊平公驁 簡公子。
厥黨童子 師古曰：「即闕黨童子也。」
革子(臧)〔成〕 師古曰：「即棘(字)〔子〕成也。」
周元王

師古曰：「即孟縶。」
衞簡公
蒯聵
原壤
叔孫武叔
衞公孫朝
尾生晦 師古曰：「即微

衞侯起
石國
陽虎

孟之反
大連
顏丁
顏柳

師襄子
師己
賓牟賈
公肩瑕 師古曰：「即公肩假也。」

尾生高 師古曰：「即微生高也。」
申棖
師冕 師古曰：「即師冕。」
鄭戴勝之
南郭惠子
姑布子卿

齊禽敖 師古曰：「即黔敖也。」
餓者
陳子亢
陳尊己

赤
敬王子。
晉出公 定公子。
公之魚
宋桓魋

生畝也。畮，古畝字。」
互鄉童子
茀肸 師古曰：「即佛肸也。茀音弼。」
公山不狃 師古曰：「即公

陳愍公 爲楚所滅。

周豐
采桑羽
樂正子春
石讐
子服子

衞覰夷師古曰：「即式夷也，見呂氏春秋。」
史留
豫讓
青荓子師古曰：「荓音步丁反。」
趙襄子簡子子。
知過

宋子韋
公輸般
離朱
陳太宰喜
吳行人儀
鄭鄡魁絫師古曰：「鄭人所俘也。鄡音僞。魁，口賄反。絫音累。」

秦厲共公悼公子。
鄭共公丑哀公弟。
晉定公昭公子。

匡人
貞定王元王子。
晉哀公忌
智伯

山不擾也。音人九反。」
杞愍公釐公子。
杞釐公師古曰：「此不當言釐公，字誤也。」
鄭哀公易聲公子。
蔡聲侯産

吳王夫差
太宰嚭

惠子
公房皮

師古曰：「即知果。」
鮑焦
墨翟
禽屈釐師古曰：「即禽滑釐者是也。屈音其勿反，又音丘勿反。」
我子
田俅子

燕考公
桓三十一世。
魏桓子獻子曾孫。
韓康子貞子子。
高赫
原過
任章

田襄子悼子子。
魯悼公出公子。

齊宣公平公子。
蔡元侯聲侯子。
衞悼公出公叔子。
衞敬公悼公子。

成侯子。
蔡侯齊爲楚所滅。
杞簡公春爲楚所滅。
思王叔襲定王子。
周考哲王嵬思王弟。

段干木
田子方
甯越
太史屠

師古曰：「俅音求。」
隨巢子
胡非子
魏文侯桓子孫。
李克
魏成子

中山武公周桓公子。
韓武子康子子。
公季成
司馬庾
司馬喜

燕成公三十二世。
秦躁公厲公子。師古曰：「躁音千到反。」
趙獻侯襄子兄孫。
趙桓子襄子弟。

西周桓公考王弟。
魯元公悼公子。
周威公桓公子。
東周惠公

秦懷公躁公子。
衞懷公敬公弟。
周威烈王考王子。
鄭幽公共公子。

黍
翟黃
任座師古曰：「座音才戈反。」
李悝師古曰：「悝音口回反。」
趙倉堂
屈侯鮒

躬吾君
牛畜
荀訢
徐越

司馬期
趙公中達
田大公和
秦簡公厲公子。

楚簡王惠王子。
燕愍公三十三世。
樂陽師古曰：「即樂羊也。」
趙烈侯獻侯子。

威公子。
秦靈公懷公孫。
衞慎公敬公子。

宋昭公景公子。
晉幽公懿公子。
楚聲王簡王子。

子思

西門豹　公儀休　泄柳　申詳

魯穆公元公子。　費惠公師古曰：「費音祕。」　顏敢　王慎　長息　公明高

韓景侯虔武侯子。　孫子　南宮邊　列子

燕釐公三十四世。　秦惠公簡公子。　趙武公列侯弟。　韓烈侯景侯子。

晉列侯幽公子。　宋悼公昭公子。　楚悼王聲王子。

元安王驕威烈王子。　鄭繻公駘師古曰：「繻音聊。駘音臺。」

鄭相駟子陽　齊康公

孟子

嚴仲子　聶政　聶政姊　孟勝　徐弱　白圭　鄒忌　孫臏

魏武侯文侯子。　陽成君　大監突　徐子　齊威王田桓侯子。

吳起　韓文侯　趙敬侯烈侯子。　魏惠王武王子。　齊桓侯和侯子。　趙成侯敬侯子。

韓相俠纍　宋休公悼公子。　晉孝公列公子。　秦出公惠公子。　楚肅王悼王子。　韓懿侯

韓哀侯文侯子。

爲田氏所滅。　鄭康公乙爲韓所滅。　晉靖公　任伯

趙良

師古曰：「臏音頻忍反。」　田忌　太史儋　商鞅　申子

章子　大成午　甘龍

燕桓公三十五世。　秦獻公靈公子。　趙肅侯成侯子。　秦孝公獻公子。　韓昭侯

哀侯子。　魯共公繆公子。　龐涓師古曰：「涓音工玄反。」　宋辟公休公子。　衛聲公慎公子。　楚唐蔑

周夷烈王喜元安王子。

爲韓魏所滅。

屈宜咎　鐸椒　敖子華　史皋

杜摯　子桑子　被雍　昭奚恤　(鄭)〔鄖〕江乙　沈尹華　馮赫

懿侯子。　燕文公桓公子，三十六世。　安陵纏師古曰：「纏即纏字也。」　蘇秦　張儀　齊宣王辟彊威王子。

衛成公聲公子。　楚宣王肅王子。　魯康公

周顯聖王扁夷烈王子。師古曰：「扁音篇。」　宋剔成君辟公子。　嚴蹻師古曰：「蹻音居略反。」

閭丘光 閭丘卬 顔歜 師古曰：「歜音
淳于髡 昆辯 師古曰：「齊人也，靖郭君所善，見戰國策。而呂覽作劇貌辯。」 司馬錯 犀首 公中用 史起 蕩疑
靖郭君 於陵中子 秦惠王 孝王子。 魏襄王 惠王子。 韓宣王
魯景公 康公子。 唐倘 楚威王 衞平公 成公子。 衞嗣君
慎靚王

屈原
昭廷
觸。」 王升 尹文子 番君 唐易子 如耳 西周武公 陳軫 占尹
師古曰：「即漂疑也。」 魏哀王 襄王子。 韓襄王 宣王子。 蘇代 蘇厲 宋遺
昭王子。 燕易王 三十七世。 周昭文君 赧王延 慎靚王子。 馬犯 周景 令尹子
平公子。 魯平公 景公子。 燕王噲 三十八世。 子之 楚懷王 威王子。 靳尙
〔顯王子。〕 越王無彊 句踐十世。 爲楚所滅。
夫人鄭袖

漁父 肥義
樗里子 師古曰：「樗音丑於反。」 甘茂
應豎 秦武王 惠王子。 任鄙 公羊子 穀梁子 萬章 告子 薛居州
上官大夫 烏獲 軋子 冣子 師古曰：「冣字也。」 沈子 師古曰：「魯人也。善春秋。」 北宮子 魯子 公扈子
椒 子蘭 孟說 師古曰：「說讀曰悅。」 戚子 根牟子 申子 慎子 嚴周 惠施
魏昭王 哀王子。 魯愍公 平公子。 楚頃襄王 懷王子。 衞懷君 嗣君子。
趙武靈王 肅侯子。 李兌 田不禮 代君章 齊愍王 宣王子。

滕文公 公孫丑
樂正子 高子 仲梁子 孔穿 子思玄孫。 王歜 師古曰：「歜音觸。」 燕昭王 三十九世，噲子。
尸子 捷子 鄒衍 田駢 惠盎 王孫賈 宋玉 嚴辛 范睢 蘇不釋
公孫龍 魏公子牟 狐爰 師古曰：「即狐咺也，齊人。見戰國策。」 唐勒 景瑳 師古曰：「瑳音子何反，即景差也。」
齊襄王 愍王子。 燕惠王 四十世，昭王子。
淖齒 師古曰：「淖音女教反，字或作卓。」 騎劫
宋君偃 爲齊所滅。

魯仲連

樂毅　廉頗　虞卿

郭隗　白起　田單　趙奢　縮高　公孫弘師古曰：「齊人也，孟嘗君所使。見戰國策。」　侯嬴

葉陽君　涇陽君　安陵君　唐睢　孟嘗君　魏公子　朱亥

秦昭襄王武王弟。　穰侯　趙惠文王武靈王弟。　陳筮　雍門周　范座師古曰：「座音才戈反。」　左師觸

韓釐王襄王子。　魏安釐王昭王子。　燕武成王惠王子。　趙孝成王惠文王子。

趙括　韓王安

藺相如　孫卿

朱英　王翦

平原君　毛遂　蒙恬

春申君　秦孝文王昭襄王子。　華陽夫人　秦嚴襄王文王子。　呂不韋

龍　龐煖師古曰：「煖音許元反，又音許遠反。」　楚考烈王頃襄王子。　韓桓惠王釐王子。　衛元君懷君弟。

燕孝王四十二世，武成王子。　李園　魯頃公爲楚所滅。　魏景湣王安釐王子。　趙悼襄王孝成王子。

爲秦所滅。　趙王遷爲秦所滅。　楚幽王考烈王子。　燕栗腹　劇辛

楚王負芻爲秦所滅。　燕王喜爲秦所滅。

孔襄孔鮒弟子。

韓非　燕將渠　樂閒　高漸離

淳于越　李牧　燕太子丹　鞠武師古曰：「鞠音居六反。」　荊軻　樊於期　孔鮒孔穿孫。

秦始皇　李斯　秦武陽　項梁　秦子嬰　項羽　陳勝　吳廣

衛君角爲秦所滅。　董翳　司馬欣

代王嘉爲秦所滅。　秦二世胡亥

魏王假爲秦所滅。　齊王建爲秦所滅。　趙高　閻樂

校勘記

八七〇頁九格　「九黎」二字據景祐、殿本補。

八七四頁二格　景祐本「劉」作「飂」。齊召南說作「劉」刊本之誤。

八七五頁一格　「帝堯」二字據景祐、殿本補。

八七八頁九格　景祐本「嬀」作「蟜」。

八八〇頁三格　景祐、殿、局本「支」都作「友」。局本「宇」作「宋」。

八八一頁六格　王先謙說次「中」字當作「仲」。按景祐、局本都作「仲」。

八八二頁五格　錢大昭說南監本、閩本有「杼子」二字。按景祐、殿本都有。

八九二頁三格　「太」字據景祐、殿本補。

八九二頁六格　景祐、殿本「來」下有「朝」字。王先謙說有「朝」字是。

八九七頁五格　景祐、殿本「建」作「逮」。楊樹達說據錢大昭校閩本亦作「逮」，「建」字以形近而誤。下六格同。

八九八頁三格　宋弗父何本在上上格，錢大昭說南監本、閩本在上下。王先謙說殿本在上下，此誤。按景祐本亦在上下。

八九八頁八格　王先謙說「厲」當作「獻」。按景祐本正作「獻」。

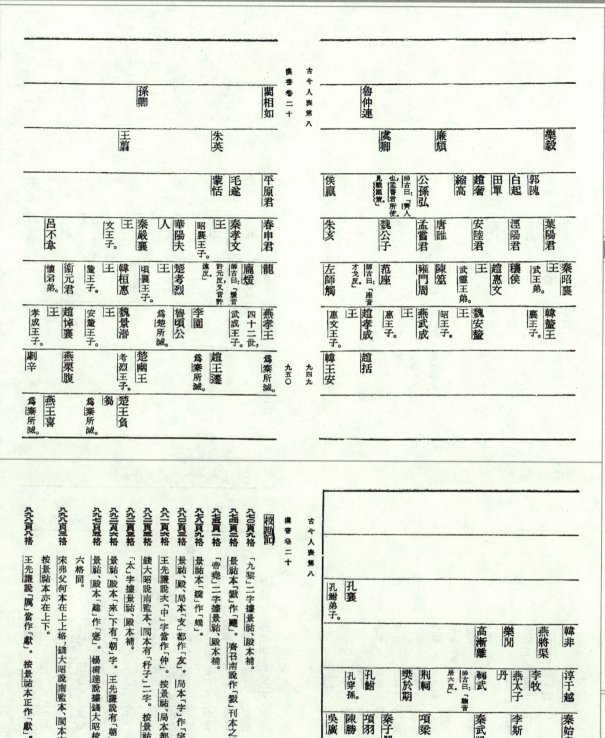

二十四史

八九九頁五格　「子」字據景祐、殿、局本補。

八九九頁七格　王先謙說「幽」下脫「公」字。按局本有。

九〇〇頁八格　王先謙說「幽」下脫「伯」字。按局本有。

九〇二頁九格　景祐、局本「于」作「千」。

九〇三頁三格　「宋正考父」據局本補。殿本作「宋考正父」。景祐本無。

九〇五頁九格　「桓公弟」三字據景祐、殿本補。

九〇六頁五格　錢大昭說南監本、閩本「駐」作「雖」。按景祐、殿、局本都作「雖」。

九一〇頁四格　景祐、殿本都作「完」。王先謙說作「完」是。

九一三頁七格　錢大昭說「叔」當作「射」。按景祐、殿本都作「射」。

九一五頁三格　「嘉子」本作大字，誤，據局本改小。

九一五頁四格　「叔子」本作大字，誤，據局本改小。錢大昕說闞伯比已見前五等。

九一六頁八格　錢大昭說「失」當作「先」。按景祐、殿、局本都作「先」。

九二一頁四格　錢大昭說「白」當作「向」。按景祐、殿、局本都作「向」。

九二三頁五格　梁玉繩說各本「晉陽罕」三字誤分爲二。「罕」乃「畢」之譌。陽畢，晉大夫，見晉語。

九二六頁七格　「齊景公杵臼嚴公弟」八字據景祐、殿本補。

九三〇頁七格　「秦惠公哀公孫」六字據景祐、殿本補。

九三五頁七格　景祐、殿、局本「戚」都作「成」，「字」都作「子」。

九四〇頁七格　衞愼公原在八等，據景祐、殿本移上。

九四四頁四格　景祐、殿本「鄭」都作「鄭」。

九四六頁八格　「顯王子」三字據景祐本補。

漢書

漢蘭臺令史　班　固　撰
唐祕書少監　顏師古　注

第　四　册

卷二一至卷二五（志一）

中　華　書　局

中華書局

漢書卷二十一上

律曆志第一上

師古曰：「志，記也，積記其事也。春秋左氏傳曰『前志有之』。」

虞書曰「乃同律度量衡」，〔一〕所以齊遠近立民信也。自伏戲畫八卦，由數起，〔二〕至黃帝、堯、舜而大備。三代稽古，法度章焉。〔三〕周衰官失，孔子陳後王之法，曰：「謹權量，審法度，修廢官，舉逸民，四方之政行矣。」〔四〕漢興，北平侯張蒼首律曆事，〔五〕孝武帝時樂官考正。〔六〕至元始中王莽秉政，欲燿名譽，徵天下通知鐘律者百（餘）餘人，使羲和劉歆等典領條奏，言之最詳。故刪其僞辭，取正義，著于篇。〔七〕

〔一〕師古曰：「虞書，舜典也。同謂齊等。」

〔二〕師古曰：「萬物之數，因八卦而起也。」

〔三〕師古曰：「三代，夏、殷、周也。稽，考也。考於古事，而法度益明。」

〔四〕師古曰：「此論語載孔子述古帝王之政，以示後世。權謂斤兩也。量，斗斛也。法度，丈尺也。逸民，謂有德而隱處者。」

〔五〕師古曰：「首謂始定也。」

〔六〕師古曰：「更質正其事。」

〔七〕師古曰：「班氏自云作志取劉歆之義也。自此以下訖於『用竹爲引者，事之宜也』，則其辭焉。」

一曰備數，二曰和聲，三曰審度，四曰嘉量，五曰權衡。參五以變，錯綜其數，稽之於古今，効之於氣物，和之於心耳，考之於經傳，咸得其實，靡不協同。

數者，一、十、百、千、萬也，所以算數事物，順性命之理也。書曰：「先其算命。」〔一〕本起於黃鐘之數，始於一而三之，三三積之，〔二〕歷十二辰之數，十有七萬七千一百四十七，而五數備矣。〔三〕其算法用竹，徑一分，長六寸，二百七十一枚而成六觚，爲一握。〔四〕徑象乾律黃鐘之一，而長象坤呂林鐘之長。〔五〕其數以易大衍之數五十，其用四十九，成陽六爻，得周流六虛之象也。〔六〕夫推曆生律〔七〕制器，規圜矩方，權重衡平，準繩嘉量，〔八〕探賾索隱，鉤深致遠，莫不用焉。〔九〕度長短者不失豪氂，〔一〇〕量多少者不失圭撮，〔一一〕權輕重者不失黍絫。〔一二〕紀於一，協於十，長於百，大於千，衍於萬，其法在算術。宣於天下，小學是則。職在太史，羲和掌之。

〔一〕師古曰：「逸書也。言王者統業，先立算數以命百事也。」

〔二〕孟康曰：「黃鐘，子之律也。子數一。泰極元氣含三爲一，是以一數變而爲三也。」

〔三〕孟康曰：「初以子一乘丑三，餘則轉因其成數以三乘之，歷十二辰，得是積數也。五行陰陽變化之數備於此矣。」

〔四〕蘇林曰：「六觚，六角也。度角至角，其度一寸，面容一分，算九枚，相因之數有十，正面之數實九，其表六九五十四，算中積凡得二百七十一枚。」

〔五〕張晏曰：「林鐘長六寸。」韋昭曰：「黃鐘管九寸，十分之一，得其一分也。」

〔六〕孟康曰：「以四十九成陽六爻爲乾，乾之策數二百一十六，以成六爻，是爲周流六虛之象也。」

〔七〕張晏曰：「推曆十二辰以生律呂也。」

〔八〕張晏曰：「準，水平。量知多少，故曰嘉。」

〔九〕師古曰：「賾亦深也。索，求也。」

〔一〇〕孟康曰：「豪，兔豪也。十豪爲氂。」師古曰：「度音大各反。」

〔一一〕應劭曰：「圭，自然之形，陰陽之始也。四圭曰撮，三指撮之也。」孟康曰：「六十四黍爲圭。」師古曰：「撮音倉括反。」

〔一二〕孟康曰：「絫音（壘）纍。」應劭曰：「十（黍）〔黍〕爲絫，十絫爲一銖。」師古曰：「絫，孟音來戈反，此字讀亦音纍紲之纍。」

聲者，宮、商、角、徵、羽也。所以作樂者，諧八音，蕩（降）〔滌〕人之邪意，全其正性，移風易俗也。八音：土曰塤，〔一〕匏曰笙，〔二〕皮曰鼓，〔三〕竹曰管，〔四〕絲曰絃，石曰磬，金曰鐘，木

曰柷。〔五〕五聲和，八音諧，而樂成。商之爲言章也，物成孰可章度也。〔六〕角，觸也，物觸地而出，戴芒角也。宮，中也，居中央，暢四方，唱始施生，爲四聲綱也。徵，祉也，物盛大而繁祉也。羽，宇也，物聚臧宇覆之也。夫聲者，中於宮，觸於角，祉於徵，章於商，宇於羽，故四聲爲宮紀也。協之五行，則角爲木，五常爲仁，五事爲貌。商爲金爲義爲言，徵爲火爲禮爲視，羽爲水爲智爲聽，宮爲土爲信爲思。以君臣民事物言之，則宮爲君，商爲臣，角爲民，徵爲事，羽爲物。唱和有象，故言君臣位事之體也。

〔一〕應劭曰：「世本暴辛公作塤。」師古曰：「燒土爲之，其形銳上而平底，六孔吹之。塤音許元反，字或作壎，其音同耳。」

〔二〕應劭曰：「世本隨作笙。」師古曰：「匏，瓠也。列管瓠中，施簧管端。」

〔三〕師古曰：「鼓者郭也，言郭張皮而爲之。」

〔四〕孟康曰：「禮樂器記，管，漆竹，長一尺，六孔。」尚書大傳，西王母來獻白玉琯。漢章帝時零陵文學奚景於泠道舜祠下得白玉琯。古以玉作，不但竹也。」

〔五〕師古曰：「柷與俶同，俶，始也。樂將作，先鼓之，故謂之柷。狀如漆桶，中有椎，連底動之，令左右擊。音昌六反。」

〔六〕師古曰：「度音大各反。」

五聲之本，生於黃鐘之律。九寸爲宮，或損或益，以定商、角、徵、羽。九六相生，陰陽之應也。律十有二，陽六爲律，陰六爲呂。律以統氣類物，一曰黃鐘，二曰太族，〔一〕三曰姑

洗，四曰蕤賓，五曰夷則，六曰亡射。〔二〕呂以旅陽宣氣，一曰林鐘，二曰南呂，三曰應鐘，四曰大呂，五曰夾鐘，六曰中呂。〔三〕有三統之義焉。其傳曰，黃帝之所作也。黃帝使泠綸，〔四〕自大夏之西，〔五〕昆侖之陰，取竹之解谷〔六〕生，其竅厚均者，〔七〕斷兩節間而吹之，以爲黃鐘之宮。〔八〕制十二筩以聽鳳之鳴，〔九〕其雄鳴爲六，雌鳴亦六，比黃鐘之宮，而皆可以生之，是爲律本。〔一〇〕至治之世，天地之氣合以生風；天地之風氣正，十二律定。〔一一〕黃鐘：黃者，中之色，君之服也；鐘者，種也。天之中數五，〔一二〕五爲聲，聲上宮，五聲莫大焉。地之中數六，〔一三〕六爲律，律有形有色，色上黃，五色莫盛焉。故陽氣施種於黃泉，孳萌萬物，〔一四〕爲六氣元也。以黃色名元氣律者，著宮聲也。宮以九唱六，〔一五〕變動不居，周流六虛。始於子，在十一月。大呂：呂，旅也，言陰大，旅助黃鐘（宮）〔宣〕氣而牙物也。位於丑，在十二月。太族：族，奏也，言陽氣大，奏地而達物也。〔一六〕位於寅，在正月。夾鐘，言陰夾助太族宣四方之氣而出種物也。位於卯，在二月。姑洗：洗，絜也，言陽氣洗物辜絜之也。〔一七〕位於辰，在三月。中呂，言微陰始起未成，著於其中旅助姑洗宣氣齊物也。位於巳，在四月。蕤賓：蕤，繼也，賓，導也，言陽始導陰氣使繼養物也。位於午，在五月。林鐘：林，君也，言陰氣受任，助蕤賓君主種物使長大楙盛也。〔一八〕位於未，在六月。夷則：則，法也，言陽氣正法度而使陰氣夷當傷之物也。〔一九〕位於申，在七月。南呂：南，任也，言陰氣旅助夷則任成萬物也。位於酉，在八

月。亡射：射，厭也，言陽氣究物而使陰氣畢剝落之，終而復始，亡厭已也。位於戌，在九月。應鐘，言陰氣應亡射，該臧萬物而雜陽閡種也。〔二〇〕位於亥，在十月。

〔一〕師古曰：「族音千豆反。其下並同。」
〔二〕師古曰：「亡讀曰無。射音亦石反。」
〔三〕師古曰：「中讀曰仲。」
〔四〕師古曰：「泠音零。綸音倫也。」
〔五〕應劭曰：「大夏，西戎之國也。」
〔六〕孟康曰：「解，脫也。谷，竹溝也。取竹之脫無溝節者也。一說昆侖之北谷名也。」晉灼曰：「谷名是也。」
〔七〕應劭曰：「生者，治也。竅，孔也。」孟康曰：「竹孔與肉薄厚等也。」晉灼曰：「取谷中之竹，生而（孔外肉）〔肉孔外〕厚薄自然均者，截以爲筩，不復加削刮也。」師古曰：「晉說是也。」
〔八〕師古曰：「黃鐘之宮，律之最長者。」
〔九〕師古曰：「筩音大東反。」
〔一〇〕師古曰：「比，合也。可以生之，謂上下相生也，故謂之律本。比音頻寐反。」
〔一一〕孟康曰：「律得風氣而成聲，風和乃律調也。」臣瓚曰：「風氣正則十二月之氣各應其律，不失其序。」
〔一二〕韋昭曰：「一三在上，七九在下。」
〔一三〕韋昭曰：「二四在上，八十在下。」
〔一四〕師古曰：「孳讀與滋同，滋，益也。萌，始生。」
〔一五〕孟康曰：「黃鐘陽九，林鐘陰六，言陽唱陰和。」
〔一六〕師古曰：「奏，進也。」
〔一七〕孟康曰：「辜，必也，必使之絜也。」
〔一八〕師古曰：「種物，種生之物。楙，古茂字也。種音之勇反。」
〔一九〕師古曰：「夷亦傷。」
〔二〇〕孟康曰：「（該）〔閡〕，臧塞也，陰雜陽氣，臧塞爲萬物作種也。」晉灼曰：「外閉曰閡。」師古曰：「閡音胡待反。下言『該閡於亥』，音訓並同也。」

三統者，天施，地化，人事之紀也。〔一〕十一月，乾之初九，陽氣伏於地下，始著爲一，萬物萌動，鐘於太陰，故黃鐘爲天統，律長九寸。九者，所以究極中和，爲萬物元也。易曰：「立天之道，曰陰與陽。」〔二〕六月，坤之初六，陰氣受任於太陽，繼養化柔，萬物生長，楙之於未，令種剛彊大，故林鐘爲地統，律長六寸。六者，所以含陽之施，楙之於六合之內，令剛柔有體也。「立地之道，曰柔與剛。」〔三〕「乾知太始，坤作成物。」〔四〕正月，乾之九三，萬物棣通，〔五〕族出於寅，人奉而成之，仁以養之，義以行之，令事物各得其理。寅，木也，爲仁；其聲，商也，爲義。故太族爲人統，律長八寸，象八卦，宓戲氏之所以順天地，通神明，類萬物之情也。〔六〕「立人之道，曰仁與義。」〔七〕「在天成象，在地成形。」〔八〕「后以裁成天地之道，輔相天地之宜，以左右民。」〔九〕此三律之謂矣，是爲三統。

〔一〕李奇曰：「統，緒也。」
〔二〕師古曰：「易說卦之辭。」
〔三〕師古曰：「此亦說卦之辭也。」
〔四〕師古曰：「此上繫之辭。」
〔五〕孟康曰：「棣謂通意也。」師古曰：「棣音替。」
〔六〕師古曰：「宓讀與伏同。」
〔七〕師古曰：「此說卦之辭。」
〔八〕師古曰：「此上繫之辭。」
〔九〕師古曰：「此泰卦象辭也。后，君也，謂王者也。左右，助也。左讀曰佐。右讀曰佑。」

其於三正也，黃鐘子爲天正，〔一〕林鐘未之衝丑爲地正，太族寅爲人正。三正正始，是以地正適其始紐於陽東北丑位。易曰「東北喪朋，乃終有慶」，〔二〕答應之道也。及黃鐘爲宮，則太族、姑洗、林鐘、南呂皆以正聲應，無有忽微，〔三〕不復與它律爲役者，同心一統之義也。非黃鐘而它律，雖當其月自宮者，則其和應之律有空積忽微，〔四〕不得其正。此黃鐘至尊，亡與並也。

〔一〕師古曰：「正音之成反。下皆類此。」
〔二〕孟康曰：「未在西南，陽也，陰而入陽，爲失其類也。」師古曰：「此坤卦彖辭。」

〔三〕孟康曰：「忽微，若有若無，細於髮者也。謂正聲無有殘分也。」
〔四〕孟康曰：「十二月之氣各以其月之律爲宮，非五音之正，則聲有高下差降也。空積，若鄭氏分一寸爲數千。」

易曰：「參天兩地而倚數。」〔一〕天之數始於一，終於二十有五。其義紀之以三，故置一得三，又二十五分之六，凡二十五置，終天之數，得八十一，以天地五位之合終於十者乘之，爲八百一十分，應曆一統〔二〕千五百三十九歲之章數，黃鐘之實也。繇此之義，〔三〕起十二律之周徑。〔四〕地之數始於二，終於三十。其義紀之以兩，故置一得二，凡三十置，終地之數，得六十，以地中數六乘之，爲三百六十分，當期之日，林鐘之實。〔五〕人者，繼天順地，序氣成物，統八卦，調八風，理八政，正八節，諧八音，舞八佾，監八方，被八荒，以終天地之功，故八八六十四。其義極天地之變，以天地五位之合終於十者乘之，爲六百四十分，以應六十四卦，大族之實也。〔六〕書曰：「天功人其代之。」〔七〕天兼地，人則天，故以五位之合乘焉，「唯天爲大，唯堯則之」之象也。〔八〕地以中數乘者，陰道理內，在中餽之象也。〔九〕三統相通，故黃鐘、林鐘、太族律長皆全寸而亡餘分也。

〔一〕師古曰：「易說卦之辭也。倚，立也。參謂奇也，兩謂耦也。七九陽數，六八陰數。」
〔二〕孟康曰：「十九歲爲一章，一統凡八十一章。」
〔三〕師古曰：「繇讀（爲）〔與〕由同。由，用也。」

〔四〕孟康曰：「律孔徑三分，參天之數也；圍九分，終天之數也。」
〔五〕孟康曰：「林鐘長六寸，圍六分。以圍乘長，得積三百六十分也。」師古曰：「期音基。謂十二月爲一期也。」
〔六〕孟康曰：「大族長八寸，圍八分，爲積六百四十分也。」
〔七〕師古曰：「虞書咎繇謨也。言聖人稟天造化之功代而行之。」
〔八〕師古曰：「則，法也。論語稱孔子曰『大哉堯之爲君也，唯天爲大，唯堯則之』，美帝堯能法天而行化。」
〔九〕師古曰：「餽字與饋同。易家人卦六二爻辭曰『无攸遂，在中饋』，言婦人之道，取象於陰，無所必遂，但居中主饋食而已，故云然。」

天之中數五，地之中數六，而二者爲合。六爲虛，五爲聲，周流於六虛。虛者，爻律夫陰陽，登降運行，列爲十二，而律呂和矣。太極元氣，函三爲一。〔一〕極，中也。元，始也。行於十二辰，始動於子。參之於丑，得三。又參之於寅，得九。又參之於卯，得二十七。又參之於辰，得八十一。又參之於巳，得二百四十三。又參之於午，得七百二十九。又參之於未，得二千一百八十七。又參之於申，得六千五百六十一。又參之於酉，得萬九千六百八十三。又參之於戌，得五萬九千四十九。又參之於亥，得十七萬七千一百四十七。此陰陽合德，氣鐘於子，化生萬物者也。故孳萌於子，紐牙於丑，引達於寅，冒茆於卯，〔二〕振美於辰，已盛於巳，咢布於午，〔三〕昧薆於未，〔四〕申堅於申，留孰於酉，畢入於戌，該閡於亥。出甲於甲，奮軋於乙，〔五〕明炳於丙，大盛於丁，豐楙於戊，理紀於己，斂更於庚，悉新於辛，懷任於壬，陳揆於癸。故陰陽之施化，萬物之終始，既類旅於律呂，又經歷於日辰，而變化之情可見矣。

〔一〕孟康曰：「元氣始起於子，未分之時，天地人混合爲一，故子數獨一也。」師古曰：「函讀與含同。後皆類此。」
〔二〕師古曰：「茆謂叢生也，音莫保反。」
〔三〕蘇林曰：「咢音愕。」
〔四〕師古曰：「薆，蔽也，音愛。」
〔五〕師古曰：「軋音於黠反。」

玉衡杓建，天之綱也；〔一〕日月初（纏）〔躔〕，星之紀也。〔二〕綱紀之交，以原始造設，合樂用焉。律呂唱和，以育生成化，歌奏用焉。指顧取象，然後陰陽萬物靡不條鬯該成。〔三〕故以成之數忖該之積，〔四〕如法爲一寸，則黃鐘之長也。〔五〕參分損一，下生林鐘。〔六〕參分林鐘益一，上生太族。參分太族損一，下生南呂。參分南呂益一，上生姑洗。參分姑洗損一，下生應鐘。參分應鐘益一，上生蕤賓。參分蕤賓損一，下生大呂。參分大呂益一，上生夷則。參分夷則損一，下生夾鐘。參分夾鐘益一，上生亡射。參分亡射損一，下生中呂。陰陽相生，自黃鐘始而左旋，八八爲伍。〔七〕其法皆用銅。職在大樂，太常掌之。

〔一〕如淳曰：「杓音猋，斗端星也。」孟康曰：「斗在天中，周制四方，猶宮聲處中，爲四聲綱也。」師古曰：「杓音必遙反。」

〔二〕孟康曰：「（纏）〔躔〕，舍也。二十八舍列在四方，日月行焉，起於星紀，而又周之，猶四聲爲宮紀也。」晉灼曰：「下言斗綱之端連貫營室，織女之紀指牽牛之初，以紀日月，故曰星紀。五星起其初，日月起其中。是謂天之綱紀也。」師古曰：「躔，踐也，音直連反。」
〔三〕師古曰：「條，達也。鬯與暢同。」
〔四〕孟康曰：「成之數者，謂黃鐘之法數。該之積，爲黃鐘變生十二辰積實之數也。忖，除也。言以法數除積得九寸，即黃鐘之長也。言該者，該衆律之數也。」師古曰：「忖音千本反。」
〔五〕孟康曰：「得一寸，則所謂得九寸也。言一者，張法辭。」
〔六〕張晏曰：「黃鐘長九寸，以二乘九得十八，以三除之，得林鐘六寸。其法率如此，推當算乃解。」晉灼曰：「蔡邕律曆記『凡陽生陰曰下，陰生陽曰上』也。」
〔七〕孟康曰：「從子數辰至未得八，下生林鐘。數未至寅得八，上生太族。律上下相生，皆以此爲率。伍，耦也，八八爲耦。」

度者，分、寸、尺、丈、引也，所以度長短也。〔一〕本起黃鐘之長。以子穀秬黍中者，〔二〕一黍之廣，度之九十分，黃鐘之長。一爲一分，十分爲寸，十寸爲尺，十尺爲丈，十丈爲引，而五度審矣。其法用銅，高一寸，廣二寸，長一丈，而分寸尺丈存焉。用竹爲引，高一分，廣六分，長十丈，其方法矩，高廣之數，陰陽之象也。〔三〕分者，自三微而成著，可分別也。寸者，忖也。

尺者，蒦也。〔四〕丈者，張也。引者，信也。〔五〕夫度者，別於分，忖於寸，蒦於尺，張於丈，信於引。引者，信天下也。職在內官，〔六〕廷尉掌之。〔七〕

〔一〕師古曰：「度音大各反。下皆類此。」

〔二〕孟康曰：「子北方，北方黑，謂黑黍也。」師古曰：「此說非也。子穀猶言穀子耳，秬即黑黍，無取北方爲號。中者，不大不小也。言取黑黍穀子大小中者，率爲分寸也。秬音鉅。」

〔三〕孟康曰：「高一分，廣六分。一爲陽，六爲陰也。」

〔四〕師古曰：「蒦音約。」

〔五〕師古曰：「信讀曰伸，言其長。」

〔六〕師古曰：「內官，署名也。百官表云『內官長丞，初屬少府，中屬主爵，後屬宗正』。」

〔七〕師古曰：「法度所起，故屬廷尉也。」

量者，龠、合、升、斗、斛也，〔一〕所以量多少也。〔二〕本起於黃鐘之龠，用度數審其容，〔三〕以子穀秬黍中者千有二百實其龠，以井水準其槩。〔四〕合龠爲合，十合爲升，十升爲斗，十斗爲斛，而五量嘉矣。〔五〕其法用銅，方尺而圜其外，旁有庣焉。〔六〕其上爲斛，其下爲斗。〔七〕左耳爲升，右耳爲合龠。其狀似爵，以縻爵祿。〔八〕上三下二，參天兩地，圜而函方，左一右二，陰陽之象也。其圜象規，其重二鈞，備氣物之數，合萬有一千五百二十。〔九〕聲中黃鐘，始於

黃鐘而反覆焉，〔一〇〕君制器之象也。龠者，黃鐘律之實也，躍微動氣而生物也。合者，合龠之量也。升者，登合之量也。斗者，聚升之量也。斛者，角斗平多少之量也。夫量者，躍於龠，合於合，登於升，聚於斗，角於斛也。職在太倉，大司農掌之。〔一一〕

〔一〕師古曰：「龠音籥。合音閤。」

〔二〕師古曰：「量音力張反。」

〔三〕師古曰：「因度以生量也。其容，謂其中所容受之多少也。」

〔四〕孟康曰：「槩欲其直，故以水平之。井水清，清則平也。」師古曰：「槩所以槩平斗斛之上者也，音工代反，又音工內反。」

〔五〕師古曰：「嘉，善也。」

〔六〕鄭氏曰：「庣音條桑之條。庣，過也。算方一尺，所受一斛，過九氂五豪，然後成斛。今尙方有王莽時銅斛，制盡與此同。」師古曰：「庣，不滿之處也，音吐彫反。」

〔七〕孟康曰：「其上謂仰斛也，其下謂覆斛之底，受一斗。」

〔八〕晉灼曰：「縻，散也。」

〔九〕孟康曰：「三十斤爲鈞，鈞萬一千五百二十銖。」

〔一〇〕孟康曰：「反斛聲中黃鐘，覆斛亦中黃鐘之宮，宮爲君也。」臣瓚曰：「仰斛受一斛，覆斛受一斗，故曰反覆焉。」師古曰：「覆音芳目反。」

〔一一〕師古曰：「米粟之量，故在太倉也。」

衡權者，衡，平也，權，重也，衡所以任權而均物平輕重也。其道如底，〔一〕以見準之正，繩之直，左旋見規，右折見矩。其在天也，佐助旋機，斟酌建指，以齊七政，〔二〕故曰玉衡。論語云：「立則見其參於前也，〔三〕在車則見其倚於衡也。」又曰：「齊之以禮。」此衡在前居南方之義也。

〔一〕師古曰：「底，平也，謂以底石厲物令平齊也。底音指。」

〔二〕師古曰：「七政，日、月、五星也。」

〔三〕孟康曰：「權、衡、量，三等爲參。」

權者，銖、兩、斤、鈞、石也，所以稱物平施，知輕重也。本起於黃鐘之重。一龠容千二百黍，重十二銖，兩之爲兩。二十四銖爲兩。十六兩爲斤。三十斤爲鈞。四鈞爲石。忖爲十八，易十有八變之象也。〔一〕五權之制，以義立之，以物鈞之，其餘小大之差，以輕重爲宜。圜而環之，令之肉倍好者，〔二〕周旋無端，終而復始，無窮已也。銖者，物繇忽微始，至於成著，可殊異也。〔三〕兩者，兩黃鐘律之重也。〔四〕二十四銖而成兩者，二十四氣之象也。斤者，明也，三百八十四銖，易二篇之爻，陰陽變動之象也。十六兩成斤者，四時乘四方之象也。鈞者，均也，陽施其氣，陰化其物，皆得其成就平均也。權與物均，重萬一千五百二十銖，當萬物之象也。四百八十兩者，六旬行八節之象也。〔五〕三十斤成鈞者，一月之象也。石者，

大也，權之大者也。始於銖，兩於兩，明於斤，均於鈞，終於石，物終石大也。四鈞爲石者，四時之象也。重百二十斤者，十二月之象也。終於十二辰而復於子，黃鐘之象也。〔六〕千九百二十兩者，陰陽之數也。三百八十四爻，五行之象也。四萬六千八十銖者，萬一千五百二十物歷四時之象也。而歲功成就，五權謹矣。

〔一〕孟康曰：「忖，度也，度其義有十八也。黃鐘、龠、銖、兩、鈞、斤、石凡七，與下十一象爲十八也。」張晏曰：「象易三揲蓍而成一爻，十八變具六爻而成卦。」

〔二〕孟康曰：「謂爲〔鐶〕〔錘〕之形如環也。」如淳曰：「體爲肉，孔爲好。」師古曰：「錘者，稱之權也，音直垂反，又音直睡反。」

〔三〕師古曰：「繇讀與由同。由，從也。」

〔四〕李奇曰：「黃鐘之管重十二銖，兩十二得二十四也。」

〔五〕孟康曰：「六甲爲六旬，一歲有八節，六甲周行成歲，以六乘八節得之。」

〔六〕孟康曰：「稱之數始於銖，終於石。石重百二十斤，象十二月。銖之重本取於子。律，黃鐘一龠容千二百黍，爲十二銖，故曰復於子，黃鐘之象也。」

權與物鈞而生衡，〔一〕衡運生規，規圜生矩，矩方生繩，繩直生準，〔二〕準正則平衡而鈞權矣。是爲五則。規者，所以規圜器械，令得其類也。矩者，所以矩方器械，令不失其形也。規矩相須，陰陽位序，圜方乃成。準者，所以揆平取正也。繩者，上下端直，經緯四通也。準

纚連體，衡權合德，百工繇焉，以定法式，〔三〕輔弼執玉，以翼天子。〔四〕詩云：「尹氏大師，秉國之鈞，四方是維，天子是毗，俾民不迷。」〔五〕咸有五象，其義一也。以陰陽言之，大陰者，北方。北，伏也，陽氣伏於下，於時爲冬。冬，終也，物終臧，乃可稱。水潤下。知者謀，謀者重，故爲權也。大陽者，南方。南，任也，陽氣任養物，於時爲夏。夏，假也，物假大，乃宣平。火炎上。禮者齊，齊者平，故爲衡也。少陰者，西方。西，遷也，陰氣遷落物，於時爲秋。秋，䨂也，〔六〕物䨂斂，乃成孰。金從革，改更也。義者成，成者方，故爲矩也。少陽者，東方。東，動也，陽氣動物，於時爲春。春，蠢也，物蠢生，乃動運。木曲直。仁者生，生者圜，故爲規也。中央者，陰陽之內，四方之中，經緯通達，乃能端直，於時爲四季。土稼嗇蕃息。〔七〕信者誠，誠者直，故爲繩也。五則揆物，有輕重圜方平直陰陽之義，四方四時之體，五常五行之象。厥法有品，各順其方而應其行。職在大行，鴻臚掌之。〔八〕

〔一〕孟康曰：「謂錘與物鈞，所稱適停，則衡平也。」
〔二〕韋昭曰：「立準以望繩，以水爲平。」
〔三〕師古曰：「繇讀與由同。由，用也。」
〔四〕師古曰：「翼，助也。」
〔五〕師古曰：「小雅節南山之詩也。言尹氏居太師之官，執持國之權量，維制四方，輔翼天子，使下無迷惑也。」
〔六〕師古曰：「䨂音子由反。」

〔七〕師古曰：「蕃，多也。息，生也。蕃音扶元反。」
〔八〕師古曰：「平均曲直，齊一遠近，故在鴻臚。」

書曰：「予欲聞六律、五聲、八音、七始詠，以出內五言，女聽。」〔一〕予者，帝舜也。言以律呂和五聲，施之八音，合之成樂。七者，天地四時人之始也。順以歌詠五常之言，聽之則順乎天地，序乎四時，應人倫，本陰陽，原情性，風之以德，感之以樂，〔二〕莫不同乎一。唯聖人爲能同天下之意，故帝舜欲聞之也。今廣延羣儒，博謀講道，修明舊典，同律，審度，嘉量，平衡，鈞權，正準，直繩，立于五則，備數和聲，以利兆民，貞天下於一，同海內之歸。〔三〕凡律度量衡用銅者，名自名也，〔四〕所以同天下，齊風俗也。銅爲物之至精，不爲燥溼寒暑變其節，不爲風雨暴露改其形，介然有常，有似於士君子之行，〔五〕是以用銅也。用竹爲引者，事之宜也。〔六〕

〔一〕師古曰：「虞書益稷篇所載舜與禹言。」
〔二〕師古曰：「以德化之，以樂動之。詩序曰『上以風化下』。」
〔三〕師古曰：「貞，正也。易下繫之辭曰『天下之動貞夫一者也』，言皆以一爲正也。又曰『天下同歸而殊塗，一致而百慮』，言塗雖殊其歸則同，慮雖百其致則一也，故志引之云爾。」
〔四〕師古曰：「取銅之名，以合於同也。」
〔五〕師古曰：「介然，特異之意。」
〔六〕李奇曰：「引長十丈，高一分，廣六分，唯竹篾柔而堅爲宜耳。」

曆數之起上矣。傳述顓頊命南正重司天，火正黎司地，〔一〕其後三苗亂德，二官咸廢，〔二〕而閏餘乖次，〔三〕孟陬殄滅，〔四〕攝提失方。〔五〕堯復育重、黎之後，使纂其業，故書曰：「乃命羲、和，欽若昊天，曆象日月星辰，敬授民時。」「歲三百有六旬有六日，以閏月定四時成歲，允釐百官，衆功皆美。」〔六〕其後以授舜曰：「咨爾舜，天之曆數在爾躬。」「舜亦以命禹。」〔七〕至周武王訪箕子，〔八〕箕子言大法九章，而五紀明曆法。〔九〕故自殷周，皆創業改制，咸正曆紀，服色從之，順其時氣，以應天道。三代既沒，五伯之末史官喪紀，疇人子弟分散，〔一〇〕或在夷狄，故其所記，有黃帝、顓頊、夏、殷、周及魯曆。戰國擾攘，秦兼天下，未皇暇也，亦頗推五勝，〔一一〕而自以爲獲水德，乃以十月爲正，色上黑。〔一二〕

〔一〕臣瓚曰：「南正司天，則北正當司地，不得言火正也。古文火字與北相似，故遂誤耳。」師古曰：「此說非也。班固幽通賦云『玄黎醇耀於高辛』，是則黎爲火正也。」
〔二〕師古曰：「三苗，國名，縉雲氏之後爲諸侯者，即饕餮也。二官，重、黎也。」

〔三〕孟康曰：「以歲之餘日爲閏，故曰閏餘。次，十二次也。史推曆失閏，則斗建與月名錯也。」
〔四〕孟康曰：「正月爲孟陬。曆紀廢絕，閏餘乖錯，不與正歲相值，謂之殄滅也。」
〔五〕孟康曰：「攝提，星名，隨斗杓所指建十二月，若曆誤，春三月當指辰而乃指巳，是爲失方也。」
〔六〕師古曰：「此皆虞書堯典之辭也。欽，敬也；若，順也。昊天，言天氣廣大也。星，四方之中星也。辰，日月所會也。羲氏、和氏，重、黎之後，以其繼掌天地，故堯命之，使敬順昊天，曆象星辰之分節，敬記天時，以授下人也。匝四時凡三百六十六日，而定一歲。十二月月三十日，正三百六十日，則餘六日矣。又除小月六日，是爲歲有餘十二日，未盈三歲，便得一月，則置閏焉，以定四時之氣節，成一歲之曆象，則能信理百官，衆功皆美也。」
〔七〕師古曰：「事見論語堯曰篇。」
〔八〕師古曰：「訪箕子，謂滅殷之後。」
〔九〕孟康曰：「歲月日星辰，是謂五紀也。」師古曰：「大法九章即洪範九疇也。其四曰協用五紀也。」
〔一〇〕李奇曰：「同類之人俱明曆者也。」如淳曰：「家業世世相傳爲疇。」師古曰：「如說是也。」
〔一一〕孟康曰：「五行相勝，秦以周爲火，用水勝之。」
〔一二〕師古曰：「獲水德，謂有黑龍之瑞。」

漢興，方綱紀大基，庶事草創，襲秦正朔。以北平侯張蒼言，用顓頊曆，比於六曆，疏闊中最爲微近。然正朔服色，未覩其眞，而朔晦月見，弦望滿虧，多非是。

至武帝元封七年，漢興百二歲矣，大中大夫公孫卿、壺遂、太史令司馬遷等言「曆紀壞

廢，宜改正朔」。是時御史大夫兒寬明經術，〔一〕上乃詔寬曰：「與博士共議，今宜何以爲正朔？服色何上？」寬與博士賜等議，皆曰：「帝王必改正朔，易服色，所以明受命於天也。創業變改，制不相復，〔二〕推傳序文，則今夏時也。臣等聞學褊陋，不能明。陛下躬聖發憤，昭配天地，〔三〕臣愚以爲三統之制，後聖復前聖者，二代在前也。今二代之統絕而不序矣，唯陛下發聖德，宣考天地四時之極，則順陰陽以定大明之制，爲萬世則。」於是乃詔御史曰：「乃者有司言曆未定，廣延宣問，以考星度，未能讎也。〔四〕蓋聞古者黃帝合而不死，名察發斂，定清濁，起五部，建氣物分數。〔五〕然則上矣。書缺樂弛，朕甚難之。〔六〕依違以惟，未能修明。〔七〕其以七年爲元年。」〔八〕遂詔卿、遂、遷與侍郎尊、大典星射姓等〔九〕議造漢曆。乃定東西，立晷儀，下漏刻，以追二十八宿相距於四方，舉終以定朔晦分至，躔離弦望。〔一〇〕乃以前曆上元泰初四千六百一十七歲，至於元封七年，復得閼逢攝提格之歲，中冬〔一一〕十一月甲子朔旦冬至，日月在建星，〔一二〕太歲在子，已得太初本星度新正。姓等奏不能爲算，〔一三〕願募治曆者，更造密度，各自增減，以造漢太初曆。乃選治曆鄧平及長樂司馬可、酒泉候宜君、〔一四〕侍郎尊及與民間治曆者，凡二十餘人，方士唐都、巴郡落下閎與焉。〔一五〕都分天部，〔一六〕而閎運算轉曆。其法以律起曆，曰：「律容一龠，積八十一寸，則一日之分也。〔一七〕與長相終。律長九寸，百七十一分而終復。〔一八〕三復而得甲子。夫律陰陽九六，爻象所從出也。

故黃鐘紀元氣之謂律。律，法也，莫不取法焉。」與鄧平所治同。於是皆觀新星度、日月行，更以算推，如閎、平法。法，一月之日二十九日八十一分日之四十三。先藉半日，名曰陽曆；不藉，名曰陰曆。所謂陽曆者，先朔月生；陰曆者，朔而後月乃生。平曰：「陽曆朔皆先旦月生，以朝諸侯王羣臣便。」乃詔遷用鄧平所造八十一分律曆，罷廢尤疏遠者十七家，復使校曆律昏明。宦者淳于陵渠復覆太初曆晦朔弦望，皆最密，日月如合璧，五星如連珠。〔二〇〕陵渠奏狀，遂用鄧平曆，以平爲太史丞。

〔一〕師古曰：「兒音五奚反。」

〔二〕師古曰：「復，重也，因也，音扶目反。次下亦同。」

〔三〕師古曰：「躬聖者，言身有聖德也。發憤，謂忿正朔未定也。昭，明也。」

〔四〕師古曰：「讎，相當。」

〔五〕應劭曰：「言黃帝造曆得仙，名節會，察寒暑，致啓分，發斂至，定清濁，起五部。五部，金、木、水、火、土也。建氣物分數，皆敍曆之意也。」孟康曰：「合，作也。黃帝作曆，曆終而復始，無窮已也，故曰不死。名春夏爲發，秋冬爲斂。清濁，謂律聲之清濁也。五部，謂五行也。天有四時，分爲五行也。氣，二十四氣也。物，萬物也。分，曆數之分也。」晉灼曰：「蔡邕天文志『渾天名察發斂，以行日月，以步五緯』。」臣瓚曰：「黃帝聖德，與神靈合契，升龍登仙，故曰合而不死。題名宿度，候察進退。史記曰『名察宿度』，謂三辰之度，吉凶之驗也。」

〔六〕師古曰：「弛，廢也，音式爾反。」

〔七〕師古曰：「依違，不決之意也。惟，思也。」

〔八〕李奇曰：「改元封七年爲太初元年。」

〔九〕師古曰：「姓射，名姓也。」

〔一〇〕應劭曰：「躔，徑也。離，遠也。」臣瓚曰：「案離，歷也，日月之所歷也。」鄧展曰：「日月踐歷度次。」

〔一一〕孟康曰：「言復得者，上元泰初時亦是閼逢之歲。歲在甲曰閼逢，在寅曰攝提格，此爲甲寅之歲也。」師古曰：「中讀曰仲。」

〔一二〕李奇曰：「古以建星爲宿，今以牽牛爲宿。」孟康曰：「建星在牽牛間。」晉灼曰：「賈逵論太初曆冬至日在牽牛初者，牽牛中星也。古曆皆在建星。建星即斗星也。太初曆四分法在斗二十六度。史官舊法，冬夏至常不及太初曆五度。四分法在斗二十一度，與行事候法天度相應。」

〔一三〕師古曰：「姓即射姓也。」

〔一四〕師古曰：「可者司馬之名也。宜君亦候之名也。候，官號也。故曰東南一尉，西北一候。」

〔一五〕晉灼曰：「三人姓名也。史記曆書『唐都分天部，而巴郡落下閎運算推曆』。」師古曰：「姓唐，名都，方術之士也。姓落下名閎，巴郡人也。都與閎凡二人，言三人，非也。與讀曰豫。」

〔一六〕孟康曰：「謂分部二十八宿爲距度。」

〔一七〕孟康曰：「黃鐘律長九寸，圍九分，以圍乘長，得積八十一寸也。」

〔一八〕師古曰：「復音扶目反。」

〔一九〕孟康曰：「謂太初上元甲子夜半朔旦冬至時，七曜皆會聚斗、牽牛分度，夜盡如合璧連珠也。」師古曰：「言其應候

不差也。」

後二十七年，元鳳三年，太史令張壽王上書言：「曆者天地之大紀，上帝所爲。傳黃帝調律曆，漢元年以來用之。今陰陽不調，宜更曆之過也。」〔一〕詔下主曆使者鮮于妄人詰問，壽王不服。妄人請與治曆大司農中丞麻光等二十餘人雜候日月晦朔弦望、八節二十四氣，鈞校諸曆用狀。奏可。詔與丞相、御史、大將軍、右將軍史各一人雜候上林清臺，課諸曆疏密，凡十一家。以元鳳三年十一月朔旦冬至，盡五年十二月，各有第。壽王課疏遠。案漢元年不用黃帝調曆，壽王非漢曆，逆天道，非所宜言，大不敬。有詔勿劾。復候，盡六年。太初曆第一，即墨徐萬且、長安徐禹治太初曆亦第一。〔二〕壽王及待詔李信治黃帝調曆，課皆疏闊，又言黃帝至元鳳三年六千餘歲。丞相屬寶、長安單安國、安陵桮育治終始，〔三〕言黃帝以來三千六百二十九歲，不與壽王合。壽王又移帝王錄，舜、禹年歲不合人年。壽王言化益爲天子代禹，〔四〕驪山女亦爲天子，在殷周間，皆不合經術。壽王曆乃太史官殷曆也。壽王猥曰安得五家曆，〔五〕又妄言太初曆虧四分日之三，去小餘七百五分，以故陰陽不調，謂之亂世。劾壽王吏八百石，古之大夫，服儒衣，誦不詳之辭，作祅言欲亂制度，不道。奏可。壽王候課，比三年下，〔六〕終不服。再劾死，更赦勿劾，〔七〕遂不更言，誹謗益甚，竟以下吏。故曆本之驗在於天，自漢曆初起，盡元鳳六年，三十六歲，而是非堅定。

〔一〕師古曰：「更，改也。」
〔二〕師古曰：「且音子余反。」
〔三〕蘇林曰：「桮音布回反。」師古曰：「姓桮，名育也。單音善。」
〔四〕師古曰：「化益即伯益。」
〔五〕師古曰：「猥，曲也。」
〔六〕師古曰：「比，頻也。下，下獄也，音胡稼反。」
〔七〕師古曰：「更，經也，音工衡反。」

至孝成世，劉向總六曆，列是非，作五紀論。向子歆究其微眇，〔一〕作三統曆及譜以說春秋，推法密要，故述焉。〔二〕

〔一〕師古曰：「眇，細也，音莫小反，又讀曰妙。他皆類此。」
〔二〕師古曰：「自此以下，皆班氏所述劉歆之說也。」

夫曆春秋者，天時也，列人事而（目）〔因〕以天時。傳曰：「民受天地之中以生，所謂命也。〔一〕是故有禮誼動作威儀之則以定命也，能者養以之福，不能者敗以取禍。」〔二〕故列十二公二百四十二年之事，以陰陽之中制其禮。故春爲陽中，萬物以生；秋爲陰中，萬物以成。是以事舉其中，禮取其和，曆數以閏正天地之中，以作事厚生，皆所以定命也。易金火

相革之卦曰「湯武革命，順乎天而應乎人」，〔三〕又曰「治曆明時」，〔四〕所以和人道也。

〔一〕師古曰：「此春秋左氏傳周大夫劉康公之言也。中謂中和之氣也。」
〔二〕師古曰：「之，往也，往就福也。自此以上，皆劉康公辭。」
〔三〕師古曰：「離下兌上，故云金火相革。此革卦彖辭。」
〔四〕師古曰：「此革卦象辭。」

周道既衰，幽王既喪，天子不能班朔，魯曆不正，以閏餘一之歲爲蔀首。〔一〕故春秋刺「十一月乙亥朔，日有食之」。於是辰在申，〔二〕而司曆以爲在建戌，史書建亥。哀十二年，亦以建申流火之月爲建亥，〔三〕而怪蟄蟲之不伏也。自文公閏月不告朔，至此百有餘年，莫能正曆數。故子貢欲去其餼羊，孔子愛其禮，〔四〕而著其法於春秋。經曰：「冬十月朔，日有食之。」傳曰：「不書日，官失之也。天子有日官，諸侯有日御，日官居卿以厎日，禮也。〔五〕日御不失日以授百官於朝。」言告朔也。〔六〕元典曆始曰元。傳曰：「元，善之長也。」共養三德爲善。〔七〕又曰：「元，體之長也。」合三體而爲之原，故曰元。於春三月，每月書王，元之三統也。三統合於一元，故因元一而九三之以爲法，〔八〕十一三之以爲實。〔九〕實如法得一。黃鐘初九，律之首，陽之變也。因而六之，以九爲法，得林鐘〔一〇〕初六，呂之首，陰之變也。皆參天兩地之法也。〔一一〕上生六而倍之，下生六而損之，皆以九爲法。九六，陰陽夫婦子母之道也。〔一二〕律娶妻〔一三〕而呂生子，〔一四〕天地之情也。六律六呂，而十二辰立矣。五聲清濁，而十日行矣。〔一五〕傳曰「天六地五」，數之常也。天有六氣，〔一六〕降生五味。〔一七〕夫五六者，天地之中合，〔一八〕而民所受以生也。故日有六甲，辰有五子，〔一九〕十一而天地之道畢，言終而復始。太極中央元氣，故爲黃鐘，其實一龠，以其長自乘，故八十一爲日法，所以生權衡度量，禮樂之所繇出也。〔二〇〕經元一以統始，易太極之首也。春秋二以目歲，〔二一〕易兩儀之中也。於春每月書王，易三極之統也。於四時雖亡事必書時月，易四象之節也。時月以建分至啓閉之分，易八卦之位也。〔二二〕象事成敗，易吉凶之効也。朝聘會盟，易大業之本也。故易與春秋，天人之道也。傳曰：「龜，象也。筮，數也。物生而後有象，象而後有滋，滋而後有數。」〔二三〕

〔一〕孟康曰：「當以閏盡歲爲蔀首，今失正，未盡一歲便以爲蔀首也。」師古曰：「蔀音剖，又音部。」
〔二〕孟康曰：「辰謂斗建。」臣瓚曰：「日月之會爲辰。」師古曰：「事在襄二十七年。」
〔三〕張晏曰：「周之十二月，夏之十月也。再失閏，當爲八月建酉，而云建申，誤也。仲尼曰『火猶西流，司曆過也』。劉歆徙以詩『七月流火』爲喻，不知八月火猶西流也。」
〔四〕師古曰：「餼，生牲也。禮，人君每月告朔於廟，有祭事，故用牲。子貢見其禮廢而欲去其羊，孔子曰：『賜也，汝愛其羊，我愛其禮。』事見論語。」
〔五〕蘇林曰：「厎，致也。」師古曰：「音之履反。」
〔六〕師古曰：「劉家本有此語。」

〔七〕孟康曰：「謂三統之微氣也，當施育萬物，故謂之德。」師古曰：「共讀曰供。」
〔八〕孟康曰：「辰有十二，其三爲天地人之統。老子曰『三生萬物』，是以餘九。辰得三氣，乃能施化。故每辰者，以三統之數乘之，是謂九三之法，得積萬九千六百八十三。」
〔九〕孟康曰：「以子數一乘丑三，餘次辰，亦每三乘之，周十一辰，得十七萬七千一百四十七。」
〔一〇〕孟康曰：「以六乘黃鐘之九，得五十四。」
〔一一〕孟康曰：「三三而九，二三而六，參兩之義也。」
〔一二〕孟康曰：「異類爲子母，謂黃鐘生林鐘也。同類爲夫婦，謂黃鐘以大呂爲妻也。」
〔一三〕如淳曰：「黃鐘生林鐘。」
〔一四〕如淳曰：「林鐘生太族。」
〔一五〕李奇曰：「聲一清一濁，合爲二，五聲凡十，合於十日，從甲至癸也。」孟康曰：「謂東方甲乙、南方丙丁之屬，分在五方，故五聲屬焉。」
〔一六〕張晏曰：「六氣，陰、陽、風、雨、晦、明也。」
〔一七〕孟康曰：「月令五方之味，酸鹹是也。」
〔一八〕孟康曰：「天陽數奇，一三五七九，五在其中。地陰數耦，二四六八十，六在其中。故曰天地之中合。」
〔一九〕孟康曰：「六甲之中唯甲寅無子，故有五子。」
〔二〇〕師古曰：「繇讀與由同。」
〔二一〕鄧展曰：「春秋則爲二矣。」孟康曰：「春爲陽中，萬物以生；秋爲陰中，萬物以成。舉春秋以目一歲。」

〔三三〕張晏曰：「二至、二分、立春、立夏、立秋、立冬。」

〔三四〕師古曰：「左氏傳載韓簡之言也。物生則有象，有象而滋益，滋益乃數起。龜以象告吉凶，筮以數示禍福。」

是故元始有象一也，春秋二也，三統三也，四時四也，合而爲十，成五體。以五乘十，大衍之數也，而道據其一，其餘四十九，所當用也，故蓍以爲數。以象兩兩之，又以象三三之，又以象四四之，又歸奇象閏十九〔一〕及所據一加之，因以再扐兩之，〔二〕是爲月法之實。如日法得一，則一月之日數也，而三辰之會交矣，是以能生吉凶。〔三〕故易曰：「天一地二，天三地四，天五地六，天七地八，天九地十。天數五，地數五，五位相得而各有合。天數二十有五，地數三十，凡天地之數五十有五，此所以成變化而行鬼神也。」〔四〕并終數爲十九，易窮則變，故爲閏法。〔五〕參天九，兩地十，是爲會數。參天數二十五，兩地數三十，是爲朔望之會。以會數乘之，則周於朔旦冬至，是爲會月。〔六〕九會而復元，〔七〕黃鐘初九之數也。經於四時，雖亡事必書時月。時所以記啓閉也，月所以紀分至也。啓閉者，節也。分至者，中也。節不必在其月，故時中必在正數之月。故傳曰：「先王之正時也，履端於始，舉正於中，歸餘於終。履端於始，序則不愆；舉正於中，民則不惑；歸餘於終，事則不誖。」〔八〕此聖王之重閏也。以五位乘會數，而朔旦冬至，是爲章月。四分月法，以其一乘章月，是爲中法。參閏法爲周至，以乘月法，以減中法而約之，則(六)〔七〕扐之數，爲一月之閏法，其餘七分。此中朔

相求之術也。朔不得中，是謂閏月，言陰陽雖交，不得中不生。故日法乘閏法，是爲統歲。三統，是爲元歲。元歲之閏，陰陽災，三統閏法。易九戹曰：初入元，百六，陽九；次三百七十四，陰九；〔九〕次四百八十，陽九；〔一〇〕次七百二十，陰七；〔一一〕次七百二十，陽七；〔一二〕次六百，陰五；次六百，陽五；〔一三〕次四百八十，陰三；次四百八十，陽三。〔一四〕凡四千六百一十七歲，與一元終。經歲四千五百六十，災歲五十七。〔一五〕是以春秋曰：「舉正於中。」又曰：「閏月不告朔，非禮也。閏以正時，時以作事，事以厚生，〔一六〕生民之道於是乎在矣。不告閏朔，棄時正也，何以爲民？」〔一七〕故善僖「五年春王正月辛亥朔，日南至，公既視朔，遂登觀臺以望，而書，禮也。凡分至啓閉，必書雲物，爲備故也」。至昭二十年二月己丑，日南至，失閏，至在非其月。梓慎望氛氣而弗正，不履端於始也。故傳不曰冬至，而曰日南至。極於牽牛之初，日中之時景最長，以此知其南至也。斗綱之端連貫營室，織女之紀指牽牛之初，以紀日月，故曰星紀。五星起其初，日月起其中，凡十二次。日至其初爲節，至其中斗建下爲十二辰。視其建而知其次。故曰「制禮上物，不過十二，天之大數也」。經曰春王正月，傳曰周正月「火出，於夏爲三月，商爲四月，周爲五月。夏數得天」，〔一八〕得四時之正也。〔一九〕三代各據一統，明三統常合，而迭爲首，〔二〇〕登降三統之首，周還五行之道也。故三五相包而生。天統之正，始施於子半，〔二一〕日萌色赤。地統受之於丑初，日肇化而黃，至丑半，日牙化

而白。人統受之於寅初，日孽成而黑，至寅半，日生成而青。天施復於子，地化自丑畢於辰，〔二二〕人生自寅成於申。〔二三〕故曆數三統，天以甲子，〔二四〕地以甲辰，〔二五〕人以甲申。〔二六〕孟仲季迭用事爲統首。三微之統既著，而五行自青始，其序亦如之。五行與三統相錯。傳曰「天有三辰，地有五行」，然則三統五星可知也。易曰：「參五以變，錯綜其數。通其變，遂成天下之文；極其數，遂定天下之象。」〔二七〕太極運三辰五星於上，而元氣轉三統五行於下。其於人，皇極統三德五事。故三辰之合於三統也，日合於天統，月合於地統，斗合於人統。五星之合於五行，水合於辰星，火合於熒惑，金合於太白，木合於歲星，土合於塡星。三辰五星而相經緯也。天以一生水，地以二生火，天以三生木，地以四生金，天以五生土。五勝相乘，以生小周，以乘乾坤之策，而成大周。陰陽比類，交錯相成，故九六之變登降於六體。三微而成著，三著而成象，二象十有八變而成卦，四營而成易，爲七十二，參三統兩四時相乘之數也。參之則得乾之策，兩之則得坤之策。〔二八〕以陽九九之，爲六百四十八，以陰六六之，爲四百三十二，凡一千八十，陰陽各一卦之微算策也。八之，爲八千六百四十，而八卦小成。引而信之，〔二九〕又八之，爲六萬九千一百二十，天地再之，爲十三萬八千二百四十，然後大成。五星會終，觸類而長之，以乘章歲，爲二百六十二萬六千五百六十，而與日月會。三會爲七百八十七萬九千六百八十，而與三統會。三統二千三百六十三萬九千四十，而復於太極上

元。九章歲而六之爲法，太極上元爲實，實如法得一，陰(一)陽各萬一千五百二十，當萬物氣體之數，天下之能事畢矣。

〔一〕孟康曰：「歲有閏分七，分滿十九，則爲閏也。」師古曰：「奇音居宜反。」

〔二〕師古曰：「扐音勒。」

〔三〕孟康曰：「三辰，日月星也。軌道相錯，故有交會。交會即陰陽有干陵勝負，故生吉凶也。」

〔四〕師古曰：「皆上繫之辭。」

〔五〕孟康曰：「天終數九，地終數十。窮，終也，言閏亦日之窮餘，故取二終之數以爲義。」

〔六〕孟康曰：「會月，二十七章之月數也，得朔旦冬至日與歲復。」

〔七〕孟康曰：「謂四千六百一十七歲之月數也，所謂元月。」

〔八〕師古曰：「自此以上，左氏傳之辭也。履端於始，謂步曆之始，以爲術之端首也。舉正於中，謂分一朞爲十二月，舉中氣以正月也。歸餘於終，謂有餘日，則歸於終，積而成閏也。誖，乖也，音布內反。」

〔九〕孟康曰：「易傳也。所謂陽九之戹，百六之會者也。初入元百六歲有戹者，則前元之餘氣也，若餘分爲閏也。易爻有九六七八，百六與三百七十四，六乘八之數也，六八四十八，合爲四百八十歲也。」

〔一〇〕孟康曰：「亦六乘八之數也，於易爻六有變，故再數也。」如淳曰：「六八四十八，爲四百八十歲，有九年旱。」

〔一一〕孟康曰：「〔亦〕九乘八之數也。八九七十二，爲七百二十歲。」

〔一二〕孟康曰：「亦九乘八之數也。於易爻九變，故再數也。」如淳曰：「八十歲紀一甲子冬至。以八乘九，八九七十二，故七百二十歲，乃有災也。」

〔三〕孟康曰：「七八爻乘八之數也。七乘八得五百六十歲，八乘八得六百四十歲，合千二百歲也。於易爻七八不變，氣不通，故合而數之，各得六百歲也。」如淳曰：「爻有七八，八八六十四，七八五十六，二爻之數，合千二百。滿純陰七八不變，故通其氣，使各六百歲，乃有災。」

〔四〕孟康曰：「此六乘八之數也。六既有變，又陰爻也，陽奇陰偶，故九再數，而六四數，七八不變，又無偶，各一數。一元之中，有五陽四陰，陽旱陰水，九七五三，皆陽數也，故曰陽九之戹。」如淳曰：「九六者，陽奇陰偶。偶，故重出，覆取上六八四十八，故同四百八十歲。正以九七五三爲災者，從天奇數也。易天之數曰：『立天之道，曰陰與陽。』繫天故取其奇爲災歲數。八十歲則甲子冬至，一甲子六十日，一歲三百六十日，八十歲，得四百八十甲子又五日。五八四十，爲四百日又四分日之一。八十歲有八十分，八十分爲二十日，凡四百八十日，得七十甲子。八十歲合四百八十七甲子，餘分皆盡，故八十歲則一甲子冬至也。」

〔五〕孟康曰：「經歲，從百六終陽三也，得災歲五十七，合爲一元，四千六百一十七歲。」

〔六〕師古曰：「言四時漸差，則置閏以正之，因順時而命事，事得其序，則年穀豐孰。」

〔七〕師古曰：「自此以上，皆左氏傳之辭也。爲，治也。」

〔八〕師古曰：「自此以上，左傳之辭。」

〔九〕師古曰：「迭，互也，音大結反。此下亦同。」

〔一〇〕師古曰：「還讀曰旋。」

〔一一〕蘇林曰：「子之西，亥之東，其中間也。或曰於子午曰地統，受於丑初。」臣瓚曰：「謂分十二辰，各有上中下，冒牛，謂在中也，又受於寅初，此謂上也。」

〔一二〕如淳曰：「地以十二月生萬物，三月乃畢。」

〔一三〕如淳曰：「人功自正月至七月乃畢。」

〔一四〕李奇曰：「夏正月朔日。」

〔一五〕韋昭曰：「殷正月朔日。」

〔一六〕李奇曰：「周正月朔日。」

〔一七〕師古曰：「易上繫之辭。」

〔一八〕蘇林曰：「策，數也。」

〔一九〕師古曰：「信讀曰伸。」

校勘記

九五五頁七行　百（餘）餘人，　景祐、殿、局本都不重「餘」字。

九五六頁一〇行　夫推曆生律（七）制器，　王先謙說「制器」二字上屬爲句。

九五七頁四行　粲音（易）蠡。　景祐本無「蠡」字。

九五七頁一五行　蕩（躁）〔滌〕人之邪意，　景祐、殿、局本都作「滌」。

九五九頁三行　取竹之解谷（穴）生，其竅厚均者，（七）斷兩節間而吹之，　注〔六〕在「解谷」下，明孟康以「生」字連下文讀。陳浩說此於文義不順，當以「取竹之解谷生」爲讀，「其竅均厚者」爲句，於文始順。　王先謙說句讀當如陳說，猶言解谷所生耳。

九五九頁九行　冒陰大，旅助黃鐘（宮）〔宣〕氣而牙物也。　景祐、殿本都作「宣」。

九六〇頁九行　生而（孔外肉）〔肉孔外內〕厚薄自然均者，　據景祐、殿、局本改。

九六一頁六行　（該）〔閡〕，臧塞也。　景祐、殿本都作「閡」。　王先謙說作「閡」是。

九六三頁一五行　繇讀（爲）〔與〕由同。　景祐、殿本都作「與」。　王先謙說作「與」是。

九六五頁八行　日月初（纏）〔躔〕，　景祐、殿本都作「躔」，孟康注同。

九七〇頁七行　謂爲（鍾）〔錘〕之形如環也。　景祐、殿、局本都作「錘」。　王先謙說作「錘」是。

九七九頁三行　列人事而（目）〔因〕以天時。　殿本作「因」，景祐本作「固」。

九八三頁一五行　則（六）〔七〕扐之數，　錢大昕說「六」當作「七」。

九八六頁一行　實如法得一，陰（一）陽各萬一千五百二十，　張文虎說「實如法得一」當絕句，算家常語，淺人誤以「一陰」連屬，遂又於「陽」上亦增「一」字。

九八六頁一五行　〔亦〕九乘八之數也。　「亦」字據景祐、殿本補。

漢書卷二十一下

律曆志第一下

統母

日法八十一。〔一〕元始黃鐘初九自乘，一龠之數，得日法。

〔一〕孟康曰：「分一日爲八十一分，爲三統之本母也。」

閏法十九，因爲章歲。合天地終數，得閏法。

統法千五百三十九。以閏法乘日法，得統法。

元法四千六百一十七。參統法，得元法。

會數四十七。參天九，兩地十，得會數。

章月二百三十五。五位乘會數，得章月。

月法二千三百九十二。推大衍象，得月法。

通法五百九十八。四分月法，得通法。

中法十四萬五百三十。以章月乘通法，得中法。

周天五十六萬二千一百二十。以章月乘月法，得周天。

歲中十二。以三統乘四時，得歲中。

月周二百五十四。以章月加閏法，得月周。

朔望之會百三十五。參天數二十五，兩地數三十，得朔望之會。

會月六千三百四十五。以會數乘朔望之會，得會月。

統月萬九千三十五。參會月，得統月。

元月五萬七千一百五。參統月，得元月。

章中二百二十八。以閏法乘歲中，得章中。

統中萬八千四百六十八。以日法乘章中，得統中。

元中五萬五千四百四。參統中，得元中。

策餘八千八十。什乘元中，以減周天，得策餘。

周至五十七。參閏法，得周至。

(統)〔紀〕母。

木金相乘爲十二，是爲歲星小周。小周乘巛策，爲千七百二十八，是爲歲星歲數。

見中分二萬七百三十六。

積中十三，中餘百五十七。

見中法千五百八十三。見數也。

見閏分萬二千九十六。

積月十三，月餘萬五千七十九。

見月法三萬七十七。

見中日法七百三十萬八千七百一十一。

見月日法二百四十三萬六千二百三十七。

金火相乘爲八，又以火乘之爲十六而小復。小復乘乾策，爲三千四百五十六，是爲太白歲數。

見中分四萬一千四百七十二。

積中十九，中餘四百一十三。

見中法二千一百六十一。復數。

見閏分二萬四千一百九十二。

積月十九，月餘三萬二千三十九。

見月法四萬一千五十九。

晨中分二萬三千三百二十八。

積中十，中餘千七百一十八。(「十」一作「七」)

夕中分萬八千一百四十四。

積中八，中餘八百五十六。

晨閏分萬三千六百八。

積月十一，月餘五千一百九十一。

夕閏分萬五百八十四。

積月八，月餘二萬六千八百四十八。

見中日法九百九十七萬七千三百三十七。

見月日法三百三十二萬五千七百七十九。

土木相乘而合經緯爲三十，是爲鎭星小周。小周乘巛策，爲四千三百二十，是爲鎭星歲數。

見中分五萬一千八百四十。

積中十二，中餘千七百四十。

見中法四千一百七十五。見數也。

見閏分三萬二百四十。

積月十二，月餘六萬三千三百。

見月法七萬九千三百二十五。

見中日法千九百二十七萬五千九百七十五。

見月日法六百四十二萬五千三百二十五。

火經特成，故二歲而過初，三十二過初爲六十四歲而小周。小周乘乾策，則太陽大周，爲萬三千八百二十四歲，是爲熒惑歲數。

見中分十六萬五千八百八十八。

積中二十五，中餘四千一百六十三。

見中法六千四百六十九。見數也。

見閏分九萬六千七百六十八。

積月二十六，月餘五萬二千九百五十四。

見月法十二萬二千九百一十一。〔「二千」一作「一千」〕

見中日法二千九百八十六萬七千三百七十三。

見月日法九百九十五萬五千七百九十一。

水經特成，故一歲而及初，六十四及初而小復。小復乘坤策，則太陰大周，爲九千二百一十六歲，是爲辰星歲數。

見中分十一萬五百九十二。

積中三，中餘三萬二千四百六十九。

見中法二萬九千四十一。復數也。

見閏分六萬四千五百一十二。

積月三，月餘五十一萬四百二十三。

見月法五十五萬一千七百七十九。

晨中分六萬二千二百八。

積中二，中餘四千一百二十六。

夕中分四萬八千三百八十四。

積中一，中餘萬九千三百四十三。

晨閏分三萬六千二百八十八。

積月二，月餘十一萬四千六百八十二。

夕閏分二萬八千二百二十四。

積月一，月餘三十九萬五千七百四十一。

見中日法一億三千四百八萬二千二百九十七。

見月日法四千四百六十九萬四千九十九。

合太陰太陽之歲數而中分之，各萬一千五百二十。陽施其氣，陰成其物。

以星行率減歲數，餘則見數也。

東九西七乘歲數，并九七爲法，得一，金、水晨夕歲數。

以歲中乘歲數，是爲星見中分。

星見數，是爲見中法。

以歲閏乘歲數，是爲星見閏分。

以章歲乘見數，是爲見月法。

以元法乘見數，是爲見中日法。

以統法乘見數，是爲見月日法。

五步

木，晨始見，去日半次。順，日行十一分度二，百二十一日。始留，二十五日而旋。逆，日行七分度一，八十四日。復留，二十四日三分而旋。復順，日行十一分度二，百一十一日有百八十二萬八千三百六十二分而伏。凡見三百六十五日有百八十二萬八千三百六十五分，除逆，定行星三十度百六十六萬一千二百八十六分。凡見一歲，行一次而後伏。日行不盈十一分度一。伏三十三日三百三十三萬四千七百三十七分，行星三度百六十七萬三千四百五十一（一作「三」）分。一見，三百九十八日五百一十六萬三千一百二分，行星三十三度三百三十三萬四千七百三十七分。通其率，故曰日行千七百二十八分度之百四十五。

金，晨始見，去日半次。逆，日行二分度一，六日。始留，八日而旋。始順，日行四十六分度三十三，四十六日。順，疾，日行一度九十二分度十五，百八十四日而伏。凡見二百四十四日，除逆，定行星二百四十四度。伏，日行一度九十二分度三十三有奇。〔一〕伏八十三日，行星百一十三度四百三十六萬五千二百二十分。凡晨見、伏三百二十七日，行星三百五十七度四百三十六萬五千二百二十分。夕始見，去日半次。順，日行一度九十二分度十五，百八十一日百七分日四十五。順，遲，日行四十六分度三（一作「四」）十三，四十六日。始留，七日百七分日六十二分而旋。逆，日行二（一作「三」）分度一，六日而伏。凡見二百四十一日，除逆，定行星二百四十一度。伏，逆，日行八分度七有奇。伏十六（一作六十）日百二十九萬五

千三百五十二分，行星十四度三百六萬九千八百六十八分。一凡夕見伏，二百五十七日百二十九萬五千三百五十二(一作「二」)分，行星二百二十六度六百九十萬七千四百六十九分。一復，五百八十四日百二十九萬五千三百五十二分。行星亦如之，故曰日行一度。

〔二〕師古曰：「奇音居宜反。下皆類此。」

土，晨始見，去日半次。順，日行十五分度一，八十七日，始留，三十四日而旋。逆，日行八十一分度五，百一日。復留，三十三日八十六萬二千四百五十五分而旋。復順，日行十五分度一，八十五日而伏。凡見三百四十日八十六萬二千四百五十五分，除逆，定(一多「餘」字)行星五度四百四十七萬三千九百三十分。伏，日行不盈十五分度三。(百)三十七日千七百一十七萬一百七十分，行星七度八百七十三萬六千五百七十分。一見，三百七十七日千八百三萬二千六百二十五分，行星十二度千三百二十一萬五百分。通其率，故曰日行四千三百二十分度之百四十五。

火，晨始見，去日半次。順，日行九十二分度五十三，二百七十六日，始留，十日而旋。逆，日行六十二分度十七，六十二日。復留，十日而旋。復順，日行九十二分度五十三，二百七十六日而伏。凡見六百三十四日，除逆，定行星三百一度。伏，日行不盈九十二分度七十三(分)，伏百四十六日千五百六十八萬九千七百分，行星百一十四度八百二十一萬八千五

百分。一見，七百八十日千五百六十八萬九千七百分，凡行星四百一十五度八百二十一萬八千五百分。通其率，故曰日行萬三千八百二十四分度之七千三百五十五。

水，晨始見，去日半次。逆，日行二度，一日。始留，二日而旋。順，日行七分度六，(一多「十」字)七日。順，疾，日行一度三分度一，(一多「二」字)十八日而伏。凡見二十八日，除逆，定行星二十八度。伏，日行一度九分度七有奇，三十七日一億二千二百二萬九千六百五分，行星六十八度四千六百六十一萬一百二十八分。凡晨見、伏，六十五日一億二千二百二萬九千六百五分，行星九十六度四千六百六十一萬一百二十八分。夕始見，去日半次。順，疾，日行一度三分度一，十六日二分日一。順，遲，日行七分度六，七(一作「十」)日。留，一日二分日一而旋。逆，日行二度，一日而伏。凡見二十六日，除逆，定行星二十六度。伏，逆，日行十五分度四有奇，二十四日，行星六度五千八百六十六萬二千八百二十分。凡夕見伏，五十日，行星十九度七千五百四十一萬九千四百七十七分。一復，百一十五日一億二千二百二萬九千六百五分。行星亦如之，故曰日行一度。

統術

推日月元統，置太極上元以來，外所求年，盈元法除之，餘不盈統者，則天統甲子以來年數也。盈統，除之，餘則地統甲辰以來年數也。又盈統，除之，餘則人統甲申以來年數也。各以其統首日爲紀。

推天正，以章月乘(人)〔入〕統歲數，盈章歲得一，名曰積月，不盈者名曰閏餘。閏餘十二以上，歲有閏。求地正，加積月一；求人正，加二。

推正月朔，以月法乘積月，盈日法得一，名曰積日，不盈者名曰小餘。小餘三十八以上，其月大。積日盈六十，除之，不盈者名曰大餘。數從統首日起，算外，則朔日也。求其次月，加大餘二十九，小餘四十三。小餘盈日法得一，從大餘，數除如法。求弦，加大餘七，小餘三十一。求望，倍弦。

推閏餘所在，以十二乘閏餘，加(十)〔七〕得一。盈章中，數所得，起冬至，算外，則中至終閏盈。中氣在朔若二日，則前月閏也。

推冬至，以(算)〔策〕餘乘(人)〔入〕統歲數，盈統法得一，名曰大餘，不盈者名曰小餘。除數如法，則所求冬至日也。

求八節，加大餘四十五，小餘千一(百)〔十〕。求二十四氣，三其小餘，加大餘十五，小餘千一十。

推中部二十四氣，皆以元爲法。

推五行，其四行各七十三日，統(歲)〔法〕分之七十七。中央各十八日，統法分之四百四。冬至後，中央二十七日六百六分。

推合晨所在星，置積日，以統法乘之，以十九乘小餘而并之。盈周天，除去之；不盈者，令盈統法得一度。數起牽牛，算外，則合晨所入星度也。

推其日夜半所在星，以章歲乘月小餘，以減合晨度。小餘不足者，破全度。

推其月夜半所在星，以月周乘月小餘，盈統法得一度，以減合晨度。

推諸加時，以十二乘小餘爲實，各盈分母爲法，數起於子，算外，則所加辰也。

推月食，置會餘歲積月，以二十三乘之，盈百三十五，除之。不盈者，加二十三得一月，盈百三十五，數所得，起其正，算外，則食月也。加時，在望日衝辰。

紀術

推五星見復，置太極上元以來，盡所求年，乘大統見復數，盈歲數得一，則定見復數也。不盈者名曰見復餘。見復餘盈其見復數，一以上見在往年，倍一以上，又在前往年，不盈者在今年也。

推星所(一多「在」字)見中次，以見中分乘定見復數，盈見中法得一，則積中(法)也。不

盈者名曰中餘。以元中除積中，餘則中元餘也。以章中除之，餘則入章中數也。以十二除之，餘則星見中次也。中數從冬至起，次數從星紀起，算外，則星所見中次也。

推星見月，以閏分乘定見〔復數〕，以章歲乘中餘從之，盈見月法得一，并積中，則積月也。不盈者名曰月（中）餘。以元月除積月餘，名曰月元餘。以章月除月元餘，則入章月數也。以十二除之，至有閏之歲，除十三入章。三歲一閏，六歲二閏，九歲三閏，十一歲四閏，十四歲五閏，十七歲六閏，十九歲七閏。不盈者數起於天正，算外，則星所見月也。

推至日，以中法乘中元餘，盈元法得一，名曰積日，不盈者名曰小餘。小餘盈二千五百九十七以上，中大。數除積日如法，算外，則冬至也。

推朔日，以月法乘月元餘，盈日法得一，名曰積日，餘名曰小餘。小餘三十八以上，月大。數除積日如法，算外，則星見月朔日也。

推入中次日度數，以中法乘中餘，以見中法乘其小餘并之，盈見中日法得一，則入中日入次度數也。中（次）〔以〕至日數，次以次初數，算外，則星所見及日所在度數也。求夕，在日後十五度。

推入月日數，以月法乘月餘，以見月法乘其小餘并之，盈見月日法得一，則入月日數也。并之大餘，數除如法，則見日也。

推後見中，加積中於中元餘，加後〔中〕餘於中餘，盈其法得一，從中元餘，〔除〕數如法，則〔後〕見〔中〕也。

推後見月，加積月於月元餘，加後月餘於月餘，盈其法得一，從月元餘，除數如法，則後見月也。

推至日及入中次度數，如上法。

推朔日及入月數，如上法。

推晨見加夕，夕見加晨，皆如上法。

推五步，置始見以來日數，至所求日，各以其行度數乘之。其星若日有分者，分子乘全爲實，分母爲法。其兩有分者，分母分度數乘全，分子從之，令相乘爲實，分母相乘爲法，實如法得一，名曰積度。數起星初見（星宿）所在宿度，算外，則星所在宿度也。

歲術

推歲所在，置上元以來，外所求年，盈歲數，除去之，不盈者以百四十五乘之，以百四十四爲法，如法得一，名曰積次，不盈者名曰次餘。積次盈十二，除去之，不盈者名曰定次。數從星紀起，算盡之外，則所在次也。欲知太歲，以六十除（餘）積次，餘不盈者，數從丙子起，算盡之外，則太歲日也。

贏縮。傳曰：「歲棄其次而旅於明年之次，以害鳥帑，〔一〕周楚惡之。」五星之（盈）〔贏〕縮不是過也。過次者殃大，過舍者災小，不過者亡咎。次度。六物者，歲時（數）日月星辰也。辰者，日月之會而建所指也。

〔一〕師古曰：「帑與奴同。」

星紀，初斗十二度，大雪。中牽牛初，冬至。於夏爲十一月，商爲十二月，周爲正月。終於婺女七度。

玄枵，初婺女八度，小寒。中危初，大寒。於夏爲十二月，商爲正月，周爲二月。終於危十五度。

諏訾，初危十六度，立春。中營室十四度，驚蟄。今日雨水，於夏爲正月，商爲二月，周爲三月。終於奎四度。

降婁，初奎五度，雨水。今日驚蟄。中婁四度，春分。於夏爲二月，商爲三月，周爲四月。終於胃六度。

大梁，初胃七度，穀雨。今日清明。中昴八度，清明。今日穀雨，於夏爲三月，商爲四月，周爲五月。終於畢十一度。

實沈、初畢十二度，立夏。中井初，小滿。於夏爲四月，商爲五月，周爲六月。終於井十五度。

鶉首，初井十六度，芒種。中井三十一度，夏至。於夏爲五月，商爲六月，周爲七月。終於柳八度。

鶉火，初柳九度，小暑。中張三度，大暑。於夏爲六月，商爲七月，周爲八月。終於張十七度。

鶉尾，初張十八度，立秋。中翼十五度，處暑。於夏爲七月，商爲八月，周爲九月。終於軫十一度。

壽星，初軫十二度，白露。中角十度，秋分。於夏爲八月，商爲九月，周爲十月。終於氐四度。

大火，初氐五度，寒露。中房五度，霜降。於夏爲九月，商爲十月，周爲十一月。終於尾九度。

析木，初尾十度，立冬。中箕七度，小雪。於夏爲十月，商爲十一月，周爲十二月。終於斗十一度。

角十二。　亢九。　氐十五。　房五。　心五。　尾十八。　箕十一。

東七十五度。
斗二十六。 牛八。 女十二。 虛十。 危十七。 營室十六。
壁九。
北九十八度。
奎十六。 婁十二。 胃十四。 昴十一。 畢十六。 觜二。
參九。
西八十度。
井三十三。 鬼四。 柳十五。 星七。 張十八。 翼十八。
軫十七。
南百一十二度。
九章歲爲百七十一歲，而九道小終。九終千五百三十九歲而大終。三終而與元終。進退於牽牛之前四度五分。九會。陽以九終，故日有九道。陰兼而成之，故月有十九道。陽名成功，故九會而終。四營而成易，故四歲中餘一，四章而朔餘一，爲篇首，八十一章而終一統。
一，甲子元首。漢太初元年。 十，辛酉。 十九，己未。 二十八，丁巳。 三十七，乙

卯。 四十六，壬子。 五十五，庚戌。 六十四，戊申。 七十三，丙午，中。
甲辰二統。 辛丑。 己亥。 丁酉。 乙未。 壬辰。 庚寅。 戊子。 丙戌，
季。
甲申三統。 辛巳。 己卯。 丁丑。文王四十二年。 乙亥。微二十六年。 壬申。
庚午。 戊辰。 丙寅，孟。懿二十二年。
二，癸卯。 十一，辛丑。 二十，己亥。 二十九，丁酉。 （二）〔三〕十八，甲午。
四十七，壬辰。 五十六，庚寅。 六十五，戊子。 七十四，乙酉，中。
癸未。 辛巳。 己卯。 丁丑。 甲戌。 壬申。 庚午。 戊辰。 乙丑，季。
癸亥。 辛酉。 己未。 丁巳。周公五年。 甲寅。 壬子。 庚戌。 戊申元四
年。
乙巳，孟。
三，癸未。 十二，辛巳。 二十一，己卯。 三十，丙子。 三十九，甲戌。 四十
八，壬申。 五十七，庚子。 六十六，丁卯。 七十五，乙丑，中。
癸亥。 辛酉。 己未。 丙辰。 甲寅。 壬子。 庚戌。 丁未。 乙巳，季。
癸卯。 辛丑。 己亥。 丙申。 甲午。 壬辰。 庚寅。成十二年。 丁亥。
乙酉，孟。

四，癸亥。初元二年。 十三，辛酉。 二十二，戊午。 三十一，丙辰。 四十，甲寅。
四十九，壬子。 五十八，己酉。 六十七，丁未。 七十六，乙巳，中。
癸卯。 辛丑。 戊戌。 丙申。 甲午。 壬辰。 己丑。 丁亥。 乙酉，季。
癸未。 辛巳。 戊寅。 丙子。 甲戌。 壬申。惠三十八年。 己巳。 丁卯。
乙丑，孟。
五，癸卯。河平元年。 十四，庚子。 二十三，戊戌。 三十二，丙申。 四十一，甲
午。 五十，辛卯。 五十九，己丑。 六十八，丁亥。 七十七，乙酉，中。
癸未。 庚辰。 戊寅。 丙子。 甲戌。 辛未。 己巳。 丁卯。 乙丑，季。
商太甲元年。
癸亥。 庚申。 戊午。 丙辰。 甲寅。獻十五年。 辛亥。 己酉。 丁未。
乙巳，孟。楚元三年。
六，壬午。 十五，庚辰。 二十四，戊寅。 三十三，丙子。 四十二，癸酉。 五
十一，辛未。 六十，己巳。 六十九，丁卯。 七十八，甲子，中。
壬戌。 庚申。 戊午。 丙辰。 癸丑。 辛亥。 己酉。 丁未。 甲辰，季。
壬寅。 庚子。 戊戌。 丙申。煬二十四年。 癸巳。 辛卯。 己丑。 丁亥。

康四年。 甲申，孟。
七，壬戌。始建國三年。 十六，庚申。 二十五，戊午。 三十四，乙卯。 四十三，癸
丑。 五十二，辛亥。 六十一，己酉。 七十，丙午。 七十九，甲辰，中。
壬寅。 庚子。 戊戌。 乙未。 癸巳。 辛卯。 己丑。 丙戌。 甲申，季。
壬午。 庚辰。 戊寅。 乙亥。 癸酉。 辛未。 己巳。定七年。 丙寅。 甲
子，孟。
八，壬寅。 十七，庚子。 二十六，丁酉。 三十五，乙未。 四十四，癸巳。 五
十三，辛卯。 六十二，戊子。 七十一，丙戌。 八十，甲申，中。
壬午。 庚辰。 丁丑。 乙亥。 癸酉。 辛未。 戊辰。 丙寅。 甲子，季。
壬戌。 庚申。 丁巳。 乙卯。 癸丑。 辛亥。僖五年。 戊申。 丙午。
甲辰，孟。
九，壬午。 十八，己卯。 二十七，丁丑。 三十六，乙亥。 四十五，癸酉。 五
十四，庚午。 六十三，戊辰。 七十二，丙寅。 八十一，甲子，中。
壬戌。 己未。 丁巳。 乙卯。 癸丑。 庚戌。 戊申。 丙午。 甲辰，季。
壬寅。 己亥。 丁酉。 乙未。 癸巳。懿九年。 庚寅。 戊子。 丙戌。

甲申，孟。元朔六年。

推章首朔旦冬至日，置大餘三十九，小餘六十一，數除如法，各從其統首起。求其後章，當加大餘三十九，小餘六十一，各盡其八十一章。

推篇，大餘亦如之，小餘加一。求周至，加大餘五十九，小餘二十一。

世經

春秋昭公十七年「郯子來朝」，傳曰昭子問少昊氏鳥名何故，[一]對曰：「吾祖也，我知之矣。昔者，黃帝氏以雲紀，故爲雲師而雲名；炎帝氏以火紀，故爲火師而火名；共工氏以水紀，故爲水師而水名；[二]太昊氏以龍紀，故爲龍師而龍名。我高祖少昊(摰)〔摯〕之立也，鳳鳥適至，故紀於鳥，爲鳥師而鳥名。」言郯子據少昊受黃帝，黃帝受炎帝，炎帝受共工，共工受太昊，故先言黃帝，上及太昊。稽之於易，炮犧、神農、黃帝相繼之世可知。[三]

[一]師古曰：「郯，國名；子，其君之爵也。郯國即東海郯縣是也。朝，朝於魯也。昭子，魯大夫叔孫昭子也，名婼。」

[二]師古曰：「共讀曰龔。下皆類此。」

[三]師古曰：「炮與庖同也。」

太昊帝　易曰：「炮犧氏之王天下也。」言炮犧繼天而王，爲百王先，首德始於木，故爲

帝太昊。作罔罟以田漁，取犧牲，[一]故天下號曰炮犧氏。祭典曰：「共工氏伯九域。」[二]言雖有水德，在火木之間，非其序也。任知刑以彊，故伯而不王。秦以水德，在周、漢木火之間。[三]周人䙴其行序，故易不載。[四]

[一]師古曰：「罟音古。」

[二]師古曰：「祭典，即禮經祭法也。伯讀與霸同。下亦類此。」

[三]師古曰：「志言秦爲閏位，亦猶共工不當五德之序。」

[四]鄧展曰：「䙴，去也，以其非次故去之。」師古曰：「此指謂共工也。䙴，古遷字。其下並同。」

炎帝　易曰：「炮犧氏沒，神農氏作。」言共工伯而不王，雖有水德，非其序也。以火承木，故爲炎帝。教民耕農，故天下號曰神農氏。

黃帝　易曰：「神農氏沒，黃帝氏作。」火生土，故爲土德。與炎帝之後戰於阪泉，遂王天下。始垂衣裳，有軒冕之服，[一]故天下號曰軒轅氏。

[一]鄧展曰：「凡冠，前卑後高，故曰軒冕也。」師古曰：「此說非也。軒，軒車也。冕，冕服也。春秋左氏傳曰『服冕乘軒』。」

少昊帝　考德曰少昊曰清。[一]清者，黃帝之子清陽也，是其子孫名摯立。土生金，故爲金德，天下號曰金天氏。周䙴其樂，故易不載，序於行。

[一]師古曰：「考德者，考五帝德之書也。」

顓頊帝　春秋外傳曰，少昊之衰，九黎亂德，顓頊受之，乃命重黎。蒼林昌意之子也。金生水，故爲水德。天下號曰高陽氏。周䙴其樂，故易不載，序於行。

帝嚳　春秋外傳曰，顓頊之所建，帝嚳受之。清陽玄囂之孫也。〔水〕生木(故)，故爲木德。天下號曰高辛氏。帝摯繼之，不知世數。周䙴其樂，故易不載。周人禘之。

唐帝　帝系曰，帝嚳四妃，陳豐生帝堯，封於唐。蓋高辛氏衰，天下歸之。木生火，故爲火德，天下號曰陶唐氏。讓天下於虞，使子朱處于丹淵爲諸侯。即位七十載。

虞帝　帝系曰，顓頊生窮蟬，五世而生瞽叟，瞽叟生帝舜，處虞之媯汭，[一]堯嬗以天下。[二]火生土，故爲土德。天下號曰有虞氏。讓天下於禹，使子商均爲諸侯。即位五十載。

[一]師古曰：「媯，水名也。水曲曰汭，音人銳反。」

[二]師古曰：「嬗，古禪讓字也。其下亦同。」

伯禹　帝系曰，顓頊五世而生鯀，鯀生禹，虞舜嬗以天下。土生金，故爲金德。天下號曰夏后氏。繼世十七王，四百三十二歲。

成湯　書經湯誓湯伐夏桀。金生水，故爲水德。天下號曰商，後曰殷。[一]

[一]孟康曰：「初契封商，湯居殷而受命，故二號。」

三統，上元至伐桀之歲，十四萬一千四百八十歲，歲在大火房五度，故傳曰：「大火，閼伯之星也，實紀商人。」後爲成湯，方即世崩沒之時，爲天子用事十三年矣。商十二月乙丑朔旦冬至，故書序曰：「成湯既沒，太甲元年，使伊尹作伊訓。」伊訓篇曰：「惟太甲元年十有二月乙丑朔，伊尹祀于先王，誕資有牧方明。」言雖有成湯、太丁、外丙之服，以冬至越茀祀先王于方明[一]以配上帝，是朔旦冬至之歲也。後九十五歲，商十二月甲申朔旦冬至，亡餘分，是爲孟統。自伐桀至武王伐紂，六百二十九歲，故傳曰殷「載祀六百」。

[一]如淳曰：「覲禮，諸侯觀天子，爲壇十有二尋，加方明于其上。」孟康曰：「方明者，神明之象也，以木爲之，方四尺，畫六采，東青，西白，南赤，北黑，上玄，下黃。」

殷曆曰，當成湯方即世用事十三年，十一月甲子朔旦冬至，終六府首。[一]當周公五年，則爲距伐桀四百五十八歲，少百七十一歲，不盈六百二十九。又以夏時乙丑爲甲子，計其年乃孟統後五章，癸亥朔旦冬至也。以爲甲子府首，皆非是。凡殷世繼嗣三十一王，六百二十九歲。

[一]師古曰：「府首即蔀首。」

四分，上元至伐桀十三萬二千一百一十三歲，其八十八紀，甲子府首，入伐桀後百二十七歲。

春秋曆，周文王四十二年十二月丁丑朔旦冬至，孟統之二會首也。後八歲而武王伐紂。

武王　書經牧誓武王伐商紂。水生木，故爲木德。天下號曰周室。文王受命九年而崩，再期，在大祥而伐紂，故書序曰：「惟十有一年，武王伐紂，（作）太誓。」八百諸侯會。還歸二年，乃遂伐紂克殷，以箕子歸，十三年也。故書序曰：「武王克殷，以箕子歸，作洪範。」洪範篇曰：「惟十有三祀，王訪于箕子。」自文王受命而至此十三年，歲亦在鶉火，故傳曰：「歲在鶉火，則我有周之分壄也。」師初發，以殷十一月戊子，日在析木箕七度，故傳曰：「日在析木。」是夕也，月在房五度。房爲天駟，故傳曰：「月在天駟。」後三日得周正月辛卯朔，合辰在斗前一度，斗柄也，故傳曰：「辰在斗柄。」明日壬辰，晨星始見。〔一〕癸巳武王始發，丙午還師，戊午度于孟津。孟津去周九百里，師行三十里，故三十一日而度。明日己未冬至，晨星與婺女伏，歷建星及牽牛，至於婺女天黿之首，故傳曰：「星在天黿。」周書武成篇：「惟一月壬辰，旁死霸，〔二〕若翌日癸巳，武王乃朝步自周，于征伐紂。」序曰：「一月戊午，師度于孟津。」至庚申，二月朔日也。四日癸亥，至牧壄，夜陳，甲子昧爽而合矣。故外傳曰：「王以二月癸亥夜陳。」武成篇曰：「粵若來三月，既死霸，粵五日甲子，咸劉商王紂。」〔三〕是歲也，閏數餘十八，正大寒中，在周二月己丑晦。明日閏月庚寅朔。三月二日庚申驚蟄。四月己丑朔死霸。死霸，朔也。生霸，望也。是月甲辰望，乙巳，旁之。故武成篇曰：「惟四月

既旁生霸，粵六日庚戌，武王燎于周廟。翌日辛亥，祀于天位。粵五日乙卯，乃以庶國祀馘于周廟。」〔四〕文王十五而生武王，受命九年而崩，崩後四年而武王克殷。克殷之歲八十六矣，後七歲而崩。故禮記文王世子曰：「文王九十七而終，武王九十三而終。」凡武王即位十一年，周公攝政五年，正月丁巳朔旦冬至，殷曆以爲六年戊午，距煬公七十六歲，入孟統二十九章首也。後二歲，得周公七年「復子明辟」之歲。是歲二月乙亥朔，庚寅望，後六日得乙未。故召誥曰：「惟二月既望，粵六日乙未。」又其三月甲辰朔，三日丙午。召誥曰：「惟三月丙午朏。」〔五〕古文月采篇曰「三日曰朏」。〔六〕是歲十二月戊辰晦，周公以反政。故洛誥篇曰：「戊辰，王在新邑，烝祭歲，命作策，惟周公誕保文武受命，惟七年。」

〔一〕師古曰：「晨，古晨字也。其字從臼。臼音居玉反。」

〔二〕孟康曰：「月二日以往，月（生）魄死（死），故言死魄。魄，月質也。」師古曰：「霸，古魄字同。」

〔三〕師古曰：「今文尚書之辭。劉，殺也。」

〔四〕師古曰：「亦今文尚書也。祀馘，獻于廟而告祀也。截耳曰馘，音居獲反。」

〔五〕孟康曰：「朏，月出也，音敷尾反。」

〔六〕師古曰：「月采說月之光采，其書則亡。」

成王元年正月己巳朔，此命伯禽俾侯于魯之歲也。〔一〕後三十年四月庚戌朔，十五日甲

子哉生霸。〔二〕故顧命曰「惟四月哉生霸，王有疾不豫，甲子，王乃洮沬水」，作顧命。〔三〕翌日乙丑，成王崩。康王十二年六月戊辰朔，三日庚午，故畢命豐刑曰：「惟十（月）（有）二年六月庚午朏，王命作策豐刑。」〔四〕

〔一〕師古曰：「俾，使也。封之使爲諸侯。」

〔二〕師古曰：「哉，始也。」

〔三〕師古曰：「洮，盥手也。沬，洗面也。洮音徒高反。沬即頮字也，音呼內反。」

〔四〕孟康曰：「逸書篇名。」

春秋、殷曆皆以殷，魯自周昭王以下亡年數，故據周公、伯禽以下爲紀。魯公伯禽，推即位四十六年，至康王十六年而薨。故傳曰「燮父、禽父並事康王」，〔一〕言晉侯燮、魯公伯禽俱事康王也。子考公就立，酋。〔二〕考公，世家即位四年，及煬公熙立。〔三〕煬公二十四年正月丙申朔旦冬至，殷曆以爲丁酉，距微公七十六歲。〔四〕

〔一〕師古曰：「燮父，晉唐叔虞之子。禽父，即伯禽也。父讀曰甫。甫者，男子之美稱。」

〔二〕師古曰：「又記此酋者，諸說不同，而名字或異也。下皆放此。酋音在由反。」

〔三〕師古曰：「及者，兄弟相及，非子繼父也。下皆類此。」

〔四〕師古曰：「煬音弋向反。」

世家，煬公即位六十年，子幽公宰立。幽公，世家即位十四年，及微公茀立，濞。〔一〕微

公二十六年正月乙亥朔旦冬至，殷曆以爲丙子，距獻公七十六歲。

〔一〕師古曰：「茀音弗。濞，古沸字。」

世家，微公即位五十年，子厲公翟立，擢。厲公，世家即位三十七年，及獻公具立。獻公十五年正月甲寅朔旦冬至，殷曆以爲乙卯，距懿公七十六歲。

世家，獻公即位五十年，子愼公埶立，嗥。〔一〕愼公，世家即位三十年，及武公敖立。武公，世家即位二年，子懿公被立，戲。〔二〕懿公九年正月癸巳朔旦冬至，殷曆以爲甲午，距惠公七十六歲。

〔一〕師古曰：「嗥音皮祕反，又音吁器反。」

〔二〕師古曰：「戲音許宜反。」

世家，懿公即位九年，兄子柏御立。柏御，世家即位十一年，叔父孝公稱立。孝公，世家即位二十七年，子惠公皇立。惠公三十八年正月壬申朔旦冬至，殷曆以爲癸酉，距釐公七十六歲。〔一〕

〔一〕師古曰：「釐讀曰僖。下皆類此。」

世家，惠公即位四十六年，子隱公息立。凡伯禽至春秋，三百八十六年。

春秋隱公，春秋即位十一年，及桓公軌立。此元年上距伐紂四百歲。

桓公，春秋即位十八年，子莊公同立。

莊公，春秋即位三十二年，子愍公啓方立。

愍公，春秋即位二年，及釐公申立。釐公五年正月辛亥朔旦冬至，殷曆以爲壬子，距成公七十六歲。

是歲距上元十四萬二千五百七十七歲，得孟統五十三章首。故傳曰：「五年春王正月辛亥朔，日南至。」「八月甲午，晉侯圍上陽。」(章)〔童〕謠云：「丙子之辰，龍尾伏辰，袀服振振，取虢之旂。〔一〕鶉之賁賁，天策焞焞，火中成軍，虢公其奔。」〔二〕卜偃曰：「其九月十月之交乎？丙子旦，日在尾，月在策，鶉火中，必是時也。」冬十二月丙子滅虢。言曆者以夏時，故周十二月，夏十月也。是歲，歲在大火。故傳曰晉侯使寺人披伐蒲，重耳奔狄。〔三〕董因曰：「君之行，歲在大火。」〔四〕後十二年，釐之十六歲，歲在壽星。故傳曰重耳處狄十二年而行，過衞五鹿，乞食於壄人，壄人舉出而與之。子犯曰：「天賜也，後十二年，必獲此土。歲復於壽星，必獲諸侯。」後八歲，釐之二十四年也，歲在實沈，秦伯納之。故傳曰董因云：「君以辰出，而以參入，必獲諸侯。」

〔一〕師古曰：「袀音均，又弋均反。振音之人反。」

〔二〕師古曰：「賁音奔。焞音徒門反，又土門反。」

〔三〕師古曰：「晉侯謂獻公也。寺人，奄人也，披其名也。蒲，晉邑也，公子重耳之所居。獻公用驪姬之讒，故令披伐之，而重耳懼罪出奔也。事見春秋左氏傳及國語。」

〔四〕師古曰：「董因，晉史也。本周太史辛有之後，以董主史官，故爲董氏，因其名也。」

春秋，釐公即位三十三年，子文公興立。文公元年，距辛亥朔旦冬至二十九歲。是歲閏餘十三，正小雪，閏當在十一月後，而在三月，故傳曰「非禮也」。後五年，閏餘十，是歲亡閏，而置閏。閏，所以正中朔也。亡閏而置閏，又不告朔，故經曰「閏月不告朔」，言亡此月也。傳曰：「不告朔，非禮也。」

春秋，文公即位十八年，子宣公倭立。〔一〕

〔一〕師古曰：「倭音於危反。」

宣公，春秋即位十八年，子成公黑肱立。成公十二年正月庚寅朔旦冬至，殷曆以爲辛卯，距定公七年七十六歲。

春秋，成公即位十八年，子襄公午立。襄公二十七年，距辛亥百九歲。九月乙亥朔，是建申之月也。魯史書：「十二月乙亥朔，日有食之。」傳曰：「冬十一月乙亥朔，日有食之，於是辰在申，司曆過也，再失閏矣。」言時實行以爲十一月也，不察其建，不考之於天也。二十八年距辛亥百一十歲，歲在星紀，故經曰：「春無冰。」傳曰：「歲在星紀，而淫於玄枵。」三十年歲在娵訾。三十一年歲在降婁。是歲距辛亥百一十三年，二月有癸未，上距文公十一年會于承匡之歲夏正月甲子朔凡四百四十有五甲子，奇二十日，爲日二萬六千六百有六旬。故傳曰絳縣老人曰：「臣生之歲，正月甲子朔，四百四十有五甲子矣。其季於今，三之一也。」師曠曰：「郤成子會于承匡之歲也，七十三年矣。」史趙曰：「亥有二首六身，下二如身，則其日數也。」〔一〕士文伯曰：「然則二萬六千六百有六旬也。」

〔一〕孟康曰：「下二畫使就身也。」師古曰：「杜預云『亥字二畫在上，并三六爲身，如算之六也。下亥上二畫，豎置身旁』。」

春秋，襄公即位三十一年，子昭公稠立。昭公八年歲在析木，十年歲在顓頊之虛，玄枵也。十八年距辛亥百三十一歲，五月有丙子、戊寅、壬午，火始昏見，宋、衞、陳、鄭火。二十年春王正月，距辛亥百三十三歲，是辛亥後八章首也。正月己丑朔旦冬至，失閏。故傳曰：「二月己丑，日南至。」三十二年，歲在星紀，距辛亥百四十五歲，盈一次矣。故傳曰：「越得歲，吳伐之，必受其咎。」

春秋，昭公即位三十二年，及定公宋立。定公七年，正月己巳朔旦冬至，殷曆以爲庚午，距元公七十六歲。

春秋，定公即位十五年，子哀公(將)〔蔣〕立。哀公十二年冬十二月流火，非建戌之月也。是月也螽，故傳曰：「火伏而後蟄者畢，今火猶西流，司曆過也。」詩曰：「七月流火。」春秋，哀公即位二十七年。自春秋盡哀十四年，凡二百四十二年。

六國　春秋哀公後十三年遜于邾，子悼公曼立，寧。悼公，世家即位三十七年，子元公嘉立。元公四年正月戊申朔旦冬至，殷曆以爲己酉，距康公七十六歲。元公，世家即位二十一年，子穆公衍立，顯。穆公，世家即位三十三年，子恭公奮立。恭公，世家即位二十二年，子康公毛立。康公四年正月丁亥朔旦冬至，殷曆以爲戊子，距緡公七十六歲。〔一〕康公，世家即位九年，子景公偃立。景公，世家即位二十九年，子平公旅立。平公，世家即位二十年，子緡公賈立。緡公二十二年正月丙寅朔旦冬至，殷曆以爲丁卯，距楚元七十六歲。緡公，世家即位二十三年，子頃公讐立。頃公，表十八年，秦昭王之五十一年也，秦始滅周。周凡三十六王，八百六十七歲。

〔一〕師古曰：「緡讀與愍同。下皆類此。」

秦伯〔二〕　昭(公)〔王〕，本紀無天子五年。孝文王，本紀即位一年。元年，楚考烈王滅魯頃公爲家人，周滅後六年也。莊襄王，本紀即位三年。始皇，本紀即位三十七年。二世，本紀即位三年。凡秦伯五世，四十九歲。

〔一〕師古曰：「伯讀曰霸。其下亦同。」

漢高祖皇帝，著紀，伐秦繼周。木生火，故爲火德。天下號曰漢。距上元年十四萬三千二十五歲，歲在大棣之東井二十二度，鶉首之六度也。故漢志曰歲在大棣，名曰敦牂，太歲在午。八年十一月乙巳朔旦冬至，楚元三年也。故殷曆以爲丙午，距元朔七十六歲。著紀，高帝即位十二年。

惠帝，著紀即位七年。

高（帝）〔后〕，著紀即位八年。

文帝，前十六年，後七年，著紀即位二十三年。

景帝，前七年，中六年，後三年，著紀即位十六年。

武帝建元、元光、元朔各六年。元朔六年十一月甲申朔旦冬至，殷曆以爲乙酉，距初元七十六歲。元狩、元鼎、元封各六年。漢曆太初元年，距上元十四萬三千一百二十七歲。前十一月甲子朔旦冬至，歲在星紀婺女六度，故漢志曰歲名困敦，〔一〕正月歲星出婺女。太初、天漢、太始、征和各四年，後二年，著紀即位五十四年。

昭帝始元、元鳳各六年，元平一年，著紀即位十三年。

〔一〕師古曰：「敦音頓。」

宣帝本始、地節、元康、神爵、五鳳、甘露各四年，黃龍一年，著紀即位二十五年。

元帝初元二年十一月癸亥朔旦冬至，殷曆以爲甲子，以爲紀首。是歲也，十月日食，非合辰之會，不得爲紀首。距建武七十六歲。初元、永光、建昭各五年，竟寧一年，著紀即位十六年。

成帝建始、河平、陽朔、鴻嘉、永始、元延各四年，綏和二年，著紀即位二十六年。

哀帝建平四年，元壽二年，著紀即位六年。

平帝，著紀即位元始五年，以宣帝玄孫嬰爲嗣，謂之孺子。孺子，著紀新都侯王莽居攝三年，王莽居攝，盜襲帝位，竊號曰新室。始建國五年，天鳳六年，地皇三年，著紀盜位十四年。更始帝，著紀以漢宗室滅王莽，即位二年。赤眉賊立宗室劉盆子，滅更始帝。自漢元年訖更始二年，凡二百三十歲。

光武皇帝，著紀以景帝後高祖九世孫受命中興復漢，改元曰建武，歲在鶉尾之張度。建武三十一年，中元二年，即位三十三年。

校勘記

九九二頁一四行　（統）〔紀〕母。　李銳說「統」是「紀」之誤。

九九四頁三行　積中十，中餘千七百一十八。（「十」一作「七」）　王先謙說「『十』一作『七』」四字乃後人校語，此下並同。按景祐、殿本「十」作「七」。

九九九頁八行　（百）三十七日　錢大昕說「百」字衍。按景祐本無「百」字。

九九九頁一四行　日行不盈九十二分度七十三（分）。　錢大昕說下「分」字衍。

一〇〇一頁三行　以章月乘（入）〔入〕統歲數，　錢大昕說「人」當作「入」。

一〇〇一頁九行　加（十）〔七〕得一。　錢大昕說「加十」當作「加七」。

一〇〇一頁一二行　以（算）〔策〕餘乘（入）〔入〕統歲數，　錢大昕說「算」當作「策」，「人」當作「入」。

一〇〇一頁一三行　小餘千一（百）〔十〕。　林文炳說當作「小餘千一十」。按景祐本正作「一十」。

一〇〇二頁一行　統（歲）〔法〕分之七十七。　錢大昕說「統歲」當作「統法」。李銳說「統歲」即「統法」。

一〇〇二頁一四行　盈見中法得一，則積中（法）也。　錢大昕說下「法」字衍。

一〇〇三頁三行　以閏分乘定見〔復數〕，　「復數」二字據李銳說增。

一〇〇三頁四行　不盈者名曰月（中）餘。　錢大昕說「中」字衍。

一〇〇三頁一三行　中（次）〔以〕至日數，　錢大昕說「次」當作「以」。

一〇〇四頁一行　加後〔中〕餘於中餘，盈其法得一，從中元餘，〔除〕數如法，則〔後〕見〔中〕也。　前「中」、「除」、「後」三字都據錢大昕說增，後「中」字據景祐、殿本增，原注有「一多『中』字」四字。

一〇〇四頁一〇行　數起星初見（星宿）所在宿度，　李銳說「星宿」二字衍。

一〇〇四頁一四行　以六十除（餘）積次，　錢大昕說「餘」字衍。

一〇〇五頁二行　五星之（盈）〔贏〕縮不是過也。　景祐、殿本都作「贏」。

一〇〇五頁三行　歲時（數）日月星辰也。　錢大昕說「數」字衍。

一〇〇八頁六行　（二）〔三〕十八，甲午。　景祐、殿、局本都作「三」。王先謙說作「三」是。

一〇一二頁八行　我高祖少昊（摯）〔摯〕之立也，　景祐、殿、局本都作「摯」。王先謙說作「摯」是。

一〇一三頁三行　〔水〕生木（故），　錢大昭說「生」上脫水「字」，「木」下衍「故」字。按景祐、殿本都作「水生木」。

一〇一五頁三行　武王伐紂，〔作〕太誓。　王先謙說以下文「故書序曰」至「作洪範」例之，「太誓」上當有「作」字。

一〇一六頁一〇行　月（生）魄死（死），　景祐、殿本都作「月生魄死」。

一〇一七頁二行　惟十（月）〔有〕二年六月庚午朏，　景祐、殿、局本都作「有」。王先謙說作「有」是。

一〇一九頁七行　（章）〔童〕謠云：　景祐、殿本都作「童」，此誤。

一〇二三頁一行　子哀公（將）〔蔣〕立。　殿本作「蔣」。王先謙說作「蔣」是。

一〇二三頁一三行　昭（公）〔王〕，本紀無天子五年。　景祐、殿本都作「王」。王先謙說作「王」是。

一〇二三頁七行　高（帝）后，　錢大昭說「帝」字誤。按景祐、殿本都作「后」。

漢書卷二十二

禮樂志第二

六經之道同歸，而禮樂之用爲急。〔一〕治身者斯須忘禮，則暴嫚入之矣；〔二〕爲國者一朝失禮，則荒亂及之矣。人函天地陰陽之氣，有喜怒哀樂之情。〔三〕天稟其性而不能節也，〔四〕聖人能爲之節而不能絕也，故象天地而制禮樂，所以通神明，立人倫，〔五〕正情性，節萬事者也。

〔一〕師古曰：「六經謂易、詩、書、春秋、禮、樂也。」
〔二〕師古曰：「斯須，猶須臾。」
〔三〕師古曰：「函，包容也，讀與含同。它皆類此。」
〔四〕師古曰：「稟謂給授也。」
〔五〕師古曰：「倫，理也。」

人性有男女之情，妒忌之別，爲制婚姻之禮；有交接長幼之序，爲制鄉飲之禮；有哀

死思遠之情，爲制喪祭之禮；有尊尊敬上之心，爲制朝覲之禮。哀有哭踊之節，樂有歌舞之容，〔一〕正人足以副其誠，邪人足以防其失。〔二〕故婚姻之禮廢，則夫婦之道苦，而淫辟之罪多；〔三〕鄉飲之禮廢，則長幼之序亂，而爭鬬之獄蕃；〔四〕喪祭之禮廢，則骨肉之恩薄，而背死忘先者衆；〔五〕朝聘之禮廢，則君臣之位失，而侵陵之漸起。故孔子曰：「安上治民，莫善於禮；移風易俗，莫善於樂。」〔六〕禮節民心，樂和民聲，政以行之，刑以防之。禮樂政刑四達而不誖，則王道備矣。〔七〕

〔一〕師古曰：「踊，跳也。哀甚則踊。」
〔二〕師古曰：「副，稱也。」
〔三〕孟康曰：「苦音盬。夫婦之道行盬不固也。」師古曰：「苦，惡也，不當假借。辟讀曰僻。」
〔四〕師古曰：「蕃亦多也，音扶元反。他皆類此。」
〔五〕師古曰：「先者，先人，謂祖考。」
〔六〕師古曰：「此孝經載孔子之言也。譱，古善字。」
〔七〕師古曰：「誖，乖也，音布內反。」

樂以治內而爲同，〔一〕禮以修外而爲異；〔二〕同則和親，異則畏敬；和親則無怨，畏敬則不爭。揖讓而天下治者，禮樂之謂也。二者並行，合爲一體。畏敬之意難見，則著之於享獻辭受，登降跪拜；〔三〕和親之說難形，則發之於詩歌詠言，鐘石筦弦。〔四〕蓋嘉其敬意而不及其財賄，美其歡心而不流其聲音。〔五〕故孔子曰：「禮云禮云，玉帛云乎哉？樂云樂云，鐘鼓云乎哉？」〔六〕此禮樂之本也。故曰：「知禮樂之情者能作，識禮樂之文者能述；作者之謂聖，述者之謂明。明聖者，述作之謂也。」〔七〕

〔一〕李奇曰：「同於和樂也。」
〔二〕李奇曰：「尊卑爲異也。」
〔三〕師古曰：「見謂彰顯也。」
〔四〕師古曰：「說讀曰悅。形亦見也。筦字與管同。」
〔五〕師古曰：「流，移也。心不移溢於音聲也。」
〔六〕師古曰：「論語載孔子之言也。謂禮以節人爲貴，樂以和人爲本，玉帛鐘鼓乃其末也。」
〔七〕師古曰：「作謂有所興造也。述謂明辨其義而循行也。」

王者必因前王之禮，順時施宜，有所損益，卽民之心，稍稍制作，〔一〕至太平而大備。周監於二代，禮文尤具，〔二〕事爲之制，曲爲之防，〔三〕故稱禮經三百，威儀三千。於是教化浹洽，〔四〕民用和睦，災害不生，禍亂不作，囹圄空虛，四十餘年。〔五〕孔子美之曰：「郁郁乎文哉！吾從周。」〔六〕及其衰也，諸侯踰越法度，惡禮制之害己，去其篇籍。遭秦滅學，遂以亂亡。

〔一〕師古曰：「卽，就也。」

〔二〕師古曰：「監，觀也。二代，夏、殷也。言周觀夏、殷之禮，而增損之也。」
〔三〕師古曰：「言每事立制，委曲防閑也。」
〔四〕師古曰：「浹，徹也。洽，霑也。浹音子牒反。」
〔五〕應劭曰：「囹圄，周獄名也。」師古曰：「囹，獄也。圄，守也。故總言囹圄，無繫於周。囹音來丁反。圄音牛呂反。」
〔六〕師古曰：「論語載孔子之言也。郁郁，文章貌。」

漢興，撥亂反正，日不暇給，〔一〕猶命叔孫通制禮儀，以正君臣之位。高祖說而歎曰：〔二〕「吾乃今日知爲天子之貴也！」以通爲奉常，遂定儀法，〔三〕未盡備而通終。

〔一〕師古曰：「撥去亂俗而還之於正道也。給，足也。言事務殷多，日日修造，尙不能足，故無暇也。」
〔二〕師古曰：「說讀曰悅。」
〔三〕師古曰：「奉常，則太常也。解在百官公卿表。」

至文帝時，賈誼以爲「漢承秦之敗俗，廢禮義，捐廉恥，今其甚者殺父兄，盜者取廟器，而大臣特以簿書不報期會爲故，〔一〕至於風俗流溢，恬而不怪，〔二〕以爲是適然耳。〔三〕夫移風易俗，使天下回心而鄉道，〔四〕類非俗吏之所能爲也。夫立君臣，等上下，使綱紀有序，六親和睦，〔五〕此非天之所爲，人之所設也。人之所設，不爲不立，不修則壞。〔六〕漢興至今二十餘年，宜定制度，興禮樂，然後諸侯軌道，百姓素樸，獄訟衰息」。〔七〕乃草具其儀，〔八〕天子說焉。〔九〕而大臣絳、灌之屬害之，故其議遂寢。〔一〇〕

〔一〕師古曰：「特，但也。簿，文簿也。故謂大事也。言公卿但以文案簿書報答爲事也。簿音步戶反。」
〔二〕師古曰：「恬，安也，謂心以爲安。」
〔三〕師古曰：「言正當如此，非失道也。」
〔四〕師古曰：「鄉讀曰嚮。」
〔五〕如淳曰：「六親，賈誼書以爲父也，子也，從父昆弟也，從祖昆弟也，曾祖昆弟也，族昆弟也。」
〔六〕師古曰：「爲，作也。」
〔七〕師古曰：「軌道，言遵道，猶車行之依軌轍也。」
〔八〕師古曰：「草謂創立其事也。它皆類此。」
〔九〕師古曰：「說讀曰悅。」
〔10〕師古曰：「舊說以爲絳謂絳侯周勃也，灌謂灌嬰也。而楚漢春秋高祖之臣別有絳灌，疑昧之文，不可明也。此既言大臣，則當謂周勃、灌嬰也。」

至武帝卽位，進用英雋，議立明堂，制禮服，以興太平。〔一〕會竇太后好黃老言，不說儒術，〔二〕其事又廢。後董仲舒對策言：「王者欲有所爲，宜求其端於天。天道大者，在於陰陽。陽爲德，陰爲刑。天使陽常居大夏而以生育長養爲事，陰常居大冬而積於空虛不用之處，以此見天之任德不任刑也。陽出布施於上而主歲功，陰入伏藏於下而時出佐陽。陽不得陰之助，亦不能獨成歲功。王者承天意以從事，故務德教而省刑罰。刑罰不可任以治世，

猶陰之不可任以成歲也。今廢先王之德教，獨用執法之吏治民，而欲德化被四海，故難成也。是故古之王者莫不以教化爲大務，立大學以教於國，設庠序以化於邑。〔三〕教化已明，習俗已成，天下嘗無一人之獄矣。至周末世，大爲無道，以失天下。秦繼其後，又益甚之。自古以來，未嘗以亂濟亂，大敗天下如秦者也。〔四〕習俗薄惡，民人抵冒。〔五〕今漢繼秦之後，雖欲治之，無可柰何。法出而姦生，令下而詐起，一歲之獄以萬千數，如以湯止沸，沸俞甚而無益。〔六〕辟之琴瑟〔七〕不調，甚者必解而更張之，乃可鼓也。爲政而不行，甚者必變而更化之，乃可理也。故漢得天下以來，常欲善治，而至今不能勝殘去殺者，失之當更化而不能更化也。古人有言：『臨淵羨魚，不如歸而結網。』今臨政而願治七十餘歲矣，不如退而更化。更化則可善治，而災害日去，福祿日來矣。」是時，上方征討四夷，銳志武功，〔八〕不暇留意禮文之事。

〔一〕師古曰：「服謂衣服之色也。」
〔二〕師古曰：「說讀曰悅。」
〔三〕師古曰：「庠序，行禮養老之處也。」
〔四〕師古曰：「濟，益也。」
〔五〕師古曰：「抵，忤也。冒，犯也。言無廉恥，不畏懼也。抵音丁禮反。」
〔六〕師古曰：「俞，進也，音踰，又音愈。它皆類此。」

〔七〕師古曰：「辟讀曰璧。」
〔八〕師古曰：「銳，利也。言一意進求，若兵刃之銳利。」

至宣帝時，琅邪王吉爲諫大夫，又上疏言：「欲治之主不世出，〔一〕公卿幸得遭遇其時，未有建萬世之長策，舉明主於三代之隆者也。其務在於簿書斷獄聽訟而已，此非太平之基也。今俗吏所以牧民者，非有禮義科指可世世通行者也，以意穿鑿，各取一切。〔二〕是以詐僞萌生，刑罰無極，質樸日消，恩愛寖薄。〔三〕孔子曰『安上治民，莫善於禮』，非空言也。願與大臣延及儒生，述舊禮，明王制，驅一世之民，濟之仁壽之域，〔四〕則俗何以不若成康？壽何以不若高宗？」〔五〕上不納其言，吉以病去。

〔一〕師古曰：「言時時而一出，難常遇也。」
〔二〕師古曰：「苟順一時，非正道。」
〔三〕師古曰：「寖，古浸字。浸，漸也。」
〔四〕師古曰：「言以仁道治之，皆得其性，則壽考也。域，界也。」
〔五〕師古曰：「成康，周之二王，太平之時也。高宗，殷王武丁也。有德可尊，故曰高宗。享國五十九年，故云壽。」

至成帝時，犍爲郡於水濱得古磬十六枚，〔一〕議者以爲善祥。劉向因是說上：「宜興辟雍，設庠序，陳禮樂，隆雅頌之聲，盛揖攘之容，〔二〕以風化天下。如此而不治者，未之有也。或曰，不能具禮。〔三〕禮以養人爲本，如有過差，是過而養人也。〔四〕刑罰之過，或至死傷。今

之刑，非皋陶之法也，而有司請定法，削則削，筆則筆，〔五〕救時務也。至於禮樂，則曰不敢，是敢於殺人不敢於養人也。爲其俎豆筦弦之間小不備，因是絕而不爲，是去小不備而就大不備，（大不備）或莫甚焉。〔六〕夫教化之比於刑法，刑法輕，是舍所重而急所輕也。〔七〕且教化，所恃以爲治也，刑法所以助治也。今廢所恃而獨立其所助，非所以致太平也。自京師有誖逆不順之子孫，〔八〕至於陷大辟受刑戮者不絕，繇不習五常之道也。〔九〕夫承千歲之衰周，繼暴秦之餘敝，民漸漬惡俗，貪饕險詖，不閑義理，〔10〕不示以大化，而獨敺以刑罰，終已不改。〔11〕故曰：『導之以禮樂，而民和睦。』〔12〕初，叔孫通將制定禮儀，見非於齊魯之士，然卒爲漢儒宗，業垂後嗣，斯成法也。」成帝以向言下公卿議，會向病卒，丞相大司空奏請立辟雍。案行長安城南，〔13〕營表未作，遭成帝崩，羣臣引以定謚。〔14〕

〔一〕師古曰：「濱，水涯也，音賓。」
〔二〕師古曰：「攘，古讓字。」
〔三〕師古曰：「或曰者，劉向設爲難者之言，而後荅釋也。」
〔四〕師古曰：「過差，猶失錯也。」
〔五〕服虔曰：「言隨君意也。」師古曰：「削者，謂有所刪去，以刀削簡牘也。筆者，謂有所增益，以筆就而書也。」
〔六〕師古曰：「大不備者，事之虧失，莫甚於此。」
〔七〕師古曰：「舍，廢也。」

〔八〕師古曰：「誖，乖也，音布內反。」

〔九〕師古曰：「繇與由同。五常，仁、義、禮、智、信，人性所常行之也。」

〔一〇〕師古曰：「貪甚曰饕。言行險曰詖。饕音吐高反。詖音彼義反。」

〔一一〕師古曰：「敺與驅同。」

〔一二〕師古曰：「孝經載孔子之言也。」

〔一三〕師古曰：「行音下更反。」

〔一四〕孟康曰：「謚法曰『安民立政曰成』。帝欲立辟雍，未就而崩，羣臣議謚，引爲美，謂之成。」

及王莽爲宰衡，欲燿衆庶，遂興辟雍，因以篡位，海內畔之。世祖受命中興，撥亂反正，〔一〕改定京師于土中。〔二〕即位三十年，四夷賓服，百姓家給，政教清明，〔三〕乃營立明堂、辟雍。顯宗即位，〔四〕躬行其禮，宗祀光武皇帝于明堂，養三老五更於辟雍，〔五〕威儀既盛美矣。然德化未流洽者，禮樂未具，羣下無所誦說，而庠序尚未設之故也。孔子曰：「辟如爲山，未成一匱，止，吾止也。」〔六〕今叔孫通所撰禮儀，與律令同錄，臧於理官，〔七〕法家又復不傳。漢典寢而不著，民臣莫有言者。〔八〕又通沒之後，河間獻王采禮樂古事，稍稍增輯，至五百餘篇。〔九〕今學者不能昭見，但推士禮以及天子，說義又頗謬異，故君臣長幼交接之道寖以不章。〔一〇〕

〔一〕師古曰：「謂後漢光武帝也。」

〔二〕師古曰：「謂都洛陽。」

〔三〕師古曰：「給，足也，言家家皆足。」

〔四〕李奇曰：「明帝曰顯宗。」

〔五〕李奇曰：「王者父事三老，兄事五更。詩云『三壽作朋』。」鄧展曰：「漢直以一公爲三老，用大夫爲五更，（毋常人）〔每常大〕行禮乃置。」師古曰：「鄭玄說云三老五更謂老人更知三德五事者也。更音工衡反。蔡邕以爲更當爲叟。叟，老人之稱也。」

〔六〕師古曰：「論語載孔子之言。匱者，織草爲器，所以盛土也。言爲山欲成，尙少一匱之土，止而不爲，則其功終已不就。如斯之人，吾所不能勸喻也。辟讀曰譬。」

〔七〕師古曰：「古書懷藏之字本皆作臧，漢書例爲臧耳。理官，即法官也。」

〔八〕師古曰：「寢，息也。」

〔九〕師古曰：「輯與集同。」

〔一〇〕師古曰：「寖，漸也。」

樂者，聖人之所樂也，而可以善民心。其感人深，其移風易俗易，〔一〕故先王著其教焉。〔二〕

〔一〕師古曰：「易音弋豉反。」

〔二〕師古曰：「著，明也。」

夫民有血氣心知之性，而無哀樂喜怒之常，應感而動，然後心術形焉。〔一〕是以纖微癄瘁（一作「衰」）之音作，而民思憂；〔二〕闡諧嫚易之音作，而民康樂；〔三〕麤厲猛奮之音作，而民剛毅；〔四〕廉直正誠之音作，而民肅敬；寬裕和順之音作，而民慈愛；〔五〕流辟邪散之音作，而民淫亂。〔六〕先王恥其亂也，故制雅頌之聲，本之情性，稽之度數，制之禮儀，〔七〕合生氣之和，導五常之行，〔八〕使之陽而不散，陰而不集，〔九〕剛氣不怒，柔氣不懾，〔一〇〕四暢交於中，而發作於外，〔一一〕皆安其位而不相奪（也），足以感動人之善心（而）〔也〕，不使邪氣得接焉，是先王立樂之方也。

〔一〕師古曰：「言人之性感物則動也。術，道徑也。心術，心之所由也。形，見也。」

〔二〕師古曰：「癄瘁，謂減縮也，音子笑反。」

〔三〕師古曰：「闡，廣也。諧，和也。嫚易，言不急刻也。易音弋豉反。」

〔四〕師古曰：「麤厲，抗厲也。猛奮，發揚也。麤（古）〔作〕麁字，（非是）。」

〔五〕師古曰：「裕，饒也。」

〔六〕師古曰：「辟讀曰僻。」

〔七〕師古曰：「稽，考也。」

〔八〕師古曰：「生氣，陰陽之氣也。導，引也。」

〔九〕師古曰：「集謂聚滯也。」

〔一〇〕師古曰：「懾，恐也，音之涉反。」

〔一一〕師古曰：「暢，通達也。」

王者未作樂之時，因先王之樂以教化百姓，說樂其俗，〔一〕然後改作，以章功德。易曰：「先王以作樂崇德，殷薦之上帝，以配祖考。」〔二〕昔黃帝作咸池，顓頊作六莖，帝嚳作五英，〔三〕堯作大章，舜作招，〔四〕禹作夏，湯作濩，〔五〕武王作武，周公作勺。勺，言能勺先祖之道也。〔六〕武，言以功定天下也。濩，言救民也。夏，大承二帝也。〔七〕招，繼堯也。〔八〕大章，章之也。〔九〕五英，英華茂也。六莖，及根莖也。〔一〇〕咸池，備矣。〔一一〕自夏以往，其流不可聞已，〔一二〕殷頌猶有存者。〔一三〕周詩既備，〔一四〕而其器用張陳，周官具焉。〔一五〕典者自卿大夫師瞽以下，皆選有道德之人，〔一六〕朝夕習業，以教國子。國子者，卿大夫之子弟也，皆學歌九德，〔一七〕誦六詩，〔一八〕習六舞、五聲、八音之和。〔一九〕故帝舜命夔曰：「女典樂，教胄子，〔二〇〕直而溫，〔二一〕寬而栗，〔二二〕剛而無虐，〔二三〕簡而無敖。〔二四〕詩言志，歌咏言，〔二五〕聲依咏，律和聲，〔二六〕八音克諧。」〔二七〕此之謂也。又以外賞諸侯德盛而教尊者。其威儀足以充目，音聲足以動耳，詩語足以感心，故聞其音而德和，省其詩而志正，〔二八〕論其數而法立。是以薦之郊廟則鬼神饗，作之朝廷則羣臣和，立之學官則萬民協。聽者無不虛己竦神，說而承流，〔二九〕是以海內

徧知上德，被服其風，〔三〇〕光煇日新，化上遷善，而不知所以然，至於萬物不夭，天地順而嘉應降。故詩曰：「鐘鼓鍠鍠，磬管鏘鏘，降福穰穰。」〔三一〕書云：「擊石拊石，百獸率舞。」〔三二〕鳥獸且猶感應，而況於人乎？況於鬼神乎？故樂者，聖人之所以感天地，通神明，安萬民，成性類者也。然自雅頌之興，而所承衰亂之音猶在，〔三三〕是謂淫過凶嫚之聲，爲設禁焉。世衰民散，小人乘君子，〔三四〕心耳淺薄，則邪勝正。故書序「殷紂斷棄先祖之樂，乃作淫聲，用變亂正聲，以說婦人。」〔三五〕樂官師瞽抱其器而犇散，或適諸侯，或入河海。〔三六〕夫樂本情性，浹肌膚而臧骨髓，雖經乎千載，其遺風餘烈尚猶不絕。至春秋時，陳公子完犇齊。〔三七〕陳，舜之後，招樂存焉。故孔子適齊聞招，三月不知肉味，曰「不圖爲樂之至於斯！」美之甚也。〔三八〕

〔一〕師古曰：「說樂其俗，使和說而安樂也。說讀曰悅。樂音來各反。」

〔二〕師古曰：「此豫卦象辭也。殷，盛大也。上帝，天也。言王者作樂，崇表其德，大薦於天，而以祖考配饗之也。」

〔三〕師古曰：「嚳音酷。」

〔四〕師古曰：「招讀曰韶。下皆類此。」

〔五〕師古曰：「濩音護。」

〔六〕師古曰：「勺讀曰酌。酌，取也。」

〔七〕師古曰：「夏，大也。二帝謂堯、舜也。」

〔八〕師古曰：「韶之言紹，故曰繼堯也。」

〔九〕師古曰：「章，明也。」

〔一〇〕師古曰：「澤及下也。」

〔一一〕師古曰：「咸，皆也。池，言其包容浸潤也。故云備矣。」

〔一二〕師古曰：「言歌頌皆亡也。已，語終辭。」

〔一三〕師古曰：「謂正考甫所得那以下是。」

〔一四〕師古曰：「謂雅頌皆得其所。」

〔一五〕師古曰：「謂大司樂以下諸官所掌。」

〔一六〕師古曰：「師，樂工。瞽，無目者。」

〔一七〕師古曰：「水火金木土穀謂之六府。正德、利用、厚生謂之三事。六府三事謂之九功。九功之德皆可歌也，故言九德也。」

〔一八〕應劭曰：「六詩者，詩有六義，一曰風，二曰賦，三曰比，四曰興，五曰雅，六曰頌。」

〔一九〕師古曰：「六舞謂帗舞、羽舞、𦏲舞、旄舞、干舞、人舞也。五聲，宮、商、角、徵、羽也。八音，金、石、絲、竹、匏、土、革、木。帗音弗。𦏲音皇。」

〔二〇〕師古曰：「虞書舜典所載也。夔，舜臣名。胄子，即國子也。」

〔二一〕師古曰：「正直溫和也。」

〔二二〕師古曰：「寬大而敬栗。」

〔二三〕師古曰：「剛毅而不害虐也。」

〔二四〕師古曰：「簡約而無傲慢也。敖讀曰傲。」

〔二五〕師古曰：「咏，古詠字也。在心爲志，發言爲詩。咏，永也。永，長也，歌所以長言之。」

〔二六〕師古曰：「依，助也。五聲所以助歌也，六律所以和聲也。」

〔二七〕師古曰：「諧亦和也。自此以上，皆帝舜之言。」

〔二八〕師古曰：「省，視也。」

〔二九〕師古曰：「竦，敬也。說讀曰悅。」

〔三〇〕師古曰：「被音皮義反。言蒙其風化，若被而服之。」

〔三一〕師古曰：「此周頌執競之詩也。鍠鍠，和也。鏘鏘，盛也。穰穰，多也。言周王祭祖考之廟，奏樂而八音和盛，則神降之福至多也。鍠音皇。穰音人羊反。」

〔三二〕師古曰：「虞書舜典也。石謂磬也。言樂之和諧也，至於擊拊磬石，則百獸相率而舞也。」

〔三三〕師古曰：「言若周時尚有殷紂之餘聲。」

〔三四〕師古曰：「乘，陵也。」

〔三五〕師古曰：「今文周書泰誓之辭也。說讀曰悅。」

〔三六〕師古曰：「犇，古奔字。論語云：『太師摯適齊，亞飯干適楚，三飯繚適蔡，四飯缺適秦，鼓方叔入於河，播鞀武入于漢，少師陽、擊磬襄入于海。』此志所云及古今人表所敘，皆謂是也。云諸侯者，追繫其地，非爲當時已有國名。而說論語者乃以爲（追）魯哀公時禮壞樂崩，樂人皆去，斯亦未允也。夫六經殘缺，學者異師，文義競馳，各守所見。而馬、鄭羣儒，皆在班、揚之後，向、歆博學，又居王、杜之前，校其是非，不可偏據。其漢書所引經文，與近代

儒家往往乖別，既自成義指，即就而通之，庶免守株，以申賢達之意。非苟越異，理固然也。它皆類此。」

〔三七〕師古曰：「完，陳厲公子，即敬仲也，莊二十二年遇難出奔齊也。」

〔三八〕師古曰：「事見論語。」

周道始缺，怨刺之詩起。王澤既竭，而詩不能作。王官失業，雅頌相錯，〔一〕孔子論而定之，故曰：「吾自衞反魯，然後樂正，雅頌各得其所。」〔二〕是時，周室大壞，諸侯恣行，設兩觀，乘大路。〔三〕陪臣管仲、季氏之屬，〔四〕三歸雍徹，八佾舞廷。〔五〕制度遂壞，陵夷而不反，〔六〕桑間、濮上，鄭、衞、宋、趙之聲並出，〔七〕內則致疾損壽，外則亂政傷民。巧僞因而飾之，以營亂富貴之耳目。〔八〕庶人以求利，列國以相間。〔九〕故秦穆遺戎而由余去，〔一〇〕齊人餽魯而孔子行。〔一一〕至於六國，魏文侯最爲好古，〔一二〕而謂子夏曰：「寡人聽古樂則欲寐，及聞鄭、衞，余不知倦焉。」子夏辭而辨之，終不見納，〔一三〕自此禮樂喪矣。

〔一〕師古曰：「錯，雜也。」

〔二〕師古曰：「事亦見論語。」

〔三〕應劭曰：「觀，闕門邊兩觀也。禮，諸侯一觀。大路，天子之車。」

〔四〕師古曰：「陪，重也。諸侯者，天子之臣，故其臣稱重臣也。季氏，魯桓公子季友之後，專執國政而奢僭也。」

〔五〕師古曰：「三歸，取三姓女也。婦人謂嫁曰歸，故曰三歸。蓋謂管仲耳。雍，樂詩也，徹饌奏之。八佾，八列之舞。皆僭天子禮也。此謂季氏耳。」

〔六〕師古曰：「陵夷，漸頹替也。解在成帝紀及諸侯王表。」

〔七〕應劭曰：「桑間，衞地，濮上，濮水之上，皆好新聲。」師古曰：「鄭、衞、宋、趙諸國，亦皆有淫聲。」

〔八〕師古曰：「縈猶回繞也。」

〔九〕師古曰：「闓音居覓反。」

〔一〇〕應劭曰：「戎，西戎也。由余，其賢臣也。秦欲兼之，遺以女樂，由余諫而不聽，遂去入秦。」

〔一一〕師古曰：「餽亦饋字。論語云『齊人餽女樂，季桓子受之，三日不朝，孔子行』也。」

〔一二〕師古曰：「魏文侯本晉大夫畢萬之後，僭諸侯者。」

〔一三〕師古曰：「事見禮之樂記。」

漢興，樂家有制氏，〔一〕以雅樂聲律世世在大樂官，但能紀其鏗鎗鼓舞，而不能言其義。〔二〕高祖時，叔孫通因秦樂人制宗廟樂。大祝迎神于廟門，奏嘉至，〔三〕猶古降神之樂也。皇帝入廟門，奏永至，以爲行步之節，猶古采薺、肆夏也。〔四〕乾豆上，奏登歌，〔五〕獨上歌，不以筦弦亂人聲，欲在位者徧聞之，猶古清廟之歌也。登歌再終，下奏休成之樂，〔六〕美神明既饗也。皇帝就酒東廂，坐定，奏永安之樂，美禮已成也。又有房中祠樂，高祖唐山夫人所作也。〔七〕周有房中樂，至秦名曰壽人。凡樂，樂其所生，禮不忘本。高祖樂楚聲，故房中樂楚聲也。孝惠二年，使樂府令夏侯寬備其簫管，更名曰安世樂。

〔一〕服虔曰：「魯人也，善樂事也。」

〔二〕師古曰：「鏗鎗，金石之聲也。鏗音丘耕反。鎗音初庚反。其下亦同。」

〔三〕李奇曰：「嘉，善也，善神之至也。」

〔四〕劉德曰：「歌樂，在逸詩。」師古曰：「薺音才私反，禮經或作資，又作茨，音並同耳。」

〔五〕師古曰：「乾豆，脯羞之屬。」

〔六〕服虔曰：「叔孫通所奏作也。」

〔七〕服虔曰：「高帝姬也。」韋昭曰：「唐山，姓也。」

高（祖）廟奏武德、文始、五行之舞；孝文廟奏昭德、文始、四時、五行之舞；孝武廟奏盛德、文始、四時、五行之舞。武德舞者，高祖四年作，以象天下樂己行武以除亂也。文始舞者，曰本舜招舞也，高祖六年更名曰文始，以示不相襲也。五行舞者，本周舞也，秦始皇二十六年更名曰五行也。四時舞者，孝文所作，以（明）示天下之安和也。蓋樂己所自作，明有制也；〔一〕樂先王之樂，明有法也。〔二〕孝景采武德舞以爲昭德，以尊大宗廟。至孝宣，采昭德舞爲盛德，以尊世宗廟。諸帝廟皆常奏文始、四時、五行舞云。高祖六年又作昭容樂、禮容樂。昭容者，猶古之昭夏也，主出武德舞。〔三〕禮容者，主出文始、五行舞。舞人無樂者，將至至尊之前不敢以樂也；出用樂者，言舞不失節，能以樂終也。大氐皆因秦舊事焉。〔四〕

〔一〕師古曰：「言自制作也。」

〔二〕師古曰：「遵前代之法。」

〔三〕蘇林曰：「言昭容樂生於武德舞。」

〔四〕師古曰：「氐，歸也，音丁禮反。其後字或作抵，音義並同。」

初，高祖既定天下，過沛，與故人父老相樂，醉酒歡哀，作「風起」之詩，令沛中僮兒百二十人習而歌之。至孝惠時，以沛宮爲原廟，〔一〕皆令歌兒習吹以相和，常以百二十人爲員。文、景之間，禮官肄業而已。〔二〕至武帝定郊祀之禮，祠太一於甘泉，就乾位也；〔三〕祭后土於汾陰，澤中方丘也。〔四〕乃立樂府，〔五〕采詩夜誦，〔六〕有趙、代、秦、楚之謳。以李延年爲協律都尉，多舉司馬相如等數十人造爲詩賦，略論律呂，以合八音之調，作十九章之歌。以正月上辛用事甘泉圜丘，〔七〕使童男女七十人俱歌，昏祠至明。夜常有神光如流星止集于祠壇，天子自竹宮而望拜，〔八〕百官侍祠者數百人皆肅然動心焉。

〔一〕師古曰：「原，重也。言已有正廟，更重立(之)〔也〕。」

〔二〕師古曰：「肄，習也，音弋二反。」

〔三〕師古曰：「言在京師之西北也。」

〔四〕師古曰：「汾水之旁，土特堆起，是澤中方丘也。祭地，以方象地形。」

〔五〕師古曰：「始置之也。樂府之名蓋起於此，哀帝時罷之。」

〔六〕師古曰：「采詩，依古遒人徇路，采取百姓謳謠，以知政教得失也。夜誦者，其言辭或祕不可宣露，故於夜中歌誦也。」

〔七〕師古曰：「用上辛，用周禮郊天日也。辛，取齊戒自新之義也。爲圜丘者，取象天形也。」

〔八〕韋昭曰：「以竹爲宮，天子居中。」師古曰：「漢舊儀云竹宮去壇三里。」

安世房中歌十七章，其詩曰：

大孝備矣，休德昭清。高張四縣，樂充宮庭。〔一〕芬樹羽林，雲景杳冥，〔二〕金支秀華，庶旄翠旌。〔三〕

〔一〕晉灼曰：「四縣，樂四縣也，天子宮縣。」師古曰：「謂設宮縣而高張之。縣，古懸字。」

〔二〕師古曰：「言所樹羽葆，其盛若林，芬然衆多，仰視高遠，如雲日之杳冥也。」

〔三〕張晏曰：「金支，百二十支。秀華，中主有華豔也。旄，鍾之旄也。」文穎曰：「析羽爲旌，翠羽爲之也。」臣瓚曰：「樂上衆飾，有流遡羽葆，以黃金爲支，其首敷散，若草木之秀華也。」師古曰：「金支秀華，瓚說是也。庶，衆也。庶旄翠旌，謂析五采羽，注翠旄之首而爲旌耳。」

七始華始，肅倡和聲。〔一〕神來宴娭，庶幾是聽。〔二〕粥粥音送，細齊人情。〔三〕忽乘青玄，熙事備成。〔四〕清思眑眑，經緯冥冥。〔五〕

〔一〕孟康曰：「七始，天地四時人之始。華始，萬物英華之始也。以爲樂名，如六英也。」師古曰：「肅，敬也。言歌者敬而倡諧和之聲。」

〔二〕師古曰：「娭，戲也。言庶幾神來宴戲聽此樂也。娭音許其反。」

〔三〕晉灼曰：「弼弼，敬懼貌也。細，微也。以樂送神，微感人情，使之齊肅也。」師古曰：「弼音弋六反。」
〔四〕師古曰：「言還神禮畢，忽登青天而去，福熙之事皆備成也。熙與禧同。」
〔五〕蘇林曰：「呦音窈。」師古曰：「呦呦，幽靜也。經緯，謂經緯天地。」

我定曆數，人告其心。〔一〕敕身齊戒，施教申申。〔二〕乃立祖廟，敬明尊親。大矣孝熙，四極爰轃。〔三〕

〔一〕師古曰：「言臣下各竭其心，致誠慤也。」
〔二〕應劭曰：「敕，謹敬之貌。」師古曰：「齊讀曰齋。」
〔三〕師古曰：「熙亦福也。四極，四方極遠之處也。爾雅曰：『東至於泰遠，西至於邠國，南至於濮鉛，北至於祝栗，謂之四極。』邠音彬。轃字與臻同。」

王侯秉德，其鄰翼翼，〔一〕顯明昭式。清明鬯矣，皇帝孝德。〔二〕竟全大功，撫安四極。

〔一〕師古曰：「鄰，言德不孤必有鄰也。翼翼，恭敬也。」
〔二〕師古曰：「鬯，古暢字。暢，通也。」

海內有姦，紛亂東北。〔一〕詔撫成師，武臣承德。〔二〕行樂交逆，簫、勺羣慝。〔三〕肅為濟哉，蓋定燕國。〔四〕

〔一〕師古曰：「謂匈奴。」
〔二〕師古曰：「成師，言各置（郊）〔部〕校，師出以律也。春秋左氏傳曰『成師以出』。」

〔三〕晉灼曰：「簫，舜樂也。勺，周樂也。言以樂征伐也。」師古曰：「言制定新樂，教化流行，則逆亂之徒盡交歡也。慝，惡也。勺讀曰酌。」
〔四〕師古曰：「匈奴服從，則燕國安靜無寇難也。」

大海蕩蕩水所歸，高賢愉愉民所懷。〔一〕大山崔，百卉殖。民何貴？貴有德。〔二〕

〔一〕李奇曰：「愉愉，懌也。」師古曰：「蕩蕩，廣大貌也。愉愉，和樂貌也。懷，思也。言海以廣大之故，衆水歸之；王者有和樂之德，則人皆思附也。」
〔二〕師古曰：「言大山以崔嵬之故，能生養百卉；明君以崇高其德，故為萬姓所尊也。崔音才回反。」

安其所，樂終產。〔一〕樂終產，世繼緒。〔二〕飛龍秋，游上天。〔三〕高賢愉，樂民人。〔四〕

〔一〕師古曰：「萬物各安其所，而樂終其生也。」
〔二〕師古曰：「言傳祚無窮。」
〔三〕蘇林曰：「秋，飛貌也。」師古曰：「莊子有秋駕之法者，亦言駕馬騰驤，秋秋然也。揚雄賦曰『秋秋蹌蹌入西園』，其義亦同。讀者不曉秋義，或改此秋字為穐稷之穐，失之遠矣。」
〔四〕師古曰：「言王者有愉愉之德，故使衆人皆安樂。」

豐草葽，女羅施。〔一〕譱何如，誰能回！〔二〕大莫大，成教德；長莫長，被無極。〔三〕

〔一〕孟康曰：「葽音『四月秀葽』。葽，盛貌也。」應劭曰：「女羅，兔絲也，延于松柏之上。異類而猶載之，況同姓，言族親不可不覆遇也。」

〔二〕師古曰：「回，亂也。言至德之善，上古帝皇皆不如之，而不可干亂。」
〔三〕師古曰：「被音皮義反。次下亦同。」

靁震震，電燿燿。明德鄉，治本約。〔一〕治本約，澤弘大。〔二〕加被寵，咸相保。〔三〕德施大，世曼壽。〔四〕

〔一〕服虔曰：「與臣民之約。」師古曰：「鄉，方也。言王者之威，取象靁電，明示德義之方，而治政本之約。約讀曰要。」
〔二〕師古曰：「政教有常，則恩惠溥洽。」
〔三〕師古曰：「言德政所加，人被寵渥，則室家老幼皆相保也。」
〔四〕師古曰：「曼，延也。」

都荔遂芳，窅窊桂華。〔一〕孝奏天儀，若日月光。〔二〕乘玄四龍，回馳北行。羽旄殷盛，芬哉芒芒。〔三〕孝道隨世，我署文章。〔四〕桂華。

〔一〕蘇林曰：「窅音窅眣之窅。窊音窊下之窊。」孟康曰：「窅，出；窊，入。都良薜荔之香鼓動桂華也。」晉灼曰：「桂華似殿名，次下言『桂華馮馮翼翼，承天之則』，言樹此香草以絜齊其芳氣，乃達於宮殿也。」臣瓚曰：「茂陵中書歌都嬿、桂英、美芳、鼓行，如此復不得為殿名。」師古曰：「諸家說皆未盡也。此言都良薜荔俱有芬芳，桂華之形窅窊然也。皆謂神宮所有耳。窅音一校反。窊音一瓜反。」
〔二〕師古曰：「言以孝道遙承於天，天神下降，故有光。」

〔三〕師古曰：「芬亦謂衆多。芒芒，廣遠之貌。」
〔四〕師古曰：「署猶分部也，一曰表也。」

馮馮翼翼，承天之則。〔一〕吾易久遠，燭明四極。〔二〕慈惠所愛，美若休德。〔三〕杳杳冥冥，克綽永福。〔四〕美（芳）〔若〕。

〔一〕師古曰：「馮馮，盛滿也。翼翼，衆貌也。」
〔二〕晉灼曰：「易，疆易也。久，固也。武帝自言拓境廣遠安固也。」師古曰：「此說非也。久猶長也，自言疆易遠大耳。非武帝時也，不得云拓境。」
〔三〕師古曰：「若，順也。休亦美也。」
〔四〕師古曰：「綽，緩也，亦謂延長也。」

磑磑即即，師象山則。〔一〕烏呼孝哉，案撫戎國。蠻夷竭歡，象來致福。〔二〕兼臨是愛，終無兵革。〔三〕

〔一〕孟康曰：「磑磑，崇積也。即即，充實也。師，衆也。則，法也。積實之盛衆類於山也。」師古曰：「磑音五回反。」
〔二〕李奇曰：「象，譯也。蠻夷遣（擇）〔譯〕致福貢也。」
〔三〕師古曰：「兼臨，言在上位者普包容也。」

嘉薦芳矣，告靈饗矣。告靈既饗，德音孔臧。〔一〕惟德之臧，建侯之常。承保天休，令問不忘。〔二〕

中華書局

〔一〕師古曰：「饗字合韻皆音鄉。孔，甚也。臧，善也。」
〔二〕師古曰：「建侯，封建諸侯也。易屯卦曰『利建侯』。休，美也。令，善也。問，名也。」

皇皇鴻明，蕩侯休德。〔一〕嘉承天和，伊樂厥福。〔二〕在樂不荒，惟民之則。〔三〕

〔一〕服虔曰：「侯，惟也。」臣瓚曰：「天下蕩平，惟帝之休德。」
〔二〕師古曰：「伊，是也。」
〔三〕師古曰：「則，法也。」

浚則師德，下民咸殖。令問在舊，孔容翼翼。〔一〕

〔一〕師古曰：「浚，深也。師，衆也。則，法也。殖，生也。舊，久也。翼翼，敬也。言有深法衆德，故能生育羣黎，久有善名，其容甚敬也。」

孔容之常，承帝之明。〔一〕下民之樂，子孫保光。〔二〕承順溫良，受帝之光。嘉薦令芳，壽考不忘。〔三〕

〔一〕師古曰：「帝謂天也。下皆類此。」
〔二〕師古曰：「言永保其光寵也。」
〔三〕師古曰：「不忘，言長久也。」

承帝明德，師象山則。〔一〕雲施稱民，永受厥福。〔二〕承容之常，承帝之明。下民安樂，受福無疆。〔三〕

〔一〕師古曰：「衆象山而爲法，言不騫不崩。」
〔二〕師古曰：「言稱物平施，其澤如雲也。稱音尺孕反。」
〔三〕師古曰：「疆，竟也。下皆類此。」

郊祀歌十九章，其詩曰：

練時日，侯有望，〔一〕焫膋蕭，延四方。〔二〕九重開，靈之斿，〔三〕垂惠恩，鴻祜休。〔四〕靈之車，結玄雲，駕飛龍，羽旄紛。〔五〕靈之下，若風馬，〔六〕左倉龍，右白虎。〔七〕靈之來，神哉沛，〔八〕先以雨，般裔裔。〔九〕靈之至，慶陰陰，〔一〇〕相放悳，震澹心。〔一一〕靈已坐，五音飭，〔一二〕虞至旦，承靈億。〔一三〕牲繭栗，粢盛香，尊桂酒，賓八鄉。〔一四〕靈安留，吟青黃，〔一五〕徧觀此，眺瑤堂。〔一六〕衆嫭並，綽奇麗，〔一七〕顏如荼，兆逐靡。〔一八〕被華文，廁霧縠，曳阿錫，佩珠玉。〔一九〕俠嘉夜，茝蘭芳，〔二〇〕澹容與，獻嘉觴。〔二一〕

練時日一

〔一〕師古曰：「練，選也。」
〔二〕李奇曰：「膋，腸間脂也。蕭，香蒿也。」師古曰：「以蕭焫脂合馨香也。四方，四方之神也。膋音來彫反。焫音人說反。」
〔三〕師古曰：「天有九重，言皆開門而來降厥福。」
〔四〕師古曰：「鴻，大也。祜，福也。休，美也。祜音怙。」
〔五〕師古曰：「紛紛，言其多。」
〔六〕師古曰：「言速疾也。」
〔七〕師古曰：「以爲衞。」
〔八〕師古曰：「沛，疾貌，音補蓋反。」
〔九〕師古曰：「先以雨，言神欲行，令雨先驅也。般讀與班同。班，布也。裔裔，飛流之貌。」
〔一〇〕師古曰：「言垂陰覆備於下。」
〔一一〕師古曰：「放悳猶髣髴也。澹，動也。放音昉。悳音沸。澹音大濫反。」
〔一二〕師古曰：「飭讀與敕字同，謂整也。」
〔一三〕師古曰：「虞，樂也。億，安也。」
〔一四〕應劭曰：「桂酒，切桂置酒中也。」晉灼曰：「尊，大尊也。元帝時大宰丞李元記云『以水漬桂，爲大尊酒』。」師古曰：「繭栗，言角之小如繭及栗之形也。八鄉，八方之神。」
〔一五〕服虔曰：「吟音含。」師古曰：「服說非也。吟謂歌誦也。青黃，謂四時之樂也。」
〔一六〕應劭曰：「眺，望也。瑤，石而似玉者也。」師古曰：「以瑤飾堂。瑤音遙。」
〔一七〕孟康曰：「嫭音互。嫭，好也。」如淳曰：「嫭，美目貌。」晉灼曰：「嫭音拆罅之罅。」師古曰：「孟說是也。謂供神女樂，並好麗也。」
〔一八〕應劭曰：「荼，野菅白華也。言此奇麗，白如荼也。」孟康曰：「兆逐靡者，兆民逐觀而猗靡也。」師古曰：「荼，茅

也。言美女顏貌如茅荼之柔也。荼者，今俗所謂蘼錐也。荼音塗。菅音姦。靡，合韻音武義反。」
〔一九〕如淳曰：「阿，細繒。錫，細布也。」師古曰：「廁，雜也。霧縠，言其輕細若雲霧也。」
〔二〇〕如淳曰：「佳，俠，皆美人之稱也。嘉夜，芳草也。」師古曰：「俠與挾同，言懷挾芳草也。茝即今白芷。茝音昌改反。」
〔二一〕師古曰：「澹，安也。容與，言閑舒也。澹音大濫反。」

帝臨中壇，四方承宇，〔一〕繩繩意變，備得其所。〔二〕清和六合，制數以五。〔三〕海內安寧，興文匽武。〔四〕后土富媼，昭明三光。〔五〕穆穆優游，嘉服上黃。〔六〕

帝臨二

〔一〕師古曰：「言天神尊者來降中壇，四方之神各承四宇也。壇字或作禮，讀亦曰壇。字加示者，神靈之耳。下言紫壇、嘉壇，其義並同。」
〔二〕應劭曰：「繩繩，謹敬更正意也。」孟康曰：「衆多也。」臣瓚曰：「爾雅曰『繩繩，戒也』。」師古曰：「瓚說是也。」
〔三〕張晏曰：「此后土之歌也。土數五。」
〔四〕師古曰：「匽，古偃字。」
〔五〕張晏曰：「媼，老母稱也。坤爲母，故稱媼。海內安定，富媼之功耳。」
〔六〕孟康曰：「土色上黃也。」

青陽開動，根荄以遂，〔一〕膏潤并愛，跂行畢逮。〔二〕霆聲發榮，壛處頃聽，〔三〕枯槀

復産，乃成厥命。〔四〕衆庶熙熙，施及夭胎，〔五〕羣生啿噅，惟春之祺。〔六〕

青陽三　鄒子樂。

〔一〕臣瓚曰：「春爲青陽。」師古曰：「草根曰荄。遂者，言皆生出也。荄音該。」
〔二〕孟康曰：「跂音岐。」師古曰：「幷，兼也。逮，及也。凡有足而行者，稱跂行也。」
〔三〕晉灼曰：「墽，穴也。謂蟄蟲驚聽也。」師古曰：「墽與巖同。言靁霆始發，草木舒榮，則蟄蟲處巖崖者，莫不頃聽而起。頃讀曰傾。」
〔四〕師古曰：「枯槀，謂草木經冬零落者也。槀音口老反。」
〔五〕師古曰：「熙熙，和樂貌也。施，延也。少長曰夭，在孕曰胎。施音弋豉反。夭音烏老反。」
〔六〕服虔曰：「啿音『湛湛露斯』。」如淳曰：「祺，福也。」師古曰：「啿噅，豐厚之貌也，音徒感反。祺音其。」

朱明盛長，旉與萬物，〔一〕桐生茂豫，靡有所詘。〔二〕敷華就實，既阜既昌，〔三〕登成甫田，百鬼迪嘗。〔四〕廣大建祀，肅雍不忘，神若宥之，傳世無疆。〔五〕

朱明四　鄒子樂。

〔一〕臣瓚曰：「夏爲朱明。」師古曰：「旉，古敷字也。旉與，言開舒也。與音弋於反。」
〔二〕師古曰：「桐讀爲通。茂豫，美盛而光悅也。言草木皆通達而生，美悅光澤，各無所詘，皆申遂也。詘音丘物反。」
〔三〕師古曰：「敷，布也。就，成也。阜，大也。昌，盛也。」
〔四〕師古曰：「甫田，大田也。百鬼，百神也。迪，進也。嘗謂歆饗之也。言此粢盛，皆因大田而登成，進於祀所，而爲百神所歆饗也。迪音大歷反。」

〔五〕師古曰：「若，善也。宥，祐也。」

西顥沆碭，秋氣肅殺，〔一〕含秀垂穎，續舊不廢。〔二〕姦僞不萌，祆孽伏息，隅辟越遠，四貉咸服。〔三〕既畏茲威，惟慕純德，附而不驕，正心翊翊。〔四〕

西顥五　鄒子樂。

〔一〕韋昭曰：「西方少昊也。」師古曰：「沆音胡浪反。碭音蕩。沆碭，白氣之貌也。」
〔二〕師古曰：「五穀百草，秀穎成實，皆因舊苗，無廢絕也。不榮而實曰秀，葉末曰穎。廢合韻音發。」
〔三〕師古曰：「四貉猶言四夷。辟讀曰僻。貉音莫客反。」
〔四〕師古曰：「純，大也。言畏威懷德，皆來賓附，無敢驕怠，盡虔敬。」

玄冥陵陰，蟄蟲蓋臧，〔一〕屮木零落，抵冬降霜。〔二〕易亂除邪，革正異俗，〔三〕兆民反本，抱素懷樸。條理信義，望禮五嶽。〔四〕籍斂之時，掩收嘉穀。〔五〕

玄冥六　鄒子樂。

〔一〕師古曰：「玄冥，北方之神也。」
〔二〕孟康曰：「抵，至也，至冬而降霜，音底。」師古曰：「屮，古草字。」
〔三〕師古曰：「易，變；革，改也。」
〔四〕師古曰：「條，分也，暢也。」
〔五〕師古曰：「籍斂，謂收籍田也。」

惟泰元尊，媼神蕃釐，〔一〕經緯天地，作成四時。精建日月，星辰度理，陰陽五行，周而復始。雲風靁電，降甘露雨，百姓蕃滋，咸循厥緒。〔二〕繼統共勤，順皇之德，〔三〕鸞路龍鱗，罔不肸飾。〔四〕嘉籩列陳，庶幾宴享，〔五〕滅除凶災，（列）〔烈〕騰八荒。〔六〕鐘鼓竽笙，雲舞翔翔，招搖靈旗，九夷賓將。〔七〕

惟泰元七　建始元年，丞相匡衡奏罷「鸞路龍鱗」，更定詩曰「涓選休成」。〔八〕

〔一〕李奇曰：「元尊，天也。媼神，地也。祭天燔燎，祭地瘞埋也。」師古曰：「李說非也。泰元，天也。蕃，多也。釐，福也。言天神至尊，而地神多福也。蕃音扶元反。釐讀曰禧。」
〔二〕師古曰：「蕃，多也。滋，益也。循，順也。緒，業也。」
〔三〕師古曰：「共讀曰恭。皇，皇天也。此言天子繼承祖統，恭勤爲心而順天也。」
〔四〕蘇林曰：「肸音堅塗之塈。塈，飾也。」師古曰：「罔，無也。肸，振也。謂皆振整而飾之也。肸音許乙反。」
〔五〕師古曰：「嘉籩，謂祭祀之籩實也。木曰豆，竹曰籩。享字合韻宜（因）〔音〕鄉。」
〔六〕師古曰：「言威烈之盛，踰於八荒。」
〔七〕師古曰：「畫招搖於旗以征伐，故稱靈旗。將猶從也。」
〔八〕臣瓚曰：「涓，除也。除惡選取美成者也。」

天地並況，惟予有慕，〔一〕爰熙紫壇，思求厥路。〔二〕恭承禋祀，縕豫爲紛，〔三〕黼繡

周張，承神至尊。〔四〕千童羅舞成八溢，〔五〕合好効歡虞泰一。〔六〕九歌畢奏斐然殊，鳴琴竽瑟會軒朱。〔七〕璆磬金鼓，靈其有喜，〔八〕百官濟濟，各敬厥事。盛牲實俎進聞膏，〔九〕神奄留，臨須搖。〔一〇〕長麗前掞光耀明，〔一一〕寒暑不忒況皇章。〔一二〕展詩應律鋗玉鳴，〔一三〕函宮吐角激徵清。發梁揚羽申以商，〔一四〕造茲新音永久長。聲氣遠條鳳鳥鴹，〔一五〕神夕奄虞蓋孔享。〔一六〕

天地八　丞相匡衡奏罷「黼繡周張」，更定詩曰「肅若舊典」。〔一七〕

〔一〕師古曰：「況，賜也。」
〔二〕師古曰：「熙，興也。紫壇，壇紫色也。思求降神之路也。」
〔三〕孟康曰：「積聚脩飾，爲此紛華也。」師古曰：「縕音於粉反。」
〔四〕師古曰：「白與黑畫爲斧形謂之黼。」
〔五〕師古曰：「溢與佾同。佾，列也。」
〔六〕師古曰：「虞與娛同。」
〔七〕師古曰：「軒朱即朱軒也。言總合音樂，會於軒檻之前。」
〔八〕師古曰：「璆，美玉名，以爲磬也。喜，合韻音許吏反。」
〔九〕師古曰：「言以牲實俎，以蕭焫脂，則其芬馨達於神所，故曰盛牲實俎進聞膏。」
〔一〇〕晉灼曰：「須搖，須臾也。」師古曰：「奄讀曰淹。」

〔一一〕孟康曰：「欲令神宿留，言日雖暮，長更星在前扶助，常有光明也。掞或作扶。」晉灼曰：「掞即光炎字也。」臣瓚曰：「長麗，靈鳥也。故相如賦曰『前長麗而後矞皇』。舊說云鸞也。張衡思玄賦亦曰『前長麗使拂羽』。」師古曰：「晉、瓚二說是也。麗音離。掞音豔。」
〔一二〕晉灼曰：「況，賜也。皇，君也。章，明也。言長更星終始不改其光，神永以此明賜君也。」臣瓚曰：「忒，差也。寒暑不差，言陰陽和也，以此賜君，章賢德也。」師古曰：「瓚說是也。」
〔一三〕晉灼曰：「鋗，鳴玉聲也。」師古曰：「鋗音火玄反。」
〔一四〕晉灼曰：「下有『粱黃鼓員四人』，似新造音樂者姓名也。」師古曰：「晉說非也。自函宮吐角以下，總言五聲之備耳。申，重也。發粱，歌聲繞粱也。函與含同。」
〔一五〕師古曰：「條，達也。鴹，古翔字。」
〔一六〕師古曰：「虞，樂也。蓋，語辭也。孔，甚也。享，合韻音鄉。」
〔一七〕師古曰：「肅，敬也。若，順也。」

日出入九

日出入安窮？時世不與人同。〔一〕故春非我春，夏非我夏，秋非我秋，冬非我冬。泊如四海之池，徧觀是邪謂何？〔二〕吾知所樂，獨樂六龍，六龍之調，使我心若。〔三〕訾黃其何不徠下！〔四〕

〔一〕晉灼曰：「日月無窮，而人命有終，世長而壽短。」
〔二〕晉灼曰：「言人壽不能安固如四海，徧觀是，乃知命甚促。謂何，當如之何也。」師古曰：「泊，水貌也，音步各反，

又音魄。」
〔三〕應劭曰：「易曰『時乘六龍以御天』。武帝願乘六龍，仙而升天，曰『吾所樂獨乘六龍然，御六龍得其調，使我心若』。」
〔四〕應劭曰：「訾黃一名乘黃，龍翼而馬身，黃帝乘之而仙。武帝意欲得之，曰：『何不來邪？』」師古曰：「訾，嗟歎之辭也。黃，乘黃也。歎乘黃不來下也。訾音咨。」

太一況，天馬下，〔一〕霑赤汗，沫流赭。〔二〕志俶儻，精權奇，籋浮雲，晻上馳。〔三〕體容與，迣萬里，〔四〕今安匹，龍為友。〔五〕元狩三年馬生渥洼水中作。

〔一〕師古曰：「言此天馬乃太一所賜，故來下也。」
〔二〕應劭曰：「大宛馬汗血霑濡也，流沫如赭也。」李奇曰：「沬音靧面之靧。」晉灼曰：「沬，古靧字也。」師古曰：「沬、沫兩通。沬者，言被面如頮也，字從水傍午未之未，音呼內反。沫者，言汗流沫出也，字從水傍本末之末，音亦如之。然今書字多作沬面之沬也。」
〔三〕蘇林曰：「籋音躡。言天馬上躡浮雲也。」師古曰：「晻音烏感反。言晻然而上馳。」
〔四〕孟康曰：「迣音逝。」如淳曰：「迣，超踰也。」晉灼曰：「古迾字。」師古曰：「孟音非也。迣讀與厲同，言能厲渡萬里也。」
〔五〕師古曰：「言今更無與匹者，唯龍可為之友耳。」

天馬徠，從西極，涉流沙，九夷服。〔一〕天馬徠，出泉水，虎脊兩，化若鬼。〔二〕天馬徠，歷無草，徑千里，循東道。〔三〕天馬徠，執徐時，〔四〕將搖舉，誰與期？〔五〕天馬徠，開遠門，竦予身，逝昆侖。〔六〕天馬徠，龍之媒，〔七〕游閶闔，觀玉臺。〔八〕太初四年誅宛王獲宛馬作。

天馬十

〔一〕師古曰：「言九夷皆服，故此馬遠來也。徠，古往來字也。」
〔二〕應劭曰：「馬毛色如虎脊（者）有兩也。」師古曰：「言其變化若鬼神。」
〔三〕張晏曰：「馬從西而來東也。」師古曰：「言馬從西來，經行磧鹵之地無草者，（幾）〔凡〕千里而至東道。」
〔四〕應劭曰：「太歲在辰曰執徐。言得天馬時歲在辰也。」孟康曰：「東方震為龍，又青龍宿。言以其方來也。」師古曰：「應說是也。」
〔五〕如淳曰：「遙，遠也。搖或作遙。」師古曰：「如說非也。言當奮搖高舉，不可與期也。」
〔六〕應劭曰：「言天馬雖去人遠，當豫開門以待之也。」文穎曰：「言武帝好仙，常庶幾天馬來，當乘之往發昆侖也。」師古曰：「文說是也。」
〔七〕應劭曰：「言天馬者乃神龍之類，今天馬已來，此龍必至之效也。」
〔八〕應劭曰：「閶闔，天門。玉臺，上帝之所居。」

天門開，詄蕩蕩，〔一〕穆並騁，以臨饗。〔二〕光夜燭，德信著，〔三〕靈寖（平而）鴻，長生豫。〔四〕大朱涂廣，夷石為堂，〔五〕飾玉梢以舞歌，體招搖若永望。〔六〕星留俞，塞隕光，〔七〕照紫幄，珠熉黃。〔八〕幡比翄回集，貳雙飛常羊。〔九〕月穆穆以金波，日華燿以宣

明。〔一〇〕假清風軋忽，激長至重觴。〔一一〕神裴回若留放，殣冀親以肆章。〔一二〕函蒙祉福常若期，〔一三〕寂謬上天知厥時。〔一四〕泛泛滇滇從高斿，〔一五〕殷勤此路臚所求。〔一六〕佻正嘉吉弘以昌，〔一七〕休嘉砰隱溢四方。〔一八〕專精厲意逝九閡，〔一九〕紛云六幕浮大海。〔二〇〕

天門十一

〔一〕如淳曰：「詄讀如迭。詄蕩蕩，天體堅清之狀也。」師古曰：「詄音大結反。」
〔二〕師古曰：「言衆神穆然方駕馳騁而臨祠祭。」
〔三〕師古曰：「神光夜照，應誠而來，是德信著明。」
〔四〕師古曰：「神靈德澤所浸，溥博無私，其福甚大，故我得長生之道而安豫也。」
〔五〕師古曰：「涂，道路也。夷，平也。言通神之路，飾以朱丹，又甚廣大。平夷密石，累以為堂。」
〔六〕師古曰：「梢，竿也，舞者所持。玉梢，以玉飾之也。招搖，申動之貌。永，長也。梢音所交反。招音韶。望，合韻音亡。」
〔七〕師古曰：「俞，答也。言衆星留神，答我饗薦，降其光耀，四面充塞也。俞音踰。」
〔八〕如淳曰：「熉音殞，黃貌也。」師古曰：「紫幄，饗神之幄也。帳上四下而覆曰幄。言光照紫幄，故其珠色熉然而黃也。熉音云。」
〔九〕文穎曰：「舞者骨騰肉飛，如鳥之回翅而雙集也。」師古曰：「常羊，猶逍遙也。」
〔一〇〕師古曰：「言月光穆穆，若金之波流也。宣，徧也。」

[一一]師古曰：「軋忽，長遠之貌也。重觴，謂累獻也。」
[一二]孟康曰：「殣音覲。」師古曰：「言神靈裵回，留而不去，故我得覲見，冀以親附而陳誠意，遂章明之。」
[一三]師古曰：「函，包也。蒙，被也。言爲神所饗，故能包函蒙被，祉福應誠而至，有常期也。」
[一四]應劭曰：「言天雖寂漻高遠，而知我饗薦之時也。漻音來朝反。」
[一五]應劭曰：「泛泛，上浮之意也。滇滇，盛貌也。」晉灼曰：「滇音『振旅闐闐』。」師古曰：「音徒千反。」
[一六]應劭曰：「臚，陳也。言所以殷勤此路，乃欲陳所求也。」師古曰：「臚音力於反。」
[一七]如淳曰：「佻讀曰肇。肇，始也。」
[一八]師古曰：「休，美也。嘉，慶也。砰音普萌反。砰隱，盛意。」
[一九]如淳曰：「閡亦陔也。淮南子曰若士者謂盧敖曰『吾與汗漫期乎九陔之上』。陔，重也。謂九天之上也。」師古曰：「閡，合韻音改，又音亥。」
[二〇]師古曰：「紛云，興作之貌。六幕，猶言六合也。」

景星顯見，信星彪列，[一]象載昭庭，日親以察。[二]參侔開闔，爰推本紀，[三]汾脽出鼎，皇祜元始。[四]五音六律，依韋饗昭，[五]雜變並會，雅聲遠姚。[六]空桑琴瑟結信成，[七]四興遞代八風生。[八]殷殷鐘石羽籥鳴。[九]河龍供鯉醇犧牲。[一〇]百末旨酒布蘭生。[一一]泰尊柘漿析朝酲。[一二]微感心攸通修名，[一三]周流常羊思所并。[一四]穰穰復正直往甯，[一五]馮蠵切和疏寫平。[一六]上天布施后土成，穰穰豐年四時榮。

景星十二 元鼎五年得鼎汾陰作。

[一]如淳曰：「景星者，德星也，見無常，常出有道之國。鎭星爲信星，居國益地。」師古曰：「謂彰著而爲行列也。」
[二]師古曰：「象謂縣象也。載，事也。縣象祕事，昭顯於庭，日來親近，甚明察也。」
[三]應劭曰：「參，三也。言景星光明開闔，乃三於日月也。」晉灼曰：「侔，等也。開闔，猶開闢也。言今之鼎瑞，參等於上世。」師古曰：「晉說是。」
[四]師古曰：「皇，大也。祜，福也。脽音誰。祜音怙。」
[五]師古曰：「依韋，諧和不相乖離也。饗讀曰響。昭，明也，言聲響之明也。」
[六]師古曰：「姚，僄姚，言飛揚也。」
[七]張晏曰：「傳曰『空桑爲瑟，一彈三歎』，祭天質故也。」師古曰：「空桑，地名也，出善木，可爲琴瑟也。」
[八]應劭曰：「四時遞代成陰陽，八風以生也。」臣瓚曰：「舞者四縣代奏也。左氏傳曰『夫舞者，所以節八音而行八風』也。」師古曰：「瓚說是也。八方之風，謂東北曰條風，東方曰明庶風，東南曰清明風，南方曰景風，西南曰涼風，西方曰閶闔風，西北曰不周風，北方曰廣莫風。」
[九]師古曰：「殷殷，聲盛也。石謂磬也。羽籥，謂舞所持者也。殷音隱。」
[一〇]晉灼曰：「河龍，夏之所賜者也。供鯉，給廚祭也。」師古曰：「醇謂色不雜也。犧牲，牛羊全體者也。」
[一一]張晏曰：「百末，末作之末也。」晉灼曰：「百日之末酒也，芬香布列，若蘭之生也。」師古曰：「百末，百草華之末也。旨，美也。以百草華末雜酒，故香且美也。事見春秋繁露。」
[一二]應劭曰：「柘漿，取甘柘汁以爲飲也。酲，病酒也。析，解也。言柘漿可以解朝酲也。」

[一三]師古曰：「言精微所感，其心攸遠，故得通達成長久之名。」
[一四]師古曰：「周流，猶周行也。常羊，猶逍遙也。思所并，思與神道合也，下言合所思是也。」
[一五]師古曰：「穰穰，多也。復猶歸也。直，當也。甯，願也。言獲福既多，歸於正道，克當往日所願也。復音扶目反，甯合韻音寧。」
[一六]晉灼曰：「馮，馮夷，河伯也。蠵，觜蠵，龜屬也。」師古曰：「言馮夷命靈蠵，使切厲諧和水神，令之疏導川瀆，寫散平均，無災害也。蠵音弋隨反，又音攜。」

齊房產草，九莖連葉，[一]宮童効異，披圖案諜。[二]玄氣之精，回復此都，[三]蔓蔓日茂，芝成靈華。[四]

齊房十三 元封二年芝生甘泉齊房作。

[一]師古曰：「齊讀曰齋。其下並同。」
[二]臣瓚曰：「宮之童豎致此異瑞也。」蘇林曰：「諜，譜弟之也。」
[三]師古曰：「玄，天也。言天氣之精，回旋反復於此雲陽之都，謂甘泉也。」
[四]師古曰：「蔓蔓，言其長久，日以茂盛也。」

后皇嘉壇，立玄黃服，[一]物發冀州，兆蒙祉福。[二]沇沇四塞，徦狄合處，[三]經營萬億，咸遂厥宇。[四]

后皇十四

[一]師古曰：「壇，祭壇也。服，祭服也。」
[二]晉灼曰：「得寶鼎於汾陰也。」臣瓚曰：「汾陰屬冀州。」
[三]孟康曰：「沇音兗。」師古曰：「沇沇，流行之貌也。徦狄，遠夷也。合處，內附也。徦即遐字耳，其字從彳。彳音丑益反。」
[四]師古曰：「宇，居也。言我經營萬方億兆，故得咸遂其居。」

華爗爗，固靈根。神之斿，過天門，車千乘，敦昆侖。[一]神之出，排玉房，周流雜，拔蘭堂。[二]神之行，旌容容，騎沓沓，般縱縱。[三]神之徠，泛翊翊，甘露降，慶雲集。[四]神之揄，臨壇宇，[五]九疑賓，夔龍舞。[六]神安坐，鴹吉時，[七]共翊翊，合所思。[八]神嘉虞，申貳觴，[九]福滂洋，邁延長。[一〇]沛施祐，汾之阿，[一一]揚金光，橫泰河，[一二]莽若雲，增陽波。[一三]徧臚驩，騰天歌。[一四]

華爗爗十五

[一]師古曰：「敦讀曰屯。屯，聚也。」
[二]師古曰：「拔，舍止也，音步曷反。」
[三]孟康曰：「縱音總。」晉灼曰：「音人相從勇作惡。」師古曰：「容容，飛揚之貌。沓沓，疾行也。般，相連也。縱縱，衆也。容音勇。縱音總。一曰容讀如本字，從音才公反。」
[四]如淳曰：「天文志云『若烟非烟，若雲非雲，郁郁紛紛，是謂慶雲』。」師古曰：「翊音弋入反，又音立。」

〔五〕師古曰：「揄，引也。壇宇，謂祭祠壇場及宮室。言神引來降臨之也。揄音踰。」

〔六〕如淳曰：「九嶷，舜所葬。言以舜爲賓客也。韶典樂，龍管納言，皆隨舜而來，舞以樂神。」

〔七〕師古曰：「鴹，古翔字也。言神安坐回翔，皆趣吉時也。」

〔八〕師古曰：「共讀曰恭。翊翊，敬也。」

〔九〕師古曰：「虞，樂也。貳觴，猶重觴也。」

〔一〇〕師古曰：「滂洋，饒廣也。滂音普郎反。洋音羊，又音祥。」

〔一一〕師古曰：「沛音普大反。沛然泛貌也。阿，水之曲隅。」

〔一二〕師古曰：「横，充滿也。泰河，大河也。」

〔一三〕師古曰：「莽，雲貌。言光明之盛，莽莽然如雲也。」

〔一四〕師古曰：「臚，陳也。騰，升也。言陳其歡慶，令歌上升於天。」

五神相，包四鄰，〔一〕土地廣，揚浮雲。扢嘉壇，椒蘭芳，〔二〕璧玉精，垂華光。〔三〕益億年，美始興，〔四〕交於神，若有承。〔五〕廣宣延，咸畢觴，〔六〕靈輿位，偃蹇驤。〔七〕卉汩臚，析奚（道）〔遺〕？〔八〕淫淥澤，注然歸。〔九〕

五神十六

〔一〕如淳曰：「五帝爲太一相也。」師古曰：「包，含也。四鄰，四方。」

〔二〕孟康曰：「扢，摩也。」師古曰：「音公忽反。謂摩拭其壇，加以椒蘭之芳。」

〔三〕師古曰：「言禮神之璧乃玉之精英，故有光華也。」

〔四〕師古曰：「言福慶方興起也。」

〔五〕師古曰：「言神來降臨，故盡其肅恭。」

〔六〕師古曰：「言徧延諸神，咸歆祭祀，畢盡觴爵也。」

〔七〕師古曰：「神既畢饗，則嚴駕靈輿，引其侍從之位偃蹇高驤也。蹇音居偃反。」

〔八〕師古曰：「卉汩，疾意也。臚，陳也。析，分也。奚，何也。言速自陳列分散而歸，無所留也。汩音于筆反。」

〔九〕師古曰：「淫，久也。淥澤，澤名。言我饗神之後，久在淥澤，乃注然而歸也。淥音綠。注音烏黃反。」

朝隴首，覽西垠，〔一〕靁電尞，獲白麟。〔二〕爰五止，顯黃德，〔三〕圖匈虐，熏鬻殛。〔四〕闢流離，抑不詳，〔五〕賓百僚，山河饗。〔六〕掩回轅，鬗長馳，〔七〕騰雨師，洒路陂。〔八〕流星隕，感惟風，籋歸雲，撫懷心。〔九〕

朝隴首十七　元狩元年行幸雍獲白麟作。

〔一〕臣瓚曰：「謂朝於隴首而覽西北也。」師古曰：「隴坻之首也。垠，厓也。坻音丁禮反。」

〔二〕臣瓚曰：「尞祭五時，皆有報應，聲若靁，光若電也。」師古曰：「尞，古燎字。」

〔三〕師古曰：「爰，曰也，發語辭也。止，足也。時白麟足有五蹏。」

〔四〕應劭曰：「熏鬻，匈奴本號也。」師古曰：「殛，窮也。一曰，殛，誅也，音居力反。」

〔五〕師古曰：「流離不得其所者，爲開道路，使之安集。違道不祥善者，則抑黜之，以申懲勸也。」

〔六〕師古曰：「百僚，百神之官也。饗，合韻音鄉。」

〔七〕如淳曰：「鬗音構。鬗鬗，長貌也。」師古曰：「音武元反。」

〔八〕師古曰：「洒，灑也。路陂，路傍也。言使雨師灑道也。洒音灑，又音山豉反。」

〔九〕師古曰：「懷心，懷柔之心也。籋音躡。」

象載瑜，白集西，〔一〕食甘露，飲榮泉。〔二〕赤鴈集，六紛員，〔三〕殊翁雜，五采文。〔四〕神所見，施祉福，登蓬萊，結無極。〔五〕

象載瑜十八　太始三年行幸東海獲赤鴈作。

〔一〕服虔曰：「象載，鳥名也。」師古曰：「此說非也。象載，象輿也。山出象輿，瑞應車也。瑜，美貌也。言此瑞車瑜然色白而出西方也。西，合韻音先。」

〔二〕師古曰：「駕輿者之所飲食也。榮泉，言泉有光華。」

〔三〕師古曰：「言六者，所獲赤鴈之數也。紛員，多貌也。言西獲象輿，東獲赤鴈，祥瑞多也。員音云。」

〔四〕孟康曰：「翁，鴈頸也。言其文采殊異也。」

〔五〕師古曰：「見，顯示也。蓬萊，神山也，在海中。結，成也。」

赤蛟綏，黃華蓋，〔一〕露夜零，晝晻濭。〔二〕百君禮，六龍位，〔三〕勺椒漿，靈已醉。〔四〕靈既享，錫吉祥，芒芒極，降嘉觴。〔五〕靈殷殷，爛揚光，〔六〕延壽命，永未央。杳冥冥，塞六合，澤汪濊，輯萬國。〔七〕靈禗禗，象輿轙，〔八〕票然逝，旗逶蛇。〔九〕禮樂成，靈將歸，託玄德，長無衰。〔一〇〕

赤蛟十九

〔一〕師古曰：「綏綏，赤蛟貌。黃華蓋，言其上有黃氣，狀若蓋也。」

〔二〕師古曰：「晻音烏感反。濭音藹。晻濭，雲氣之貌。」

〔三〕師古曰：「百君，亦謂百神也。」

〔四〕師古曰：「勺讀曰酌。」

〔五〕師古曰：「芒芒，廣大貌，音莫郎反。」

〔六〕師古曰：「殷殷，盛也。爛，光貌。殷音隱。」

〔七〕師古曰：「塞，滿也。輯，和也。天地四方謂之六合。汪濊，言饒多也。濊音於廢反，又音烏外反。輯與集同。」

〔八〕孟康曰：「禗音近枲，不安欲去也。轙，待也。」如淳曰：「轙，僕人嚴駕待發之意也。」師古曰：「禗，孟音是也。轙，如說是也。轙音儀。」

〔九〕師古曰：「票然，輕舉意也。逶蛇，旗貌也。票音匹遙反。蛇音移。」

〔一〇〕師古曰：「言託恃天德，冀獲長生，無衰竭也。」

其餘巡狩福應之事，不序郊廟，故弗論。

是時，河間獻王有雅材，亦以爲治道非禮樂不成，因獻所集雅樂。天子下大樂官，常存肄之，〔一〕歲時以備數，然不常御，常御及郊廟皆非雅聲。然詩樂施於後嗣，猶得有所祖述。

昔殷周之雅頌，乃上本有娀、姜原，〔一〕卨、稷始生，玄王、公劉、古公、大伯、王季、姜女、大任、太姒之德，〔二〕乃及成湯、文、武受命，武丁、成、康、宣王中興，〔三〕下及輔佐阿衡、周、召、太公、申伯、召虎、仲山甫之屬，〔四〕君臣男女有功德者，靡不褒揚。功德既信美矣，褒揚之聲盈乎天地之間，是以光名著於當世，遺譽垂於無窮也。今漢郊廟詩歌，未有祖宗之事，八音調均，又不協於鐘律，而內有掖庭材人，外有上林樂府，皆以鄭聲施於朝廷。

〔一〕師古曰：「肆，習也。音弋二反。」

〔二〕應劭曰：「簡狄，有娀之女，吞燕卵而生契。」師古曰：「姜嫄，后稷之母也。」

〔三〕師古曰：「卨，殷之始祖。稷，周之始祖。玄王亦殷之先祖，承黑帝之後，故曰玄王。公劉，后稷之曾孫也。古公亶父，即豳公也。大伯，大王之子，王季之兄也。王季，文王之父也。姜女，亶甫之妃也。大任，文王之母也。太姒，文王之妃，武王之母也。毛、鄭說詩，以玄王即卨也。此志既言卨，又有玄王，則玄王非卨一人矣。」

〔四〕師古曰：「武丁，殷王高宗也。周成王，武王之子也。康王，成王之子也。宣王，厲王之子。」

〔五〕師古曰：「阿衡，伊尹職號也。周，周公旦也。召，召公奭也。太公，師尚父也。申伯、召虎、仲山甫，皆周宣王臣也。」

至成帝時，謁者常山王禹世受（可）〔河〕間樂，能說其義，其弟子宋曅等上書言之，〔一〕下大夫博士平當等考試。當以爲「漢承秦滅道之後，賴先帝聖德，博受兼聽，修廢官，立大學，河間獻王聘求幽隱，修興雅樂以助化。時大儒公孫弘、董仲舒等皆以爲音中正雅，立之大樂。春秋鄉射，作於學官，希闊不講。〔二〕故自公卿大夫觀聽者，但聞（鏗）〔鏗〕鎗，不曉其意，而欲以風諭衆庶，其道無由。〔三〕是以行之百有餘年，德化至今未成。今曅等守習孤學，大指歸於興助教化。衰微之學，興廢在人。宜領屬雅樂，以繼絕表微。〔四〕孔子曰：『人能弘道，非道弘人。』〔五〕河間區區，（不）〔小〕國藩臣，〔六〕以好學修古，能有所存，〔七〕民到于今稱之，況於聖主廣被之資，〔八〕修起舊文，放鄭近雅，述而不作，信而好古，於以風示海內，揚名後世，誠非小功小美也。」事下公卿，以爲久遠難分明，當議復寢。

〔一〕師古曰：「曅音于輒反。」

〔二〕師古曰：「講謂論習也。」

〔三〕師古曰：「風，化也。」

〔四〕師古曰：「表，顯也。」

〔五〕師古曰：「論語載孔子之言。」

〔六〕師古曰：「區區，小貌也。」

〔七〕師古曰：「存意於禮樂。」

〔八〕師古曰：「被猶覆也，音皮義反。」

是時，鄭聲尤甚。黃門名倡丙彊、景武之屬富顯於世，貴戚五侯定陵、富平外戚之家〔一〕淫侈過度，至與人主爭女樂。哀帝自爲定陶王時疾之，又性不好音，及即位，下詔曰：「惟世俗奢泰文巧，而鄭衞之聲興。夫奢泰則下不孫而國貧，〔二〕文巧則趨末背本者衆，〔三〕鄭衞之聲興則淫辟之化流，〔四〕而欲黎庶敦朴家給，猶濁其源而求其清流，〔五〕豈不難哉！孔子不云乎？『放鄭聲，鄭聲淫。』〔六〕其罷樂府官。郊祭樂及古兵法武樂，在經非鄭衞之樂者，條奏，別屬他官。」丞相孔光、大司空何武奏：「郊祭樂人員六十二人，給祠南北郊。大樂鼓員六人，嘉至鼓員十人，邯鄲鼓員二人，騎吹鼓員三人，江南鼓員二人，淮南鼓員四人，巴俞鼓員三十六人，〔七〕歌鼓員二十四人，楚嚴鼓員一人，梁皇鼓員四人，臨淮鼓員三十五人，茲邡鼓員三人，〔八〕凡鼓十二，員百二十八人，朝賀置酒陳殿下，應古兵法。外郊祭員十三人，諸族樂人兼雲招給祠南郊用六十七人，〔九〕兼給事雅樂用四人，夜誦員五人，剛、別柎員二人，〔一〇〕給盛德主調篪員二人，〔一一〕聽工以律知日冬夏至一人，鐘工、磬工、簫工員各一人，僕射二人主領諸樂人，皆不可罷。竽工員三人，一人可罷。〔一二〕琴工員五人，三人可罷。柱工員二人，一人可罷。〔一三〕繩弦工員六人，四人可罷。〔一四〕鄭四會員六十二人，一人給事雅樂，六十一人可罷。張瑟員八人，七人可罷。安世樂鼓員二十人，十九人可罷。沛吹鼓員十二人，族歌鼓員二十七人，陳吹鼓員十三人，商樂鼓員十四人，東海鼓員十六人，長樂鼓員十三人，縵樂鼓員十三人，〔一五〕凡鼓八，員百二十八人，朝賀置酒，陳前殿房中，不應經法。治竽員五人，楚鼓員六人，常從倡三十人，常從象人四人，〔一六〕詔隨常從倡十六人，秦倡員二十九人，秦倡象人員三人，詔隨秦倡一人，雅大人員九人，朝賀置酒爲樂。楚四會員十七人，巴四會員十二人，銚四會員十二人，〔一七〕齊四會員十九人，蔡謳員三人，齊謳員六人，竽瑟鐘磬員五人，皆鄭聲，可罷。師學百四十二人，其七十二人給大官挏馬酒，〔一八〕其七十人可罷。大凡八百二十九人，其三百八十八人不可罷，可領屬大樂，其四百四十一人不應經法，或鄭衞之聲，皆可罷。」奏可。然百姓漸漬日久，又不制雅樂有以相變，豪富吏民湛沔自若，〔一九〕陵夷壞于王莽。

〔一〕師古曰：「五侯，王鳳以下也。定陵，淳于長也。富平，張放。」

〔二〕師古曰：「孫讀曰遜。」

〔三〕師古曰：「趨讀曰趣。趣，嚮也。」

〔四〕師古曰：「辟讀曰僻也。」

〔五〕師古曰：「源，水泉之本。」

〔六〕師古曰：「論語載孔子之言。」

〔七〕師古曰：「巴，巴人也。俞，俞人也。當高祖初爲漢王，得巴俞人，並趫捷善鬭，與之定三秦滅楚，因存其武樂也。巴俞之樂因此始也。巴即今之巴州，俞即今之（俞）〔渝〕州，各其本地。」

〔八〕晉灼曰：「邡音方。」

〔九〕師古曰：「招讀與韶同。」

〔一〇〕師古曰：「剛及別柎皆鼓名也。柎音膚。」
〔一一〕師古曰：「篪以竹爲之，七孔，亦笛之類也，音池。」
〔一二〕師古曰：「竽，笙類也，三十六簧，音于。」
〔一三〕師古曰：「柱工，主箏瑟之柱者。」
〔一四〕師古曰：「弦，琴瑟之弦。繩言主糾合作之也。」
〔一五〕師古曰：「縵樂，雜樂也，音漫。」
〔一六〕孟康曰：「象人，若今戲蝦魚師子者也。」韋昭曰：「著假面者也。」師古曰：「孟說是。」
〔一七〕李奇曰：「辰是鼗。」韋昭曰：「姚，國名，音銚。」師古曰：「韋說是也。銚音姚。」
〔一八〕李奇曰：「以馬乳爲酒，撞挏乃成也。」師古曰：「挏音動。馬酪味如酒，而飲之亦可醉，故呼馬酒也。」
〔一九〕師古曰：「湛讀曰沈，又讀曰耽。自若，言自如故也。」

今海內更始，民人歸本，戶口歲息，〔一〕平其刑辟，牧以賢良，至於家給，既庶且富，則須庠序禮樂之教化矣。〔二〕今幸有前聖遺制之威儀，誠可法象而補備之，經紀可因緣而存著也。孔子曰：「殷因於夏禮，所損益，可知也；周因於殷禮，所損益，可知也；其或繼周者，百世可知也。」〔三〕今大漢繼周，久曠大儀，未有立禮成樂，此賈（宜）〔誼〕、仲舒、王吉、劉向之徒所爲發憤而增嘆也。〔四〕

〔一〕師古曰：「今謂班氏撰書時也。息，生也。」

〔二〕師古曰：「家給，解已在前。庶，衆也。論語云孔子曰：『庶矣哉！』冉有曰：『既庶矣，又何加焉？』曰：『富之。』曰：『既富矣，又何加焉？』曰：『教之。』故班氏引之也。」
〔三〕師古曰：「論語載孔子答子張之言也。」
〔四〕師古曰：「感嘆也。」

校勘記

一〇三四頁三行 （大不備）或莫甚焉。 王先謙說「大不備」三字誤衍。「或」古「惑」字。通鑑不重三字，「或」作「惑」，是所見本不誤。
一〇三六頁四行 （毋常人）〔每常大〕行禮乃置。 「毋常人」，景祐本作「每常大」。殿本「常」作「當」。
一〇三七頁七行 皆安其位而不相奪（也），足以感動人之善心（而）〔也〕，不使邪氣得接焉， 景祐本如此。
一〇三七頁一三行 蠱（古）〔作〕蠱字，〔非是〕。 景祐本如此。按「蠱」是「蠱」之俗字，故說非是。
一〇四一頁一六行 而說論語者乃以爲（追）魯哀公時禮壞樂崩， 景祐、殿本無「追」字。
一〇四四頁七行 高（祖）廟奏武德、文始、五行之舞； 王念孫說「祖」字涉上下文而衍，景祐本作「高廟」，是也。
一〇四四頁一〇行 以（明）示天下之安和也。 王念孫說「明」字涉下兩「明」字而衍，景祐本無。
一〇四五頁一〇行 更重立（之）〔也〕。 景祐、殿本都作「也」。
一〇四七頁一六行 言各置（郊）〔部〕校， 景祐、殿、局本都作「部」。王先謙說作「部」是。

一〇四九頁一二行 溎（溎）〔華〕 錢大昭說，此二字是練時日、帝臨、青陽之類，所以記章數也。但存溎華、美若二章之名，其餘俱脫去耳。
一〇五〇頁四行 美（芳）〔若〕 劉奉世說，溎華、美芳皆二詩章名，本側注在前章之末，傳寫之誤，遂以冠後。後詞無「美芳」，亦當作「美若」矣。
一〇五〇頁一三行 寶夷逢（譯）〔譯〕致禰貫也。 景祐、殿本都作「譯」。王先謙說作「譯」是。
一〇五七頁四行 （列）〔烈〕騰八荒。 景祐、殿本都作「烈」。王先謙說作「烈」是。
一〇五七頁一三行 享字合韻宜（因）〔音〕鄉。 景祐、殿本都作「音」。王先謙說作「音」是。
一〇六一頁五行 馬毛色如虎脊〔者〕有兩也。 「者」字據景祐、殿本補。
一〇六一頁一六行 （幾）〔凡〕千里而至東道。 景祐、殿本都作「凡」。王先謙說作「凡」是。
一〇六二頁一四行 籋躗（平而）鴻，長生豫。 王先謙說，八字不成句義，「平而」二字當衍。顏注亦未爲「平」字釋義，衍文明矣。
一〇六七頁一三行 析奚（遺）〔遺〕？ 景祐、殿、局本都作「遺」。王先謙說作「遺」是。
一〇七一頁一四行 世受（可）〔河〕間樂， 錢大昭說「可」當作「河」。按景祐、殿、局本都作「河」。
一〇七二頁一行 但聞（鏗）〔鏗〕鎗， 景祐、殿、局本都作「鏗」。王先謙說作「鏗」是。
一〇七二頁四行 （不）〔小〕國蕃臣， 錢大昭說「不」疑「小」字之譌。按景祐、殿本都作「小」。

一〇七三頁八行 剛、別柎員二人，〔一〇〕給盛德主調篪員二人， 注〔一〇〕原在「盛德」下。王先謙說「給盛德」三字當下屬。
一〇七四頁一四行 俞即今之（俞）〔渝〕州。 景祐、殿本都作「渝」。王先謙說作「渝」是。
一〇七五頁一四行 賈（宜）〔誼〕 景祐、殿本都作「誼」。王先謙說作「誼」是。

漢書卷二十三

刑法志第三

夫人宵天地之貌，〔一〕懷五常之性，〔二〕聰明精粹，〔三〕有生之最靈者也。爪牙不足以供耆欲，趨走不足以避利害，〔四〕無毛羽以禦寒暑，必將役物以爲養，任智而不恃力，此其所以爲貴也。故不仁愛則不能羣，不能羣則不勝物，不勝物則養不足。羣而不足，爭心將作，上聖卓然先行敬讓博愛之德者，衆心說而從之。〔五〕從之成羣，是爲君矣；歸而往之，是爲王矣。〔六〕洪範曰：「天子作民父母，爲天下王。」〔七〕聖人取類以正名，而謂君爲父母，明仁愛德讓，王道之本也。愛待敬而不敗，德須威而久立，故制禮以崇敬，作刑以明威也。聖人既躬明悊之性，〔八〕必通天地之心，制禮作教，立法設刑，動緣民情，而則天象地。〔九〕故曰先王立禮，「則天之明，因地之性」也。〔一〇〕刑罰威獄，以類天之震曜殺戮也；〔一一〕溫慈惠和，以效天之生殖長育也。書云「天秩有禮」，「天討有罪」。〔一二〕故聖人因天秩而制五禮，〔一三〕因天討而作五刑。〔一四〕大刑用甲兵，〔一五〕其次用斧鉞；〔一六〕中刑用刀鋸，〔一七〕其次用鑽鑿；〔一八〕薄刑用鞭

扑。〔一九〕大者陳諸原野，〔二〇〕小者致之市朝，〔二一〕其所繇來者上矣。〔二二〕

〔一〕應劭曰：「宵，類也。頭圜象天，足方象地。」孟康曰：「宵，化也，言稟天地氣化而生也。」師古曰：「宵義與肖同，應說是也。故庸妄之人謂之不肖，言其狀貌無所象似也。貌，古貌字。」

〔二〕師古曰：「五常，仁、義、禮、智、信。」

〔三〕師古曰：「精，細也，言其識性細密也。粹，淳也，音先遂反。」

〔四〕師古曰：「耆讀曰嗜。」

〔五〕師古曰：「說讀曰悅。」

〔六〕師古曰：「言爭往而歸之也。」

〔七〕師古曰：「洪範，周書也。」

〔八〕師古曰：「躬謂身親有之。」

〔九〕師古曰：「則，法也。」

〔一〇〕師古曰：「春秋左氏傳載鄭大夫子太叔之辭也。」

〔一一〕師古曰：「震謂雷電也。」

〔一二〕師古曰：「此虞書咎繇謨之辭也。秩，敍也。言有禮者天則進敍之，有罪者天則討治之。」

〔一三〕師古曰：「五禮，吉、凶、賓、軍、嘉。」

〔一四〕師古曰：「其說在下也。」

〔一五〕張晏曰：「以六師誅暴亂。」

〔一六〕韋昭曰：「斬刑也。」

〔一七〕韋昭曰：「刀，割刑。鋸，刖刑也。」

〔一八〕韋昭曰：「鑽，髕刑也。鑿，黥刑也。」師古曰：「鑽，鑽去其髕骨也。鑽音子端反。髕音頻忍反。」

〔一九〕師古曰：「扑，杖也，音普木反。」

〔二〇〕師古曰：「謂征討所殺也。」

〔二一〕應劭曰：「大夫以上尸諸朝，士以下尸諸市。」

〔二二〕師古曰：「繇讀與由同。」

自黃帝有涿鹿之戰以定火災，〔一〕顓頊有共工之陳以定水害。〔二〕唐虞之際，至治之極，猶流共工，放讙兜，竄三苗，殛鯀，然後天下服。〔三〕夏有甘扈之誓，〔四〕殷、周以兵定天下矣。〔五〕天下既定，戢臧干戈，教以文德，〔六〕而猶立司馬之官，設六軍之衆，〔七〕因井田而制軍賦。地方一里爲井，井十爲通，通十爲成，成方十里；成十爲終，終十爲同，同方百里；同十爲封，封十爲畿，畿方千里。有稅有（租）〔賦〕。〔八〕稅以足食，賦以足兵。故四井爲邑，四邑爲丘。丘，十六井也，有戎馬一匹，牛三頭。四丘爲甸。甸，六十四井也，有戎馬四匹，兵車一乘，牛十二頭，甲士三人，卒七十二人，干戈備具，是謂乘馬之法。〔九〕一同百里，提封萬井，〔一〇〕除山川沈斥，城池邑居，園囿術路，三千六百井，〔一一〕定出賦六千四百井，戎馬四百匹，兵車百乘，此卿大夫采地之大者也，〔一二〕是謂百乘之家。一封三百一十六里，提封十萬

井，定出賦六萬四千井，戎馬四千匹，兵車千乘，此諸侯之大者也，是謂千乘之國。天子畿方千里，提封百萬井，定出賦六十四萬井，戎馬四萬匹，兵車萬乘，故稱萬乘之主。戎馬車徒干戈素具，春振旅以搜，夏拔舍以苗，秋治兵以獮，冬大閱以狩，〔一三〕皆於農隙以講事焉。〔一四〕五國爲屬，屬有長；十國爲連，連有帥；〔一五〕三十國爲卒，卒有正；二百一十國爲州，州有牧。連帥比年簡車，〔一六〕卒正三年簡徒，〔一七〕羣牧五載大簡車徒，此先王爲國立武足兵之大略也。

〔一〕鄭氏曰：「涿鹿在彭城南。與炎帝戰，炎帝火行，故云火（炎）〔災〕。」李奇曰：「黃帝與炎帝戰於阪泉，今言涿鹿，地有二名也。」文穎曰：「國語云，黃帝，炎帝弟也。炎帝號神農，火行也，後子孫暴虐，黃帝伐之，故言以定火災。律曆志云『與炎帝後戰於阪泉』。涿鹿在上谷，今見有阪泉地黃帝祠。」師古曰：「文說是也。彭城者，上谷北別有彭城，非宋之彭城也。」

〔二〕文穎曰：「共工，主水官也，少昊氏衰，秉政作害，顓頊伐之。本主水官，因爲水行也。」師古曰：「共讀曰龔。次下亦同。」

〔三〕師古曰：「舜受堯禪而流共工于幽州，放讙兜于崇山，竄三苗于三危，殛鯀于羽山也。殛，誅也，音居力反。」

〔四〕師古曰：「謂啓與有扈戰于甘之野，作甘誓，事見夏書。扈國，今鄠縣是也。甘即甘水之上。」

〔五〕師古曰：「謂湯及武王。」

〔六〕師古曰：「戢，斂也。」

（七）師古曰：「司馬，夏官卿，掌邦政，軍旅屬焉。萬二千五百人爲軍，王則六軍也。」
（八）師古曰：「稅者，田租也。賦謂發斂財也。」
（九）鄭氏曰：「甲士在車上也。」師古曰：「乘音食證反。其下並同。」
（一〇）蘇林曰：「提音秖，陳留人謂舉田爲秖。」李奇曰：「提，舉也，舉四封之內也。」師古曰：「李說是也。提讀如本字，蘇音非也。說者或以爲積土而封謂之隄封，既改文字，又失義也。」
（一一）臣瓚曰：「沈斥，水田舃鹵也。」如淳曰：「衢，大道也。」師古曰：「川謂水之通流者也。沈謂居深水之下也。斥，鹹鹵之地。」
（一二）師古曰：「采，官也。因官食地，故曰采地。爾雅曰『采、寮，官也』。說者不曉采地之義，因謂菜地，云以種菜，非也。」
（一三）師古曰：「振旅，整衆也。搜，搜擇不任孕者。拔舍，草止，不妨農也。苗，爲苗除害也。治兵，觀威武也。獮，應殺氣也。大閱，簡車馬也。狩，火田。一曰，狩，守也，圍守而取之。拔音步末反。」
（一四）師古曰：「隙，空閑也。講，和習之也。」
（一五）師古曰：「長音竹兩反。帥音所類反。」
（一六）師古曰：「比年，頻年也。」
（一七）師古曰：「徒，人衆。」

周道衰，法度墮，（一）至齊桓公任用管仲，而國富民安。公問行伯用師之道，（二）管仲曰：「公欲定卒伍，修甲兵，大國亦將修之，而小國設備，則難以速得志矣。」於是乃作內政而寓軍令焉，（三）故卒伍定虖里，而軍政成虖郊。連其什伍，（四）居處同樂，死生同憂，禍福共

之，故夜戰則其聲相聞，晝戰則其目相見，緩急足以相死。其教已成，外攘夷狄，內尊天子，以安諸夏。（五）齊（威）〔桓〕既沒，晉文接之，亦先定其民，作被廬之法，（六）總帥諸侯，迭爲盟主。（七）然其禮已頗僭差，又隨時苟合以求欲速之功，故不能充王制。二伯之後，寖以陵夷，（八）至魯成公作丘甲，（九）哀公用田賦，（一〇）搜狩治兵大閱之事皆失其正。春秋書而譏之，以存王道。於是師旅亟動，百姓罷敝，（一一）無伏節死難之誼。孔子傷焉，曰：「以不教民戰，是謂棄之。」（一二）故稱子路曰：「由也，千乘之國，可使治其賦也。」而子路亦曰：「千乘之國，攝虖大國之間，加之以師旅，因之以饑饉，由也爲之，比及三年，可使有勇，且知方也。」（一三）治其賦兵教以禮誼之謂也。

（一）師古曰：「墮即隳字。隳，毀也，音火規反。」
（二）師古曰：「伯讀曰霸。」
（三）師古曰：「寓，寄也，寄於內政而修軍令也。」
（四）師古曰：「五人爲伍，二伍爲什。」
（五）師古曰：「攘，卻也。諸夏，中國之諸侯也。夏，大也，言大於四夷也。攘音人羊反。」
（六）應劭曰：「搜於被廬之地，作執秩以爲六官之法，因以名之也。」師古曰：「被廬，晉地也。被音皮義反。」
（七）師古曰：「迭，互也，音大結反。」
（八）師古曰：「寖，漸也。陵夷，頹替也。二伯，齊桓公、晉文公也。伯讀曰霸。」

（九）師古曰：「丘，十六井也，止出戎馬一匹，牛三頭。四丘爲甸。甸，六十四井也，乃出戎馬四匹，兵車一乘，牛十二頭，甲士三人，卒七十二人耳。今乃使丘出甸賦，違常制也。一說，別令人爲丘作甲也。士農工商四類異業，甲者非凡人所能爲，而令作之，譏不正也。」
（一〇）師古曰：「田賦者，別計田畝及家財各爲一賦。言不依古制，役煩斂重也。」
（一一）師古曰：「亟，屢也，音丘吏反。罷讀曰疲。」
（一二）師古曰：「論語載孔子之言也，非其不素習。」
（一三）師古曰：「皆論語所載也。方，道也。比音必寐反。」

春秋之後，滅弱吞小，並爲戰國，稍增講武之禮，以爲戲樂，用相夸視。（一）而秦更名角抵，（二）先王之禮沒於淫樂中矣。雄桀之士因勢輔時，作爲權詐以相傾覆，吳有孫武，齊有孫臏，（三）魏有吳起，秦有商鞅，皆禽敵立勝，垂著篇籍。當此之時，合從連衡，（四）轉相攻伐，代爲雌雄。（五）齊愍以技擊彊，（六）魏惠以武卒奮，（七）秦昭以銳士勝。（八）世方爭於功利，而馳說者以孫、吳爲宗。時唯孫卿明於王道，（九）而非之曰：「彼孫、吳者，上勢利而貴變詐；施於暴亂昏嫚之國，君臣有間，（一〇）上下離心，政謀不良，故可變而詐也。夫仁人在上，爲下所卬，（一一）猶子弟之衞父兄，若手足之扞頭目，何可當也？（一二）鄰國望我，歡若親戚，芬若椒蘭，顧視其上，猶焚灼仇讎。人情豈肯爲其所惡而攻其所好哉？故以桀攻桀，猶有巧拙；以桀詐堯，若卵投石，夫何幸之有！（一三）詩曰：『武王載旆，有虔秉鉞，如火烈烈，則莫我敢

遏。』（一四）言以仁誼綏民者，無敵於天下也。若齊之技擊，得一首則受賜金。事小敵脃，則媮可用也；（一五）事鉅敵堅，則渙然離矣。（一六）是亡國之兵也。魏氏武卒，衣三屬之甲，（一七）操十二石之弩，負矢五十个，置戈其上，冠胄帶劍，贏三日之糧，（一八）日中而趨百里，（一九）中試則復其戶，利其田宅。（二〇）如此，則其地雖廣，其稅必寡，其氣力數年而衰。是危國之兵也。秦人，其生民也陿阸，其使民也酷烈。（二一）劫之以勢，隱之以阸，（二二）狃之以賞慶，道之以刑罰，（二三）使其民所以要利於上者，非戰無由也。功賞相長，五甲首而隸五家，（二四）是最爲有數，故能四世有勝於天下。然皆干賞蹈利之兵，庸徒鬻賣之道耳，（二五）未有安制矜節之理也。（二六）故雖地廣兵彊，鰓鰓常恐天下之一合而共軋己也。（二七）至乎齊桓、晉文之兵，可謂入其域而有節制矣，（二八）然猶未本仁義之統也。故齊之技擊不可以遇魏之武卒，魏之武卒不可以直秦之銳士，（二九）秦之銳士不可以當桓、文之節制，桓、文之節制不可以敵湯、武之仁義。」

（一）師古曰：「視讀曰示。」
（二）師古曰：「抵音丁禮反，解在武紀。」
（三）師古曰：「臏音頻忍反。」
（四）師古曰：「衡，橫也。戰國時，齊、楚、韓、魏、燕、趙爲從，秦國爲衡。從音子容反。謂其地形南北從長也。秦地形

東西橫長，故爲衡也。」

(五)師古曰：「代亦迭也。」

(六)孟康曰：「兵家之技巧。技巧者，習手足，便器械，積機關，以立攻守之勝。」

(七)師古曰：「奮，盛起。」

(八)師古曰：「銳，勇利。」

(九)師古曰：「孫卿，楚人也，姓荀字況，避漢宣帝之諱，故改曰孫卿。」

(一〇)師古曰：「言有間隙不諧和。」

(一一)師古曰：「卬讀曰仰。」

(一二)師古曰：「扞，禦難也，音下旦反。」

(一三)師古曰：「言往必破碎。」

(一四)師古曰：「殷頌長發之詩也。武王謂湯也。虔，敬也。遏，止也。言湯建號興師，本猶仁義，雖執戚鉞，以敬爲先，故得如火之盛，無能止也。」

(一五)師古曰：「媮與偷同，謂苟且。」

(一六)師古曰：「鉅，大也。渙然，散貌。」

(一七)服虔曰：「作大甲三屬，竟人身也。」蘇林曰：「兜鍪也，盆領也，髀褌也。」如淳曰：「上身一，髀褌一，脛繳一，凡三屬也。」師古曰：「如說是也。屬，聯也，音之欲反。髀音陛。脛即脛字。」

(一八)師古曰：「个讀曰箇。箇，枚也。胄，兜鍪也。冠胄帶劍者，著兜鍪而又帶劍也。羸謂擔負也，音盈。」

(一九)師古曰：「中，一日之中。」

(二〇)師古曰：「中試，試之而中科條也。復謂免其賦稅也。利田宅者，給其便利之處也。中音竹仲反。復音方目反。」

(二一)師古曰：「陿，地小也。隘，險固也。酷，重厚也。烈，猛威也。」

(二二)鄭氏曰：「秦地多隘，臧隱其民於隘中也。」臣瓚曰：「秦政急峻，隱括其民於隘狹之法。」師古曰：「鄭說是也。」

(二三)師古曰：「狃，串習也，音女九反。道讀曰導。」

(二四)服虔曰：「能得著甲者五人首，使得隸役五家也。」如淳曰：「役隸五家，是爲相君長。」

(二五)師古曰：「鬻音育。」

(二六)師古曰：「矜，(特)〔持〕也。」

(二七)蘇林曰：「鰓音慎而無禮則葸之葸。鰓，懼貌也。」張晏曰：「軋，蹺蹂也。」師古曰：「鰓音先祀反。軋音於黠反。」

(二八)孟康曰：「入王兵之域，而未蠶䶢也。」

(二九)師古曰：「直亦當也。」

故曰：「善師者不陳，(一)善陳者不戰，善戰者不敗，善敗者不亡。」若夫舜修百僚，咎繇作士，(二)命以「蠻夷猾夏，寇賊姦軌」，(三)而刑無所用，所謂善師不陳者也。湯、武征伐，陳師誓衆，而放禽桀、紂，(四)所謂善陳不戰者也。齊桓南服彊楚，使貢周室，(五)北伐山戎，爲燕開路，(六)存亡繼絕，功爲伯首，(七)所謂善戰不敗者也。楚昭王遭闔廬之禍，國滅出亡，(八)父老送之。王曰：「父老反矣！何患無君？」父老曰：「有君如是其賢也！」(九)相與從之。或犇走赴秦，號哭請救，(一〇)秦人(爲之)〔爲〕之出兵。(一一)二國并力，遂走吳師，(一二)昭王返國，(一三)所謂善敗不亡者也。若秦因四世之勝，據河山之阻，任用白起、王翦豺狼之徒，奮其爪牙，禽獵六國，以并天下。(一四)窮武極詐，士民不附，卒隸之徒，還爲敵讎，(一五)猋起雲合，果共軋之。(一六)斯爲下矣。凡兵，所以存亡繼絕，救亂除害也。故伊、呂之將，子孫有國，與商周並。(一七)至於末世，苟任詐力，以快貪殘，爭城殺人盈城，爭地殺人滿野。孫、吳、商、白之徒，皆身誅戮於前，而(功)〔國〕滅亡於後。(一八)報應之勢，各以類至，其道然矣。

(一)師古曰：「戰陳之義本因陳列爲名，而音變耳，字則作陳，更無別體。而末代學者輒改其字旁從車，非經史之本文也。今宜依古，不從流俗也。」

(二)師古曰：「士師，理官，謂司寇之職也。」

(三)師古曰：「虞書舜典舜命咎繇之文也。猾，亂也。夏，諸夏也。寇謂攻剽，賊謂殺人。在外爲姦，在內爲軌。」

(四)師古曰：「謂湯誓、泰誓、牧誓是也。」

(五)師古曰：「謂僖四年伐楚，次于陘，責包茅不入，王祭不供也。」

(六)師古曰：「謂莊三十年伐山戎，以其病燕故也。」

(七)師古曰：「謂存三亡國，衞、邢、魯也。伯讀曰霸。」

(八)師古曰：「謂定四年吳入郢，楚子出，涉睢濟江，入于雲中也。」

(九)師古曰：「言無有如此君者。」

(一〇)師古曰：「謂申包胥如秦乞師也。犇，古奔字。」

(一一)師古曰：「謂秦子蒲、子武帥車五百乘以救楚也。」

(一二)師古曰：「謂子蒲大敗夫槩王于沂，(遂)〔薳〕射之子從子西敗吳師於軍祥。」

(一三)師古曰：「吳師已歸，楚子入郢。」

(一四)師古曰：「言如獵之取獸。」

(一五)師古曰：「謂陳勝、吳廣、英布之徒也。」

(一六)師古曰：「猋，疾風也。如猋之起，言其速也。如雲之合，言其盛也。猋音必遙反。」

(一七)師古曰：「言其同盛衰也。」

(一八)師古曰：「孫武、孫臏、吳起、商鞅、白起也。」

漢興，高祖躬神武之材，行寬仁之厚，總擥英雄，以誅秦、項。任蕭、曹之文，用良、平之謀，騁陸、酈之辯，明叔孫通之儀，文武相配，大略舉焉。天下既定，踵秦而置材官於郡國，(一)京師有南北軍之屯。至武帝平百粵，內增七校，(二)外有樓船，皆歲時講肄，修武備云。(三)至元帝時，以貢禹議，始罷角抵，而未正治兵振旅之事也。

(一)師古曰：「踵，因也。」

(二)晉灼曰：「百官表中壘、屯騎、步兵、越騎、長水、胡騎、射聲、虎賁，凡八校尉，胡騎不常置，故此言七也。」

(三)師古曰：「肄，習也，音弋二反。」

古人有言：「天生五材，民並用之，〔一〕廢一不可，誰能去兵？」鞭扑不可弛於家，〔二〕刑罰不可廢於國，征伐不可偃於天下；用之有本末，行之有逆順耳。孔子曰：「工欲善其事，必先利其器。」〔三〕文德者，帝王之利器；威武者，文德之輔助也。夫文之所加者深，則武之所服者大；德之所施者博，則威之所制者廣。三代之盛，至於刑錯兵寢者，其本末有序，帝王之極功也。〔四〕

〔一〕師古曰：「五材，金、木、水、火、土也。」
〔二〕師古曰：「弛，放也，音式爾反。」
〔三〕師古曰：「論語載孔子之言。」
〔四〕師古曰：「刑錯兵寢，皆謂置而弗用也。」

昔周之法，建三典以刑邦國，詰四方：〔一〕一曰，刑新邦用輕典；〔二〕二曰，刑平邦用中典；〔三〕三曰，刑亂邦用重典。〔四〕五刑，墨罪五百，劓罪五百，宮罪五百，刖罪五百，殺罪五百，所謂刑平邦用中典者也。〔五〕凡殺人者踣諸市，〔六〕墨者使守門，〔七〕劓者使守關，〔八〕宮者使守內，〔九〕刖者使守囿，〔一〇〕完者使守積。〔一一〕其奴，男子入于罪隸，〔一二〕女子入舂槁。〔一三〕凡有爵者，與七十者，與未齔者，皆不為奴。〔一四〕

〔一〕師古曰：「詰，責也，音口一反。字或作誥，音工到反。誥，謹也，以刑治之令謹敕也。」
〔二〕師古曰：「新闢地立君之國，其人未習於教，故用輕法。」
〔三〕師古曰：「承平守成之國，則用中典常行之法也。」
〔四〕師古曰：「篡殺畔逆之國，化惡難移，則用重法誅殺之也。自此以上，（皆）〔大〕司寇所職也。」
〔五〕師古曰：「墨，黥也，鑿其面以墨涅之。劓，截鼻也。宮，淫刑也，男子割腐，婦人幽閉。刖，斷足也。殺，死刑也。自此以上，司刑所職也。劓音牛冀反。刖音五刮反，又音月。」
〔六〕師古曰：「踣謂斃之也，音妨付反。」
〔七〕師古曰：「黥面之人不妨禁衞也。」
〔八〕師古曰：「以其貌毀，故遠之。」
〔九〕師古曰：「人道既絕，於事便也。」
〔一〇〕師古曰：「驅御禽獸，無足可也。」
〔一一〕師古曰：「完謂不虧其體，但居作也。積，積聚之物也。自此以上，掌戮所職也。」
〔一二〕李奇曰：「男女徒總名為奴。」
〔一三〕孟康曰：「主暴燥舂之也。」韋昭曰：「舂，舂人；槁，槁人也。給此二官之役。」師古曰：「槁音古老反。」
〔一四〕師古曰：「有爵，謂命士以上也。齔，毀齒，男子八歲，女子七歲，而毀齒矣。自此以上，司厲所職也。」

周道既衰，穆王眊荒，命甫侯度時作刑，以詰四方。〔一〕墨罰之屬千，劓罰之屬千，髕罰之屬五百，宮罰之屬三百，大辟之罰其屬二百。〔二〕五刑之屬三千，〔三〕蓋多於平邦中典五百章，所謂刑亂邦用重典者也。

〔一〕師古曰：「穆王，昭王之子也，享國既百年，而王眊亂荒忽，乃命甫侯為司寇，商度時宜，而作刑之制，以治四方也。甫，國名也。眊音莫報反。度音大各反。」
〔二〕師古曰：「髕罰，去膝頭骨。大辟，死刑也。髕音頻忍反。」
〔三〕師古曰：「五者之刑凡三千。」

春秋之時，王道寖壞，教化不行，〔一〕子產相鄭而鑄刑書。〔二〕晉叔嚮非之曰：〔三〕「昔先王議事以制，不為刑辟。〔四〕懼民之有爭心也，猶不可禁禦，是故閑之以誼，糾之以政，〔五〕行之以禮，守之以信，奉之以仁；〔六〕制為祿位以勸其從，〔七〕嚴斷刑罰以威其淫。〔八〕懼其未也，故誨之以忠，㒖之以行，〔九〕教之以務，〔一〇〕使之以和，〔一一〕臨之以敬，莅之以彊，〔一二〕斷之以剛。猶求聖哲之上，明察之官，忠信之長，慈惠之師。〔一三〕民於是乎可任使也，而不生禍亂。民知有辟，則不忌於上，並有爭心，以徵於書，而徼幸以成之，弗可為矣。〔一四〕夏有亂政而作禹刑，商有亂政而作湯刑，周有亂政而作九刑。〔一五〕三辟之興，皆叔世也。〔一六〕今吾子相鄭國，制參辟，鑄刑書，〔一七〕將以靖民，不亦難乎！〔一八〕詩曰：『儀式刑文王之德，日靖四方。』〔一九〕又曰：『儀刑文王，萬邦作孚。』〔二〇〕如是，何辟之有？〔二一〕民知爭端矣，將棄禮而徵於書。〔二二〕錐刀之末，將盡爭之，〔二三〕亂獄滋豐，貨賂並行。〔二四〕終子之世，鄭其敗虖！」子產報曰：「若吾子

之言，僑不材，不能及子孫，吾以救世也。」〔二五〕媮薄之政，自是滋矣。孔子傷之，曰：「導之以德，齊之以禮，有恥且格；導之以政，齊之以刑，民免而無恥。」〔二六〕「禮樂不興，則刑罰不中；刑罰不中，則民無所錯手足。」〔二七〕孟氏使陽膚為士師，〔二八〕問於曾子，〔二九〕亦曰：「上失其道，民散久矣。如得其情，則哀矜而勿喜。」〔三〇〕

〔一〕師古曰：「寖，漸也。」
〔二〕師古曰：「子產，鄭大夫公孫僑也。鑄刑法於鼎，事在昭六年。」
〔三〕師古曰：「叔嚮，晉大夫羊舌肸也。遺其書以非之。嚮音許兩反。」
〔四〕李奇曰：「先議其犯事，議定然後乃斷其罪，不為一成之刑著於鼎也。」師古曰：「虞舜則象以典刑，流宥五刑。周禮則三典五刑，以詰邦國。非不豫設，但弗宣露使人知之。」
〔五〕師古曰：「閑，防也。糾，舉也。」
〔六〕師古曰：「奉，養也。」
〔七〕師古曰：「勸其從教之心也。」
〔八〕師古曰：「淫，放也。」
〔九〕晉灼曰：「㒖，古竦字也。」師古曰：「㒖謂奬也，又音所項反。」
〔一〇〕師古曰：「時所急。」
〔一一〕師古曰：「悅以使人也。」

〔一二〕師古曰：「莅謂監視也。」

〔一三〕師古曰：「上謂公侯也。官，卿佐也。長、師，皆列職之首也。」

〔一四〕師古曰：「辟，法也。爲，治也。權移於法，故人不畏上，因危文以生詐妄，徼幸而成巧，則弗可治也。」

〔一五〕韋昭曰：「謂正刑五，及流、贖、鞭、扑也。」

〔一六〕師古曰：「叔世言晚時也。」

〔一七〕孟康曰：「謂夏、殷、周亂政所制三辟也。」

〔一八〕師古曰：「靖，安也，一曰治也。」

〔一九〕師古曰：「周頌我將之詩也。言法象文王之德，以爲儀式，則四方日以安靖也。」

〔二〇〕師古曰：「大雅文王詩也。孚，信也。又言法象文王，則萬國皆信順也。」

〔二一〕師古曰：「若詩所言，不宜制刑辟。」

〔二二〕師古曰：「取證於刑書。」

〔二三〕師古曰：「喻微細。」

〔二四〕師古曰：「滋，益也。」

〔二五〕師古曰：「言雖非長久之法，且救當時之敝。」

〔二六〕師古曰：「論語載孔子之言也。格，正也。言用德禮，則人有恥而自正；偷政刑，則下苟免而無恥。」

〔二七〕師古曰：「亦論語所載孔子之言也。禮以治人，樂以易俗，二者不興，則刑罰濫矣。錯，置（矣）〔也〕。」

〔二八〕師古曰：「亦論語所載。陽膚，曾子弟子也。士師，獄官。」

〔二九〕師古曰：「問何以居此職也。」

〔三〇〕師古曰：「此曾子對辭。（前）〔言〕萌俗澆離，輕犯於法，乃由上失其道，非下之過。今汝雖得獄情，當哀矜之，勿（自）喜也。」

陵夷至於戰國，韓任申子，秦用商鞅，連相坐之法，造參夷之誅；〔一〕增加肉刑、大辟，有鑿顚、抽脅、鑊亨之刑。〔二〕

〔一〕師古曰：「參夷，夷三族。」

〔二〕師古曰：「鼎大而無足曰鑊，以鬻人也。」

至於秦始皇，兼吞戰國，遂毀先王之法，滅禮誼之官，專任刑罰，躬操文墨，〔一〕晝斷獄，夜理書，自程決事，日縣石之一。〔二〕而姦邪並生，赭衣塞路，囹圄成市，天下愁怨，潰而叛之。

〔一〕師古曰：「躬，身也。操，執持也，音千高反。」

〔二〕服虔曰：「縣，稱也。石，百二十斤也。始皇省讀文書，日以百二十斤爲程。」

漢興，高祖初入關，約法三章曰：「殺人者死，傷人及盜抵罪。」蠲削煩苛，兆民大說。〔一〕其後四夷未附，兵革未息，三章之法不足以禦姦，〔二〕於是相國蕭何攈摭秦法，〔三〕取其宜於時者，作律九章。

〔一〕師古曰：「說讀曰悅。」

〔二〕師古曰：「禦，止也。」

〔三〕師古曰：「攈摭，謂收拾也。攈音九問反。摭音之石反。」

當孝惠、高后時，百姓新免毒螫，人欲長幼養老。〔一〕蕭、曹爲相，填以無爲，〔二〕從民之欲，而不擾亂，是以衣食滋殖，刑罰用稀。

〔一〕師古曰：「螫音呼各反。」

〔二〕師古曰：「言以無爲之法填安百姓也。填音竹刃反。」

及孝文即位，躬脩玄默，勸趣農桑，減省租賦。而將相皆舊功臣，少文多質，懲惡亡秦之政，論議務在寬厚，恥言人之過失。化行天下，告訐之俗易。〔一〕吏安其官，民樂其業，畜積歲增，戶口寖息。〔二〕風流篤厚，禁罔疏闊。選張釋之爲廷尉，罪疑者予民，〔三〕是以刑罰大省，至於斷獄四百，〔四〕有刑錯之風。

〔一〕師古曰：「訐，面相斥罪也，音居謁反。」

〔二〕師古曰：「畜讀曰蓄。寖，益也。息，生也。」

〔三〕師古曰：「從輕斷。」

〔四〕師古曰：「謂普天之下重罪者也。」

即位十三年，齊太倉令淳于公有罪當刑，詔獄逮繫長安。〔一〕淳于公無男，有五女，當行會逮，罵其女曰：「生子不生男，緩急非有益（也）！」其少女緹縈，自傷悲泣，〔二〕乃隨其父至

長安，上書曰：「妾父爲吏，齊中皆稱其廉平，今坐法當刑。妾傷夫死者不可復生，刑者不可復屬，〔三〕雖後欲改過自新，其道亡繇也。〔四〕妾願沒入爲官婢，以贖父刑罪，使得自新。」書奏天子，天子憐悲其意，遂下令曰：「制詔御史：蓋聞有虞氏之時，畫衣冠異章服以爲戮，而民弗犯，何治之至也！今法有肉刑三，〔五〕而姦不止，其咎安在？非乃朕德之薄，而教不明與！〔六〕吾甚自愧。故夫訓道不純而愚民陷焉。〔七〕詩曰：『愷弟君子，民之父母。』〔八〕今人有過，教未施而刑已加焉，或欲改行爲善，而道亡繇至，〔九〕朕甚憐之。夫刑至斷支體，刻肌膚，終身不息，〔一〇〕何其刑之痛而不德也！豈稱爲民父母之意哉？其除肉刑，有以易之；及令罪人各以輕重，不亡逃，有年而免。〔一一〕具爲令。」〔一二〕

〔一〕師古曰：「逮，及也。辭之所及，則追捕之，故謂之逮。一曰逮者，在道將送，防禦不絕，若今之傳送囚也。」

〔二〕師古曰：「緹縈，女名也。緹音他弟反。」

〔三〕師古曰：「屬，聯也，音之欲反。」

〔四〕師古曰：「繇讀與由同。由，從也。」

〔五〕孟康曰：「黥、劓二，（則）〔刖〕左右趾合一，凡三也。」

〔六〕師古曰：「與讀曰歟。」

〔七〕師古曰：「道讀曰導。」

〔八〕師古曰：「大雅泂酌之詩也。言君子有和樂簡易之德，則其下尊之如父，親之如母也。」

〔九〕師古曰：「繇讀與由同。」
〔一〇〕師古曰：「息，生也。」
〔一一〕孟康曰：「其不亡逃者，滿其年數，得免爲庶人。」
〔一二〕師古曰：「使更爲條制。」

丞相張蒼、御史大夫馮敬奏言：「肉刑所以禁姦，所由來者久矣。陛下下明詔，憐萬民之一有過被刑者終身不息，及罪人欲改行爲善而道亡繇至，於盛德，臣等所不及也。臣謹議請定律曰：諸當完者，完爲城旦舂；〔一〕當黥者，髡鉗爲城旦舂；當劓者，笞三百；當斬左止者，笞五百；當斬右止，及殺人先自告，及吏坐受賕枉法，守縣官財物而即盜之，已論命復有笞罪者，皆棄市。〔二〕罪人獄已決，完爲城旦舂，滿三歲爲鬼薪白粲。鬼薪白粲一歲，爲隸臣妾。隸臣妾一歲，免爲庶人。〔三〕隸臣妾滿二歲，爲司寇。司寇一歲，及作如司寇二歲，皆免爲庶人。〔四〕其亡逃及有罪耐以上，不用此令。〔五〕前令之刑城旦舂歲而非禁錮者，如完爲城旦舂歲數以免。〔六〕臣昧死請。」制曰：「可。」是後，外有輕刑之名，內實殺人。斬右止者又當死。斬左止者笞五百，當劓者笞三百，率多死。〔七〕

〔一〕臣瓚曰：「文帝除肉刑，皆有以易之，故以完易髠，以笞代劓，以釱左右止代刖。今既曰完矣，不復云以完代完也。此當言髠者完也。」
〔二〕李奇曰：「命，逃亡也。復於論命中有罪也。」晉灼曰：「命者，名也，成其罪也。」師古曰：「止，足也。當斬右足

者，以其辠次重，故從棄市也。殺人先自告，謂殺人而自首，得免罪者也。吏受賕枉法，謂曲公法而受賂者也。守縣官財物而即盜之，即今律所謂主守自盜者也。殺人害重，受賕盜物，贓汙之身，故此三罪已被論名而又犯笞，亦皆棄市也。今流俗書本『笞三百』『笞五百』之上及『劓者』之下有『籍笞』字，『復有笞罪』亦云『復有籍笞罪』，皆後人妄加耳，舊本無也。」
〔三〕師古曰：「男子爲隸臣，女子爲隸妾。鬼薪白粲滿三〔一〕歲爲隸臣，隸臣一歲免爲庶人。隸妾亦然也。」
〔四〕如淳曰：「罪降爲司寇，故一歲，正司寇，故二歲也。」
〔五〕師古曰：「於本罪中又重犯者也。」
〔六〕李奇曰：「謂文帝作此令之前有刑者。」
〔七〕師古曰：「斬右止者棄市，故入於死。以笞五百代斬左止，笞三百代劓，笞數既多，亦不活也。」

景帝元年，下詔曰：「加笞與重罪無異，〔一〕幸而不死，不可爲人。〔二〕其定律：笞五百曰三百，笞三百曰二百。」猶尚不全。至中六年，又下詔曰：「加笞者，或至死而笞未畢，朕甚憐之。其減笞三百曰二百，笞二百曰一百。」又曰：「笞者，所以教之也，其定箠令。」〔三〕丞相劉舍、御史大夫衞綰請：「笞者，箠長五尺，其本大一寸，其竹也，末薄半寸，皆平其節。當笞者笞臀。〔四〕毋得更人，〔五〕畢一罪乃更人。」自是笞者得全，然酷吏猶以爲威。死刑既重，而生刑又輕，民易犯之。

〔一〕孟康曰：「重罪謂死刑。」

〔二〕師古曰：「謂不能自起居也。」
〔三〕師古曰：「箠，策也，所以擊者也，音止蘂反。」
〔四〕如淳曰：「然則先時笞背也。」師古曰：「臀音徒門反。」
〔五〕師古曰：「謂行笞者不更易人也。」

及至孝武即位，外事四夷之功，內盛耳目之好，徵發煩數，百姓貧耗，〔一〕窮民犯法，酷吏擊斷，姦軌不勝。於是招進張湯、趙禹之屬，條定法令，作見知故縱、監臨部主之法，〔二〕緩深故之罪，〔三〕急縱出之誅。〔四〕其後姦猾巧法，轉相比況，禁罔寖密。〔五〕律令凡三百五十九章，大辟四百九條，千八百八十二事，死罪決事比萬三千四百七十二事。〔六〕文書盈於几閣，典者不能徧睹。是以郡國承用者駮，〔七〕或罪同而論異。姦吏因緣爲市，〔八〕所欲活則傅生議，所欲陷則予死比，〔九〕議者咸冤傷之。

〔一〕師古曰：「耗，損也，音呼到反。」
〔二〕師古曰：「見知人犯法不舉告爲故縱，而所監臨部主有罪並連坐也。」
〔三〕孟康曰：「孝武欲急刑，吏深害及故入人罪者，皆寬緩。」
〔四〕師古曰：「吏釋罪人，疑以爲縱出，則急誅之。亦言尚酷。」
〔五〕師古曰：「寖，漸也。其下亦同。」
〔六〕師古曰：「比，以例相比況也。」
〔七〕師古曰：「不曉其指，用意不同也。」

〔八〕師古曰：「弄法而受財，若市買之交易。」
〔九〕師古曰：「傅讀曰附。」

宣帝自在閭閻而知其若此，及即尊位，廷史路溫舒上疏，言秦有十失，其一尚存，治獄之吏是也。語在溫舒傳。上深愍焉，乃下詔曰：「間者吏用法，巧文寖深，是朕之不德也。夫決獄不當，使有罪興邪，不辜蒙戮，〔一〕父子悲恨，朕甚傷之。今遣廷史與郡鞠獄，任輕祿薄，〔二〕其爲置廷平，秩六百石，員四人。其務平之，以稱朕意。」於是選于定國爲廷尉，求明察寬恕黃霸等以爲廷平，季秋後請讞。時上常幸宣室，齋居而決事，〔三〕獄刑號爲平矣。時涿郡太守鄭昌上疏言：「聖王置諫爭之臣者，非以崇德，防逸豫之生也；立法明刑者，非以爲治，救衰亂之起也。今明主躬垂明聽，雖不置廷平，獄將自正；若開後嗣，不若刪定律令。〔四〕律令一定，愚民知所避，姦吏無所弄矣。今不正其本，而置廷平以理其末也，政衰聽怠，則廷平將招權而爲亂首矣。」〔五〕宣帝未及修正。

〔一〕晉灼曰：「當重而輕，使有罪者起邪惡之心也。」師古曰：「有罪者更興邪惡，無辜者反陷重刑，是決獄不平故。」
〔二〕如淳曰：「廷史，廷尉史也。以因辭決獄事爲鞠，謂疑獄也。」李奇曰：「鞠，窮也，獄事窮竟也。」師古曰：「李說是也。」
〔三〕如淳曰：「宣室，布政教之室也。重用刑，故齋戒以決事。」晉灼曰：「未央宮中有宣室殿。」師古曰：「晉說是也。」

賈誼傳亦云受釐坐宣室，蓋其殿在前殿之側也，齋則居之。」

〔四〕師古曰：「删，刊也。有不便者，則刊而除之。」

〔五〕蘇林曰：「招音翹。翹，舉也，猶賣弄也。」孟康曰：「招，求也，招致權著己也。」師古曰：「孟說是也。」

至元帝初立，乃下詔曰：「夫法令者，所以抑暴扶弱，欲其難犯而易避也。今律令煩多而不約，自典文者不能分明，而欲羅元元之不逮，〔一〕斯豈刑中之意哉！〔二〕其議律令可蠲除輕減者，條奏，唯在便安萬姓而已。」

〔一〕師古曰：「羅，網也。不逮，言意慮所不及。」

〔二〕師古曰：「中，當也。」

至成帝河平中，復下詔曰：「甫刑云『五刑之屬三千，大辟之罰其屬二百』，〔一〕今大辟之刑千有餘條，律令煩多，百有餘萬言，奇請它比，日以益滋，〔二〕自明習者不知所由，〔三〕欲以曉喻衆庶，不亦難乎！於以羅元元之民，夭絕亡辜，豈不哀哉！其與中二千石、二千石、博士及明習律令者議減死刑及可蠲除約省者，令較然易知，條奏。書不云乎？『惟刑之恤哉！』〔四〕其審核之，務準古法，〔五〕朕將盡心覽焉。」有司無仲山父將明之材，〔六〕不能因時廣宣主恩，建立明制，爲一代之法，而徒鉤摭微細，毛舉數事，以塞詔而已。〔七〕是以大議不立，遂以至今。議者或曰，法難數變，此庸人不達，疑塞治道，聖智之所常患者也。〔八〕故略

舉漢興以來，法令稍定而合古便今者。

〔一〕師古曰：「甫刑，即周書呂刑。初爲呂侯，號曰呂刑，後爲甫侯，又稱甫刑。」

〔二〕師古曰：「奇請，謂常文之外，主者别有所請以定罪也。它比，謂引它類以比附之，稍增律條也。奇音居宜反。」

〔三〕師古曰：「由，從也。」

〔四〕師古曰：「虞書舜典之辭。恤，憂也，言當憂刑也。」

〔五〕師古曰：「核，究其實也。」

〔六〕師古曰：「有司以下，史家之言也。大雅烝人之詩曰『肅肅王命，仲山父將之；邦國若否，仲山父明之』。將，行也。否，不善也。言王有誥命，則仲山父行之；邦國有不善之事，則仲山父明之。故引以爲美，傷今不能然也。」

〔七〕師古曰：「毛舉，言舉毫毛之事，輕小之甚〔者〕。塞猶當〔者〕也。」

〔八〕師古曰：「塞謂不通也。」

漢興之初，雖有約法三章，網漏吞舟之魚，〔一〕然其大辟，尚有夷三族之令。令曰：「當三族者，皆先黥，劓，斬左右止，笞殺之，梟其首，菹其骨肉於市。〔二〕其誹謗詈詛者，又先斷舌。」故謂之具五刑。彭越、韓信之屬皆受此誅。至高后元年，乃除三族罪、祅言令。孝文二年，又詔丞相、太尉、御史：「法者，治之正，所以禁暴而衞善人也。今犯法者已論，而使無罪之父母妻子同產坐之及收，朕甚弗取。其議。」左右丞相周勃、陳平奏言：「父母妻子同產相坐及收，所以累其心，使重犯法也。〔三〕收之之道，所由來久矣。臣之愚計，以爲如其故便。」文帝復曰：「朕聞之，法正則民慤，罪當則民從。〔四〕且夫牧民而道之以善者，吏也；〔五〕既不能道，又以不正之法罪之，是法反害於民，爲暴者也。〔六〕朕未見其便，宜孰計之。」平、勃乃曰：「陛下幸加大惠於天下，使有罪不收，無罪不相坐，甚盛德，臣等所不及也。臣等謹奉詔，盡除收律、相坐法。」其後，新垣平謀爲逆，復行三族之誅。由是言之，風俗移易，人性相近而習相遠，信矣。〔七〕夫以孝文之仁，平、勃之知，猶有過刑謬論如此甚也，而況庸材溺於末流者乎？

〔一〕師古曰：「言疏闊。吞舟，謂大魚也。」

〔二〕師古曰：「菹謂醢也。菹音側於反。」

〔三〕師古曰：「累，難也。累音力瑞反。」

〔四〕師古曰：「慤，謹也，音丘角反。」

〔五〕師古曰：「道讀曰導。以善導之也。」

〔六〕師古曰：「法害於人，是法爲暴。」

〔七〕師古曰：「論語云孔子曰『性相近，習相遠』也，言人同稟五常之性，其所取舍本相近也，但所習各異，漸漬而移，則相遠矣。」

周官有五聽、八議、三刺、三宥、三赦之法。〔一〕五聽：一曰辭聽，〔二〕二曰色聽，〔三〕三曰氣聽，〔四〕四曰耳聽，〔五〕五曰目聽。〔六〕八議：一曰議親，〔七〕二曰議故，〔八〕三曰議賢，〔九〕四

曰議能，〔一〇〕五曰議功，〔一一〕六曰議貴，〔一二〕七曰議勤，〔一三〕八曰議賓。〔一四〕三刺：一曰訊羣臣，二曰訊羣吏，三曰訊萬民。〔一五〕三宥：一曰弗識，二曰過失，三曰遺忘。〔一六〕三赦：一曰幼弱，二曰老眊，三曰惷愚。〔一七〕凡囚，「上罪梏拲而桎，中罪梏桎，下罪梏；王之同族拲，有爵者桎，以待弊。」〔一八〕高皇帝七年，制詔御史：「獄之疑者，吏或不敢決，有罪者久而不論，無罪者久繫不決。自今以來，縣道官獄疑者，各讞所屬二千石官，二千石官以其罪名當報之。〔一九〕所不能決者，皆移廷尉，廷尉亦當報之。廷尉所不能決，謹具爲奏，傅所當比律令以聞。」〔二〇〕上恩如此，吏猶不能奉宣。故孝景中五年復下詔曰：「諸獄疑，雖文致於法而於人心不厭者，輒讞之。」其後獄吏復避微文，遂其愚心。至後元年，又下詔曰：「獄，重事也。人有愚智，官有上下。獄疑者讞，有令讞者已報讞而後不當，讞者不爲失。」〔二一〕自此之後，獄刑益詳，近於五聽三宥之意。三年復下詔曰：「高年老長，人所尊敬也；鰥寡不屬逮者，人所哀憐也。〔二二〕其著令：年八十以上，八歲以下，及孕者未乳，〔二三〕師、朱儒〔二四〕當鞠繫者，頌繫之。」〔二五〕至孝宣元康四年，又下詔曰：「朕念夫耆老之人，髮齒墮落，血氣既衰，亦無暴逆之心，今或羅于文法，執于囹圄，不得終其年命，朕甚憐之。自今以來，諸年八十非誣告殺傷人，它皆勿坐。」至成帝鴻嘉元年，定令：「年未滿七歲，賊鬬殺人及犯殊死者，上請廷尉以聞，得減死。」合於三赦幼弱老眊之人。此皆法令稍定，近古而便民者也。〔二六〕

(一)師古曰：「刵，殺也。訊而有罪，則殺之也。宥，寬也。赦，舍也，謂釋置也。」
(二)師古曰：「觀其出言，不直則煩。」
(三)師古曰：「觀其顏色，不直則變。」
(四)師古曰：「觀其氣息，不直則喘。」
(五)師古曰：「觀其聽聆，不直則惑。」
(六)師古曰：「觀其瞻視，不直則亂。」
(七)師古曰：「王之親族也。」
(八)師古曰：「王之故舊也。」
(九)師古曰：「有德行者也。」
(一〇)師古曰：「有道藝者。」
(一一)師古曰：「有大勳力者。」
(一二)師古曰：「爵位高者也。」
(一三)師古曰：「謂盡悴事國者也。」
(一四)師古曰：「謂前代之後，王所不臣者也。自五聽以下至此，皆小司寇所職也。」
(一五)師古曰：「訊，問也，音信。」
(一六)師古曰：「弗識，不審也。過失，非意也。遺忘，(勿)〔忽〕忘也。」
(一七)師古曰：「幼弱，謂七歲以下。老眊，謂八十以上。惷愚，生而癡騃者。自三刺以下至此，皆司刺所職也。眊讀與

耄同。惷音丑江反，又音貞巷反。」
(一八)師古曰：「械在手曰梏，兩手同械曰拲，在足曰桎。弊，斷罪也。自此以上掌囚所職也。梏音古篤反。拲即拱字也。桎音之日反。弊音蔽。」
(一九)師古曰：「當謂處斷也。」
(二〇)師古曰：「傅讀曰附。」
(二一)師古曰：「解並在景紀。」
(二二)師古曰：「鬻音之欲反。」
(二三)師古曰：「乳，產也，音人喻反。」
(二四)如淳曰：「師，樂師盲瞽者。朱儒，短人不能走者。」
(二五)師古曰：「頌讀曰容。容，寬容之，不桎梏。」
(二六)師古曰：「近音其靳反。」

孔子曰：「如有王者，必世而後仁；善人爲國百年，可以勝殘去殺矣。」(一) 言聖王承衰撥亂而起，被民以德教，(二)變而化之，必世然後仁道成焉；至於善人，不入於室，然猶百年勝殘去殺矣。(三) 此爲國者之程式也。今漢道至盛，歷世二百餘載，(四) 考自昭、宣、元、成、哀、平六世之間，斷獄殊死，率歲千餘口而一人，(五) 耐罪上至右止，三倍有餘。(六) 古人有言：「滿堂而飲酒，有一人鄉隅而悲泣，(七)則一堂皆爲之不樂。」王者之於天下，譬猶一堂之上也，故一人不得其平，爲之悽愴於心。今郡國被刑而死者歲以萬數，天下獄二千餘所，其冤死者多少相覆，獄不減一人，此和氣所以未洽者也。

(一)師古曰：「論語載孔子之言。此謂若有受命之王，必三十年仁政乃成也。勝殘，謂勝殘暴之人，使不爲惡。去殺，不行殺戮也。」
(二)師古曰：「被，加也，音皮義反。」
(三)師古曰：「論語稱子張問善人之道，子曰：『不踐迹，亦不入于室也。』言善人不但修踐舊迹而已，固少自創制，然亦不能入聖人之室。」
(四)師古曰：「今謂撰志時。」
(五)如淳曰：「率天下犯罪者千口而有一人死。」
(六)李奇曰：「耐從司寇以上至右止，爲千口三人刑。」
(七)師古曰：「鄉讀曰嚮。」

原獄刑所以蕃若此者，(一) 禮教不立，刑法不明，民多貧窮，豪桀務私，姦不輒得，獄犴不平之所致也。(二)書云「伯夷降典，悊民惟刑」，(三)言制禮以止刑，猶隄之防溢水也。今隄防淩遲，禮制未立；死刑過制，生刑易犯；饑寒並至，窮斯濫溢；豪桀擅私，爲之囊橐，(四)姦有所隱，則狃而寖廣：(五)此刑之所以蕃也。孔子曰：「古之知法者能省刑，本也；今之知法者不失有罪，末矣。」(六) 又曰：「今之聽獄者，求所以殺之；古之聽獄者，求所以生之。」

與其殺不辜，寧失有罪。今之獄吏，上下相驅，以刻爲明，深者獲功名，平者多後患。諺曰：「鬻棺者欲歲之疫。」(七)非憎人欲殺之，利在於人死也。今治獄吏欲陷害人，亦猶此矣。凡此五疾，獄刑所以尤多者也。

(一)師古曰：「蕃，多也，音扶元反。」
(二)服虔曰：「鄉亭之獄曰犴。」臣瓚曰：「獄岸，獄訟也。」師古曰：「小雅小宛之詩云『宜岸宜獄』。瓚說是也。」
(三)師古曰：「周書甫刑之辭也。悊，知也。言伯夷下禮法以道人，人習知禮，然後用刑也。」
(四)師古曰：「有底曰囊，無底曰橐。言容隱姦邪，若囊橐之盛物。」
(五)師古曰：「狃，串習也。寖，漸也。狃音女救反。」
(六)師古曰：「省謂減除之，絕於未然，故曰本也。不失有罪，事止聽訟，所以爲末。」
(七)師古曰：「鬻，賣也。疫，癘病也。鬻音育。疫音役。」

自建武、永平，民亦新免兵革之禍，人有樂生之慮，與高、惠之間同，而政在抑彊扶弱，朝無威福之臣，邑無豪桀之俠。以口率計，斷獄少於成、哀之間什八，可謂清矣。(一) 然而未能稱意比隆於古者，以其疾未盡除，而刑本不正。

(一)師古曰：「十少其八也。」

善乎！孫卿之論刑也，曰：「世俗之爲說者，以爲治古者無肉刑，(一) 有象刑墨黥之屬，菲履赭衣而不純，(二) 是不然矣。以爲治古，則人莫觸罪邪，豈獨無肉刑哉，亦不待象刑

矣。〔三〕以爲人或觸罪矣，而直輕其刑，是殺人者不死，而傷人者不刑也。罪至重而刑至輕，民無所畏，亂莫大焉。凡制刑之本，將以禁暴惡，且懲其(未)〔末〕也。〔四〕殺人者不死，傷人者不刑，是惠暴而寬惡也。故象刑非生(於)治古，方起於亂今也。〔五〕凡爵列官職，賞慶刑罰，皆以類相從者也。一物失稱，亂之端也。〔六〕德不稱位，能不稱官，賞不當功，刑不當罪，不祥莫大(矣)焉。夫征暴誅悖，治之威也。殺人者死，傷人者刑，是百王之所同也，未有知其所由來者也。故治則刑重，亂則刑輕，〔七〕犯治之罪固重，犯亂之罪固輕也。書云『刑罰世重世輕』，此之謂也。」〔八〕所謂「象刑惟明」者，言象天道而作刑，〔九〕安有菲屨赭衣者哉？

〔一〕師古曰：「治古，謂上古至治之時也。治音丈吏反。」
〔二〕師古曰：「菲，草屨也。純，緣也。衣不加緣，示有恥也。菲音扶味反。純音之允反。」
〔三〕師古曰：「人不犯法，則象刑無所施也。」
〔四〕師古曰：「懲，止也。」
〔五〕如淳曰：「古無象刑也，所有象刑之言者，近起今人惡刑之重，故遂推言古之聖君但以象刑，天下自治。」
〔六〕師古曰：「稱，宜也，音尺孕反。」
〔七〕李奇曰：「世所以治者，乃刑重也；所以亂者，乃刑輕也。」
〔八〕師古曰：「周書甫刑之辭也。言刑罰輕重，各隨其時。」
〔九〕師古曰：「虞書益稷曰『咎繇方祗厥敘，方施象刑惟明』，言敬其次敘，施其法刑皆明白也。」

孫卿之言既然，又因俗說而論之曰：禹承堯舜之後，自以德衰而制肉刑，湯武順而行之者，以俗薄於唐虞故也。今漢承衰周暴秦極敝之流，俗已薄於三代，而行堯舜之刑，是猶以鞿而御䮶突，〔一〕違救時之宜矣。且除肉刑者，本欲以全民也，今去髡鉗一等，轉而入於大辟。以死罔民，失本惠矣。〔二〕故死者歲以萬數，刑重之所致也。至乎穿窬之盜，忿怒傷人，男女淫佚，吏爲姦臧，〔三〕若此之惡，髡鉗之罰又不足以懲也。故刑者歲十萬數，民既不畏，又曾不恥，刑輕之所生也。故俗之能吏，公以殺盜爲威，專殺者勝任，奉法者不治，亂名傷制，不可勝條。是以罔密而姦不塞，刑蕃而民愈嫚。〔四〕必世而未仁，百年而不勝殘，誠以禮樂闕而刑不正也。豈宜惟思所以清原正本之論，刪定律令，篹二百章，以應大辟。〔五〕其餘罪次，於古當生，今觸死者，皆可募行肉刑。〔六〕及傷人與盜，吏受賕枉法，男女淫亂，皆復古刑，爲三千章。詆欺文致微細之法，悉蠲除。〔七〕如此，則刑可畏而禁易避，吏不專殺，法無二門，輕重當罪，民命得全，合刑罰之中，殷天人之和，〔八〕順稽古之制，成時雍之化。成康刑錯，雖未可致，孝文斷獄，庶幾可及。〔九〕詩云「宜民宜人，受祿于天」。〔一〇〕書曰「立功立事，可以永年」。〔一一〕言爲政而宜於民者，功成事立，則受天祿而永年命，所謂「一人有慶，萬民賴之」者也。〔一二〕

〔一〕孟康曰：「以繩縛馬口之謂鞿。」晉灼曰：「鞿，古羈字也。」如淳曰：「䮶音捍。突，惡馬也。」師古曰：「馬絡頭曰羈也。」
〔二〕師古曰：「罔，謂羅網也。」
〔三〕師古曰：「佚讀與逸同。」
〔四〕師古曰：「塞，止也。蕃，多也，音扶元反。嫚與慢同。」
〔五〕孟康曰：「篹音撰。」
〔六〕李奇曰：「欲死邪，欲傷邪？」
〔七〕師古曰：「詆，誣也，音丁禮反。」
〔八〕李奇曰：「殷亦中。」
〔九〕師古曰：「大雅假樂之詩也。蓋嘉成王之德云。」
〔一〇〕師古曰：「今文泰誓之辭也。永，長也。」
〔一一〕師古曰：「呂刑之辭也。一人，天子也。言天子用刑詳審，有福慶之惠，則衆庶咸賴之也。」

校勘記

一〇八一頁三行　有稅有(租)〔賦〕。王鳴盛說下文即云「稅以足食，賦以足兵」，證之顏注則合作「有稅有賦」。按景祐、殿本都作「有賦」。
一〇八二頁七行　炎帝火行，故云火(炎)〔災〕。景祐、殿本都作「災」。王先謙說作「災」是。
一〇八四頁二行　齊(威)〔桓〕既沒，景祐、殿本都作「桓」。

一〇八八頁八行　矜，(特)〔持〕也。景祐、殿本都作「持」。
一〇八九頁一行　秦人(憐之謂)〔爲〕之出兵。景祐本無「憐之」二字。王念孫說通典亦無，疑後人所加。「謂」作「爲」。
一〇八九頁六行　而(功)〔國〕滅亡於後。錢大昭說監本、閩本「功」作「國」。按景祐、殿本都作「國」。王先謙說作「國」是。
一〇九〇頁三行　(遂)〔邃〕射之子　王先謙說「遂」當爲「邃」，各本皆誤。按景祐本作「邃」，不誤。
一〇九二頁四行　自此以上，(古)〔大〕司寇所職也。景祐、殿本都作「大」。
一〇九三頁六行　錯，置(矣)〔也〕。景祐、殿、局本都作「也」。王先謙說作「也」是。
一〇九六頁二行　(前)〔言〕萌俗澆離，景祐本「前」作「言」。殿本「萌」作「民」。下「勿自喜也」，景祐本無「自」字。
一〇九七頁六行　縱急非有益(也)！宋祁說姚本「益也」刪去「也」字。按景祐本無「也」字。
一〇九八頁三行　(則)〔刖〕左右趾合一，景祐、殿、局本都作「刖」。王先謙說「則」乃「刖」之誤。
一一〇〇頁五行　鬼薪白粲滿(三)〔一〕歲爲隸臣，王先謙說「三歲」誤，當爲「一歲」。
一一〇四頁九行　言舉毫毛之事，輕小之甚〔者〕。塞猶當(者)也。王先謙說「者」字當在「甚」字下。
一一〇七頁六行　遺忘，(勿)〔忽〕忘也。景祐、殿本作「忽」。王先謙說作「忽」是。

一一二頁二行　且懲其（末）〔未〕也。　錢大昭說荀子作「未」。按殿本作「未」。

一一二頁三行　故象刑非生〔於〕治古，　「於」字據景祐、殿本補。

一一二頁五行　不祥莫大（矣）焉。　錢大昭說「矣」字衍。按殿本無。

漢書卷二十四上

食貨志第四上

洪範八政，一曰食，二曰貨。食謂農殖嘉穀可食之物，〔一〕貨謂布帛可衣，〔二〕及金刀龜貝，所以分財布利通有無者也。〔三〕二者，生民之本，興自神農之世。「斲木爲耜，煣木爲耒，耒（耨）〔耨〕之利以教天下」，而食足；〔四〕「日中爲市，致天下之民，聚天下之貨，交易而退，各得其所」，而貨通。〔五〕食足貨通，然後國實民富，而教化成。黃帝以下「通其變，使民不倦」。〔六〕堯命四子以「敬授民時」，〔七〕舜命后稷以「黎民祖飢」，〔八〕是爲政首。禹平洪水，定九州，〔九〕制土田，各因所生遠近，賦入貢棐，〔一〇〕楙遷有無，萬國作乂。〔一一〕殷周之盛，詩書所述，要在安民，富而教之。故易稱「天地之大德曰生，聖人之大寶曰位；何以守位曰仁，何以聚人曰財。」〔一二〕財者，帝王所以聚人守位，養成羣生，奉順天德，治國安民之本也。故曰：「不患寡而患不均，不患貧而患不安；蓋均亡貧，和亡寡，安亡傾。」〔一三〕是以聖王域民，〔一四〕築城郭以居之，制廬井以均之，〔一五〕開市肆以通之，〔一六〕設庠序以教之；〔一七〕士農工商，四民

有業。學以居位曰士，闢土殖穀曰農，作巧成器曰工，通財鬻貨曰商。〔一八〕聖王量能授事，四民陳力受職，故朝亡廢官，邑亡敖民，地亡曠土。〔一九〕

〔一〕師古曰：「殖，生也。嘉，善也。」

〔二〕師古曰：「衣音於既反。」

〔三〕師古曰：「金謂五色之金也。黃者曰金，白者曰銀，赤者曰銅，青者曰鉛，黑者曰鐵。刀謂錢幣也。龜以卜占，貝以表飾，故皆爲寶貨也。」

〔四〕師古曰：「斲，斫也。煣，屈也。耒，手耕曲木也。耜，耒端木所以施金也。耨，耘田也。耜音似。煣音人九反。耒音來內反。耨音乃搆反。」

〔五〕師古曰：「自『斲木爲耜』以至於此，事見易上繫辭。」

〔六〕李奇曰：「器幣有不便於時，則變更通利之，使民樂其業而不倦也。」

〔七〕師古曰：「四子謂羲仲、羲叔、和仲、和叔也。事見虞書堯典也。」

〔八〕孟康曰：「祖，始也。黎民始飢，命棄爲稷官也。古文言阻。」師古曰：「事見〔虞書〕舜典。」

〔九〕師古曰：「九州謂冀、兗、青、徐、揚、荆、豫、梁、雍。」

〔一〇〕應劭曰：「棐，竹器也，所以盛。方曰筐，隋曰棐。」師古曰：「棐讀與匪同，禹貢所謂『厥貢漆絲，厥篚織文』之類是也。隋，圜而長也。隋音他果反。」

〔一一〕師古曰：「楙與茂同，勉也。言勸勉天下，遷易有無，使之交足，則萬國皆治。」

〔一二〕師古曰：「下繫之辭。」

〔一三〕師古曰：「論語載孔子之言。」
〔一四〕師古曰：「爲邦域。」
〔一五〕師古曰：「井田之中爲屋廬。」
〔一六〕師古曰：「肆，列也。」
〔一七〕師古曰：「庠序，禮官養老之處。」
〔一八〕師古曰：「鬻，賣也。鬻音弋六反。」
〔一九〕師古曰：「敖謂逸游也。曠，空也。」

理民之道，地著爲本。〔一〕故必建步立畮，正其經界。〔二〕六尺爲步，步百爲畮，畮百爲夫，夫三爲屋，屋三爲井，井方一里，是爲九夫。八家共之，各受私田百畮，公田十畮，是爲八百八十畮，餘二十畮以爲廬舍。〔三〕出入相友，守望相助，疾病（則）〔相〕救，民是以和睦，而教化齊同，力役生產可得而平也。

〔一〕師古曰：「地著，謂安土也，著音直略反。」
〔二〕師古曰：「畮，古畝字也。」
〔三〕師古曰：「廬，田中屋也。春夏居之，秋冬則去。」

民受田，上田夫百畮，中田夫二百畮，下田夫三百畮。歲耕種者爲不易上田；休一歲者爲一易中田；休二歲者爲再易下田，三歲更耕之，自爰其處。〔一〕農民戶人已受田，其家衆

男爲餘夫，亦以口受田如比。〔二〕士工商家受田，五口乃當農夫一人。此謂平土可以爲法者也。若山林藪澤原陵淳鹵之地，〔三〕各以肥磽多少爲差。〔四〕有賦有稅。稅謂公田什一及工商衡虞之入也。〔五〕賦共車馬甲兵士徒之役，〔六〕充實府庫賜予之用。稅給郊社宗廟百神之祀，天子奉養百官祿食庶事之費。民年二十受田，六十歸田。七十以上，上所養也；十歲以下，上所長也；十一以上，上所強也。〔七〕種穀必雜五種，以備災害。〔八〕田中不得有樹，用妨五穀。力耕數耘，收穫如寇盜之至。〔九〕還廬樹桑，〔一〇〕菜茹有畦，瓜瓠果蓏〔一一〕殖於疆易。〔一二〕雞豚狗彘毋失其時，〔一三〕女修蠶織，則五十可以衣帛，七十可以食肉。

〔一〕孟康曰：「爰，於也。」師古曰：「更，互也，音工衡反。」
〔二〕師古曰：「比，例也，音必寐反。」
〔三〕晉灼曰：「淳，盡也，舃鹵之田不生五穀也。」
〔四〕師古曰：「磽，磽确也，謂瘠薄之田也，音口交反。」
〔五〕師古曰：「賦謂計口發財，稅謂收其田入也。什一，謂十取其一也。工、商、衡、虞雖不墾殖，亦取其稅者，工有技巧之作，商有行販之利，衡虞取山澤之材產也。」
〔六〕師古曰：「徒，衆也。共讀曰供。」
〔七〕師古曰：「勉強勸之，令習事也。強音其兩反。」
〔八〕師古曰：「歲月有宜，及水旱之利也。種卽五穀，謂黍、稷、麻、麥、豆也。」

〔九〕師古曰：「力謂勤作之也。如寇盜之至，謂促遽之甚，恐爲風雨所損。」
〔一〇〕師古曰：「還，繞也。」
〔一一〕應劭曰：「木實曰果，草實曰蓏。」張晏曰：「有核曰果，無核曰蓏。」臣瓚曰：「案木上曰果，地上曰蓏也。」師古曰：「茹，所食之菜也。畦，區也。茹音人豫反。畦音胡圭反。蓏音來果反。」
〔一二〕張晏曰：「至此易主，故曰易。」師古曰：「詩小雅信南山云『中田有廬，疆埸有瓜』，卽謂此也。」
〔一三〕師古曰：「彘卽豕。」

在壄曰廬，在邑曰里。〔一〕五家爲鄰，五鄰爲里，四里爲族，五族爲黨，五黨爲州，五州爲鄉。鄉，萬二千五百戶也。鄰長位下士，自此以上，稍登一級，至鄉而爲卿也。於（是）里有序而鄉有庠。序以明教，庠則行禮而視化焉。〔二〕春令民畢出在壄，冬則畢入於邑。其詩曰：「四之日舉止，同我婦子，饁彼南畮。」〔三〕又曰：「十月蟋蟀，入我牀下，嗟我婦子，聿爲改歲，入此室處。」〔四〕所以順陰陽，備寇賊，習禮文也。春，（秋）〔將〕出民，里胥平旦坐於右塾，鄰長坐於（右）〔左〕塾，〔五〕畢出然後歸，夕亦如之。〔六〕入者必持薪樵，輕重相分，班白不提挈。〔七〕冬，民既入，婦人同巷，相從夜績，女工一月得四十五日。〔八〕必相從者，所以省費燎火，同巧拙而合習俗也。〔九〕男女有不得其所者，因相與歌詠，各言其傷。〔一〇〕

〔一〕師古曰：「廬各在其田中，而里聚居也。」
〔二〕師古曰：「視讀爲示也。」

〔三〕師古曰：「此豳詩七月之章也。饁，饋也。四之日，周之四月，夏之二月也。農人無不舉足而耕也，則其婦與子同以食來至南畮治田之處而饋之也。饁音于輒反。」
〔四〕師古曰：「亦七月之章也。蟋蟀，蛬也，今謂之促織。聿，曰也。言寒氣既至，蟋蟀漸來，則婦子皆曰歲將改矣，而去田中入室處也。蛬音拱。」
〔五〕孟康曰：「里胥，如今里吏也。」師古曰：「門側之堂曰塾。坐於門側者，督促勸之，知其早晏，防怠惰也。塾音孰。」
〔六〕師古曰：「言里胥鄰長亦待入畢，然後歸也。」
〔七〕師古曰：「班白者，謂髮雜色也。不提挈者，所以優老人也。」
〔八〕服虔曰：「一月之中，又得夜半爲十五日，凡四十五日也。」
〔九〕師古曰：「省費燎火，省燎火之費也。燎所以爲明，火所以爲溫也。燎音力召反。」
〔一〇〕師古曰：「怨刺之詩也。」

是月，餘子亦在于序室。〔一〕八歲入小學，學六甲五方書計之事，〔二〕始知室家長幼之節。十五入大學，學先聖禮樂，而知朝廷君臣之禮。其有秀異者，移鄉學于庠序；庠序之異者，移國學于少學。諸侯歲貢少學之異者於天子，學于大學，命曰造士。〔三〕行同能偶，則別之以射，〔四〕然後爵命焉。

〔一〕蘇林曰：「餘子，庶子也。或曰，未任役爲餘子。」師古曰：「未任役者是也。幼童皆當受業，豈論嫡庶乎？」

〔二〕蘇林曰：「五方之異書，如今祕書學外國書也。」臣瓚曰：「辨五方之名及書藝也。」師古曰：「瓚說是也。」
〔三〕李奇曰：「造，成也。」
〔四〕師古曰：「以射試之。」

孟春之月，羣居者將散，〔一〕行人振木鐸徇于路，以采詩，〔二〕獻之大師，比其音律，以聞於天子。〔三〕故曰王者不窺牖戶而知天下。

〔一〕師古曰：「羣各趣農畮也。」
〔二〕師古曰：「行人，遒人也，主號令之官。鐸，大鈴也，以木爲舌，謂之木鐸。徇，巡也。采詩，采取怨刺之詩也。」
〔三〕師古曰：「大師，掌音律之官，教六詩以六律爲之音者。比謂次之也。比音頻二反。」

此先王制土處民富而教之之大略也。故孔子曰：「道千乘之國，敬事而信，節用而愛人，使民以時。」〔一〕故民皆勸功樂業，先公而後私。其詩曰：「有渰淒淒，興雲祁祁，雨我公田，遂及我私。」〔二〕民三年耕，則餘一年之畜。〔三〕衣食足而知榮辱，廉讓生而爭訟息，故三載考績。〔四〕孔子曰「苟有用我者，期月而已可也，三年有成」，成此功也。〔五〕三考黜陟，餘三年食，進業曰登；〔六〕再登曰平，餘六年食；三登曰泰平，二十七歲，遺九年食。然後(王)〔至〕德流洽，禮樂成焉。故曰「如有王者，必世而後仁」，〔七〕繇此道也。〔八〕

〔一〕師古曰：「論語載孔子之言。道，治也。舉事必敬，施令必信，不爲奢侈，愛養其民，無奪農時。」
〔二〕師古曰：「小雅大田之詩也。渰，陰雲也。淒淒，雲起貌也。祁祁，徐也。言陰陽和，風雨時，民庶慶悅，喜其先雨

公田，乃及私也。」
〔三〕師古曰：「畜讀曰蓄。其下並同。」
〔四〕師古曰：「績，功也。言主治民者，三年一考其功也。」
〔五〕師古曰：「論語載孔子之言也。用謂使爲政，期月可以易俗，三年乃得成功也。」
〔六〕鄭氏曰：「進上百工之業也。或曰進上農工諸事業，名曰登。」
〔七〕師古曰：「亦孔子之言也。解在刑法志。」
〔八〕師古曰：「繇讀與由同。由，用也，從也。」

周室既衰，暴君汙吏慢其經界，〔一〕繇役橫作，〔二〕政令不信，上下相詐，公田不治。故魯宣公「初稅畮」，春秋譏焉。〔三〕於是上貪民怨，災害生而禍亂作。

〔一〕師古曰：「汙謂貪穢也。」
〔二〕師古曰：「繇讀曰傜。橫音胡孟反。」
〔三〕孟康曰：「春秋謂之履畮，履踐民所種好者而取之，譏其貪也。」

陵夷至於戰國，貴詐力而賤仁誼，先富有而後禮讓。是時，李悝爲魏文侯作盡地力之教，〔一〕以爲地方百里，提封九萬頃，除山澤邑居參分去一，爲田六百萬畮，治田勤謹則畮益三升，〔二〕不勤則損亦如之。地方百里之增減，輒爲粟百八十萬石矣。又曰糴甚貴傷民，〔三〕甚賤傷農；民傷則離散，農傷則國貧。故甚貴與甚賤，其傷一也。善爲國者，使民毋傷而農益勸。今一夫挾五口，治田百畮，歲收畮一石半，爲粟百五十石，除十一之稅十五石，餘百三十五石。食，人月一石半，五人終歲爲粟九十石，餘有四十五石。石三十，爲錢千三百五十，除社閭嘗新春秋之祠，用錢三百，餘千五十。衣，人率用錢三百，五人終歲用千五百，不足四百五十。〔四〕不幸疾病死喪之費，及上賦斂，又未與此。〔五〕此農夫所以常困，有不勸耕之心，而令糴至於甚貴者也。是故善平糴者，必謹觀歲有上中下孰。上孰其收自四，餘四百石；〔六〕中孰自三，餘三百石；〔七〕下孰自倍，餘百石。〔八〕小飢則收百石，〔九〕中飢七十石，〔一〇〕大飢三十石。〔一一〕故大孰則上糴三而舍一，中孰則糴二，下孰則糴一，使民適足，賈平則止。〔一二〕小飢則發小孰之所斂，〔一三〕中飢則發中孰之所斂，大飢則發大孰之所斂，而糶之。故雖遇饑饉水旱，糴不貴而民不散，取有餘以補不足也。行之魏國，國以富彊。

〔一〕師古曰：「李悝，文侯臣也。悝音恢。」
〔二〕服虔曰：「與之三升也。」臣瓚曰：「當言三斗。謂治田勤，則畮加三斗也。」師古曰：「計數而言，字當爲斗。瓚說是也。」
〔三〕韋昭曰：「此民謂士工商也。」
〔四〕師古曰：「少四百五十，不足也。」
〔五〕師古曰：「與讀曰豫。」
〔六〕張晏曰：「平歲百畮收百五十石，今大孰四倍，收六百石，計民食終歲長四百石，官糴三百石，此爲糴三舍一也。」

〔七〕張晏曰：「自三，四百五十石也。終歲長三百石，官糴二百石，此爲糴二而舍一也。」
〔八〕張晏曰：「自倍，收三百石，終歲長百石，官糴其五十石，云下孰糴一，謂中分百石之一。」
〔九〕張晏曰：「平歲百畮之收，收百五十石，今小飢收百石，收三分之二也。」
〔一〇〕張晏曰：「收二分之一。」
〔一一〕張晏曰：「收五分之一也。以此準之，大小中飢之率也。」
〔一二〕師古曰：「賈讀曰價。」
〔一三〕李奇曰：「官以斂臧出糶也。」

及秦孝公用商君，壞井田，開仟伯，〔一〕急耕戰之賞，雖非古道，猶以務本之故，傾鄰國而雄諸侯。然王制遂滅，僭差亡度。庶人之富者累鉅萬，〔二〕而貧者食糟糠；有國彊者兼州域，而弱者喪社稷。至於始皇，遂并天下，內興功作，外攘夷狄，收泰半之賦，〔三〕發閭左之戍。〔四〕男子力耕不足糧饟，〔五〕女子紡績不足衣服。竭天下之資財以奉其政，猶未足以澹其欲也。〔六〕海內愁怨，遂用潰畔。〔七〕

〔一〕師古曰：「仟伯，田間之道也。南北曰仟，東西曰伯。伯音莫白反。」
〔二〕師古曰：「鉅，大也。大萬，謂萬萬也。累者兼數，非止一也。言其貲財積累萬萬也。」
〔三〕師古曰：「泰半，三分取其二。」
〔四〕應劭曰：「秦時以適發之，名適戍。先發吏有過及贅壻、賈人，後以嘗有市籍者發，又後以大父母、父母嘗有市籍

者。戍者曹輩盡，復入閭，取其左發之，未及取右而秦亡。」師古曰：「閭，里門也。言居在（閭）〔里〕門之左者，一切發之。此閭左之釋，應最得之，諸家之義煩穢舛錯，故無所取也。」

〔五〕師古曰：「饟，古餉字也。」

〔六〕師古曰：「澹，古贍字也。贍，給也。其下並同。」

〔七〕師古曰：「下逃其上曰潰。」

漢興，接秦之敝，諸侯並起，民失作業，而大饑饉。凡米石五千，人相食，死者過半。高祖乃令民得賣子，就食蜀漢。天下既定，民亡蓋臧，〔一〕自天子不能具醇駟，〔二〕而將相或乘牛車。〔三〕上於是約法省禁，輕田租，什五而稅一，量吏祿，度官用，以賦於民。〔四〕而山川園池市肆租稅之入，自天子以至封君湯沐邑，皆各爲私奉養，不領於天子之經費。〔五〕漕轉關東粟以給中都官，歲不過數十萬石。〔六〕孝惠、高后之間，衣食滋殖。文帝即位，躬修儉節，思安百姓。時民近戰國，皆背本趨末，賈誼說上曰：

〔一〕蘇林曰：「無物可蓋臧。」

〔二〕師古曰：「醇，不雜也。無醇色之駟，謂四馬雜色也。」

〔三〕師古曰：「以牛駕車也。」

〔四〕師古曰：「纔取足。」

〔五〕師古曰：「言各收其所賦稅以自供，不入國朝之倉廩府庫也。經，常也。」

〔六〕師古曰：「中都官，京師諸官府也。」

筦子曰「倉廩實而知禮節」。〔一〕民不足而可治者，自古及今，未之嘗聞。古之人曰：「一夫不耕，或受之飢；一女不織，或受之寒。」生之有時，而用之亡度，則物力必屈。〔二〕古之治天下，至孅至悉也，〔三〕故其畜積足恃。今背本而趨末，食者甚衆，是天下之大殘也；〔四〕淫侈之俗，日日以長，是天下之大賊也。殘賊公行，莫之或止；大命將泛，〔五〕莫之振救。〔六〕生之者甚少而靡之者甚多，〔七〕天下財產何得不蹷！〔八〕漢之爲漢幾四十年矣，〔九〕公私之積猶可哀痛。〔一〇〕失時不雨，民且狼顧；〔一一〕歲惡不入，請賣爵、子。〔一二〕既聞耳矣，〔一三〕安有爲天下阽危者若是而上不驚者！〔一四〕

〔一〕師古曰：「筦與管同。筦子，管仲之書也。」

〔二〕師古曰：「屈，盡也。音其勿反。」

〔三〕師古曰：「孅，細也。悉，盡其事也。孅與纖同。」

〔四〕師古曰：「本，農業也。末，工商也。言人已棄農而務工商矣，其食米粟者又甚衆。殘謂傷害也。」

〔五〕孟康曰：「泛音方勇反。泛，覆也。」師古曰：「字本作覂，此通用也。」

〔六〕師古曰：「振，舉也。」

〔七〕師古曰：「靡，散也，音縻。」

〔八〕應劭曰：「蹷，傾竭也。」師古曰：「蹷音厥。」

〔九〕師古曰：「幾，近也。音鉅衣反。」

〔一〇〕師古曰：「言年歲已多，而無儲積。」

〔一一〕鄭氏曰：「民欲有畔意，若狼之顧望也。」李奇曰：「狼性怯，走喜還顧。言民見天不雨，今亦恐也。」師古曰：「李說是也。」

〔一二〕如淳曰：「賣爵級又賣子也。」

〔一三〕如淳曰：「聞於天子之耳。」

〔一四〕師古曰：「阽危，欲墜之意也。阽音閻，又音丁念反。」

世之有飢穰，天之行也，〔一〕禹、湯被之矣。〔二〕即不幸有方二三千里之旱，國胡以相恤？〔三〕卒然邊境有急，數十百萬之衆，國胡以餽之？〔四〕兵旱相乘，天下大屈，〔五〕有勇力者聚徒而衡擊，〔六〕罷夫羸老易子而齩其骨。〔七〕政治未畢通也，遠方之能疑者並舉而爭起矣，〔八〕乃駭而圖之，豈將有及乎？〔九〕

〔一〕李奇曰：「天之行氣，不能常孰也。或曰，行，道也。」師古曰：「穰，豐也，音人常反。」

〔二〕師古曰：「謂禹遭水，而湯遭旱也。」

〔三〕師古曰：「胡，何也。」

〔四〕師古曰：「卒讀曰猝。餽亦饋字也。」

〔五〕師古曰：「屈音其勿反。」

〔六〕師古曰：「衡，橫也。」

〔七〕師古曰：「罷讀曰疲。齩，齧也，音五巧反。」

〔八〕師古曰：「疑讀曰擬。擬，僭也，謂與天子相比擬。」

〔九〕師古曰：「圖謂謀也。」

夫積貯者，天下之大命也。苟粟多而財有餘，何爲而不成？以攻則取，以守則固，以戰則勝。懷敵附遠，何招而不至？〔一〕今毆民而歸之農，皆著於本，〔二〕使天下各食其力，末技游食之民轉而緣南晦，〔三〕則畜積足而人樂其所矣。可以爲富安天下，而直爲此廩廩也，〔四〕竊爲陛下惜之！

〔一〕師古曰：「懷，來也，安也。」

〔二〕師古曰：「毆亦驅字。著音直略反。」

〔三〕師古曰：「言皆趨農作也。」

〔四〕李奇曰：「廩廩，危也。」師古曰：「言務耕農，厚畜積，則天下富安，何乃不爲，而常不足廩廩若此。」

於是上感誼言，始開籍田，躬耕以勸百姓。鼂錯復說上曰：

聖王在上而民不凍飢者，非能耕而食之，織而衣之也，〔一〕爲開其資財之道也。故堯、禹有九年之水，湯有七年之旱，而國亡捐瘠者，〔二〕以畜積多而備先具也。今海內爲一，土地人民之衆不避湯、禹，加以亡天災數年之水旱，而畜積未及者，何也？地有

遺利，民有餘力，生穀之土未盡墾，山澤之利未盡出也，游食之民未盡歸農也。民貧，則姦邪生。貧生於不足，不足生於不農，不農則不地著，不地著則離鄉輕家，民如鳥獸，雖有高城深池，嚴法重刑，猶不能禁也。

〔一〕師古曰：「食讀曰飤。衣音於旣反。」

〔二〕孟康曰：「肉腐爲瘠。捐，骨不埋者。或曰，捐謂民有飢相棄捐者。或謂貧乞者爲捐。」蘇林曰：「瘠音漬。」師古曰：「瘠，瘦病也。言無相棄捐而瘦病者耳。不當音漬也。貧乞之釋，尤疏僻焉。」

夫寒之於衣，不待輕煖；〔一〕飢之於食，不待甘旨；〔二〕飢寒至身，不顧廉恥。人情，一日不再食則飢，終歲不製衣則寒。夫腹飢不得食，膚寒不得衣，雖慈母不能保其子，君安能以有其民哉！明主知其然也，故務民於農桑，薄賦斂，廣畜積，以實倉廩，備水旱，故民可得而有也。

〔一〕師古曰：「以禦風霜，不求鱻靡也。煖音乃短反。」

〔二〕師古曰：「旨，美也。」

民者，在上所以牧之，趨利如水走下，四方亡擇也。〔一〕夫珠玉金銀，飢不可食，寒不可衣，然而衆貴之者，以上用之故也。其爲物輕微易臧，在於把握，可以周海內而亡飢寒之患。〔二〕此令臣輕背其主，而民易去其鄉，盜賊有所勸，亡逃者得輕資也。粟米

布帛生於地，長於時，聚於力，非可一日成也；數石之重，中人弗勝，〔三〕不爲姦邪所利，一日弗得而飢寒至。是故明君貴五穀而賤金玉。

〔一〕師古曰：「走音奏。」

〔二〕師古曰：「周謂周徧而游行。」

〔三〕師古曰：「中人者，處強弱之中也。」

今農夫五口之家，其服役者不下二人，〔一〕其能耕者不過百畮，百畮之收不過百石。春耕夏耘，秋穫冬臧，伐薪樵，治官府，給繇役；春不得避風塵，夏不得避暑熱，秋不得避陰雨，冬不得避寒凍，四時之間亡日休息；又私自送往迎來，弔死問疾，養孤長幼在其中。勤苦如此，尚復被水旱之災，急政暴(虐)〔賦〕，賦斂不時，朝令而暮改。當具有者半賈而賣，〔二〕亡者取倍稱之息，〔三〕於是有賣田宅鬻子孫以償責者矣。而商賈大者積貯倍息，小者坐列販賣，〔四〕操其奇贏，日游都市，〔五〕乘上之急，所賣必倍。〔六〕故其男不耕耘，女不蠶織，衣必文采，食必(梁)〔粱〕肉；〔七〕亡農夫之苦，有仟伯之得。〔八〕因其富厚，交通王侯，力過吏勢，以利相傾；千里游敖，冠蓋相望，乘堅策肥，履絲曳縞。〔九〕此商人所以兼并農人，農人所以流亡者也。

〔一〕師古曰：「服，事也，給公事之役也。」

〔二〕師古曰：「本直千錢者，止得五百也。賈讀曰價。」

〔三〕如淳曰：「取一償二爲倍稱。」師古曰：「稱，舉也，今俗所謂舉錢者也。」

〔四〕師古曰：「行賣曰商，坐販曰賈。列者，若今市中賣物行也。賈音古。」

〔五〕師古曰：「奇贏，謂有餘財而畜聚奇異之物也。一說，(宇)〔奇〕謂殘餘物也，音居宜反。」

〔六〕師古曰：「上所急求，則其價倍貴。」

〔七〕師古曰：「(梁)〔粱〕，好粟也，即今之(梁)〔粱〕米。」

〔八〕師古曰：「仟謂千錢，伯謂百錢也。伯音莫白反。今俗猶謂百錢爲一伯。」

〔九〕師古曰：「堅謂好車也。縞，皓素也，繒之精白者也。」

今法律賤商人，商人已富貴矣；尊農夫，農夫已貧賤矣。故俗之所貴，主之所賤也；吏之所卑，法之所尊也。上下相反，好惡乖迕，〔一〕而欲國富法立，不可得也。方今之務，莫若使民務農而已矣。欲民務農，在於貴粟；貴粟之道，在於使民以粟爲賞罰。今募天下入粟縣官，得以拜爵，得以除罪。如此，富人有爵，農民有錢，粟有所渫。〔二〕夫能入粟以受爵，皆有餘者也；取於有餘，以供上用，則貧民之賦可損，〔三〕所謂損有餘補不足，令出而民利者也。順於民心，所補者三：一曰主用足，二曰民賦少，三曰勸農功。今令民有車騎馬一匹者，復卒三人。〔四〕車騎者，天下武備也，故爲復卒。〔五〕神農之教曰：「有石城十仞，〔六〕湯池百步，〔七〕帶甲百萬，而亡粟，弗能守也。」以是觀之，粟

者，王者大用，政之本務。令民入粟受爵至五大夫以上，乃復一人耳，〔八〕此其與騎馬之功相去遠矣。爵者，上之所擅，出於口而亡窮；〔九〕粟者，民之所種，生於地而不乏。夫得高爵與免罪，人之所甚欲也。使天下〔人〕入粟於邊，以受爵免罪，不過三歲，塞下之粟必多矣。

〔一〕師古曰：「迕，違也。好音呼到反。惡音烏故反。迕音五故反。」

〔二〕師古曰：「渫，散也，音先列反。此下亦同也。」

〔三〕師古曰：「損，減也。」

〔四〕如淳曰：「復三卒之算錢也。或曰，除三夫不作甲卒也。」師古曰：「當爲卒者，免其三人；不爲卒者，復其錢耳。復音方目反。」

〔五〕師古曰：「爲音于僞反。」

〔六〕應劭曰：「仞，五尺六寸也。」師古曰：「此說非也。八尺曰仞，取人申臂之一尋也。」

〔七〕師古曰：「池，城邊池也。以沸湯爲池，不可輒近，喻嚴固之(基)〔甚〕。」

〔八〕師古曰：「五大夫，第九等爵也。復音方目反。」

〔九〕師古曰：「擅，專也。」

於是文帝從錯之言，令民入粟邊，六百石爵上造，〔一〕稍增至四千石爲五大夫，〔二〕萬二千石爲大庶長，〔三〕各以多少級數爲差。錯復奏言：「陛下幸使天下入粟塞下以拜爵，甚大

惠也。竊恐塞卒之食不足用大漢天下粟。邊食足以支五歲，可令入粟郡縣矣；〔四〕足支一歲以上，可時赦，勿收農民租。如此，德澤加於萬民，民俞勤農。〔五〕時有軍役，若遭水旱，民不困乏，天下安寧；歲孰且美，則民大富樂矣。」上復從其言，乃下詔賜民十二年租稅之半。明年，遂除民田之租稅。

〔一〕師古曰：「上造，第二等爵也。」

〔二〕師古曰：「五大夫，第九等爵。」

〔三〕師古曰：「大庶長，第十八等爵也。」

〔四〕師古曰：「入諸郡縣，以備凶災也。」

〔五〕師古曰：「俞，進也，音踰，又音愈。」

後十三歲，孝景二年，令民半出田租，三十而稅一也。其後，上郡以西旱，復修賣爵令，而裁其賈以招民；〔一〕及徒復作，得輸粟於縣官以除罪。〔二〕始造苑馬以廣用，〔三〕宮室列館車馬益增修矣。然婁敕有司以農為務，〔四〕民遂樂業。至武帝之初七十年間，國家亡事，非遇水旱，則民人給家足，都鄙廩庾盡滿，而府庫餘財。京師之錢累百鉅萬，貫朽而不可校。〔五〕太倉之粟陳陳相因，〔六〕充溢露積於外，腐敗不可食。眾庶街巷有馬，仟伯之間成羣，〔七〕乘牸牝者擯而不得會聚。〔八〕守閭閻者食粱肉；為吏者長子孫；〔九〕居官者以為姓

號。〔一〇〕人人自愛而重犯法，〔一一〕先行誼而黜媿辱焉。〔一二〕於是罔疏而民富，役財驕溢，或至并兼豪黨之徒以武斷於鄉曲。〔一三〕宗室有土，公卿大夫以下爭於奢侈，〔一四〕室廬車服僭上亡限。物盛而衰，固其變也。

〔一〕師古曰：「賈讀曰價。裁謂減省之也。」

〔二〕師古曰：「復音房目反。解在宣紀。」

〔三〕師古曰：「苑馬，謂為苑以牧馬。」

〔四〕師古曰：「婁，古屢字。」

〔五〕師古曰：「累百鉅萬，謂數百萬萬也。校謂計數也。」

〔六〕師古曰：「陳謂久舊也。」

〔七〕師古曰：「謂田中之阡陌也。」

〔八〕孟康曰：「皆乘父馬，有牝馬間其間則踶齧，故斥出不得會同。」師古曰：「言時富饒，故恥乘牸牝，不必以其踶齧也。踶，蹋也，音大奚反。」

〔九〕如淳曰：「時無事，吏不數轉，至於（長生）〔生長〕子孫而不轉職也。」

〔一〇〕如淳曰：「貨殖傳倉氏、庾氏是也。」

〔一一〕師古曰：「重，難也。」

〔一二〕師古曰：「以行誼為先，以媿辱相黜也。行音下更反。」

〔一三〕師古曰：「恃其饒富，則擅行威罰也。斷音丁喚反。」

〔一四〕師古曰：「有土，謂國之宗姓受封邑土地者也。」

是後，外事四夷，內興功利，役費並興，而民去本。董仲舒說上曰：「春秋它穀不書，至於麥禾不成則書之，以此見聖人於五穀最重麥與禾也。今關中俗不好種麥，是歲失春秋之所重，而損生民之具也。願陛下幸詔大司農，使關中民益種宿麥，令毋後時。」〔一〕又言：「古者稅民不過什一，其求易共；〔二〕使民不過三日，其力易足。民財內足以養老盡孝，外足以事上共稅，下足以畜妻子極愛，故民說從上。〔三〕至秦則不然，用商鞅之法，改帝王之制，除井田，民得賣買，富者田連仟伯，貧者亡立錐之地。又顓川澤之利，管山林之饒，〔四〕荒淫越制，踰侈以相高；邑有人君之尊，里有公侯之富，小民安得不困？又加月為更卒，已，復為正一歲，屯戍一歲，力役三十倍於古；〔五〕田租口賦，鹽鐵之利，二十倍於古。〔六〕或耕豪民之田，見稅什五。〔七〕故貧民常衣牛馬之衣，而食犬彘之食。重以貪暴之吏，刑戮妄加，〔八〕民愁亡聊，亡逃山林，轉為盜賊，赭衣半道，斷獄歲以千萬數。漢興，循而未改。古井田法雖難卒行，宜少近古，〔九〕限民名田，以澹不足，〔一〇〕塞并兼之路。鹽鐵皆歸於民。去奴婢，除專殺之威。〔一一〕薄賦斂，省繇役，以寬民力。然後可善治也。」仲舒死後，功費愈甚，天下虛耗，人復相食。〔一二〕

〔一〕師古曰：「宿麥，謂其苗經冬。」

〔二〕師古曰：「共讀曰供。次下亦同。」

〔三〕師古曰：「說讀曰悅也。」

〔四〕師古曰：「顓與專同。管，主也。」

〔五〕師古曰：「更卒，謂給郡縣一月而更者也。正卒，謂給中都官者也。率計今人一歲之中，屯戍及力役之事三十倍多於古也。更音工衡反。」

〔六〕如淳曰：「秦賣鹽鐵貴，故下民受其困也。」師古曰：「既收田租，又出口賦，而官更奪鹽鐵之利。率計今人一歲之中，失其資產，二十倍多於古也。」

〔七〕如淳曰：「十稅其五。」師古曰：「言下戶貧人，自無田而耕墾豪富家田，十分之中，以五輸本田主也。」

〔八〕師古曰：「重音直用反。」

〔九〕師古曰：「卒讀曰猝。近音其靳反。」

〔一〇〕師古曰：「名田，占田也。各為立限，不使富者過制，則貧弱之家可足也。」

〔一一〕服虔曰：「不得專殺奴婢也。」

〔一二〕師古曰：「耗音呼到反。」

武帝末年，悔征伐之事，乃封丞相為富民侯。〔一〕下詔曰：「方今之務，在於力農。」以趙過為搜粟都尉。過能為代田，一畮三甽。〔二〕歲代處，故曰代田，〔三〕古法也。后稷始甽田，以二耜為耦，〔四〕廣尺深尺曰甽，長終畮。一畮三甽，一夫三百甽，而播種於甽中。〔五〕苗生葉

以上，稍耨隴草，〔六〕因隤其土以附(根苗)〔苗根〕。〔七〕故其詩曰：「或芸或芓，黍稷儗儗。」〔八〕芸，除草也。(秄)〔芓〕，附根也。言苗稍壯，每耨輒附根，比盛暑，隴盡而根深，〔九〕能風與旱，〔一〇〕故儗儗而盛也。其耕耘下種田器，皆有便巧。率十二夫為田一井一屋，故畮五頃，〔一一〕用耦犁，二牛三人，一歲之收常過縵田畮一斛以上，〔一二〕善者倍之。〔一三〕過使教田太常、三輔，〔一四〕大農置工巧奴與從事，為作田器。二千石遣令長、三老、力田及里父老善田者受田器，學耕種養苗狀。〔一五〕民或苦少牛，亡以趨澤，〔一六〕故平都令光教過以人輓犁。〔一七〕過奏光以為丞，教民相與庸輓犁。〔一八〕率多人者田日三十畮，少者十三畮，以故田多墾闢。過試以離宮卒田其宮壖地，〔一九〕課得穀皆多其旁田畮一斛以上。令命家田三輔公田，〔二〇〕又教邊郡及居延城。〔二一〕是後邊城、河東、弘農、三輔、太常民皆便代田，用力少而得穀多。

〔一〕韋昭曰：「沛蘄縣也。」師古曰：「欲百姓之殷實，故取其嘉名也。」
〔二〕師古曰：「甽，壟也，音工犬反，字或作畎。」
〔三〕師古曰：「代，易也。」
〔四〕師古曰：「併兩耜而耕。」
〔五〕師古曰：「播，布也。種謂穀子也。」
〔六〕師古曰：「耨，鉏也。」
〔七〕師古曰：「隤謂下之也，音頹。」

〔八〕師古曰：「小雅甫田之詩。儗儗，盛貌。芸音云。芓音子。儗音擬。」
〔九〕師古曰：「比音必寐反。」
〔一〇〕師古曰：「能讀曰耐也。」
〔一一〕鄧展曰：「九夫為井，三夫為屋。夫百畮，於古為十二頃。古百步為畮，漢時二百四十步為畮，古千二百畮，則得今五頃。」
〔一二〕師古曰：「縵田，謂不為(畮)〔甽〕者也。縵音莫幹反。」
〔一三〕師古曰：「善為甽者，又過縵田二斛以上也。」
〔一四〕蘇林曰：「太常主諸陵，有民，故亦課田種也。」
〔一五〕蘇林曰：「為法意狀也。」
〔一六〕師古曰：「趨讀曰趣。趣，及也。澤，雨之潤澤也。」
〔一七〕師古曰：「輓，引也，音晚。」
〔一八〕師古曰：「庸，功也，言(挽)〔换〕功共作也。義亦與庸賃同。」
〔一九〕師古曰：「離宮，別處之宮，非天子所常居也。壖，餘也。宮壖地，謂外垣之內，內垣之外也。諸緣河壖地，廟垣壖地，其義皆同。守離宮卒，閑而無事，因令於壖地為田也。壖音而緣反。」
〔二〇〕李奇曰：「令，使也。命者，教也。令離宮卒教其家田公田也。」韋昭曰：「命謂爵命者。命家，謂受爵命一爵為公士以上，令得田公田，優之也。」師古曰：「令音力成反。」
〔二一〕韋昭曰：「居延，張掖縣也。時有甲卒也。」

至昭帝時，流民稍還，田野益闢，頗有畜積。宣帝即位，用吏多選賢良，百姓安土，歲數豐穰，〔一〕穀至石五錢，農人少利。時大司農中丞耿壽昌以善為算能商功利，〔二〕得幸於上，五鳳中奏言：「故事，歲漕關東穀四百萬斛以給京師，〔三〕用卒六萬人。宜糴三輔、弘農、河東、上黨、太原郡穀足供京師，可以省關東漕卒過半。」又白增海租三倍，天子皆從其計。御史大夫蕭望之奏言：「故御史屬徐宮〔四〕家在東萊，言往年加海租，魚不出。長老皆言武帝時縣官嘗自漁，海魚不出，後復予民，魚乃出。夫陰陽之感，物類相應，萬事盡然。今壽昌欲近糴漕關內之穀，築倉治船，費直二萬萬餘，〔五〕有動衆之功，恐生旱氣，民被其災。壽昌習於商功分銖之事，其深計遠慮，誠未足任，宜且如故。」上不聽。漕事果便，壽昌遂白令邊郡皆築倉，以穀賤時增其賈而糴，以利農，穀貴時減賈而糶，名曰常平倉。〔六〕民便之。上乃下詔，賜壽昌爵關內侯。而蔡癸以好農使勸郡國，至大官。〔七〕

〔一〕師古曰：「數音所角反。穰音人常反。」
〔二〕師古曰：「商，度也。」
〔三〕師古曰：「漕，水運。」
〔四〕李奇曰：「御史大夫屬。」
〔五〕服虔曰：「萬萬，億也。」

〔六〕師古曰：「賈並讀曰價。」
〔七〕師古曰：「為使而勸郡國也。使音山(史)〔吏〕反。」

元帝即位，天下大水，關東郡十一尤甚。二年，齊地飢，穀石三百餘，民多餓死，琅邪郡人相食。在位諸儒多言鹽鐵官及北假田官、常平倉可罷，〔一〕毋與民爭利。上從其議，皆罷之。又罷建章、甘泉宮衞，角抵，齊三服官，省禁苑以予貧民，減諸侯王廟衞卒半。又減關中卒五百人，轉穀振貸窮乏。其後用度不足，獨復鹽鐵官。

〔一〕孟康曰：「北假，地名也。」

成帝時，天下亡兵革之事，號為安樂，然俗奢侈，不以畜聚為意。永始二年，梁國、平原郡比年傷水災，〔一〕人相食，刺史守相坐免。

〔一〕師古曰：「比，頻也。」

哀帝即位，師丹輔政，建言：「古之聖王莫不設井田，然後治乃可平。〔一〕孝文皇帝承亡周亂秦兵革之後，天下空虛，故務勸農桑，帥以節儉。民始充實，未有并兼之害，故不為民田及奴婢為限。〔二〕今累世承平，豪富吏民訾數鉅萬，而貧弱俞困。蓋君子為政，貴因循而重改作，〔三〕然所以有改者，將以救急也。亦未可詳，宜略為限。」〔四〕天子下其議。丞相孔光、大司空何武奏請：「諸侯王、列侯皆得名田國中。列侯在長安，公主名田縣道，及關內

侯、吏民名田皆毋過三十頃。諸侯王奴婢二百人，列侯、公主百人，關內侯、吏民三十人。期盡三年，犯者沒入官。」時田宅奴婢賈爲減賤，丁、傅用事，董賢隆貴，皆不便也。〔五〕詔書且須後，〔六〕遂寢不行。宮室苑囿府庫之臧已侈，百姓訾富雖不及文景，然天下戶口最盛矣。

〔一〕師古曰：「建，立也，立其議也。」
〔二〕師古曰：「不爲作限制。上爲音于僞反。」
〔三〕師古曰：「重，難也。」
〔四〕師古曰：「訾謂悉盡也。」
〔五〕師古曰：「丁、傅及董賢之家皆不便此事也。」
〔六〕師古曰：「須，待也。」

平帝崩，王莽居攝，遂篡位。王莽因漢承平之業，匈奴稱藩，百蠻賓服，舟車所通，盡爲臣妾，府庫百官之富，天下晏然。莽一朝有之，其心意未滿，〔一〕陿小漢家制度，以爲疏闊。〔二〕宣帝始賜單于印璽，與天子同，而西南夷鉤町稱王。〔三〕莽乃遣使易單于印，貶鉤町王爲侯。二方始怨，侵犯邊境。莽遂興師，發三十萬衆，欲同時十道並出，一舉滅匈奴；募發天下囚徒丁男甲卒轉委輸兵器，自負海江淮而至北邊，〔四〕使者馳傳督趣，〔五〕海內擾矣。又動欲慕古，不度時宜，〔六〕分裂州郡，改職作官，下令曰：「漢氏減輕田租，三十而稅一，常有更賦，罷癃咸出，〔七〕而豪民侵陵，分田劫假，〔八〕厥名三十，實什稅五也。富者驕而

爲邪，貧者窮而爲姦，俱陷於辜，刑用不錯。〔九〕今更名天下田曰王田，奴婢曰私屬，皆不得賣買。其男口不滿八，而田過一井者，分餘田與九族鄉黨。」犯令，法至死，制度又不定，吏緣爲姦，天下謷謷然，陷刑者衆。〔10〕

〔一〕師古曰：「謂愛惜之意未厭飽也。」
〔二〕師古曰：「莽以漢家制度爲泰疏闊，而更之令陿小。」
〔三〕師古曰：「鉤音鉅于反。町音大鼎反。」
〔四〕如淳曰：「負，背也。」
〔五〕師古曰：「傳音張戀反。趣讀曰促。」
〔六〕師古曰：「度音大各反。」
〔七〕晉灼曰：「雖老病者，皆復出口算。」師古曰：「更音工衡反。罷讀曰疲。」
〔八〕師古曰：「分田，謂貧者無田而取富人田耕種，共分其所收也。假亦謂貧人賃富人之田也。劫者，富人劫奪其稅，侵欺之也。」
〔九〕師古曰：「錯，置也。」
〔10〕師古曰：「謷謷，衆口愁聲也，音敖。」

後三年，莽知民愁，下詔諸食王田及私屬皆得賣買，勿拘以法。然刑罰深刻，它政誖亂。〔一〕邊兵二十餘萬人仰縣官衣食，〔二〕用度不足，數橫賦斂，〔三〕民俞貧困。常苦枯旱，亡有平歲，穀賈翔貴。〔四〕

〔一〕師古曰：「誖，乖也，音布內反。」
〔二〕師古曰：「仰音牛向反。」
〔三〕師古曰：「數音所角反。橫（因）〔音〕胡孟反。」
〔四〕晉灼曰：「翔音常。」師古曰：「晉說非也。翔言如鳥之回翔，謂不離于貴也。若暴貴，稱騰踊也。」

末年，盜賊羣起，發軍擊之，將吏放縱於外。北邊及青徐地人相食，雒陽以東米石二千。莽遣三公將軍開東方諸倉振貸窮乏，又分遣大夫謁者教民煑木爲酪；〔一〕酪不可食，重爲煩擾。〔二〕流民入關者數十萬人，置養澹官以稟之，吏盜其稟，〔三〕飢死者什七八。莽恥爲政所致，乃下詔曰：「予遭陽九之阸，百六之會，〔四〕枯旱霜蝗，饑饉荐臻，蠻夷猾夏，寇賊姦軌，百姓流離。予甚悼之，害氣將究矣。」〔五〕歲爲此言，以至於亡。

〔一〕服虔曰：「煑木實，或曰如今餌朮之屬也。」如淳曰：「作杏酪之屬也。」師古曰：「如說是也。」
〔二〕師古曰：「重音直用反。」
〔三〕師古曰：「稟，給也。盜其稟者，盜所給之物。稟音彼甚反。」
〔四〕師古曰：「此曆法應有災歲之期也。事在律曆志。」
〔五〕師古曰：「究，竟盡也。」

校勘記

一一一七頁五行　未（耳）〔耨〕之利以教天下，王先謙說據顏注，作「耨」是。按景祐、殿本都作「耨」。
一一一八頁三行　事見（虞書）舜典。王先謙說唐寫本「事見」下有「虞書」二字。按景祐本有。
一一一九頁一〇行　疾病（則）〔相〕救。景祐、殿本都作「相」。王先謙說作「相」是。
一一二一頁八行　於（是）里有序而鄉有庠；宋祁說「於里有序」「於」字下當添「是」字。按景祐本有「是」字。
一一二一頁一二行　春，（秋）〔將〕出民，張文虎說學本「秋」作「將」，是。按景祐、殿本都作「將」。
一一二一頁一三行　鄰長坐於（右）〔左〕塾，景祐、殿、局本都作「左」，此誤。
一一二二頁一三行　然後（邑）〔至〕德流洽，景祐本作「至」。王先謙說作「至」是。
一一二七頁一行　言居在（閭）〔里〕門之左者，景祐、殿本都作「里」。
一一三一頁九行　急政暴（虐）〔賦〕，景祐本作「賦」。王念孫說作「賦」是。按通鑑亦作「賦」。
一一三二頁三行　食必（粱）〔粱〕肉，景祐、殿、局本都作「粱」。王先謙說作「粱」是。注同。
一一三三頁四行　一說，（字）〔奇〕謂殘餘物也，景祐、殿、局本都作「奇」。王先謙說作「奇」是。
一一三四頁三行　使天下〔人〕入粟於邊，景祐、殿本都有「人」字，通鑑亦有。
一一三四頁一三行　喻嚴固之（基）〔甚〕。景祐、殿本都作「甚」。王先謙說作「甚」是。

一一三六頁一三行　至於（長生）〔生長〕子孫而不轉職也。　景祐、殿本都作「生長」。

一一三九頁一行　因隤其土以附（根苗）〔苗根〕。　景祐、殿本都作「苗根」。王先謙說作「苗根」是。

一一三九頁二行　（秄）〔芓〕，附根也。　王先謙說殿本「秄」作「芓」是。

一一四〇頁六行　縵田，謂不爲（甽）〔甽〕者也。　景祐、殿本都作「甽」。王先謙說作「甽」是。

一一四〇頁一三行　言（挽）〔換〕功共作也。　景祐、殿本都作「換」。王先謙說作「換」是。

一一四二頁二行　使音山（吏）〔吏〕反。　景祐、殿本都作「吏」。王先謙說唐寫本同。

一一四五頁四行　橫（因）〔音〕胡孟反。　景祐、殿本都作「音」，此誤。

漢書卷二十四下

食貨志第四下

凡貨，金錢布帛之用，夏殷以前其詳靡記云。太公爲周立九府圜法：〔一〕黃金方寸，而重一斤；錢圜函方，〔二〕輕重以銖；〔三〕布帛廣二尺二寸爲幅，長四丈爲匹。故貨寶於金，利於刀，〔四〕流於泉，〔五〕布於布，〔六〕束於帛。〔七〕

〔一〕李奇曰：「圜卽錢也。圜一寸，而重九兩。」師古曰：「此說非也。周官太府、玉府、內府、外府、泉府、天府、職內、職金、職幣皆掌財幣之官，故云九府。圜謂均而通也。」

〔二〕孟康曰：「外圜而內孔方也。」

〔三〕師古曰：「言黃金以斤爲名，錢則以銖爲重也。」

〔四〕如淳曰：「名錢爲刀者，以其利於民也。」

〔五〕如淳曰：「流行如泉也。」

〔六〕如淳曰：「布於民間。」

〔七〕李奇曰：「束，聚也。」

太公退，又行之于齊。至管仲相桓公，通輕重之權，曰：「歲有凶穰，故穀有貴賤；〔一〕令有緩急，故物有輕重。〔二〕人君不理，則畜賈游於市，〔三〕乘民之不給，百倍其本矣。〔四〕故萬乘之國必有萬金之賈，千乘之國必有千金之賈者，利有所并也。計本量委則足矣，〔五〕然而民有飢餓者，穀有所臧也。〔六〕民有餘則輕之，故人君斂之以輕；民不足則重之，故人君散之以重。〔七〕凡輕重斂散之以時，則準平。〔守準平〕，使萬室之邑必有萬鍾之臧，臧繈千萬；〔八〕千室之邑必有千鍾之臧，臧繈百萬。春以奉耕，夏以奉耘，〔九〕耒耜器械，種饟糧食，必取澹焉。〔一〇〕故大賈畜家不得豪奪吾民矣。」〔一一〕桓公遂用區區之齊合諸侯，顯伯名。〔一二〕

〔一〕師古曰：「穰音人常反。」

〔二〕李奇曰：「上令急於求米則民重米，緩於求米則民輕米。」

〔三〕師古曰：「畜讀曰蓄。蓄賈，謂賈人之多蓄積者。」

〔四〕師古曰：「給，足也。」

〔五〕李奇曰：「委，積也。」

〔六〕師古曰：「言富人多臧穀，故令貧者食不足也。」

〔七〕李奇曰：「民輕之時，爲斂糴之；重之時，官爲散也。」

〔八〕李奇曰：「繈，落也。」孟康曰：「六斛四斗爲鍾。繈，錢貫也。管子曰『凶（戾）〔歲〕糴，釜十繈』。」師古曰：「孟說是也。繈音居兩反。」

（九）師古曰：「奉謂供事也。」
（一〇）師古曰：「穫，五穀之穫也。鎒字與耨同，謂鉏田之具也。」
（一一）師古曰：「畜讀曰蓄。褻謂輕侮之也，字本作媟，蓋通用耳。」
（一二）師古曰：「伯讀曰霸。」

其後百餘年，周景王時患錢輕，將更鑄大錢，（一）單穆公曰：「不可。（二）古者天降災戾，（三）於是乎量資幣，權輕重，以救民。（四）民患輕，則為之作重幣以行之，於是有母權子而行，民皆得焉。（五）若不堪重，則多作輕而行之，亦不廢重，於是乎有子權母而行，小大利之。（六）今王廢輕而作重，民失其資，能無匱乎？民若匱，王用將有所乏；乏將厚取於民；（七）民不給，將有遠志，是離民也。（八）且絕民用以實王府，猶塞川原為潢洿也，（九）竭亡日矣。王其圖之。」弗聽，卒鑄大錢，文曰「寶貨」，肉好皆有周郭，（一〇）以勸農澹不足，百姓蒙利焉。（一一）

（一）應劭曰：「大於舊錢，其價重也。」
（二）師古曰：「單穆公，周大夫單旗。單音善。」
（三）師古曰：「戾，惡氣也。一曰，戾，至也。」
（四）應劭曰：「資，財也。量資幣多少有無，平其輕重也。」師古曰：「凡言幣者，皆所以通貨物，易有無也，故金之與錢，皆名為幣也。」

（五）應劭曰：「母，重也，其大倍，故為母也。子，輕也，其輕少半，故為子也。民患幣之輕而物貴，為重幣以平之，權時而行，以廢其輕。故曰母權子，猶言重權輕也。民皆得者，本末有無皆得其利也。」孟康曰：「重為母，輕為子，若市八十錢物，以母當五十，以子三十續之。」
（六）應劭曰：「民患幣重，則多作輕錢而行之，亦不廢去重者，言重者行其貴，輕者行其賤也。」
（七）師古曰：「厚猶多也，重也。」
（八）師古曰：「遠志，謂去其本居而散（志）〔亡〕也。」
（九）師古曰：「原謂水泉之本也。潢洿，停水也。潢音黃。洿音一胡反。」
（一〇）韋昭曰：「肉，錢形也。好，孔也。」
（一一）孟康曰：「單穆公曰『竭無日矣』，不得復云百姓蒙利焉。」臣瓚曰：「但是不聽不鑄大錢耳，猶自從其不廢輕，此言母子並用，故蒙其利也。」師古曰：「二說皆非也。單旗雖有此言，王終自鑄錢，果有便，故百姓蒙其利也。」

秦兼天下，幣為二等：黃金以溢為名，上幣；（一）銅錢質如周錢，（二）文曰「半兩」，重如其文。而珠玉龜貝銀錫之屬為器飾寶臧，不為幣，然各隨時而輕重無常。

（一）孟康曰：「二十兩為溢。」師古曰：「改周一斤之制，更以溢為金之名數也。高祖初賜張良金百溢，此尚秦制也。上幣者，二等之中黃金為上而錢為下也。」
（二）臣瓚曰：「言錢之形質如周錢，唯文異耳。」

漢興，以為秦錢重難用，更令民鑄莢錢。（一）黃金一斤。（二）而不軌逐利之民畜積餘贏以稽市物，痛騰躍，（三）米至石萬錢，馬至匹百金。天下已平，高祖乃令賈人不得衣絲乘車，重稅租以困辱之。（四）孝惠、高后時，為天下初定，復弛商賈之律，（五）然市井子孫亦不得（宦為吏）〔為官吏〕。孝文五年，為錢益多而輕，乃更鑄四銖錢，其文為「半兩」。除盜鑄錢令，使民放鑄。（六）賈誼諫曰：

（一）如淳曰：「如榆莢也。」師古曰：「莢音頰。」
（二）師古曰：「復周之制，更以斤名金。」
（三）李奇曰：「稽，貯滯也。」晉灼曰：「痛，甚也。言計市物賤，豫益畜之，物貴而出賣，故使物甚騰躍也。」師古曰：「『不軌』，謂不循軌度者也。言以其贏餘之財畜積羣貨，使物稽滯在己，故市價甚騰貴。今書本痛字或作踊者，誤耳。踊、騰一也，不當重累言之。畜讀曰蓄。」
（四）師古曰：「欲令務農。」
（五）師古曰：「弛，解也。」
（六）師古曰：「恣其私鑄。」

法使天下公得顧租鑄銅錫為錢，敢雜以鉛鐵為它巧者，其罪黥。（一）然鑄錢之情，非殽雜為巧，則不可得贏；（二）而殽之甚微，為利甚厚。（三）夫事有召禍而法有起姦，今令細民人操造幣之勢，（四）各隱屏而鑄作，因欲禁其厚利微姦，雖黥罪日報，其勢不止。（五）乃者，民人抵罪，多者一縣百數，及吏之所疑，榜笞奔走者甚眾。夫縣法以誘

民，（六）使入陷阱，孰積於此！（七）曩禁鑄錢，死罪積下；（八）今公鑄錢，黥罪積下。為法若此，上何賴焉？（九）

（一）師古曰：「顧租，謂顧庸之直，或租其本。」
（二）師古曰：「殽謂亂雜也。贏，餘利也。言不雜鉛鐵，則無利也。殽音爻。」
（三）師古曰：「微謂精妙也。言殽雜鉛鐵，其術精妙，不可覺知，而得利甚厚，故令人輕犯之，姦不可止也。」
（四）師古曰：「操，持也。人人皆得鑄錢也。操音千高反。」
（五）鄭氏曰：「報，論。」
（六）師古曰：「縣謂開立之。」
（七）師古曰：「阱，穿地以陷獸也。積，多也。阱音才性反。」
（八）蘇林曰：「下，報也，積累下報論之也。」張晏曰：「死罪者多，委積於下也。」師古曰：「蘇說是也。下音胡亞反。次後亦同。」
（九）師古曰：「賴，利也。一曰恃也。」

又民用錢，郡縣不同：或用輕錢，百加若干；（一）或用重錢，平稱不受。（二）法錢不立，（三）吏急而壹之虖，則大為煩苛，而力不能勝；縱而弗呵虖，（四）則市肆異用，錢文大亂。苟非其術，何鄉而可哉！（五）

（一）應劭曰：「時錢重四銖，法錢百枚，當重一斤十六銖，輕則以錢足之若干枚，令滿平也。」師古曰：「若干，且設數之

言也。干猶爲也，謂當如此爲數耳。而胡廣云『若，順也；干，求也』。當順所求而與之矣。」

〔二〕應劭曰：「用重錢，則平稱有餘，不能受也。」臣瓚曰：「秦錢重半兩，漢初鑄莢錢，文帝更鑄四銖錢。秦錢與莢錢皆當廢，而故與四銖並行。民以其見廢，故用輕錢，則百加若干；用重錢，雖以一當一猶復不受之。是以郡縣不同也。」師古曰：「應說是也。稱音尺孕反。」

〔三〕師古曰：「法錢，依法之錢也。」

〔四〕師古曰：「呵，責怒也，音火何反。」

〔五〕師古曰：「鄉讀曰嚮。」

今農事棄捐而采銅者日蕃，〔一〕釋其耒耨，冶鎔炊炭，〔二〕姦錢日多，五穀不爲多。〔三〕善人怵而爲姦邪，〔四〕愿民陷而之刑戮，〔五〕刑戮將甚不詳，奈何而忽！〔六〕國知患此，吏議必曰禁之。禁之不得其術，其傷必大。令禁鑄錢，則錢必重；〔七〕重則其利深，盜鑄如雲而起，〔八〕棄市之罪又不足以禁矣。姦數不勝而法禁數潰，銅使之然也。〔九〕故銅布於天下，其爲禍博矣。〔一〇〕

〔一〕師古曰：「蕃，多也，音扶元反。其下亦同。」

〔二〕應劭曰：「鎔，形容也，作錢模也。」師古曰：「鎔音容。」

〔三〕師古曰：「言皆采銅鑄錢，廢其農業，故五穀不多也。爲音於僞反。不爲多，猶言爲之不多也。」

〔四〕李奇曰：「怵，誘也，勸心於姦邪也。」師古曰：「怵音先律反，又音黜。」

〔五〕師古曰：「愿，謹也。」

〔六〕師古曰：「詳，平也。忽，忽忘也。」

〔七〕師古曰：「令謂法令也。」

〔八〕師古曰：「言其多。」

〔九〕師古曰：「數，並音所角反。」

〔一〇〕師古曰：「博，大也。」

今博禍可除，而七福可致也。何謂七福？上收銅勿令布，則民不鑄錢，黥罪不積，一矣。僞錢不蕃，民不相疑，二矣。采銅鑄作者反於耕田，三矣。銅畢歸於上，上挾銅積以御輕重，〔一〕錢輕則以術斂之，重則以術散之，貨物必平，四矣。以作兵器，以假貴臣，多少有制，用別貴賤，五矣。〔二〕以臨萬貨，以調盈虛，以收奇羨，〔三〕則官富實而末民困，六矣。〔四〕制吾棄財，以與匈奴逐爭其民，則敵必懷，七矣。〔五〕故善爲天下者，因禍而爲福，轉敗而爲功。今久退七福而行博禍，臣誠傷之。

〔一〕師古曰：「銅積，謂多積銅也。」

〔二〕如淳曰：「古者以銅爲兵，秦銷鋒鍉鑄金人十二，是也。」

〔三〕師古曰：「調，平均也。奇，殘餘也。羨，饒溢也。奇音居宜反。羨音弋戰反。」

〔四〕師古曰：「末謂工商之業也。」

〔五〕師古曰：「末業既困，農人敦本，倉廩積實，布帛有餘，則招誘胡人，多來降附。故言制吾棄財逐爭其人也。棄財者，可棄之財。逐，競也。」

上不聽。是時，吳以諸侯卽山鑄錢，富埒天子，〔一〕後卒叛逆。鄧通，大夫也，以鑄錢財過王者。故吳、鄧錢布天下。

〔一〕師古曰：「卽，就也。埒，等也。」

武帝因文、景之畜，忿胡、粵之害，〔一〕卽位數年，嚴助、朱買臣等招徠東甌，事兩粵，江淮之間蕭然煩費矣。〔二〕唐蒙、司馬相如始開西南夷，鑿山通道千餘里，以廣巴蜀，巴蜀之民罷焉。〔三〕彭吳穿穢貊、朝鮮，置滄海郡，〔四〕則燕齊之間靡然發動。及王恢謀馬邑，匈奴絕和親，侵擾北邊，兵連而不解，天下共其勞。〔五〕干戈日滋，行者齎，居者送，〔六〕中外騷擾相奉，百姓抏敝以巧法，〔七〕財賂衰耗而不澹。〔八〕入物者補官，出貨者除罪，選舉陵夷，廉恥相冒，〔九〕武力進用，法嚴令具。興利之臣自此而始。〔一〇〕

〔一〕師古曰：「畜讀曰蓄。」

〔二〕師古曰：「蕭然猶騷然，勞動之貌。」

〔三〕師古曰：「罷讀曰疲。」

〔四〕師古曰：「彭吳，人姓名也。本皆荒梗，始開通之也，故言穿也。」

〔五〕師古曰：「共猶同。」

〔六〕師古曰：「齎謂將衣食之具以自隨也，音子奚反。」

〔七〕師古曰：「抏，訛也，謂摧挫也。巧法，爲巧詐以避法也。抏音五官反。」

〔八〕師古曰：「耗，減也。澹，足也。」

〔九〕師古曰：「冒，蒙也。」

〔一〇〕師古曰：「謂桑弘羊、東郭咸陽、孔僅之屬也。」

其後，衞青歲以數萬騎出擊匈奴，遂取河南地，築朔方。時又通西南夷道，作者數萬人，千里負擔餽饟，〔一〕率十餘鍾致一石，〔二〕散幣於邛僰以輯之。〔三〕數歲而道不通，蠻夷因以數攻（吏），吏發兵誅之。悉巴蜀租賦不足以更之，〔四〕乃募豪民田南夷，入粟縣官，而內受錢於都內。〔五〕東置滄海郡，人徒之費疑於南夷。〔六〕又興十餘萬人築衞朔方，〔七〕轉漕甚遠，自山東咸被其勞，費數十百鉅萬，〔八〕府庫並虛。乃募民能入奴婢得以終身復，爲郎增秩，〔九〕及入羊爲郎，始於此。

〔一〕師古曰：「餽亦饋字。饟，古餉字。」

〔二〕師古曰：「言其勞費用功重。」

〔三〕應劭曰：「邛屬臨邛，僰屬犍爲。」晉灼曰：「僰音蒲賊反。」師古曰：「本西南夷兩種也。邛，今邛州也。僰，今僰道縣也。輯與集同，謂安定也。」

〔四〕李奇曰：「不足用，終更其事也。」韋昭曰：「更，續也。」師古曰：「二說並非也。悉，盡也。更，償也。雖盡租賦不足償其功費也。更音庚。」

〔五〕服虔曰：「入穀於外縣，而受粟錢於內府也。」師古曰：「此說非也。都內，京師主臧者也。百官公卿表大司農屬官有都內令丞也。」

〔六〕師古曰：「屢讀曰餧。餧謂比也。」

〔七〕師古曰：「既築其城，又守衞之。」

〔八〕師古曰：「數十萬乃至百萬萬。」

〔九〕師古曰：「庶人入奴婢則復終身，先爲郎者就增其秩也。一曰入奴婢少者復終身，多者得爲郎，舊爲郎更增秩也。」

此後四年，衞青比歲十餘萬衆擊胡，〔一〕斬捕首虜之士受賜黃金二十餘萬斤，而漢軍士馬死者十餘萬，兵甲轉漕之費不與焉。〔二〕於是大司農陳臧錢經用，賦稅既竭，不足以奉戰士。〔三〕有司請令民得買爵及贖禁錮免（臧）〔減〕罪；請置賞官，名曰武功爵。〔四〕級十七萬，凡直三十餘萬金。諸買武功爵官首者試補吏，先除；千夫如五大夫；〔五〕其有罪又減二等；爵得至樂卿，〔六〕以顯軍功。軍功多用超等，大者封侯卿大夫，小者郎。吏道雜而多端，則官職秏廢。〔七〕

〔一〕師古曰：「比歲，頻歲也。」

〔二〕師古曰：「與讀曰豫。」

〔三〕師古曰：「陳謂列奏之。經，常也。既，盡也。言常用之錢及諸賦稅並竭盡也。」

〔四〕臣瓚曰：「茂陵中書有武功爵，一級曰造士，二級曰閑輿衞，三級曰良士，四級曰元戎士，五級曰官首，六級曰秉鐸，七級曰千夫，八級曰樂卿，九級曰執戎，十級曰政戾庶長，十一級曰軍衞。此武帝所制，以寵軍功。」師古曰：「此下云級十七萬，凡直三十餘萬金，今瓚所引茂陵中書止於十一級，則計數不足，與本文乖矣。或者茂陵書說之不盡也。」

〔五〕師古曰：「五大夫，舊二十等爵之第九級也。至此以上，始免徭役，故每先選以爲吏。千夫者，武功十一等爵之第七也，亦得免役，今則先除爲吏，比於五大夫也。」

〔六〕師古曰：「樂卿者，武功爵第八等也。言買爵唯得至第八也。此文止論武功爵級，而作注者乃以舊二十等爵解之，失其本意，故刪而不取。」

〔七〕師古曰：「秏，亂也，音莫報反。」

自〔公〕孫弘以春秋之義繩臣下取漢相，張湯以峻文決理爲廷尉，於是見知之法生，而廢格沮誹窮治之獄用矣。〔一〕其明年，淮南、衡山、江都王謀反迹見，〔二〕而公卿尋端治之，竟其黨與，坐而死者數萬人，吏益慘急而法令察。〔三〕當是時，招尊方正賢良文學之士，或至公卿大夫。公孫弘以宰相，布被，食不重味，爲下先，然而無益於俗，稍務於功利矣。

〔一〕張晏曰：「吏見知不舉劾爲故縱，官有所作，廢格沮敗誹謗，則窮治之也。」如淳曰：「廢格天子文法，使不行也。誹謂非上所行，若顏異反脣之比也。」師古曰：「沮，（上）〔止〕壞之，音材汝反。」

〔二〕師古曰：「蹤跡顯見也。」

〔三〕師古曰：「慘，毒也。察，微視也。」

其明年，票騎仍再出擊胡，大克獲。〔一〕渾邪王率數萬衆來降，〔二〕於是漢發車三萬兩迎之。〔三〕既至，受賞，賜及有功之士。是歲費凡百餘鉅萬。

〔一〕師古曰：「仍，頻也。」

〔二〕師古曰：「渾音胡昆反。」

〔三〕師古曰：「一兩，一乘。」

先是十餘歲，河決，灌梁、楚地，固已數困，而緣河之郡隄塞河，輒壞決，費不可勝計。其後番係欲省底柱之漕，〔一〕穿汾、河渠以爲溉田；鄭當時爲渭漕回遠，鑿漕直渠自長安至華陰；〔二〕而朔方亦穿溉渠。作者各數萬人，歷二三期而功未就，費亦各以鉅萬十數。〔三〕

〔一〕師古曰：「番，姓；係，名也。番音普安反。係音工系反。」

〔二〕師古曰：「回，曲繞也，音胡內反。」

〔三〕師古曰：「謂十萬萬也。」

天子爲伐胡故，盛養馬，馬之往來食長安者數萬匹，〔一〕卒掌者關中不足，乃調旁近郡。〔二〕而胡降者數萬人皆得厚賞，衣食仰給縣官，〔三〕縣官不給，〔四〕天子乃損膳，解乘輿

駟，出御府禁藏以澹之。

〔一〕師古曰：「食讀曰飤。」

〔二〕師古曰：「調謂選發之也。調音徒釣反。」

〔三〕師古曰：「仰音牛向反。次下亦同。」

〔四〕師古曰：「給，足也。」

其明年，山東被水災，民多飢乏，於是天子遣使虛郡國倉廩以振貧。猶不足，又募豪富人相假貸。〔一〕尚不能相救，乃徙貧民於關以西，及充朔方以南新秦中，〔二〕七十餘萬口，衣食皆仰給於縣官。數歲，貸與產業，使者分部護，〔三〕冠蓋相望，費以億計，縣官大空。而富商賈或墆財役貧，〔四〕轉轂百數，〔五〕廢居居邑，〔六〕封君皆氐首仰給焉。〔七〕冶鑄煮鹽，財或累萬金，而不佐公家之急，黎民重困。〔八〕

〔一〕師古曰：「貸音土戴反。次下亦同。」

〔二〕應劭曰：「秦始皇遣蒙恬攘卻匈奴，得其河南造陽之北千里地甚好，於是爲築城郭，徙民充之，名曰新秦。四方雜錯，奢儉不同，今俗名新富貴者爲『新秦』，由是名也。」

〔三〕師古曰：「分音扶問反。」

〔四〕孟康曰：「墆，停也。」晉灼曰：「墆音滯。」

〔五〕李奇曰：「轂，車也。」

〔六〕服虔曰：「居穀於邑也。」如淳曰：「居賤物於邑中以待貴也。」師古曰：「二說皆未盡也。此言或有所廢置，有所居蓄，而居於邑中，以乘時射利也。」
〔七〕晉灼曰：「氐音抵距之抵。」服虔曰：「仰給於商賈，言百姓好末作也。」師古曰：「二說皆非也。封君，受封邑者，謂公主及列侯之屬也。氐首，猶俯首也。時公主、列侯雖有國邑而無餘財，其朝夕所須皆俯首而取給於富商大賈，後方以邑入償之。氐音丁奚反。」
〔八〕師古曰：「重音直用反。」

於是天子與公卿議，更造錢幣以澹用，〔一〕而摧浮淫并兼之徒。是時禁苑有白鹿而少府多銀錫。自孝文更造四銖錢，至是歲四十餘年，從建元以來，用少，縣官往往即多銅山而鑄錢，〔二〕民亦盜鑄，不可勝數。錢益多而輕，〔三〕物益少而貴。〔四〕有司言曰：「古者皮幣，諸侯以聘享。金有三等，黃金爲上，白金爲中，赤金爲下。〔五〕今半兩錢法重四銖，〔六〕而姦或盜摩錢質而取鋊，〔七〕錢益輕薄而物貴，則遠方用幣煩費不省。」乃以白鹿皮方尺，緣以績，爲皮幣，〔八〕直四十萬。王侯宗室朝覲聘享，必以皮幣薦璧，然後得行。

〔一〕師古曰：「更，改也。」
〔二〕師古曰：「就多銅之山而鑄錢也。」
〔三〕臣瓚曰：「鑄錢者多，故錢輕。輕亦賤也。」
〔四〕如淳曰：「民但鑄錢，不作餘物故也。」

〔五〕孟康曰：「白金，銀也。赤金，丹陽銅也。」
〔六〕鄭氏曰：「其文爲半兩，實（爲）〔重〕四銖也。」
〔七〕如淳曰：「錢一面有文，一面幕，幕爲質。民盜摩漫面而取其鋊，以更鑄作錢也。」臣瓚曰：「許慎云『鋊，銅屑也』。摩錢漫面以取其屑，更以鑄錢。西京黃圖敘曰『民摩錢取屑』是也。」師古曰：「鋊音浴。瓚說是也。」
〔八〕師古曰：「績，繡也，繪五綵而爲之。」

又造銀錫白金。〔一〕以爲天用莫如龍，地用莫如馬，人用莫如龜，故白金三品：其一曰重八兩，圜之，其文龍，名「白撰」，直三千；二曰以重差小，方之，其文馬，直五百；〔二〕三曰復小，撱之，其文龜，直三百。〔三〕令縣官銷半兩錢，更鑄三銖錢，重如其文。盜鑄諸金錢罪皆死，而吏民之犯者不可勝數。

〔一〕如淳曰：「雜鑄銀錫爲白金。」
〔二〕晉灼曰：「以半斤之重差爲三品，此重六兩，則下品重四兩也。」
〔三〕師古曰：「撱，圜而長也，音佗果反。」

於是以東郭咸陽、孔僅爲大農丞，〔一〕領鹽鐵事，而桑弘羊貴幸。咸陽，齊之大鬻鹽，孔僅，南陽大冶，皆致產累千金，故鄭當時進言之。弘羊，洛陽賈人之子，以心計，〔二〕年十三侍中。故三人言利事析秋豪矣。

〔一〕師古曰：「二人也，姓東郭名咸陽，姓孔名僅。僅音鉅刃反。」

〔二〕師古曰：「不用籌算。」

法既益嚴，吏多廢免。兵革數動，民多買復〔一〕及五大夫、千夫，徵發之士益鮮。〔二〕於是除千夫、五大夫爲吏，不欲者出馬；〔三〕故吏皆適令伐棘上林，作昆明池。〔四〕

〔一〕師古曰：「入財於官，以取優復。復音方目反。」
〔二〕師古曰：「鮮，少也，音先踐反。」
〔三〕如淳曰：「千夫、五大夫不欲爲吏者，令之出馬也。」
〔四〕師古曰：「適讀曰讁。讁，責罰也，以其久爲姦利。」

其明年，大將軍、票騎大出擊胡，賞賜五十萬金，軍馬死者十餘萬匹，轉漕車甲之費不與焉。〔一〕是時財匱，〔二〕戰士頗不得祿矣。

〔一〕師古曰：「與讀曰豫。」
〔二〕師古曰：「匱，空也。」

有司言三銖錢輕，輕錢易作姦詐，乃更請郡國鑄五銖錢，周郭其質，令不可得摩取（鋊）〔鋊〕。〔一〕

〔一〕孟康曰：「周匝爲郭，文漫皆有。」

大農上鹽鐵丞孔僅、咸陽言：〔一〕「山海，天地之臧，宜屬少府，陛下弗私，以屬大農佐賦。願募民自給費，因官器作鬻鹽，官與牢盆。〔二〕浮食奇民欲擅斡山海之貨，以致富羨，〔三〕

役利細民。其沮事之議，不可勝聽。敢私鑄鐵器鬻鹽者，釱左趾，〔四〕沒入其器物。郡不出鐵者，置小鐵官，〔五〕使屬在所縣。」使僅、咸陽乘傳舉行天下鹽鐵，〔六〕作官府，〔七〕除故鹽鐵家富者爲吏。吏益多賈人矣。

〔一〕師古曰：「奏上其言也。」
〔二〕蘇林曰：「牢，價直也。今世人言顧手牢。」如淳曰：「牢，廩食也。古者名廩爲牢。盆，鬻鹽盆也。」師古曰：「牢，蘇說是也。鬻，古煮字也。」
〔三〕師古曰：「斡謂主領也，讀與管同。羨，饒也，音弋戰反。」
〔四〕師古曰：「釱，足鉗也，音徒計反。」
〔五〕鄧展曰：「鑄故鐵。」
〔六〕師古曰：「舉，皆也，言天之下皆行之也。〔行〕音下更反。」
〔七〕師古曰：「主鬻鑄及出納之處也。」

商賈以幣之變，多積貨逐利。於是公卿言：「郡國頗被災害，貧民無產業者，募徙廣饒之地。陛下損膳省用，出禁錢以振元元，寬貸，而民不齊出南畝，〔一〕商賈滋衆。貧者畜積無有，皆仰縣官。〔二〕異時算軺車賈人之緡錢皆有差，〔三〕請算如故。諸賈人末作貰貸賣買，居邑貯積諸物，〔四〕及商以取利者，雖無市籍，各以其物自占，〔五〕率緡錢二千而算一。〔六〕諸作有租及鑄，〔七〕率緡錢四千算一。非吏比者、三老、北邊騎士，軺車一算；〔八〕商賈人軺車二

算；〔九〕船五丈以上一算。匿不自占，占不悉，戍邊一歲，沒入緡錢。〔一〇〕有能告者，以其半畀之。〔一一〕賈人有市籍，及家屬，皆無得名田，〔一二〕以便農。敢犯令，沒入田貨。」

〔一〕師古曰：「言農人尙少，不皆務耕種也。」
〔二〕師古曰：「蓄讀曰蓄。仰音牛向反。」
〔三〕師古曰：「異時，言往時也。軺，小車也。緡謂錢貫也。軺音弋昭反。緡音武巾反。」
〔四〕師古曰：「貰，賒也。貸，假與也。貰音式制反。貸音土戴反。」
〔五〕師古曰：「占，隱度也，各隱度其財物多少，而爲名簿送之於官也。占音之贍反。」
〔六〕師古曰：「率計有二千錢者則出一算。」
〔七〕如淳曰：「以手力所作而賣之者。」
〔八〕師古曰：「比，例也。身非爲吏之例，非爲三老，非爲北邊騎士，而有軺車，皆令出一算。比音必寐反。」
〔九〕如淳曰：「商賈人有軺車，又使多出一算，重其賦。」
〔一〇〕師古曰：「悉，盡也。」
〔一一〕師古曰：「畀，與也，音必寐反。」
〔一二〕師古曰：「一人有市籍，則身及家內皆不得有田也。」

是時，豪富皆爭匿財，唯卜式數求入財以助縣官。天子乃超拜式爲中郎，賜爵左庶長，田十頃，布告天下，以風百姓。〔一〕初，式不願爲官，上强拜之，稍遷至齊相。語自在其傳。孔僅使天下鑄作器，三年中至大司農，列於九卿。而桑弘羊爲大司農中丞，管諸會計事，稍稍置均輸以通貨物。始令吏得入穀補官，郎至六百石。〔二〕

〔一〕師古曰：「風讀曰諷。」
〔二〕師古曰：「吏更遷補高官，郎又就增其秩，得至六百石也。」

自造白金五銖錢後五歲，而赦吏民之坐盜鑄金錢死者數十萬人。其不發覺相殺者，不可勝計。赦自出者百餘萬人。然不能半自出，天下大氐無慮皆鑄金錢矣。〔一〕犯法者衆，吏不能盡誅，於是遣博士褚大、徐偃等分行郡國，〔二〕舉幷兼之徒守相爲利者。〔三〕而御史大夫張湯方貴用事，減宣、杜周等爲中丞，〔四〕義縱、尹齊、王溫舒等用急刻爲九卿，直指夏蘭之屬始出。〔五〕而大農顏異誅矣。初，異爲濟南亭長，以廉直稍遷至九卿。上與湯既造白鹿皮幣，問異。異曰：「今王侯朝賀以倉璧，直數千，而其皮薦反四十萬，本末不相稱。」天子不說。〔六〕湯又與異有隙，及人有告異以它議，事下湯治。異與客語，客語初令下有不便者，〔七〕異不應，微反脣。〔八〕湯奏當異九卿見令不便，不入言而腹非，〔九〕論死。自是後有腹非之法比，〔一〇〕而公卿大夫多諂諛取容。

〔一〕師古曰：「氐讀曰抵。抵，歸也。大歸猶言大凡也。無慮亦謂大率無小計慮耳。」
〔二〕師古曰：「行音下更反。」
〔三〕師古曰：「守，郡守也。相，諸侯相。」
〔四〕師古曰：「減，姓也，音減省之減。」
〔五〕蘇林曰：「夏蘭，人姓名。」
〔六〕師古曰：「說讀曰悅。」
〔七〕李奇曰：「異與客語，道詔令初下有不便處。」
〔八〕師古曰：「蓋非之。」
〔九〕師古曰：「當謂處斷其罪。」
〔一〇〕師古曰：「比，則例也，讀如字，又音必寐反。」

天〔下〕〔子〕既下緡錢令而尊卜式，百姓終莫分財佐縣官，於是告緡錢縱矣。〔一〕

〔一〕師古曰：「縱，放也，放令相告言也。」

郡國鑄錢，民多姦鑄，〔一〕錢多輕，而公卿請令京師鑄官赤仄，〔二〕一當五，賦官用非赤仄不得行。〔三〕白金稍賤，民弗寶用，縣官以令禁之，無益，歲餘終廢不行。是歲，湯死而民不思。其後二歲，赤仄錢賤，民巧法用之，不便，又廢。於是悉禁郡國毋鑄錢，專令上林三官鑄。錢既多，而令天下非三官錢不得行，諸郡國前所鑄錢皆廢銷之，輸入其銅三官。而民之鑄錢益少，計其費不能相當，〔四〕唯眞工大姦乃盜爲之。〔五〕

〔一〕師古曰：「謂巧鑄之，雜鉛錫。」
〔二〕應劭曰：「所謂子紺錢也。」如淳曰：「以赤銅爲其郭也。〔令〕〔今〕錢郭見有赤者，不知作法云何也。」
〔三〕師古曰：「充賦及給官用，皆令以赤仄。」
〔四〕師古曰：「言無利。」
〔五〕師古曰：「其術巧妙，故得利。」

楊可告緡徧天下，〔一〕中家以上大氐皆遇告。杜周治之，獄少反者。〔二〕乃分遣御史廷尉正監分曹往，〔三〕（往）即治郡國緡錢，〔四〕得民財物以億計，奴婢以千萬數，田大縣數百頃，小縣百餘頃，宅亦如之。於是商賈中家以上大氐破，民媮甘食好衣，不事畜藏之業，〔五〕而縣官以鹽鐵緡錢之故，用少饒矣。益廣（開）〔關〕，置左右輔。

〔一〕如淳曰：「告緡令楊可所告言也。」師古曰：「此說非也。楊可據令而發動之，故天下皆被告。」
〔二〕如淳曰：「治匿緡之罪，其獄少有反者。」蘇林曰：「反音幡。」師古曰：「幡謂從輕而出。」
〔三〕服虔曰：「分曹職案行也。」師古曰：「服說非也。曹，輩也，分輩而出爲使也。」
〔四〕師古曰：「就其所在而治也。」
〔五〕師古曰：「媮，苟且也。」

初，大農（斡）〔斡〕鹽鐵官布多，置水衡，欲以主鹽鐵；及楊可告緡，上林財物衆，乃令水衡主上林。上林既充滿，益廣。是時粵欲與漢用船戰逐，〔一〕乃大修昆明池，列館環之。〔二〕治樓船，高十餘丈，旗織加其上，〔三〕甚壯。於是天子感之，乃作柏梁臺，高數十丈。宮室之

修，繇此日麗。

〔一〕孟康曰：「水戰相逐也。」

〔二〕師古曰：「環，繞也。」

〔三〕師古曰：「織讀曰（熾）〔幟〕，音昌志反。」

乃分緡錢諸官，而水衡、少府、太僕、大農各置農官，往往即郡縣比沒入田田之。〔一〕其沒入奴婢，分諸苑養狗馬禽獸，及與諸官。官益雜置多，〔二〕徒奴婢衆，而下河漕度四百萬石，及官自糴乃足。〔三〕

〔一〕師古曰：「即，就也。比謂比者所沒入也。」

〔二〕如淳曰：「水衡、少府、太僕、司農皆有農官，是爲多也。」師古曰：「此說非也。謂雜置官員分掌衆事耳，非農官也。」

〔三〕師古曰：「度，計也，音大各反。」

所忠言：「世家子弟富人或鬬雞走狗馬，弋獵博戲，亂齊民。」〔一〕乃徵諸犯令，相引數千人，名曰「株送徒」。入財者得補郎，郎選衰矣。〔二〕

〔一〕如淳曰：「世家，謂世世有祿秩家也。齊，等也。無有貴賤，謂之齊民，若今言平民矣。」晉灼曰：「中國被教齊整之民也。」師古曰：「所，姓也，忠，名也，武帝之近臣。郊祀志云『公孫卿因所忠言寶鼎』，石慶傳云『欲請詔近臣所忠』，廣川王傳云『言漢公卿及幸臣所忠』，司馬相如傳云『所忠往取書』。考其蹤迹，此並一人也。而說者或以爲

所忠信之人，此釋大謬。齊等之義，如說是也。」

〔二〕應劭曰：「株，根本也。送，致也。」如淳曰：「株，蒂也。諸坐博戲事決爲徒者，能入錢，得補郎。」李奇曰：「先至者爲魁株也。」師古曰：「言被牽引者爲其根株所送，當充徒役，而能入財者，即當補郎。」

是時山東被河災，及歲不登數年，人或相食，方二三千里。天子憐之，令飢民得流就食江淮間，欲留，留處。〔一〕使者冠蓋相屬於道護之，〔二〕下巴蜀粟以振焉。

〔一〕師古曰：「流謂恣其行移，若水之流。至所在，有欲（往）〔住〕者，亦留而處（之）〔也〕。」

〔二〕師古曰：「屬，聯續也，音之欲反。」

明年，天子始出巡郡國。東度河，河東守不意行至，不辯，自殺。行西踰隴，卒，〔一〕從官不得食，隴西守自殺。於是上北出蕭關，從數萬騎行獵新秦中，以勒邊兵而歸。新秦中或千里無亭徼，〔二〕於是誅北地太守以下，而令民得畜邊縣，〔三〕官假馬母，三歲而歸，及息什一，以除告緡，用充入新秦中。〔四〕

〔一〕孟康曰：「踰，度也。卒，倉卒也。」

〔二〕晉灼曰：「徼，塞也。」臣瓚曰：「既無亭候，又不徼循，無禦邊之備，故誅北地太守。」師古曰：「晉說是也。」

〔三〕孟康曰：「令得畜牧於邊縣。」

〔四〕李奇曰：「邊有官馬，今令民能畜官母馬者，滿三歲歸之，十母馬還官一駒，此爲息什一也。」師古曰：「官得母馬之息，以給用度，得充實秦中人，故除告緡之令也。」

既得寶鼎，立后土、泰一祠，公卿白議封禪事，而郡國皆豫治道，修繕故宮，及當馳道縣，縣治宮儲，設共具，〔一〕而望幸。

〔一〕師古曰：「共音居用反。」

明年，南粵反，西羌侵邊。天子爲山東不澹，赦天下囚，因南方樓船士二十餘萬人擊粵，發三河以西騎擊羌，又數萬人度河築令居。〔一〕初置張掖、酒泉郡，而上郡、朔方、西河、河西開田官，斥塞卒六十萬人戍田之。〔二〕中國繕道餽糧，遠者三千，近者千餘里，皆仰給大農。〔三〕邊兵不足，乃發武庫工官兵器以澹之。車騎馬乏，縣官錢少，買馬難得，乃著令，令封君以下至三百石吏以上差出（牡）〔牝〕馬天下亭，亭有畜字馬，歲課息。

〔一〕師古曰：「令音零。」

〔二〕師古曰：「開田，始開屯田也。斥塞，廣塞令卻。初置二郡，故塞更廣也。以開田之官廣塞之卒戍而田也。」

〔三〕師古曰：「仰音牛向反。此下並同。」

齊相卜式上書，願父子死南粵。天子下詔褒揚，賜爵關內侯，黃金四十斤，田十頃。布告天下，天下莫應。列侯以百數，皆莫求從軍。至飲酎，少府省金，〔一〕而列侯坐酎金失侯者百餘人。乃拜卜式爲御史大夫。式既在位，見郡國多不便縣官作鹽鐵，器苦惡，〔二〕賈貴，〔三〕或彊令民買之。而船有算，商者少，物貴，乃因孔僅言船算事。上不說。〔四〕

〔一〕李奇曰：「省，視也。至嘗酎飲宗廟時，少府視其金多少。」

〔二〕如淳曰：「苦或作盬。盬，不攻嚴也。」臣瓚曰：「謂作鐵器，民患苦其不好也。」師古曰：「二說非也。鹽既味苦，器又脆惡，故總云苦惡也。」

〔三〕師古曰：「鹽鐵並貴也。賈讀曰價。」

〔四〕師古曰：「說音悅。」

漢連出兵三歲，誅羌，滅兩粵，番禺以西至蜀南者置初郡十七，〔一〕且以其故俗治，無賦稅。南陽、漢中以往，各以地比給初郡吏卒奉食幣物，傳車馬被具。〔二〕而初郡又時時小反，殺吏，漢發南方吏卒往誅之，間歲萬餘人，〔三〕費皆仰大農。大農以均輸調鹽鐵助賦，故能澹之。然兵所過縣，縣以爲訾給毋乏而已，不敢言輕賦法矣。

〔一〕晉灼曰：「元鼎六年定越地以爲南海、蒼梧、鬱林、合浦、交阯、九眞、日南、珠厓、儋耳郡，定西南夷以爲武都、牂柯、越巂、沈黎、汶山郡，及地理志、西南夷傳所置犍爲、零陵、益州郡，凡十七。」

〔二〕師古曰：「地比，謂依其次第，自近及遠也。比音頻寐反。傳音張戀反。被音皮義反。」

〔三〕師古曰：「間歲，隔一歲。」

其明年，元封元年，卜式貶爲太子太傅。而桑弘羊爲治粟都尉，領大農，盡代僅斡天下鹽鐵。〔一〕弘羊以諸官各自市相爭，物以故騰躍，而天下賦輸或不償其僦費，〔二〕乃請置大農部丞數十人，分部主郡國，各往往置均輸鹽鐵官，令遠方各以其物如異時商賈所轉（販）〔販〕

者爲賦，而相灌輸。置平準於京師，都受天下委輸。召工官治車諸器，皆仰給大農。大農諸官盡籠天下之貨物，貴則賣之，賤則買之。如此，富商大賈亡所牟大利，〔三〕則反本，而萬物不得騰躍。故抑天下之物，名曰「平準」。天子以爲然而許之。於是天子北至朔方，東封泰山，巡海上，旁北邊以歸。〔四〕所過賞賜，用帛百餘萬匹，錢金以鉅萬計，皆取足大農。

〔一〕師古曰：「代孔僅。」

〔二〕師古曰：「僦，顧也，言所輸賦物不足償其餘顧庸之費也。僦音子救反。」

〔三〕如淳曰：「牟，取也。」

〔四〕師古曰：「旁音步浪反。」

弘羊又請令民得入粟補吏，及罪以贖。令民入粟甘泉各有差，以復終身，〔一〕不復告緡。它郡各輸急處，而諸農各致粟，山東漕益歲六百萬石。一歲之中，太倉、甘泉倉滿。邊餘穀，諸均輸帛五百萬匹。民不益賦而天下用饒。於是弘羊賜爵左庶長，〔二〕黃金者再百焉。〔三〕

〔一〕師古曰：「復音方目反。」

〔二〕師古曰：「第十等爵。」

〔三〕師古曰：「凡再賜百金。」

是歲小旱，上令百官求雨。卜式言曰：「縣官當食租衣稅而已，〔一〕今弘羊令吏坐市列，

販物求利。〔二〕亨弘羊，天乃雨。」〔三〕久之，武帝疾病，拜弘羊爲御史大夫。

〔一〕師古曰：「衣音於旣反。」

〔二〕師古曰：「市列，謂列肆。」

〔三〕師古曰：「亨，鬻也，音普庚反。」

昭帝卽位六年，詔郡國舉賢良文學之士，問以民所疾苦，教化之要。皆對願罷鹽鐵酒（權）〔榷〕均輸官，毋與天下爭利，視以儉節，〔一〕然後教化可興。弘羊難，〔二〕以爲此國家大業，所以制四夷，安邊足用之本，不可廢也。乃與丞相千秋共奏罷酒酤。弘羊自以爲國興大利，伐其功，欲爲子弟得官，怨望大將軍霍光，遂與上官桀等謀反，誅滅。

〔一〕師古曰：「視讀曰示。」

〔二〕師古曰：「詰難議者之言也。」

宣、元、成、哀、平五世，亡所變改。元帝時嘗罷鹽鐵官，三年而復之。貢禹言：「鑄錢采銅，一歲十萬人不耕，民坐盜鑄陷刑者多。富人臧錢滿室，猶無厭足。民心動搖，棄本逐末，耕者不能半，姦邪不可禁，原起於錢。疾其末者絕其本，宜罷采珠玉金銀鑄錢之官，毋復以爲幣，除其販賣租銖之律，〔一〕租稅祿賜皆以布帛及穀，使百姓壹意農桑。」議者以爲交易待錢，布帛不可尺寸分裂。禹議亦寢。

〔一〕師古曰：「租銖，謂計其所賣物價，平其錙銖而收租也。」

自孝武元狩五年三官初鑄五銖錢，至平帝元始中，成錢二百八十億萬餘云。

王莽居攝，變漢制，以周錢有子母相權，於是更造大錢，徑寸二分，重十二銖，文曰「大錢五十」。又造契刀、錯刀。契刀，其環如大錢，身形如刀，長二寸，文曰「契刀五百」。錯刀，以黃金錯其文，曰「一刀直五千」。〔一〕與五銖錢凡四品，並行。

〔一〕張晏曰：「案今所見契刀、錯刀，形質如大錢，而肉好輪厚異於此。大錢形如大刀環矣，契刀身形圓，不長二寸也。其文左曰『契』，右曰『刀』，無『五百』字也。錯刀則刻之作字也，以黃金填其文，上曰『一』，下曰『刀』。二刀泉甚不與志相應也，似扎單差錯，文字磨滅故耳。」師古曰：「張說非也。王莽錢刀今並尚在，形質及文與志相合，無差錯也。」

莽卽眞，以爲書「劉」字有金刀，乃罷錯刀、契刀及五銖錢，而更作金、銀、龜、貝、錢、布之品，名曰「寶貨」。

小錢徑六分，重一銖，文曰「小錢直一」。次七分，三銖，曰「幺錢一十」。〔一〕次八分，五銖，曰「幼錢二十」。次九分，七銖，曰「中錢三十」。次一寸，九銖，曰「壯錢四十」。因前「大錢五十」，是爲錢貨六品，直各如其文。

〔一〕師古曰：「幺，小也，音一堯反。」

黃金重一斤，直錢萬。朱提銀重八兩爲一流，直一千五百八十。〔一〕它銀一流直千。是爲銀貨二品。

〔一〕師古曰：「朱提，縣名，屬犍爲，出善銀。朱音殊。提音上支反。」

元龜岠冉長尺二寸，〔一〕直二千一百六十，爲大貝十朋。〔二〕公龜九寸，直五百，爲壯貝十朋。侯龜七寸以上，直三百，爲幺貝十朋。子龜五寸以上，直百，爲小貝十朋。是爲龜寶四品。

〔一〕孟康曰：「冉，龜甲緣也。岠，至也。度背兩邊緣尺二寸也。」臣瓚曰：「元，大也。」

〔二〕蘇林曰：「兩貝爲朋。朋直二百一十六，元龜十朋，故二千一百六十也。」

大貝四寸八分以上，二枚爲一朋，直二百一十六。壯貝三寸六分以上，二枚爲一朋，直五十。幺貝二寸四分以上，二枚爲一朋，直三十。小貝寸二分以上，二枚爲一朋，直十。不盈寸二分，漏度不得爲朋，率枚直錢三。是爲貝貨五品。

大布、次布、弟布、壯布、中布、差布、厚布、幼布、幺布、小布。小布長寸五分，重十五銖，文曰「小布一百」。自小布以上，各相長一分，相重一銖，文各爲其布名，直各加一百。上至大布，長二寸四分，重一兩，而直千錢矣。是爲布貨十品。〔一〕

〔一〕師古曰：「布亦錢耳。謂之布者，言其分布流行也。」

凡寶貨五物，六名，二十八品。

鑄作錢布皆用銅，殽以連錫，〔一〕文質周郭放漢五銖錢云。〔二〕其金銀與它物雜，色不純好，龜不盈五寸，貝不盈六分，皆不得爲寶貨。元龜爲蔡，非四民所得居，〔三〕有者，入大卜受直。

〔一〕孟康曰：「連，錫之別名也。」李奇曰：「鉛錫璞名曰連。」應劭曰：「連似銅。」師古曰：「孟、李二說皆非也。許慎云『鏈，銅屬也』，然則以連及錫雜銅而爲錢也。此下又云能采金銀銅連錫，益知連非錫矣。」

〔二〕師古曰：「放，依也，音甫往反。」

〔三〕如淳曰：「臧文仲居蔡，謂此也，說謂蔡國出大龜也。」臣瓚曰：「蔡是大龜之名也。書曰『九江納錫大龜』，大龜又不出蔡國也。若龜出楚，不可名龜爲楚也。」師古曰：「瓚說非也。本以蔡出善龜，故因名大龜爲蔡耳。」

百姓憒亂，其貨不行。民私以五銖錢市買。莽患之，下詔：「敢非井田挾五銖錢者爲惑衆，投諸四裔以御魑魅。」於是農商失業，食貨俱廢，民涕泣於市道。坐賣買田宅奴婢鑄錢抵罪者，自公卿大夫至庶人，不可稱數。莽知民愁，乃但行小錢直一，與大錢五十，二品並行，龜貝布屬且寢。

莽性躁擾，不能無爲，每有所興造，必欲依古得經文。國師公劉歆言周有泉府之官，收不讎，與欲得，〔一〕即易所謂「理財正辭，禁民爲非」者也。〔二〕莽乃下詔曰：「夫周禮有賒

貸，〔三〕樂語有五均，〔四〕傳記各有斡焉。今開賒貸，張五均，設諸斡者，所以齊衆庶，抑并兼也。」遂於長安及五都立五均官，更名長安東西市令及洛陽、邯鄲、臨菑、宛、成都市長皆爲五均司市（稱）師。東市稱京，西市稱畿，洛陽稱中，餘四都各用東西南北爲稱，皆置交易丞五人，錢府丞一人。工商能采金銀銅連錫登龜取貝者，〔五〕皆自占司市錢府，順時氣而取之。〔六〕

〔一〕師古曰：「讎讀曰售。言賣不售者，官收取之；無而欲得者，官出與之。」

〔二〕師古曰：「易下繫辭曰：『理財正辭，禁人爲非曰義。』言財貨辭訟正，乃得人不爲非，合事宜。」

〔三〕師古曰：「周禮泉府之職曰：『凡賒者，祭祀無過旬日，喪紀無過三月。凡人之貸者，與其有司辨而授之，以國服爲之息。』謂人以祭祀、喪紀故從官賒買物，不過旬日及三月而償之。其從官貸物者，以共其所屬吏定價而後與之。各以其國服事之稅而輸息，謂若受園廛之田而貸萬錢者，一朞之月，出息五百。貸音土戴反。」

〔四〕鄧展曰：「樂語，樂元語，河間獻王所傳，道五均事。」臣瓚曰：「其文云：『天子取諸侯之（土）〔士〕以立五均，則市無二賈，四民常均，彊者不得困弱，富者不得要貧，則公家有餘，恩及小民矣。』」

〔五〕如淳曰：「登，進也。龜有靈，故言登。」

〔六〕師古曰：「各以其所采取之物自隱實於司市錢府也。占音之漸反。其下並同。」

又以周官稅民：凡田不耕爲不殖，出三夫之稅；城郭中宅不樹藝者爲不毛，〔一〕出三夫之布；民浮游無事，出夫布一匹。其不能出布者，宂作，縣官衣食之。〔二〕諸取衆物鳥獸魚鼈百蟲於山林水澤及畜牧者，嬪婦桑蠶織紝紡績補縫，〔三〕工匠醫巫卜祝及它方技商販賈人坐肆列里區謁舍，〔四〕皆各自占所爲於其在所之縣官，除其本，計其利，十一分之，而以其一爲貢。敢不自占，自占不以實者，盡沒入所采取，而作縣官一歲。

〔一〕師古曰：「樹藝，謂種樹果木及菜蔬。」

〔二〕師古曰：「宂，散也，音人勇反。衣音於既反。食讀曰飤。」

〔三〕師古曰：「機縷曰紝，音人禁反。」

〔四〕如淳曰：「居處所在爲區。謁舍，今之客舍也。」

諸司市常以四時中月實定所掌，〔一〕爲物上中下之賈，〔二〕各自用爲其市平，毋拘它所。衆民賣買五穀布帛絲緜之物，周於民用而不讎者，〔三〕均官有以考檢厥實，用其本賈取之，毋令折錢。〔四〕萬物卬貴，過平一錢，則以平賈賣與民。〔五〕其賈氐賤減平者，聽民自相與市，〔六〕以防貴庾者。〔七〕民欲祭祀喪紀而無用者，錢府以所入工商之貢但賒之，〔八〕祭祀無過旬日，喪紀毋過三月。民或乏絕，欲貸以治產業者，均授之，除其費，計所得受息，毋過歲什一。〔九〕

〔一〕師古曰：「中讀曰仲。」

〔二〕師古曰：「賈讀曰價。其下並同。」

〔三〕師古曰：「讎讀曰售。下亦類此也。」

〔四〕師古曰：「折音上列反。」

〔五〕師古曰：「卬，物價起，音五剛反，亦讀曰仰。」

〔六〕師古曰：「貴（既）〔卽〕爲卬。賤則爲氐，音丁奚反。」

〔七〕師古曰：「庾，積也。以防民積物待貴也。」

〔八〕師古曰：「但，空也，徒也。言空賒與之，不取息利也。」

〔九〕師古曰：「均謂各依先後之次。除其費，謂衣食之費已用者也。」

羲和魯匡言：「名山大澤，鹽鐵錢布帛，五均賒貸，斡在縣官，〔一〕唯酒酤獨未斡。酒者，天之美祿，帝王所以頤養天下，享祀祈福，扶衰養疾。百禮之會，非酒不行。故詩曰『無酒酤我』，〔二〕而論語曰『酤酒不食』，〔三〕二者非相反也。夫詩據承平之世，酒酤在官，和旨便人，可以相御也。〔四〕論語孔子當周衰亂，酒酤在民，薄惡不誠，是以疑而弗食。今絕天下之酒，則無以行禮相養；放而亡限，則費財傷民。請法古，令官作酒，以二千五百石爲一均，率開一盧以賣，〔五〕讎五十釀爲準。一釀用麤米二斛，麴一斛，得成酒六斛六斗。各以其市月朔米麴三斛，并計其賈而參分之，〔六〕以其一爲酒一斛之平。除米麴本賈，計其利而什分之，以其七入官，其三及醩酨灰炭〔七〕給工器薪樵之費。」

〔一〕師古曰：「斡謂主領也。」

〔二〕師古曰：「小雅伐木之詩也。酤，買也。言王於族人恩厚，要在燕飲，無酒則買而飲之。」

〔三〕師古曰：「鄉黨所說孔子齊之時也。」
〔四〕師古曰：「旨，美也。御，進。」
〔五〕如淳曰：「酒家開肆待客，設酒鑪，故以鑪名肆。」臣瓚曰：「鑪，酒瓮也。言開一瓮酒也。趙廣漢入丞相府破盧瓮。」師古曰：「二說皆非也。盧者，賣酒之區也，以其一邊高，形如鍛家盧，故取名耳，非即謂火盧及酒瓮也。此言譬五十釀爲準，豈一瓮乎？廣漢所破盧及罌盧，亦謂所居罌瓮之處耳。」
〔六〕師古曰：「參，三也。」
〔七〕師古曰：「截，酢漿也，音才代反。」

羲和置命士督五均六斡，郡有數人，皆用富賈。洛陽薛子仲、張長叔、臨菑姓偉等，〔一〕乘傳求利，交錯天下。〔二〕因與郡縣通姦，多張空簿，〔三〕府臧不實，百姓俞病。莽知民苦之，復下詔曰：「夫鹽，食肴之將；〔四〕酒，百藥之長，嘉會之好；鐵，(日)〔田〕農之本；名山大澤，饒衍之臧；五均賒貸，百姓所取平，卬以給澹；〔五〕鐵布銅冶，通行有無，備民用也。此六者，非編戶齊民所能家作，〔六〕必卬於市，雖貴數倍，不得不買。豪民富賈，即要貧弱，先聖知其然也，故斡之。每一斡爲設科條防禁，犯者辠至死。」姦吏猾民並侵，衆庶各不安生。

〔一〕如淳曰：「姓姓名偉也。」
〔二〕師古曰：「傳音張戀反。」
〔三〕師古曰：「簿，計簿也，音步戶反。」

〔四〕師古曰：「將，大也，一說爲食肴之將帥。」
〔五〕師古曰：「卬音牛向反。其下並同。」
〔六〕師古曰：「家謂家家自作也。」

後五歲，天鳳元年，復申下金銀龜貝之貨，頗增減其賈直。而罷大小錢，改作貨布，長二寸五分，廣一寸，首長八分有奇，〔一〕廣八分，其圜好徑二分半，〔二〕足枝長八分，間廣二分，其文右曰「貨」，左曰「布」，重二十五銖，直貨泉二十五。貨泉徑一寸，重五銖，文右曰「貨」，左曰「泉」，枚直一，與貨布二品並行。又以大錢行久，罷之，恐民挾不止，乃令民且獨行大錢，與新貨泉俱枚直一，並行盡六年，毋得復挾大錢矣。每壹易錢，民用破業，而大陷刑。莽以私鑄錢死，及非沮寶貨投四裔，犯法者多，不可勝行，乃更輕其法：私鑄作泉布者，與妻子沒入爲官奴婢；吏及比伍，知而不舉告，與同罪；〔三〕非沮寶貨，民罰作一歲，吏免官。犯者俞衆，及五人相坐皆沒入，郡國檻車鐵鎖，傳送長安鍾官，〔四〕愁苦死者什六七。

〔一〕師古曰：「奇音居宜反，謂有餘也。」
〔二〕師古曰：「好，孔也。」
〔三〕師古曰：「比音頻寐反。」
〔四〕師古曰：「鍾官，主鑄錢者。」

作貨布後六年，匈奴侵寇甚，莽大募天下囚徒人奴，名曰豬突豨勇，〔一〕壹切稅吏民，訾三十而取一。又令公卿以下至郡縣黃綬吏，皆保養軍馬，〔二〕吏盡復以與民。〔三〕民搖手觸禁，不得耕桑，繇役煩劇，〔四〕而枯旱蝗蟲相因。又用制作未定，上自公侯，下至小吏，皆不得奉祿，而私賦斂，貨賂上流，獄訟不決。吏用苛暴立威，旁緣莽禁，侵刻小民。〔五〕富者不得自保，貧者無以自存，起爲盜賊，依阻山澤，吏不能禽而覆蔽之，浸淫日廣，〔六〕於是青、徐、荆楚之地往往萬數。戰鬭死亡，緣邊四夷所係虜，陷罪，飢疫，人相食，及莽未誅，而天下戶口減半矣。

〔一〕服虔曰：「豬性觸突人，故取以喻。」師古曰：「東方名豕曰豨。一曰，豨，豕走也，音許豈反。」
〔二〕師古曰：「保者，不許其死傷。」
〔三〕師古曰：「轉令百姓養之。」
〔四〕師古曰：「繇讀曰傜也。」
〔五〕師古曰：「旁，依也，音步浪反。」
〔六〕師古曰：「浸淫，猶漸染也。它皆類此。」

自發豬突豨勇後四年，而漢兵誅莽。後二年，世祖受命，盪滌煩苛，復五銖錢，與天下更始。

贊曰：易稱「裒多益寡，稱物平施」，〔一〕書云「楙遷有無」，〔二〕周有泉府之官，〔三〕而孟子

亦非「狗彘食人之食不知斂，〔四〕野有餓莩而弗知發」。〔五〕故管氏之輕重，〔六〕李悝之平糴，弘羊均輸，壽昌常平，亦有從徠。〔七〕顧古爲之有數，吏良而令行，〔八〕故民賴其利，萬國作乂。〔九〕及孝武時，國用饒給，而民不益賦，其次也。至于王莽，制度失中，姦軌弄權，官民俱竭，亡次矣。

〔一〕師古曰：「謙卦象辭。裒，取也。言取於多者以益少者，故萬物皆稱而施與平也。裒音薄侯反。」
〔二〕應劭曰：「楙，勉也。遷，徙也。言勸勉天下遷徙有無，使相通也。」師古曰：「虞書益稷之辭。言天下食貨有無相通足也。」
〔三〕師古曰：「司徒之屬官也，掌市之征布，斂市貨之不售，貨之滯於人用者，以其價買之。」
〔四〕應劭曰：「養狗彘者使食人之食，而不知以法度斂之也。」師古曰：「孟子，孟軻之書。言歲豐孰，菽粟饒多，狗彘食人之食，此時可斂之也。」
〔五〕鄭氏曰：「莩音『蔈有梅』之蔈。莩，零落也。人有餓死零落者，不知發倉廩貸之也。」師古曰：「莩音頻小反。諸書或作殍字，音義亦同。」
〔六〕服虔曰：「作輕重貨，在管子書。」
〔七〕師古曰：「言所從徠久矣。」
〔八〕師古曰：「顧，思念。」
〔九〕師古曰：「乂，治也。」

校勘記

一一五〇頁五行　則準平。〔守準平〕，王念孫說景祐本「則準平」下有「守準平」三字，是也。

一一五〇頁一五行　凶（良）〔歲〕糴，釜十緡。　景祐、殿本都作「歲」。王先謙說作「歲」是。

一一五三頁六行　謂去其本居而散（忘）〔亡〕也。　景祐、殿本都作「亡」。王先謙說作「亡」是。

一一五三頁二行　然市井子孫亦不得（宦爲吏）〔爲官吏〕。　景祐、殿本都作「爲官吏」。

一一五八頁九行　蠻夷因以數攻（吏），　景祐、殿本都無「吏」字，平準書亦無。

一一五九頁一二行　贖禁錮免（臧）〔減〕罪；　王先謙說「臧」當作「減」，平準書作「減」。

一一六〇頁一二行　自〔公〕孫弘以春秋之義繩臣下取漢相，　「公」字據景祐、殿、局本補。

一一六〇頁一六行　沮，（上）〔止〕壞之，　景祐、殿本都作「止」。王先謙說作「止」是。

一一六四頁二行　實（爲）〔重〕四銖也。　景祐、殿本都作「重」。王先謙說作「重」是。

一一六五頁三行　令不可得摩取（鉛）〔鋊〕。　錢大昭說「鉛」當作「鋊」。按景祐、殿本都作「鋊」。

一一六六頁一〇行　〔行〕音下更反。　朱一新說「音」上脫「行」字。按各本都脫。

一一六九頁九行　天（下）〔子〕既下緡錢令而尊卜式，　錢大昭說「天下」之「下」字疑是「子」字。王先謙說錢說是。按景祐、殿本都作「子」。

一一七〇頁一行　（令）〔今〕錢郭見有赤者，　殿本考證說「令」當作「今」。按平準書集解作「今」。

一一七〇頁五行　乃分遣御史廷尉正監分曹往，〔三〕（往）郎治郡國緡錢，　注〔三〕原在「分曹」下。王先謙說平準書不重「往」字，「往」字當屬上句，其重文蓋衍。

一一七〇頁八行　盆廣（開）〔關〕，置左右輔。　何焯說當從平準書作「盆廣關」，「開」字誤。

一一七〇頁一四行　大農（幹）〔斡〕鹽鐵官布多，　王先謙說「幹」字誤，當作「斡」，平準書作「筦」，同。

一一七一頁四行　織讀曰（熾）〔幟〕，　殿本作「幟」。王先謙說作「幟」是。

一一七二頁六行　至所在，有欲（往）〔住〕者，亦留而處（之）〔也〕。　王先謙說「往」疑作「住」。宋祁說「處之」當改「處也」。按景祐本「往」正作「住」，「之」正作「也」。

一一七三頁八行　差出（牡）〔牝〕馬　錢大昭說「牡」當作「牝」，昭帝始元元年罷天下亭母馬是也。按平準書亦作「牝」。

一一七四頁一六行　令遠方各以其物如異時商賈所轉（販）〔販〕者爲賦，　景祐、殿、局本都作「販」。

一一七六頁五行　皆對願罷鹽鐵酒（椎）〔榷〕均輸官，　景祐、殿本都作「榷」。

一一八〇頁三行　皆爲五均司市（稱）師。　王念孫說「稱」字涉下文四「稱」字而衍。

一一八〇頁一二行　天子取諸侯之（士）〔土〕以立五均，　景祐、殿本都作「土」。王先謙說作「土」是。

一一八二頁三行　貴（既）〔卽〕爲卬。　王先謙說殿本「既」作「卽」，是。

一一八三頁一〇行　鐵，（日）〔田〕農之本；　錢大昭說「日」疑當作「田」。按殿、局本都作「田」。

漢書卷二十五上

郊祀志第五上

洪範八政，三曰祀。〔一〕祀者，所以昭孝事祖，通神明也。旁及四夷，莫不修之；下至禽獸，豺獺有祭。〔二〕是以聖王爲之典禮。民之精爽不貳，齊肅聰明者，神或降之，〔三〕在男曰覡，在女曰巫，〔四〕使制神之處位，爲之牲器。使先聖之後，能知山川，敬於禮儀，明神之事者，以爲祝；能知四時犧牲，壇場上下，氏姓所出者，以爲宗。〔五〕故有神民之官，各司其序，不相亂也。民神異業，敬而不瀆，〔六〕故神降之嘉生，〔七〕民以物序，〔八〕災禍不至，所求不匱。〔九〕

〔一〕師古曰：「祀謂祭祀也。」

〔二〕師古曰：「禮記月令：『季秋之月，豺祭獸。』『孟春之月，獺祭魚。』豺，摯搏之獸，形似狗。獺，水居而食魚。祭者，謂殺之而布列，以祭其先也。豺音仕皆反。獺音吐曷反。」

〔三〕師古曰：「爽，明也。齊讀曰齋。齋肅，莊敬也。」

〔四〕師古曰：「巫覡亦通稱耳。覡音下狄反。」

〔五〕應劭曰：「上下，謂天地之屬神也。氏姓，王族之別也。宗，大宗也。」臣瓚曰：「宗，宗伯也。」師古曰：「二說皆非也。祝謂主祭之贊詞者。積土爲壇，平地爲場。氏姓，謂神本所出，及見所當爲主者也。宗，宗人，主神之列位尊卑者也。春秋左氏傳曰『虢公使祝應宗區享神』也，又云『祝宗用馬于四墉』，並非宗伯及大宗也。」

〔六〕師古曰：「瀆，汙渫也。瀆音讀。」

〔七〕應劭曰：「嘉穀也。」師古曰：「嘉生，謂衆瑞。」

〔八〕孟康曰：「各有分敍也。」

〔九〕師古曰：「匱，乏也。」

及少昊之衰，九黎亂德，〔一〕民神雜擾，不可放物。〔二〕家爲巫史，享祀無度，黷齊明而神弗蠲。〔三〕嘉生不降，禍災荐臻，莫盡其氣。〔四〕顓頊受之，乃命南正重司天以屬神，命火正黎司地以屬民，〔五〕使復舊常，亡相侵黷。

〔一〕孟康曰：「少昊時諸侯作亂者也。」韋昭曰：「黎氏九人也。」

〔二〕師古曰：「放，依也。物，事也。放音甫往反。」

〔三〕師古曰：「齊讀曰齋。蠲，絜也。」

〔四〕師古曰：「曾不究其性命也。」

〔五〕應劭曰：「黎，陰官也。火數二，二，地數也，故火正司地以屬萬民。」師古曰：「屬，委也，以其事委之也。屬音之

欲反。」

自共工氏霸九州，其子曰句龍，能平水土，死爲社祠。〔一〕有烈山氏王天下，其子曰柱，能殖百穀，死爲稷祠。〔二〕故郊祀社稷，所從來尙矣。〔三〕

〔一〕師古曰：「共工氏在太昊、炎帝之間。無祿而王，故謂之霸。句讀曰鉤。」

〔二〕師古曰：「烈山氏，炎帝。」

〔三〕師古曰：「尙，上也。謂起於上古。」

虞書曰，舜在璿璣玉衡，以齊七政。〔一〕遂類于上帝，禋于六宗，〔二〕望秩于山川，徧于羣神。〔三〕揖五瑞，〔四〕擇吉月日，見四嶽諸牧，班瑞。〔五〕歲二月，東巡狩，至于岱宗。〔六〕岱宗，泰山也。柴，望秩于山川。〔七〕遂見東后。東后者，諸侯也。〔八〕合時月正日，同律度量衡，〔九〕修五禮五樂，〔一〇〕三帛二生一死爲贄。〔一一〕五月，巡狩至南嶽。南嶽者，衡山也。八月，巡狩至西嶽。西嶽者，華山也。十一月，巡狩至北嶽。北嶽者，恆山也。皆如岱宗之禮。中嶽，嵩高也。五載一巡狩。〔一二〕

〔一〕師古曰：「虞書舜典也。在，察也。璿，美玉也。璣轉而衡平。以玉爲璣衡，謂渾天儀也。七政，日、月、五星也。言舜觀察璣衡，以齊同日、月、五星之政，庶合天意。」

〔二〕孟康曰：「六宗，星、辰、風伯、雨師、司中、司命。一說云乾坤六子。又一說：天宗三，日、月、星辰；地宗三，泰山、河、海。或曰天地間游神也。」師古曰：「類，以類祭也。上帝，天也。絜精以祀謂之禋。六宗之義，說者多矣。

乾坤六子，其最通乎。」

〔三〕師古曰：「望，謂在遠者望而祭之。秩，次也。羣神，丘陵墳衍之屬。」

〔四〕師古曰：「揖與輯同。揖，合也。五瑞，公、侯、伯、子、男之瑞玉。」

〔五〕師古曰：「四嶽諸牧，謂四方諸侯也。班，布也。」

〔六〕師古曰：「狩，守也。諸侯爲天子守土，故巡行。」

〔七〕師古曰：「柴，積柴而燔。」

〔八〕師古曰：「后，君也。東方諸侯，故謂之東后也。」

〔九〕師古曰：「時，四時也。月，十二月也。日，三百六十日。律，六律也。度，尺丈也。量，斛斗也。衡，斤兩也。」

〔一〇〕師古曰：「五禮，吉、凶、賓、軍、嘉也。五樂，謂春則琴瑟，夏則笙竽，季夏則鼓，秋則鐘，冬則磬也。五樂，尙書作五玉，今志亦有作五玉者。五玉即五瑞。」

〔一一〕師古曰：「三帛，玄、纁、黃也。二牲，羔、鴈也。一死，雉也。贄者，所執以爲禮也。」

〔一二〕師古曰：「此以上皆舜典所載。」

禹遵之。後十三世，至帝孔甲，淫德好神，神瀆，二龍去之。〔一〕其後十三世，湯伐桀，欲遷夏社，不可，作夏社。〔二〕乃遷烈山子柱，而以周棄代爲稷祠。後八世，帝太戊有桑穀生於廷，一暮大拱，〔三〕懼。伊陟曰：「祅不勝德。」〔四〕太戊修德，桑穀死。伊陟贊巫咸。〔五〕後十三世，帝武丁得傅說爲相，〔六〕殷復興焉，稱高宗。有雉登鼎耳而雊，〔七〕武丁懼。祖己曰：「修德。」武丁從之，位以永寧。〔八〕後五世，帝乙嫚神而震死。〔九〕後三世，帝紂淫亂，武王伐之。由是觀之，始未嘗不肅祗，後稍怠嫚也。

〔一〕應劭曰：「夏帝孔甲，天賜之乘龍，河漢各二，其後媟黷嫚神，故龍去之。」

〔二〕應劭曰：「遭大旱七年，明德以薦，而旱不止，故遷社，以棄代爲稷。欲遷句龍，德莫能繼，故作夏社，說不可遷之義也。」師古曰：「䙴，古遷字。夏社，尙書篇名，今則序在而書亡逸。」

〔三〕師古曰：「穀即今之楮樹也，其字從木。合兩手曰拱。」

〔四〕師古曰：「伊陟，太戊臣，伊尹之子。」

〔五〕孟康曰：「巫咸，殷賢臣。贊，說也，謂伊陟說其意也。」師古曰：「因此作咸乂四篇。事見商書序，其篇亦亡逸也。」

〔六〕師古曰：「說讀曰悅。」

〔七〕師古曰：「雊，雉鳴，音工豆反。」

〔八〕師古曰：「事見商書說命及高宗肜日。祖己，殷之賢臣。」

〔九〕師古曰：「帝乙，武乙也，爲革囊盛血，仰而射之，號曰射天，後遇雷震而死。」

周公相成王，王道大洽，制禮作樂，天子曰明堂辟雍，〔一〕諸侯曰泮宮。〔二〕郊祀后稷以配天，宗祀文王於明堂以配上帝。〔三〕四海之內各以其職來助祭。天子祭天下名山大川，懷柔百神，咸秩無文。〔四〕五嶽視三公，四瀆視諸侯。〔五〕而諸侯祭其畺內名山大川，〔六〕大夫

祭門、戶、井、竈、中霤五祀，〔七〕士庶人祖考而已。各有典禮，而淫祀有禁。

〔一〕師古曰：「明堂辟雍，解在平紀。」

〔二〕師古曰：「泮之言半也。制度半於天子之辟雍也。泮音普半反。」

〔三〕師古曰：「郊祀，祀於郊也。后稷，周之始祖也。宗，尊也。文王，周始受命之王。上帝，太微五帝也。」

〔四〕師古曰：「懷，來也。柔，安也。言招來百神而安處之也。稱百者，言其多也。秩，序也。舊無禮文者，皆以次序而祭之。」

〔五〕師古曰：「江、河、淮、濟爲四瀆。瀆者，發源而注海者也。視謂其禮物之數也。」

〔六〕師古曰：「畺，境也。」

〔七〕韋昭曰：「古者穴居，故名室中爲中霤。」

後十三世，世益衰，禮樂廢。幽王無道，爲犬戎所敗，平王東徙雒邑。秦襄公攻戎救周，列爲諸侯，而居西，自以爲主少昊之神，作西畤，祠白帝，其牲用駵駒黃牛羝羊各一云。〔一〕

〔一〕師古曰：「駵，赤馬黑鬣尾也。羝，牡羊也。駵音留。羝音丁奚反。」

其後十四年，秦文公東獵汧渭之間，〔一〕卜居之而吉。文公（蘉）〔夢〕黃蛇自天下屬地，〔二〕其口止於鄜衍。〔三〕文公問史敦，〔四〕敦曰：「此上帝之徵，君其祠之。」於是作鄜畤，用三牲郊祭白帝焉。

〔一〕師古曰：「汧渭，二水名。汧音牽。」

〔二〕師古曰：「屬，著也，音之欲反。」
〔三〕李奇曰：「鄜音孚。三輔謂山阪間爲衍。」晉灼曰：「左馮翊鄜縣之衍也。」師古曰：「今之鄜州蓋取名於此也。」
〔四〕師古曰：「秦之太史也，敦其名也。」

自未作鄜畤，而雍旁故有吳陽武畤，〔一〕雍東有好畤，皆廢無祠。或曰：「自古以雍州積高，神明之隩，〔二〕故立畤郊上帝，諸神祠皆聚云。蓋黃帝時嘗用事，雖晚周亦郊焉。」〔三〕其語不經見，縉紳者弗道。〔四〕

〔一〕李奇曰：「於旁有吳陽地也。」
〔二〕師古曰：「土之可居者曰隩，音於六反。」
〔三〕師古曰：「晚謂末時也。」
〔四〕李奇曰：「縉，插也，插笏於紳。紳，大帶也。」臣瓚曰：「縉，赤白色也。紳，大帶也。左氏傳有縉雲氏。」師古曰：「李云縉插是也。字本作搢，插笏於大帶與革帶之間耳，非插於大帶也。或作薦紳者，亦謂薦笏於紳帶之間，其義同。」

作鄜畤後九年，文公獲若石云，于陳倉北阪城祠之。〔一〕其神或歲不至，或歲數。來也常以夜，光輝若流星，從東方來，集於祠城，若雄雉，其聲殷殷云，野雞夜鳴。〔二〕以一牢祠之，名曰陳寶。〔三〕

〔一〕蘇林曰：「質如石，似肝。」師古曰：「陳倉之北阪上城中也。云，語辭也。」

〔二〕師古曰：「殷殷，聲也。云，傳聲之亂也。野雞，亦雉也，避呂后諱，故曰野雞。言陳寶若來而有聲，則野雞皆鳴以應之也。上言雄雉，下言野雞，史駮文也。殷音隱。」
〔三〕臣瓚曰：「陳倉縣有寶夫人祠，或一歲二歲與葉君合。葉君神來時，天爲之殷殷雷鳴，雉爲之雊也。」

作陳寶祠後七十一年，秦德公立，卜居雍。〔一〕子孫飲馬於河，遂都雍。雍之諸祠自此興。用三百牢於鄜畤。作伏祠。〔二〕磔狗邑四門，以御蠱災。

〔一〕師古曰：「即今之雍縣。」
〔二〕孟康曰：「六月伏日也。周時無，至此乃有之。」師古曰：「伏者，謂陰氣將起，迫於殘陽而未得升，故爲臧伏，因名伏日也。立秋之後，以金代火，金畏於火，故至庚日必伏。庚，金也。」

後四年，秦宣公作密畤於渭南，祭青帝。

後十三年，秦穆公立，病臥五日不寤；〔一〕寤，乃言夢見上帝，〔二〕上帝命穆公平晉亂。史書而藏之府。〔三〕而後世皆曰上天。

〔一〕師古曰：「寤，覺也。覺音公孝反。」
〔二〕師古曰：「上帝謂天也。」
〔三〕師古曰：「府，臧書之處。」

穆公立九年，齊桓公既霸，會諸侯於葵丘，而欲封禪。〔一〕管仲曰：「古者封泰山禪梁父者七十二家，〔二〕而夷吾所記者十有二焉。昔無懷氏封泰山，禪云云；〔三〕虙羲封泰山，禪云云；〔四〕神農氏封泰山，禪云云；炎帝封泰山，禪云云；〔五〕黃帝封泰山，禪亭亭；〔六〕顓頊封泰山，禪云云；帝嚳封泰山，禪云云；堯封泰山，禪云云；舜封泰山，禪云云；禹封泰山，禪會稽；湯封泰山，禪云云；周成王封泰山，禪於社首：〔七〕皆受命然後得封禪。」桓公曰：「寡人北伐山戎，過孤竹；〔八〕西伐，束馬縣車，上卑耳之山；〔九〕南伐至召陵，〔一〇〕登熊耳山，以望江漢。〔一一〕兵車之會三，乘車之會六，九合諸侯，一匡天下，〔一二〕諸侯莫違我。昔三代受命，亦何以異乎？」於是管仲睹桓公不可窮以辭，因設之以事，曰：「古之封禪，鄗上黍，北里禾，所以爲盛；〔一三〕江淮間一茅三脊，所以爲藉也。〔一四〕東海致比目之魚，〔一五〕西海致比翼之鳥。〔一六〕然後物有不召而自至者十有五焉。今鳳皇麒麟不至，嘉禾不生，而蓬蒿藜莠茂，鴟梟羣翔，〔一七〕而欲封禪，無乃不可乎？」於是桓公乃止。

〔一〕師古曰：「葵丘會在僖九年。葵丘在陳留外黃縣東。封禪者，封土於山而禪祭於地也。禪音上戰反，解在武紀。」
〔二〕師古曰：「父音甫。」
〔三〕鄭氏曰：「無懷氏，古之王者，在伏羲前，見莊子。」服虔曰：「云云在梁父東，山名也。」晉灼曰：「云云山在蒙陰縣故城東北，下有云云亭。」
〔四〕師古曰：「虙讀曰伏。」
〔五〕李奇曰：「炎帝，神農後。」
〔六〕服虔曰：「亭亭山在牟陰。」晉灼曰：「地理志鉅平有亭亭山。」師古曰：「晉說是也。」

〔七〕應劭曰：「山名，在博縣。」晉灼曰：「在鉅平南十二里。」師古曰：「晉說是也。」
〔八〕應劭曰：「伯夷國也，在遼西令支。」師古曰：「令音郎定反。支音神祇之祇。」
〔九〕韋昭曰：「將上山，纏束其馬，縣鉤其車也。卑耳即齊語所謂辟耳。」
〔一〇〕師古曰：「召陵，楚地也，在汝南。召讀曰邵。」
〔一一〕師古曰：「熊耳山在順陽北益陽縣東，非禹貢所云『導洛自熊耳』者也。其山兩峯，狀亦若熊耳，因以爲名也。」
〔一二〕師古曰：「兵車之會三，謂莊十三年會於北杏以平宋亂，僖四年侵蔡，蔡潰，遂伐楚，次於陘，六年伐鄭圍新城也。乘車之會六，謂莊十四年會於鄄，十五年又會於鄄，十六年同盟於幽，僖五年會於首止，八年盟於洮，九年會於葵丘也。匡，正也。一匡天下，謂定襄王爲天子之位也。一說謂陽穀之會令諸侯云『無障谷，無貯粟，無以妾爲妻』，天下皆從，故云一匡者也。」
〔一三〕應劭曰：「鄗音臛。」蘇林曰：「鄗上、北里，皆地名也。」師古曰：「盛謂以實簠簋。」
〔一四〕服虔曰：「茅草有三脊也。」張晏曰：「謂靈茅也。」師古曰：「藉，以藉地也，音才夜反。」
〔一五〕師古曰：「爾雅云『東方有比目魚焉，不比不行，其名謂之鰈』，音土盍反。」
〔一六〕師古曰：「山海經云『崇吾之山有鳥狀如鳧，而一翼一目，相得乃飛，其名曰蠻』。爾雅曰『南方有比翼鳥焉，不比不飛，其名謂之鶼鶼』。而管仲乃云西海，其說異也。」
〔一七〕師古曰：「蓬蒿藜莠，皆穢惡之草。梟，不祥之鳥也。鴟，蓋今所謂角鴟也。梟，土梟也。」

是歲，秦穆公納晉君夷吾。其後三置晉國之君，平其亂。〔一〕穆公立三十九年而卒。

〔一〕師古曰：「三立其君，謂惠公、懷公、文公。」

後五十年，周靈王即位。時諸侯莫朝周，萇弘乃明鬼神事，〔一〕設射不來。不來者，諸侯之不來朝者也。依物怪，欲以致諸侯。諸侯弗從，而周室愈微。後二世，至敬王時，晉人殺萇弘。〔二〕

〔一〕師古曰：「萇弘，周大夫。」

〔二〕李奇曰：「周爲晉殺之也。」師古曰：「春秋左氏傳哀公三年傳稱『劉氏、范氏世爲婚姻，萇弘事劉文公，故周與范氏趙鞅以爲討，周人殺萇弘』也。」

是時，季氏專魯，旅於泰山，仲尼譏之。〔一〕

〔一〕師古曰：「旅，陳也，陳禮物而祭之也。陪臣祭泰山，僭諸侯之禮。孔子非之曰：『嗚乎，曾謂泰山不如林放乎！』事見論語。」

自秦宣公作密畤後二百五十年，而秦靈公於吳陽作上畤，祭黃帝；作下畤，祭炎帝。後四十八年，周太史儋見秦獻公〔一〕曰：「周始與秦國合而別，別五百載當復合，〔二〕合七十年而伯王出焉。」〔三〕儋見後七年，櫟陽雨金，獻公自以爲得金瑞，故作畦畤櫟陽，而祀白帝。〔四〕

〔一〕孟康曰：「太史儋謂老子也。」師古曰：「此亦周之太史名，非必老聃。老聃非秦獻公時。儋音丁甘反，又吐甘反。」

〔二〕應劭曰：「秦，伯翳之後也。始周孝王封非子爲附庸，邑諸秦。平王東遷洛邑，襄公以兵衞之，嘉其勳力，列爲侯伯，與周別五百載矣。昭王時，西周君自歸受罪，盡獻其邑三十六城，此復合也。」孟康曰：「謂周封秦爲別，秦并

周爲合。此襄王爲霸，始皇爲王也。」韋昭曰：「周封秦爲始別，謂秦仲也。五百歲，謂從秦仲至孝公彊大，顯王致伯，與之親合也。」師古曰：「諸家之說皆非也。自非子至西周獻邑，凡六百五十三歲，自仲至顯王二十六年孝公稱伯，止有四百二十六歲，皆不合五百之數也。按史記秦本紀及年表，並云周平王封襄公，始列爲諸侯，於是始與諸侯通。又周本紀及吳、齊、晉、楚諸系家皆言幽王爲犬戎所殺，秦始列爲諸侯，正與此志符會，是乃爲別。至昭襄王五十二年，西周君自歸獻邑，凡五百一十六年，是爲合也。言五百者，舉其成數也。」

〔三〕韋昭曰：「武王、昭王皆伯，至始皇而王天下。」師古曰：「七十當爲十七，今史記皆本皆作十七字。伯王者，指謂始皇。始皇初立，政在太后、嫪毐，未得稱伯。自昭王滅周後，至始皇九年誅嫪毐，止十七年。本紀年表其義顯，而韋氏乃合武王、昭王爲數，失之遠矣。伯讀曰霸。」

〔四〕師古曰：「畦畤者，如種韭畦之形，而畤於畦中各爲一土封也。畦音下圭反。」

後百一十歲，周赧王卒，九鼎入於秦。或曰，周顯王之四十二年，宋大丘社亡，〔一〕而鼎淪沒於泗水彭城下。

〔一〕師古曰：「爾雅云『左陵泰丘』，謂丘左有陵者其名泰丘也。郭璞云『宋有泰丘』，蓋以丘名此地也。」

自赧王卒後七年，秦莊襄王滅東周，周祀絕。後二十八年，秦并天下，稱皇帝。

秦始皇帝既即位，或曰：「黃帝得土德，黃龍地螾見。〔一〕夏得木德，青龍止於郊，草木鬯茂。〔二〕殷得金德，銀自山溢。〔三〕周得火德，有赤烏之符。〔四〕今秦變周，水德之時。昔文公出(臘)〔獵〕，獲黑龍，此其水德之瑞。」於是秦更名河曰「德水」，以冬十月爲年首，色尚黑，度以六爲名，〔五〕音上大呂，〔六〕事統上法。〔七〕

〔一〕應劭曰：「螾，丘蚓也。黃帝土德，故地見其神。蚓大五六圍，長十餘丈。」如淳曰：「呂氏春秋云黃帝之時天先見大螾大螻，黃帝曰土氣勝，故其色尚黃。」師古曰：「螾音引。螻音樓，謂螻蛄也。」

〔二〕師古曰：「鬯與暢同。」

〔三〕蘇林曰：「流出也。」

〔四〕師古曰：「謂武王伐紂師渡孟津之時也。尚書中候曰『有火自天止於王屋，流爲赤烏，五至，以穀俱來』。」

〔五〕張晏曰：「水北方黑，終數六，故以方六寸爲符，六尺爲步。」

〔六〕師古曰：「大呂，陰律之始也。」

〔七〕服虔曰：「政尚法令也。」臣瓚曰：「水陰，陰主刑殺，故上法。」

即帝位三年，東巡狩郡縣，祠騶嶧山，〔一〕頌功業。〔二〕於是從齊魯之儒生博士七十人，至於泰山下。諸儒生或議曰：「古者封禪爲蒲車，惡傷山之土石草木；〔三〕埽地而祠，席用苴稭，〔四〕言其易遵也。」始皇聞此議各乖異，難施用，由此黜儒生。〔五〕而遂除車道，上自泰山陽。至巔，立石頌德，明其得封也。從陰道下，〔六〕禪於梁父。其禮頗采泰祝之祀雍上帝所用，而封藏皆祕之，世不得而記也。

〔一〕蘇林曰：「騶，魯縣也。」臣瓚曰：「嶧山在北。」師古曰：「嶧音亦。」

〔二〕師古曰：「謂刻石自著功業。」

〔三〕師古曰：「蒲車，以蒲裹輪。」

〔四〕應劭曰：「稭，稾本也，去皮以爲席。」如淳曰：「苴讀如租。稭讀如戛。」晉灼曰：「苴，藉也。」師古曰：「茅藉也。苴字本作蒩，假借用。」

〔五〕師古曰：「黜，退也。」

〔六〕師古曰：「山南曰陽，山北曰陰。」

始皇之上泰山，中阪遇暴風雨，休於大樹下。諸儒既黜，不得與封禪，〔一〕聞始皇遇風雨，即譏之。

〔一〕師古曰：「與讀曰豫也。」

於是始皇遂東遊海上，行禮祠名山川及八神，(來)〔求〕僊人羨門之屬。〔一〕八神將自古而有之；或曰太公以來作之。齊所以爲齊，以天齊也。〔二〕其祀絕，莫知起時。八神，一曰天主，祠天齊。天齊淵水，居臨菑南郊山下下者。〔三〕二曰地主，祠泰山梁父。蓋天好陰，祠之必於高山之下時，命曰「時」；〔四〕地貴陽，祭之必於澤中圜丘云。三曰兵主，祠蚩尤。蚩尤在東平陸監鄉，齊之西竟也。〔五〕四曰陰主，祠三山；〔六〕五曰陽主，祠之罘山；〔七〕六曰月主，祠(之)萊山：〔八〕皆在齊北，並勃海。〔九〕七曰日主，祠盛山。盛山斗入海，〔十〕最居齊東北陽，以迎日出云。八曰四時主，祠琅邪。琅邪在齊東北，蓋歲之所始。〔十一〕皆各用牢具

祠，而巫祝所損益，圭幣雜異焉。〔一三〕

〔一〕應劭曰：「羨門名子高，古仙人也。」師古曰：「古亦以僊爲仙字。下皆類此。」
〔二〕蘇林曰：「當天中央齊也。」師古曰：「謂其衆神異，如天之腹齊也。」
〔三〕師古曰：「下下，謂最下者。臨菑城南有天齊水，五泉並出，蓋謂此也。」
〔四〕師古曰：「名其祭處曰畤也。」
〔五〕師古曰：「東平陸，縣名也。監，其縣之鄉名也。」
〔六〕師古曰：「三山，即下所謂三神山。」
〔七〕韋昭曰：「之罘山在東萊腄縣。」師古曰：「罘音浮。腄音直瑞反。」
〔八〕韋昭曰：「在東萊長廣也。」
〔九〕師古曰：「並音步浪反。」
〔一〇〕韋昭曰：「盛山在東萊不夜縣，斗入海也。」師古曰：「斗，絕也。盛音成。」
〔一一〕師古曰：「山海經云琅邪臺在勃海閒，謂臨海有山形如臺也。」
〔一二〕師古曰：「言八神牲牢皆同，而圭幣各異也。」

自齊威、宣時，騶子之徒論著終始五德之運，〔一〕及秦帝而齊人奏之，故始皇采用之。而宋毋忌、正伯僑、元尚、羨門高最後，皆燕人，為方僊道，〔二〕形解銷化，〔三〕依於鬼神之事。騶衍以陰陽主運〔四〕顯於諸侯，而燕齊海上之方士傳其術不能通，然則怪迂阿諛苟合之徒自

此興，不可勝數也。〔五〕

〔一〕如淳曰：「今其書有五德終始。五德各以所勝爲行。秦謂周爲火德，滅火者水，故自謂水德。」師古曰：「騶子即騶衍。」
〔二〕韋昭曰：「皆慕古人之名，效爲神仙者也。」師古曰：「自宋毋忌至最後，皆其人姓名也，凡五人。」
〔三〕服虔曰：「尸解也。」張晏曰：「人老而解去，故骨如變化也。今山中有龍骨，世人謂之龍解骨化去。」應劭曰：「列仙傳曰崔文子學仙於王子喬，〔王子喬〕化爲白蜺，文子驚，引戈擊之，俯而見之，王子喬之尸也，須臾則爲大鳥飛而去。」師古曰：「服、張二說是也。」
〔四〕晉灼曰：「燕昭王築宮師之，故作主運之篇也。」如淳曰：「今其書有(王)〔主〕運。五行相次轉用事，隨方(而)〔面〕爲服也。」
〔五〕師古曰：「迂謂回遠也，音于。」

自威、宣、燕昭使人入海求蓬萊、方丈、瀛洲。此三神山者，其傳在勃海中，〔一〕去人不遠。蓋嘗有至者，諸僊人及不死之藥皆在焉。其物禽獸盡白，而黃金銀爲宮闕。未至，望之如雲；及到，三神山反居水下，水臨之。患且至，則風輒引船而去，終莫能至云。世主莫不甘心焉。〔二〕

〔一〕服虔曰：「其傳書云爾。」臣瓚曰：「世人相傳云爾。」師古曰：「瓚說是也。」
〔二〕師古曰：「甘心，言貪嗜之心不能已也。」

及秦始皇至海上，則方士爭言之。始皇如恐弗及，使人齎童男女入海求之。船交海中，皆以風爲解，〔一〕曰未能至，望見之焉。其明年，始皇復游海上，至琅邪，過恒山，從上黨歸。後三年，游碣石，考入海方士，〔二〕從上郡歸。後五年，始皇南至湘山，遂登會稽，並海上，〔三〕幾遇海中三神山之奇藥。〔四〕不得，還到沙丘崩。〔五〕

〔一〕師古曰：「自解說云爲風不得至。」
〔二〕師古曰：「考，校其虛實也。」
〔三〕師古曰：「附海而上也。並音步浪反。上音時掌反。」
〔四〕師古曰：「幾讀曰冀。」
〔五〕臣瓚曰：「沙丘在鉅鹿縣東北也。」

二世元年，東巡碣石，並海，〔一〕南歷泰山，至會稽，皆禮祠之，而刻勒始皇所立石書旁，以章始皇之功德。〔二〕其秋，諸侯叛秦。三年而二世弒死。

〔一〕師古曰：「並音步浪反。」
〔二〕師古曰：「今此諸山皆有始皇所刻石及胡亥重刻，其文並具存焉。」

始皇封禪之後十二年而秦亡。諸儒生疾秦焚詩書，誅滅文學，百姓怨其法，天下叛之，皆說曰：「始皇上泰山，爲風雨所擊，不得封禪云。」此豈所謂無其德而用其事者邪？

昔三代之居皆河洛之間，〔一〕故嵩高爲中嶽，而四嶽各如其方，四瀆咸在山東。至秦稱

帝，都咸陽，則五嶽、四瀆皆并在東方。自五帝以至秦，迭興迭衰，〔二〕名山大川或在諸侯，或在天子，其禮損益世殊，不可勝記。〔三〕及秦并天下，令祠官所常奉天地名山大川鬼神可得而序也。

〔一〕師古曰：「謂夏都安邑，殷都朝歌，周都洛陽。」
〔二〕師古曰：「迭，互也，音大結反。」
〔三〕師古曰：「代代殊異，故不可盡記。」

於是自崤以東，名山五，大川祠二。〔一〕曰太室。太室，嵩高也。恒山，泰山，會稽，湘山。水曰泲，曰淮。〔二〕春以脯酒爲歲禱，因泮凍；〔三〕秋涸凍；〔四〕冬塞禱祠。〔五〕其牲用牛犢各一，牢具圭幣各異。自華以西，名山七，名川四。曰華山，薄山。薄山者，襄山也。〔六〕岳山，岐山，吳山，鴻冢，瀆山。瀆山，蜀之岷山也。〔七〕水曰河，祠臨晉；〔八〕沔，祠漢中；〔九〕湫淵，祠朝那；〔一〇〕江水，祠蜀。亦春秋泮涸禱塞如東方山川；而牲亦牛犢牢具圭幣各異。而四大冢鴻、岐、吳、嶽，皆有嘗禾。〔一一〕陳寶節來祠；〔一二〕其河加有嘗醪。此皆雍州之域，近天子都，故加車一乘，騮駒四。霸、產、豐、澇、涇、渭、長水，皆不在大山川數，〔一三〕以近咸陽，盡得比山川祠，而無諸加。〔一四〕汧、洛二淵，鳴澤，蒲山，嶽壻山之屬，〔一五〕爲小山川，亦皆禱塞泮涸祠，禮不必同。而雍有日、月、參、辰、南北斗、熒惑、太白、歲星、填星、辰星、二十八宿、風伯、

雨師、四海、九臣、十四臣、諸布、諸嚴、諸逐之屬，百有餘廟。〔一六〕西亦有數十祠。於湖有周天子祠。於下邽有天神。豐、鎬有昭明、天子辟池。於杜、亳有五杜主之祠、壽星祠；〔一七〕而雍、菅廟祠亦有杜主。〔一八〕杜主，故周之右將軍，〔一九〕其在秦中最小鬼之神者也。〔二〇〕各以歲時奉祠。

〔一〕師古曰：「崤即今之陝州二崤也。」

〔二〕師古曰：「泲音子禮反，此本濟水之字。」

〔三〕服虔曰：「解凍也。」師古曰：「泮音普半反。」

〔四〕師古曰：「涸讀與沍同。沍，凝也，音下故反。春則解之，秋則凝之。春秋左氏傳曰『固陰沍寒』。禮記月令曰『孟冬行春令則凍閉不密』。」

〔五〕師古曰：「塞謂報其所祈也，音先代反。下並同也。」

〔六〕師古曰：「說者云薄山在河東，一曰在潼關北十餘里，而此志云自華以西者，則今閿鄉之南山連延西出，並得華山之名。」

〔七〕師古曰：「周禮職方氏『雍州，其山曰岳』。爾雅亦云『河西曰岳』。說者咸云岳即吳岳也。今志有岳，又有吳山，則吳岳非一山之名，但未詳岳之所在耳。徐廣云『岳山在武功』。據地理志，武功但有垂山，無岳山也。岐山即在今之岐山縣，其山兩岐，俗呼爲箭括嶺。吳山在今隴州吳山縣。鴻冢，釋在下。岷山在湔氐道。」

〔八〕師古曰：「即今之同州朝邑縣界。」

〔九〕師古曰：「沔，漢水之上名也。漢中，今梁州是也。沔音彌善反。」

〔一〇〕蘇林曰：「湫淵在安定朝那縣，方四十里，停水不流，冬夏不增不減，不生草木。湫音將蓼反。」師古曰：「此水今在涇州界，清澈可愛，不容穢濁，或諠汙，輒興雲雨。土俗亢旱，每於此求之，相傳云龍之所居也。而天下山川隈曲，亦往往有之。湫音子由反。」

〔一一〕孟康曰：「以新穀祭之。」

〔一二〕服虔曰：「陳寶神應節來也。」

〔一三〕師古曰：「霸、產出藍田。豐、澇出鄠。長水者，言其源流長也。澇音勞。」

〔一四〕師古曰：「加謂車及騂駒之屬。」

〔一五〕蘇林曰：「壻音胥。」韋昭曰：「音蘇計反。」師古曰：「韋說是也。」

〔一六〕師古曰：「風伯，飛廉也。雨師，屏翳也，一曰屏號。而說者乃謂風伯箕星也，雨師畢星也。此志既言二十八宿，又有風伯、雨師，則知非箕、畢也。九臣、十四臣，不見名數所出。諸布、諸嚴、諸逐，未聞其義。逐字或作逑，音求。屏並音步丁反。」

〔一七〕韋昭曰：「亳音薄，湯所都也。」臣瓚曰：「濟陰薄縣是也。」師古曰：「杜即京兆杜縣也。此亳非湯都也，不在濟陰。徐廣云京兆杜縣有薄亭，斯近之矣。」

〔一八〕李奇曰：「菅，茅也。」師古曰：「菅音姦。」

〔一九〕師古曰：「墨子云周宣王殺杜伯不以罪，後宣王田於圃田，見杜伯執弓矢射，宣王伏弓衣而死，故周人尊其鬼而右之，蓋謂此也。」

〔二〇〕師古曰：「其鬼雖小而有神靈也。」

唯雍四(時)〔畤〕上帝爲尊，其光景動人民，唯陳寶。故雍四畤，春以爲歲祠禱，因泮凍，秋涸凍，冬賽祠，五月嘗駒，及四中之月月祠，〔一〕若陳寶節來一祠。春夏用騂，〔二〕秋冬用駵。畤駒四匹，〔三〕木寓龍一駟，〔四〕木寓車馬一駟，各如其帝色。黃犢羔各四，圭幣各有數，皆生瘞埋，無俎豆之具。三年一郊。秦以十月爲歲首，故常以十月上宿郊見，〔五〕通權火，〔六〕拜於咸陽之旁，而衣上白，其用如經祠云。〔七〕西畤、畦畤，祠如其故，上不親往。諸此祠皆太祝常主，以歲時奉祠之。至如它名山川諸神及八神之屬，上過則祠，去則已。郡縣遠方祠者，民各自奉祠，不領於天子之祝官。祝官有祕祝，即有災祥，輒祝祠移過於下。

〔一〕師古曰：「中讀曰仲。謂四時之仲月皆祠之。」

〔二〕師古曰：「騂，純赤色也，音先營反。」

〔三〕師古曰：「每時用駒四匹，而春秋異色。」

〔四〕李奇曰：「寓，寄也，寄生龍形於木也。」師古曰：「一駟亦四龍也。」

〔五〕李奇曰：「上宿，上齋戒也。」

〔六〕張晏曰：「權火，烽火也，狀若井挈皋矣。其法類稱，故謂之權火。欲令光明遠照，通於祀所也。漢祀五畤於雍，五十里一烽火。」如淳曰：「權，舉也。」師古曰：「凡祭祀通舉火者，或以天子不親至祠所而望拜，或以衆祠各處，欲其一時薦饗，宜知早晏，故以火爲之節度也。它皆類此。」

〔七〕服虔曰：「經，常也。」

漢興，高祖初起，殺大蛇，有物曰：「蛇，白帝子，而殺者赤帝子也。」〔一〕及高祖禱豐枌榆社，〔二〕徇沛，爲沛公，則祀蚩尤，釁鼓旗。遂以十月至霸上，立爲漢王。因以十月爲年首，色上赤。

〔一〕師古曰：「物謂鬼神也。」

〔二〕鄭氏曰：「枌榆，鄉名也。社在枌榆。」晉灼曰：「枌，白榆也。社在豐東北十五里。」師古曰：「以此樹爲社神，因立名也。枌音符云反。」

二年(冬)，東擊項籍而還入關，問：「故秦時上帝祠何帝也？」對曰：「四帝，有白、青、黃、赤帝之祠。」高祖曰：「吾聞天有五帝，而四，何也？」莫知其說。於是高祖曰：「吾知之矣，乃待我而具五也。」乃立黑帝祠，名曰北畤。有司進祠，上不親往。悉召故秦祀官，復置太祝、太宰，如其故儀禮。因令縣爲公社。〔一〕下詔曰：「吾甚重祠而敬祭。今上帝之祭及山川諸神當祠者，各以其時禮祠之如故。」

〔一〕李奇曰：「猶官社。」

後四歲，天下已定，詔御史令豐治枌榆社，常以時，春以羊彘祠之。令祝立蚩尤之祠於

長安。長安置祠祀官、女巫。其梁巫祠天、地、天社、天水、房中、(當)〔堂〕上之屬；晉巫祠五帝、東君、雲中君、巫社、巫祠、族人炊之屬；〔一〕秦巫祠杜主、巫保、族纍之屬；〔二〕荊巫祠堂下、巫先、司命、施糜之屬；〔三〕九天巫祠九天：〔四〕皆以歲時祠宮中。其河巫祠河於臨晉，而南山巫祠南山、秦中。秦中者，二世皇帝也。〔五〕各有時日。

〔一〕服虔曰：「東君以下皆神名也。」師古曰：「東君，日也。雲中君謂雲神也。巫社、巫祠，皆古巫之神也。族人炊，古主炊母之神也。炊謂饎爨也。」

〔二〕師古曰：「杜主即上所云五杜主也。巫保、族纍，二神名。纍音力追反。」

〔三〕師古曰：「堂下，在堂之下。巫先，巫之最先者也。司命，說者云文昌第四星也。施糜，其先常施設糜鬻者也。」

〔四〕師古曰：「九天者，謂中央鈞天，東方蒼天，東北旻天，北方玄天，西北幽天，西方浩天，西南朱天，南方炎天，東南陽天也。其說見淮南子。一說云東方旻天，東南陽天，南方赤天，西南朱天，西方成天，西北幽天，北方玄天，東北變天，中央鈞天也。」

〔五〕張晏曰：「以其彊死，魂魄爲厲，故祠之。成帝時匡衡奏罷之。」

其後二歲，或言曰周興而邑立后稷之祠，〔一〕至今血食天下。〔二〕於是高祖制詔御史：「其令天下立靈星祠，〔三〕常以歲時祠以牛。」

〔一〕師古曰：「以其有播種之功，故令天下諸邑皆祠之。」

〔二〕師古曰：「祭有牲牢，故言血食徧天下也。」

〔三〕張晏曰：「龍星左角曰天田，則農祥也。(晨)〔辰〕見而祭之。」

高祖十年春，有司請令縣常以春二月及臘祠稷以羊彘，民里社各自裁以祠。〔一〕制曰：「可。」

〔一〕師古曰：「隨其祠具之豐儉也。」

文帝即位十三年，下詔曰：「祕祝之官移過於下，朕甚弗取，其除之。」

始名山大川在諸侯，諸侯祝各自奉祠，天子官不領。及齊、淮南國廢，令太祝盡以歲時致禮如故。

明年，以歲比登，〔一〕詔有司增雍五時路車各一乘，駕被具；〔二〕西時、畦時寓車各一乘，寓馬四匹，駕被具；河、湫、漢水，玉加各二；及諸祀皆廣壇場，圭幣俎豆以差加之。

〔一〕師古曰：「年穀頻孰也。」

〔二〕師古曰：「駕車被馬之飾皆具也。被音皮義反。下亦同。」

魯人公孫臣上書曰：「始秦得水德，及漢受之，推終始傳，〔一〕則漢當土德，土德之應黃龍見。宜改正朔，服色上黃。」時丞相張蒼好律曆，以爲漢乃水德之時，河決金隄，其符也。年始冬十月，色外黑內赤，〔二〕與德相應。公孫臣言非是，罷之。明年，黃龍見成紀。〔三〕文帝召公孫臣，拜爲博士，與諸生申明土德，草改曆服色事。〔四〕其夏，下詔曰：「有異物之神見於成紀，毋害於民，歲以有年。朕幾郊祀上帝諸神，〔五〕禮官議，毋諱以朕勞。」〔六〕有司皆曰：「古者天子夏親郊祀上帝於郊，故曰郊。」〔七〕於是夏四月，文帝始幸雍郊見五時，祠衣皆上赤。

〔一〕鄭氏曰：「音亭傳。」師古曰：「音張戀反。謂轉次之。」

〔二〕服虔曰：「十月陰氣在外，(故外)黑；陽氣尚伏在地，故內赤也。或曰，十月百草外黑內赤也。」

〔三〕師古曰：「天水之縣也。」

〔四〕師古曰：「草謂創造之。後例皆同也。」

〔五〕師古曰：「幾讀曰冀。」

〔六〕師古曰：「無諱以朕爲勞，自言不以爲勞也。」晉灼曰：「諱，忌難也。」

〔七〕師古曰：「邑外謂之郊。」

趙人新垣平以望氣見上，言「長安東北有神氣，成五采，若人冠絻焉。或曰東北神明之舍，西方神明之墓也。〔一〕天瑞下，宜立祠上帝，以合符應。」於是作渭陽五帝廟，同宇，〔二〕帝一殿，面五門，各如其帝色。祠所用及儀亦如雍五時。

〔一〕張晏曰：「神明，日也。日出東北，舍謂陽谷。日沒於西，故曰墓。墓，濛谷也。」師古曰：「此說非也。蓋總言凡神明以東北爲居，西方爲冢墓之所，故立廟於渭陽者也。」

〔二〕師古曰：「宇謂屋之覆也。言同一屋之下而別爲五廟，各立門室也。廟記云五帝廟在長安東北也。」

明年夏四月，文帝親拜霸渭之會，〔一〕以郊見渭陽五帝。五帝廟臨渭，其北穿蒲池溝水。〔二〕權火舉而祠，若光煇然屬天焉。〔三〕於是貴平至上大夫，賜累千金。而使博士諸生刺六經中作王制，〔四〕謀議巡狩封禪事。

〔一〕如淳曰：「二水之合也。」

〔二〕師古曰：「蒲池，爲池而種蒲。蒲字或作滿，言其水滿也。」

〔三〕師古曰：「屬，聯也，音之欲反。」

〔四〕師古曰：「刺，采取之也，音千賜反。」

文帝出長門，〔一〕若見五人於道北，遂因其直立五帝壇，〔二〕祠以五牢。

〔一〕如淳曰：「亭名也。」

〔二〕鄭氏曰：「因其所立處以立祠也。」師古曰：「直猶當也，當其處。」

其明年，平使人持玉杯，上書闕下獻之。平言上曰：「闕下有寶玉氣來者。」已視之，果有獻玉杯者，刻曰「人主延壽」。平又言「臣候日再中」。居頃之，日卻復中。於是始更以十七年爲元年，令天下大酺。平言曰：「周鼎亡在泗水中，今河決通於泗，臣望東北汾陰直有金寶氣，〔一〕意周鼎其出乎？兆見不迎則不至。」於是上使使治廟汾陰南，臨河，欲祠出周鼎。人有上書告平所言皆詐也。下吏治，誅夷平。〔二〕是後，文帝怠於改正服鬼神之事，〔三〕

而渭陽、長門五帝使祠官領，以時致禮，不往焉。

〔一〕師古曰：「汾陰直，謂正當汾陰也。」
〔二〕師古曰：「夷者，平也，謂盡平除其家室宗族。」
〔三〕師古曰：「正，正朔也。服，服色也。正音之成反。」

明年，匈奴數入邊，〔一〕興兵守御。後歲少不登。數歲而孝景即位。十六年，祠官各以歲時祠如故，無有所興。

〔一〕師古曰：「數音所角反。」

武帝初即位，尤敬鬼神之祀。漢興已六十餘歲矣，天下艾安，〔一〕縉紳之屬皆望天子封禪改正度也，〔二〕而上鄉儒術，〔三〕招賢良。趙綰、王臧等以文學爲公卿，欲議古立明堂城南，以朝諸侯，草巡狩封禪改曆服色事未就。〔四〕竇太后不好儒術，使人微伺趙綰等姦利事，按綰、臧，綰、臧自殺，諸所興爲皆廢。六年，竇太后崩。其明年，徵文學之士。

〔一〕師古曰：「艾讀曰乂。乂，治也。漢書皆以艾爲乂，其義類此也。」
〔二〕師古曰：「正亦正朔。度，度量也。服色度量，互言之耳。」
〔三〕師古曰：「鄉讀曰嚮。」
〔四〕師古曰：「就，成也。」

明年，上初至雍，郊見五畤。後常三歲一郊。是時上求神君，舍之上林中蹏氏館。〔一〕神君者，長陵女子，以乳死，見神於先後宛若。〔二〕宛若祠之其室，民多往祠。平原君亦往祠，其後子孫以尊顯。〔三〕及上即位，則厚禮置祠之內中。聞其言，不見其人云。

〔一〕如淳曰：「蹏音蹄。」鄭氏曰：「音斯。」師古曰：「鄭音是也。其字從石從虒。」
〔二〕孟康曰：「產乳而死也。兄弟妻相謂先後。宛若，字也。」師古曰：「先音蘇見反。後音胡搆反。古謂之娣姒，今關中俗呼爲先後，吳楚俗呼之爲妯娌，音軸里。」
〔三〕應劭曰：「平原君，武帝外祖母也。」

是時，李少君亦以祠竈、穀道、卻老方見上，〔一〕上尊之。少君者，故深澤侯人，主方。〔二〕匿其年及所生長。〔三〕常自謂七十，能使物，卻老。〔四〕其游以方徧諸侯。無妻子。人聞其能使物及不死，更餽遺之，〔五〕常餘金錢衣食。人皆以爲不治產業而饒給，〔六〕又不知其何所人，愈信，爭事之。少君資好方，善爲巧發奇中。〔七〕常從武安侯宴，坐中有年九十餘老人，少君乃言與其大父游射處，老人爲兒從其大父，識其處，〔八〕一坐盡驚。少君見上，上有故銅器，問少君。少君曰：「此器齊桓公十年陳於柏寢。」〔九〕已而按其刻，果齊桓公器。〔一〇〕一宮盡駭，以爲少君神，數百歲人也。少君言上：「祠竈皆可致物，〔一一〕致物而丹沙可化爲黃金，黃金成以爲飲食器則益壽，益壽而海中蓬萊僊者乃可見之，以封禪則不死，黃帝是也。臣嘗游海上，見安期生，〔一二〕安期生食臣棗，大如瓜。〔一三〕安期生僊者，通蓬萊中，合則見人，不合則隱。」〔一四〕於是天子始親祠竈，遣方士入海求蓬萊安期生之屬，而事化丹沙諸藥齊爲黃金矣。〔一五〕久之，少君病死。天子以爲化去不死也，使黃錘史寬舒受其方，〔一六〕而海上燕齊怪迂之方士多更來言神事矣。〔一七〕

〔一〕如淳曰：「祠竈可以致福。」李奇曰：「穀道，辟穀不食之道也。」
〔二〕如淳曰：「侯家人，主方藥也。」
〔三〕師古曰：「生長，謂其郡縣所屬及居止處。」
〔四〕如淳曰：「物謂鬼物也。」
〔五〕師古曰：「更音工衡反。」
〔六〕師古曰：「給，足也。」
〔七〕如淳曰：「時時發言有所中。」師古曰：「中音竹仲反。」
〔八〕師古曰：「識，記也，音式志反。」
〔九〕臣瓚曰：「晏子書柏寢，臺名也。」師古曰：「以柏木爲寢室於臺之上。」
〔一〇〕師古曰：「刻謂器上所銘記。」
〔一一〕師古曰：「物亦謂鬼物。」
〔一二〕服虔曰：「古之真人也。」師古曰：「列仙傳云安期生琅邪人，賣藥東海邊，時人皆言千歲也。」

〔一三〕師古曰：「食讀曰飤。」
〔一四〕師古曰：「合謂道相合。」
〔一五〕師古曰：「齊，藥之分齊也，音才計反。」
〔一六〕孟康曰：「二人皆方士也。」師古曰：「錘音直垂反。」
〔一七〕師古曰：「更音工衡反。」

亳人謬忌奏祠泰一方，〔一〕曰：「天神貴者泰一，泰一佐曰五帝。〔二〕古者天子以春秋祭泰一東南郊，日一太牢，七日，〔三〕爲壇開八通之鬼道。」於是，天子令太祝立其祠長安城東南郊，常奉祠如忌方。其後，人上書言「古者天子三年一用太牢祠三一：天一、地一、泰一」。天子許之，令太祝領祠之於忌泰一壇上，如其方。後人復有言「古天子常以春解祠，祠黃帝用一梟、破鏡；〔四〕冥羊用羊祠；馬行用一青牡馬；泰一、皋山山君用牛；武夷君用乾魚；陰陽使者以一牛」。〔五〕令祠官領之如其方，而祠泰一於忌泰一壇旁。

〔一〕如淳曰：「亳亦薄也，下所謂薄忌也。」晉灼曰：「濟陰薄縣人也。」
〔二〕師古曰：「謂青帝靈威仰，赤帝赤熛怒，白帝白招矩，黑帝叶光紀，黃帝含樞紐也。一說蒼帝名靈府，赤帝名文祖，白帝名顯紀，黑帝名玄矩，黃帝名神斗。」
〔三〕師古曰：「每日以一太牢，凡七日祭也。」
〔四〕張晏曰：「黃帝，五帝之首也，歲之始也。梟，惡逆之鳥。方士虛誕，云以歲始祓除凶災，令神仙之帝食惡逆之物，

使天下為逆者破滅訖竟，無有遺育也。」孟康曰：「梟，鳥名，食母。破鏡，獸名，食父。黃帝欲絕其類，使百吏祠皆用之。破鏡如貙而虎眼。」如淳曰：「漢使東郡送梟，五月五日作梟羹以賜百官。以其惡鳥，故食之也。」師古曰：「解祠者，謂祠祭以解罪求福。」

〔三〕孟康曰：「陰陽之神也。」

後二年，郊雍，獲一角獸，若麃然。〔一〕有司曰：「陛下肅祗郊祀，上帝報享，錫一角獸，蓋麟云。」於是以薦五畤，畤加一牛以燎。賜諸侯白金，以風符應合於天也。〔二〕於是濟北王以為天子且封禪，上書獻泰山及其旁邑，天子以它縣償之。常山王有罪，遷，〔三〕天子封其弟真定，以續先王祀，而以常山為郡。然後五嶽皆在天子之郡。

〔一〕師古曰：「麃，鹿屬也，形似麞，牛尾，一角，音蒲交反。」

〔二〕晉灼曰：「符，瑞也。」臣瓚曰：「風示諸侯以此符瑞之應也。」

〔三〕師古曰：「䙴與遷同也。」

明年，齊人少翁以方見上。上有所幸李夫人，夫人卒，少翁以方蓋夜致夫人及竈鬼之貌云，天子自帷中望見焉。乃拜少翁為文成將軍，賞賜甚多，以客禮禮之。文成言：「上即欲與神通，宮室被服非象神，神物不至。」乃作畫雲氣車，及各以勝日〔一〕駕車辟惡鬼。又作甘泉宮，中為臺室，畫天地泰一諸鬼神，而置祭具以致天神。居歲餘，其方益衰，神不至。乃為帛書以飯牛，〔二〕陽不知，言此牛腹中有奇（書）。殺視得書，書言甚怪。天子識其手，〔三〕

問之，果為書。於是誅文成將軍，隱之。

〔一〕服虔曰：「甲乙五行相克之日。」如淳曰：「如火勝金，用丙丁日，不用庚辛也。」

〔二〕師古曰：「謂雜草以飯牛也，音扶晚反。」

〔三〕師古曰：「手謂所書手迹。」

其後又作柏梁、銅柱、承露僊人掌之屬矣。〔一〕

〔一〕蘇林曰：「仙人以手掌擎盤承甘露。」師古曰：「三輔故事云建章宮承露盤高二十丈，大七圍，以銅為之，上有仙人掌承露，和玉屑飲之。蓋張衡西京賦所云『立修莖之仙掌，承雲表之清露，屑瓊蕊以朝餐，必性命之可度』也。」

文成死明年，天子病鼎湖甚，〔一〕巫醫無所不致。游水發根言上郡有巫，病而鬼下之。〔二〕上召置祠之甘泉。及病，使人問神君，神君言曰：「天子無憂病。病少瘉，強與我會甘泉。」於是上病瘉，遂起，幸甘泉，病良已。〔三〕大赦，置壽宮神君。〔四〕神君最貴者曰太一，其佐曰太禁、司命之屬，皆從之。非可得見，聞其言，言與人音等。時去時來，來則風肅然。居室帷中，時晝言，然常以夜。天子祓，然後入。〔五〕因巫為主人，關飲食，所欲言，行下。〔六〕又置壽宮、北宮，張羽旗，設共具，〔七〕以禮神君。神君所言，上使受書，其名曰「畫法」。〔八〕其所言，世俗之所知也，無絕殊者，而天子心獨憙。其事祕，世莫知也。〔九〕

〔一〕晉灼曰：「黃圖宮名，在京兆。地理志，湖本在京兆，後分屬弘農也。」

〔二〕服虔曰：「游水，縣名。發根，人姓名。」晉灼曰：「地理志游水，水名，在臨淮淮浦也。」師古曰：「二說皆非也。游

水，姓也。發根，名也。蓋因水為姓也。本嘗遇病，而鬼下之，故為巫也。」

〔三〕孟康曰：「良已，善已，謂瘉也。」

〔四〕孟康曰：「更立此宮也。」臣瓚曰：「壽宮，奉神之宮也。楚辭曰『蹇將澹兮壽宮』也。」

〔五〕孟康曰：「崇絜自除祓，然後入也。」師古曰：「祓音發勿反。」

〔六〕李奇曰：「神所欲言，上輒為下之也。」晉灼曰：「神君所言行下於巫。」師古曰：「晉說是也。」

〔七〕師古曰：「共讀曰供，音居用反。」

〔八〕孟康曰：「策畫之法也。」

〔九〕師古曰：「憙讀曰喜。喜，好也，音許吏反。」

後三年，有司言元宜以天瑞，不宜以一二數。〔一〕一元曰「建」，〔二〕二元以長星曰「光」，〔三〕今郊得一角獸曰「狩」云。〔四〕

〔一〕蘇林曰：「得諸瑞以名年。」

〔二〕蘇林曰：「建元元年是。」

〔三〕蘇林曰：「以有長星之光，故曰元光元年。」

〔四〕如淳曰：「改元狩元年。」

其明年，天子郊雍，曰：「今上帝朕親郊，而后土無祀，則禮不答也。」〔一〕有司與太史令談、祠官寬舒議：〔二〕「天地牲，角繭栗。〔三〕今陛下親祠后土，后土宜於澤中圜丘為五壇，壇

一黃犢牢具。已祠盡瘞，而從祠衣上黃。」〔四〕於是天子東幸汾陰。汾陰男子公孫滂洋等見汾旁有光如絳，〔五〕上遂立后土祠於汾陰脽上，〔六〕如寬舒等議。上親望拜，如上帝禮。禮畢，天子遂至滎陽。還過雒陽，下詔封周後，令奉其祀。語在武紀。上始巡幸郡縣，寖尋於泰山矣。〔七〕

〔一〕師古曰：「答，對也。郊天而不祀地，失對偶之義。一曰，闕地祇之祀，故不為神所答應也。」

〔二〕師古曰：「談即司馬談也。」

〔三〕師古曰：「牛角之形或如繭，或如栗，言其小。」

〔四〕師古曰：「侍祠之人皆著黃衣也。」

〔五〕師古曰：「滂音普郎反。洋音羊也。」

〔六〕師古曰：「脽音誰。解在武紀。」

〔七〕鄭玄曰：「尋，用也。」晉灼曰：「尋，遂往之意也。」師古曰：「二說皆非也。寖，漸也。尋，就也。」

其春，樂成侯（登）上書言欒大。欒大，膠東宮人，〔一〕故嘗與文成將軍同師，已而為膠東王尚方。〔二〕而樂成侯姊為康王后，〔三〕無子。王死，它姬子立為王，而康后有淫行，與王不相中，相危以法。〔四〕康后聞文成死，而欲自媚於上，乃遣欒大入，因樂成侯求見言方。〔五〕天子既誅文成，後悔其方不盡，及見欒大，大說。〔六〕大為人長美，〔七〕言多方略，而敢為大言，處之不疑。大言曰：「臣常往來海中，見安期、羨門之屬，顧以臣為賤，不信臣。〔八〕又以為康

王諸侯耳，不足與方。臣數以言康王，康王又不用臣。臣之師曰：『黃金可成，而河決可塞，不死之藥可得，僊人可致也。』然臣恐效文成，則方士皆掩口，惡敢言方哉！」〔九〕上曰：「文成食馬肝死耳。子誠能修其方，我何愛乎！」大曰：「臣師非有求人，人者求之。陛下必欲致之，則貴其使者，令爲親屬，以客禮待之，勿卑，使各佩其信印，乃可使通言於神人。神人尚肯邪不邪，尊其使然後可致也。」於是上使驗小方，鬬棊，棊自相觸擊。

〔一〕服虔曰：「王家人。」

〔二〕師古曰：「主方藥。」

〔三〕孟康曰：「膠東王后也。」

〔四〕師古曰：「不相可也。相危以法，謂以罪法相欲傾危也。中音竹仲反。」

〔五〕師古曰：「言神仙之方。」

〔六〕師古曰：「說讀曰悅。」

〔七〕師古曰：「善爲甘美之言也。」

〔八〕師古曰：「顧，念也。」

〔九〕師古曰：「惡音烏，謂於何也。」

是時，上方憂河決而黃金不就，〔一〕乃拜大爲五利將軍。居月餘，得四印：得天士將軍、地士將軍、大通將軍印。制詔御史：「昔禹疏九河，決四瀆。間者，河溢臯陸，隄繇不息。〔二〕

朕臨天下二十有八年，天若遺朕士而大通焉。乾稱『飛龍』，『鴻漸于般』，〔三〕朕意庶幾與焉。〔四〕其以二千戶封地士將軍大爲樂通侯。」賜列侯甲第，童千人。乘輿斥車馬帷帳器物以充其家。〔五〕又以衞長公主妻之，〔六〕齎金十萬斤，更名其邑曰當利公主。天子親如五利之弟，使者存問共給，相屬於道。〔七〕自大主將相以下，皆置酒其家，〔八〕獻遺之。天子又刻玉印曰「天道將軍」，使使衣羽衣，夜立白茅上，五利將軍亦衣羽衣，立白茅上受印，以視不臣也。〔九〕而佩「天道」者，且爲天子道天神也。〔一〇〕於是五利常夜祠其家，欲以下神。後裝治行，東入海求其師云。大見數月，佩六印，貴震天下，而海上燕齊之間，莫不搤擥〔一一〕而自言有禁方能神僊矣。

〔一〕師古曰：「鑄黃金不成。」

〔二〕師古曰：「臯，水旁地。廣平曰陸。言水汎溢，自臯及陸，而築作隄防，繇役甚多，不暇休息。」

〔三〕孟康曰：「般，水涯堆也。漸，進也。武帝云得欒大如鴻進於般，一舉千里。得道若飛龍在天。」師古曰：「飛龍在天，乾卦九五爻辭也。鴻漸于般，漸卦六二爻辭也。般，山石之安者。」

〔四〕師古曰：「與讀曰豫。」

〔五〕師古曰：「斥，不用者也。」

〔六〕孟康曰：「衞太子妹。」如淳曰：「衞太子姊也。」師古曰：「外戚傳云子夫生三女，元朔三年生男據。是則太子之姊也。孟說非也。」

〔七〕師古曰：「共讀曰供。屬，及也，音之欲反。」

〔八〕韋昭曰：「大主，武帝姑，竇太后之女也。」

〔九〕師古曰：「羽衣，以鳥羽爲衣，取其神僊飛翔之意也。視讀曰示。」

〔一〇〕師古曰：「爲音于僞反。道天神，道讀曰導。」

〔一一〕師古曰：「搤，捉持也。擥，古手腕之字也。搤音厄。」

其夏六月，汾陰巫錦〔一〕爲民祠魏脽后土營旁，〔二〕見地如鉤狀，掊視得鼎。〔三〕鼎大異於衆鼎，文鏤無款識，〔四〕怪之，言吏。吏告河東太守勝，勝以聞。天子使驗問巫得鼎無姦詐，乃以禮祠，迎鼎至甘泉，從上行，薦之。〔五〕至中山，晏溫，〔六〕有黃雲焉。有麃過，上自射之，因之以祭云。至長安，公卿大夫皆議尊寶鼎。天子曰：「間者河溢，歲數不登，故巡祭后土，祈爲百姓育穀。今年豐楙未報，鼎曷爲出哉？」〔七〕有司皆言：「聞昔泰帝興神鼎一，〔八〕一者一統，天地萬物所繫象也。黃帝作寶鼎三，象天地人。禹收九牧之金，〔九〕鑄九鼎，象九州。皆嘗鬺亨上帝鬼神。〔一〇〕其空足曰鬲，〔一一〕以象三德，〔一二〕饗承天祜。〔一三〕夏德衰，鼎遷於殷；殷德衰，鼎遷於周；周德衰，鼎遷於秦；秦德衰，宋之社亡，鼎乃淪伏而不見。周頌曰：『自堂徂基，自羊徂牛，鼐鼎及鼒；不吳不敖，胡考之休。』〔一四〕今鼎至甘泉，以光潤龍變，承休無疆。合茲中山，有黃白雲降，〔一五〕蓋若獸爲符，〔一六〕路弓乘矢，集獲壇下，〔一七〕報祠大享。

唯受命而帝者心知其意而合德焉。〔一八〕鼎宜視宗禰（廟）〔廟〕，臧於帝廷，以合明應。」〔一九〕制曰：「可。」

〔一〕應劭曰：「錦，巫名。」

〔二〕應劭曰：「魏，故魏國也。」師古曰：「汾脽本魏地之境，故云魏脽也。營謂祠之兆域也。」

〔三〕師古曰：「掊謂手杷土也，音蒲溝反。杷音蒲巴反，其字從木。」

〔四〕韋昭曰：「款，刻也。」師古曰：「識，記也，音式志反。其下美陽鼎亦同也。」

〔五〕如淳曰：「以鼎從行上甘泉，將薦之於天。」師古曰：「上音時掌反。」

〔六〕如淳曰：「三輔謂日出淸濟爲晏。晏而溫，乃有黃雲，故爲異也。」師古曰：「中讀曰仲。即今雲陽之中山也。下云『合茲中山』，亦同也。」

〔七〕師古曰：「楙，美也，言稼穡美也。未報者，獲年豐而未報賽也。一曰，雖祈穀而未獲年豐之（般）〔報〕也。其下張敞引此詔文云『穀嗛未報』，嗛者，少也。」

〔八〕師古曰：「泰帝者，即泰昊伏羲氏也。」

〔九〕師古曰：「九牧，九州之牧也。」

〔一〇〕服虔曰：「以享祀上帝也。」師古曰：「鬺亨一也。鬺亨，煮而祀也。韓詩采蘋曰：『于以鬺之，唯錡及釜。』亨音普庚反。」

〔一一〕蘇林曰：「鬲音歷。足中空不實者，名曰鬲也。」

〔一二〕如淳曰：「鼎有三足故也。三德，三正之德。」師古曰：「如說非也。三德，一曰正直，二曰剛克，三曰柔克。事見

周書洪範。」

〔一三〕師古曰：「祜，福也，音怙。」

〔一四〕師古曰：「周頌絲衣之詩也。基，門塾之基也。鼎絕大者謂之鼐，圜弇上謂之鼒。吳，讙譁也。敖，慢也。考，壽也。休，美也。言執祭事者，或升堂室，或之門塾，視羊牛之牲，及舉大小之鼎，告其致絜，神降之福，故獲壽考之美，曰何壽之美！何壽之美者，歎之之言也。鼐音乃代反。鼒音玆。敖讀曰傲。」

〔一五〕師古曰：「言鼎至甘泉之後，光潤變見，若龍之神，能幽能明，能小能大，乘此休福，無窮竟也。有黃白雲降，與初至仲山黃雲之瑞相合也。」

〔一六〕服虔曰：「雲若獸在車蓋也。」晉灼曰：「蓋，辭也。符謂鹿也。」師古曰：「二說非也。蓋，發語辭也。言甘泉之雲又若獸形，以爲符瑞也。」

〔一七〕李奇曰：「宜言盧弓。」韋昭曰：「路，大也。四矢曰乘。」師古曰：「韋說是也。又於壇下獲弓矢之應。」

〔一八〕服虔曰：「高祖受命知之，宜見鼎於其廟也。」師古曰：「合德，謂與天合德。」

〔一九〕師古曰：「視讀曰示。宗謂先帝有德可尊者也。禰，父廟也。帝廷，甘泉天神之廷。」

入海求蓬萊者，言蓬萊不遠，而不能至者，殆不見其氣。上乃遣望氣佐候其氣云。

其秋，上雍，且郊。〔一〕或曰「五帝，泰一之佐也，宜立泰一而上親郊之」。上疑未定。

齊人公孫卿曰：「今年得寶鼎，其冬辛巳朔旦冬至，與黃帝時等。」〔一〕卿有札書〔二〕曰：

〔一〕師古曰：「雍地形高，故云上也，音時掌反。」

「黃帝得寶鼎冕候，問於鬼臾區，〔三〕鬼臾區對曰：『黃帝得寶鼎神策，是歲己酉朔旦冬至，得天之紀，終而復始。』於是黃帝迎日推策，〔四〕後率二十歲復朔旦冬至，凡二十推，三百八十年，黃帝僊登于天。」卿因所忠欲奏之。〔五〕所忠視其書不經，〔六〕疑其妄言，謝曰：「寶鼎事已決矣。尚何以爲！」〔七〕卿因嬖人奏之。上大說，〔八〕乃召問卿。對曰：「受此書申公，申公已死。」上曰：「申公何人也？」卿曰：「齊人，與安期生通，受黃帝言，無書，獨有此鼎書。曰『漢興復當黃帝之時』。曰『漢之聖者，在高祖之孫且曾孫也。寶鼎出而與神通，封禪。封禪七十二王，唯黃帝得上泰山封』。申公曰：『漢帝亦當上封（禪），〔上〕封（禪）則能僊登天矣。黃帝萬諸侯，而神靈之封君七千。〔九〕天下名山八，而三在蠻夷，五在中國。中國華山、首山、太室山、泰山、東萊山，此五山黃帝之所常游，與神會。黃帝且戰且學僊，患百姓非其道，乃斷斬非鬼神者。百餘歲然後得與神通。黃帝郊雍上帝，宿三月。鬼臾區號大鴻，死葬雍，故鴻冢是也。〔一〇〕其後黃帝接萬靈明廷。明廷者，甘泉也。所謂寒門者，谷口也。〔一一〕黃帝采首山銅，鑄鼎於荊山下。〔一二〕鼎既成，有龍垂胡頿下迎黃帝。〔一三〕黃帝上騎，羣臣後宮從上龍七十餘人，龍乃（上）去。餘小臣不得上，乃悉持龍頿，龍頿拔，墮，墮黃帝之弓。百姓卬望〔一四〕黃帝既上天，乃抱其弓與龍頿號，故後世因名其處曰鼎湖，其弓曰烏號。』」於是天子曰：「嗟乎！誠得如黃帝，吾視去妻子如脫屣耳。」〔一五〕拜卿爲郎，使東候神於太室。

〔一〕師古曰：「等，同也。」

〔二〕師古曰：「札，木簡之薄小者也。」

〔三〕師古曰：「鬼臾區，黃帝臣也。藝文志云鬼容區，而此志作臾區，臾、容聲相近，蓋一也。今流俗書本臾字作申，非也。」

〔四〕晉灼曰：「迎，數之也。」臣瓚曰：「日月朔望未來而推之，故曰迎日。」

〔五〕師古曰：「所忠，人姓名也。解在食貨志。」

〔六〕師古曰：「不合經典也。」

〔七〕師古曰：「謂不須更言之。」

〔八〕師古曰：「說讀曰悅。」

〔九〕應劭曰：「黃帝時，諸侯會封禪者七千人也。」李奇曰：「說仙道得封者七千國也。」張晏曰：「神靈之封，謂山川之守也。」師古曰：「張說是也。山川之守謂尊山川之神令主祭祀也，即國語所云『汪芒氏之君守封嵎之山』也。」

〔一〇〕蘇林曰：「今雍有鴻冢。」

〔一一〕服虔曰：「黃帝升仙之處也。」師古曰：「谷口，仲山之谷口也，漢時爲縣，今呼之治谷是也。以仲山之北寒涼，故謂此谷爲寒門也。」

〔一二〕晉灼曰：「地理志首山屬河東蒲阪，荊山在馮翊懷德縣也。」

〔一三〕師古曰：「胡謂頸下垂肉也。頿，其毛也，音人占反。」

〔一四〕師古曰：「卬讀曰仰。」

〔一五〕師古曰：「屣，小履。脫屣者，言其便易，無所顧也。屣音山爾反。」

上遂郊雍，至隴西，登空桐，幸甘泉。令祠官寬舒等具泰一祠壇，祠壇放亳忌泰一壇，三陔。〔一〕五帝壇環居其下，各如其方。黃帝西南，除八通鬼道。〔二〕泰一所用，如雍一時物，而加醴棗脯之屬，殺一犛牛〔三〕以爲俎豆牢具。而五帝獨有俎豆醴進。〔四〕其下四方地，爲腏，食羣神從者及北斗云。〔五〕已祠，胙餘皆燎之。〔六〕其牛色白，白鹿居其中，彘在鹿中，鹿中水而酒之。〔七〕祭日以牛，祭月以羊彘特。〔八〕泰一祝宰則衣紫及繡。五帝各如其色，日赤，月白。

〔一〕師古曰：「陔，重也。三陔，三重壇也。音該。」

〔二〕服虔曰：「坤位在未，黃帝從土位。」

〔三〕李奇曰：「音貍。」師古曰：「西南夷長尾髦之牛也。一音茅。」

〔四〕師古曰：「具俎豆酒醴而進之。一曰，進謂雜物之具，所以加禮也。」

〔五〕師古曰：「腏字與餟同，謂聯續而祭也，音竹芮反。食讀曰飤。」

〔六〕師古曰：「胙謂祭餘酒肉也。」

〔七〕服虔曰：「水，玄酒；酒，眞酒也。」晉灼曰：「此言合牲物而燎之也。」師古曰：「言以白鹿內牛中，以彘內鹿中，又以水及酒合內鹿中。」

〔八〕師古曰：「若牛，若羊，若彘，止一牲也。」

十一月辛巳朔旦冬至，昒爽，〔一〕天子始郊拜泰一。朝朝日，夕夕月，〔二〕則揖；而見泰一如雍郊禮。其贊饗曰：「天始以寶鼎神策授皇帝，朔而又朔，終而復始，皇帝敬拜見焉。」〔三〕而衣上黃。其祠列火滿壇，壇旁亨炊具。有司云「祠上有光」。公卿言「皇帝始郊見泰一雲陽，有司奉瑄玉〔四〕嘉牲薦饗，〔五〕是夜有美光，及晝，黃氣上屬天。」〔六〕太史令談、祠官寬舒等曰：「神靈之休，祐福兆祥，宜因此地光域立泰畤壇以明應。〔七〕令太祝領，秋及臘閒祠。(二)〔三〕歲天子壹郊見。」

〔一〕師古曰：「昒爽，謂日尚冥，蓋未明之時也。昒音忽。」
〔二〕師古曰：「以朝旦拜日爲朝。下朝音丈昭反。」
〔三〕師古曰：「贊饗謂祝辭。」
〔四〕孟康曰：「璧大六寸謂之瑄。」
〔五〕師古曰：「漢舊儀云祭天養牛五歲，至三千斤也。」
〔六〕師古曰：「屬音之欲反。」
〔七〕師古曰：「明著美光及黃氣之祥應。」

其秋，爲伐南越，告禱泰一，以牡荆畫幡日月北斗登龍，以象太一三星，爲泰一鋒(旗)，〔一〕命曰「靈旗」。爲兵禱，則太史奉以指所伐國。而五利將軍使不敢入海，之泰山祠。

上使人隨驗，實無所見。五利妄言見其師，其方盡，多不讎。〔二〕上乃誅五利。

〔一〕李奇曰：「牡荆作幡柄也。」如淳曰：「牡荆，荆之無子者，皆絜齋之道。」晉灼曰：「牡，節間不相當也，月暈刻之爲券以畏病者。天文志『天極星，其一明者，太一也；旁三星，三公也』。畫一星在後，三星在前，爲泰一鋒(旗)也。」師古曰：「李、晉二說是也。以牡荆爲幡竿，而畫幡爲日月龍及星。」
〔二〕師古曰：「讎，應當也。不讎，無驗也。」

其冬，公孫卿候神河南，言見僊人迹緱氏城上，有物如雉，往來城上。天子親幸緱氏視迹，問卿：「得毋效文成、五利乎？」卿曰：「僊者非有求人主，人主者求之。其道非少寬暇，神不來。言神事，如迂誕，〔一〕積以歲，乃可致。」於是郡國各除道，繕治宮館名山神祠所，以望幸矣。

〔一〕師古曰：「迂，回遠也。誕，大言也。」

其春，既滅南越，嬖臣李延年以好音見。上善之，下公卿議，曰：「民間祠有鼓舞樂，今郊祀而無樂，豈稱乎？」公卿曰：「古者祠天地皆有樂，而神祇可得而禮。」或曰：「泰帝使素女鼓五十絃瑟，悲，帝禁不止，〔一〕故破其瑟爲二十五絃。」於是塞南越，禱祠泰一、后土，始用樂舞。益召歌兒，〔二〕作二十五絃及空侯瑟自此起。〔三〕

〔一〕師古曰：「泰帝亦謂泰昊也。不止，謂不能自止也。」
〔二〕師古曰：「益，多也。」
〔三〕蘇林曰：「作空侯與瑟。」

其來年冬，上議曰：「古者先振兵釋旅，然後封禪。」乃遂北巡朔方，勒兵十餘萬騎，還祭黃帝冢橋山，釋兵涼如。〔一〕上曰：「吾聞黃帝不死，有冢，何也？」或對曰：「黃帝以僊上天，羣臣葬其衣冠。」既至甘泉，爲且用事泰山，先類祠泰一。〔二〕

〔一〕李奇曰：「地名也。」
〔二〕師古曰：「且，猶將也。類祠，謂以事類而祭也。」

自得寶鼎，上與公卿諸生議封禪。封禪用希曠絕，莫知其儀體，而羣儒采封禪尚書、周官、王制之望祀射牛事。〔一〕齊人丁公年九十餘，曰：「封禪者，古不死之名也。秦皇帝不得上封。陛下必欲上，稍上〔二〕即無風雨，遂上封矣。」上於是乃令諸儒習射牛，草封禪儀。數年，至且行。天子既聞公孫卿及方士之言，黃帝以上封禪皆致怪物與神通，欲放黃帝〔三〕以接神人蓬萊，高世比德於九皇，〔四〕而頗采儒術以文之。羣儒既已不能辯明封禪事，又拘於詩書古文而不敢騁。上爲封祠器視羣儒，〔五〕羣儒或曰「不與古同」，徐偃又曰「太常諸生行禮不如魯善」，〔六〕周霸屬圖封事，〔七〕於是上黜偃、霸，而盡罷諸儒弗用。

〔一〕師古曰：「天子有事宗廟，必自射牲，蓋示親殺也。事見國語也。」
〔二〕師古曰：「稍，漸也。」
〔三〕師古曰：「放，依也，音甫往反。」
〔四〕張晏曰：「三皇之前有人皇，九首。」韋昭曰：「上古有人皇者九人。」師古曰：「韋說是也。」
〔五〕師古曰：「視讀曰示。」
〔六〕師古曰：「徐偃，博士姓名。」
〔七〕服虔曰：「屬，會也，會諸儒圖封事也。」師古曰：「周霸，亦人姓名也。屬音之欲反。」

三月，乃東幸緱氏，禮登中嶽太室。從官在山上聞若有言「萬歲」云。問上，上不言；問下，下不言。乃令祠官加增太室祠，禁毋伐其山木，以山下戶凡三百封崈高，爲之奉邑，〔一〕獨給祠，復，無有所與。〔二〕上因東上泰山，〔三〕泰山草木未生，乃令人上石立之泰山顛。〔四〕

〔一〕師古曰：「崈，古崇字耳。以崇奉嵩高之山，故謂之崈高奉邑。奉音扶用反。」
〔二〕師古曰：「復音方目反。與讀曰預。」
〔三〕如淳曰：「晉易上也。泰山從南面直上，步道三十里，車道百里。」
〔四〕師古曰：「從山下轉石而上。」

上遂東巡海上，行禮祠八神。齊人之上疏言神怪奇方者以萬數，乃益發船，令言海中

神山者數千人求蓬萊神人。公孫卿持節常先行候名山，至東萊，言夜見大人，長數丈，就之則不見，見其迹甚大，類禽獸云。羣臣有言見一老父牽狗，言「吾欲見鉅公」，〔一〕已忽不見。上既見大迹，未信，及羣臣又言老父，則大以爲僊人也。宿留海上，〔二〕與方士傳車〔三〕及間使求神僊人以千數。〔四〕

〔一〕鄭氏曰：「天子也。」張晏曰：「天子爲天下父，故曰鉅公也。」師古曰：「鉅，大也。」
〔二〕師古曰：「宿留，謂有所須待也。宿音先欲反。留音力就反。它皆類此。」
〔三〕師古曰：「傳音張戀反。」
〔四〕師古曰：「間，微也，隨間隙而行也。」

四月，還至奉高。上念諸儒及方士言封禪人殊，不經，難施行。〔一〕天子至梁父，禮祠地主。至乙卯，令侍中儒者皮弁縉紳，射牛行事。封泰山下東方，如郊祠泰一之禮。封廣丈二尺，高九尺，其下則有玉牒書，書祕。禮畢，天子獨與侍中奉車子侯上泰山，〔二〕亦有封。其事皆禁。明日，下陰道。丙辰，禪泰山下阯東北肅然山，〔三〕如祭后土禮。天子皆親拜見，衣上黃而盡用樂焉。江淮間一茅三脊爲神藉。五色土益雜封。縱遠方奇獸飛禽及白雉諸物，頗以加祠。兕牛象犀之屬不用。皆至泰山，然後去。封禪祠，其夜若有光，晝有白雲出封中。〔四〕

〔一〕師古曰：「人人殊異，又不合經，故難以施行。」
〔二〕服虔曰：「子侯，霍去病子也。」
〔三〕師古曰：「阯者，山之基足，音止。」
〔四〕師古曰：「白雲出於所封之中。」

天子從禪還，坐明堂，羣臣更上壽。〔一〕下詔改元爲元封。語在武紀。又曰：「古者天子五載一巡狩，用事泰山，諸侯有朝宿地。其令諸侯各治邸泰山下。」

〔一〕師古曰：「更，互也，音工衡反。」

天子既已封泰山，無風雨，而方士更言蓬萊諸神〔一〕若將可得，於是上欣然庶幾遇之，復東至海上望焉。奉車子侯暴病，一日死。上乃遂去，並海上，〔二〕北至碣石，巡自遼西，歷北邊至九原。五月，乃至甘泉，周萬八千里云。

〔一〕師古曰：「更音工衡反。」
〔二〕師古曰：「並音步浪反。上音時掌反。」

其秋，有星孛於東井。後十餘日，有星孛於三能。〔一〕望氣王朔言：「候獨見填星出如瓜，食頃，復入。」有司皆曰：「陛下建漢家封禪，天其報德星云。」〔二〕

〔一〕師古曰：「能讀曰台。」
〔二〕師古曰：「德星，即填星也。言天以德星報於帝。」

其來年冬，郊雍五帝。還，拜祝祠泰一。〔一〕贊饗曰：「德星昭衍，厥維休祥。〔二〕壽星仍出，淵燿光明。信星昭見，皇帝敬拜泰祝之享。」

〔一〕師古曰：「拜而祠之，加祝辭。」
〔二〕師古曰：「昭，明；衍，大；休，美也。」

其春，公孫卿言見神人東萊山，若云「欲見天子」。天子於是幸緱氏城，拜卿爲中大夫。遂至東萊，宿，留之數日，毋所見，見大人迹云。復遣方士求神人采藥以千數。是歲旱。天子既出亡名，乃禱萬里沙，〔一〕過祠泰山。〔二〕還至瓠子，自臨塞決河，留二日，湛祠而去。〔三〕

〔一〕應劭曰：「萬里沙，神祠也，在東萊曲城。」如淳曰：「故禱萬里沙以爲名也。」
〔二〕鄭氏曰：「泰山東自復有小泰山。」臣瓚曰：「即今之泰山也。」師古曰：「瓚說是也。」
〔三〕師古曰：「湛讀曰沈，謂沈祭具於水中也。爾雅曰『祭川曰浮沈』。」

校勘記

一一九四頁一三行　文公(㝱)〔夢〕黃蛇自天下屬地，　景祐、殿、局本都作「夢」。朱一新說作「夢」是，封禪書同。

一二〇〇頁一五行　昔文公出(𤢖)〔獵〕，　景祐、殿、局本都作「獵」。王先謙說作「獵」是。

一二〇三頁一〇行　(來)〔求〕僊人羨門之屬。　景祐、殿本都作「求」。朱一新說作「求」是，封禪書同。

一二〇三頁一五行　六曰月主，祠(之)萊山；　王先謙說「之」字不當有，緣上「之」字而衍。

一二〇三頁一五行　羨門高最後，皆燕人，　王鳴盛說，案服虔、司馬貞說，最後者，自是謂其在騶子之後耳，非姓名。其實止四人。顏注謬。

一二〇四頁六行　〔王子喬〕化爲白蜺，　「王子喬」三字據景祐、殿本補。

一二〇四頁八行　今其書有(王)〔主〕運。五行相次轉用事，隨方(而)〔面〕爲服也。　景祐、殿本「王」都作「主」，「而」都作「面」，封禪書集解引同。

一二〇九頁二行　唯雍四(時)〔畤〕上帝爲尊，　景祐、殿、局本都作「畤」。王先謙說作「畤」是。

一二一〇頁八行　二年(冬)，　王念孫說景祐本無「冬」字是也。按封禪書亦無「冬」字。

一二一二頁一行　(當)〔堂〕上之屬；　景祐、殿、局本都作「堂」。

一二一三頁一行　(晨)〔辰〕見而祭之。　王先謙說殿本「晨」作「辰」是。

一二一三頁六行　〔故外〕黑；　「故外」二字據景祐、殿本補。

一二一九頁一六行　言此牛腹中有奇(書)。　景祐本無「書」字，封禪書亦無。王念孫說無「書」字是。

一二二三頁一二行　樂成侯(登)上書言欒大。　王先謙說「登」字蓋衍。

一二二三頁一五行　大爲人長美，〔七〕言多方略，　注〔七〕原在「言」字下，明顏以「長美言」連讀。武億說「言」字當連下「多方略」爲句。楊樹達說顏注非，武讀是。

一二三六頁一行　鼎宜視宗禰(廣)〔廟〕，景祐、殿、局本都作「廟」。

一二三六頁一〇行　雖祈穀而未獲年豐之(穀)〔報〕也。　景祐、殿本都作「報」。朱一新說作「報」是。

一二三八頁七行　漢帝亦當上封(禪)，〔上〕封(禪)則能僊登天矣。　據景祐本改。王念孫說景祐本是。

一二三八頁一三行　龍乃〔上〕去。　景祐、殿本都有「上」字。朱一新說史記同，此脫。

一二三一頁六行　(二)〔三〕歲天子壹郊見。　景祐、殿本都作「三」。王先謙說封禪書、通鑑作「三」是，此誤。

一二三二頁一四行　爲泰一鋒(旗)，　王念孫說「鋒旗」之「旗」後人以意加之也。景祐本無「旗」字，注同。

漢書卷二十五下

郊祀志第五下

是時既滅兩粵，粵人勇之乃言「粵人俗鬼，〔一〕而其祠皆見鬼，數有效。昔東甌王敬鬼，壽百六十歲。後世怠嫚，故衰耗」。〔二〕乃命粵巫立粵祝祠，安臺無壇，亦祠天神帝百鬼，〔三〕而以雞卜。〔四〕上信之，粵祠雞卜自此始用。〔五〕

〔一〕師古曰：「勇之，越人名也。俗鬼，言其土俗尚鬼神之事。」

〔二〕師古曰：「耗，減也，音火到反。」

〔三〕師古曰：「天帝之神及百鬼。」

〔四〕李奇曰：「持雞骨卜，如鼠卜。」

〔五〕師古曰：「言國家始用。」

公孫卿曰：「僊人可見，上往常遽，以故不見。〔一〕今陛下可爲館如緱氏城，〔二〕置脯棗，神人宜可致。且僊人好樓居。」於是上令長安則作飛廉、桂館，〔三〕甘泉則作益壽、延壽

館，〔四〕使卿持節設具而候神人。乃作通天臺，〔五〕置祠具其下，將招來神僊之屬。於是甘泉更置前殿，始廣諸宮室。夏，有芝生甘泉殿房內中。天子爲塞河，興通天，若有光云，〔六〕乃下詔赦天下。

〔一〕師古曰：「遽，速也，音其庶反。」

〔二〕師古曰：「依其制度也。」

〔三〕師古曰：「飛廉館及桂館二名也。」

〔四〕師古曰：「益壽、延壽，亦二館名。」

〔五〕師古曰：「漢舊儀云臺高三十丈，望見長安城。」

〔六〕師古曰：「爲塞河及造通天臺而有神光之應，故赦天下也。」

其明年，伐朝鮮。夏，旱。公孫卿曰：「黃帝時封則天旱，乾封三年。」〔一〕上乃下詔：「天旱，意乾封乎？〔二〕其令天下尊祠靈星焉。」

〔一〕師古曰：「三歲不雨，暴所封之土令乾也。」

〔二〕鄭氏曰：「言適新封則致旱，天欲乾我所封乎？」

明年，上郊雍五時，通回中道，遂北出蕭關，歷獨鹿、鳴澤，〔一〕自西河歸，幸河東祠后土。

〔一〕師古曰：「解並在武紀。」

明年冬，上巡南郡，至江陵而東。登禮灊之天柱山，號曰南嶽。〔一〕浮江，自潯陽出樅陽，〔二〕過彭蠡，禮其名山川。北至琅邪，並海上。〔三〕四月，至奉高修封焉。

〔一〕師古曰：「灊，廬江縣也，天柱山在焉。武帝以天柱山爲南嶽。灊音潛。」
〔二〕師古曰：「樅音千庸反。」
〔三〕師古曰：「並音步浪反。上音時掌反。」

初，天子封泰山，泰山東北阯古時有明堂處，處險不敞。〔一〕上欲治明堂奉高旁，未曉其制度。濟南人公玉帶上黃帝時明堂圖。〔二〕明堂中有一殿，四面無壁，以茅蓋，通水，水圜宮垣，〔三〕爲復道，上有樓，從西南入，〔四〕名曰昆侖，天子從之入，以拜祀上帝焉。於是上令奉高作明堂汶上，如帶圖。〔五〕及是歲修封，則祠泰一、五帝於明堂上坐，〔六〕合高皇帝祠坐對之。〔七〕祠后土於下房，以二十太牢。天子從昆侖道入，始拜明堂如郊禮。畢，尞堂下。〔八〕而上又上泰山，自有祕祠其顚。而泰山下祠五帝，各如其方，黃帝并赤帝所，〔九〕有司侍祠焉。山上舉火，下悉應之。還幸甘泉，郊泰畤。春幸汾陰，祠后土。

〔一〕師古曰：「言其阻阸不顯敞。」
〔二〕師古曰：「公玉，姓也。帶，名也。呂氏春秋齊有公玉丹，此蓋其舊族。而說者讀公玉爲宿，非也。單姓玉者，後漢司徒玉況，自音宿耳。」
〔三〕師古曰：「圜，繞也。」

〔四〕師古曰：「復讀曰複也。」
〔五〕師古曰：「汶，水名也，出琅邪朱虛。作明堂於汶水之上也。帶圖，公玉帶所上明堂圖。汶音問。」
〔六〕師古曰：「坐音才臥反。」
〔七〕服虔曰：「漢是時未以高祖配天，故言對。光武以來乃配之。」
〔八〕師古曰：「尞，古燎字。」
〔九〕師古曰：「與赤帝同處。」

明年，幸泰山，以十一月甲子朔旦冬至日祀上帝於明堂，（後每）〔毋〕修封。其贊饗曰：「天增授皇帝泰元神策，周而復始。皇帝敬拜泰一。」〔一〕東至海上，考入海及方士求神者，莫驗，然益遣，幾遇之。〔二〕乙酉，柏梁災。十二月甲午朔，上親禪高里，〔三〕祠后土。臨勃海，將以望祀蓬萊之屬，幾至殊庭焉。〔四〕

〔一〕師古曰：「自此以上，贊祝者辭。」
〔二〕師古曰：「益，多也。幾讀曰冀。言更遣人求之，冀必遇也。」
〔三〕師古曰：「高里，山名。解在武紀。」
〔四〕師古曰：「殊庭，蓬萊中仙人庭也。幾讀曰冀。」

上還，以柏梁災故，受計甘泉。公孫卿曰：「黃帝就青靈臺，十二日燒，〔一〕黃帝乃治明庭。明庭，甘泉也。」方士多言古帝王有都甘泉者。其後天子又朝諸侯甘泉，甘泉作諸侯邸。勇之乃曰：「粵俗有火災，復起屋，必以大，用勝服之。」於是作建章宮，度爲千門萬戶。前殿度高未央。〔二〕其東則鳳闕，高二十餘丈。〔三〕其西則商中，數十里虎圈。〔四〕其北治大池，漸臺高二十餘丈，名曰泰液，〔五〕池中有蓬萊、方丈、瀛州、壺梁，象海中神山龜魚之屬。〔六〕其南有玉堂璧門大鳥之屬。〔七〕立神明臺、井幹樓，高五十丈，輦道相屬焉。〔八〕

〔一〕師古曰：「就，成也，造臺適成，經十二日即遇火燒。」
〔二〕師古曰：「度並音大各反。」
〔三〕師古曰：「三輔故事云其闕圜上有銅鳳凰。」
〔四〕如淳曰：「商中，商庭也。」師古曰：「商，金也。於序在秋，故謂西方之庭爲商庭，言廣數十里。於菟亦西方之獸，故於此置其圈也。」
〔五〕師古曰：「漸，浸也。臺在池中，爲水所浸，故曰漸臺。一音子廉反。三輔黃圖或爲瀸字，瀸亦浸耳。」
〔六〕師古曰：「三輔故事云池北岸有石魚，長二丈，高五尺，西岸有石龜三枚，長六尺。」
〔七〕師古曰：「立大鳥象也。」
〔八〕師古曰：「漢宮閣疏云神明臺高五十丈，上有九室，恆置九天道士百人。然則神明、井幹俱高五十丈也。井幹樓積木而高，爲樓若井幹之形也。井幹者，井上木欄也，其形或四角，或八角。張衡西京賦云『井幹疊而百層』，即謂此樓也。幹或作韓，其義並同。」

夏，漢改曆，以正月爲歲首，而色上黃，官更印章以五字，〔一〕因爲太初元年。是歲，西伐大宛，蝗大起。丁夫人、雒陽虞初等〔二〕以方祠詛匈奴、大宛焉。

〔一〕師古曰：「解在武紀。」
〔二〕應劭曰：「丁夫人，其先丁復，本越人，封陽都侯。夫人其後，以詛軍爲功。」韋昭曰：「丁，姓；夫人，名也。」

明年，有司言雍五畤無牢孰具，芬芳不備。乃令祠官進畤犢牢具，色食所勝，〔一〕而以木寓馬代駒云。及諸名山川用駒者，悉以木寓馬代。獨行過親祠，乃用駒，它禮如故。

〔一〕孟康曰：「若火勝金，則祠赤帝以白牲也。」

明年，東巡海上，考神僊之屬，未有驗者。方士有言黃帝時爲五城十二樓，〔一〕以候神人於執期，〔二〕名曰迎年。〔三〕上許作之如方，名曰明年。〔四〕上親禮祠，上犢黃焉。

〔一〕應劭曰：「昆侖玄圃五城十二樓，仙人之所常居。」
〔二〕鄭氏曰：「地名也。」
〔三〕師古曰：「迎年，若云祈年。」
〔四〕師古曰：「言明其得延年也。」

公玉帶曰：「黃帝時雖封泰山，然風后、封鉅、岐伯令黃帝封東泰山，〔一〕禪凡山，〔二〕合符，然後不死。」天子既令設祠具，至東泰山，東泰山卑小，不稱其聲，乃令祠官禮之，而不封焉。其後令帶奉祠候神物。復還泰山，修五年之禮如前，而加禪祠石閭。石閭者，在泰山下阯南方，〔三〕方士言僊人閭也，故上親禪焉。

〔一〕韋昭曰：「風后、封鉅、岐伯皆黃帝臣也。」臣瓚曰：「東泰山在琅邪朱虛界，中有小泰山是。」
〔二〕師古曰：「凡山在朱虛縣，見地理志也。」
〔三〕師古曰：「下基之南面。」

其後五年，復至泰山修封，還過祭恆山。

自封泰山後，十三歲而周徧於五嶽、四瀆矣。

後五年，復至泰山修封。東幸琅邪，禮日成山，登之罘，浮大海，用事八神延年。〔一〕又祠神人於交門宮，若有鄉坐拜者云。〔二〕

〔一〕師古曰：「解並在武紀。延年，即上所謂迎年者。」
〔二〕師古曰：「如有神人景象嚮祠坐而拜也。事具在武紀。鄉讀與嚮同。」

後五年，上復修封於泰山。東游東萊，臨大海。是歲，雍縣無雲如靁者三，〔一〕或如虹氣蒼黃，若飛鳥集棫陽宮南，〔二〕聲聞四百里。隕石二，黑如黳，有司以為美祥，以薦宗廟。而方士之候神入海求蓬萊者終無驗，公孫卿猶以大人之跡為解。〔三〕天子猶羈縻不絕，〔四〕幾遇其眞。〔五〕

〔一〕師古曰：「靁，古雷字也。空有雷聲也。」
〔二〕師古曰：「棫音域。」
〔三〕師古曰：「言見大人之跡，以自解說也。」

〔四〕師古曰：「羈縻，繫聯之意。馬絡頭曰羈也。牛靷曰縻。」
〔五〕師古曰：「幾讀曰冀。」

諸所興，如薄忌泰一及三一、冥羊、馬行、赤星，五(牀)。寬舒之祠(宮)〔官〕〔一〕以歲時致禮。凡六祠，皆大祝領之。至如八神，諸明年、凡山它名祠，行過則祠，去則已。方士所興祠，各自主，其人終則已，祠官不主。它祠皆如故。甘泉泰一、汾陰后土，三年親郊祠，而泰山五年一修封。武帝凡五修封。昭帝即位，富於春秋，未嘗親巡祭云。

〔一〕李奇曰：「皆祠名。」

宣帝即位，由武帝正統興，故立三年，尊孝武廟為世宗，行所巡狩郡國皆立廟。告祠世宗廟日，有白鶴集後庭。以立世宗廟告祠孝昭寢，有鴈五色集殿前。西河築世宗廟，神光興於殿旁，有鳥如白鶴，前赤後青。神光又興於房中，如燭狀。廣川國世宗廟殿上有鍾音，門戶大開，夜有光，殿上盡明。上乃下詔赦天下。

時，大將軍霍光輔政，上共已正南面，〔一〕非宗廟之祀不出。十二年，乃下詔曰：「蓋聞天子尊事天地，修祀山川，古今通禮也。間者，上帝之祠闕而不親十有餘年，朕甚懼焉。朕親飭躬齊戒，親奉祀，為百姓蒙嘉氣，獲豐年焉。」

〔一〕師古曰：「共讀曰恭。」

明年正月，上始幸甘泉，郊見泰畤，數有美祥。修武帝故事，盛車服，敬齊祠之禮，頗作詩歌。

其三月，幸河東，祠后土，有神爵集，改元為神爵。制詔太常：「夫江海，百川之大者也，今闕焉無祠。其令祠官以禮為歲事，〔一〕以四時祠江海雒水，祈為天下豐年焉。」自是五嶽、四瀆皆有常禮。東嶽泰山於博，中嶽泰室於嵩高，南嶽灊山於灊，〔二〕西嶽華山於華陰，北嶽常山於上曲陽，〔三〕河於臨晉，〔四〕江於江都，〔五〕淮於平氏，〔六〕濟於臨邑界中，〔七〕皆使者持節侍祠。唯泰山與河歲五祠，江水四，餘皆一禱而三祠云。

〔一〕師古曰：「言每歲常祠之。」
〔二〕師古曰：「灊與潛同也。」
〔三〕師古曰：「上曲陽，常山郡之縣也。」
〔四〕師古曰：「馮翊之縣也，臨河西岸。」
〔五〕師古曰：「廣陵之縣也。」
〔六〕師古曰：「南陽之縣也。」
〔七〕師古曰：「東郡之縣也。」

時，南郡獲白虎，獻其皮牙爪，上為立祠。又以方士言，為隨侯、劍寶、玉寶璧、周康寶

鼎立四祠於未央宮中。又祠太室山於即墨，三戶山於下密，〔一〕祠天封苑火井於鴻門。〔二〕又立歲星、辰星、太白、熒惑、南斗祠於長安城旁。又祠參山八神於曲城，〔三〕蓬山石社石鼓於臨朐，〔四〕之罘山於腄，成山於不夜，萊山於黃。〔五〕成山祠日，萊山祠月。又祠四時於琅邪，蚩尤於壽良。〔六〕京師近縣鄠，則有勞谷、五牀山、日月、五帝、僊人、玉女祠。雲陽有徑路神祠，祭休屠王也。〔七〕又立五龍山僊人祠及黃帝、天神、帝原水，凡四祠於膚施。〔八〕

〔一〕師古曰：「即墨、下密皆膠東之縣也。」
〔二〕如淳曰：「地理志西河鴻門縣有天封苑火井祠，火從地中出。」
〔三〕師古曰：「東萊之縣也。」
〔四〕師古曰：「臨朐，齊郡縣也。朐音劬。地理志蓬山作逢山也。」
〔五〕應劭曰：「腄音甀。」晉灼曰：「腄、不夜、黃縣皆屬東萊。」師古曰：「腄音丈瑞反。」
〔六〕師古曰：「東郡之縣也。」
〔七〕師古曰：「休屠，匈奴王號也。徑路神，本匈奴之祠也。休音許虯反。屠音除。」
〔八〕師古曰：「膚施，上郡之縣也。」

或言益州有金馬碧雞之神，〔一〕可醮祭而致，於是遣諫大夫王襃使持節而求之。

〔一〕如淳曰：「金形似馬，碧形似雞。」

大夫劉更生獻淮南枕中洪寶苑祕之方，〔一〕令尚方鑄作。事不驗，更生坐論。京兆尹

張敞上疏諫曰：「願明主時忘車馬之好，斥遠方士之虛語，[二]游心帝王之術，太平庶幾可興也。」後尚方待詔皆罷。

[一]師古曰：「洪，大也。苑祕者，言祕術之苑囿也。」
[二]師古曰：「遠音於萬反。」

是時，美陽得鼎，獻之。[一]下有司議，多以爲宜薦見宗廟，如元鼎時故事。張敞好古文字，桉鼎銘勒而上議曰：「臣聞周祖始乎后稷，后稷封於斄，[二]公劉發迹於豳，[三]大王建國於郊梁，[四]文武興於酆鎬。[五]由此言之，則郊梁豐鎬之間周舊居也，固宜有宗廟壇場祭祀之臧。今鼎出於郊東，中有刻書曰：『王命尸臣：「官此栒邑，[六]賜爾旂鸞黼黻琱戈。」[七]尸臣拜手稽首曰：「敢對揚天子丕顯休命。」』[八]臣愚不足以迹古文，[九]竊以傳記言之，此鼎殆周之所以褒賜大臣，大臣子孫刻銘其先功，臧之於宮廟也。昔寶鼎之出於汾脽也，河東太守以聞，詔曰：『朕巡祭后土，祈爲百姓蒙豐年，[一〇]今穀嗛未報，[一一]鼎焉爲出哉？』博問耆老，意舊臧與？[一二]誠欲考得事實也。有司驗脽上非舊臧處，鼎大八尺一寸，高三尺六寸，殊異於衆鼎。今此鼎細小，又有款識，[一三]不宜薦見於宗廟。」制曰：「京兆尹議是。」

[一]師古曰：「美陽，扶風之縣也。」
[二]師古曰：「斄讀與邰同，今武功故城是。」

[三]師古曰：「今豳州是也。」
[四]師古曰：「梁山在岐山之東，九嵕之西，非夏陽之梁山也。郊，古岐字。」
[五]師古曰：「酆，今長安城西豐水上也。鎬在昆明池北。」
[六]師古曰：「尸臣，主事之臣也。栒邑，即豳地是也。栒音荀。」
[七]師古曰：「交龍爲旂。鸞謂有鸞之車也。黼黻，冕服也。琱戈，刻鏤之戈也。琱與凋同。」
[八]師古曰：「拜手，首至於手也。」
[九]師古曰：「尋其文迹。」
[一〇]師古曰：「爲音於僞反。」
[一一]師古曰：「嗛，少意也。言穀稼尚少，未獲豐年也。嗛音苦簟反。」
[一二]服虔曰：「言鼎豈舊臧於此地。」師古曰：「與讀曰歟。」
[一三]師古曰：「款，刻也。識，記也，音式志反。」

上自幸河東之明年正月，鳳皇集祋祤，[一]於所集處得玉寶，起步壽宮，乃下詔赦天下。後間歲，鳳皇神爵甘露降集京師，[二]赦天下。其冬，鳳皇集上林，乃作鳳皇殿，以答嘉瑞。[三]明年正月，復幸甘泉，郊泰畤，改元曰五鳳。明年，幸雍祠五畤。其明年春，幸河東，祠后土，赦天下。後間歲，改元爲甘露。正月，上幸甘泉，郊泰畤。其夏，黃龍見新豐。建章、未央、長樂宮鍾虡銅人皆生毛，長一寸所，[四]時以爲美祥。後間歲正月，上郊泰畤，因朝單于於甘泉宮。後間歲，改元爲黃龍。正月，復幸甘泉，郊泰畤，又朝單于於甘泉宮。至冬而崩。鳳皇下郡國凡五十餘所。

[一]師古曰：「祋祤，馮翊之縣也。祋音丁活反，又丁外反。祤音況矩反。」
[二]師古曰：「間歲，隔一歲也。」
[三]師古曰：「答，應也。」
[四]師古曰：「虡，神獸名也，縣鐘之木，刻飾爲之，因名曰虡也。」

元帝即位，遵舊儀，間歲正月，一幸甘泉郊泰畤，又東至河東祠后土，西至雍祠五畤。凡五奉泰畤、后土之祠。亦施恩澤，時所過毋出田租，賜百戶牛酒，[一]或賜爵，赦罪人。

[一]師古曰：「言有時如此，不常然也。」

元帝好儒，貢禹、韋玄成、匡衡等相繼爲公卿。禹建言漢家宗廟祭祀多不應古禮，上是其言。後韋玄成爲丞相，議罷郡國廟，自太上皇、孝惠帝諸園寢廟皆罷。後元帝寢疾，夢神靈譴罷諸廟祠，上遂復焉。後或罷或復，至哀、平不定。語在韋玄成傳。

成帝初即位，丞相衡、御史大夫譚[一]奏言：「帝王之事莫大乎承天之序，承天之序莫重

於郊祀，故聖王盡心極慮以建其制。祭天於南郊，就陽之義也；瘞地於北郊，即陰之象也。[二]天之於天子也，因其所都而各饗焉。往者，孝武皇帝居甘泉宮，即於雲陽立泰畤，祭於宮南。今行常幸長安，郊見皇天反北之泰陰，祠后土反東之少陽，事與古制殊。又至雲陽，行谿谷中，阸陝且百里，汾陰則渡大川，有風波舟楫之危，[三]皆非聖主所宜數乘。郡縣治道共張，吏民困苦，[四]百官煩費。勞所保之民，行危險之地，[五]難以奉神靈而祈福祐，殆未合於承天子民之意。昔者周文武郊於豐鄗，成王郊於雒邑。由此觀之，天隨王者所居而饗之，可見也。甘泉泰畤、河東后土之祠宜可徙置長安，合於古帝王。願與羣臣議定。」奏可。大司馬車騎將軍許嘉等八人以爲所從來久遠，宜如故。右將軍王商、博士師丹、議郎翟方進等五十人以爲禮記曰「燔柴於太壇，祭天也；瘞薶於大折，祭地也」。[六]兆於南郊，所以定天位也。[七]祭地於大折，在北郊，就陰位也。郊處各在聖王所都之南北。書曰「越三日丁巳，用牲於郊，牛二。」[八]周公加牲，告徙新邑，定郊禮於雒。明王聖主，事天明，事地察。天地明察，神明章矣。天地以王者爲主，故聖王制祭天地之禮必於國郊。長安，聖主之居，皇天所觀視也。甘泉、河東之祠非神靈所饗，宜徙就正陽大陰之處。違俗復古，循聖制，定天位，如禮便。」於是衡、譚奏議曰：「陛下聖德，悤明上通，[九]承天之大，典覽羣下，使各悉心盡慮，議郊祀之處，天下幸甚。臣聞廣謀從衆，則合於天心，故洪範曰『三人占，

則從二人言』，〔一〇〕言少從多之義也。論當往古，宜於萬民，則依而從之；〔一一〕違道寡與，則廢而不行。今議者五十八人，其五十人言當徙之義，皆著於經傳，同於上世，便於吏民；八人不案經藝，考古制，而以爲不宜，無法之議，難以定吉凶。太誓曰：『正稽古立功立事，可以永年，丕天之大律。』〔一二〕詩曰『毋曰高高在上，陟降厥士，日監在茲』，〔一三〕言天之日監王者之處也。又曰『乃眷西顧，此維予宅』，〔一四〕言天以文王之都爲居也。宜於長安定南北郊，爲萬世基。」天子從之。

〔一〕師古曰：「衡，匡衡。譚，張譚。」
〔二〕師古曰：「祭地曰瘞薶，故云瘞地也。即，就也。」
〔三〕師古曰：「楫音集。其字從木。」
〔四〕師古曰：「共讀曰供，音居用反。張音竹亮反。下皆類此。」
〔五〕師古曰：「保，養也。」
〔六〕韋昭曰：「大折，謂爲壇於昭晰地也。」師古曰：「折，曲也。言方澤之形，四曲折也。」
〔七〕鄧展曰：「除地爲營埒，有形兆也。」
〔八〕師古曰：「周書洛誥之辭。」
〔九〕師古曰：「忽與聰同。」
〔一〇〕師古曰：「洪範，周書也。」

〔一一〕師古曰：「論，議也，音來頓反。」
〔一二〕師古曰：「今文泰誓，周書也。稽，考也。永，長也。丕，奉也。律，法也。言正考古道而立事，則可長年享有天下，是則奉天之大法也。」
〔一三〕師古曰：「詩周頌敬之詩也。陟，升也。士，事也。言無謂天之高而又高，遠在上而不加敬，天乃上下升降，日日監觀於此，視人之所爲者耳。」
〔一四〕師古曰：「大雅皇矣之詩也。宅，居也。言天眷然西顧，以周國爲居也。商紂在東，故謂周爲西也。」

既定，衡言：「甘泉泰畤紫壇，八觚宣通象八方。〔一〕五帝壇周環其下，又有羣神之壇。以尚書禋六宗、望山川、徧羣神之義，紫壇有文章采鏤黼黻之飾及玉、女樂，〔二〕石壇、僊人祠，瘞鸞路、騂駒、寓龍馬，不能得其象於古。臣聞郊（紫壇）〔柴〕饗帝之義，埽地而祭，上質也。歌大呂舞雲門以竢天神，歌太族舞咸池以竢地祇，〔三〕其牲用犢，其席槀稭，其器陶匏，〔四〕皆因天地之性，貴誠上質，不敢修其文也。以爲神祇功德至大，雖修精微而備庶物，猶不足以報功，唯至誠爲可，（致）〔故〕上質不飾，以章天德。紫壇僞飾、女樂、鸞路、騂駒、龍馬、石壇之屬，宜皆勿修。」

〔一〕服虔曰：「八觚，如今社壇也。」師古曰：「觚，角也。」
〔二〕師古曰：「漢舊儀云祭天用六綵綺席六重，用玉几玉飾器凡七十。女樂，即禮樂志所云『使童男童女俱歌』也。」
〔三〕師古曰：「此周禮也。大呂合於黃鍾。黃鍾，陽聲之首也。雲門，黃帝樂也。太族，陽聲次二者也。咸池，堯樂也。」
〔四〕師古曰：「陶，瓦器；匏，瓠也。稭音戛。」

衡又言：「王者各以其禮制事天地，非因異世所立而繼之。〔一〕今雍鄜、密、上下畤，〔二〕本秦侯各以其意所立，非禮之所載術也。漢興之初，儀制未及定，即且因秦故祠，復立北畤。今既稽古，建定天地之大禮，郊見上帝，青赤白黃黑五方之帝皆畢陳，各有位饌，祭祀備具。諸侯所妄造，王者不當長遵。及北畤，未定時所立，〔三〕不宜復修。」天子皆從焉。及陳寶祠，由是皆罷。

〔一〕師古曰：「異世，謂前代。」
〔二〕晉灼曰：「秦文公、宣公所立畤也。」
〔三〕師古曰：「謂高祖之初，禮儀未定。」

明年，上始祀南郊，赦奉郊之縣及中都官耐罪囚徒。〔一〕是歲衡、譚復條奏：「長安廚官縣官給祠郡國候神方士使者所祠，凡六百八十三所，其二百八所應禮，及疑無明文，可奉祠如故。其餘四百七十五所不應禮，或復重，〔二〕請皆罷。」奏可。本雍舊祠二百三所，唯山川諸星十五所爲應禮云。若諸布、諸嚴、諸逐，皆罷。杜主有五祠，置其一。又罷高祖所立梁、晉、秦、荊巫、九天、南山、萊中之屬，及孝文渭陽、孝武薄忌泰一、三一、黃帝、冥羊、馬

行、泰一、皋山山君、武夷、夏后啓母石、萬里沙、八神、延年之屬，及孝宣參山、蓬山、之罘、成山、萊山、四時、蚩尤、勞谷、五牀、僊人、玉女、徑路、黃帝、天神、原水之屬，皆罷。候神方士使者副佐、本草待詔七十餘人皆歸家。〔三〕

〔一〕師古曰：「中都官，京師諸官府也。」
〔二〕師古曰：「復音扶目反。重音丈庸反。」
〔三〕師古曰：「本草待詔，謂以方藥本草而待詔者。」

明年，匡衡坐事免官爵。衆庶多言不當變動祭祀者。又初罷甘泉泰畤作南郊日，大風壞甘泉竹宮，折拔畤中樹木十圍以上百餘。天子異之，以問劉向。對曰：「家人尚不欲絕種祠，〔一〕況於國之神寶舊畤！且甘泉、汾陰及雍五畤始立，皆有神祇感應，然後營之，非苟而已也。武、宣之世，奉此三神，禮敬敕備，〔二〕神光尤著。祖宗所立神祇舊位，誠未易動。及陳寶祠，自秦文公至今七百餘歲矣，漢興世世常來，光色赤黃，長四五丈，直祠而息，音聲砰隱，野雞皆雊。〔三〕每見雍太祝祠以太牢，遣候者乘一乘傳馳詣行在所，〔四〕以爲福祥。高祖時五來，文帝二十六來，武帝七十五來，宣帝二十五來，初元元年以來亦二十來，此陽氣舊祠也。及漢宗廟之禮，不得擅議，皆祖宗之君與賢臣所共定。古今異制，經無明文，至尊至重，難以疑說正也。前始納貢禹之議，後人相因，多所動搖。易大傳曰：『誣神者殃及三世。』

恐其咎不獨止禹等。」上意恨之。〔五〕

〔一〕師古曰：「家人，謂庶人之家也。種祠，繼嗣所傳祠也。」
〔二〕師古曰：「勑，整也。」
〔三〕師古曰：「直，當也。息，止也。當祠處而止也。研音普萌反。」
〔四〕師古曰：「報神之來也。傳音張戀反。」
〔五〕師古曰：「恨，悔也。」

後上以無繼嗣故，令皇太后詔有司曰：「蓋聞王者承事天地，交接泰一，尊莫著於祭祀。孝武皇帝大聖通明，始建上下之祀，〔一〕營泰畤於甘泉，定后土於汾陰，而神祇安之，饗國長久，子孫蕃滋，〔二〕累世遵業，福流於今。今皇帝寬仁孝順，奉循聖緒，靡有大愆，而久無繼嗣。思其咎職，殆在徙南北郊，〔三〕違先帝之制，改神祇舊位，失天地之心，以妨繼嗣之福。春秋六十，未見皇孫，〔四〕食不甘味，寢不安席，朕甚悼焉。春秋大復古，善順祀。〔五〕其復甘泉泰畤、汾陰后土如故，及雍五畤、陳寶祠在陳倉者。」天子復親郊禮如前。又復長安、雍及郡國祠著明者且半。

〔一〕師古曰：「上下，謂天地。」
〔二〕師古曰：「蕃音扶元反。」
〔三〕師古曰：「職，主也，咎過主於此也。」

〔四〕師古曰：「皇太后自謂。」
〔五〕師古曰：「以復古爲大，以順祀爲善也。」

成帝末年頗好鬼神，亦以無繼嗣故，多上書言祭祀方術者，皆得待詔，祠祭上林苑中長安城旁，費用甚多，然無大貴盛者。谷永說上曰：「臣聞明於天地之性，不可或以神怪；知萬物之情，不可罔以非類。〔一〕諸背仁義之正道，不遵五經之法言，而盛稱奇怪鬼神，廣崇祭祀之方，求報無福之祠，及言世有僊人，服食不終之藥，遙興輕舉，〔二〕登遐倒景，〔三〕覽觀縣圃，浮游蓬萊，〔四〕耕耘五德，朝種暮穫，〔五〕與山石無極，〔六〕黃冶變化，〔七〕堅冰淖溺，〔八〕化色五倉之術者，〔九〕皆姦人惑衆，挾左道，懷詐僞，以欺罔世主。〔一〇〕聽其言，洋洋滿耳，若將可遇；〔一一〕求之，盪盪如係風捕景，終不可得。〔一二〕是以明王距而不聽，聖人絕而不語。〔一三〕昔周史萇弘欲以鬼神之術輔尊靈王會朝諸侯，而周室愈微，諸侯愈叛。楚懷王隆祭祀，事鬼神，欲以獲福助，卻秦師，〔一四〕而兵挫地削，身辱國危。秦始皇初幷天下，甘心於神僊之道，遣徐福、韓終之屬多齎童男童女入海求神采藥，因逃不還，天下怨恨。漢興，新垣平、齊人少翁、公孫卿、欒大等，皆以僊人、黃冶、祭祠、事鬼使物、入海求神采藥貴幸，賞賜累千金。大尤尊盛，至妻公主，爵位重絫，震動海內。〔一五〕元鼎、元封之際，燕齊之間方士瞋目扼𢫬，言有神僊祭祀致福之術者以萬數。其後，平等皆以術窮詐得，誅夷伏辜。〔一六〕至初元中，有天淵

玉女、鉅鹿神人、轑陽侯師張宗之姦，紛紛復起。〔一七〕夫周秦之末，三五之隆，〔一八〕已嘗專意散財，厚爵祿，竦精神，舉天下以求之矣。曠日經年，靡有毫氂之驗，足以揆今。經曰：『享多儀，儀不及物，惟曰不享。』〔一九〕論語說曰：『子不語怪神。』〔二〇〕唯陛下距絕此類，毋令姦人有以窺朝者。」上善其言。

〔一〕師古曰：「罔，猶蔽。」
〔二〕如淳曰：「遙，遠也。興，舉也。」師古曰：「遙，古遙字也。興，起也。謂起而遠去也。」
〔三〕如淳曰：「在日月之上，反從下照，故其景倒。」師古曰：「遐亦遠也。」
〔四〕李奇曰：「昆侖九成，上有縣圃，縣圃之上即閶闔天門。」
〔五〕晉灼曰：「冀氏鳳角，五德東方甲，南方丙，西方庚，北方壬，中央戊。種五色禾於(北)〔此〕地而耕耘也。」
〔六〕師古曰：「言獲長壽，比於山石無窮也。」
〔七〕晉灼曰：「黃者，鑄黃金也。道家言冶丹沙令變化，可鑄作黃金也。」
〔八〕晉灼曰：「方士詐以藥石若陷冰丸投之冰上，冰即消液，因假爲神仙道使然也。或曰，謂冶金令可餌也。」師古曰：「或說非也。淖，濡甚也，音女教反。」
〔九〕李奇曰：「思身中有五色，腹中有五倉神；五色存則不死，五倉存則不飢。」
〔一〇〕師古曰：「左道，邪僻之道，非正義也。」
〔一一〕師古曰：「洋洋，美盛之貌也。洋音羊，又音詳。」

〔一二〕師古曰：「盪盪，空曠之貌也。盪音蕩。」
〔一三〕師古曰：「謂孔子不語怪神。」
〔一四〕師古曰：「卻，退。音丘略反。」
〔一五〕師古曰：「絫，古累字。」
〔一六〕師古曰：「詐得，謂主上得其詐僞之情。」
〔一七〕師古曰：「轑陽侯，江仁也，元帝時坐使家丞上印綬隨宗學仙免官。轑音遼。」
〔一八〕師古曰：「三謂三皇，五謂五帝也。」
〔一九〕師古曰：「周書洛誥之辭也。言祭享之道，唯以絜誠，若多其容儀，而不及禮物，則不爲神所享也。」
〔二〇〕師古曰：「說謂論語之說也。」

後成都侯王商爲大司馬衞將軍輔政，杜鄴說商曰：「『東鄰殺牛，不如西鄰之禴祭』，〔一〕言奉天之道，貴以誠質大得民心也。行穢祀豐，猶不蒙祐；德修薦薄，吉必大來。古者壇場有常處，尞禋有常用，〔二〕贊見有常禮；犧牲玉帛雖備而財不匱，車輿臣役雖動而用不勞。是故每(奉)〔舉〕其禮，助者歡說，〔三〕大路所歷，黎元不知。〔四〕今甘泉、河東天地郊祀，咸失方位，違陰陽之宜。及雍五畤皆曠遠，奉尊之役休而復起，繕治共張無解已時，皇天著象殆可略知。前上甘泉，先敺失道；〔五〕禮月之夕，奉引復迷。〔六〕祠后土還，臨河當渡，疾風起波，船不可御。又雍大雨，壞平陽宮垣。乃三月甲子，震電災林光宮門。〔七〕祥瑞未著，

中華書局

咎徵仍臻。迹三郡所奏，皆有變故。〔八〕不答不饗，何以甚此！〔九〕詩曰『率由舊章』。〔一〇〕舊章，先王法度，文王以之，交神于祀，子孫千億。宜如異時公卿之議，復還長安南北郊。」

〔一〕師古曰：「此易既濟九五爻辭也。東鄰，謂商紂也。西鄰，周文王也。瀹祭，謂瀹煑新菜以祭。言祭祀之道莫盛修德，故紂之牛牲，不如文王之蘋藻也。瀹音藥。」

〔二〕師古曰：「尞，古燎字。」

〔三〕師古曰：「助謂助祭也。說讀曰悅。」

〔四〕師古曰：「大路，天子祭天所乘之車也。黎元不知，言無（僞）〔徭〕費，不勞於下也。」

〔五〕師古曰：「敺與驅字同。」

〔六〕韋昭曰：「奉引，前導引車。」

〔七〕孟康曰：「甘泉一名林光。」師古曰：「林光，秦離宮名也。漢又於其旁起甘泉宮，非一名也。」

〔八〕師古曰：「迹謂觀其事迹也。」

〔九〕師古曰：「不答，不當天意。不饗，不爲天所饗也。」

〔一〇〕師古曰：「大雅假樂之詩也。率，循也。由，用也。循用舊典之文章也。」

後數年，成帝崩，皇太后詔有司曰：「皇帝即位，思順天心，遵經義，定郊禮，天下說憙。〔一〕懼未有皇孫，故復甘泉泰畤、汾陰后土，庶幾獲福。皇帝恨難之，卒未得其祐。其復南北郊長安如故，以順皇帝之意也。」

〔一〕師古曰：「說讀曰悅。」

哀帝即位，寢疾，博徵方術士，京師諸縣皆有侍祠使者，盡復前世所常興諸神祠官，凡七百餘所，一歲三萬七千祠云。

明年，復令太皇太后詔有司曰：「皇帝孝順，奉承聖業，靡有解怠，〔一〕而久疾未瘳。夙夜唯思，殆繼體之君不宜改作。其復甘泉泰畤、汾陰后土祠如故。」上亦不能親至，遣有司行事而禮祠焉。後三年，哀帝崩。

〔一〕師古曰：「解讀曰懈。」

平帝元始五年，大司馬王莽奏言：「王者父事天，故爵稱天子。孔子曰：『人之行莫大於孝，孝莫大於嚴父，嚴父莫大於配天。』〔一〕王者尊其考，欲以配天，緣考之意，欲尊祖，推而上之，遂及始祖。是以周公郊祀后稷以配天，宗祀文王於明堂以配上帝。禮記天子祭天地及山川，歲徧。春秋穀梁傳以十二月下辛卜，正月上辛郊。〔二〕高皇帝受命，因雍四畤起北畤，而備五帝，未共天地之祀。〔三〕孝文十六年用新垣平，初起渭陽五帝廟，祭泰一、地祇，以太祖高皇帝配。日冬至祠泰一，夏至祠地祇，皆并祠五帝，而共一牲，上親郊拜。後平伏誅，乃不復自親，而使有司行事。孝武皇帝祠雍，曰：『今上帝朕親郊，而后土無祠，則禮不答也。』於是元鼎四年十一月甲子始立后土祠於汾陰。或曰，五帝，泰一之佐，宜立泰一。五年十一月癸未始立泰一祠於甘泉，二歲一郊，與雍更祠，〔四〕亦以高祖配，不歲事天，皆未應古制。建始元年，徙甘泉泰畤、河東后土於長安南北郊。永始元年三月，以未有皇孫，復甘泉、河東祠。綏和二年，以卒不獲祐，復長安南北郊。建平三年，懼孝哀皇帝之疾未瘳，復甘泉、汾陰祠，竟復無福。臣謹與太師孔光、長樂少府平晏、大司農左咸、中壘校尉劉歆、太中大夫朱陽、博士薛順、議郎國由等六十七人議，皆曰宜如建始時丞相衡等議，復長安南北郊如故。」

〔一〕師古曰：「孝經載孔子之言。」

〔二〕師古曰：「豫卜郊之日。」

〔三〕師古曰：「共讀曰恭。」

〔四〕師古曰：「更音工衡反。」

莽又頗改其祭禮，曰：「周官天墜之祀，〔一〕樂有別有合。其合樂曰『以六律、六鐘、五聲、八音、六舞大合樂』，祀天神，祭墜祇，祀四望，祭山川，享先妣先祖。〔二〕凡六樂，奏六歌，而天墜神祇之物皆至。〔三〕四望，蓋謂日月星海也。三光高而不可得親，海廣大無限界，故其樂

同。祀天則天文從，祭墜則墜理從。三光，天文也。山川，地理也。天地合祭，先祖配天，先妣配墜，其誼一也。天墜合精，夫婦判合。祭天南郊，則以墜配，一體之誼也。天墜位皆南鄉，同席，〔四〕墜在東，共牢而食。高帝、高后配於壇上，西鄉，后在北，亦同席共牢。牲用繭栗，〔五〕玄酒陶匏。禮記曰天子籍田千畮以事天墜，〔六〕繇是言之，宜有黍稷。〔七〕天地用牲一，燔尞瘞薶用牲一，高帝、高后用牲一。天用牲左，及黍稷燔尞南郊；墜用牲右，及黍稷瘞於北郊。其旦，東鄉再拜朝日；其夕，西鄉再拜夕月。然後孝弟之道備，而神祇嘉享，萬福降輯。〔八〕此天墜合祀，以祖妣配者也。其別樂曰『冬日至，於墜上之圜丘奏樂六變，則天神皆降；夏日至，於澤中之方丘奏樂八變，則墜祇皆出』。〔九〕天墜有常位，不得常合，此其各特祀者也。陰陽之別於日冬夏至，其會也以孟春正月上辛若丁。天子親合祀天墜於南郊，以高帝、高后配。陰陽有離合，易曰『分陰分陽，迭用柔剛』。〔一〇〕以日冬至使有司奉祠南郊，高帝配而望羣陽，日夏至使有司奉祭北郊，高后配而望羣陰，皆以助致微氣，通道幽弱。〔一一〕當此之時，后不省方，〔一二〕故天子不親而遣有司，所以正承天順地，復聖王之制，顯太祖之功也。渭陽祠勿復修。羣望未悉定，定復奏。」奏可。三十餘年間，天地之祠五徙焉。

〔一〕師古曰：「墜，古地字也。下皆類此。」

〔二〕師古曰：「此周禮春官大司樂之職也。六律，合陽聲者。六鍾，以六律六鍾之均也。五聲，宮、商、角、徵、羽。八音，金、石、絲、竹、匏、土、革、木。六舞，雲門、咸池、大韶、大夏、大濩、大武也。大合樂者，徧作之也。先妣，姜嫄也。先祖，先王先公也。」

〔三〕師古曰：「謂一變而致羽物及川澤之祇，再變而致（嬴）〔蠃〕物及山林之祇，三變而致鱗物及丘陵之祇，四變而致毛物及墳衍之祇，五變而致介物及地祇，六變而致象物及天神。」

〔四〕師古曰：「鄉讀曰嚮。其下並同。」

〔五〕師古曰：「謂牛角如繭及栗者，牛之小也。」

〔六〕師古曰：「畮，古畝字。」

〔七〕師古曰：「繇讀與由同。」

〔八〕師古曰：「輯與集同。」

〔九〕師古曰：「此亦舂官大司樂之職也。天神之樂：圜鍾爲宮，黃鍾爲角，太蔟爲徵，姑洗爲羽，雷鼓雷鼗，孤竹之管，雲和之琴瑟，雲門之舞。地祇之樂，函鍾爲宮，太蔟爲角，姑洗爲徵，南呂爲羽，靈鼓靈鼗，孫竹之管，空桑之琴瑟，咸池之舞。先奏是樂，以致其神，禮之以玉，然後合樂而祭。」

〔一〇〕師古曰：「易說卦之辭也。陽爲剛，陰爲柔，陰陽既分，則剛柔迭用也。迭，互也，音大結反。」

〔一一〕師古曰：「道讀曰導。」

〔一二〕師古曰：「謂冬夏日至之時。后，君也。方，常也。不覩常務。」

後莽又奏言：「書曰『類於上帝，禋于六宗』。〔一〕歐陽、大小夏侯三家說六宗，皆曰上不

及天，下不及墬，旁不及四方，在六者之間，助陰陽變化，實一而名六，名實不相應。禮記祀典，功施於民則祀之。天文日月星辰，所昭仰也；地理山川海澤，所生殖也。易有八卦，乾坤六子，水火不相逮，雷風不相誖，山澤通氣，然後能變化，既成萬物也。〔二〕臣前奏徙甘泉泰畤、汾陰后土皆復於南北郊。謹案周官『兆五帝於四郊』，山川各因其方，〔三〕今五帝兆居在雍五畤，不合於古。又日月雷風山澤，易卦六子之尊氣，所謂六宗也。星辰水火溝瀆，皆六宗之屬也。今或未特祀，或無兆居。謹與太師光、大司徒宮、羲和歆等八十九人議，皆曰天子父事天，母事墬，今稱天神曰皇天上帝，泰一兆曰泰畤，而稱地祇曰后土，與中央黃靈同，又兆北郊未有尊稱。宜令地祇稱皇墬后祇，兆曰廣畤。易曰『方以類聚，物以羣分』。〔四〕分羣神以類相從爲五部，兆天墬之別神：中央帝黃靈后土畤及日廟、北辰、北斗、塡星、中宿中宮於長安城之未墬兆；東方帝太昊青靈勾芒畤及雷公、風伯廟、歲星、東宿東宮於東郊兆；南方炎帝赤靈祝融畤及熒惑星、南宿南宮於南郊兆；西方帝少皞白靈蓐收畤及太白星、西宿西宮於西郊兆；北方帝顓頊黑靈玄冥畤及月廟、雨師廟、辰星、北宿北宮於北郊兆。」奏可。於是長安旁諸廟兆畤甚盛矣。

〔一〕師古曰：「虞書舜典也。並已解於上。」

〔二〕師古曰：「乾爲父，坤爲母。震爲長男，巽爲長女，坎爲中男，離爲中女，艮爲少男，兌爲少女，故云六子也。水火，坎離也。雷風，震巽也。山澤，艮兌也。逮，及。誖，亂也。既，盡也。靁，古雷字也。誖音布內反。」

〔三〕師古曰：「春官小宗伯之職也。兆謂爲壇之營域也。五帝於四郊，謂青帝於東郊，赤帝及黃帝於南郊，白帝於西郊，黑帝於北郊也。各因其方，謂順其所在也。」

〔四〕師古曰：「易上繫之辭也。方謂所向之地。」

莽又言：「帝王建立社稷，百王不易。社者，土也。宗廟，王者所居。稷者，百穀之主，所以奉宗廟，共粢盛，〔一〕人所食以生活也。王者莫不尊重親祭，自爲之主，禮如宗廟。詩曰『乃立冢土』。〔二〕又曰『以御田祖，以祈甘雨』。〔三〕禮記曰『唯祭宗廟社稷，爲越紼而行事』。〔四〕聖漢興，禮儀稍定，已有官社，未立官稷。」〔五〕遂於官社後立官稷，以夏禹配食官社，后稷配食官稷。稷種穀樹。〔六〕徐州牧歲貢五色土各一斗。

〔一〕師古曰：「共讀與供同。」

〔二〕師古曰：「大雅緜之詩也。冢，大也。土，土神，謂太社也。」

〔三〕師古曰：「小雅甫田之詩也。田祖，稷神也。言設樂以御祭於神，爲農求甘雨也。」

〔四〕李奇曰：「引棺車謂之紼。當祭天地五祀，則越紼而行事，不以私喪廢公祀。」師古曰：「紼，引車索也。音弗。」

〔五〕臣瓚曰：「高帝除秦社稷，立漢社稷，禮所謂太社也。時又立官社，配以夏禹，所謂王社也。見漢祀令。而未立官稷，至此始立之。世祖中興，不立官稷，相承至今也。」

〔六〕師古曰：「穀樹，楮樹也。其子類穀，故於稷種之。」

莽篡位二年，興神僊事，以方士蘇樂言，起八風臺於宮中。臺成萬金，〔一〕作樂其上，順風作液湯。〔二〕又種五粱禾於殿中，〔三〕各順色置其方面，先鬻鶴髓、毒冒、犀玉二十餘物漬種，〔四〕計粟斛成一金，言此黃帝穀僊之術也。以樂爲黃門郎，令主之。莽遂崇鬼神淫祀，〔五〕至其末年，自天地六宗以下至諸小鬼神，凡千七百所，用三牲鳥獸三千餘種。後不能備，乃以雞當鶩鴈，犬當麋鹿。數下詔自以當僊，語在其傳。

〔一〕師古曰：「費直萬金也。」

〔二〕如淳曰：「藝文志有液湯經，其義未聞也。」

〔三〕師古曰：「（玉）〔五〕色禾也，谷永所謂耕耘五德也。」

〔四〕師古曰：「鬻，古煮字也。髓，古髓字也。謂鬻取汁以漬穀子也。毒音代，冒音莫內反。」

〔五〕師古曰：「崈，古崇字。」

贊曰：漢興之初，庶事草創，唯一叔孫生略定朝廷之儀。若乃正朔、服色、郊望之事，數世猶未章焉。至於孝文，始以夏郊，而張倉據水德，公孫臣、賈誼更以爲土德，卒不能明。孝武之世，文章爲盛，太初改制，而兒寬、司馬遷等猶從臣、誼之言，〔一〕服色數度，遂順黃德。彼以五德之傳從所不勝，〔二〕秦在水德，故謂漢據土而克之。劉向父子以爲帝出於震，故

二十四史

包羲氏始受木德，〔四〕其後以母傳子，終而復始，自神農、黃帝下歷唐虞三代而漢得火焉。故高祖始起，神母夜號，著赤帝之符，旗章遂赤，自得天統矣。〔四〕昔共工氏以水德間於木火，〔五〕與秦同運，非其次序，故皆不永。由是言之，祖宗之制蓋有自然之應，順時宜矣。究觀方士祠官之變，谷永之言，不亦正乎！不亦正乎！

〔一〕李奇曰：「公孫臣、賈誼。」

〔二〕服虔曰：「晉亭傳之傳。五帝相承代，常以金木水火相勝之法，若火滅金，便以火代金。」師古曰：「傳音張戀反。」

〔三〕師古曰：「包讀曰庖。」

〔四〕鄧展曰：「向父子雖有此議，時不施行，至光武建武二年，乃用火德，色尙赤耳。」

〔五〕師古曰：「共讀曰龔。龔音工寬反。」

校勘記

一二四三頁一〇行 畢，衰堂下。〔八〕而上又上泰山，注〔八〕原在「而上」下。劉攽說「而上」字屬下句。

一二四四頁七行 （後每）〔毋〕修封。宋祁說越本「每」作「毋」，新本無「後」字，但云「毋修封」。按景祐本作「毋修封」。

一二四八頁三行 諸所興，如薄忌泰一及三一、冥羊、馬行、赤星，五（牀）。寬舒之祠（宮）〔官〕以歲時致禮。王先謙說「牀」字疑後人誤加，封禪書、孝武紀並無。「宮」字封禪書、孝武紀並作「官」，是，此誤。

一二五六頁九行 臣聞郊（紫壇）〔柴〕饗帝之義，何焯說以文義求之，作「柴」爲是，亦不當有「壇」字。按景祐、殿本「紫」都作「柴」，無「壇」字。

一二五六頁一三行 （致）〔故〕上質不飾，景祐、殿本都作「故」。朱一新說作「故」是。

一二六一頁九行 種五色禾於（北）〔此〕地而耕耘也。景祐、殿本都作「此」。朱一新說作「此」是。

一二六二頁一三行 是故每（率）〔舉〕其禮，景祐、殿本都作「舉」。朱一新說作「舉」是。

一二六三頁七行 胃無（僞）〔徭〕費，景祐、殿本都作「徭」。朱一新說作「徭」是。

一二六七頁四行 再變而致（羸）〔嬴〕物 朱一新說「羸」當作「嬴」。按景祐、殿本都作「嬴」。

一二七〇頁八行 （玉）〔五〕色禾也，景祐、殿、局本都作「五」。王先謙說作「五」是。

漢書

漢蘭臺令史 班固 撰
唐祕書少監 顏師古 注

第五册

卷二六至卷二七（志二）

中華書局

中華書局

漢書卷二十六

天文志第六

凡天文在圖籍昭昭可知者，經星常宿中外官凡百一十八名，積數七百八十三星，皆有州國官宮物類之象。其伏見蚤晚，邪正存亡，虛實闊陿，〔一〕及五星所行，合散犯守，陵歷鬬食，〔二〕彗孛飛流，日月薄食，〔三〕暈適背穴，抱珥虹蜺，〔四〕迅雷風祆，怪雲變氣：此皆陰陽之精，其本在地，而上發于天者也。政失於此，則變見於彼，猶景之象形，鄉之應聲。〔五〕是以明君覩之而寤，飭身正事，思其咎謝，則禍除而福至，自然之符也。

〔一〕孟康曰：「伏見蚤晚，謂五星也。日月五星下道爲邪。存謂列宿不虧也，亡謂恆星不見。虛實，若天牢星實則囚多，虛則開出之屬也。闊陿，若三台星相去遠近也。」

〔二〕孟康曰：「合，同舍也。散，五星有變則其精散爲祆星也。犯，七寸以內光芒相及也。陵，相冒過也。食，星月相陵，不見者則所蝕也。」韋昭曰：「自下往觸之曰犯，居其宿曰守，經之爲歷，突掩爲陵，星相擊爲鬬也。」

〔三〕張晏曰：「彗所以除舊布新也。孛氣似彗。飛流謂飛星流星也。」孟康曰：「飛，絕迹而去也。流，光迹相連也。日月無光曰薄。京房易傳曰日月赤黃爲薄。或曰不交而食曰薄。」韋昭曰：「氣往迫之爲薄，虧毀曰食也。」

〔四〕孟康曰：「（皆）〔暈〕，日旁氣也。適，日之將食先有黑之變也。背，形如背字也。穴多作鐍，其形如玉鐍也。抱，氣向日也。珥，形點黑也。」如淳曰：「暈讀曰運。虹或作虹。蜺讀曰齧。蝃蝀謂之虹，表云雄爲虹，雌爲蜺。凡氣（食）〔在〕日上爲冠爲戴，在旁直對爲珥，在旁如半環向日爲抱，向外爲背。有氣刺日爲鐍。鐍，抉傷也。」

〔五〕師古曰：「鄉讀曰嚮。」

中宮天極星，其一明者，泰一之常居也，旁三星三公，或曰子屬。後句四星，末大星正妃，餘三星後（官）〔宮〕之屬也。環之匡衞十二星，藩臣。皆曰紫宮。

前列直斗口三星，隨北耑銳，若見若不見，曰陰德，或曰天一。紫宮左三星曰天槍，右四星曰天棓。〔一〕後十七星絕漢抵營室，曰閣道。

〔一〕蘇林曰：「音棓打之棓。」師古曰：「棓音白講反。」

北斗七星，所謂「旋、璣、玉衡以齊七政」。杓攜龍角，〔一〕衡殷南斗，魁枕參首。〔二〕用昏建者杓；杓，自華以西南。〔三〕夜半建者衡；衡，殷中州河、濟之間。〔四〕平旦建者魁；魁，海岱以東北也。〔五〕斗爲帝車，運于中央，臨制四海。分陰陽，建四時，均五行，移節度，定諸紀，皆繫於斗。

〔一〕孟康曰：「杓，斗柄也。龍角，東方宿也。攜，連也。」

〔二〕晉灼曰：「衡，斗之中央。殷，中也。」

〔三〕孟康曰：「傳曰『斗第七星法太白，主杓，斗之尾也』。尾爲陰，又其用昏，昏陰，位在西方，故主西南。」

〔四〕孟康曰：「假令杓昏建寅，衡夜半亦建寅也。」

〔五〕孟康曰：「傳曰『斗魁第一星法爲日，主齊』。魁，斗之首；首，陽也，又其用在明，陽與明，德在東方，故主東北方。」

斗魁戴筐六星，曰文昌宮：〔一〕一曰上將，二曰次將，三曰貴相，四曰司命，五曰司祿，六曰司災。在魁中，貴人之牢。〔二〕魁下六星兩兩而比者，曰三能。〔三〕三能色齊，君臣和；不齊，爲乖戾。柄輔星，〔四〕明近，輔臣親彊；斥小，疏弱。〔五〕

〔一〕晉灼曰：「似筐，故曰戴筐。」

〔二〕孟康曰：「傳曰『天理四星在斗魁中』。貴人牢名曰天理也。」

〔三〕蘇林曰：「能音台。」

〔四〕孟康曰：「在北斗第六星旁。」

〔五〕蘇林曰：「斥，遠也。」

杓端有兩星：一內爲矛，招搖；〔一〕一外爲盾，天蠭。〔二〕有句圜十五星，屬杓，曰賤人之牢。牢中星實則囚多，虛則開出。

〔一〕孟康曰：「近北斗者招搖，招搖爲天矛。」晉灼曰：「梗河三星，天矛、鋒，招搖，一星耳。」

〔二〕晉灼曰：「外，遠北斗也。在招搖南，一名天蠭。」

天一、槍、棓、矛、盾動搖，角大，兵起。〔一〕

〔一〕李奇曰：「角，芒角。」

東宮蒼龍，房、心。心爲明堂，大星天王，前後星子屬。不欲直；直，王失計。房爲天府，曰天駟。其陰，右驂。旁有兩星曰衿。衿北一星曰舝。〔一〕東北曲十二星曰旗。旗中四星曰天市。天市中星衆者實，其中虛則耗。房南衆星曰騎官。

〔一〕晉灼曰：「舝，古轄字。」

左角，理；右角，將。大角者，天王帝坐廷。其兩旁各有三星，鼎足句之，曰攝提。〔一〕攝提者，直斗杓所指，以建時節，故曰「攝提格」。亢爲宗廟，主疾。其南北兩大星，曰南門。氐爲天根，主疫。尾爲九子，曰君臣；斥絕，不和。箕爲敖客，后妃之府，曰口舌。火犯守角，則有（戟）〔戰〕。房、心，王者惡之。

〔一〕晉灼曰：「如鼎足之句曲也。」

南宮朱鳥，權、衡。〔一〕衡，太微，三光之廷。筐衞十二星，藩臣：西，將；東，相；南四星，執法；中，端門；左右，掖門。掖門內六星，諸侯。其內五星，五帝坐。後聚十五星，曰哀烏郎位；旁一大星，將位也。月、五星順入，軌道，司其出，所守，天子所誅也。其逆入，若不軌

中華書局

道，以所犯名之；中坐，成形，〔二〕皆羣下不從謀也。金、火尤甚。廷藩西有隨星四，名曰少微，士大夫。權，軒轅，黃龍體。〔三〕前大星，女主象；旁小星，御者後宮屬。月、五星守犯者，如衡占。

〔一〕孟康曰：「軒轅爲權，太微爲衡也。」
〔二〕晉灼曰：「中坐，犯帝坐也。成形，禍福之形見。」
〔三〕孟康曰：「形如騰龍。」

東井爲水事。火入之，一星居其左右，天子且以火爲敗。東井西曲星曰戉；北，北河；南，南河；兩河、天闕間爲關梁。輿鬼，鬼祠事；中白者爲質。〔一〕火守南北河，兵起，穀不登。故德成衡，觀成潢，〔二〕傷成戉，〔三〕禍成井，〔四〕誅成質。〔五〕

〔一〕晉灼曰：「輿鬼五星，其中白者爲質。」
〔二〕晉灼曰：「日、月、五星不軌道也。衡，太微廷也。觀，占也。潢，五潢，五帝車舍也。」
〔三〕晉灼曰：「賊傷之占，先成形於戉。」
〔四〕晉灼曰：「東井主水事，火入，一星居其旁，天子且以火敗，故曰禍也。」
〔五〕晉灼曰：「熒惑入輿鬼天質，占曰大臣有誅。」

柳爲鳥喙，主木草。七星，頸，爲員宮，主急事。張，嗉，爲廚，主觴客。翼爲羽翮，主遠客。

軫爲車，主風。其旁有一小星，曰長沙，星星不欲明；明與四星等，若五星入軫中，兵大起。軫南衆星曰天庫，庫有五車。車星角，若益衆，及不具，亡處車馬。

西宮咸池，曰天五潢。五潢，五帝車舍。火入，旱；金，兵；水，水。中有三柱；柱不具，兵起。

奎曰封豨，爲溝瀆。婁爲聚衆。胃爲天倉。其南衆星曰廥積。〔一〕

〔一〕如淳曰：「芻槀積爲廥也。」

昴曰旄頭，胡星也，爲白衣會。畢曰罕車，爲邊兵，主弋獵。其大星旁小星爲附耳。附耳搖動，有讒亂臣在側。昴、畢間爲天街。其陰，陰國；陽，陽國。〔一〕

〔一〕孟康曰：「陰，西南，象坤維，河山已北國也。陽，河山已南國也。」

參爲白虎。三星直者，是爲衡石。〔一〕下有三星，銳，曰罰，〔二〕爲斬艾事。其外四星，左右肩股也。小三星隅置，曰觜觿，爲虎首，主葆旅事。〔三〕其南有四星，曰天廁。天廁下一星，曰天矢。矢黃則吉，青、白、黑，凶。其西有句曲九星，三處羅列：一曰天旗，二曰天苑，三曰九斿。其東有大星曰狼，狼角變色，多盜賊。下有四星曰弧，直狼。比地有大星，曰南極老人。〔四〕老人見，治安；不見，兵起。常以秋分時候之南郊。

〔一〕孟康曰：「參三星者，白虎宿中，東西直，似稱衡也。」
〔二〕孟康曰：「在參間，上小下大，故曰銳。」晉灼曰：「三星少，邪列，無銳形也。」
〔三〕如淳曰：「關中俗謂桑榆蘖生爲葆。」晉灼曰：「禾野生曰旅，今之飢民采旅也。」宋均曰：「葆，守也。旅，軍旅也。言佐參伐斬艾除凶也。」
〔四〕晉灼曰：「比地，近地也。」

北宮玄武，虛、危。危爲蓋屋；〔一〕虛爲哭泣之事。〔二〕其南有衆星，曰羽林天軍。〔三〕軍西爲壘，或曰戉。旁一大星，北落。北落若微亡，軍星動角益稀，及五星犯北落，入軍，軍起。火、金、水尤甚。火入，軍憂；水，水患；木、土，軍吉。〔四〕危東六星，兩兩而比，曰司寇。

〔一〕宋均曰：「危上一星高，旁兩星下，似蓋屋也。」
〔二〕宋均曰：「蓋屋之下中無人，但空虛，似乎殯宮，故主哭泣也。」
〔三〕宋均曰：「虛、危、營室，陰陽終始之處，際會之間，恆多姦邪，故設羽林爲軍衞。」
〔四〕孟康曰：「木星、土星入北落，軍則吉也。」

營室爲清廟，曰離宮、閣道。漢中四星，曰天駟。旁一星，曰王梁。王梁策馬，車騎滿野。旁有八星，絕漢，曰天橫。天橫旁，江星。江星動，以人涉水。

杵、臼四星，在危南。匏瓜，有青黑星守之，魚鹽貴。

南斗爲廟，其北建星。建星者，旗也。牽牛爲犧牲，其北河鼓。河鼓大星，上將；左，左將；右，右將。婺女，其北織女。織女，天女孫也。

歲星〔一〕曰東方春木，於人五常仁也，五事貌也。仁虧貌失，逆春令，傷木氣，罰見歲星。歲星所在，國不可伐，可以伐人。超舍而前爲贏，退舍爲縮。贏，其國有兵不復；縮，其國有憂，其將死，國傾敗。所去，失地；所之，得地。一曰，當居不居，國亡；所之，國昌；已居之，又東西去之，國凶，不可舉事用兵。安靜中度，吉。出入不當其次，必有天祆見其舍也。

〔一〕晉灼曰：「太歲在四仲，則歲行三宿；太歲在四孟、四季，則歲行二宿。二八十六，三四十二，而行二十八宿。十二歲而周天。」

歲星贏而東南，〔一〕石氏「見彗星」，甘氏「不出三月乃生彗，本類星，末類彗，長二丈」。贏東北，石氏「見覺星」，甘氏「不出三月乃生天棓，本類星，末銳，長四尺」。縮西南，〔二〕石氏「見欃雲，如牛」，〔三〕甘氏「不出三月乃生天槍，左右銳，長數丈」。縮西北，石氏「見槍雲，如馬」，甘氏「不出三月乃生天欃，本類星，末銳，長數丈」。石氏「槍、欃、棓、彗異狀，其殃一也，必有破國亂君，伏死其辜，餘殃不盡，爲旱凶飢暴疾」。至日行一尺，出二十餘日乃入，

甘氏「其國凶，不可舉事用兵」。出而易，「所當之國，是受其殃」。又曰「祆星，不出三年，其下有軍，及失地，若國君喪」。

〔一〕孟康曰：「五星東行，天西轉。歲星晨見東方，行疾則不見，不見則變爲祆星。」

〔二〕孟康曰：「歲星當伏西方，行遲早沒，變爲祆星也。」

〔三〕韋昭曰：「欃音參差之參。」

熒惑〔一〕曰南方夏火，禮也，視也。禮虧視失，逆夏令，傷火氣，罰見熒惑。逆行一舍二舍爲不祥，居之三月國有殃，五月受兵，七月國半亡地，九月地太半亡。因與俱出入，國絕祀。熒惑爲亂爲(成)〔賊〕，爲疾爲喪，爲飢爲兵，所居之宿國受殃。殃還至者，雖大當小；居之久殃乃至者，當小反大。已去復還居之，若居之而角者，若動者，繞環之，及乍前乍後，乍左乍右，殃愈甚。一曰，熒惑出則有大兵，入則兵散。周還止息，乃爲其死喪。寇亂在其野者亡地，以戰不勝。東行疾則兵聚于東方，西行疾則兵聚于西方；其南爲丈夫喪，北爲女子喪。熒惑，天子理也，故曰雖有明天子，必視熒惑所在。

〔一〕晉灼曰：「常以十月入太微，受制而出，行列宿，司無道，出入無常也。」

太白〔一〕曰西方秋金，義也，言也。義虧言失，逆秋令，傷金氣，罰見太白。日方南太白居其南，日方北太白居其北，爲贏，侯王不寧，用兵進吉退凶。日方南太白居其北，日方北太白居其南，爲縮，侯王有憂，用兵退吉進凶。當出不出，當入不入，爲失舍，不有破軍，必有死王之墓，有亡國。一曰，天下偃兵，壄有兵者，所當之國大凶。當出不出，未當入而入，天下偃兵，兵在外，入。未當出而出，當入而不入，天下起兵，有至破國。未當出而出，未當入而入，天下舉兵，所當之國亡。當期而出，其國昌。出東爲東方，入爲北方；出西爲西方，入爲南方。所居久，其國利；易，其鄉凶。〔二〕入七日復出，將軍戰死。入十日復出，相死之。入又復出，人君惡之。已出三日而復微入，三日乃復盛出，是爲耎而伏，〔三〕其下國有軍，其衆敗將北。已入三日，又復微出，三日乃復盛入，其下國有憂，帥師雖衆，敵食其糧，用其兵，虜其帥。出西方，失其行，夷狄敗；出東方，失其行，中國敗。一曰，出蚤爲月食，晚爲天祆及彗星，將發於亡道之國。

〔一〕晉灼曰：「常以正月甲寅與熒惑晨出東方，二百四十日而入。入四十日又出西方，二百四十日而入。入三十五日而復出東方。出以寅戌，入以丑未也。」

〔二〕蘇林曰：「疾過也。一說，易鄉而出入也。」晉灼曰：「上言『出而易』，言疾過是也。」

〔三〕晉灼曰：「耎，退也。不進而伏，伏不見也。」

太白出而留桑楡間，病其下國。〔一〕上而疾，未盡期日過參天，病其對國。〔二〕太白經天，天下革，民更王，〔三〕是爲亂紀，人民流亡。晝見與日爭明，彊國弱，小國彊，女主昌。

〔一〕晉灼曰：「行遲而下也。正出，舉目平正。出桑楡上，餘二千里也。」

〔二〕晉灼曰：「三分天過其一，此戌酉之間也。」

〔三〕孟康曰：「謂出東入西，出西入東也。太白，陰星，出東當伏東，出西當伏西，過午爲經天。」晉灼曰：「日，陽也；日出則星亡。晝見午上爲經天。」

太白，兵象也。出而高，用兵深吉淺凶；埤，淺吉深凶。行疾，用兵疾吉遲凶；行遲，用兵遲吉疾凶。角，敢戰吉，不敢戰凶；擊角所指吉，逆之凶。進退左右，用兵進退左右吉，靜凶。圜以靜，用兵靜吉趮凶。出則兵出，入則兵入。象太白吉，反之凶。赤角，戰。太白者，猶軍也，而熒惑，憂也。故熒惑從太白，軍憂；離之，軍舒。出太白之陰，有分軍；出其陽，有偏將之戰。當其行，太白還之，破軍殺將。辰星，殺伐之氣，戰鬬之象也。與太白俱出東方，皆赤而角，夷狄敗，中國勝；與太白俱出西方，皆赤而角，中國敗，夷狄勝。

五星分天之中，積于東方，中國大利；積于西方，夷狄用兵者利。

辰星不出，太白爲客；辰星出，太白爲主人。辰星與太白不相從，雖有軍不戰。辰星

出東方，太白出西方；若辰星出西方，太白出東方，爲格，野雖有兵，不戰。辰星入太白中，五日乃出，及入而上出，破軍殺將，客勝；下出，客亡地。辰星來抵，太白不去，將死。正其上出，破軍殺將，客勝；下出，客亡地。視其所指，以名破軍。辰星繞環太白，若鬬，大戰，客勝，主人吏死。辰星過太白，間可椷劍，小戰，客勝；〔一〕居太白前旬三日，軍罷；出太白左，小戰；歷太白右，數萬人戰，主人吏死；出太白右，去三尺，軍急約戰。

〔一〕蘇林曰：「椷音函。函，容也，其間可容一劍也。」

凡太白所出所直之辰，其國爲得位，得位者戰勝。所直之辰順其色而角者勝，其色害者敗。〔一〕太白白比狼，赤比心，黃比參右肩，青比參左肩，黑比奎大星。色勝位，〔二〕行勝色，〔三〕行得盡勝之。〔四〕

〔一〕晉灼曰：「鄭色黃，而赤蒼，小敗；宋色黃，而赤黑，小敗；楚色赤，黑小敗；燕色黑，黃小敗。皆大角勝也。」

〔二〕晉灼曰：「有色勝得位也。」

〔三〕晉灼曰：「太白行得度，勝有色也。」

〔四〕晉灼曰：「行應天度，雖有色得位，行盡勝之，行重而色位輕。星經得字作德。」

辰星〔一〕曰北方冬水，知也，聽也。知虧聽失，逆冬令，傷水氣，罰見辰星。出蚤爲月食，晚爲彗星及天祆。一時不出，其時不和；四時不出，天下大饑。失其時而出，爲當寒反溫，

當溫反寒。當出不出，是謂擊卒，兵大起。與它星遇而鬭，天下大亂。〔三〕出於房、心間，地動。

〔一〕晉灼曰：「常以二月春分見奎、婁，五月夏至見東井，八月秋分見角、亢，十一月冬至見牽牛。出以辰戌，入以丑未，二旬而入。晨候之東方，夕候之西方也。」

〔三〕晉灼曰：「祆星彗孛之屬也，一曰五星。」

填星〔一〕曰中央季夏土，信也，思心也。仁義禮智以信為主，貌言視聽以心為正，故四星皆失，填星乃為之動。填星所居，國吉。未當居而居之，若已去而復還居之，國得土，不乃得女子。當居不居，既已居之，又東西去之，國失土，不乃失女，不，有土事若女之憂。居宿久，國福厚；易，福薄。當居不居，為失填，其下國可伐；得者，不可伐。其贏，為王不寧；縮，有軍不復。一曰，既已居之又東西去之，其國凶，不可舉事用兵。失次而上一舍三舍，有王命不成，不乃大水；失次而下二舍，有后慼，其歲不復，不乃天裂若地動。

〔一〕晉灼曰：「常以甲辰元始建斗之歲填行一宿，二十八歲而周天也。」

凡五星，歲與填合則為內亂，與辰合則為變謀而更事，與熒惑合則為飢，為旱，與太白

合則為白衣之會，為水。太白在南，歲在北，名曰（牡）〔牝〕牡，〔一〕年穀大孰。太白在北，歲在南，年或有或亡。熒惑與太白合則為喪，不可舉事用兵；與填合則為憂，主孽卿；與辰合則為北軍，用兵舉事大敗。填與辰合則將有覆軍下師；與太白合則為疾，為內兵。辰與太白合則為變謀，為兵憂。凡歲、熒惑、填、太白四星與辰鬭，皆為戰，兵不在外，皆為內亂。一曰，火與水合為淬，〔二〕與金合為鑠，不可舉事用兵。土與金合國亡地，與木合則國饑，與水合為雍沮，〔三〕不可舉事用兵。木與金合鬭，國有內亂。同舍為合，相陵為鬭。二星相近者其殃大，二星相遠者殃無傷也，從七寸以內必之。〔四〕

〔一〕晉灼曰：「歲，陽也，太白，陰也，故曰（牡）〔牝〕牡。」

〔二〕晉灼曰：「火入水，故曰淬也。」

〔三〕晉灼曰：「沮音沮溼之沮。水性雍而灊土，故曰雍沮。一曰，雍，填也。」

〔四〕韋昭曰：「必有禍也。」

凡月食五星，其國（必）〔皆〕亡：〔一〕歲以飢，熒惑以亂，填以殺，太白彊國以戰，辰以女亂。月食大角，王者惡之。

〔一〕李奇曰：「謂其分野之國。」

凡五星所聚宿，其國王天下：從歲以義，從熒惑以禮，從填以重，〔一〕從太白以兵，從辰

以法。以法者，以法致天下也。三星若合，是謂驚立絕行，〔二〕其國外內有兵與喪，民人乏飢，改立王公。四星若合，是謂大湯，〔三〕其國兵喪並起，君子憂，小人流。五星若合，是謂易行：有德受慶，改立王者，掩有四方，子孫蕃昌；亡德受罰，離其國家，滅其宗廟，〔四〕百姓離去，被滿四方。五星皆大，其事亦大；皆小，其事亦小也。

〔一〕韋昭曰：「謂以威重得。」

〔二〕晉灼曰：「有兵喪，故驚。改王，故曰絕也。」

〔三〕晉灼曰：「湯猶盪滌也。」

〔四〕晉灼曰：「宗祖廟也。」

凡五星色：皆圜，白為喪為旱，赤中不平為兵，青為憂為水，黑為疾為多死，黃吉；皆角，赤犯我城，黃地之爭，白哭泣之聲，青有兵憂，黑水。五星同色，天下匽兵，百姓安寧，歌舞以行，不見災疾，五穀蕃昌。

凡五星，歲，緩則不行，急則過分，逆則占。熒惑，緩則不出，急則不入，違道則占。填，緩則不建，急則過舍，逆則占。太白，緩則不出，急則不入，逆則占。辰，緩則不出，急則不入，非時則占。五星不失行，則年穀豐昌。

凡以宿星通下之變者，維星散，句星信，則地動。〔一〕有星守三淵，天下大水，地動，海魚出。紀星散者山崩，不卽有喪。龜、鼈星不居漢中，川有易者。辰星入五車，大水。熒惑入積水，水，兵起；入積薪，旱，兵起；守之，亦然。極後有四星，名曰句星。斗杓後有三星，名曰維星。散者，不相從也。〔二〕三淵，蓋五車之三柱也。〔三〕天紀屬貫索。積薪在北戍西北。積水在北戍東北。

〔一〕孟康曰：「散在尾北。」韋昭曰：「信音申。」

〔二〕孟康曰：「散，不復行列而聚也。」

〔三〕晉灼曰：「柱音注解之注。」

角、亢、氐，沇州。房、心，豫州。尾、箕，幽州。斗，江、湖。牽牛、婺女，揚州。虛、危，青州。營室、東壁，并州。奎、婁、胃，徐州。昴、畢，冀州。觜觽、參，益州。東井、輿鬼，雍州。柳、七星、張，三河。翼、軫，荆州。

甲乙，海外，日月不占。〔一〕丙丁，江、淮、海、岱。戊己，中州河、濟。庚辛，華山以西。壬癸，常山以北。一曰，甲齊，乙東夷，丙楚，丁南夷，戊魏，己韓，庚秦，辛西夷，壬燕、趙，癸北夷。子周，丑翟，寅趙，卯鄭，辰邯鄲，巳衞，午秦，未中山，申齊，酉魯，戌吳、越，亥燕、代。

〔一〕晉灼曰：「海外遠，甲乙日時，不以占之。」

秦之疆，候太白，占狼、弧。吳、楚之疆，候熒惑，占鳥、衡。燕、齊之疆，候辰星，占虛、危。宋、鄭之疆，候歲星，占房、心。晉之疆，亦候辰星，占參、罰。及秦并吞三晉、燕、代，自河、山以南者中國。中國於四海內則在東南，爲陽，陽則日、歲星、熒惑、填星，占於街南，畢主之。其西北則胡、貉、月氏旃裘引弓之民，爲陰，陰則月、太白、辰星，占於街北，昴主之。故中國山川東北流，其維，首在隴、蜀，尾沒於勃海碣石。是以秦、晉好用兵，〔一〕復占太白。太白主中國，而胡、貉數侵掠，獨占辰星。辰星出入趮疾，常主夷狄，其大經也。

〔一〕孟康曰：「秦、晉西南維之北爲陰，與胡、貉引弓之民同，故好用兵。」

凡五星，早出爲贏，贏爲客；晚出爲縮，縮爲主人。五星贏縮，必有天應見杓。

太歲在寅曰攝提格。歲星正月晨出東方，石氏曰名監德，在斗、牽牛。失次，杓，早水，晚旱。甘氏在建星、婺女。太初曆在營室、東壁。

在卯曰單閼。二月出，石氏曰名降入，在婺女、虛、危。甘氏在虛、危。失次，杓，有水災。太初在奎、婁。

在辰曰執徐。三月出，石氏曰名青章，在營室、東壁。失次，杓，早旱，晚水。甘氏同。太初在胃、昴。

在巳曰大荒落。四月出，石氏曰名路踵，在奎、婁。甘氏同。太初在參、罰。

在午曰敦牂。五月出，石氏曰名啓明，在胃、昴、畢。失次，杓，早旱，晚水。甘氏同。太初在東井、輿鬼。

在未曰協洽。六月出，石氏曰名長烈，在觜觿、參。甘氏在參、罰。太初在注、張、七星。

在申曰涒灘。七月出。石氏曰名天晉，在東井、輿鬼。甘氏在弧。太初在翼、軫。

在酉曰作詻。（爾雅作作噩。）八月出，石氏曰名長王，在柳、七星、張。失次，杓，有女喪、民疾。甘氏在注、張。失次，杓，有火。太初在角、亢。

在戌曰掩茂。九月出，石氏曰名天睢，在翼、軫。失次，杓，水。甘氏在七星、翼。太初在氐、房、心。

在亥曰大淵獻。十月出，石氏曰名天皇，在角、亢始。甘氏在軫、角、亢。太初在尾、箕。

在子曰困敦。十一月出，石氏曰名天宗，在氐、房始。甘氏同。太初在建星、牽牛。

在丑曰赤奮若。十二月出，石氏曰名天昊，在尾、箕。甘氏在心、尾。太初在婺女、虛、危。

甘氏、太初曆所以不同者，以星贏縮在前，各錄後所見也。其四星亦略如此。

古曆五星之推，亡逆行者，至甘氏、石氏經，以熒惑、太白爲有逆行。夫曆者，正行也。古人有言曰：「天下太平，五星循度，亡有逆行。日不食朔，月不食望。」夏氏日月傳曰：「日月食盡，主位也；不盡，臣位也。」星傳曰：「日者德也，月者刑也，故曰日食修德，月食修刑。」然而曆紀推月食，與二星之逆亡異。熒惑主內亂，太白主兵，月主刑。自周室衰，亂臣賊子師旅數起，刑罰失中，雖其亡亂臣賊子師旅之變，內臣猶不治，四夷猶不服，兵革猶不寢，刑罰猶不錯，故二星與月爲之失度，三變常見；及有亂臣賊子伏尸流血之兵，大變乃出。甘、石氏見其常然，因以爲紀，皆非正行也。詩云：「彼月而食，則惟其常；此日而食，于何不臧？」詩傳曰：「月食非常也，比之日食猶常也，日食則不臧矣。」謂之小變，可也；謂之正行，非也。故熒惑必行十六舍，去日遠而顓恣。太白出西方，進在日前，氣盛乃逆行。及月必食於望，亦誅盛也。

國皇星，大而赤，狀類南極。所出，其下起兵。兵彊，其衝不利。〔一〕

〔一〕孟康曰：「歲星之精散所爲也。五星之精散爲六十四變，志記不盡也。」

昭明星，大而白，無角，乍上乍下。所出國，起兵多變。〔一〕

〔一〕孟康曰：「形如三足几，几上有九彗上向，熒惑之精也。」

五殘星，出正東，東方之星。其狀類辰，去地可六丈，大而黃。〔一〕

〔一〕孟康曰：「星表有青氣如暈，有毛，填星之精。」

六賊星，出正南，南方之星。去地可六丈，大而赤，數動，有光。〔一〕

〔一〕孟康曰：「形如彗，芒九角，太白之精。」

司詭星，出正西，西方之星。去地可六丈，大而白，類太白。〔一〕

〔一〕孟康曰：「星大而有尾，兩角，熒惑之精也。」

咸漢星，出正北，北方之星。去地可六丈，大而赤，數動，察之中青。〔一〕

〔一〕孟康曰：「一名獄漢星，青中赤表，下有三彗從橫，亦填星之精也。」

此四星所出非其方，其下有兵，衝不利。

四填星，出四隅，去地可四丈。地維臧光，亦出四隅，去地可二丈，若月始出。所見下，有亂者亡，有德者昌。

燭星，狀如太白，其出也不行，見則滅。所燭，城邑亂。〔一〕

〔一〕孟康曰：「星上有三彗上出，亦填星之精也。」

如星非星，如雲非雲，名曰歸邪。〔一〕歸邪出，必有歸國者。

〔一〕李奇曰：「邪音蛇。」孟康曰：「星有兩赤彗上向，上有蓋狀氣，下連星。」

星者，金之散氣，其本曰人。〔一〕星衆，國吉；少則凶。漢者，亦金散氣，其本曰水。星多，

多水，少則旱，〔三〕其大經也。

〔二〕孟康曰：「星，石也，金石相生，人與星氣相應也。」

〔三〕孟康曰：「漢，河漢也。水生於金。多少，謂漢中星也。」

天鼓，有音如雷非雷，音在地而下及地。其所往者，兵發其下。

天狗，狀如大流星，〔一〕有聲，（共）〔其〕下止地，類狗。所墜及，望之如火光炎炎中天。其下圜，如數頃田處，上銳，見則有黃色，千里破軍殺將。

〔一〕孟康曰：「星有尾，旁有彗，下有如狗形者，亦太白之精。」

格澤者，如炎火之狀，黃白，起地而上，下大上銳。其見也，不種而穫。不有土功，必有大客。

蚩尤之旗，類彗而後曲，象旗。〔一〕見則王者征伐四方。

〔一〕孟康曰：「熒惑之精也。」晉灼曰：「呂氏春秋云其色黃上白下也。」

旬始，出於北斗旁，狀如雄雞。其怒，青黑色，象伏鼈。〔一〕

〔一〕李奇曰：「怒當（首）〔言〕䇲。」晉灼曰：「䇲，雌也。或曰怒則色青。」宋均曰：「怒謂芒角刺出。」

枉矢，狀類大流星，虵行而倉黑，望如有毛目然。

長庚，廣如一匹布著天。此星見，起兵。

星磒至地，則石也。〔一〕

〔一〕如淳曰：「磒亦墜也。」

天晴而見景星。〔一〕景星者，德星也，其狀無常，常出於有道之國。

〔一〕孟康曰：「晴，精明也。有赤方氣與青方氣相連，赤方中有兩黃星，青方中有一黃星，凡三星合爲景星也。」

日有中道，月有九行。

中道者，黃道，一曰光道。光道北至東井，去北極近；南至牽牛，去北極遠；東至角，西至婁，去極中。夏至至於東井，北近極，故晷短；立八尺之表，而晷景長尺五寸八分。冬至至於牽牛，遠極，故晷長；立八尺之表，而晷景長丈三尺一寸四分。春秋分日至婁、角，去極中，而晷中；立八尺之表，而晷景長七尺三寸六分。此日去極遠近之差，晷景長短之制也。去極遠近難知，要以晷景。晷景者，所以知日之南北也。日，陽也。陽用事則日進而北，晝進而長，陽勝，故爲溫暑；陰用事則日退而南，晝退而短，陰勝，故爲涼寒也。故日進爲暑，退爲寒。若日之南北失節，晷過而長爲常寒，退而短爲常燠。此寒燠之表也，故曰爲寒暑。一曰，晷長爲潦，短爲旱，奢爲扶。〔一〕扶者，邪臣進而正臣疏，君子不足，姦人有餘。

〔一〕鄭氏曰：「扶當爲蟠，齊魯之間聲如酺。酺扶聲近。蟠，止不行也。」蘇林曰：「景形奢大也。」晉灼曰：「扶，附也，小臣佞媚附近君子之側也。」

月有九行者：黑道二，出黃道北；赤道二，出黃道南；白道二，出黃道西；青道二，出黃道東。立春、春分，月東從青道；立秋、秋分，西從白道；立冬、冬至，北從黑道；立夏、夏至，南從赤道。然用之，一決房中道。青赤出陽道，白黑出陰道。若月失節度而妄行，出陽道則旱風，出陰道則陰雨。

凡君行急則日行疾，君行緩則日行遲。日行不可指而知也，故以二至二分之星爲候。日東行，星西轉。冬至昏，奎八度中；夏至，氐十三度中；春分，柳一度中；秋分，牽牛三度七分中：此其正行也。日行疾，則星西轉疾，事勢然也。故過中則疾，君行急之感也；不及中則遲，君行緩之象也。

至月行，則以晦朔決之。日冬則南，夏則北；冬至於牽牛，夏至於東井。日之所行爲中道，月、五星皆隨之也。

箕星爲風，東北之星也。東北地事，天位也，〔一〕故易曰「東北喪朋」。及巽在東南，爲風；風，陽中之陰，大臣之象也，其星，軫也。月去中道，移而東北入箕，若東南入軫，則多風。西方爲雨；雨，少陰之位也。月去中道，移而西入畢，則多雨。故詩云「月離于畢，俾滂沱矣」，言多雨也。星傳曰「月入畢則將相有以家犯罪者」，言陰盛也。書曰「星有好風，星有好

雨，月之從星，則以風雨」，言失中道而東西也。故星傳曰「月南入牽牛南戒，民間疾疫，月北入太微，出坐北，若犯坐，則下人謀上。」

〔一〕孟康曰：「東北陽，日、月、五星起於牽牛，故爲天位。坤在西南，紐於陽，爲地統，故爲地事也。」

一曰月爲風雨，日爲寒溫。冬至日南極，晷長，南不極則溫爲害；夏至日北極，晷短，北不極則寒爲害。故書曰「日月之行，則有冬有夏」也。政治變於下，日月運於上矣。（日）〔月〕出房北，爲雨爲陰，爲亂爲兵；出房南，爲旱爲夭喪。水旱至衝而應，及五星之變，必然之效也。

兩軍相當，日暈等，力均；厚長大，有勝；薄短小，亡勝。重抱大破亡。抱爲和，背爲不和，爲分離相去。直爲自立，立兵破軍，若曰殺將。抱且戴，有喜。圍在中，中勝；在外，外勝。青外赤中，以和相去；赤外青中，以惡相去。氣暈先至而後去，居軍勝。先至先去，前有利，後有病；後至後去，前病後利；後至先去，前後皆病，居軍不勝。見而去，其後發疾，雖勝亡功。見半日以上，功（太）〔大〕。白虹屈短，上下銳，〔一〕有者下大流血。日暈制勝，近期三十日，遠期六十日。

〔一〕李奇曰：「屈或爲尾。」韋昭曰：「短而直者也。或曰短屈之虹。」

其食，食所不利；復生，生所利；不然，食盡爲主位。以其直及日所躔加日時，用名其

國。

凡望雲氣，仰而望之，三四百里；平望，在桑榆上，千餘里二千里；登高而望之，下屬地者居三千里。雲氣有(戰)〔獸〕居上者，勝。

自華以南，氣下黑上赤。嵩高、三河之郊，氣正赤。常山以北，氣下黑上青。勃、碣、海、岱之間，氣皆黑。江、淮之間，氣皆白。

徒氣白。土功氣黃。車氣乍高乍下，往往而聚。騎氣卑而布。卒氣摶。〔一〕前卑而後高者，疾；前方而後高者，銳；後銳而卑者，卻。其氣平者其行徐。前高後卑者，不止而反。氣相遇者，卑勝高，銳勝方。氣來卑而循車道者，不過三四日，去之五六里見。氣來高七八尺者，不過五六日，去之十餘二十里見。氣來高丈餘二丈者，不過三四十日，去之五六十里見。

捎雲精白者，其將悍，〔二〕其士怯。其大根而前絕遠者，戰。精白，其芒低者，戰勝；其前赤而卬者，戰不勝。陣雲如立垣。杼雲類杼。柚雲摶而耑銳。杓雲如繩者，居前竟天，其半半天。蜺雲者，類鬬旗故。(銳)鉤雲句曲。諸此雲見，以五色占。而澤摶密，其見動人，

〔一〕如淳曰：「摶，專也。摶音徒端反。」

乃有占；兵必起，(占)〔合〕鬬其直。

〔二〕晉灼曰：「捎音霄。」韋昭曰：「音髾。」

王朔所候，決於日旁。日旁雲氣，人主象。皆如其形以占。

故北夷之氣如羣畜穹閭，南夷之氣類舟船幡旗。大水處，敗軍場，破國之虛，下有積泉，金寶上，皆有氣，不可不察。海旁蜃氣象樓臺；廣野氣成宮闕然。雲氣各象其山川人民所聚積。故候息秏者，入國邑，視封畺田疇之整治，〔一〕城郭室屋門戶之潤澤，次至車服畜產精華。實息者吉，虛秏者凶。

〔一〕如淳曰：「蔡邕云麻田曰疇。」

若煙非煙，若雲非雲，郁郁紛紛，蕭索輪囷，是謂慶雲。慶雲見，喜氣也。若霧非霧，衣冠不濡，見則其城被甲而趨。

夫雷電、蝦虹、辟歷、夜明者，陽氣之動者也，春夏則發，秋冬則藏，故候者亡不司。

天開縣物，〔一〕地動坼絕。山崩及陁，川塞谿垘；〔二〕水澹地長，澤竭見象。城郭門閭，潤息槀枯；宮廟廊第，人民所次。謠俗車服，觀民飲食。五穀草木，觀其所屬。倉府廄庫，四通之路。六畜禽獸，所產去就；魚鼈鳥鼠，觀其所處。鬼哭若謼，與人逢遌。訛言，誠然。

〔一〕孟康曰：「謂天裂而見物象也。天開示縣象。」

〔二〕孟康曰：「垘音雞服，謂谿垘崩也。」蘇林曰：「垘音伏。伏流也。」如淳曰：「垘，填塞不通也。」

凡候歲美惡，謹候歲始。歲始或冬至日，產氣始萌。臘明日，人眾卒歲，壹會飲食，發陽氣，故曰初歲。正月旦，王者歲首；立春，四時之始也。四始者，候之日。

而漢魏鮮集臘明正月旦決八風。〔一〕風從南，大旱；西南，小旱；西方，有兵；西北，戎叔為，〔二〕小雨，趣兵；北方，為中歲；東北，為上歲；〔三〕東方，大水；東南，民有疾疫，歲惡。故八風各與其衝對，課多者為勝。多勝少，久勝亟，疾勝徐。旦至食，為麥；食至日跌，為(疾)〔稷〕；跌至餔，為黍；餔至下餔，為叔；下餔至日入，為麻。欲終日有雲，有風，有日，當其時，深而多實；亡雲，有風日，當其時，淺而少實；有雲風，亡日，當其時，深而少實；有日，亡雲，不風，當其時者稼有敗。如食頃，小敗；孰五斗米頃，大敗。風復起，有雲，其稼復起。各以其時用雲色占種所宜。雨雪，寒，歲惡。

〔一〕孟康曰：「魏鮮，人姓名，作占候者也。」

〔二〕孟康曰：「戎叔，胡豆也。為，成也。」

〔三〕韋昭曰：「上歲，大穰。」

是日光明，聽都邑人民之聲。聲宮，則歲美，吉；商，有兵；徵，旱；羽，水；角，歲惡。

或從正月旦比數雨。率日食一升，至七升而極；〔一〕過之，不占。數至十二日，直其月，占水旱。〔二〕為其環域千里內占，即為天下候，竟正月。〔三〕月所離列宿，日、風、雲，占其國。然必察太歲所在。金，穰；水，毀；木，飢；火，旱。此其大經也。

〔一〕孟康曰：「正月一日雨而民有一升之食，二日雨民有二升之食，如此至七日已來驗也。」

〔二〕孟康曰：「一日雨，正月水也。」

〔三〕孟康曰：「月三十日周天歷二十八宿，然後可占天下。」

正月上甲，風從東方來，宜蠶；從西方來，若旦有黃雲，惡。

冬至短極，縣土炭，〔一〕炭動，麋鹿解角，蘭根出，泉水躍，略以知日至，要決晷景。

〔一〕孟康曰：「先冬至三日，縣土炭於衡兩端，輕重適均，冬至而陽氣至則炭重，夏至陰氣至則土重。」晉灼曰：「蔡邕曆律記『候鍾律權土炭，冬至陽氣應黃鍾通，土炭輕而衡仰，夏至陰氣應蕤賓通，土炭重而衡低。進退先後，五日之中』。」

夫天運三十歲一小變，百年中變，五百年大變，三大變一紀，三紀而大備，此其大數也。春秋二百四十二年間，日食三十六，彗星三見，夜常星不見，夜中星隕如雨者各一。當

是時，禍亂輒應，周室微弱，上下交怨，殺君三十六，亡國五十二，諸侯奔走不得保其社稷者不可勝數。自是之後，衆暴寡，大并小。秦、楚、吳、粤，夷狄也，爲彊伯。田氏篡齊，三家分晉，並爲戰國，爭於攻取，兵革遞起，城邑數屠，因以飢饉疾疫愁苦，臣主共憂患，其察禨祥候星氣尤急。〔一〕近世十二諸侯七國相王，言從横者繼踵，而占天文者因時務論書傳，故其占驗鱗雜米鹽，亡可錄者。

〔一〕如淳曰：「呂氏春秋『荆人鬼，越人禨』，今之巫祝禱祠淫祀之比也。」晉灼曰：「禨音珠璣之璣。」

周卒爲秦所滅。始皇之時，十五年間彗星四見，久者八十日，長或竟天。後秦遂以兵內兼六國，外攘四夷，死人如亂麻。又熒惑守心，及天市芒角，色赤如雞血。始皇既死，適庶相殺，二世即位，殘骨肉，戮將相，太白再經天。因以張楚並興，兵相跆籍，〔一〕秦遂以亡。

〔一〕蘇林曰：「跆音臺，登躡也，或作蹈。」

項羽救鉅鹿，枉矢西流。枉矢所觸，天下之所伐射，滅亡象也。物莫直於矢，今蛇行不能直而枉者，執矢者亦不正，以象項羽執政亂也。羽遂合從，阬秦人，屠咸陽。凡枉矢之流，以亂伐亂也。

漢元年十月，五星聚於東井，以曆推之，從歲星也。〔一〕此高皇帝受命之符也。故客謂張耳曰：「東（井）〔井〕秦地，漢王入秦，五星從歲星聚，當以義取天下。」秦王子嬰降於枳道，

漢王以屬吏，寶器婦女亡所取，閉宮封門，還軍次于霸上，以候諸侯。與秦民約法三章，民亡不歸心者，可謂能行義矣，天之所予也。五年遂定天下，即帝位。此明歲星之崇義，東井爲秦之地明效也。

〔一〕李奇曰：「歲星得其正度，其四星隨比常正行，故曰從也。」孟康曰：「歲星先至，先至爲主也。」

三年秋，太白出西方，有光幾中，〔一〕乍北乍南，過期乃入。辰星出四孟。〔二〕是時，項羽爲楚王，而漢已定三秦，與相距滎陽。太白出西方，有光幾中，是秦地戰將勝，而漢國將興也。辰星出四孟，易主之表也。後二年，漢滅楚。

〔一〕晉灼曰：「幾中，近踰身。」

〔二〕韋昭曰：「法當出四仲，出四孟，爲易主之象也。」

七年，月暈，圍參、畢七重。占曰：「畢、昴間，天街也；街北，胡也；街南，中國也。昴爲匈奴，參爲趙，畢爲邊兵。」是歲高皇帝自將兵擊匈奴，至平城，爲冒頓單于所圍，七日乃解。

十二年春，熒惑守心。〔一〕四月，宮車晏駕。〔二〕

〔一〕李奇曰：「心爲天王也。」

〔二〕應劭曰：「天子當晨起早作，而方崩殞，故稱晏駕云。」韋昭曰：「凡初崩爲晏駕者，臣子之心，猶（爲）〔謂〕宮車當駕而出耳。」

孝惠二年，天開東北，廣十餘丈，長二十餘丈。地動，陰有餘；天裂，陽不足：皆下盛彊將害上之變也。其後有呂氏之亂。

孝文後二年正月壬寅，天欃夕出西南。〔一〕占曰：「爲兵喪亂。」其六年十一月，匈奴入上郡、雲中，漢起三軍以衞京師。其四月乙巳，水、木、火三合於東井。占曰：「外內有兵與喪，改立王公。東井，秦也。」八月，天狗下梁壄，是歲誅反者周殷長安市。其七年六月，文帝崩。其十一月戊戌，土、水合於危。占曰：「爲雍沮，所當之國不可舉事用兵，必受其殃。一曰將覆軍。危，齊也。」其七月，火東行，行畢陽，環畢東北，出而西，逆行至昴，即南乃東行。占曰：「爲喪死寇亂。畢、昴，趙也。」

〔一〕孟康曰：「歲星之精。」

孝景元年正月癸酉，金、水合於婺女。占曰：「爲變謀，爲兵憂。婺女，粤也，又爲齊。」其七月乙丑，金、木、水三合於張。占曰：「外內有兵與喪，改立王公。張，周地，今之河南也，又爲楚。」其二年七月丙子，火與水晨出東方，因守斗。占曰：「其國絕祀。」至其十二月，水、火合於斗。占曰：「爲淬，不可舉事用兵，必受其殃。」一曰：「爲北軍，用兵舉事大敗。斗，吳也，又爲粤。」是歲彗星出西南。其三月，立六皇子爲王，（王）淮陽、汝南、河間、臨江、長沙、廣川。

其三年，吳、楚、膠西、膠東、淄川、濟南、趙七國反。吳、楚兵先至攻梁，膠西、膠東、淄川三國攻圍齊。漢遣大將軍周亞夫等戍止河南，以候吳楚之敝，遂敗之。吳王亡走粤，粤攻而殺之。平陽侯敗三國之師于齊，咸伏其辜，齊王自殺。漢兵以水攻趙城，城壞，王自殺。六月，立皇子二人、楚元王子一人爲王，王膠西、中山、楚。徙濟北爲淄川王，淮陽爲魯王，汝南爲江都王。七月，兵罷。天狗下，占爲：「破軍殺將。狗又守禦類也，天狗所降，以戒守禦。」吳、楚攻梁，梁堅城守，遂伏尸流血其下。

三年，填星在婁，幾入，還居奎。奎，魯也。占曰：「其國得地爲得填。」是歲魯爲國。

四年七月癸未，火入東井，行陰，又以九月己未入輿鬼，戊寅出。占曰：「爲誅罰，又爲火災。」後二年，有栗氏事。其後未央東闕災。

中元年，填星當在觜觿、參，去居東井。占曰：「亡地，不乃有女憂。」其（三）〔二〕年正月丁亥，金、木合於觜觿，爲白衣之會。三月丁酉，彗星夜見西北，色白，長丈，在觜觿，且去益小，十五日不見。占曰：「必有破國亂君，伏死其辜。觜觿，梁也。」其五月甲午，金、木俱在東井。（戍）〔戊戌〕，金去木留，守之二十日。占曰：「傷成於戍。木爲諸侯，誅將行於諸侯也。」其六月壬戌，蓬星見西南，在房南，去房可二丈，大如二斗器，色白；癸亥，在心東北，可長丈所；甲子，在尾北，可六丈；丁卯，在箕北，近漢，稍小，且去時，大如桃。壬申去，凡十日。占曰：

「蓬星出，必有亂臣。房、心間，天子宮也。」是時梁王欲爲漢嗣，使人殺漢爭臣袁盎。漢桉誅梁大臣，斧戉用。梁王恐懼，布車入關，伏斧戉謝罪，然後得免。

中三年十一月庚午夕，金、火合於虛，相去一寸。占曰：「爲鑠，爲喪。虛，齊也。」

四年四月丙申，金、木合於東井。占曰：「爲白衣之會。（非）〔井〕，秦也。」其五年四月乙巳，水、火合於參。占曰：「國不吉。參，梁也。」其六年四月，梁孝王死。五月，城陽王、濟陰王死。六月，成陽公主死。出入三月，天子四衣白，臨邸第。

後元年五月壬午，火、金合於輿鬼之東北，不至柳，出輿鬼北可五寸。占曰：「爲鑠，有喪。輿鬼，秦也。」丙戌，地大動，鈴鈴然，民大疫死，棺貴，至秋止。

孝武建元三年三月，有星孛於注、張，歷太微，干紫宮，至於天漢。春秋「星孛於北斗，齊、（魯）〔宋〕、晉之君皆將死亂」。今星孛歷五宿，其後濟東、膠西、江都王皆坐法削黜自殺，淮陽、衡山謀反而誅。

三年四月，有星孛於天紀，至織女。占曰：「織女有女變，天紀爲地震。」至四年十月而地動，其後陳皇后廢。

六年，熒惑守輿鬼。占曰：「爲火變，有喪。」是歲高園有火災，竇太后崩。

元光元年六月，客星見于房。占曰：「爲兵起。」其二年十一月，單于將十萬騎入武州，漢

遣兵三十餘萬以待之。

元光中，天星盡搖，上以問候星者。對曰：「星搖者，民勞也。」後伐四夷，百姓勞于兵革。

元鼎五年，太白入于天苑。占曰：「將以馬起兵也。」一曰：「馬將以軍而死耗。」其後以天馬故誅大宛，馬大死於軍。

元鼎中，熒惑守南斗。占曰：「熒惑所守，爲亂賊喪兵；守之久，其國絕祀。南斗，越分也。」其後越相呂嘉殺其王及太后，漢兵誅之，滅其國。

元封中，星孛于河戍。占曰：「南戍爲越門，北戍爲胡門。」其後漢兵擊拔朝鮮，以爲樂浪、玄菟郡。朝鮮在海中，越之象也；居北方，胡之域也。

太初中，星孛于招搖。（星）傳曰：「客星守招搖，蠻夷有亂，民死君。」其後漢兵擊大宛，斬其王。招搖，遠夷之分也。

孝昭始元中，漢宦者梁成恢及燕王候星者吳莫如見蓬星出西方天市東門，行過河鼓，入營室中。恢曰：「蓬星出六十日，不出三年，下有亂臣戮死於市。」後太白出西方，下行一舍，復上行二舍而下去。太白主兵，上復下，將有戮死者。後太白出東方，入咸池，東下入東井。人臣不忠，有謀上者。後太白入太微西藩第一星，北出東藩第一星，北東下去。太

微者，天廷也，太白行其中，宮門當閉，大將被甲兵，邪臣伏誅。熒惑在婁，逆行至奎，法曰「當有兵」。後太白入昴。莫如曰：「蓬星出西方，當有大臣戮死者。太白星入東井、太微廷，出東門，漢有死將。」後熒惑出東方，守太白。兵當起，主人不勝。後流星下燕萬載宮極，東去，[一]法曰「國恐，有誅」。其後左將軍桀、票騎將軍安與長公主、燕剌王謀亂，咸伏其辜。兵誅烏桓。

[一]李奇曰：「極，屋梁也，三輔間名爲極。或曰，極，棟也，三輔間名棟爲極。尋棟東去也。（廷）〔延〕篤謂之堂前闌楯也。」

元鳳四年九月，客星在紫宮中斗樞極間。占曰：「爲兵。」其五年六月，發三輔郡國少年詣北軍。五年四月，燭星見奎、婁間。占曰「有土功，胡人死，邊城和」。其六年正月，築遼東、玄菟城。二月，度遼將軍范明友擊烏桓還。

元平元年正月庚子，日出時有黑雲，狀如（猋）〔焱〕風亂鬊，[一]轉出西北，東南行，轉而西，有頃亡。占曰：「有雲如衆風，是謂風師，法有大兵。」其後兵起烏孫，五將征匈奴。

[一]（師古曰）：「音舜。」

二月甲申，晨有大星如月，有衆星隨而西行。乙酉，牂雲如狗，赤色，長尾三枚，夾漢西行。大星如月，大臣之象，衆星隨之，衆皆隨從也。天文以東行爲順，西行爲逆，此大臣欲

行權以安社稷。占曰：「太白散爲天狗，爲卒起。卒起見，禍無時，臣運柄。牂雲爲亂君。」到其四月，昌邑王賀行淫辟，立二十七日，大將軍霍光白皇太后廢賀。

三月丙戌，流星出翼、軫東北，干太微，入紫宮。始出小，且入大，有光。入有頃，聲如雷，三鳴止。占曰：「流星入紫宮，天下大凶。」其四月癸未，宮車晏駕。

孝宣本始元年四月壬戌甲夜，辰星與參出西方。其二年七月辛亥夕，辰星與翼出，皆爲蚤。占曰：「大臣誅。」其後熒惑守房之鉤鈐。鉤鈐，天子之御也。[一]占曰：「不太僕，則奉車，不黜即死也。房、心，天子宮也。房爲將相，心爲子屬也。其地宋，今楚彭城也。」四年七月甲辰，辰星在翼，月犯之。占曰：「兵起，上卿死將相也。」是日，熒惑入輿鬼天質。占曰：「大臣有誅者，名曰天賊在大人之側。」

[一]晉灼曰：「上言房爲天駟，其陰右驂，旁有二星曰鈐，故曰天子御也。」

地節元年正月戊午乙夜，月食熒惑，[二]熒惑在角、亢。占曰：「憂在宮中，非賊而盜也。有內亂，讒臣在旁。」其辛酉，熒惑入氐中。氐，天子之宮，熒惑入之，有賊臣。其六月戊戌甲夜，客星又居左右角間，東南指，長可二尺，色白。占曰：「有姦人在宮廷間。」其丙寅，又有客星見貫索東北，南行，至七月癸酉夜入天市，芒炎東南指，其色白。占曰：「有戮卿。」一曰：「有戮王。期皆一年，遠二年。」是時，楚王延壽謀逆自殺。四年，故大將軍霍光夫人顯、將

軍霍禹、范明友、奉車霍山及諸昆弟賓婚爲侍中、諸曹、九卿、郡守皆謀反，咸伏其辜。

〔一〕孟康曰：「凡星入月，見月中，爲星食月；月奄星，星滅，爲月食星。」

黃龍元年三月，客星居王梁東北可九尺，長丈餘，西指，出閣道間，至紫宮。其十二月，宮車晏駕。

元帝初元元年四月，客星大如瓜，色青白，在南斗第二星東可四尺。占曰：「爲水飢。」其五月，勃海水大溢。六月，關東大飢，民多餓死，琅邪郡人相食。

二年五月，客星見昴分，居卷舌東可五尺，青白色，炎長三寸。占曰：「天下有妄言者。」其十二月，鉅鹿都尉謝君男詐爲神人，論死，父免官。〔一〕

〔一〕孟康曰：「姓謝，名君。男者兒也，不記其名，直言男耳。」

五年四月，彗星出西北，赤黃色，長八尺所，後數日長丈餘，東北指，在參分。後二歲餘，西羌反。

孝成建始元年九月戊子，有流星出文昌，色白，光燭地，長可四丈，大一圍，動搖如龍蛇形。有頃，長可五六丈，大四圍所，詘折委曲，貫紫宮西，在斗西北子亥間。後詘如環，北方不合，留一(合)〔刻〕所。占曰：「文昌爲上將貴相。」是時帝舅王鳳爲大將軍，其後宣帝舅子王商爲丞相，皆貴重任政。鳳妬商，譖而罷之。商自殺，親屬皆廢黜。

四年七月，熒惑隃歲星，居其東北半寸所如連李。時歲星在關星西四尺所，熒惑初從畢口大星東東北往，數日至，往疾去遲。占曰：「熒惑與歲星鬬，有病君飢歲。」至河平元年三月，旱，傷麥，民食榆皮。二年十二月壬申，太皇太后避時昆明東觀。〔一〕

〔一〕如淳曰：「食貨志武帝修昆明池，列觀環之。或曰，即病謝君男，故避其時。」

十一月乙卯，月食填星，星不見，時在輿鬼西北八九尺所。占曰：「月食填星，流民千里。」河平元年三月，流民入函谷關。

河平二年十月下旬，填星在東井軒轅南耑大星尺餘，歲星在其西北尺所，熒惑在其西北二尺所，皆從西方來。填星貫輿鬼，先到歲星次，熒惑亦貫輿鬼。十一月上旬，歲星、熒惑西去填星，皆西北逆行。占曰：「三星若合，是謂驚位，是謂絕行，外內有兵與喪，改立王公。」其十一月丁巳，夜郎王歆大逆不道，牂柯太守立捕殺歆。三年九月甲戌，東郡莊平男子侯毋辟兄弟五人羣黨爲盜，攻燔官寺，縛縣長吏，盜取印綬，自稱將軍。三月辛卯，左將軍千秋卒，右將軍史丹爲左將軍。四年四月戊申，梁王賀薨。

陽朔元年七月壬子，月犯心星。占曰：「其國有憂，若有大喪。房、心爲宋，今楚地。」十一月辛未，楚王友薨。

四年閏月庚午，飛星大如缶，出西南，入斗下。占曰：「漢使匈奴。」明年，鴻嘉元年正月，匈奴單于雕陶莫皋死。五月甲午，遣中郎將楊興使弔。

永始二年二月癸未夜，東方有赤色，大三四圍，長二三丈，索索如樹，南方有大四五圍，下行十餘丈，皆不至地滅。占曰：「東方客之變氣，狀如樹木，以此知四方欲動者。」明年十二月己卯，尉氏男子樊並等謀反，賊殺陳留太守嚴普及吏民，出囚徒，取庫兵，劫略令丞，自稱將軍，皆誅死。庚子，山陽鐵官亡徒蘇令等殺傷吏民，篡出囚徒，取庫兵，聚黨數百人爲大賊，踰年經歷郡國四十餘。一日有兩氣同時起，並見，而並、令等同月俱發也。

元延元年四月丁酉日餔時，天曈晏，殷殷如雷聲，有流星頭大如缶，長十餘丈，皎然赤白色，從日下東南去。四面或大如盂，或如雞子，燿燿如雨下，至昏止。郡國皆言星隕。春秋星隕如雨爲王者失勢諸侯起伯之異也。其後王莽遂顓國柄。王氏之興萌於成帝(時)，是以有星隕之變。後莽遂篡國。

綏和元年正月辛未，有流星從東南入北斗，長數十丈，二刻所息。占曰：「大臣有繫者。」其年十一月庚子，定陵侯淳于長坐執左道下獄死。

二年春，熒惑守心。二月乙丑，丞相翟方進欲塞災異，自殺。(二)〔三〕月丙戌，宮車晏駕。

哀帝建平元年正月丁未日出時，有著天白氣，廣如一匹布，長十餘丈，西南行，讙如雷，西南行一刻而止，名曰天狗。傳曰：「言之不從，則有犬禍詩妖。」到其四年正月、二月、〔三〕

月，民相驚動，讙譁奔走，傳行詔籌祠西王母，又曰「從目人當來」。十二月，白氣出西南，從地上至天，出參下，貫天廁，廣如一疋布，長十餘丈，十餘日去。占曰：「天子有陰病。」其三年十一月壬子，太皇太后詔曰：「皇帝寬仁孝順，奉承聖緒，靡有解怠，而久病未瘳。夙夜惟思，殆繼體之君不宜改作。春秋大復古，其復甘泉泰畤、汾陰后土如故。」

二年二月，彗星出牽牛七十餘日。傳曰：「彗所以除舊布新也。牽牛，日、月、五星所從起，曆數之元，三正之始。彗而出之，改更之象也。其出久者，爲其事大也。」其六月甲子，夏賀良等建言當改元易號，增漏刻。詔書改建平二年爲太初(元將)元年，號曰陳聖劉太平皇帝，刻漏以百二十爲度。八月丁巳，悉復蠲除之，賀良及黨與皆伏誅流放。其後卒有王莽篡國之禍。

元壽元年十一月，歲星入太微，逆行干右執法。占曰：「大臣有憂，執法者誅，若有罪。」二年十月戊寅，高安侯董賢免大司馬位，歸第自殺。

校勘記

一三〇四頁一行 (晝)〔暈〕，日旁氣也。 殿本考證說「暈」監本訛「晝」，從宋本改。按景祐、汲古、局本都作「晝」，文義爲長，但史記天官書「日月暈適」句裴駰集解引作「暈」，則不得作「晝」。

一三〇四頁三行 凡氣(食)〔在〕日上爲冠爲戴， 景祐、殿本都作「在」。朱一新說作「在」是。

一二七四頁六行　餘三星後(官)〔宮〕之屬也。　景祐、殿本都作「宮」。朱一新說作「宮」是。
一二七六頁九行　火犯守角，則有(戟)〔戰〕。　景祐、殿本都作「戰」。王先謙說作「戰」是。
一二八一頁八行　熒惑爲亂爲(成)〔賊〕，　景祐、殿、局本都作「賊」。朱一新說作「賊」是。
一二八六頁一行　名曰(牡)〔牝〕牡，　景祐、殿本都作「牝」，注同。朱一新說作「牝」是。
一二八六頁三行　其國(必)〔皆〕亡：　景祐、殿本都作「皆」。
一二九〇頁六行　(爾雅作作噩)　王先謙說「爾雅」五字漢書無此例，非班自注，蓋校書者誤加之。
一二九三頁五行　(共)〔其〕下止地，類狗。　景祐、殿、局本都作「其」。王先謙說作「其」是。
一二九三頁一三行　怒當(首)〔言〕豁。　景祐、殿本都作「言」。
一二九六頁五行　(日)〔月〕出房北，　景祐、殿本都作「月」。王先謙說作「月」是。
一二九六頁一一行　見牛日以上，功(太)〔大〕。　沈欽韓說「大」誤爲「太」。按景祐、殿、局本都作「大」。
一二九七頁三行　雲氣有(戰)〔獸〕居上者，勝。　王念孫說「戰」當依天官書作「獸」。按殿本作「獸」。
一二九七頁一四行　(銳)鉤雲句曲。　王先謙說「銳」字衍，天官書、晉、隋志皆無。
一二九八頁一行　兵必起，(占)〔合〕鬬其直。　王先謙說天官書「占」作「合」是。
一二九九頁七行　食至日跌，爲(疾)〔稷〕，　景祐、殿本都作「稷」。朱一新說作「稷」是。
一三〇一頁一五行　東(井)〔井〕秦地，　景祐、殿、局本都作「井」。王先謙說作「井」是。

一三〇二頁一五行　臣子之心，猶(爲)〔謂〕宮車當駕而出耳。　景祐、殿本都作「謂」。
一三〇三頁一五行　立六皇子爲王，〔王〕淮陽　「王」字原缺，據景祐、殿、局本補。
一三〇四頁一〇行　其(三)〔二〕年正月丁亥，　王念孫說中三年在下文，則此「三年」當作「二年」。
一三〇四頁一三行　(戊)〔戊戌〕，金去木留，　殿本作「戊戌」。朱一新說作「戊戌」是，自甲午至戊戌凡五日。
一三〇五頁四行　(非)〔井〕，秦也。　景祐、殿本都作「井」。
一三〇五頁一〇行　齊、(魯)〔宋〕、晉之君皆將死亂。　王先愼說「魯」爲「宋」字之誤。按左傳文十四年作「宋、齊、晉之君」。
一三〇六頁一〇行　〔星〕傳曰：　朱一新說汪本有「星」字，此脫。按景祐、殿本都有「星」字。
一三〇七頁六行　(延)〔延〕篤謂之堂前闌楯也。　景祐、殿本都作「延」。朱一新說作「延」是。
一三〇七頁一一行　狀如(焱)〔猋〕風亂鬈，　王先謙說當從三「犬」。「猋」，「飆」之通借字。
一三〇七頁一三行　〔師古曰〕：音舜。　葉德輝說疑此音上奪「師古曰」三字。
一三〇九頁一四行　留一(合)〔刻〕所。　景祐、殿本都作「刻」。朱一新說作「刻」是。
一三一二頁九行　王氏之興萌於成帝〔時〕，　景祐、殿本都有「時」字。
一三一二頁一三行　(二)〔三〕月丙戌，　景祐、殿本都作「三」。朱一新說作「三」是。
一三一三頁七行　詔書改建平二年爲太初(元將)元年，　景祐、殿本都無「元將」二字，通鑑亦無。

漢書卷二十七上

五行志第七上

易曰：「天垂象，見吉凶，聖人象之；河出圖，雒出書，聖人則之。」〔一〕劉歆以爲虙羲氏繼天而王，〔二〕受河圖，則而畫之，八卦是也；〔三〕禹治洪水，賜雒書，法而陳之，洪範是也。〔四〕聖人行其道而寶其眞。降及于殷，箕子在父師位而典之。〔五〕周既克殷，以箕子歸，武王親虛己而問焉。故經曰：「惟十有三祀，王訪于箕子，〔六〕王乃言曰：『烏嘑，箕子！惟天陰騭下民，相協厥居，我不知其彝倫逌敘。』〔七〕箕子乃言曰：『我聞在昔，鯀陻洪水，汨陳其五行，〔八〕帝乃震怒，弗畀洪範九疇，彝倫逌斁。〔九〕鯀則殛死，禹乃嗣興，〔一〇〕天乃錫禹洪範九疇，彝倫逌敘。』」〔一一〕此武王問雒書於箕子，箕子對禹得雒書之意也。

〔一〕師古曰：「上繫之辭也。則，效也。」
〔二〕師古曰：「虙讀與伏同。」
〔三〕師古曰：「放效河圖而畫八卦也。」

〔四〕師古曰：「取法雒書而陳洪範也。」
〔五〕師古曰：「父師，即太師，殷之三公也。箕子，紂之諸父而爲太師，故曰父師。」
〔六〕師古曰：「祀，年也。商曰祀。自此以下皆周書洪範之文。」
〔七〕服虔曰：「騭音陟也。」應劭曰：「陰，覆也。陟，升也。相，助也。協，和也。倫，理也。攸，所也。言天覆下民，王者當助天居，我不知居天常理所次序也。」師古曰：「騭音質。騭，定也。協，和也。天不言而默定下人，助合其居。」
〔八〕應劭曰：「陻，塞也。汨，亂也。水性流行，而鯀障塞之，失其本性，其餘所陳列皆亂，故曰亂陳五行也。」師古曰：「汨音骨。」
〔九〕師古曰：「帝謂上帝，即天也。震，動也。畀，與也。疇，類也。九類即九章也。斁，敗也，音丁故反。」
〔一〇〕師古曰：「殛，誅也，見(殛)〔誅〕而死。殛音居力反。」
〔一一〕師古曰：「自此以上，洪範之文。」

「初一曰五行；〔一〕次二曰羞用五事；〔二〕次三曰農用八政；〔三〕次四曰叶用五紀；〔四〕次五曰建用皇極；〔五〕次六曰艾用三德；〔六〕次七曰明用稽疑；〔七〕次八曰念用庶徵；〔八〕次九曰嚮用五福，畏用六極。」〔九〕凡此六十五字，皆雒書本文，所謂天乃錫禹大法九章常事所次者也。以爲河圖、雒書相爲經緯，八卦、九章相爲表裏。昔殷道弛，文王演周易；〔一〇〕周道敝，孔子述春秋。則乾坤之陰陽，效洪範之咎徵，天人之道粲然著矣。

〔一〕師古曰：「謂之行者，言順天行氣。」
〔二〕師古曰：「羨，進也。」
〔三〕張晏曰：「農，食之本，食爲八政首，故以農爲名也。」師古曰：「此說非也。農，厚也。羞用義例皆同，非田農之義也。」
〔四〕應劭曰：「叶，合也，合成五行，爲之條紀也。」師古曰：「叶讀曰叶，和也。」
〔五〕應劭曰：「皇，大；極，中也。」
〔六〕應劭曰：「艾，治也。治大中之道用三德也。」師古曰：「艾讀曰乂。」
〔七〕應劭曰：「疑事明考之於著龜。」
〔八〕師古曰：「念，思也。庶，衆也。徵，應也。」
〔九〕應劭曰：「天所以嚮樂人，用五福；所以畏懼人，用六極。」
〔一〇〕師古曰：「演，廣也，更廣其文也。演音弋善反。」

漢興，承秦滅學之後，景、武之世，董仲舒治公羊春秋，始推陰陽，爲儒者宗。宣、元之後，劉向治穀梁春秋，數其旤福，傳以洪範，〔一〕與仲舒錯。〔二〕至向子歆治左氏傳，其春秋意亦已乖矣；言五行傳，又頗不同。是以擥仲舒，別向、歆，〔三〕傳載眭孟、夏侯勝、京房、谷永、李尋之徒所陳行事，〔四〕訖於王莽，舉十二世，以傅春秋，著於篇。〔五〕

〔一〕師古曰：「旤，古文禍字。以洪範義傳而說之。傅字或作傳，讀曰附，謂附著。」

〔二〕師古曰：「錯，互不同也。」
〔三〕師古曰：「擥字與擥同，謂引取之。擥音來敢反。」
〔四〕師古曰：「眭音息規反。說在眭孟傳。」
〔五〕師古曰：「傅讀曰附，謂比附其事。」

經曰：「初一曰五行。五行：一曰水，二曰火，三曰木，四曰金，五曰土。水曰潤下，火曰炎上，〔一〕木曰曲直，〔二〕金曰從革，〔三〕土爰稼穡。」〔四〕

〔一〕師古曰：「皆水火自然之性也。」
〔二〕師古曰：「言可揉而曲，可矯而直。」
〔三〕張晏曰：「革，更也，可更銷鑄也。」
〔四〕師古曰：「爰亦曰也。一說爰，於也，可於其上稼穡也。種之曰稼。收斂曰穡。」

傳曰：「田獵不宿，〔一〕飲食不享，〔二〕出入不節，奪民農時，及有姦謀，〔三〕則木不曲直。」

〔一〕服虔曰：「不得其時也。或曰，不豫戒曰不宿，不戒以其時也。」
〔二〕師古曰：「不行享獻之禮也。」
〔三〕李奇曰：「姦謀，增賦履畝之事也。」臣瓚曰：「姦謀，邪謀也。」師古曰：「即下所謂作爲姦詐以奪農時。李說是。」

說曰：木，東方也。於易，地上之木爲觀。〔一〕其於王事，威儀容貌亦可觀者也。故行步

有佩玉之度，〔二〕登車有和鸞之節，〔三〕田狩有三驅之制，〔四〕飲食有享獻之禮，〔五〕出入有名，使民以時，務在勸農桑，謀在安百姓：如此，則木得其性矣。若乃田獵馳騁不反宮室，飲食沈湎不顧法度，〔六〕妄興繇役以奪民時，作爲姦詐以傷民財，則木失其性矣。蓋工匠之爲輪矢者多傷敗，〔七〕及木爲變怪，〔八〕是爲木不曲直。

〔一〕師古曰：「坤下巽上，觀。巽爲木，故云地上之木也。」
〔二〕師古曰：「玉佩上有雙衡，下有雙璜，琚瑀以雜之，（衡）〔衝〕牙（玭）〔蠙〕珠以納其間。右徵角而左宮羽，進則揖之，退則揚之，然後玉鏘鳴焉。是爲行步之節度也。璜音黃。琚音居。瑀音禹。蠙音步千反。」
〔三〕師古曰：「和，鈴也，以金爲之，施於衡上。鸞亦以金爲鸞鳥而銜鈴焉，施於鑣上。動皆有聲，以爲舒疾之（疾）〔節〕也。」
〔四〕師古曰：「謂田獵三驅也。三驅之禮，一爲乾豆，二爲賓客，三爲充君之庖也。」
〔五〕師古曰：「以禮飲食謂之享，進爵於前謂之獻。」
〔六〕師古曰：「沈湎，謂溺於酒食。湎音彌善反。」
〔七〕如淳曰：「揉輪不曲，矯矢不直也。」
〔八〕臣瓚曰：「梓柱更生及變爲人形是也。」

春秋成公十六年「正月，雨，木冰」。劉歆以爲上陽施不下通，下陰施不上達，故雨，而木爲之冰，雰氣寒，〔一〕木不曲直也。劉向以爲冰者陰之盛而水滯者也，木者少陽，貴臣卿大夫

之象也。此人將有害，則陰氣（協）〔脅〕木，木先寒，故得雨而冰也。是時叔孫喬如出奔，公子偃誅死。〔二〕一曰，時晉執季孫行父，又執公，此執辱之異。〔三〕或曰，今之長老名木冰爲「木介」。介者，甲。甲，兵象也。是歲晉有鄢陵之戰，楚王傷目而敗。〔四〕屬常雨也。

〔一〕師古曰：「雰音紛。」
〔二〕師古曰：「叔孫喬如，叔孫宣伯也，通於宣公夫人穆姜，謀欲作亂，不克而出奔齊。公子偃，宣公庶子，成公弟也，豫喬如之謀，故見誅。事並在十六年冬。」
〔三〕師古曰：「行父，季文子也。十六年秋，公會晉侯于沙隨，晉受喬如之譖而止公。是年九月，又信喬如之譖而執行父也。」
〔四〕師古曰：「晉楚戰于鄢陵，呂錡射恭王中目。鄢陵，鄭地。」

傳曰：「棄法律，逐功臣，殺太子，以妾爲妻，則火不炎上。」

說曰：火，南方，揚光煇爲明者也。其於王者，南面鄉明而治。〔一〕書云：「知人則悊，能官人。」〔二〕故堯舜舉羣賢而命之朝，〔三〕遠四佞而放諸壄。〔四〕孔子曰：「浸潤之譖、膚受之訴不行焉，可謂明矣。」〔五〕賢佞分別，官人有序，帥由舊章，〔六〕敬重功勳，殊別適庶，〔七〕如此則火得其性矣。若乃信道不篤，〔八〕或燿虛僞，讒夫昌，邪勝正，則火失其性矣。自上而降，及濫炎妄起，〔九〕災宗廟，燒宮館，雖興師衆，弗能救也，是爲火不炎上。

〔一〕師古曰：「鄉讀曰嚮。」
〔二〕師古曰：「虞書咎繇謨之辭。悊，智也。能知其材則能官之，所以爲智也。」
〔三〕師古曰：「謂稷、卨以下。」
〔四〕師古曰：「四佞，即四凶也。遠，離也。埜，古野字。」
〔五〕師古曰：「論語載孔子之言也。浸潤，言積漸也。膚受，謂初入皮膚以至骨髓也。」
〔六〕師古曰：「帥，循也。由，從也，用也。」
〔七〕師古曰：「適讀曰嫡。」
〔八〕師古曰：「篤，厚也。」
〔九〕師古曰：「炎讀曰餤。」

春秋桓公十四年「八月壬申，御廩災」。董仲舒以爲先是四國共伐魯，大破之於龍門。〔一〕百姓傷者未瘳，怨咎未復，而君臣俱惰，內怠政事，外侮四鄰，非能保守宗廟終其天年者也，故天災御廩以戒之。劉向以爲御廩，夫人八妾所舂米之臧以奉宗廟者也，〔二〕時夫人有淫行，〔三〕挾逆心，〔四〕天戒若曰，夫人不可以奉宗廟。桓不寤，與夫人俱會齊，〔五〕夫人譖桓公於齊侯，〔六〕齊侯殺桓公。〔七〕劉歆以爲御廩，公所親耕籍田以奉粢盛者也，〔八〕棄法度亡禮之應也。

〔一〕韋昭曰：「魯郭門。」

〔二〕師古曰：「一娶九女，正嫡一人，餘者妾也，故云八妾。」
〔三〕師古曰：「謂通於齊侯。」
〔四〕師古曰：「謂欲弒桓公。」
〔五〕師古曰：「十八年春，公會齊侯于濼，公與夫人姜氏遂如齊也。」
〔六〕師古曰：「言世子同非吾子，齊侯之子。」
〔七〕師古曰：「齊侯享公，公醉，使公子彭生乘公，拉其幹而殺之。公薨於車。」
〔八〕師古曰：「黍稷曰粢，在器曰盛也。」

嚴公二十年「夏，齊大災」。〔一〕劉向以爲齊桓好色，聽女口，以妾爲妻，適庶數更，〔二〕故致（太）〔大〕災。桓公不寤，及死，適庶分爭，九月不得葬。〔三〕公羊傳曰，大災，疫也。董仲舒以爲魯夫人淫於齊，齊桓姊妹不嫁者七人。國君，民之父母；夫婦，生化之本。本傷則末夭，故天災所予也。〔四〕

〔一〕師古曰：「嚴公，謂莊公也，避明帝諱，故改曰嚴。凡漢書載謚姓爲嚴者，皆類此。」
〔二〕師古曰：「更，改也。桓公之夫人三，王姬、徐嬴、蔡姬，皆無子。而桓公好內多寵，內嬖如夫人者六人：長衞姬，生公子無虧，即武孟也；少衞姬，生惠公；鄭姬生孝公；葛嬴生昭公；密姬生懿公；宋華子生公子雍。公與管仲屬孝公於宋襄公，以爲太子。易牙有寵於衞恭姬，因寺人貂以薦羞於公，請立武孟。公許之。管仲卒，五公子皆求立。適讀曰嫡，下亦同。數音所角反。」
〔三〕師古曰：「魯僖十七年，齊桓公卒，易牙入，因內寵以殺羣吏，立無虧。孝公奔宋。十八年，齊立孝公，不勝（日）〔四〕公子之徒，遂與宋人戰，敗齊師于甗，立孝公而還。八月，葬桓公，是爲過於九月乃得葬也。」
〔四〕李奇曰：「以爲疫殺其民人。」

釐公二十年「五月（己酉）〔乙巳〕，西宮災」。〔一〕穀梁以爲愍公宮也，以謚言之則若疏，故謂之西宮。劉向以爲釐立妾母爲夫人以入宗廟，〔二〕故天災愍宮，若曰，去其卑而親者，將害宗廟之正禮。〔三〕董仲舒以爲釐娶於楚，而齊媵之，脅公使立以爲夫人。〔四〕西宮者，小寢，夫人之居也。若曰，妾何爲此宮！誅去之意也。以天災之，故大之曰西宮也。左氏以爲西宮者，公宮也。言西，知有東。東宮，太子所居。言宮，舉區皆災也。

〔一〕師古曰：「釐讀曰僖。後皆類此。」
〔二〕師古曰：「僖公之母，謂成風也。本非正嫡，僖既爲君，而母遂同夫人禮。文四年經書『夫人風氏薨』，五年『王使榮叔歸含且賵』，是也。」
〔三〕師古曰：「愍公於僖公爲弟，故云卑。」
〔四〕師古曰：「僖公初聘楚女爲嫡，齊女爲媵。時齊先致其女，脅魯使立爲夫人。事見公羊、穀梁傳。」

宣公十六年「夏，成周宣榭火」。〔一〕榭者，所以臧樂器，宣其名也。董仲舒、劉向以爲十五年王札子殺召伯、毛伯，〔二〕天子不能誅。天戒若曰，不能行政令，何以禮樂爲而臧之？左氏經曰：「成周宣榭火，人火也。人火曰火，天火曰災。」榭者，講武之坐屋。

〔一〕師古曰：「公羊經也。成周，洛陽也。」
〔二〕師古曰：「王札子即王子捷也。召伯、毛伯，周二大夫也。召讀曰邵。後皆類此。」

成公三年「二月甲子，新宮災」。穀梁以爲宣宮，不言謚，恭也。劉向以爲時魯三桓子孫始執國政，宣公欲誅之，恐不能，使大夫公孫歸父如晉謀。未反，宣公死。三家譖歸父於成公。成公父喪未葬，聽讒而逐其父之臣，使奔齊，〔一〕故天災宣宮，明不用父命之象也。一曰，三家親而亡禮，猶宣公殺子赤而立。〔二〕亡禮而親，天災宣廟，欲示去三家也。董仲舒以爲成居喪亡哀戚心，數興兵戰伐，〔三〕故天災其父廟，示失子道，不能奉宗廟也。一曰，宣殺君而立，不當列於羣祖也。

〔一〕師古曰：「三桓，謂孟孫、叔孫、季孫三家，俱出桓公之子也。公孫歸父，東門襄仲之子也。歸父欲去三桓以張公室，與宣公謀，而聘于晉，欲以晉人去之。而宣公薨，成公即位，季文子及臧宣叔乃逐東門氏。歸父還，復命於介，遂出奔齊。」
〔二〕師古曰：「赤，文公太子，即子惡也。宣公，文公之庶子，襄仲殺赤而立宣公。」
〔三〕師古曰：「謂元年作丘甲，二年季孫行父帥師會晉郤克及齊侯戰于鞌，三年叔孫僑如帥師圍棘。」

襄公九年「春，宋災」。劉向以爲先是宋公聽讒，逐其大夫華弱，出奔魯。〔一〕左氏傳曰，宋災，樂喜爲司城，〔二〕先使火所未至徹小屋，〔三〕塗大屋，〔四〕陳畚挶，〔五〕具綆缶，〔六〕備水

器，〔七〕畜水潦，積土塗，〔八〕繕守備，〔九〕表火道，〔一〇〕儲正徒。〔一一〕郊保之民，使奔火所。〔一二〕又飭衆官，各慎其職。〔一三〕晉侯聞之，問士弱曰：〔一四〕「宋災，於是乎知有天道，何故？」對曰：「古之火正，或食於心，或食於咮，以出入火。〔一五〕是故咮爲鶉火，心爲大火。陶唐氏之火正閼伯，居商丘，祀大火，而火紀時焉。相土因之，故商主大火。商人閱其禍敗之釁必始於火，是以知有天道。」公曰：「可必乎？」對曰：「在道。國亂亡象，不可知也。」〔一六〕說曰：古之火正，謂火官也，掌祭火星，行火政。季春昏，心星出東方，而咮、七星、鳥首正在南方，則用火；季秋，星入，則止火，以順天時，救民疾。帝嚳則有祝融，堯時有閼伯，民賴其德，死則以爲火祖，配祭火星，故曰「或食於心，或食於咮也」。相土，商祖契之曾孫，〔一七〕代閼伯後主火星。宋，其後也，世司其占，故先知火災。賢君見變，能修道以除凶；亂君亡象，天不譴告，故不可必也。

〔一〕師古曰：「華弱，華耦之孫也，與樂轡少相狎，長相優，又相謗。轡以弓梏弱于朝，宋平公怒，逐之，遂來奔。事在襄六年。」

〔二〕師古曰：「司城，本司空，避武公之諱，故改其官爲司城。」

〔三〕師古曰：「恐火及之，故徹去。」

〔四〕師古曰：「大屋難徹，故以泥塗之，令火至不可焚。」

〔五〕應劭曰：「畚，草籠也，讀與本同。輂，所以輿土也。」師古曰：「輂音居玉反。」

〔六〕師古曰：「綆，汲索也。缶即盎也。綆音工杏反。」

〔七〕師古曰：「罃瓮之屬也。許氏說文解字曰『罃備火，(金)〔今〕之長頸缾也』。」

〔八〕師古曰：「潦，行潦也。畜讀曰蓄。蓄謂障遏聚之也。塗，泥也。」

〔九〕師古曰：「繕謂補修之也。修守禦之備，恐因火有它故也。」

〔一〇〕師古曰：「火之所起之道皆立標記也。」

〔一一〕師古曰：「儲，偫也。正徒，役徒也。偫音丈紀反。」

〔一二〕師古曰：「郊保之民，謂郊野之外保聚者也。使奔火所，共救災也。」

〔一三〕師古曰：「飭讀與(赤)〔敕〕同。」

〔一四〕師古曰：「士弱，晉大夫士莊伯。」

〔一五〕師古曰：「咮音竹救反。」

〔一六〕韋昭曰：「大亂之君，天(下)〔不〕復告，故無象。」

〔一七〕師古曰：「契讀曰偰，音先列反。字或作卨，其用同耳。據諸典籍，相土即卨之孫，今云曾孫，未詳其意。」

三十年「五月甲午，宋災」。董仲舒以爲伯姬如宋五年，宋恭公卒，〔一〕伯姬幽居守節三十餘年，又憂傷國家之患禍，積陰生陽，故火生災也。劉向以爲先是宋公聽讒而殺太子痤，〔二〕應火不炎上之罰也。

〔一〕師古曰：「伯姬，魯宣公女恭姬也。成九年歸于宋，十五年而宋公卒。今云如宋五年，則是轉寫誤。」

〔二〕師古曰：「痤，宋平公太子也。寺人惠牆伊戾譖太子，云與楚(各)〔客〕盟，平公殺之。事在襄二十六年。痤音在戈反。」

左氏傳昭公六年「六月丙戌，鄭災」。是春三月，鄭人鑄刑書。士文伯曰：「火見，鄭其火乎？〔一〕火未出而作火以鑄刑器，臧爭辟焉。〔二〕火而象之，不火何爲？」說曰：火星出於周五月，而鄭以三月作火鑄鼎，刻刑辟書，以爲民約，是爲刑器爭辟。故火星出，與五行之火爭明爲災，其象然也，又棄法律之占也。不書於經，時不告魯也。

〔一〕師古曰：「士文伯，晉大夫伯瑕也。」

〔二〕師古曰：「著刑於鼎，故稱刑器。法設下爭，故云爭辟。」

九年「夏四月，陳火」。〔一〕董仲舒以爲陳夏徵舒殺君，楚嚴王託欲爲陳討賊，陳國闢門而待之，至因滅陳。〔二〕陳臣子尤毒恨甚，極陰生陽，故致火災。劉向以爲先是陳侯弟招殺陳太子偃師，〔三〕皆外事，不因其宮館者，略之也。八年十月壬午，楚師滅陳，〔四〕春秋不與蠻夷滅中國，故復書陳火也。〔五〕左氏經曰「陳災」。傳曰「鄭裨竈曰：『五年，陳將復封，〔六〕封五十二年而遂亡。』子產問其故，對曰：『陳，水屬也。火，水妃也，而楚所相也。今火出而火陳，逐楚而建陳也。妃以五(陳)〔成〕，故曰五年。歲五及鶉火，而後陳卒亡，楚克有之，天之道也。』」說曰：顓頊以水王，陳其族也。〔七〕今茲歲在星紀，後五年在大梁。大梁，昴也。金

爲水宗，得其宗而昌，故曰「五年陳將復封」。楚之先爲火正，故曰「楚所相也」。天以一生水，地以二生火，天以三生木，地以四生金，天以五生土。五位皆以五而合，而陰陽易位，故曰「妃以五成」。然則水之大數六，火七，木八，金九，土十。故水以天一爲火二牡，木以天三爲土十牡，土以天五爲水六牡，火以天七爲金四牡，金以天九爲木八牡。陽奇爲牡，陰耦爲妃。〔八〕故曰「水，火之牡也；火，水妃也」。於易，坎爲水，爲中男，離爲火，爲中女，蓋取諸此也。自大梁四歲而及鶉火，四周四十八歲，凡五及鶉火，五十二年而陳卒亡。火盛水衰，故曰「天之道也」。哀公十七年七月己卯，楚滅陳。

〔一〕師古曰：「公羊(傳)〔經〕。」

〔二〕師古曰：「夏徵舒，陳卿夏南，即少西氏也。徵舒之母通于靈公，靈公飲酒于夏氏，徵舒射而殺之。楚子爲夏氏亂故伐陳，謂陳人無動，將討於少西氏，遂入陳，殺夏徵舒，轘諸栗門，因縣陳。事在宣公十一年。」

〔三〕師古曰：「招謂陳哀公之弟。偃師即哀公子也。哀公有廢疾，招殺太子而立公子留。事在昭八年。招音韶。」

〔四〕師古曰：「莊王初雖縣陳，納申叔時之諫，乃復封陳，至此時陳又爲楚靈王所滅。」

〔五〕師古曰：「九年火時，陳已爲楚縣，猶追書陳國者，以楚蠻夷，不許其滅中夏之國。」

〔六〕師古曰：「裨竈，鄭大夫。」

〔七〕師古曰：「陳，舜後也。舜本出顓頊。」

〔八〕師古曰：「奇音居宜反。」

昭十八年「五月壬午，宋、衞、陳、鄭災」。董仲舒以爲象王室將亂，天下莫救，故災四國，言亡四方也。又宋、衞、陳、鄭之君皆荒淫於樂，不恤國政，與周室同行。陽失節則火災出，是以同日災也。劉向以爲宋、陳，王者之後，〔一〕衞、鄭，周同姓也。〔二〕時周景王老，劉子、單子事王子猛，〔三〕尹氏、召伯、毛伯事王子鼂。〔四〕子鼂，楚之出也。〔五〕及宋、衞、陳、鄭亦皆外附於楚，亡尊周室之心。後三年，景王崩，王室亂，故天災四國。天戒若曰，不救周，反從楚，廢世子，立不正，以害王室，明同辠也。

〔一〕師古曰：「宋微子啓本出殷，陳胡公滿有虞苗裔，皆王者之後。」

〔二〕師古曰：「衞康叔，文王之子。鄭桓公，宣王之弟。」

〔三〕師古曰：「劉子，劉獻公摯也。單子，穆公旗也。皆周大夫也。猛，景王太子。單音善。」

〔四〕師古曰：「尹氏，文公圉也。召伯，莊公奐也。毛伯，毛得也。皆周大夫也。子鼂，景王庶子也。鼂，古朝字。」

〔五〕師古曰：「姊妹之子曰出。」

定公二年「五月，雉門及兩觀災」。〔一〕董仲舒、劉向以爲此皆奢僭過度者也。先是，季氏逐昭公，昭公死于外。〔二〕定公卽位，既不能誅季氏，又用其邪說，淫於女樂，而退孔子。〔三〕天戒若曰，去高顯而奢僭者。一曰，門闕，號令所由出也，今舍大聖而縱有辠，亡以出號令矣。京房易傳曰：「君不思道，厥妖火燒宮。」

〔一〕師古曰：「雉門，公宮南門也。兩觀謂闕。」

〔二〕師古曰：「謂薨于乾侯。」

〔三〕師古曰：「齊人歸女樂，季桓子勸定公受之，君臣相與觀之，廢朝禮三日，孔子乃行。」

哀公三年「五月辛卯，桓、釐宮災」。董仲舒、劉向以爲此二宮不當立，違禮者也。哀公又以季氏之故不用孔子。孔子在陳聞魯災，曰：「其桓、釐之宮乎！」以爲桓，季氏之所出，釐，使季氏世卿者也。

四年「六月辛丑，亳社災」。〔一〕董仲舒、劉向以爲亡國之社，所以爲戒也。〔二〕天戒若曰，國將危亡，不用戒矣。春秋火災，屢於定、哀之間，不用聖人而縱驕臣，將以亡國，不明甚也。一曰，天生孔子，非爲定、哀也，蓋失禮不明，火災應之，自然象也。

〔一〕師古曰：「亳社，殷社也。」

〔二〕師古曰：「存其社者，欲使君常思敬慎，懼危亡也。」

高后元年五月丙申，趙叢臺災。劉向以爲是時呂氏女爲趙王后，嫉妒，將爲讒口以害趙王。王不寤焉，卒見幽殺。

惠帝四年十月乙亥，未央宮凌室災；〔一〕丙子，織室災。〔二〕劉向以爲元年呂太后殺趙王如意，殘戮其母戚夫人。是歲十月壬寅，太后立帝姊魯元公主女爲皇后。其乙亥，凌室災。明日，織室災。凌室所以供養飲食，織室所以奉宗廟衣服，與春秋御廩同義。天戒若曰，皇后亡奉宗廟之德，將絕祭祀。其後，皇后亡子，後宮美人有男，太后使皇后名之，而殺其母。惠帝崩，嗣子立，有怨言，太后廢之，更立呂氏子弘爲少帝。賴大臣共誅諸呂而立文帝，惠后幽廢。

〔一〕師古曰：「藏冰之室也。」

〔二〕師古曰：「織作之室。」

文帝七年六月癸酉，未央宮東闕罘罳災。〔一〕劉向以爲東闕所以朝諸侯之門也，罘罳在其外，諸侯之象也。漢興，大封諸侯王，連城數十。文帝卽位，賈誼等以爲違古制度，必將叛逆。先是，濟北、淮南王皆謀反，其後吳楚七國舉兵而誅。

〔一〕師古曰：「罘罳，闕之屏也。解具在文紀。」

景帝中五年八月己酉，未央宮東闕災。先是，栗太子廢爲臨江王，〔一〕以罪徵詣中尉，自殺。丞相條侯周亞夫以不合旨稱疾免，後二年下獄死。

〔一〕師古曰：「景帝太子，栗姬所生，謂之栗太子。」

武帝建元六年六月丁酉，遼東高廟災。四月壬子，高園便殿火。董仲舒對曰：「春秋之道舉往以明來，是故天下有物，視春秋所舉與同比者，〔一〕精微眇以存其意，通倫類以貫其

理，天地之變，國家之事，粲然皆見，亡所疑矣。按春秋魯定公、哀公時，季氏之惡已孰，〔二〕而孔子之聖方盛。夫以盛聖而易孰惡，季孫雖重，魯君雖輕，其勢可成也。故定公二年五月兩觀災。兩觀，僭禮之物，〔三〕天災之者，若曰，僭禮之臣可以去。已見辠徵，而後告可去，此天意也。定公不知省。〔四〕至哀公三年五月，桓宮、釐宮災。二者同事，所爲一也，若曰燔貴而去不義云爾。〔五〕哀公未能見，故四年六月亳社災。兩觀、桓、釐廟、亳社，四者皆不當立，天皆燔其不當立者以示魯，欲其去亂臣而用聖人也。季氏亡道久矣，前是天不見災者，魯未有賢聖臣，雖欲去季孫，其力不能，昭公是也。〔六〕至定、哀乃見之，其時可也。不時不見，天之道也。今高廟不當居遼東，高園殿不當居陵旁，於禮亦不當立，與魯所災同。其不當立久矣，至於陛下時天乃災之者，殆亦其時可也。昔秦受亡周之敝，而亡以化之；漢受亡秦之敝，又亡以化之。夫繼二敝之後，承其下流，兼受其猥，難治甚矣。〔七〕又多兄弟親戚骨肉之連，驕揚奢侈〔八〕恣睢者衆，〔九〕所謂重難之時者也。陛下正當大敝之後，又遭重難之時，甚可憂也。故天災若語陛下：『當今之世，雖敝而重難，非以太平至公，不能治也。視親戚貴屬在諸侯遠正最甚者，忍而誅之，〔一〇〕如吾燔遼〔東〕高廟乃可；視近臣在國中處旁仄及貴而不正者，忍而誅之，〔一一〕如吾燔高園殿乃可』云爾。在外而不正者，雖貴如高廟，猶災燔之，況諸侯乎！在內不正者，雖貴如高園殿，猶燔災之，況大臣乎！此天意也。辠在外

者天災外，辠在內者天災內，燔甚辠當重，燔簡辠當輕，承天意之道也。」

〔一〕師古曰：「比，類也，音必寐反。」
〔二〕師古曰：「孰，成也。」
〔三〕師古曰：「兩觀，天子之制也。」
〔四〕師古曰：「省，察也。」
〔五〕師古曰：「燔音煩。」
〔六〕師古曰：「前是，謂此時之前也。見，顯示也，音胡電反。次下並同。」
〔七〕師古曰：「猥，積也，謂積畜也。」
〔八〕師古曰：「揚，謂振揚張大也。」
〔九〕服虔曰：「自恣意怒貌也。」師古曰：「睢音呼季反。」
〔一〇〕師古曰：「遠，離也，謂離正道者也。」
〔一一〕師古曰：「仄，古側字。」

先是，淮南王安入朝，始與帝舅太尉武安侯田蚡有逆言。其後膠西于王、趙敬肅王、常山憲王皆數犯法，或至夷滅人家，藥殺二千石，而淮南、衡山王遂謀反。膠東、江都王皆知其謀，陰治兵弩，欲以應之。至元朔六年，乃發覺而伏辜。時田蚡已死，不及誅。上思仲舒前言，使仲舒弟子呂步舒持斧鉞治淮南獄，以春秋誼顓斷於外，不請。〔一〕既還奏事，上皆是之。

〔一〕師古曰：「顓與專同。不請者，不奏待報。」

太初元年十一月乙酉，未央宮柏梁臺災。先是，大風發其屋，夏侯始昌先言其災日。後有江充巫蠱衛太子事。

征和二年春，涿郡鐵官鑄鐵，鐵銷，皆飛上去，此火爲變使之然也。其三月，涿郡太守劉屈釐爲丞相。後月，巫蠱事興，帝女諸邑公主、陽石公主、〔一〕丞相公孫賀、子太僕敬聲、平陽侯曹宗等皆下獄死。七月，使者江充掘蠱太子宮，太子與母皇后議，恐不能自明，乃殺充，舉兵與丞相劉屈釐戰，死者數萬人，太子敗走，至湖自殺。〔二〕明年，屈釐復坐祝詛要斬，〔三〕妻梟首也。成帝河平二年正月，沛郡鐵官鑄鐵，鐵不下，隆隆如雷聲，又如鼓音，工十三人驚走。音止，還視地，地陷數尺，鑪分爲十，一鑪中銷鐵散如流星，皆上去，與征和二年同象。其夏，帝舅五人封列侯，號五侯。〔四〕元舅王鳳爲大司馬大將軍秉政。後二年，丞相王商與鳳有隙，鳳譖之，免官，自殺。明年，京兆尹王章訟商忠直，言鳳顓權，鳳誣章以大逆辠，下獄死，妻子徙合浦。後許皇后坐巫蠱廢，而趙飛燕爲皇后，妹爲昭儀，賊害皇子，成帝遂亡嗣。皇后、昭儀皆伏辜。一曰，鐵飛屬金不從革。

〔一〕師古曰：「諸，琅邪之縣也。公主所食曰邑，故謂之諸邑。陽石，北海之縣，字亦作羊。」
〔二〕師古曰：「湖，縣名也。即今閿鄉、湖城二縣界。」
〔三〕師古曰：「襢，古袒字也，音側據反。」
〔四〕師古曰：「譚、商、立、根、逢時，凡五人。」

昭帝元鳳元年，燕城南門災。劉向以爲時燕王使邪臣通於漢，爲讒賊，謀逆亂。南門者，通漢道也。天戒若曰，邪臣往來，爲姦讒於漢，絕亡之道也。燕王不寤，卒伏其辜。

元鳳四年五月丁丑，孝文廟正殿災。劉向以爲孝文，太宗之君，與成周宣榭火同義。先是，皇后父車騎將軍上官安、安父左將軍桀謀爲逆，大將軍霍光誅之。皇后以光外孫，年少不知，居位如故。光欲后有子，因上侍疾醫言，禁內後宮皆不得進，唯皇后顓寢。皇后年六歲而立，十三年而昭帝崩，遂絕繼嗣。光執朝政，猶周公之攝也。是歲正月，上加元服，〔一〕通詩、尚書，有明悊之性。光亡周公之德，秉政九年，久於周公，上既已冠而不歸政，將爲國害。故正月加元服，五月而災見。古之廟皆在城中，孝文廟始出居外，天戒若曰，去貴而不正者。宣帝既立，光猶攝政，驕溢過制，至妻顯殺許皇后，光聞而不討，後遂誅滅。

〔一〕師古曰：「謂冠也。」

宣帝甘露元年四月丙申，中山太上皇廟災。甲辰，孝文廟災。元帝初元三年四月乙未，孝武園白鶴館災。劉向以爲先是前將軍蕭望之、光祿大夫周堪輔政，爲佞臣石顯、許章等所譖，望之自殺，堪廢黜。明年，白鶴館災。園中五里馳逐走馬之館，〔一〕不當在山陵昭

穆之地。天戒若曰，去貴近逸遊不正之臣，將害忠良。後章坐走馬上林下烽馳逐，免官。〔二〕

〔一〕師古曰：「五里者，畫其周迴五里。」
〔二〕孟康曰：「夜於上林苑下舉火馳射也。烽或作熢。」晉灼曰：「冠首曰烽。競走曰逐。」師古曰：「孟說是。」

永光四年六月甲戌，孝宣杜陵園東闕南方災。劉向以爲先是上復徵用周堪爲光祿勳，及堪弟子張猛爲太中大夫，石顯等復譖毀之，皆出外遷。是歲，上復徵堪領尚書，猛給事中，石顯等終欲害之。園陵小於朝廷，闕在司馬門中，內臣石顯之象也。孝宣，親而貴；闕，法令所從出也。天戒若曰，去法令，內臣親而貴者必爲國害。後堪希得進見，因顯言事，事決顯口。堪病不能言。顯誣告張猛，自殺於公車。成帝即位，顯卒伏辜。

成帝建始元年正月乙丑，皇考廟災。初，宣帝爲昭帝後而立父廟，於禮不正。是時大將軍王鳳顓權擅朝，甚於田蚡，將害國家，故天於元年正月而見象也。其後寖盛，〔一〕五將世權，遂以亡道。〔二〕

〔一〕師古曰：「寖，古浸字。浸，漸也。」
〔二〕孟康曰：「謂王五大司馬也。」師古曰：「謂鳳、音、商、根、莽也。」

鴻嘉三年八月乙卯，孝景廟北闕災。十一月甲寅，許皇后廢。

永始元年正月癸丑，大官凌室災。戊午，戾后園南闕災。是時，趙飛燕大幸，許后既

廢，上將立之，故天見象於凌室，與惠帝四年同應。戾后，衞太子妾，遭巫蠱之禍，宣帝既立，追加尊號，於禮不正。又戾后起於微賤，與趙氏同〔應〕。天戒若曰，微賤亡德之人不可以奉宗廟，將絕祭祀，有凶惡之禍至。其六月丙寅，趙皇后遂立，姊妹驕妒，賊害皇子，卒皆受誅。

永始四年四月癸未，長樂宮臨華殿及未央宮東司馬門災。六月甲午，孝文霸陵園東闕南方災。長樂宮，成帝母王太后之所居也。未央宮，帝所居也。霸陵，太宗盛德園也。是時，太后三弟相續秉政，〔一〕舉宗居位，充塞朝廷，兩宮親屬將害國家，〔二〕故天象仍見。〔三〕明年，成都侯商薨，弟曲陽侯根代爲大司馬秉政。後四年，根乞骸骨，薦兄子新都侯莽自代，遂覆國焉。

〔一〕師古曰：「謂陽平侯鳳、安陽侯音、成都侯商相代爲大司馬。」
〔二〕師古曰：「謂太后家王氏，皇后家趙氏，故云兩宮親屬。」
〔三〕師古曰：「仍，重也。」

哀帝建平三年正月癸卯，桂宮鴻寧殿災，帝祖母傅太后之所居也。時，傅太后欲與成帝母等號齊尊，大臣孔光、師丹等執政，以爲不可，太后皆免官爵，遂稱尊號。後三年，帝崩，傅氏誅滅。

平帝元始五年七月己亥，高皇帝原廟殿門災盡。〔一〕高皇帝廟在長安城中，後以叔孫通譏復道，故復起原廟於渭北，非正也。是時平帝幼，成帝母王太后臨朝，委任王莽，將篡絕漢，墮高祖宗廟，〔二〕故天象見也。其冬，平帝崩。明年，莽居攝，因以篡國，後卒夷滅。

〔一〕師古曰：「原廟，重廟也。」
〔二〕師古曰：「墮，毀也，音火規反。」

傳曰：「治宮室，飾臺榭，〔一〕內淫亂，犯親戚，侮父兄，則稼穡不成。」

〔一〕師古曰：「臺有室曰榭。」

說曰：土，中央，生萬物者也。其於王者，爲內事。宮室、夫婦、親屬，亦相生者也。古者天子諸侯，宮廟大小高卑有制，后夫人媵妾多少進退有度，九族親疏長幼有序。孔子曰：「禮，與其奢也，寧儉。」〔一〕故禹卑宮室，〔二〕文王刑于寡妻，〔三〕此聖人之所以昭教化也。〔四〕如此則土得其性矣。若乃奢淫驕慢，則土失其性。亡水旱之災而草木百穀不孰，是爲稼穡不成。

〔一〕師古曰：「論語載孔子之言也。若不得禮之中而失於奢，則不如儉。」
〔二〕師古曰：「論語載孔子曰：『禹，吾無間然矣，卑宮室而盡力乎溝洫。』謂勤於治水而所居狹陋也。」
〔三〕師古曰：「大雅思齊之詩云：『刑于寡妻，至于兄弟，以御于家邦。』刑，法也。寡妻，謂正嫡也。御，治也。此美文王以禮法接待其妻，旁及兄弟宗族，又廣以政教治家邦。」
〔四〕師古曰：「昭，明也。」

嚴公二十八年「冬，大(水)亡麥禾」。董仲舒以爲夫人哀姜淫亂，〔一〕逆陰氣，故大水也。是時，夫人淫於二叔，內外亡別，〔二〕又因凶飢，一年而三築臺，〔三〕故應是而稼穡不成，飾臺榭內淫亂之罰云。遂不改寤，四年而死，〔四〕禍流二世，〔五〕奢淫之患也。

〔一〕師古曰：「哀姜，莊公夫人，齊女也。」
〔二〕師古曰：「二叔，謂莊公二弟仲慶父及叔牙。」
〔三〕師古曰：「謂三十一年春築臺于郎，夏築臺于薛，秋築臺于秦也。郎、薛、秦，皆魯地也。」
〔四〕師古曰：「莊公三十二年薨，距大(水)無麥禾，凡四歲也。」
〔五〕師古曰：「謂子般及閔公，皆殺死。」

傳曰：「好戰攻，輕百姓，飾城郭，侵邊境，則金不從革。」

說曰：金，西方，萬物既成，殺氣之始也。故立秋而鷹隼擊，秋分而微霜降。其於王事，出軍行師，把旄杖鉞，誓士衆，抗威武，所以征畔逆止暴亂也。詩云：「有虔秉鉞，如火烈烈。」〔一〕又曰：「載戢干戈，載櫜弓矢。」〔二〕動靜應誼，「說以犯難，民忘其死。」〔三〕(如此則)金得其性矣。若乃貪欲恣睢，務立威勝，〔四〕不重民命，則金失其性。蓋工冶鑄金鐵，金鐵冰滯涸堅，不成者衆，〔五〕及爲變怪，是爲金不從革。

〔一〕師古曰：「商頌長發之詩也。虔，固也。此美殷湯興師出征，固持其鉞，以誅有罪，威力猛盛，如火熾烈。」
〔二〕師古曰：「周頌時邁之詩也。戢，聚也。櫜，韜也。言天下太平，兵不復用，故戢斂而韜臧也。」
〔三〕師古曰：「言以和悅使人，(難)〔雖〕犯危難，不顧其生也。易兌卦彖曰『說以犯難，人忘其死』，故引之也。說讀曰悅。」
〔四〕師古曰：「睢音呼季反。」
〔五〕師古曰：「涸讀與沍同。沍，(疑)〔凝〕也，音下故反。春秋左氏傳曰『固陰沍寒』。」

左氏傳曰昭公八年「春，石言於晉」。晉平公問於師曠，〔一〕對曰：「石不能言，神或馮焉。作事不時，怨讟動於民，〔二〕則有非言之物而言。今宮室崇侈，民力彫盡，怨讟並興，莫信其性，〔三〕石之言不亦宜乎！」於是晉侯方築虒祁之宮。〔四〕叔向曰：「君子之言，信而有徵。」〔五〕劉歆以爲金石同類，是爲金不從革，失其性也。劉向以爲石白色爲主，屬白祥。

〔一〕師古曰：「晉掌樂大夫。」
〔二〕師古曰：「讟，痛怨之言也，音讀。」
〔三〕師古曰：「信猶保也。性，生也。一說，信讀曰申，言不得申其性命也。」

〔四〕師古曰：「虒祁，地在絳西，臨汾水。虒音斯。」
〔五〕師古曰：「叔向，晉大夫羊舌肸也。向音許兩反，字亦作嚮，其音同。」

成帝鴻嘉三年五月乙亥，天水冀南山大石鳴，〔一〕聲隆隆如雷，有頃止，聞平襄二百四十里，〔二〕壄雞皆鳴。〔三〕石長丈三尺，廣厚略等，〔四〕旁著岸脅，去地二百餘丈，民俗名曰石鼓。石鼓鳴，有兵。是歲，廣漢鉗子謀攻牢，〔五〕篡死辠囚鄭躬等，盜庫兵，劫略吏民，衣繡衣，自號曰山君，黨與寖廣。〔六〕明年冬，乃伏誅，自歸者三千餘人。後四年，尉氏樊並等謀反，殺陳留太守嚴普，自稱將軍，山陽亡徒蘇令等黨與數百人盜取庫兵，經歷郡國四十餘，皆踰年乃伏誅。是時起昌陵，作者數萬人，徙郡國吏民五千餘戶以奉陵邑。作治五年不成，乃罷昌陵，還徙家。〔七〕石鳴，與晉石言同應，師曠所謂「民力彫盡」，傳云「輕百姓」者也。虒祁離宮去絳都四十里，昌陵亦在郊壄，皆與城郭同占。城郭屬金，宮室屬土，外內之別云。

〔一〕師古曰：「天水之冀縣南山也。」
〔二〕韋昭曰：「天水縣。」
〔三〕師古曰：「雉也。」
〔四〕師古曰：「廣及厚皆如其長。」
〔五〕師古曰：「鉗子，謂鉗徒也。牢，繫重囚之處。」
〔六〕師古曰：「寖，漸也。」

〔七〕師古曰：「初徙人陪昌陵者，令皆還其本居。」

傳曰：「簡宗廟，不禱祠，廢祭祀，逆天時，則水不潤下。」

說曰：水，北方，終臧萬物者也。其於人道，命終而形臧，精神放越，聖人爲之宗廟以收魂氣，春秋祭祀，以終孝道。王者即位，必郊祀天地，禱祈神祇，望秩山川，懷柔百神，亡不宗事。〔一〕慎其齊戒，致其嚴敬，鬼神歆饗，多獲福助。此聖王所以順事陰氣，和神人也。至發號施令，亦奉天時。十二月咸得其氣，則陰陽調而終始成。如此則水得其性矣。若乃不敬鬼神，（致）〔政〕令逆時，則水失其性。霧水暴出，百川逆溢，壞鄉邑，溺人民，及淫雨傷稼穡，是爲水不潤下。京房易傳曰：「顓事有知，誅罰絕理，厥災水，其水也，雨殺人以隕霜，大風天黃。飢而不損茲謂泰，厥災水，水殺人。辟遏有德茲謂狂，〔二〕厥災水，水流殺人，已水則地生蟲。歸獄不解，茲謂追非，〔三〕厥水寒，殺人。追誅不解，茲謂不理，厥水五穀不收。大敗不解，茲謂皆陰。解，舍也，王者於大敗，誅首惡，赦其衆，不則皆函陰氣，〔四〕厥水流入國邑，隕霜殺（穀）〔叔草〕。」

〔一〕師古曰：「懷，來也。柔，安也。謂招來而祭祀之，使其安也。宗，尊也。」
〔二〕應劭曰：「辟，天子也。有德者雍遏不見用也。」師古曰：「遏音一曷反。」
〔三〕李奇曰：「歸罪過於民，不罪己也。」張晏曰：「謂釋有罪之人而歸無辜者也。解，止也。追非，遂非也。」
〔四〕師古曰：「函讀與含同。」

桓公元年「秋，大水」。董仲舒、劉向以爲桓弒兄隱公，民臣痛隱而賤桓。後宋督弒其君，〔一〕諸侯會，將討之，〔二〕桓受宋賂而歸，〔三〕又背宋。諸侯由是伐魯，仍交兵結讎，伏尸流血，百姓愈怨，〔四〕故十三年夏復大水。一曰，夫人驕淫，將弒君，陰氣盛，桓不寤，卒弒死。〔五〕劉歆以爲桓易許田，不祀周公，〔六〕廢祭祀之罰也。

〔一〕師古曰：「宋華父督爲太宰，弒殤公，事在桓公二年。」
〔二〕師古曰：「謂齊、陳、鄭也。」
〔三〕師古曰：「謂郜大鼎。」
〔四〕師古曰：「桓會宋公者五，與宋公、燕人盟，已而背盟伐宋。宋公、燕人怨而求助，齊、衞助之。桓公懼，而會紀侯、鄭伯及四國之師大戰。」
〔五〕師古曰：「已解於上也。」
〔六〕師古曰：「許田，魯朝宿之邑，而有周公別（號）〔廟〕。桓既篡位，遂以許田與鄭，而取鄭之祊田，故云不祀周公。」

嚴公七年「秋，大水，亡麥苗」。董仲舒、劉向以爲嚴母文姜與兄齊襄公淫，共殺（威）〔桓〕公，嚴釋父讎，復取齊女，未入，先與之淫，一年再出，會於道逆亂，臣下賤之之應也。十一年「秋，宋大水」。董仲舒以爲時魯、宋比年爲乘丘、鄑之戰，〔一〕百姓愁怨，陰氣盛，

故二國俱水。劉向以爲時宋愍公驕慢，睹災不改，明年與其臣宋萬博戲，婦人在側，矜而罵萬，萬殺公之應。〔二〕

〔一〕師古曰：「比年，頻年也。莊十年，公敗宋師于乘丘。十一年，公敗宋師于鄑。乘丘、鄑，魯地。鄑音子移反。」
〔二〕師古曰：「萬，宋大夫也。戰敗獲于魯，復歸宋，又爲大夫，與愍公博，婦人在側。萬曰：『甚矣，魯侯之淑，魯侯之美！天下諸侯宜爲君者唯魯侯耳。』愍公矜此婦人，妒其言，顧曰：『此虜也。爾虜焉故魯侯之美惡乎至！』萬怒，搏愍公，絕其脰而死。事在莊十二年。」

二十四年，「大水」。董仲舒以爲夫人哀姜淫亂不婦，陰氣盛也。劉向以爲哀姜初入，公使大夫宗婦見，用幣，〔一〕又淫於二叔，公弗能禁。臣下賤之，故是歲、明年仍大水。〔二〕劉歆以爲先是嚴飾宗廟，刻桷丹楹，以夸夫人，〔三〕簡宗廟之罰也。〔四〕

〔一〕師古曰：「宗婦，同姓之婦也。大夫妻及宗婦見夫人者，皆令執幣，是踰禮也。」
〔二〕師古曰：「仍，頻也。」
〔三〕臣瓚曰：「桷，榱也。」韋昭曰：「楹，柱也。」師古曰：「莊公二十三年丹桓宮楹，二十四年刻桓宮桷。將迎夫人，故爲盛飾。」
〔四〕師古曰：「簡，慢也。」

宣公十年「秋大水，飢」。董仲舒以爲時比伐邾取邑，〔一〕亦見報復，兵讎連結，百姓愁怨。劉向以爲宣公殺子赤而立，子赤，齊出也，〔二〕故懼，以濟西田賂齊。〔三〕邾子貜且亦齊出

也，〔四〕而宣比與邾交兵。〔五〕臣下懼齊之威，創邾之敗，〔六〕皆賤公行而非其正也。

〔一〕師古曰：「比，頻也。九年秋，取根牟。公羊傳曰：『根牟者何？邾婁之邑也。』十年，公孫歸父帥師伐邾取繹，故云比年也。」

〔二〕師古曰：「赤母姜氏。赤死，姜氏大歸，齊市人皆哭，魯人謂之哀姜。」

〔三〕師古曰：「宣旣卽位，與齊侯會于平州，以定其位。元年六月，齊人取濟西田，爲立公故，以賂齊也。」

〔四〕師古曰：「玃且，邾文公之子邾定公也，亦齊女所生。玃音俱碧反，又音钁。且音子余反。」

〔五〕師古曰：「比，頻也。」

〔六〕師古曰：「創，懲艾也，音初亮反。」

成公五年「秋，大水」。董仲舒、劉向以爲時成幼弱，政在大夫，前此一年再用師，〔一〕明年復城鄆以彊私家，〔二〕仲孫蔑、叔孫僑如顓會宋、晉，陰勝陽。〔三〕

〔一〕師古曰：「成三年春，公會晉侯、宋公、衞侯、曹伯伐鄭，秋，叔孫僑如帥師圍棘，是也。」

〔二〕師古曰：「四年城鄆。鄆，季氏邑，音運。」

〔三〕師古曰：「仲孫蔑，孟獻子也。成五年春，仲孫蔑如宋。夏，叔孫僑如會晉荀首于穀。顓與專同，專者，不稟命于公。」

襄公二十四年「秋，大水」。董仲舒以爲先是一年齊伐晉，襄使大夫帥師救晉，〔一〕後又侵齊，〔二〕國小兵弱，數敵彊大，百姓愁怨，陰氣盛。劉向以爲先是襄慢鄰國，是以邾伐其

南，〔三〕齊伐其北，〔四〕莒伐其東，〔五〕百姓騷動，後又仍犯彊齊也。〔六〕大水，饑，穀不成，其災甚也。

〔一〕師古曰：「襄二十三年秋，齊伐衞，遂伐晉。八月，叔孫豹帥師救晉，次于雍榆。」

〔二〕師古曰：「二十四年，仲孫羯帥師侵齊。」

〔三〕師古曰：「十五年，邾人伐我南鄙是也。」

〔四〕師古曰：「十六年，齊人伐我北鄙是也。」

〔五〕師古曰：「十二年，莒人伐我東鄙是也。」

〔六〕師古曰：「十八年，公會晉侯、宋公、衞侯、鄭伯同圍齊。二十三年救晉，二十四年又侵齊，是重犯也。」

高后三年夏，漢中、南郡大水，水出流四千餘家。四年秋，河南大水，伊、雒流千六百餘家，汝水流八百餘家。八年夏，漢中、南郡水復出，流六千餘家。南陽沔水流萬餘家。〔一〕是時女主獨治，諸呂相王。

〔一〕師古曰：「沔，漢水之上也，音彌善反。」

文帝後三年秋，大雨，晝夜不絕三十五日。藍田山水出，流九百餘家。（燕）〔漢水出〕，壞民室八千餘所，殺三百餘人。先是，趙人新垣平以望氣得幸，爲上立渭陽五帝廟，欲出周鼎，以夏四月，郊見上帝。〔一〕歲餘懼誅，謀爲逆，發覺，要斬，夷三族。是時，比再遣公主配單于，賂遺甚厚，〔二〕匈奴愈驕，侵犯北邊，殺略多至萬餘人，漢連發軍征討戍邊。

〔一〕師古曰：「事並見郊祀志。」

〔二〕師古曰：「比，頻也。高祖使劉敬奉宗室女翁主爲冒頓單于閼氏。冒頓死，其子老上單于初立，文帝復遣宗人女爲單于閼氏。」

元帝永光五年夏及秋，大水。潁川、汝南、淮陽、廬江雨，壞鄉聚民舍，及水流殺人。先是一年有司奏罷郡國廟，是歲又定迭毀，〔一〕罷太上皇、孝惠帝寢廟，皆無復修，通儒以爲違古制。刑臣石顯用事。〔二〕

〔一〕師古曰：「親盡則毀，故云迭毀。事在韋玄成傳。迭音大結反。」

〔二〕師古曰：「石顯官者，故曰刑臣。」

成帝建始三年夏，大水，三輔霖雨三十餘日，郡國十九雨，山谷水出，凡殺四千餘人，壞官寺民舍八萬三千餘所。元年，有司奏徙甘泉泰時、河東后土于長安南北郊。二年，又罷雍五時、郡國諸舊祀，凡六所。

校勘記

一三一六頁一〇行　見（殛）〔誅〕而死。　景祐、殿本都作「誅」。朱一新說作「誅」是。

一三一九頁六行　（衡）〔衙〕牙（玭）〔蚍〕珠以納其閒。　「衙」，景祐、殿本都作「衙」。「玭」，景祐本作「蚍」。

一三一九頁八行　以爲舒疾之（疾）〔節〕也。　景祐、殿、局本都作「節」。朱一新說作「節」是。

一三二〇頁一行　則陰氣（脅）〔脅〕木，　景祐、殿本都作「脅」。

一三二二頁九行　故致（太）〔大〕災。　景祐、殿本都作「大」。

一三二三頁一行　不勝（目）〔四〕公子之徒，　景祐、殿本都作「四」，此誤。

一三二三頁四行　鷰公二十年五月（己酉）〔乙巳〕，西宮災。　景祐、殿本都作「乙巳」，與春秋經同。

一三二六頁二行　（金）〔今〕之長頸缾也。　景祐、殿本都作「今」。朱一新說作「今」是。

一三二六頁八行　飭讀與（赤）〔敕〕同。　景祐、殿本都作「敕」。朱一新說作「敕」是。

一三二六頁一一行　天（下）〔不〕復告，　景祐、殿本都作「不」。朱一新說作「不」是。

一三二七頁一行　云與楚（各）〔客〕盟，　景祐、殿、局本都作「客」。朱一新說作「客」是。

一三二七頁一四行　妃以五（陳）〔成〕，　景祐、殿、局本都作「成」。

一三二八頁八行　公羊（傳）〔經〕。　景祐、殿本都作「經」。

一三三二頁一三行　如吾燔遼〔東〕高廟乃可；　「東」字據景祐、殿本補。

一三三七頁二行　與趙氏同〔應〕。　景祐、殿本都有「應」字。

一三三九頁四行　大（水）亡麥禾。　景祐本無「水」字，春秋經亦無。注同。

一三四〇頁一行　〔如此則〕金得其性矣。　殿本有「如此則」三字。王先謙說此脫。按景祐本亦無。

一三四〇頁六行　（雖）〔雖〕犯危難，　景祐、殿本都作「雖」。蘇輿說作「雖」是。

[一三四〇]頁九行 沍，(疑)[凝]也。 景祐、殿本都作「凝」。朱一新說作「凝」是。

[一三四二]頁七行 (致)[政]令逆時， 景祐本作「政」。朱一新說作「政」是。

[一三四二]頁三行 隕霜殺(穀)[叔草]。 宋祁說「穀」當作「菽」。按景祐本作「叔草」。楊樹達說中之下卷亦云「隕霜殺叔草」。

[一三四三]頁三行 而有周公別(號)[廟]。 景祐、殿本都作「廟」。朱一新說作「廟」是。

[一三四三]頁一四行 共殺(威)[桓]公， 景祐、殿本都作「桓」。錢大昭說作「桓」是。

[一三四六]頁三行 (燕)[漢水出]，壞民室八千餘所， 王念孫據漢紀孝文紀改。

漢書卷二十七中之上

五行志第七中之上

經曰：「羞用五事。五事：一曰貌，二曰言，三曰視，四曰聽，五曰思。〔一〕貌曰恭，言曰從，視曰明，聽曰聰，思曰容。〔二〕恭作肅，從作艾，〔三〕明作悊，聰作謀，〔四〕容作聖。〔五〕休徵：〔六〕曰肅，時雨若；〔七〕艾，時陽若；〔八〕悊，時奧若；〔九〕謀，時寒若；聖，時風若。〔一〇〕咎徵：〔一一〕曰狂，恆雨若；僭，恆陽若；〔一二〕舒，恆奧若；急，恆寒若；霿，恆風若。」〔一三〕

〔一〕應劭曰：「思，思慮。」

〔二〕應劭曰：「容，通也，古文作睿。」

〔三〕師古曰：「艾讀曰乂。乂，治也。其下亦同。」

〔四〕應劭曰：「上聰則下謀，故聽爲謀也。」

〔五〕張晏曰：「容通達以至於聖。」

〔六〕孟康曰：「善行之驗也。」

〔七〕應劭曰：「居上而敬，則雨順之。」

〔八〕應劭曰：「君政治，則陽順之。」

〔九〕應劭曰：「悊，明也。」師古曰：「奧讀曰燠。燠，溫也，音於六反。其下亦同。」

〔一〇〕師古曰：「凡言時者，皆謂行得其道，則寒暑風雨以時應而順之。」

〔一一〕師古曰：「言惡行之驗。」

〔一二〕應劭曰：「僭，僭差。」

〔一三〕服虔曰：「霿音人傋霿。」應劭曰：「人君瞉霿鄙吝，則風不順之也。」師古曰：「凡言恆者，謂所行者失道，則寒暑風雨不時，而恆久爲災也。霿音莫豆反。傋瞉，並音構，又音寇。」

傳曰：「貌之不恭，是謂不肅，厥咎狂，厥罰恆雨，厥極惡。時則有服妖，時則有龜孽，〔一〕時則有雞旤，〔二〕時則有下體生上之痾，〔三〕時則有青眚青祥。〔四〕唯金沴(水)[木]。」〔五〕

〔一〕師古曰：「孽音魚列反。其下並同。」

〔二〕師古曰：「旤與禍同。」

〔三〕韋昭曰：「若牛之足反出背上，下欲伐上之禍也。」師古曰：「痾音阿。」

〔四〕李奇曰：「內曰眚，外曰祥。」

〔五〕服虔曰：「沴，害也。」如淳曰：「沴音拂戾之戾，義亦同。」

說曰：凡草物之類謂之妖。妖猶夭胎，言尚微。〔一〕蟲豸之類謂之孽。〔二〕孽則牙孽矣。及六畜，謂之旤，言其著也。及人，謂之痾。痾，病貌，言濅深也。〔三〕甚則異物生，謂之眚；自外來，謂之祥。祥猶禎也。氣相傷，謂之沴。沴猶臨莅，不和意也。每一事云「時則」以絕之，言非必俱至，或有或亡，或在前或在後也。

〔一〕師古曰：「夭音烏老反。」
〔二〕師古曰：「有足謂之蟲，無足謂之豸。」
〔三〕師古曰：「濅，漸也。」

孝武時，夏侯始昌通五經，善推五行傳，以傳族子夏侯勝，下及許商，皆以教所賢弟子。其傳與劉向同，唯劉歆傳獨異。貌之不恭，是謂不肅。肅，敬也。內曰恭，外曰敬。人君行己，體貌不恭，怠慢驕蹇，則不能敬萬事，失在狂易，故其咎狂也。〔一〕上嫚下暴，則陰氣勝，故其罰常雨也。水傷百穀，衣食不足，則姦軌並作，故其極惡也。一曰，民多被刑，或形貌醜惡，亦是也。風俗狂慢，變節易度，則爲剽輕奇怪之服，〔二〕故有服妖。水類動，故有龜孽。〔三〕於易，巽爲雞，雞有冠距文武之貌。不爲威儀，貌氣毀，故有雞旤。一曰，水歲雞多死及爲怪，亦是也。上失威儀，則下有彊臣害君上者，故有下體生於上之痾。木色青，故有

青眚青祥。凡貌傷者病木氣，木氣病則金沴之，衝氣相通也。於易，震在東方，爲春爲木也；兌在西方，爲秋爲金也；離在南方，爲夏爲火也；坎在北方，爲冬爲水也。春與秋，日夜分，寒暑平，是以金木之氣易以相變，故貌傷則致秋陰常雨，言傷則致春陽常旱也。至於冬夏，日夜相反，寒暑殊絕，水火之氣不得相并，故視傷常奧，聽傷常寒者，其氣然也。逆之，其極曰惡；順之，其福曰攸好德。〔四〕劉歆貌傳曰有鱗蟲之孽，羊旤，鼻痾。說以爲於天文東方辰爲龍星，故爲鱗蟲；於易兌爲羊，木爲金所病，故致羊旤，與常雨同應。此說非是。春與秋，氣陰陽相敵，木病金盛，故能相并，唯此一事耳。旤與妖痾祥眚同類，不得獨異。

〔一〕師古曰：「狂易，謂狂而易其常性。」
〔二〕師古曰：「剽音匹妙反。」
〔三〕如淳曰：「河魚大上，以爲魚孽之比。」
〔四〕孟康曰：「致不順則致妖，順則致福也。」師古曰：「攸，所也，所好者德也。」

史記〔一〕成公十六年，公會諸侯于周，單襄公見晉厲公視遠步高，〔二〕告公曰：「晉將有亂。」魯侯曰：「敢問天道也？抑人故也？」〔三〕對曰：「吾非瞽史，〔四〕焉知天道？吾見晉君之容，殆必禍者也。夫君子目以定體，足以從之，〔五〕是以觀其容而知其心矣。目以處誼，足以步目。〔六〕晉侯視遠而足高，目不在體，而足不步目，其心必異矣。目體不相從，何以能久？夫合諸侯，民之大事也，於是虖觀存亡。故國將無咎，其君在會，步言視聽必皆無讁，則可以知德矣。〔七〕視遠，日絕其誼；足高，日棄其德；言爽，日反其信；〔八〕聽淫，日離其名。〔九〕夫目以處誼，足以踐德，〔一〇〕口以庇信，〔一一〕耳以聽名者也，故不可不慎。偏喪有咎；〔一二〕既喪，則國從之。〔一三〕晉侯爽二，吾是以云。」〔一四〕後二年，晉人殺厲公。凡此屬，皆貌不恭之咎云。

〔一〕師古曰：「此志凡稱史記者，皆謂司馬遷所撰也。」
〔二〕師古曰：「單襄公，周卿士單子朝也。晉厲公，景公之子也，名州蒲。單音善。」
〔三〕師古曰：「抑，發語辭也。」
〔四〕師古曰：「瞽，樂太師。史，太史。」
〔五〕師古曰：「體定則目安，足之進退皆無違也。」
〔六〕師古曰：「視瞻得其宜，行步中其節也。」
〔七〕師古曰：「讁，責也。無讁，謂得其義理無可咎責也。」
〔八〕師古曰：「爽，差也。」
〔九〕師古曰：「淫，邪也。」
〔一〇〕師古曰：「踐，履也，所履皆德行也。」

〔一一〕師古曰：「庇，覆也。言行相覆則爲信矣。」
〔一二〕師古曰：「苟喪其一，則有咎。」
〔一三〕師古曰：「既，盡也。若盡喪之，則國亦亡。」
〔一四〕張晏曰：「視遠一也，步高二也。」

左氏(使)〔傳〕桓公十三年，楚屈瑕伐羅，鬬伯比送之，〔一〕還謂其馭曰：「莫囂必敗，〔二〕舉止高，心不固矣。」〔三〕遽見楚子以告。〔四〕楚子使賴人追之，弗及。莫囂行，遂無次，且不設備。〔五〕及羅，羅人軍之，大敗。莫囂縊死。

〔一〕師古曰：「屈瑕即莫囂也。鬬伯比，楚大夫。羅，國名，在南郡枝江西。」
〔二〕師古曰：「莫囂，楚官名也。字或作敖，其音同。」
〔三〕師古曰：「止，足也。」
〔四〕師古曰：「遽，速也。」
〔五〕師古曰：「無次，不爲次列也。」

釐公十一年，周使內史過賜晉惠公命，〔一〕受玉，惰。〔二〕過歸告王曰：「晉侯其無後乎！王賜之命，而惰於受瑞，先自棄也已，其何繼之有！禮，國之幹也；敬，禮之輿也。〔三〕不敬則禮不行，禮不行則上下昏，何以長世！」二十一年，晉惠公卒，子懷公立，晉人殺之，更立文公。

〔一〕師古曰：「內史過，周大夫。晉惠公，夷吾也。諸侯即位，天子則賜命圭以爲瑞。」
〔二〕師古曰：「不敬其事也。」
〔三〕師古曰：「無禮，則國不立，故謂之幹。無敬，則禮不行，故比之於輿。」

成公十三年，晉侯使郤錡乞師于魯，將事不敬。〔一〕孟獻子曰：「郤氏其亡乎！〔二〕禮，身之幹也；敬，身之基也。〔三〕郤子無基。且先君之嗣卿也，受命以求師，將社稷是衞，而惰棄君命也，不亡何爲！」十七年，郤氏亡。

〔一〕師古曰：「郤錡，晉大夫駒伯也。乞師，欲以伐秦也。將事，致其君命也。錡音牛爾反。」
〔二〕師古曰：「孟獻子，仲孫蔑。」
〔三〕師古曰：「無禮，則身不立；不敬，則身不安也。」

成公十三年，諸侯朝王，遂從劉康公伐秦。成肅公受（脤）〔脹〕于社，不敬。〔一〕劉子曰：「吾聞之曰，民受天地之中以生，所謂命也。〔二〕是以有禮義動作威儀之則，以定命也。能者養以之福，不能者敗以取旤，〔三〕是故君子勤禮，小人盡力。勤禮莫如致敬，盡力莫如惇篤。敬在養神，篤在守業。國之大事，在祀與戎。祀有執膰，戎有受脹，〔四〕神之大節也。〔五〕今成子惰，棄其命矣，其不反虖！」五月，成肅公卒。

〔一〕服虔曰：「脹，祭社之肉也，盛以蜃器，故謂之脹。」師古曰：「劉康公、成肅公，皆周大夫也。脹讀與蜃同。以出師而祭社謂之宜。脤者，即宜社之肉也。蜃，大蛤也，音上忍反。」

〔二〕師古曰：「劉子即康公也。中謂中和之氣。」
〔三〕師古曰：「之，往也。能養生者，則定禮義威儀，自致於福；不能者，則喪之以取禍亂。」
〔四〕應劭曰：「膰，祭肉也。」師古曰：「膰音扶元反。」
〔五〕師古曰：「交神之節。」

成公十四年，衞定公享苦成叔，甯惠子相。〔一〕苦成叔敖，〔二〕甯子曰：「苦成家其亡虖！古之爲享食也，以觀威儀省旤福也。〔三〕故詩曰：『兕觵其觩，旨酒思柔，匪傲匪傲，萬福來求。』〔四〕今夫子傲，取旤之道也。」後三年，苦成家亡。〔五〕

〔一〕師古曰：「定公名臧。苦成叔，晉大夫郤犨也。晉使郤犨如衞，故定公享之。惠子，衞大夫甯殖也。相謂贊相其禮。」
〔二〕師古曰：「敖讀曰傲。其下並同。」
〔三〕師古曰：「食讀曰飤。」
〔四〕張晏曰：「觵，罰爵也。飲酒和柔，無失禮可罰，罰爵徒觩然而已。」應劭曰：「言在位者不傲訐不倨傲也。」師古曰：「小雅桑扈之詩也。傲謂傲倖也。萬福，言其多也。謂飲酒者不傲倖，不傲慢，則福祿就而求之也。觩音虯。傲音工堯反。」
〔五〕師古曰：「十七年，晉攻郤氏，長魚矯以戈殺郤錡、郤犨、郤至，而滅其家。」

襄公七年，衞孫文子聘于魯，君登亦登。〔一〕叔孫穆子相，〔二〕趨進曰：「諸侯之會，寡君未嘗後衞君。今吾子不後寡君，寡君未知所過，吾子其少安！」〔三〕孫子亡辭，亦亡悛容。〔四〕穆子曰：「孫子必亡。爲臣而君，過而不悛，亡之本也。」十四年，孫子逐其君而外叛。〔五〕

〔一〕師古曰：「文子，衞大夫孫林父也。禮之登階，臣後君一等。」
〔二〕師古曰：「穆子，叔孫豹。」
〔三〕師古曰：「安，徐也。」
〔四〕師古曰：「悛，改也，音千全反。」
〔五〕師古曰：「逐其君，謂衞獻公出奔齊也。外叛，謂以戚叛之。」

襄公二十八年，蔡景侯歸自晉，入于鄭。〔一〕鄭伯享之，不敬。子產曰：「蔡君其不免虖！〔二〕日其過此也，君使子展往勞于東門，而敖。〔三〕吾曰：『猶將更之。』〔四〕今還，受享而惰，乃其心也。〔五〕君小國，事大國，〔六〕而惰敖以爲己心，將得死虖？君若不免，必由其子。淫而不父，〔七〕如是者必有子旤。」三十年，爲世子般所殺。〔八〕

〔一〕師古曰：「景侯名固，文侯之子也。」
〔二〕師古曰：「言不免於禍。」
〔三〕師古曰：「日謂往日，始適晉之時也。子展，鄭大夫公孫舍之。」
〔四〕師古曰：「更，改也。」
〔五〕師古曰：「言心之所常行也。」
〔六〕師古曰：「言身爲小國之君，而事於大國。」

〔七〕師古曰：「通太子之妻。」
〔八〕師古曰：「般讀與班同。」

襄公三十一年，公薨。季武子將立公子裯，〔一〕穆叔曰：「是人也，居喪而不哀，在慼而有嘉容，是謂不度。不度之人，鮮不爲患，〔二〕若果立，必爲季氏憂。」武子弗聽，卒立之。比及葬，三易衰，衰衽如故衰。〔三〕是爲昭公。立二十五年，聽讒攻季氏。兵敗，出奔，死于外。〔四〕

〔一〕師古曰：「裯，襄公之子，齊歸所生。裯音直留反。」
〔二〕師古曰：「穆叔，即叔孫穆子也。不度，不遵禮度也。鮮，少也，音先淺反。」
〔三〕師古曰：「衣前曰衽。言游戲無已也。比音必寐反。衰音千回反。衽音人禁反。」
〔四〕師古曰：「謂薨于乾侯。」

襄公三十一年，衞北宮文子見楚令尹圍之儀，〔一〕言於衞侯曰：「令尹似君矣，將有它志；〔二〕雖獲其志，弗能終也。」公曰：「子何以知之？」對曰：「詩云『敬慎威儀，惟民之則』，〔三〕令尹無威儀，民無則焉。民所不則，以在民上，不可以終。」〔四〕

〔一〕師古曰：「北宮文子，衞大夫也，名佗。令尹圍即公子圍，楚恭王之子也，時爲令尹。文子從衞侯在楚，故見之。」
〔二〕師古曰：「謂有爲君之心，言語視瞻非其常。」

〔三〕師古曰：「大雅抑之詩也。則，法也。言君能慎其威儀，乃臣下所法效之。」
〔四〕師古曰：「遂以殺君篡國，而取敗於乾谿也。」

昭公十一年夏，周單子會於戚，〔一〕視下言徐。〔二〕晉叔向曰：「單子其死虖！〔三〕朝有著定，〔四〕會有表，〔五〕衣有襘，帶有結。〔六〕會朝之言必聞于表著之位，所以昭事序也；〔七〕視不過結襘之中，所以道容貌也。〔八〕言以命之，容貌以明之，失則有闕。今單子為王官伯，〔九〕而命事於會，視不登帶，言不過步，貌不道容而言不昭矣。不道不恭，不昭不從，無守氣矣。」〔一〇〕十二月，單成公卒。

〔一〕師古曰：「單子，周大夫單成公也。戚，衞地。」
〔二〕應劭曰：「視下，視不登帶。言徐，不聞於表著。」
〔三〕師古曰：「叔向，晉大夫羊舌肸也。向音許兩反。」
〔四〕師古曰：「朝內列位有定處，所謂表著者也。著音直庶反，又音除。」
〔五〕師古曰：「會於野，設表以為位。」
〔六〕師古曰：「襘，領之交會也。結，紳帶之結也。襘音工外反。」
〔七〕師古曰：「昭，明也。」
〔八〕師古曰：「道讀曰導。其下並同。」
〔九〕師古曰：「伯，長也。」

〔一〇〕師古曰：「貌正曰恭，言正曰從。」

昭公二十一年三月，葬蔡平公，蔡太子朱失位，位在卑。〔一〕魯大夫送葬者歸告昭子。〔二〕昭子歎曰：「蔡其亡虖！若不亡，是君也必不終。詩曰：『不解於位，民之攸墍。』〔三〕今始即位而適卑，身將從之。」十月，蔡侯朱出奔楚。

〔一〕師古曰：「不在正嫡之位，而以長幼序之。」
〔二〕師古曰：「昭子，叔孫婼。」
〔三〕師古曰：「大雅假樂之詩也。墍，息也。言在上者能率位不怠，則其臣下恃以安息也。解讀曰懈。墍音許旣反。」

晉魏舒合諸侯之大夫于翟泉，〔一〕將以城成周。魏子涖政，〔二〕衞彪傒曰：「將建天子，而易位以令，非誼也。〔三〕大事奸誼，必有大咎。〔四〕晉不失諸侯，魏子其不免虖！」是行也，魏獻子屬役於韓簡子，〔五〕而田於大陸，焚焉而死。〔六〕

〔一〕應劭曰：「水名，今洛陽是也。」師古曰：「魏舒，晉卿魏獻子也。事在定公元年。志不書者，蓋闕文。」
〔二〕師古曰：「謂代天子大夫為政，以臨其事。」
〔三〕師古曰：「傒，衞大夫。建天子，謂立天子之居也。傒音奚。」
〔四〕師古曰：「奸，犯也，音干。」
〔五〕師古曰：「簡子，亦晉卿韓不信。以城周之功役委簡子也。屬音之欲反。」
〔六〕師古曰：「高平曰陸。因放火田獵而見燒殺也。說者或以為大陸即鉅鹿北大陸澤也。據會於狄泉，則其所田處固當在近，非大陸澤也。」

定公十五年，邾隱公朝於魯，執玉高，其容仰。公受玉卑，其容俯。〔一〕子贛觀焉，〔二〕曰：「以禮觀之，二君者皆有死亡焉。夫禮，死生存亡之體也。將左右周旋，進退俯仰，於是虖取之；朝祀喪戎，於是虖觀之。今正月相朝，而皆不度，心已亡矣。〔三〕嘉事不體，何以能久？〔四〕高仰，驕也；卑俯，替也。〔五〕驕近亂，替近疾。君為主，其先亡虖！」〔六〕

〔一〕師古曰：「隱公，邾子益也。玉，謂朝者之贄。」
〔二〕師古曰：「子贛，孔子弟子端木賜也。贛音貢。」
〔三〕師古曰：「不度，不合法度。」
〔四〕師古曰：「嘉事，嘉禮之事，謂朝祀也。不體，不得身體之節。」
〔五〕師古曰：「替，廢惰也。」
〔六〕師古曰：「是年五月，定公薨。哀公七年秋，伐邾，以邾子益來也。」

庶徵之恆雨，劉歆以為春秋大雨也，劉向以為大水。

隱公九年「三月癸酉，大雨，震電；庚辰，大雨雪」。〔一〕大雨，雨水也；〔二〕震，雷也。劉歆以為三月癸酉，於曆數春分後一日，始震電之時也，當雨，而不當大雨。大雨，常雨之罰也。於始震電八日之間而大雨雪，常寒之罰也。劉向以為周三月，今正月也，當雨水，雪雜雨，

雷電未可以發也。既已發也，則雪不當復降。皆失節，故謂之異。於易，雷以二月出，其卦曰豫，〔三〕言萬物隨雷出地，皆逸豫也。以八月入，其卦曰歸妹，〔四〕言雷復歸。入地則孕毓根核，保藏蟄蟲，〔五〕避盛陰之害；出地則養長華實，發揚隱伏，宣盛陽之德。入能除害，出能興利，人君之象也。是時，隱以弟桓幼，代而攝立。公子翬見隱居位已久，勸之遂立。〔六〕隱既不許，翬懼而易其辭，〔七〕遂與桓共殺隱。天見其將然，故正月大雨水而雷電。是陽不閉陰，出涉危難而害萬物。天戒若曰，為君失時，賊弟佞臣將作亂矣。後八日大雨雪，陰見間隙而勝陽，篡殺之禍將成也。公不寤，後二年而殺。

〔一〕師古曰：「雨雪，雨音于具反。」
〔二〕師古曰：「下雨音于具反。後類並同。」
〔三〕師古曰：「坤下震上也。」
〔四〕師古曰：「兌下震上也。」
〔五〕師古曰：「毓字與育同。核亦荄字也。草根曰荄，音該。」
〔六〕師古曰：「公子翬，魯大夫羽父也。勸殺(威)〔桓〕公，已求為太宰。翬音揮。」
〔七〕師古曰：「反謂桓公云隱欲殺之。」

昭帝始元元年七月，大水雨，自七月至十月。成帝建始三年秋，大雨三十餘日；四年九月，大雨十餘日。

左氏傳愍公二年，晉獻公使太子申生帥師，〔一〕公衣之偏衣，佩之金玦。〔二〕狐突歎曰：「時，事之徵也；衣，身之章也；佩，衷之旗也。〔三〕故敬其事，則命以始；〔四〕服其身，則衣之純；〔五〕用其衷，則佩之度。〔六〕今命以時卒，閟其事也；〔七〕衣以尨服，遠其躬也；〔八〕佩以金玦，棄其衷也。服以遠之，時以閟之，尨涼冬殺，金寒玦離，胡可恃也！」〔九〕梁餘子養曰：「帥師者，受命於廟，受脤於社，有常服矣。〔一〇〕弗獲而尨，命可知也。死而不孝，不如逃之。」罕夷曰：「尨奇無常，金玦不復，君有心矣。」〔一一〕後四年，申生以讒自殺。近服妖也。

〔一〕師古曰：「以伐東山皋落氏。」

〔二〕師古曰：「偏衣，謂左右異色，其半象公之服也。金玦，以金爲玦也。半環曰玦。」

〔三〕師古曰：「狐突，晉大夫伯行，時爲太子御戎也。徵，（澄）〔證〕也。章，明也。旗，表也。衣所以明貴賤，佩所以表中心。」

〔四〕師古曰：「賞以春夏。」

〔五〕師古曰：「壹其色。」

〔六〕師古曰：「佩玉者，君子之常度。」

〔七〕應劭曰：「卒，盡也。閟，閉也。謂十二月盡時也。」

〔八〕師古曰：「尨，雜色也，謂偏衣也。遠音于萬反。其下並同。」

〔九〕師古曰：「涼，薄也。尨色不能純，故曰薄也。冬主殺氣，金行在西，是謂之寒。玦形半缺，故云離。」

〔一〇〕師古曰：「梁餘子養，晉大夫也，時爲下軍御。軍之常服則韋弁。」

〔一一〕應劭曰：「奇，奇怪非常意。復，反也。金玦，猶（玦）〔決〕，去不反意也。」師古曰：「罕夷，晉大夫，時爲下軍卿也。有心，害太子之心也。復音扶目反。」

左氏傳曰，鄭子臧好聚鷸冠，〔一〕鄭文公惡之，使盜殺之。〔二〕劉向以爲近服妖者也。一曰，非獨爲子臧之身，亦文公之戒也。初，文公不禮晉文，〔三〕又犯天子命而伐滑，〔四〕不尊敬上。其後晉文伐鄭，幾亡國。〔五〕

〔一〕張晏曰：「鷸鳥赤足黃文，以其毛飾冠。」韋昭曰：「鷸，今翠鳥也。」師古曰：「子臧，鄭文公子也。鷸，大鳥，即戰國策所云啄蚌者也。天之將雨，鷸則知之。翠鳥自有鷸名，而此飾冠，非翠鳥也。逸周書曰『知天文者冠鷸冠』，蓋以鷸鳥知天時故也。禮圖謂之『術氏冠』。鷸音聿，又音術。」

〔二〕師古曰：「時已得罪出奔宋，故使盜殺之於陳、宋之間。」

〔三〕師古曰：「晉文公之爲公子也，避驪姬之難而出奔，欲之楚，過鄭，鄭不禮焉。」

〔四〕師古曰：「僖二十四年，鄭公子士〔洩〕及堵俞彌帥師伐滑。王使伯服游、孫伯如鄭請滑，鄭伯不聽而執二子。」

〔五〕師古曰：「僖三十年，晉侯、秦伯圍鄭，佚之狐曰：『國危矣！』使燭之武見秦伯，師乃退也。幾音鉅依反。」

昭帝時，昌邑王賀遣中大夫之長安，多治仄注冠，〔一〕以賜大臣，又以冠奴。劉向以爲近服妖也。時王賀狂悖，〔二〕聞天子不豫，〔三〕弋獵馳騁如故，與騶奴宰人游居娛戲，驕嫚不敬。〔四〕冠者尊服，奴者賤人，賀無故好作非常之冠，暴尊象也。以冠奴者，當自至尊墜至賤也。〔五〕其後帝崩，無子，漢大臣徵賀爲嗣。即位，狂亂無道，縛戮諫者夏侯勝等。於是大臣白皇太后，廢賀爲庶人。賀爲王時，又見大白狗冠方山冠而無尾，〔六〕此服妖，亦犬旤也。賀以問郎中令龔遂，遂曰：「此天戒，言在仄者盡冠狗也。〔七〕去之則存，不去則亡矣。」賀既廢數年，宣帝封之爲列侯，復有辠，死不得置後，又犬旤無尾之效也。京房易傳曰：「行不順，厥咎人奴冠，天下亂，辟無適，〔八〕妾子拜。」〔九〕又曰：「君不正，臣欲篡，厥妖狗冠出朝門。」

〔一〕應劭曰：「今法冠是也。」李奇曰：「一曰高山冠，本齊冠也，謁者服之。」師古曰：「仄，古側字也。謂之側注者，言形側立而下注也。蔡邕云高九（尺）〔寸〕，鐵爲卷，非法冠及高山也。卷音去權反。」

〔二〕師古曰：「悖，惑也，音布內反。」

〔三〕師古曰：「言有疾不悅豫也。周書顧命曰『王有疾，不豫』。」

〔四〕師古曰：「騶，廄御也。宰人，主膳者也。娛，樂也。戲音僖。」

〔五〕師古曰：「墜，墮也，音直類反。」

〔六〕鄧展曰：「方山冠以五采縠爲之，樂舞人所服。」

〔七〕師古曰：「言王左右侍側之人不識禮義，若狗而著冠者耳。冠音工喚反。其下亦同。」

〔八〕如淳曰：「辟，君也。適，適子也。」師古曰：「辟音壁。適讀曰嫡。」

〔九〕如淳曰：「無適子故也。」

成帝鴻嘉、永始之間，好爲微行出游，選從期門郎有材力者，及私奴客，多至十餘，少五六人，皆白衣袒幘，〔一〕帶持刀劍。或乘小車，御者在茵上，〔二〕或皆騎，出入市里郊壄，遠至旁縣。時，大臣車騎將軍王音及劉向等數以切諫。谷永曰：「易稱『得臣無家』，〔三〕言王者臣天下，無私家也。今陛下棄萬乘之至貴，樂家人之賤事；厭高美之尊稱，好匹夫之卑字；〔四〕崇聚票輕無誼之人，以爲私客；〔五〕置私田於民間，畜私奴車馬於北宮；數去南面之尊，離深宮之固，挺身獨與小人晨夜相隨，〔六〕烏集醉飽吏民之家，〔七〕亂服共坐，溷肴亡別，〔八〕閔勉遯樂，晝夜在路。〔九〕典門戶奉宿衞之臣執干戈守空宮，公卿百寮不知陛下所在，積數年矣。昔虢公爲無道，有神降曰『賜爾土田』，〔一〇〕言將以庶人受土田也。諸侯夢得土田，爲失國祥，〔一一〕而況王者畜私田財物，爲庶人之事乎！」

〔一〕師古曰：「袒幘，不加上冠。」

〔二〕蘇林曰：「茵，車上蓐也。御者錯亂，更在茵上坐也。」師古曰：「車小，故御者不得迴避，而在天子茵上也。茵音因。」

〔三〕師古曰：「損卦上九爻辭。」

〔四〕如淳曰：「稱張放家人，是爲卑字。」師古曰：「爲微行，故變易姓名。」

〔五〕師古曰：「票音匹妙反，又音頻妙反。」

〔六〕師古曰：「挻，引也。」
〔七〕師古曰：「乍合乍離，如鳥之集。」
〔八〕師古曰：「溷肴，謂雜亂也。溷音胡困反。」
〔九〕師古曰：「閔勉猶黽勉，言不息也。遯樂，言流遯爲樂也。」
〔一〇〕師古曰：「春秋左氏傳莊公三十二年有神降於莘，虢公使祝應、宗區、史（嚚）〔嚚〕享焉。神賜之土田。史（嚚）〔嚚〕曰：『虢其亡乎！』」
〔一一〕師古曰：「僖五年，晉滅虢，虢公醜奔京師。」

左氏傳曰，周景王時大夫賓起見雄雞自斷其尾。〔一〕劉向以爲近雞旤也。是時，王有愛子子鼂，王與賓起陰謀欲立之。〔二〕田于北山，將因兵衆殺適子之黨，〔三〕未及而崩。三子爭國，王室大亂。其後，賓起誅死，〔四〕子鼂奔楚而敗。〔五〕京房易傳曰：「有始無終，厥妖雄雞自齧斷其尾。」

〔一〕師古曰：「賓起卽賓孟。」
〔二〕師古曰：「子鼂，王之庶長子。」
〔三〕師古曰：「適讀曰嫡。嫡子王子猛，（反）〔及〕後爲悼王。子猛之黨謂劉獻公、單穆公。」
〔四〕師古曰：「三子，謂子鼂、子猛及子猛弟敬王丏也。劉子遂攻賓起，殺之。事並在昭公二十二年。」

〔五〕師古曰：「昭二十六年，邵伯盈逐王子鼂，子鼂奔楚。定公五年，王人殺之於楚。」

宣帝黃龍元年，未央殿輅軨中雌雞化爲雄，〔一〕毛衣變化而不鳴，不將，無距。〔二〕元帝初元中，丞相府史家雌雞伏子，漸化爲雄，〔三〕冠距鳴將。永光中，有獻雄雞生角者。京房易傳曰：「雞知時，知時者當死。」房以爲已知時，恐當之。劉向以爲房失雞占。雞者小畜，主司時，起居人，〔四〕小臣執事爲政之象也。言小臣將秉君威，以害正事，猶石顯也。竟寧元年，石顯伏辜，此其效也。一曰，石顯何足以當此？昔武王伐殷，至于牧壄，誓師曰：「古人有言曰『牝雞無晨；牝雞之晨，惟家之索』。今殷王紂惟婦言用。」〔五〕繇是論之，〔六〕黃龍、初元、永光雞變，乃國家之占，妃后象也。孝元王皇后以甘露二年生男，立爲太子。妃，王禁女也。黃龍元年，宣帝崩，太子立，是爲元帝。王妃將爲皇后，故是歲未央殿中雌雞爲雄，明其占在正宮也。不鳴不將無距，貴始萌而尊未成也。至元帝初元元年，將立王皇后，先以爲婕妤。三月癸卯制書曰：「其封婕妤父丞相少史王禁爲陽平侯，位特進。」丙午，立王婕妤爲皇后。明年正月，立皇后子爲太子。故應是，丞相府史家雌雞爲雄，其占卽丞相少史之女也。伏子者，明已有子也。冠距鳴將者，尊已成也。永光二年，陽平頃侯禁薨，子鳳嗣侯，爲侍中衞尉。元帝崩，皇太子立，是爲成帝。尊皇后爲皇太后，以后弟鳳爲大司馬大將軍，領尚書事，上委政，無所與。〔七〕王氏之權自鳳起，故於鳳始受爵位時，雄雞有角，明視作威〔八〕顓君害上〔九〕危國者，從此人始也。其後羣弟世權，以至於莽，遂篡天下。卽位五年，王太后乃崩，此其效也。京房易傳曰：「賢者居明夷之世，知時而傷，〔一〇〕或衆在位，〔一一〕厥妖雞生角。雞生角，時主獨。」又曰：「婦人顓政，國不靜；牝雞雄鳴，主不榮。」故房以爲已亦在占中矣。

〔一〕孟康曰：「輅軨，廄名也。」師古曰：「百官表太僕屬官有輅軨丞。輅與路同。軨音零。」
〔二〕師古曰：「將謂率領其羣也。距，雞附足骨，鬭時所用刺之。」
〔三〕師古曰：「初尙伏子，後乃稍稍化爲雄也。伏音房富反。」
〔四〕師古曰：「至時而鳴，以爲人起居之節。」
〔五〕師古曰：「周書牧誓之辭。晨謂晨時鳴也。索，盡也。言婦人爲政，猶雌雞而代雄鳴，是喪家之道也。索音思各反。」
〔六〕師古曰：「繇讀與由同。」
〔七〕師古曰：「與讀曰豫。言政皆出鳳，天子不豫。」
〔八〕師古曰：「視讀曰示。」
〔九〕師古曰：「顓與專同。其下類此。」
〔一〇〕師古曰：「易之明夷卦曰：『明入地中，明夷。』夷，傷也，離下坤上，言日在地中，傷其明也。知時，謂知天時者也。賢而被傷，故取明夷之義。」

〔一一〕師古曰：「言虛僞無實之人竊惑於衆在職位也。」

成公七年「正月，鼷鼠食郊牛角；〔一〕改卜牛，又食其角」。劉向以爲近青祥，亦牛旤也，不敬而傋霿之所致也。昔周公制禮樂，成周道，故成王命魯郊祀天地，以尊周公。至成公時，三家始顓政，魯將從此衰。天愍周公之德，痛其將有敗亡之旤，故於郊祭而見戒云。鼠，小蟲，性盜竊，鼷又其小者也。牛，大畜，祭天尊物也。角，兵象，在上，君威也。小小鼷鼠，食至尊之牛角，象季氏乃陪臣盜竊之人，將執國命以傷君威而害周公之祀也。改卜牛，鼷鼠又食其角，天重語之也。〔二〕成公怠慢昏亂，遂君臣更執于晉。〔三〕至于襄公，晉爲溴梁之會，〔四〕天下大夫皆奪君政。〔五〕其後三家逐昭公，卒死于外，〔六〕幾絕周公之祀。〔七〕董仲舒以爲鼷鼠食郊牛，皆養牲不謹也。京房易傳曰：「祭天不愼，厥妖鼷鼠齧郊牛角。」

〔一〕師古曰：「鼷，小鼠也，卽今所謂甘鼠者，音奚。」
〔二〕師古曰：「重音直用反。」
〔三〕師古曰：「更，互也。十年秋，公如晉，晉人以公爲貳於楚，故止公，至十一年三月乃得歸。十六年秋，公會晉侯於沙隨，晉受叔孫僑如之譖而止公。是年九月，又信僑如之譖，執季孫行父，舍之於苕丘，十二月乃得歸。故云君臣更執也。更音工衡反。」
〔四〕師古曰：「襄十六年，晉平公會諸侯于溴梁。溴梁者，溴水之梁也。溴水出河內軹縣東南，至溫入河。溴音工覔

反。」

〔五〕師古曰：「溴梁之會，諸侯皆在，而魯叔孫豹、晉荀偃、宋向戌、衞甯殖、鄭公孫蠆、小邾之大夫盟，是奪其君政也。」

〔六〕師古曰：「已解於上。」

〔七〕師古曰：「幾音鉅衣反。」

定公十五年「正月，鼷鼠食郊牛，牛死」。劉向以爲定公知季氏逐昭公，辠惡如彼，親用孔子爲夾谷之會，齊人倈歸鄆、讙、龜陰之田，〔一〕聖德如此，反用季桓子，淫於女樂，而退孔子，無道甚矣。〔二〕詩曰：「人而亡儀，不死何爲！」〔三〕是歲五月，定公薨，牛死之應也。京房易傳曰：「子不子，鼠食其郊牛。」

〔一〕師古曰：「夾谷，齊地也，一名祝其。定公十年，公與齊侯會於夾谷，齊侯欲使萊人以兵劫公。孔子以公退，命士衆兵之，齊侯乃止。又欲以盟要公，孔子不欲，使茲無還以辭對。又欲詐享公，孔子又距而不受。於是齊人乃服。先是季氏之臣陽貨以鄆、讙、龜陰之田奔齊，至此會，乃以歸我。鄆、讙，二邑名。龜陰，龜山之陰。夾音頰。讙音驩。」

〔二〕師古曰：「桓子，季平子之子季孫斯也。女樂已解於上。」

〔三〕師古曰：「鄘詩相鼠之篇也。（無）〔亡〕儀，無禮儀也。」

哀公元年「正月，鼷鼠食郊牛」。劉向以爲天意汲汲於用聖人，逐三家，故復見戒也。〔一〕哀公年少，不親見昭公之事，故見敗亡之異。已而哀不寤，身奔於粵，此其效也。〔二〕

〔一〕師古曰：「聖人，孔子也。見，顯也。」

〔二〕師古曰：「哀二十七年，公欲以越伐魯而去三桓，公如公孫有山氏，因遜于邾，遂如越。國人施罪於公孫有山氏，而立哀公之子悼公。」

昭帝元鳳元年九月，燕有黃鼠銜其尾舞王宮端門中，〔一〕王往視之，鼠舞如故。王使吏以酒脯祠，鼠舞不休，一日一夜死。近黃祥，時燕剌王旦謀反將死之象也。其月，發覺伏辜。京房易傳曰：「誅不原情，厥妖鼠舞門。」〔二〕

〔一〕師古曰：「宮之正門。」

〔二〕師古曰：「不原情者，不得其本情。」

成帝建始四年九月，長安城南有鼠銜黃蒿、柏葉，上民冢柏及榆樹上爲巢，桐柏尤多。〔一〕巢中無子，皆有乾鼠矢數十。時議臣以爲恐有水災。鼠，盜竊小蟲，夜出晝匿；今晝去穴而登木，象賤人將居顯貴之位也。桐柏，衞思后園所在也。其後，趙皇后自微賤登至尊，與衞后同類。趙后終無子而爲害。明年，有鳶焚巢，殺子之異也。〔二〕天象仍見，甚可畏也。〔三〕一曰，皆王莽竊位之象云。京房易傳曰：「臣私祿罔辟，〔四〕厥妖鼠巢。」

〔一〕師古曰：「桐柏，本亭名，衞思后於其地葬也。」

〔二〕師古曰：「鳶，鴟也，音弋全反。」

〔三〕師古曰：「仍，頻也。」

〔四〕李奇曰：「辟，君也。擅私爵祿，誣罔其君。」

文公十三年「大室屋壞」。近金沴木，木動也。先是，冬，釐公薨，十六月乃作主。〔一〕後六月，又吉禘於太廟而致釐公，〔二〕春秋譏之。經曰：「大事於太廟，躋釐公。」〔三〕左氏說曰：太廟，周公之廟，饗有禮義者也；祀，國之大事也。惡其亂國之大事於太廟，故言大事也。躋，登也，登釐公於愍公上，逆祀也。釐雖愍之庶兄，嘗爲愍臣，臣子一例，不得在愍上。又未三年而吉禘，前後亂賢父聖祖之大禮，內爲貌不恭而狂，外爲言不從而僭。故是歲自十二月不雨，至于秋七月。後年，若是者三，而太室屋壞矣。前堂曰太廟，中央曰太室；屋，其上重屋尊高者也，象魯自是陵夷，將墮周公之祀也。〔四〕穀梁、公羊經曰，世室，魯公伯禽之廟也。周公稱太廟，魯公稱世室。大事者，祫祭也。〔五〕躋釐公者，先禰後祖也。

〔一〕師古曰：「主，廟主也。僖公三十三年十二月薨，至文二年二月乃作主，間有一閏，故十六月也。」

〔二〕師古曰：「禘，祭也，（二）〔一一〕而祭之。文二年八月而禘，距作主六月也。致謂（外）〔升〕其主於廟。」

〔三〕師古曰：「躋音子奚反，又音子詣反。」

〔四〕師古曰：「墮，毀也，音火規反。」

〔五〕師古曰：「祫，合也。毀廟及未毀廟之主，皆合祭於太祖。」

景帝三年十二月，吳二城門自傾，大船自覆。劉向以爲近金沴木，木動也。先是，吳王濞以太子死於漢，稱疾不朝，陰與楚王戊謀爲逆亂。城猶國也，其一門名曰楚門，一門曰魚門。吳地以船爲家，以魚爲食。天戒若曰，與楚所謀，傾國覆家。吳王不寤，正月，與楚俱起兵，身死國亡。京房易傳曰：「上下咸誖，厥妖城門壞。」〔一〕

〔一〕師古曰：「誖，惑也，音布內反。」

宣帝時，大司馬霍禹所居第門自壞。時禹內不順，外不敬，見戒不改，卒受滅亡之誅。哀帝時，大司馬董賢第門自壞。時賢以私愛居大位，賞賜無度，驕嫚不敬，大失臣道，見戒不改。後賢夫妻自殺，家徙合浦。

傳曰：「言之不從，是謂不艾，〔一〕厥咎僭，厥罰恒陽，厥極憂。時則有詩妖，時則有介蟲之孽，時則有犬旤，時則有口舌之痾，時則有白眚白祥。惟木沴金。」

〔一〕師古曰：「艾讀曰乂。」

「言之不從」，從，順也。「是謂不乂」，乂，治也。孔子曰：「君子居其室，出其言不善，則千里之外違之，況其邇者虖！」〔一〕詩云：「如蜩如螗，如沸如羹。」〔二〕言上號令不順民心，虛譁憒亂，則不能治海內，失在過差，故其咎僭。僭，差也。刑罰妄加，羣陰不附，則陽氣勝，故其

罰常陽也。旱傷百穀，則有寇難，上下俱憂，故其極憂也。君炕陽而暴虐，〔三〕臣畏刑而柑口，〔四〕則怨謗之氣發於謌謠，故有詩妖。介蟲孽者，謂小蟲有甲飛揚之類，陽氣所生也，於春秋爲螽，今謂之蝗，皆其類也。於易，兌爲口，犬以吠守，而不可信，言氣毀故有犬旤。一曰，旱歲犬多狂死及爲怪，亦是也。及人，則多病口喉欬者，故有口舌痾。金色白，故有白眚白祥。凡言傷者，病金氣；金氣病，則木沴之。其極憂者，順之，其福曰康寧。劉歆言傳曰時有毛蟲之孽。說以爲於天文西方參爲虎星，故爲毛蟲。

〔一〕師古曰：「易上繫之辭也。邇，近也。」
〔二〕師古曰：「大雅蕩之詩也。蜩，蟬也。螗，蝘也，即蛁蟟也。謂政無文理，虛嘈噂沓，如蜩螗之鳴，湯之沸涫，羹之將孰也。蜩音調。螗音唐。蝘音偃。蛁音貂。蟟音聊。涫音下館反。」
〔三〕師古曰：「凡言炕陽者，枯涸之意，謂無惠澤於下也。炕音口浪反。」
〔四〕師古曰：「柑，籋也，音其廉反。籋音女涉反。」

史記周單襄公與晉郤錡、郤犫、郤至、齊國佐語，〔一〕告魯成公曰：「晉將有亂，三郤其當之虖！夫郤氏，晉之寵人也，(二)〔三〕卿而五大夫，可以戒懼矣。高位實疾顛，厚味實腊毒。〔二〕今郤伯之語犯，叔迂，季伐。〔三〕犯則陵人，迂則誣人，伐則掩人。有是寵也，而益之以三怨，其誰能忍之！雖齊國子亦將與焉。〔四〕立於淫亂之國，而好盡言以招人過，〔五〕怨之

本也。唯善人能受盡言，齊其有虖？」〔六〕十七年，晉殺三郤。十八年，齊殺國佐。凡此屬，皆言不從之咎云。

〔一〕師古曰：「單襄公，解已在前。郤錡，駒伯也。郤犫，苦成叔也。郤至，昭子，即溫季也。國佐，齊大夫國武子也。」
〔二〕師古曰：「顛，仆也。腊，久也。言位高者必速顛仆也，味厚者爲毒久。」
〔三〕師古曰：「伯，駒伯也。叔，苦成叔也。季，溫季也。犯，侵也。迂，夸誕也。伐，矜倘也。」
〔四〕師古曰：「與讀曰豫。豫於禍。」
〔五〕蘇林曰：「招音翹。招，舉也。」師古曰：「盡言，猶極言也。」
〔六〕師古曰：「言無善人不能受盡言。」

晉穆侯以條之役生太子，名之曰仇；〔一〕其弟以千晦之戰生，名之曰成師。〔二〕師服曰：「異哉，君之名子也！〔三〕夫名以制誼，誼以出禮，〔四〕禮以體政，政以正民，〔五〕是以政成而民聽；易則生亂。〔六〕嘉耦曰妃，怨耦曰仇，古之命也。〔七〕今君名太子曰仇，弟曰成師，始兆亂矣，兄其替虖！」〔八〕及仇嗣立，是爲文侯。文侯卒，子昭侯立，封成師于曲沃，號桓叔。〔九〕後晉人殺昭侯而納桓叔，不克。〔一〇〕復立昭侯子孝侯，桓叔子嚴伯殺之。晉人立其弟鄂侯。鄂侯生哀侯，嚴伯子武公復殺哀侯及其弟，滅之，而代有晉國。〔一一〕

〔一〕師古曰：「穆侯，僖侯之孫也。條，晉地也。蓋以敵來侵已，當戰時而生，故取仇忿之義以名子。」
〔二〕師古曰：「太子之弟，即桓叔也。晦，古畝字也。千晦亦地名，意取能成其師衆也。」
〔三〕師古曰：「師服，晉大夫。」
〔四〕師古曰：「先制義理然後立名。義理既定，禮由之出。」
〔五〕師古曰：「政以禮成，俗所以正。」
〔六〕師古曰：「反易禮義，則亂生也。」
〔七〕師古曰：「本自古昔而有此名。」
〔八〕師古曰：「替，廢也。」
〔九〕師古曰：「昭侯國亂身危，不能自安，故封成師爲曲沃伯也。桓，謚也。昭侯叔父，故謂之叔也。」
〔一〇〕師古曰：「事不遂。」
〔一一〕師古曰：「弒始并晉國，故稱公也。事在桓三年。」

宣公六年，鄭公子曼滿與王子伯廖語，欲爲卿。〔一〕伯廖告人曰：「無德而貪，其在周易豐之離，〔二〕弗過之矣。」〔三〕間一歲，鄭人殺之。〔四〕

〔一〕師古曰：「曼滿、伯廖，皆鄭大夫也。廖音聊。」
〔二〕張晏曰：「離下震上，豐。上六變而之離，曰『豐其屋，蔀其家』也。」
〔三〕師古曰：「言無道德而大其屋，不過三歲，必滅亡也。」
〔四〕師古曰：「間一歲者，中間隔一歲。」

襄公二十九年，齊高子容與宋司徒見晉知伯，汝齊相禮。〔一〕賓出，汝齊語知伯曰：「二

子皆將不免！子容專，司徒侈，皆亡家之主也。〔二〕專則速及，侈將以其力敝，專則人實敝之，將及矣。」九月，高子出奔燕。

〔一〕師古曰：「高子容，齊大夫高止也。宋司徒，華定。知伯，晉大夫荀盈也。汝齊，晉大夫司馬侯也。」
〔二〕師古曰：「專，自是也。侈，奢泰。」

襄公三十一年正月，魯穆叔會晉歸，告孟孝伯曰：「趙孟將死矣！〔一〕其語偷，不似民主；〔二〕且年未盈五十，而諄諄焉如八九十者，弗能久矣。〔三〕若趙孟死，爲政者其韓子虖？〔四〕吾子盍與季孫言之？可以樹善，君子也。」〔五〕孝伯曰：「民生幾何，誰能毋偷！〔六〕朝不及夕，將焉用樹！」穆叔告人曰：「孟孫將死矣！吾語諸趙孟之偷也，而又甚焉。」九月，孟孝伯卒。

〔一〕師古曰：「穆叔，即叔孫穆子也。孟孝伯，魯大夫仲孫羯也。趙孟，晉卿趙文子也，名武。前年十月，穆叔與武同會澶泉，至此年正月乃歸。」
〔二〕師古曰：「偷，苟且。」
〔三〕師古曰：「諄諄，重頓之貌也，諄音之閏反。」
〔四〕師古曰：「韓子，韓宣子也，名起。」
〔五〕師古曰：「季孫，謂季武子也，名宿。言韓起有君子之德，方執晉政，可素厚之，以立善也。」
〔六〕師古曰：「幾何，言無多時也。幾音居豈反。」

昭公元年，周使劉定公勞晉趙孟，〔一〕因曰：「子弁冕以臨諸侯，盍亦遠績禹功，而大庇民乎？」〔二〕對曰：「老夫罪戾是懼，焉能恤遠？吾儕偷食，朝不謀夕，何其長也？」〔三〕劉子歸，以語王曰：「諺所謂老將知而耄及之者，其趙孟之謂虖！〔四〕爲晉正卿以主諸侯，而儕于隸人，朝不謀夕，棄神人矣。神怒民畔，何以能久？〔五〕趙孟不復年矣！」〔六〕是歲，秦景公弟后子奔晉，〔七〕趙孟問：「秦君何如？」對曰：「無道。」趙孟曰：「亡虖？」對曰：「何爲？一世無道，國未艾也。〔八〕國于天地，有與立焉，〔九〕不數世淫，弗能斃也。」趙孟曰：「(天)〔夭〕虖？」對曰：「有焉。」趙孟曰：「其幾何？」〔一〇〕對曰：「鍼聞國無道而年穀和孰，天贊之也，鮮不五稔。」〔一一〕趙孟視蔭，曰：「朝夕不相及，誰能待五？」〔一二〕后子出而告人曰：「趙孟將死矣！主民玩歲而愒日，其與幾何？」〔一三〕冬，趙孟卒。昭五年，秦景公卒。

〔一〕師古曰：「周，周景王也。劉定公，周卿也，食邑於劉，名夏。是時，孟與諸侯會於虢，故就而勞之。」

〔二〕師古曰：「時館於洛汭，因見河洛而美禹功，故言之也。弁冕，冠也。言今服冠冕有國家，何不追續禹功，而庇蔭其人乎？」

〔三〕師古曰：「儕，等也。言且得食而已，苟免目前，不能念其長久也。儕音仕皆反。」

〔四〕師古曰：「諺，俗所傳言也。八十曰耄，亂也。言人年老閱歷既多，謂將益智，而又耄亂也。」

〔五〕師古曰：「言其自比賤隸，而無恤下之心，人爲神主，故神人皆去也。」

〔六〕師古曰：「謂其即死，不復見明年。」

〔七〕師古曰：「后子，即公子鍼。」

〔八〕師古曰：「艾讀曰乂。乂，絕也。」

〔九〕師古曰：「言在天地之間，多欲輔助，相與共成立之。」

〔一〇〕師古曰：「言當幾時也。音居豈反。」

〔一一〕師古曰：「贊，佐助之也。鮮，少也。稔，孰也。穀孰爲一稔。言少尚當五年，多則或不啻也。稔音人甚反。」

〔一二〕師古曰：「蔭謂日之蔭影也。趙孟自以年暮，朝不及夕，故言五年不可待也。蔭讀與陰同。」

〔一三〕師古曰：「玩，愛也。愒，貪也。與幾何，言不能久也。愒音口蓋反。」

昭公元年，楚公子圍會盟，〔一〕設服離衞。〔二〕魯叔孫穆子曰：「楚公子美矣君哉！」〔三〕伯州犂曰：「此行也，辭而假之寡君。」〔四〕鄭行人子羽曰：「假不反矣。」〔五〕伯州犂曰：「子姑憂子皙之欲背誕也。」〔六〕子羽曰：「假而不反，子其無憂虖？」〔七〕齊國子曰：「吾代二子閔矣。」〔八〕陳公子招曰：「不憂何成？二子樂矣！」〔九〕衞齊子曰：「苟或知之，雖憂不害。」〔一〇〕退會，子羽告人曰：「齊、衞、陳大夫其不免乎！國子代人憂，子招樂憂，齊子雖憂弗害。夫弗及而憂，與可憂而樂，與憂而弗害，皆取憂之道也。〔一一〕太誓曰：『民之所欲，天必從之。』〔一二〕三大夫兆憂矣，能無至乎！〔一三〕言以知物，其是之謂矣。」〔一四〕

〔一〕師古曰：「圍，楚恭王之子也。時爲楚令尹，與齊、宋、衞、陳、蔡、鄭會于虢。」

〔二〕張晏曰：「設服者，設人君之服。離衞者，二人執戈在前也。」師古曰：「離，列人君之侍衞也。」

〔三〕師古曰：「穆子，叔孫豹也。言其服美似人君也。」

〔四〕師古曰：「伯州犂，楚太宰也。言受楚王之命，假以此禮耳。蓋爲其令尹文過。」

〔五〕師古曰：「行人，官名。子羽，公孫揮字也。假不反矣，言將遂爲君。」

〔六〕應劭曰：「子皙攻殺伯有，今又背盟，欲復作亂也。」師古曰：「子皙，鄭大夫公孫黑也。背誕者，背命放誕，欲爲亂也。子且自憂此，無憂令尹不反戈也。」

〔七〕師古曰：「言令尹將圖爲君，則楚國有難，子亦有憂也。」

〔八〕應劭曰：「閔，憂也。二子，伯州犂，行人子羽也。」師古曰：「國子，齊大夫國弱也。二子，謂王子圍及伯州犂也。圍以是年簒位，而不能令終，州犂亦爲圍所殺，故言可閔。應說非也。」

〔九〕應劭曰：「言國有憂，己乃得以成功也。」師古曰：「招，陳公子，哀公弟也。言因憂以成事，尋成而樂也。招音韶。」

〔一〇〕師古曰：「齊子，衞大夫齊惡也。言先知爲備，雖有憂難，無所損害。」

〔一一〕師古曰：「弗及而憂，謂憂不及己而妄憂也。」

〔一二〕師古曰：「太誓，周書也。」

〔一三〕師古曰：「兆憂，謂開憂兆也。」

〔一四〕師古曰：「物，類也。察其所言，以知禍福之類。」

昭公十五年，晉籍談如周葬穆后，〔一〕既除喪而燕，〔二〕王曰：「諸侯皆有以填撫王室，晉獨無有，何也？」〔三〕籍談對曰：「諸侯之封也，皆受明器於王室，故能薦彝器。〔四〕晉居深山，

戎翟之與鄰，拜戎不暇，其何以獻器？」王曰：「叔氏其忘諸乎！〔五〕叔父唐叔，成王之母弟，其反亡分乎？〔六〕昔而高祖司晉之典籍，〔七〕以爲大正，故曰籍氏。女，司典之後也，何故忘之？」籍談不能對。賓出，王曰：「籍父其無後乎！數典而忘其祖。」〔八〕籍談歸，以語叔嚮。叔嚮曰：「王其不終乎！吾聞所樂必卒焉。〔九〕今王樂憂，若卒以憂，不可謂終。王一歲而有三年之喪二焉，〔一〇〕於是乎以喪賓燕，又求彝器，樂憂甚矣。三年之喪，雖貴遂服，禮也。〔一一〕王雖弗遂，燕樂已早。〔一二〕禮，王之大經也；一動而失二禮，無大經矣。〔一三〕言以考典，典以志經。〔一四〕忘經而多言舉典，將安用之！」

〔一〕師古曰：「籍談，晉大夫也。穆后，周景王之后諡穆也。」

〔二〕師古曰：「燕與宴同。」

〔三〕師古曰：「填撫王室，謂獻器物也。填音竹刃反。」

〔四〕師古曰：「明器，明德之器也。彝器，常可寶用之器也。」

〔五〕師古曰：「叔，籍談字也。一曰叔父之使，故謂之叔氏也。」

〔六〕師古曰：「分音扶問反。」

〔七〕師古曰：「而亦汝。」

〔八〕師古曰：「忘祖業。」

〔九〕師古曰：「言志之所樂，終於此事。」

〔一〇〕師古曰：「爲太子三年，妻死三年乃娶，達子之志。言三年之喪，二后及太子也。」
〔一一〕師古曰：「遂猶竟。」
〔一二〕師古曰：「天子除喪，當在卒哭，今適既葬，故譏其早也。」
〔一三〕師古曰：「經謂常法也。既不遂服，又即宴樂，是失二禮。」
〔一四〕師古曰：「考，成也。志，記也。」

哀公十六年，孔丘卒，公誄之曰：「(旻)〔旻〕天不弔，不憖遺一老，俾屏予一人。」〔一〕子贛曰：「君其不歿於魯乎？夫子之言曰：『禮失則昏，名失則愆。』〔二〕失志爲昏，失所(謂)〔爲〕愆。生弗能用，死而誄之，非禮也；稱『予一人』，非名也。〔三〕君兩失之。」二十七年，公孫于邾，〔四〕遂死於越。〔五〕

〔一〕應劭曰：「憖，且辭也。言(昊)〔旻〕天不善於魯，不且遺一老，使屏蔽我一人也。」師古曰：「憖音魚覲反。」
〔二〕師古曰：「夫子謂孔子也。昏謂惑也。愆，過也。」
〔三〕師古曰：「天子自稱曰『予一人』，非諸侯之號，故云非名。」
〔四〕師古曰：「孫讀曰遜。」
〔五〕師古曰：「已解於上。」

庶徵之恆陽，劉向以爲春秋大旱也。其夏旱雩祀，謂之大雩。不傷二穀，謂之不雨。

京房易傳曰：「欲德不用茲謂張，〔一〕厥災荒。荒，旱也，其旱陰雲不雨，變而赤，因而除。師出過時茲謂廣，〔二〕其旱不生。上下皆蔽茲謂隔，其旱天赤三月，時有雹殺飛禽。上緣求妃茲謂僭，〔三〕其旱三月大溫亡雲。居高臺府，茲謂犯陰侵陽，其旱萬物根死，數有火災。庶位踰節茲謂僭，其旱澤物枯，爲火所傷。」

〔一〕孟康曰：「欲得賢者而不用，人君徒張此意。」
〔二〕李奇曰：「廣音曠。」韋昭曰：「謂怨曠也。」
〔三〕師古曰：「緣，歷也。言歷衆處而求妃妾也。」

釐公二十一年「夏，大旱」。董仲舒、劉向以爲齊(威)〔桓〕既死，諸侯從楚，釐尤得楚心。楚來獻捷，釋宋之執。〔一〕外倚彊楚，炕陽失衆，又作南門，勞民興役。〔二〕諸雩旱不雨，略皆同說。

〔一〕師古曰：「謂此年楚執宋公以伐宋，冬使宜申來獻捷，十二月盟于薄，釋宋公也。」
〔二〕師古曰：「南門本名稷門，更改高大而作之。事在二十年。」

宣公七年「秋，大旱」。是夏，宣與齊侯伐萊。〔一〕

〔一〕師古曰：「萊國即東萊黃縣也。」

襄公五年「秋，大雩」。先是宋魚石犇楚，〔一〕楚伐宋，取彭城以封魚石。〔二〕鄭畔于中國而附楚，〔三〕襄與諸侯共圍彭城，〔四〕城鄭虎牢以禦楚。〔五〕是歲鄭伯使公子發來聘，〔六〕使大夫會吳于善道。〔七〕外結二國，內得鄭聘，有炕陽動衆之應。

〔一〕師古曰：「犇，古奔字也。事在成十五年。魚石，宋左師也，公子目夷之曾孫也。」
〔二〕師古曰：「事在成十八年。」
〔三〕師古曰：「自鄢陵戰後，鄭遂不服，故諸侯屢侵伐之。」
〔四〕師古曰：「謂襄元年使仲孫蔑會晉欒黶、宋華元、衞甯殖、曹人、莒人、邾人、滕人、薛人圍彭城。」
〔五〕師古曰：「事在二年。武牢本鄭邑，時已屬晉，晉追言之。」
〔六〕師古曰：「公子發，鄭穆公之子，子產之父也，字子國。」
〔七〕師古曰：「使仲孫蔑會吳也。善道，地名。」

八年「九月，大雩」。時作三軍，季氏盛。〔一〕

〔一〕師古曰：「萬二千五百人爲軍。魯本立上下二軍，皆屬於公，有事則三卿遞師之而征伐。今季氏欲專其人，故增立中軍，三卿各主其一也。事在十一年。」

二十八年「八月，大雩」。先是，比年晉使荀吳、齊使慶封來聘，〔一〕是夏邾子來朝。襄有炕陽自大之應。

〔一〕師古曰：「比年，頻年也。荀吳，晉大夫，即荀偃之子也，二十六年晉侯使來聘。慶封，齊大夫也，二十七年齊侯使來聘。」

昭公三年「八月，大雩」。劉歆以爲昭公即位年十九矣，猶有童心，居喪不哀，炕陽失衆。六年「九月，大雩」。先是莒牟夷以二邑來犇，〔一〕莒怒伐魯，叔弓帥師，距而敗之，昭得入晉。〔二〕外和大國，內獲二邑，取勝鄰國，有炕陽動衆之應。

〔一〕師古曰：「事在五年。牟夷，莒大夫也。二邑，謂牟婁及防茲也。」
〔二〕師古曰：「叔弓，魯大夫。時昭公適欲朝晉，而遇莒人來討，將不果行。叔弓既敗莒師，公乃得去。故傳云成禮大國，以爲援好也。」

十六年「九月，大雩」。先是昭公母夫人歸氏薨，昭不慼，又大蒐于比蒲。〔一〕晉叔嚮曰：「魯有大喪而不廢蒐。國不恤喪，不忌君也；君亡慼容，不顧親也。殆其失國。」與三年同占。

〔一〕師古曰：「事在昭十一年。歸氏，胡國之女。歸姓，即齊歸也。齊，諡也。蒐謂聚而衆田獵也。比蒲，魯地名。比音毗。」

二十四年「八月，大雩」。劉歆以爲左氏傳二十三年邾師城翼，還經魯地，〔一〕魯襲取邾師，獲其三大夫。〔二〕邾人愬于晉，晉人執我行人叔孫婼，〔三〕是春乃歸之。

〔一〕師古曰：「翼，邾邑也。經者，道出其中也。魯地，謂武城也。」
〔二〕師古曰：「謂徐鉏、丘弱、茅地也。」
〔三〕師古曰：「叔孫昭子也。婼音丑略反。」

二十五年「七月上辛大雩，季辛又雩」，旱甚也。劉歆以爲時后氏與季氏有隙。〔一〕又季

氏之族有淫妻爲讒，使季平子與族人相惡，皆共譖平子。〔二〕子家駒諫曰：「讒人以君徼幸，不可。」〔三〕昭公遂伐季氏，爲所敗，出犇齊。

〔一〕師古曰：「后氏，郈昭伯也。季氏，季平子也。季、郈之雞鬭，季氏芥其雞，郈子爲之金距。平子怒，益宮於郈氏，且責讓之，故郈昭伯怨之。」

〔二〕師古曰：「謂平子庶叔父公鳥之妻季姒與雍人檀通，而譖季氏之族人季公亥、公思展，故平子殺思展，以故族人皆怨之。」

〔三〕師古曰：「子家駒即子家懿伯，莊公之玄孫也，一名羈。」

定公（十）〔七〕年「九月，大雩」。先是定公自將侵鄭，歸而城中城。二大夫帥師圍鄆。〔一〕

〔一〕師古曰：「事並在六年。中城，魯之邑也。二大夫謂季孫斯、仲孫何忌。」

嚴公三十一年「冬，不雨」。是歲，一年而三築臺，〔一〕奢侈不恤民。

〔一〕師古曰：「是年春築臺于郎，夏築臺于薛，秋築臺于秦。秦、郎、薛，皆魯地。」

釐公二年「冬十月不雨」，三年「春正月不雨，夏四月不雨」，「六月雨」。先是者，嚴公夫人與公子慶父淫，而殺二君。〔一〕國人攻之，夫人遜于邾，慶父犇莒。釐公即位，南敗邾，〔二〕東敗莒，獲其大夫。〔三〕有炕陽之應。

〔一〕師古曰：「慶父，桓公之子，莊公弟也。二君，謂子般及閔公。」

〔二〕師古曰：「謂元年公敗邾師于偃。」

〔三〕師古曰：「謂元年公子友帥師敗莒師于酈，獲莒拏也。」

文公二年，「自十有二月不雨，至于秋七月」。文公即位，天子使叔服會葬，〔一〕毛伯賜命。〔二〕又會晉侯于戚。〔三〕公子遂如齊納幣。〔四〕又與諸侯盟。〔五〕上得天子，外得諸侯，沛然自大。〔六〕躋釐公主。大夫始顓事。〔七〕

〔一〕師古曰：「叔服，周之內史也，叔氏，服字。會葬，葬僖公。」

〔二〕師古曰：「亦天子使之也。毛伯，周之卿士。毛，國；伯，爵也。賜命者，賜以命圭爲瑞信也。」

〔三〕師古曰：「謂大夫公孫敖會之也。戚，衞邑，在頓丘衞縣西。」

〔四〕師古曰：「納玄纁之幣，謂公爲婚於齊。」

〔五〕師古曰：「謂公孫敖會宋公、陳侯、鄭伯、晉士穀盟于垂隴也。垂隴，鄭地。」

〔六〕師古曰：「沛音普大反。」

〔七〕師古曰：「謂季孫行父也。顓讀與專同。」

十年，「自正月不雨，至于秋七月」。先是公子遂會四國而救鄭。〔一〕楚使越椒來聘。〔二〕秦人歸襚。〔三〕有炕陽之應。

〔一〕師古曰：「謂九年楚人伐鄭，公子遂會晉人、宋人、衞人、許人以救之。」

〔二〕師古曰：「越椒，楚大夫名也。事亦在九年。」

〔三〕師古曰：「謂九年秦人來歸僖公及成風之襚也。凡問喪者，衣服曰襚。成風，僖公之母也。成，謚也。風，姓也。襚音遂。」

十三年，「自正月不雨，至于秋七月」。先是曹伯、杞伯、滕子來朝，〔一〕郕伯來犇，〔二〕秦伯使遂來聘，〔三〕季孫行父城諸及鄆。〔四〕二年之間，五國趨之，內城二邑。炕陽失衆。一曰，不雨而五穀皆孰，異也。文公時，大夫始顓盟會，公孫敖會晉侯，又會諸侯盟于垂隴。故不雨而生者，陰不出氣而私自行，以象施不由上出，臣下作福而私自成。一曰，不雨近常陰之罰，君弱也。

〔一〕師古曰：「十一年曹伯來朝，十二年杞伯、滕子來朝。」

〔二〕師古曰：「事在十二年。郕，國；伯，爵也。」

〔三〕師古曰：「事在十二年。遂，秦大夫名，即左氏所謂西乞術。」

〔四〕師古曰：「事在十二年。諸、鄆，二邑名也。諸即琅邪諸縣也。」

惠帝五年夏，大旱，江河水少，谿谷絕。先是發民男女十四萬六千人城長安，是歲城乃成。

文帝三年秋，天下旱。是歲夏，匈奴右賢王寇侵上郡，詔丞相灌嬰發車騎士八萬五千人詣高奴，〔一〕擊右賢王走出塞。其秋，濟北王興居反，使大將軍討之，皆伏誅。

〔一〕師古曰：「即上郡之縣。」

後六年春，天下大旱。先是發車騎材官屯廣昌，〔一〕是歲二月復發材官屯隴西。後匈奴大入上郡、雲中，烽火通長安，三將軍屯邊，〔二〕又三將軍屯京師。〔三〕

〔一〕師古曰：「武都之縣。」

〔二〕師古曰：「謂以中大夫令免爲車騎將軍屯飛狐，故楚相蘇意爲將軍屯句注，將軍張武屯北地。」

〔三〕師古曰：「謂河內太守周亞夫爲將軍次細柳，宗正劉禮爲將軍次霸上，祝茲侯徐厲爲將軍次棘門。」

景帝中三年秋，大旱。

武帝元光六年夏，大旱。是歲，四將軍征匈奴。〔一〕

〔一〕師古曰：「謂車騎將軍衞青出上谷，騎將軍公孫敖出代，輕車將軍公孫賀出雲中，驍騎將軍李廣出鴈門。」

元朔五年春，大旱。是歲，六將軍衆十餘萬征匈奴。〔一〕

〔一〕師古曰：「謂衞青將六將軍兵也。六將軍者，衞尉蘇建爲游擊將軍，左內史李沮爲彊弩將軍，太僕公孫賀爲騎將軍，代相李蔡爲輕車將軍，俱出朔方；大行李息、岸頭侯張次公爲將軍，出右北平。」

元狩三年夏，大旱。是歲發天下故吏伐棘上林，穿昆明池。

天漢元年夏，大旱；其三年夏，大旱。先是貳師將軍征大宛還。天漢元年，發適民。〔一〕二年夏，三將軍征匈奴，〔二〕李陵沒不還。

〔一〕師古曰：「適讀曰讁。」

〔二〕師古曰：「謂貳師將軍三萬騎出酒泉，因杅將軍出西河，騎都尉李陵將步兵五千人出居延北也。」

征和元年夏，大旱。是歲發三輔騎士閉長安城門，大搜，始治巫蠱。明年，衞皇后、太子敗。

昭帝始元六年，大旱。先是大鴻臚田廣明征益州，暴師連年。

宣帝本始三年夏，大旱，東西數千里。先是五將軍衆二十萬征匈奴。〔一〕

〔一〕師古曰：「本始三年，御史大夫田廣明為祁連將軍，後將軍趙充國為蒲類將軍，雲中太守田順為武牙將軍，及渡遼將軍范明友、前將軍韓增，凡五將軍，兵十五萬騎。校尉常惠持節護烏孫兵，咸擊匈奴，是為二十萬衆也。」

神爵元年秋，大旱。是歲，後將軍趙充國征西羌。

成帝永始三年、四年夏，大旱。

左氏傳晉獻公時童謠曰：「丙(子)之晨，龍尾伏辰，袀服振振，取虢之旂。〔一〕鶉之賁賁，天策焞焞，火中成軍，虢公其犇。」〔二〕是時虢為小國，介夏陽之阸，〔三〕怙虞國之助，亢衡于晉，有炕陽之節，失臣下之心。晉獻伐之，問於卜偃曰：「吾其濟乎？」〔四〕偃以童謠對曰：「克之。十月朔丙子旦，日在尾，月在策，鶉火中，必此時也。」冬十二月丙子朔，晉師滅虢，虢公醜犇周。周十二月，夏十月也。言天者以夏正。

〔一〕師古曰：「徒歌曰謠。袀服，黑衣。振振，袀服之貌也。袀音(勻)〔均〕，又音弋春反。振音只人反。」

〔二〕師古曰：「(犇)〔賁〕音奔。焞音吐敦反，又音敦。犇，古奔字。」

〔三〕師古曰：「介，隔也。」

〔四〕師古曰：「卜偃，晉大夫主卜者。」

史記晉惠公時童謠曰：「恭太子更葬兮，後十四年，晉亦不昌，昌乃在其兄。」是時，惠公賴秦力得立，立而背秦，內殺二大夫，〔一〕國人不說。〔二〕及更葬其兄恭太子申生而不敬，故詩妖作也。後與秦戰，為秦所獲，立十四年而死。晉人絕之，更立其兄重耳，是為文公，遂伯諸侯。〔三〕

〔一〕師古曰：「謂里克、丕鄭。」

〔二〕師古曰：「說讀曰悅。」

〔三〕師古曰：「伯讀曰霸。」

左氏傳文、成之世童謠曰：「鸜之鵒之，公出辱之。〔一〕鸜鵒之羽，公在外野，往饋之馬。〔二〕鸜鵒跦跦，公在乾侯，〔三〕徵褰與襦。〔四〕鸜鵒之巢，遠哉搖搖，〔五〕禂父喪勞，宋父以驕。〔六〕鸜鵒鸜鵒，往歌來哭。」〔七〕至昭公時，有鸜鵒來巢。公攻季氏，敗，出奔齊，居外野，次乾侯。八年，死于外，歸葬魯。昭公名禂。公子宋立，是為定公。

〔一〕師古曰：「鸜音劬。鵒音欲。」

〔二〕師古曰：「饋亦餽字。」

〔三〕臣瓚曰：「乾侯，在魏郡斥丘縣。」師古曰：「跦跦，跳行貌也。跦音誅。乾音干。」

〔四〕師古曰：「徵，求也。褰，袴也。言公出外求袴襦之服。」

〔五〕師古曰：「搖搖，不安之貌。」

〔六〕師古曰：「父讀曰甫。甫者，男子之通號，故云禂甫、宋甫也。言昭公欲去季氏，不遂而出，故曰喪勞。定公無德於下，坐致君位，故曰以驕。」

〔七〕師古曰：「謂昭公生時出奔，死乃以喪歸之。」

元帝時童謠曰：「井水溢，滅竈煙，灌玉堂，流金門。」至成帝建始二年三月戊子，北宮中井泉稍上，溢出南流，象春秋時先有鸜鵒之謠，而後有來巢之驗。井水，陰也；竈煙，陽也；玉堂、金門，至尊之居：象陰盛而滅陽，竊有宮室之應也。王莽生於元帝初元四年，至成帝封侯，為三公輔政，因以篡位。

成帝時童謠曰：「燕燕尾涏涏，〔一〕張公子，時相見。木門倉琅根，燕飛來，啄皇孫，皇孫死，燕啄矢。」其後帝為微行出遊，常與富平侯張放俱稱富平侯家人，過(河陽)〔陽阿〕主作樂，見舞者趙飛燕而幸之，故曰「燕燕尾涏涏」，美好貌也。張公子謂富平侯也。「木門倉琅根」，謂宮門銅鍰，〔二〕言將尊貴也。後遂立為皇后。弟昭儀賊害後宮皇子，卒皆伏辜，所謂「燕飛來，啄皇孫，皇孫死，燕啄矢」者也。

〔一〕師古曰：「涏涏，光澤貌也，音徒見反。」

〔二〕師古曰：「門之鋪首及銅鍰也。銅色青，故曰倉琅。鋪首銜環，故謂之根。鍰讀與環同。」

成帝時謌謠又曰：「邪徑敗良田，讒口亂善人。桂樹華不實，黃爵巢其顛。故為人所羨，今為人所憐。」桂，赤色，漢家象。華不實，無繼嗣也。王莽自謂黃，象黃爵巢其顛也。

嚴公十七年「冬，多麋」。劉歆以為毛蟲之孽為災。劉向以為麋色青，近青祥也。麋之為言迷也，蓋牝獸之淫者也。是時，嚴公將取齊之淫女，其象先見，天戒若曰，勿取齊女，淫而迷國。嚴不寤，遂取之。夫人既入，淫於二叔，終皆誅死，〔一〕幾亡社稷。〔二〕董仲舒指略同。京房易傳曰：「廢正作淫，大不明，國多麋。」又曰：「震遂泥，〔三〕厥咎國多麋。」

〔一〕師古曰：「謂慶父縊死，叔牙鴆卒，齊人殺哀姜也。」

〔二〕師古曰：「謂子般、閔公前後見殺，而齊侯欲取魯國也。幾音鉅依反。」

〔三〕李奇曰：「從三至五，有坎象。坎為水，四為泥在水中，故曰震遂泥。泥者，泥溺於水，不能自拔，道未光也。或以為溺於淫女，故其妖多麋。麋，迷也。」師古曰：「此易震卦九四爻辭也。泥音乃計反。」

昭帝時，昌邑王賀聞人聲曰「熊」，視而見大熊。左右莫見，以問郎中令龔遂，遂曰：「熊，山野之獸，而來入宮室，王獨見之，此天戒大王，恐宮室將空，危亡象也。」賀不改寤，後卒失國。

左氏傳襄公十七年十一月甲午，宋國人逐猘狗，〔一〕猘狗入於華臣氏，〔二〕國人從之。臣懼，遂奔陳。先是臣兄閱爲宋卿，〔三〕閱卒，臣使賊殺閱家宰，遂就其妻。宋平公聞之，曰：「臣不唯其宗室是暴，大亂宋國之政。」欲逐之。左師向戌曰：「大臣不順，國之恥也，不如蓋之。」〔四〕公乃止。華臣炕暴失義，內不自安，故犬禍至，以犇亡也。

〔一〕師古曰：「猘，狂也，音征例反。」

〔二〕師古曰：「華臣，華元之子也。」

〔三〕師古曰：「爲右師。」

〔四〕師古曰：「向戌，宋桓公曾孫也。蓋謂覆掩其事也。」

高后八年三月，祓霸上，〔一〕還過枳道，見物如倉狗，橶高后掖，〔二〕忽而不見。卜之，趙王如意爲祟。遂病掖傷而崩。先是高后鴆殺如意，支斷其母戚夫人手足，搉其（服）〔眼〕以爲人彘。〔三〕

〔一〕師古曰：「祓者，除惡之祭也，音廢。」

〔二〕師古曰：「橶謂拘持之也。橶音戟。拘音居足反。」

〔三〕師古曰：「搉謂敲擊去其精也。搉音口角反。凡言彘者，皆豕之別名。」

文帝後五年六月，齊雍城門外有狗生角。〔一〕先是帝兄齊悼惠王亡後，帝分齊地，立其

庶子七人皆爲王。〔二〕兄弟並彊，有炕陽心，故犬禍見也。犬守御，角兵象，在前而上鄉者也。〔三〕犬不當生角，猶諸侯不當舉兵鄉京師也。天之戒人蚤矣，〔四〕諸侯不寤。後六年，吳、楚畔，濟南、膠西、膠東三國應之，舉兵至齊。齊王猶與城守，〔五〕三國圍之。會漢破吳、楚，因誅四王。故天狗下梁而吳、楚攻梁，狗生角於齊而三國圍齊。漢卒破吳、楚於梁，誅四王於齊。京房易傳曰：「執政失，下將害之，厥妖狗生角。君子苟免，小人陷之，厥妖狗生角。」

〔一〕師古曰：「雍城門者，齊門名也。春秋左氏傳平陰之役，趙武及秦周伐雍門之（荻）〔萩〕是也。」

〔二〕師古曰：「謂齊孝王將閭、濟北王志、菑川王賢、膠東王雄渠、膠西王卬、濟南王辟光，幷城陽恭王喜，是謂七王。」

〔三〕師古曰：「鄉讀曰嚮。次下亦同。」

〔四〕師古曰：「蚤，古早字。」

〔五〕師古曰：「與讀曰豫。」

景帝三年二月，邯鄲狗與彘交。悖亂之氣，近犬豕之禍也。〔一〕是時趙王遂悖亂，與吳、楚謀爲逆，遣使匈奴求助兵，卒伏其辜。犬，兵革失衆之占；〔二〕豕，北方匈奴之象。逆言失聽，交於異類，以生害也。京房易傳曰：「夫婦不嚴，厥妖狗與豕交。茲謂反德，國有兵革。」

〔一〕師古曰：「悖，惑也，音布內反。此下亦同。」

〔二〕如淳曰：「犬吠守，似兵革外附它類，失衆也。」

成帝河平元年，長安男子石良、劉音相與同居，〔一〕有如人狀在其室中，擊之，爲狗，走出。去後有數人被甲持兵弩至良家，良等格擊，或死或傷，皆狗也。自二月至六月乃止。

〔一〕師古曰：「二人共止一室。」

鴻嘉中，狗與彘交。

左氏昭公二十四年十月癸酉，王子鼂以成周之寶圭湛于河，〔一〕幾以獲神助。〔二〕甲戌，津人得之河上，陰不佞取將賣之，則爲石。〔三〕是時王子鼂篡天子位，萬民不鄉，號令不從，〔四〕故有玉變，近白祥也。癸酉入而甲戌出，神不享之驗云。玉化爲石，貴將爲賤也。後二年，子鼂犇楚而死。

〔一〕師古曰：「以祭河也。爾雅曰『祭川曰浮沈。』湛讀曰沈。後皆類此。」

〔二〕師古曰：「幾讀曰冀。」

〔三〕師古曰：「陰不佞，周大夫也。」

〔四〕師古曰：「鄉讀曰嚮。」

史記秦始皇帝三十六年，鄭客從關東來，至華陰，望見素車白馬從華山上下，知其非

人，道住止而待之。遂至，〔一〕持璧與客曰：「爲我遺鎬池君。」〔二〕因言「今年祖龍死」。〔三〕忽不見。鄭客奉璧，即始皇二十八年過江所湛璧也。與周子鼂同應。是歲，石隕于東郡，民或刻其石曰：「始皇死而地分。」此皆白祥，炕陽暴虐，號令不從，孤陽獨治，羣陰不附之所致也。一曰，石，陰類也，陰持高節，臣將危君，趙高、李斯之象也。始皇不畏戒自省，反夷滅其旁民，而燔燒其石。是歲始皇死，後三年而秦滅。

〔一〕師古曰：「於道上住而待此車馬。」

〔二〕張晏曰：「武王居鎬，鎬池君則武王也。武王伐商，故神云始皇荒淫若紂矣，今亦可伐也。」孟康曰：「長安西南有鎬池。」師古曰：「鎬池在昆明池北。此直江神告鎬池之神，云始皇將死耳，無豫於武王也。張說失矣。」

〔三〕蘇林曰：「祖，始也。龍，人君象。謂始皇也。」

孝昭元鳳三年正月，泰山萊蕪山南匈匈有數千人聲。民視之，有大石自立，高丈五尺，大四十八圍，入地深八尺，三石爲足。石立處，有白烏數千集其旁。眭孟以爲石陰類，下民象，泰山岱宗之嶽，王者易姓告代之處，當有庶人爲天子者。孟坐伏誅。京房易傳曰：「『復，崩來無咎。』〔一〕自上下者爲崩，厥應泰山之石顚而下，〔二〕聖人受命人君虜。」又曰：「石立如人，庶士爲天下雄。立於山，同姓；平地，異姓。立於水，聖人；於澤，小人。」

〔一〕師古曰：「復卦之辭也。今易崩字作朋也。」

〔二〕師古曰：「隕，墜也。」

天漢元年三月，天雨白毛；三年八月，天雨白氂。〔一〕京房易傳曰：「前樂後憂，厥妖天雨羽。」又曰：「邪人進，賢人逃，天雨毛。」

〔一〕師古曰：「凡言氂者，毛之強曲者也，音力之反。」

史記周威烈王二十三年，九鼎震。〔一〕金震，木動之也。是時周室衰微，刑重而虐，號令不從，以亂金氣。鼎者，宗廟之寶器也。宗廟將廢，寶鼎將遷，故震動也。是歲晉三卿韓、魏、趙篡晉君而分其地，威烈王命以爲諸侯。天子不恤同姓，而爵其賊臣，天下不附矣。後三世，周致德祚於秦。〔二〕其後秦遂滅周，而取九鼎。九鼎之震，木沴金，失衆甚。

〔一〕孟康曰：「威烈，一王之謚也，六國時也。」師古曰：「卽赧王之高祖也。」

〔二〕晉灼曰：「赧王奔秦，獻其邑，此謂致德祚也。」

成帝元延元年正月，長安章城門門牡自亡，〔一〕函谷關次門牡亦自亡。〔二〕京房易傳曰：「飢而不損茲謂泰，厥災水，厥咎牡亡。」妖辭曰：「關動牡飛，辟爲亡道臣爲非，厥咎亂臣謀篡。」〔三〕故谷永對曰：「章城門通路寢之路，函谷關距山東之險，城門關守國之固，固將去焉，故牡飛也。」

〔一〕晉灼曰：「西出南頭第一門也。牡是出籥者。」師古曰：「牡所以下閉者也，亦以鐵爲之，非出籥也。」

〔二〕韋昭曰：「函谷關邊小門也。」師古曰：「非行人出入所由，蓋關司曹府所在之門也。」

〔三〕李奇曰：「易妖變傳辭。」

校勘記

一三五三頁九行　唯金沴(水)〔木〕。景祐、殿本都作「木」。朱一新說作「木」是。

一三五六頁五行　左氏(使)〔傳〕桓公十三年，景祐、殿、局本都作「傳」，此誤。

一三五七頁一〇行　成肅公受(賑)〔脤〕于社，景祐、殿本都作「脤」，此誤，局本亦誤。

一三六四頁一三行　勸殺(威)〔桓〕公，景祐、殿本都作「桓」。

一三六五頁九行　徵，(澄)〔證〕也。景祐、殿、局本都作「證」。朱一新說作「證」是。

一三六六頁三行　猶(抉)〔決〕，去不反意也。景祐、殿本都作「決」。王先謙說作「決」是。

一三六六頁一三行　鄭公子士〔洩〕殿本有「洩」字。朱一新說有「洩」字是。按景祐本無，楊樹達以爲不當有。

一三六七頁九行　高九(尺)〔寸〕，景祐、殿本都作「寸」。朱一新說作「寸」是。

一三六九頁五行　史(嚻)〔嚚〕殿本作「嚚」。王先謙說作「嚚」是。

一三六九頁一四行　(反)〔及〕後爲悼王。景祐、殿本都作「及」。朱一新說「反」「及」均誤，當作「也」。

一三七三頁一四行　(無)〔亡〕儀，無禮儀也。景祐、殿本都作「亡」。王先謙說作「亡」是。

一三七五頁二行　(二)〔一一〕而祭之。致謂(外)〔升〕其主於廟。朱一新說汪本「二」作「一一」，「外」作「升」，是。按景祐、殿本同汪本。

一三七七頁三行　(二)〔三〕卿而五大夫，景祐本作「三」。朱一新說作「三」是。

一三八一頁六行　(天)〔夭〕虖？王念孫說當從景祐本作「夭」，下文「其幾何」正承「夭」字言之。

一三八五頁六行　(昊)〔旻〕天不弔，景祐、殿本都作「旻」，注同。按左傳作「旻」。

一三八六頁七行　失所(謂)〔爲〕愆。景祐、殿本都作「爲」。

一三八六頁八行　齊(威)〔桓〕既死，景祐、殿本都作「桓」。

一三八九頁八行　定公(十)〔七〕年　蘇輿說據春秋經，定十年無大雩事。其書「九月大雩」，在定七年。「十」疑「七」之誤。

一三九三頁九行　丙〔子〕之晨，景祐本有「子」字。王念孫說景祐本是。

一三九三頁一四行　袀音(勻)〔均〕，景祐、殿本都作「均」。

一三九四頁一行　(犇)〔賁〕音奔。殿本作「賁」。王先謙說作「賁」是。

一三九五頁三行　過(河陽)〔陽阿〕主作樂，何焯、王念孫都說當作「陽阿」。

一三九七頁一〇行　擢其(服)〔眼〕以爲人彘。錢大昭說「服」當作「眼」。按景祐、殿本都作「眼」。

一三九八頁七行　伐雍門之(荻)〔萩〕是也。朱一新說汪本作「萩」是。按左傳襄十八年文作「萩」。

漢書卷二十七中之下

五行志第七中之下

傳曰：「視之不明，是謂不悊，厥咎舒，厥罰恆奧，〔一〕厥極疾。〔二〕時則有草妖，時則有蠃蟲之孽，〔三〕時則有羊旤，時則有目痾，時則有赤眚赤祥。惟水沴火。」

〔一〕師古曰：「奧讀曰燠。燠，暖也，音於六反。其下並同。」

〔二〕韋昭曰：「以疾爲罰。」

〔三〕師古曰：「螽、螟之類無鱗甲毛羽，故謂之蠃蟲也。音郎果反。」

「視之不明，是謂不悊」，悊，知也。詩云：「爾德不明，以亡陪亡卿；不明爾德，以亡背亡仄。」〔一〕言上不明，暗昧蔽惑，則不能知善惡，親近習，長同類，〔二〕亡功者受賞，有罪者不殺，百官廢亂，失在舒緩，故其咎舒也。盛夏日長，暑以養物，政弛緩，故其罰常奧也。奧則冬溫，春夏不和，傷病民人，故極疾也。誅不行則霜不殺草，繇臣下則殺不以時，〔三〕故有草妖。凡妖，貌則以服，言則以詩，聽則以聲。視則以色者，五色物之大分也，在於眚祥，故聖

人以爲草妖，失秉之明者也。〔四〕溫奧生蟲，故有蠃蟲之孽，謂螟螣之類〔五〕當死不死，未當生而生，或多於故而爲災也。劉歆以爲屬思心不容。於易，剛而包柔爲離，〔六〕離爲火爲目。羊上角下（號）〔蹏〕，剛而包柔，羊大目而不精明，視氣毀故有羊旤。一曰，暑歲羊多疫死，及爲怪，亦是也。及人，則多病目者，故有目痾。火色赤，故有赤眚赤祥。凡視傷者病火氣，火氣傷則水沴之。其極疾者，順之，其福曰壽。〔七〕劉歆視傳曰有羽蟲之孽，雞旤。說以爲於天文南方喙爲鳥星，故爲羽蟲；旤亦從羽，故爲雞；雞於易自在巽。說非是。庶徵之恆奧，劉向以爲春秋亡冰也。小奧不書，無冰然後書，舉其大者也。京房易傳曰：「祿不遂行茲謂欺，厥咎奧，雨雪四至而溫。臣安祿樂逸茲謂亂，奧而生蟲。知罪不誅茲謂舒，其奧，夏則暑殺人，冬則物華實。重過不誅，茲謂亡徵，其咎當寒而奧六日也。」

〔一〕師古曰：「大雅蕩之詩也。言不別善惡，有逆背傾仄者，有堪爲卿大夫者，皆不知之也。仄，古側字。」

〔二〕師古曰：「習，狎也。近狎者則親愛之，同類者則長益也。」

〔三〕師古曰：「繇讀與由同，言誅罰由於臣下。」

〔四〕師古曰：「謂失所執之權也。音彼命反。」

〔五〕師古曰：「螟食苗心，螣食苗葉之蟲也。螟音冥。螣音徒得反。」

〔六〕師古曰：「兩陽居外，一陰在內，故云剛包柔。」

〔七〕李奇曰：「於六極之中爲疾者，逆火氣，致疾病也。能順火氣，則旤更爲福。」

桓公十五年「春，亡冰」。劉向以爲周春，今冬也。先是連兵鄰國，三戰而再敗也，〔一〕內失百姓，外失諸侯，不敢行誅罰，鄭伯突篡兄而立，公與相親，〔二〕長養同類，不明善惡之罰也。〔三〕董仲舒以爲象夫人不正，陰失節也。〔四〕

〔一〕師古曰：「三戰者，謂十年齊侯、衛侯、鄭伯來戰于郎，十二年與鄭師伐宋戰于宋，十三年會紀侯、鄭伯及齊侯、宋公、衛侯、燕人戰也。再敗者，謂郎之戰，穀梁傳曰『以吾敗也』，又宋之戰，穀梁亦曰『諱敗，舉其可道者也』。據左氏傳、公羊、穀梁，亦曰無冰，並在十四年，今此云十五年，未詳其意。」

〔二〕師古曰：「突，鄭莊公子，卽厲公也。兄謂太子忽，卽昭公也。莊公既卒，突因宋莊公之寵而得立，遂使昭公奔衞，故云篡兄也。公與相親者，謂十五年突爲祭仲所逐奔蔡，遂居櫟，而昭公入，公再與諸侯伐鄭，謀納厲公。」

〔三〕師古曰：「言桓篡立，與突志同，故曰長養同類。」

〔四〕師古曰：「夫人姜氏通于齊侯，故云不正。」

成公元年「二月，無冰」。董仲舒以爲方有宣公之喪，君臣無悲哀之心，而炕陽，作丘甲。〔一〕劉向以爲時公幼弱，政舒緩也。

〔一〕師古曰：「時宣公薨始踰年，故云有喪也。丘甲，解在刑法志。」

襄公二十八年「春，無冰」。劉向以爲先是公作三軍，有侵陵用武之意，〔一〕於是鄰國不和，伐其三鄙，〔二〕被兵十有餘年，因之以饑饉，百姓怨望，臣下心離，公懼而弛緩，不敢行誅罰，〔三〕楚有夷狄行，公有從楚心，不明善惡之應。〔四〕董仲舒指略同。一曰，水旱之災，

寒暑之變，天下皆同，故曰「無冰」，天下異也。桓公殺兄弒君，外成宋亂，與鄭易邑，背畔周室。〔五〕成公時，楚橫行中國，〔六〕王札子殺召伯、毛伯，〔七〕晉敗天子之師于貿戎，〔八〕天子皆不能討。襄公時，天下諸侯之大夫皆執國權，〔九〕君不能制。漸將日甚，善惡不明，誅罰不行。周失之舒，秦失之急，故周衰亡寒歲，秦滅亡奧年。

〔一〕師古曰：「作三軍者，季氏欲專其權，非公本意，此說非也。侵陵用武者，謂入鄆取邿也。邿音詩。」

〔二〕師古曰：「謂十二年三月，十四年夏，莒人伐我東鄙。十五年夏，齊侯伐我北鄙。秋，邾人伐我南鄙。十六年三月，齊侯伐我北鄙。」

〔三〕師古曰：「弛，放也，音式爾反。」

〔四〕師古曰：「有從楚心，謂二十八年公朝于楚。」

〔五〕師古曰：「隱攝公位，又桓之兄，故云殺兄弒君也。成宋亂者，謂宋華父督弒其君殤公及其大夫孔父，以郜大鼎賂公，公會齊侯、鄭伯于稷而平其亂也。與鄭易邑，謂以太山之田易許田也。許田者，魯朝宿之邑也，而以與鄭，明魯之不朝於王，故云背畔周室。」

〔六〕師古曰：「謂成二年楚師侵衞，遂侵我，師于蜀。六年七月，楚公子嬰齊帥師伐鄭。九年，嬰齊帥師伐莒。十五年，楚子伐鄭。十六年，楚子與晉侯、鄭伯戰于鄢陵。十八年，楚子伐宋。」

〔七〕師古曰：「王札子，卽王子捷也。召伯、毛伯，皆周大夫也。今春秋經王札子殺召伯、毛伯事在宣十五年，而此言成公時，未達其說。召讀曰邵。」

〔八〕師古曰：「貿戎，戎別種也。公羊傳成元年：『王師敗績于貿戎。孰敗之？蓋晉敗之。』貿音莫候反。」
〔九〕師古曰：「謂襄十六年會于溴梁，諸侯之大夫盟皆類此。」

武帝元狩六年冬，亡冰。先是，比年遣大將軍衞青、霍去病攻祁連，絕大幕，〔一〕窮追單于，斬首十餘萬級，還，大行慶賞。乃閔海內勤勞，是歲遣博士褚大等六人持節巡行天下，〔二〕存賜鰥寡，假與乏困，舉遺逸獨行君子詣行在所。郡國有以爲便宜者，上丞相、御史以聞。天下咸喜。

〔一〕師古曰：「比，頻也。祁連，山名也。幕，沙磧也。直度曰絕，祁音上夷反。」
〔二〕師古曰：「行音下更反。」

昭帝始元二年冬，亡冰。是時上年九歲，大將軍霍光秉政，始行寬緩，欲以說下。

僖公三十三年「十二月，隕霜不殺草」。劉歆以爲草妖也。劉向以爲今十月，周十二月。於易，五爲天位，（爲）君位，九月陰氣至，五通於天位，其卦爲剝，〔一〕剝落萬物，始大殺矣，明陰從陽命，臣受君令而後殺也。今十月隕霜而不能殺草，此君誅不行，舒緩之應也。是時公子遂顓權，〔二〕三桓始世官，〔三〕天戒若曰，自此之後，將皆爲亂矣。文公不寤，其後遂殺子赤，三家逐昭公。〔四〕董仲舒指略同。京房易傳曰：「臣有緩茲謂不順，厥異霜不殺也。」

〔一〕師古曰：「坤下艮上。」

〔二〕師古曰：「公子遂，莊公之子，即東門襄仲也，時爲卿，專執國政也。」
〔三〕師古曰：「謂父子相繼爲卿也。」
〔四〕師古曰：「並已解於上。」

書序曰：「伊（涉）〔陟〕相太戊，亳有祥，桑穀共生。」〔一〕傳曰：「俱生乎朝，七日而大拱。〔二〕伊陟戒以修德，而木枯。」劉向以爲殷道既衰，高宗承敝而起，盡涼陰之哀，天下應之，〔三〕既獲顯榮，怠於政事，國將危亡，故桑穀之異見。桑猶喪也，穀猶生也，殺生之秉失而在下，〔四〕近草妖也。一曰，野木生朝而暴長，小人將暴在大臣之位，危亡國家，象朝將爲虛之應也。〔五〕

〔一〕師古曰：「商書咸乂之序也。其書亡。伊陟，伊尹子也。大戊，太甲孫也。亳，殷所都也。桑、穀二木，合而共生。穀音縠。」
〔二〕師古曰：「兩手合爲拱，音久勇反。」
〔三〕師古曰：「涼，信也。陰，默也。言居哀信默，三年不言也。涼讀曰諒。一說，涼陰謂居喪之廬也。謂三年處於廬中不言。涼音力羊反。據今尚書及諸傳記，太戊卒，子仲丁立，卒，弟何亶甲立，卒，子祖乙立，卒，子盤庚立，卒，小乙之子武丁立，是爲高宗。桑穀自太戊時生，涼陰乃高宗之事。而此云桑穀即高宗時出，其說與尚書大傳不同，未詳其義也。或者伏生差謬。」
〔四〕師古曰：「秉音彼命反。」
〔五〕師古曰：「盧讀曰壚。」

書序又曰：「高宗祭成湯，有蜚雉登鼎耳而雊。」〔一〕祖己曰：「惟先假王，正厥事。」〔二〕劉向以爲雉雊鳴者雄也，以赤色爲主。於易，離爲雉，雉，南方，近赤祥也。劉歆以爲羽蟲之孽。易有鼎卦，〔三〕鼎，宗廟之器，主器奉宗廟者長子也。野鳥自外來，入爲宗廟器主，是繼嗣將易也。一曰，鼎三足，三公象，而以耳行。〔四〕野鳥居鼎耳，小人將居公位，敗宗廟之祀。野木生朝，野鳥入廟，敗亡之異也。武丁恐駭，謀於忠賢，修德而正事，內舉傅說，授以國政，〔五〕外伐鬼方，以安諸夏，〔六〕故能攘木鳥之妖，致百年之壽，〔七〕所謂「六沴作見，若是共御，五福乃降，用章于下」者也。〔八〕一曰，金沴木曰木不曲直。

〔一〕師古曰：「商書高宗肜日之序也。蜚，古飛字。雊音工豆反。」
〔二〕師古曰：「祖己，殷賢臣。假，大也。言先代大道之王，能正其事，而災異銷也。」
〔三〕師古曰：「巽下離上也。」
〔四〕師古曰：「鼎非舉耳不得行，故云以耳行。」
〔五〕師古曰：「武丁夢得賢相，乃以所夢之像使求之，得於傅巖，立以爲相，作說命三篇。說讀曰悅。」
〔六〕師古曰：「鬼方，絕遠之地，一曰國名。夏，大也。中國大於戎狄，故曰諸夏。」
〔七〕師古曰：「攘，卻也，音人羊反。」
〔八〕師古曰：「共讀曰恭。御讀曰禦。言恭己以禦災也。一說，御，治也，恭治其事也。」

僖公三十三年「十二月，李梅實」。劉向以爲周十二月，今十月也，李梅當剝落，今反華實，近草妖也。先華而後實，不書華，舉重者也。陰成陽事，象臣顓君作威福。一曰，冬當殺，反生，象驕臣當誅，不行其罰也。故冬（華）華者，象臣邪謀有端而不成，至於實，則成矣。是時僖公死，公子遂顓權，文公不寤，後有子赤之變。一曰，君舒緩甚，奧氣不臧，則華實復生。董仲舒以爲李梅實，臣下彊也。記曰：「不當華而華，易大夫；不當實而實，易相室。」〔一〕冬，水王，木相，故象大臣。劉歆以爲庶徵皆以蟲爲孽，思心蠃蟲孽也。李梅實，屬草妖。

〔一〕應劭曰：「冬，水王，木相，故象大臣。冬實者，變置丞相與宮室也。但華，則變大夫也。」師古曰：「相室猶言相國，謂宰相也。合韻故言相室。相室者，相王室。」

惠帝五年十月，桃李華，棗實。昭帝時，上林苑中大柳樹斷仆地，一朝起立，生枝葉，有蟲食其葉，成文字，曰「公孫病已立」。又昌邑王國社有枯樹復生枝葉。眭孟以爲木陰類，下民象，當有故廢之家公孫氏從民間受命爲天子者。昭帝富於春秋，霍光秉政，以孟妖言，誅之。後昭帝崩，無子，徵昌邑王賀嗣位，狂亂失道，光廢之，更立昭帝兄衞太子之孫，是爲宣帝。帝本名病已。京房易傳曰：「枯楊生稊，〔一〕枯木復生，人君亡子。」

〔一〕師古曰：「大過九二爻辭也。稊，楊秀之始生者，音徒奚反。」

元帝初元四年，皇后曾祖父濟南東平陵王伯墓門梓柱卒生枝葉，上出屋。〔一〕劉向以爲

王氏貴盛將代漢家之象也。後王莽篡位，自說之曰：「初元四年，莽生之歲也，當漢九世火德之厄，而有此祥興於高祖考之門。門爲開通，梓猶子也，言王氏當有賢子開通祖統，起於柱石大臣之位，受命而王之符也。」

〔一〕孟康曰：「王伯，莽之祖也。」師古曰：「莽高祖父也。故下云高祖考。卒讀曰猝。猝，暴也。」

建昭五年，兗州刺史浩賞禁民私所自立社。〔一〕山陽橐茅鄉社有大槐樹，〔二〕吏伐斷之，其夜樹復立其故處。成帝永始元年二月，河南街郵樗樹生支如人頭，〔三〕眉目須皆具，亡髮耳。哀帝建平三年十月，汝南西平遂陽鄉柱仆地，生支如人形，〔四〕身青黃色，面白，頭有顏髮，稍長大，凡長六寸一分。京房易傳曰：「王德衰，下人將起，則有木生爲人狀。」

〔一〕張晏曰：「民間三月九月又社，號曰私社。」臣瓚曰：「舊制二十五家爲一社，而民或十家五家共爲田社，是私社。」師古曰：「瓚說是。」

〔二〕師古曰：「橐，縣名也，屬山陽郡。茅鄉，橐縣之鄉也。橐音拓。」

〔三〕師古曰：「郵謂行書之舍。樗樹似樗。樗音丑余反。樗音丑倫反。」

〔四〕師古曰：「仆，頓也，音赴。」

哀帝建平三年，零陵有樹僵地，〔一〕圍丈六尺，長十丈七尺。民斷其本，長九尺餘，皆枯。三月，樹卒自立故處。〔二〕京房易傳曰：「棄正作淫，厥妖木斷自屬。〔三〕妃后有顓，木仆反立，斷枯復生。〔四〕天辟惡之。」〔五〕

〔一〕師古曰：「僵，偃也，音疆。」

〔二〕師古曰：「卒讀曰猝。」

〔三〕師古曰：「屬，連續也。音之欲反。」

〔四〕師古曰：「顓謂專寵。」

〔五〕如淳曰：「天辟，謂天子也。」師古曰：「辟音璧。」

元帝永光二年八月，天雨草，而葉相摎結，大如彈丸。〔一〕平帝元始三年正月，天雨草，狀如永光時。京房易傳曰：「君吝於祿，信衰賢去，厥妖天雨草。」

〔一〕師古曰：「摎，繞也。摎音居虯反。」

昭公二十五年「夏，有鸜鵒來巢」。劉歆以爲羽蟲之孽，其色黑，又黑祥也，視不明聽不聰之罰也。劉向以爲有蜚有蜮不言來者，氣所生，所謂眚也；〔一〕鸜鵒言來者，氣所致，所謂祥也。鸜鵒，夷狄穴藏之禽，來至中國，不穴而巢，陰居陽位，〔二〕象季氏將逐昭公，去宮室而居外野也。鸜鵒白羽，旱之祥也；穴居而好水，黑色，爲主急之應也。天戒若曰，既失衆，不可急暴；急暴，陰將持節陽以逐爾，去宮室而居外野矣。昭不寤，而舉兵圍季氏，爲季氏所敗，出犇于齊，遂死于外野。董仲舒指略同。

〔一〕師古曰：「此蜚，謂負蠜也，其爲蟲臭。蜮，短弧，卽今所謂水弩也。隱元年有蜚，莊十八年有蜮。蜚音扶味反。蠜音煩。蜮音域。蜚亦作蟹，其音同耳。」

〔二〕師古曰：「今之鸜鵒，中國皆有，依周官而言，但不踰濟水耳。左氏以爲魯所常無，故異而書之。而此云夷狄禽，未喻其意。又此鳥本亦巢居，不皆穴處也。書巢者，著其居止字乳，不卽去也。」

景帝三年十一月，有白頸烏與黑烏羣鬭楚國呂縣，白頸不勝，墮泗水中，死者數千。劉向以爲近白黑祥也。時楚王戊暴逆無道，〔一〕刑辱申公，與吳王謀反。烏羣鬭者，師戰之象也。白頸者小，明小者敗也。墮於水者，將死水地。王戊不寤，遂舉兵應吳，與漢大戰，兵敗而走，至於丹徒，爲越人所斬，墮死於水之效也。京房易傳曰：「逆親親，厥妖白黑烏鬭於國。」

〔一〕師古曰：「戊，楚元王之孫也。」

昭帝元鳳元年，有烏與鵲鬭燕王宮中池上，烏墮池死，近黑祥也。時燕王旦謀爲亂，遂不改寤，伏辜而死。楚、燕皆骨肉藩臣，以驕怨而謀逆，俱有烏鵲鬭死之祥，行同而占合，此天人之明表也。燕一烏鵲鬭於宮中而黑者死，楚以萬數鬭於野外而白者死，象燕陰謀未發，獨王自殺於宮，故一烏水色者死，楚炕陽舉兵，軍師大敗於野，故衆烏金色者死，天道精微之效也。京房易傳曰：「專征劫殺，厥妖烏鵲鬭。」

昭帝時有鵜鶘或曰禿鶖，〔一〕集昌邑王殿下，王使人射殺之。劉向以爲水鳥色青，青祥也。時王馳騁無度，慢侮大臣，不敬至尊，有服妖之象，〔二〕故青祥見也。野鳥入處，宮室將空。王不寤，卒以亡。京房易傳曰：「辟退有德，厥咎狂，厥妖水鳥集于國中。」〔三〕

〔一〕師古曰：「鵜鶘卽汙澤也，一名淘河，腹下胡大如數升囊，好羣入澤中，抒水食魚，因名禿鶖，亦水鳥也。鵜音大奚反。鶘音胡。鶖音秋。」

〔二〕師古曰：「謂多治仄注冠，又以冠奴也。」

〔三〕師古曰：「辟，君也。」

成帝河平元年二月庚子，泰山山桑谷有䳛焚其巢。〔一〕男子孫通等聞山中羣鳥䳛鵲聲，往視，見巢爇，盡墮地中，〔二〕有三䳛鷇燒死。〔三〕樹大四圍，巢去地五丈五尺。太守平以聞。䳛色黑，近黑祥，貪虐之類也。易曰：「鳥焚其巢，旅人先笑後號咷。」〔四〕泰山，岱宗，五嶽之長，王者易姓告代之處也。天戒若曰，勿近貪虐之人，聽其賊謀，將生焚巢自害其子絕世易姓之禍。其後趙蜚燕得幸，立爲皇后，弟爲昭儀，姊妹專寵，聞後宮許美人、曹偉能生皇子也，〔五〕昭儀大怒，令上奪取而殺之，皆并殺其母。成帝崩，昭儀自殺，事乃發覺，趙后坐誅。此焚巢殺子後號咷之應也。一曰，王莽貪虐而任社稷之重，卒成易姓之禍云。京房易傳曰：

「人君暴虐，鳥焚其舍。」

〔一〕師古曰：「戴，鵲也，音緣。」
〔二〕師古曰：「㸐，古然字。」
〔三〕師古曰：「鳥子新生而哺者曰鷇，音口豆反，又音工豆反。」
〔四〕師古曰：「旅卦上九爻辭也。咷音逃。」
〔五〕師古曰：「曹偉能，宮人姓名也。偉能一名宮，見外戚傳。」

鴻嘉二年三月，博士行大射禮，有飛雉集于庭，歷階登堂而雊。後雉又集太常、宗正、丞相、御史大夫、大司馬車騎將軍之府，又集未央宮承明殿屋上。時大司馬車騎將軍王音、待詔寵等上言：「天地之氣，以類相應，〔一〕譴告人君，甚微而著。雉者聽察，先聞雷聲，故月令以紀氣。〔二〕經載高宗雊雉之異，〔三〕以明轉禍爲福之驗。今雉以博士行禮之日大衆聚會，飛集於庭，歷階登堂，萬衆睢睢，〔四〕驚怪連日。徑歷三公之府，太常宗正典宗廟骨肉之官，然後入宮。其宿留告曉人，具備深切，〔五〕雖人道相戒，何以過是！」後帝使中常侍鼂閎詔音曰：「聞捕得雉，毛羽頗摧折，類拘執者，得無人爲之？」〔六〕音復對曰：「陛下安得亡國之語？不知誰主爲佞讇之計，〔七〕誣亂聖德如此者！左右阿諛甚衆，不待臣音復讇而足。〔八〕公卿以下，保位自守，莫有正言。如令陛下覺寤，懼大禍且至身，深責臣下，繩以聖

法，臣音當先受誅，豈有以自解哉！今即位十五年，繼嗣不立，日日駕車而出，泆行流聞，〔九〕海內傳之，甚於京師。外有微行之害，內有疾病之憂，皇天數見災異，〔一〇〕欲人變更，終已不改。天尚不能感動陛下，臣子何望？獨有極言待死，命在朝暮而已。如有不然，老母安得處所，尚何皇太后之有！高祖天下當以誰屬乎！〔一一〕宜謀於賢知，克己復禮，以求天意，繼嗣可立，災變尚可銷也。」

〔一〕師古曰：「以經術待詔，其人名寵，不記姓也。流俗書本寵上輒加孫字，非也。」
〔二〕師古曰：「謂季冬之月云『雉雊雞乳』也。」
〔三〕師古曰：「已解於上。」
〔四〕師古曰：「睢睢，仰目視貌也。音呼惟反。」
〔五〕師古曰：「宿音先就反。留音力救反。」
〔六〕師古曰：「言人放此雉，故欲爲變異者。」
〔七〕師古曰：「讇，古諂(也)〔字〕。」
〔八〕師古曰：「足，益也，音子喻反。」
〔九〕師古曰：「言帝行多驕泆，醜惡流布，聞於遠方也。」
〔一〇〕師古曰：「見，顯示。」
〔一一〕如淳曰：「老母，音之老母也，當隨己受罪誅也。又謂己言深切，觸悟人主，積恚而死，必行之誅，不能復顧太后也。」師古曰：「如說非也。此言總屬於成帝耳。不然者，謂不如所諫而自修改也。老母，帝之母，即太后也。言帝不自修改，國家危亡，太后不知處所，高祖天下無所付屬也。屬音之欲反。」

成帝綏和二年三月，天水平襄有燕生爵，哺食至大，俱飛去。〔一〕京房易傳曰：「賊臣在國，厥咎燕生爵，諸侯銷。」一曰，生非其類，子不嗣世。

〔一〕師古曰：「哺音蒲固反。食讀曰飤。謂與母俱去。」

史記魯定公時，季桓子穿井，得土缶，中得蟲若羊，〔一〕近羊禍也。羊者，地上之物，幽於土中，象定公不用孔子而聽季氏，暗昧不明之應也。一日，羊去野外而拘土缶者，象魯君失其所而拘於季氏，季氏亦將拘於家臣也。是歲季氏家臣陽虎囚季桓子。後三年，陽虎劫公伐孟氏，兵敗，竊寶玉大弓而出亡。〔二〕

〔一〕師古曰：「缶，盎也，即今之盆。」
〔二〕師古曰：「寶玉謂夏后氏之璜，大弓謂封父之繁弱，皆魯始封之分器，所受於周也。定八年，陽虎作亂不克，竊之而入讙陽關以叛。」

左氏傳魯襄公時，宋有生女子赤而毛，棄之隄下，宋平公母共姬之御者見而收之，〔一〕

因名曰棄。長而美好，納之平公，生子曰佐。後宋臣伊戾讒太子痤而殺之。〔二〕先是，大夫華元出奔晉，〔三〕華弱奔魯，〔四〕華臣奔陳，〔五〕華合比奔衞。〔六〕劉向以爲時則火災赤眚之明應也。京房易傳曰：「尊卑不別，厥妖女生赤毛。」

〔一〕師古曰：「平公，宋共公之子也，名成。共讀曰恭。」
〔二〕師古曰：「事在襄二十六年。痤音才戈反。」
〔三〕師古曰：「華元奔在成十五年。」
〔四〕師古曰：「事在襄六年。」
〔五〕師古曰：「事在襄十七年。」
〔六〕師古曰：「事在昭六年。據今春秋，合比奔在殺太子痤後，而志總言先是，未詳其意。」

惠帝二年，天雨血於宜陽，一頃所，劉向以爲赤眚也。時又冬雷，桃李華，常奧之罰也。是時政舒緩，諸呂用事，讒口妄行，殺三皇子，建立非嗣，〔一〕及不當立之王，〔二〕退王陵、趙堯、周昌。〔三〕呂太后崩，大臣共誅滅諸呂，僵尸流血。京房易傳曰：「歸獄不解，茲謂追非，厥咎天雨血；茲謂不親，民有怨心，不出三年，無其宗人。」又曰：「佞人祿，功臣僇，天雨血。」〔四〕

〔一〕師古曰：「三皇子，謂趙隱王如意、趙幽王友、趙恭王恢，皆高帝子也。建立非嗣，謂立後宮美人子爲嗣。」
〔二〕孟康曰：「呂氏三王也。」

〔三〕師古曰：「惠帝六年，王陵爲右丞相。惠帝崩，呂后欲廢陵，遷爲太傅，實奪之相權。高祖以趙堯爲御史大夫，高后元年怨堯前定趙王如意之策，乃抵堯罪。周昌爲趙相，趙王見鴆殺，昌謝病不朝見，三歲而薨。」

〔四〕師古曰：「僇，古戮字。」

哀帝建平四年四月，山陽湖陵雨血，廣三尺，長五尺，大者如錢，小者如麻子。後二年，帝崩，王莽擅朝，誅貴戚丁、傅，大臣董賢等皆放徙遠方，與諸呂同（衆）〔象〕。誅死者少，雨血亦少。

傳曰：「聽之不聰，是謂不謀，厥咎急，厥罰恆寒，厥極貧。時則有鼓妖，時則有魚孽，時則有豕禍，時則有耳痾，時則有黑眚黑祥。惟火沴水。」

「聽之不聰，是謂不謀」，言上偏聽不聰，下情隔塞，則不能謀慮利害，失在嚴急，故其咎急也。盛冬日短，寒以殺物，政促迫，故其罰常寒也。寒則不生百穀，上下俱貧，故其極貧也。君嚴猛而閉下，臣戰栗而塞耳，則妄聞之氣發於音聲，故有鼓妖。寒氣動，故有魚孽。雨以龜爲孽，〔一〕龜能陸處，非極陰也；魚去水而死，極陰之孽也。於易坎爲豕，豕大耳而不聰察，聽氣毀，故有豕禍也。一曰，寒歲豕多死，及爲怪，亦是也。及人，則多病耳者，故有耳

痾。水色黑，故有黑眚黑祥。凡聽傷者病水氣，水氣病則火沴之。其極貧者，順之，其福曰富。劉歆聽傳曰有介蟲孽也，庶徵之恆寒。劉向以爲春秋無其應，周之末世舒緩微弱，政在臣下，奧煖而已，故籍秦以爲驗。〔二〕秦始皇帝卽位尚幼，委政太后，太后淫於呂不韋及嫪毐，〔三〕封毐爲長信侯，以太原郡爲毐國，宮室苑囿自恣，政事斷焉。故天冬雷，以見陽不禁閉，以涉危害，舒奧迫近之變也。始皇既冠，毐懼誅作亂，始皇誅之，斬首數百級，大臣二十人，皆車裂以徇，夷滅其宗，遷四千餘家於房陵。是歲四月，寒，民有凍死者。數年之間，緩急如此，寒奧輒應，此其效也。劉歆以爲大雨雪，及未當雨雪而雨雪，及大雨雹，隕霜殺叔草，皆常寒之罰也。劉向以爲常雨屬貌不恭。京房易傳曰：「有德遭險，茲謂逆命，厥異寒。誅過深，當奧而寒，盡六日，亦爲雹。害正不誅，茲謂養賊，寒七十二日，殺蜚禽。〔四〕道人始去茲謂傷，〔五〕其寒物無霜而死，涌水出。戰不量敵，茲謂辱命，其寒雖雨物不茂。聞善不予，厥咎聾。」

〔一〕服虔曰：「多雨則龜多出。」

〔二〕師古曰：「籍，假借。」

〔三〕師古曰：「嫪或音居虯反。嫪，姓也。毐，名也。許慎說以爲『嫪毐，士之無行者』。嫪音郎到反。毐音烏改反。與今史記、漢書本文不同，且摎樂之姓，又非嫪也，故當依本字以讀。」

〔四〕師古曰：「蜚讀曰飛。」

〔五〕服虔曰：「有道之人去。」

桓公八年「十月，雨雪」。周十月，今八月也，未可以雪，劉向以爲時夫人有淫齊之行，而桓有妬（媚）〔娟〕之心，〔一〕夫人將殺，其象見也。〔二〕桓不覺寤，後與夫人俱如齊而殺死。凡雨，陰也，雪又雨之陰也，出非其時，迫近象也。董仲舒以爲象（大）〔夫〕人專恣，陰氣盛也。

〔一〕師古曰：「娟謂夫妬婦也。音莫報反。」

〔二〕師古曰：「謂欲殺桓公。」

釐公十年「冬，大雨雪」。劉向以爲先是釐公立妾爲夫人，陰居陽位，陰氣盛也。公羊經曰「大雨雹」。董仲舒以爲公脅於齊桓公，立妾爲夫人，不敢進羣妾，〔一〕故專壹之象見諸雹，皆爲有所漸脅也，〔二〕行專壹之政云。

〔一〕師古曰：「已解於上。」

〔二〕孟康曰：「謂陰氣漸脅。」

昭公四年「正月，大雨雪」。劉向以爲昭取於吳而爲同姓，謂之吳孟子。〔一〕君行於上，臣非於下。又三家已彊，皆賤公行，慢侮之心生。〔二〕董仲舒以爲季孫宿任政，陰氣盛也。〔三〕

〔一〕師古曰：「魯與吳俱姬也。周禮同姓不爲婚，故諱不稱吳姬，而云孟子也。取讀曰娶。」

〔二〕師古曰：「侮，古侮字。」

〔三〕師古曰：「季孫宿，季武子也。」

文帝四年六月，大雨雪。後三歲，淮南王長謀反，發覺，遷，道死。〔一〕京房易傳曰：「夏雨雪，戒臣爲亂。」

〔一〕師古曰：「遷於蜀，未至而死於雍，故曰道死。」

景帝中六年三月，雨雪。其六月，匈奴入上郡取苑馬，吏卒戰死者二千餘人。明年，條侯周亞夫下獄死。

武帝元狩元年十二月，大雨雪，民多凍死。是歲淮南、衡山王謀反，發覺，皆自殺。使者行郡國，治黨與，〔一〕坐死者數萬人。

〔一〕師古曰：「行音下更反。」

元鼎二年三月，雪，平地厚五尺。是歲御史大夫張湯有罪自殺，丞相嚴青翟坐與三長史謀陷湯，〔一〕青翟自殺，三長史皆棄市。

〔一〕師古曰：「謂朱買臣爲丞相長史，王朝及邊通皆守丞相長史也。」

元鼎三年三月水冰，四月雨雪，關東十餘郡人相食。是歲，民不占緡錢有告者，以半畀之。〔一〕

〔一〕師古曰：「言政急刻也。占音之贍反。」

元帝建昭二年十一月，齊楚地大雪，深五尺。是歲魏郡太守京房爲石顯所告，坐與妻父淮陽王舅張博、博弟光勸視淮陽王以不義，〔一〕博要斬，光、房棄市，御史大夫鄭弘坐免爲庶人。成帝卽位，顯伏辜，淮陽王上書寃博，辭語增加，〔二〕家屬徙者復得還。

〔一〕師古曰：「視讀曰示。」

〔二〕師古曰：「言博本爲石顯所寃，增加其語故陷罪。」

建昭四年三月，雨雪，燕多死。谷永對曰：「皇后桑蠶以治祭服，共事天地宗廟，〔一〕正以是日疾風自西北，大寒雨雪，壞敗其功，以章不鄉。〔二〕宜齊戒辟寢，以深自責，〔三〕請皇后就宮，鬲閉門戶，毋得擅上。〔四〕且令衆妾人人更進，以時博施。皇天說喜，〔五〕庶幾可以得賢明之嗣。卽不行臣言，災異俞甚，天變成形，臣雖欲復捐身關策，不及事已。」〔六〕其後許后坐祝詛廢。

〔一〕師古曰：「共讀曰恭。」

〔二〕師古曰：「言不當天心。鄉讀曰嚮。」

〔三〕師古曰：「齊讀曰齋。辟讀曰避。」

〔四〕師古曰：「鬲與隔同。擅上，謂輒至御所也。上音時掌反。一曰，擅，專也。上謂天子也，讀如本字。勿令皇后專固天子。」

〔五〕師古曰：「更音工衡反。說讀曰悅。」

〔六〕師古曰：「言雖欲棄捐其身，不懷顧慮，極陳計策，關說天子，亦無所及。」

陽朔四年四月，雨雪，燕雀死。後十六年，許皇后自殺。

定公元年「十月，隕霜殺菽」。〔一〕劉向以爲周十月，今八月也，消卦爲觀，〔二〕陰氣未至君位而殺，誅罰不由君出，在臣下之象也。是時季氏逐昭公，公死于外，定公得立，故天見災以視公也。〔三〕釐公二年「十月，隕霜不殺草」，爲嗣君微，失秉事之象也。〔四〕其後卒在臣下，則災爲之生矣。異故言草，災故言菽，重殺穀。〔五〕一曰菽，草之難殺者也，言殺菽，知草皆死也；言不殺草，知菽亦不死也。董仲舒以爲菽，草之彊者，天戒若曰，加誅於彊臣。言菽，以微見季氏之罰也。

〔一〕師古曰：「菽，大豆。」

〔二〕師古曰：「坤下巽上也。」

〔三〕師古曰：「視讀曰示。」

〔四〕師古曰：「謂襄仲專權，殺嫡立庶，公室遂弱。秉音彼命反。」

〔五〕師古曰：「以其事爲重，不比於殺草也。」

武帝元光四年四月，隕霜殺草木。先是二年，遣五將軍三十萬衆伏馬邑下，〔一〕欲襲單于，單于覺之而去。自是始征伐四夷，師出三十餘年，天下戶口減半。京房易傳曰：「興兵妄誅，茲謂亡法，厥災霜，夏殺五穀，冬殺麥。誅不原情，茲謂不仁，其霜，夏先大雷風，冬先雨，乃隕霜，有芒角。賢聖遭害，其霜附木不下地。佞人依刑，茲謂私賊，其霜在草根土隙間。不教而誅茲謂虐，其霜反在草下。」

〔一〕師古曰：「謂御史大夫韓安國爲護軍將軍，衞尉李廣爲驍騎將軍，太僕公孫賀爲輕車將軍，大行王恢爲將屯將軍，太中大夫李息爲材官將軍。」

元帝永光元年三月，隕霜殺桑；九月二日，隕霜殺稼，天下大飢。是時中書令石顯用事專權，與春秋定公時隕霜同應。成帝卽位，顯坐作威福誅。

釐公二十九年「秋，大雨雹」。劉向以爲盛陽雨水，溫煖而湯熱，陰氣脅之不相入，則轉而爲雹；盛陰雨雪，凝滯而冰寒，陽氣薄之不相入，則散而爲霰。〔一〕故沸湯之在閉器，而湛於寒泉，則爲冰，〔二〕及雪之銷，亦冰解而散，此其驗也。故雹者陰脅陽也，霰者陽脅陰也，春秋不書霰者，猶月食也。釐公末年信用公子遂，遂專權自恣，將至於殺君，故陰脅陽之象見。釐公不寤，遂終專權，後二年殺子赤，立宣公。〔三〕左氏傳曰：「聖人在上無雹，雖有不爲災。」說曰：凡物不爲災不書，書大，言爲災也。凡雹，皆冬之愆陽，夏之伏陰也。〔四〕

〔一〕師古曰：「霰，雨雪雜下，音先見反。」

〔二〕孟康曰：「投湯器中，以沈寒泉而成也。」師古曰：「湛讀曰沈。」

〔三〕師古曰：「公子遂，東門襄仲也。赤，文公太子，卽惡也。」

〔四〕師古曰：「愆，過也。過陽，多溫也。伏陰，夏寒也。」

昭公三年，「大雨雹」。是時季氏專權，脅君之象見。昭公不寤，後季氏卒逐昭公。

元封三年十二月，雷雨雹，大如馬頭。宣帝地節四年五月，山陽濟陰雨雹如雞子，深二尺五寸，殺二十人，蜚鳥皆死。〔一〕其十月，大司馬霍禹宗族謀反，誅，霍皇后廢。

〔一〕師古曰：「蜚讀曰飛。」

成帝河平二年四月，楚國雨雹，大如斧，蜚鳥死。

左傳曰釐公三十二年十二月己卯，晉文公卒，庚辰，將殯于曲沃，出絳，柩有聲如牛。劉向以爲近鼓妖也。喪，凶事；聲如牛，怒象也。將有急怒之謀，以生兵革之禍。是時，秦穆公遣兵襲鄭而不假道，還，晉大夫先軫謂襄公曰，秦師過不假塗，請擊之。〔一〕遂要崤阸，〔二〕以敗秦師，匹馬觭輪無反者，〔三〕操之急矣。〔四〕晉不惟舊，而聽虐謀，結怨彊國，四被秦寇，禍流數世，凶惡之效也。〔五〕

〔一〕師古曰：「先軫即原軫。」
〔二〕師古曰：「即今之二崤山也。」
〔三〕服虔曰：「觭音奇偶之奇。」師古曰：「觭，隻也。言盡虜獲之。觭音居宜反。」
〔四〕師古曰：「操，持也。謂執持所虜獲也。操音千高反。」
〔五〕師古曰：「舊者，謂晉襄之父文公本爲秦所納而得國，是舊恩也。虐謀，先軫之計也。四被秦寇，謂魯文二年秦孟明視帥師伐晉，三年秦伯伐晉濟河焚舟取王官及郊，十年秦伯伐晉取北徵，十二年秦伯伐晉取羈馬。禍流，謂自襄公至厲公，凡五君與秦構難也。」

哀帝建平二年四月乙亥朔，御史大夫朱博爲丞相，少府趙玄爲御史大夫，臨延登受策，有大聲如鍾鳴。〔一〕殿中郎吏陛者皆聞焉。〔二〕上以問黃門侍郎揚雄、李尋，尋對曰：「洪範所謂鼓妖者也。師法以爲人君不聰，爲衆所惑，空名得進，則有聲無形，不知所從生。其傳曰歲月日之中，則正卿受之。今以四月日加辰巳有異，是爲中焉。正卿謂執政大臣也。宜退丞相、御史，以應天變。然雖不退，不出期年，其人自蒙其咎。」〔三〕揚雄亦以爲鼓妖，聽失之象也。朱博爲人彊毅多權謀，宜將不宜相，恐有凶惡亟疾之怒。〔四〕八月，博、玄坐爲姦謀，博自殺，玄減死論。京房易傳曰：「令不修本，下不安，金毋故自動，若有音。」

〔一〕師古曰：「延入而登殿也。漢舊儀云丞相御史大夫初拜，皇帝延登親詔也。」
〔二〕師古曰：「陛者，謂執兵列於陛側。」

〔三〕師古曰：「期年，十二月也。蒙猶被也。期音基。」
〔四〕師古曰：「亟，急也，音居力反。」

史記秦二世元年，天無雲而雷。劉向以爲雷當託於雲，猶君託於臣，陰陽之合也。二世不恤天下，萬民有怨畔之心。是歲陳勝起，天下畔，趙高作亂，秦遂以亡。一曰，易震爲雷，爲貌不恭也。

史記秦始皇八年，河魚大上。劉向以爲近魚孽也。是歲，始皇弟長安君將兵擊趙，反，死屯留，軍吏皆斬，遷其民於臨洮。〔一〕明年有嫪(毒)〔毐〕之誅。魚陰類，民之象，逆流而上者，民將不從君令爲逆行也。其在天文，魚星中河而處，車騎滿野。至于二世，暴虐愈甚，終用急亡。京房易傳曰：「衆逆同志，厥妖河魚逆流上。」

〔一〕師古曰：「本使長安君擊趙，至屯留而謀反作亂，故賜長安君死，斬其軍吏，遷其黔首也。屯留，上黨縣也。臨洮，即今之洮州也。屯音純。洮音土高反。」

武帝元鼎五年秋，蛙與蝦蟆羣鬬。〔一〕是歲，四將軍衆十萬征南越，〔二〕開九郡。〔三〕

〔一〕師古曰：「蛙音胡媧反。蝦音遐。蟆音麻。」
〔二〕師古曰：「謂伏波將軍路博德出桂陽下湟水，樓船將軍楊僕出豫章下湞水，歸義越侯嚴爲戈船將軍出零陵下離水，田甲爲下瀨將軍下蒼梧。」
〔三〕師古曰：「謂得越地以爲南海、蒼梧、鬱林、合浦、交阯、九真、日南、珠崖、儋耳郡也。」

成帝鴻嘉四年秋，雨魚于信都，長五寸以下。成帝永始元年春，北海出大魚，長六丈，高一丈，四枚。哀帝建平三年，東萊平度出大魚，〔一〕長八丈，高丈一尺，七枚，皆死。京房易傳曰：「海數見巨魚，邪人進，賢人疏。」〔二〕

〔一〕師古曰：「平度，東萊之縣。」
〔二〕師古曰：「數音所角反。」

桓公五年「秋，螽」。〔一〕劉歆以爲貪虐取民則螽，介蟲之孽也，與魚同占。劉向以爲介蟲之孽屬言不從。是歲，公獲二國之聘，取鼎易邑，〔二〕興役起城。〔三〕諸螽略皆從董仲舒說云。

〔一〕師古曰：「螽即阜螽，即今之蝩蟲也。螽音終。蝩音之庸反。」
〔二〕師古曰：「二國，宋、鄭也。宋以郜鼎賂公，鄭以泰山之田易許田也。」
〔三〕師古曰：「謂五年夏城祝丘也。」

嚴公二十九年「有蜚」。劉歆以爲負蠜也，性不食穀，食穀爲災，介蟲之孽。〔一〕劉向以爲

蜚色青，近青眚也，非中國所有。南越盛暑，男女同川澤，淫風所生，爲蟲臭惡。〔二〕是時嚴公取齊淫女爲夫人，既入，淫於兩叔，故蜚至。天戒若曰，今誅絕之尚及，不將生臭惡，聞於四方。嚴不寤，其後夫人與兩叔作亂，二嗣以殺，〔三〕卒皆被辜。〔四〕董仲舒指略同。

〔一〕師古曰：「蜚音伏味反。蠜音煩。」
〔二〕師古曰：「蜚者，中國所有，非南越之蟲，未詳向所說。」
〔三〕師古曰：「二嗣，謂子般及閔公也。」
〔四〕師古曰：「謂二叔、哀姜皆不得其死也。已解於上。」

釐公十五年「八月，螽」。劉向以爲先是釐有鹹之會，後城緣陵，〔一〕是歲復以兵車爲牡丘會，使公孫敖帥師，及諸侯大夫救徐，〔二〕兵比三年在外。〔三〕

〔一〕師古曰：「僖十(二)〔三〕年，公會齊侯、宋公、陳侯、衞侯、鄭伯、許男、曹伯于鹹。鹹，衞地。十四年而與諸侯城緣陵。緣陵，杞邑也。」
〔二〕師古曰：「十五年公會齊侯、宋公、陳侯、衞侯、鄭伯、許男、曹伯盟于牡丘，遂次于匡。公孫敖帥師，及諸侯之大夫救徐。公孫敖，孟穆伯也。諸侯之大夫，即所與會諸侯也。時楚伐徐，故救之。」
〔三〕師古曰：「比，頻也。」

文公三年「秋，雨螽于宋」。劉向以爲先是宋殺大夫而無罪，〔一〕有暴虐賦斂之應。〔二〕穀梁傳曰上下皆合，言甚。〔三〕董仲舒以爲宋三世內取，〔四〕大夫專恣，殺生不中，〔五〕故螽先死

而至。劉歆以爲螽爲穀災，卒遇賊陰，墜而死也。

〔一〕師古曰：「謂僖二十五年經書『宋殺其大夫』，不書名，以其無罪。」

〔二〕師古曰：「謂宋昭公也。」

〔三〕師古曰：「上下皆合，螽之多。」

〔四〕師古曰：「三世，謂襄公、成公、昭公也。內取於國之大夫也。事見公羊傳。取讀曰娶。」

〔五〕師古曰：「中音竹仲反。」

八年「十月，螽」。時公伐邾取須朐，城郚。〔一〕

〔一〕師古曰：「須朐，邾邑，郚，魯邑也。事並在文七年。朐音鉅俱反。郚聲吾。」

宣公六年「八月，螽」。劉向以爲先是時宣伐莒向，〔一〕後比再如齊，謀伐萊。〔二〕

〔一〕師古曰：「事在四年。向，莒邑也。向音餉。」

〔二〕師古曰：「比，頻也。謂四年秋及五年春公如齊，七年公會齊侯伐萊是也。」

十三年「秋，螽」。公孫歸父會齊伐莒。〔一〕

〔一〕師古曰：「事在十一年。歸父，東門襄仲子也，字子家。父讀曰甫。」

十五年「秋，螽」。宣亡熟歲，數有軍旅。

襄公七年「八月，螽」。劉向以爲先是襄興師救陳，〔一〕滕子、郯子、小邾子皆來朝。〔二〕夏，城費。〔三〕

〔一〕師古曰：「謂五年楚伐陳，公會晉侯、宋公、衞侯、鄭伯、齊太子光救陳也。」

〔二〕師古曰：「六年滕子來朝，七年郯子、小邾子來朝。」

〔三〕師古曰：「亦七年之夏。費，魯邑也。音祕。」

哀公十二年「十二月，螽」。是時哀用田賦。〔一〕劉向以爲春用田賦，冬而螽。

〔一〕師古曰：「言重斂也。解在刑法志。」

十三年「九月，螽；十二月，螽」。比三螽，虐取於民之效也。〔一〕劉歆以爲周十二月，夏十月也，火星既伏，蟄蟲皆畢，天之見變，因物類之宜，不得以螽，是歲再失閏矣。周九月，夏七月，故傳曰「火猶西流，司曆過也」。

〔一〕師古曰：「比，頻也。」

宣公十五年「冬，蝝生」。〔一〕劉歆以爲蝝，蚍蠹之有翼者，〔二〕食穀爲災，黑眚也。董仲舒、劉向以爲蝝，螟始生也，一曰（螟）〔蝗〕始生。是時民患上力役，解於公田。〔三〕宣是時初稅畝。稅畝，就民田畝擇美者稅其什一，亂先王制而爲貪利，故應是而蝝生，屬贏蟲之孽。

〔一〕師古曰：「爾雅曰『蝝，蝮蜪』，說者以爲螽蝗之類。蝮音蒲北反，又音服。蜪音徒高反。」

〔二〕孟康曰：「蚍蠹，音蚍蜉。」

〔三〕師古曰：「解讀曰懈。」

景帝中三年秋，蝗。先是匈奴寇邊，中尉不害將車騎材官士屯代高柳。〔一〕

〔一〕師古曰：「魏不害。」

武帝元光五年秋，螟；六年夏，蝗。先是，五將軍衆三十萬伏馬邑，欲襲單于也。〔一〕是歲，四將軍征匈奴。〔二〕

〔一〕師古曰：「已解于上。」

〔二〕師古曰：「謂車騎將軍衞青出上谷，騎將軍公孫敖出代，輕車將軍公孫賀出雲中，驍騎將軍李廣出鴈門也。」

元鼎五年秋，蝗。是歲，四將軍征南越〔一〕及西南夷，〔二〕開十餘郡。〔三〕

〔一〕師古曰：「已解於上。」

〔二〕師古曰：「越（騎）〔馳〕義侯遺將巴蜀罪人發夜郎兵征西南夷，平之。」

〔三〕師古曰：「定越地爲九郡，定西南夷爲武都、牂柯、越巂、沈黎、汶山郡，凡十四郡。」

元封六年秋，蝗。先是，兩將軍征朝鮮，〔一〕開三郡。〔二〕

〔一〕師古曰：「二年，樓船將軍楊僕、左將軍荀彘將應募罪人擊之。」

〔二〕師古曰：「武紀云以其地爲樂浪、臨屯、玄菟、眞番郡，是四郡也，而此云三，蓋傳寫志者誤。」

太初元年夏，蝗從東方蜚至敦煌；〔一〕三年秋，復蝗。元年貳師將軍征大宛，天下奉其役連年。

〔一〕師古曰：「蜚讀曰飛。」

征和三年秋，蝗；四年夏，蝗。先是一年，三將軍衆十餘萬征匈奴。〔一〕征和三年，貳師七萬人沒不還。

〔一〕師古曰：「謂三年貳師將軍廣利將七萬人出五原，御史大夫商丘成二萬人出西河，重合侯馬通四萬騎出酒泉。」

平帝元始二年秋，蝗，徧天下。是時王莽秉政。

左氏傳曰嚴公八年齊襄公田于貝丘，〔一〕見豕。從者曰：「公子彭生也。」公怒曰：「射之！」豕人立而嗁，公懼，墜車，傷足喪屨。劉向以爲近豕禍也。先是，齊襄淫於妹魯桓公夫人，使公子彭生殺（威）〔桓〕公，又殺彭生以謝魯。公孫無知有寵於先君，襄公絀之，〔二〕無知帥怨恨之徒攻襄於田所，〔三〕襄匿其戶間，足見於戶下，遂殺之。傷足喪屨，卒死於足，虐急之效也。

〔一〕師古曰：「貝丘，齊地。」

〔二〕師古曰：「無知，僖公弟，夷仲年之子也，於襄公從父昆弟。先君即僖公。」

〔三〕師古曰：「怨恨之徒，謂連稱、管至父久戍葵丘也。」

昭帝元鳳元年，燕王宮永巷中豕出圂，壞都竈，〔一〕銜其鬴六七枚置殿前。〔二〕劉向以爲近豕禍也。時燕王旦與長公主、左將軍謀爲大逆，誅殺諫者，暴急無道。竈者，生養之本，豕而敗竈，陳鬴於庭，鬴竈將不用，宮室將廢辱也。燕王不改，卒伏其辜。京房易傳曰：「衆心

不安君政，厥妖豕入居室。」

〔一〕師古曰：「圂者，養豕之牢也。都竈，烝炊之大竈也。圂音胡頓反。」

〔二〕晉灼曰：「鬴，古文釜字。」

史記魯襄公二十三年，穀、洛水鬭，將毀王宮。劉向以爲近火沴水也。周靈王將擁之，有司諫曰：「不可。長民者不崇藪，不墮山，不防川，不竇澤。〔一〕今吾執政毋乃有所辟，〔二〕而滑夫二川之神，〔三〕使至于爭明，〔四〕以防王宮室，王而飾之，毋乃不可乎！〔五〕懼及子孫，王室愈卑。」王卒擁之。以傳推之，以四瀆比諸侯，穀、洛其次，卿大夫之象也，〔六〕爲卿大夫將分爭以危亂王室也。是時世卿專權，儋括將有篡殺之謀，〔七〕如靈王覺寤，匡其失政，〔八〕懼以承戒，則災禍除矣。不聽諫謀，簡嫚大異，〔九〕任其私心，塞埤擁下，〔一〇〕以逆水勢而害鬼神。後數年有黑如日者五。是歲蚤霜，靈王崩。景王立二年，儋括欲殺王，而立王弟佞夫。佞夫不知，景王并誅佞夫。〔一一〕及景王死，五大夫爭權，或立子猛，或立子朝，王室大亂。〔一二〕京房易傳曰：「天子弱，諸侯力政，〔一三〕厥異水鬭。」

〔一〕師古曰：「長萌爲萌之長也。崇，聚也。藪謂澤之無水者。墮，毀也。防，止也。竇，穴也。墮音火規反。」

〔二〕服虔曰：「晉邪辟之辟。」

〔三〕師古曰：「滑，亂也，音骨。」

〔四〕臣瓚曰：「明，水道也。」師古曰：「明謂神靈。」

〔五〕師古曰：「言爲欲防固王宮，使水不得毀，故過飾二川。」

〔六〕師古曰：「穀、洛皆大水，故爲四瀆之次。」

〔七〕師古曰：「儋括，儋季之子，簡王之孫也。篡殺之謀，謂除喪服，將見靈王，過庭而歎曰『嗚呼，必有此夫！』」

〔八〕師古曰：「匡，正也。」

〔九〕師古曰：「諫謀，謂單公子愆旗聞儋括之言，恐必爲害，請殺之，王不聽也。簡嫚大異，謂不憂穀、洛。」

〔一〇〕師古曰：「埤，卑也，音婢。」

〔一一〕師古曰：「事在襄三十年。」

〔一二〕師古曰：「五大夫，謂劉子、單子、尹氏、召伯、毛伯也。已解於上。」

〔一三〕師古曰：「政亦征也，言專以武力相征討。一說，諸侯之政，當以德禮，今王室微弱，文敎不行，遂乃以力爲政，相攻伐也。」

史記曰，秦武王三年渭水赤者三日，昭王三十四年渭水又赤三日。劉向以爲近火沴水也。秦連相坐之法，棄灰於道者黥，〔一〕罔密而刑虐，加以武伐橫出，殘賊鄰國，至於變亂五行，氣色謬亂。天戒若曰，勿爲刻急，將致敗亡。秦遂不改，至始皇滅六國，二世而亡。昔三代居三河，河洛出圖書，〔二〕秦居渭陽，而渭水數赤，〔三〕瑞異應德之效也。京房易傳曰：

「君湎于酒，淫于色，〔四〕賢人潛，國家危，厥異流水赤也。」

〔一〕孟康曰：「商鞅爲政，以棄灰於道必坋人，坋人必鬭，故設黥刑以絕其原也。」臣瓚曰：「棄灰或有火，火則燔廬舍，故刑之也。」師古曰：「孟說是也。坋音蒲頓反。」

〔二〕師古曰：「謂夏都安邑，即河東也；殷都朝歌，即河內也；周都洛陽，即河南也。」

〔三〕師古曰：「數音山角反。」

〔四〕師古曰：「湎，流也，音莫踐反。」

校勘記

一四〇六頁三行　羊上角下(號)〔䚟〕，　景祐、殿本都作「䚟」。

一四〇九頁二行　五爲天位，(爲)君位。　景祐本無下「爲」字。

一四一〇頁四行　伊(涉)〔陟〕相太戊，　景祐、殿、局本都作「陟」。王先謙說作「陟」是。

一四一三頁三行　故冬(華)華者，　王念孫說景祐本作「故冬華者」是也。「華」字不宜叠。

一四一八頁三行　謫，古謫(也)〔字〕。　朱一新說汪本「也」作「字」，是。按殿本作「字也」。

一四二一頁五行　與諸呂同(衆)〔象〕。　景祐、殿本都作「象」。朱一新說作「象」是。

一四二三頁四行　而桓有妬(媚)〔娼〕之心，　景祐、殿、局本都作「娼」。葉德輝說作「娼」是。

一四二三頁五行　董仲舒以爲象(大)〔夫〕人專恣，　景祐、殿本都作「夫」。王先謙說作「夫」是。

一四二六頁五行　釐公二年　按左、公、穀經都在僖公三十三年。

一四三〇頁七行　明年有嫪(毒)〔毐〕之誅。　景祐、殿本都作「毐」，此誤。

一四三三頁一〇行　僖十(二)〔三〕年，　景祐、殿本都作「三」，左傳亦作「三」。

一四三四頁二行　一日(螟)〔蝗〕始生。　葉德輝說「螟」爲「蝗」之誤，既云「一日」，則非「螟」明矣。

一四三五頁八行　越(騎)〔馳〕義侯遺景祐、殿本都作「馳」。王先謙說作「馳」是。

一四三六頁六行　殺(威)〔桓〕公，　景祐、殿本都作「桓」。

漢書卷二十七下之上

五行志第七下之上

傳曰：「思心之不𡧓，是謂不聖，厥咎霿，〔一〕厥罰恆風，厥極凶短折。時則有脂夜之妖，時則有華孽，時則有牛禍，時則有心腹之痾，時則有黃眚黃祥，時則有金木水火沴土。」

〔一〕師古曰：「霿音莫豆反。」

「思心之不𡧓，是謂不聖。」思心者，心思慮也；𡧓，寬也。孔子曰：「居上不寬，吾何以觀之哉！」〔二〕言上不寬大包容臣下，則不能居聖位。貌言視聽，以心為主，四者皆失，則區霿無識，〔三〕故其咎霿也。雨旱寒奧，亦以風為本，〔四〕四氣皆亂，故其罰常風也。常風傷物，故其極凶短折也。傷人曰凶，禽獸曰短，屮木曰折。〔五〕一曰，凶，夭也；兄喪弟曰短，父喪子曰折。在人腹中，肥而包裹心者脂也，心區霿則冥晦，故有脂夜之妖。〔六〕一曰，有脂物而夜為妖，若脂水夜汙人衣，淫之象也。一曰，夜妖者，雲風並起而杳冥，故與常風同象也。溫而風則生螟螣，〔七〕有裸蟲之孽。〔八〕劉向以為於易巽為風為木，卦在三月四月，繼陽而治，

主木之華實。風氣盛，至秋冬木復華，故有華孽。一曰，地氣盛則秋冬復華。一曰，華者色也，土為內事，為女孽也。於易坤為土為牛，牛大心而不能思慮，思心氣毀，故有牛禍。一曰，牛多死及為怪，亦是也。及人，則多病心腹者，故有心腹之痾。土色黃，故有黃眚黃祥。凡思心傷者病土氣，土氣病則金木水火沴之，故曰「時則有金木水火沴土」。不言「惟」而獨曰「時則有」者，非一衝氣所沴，明其異大也。其極曰凶短折，順之，其福曰考終命。〔九〕劉歆思心傳曰時則有羸蟲之孽，謂螟螣之屬也。庶徵之常風，劉向以為春秋無其應。

〔一〕師古曰：「論語載孔子之言。」

〔二〕師古曰：「區音口豆反。霿音莫豆反。其下並同。」

〔三〕師古曰：「奧音於六反。」

〔四〕師古曰：「屮，古草字。」

〔五〕師古曰：「脂妖及夜妖。」

〔六〕師古曰：「螣音徒得反。」

〔七〕師古曰：「裸亦羸字也，從衣果聲。」

〔八〕師古曰：「壽考而終其命。」

釐公十六年「正月，六鶂退蜚，過宋都」。〔一〕左氏傳曰「風也」。劉歆以為風發於它所，至宋而高，鶂高蜚而逢之，則退。經以見者為文，故記退蜚；傳以實應著，言風，常風之罰也。象宋襄公區霿自用，不容臣下，逆司馬子魚之諫，而與彊楚爭盟，〔二〕後六年為楚所執，〔三〕應六鶂之數云。京房易傳曰：「潛龍勿用，〔四〕衆逆同志，至德乃潛，厥異風。其風也，行不解物，不長，〔五〕雨小而傷。政悖德隱茲謂亂，厥風先風不雨，大風暴起，發屋折木。守義不進茲謂耄，厥風與雲俱起，折五穀莖。臣易上政，茲謂不順，厥風大焱發屋。〔六〕賦斂不理茲謂禍，厥風絕經(紀)〔緯〕，〔七〕止即溫，溫即蟲。侯專封茲謂不統，厥風疾，而樹不搖，穀不成。辟不思道利，茲謂無澤，〔八〕厥風不搖木，旱無雲，傷禾。公常於利茲謂亂，〔九〕厥風微而溫，生蟲蝗，害五穀。棄正作淫茲謂惑，厥風溫，螟蟲起，害有益人之物。侯不朝茲謂叛，厥風無恆，地變赤而殺人。」

〔一〕師古曰：「鶂音五狄反。」

〔二〕師古曰：「子魚，公子目夷也，桓公之子，而為司馬。爭盟，謂為鹿上之盟，以求諸侯於楚。子魚諫曰：『小國爭盟，禍也。』公不聽之。」

〔三〕師古曰：「僖二十一年，楚執宋公以伐宋，距六鶂退飛凡六年。」

〔四〕師古曰：「乾初九爻辭。」

〔五〕師古曰：「不解物，謂物逢之而不解散也。不長，所起者近也。」

〔六〕師古曰：「焱，疾風也，音必遙反。」

〔七〕如淳曰：「有所破壞，絕匹帛之屬也。」晉灼曰：「南北為經，東西為緯，絲因風暴，亂不端理也。」

〔八〕師古曰：「道讀曰導，不思導示於下而安利之。」

〔九〕師古曰：「公，上爵也。常於利，謂心常求利也。」

文帝二年六月，淮南王都壽春大風毀民室，殺人。劉向以為是歲南越反，攻淮南邊，淮南王長破之，後年入朝，殺漢故丞相辟陽侯，上赦之，歸聚姦人謀逆亂，自稱東帝，見異不寤，後遷于蜀，道死廱。

文帝五年，吳暴風雨，壞城官府民室。時吳王濞謀為逆亂，天戒數見，終不改寤，後卒誅滅。

五年十月，楚王都彭城大風從東南來，毀市門，殺人。是月王戊初嗣立，後坐淫削國，與吳王謀反，刑僇諫者。〔一〕吳在楚東南，天戒若曰，勿與吳為惡，將敗市朝。王戊不寤，卒隨吳亡。

〔一〕師古曰：「謂楚相張尙、太傅趙夷吾也。僇，古戮字。下皆類此。」

昭帝元鳳元年，燕王都薊大風雨，〔一〕拔宮中樹七圍以上十六枚，壞城樓。燕王旦不寤，謀反發覺，卒伏其辜。

〔一〕師古曰：「薊，縣名，燕國之所都。」

中華書局

釐公十五年「九月己卯晦，震夷伯之廟」。〔一〕劉向以爲晦，暝也；震，雷也。夷伯，世大夫，正〔書〕〔晝〕雷，其廟獨冥。〔二〕天戒若曰，勿使大夫世官，將專事暝晦。明年，公子季友卒，果世官，〔三〕政在季氏。至成公十六年「六月甲午晦」，正晝皆暝，陰爲陽，臣制君也。成公不寤，其冬季氏殺公子偃。〔四〕季氏萌於釐公，〔五〕大於成公，此其應也。董仲舒以爲夷伯，季氏之孚也，〔六〕陪臣不當有廟。震者雷也，晦暝，雷擊其廟，明當絕去僭差之類也。向又以爲此皆所謂夜妖者也。劉歆以爲春秋及朔言朔，及晦言晦，人道所不及，則天震之。展氏有隱慝，故天加誅於其祖夷伯之廟以譴告之也。

〔一〕師古曰：「夷伯，司空無駭之後，本魯公族也，號展氏。」
〔二〕師古曰：「冥，暗也。」
〔三〕師古曰：「謂季友之孫行父仍執政專國，自此以後常爲卿。」
〔四〕師古曰：「爲季文子所殺也。已解於上。」
〔五〕師古曰：「萌，喻草木始生也。言其始有〔成〕〔威〕權。」
〔六〕師古曰：「孚，信也。所信任之臣也。」

成公十六年「六月甲午晦，晉侯及楚子、鄭伯戰于鄢陵」。皆月晦云。

隱公五年「秋，螟」。董仲舒、劉向以爲時公觀漁于棠，貪利之應也。〔一〕劉歆以爲又逆臧

釐伯之諫，〔二〕貪利區霿，以生蠃蟲之孽也。

〔一〕師古曰：「棠，魯地也。陳漁者之事而觀之也。」
〔二〕師古曰：「臧僖伯，公子彄也，孝公之子，諫觀漁。」

八年「九月，螟」。時鄭伯以邴將易許田，〔一〕有貪利心。京房易傳曰：「臣安祿茲謂貪，厥災蟲，蟲食根。德無常茲謂煩，蟲食葉。不絀無德，蟲食本。與東作爭，茲謂不時，〔二〕蟲食節。蔽惡生孽，蟲食心。」〔三〕

〔一〕師古曰：「〔邴〕〔祊〕，鄭祀泰山之邑也，音彼命反。已解於上。」
〔二〕師古曰：「奪農時也。」
〔三〕師古曰：「蔽謂惡人蔽君之明〔謂〕〔爲〕災孽也。」

嚴公六年「秋，螟」。董仲舒、劉向以爲先是衞侯朔出奔齊，齊侯會諸侯納朔，〔一〕許諸侯賂。〔二〕齊人歸衞寶，魯受之，〔三〕貪利應也。

〔一〕師古曰：「朔謂惠公也。桓十六年，以左公子〔洄〕〔泄〕、右公子職立公子黔牟，故惠公奔齊。至莊五年，會齊人、宋人、蔡人伐衞而納惠公也。」
〔二〕師古曰：「諸國各有賂。」
〔三〕師古曰：「以伐衞所獲之寶來歸魯。」

文帝後六年秋，螟。是歲匈奴大入上郡、雲中，烽火通長安，遣三將軍屯邊，三將軍屯京師。〔一〕

〔一〕師古曰：「並已解於上。」

宣公三年，「郊牛之口傷，改卜牛，牛死」。劉向以爲近牛禍也。是時宣公與公子遂謀共殺子赤而立，〔一〕又以喪娶，〔二〕區霿昏亂。亂成於口，幸有季文子得免於禍，天猶惡之，生則不饗其祀，〔三〕死則災燔其廟。〔四〕董仲舒指略同。

〔一〕師古曰：「已解於上也。」
〔二〕師古曰：「宣元年正月，公子遂如齊逆女。三月，遂以夫人婦姜至自齊，時（成）〔文〕公喪制未除。」
〔三〕師古曰：「謂郊牛傷死，是天不欲饗其祀。」
〔四〕師古曰：「成三年，新宮災。新宮者，宣之廟也，以其新成，故謂之新宮。」

秦孝文王五年，斿胸衍，有獻五足牛者。〔一〕劉向以爲近牛禍也。先是文惠王初都咸陽，廣大宮室，南臨渭，北臨涇，思心失，逆土氣。足者止也，戒秦建止奢泰，將致危亡。〔二〕秦遂不改，至於離宮三百，復起阿房，未成而亡。一曰，牛以力爲人用，足所以行也。其後秦大用民力轉輸，起負海至北邊，〔三〕天下叛之。京房易傳曰：「興繇役，奪民時，厥妖牛生五足。」

〔一〕師古曰：「胸衍，地名，在北地。胸音許于反。」
〔二〕如淳曰：「建立基止。泰，奢泰。」

〔三〕師古曰：「負海，猶言背海也。」

景帝中六年，梁孝王田北山，有獻牛，足上出背上。劉向以爲近牛禍。先是孝王驕奢，起苑方三百里，宮館閣道相連三十餘里。納於邪臣羊勝之計，欲求爲漢嗣，刺殺議臣爰盎，事發，負斧歸死。既退歸國，猶有恨心，內則思慮霿亂，外則土功過制，故牛旤作。足而出於背，下奸上之象也。〔一〕猶不能自解，發疾暴死，又凶短之極也。

〔一〕師古曰：「奸，犯也，音干。」

左氏傳昭公二十一年春，周景王將鑄無射鍾，〔一〕泠州鳩曰：〔二〕「王其以心疾死乎！夫天子省風以作樂，〔三〕小者不窕，大者不摦。〔四〕摦則不容，心是以感，感實生疾。今鍾摦矣，王心弗〔戴〕〔堪〕，〔五〕其能久乎？」劉向以爲是時景王好聽淫聲，適庶不明，〔六〕思心霿亂，明年以心疾崩，近心腹之痾，凶短之極者也。

〔一〕師古曰：「鍾聲中無射之律也。射音弋石反。」
〔二〕應劭曰：「泠，官也。州鳩，名也。」師古曰：「樂官曰泠，後遂以爲氏。泠音零，其字從水。」
〔三〕應劭曰：「風，土地風俗也。省中和之風以作樂，然後可移惡風易惡俗也。」臣瓚曰：「省風俗之流廢，作樂以救其敝也。」師古曰：「應說是也。省，觀也。」
〔四〕師古曰：「窕，輕小也。摦，橫大也。窕音它堯反。摦音胡化反。」

〔五〕孟康曰：「古墟字。」

〔六〕師古曰：「適讀曰嫡。謂太子壽卒，王立子猛爲嗣，後又欲立子朝也。」

昭二十五年春，魯叔孫昭子聘于宋，元公與燕，飲酒樂，語相泣也。〔一〕樂祁佐，〔二〕告人曰：「今茲君與叔孫其皆死乎！吾聞之，哀樂而樂哀，皆喪心也。〔三〕心之精爽，是謂魂魄；魂魄去之，何以能久？」冬十月，叔孫昭子死；十一月，宋元公卒。

〔一〕師古曰：「昭子，叔孫婼也。元公，宋平公子也。相泣，相對而俱泣也。」

〔二〕師古曰：「樂祁，宋司城子梁也。佐，佐酒。」

〔三〕師古曰：「哀樂，可樂而反哀也。樂哀，可哀而反樂也。喪，失之也。」

昭帝元鳳元年九月，燕有黃鼠銜其尾舞王宮端門中，往視之，鼠舞如故。王使夫人以酒脯祠，鼠舞不休，夜死。黃祥也。時燕剌王旦謀反將敗，死亡象也。其月，發覺伏辜。京房易傳曰：「誅不原情，厥妖鼠舞門。」

成帝建始元年四月辛丑夜，西北有如火光。壬寅晨，大風從西北起，雲氣赤黃，四塞天下，終日夜下著地者黃土塵也。是歲，帝元舅大司馬大將軍王鳳始用事；又封鳳母弟崇爲安成侯，食邑萬戶；庶弟譚等五人賜爵關內侯，食邑三千戶。〔一〕復益封鳳五千戶，悉封譚

等爲列侯，是爲五侯。哀帝即位，封外屬丁氏、傅氏、周氏、鄭氏凡六人爲列侯。〔二〕楊宣對曰：「五侯封日，天氣赤黃，丁、傅復然。〔三〕此殆爵土過制，傷亂土氣之祥也。」京房易傳曰：「經稱『觀其生』，〔四〕言大臣之義，當觀賢人，知其性行，推而貢之，否則爲聞善不與，茲謂不知，〔五〕厥異黃，厥咎聾，厥災不嗣。黃者，日上黃光不散如火然，有黃濁氣四塞天下。蔽賢絕道，故災異至絕世也。經曰『良馬逐』。〔六〕逐，進也，言大臣得賢者謀，當顯進其人，否則爲下相攘善，〔七〕茲謂盜明，厥咎亦不嗣，至於身僇家絕。」〔八〕

〔一〕師古曰：「譚、商、音、根、逢時凡五人。」

〔二〕師古曰：「外戚傳傅太后弟子喜封高武侯，晏封孔鄉侯，商封汝昌侯，同母弟子鄭業爲陽信侯，丁太后兄明封陽安侯，子滿封平周侯。傅氏、鄭氏侯者四人，丁氏侯者二人。今此言六人爲列侯，其數是也。傅氏、丁氏、鄭氏則有之，而不見周氏所出。志傳不同，未詳其意。」

〔三〕服虔曰：「楊宣，諫大夫也。」

〔四〕師古曰：「易觀卦上九爻辭。」

〔五〕師古曰：「徒知之而已，不能進助也。」

〔六〕師古曰：「此易大畜九三爻辭。」

〔七〕師古曰：「攘，卻也。言不進達之也。一曰攘，因也。因而竊取曰攘。音人羊反。」

〔八〕師古曰：「僇，古戮字。」

史記周幽王二年，周三川皆震。〔一〕劉向以爲金木水火沴土者也。伯陽甫曰：〔二〕「周將亡矣！天地之氣不過其序；若過其序，民亂之也。陽伏而不能出，陰迫而不能升，〔三〕於是有地震。今三川實震，是陽失其所而填陰也。〔四〕陽失而在陰，原必塞；〔五〕原塞，國必亡。夫水，土演而民用也；〔六〕土無所演，而民乏財用，不亡何待？昔伊雒竭而夏亡，河竭而商亡，今周德如二代之季，其原又塞，塞必竭；川竭，山必崩。夫國必依山川，山崩川竭，亡之徵也。若國亡，不過十年，數之紀也。」

〔一〕應劭曰：「震，地震三川竭也。」師古曰：「三川，涇、渭、洛也。洛即漆沮也。川自震耳，故將竭塞，非地震也。」

〔二〕服虔曰：「周太史。」

〔三〕應劭曰：「迫，陰迫陽，使不能升也。」

〔四〕應劭曰：「失其所，失其道也。填陰，爲陰所填不得升也。」師古曰：「填音竹刃反。」

〔五〕師古曰：「原謂水泉之本也。」

〔六〕應劭曰：「演，引也，所以引出土氣者也。」師古曰：「演音衍。」

是歲（三）〔三〕川竭，岐山崩。劉向以爲陽失在陰者，謂火氣來煎枯水，故川竭也。山川連體，下竭上崩，事勢然也。時幽王暴虐，妄誅伐，不聽諫，迷於褒姒，廢其正后，〔一〕廢后之

父申侯與犬戎共攻殺幽王。一曰，其在天文，水爲辰星，辰星爲蠻夷。月食辰星，國以女亡。幽王之敗，女亂其內，夷攻其外。京房易傳曰：「君臣相背，厥異名水絕。」〔二〕

〔一〕師古曰：「褒姒，褒人所獻之女也。正后，申后也。蓋白華之詩所爲作也。」

〔二〕師古曰：「有名之水。」

文公九年「九月癸酉，地震」。劉向以爲先是時，齊桓、晉文、魯釐二伯賢君新沒，〔一〕周襄王失道，〔二〕楚穆王殺父，〔三〕諸侯皆不肯，權傾於下，天戒若曰，臣下彊盛者將動爲害。後宋、魯、晉、莒、鄭、陳、齊皆殺君。〔四〕諸震，略皆從董仲舒說也。京房易傳曰：「臣事雖正，專必震，其震，於水則波，於木則搖，於屋則瓦落。大經在辟而易臣，茲謂陰動，〔五〕厥震搖政宮。大經搖政，茲謂不陰，厥震搖山，山出涌水。嗣子無德專祿，茲謂不順，厥震動丘陵，涌水出。」

〔一〕師古曰：「齊桓、晉文，二伯也。魯僖，賢君也。伯讀曰霸。」

〔二〕師古曰：「謂避叔帶之難而出奔，失爲君之道。」

〔三〕師古曰：「穆王，商臣也，殺其父成王也。」

〔四〕師古曰：「文十六年宋人殺其君杵臼，十八年襄仲殺惡，宣二年晉趙盾殺其君夷皐，文十八年莒弒其君庶其，宣四年鄭公子歸生弒其君夷，十年陳夏徵舒殺其君平國，文十八年齊人殺其君商人。」

〔五〕服虔曰：「經，常也。辟音刑辟之辟。」蘇林曰：「大經，五行之常經也。在辟，衆陰犯殺其上也。」師古曰：「辟讀

曰僻，謂常法僻壞而易臣也。」

襄公十六年「五月甲子，地震」。劉向以爲先是雞澤之會，諸侯盟，大夫又盟。〔一〕是歲三月，諸侯爲溴梁之會，而大夫獨相與盟，〔二〕五月地震矣。其後崔氏專齊，欒盈亂晉，良霄傾鄭，閽殺吳子，燕逐其君，楚滅陳、蔡。〔三〕

〔一〕師古曰：「雞澤，衞地也。襄三年，公會單子、晉侯、宋公、衞侯、鄭伯、莒子、邾子、齊世子光，己未，同盟于雞澤。陳侯使袁僑如會，戊寅，叔孫豹及諸侯大夫及陳袁僑盟也。」

〔二〕師古曰：「經書諸大夫盟，謂晉、宋、衞、鄭、曹、莒、邾、薛、杞、小邾之大夫。」

〔三〕師古曰：「崔氏，齊卿崔杼也。欒盈，晉大夫欒桓子之子懷子也，二十一年奔楚，二十三年復入于晉而作亂。良霄，鄭大夫伯有也。三十年，子皙以駟氏之甲伐而焚之，伯有奔雍梁，遂奔許，晨自墓門之瀆入，介于襄庫，以伐舊北門。駟帶率國人伐之，伯有死于羊肆。閽，守門者也。吳子，餘祭也。吳人伐越，獲俘焉，以爲閽，使守舟。二十九年，餘祭觀舟，閽以刀殺之。燕，北燕國也。昭三年冬，燕大夫殺公之外嬖，公懼奔齊。昭八年，楚師滅陳。十一年，楚滅蔡也。」

昭公十九年「五月己卯，地震」。劉向以爲是時季氏將有逐君之變。其後宋三臣、曹會皆以地叛，〔一〕蔡、莒逐其君，吳敗中國殺二君。〔二〕

〔一〕師古曰：「二十年，宋華亥、向寧、華定出奔陳，二十一年自陳入于宋南里以叛。曹會，大夫公孫會也，二十年自鄸出奔宋。穀梁傳曰『自鄸者，專鄸也』。鄸，會之邑也。鄸音莫鳳反。」

〔二〕師古曰：「昭二十一年，蔡人信費無極之言，出蔡侯朱，朱出奔楚。二十三年，莒子庚輿虐而好劍，國人患之。秋七月，烏存帥國人以逐之，庚輿出奔魯。戊辰，吳敗楚、頓、胡、沈、蔡、陳、許之師於雞父，胡子髡、沈子逞滅，是也。」

二十三年「八月乙未，地震」。劉向以爲是時周景王崩，劉、單立王子猛，尹氏立子朝。〔一〕其後季氏逐昭公，黑肱叛邾，〔二〕吳殺其君僚，〔三〕宋五大夫、晉二大夫皆以地叛。〔四〕

〔一〕師古曰：「已解於上。」

〔二〕師古曰：「黑肱，邾大夫也。三十一年，經書『邾黑肱以濫來奔』。濫，邾邑。」

〔三〕師古曰：「二十七年，吳公子光使專設諸抽劍剌王是也。」

〔四〕師古曰：「定十年，宋公之弟辰暨仲佗、石彄出奔陳。十一年春，辰及仲佗、石彄、公子地自陳入於蕭以叛。秋，宋樂大心自曹入於蕭。十三年，晉荀寅、士吉射入朝歌以叛。」

哀公三年「四月甲午，地震」。劉向以爲是時諸侯皆信邪臣，莫能用仲尼，盜殺蔡侯，齊陳乞弒君。〔一〕

〔一〕師古曰：「哀四年，經書『盜殺蔡侯申』。左氏傳曰：『蔡昭侯將如吳，諸大夫恐其又遷也，公孫翩逐而射之，入於家人而卒。』陳乞，齊大夫陳僖子也。六年，乞殺其君荼。荼，景公之子安孺子也。荼音大胡反。」

惠帝二年正月，地震隴西，厭四百餘家。〔一〕武帝征和二年八月癸亥，地震，厭殺人。宣帝本始四年四月壬寅，地震河南以東四十九郡，北海琅邪壞祖宗廟城郭，殺六千餘人。元帝永光三年冬，地震。綏和二年九月丙辰，地震，自京師至北邊郡國三十餘壞城郭，凡殺四百一十五人。

〔一〕師古曰：「厭音一甲反。次下亦同。」

釐公十四年「秋八月辛卯，沙麓崩」。穀梁傳曰：「林屬於山曰麓，〔一〕沙其名也。」劉向以爲臣下背叛，散落不事上之象也。先是，齊桓行伯道，會諸侯，〔二〕事周室。管仲既死，桓德日衰，天戒若曰，伯道將廢，諸侯散落，政逮大夫，陪臣執命，臣下不事上矣。桓公不寤，天子蔽晦。〔三〕及齊(威)〔桓〕死，天下散而從楚。王札子殺二大夫，〔四〕晉敗天子之師，〔五〕莫能征討，從是陵遲。公羊以爲沙麓，河上邑也。董仲舒說略同。一曰，河，大川象；齊，大國；桓德衰，伯道將移於晉文，故河爲徙也。左氏以爲沙麓，晉地；沙，山名也；地震而麓崩，不書震，舉重者也。伯陽甫所謂「國必依山川，山崩川竭，亡之徵也；不過十年，數之紀也。」至二十四年，晉懷公殺於高梁。〔六〕京房易傳曰：「小人剝廬，〔七〕厥妖山崩，茲謂陰乘陽，弱勝彊。」

〔一〕師古曰：「屬，聯也，音之欲反。」

〔二〕師古曰：「伯讀曰霸。其下亦同。」

〔三〕師古曰：「被，掩蔽而暗也。」

〔四〕師古曰：「二大夫，召伯、毛伯也。」

〔五〕師古曰：「謂敗之於貿戎也。已解於上也。」

〔六〕師古曰：「懷公謂子圉，惠公之子也。文公入國而使殺之。高梁，晉地。」

〔七〕師古曰：「剝卦上九爻之辭。」

成公五年「夏，梁山崩」。穀梁傳曰廱河三日不流，〔一〕晉君帥羣臣而哭之，乃流。〔二〕劉向以爲山陽，君也，水陰，民也，天戒若曰，君道崩壞，下亂，百姓將失其所矣。哭然後流，喪亡象也。梁山在晉地，自晉始而及天下也。後晉暴殺三卿，厲公以弒。〔三〕溴梁之會，天下大夫皆執國政，〔四〕其後孫、甯出衞獻，〔五〕三家逐魯昭，單、尹亂王室。〔六〕董仲舒說略同。劉歆以爲梁山，晉望也；崩，弛崩也。〔七〕古者三代命祀，祭不越望，吉凶禍福，不是過也。國主山川，山崩川竭，亡之徵也，美惡周必復。〔八〕是歲歲在鶉火，至十七年復在鶉火，欒書、中行偃殺厲公而立悼公。

〔一〕師古曰：「廱讀曰壅。」

〔二〕師古曰：「從伯宗用輦者之言。」

〔三〕師古曰：「三卿謂郤犨、郤錡、郤至也。厲公殺之，而欒書、中行偃又弒厲公。事在成十七年。」

〔四〕師古曰：「已解於上。」

〔五〕師古曰：「孫，孫林父，甯，甯殖，皆衞大夫也。衞獻公，定公之子也，名衎。獻公戒二子食，日旰不召，而射鴻於囿，

二子怒，因作亂。公如鄄，遂出奔齊。孫氏追之，敗公徒於柯澤。事在襄十四年。」
〔六〕師古曰：「並解於上。」
〔七〕師古曰：「言漸解散也。弛音式爾反。」
〔八〕師古曰：「復音扶目反。」

高后二年正月，武都山崩，殺七百六十人，地震至八月乃止。文帝元年四月，齊楚地山二十九所同日俱大發水，潰出。劉向以爲近水沴土也。天戒若曰，勿盛齊楚之君，今失制度，將爲亂。後十六年，帝庶兄齊悼惠王之孫文王則薨，無子，帝分齊地，立悼惠王庶子六人皆爲王。〔一〕賈誼、鼂錯諫，以爲違古制，恐爲亂。至景帝三年，齊楚七國起兵百餘萬，漢皆破之。春秋四國同日災，〔二〕漢七國同日衆山潰，咸被其害，不畏天威之明效也。

〔一〕師古曰：「謂齊孝王將閭、濟北王志、菑川王賢、膠東王雄渠、膠西王卬、濟南王辟光。」
〔二〕師古曰：「宋、衞、陳、鄭。」

成帝河平三年二月丙戌，犍爲柏江山崩，捐江山崩，皆廱江水，〔一〕江水逆流壞城，殺十三人，地震積二十一日，百二十四動。元延三年正月丙寅，蜀郡岷山崩，廱江，江水逆流，三日乃通。劉向以爲周時岐山崩，三川竭，而幽王亡。岐山者，周所興也。漢家本起於蜀漢，今所起之地山崩川竭，星孛又及攝提、大角，從參至辰，〔二〕殆必亡矣。其後三世亡嗣，王莽篡位。

〔一〕師古曰：「廱讀曰壅。次下亦同。」
〔二〕如淳曰：「孛星尾長及攝提、大角，始發於參至辰也。」

傳曰：「皇之不極，是謂不建，厥咎眊，〔一〕厥罰恆陰，厥極弱。時則有射妖，時則有龍蛇之孽，時則有馬禍，時則有下人伐上之痾，時則有日月亂行，星辰逆行。」

〔一〕服虔曰：「眊音老耄。」

「皇之不極，是謂不建」，皇，君也。極，中；建，立也。人君貌言視聽思心五事皆失，不得其中，則不能立萬事，失在眊悖，故其咎眊也。〔一〕王者自下承天理物。雲起於山，而彌於天；〔二〕天氣亂，故其罰常陰也。一曰，上失中，則下彊盛而蔽君明也。易曰「亢龍有悔，貴而亡位，高而亡民，賢人在下位而亡輔」，〔三〕如此，則君有南面之尊，而亡一人之助，故其極弱也。盛陽動進輕疾。〔四〕禮，春而大射，以順陽氣。〔五〕上微弱則下奮動，故有射妖。易曰「雲從龍」，〔六〕又曰「龍蛇之蟄，以存身也」。〔七〕陰氣動，故有龍蛇之孽。於易，乾爲君爲馬，馬任用而彊力，君氣毀，故有馬禍。一曰，馬多死及爲怪，亦是也。君亂且弱，人之所叛，天之所去，不有明王之誅，則有篡弒之禍，故有下人伐上之痾。凡君道傷者病天氣，不言五行沴天，而曰「日月亂行，星辰逆行」者，爲若下不敢沴天，猶春秋曰「王師敗績于貿戎」，不言敗之者，以自敗爲文，尊尊之意也。劉歆皇極傳曰有下體生上之痾。說以爲下人伐上，天誅已成，不得復爲痾云。皇極之常陰，劉向以爲春秋亡其應。一曰，久陰不雨是也。劉歆以爲自屬常陰。

〔一〕師古曰：「眊，不明也。悖，惑也，音布內反。」
〔二〕師古曰：「彌，滿也。」
〔三〕師古曰：「乾上九文言也。」
〔四〕服虔曰：「陽行輕且疾也。」
〔五〕韋昭曰：「將祭，與羣臣射，謂之大射。」
〔六〕師古曰：「乾九五文言。」
〔七〕師古曰：「下繫辭也。」

昭帝元平元年四月崩，亡嗣，立昌邑王賀。賀卽位，天陰，晝夜不見日月。賀欲出，光祿大夫夏侯勝當車諫曰：「天久陰而不雨，臣下有謀上者，陛下欲何之？」賀怒，縛勝以屬吏，〔一〕吏白大將軍霍光。光時與車騎將軍張安世謀欲廢賀。光讓安世，以爲泄語，安世實不泄，召問勝。勝上洪範五行傳曰：「『皇之不極，厥罰常陰，時則有下人伐上。』不敢察察

言，〔二〕故云臣下有謀。」光、安世讀之，大驚，以此益重經術士。後數日卒共廢賀，此常陰之明效也。京房易傳曰：「有蜺、蒙、霧。霧，上下合也。蒙如塵雲。蜺，日旁氣也。其占曰：后妃有專，蜺再重，赤而專，至衝旱。〔三〕妻不壹順，黑蜺四背，又白蜺雙出日中。妻以貴高夫，茲謂擅陽，蜺四方，日光不陽，解而溫。〔四〕內取茲謂禽，〔五〕蜺如禽，在日旁。以尊降妃，茲謂薄嗣，蜺直而塞，六辰乃除，夜星見而赤。〔六〕女不變始，茲謂乘夫，〔七〕蜺白在日側，黑蜺果之，氣正直。〔八〕妻不順正，茲謂擅陽，蜺中窺貫而外專。夫妻不嚴茲謂媟，〔九〕蜺與日會。婦人擅國茲謂頃，〔一〇〕蜺白貫日中，赤蜺四背。〔一一〕適不荅茲謂不次，〔一二〕蜺直在左，蜺交在右。取於不專，茲謂危嗣，蜺抱日兩未及。君淫外茲謂亡，蜺氣左日交於外。取不達茲謂不知，蜺白奪明而大溫，溫而雨。〔一三〕尊卑不別茲謂媟，蜺三出三已，三辰除，〔一四〕除則日出且雨。臣私祿及親，茲謂罔辟，〔一五〕厥異蒙，其蒙先大溫，已蒙起，日不見。行善不請於上，茲謂作福，蒙一日五起五解。辟不下謀，臣辟異道，茲謂不見，上蒙下霧，風三變而俱解。立嗣子疑，茲謂動欲，蒙赤，日不明。德不序茲謂不聰，蒙，日不明，溫而民病。德不試，空言祿，〔一六〕茲謂主窳臣夭，〔一七〕蒙起而白。君樂逸人茲謂放，蒙，日青，黑雲夾日，左右前後行過日。公不任職，茲謂怙祿，蒙三日，又大風五日，蒙不解。利邪以食，茲謂閉上，蒙大起，白雲如山行蔽日。公懼不言道，茲謂閉下，蒙大起，日不見，若雨不雨，至十二日解，而有大雲蔽日。

祿生於下，茲謂誣君，蒙微而小雨，已乃大雨。下相攘善，茲謂盜明，蒙黃濁。下陳功，求於上，茲謂不知，蒙，微而赤，風鳴條，解復蒙。下專刑茲謂分威，蒙而日不得明。大臣厭小臣茲謂蔽，蒙微，日不明，若解不解，大風發，赤雲起而蔽日。衆不惡惡茲謂閉，蒙，尊卦用事，〔八〕三日而起，日不見。漏言亡喜，茲謂下厝用，〔九〕蒙微，日無光，有雨雲，雨不降。廢忠惑佞茲謂亡，蒙，天先清而暴，蒙微而日不明。有逸民茲謂不明，蒙濁，奪日光。公不任職，茲謂不細，蒙白，三辰止，則日青，青而寒，寒必雨。忠臣進善君不試，茲謂遏，〔一〇〕蒙，先小雨，雨已蒙起，微而日不明。惑衆在位，茲謂覆國，蒙微而日不明，一溫一寒，風揚塵。知佞厚之茲謂庳，蒙甚而溫。君臣故弼茲謂悖，〔一一〕厥災風雨霧，風拔木，亂五穀，已而大霧。庶正蔽惡，茲謂生孽災，厥異霧。」此皆陰雲之類云。

〔一〕師古曰：「屬，委也，音之欲反。」

〔二〕臣瓚曰：「不敢察察明言之。」

〔三〕孟康曰：「專，員也。若五月再霣，赤而員，至十一月旱也。」

〔四〕服虔曰：「蒙氣解而溫。」

〔五〕服虔曰：「人君內淫於骨肉也。」臣瓚曰：「人君取於國中也。」師古曰：「取，如禮記『聚麀』之聚。瓚說非。」

〔六〕韋昭曰：「六辰，謂從卯至申。」

〔七〕孟康曰：「始貴高於夫，終行此不變也。」

〔八〕師古曰：「果謂干之也。」

〔九〕韋昭曰：「媟言媟慢也。」師古曰：「音先列反。」

〔一〇〕師古曰：「頃讀曰傾。」

〔一一〕服虔曰：「蜿背日。」

〔一二〕服虔曰：「言適妻不見答也。」臣瓚曰：「夫不接妻謂不答。」師古曰：「適讀曰嫡。答，報也。言妻有承順之心，不見報答也。一曰，答，對也，言不以恩意接對之。」

〔一三〕師古曰：「取讀曰娶。」

〔一四〕韋昭曰：「若從寅至辰也。蜿且見西，晏則雨。」

〔一五〕韋昭曰：「辟，君也。」師古曰：「辟音璧。其下並同。」

〔一六〕師古曰：「試，用也。」

〔一七〕孟康曰：「謂君惰窳，用人不以次第，爲天也。」師古曰：「窳音庾。」

〔一八〕孟康曰：「尊卦，乾坤也。」臣瓚曰：「京房謂之方伯卦，震、兌、坎、離也。」師古曰：「孟說是。」

〔一九〕師古曰：「厝音千各反。」

〔二〇〕師古曰：「試，用也。」

〔二一〕師古曰：「弼猶相戾也。悖，惑也。」

嚴公十八年「秋，有蜮」。劉向以爲蜮生南越。越地多婦人，男女同川，淫女爲主，亂氣所生，故聖人名之曰蜮。蜮猶惑也，在水旁，能射人，射人有處，甚者至死。〔一〕南方謂之短弧，〔二〕近射妖，死亡之象也。時嚴將取齊之淫女，故蜮至。天戒若曰，勿取齊女，將生淫惑篡弑之禍。嚴不寤，遂取之。入後淫於二叔，二叔以死，兩子見弑，夫人亦誅。〔三〕劉歆以爲蜮，盛暑所生，非自越來也。京房易傳曰：「忠臣進善君不試，厥咎國生蜮。」〔四〕

〔一〕師古曰：「以氣射人也。」

〔二〕師古曰：「即射工也，亦呼水弩。」

〔三〕師古曰：「並解于上。」

〔四〕師古曰：「試，用也。」

史記魯哀公時，有隼集于陳廷而死，〔一〕楛矢貫之，〔二〕石砮，〔三〕長尺有咫。〔四〕陳閔公使使問仲尼，〔五〕仲尼曰：「隼之來遠矣！昔武王克商，通道百蠻，使各以方物來貢，肅慎貢楛矢，〔六〕石砮長尺有咫。先王分異姓以遠方職，使毋忘服，〔七〕故分陳以肅慎矢。」試求之故府，果得之。〔八〕劉向以爲隼近黑祥，貪暴類也；矢貫之，近射妖也；死於廷，國亡表也。象陳眊亂，不服事周，〔九〕而行貪暴，將致遠夷之禍，爲所滅也。是時中國齊晉、南夷吳楚爲彊，〔一〇〕陳交晉不親，附楚不固，數被二國之禍。後楚有白公之亂，〔一一〕陳乘而侵之，〔一二〕卒爲楚所滅。〔一三〕

〔一〕師古曰：「隼，鷙鳥，即今之鶻也。說者以爲鷂，失之矣。廷，朝廷也。鶻字音胡骨反。」

〔二〕應劭曰：「楛，木名。」師古曰：「音怙，其木堪爲箭笴，今豳以北皆用之，土俗呼其木爲楛子也。」

〔三〕應劭曰：「砮，鏃也，音奴，又乃互反。」

〔四〕張晏曰：「八寸曰咫。」

〔五〕師古曰：「閔公名周，懷公之子。」

〔六〕臣瓚曰：「肅愼，東北夷。」

〔七〕師古曰：「服，事也。」

〔八〕師古曰：「得昔所分之矢於府藏中。」

〔九〕師古曰：「眊音莫報反。」

〔一〇〕師古曰：「中國則齊、晉爲彊，南夷則吳、楚爲彊。」

〔一一〕師古曰：「白公，楚平王太子建之子勝也。建遇讒，奔鄭而死。勝在吳，子西召之，使處吳境，爲白公。吳人伐愼，白公敗之，請以戰備獻，因作亂，子西、子期皆死。事在哀十六年。」

〔一二〕師古曰：「白公之亂，陳人恃其聚而侵楚　事見哀十七年。」

〔一三〕師古曰：「陳閔公之二十年，獲麟之歲也。其二十四年，而爲楚所滅。」

史記夏后氏之衰，有二龍止於夏廷，而言「余，褒之二君也」。〔一〕夏帝卜殺之，去之，止之，莫吉；卜請其漦而藏之，乃吉。〔二〕於是布幣策告之。〔三〕龍亡而漦在，乃匵去之。〔四〕其

後夏亡，傳匵於殷周，三代莫發，至厲王末，發而觀之，漦流于廷，不可除也。厲王使婦人羸而譟之，〔五〕漦化爲玄黿，〔六〕入後宮。處妾遇之而孕，〔七〕生子，懼而棄之。宣王立，女童謠曰：「檿弧萁服，實亡周國。」〔八〕後有夫婦鬻是器者，宣王使執而僇之。〔九〕既去，見處妾所棄妖子，聞其夜號，哀而收之，遂亡奔褒。後褒人有罪，入妖子以贖，是爲褒姒，幽王見而愛之，生子伯服。王廢申后及太子宜咎，而立褒姒、伯服代之。廢后之父申侯與繒西畎戎共攻殺幽王。〔一〇〕詩曰：「赫赫宗周，褒姒烕之。」〔一一〕劉向以爲夏后季世，周之幽、厲，皆誖亂逆天，〔一二〕故有龍黿之怪，近龍蛇孽也。漦，血也，一曰沫也。檿弧，桑弓也。萁服，蓋以萁草爲箭服，近射妖也。女童謠者，禍將生於女，國以兵寇亡也。〔一三〕

〔一〕師古曰：「褒，古國名。」

〔二〕應劭曰：「漦，沫也。」鄭氏曰：「漦音牛齡之齡。」師古曰：「去謂驅逐也，止謂拘留也。去音丘呂反。漦音丑之反。」

〔三〕師古曰：「奠幣爲禮，讀策辭而告之也。說者以爲策者糈米，蓋失之矣。」

〔四〕師古曰：「匵，匱也。去，藏也。匵音瀆。去音丘呂反。」

〔五〕應劭曰：「羣呼曰譟。」師古曰：「譟音先到反。」

〔六〕韋昭曰：「玄，黑；黿，蜥蜴也，似蛇而有足。」師古曰：「黿似鼈而大，非蛇及蜥蜴。」

〔七〕師古曰：「處妾，宮中之童女。」

〔八〕服虔曰：「檿，檿桑也。」師古曰：「女童謠，閭里之童女爲歌謠也。檿，山桑之有點文者也。木弓曰弧。服，盛箭者，卽今之步叉也。萁，草，似荻而細，織之爲服也。檿音一簟反。萁音基。荻音敵。」

〔九〕師古曰：「鬻，賣也，音弋六反。」

〔一〇〕師古曰：「畎戎卽犬戎，亦曰昆夷。」

〔一一〕師古曰：「小雅正月之詩也。赫赫，盛貌也。宗周，鎬京也。烕，滅也，音呼悅反。」

〔一二〕師古曰：「誖，惑也，音布內反。」

〔一三〕師古曰：「因婦人以致兵寇也。」

左氏傳昭公十九年，龍鬭於鄭時門之外洧淵。〔一〕劉向以爲近龍孽也。鄭以小國攝乎晉楚之間，〔二〕重以彊吳，〔三〕鄭當其衝，不能修德，將鬭三國，以自危亡。〔四〕是時子產任政，內惠於民，外善辭令，以交三國，鄭卒亡患，能以德消變之效也。京房易傳曰：「衆心不安，厥妖龍鬭。」

〔一〕師古曰：「時門，鄭城門也。洧泉，洧水之泉也。洧水出滎陽密縣東南，至潁川長平入潁也。」

〔二〕師古曰：「攝，收持之。」

〔三〕師古曰：「重音直用反。」

〔四〕師古曰：「言若不修德，則三國伐之，必危亡。」

惠帝二年正月癸酉旦，有兩龍見於蘭陵廷東里溫陵井中，〔一〕至乙亥夜去。劉向以爲龍貴象而困於庶人井中，象諸侯將有幽執之禍。其後呂太后幽殺三趙王，諸呂亦終誅滅。京房易傳曰：「有德遭害，厥妖龍見井中。」又曰：「行刑暴惡，黑龍從井出。」

〔一〕師古曰：「蘭陵縣之廷東里也。溫陵，人姓名也。」

左氏傳魯嚴公時有內蛇與外蛇鬭鄭南門中，內蛇死。劉向以爲近蛇孽也。先是鄭厲公劫相祭仲而逐兄昭公代立。〔一〕後厲公出奔，昭公復入。〔二〕死，弟子儀代立。〔三〕厲公自外劫大夫傅瑕，使僇子儀。〔四〕此外蛇殺內蛇之象也。蛇死六年，而厲公立。嚴公聞之，問申繻曰：「猶有妖乎？」〔五〕對曰：「人之所忌，其氣炎以取之，〔六〕妖由人興也。人亡釁焉，妖不自作。人棄常，故有妖。」〔七〕京房易傳曰：「立嗣子疑，厥妖蛇居國門鬭。」

〔一〕師古曰：「厲公母，宋雍氏之女也。祭仲，祭封人仲足也。桓十一年，宋人執祭仲，曰『不立突，將死。』仲乃與宋盟而立厲公。昭公奔衞。祭音側介反。」

〔二〕師古曰：「桓十五年，厲公與祭仲之壻雍糾謀殺祭仲，不克，五月，出奔蔡。六月，昭公復歸于鄭。九月，厲公殺檀伯而居櫟也。」

〔三〕師古曰：「桓十七年，高渠彌弒昭公而立其弟子亹。十八年，齊人殺子亹，祭仲乃立亹之弟儀也。」

〔四〕師古曰：「傅瑕，鄭大夫也。莊十四年，厲公自櫟侵鄭，獲傅瑕，與之盟。於是傅瑕殺子儀而納厲公也。」

〔五〕師古曰：「申繻，魯大夫也。繻音須。」

〔六〕師古曰：「炎音弋贍反。」

〔七〕師古曰：「已解於上。」

左氏傳文公十六年夏，有蛇自泉宮出，〔一〕入于國，如先君之數。劉向以爲近蛇孽也。泉宮在囿中，公母姜氏嘗居之，蛇從之出，象宮將不居也。詩曰：「維虺維蛇，女子之祥。」〔二〕又蛇入國，國將有女憂也。如先君之數者，公母將薨象也。秋，公母薨。公惡之，乃毀泉臺。夫妖孽應行而自見，非見而爲害也。文不改行循正，共御厥罰，〔三〕而作非禮，以重其過。〔四〕後二年薨，公子遂殺文之二子惡、視，而立宣公。〔五〕文公夫人大歸于齊。〔六〕

〔一〕師古曰：「泉宮，卽泉臺。」

〔二〕師古曰：「小雅斯干之詩。」

〔三〕師古曰：「共讀曰恭。御讀曰禦，又讀如本字。」

〔四〕師古曰：「重音直用反。」

〔五〕師古曰：「惡卽子赤也。視，其母弟。」

〔六〕師古曰：「本齊女，故出而歸齊，所謂哀姜者也。」

武帝太始四年七月，趙有蛇從郭外入，與邑中蛇鬭孝文廟下，邑中蛇死。後二年秋，有衞太子事，事自趙人江充起。

左氏傳定公十年，宋公子地有白馬駟，〔一〕公嬖向魋欲之，〔二〕公取而朱其尾鬣〔三〕以予之。地怒，使其徒抶魋而奪之。〔四〕魋懼將走，公閉門而泣之，目盡腫。公弟辰謂地曰：「子爲君禮，不過出竟，君必止子。」〔五〕地出奔陳，公弗止。辰爲之請，不聽。辰曰：「是我迋吾兄也，〔六〕吾以國人出，君誰與處？」遂與其徒出奔陳。明年俱入于蕭以叛，大爲宋患，〔七〕近馬禍也。

〔一〕師古曰：「地，宋元公子也。四馬曰駟。」

〔二〕師古曰：「公謂景公，即地之兄也。魋，宋司馬桓魋也。向音式尙反。魋音大回反。」

〔三〕師古曰：「鬣，領上鬣也，音力涉反。」

〔四〕師古曰：「抶，擊也，音丑失反。」

〔五〕師古曰：「辰亦元公子也。言若見君怒，懼而出奔，是爲臣之禮也。竟讀曰境（也）。」

〔六〕應劭曰：「迋音君狂（反）。」臣瓚曰：「迋音九放反。」師古曰：「二說皆非也。迋，欺也，音求往反。」

〔七〕師古曰：「蕭，宋邑。」

史記秦孝公二十一年有馬生人，昭王二十年牡馬生子而死。劉向以爲皆馬禍也。孝公始用商君攻守之法，東侵諸侯，至於昭王，用兵彌烈。〔一〕其象將以兵革抗極成功，而還自害也。牡馬非生類，妄生而死，猶秦恃力彊得天下，而還自滅之象也。（一）曰，諸畜生非其類，子孫必有非其姓者，至於始皇，果呂不韋子。京房易傳曰：「方伯分威，厥妖牡馬生子。

亡天子，諸侯相伐，厥妖馬生人。」

〔一〕師古曰：「烈，猛也。」

文帝十二年，有馬生角於吳，角在耳前，上鄉。〔一〕右角長三寸，左角長二寸，皆大二寸。劉向以爲馬不當生角，猶吳不當舉兵鄉上也。是時，吳王濞封有四郡五十餘城，〔二〕內懷驕恣，變見於外，天戒早矣。王不寤，後卒舉兵，誅滅。京房易傳曰：「臣易上，政不順，厥妖馬生角，茲謂賢士不足。」又曰：「天子親伐，馬生角。」

〔一〕師古曰：「鄉讀曰嚮。次下亦同。」

〔二〕師古曰：「高紀云『六年春，以故東陽郡、鄣郡、吳郡五十三縣立劉賈爲荆王』。十二年十月詔曰：『吳，古之建國，日者荆王兼有其地，今死無後，朕欲復立吳王。』長沙王臣等請立沛侯爲吳王。而荆燕吳傳云：『荆王劉賈爲黥布所殺，無後，上患會稽輕悍，無壯王塡之，乃立濞爲吳王，王三郡五十三城。』是則濞之所封，賈本地也，止有三郡，荆燕吳傳與紀（四）〔同〕矣。今此云四郡，未詳其說。若以賈本不得會稽，濞加一郡者，則不得言五十三城也。」

成帝綏和（三）〔二〕年二月，大廄馬生角，在左耳前，圍長各二寸。是時王莽爲大司馬，害上之萌自此始矣。〔一〕哀帝建平二年，定襄牡馬生駒，三足，隨羣飲食，太守以聞。馬，國之武用，三足，不任用之象也。後侍中董賢年二十二爲大司馬，居上公之位，天下不宗。哀帝暴崩，成帝母王太后召弟子新都侯王莽入，收賢印綬，賢恐，自殺，莽因代之，並誅外家丁、

傳。又廢哀帝傳皇后，令自殺，發掘帝祖母傅太后、母丁太后陵，更以庶人葬之。辜及至尊，大臣微弱之禍也。

〔一〕師古曰：「萌，若草木之始生也。」

文公十一年，「敗狄于鹹」。〔一〕穀梁、公羊傳曰，長狄〔二〕兄弟三人，一者之魯，〔三〕一者之齊，〔四〕一者之晉。〔五〕皆殺之，身橫九畮；〔六〕斷其首而載之，眉見於軾。〔七〕何以書？記異也。劉向以爲是時周室衰微，三國爲大，可責者也。天戒若曰，不行禮義，大爲夷狄之行，將至危亡。其後三國皆有篡弒之禍，〔八〕近下人伐上之痾也。劉歆以爲人變，屬黃祥。一曰，屬贏蟲之孽。一曰，天地之性人爲貴，凡人爲變，皆屬皇極下人伐上之痾云。京房易傳曰：「君暴亂，疾有道，厥妖長狄入國。」又曰：「豐其屋，下獨苦。〔九〕長狄生，世主虜。」

〔一〕師古曰：「鹹，魯地也。」

〔二〕師古曰：「防風之後，漆姓也，國號鄋瞞。鄋音所求反。瞞音莫干反。」

〔三〕師古曰：「僑如也。來伐魯，爲叔孫得臣所獲。」

〔四〕師古曰：「榮如也。齊襄公二年伐齊，爲王子成父所獲。」

〔五〕師古曰：「焚如也。宣十五年，晉滅潞國而獲之。」

〔六〕師古曰：「畮，古畝字。」

〔七〕師古曰：「軾，車前橫木。」

〔八〕師古曰：「謂魯文公薨，襄仲弒惡及視而立宣公；齊連稱、管至父弒襄公而立無知；晉欒書、中行偃弒厲公而立悼公。」

〔九〕師古曰：「豐其屋，易豐卦上六爻辭也。豐，大也。」

史記秦始皇帝二十六年，有大人長五丈，足履六尺，皆夷狄服，凡十二人，見于臨洮。〔一〕天戒若曰，勿大爲夷狄之行，將受其禍。是歲始皇初并六國，反喜以爲瑞，銷天下兵器，作金人十二以象之。遂自賢聖，燔詩書，阬儒士；奢淫暴虐，務欲廣地；南戍五嶺，北築長城以備胡越，〔二〕塹山塡谷，西起臨洮，東至遼東，徑數千里。故大人見於臨洮，明禍亂之起。後十四年而秦亡，亡自戍卒陳勝發。

〔一〕師古曰：「隴西之縣也。音吐高反。」

〔二〕師古曰：「五嶺，解在張耳陳餘傳。」

史記魏襄王十三年，魏有女子化爲丈夫。京房易傳曰：「女子化爲丈夫，茲謂陰昌，賤人爲王；丈夫化爲女子，茲謂陰勝，厥咎亡。」一曰，男化爲女，宮刑濫也；〔一〕女化爲男，婦政行也。

〔一〕如淳曰：「宮刑之行大濫也。」

哀帝建平中，豫章有男子化爲女子，嫁爲人婦，生一子。長安陳鳳言此陽變爲陰，將亡

繼嗣，自相生之象。一曰，嫁爲人婦生二子(者)，將復一世乃絕。

哀帝建平四年四月，山陽方與女子田無嗇生子。〔一〕先未生二月，兒嗁腹中，及生，不舉，葬之陌上，三日，人過聞嗁聲，母掘收養。

〔一〕師古曰：「方與者，山陽之縣也。女子姓田，名無嗇。方與音房豫。」

平帝元始元年二月，朔方廣牧女子趙春病死，〔一〕斂棺積六日，〔二〕出在棺外，自言見夫死父，曰：「年二十七，不當死。」太守譚以聞。京房易傳曰：「『幹父之蠱，有子，考亡咎』。〔三〕子三年不改父道，思慕不皇，亦重見先人之非，〔四〕不則爲私，厥妖人死復生。」一曰，至陰爲陽，下人爲上。

〔一〕師古曰：「廣牧，朔方之縣也。姓趙，名春。」
〔二〕師古曰：「斂音力贍反。棺音工喚反。」
〔三〕韋昭曰：「蠱，事也。子能正父之事，是爲有子，故考不爲咎累。」師古曰：「易蠱卦初六爻辭也。」
〔四〕師古曰：「言父有不善之事，當速改之，若唯思慕而已，無所變易，是重顯先人之非也。一曰，三年之內，但思慕而已，不暇見父之非，故不改也。重音直用反。」

六月，長安女子有生兒，兩頭異頸面相鄉，四臂共匈俱前鄉，〔一〕尻上有目長二寸所。京房易傳曰：「『睽孤，見豕負塗』，〔二〕厥妖人生兩頭。下相攘善，妖亦同。人若六畜首目在下，

茲謂亡上，正將變更。凡妖之作，以譴失正，各象其類。二首，下不壹也；足多，所任邪也；足少，下不勝任，或不任下也。凡下體生於上，不敬也；上體生於下，媟瀆也；生非其類，淫亂也；人生而大，上速成也；生而能言，好虛也。羣妖推此類，不改乃成凶也。」

〔一〕師古曰：「鄉讀曰嚮。」
〔二〕師古曰：「易睽卦上九爻辭也。睽孤，乖剌之意也。塗，泥也。睽音苦攜反。」

景帝二年九月，膠東下密人年七十餘，生角，角有毛。時膠東、膠西、濟南、齊四(主)〔王〕有舉兵反謀，謀由吳王濞起，連楚、趙，凡七國。下密，縣居四齊之中；〔一〕角，兵象，上鄉者也；〔二〕老人，吳王象也；年七十，七國象也。天戒若曰，人不當生角，猶諸侯不當舉兵以鄉京師也；禍從老人生，七國俱敗云。諸侯不寤，明年吳王先起，諸侯從之，七國俱滅。京房易傳曰：「冢宰專政，厥妖人生角。」

〔一〕師古曰：「四齊即上所云膠東、膠西、濟南、齊也。本皆齊地，故謂之四齊。」
〔二〕師古曰：「鄉讀曰嚮。次下亦同。」

成帝建始三年十月丁未，京師相驚，言大水至。渭水虒上小女陳持弓年九歲，〔一〕走入橫城門，入未央宮尚方掖門，殿門門衞戶者莫見，至句盾禁中而覺得。〔二〕民以水相驚者，陰氣盛也。小女而入宮殿中者，下人將因女寵而居有宮室之象也。名曰持弓，有似周家檿弧之祥。易曰：「弧矢之利，以威天下。」〔三〕是時，帝母王太后弟鳳始爲上將，秉國政，天知其後將威天下而入宮室，故象先見也。其後，王氏兄弟父子五侯秉權，至莽卒篡天下，蓋陳氏之後云。京房易傳曰：「妖言動衆，茲謂不信，路將亡人，司馬死。」

〔一〕師古曰：「虒上，地名也。音斯。」
〔二〕師古曰：「句盾，少府之署。覺得，事覺而見執得也。」
〔三〕師古曰：「下繫之辭也。」

成帝綏和二年八月庚申，鄭通里男子王褒〔一〕衣絳衣小冠，帶劍入北司馬門殿東門，〔二〕上前殿，入非常室中，〔三〕解帷組結佩之，〔四〕招前殿署長業等曰：「天帝令我居此。」業等收縛考問，褒故公車大誰卒，〔五〕病狂易，〔六〕不自知入宮狀，下獄死。是時王莽爲大司馬，哀帝即位，莽乞骸骨就第，天知其必不退，故因是而見象也。姓名章服甚明，徑上前殿路寢，入室取組而佩之，稱天帝命，然時人莫察。後莽就國，天下冤之，哀帝徵莽還京師。明年帝崩，莽復爲大司馬，因是而篡國。

〔一〕師古曰：「鄭縣之通里。」
〔二〕師古曰：「入北司馬門，又入殿之東門也。」

〔三〕如淳曰：「殿上室名。」
〔四〕師古曰：「組，綬類，所以係帷，又垂以爲飾也。佩，帶之。」
〔五〕應劭曰：「在司馬殿門掌讙呵者也。」服虔曰：「衞士之師也，著樊噲冠。」師古曰：「大誰者，主問非常之人，云姓名是誰也。而應氏乃以讙譁爲義，云大讙呵，不當厥理。後之學者輒改此書誰字爲讙，違本文矣。大誰本以誰何得名，因用名官，有大誰長。今此卒者，長所領士卒也。」
〔六〕師古曰：「凡病狂而變易其常也。」

哀帝建平四年正月，民驚走，持稾或棷一枚，〔一〕傳相付與，曰行詔籌。道中相過逢多至千數，或被髮徒踐，〔二〕或夜折關，或踰牆入，或乘車騎奔馳，以置驛傳行，經歷郡國二十六，至京師。其夏，京師郡國民聚會里巷仟佰，設(祭)張博具，〔三〕歌舞祠西王母。又傳書曰：「母告百姓，佩此書者不死。不信我言，視門樞下，當有白髮。」〔四〕至秋止。是時帝祖母傅太后驕，與政事，〔五〕故杜鄴對曰：「春秋災異，以指象爲言語。籌，所以紀數。民，陰，水類也。水以東流爲順走，而西行，反類逆上。象數度放溢，妄以相予，違忤民心之應也。西王母，婦人之稱。博弈，男子之事。於街巷仟伯，明離闑內，〔六〕與疆外。〔七〕臨事盤樂，炕陽之意。白髮，衰年之象，體尊性弱，難理易亂。門，人之所由；樞，其要也。居人之所由，制持其要也。其明甚著。今外家丁、傅並侍帷幄，布於列位，有罪惡者不坐辜罰，亡功能者畢受官爵。皇甫、三桓，詩人所刺，春秋所譏，亡以甚此。〔八〕指象昭昭，以覺聖朝，柰何不

應！」後哀帝崩，成帝母王太后臨朝，王莽爲大司馬，誅滅丁、傅。一曰丁、傅所亂者小，此異乃王太后、莽之應云。

〔一〕如淳曰：「椒，𪢯𥡴也。」師古曰：「稾，禾稈也，音工老反。椒音鄒，又音側九反。」

〔二〕師古曰：「徒踐，謂（徙）〔徒〕跣也。」

〔三〕師古曰：「博戲之具。」

〔四〕師古曰：「樞，門扇所由開閉者也，音昌于反。」

〔五〕師古曰：「與讀曰豫。」

〔六〕師古曰：「闑，門橛也，音魚列反。」

〔七〕師古曰：「與讀曰預。」

〔八〕師古曰：「皇甫，周卿士之字也。用后嬖寵，而處職位，詩人刺之。事見小雅十月之交篇。」

校勘記

一四四三頁五行　厥風絕經（紀）〔緯〕，　殿、局本都作「緯」。王先謙說，據注文，作「緯」是。

一四四五頁二行　正（書）〔晝〕雷，　景祐、殿本都作「晝」。王先謙說作「晝」是。

一四四五頁一三行　言其始有（成）〔威〕權。　景祐、殿本都作「威」。朱一新說作「威」是。

一四四六頁七行　〔邴〕，鄭祀泰山之邑也。　王先謙說殿本「鄭」作「邴」是。按景祐、局本都作「鄭」，當於「鄭」上補「邴」字，文義方足。

一四四六頁九行　（謂）〔爲〕災孽也。　景祐、殿本都作「爲」。朱一新說作「爲」是。

一四四六頁一三行　左公子（洩）〔泄〕，　景祐、殿本都作「泄」，朱一新說作「泄」是。

一四四七頁七行　時（成）〔文〕公喪制未除。　殿本作「文」，景祐、汲古、局本都誤作「成」。

一四四八頁九行　王心弗（載）〔𢦏〕，　景祐、殿本作「𢦏」。朱一新說作「𢦏」是。

一四五一頁一三行　是歲（二）〔三〕川竭，　景祐、殿本都作「三」。葉德輝說作「三」是。

一四五五頁六行　及齊（威）〔桓〕死，　景祐、殿本都作「桓」。

一四六九頁一〇行　竟讀曰境（也）。　殿本無「也」字。

一四六九頁一一行　迋音君狂〔反〕。　「反」字據景祐本補。

一四六九頁一五行　〔一〕曰，諸畜生非其類，　景祐、殿本都有「一」字。

一四七〇頁一一行　荆燕吳傳與紀（罔）〔同〕矣。　景祐、殿本都作「同」。朱一新說作「同」是。

一四七〇頁一三行　成帝綏和（三）〔二〕年二月，　景祐、殿本都作「二」。

一四七三頁一行　嫁爲人婦生一子〔者〕，　景祐、殿本都有「者」字。

一四七四頁六行　四（圭）〔王〕　景祐、殿本都作「王」。朱一新說作「王」是。

一四七六頁九行　設（祭）張博具，　錢大昭說閩本無「祭」字。朱一新說汪本無「祭」字。景祐本亦無。

一四七七頁四行　謂（徙）〔徒〕跣也。　景祐、殿本都作「徒」。王先謙說作「徒」是。

漢書卷二十七下之下

五行志第七下之下

隱公三年「二月己巳，日有食之」。穀梁傳曰，言日不言朔，食晦。公羊傳曰，食二日。董仲舒、劉向以爲其後戎執天子之使，〔一〕鄭獲魯隱，〔二〕滅戴，〔三〕衞、魯、宋咸殺君。〔四〕左氏劉歆以爲正月二日，燕、越之分野也。凡日所躔而有變，則分野之國失政者受之。〔五〕人君能修政，共御厥罰，則災消而福至；〔六〕不能，則災息而禍生。〔七〕故經書災而不記其故，蓋吉凶亡常，隨行而成禍福也。周衰，天子不班朔，〔八〕魯曆不正，置閏不得其月，月大小不得其度。史記（日）〔曰〕食，或言朔而實非朔，或不言朔而實朔，或脁不書朔與日，皆官失之也。京房易傳曰：「亡師茲謂不御，厥異日食，其食也既，並食不一處。誅衆失理，茲謂生叛，厥食既，光散。縱畔茲謂不明，厥食先大雨三日，雨除而寒，寒卽食。專祿不封，茲謂不安，厥食既，先日出而黑，光反外燭。〔九〕君臣不通茲謂亡，厥蝕三既。同姓上侵，茲謂誣君，厥食四方有雲，中央無雲，其日大寒。公欲弱主位，茲謂不知，厥食中白青，四方赤，已食地震。諸侯相

侵，茲謂不承，厥食三毀三復。君疾善，下謀上，茲謂亂，厥食既，先雨雹，殺走獸。弒君獲位茲謂逆，厥食既，先風雨折木，日赤。內臣外鄉茲謂背，〔一〇〕厥食食且雨，地中鳴。〔一一〕冢宰專政茲謂因，厥食先大風，食時日居雲中，四方亡雲。伯正越職，茲謂分威，〔一二〕厥食日中分。諸侯爭美於上茲謂泰，厥食日傷月，食半，天營而鳴。〔一三〕賦不得茲謂竭，厥食星隨而下。受命之臣專征云試，厥食雖侵光猶明，〔一四〕若文王臣獨誅紂矣。〔一五〕小人順受命者征其君云殺，厥食五色，至大寒隕霜，〔一六〕若紂臣順武王而誅紂矣。〔一七〕諸侯更制茲謂叛，〔一八〕厥食三復三食，食已而風，地動。適讓庶茲謂生欲，〔一九〕厥食日失位，光晻晻，月形見。〔二〇〕酒亡節茲謂荒，厥蝕乍青乍黑乍赤，明日大雨，發霧而寒。」凡食二十占，其形二十有四，改之輒除；不改三年，三年不改六年，六年不改九年。推隱三年之食，貫中央，上下竟而黑，臣弒從中成之形也。後衞州吁弒君而立。

〔一〕師古曰：「凡伯，周大夫也。隱七年，天王使凡伯來聘，戎伐凡伯于楚丘以歸。」

〔二〕師古曰：「公羊傳隱六年春鄭人來渝平。渝平，墮（城）〔成〕也。曰『吾成敗矣，吾與鄭人未有成』。狐壤之戰，隱公獲焉。何以不言戰？諱獲也。」

〔三〕師古曰：「十年秋，宋人、蔡人、衞人伐戴，鄭伯伐取之。戴國，今外黃縣東南戴城是也。讀者多誤爲載，故隨室置載州焉。」

〔四〕師古曰：「四年，衞州吁殺其君完。十一年，羽父使賊殺公于寪氏。桓二年春，宋督弒其君與夷。」
〔五〕師古曰：「蹶，踐也，音蹷。」
〔六〕師古曰：「共讀曰恭。御讀曰禦，又讀如本字。」
〔七〕師古曰：「息謂蕃滋也。」
〔八〕師古曰：「班，布也。」
〔九〕韋昭曰：「中無光，四邊有明外燭。」
〔一〇〕師古曰：「鄉讀曰嚮。」
〔一一〕韋昭曰：「地中有聲如鳴耳，或曰如狗子聲。」
〔一二〕師古曰：「伯讀曰霸。正者，長帥之稱。」
〔一三〕韋昭曰：「食半，謂食望也。」臣瓚曰：「月食半，謂食月之半也。月食常以望，不爲異也。」
〔一四〕師古曰：「試，用也，自擅意也。一說試與弒同，謂欲弒君。」
〔一五〕韋昭曰：「是時紂臣尙未欲誅紂，獨文王之臣欲誅之。」
〔一六〕師古曰：「殺亦讀曰弒。」
〔一七〕韋昭曰：「紂惡益甚，其臣欲順武王而誅紂。」
〔一八〕師古曰：「更，改也。」
〔一九〕師古曰：「適讀曰嫡。」
〔二〇〕師古曰：「晻音烏感反。見音胡電反。」

桓公三年「七月壬辰朔，日有食之，既」。董仲舒、劉向以爲前事已大，後事將至者又大，則既。先是魯、宋弒君，魯又成宋亂，易許田，亡事天子之心；楚僭稱王。後鄭岠王師，射桓王，〔一〕又二君相篡。〔二〕劉歆以爲六月，趙與晉分。〔三〕先是，晉曲沃伯再弒晉侯，〔四〕是歲晉大亂，〔五〕滅其宗國。〔六〕京房易傳以爲桓三年日食貫中央，上下竟而黃，臣弒而不卒之形也。後楚嚴稱王，兼地千里。〔七〕

〔一〕師古曰：「並已解於上。」
〔二〕師古曰：「謂厲公奔蔡而昭公入，高渠彌殺昭公而立子亹。」
〔三〕晉灼曰：「周之六月，今之四月，始去畢而入參。參，晉分也。畢，趙也。日行去趙遠，入晉分多，故曰與。計二十八宿，分其次，度其月，及所屬，下皆以爲例。」
〔四〕師古曰：「曲沃伯，本桓叔成師之封號也，其後遂繼襲焉。魯惠公三十年，大夫潘父殺昭侯而納成師，不克，晉人立孝侯。惠之四十五年，成師之子曲沃莊伯伐翼，殺孝侯也。」
〔五〕師古曰：「桓三年，莊伯之子曲沃武公伐翼，逐翼侯于汾隰，夜獲而殺之。」
〔六〕師古曰：「桓八年，曲沃武公滅翼，遂并其國。」
〔七〕師古曰：「楚武王荆尸久已見傳，今此言莊始稱王，未詳其說。」

十七年「十月朔，日有食之」。穀梁傳曰，言朔不言日，食二日也。劉向以爲是時衞侯朔有罪出奔齊，〔一〕天子更立衞君。〔二〕朔藉助五國，舉兵伐之而自立，王命遂壞。〔三〕魯夫人淫失於齊，卒殺威公。〔四〕董仲舒以爲言朔不言日，惡魯桓且有夫人之禍，將不終日也。劉歆以爲楚、鄭分。

〔一〕師古曰：「朔，衞惠公也。桓十六年經書『衞侯朔出奔齊』。公羊傳曰『得罪乎天子』，穀梁傳曰『天子召而不往也』。」
〔二〕師古曰：「謂公子黔牟。」
〔三〕師古曰：「莊五年冬，公會齊人、宋人、陳人、蔡人伐衞。莊六年春，王人子突救衞，夏，衞侯朔入，放公子黔牟于周，是也。」
〔四〕師古曰：「失讀曰佚。」

嚴公十八年「三月，日有食之」。穀梁傳曰，不言日，不言朔，夜食。〔一〕史推合朔在夜，明旦日食而出，出而解，〔二〕是爲夜食。劉向以爲夜食者，陰因日明之衰而奪其光，象周天子不明，齊桓將奪其威，專會諸侯而行伯道。〔三〕其後遂九合諸侯，〔四〕天子使世子會之，〔五〕此其效也。公羊傳曰食晦。董仲舒以爲宿在東壁，魯象也。後公子慶父、叔牙果通於夫人以劫公。劉歆以爲晦魯、衞分。

〔一〕張晏曰：「日夜食，則無景。立六尺木不見其景，以此爲候。」
〔二〕孟康曰：「夜食地中，出而止。」
〔三〕師古曰：「伯讀曰霸。」
〔四〕師古曰：「解在郊祀志。」

〔五〕師古曰：「僖五年，齊侯、宋公、陳侯、衞侯、鄭伯、許男、曹伯會王太子于首止是。」

二十五年「六月辛未朔，日有食之」。董仲舒以爲宿在畢，主邊兵夷狄象也。後狄滅邢、衞。〔一〕劉歆以爲五月二日魯、趙分。

〔一〕師古曰：「春秋閔元年狄伐邢，二年狄滅衞，其後並爲齊所立，而邢遷于夷儀，衞遷于楚丘。」

二十六年「十二月癸亥朔，日有食之」。董仲舒以爲宿在心，心爲明堂，文武之道廢，中國不絕若綫之象也。〔一〕劉向以爲時戎侵曹，〔二〕魯夫人淫於慶父、叔牙，將以弒君，故比年再蝕以見戒。〔三〕劉歆以爲十月二日楚、鄭分。

〔一〕師古曰：「綫，縷也，音先箭反。」
〔二〕師古曰：「事在莊二十四年。」
〔三〕師古曰：「比，頻也。見，顯也。」

三十年「九月庚午朔，日有食之」。董仲舒、劉向以爲後魯二君弒，〔一〕夫人誅，〔二〕兩弟死，〔三〕狄滅邢，〔四〕徐取舒，〔五〕晉殺世子，〔六〕楚滅弦。〔七〕劉歆以爲八月秦、周分。

〔一〕師古曰：「謂子般爲國人所殺，閔公爲卜齮所殺也。」
〔二〕師古曰：「哀姜爲齊人所殺。」
〔三〕師古曰：「謂叔牙及慶父也。」

〔四〕師古曰：「僖三年，徐人取舒。舒，國名也，在廬江舒縣也。」
〔五〕師古曰：「僖五年，晉侯殺其太子申生。」
〔六〕師古曰：「僖五年，楚人滅弦。弦，國名也，在弋陽。」

僖公五年「九月戊申朔，日有食之」。董仲舒、劉向以爲先是齊桓行伯，江、黄自至，〔一〕南服彊楚。〔二〕其後不内自正，而外執陳大夫，則陳、楚不附，〔三〕鄭伯逃盟，〔四〕諸侯將不從桓政，故天見戒。其後晉滅虢，〔五〕楚(國)〔圍〕許，諸侯伐鄭，〔六〕晉弒二君，〔七〕狄滅温，〔八〕楚伐黄，〔九〕桓不能救。劉歆以爲七月秦、晉分。

〔一〕師古曰：「伯讀曰霸。江、黄，二國名也。僖二年，齊侯、宋公、江人、黄人盟于貫。傳曰『服江、黄也』。江國在汝南安陽縣，黄國在弋陽縣。」
〔二〕師古曰：「僖四年，齊侯以諸侯之師侵蔡，遂伐楚，盟于邵陵。」
〔三〕師古曰：「邵陵盟後，以陳轅濤塗爲誤軍而執之，陳不服罪，故伐之。楚自是不復通。」
〔四〕師古曰：「僖五年秋，齊侯與諸侯盟于首止，鄭伯逃歸不盟。」
〔五〕師古曰：「事在僖五年。」
〔六〕師古曰：「事並在僖六年。」
〔七〕師古曰：「謂里克弒奚齊及卓子。」
〔八〕師古曰：「温，周邑也。僖十年，狄滅之。」

〔九〕師古曰：「僖十一年，黄不歸楚貢，故伐之。」

十二年「三月庚午(朔)，日有食之」。董仲舒、劉向以爲是時楚滅黄，〔一〕狄侵衞、鄭，〔二〕莒滅杞。〔三〕劉歆以爲三月齊、衞分。

〔一〕師古曰：「事在十二年夏。」
〔二〕師古曰：「僖十三年狄侵衞，十四年狄侵鄭。」
〔三〕師古曰：「僖十四年諸侯城緣陵。公羊傳曰：『曷爲城？杞滅也。孰滅之？蓋徐、莒也。』」

十五年「五月，日有食之」。劉向以爲象晉文公將行伯道，〔一〕後遂伐衞，執曹伯，敗楚城濮，〔二〕再會諸侯，〔三〕召天王而朝之，〔四〕此其效也。日食者臣之惡也，夜食者掩其罪也，以爲上亡明王，桓、文能行伯道，攘夷狄，安中國，〔五〕雖不正猶可，蓋春秋實與而文不與之義也。董仲舒以爲後秦獲晉侯，〔六〕齊滅項，〔七〕楚敗徐于婁林。〔八〕劉歆以爲二月朔齊、越分。

〔一〕師古曰：「伯讀曰霸。」
〔二〕師古曰：「事並在二十八年。」
〔三〕師古曰：「二十八年五月盟于踐土，冬會于温。」
〔四〕師古曰：「晉侯不欲就朝王，故召王使來。經書『天王狩于河陽』。」
〔五〕師古曰：「伯讀曰霸。攘，卻也。」
〔六〕師古曰：「晉侯，夷吾也。僖十五年十一月，晉侯及秦伯戰于韓，秦獲晉侯以歸也。」
〔七〕師古曰：「事在公羊傳僖十七年。項國，今項城縣是也。」
〔八〕師古曰：「事在僖十五年冬。婁林，徐地。」

文公元年「二月癸亥，日有食之」。董仲舒、劉向以爲先是大夫始執國政，〔一〕公子遂如京師，〔二〕後楚世子商臣殺父，齊公子商人弒君，皆自立，〔三〕宋子哀出奔，〔四〕晉滅江，〔五〕楚滅六，〔六〕大夫公孫敖、叔彭生並專會盟。〔七〕劉歆以爲正月朔燕、越分。

〔一〕師古曰：「謂東門襄仲也。」
〔二〕師古曰：「事在僖三十年，報宰周公之聘。」
〔三〕師古曰：「已解於上。」
〔四〕師古曰：「宋子哀，宋卿高哀也。不義宋公，而來奔魯。事在文十四年。」
〔五〕師古曰：「春秋文四年『楚人滅江』，今此云晉，未詳其說。」
〔六〕師古曰：「六，國名也，在廬江六縣。文五年楚人滅之。」
〔七〕師古曰：「文七年冬公孫敖如莒莅盟，十一年叔彭生會郤缺于承匡。公孫敖，孟穆伯；叔彭生，叔仲惠伯也。」

十五年「六月辛丑朔，日有食之」。董仲舒、劉向以爲後宋、齊、莒、晉、鄭八年之間五君殺死，〔一〕(夷)〔楚〕滅舒蓼。劉歆以爲四月二日魯、衞分。

〔一〕師古曰：「文十六年宋弒其君杵臼，十八年夏齊人弒其君商人，冬莒弒其君庶其，宣二年晉趙盾弒其君夷皋，四年鄭公子歸生弒其君夷也。」

宣公八年「七月甲子，日有食之，既」。董仲舒、劉向以爲先是楚商臣弒父而立，至于嚴王遂彊。諸夏大國唯有齊、晉，齊、晉新有篡弒之禍，内皆未安，故楚乘弱橫行，八年之間六侵伐而一滅國；〔一〕伐陸渾戎，觀兵周室；〔二〕後又入鄭，鄭伯肉袒謝罪；北敗晉師于邲，流血色水；〔三〕圍宋九月，析骸而炊之。〔四〕劉歆以爲十月二日楚、鄭分。

〔一〕師古曰：「六侵伐者，謂宣元年侵陳，三年侵鄭，四年伐鄭，五年伐鄭，六年伐鄭，八年伐陳也。一滅國者，謂八年滅舒蓼也。」
〔二〕師古曰：「宣三年『楚子伐陸渾之戎，遂至于洛，觀兵于周疆』。觀兵者，示威武也。」
〔三〕師古曰：「事並在十二年。邲，鄭地。色水，謂血流入水而變水之色也。邲音蒲必反。」
〔四〕師古曰：「事在十五年。炊，爨也。言無薪樵，示困之甚也。」

十年「四月丙辰，日有食之」。董仲舒、劉向以爲後陳夏徵舒弒其君，〔一〕楚滅蕭，〔二〕晉滅二國，〔三〕王札子殺召伯、毛伯。〔四〕劉歆以爲二月魯、衞分。

〔一〕師古曰：「弒靈公也。事在十年。」
〔二〕師古曰：「蕭，宋附庸國也。事在十二年。」
〔三〕師古曰：「謂十五年滅赤狄潞氏，十六年滅赤狄甲氏。」
〔四〕師古曰：「事在十五年。」

十七年「六月癸卯，日有食之」。董仲舒、劉向以爲後邾支解鄫子，〔一〕晉敗王師于貿

戎，〔二〕敗齊于鞌。〔三〕劉歆以爲三月晦朓魯、衞分。〔四〕

〔一〕師古曰：「十八年，邾人戕鄫子于鄫，支解而節斷之，謂解其四支，斷其骨節。」

〔二〕師古曰：「事在成元年。」

〔三〕師古曰：「事在成二年。」

〔四〕服虔曰：「朓，相覜也。日晦食爲朓。」臣瓚曰：「志云晦而月見西方曰朓，以此名之，非日食晦之名也。」師古曰：「朓音佗了反。」

成公十六年「六月丙寅朔，日有食之」。董仲舒、劉向以爲後晉敗楚、鄭于鄢陵，〔一〕執魯侯。〔二〕劉歆以爲四月二日魯、衞分。

〔一〕師古曰：「事在十六年。鄢陵，鄭地。」

〔二〕師古曰：「已解於上。」

十七年「十二月丁巳朔，日有食之」。董仲舒、劉向以爲後楚滅舒庸，〔一〕晉弑其君，〔二〕宋魚石因楚奪君邑，〔三〕莒滅鄫，齊滅萊，〔四〕鄭伯弑死。〔五〕劉歆以爲九月周、楚分。

〔一〕師古曰：「事在十七年日食之後。舒庸，蓋羣舒之一種，楚與國也。」

〔二〕師古曰：「謂厲公也。事在十八年。」

〔三〕師古曰：「魚石，宋大夫也，十五年出奔楚，至十八年楚伐宋，取彭城而納之。」

〔四〕師古曰：「事並在襄六年。鄫、萊皆小國。」

〔五〕師古曰：「鄭僖公也，襄七年會于鄬，其大夫子駟使賊夜殺之，而以虐疾赴。鄬音蔿。」

襄公十四年「二月乙未朔，日有食之」。董仲舒、劉向以爲後衞大夫孫、甯共逐獻公，立孫剽。〔一〕劉歆以爲前年十二月二日宋、燕分。

〔一〕孟康曰：「剽音驃。」師古曰：「孫林父、甯殖逐獻公，襄十四年四月出奔齊，而立剽。剽，穆公之孫也。剽又音匹妙反。」

十五年「八月丁巳〔朔〕，日有食之」。董仲舒、劉向以爲先是晉爲雞澤之會，諸侯盟，又大夫盟，後爲溴梁之會，諸侯在而大夫獨相與盟，〔一〕君若綴斿，不得舉手。〔二〕劉歆以爲五月二日魯、趙分。

〔一〕師古曰：「並已解於上。」

〔二〕應劭曰：「斿，旌旗之流，隨風動搖也。」師古曰：「言爲下所執，隨人東西也。」

二十年「十月丙辰朔，日有食之」。董仲舒以爲陳慶虎、慶寅蔽君之明，〔一〕邾庶其有叛心，〔二〕後庶其以漆、閭丘來奔，〔三〕陳殺二慶。〔四〕劉歆以爲八月秦、周分。

〔一〕師古曰：「二慶，並陳大夫也。襄二十年，陳侯之弟黃出奔楚，將出，呼於國曰：『慶氏無道，求專陳國，暴蔑其君，而去其親，五年不滅，是無天也。』」

〔二〕師古曰：「庶其，邾大夫。」

〔三〕師古曰：「事在二十一年。漆及閭丘，邾之二邑。」

〔四〕師古曰：「二十三年，陳侯如楚，公子黃訴二慶。楚人召之，慶氏以陳叛楚，屈建從陳侯圍陳，遂殺二慶也。」

二十一年「九月庚戌朔，日有食之」。董仲舒以爲晉欒盈將犯君，後入于曲沃。〔一〕劉歆以爲七月秦、晉分。

〔一〕師古曰：「已解於上。」

「十月庚辰朔，日有食之」。董仲舒以爲宿在軫、角，楚大國象也。後楚屈氏譖殺公子追舒，〔一〕齊慶封脅君亂國。〔二〕劉歆以爲八月秦、周分。

〔一〕師古曰：「公子追舒，楚令尹子南也。二十二年，楚殺之。」

〔二〕師古曰：「慶封，齊大夫也。二十七年，使盧蒲嫳帥甲攻崔氏，殺成及彊，盡俘其家。崔杼縊而死，自是慶封當國，專執政也。」

二十三年「二月癸酉朔，日有食之」。董仲舒以爲後衞侯入陳儀，〔一〕甯喜弑其君剽。〔二〕劉歆以爲前年十二月二日宋、燕分。

〔一〕師古曰：「衞侯衎也，前爲孫、甯所逐，二十五年入于陳儀。陳儀，衞邑。左傳云夷儀。」

〔二〕師古曰：「二十六年，甯喜殺剽，而衎入于衞。甯喜，殖子也。」

二十四年「七月甲子朔，日有食之，既」。劉歆以爲五月魯、趙分。

「八月癸巳朔，日有食之」。董仲舒以爲比食又既，〔一〕象陽將絕，〔二〕夷狄主上國之象

也。後六君弑，〔三〕楚子果從諸侯伐鄭，〔四〕滅舒鳩，〔五〕魯往朝之，〔六〕卒主中國，〔七〕伐吳討慶封。〔八〕劉歆以爲六月晉、趙分。

〔一〕師古曰：「比，頻也。」

〔二〕孟康曰：「陽，君也。」

〔三〕師古曰：「謂二十五年齊崔杼殺其君光，二十六年衞甯喜弑其君剽，二十九年閽殺吳子餘祭，三十年蔡太子班弑其君固，三十一年莒人弑其君密州，昭元年楚令尹子圍入問王疾，縊而殺之。」

〔四〕師古曰：「二十四年冬，楚子、蔡侯、陳侯、許男伐鄭。」

〔五〕師古曰：「二十五年，楚屈建帥師滅舒鳩。舒鳩亦羣舒一種。」

〔六〕師古曰：「二十八年，公如楚。」

〔七〕師古曰：「謂楚靈王以昭四年與諸侯會于申。」

〔八〕師古曰：「慶封以二十八年爲慶舍之難自齊出奔魯，遂奔吳。至申之會，楚靈王伐吳，執慶封而殺之。」

二十七年「十二月乙亥朔，日有食之」。董仲舒以爲禮義將大滅絕之象也。時吳子好勇，使刑人守門；〔一〕蔡侯通於世子之妻；〔二〕莒不早立嗣。〔三〕後閽戕吳子，〔四〕蔡世子般弑其父，莒人亦弑君而庶子爭。〔五〕劉向以爲自二十年至此歲，八年間日食七作，禍亂將重起，〔六〕故天仍見戒也。〔七〕後齊崔杼弑君，〔八〕宋殺世子，〔九〕北燕伯出奔，〔一〇〕鄭大夫自外入而篡位，〔一一〕指略如董仲舒。劉歆以爲九月周、楚分。

〔一〕師古曰：「吳子即餘祭也。刑人，閽者。」
〔二〕師古曰：「即蔡侯固，爲太子所殺者也。」
〔三〕師古曰：「即密州也，生去疾及展輿，旣立展輿又廢之。」
〔四〕師古曰：「戕，傷也。它國臣來弒君曰戕。音牆。」
〔五〕師古曰：「展輿因國人攻其父而殺之。展輿卽位，去疾奔齊。明年去疾入而展輿出奔吳。並非嫡嗣，故云庶子爭。」
〔六〕師古曰：「重音直用反。」
〔七〕師古曰：「仍，頻也。」
〔八〕師古曰：「已解於上。」
〔九〕師古曰：「宋平公太子痤也。事在二十六年。」
〔一〇〕孟康曰：「有南燕，故言北燕，南燕姞姓，北燕姬姓也。」師古曰：「昭三年『北燕伯款出奔齊』。」
〔一一〕師古曰：「謂伯有也。已解於上。」

昭公七年「四月甲辰朔，日有食之」。董仲舒、劉向以爲先是楚靈王弒君而立，會諸侯，〔一〕執徐子，滅賴，〔二〕後陳公子招殺世子，〔三〕楚因而滅之，〔四〕又滅蔡，〔五〕後靈王亦弒死。〔六〕劉歆以爲二月魯、衞分。傳曰晉侯問於士文伯曰：「誰將當日食？」〔七〕對曰：「魯、衞惡之，衞大魯小。」公曰：「何故？」對曰：「去衞地，如魯地，於是有災，其衞君乎？魯將上卿。」

是歲，八月衞襄公卒，十一月魯季孫宿卒。晉侯謂士文伯曰：「吾所問日食從矣，可常乎？」〔八〕對曰：「不可。六物不同，民心不壹，事序不類，官職不則，同始異終，胡可常也？詩曰：『或宴宴居息，或盡顇事國。』〔九〕其異終也如是。」公曰：「何謂六物？」對曰：「歲、時、日、月、星、辰是謂。」公曰：「何謂辰？」對曰：「日月之會是謂。」公曰：「詩所謂『此日而食，于何不臧』，何也？」〔一〇〕對曰：「不善政之謂也。國無政，不用善，則自取適于日月之災。〔一一〕故政不可不愼也，務三而已：一曰擇人，二曰因民，三曰從時。」此推日食之占循變復之要也。易曰：「縣象著明，莫大於日月。」〔一二〕是故聖人重之，載于三經。〔一三〕於易在豐之震曰：「豐其沛，日中見昧，折其右肱，亡咎。」〔一四〕於詩十月之交，則著卿士、司徒，下至趣馬、師氏，咸非其材。〔一五〕同於右肱之所折，協於三務之所擇，明小人乘君子，陰侵陽之原也。

〔一〕師古曰：「已解於上。」
〔二〕師古曰：「申之會，楚人執徐子，遂滅賴。」
〔三〕師古曰：「招，成公子，哀公弟也。昭八年，經書『陳侯之弟招殺陳太子偃師』。偃師卽哀公之子也。招音韶。」
〔四〕師古曰：「偃師之死，哀公縊。其九月，楚公子棄疾奉偃師之子孫吳圍陳，遂滅之。」
〔五〕師古曰：「十一年，楚師滅蔡也。執太子有以歸，用之。」
〔六〕師古曰：「十三年，楚公子比弒其君虔于乾谿是也。」
〔七〕師古曰：「士文伯，晉大夫伯瑕。」

〔八〕師古曰：「從，謂如士文伯之言也。可常，謂常可以此占之（下）〔不〕。」
〔九〕如淳曰：「顇，古悴字也。」師古曰：「小雅北山之詩也。宴宴，安息之貌也。盡悴，言盡力而悴病也。」
〔一〇〕師古曰：「小雅十月之交之詩也。臧，善也。」
〔一一〕師古曰：「適讀曰謫。」
〔一二〕師古曰：「上繫之辭也。」
〔一三〕師古曰：「謂易、詩、春秋。」
〔一四〕服虔曰：「日中而昏也。」師古曰：「此豐卦九三爻辭也，言遇此災，則當退去右肱之臣，乃免咎。」
〔一五〕師古曰：「十月之交詩曰：『皇父卿士，番維司徒。棸維趣馬，楀維師氏，豔妻煽方處。』司徒，地官卿也，掌邦教。趣馬，中士也，掌王馬之政。師氏，中大夫也，掌司朝得失之事。番、棸、楀，皆氏也。美色曰豔。豔妻，褒姒也。煽，熾也。詩人刺王淫於色，故皇父之徒皆用后寵而處職位，不以德選也。趣音千后反。棸音居衞反。楀音居禹反。番音扶元反。」

十五年「六月丁巳朔，日有食之」。劉歆以爲三月魯、衞分。

十七年「六月甲戌朔，日有食之」。董仲舒以爲時宿在畢，晉國象也。晉厲公誅四大夫，失衆心，以弒死。〔一〕後莫敢復責大夫，六卿遂相與比周，專晉國，君還事之。〔二〕日比再食，其事在春秋後，故不載於經。劉歆以爲魯、趙分。左氏傳平子曰：〔三〕「唯正月朔，慝未作，日有食之，於是乎天子不舉，伐鼓於社，諸侯用幣於社，伐鼓於朝，禮也。其餘則否。」太史

曰：「在此月也，日過分而未至，三辰有災，百官降物，君不舉，避移時，樂奏鼓，祝用幣，史用辭，嗇夫馳，庶人走，此月朔之謂也。當夏四月，是謂孟夏。」說曰：正月謂周六月，夏四月，正陽純乾之月也。慝謂陰爻也，冬至陽爻起初，故曰復。至建巳之月爲純乾，亡陰爻，而陰侵陽，爲災重，故伐鼓用幣，責陰之禮。降物，素服也。不舉，去樂也。避移時，避正堂，須時移災復也。嗇夫，掌幣吏。庶人，其徒役也。劉歆以爲六月二日魯、趙分。

〔一〕師古曰：「四大夫，謂三郤及胥童也。胥童非厲公所誅，以導亂而死，故總書四大夫。厲公竟爲欒書、中行偃所殺。」
〔二〕師古曰：「六卿謂范氏、中行氏、智氏、韓、魏、趙也。」
〔三〕師古曰：「季平子。」

二十一年「七月壬午朔，日有食之」。董仲舒以爲周景王老，劉子、單子專權，〔一〕蔡侯朱驕，君臣不說之象也。〔二〕後蔡侯朱果出奔，〔三〕劉子、單子立王猛。劉歆以爲五月二日魯、趙分。

〔一〕師古曰：「已解於上。」
〔二〕師古曰：「蔡侯朱，蔡平公之子。說讀曰悅。」
〔三〕師古曰：「昭二十一年出奔楚。」

二十二年「十二月癸酉朔，日有食之」。董仲舒以爲宿在心，天子之象也。後尹氏立王子

朝天王居于狄泉。〔一〕劉歆以爲十月楚、鄭分。

〔一〕師古曰：「天王，敬王也，避子朝之難，故居狄泉。」

二十四年「五月乙未朔，日有食之」。董仲舒以爲宿在胃，魯象也。後昭公爲季氏所逐。劉向以爲自十五年至此歲，十年間天戒七見，人君猶不寤。後楚殺戎蠻子，〔一〕晉滅陸渾戎，〔二〕盜殺衞侯兄，〔三〕蔡、莒之君出奔，〔四〕吳滅巢，〔五〕公子光殺王僚，〔六〕宋三臣以邑叛其君。〔七〕它如仲舒。劉歆以爲二日魯、趙分。是月斗建辰。左氏傳梓慎曰：「將大水。」〔八〕昭子曰：「旱也。〔九〕日過分而陽猶不克，克必甚，能無旱乎！〔一〇〕陽不克，莫將積聚也。」〔一一〕是歲秋，大雩，旱也。二至二分，日有食之，不爲災。日月之行也，春秋分日夜等，故同道；冬夏至長短極，故相過。相過同道而食輕，不爲大災，水旱而已。

〔一〕師古曰：「昭十六年楚子誘戎蠻子殺之。戎蠻國在河南新城縣。」
〔二〕師古曰：「十七年晉荀吳帥師滅陸渾之戎。其地今陸渾縣是也。」
〔三〕師古曰：「衞靈公兄也，名縶，二十年爲齊豹所殺。以豹不義，故貶稱盜，所謂求名而不得。」
〔四〕師古曰：「蔡君，即朱也。莒君，莒子庚與也，二十三年出奔魯。」
〔五〕師古曰：「二十四年吳滅巢。巢，吳、楚間小國，即居巢城是也。」
〔六〕師古曰：「事在二十七年。」
〔七〕師古曰：「二十一年，宋華亥、向寧、華定入于宋南里以叛是也。」

〔八〕師古曰：「梓慎，魯大夫。」
〔九〕師古曰：「叔孫昭子。」
〔一〇〕孟康曰：「謂春分後陰多陽少，爲不克。陽勝則盛，故言甚。」
〔一一〕蘇林曰：「莫，莫爾不勝，爲積聚也。」

三十一年「十二月辛亥朔，日有食之」。董仲舒以爲宿在心，天子象也。時京師微弱，後諸侯果相率而城周，〔一〕宋中幾亡尊天子之心，而不衰城。〔二〕劉向以爲時吳滅徐，〔三〕而蔡滅沈，〔四〕楚圍蔡，吳敗楚入郢，昭王走出。〔五〕劉歆以爲二日宋、燕分。

〔一〕師古曰：「定元年，晉魏舒合諸侯之大夫于狄泉以城周是也。」
〔二〕師古曰：「中幾，宋大夫。衰城，謂以差次受功賦也。衰音初爲反。一曰，衰讀曰蓑。蓑城，謂以草覆城也。蓑音先和反。中讀曰仲。」
〔三〕師古曰：「事在昭三十年。」
〔四〕師古曰：「定四年蔡公孫姓帥師滅沈。」
〔五〕師古曰：「事並在定四年。」

定公五年「三月辛亥朔，日有食之」。董仲舒、劉向以爲後鄭滅許，〔一〕魯陽虎作亂，竊寶玉大弓，季桓子退仲尼，宋三臣以邑叛。〔二〕劉歆以爲正月二日燕、趙分。

〔一〕師古曰：「六年鄭游速帥師滅許，以許男斯歸。」

〔二〕師古曰：「已解於上。」

十二年「十一月丙寅朔，日有食之」。董仲舒、劉向以爲後晉三大夫以邑叛，薛弒其君，〔一〕楚滅頓、胡，〔二〕越敗吳，〔三〕衞逐世子。〔四〕劉歆以爲十二月二日楚、鄭分。

〔一〕師古曰：「十三年，晉趙鞅入于晉陽以叛，荀寅、士吉射入朝歌以叛，薛殺其君比。」
〔二〕師古曰：「十四年，楚公子結帥師滅頓，以頓子牂歸。十五年，楚人滅胡，以胡子豹歸。」
〔三〕師古曰：「十四年五月於越敗吳于檇李是也。檇音醉。」
〔四〕師古曰：「十四年，衞太子蒯聵出奔宋。」

十五年「八月庚辰朔，日有食之」。董仲舒以爲宿在柳，周室大壞，夷狄主諸夏之象也。明年，中國諸侯果累累從楚而圍蔡，〔一〕蔡恐，遷于州來。〔二〕晉人執戎蠻子歸于楚，〔三〕京師楚也。〔四〕劉向以爲盜殺蔡侯，〔五〕齊陳乞弒其君而立陽生，〔六〕孔子終不用。劉歆以爲六月晉、趙分。

〔一〕師古曰：「哀元年楚子、陳侯、隨侯、許男圍蔡是也。累讀曰纍。纍，不絕之貌。」
〔二〕師古曰：「哀二年十一月，蔡遷于州來。州來，楚邑，今下蔡縣是。」
〔三〕師古曰：「哀公四年，晉人執戎蠻子赤歸于楚。」
〔四〕師古曰：「言以楚爲京師。」
〔五〕師古曰：「哀四年，蔡公孫翩殺蔡侯申。翩非大夫，故賤之而書盜。」

〔六〕師古曰：「哀六年齊陳乞弒其君荼。荼即景公之子也。陽生，荼之兄，即悼公也。荼音塗。」

哀公十四年「五月庚申朔，日有食之」。在獲麟後。劉歆以爲三月二日齊、衞分。

凡春秋十二公，二百四十二年，日食三十六。穀梁以爲朔二十六，晦七，夜二，二日一。公羊以爲朔二十七，二日七，晦二。左氏以爲朔十六，二日十八，晦一，不書日者二。

高帝三年十月甲戌晦，日有食之，在斗二十度，燕地也。後二年，燕王臧荼反，誅，立盧綰爲燕王，後又反，敗。

十一月癸卯晦，日有食之，在虛三度，齊地也。後二年，齊王韓信徙爲楚王，明年廢爲列侯，後又反，誅。

九年六月乙未晦，日有食之，既，在張十三度。

惠帝七年正月辛丑朔，日有食之，在危十三度。谷永以爲歲首正月朔日，是爲三朝，尊者惡之。

五月丁卯，先晦一日，日有食之，幾盡，〔一〕在七星初。劉向以爲五月微陰始起而犯至陽，其占重。至其八月，宮車晏駕，有呂氏詐置嗣君之害。京房易傳曰：「凡日食不以晦朔者，名曰薄。人君誅將不以理，或賊臣將暴起，日月雖不同宿，陰氣盛，薄日光也。」

〔一〕師古曰：「幾音鉅依反。後皆類此。」

高后二年六月丙戌晦，日有食之。

七年正月己丑晦，日有食之，既，在營室九度，爲宮室中。時高后惡之，曰：「此爲我也！」明年應。〔一〕

〔一〕師古曰：「謂高后崩也。」

文帝二年十一月癸卯晦，日有食之，在婺女一度。

三年十月丁酉晦，日有食之，在斗二十(三)〔二〕度。

十一月丁卯晦，日有食之，在虛八度。

後四年四月丙辰晦，日有食之，在東井十三度。

七年正月辛未朔，日有食之。

景帝三年二月壬午晦，日有食之，在胃二度。

七年十一月庚寅晦，日有食之，在虛九度。

中元年十二月甲寅晦，日有食之。

中二年九月甲戌晦，日有食之。

三年九月戊戌晦，日有食之，幾盡，在尾九度。

六年七月辛亥晦，日有食之，在軫七度。

後元年七月乙巳，先晦一日，日有食之，在翼十七度。

武帝建元二年二月丙戌朔，日有食之，在奎十四度。劉向以爲奎爲卑賤婦人，後有衞皇后自至微興，卒有不終之害。〔一〕

〔一〕師古曰：「皇后自殺，不終其位也。」

三年九月丙子晦，日有食之，在尾二度。

五年正月己巳朔，日有食之。

元光元年二月丙辰晦，日有食之。

七月癸未，先晦一日，日有食之，在翼八度。劉向以爲前年高園便殿災，與春秋御廩災後日食於翼、軫同。其占，內有女變，外爲諸侯。其後陳皇后廢，江都、淮南、衡山王謀反，誅。日中時食從東北，過半，晡時復。

元朔二年二月乙巳晦，日有食之，在胃三度。

六年十一月癸丑晦，日有食之。

元狩元年五月乙巳晦，日有食之，在柳六度。京房易傳推以爲是時日食從旁右，法曰君失臣。明年丞相公孫弘薨。日食從旁左者，亦君失臣；從上者，臣失君；從下者，君失民。

元鼎五年四月丁丑晦，日有食之，在東井二十三度。

元封四年六月己酉朔，日有食之。

太始元年正月乙巳晦，日有食之。

四年十月甲寅晦，日有食之，在斗十九度。

征和四年八月辛酉晦，日有食之，不盡如鉤，在亢二度。晡時食從西北，日下晡時復。

昭帝始元三年十一月壬辰朔，日有食之，在斗九度，燕地也。後四年，燕剌王謀反，誅。

元鳳元年七月己亥晦，日有食之，幾盡，在張十二度。劉向以爲己亥而既，其占重。〔一〕後六年，宮車晏駕，卒以亡嗣。

〔一〕孟康曰：「己，土；亥，水也。純陰，故食爲最重也。日食盡爲既。」

宣帝地節元年十二月癸亥晦，日有食之，在營室十五度。

五鳳元年十二月乙酉朔，日有食之，在婺女十度。

四年四月辛丑朔，日有食之，在畢十九度。是爲正月朔，慝未作，左氏以爲重異。

元帝永光二年三月壬戌朔，日有食之，在婁八度。

四年六月戊寅晦，日有食之，在張七度。

建昭五年六月壬申晦，日有食之，不盡如鉤，因入。

成帝建始三年十二月戊申朔，日有食之，其夜未央殿中地震。谷永對曰：「日食婺女九度，占在皇后。地震蕭牆之內，咎在貴妾。〔一〕二者俱發，明同事異人，共掩制陽，將害繼嗣也。亶日食，則妾不見；〔二〕亶地震，則后不見。異日而發，則似殊事；亡故動變，則恐不知。是月后妾當有失節之郵，〔三〕故天因此兩見其變。若曰，違失婦道，隔遠衆妾，〔四〕妨絕繼嗣者，此二人也。」杜欽對亦曰：「日以戊申食，時加未。戊未，土也，中宮之部。其夜殿中地震，此必適妾將有爭寵相害而爲患者。〔五〕人事失於下，變象見於上。能應之(司)〔以〕德，則咎異消；忽而不戒，則禍敗至。〔六〕應之，非誠不立，非信不行。」

〔一〕師古曰：「蕭牆，謂門屏也。蕭，肅也，人臣至此，加肅敬也。」

〔二〕師古曰：「亶讀曰但。下例並同。」

〔三〕師古曰：「郵與尤同。尤，過也。」

〔四〕師古曰：「遠音于萬反。」

〔五〕師古曰：「適讀曰嫡。」

〔六〕師古曰：「忽，怠忘。」

河平元年四月己亥晦，日有食之，不盡如鉤，在東井六度。劉向對曰：「四月交於五月，月同孝惠，日同孝昭。東井，京師地，且既，其占恐害繼嗣。」日蚤食時，從西南起。

三年八月乙卯晦，日有食之，在房。

四年三月癸丑朔，日有食之，在昴。

陽朔元年二月丁未晦，日有食之，在胃。

永始元年九月丁巳晦，日有食之。谷永以京房易占對曰：「元年九月日蝕，酒亡節之所致也。獨使京師知之，四國不見者，若曰，湛湎于酒，君臣不別，禍在內也。」〔一〕

〔一〕師古曰：「湛讀曰沈，又讀曰耽也。」

永始二年二月乙酉晦，日有食之。谷永以京房易占對曰：「今年二月日食，賦斂不得度，民愁怨之所致也。所以使四方皆見，京師陰蔽者，若曰，人君好治宮室，大營墳墓，賦斂茲重，而百姓屈竭，〔一〕禍在外也。」

〔一〕師古曰：「茲，益也。屈，盡也，音其勿反。」

三年正月己卯晦，日有食之。

四年七月辛未晦，日有食之。

元延元年正月己亥朔，日有食之。

哀帝元壽元年正月辛丑朔，日有食之，不盡如鉤，在營室十度，與惠帝七年同月日。

二年三月壬辰晦，日有食之。

平帝元始元年五月丁巳朔，日有食之，在東井。

二年九月戊申晦，日有食之，既。

凡漢著紀十二世，二百一十二年，日食五十三，朔十四，晦三十六，先晦一日三。

成帝建始元年八月戊午，晨漏未盡三刻，有兩月重見。京房易傳曰：「『婦貞厲，月幾望，君子征，凶。』〔一〕言君弱而婦彊，爲陰所乘，則月並出。晦而月見西方謂之朓，朔而月見東方謂之仄慝，〔二〕仄慝則侯王其肅，朓則侯王其舒。」劉向以爲朓者疾也，君舒緩則臣驕慢，故日行遲而月行疾也。仄慝者不進之意，君肅急則臣恐懼，故日行疾而月行遲，不敢迫近君也。不舒不急，以正失之者，食朔日。劉歆以爲舒者侯王展意顓事，臣下促急，故月行疾也。肅者王侯縮朒不任事，〔三〕臣下弛縱，故月行遲也。〔四〕當春秋時，侯王率多縮朒不任事，故食二日仄慝者十八，食晦日朓者一，此其效也。考之漢家，食晦朓者三十六，終亡二日仄慝者，歆說信矣。此皆謂日月亂行者也。

〔一〕師古曰：「小畜上九爻辭也。幾音鉅依反。」

〔二〕孟康曰：「朓者，月行疾在日前，故早見。仄慝者，行遲在日後，當沒而更見。」師古曰：「朓音吐了反。」

〔三〕服虔曰：「朒音忸怩之忸。」鄭氏曰：「不任事之貌也。」師古曰：「朒音女六反。」

〔四〕師古曰：「弛，放也，音式爾反。」

元帝永光元年四月，日色青白，亡景，〔一〕正中時有景亡光。〔二〕是夏寒，至九月，日乃有光。京房易傳曰：「美不上人，茲謂上弱，厥異日白，七日不溫。順亡所制茲謂弱，〔三〕日白六十日，物亡霜而死。天子親伐，茲謂不知，日白，體動而寒。弱而有任，茲謂不亡，日白不溫，明不動。辟（譽）〔遏〕公行，茲謂不伸，〔四〕厥異日黑，大風起，天無雲，日光晻。〔五〕不難上政，茲謂見過，日黑居仄，大如彈丸。」

〔一〕韋昭曰：「日下無景也。無景，謂唯質見耳。」

〔二〕韋昭曰：「無光曜也。」

〔三〕孟康曰：「君順從於臣下，無所能制。」

〔四〕孟康曰：「辟，君也。有過而公行之。」

〔五〕師古曰：「晻與闇同也。」

成帝河平元年正月壬寅朔，日月俱在營室，時日出赤。二月癸未，日朝赤，且入又赤，夜月赤。甲申，日出赤如血，亡光，漏上四刻半，乃頗有光，燭地赤黃，食後乃復。京房易傳曰：「辟不聞道茲謂亡，厥異日赤。」三月乙未，日出黃，有黑氣大如錢，居日中央。京房易傳

曰：「祭天不順茲謂逆，厥異日赤，其中黑。聞善不予，茲謂失知，厥異日黃。」夫大人者，與天地合其德，與日月合其明，故聖王在上，總命羣賢，以亮天功，〔一〕則日之光明，五色備具，燭燿亡主；有主則爲異，應行而變也。色不虛改，形不虛毀，觀日之五變，足以監矣。故曰「縣象著明，莫大乎日月」，此之謂也。

〔一〕師古曰：「虞書舜典帝曰：『咨，二十有二人，欽哉，惟時亮天功。』謂敕六官、十二牧、四嶽，令各敬其職事，信定其功，順天道也。故志引之。」

嚴公七年「四月辛卯夜，恆星不見，夜中星隕如雨」。董仲舒、劉向以爲常星二十八宿者，人君之象也；衆星，萬民之類也。列宿不見，象諸侯微也；衆星隕墜，民失其所也。夜中者，爲中國也。不及地而復，象齊桓起而救存之也。鄉亡桓公，星遂至地，中國其良絕矣。〔一〕劉向以爲夜中者，言不得終性命，中道敗也。或曰象其叛也，言當中道叛其上也。天垂象以視下，〔二〕將欲人君防惡遠非，慎卑省微，以自全安也。〔三〕如人君有賢明之材，畏天威命，若高宗謀祖己，〔四〕成王泣金縢，〔五〕改過修正，立信布德，存亡繼絕，修廢舉逸，下學而上達，〔六〕裁什一之稅，復三日之役，〔七〕節用儉服，以惠百姓，則諸侯懷德，士民歸仁，災消而福興矣。遂莫肯改寤，法則古人，而各行其私意，終於君臣乖離，上下交怨。自是之

後，齊、宋之君弒，(八)譚、遂、邢、衞之國滅，(九)宿遷於宋，(一〇)蔡獲於楚，(一一)晉相弒殺，五世乃定，(一二)此其效也。左氏傳曰：「恆星不見，夜明也；星隕如雨，與雨偕也。」劉歆以爲晝象中國，夜象夷狄。夜明，故常見之星皆不見，象中國微也。「星隕如雨」，如，而也，星隕而且雨，故曰「與雨偕也」，明雨與星隕，兩變相成也。洪範曰：「庶民惟星。」易曰：「雷雨作，解。」(一三)是歲歲在玄枵，齊分壄也。夜中而星隕，象庶民中離上也。雨以解過施，復從上下，象齊桓行伯，(一四)復興周室也。周四月，夏二月也，日在降婁，魯分壄也。先是，衞侯朔奔齊，衞公子黔牟立，齊帥諸侯伐之，天子使使救衞。(一五)魯公子溺專政，會齊以犯王命，(一六)嚴弗能止，卒從而伐衞，逐天王所立。(一七)不義至甚，而自以爲功。(名)〔民〕去其上，政繇下作，(一八)尤著，故星隕於魯，天事常象也。

〔一〕師古曰：「鄉讀曰嚮。中國，中夏之國也。良猶信也。」

〔二〕師古曰：「視讀曰示。」

〔三〕師古曰：「遠，離也。省，視。」

〔四〕師古曰：「謂殷之武丁有雊雉之異，而祖己訓諸王，作高宗肜日高宗之訓。」

〔五〕師古曰：「武王有疾，周公作金縢之書爲王請命，王翌日乃瘳。後武王崩，成王即位，管、蔡流言，而周公居東。天大雷電以風，禾盡偃，大木斯拔。王啓金縢，乃得周公代武王之說，王執書以泣，遣使者逆公。王出郊，天乃雨，反風，禾則盡起。」

〔六〕師古曰：「下學，謂博謀於羣下也。上達，謂通於天道而畏威。」

〔七〕師古曰：「古之田租，十稅其一，一歲役兆庶不過三日也。」

〔八〕師古曰：「莊八年齊無知弒其君諸兒，十二年宋萬弒其君捷也。」

〔九〕師古曰：「十年齊侯滅譚，十三年齊人滅遂，閔二年狄人入衞，僖二十五年衞侯燬滅邢。」

〔一〇〕師古曰：「莊十年宋人遷宿，蓋取其地也。宿國，東平無鹽縣是。」

〔一一〕師古曰：「莊十年荆敗蔡師于莘，以蔡侯獻舞歸也。」

〔一二〕師古曰：「謂殺奚齊、卓子及懷公也。自獻公以至文公反國，凡易五君乃定。」

〔一三〕師古曰：「解卦象辭也。」

〔一四〕師古曰：「伯讀曰霸。」

〔一五〕師古曰：「已解於上。」

〔一六〕師古曰：「溺，魯大夫名也。莊三年，『溺會齊師伐衞』，疾其專命，故貶而去族。天子救衞，而溺伐之，故云犯王命。」

〔一七〕師古曰：「謂放黔牟也。」

〔一八〕師古曰：「繇讀與由同。次下亦同。」

成帝永始二年二月癸未，夜過中，星隕如雨，長一二丈，繹繹未至地滅，(一)至雞鳴止。谷永對曰：「日月星辰燭臨下土，其有食隕之異，則遐邇幽隱靡不咸睹。星辰附離于天，猶庶民附離王者也。王者失道，綱紀廢頓，下將叛去，故星叛天而隕，以見其象。春秋記異，星隕最大，自魯嚴以來，至今再見。臣聞三代所以喪亡者，皆繇婦人羣小，湛湎於酒。(二)書云：『乃用其婦人之言，四方之逋逃多罪，是信是使。』(三)詩曰：『赫赫宗周，褒姒烕之。』(四)『顛覆厥德，荒沈于酒。』(五)及秦所以二世而亡者，養生大奢，奉終大厚。方今國家兼而有之，社稷宗廟之大憂也。」京房易傳曰：「君不任賢，厥妖天雨星。」

〔一〕師古曰：「繹繹，光采貌。」

〔二〕師古曰：「湛讀曰沈，又讀曰耽。其下亦同。」

〔三〕師古曰：「周書泰誓也。言紂惑於妲己，而昵近亡逃罪人，信用之。」

〔四〕師古曰：「小雅正月之詩也。已解於上。烕音許悅反。」

〔五〕師古曰：「大雅抑之詩也。刺王傾敗其德，荒廢政事而耽酒。」

文公十四年「七月，有星孛入于北斗」。董仲舒以爲孛者惡氣之所生也。謂之孛者，言其孛孛有所妨蔽，闇亂不明之貌也。北斗，大國象。後齊、宋、魯、莒、晉皆弒君。(一)劉向以爲君臣亂於朝，政令虧於外，則上濁三光之精，五星贏縮，變色逆行，甚則爲孛。北斗，人君象；孛星，亂臣類，篡殺之表也。星傳曰「魁者，貴人之牢」。又曰「孛星見北斗中，大臣諸侯有受誅者」。一曰魁爲齊、晉。夫彗星較然在北斗中，天之視人顯矣，(二)史之有占明矣，時

君終不改寤。是後，宋、魯、莒、晉、鄭、陳六國咸弒其君，(三)齊再弒焉。(四)中國既亂，夷狄並侵，兵革從橫，楚乘威席勝，深入諸夏，(五)六侵伐，(六)一滅國，(七)觀兵周室。(八)晉外滅二國，(九)內敗王師，(一〇)又連三國之兵大敗齊師于鞌，(一一)追亡逐北，東臨海水，(一二)威陵京師，武折大齊。皆孛星炎之所及，流至二十八年。(一三)星傳又曰：「彗星入北斗，有大戰。其流入北斗中，得名人；(一四)不入，失名人。」宋華元，賢名大夫，大棘之戰，華元獲於鄭，(一五)傳舉其效云。左氏傳曰有星孛北斗，周史服曰：「不出七年，宋、齊、晉之君皆將死亂。」(一六)劉歆以爲北斗有環域，四星入其中也。斗，天之三辰，綱紀星也。宋、齊、晉，天子方伯，中國綱紀。彗所以除舊布新也。斗七星，故曰不出七年。至十六年，宋人弒昭公；(一七)十八年，齊人弒懿公；(一八)宣公二年，晉趙穿弒靈公。

〔一〕師古曰：「文十四年齊公子商人弒其君舍，十六年宋人弒其君杵臼，十八年襄仲殺惡及視，莒弒其君庶其，宣二年晉趙穿攻靈公於桃園。」

〔二〕師古曰：「視讀曰示。」

〔三〕師古曰：「宋、魯、莒、晉已解於上。宣四年鄭公子歸生弒其君夷，十年陳夏徵舒弒其君平國。」

〔四〕師古曰：「再弒者，謂(向)〔商〕人殺舍，而閻職等又殺(向)〔商〕人。」

〔五〕師古曰：「謂邲戰之後。」

〔六〕師古曰：「謂宣十二年春楚子圍鄭，夏與晉師戰于邲，晉師敗績，十三年楚子伐宋，十四年楚子圍宋，成二年楚師

侵衞，遂侵魯師于蜀，成六年楚公子嬰齊帥師伐鄭。」
〔七〕師古曰：「謂宣十二年楚子滅蕭。」
〔八〕師古曰：「已解於上。」
〔九〕師古曰：「謂宣十五年晉滅赤狄潞氏，十六年滅赤狄甲氏也。」
〔十〕師古曰：「謂成元年晉敗王師于貿戎是也。」
〔十一〕師古曰：「謂成二年晉郤克會魯季孫行父、衞孫良夫、曹公子首及齊侯戰于鞌，齊師敗績。鞌，齊地。」
〔十二〕師古曰：「謂遂之三周華不注，又從之入自丘輿，擊馬陘，東至海濱也。」
〔十三〕師古曰：「炎音弋贍反。其下並同。」
〔十四〕孟康曰：「謂得名臣也。」
〔十五〕師古曰：「宣二年宋華元帥師及鄭公子歸生戰于大棘，宋師敗績，獲華元。大棘，宋地。」
〔十六〕師古曰：「史服，周內史叔服也。」
〔十七〕師古曰：「卽杵臼。」
〔十八〕師古曰：「卽商人。」

昭公十七年「冬，有星孛于大辰」。董仲舒以爲大辰心也，心(在)〔爲〕明堂，天子之象。後王室大亂，三王分爭，此其效也。〔一〕劉向以爲星傳曰「心，大星，天王也。其前星，太子；後星，庶子也。尾爲君臣乖離。」孛星加心，象天子適庶將分爭也。〔二〕其在諸侯，角、亢、氐，

陳、鄭也；房、心，宋也。後五年，周景王崩，王室亂，大夫劉子、單子立王猛，尹氏、召伯、毛伯立子鼂。子鼂，楚出也。〔三〕時楚彊，宋、衞、陳、鄭皆南附楚。王猛既卒，敬王卽位，子鼂入王城，天王居狄泉，莫之敢納。五年，楚平王居卒，子鼂奔楚，王室乃定。後楚師六國伐吳，吳敗之于雞父，殺獲其君臣。〔四〕蔡怨楚而滅沈，楚怒，圍蔡。吳人救之，遂爲柏舉之戰，敗楚師，屠郢都，妻昭王母，鞭平王墓。〔五〕此皆孛彗流炎所及之效也。左氏傳曰：「有星孛于大辰，西及漢。申繻曰：『彗，所以除舊布新也，〔六〕天事恆象。今除於火，火出必布焉。諸侯其有火災乎？』梓慎曰：『往年吾見，是其徵也。火出而見，今茲火出而章，必火入而伏，其居火也久矣，其與不然乎？火出，於夏爲三月，於商爲四月，於周爲五月。夏數得天，若火作，其四國當之，在宋、衞、陳、鄭乎？宋，大辰之虛；陳，太昊之虛；鄭，祝融之虛：〔七〕皆火房也。星孛及漢；漢，水祥也。衞，顓頊之虛，其星爲大水。水，火之牡也。〔八〕其以丙子若壬午作乎？水火所以合也。若火入而伏，必以壬午，不過見之月。』」明年「夏五月，火始昏見，丙子風。梓慎曰：『是謂融風，火之始也。〔九〕七日其火作乎？』〔十〕戊寅風甚，壬午太甚，〔十一〕宋、衞、陳、鄭皆火。」劉歆以爲大辰，房、心、尾也，八月心星在西方，孛從其西過心東及漢也。宋，大辰虛，謂宋先祖掌祀大辰星也。陳，太昊虛，虙羲木德，〔十二〕火所生也。鄭，祝融虛，高辛氏火正也。故皆爲火所舍。衞，顓頊虛，星爲大水，營室也。天星既然，又四

國失政相似，及爲王室亂皆同。
〔一〕師古曰：「三王，已解於上。」
〔二〕師古曰：「適讀曰嫡。」
〔三〕師古曰：「姊妹之子曰出。」
〔四〕師古曰：「昭二十三年，楚薳越帥師，及頓、胡、沈、蔡、陳、許之師與吳師戰于雞父，楚師敗績。胡子髡、沈子逞滅，獲陳大夫夏齧。雞父，楚地也。父讀曰甫。」
〔五〕師古曰：「沈，楚之與國。定四年四月，蔡公孫姓帥師滅沈，以沈子嘉歸。秋，楚爲沈故圍蔡。冬，吳興師以救之，與楚戰于柏舉，楚師敗績。庚辰，吳入郢，君舍乎君室，大夫舍乎大夫室，妻楚王之母，撻平王之墓也。」
〔六〕師古曰：「申繻，魯大夫。」
〔七〕師古曰：「虛讀皆曰墟。其下並同。」
〔八〕張晏曰：「水以天一爲地二牡。丙與午，南方火也，子及壬，北方水也，又其配合。」
〔九〕張晏曰：「融風，立春木風也，火之母也，火所始生也。淮南子曰『東北曰炎風』。高誘以爲艮氣所生也。炎風一曰融風。」
〔十〕張晏曰：「自丙子至壬午凡七日，既其配合之日，又火以七爲紀。」
〔十一〕師古曰：「太甚者，又更甚也。」
〔十二〕師古曰：「虙讀與伏同。」

哀公十三年「冬十一月，有星孛于東方」。董仲舒、劉向以爲不言宿名者，不加宿也。〔一〕

以辰乘日而出，亂氣蔽君明也。明年，春秋事終。一曰，周之十一月，夏九月，日在氐。出東方者，軫、角、亢也。軫，楚；角、亢，陳、鄭也。或曰角、亢大國象，爲齊、晉也。其後楚滅陳，〔二〕田氏篡齊，〔三〕六卿分晉，〔四〕此其效也。劉歆以爲孛，東方大辰也，不言大辰，旦而見與日爭光，星入而彗猶見。是歲再失閏，十一月實八月也。日在鶉火，周分野也。十四年冬，「有星孛」，在獲麟後。劉歆以爲不言所在，官失之也。
〔一〕孟康曰：「不在二十八宿之中也。」
〔二〕師古曰：「襄十七年楚公孫朝帥師滅陳也。」
〔三〕師古曰：「齊平公十三年，春秋之傳終矣。平公二十五年卒。卒後七十年而康公爲田和所滅。」
〔四〕師古曰：「晉出公八年，春秋之傳終矣。出公十七年卒。卒後八十年，至靜公爲韓、魏、趙所滅，而三分其地。蓋晉之衰也，六卿擅權，其後范氏、中行氏、智氏滅，而韓、魏、趙兼其土田人衆，故總言六卿分晉也。」

高帝三年七月，有星孛于大角，旬餘乃入。劉向以爲是時項羽爲楚王，伯諸侯，〔一〕而漢已定三秦，與羽相距滎陽，天下歸心於漢，楚將滅，故彗除王位也。一曰，項羽阬秦卒，燒宮室，弒義帝，亂王位，故彗加之也。
〔一〕師古曰：「伯讀曰霸。」

文帝後七年九月，有星孛于西方，其本直尾、箕，末指虛、危，長丈餘，及天漢，十六日不

見。劉向以爲尾宋地，今楚彭城也。箕爲燕，又爲吳、越、齊。宿在漢中，負海之國水澤地也。是時景帝新立，信用鼂錯，將誅正諸侯王，其象先見。後三年，吳、楚、四齊與趙七國舉兵反，〔一〕皆誅滅云。

〔一〕師古曰：「四齊，膠東、膠西、菑川、濟南也。」

武帝建元六年六月，有星孛于北方。劉向以爲明年淮南王安入朝，與太尉武安侯田蚡有邪謀，而陳皇后驕恣，其後陳后廢，而淮南王反，誅。

八月，長星出于東方，長終天，三十日去。占曰：「是爲蚩尤旗，見則王者征伐四方。」其後兵誅四夷，連數十年。

元狩四年四月，長星又出西北，是時伐胡尤甚。

元封元年五月，有星孛于東井，又孛于三台。其後江充作亂，京師紛然。此明東井、三台爲秦地效也。

宣帝地節元年正月，有星孛于西方，去太白二丈所。劉向以爲太白爲大將，彗孛加之，掃滅象也。明年，大將軍霍光薨，後二年家夷滅。

成帝建始元年正月，有星孛于營室，青白色，長六七丈，廣尺餘。劉向、谷永以爲營室爲後宮懷任之象，彗星加之，將有害懷任絕繼嗣者。一曰，後宮將受害也。其後許皇后坐祝

詛後宮懷任者廢。趙皇后立妹爲昭儀，害兩皇子，上遂無嗣。趙后姊妹卒皆伏辜。

元延元年七月辛未，有星孛于東井，踐五諸侯，〔一〕出河戍北率行軒轅、太微，後日六度有餘，晨出東方。十三日夕見西方，犯次妃、長秋、斗、塡，蠭炎再貫紫宮中。大火當後，達天河，除於妃后之域。南逝度犯大角、攝提，至天市而按節徐行，〔二〕炎入市，中旬而後西去，五十六日與倉龍俱伏。谷永對曰：「上古以來，大亂之極，所希有也。察其馳騁驟步，芒炎或長或短，所歷奸犯，〔三〕內爲後宮女妾之害，外爲諸夏叛逆之禍。」劉向亦曰：「三代之亡，攝提易方；秦、項之滅，星孛大角。」是歲，趙昭儀害兩皇子。後五年，成帝崩，昭儀自殺。哀帝卽位，趙氏皆免官爵，徙遼西。哀帝亡嗣。平帝卽位，王莽用事，追廢成帝趙皇后、哀帝傅皇后，皆自殺。外家丁、傅皆免官爵，徙合浦，歸故郡。平帝亡嗣，莽遂篡國。

〔一〕孟康曰：「五諸侯，星名。」

〔二〕服虔曰：「謂行遲。」

〔三〕師古曰：「奸音干。」

釐公十六年「正月戊申朔，隕石于宋，五，是月六鶂退飛過宋都」。董仲舒、劉向以爲象宋襄公欲行伯道將自敗之戒也。〔一〕石陰類，五陽數，自上而隕，此陰而陽行，欲高反下也。石與金同類，色以白爲主，近白祥也。鶂水鳥，六陰數，退飛，欲進反退也。其色青，青祥也，屬於貌之不恭。天戒若曰，德薄國小，勿持炕陽，欲長諸侯，與彊大爭，必受其害。襄公不寤，明年齊威死，伐齊喪，〔二〕執滕子，圍曹，〔三〕爲盂之會，與楚爭盟，卒爲所執。後得反國，〔四〕不悔過自責，復會諸侯伐鄭，與楚戰于泓，軍敗身傷，爲諸侯笑。〔五〕左氏傳曰：隕石，星也；鶂退飛，風也。宋襄公以問周內史叔興曰：「是何祥也？吉凶何在？」對曰：「今茲魯多大喪，明年齊有亂，〔六〕君將得諸侯而不終。」退而告人曰：「是陰陽之事，非吉凶之所生也。吉凶繇人，吾不敢逆君故也。」〔七〕是歲，魯公子季友、鄫季姬、公孫茲皆卒。〔八〕明年齊威死，適庶亂。〔九〕宋襄公伐齊行伯，卒爲楚所敗。〔一〇〕劉歆以爲是歲歲在壽星，其衝降婁。〔一一〕降婁，魯分壄也，故爲魯多大喪。正月，日在星紀，厭在玄枵。玄枵，齊分壄也。石，山物；齊，大嶽後。〔一二〕五石象齊威卒而五公子作亂，〔一三〕故爲明年齊有亂。庶民惟星，隕於宋，象宋襄將得諸侯之衆，而治五公子之亂。星隕而鶂退飛，故爲得諸侯而不終。六鶂象後六年伯業始退，執於盂也。〔一四〕民反德爲亂，亂則妖災生，言吉凶繇人，然后陰陽衝厭受其咎。齊、魯之災非君所致，故曰「吾不敢逆君故也」。京房易傳曰：「距諫自彊，茲謂卻行，厥異鶂退飛。適當黜，則鶂退飛。」〔一五〕

〔一〕師古曰：「伯讀曰霸。」

〔二〕師古曰：「僖十七年齊桓公卒，十八年宋襄公以諸侯伐齊。」

〔三〕師古曰：「十九年三月，宋人執滕子嬰齊，秋，宋人圍曹。」

〔四〕師古曰：「二十一年春，爲鹿上之盟。秋，會于盂。於是楚執宋公以伐宋，冬，會于薄以釋之。鹿上、盂、薄，皆宋地。」

〔五〕師古曰：「二十二年夏，宋公、衞侯、許男、滕子伐鄭。十一月，宋公及楚人戰於泓，宋師敗績，公傷股，門官殲焉。二十三年卒，傷於泓故也。泓，水名也，音於宏反。」

〔六〕師古曰：「今茲謂此年。」

〔七〕師古曰：「繇讀與由同。」

〔八〕師古曰：「僖十六年三月公子季友卒，四月季姬卒，七月公孫茲卒。季姬，魯女適鄫者也。公孫茲，叔孫戴伯也。」

〔九〕師古曰：「適讀曰嫡。」

〔一〇〕師古曰：「已解於上，伯讀曰霸。」

〔一一〕師古曰：「降音胡江反。」

〔一二〕師古曰：「齊，姜姓也，其先爲堯之四嶽，四嶽分掌四方諸侯。」

〔一三〕師古曰：「五公子，謂無虧也，元也，昭也，潘也，商人也。」

〔一四〕師古曰：「伯讀曰霸。」

〔一五〕師古曰：「適讀曰嫡。」

惠帝三年，隕石緜諸，一。〔一〕

〔一〕師古曰：「緜諸，道也，屬天水郡也。」

武帝征和四年二月丁酉，隕石雍，二，天晏亡雲，聲聞四百里。〔一〕

〔一〕師古曰：「雍，扶風之縣也。晏，天清也。」

元帝建昭元年正月戊辰，隕石梁國，六。

成帝建始四年正月癸卯，隕石槀，四，肥累，一。〔一〕

〔一〕孟康曰：「皆縣名也，故屬眞定。」師古曰：「槀音工老反。累音力追反。」

陽朔三年二月壬戌，隕石白馬，八。〔一〕

〔一〕師古曰：「東郡之縣名。」

鴻嘉二年五月癸未，隕石杜衍，三。〔一〕

〔一〕師古曰：「南陽之縣名。」

元延四年三月，隕石都關，二。〔一〕

〔一〕師古曰：「山陽之縣名。」

哀帝建平元年正月丁未，隕石北地，十。其九月甲辰，隕石虞，二。〔一〕

〔一〕師古曰：「梁國之縣名。」

平帝元始二年六月，隕石鉅鹿，二。

自惠盡平，隕石凡十一，皆有光燿雷聲，成、哀尤屢。

漢書卷二十七下之下

五行志第七下之下

校勘記

一四七九頁八行　史記（日）〔日〕食，　殿本作「日」。王先謙說作「日」是。

一四八〇頁三行　淪平，墮（城）〔成〕也。　景祐、殿、局本都作「成」。朱一新說「成」字是。

一四八五頁六行　楚（國）〔圍〕許，　景祐、殿、局本都作「圍」。朱一新說作「圍」是。

一四八六頁二行　三月庚午（朔），　王引之說「朔」衍字，檢左氏、公羊、穀梁皆無「朔」字。

一四八七頁一四行　（夷）〔楚〕滅舒蓼。　景祐、殿本都作「楚」。

一四九〇頁六行　十五年八月丁巳〔朔〕，　錢大昭說閩本有「朔」字。按景祐本有。

一四九五頁一行　謂常可以此占之（下）〔不〕。　景祐、殿本都作「不」。

一五〇二頁六行　在斗二十（三）〔二〕度。　錢大昭說閩本作「二」。按景祐本作「二」。

一五〇四頁六行　能應之（司）〔以〕德，　景祐、殿、局本都作「以」。

一五〇七頁五行　辟（響）〔嚮〕公行，　楊樹達說「響」當作「嚮」，嚮與惌同。按各本皆誤。

一五〇九頁八行　（名）〔民〕去其上，　景祐、殿本都作「民」，此誤。

一五一二頁一四行　（向）〔商〕人　景祐、殿本都作「商」。王先謙說作「商」是。

一五一三頁一四行　心（在）〔爲〕明堂，　景祐、殿本都作「爲」。王先謙說作「爲」是。

漢書

漢蘭臺令史　班固　撰

唐祕書少監　顏師古　注

第六册

卷二八至卷三〇（志三）

中華書局

漢書卷二十八上

地理志第八上

昔在黃帝，作舟車以濟不通，旁行天下，〔一〕方制萬里，畫壄分州，〔二〕得百里之國萬區。是故易稱「先王(以)建萬國，親諸侯」，〔三〕書云「協和萬國」，〔四〕此之謂也。堯遭洪水，襄山襄陵，〔五〕天下分絕，爲十二州，〔六〕使禹治之。水土既平，更制九州，列五服，〔七〕任土作貢。〔八〕

〔一〕師古曰：「旁行，謂四出而行之。」
〔二〕師古曰：「方制，制爲方域也。畫謂爲之界也。壄，古野字。畫音獲。」
〔三〕師古曰：「易比卦象辭。」
〔四〕師古曰：「虞書堯典之辭也。」
〔五〕師古曰：「褭字與(古)懷(字)同。懷，包也。襄，駕也。言水大汎溢，包山而駕陵也。」
〔六〕師古曰：「九州之外有并州、幽州、營州，故曰十二。水中可居者曰州。洪水汎大，各就高陸，人之所居，凡十二處。」

〔七〕師古曰：「其數在下也。」
〔八〕師古曰：「任其土地所有，以定貢賦之差也。」

曰：禹敷土，〔一〕隨山桀木，奠高山大川。〔二〕

〔一〕師古曰：「敷，分也，謂分別治之。自此以下皆是夏書禹貢之文。」
〔二〕師古曰：「桀，古刊字也。奠，定也。言禹隨行山之形狀而刊斫其木，以爲表記，決水通道，故高山大川各得安定也。」

冀州既載，〔一〕壺口治梁及岐。〔二〕既脩太原，至于嶽陽。〔三〕覃懷底績，至于衡章。〔四〕厥土惟白壤。〔五〕厥賦上上錯，〔六〕厥田中中。〔七〕恆、衞既從，大陸既作。〔八〕鳥夷皮服。〔九〕夾右碣石，入于河。〔10〕

〔一〕師古曰：「兩河閒曰冀州。載，始也。冀州，堯所都，故禹治水自冀州始也。」
〔二〕師古曰：「壺口山在河東。梁山在夏陽。岐山在美陽，即今之岐州岐山縣箭括嶺也。禹循山而西，治衆水。」
〔三〕師古曰：「太原即今之晉陽是也。嶽陽在太原西南。」
〔四〕師古曰：「覃懷，近河地名也。底，致也。績，功也。衡章，謂章水橫流而入河也。言禹於覃懷致功以至衡章也。底音之履反。」
〔五〕師古曰：「柔土曰壤。」
〔六〕師古曰：「賦者，發斂土地所生之物以供天子也。上上，第一也。錯，雜也。言賦第一，又雜出諸品也。」
〔七〕師古曰：「言其高下之形摽於九州之中爲第五也。一曰，爲其肥瘠之等差也。它皆類此。」
〔八〕師古曰：「恆、衞，二水名。恆水出恆山，衞水在靈壽。大陸，澤名，在鉅鹿北。言恆、衞之水各從故道，大陸之澤已可耕作也。」
〔九〕師古曰：「此東北之夷，搏取鳥獸，食其肉而衣其皮也。一說，居在海曲，被服容止皆象鳥也。」
〔10〕師古曰：「碣石，海邊山名也。言禹夾行此山之右而入于河，逆上也。」

泲、河惟兗州。〔一〕九河既道，〔二〕雷夏既澤，雍、沮會同，〔三〕桑土既蠶，是降丘宅土。〔四〕厥土黑墳，〔五〕屮繇木條。〔六〕厥田中下，〔七〕賦貞，〔八〕作十有三年乃同。〔九〕厥貢漆絲，〔10〕厥棐織文。〔11〕浮于泲、漯，通于河。〔12〕

〔一〕師古曰：「泲本濟水之字，從水岦聲。言此州東南據濟水，西北距河。泲音姊。」
〔二〕師古曰：「九河，河水分爲九，各從其道。爾雅曰：『徒駭、太史、馬頰、覆鬴、胡蘇、簡、絜、鉤般、鬲津，是曰九河。』一說，道讀曰導。導，治也。」
〔三〕師古曰：「雷夏，澤名，在濟陰城陽西北。言此澤還復其故，而雍、沮二水同會其中也。沮音千余反。」
〔四〕師古曰：「降，下也。宅，居也。言此地宜桑，先時人衆避水，皆上丘陵，今水害除，得以蠶織，故皆下丘居平土也。」
〔五〕師古曰：「色黑而墳起也。墳音扶粉反。」
〔六〕師古曰：「屮，古草字也。繇，悅茂也。條，脩暢也。繇音弋昭反。」

〔七〕師古曰：「第六也。」
〔八〕師古曰：「貞，正也。州第九，賦亦正當也。」
〔九〕師古曰：「治水十三年，乃同於它州，言用功多也。」
〔10〕師古曰：「貢，獻也。地宜漆林，又善蠶絲，故以獻也。」
〔11〕師古曰：「棐與篚同。篚，竹器，筐屬也。織文，錦綺之類，盛於筐篚而獻之。」
〔12〕師古曰：「浮，以舟渡也。泲、漯，二水名。漯水出東郡東武陽。因水入水曰通。漯音它合反。」

海、岱惟青州。〔一〕嵎夷既略，惟、甾其道。〔二〕厥土白墳，海瀕廣潟。〔三〕田上下，賦中上。〔四〕貢鹽、絺，海物惟錯，〔五〕岱畎絲、枲、鈆、松、怪石，〔六〕萊夷作牧，厥棐檿絲。〔七〕浮于汶，達于泲。〔八〕

〔一〕師古曰：「東北據海，西南距岱。岱即太山也。」
〔二〕師古曰：「嵎夷，地名也，即陽谷所在。略，言用功少也。惟、甾，二水名。皆復故道也。惟水出琅邪箕屋山。甾水出泰山萊蕪縣。惟字今作濰，甾字或作淄，古今通用也。一曰，道讀曰導。導，治也。」
〔三〕師古曰：「瀕，水涯也。潟，鹵鹹之地。瀕音頻，又音賓。潟音昔。」
〔四〕師古曰：「田第三，賦第四。」
〔五〕師古曰：「葛之精者曰絺。海中物產既多，故雜獻。」
〔六〕師古曰：「畎，小谷也。枲，麻屬也。鈆，青金也。怪石，石之次玉美好者也。言岱山之谷，出絲、枲、鈆、松、怪石

中華書局

五種，皆獻之。畎音工犬反。」

〔七〕師古曰：「萊山之夷，地宜畜牧。檿，檿桑也。食檿之蠶絲，可以弦琴瑟。檿音烏簟反。」

〔八〕師古曰：「汶水出泰山郡萊蕪縣原山。言渡汶水西達于泲也。汶音問。」

海、岱及淮惟徐州。〔一〕淮、沂其乂，蒙、羽其蓺。〔二〕大壄既豬，東原底平。〔三〕厥土赤埴墳，草木漸包。〔四〕田上中，賦中中。〔五〕貢土五色，〔六〕羽畎夏狄，嶧陽孤桐，〔七〕泗瀕浮磬，〔八〕淮夷蠙珠臮魚，〔九〕厥棐玄纖縞。〔一〇〕浮于淮、泗，達于河。〔一一〕

〔一〕師古曰：「東至海，北至岱，南及淮。」

〔二〕師古曰：「淮、沂二水已治，蒙、羽二山皆可種蓺也。淮出大復山。沂出泰山。沂音牛依反。」

〔三〕師古曰：「大野卽鉅野澤也。豬，停水也。東原，地名。厎，致也。言大野之水既已停蓄也。東原之地致功而平，可耕稼也。」

〔四〕師古曰：「埴，黏土也。漸包，言相漸及包裹而生。」

〔五〕師古曰：「田第二，賦第五。」

〔六〕師古曰：「王者取五色土，封以爲太社，而此州畢貢之，言備有。」

〔七〕師古曰：「羽畎，羽山之谷也。夏狄，狄雉之羽可爲旌旄者也，羽山之谷出焉。嶧陽，嶧山之陽也。山南曰陽。孤桐，特生之桐也，可爲琴瑟，嶧山之南生焉。嶧音繹。」

〔八〕師古曰：「泗水之涯浮出好石，可爲磬也。泗水出濟陰乘氏縣。」

〔九〕師古曰：「淮夷，淮水上之夷也。蠙珠，珠名。臮，及也。言其地出珠及美魚也。蠙音步千反，字或作玭。」

〔一〇〕師古曰：「玄，黑也。纖，細繒也。縞，鮮支也，卽今所謂素者也。言獻黑細繒及鮮支也。」

〔一一〕師古曰：「渡二水而入于河。」

淮、海惟揚州。〔一〕彭蠡既豬，陽鳥逌居。〔二〕三江既入，震澤厎定。〔三〕篠簜既敷，〔四〕屮夭木喬。〔五〕厥土塗泥。〔六〕田下下，賦下上錯。〔七〕貢金三品，〔八〕瑤、琨、篠簜，齒、革、羽毛，〔九〕鳥夷卉服，〔一〇〕厥棐織貝，〔一一〕厥包橘、柚，錫貢。〔一二〕均江海，通于淮、泗。〔一三〕

〔一〕師古曰：「北據淮，南距海。」

〔二〕師古曰：「彭蠡，澤名，在彭澤縣西北。陽鳥，隨陽之鳥也。言彭蠡之水既已蓄聚，則鴻雁之屬所共居之。蠡音禮。」

〔三〕師古曰：「三江，謂北江、中江、南江也。震澤在吳西，卽具區也。厎，致也。言三江既入，則震澤致定。」

〔四〕師古曰：「篠，小竹也。簜，大竹也。敷謂布地而生也。篠音先了反。簜音蕩。」

〔五〕師古曰：「夭，盛貌也。喬，上竦也。夭音於驕反。喬音橋，又音驕。」

〔六〕師古曰：「瀸洳溼也。」

〔七〕師古曰：「田第九，賦第七。又雜出諸品。」

〔八〕師古曰：「金、銀、銅。」

〔九〕師古曰：「瑤、琨，皆美玉名也。齒，象齒也。革，犀革也。羽旄，謂衆鳥之羽可爲旄者也。琨音昆。」

〔一〇〕師古曰：「鳥夷，東南之夷善捕鳥者也。卉服，絺葛之屬。」

〔一一〕師古曰：「織謂細布也。貝，水蟲也，古以爲貨。」

〔一二〕師古曰：「柚，似橘而大，其味尤酸。橘、柚皆不耐寒，故包裹而致之也。錫貢者，須錫命而獻之，言不常來也。柚音弋救反。」

〔一三〕師古曰：「均，平也。通淮、泗而入江海，故云平。」

荆及衡陽惟荆州。〔一〕江、漢朝宗于海。〔二〕九江孔殷，〔三〕沱、灊既道，雲夢土作乂。〔四〕厥土塗泥。田下中，賦上下。〔五〕貢羽旄、齒、革，金三品，〔六〕杶、榦、栝、柏，厲、砥、砮、丹，〔七〕惟箘簬、楛，三國厎貢厥名，〔八〕包匭菁茅，〔九〕厥棐玄纁璣組，〔一〇〕九江納錫大龜。〔一一〕浮于江、沱、灊、漢，逾于洛，至于南河。〔一二〕

〔一〕師古曰：「北據荆山，南及衡山之陽也。」

〔二〕師古曰：「江、漢二水歸入于海，有似諸侯朝於天子，故曰朝宗。宗，尊也。」

〔三〕師古曰：「孔，甚也。殷，中也。言江水於此州界分爲九道，甚得地形之中。」

〔四〕師古曰：「沱、灊，二水名，自江出爲沱，自漢出爲灊。雲夢，澤名。言二水既從其道，則雲夢之土可爲（畋甸）〔畎畝〕之治也。沱音徒何反。灊音潛。一曰，道讀曰導。導，治也。」

〔五〕師古曰：「田第八，賦第三。」

〔六〕師古曰：「自金以上所貢與揚州同。」

〔七〕師古曰：「杶木似樗而實。榦，柘也。栝木柏葉而松身。厲，磨也。砥，其尤細者也。砮，石名，可爲矢鏃。丹，赤石也，所謂丹沙者也。杶音丑倫反。栝音古活反。砥音指，又音（砥）〔抵〕。砮音奴。」

〔八〕師古曰：「箘簬，竹名，楛，木名也，皆可爲矢。言此州界本有三國致貢斯物，其名稱美也。箘音囷。簬音路。楛音（枯）〔怙〕。」

〔九〕師古曰：「匭，柙也。菁，菜也，可以爲葅。茅可以縮酒。苞其茅匭其菁而獻之。匭音軌。菁音精。」

〔一〇〕師古曰：「玄，黑色。纁，絳也。璣，珠之不圜者。組，綬類也。纁音勳。璣音機，又音沂。」

〔一一〕師古曰：「大龜尺有二寸，出於九江。錫命而納，不常獻也。」

〔一二〕師古曰：「逾，越也。言渡四水而越洛，乃至南河也。南河在冀州南。」

荆、河惟豫州。〔一〕伊、雒、瀍、澗既入于河，〔二〕滎、波既豬，〔三〕道荷澤，被盟豬。〔四〕厥土惟壤，下土墳壚。〔五〕田中上，賦錯上中。〔六〕貢漆、枲、絺、紵，棐纖纊，〔七〕錫貢磬錯。〔八〕浮于洛，入于河。〔九〕

〔一〕師古曰：「西南至荆山，北距河水。」

〔二〕師古曰：「伊出陸渾山，雒出冢領山，瀍出穀成山，澗出黽池山，四水皆入河。」

〔三〕師古曰：「滎，沇水泆出所爲也，卽今滎澤是也。波，亦水名。言其水並已遏聚矣。一說，謂滎水之波。」

〔四〕師古曰：「荷澤在湖陵。盟豬亦澤名，在荷之東北。言治荷澤之水衍溢，則使被及盟豬，不常入也。道讀曰導。荷音歌。被音被馬之被。盟音孟。」

〔五〕師古曰：「高地則壤，下地則墳。壚謂土之剛黑者也，音盧。」
〔六〕師古曰：「田第四，賦第二，雜出第一。」
〔七〕師古曰：「紵，織紵爲布及練也。纖纊，細綿也。紵音佇。纊音曠。」
〔八〕師古曰：「錯，治玉之石。磬錯，言可以治磬也。亦待錫命而貢。」
〔九〕師古曰：「因洛入河也。」

華陽、黑水惟梁州。〔一〕岷、嶓既蓺，沱、灊既道，〔二〕蔡、蒙旅平，和夷厎績。〔三〕厥土青黎。〔四〕田下上，賦下中三錯。〔五〕貢璆、鐵、銀、鏤、砮、磬，〔六〕熊、羆、狐、貍、織皮。〔七〕西頃因桓是倈，〔八〕浮于灊，逾于沔，〔九〕入于渭，亂于河。〔一〇〕

〔一〕師古曰：「東據華山之南，西距黑水。」
〔二〕師古曰：「岷，岷山也。嶓，嶓冢山也。言水已去，二山之土皆可種蓺。沱、灊，二水，治從故道也。岷音旻。嶓音波。道讀曰導。」
〔三〕師古曰：「蔡、蒙，二(水)〔山〕名。旅，陳也。旅平，言已平治而陳祭也。和夷，地名，亦以致功可耕稼也。」
〔四〕師古曰：「色青而細疏。」
〔五〕師古曰：「田第七，賦第八，又雜出第七至第九，凡三品。」
〔六〕師古曰：「璆，美玉也。鏤，剛鐵也。砮，砮石也。璆音虯。」
〔七〕師古曰：「織皮，謂罽也。言貢四獸之皮，又貢(維)〔雜〕罽。」

〔八〕師古曰：「西頃，山名，在臨洮西南。桓，水名也。言治西頃山，因桓水是來，無它道也。頃讀曰傾。」
〔九〕師古曰：「漢上曰沔，音莫踐反。」
〔一〇〕師古曰：「正絕流曰亂。」

黑水、西河惟雍州。〔一〕弱水既西，〔二〕涇屬渭汭。〔三〕漆、沮既從，酆水逌同。〔四〕荊、岐既旅，〔五〕終南、惇物，至于鳥鼠。〔六〕原隰厎績，至于豬壄。〔七〕三危既宅，三苗丕敘。〔八〕厥土黃壤。田上上，賦中下。〔九〕貢球、琳、琅玕。〔一〇〕浮于積石，至于龍門西河，〔一一〕會于渭汭。〔一二〕織皮昆侖、析支、渠叟，西戎即敘。〔一三〕

〔一〕師古曰：「西據黑水，東距西河。西河即龍門之河也，在冀州西，故曰西河。」
〔二〕師古曰：「治使西流至合黎。」
〔三〕師古曰：「屬，逮也。水北曰汭。言治涇水入于渭也。屬音之欲反。汭音芮，又音而悅反。」
〔四〕師古曰：「漆、沮，即馮翊之洛水也。酆水出酆之南山。言漆、沮既從入渭，酆水亦來同也。逌，古攸字也。攸，所也。沮音七余反。」
〔五〕師古曰：「荊、岐，二山名。荊在岐東。言二山治畢，已旅祭也。」
〔六〕師古曰：「終南、惇物二山皆在武功。鳥鼠山在隴西首陽西南。自終南西出至于鳥鼠也。」
〔七〕師古曰：「高平曰原，下溼曰隰。豬壄，地名。言皆致功也。」
〔八〕師古曰：「三危，山名，已可居也。三苗，本有苗氏之族，徙居於此，分而爲三，故言三苗。今皆大得其次敘。」

〔九〕師古曰：「田第一，賦第六。」
〔一〇〕師古曰：「球、琳，皆玉名。琅玕，石似珠者也。球音求，又音虯。琳音林。琅音郎。玕音干。」
〔一一〕師古曰：「積石山在金城西南，龍門山在河東之西界，皆河水所經。」
〔一二〕師古曰：「逆流曰會。自渭北涯逆流西上。」
〔一三〕師古曰：「昆侖、析支、渠叟，三國名也。言此諸國皆織皮毛，各得其業。而西方遠戎，並就次敘也。叟讀曰搜。」

道汧及岐，至于荊山，〔一〕逾于河；〔二〕壺口、雷首，至于大嶽；〔三〕厎柱、析城，至于王屋；〔四〕太行、恆山，至于碣石，入于海。〔五〕西傾、朱圉、鳥鼠，至于太華；〔六〕熊耳、外方、桐柏，至于倍尾。〔七〕道嶓冢，至于荊山；〔八〕內方，至于大別；〔九〕嶓山之陽，至于衡山，〔一〇〕過九江，至于敷淺原。〔一一〕

〔一〕師古曰：「自此以下，更說所治山水首尾之次也。治山通水，故舉山言之。汧山在汧縣西。道讀曰導。後皆類此。汧音苦堅反。」
〔二〕師古曰：「即梁山龍門。」
〔三〕師古曰：「自壺口、雷首而至大嶽也。雷首在河東蒲阪南。大嶽即所謂嶽陽者。」
〔四〕師古曰：「厎柱在陝縣東北，山在河中，形若柱也。析城山在濩澤西南。王屋山在垣縣東北。」
〔五〕師古曰：「太行山在河內山陽西北。恆山在上曲陽西北。言二山連延，東北接碣石而入于海。行音胡郎反。」
〔六〕師古曰：「朱圉山在漢陽冀縣南。太華即今華陰山。」

〔七〕師古曰：「熊耳在陝東。外方在潁川故縣，即崇高也。桐柏在平氏東南。倍尾在安陸東北。言四山相連也。倍讀曰陪。」
〔八〕師古曰：「嶓冢山在梁州南。此荊山在南郡臨沮東北。嶓音波。」
〔九〕師古曰：「內方在荊州。大別在廬江安豐也。」
〔一〇〕師古曰：「嶓山在蜀郡湔氐西。衡山在長沙湘南之東南。嶓山，江所出。衡山，江所經。」
〔一一〕師古曰：「敷淺原，一名(博)〔傅〕陽山，在豫章歷陵南。」

道弱水，至于合黎，餘波入于流沙。〔一〕道黑水，至于三危，入于南海。〔二〕道河積石，至于龍門，〔三〕南至于華陰，東至于厎柱，〔四〕又東至于盟津，〔五〕東過洛汭，至于大伾，〔六〕北過降水，至于大陸，〔七〕又北播爲九河，〔八〕同爲逆河，入于海。〔九〕嶓冢道瀁，東流爲漢，〔一〇〕又東爲滄浪之水，〔一一〕過三澨，至于大別，〔一二〕南入于江，〔一三〕東匯澤爲彭蠡，〔一四〕東爲北江，入于海。〔一五〕嶓山道江，東別爲沱，〔一六〕又東至于醴，〔一七〕過九江，至于東陵，〔一八〕東迆北會于匯，〔一九〕東爲中江，入于海。〔二〇〕道沇水，東流爲泲，〔二一〕入于河，軼爲滎，〔二二〕東出于陶丘北，〔二三〕又東至于荷，〔二四〕又東北會於汶，〔二五〕又北東入于海。〔二六〕道淮自桐柏，東會于泗、沂，東入于海。道渭自鳥鼠同穴，東會于酆，又東至于涇，又東過漆、沮，入于河。道洛自熊耳，東北會于澗、瀍，又東會于伊，又東北入于河。

〔一〕師古曰：「合黎山在酒泉。流沙在敦煌西。」

〔二〕師古曰：「黑水出張掖雞山，南流至敦煌，過三危山，又南流而入于南海。」
〔三〕師古曰：「積石山在河關西羌中。龍門山在夏陽北。言治河施功，自積石起，鑿山穿地，以通其流，至龍門山也。」
〔四〕師古曰：「自龍門南流以至華陰，又折而東經厎柱。」
〔五〕師古曰：「盟讀曰孟。孟津在洛陽之北，都道所湊，故號孟津。孟，長大也。」
〔六〕師古曰：「洛汭，洛入河處，蓋今所謂洛口也。山再重曰伾。大伾山在成皋。伾音平鄙反。」
〔七〕師古曰：「降水在信都。大陸在鉅鹿。」
〔八〕師古曰：「播，布也。」
〔九〕師古曰：「同，合也。九河又合而爲一，名爲逆河，言相迎受也。海即渤海是也。」
〔一〇〕師古曰：「漾水出隴西氐道，東流過武關山南爲漢。禹治漾水自嶓冢始也。漾音恙。」
〔一一〕師古曰：「出荊山東南流爲滄浪之水，即漁父所歌者也。浪音狼。」
〔一二〕師古曰：「三澨水在江夏竟陵。澨音筮。」
〔一三〕師古曰：「觸大別山而南入江也。」
〔一四〕師古曰：「匯，迴也，又東迴而爲彭蠡澤也。匯音胡賄反。」
〔一五〕師古曰：「自彭蠡江分爲三，遂爲北江而入海。」
〔一六〕師古曰：「別而出也，江東南流，沱東行也。沱音徒何反。」
〔一七〕師古曰：「醴水在荊州。」
〔一八〕師古曰：「東陵，地名。」

〔一九〕師古曰：「池，溢也。東溢分流，都共北會彭蠡也。池音弋爾反。」
〔二〇〕師古曰：「亦自彭蠡出。」
〔二一〕師古曰：「泉出王屋山，名爲沇，流去乃爲泲也。沇音弋贅反。」
〔二二〕師古曰：「軼與溢同。言濟水入河，並流而南，截河，又並流溢出，乃爲滎澤。一曰軼，過也，音逸。」
〔二三〕師古曰：「陶丘，丘再重也，在濟陰定陶西南。」
〔二四〕師古曰：「即荷澤。」
〔二五〕師古曰：「濟與汶合。」
〔二六〕師古曰：「北折而東也。」

九州逌同，〔一〕四奧既宅，〔二〕九山栞旅，〔三〕九川滌原，〔四〕九澤既陂，〔五〕四海會同。〔六〕六府孔修，〔七〕庶土交正，厎慎財賦，〔八〕咸則三壤，成賦中國。〔九〕錫土姓：「祗台德先，不距朕行。」〔一〇〕

〔一〕師古曰：「各以其所而同法。」
〔二〕師古曰：「奧讀曰墺，謂土之可居者也。宅亦居也。言四方之土已可定居也。墺音於六反。」
〔三〕師古曰：「九州之山皆已栞木通道而旅祭也。」
〔四〕師古曰：「九州泉源皆已清滌無壅塞。」
〔五〕師古曰：「九州陂澤皆已遏障無決溢。」

〔六〕師古曰：「四海之內皆同會京師。」
〔七〕師古曰：「水、火、金、木、土、穀皆甚治。」
〔八〕師古曰：「言衆土各以其所出，交易有無，而不失正，致慎貨財，以供貢賦。」
〔九〕師古曰：「言皆隨其土田上中下三品，而成其賦於中國也。中國，京師也。」
〔一〇〕師古曰：「台，養也。言封諸侯，賜之土田，因以爲姓。所敬養者，惟德爲先，故無距我之行也。台音怡。」

五百里甸服：〔一〕百里賦內總，〔二〕二百里(納)〔內〕銍，〔三〕三百里內戛服，〔四〕四百里粟，五百里米。〔五〕五百里侯服：〔六〕百里采，〔七〕二百里男國，〔八〕三百里諸侯。〔九〕五百里綏服：〔一〇〕三百里揆文教，〔一一〕二百里奮武衞。〔一二〕五百里要服：〔一三〕三百里夷，〔一四〕二百里蔡。〔一五〕五百里荒服：〔一六〕三百里蠻，〔一七〕二百里流。〔一八〕東漸于海，西被于流沙，朔、南暨，聲教訖于四海。〔一九〕

〔一〕師古曰：「規方千里，最近王城者爲甸服，則四面五百里也。甸之爲言田也，主爲王者治田。」
〔二〕師古曰：「自此以下，說甸服之內，以差言之也。總，禾稾摠入也。內讀曰納。下皆類此。」
〔三〕師古曰：「銍謂所刈，即禾穗也。銍音窒。」
〔四〕師古曰：「戛，稾也。言服者，謂有役則服之耳。戛音工黠反。」
〔五〕師古曰：「精者納少，麤者納多。」
〔六〕師古曰：「此次甸服之外方五百里也。侯，候也，主斥候而服事也。」

〔七〕師古曰：「又說侯服內之差次也。采，事也，王事則供之，不主一也。」
〔八〕師古曰：「男之言任，任王事者。」
〔九〕師古曰：「三百里同主斥候，故合而言之爲一等。」
〔一〇〕師古曰：「此又次侯服外之五百里也。綏，安也，言其安服王者政教。」
〔一一〕師古曰：「揆度王者文教而行之也。三百里皆同。」
〔一二〕師古曰：「奮其武力以衞王者。二百里皆同。」
〔一三〕師古曰：「此又次綏服外之五百里也。要，以文教要來之也。要音一遙反。」
〔一四〕師古曰：「夷，易也，言行平易之法也。三百里皆同。」
〔一五〕師古曰：「蔡，法也，遞刑法而已。二百里皆同。」
〔一六〕師古曰：「又次要服外五百里，此五服之最在外者也。荒，言其荒忽，各因本俗。」
〔一七〕師古曰：「蠻謂以文德蠻縻而覊之。三百里皆同。」
〔一八〕師古曰：「任其流移，不考詰也。二百里皆同。」
〔一九〕師古曰：「漸，入也。被，加也。朔，北方也。訖，盡也。言東入于海，西加流沙，北方南方皆及，聲教盡於四海也。一曰，漸，浸；暨，及也。」

禹錫玄圭，告厥成功。〔一〕

〔一〕師古曰：「玄，天色也。堯以禹治水功成，故賜玄圭以表之也。自此以上，皆禹貢之文。」

後受禪於虞，爲夏后氏。

殷因於夏，亡所變改。周既克殷，監於二代而損益之，定官分職，改禹徐、梁二州合之於雍、青，〔一〕分冀州之地以爲幽、并。故周官有職方氏，〔二〕掌天下之地，辯九州之國。

〔一〕師古曰：「省徐州以入青州，并梁州以合雍州。」
〔二〕師古曰：「夏官之屬也。職，主也，主四方之土地。」

東南曰揚州：其山曰會稽，〔一〕藪曰具區，〔二〕川曰三江，𣶒曰五湖；〔三〕其利金、錫、竹箭；民二男五女；畜宜鳥獸，〔四〕穀宜稻。

〔一〕師古曰：「在山陰縣。」
〔二〕師古曰：「藪，大澤也。具區在吳也。」
〔三〕師古曰：「𣶒，古浸字也。川，水之通流者也。浸謂引以灌溉者。五湖在吳。」
〔四〕師古曰：「鳥，孔翠之屬。獸，犀象之屬。」

正南曰荊州：其山曰衡，藪曰雲夢，川曰江、漢，𣶒曰潁、湛；〔一〕其利丹、銀、齒、革；民一男二女；畜及穀宜，與揚州同。

〔一〕師古曰：「潁水出陽城陽乾山，宜屬豫州。許慎又云『湛水，豫州浸』。並未詳也。湛音直林反，又音直減反。」

河南曰豫州：其山曰華，〔一〕藪曰圃田，〔二〕川曰滎、雒，𣶒曰波、溠；〔三〕其利林、漆、絲

枲；民二男三女；畜宜六擾，〔四〕其穀宜五種。〔五〕

〔一〕師古曰：「卽華陰之華山也。連延東出，故屬豫州。」
〔二〕師古曰：「在中牟。」
〔三〕師古曰：「滎卽沇水所溢者也。波卽上禹貢所云滎波者也。溠水在楚，亦不當爲豫州浸也。溠音莊亞反。」
〔四〕師古曰：「馬、牛、羊、豕、犬、雞也。謂之擾者，言人所馴養也。擾音人沼反。」
〔五〕師古曰：「黍、稷、菽、麥、稻。」

正東曰青州：其山曰沂，藪曰孟諸，〔一〕川曰淮、泗，𣶒曰沂、沭；〔二〕其利蒲、魚；民二男三女；其畜宜雞、狗，穀宜稻、麥。

〔一〕師古曰：「沂山在蓋縣，卽沂水所出也。孟諸，卽盟豬也。」
〔二〕師古曰：「沭水出東莞，音術。」

河東曰兖州：其山曰岱，藪曰泰壄，〔一〕其川曰河、泲，𣶒曰盧、濰；〔二〕其利蒲、魚；民二男三女；其畜宜六擾，穀宜四種。〔三〕

〔一〕師古曰：「卽大野。」
〔二〕師古曰：「盧水在濟北盧縣。鄭康成讀曰雷，非也。」
〔三〕師古曰：「馬、牛、羊、豕、犬、雞，黍、稷、稻、麥也。」

正西曰雍州：其山曰嶽，〔一〕藪曰弦蒲，〔二〕川曰涇、汭，〔三〕其𣶒曰渭、洛；〔四〕其利玉、石；其民三男二女；畜宜牛、馬，穀宜黍、稷。

〔一〕師古曰：「卽吳嶽也。」
〔二〕師古曰：「在汧縣。」
〔三〕師古曰：「汭在豳地。詩大雅公劉之篇曰『汭鞫之卽』。」
〔四〕師古曰：「洛卽漆、沮也，在馮翊。」

東北曰幽州：其山曰醫無閭，〔一〕藪曰豯養，〔二〕川曰河、泲，𣶒曰菑、時；〔三〕其利魚、鹽；民一男三女；畜宜四擾，〔四〕穀宜三種。〔五〕

〔一〕師古曰：「在遼東。」
〔二〕師古曰：「在長廣。」
〔三〕師古曰：「菑出萊蕪。時水出般陽。」
〔四〕師古曰：「馬、牛、羊、豕。」
〔五〕師古曰：「黍、稷、稻。」

河內曰冀州：其山曰霍，〔一〕藪曰揚紆，〔二〕川曰漳，𣶒曰汾、潞；〔三〕其利松、柏；民五男三女；畜宜牛、羊，穀宜黍、稷。

〔一〕師古曰：「在平陽永安縣東北。」
〔二〕師古曰：「爾雅曰『秦有揚紆』，而此以爲冀州，未詳其義及所在。」

〔三〕師古曰：「漳水出上黨長子。汾水出汾陽北山。潞出歸德。」

正北曰并州：其山曰恆山，藪曰昭餘祁，〔一〕川曰虖池、嘔夷，𣶒曰淶、易；〔二〕其利布帛；民二男三女；畜宜五擾，〔三〕穀宜五種。

〔一〕師古曰：「在太原鄔縣。鄔音一戶反，又音於庶反。」
〔二〕師古曰：「虖池出鹵城。嘔夷出平舒。淶出廣昌。易出故安。虖音呼。池音徒河反。嘔音於侯反。」
〔三〕師古曰：「馬、牛、羊、犬、豕。」

而保章氏掌天文，以星土辯九州之地，所封封域皆有分星，以視吉凶。〔一〕

〔一〕師古曰：「保章氏，春官之屬也。保，守也，言守天文之職也。分音扶問反。」

周爵五等，而土三等：公、侯百里，伯七十里，子、男五十里。不滿爲附庸，蓋千八百國。而太昊、黃帝之後，唐、虞侯伯猶存，帝王圖籍相踵而可知。周室既衰，禮樂征伐自諸侯出，轉相吞滅，數百年間，列國秏盡。〔一〕至春秋時，尚有數十國，五伯迭興，總其盟會。〔二〕陵夷至於戰國，天下分而爲七，〔三〕合從連衡，經數十年。秦遂并兼四海。以爲周制微弱，終爲諸侯所喪，故不立尺土之封，分天下爲郡縣，盪滅前聖之苗裔，靡有孑遺者矣。

〔一〕師古曰：「秏，減也，音呼到反。」
〔二〕師古曰：「此五伯謂齊桓、宋襄、晉文、秦穆、楚莊也。迭，互也。伯讀曰霸。迭音徒結反。」

〔三〕師古曰：「謂秦、韓、魏、趙、燕、齊、楚也。」

漢興，因秦制度，崇恩德，行簡易，以撫海內。至武帝攘卻胡、越，開地斥境，南置交阯，北置朔方之州，〔一〕兼徐、梁、幽、并夏、周之制，改雍曰涼，改梁曰益，凡十三（郡）〔部〕，置刺史。先王之迹既遠，地名又數改易，〔二〕是以采獲舊聞，考迹詩書，推表山川，以綴禹貢、周官、春秋，下及戰國、秦、漢焉。〔三〕

〔一〕師古曰：「胡廣記云，漢既定南越之地，置交阯刺史，別於諸州，令持節治蒼梧，分雍州置朔方刺史。」

〔二〕師古曰：「數音所角反。」

〔三〕師古曰：「中古以來，說地理者多矣，或解釋經典，或撰述方志，競爲新異，妄有穿鑿，安處互會，頗失其眞。後之學者，因而祖述，曾不考其謬論，莫能尋其根本。今並不錄，蓋無尤焉。」

京兆尹，故秦內史，高帝元年屬塞國，二年更爲渭南郡，九年罷，復爲內史。武帝建元六年分爲右內史，太初元年更爲京兆尹。元始二年戶十九萬五千七百二，口六十八萬二千四百六十八。〔一〕縣十二：長安，高帝五年置。惠帝元年初城，六年成。戶八萬八百，口二十四萬六千二百。王莽曰常安。〔二〕新豐，驪山在南，故驪戎國。秦曰驪邑。高祖七年置。〔三〕船司空，莽曰船利。〔四〕藍田，山出美玉，有虎候山祠，秦孝公置也。華陰，故陰晉，秦惠文王五年更名寧秦，高帝八年更名華陰。太華山在南，有祠，豫州山。集靈宮，武帝起。莽曰華壇也。鄭，周宣王弟鄭桓公邑。有鐵官。〔五〕湖，有周天子祠二所。故曰胡，武帝建元年更名湖。下邽，〔六〕南陵，文帝七年置。沂水出藍田谷，北至霸陵入霸水。霸水亦出藍田谷，北入渭。（師）古曰茲水，秦穆公更名以章霸功，視子孫。〔七〕奉明，宣帝置也。霸陵，故芷陽，文帝更名。莽曰水章也。杜陵，故杜伯國，宣帝更名。有周右將軍杜主祠四所。莽曰饒安也。

〔一〕師古曰：「漢之戶口當元始時最爲殷盛，故志舉之以爲數也。後皆類此。」

〔二〕師古曰：「王莽篡位，改漢郡縣名，普易之也。下皆類此。」

〔三〕應劭曰：「太上皇思東歸，於是高祖改築城寺街里以象豐，徙豐民以實之，故號新豐。」

〔四〕服虔曰：「縣名。」師古曰：「本主船之官，遂以爲縣。」

〔五〕應劭曰：「宣王母弟友所封也。其子與平王東遷，更稱新鄭。」臣瓚曰：「周自穆王以下都於西鄭，不得以封桓公也。初桓公爲周司徒，王室將亂，故謀於史伯而寄帑與賄於虢、會之閒。幽王既敗，二年而滅會，四年而滅虢，居於鄭父之丘，是以爲鄭桓公，無封京兆之文也。」師古曰：「春秋外傳云：『幽王既敗，鄭桓公死之，其子武公與平王東遷。』故左氏傳云：『我周之東遷，晉、鄭焉依。』又鄭莊公云『我先君新邑於此』，蓋道新鄭也。穆王以下無都西鄭之事，瓚說非也。會音工外反。」

〔六〕應劭曰：「秦武公伐邽戎，置有上邽，故加下。」師古曰：「邽音圭，取邽戎之人而來爲此縣。」

〔七〕〔師古曰〕：「沂音先歷反。視讀曰示。」

左馮翊，故秦內史，高帝元年屬塞國，二年更名河上郡，九年罷，復爲內史。武帝建元六年分爲左內史，太初元年更名左馮翊。戶二十三萬五千一百一，口九十一萬七千八百二十二。縣二十四：高陵，左輔都尉治。莽曰千春。櫟陽，秦獻公自雍徙。莽曰師亭。〔一〕翟道，莽曰渙。池陽，惠帝四年置。巀嶭山在北。〔二〕夏陽，故少梁，秦惠文王十一年更名。禹貢梁山在西北，龍門山在北。有鐵官。莽曰冀亭。衙，莽曰達昌。〔三〕粟邑，莽曰粟城。谷口，九嵏山在西。有天齊公、五牀山、僊人、五帝祠四所。莽曰谷喙。〔四〕蓮勺，〔五〕鄜，莽曰脩令。〔六〕頻陽，秦厲公置。〔七〕臨晉，故大荔，秦獲之，更名。有河水祠。芮鄉，故芮國。莽曰監晉。〔八〕重泉，莽曰調泉。郃陽，〔九〕祋祤，景帝二年置。〔一〇〕武城，莽曰桓城。〔一一〕沈陽，莽曰制昌。褱德，禹貢北條荊山在南，下有彊梁原。洛水東南入渭，雍州𣶏。莽曰德驩。〔一二〕徵，莽曰氾愛。〔一三〕雲陵，昭帝置也。萬年，高帝置。莽曰異赤。〔一四〕長陵，高帝置。戶五萬五十七，口十七萬九千四百六十九。莽曰長平。陽陵，故弋陽，景帝更名。莽曰渭陽。雲陽，有休屠、金人及徑路神祠三所，越巫䢼鄉祠三所。〔一五〕

〔一〕如淳曰：「櫟音藥。」

〔二〕應劭曰：「在池水之陽。」師古曰：「巀嶭，即今俗所呼嵯峨山是也，音截䡾。晉才葛反，又音五葛反。」

〔三〕如淳曰：「衙音牙。」師古曰：「即春秋所云『秦晉戰于彭衙』。」

〔四〕師古曰：「鄜音子公反，又音子孔反。喙音許穢反。」

〔五〕如淳曰：「音輦酌。」

〔六〕孟康曰：「音敷。」

〔七〕應劭曰：「在頻水之陽。」

〔八〕應劭曰：「臨晉水，故曰臨晉。」臣瓚曰：「晉水在河之間，此縣在河之西，不得云臨晉水也。舊說曰，秦築高壘以臨晉國，故曰臨晉也。」師古曰：「瓚說是也。說者或以爲魏文侯伐秦始置臨晉，非也。文侯重城之耳，豈始置乎！」

〔九〕應劭曰：「在郃水之陽也。」師古曰：「音合。即大雅大明之詩所謂『在洽之陽』。」

〔一〇〕師古曰：「祋音丁活反，又音丁外反。祤音詡。」

〔一一〕師古曰：「即左氏傳所云『（伐秦）〔秦伐〕晉取武城』者也。」

〔一二〕師古曰：「褱亦懷字。」

〔一三〕師古曰：「徵音懲，即今之澄城縣是也。左傳所云『取北徵』，謂此地耳，而杜元凱未詳其處也。」

〔一四〕師古曰：「三輔黃圖云太上皇葬櫟陽北原，起萬年陵是也。」

〔一五〕孟康曰：「䢼音辜磔之辜，越人祠也。」䢼音稹。休音許虯反。屠音除。」

右扶風，故秦內史，高帝元年屬雍國，二年更爲中地郡。九年罷，復爲內史。武帝建元六年分爲右內史，太初元年更名主爵都尉爲右扶風。〔一〕戶二十一萬六千三百七十七，口八十三萬六千七十。縣二十一：渭城，故咸陽，高帝元年更名新城，七年罷，屬長安。武帝元鼎三年更名渭城。有蘭池宮。莽曰京城。槐里，周曰犬丘，懿王都之。秦更名廢丘。高祖三年更名。有黃山宮，孝惠二年起。莽

曰槐治。鄠，古國。有扈谷亭。扈，夏啓所伐。酆水出東南，又有潏水，皆北過上林苑入渭。有萯陽宮，秦文王起。〔一〕盩厔，有長楊宮，有射熊館，秦昭王起。靈軹渠，武帝穿也。斄，周后稷所封。〔二〕郁夷，詩「周道郁夷」。有汧水祠。莽曰郁平。〔四〕美陽，禹貢岐山在西北。中水鄉，周大王所邑。有高泉宮，秦宣太后起也。郿，成國渠首受渭，東北至上林入蒙籠渠。右輔都尉治。〔五〕雍，秦惠公都之。有五畤，太昊、黃帝以下祠三百三所。橐泉宮，孝公起。祈年宮，惠公起。棫陽宮，昭王起。有鐵官。〔六〕漆，水在縣西。有鐵官。莽曰漆治。栒邑，有豳鄉，詩豳國，公劉所都。〔七〕隃麋，有黃帝子祠。莽曰扶亭。〔八〕陳倉，有上公、明星、黃帝孫、舜妻(肓)〔育〕冢祠。有羽陽宮，秦武王起也。杜陽，杜水南入渭。〔詩曰「自杜」〕莽曰通杜。〔九〕汧，吳山在西，古文以爲汧山。雍州山。北有蒲谷鄉弦中谷，雍州弦蒲藪。汧水出西北，入渭。芮水出西北，東入涇。詩芮(阸)〔阮〕，雍州川也。〔一〇〕好畤，垝山在東。有梁山宮，秦始皇起。莽曰好邑。〔一一〕虢，有黃帝子、周文武祠。虢宮，秦宣太后起也。安陵，惠帝置。莽曰嘉平。〔一二〕茂陵，武帝置。戶六萬一千八十七，口二十七萬七千二百七十七。莽曰宣城。〔一三〕平陵，昭帝置。莽曰廣利。武功，太壹山，古文以爲終南。垂山，古文以爲敦物。皆在縣東。斜水出衙領山北，至郿入渭。褎水亦出衙領，至南鄭入沔。有垂山、斜水、(淮)〔褎〕水祠三所。莽曰新光。〔一四〕

〔一〕師古曰：「主爵都尉，本秦之主爵中尉，掌列侯，至太初元年更名右扶風，而治於內史右地。故此志追書建元六年分爲右內史，又云更名主爵都尉爲右扶風。」

〔二〕師古曰：「潏音決。萯音倍。」

〔三〕師古曰：「斄讀與邰同，音(咍)〔胎〕。」

〔四〕師古曰：「小雅四牡之詩曰『四牡騑騑，周道倭遲』。韓詩作郁夷字，言使臣乘馬行於此道。」

〔五〕師古曰：「郿音媚。」

〔六〕應劭曰：「四面積高曰雍。」師古曰：「棫音域。」

〔七〕應劭曰：「左氏傳曰『畢、原、酆、郇，文之昭也』。郇侯、賈伯伐晉是也。」臣瓚曰：「汲郡古文『晉武公滅荀，以賜大夫原氏黯，是爲荀叔』。又云『文公城荀』。然則荀當在晉之境內，不得在扶風界也。今河東有荀城，古荀國。」師古曰：「瓚說是也。此栒讀與荀同，自別邑耳，非伐晉者。」

〔八〕師古曰：「隃音踰。」

〔九〕師古曰：「大雅緜之詩曰『人之初生，自土、漆、沮』，齊詩作『自杜』，言公劉避狄而來居杜與漆、沮之地。」

〔一〇〕師古曰：「(阸)〔阮〕讀與鞠同。大雅公劉之詩曰『止旅乃密，芮鞫之卽』，韓詩作芮(阸)〔阮〕。言公劉止其軍旅，欲使安靜，乃就芮(阸)〔阮〕之間耳。」

〔一一〕師古曰：「垝音丘毀反。」

〔一二〕師古曰：「豳顯以爲本周之程邑也。」

〔一三〕師古曰：「黃圖云本槐里之茂鄉。」

〔一四〕師古曰：「斜音弋奢反。衙音牙。」

弘農郡，武帝元鼎四年置。莽曰右隊。戶十一萬八千九十一，口四十七萬五千九百五十四。有鐵官，在黽池。縣十一：弘農，故秦函谷關。衙山領下谷，爓水所出，北入河。盧氏，熊耳山在東。伊水出，東北入雒，過郡一，行四百五十里。又有育水，南至順陽入沔。又有洱水，東南至魯陽，亦入沔。皆過郡二，行六百里。莽曰昌富。〔一〕陝，故虢國。有焦城，故焦國。北虢在大陽，東虢在滎陽，西虢在雍州。莽曰黃眉。宜陽，在黽池有鐵官也。黽池，高帝八年復黽池中鄉民。景帝中二年初城，徙萬家爲縣。穀水出穀陽谷，東北至穀城入雒。莽曰陝亭。〔二〕丹水，水出上雒冢領山，東至析入鈞。密陽鄉，故商密也。〔三〕新安，禹貢澗水在東，南入雒。商，秦相衛鞅邑也。析，黃水出黃谷，鞠水出析谷，俱東至酈入湍水。莽曰君亭。〔四〕陸渾，春秋遷陸渾戎於此。有關。〔五〕上雒，禹貢雒水出冢領山，東北至鞏入河，過郡二，行千七十里，豫州川。又有甲水，出秦領山，東南至錫入沔，過郡三，行五百七十里。熊耳獲輿山在東北。〔六〕

〔一〕師古曰：「洱音耳。」

〔二〕師古曰：「黽音莫踐反，又音莫忍反。」

〔三〕師古曰：「鈞亦水名也，音均。」

〔四〕師古曰：「析音先歷反。鞠水卽今所謂菊潭也。酈音持益反。湍音專。」

〔五〕師古曰：「渾音胡昆反。」

〔六〕師古曰：「錫音陽。」

河東郡，秦置。莽曰兆陽。有根倉、溼倉。戶二十三萬六千八百九十六，口九十六萬二千九百一十二。縣二十四：安邑，巫咸山在南，鹽池在西南。魏絳自魏徙此，至惠王徙大梁。有鐵官、鹽官。莽曰河東。大陽，吳山在西，上有吳城，周武王封太伯後於此，是爲虞公，爲晉所滅。有天子廟。莽曰勤田。〔一〕猗氏，解，〔二〕蒲反，有堯山、首山祠。雷首山在南。故曰蒲，秦更名。莽曰蒲城。〔三〕河北，詩魏國，晉獻公滅之，以封大夫畢萬，曾孫絳徙安邑也。左邑，莽曰兆亭。汾陰，介山在南。聞喜，故曲沃。晉武公自晉陽徙此。武帝元鼎六年行過，更名。〔四〕濩澤，禹貢析城山在西南。〔五〕端氏，臨汾，垣，禹貢王屋山在東北，沇水所出，東南至武德入河，軼出滎陽北地中，又東至琅槐入海，過郡九，行千八百四十里。〔六〕皮氏，耿鄉，故耿國，晉獻公滅之，以賜大夫趙夙。後十世獻侯徙中牟。有鐵官。莽曰延平。長脩，平陽，韓武子玄孫貞子居此。有鐵官。莽曰香平。〔七〕襄陵，有班氏(香)〔鄉〕亭。莽曰幹昌。〔八〕彘，霍大山在東，冀州山，周厲王所奔。莽曰黃城。〔九〕楊，莽曰有年亭。〔一〇〕北屈，禹貢壺口山在東南。莽曰朕北。〔一一〕蒲子，〔一二〕絳，晉武公自曲沃徙此。有鐵官。〔一三〕狐讘，〔一四〕騏。侯國。〔一五〕

〔一〕應劭曰：「在大河之陽。」

〔二〕師古曰：「音蟹。」

〔三〕應劭曰：「秦始皇東巡見長坂，故加『反』云。」孟康曰：「本蒲也，晉文公以賂秦，後秦人還蒲，魏人喜曰『蒲反矣』，謂秦名之，非也。」臣瓚曰：「秦世家云『以垣爲蒲反』，然則本非蒲也。」師古曰：「瓚說是。」

〔四〕應劭曰：「今曲沃也。秦改爲左邑。武帝於此聞南越破，改曰聞喜。」
〔五〕應劭曰：「有濩澤，在西北。」師古曰：「濩音烏虢反。」
〔六〕師古曰：「琅音郎。槐音回。」
〔七〕應劭曰：「堯都也，在平河之陽。」
〔八〕應劭曰：「襄陵在西北。」師古曰：「晉襄公之陵，因以名縣。」
〔九〕應劭曰：「順帝改曰永安。」
〔一〇〕應劭曰：「楊侯國。」
〔一一〕應劭曰：「有南故稱北。」臣瓚曰：「汲郡古文『翟章救鄭，次于南屈』。」師古曰：「屈音居勿反。即晉公子夷吾所居。」
〔一二〕應劭曰：「故蒲反舊邑，武帝置。」師古曰：「重耳所居也。應說失之。」
〔一三〕應劭曰：「絳水出西南。」
〔一四〕師古曰：「䜊音之涉反。」
〔一五〕師古曰：「音其。」

太原郡，秦置。有鹽官，在晉陽。屬并州。戶十六萬九千八百六十三，口六十八萬四百八十八。有家馬官。〔一〕縣二十一：晉陽，故詩唐國，周成王滅唐，封弟叔虞。龍山在西北。有鹽官。晉水所出，東入汾。〔二〕葰人，〔三〕界休，莽曰界美。〔四〕榆次，涂水鄉，晉大夫知徐吾邑。梗陽鄉，魏戊邑。莽曰大原亭。〔五〕中都，于離，莽曰于合。茲氏，莽曰茲同。狼孟，莽曰狼調。鄔，九澤在北，是爲昭餘

祁，并州藪。晉大夫司馬彌牟邑。〔六〕盂，晉大夫孟丙邑。平陶，莽曰多穰。汾陽，北山，汾水所出，西南至汾陰入河，過郡二，行千三百四十里，冀州𡻕。京陵，莽曰致城。〔七〕陽曲，〔八〕大陵，有鐵官。莽曰大寧。原平，祁，晉大夫賈辛邑。莽曰示。上艾，緜曼水，東至蒲吾，入虖池水。〔九〕慮虒，〔一〇〕陽邑，莽曰繁穰。廣武。（河主）〔句注〕、賈屋山在北。都尉治。莽曰信桓。〔一一〕

〔一〕臣瓚曰：「漢有家馬廄，一廄萬匹，時以邊表有事，故分來在此。家馬後改曰挏馬也。」師古曰：「挏音動。」
〔二〕臣瓚曰：「所謂唐，今河東永安是也，去晉四百里。」師古曰：「瓚說是也。」
〔三〕如淳曰：「音瓆。」師古曰：「又音山寡反。」
〔四〕師古曰：「休音許虯反。」
〔五〕師古曰：「涂音塗。梗音鯁。」
〔六〕師古曰：「晉一戶反，又音於據反。」
〔七〕師古曰：「即九京。」
〔八〕應劭曰：「河千里一曲，當其陽，故曰陽曲也。」師古曰：「隋文帝自以姓楊，故惡陽曲之號，乃改其縣爲陽直。今則復舊名焉。」
〔九〕師古曰：「虖音呼。池音徒何反。」
〔一〇〕師古曰：「音廬夷。」
〔一一〕師古曰：「賈屋山，即史記所云『趙襄子北登夏屋』者。」

上黨郡，秦置，屬并州。有上黨關、壺口關、石研關、天井關。〔一〕戶七萬三千七百九十八，口三十三萬七千七百六十六。縣十四：長子，周史辛甲所封。鹿谷山，濁漳水所出，東至鄴入（青）〔清〕漳。〔二〕屯留，桑欽言「絳水出西南，東入海」。〔三〕余吾，銅鞮，有上虒亭，下虒聚。〔四〕沾，大黽谷，清漳水所出，東北至邑成入大河，過郡五，行千六百八十里，冀州川。〔五〕涅氏，涅水也。〔六〕襄垣，莽曰上黨亭。壺關，有羊腸阪。沾水東至朝歌入淇。〔七〕泫氏，楊谷，絕水所出，南至壄王入沁。〔八〕高都，莞谷，丹水所出，東南入泫水。有天井關。〔九〕潞，故潞子國。陭氏，〔一〇〕陽阿，穀遠。羊頭山世靡谷，沁水所出，東南至滎陽入河，過郡三，行九百七十里。莽曰穀近。〔一一〕

〔一〕師古曰：「研音形。」
〔二〕師古曰：「長讀曰長短之長，今俗爲長幼之長，非也。」
〔三〕師古曰：「屯音純。」
〔四〕師古曰：「虒音斯。」
〔五〕應劭曰：「沾水出壺關。」師古曰：「沾音他彖反。」
〔六〕師古曰：「涅水出焉，故以名縣也。涅音乃結反。」
〔七〕應劭曰：「黎侯國也，今黎亭是。」
〔八〕應劭曰：「山海經泫水所出者也。」師古曰：「泫音工玄反。」
〔九〕師古曰：「莞音丸。」

〔一〇〕師古曰：「晉於義反。」
〔一一〕師古曰：「今沁水至懷州武陟縣界入河。此云至滎陽，疑傳寫錯誤。」

河內郡，高帝元年爲殷國，二年更名。莽曰後隊，屬司隸。戶二十四萬一千二百四十六，口百六萬七千九十七。縣十八：懷，有工官。莽曰河內。汲，武德，〔一〕波，〔二〕山陽，東太行山在西北。〔三〕河陽，莽曰河亭。州，共，故國。北山，淇水所出，東至黎陽入河。〔四〕平皋，〔五〕朝歌，紂所都。周武王弟康叔所封，更名衞。莽曰雅歌。脩武，〔六〕溫，故國，己姓，蘇忿生所封也。壄王，太行山在西北。衞元君爲秦所奪，自（僕）〔濮〕陽徙此。莽曰平壄。〔七〕獲嘉，故汲之新中鄉，武帝行過更名也。軹，〔八〕沁水，〔九〕隆慮，國水東北至信成入張甲河，過郡三，行千八百四十里。有鐵官。〔一〇〕蕩陰。蕩水東至內黃澤。西山，羑水所出，亦至內黃入蕩。有羑里城，西伯所拘也。〔一一〕

〔一〕孟康曰：「始皇東巡置，自以武德定天下。」
〔二〕孟康曰：「今有絺城，晉文公所得賜者。」
〔三〕師古曰：「行音胡郎反。」
〔四〕孟康曰：「共伯入爲三公者也。」師古曰：「共音恭。」
〔五〕應劭曰：「邢侯自襄國徙此。當齊桓公時，衞人伐邢，邢遷于夷儀，其地屬晉，號曰邢丘。以其在河之皋，處勢平夷，故曰平皋。」臣瓚曰：「春秋傳狄人伐邢，邢遷于夷儀，不至此也。今襄國西有夷儀城，去襄國百餘里。邢是丘名，非國也。」師古曰：「應說非也。左氏傳曰『晉侯送女於邢丘』，蓋謂此耳。」

〔六〕應劭曰：「晉始啓南陽，今南陽城是也，秦改曰脩武。」臣瓚曰：「韓非書『秦昭王越趙長平西伐脩武』，時秦未兼天下，脩武之名久矣。」師古曰：「瓚說是也。」

〔七〕孟康曰：「故邘國也，今邘亭是也。」師古曰：「邘音胡郎反。」

〔八〕孟康曰：「原鄉，晉文公所圍是也。」師古曰：「音只。」

〔九〕師古曰：「沁音千浸反。」

〔一〇〕應劭曰：「隆慮山在北，避殤帝名改曰林慮也。」師古曰：「慮音廬。」

〔一一〕師古曰：「蕩音湯。羑音羊九反。」

河南郡，故秦三川郡，高帝更名。雒陽戶五萬二千八百三十九。莽曰保忠信鄉，屬司隸也。戶二十七萬六千四百四十四，口一百七十四萬二百七十九。有鐵官、工官。敖倉在滎陽。縣二十二：雒陽，周公遷殷民，是爲成周。春秋昭公〔三〕〔二〕十〔二〕〔二〕年，晉合諸侯于狄泉，以其地大成周之城，居敬王。莽曰宜陽。〔一〕滎陽，卞水、馮池皆在西南。有狼湯渠，首受泲，東南至陳入潁，過郡四，行七百八十里。〔二〕偃師，尸鄉，殷湯所都。莽曰師成。〔三〕京，〔四〕平陰，〔五〕中牟，圃田澤在西，豫州藪。有筦叔邑，趙獻侯自耿徙此。〔六〕平，莽曰治平。陽武，有博狼沙。莽曰陽桓。〔七〕河南，故郟鄏地。周武王遷九鼎，周公致太平，營以爲都，是爲王城，至平王居之。〔八〕緱氏，劉聚，周大夫劉子邑。有延壽城仙人祠。莽曰中亭。〔九〕卷，〔一〇〕原武，莽曰原桓。鞏，東周所居。穀成，禹貢瀍水出朁亭北，東南入

雒。〔一一〕故市，密，故國。有大騩山，潩水所出，南至臨潁入潁。〔一二〕新成，惠帝四年置。蠻中，故戎蠻子國。開封，逢池在東北，或曰宋之逢澤也。〔一三〕成皋，故虎牢。或曰制。〔一四〕苑陵，莽曰左亭。梁，䣙聚，秦滅西周徙其君於此。陽人聚，秦滅東周徙其君於此。〔一五〕新鄭。詩鄭國，鄭桓公之子武公所國，後爲韓所滅，韓自平陽徙都之。〔一六〕

〔一〕師古曰：「魚豢云漢火行忌水，故去『洛』『水』而加『隹』。如魚氏說，則光武以後改爲『雒』字也。」

〔二〕應劭曰：「故虢國，今虢亭是也。」師古曰：「狼音浪。湯音宕。泲音子禮反，本濟水字。」

〔三〕臣瓚曰：「湯居亳，今濟陰縣是也。今亳有湯冢，己氏有伊尹冢，皆相近也。」師古曰：「瓚說非也。又如皇甫謐所云湯都在穀熟，事並不經。劉向云『湯無葬處』，安得湯冢乎！」

〔四〕師古曰：「即鄭共叔段所居也。」

〔五〕應劭曰：「在平城南，故曰平陰。」

〔六〕師古曰：「筦與管同。」

〔七〕師古曰：「狼音浪。」

〔八〕師古曰：「郟音夾。鄏音辱。」

〔九〕師古曰：「緱音工侯反。」

〔一〇〕師古曰：「音去權反。」

〔一一〕師古曰：「即今新安。朁音潛。」

〔一二〕應劭曰：「『密人不恭』，密須氏姞姓之國也。」臣瓚曰：「密，姞姓之國也，見世本。密須，今安定陰密是也。」師古曰：「應、瓚二說皆非也。此密即春秋僖六年『圍新密』者也，蓋鄭地。而詩所云『密人』，即左傳所謂『密須之鼓』者也，在安定陰密。騩音隗。潩音翼，又音昌力反。」

〔一三〕臣瓚曰：「汲郡古文梁惠王發逢忌之藪以賜民，今浚儀有逢陂忌澤是也。」

〔一四〕師古曰：「穆天子傳云『七萃之士生捕獸，即獻天子，天子畜之東虢，號曰獸牢』。」

〔一五〕應劭曰：「左傳曰秦取梁。梁，伯翳之後，與秦同祖。」臣瓚曰：「秦取梁，後改曰夏陽，今馮翊夏陽是也。此梁，周之小邑，見於春秋。」師古曰：「瓚說是也。䣙音乃且反。」

〔一六〕應劭曰：「國語曰，鄭桓公爲周司徒，王室將亂，寄帑與賄於虢、會之閒。幽王敗，桓公死之，其子武公與平王東遷洛邑，遂伐虢、會而并其地，而邑於此。」

東郡，秦置。莽曰治亭。屬兗州。戶四十萬一千二百九十七，口百六十五萬九千二十八。縣二十二：濮陽，衛成公自楚丘徙此。故帝丘，顓頊虛。莽曰治亭。〔一〕〔畔〕觀，莽曰觀治。〔二〕聊城，頓丘，莽曰順丘。〔三〕發干，莽曰戢楯。范，莽曰建睦。茬平，莽曰功崇。〔四〕東武陽，禹治漯水，東北至千乘入海，過郡三，行千二十里。莽曰武昌。〔五〕博平，莽曰加睦。黎，莽曰黎治。〔六〕清，莽曰清治。〔七〕東阿，都尉治。〔八〕離狐，莽曰瑞狐。臨邑，有〔泲〕〔泲〕廟。莽曰穀城亭。〔九〕利苗，須昌，故須句國，大昊後，風姓。〔一〇〕壽良，蚩尤祠在西北〔泲〕〔泲〕上。有朐城。〔一一〕樂昌，陽平，白馬，南燕，南燕國，姞姓，黃帝後。〔一二〕廩丘。

〔一〕應劭曰：「濮水南入鉅野。」師古曰：「虛讀曰墟。」

〔二〕應劭曰：「夏有觀扈，世祖更名衛國，以封周後。」師古曰：「觀音工喚反。」

〔三〕師古曰：「以丘名縣也。丘一成爲頓丘，謂一（成）〔頓〕而成也。或曰，成，重也，一重之丘也。」

〔四〕應劭曰：「在茬山之平地者也。」師古曰：「音仕疑反。」

〔五〕應劭曰：「武水之陽也。」師古曰：「漯音它合反。」

〔六〕孟康曰：「詩黎侯國，今黎陽也。」臣瓚曰：「黎陽在魏郡，非黎縣也。」師古曰：「瓚說是。」

〔七〕應劭曰：「章帝更名樂平。」

〔八〕應劭曰：「衛邑也。有西故稱東。」

〔九〕師古曰：「（泲）〔泲〕亦濟水字也。其後並同。」

〔一〇〕師古曰：「句音劬。」

〔一一〕應劭曰：「世祖（父叔）〔叔父〕名良，故曰壽張。」

〔一二〕師古曰：「姞音其乙反。」

陳留郡，武帝元狩元年置。屬兗州。戶二十九萬六千二百八十四，口一百五十萬九千五十。縣十七：陳留，魯渠水首受狼湯渠，東至陽夏，入渦渠。〔一〕小黃，成安，寧陵，莽曰康善。〔二〕雍丘，故杞國也，周武王封禹後東樓公。先春秋時徙魯東北，二十一世簡公爲楚所滅。酸棗，東昏，莽曰東明。襄邑，有服官。莽曰襄平。〔三〕外黃，都尉治。〔四〕封丘，濮渠水首受（泲）〔泲〕，東北至都關，入羊

里水，過郡三，行六百三十里。〔五〕長羅，侯國。莽曰惠澤。尉氏，〔六〕傿，莽曰順通。〔七〕長垣，莽曰長固。〔八〕平丘，濟陽，莽曰濟前。浚儀。故大梁。魏惠王自安邑徙此。睢水首受狼湯水，東至取慮入泗，過郡四，行千三百六十里。〔九〕

〔一〕孟康曰：「留，鄭邑也，後爲陳所并，故曰陳留。」臣瓚曰：「宋亦有留，彭城留是也。留屬陳，故稱陳留也。」師古曰：「瓚說是也。渦音戈。」

〔二〕孟康曰：「故葛伯國，今葛鄉是。」

〔三〕應劭曰：「春秋傳曰『師于襄牛』是也。」師古曰：「圈稱云襄邑宋地，本承匡襄陵鄉也。宋襄公所葬，故曰襄陵。秦始皇以承匡卑溼，故徙縣於襄陵，謂之襄邑，縣西三十里有承匡城。然則應說以爲襄牛，誤也。」

〔四〕張晏曰：「魏郡有內黃，故加外。」臣瓚曰：「縣有黃溝，故氏之也。」師古曰：「左氏傳云『惠公敗宋師于黃』，杜預以爲外黃縣東有黃城，即此地也。」

〔五〕孟康曰：「春秋傳『敗狄于長丘』，今翟溝是。」

〔六〕應劭曰：「古獄官曰尉氏，鄭之別獄也。」臣瓚曰：「鄭大夫尉氏之邑，故遂以爲邑。」師古曰：「鄭大夫尉氏亦以掌獄之官故爲族耳。應說是也。」

〔七〕應劭曰：「鄭伯克段于鄢是也。」師古曰：「鄢音偃。」

〔八〕孟康曰：「春秋會于匡，今匡城是。」

〔九〕應劭曰：「魏惠王自安邑徙此，號曰梁。」師古曰：「取慮，縣名也，音秋廬。取又音趨。」

潁川郡，秦置。高帝五年爲韓國，六年復故。莽曰左隊。陽翟有工官。屬豫州。〔一〕戶四十三萬二千四百九十一，口二百二十一萬九百七十三。縣二十：陽翟，夏禹國。周末，韓景侯自新鄭徙此。戶四萬一千六百五十，口十萬九千。莽曰潁川。〔二〕昆陽，〔三〕潁陽，〔四〕定陵，有東不羹。莽曰定城。〔五〕長社，〔六〕新汲，〔七〕襄城，有西不羹。莽曰相城。郾，〔八〕郟，〔九〕舞陽，〔一〇〕潁陰，崈高，武帝置，以奉太室山，是爲中岳。有太室、少室山廟。古文以崇高爲外方山也。〔一一〕許，故國，姜姓，四岳後，太叔所封，二十四世爲楚所滅。傿陵，戶四萬九千一百一，口二十六萬一千四百一十八。莽曰左亭。〔一二〕臨潁，莽曰監潁。父城，應鄉，故國，周武王弟所封。〔一三〕成安，侯國也。周承休，侯國，元帝置，元始二年更名鄭公。莽曰嘉美。〔一四〕陽城，陽城山，洧水所出，東南至長平入潁，過郡三，行五百里。陽乾山，潁水所出，東至下蔡入淮，過郡三，行千五百里，荊州寖。有鐵官。〔一五〕綸氏。

〔一〕孟康曰：「夏啓有鈞臺之饗，今鈞臺在南。」

〔二〕應劭曰：「夏禹都也。」臣瓚曰：「世本禹都陽城，汲郡古文亦云居之，不居陽翟也。」師古曰：「陽翟本禹所受封耳。應、瓚之說皆非。」

〔三〕應劭曰：「昆水出南陽。」

〔四〕應劭曰：「潁水出陽城。」

〔五〕師古曰：「羹音郎。其後亦同。」

〔六〕應劭曰：「宋人圍長葛是也。其社中樹暴長，更名長社。」師古曰：「長讀如本字。」

〔七〕師古曰：「闞駰云本汲鄉也，宣帝神爵三年置。以河內有汲，故加新也。」

〔八〕師古曰：「音一戰反。」

〔九〕師古曰：「音夾。」

〔一〇〕應劭曰：「舞水出南。」

〔一一〕師古曰：「崈，古崇字。」

〔一二〕李奇曰：「六國爲安陵。」師古曰：「傿音偃。」

〔一三〕應劭曰：「韓詩外傳周成王與弟戲，以桐葉爲圭，『吾以此封汝』。周公曰：『天子無戲言。』王應時而封，故曰應侯鄉，是也。」臣瓚曰：「呂氏春秋曰成王以戲授桐葉爲圭以封叔虞，非應侯也。汲郡古文殷時已自有國，非成王之所造也。」師古曰：「武王之弟自封應國，非桐圭之事也。應氏之說蓋失之焉。又據左氏傳云『邘、晉、應、韓，武之穆也』，是則應侯武王之子，又與志說不同。」

〔一四〕〔師古曰〕：「休音許虯反。」

〔一五〕師古曰：「乾音干。洧音于軌反。」

汝南郡，高帝置。莽曰汝汾。分爲賞都尉。屬豫州。戶四十六萬一千五百八十七，口二百五十九萬六千一百四十八。縣三十七：平輿，〔一〕陽安，〔二〕陽城，侯國。莽曰新安。濦強，〔三〕富波，女陽，〔四〕鮦陽，〔五〕吳房，〔六〕安成，侯國。莽曰至成。南頓，故頓子國，姬姓。〔七〕朗陵，〔八〕細陽，莽曰樂慶。〔九〕宜春，侯國。莽曰宣孱。女陰，故胡國。都尉治。莽曰汝墳。新蔡，蔡平侯自

蔡徙此，後二世徙下蔡。莽曰新遷。新息，莽曰新德。〔一〇〕灈陽，〔一一〕期思，〔一二〕慎陽，〔一三〕慎，莽曰慎治。召陵，〔一四〕弋陽，侯國。〔一五〕西平，有鐵官。莽曰新亭。〔一六〕上蔡，故蔡國，周武王弟叔度所封。度放，成王封其子胡，十八世徙新蔡。灊，莽曰閏治。〔一七〕西華，莽曰華望。長平，莽曰長正。宜祿，莽曰賞都亭。項，故國。新郪，莽曰新延。〔一八〕歸德，侯國。宣帝置。莽曰歸惠。新陽，莽曰新明。〔一九〕安昌，侯國。莽曰始成。安陽，侯國。莽曰均夏。〔二〇〕博陽，侯國。莽曰樂家。成陽，侯國。莽曰新利。定陵。高陵山，汝水出，東南至新蔡入淮，過郡四，行千三百四十里。

〔一〕應劭曰：「故沈子國，今沈亭是也。輿音豫。」

〔二〕應劭曰：「道國也。今道亭是。」

〔三〕應劭曰：「濦水出潁川陽城。」師古曰：「濦音於謹反，又音殷。」

〔四〕應劭曰：「汝水出弘農，入淮。」師古曰：「女讀曰汝。其下汝陰亦同。」

〔五〕應劭曰：「在鮦水之陽也。」孟康曰：「鮦音紂。」

〔六〕孟康曰：「本房子國。楚靈王遷房於楚。吳王闔閭弟夫㮣奔楚，楚封於此，爲堂谿氏。以封吳，故曰吳房，今吳房城堂谿亭是。」

〔七〕應劭曰：「頓迫於陳，其後南徙，故號南頓，故城尚在。」

〔八〕應劭曰：「朗陵山在西南。」

〔九〕師古曰：「居細水之陽，故曰細陽。細水本出新郪。郪音千私反。」

〔一〇〕孟康曰：「故息國，其後徙東，故加新云。」
〔一一〕應劭曰：「灈水出吳房，東入瀙也。」師古曰：「灈音劬。瀙音楚人反，又音楚刃反。」
〔一二〕師古曰：「故蔣國。」
〔一三〕應劭曰：「慎水出東北，入淮。」師古曰：「慎字本作滇，音真，後誤為慎耳。今猶有真丘、真陽縣，字並單作真，知其音不改也。闞駰云永平五年失印更刻，遂誤以『水』為『心』。」
〔一四〕師古曰：「即桓公伐楚次於召陵者也。召讀曰邵。」
〔一五〕應劭曰：「弋山在西北。故黃國，今黃城是。」
〔一六〕應劭曰：「故柏子國也，今柏亭是。」
〔一七〕應劭曰：「孫叔敖子所邑之寢丘是也。世祖更名固始。」師古曰：「寢音子衽反。」
〔一八〕應劭曰：「秦伐魏，取郪丘。漢興為新郪。章帝封殷後，更名宋。」臣瓚曰：「光武既封殷後於宋，又封新郪。」師古曰：「封於新郪，號為宋國耳。瓚說非。」
〔一九〕應劭曰：「在新水之陽。」
〔二〇〕應劭曰：「故江國，今江亭是。」

南陽郡，秦置。莽曰前隊。屬荊州。戶三十五萬九千（一）〔三〕百一十六，口一百九十四萬二千五十一。縣三十六：宛，故申伯國。有屈申城。縣南有北筮山。戶四萬七千五百四十七。有工官、鐵官。莽曰南陽。犨，〔一〕杜衍，莽曰閏衍。酇，侯國。莽曰南庚。〔二〕育陽，有南筮聚，在東

北。〔三〕博山，侯國。哀帝置。故順陽。〔四〕涅陽，莽曰前亭。〔五〕陰，〔六〕堵陽，莽曰陽城。〔七〕雉，衡山，澧水所出，東至郾入汝。〔八〕山都，蔡陽，莽之母功顯君邑。〔九〕新野，筑陽，故穀伯國。莽曰宜禾。〔一〇〕棘陽，〔一一〕武當，舞陰，中陰山，瀙水所出，東至蔡入汝。西鄂，〔一二〕穰，莽曰農穰。〔一三〕酈，育水出西北，南入漢。〔一四〕安眾，侯國。故宛西鄉。冠軍，武帝置。故穰盧陽鄉、宛臨駣聚。〔一五〕比陽，〔一六〕平氏，禹貢桐柏大復山在東南，淮水所出，東南至淮（陵）〔浦〕入海，過郡四，行三千二百四十里，青州川。莽曰平善。隨，故國。厲鄉，故厲國也。〔一七〕葉，楚葉公邑。有長城，號曰方城。〔一八〕鄧，故國。都尉治。〔一九〕朝陽，莽曰厲信。〔二〇〕魯陽，有魯山。古魯縣，御龍氏所遷。魯山，滍水所出，東北至定陵入汝。又有昆水，東南至定陵入汝。〔二一〕舂陵，侯國。故蔡陽白水鄉。上唐鄉，故唐國。〔二二〕新都，侯國。莽曰新林。湖陽，故廖國也。〔二三〕紅陽，侯國。莽曰紅俞。〔二四〕樂成，侯國。博望，侯國。莽曰宜樂。復陽，侯國。故湖陽樂鄉。〔二五〕

〔一〕師古曰：「音昌牛反。」
〔二〕孟康曰：「音讚。」師古曰：「即蕭何所封。」
〔三〕應劭曰：「育水出弘農盧氏，南入于沔。」
〔四〕應劭曰：「漢明帝改曰順陽，在順水之陽也。」師古曰：「順陽，舊名。應說非。」
〔五〕應劭曰：「在涅水之陽。」師古曰：「涅音乃結反。」
〔六〕師古曰：「即春秋左氏傳所云遷陰於下陰者也，與酇相近。今襄州有陰城縣，縣有酇城鄉。」
〔七〕韋昭曰：「堵音者。」
〔八〕師古曰：「舊讀雉音弋爾反。而太康地志云即陳倉人所逐二童子名寶雞者，雄止陳倉為石，雌止此縣，故名雉縣，殊不可據也。郾音偃。」
〔九〕應劭曰：「蔡水所出，東入淮。」
〔一〇〕應劭曰：「筑水出漢中房陵，東入沔。」師古曰：「春秋云『穀伯綏來朝』是也。今襄州有穀城縣，在筑水之陽。筑音逐。」
〔一一〕應劭曰：「在棘水之陽。」
〔一二〕應劭曰：「江夏有鄂，故加西云。」
〔一三〕師古曰：「今鄧州穰縣是也。音人羊反。」
〔一四〕如淳曰：「酈音蹢躅之蹢。」
〔一五〕應劭曰：「武帝以封霍去病。去病仍出匈奴，功冠諸軍，故曰冠軍。駣音桃。」
〔一六〕應劭曰：「比水所出，東入蔡。」
〔一七〕師古曰：「厲讀曰賴。」
〔一八〕師古曰：「音式涉反。」
〔一九〕應劭曰：「鄧侯國。」
〔二〇〕應劭曰：「在朝水之陽。」

〔二一〕師古曰：「即淮南所云魯陽公與韓戰日反三舍者也。滍音峙，又音雉。」
〔二二〕師古曰：「漢記云元朔五年以零陵泠道之舂陵鄉封長沙王子買為舂陵侯。至戴侯仁，以舂陵地形下溼，上書徙南陽。元帝許之，以蔡陽白水鄉徙仁為舂陵侯。」
〔二三〕師古曰：「廖音力救反。左氏傳作飂字，其音同耳。」
〔二四〕師古曰：「俞音踰。」
〔二五〕應劭曰：「在桐柏下復山之陽。」師古曰：「復音房目反。」

南郡，秦置，高帝元年更為臨江郡，五年復故。景帝二年復為臨江，中二年復故。莽曰南順。屬荊州。戶十二萬五千五百七十九，口七十一萬八千五百四十。有發弩官。〔一〕縣十八：江陵，故楚郢都，楚文王自丹陽徙此。後九世平王城之。後十世秦拔我郢，徙（東）〔陳〕。莽曰江陸。臨沮，禹貢南條荊山在東北，漳水所出，東至江陵入陽水，陽水入沔，行六百里。〔二〕夷陵，都尉治。莽曰居利。〔三〕華容，雲夢澤在南，荊州藪。夏水首受江，東入沔，行五百里。〔四〕宜城，故鄢，惠帝三年更名。郢，楚別邑，故郢。莽曰郢亭。邔，〔五〕當陽，中廬，〔六〕枝江，故羅國。江沱出西，東入江。〔七〕襄陽，莽曰相陽。〔八〕編，有雲夢官。莽曰南順。〔九〕秭歸，歸鄉，故歸國。〔一〇〕夷道，莽曰江南。〔一一〕州陵，莽曰江夏。若，楚昭王畏吳，自郢徙此，後復還郢。〔一二〕巫，夷水東至夷道入江，過郡二，行五百四十里。有鹽官。〔一三〕高成。洈山，洈水所出，東入繇。繇水南至華容入江，過郡二，行五百里。莽曰言程。〔一四〕

[一]師古曰：「主斂放簦也。」
[二]應劭曰：「沮水出漢中房陵，東入江。」師古曰：「沮水即左傳所云『江、漢、沮、漳，楚之望也』。音千余反。」
[三]應劭曰：「夷山在西北。」
[四]應劭曰：「春秋『許遷于容城』是。」
[五]孟康曰：「音忌。」師古曰：「音其已反。」
[六]師古曰：「在襄陽縣南。今猶有次廬村。以隋室諱忠，故改忠爲次。」
[七]師古曰：「沱即江別出者也，音徒何反。」
[八]應劭曰：「在襄水之陽。」
[九]孟康曰：「編音鞭。」
[一〇]孟康曰：「秭音姊。」
[一一]應劭曰：「夷水出巫，東入江。」
[一二]師古曰：「春秋傳作鄀，其音同。」
[一三]應劭曰：「巫山在西南。」
[一四]師古曰：「澆音危。繇讀曰由。」

江夏郡，高帝置。屬荊州。[一]戶五萬六千八百四十四，口二十一萬九千二百一十八。縣十四：西陵，有雲夢官。莽曰江陽。竟陵，章山在東北，古文以爲內方山。郧鄉，楚鄖公邑。莽曰守平。[二]西陽，襄，莽曰襄非。邾，衡山王吳芮都。[三]軑，故弦子國。[四]鄂，[五]安陸，橫尾山在東北，

古文以爲陪尾山。沙羨，[六]蘄春，[七]鄳，[八]雲杜，[九]下雉，莽曰閏光。[一〇]鍾武。侯國。莽曰當利。

[一]應劭曰：「沔水自江別至南郡華容爲夏水，過郡入江，故曰江夏。」
[二]師古曰：「音云。」
[三]師古曰：「音朱，又音誅。」
[四]孟康曰：「音汏。」師古曰：「又音徒系反。」
[五]師古曰：「音五各反。」
[六]晉灼曰：「羨音夷。」
[七]晉灼曰：「音祈。」
[八]蘇林曰：「音盲。」師古曰：「音萌，又音莫耿反。」
[九]應劭曰：「左傳『若敖取于邧』，今邧亭是也。」師古曰：「邧音云。」
[一〇]如淳曰：「音羊氏反。」

廬江郡，故淮南，文帝十六年別爲國。金蘭西北有東陵鄉，淮水出。屬揚州。廬江出陵陽東南，北入江。[一]戶十二萬四千三百八十三，口四十五萬七千三百三十三。有樓船官。縣十二：舒，故國。莽曰昆鄉。居巢，[二]龍舒，[三]臨湖，雩婁，決水北至蓼入淮，又有灌水，亦北至蓼入決，過郡二，行五百一十里。[四]襄安，莽曰廬江亭也。樅陽，[五]尋陽，禹貢九江在南，皆東合爲大江。灊，

天柱山在南。有祠。沘山，沘水所出，北至壽春入芍陂。[六]皖，有鐵官。[七]湖陵邑，北湖在南。松茲。侯國。莽曰誦善。

[一]應劭曰：「故廬子國。」
[二]應劭曰：「春秋『楚人圍巢』。巢，國也。」
[三]應劭曰：「羣舒之邑。」
[四]師古曰：「雩音許于反。婁音力于反。」
[五]師古曰：「音七容反。」
[六]晉灼曰：「音潛。」師古曰：「沘音比，又音布几反。芍音酌，又音鵲。」
[七]師古曰：「音胡管反。」

九江郡，秦置，高帝四年更名爲淮南國，武帝元狩元年復故。莽曰延平。屬揚州。[一]戶十五萬五十二，口七十八萬五百二十五。有陂官、湖官。縣十五：壽春邑，楚考烈王自陳徙此。浚遒，[二]成德，莽曰平阿。橐皋，[三]陰陵，莽曰陰陸。歷陽，都尉治。莽曰明義。當塗，侯國。莽曰山聚。[四]鍾離，莽曰蠶富。[五]合肥，[六]東城，莽曰武城。博鄉，侯國。莽曰揚陸。曲陽，侯國。莽曰延平亭。[七]建陽，全椒，阜陵。莽曰阜陸。

[一]應劭曰：「江自廬江尋陽分爲九。」
[二]晉灼曰：「音酋熱之酋。」師古曰：「浚音峻。遒音才由反。」

[三]孟康曰：「音拓姑。」
[四]應劭曰：「禹所娶塗山侯國也。有禹虛。」
[五]應劭曰：「鍾離子國。」
[六]應劭曰：「夏水出父城東南，至此與淮合，故曰合肥。」
[七]應劭曰：「在淮曲之陽。」

山陽郡，故梁。景帝中六年別爲山陽國。武帝建元五年別爲郡。莽曰鉅野。屬兗州。戶十七萬二千八百四十七，口八十萬一千二百八十八。有鐵官。縣二十三：昌邑，武帝天漢四年更山陽爲昌邑國。有梁丘鄉。春秋傳曰「宋、齊會于梁丘」。南平陽，莽曰黽平。[一]成武，有楚丘亭。齊桓公所城，遷衞文公於此。子成公徙濮陽。莽曰成安。湖陵，禹貢「浮于泗、淮，通于河」，水在南。莽曰湖陸。[二]東緡，[三]方與，[四]橐，莽曰高平。[五]鉅壄，大壄澤在北，兗州藪。單父，都尉治。莽曰利父。[六]薄，[七]都關，城都，侯國。莽曰城穀。黃，侯國。爰戚，侯國。莽曰戚亭。郜成，侯國。莽曰告成。中鄉，侯國。平樂，侯國。(泄)[包]水東北至(沙)[沛]入泗。鄭，侯國。瑕丘，[八]甾鄉，侯國。[九]栗鄉，侯國。莽曰足亭。曲鄉，侯國。西陽。侯國。

[一]孟康曰：「邾庶期以漆來奔，又城漆，今漆鄉是。」
[二]應劭曰：「尚書一名湖。章帝封東平王倉子爲湖陵侯，更名湖陵。」
[三]師古曰：「春秋僖二十三年『齊侯伐宋圍緡』，即謂此。音旻。」

（四）晉灼曰：「音房豫。」
（五）臣瓚曰：「音拓。」
（六）師古曰：「音普甫。」
（七）臣瓚曰：「湯所都。」
（八）應劭曰：「垠丘在西南。」
（九）師古曰：「音側其反。」

濟陰郡，故梁。景帝中六年別爲濟陰國。宣帝甘露二年更名定陶。禹貢荷澤在定陶東。屬兗州。（一）戶二十九萬二（千）〔十〕五，口百三十八萬六千二百七十八。縣九：定陶，故曹國，周武王弟叔振鐸所封。禹貢陶丘在西南。陶丘亭。冤句，莽改定陶曰濟平，冤句縣曰濟平亭。（二）呂都，莽曰祈都。葭密，（三）成陽，有堯（家）〔冢〕靈臺。禹貢雷澤在西北。鄄城，莽曰鄄良。（四）句陽，（五）秺，莽曰萬歲。（六）乘氏。泗水東南至睢陵入淮，過郡六，行千一百一十里。（七）

（一）師古曰：「荷音柯。」
（二）師古曰：「句音劬。」
（三）師古曰：「葭音家。」
（四）師古曰：「鄄音工掾反。」
（五）應劭曰：「左氏傳『句瀆之丘』也。」師古曰：「音鉤。」

（六）孟康曰：「音妒。」
（七）應劭曰：「春秋『敗宋師于乘丘』是也。」師古曰：「睢音雖。」

沛郡，故秦泗水郡。高帝更名。莽曰吾符。屬豫州。戶四十萬九千七十九，口二百三萬四百八十。縣三十七：相，莽曰吾符亭。龍亢，（一）竹，莽曰篤亭。（二）穀陽，（三）蕭，故蕭叔國，宋別封附庸也。向，故國。春秋曰「莒人入向」。姜姓，炎帝後。（四）銍，（五）廣戚，侯國。莽曰力聚。下蔡，故州來國，爲楚所滅，後吳取之，至夫差遷昭侯於此。後四世侯齊竟爲楚所滅。豐，莽曰吾豐。鄲，莽曰單城。（六）譙，莽曰延成亭。蘄，都鄉。高祖破黥布。都尉治。莽曰蘄城。（七）㺵，莽曰貫。（八）輒與，莽曰華樂。山桑，公丘，侯國。故滕國，周懿王子錯叔繡所封，三十一世爲齊所滅。（九）符離，莽曰符合。敬丘，侯國。（一〇）夏丘，莽曰歸思。洨，侯國。垓下，高祖破項羽。莽曰（有）〔育〕成。（一一）沛，有鐵官。芒，莽曰博治。（一二）建成，侯國。城父，夏肥水東南至下蔡入淮，過郡二，行六百二十里。莽曰思善。建平，侯國。莽曰田平。酇，莽曰贊治。（一三）栗，侯國。莽曰成富。扶陽，侯國。莽曰合治。高，侯國。高柴，侯國。漂陽，（一四）平阿，侯國。莽曰平寧。東鄉，臨都，義成，祁鄉。侯國。莽曰會穀。

（一）晉灼曰：「亢音岡。」
（二）李奇曰：「今竹邑。」
（三）應劭曰：「在穀水之陽。」

（四）師古曰：「音觚。」
（五）師古曰：「銍音竹乙反。」
（六）孟康曰：「音多。」
（七）師古曰：「蘄音直恚反。」
（八）師古曰：「㺵亦音貫。」
（九）師古曰：「左氏傳云『郜、雍、曹、滕，文之昭也』，系本亦云『錯叔繡，文王子』，而此志云懿王子，未詳其發耳。」
（一〇）應劭曰：「春秋『遇於犬丘』，明帝更名（犬）〔大〕丘。」
（一一）應劭曰：「洨水所出，南入淮。」師古曰：「洨音肴。」
（一二）應劭曰：「世祖更名臨睢。睢水出焉。」師古曰：「芒音莫郎反。睢音雖。」
（一三）應劭曰：「音嵯。」師古曰：「此縣本爲䣜，應音是也。中古以來借酇字爲之耳，讀皆爲䣜，而莽呼爲贊治，則此縣亦有贊音。」
（一四）如淳曰：「漂音票。」

魏郡，高帝置。莽曰魏城。屬冀州。戶二十一萬二千八百四十九，口九十萬九千六百五十五。縣十八：鄴，故大河在東北入海。館陶，河水別出爲屯氏河，東北至章武入海，過郡四，行千五百里。斥丘，莽曰利丘。（一）沙，內黃，清河水出南。（二）清淵，（三）魏，都尉治。莽曰魏城亭。（四）繁陽，（五）元城，（六）梁期，黎陽，莽曰黎蒸。（七）即裴，侯國。莽曰即是。（八）武始，漳水東至邯鄲入

漳，又有拘澗水，東北至邯鄲入白渠。（九）邯會，侯國。（一〇）陰安，平恩，侯國。莽曰延平。邯溝，侯國。（一一）武安。欽口山，白渠水所出，東至列人入漳。又有寖水，東北至東昌入虖池河，過郡五，行六百一里。有鐵官。莽曰桓安。（一二）

（一）應劭曰：「斥丘在西南也。」師古曰：「闞駰云地多斥鹵，故曰斥丘。」
（二）應劭曰：「春秋『吳子、晉侯會于黃池』。今黃澤在西。陳留有外黃，故加內云。」臣瓚曰：「國語曰『吳子會諸侯于黃池，掘溝於齊、魯之間』。今陳外黃有黃溝是也。史記曰『伐宋取黃池』。然則不得在魏郡明矣。」師古曰：「瓚說是也，應說失之。」
（三）應劭曰：「清河在西北。」
（四）應劭曰：「魏武侯別都。」
（五）應劭曰：「在繁水之陽。」張晏曰：「其界爲繁淵。」
（六）應劭曰：「魏武侯公子元食邑於此，因而遂氏焉。」
（七）晉灼曰：「黎山在其南，河水經其東。其山上碑云縣取山之名，取水之陽以爲名。」
（八）應劭曰：「裴音非。」
（九）應劭曰：「拘音矩。」
（一〇）張晏曰：「漳水之別，自城西南與邯山之水會，今城旁猶有溝渠在也。」師古曰：「邯音下安反。」
（一一）師古曰：「邯水之溝。」

〔三〕師古曰：「鄗音子衽反。虖音呼。池音徒何反。其下並同。」

鉅鹿郡，秦置。屬冀州。戶十五萬五千九百五十一，口八十二萬七千一百七十七。縣二十：鉅鹿，禹貢大陸澤在北。紂所作沙丘臺在東北七十里。〔一〕南𨻳，莽曰富平。〔二〕廣阿，象氏，侯國。莽曰寧昌。廮陶，〔三〕宋子，莽曰宜子。楊氏，莽曰功陸。臨平，下曲陽，都尉治。〔四〕貰，〔五〕鄡，莽曰秦聚。〔六〕新市，侯國。莽曰市樂。堂陽，有鹽官。嘗分爲（涇）〔經〕縣。〔七〕安定，侯國。敬武，歷鄉，侯國。莽曰歷聚。樂信，侯國。武陶，侯國。柏鄉，侯國。安鄉。侯國。

〔一〕應劭曰：「鹿，林之大者也。」臣瓚曰：「山足曰鹿。」師古曰：「應說是。」
〔二〕孟康曰：「𨻳音良全反。」
〔三〕師古曰：「廮音一井反。」
〔四〕應劭曰：「晉荀吳滅鼓，今鼓聚昔陽亭是也。」師古曰：「常山有上曲陽，故此云下。」
〔五〕師古曰：「音式制反。」
〔六〕師古曰：「音苦么反。」
〔七〕應劭曰：「在堂水之陽。」

常山郡，高帝置。莽曰井關。屬冀州。〔一〕戶十四萬一千七百四十一，口六十七萬七千九百五十六。縣十八：元氏，沮水首受中丘西山窮泉谷，東至堂陽入黃河。莽曰井關亭。〔二〕石邑，井

陘山在西，洨水所出，東南至廮陶入泜。〔三〕桑中，侯國。靈壽，中山桓公居此。禹貢衞水出東北，東入虖池。蒲吾，有鐵山。大白渠水首受緜曼水，東南至下曲陽入斯洨。〔四〕上曲陽，恆山北谷在西北。有祠。幷州山。禹貢恆水所出，東入滱。莽曰常山亭。〔五〕九門，莽曰久門。井陘，〔六〕房子，贊皇山，（石）濟水所出，東至廮陶入泜。莽曰多子。〔七〕中丘，逢山長谷，（諸）〔渚〕水所出，東至張邑入濁。莽曰直聚。封斯，侯國。關，平棘，〔八〕鄗，世祖即位，更名高邑。莽曰禾成亭。〔九〕樂陽，侯國。莽曰暢苗。平臺，侯國。莽曰順臺。都鄉，侯國。有鐵官。莽曰分鄉。南行唐。牛飲山白陸谷，滋水所出，東至新市入虖池。都尉治。莽曰延億。

〔一〕張晏曰：「恆山在西，避文帝諱，故改曰常山。」
〔二〕師古曰：「闞駰云趙公子元之封邑，故曰元氏。」
〔三〕師古曰：「洨音效，又音爻。泜音脂，又音丁計反。其後亦同。」
〔四〕應劭曰：「蒲水出中山蒲陰，東入河。」
〔五〕應劭曰：「滱音彄。」
〔六〕應劭曰：「井陘山在南，音刑。」
〔七〕師古曰：「濟音子詣反。」
〔八〕應劭曰：「伐晉取棘蒲也。」師古曰：「功臣表棘蒲侯陳武，平棘侯林摯，是則平棘、棘蒲非一地也。應說失之。」
〔九〕師古曰：「鄗音呼各反。」

清河郡，高帝置。莽曰平河。屬冀州。戶二十萬一千七百七十四，口八十七萬五千四百二十二。縣十四：清陽，王都。東武城，繹幕，〔一〕靈，河水別出爲鳴犢河，東北至蓨入屯氏河。莽曰播。〔二〕厝，莽曰厝治。〔三〕鄃，莽曰善陸。〔四〕貝丘，都尉治。〔五〕信成，張甲河首受屯氏別河，東北至蓨入漳水。𢘿題，〔六〕東陽，侯國。莽曰胥陵。信鄉，侯國。〔七〕繚，〔八〕棗彊，復陽。莽曰樂歲。〔九〕

〔一〕應劭曰：「繹音亦。」師古曰：「本音弋尺反。」
〔二〕師古曰：「蓨音條。其下亦同。」
〔三〕應劭曰：「安帝以孝德皇后葬於厝，改曰甘陵也。」師古曰：「音趨亦反。」
〔四〕師古曰：「音輸。」
〔五〕應劭曰：「左氏傳『齊襄公田于貝丘』是。」
〔六〕師古曰：「𢘿，古莎字。」
〔七〕孟康曰：「順帝更名安平。」
〔八〕師古曰：「音良笑反。」
〔九〕應劭曰：「音腹。」

涿郡，高帝置。莽曰垣翰。屬幽州。戶十九萬五千六百七，口七十八萬二千七百六十四。有鐵官。縣二十九：涿，桃水（受首）〔首受〕淶水，分東至安次入河。〔一〕逎，莽曰逎屛。〔二〕穀丘，故安，閻鄉，易水所出，東至范陽入濡也，幷州𣽈。水亦至范陽入淶。〔三〕南深澤，范陽，莽曰順陰。〔四〕蠡

吾，〔五〕容城，莽曰深澤。易，廣望，侯國。鄚，莽曰言符。〔六〕高陽，莽曰高亭。〔七〕州鄉，侯國。安平，都尉治。莽曰廣望亭。樊輿，侯國。莽曰握符。成，侯國。莽曰宜家。良鄉，侯國。垣水南東至陽鄉入桃。莽曰廣陽。利鄉，侯國。莽曰章符。臨鄉，侯國。益昌，侯國。莽曰有秩。陽鄉，侯國。莽曰章武。西鄉，侯國。莽曰移風。饒陽，〔八〕中水，〔九〕武垣，莽曰垣翰亭。〔一〇〕阿陵，莽曰阿陸。阿武，侯國。高郭，侯國。莽曰廣隄。新昌。侯國。

〔一〕應劭曰：「涿水出上谷涿鹿縣。」師古曰：「淶音來。」
〔二〕師古曰：「逎古遒字，音字由反。」
〔三〕師古曰：「言易水又至范陽入淶也。濡音乃官反。」
〔四〕應劭曰：「在范水之陽。」
〔五〕師古曰：「蠡音禮。」
〔六〕應劭曰：「音莫。」
〔七〕應劭曰：「在高河之陽。」
〔八〕應劭曰：「在饒河之陽。」
〔九〕應劭曰：「在易、滱二水之間，故曰中水。」
〔一〇〕應劭曰：「垣水出良鄉，東入桃。」

勃海郡，高帝置。莽曰迎河。屬幽州。〔一〕戶二十五萬六千三百七十七，口九十萬五千一

百一十九。縣二十六：浮陽，莽曰浮城。陽信，東光，有胡蘇亭。阜城，莽曰吾城。千童，〔二〕重合，南皮，莽曰迎河亭。〔三〕定，侯國。章武，有鹽官。莽曰桓章。中邑，莽曰檢陰。高成，都尉治。高樂，莽曰爲鄉。參戶，侯國。成平，虖池河，民曰徒駭河。莽曰澤亭。柳，侯國。臨樂，侯國。莽曰樂亭。東平舒，〔四〕重平，安次，脩市，侯國。莽曰居寧。〔五〕文安，景成，侯國。東州，建成，章鄉，(侯國)。蒲領。侯國。

〔一〕師古曰：「在勃海之濱，因以爲名。」
〔二〕應劭曰：「靈帝改曰饒安。」
〔三〕師古曰：「闞駰云章武有北皮亭，故此云南。」
〔四〕師古曰：「代郡有平舒，故此加東。」
〔五〕應劭曰：「音條。」

平原郡，高帝置。莽曰河平。屬青州。戶十五萬四千三百八十七，口六十六萬四千五百四十三。縣十九：平原，有篤馬河，東北入海，五百六十里。鬲，平當以爲鬲津。莽曰河平亭。〔一〕高唐，桑欽言漯水所出。〔二〕重丘，平昌，侯國。羽，侯國。莽曰羽貞。般，莽曰分明。〔三〕樂陵，都尉治。莽曰美陽。〔四〕祝阿，莽曰安成。瑗，莽曰東順亭。阿陽，漯陰，莽曰翼成。〔五〕朸，莽曰張鄉。〔六〕富平，侯國。莽曰樂安亭。〔七〕安悳，〔八〕合陽，侯國。莽曰宜鄉。樓虛，侯國。龍頟，侯國。莽曰清鄉。〔九〕

安。侯國。

〔一〕師古曰：「讀與(耿)〔隔〕同。」
〔二〕師古曰：「漯音它合反。」
〔三〕如淳曰：「般音如面般之般。」韋昭曰：「音逋垣反。」師古曰：「爾雅說九河云『鉤般』，郭璞以爲水曲如鉤，流般桓也。然今其土俗用如、韋之音。」
〔四〕師古曰：「樂音來各反。」
〔五〕應劭曰：「漯水出東武陽，東北入海。」師古曰：「漯音它合反。」
〔六〕應劭曰：「音力。」
〔七〕應劭曰：「明帝更名厭次。」
〔八〕師古曰：「悳，古德字。」
〔九〕師古曰：「今書本頟字或作額，而崔浩云有龍頟村，作額者非。」

千乘郡，高帝置。莽曰建信。屬青州。〔一〕戶十一萬六千七百二十七，口四十九萬七百二十。有鐵官、鹽官、均輸官。縣十五：千乘，有鐵官。東鄒，溼沃，莽曰延亭。平安，侯國。莽曰鴻睦。博昌，時水東北至鉅定入馬車瀆，幽州寖。〔二〕蓼城，都尉治。莽曰施武。建信，狄，莽曰利居。〔三〕琅槐，〔四〕樂安，被陽，侯國。〔五〕高昌，繁安，侯國。莽曰瓦亭。高宛，莽曰常鄉。延鄉。

〔一〕應劭曰：「和帝更名樂安。」

〔二〕應劭曰：「昌水出東萊昌陽。」臣瓚曰：「從東萊至博昌，經歷宿水，不得至也。取其嘉名耳。」師古曰：「瓚說是。」
〔三〕應劭曰：「安帝更名曰臨濟。」
〔四〕師古曰：「槐音回。」
〔五〕如淳曰：「一作疲，音罷軍之罷。」師古曰：「音皮彼反。」

濟南郡，故齊。文帝十六年別爲濟南國。景帝二年爲郡。莽曰樂安。屬青州。戶十四萬七百六十一，口六十四萬二千八百八十四。縣十四：東平陵，有工官、鐵官。鄒平，臺，莽曰臺治。梁鄒，土鼓，於陵，都尉治。莽曰於陸。陽丘，般陽，莽曰濟南亭。〔一〕菅，〔二〕朝陽，侯國。莽曰脩治。〔三〕歷城，有鐵官。猇，侯國。莽曰利成。〔四〕著，〔五〕宜成。侯國。

〔一〕應劭曰：「在般水之陽。」師古曰：「般音盤。」
〔二〕應劭曰：「音姦。」
〔三〕應劭曰：「在朝水之陽。」
〔四〕應劭曰：「音箎。」蘇林曰：「音爻。今東朝陽有猇亭。蔡謨音由，音(鷂)〔鴞〕。」師古曰：「蔡音是，音于虬反。」
〔五〕師古曰：「音竹庶反，又音直庶反。而韋昭誤以爲蓍龜之蓍字，乃音紀咨反，失之遠矣。」

泰山郡，高帝置。屬兗州。戶十七萬二千八十六，口七十二萬六千六百四。有工官。汶水出萊毋，西入濟。〔一〕縣二十四：奉高，有明堂，在西南四里，武帝元封二年造。有工官。博，有泰山廟。岱山在西北，(求山上)〔兗州山〕。茬，〔二〕盧，都尉治。濟北王都也。肥成，〔三〕蛇丘，隧鄉，故隧國。

春秋曰「齊人殲于隧」也。〔四〕剛，故闡。莽曰柔。〔五〕柴，蓋，臨樂(于)〔子〕山，洙水所出，西北至蓋入池水。又沂水南至下邳入泗，過郡五，行六百里，青州寖。〔六〕梁父，〔七〕東平陽，南武陽，冠石山，治水所出，南至下邳入泗，過郡二，行九百四十里。莽曰桓宣。〔八〕萊蕪，原山，甾水所出，東至(傳)〔博〕昌入泲，幽(川)〔州〕寖。又禹貢汶水出西南入泲。汶水，桑欽所言。〔九〕鉅平，有亭亭山祠。〔一〇〕嬴，有鐵官。〔一一〕牟，故國。〔一二〕蒙陰，禹貢蒙山在西南，有祠。顓臾國在蒙山下。莽曰蒙恩。華，莽曰翼陰。寧陽，侯國。莽曰寧順。乘丘，〔一三〕富陽，桃山，侯國。莽曰裒魯。桃鄉，侯國。莽曰鄣亭。式。

〔一〕師古曰：「汶音問。毋與無同。」
〔二〕應劭曰：「茬山在東北。音淄。」師古曰：「又音仕疑反。」
〔三〕應劭曰：「肥子國。」
〔四〕師古曰：「蛇音移。隧音遂。」
〔五〕應劭曰：「春秋『秋取讙及闡』，今闡亭是也。」師古曰：「讙音驩。」
〔六〕師古曰：「蓋讀如本字，又音古盍反。洙音殊。」
〔七〕師古曰：「以山名縣也。父音甫。」
〔八〕應劭曰：「武水所出，南入泗。」
〔九〕師古曰：「泲音子禮反。」
〔一〇〕應劭曰：「左氏傳『陽虎入于讙陽關以叛』。今陽關亭是也。」

(一)師古曰：「音盈。」
(二)應劭曰：「附庸也。」師古曰：「春秋桓十五年『牟人來朝』，即此也。」
(三)師古曰：「春秋莊公十五年『公敗宋師于乘丘』，即此是也。」

齊郡，秦置。莽曰濟南。屬青州。戶十五萬四千八百二十六，口五十五萬四千四百四十四。縣十二：臨淄，師尚父所封。如水西北至梁鄒入泲。有服官、鐵官。莽曰齊陵。(一)昌國，德會水西北至西安入如。利，莽曰利治。西安，莽曰東寧。鉅定，馬車瀆水首受鉅定，東北至琅槐入海。廣，為山，濁水所出，東北至廣饒入鉅定。廣饒，昭南，臨朐，有逢山祠。石膏山，洋水所出，東北至廣饒入鉅定。莽曰監朐。(二)北鄉，侯國。莽曰禺聚。平廣，侯國。臺鄉。

(一)應劭曰：「齊獻公自營丘徙此。」臣瓚曰：「臨淄即營丘也。故晏子曰：『始爽鳩氏居之，逢伯陵居之，太公居之。』又曰：『先君太公築營之丘。』今齊之城中有丘，即營丘也。」師古曰：「瓚說是也。築營之丘，言於營丘地築城邑。」
(二)應劭曰：「臨朐山有伯氏駢邑。」師古曰：「朐音劬。洋音詳。」

北海郡，景帝中二年置。屬青州。戶十二萬七千，口五十九萬三千一百五十九。縣二十六：營陵，或曰營丘。莽曰北海亭。(一)劇魁，侯國。莽曰上符。安丘，莽曰誅郅。(二)瓡，侯國。莽曰道德。(三)淳于，(四)益，莽曰探陽。平壽，(五)劇，侯國。都昌，有鹽官。平望，侯國。莽曰所聚。平的，侯國。(六)柳泉，侯國。莽曰弘睦。壽光，有鹽官。莽曰翼平亭。(七)樂望，侯國。饒，侯國。

斟，故國，禹後。桑犢，覆甑山，溉水所出，東北至都昌入海。(八)平城，侯國。密鄉，侯國。羊石，侯國。樂都，侯國。莽曰拔壟，一作枤，一作枝也。石鄉，侯國。一作正鄉。上鄉，侯國。新成，侯國。成鄉，侯國。莽曰石樂。膠陽。侯國。

(一)應劭曰：「師尚父封於營丘，陵亦丘也。」臣瓚曰：「營丘即臨淄也。營陵，春秋謂之緣陵。」師古曰：「臨淄、營陵，皆舊營丘地。」
(二)孟康曰：「今渠丘是。」
(三)師古曰：「瓡即執字。」
(四)應劭曰：「春秋『州公如曹』，左氏傳曰『淳于公如曹』。」臣瓚曰：「州，國名也，淳于公國之所都。」
(五)應劭曰：「古斟尋，禹後，今斟城是也。」臣瓚曰：「斟尋在河南，不在此也。汲郡古文云『太康居斟尋，羿亦居之，桀亦居之』。尚書序云『太康失邦，昆弟五人，須于洛汭』，此即太康所居為近洛也。又吳起對魏武侯曰『昔夏桀之居，左河濟，右太華，伊闕在其南，羊腸在其北』，河南城為值之。又周書度邑篇曰武王問太公曰：『吾將因有夏之居，南望過于三塗，北瞻望于有河。』有夏之居，即河南是也。」師古曰：「應說止云斟尋本是禹後耳，何豫夏國之都乎？瓚說非也。斟音斟。」
(六)師古曰：「的音丁歷反，其字從白。」
(七)應劭曰：「古斟灌，禹後，今灌亭是。」
(八)師古曰：「溉音功代反。」

東萊郡，高帝置。屬青州。(一)戶十萬三千二百九十二，口五十萬二千六百九十三。縣十七：掖，莽曰掖通。腄，有之罘山祠。居上山，聲洋(丹)水所出，東北入海。(二)平度，莽曰利盧。黃，有萊山松林萊君祠。莽曰意母。臨朐，有海水祠。莽曰監朐。(三)曲成，有參山萬里沙祠。陽丘山，治水所出，南至沂入海。有鹽官。牟平，莽曰望利。東牟，有鐵官、鹽官。莽曰弘德。㡉，有百支萊王祠。有鹽官。(四)育犁，昌陽，有鹽官。莽曰夙敬亭。不夜，有成山日祠。莽曰夙夜。(五)當利，有鹽官。莽曰(來)〔東〕萊亭。盧鄉，陽樂，侯國。莽曰延樂。陽石，莽曰識命。徐鄉。

(一)師古曰：「故萊子國也。」
(二)師古曰：「腄音直瑞反。洋音祥。」
(三)師古曰：「齊郡已有臨朐，而東萊又有此縣，蓋各以所近為名也。斯類非一。」
(四)師古曰：「㡉音堅。」
(五)師古曰：「齊地記云古有日夜出，見於東萊，故萊子立此城，以不夜為名。」

琅邪郡，秦置。莽曰填夷。屬徐州。(一)戶二十二萬八千九百六十，口一百七萬九千一百。有鐵官。縣五十一：東武，莽曰祥善。不其，有太一、僊人祠九所，及明堂，武帝所起。(二)海曲，有鹽官。贛榆，(三)朱虛，凡山，丹水所出，東北至壽光入海。東泰山，汶水所出，東至安丘入維。有三山、五帝祠。(四)諸，莽曰諸并。(五)梧成，靈門，有高柘山。壺山，浯水所出，東北入淮。(六)姑幕，都尉治。或

曰薄姑。莽曰季睦。(七)虛水，侯國。(八)臨原，侯國。莽曰填夷亭。琅邪，越王句踐嘗治此，起館臺。(存)〔有〕四時祠。(九)祓，侯國。(一〇)柜，根艾水東入海。莽曰祓同。(一一)㟂，侯國。(一二)邞，膠水東至平度入海。莽曰純德。(一三)雩(叚)〔叚〕，侯國。(一四)黔陬，故介國也。(一五)雲，侯國。計斤，莒子始起此，後徙莒。有鹽官。(一六)稻，侯國。皋虞，侯國。莽曰盈廬。平昌，長廣，有萊山萊王祠。奚養澤在西，秦地圖曰劇清(地)〔池〕，幽州藪。有鹽官。橫，故山，久台水所出，東南至東武入淮。莽曰令丘。(一七)東莞，術水南至下邳入泗，過郡三，行七百一十里，青州寖。(一八)魏其，侯國。莽曰青泉。昌，有環山祠。茲鄉，侯國。箕，侯國。禹貢濰水北至(昌)都〔昌〕入海，過郡三，行五百二十里，兗州寖也。椑，夜頭水南至海。莽曰識命。(一九)高廣，侯國。高鄉，侯國。柔，侯國。即來，侯國。莽曰盛睦。麗，侯國。武鄉，侯國。莽曰順理。伊鄉，侯國。新山，侯國。高陽，侯國。昆山，侯國。參封，侯國。折泉，侯國。折泉水北至莫入淮。博石，侯國。房山，侯國。慎鄉，侯國。駟望，侯國。莽曰泠鄉。(二〇)安丘，侯國。莽曰寧鄉。高陵，侯國。莽曰蒲(睦)〔陸〕。臨安，侯國。莽曰誠信。石山。侯國。

(一)師古曰：「填音竹人反。」
(二)如淳曰：「其音基。」
(三)師古曰：「贛音紺。榆音踰。」
(四)師古曰：「前言汶水出萊蕪入濟，今此又言出朱虛入維，將桑欽所說有異，或者有二汶水乎？五帝祠在汶水之

上。」
〔一五〕師古曰：「春秋『城諸（入）〔及〕鄆』者。」
〔一六〕師古曰：「棻即柘字也。浯音吾。」
〔一七〕應劭曰：「左氏傳曰『蒲姑氏因之，而後太公因之』。」
〔一八〕如淳曰：「虛音墟。」
〔一九〕師古曰：「山海經云琅邪臺在琅邪之東。」
〔二〇〕師古曰：「音廢。」
〔二一〕如淳曰：「音互。」
〔二二〕如淳曰：「音瓶。」
〔二三〕師古曰：「音夫，又音扶。」
〔二四〕師古曰：「雩音許于反。（段）〔叚〕音工下反。」
〔二五〕師古曰：「陬音子侯反。」
〔二六〕師古曰：「即春秋左氏傳所謂介根也，語音有輕重。」
〔二七〕師古曰：「台音怡。」
〔二八〕孟康曰：「故鄅邑，今鄅亭是也。」師古曰：「莞音官。術水即沭水也，音同。」
〔二九〕應劭曰：「音裨。」
〔三〇〕師古曰：「洽音袷。」

東海郡，高帝置。莽曰沂平。屬徐州。〔一〕戶三十五萬八千四百一十四，口百五十五萬九千三百五十七。縣三十八：郯，故國，少昊後，盈姓。〔二〕蘭陵，莽曰蘭東。〔三〕襄賁，莽曰章信。〔四〕下邳，（萬）〔葛〕嶧山在西，古文以爲嶧陽。有鐵官。莽曰閏儉。〔五〕良成，侯國。莽曰承翰。〔六〕平曲，莽曰平端。戚，〔七〕朐，秦始皇立石海上以爲東門闕。有鐵官。開陽，故鄅國。莽曰厭虜。〔八〕費，故魯季氏邑。都尉治。莽曰順從。〔九〕利成，莽曰流泉。海曲，莽曰東海亭。蘭祺，侯國。莽曰溥睦。繒，故國，禹後。莽曰繒治。南成，侯國。山鄉，侯國。建鄉，侯國。即丘，莽曰就信。〔一〇〕祝其，禹貢羽山在南，鯀所殛。莽曰猶亭。臨沂，厚丘，莽曰祝其亭。容丘，侯國。祠水東南至下邳入泗。東安，侯國。莽曰業亭。合鄉，莽曰合聚。承，莽曰承治。〔一一〕建陽，侯國。莽曰建力。曲陽，莽曰從羊。〔一二〕司吾，莽曰息吾。〔一三〕于鄉，侯國。平曲，侯國。莽曰端平。都陽，侯國。〔一四〕陰平，侯國。郚鄉，侯國。莽曰徐亭。〔一五〕武陽，侯國。莽曰弘亭。新陽，侯國。莽曰博聚。建陵，侯國。莽曰付亭。昌慮，侯國。莽曰慮聚。〔一六〕都平。侯國。

〔一〕應劭曰：「秦郯郡。」
〔二〕應劭曰：「音談。」
〔三〕孟康曰：「次室亭魯伯是。」
〔四〕應劭曰：「賁音肥。」

〔一五〕應劭曰：「邳在薛，其後徙此，故曰下。」臣瓚曰：「有上邳，故曰下邳也。」師古曰：「瓚說是。」
〔一六〕師古曰：「左氏傳所謂『晉侯會吳子於良』，即此是。」
〔一七〕鄭氏曰：「音婺戚。」
〔一八〕師古曰：「鄅音禹。厭音一涉反。」
〔一九〕師古曰：「音祕。」
〔二〇〕孟康曰：「古祝丘。」
〔二一〕應劭曰：「音證。」
〔二二〕應劭曰：「在淮曲之陽。」
〔二三〕應劭曰：「左傳吳執鍾吾子。」
〔二四〕應劭曰：「春秋『齊人遷陽』是。」
〔二五〕師古曰：「郚音吾，又音魚。」
〔二六〕師古曰：「慮音廬。」

臨淮郡，武帝元狩六年置。莽曰淮平。戶二十六萬八千二百八十三，口百二十三萬七千七百六十四。縣二十九：徐，故國，盈姓。至春秋時徐子章禹爲楚所滅。莽曰徐調。取慮，〔一〕淮浦，游水北入海。莽曰淮敬。〔二〕盱眙，都尉治。莽曰武匡。〔三〕厹猶，莽曰秉義。〔四〕僮，莽曰成信。射陽，莽曰監淮亭。〔五〕開陽，贅其，〔六〕高山，〔七〕睢陵，莽曰睢陸。〔八〕鹽瀆，有鐵官。淮陰，莽曰嘉信。淮陵，莽曰淮陸。下相，莽曰從德。〔九〕富陵，莽曰樂虜。〔一〇〕東陽，播旌，莽曰著信。西平，莽曰

永聚。高平，侯國。莽曰成丘。開陵，侯國。莽曰成鄉。昌陽，侯國。廣平，侯國。莽曰平寧。蘭陽，侯國。莽曰建節。襄平，侯國。莽曰相平。海陵，有江海會祠。莽曰亭間。輿，莽曰美德。堂邑，有鐵官。樂陵。侯國。

〔一〕師古曰：「取音趨，又音秋。慮音廬。」
〔二〕應劭曰：「淮涯也。」
〔三〕應劭曰：「音吁怡。」
〔四〕師古曰：「厹音仇。」
〔五〕應劭曰：「在射水之陽。」
〔六〕師古曰：「贅音之銳反。」
〔七〕應劭曰：「高山在東南。」
〔八〕師古曰：「睢音雖。」
〔九〕應劭曰：「相水出沛國，故加下。」
〔一〇〕〔師古曰〕：「樔音剿。」

會稽郡，秦置。高帝六年爲荊國，十二年更名吳。景帝四年屬江都。屬揚州。戶二十二萬三千三十八，口百三萬二千六百四。縣二十六：吳，故國，周太伯所邑。具區澤在西，揚州藪，古文以爲震澤。南江在南，東入海，揚州川。莽曰泰德。曲阿，故雲陽。莽曰風美。烏傷，莽曰烏孝。毗陵，

季札所居。江在北，東入海，揚州川。莽曰毗壇。[一]餘暨，蕭山，潘水所出，東入海。莽曰餘衍。[二]陽羨，諸暨，莽曰疏虜。無錫，有歷山，春申君歲祠以牛。莽曰有錫。山陰，會稽山在南，上有禹冢、禹井，揚州山。越王句踐本國。有靈文園。[三]丹徒，[四]餘姚，婁，有南武城，闔閭所起以候越。莽曰婁治。上虞，有仇亭。柯水東入海。莽曰會稽。海鹽，故武原鄉。有鹽官。莽曰展武。剡，莽曰盡忠。[五]由拳，柴辟，故就李鄉，吳、越戰地。[六]大末，穀水東北至錢唐入江。莽曰末治。[七]烏程，有歐陽亭。[八]句章，渠水東入海。餘杭，莽曰進睦。[九]鄞，有鎮亭，有鮚埼亭。東南有天門水入海。有越天門山。莽曰謹。[一〇]錢唐，西部都尉治。武林山，武林水所出，東入海，行八百三十里。莽曰泉亭。鄮，莽曰海治。[一一]富春，莽曰誅歲。冶，[一二]回浦。南部都尉治。

[一]師古曰：「舊延陵，漢改之。」

[二]應劭曰：「吳王闔閭弟夫槩之所邑。」師古曰：「應說非也。暨音既。下諸暨亦同。潘音甫元反。」

[三]師古曰：「靈文侯，薄太后父。」

[四]師古曰：「即春秋云朱方也。」

[五]師古曰：「音上冉反。」

[六]應劭曰：「古之檇李也。」師古曰：「拳音權。辟讀曰壁。檇音子遂反。」

[七]孟康曰：「大音如闥。」

[八]師古曰：「歐音烏侯反。」

[九]孟康曰：「杭音行伍之行。」

[一〇]師古曰：「鄞音牛斤反。鮚音結，蚌也，長一寸，廣二分，有一小蟹在其腹中。埼，曲岸也，其中多鮚，故以名亭。埼音鉅依反。」

[一一]孟康曰：「音貿。」

[一二]師古曰：「本閩越地。」

丹揚郡，故鄣郡。屬江都。武帝元封二年更名丹揚。屬揚州。戶十萬七千五百四十一，口四十萬五千一百七十一。有銅官。縣十七：宛陵，彭澤聚在西南。清水西北至蕪湖入江。莽曰無宛。於朁，[一]江乘，莽曰相武。春穀，秣陵，莽曰宣亭。故鄣，莽曰候望。[二]句容，涇，[三]丹陽，楚之先熊繹所封，十八世，文王徙郢。石城，分江水首受江，東至餘姚入海，過郡二，行千二百里。胡孰，陵陽，桑欽言淮水出東南，北入大江。蕪湖，中江出西南，東至陽羨入海，揚州川。黝，漸江水出南蠻夷中，東入海。成帝鴻嘉二年為廣德王國。莽曰愬虜。[四]溧陽，[五]歙，都尉治。[六]宣城。

[一]師古曰：「朁音潛。」

[二]師古曰：「鄣音章。」

[三]韋昭曰：「涇水出蕪湖。」

[四]師古曰：「黝音伊，字本作黟。其音同。」

[五]應劭曰：「溧水所出南湖也。」師古曰：「音栗。」

[六]師古曰：「音攝。」

豫章郡，高帝置。莽曰九江。屬揚州。戶六萬七千四百六十二，口三十五萬一千九百六十五。縣十八：南昌，莽曰宜善。廬陵，莽曰桓亭。彭澤，禹貢彭蠡澤在西。鄱陽，武陽鄉右十餘里有黃金采。鄱水西入湖漢。莽曰鄉亭。[一]歷陵，傅易山、傅易川在南，古文以為傅淺原。莽曰蒲亭。[二]餘汗，餘水在北，至鄡陽入湖漢。莽曰治干。[三]柴桑，莽曰九江亭。艾，脩水東北至彭澤入湖漢，行六百六十里。莽曰治翰。贛，豫章水出西南，北入大江。[四]新淦，都尉治。莽曰偶亭。[五]南城，盱水西北至南昌入湖漢。[六]建成，蜀水東至南昌入湖漢。莽曰多聚。宜春，南水東至新淦入湖漢。莽曰脩曉。海昏，莽曰宜生。[七]雩都，湖漢水東至彭澤入江，行千九百八十里。[八]鄡陽，莽曰豫章。南壄，彭水東入湖漢。安平。侯國。莽曰安寧。

[一]孟康曰：「鄱音婆。」師古曰：「采者，謂采取金之處。」

[二]師古曰：「傅讀曰敷。易，古陽字。」

[三]應劭曰：「汗音干。」師古曰：「鄡音口堯反。」

[四]如淳曰：「音感。」

[五]應劭曰：「淦水所出，西入湖漢也。」師古曰：「淦音紺，又音古含反。」

[六]師古曰：「盱音香于反。」

[七]師古曰：「即昌邑王賀所封。」

[八]師古曰：「音于。」

桂陽郡，高帝置。莽曰南平。屬荊州。戶二萬八千一百一十九，口十五萬六千四百八十八。有金官。縣十一：郴，耒山，耒水所出，西至湘南入湖。項羽所立義帝都此。莽曰宣風。[一]臨武，秦水東南至湞陽入匯，行七百里。莽曰大武。[二]便，莽曰便屏。南平，耒陽，(春)[舂]山，(春)[舂]水所出，北至酃入湖，過郡二，行七百八十里。莽曰南平亭。[三]桂陽，匯水南至四會入鬱(林)，過郡二，行九百里。[四]陽山，侯國。[五]曲江，莽曰除虜。含洭，[六]湞陽，莽曰基武。[七]陰山。侯國。

[一]師古曰：「郴音丑林反。耒音郎內反。」

[二]師古曰：「湞音丈庚反，又音貞。匯音胡罪反。」

[三]師古曰：「在耒水之陽也。酃音靈。」

[四]應劭曰：「桂水所出，東北入湘。」

[五]應劭曰：「今陰山也。」師古曰：「下自有陰山。應說非也。」

[六]應劭曰：「洭水所出，東北入沅。」師古曰：「洭音匡。沅音元。」

[七]應劭曰：「湞水出南海龍川，西入秦。」

武陵郡，高帝置。莽曰建平。屬荊州。戶三萬四千一百七十七，口十八萬五千七百五十八。縣十三：索，漸水東入沅。[一]孱陵，莽曰孱陸。[二]臨沅，莽曰監元。[三]沅陵，莽曰沅陸。鐔

成，康谷水南入海。玉山，潭水所出，東至阿林入鬱，過郡二，行七百二十里。〔四〕無陽，無水首受故且蘭，南入沅，八百九十里。〔五〕遷陵，莽曰遷陸。辰陽，三山谷，辰水所出，南入沅，七百五十里。莽曰會亭。〔六〕酉陽，〔七〕義陵，鄜梁山，序水所出，西入沅。莽曰建平。〔八〕佷山，〔九〕零陽，〔一〇〕充。酉原山，酉水所出，南至沅陵入沅，行千二百里。歷山，澧水所出，東至下雋入沅，過郡二，行一千二百里。〔一一〕

〔一〕應劭曰：「順帝更名漢壽。」如淳曰：「音繩索之索。」師古曰：「沅音元。」

〔二〕應劭曰：「孱音踐。」師古曰：「音仕連反。」

〔三〕應劭曰：「沅水出牂柯，入于江。」

〔四〕應劭曰：「潭水所出，東入鬱。音淫。」孟康曰：「鐔音潭。」師古曰：「孟音是。」

〔五〕師古曰：「且音子余反。」

〔六〕應劭曰：「辰水所出，東入沅。」

〔七〕應劭曰：「酉水所出，東入湘。」

〔八〕師古曰：「鄜音敷。」

〔九〕孟康曰：「音恆。出藥草恆山。」

〔一〇〕應劭曰：「零水所出，東南入湘。」

〔一一〕師古曰：「澧音禮。雋音辭兗反。」

零陵郡，武帝元鼎六年置。莽曰九疑。屬荊州。戶二萬一千九十二，口十三萬九千三百七

十八。縣十：零陵，陽海山，湘水所出，北至酃入江，過郡二，行二千五百三十里。又有離水，東南至廣信入鬱林，行九百八十里。營道，九疑山在南。莽曰九疑亭。始安，夫夷，營浦，都梁，侯國。路山，資水所出，東北至益陽入沅，過郡二，行千八百里。泠道，莽曰泠陵。〔一〕泉陵，侯國。莽曰溥閏。洮陽，莽曰洮治。〔二〕鍾武。莽曰鍾桓。〔三〕

〔一〕應劭曰：「泠水出丹陽宛陵，西北入江。」臣瓚曰：「宛陵在豫章北界，相去三千里，又隔諸水，不得從下逆至泠道而復入江也。」師古曰：「瓚說是。泠音零。」

〔二〕如淳曰：「洮音韜。」

〔三〕應劭曰：「今重安。」

漢中郡，秦置。莽曰新成。屬益州。戶十萬一千五百七十，口三十萬六百一十四。縣十二：西城，〔一〕旬陽，北山，旬水所出，南入沔。南鄭，旱山，池水所出，東北入漢。褒中，都尉治。漢陽鄉。房陵，淮山，淮水所出，東至中廬入沔。又有筑水，東至筑陽亦入沔。東山，沮水所出，東至郢入江，行七百里。〔二〕安陽，鬵谷水出西南，北入漢。在谷水出北，南入漢。〔三〕成固，沔陽，有鐵官。〔四〕錫，莽曰錫治。〔五〕武陵，上庸，長利。有鄖關。〔六〕

〔一〕應劭曰：「世本嬀虛在西北，舜之居。」

〔二〕師古曰：「筑音逐。」

〔三〕師古曰：「鬵音潛，其字亦或從水。」

〔四〕應劭曰：「沔水出武（昌）〔都〕，東南入江。」如淳曰：「此方人謂漢水爲沔水。」師古曰：「漢上曰沔。音莫踐反。」

〔五〕應劭曰：「音陽。」師古曰：「即春秋所謂錫穴。」

〔六〕師古曰：「音云。」

廣漢郡，高帝置。莽曰就都。屬益州。戶十六萬七千四百九十九，口六十六萬二千二百四十九。有工官。縣十三：梓潼，五婦山，馳水所出，南入涪，行五百五十里。莽曰子同。〔一〕汁方，莽曰美信。〔二〕涪，有孱亭。莽曰統睦。〔三〕雒，章山，雒水所出，南至新都谷入湔。有工官。莽曰吾雒。〔四〕緜竹，紫巖山，緜水所出，東至新都北入雒。都尉治。廣漢，莽曰廣信。葭明，〔五〕郪，〔六〕新都，甸氐道，白水出徼外，東至葭明入漢，過郡一，行九百五十里。莽曰致治。〔七〕白水，〔八〕剛氐道，涪水出徼外，南至墊江入漢，過郡二，行千六十九里。陰平道。北部都尉治。莽曰摧虜。

〔一〕應劭曰：「潼水所出，南入墊江。墊音徒浹反。」師古曰：「潼音童。涪音浮。」

〔二〕應劭曰：「汁音十。」

〔三〕應劭曰：「涪水出廣漢，南入漢。」

〔四〕師古曰：「湔音子先反。」

〔五〕應劭曰：「音家盲。」師古曰：「明音萌。」

〔六〕師古曰：「音妻，又音千私反。」

〔七〕李奇曰：「甸音勝。」師古曰：「音食證反。」

〔八〕應劭曰：「出徼外，北入漢。」

蜀郡，秦置。有小江入，并行千九百八十里。禹貢桓水出蜀山西南，行羌中，入南海。莽曰導江。屬益州。戶二十六萬八千二百七十九，口百二十四萬五千九百二十九。縣十五：成都，戶七萬六千二百五十六。有工官。郫，禹貢江沱在西，東入大江。〔一〕繁，廣都，莽曰就都亭。臨邛，僕千水東至武陽入江，過郡二，行五百一十里。有鐵官、鹽官。莽曰監邛。〔二〕青衣，禹貢蒙山谿大渡水東南至南安入渽。〔三〕江原，鄁水首受江，南至武陽入江。莽曰邛原。〔四〕嚴道，邛來山，邛水所出，東入青衣。有木官。莽曰嚴治。緜虒，玉壘山，湔水所出，東南至江陽入江，過郡三，行千八百九十里。〔五〕旄牛，鮮水出徼外，南入若水。若水亦出徼外，南至大莋入繩，過郡二，行千六百里。〔六〕徙，〔七〕湔氐道，禹貢崏山在西徼外，江水所出，東南至江都入海，過郡七，行二千六百六十里。〔八〕汶江，渽水出徼外，南至南安，東入江，過郡三，行三千四十里。江沱在西南，東入江。〔九〕廣柔，蠶陵。莽曰步昌。

〔一〕師古曰：「郫音疲。沱音徒何反。」

〔二〕應劭曰：「邛水出嚴道邛來山，東入青衣。」

〔三〕應劭曰：「順帝更名漢嘉也。」師古曰：「渽音哉。」

〔四〕應劭曰：「鄁音壽。」

〔五〕應劭曰：「虒音斯。」〔師古曰〕：「湔音子千反。」

〔六〕師古曰：「筰音才各反。」

〔七〕師古曰：「音斯。」

〔八〕師古曰：「音丁奚反。」

〔九〕師古曰：「沱音徒何反。」

犍爲郡，武帝建元六年開。莽曰西順。屬益州。〔一〕戶十萬九千四百一十九，口四十八萬九千四百八十六。縣十二：僰道，莽曰僰治。〔二〕江陽，武陽，有鐵官。莽曰戢成。南安，有鹽官、鐵官。資中，符，溫水南至鱉入黚水，黚水亦南至鱉入江。莽曰符信。〔三〕牛鞞，〔四〕南廣，汾關山，符黑水所出，北至僰道入江。又有大涉水，北至符入江，過郡三，行八百四十里。漢陽，都尉治。山闟谷，漢水所出，東至鱉入延。莽曰新通。〔五〕郁鄢，莽曰孱鄢。〔六〕朱提，山出銀。〔七〕堂琅。

〔一〕應劭曰：「故夜郎國。」

〔二〕應劭曰：「故僰侯國也。音蒲北反。」

〔三〕師古曰：「鱉音蔽，又音鼈。黚音紀炎反。」

〔四〕孟康曰：「音髀。」師古曰：「音必爾反。」

〔五〕師古曰：「闟音它盍反。」

〔六〕師古曰：「鄢音莫亞反。孱音仕連反。」

〔七〕應劭曰：「朱提山在西南。」蘇林曰：「朱音銖。提音時。北方人名匕曰匙。」

越巂郡，武帝元鼎六年開。莽曰集巂。屬益州。〔一〕戶六萬一千二百八，口四十萬八千四百五。縣十五：邛都，南山出銅。有邛池澤。遂久，繩水出徼外，東至僰道入江，過郡二，行千四百里。靈關道，臺登，孫水南至會無入若，行七百五十里。〔二〕定莋，出鹽。步北澤在南。都尉治。〔三〕會無，東山出碧。莋秦，大莋，姑復，臨池澤在南。〔四〕三絳，蘇示，尼江在西北。〔五〕闌，〔六〕卑水，〔七〕灊街，〔八〕青蛉。臨池灊在北。僕水出徼外，東南至來惟入勞，過郡二，行千八百八十里。〔則〕〔有〕禺同山，有金馬、碧雞。〔九〕

〔一〕應劭曰：「故邛都國也。有巂水。言越此水以章休盛也。」師古曰：「巂音先蕊反。」

〔二〕應劭曰：「今曰臺高。」

〔三〕師古曰：「莋音才各反。其下並同。本莋都也。」

〔四〕師古曰：「復音扶目反。」

〔五〕師古曰：「示讀曰祇。尼，古夷字。」

〔六〕師古曰：「音蘭。」

〔七〕孟康曰：「音班。」

〔八〕師古曰：「灊音潛，又音才心反。其下亦同。」

〔九〕應劭曰：「青蛉水出西，東入江也。」師古曰：「蛉音零。禺音愚。」

益州郡，武帝元封二年開。莽曰就新。屬益州。〔一〕戶八萬一千九百四十六，口五十八萬四百六十三。縣二十四：滇池，大澤在西，滇池澤在西北。有黑水祠。雙柏，同勞，銅瀨，談虜山，迷水所出，東至談稾入溫。連然，有鹽官。俞元，池在南，橋水所出，東至毋單入溫，行千九百里。懷山出銅。收靡，南山臘〔谷〕，涂水所出，西北至越巂入繩，過郡二，行千二十里。〔二〕穀昌，秦臧，牛蘭山，即水所出，南至雙柏入僕，行八百二十里。邪龍，味，〔三〕昆澤，葉榆，葉榆澤在東。貪水首受青蛉，南至邪龍入僕，行五百里。〔四〕律高，西石空山出錫，東南監町山出銀、鉛。〔五〕不韋，雲南，巂唐，周水首受徼外。又有類水，西南至不韋，行六百五十里。弄棟，東農山，毋血水出，北至三絳南入繩，行五百一十里。比蘇，〔六〕賁古，北采山出錫，西羊山出銀、鉛，南烏山出錫。〔七〕毋棳，橋水首受橋山，東至中留入潭，過郡四，行三千一百二十里。莽曰有棳。〔八〕勝休，河水東至毋棳入橋。莽曰勝棘。健伶，〔九〕來唯。從陮山出銅。勞水出徼外，東至麋泠入南海，過郡三，行三千五百六十里。〔一〇〕

〔一〕應劭曰：「故滇王國也。」師古曰：「滇音顚。其下並同。」

〔二〕李奇曰：「靡音麻，即升麻，殺毒藥所出也。」師古曰：「涂音途。」

〔三〕孟康曰：「音昧。」

〔四〕師古曰：「葉音弋涉反。」

〔五〕師古曰：「監音呼鷂反。町音挺。」

〔六〕師古曰：「比音頻二反。」

〔七〕師古曰：「賁音奔。」

〔八〕師古曰：「毋讀與無同。棳音之悅反，其字從木。」

〔九〕應劭曰：「音鈴。」

〔一〇〕師古曰：「陮音胡工反。泠音零。」

牂柯郡，武帝元鼎六年開。莽曰同亭。有柱蒲關。屬益州。〔一〕戶二萬四千二百一十九，口十五萬三千三百六十。縣十七：故且蘭，沅水東南至益陽入江，過郡二，行二千五百三十里。〔二〕鐔封，溫水東至廣鬱入鬱，過郡二，行五百六十里。〔三〕鱉，不狼山，鱉水所出，東入沅，過郡二，行七百三十里。〔四〕漏臥，〔五〕平夷，同並，〔六〕談指，宛溫，〔七〕毋斂，剛水東至潭中入潭。莽曰有斂。〔八〕夜郎，豚水東至廣鬱。都尉治。莽曰同亭。〔九〕毋單，〔一〇〕漏江，西隨，麋水西受徼外，東至麋泠入尙龍谿，過郡二，行千一百六里。都夢，壺水東南至麋泠入尙龍谿，過郡二，行千一百六十里。談稾，〔一一〕進桑，南部都尉治。有關。句町。文象水東至增食入鬱。又有盧唯水、來細水、伐水。莽曰從化。〔一二〕

〔一〕應劭曰：「臨牂柯江也。」師古曰：「牂柯，係船杙也。華陽國志云，楚頃襄王時，遣莊蹻伐夜郎，軍至且蘭，椓船於岸而步戰。既滅夜郎，以且蘭有椓船牂柯處，乃改其名爲牂柯。杙音弋。」

〔二〕應劭曰：「故且蘭侯邑也。且音苴。」師古曰：「音子閭反。」

〔三〕師古曰：「鐔音尋，又音淫。」

〔四〕孟康曰：「鱉音鷩。」師古曰：「音不列反。」

〔五〕應劭曰：「故漏臥侯國。」
〔六〕應劭曰：「故同並侯邑。並音伴。」
〔七〕師古曰：「宛音於元反。」
〔八〕師古曰：「潭音大含反。」
〔九〕應劭曰：「故夜郎侯邑。」
〔一〇〕師古曰：「毋讀與無同。單音丹。」
〔一一〕師古曰：「橐音工老反。」
〔一二〕應劭曰：「故句町國。」師古曰：「音劬挺。」

巴郡，秦置。屬益州。〔一〕戶十五萬八千六百四十三，口七十萬八千一百四十八。縣十一：江州，臨江，莽曰監江。枳，〔二〕閬中，彭道將池在南，彭道魚池在西南。〔三〕墊江，〔四〕朐忍，容毋水所出，南〔入江〕。有橘官、鹽官。〔五〕安漢，是魚池在南。莽曰安新。宕渠，符特山在西南。潛水西南入江。不曹水出東北〔徐谷〕，南入灊（徐谷）。〔六〕魚復，江關，都尉治。有橘官。〔七〕充國，涪陵。莽曰巴亭。〔八〕

〔一〕應劭曰：「左氏巴子使韓服告楚。」
〔二〕如淳曰：「音徙，或音抵。」師古曰：「音之爾反。」
〔三〕師古曰：「閬音浪。」

〔四〕孟康曰：「音重疊之疊。」
〔五〕師古曰：「朐音劬。」
〔六〕師古曰：「宕音徒浪反。」
〔七〕應劭曰：「復音腹。」
〔八〕師古曰：「涪音浮。」

校勘記

一五二三頁四行 先王（以）建萬國，親諸侯。 景祐本無「以」字。
一五二三頁一二行 襄字與（古）懷（字）同。 景祐本無「古」「字」二字。
一五二九頁一三行 （畋魚）〔畎畝〕之治也。 景祐、殿本都作「畎畝」。王先謙說作「畎畝」是。
一五三〇頁二行 砥音指，又音（祗）〔抵〕。 景祐、殿本都作「抵」。王先謙說作「抵」是。
一五三〇頁一五行 楛音（枯）〔怙〕。 景祐、殿本都作「怙」。王先謙說作「怙」是。
一五三一頁三行 蔡、蒙，二（水）〔山〕名。 景祐、殿、局本都作「山」。王先謙說作「山」是。
一五三一頁一六行 又貢（維）〔雜〕罽。 景祐、殿本都作「雜」。王先謙說作「雜」是。
一五三四頁六行 敷淺原，一名（博）〔傅〕陽山， 景祐、殿本都作「傅」。王先謙說作「傅」是。
一五三七頁六行 二百里（納）〔內〕銍。 景祐、殿本都作「內」。
一五四三頁三行 凡十三（郡）〔部〕， 楊樹達說「郡」字誤，當作「部」。按景祐、殿、局本都作「部」。
一五四四頁三行 （師）古曰茲水，秦穆公更名以章霸功，視子孫。 錢大昕說「古」下皆班氏本文，「師」字後人妄加，「沂音」上則當有「師古曰」三字。
一五四六頁八行 即左氏傳所云（伐秦）〔秦伐〕晉取武城者也。 景祐、殿、局本都作「秦伐」。
一五四七頁七行 舜妻（盲）〔育〕冢祠。 梁玉繩說竹書舜三十年葬后育於渭，育乃后名，「盲」必「育」之誤。
一五四七頁七行 〔詩曰「自杜」。〕 四字據景祐本補。
一五四七頁九行 詩芮（腿）〔阮〕， 景祐、殿本都作「阮」。段玉裁說作「阮」是。注同。
一五四七頁一三行 有垂山、斜水、（淮）〔褒〕水祠三所。 汪士鐸、王先謙都說「淮水」當作「褒水」。按與上文合。
一五四八頁二行 音（眙）〔胎〕。 景祐、殿本都作「胎」。王鳴盛說作「胎」是。
一五五〇頁九行 有班氏（香）〔鄉〕亭。 景祐、殿本都作「鄉」。朱一新說作「鄉」是。
一五五二頁四行 （河圭）〔句注〕、賈屋山在北。 王念孫說「河主」當作「句注」。王先謙說王說是。
一五五三頁二行 入（青）〔清〕漳。 景祐、殿本都作「清」。王鳴盛說作「清」是。
一五五四頁七行 自（僕）〔濮〕陽徙此。 景祐、殿本都作「濮」。王先謙說作「濮」是。

一五五五頁一〇行 春秋昭公（二）〔三〕十（一）〔二〕年， 王鳴盛說「二十一年」南監本作「二十二年」，當作「三十二年」。
一五五七頁二行 （畔）覲， 陳景雲、王先謙都說「畔」字衍。
一五五七頁一四行 有（涑）〔泲〕廟。 王先謙說「涑」當爲「泲」。按景祐、殿、局本都作「泲」。
一五五八頁三行 丘一成爲頓丘，謂一（成）〔頓〕而成也。 景祐、殿、局本都作「頓」。王鳴盛說作「頓」是。
一五五八頁一二行 世祖（父叔）〔叔父〕名良， 景祐、殿本都作「叔父」。
一五五八頁一六行 濮渠水首受（涑）〔泲〕，同上。
一五六二頁二行 〔師古曰〕：「休音許虯反。」 錢大昭說「休」字上脫「師古曰」三字。
一五六三頁一四行 戶三十五萬九千（二）〔三〕百一十六， 景祐、殿本都作「三」。
一五六四頁五行 東南至淮（陵）〔浦〕入海， 齊召南說「淮陵」當作「淮浦」，各本俱誤。王先謙說齊說是。
一五六六頁九行 後十世秦拔我郢，徙（東）〔陳〕。 齊召南說「東」當作「陳」，各本俱誤。
一五七〇頁一三行 （淮）〔包〕水東北至（泲）〔沛〕入泗。 王先謙說「淮」當作「泡」。按景祐、殿本都作「包」。齊召南說「泲」蓋「沛」字之訛，水經泗水注引此文云「泡水東北至沛入泗」是也。
一五七一頁八行 戶二十九萬二（千）〔十〕五， 景祐、殿本都作「十」。
一五七二頁一〇行 有堯（家）〔冢〕靈臺。 錢大昭說「家」當作「冢」。按景祐、殿、局本都作「冢」。

一五七二頁九行　莽曰(有)〔育〕成。　景祐、殿本都作「育」。王念孫說當爲「肴」字之誤。
一五七三頁七行　明帝更名(犬)〔大〕丘。　汪士鐸說「犬」當作「大」。按景祐、殿本都作「大」。
一五七五頁五行　嘗分爲(涇)〔經〕縣。　景祐、殿本都作「經」。
一五七六頁四行　(石)濟水所出，　王念孫說「石」字衍。
一五七六頁四行　逢山長谷，(諸)〔渚〕水所出，　景祐本作「渚」。
一五七七頁一五行　桃水(受首)〔首受〕涞水，　景祐、殿本都作「首受」。
一五七九頁四行　「侯國」二字據景祐、殿本補。
一五八〇頁二行　讀與(耿)〔隔〕同。　景祐、殿本都作「隔」。
一五八一頁三行　蔡謨音由，音(鷂)〔鴟〕。　景祐、殿本都作「鴟」。
一五八一頁一六行　(求山上)〔兗州山〕。　錢大昕說「求山上」三字爲「兗州山」之譌。
一五八二頁一行　臨樂(于)〔子〕山，洙水所出，　景祐、殿本都作「子」。
一五八二頁三行　東至(傳)〔博〕昌入泲，幽(川)〔州〕寖。　景祐、殿本作「博」作「州」，此誤。
一五八五頁二行　居上山，聲洋(丹)水所出，　王先謙說「丹」是衍文。
一五八五頁六行　莽曰(來)〔東〕萊亭。　景祐、殿本都作「東」。王先謙說作「東」是。
一五八六頁二行　(存)〔有〕四時祠。　錢大昭說「存」當作「有」。按景祐、殿本都作「有」。

一五八六頁三行　雩(段)〔叚〕，　王先謙說據顏注「段」當作「叚」。按景祐本正作「叚」，注同。
一五八六頁四行　秦地圖曰劇清(地)〔池〕，　據王先謙補注引于欽齊乘，「地」當作「池」。
一五八六頁七行　至(昌)都〔昌〕入海，　殿本作「都昌」。錢大昭說作「都昌」是。
一五八六頁二行　莽曰蒲(睦)〔陸〕。　景祐、殿本都作「陸」。周壽昌說作「陸」是。
一五八七頁二行　城諸(入)〔及〕鄆者。　景祐、殿本都作「及」。王先謙說作「及」是。
一五八八頁三行　(萬)〔葛〕嶧山在西。　景祐、殿本都作「葛」。王先謙說作「葛」是。
一五九〇頁一三行　〔師古曰〕：「欙音朔。」　齊召南說上脫「師古曰」三字，各本俱誤。
一五九四頁四行　(眷)〔舂〕山，(眷)〔舂〕水所出，　景祐、殿本都作「舂」。王先謙說作「舂」是。
一五九四頁五行　滙水南至四會入鬱(林)，　景祐本無「林」字。王念孫說無「林」字是。
一五九七頁二行　沔水出武(昌)〔都〕，　景祐、殿本都作「都」。王鳴盛說作「都」是。
一五九九頁一行　「師古曰」三字據景祐、殿本補。
一六〇〇頁六行　(則)〔有〕禺同山，　王先謙說「則」當作「有」。
一六〇一頁四行　南山臘〔谷〕，涂水所出，　王先謙說「臘」下脫「谷」字。按各本都脫。
一六〇三頁二行　容毋水所出，南〔入江〕。　王先謙說「南」下脫「入江」二字。
一六〇三頁二行　不曹水出東北〔徐谷〕，南入灊(徐谷)。　王先謙說「徐谷」二字當在「東北」之下。

漢書卷二十八下

地理志第八下

武都郡，武帝元鼎六年置。莽曰樂平。〔一〕戶五萬一千三百七十六，口二十三萬五千五百六十。縣九：武都，東漢水受氐道水，一名沔，過江夏，謂之夏水，入江。天池大澤在縣西。莽曰循虜。〔二〕上祿，故道，莽曰善治。河池，泉街水南至沮入漢，行五百二十里。莽曰樂平亭。〔三〕平樂道，沮，沮水出東狼谷，南至沙羨南入江，過郡五，行四千里，荊州川。〔四〕嘉陵道，循成道，下辨道。莽曰楊德。〔五〕

〔一〕應劭曰：「故白馬氐羌。」
〔二〕師古曰：「以有天池大澤，故謂之都。」
〔三〕師古曰：「華陽國志云一名仇池，地方百頃。」
〔四〕師古曰：「沮音千余反。羨音夷。」
〔五〕師古曰：「辨音步見反。」

隴西郡，秦置。莽曰厭戎。〔一〕戶五萬三千九百六十四，口二十三萬六千八百二十四。有鐵官、鹽官。縣十一：狄道，白石山在東。莽曰操虜。〔二〕上邽，〔三〕安故，氐道，禹貢養水所出，至武都爲漢。莽曰亭道。〔四〕首陽，禹貢鳥鼠同穴山在西南，渭水所出，東至船司空入河，過郡四，行千八百七十里，雍州寖。予道，莽曰德道。大夏，莽曰順夏。羌道，羌水出塞外，南至陰平入白水，過郡三，行六百里。〔五〕襄武，莽曰相桓。臨洮，洮水出西羌中，北至枹罕東入(西)〔河〕。禹貢西頃山在縣西，南部都尉治也。〔六〕西。禹貢嶓冢山，西漢所出，南入廣漢白水，東南至江州入江，過郡四，行二千七百六十里。莽曰西治。

〔一〕應劭曰：「有隴坻，在其西也。」師古曰：「隴坻謂隴阪，即今之隴山也。此郡在隴之西，故曰隴西。坻音丁計反，又音底。」
〔二〕師古曰：「其地有狄種，故云狄道。」
〔三〕應劭曰：「史記故邽戎邑也。」師古曰：「邽音圭。」
〔四〕師古曰：「氐，夷種名也。氐之所居，故曰氐道。氐音丁溪反。養音弋向反，字本作瀁，或作漾。」
〔五〕師古曰：「水經云羌水出羌中參谷。」
〔六〕師古曰：「洮音吐高反。枹讀曰膚。頃讀曰傾。」

金城郡，昭帝始元六年置。莽曰西海。〔一〕戶三萬八千四百七十，口十四萬九千六百四十八。縣十三：允吾，烏亭逆水出參街谷，東至枝陽入湟。莽曰修遠。〔二〕浩亹，浩亹水出西塞外，東至

允吾入湟水。莽曰興武。〔三〕令居，澗水出西北塞外，至縣西南，入鄭伯津。莽曰罕虜。〔四〕枝陽，金城，莽曰金屏。楡中，枹罕，〔五〕白石，離水出西塞外，東至枹罕入河。莽曰順礫。〔六〕河關，積石山在西南羌中。河水行塞外，東北入塞內，至章武入海，過郡十六，行九千四百里。破羌，宣帝神爵二年置。安夷，允街，宣帝神爵二年置。莽曰修遠。〔七〕臨羌。西北至塞外，有西王母石室、僊海、鹽池。北則湟水所出，東至允吾入河。西有須抵池，有弱水、昆侖山祠。莽曰鹽羌。〔八〕

〔一〕應劭曰：「初築城得金，故曰金城。」臣瓚曰：「稱金，取其堅固也，故墨子曰『雖金城湯池』。」師古曰：「瓚說是也。一云，以郡在京師之西，故謂金城。金，西方之行。」

〔二〕應劭曰：「允吾音鈆牙。」

〔三〕孟康曰：「浩亹音合門。」師古曰：「浩音誥。浩，水名也。亹者，水流峽山，岸深若門也。詩大雅曰『鳧鷖在亹』，亦其義也。今俗呼此水為閤門河，蓋疾言之，浩為閤耳。湟音皇。」

〔四〕孟康曰：「令音連。」師古曰：「令音零。」

〔五〕應劭曰：「故罕羌侯邑也。枹音鈇。」師古曰：「讀曰膚，本枹鼓字也。其字從木。」

〔六〕應劭曰：「白石山在東。」

〔七〕孟康曰：「允音鈆。」

〔八〕師古曰：「闞駰云西有(湏)〔卑〕和羌，即獻王莽地為西海郡者也。抵音丁禮反。」

天水郡，武帝元鼎三年置。莽曰塡戎。明帝改曰漢陽。〔一〕戶六萬三百七十，口二十六萬一

千三百四十八。縣十六：平襄，莽曰平相。〔二〕街泉，戎邑道，莽曰塡戎亭。望垣，莽曰望亭。罕幵，〔三〕緜諸道，阿陽，略陽道，冀，禹貢朱圄山在縣南梧中聚。莽曰冀治。〔四〕勇士，屬國都尉治滿福。莽曰紀德。〔五〕成紀，清水，莽曰識睦。奉捷，隴，〔六〕豲道，騎都尉治密艾亭。〔七〕蘭干。莽曰蘭盾。

〔一〕師古曰：「秦州地記云郡前湖水冬夏無增減，因以名焉。塡音竹真反。其後並同。」

〔二〕師古曰：「闞駰云故襄戎邑也。」

〔三〕應劭曰：「音羌肩反。」師古曰：「本破罕幵之羌，處其人於此，因以名云。」

〔四〕師古曰：「續漢郡國志云有緹羣山、落門聚。圄讀與圉同。」

〔五〕師古曰：「即今土俗呼為健士者也。隨室之初避皇太子諱，因而遂改。」

〔六〕師古曰：「今呼隴城縣者也。」

〔七〕應劭曰：「豲，戎邑也，音完。」

武威郡，故匈奴休屠王地。武帝太初四年開。莽曰張掖。〔一〕戶萬七千五百八十一，口七萬六千四百一十九。縣十：姑臧，南山，谷水所出，北至武威入海，行七百九十里。張掖，武威，休屠澤在東北，古文以為豬野澤。休屠，莽曰晏然。都尉治熊水障。北部都尉治休屠城。揟次，莽曰播德。〔二〕鸞(烏)〔鳥〕，撲𠜂，莽曰敷虜。〔三〕媼圍，蒼柗，南山，柗陝水所出，北至揟次入海。莽曰射楚。〔四〕宣威。

〔一〕師古曰：「休音許虯反。屠音直閭反。其後並同。」

〔二〕孟康曰：「揟音子如反。次音咨，諸本作恣。」

〔三〕孟康曰：「音蒲環。」

〔四〕師古曰：「柗，古松字也。陝音下夾反，兩山之間也。柗陝，陝名。」

張掖郡，故匈奴昆邪王地，武帝太初元年開。莽曰設屏。〔一〕戶二萬四千三百五十二，口八萬八千七百三十一。縣十：觻得，千金渠西至樂涫入澤中。羌谷水出羌中，東北至居延入海，過郡二，行二千一百里。莽曰官式。〔二〕昭武，莽曰渠武。刪丹，桑欽以為道弱水自此，西至酒泉合黎。莽曰貫虜。氐池，莽曰否武。屋蘭，莽曰傳武。(目)〔日〕勒，都尉治澤索谷。莽曰勒治。〔三〕驪靬，莽曰揭虜。〔四〕番和，農都尉治。莽曰羅虜。〔五〕居延，居延澤在東北，古文以為流沙。都尉治。莽曰居成。〔六〕顯美。

〔一〕應劭曰：「張國臂掖，故曰張掖也。」師古曰：「昆音胡門反。」

〔二〕應劭曰：「觻得渠西入澤羌谷。」孟康曰：「觻音鹿。」師古曰：「孟音是也。涫音官。其下並同。」

〔三〕師古曰：「澤音鐸。索音先各反。」

〔四〕李奇曰：「音遲虔。」如淳曰：「音弓靬。」師古曰：「驪音力遲反。靬音虔是也。今其土俗人呼驪靬，疾言之曰力虔。揭音其謁反。」

〔五〕如淳曰：「番音盤。」

〔六〕師古曰：「闞駰云武帝使伏波將軍路博德築遮虜障於居延城。」

酒泉郡，武帝太初元年開。莽曰輔平。〔一〕戶萬八千一百三十七，口七萬六千七百二十六。縣九：祿福，呼蠶水出南羌中，東北至會水入羌谷。莽曰顯德。表是，莽曰載武。樂涫，莽曰樂亭。天依，〔二〕玉門，莽曰輔平亭。〔三〕會水，北部都尉治偃(前)〔泉〕障。東部都尉治東部障。莽曰蕭武。〔四〕池頭，綏彌，〔五〕乾齊。西部都尉治西部障。莽曰測虜。〔六〕

〔一〕應劭曰：「其水若酒，故曰酒泉也。」師古曰：「舊俗傳云城下有金泉，泉味如酒。」

〔二〕師古曰：「音衣。此地有天依阪，故以名。」

〔三〕師古曰：「闞駰云漢罷玉門關屯，徙其人於此。」

〔四〕師古曰：「闞駰云衆水所會，故曰會水。」

〔五〕如淳曰：「今曰安彌。」

〔六〕孟康曰：「乾音干。」

敦煌郡，武帝後元年分酒泉置。正西關外有白龍堆沙，有蒲昌海。莽曰敦德。〔一〕戶萬一千二百，口三萬八千三百三十五。縣六：敦煌，中部都尉治步廣候官。杜林以為古瓜州地，生美瓜。莽曰敦德。〔二〕冥安，南籍端水出南羌中，西北入其澤，溉民田。〔三〕效穀，〔四〕淵泉，〔五〕廣至，宜禾都尉治昆侖障。莽曰廣桓。龍勒。有陽關、玉門關，皆都尉治。氐置水出南羌中，東北入澤，溉民田。

〔一〕應劭曰：「敦，大也。煌，盛也。敦音屯。」

〔二〕師古曰：「即春秋左氏傳所云『允姓之戎居于瓜州』者也。其地今猶出大瓜，長者狐入瓜中食之，首尾不出。」
〔三〕應劭曰：「冥水出北，入其澤。」
〔四〕師古曰：「本漁澤障也。桑欽說孝武元封六年濟南崔不意爲魚澤尉，教力田，以勤效得穀，因立爲縣名。」
〔五〕師古曰：「闞駰云地多泉水，故以爲名。」

安定郡，武帝元鼎三年置。戶四萬二千七百二十五，口十四萬三千二百九十四。縣二十一：高平，莽曰鋪睦。復累，〔一〕安俾，〔二〕撫夷，莽曰撫寧。朝那，有端旬祠十五所，胡巫祝。又有湫淵祠。〔三〕涇陽，幵頭山在西，禹貢涇水所出，東南至陽陵入渭，過郡三，行千六十里，雍州川。〔四〕臨涇，莽曰監涇。鹵，灈水出西。〔五〕烏氏，烏水出西，北入河。都盧山在西。莽曰烏亭。〔六〕陰密，詩密人國。有囂安亭。〔七〕安定，參䜌，主騎都尉治。〔八〕三水，屬國都尉治。有鹽官。莽曰廣延亭。陰槃，安武，莽曰安桓。祖厲，莽曰鄉禮。〔九〕爰得，眴卷，河水別出爲河溝，東至富平北入河。〔一〇〕彭陽，鶉陰，月（支）〔氏〕道。莽曰月順。〔一一〕

〔一〕師古曰：「復音服。累音力追反。」
〔二〕孟康曰：「俾音卑。」
〔三〕應劭曰：「史記故戎那邑也。」師古曰：「湫音子由反。」
〔四〕師古曰：「幵音苦見反，又音牽。此山在今靈州東南，土俗語訛謂之汧屯山。」
〔五〕師古曰：「灈音其于反。」

〔六〕師古曰：「氏音支。」
〔七〕師古曰：「即詩大雅所云『密人不恭，敢距大邦』者。」
〔八〕師古曰：「䜌音力全反。」
〔九〕應劭曰：「祖音（罝）〔罝〕。」師古曰：「厲音賴。」
〔一〇〕應劭曰：「眴音旬日之旬。卷音箘簬之箘。」
〔一一〕應劭曰：「氏音支。」

北地郡，秦置。莽曰威成。戶六萬四千四百六十一，口二十一萬六百八十八。縣十九：馬領，〔一〕直路，沮水出（東，西）〔西，東〕入洛。靈武，莽曰威成亭。富平，北部都尉治神泉障。渾懷都尉治塞外渾懷障。莽曰特武。〔二〕靈州，惠帝四年置。有河奇苑、號非苑。莽曰令周。〔三〕昫衍，〔四〕方渠，除道，莽曰通道。五街，莽曰吾街。鶉孤，歸德，洛水出北蠻夷中，入河。有堵苑、白馬苑。回獲，略畔道，莽曰延年道。〔五〕泥陽，莽曰泥陰。〔六〕郁郅，泥水出北蠻夷中。有牧師菀官。莽曰功著。〔七〕義渠道，莽曰義溝。弋居，有鹽官。大𡚸，〔八〕廉。卑移山在西北。莽曰西河亭。

〔一〕師古曰：「川形似馬領，故以爲名。領，頸也。」
〔二〕師古曰：「渾音胡昆反。」
〔三〕師古曰：「苑謂馬牧也。水中可居者曰州。此地在河之州，隨水高下，未嘗淪沒，故號靈州，又曰河奇也。二苑皆在北焉。」
〔四〕應劭曰：「昫音煦。」師古曰：「音香于反。」
〔五〕師古曰：「有略畔山，今在慶州界，其土俗呼曰洛盤，音訛耳。」
〔六〕應劭曰：「泥水出郁郅北蠻中。」
〔七〕師古曰：「郁音於六反。郅音之日反。」
〔八〕師古曰：「𡚸即古要字也，音一遙反。」

上郡，秦置，高帝元年更爲翟國，七月復故。匈歸都尉治塞外匈歸障。屬并州。〔一〕戶十萬三千六百八十三，口六十萬六千六百五十八。縣二十三：膚施，有五龍山、帝、原水、黃帝祠四所。獨樂，有鹽官。陽周，橋山在南，有黃帝冢。莽曰上陵畤。木禾，平都，淺水，莽曰廣信。京室，莽曰積粟。洛都，莽曰卑順。白土，圜水出西，東入河。莽曰黃土。〔二〕襄洛，莽曰上黨亭。原都，漆垣，莽曰漆牆。奢延，莽曰奢節。雕陰，〔三〕推邪，莽曰排邪。〔四〕楨林，莽曰楨幹。〔五〕高望，北部都尉治。莽曰堅寧。雕陰道，龜茲，屬國都尉治。有鹽官。〔六〕定陽，〔七〕高奴，有洧水，可䵒。莽曰利平。〔八〕望松，北部都尉治。宜都。莽曰堅寧小邑。

〔一〕師古曰：「匈歸者，言匈奴歸附。」
〔二〕師古曰：「圜音銀。其釋在下。」
〔三〕應劭曰：「雕山在西南。」
〔四〕師古曰：「邪音似嗟反。」

〔五〕師古曰：「楨音貞。」
〔六〕應劭曰：「音丘慈。」師古曰：「龜茲國人來降附者，處之於此，故以名云。」
〔七〕應劭曰：「在定水之陽。」
〔八〕師古曰：「䵒，古然火字。」

西河郡，武帝元朔四年置。南部都尉治塞外翁龍、埤是。莽曰歸新。屬并州。〔一〕戶十三萬六千三百九十，口六十九萬八千八百三十六。縣三十六：富昌，有鹽官。莽曰富成。騶虞，鵠澤，〔二〕平定，莽曰陰平亭。美稷，屬國都尉治。中陽，樂街，莽曰截虜。徒經，莽曰廉恥。皋狼，大成，莽曰好成。廣田，莽曰廣翰。圜陰，惠帝五年置。莽曰方陰。〔三〕益闌，莽曰香闌。平周，鴻門，有天封苑火井祠，火從地出也。藺，宣武，莽曰討貉。千章，增山，有道西出眩雷塞，北部都尉治。〔四〕圜陽，〔五〕廣衍，武車，莽曰桓車。虎猛，西部都尉治。離石，穀羅，武澤在西北。饒，莽曰饒衍。方利，莽曰廣德。隰成，莽曰慈平亭。臨水，莽曰（堅）〔監〕水。土軍，西都，莽曰五原亭。平陸，陰山，莽曰山寧。觬是，莽曰伏觬。〔六〕博陵，莽曰助桓。鹽官。

〔一〕師古曰：「翁龍、埤是，二障名也。埤音婢。」
〔二〕孟康曰：「鵠音告。」師古曰：「音古督反。」
〔三〕師古曰：「圜字本作圁，縣在圁水之陰，因以爲名也。王莽改爲方陰，則是當時已誤爲圜字。今有銀州、銀水，即

是舊名猶存，但字變耳。」
〔四〕師古曰：「陂音州縣之縣。」
〔五〕師古曰：「此縣在圁水之陽。」
〔六〕蘇林曰：「音麗。」師古曰：「觬音倪，其字從角。」

朔方郡，武帝元朔二年開。西部都尉治窳渾。莽曰溝搜。屬并州。〔一〕戶三萬四千三百三十八，口十三萬六千六百二十八。縣十：三封，武帝元狩三年城。朔方，金連鹽澤、青鹽澤皆在南。莽曰武符。修都，臨河，莽曰監河。呼遒，〔二〕窳渾，有道西北出雞鹿塞。屠申澤在東。莽曰極武。渠搜，中部都尉治。莽曰溝搜。沃壄，武帝元狩三年城。有鹽官。莽曰綏武。廣牧，東部都尉治。莽曰鹽官。臨戎。武帝元朔五年城。莽曰推武。

〔一〕師古曰：「窳音庾。渾音魂。」
〔二〕師古曰：「遒音在由反。」

五原郡，秦九原郡，武帝元朔二年更名。東部都尉治稒陽。莽曰獲降。屬并州。〔一〕戶三萬九千三百二十二，口二十三萬一千三百二十八。縣十六：九原，莽曰成平。固陵，莽曰固調。五原，莽曰塡河亭。臨沃，莽曰振武。文國，莽曰繁聚。河陰，蒱澤，屬國都尉治。南興，莽曰南利。武都，莽曰桓都。宜梁，曼柏，莽曰延柏。〔二〕成宜，中部都尉治原高，西部都尉治田辟。有鹽官。莽

曰艾虜。〔三〕稒陽，北出石門障得光祿城，又西北得支就城，又西北得頭曼城，又西北得虖河城，又西得宿虜城。莽曰固陰。〔四〕莫䵣，〔五〕西安陽，莽曰鄣安。河目。

〔一〕師古曰：「稒音固。」
〔二〕師古曰：「曼音萬。」
〔三〕師古曰：「辟讀曰壁。艾讀曰刈。」
〔四〕師古曰：「曼音莫安反。虖音呼。」
〔五〕如淳曰：「音仞怛。」師古曰：「音丁葛反。」

雲中郡，秦置。莽曰受降。屬并州。戶三萬八千三百三，口十七萬三千二百七十。縣十一：雲中，莽曰遠服。咸陽，莽曰賁武。陶林，東部都尉治。楨陵，緣胡山在西北。西部都尉治。莽曰楨陸。犢和，沙陵，莽曰希恩。原陽，沙南，北輿，中部都尉治。〔一〕武泉，莽曰順泉。陽壽。莽曰常得。

〔一〕師古曰：「闞駰云廣陵有輿，故此加北。」

定襄郡，高帝置。莽曰得降。屬并州。戶三萬八千五百五十九，口十六萬三千一百四十四。縣十二：成樂，桐過，莽曰椅桐。〔一〕都武，莽曰通德。武進，白渠水出塞外，西至沙陵入河。西部都尉治。莽曰伐蠻。襄陰，武皋，荒干水出塞外，西至沙陵入河。中部都尉治。莽曰永武。駱，莽曰遮要。定陶，莽曰迎符。武城，莽曰桓就。武要，東部都尉治。莽曰厭胡。〔二〕定襄，莽曰著武。復

陸。莽曰聞武。〔三〕

〔一〕師古曰：「過音工禾反。」
〔二〕師古曰：「厭音一葉反。其下並同。」
〔三〕師古曰：「復音服。」

鴈門郡，秦置。句注山在陰館。莽曰塡狄。屬并州。戶七萬三千一百三十八，口二十九萬三千四百五十四。縣十四：善無，莽曰陰館。沃陽，鹽澤在東北，有長丞。西部都尉治。莽曰敬陽。繁時，莽曰當要。〔一〕中陵，莽曰遮害。陰館，樓煩鄉。景帝後三年置。累頭山，治水所出，東至泉州入海，過郡六，行千一百里。莽曰富代。〔二〕樓煩，有鹽官。〔三〕武州，莽曰桓州。沮陶，〔四〕劇陽，莽曰善陽。崞，莽曰崞張。〔五〕平城，東部都尉治。莽曰平順。埒，莽曰塡狄亭。馬邑，莽曰章昭。〔六〕彊陰。諸聞澤在東北。莽曰伏陰。

〔一〕師古曰：「時音止。」
〔二〕師古曰：「累音力追反。治音弋之反。燕刺王傳作台字。」
〔三〕應劭曰：「故樓煩胡地。」
〔四〕孟康曰：「音汪。」
〔五〕孟康曰：「音郭。」
〔六〕師古曰：「晉太康地記云秦時建此城輒崩不成，有馬周旋馳走反覆，父老異之，因依以築城，遂名爲馬邑。」

代郡，秦置。莽曰厭狄。有五原關、常山關。屬幽州。〔一〕戶五萬六千七百七十一，口二十七萬八千七百五十四。縣十八：桑乾，莽曰安德。〔二〕道人，莽曰道仁。〔三〕當城，〔四〕高柳，西部都尉治。馬城，東部都尉治。班氏，秦地圖書班氏。莽曰班副。延陵，狋氏，莽曰狋聚。〔五〕且如，于延水出塞外，東至寧入沽。中部都尉治。〔六〕平邑，莽曰平胡。陽原，東安陽，莽曰竟安。〔七〕參合，平舒，祁夷水北至桑乾入沽。莽曰平葆。代，莽曰厭狄亭。〔八〕靈丘，滱河東至文安入大河，過郡五，行九百四十里。并州川。〔九〕廣昌，淶水東南至容城入河，過郡三，行五百里，并州寖。莽曰廣屏。〔一〇〕鹵城，虖池河東至參（合）〔戶〕入虖池別，過郡九，行千三百四十里，并州川。從河東至文安入海，過郡六，行千三百七十里。莽曰魯盾。〔一一〕

〔一〕應劭曰：「故代國。」
〔二〕孟康曰：「乾音干。」
〔三〕師古曰：「本有仙人遊其地，因以爲名。」
〔四〕師古曰：「闞駰云當桓都城，故曰當城。」
〔五〕孟康曰：「狋音權。氏音精。」
〔六〕師古曰：「且音子如反。沽音姑，又音故。」
〔七〕師古曰：「闞駰云五原有安陽，故此加東也。」
〔八〕應劭曰：「故代國。」

〔九〕應劭曰：「武靈王葬此，因氏焉。」臣瓚曰：「靈丘之號在趙武靈王之前也。」師古曰：「瓚說是也。滱音寇，又音苦侯反。其下並同。」
〔一〇〕師古曰：「淶音來。」
〔一一〕師古曰：「虖音呼。池音徒河反。」

上谷郡，秦置。莽曰朔調。屬幽州。戶三萬六千八，口十一萬七千七百六十二。縣十五：沮陽，莽曰沮陰。〔一〕泉上，莽曰塞泉。潘，莽曰樹武。〔二〕軍都，溫餘水東至路，南入沽。居庸，有關。雊瞀，〔三〕夷輿，莽曰朔調亭。寧，西部都尉治。莽曰博康。昌平，莽曰長昌。廣寧，莽曰廣康。涿鹿，莽曰抪陸。〔四〕且居，（樂陽）〔陽樂〕水出東，（東）〔南〕入（海）〔沽〕。莽曰久居。茹，莽曰穀武。女祁，東部都尉治。莽曰祁。下落。莽曰下忠。

〔一〕孟康曰：「音俎。」
〔二〕師古曰：「音普半反。」
〔三〕孟康曰：「音句無。」師古曰：「雊音工豆反。瞀音莫豆反。」
〔四〕應劭曰：「黃帝與蚩尤戰于涿鹿之野。」

漁陽郡，秦置。莽曰（北順）〔通路〕。屬幽州。戶六萬八千八百二，口二十六萬四千一百一十六。縣十二：漁陽，沽水出塞外，東南至泉州入海，行七百五十里。有鐵官。莽曰得漁。狐奴，莽曰

舉符。路，莽曰通路亭。雍奴，泉州，有鹽官。莽曰泉調。平谷，安樂，厗奚，莽曰敦德。〔一〕獷平，莽曰平獷。〔二〕要陽，都尉治。莽曰要術。〔三〕白檀，洫水出北蠻夷。〔四〕滑鹽。莽曰匡德。〔五〕

〔一〕孟康曰：「厗音題，字或作蹏。」
〔二〕服虔曰：「獷音鞏。」師古曰：「音九永反，又音穬。」
〔三〕師古曰：「音一妙反。」
〔四〕師古曰：「洫音呼鵙反。」
〔五〕應劭曰：「明帝改名鹽。」

右北平郡，秦置。莽曰北順。屬幽州。戶六萬六千六百八十九，口三十二萬七百八十。縣十六：平剛，無終，故無終子國。浭水西至雍奴入海，過郡二，行六百五十里。〔一〕石成，廷陵，莽曰鋪武。俊靡，灅水南至無終東入庚。莽曰俊麻。〔二〕薋，都尉治。莽曰裒睦。〔三〕徐無，莽曰北順亭。字，榆水出東。土垠，〔四〕白狼，莽曰伏狄。〔五〕夕陽，有鐵官。莽曰夕陰。昌城，莽曰淑武。驪成，大揭石山在縣西南。莽曰揭石。〔六〕廣成，莽曰平虜。聚陽，莽曰篤睦。平明。莽曰平陽。

〔一〕師古曰：「浭音庚，即下所云入庚者同一水也。」
〔二〕師古曰：「灅音力水反，又音郎賄反。」
〔三〕師古曰：「音才私反。」
〔四〕師古曰：「垠音銀。」

〔五〕師古曰：「有白狼山，故以名縣。」
〔六〕師古曰：「揭音桀。」

遼西郡，秦置。有小水四十八，并行三千四十六里。屬幽州。戶七萬二千六百五十四，口三十五萬二千三百二十五。縣十四：且慮，有高廟。莽曰鉏慮。〔一〕海陽，龍鮮水東入封大水。封大水、緩虛水皆南入海。有鹽官。新安平，夷水東入塞外。柳城，馬首山在西南。參柳水北入海。西部都尉治。令支，有孤竹城。莽曰令氏亭。〔二〕肥如，玄水東入濡水。濡水南入海陽。又有盧水，南入玄。莽曰肥而。〔三〕賓從，莽曰勉武。交黎，渝水首受塞外，南入海。東部都尉治。莽曰禽虜。〔四〕陽樂，狐蘇，唐就水至徒河入海。徒河，莽曰河福。文成，莽曰言虜。臨渝，渝水首受白狼，東入塞外。又有侯水，北入渝。莽曰馮德。〔五〕絫。下官水南入海。又有揭石水、賓水，皆南入官。莽曰選武。〔六〕

〔一〕師古曰：「且音子余反。慮音盧。」
〔二〕應劭曰：「故伯夷國，今有孤竹城。令音鈴。」孟康曰：「支音秖。」師古曰：「令又音郎定反。」
〔三〕應劭曰：「肥子奔燕，燕封於此也。」師古曰：「濡音乃官反。」
〔四〕應劭曰：「今昌黎。」師古曰：「渝音喻。其下並同。」
〔五〕師古曰：「馮讀曰憑。」
〔六〕師古曰：「絫音力追反。」

遼東郡，秦置。屬幽州。戶五萬五千九百七十二，口二十七萬二千五百三十九。縣十

八：襄平，有牧師官。莽曰昌平。新昌，無慮，西部都尉治。〔一〕望平，大遼水出塞外，南至安市入海，行千二百五十里。莽曰長說。〔二〕房，候城，中部都尉治。遼隊，莽曰順睦。〔三〕遼陽，大梁水西南至遼陽入遼。莽曰遼陰。險瀆，〔四〕居就，室僞山，室僞水所出，北至襄平入梁也。高顯，安市，武次，東部都尉治。莽曰桓次。平郭，有鐵官、鹽官。西安平，莽曰北安平。文，莽曰（受）〔文〕亭。番汗，沛水出塞外，西南入海。〔五〕沓氏。〔六〕

〔一〕應劭曰：「慮音閭。」師古曰：「即所謂醫巫閭。」
〔二〕師古曰：「說讀曰（倪）〔悅〕。」
〔三〕師古曰：「隊音遂。」
〔四〕應劭曰：「朝鮮王滿都也。依水險，故曰險瀆。」臣瓚曰：「王險城在樂浪郡浿水之東，此自是險瀆也。」師古曰：「瓚說是也。浿音普大反。」
〔五〕應劭曰：「汗水出塞外，西南入海。」師古曰：「沛音普蓋反。汗音寒。」
〔六〕應劭曰：「氏水也。音長答反。」師古曰：「凡言氏者，皆謂因之而立名。」

玄菟郡，武帝元封四年開。高句驪，莽曰下句驪。屬幽州。〔一〕戶四萬五千六，口二十二萬一千八百四十五。縣三：高句驪，遼山，遼水所出，西南至遼隊入大遼水。又有南蘇水，西北經塞外。〔二〕上殷台，莽曰下殷。〔三〕西蓋馬。馬訾水西北入鹽難水，西南至西安平入海，過郡二，行二千一

百里。莽曰玄菟亭。

〔一〕應劭曰：「故真番，朝鮮胡國。」

〔二〕應劭曰：「故句驪胡。」

〔三〕如淳曰：「台音鮐。」師古曰：「音胎。」

樂浪郡，武帝元封三年開。莽曰樂鮮。屬幽州。〔一〕戶六萬二千八百一十二，口四十萬六千七百四十八。有雲鄣。縣二十五：朝鮮，〔二〕諦邯，〔三〕浿水，水西至增地入海。莽曰樂鮮亭。〔四〕含資，帶水西至帶方入海。黏蟬，〔五〕遂成，增地，莽曰增土。帶方，駟望，海冥，莽曰海桓。列口，長岑，屯有，昭明，南部都尉治。鏤方，提奚，渾彌，〔六〕吞列，分黎山，列水所出，西至黏蟬入海，行八百二十里。東暆，〔七〕不而，東（郡）〔部〕都尉治。蠶台，〔八〕華麗，邪頭昧，〔九〕前莫，夫租。

〔一〕應劭曰：「故朝鮮國也。」師古曰：「樂音洛。浪音狼。」

〔二〕應劭曰：「武王封箕子於朝鮮。」

〔三〕孟康曰：「諦音男。」師古曰：「諦音乃甘反。邯音酣。」

〔四〕師古曰：「浿音普大反。」

〔五〕服虔曰：「蟬音提。」

〔六〕師古曰：「渾音下昆反。」

〔七〕應劭曰：「音移。」

〔八〕師古曰：「台音胎。」

〔九〕孟康曰：「昧音妹。」

南海郡，秦置。秦敗，尉佗王此地。武帝元鼎六年開。屬交州。戶萬九千六百一十三，口九萬四千六百五十三。有圃羞官。縣六：番禺，尉佗都。有鹽官。〔一〕博羅，中宿，有洭浦官。〔二〕龍川，〔三〕四會，揭陽。莽曰南海亭。〔四〕

〔一〕如淳曰：「番音潘。禺音愚。」

〔二〕師古曰：「洭音匡。」

〔三〕師古曰：「裴氏廣州記云本博羅縣之東鄉也，有龍穿地而出，即穴流泉，因以爲號。」

〔四〕韋昭曰：「揭音其逝反。」師古曰：「音竭。」

鬱林郡，故秦桂林郡，屬尉佗。武帝元鼎六年開，更名。有小谿川水七，并行三千一百一十里。莽曰鬱平。屬交州。戶萬二千四百一十五，口七萬一千一百六十二。縣十二：布山，安廣，阿林，廣鬱，鬱水首受夜郎豚水，東至四會入海，過郡四，行四千三十里。中留，〔一〕桂林，潭中，莽曰中潭。〔二〕臨塵，朱涯水入領方。又有斤（員）〔南〕水。又有侵離水，行七百里。莽曰監塵。定周，〔周〕水首受無斂，東入潭，行七百九十里。增食，驩水首受牂柯東界，入朱涯水，行五百七十里。領方，斤（員）〔南〕水入鬱。又有橋水。都尉治。〔三〕雍雞。有關。

〔一〕師古曰：「留音力救反，水名。」

〔二〕師古曰：「潭音大含反。」

〔三〕師古曰：「橋音橋。」

蒼梧郡，武帝元鼎六年開。莽曰新廣。屬交州。有離水關。戶二萬四千三百七十九，口十四萬六千一百六十。縣十：廣信，莽曰廣信亭。謝沐，有關。高要，有鹽官。封陽，〔一〕臨賀，莽曰大賀。端谿，馮乘，富川，荔浦，有荔平關。〔二〕猛陵。龍山，合水所出，南至布山入海。莽曰猛陸。

〔一〕應劭曰：「在封水之陽。」

〔二〕師古曰：「荔音（隸）〔隸〕。」

交趾郡，武帝元鼎六年開，屬交州。戶九萬二千四百四十，口七十四萬六千二百三（十）七。縣十：羸𨻻，有羞官。〔一〕安定，苟屚，〔二〕麊泠，都尉治。〔三〕曲昜，〔四〕北帶，稽徐，〔五〕西于，龍編，〔六〕朱觀。

〔一〕孟康曰：「羸音蓮。𨻻音受土簍。」師古曰：「𨻻簍二字並音來口反。」

〔二〕師古曰：「屚與漏同。」

〔三〕應劭曰：「麊音彌。」孟康曰：「音螟蛉。」師古曰：「音麋零。」

〔四〕師古曰：「昜，古陽字。」

〔五〕師古曰：「稽音古奚反。」

〔六〕師古曰：「編音鞭。」

合浦郡，武帝元鼎六年開。莽曰桓合。屬交州。戶萬五千三百九十八，口七萬八千九百八十。縣五：徐聞，高涼，合浦，有關。莽曰桓亭。臨允，牢水北入高要入鬱，過郡三，行五百三十里。莽曰大允。朱盧。都尉治。

九真郡，武帝元鼎六年開。有小水五十二，并行八千五百六十里。戶三萬五千七百四十三，口十六萬六千一十三。有界關。縣七：胥浦，莽曰驩成。居風，都龐，〔一〕餘發，咸驩，無切，都尉治。無編。莽曰九真亭。

〔一〕應劭曰：「龐音龍。」師古曰：「音聾。」

日南郡，故秦象郡，武帝元鼎六年開，更名。有小水十六，并行三千一百八十里。屬交州。〔一〕戶萬五千四百六十，口六萬九千四百八十五。縣五：朱吾，比景，〔二〕盧容，西捲，水入海，有竹，可爲杖。莽曰日南亭。〔三〕象林。

〔一〕師古曰：「言其在日之南，所謂開北戶以向日者。」

〔二〕如淳曰：「日中於頭上，景在已下，故名之。」

〔三〕孟康曰：「音卷。」師古曰：「音權。」

趙國，故秦邯鄲郡，高帝四年爲趙國，景帝三年復爲邯鄲郡，五年復故。莽曰桓亭。屬冀州。戶八

萬四千二百二，口三十四萬九千九百五十二。縣四：邯鄲，堵山，牛首水所出，東入白渠。趙敬侯自中牟徙此。〔一〕易陽，〔二〕柏人，莽曰壽仁。〔三〕襄國。故邢國。西山，渠水所出，東北至任入𣽷。又有蓼水、馮水，皆東至朝平入湡。〔四〕

〔一〕張晏曰：「邯鄲山在東城下。單，盡也。城郭從邑，故加邑云。」師古曰：「邯音寒。」
〔二〕應劭曰：「易水出涿郡故安。」師古曰：「在易水之陽。」
〔三〕師古曰：「本晉邑。」
〔四〕師古曰：「湡音耦，又音牛吼反。」

廣平國，武帝征和二年置爲平干國，宣帝五鳳二年復故。莽曰富昌。屬冀州。戶二萬七千九百八十四，口十九萬八千五百五十八。縣十六：廣平，張，朝平，南和，列葭水東入㴲。〔一〕列人，莽曰列治。斥章，〔二〕任，〔三〕曲周，武帝建元四年置。莽曰直周。南曲，曲梁，侯國。莽曰直梁。廣鄉，平利，平鄉，陽臺，侯國。廣年，莽曰富昌。城鄉。

〔一〕師古曰：「葭音家。㴲音斯。」
〔二〕應劭曰：「漳水出治北，入河。其國斥鹵，故曰斥章。」
〔三〕師古曰：「本晉邑也。鄭皇頡弃晉，爲任大夫。」

眞定國，武帝元鼎四年置。屬冀州。戶三萬七千一百二十六，口十七萬八千六百一十六。

縣四：眞定，故東垣，高帝十一年更名。莽曰思治。稾城，莽曰稾實。〔一〕肥纍，故肥子國。〔二〕緜曼。斯洨水首受太白渠，東至鄡入河。莽曰緜延。〔三〕

〔一〕師古曰：「稾音工老反。」
〔二〕師古曰：「纍音力追反。」
〔三〕師古曰：「曼音萬。鄡音口堯反。」

中山國，高帝郡，景帝三年爲國。莽曰常山。屬冀州。〔一〕戶十六萬八百七十三，口六十六萬八千八十。縣十四：盧奴，〔二〕北平，徐水東至高陽入博。又有盧水，亦至高陽入河。有鐵官。莽曰善和。北新成，桑欽言易水出西北，東入滱。莽曰朔平。唐，堯山在南。莽曰和親。〔三〕深澤，莽曰翼和。苦陘，莽曰北陘。〔四〕安國，莽曰興睦。曲逆，蒲陽山，蒲水所出，東入濡。又有蘇水，亦東入濡。莽曰順平。〔五〕望都，博水東至高陽入河。莽曰順調。〔六〕新市，〔七〕新處，毋極，陸成，安險。莽曰寧險。〔八〕

〔一〕應劭曰：「中山，故國。」
〔二〕應劭曰：「盧水出右北平，東入河。」
〔三〕應劭曰：「故堯國也。唐水在西。」張晏曰：「堯爲唐侯，國於此。堯山在唐東北望都界。」孟康曰：「晉荀吳伐鮮虞及中人，今中人亭是。」
〔四〕應劭曰：「章帝更名漢昌。陘音邢。」
〔五〕張晏曰：「濡水於城北曲而西流，故曰曲逆。章帝醜其名，改曰蒲陰，在蒲水之陰。」師古曰：「濡音乃官反。」
〔六〕張晏曰：「堯山在北，堯母慶都山在南，登堯山見都山，故以爲名。」
〔七〕應劭曰：「鮮虞子國，今鮮虞亭是。」
〔八〕應劭曰：「章帝更名安憙。」

信都國，景帝二年爲廣川國，宣帝甘露三年復故。莽曰新博。屬冀州。〔一〕戶六萬五千五百五十六，口三十萬四千三百八十四。縣十七：信都，王都。故章河、故虖池皆在北，東入海。禹貢絳水亦入海。莽曰新博亭。歷，莽曰歷寧。扶柳，〔二〕辟陽，莽曰樂信。〔三〕南宮，莽曰序下。下博，莽曰閏博。〔四〕武邑，莽曰順桓。觀津，莽曰朔定亭。〔五〕高隄，〔六〕廣川，〔七〕樂鄉，侯國。莽曰樂丘。平隄，侯國。桃，莽曰桓分。西梁，侯國。昌成，侯國。東昌，侯國。莽曰田昌。脩。莽曰脩治。〔八〕

〔一〕應劭曰：「明帝更名樂安。安帝改曰安平。」
〔二〕師古曰：「闞駰云其地有扶澤，澤中多柳，故曰扶柳。」
〔三〕師古曰：「辟音珪璧。」
〔四〕應劭曰：「博水出中山望都，入河。」
〔五〕師古曰：「觀音工喚反。」
〔六〕師古曰：「隄音丁奚反。」
〔七〕師古曰：「闞駰云其縣中有長河爲流，故曰廣川也。至隋仁壽元年，初立煬帝爲皇太子，以避諱故，改爲長河縣，

至今爲名。」
〔八〕師古曰：「脩音條。」

河間國，故趙，文帝二年別爲國。莽曰朔定。〔一〕戶四萬五千四十三，口十八萬七千六百六十二。縣四：樂成，虖池別水首受虖池河，東至東光入虖池河。莽曰陸信。候井，武隧，莽曰桓隧。〔二〕弓高。虖池別河首受虖池河，東至平舒入海。莽曰樂成。

〔一〕應劭曰：「在兩河之間。」
〔二〕師古曰：「隧音遂。」

廣陽國，高帝燕國，昭帝元鳳元年爲廣陽郡，宣帝本始元年更爲國。莽曰廣有。戶二萬七百四十，口七萬六百五十八。縣四：薊，故燕國，召公所封。莽曰伐戎。方城，廣陽，陰鄉。莽曰陰順。

甾川國，故齊，文帝十八年別爲國。後并北海。戶五萬二百八十九，口二十二萬七千三十一。縣三：劇，義山，蕤水所出，北至壽光入海。莽曰俞。〔一〕東安平，菟頭山，女水出，東北至臨甾入鉅定。〔二〕樓鄉。

〔一〕應劭曰：「故肥國，今肥亭是。」
〔二〕孟康曰：「紀季以酅入于齊，今酅亭是也。」師古曰：「闞駰云博陵有安平，故此加東。酅音攜。」

膠東國，故齊，高帝元年別爲國，五月復屬齊國，文帝十六年復爲國。莽曰郁秩。戶七萬二千

中華書局

二，口三十二萬三千三百三十一。縣八：郎墨，有天室山祠。莽曰郎善。昌武，下密，有三石山祠。(一)壯武，莽曰曉武。郁秩，有鐵官。挺，(二)觀陽，(三)鄒盧。莽曰始斯。

(一)應劭曰：「密水出高密。」

(二)師古曰：「挺音徒鼎反。」

(三)應劭曰：「在觀水之陽。」師古曰：「觀音工喚反。」

高密國，故齊，文帝十六年別爲膠西國，宣帝本始元年更爲高密國。戶四萬五百三十一，口十九萬二千五百三十六。縣五：高密，莽曰章牟。昌安，石泉，莽曰養信。夷安，莽曰原亭。(一)成鄉。莽曰順成。

(一)應劭曰：「故萊夷維邑。」

城陽國，故齊。文帝二年別爲國。莽曰莒陵。屬兗州。戶五萬六千六百四十二，口二十萬五千七百八十四。縣四：莒，故國，盈姓，三十世爲楚所滅。少昊後。有鐵官。莽曰莒陵。陽都，(一)東安，慮。莽曰著善。

(一)應劭曰：「齊人遷陽，故陽國是。」

淮陽國，高帝十一年置。莽曰新平。屬兗州。(一)戶十三萬五千五百四十四，口九十八萬一千四百二十三。縣九：陳，故國，舜後，胡公所封，爲楚所滅。楚頃襄王自郢徙此。莽曰陳陵。苦，

莽曰賴陵。(二)陽夏，(三)寧平，扶溝，渦水首受狼湯渠，東至向入淮，過郡三，行千里。(四)固始，(五)圉，新平，柘。

(一)孟康曰：「孝明帝更名陳國。」

(二)師古曰：「晉太康地記云城東有賴鄉祠，老子所生地。」

(三)應劭曰：「夏音賈。」

(四)師古曰：「狼音浪。湯音徒浪反。渦音戈，又音瓜。」

(五)師古曰：「本名寢丘，楚令尹孫叔敖所封地。」

梁國，故秦碭郡，高帝五年爲梁國。莽曰陳定。屬豫州。(一)戶三萬八千七百九，口十萬六千七百五十二。縣八：碭，山出文石。莽曰節碭。(二)甾，故戴國。莽曰嘉穀。(三)杼秋，莽曰予秋。(四)蒙，獲水首受甾獲渠，東北至彭城入泗，過郡五，行五百五十里。莽曰蒙恩。已氏，莽曰已善。虞，莽曰陳定亭。下邑，莽曰下洽。睢陽。故宋國，微子所封。禹貢盟諸澤在東北。(五)

(一)師古曰：「以有碭山，故名碭郡。」

(二)應劭曰：「碭山在東。」師古曰：「碭，文石也，其山出焉，故以名縣。碭音唐，又音徒浪反。」

(三)應劭曰：「章帝改曰考城。」

(四)師古曰：「杼音食汝反。」

(五)師古曰：「睢音雖。」

東平國，故梁國，景帝中六年別爲濟東國，武帝元鼎元年爲大河郡，宣帝甘露二年爲東平國。莽曰有鹽。屬兗州。戶十三萬一千七百五十三，口六十萬七千九百七十六。有鐵官。縣七：無鹽，有郈鄉。莽曰有鹽亭。(一)任城，故任國，太昊後，風姓。莽曰延就亭。東平陸，(二)富城，莽曰成富。章，亢父，詩亭，故詩國。莽曰順父。(三)樊。

(一)師古曰：「郈音后。」

(二)應劭曰：「古厥國，今有厥亭是。」

(三)師古曰：「音抗甫。」

魯國，故秦薛郡，高后元年爲魯國。屬豫州。戶十一萬八千四十五，口六十萬七千三百八十一。縣六：魯，伯禽所封。戶五萬二千。有鐵官。卞，泗水西南至方與入沛，過郡三，行五百里，青州川。(一)汶陽，莽曰汶亭。(二)蕃，南梁水西至胡陵入沛渠。(三)騶，故邾國，曹姓，二十九世爲楚所滅。嶧山在北。莽曰騶亭。(四)薛。夏車正奚仲所國，後遷于邳，湯相仲虺居之。

(一)師古曰：「即春秋僖十七年夫人姜氏會齊侯於卞者也。方與音房豫。」

(二)應劭曰：「詩曰『汶水湯湯』。」師古曰：「汶音問。即左傳所云公賜季友汶陽之田者也。」

(三)應劭曰：「邾國也，音皮。」師古曰：「白褒云陳蕃之子爲魯相，國人爲諱，改曰皮。此說非也。郡縣之名，土俗各有別稱，不必皆依本字。」

(四)應劭曰：「邾文公卜遷于嶧者也。音驛。」

楚國，高帝置，宣帝地節元年更爲彭城郡，黃龍元年復故。莽曰和樂。屬徐州。戶十一萬四千七百三十八，口四十九萬七千八百四。縣七：彭城，古彭祖國。戶四萬一百九十六。有鐵官。留，梧，莽曰吾治。傅陽，故偪陽國。莽曰輔陽。(一)呂，武原，莽曰和樂亭。甾丘。莽曰善丘。

(一)師古曰：「偪音福。左氏傳所云偪陽妘姓者也。」

泗水國，故東海郡，武帝元鼎四年別爲泗水國。莽曰水順。戶二萬五千二十五，口十一萬九千一百一十四。縣三：淩，莽曰生夌。(一)泗陽，莽曰淮平亭。于。莽曰于屏。

(一)應劭曰：「淩水所出，(入淮南)〔南入淮〕。」

廣陵國，高帝六年屬荊州，十一年更屬吳，景帝四年更名江都，武帝元狩三年更名廣陵。莽曰江平。屬徐州。戶三萬六千七百七十三，口十四萬七百二十二。有鐵官。縣四：廣陵，江都易王非、廣陵厲王胥皆都此，并得鄣郡，而不得吳。莽曰安定。江都，有江水祠。渠水首受江，北至射陽入湖。高郵，平安。莽曰杜鄉。

六安國，故楚，高帝元年別爲衡山國，五年屬淮南，文帝十六年復爲衡山，武帝元狩二年別爲六安國。莽曰安風。戶三萬八千三百四十五，口十七萬八千六百一十六。縣五：六，故國，皋繇後，偃姓，爲楚所滅。如谿水首受沘，東北至壽春入芍陂。(一)蓼，故國，皋繇後，爲楚所滅。安豐，禹貢大

別山在西南。莽曰美豐。安風，莽曰安風亭。陽泉。

〔一〕師古曰：「泚音匕，又音鄙。芍音鵲。」

長沙國，秦郡，高帝五年爲國。莽曰塡蠻。屬荆州。戶四萬三千四百七十，口二十三萬五千八百二十五。縣十三：臨湘，莽曰撫睦。〔一〕羅，〔二〕連道，益陽，湘山在北。〔三〕下雋，莽曰閏雋。〔四〕（攸）〔攸〕，酃，〔五〕承陽，〔六〕湘南，禹貢衡山在東南，荆州山。昭陵，茶陵，泥水西入湘，行七百里。莽曰聲鄉。〔七〕容陵，安成。廬水東至廬陵入湖漢。莽曰思成。

〔一〕應劭曰：「湘水出零山。」

〔二〕應劭曰：「楚文王徙羅子自枝江居此。」師古曰：「盛弘之荆州記云縣北帶汨水，水原出豫章艾縣界，西流注湘。汨西北去縣三十里，名爲屈潭，屈原自沉處。」

〔三〕應劭曰：「在益水之陽。」

〔四〕師古曰：「雋音字兖反，又音辭兖反。」

〔五〕孟康曰：「音鈴。」

〔六〕應劭曰：「承水之陽。」師古曰：「承水原出零陵永昌縣界，東流注湘也。承音丞。」

〔七〕師古曰：「茶音弋奢反，又音丈加反。」

本秦京師爲內史，〔一〕分天下作三十六郡。漢興，以其郡（大）〔太〕大，稍復開置，又立諸侯王國。武帝開廣三邊。故自高祖增二十六，文、景各六，武帝二十八，昭帝一，訖於孝

平，凡郡國一百三，縣邑千三百一十四，道三十二，侯國二百四十一。地東西九千三百二里，南北萬三千三百六十八里。提封田一萬萬四千五百一十三萬六千四百五頃，〔二〕其一萬萬二百五十二萬八千八百八十九頃，邑居道路，山川林澤，羣不可墾，其三千二百二十九萬九百四十七頃，可墾不可墾，定墾田八百二十七萬五百三十六頃。民戶千二百二十三萬三千六十二，口五千九百五十九萬四千九百七十八。漢極盛矣。

〔一〕師古曰：「京師，天子所都畿內也。秦幷天下，改立郡縣，而京畿所統，特號內史，言其在內，以別於諸郡守也。」

〔二〕師古曰：「提封者，大舉其封疆也。」

凡民函五常之性，〔一〕而其剛柔緩急，音聲不同，繫水土之風氣，故謂之風；好惡取舍，動靜亡常，〔二〕隨君上之情欲，故謂之俗。孔子曰：「移風易俗，莫善於樂。」〔三〕言聖王在上，統理人倫，必移其本，而易其末，此混同天下一之虖中和，然後王敎成也。漢承百（年）〔王〕之末，國土變改，民人遷徙，成帝時劉向略言其（域）〔地〕分，丞相張禹使屬潁川朱贛條其風俗，猶未宣究，故輯而論之，〔四〕終其本末著於篇。

〔一〕師古曰：「函，苞也，讀與含同。」

〔二〕師古曰：「好音呼到反。惡音一故反。」

〔三〕師古曰：「孝經載孔子之言。」

〔四〕師古曰：「輯與集同。」

秦地，於天官東井、輿鬼之分壄也。其界自弘農故關以西，京兆、扶風、馮翊、北地、上郡、西河、安定、天水、隴西，南有巴、蜀、廣漢、犍爲、武都，西有金城、武威、張掖、酒泉、敦煌，又西南有牂柯、越巂、益州，皆宜屬焉。

秦之先曰柏益，出自帝顓頊，堯時助禹治水，爲舜朕虞，養育草木鳥獸，賜姓嬴氏，〔一〕歷夏、殷爲諸侯。至周有造父，〔二〕善馭習馬，得華騮、綠耳之乘，〔三〕幸於穆王，封於趙城，故更爲趙氏。後有非子，爲周孝王養馬汧、渭之間。孝王曰：「昔伯益知禽獸，子孫不絕。」乃封爲附庸，邑之於秦，今隴西秦亭秦谷是也。至玄孫，氏爲莊公，〔四〕破西戎，有其地。子襄公時，幽王爲犬戎所敗，平王東遷雒邑。襄公將兵救周有功，賜受岐、酆之地，列爲諸侯。〔五〕後八世，穆公稱伯，以河爲竟。〔六〕十餘世，孝公用商君，制轅田，〔七〕開仟伯，〔八〕東雄諸侯。子惠公初稱王，得上郡、西河。孫昭王開巴蜀，滅周，取九鼎。昭王曾孫政幷六國，稱皇帝，負力怙威，燔書阬儒，自任私智。至子胡亥，天下畔之。

〔一〕師古曰：「伯益一號伯翳，葢翳益聲相近故也。」

〔二〕師古曰：「造音（於）〔千〕到反。父讀曰甫。」

〔三〕師古曰：「華騮，言其色如華之赤也。綠耳，耳綠色。」

〔四〕師古曰：「氏與是同，古通用字。」

〔五〕師古曰：「郊亦岐字。」

〔六〕師古曰：「伯讀曰霸。竟讀曰境，言其地界東至於河。」

〔七〕張晏曰：「周制三年一易，以同美惡，商鞅始割列田地，開立阡陌，令民各有常制。」孟康曰：「三年爰土易居，古制也，末世侵廢。商鞅相秦，復立爰田，上田不易，中田一易，下田再易，爰自在其田，不復易居也。食貨志曰『自爰其處而已』是也。轅爰同。」

〔八〕師古曰：「南北曰仟，東西曰伯，皆謂開田之疆畝也。伯音莫白反。」

故秦地於禹貢時跨雍、梁二州，詩風兼秦、豳兩國。昔后稷封斄，〔一〕公劉處豳，〔二〕大王徙郊，〔三〕文王作酆，〔四〕武王治鎬，〔五〕其民有先王遺風，好稼穡，務本業，故豳詩言農桑衣食之本甚備。〔六〕有鄠、杜竹林，南山檀柘，號稱陸海，爲九州膏腴。〔七〕始皇之初，鄭國穿渠，引涇水溉田，〔八〕沃野千里，〔九〕民以富饒。漢興，立都長安，徙齊諸田，楚昭、屈、景及諸功臣家於長陵。後世世徙吏二千石、高訾富人及豪桀幷兼之家於諸陵。〔一〇〕蓋亦以彊幹弱支，非獨爲奉山園也。〔一一〕是故五方雜厝，〔一二〕風俗不純。其世家則好禮文，富人則商賈爲利，豪桀則游俠通姦。瀕南山，〔一三〕近夏陽，〔一四〕多阻險輕薄，易爲盜賊，常爲天下劇。又郡

國輻湊，浮食者多，民去本就末，列侯貴人車服僭上，衆庶放效，羞不相及，〔一三〕嫁娶尤崇侈靡，送死過度。

〔一〕師古曰：「斄讀曰邰，今武功故城是也。」
〔二〕師古曰：「即今豳州栒邑是。」
〔三〕師古曰：「今岐山縣是。」
〔四〕師古曰：「今長安西北界靈臺鄉豐水上是。」
〔五〕師古曰：「今昆明池北鎬陂是。」
〔六〕師古曰：「謂七月之詩。」
〔七〕師古曰：「言其地高陸而饒物產，如海之無所不出，故云陸海。腹之下肥曰腴，故取諭云。」
〔八〕師古曰：「鄭國，人姓名。事具在溝洫志。」
〔九〕師古曰：「沃即溉也，言千里之地皆得溉灌。」
〔一〇〕師古曰：「訾讀與貲同。高訾，言多財也。」
〔一一〕如淳曰：「黃圖謂陵冢爲山。」師古曰：「謂京師爲幹，四方爲支也。」
〔一二〕晉灼曰：「厝，古錯(反)〔字〕。」
〔一三〕師古曰：「瀕猶邊。瀕音頻，又音賓。」
〔一四〕師古曰：「夏陽即河之西岸也，今在同州韓城縣界。」
〔一五〕師古曰：「放，依也，音甫往反。」

天水、隴西，山多林木，民以板爲室屋。及安定、北地、上郡、西河，皆迫近戎狄，修習戰備，高上氣力，以射獵爲先。故秦詩曰「在其板屋」；〔一〕又曰「王于興師，修我甲兵，與子偕行」。〔二〕及車轔、四臷、小戎之篇，皆言車馬田狩之事。〔三〕漢興，六郡良家子選給羽林、期門，〔四〕以材力爲官，名將多出焉。孔子曰：「君子有勇而亡誼則爲亂，小人有勇而亡誼則爲盜。」〔五〕故此數郡，民俗質木，不恥寇盜。〔六〕

〔一〕師古曰：「小戎之詩也。言襄公出征，則婦人居板屋之中而念其君子。」
〔二〕師古曰：「無衣之詩也。言於王之興師，則修我甲兵，而與子俱征伐也。」
〔三〕師古曰：「車轔，美秦仲大有車馬。其詩曰『有車轔轔，有馬白顛』。四臷，美襄公田狩也。其詩曰『四驖孔阜，六轡在手』，『輶車鸞鑣，載獫猲獢』。小戎，美襄公備兵甲，討西戎。其詩曰『小戎俴收，五楘良輈』，『文茵暢轂，駕我騏馵』，『龍盾之合，鋈以觼軜』。轔音鄰。驖音鐵。輶音猶，又音誘。獫音力瞻反。獢音許昭反。俴音踐。楘音木。馵音霔。鋈音沃。觼音玦。軜音納。」
〔四〕如淳曰：「醫、商賈、百工不得豫也。」師古曰：「六郡謂隴西、天水、安定、北地、上郡、西河。羽林、期門，解在百官公卿表。」
〔五〕師古曰：「論語載孔子對子路之言也。」
〔六〕師古曰：「質木者，無有文飾，如木石然。」

自武威以西，本匈奴昆邪王、休屠王地，〔一〕武帝時攘之，〔二〕初置四郡，以通西域，鬲絕南羌、匈奴。〔三〕其民或以關東下貧，或以報怨過當，〔四〕或以誖逆亡道，家屬徙焉。〔五〕習俗頗殊，地廣民稀，水屮宜畜牧，〔六〕(古)〔故〕涼州之畜爲天下饒。保邊塞，二千石治之，咸以兵馬爲務；酒禮之會，上下通焉，吏民相親。是以其俗風雨時節，穀糴常賤，少盜賊，有和氣之應，賢於內郡。此政寬厚，吏不苛刻之所致也。

〔一〕師古曰：「昆音下門反。休音許虯反。屠音除。」
〔二〕師古曰：「攘，卻也，音人羊反。」
〔三〕師古曰：「鬲與隔同。」
〔四〕師古曰：「過其本所殺。」
〔五〕師古曰：「誖，亂也，惑也，音布內反。」
〔六〕師古曰：「屮，古草字。」

巴、蜀、廣漢本南夷，秦幷以爲郡，土地肥美，有江水沃野，山林竹木疏食果實之饒。〔一〕南賈滇、僰僮，〔二〕西近邛、莋馬旄牛。〔三〕民食稻魚，亡凶年憂，俗不愁苦，而輕易淫泆，柔弱褊阸。〔四〕景、武間，文翁爲蜀守，教民讀書法令，未能篤信道德，反以好文刺譏，貴慕權勢。及司馬相如游宦京師諸侯，以文辭顯於世，鄉黨慕循其迹。後有王褒、嚴遵、揚雄之徒，〔五〕文章冠天下。繇文翁倡其教，相如爲之師，〔六〕故孔子曰：「有教亡類。」〔七〕

〔一〕師古曰：「疏，菜也。」
〔二〕師古曰：「言滇、僰之地多出僮隸也。滇音顛。僰音蒲北反。」
〔三〕師古曰：「言邛、莋之地出馬及旄牛。莋音材各反。」
〔四〕師古曰：「言其材質不彊，而心急陿。」
〔五〕師古曰：「遵即嚴君平。」
〔六〕師古曰：「繇讀與由同。倡，始也，音充向反。」
〔七〕師古曰：「論語載孔子之言。言人之性術在所教耳，無種類。」

武都地雜氐、羌，及犍爲、牂柯、越巂，皆西南外夷，武帝初開置。民俗略與巴、蜀同，而武都近天水，俗頗似焉。

故秦地天下三分之一，而人衆不過什三，然量其富居什六。(秦豳)吳札觀樂，爲之歌秦，〔一〕曰：「此之謂夏聲。〔二〕夫能夏則大，大之至也，其周舊乎？」

〔一〕師古曰：「札，吳王壽夢子也，來聘魯而請觀周樂。事見左氏傳襄二十九年。」
〔二〕師古曰：「夏，中國。」

自井十度至柳三度，謂之鶉首之次，秦之分也。

魏地，觜觿、參之分野也。〔一〕其界自高陵以東，盡河東、河內，南有陳留及汝南之召陵、

瀍彊、新汲、西華、長平，〔二〕潁川之舞陽、郾、許、傿陵，〔三〕河南之開封、中牟、陽武、酸棗、卷，〔四〕皆魏分也。

〔一〕師古曰：「鱅音弋隨反。」
〔二〕師古曰：「召讀曰邵。瀍音於靳反，又音殷。」
〔三〕師古曰：「郾音一扇反。傿音偃。」
〔四〕師古曰：「卷音去權反。」

河內本殷之舊都，周既滅殷，分其畿內爲三國，詩風邶、庸、衞國是也。〔一〕鄁，以封紂子武庚；庸，管叔尹之；衞，蔡叔尹之：以監殷民，謂之三監。〔二〕故書序曰「武王崩，三監畔」，〔三〕周公誅之，盡以其地封弟康叔，號曰孟侯，〔四〕以夾輔周室；遷邶、庸之民于雒邑，故邶、庸、衞三國之詩相與同風。邶詩曰「在浚之下」，〔五〕庸曰「在浚之郊」；〔六〕邶又曰「亦流于淇」，〔七〕「河水洋洋」，〔八〕庸曰「送我淇上」，〔九〕「在彼中河」，〔一〇〕衞曰「瞻彼淇奧」，〔一一〕「河水洋洋」。〔一二〕故吳公子札聘魯觀周樂，聞邶、庸、衞之歌，曰：「美哉淵乎！吾聞康叔之德如是，是其衞風乎？」至十六世，懿公亡道，爲狄所滅。齊桓公帥諸侯伐狄，而更封衞於河南曹、楚丘，是爲文公。〔一三〕而河內殷虛，更屬于晉。〔一四〕康叔之風既歇，而紂之化猶存，故俗剛彊，多豪桀侵奪，薄恩禮，好生分。〔一五〕

〔一〕師古曰：「自紂城而北謂之邶，南謂之庸，東謂之衞。邶音步內反，字或作鄁。庸字或作鄘。」
〔二〕師古曰：「武庚卽祿父也。尹，主也。管叔、蔡叔皆武王之弟。」
〔三〕師古曰：「周書大誥之序。」
〔四〕師古曰：「康叔亦武王弟也。孟，長也。言爲諸侯之長。」
〔五〕師古曰：「凱風之詩也。浚，衞邑也，音峻。」
〔六〕師古曰：「干旄之詩。」
〔七〕師古曰：「泉水之詩。」
〔八〕師古曰：「今邶詩無此句。」
〔九〕師古曰：「桑中之詩。淇上，淇水之上。」
〔一〇〕師古曰：「柏舟之詩也。中河，河中也。」
〔一一〕師古曰：「淇奧之詩也。奧，水隈也，音於六反。」
〔一二〕師古曰：「碩人之詩也。洋洋，盛大也，音羊，又音翔。」
〔一三〕師古曰：「曹及楚丘，二邑名。」
〔一四〕師古曰：「殷虛，汲郡朝歌縣也。虛讀曰墟。」
〔一五〕師古曰：「生分，謂父母在而昆弟不同財產。」

河東土地平易，有鹽鐵之饒，本唐堯所居，詩風唐、魏之國也。周武王子唐叔在母未生，〔一〕武王夢帝謂己〔二〕曰：「余名而子曰虞，將與之唐，屬之參。」〔三〕及生，名之曰虞。至成王滅唐，而封叔虞。唐有晉水，及叔虞子燮爲晉侯云，故參爲晉星。其民有先王遺教，君子深思，小人儉陋。故唐詩蟋蟀、山樞、葛生之篇曰「今我不樂，日月其邁」；〔四〕「宛其死矣，它人是媮」；〔五〕「百歲之後，歸于其居」。〔六〕皆思奢儉之中，念死生之慮。〔七〕吳札聞唐之歌，曰：「思深哉！其有陶唐氏之遺民乎？」

〔一〕師古曰：「謂懷孕時。」
〔二〕師古曰：「帝，天也。」
〔三〕師古曰：「屬音之欲反。參音所林反。」
〔四〕師古曰：「蟋蟀之詩也。邁，行也。言日月行往，將老而死也。蟋音悉。蟀音率。」
〔五〕師古曰：「山有樞之詩也。媮，樂也。言己儉吝，死亡之後當爲它人所樂也。媮音愉，又音偷。樞音甌。」
〔六〕師古曰：「葛生之詩也。居謂墳墓也。言死當歸于墳墓，不能復爲樂也。」
〔七〕師古曰：「中音竹仲反。」

魏國，亦姬姓也，在晉之南河曲，故其詩曰「彼汾一曲」；〔一〕「寘諸河之側」。〔二〕自唐叔十六世至獻公，滅魏以封大夫畢萬，〔三〕滅耿以封大夫趙夙，〔四〕及大夫韓武子食采於韓原，〔五〕晉於是始大。至於文公，伯諸侯，尊周室，〔六〕始有河內之土。〔七〕吳札聞魏之歌，曰：「美哉渢渢乎！〔八〕以德輔此，則明主也。」文公後十六世爲韓、魏、趙所滅，三家皆自立爲諸侯，是爲三晉。趙與秦同祖，韓、魏皆姬姓也。自畢萬後十世稱侯，至孫稱王，徙都大梁，故魏一號爲梁，七世爲秦所滅。

〔一〕師古曰：「汾沮洳之詩。沮音子豫反。洳音人豫反。」
〔二〕師古曰：「伐檀之詩。寘，置也，音之豉反。」
〔三〕師古曰：「畢萬，畢公高之後，魏犨祖父。」
〔四〕師古曰：「趙夙，趙衰之兄。」
〔五〕師古曰：「韓武子，韓厥之曾祖也，本與周同姓，食采於韓，更爲韓氏。此說依史記，而與釋春秋傳者不同。」
〔六〕師古曰：「伯讀曰霸。」
〔七〕師古曰：「左氏傳所謂『始啓南陽』者。」
〔八〕師古曰：「渢渢，浮貌也。言其中庸，可與爲善，可與爲惡也。渢音馮。」

周地，柳、七星、張之分野也。今之河南雒陽、穀成、平陰、偃師、鞏、緱氏，是其分也。昔周公營雒邑，以爲在于土中，諸侯蕃屏四方，〔一〕故立京師。至幽王淫褒姒，以滅宗周，子平王東居雒邑。其後五伯更帥諸侯以尊周室，〔二〕故周於三代最爲長久。八百餘年至於赧王，乃爲秦所兼。初雒邑與宗周通封畿，〔三〕東西長而南北短，短長相覆爲千里。至襄王以河內賜晉文公，又爲諸侯所侵，故其分墜小。〔四〕

〔一〕師古曰：「言雒陽四面皆有諸侯爲蕃屏。」

[二]師古曰：「伯讀曰霸，解在刑法志。更，五也，音工衡反。」

[三]韋昭曰：「通在二封之地，共千里也。」師古曰：「宗周，鎬京也，方八百里，八八六十四，爲方百里者六十四也。雒邑，成周也，方六百里，六六三十六，爲方百里者三十六。[三][二]都得百里者[百]，方千里也。故詩云『邦畿千里』。」

[四]師古曰：「墜，古地字。」

周人之失，巧僞趨利，貴財賤義，高富下貧，憙爲商賈，不好仕宦。[一]

[一]師古曰：「憙音許吏反。」

自柳三度至張十二度，謂之鶉火之次，周之分也。

韓地，角、亢、氐之分野也。韓分晉得南陽郡及潁川之父城、定陵、襄城、潁陽、潁陰、長社、陽翟、郟，[一]東接汝南，西接弘農得新安、宜陽，皆韓分也。及詩風陳、鄭之國，與韓同星分焉。

[一]師古曰：「郟音工洽反，即今郟城縣是也。」

鄭國，今河南之新鄭，本高辛氏火正祝融之虛也。[一]及成皋、滎陽，潁川之崇高、陽城，皆鄭分也。本周宣王弟友爲周司徒，食采於宗周畿內，是爲鄭。[二]鄭桓公問於史伯曰：「王

室多故，何所可以逃死？」史伯曰：「四方之國，非王母弟甥舅則夷狄，不可入也，其濟、洛、河、潁之間乎！[三]子男之國，虢、會爲大，[四]恃勢與險，崇侈貪冒，[五]君若寄帑與賄，周亂而敝，必將背君；[六]君以成周之衆，奉辭伐罪，亡不克矣。」公曰：「南方不可乎？」對曰：「夫楚，重黎之後也，黎爲高辛氏火正，昭顯天地，以生柔嘉之材。姜、嬴、荆、芈，實與諸姬代相干也。[七]姜，伯夷之後也；嬴，伯益之後也。伯夷能禮於神以佐堯，伯益能儀百物以佐舜，[八]其後皆不失祀，而未有興者，周衰將起，不可偪也。」桓公從其言，乃東寄帑與賄，虢、會受之。後三年，幽王敗，(威)[桓]公死，其子武公與平王東遷，卒定虢、會之地，右雒左(沛)[泲]，食溱、洧焉。[九]土陿而險，山居谷汲，男女亟聚會，[一〇]故其俗淫。鄭詩曰：「出其東門，有女如雲。」[一一]又曰：「溱與洧方灌灌兮，士與女方秉菅兮。」「恂盱且樂，惟士與女，伊其相謔。」[一二]此其風也。吳札聞鄭之歌，曰：「美哉！其細已甚，民弗堪也。是其先亡乎？」[一三]自武公後二十三世，爲韓所滅。

[一]師古曰：「虛讀曰墟。後皆類此。」

[二]師古曰：「即今之華陰鄭縣。」

[三]師古曰：「濟音子禮反。」

[四]師古曰：「會讀曰鄶，字或作檜。檜國在豫州外方之北，滎播之南，溱、洧之間，妘姓之國。」

[五]師古曰：「冒，蒙也，蔽於義理。」

[六]師古曰：「帑讀與孥同，謂妻子也。」

[七]師古曰：「代，遞也。干，犯也。」

[八]師古曰：「儀與宜同。宜，安也。」

[九]師古曰：「溱、洧，二水也。溱音臻。洧音鮪。」

[一〇]師古曰：「亟，屢也，音丘吏反。」

[一一]師古曰：「出其東門之詩。東門，鄭之東門也。如雲，言其衆多而往來不定。」

[一二]師古曰：「溱洧之詩也。灌灌，水流盛也。菅，蘭也。恂，信也。盱，大也。伊，惟也。謔，戲言也。謂仲春之月，二水流盛，而士與女執芳草於其間，以相贈遺，信大樂矣，惟以戲謔也。灌音胡貫反。菅音姦。」

[一三]臣瓚曰：「謂音聲細弱也，此衰弱之徵。」

陳國，今淮陽之地。陳本太昊之虛，周武王封舜後嬀滿於陳，是爲胡公，妻以元女大姬。婦人尊貴，好祭祀，用史巫，故其俗巫鬼。陳詩曰：「坎其擊鼓，宛丘之下，亡冬亡夏，值其鷺羽。」[一]又曰：「東門之枌，宛丘之栩，子仲之子，婆娑其下。」[二]此其風也。吳札聞陳之歌，曰：「國亡主，其能久乎！」[三]自胡公後二十三世爲楚所滅。陳雖屬楚，於天文自若其故。

[一]師古曰：「宛丘之詩也。坎坎，擊鼓聲。四方高，中央下，曰宛丘。值，立也。鷺鳥之羽以爲翿，立之而舞，以事神

也。無冬無夏，言其恆也。」

[二]師古曰：「東門之枌之詩也。東門，陳國之東門也。枌，白楡也。栩，杼也。子仲，陳大夫之氏也。婆娑，舞貌也。亦言於枌栩之下歌舞以娛神也。枌音扶云反。栩音許羽反。杼音神汝反。」

[三]師古曰：「言政由婦人，不以君爲主也。」

潁川、南陽，本夏禹之國。夏人上忠，其敝鄙朴。韓自武子後七世稱侯，六世稱王，五世而爲秦所滅。秦既滅韓，徙天下不軌之民於南陽，[一]故其俗夸奢，上氣力，好商賈漁獵，藏匿難制御也。宛，西通武關，東受江、淮，一都之會也。宣帝時，鄭弘、召信臣爲南陽太守，[二]治皆見紀。信臣勸民農桑，去末歸本，郡以殷富。潁川，韓都。士有申子、韓非，刻害餘烈，[三]高(士)[仕]宦，好文法，民以貪遴爭訟生分爲失。[四]韓延壽爲太守，先之以敬讓；[五]黃霸繼之，教化大行，獄或八年亡重罪囚。南陽好商賈，召父富以本業；[六]潁川好爭訟分異，黃、韓化以篤厚。「君子之德風也，小人之德草也」，信矣。[七]

[一]師古曰：「不軌，不循法度者。」

[二]師古曰：「召讀曰邵。」

[三]師古曰：「申子，申不害也。烈，業也。」

[四]師古曰：「遴與吝同。」

[五]師古曰：「召父，謂召信臣也。勸其務農以致富。」

〔六〕師古曰：「論語載孔子之言也。曰『君子之德風，小人之德草也，草上之風必偃』。言從歆而化。」

自東井六度至亢六度，謂之壽星之次，鄭之分野，與韓同分。

趙地，昴、畢之分壄。趙分晉，得趙國。北有信都、眞定、常山、中山，又得涿郡之高陽、鄚、州鄉；〔一〕東有廣平、鉅鹿、清河、河間，又得勃海郡之東平舒、中邑、文安、東州、成平、章武，河以北也；南至浮水、繁陽、內黃、斥丘；西有太原、定襄、雲中、五原、上黨。上黨，本韓之別郡也，遠韓近趙，後卒降趙，皆趙分也。

〔一〕師古曰：「鄚音莫。」

自趙夙後九世稱侯，四世敬侯徙都邯鄲，至曾孫武靈王稱王，五世爲秦所滅。

趙、中山地薄人衆，猶有沙丘紂淫亂餘民。〔一〕丈夫相聚游戲，悲歌忼慨，起則椎剽掘冢，〔二〕作姦巧，多弄物，爲倡優。女子彈弦跕躧，游媚富貴，徧諸侯之後宮。〔三〕

〔一〕晉灼曰：「言地薄人衆，猶復有沙丘紂淫地餘民，通係之於淫風而言之也，不說沙丘在中山也。」

〔二〕師古曰：「椎殺人而剽劫之也。椎音直追反，其字從木。剽音頻妙反。掘冢，發冢也。」

〔三〕如淳曰：「跕音蹀足之蹀。躧音屣。」臣瓚曰：「蹋跟爲跕，挂指爲躧。」師古曰：「跕音它頰反。躧字與屣同。屣謂小履之無跟者也。跕謂輕躡之也。」

邯鄲北通燕、涿，南有鄭、衞，漳、河之間一都會也。其土廣俗雜，大率精急，高氣勢，輕爲姦。

太原、上黨又多晉公族子孫，以詐力相傾，矜夸功名，報仇過直，〔一〕嫁取送死奢靡。〔二〕漢興，號爲難治，常擇嚴猛之將，或任殺伐爲威。父兄被誅，子弟怨憤，至告訐刺史二千石，〔三〕或報殺其親屬。

〔一〕師古曰：「直，亦當也。」

〔二〕師古曰：「取讀曰娶。其下並同。」

〔三〕師古曰：「訐，面相斥罪也，音居列反，又音居謁反。」

鍾、代、石、北，迫近胡寇，〔一〕民俗懻忮，〔二〕好氣爲姦，不事農商，自全晉時，已患其剽悍，〔三〕而武靈王又益厲之。故冀州之部，盜賊常爲它州劇。

〔一〕如淳曰：「鍾，所在未聞。石，山險之限，在上曲陽。」

〔二〕臣瓚曰：「懻音冀，今北土名强直爲懻中。」師古曰：「懻，堅也。忮，恨也，音章豉反。」

〔三〕師古曰：「剽，急也，輕也。悍，勇也。剽音頻妙反，又音疋妙反。悍音胡旦反。」

定襄、雲中、五原，本戎狄地，頗有趙、齊、衞、楚之徒。〔一〕其民鄙朴，少禮文，好射獵。鴈門亦同俗，於天文別屬燕。

〔一〕師古曰：「言四國之人被遷徙來居之。」

燕地，尾、箕分壄也。武王定殷，封召公於燕，其後三十六世與六國俱稱王。東有漁陽、右北平、遼西、遼東，西有上谷、代郡、鴈門，南得涿郡之易、容城、范陽、北新城、故安、涿縣、良鄉、新昌，及勃海之安次，皆燕分也。樂浪、玄菟，亦宜屬焉。

燕稱王十世，秦欲滅六國，燕王太子丹遣勇士荊軻西刺秦王，不成而誅，秦遂舉兵滅燕。

薊，南通齊、趙，勃、碣之間一都會也。〔一〕初太子丹賓養勇士，不愛後宮美女，民化以爲俗，至今猶然。賓客相過，以婦侍宿，嫁取之夕，男女無別，反以爲榮。後稍頗止，然終未改。其俗愚悍少慮，輕薄無威，亦有所長，敢於急人，〔二〕燕丹遺風也。

〔一〕師古曰：「薊縣，燕之所都也。勃，勃海也。碣，碣石也。」

〔二〕如淳曰：「赴人之急，果於赴難也。」

上谷至遼東，地廣民希，數被胡寇，俗與趙、代相類，有魚鹽棗栗之饒。北隙烏丸、夫餘，〔一〕東賈眞番之利。

〔一〕如淳曰：「有怨隙也。或曰，隙，際也。」師古曰：「訓際是也。烏丸，本東胡也，爲冒頓所滅，餘類保烏丸山，因以爲號。夫餘在長城之北，去玄菟千里。夫讀曰扶。」

玄菟、樂浪，武帝時置，皆朝鮮、濊貉、句驪蠻夷。〔一〕殷道衰，箕子去之朝鮮，〔二〕教其民以禮義，田蠶織作。樂浪朝鮮民犯禁八條：〔三〕相殺以當時償殺；相傷以穀償；相盜者男沒入爲其家奴，女子爲婢，欲自贖者，人五十萬。雖免爲民，俗猶羞之，嫁取無所讎，〔四〕是以其民終不相盜，無門戶之閉，婦人貞信不淫辟。〔五〕其田民飲食以籩豆，〔六〕都邑頗放效吏及內郡賈人，往往以杯器食。〔七〕郡初取吏於遼東，吏見民無閉臧，及賈人往者，夜則爲盜，俗稍益薄。今於犯禁寖多，至六十餘條。可貴哉，仁賢之化也！然東夷天性柔順，異於三方之外，〔八〕故孔子悼道不行，設浮於海，欲居九夷，有以也夫！〔九〕樂浪海中有倭人，分爲百餘國，以歲時來獻見云。〔一〇〕

〔一〕師古曰：「濊音穢，字或作薉，其音同。」

〔二〕師古曰：「史記云『武王伐紂，封箕子於朝鮮』，與此不同。」

〔三〕師古曰：「八條不具見。」

〔四〕師古曰：「讎，匹也。一曰，讎讀曰售。」

〔五〕師古曰：「辟讀曰僻。」

〔六〕師古曰：「以竹曰籩，以木曰豆，若今之槃也。槃音其敬反。」

〔七〕師古曰：「都邑之人頗用杯器者，效吏及賈人也。放音甫往反。」

〔八〕師古曰：「三方，謂南、西、北也。」

〔九〕師古曰：「論語稱孔子曰：『道不行，乘桴浮於海，從我者其由也歟！』言欲乘桴筏而適東夷，以其國有仁賢之化可以行道也。桴音孚。筏音伐。」

〔一〇〕如淳曰：「如墨委面，在帶方東南萬里。」臣瓚曰：「倭是國名，不謂用墨，故謂之委也。」師古曰：「如淳云『如墨委面』，蓋音委字耳，此音非也。倭音一戈反，今猶有倭國。魏略云倭在帶方東南大海中，依山島爲國，度海千里，復有國，皆倭種。」

自危四度至斗六度，謂之析木之次，燕之分也。

齊地，虛、危之分壄也。東有甾川、東萊、琅邪、高密、膠東，南有泰山、城陽，北有千乘，清河以南，勃海之高樂、高城、重合、陽信，西有濟南、平原，皆齊分也。

少昊之世有爽鳩氏，虞、夏時有季崱，〔一〕湯時有逢公柏陵，殷末有薄姑氏，皆爲諸侯，國此地。至周成王時，薄姑氏與四國共作亂，成王滅之，以封師尚父，是爲太公。〔二〕詩風齊國是也。臨甾名營丘，故齊詩曰：「子之營兮，遭我虖嶩之間兮。」〔三〕又曰：「竢我於著乎而。」〔四〕此亦其舒緩之體也。吳札聞齊之歌，曰：「泱泱乎，大風也哉！〔五〕其太公乎？國未可量也。」

〔一〕師古曰：「崱音仕力反。」

〔二〕師古曰：「武王封太公於齊，初未得爽鳩之地，成王以益之也。」

〔三〕師古曰：「齊國風營詩之辭也。毛詩作還，齊詩作營。之，往也。嶩，山名也，字或作峱，亦作嶩，音皆乃高反。言往適營丘而相逢於嶩山也。」

〔四〕師古曰：「齊國風著詩之辭也。著，地名，即濟南郡著縣也。乎而，語助也。一曰，門屏之間曰著，音直庶反。」

〔五〕師古曰：「泱泱，弘大之意也，音烏郎反。」

古有分土，亡分民。〔一〕太公以齊地負海舄鹵，少五穀而人民寡，〔二〕乃勸以女工之業，通魚鹽之利，而人物輻湊。後十四世，桓公用管仲，設輕重以富國，〔三〕合諸侯成伯功，〔四〕身在陪臣而取三歸。〔五〕故其俗彌侈，織作冰紈綺繡純麗之物，〔六〕號爲冠帶衣履天下。〔七〕

〔一〕師古曰：「有分土者，謂立封疆也。無分民者，謂通往來不常厥居也。」

〔二〕師古曰：「舄鹵，解在食貨志。」

〔三〕師古曰：「解在食貨志。」

〔四〕師古曰：「伯讀曰霸。」

〔五〕師古曰：「三歸，三姓之女。」

〔六〕如淳曰：「紈，白熟也。純，緣也，謂絛組之屬也。麗，好也。」臣瓚曰：「冰紈，紈細密堅如冰者也。純麗，温純美麗之物也。」師古曰：「如說非也。冰，謂布帛之細，其色鮮絜如冰者也。紈，素也。綺，文繒也，即今之所謂細綾也。純，精好也。麗，華靡也。紈音丸。純音淳。」

〔七〕師古曰：「言天下之人冠帶衣履，皆仰齊地。」

初太公治齊，修道術，尊賢智，賞有功，故至今其士多好經術，矜功名，舒緩闊達而足智。其失夸奢朋黨，言與行繆，虛詐不情，〔一〕急之則離散，緩之則放縱。始桓公兄襄公淫亂，姑姊妹不嫁，於是令國中民家長女不得嫁，名曰「巫兒」，爲家主祠，嫁者不利其家，民至今以爲俗。痛乎，道民之道，可不慎哉！〔二〕

〔一〕師古曰：「不可得其情。」

〔二〕師古曰：「上道讀曰導。」

昔太公始封，周公問「何以治齊？」太公曰：「舉賢而上功。」周公曰：「後世必有簒殺之臣。」其後二十九世爲彊臣田和所滅，而和自立爲齊侯。初，和之先陳公子完有罪來奔齊，〔一〕齊桓公以爲大夫，更稱田氏。九世至和而簒齊，至孫威王稱王，五世爲秦所滅。

〔一〕師古曰：「公子完，陳厲公之子也。左氏傳魯莊二十二年『陳人殺其太子禦寇，公子完與顓孫奔齊』，蓋禦寇之黨也。」

臨甾，海、岱之間一都會也，其中具五民云。〔一〕

〔一〕服虔曰：「士、農、商、工、賈也。」如淳曰：「遊子樂其俗，不復歸，故有五方之民也。」師古曰：「如說是。」

魯地，奎、婁之分壄也。東至東海，南有泗水，至淮，得臨淮之下相、睢陵、僮、取慮，皆魯分也。〔一〕

〔一〕師古曰：「睢音雖。取音趨，又音秋。慮音閭。」

周興，以少昊之虛曲阜封周公子伯禽爲魯侯，〔一〕以爲周公主。〔二〕其民有聖人之教化，故孔子曰「齊一變至於魯，魯一變至於道」，言近正也。〔三〕瀕洙泗之水，〔四〕其民涉度，幼者扶老而代其任。〔五〕俗既益薄，長老不自安，與幼少相讓，故曰：「魯道衰，洙泗之間齗齗如也。」〔六〕孔子閔王道將廢，乃修六經，以述唐虞三代之道，弟子受業而通者七十有七人。是以其民好學，上禮義，重廉恥。周公始封，太公問「何以治魯？」周公曰：「尊尊而親親。」太公曰：「後世寖弱矣。」〔七〕故魯自文公以後，祿去公室，政在大夫，季氏逐昭公，陵夷微弱，三十四世而爲楚所滅。然本大國，故自爲分壄。

〔一〕師古曰：「少昊，金天氏之（地）〔帝〕。」

〔二〕師古曰：「主周公之祭祀。」

〔三〕師古曰：「魯庶幾至道，齊人不如魯也。」

〔四〕師古曰：「言所居皆邊於一水也。瀕音頻，又音賓。」

〔五〕師古曰：「任，負戴也。」

〔六〕師古曰：「斷斷，分辨之意也，音牛斤反。」

〔七〕師古曰：「言漸微弱也。」

今去聖久遠，周公遺化銷微，孔氏庠序衰壞。地陿民衆，頗有桑麻之業，亡林澤之饒。俗儉嗇愛財，趨商賈，好訾毁，多巧僞，〔一〕喪祭之禮文備實寡，然其好學猶愈於它俗。〔二〕

〔一〕師古曰：「以言相毁曰訾。訾音子爾反。」

〔二〕師古曰：「愈，勝也。」

漢興以來，魯東海多至卿相。東平、須昌、壽良，皆在濟東，屬魯，非宋地也，當考。〔一〕

〔一〕師古曰：「當考者，言當更考覈之，其事未審。」

宋地，房、心之分壄也。今之沛、梁、楚、山陽、濟陰、東平及東郡之須昌、壽張，皆宋分也。

周封微子於宋，今之睢陽是也，本陶唐氏火正閼伯之虚也。濟陰定陶，詩風曹國也。武王封弟叔振鐸於曹，其後稍大，得山陽、陳留，二十餘世爲宋所滅。

地理志第八下　一六六三

漢書卷二十八下　一六六四

昔堯作游成陽，〔一〕舜漁靁澤，〔二〕湯止于亳，故其民猶有先王遺風，重厚多君子，好稼穡，惡衣食，以致畜藏。〔三〕

〔一〕如淳曰：「作，起也。成陽在定陶，今有堯冢靈臺。」師古曰：「作游者，言爲宮室遊止之處也。」

〔二〕師古曰：「漁，捕魚也。靁，古雷字。」

〔三〕師古曰：「畜讀曰蓄。」

宋自微子二十餘世，至景公滅曹，滅曹後五世亦爲齊、楚、魏所滅，參分其地。魏得其梁、陳留，齊得其濟陰、東平，楚得其沛。故今之楚彭城，本宋也，春秋經曰「圍宋彭城」。宋雖滅，本大國，故自爲分野。

沛楚之失，急疾顓己，地薄民貧，〔一〕而山陽好爲姦盜。

〔一〕師古曰：「顓與專同。急疾顓己，言性褊狹而自用。」

衞地，營室、東壁之分壄也。今之東郡及魏郡黎陽，河内之野王、朝歌，皆衞分也。

衞本國既爲狄所滅，〔一〕文公徙封楚丘，三十餘年，子成公徙於帝丘。故春秋經曰「衞遷于帝丘」，〔二〕今之濮陽是也。本顓頊之虚，故謂之帝丘。夏后之世，昆吾氏居之。成公後十餘世，爲韓、魏所侵，盡亡其旁邑，獨有濮陽。後秦滅濮陽，置東郡，徙之於野王。始皇既并天下，猶獨置衞君，二世時乃廢爲庶人。凡四十世，九百年，最後絶，故獨爲分野。

〔一〕師古曰：「衞懿公爲狄人所滅，事在春秋閔公二年。」

〔二〕師古曰：「遷，古遷字。」

衞地有桑間濮上之阻，〔一〕男女亦亟聚會，聲色生焉，〔二〕故俗稱鄭衞之音。周末有子路、夏育，民人慕之，〔三〕故其俗剛武，上氣力。漢興，二千石治者亦以殺戮爲威。宣帝時韓延壽爲東郡太守，承聖恩，崇禮義，尊諫爭，至今東郡號善爲吏，延壽之化也。其失頗奢靡，嫁取送死過度，而野王好氣任俠，有濮上風。

〔一〕師古曰：「阻者，言其隱阸得肆淫僻之情也。」

〔二〕師古曰：「亟，屢也，音丘吏反。」

〔三〕師古曰：「子路，孔子弟子仲由也，性好勇。夏育亦古之壯士。皆衞人。」

楚地，翼、軫之分壄也。今之南郡、江夏、零陵、桂陽、武陵、長沙及漢中、汝南郡，盡楚分也。

周成王時，封文、武先師鬻熊之曾孫熊繹於荆蠻，爲楚子，居丹陽。後十餘世至熊達，是爲武王，寖以彊大。〔一〕後五世至嚴王，總帥諸侯，觀兵周室，并吞江、漢之間，内滅陳、魯之國。後十餘世，頃襄王東徙于陳。

地理志第八下　一六六五

漢書卷二十八下　一六六六

〔一〕師古曰：「寖，漸也。」

楚有江漢川澤山林之饒；江南地廣，或火耕水耨。民食魚稻，以漁獵山伐爲業，〔一〕果蓏蠃蛤，食物常足。〔二〕故啙窳媮生，而亡積聚，〔三〕飲食還給，不憂凍餓，〔四〕亦亡千金之家。信巫鬼，重淫祀。而漢中淫失枝柱，與巴蜀同俗。〔五〕汝南之别，皆急疾有氣勢。江陵，故郢都，西通巫、巴，東有雲夢之饒，亦一都會也。

〔一〕師古曰：「山伐，謂伐山取竹木。」

〔二〕師古曰：「蠃音來戈反。蛤音閤，似蜯而圓。」

〔三〕應劭曰：「啙，弱也。言風俗朝夕取給媮生而已，無長久之慮也。」如淳曰：「啙或作紫，音紫。窳音庾。」晉灼曰：「啙，病也。窳，惰也。」師古曰：「諸家之說皆非也。啙，短也。窳，弱也。言短力弱材不能勤作，故朝夕取給而無儲偫也。如音是也。」

〔四〕師古曰：「還，及也，言常相及而給足也。」

〔五〕師古曰：「失讀曰泆。柱音竹甫反。枝柱，言意相節卻，不順從也。」

吳地，斗分壄也。今之會稽、九江、丹陽、豫章、廬江、廣陵、六安、臨淮郡，盡吳分也。

殷道既衰，周大王亶父興郯梁之地，長子大伯，次曰仲雍，少曰公季，公季有聖子昌，大王欲傳國焉。大伯、仲雍辭行采藥，遂奔荊蠻。公季嗣位，至昌爲西伯，受命而王。故孔子美而稱曰：「大伯，可謂至德也已矣！三以天下讓，民無得而稱焉。」謂「虞仲夷逸，隱居放言，身中清，廢中權。」〔一〕大伯初奔荊蠻，荊蠻歸之，號曰句吳。〔二〕大伯卒，仲雍立，至曾孫周章，而武王克殷，因而封之。又封周章弟中於河北，是爲北吳，〔三〕後世謂之虞，十二世爲晉所滅。後二世而荊蠻之吳子壽夢盛大稱王。其少子則季札，有賢材。兄弟欲傳國，札讓而不受。自(大伯)壽夢稱王六世，闔廬舉伍子胥、孫武爲將，戰勝攻取，興伯名於諸侯。〔四〕至子夫差，誅子胥，用宰嚭，〔五〕爲粵王句踐所滅。

〔一〕師古曰：「皆論語載孔子之言也。虞仲，卽仲雍也。夷逸，言竄於蠻夷而遁逸也。隱居而不言，故其身清潔，所廢中於權道。」

〔二〕師古曰：「句音鉤，夷俗語之發聲也，亦猶越爲于越也。」

〔三〕師古曰：「中讀曰仲。」

〔四〕師古曰：「伯讀曰霸。」

〔五〕師古曰：「嚭音披美反。」

吳、粵之君皆好勇，故其民至今好用劍，輕死易發。

粵既并吳，後六世爲楚所滅。後秦又擊楚，徙壽春，至子爲秦所滅。

壽春、合肥受南北湖皮革、鮑、木之輸，〔一〕亦一都會也。始楚賢臣屈原被讒放流，作離騷諸賦以自傷悼。〔二〕後有宋玉、唐勒之屬慕而述之，皆以顯名。漢興，高祖王兄子濞於吳，招致天下之娛游子弟，枚乘、鄒陽、嚴夫子之徒興於文、景之際。而淮南王安亦都壽春，招賓客著書。而吳有嚴助、朱買臣，貴顯漢朝，文辭並發，故世傳楚辭。其失巧而少信。初淮南王異國中民家有女者，〔三〕以待游士而妻之，故至今多女而少男。〔四〕本吳粵與楚接比，數相并兼，〔五〕故民俗略同。

〔一〕師古曰：「皮革，犀兕之屬也。鮑，鮑魚也。木，楓柟豫章之屬。」

〔二〕師古曰：「諸賦，謂九歌、天問、九章之屬。」

〔三〕晉灼曰：「有女者見優異。」

〔四〕如淳曰：「得女寵，或去男也。」臣瓚曰：「周官職方云『揚州之民，二男而五女』，此風氣非由淮南王安能使多女也。」師古曰：「二說皆非也。志亦言土地風氣既足女矣，因淮南之化，又更聚焉。」

〔五〕師古曰：「比，近也，音頻寐反。」

吳東有海鹽章山之銅，三江五湖之利，亦江東之一都會也。豫章出黃金，然堇堇物之所有，取之不足以更費。〔一〕江南卑溼，丈夫多夭。

〔一〕應劭曰：「堇堇，少也。更，(賞)〔償〕也。言金少耳，取不足用顧費用也。」師古曰：「應說非也。此言所出之金既以少矣，自外諸物蓋亦不多，故總言取之不足償功直也。堇讀曰僅。更音庚。」

會稽海外有東鯷人，〔一〕分爲二十餘國，以歲時來獻見云。

〔一〕孟康曰：「音題。」晉灼曰：「音鞮。」師古曰：「孟音是也。」

粵地，牽牛、婺女之分壄也。今之蒼梧、鬱林、合浦、交阯、九眞、南海、日南，皆粵分也。

其君禹後，帝少康之庶子云，封於會稽，〔一〕文身斷髮，以避蛟龍之害。〔二〕後二十世，至句踐稱王，與吳王闔廬戰，敗之雋李。〔三〕夫差立，句踐乘勝復伐吳，吳大破之，棲會稽，〔四〕臣服請平。後用范蠡、大夫種計，遂伐滅吳，兼并其地。度淮與齊、晉諸侯會，致貢於周。周元王使使賜命爲伯，諸侯畢賀。後五世爲楚所滅，子孫分散，君服於楚。〔五〕後十世，至閩君搖，佐諸侯平秦。漢興，復立搖爲越王。是時，秦南海尉趙佗亦自王，傳國至武帝時，盡滅以爲郡云。

〔一〕臣瓚曰：「自交阯至會稽七八千里，百越雜處，各有種姓，不得盡云少康之後也。按世本，越爲芈姓，與楚同祖，故國語曰『芈姓夔、越』，然則越非禹後明矣。又芈姓之越，亦句踐之後，不謂南越也。」師古曰：「越之爲號，其來尙矣，少康封庶子以主禹祠，君於越地耳。故此志云其君禹後，豈謂百越之人皆禹苗裔？瓚說非也。」

〔二〕應劭曰：「常在水中，故斷其髮，文其身，以象龍子，故不見傷害也。」

〔三〕師古曰：「雋音醉，字本作檇，其旁從木。」

〔四〕師古曰：「會稽，山名。登山而處，以避兵難，言若鳥之棲。」

〔五〕師古曰：「事楚爲君而服從之。」

處近海，多犀、象、毒冒、珠璣、銀、銅、果、布之湊，〔一〕中國往商賈者多取富焉。番禺，其一都會也。

〔一〕韋昭曰：「果謂龍眼、離支之屬。布，葛布也。」師古曰：「毒音代。冒音莫內反。璣謂珠之不圜者也，音祈，又音機。布謂諸雜細布皆是也。」

自合浦徐聞南入海，得大州，東西南北方千里，武帝元封元年略以爲儋耳、珠厓郡。民皆服布如單被，穿中央爲貫頭。〔一〕男子耕農，種禾稻紵麻，女子桑蠶織績。亡馬與虎，民有五畜，〔二〕山多麈麖。〔三〕兵則矛、盾、刀，木弓弩，竹矢，或骨爲鏃。〔四〕自初爲郡縣，吏卒中國人多侵陵之，故率數歲壹反。元帝時，遂罷棄之。

〔一〕師古曰：「著時從頭而貫之。」

〔二〕師古曰：「牛、羊、豕、雞、犬。」

〔三〕師古曰：「麖似鹿而大，麈似鹿而小。麈音主。麖音京。」

〔四〕師古曰：「鏃，矢鋒，音子木反。」

自日南障塞、徐聞、合浦船行可五月，有都元國；又船行可四月，有邑盧沒國；又船行可二十餘日，有諶離國；〔一〕步行可十餘日，有夫甘都盧國。〔二〕自夫甘都盧國船行可二月餘，有黃支國，民俗略與珠厓相類。其州廣大，戶口多，多異物，自武帝以來皆獻見。有譯長，屬黃門，與應募者俱入海市明珠、璧流離、奇石異物，齎黃金雜繒而往。所至國皆稟食爲耦，〔三〕蠻夷賈船，轉送致之。亦利交易，剽殺人。〔四〕又苦逢風波溺死，不者數年來還。大珠至圍二寸以下。平帝元始中，王莽輔政，欲燿威德，厚遺黃支王，令遣使獻生犀牛。自黃支船行可八月，到皮宗；船行可(八)〔二〕月，到日南、象林界云。黃支之南，有已程不國，漢之譯使自此還矣。

〔一〕師古曰：「諶音士林反。」

〔二〕師古曰：「都盧國人勁捷善緣高，故張衡西京賦云『烏獲扛鼎，都盧尋橦』，又曰『非都盧之輕趫，孰能超而究升』也。夫音扶。」

〔三〕師古曰：「稟，給也。耦，媲也。給其食而侶媲之，相隨行也。」

〔四〕師古曰：「剽，劫也，音頻妙反。」

校勘記

一六二〇頁五行　北至抱罕東入(西)〔河〕。景祐、殿、局本都作「河」。王鳴盛說作「河」是。

一六二一頁一五行　西有(畢)〔卑〕和羌，景祐、殿本都作「卑」。王先謙說作「卑」是。

一六二二頁一五行　鸞(鳥)〔烏〕，景祐、殿本都作「烏」。段玉裁說作「烏」是。

一六二三頁七行　(日)〔日〕勒，殿本考證說，按匈奴傳當作「日勒」。

一六二四頁三行　治偃(前)〔泉〕障。景祐本作「泉」，殿本作「水」。

一六二五頁二行　月(支)〔氏〕道。景祐、殿、局本都作「氏」。

一六二六頁四行　祖音(置)〔罝〕。景祐、殿本都作「罝」。

一六二六頁八行　沮水出(東，西)〔西，東〕入洛。王念孫、陳澧、王先謙都說「西」「東」誤倒。

一六二八頁二行　莽曰(堅)〔監〕水。景祐、殿本都作「監」。王先謙說作「監」是。

一六三三頁七行　虖池河東至參(合)〔戶〕入虖池別，齊召南說「參合」當是「參戶」之誤。王念孫說齊說是。

一六三五頁八行　(樂陽)〔陽樂〕水出東，(東)〔南〕入(海)〔沽〕。王念孫說「樂陽」當爲「陽樂」，「入海」當爲「入沽」。王鳴盛說南監本下「東」作「南」，是。按殿本亦作「南」。

一六三五頁一四行　莽曰(北順)〔通路〕。景祐、殿本都作「通路」。王先謙說此涉下右北平而誤。

一六三六頁四行　莽曰(受)〔文〕亭。景祐、殿本都作「文」。王先謙說作「文」是。

一六三六頁七行　說讀曰(侻)〔悅〕。景祐、殿本都作「悅」。

一六三七頁九行　東(郡)〔部〕都尉治。朱一新說汪本「郡」作「部」，是。按景祐、殿本都作「部」。

一六三八頁一三行　又有斤(員)〔南〕水。景祐本作「南」，溫水注同。

一六三八頁一三行　〔周〕水首受無斂，王先謙說「水」上奪「周」字。

一六三九頁九行　三〔十〕七。「十」字據景祐、殿本補。

一六三九頁八行　(入淮南)〔南入淮〕。王鳴盛說南監本作「南入淮」，是。按景祐、殿本都同南監本。

一六三九頁五行　(攸)〔攸〕。景祐、殿本「攸」作「攸」。

一六三九頁一五行　以其郡(大)〔太〕大，上「大」字殿本作「太」。

一六四〇頁一〇行　漢承百(年)〔王〕之末，朱一新說汪本「年」作「王」，是。按景祐、殿本都作「王」。

一六四〇頁一二行　成帝時劉向略言其(域)〔地〕分，景祐、殿本都作「地」。

一六四二頁一行　造音(於)〔千〕到反。景祐、殿、局本都作「千」。

一六四三頁一四行　厝，古錯(反)〔字〕。景祐、殿本都作「字」。朱一新說作「字」是。

一六四五頁二行　(古)〔故〕涼州之畜爲天下饒。景祐、殿本都作「故」。朱一新說作「故」是。

一六四六頁一〇行　(秦幽)吳札觀樂，爲之歌秦，王念孫說「秦幽」二字衍。

一六五二頁三行　(三)〔二〕都得百里者〔百〕，方千里也。朱一新說「三都」當作「二都」，謂宗周及雒邑

也。「者」下當有「百」字。按景祐、殿本都作「二都」，「者」下都有「百」字。

一六五三頁七行　(威)〔桓〕公死，景祐、殿本都作「桓」。

一六五三頁七行　右雒左(沛)〔泲〕，朱一新說「沛」當作「泲」。按景祐、殿本都作「泲」。

一六五四頁九行　高(士)〔仕〕宦，景祐、殿本都作「仕」。錢大昭說作「仕」是。

一六五八頁八行　有以也夫！(九)注〔九〕原在「也」字下。劉攽說「夫」字宜屬上句。

一六六二頁二行　金天氏之(地)〔帝〕。景祐、殿本都作「帝」。

一六六七頁七行　自(大伯)壽夢稱王六世，陳奐說「大伯」二字疑衍。

一六六九頁一行　更，(賞)〔償〕也。景祐、殿、局本都作「償」。

一六七二頁八行　船行可(八)〔二〕月，景祐、殿本都作「二」。

漢書卷二十九

溝洫志第九

應劭曰：「溝廣四尺，深四尺；洫廣深倍於溝。」師古曰：「洫音許域反。」

夏書：禹堙洪水十三年，〔一〕過家不入門。陸行載車，水行乘舟，泥行乘毳，〔二〕山行則梮，〔三〕以別九州；〔四〕隨山浚川，〔五〕任土作貢；〔六〕通九道，陂九澤，度九山。〔七〕然河災之羨溢，害中國也尤甚。〔八〕唯是爲務，故道河自積石，〔九〕歷龍門，南到華陰，東下底柱，〔一〇〕及盟津、雒內，至于大伾。〔一一〕於是禹以爲河所從來者高，水湍悍，難以行平地，〔一二〕數爲敗，乃釃二渠以引其河，〔一三〕北載之高地，過洚水，至於大陸，播爲九河，〔一四〕同爲迎河，入于勃海。〔一五〕九川既疏，九澤既陂，諸夏乂安，〔一六〕功施乎三代。

〔一〕如淳曰：「堙，浚也。」師古曰：「堙，塞也。洪水氾溢，疏通而止塞之。堙音因。」

〔二〕孟康曰：「毳形如箕，擿行泥上。」如淳曰：「毳音茅蕝之蕝。謂以板置泥上以通行路也。」師古曰：「孟說是也。毳讀如本字。」

〔三〕如淳曰：「梮謂以鐵如錐頭，長半寸，施之履下，以上山，不蹉跌也。」韋昭曰：「梮，木器，如今輿牀，人轝以行也。」師古曰：「如說是也。梮音居足反。」

〔四〕師古曰：「分其界。」

〔五〕師古曰：「順山之高下而深其流。」

〔六〕師古曰：「任其土地所有以定貢賦之差也。」

〔七〕師古曰：「言通九州之道，及鄣遏其澤，商度其山也。度音大各反。」

〔八〕師古曰：「羨讀與衍同，音弋展反。」

〔九〕師古曰：「道，治也，引也。從積石山而治引之令通流也。道讀曰導。」

〔一〇〕師古曰：「底音之履反。」

〔一一〕鄭氏曰：「山一成爲伾，在修武、武德界。」張晏曰：「成皋縣山是也。」臣瓚以爲今修武、武德無此山也。成皋縣山又不一成也。今黎陽山臨河，豈是乎？」師古曰：「內讀曰汭。伾音皮彼反。解在地理志。」

〔一二〕師古曰：「急流曰湍。悍，勇也。湍音它端反。」

〔一三〕孟康曰：「釃，分也。分其流，泄其怒也。二渠，其一出貝丘西南南折者也，其一則漯川也。河自王莽時遂空，唯用漯耳。」師古曰：「釃音山支反。漯音它合反。」

〔一四〕師古曰：「播，布也。」

〔一五〕臣瓚以爲「禹貢『夾右碣石入于河』，則河入海乃在碣石也。武帝元光二年，河移徙東郡，更注勃海。禹時不注也。」師古曰：「解在地理志。」

〔一六〕師古曰：「疏，分流。」

自是之後，滎陽下引河東南爲鴻溝，以通宋、鄭、陳、蔡、曹、衞，與濟、汝、淮、泗會。於楚，西方則通渠漢川、雲夢之際，東方則通溝江淮之間。於吳，則通渠三江、五湖。於齊，則通菑濟之間。於蜀，則蜀守李冰鑿離𥔲，〔一〕避沫水之害，〔二〕穿二江成都中。此渠皆可行舟，有餘則用溉，〔三〕百姓饗其利。至於它，往往引其水，用溉田，溝渠甚多，然莫足數也。

〔一〕晉灼曰：「𥔲，古堆字也。𥔲，岸也。」師古曰：「音丁回反。」

〔二〕師古曰：「沫音本末之末。水出蜀西南徼外，東南入江。」

〔三〕師古曰：「溉，灌也，音工代反。」

魏文侯時，西門豹爲鄴令，有令名。〔一〕至文侯曾孫襄王時，與羣臣飲酒，王爲羣臣祝曰：「令吾臣皆〔如〕西門豹之爲人臣也！」史起進曰：「魏氏之行田也以百畝，〔二〕鄴獨二百畝，是田惡也。漳水在其旁，西門豹不知用，是不智也。知而不興，是不仁也。仁智豹未之盡，何足法也！」於是以史起爲鄴令，遂引漳水溉鄴，以富魏之河內。民歌之曰：「鄴有賢令兮爲史公，決漳水兮灌鄴旁，終古舄鹵兮生稻粱。」〔三〕

〔一〕師古曰：「有善政之稱。」

〔二〕師古曰：「賦田之法，一夫百畝也。」

〔三〕蘇林曰：「終古，猶言久古也。爾雅曰『鹵，鹹苦也』。」師古曰：「舄即斥鹵也。謂鹹鹵之地也。」

其後韓聞秦之好興事，欲罷之，無令東伐。〔一〕乃使水工鄭國間說秦，〔二〕令鑿涇水，自中山西邸瓠口爲渠，〔三〕並北山，東注洛，三百餘里，〔四〕欲以溉田。中作而覺，〔五〕秦欲殺鄭國。鄭國曰：「始臣爲間，然渠成亦秦之利也。臣爲韓延數歲之命，而爲秦建萬世之功。」秦以爲然，卒使就渠。渠成而用（溉）注填閼之水，溉舄鹵之地四萬餘頃，收皆畝一鍾。〔六〕於是關中爲沃野，無凶年，秦以富彊，卒并諸侯，因名曰鄭國渠。

〔一〕如淳曰：「息秦滅韓之計也。」師古曰：「罷讀曰疲，令其疲勞不能出兵。」

〔二〕師古曰：「間音居莧反。其下亦同。」

〔三〕師古曰：「中讀曰仲，即今九嵕之東仲山也。邸，至也。」

〔四〕師古曰：「並音步浪反。洛水，即馮翊漆沮水。」

〔五〕師古曰：「中作，謂用功中道，事未竟也。」

〔六〕師古曰：「注，引也。閼讀與淤同，音於據反。填閼謂壅泥也。言引淤濁之水灌鹹鹵之田，更令肥美，故一畝之收至六斛四斗。」

漢興三十有九年，孝文時河決酸棗，東潰金隄，〔一〕於是東郡大興卒塞之。

〔一〕師古曰：「潰，横決也。金隄，河隄名也，在東郡白馬界。隄音丁奚反。」

其後三十六歲，孝武元光中，河決於瓠子，東南注鉅野，〔一〕通於淮、泗。上使汲黯、鄭當時興人徒塞之，輒復壞。是時武安侯田蚡爲丞相，其奉邑食鄃。鄃居河北，〔二〕河決而南則鄃無水災，邑收入多。蚡言於上曰：「江河之決皆天事，未易以人力彊塞，彊塞之未必(顧)〔應〕天。」而望氣用數者亦以爲然，是以久不復塞也。

〔一〕師古曰：「鉅野，澤名，舊屬兗州界，即今之鄆州鉅野縣。」

〔二〕師古曰：「奉音扶用反。鄃音輸，清河之縣也。」

時鄭當時爲大司農，言「異時關東漕粟從渭上，〔一〕度六月罷，〔二〕而渭水道九百餘里，時有難處。引渭穿渠起長安，旁南山下，〔三〕至河三百餘里，徑，易漕，〔四〕度可令三月罷；(罷)而渠下民田萬餘頃又可得以溉。此(捐)〔損〕漕省卒，而益肥關中之地，得穀。」上以爲然，令齊人水工徐伯表，〔五〕發卒數萬人穿漕渠，三歲而通。以漕，大便利。其後漕稍多，而渠下之民頗得以溉矣。

〔一〕師古曰：「異時，往時也。」

〔二〕師古曰：「計度其功，六月而後可罷也。度音大各反。」

〔三〕師古曰：「旁音步浪反。」

〔四〕(師古曰：「徑，直也。易音弋豉反。」)

〔五〕師古曰：「巡行穿渠之處而表記之，今之豎標是。」

後河東守番係〔一〕言：「漕從山東西，歲百餘萬石，〔二〕更底柱之艱，〔三〕敗亡甚多而煩費。穿渠引汾溉皮氏、汾陰下，引河溉汾陰、蒲坂下，〔四〕度可得五千頃。故盡河壖棄地，〔五〕民茭牧其中耳，〔六〕今溉田之，〔七〕度可得穀二百萬石以上。穀從渭上，與關中無異，〔八〕而底柱之東可毋復漕。」上以爲然，發卒數萬人作渠田。數歲，河移徙，渠不利，田者不能償種。〔九〕久之，河東渠田廢，予越人，令少府以爲稍入。〔一〇〕

〔一〕師古曰：「姓番名係也。番音普安反。」

〔二〕師古曰：「謂從山東運漕而西入關也。」

〔三〕師古曰：「更，歷也，音庚。」

〔四〕師古曰：「引汾水可用溉皮氏及汾陰以下，而引河水可用溉汾陰及蒲坂以下，地形所宜也。」

〔五〕師古曰：「謂河岸以下緣河邊地素不耕墾者也。壖音而緣反。」

〔六〕師古曰：「茭，乾草也。謂收茭草及牧畜産於其中。茭音交。」

〔七〕師古曰：「溉而種之。」

〔八〕師古曰：「雖從關外而來，於渭水運上，皆可致之，故曰與關中收穀無異也。」

〔九〕師古曰：「言所收之直不足償糧種之費也。種音之勇反。」

〔一〇〕如淳曰：「時越人有徙者，以田與之，其租稅入少府也。」師古曰：「越人習於水田，又新至，未有業，故與之也。稍，漸也。其入未多，故謂之稍也。」

其後人有上書，欲通褒斜道及漕，〔一〕事下御史大夫張湯。湯問之，言「抵蜀從故道，故道多阪，回遠。〔二〕今穿褒斜道，少阪，近四百里；而褒水通沔，斜水通渭，皆可以行船漕。漕從南陽上沔入褒，褒絕水至斜，間百餘里，以車轉，從斜下渭。如此，漢中穀可致，而山東從沔無限，便於底柱之漕。且褒斜材木竹箭之饒，儗於巴蜀。」〔三〕上以爲然。拜湯子卬爲漢中守，發數萬人作褒斜道五百餘里。道果便近，而水多湍石，不可漕。

〔一〕師古曰：「褒、斜，二谷名，其谷皆各自有水耳。斜音弋奢反。」

〔二〕師古曰：「抵，至也。故道屬武都，有蠻夷，故曰道，即今鳳州界也。回音胡內反。」

〔三〕師古曰：「儗，比也。」

其後嚴熊言「臨晉民願穿洛以溉重泉以東萬餘頃故惡地。〔一〕誠即得水，可令畝十石。」於是爲發卒萬人穿渠，自徵引洛水至商顏下。〔二〕岸善崩，〔三〕乃鑿井，深者四十餘丈。往往爲井，井下相通行水。水隤以絕商顏，〔四〕東至山領十餘里間。井渠之生自此始。穿得龍骨，故名曰龍首渠。作之十餘歲，渠頗通，猶未得其饒。

〔一〕師古曰：「臨晉、重泉皆馮翊之縣也。洛即漆沮水。」

〔二〕應劭曰：「徵在馮翊。商顏，山名也。」師古曰：「徵音懲，即今所謂澄城也。商顏，商山之顏也。謂之顏者，譬人之顏額也，亦猶山(額)〔領〕象人之頸領。」

〔三〕如淳曰：「洛水岸也。」師古曰：「善崩，言憙崩也。」

〔四〕師古曰：「下流曰隤。」

自河決瓠子後二十餘歲，歲因以數不登，而梁楚之地尤甚。上既封禪，巡祭山川，其明年，乾封少雨。〔一〕上乃使汲仁、郭昌發卒數萬人塞瓠子決河。於是上以用事萬里沙，則還自臨決河，湛白馬玉璧，〔二〕令羣臣從官自將軍以下皆負薪寘決河。〔三〕是時東郡燒草，以故薪柴少，而下淇園之竹以爲揵。〔四〕上既臨河決，悼功之不成，乃作歌曰：

〔一〕師古曰：「乾音干。解在郊祀志。」

〔二〕師古曰：「湛讀曰沈。沈馬及璧以禮水神也。」

〔三〕師古曰：「寘音大千反。」

〔四〕晉灼曰：「淇園，衞之苑也。」如淳曰：「樹竹塞水決之口，稍稍布插接樹之，水稍弱，補令密，謂之揵。以草塞其裏，乃以土填之。有石，以石爲之。」師古曰：「揵音其偃反。」

瓠子決兮將奈何？浩浩洋洋，慮殫爲河。〔一〕殫爲河兮地不得寧，功無已時兮吾山平。〔二〕吾山平兮鉅野溢，〔三〕魚弗鬱兮柏冬日。〔四〕正道弛兮離常流，〔五〕蛟龍騁兮放遠游。歸舊川兮神哉沛，〔六〕不封禪兮安知外！〔七〕皇謂河公兮何不仁，〔八〕泛濫不止兮愁吾人！齧桑浮兮淮、泗滿，〔九〕久不反兮水維緩。〔一〇〕

〔一〕如淳曰：「殫，盡也。」師古曰：「浩浩洋洋，皆水盛貌。慮猶恐也。浩音胡老反。洋音羊。」

〔三〕如淳曰：「恐水漸山使平也。」韋昭曰：「鑿山以填河。」師古曰：「韋說是也。已，止也。言用功多不可畢止也。」
〔三〕如淳曰：「瓠子決，灌鉅野澤使溢也。」
〔四〕孟康曰：「鉅野滿溢，則衆魚弗鬱而滋長，迫多日乃止也。」師古曰：「孟說非也。弗鬱，憂不樂也。水長涌溢，濊濁不清，故魚不樂，又迫於冬日，將甚困也。柏讀與迫同。弗音佛。」
〔五〕晉灼曰：「言河道皆弛壞。」
〔六〕臣瓚曰：「水還舊道，則羣害消除，神祐滂沛也。」師古曰：「沛音普大反。」
〔七〕師古曰：「言不因巡（將）〔狩〕封禪而出，則不知關外有此水。」
〔八〕張晏曰：「皇，武帝也。河公，河伯也。」
〔九〕如淳曰：「齧桑，邑名，爲水所浮漂。」
〔10〕師古曰：「水維，水之綱維也。」

一曰：

河湯湯兮激潺湲，〔一〕北渡回兮迅流難。〔二〕搴長茭兮湛美玉，〔三〕河公許兮薪不屬。〔四〕薪不屬兮衞人罪，〔五〕燒蕭條兮噫乎何以御水！〔六〕隤林竹兮揵石菑，〔七〕宣防塞兮萬福來。

〔一〕師古曰：「歌有二章，自『河湯湯』以下更是其一，故云一曰也。湯湯，疾貌也。潺湲，激流也。湯音傷。潺音仕連反。湲音于權反。」
〔二〕師古曰：「迅，疾也，音訊。」

〔三〕如淳曰：「搴，取也。茭，草也，音（茭）〔郊〕。一曰，茭，竿也。取長竿樹之，用著石間以塞決河也。」臣瓚曰：「竹葦絙謂之茭也，所以引置土石也。」師古曰：「瓚說是也。搴，拔也。絙，索也。湛美玉者，以祭河也。茭字宜從竹。搴音蹇。茭音交，又音爻。湛讀曰沈。絙音工登反。」
〔四〕如淳曰：「旱燒，故薪不足也。」師古曰：「沈玉禮神，見許福祐，但以薪不屬逮，故無功也。屬音之欲反。」
〔五〕師古曰：「東郡本衞地，故言此衞（之人）〔人之〕罪也。」
〔六〕師古曰：「燒草皆盡，故野蕭條然也。噫乎，歎辭也。噫音於期反。」
〔七〕師古曰：「隤林竹者，即上所說『下淇園之竹以爲揵』也。石菑者謂臿石立之，然後以土就填塞也。菑亦臿耳，音側其反，義與（剚）〔插〕同。」

於是卒塞瓠子，築宮其上，名曰宣防。而道河北行二渠，復禹舊迹，〔一〕而梁、楚之地復寧，無水災。

〔一〕師古曰：「道讀曰導。」

自是之後，用事者爭言水利。朔方、西河、河西、酒泉皆引河及川谷以溉田。而關中靈軹、成國、湋渠〔一〕引諸川，汝南、九江引淮，東海引鉅定，〔二〕泰山下引汶水，〔三〕皆穿渠爲溉田，各萬餘頃。它小渠及陂山通道者，不可勝言也。〔四〕

〔一〕如淳曰：「地理志『盩厔有靈軹渠』。成國，渠名，在陳倉。湋音韋，水出韋谷。」
〔二〕臣瓚曰：「鉅定，澤名也。」
〔三〕師古曰：「汶音問。」
〔四〕師古曰：「陂山，因山之形也。道，引也。陂音彼義反。道讀曰導。一曰，陂山，遏山之流以爲陂也，音彼皮反。」

自鄭國渠起，至元鼎六年，百三十六歲，而兒寬爲左內史，奏請穿鑿六輔渠，〔一〕以益溉鄭國傍高卬之田。〔二〕上曰：「農，天下之本也。泉流灌寖，所以育五穀也。〔三〕左、右內史地，名山川原甚衆，細民未知其利，故爲通溝瀆，畜陂澤，〔四〕所以備旱也。今內史稻田租挈重，不與郡同，〔五〕其議減。令吏民勉農，盡地利，平繇行水，勿使失時。」〔六〕

〔一〕師古曰：「在鄭國渠之裏，今尚謂之輔渠，亦曰六渠也。」
〔二〕師古曰：「素不得鄭國之溉灌者也。卬謂上向也，讀曰仰。」
〔三〕師古曰：「寖，古浸字。」
〔四〕師古曰：「畜讀曰蓄。」
〔五〕師古曰：「租挈，收田租之約令也。郡謂四方諸郡也。挈音苦計反。」
〔六〕師古曰：「平繇者，均齊渠堰之力役，謂俱得水利也。繇讀曰徭。」

後十六歲，太始二年，趙中大夫白公〔一〕復奏穿渠。引涇水，首起谷口，尾入櫟陽，〔二〕注渭中，袤二百里，〔三〕溉田四千五百餘頃，因名曰白渠。民得其饒，歌之曰：「田於何所？池陽、谷口。鄭國在前，白渠起後。〔四〕舉臿爲雲，決渠爲雨。〔五〕涇水一石，其泥數斗。且溉且糞，長我禾黍。〔六〕衣食京師，億萬之口。」言此兩渠饒也。

〔一〕鄭氏曰：「白，姓。公，爵。時人多相謂爲公。」師古曰：「此時無公爵也，蓋相呼尊老之稱耳。」
〔二〕師古曰：「谷口即今雲陽縣治谷是。」
〔三〕師古曰：「袤，長也，音茂。」
〔四〕師古曰：「鄭國興於秦時，故云前。」
〔五〕師古曰：「臿，鍫也，所以開渠者也。」
〔六〕如淳曰：「水渟淤泥，可以當糞。」

是時方事匈奴，興功利，言便宜者甚衆。齊人延年上書〔一〕言：「河出昆侖，經中國，注勃海，是其地勢西北高而東南下也。可案圖書，觀地形，令水工準高下，開大河上領，〔二〕出之胡中，東注之海。如此，關東長無水災，北邊不憂匈奴，可以省隄防備塞，士卒轉輸，胡寇侵盜，覆軍殺將，暴骨原野之患。天下常備匈奴而不憂百越者，以其水絕壞斷也。此功壹成，萬世大利。」書奏，上壯之，報曰：「延年計議甚深。然河乃大禹之所道也，〔三〕聖人作事，爲萬世功，通於神明，恐難改更。」

〔一〕師古曰：「史不得其姓。」
〔二〕晉灼曰：「上領，山頭也。」
〔三〕師古曰：「道讀曰導。」

自塞宣房後，河復北決於館陶，分爲屯氏河，〔一〕東北經魏郡、清河、信都、勃海入海，廣

深與大河等，故因其自然，不隄塞也。此開通後，館陶東北四五郡雖時小被水害，而兗州以南六郡無水憂。宣帝地節中，光祿大夫郭昌使行河。北曲三所水流之勢皆邪直貝丘縣。〔二〕恐水盛，隄防不能禁，乃各更穿渠，直東，經東郡界中，不令北曲。渠通利，百姓安之。元帝永光五年，河決清河靈鳴犢口，〔三〕而屯氏河絕。

〔一〕師古曰：「屯音大門反。而隋室分析州縣，誤以爲毛氏河，乃置毛州，失之甚矣。」

〔二〕師古曰：「直，當也。」

〔三〕師古曰：「清河之靈縣鳴犢河口也。」

成帝初，清河都尉馮逡〔一〕奏言：「郡承河下流，與兗州東郡分水爲界，城郭所居尤卑下，土壤輕脆易傷。頃所以闊無大害者，以屯氏河通，兩川分流也。〔二〕今屯氏河塞，靈鳴犢口又益不利，獨一川兼受數河之任，雖高增隄防，終不能泄。如有霖雨，旬日不霽，必盈溢。〔三〕靈鳴犢口在清河東界，所在處下，雖令通利，猶不能爲魏郡、清河減損水害。禹非不愛民力，以地形有勢，故穿九河，今既滅難明，屯氏河不流行七十餘年，新絕未久，其處易浚。〔四〕又其口所居高，於以分（流）殺水力，道里便宜，可復浚以助大河泄暴水，備非常。又地節時郭昌穿直渠，後三歲，河水更從故第二曲間北可六里，復南合。今其曲勢復邪直貝丘，百姓寒心，宜復穿渠東行。不豫修治，北決病四五郡，南決病十餘郡，然後憂之，晚矣。」

事下丞相、御史，白博士許商治尚書，善爲算，能度功用。〔五〕遣行視，〔六〕以爲屯氏河盈溢所爲，方用度不足，〔七〕可且勿浚。

〔一〕師古曰：「逡音七旬反。」

〔二〕師古曰：「闊，稀也。」

〔三〕師古曰：「雨止曰霽，音子計反，又音才詣反。」

〔四〕師古曰：「浚謂治道之令其深也。浚音峻。」

〔五〕師古曰：「白，白於天子也。度音大各反。」

〔六〕師古曰：「行音下更反。」

〔七〕師古曰：「言國家少財役。」

後三歲，河果決於館陶及東郡金隄，泛溢兗、豫，入平原、千乘、濟南，凡灌四郡三十二縣，水居地十五萬餘頃，深者三丈，壞敗官亭室廬且四萬所。御史大夫尹忠對方略疏闊，上切責之，忠自殺。遣大司農非調〔一〕調均錢穀河決所灌之郡，〔二〕謁者二人發河南以東漕船五百艘，〔三〕徙民避水居丘陵，九萬七千餘口。河隄使者王延世使塞，〔四〕以竹落長四丈，大九圍，盛以小石，兩船夾載而下之。三十六日，河隄成。上曰：「東郡河決，流漂二州，校尉延世隄防三旬立塞。其以五年爲河平元年。卒治河者爲著外繇六月。〔五〕惟延世長於計策，功費約省，用力日寡，朕甚嘉之。其以延世爲光祿大夫，秩中二千石，賜爵關內侯，黃金

百斤。」

〔一〕師古曰：「大司農名非調也。」

〔二〕師古曰：「令其調發均平錢穀遭水之郡，使存給也。調音徒釣反。」

〔三〕師古曰：「一船爲一艘，音先勞反，其字從木。」

〔四〕師古曰：「命其爲使而塞河也。華陽國志云延世字長叔，犍爲資中人也。」

〔五〕如淳曰：「律說，戍邊一歲當罷，若有急，當留守六月。今以卒治河之故，復留六月。」孟康曰：「外繇，戍邊也。治水不復戍邊也。」師古曰：「如、孟二說皆非也。以卒治河有勞，雖執役日近，皆得比繇戍六月也。著謂著於簿籍也。著音竹助反。下云『非受平賈，爲著外繇』，其義亦同。」

後二歲，河復決平原，流入濟南、千乘，所壞敗者半建始時，復遣王延世治之。杜欽說大將軍王鳳，以爲「前河決，丞相史楊焉言延世受焉術以塞之，蔽不肯見。今獨任延世，延世見前塞之易，恐其慮害不深。又審如焉言，延世之巧，反不如焉。且水勢各異，不博議利害而任一人，如使不及今冬成，來春桃華水盛，必羨溢，有填淤反壤之害。〔一〕如此，數郡種不得下，〔二〕民人流散，盜賊將生，雖重誅延世，無益於事。宜遣焉及將作大匠許商、諫大夫乘馬延年雜作。〔三〕延世與焉必相破壞，深論便宜，以相難極。〔四〕商、延年皆明計算，能商功利，〔五〕足以分別是非，擇其善而從之，必有成功。」鳳如欽言，白遣焉等作治，六月乃成。復賜延世黃金百斤。治河卒非受平賈者，爲著外繇六月。〔六〕

〔一〕師古曰：「月令『仲春之月，始雨水，桃始華』。蓋桃方華時，既有雨水，川谷冰泮，衆流猥集，波瀾盛長，故謂之桃華水耳。而韓詩傳云『三月桃華水』。反壤者，水塞不通，故令其土壤反還也。羨音弋繕反。淤音於庶反。」

〔二〕師古曰：「種，五穀之子也，音之勇反。」

〔三〕孟康曰：「乘馬，姓也。」師古曰：「乘音食證反。」

〔四〕師古曰：「壞，毀也，音怪。極，窮也，音居力反。」

〔五〕師古曰：「商，度也。」

〔六〕蘇林曰：「平賈，以錢取人作卒，顧其時庸之平賈也。」如淳曰：「律說，平賈一月，得錢二千。」師古曰：「賈音價。」

後九歲，鴻嘉四年，楊焉言「從河上下，患底柱隘，可鐫廣之。」〔一〕上從其言，使焉鐫之。鐫之裁沒水中，不能去，而令水益湍怒，爲害甚於故。

〔一〕師古曰：「鐫謂琢鑿之也，音子全反。」

是歲，勃海、清河、信都河水湓溢，灌縣邑三十一，〔一〕敗官亭民舍四萬餘所。河隄都尉許商與丞相史孫禁共行視，圖方略。〔二〕禁以爲「今河溢之害數倍於前決平原時。今可決平原金隄間，開通大河，令入故篤馬河。〔三〕至海五百餘里，水道浚利，又乾三郡水地，得美田且二十餘萬頃，足以償所開傷民田廬處，又省吏卒治隄救水，歲三萬人以上。」許商以爲「古說九河之名，有徒駭、胡蘇、鬲津，今見在成平、東光、鬲界中。〔四〕自鬲以北至徒駭間，相去二百餘里，今河雖數移徙，不離此域。孫禁所欲開者，在九河南篤馬河，失水之迹，處勢平

夷，旱則淤絕，水則爲敗，不可許。」公卿皆從商言。先是，谷永以爲「河，中國之經瀆，〔三〕聖王興則出圖書，王道廢則竭絕。今潰溢橫流，漂沒陵阜，異之大者也。修政以應之，災變自除。」是時李尋、解光亦言「陰氣盛則水爲之長，故一日之間，晝減夜增，江河滿溢，所謂水不潤下，雖常於卑下之地，猶日月變見於朔望，明天道有因而作也。衆庶見王延世蒙重賞，競言便巧，不可用。議者常欲求索九河故迹而穿之，今因其自決，可且勿塞，以觀水勢。河欲居之，當稍自成川，跳出沙土，然後順天心而圖之，必有成功，而用財力寡。」於是遂止不塞。滿昌、師丹等數言百姓可哀，上數遣使者處業振贍之。〔六〕

〔一〕師古曰：「溢，踊也，音普頓反。」
〔二〕師古曰：「圖，謀也。行音下更反。」
〔三〕韋昭曰：「在平原縣。」
〔四〕師古曰：「此九河之三也。徒駭在成平，胡蘇在東光，鬲津在鬲。成平、東光屬勃海，鬲屬平原。徒駭者，言禹治此河，用功極衆，故人徒驚駭也。胡蘇，下流急疾之貌也。鬲津，言其陿小，可鬲以爲津而度也。鬲與隔同。」
〔五〕師古曰：「經，常也。」
〔六〕師古曰：「處業，謂安處之使得其居業。」

哀帝初，平當使領河隄，〔一〕奏言「九河今皆寘滅，按經義治水，有決河深川，〔二〕而無隄防雍塞之文。〔三〕河從魏郡以東，北多溢決，水迹難以分明。四海之衆不可誣，宜博求能

浚川疏河者。」下丞相孔光、大司空何武，奏請部刺史、三輔、三河、弘農太守舉吏民能者，莫有應書。待詔賈讓奏言：

〔一〕師古曰：「爲使而領其事。」
〔二〕師古曰：「決，分泄也。深，浚治也。」
〔三〕師古曰：「雍讀曰壅。」

治河有上中下策。古者立國居民，疆理土地，必遺川澤之分，度水勢所不及。〔一〕大川無防，小水得入，陂障卑下，以爲汙澤，〔二〕使秋水多，得有所休息，左右游波，寬緩而不迫。夫土之有川，猶人之有口也。治土而防其川，猶止兒啼而塞其口，豈不遽止，然其死可立而待也。〔三〕故曰：「善爲川者，決之使道；〔四〕善爲民者，宣之使言。」蓋隄防之作，近起戰國，雍防百川，各以自利。〔五〕齊與趙、魏，以河爲竟。〔六〕趙、魏瀕山，齊地卑下，〔七〕作隄去河二十五里。河水東抵齊隄，則西泛趙、魏，趙、魏亦爲隄去河二十五里。雖非其正，水尙有所游盪。時至而去，則塡淤肥美，民耕田之。或久無害，稍築室宅，遂成聚落。大水時至漂沒，則更起隄防以自救，稍去其城郭，排水澤而居之，湛溺自其宜也。〔八〕今隄防陿者去水數百步，遠者數里。近黎陽南故大金隄，從河西西北行，至西山南頭，乃折東，與東山相屬。〔九〕民居金隄東，爲廬舍，往十餘歲更起隄，從東山南頭直南與故大隄會。又內黃界中有澤，方數十里，環之有隄，〔一〇〕往十餘歲太守以賦民，〔一一〕民今起廬舍其中，此臣親所見者也。東郡白馬故大隄亦復數重，民皆居其間。從黎陽北盡魏界，故大隄去河遠者數十里，內亦數重，此皆前世所排也。河從河內北至黎陽爲石隄，激使東抵東郡平剛；〔一二〕又爲石隄，使西北抵黎陽、觀下；〔一三〕又爲石隄，使東北抵東郡津北；又爲石隄，使西北抵魏郡昭陽；又爲石隄，激使東北。百餘里間，河再西三東，迫阸如此，不得安息。

〔一〕師古曰：「遺，留也。度，計也。言川澤水所流聚之處，皆留而置之，不以爲居邑而妄墾殖，必計水所不及，然後居而田之也。分音扶問反。度音大各反。」
〔二〕師古曰：「停水曰汙，音一胡反。」
〔三〕師古曰：「遽，速也，音其庶反。」
〔四〕師古曰：「道讀曰導。導，通引也。」
〔五〕師古曰：「雍讀曰壅。」
〔六〕師古曰：「竟讀曰境。」
〔七〕師古曰：「瀕山，猶言以山爲邊界也。」師古曰：「瀕音頻，又音賓。」
〔八〕師古曰：「湛讀曰沈。」
〔九〕師古曰：「屬，連及也，音之欲反。」

〔一〇〕師古曰：「環，繞也。」
〔一一〕師古曰：「以隄中之地給與民。」
〔一二〕師古曰：「激者，聚石於隄旁衝要之處，所以激去其水也。激音工歷反。」
〔一三〕師古曰：「觀，縣名也，音工喚反。」

今行上策，徙冀州之民當水衝者，決黎陽遮害亭，放河使北入海。河西薄大山，東薄金隄，勢不能遠泛濫，朞月自定。難者將曰：「若如此，敗壞城郭田廬冢墓以萬數，百姓怨恨。」昔大禹治水，山陵當路者毀之，故鑿龍門，辟伊闕，〔一〕析底柱，破碣石，〔二〕墮斷天地之性。〔三〕此乃人功所造，何足言也！今瀕河十郡治隄歲費且萬萬，及其大決，所殘無數。如出數年治河之費，以業所徙之民，遵古聖之法，定山川之位，使神人各處其所，而不相奸。〔四〕且以大漢方制萬里，豈其與水爭咫尺之地哉？此功一立，河定民安，千載無患，故謂之上策。

〔一〕師古曰：「辟讀曰闢。闢，開也。」
〔二〕師古曰：「析，分也。」
〔三〕師古曰：「墮，毀也，音火規反。」
〔四〕師古曰：「奸音干。」

若乃多穿漕渠於冀州地，使民得以溉田，分殺水怒，雖非聖人法，然亦救敗術也。

難者將曰：「河水高於平地，歲增隄防，猶尚決溢，不可以開渠。」臣竊按視遮害亭西十八里，至淇水口，乃有金隄，高一丈。自是東，地稍下，隄稍高，至遮害亭，高四五丈。往六七歲，河水大盛，增丈七尺，壞黎陽南郭門，入至隄下。〔一〕水未踰隄二尺所，從隄上北望，河高出民屋，百姓皆走上山。水留十三日，隄潰（二所），吏民塞之。臣循隄上，行視水勢，〔二〕南七十餘里，至淇口，水適至隄半，計出地上五尺所。今可從淇口以東爲石隄，多張水門。初元中，遮害亭下河去隄足數十步，至今四十餘歲，適至隄足。由是言之，其地堅矣。恐議者疑河大川難禁制，滎陽漕渠足以（下）〔卜〕之，〔三〕其水門但用木與土耳，今據堅地作石隄，勢必完安。冀州渠首盡當卬此水門。治渠非穿地也，〔四〕但爲東方一隄，北行三百餘里，入漳水中，其西因山足高地，諸渠皆往往股引取之；〔五〕旱則開東方下水門溉冀州，水則開西方高門分河流。通渠有三利，不通有三害。民常罷於救水，半失作業；〔六〕水行地上，湊潤上徹，民則病溼氣，木皆立枯，鹵不生穀；〔七〕決溢有敗，爲魚鼈食：此三害也。若有渠溉，則鹽鹵下溼，墳淤加肥；〔八〕故種禾麥，更爲秔稻，高田五倍，下田十倍；〔九〕轉漕舟船之便：此三利也。今瀕河隄吏卒郡數千人，伐買薪石之費歲數千萬，足以通渠成水門；又民利其溉灌，相率治渠，雖勞不罷。〔一〇〕民田適治，河隄亦成，此誠富國安民，興利除害，支數百歲，故謂之中策。

〔一〕如淳曰：「然則隄在郭內也。」臣瓚曰：「謂水從郭南門入，北門出，而至隄也。」師古曰：「瓚說是也。」

〔二〕師古曰：「行音下更反。」

〔三〕如淳曰：「今礫谿口是也。嘗作水門通水流，不爲害也。」師古曰：「礫谿，谿名，即水經所云（涑）〔泲〕水東通礫谿者。」

〔四〕師古曰：「卬音牛向反。」

〔五〕如淳曰：「股，支別也。」

〔六〕師古曰：「此一害也。罷讀曰疲。」

〔七〕師古曰：「此二害。」

〔八〕師古曰：「此一利。」

〔九〕師古曰：「此二利也。秔謂稻之不粘者也，音庚。」

〔一〇〕師古曰：「罷讀曰疲。」

若乃繕完故隄，增卑倍薄，勞費無已，數逢其害，此最下策也。

王莽時，徵能治河者以百數，其大略異者，長水校尉平陵關並〔一〕言：「河決率常於平原、東郡左右，其地形下而土疏惡。聞禹治河時，本空此地，以爲水猥，盛則放溢，〔二〕少稍自索，〔三〕雖時易處，猶不能離此。上古難識，近察秦漢以來，河決曹、衞之域，其南北不過百八十里者，可空此地，勿以爲官亭民室而已。」大司馬史長安張戎〔四〕言：「水性就下，行疾則自刮除成空而稍深。河水重濁，號爲一石水而六斗泥。今西方諸郡，以至京師東行，民皆引河、渭山川水溉田。春夏乾燥，少水時也，故使河流遲，貯淤而稍淺；雨多水暴至，則溢決。而國家數隄塞之，稍益高於平地，猶築垣而居水也。可各順從其性，毋復灌溉，則百川流行，水道自利，無溢決之害矣。」御史臨淮韓牧〔五〕以爲「可略於禹貢九河處穿之，縱不能爲九，但爲四五，宜有益。」大司空掾王橫〔六〕言：「河入勃海，勃海地高於韓牧所欲穿處。往者天嘗連雨，東北風，海水溢，西南出，浸數百里，九河之地已爲海所漸矣。〔七〕禹之行河水，本隨西山下東北去。〔八〕周譜云定王五年河徙，〔九〕則今所行非禹之所穿也。又秦攻魏，決河灌其都，決處遂大，不可復補。宜卻徙完平處，更開空，〔一〇〕使緣西山足乘高地而東北入海，乃無水災。」沛郡桓譚爲司空掾，典其議，爲甄豐言：「凡此數者，必有一是。宜詳考驗，皆可豫見，計定然後舉事，費不過數億萬，亦可以事諸浮食無產業民。〔一一〕空居與行役，同當衣食；衣食縣官，而爲之作，乃兩便，〔一二〕可以上繼禹功，下除民疾。」王莽時，但崇空語，無施行者。

〔一〕師古曰：「桓譚新論云並字子陽，材智通達也。」

〔二〕師古曰：「猥，多也。」

〔三〕師古曰：「索，盡也，音先各反。」

〔四〕師古曰：「（雜）〔新〕論云字仲功，習溉灌事也。」

〔五〕師古曰：「新論云字子台，善水事。」

〔六〕師古曰：「橫字平中，琅邪人。見儒林傳。中讀曰仲。」

〔七〕師古曰：「漸，浸也，讀如本字，又音子廉反。」

〔八〕師古曰：「行謂通流也。」

〔九〕如淳曰：「譜音補，世統譜諜也。」

〔一〇〕師古曰：「空猶穿。」

〔一一〕師古曰：「事謂役使也。」

〔一二〕師古曰：「言無產業之人，端居無爲，及發行力役，俱須衣食耳。今縣官給其衣食，而使修治河水，是爲公私兩便也。」

贊曰：古人有言：「微禹之功，吾其魚乎！」〔一〕中國川原以百數，莫著於四瀆，而河爲宗。孔子曰：「多聞而志之，知之次也。」〔二〕國之利害，故備論其事。

〔一〕師古曰：「左氏傳載周大夫劉定公之辭也。言無禹治水之功，則天下之人皆爲魚鼈耳。」

〔二〕師古曰：「論語稱孔子之言曰『多聞擇其善者而從之，多見而志之，知之次也』。志，記也，字亦作識，音式冀反。」

校勘記

一六七七頁二行　令吾臣皆〔如〕西門豹之爲人臣也！　景祐、殿、局本都有「如」字。

一六七八頁六行　渠成而用（溉）注填閼之水，　王念孫說此「溉」字涉下「溉」字而衍。

一六七九頁四行　彊塞之未必（順）〔應〕天。　景祐、汲古、殿、局本都作「應」。

一六七九頁一〇行　（罷）而渠下民田萬餘頃又可得以溉。此（捐）〔損〕漕省卒，　「罷」字史記無，蘇輿疑衍。

「捐」字景祐、殿本都作「損」，史記同。

一六七九頁一六行　注〔四〕十一字據景祐、殿本補。

一六八二頁一六行　亦猶山（領）〔領〕象人之頸領。　景祐、殿本都作「領」。王先謙說作「領」是。

一六八三頁七行　言不因巡（將）〔狩〕封禪而出，　景祐、殿、局本都作「狩」，此誤。

一六八四頁一行　茭，草也，音（茭）〔郊〕。　景祐、殿本都作「郊」，此誤。

一六八四頁五行　故言此衞（之人）〔人之〕罪也。　景祐、殿本都作「人之」，是。

一六八四頁八行　義與（剌）〔插〕同。　景祐本作「插」。

一六八七頁一三行　於以分〔流〕殺水力，　景祐、殿本都有「流」字。

一六九二頁一五行　（住）〔往〕十餘歲更起隄，　王念孫說「住」當作「往」。

一六九五頁四行　水留十三日，隄潰（二所），　景祐、殿本無「二所」二字。朱一新說二字涉上文而衍。

一六九五頁七行　滎陽漕渠足以（下）〔卜〕之，　景祐、汲古、殿、局本都作「卜」。

一六九六頁三行　（涑）〔泲〕水東過礫谿者。　殿本「涑」作「泲」。王先謙說作「泲」是。

一六九八頁一行　（雜）〔新〕論云　景祐、殿本都作「新」。

漢書卷三十

藝文志第十

昔仲尼沒而微言絕，〔一〕七十子喪而大義乖。〔二〕故春秋分爲五，〔三〕詩分爲四，〔四〕易有數家之傳。戰國從衡，眞僞分爭，〔五〕諸子之言紛然殽亂。〔六〕至秦患之，乃燔滅文章，以愚黔首。〔七〕漢興，改秦之敗，大收篇籍，廣開獻書之路。迄孝武世，書缺簡脫，禮壞樂崩，〔八〕聖上喟然而稱曰：〔九〕「朕甚閔焉！」於是建藏書之策，〔一〇〕置寫書之官，下及諸子傳說，皆充祕府。至成帝時，以書頗散亡，使謁者陳農求遺書於天下。詔光祿大夫劉向校經傳諸子詩賦，步兵校尉任宏校兵書，太史令尹咸校數術，〔一一〕侍醫李柱國校方技。〔一二〕每一書已，〔一三〕向輒條其篇目，撮其指意，錄而奏之。〔一四〕會向卒，哀帝復使向子侍中奉車都尉歆卒父業。〔一五〕歆於是總羣書而奏其七略，故有輯略，〔一六〕有六藝略，〔一七〕有諸子略，有詩賦略，有兵書略，有術數略，有方技略。今刪其要，以備篇籍。〔一八〕

〔一〕李奇曰：「隱微不顯之言也。」師古曰：「精微要妙之言耳。」

〔二〕師古曰：「七十子，謂弟子達者七十二人。舉其成數，故言七十。」

〔三〕韋昭曰：「謂左氏、公羊、穀梁、鄒氏、夾氏也。」

〔四〕韋昭曰：「謂毛氏、齊、魯、韓。」

〔五〕師古曰：「從音子容反。」

〔六〕師古曰：「殽，雜也。」

〔七〕師古曰：「燔，燒也。秦謂人爲黔首，言其頭黑也。燔音扶元反。黔音其炎反，又音琴。」

〔八〕師古曰：「編絕散落故簡脫。脫音吐活反。」

〔九〕師古曰：「喟，歎息之貌也，音丘位反。」

〔一〇〕如淳曰：「劉歆七略曰『外則有太常、太史、博士之藏，內則有延閣、廣內、祕室之府』。」

〔一一〕師古曰：「占卜之書。」

〔一二〕師古曰：「醫藥之書。」

〔一三〕師古曰：「已，畢也。」

〔一四〕師古曰：「撮，總取也，音千括反。」

〔一五〕師古曰：「卒，終也。」

〔一六〕師古曰：「輯與集同，謂諸書之總要。」

〔一七〕師古曰：「六藝，六經也。」

〔一八〕師古曰：「刪去浮冗，取其指要也。其每略所條家及篇數，有與總凡不同者，轉（爲）〔寫〕脫誤，年代久遠，無以

詳知。」

易經十二篇，施、孟、梁丘三家。〔一〕

易傳周氏二篇。字王孫也。

服氏二篇。〔二〕

楊氏二篇。名何，字叔元，菑川人。

蔡公二篇。衞人，事周王孫。

韓氏二篇。名嬰。

王氏二篇。名同。

丁氏八篇。名寬，字子襄，梁人也。

古五子十八篇。自甲子至壬子，說易陰陽。

淮南道訓二篇。淮南王安聘明易者九人，號九師(法)〔說〕。

古雜八十篇，雜災異三十五篇，神輸五篇，圖一。〔三〕

孟氏京房十一篇，災異孟氏京房六十六篇，五鹿充宗略說三篇，京氏段嘉十二篇。〔四〕

章句施、孟、梁丘氏各二篇。

凡易十三家，二百九十四篇。

〔一〕師古曰：「上下經及十翼，故十二篇。」

〔二〕師古曰：「劉向別錄云，服氏，齊人，號服光。」

〔三〕師古曰：「劉向別錄云『神輸者，王道失則災害生，得則四海輸之祥瑞』。」

〔四〕蘇林曰：「東海人，為博士。」晉灼曰：「儒林不見。」師古曰：「蘇說是也。嘉即京房所從受易者也，見儒林傳及劉向別錄。」

易曰：「宓戲氏仰觀象於天，俯觀法於地，觀鳥獸之文，與地之宜，近取諸身，遠取諸物，於是始作八卦，以通神明之德，以類萬物之情。」〔一〕至於殷、周之際，紂在上位，逆天暴物，文王以諸侯順命而行道，天人之占可得而效，於是重易六爻，作上下篇。孔氏為之彖、象、繫辭、文言、序卦之屬十篇。故曰易道深矣，人更三聖，〔二〕世歷三古。〔三〕及秦燔書，而易為筮卜之事，傳者不絕。漢興，田(和)〔何〕傳之。訖于宣、元，有施、孟、梁丘、京氏列於學官，而民間有費、高二家之說。〔四〕劉向以中古文易經校施、孟、梁丘經，〔五〕或脫去「無咎」、「悔亡」，唯費氏經與古文同。

〔一〕師古曰：「下繫之辭也。鳥獸之文，謂其跡在地者。宓讀與伏同。」

〔二〕韋昭曰：「伏羲、文王、孔子。」師古曰：「更，經也，音工衡反。」

〔三〕孟康曰：「易繫辭曰『易之興，其於中古乎？』然則伏羲為上古，文王為中古，孔子為下古。」

〔四〕師古曰：「費音扶味反。」

〔五〕師古曰：「中者，天子之書也。言中，以別於外耳。」

尚書古文經四十六卷。為五十七篇。〔一〕

經二十九卷。大、小夏侯二家。歐陽經(三)〔三〕十二卷。〔二〕

傳四十一篇。

歐陽章句三十一卷。

大、小夏侯章句各二十九卷。

大、小夏侯解故二十九篇。

歐陽說義二篇。

劉向五行傳記十一卷。

許商五行傳記一篇。

周書七十一篇。周史記。〔三〕

議奏四十二篇。宣帝時石渠論。〔四〕

凡書九家，四百一十二篇。入劉向稽疑一篇。〔五〕

〔一〕師古曰：「孔安國書序云『凡五十九篇，為四十六卷。承詔作傳，引序各冠其篇首，定五十八篇』。鄭玄敘贊云『後又亡其一篇』，故五十七。」

〔二〕師古曰：「此二十九卷，伏生傳授者。」

〔三〕師古曰：「劉向云『周時誥誓號令也，蓋孔子所論百篇之餘也』。今之存者四十五篇矣。」

〔四〕韋昭曰：「閣名也，於此論書。」

〔五〕師古曰：「此凡言入者，謂七略之外班氏新入之也。其云出者與此同。」

易曰：「河出圖，雒出書，聖人則之。」〔一〕故書之所起遠矣，至孔子纂焉，〔二〕上斷於堯，下訖于秦，凡百篇，而為之序，言其作意。秦燔書禁學，濟南伏生獨壁藏之。漢興亡失，求得二十九篇，以教齊魯之間。訖孝宣世，有歐陽、大小夏侯氏，立於學官。古文尚書者，出孔子壁中。〔三〕武帝末，魯共王壞孔子宅，欲以廣其宮，而得古文尚書及禮記、論語、孝經凡數十篇，皆古字也。共王往入其宅，聞鼓琴瑟鐘磬之音，於是懼，乃止不壞。孔安國者，孔子後也，悉得其書，以考二十九篇，得多十六篇。〔四〕安國獻之。遭巫蠱事，未列于學官。劉向以中古文校歐陽、大小夏侯三家經文，酒誥脫簡一，召誥脫簡二。〔五〕率簡二十五字者，脫亦二十五字，簡二十二字者，脫亦二十二字，文字異者七百有餘，脫字數十。書者，古之號令，

號令於衆，其言不立具，則聽受施行者弗曉。古文讀應爾雅，故解古今語而可知也。

[一]師古曰：「上繫之辭也。」

[二]孟康曰：「篹音撰。」

[三]師古曰：「家語云孔騰字子襄，長秦法峻急，藏尚書、孝經、論語於夫子舊堂壁中，而漢記尹敏傳云孔鮒所藏。二說不同，未知孰是。」

[四]師古曰：「壁中書多，以考見行世二十九篇之外，更得十六篇。」

[五]師古曰：「召讀曰邵。」

詩經二十八卷，魯、齊、韓三家。[一]

魯故二十五卷。[二]

魯說二十八卷。

齊后氏故二十卷。

齊孫氏故二十七卷。

齊后氏傳三十九卷。

齊孫氏傳二十八卷。

齊雜記十八卷。

韓故三十六卷。

韓內傳四卷。

韓外傳六卷。

韓說四十一卷。

毛詩二十九卷。

毛詩故訓傳三十卷。

凡詩六家，四百一十六卷。

[一]應劭曰：「申公作魯詩，后蒼作齊詩，韓嬰作韓詩。」

[二]師古曰：「故者，通其指義也。它皆類此。今流俗毛詩改故訓傳爲詁字，失眞耳。」

書曰：「詩言志，(哥)〔歌〕詠言。」[一]故哀樂之心感，而(哥)〔歌〕詠之聲發。誦其言謂之詩，詠其聲謂之(哥)〔歌〕。故古有采詩之官，王者所以觀風俗，知得失，自考正也。孔子純取周詩，上采殷，下取魯，凡三百五篇，遭秦而全者，以其諷誦，不獨在竹帛故也。漢興，魯申公爲詩訓故，而齊轅固、燕韓生皆爲之傳。或取春秋，采雜說，咸非其本義。與不得已，魯最爲近之。[二]三家皆列於學官。又有毛公之學，自謂子夏所傳，而河間獻王好之，未得立。

[一]師古曰：「虞書舜典之辭也。在心爲志，發言爲詩。詠者，永也。永，長也，(哥)〔歌〕所以長言之。」

[二]師古曰：「與不得已者，言皆不得也。三家(者)〔皆〕不得其眞，而魯最近之。」

禮古經五十六卷，經(七十)〔十七〕篇。后氏、戴氏。

記百三十一篇。七十子後學者所記也。

明堂陰陽三十三篇。古明堂之遺事。

王史氏二十一篇。七十子後學者。[一]

曲臺后倉九篇。[二]

中庸說二篇。[三]

明堂陰陽說五篇。

周官經六篇。王莽時劉歆置博士。[四]

周官傳四篇。

軍禮司馬法百五十五篇。

古封禪羣祀二十二篇。

封禪議對十九篇。武帝時也。

漢封禪羣祀三十六篇。

議奏三十八篇。石渠。

凡禮十三家，五百五十五篇。入司馬法一家，百五十五篇。

[一]師古曰：「劉向別錄云六國時人也。」

[二]如淳曰：「行禮射於曲臺，后倉爲記，故名曰曲臺記。漢官曰大射于曲臺。」晉灼曰：「天子射宮也。西京無太學，於此行禮也。」

[三]師古曰：「今禮記有中庸一篇，亦非本禮經，蓋此之流。」

[四]師古曰：「即今之周官禮也，亡其冬官，以考工記充之。」

易曰：「有夫婦父子君臣上下，禮義有所錯。」[一]而帝王質文世有損益，至周曲爲之防，事爲之制，[二]故曰：「禮經三百，威儀三千。」[三]及周之衰，諸侯將踰法度，惡其害己，皆滅去其籍，自孔子時而不具，至秦大壞。漢興，魯高堂生傳士禮十七篇。訖孝宣世，后倉最明。戴德、戴聖、慶普皆其弟子，三家立於學官。禮古經者，出於魯淹中[四]及孔氏，(學七十)〔與十七〕篇文相似，多三十九篇。及明堂陰陽、王史氏記所見，多天子諸侯卿大夫之制，雖不能備，猶瘉倉等推士禮而致於天子之說。[五]

[一]師古曰：「序卦之辭也。錯，置也，音千故反。」

[二]師古曰：「委曲防閑，每事爲制也。」

〔三〕韋昭曰：「周禮三百六十官也。三百，舉成數也。」臣瓚曰：「禮經三百，謂冠、婚、吉、凶。周禮三百，是官名也。」師古曰：「禮經三百，韋說是也。威儀三千乃謂冠、婚、吉、凶，蓋儀禮是也。」
〔四〕蘇林曰：「里名也。」
〔五〕師古曰：「瘉與愈同。愈，勝也。」

樂記二十三篇。
王禹記二十四篇。
雅歌詩四篇。
雅琴趙氏七篇。名定，勃海人，宣帝時丞相魏相所奏。
雅琴師氏八篇。名中，東海人，傳言師曠後。
雅琴龍氏九十九篇。名德，梁人。〔一〕
凡樂六家，百六十五篇。出淮南劉向等琴頌七篇。

〔一〕師古曰：「劉向別錄云亦魏相所奏也。與趙定俱召見待詔，後拜爲侍郎。」

易曰：「先王作樂崇德，殷薦之上帝，以享祖考。」〔一〕故自黃帝下至三代，樂各有名。孔子曰：「安上治民，莫善於禮；移風易俗，莫善於樂。」〔二〕二者相與並行。周衰俱壞，樂尤微

眇，以音律爲節，〔三〕又爲鄭衞所亂，故無遺法。漢興，制氏以雅樂聲律，世在樂官，頗能紀其鏗鏘鼓舞，而不能言其義。〔四〕六國之君，魏文侯最爲好古，孝文時得其樂人竇公，〔五〕獻其書，乃周官大宗伯之大司樂章也。武帝時，河間獻王好儒，與毛生等共采周官及諸子言樂事者，以作樂記，獻八佾之舞，與制氏不相遠。其內史丞王定傳之，以授常山王禹。禹，成帝時爲謁者，數言其義，〔六〕獻二十四卷記。劉向校書，得樂記二十三篇，與禹不同，其道寖以益微。〔七〕

〔一〕師古曰：「豫卦象辭也。殷，盛也。」
〔二〕師古曰：「孝經載孔子之言。」
〔三〕師古曰：「眇，細也。言其道精微，節在音律，不可具於書。眇亦讀曰妙。」
〔四〕師古曰：「鏗音初衡反。」
〔五〕師古曰：「桓譚新論云竇公年百八十歲，兩目皆盲，文帝奇之，問曰：『何因至此？』對曰：『臣年十三失明，父母哀其不及衆技，教鼓琴，臣導引，無所服餌。』」
〔六〕師古曰：「數音所角反。」
〔七〕師古曰：「寖，漸也。」

春秋古經十二篇，經十一卷。公羊、穀梁二家。

左氏傳三十卷。左丘明，魯太史。
公羊傳十一卷。公羊子，齊人。〔一〕
穀梁傳十一卷。穀梁子，魯人。〔二〕
鄒氏傳十一卷。
夾氏傳十一卷。有錄無書。〔三〕
左氏微二篇。〔四〕
鐸氏微三篇。楚太傅鐸椒也。
張氏微十篇。
虞氏微傳二篇。趙相虞卿。
公羊外傳五十篇。
穀梁外傳二十篇。
公羊章句三十八篇。
穀梁章句三十三篇。
公羊雜記八十三篇。
公羊顏氏記十一篇。

公羊董仲舒治獄十六篇。
議奏三十九篇。石渠論。
國語二十一篇。左丘明著。
新國語五十四篇。劉向分國語。
世本十五篇。古史官記黃帝以來訖春秋時諸侯大夫。
戰國策三十三篇。記春秋後。
奏事二十篇。秦時大臣奏事，及刻石名山文也。
楚漢春秋九篇。陸賈所記。
太史公百三十篇。十篇有錄無書。
馮商所續太史公七篇。〔五〕
太古以來年紀二篇。
漢著記百九十卷。〔六〕
漢大年紀五篇。
凡春秋二十三家，九百四十八篇。省太史公四篇。

〔一〕師古曰：「名高。」

[二]師古曰：「名喜。」
[三]師古曰：「夾音頰。」
[四]師古曰：「微謂釋其微指。」
[五]韋昭曰：「馮商受詔續太史公十餘篇，在班彪別錄。商字子高。」師古曰：「七略云商陽陵人，治易，事五鹿充宗，後事劉向，能屬文，後與孟柳俱待詔，頗序列傳，未卒，病死。」
[六]師古曰：「若今之起居注。」

古之王者世有史官，君舉必書，所以慎言行，昭法式也。左史記言，右史記事，事爲春秋，言爲尚書，帝王靡不同之。周室既微，載籍殘缺，仲尼思存前聖之業，乃稱曰：「夏禮吾能言之，杞不足徵也；殷禮吾能言之，宋不足徵也。文獻不足故也，足則吾能徵之矣。」[一]以魯周公之國，禮文備物，史官有法，故與左丘明觀其史記，據行事，仍人道，[二]因興以立功，就敗以成罰，假日月以定曆數，藉朝聘以正禮樂。有所褒諱貶損，不可書見，口授弟子，弟子退而異言。[三]丘明恐弟子各安其意，以失其眞，故論本事而作傳，明夫子不以空言說經也。春秋所貶損大人當世君臣，有威權勢力，其事實皆形於傳，是以隱其書而不宣，所以免時難也。及末世口說流行，故有公羊、穀梁、鄒、夾之傳。四家之中，公羊、穀梁立於學官，鄒氏無師，夾氏未有書。

[一]師古曰：「論語載孔子之言也。徵，成也。獻，賢也。孔子自謂能言夏、殷之禮，而杞、宋之君文章賢材不足以成之，故我不得成此禮也。」
[二]師古曰：「仍亦因也。」
[三]師古曰：「謂人執所見，各不同也。」

論語古二十一篇。出孔子壁中，兩子張。[一]
齊二十二篇。多問王、知道。[二]
魯二十篇，傳十九篇。[三]
齊說二十九篇。
魯夏侯說二十一篇。
魯安昌侯說二十一篇。[四]
魯王駿說二十篇。[五]
燕傳說三卷。
議奏十八篇。石渠論。
孔子家語二十七卷。[六]
孔子三朝七篇。[七]
孔子徒人圖法二卷。

凡論語十二家，二百二十九篇。

[一]如淳曰：「分堯曰篇後子張問『何如可以從政』已下爲篇，名曰從政。」
[二]如淳曰：「問王、知道，皆篇名也。」
[三]師古曰：「解釋論語意者。」
[四]師古曰：「張禹也。」
[五]師古曰：「王吉子。」
[六]師古曰：「非今所有家語。」
[七]師古曰：「今大戴禮有其一篇，蓋孔子對（魯）哀公語也。三朝見公，故曰三朝。」

論語者，孔子應答弟子時人及弟子相與言而接聞於夫子之語也。當時弟子各有所記。夫子既卒，門人相與輯而論篹，故謂之論語。[一]漢興，有齊、魯之說。傳齊論者，昌邑中尉王吉、少府宋畸、[二]御史大夫貢禹、尚書令五鹿充宗、膠東庸生，唯王陽名家。[三]傳魯論語者，常山都尉龔奮、長信少府夏侯勝、丞相韋賢、魯扶卿、前將軍蕭望之、安昌侯張禹，皆名家。張氏最後而行於世。

[一]師古曰：「輯與集同。篹與撰同。」

[二]師古曰：「畸音居宜反。」
[三]師古曰：「王吉字子陽，故謂之王陽。」

孝經古孔氏一篇。二十二章。[一]
孝經一篇。十八章。長孫氏、江氏、后氏、翼氏四家。
長孫氏說二篇。
江氏說一篇。
翼氏說一篇。
后氏說一篇。
雜傳四篇。
安昌侯說一篇。
五經雜議十八篇。石渠論。
爾雅三卷二十篇。[二]
小爾雅一篇，古今字一卷。
弟子職一篇。[三]

說三篇。

凡孝經十一家，五十九篇。

〔一〕師古曰：「劉向云古文字也。庶人章分爲二也，曾子敢問章爲三，又多一章，凡二十二章。」
〔二〕張晏曰：「爾，近也。雅，正也。」
〔三〕應劭曰：「管仲所作，在管子書。」

孝經者，孔子爲曾子陳孝道也。夫孝，天之經，地之義，民之行也　舉大者言，故曰孝經。漢興，長孫氏、博士江翁、少府后倉、諫大夫翼奉、安昌侯張禹傳之，各自名家。經文皆同，唯孔氏壁中古文爲異。「父母生之，續莫大焉」，「故親生之膝下」，諸家說不安處，古文字讀皆異。〔一〕

〔一〕臣瓚曰：「孝經云『續莫大焉』，而諸家之說各不安處之也。」師古曰：「桓譚新論云古孝經千八百七十(一)〔二〕字，今異者四百餘字。」

史籀十五篇。周宣王太史作大篆十五篇，建武時亡六篇矣。〔一〕

八體六技。〔二〕

蒼頡一篇。上七章，秦丞相李斯作；爰歷六章，車府令趙高作；博學七章，太史令胡母敬作。

凡將一篇。司馬相如作。

急就一篇。(成)〔元〕帝時黃門令史游作。

元尚一篇。成帝時將作大匠李長作。

訓纂一篇。揚雄作。

別字十三篇。

蒼頡傳一篇。

揚雄蒼頡訓纂一篇。

杜林蒼頡訓纂一篇。

杜林蒼頡故一篇。

凡小學十家，四十五篇。入揚雄、杜林二家二篇。

〔一〕師古曰：「籀音胄。」
〔二〕韋昭曰：「八體，一曰大篆，二曰小篆，三曰刻符，四曰蟲書，五曰摹印，六曰署書，七曰殳書，八曰隸書。」

易曰：「上古結繩以治，後世聖人易之以書契，百官以治，萬民以察，蓋取諸夬。」〔一〕「夬，揚於王庭」，〔二〕言其宣揚於王者朝廷，其用最大也。古者八歲入小學，故周官保氏掌養國子，教之六書，〔三〕謂象形、象事、象意、象聲、轉注、假借，造字之本也。〔四〕漢興，蕭何草律，〔五〕亦著其法，曰：「太史試學童，能諷書九千字以上，乃得爲史。又以六體試之，課最者以爲尚書御史史書令史。〔六〕吏民上書，字或不正，輒舉劾。」六體者，古文、奇字、篆書、隸書、繆篆、蟲書，〔七〕皆所以通知古今文字，摹印章，書幡信也。古制，書必同文，不知則闕，問諸故老，至於衰世，是非無正，人用其私。〔八〕故孔子曰：「吾猶及史之闕文也，今亡矣夫！」〔九〕蓋傷其寖不正。〔一〇〕史籀篇者，周時史官教學童書也，與孔氏壁中古文異體。蒼頡七章者，秦丞相李斯所作也；爰歷六章者，車府令趙高所作也；博學七章者，太史令胡母敬所作也；文字多取史籀篇，而篆體復頗異，所謂秦篆者也。是時始造隸書矣，起於官獄多事，苟趨省易，〔一一〕施之於徒隸也。漢(書)〔興〕，閭里書師合蒼頡、爰歷、博學三篇，斷六十字以爲一章，凡五十五章，并爲蒼頡篇。〔一二〕武帝時司馬相如作凡將篇，無復字。〔一三〕元帝時黃門令史游作急就篇，成帝時將作大匠李長作元尚篇，皆蒼頡中正字也。凡將則頗有出矣。至元始中，徵天下通小學者以百數，各令記字於庭中。揚雄取其有用者以作訓纂篇，順續蒼頡，又易蒼頡中重復之字，凡八十九章。臣復續揚雄作十(二)〔三〕章，〔一四〕凡一百二章，無復字，六藝羣書所載略備矣。蒼頡多古字，俗師失其讀，宣帝時徵齊人能正讀者，張敞從受之，傳至外孫之子杜林，爲作訓故，并列焉。

〔一〕師古曰：「下繫之辭。」

〔二〕師古曰：「夬卦之辭。」
〔三〕師古曰：「保氏，地官之屬也。保，安也。」
〔四〕師古曰：「象形，謂畫成其物，隨體詰詘，日、月是也。象事，即指事也，謂視而可識，察而見意，上、下是也。象意，即會意也，謂比類合誼，以見指撝，武、信是也。象聲，即形聲，謂以事爲名，取譬相成，江、河是也。轉注，謂建類一首，同意相受，考、老是也。假借，謂本無其字，依聲託事，令、長是也。文字之義，總歸六書，故曰立字之本也。」
〔五〕師古曰：「草，創造之。」
〔六〕韋昭曰：「若今尚書蘭臺令史也。」臣瓚曰：「史書，今之太史書。」
〔七〕師古曰：「古文謂孔子壁中書。奇字即古文而異者也。篆書謂小篆，蓋秦始皇使程邈所作也。隸書亦程邈所獻，主於徒隸，從簡易也。繆篆謂其文屈曲纏繞，所以摹印章也。蟲書謂爲蟲鳥之形，所以書幡信也。」
〔八〕師古曰：「各任私意而爲字。」
〔九〕師古曰：「論語載孔子之(書)〔言〕，謂文字有疑，則當闕而不說。孔子自言，我初涉學，尚見闕文，今則皆無，任意改(治)〔作〕也。」
〔一〇〕師古曰：「寖，漸也。」
〔一一〕師古曰：「趨讀曰趣，謂趣向之也。易音弋豉反。」
〔一二〕師古曰：「并，合也，總合以爲蒼頡篇也。」
〔一三〕師古曰：「復，重也，音扶目反。後皆類此。」

〔四〕韋昭曰：「臣，班固自謂也。作十三章，後人不別，疑在蒼頡下篇三十四章中。」

凡六藝一百三家，三千一百二十三篇。入三家，一百五十九篇；出重十一篇。

六藝之文：樂以和神，仁之表也；詩以正言，義之用也；禮以明體，明者著見，故無訓也；書以廣聽，知之術也；春秋以斷事，信之符也。五者，蓋五常之道，相須而備，而易爲之原。故曰「易不可見，則乾坤或幾乎息矣」，〔一〕言與天地爲終始也。至於五學，世有變改，猶五行之更用事焉。〔二〕古之學者耕且養，三年而通一藝，存其大體，玩經文而已，是故用日少而畜德多，〔三〕三十而五經立也。後世經傳既已乖離，博學者又不思多聞闕疑之義，〔四〕而務碎義逃難，便辭巧說，破壞形體；〔五〕說五字之文，至於二三萬言。〔六〕後進彌以馳逐，故幼童而守一藝，白首而後能言；安其所習，毀所不見，〔七〕終以自蔽。此學者之大患也。序六藝爲九種。

〔一〕蘇林曰：「不能見易意，則乾坤近於滅息也。」師古曰：「此上繫之辭也。幾，近也，音鉅依反。」
〔二〕師古曰：「更，互也，音工衡反。」
〔三〕師古曰：「畜讀曰蓄。蓄，聚也。易大畜卦象辭曰『君子以多識前言往行，以畜其德。』」
〔四〕師古曰：「論語稱孔子曰『多聞闕疑，慎言其餘，則寡尤』。言爲學之道，務在多聞，疑則闕之，慎於言語，則少過也，

故志引之。」
〔五〕師古曰：「苟爲僻碎之義，以避它人之攻難者，故爲便辭巧說，以析破文字之形體也。」
〔六〕師古曰：「言其煩妄也。桓譚新論云秦近君能說堯典，篇目兩字之說至十餘萬言，但說『曰若稽古』三萬言。」
〔七〕師古曰：「已所常習則保安之，未嘗所見者則妄毀誹。」

晏子八篇。名嬰，謚平仲，相齊景公，孔子稱善與人交，有列傳。〔一〕
子思二十三篇。名伋，孔子孫，爲魯繆公師。
曾子十八篇。名參，孔子弟子。
漆雕子十三篇。孔子弟子漆雕啓後。
宓子十六篇。名不齊，字子賤，孔子弟子。〔二〕
景子三篇。說宓子語，似其弟子。
世子二十一篇。名碩，陳人也，七十子之弟子。
魏文侯六篇。
李克七篇。子夏弟子，爲魏文侯相。
公孫尼子二十八篇。七十子之弟子。
孟子十一篇。名軻，鄒人，子思弟子，有列傳。〔三〕
孫卿子三十三篇。名況，趙人，爲齊稷下祭酒，有列傳。〔四〕
芈子十八篇。名嬰，齊人，七十子之後。〔五〕
內業十五篇。不知作書者。
周史六弢六篇。惠、襄之間，或曰顯王時，或曰孔子問焉。〔六〕
周政六篇。周時法度政教。
周法九篇。法天地，立百官。
河間周制十八篇。似河間獻王所述也。
讕言十(一)篇。不知作者，陳人君法度。〔七〕
功議四篇。不知作者，論功德事。
甯越一篇。中牟人，爲周威王師。
王孫子一篇。一曰巧心。
公孫固一篇。十八章。齊閔王失國，(閔)〔問〕之，固因爲陳古今成敗也。
李氏春秋二篇。

羊子四篇。百章。故秦博士。
董子一篇。名無心，難墨子。
(俟)〔侯〕子一篇。〔八〕
徐子四十二篇。宋外黃人。
魯仲連子十四篇。有列傳。
平原君七篇。朱建也。
虞氏春秋十五篇。虞卿也。
高祖傳十三篇。高祖與大臣述古語及詔策也。
陸賈二十三篇。
劉敬三篇。
孝文傳十一篇。文帝所稱及詔策。
賈山八篇。
太常蓼侯孔臧十篇。父聚，高祖時以功臣封，臧嗣爵。
賈誼五十八篇。
河間獻王對上下三雍宮三篇。

董仲舒百二十三篇。
兒寬九篇。
公孫弘十篇。
終軍八篇。
吾丘壽王六篇。
虞丘說一篇。難孫卿也。
莊助四篇。
臣彭四篇。
鉤盾冗從李步昌八篇。宣帝時數言事。
儒家言十八篇。不知作者。
桓寬鹽鐵論六十篇。[九]
劉向所序六十七篇。新序、說苑、世說、列女傳頌圖也。
揚雄所序三十八篇。太玄十九，法言十三，樂四，箴二。

右儒五十三家，八百三十六篇。入揚雄一家[三]十八篇。

[一]師古曰：「有列傳者，謂太史公書。」

[二]師古曰：「宓讀與伏同。」
[三]師古曰：「聖證論云軻字子車，而此志無字，未詳其所得。」
[四]師古曰：「本曰荀卿，避宣帝諱，故曰孫。」
[五]師古曰：「芈音弭。」
[六]師古曰：「即今之六韜也，蓋言取天下及軍旅之事。弢字與韜同也。」
[七]如淳曰：「讕音粲爛。」師古曰：「說者引孔子家語云孔穿所造，非也。」
[八]李奇曰：「或作伴子。」
[九]師古曰：「寬字次公，汝南人也。孝昭帝時，丞相御史與諸賢良文學論鹽鐵事，寬撰次之。」

儒家者流，蓋出於司徒之官，助人君順陰陽明教化者也。游文於六經之中，留意於仁義之際，祖述堯舜，憲章文武，宗師仲尼，以重其言，[一]於道最爲高。孔子曰：「如有所譽，其有所試。」[二]唐虞之隆，殷周之盛，仲尼之業，已試之效者也。然惑者既失精微，而辟者又隨時抑揚，違離道本，[三]苟以譁衆取寵。[四]後進循之，是以五經乖析，儒學寖衰，此辟儒之患。[五]

[一]師古曰：「祖，始也。述，修也。憲，法也。章，明也。宗，尊也。言以堯舜爲本始而遵修之，以文王、武王爲明法，又師尊仲尼之道。」
[二]師古曰：「論語載孔子之言也。言於人有所稱譽者，輒試以事，取其實效也。譽音弋於反。」
[三]師古曰：「辟讀曰僻。」
[四]師古曰：「譁，讙也。寵，尊也。譁音呼華反。」
[五]師古曰：「寖，漸也。辟讀曰僻。」

伊尹五十一篇。湯相。
太公二百三十七篇。呂望爲周師尚父，本有道者。或有近世又以爲太公術者所增加也。[一]謀八十一篇，言七十一篇，兵八十五篇。
辛甲二十九篇。紂臣，七十五諫而去，周封之。
鬻子二十二篇。名熊，爲周師，自文王以下問焉，周封爲楚祖。[二]
筦子八十六篇。名夷吾，相齊桓公，九合諸侯，不以兵車也，有列傳。[三]
老子鄰氏經傳四篇。姓李，名耳，鄰氏傳其學。
老子傅氏經說三十七篇。述老子學。
老子徐氏經說六篇。字少季，臨淮人，傳老子。
劉向說老子四篇。
文子九篇。老子弟子，與孔子並時，而稱周平王問，似依託者也。

蜎子十三篇。名淵，楚人，老子弟子。[四]
關尹子九篇。名喜，爲關吏，老子過關，喜去吏而從之。
莊子五十二篇。名周，宋人。
列子八篇。名圄寇，先莊子，莊子稱之。
老成子十八篇。
長盧子九篇。楚人。
王狄子一篇。
公子牟四篇。魏之公子也，先莊子，莊子稱之。
田子二十五篇。名駢，齊人，游稷下，號天口駢。[五]
老萊子十六篇。楚人，與孔子同時。
黔婁子四篇。齊隱士，守道不詘，威王下之。[六]
宮孫子二篇。[七]
鶡冠子一篇。楚人，居深山，以鶡爲冠。[八]
周訓十四篇。[九]
黃帝四經四篇。

黃帝銘六篇。

黃帝君臣十篇。起六國時，與老子相似也。

雜黃帝五十八篇。六國時賢者所作。

力牧二十二篇。六國時所作，託之力牧。力牧，黃帝相。

孫子十六篇。六國時。

捷子二篇。齊人，武帝時說。

曹羽二篇。楚人，武帝時說於齊王。

郎中嬰齊十二篇。武帝時。〔一〇〕

臣君子二篇。蜀人。

鄭長者一篇。六國時。先韓子，韓子稱之。〔一一〕

楚子三篇。

道家言二篇。近世，不知作者。

右道三十七家，九百九十三篇。

〔一〕師古曰：「父讀曰甫也。」

〔二〕師古曰：「鬻音弋六反。」

〔三〕師古曰：「筦讀與管同。」

〔四〕師古曰：「蜎，姓也，音一元反。」

〔五〕師古曰：「駢音步田反。」

〔六〕師古曰：「黔音其炎反。下音胡稼反。」

〔七〕師古曰：「宮孫，姓也，不知名。」

〔八〕師古曰：「以鶡鳥羽爲冠。」

〔九〕師古曰：「劉向別錄云人間小書，其言俗薄。」

〔一〇〕師古曰：「劉向云故待詔，不知其姓，數從游觀，名能爲文。」

〔一一〕師古曰：「別錄云鄭人，不知姓名。」

道家者流，蓋出於史官，歷記成敗存亡禍福古今之道，然後知秉要執本，清虛以自守，卑弱以自持，此君人南面之術也。合於堯之克攘，〔一〕易之嗛嗛，一謙而四益，此其所長也。〔二〕及放者爲之，則欲絕去禮學，兼棄仁義，〔三〕曰獨任清虛可以爲治。

〔一〕師古曰：「虞書堯典稱堯之德曰『允恭克讓』，言其信恭能讓也，故志引之云。攘，古讓字。」

〔二〕師古曰「四益，謂天道虧盈而益謙，地道變盈而流謙，鬼神害盈而福謙，人道惡盈而好謙也。此謙卦彖辭。嗛字與謙同。」

〔三〕師古曰：「放，蕩也。」

宋司星子韋三篇。景公之史。

公檮生終始十四篇。傳鄒奭始終書。〔一〕

公孫發二十二篇。六國時。

鄒子四十九篇。名衍，齊人，爲燕昭王師，居稷下，號談天衍。

鄒子終始五十六篇。〔二〕

乘丘子五篇。六國時。

杜文公五篇。六國時。〔三〕

黃帝泰素二十篇。六國時韓諸公子所作。〔四〕

南公三十一篇。六國時。

容成子十四篇。

張蒼十六篇。丞相北平侯。

鄒奭子十二篇。齊人，號曰雕龍奭。〔五〕

閭丘子十三篇。名快，魏人，在南公前。

馮促十三篇。鄭人。

將鉅子五篇。六國時。先南公，南公稱之。

五曹官制五篇。漢制，似賈誼所條。

周伯十一篇。齊人，六國時。

衞侯官十二篇。近世，不知作者。

于長天下忠臣九篇。平陰人，近世。〔六〕

公孫渾邪十五篇。平曲侯。

雜陰陽三十八篇。不知作者。

右陰陽二十一家，三百六十九篇。

〔一〕師古曰：「檮音疇，其字從木。」

〔二〕師古曰：「亦鄒衍所說。」

〔三〕師古曰：「劉向別錄云韓人也。」

〔四〕師古曰：「劉向別錄云或言韓諸公孫之所作也。言陰陽五行，以爲黃帝之道也，故曰泰素。」

〔五〕師古曰：「奭音試亦反。」

〔六〕師古曰：「劉向別錄云傳天下忠臣。」

陰陽家者流，蓋出於羲和之官，敬順昊天，歷象日月星辰，敬授民時，此其所長也。及

拘者爲之，則牽於禁忌，泥於小數，〔一〕舍人事而任鬼神。〔二〕

〔一〕師古曰：「泥，滯也，音乃計反。」
〔二〕師古曰：「舍，廢也。」

李子三十二篇。名悝，相魏文侯，富國彊兵。
商君二十九篇。名鞅，姬姓，衞後也，相秦孝公，有列傳。
申子六篇。名不害，京人，相韓昭侯，終其身諸侯不敢侵韓。〔一〕
處子九篇。〔二〕
慎子四十二篇。名到，先申韓，申韓稱之。
韓子五十五篇。名非，韓諸公子，使秦，李斯害而殺之。
游棣子一篇。〔三〕
鼂錯三十一篇。
燕十事十篇。不知作者。
法家言二篇。不知作者。
右法十家，二百一十七篇。

〔一〕師古曰：「京，河南京縣。」
〔二〕師古曰：「史記云趙有處子。」
〔三〕師古曰：「棣音徒計反。」

法家者流，蓋出於理官，信賞必罰，以輔禮制。易曰「先王以明罰飭法」，〔一〕此其所長也。及刻者爲之，則無教化，去仁愛，專任刑法而欲以致治，至於殘害至親，傷恩薄厚。〔二〕

〔一〕師古曰：「噬嗑之象辭也。飭，整也，讀與敕同。」
〔二〕師古曰：「薄厚者，變厚爲薄。」

鄧析二篇。鄭人，與子產並時。〔一〕
尹文子一篇。說齊宣王。先公孫龍。〔二〕
公孫龍子十四篇。趙人。〔三〕
成公生五篇。與黃公等同時。〔四〕
惠子一篇。名施，與莊子並時。
黃公四篇。名疵，爲秦博士，作歌詩，在秦時歌詩中。〔五〕
毛公九篇。趙人，與公孫龍等並游平原君趙勝家。〔六〕
右名七家，三十六篇。

〔一〕師古曰：「列子及孫卿並云子產殺鄧析。據左傳，昭公二十年子產卒，定公九年駟歂殺鄧析而用其竹刑，則非子產所殺也。」
〔二〕師古曰：「劉向云與宋鈃俱游稷下。鈃音形。」
〔三〕師古曰：「即爲堅白之辯者。」
〔四〕師古曰：「姓成公。劉向云與李斯子由同時。由爲三川守，成公生游談不仕。」
〔五〕師古曰：「疵音才斯反。」
〔六〕師古曰：「劉向別錄云論堅白同異，以爲可以治天下。此蓋史記所云『藏於博徒』者。」

名家者流，蓋出於禮官。古者名位不同，禮亦異數。孔子曰：「必也正名乎！名不正則言不順，言不順則事不成。」〔一〕此其所長也。及警者爲之，〔二〕則苟鉤(鉱)〔鈲〕析亂而已。〔三〕

〔一〕師古曰：「論語載孔子之言也。言欲爲政，必先正其名。」
〔二〕晉灼曰：「警，訐也。」師古曰：「警音工釣反。」
〔三〕師古曰：「(鉱)〔鈲〕，破也，音普革反，又音普狄反。」

尹佚二篇。周臣，在成、康時也。
田俅子三篇。先韓子。〔一〕
我子一篇。〔二〕
隨巢子六篇。墨翟弟子。
胡非子三篇。墨翟弟子。
墨子七十一篇。名翟，爲宋大夫，在孔子後。
右墨六家，八十六篇。

〔一〕蘇林曰：「俅音仇。」
〔二〕師古曰：「劉向別錄云爲墨子之學。」

墨家者流，蓋出於清廟之守。茅屋采椽，〔一〕是以貴儉；養三老五更，是以兼愛；選士大射，是以上賢；宗祀嚴父，是以右鬼；〔二〕順四時而行，是以非命；〔三〕以孝視天下，是以上同；〔四〕此其所長也。及蔽者爲之，見儉之利，因以非禮，推兼愛之意，而不知別親疏。

〔一〕師古曰：「采，柞木也，字作棌，本從木。以茅覆屋，以棌爲椽，言其質素也。采音千在反。」
〔二〕如淳曰：「右鬼，謂信鬼神。若杜伯射宣王，是親鬼而右之。」師古曰：「右猶尊尚也。」
〔三〕蘇林曰：「非有命者，言儒者執有命，而反勸人修德積善，政教與行相反，故譏之也。」如淳曰：「言無吉凶之命，但有賢不肖(之)善惡。」
〔四〕如淳曰：「言皆同，可以治也。」師古曰：「墨子有節用、兼愛、上賢、明鬼神、非命、上同等諸篇，故志歷序其本意

也。視讀曰示。」

蘇子三十一篇。名秦，有列傳。

張子十篇。名儀，有列傳。

龐煖二篇。爲燕將。〔一〕

闕子一篇。

國筮子十七篇。

秦零陵令信一篇。難秦相李斯。

蒯子五篇。名通。

鄒陽七篇。

主父偃二十八篇。

徐樂一篇。

莊安一篇。

待詔金馬聊蒼三篇。趙人，武帝時。〔二〕

右從橫十二家，百七篇。

〔一〕師古曰：「煖音許遠反。」

〔二〕師古曰：「嚴助傳作膠蒼，而此志作聊。志傳不同，未知孰是。」

從橫家者流，蓋出於行人之官。孔子曰：「誦詩三百，使於四方，不能專對，雖多亦奚以爲？」〔一〕又曰：「使乎，使乎！」〔二〕言其當權事制宜，受命而不受辭，此其所長也。及邪人爲之，則上詐諼而棄其信。〔三〕

〔一〕師古曰：「論語載孔子之言也。謂人不達於事，誦詩雖多，亦無所用。」

〔二〕師古曰：「亦論語載孔子之言，歎使者之難其人。」

〔三〕師古曰：「諼，詐言也，音許遠反。」

孔甲盤盂二十六篇。黃帝之史，或曰夏帝孔甲，似皆非。

大命三十七篇。傳言禹所作，其文似後世語。〔一〕

五子胥八篇。名員，春秋時爲吳將，忠直遇讒死。

子晚子三十五篇。齊人，好議兵，與司馬法相似。

由余三篇。戎人，秦穆公聘以爲大夫。

尉繚（子）二十九篇。六國時。〔二〕

尸子二十篇。名佼，魯人，秦相商君師之。鞅死，佼逃入蜀。〔三〕

呂氏春秋二十六篇。秦相呂不韋輯智略士作。

淮南內二十一篇。王安。

淮南外三十三篇。〔四〕

東方朔二十篇。

伯象先生一篇。〔五〕

荊軻論五篇。軻爲燕刺秦王，不成而死，司馬相如等論之。

吳子一篇。

公孫尼一篇。

博士臣賢對一篇。漢世，難韓子、商君。

臣說三篇。武帝時（所）作賦。〔六〕

解子簿書三十五篇。

推雜書八十七篇。

雜家言一篇。王伯，不知作者。〔七〕

右雜二十家，四百三篇。入兵法。

〔一〕師古曰：「命，古禹字。」

〔二〕師古曰：「尉，姓；繚，名也。音了，又音聊。劉向別錄云繚爲商君學。」

〔三〕師古曰：「佼音絞。」

〔四〕師古曰：「內篇論道，外篇雜說。」

〔五〕應劭曰：「蓋隱者也，故公孫敖難以無益世主之治。」

〔六〕師古曰：「說者，其人名，讀曰悅。」

〔七〕師古曰：「言伯王之道。伯讀曰霸。」

雜家者流，蓋出於議官。兼儒、墨，合名、法，知國體之有此，〔一〕見王治之無不貫，〔二〕此其所長也。及盪者爲之，則漫羨而無所歸心。〔三〕

〔一〕師古曰：「治國之體，亦當有此雜家之說。」

〔二〕師古曰：「王者之治，於百家之道無不貫綜。」

〔三〕師古曰：「漫，放也。羨音弋戰反。」

神農二十篇。六國時，諸子疾時（念）〔怠〕於農業，道耕農事，託之神農。〔一〕

野老十七篇。六國時，在齊、楚間。〔二〕

宰氏十七篇。不知何世。

董安國十六篇。漢代內史，不知何帝時。

尹都尉十四篇。不知何世。

趙氏五篇。不知何世。

氾勝之十八篇。成帝時爲議郎。〔一〕

王氏六篇。不知何世。

蔡癸一篇。宣帝時，以言便宜，至弘農太守。〔二〕

右農九家，百一十四篇。

〔一〕師古曰：「劉向別錄云疑李悝及商君所說。」
〔二〕應劭曰：「年老居田野，相民耕種，故號野老。」
〔三〕師古曰：「劉向別錄云使教田三輔，有好田者師之，徙爲御史。氾音凡，又音敷劍反。」
〔四〕師古曰：「劉向別錄云邯鄲人。」

農家者流，蓋出於農稷之官。播百穀，勸耕桑，以足衣食，故八政一曰食，二曰貨。孔子曰「所重民食」，〔一〕此其所長也。及鄙者爲之，以爲無所事聖王，〔二〕欲使君臣並耕，誖上下之序。〔三〕

〔一〕師古曰：「論語載孔子稱殷湯伐桀告天辭也。言爲君之道，所重者在人之食。」

〔二〕師古曰：「言不須聖（主）〔王〕，天下自治。」
〔三〕師古曰：「誖，亂也，音布內反。」

伊尹說二十七篇。其語淺薄，似依託也。

鬻子說十九篇。後世所加。

周考七十六篇。考周事也。

青史子五十七篇。古史官記事也。

師曠六篇。見春秋，其言淺薄，本與此同，似因託之。

務成子十一篇。稱堯問，非古語。

宋子十八篇。孫卿道宋子，其言黃老意。

天乙三篇。天乙謂湯，其言非殷時，皆依託也。

黃帝說四十篇。迂誕依託。

封禪方說十八篇。武帝時。

待詔臣饒心術二十五篇。武帝時。〔一〕

待詔臣安成未央術一篇。〔二〕

臣壽周紀七篇。項國圉人，宣帝時。

虞初周說九百四十三篇。河南人，武帝時以方士侍郎（號）黃車使者。〔三〕

百家百三十九卷。

右小說十五家，千三百八十篇。

〔一〕師古曰：「劉向別錄云饒齊人也，不知其姓，武帝時待詔，作書名曰心術也。」
〔二〕應劭曰：「道家也，好養生事，爲未央之術。」
〔三〕應劭曰：「其說以周書爲本。」師古曰：「史記云虞初洛陽人，即張衡西京賦『小說九百，本自虞初』者也。」

小說家者流，蓋出於稗官。〔一〕街談巷語，道聽塗說者之所造也。孔子曰：「雖小道，必有可觀者焉，致遠恐泥，是以君子弗爲也。」〔二〕然亦弗滅也。閭里小知者之所及，亦使綴而不忘。如或一言可采，此亦芻蕘狂夫之議也。

〔一〕如淳曰：「稗音鍛家排。九章『細米爲稗』。街談巷說，其細碎之言也。王者欲知閭巷風俗，故立稗官使稱說之。今世亦謂偶語爲稗。」師古曰：「稗音稊稗之稗，不與鍛排同也。稗官，小官。漢名臣奏唐林請省置吏，公卿大夫至都官稗官各減什三，是也。」
〔二〕師古曰：「論語載孔子之言。泥，滯也，音乃細反。」

凡諸子百八十九家，四千三百二十四篇。出蹵鞠一家，二十五篇。

諸子十家，其可觀者九家而已。皆起於王道既微，諸侯力政，時君世主，好惡殊方，〔一〕是以九家之（說）〔術〕蠭出並作，〔二〕各引一端，崇其所善，以此馳說，取合諸侯。其言雖殊，辟猶水火，相滅亦相生也。〔三〕仁之與義，敬之與和，相反而皆相成也。易曰：「天下同歸而殊塗，一致而百慮。」〔四〕今異家者各推所長，窮知究慮，以明其指，雖有蔽短，合其要歸，亦六經之支與流裔。〔五〕使其人遭明王聖主，得其所折中，皆股肱之材已。〔六〕仲尼有言：「禮失而求諸野。」〔七〕方今去聖久遠，道術缺廢，無所更索，〔八〕彼九家者，不猶瘉於野乎？〔九〕若能修六藝之術，而觀此九家之言，舍短取長，則可以通萬方之略矣。〔一〇〕

〔一〕師古曰：「好音呼到反。惡音一故反。」
〔二〕師古曰：「蠭與鋒同。」
〔三〕師古曰：「辟讀曰譬。」
〔四〕師古曰：「下繫之辭。」
〔五〕師古曰：「裔，衣末也。其於六經，如水之下流，衣之末裔。」
〔六〕師古曰：「已，語終辭。」
〔七〕師古曰：「言都邑失禮，則於外野求之，亦將有獲。」
〔八〕師古曰：「索，求也。」
〔九〕師古曰：「瘉與愈同。愈，勝也。」

〔10〕師古曰：「舍，廢也。」

屈原賦二十五篇。楚懷王大夫，有列傳。
唐勒賦四篇。楚人。
宋玉賦十六篇。楚人，與唐勒並時，在屈原後也。
趙幽王賦一篇。
莊夫子賦二十四篇。名忌，吳人。
賈誼賦七篇。
枚乘賦九篇。
司馬相如賦二十九篇。
淮南王賦八十二篇。
淮南王羣臣賦四十四篇。
太常蓼侯孔臧賦二十篇。
陽丘侯劉隁賦十九篇。〔一〕
吾丘壽王賦十五篇。

蔡甲賦一篇。
上所自造賦二篇。〔二〕
兒寬賦二篇。
光祿大夫張子僑賦三篇。與王褒同時也。
陽成侯劉德賦九篇。
劉向賦三十三篇。
王褒賦十六篇。

右賦二十家，三百六十一篇。

〔一〕師古曰：「隁音偃。」
〔二〕師古曰：「武帝也。」

陸賈賦三篇。
枚皋賦百二十篇。
朱建賦二篇。
常侍郎莊怱奇賦十一篇。枚皋同時。〔一〕
嚴助賦三十五篇。〔二〕
朱買臣賦三篇。
宗正劉辟彊賦八篇。
司馬遷賦八篇。
郎中臣嬰齊賦十篇。
臣說賦九篇。〔三〕
臣吾賦十八篇。
遼東太守蘇季賦一篇。
蕭望之賦四篇。
河內太守徐明賦三篇。字長君，東海人，元、成世歷五郡太守，有能名。
給事黃門侍郎李息賦九篇。
淮陽憲王賦二篇。
揚雄賦十二篇。
待詔馮商賦九篇。
博士弟子杜參賦二篇。〔四〕

車郎張豐賦三篇。張子僑子。
驃騎將軍朱宇賦三篇。〔五〕

右賦二十一家，二百七十四篇。入揚雄八篇。

〔一〕師古曰：「七略云『怱奇者，或言莊夫子子，或言族家子莊助昆弟也。從行至茂陵，（造作）〔詔造〕賦』。」
〔二〕師古曰：「上言莊怱奇，下言嚴助，史駮文。」
〔三〕師古曰：「說，名，音悅。」
〔四〕師古曰：「劉向別錄云『臣向謹與長社尉杜參校中祕書』。劉歆又云『參，杜陵人，以陽朔元年病死，（死）時年二十餘』。」
〔五〕師古曰：「劉向別錄云『驃騎將軍史朱宇』，志以宇在驃騎府，故總言驃騎將軍。」

孫卿賦十篇。
秦時雜賦九篇。
李思孝景皇帝頌十五篇。
廣川惠王越賦五篇。
長沙王羣臣賦三篇。
魏內史賦二篇。

東晦令延年賦七篇。〔一〕
衞士令李忠賦二篇。
張偃賦二篇。
賈充賦四篇。
張仁賦六篇。
秦充賦二篇。
李步昌賦二篇。
侍郎謝多賦十篇。
平陽公主舍人周長孺賦二篇。
雒陽錡華賦九篇。〔二〕
眭弘賦一篇。〔三〕
別栩陽賦五篇。〔四〕
臣昌市賦六篇。
臣義賦二篇。
黃門書者假史王商賦十三篇。

侍中徐博賦四篇。
黃門書者王廣呂嘉賦五篇。
漢中都尉丞華龍賦二篇。
左馮翊史路恭賦八篇。

右賦二十五家，百三十六篇。

〔一〕師古曰：「東晦，縣名。晦音移。」
〔二〕師古曰：「錡，姓；華，名。錡音魚綺反。」
〔三〕師古曰：「即眭孟也。眭音先隨反。」
〔四〕服虔曰：「栩音詡。」

客主賦十八篇。
雜行出及頌德賦二十四篇。
雜四夷及兵賦二十篇。
雜中賢失意賦十二篇。
雜思慕悲哀死賦十六篇。
雜鼓琴劍戲賦十三篇。
雜山陵水泡雲氣雨旱賦十六篇。〔一〕
雜禽獸六畜昆蟲賦十八篇。
雜器械草木賦三十三篇。
（文）〔大〕雜賦三十四篇。
成相雜辭十一篇。
隱書十八篇。〔二〕

右雜賦十二家，二百三十三篇。

〔一〕師古曰：「泡，水上浮漚也。泡音普交反。漚音一侯反。」
〔二〕師古曰：「劉向別錄云『隱書者，疑其言以相問，對者以慮思之，可以無不諭』。」

高祖歌詩二篇。
泰一雜甘泉壽宮歌詩十四篇。
宗廟歌詩五篇。
漢興以來兵所誅滅歌詩十四篇。

出行巡狩及游歌詩十篇。
臨江王及愁思節士歌詩四篇。
李夫人及幸貴人歌詩三篇。
詔賜中山靖王子噲及孺子妾冰未央材人歌詩四篇。〔一〕
吳楚汝南歌詩十五篇。
燕代謳雁門雲中隴西歌詩九篇。
邯鄲河間歌詩四篇。
齊鄭歌詩四篇。
淮南歌詩四篇。
左馮翊秦歌詩三篇。
京兆尹秦歌詩五篇。
河東蒲反歌詩一篇。
黃門倡車忠等歌詩十五篇。
雜各有主名歌詩十篇。
雜歌詩九篇。

雒陽歌詩四篇。
河南周歌詩七篇。
河南周歌聲曲折七篇。
周謠歌詩七十五篇。
周謠歌詩聲曲折七十五篇。
諸神歌詩三篇。
送迎靈頌歌詩三篇。
周歌詩二篇。
南郡歌詩五篇。

右歌詩二十八家，三百一十四篇。

[一]師古曰：「孺子，王妾之有品號者也。妾，王之衆妾也。冰，其名。材人，天子內官。」

凡詩賦百六家，千三百一十八篇。入揚雄八篇。

傳曰：「不歌而誦謂之賦，登高能賦可以爲大夫。」言感物造耑，材知深美，[一]可與圖事，故可以爲列大夫也。古者諸侯卿大夫交接鄰國，以微言相感，當揖讓之時，必稱詩以諭

其志，蓋以別賢不肖而觀盛衰焉。故孔子曰「不學詩，無以言」也。[二]春秋之後，周道寖壞，[三]聘問歌詠不行於列國，學詩之士逸在布衣，而賢人失志之賦作矣。大儒孫卿及楚臣屈原離讒憂國，皆作賦以風，[四]咸有惻隱古詩之義。其後宋玉、唐勒，漢興枚乘、司馬相如，下及揚子雲，競爲侈麗閎衍之詞，沒其風諭之義。是以揚子悔之，曰：「詩人之賦麗以則，辭人之賦麗以淫。[五]如孔氏之門人用賦也，則賈誼登堂，相如入室矣，如其不用何！」[六]自孝武立樂府而采歌謠，於是有代趙之謳，秦楚之風，皆感於哀樂，緣事而發，亦可以觀風俗，知薄厚云。〔序〕詩賦爲五種。

[一]師古曰：「耑，古端字也。因物動志，則造辭義之端緒。」
[二]師古曰：「論語載孔子戒伯魚之辭也。」
[三]師古曰：「寖，漸也。」
[四]師古曰：「離，遭也。風讀曰諷。次下亦同。」
[五]師古曰：「辭人，言後代之爲文辭。」
[六]師古曰：「言孔氏之門既不用賦，不可如何。謂賈誼、相如無所施也。」

吳孫子兵法八十二篇。圖九卷。[一]

齊孫子八十九篇。圖四卷。[二]
公孫鞅二十七篇。
吳起四十八篇。有列傳。
范蠡二篇。越王句踐臣也。
大夫種二篇。與范蠡俱事句踐。
(季)〔李〕子十篇。
娷一篇。[三]
兵春秋一篇。
龐煖三篇。[四]
兒良一篇。[五]
廣武君一篇。李左車。
韓信三篇。[六]

右兵權謀十三家，二百五十九篇。省伊尹、太公、管子、孫卿子、鶡冠子、蘇子、蒯通、陸賈、淮南王二百五十九種，出司馬法入禮也。

[一]師古曰：「孫武也，臣於闔廬。」

[二]師古曰：「孫臏。」
[三]師古曰：「娷音女瑞反，蓋說兵法者，人名也。」
[四]師古曰：「煖音許遠反，又音許元反。」
[五]師古曰：「六國時人也。兒音五溪反。」
[六]師古曰：「淮陰侯。」

權謀者，以正守國，以奇用兵，先計而後戰，兼形勢，包陰陽，用技巧者也。

楚兵法七篇。圖四卷。
蚩尤二篇。見呂刑。
孫軫五篇。圖二卷。
繇敍二篇。
王孫十六篇。圖五卷。
尉繚三十一篇。
魏公子二十一篇。圖十卷。名無忌，有列傳。
景子十三篇。

李良三篇。
丁子一篇。
項王一篇。名籍。
右兵形勢十一家，九十二篇，圖十八卷。
形勢者，靁動風舉，後發而先至，離合背鄉，變化無常，〔一〕以輕疾制敵者也。
〔一〕師古曰：「背音步內反。鄉讀曰嚮。」

太壹兵法一篇。
天一兵法三十五篇。
神農兵法一篇。
黃帝十六篇。圖三卷。
封胡五篇。黃帝臣，依託也。
風后十三篇。圖二卷。黃帝臣，依託也。
力牧十五篇。黃帝臣，依託也。
鵊冶子一篇。圖一卷。〔一〕

鬼容區三篇。圖一卷。黃帝臣，依託。〔二〕
地典六篇。
孟子一篇。
東父三十一篇。
師曠八篇。晉平公臣。
萇弘十五篇。周史。
別成子望軍氣六篇。圖三卷。
辟兵威勝方七十篇。
右陰陽十六家，二百四十九篇，圖十卷。
陰陽者，順時而發，推刑德，隨斗擊，因五勝，〔一〕假鬼神而為助者也。
〔一〕晉灼曰：「鵊音夾。」
〔二〕師古曰：「即鬼臾區也。」
〔一〕師古曰：「五勝，五行相勝也。」

鮑子兵法十篇。圖一卷。
五子胥十篇。圖一卷。
公勝子五篇。
苗子五篇。圖一卷。
逢門射法二篇。〔一〕
陰通成射法十一篇。
李將軍射法三篇。〔二〕
魏氏射法六篇。
彊弩將軍王圍射法五卷。〔三〕
望遠連弩射法具十五篇。
護軍射師王賀射書五篇。
蒲苴子弋法四篇。〔四〕
劍道三十八篇。
手搏六篇。
雜家兵法五十七篇。
蹵鞠二十五篇。〔五〕

右兵技巧十三家，百九十九篇。省墨子重，入蹵鞠也。
〔一〕師古曰：「即逢蒙。」
〔二〕師古曰：「李廣。」
〔三〕師古曰：「圍，郁郅人也，見趙充國傳。」
〔四〕師古曰：「苴音子余反。」
〔五〕師古曰：「鞠以韋為之，實以物，蹵蹋之以為戲也。蹵鞠，陳力之事，故附於兵法焉。蹵音子六反。鞠音巨六反。」

技巧者，習手足，便器械，積機關，以立攻守之勝者也。

凡兵書五十三家，七百九十篇，圖四十三卷。省十家二百七十一篇重，入蹵鞠一家二十五篇，出司馬法百五十五篇入禮也。

兵家者，蓋出古司馬之職，王官之武備也。洪範八政，八曰師。孔子曰為國者「足食足兵」，〔一〕「以不教民戰，是謂棄之」，〔二〕明兵之重也。易曰「古者弦木為弧，剡木為矢，弧矢之利，以威天下」，〔三〕其用上矣。後世燿金為刃，割革為甲，〔四〕器械甚備。下及湯武受命，以師克亂而濟百姓，動之以仁義，行之以禮讓，司馬法是其遺事也。自春秋至於戰國，出奇設伏，變詐之兵並作。漢興，張良、韓信序次兵法，凡百八十二家，刪取要用，定著三十

五家。諸呂用事而盜取之。武帝時，軍政楊僕捃摭遺逸，紀奏兵錄，[五]猶未能備。至于孝成，命任宏論次兵書爲四種。

[一]師古曰：「論語載孔子之言。無兵與食，不可以爲國。」

[二]師古曰：「亦論語所載孔子之言，非其不素習武備。」

[三]師古曰：「下繫之辭也。弧，木弓也。剡謂鋭而利之也，音弋冉反。」

[四]師古曰：「燿讀與鑠同，謂銷也。」

[五]師古曰：「捃摭，謂拾取之。捃音九問反。摭音之石反。」

泰壹雜子星二十八卷。

五殘雜變星二十一卷。[一]

黃帝雜子氣三十三篇。

常從日月星氣二十一卷。[二]

皇公雜子星二十二卷。

淮南雜子星十九卷。

泰壹雜子雲雨三十四卷。

國章觀霓雲雨三十四卷。

泰階六符一卷。[三]

金度玉衡漢五星客流出入八篇。

漢五星彗客行事占驗八卷。

漢日旁氣行事占驗三卷。

漢流星行事占驗八卷。

漢日旁氣行占驗十三卷。

漢日食月暈雜變行事占驗十三卷。

海中星占驗十二卷。

海中五星經雜事二十二卷。

海中五星順逆二十八卷。

海中二十八宿國分二十八卷。

海中二十八宿臣分二十八卷。

海中日月彗虹雜占十八卷。

圖書祕記十七篇。

右天文二十一家，四百四十五卷。

[一]師古曰：「五殘，星名也。見天文志。」

[二]師古曰：「常從，人姓名也，老子師之。」

[三]李奇曰：「三台謂之泰階。兩兩成體，三台故六。觀色以知吉凶，故曰符。」

天文者，序二十八宿，步五星日月，以紀吉凶之象，聖王所以參政也。易曰：「觀乎天文，以察時變。」[一]然星事殉悍，非湛密者弗能由也。[二]夫觀景以譴形，非明王亦不能服聽也。以不能由之臣，諫不能聽之王，此所以兩有患也。

[一]師古曰：「賁卦之彖辭也。」

[二]師古曰：「殉讀與凶同。湛讀曰沈。由，用也。」

黃帝五家曆三十三卷。

顓頊曆二十一卷。

顓頊五星曆十四卷。

日月宿曆十三卷。

夏殷周魯曆十四卷。

天曆大曆十八卷。

漢元殷周諜曆十七卷。

耿昌月行帛圖二百三十二卷。

耿昌月行度二卷。

傳周五星行度三十九卷。

律曆數法三卷。

自古五星宿紀三十卷。

太歲謀日晷二十九卷。

帝王諸侯世譜二十卷。

古來帝王年譜五卷。

日晷書三十四卷。

許商算術二十六卷。

杜忠算術十六卷。

右曆譜十八家，六百六卷。

曆譜者，序四時之位，正分至之節，會日月五星之辰，以考寒暑殺生之實。故聖王必正曆數，以定三統服色之制，又以探知五星日月之會。凶阨之患，吉隆之喜，其術皆出焉。此聖人知命之術也，非天下之至材，其孰與焉！[一]道之亂也，患出於小人而強欲知天道者，壞大以爲小，削遠以爲近，是以道術破碎而難知也。

[一]師古曰：「與讀曰豫。」

泰一陰陽二十三卷。

黃帝陰陽二十五卷。

黃帝諸子論陰陽二十五卷。

諸王子論陰陽二十五卷。

太元陰陽二十六卷。

三典陰陽談論二十七卷。

神農大幽五行二十七卷。

四時五行經二十六卷。

猛子閭昭二十五卷。

陰陽五行時令十九卷。

堪輿金匱十四卷。[一]

務成子災異應十四卷。

十二典災異應十二卷。

鍾律災異二十六卷。

鍾律叢辰日苑二十三卷。

鍾律消息二十九卷。

黃鍾七卷。

天一六卷。

泰一二十（二）九卷。

刑德七卷。

風鼓六甲二十四卷。

風后孤虛二十卷。

六合隨典二十五卷。

轉位十二神二十五卷。

羨門式法二十卷。

羨門式二十卷。

文解六甲十八卷。

文解二十八宿二十八卷。

五音奇胲用兵二十三卷。[二]

五音奇胲刑德二十一卷。

五音定名十五卷。

右五行三十一家，六百五十二卷。

[一]師古曰：「許慎云『堪，天道；輿，地道也』。」

[二]如淳曰：「音該。」師古曰：「許慎云『胲，軍中約也』。」

五行者，五常之形氣也。書云「初一曰五行，次二曰羞用五事」，[一]言進用五事以順五行也。貌、言、視、聽、思心失，而五行之序亂，五星之變作，皆出於律曆之數而分爲一者也。[二]其法亦起五德終始，推其極則無不至。而小數家因此以爲吉凶，而行於世，寖以相亂。[三]

[一]師古曰：「周書洪範之辭也。」

[二]師古曰：「說皆在五行志也。」

[三]師古曰：「寖，漸也。」

龜書五十二卷。

夏龜二十六卷。

南龜書二十八卷。

巨龜三十六卷。

雜龜十六卷。

蓍書二十八卷。

周易三十八卷。

周易明堂二十六卷。

周易隨曲射匿五十卷。

大筮衍易二十八卷。

大次雜易三十卷。

鼠序卜黃二十五卷。

於陵欽易吉凶二十三卷。
任良易旗七十一卷。
易卦八具。

右蓍龜十五家，四百一卷。

蓍龜者，聖人之所用也。書曰：「女則有大疑，謀及卜筮。」[一]易曰：「定天下之吉凶，成天下之亹亹者，莫善於蓍龜。」「是故君子將有爲也，將有行也，問焉而以言，其受命也如嚮，無有遠近幽深，遂知來物。非天下之至精，其孰能與於此！」[二]及至衰世，解於齊戒，而婁煩卜筮，[三]神明不應。故筮瀆不告，易以爲忌；[四]龜厭不告，詩以爲刺。[五]

[一]師古曰：「周書洪範之辭也。言所爲之事有疑，則以卜筮決之也。龜曰卜，蓍曰筮。」
[二]師古曰：「皆上繫之辭也。亹亹，深遠也。言君子所爲行，皆以其言問於易。受命如嚮者，謂示以吉凶，其應速疾，如響之隨聲也。遂猶究也。來物謂當來之事也。嚮與響同。與讀曰豫。」
[三]師古曰：「解讀曰懈。齊讀曰齋。婁讀曰屢。」
[四]師古曰：「易蒙卦之辭曰『初筮告，再三瀆，瀆則不告』，言童蒙之來決疑，初則以實而告，至於再三，爲其煩瀆，乃不告也。」
[五]師古曰：「小雅小旻之詩曰『我龜既厭，不我告猶』，言卜問煩數，媟嬻於龜，龜靈厭之，不告以道也。」

黃帝長柳占夢十一卷。
甘德長柳占夢二十卷。
武禁相衣器十四卷。
嚏耳鳴雜占十六卷。[一]
禎祥變怪二十一卷。
人鬼精物六畜變怪二十一卷。
變怪誥咎十三卷。
執不祥劾鬼物八卷。
請官除訞祥十九卷。[二]
禳祀天文十八卷。[三]
請禱致福十九卷。
請雨止雨二十六卷。
泰壹雜子候歲二十二卷。
子贛雜子候歲二十六卷。
五法積貯寶臧二十三卷。
神農教田相土耕種十四卷。
昭明子釣種生魚鼈八卷。
種樹臧果相蠶十三卷。

右雜占十八家，三百一十三卷。

[一]師古曰：「嚏音丁計反。」
[二]師古曰：「訞字與妖同。」
[三]師古曰：「禳，除災也，音人羊反。」

雜占者，紀百事之象，候善惡之徵。[一]易曰：「占事知來。」[二]衆占非一，而夢爲大，故周有其官。[三]而詩載熊羆虺蛇衆魚旐旟之夢，著明大人之占，以考吉凶，[四]蓋參卜筮。春秋之說訞也，曰：「人之所忌，其氣炎以取之，訞由人興也。人失常則訞興，人無釁焉，訞不自作。」[五]故曰：「德勝不祥，義厭不惠。」[六]桑穀共生，大戊以興；鴝雉登鼎，武丁爲宗。[七]然惑者不稽諸躬，而忌訞之見，[八]是以詩刺「召彼故老，訊之占夢」，[九]傷其舍本而憂末，不能勝凶咎也。

[一]師古曰：「徵，證也。」
[二]師古曰：「下繫之辭也。言有事而占，則覩方來之驗也。」

[三]師古曰：「謂大卜掌三夢之法，又占夢中士二人，皆宗伯之屬官。」
[四]師古曰：「小雅斯干之詩曰『吉夢維何？維熊維羆，男子之祥；維虺維蛇，女子之祥』。無羊之詩曰『牧人乃夢，衆維魚矣，旐維旟矣。大人占之，衆維魚矣，實維豐年，旐維旟矣，室家溱溱』。言熊羆虺蛇皆爲吉祥之夢，而生男女。及見衆魚，則爲豐年之應，旐旟則爲多盛之象。大人占之，謂以聖人占夢之法占之也。畫龜蛇曰旐，鳥隼曰旟。」
[五]師古曰：「申繻之辭也，事見莊公十四年。炎謂火之光始燄燄也。言人之所忌，其氣燄引致於災也。釁，瑕也。失常，謂反五常之德也。炎讀與燄同。」
[六]師古曰：「厭音伊葉反。惠，順也。」
[七]師古曰：「說在郊祀、五行志。」
[八]師古曰：「稽，考也，計也。」
[九]師古曰：「小雅正月之詩也。故老，元老也。訊，問也。言不能修德以禳災，但問元老以占夢之吉凶。」

山海經十三篇。
國朝七卷。
宮宅地形二十卷。
相人二十四卷。

相寶劍刀二十卷。

相六畜三十八卷。

右形法六家，百二十二卷。

形法者，大舉九州之勢以立城郭室舍形，人及六畜骨法之度數、器物之形容以求其聲氣貴賤吉凶。猶律有長短，而各徵其聲，非有鬼神，數自然也。然形與氣相首尾，亦有有其形而無其氣，有其氣而無其形，此精微之獨異也。

凡數術百九十家，二千五百二十八卷。

數術者，皆明堂羲和史卜之職也。史官之廢久矣，其書既不能具，雖有其書而無其人。易曰：「苟非其人，道不虛行。」〔一〕春秋時魯有梓慎，鄭有裨竈，晉有卜偃，宋有子韋。六國時楚有甘公，魏有石申夫。漢有唐都，庶得麤觕。〔二〕蓋有因而成易，無因而成難，故因舊書以序數術為六種。

〔一〕師古曰：「下繫之辭也。言道由人行。」

〔二〕師古曰：「觕，粗略也，音才戶反。」

黃帝內經十八卷。

外經三十(九)〔七〕卷。

扁鵲內經九卷。

外經十二卷。

白氏內經三十八卷。

外經三十六卷。

旁篇二十五卷。

右醫經七家，二百一十六卷。

醫經者，原人血脈經(絡)〔落〕骨髓陰陽表裏，以起百病之本，死生之分，而用度箴石湯火所施，〔一〕調百藥齊和之所宜。〔二〕至齊之得，猶慈石取鐵，以物相使。拙者失理，以瘉為劇，(以死為生)〔以生為死〕。〔三〕

〔一〕師古曰：「箴，所以刺病也。石謂砭石，即石箴也。古者攻病則有砭，今其術絕矣。箴音之林反。砭音彼廉反。」

〔二〕師古曰：「齊音才詣反，其下並同。和音乎臥反。」

〔三〕師古曰：「瘉讀與愈同。愈，差也。」

五藏六府痺十二病方三十卷。〔一〕

五藏六府疝十六病方四十卷。〔二〕

五藏六府癉十二病方四十卷。〔三〕

風寒熱十六病方二十六卷。

泰始黃帝扁鵲俞拊方二十三卷。〔四〕

五藏傷中十一病方三十一卷。

客疾五藏狂顛病方十七卷。

金創瘲瘛方三十卷。〔五〕

婦人嬰兒方十九卷。

湯液經法三十二卷。

神農黃帝食禁七卷。

右經方十一家，二百七十四卷。

〔一〕師古曰：「痺，風溼之病，音必二反。」

〔二〕師古曰：「疝，心腹氣病，音山諫反，〔又音刪〕。」

〔三〕師古曰：「癉，黃病，音丁幹反。」

〔四〕應劭曰：「黃帝時醫也。」師古曰：「拊音膚。」

〔五〕服虔曰：「音瘛引之瘛。」師古曰：「小兒病也。瘛音充制反。瘲音子用反。」

經方者，本草石之寒溫，量疾病之淺深，假藥味之滋，因氣感之宜，辯五苦六辛，致水火之齊，以通閉解結，反之於平。及失其宜者，以熱益熱，以寒增寒，精氣內傷，不見於外，是所獨失也。故諺曰：「有病不治，常得中醫。」

容成陰道二十六卷。

務成子陰道三十六卷。

堯舜陰道二十三卷。

湯盤庚陰道二十卷。

天老雜子陰道二十五卷。

天一陰道二十四卷。

黃帝三王養陽方二十卷。

三家內房有子方十七卷。

右房中八家，百八十六卷。

房中者，(性情)〔情性〕之極，至道之際，是以聖王制外樂以禁內情，而爲之節文。傳曰：「先王之作樂，所以節百事也。」樂而有節，則和平壽考。及迷者弗顧，以生疾而隕性命。

宓戲雜子道二十篇。

上聖雜子道二十六卷。

道要雜子十八卷。

黃帝雜子步引十二卷。

黃帝岐伯按摩十卷。

黃帝雜子芝菌十八卷。〔一〕

黃帝雜子十九家方二十一卷。

泰壹雜子十五家方二十二卷。

神農雜子技道二十三卷。

泰壹雜子黃冶三十一卷。〔二〕

右神僊十家，二百五卷。

〔一〕師古曰：「服餌芝菌之法也。菌音求閔反。」

〔二〕師古曰：「黃冶，釋在郊祀志。」

神僊者，所以保性命之眞，而游求於其外者也。聊以盪意平心，同死生之域，〔一〕而無怵惕於胸中。然而或者專以爲務，則誕欺怪迂之文彌以益多，〔二〕非聖王之所以敎也。孔子曰：「索隱行怪，後世有述焉，吾不爲之矣。」〔三〕

〔一〕師古曰：「盪，滌。一曰，盪，放也。」

〔二〕師古曰：「誕，大言也。迂，遠也。」

〔三〕師古曰：「禮記載孔子之言。索隱，求索隱暗之事，而行怪迂之道，妄令後人有所祖述，非我本志。」

凡方技三十六家，八百六十八卷。

方技者，皆生生之具，王官之一守也。太古有岐伯、俞拊，中世有扁鵲、秦和，〔一〕蓋論病以及國，原診以知政。〔二〕漢興有倉公。今其技術晻昧，〔三〕故論其書，以序方技爲四種。

〔一〕師古曰：「和，秦醫名也。」

〔二〕師古曰：「診，視驗，謂視其脈及色候也。診音軫，又音丈刃反。」

〔三〕師古曰：「晻與暗同。」

大凡書，六略三十八種，五百九十六家，萬三千二百六十九卷。入三家，五十篇，省兵十家。

校勘記

一七〇二頁一七行　轉(爲)〔寫〕脫誤，景祐、殿本都作「寫」。

一七〇三頁一一行　號九師(法)〔說〕。景祐、殿本都作「說」。

一七〇四頁一三行　漢興，田(和)〔何〕傳之。錢大昭說「和」當作「何」。按景祐、殿本都作「何」。

一七〇五頁五行　歐陽經(二)〔三〕十二卷。景祐、殿本都作「三」。

一七〇八頁一〇行　詩言志，(哥)〔歌〕詠言。景祐、殿本都作「歌」。下及注並同。

一七〇九頁一行　三家(者)〔皆〕不得其眞，景祐、殿本都作「皆」。

一七〇九頁二行　經(七十)〔十七〕篇。劉敞說此「七十」與後「七十」皆當作「十七」。錢大昭、王先謙都說劉說是。

一七一〇頁一一行　(學七十)〔與十七〕篇文相似，劉敞說「學七十」當作「與十七」。楊樹達以爲劉說確鑿不可易。

一七一七頁一〇行　蓋孔子對〔魯〕哀公語也。景祐、殿本都有「魯」字。

一七一九頁一〇行　千八百七十(一)〔二〕字，景祐、殿本都作「二」。

一七二〇頁二行　(成)〔元〕帝時黃門令史游作。錢大昭說「成帝」當作「元帝」。按景祐、殿本都作「元帝」。

一七二二頁八行　漢(書)〔興〕，景祐、殿本都作「興」，此誤。

一七二二頁一三行　臣復續揚雄作十(二)〔三〕章，景祐、殿本都作「三」。王先謙說作「三」是。

一七二三頁一三行　論語載孔子之(書)〔言〕，景祐、殿本都作「言」。王先謙說作「言」是。

一七二三頁一三行　任意改(治)〔作〕也。景祐、殿本都作「作」。王先謙說作「作」是。

一七二五頁一〇行　讕言十(一)篇。景祐、殿本都作「十篇」。

一七二五頁一四行　齊閔王失國，(閔)〔問〕之，景祐、殿、局本都作「問」。王先謙說作「問」是。

一七二六頁三行　(侯)〔侯〕子一篇。景祐、殿本都作「侯」。王先謙說作「侯」是。

一七二七頁一四行　入揚雄一家〔三〕十八篇。景祐、殿本都作「三十八」。

一七三〇頁六行　「楚人」二字據景祐、殿本補。

一七三七頁一〇行　則苟鉤(鈲)〔鈲〕析亂而已。李慈銘說「鈲」當作「鈲」，注同。

一七三八頁一五行　但有賢不肖(之)善惡。景祐、殿本都無「之」字。

一七四〇頁一四行　尉繚(子)二十九篇。景祐、殿本都無「子」字。

一七四二頁二行　武帝時(所)作賦。　景祐、殿本都無「所」字。

一七四三頁三行　諸子疾時(怠)〔怠〕於農業，　景祐、殿本都作「怠」，此誤。

一七四四頁一行　言不須聖(圭)〔王〕，　景祐、殿本都作「王」。

一七四五頁二行　武帝時以方士侍郎(䶂)〔號〕黃車使者。　景祐、殿本都作「號」，

一七四六頁二行　是以九家之(説)〔術〕　景祐、殿本都作「術」。

一七五〇頁四行　從行至茂陵，(造作)〔詔造〕賦。　景祐、殿本都作「詔造」。

一七五二頁七行　〔死〕時年二十餘。　景祐、殿本都有「死」字。

一七五三頁五行　(文)〔大〕雜賦三十四篇。　景祐、殿本都作「大」。

一七五六頁七行　〔序〕詩賦爲五種。　景祐、殿本都有「序」字。

一七五七頁六行　(李)〔李〕子十篇。　景祐、殿本都作「李」。

一七六八頁一〇行　泰一二十(二)九卷。　景祐、殿本都作「二十九卷」，「二」字衍

一七七六頁二行　外經三十(九)〔七〕卷。　景祐、殿本都作「七」。

一七七六頁九行　原人血脈經(絡)〔落〕　景祐、殿本都作「落」。

一七七六頁一〇行　以瘉爲劇，(以死爲生)〔以生爲死〕。　景祐、殿本都作「以生爲死」。

一七七七頁一四行　音山諫反，〔又音刪〕。　景祐、殿本都有末三字。

一七七九頁二行　房中者，(性情)〔情性〕之極，　景祐、殿本都作「情性」。

漢書

漢蘭臺令史　班固　撰
唐祕書少監　顏師古　注

第七冊

卷三一至卷四六(傳一)

中華書局

中華書局

漢書卷三十一

陳勝項籍傳第一

服虔曰：「傳次其時之先後耳，不以賢智功之大小也。」師古曰：「雖次時之先後，亦以事類相從。如江充、息夫躬與蒯通同傳，賈山與路溫舒同傳，嚴助與賈捐之同傳之類是也。」

陳勝字涉，陽城人。〔一〕吳廣，字叔，陽夏人也。〔二〕勝少時，嘗與人傭耕。〔三〕輟耕之壟上，〔四〕悵然甚久，曰：「苟富貴，無相忘！」〔五〕傭者笑而應曰：「若爲傭耕，何富貴也？」勝太息曰：「嗟乎，燕雀安知鴻鵠之志哉！」〔六〕

〔一〕師古曰：「地理志屬汝南郡。」

〔二〕師古曰：「地理志屬淮陽。夏音工雅反。」

〔三〕師古曰：「與人，與人俱也。傭耕，謂受其雇直而爲之耕，言賣功傭也。」

〔四〕師古曰：「輟，止也。之，往也。壟上，謂田中之高處。」

〔五〕師古曰：「但一人富貴，不問彼此，皆不相忘也。」

〔六〕師古曰：「鴻，大鳥也，水居。鵠，黃鵠也，一舉千里。鵠音胡督反。」

秦二世元年秋七月，發閭左戍漁陽九百人，〔一〕勝、廣皆爲屯長。〔二〕行至蘄大澤鄉，會天大雨，道不通，度已失期。失期法斬，〔三〕勝、廣乃謀曰：「今亡亦死，舉大計亦死，等死，死國可乎？」勝曰：「天下苦秦久矣。吾聞二世，少子，不當立，當立者乃公子扶蘇。扶蘇以數諫故不得立，上使外將兵。〔四〕今或聞無罪，二世殺之。百姓多聞其賢，未知其死。〔五〕項燕爲楚將，數有功，〔六〕愛士卒，楚人憐之。或以爲在。今誠以吾衆爲天下倡，宜多應者。」〔七〕廣以爲然。乃行卜。卜者知其指意，曰：「足下事皆成，有功。然足下卜之鬼乎！」〔八〕勝、廣喜，念鬼，曰：「此教我先威衆耳。」乃丹書帛曰「陳勝王」，置人所罾魚腹中。〔九〕卒買魚亨食，得書，已怪之矣。〔一〇〕又間令廣之次所旁叢祠中，夜構火，狐鳴呼曰：「大楚興，陳勝王。」〔一一〕卒皆夜驚恐。旦日，卒中往往指目勝、廣。〔一二〕

〔一〕師古曰：「閭，里門也。發閭左之人皆遣戍也。解具在食貨志。」

〔二〕師古曰：「人所聚曰屯，爲其長帥也。」

〔三〕師古曰：「度謂量計之，音大各反。」

〔四〕師古曰：「數音所角反。下皆類此。」

〔五〕如淳曰：「扶蘇自殺，故人不知其死。或以爲不知何坐而死，故天下冤二世殺之。」師古曰：「如、或說皆非也。此言我聞二世已殺扶蘇矣，而百姓皆未知之，故勝、廣舉事詐自稱扶蘇耳。」

〔六〕師古曰：「燕音一千反。」

〔七〕師古曰：「倡讀曰唱，謂首號令也。」

〔八〕李奇曰：「卜者誠曰，所卜事雖成，當死爲鬼。惡指斥言，而勝失其指，反依鬼神起怪也。」蘇林曰：「狐鳴祠中即是也。」如淳曰：「以鬼道威衆乎，或但用人事也。」師古曰：「李、如之說皆非也。卜者云事成有功，然須假託鬼神乃可暴起耳。故勝、廣曉此意，則爲魚書狐鳴以威衆耳。」

〔九〕師古曰：「罾，魚網也，形如仰繖蓋，四維而舉之，音曾。」

〔一〇〕師古曰：「亨音普庚反。」

〔一一〕鄭氏曰：「間謂竊令人行也。」張晏曰：「戍人所止處也。叢，鬼所憑也。」師古曰：「張說非也。此言密於廣所次舍處旁側叢祠中爲之，非戍人所止處也。叢謂草木岑蔚者也。祠，神祠也。構謂結起也。呼音火故反。」

〔一二〕師古曰：「指而私目視之。」

勝、廣素愛人，士卒多爲用。將尉醉，〔一〕廣故數言欲亡，忿尉，令辱之，以激怒其衆。尉果笞廣。尉劍挺，廣起奪而殺尉。〔二〕勝佐之，并殺兩尉。召令徒屬曰：「公等遇雨，皆已失期，當斬。藉弟令毋斬，〔三〕而戍死者固什六七。且壯士不死則已，死則舉大名耳。侯王將相，寧有種乎！」〔四〕徒屬皆曰：「敬受令。」乃詐稱公子扶蘇、項燕，從民望也。袒右，稱大楚。〔五〕爲壇而盟，祭以尉首。〔六〕勝自立爲將軍，廣爲都尉。攻大澤鄉，拔之。收兵而攻蘄，蘄下。乃令符離人葛嬰將兵徇蘄以東，〔七〕攻銍、酇、苦、柘、譙，皆下之。〔八〕行收兵，比至陳，〔九〕兵車六七百乘，騎千餘，卒數萬人。攻陳，陳守令皆不在，〔一〇〕獨守丞與戰譙門中。〔一一〕

不勝，守丞死。乃入據陳。數日，號召三老豪桀會計事。〔一二〕皆曰：「將軍身被堅執銳，〔一三〕伐無道，誅暴秦，復立楚之社稷，功宜爲王。」勝乃立爲王，號(爲)張楚。〔一四〕

〔一〕師古曰：「將尉者，其官本尉耳。時領戍人，故爲將尉。」

〔二〕師古曰：「挺，拔也。尉劍自拔出，廣因奪取之。」

〔三〕服虔曰：「藉猶借也。弟，使也。」應劭曰：「藉，吏士名藉也。弟，次也。言今失期當斬，就使藉弟幸得不斬，戍死者固十六七也。」蘇林曰：「藉，假；弟，且也。」晉灼曰：「酈食其傳『弟言之』，外戚傳『弟一見我』，蘇說是也。」師古曰：「服、應說弟義皆非也。晉氏意頗近之，而猶未得。漢書諸言弟者甚衆。弟，但也，語有緩急耳。言但令無斬也。今俗人語稱但者，急言之則音如弟矣。酈食其、外戚傳所云弟者，皆謂但耳，義非且也。」

〔四〕師古曰：「言求之而得，不必胤胄。」

〔五〕師古曰：「袒右者，脫右肩之衣。當時取異於凡衆也。」

〔六〕師古曰：「以所殺尉之首祭神也。」

〔七〕李奇曰：「徇，略也。」師古曰：「音似峻反。」

〔八〕師古曰：「五縣名也。銍音竹乙反。酇音才多反。」

〔九〕師古曰：「比音必寐反。」

〔一〇〕師古曰：「守，郡守也。令，縣令也。」

〔一一〕晉灼曰：「譙門，義闕。」師古曰：「守丞，謂郡丞之居守者。一曰郡守之丞，故曰守丞。譙門，謂門上爲高樓以望者耳。樓一名譙，故謂美麗之樓爲麗譙。譙亦呼爲巢。所謂巢車者，亦於兵(革)〔車〕之上爲樓以望敵也。譙

巢聲相近，本一物也。今流俗書本巢下有城字，非也。此自陳耳，非巢之城。巢城前已下矣。」

〔三〕師古曰：「號令召呼之。」

〔四〕師古曰：「堅，堅甲也。銳，利兵也。」

〔五〕劉德曰：「若云張大楚國也。」張晏曰：「先是楚爲秦滅，已弛，今立楚，爲張也。」師古曰：「張說是也。」

於是諸郡縣苦秦吏暴，皆殺其長吏，將以應勝。乃以廣爲假王，監諸將以西擊滎陽。令陳人武臣、張耳、陳餘徇趙，汝陰人鄧宗徇九江郡。當此時，楚兵數千人爲聚者不可勝數。〔一〕

〔一〕師古曰：「聚音材喻反。」

葛嬰至東城，立襄彊爲楚王。〔一〕後聞勝已立，因殺襄彊，還報。至陳，勝殺嬰，令魏人周市北徇魏地。〔二〕廣圍滎陽。李由爲三川守守滎陽，廣不能下。勝徵國之豪桀與計，〔三〕以上蔡人房君蔡賜爲上柱國。〔四〕

〔一〕師古曰：「東城，縣名，地理志屬九江郡。」

〔二〕師古曰：「即梁地，非河東之魏也。」

〔三〕師古曰：「徵，召也。」

〔四〕鄭氏曰：「房君，官號也。姓蔡名賜。」晉灼曰：「張耳傳言相國房君是也。」師古曰：「房君者，封邑之名，非官號也。」

周文，陳賢人也，嘗爲項燕軍視日，〔一〕事春申君，〔二〕自言習兵。勝與之將軍印，西擊秦。行收兵至關，車千乘，卒十萬，至戲，軍焉。〔三〕秦令少府章邯免驪山徒、人奴產子，〔四〕悉發以擊楚軍，大敗之。周文走出關，止屯曹陽。〔五〕二月餘，章邯追敗之，復走黽池。〔六〕十餘日，章邯擊，大破之。周文自剄，軍遂不戰。

〔一〕文穎曰：「周文即周章也。」服虔曰：「視日旁氣也。」如淳曰：「視日時吉凶舉動之占。」師古曰：「視日，如說是也。」

〔二〕應劭曰：「楚相黃歇。」

〔三〕師古曰：「戲，水名，在新豐東，音許宜反。解具在高紀。」

〔四〕服虔曰：「家人之產奴也。」師古曰：「奴產子，猶今人云家生奴也。」

〔五〕晉灼曰：「亭名也，在弘農東十三里，魏武帝改爲好陽。」師古曰：「曹水之陽也。其水出陝縣西南峴頭山而北流入河，今謂之好陽澗，在陝縣西四十五里。」

〔六〕師古曰：「黽音澠。」

武臣至邯鄲，自立爲趙王，陳餘爲大將軍，張耳、召騷爲左右丞相。〔一〕勝怒，捕繫武臣等家室，欲誅之。柱國曰：「秦未亡而誅趙王將相家屬，此生一秦，〔二〕不如因立之。」勝乃遣使者賀趙，而徙繫武臣等家屬宮中。〔三〕而封張耳子敖爲成都君，趣趙兵亟入關。〔四〕趙王將相相與謀曰：「王王趙，非楚意也。楚已誅秦，必加兵於趙。計莫如毋西兵，〔五〕使使北徇燕地以自廣。趙南據大河，北有燕代，楚雖勝秦，不敢制趙，若不勝秦，必重趙。〔六〕趙承楚之敝，可以得志於天下。」趙王以爲然，因不西兵，而遣故上谷卒史韓廣將兵北徇燕。〔七〕

〔一〕師古曰：「召讀曰邵。」

〔二〕師古曰：「言爲讎敵，與秦無異。」

〔三〕師古曰：「徙居宮中，示優禮也。拘而不遣，故謂之繫。」

〔四〕師古曰：「趣讀曰促。亟，急也，音居力反。」

〔五〕師古曰：「勿令兵西出也。」

〔六〕師古曰：「重謂尊重也。」

〔七〕張晏曰：「卒史，曹史也。」

燕地貴人豪桀謂韓廣曰：「楚趙皆已立王。燕雖小，亦萬乘之國也，願將軍立爲王。」韓廣曰：「廣母在趙，不可。」燕人曰：「趙方西憂秦，南憂楚，其力不能禁我。且以楚之彊，不敢害趙王將相之家，今趙（又）〔獨〕安敢害將軍（之）家乎？」韓廣以爲然，乃自立爲燕王。居數月，趙奉燕王母家屬歸之。

是時，諸將徇地者不可勝數。周市北至狄，〔一〕狄人田儋殺狄令，自立爲齊王，反擊周市。市軍散，還至魏地，立魏後故甯陵君咎爲魏王。〔二〕咎在勝所，不得之魏。魏地已定，欲立周市爲王，市不肯。使者五反，〔三〕勝乃立甯陵君爲魏王，遣之國。周市爲相。

〔一〕師古曰：「縣名也，後漢安帝時改名臨濟。」

〔二〕應劭曰：「魏諸公子，名咎。欲立六國後以樹黨也。」

〔三〕師古曰：「反謂回還也。」

將軍田臧等相與謀曰：「周章軍已破，〔一〕秦兵且至，我守滎陽城不能下，秦軍至，必大敗。不如少遺兵，足以守滎陽，〔二〕悉精兵迎秦軍。〔三〕今假王驕，不知兵權，不可與計，非誅之，事恐敗。」因相與矯陳王令以誅吳廣，〔四〕獻其首於勝。勝使賜田臧楚令尹印，使爲上將。田臧乃使諸將李歸等守滎陽城，自以精兵西迎秦軍於敖倉。與戰，田臧死，軍破。章邯進擊李歸等滎陽下，破之，李歸死。

〔一〕服虔曰：「周章即周文。」

〔二〕師古曰：「遺，留也。」

〔三〕師古曰：「悉，盡也。」

〔四〕師古曰：「矯，詐也。詐言受令也。」

陽城人鄧說將兵居郯，〔一〕章邯別將擊破之，鄧說走陳。銍人五逢將兵居許，章邯擊破之。五逢亦走陳。勝誅鄧說。

〔一〕師古曰：「說讀曰悅。郯，東海縣也，音談。」

勝初立時，淩人秦嘉、銍人董緤、符離人朱雞石、取慮人鄭布、徐人丁疾等皆特起，〔一〕

將兵圍東海守於郯。勝聞，乃使武平君畔爲將軍，〔二〕監郯下軍。秦嘉自立爲大司馬，惡屬人，〔三〕告軍吏曰：「武平君年少，不知兵事，勿聽。」因矯以王命殺武平君畔。

〔一〕張晏曰：「浚，泗水縣也。銍、符離，沛縣也。取慮、徐，臨淮縣也。」師古曰：「緤音先列反。取音趨，又音秋。慮音廬。」
〔二〕張晏曰：「畔，名也。」
〔三〕師古曰：「不欲統屬於人。」

章邯已破五逢，擊陳，柱國房君死。章邯又進擊陳西張賀軍。勝出臨戰，軍破，張賀死。臘月，〔一〕勝之汝陰，還至下城父，〔二〕其御莊賈殺勝以降秦。葬碭，謚曰隱王。

〔一〕張晏曰：「秦之臘月，夏之九月。」臣瓚曰：「建丑之月也。」師古曰：「史記云胡亥二年十月誅葛嬰，十一月周文死，十二月陳涉死。瓚說是也。」
〔二〕師古曰：「下城父，地名，在城父縣東。父音甫。」

勝故涓人將軍呂臣爲蒼頭軍，〔一〕起新陽，〔二〕攻陳下之，殺莊賈，復以陳爲楚。

〔一〕應劭曰：「涓人，如謁者。將軍姓呂名臣也。時軍皆著青巾，故曰蒼頭。」服虔曰：「蒼頭謂士卒青帛巾，若赤眉之號，以相別也。」師古曰：「涓，潔也。涓人，主潔除之人。涓音蠲。」
〔二〕師古曰：「縣名也，屬汝南郡。」

初，勝令銍人宋留將兵定南陽，入武關。留已徇南陽，聞勝死，南陽復爲秦。〔一〕宋留不

能入武關，乃東至新蔡，遇秦軍，宋留以軍降秦。秦傳留至咸陽，車裂留以徇。〔二〕

〔一〕師古曰：「爲音于僞反。」
〔二〕師古曰：「徇，行示也，以示衆爲戒。徇音辭峻反。」

秦嘉等聞勝軍敗，乃立景駒爲楚王，引兵之方與，〔一〕欲擊秦軍濟陰下。使公孫慶使齊王，欲與并力俱進。齊王曰：「陳王戰敗，未知其死生，楚安得不請而立王？」公孫慶曰：「齊不請楚而立王，楚何故請齊而立王？且楚首事，當令於天下。」〔二〕田儋殺公孫慶。

〔一〕師古曰：「之，往也。方與，縣名也。方音房。與音豫。」
〔二〕師古曰：「首事，謂最先(兵起)〔起兵〕。」

秦左右校復攻陳，下之。呂將軍走，徼兵復聚，〔一〕與番盜英布相遇，〔二〕攻擊秦左右校，破之青波，〔三〕復以陳爲楚。會項梁立懷王孫心爲楚王。

〔一〕如淳曰：「徼，要也。徼(要)散卒復相聚斂也。」師古曰：「徼音工堯反。」
〔二〕師古曰：「番即番陽縣也。於番爲盜，故曰番盜。番音蒲何反。其後番字改作鄱。」
〔三〕文穎曰：「地名也。」

陳勝王凡六月。初爲王，其故人嘗與傭耕者聞之，乃之陳，叩宮門曰：「吾欲見涉。」宮門令欲縛之。自辯數，乃置，〔一〕不肯爲通。勝出，遮道而呼涉。〔二〕乃召見，載與歸。入宮，見殿屋帷帳，客曰：「夥，涉之爲王沈沈者！」〔三〕楚人謂多爲夥，故天下傳之，「夥涉爲王」，由陳涉始。客出入愈益發舒，言勝故情。或言「客愚無知，專妄言，輕威。」勝斬之。諸故人皆自引去，由是無親勝者。以朱防爲中正，胡武爲司過，主司羣臣。諸將徇地，至，令之不是者，繫而罪之。以苛察爲忠。其所不善者，不下吏，輒自治。〔四〕勝信用之，諸將以故不親附。此其所以敗也。

〔一〕師古曰：「辯數，謂自分別其姓名也，并歷道與涉故舊之事，故舍而不縛也。數音山羽反。」
〔二〕師古曰：「呼謂大喚也，音火故反。」
〔三〕應劭曰：「夥音禍。沈沈，宮室深邃之貌也。沈音長含反。」
〔四〕師古曰：「不以付吏，而防、武自治之。」

勝雖已死，其所置遣侯王將相竟亡秦。高祖時爲勝置守冢于碭，至今血食。王莽敗，乃絕。〔一〕

〔一〕師古曰：「至今血食者，司馬遷作史記本語也。莽敗乃絕者，班固之詞也。於文爲衍，蓋失不刪耳。」

項籍字羽，下相人也。〔一〕初起，年二十四。其季父梁，梁父即楚名將項燕者也。家世楚將，封於項，〔二〕故姓項氏。

〔一〕韋昭曰：「臨淮縣。」

〔二〕師古曰：「即今項城縣。」

籍少時，學書不成，去；學劍又不成，去。梁怒之。籍曰：「書足記姓名而已。劍一人敵，不足學，學萬人敵耳。」於是梁奇其意，乃教以兵法。籍大喜，略知其意，又不肯竟。梁嘗有櫟陽逮，請蘄獄掾曹咎書抵櫟陽獄史司馬欣，以故事皆已。〔一〕梁嘗殺人，與籍避仇吳中。吳中賢士大夫皆出梁下。〔二〕每有大繇役及喪，梁常主辦，陰以兵法部勒賓客子弟，以知其能。秦始皇帝東遊會稽，渡浙江，〔三〕梁與籍觀。籍曰：「彼可取而代也。」梁掩其口，曰：「無妄言，族矣！」〔四〕梁以此奇籍。籍長八尺二寸，力扛鼎，〔五〕才氣過人。吳中(弟子)〔子弟〕皆憚籍。

〔一〕應劭曰：「項梁會坐事傳繫櫟陽獄，從蘄獄掾曹咎取書與司馬欣。抵，相歸抵也。已，止也。」
〔二〕師古曰：「言皆不及也。」
〔三〕應劭曰：「浙音折。」晉灼曰：「江水至會稽山陰爲浙江。」
〔四〕師古曰：「凡言族者，謂族誅之。」
〔五〕師古曰：「扛，舉也，音江。」

秦二世元年，陳勝起。九月，會稽假守通〔一〕素賢梁，乃召與計事。梁曰：「方今江西皆反秦，此亦天亡秦時也。先發制人，後發制於人。」守歎曰：「聞夫子楚將世家，唯足下耳！」梁曰：「吳有奇士桓楚，亡在澤中，人莫知其處，獨籍知之。」梁乃戒籍持劍居外待。梁復入，

與守語曰：「請召籍，使受令召桓楚。」籍入，梁眴籍曰：「可行矣！」〔一〕籍遂拔劍擊斬守。梁持守頭，佩其印綬。門下驚擾，籍所擊殺數十百人。〔二〕府中皆讋伏，莫敢復起。〔三〕梁乃召故人所知豪吏，諭以所爲，〔四〕遂舉吳中兵。使人收下縣，〔五〕得精兵八千人，部署豪桀爲校尉、候、司馬。〔六〕有一人不得官，自言。梁曰：「某時某喪，使公主某事，不能辦，以故不任公。」衆乃皆服。梁爲會稽將，籍爲裨將，〔七〕徇下縣。〔八〕

〔一〕張晏曰：「假守，兼守也。」晉灼曰：「楚漢春秋云姓殷。」

〔二〕師古曰：「眴，動目也，音舜，動目而使之也。今書本有作眗字者，流俗所改耳。」

〔三〕師古曰：「數十百人者，八九十乃至百也。他皆類此。」

〔四〕師古曰：「讋，失氣也，音章涉反。」

〔五〕師古曰：「諭，曉告之。」

〔六〕師古曰：「四面諸縣也。非郡所都，故謂之下也。」

〔七〕師古曰：「分部而署置之。」

〔八〕師古曰：「裨，助也，相副助也。裨音頻移反。他皆類此。」

秦二年，廣陵人召平爲陳勝徇廣陵，〔一〕未下。聞陳勝敗走，秦將章邯且至，乃渡江矯陳王令，拜梁爲楚上柱國，曰：「江東已定，急引兵西擊秦。」梁乃以八千人渡江而西。聞陳嬰已下東陽，使使欲與連和俱西。陳嬰者，故東陽令史，〔二〕居縣，素信，爲長者。〔三〕東陽少

年殺其令，相聚數千人，欲立長，無適用，〔四〕乃請陳嬰。嬰謝不能，遂彊立之，縣中從之者得二萬人。欲立嬰爲王，異軍蒼頭特起。〔五〕嬰母謂嬰曰：「自吾爲乃家婦，聞先故未曾貴。〔六〕今暴得大名，不祥。不如有所屬，事成猶得封侯，事敗易以亡，非世所指名也。」嬰乃不敢爲王，謂其軍〔吏〕曰：「項氏世世將家，有名於楚，今欲舉大事，將非其人，不可。〔七〕我倚名族，亡秦必矣。」〔八〕其衆從之，乃以其兵屬梁。梁渡淮，英布、蒲將軍亦以其兵屬焉。〔九〕凡六七萬人，軍下邳。

〔一〕師古曰：「召讀曰邵。」

〔二〕蘇林曰：「曹史也。」晉灼曰：「漢儀注令（史）〔吏〕曰令史，丞（史）〔吏〕曰丞史。」師古曰：「晉說是也。」

〔三〕師古曰：「素立恩信，號爲長者。」

〔四〕師古曰：「適，主也，音與的同。」

〔五〕應劭曰：「言與衆異也。」

〔六〕師古曰：「乃，汝也。」

〔七〕師古曰：「言以不材之人爲將，不可求勝也。」

〔八〕師古曰：「倚，依也，音於綺反。」

〔九〕服虔曰：「英布起於蒲地，因以爲號也。」如淳曰：「史記項羽紀言當陽君、蒲將軍皆屬項羽，（自比）〔此自〕更有蒲將軍也。」師古曰：「此二人也，服說失之。若是一人，不當先言姓名，後乃稱將軍也。」

是時，秦嘉已立景駒爲楚王，軍彭城東，欲以距梁。梁謂軍吏曰：「陳王首事，戰不利，未聞所在。今秦嘉背陳王立景駒，大逆亡道。」乃引兵擊秦嘉。〔嘉〕軍敗走，追至胡陵。嘉還戰〔一〕一日，嘉死，軍降。景駒走死梁地。梁已幷秦嘉軍，〔軍〕胡陵，將引而西。章邯至栗，〔二〕梁使別將朱雞石、餘樊君與戰。餘樊君死。朱雞石敗，亡走胡陵。梁乃引兵入薛，誅朱雞石。梁前使羽別攻襄城，襄城堅守不下。已拔，皆阬之，〔三〕還報梁。聞陳王定死，召諸別將會薛計事。時沛公亦從沛往。

〔一〕師古曰：「復來戰。」

〔二〕師古曰：「栗，縣名。地理志屬沛郡。」

〔三〕師古曰：「陷之於阬，盡殺之。」

居鄛人范增〔一〕年七十，素好奇計，往說梁曰：「陳勝敗固當。〔二〕夫秦滅六國，楚最亡罪，自懷王入秦不反，楚人憐之至今，故南公稱曰『楚雖三戶，亡秦必楚』。〔三〕今陳勝首事，不立楚後，其勢不長。今君起江東，楚蠭起之將皆爭附君者，〔四〕以君世世楚將，爲能復立楚之後也。」於是梁乃求楚懷王孫心，在民間爲人牧羊，立以爲楚懷王，從民望也。陳嬰爲上柱國，封五縣，與懷王都盱台。〔五〕梁自號武信君，引兵攻亢父。〔六〕

〔一〕晉灼曰：「鄛音鄛絕之鄛。」師古曰：「居鄛，縣名也，地理志屬廬江郡。鄛音巢，字亦作巢。本春秋時巢國。」

〔二〕師古曰：「言其計畫非是，宜應敗也。」

〔三〕服虔曰：「南公，南方之老人也。」蘇林曰：「但令有三戶在，其怨深，足以亡秦。」

〔四〕師古曰：「蠭，古蜂字也。蠭起，如蠭之起，言其衆也。一說蠭與鋒同，言鋒銳而起者。」

〔五〕師古曰：「盱音許于反。台音怡。」

〔六〕師古曰：「亢音抗。父音甫。」

初，章邯既殺齊王田儋於臨菑，〔一〕田假復自立爲齊王。儋弟榮走保東阿，章邯追圍之。梁引兵救東阿，大破秦軍東阿。田榮卽引兵歸，逐王假。假亡走楚，相田角亡走趙。角弟閒，故將，居趙不敢歸。田榮立儋子市爲齊王。梁已破東阿下軍，遂追秦軍。數使使趣齊兵俱西。〔二〕榮曰：「楚殺田假，趙殺田角、田閒，乃發兵。」梁曰：「田假與國之王，〔三〕窮來歸我，不忍殺。」趙亦不殺角、閒以市於齊。〔四〕齊遂不肯發兵助楚。梁使羽與沛公別攻城陽，屠之。西破秦軍濮陽東，秦兵收入濮陽。沛公、羽攻定陶。定陶未下，去，西略地至雍丘，大破秦軍，斬李由。還攻外黃，外黃未下。

〔一〕師古曰：「高紀及儋傳並言於臨濟，此獨言臨菑，疑此誤也。」

〔二〕師古曰：「趣讀曰促。」

〔三〕張晏曰：「與，黨與也。」

〔四〕張晏曰：「若市買相貿易以利也。梁救榮難，榮猶不用命。梁念殺假等，榮未必多出兵，不如待以（初）〔禮〕，又

二十四史

可以貿易他利，以除己害，遂背德，可輔假以伐齊，故曰市。市，貿易也。」晉灼曰：「欲令楚殺田假，以爲己利，而楚保全不殺，以買其計，故曰市也。」師古曰：「二說皆非也。市者，以角、閒市取齊兵也，直言趙不殺角、閒以求齊兵耳。」

梁起東阿，比至定陶，再破秦軍，[一]羽等又斬李由，益輕秦，有驕色。宋義諫曰：「戰勝而將驕卒惰者敗。今少惰矣，秦兵日益，臣爲君畏之。」梁不聽。乃使宋義於齊。道遇齊使者高陵君顯，[二]曰：「公將見武信君乎？」曰：「然。」義曰：「臣論武信君軍必敗。公徐行則免，疾行則及禍。」秦果悉起兵益章邯，夜銜枚擊楚，大破之定陶，[三]梁死。沛公與羽去外黃，攻陳留，陳留堅守不下。沛公、羽相與謀曰：「今梁軍敗，士卒恐。」乃與呂臣俱引兵而東。呂臣軍彭城東，羽軍彭城西，沛公軍碭。

[一]師古曰：「比音必寐反。」
[二]張晏曰：「名顯，封於高陵。」晉灼曰：「高陵，琅邪縣也。」
[三]師古曰：「銜枚，解在高紀。」

章邯已破梁軍，則以爲楚地兵不足憂，乃渡河北擊趙，大破之。當此之時，趙歇爲王，陳餘爲將，張耳爲相，走入鉅鹿城。[一]秦將王離、涉閒圍鉅鹿，[二]章邯軍其南，築甬道而輸之粟。[三]陳餘將卒數萬人軍鉅鹿北，所謂河北軍也。

[一]師古曰：「趙歇、張耳共入鉅鹿也。」
[二]張晏曰：「秦二將也。王離，王翦孫。涉，姓；閒，名也。」
[三]師古曰：「章邯爲甬道而運粟，以饋王離、涉閒之軍。」

宋義所遇齊使者高陵君顯見楚懷王曰：「宋義論武信君必敗，數日果敗。軍未戰先見敗徵，[一]可謂知兵矣。」王召宋義與計事而說之，[二]因以爲上將軍；羽爲魯公，爲次將，范增爲末將。諸別將皆屬，號卿子冠軍。[三]北救趙，至安陽，留不進。[四]秦三年，羽謂宋義曰：「今秦軍圍鉅鹿，疾引兵渡河，楚擊其外，趙應其內，破秦軍必矣。」宋義曰：「不然。夫搏牛之蝱不可以破蝨。[五]今秦攻趙，戰勝則兵罷，我承其敝；[六]不勝，則我引兵鼓行而西，必舉秦矣。[七]故不如先鬬秦、趙。夫擊輕銳，我不如公；坐運籌策，公不如我。」因下令軍中曰：「猛如虎，很如羊，貪如狼，强不可令者，皆斬。」遣其子襄相齊，身送之無鹽，[八]飲酒高會。[九]天寒大雨，士卒凍飢。羽曰：「將勠力而攻秦，久留不行。今歲飢民貧，卒食半菽，[一〇]軍無見糧，[一一]乃飲酒高會，不引兵渡河因趙食，與并力擊秦，乃曰『承其敝』。夫以秦之强，攻新造之趙，其勢必舉趙。趙舉秦强，何敝之承！且國兵新破，王坐不安席，掃境內而屬將軍，[一二]國家安危，在此一舉。今不卹士卒而徇私(家)，非社稷之臣也。」羽晨朝上將軍宋義，卽其帳中斬義頭。[一三]出令軍中曰：「宋義與齊謀反楚，楚王陰令籍誅之。」諸將讋服，[一四]莫敢枝梧。[一五]皆曰：「首立楚者，將軍家也。今將軍誅亂。」乃相與共立羽爲假上將軍。[一六]使人追宋義子，及之齊，殺之。使桓楚報命於王。王因使使立羽爲上將軍。

[一]師古曰：「徵，證也。」
[二]師古曰：「說讀曰悅。」
[三]師古曰：「冠軍，言其在諸軍之上。」
[四]師古曰：「今相州安陽縣。」
[五]張晏曰：「搏音博。」蘇林曰：「蝱喻秦，蝨喻章邯等，言小大不同勢，欲滅秦當寬邯等也。」如淳曰：「猶言本欲以大力伐秦，而不可以救趙也。」師古曰：「搏，擊也，言以手擊牛之背，可以殺其上蝱，而不能破蝨，喻今將兵方欲滅秦，不可盡力與章邯卽戰。或未能禽，徒費力也。如說近也。」
[六]師古曰：「罷讀曰疲。」
[七]師古曰：「鼓行，謂擊鼓而行，無畏懼也。」
[八]師古曰：「縣名。」
[九]師古曰：「高會，大會也。」
[一〇]孟康曰：「半，五升器名也。」臣瓚曰：「士卒食蔬菜以菽雜半之。」師古曰：「瓚說是也。菽謂豆也。」
[一一]師古曰：「無見在之糧。」
[一二]師古曰：「屬，委也，音之欲反。」
[一三]師古曰：「卽，就也。」

[一四]師古曰：「讋，失氣也，音之涉反。」
[一五]如淳曰：「梧音悟。枝梧猶枝扞也。」臣瓚曰：「小柱爲枝，邪柱爲梧，今屋梧邪柱是也。」
[一六]師古曰：「未得懷王之命，故且爲假也。」

羽已殺卿子冠軍，威震楚國，名聞諸侯。乃遣當陽君、蒲將軍將卒二萬人渡河救鉅鹿。戰少利，陳餘復請兵。羽乃悉引兵渡河。已渡，皆湛舡，[一]破釜甑，燒廬舍，持三日糧，視士必死，無還心。[二]於是至則圍王離，與秦軍遇，九戰，絕甬道，大破之，殺蘇角，[三]虜王離。涉閒不降，自燒殺。當是時，楚兵冠諸侯。[四]諸侯軍救鉅鹿者十餘壁，莫敢縱兵。及楚擊秦，諸侯皆從壁上觀。楚戰士無不一當十，呼聲動天地。[五]諸侯軍人人惴恐。[六]於是楚已破秦軍，羽見諸侯將，入轅門，[七]膝行而前，莫敢仰視。羽繇是始爲諸侯上將軍，[八]兵皆屬焉。

[一]師古曰：「湛讀曰沈，謂沈沒其舡於水中。」
[二]師古曰：「視讀曰示。」
[三]文穎曰：「秦將。」
[四]師古曰：「言最爲上也。」
[五]師古曰：「呼音火故反。」
[六]服虔曰：「惴音章瑞反。」

中華書局

（七）張晏曰：「軍行以車爲陳，轅相向爲門，故曰轅門。」師古曰：「周禮掌舍，王行則『設車宮轅門』也。」

（八）師古曰：「繇讀與由同。」

章邯軍棘原，（一）羽軍漳南，相持未戰。秦軍數卻，（二）二世使人讓章邯。（三）章邯恐，使長史欣請事。至咸陽，留司馬門三日，（四）趙高不見，有不信之心。長史欣恐，還走，不敢出故道。趙高果使人追之，不及。欣至軍，報曰：「事亡可爲者。（五）相國趙高顓國主斷。（六）今戰而勝，高嫉吾功；不勝，不免於死。願將軍熟計之。」陳餘亦遺章邯書曰：「白起爲秦將，南并鄢郢，北阬馬服，（七）攻城略地，不可勝計，而卒賜死。（八）蒙恬爲秦將，北逐戎人，開榆中地數（十）〔千〕里，（九）竟斬陽周。（一〇）何者？功多，秦不能封，因以法誅之。今將軍爲秦將三歲矣，所亡失已十萬數，而諸侯並起茲益多。彼趙高素諛日久，（一一）今事急，亦恐二世誅之，故欲以法誅將軍以塞責，（一二）使人更代以脫其禍。（一三）將軍居外久，多內隙，有功亦誅，亡功亦誅。且天之亡秦，無愚智皆知之。今將軍內不能直諫，外爲亡國將，孤立而欲長存，豈不哀哉！將軍何不還兵與諸侯爲從，（一四）南面稱孤，孰與身伏斧質，妻子爲戮乎？」（一五）章邯狐疑，陰使候始成使羽，欲約。（一六）約未成，羽使蒲將軍引兵渡三戶，（一七）軍漳南，與秦戰，再破之。羽悉引兵擊秦軍汙水上，（一八）大破之。

（一）晉灼曰：「地名，在鉅鹿南。」

（二）師古曰：「卻，退也，音丘略反。」

（三）師古曰：「讓謂責也。」

（四）師古曰：「凡言司馬門者，宮垣之內兵衞所在，四面皆有司馬。司馬主武事，故總謂宮之外門爲司馬門。」

（五）師古曰：「言不可復爲軍旅之事。」

（六）師古曰：「顓與專同也。」

（七）服虔曰：「馬服，趙括也。父奢爲趙將，有功，賜號馬服。馬服猶服馬也，故世稱之。」師古曰：「鄢郢，皆楚邑也。鄢音偃。郢音弋井反。」

（八）師古曰：「卒，終也。」

（九）服虔曰：「金城縣所治也。」蘇林曰：「在上郡。」師古曰：「即今之榆林，古者上郡界。蘇說是也。」

（一〇）孟康曰：「縣名也，屬上郡。」晉灼曰：「恬賜死，死於此縣。」

（一一）師古曰：「諛，諂也。」

（一二）師古曰：「塞，當也。」

（一三）師古曰：「脫，免也。」

（一四）文穎曰：「關東爲從，關西爲橫。」孟康曰：「南北爲從，東西爲橫。」師古曰：「言欲如六國時共敵秦。二說皆是也。還兵謂迴兵內嚮以攻秦也。從音子容反。」

（一五）師古曰：「質謂鑕也。古者斬人，加於鑕上而斫之也。鑕音竹林反。」

（一六）鄭氏曰：「候，軍候也。始，姓；成，名也。」

（一七）服虔曰：「漳水津也。」孟康曰：「在鄴西三十里。」

（一八）師古曰：「汙水在鄴西南，音于。」

邯使使見羽，欲約。羽召軍吏謀曰：「糧少，欲聽其約。」軍吏皆曰：「善。」羽乃與盟洹水南殷虛上。（一）已盟，章邯見羽流涕，爲言趙高。羽乃立章邯爲雍王，置軍中。使長史欣爲上將，將秦軍行前。（二）

（一）應劭曰：「洹水在湯陰界。殷虛，故殷都也。」師古曰：「洹水出林慮縣東北，至于長樂入清水。洹音桓，俗音袁，非也。虛讀曰墟。」

（二）師古曰：「行前，謂居前而行。」

漢元年，羽將諸侯兵三十餘萬，行略地至河南，遂西到新安。（一）異時諸侯吏卒繇役屯戍過秦中，（二）秦中遇之多亡狀，（三）及秦軍降諸侯，諸侯吏卒乘勝奴虜使之，輕（重）折辱秦吏卒。吏卒多竊言（曰）：「章將軍（等）詐吾屬降諸侯，今能入關破秦，大善；即不能，諸侯虜吾屬而東，秦又盡誅吾父母妻子。」諸將微聞其計，以告羽。羽乃召英布、蒲將軍計曰：「秦吏卒尚衆，其心不服，至關不聽，事必危，不如擊之，獨與章邯、長史欣、都尉翳入秦。」於是夜擊阬秦軍二十餘萬人。

（一）師古曰：「今穀州新安城是。」

（二）師古曰：「異時猶言先時也。秦中，關中秦地也。」

（三）師古曰：「無善形狀也。」

至函谷關，有兵守，不得入。聞沛公已屠咸陽，羽大怒，使當陽君擊關。羽遂入，至戲西鴻門，聞沛公欲王關中，獨有秦府庫珍寶。亞父范增亦大怒，勸羽擊沛公。饗士，旦日合戰。羽季父項伯素善張良。良時從沛公，項伯夜以語良。良與俱見沛公，因伯自解於羽。（一）明日，沛公從百餘騎至鴻門謝羽，自陳「封秦府庫，還軍霸上以待大王，閉關以備他盜，不敢背德。」羽意既解，范增欲害沛公，賴張良、樊噲得免。語在高紀。

（一）師古曰：「自解，猶今言分疏也。」

後數日，羽乃屠咸陽，殺秦降王子嬰，燒其宮室，火三月不滅；收其寶貨，略婦女而東。秦民失望。（一）於是韓生說羽曰：「關中阻山帶河，四塞之地，肥饒，可都以伯。」（二）羽見秦宮室皆已燒殘，又懷思東歸，曰：「富貴不歸故鄉，如衣錦夜行。」（三）韓生曰：「人謂楚人沐猴而冠，果然。」（四）羽聞之，斬韓生。

（一）師古曰：「沛公入關，儉節自處，約法三章，反秦之政。而項羽屠殺焚燒，恣其殘酷，故關中之人失所望也。」

（二）師古曰：「伯讀曰霸。」

（三）師古曰：「言無人見之，不榮顯矣。」

（四）張晏曰：「沐猴，獼猴也。」師古曰：「言雖著人衣冠，其心不類人也。果然，果如人之言也。」

初，懷王與諸將約，先入關者王其地。羽既背約，使人致命於懷王。懷王曰：「如約。」羽乃曰：「懷王者，吾家武信君所立耳，非有功伐，〔一〕何以得顓主約？〔二〕天下初發難，〔三〕假立諸侯後以伐秦。然身被堅執銳首事，暴露於野三年，滅秦定天下者，皆將相諸君與籍力也。懷王亡功，固當分其地王之。」諸將皆曰：「善。」羽乃陽尊懷王爲義帝，曰：「古之王者，地方千里，必居上游。」〔四〕徙之長沙，都郴。〔五〕乃分天下以王諸侯。

〔一〕張晏曰：「積功曰伐。」
〔二〕師古曰：「顓與專同。」
〔三〕服虔曰：「兵初起時也。」
〔四〕文穎曰：「居水之上流也。游或作流。」師古曰：「游即流也。」
〔五〕師古曰：「郴音丑林反。」

羽與范增疑沛公，業已講解，〔一〕又惡背約恐諸侯叛之，陰謀曰：「巴、蜀道險，秦之遷民皆居之。」乃曰：「巴、蜀亦關中地。」故立沛公爲漢王，王巴、蜀、漢中。而參分關中，王秦降將以距塞漢道。乃立章邯爲雍王，王咸陽以西。長史司馬欣，故櫟陽獄吏，嘗有德於梁；都尉董翳，本勸章邯降。故立欣爲塞王，王咸陽以東至河；立翳爲翟王，王上郡。徙魏王豹爲西魏王，王河東。瑕丘公申陽者，〔二〕張耳嬖臣也，〔三〕先下河南，迎楚河上。立陽爲河南王。趙將司馬卬定河內，數有功。立卬爲殷王，王河內。徙趙王歇王代。趙相張耳素賢，又從入關，立爲常山王，王趙地。當陽君英布爲楚將，常冠軍。立布爲九江王。番君吳芮〔四〕帥百粵佐諸侯從入關。立芮爲衡山王。義帝柱國共敖〔五〕將兵擊南郡，功多，因立爲臨江王。徙燕王韓廣爲遼東王。燕將臧荼〔六〕從楚救趙，因從入關。立荼爲燕王。徙齊王田市爲膠東王。齊將田都從共救趙，入關。立都爲齊王。故秦所滅齊王建孫田安，羽方渡河救趙，安下濟北數城，引兵降羽。立安爲濟北王。田榮者，背梁不肯助楚擊秦，以故不得封。陳餘棄將印去，不從入關，然素聞其賢，有功於趙，聞其在南皮，故因環封之三縣。〔七〕番君將梅鋗〔八〕功多，故封十萬戶侯。羽自立爲西楚伯王，〔九〕王梁楚地九郡，都彭城。

〔一〕蘇林曰：「講，和也。」
〔二〕孟康曰：「瑕丘縣之老人也，姓申名陽。」
〔三〕師古曰：「嬖謂愛幸也。」
〔四〕師古曰：「番音蒲河反。」
〔五〕師古曰：「共讀曰龔。」
〔六〕師古曰：「荼音塗。」
〔七〕孟康曰：「繞南皮三縣以封之。」師古曰：「環音宦。」
〔八〕師古曰：「鋗音火玄反。」
〔九〕師古曰：「伯讀曰霸。」

諸侯各就國。田榮聞羽徙齊王市膠東，而立田都爲齊王，大怒，不肯遣市之膠東，因以齊反，迎擊都。都走楚。市畏羽，乃亡之膠東就國。榮怒，追殺之即墨，自立爲齊王。予彭越將軍印，令反梁地。越乃擊殺濟北王田安。田榮遂幷王三齊之地。時漢王還定三秦。羽聞漢幷關中，且東，〔一〕齊、梁畔之，大怒，乃以故吳令鄭昌爲韓王以距漢，令蕭公角等擊彭越。越敗蕭公角等。時，張良徇韓，遺項王書曰：「漢王失職，欲得關中，如約即止，不敢東。」〔二〕又以齊、梁反書遺羽，羽以此故無西意，而北擊齊。徵兵九江王布。布稱疾不行，使將將數千人往。二年，羽陰使九江王布殺義帝。陳餘使張同、夏說說齊王榮，〔三〕曰：「項王爲天下宰不平，今盡王故王於醜地，〔四〕而王羣臣諸將善地，逐其故主趙王，乃北居代，餘以爲不可。〔五〕聞大王起兵，且不聽不義，〔六〕願大王資餘兵，〔七〕使擊常山，以復趙王，請以國爲扞蔽。」〔八〕齊王許之，因遣兵往。陳餘悉三縣兵，〔九〕與齊并力擊常山，大破之。張耳走歸漢。陳餘迎故趙王歇反之趙。趙王因立餘爲代王。羽至城陽，田榮亦將兵會戰。榮不勝，走至平原，平原民殺之。羽遂北燒夷齊城郭室屋，〔一〇〕皆阬降卒，係虜老弱婦女。徇齊至北海，所過殘滅。齊人相聚而畔之。於是田榮弟橫收得亡卒數萬人，反城陽。羽因留，連戰未能下。

〔一〕師古曰：「言方欲出關而擊楚也。」
〔二〕師古曰：「如本要約也。」
〔三〕師古曰：「夏說讀曰悅，下說齊王，說音式芮反。」
〔四〕師古曰：「醜，惡也。」
〔五〕師古曰：「於義不當然。」
〔六〕師古曰：「凡不義之事，皆不聽順。」
〔七〕師古曰：「資，給也。」
〔八〕師古曰：「猶爲齊之藩屏。」
〔九〕師古曰：「悉，盡也。」
〔一〇〕師古曰：「夷，平也。」

漢王劫五諸侯兵，〔一〕凡五十六萬人，東伐楚。羽聞之，即令諸將擊齊，而自以精兵三萬人南從魯出胡陵。漢王皆已破彭城，收其貨賂美人，日置酒高會。羽乃從蕭晨擊漢軍而東，至彭城，日中，大破漢軍。〔二〕漢軍皆走，迫之穀、泗水。〔三〕漢軍皆南走山，〔四〕楚又追擊至靈辟東睢水上。〔五〕漢軍卻，爲楚所擠，〔六〕多殺。漢卒十餘萬皆入睢水，睢水爲不流。〔七〕漢王乃與數十騎遁去。語在高紀。太公、呂后間求漢王，〔八〕反遇楚軍。楚軍與歸，羽常置

軍中。

〔一〕服虔曰：「時有十八諸侯，漢得其五。」師古曰：「常山、河南、魏、韓、殷也。解在高紀。十八諸侯，漢時又先已得塞、翟矣。服說非也。」
〔二〕張晏曰：「一日之中。或曰早擊之，至日中大破。」師古曰：「或說是也。」
〔三〕臣瓚曰：「二水皆在沛郡彭城。」
〔四〕師古曰：「走，趣也，音奏。」
〔五〕師古曰：「睢音雖。」
〔六〕臣瓚曰：「擠，排也。」師古曰：「音子詣反，又音子奚反。」
〔七〕師古曰：「言殺人多，塡於水中。」
〔八〕師古曰：「間行而求之。」

漢王稍收散卒，蕭何亦發關中卒悉詣滎陽，戰京、索間，〔一〕敗楚。楚以故不能過滎陽而西。漢軍滎陽，築甬道，取敖倉食。三年，羽數擊絕漢甬道，漢王食乏，請和，割滎陽以西爲漢。羽欲聽之。歷陽侯范增曰：「漢易與耳，今不取，後必悔之。」羽乃急圍滎陽。漢王患之，乃與陳平金四萬斤以間楚君臣。〔二〕語在陳平傳。項羽以故疑范增，稍奪之權。范增怒曰：「天下事大定矣，君王自爲之！願賜骸骨歸。」行未至彭城，疽發背死。〔三〕於是漢將紀信詐爲漢王出降，以誑楚軍，故漢王得與數十騎從西門出。令周苛、樅公、魏豹守滎

陽。〔四〕漢王西入關收兵，還出宛、葉間，〔五〕與九江王黥布行收兵。羽聞之，卽引兵南。漢王堅壁不與戰。

〔一〕師古曰：「索音山各反。」
〔二〕師古曰：「間音居莧反。」
〔三〕師古曰：「疽，癰創也，音千餘反。」
〔四〕師古曰：「苛音何。樅音千容反。」
〔五〕師古曰：「葉音式涉反。」

是時，彭越渡睢，與項聲、薛公戰下邳，殺薛公。羽乃東擊彭越。漢王亦引兵北軍成皋。羽已破走彭越，〔一〕引兵西下滎陽城，亨周苛，殺樅公，虜韓王信，進圍成皋。漢王跳，〔二〕獨與滕公得出。北渡河，至修武，從張耳、韓信。楚遂拔成皋。漢王得韓信軍，留止，使盧綰、劉賈渡白馬津入楚地，佐彭越共擊破楚軍燕郭西，〔三〕燒其積聚，攻下梁地十餘城。羽聞之，謂海春侯大司馬曹咎曰：「謹守成皋。卽漢欲挑戰，愼毋與戰，勿令得東而已。我十五日必定梁地，復從將軍。」於是引兵東。

〔一〕師古曰：「擊破之令其走。」
〔二〕師古曰：「輕身而急出也。跳音徒彫反。」
〔三〕師古曰：「燕縣，故南燕國也，屬東郡。」

四年，羽擊陳留、外黃，外黃不下。數日降，羽悉令男子年十五以上詣城東，欲阬之。外黃令舍人兒年十三，〔一〕往說羽曰：「彭越强劫外黃，〔二〕外黃恐，故且降，待大王。大王至，又皆阬之，百姓豈有所歸心哉！從此以東，梁地十餘城皆恐，莫肯下矣。」羽然其言，乃赦外黃當阬者。而東至睢陽，聞之皆爭下。

〔一〕蘇林曰：「令之舍人兒也。」臣瓚曰：「稱兒者，以其幼弱，故係其父。」
〔二〕師古曰：「强音其兩反。」

漢果數挑楚軍戰，楚軍不出。使人辱之，五六日，大司馬怒，渡兵汜水。〔一〕卒半渡，漢擊，大破之，盡得楚國金玉貨賂。大司馬咎、長史欣皆自剄汜水上。咎故蘄獄掾，欣故塞王，羽信任之。羽至睢陽，聞咎等破，則引兵還。漢軍方圍鍾離(昧)〔眛〕於滎陽東，〔二〕羽軍至，漢軍畏楚，盡走險阻。〔三〕羽亦軍廣武相守，乃爲高俎，置太公其上，〔四〕告漢王曰：「今不急下，吾亨太公。」漢王曰：「吾與若俱北面受命懷王，〔五〕約爲兄弟，吾翁卽汝翁。〔六〕必欲亨乃翁，幸分我一杯羹。」〔七〕羽怒，欲殺之。項伯曰：「天下事未可知。且爲天下者不顧家，雖殺之無益，但益怨耳。」羽從之。乃使人謂漢王曰：「天下匈匈，徒以吾兩人，〔八〕願與王挑戰，決雌雄，毋徒罷天下父子爲也。」〔九〕漢王笑謝曰：「吾寧鬬智，不能鬬力。」羽令壯士出挑戰。漢有善騎射曰樓煩，〔一〇〕楚挑戰，三合，樓煩輒射殺之。羽大怒，自被甲持戟挑戰。樓

煩欲射，羽瞋目叱之。〔一一〕樓煩目不能視，手不能發，走還入壁，不敢復出。漢王使間問之，乃羽也。〔一二〕漢王大驚。於是羽與漢王相與臨廣武間而語。漢王數羽十罪。〔一三〕語在高紀。羽怒，伏弩射傷漢王。漢王入成皋。

〔一〕師古曰：「汜音凡。解在高紀。」
〔二〕師古曰：「(昧)〔眛〕音莫葛反。」
〔三〕師古曰：「走音奏。」
〔四〕如淳曰：「高俎，几之上也。」李奇曰：「軍中巢櫓謂之俎。」師古曰：「俎者，所以薦肉。示欲亨之，故置俎上。如說是也。」
〔五〕師古曰：「若，汝也。」
〔六〕師古曰：「翁謂父也。」
〔七〕師古曰：「乃亦汝也。古者以杯盛羹，今之側杯有兩耳者是也。」
〔八〕師古曰：「匈匈，讙擾之意也。他皆類此。」
〔九〕師古曰：「罷讀曰疲。」
〔一〇〕應劭曰：「樓煩，胡人也。」李奇曰：「後爲縣，屬鴈門。此縣人善騎射，謂士爲樓煩。取其稱耳，未必樓煩人也。」師古曰：「李說是也。」
〔一一〕師古曰：「瞋目，張目也，音充人反。」

〔三〕師古曰：「間，微問之也。」

〔四〕師古曰：「數，責也，音所具反。」

時彭越數反梁地，絕楚糧食，又韓信破齊，且欲擊楚。羽使從兄子項它爲大將，龍且爲裨將，〔一〕救齊。韓信破殺龍且，追至成陽，虜齊王廣。信遂自立爲齊王。羽聞之，恐，使武涉往說信。語在信傳。

〔一〕師古曰：「它音徒何反。且音子余反。」高紀云項聲，此傳云項它，紀傳不同，未知孰是。」

時，漢關中兵益出，食多，羽兵食少。漢王使侯公說羽，羽乃與漢王約，中分天下，割鴻溝而西者爲漢，東者爲楚，歸漢王父母妻子。已約，羽解而東。五年，漢王進兵追羽，至(故)〔固〕陵，復爲羽所敗。漢王用張良計，致齊王信、建成侯彭越兵，及劉賈入楚地，圍壽春。大司馬周殷叛楚，舉九江兵隨劉賈，迎黥布，與齊梁諸侯皆大會。

羽壁垓下，軍少食盡。漢帥諸侯兵圍之數重。羽夜聞漢軍四面皆楚歌，乃驚曰：「漢皆已得楚乎？是何楚人多也！」起飲帳中。有美人姓虞氏，常幸從；駿馬名騅，常騎。〔一〕乃悲歌忼慨，自爲歌詩曰：「力拔山兮氣蓋世，時不利兮騅不逝。騅不逝兮可柰何！虞兮虞兮柰若何！」〔二〕歌數曲，美人和之。羽泣下數行，左右皆泣，莫能仰視。

〔一〕師古曰：「蒼白雜毛曰騅，蓋以其色名之。」

〔二〕師古曰：「若，汝也。」

於是羽遂上馬，戲下騎從者八百餘人，〔一〕夜直潰圍南出馳。平明，漢軍乃覺之，令騎將灌嬰以五千騎追羽。羽渡淮，騎能屬者百餘人。〔二〕羽至陰陵，迷失道，〔三〕問一田父，田父紿曰「左」。〔四〕左，乃陷大澤中，以故漢追及之。羽復引而東，至東城，乃有二十八騎。追者數千，羽自度不得脫，〔五〕謂其騎曰：「吾起兵至今八歲矣，身七十餘戰，所當者破，所擊者服，未嘗敗北，遂伯有天下。〔六〕然今卒困於此，〔七〕此天亡我，非戰之罪也。今日固決死，願爲諸軍快戰，必三勝，斬將，艾旗，乃後死，〔八〕使諸君知我非用兵罪，天亡我也。」於是引其騎因四隤山〔九〕而爲圜陳外嚮。〔一〇〕漢騎圍之數重。羽謂其騎曰：「吾爲公取彼一將。」令四面騎馳下，期山東爲三處。於是羽大呼馳下，〔一一〕漢軍皆披靡。〔一二〕遂殺漢一將。是時，楊喜爲郎騎，追羽，羽還叱之，〔一三〕喜人馬俱驚，辟易數里。〔一四〕與其騎會三處。漢軍不知羽所居，分軍爲三，復圍之。羽乃馳，復斬漢一都尉，殺數十百人。復聚其騎，亡兩騎。乃謂騎曰：「何如？」騎皆服曰：「如大王言。」

〔一〕師古曰：「戲，大將之旗也，音許宜反，又音許爲反。」漢書通以戲爲旌麾及指麾字。」

〔二〕師古曰：「屬，聯及也，音之欲反。」

〔三〕孟康曰：「縣名，屬九江郡。」

〔四〕文穎曰：「紿，欺也。」欺令左也。」

〔五〕師古曰：「脫，免也，音土活反。」

〔六〕師古曰：「伯讀曰霸。」

〔七〕師古曰：「卒，終也。」

〔八〕師古曰：「艾音乂。」

〔九〕孟康曰：「四下隤阤也。」師古曰：「隤音徒回反。」

〔一〇〕師古曰：「圜陳，四周爲之也。外嚮，謂兵刃皆在外也。」

〔一一〕師古曰：「呼，叫也，音火故反。」

〔一二〕師古曰：「披音普彼反。」

〔一三〕師古曰：「還謂迴面也。」

〔一四〕師古曰：「辟易，謂開張而易其本處。辟音頻亦反。」

於是羽遂引東，欲渡烏江。〔一〕烏江亭長檥船待，〔二〕謂羽曰：「江東雖小，地方千里，衆數十萬，亦足王也。願大王急渡。今獨臣有船，漢軍至，亡以渡。」羽笑曰：「乃天亡我，何渡爲！且籍與江東子弟八千人渡而西，今亡一人還，縱江東父兄憐而王我，我何面目見之哉？縱彼不言，籍獨不愧於心乎！」謂亭長曰：「吾知公長者也，吾騎此馬五歲，所當亡敵，嘗一日千里，吾不忍殺，以賜公。」乃令騎皆去馬，步持短兵接戰。羽獨所殺漢軍數百人。羽

亦被十餘創。顧見漢騎司馬呂馬童曰：「若非吾故人乎？」〔三〕馬童面之，〔四〕指王翳曰：〔五〕「此項王也。」羽乃曰：「吾聞漢購我頭千金，邑萬戶，〔六〕吾爲公得。」〔七〕乃自剄。王翳取其頭，亂相輮蹈〔八〕爭羽相殺者數十人。最後楊喜、呂馬童、郎中呂勝、楊武各得其一體。故分其地以封五人，皆爲列侯。

〔一〕臣瓚曰：「在牛渚。」

〔二〕服虔曰：「檥音蟻。」如淳曰：「南方人謂整船向岸曰檥。」

〔三〕師古曰：「若，汝也。」

〔四〕張晏曰：「以故人難親斫之，故背之也。」如淳曰：「面謂不正視也。」師古曰：「如說非也。面謂背之，不面向也。面縛亦謂反偝而縛之。杜元凱以爲但見其面，非也。」

〔五〕如淳曰：「指示王翳。」

〔六〕師古曰：「購，以財設賞，音工豆反。」

〔七〕鄧展曰：「令公得我爲功也。」晉灼曰：「字或作德。」

〔八〕師古曰：「輮，蹀也，音人九反。」

漢王乃以魯公號葬羽於穀城。諸項支屬皆不誅。封項伯等四人爲列侯，賜姓劉氏。

贊曰：昔賈生之過秦曰：〔一〕

【一】應劭曰：「賈生書有過秦二篇，言秦之過。此第一篇也。司馬遷取以爲贊，班固因之。」

秦孝公據殽函之固，擁雍州之地，【一】君臣固守而闚周室，有席卷天下，包舉宇內，囊括四海，并吞八荒之心。【二】當是時也，商君佐之，【三】內立法度，務耕織，修守戰之備，外連衡而鬬諸侯。於是秦人拱手而取西河之外。【四】

【一】師古曰：「殽謂殽山，今陝縣東二殽是也。函謂函谷，今桃林縣南洪溜澗是也。」

【二】張晏曰：「括，結囊也，言其能包含天下。」師古曰：「八荒，八方荒忽極遠之地也。」

【三】師古曰：「衞鞅也，封於商。」

【四】師古曰：「言其不費功力也。」

孝公既沒，惠文、武、昭襄【一】蒙故業，因遺策，南取漢中，西舉巴蜀，東割膏腴之地，收要害之郡。諸侯恐懼，會盟而謀弱秦，不愛珍器重寶肥饒之地，以致天下之士。合從締交，【二】相與爲一。當此之時，齊有孟嘗，【三】趙有平原，【四】楚有春申，【五】魏有信陵。【六】此四賢者，皆明智而忠信，寬厚而愛人，尊賢重士，約從離橫，【七】兼韓、魏、燕、趙、宋、衞、中山之衆。於是六國之士有甯越、徐尙、蘇秦、杜赫之屬爲之謀，齊明、周最、陳軫、召滑、樓緩、翟景、蘇厲、樂毅之徒通其意，【八】吳起、孫臏、帶他、兒良、王廖、田忌、廉頗、趙奢之朋制其兵。【九】常以十倍之地，百萬之軍，仰關而攻秦。【一〇】秦

人開關延敵，九國之師遁巡而不敢進。【一一】秦無亡矢遺鏃之費，而天下已困矣。【一二】於是從散約敗，爭割地而賂秦。秦有餘力而制其弊，追亡逐北，伏尸百萬，流血漂鹵，【一三】因利乘便，宰割天下，分裂山河；強國請服，弱國入朝。

【一】師古曰：「惠文王，孝公之子。武王，惠文王之子。昭襄王，武王之弟。」

【二】師古曰：「締，結也。從音子容反。締音大系反。」

【三】師古曰：「孟嘗君田文。」

【四】師古曰：「平原君趙勝。」

【五】師古曰：「春申君黃歇。」

【六】師古曰：「公子無忌爲信陵君。」

【七】師古曰：「約誓爲從，欲以分離爲橫。橫謂秦也。從音子容反。其下亦同。」

【八】師古曰：「召讀曰邵。」

【九】師古曰：「臏音頻忍反。他音徒何反。兒音五奚反。廖音聊。」

【一〇】師古曰：「秦之地形高，而諸侯之兵欲攻關中者皆仰鄉，故云仰關也。今流俗書本仰字作叩，非也。」

【一一】師古曰：「遁巡，謂疑懼而卻退也。遁音千旬反。流俗書本巡字誤作逃，讀者因之而爲遁逃之義。潘岳西征賦云『逃遁以奔竄』，斯亦誤矣。」

【一二】師古曰：「鏃，矢鋒也，音子木反。」

【一三】師古曰：「漂，浮也。鹵，盾也。其血可以浮盾，言殺人多也。漂音匹遙反。」

施及孝文、莊襄王，【一】享國之日淺，國家亡事。

及至始皇，奮六世之餘烈，【二】振長策而馭宇內，【三】吞二周而亡諸侯，履至尊而制六合，執敲扑以鞭笞天下，【四】威震四海。南取百粵之地，以爲桂林、象郡。百粵之君頫首係頸，【五】委命下吏。乃使蒙恬北築長城而守藩籬，【六】卻匈奴七百餘里，【七】胡人不敢南下而牧馬，士不敢彎弓而報怨。於是廢先王之道，焚百家之言，以愚黔首。墮名城，殺豪俊，【八】收天下之兵聚之咸陽，銷鋒鍉【九】鑄以爲金人十二，【一〇】以弱天下之民。然後踐華爲城，【一一】因河爲池，據億丈之城，臨不測之川，以爲固。良將勁弩，守要害之處，信臣精卒，陳利兵而誰何。【一二】天下已定，始皇之心，自以爲關中之固，金城千里，子孫帝王萬世之業也。

【一】師古曰：「施，延也。孝文王，昭襄王之子也。莊襄王，孝文王之子，卽始皇父也。施音弋豉反。」

【二】師古曰：「孝公、惠文王、武王、昭襄王、孝文王、莊襄王，凡六君也。烈，業也。」

【三】師古曰：「以乘馬爲喩也。策，所以撾馬也。」

【四】鄧展曰：「敲，短杖也。扑，捶也。」師古曰：「敲音苦交反。扑音普木反。」

【五】鄧展曰：「頫音俯。」師古曰：「古俯字。」

【六】師古曰：「言以長城扞蔽胡寇，如人家之有藩籬。」

【七】師古曰：「卻音丘略反。」

【八】師古曰：「墮，毀也，音火規反。」

【九】如淳曰：「鍉音嫡，箭鏃也。」師古曰：「鋒，戈戟刃也。鍉與鏑同，卽箭鏃也。如音是也。」

【一〇】師古曰：「所謂公仲者也。三輔黃圖云坐高三丈。其銘曰：『皇帝二十六年，初兼天下，改諸侯爲郡縣，一法律，同度量。大人來見臨洮，其長五丈，足跡六尺。』」

【一一】服虔曰：「斷華山爲城。」晉灼曰：「踐，登也。」師古曰：「晉說是。」

【一二】師古曰：「問之爲誰，又云何人，其義一也。」

始皇既沒，餘威震于殊俗。然而陳涉，甕牖繩樞之子，【一】甿隸之人，【二】遷徙之徒也，材能不及中庸，非有仲尼、墨翟之知，【三】陶朱、猗頓之富。【四】躡足行伍之間，【五】而免起阡陌之中，【六】帥罷散之卒，將數百之衆，【七】轉而攻秦。斬木爲兵，揭竿爲旗，【八】天下雲合嚮應，【九】嬴糧而景從，【一〇】山東豪俊遂並起而亡秦族矣。

【一】服虔曰：「以繩係戶樞。」孟康曰：「瓦甕爲（樞）〔窗〕也。」

【二】如淳曰：「甿，古文萌字。甿，民也。」

【三】文穎曰：「墨翟，宋人爲墨家者也。」

【四】師古曰：「越人范蠡逃越，止於陶，自謂陶朱公。猗頓本魯人，大畜牛羊於猗氏之南，貲（擬）〔擬〕王公，馳名天下。」

【五】如淳曰：「躡音曡。」師古曰：「躡音女涉反。」

【六】如淳曰：「時皆僻屈在阡陌之中也。」師古曰：「免者，言免脫徭役也。免字或作俛，讀與俯同。」

〔七〕師古曰：「罷讀曰疲。」
〔八〕師古曰：「揭音竭，謂豎之也。今讀之者爲負揭之揭，非也。」
〔九〕師古曰：「嚮讀曰響，言如響之應聲。」
〔十〕師古曰：「贏，擔也。景從，言如影之隨形也。」

且天下非小弱也；雍州之地，殽函之固，自若也。〔一〕陳涉之位，不齒於齊、楚、燕、趙、韓、魏、宋、衞、中山之君；〔二〕鉏耰棘矜，不敵於鉤戟長鎩；〔三〕適戍之衆，不亢於九國之師；〔四〕深謀遠慮，行軍用兵之道，非及曩時之士也。〔五〕然而成敗異變，功業相反，何也？試使山東之國與陳涉度長絜大，〔六〕比權量力，不可同年而語矣。然秦以區區之地，致萬乘之權，〔七〕招八州而朝同列，〔八〕百有餘年，然后以六合爲家，〔九〕殽函爲宮。一夫作難而七廟墮，〔十〕身死人手，爲天下笑者，何也？仁誼不施，而攻守之勢異也。

〔一〕師古曰：「自若，猶言如故也。」
〔二〕師古曰：「齒謂齊列如齒。」
〔三〕服虔曰：「耰，鉏柄也；以鉏柄及棘作矛穳也。」晉灼曰：「耰椎，塊椎也。」師古曰：「服說非也。耰，摩田器也。棘，戟也。矜與穳同，穳謂矛鋋之杷也。鉤戟，戟刃鉤曲者也。鎩，鈹也。言往者秦銷兵刃，陳涉起時但用鉏耰及戈戟之穳以相攻戰也。耰音憂。矜音其巾反。鎩音（其）〔山〕列反。」

〔四〕師古曰：「適讀曰謫，謂罪罰而行也。亢，當也，讀與抗同。」
〔五〕師古曰：「曩，昔也，音乃朗反。」
〔六〕師古曰：「絜謂圍束之也。度音徒各反。絜音下結反。」
〔七〕師古曰：「區區，小貌也。」
〔八〕鄧展曰：「招，舉也。」蘇林曰：「招音翹。」
〔九〕師古曰：「后與後同，古通用字也。」
〔十〕師古曰：「墮，毀也，音火規反。」

周生亦有言，〔一〕「舜蓋重童子」，項羽又重童子，〔二〕豈其苗裔邪？何其興之暴也！夫秦失其政，陳涉首難，豪桀蜂起，相與並爭，不可勝數。然羽非有尺寸，乘勢拔起隴畝之中，〔三〕三年，遂將五諸侯兵滅秦，分裂天下而威海內，封立王侯，政繇羽出，〔四〕號爲「伯王」，〔五〕位雖不終，近古以來未嘗有也。〔六〕及羽背關懷楚，放逐義帝，〔七〕而怨王侯畔己，難矣。自矜功伐，奮其私智而不師古，始霸王之國，欲以力征經營天下，五年卒亡其國，身死東城，尚不覺寤，不自責過失，乃引「天亡我，非用兵之罪」，豈不謬哉！

〔一〕鄭氏曰：「周時賢（大夫）〔人也〕。」師古曰：「史記稱太史公曰『余聞之周生』，則知非周時人，蓋姓周耳。」
〔二〕師古曰：「童子，目之眸子。」
〔三〕晉灼曰：「拔音卒拔之拔。」鄧展曰：「疾起也。」師古曰：「音步末反。」

〔四〕師古曰：「繇與由同。」
〔五〕師古曰：「伯讀曰霸。」
〔六〕師古曰：「近古猶末代。」
〔七〕師古曰：「背關，謂背約不王高祖於關中。懷楚，謂思東歸而都彭城。」

校勘記

一七八八頁二行　號（爲）張楚。　景祐、殿本都無「爲」字。

一七八八頁一七行　亦於兵（革）〔車〕之上爲樓以望敵也。　景祐、殿、局本都作「車」。王先謙說作「車」是。

一七九二頁一三行　今趙（又）〔獨〕安敢害將軍（之）家乎？　景祐、殿本「又」作「獨」，無「之」字。

一七九四頁八行　首事，謂最先（兵起）〔起兵〕。　景祐、殿本都作「起兵」。

一七九四頁一一行　徼（要）散卒復相聚斂也。　景祐、殿本都無「要」字。

一七九六頁七行　吳中（弟子）〔子弟〕皆憚籍。　景祐、殿本都作「子弟」。王先謙說此誤倒。

一七九八頁四行　謂其軍〔吏〕曰：　景祐、殿本都有「吏」字。王先謙說此脫。

一七九八頁八行　漢儀注令（史）〔吏〕曰令史，丞（史）〔吏〕曰丞史。　據史記集解改。

一七九八頁一五行　（自比）〔此自〕更有蒲將軍也。　景祐、殿本都作「自此」，「比」字誤。王先謙說史記集解引作「此自」，是。

一七九九頁二行　乃引兵擊秦嘉，（嘉）軍敗走。　王先謙說「軍」上當更有「嘉」字，按史記有，此脫。

一七九九頁三行　梁已幷秦嘉軍，〔軍〕胡陵，　景祐、殿本都有下「軍」字。王先謙說史記同，此脫。

一八〇〇頁一六行　不如待以（初）〔禮〕，　景祐、殿本都作「禮」。王先謙說作「禮」是。

一八〇三頁一四行　今不卹士卒而徇私（宴），　景祐、殿本都無「宴」字。

一八〇四頁九行　羽繇是始爲諸侯上將軍，〔六〕　注〔六〕原在「上」字下，劉敞說「上將軍」當連文。

一八〇五頁八行　開榆中地數（十）〔千〕里，　景祐、殿、局本都作「千」，史記同。

一八〇七頁一〇行　輕（重）折辱秦吏卒。吏卒多竊言〔曰〕：「章將軍〔等〕詐吾屬降諸侯，　宋祁說一本無「重」字。王先謙說史記亦無，一本是。景祐、殿本「言」下有「曰」字，「章將軍」下有「等」字，史記同。

一八一五頁九行　漢軍方圍鍾離（昧）〔眛〕於滎陽東，　景祐、殿本都作「眛」，注同。王先謙說作「眛」是。

一八一七頁八行　漢王進兵追羽，至（故）〔固〕陵，　殿本作「固」。王先謙說作「固」是。

一八二四頁一二行　瓦甕爲（樞）〔窗〕也。　景祐、殿本都作「窗」。王先謙說作「窗」是。

一八二四頁一四行　貲（擬）〔擬〕王公，　景祐、殿本都作「擬」。王先謙說作「擬」是。

一八二五頁一六行　鎩音（其）〔山〕列反。　景祐、殿本都作「山」。

一八二六頁一四行　周時賢（大夫）〔人也〕。　景祐、殿本都作「賢人也」，王先謙說此「大夫」二字有誤。

漢書卷三十二

張耳陳餘傳第二

張耳，大梁人也，〔一〕少時及魏公子毋忌爲客。〔二〕嘗亡命遊外黃，〔三〕外黃富人女甚美，庸奴其夫，〔四〕亡邸父客。〔五〕父客謂曰：「必欲求賢夫，從張耳。」女聽，爲請決，嫁之。〔六〕女家厚奉給耳，耳以故致千里客，宦爲外黃令。

〔一〕臣瓚曰：「今陳留大梁城也。」
〔二〕師古曰：「毋忌，六國時信陵君也。言其尚及見毋忌，爲之賓客。」
〔三〕師古曰：「命者，名也。凡言亡命，謂脫其名籍而逃亡。」
〔四〕師古曰：「言不恃賴其夫，視之若庸奴。」
〔五〕如淳曰：「父時故賓客也。」師古曰：「邸，歸也，音丁禮反。」
〔六〕師古曰：「請決絕於前夫而嫁於耳。」

陳餘，亦大梁人，好儒術。遊趙苦陘，〔一〕富人公乘氏以其女妻之。餘年少，父事耳，相與爲刎頸交。〔二〕

〔一〕張晏曰：「苦陘，章帝醜其名，改曰漢昌。」師古曰：「陘音刑。」
〔二〕師古曰：「刎，斷也。刎頸交者，言託契深重，雖斷頸絕頭，無所顧也。刎音舞粉反。」

高祖爲布衣時，嘗從耳遊。秦滅魏，購求耳千金，餘五百金。兩人變名姓，俱之陳，爲里監門。〔一〕吏嘗以過笞餘，餘欲起，耳攝使受笞。〔二〕吏去，耳數之曰：〔三〕「始吾與公言何如？今見小辱而欲死一吏乎？」餘謝罪。

〔一〕師古曰：「監門，卒之賤者，故爲卑職以自隱。」
〔二〕師古曰：「攝謂引持之。」
〔三〕師古曰：「數，責也，音所具反。」

陳涉起蘄至陳，耳、餘上謁涉。〔一〕涉及左右生平數聞耳、餘賢，見，大喜。

〔一〕師古曰：「上其謁而見也。上謁，若今之通名。」

陳豪桀說涉曰：「將軍被堅執銳，帥士卒以誅暴秦，復立楚社稷，功德宜爲王。」陳涉問兩人，兩人對曰：「將軍瞋目張膽，〔一〕出萬死不顧之計，爲天下除殘。今始至陳而王之，視天下私。〔二〕願將軍毋王，急引兵而西，遣人立六國後，自爲樹黨。〔三〕如此，野無交兵，誅暴秦，據咸陽以令諸侯，則帝業成矣。今獨王陳，恐天下解（矣）〔也〕。」〔四〕涉不聽，遂立爲王。

〔一〕師古曰：「張膽，言勇之甚。」
〔二〕師古曰：「視讀曰示。」
〔三〕師古曰：「樹，立也。」
〔四〕師古曰：「解謂離散其心也。」

耳、餘復說陳王曰：「大王興梁、楚，務在入關，未及收河北也。臣嘗遊趙，知其豪桀，〔一〕願請奇兵略趙地。」於是陳王許之，以所善陳人武臣爲將軍，耳、餘爲左右校尉，與卒三千人，從白馬渡河。〔二〕至諸縣，說其豪桀〔三〕曰：「秦爲亂政虐刑，殘滅天下，北爲長城之役，南有五領之戍，〔四〕外內騷動，百姓罷敝，〔五〕頭會箕斂〔六〕以供軍費，財匱力盡，〔七〕重以苛法，〔八〕使天下父子不相聊。〔九〕今陳王奮臂爲天下倡始，莫不嚮應，〔一〇〕家自爲怒，各報其怨，〔一一〕縣殺其令丞，郡殺其守尉。今以張大楚，王陳，〔一二〕使吳廣、周文將卒百萬西擊秦。於此時而不成封侯之業者，非人豪也。夫因天下之力而攻無道之君，報父兄之怨而成割地之業，此一時也。」豪桀皆然其言。乃行收兵，得數萬人，號武信君。〔一三〕下趙十餘城，餘皆城守莫肯下。乃引兵東北擊范陽。范陽人蒯通說其令徐公降武信君，又說武信君以侯印封范陽令。語在通傳。趙地聞之，不戰下者三十餘城。

〔一〕師古曰：「與相知也。」
〔二〕師古曰：「津名，即今滑州白馬縣界也。」
〔三〕鄧展曰：「至河北縣說之。」

〔四〕服虔曰：「山領有五，因以爲名。交阯、合浦界有此領。」師古曰：「服說非也。領者，西自衡山之南，東窮於海，一山之限耳。而別標名，則有五焉。裴氏廣州記云『大庾、始安、臨賀、桂陽、揭陽，是爲五領。』鄧德明南康記曰『大庾領一也，桂陽騎田領二也，九眞都龐領三也，臨賀萌渚領四也，始安越城領五也。』裴說是也。」
〔五〕師古曰：「罷讀曰疲。」
〔六〕服虔曰：「吏到其家，人人頭數出穀，以箕斂之。」
〔七〕師古曰：「匱，竭也。」
〔八〕師古曰：「重音直用反。」
〔九〕師古曰：「言無聊賴，以相保養。」
〔一〇〕師古曰：「倡讀曰唱。嚮讀曰響。」
〔一一〕師古曰：「爲音于僞反。」
〔一二〕師古曰：「言張建大楚之國，而王於陳也。」
〔一三〕師古曰：「武臣自號也。」

至邯鄲，耳、餘聞周章軍入關，至戲卻；〔一〕又聞諸將爲陳王徇地，多以讒毀得罪誅。怨陳王不以爲將軍而以爲校尉，乃說武臣曰：「陳王非必立六國後。〔二〕今將軍下趙數十城，獨介居河北，〔三〕不王無以塡之。〔四〕且陳王聽讒，還報，恐不得脫於禍。〔五〕願將軍毋失時。」武臣乃聽，遂立爲趙王。以餘爲大將軍，耳爲丞相。

〔一〕蘇林曰：「至戲地而卻兵。」

〔二〕師古曰：「非，不也。」

〔三〕晉灼曰：「介音戛。」臣瓚曰：「介，特也。」師古曰：「二說並非也。介，隔也，讀如本字。」

〔四〕師古曰：「塡音竹刃反。」

〔五〕師古曰：「脫，免也，音土活反。」

使人報陳王，陳王大怒，欲盡族武臣等家，而發兵擊趙。相國房君諫曰：「秦未亡，今又誅武臣等家，此生一秦也。不如因而賀之，使急引兵西擊秦。」陳王從其計，徙繫武臣等家宮中，封耳子敖爲成都君。使使者賀趙，趣兵西入關。〔一〕耳、餘說武臣曰：「王王趙，非楚意，特以計賀王。〔二〕楚已滅秦，必加兵於趙。願王毋西兵，北徇燕、代，南收河內以自廣。趙南據大河，北有燕、代，楚雖勝秦，必不敢制趙。」趙王以爲然，因不西兵，而使韓廣略燕，李良略常山，張黶略上黨。〔三〕

〔一〕師古曰：「趣讀曰促。」

〔二〕師古曰：「言力不能制，且事安撫爲權宜之計耳。」

〔三〕師古曰：「黶音烏黯反。」

韓廣至燕，燕人因立廣爲燕王。趙王乃與（陳）〔耳〕、餘北略地燕界。趙王間出，爲燕軍所得。〔一〕燕囚之，欲與分地。〔二〕使者往，燕輒殺之，以固求地。耳、餘患之。有廝養卒謝其舍曰：〔三〕「吾爲二公說燕，與趙王載歸。」〔四〕舍中人皆笑曰：「使者往十輩皆死，若何以能得

王？」〔五〕乃走燕壁。〔六〕燕將見之，問曰：「知臣何欲？」燕將曰：「若欲得王耳。」曰：「君知張耳、陳餘何如人也？」燕將曰：「賢人也。」曰：「其志何欲？」燕將曰：「欲得其王耳。」趙卒笑曰：「君未知兩人所欲也。夫武臣、張耳、陳餘，杖馬箠下趙數十城，〔七〕亦各欲南面而王。夫臣之與主，豈可同日道哉！顧其勢初定，〔八〕且以長少先立武臣，以持趙心。今趙地已服，兩人亦欲分趙而王，時未可耳。今君囚趙王，念此兩人名爲求王，實欲燕殺之，此兩人分趙而王。夫以一趙尙易燕，〔九〕況以兩賢王左提右挈，而責殺王，滅燕易矣。」〔一〇〕燕以爲然，乃歸趙王。養卒爲御而歸。

〔一〕師古曰：「間出，謂投間隙而微出也。」

〔二〕師古曰：「要劫之，令割趙地輸燕以和解也。」

〔三〕蘇林曰：「廝，取薪者也。養，養人者也。舍謂所舍宿主人也。」晉灼曰：「以辭相告曰謝。」師古曰：「謝其舍，謂告其舍中人也。故下言舍中人皆笑。今流俗書本於此舍下輒加人字，非也。廝音斯。」

〔四〕師古曰：「二公，張耳、陳餘。」

〔五〕師古曰：「若，汝也。次下亦同。」

〔六〕師古曰：「走，趣也，音奏。」

〔七〕張晏曰：「言其不用兵革也。」師古曰：「箠謂馬撾也，音止蘂反。」

〔八〕師古曰：「顧，思念也。」

〔九〕師古曰：「易，輕也，音弋豉反。」

〔一〇〕師古曰：「提挈，言相扶持也。」

李良已定常山，還報趙王，趙王復使良略太原。至石邑，秦兵塞井陘，未能前。秦將詐稱二世使使遺良書，不封，〔一〕曰：「良嘗事我，得顯幸，誠能反趙爲秦，赦良罪，貴良。」良得書，疑不信。之邯鄲益請兵。〔二〕未至，道逢趙王姊，從百餘騎。良望見，以爲王，伏謁道旁。王姊醉，不知其將，使騎謝良。良素貴，起，慙其從官。從官有一人曰：「天下叛秦，能者先立。且趙王素出將軍下，今女兒乃不爲將軍下車，請追殺之。」良以得秦書，欲反趙，未決，因此怒，遣人追殺王姊，遂襲邯鄲。邯鄲不知，竟殺武臣。趙人多爲耳、餘耳目者，故得脫出。收兵得數萬人。客有說耳、餘曰：「兩君羈旅，〔三〕而欲附趙，難可獨立；（立）趙後，輔以誼，〔四〕可就功。」〔五〕乃求得趙歇，立爲趙王，居信都。〔六〕

〔一〕張晏曰：「欲其漏泄，君臣相疑也。」

〔二〕師古曰：「之，往也。」

〔三〕張晏曰：「羈，寄。旅，客也。」

〔四〕師古曰：「謂求取六國時趙王後而立之，以名義自輔助也。」

〔五〕師古曰：「就，成也。」

〔六〕張晏曰：「歇，趙之苗裔也。信都，襄國也。」

李良進兵擊餘，餘敗良。良走歸章邯。章邯引兵至邯鄲，皆徙其民河內，夷其城郭。〔一〕耳與趙王歇走入鉅鹿城，王離圍之。餘北收常山兵，得數萬人，軍鉅鹿北。章邯軍鉅鹿南棘原，築甬道屬河，〔二〕饟王離。〔三〕王離兵食多，急攻鉅鹿。鉅鹿城中食盡，耳數使人召餘，餘自度兵少，不能敵秦，不敢前。數月，耳大怒，怨餘，使張黶、陳釋往讓餘〔四〕曰：「始吾與公爲刎頸交，今王與耳旦暮死，而公擁兵數萬，不肯相救，胡不赴秦俱死？〔五〕且什（有）一二相全。」〔六〕餘曰：「所以不俱死，欲爲趙王、張君報秦。今俱死，如以肉餧虎，何益？」〔七〕張黶、陳釋曰：「事已急，要以俱死立信，安知後慮！」餘曰：「吾顧以無益。」〔八〕乃使五千人令張黶、陳釋先嘗秦軍，〔九〕至皆沒。

〔一〕師古曰：「夷，平也。」

〔二〕師古曰：「屬，聯及也，音之欲反。」

〔三〕師古曰：「饟，古餉字，謂饋運其軍糧也。」

〔四〕師古曰：「讓，責也。」

〔五〕師古曰：「胡，何也。」

〔六〕師古曰：「十中尙冀得一二勝秦。」

〔七〕師古曰：「餧，飤也，音於僞反。」

〔八〕師古曰：「顧，思念也。」

〔九〕師古曰：「嘗，試也，言若嘗食云。」

當是時，燕、齊、楚聞趙急，皆來救。張敖亦北收代，得萬餘人來，皆壁餘旁。項羽兵數絕章邯甬道，王離軍乏食。項羽悉引兵渡河，破章邯軍。諸侯軍乃敢擊秦軍，遂虜王離。於是趙王歇、張耳得出鉅鹿，與餘相見，責讓餘，問張黶、陳釋所在。餘曰：「黶、釋以必死責臣，臣使將五千人先嘗秦軍，皆沒。」耳不信，以爲殺之，數問餘。餘怒曰：「不意君之望臣深也！〔一〕豈以臣重去將哉？」〔二〕乃脫解印綬與耳，耳不敢受。餘起如廁，客有說耳曰：「天予不取，反受其咎。今陳將軍與君印綬，不受，反天不祥。急取之。」耳乃佩其印，收其麾下。餘還，亦望耳不讓，趨出。耳遂收其兵。餘獨與麾下數百人之河上澤中漁獵。由此有隙。

〔一〕師古曰：「望，怨望也。次下亦同。」
〔二〕師古曰：「重，難也。」

趙王歇復居信都。耳從項羽入關。項羽立諸侯，耳雅遊，多爲人所稱。〔一〕項羽素亦聞耳賢，乃分趙立耳爲常山王，治信都。〔二〕信都更名襄國。

〔一〕師古曰：「雅，故也。言其久故倦遊，交結英傑，是以多爲人所稱譽也。」
〔二〕師古曰：「治，爲治處也，音丈吏反。」

餘客多說項羽：「陳餘、張耳一體有功於趙。」羽以餘不從入關，聞其在南皮，即以南皮旁三縣封之。而徙趙王歇王代。

耳之國，餘愈怒曰：「耳與餘功等也，今耳王，餘獨侯。」及齊王田榮叛楚，餘乃使夏說說田榮〔一〕曰：「項羽爲天下宰不平，盡王諸將善地，徙故王王惡地，今趙王乃居代！願王假臣兵，請以南皮爲扞蔽。」〔二〕田榮欲樹黨，乃遣兵從餘。餘悉三縣兵，〔三〕襲常山王耳。耳敗走，曰：「漢王與我有故，〔四〕而項王彊，立我，我欲之楚。」〔五〕甘公曰：〔六〕「漢王之入關，五星聚東井。東井者，秦分也。〔七〕先至必王。楚雖彊，後必屬漢。」耳走漢。漢亦還定三秦，方圍章邯廢丘。耳謁漢王，漢王厚遇之。〔八〕

〔一〕師古曰：「夏說讀曰悅。說田榮，音式銳反。」
〔二〕師古曰：「扞蔽，猶言藩屛也。」
〔三〕師古曰：「悉，盡也。」
〔四〕張晏曰：「漢王布衣時常從耳遊也。」
〔五〕師古曰：「羽既強盛，又爲所立，是以狐疑，莫知所往。」
〔六〕文穎曰：「善說星者甘氏也。」晉灼曰：「齊人。」
〔七〕師古曰：「分音扶問反。」
〔八〕師古曰：「高紀云元年五月漢王定雍地，東如咸陽，引兵圍雍王廢丘，而遣諸將略地。八月，塞王欣、翟王翳皆降漢。二年十月，陳餘擊常山王張耳，耳敗走，降漢。而此傳乃言方圍廢丘時耳謁漢王，隔以他事，於後始云漢二年東擊楚，則與帝紀前後參錯不同，疑傳誤也。」

餘已敗耳，皆收趙地，迎趙王於代，復爲趙王。趙王德餘，〔一〕立以爲代王。餘爲趙王弱，國初定，留傅趙王，而使夏說以相國守代。〔二〕

〔一〕師古曰：「懷其德。」
〔二〕師古曰：「爲代相國而居守。」

漢二年，東擊楚，使告趙，欲與俱。餘曰：「漢殺張耳乃從。」於是漢求人類耳者，斬其頭遺餘，餘乃遣兵助漢。漢敗於彭城西，餘亦聞耳詐死，即背漢。漢遣耳與韓信擊破趙井陘，斬餘泜水上，〔一〕追殺趙王歇襄國。

〔一〕蘇林曰：「泜音祗。」晉灼曰：「問其方人音祗。」師古曰：「蘇、晉二說皆是也。蘇音祗敬之祗，音執夷反，古音如是。晉音根柢之柢，音丁計反，今其土俗呼水則然。」

四年夏，立耳爲趙王。五年秋，耳薨，謚曰景王。子敖嗣立爲王，尚高祖長女魯元公主，爲王后。

七年，高祖從平城過趙，趙王旦暮自上食，體甚卑，有子壻禮。高祖箕踞罵詈，甚慢之。〔一〕趙相貫高、趙午年六十餘，故耳客也，怒曰：「吾王孱王也！」〔二〕說敖曰：「天下豪桀

並起，能者先立，今王事皇帝甚恭，皇帝遇王無禮，請爲王殺之。」敖齧其指出血，〔三〕曰：「君何言之誤！且先王亡國，賴皇帝得復國，〔四〕德流子孫，秋豪皆帝力也。願君無復出口。」貫高等十餘人相謂曰：「吾等非也。吾王長者，不背德。且吾等義不辱，今帝辱我王，故欲殺之，何乃汙王爲？〔五〕事成歸王，事敗獨身坐耳。」

〔一〕師古曰：「箕踞者，謂申兩腳其形如箕。」
〔二〕孟康曰：「冀州人謂懦弱爲孱。」師古曰：「音士連反。」
〔三〕師古曰：「自齧其指出血，以表至誠，而爲誓約，不背漢也。」
〔四〕師古曰：「復音房目反。」
〔五〕師古曰：「言何爲乃汙染王。」

八年，上從東垣過。〔一〕貫高等乃壁人柏人，要之置廁。〔二〕上過欲宿，心動，問曰：「縣名爲何？」曰：「柏人。」「柏人者，迫於人！」不宿去。

〔一〕師古曰：「擊韓王信餘寇於東垣，還而過趙。」
〔二〕文穎曰：「置人廁壁中以伺高祖。」

九年，貫高怨家知其謀，告之。於是上逮捕趙王諸反者。趙午等十餘人皆爭自剄，貫高獨怒罵曰：「誰令公等爲之？今王實無謀，而幷捕王；公等死，誰當白王不反者？」〔一〕乃檻車與王詣長安。〔二〕高對獄曰：「獨吾屬爲之，王不知也。」吏榜笞數千，〔三〕刺爇，身無完

者，〔四〕終不復言。呂后數言張王以魯元故，不宜有此。上怒曰：「使張敖據天下，豈少乃女虖！」〔五〕廷尉以貫高辭聞，上曰：「壯士！誰知者，以私問之。」〔六〕中大夫泄公曰：「臣素知之，〔七〕此固趙國立名義不侵爲然諾者也。」〔八〕上使泄公持節問之箯輿前。卬視泄公，〔九〕勞苦如平生歡。〔一〇〕與語，問張王果有謀不。〔一一〕高曰：「人情豈不各愛其父母妻子哉？今吾三族皆以論死，豈以王易吾親哉！〔一二〕顧爲王實不反，〔一三〕獨吾等爲之。」具道本根所以、王不知狀。於是泄公具以報上，上乃赦趙王。

〔一〕師古曰：「白，明也。」

〔二〕師古曰：「檻車者，車而爲檻形，謂以板四周之，無所通見。」

〔三〕師古曰：「榜謂捶擊之也，音彭。他皆類此。」

〔四〕應劭曰：「以鐵刺之，又燒灼之。」師古曰：「爇音而說反。」

〔五〕師古曰：「乃，汝也。」

〔六〕張晏曰：「以和悅問之。」臣瓚曰：「字多作私，謂以私情相問也。」師古曰：「瓚說是也。」

〔七〕師古曰：「泄音薛。」

〔八〕師古曰：「侵猶犯負也。」

〔九〕師古曰：「箯輿者，編竹木以爲輿形，如今之食輿矣。高時榜笞刺爇委困，故以箯輿處之也。箯音鞭。卬讀曰仰。」

〔一〇〕師古曰：「勞苦，相勞問其勤苦也。」

〔一一〕師古曰：「果猶決也。」

〔一二〕師古曰：「易，代也。」

〔一三〕師古曰：「顧，思念也。」

上賢高能自立然諾，使泄公赦之，告曰：「張王已出，上多足下，〔一〕故赦足下。」高曰：「所以不死，白張王不反耳。今王已出，吾責塞矣。〔二〕且人臣有篡弒之名，豈有面目復事上哉！」乃仰絕亢而死。〔三〕

〔一〕師古曰：「多猶重也。」

〔二〕師古曰：「塞，當也，滿也。」

〔三〕蘇林曰：「亢，頸大脈也，俗所謂胡脈也。」師古曰：「亢者，總謂頸耳。爾雅云『亢，鳥嚨』，即喉嚨也，音下郎反，又音工郎反。」

敖已出，尚魯元公主如故，〔一〕封爲宣平侯。於是上賢張王諸客，皆以爲諸侯相、郡守。語在田叔傳。及孝惠、高后、文、景時，張王客子孫皆爲二千石。

〔一〕師古曰：「尚猶配也。易泰卦九二爻辭曰『得尚于中行』，王弼亦以爲配也。諸言尚公主者其義皆然。而說者乃云尚公主，與尚書尚食同意，訓尚爲主，言主掌之，失其理矣。公主既尊，又非物類，不得以主掌爲辭，賈禹又云『諸侯則國人承公主』，益知主不得言主掌也。」

初，孝惠時，齊悼惠王獻城陽郡，尊魯元公主爲太后。〔一〕高后元年，魯元太后薨。後六年，宣平侯敖復薨。呂太后立敖子偃爲魯王，以母爲太后故也。〔二〕又憐其年少孤弱，乃封敖前婦子二人：壽爲樂昌侯，侈爲信都侯。高后崩，大臣誅諸呂，廢魯王及二侯。孝文即位，復封故魯王偃爲南宮侯。薨，子生嗣。武帝時，生有罪免，國除。元光中，復封偃孫廣國爲睢陵侯。〔三〕薨，子昌嗣。太初中，昌坐不敬免，國除。孝平元始二年，繼絕世，封敖玄孫慶忌爲宣平侯，食千戶。

〔一〕師古曰：「爲齊太后，以母禮事之。」

〔二〕師古曰：「以公主爲齊王太后，故立其子爲王。」

〔三〕師古曰：「睢音雖。」

贊曰：張耳、陳餘，世所稱賢，其賓客廝役皆天下俊桀，所居國無不取卿相者。然耳、餘始居約時，〔一〕相然信死，豈顧問哉！及據國爭權，卒相滅亡，何鄉者慕用之誠，〔二〕後相背之盭也！〔三〕勢利之交，古人羞之，蓋謂是矣。

〔一〕晉灼曰：「始在貧賤儉約之時。」

〔二〕師古曰：「鄉讀曰嚮。嚮謂曩昔也。」

〔三〕師古曰：「盭，古戾字。戾，違也。」

校勘記

一八三〇頁一四行 恐天下解(矣)〔也〕。景祐、殿本都作「也」。

一八三三頁一四行 趙王乃與(陳)〔耳〕、餘北略地燕界。景祐、殿本都作「耳」。王先謙說「陳」爲「耳」之誤。

一八三五頁九行 難可獨立；〔立〕趙後，景祐、殿本都重「立」字。王先謙說重「立」字是。

一八三六頁五行 且什〔有〕一二相全。景祐、殿本都有「有」字。王先謙說有「有」字是。

漢書卷三十三

魏豹田儋韓〔王〕信傳第三

魏豹，故魏諸公子也。〔一〕其兄魏咎，故魏時封為甯陵君，秦滅魏，〔二〕為庶人。陳勝之王也，咎往從之。勝使魏人周市徇魏地，〔三〕魏地已下，欲立周市為魏王。市曰：「天下昏亂，忠臣乃見。〔四〕今天下共畔秦，其誼必立魏王後乃可。」齊、趙使車各五十乘，立市為王。市不受，迎魏咎於陳，五反，〔五〕陳王乃遣立咎為魏王。

〔一〕師古曰：「六國時魏也。」

〔二〕文穎曰：「魏，大梁也。」

〔三〕師古曰：「徇，略也，音辭峻反。」

〔四〕師古曰：「言當昏亂之時，忠臣乃得顯其節義也。老子道經曰『國家昏亂有忠臣』。」

〔五〕師古曰：「反謂回還也。」

章邯已破陳王，進兵擊魏王於臨濟。魏王使周市請救齊、楚。齊、楚遣項它、田巴將兵，

隨市救魏。〔一〕章邯遂擊破殺周市等軍，圍臨濟。咎為其民約降。〔二〕約降定，咎自殺。〔三〕

〔一〕師古曰：「楚遣項它，齊遣田巴。」

〔二〕師古曰：「與章邯為誓而約降。」

〔三〕師古曰：「但欲全其人，而身自不降。」

魏豹亡走楚。楚懷王予豹數千人，復徇魏地。項羽已破秦兵，降章邯，豹下魏二十餘城，立為魏王。〔一〕豹引精兵從項羽入關。羽封諸侯，欲有梁地，〔二〕乃徙豹於河東，都平陽，為西魏王。

〔一〕師古曰：「項羽立之。」

〔二〕師古曰：「羽欲自取梁地。」

漢王還定三秦，渡臨晉，豹以國屬焉，遂從擊楚於彭城。漢王敗，還至滎陽，豹請視親病，〔一〕至國，則絕河津畔漢。漢王謂酈生曰：「緩頰往說之。」酈生〔至〕〔往〕，豹謝曰：「人生一世間，如白駒過隙。〔二〕今漢王嫚侮人，罵詈諸侯群臣如奴耳，非有上下禮節，吾不忍復見也。」漢王遣韓信擊豹，遂虜之，傳豹詣滎陽，以其地為河東、太原、上黨郡。漢王令豹守滎陽。楚圍之急，周苛曰：「反國之王，難與共守。」遂殺豹。〔三〕

〔一〕師古曰：「親謂母也。」

〔二〕師古曰：「言其速疾也。白駒謂日景也。隙，壁際也。」

〔三〕師古曰：「反國，謂其嘗叛也。」

田儋，狄人也，〔一〕故齊王田氏之族也。〔二〕儋從弟榮，榮弟橫，皆豪桀，宗彊，能得人。陳涉使周市略地，北至狄，狄城守。儋陽為縛其奴，從少年之廷，欲謁殺奴。〔三〕見狄令，因擊殺令，而召豪吏子弟曰：「諸侯皆反秦自立，齊，古之建國，儋，田氏，當王。」遂自立為齊王，發兵擊周市。市軍還去，儋因率兵東略定齊地。

〔一〕師古曰：「狄，縣名也，地理志屬千乘。」

〔二〕師古曰：「亦六國時齊也。」

〔三〕服虔曰：「古殺奴婢，皆當告官，儋欲殺令，故詐縛奴以謁也。」師古曰：「陽縛其奴，為殺奴之狀。廷，縣廷之中也，音定。今流俗書本為字作僞，非也。陽即僞耳，不當重言之。」

秦將章邯圍魏王咎於臨濟，急。魏王請救於齊，儋將兵救魏。章邯夜銜枚擊，大破齊、楚軍，殺儋於臨濟下。儋從弟榮收儋餘兵東走東阿。

齊人聞儋死，乃立故齊王建之弟田假為王，田角為相，田閒為將，以距諸侯。

榮之走東阿，章邯追圍之。項梁聞榮急，乃引兵擊破章邯東阿下。章邯走而西，項梁因追之。而榮怒齊之立假，乃引兵歸，擊逐假。假亡走楚。相角亡走趙。角弟閒前救趙，

因不敢歸。榮乃立儋子市為王，榮相之，橫為將，平齊地。

項梁既追章邯，章邯兵益盛，項梁使使趣齊兵共擊章邯。〔一〕榮曰：「楚殺田假，趙殺角、閒，乃出兵。」楚懷王曰：「田假與國之王，窮而歸我，殺之不誼。」趙亦不殺田角、田閒以市於齊。齊王曰：「蝮蠚手則斬手，蠚足則斬足。〔二〕何者？為害於身也。田假、田角、田閒於楚、趙，非手足戚，〔三〕何故不殺？且秦復得志於天下，則齮齕首用事者墳墓矣。」〔四〕楚、趙不聽齊，齊亦怒，終不肯出兵。章邯果敗殺項梁，〔五〕破楚兵。楚兵東走，而章邯渡河圍趙於鉅鹿。項羽由此怨榮。

〔一〕師古曰：「趣讀曰促。」

〔二〕應劭曰：「蝮一名虺。蠚，螫也。螫人手足則割去其肉，不然則死。」師古曰：「爾雅及說文皆以為蝮即虺也，博三寸，首大如擘，而郭璞云各自一種蛇。其蝮蛇，細頸大頭焦尾，色如綬文，文間有毛，似豬鬣，鼻上有針，大者長七八尺，一名反鼻，非虺之類也。以今俗名證之，郭說得矣。虺若土色，所在有之，俗呼土虺。其蝮唯出南方。蝮音芳六反。蠚音火各反。螫音式亦反。虺音許偉反。擘者，人手大指也，音步歷反。」

〔三〕文穎曰：「言將亡身，非手足疊也。」臣瓚曰：「田假於楚，非手足之親也。」師古曰：「瓚說是也。」

〔四〕如淳曰：「齮，側齧也。齕，齧也。」師古曰：「首用事，謂起兵而立號者也。齮音蟻。齕音紇。齧音五結反。」

〔五〕師古曰：「擊敗而殺之。」

羽既存趙，降章邯，西滅秦，立諸侯王，乃徙齊王市更王膠東，治即墨。〔一〕齊將田都從

共救趙，因入關，故立都爲齊王，治臨菑。故齊王建孫田安，項羽方渡河救趙，安下濟北數城，引兵降項羽，羽立安爲濟北王，治博陽。榮以負項梁，不肯助楚攻秦，故不得王。趙將陳餘亦失職，不得王。二人俱怨項羽。

〔一〕師古曰：「治謂都之也，音丈吏反。下皆類此。」

榮使人將兵助陳餘，令反趙地，而榮亦發兵以距擊田都，都亡走楚。榮留齊王市毋之膠東。市左右曰：「項王强暴，王不就國，必危。」市懼，乃亡就國。榮怒，追擊殺市於卽墨，還攻殺濟北王安，自立爲王，盡幷三齊之地。〔一〕

〔一〕師古曰：「三齊，齊及濟北、膠東。」

項王聞之，大怒，乃北伐齊。榮發兵距之城陽。榮兵敗，走平原，平原民殺榮。項羽遂燒夷齊城郭，〔一〕所過盡屠破。齊人相聚畔之。榮弟橫收齊散兵，得數萬人，反擊項羽於城陽。而漢王帥諸侯敗楚，入彭城。項羽聞之，乃釋齊〔二〕而歸擊漢於彭城，因連與漢戰，相距滎陽。以故橫復收齊城邑，立榮子廣爲王，而橫相之，政事無巨細皆斷於橫。

〔一〕師古曰：「夷，平也。」

〔二〕師古曰：「釋，解也。」

定齊三年，聞漢將韓信引兵且東擊齊，齊使華毋傷、田解〔一〕軍歷下以距漢。〔二〕會漢

使酈食其往說王廣及相橫，與連和。橫然之，乃罷歷下守備，縱酒，〔三〕且遣使與漢平。〔四〕韓信乃渡平原，襲破齊歷下軍，因入臨菑。王廣、相橫以酈生爲賣己而亨之。〔五〕廣東走高密，橫走博，〔六〕守相田光走城陽，〔七〕將軍田既軍於膠東。楚使龍且救齊，〔八〕齊王與合軍高密。漢將韓信、曹參破殺龍且，虜齊王廣。漢將灌嬰追得守相光，至博。而橫聞王死，自立爲王，還擊嬰，嬰敗橫軍於嬴下。〔九〕橫亡走梁，歸彭越。越時居梁地，中立，且爲漢，且爲楚。〔一〇〕韓信已殺龍且，因進兵破殺田既於膠東，灌嬰破殺齊將田吸於千乘，〔一一〕遂平齊地。

〔一〕師古曰：「二人也。華音戶化反。」

〔二〕張晏曰：「濟南歷山之下。」

〔三〕師古曰：「縱，放也。放意而飲酒。」

〔四〕師古曰：「方欲遣使。」

〔五〕師古曰：「謂其與韓信合謀。」

〔六〕蘇林曰：「泰山博縣。」

〔七〕師古曰：「守相者，言爲相而專主居守之事。」

〔八〕師古曰：「且音子閭反。」

〔九〕晉灼曰：「泰山嬴縣也。」師古曰：「音弋成反。」

〔一〇〕師古曰：「言在楚、漢之閒，居中自立而兩助之也。中音竹仲反。」

〔一一〕師古曰：「吸音許及反。」

漢滅項籍，漢王立爲皇帝，彭越爲梁王。橫懼誅，而與其徒屬五百餘人入海，居隝中。〔一〕高帝聞之，以橫兄弟本定齊，齊人賢者多附焉，今在海中不收，後恐有亂，乃使使赦橫罪而召之。橫謝曰：「臣亨陛下之使酈食其，今聞其弟商爲漢將而賢，臣恐懼，不敢奉詔，請爲庶人，守海隝中。」使還報，高帝乃詔衞尉酈商曰：「齊王橫卽至，人馬從者敢動搖者致族夷！」〔二〕乃復使使持節具告以詔意，曰：「橫來，大者王，小者乃侯耳；〔三〕不來，且發兵加誅。」橫乃與其客二人乘傳詣雒陽。〔四〕

〔一〕韋昭曰：「海中山曰隝。」師古曰：「音丁老反。」

〔二〕師古曰：「族夷，言平除其族。」

〔三〕師古曰：「大者謂橫身，小者其徒屬。」

〔四〕師古曰：「傳音張戀反。」

至尸鄉廄置，〔一〕橫謝使者曰：「人臣見天子，當洗沐。」止留。謂其客曰：「橫始與漢王俱南面稱孤，〔二〕今漢王爲天子，而橫乃爲亡虜，北面事之，其媿固已甚矣。又吾亨人之兄，與其弟幷肩而事主，〔三〕縱彼畏天子之詔，不敢動搖，我獨不媿於心乎？且陛下所以欲見我，不過欲壹見我面貌耳。陛下在雒陽，今斬吾頭，馳三十里閒，形容尚未能敗，猶可知也。」

遂自剄，令客奉其頭，從使者馳奏之高帝。高帝曰：「嗟乎，有以！起布衣，兄弟三人更王，〔四〕豈非賢哉！」爲之流涕，而拜其二客爲都尉，發卒二千，以王者禮葬橫。

〔一〕（師古）〔應劭〕曰：「尸鄉在偃師城西。」臣瓚曰：「案廄置謂置馬以傳驛者。」

〔二〕師古曰：「王者自稱曰孤，蓋爲謙也。老子德經曰貴以賤爲本，高以下爲基，是以侯王自謂孤寡不穀。」

〔三〕師古曰：「幷音步鼎反。」

〔四〕師古曰：「更音工衡反。」

既葬，二客穿其冢旁，皆自剄從之。高帝聞而大驚，以橫之客皆賢者，「吾聞其餘尚五百人在海中」，使使召至，聞橫死，亦皆自殺。於是乃知田橫兄弟能得士也。

韓王信，故韓襄王孽孫也，〔一〕長八尺五寸。項梁立楚懷王，燕、齊、趙、魏皆已前王，唯韓無有後，故立韓公子橫陽（城君）〔君成〕爲韓王，欲以撫定韓地。項梁死定陶，成犇懷王。〔二〕沛公引兵擊陽城，使張良以韓司徒徇韓地，得信，以爲韓將，將其兵從入武關。

〔一〕張晏曰：「孺子爲孽。」師古曰：「孽謂庶耳。張說非也。」

〔二〕師古曰：「犇，古奔字。」

沛公爲漢王，信從入漢中，乃說漢王曰：「項王王諸將，王獨居此，遷也。士卒皆山東人，竦而望歸，及其鋒東鄉，可以爭天下。」〔一〕漢王還定三秦，乃許王信，先拜爲韓太尉，將兵略

韓地。

〔一〕鄭氏曰：「及軍中將士氣鋒也。」師古曰：「高紀及韓彭英盧傳皆稱斯說是楚王韓信之辭，而此傳復云韓王信之語，豈史家謬錯乎？將二人所勸大指實同也？竦謂引領舉足也。鑫與鋒同。鄉讀曰嚮。」

項籍之封諸王皆就國，韓王成以不從無功，不遣之國，更封爲穰侯，〔一〕後又殺之。聞漢遣信略韓地，乃令故籍游吳時令鄭昌爲韓王〔二〕距漢。漢二年，信略定韓地十餘城。漢王至河南，信急擊韓王昌，昌降漢。乃立信爲韓王，常將韓兵從。漢王使信與周苛等守滎陽，楚拔之，信降楚。已得亡歸漢，〔三〕漢復以爲韓王，竟從擊破項籍。五年春，與信剖符，王潁川。〔四〕

〔一〕文穎曰：「穰，南陽縣也。」臣瓚曰：「穰縣屬江夏。」師古曰：「文說是也。」
〔二〕孟康曰：「項籍在吳時，昌爲吳縣令。」
〔三〕師古曰：「降楚之後復得歸漢。」
〔四〕師古曰：「剖，分也。爲合符而分之。」

六年春，上以爲信壯武，北近鞏、雒，〔一〕南迫宛、葉，〔二〕東有淮陽，皆天下勁兵處也，乃更以太原郡爲韓國，徙信以備胡，都晉陽。信上書曰：「國被邊，〔三〕匈奴數入，晉陽去塞遠，請治馬邑。」上許之。秋，匈奴冒頓大入圍信，信數使使胡求和解。漢發兵救之，疑信數間

使，有二心。〔四〕上賜信書責讓之曰：「專死不勇，專生不任，〔五〕寇攻馬邑，君王力不足以堅守乎？安危存亡之地，此二者朕所以責於君王。」〔六〕信得書，恐誅，因與匈奴約共攻漢，以馬邑降胡，擊太原。

〔一〕師古曰：「鞏即今鞏縣。」
〔二〕師古曰：「南陽之二縣也。宛音於元反。葉音式涉反。」
〔三〕李奇曰：「被音被馬之被。」師古曰：「被猶帶也。」
〔四〕師古曰：「間，私也。」
〔五〕李奇曰：「言爲將軍，齎必死之意不得爲勇，齎必生之心不任軍事。傳曰『期死非勇也，必生非任也』。」
〔六〕師古曰：「言雖處危亡之地，執忠履信，可以安存，責其有二心。」

七年冬，上自往擊破信軍銅鞮，〔一〕斬其將王喜。信亡走匈奴，（與）其將白土人曼丘臣、王黃〔二〕立趙苗裔趙利爲王，〔三〕復收信散兵，而與信及冒頓謀攻漢。匈奴使左右賢王將萬餘騎與王黃等屯廣武以南，至晉陽，〔四〕與漢兵戰，漢兵大破之，追至于離石，復破之。〔五〕匈奴復聚兵樓煩西北。漢令車騎擊匈奴，常敗走，漢乘勝追北。聞冒頓居代谷，上居晉陽，使人視冒頓，還報曰「可擊」。上遂至平城，上白登。〔六〕匈奴騎圍上，上乃使人厚遺閼氏。〔七〕閼氏說冒頓曰：「今得漢地，猶不能居，且兩主不相戹。」居七日，胡騎稍稍引去。天霧，漢使人往來，胡不覺。護軍中尉陳平言上曰：「胡者全兵，〔八〕請令彊弩傅兩矢外鄉，〔九〕徐行出圍。」入平城，漢救兵亦至。胡騎遂解去，漢亦罷兵歸。信爲匈奴將兵往來擊邊，令王黃等說誤陳豨。

〔一〕師古曰：「上黨之縣也。鞮音丁奚反。」
〔二〕張晏曰：「白土，縣名也，屬上郡。」
〔三〕師古曰：「六國時趙後。」
〔四〕師古曰：「廣武亦太原之縣。」
〔五〕師古曰：「離石，西河之縣。」
〔六〕服虔曰：「臺名，去平城七里。」如淳曰：「平城旁之高地，若丘陵也。」師古曰：「在平城東山上，去平城十餘里，今其處猶存。服說非也。」
〔七〕師古曰：「閼氏，匈奴單于之妻也。閼音於連反。氏音支。」
〔八〕李奇曰：「言唯弓矛無雜仗也。」
〔九〕師古曰：「傅讀曰附。每一弩而加兩矢外鄉者，以禦敵也。鄉讀曰嚮。」

十一年春，信復與胡騎入居參合。〔一〕漢使柴將軍擊之，〔二〕遺信書曰：「陛下寬仁，諸侯雖有叛亡，而後歸，輒復故位號，不誅也。〔三〕大王所知。今王以敗亡走胡，非有大罪，急自歸。」信報曰：「陛下擢僕閭巷，南面稱孤，此僕之幸也。滎陽之事，僕不能死，囚於項籍，此

一罪也。寇攻馬邑，僕不能堅守，以城降之，此二罪也。今爲反寇，將兵與將軍爭一旦之命，此三罪也。夫種、蠡無一罪，身死亡；〔四〕僕有三罪，而欲求活，此伍子胥所以僨於吳世也。〔五〕今僕亡匿山谷間，旦暮乞貣蠻夷，〔六〕僕之思歸，如痿人不忘起，盲者不忘視，〔七〕勢不可耳。」遂戰。柴將軍屠參合，斬信。

〔一〕師古曰：「代郡之縣。」
〔二〕鄧展曰：「柴奇也。」應劭曰：「柴武也。」晉灼曰：「奇，武之子。」師古曰：「應說是也。」
〔三〕師古曰：「復音扶目反。」
〔四〕文穎曰：「大夫種、范蠡也。」師古曰：「二人皆越王句踐之臣也。大夫種位爲大夫，名種也，有功於越，而句踐逼令自死。范蠡即陶朱公也，浮海而逃之齊，又居陶，自號朱公，竟以壽終。信引之以自喻者，蓋言種不去則見殺，蠡逃亡則獲免。蠡音禮。」
〔五〕蘇林曰：「僨音奮。」孟康曰：「僨猶斃也。言子胥得罪於夫差而不知去，所以斃於世也。」師古曰：「僨謂僵仆而倒也，音方問反。」
〔六〕師古曰：「貣音吐得反。」
〔七〕師古曰：「痿，風痹病也，音人佳反。」

信之入匈奴，與太子俱，及至穨當城，生子，因名曰穨當。韓太子亦生子嬰。至孝文時，穨當及嬰率其衆降。漢封穨當爲弓高侯，〔一〕嬰爲襄城侯。〔二〕吳楚反時，弓高侯功冠諸將。

傳子至孫，孫無子，國絕。嬰孫以不敬失侯。嬰當孽孫嫣，〔三〕貴幸，名顯當世。嫣弟說，〔四〕以校尉擊匈奴，封龍頟侯。〔五〕後坐酎金失侯，復以待詔爲橫海將軍，擊破東越，封按道侯。〔六〕太初中，爲游擊將軍屯五原外列城，還爲光祿勳，掘蠱太子宮，爲太子所殺。〔七〕子興嗣，坐巫蠱誅。上曰：「游擊將軍死事，無論坐者。」〔八〕乃復封興弟增爲龍頟侯。增少爲郎，諸曹侍中光祿大夫，昭帝時至前將軍，與大將軍霍光定策立宣帝，益封千戶。本始二年，五將征匈奴，增將三萬騎出雲中，斬首百餘級，至期而還。神爵元年，代張安世爲大司馬車騎將軍，領尚書事。增世貴，幼爲忠臣，事三主，重於朝廷。爲人寬和自守，以溫顏遜辭承上接下，無所失意，保身固寵，不能有所建明。五鳳二年薨，謚曰安侯。子寶嗣，亡子，國除。成帝時，繼功臣後，封增兄子岑爲龍頟侯。薨，子持弓嗣。王莽敗，乃絕。

〔一〕晉灼曰：「功臣表屬營陵。」

〔二〕晉灼曰：「功臣表屬魏郡。」

〔三〕鄭氏曰：「音隱陵之隱。」師古曰：「鄭音是也，音偃。」

〔四〕師古曰：「說讀曰悅。」

〔五〕師古曰：「字或作雒。」

〔六〕師古曰：「史記年表幷衞青傳載韓說初封龍雒侯，後爲按道侯，皆與此傳同。而漢書功臣侯表乃云龍頟侯名譊，按道侯名說，列爲二人，與此不同，疑表誤。」

〔七〕師古曰：「掘音其勿反。」

〔八〕服虔曰：「時無故見殺，而無爲之論坐伏辜者也。」臣瓚曰：「按說無故見殺，而子復爲巫蠱見誅，皆爲怨枉，故上曰毋有應論坐者也。」師古曰：「二說皆非。言韓說以掘蠱爲太子所殺，死於國事，忠誠可閔。今興雖以巫蠱見誅，其昆弟宗族應從坐者，可勿論之，所以追寵說也。」

贊曰：周室既壞，至春秋末，諸侯秏盡，〔一〕而炎黃唐虞之苗裔尚猶頗有存者。〔二〕秦滅六國，而上古遺烈埽地盡矣。〔三〕楚漢之際，豪桀相王，唯魏豹、韓信、田儋兄弟爲舊國之後，然皆及身而絕。橫之志節，賓客慕義，猶不能自立，豈非天虖！韓氏自弓高後貴顯，蓋周烈近與！〔四〕

〔一〕師古曰：「秏，減也，言漸少而盡也，音呼到反。」

〔二〕師古曰：「謂神農、黃帝、堯、舜之後。」

〔三〕師古曰：「烈，業也。」

〔四〕晉灼曰：「韓先與周同姓，其後苗裔事晉，封於韓原，姓韓氏，韓厥其後也，故曰周烈。」臣瓚曰：「案武王之子，方於三代，世爲最近也。」師古曰：「左氏傳云『邗、晉、應、韓，武之穆也』。據如此贊所云，則韓萬先祖，武王之裔。而杜預等以爲出自曲沃成師，未詳其說。與讀曰歟。」

校勘記

一八四五頁二行　「王」字據殿本補。王先謙說有「王」字是。

一八四六頁二行　酈生（至）〔往〕，豹謝曰：景祐、殿本都作「往」。

一八五二頁三行　（師古）〔應劭〕曰：景祐、殿本都作「應劭」。王先謙說作「應劭」是。

一八五三頁一〇行　故立韓公子橫陽（城君）〔君成〕爲韓王，景祐、殿本都作「君成」。王先謙說作「君成」是，史記同。

一八五四頁一〇行　（與）其將白土人曼丘臣、劉敞說「與」字不當有。王先謙亦說「與」字誤衍。

漢書卷三十四

韓彭英盧吳傳第四

韓信，淮陰人也。家貧無行，不得推擇爲吏，〔一〕又不能治生爲商賈，〔二〕常從人寄食。其母死無以葬，乃行營高燥地，令傍可置萬家者。〔三〕信從下鄉南昌亭長食，〔四〕亭長妻苦之，〔五〕乃晨炊蓐食。〔六〕食時信往，不爲具食。信亦知其意，自絕去。至城下釣，有一漂母哀之，飯信，〔七〕竟漂數十日。信謂漂母曰：「吾必重報母。」母怒曰：「大丈夫不能自食，吾哀王孫而進食，〔八〕豈望報乎！」淮陰少年又侮信曰：「雖長大，好帶刀劍，怯耳。」衆辱信曰：「能死，刺我；不能，出跨下。」〔九〕於是信孰視，俛出跨下。〔一〇〕一市皆笑信，以爲怯。

〔一〕李奇曰：「無善行可推舉選擇也。」

〔二〕師古曰：「行賣曰商，坐販曰賈。」

〔三〕師古曰：「言其有大志也。行音下更反。燥音先老反。」

〔四〕張晏曰：「下鄉，屬淮陰。」

〔五〕師古曰：「苦，厭也。」

〔六〕張晏曰：「未起而牀蓐中食。」

〔七〕韋昭曰：「以水擊絮曰漂。」師古曰：「哀憐而飯之。漂音匹妙反。飯音扶晚反。」

〔八〕蘇林曰：「王孫，如言公子也。」

〔九〕師古曰：「衆辱，於衆中辱之。跨下，兩股之閒也。」

〔一〇〕師古曰：「俛亦俯字。」

及項梁度淮，信乃杖劍從之，〔一〕居戲下，無所知名。〔二〕梁敗，又屬項羽，爲郎中。信數以策干項羽，羽弗用。漢王之入蜀，信亡楚歸漢，未得知名，爲連敖。〔三〕坐法當斬，其疇十三人皆已斬，〔四〕至信，信乃仰視，適見滕公，〔五〕曰：「上不欲就天（子）〔下〕乎？而斬壯士！」滕公奇其言，壯其貌，釋弗斬。〔六〕與語，大說之，言於漢王。漢王以爲治粟都尉，上未奇之也。

〔一〕師古曰：「言直帶一劍，更無餘資。」

〔二〕師古曰：「汎在旌戲之下也。戲讀曰麾，又音許宜反。」

〔三〕李奇曰：「楚官名。」

〔四〕師古曰：「疇，類也。」

〔五〕師古曰：「夏侯嬰。」

〔六〕師古曰：「釋，放也，置也。」

數與蕭何語，何奇之。至南鄭，諸將道亡者數十人。信度何等已數言上，〔一〕不我用，即亡。何聞信亡，不及以聞，自追之。人有言上曰：「丞相何亡。」上怒，如失左右手。居一二日，何來謁。上且怒且喜，罵何曰：「若亡，何也？」〔二〕何曰：「臣非敢亡，追亡者耳。」上曰：「所追者誰也？」曰：「韓信。」上復罵曰：「諸將亡者已數十，公無所追；追信，詐也。」何曰：「諸將易得，至如信，國士無雙。〔三〕王必欲長王漢中，無所事信；〔四〕必欲爭天下，非信無可與計事者。顧王策安決。」〔五〕王曰：「吾亦欲東耳，安能鬱鬱久居此乎？」何曰：「王計必東，能用信，信即留；不能用信，信終亡耳。」王曰：「吾爲公以爲將。」何曰：「雖爲將，信不留。」王曰：「以爲大將。」何曰：「幸甚。」於是王欲召信拜之。何曰：「王素嫚無禮，〔六〕今拜大將如召小兒，此乃信所以去也。（王）必欲拜之，擇日齋戒，設壇場具禮，乃可。」王許之。諸將皆喜，人人各自以爲得大將。至拜，乃韓信也，一軍皆驚。

〔一〕師古曰：「度，計量也，音大各反。」

〔二〕師古曰：「若，汝也。」

〔三〕師古曰：「爲國家之奇士。」

〔四〕張晏曰：「無事用信。」

〔五〕師古曰：「顧，思念也。」

〔六〕師古曰：「嫚與慢同。」

信（以）〔已〕拜，上坐。王曰：「丞相數言將軍，將軍何以教寡人計策？」信謝，因問王曰：「今東鄉爭權天下，豈非項王邪？」〔一〕上曰：「然。」信曰：「大王自料勇悍仁彊孰與項王？」〔二〕漢王默然良久，曰：「弗如也。」信再拜賀曰：「唯〔三〕信亦以爲大王弗如也。然臣嘗事項王，請言項王爲人也。項王意烏猝嗟，千人皆廢，〔四〕然不能任屬賢將，〔五〕此特匹夫之勇也。〔六〕項王見人恭謹，言語姁姁，〔七〕人有病疾，涕泣分食飲，至使人有功，當封爵，刻印刓，忍不能予，〔八〕此所謂婦人之仁也。項王雖霸天下而臣諸侯，不居關中而都彭城；又背義帝約，而以親愛王，諸侯不平。諸侯之見項王逐義帝江南，亦皆歸逐其主，自王善地。項王所過亡不殘滅，多怨百姓，〔九〕百姓不附，特劫於威，彊服耳。〔一〇〕名雖爲霸，實失天下心，〔一一〕故曰其彊易弱。〔一二〕今大王誠能反其道，任天下武勇，何不誅！〔一三〕以天下城邑封功臣，何不服！以義兵從思東歸之士，何不散！〔一四〕且三秦王爲秦將，〔一五〕將秦子弟數歲，而所殺亡不可勝計，又欺其衆降諸侯。至新安，項王詐阬秦降卒二十餘萬人，唯獨邯、欣、翳脫。〔一六〕秦父兄怨此三人，痛於骨髓。今楚彊以威王此三人，秦民莫愛也。大王之入武關，秋豪亡所害，〔一七〕除秦苛法，與民約，法三章耳，秦民亡不欲得大王王秦者。於諸侯之約，大王當王關中，關中民戶知之。〔一八〕王失職之蜀，民亡不恨者。〔一九〕今王舉而東，三秦可傳檄而

定也。」〔10〕於是漢王大喜，自以爲得信晚。遂聽信計，部署諸將所擊。〔三〕

〔一〕師古曰：「鄉讀曰嚮。」

〔二〕師古曰：「料，量也。與，如也。」

〔三〕師古曰：「唯，應辭，音弋癸反。」

〔四〕李奇曰：「猝嗟猶咄嗟也。言羽一咄嗟，千人皆失氣也。」晉灼曰：「意烏，恚怒聲也。猝嗟，形發動也。廢，不收也。」師古曰：「意烏，音說是也。猝嗟，暴猝嗟歎也。猝音千忽反。」

〔五〕師古曰：「屬，委也，音之欲反。」

〔六〕師古曰：「特，但也。」

〔七〕師古曰：「姁姁，和好貌也，音許于反。」

〔八〕蘇林曰：「刓音刓角之刓，刓與摶同。手弄角訛，不忍授也。」師古曰：「刓音五丸反。摶音大官反。又音專。」

〔九〕師古曰：「結怨於百姓。」

〔10〕師古曰：「彊音其兩反。其下『彊以威王』亦同。」

〔二〕師古曰：「羽自號西楚霸王，故云名爲霸也。」

〔三〕師古曰：「易使弱也。」

〔三〕師古曰：「言何所不誅也。下皆類此。」

〔四〕師古曰：「散謂四散而立功。」

〔五〕師古曰：「章邯、司馬欣、董翳。」

〔六〕師古曰：「脫，免也，音土活反。」

〔七〕師古曰：「秋豪，喻細微之物。」

〔八〕師古曰：「言家家皆知。」

〔九〕師古曰：「之，往也。」

〔10〕師古曰：「檄謂檄書也。傳檄可定，言不足用兵也。檄，解在高紀。」

〔三〕師古曰：「部分而署置之。」

漢王舉兵東出陳倉，定三秦。二年，出關，收魏、河南，韓、殷王皆降。令齊、趙共擊楚彭城，漢兵敗散而還。信復發兵與漢王會滎陽，復擊破楚京、索間，〔一〕以故楚兵不能西。

〔一〕師古曰：「索音山客反。」

漢之敗卻彭城，〔一〕塞王欣、翟王翳亡漢降楚，齊、趙、魏亦皆反，與楚和。漢王使酈生往說魏王豹，豹不聽，乃以信爲左丞相擊魏。信問酈生：「魏得毋用周叔爲大將乎？」曰：「栢直也。」信曰：「豎子耳。」遂進兵擊魏。魏盛兵蒲坂，塞臨晉。信乃益爲疑兵，〔二〕陳船欲度臨晉，而伏兵從夏陽以木罌缶度軍，襲安邑。〔三〕魏王豹驚，引兵迎信。信遂虜豹，定河東，使人請漢王：「願益兵三萬人，臣請以北舉燕、趙，東擊齊，南絕楚之糧道，西與大王會於滎陽。」漢王與兵三萬人，遣張耳與俱，進擊趙、代。破代，禽夏說閼與。〔四〕信之下魏、代，漢輒使人收其精兵，詣滎陽以距楚。

〔一〕師古曰：「兵敗於彭城而卻退也。卻音丘略反。」

〔二〕師古曰：「多張兵形，令敵人疑也。」

〔三〕服虔曰：「以木柙縛罌缶以度也。」韋昭曰：「以木爲器，如罌缶也。」師古曰：「服說是也。罌缶謂瓶之大腹小口者也，音一政反。臨晉在今同州朝邑縣界。夏陽在韓城縣界。」

〔四〕李奇曰：「夏說，代相也。」孟康曰：「閼與是邑名也，在上黨陽縣。」師古曰：「說讀曰悅。閼音一曷反。與音豫。」

信、耳以兵數萬，欲東下井陘擊趙。趙王、成安君陳餘聞漢且襲之，聚兵井陘口，號稱二十萬。廣武君李左車說成安君曰：「聞漢將韓信涉西河，虜魏王，禽夏說，新喋血閼與。〔一〕今乃輔以張耳，議欲以下趙，〔二〕此乘勝而去國遠鬬，其鋒不可當。臣聞『千里餽糧，士有飢色；〔三〕樵蘇後爨，師不宿飽。』〔四〕今井陘之道，車不得方軌，騎不得成列，〔五〕行數百里，其勢糧食必在後。願足下假臣奇兵三萬人，從間(道)〔路〕絕其輜重；〔六〕足下深溝高壘勿與戰。彼前不得鬬，退不得還，吾奇兵絕其後，野無所掠鹵，不至十日，兩將之頭可致戲下。〔七〕願君留意臣之計，必不爲二子所禽矣。」成安君，儒者，常稱義兵不用詐謀奇計，謂曰：「吾聞兵法『什則圍之，倍則戰。』〔八〕今韓信兵號數萬，其實不能，千里襲我，亦以罷矣。〔九〕今如此避弗擊，後有大者，何以距之？諸侯謂吾怯，而輕來伐我。」不聽廣武君策。

〔一〕師古曰：「喋音牒。喋血，解在文紀。」

〔二〕師古曰：「言其立計議如此。」

〔三〕師古曰：「言難繼也。餽字與饋同。」

〔四〕師古曰：「樵，取薪也。蘇，取草也。小雅白華之詩曰『樵彼桑薪』。樵音在消反。」

〔五〕師古曰：「方軌，謂併行也。列，行列。」

〔六〕師古曰：「間路，微路也。重音直用反。」

〔七〕師古曰：「戲讀曰麾，又音許宜反。」

〔八〕師古曰：「言多十倍者可以圍城，多一倍者戰則可勝。」

〔九〕師古曰：「罷讀曰疲。」

信使間人窺知其不用，〔一〕還報，則大喜，乃敢引兵遂下。未至井陘口三十里，止舍。〔二〕夜半傳發，選輕騎二千人，〔三〕人持一赤幟，〔四〕從間道萆山而望趙軍，〔五〕戒曰：「趙見我走，必空壁逐我，若疾入，拔趙幟，立漢幟。」〔六〕令其裨將傳餐，〔七〕曰：「今日破趙會食。」諸將皆嘸然，陽應曰：「諾。」〔八〕信謂軍吏曰：「趙已先據便地壁，且彼未見大將旗鼓，未肯擊前行，〔九〕恐吾阻險而還。」乃使萬人先行，出，背水陳。趙兵望見大笑。平旦，信建大將旗鼓，鼓行出井陘口，〔10〕趙開壁擊之，大戰良久。於是信、張耳棄鼓旗，走水上軍，〔二〕復疾戰。趙空壁爭漢鼓旗，逐信、耳。信、耳已入水上軍，軍皆殊死戰，不可敗。〔三〕信所出奇兵二千騎者，候趙空壁逐利，卽馳入趙壁，皆拔趙旗幟，立漢赤幟二千。趙軍已不能得信、耳等，欲還歸壁，壁皆漢赤幟，大驚，以漢爲皆已破趙王將矣，遂亂，遁走。趙將雖斬之，弗

能禁。於是漢兵夾擊，破虜趙軍，斬成安君泜水上，(十三)禽趙王歇。

(一)師古曰：「間人，微伺之也。」
(二)師古曰：「舍，息也。」
(三)孟康曰：「傳令軍中使發也。」
(四)師古曰：「幟，旌旗之屬也，音式志反。」
(五)如淳曰：「萆音蔽，依山自覆蔽也。」師古曰：「蔽隱於山間使敵不見。」
(六)師古曰：「若，汝也。」
(七)服虔曰：「立（騎）〔駐〕傳餐食也。」如淳曰：「小飯曰餐，破趙後乃當共飽食也。」師古曰：「餐，古湌字，音千安反。」
(八)孟康曰：「嘸音撫，不精明也。」劉德曰：「音儛。」師古曰：「劉音是也。音文府反。」
(九)師古曰：「行音胡郎反。」
(十)師古曰：「擊鼓而行。」
(十一)師古曰：「走，趣也，音奏。」
(十二)師古曰：「殊，絕也。謂決意必死。」
(十三)師古曰：「泜音祗，又音丁計反。」

信乃令軍毋斬廣武君，有生得之者，購千金。頃之，有縛而至戲下者，信解其縛，東鄉坐，西鄉對，而師事之。(一)

(一)師古曰：「鄉皆讀曰嚮。」

諸校（劾）〔効〕首虜休，皆賀，(一)因問信曰：「兵法有『右背山陵，前左水澤』，今者將軍令臣等反背水陳，曰破趙會食，臣等不服。然竟以勝，此何術也？」信曰：「此在兵法，顧諸君弗察耳。(二)兵法不曰『陷之死地而後生，投之亡地而後存』乎？且信非得素拊循士大夫，經所謂『敺市人而戰之』也，(三)其勢非置死地，人人自為戰；今即予生地，皆走，寧尚得而用之乎！」諸將皆服曰：「非所及也。」

(一)師古曰：「諸校，諸部也，猶今言諸營也。（劾）〔効〕，致也。謂各致其所獲。」
(二)師古曰：「顧，念也。」
(三)師古曰：「經亦謂兵法也。敺與驅同也。忽入市廛而敺取其人令戰，言非素所練習。」

於是問廣武君曰：「僕欲北攻燕，東伐齊，何若有功？」(一)廣武君辭曰：「臣聞『亡國之大夫不可以圖存，(二)敗軍之將不可以語勇』。若臣者，何足以權大事乎！」信曰：「僕聞之，百里奚居虞而虞亡，之秦而秦伯，(三)非愚於虞而智於秦也，用與不用，聽與不聽耳。向使成安君聽子計，僕亦禽矣。僕委心歸計，願子勿辭。」廣武君曰：「臣聞『智者千慮，必有一失；愚者千慮，亦有一得』。故曰『狂夫之言，聖人擇焉』。（故）〔顧〕恐臣計未足用，(四)願效愚忠。故成安君有百戰百勝之計，一日而失之，軍敗鄗下，(五)身死泜水上。今足下虜魏王，禽夏說，不旬朝破趙二十萬眾，誅成安君。名聞海內，威震諸侯，眾庶莫不輟作怠惰，靡衣媮食，傾耳以待（禽）〔命〕者。(六)然而眾勞卒罷，(七)其實難用也。今足下舉勌敝之兵，頓之燕堅城之下，情見力屈，(八)欲戰不拔，曠日持久，糧食單竭。(九)若燕不破，齊必距境而以自彊。二國相持，則劉項之權未有所分也。臣愚，竊以為亦過矣。」信曰：「然則何由？」(十)廣武君對曰：「當今之計，不如按甲休兵，百里之內，牛酒日至，以饗士大夫，北首燕路，(十一)然後發一乘之使，奉咫尺之書，(十二)以使燕，燕必不敢不聽。從燕而東臨齊，雖有智者，亦不知為齊計矣。如是，則天下事可圖也。兵故有先聲而後實者，此之謂也。」信曰：「善。敬奉教。」於是用廣武君策，發使燕，燕從風而靡。乃遣使報漢，因請立張耳王趙以撫其國。漢王許之。

(一)師古曰：「何若，猶言何如也。」
(二)師古曰：「圖，謀也。」
(三)師古曰：「百里奚，本虞臣也。後事於秦，遂為大夫，穆公用其言，以取霸。伯讀曰霸。」
(四)師古曰：「顧，念也。」
(五)李奇曰：「鄗音羹臛之臛，常山縣也。光武即位於此，故改曰高邑。」
(六)師古曰：「輟，止也。靡，輕麗也。媮與偷字同。偷，苟且也。言為靡麗之衣，苟且而食，恐懼之甚，不為久計也。」
(七)師古曰：「罷讀曰疲。」

(八)師古曰：「見，顯露也。屈，盡也。見音胡電反。屈音其勿反。」
(九)師古曰：「單亦盡。」
(十)師古曰：「由，從也，言當從何計也。」
(十一)師古曰：「首謂趣向也，音式究反。」
(十二)師古曰：「八寸曰咫。咫尺者，言其簡牘或長咫，或長尺，喻輕率也。今俗言尺書，或言尺牘，蓋其遺語耳。」

楚數使奇兵度河擊趙，王耳、信往來救趙，因行定趙城邑，發卒佐漢。楚方急圍漢王滎陽，漢王出，南之宛、葉，(一)得九江王布，入成皋，楚復急圍之。四年，漢王出成皋，度河，獨與滕公從張耳軍修武。至，宿傳舍。晨自稱漢使，馳入壁。張耳、韓信未起，即其臥，奪其印符，(二)麾召諸將易置之。信、耳起，乃知獨漢王來，大驚。漢王奪兩人軍，即令張耳備守趙地，拜信為相國，發趙兵未發者擊齊。(三)

(一)師古曰：「之，往也。宛、葉，二縣名。宛音於元反。葉音式涉反。」
(二)師古曰：「就其臥處。」
(三)文穎曰：「謂趙人未嘗見發者。」

信引兵東，未度平原，聞漢王使酈食其已說下齊。信欲止，蒯通說信令擊齊。語在通傳。信然其計，遂渡河，襲歷下軍，至臨菑。齊王走高密，使使於楚請救。信已定臨菑，東追至高密西。楚使龍且將，號稱二十萬，(一)救齊。

中華書局

(一)師古曰：「且音子余反。」

齊王、龍且并軍與信戰，未合。(一)或說龍且曰：「漢兵遠鬭，窮寇〔久〕戰，鋒不可當也。齊、楚自居其地戰，兵易敗散。(二)不如深壁，令齊王使其信臣招所亡城，(三)城聞王在，楚來救，必反漢。漢二千里客居齊，齊城皆反之，其勢無所得食，可毋戰而降也。」龍且曰：「吾平生知韓信爲人，易與耳。寄食於漂母，無資身之策；受辱於跨下，無兼人之勇，不足畏也。且救齊而降之，吾何功？今戰而勝之，齊半可得，(四)何爲而止！」遂戰，與信夾濰水陳。(五)信乃夜令人爲萬餘囊，〔盛〕沙以壅水上流，引兵半度，擊龍且。陽不勝，還走。龍且果喜曰：「固知信怯。」遂追度水。信使人決壅囊，水大至。龍且軍太半不得度，卽急擊，殺龍且。龍且水東軍散走，齊王廣亡去。信追北至城陽，虜廣。楚卒皆降，遂平齊。

(一)師古曰：「欲戰而未交兵也。」
(二)師古曰：「近其室家，懷顧望也。」
(三)師古曰：「信臣，常所親信之臣。」
(四)師古曰：「自謂當得封齊之半地。」
(五)師古曰：「濰音維。濰水出琅邪北箕縣，東北經臺昌入海，卽禹貢所云『濰淄其道』者也。」

使人言漢王曰：「齊夸詐多變，反覆之國，南邊〔荊〕〔楚〕，(一)不爲假王以塡之，其勢不定。(二)今權輕，不足以安之，臣請自立爲假王。」當是時，楚方急圍漢王於滎陽，使者至，發

書，(三)漢王大怒，罵曰：「吾困於此，旦暮望而來佐我，(四)乃欲自立爲王！」張良、陳平伏後躡漢王足，因附耳語曰：「漢方不利，寧能禁信之自王乎？不如因立，善遇之，使自爲守。不然，變生。」漢王亦寤，因復罵曰：「大丈夫定諸侯，卽爲眞王耳，何以假爲！」遣張良立信爲齊王，徵其兵使擊楚。

(一)師古曰：「邊，近也。」
(二)師古曰：「塡音竹刃反。」
(三)張晏曰：「發信使者所齎書也。」
(四)師古曰：「而，汝也。」

楚以亡龍且，項王恐，使盱台人武涉往說信曰：「足下何不反漢與楚？楚王與足下有舊故。且漢王不可必，(一)身居項王掌握中數矣，(二)然得脫，背約，復擊項王，其不可親信如此。今足下雖自以爲與漢王爲金石交，(三)然終爲漢王所禽矣。足下所以得須臾至今者，以項王在。項王卽亡，次取足下。何不與楚連和，三分天下而王齊？今釋此時，自必於漢王以擊楚，且爲智者固若此邪！」信謝曰：「臣得事項王數年，官不過郎中，位不過執戟，(四)言不聽，畫策不用，故背楚歸漢。漢王授我上將軍印，數萬之衆，解衣衣我，推食食我，(五)言聽計用，吾得至於此。夫人深親信我，背之不祥。幸爲信謝項王。」武涉已去，蒯通知天下權在於信，深說以三分天下，〔之計〕〔鼎足而王〕。語在通傳。信不忍背漢，又自以功大，漢王不奪我齊，遂不聽。

(一)師古曰：「必謂必信之。」
(二)師古曰：「數音山角反。」
(三)師古曰：「稱金石者，取其堅固。」
(四)張晏曰：「郎中宿衛執戟。」
(五)師古曰：「下衣音於記反。下食讀曰飤也。」

漢王之敗固陵，用張良計，徵信將兵會陔下。項羽死，高祖襲奪信軍，徙信爲楚王，都下邳。

信至國，召所從食漂母，賜千金。及下鄉亭長，錢百，(一)曰：「公，小人，爲德不竟。」(二)召辱己少年令出跨下者，以爲中尉，告諸將相曰：「此壯士也。方辱我時，寧不能死？死之無名，故忍而就此。」(三)

(一)師古曰：「以恥辱之。」
(二)師古曰：「言晨炊蓐食。」
(三)師古曰：「就，成也。成今日之功。」

項王亡將鍾離眛(一)家在伊廬，(二)素與信善。項王敗，眛亡歸信。漢怨眛，聞在楚，詔

楚捕之。信初之國，行縣邑，陳兵出入。(三)有變告信欲反，(四)書聞，(五)上患之。用陳平謀，僞游於雲夢者，實欲襲信，信弗知。高祖且至楚，信欲發兵，自度無罪；(六)欲謁上，恐見禽。人或說信曰：「斬眛謁上，上必喜，亡患。」信見眛計事，眛曰：「漢所以不擊取楚，以眛在。公若欲捕我自媚漢，吾今死，公隨手亡矣。」乃罵信曰：「公非長者！」卒自剄。信持其首謁於陳。高祖令武士縛信，載後車。信曰：「果若人言，『狡兔死，良狗亨。』」(七)上曰：「人告公反。」遂械信。至雒陽，赦以爲淮陰侯。

(一)師古曰：「眛音莫曷反。」
(二)劉德曰：「東海朐南有此邑。」韋昭曰：「今中廬縣也。」師古曰：「韋說非也。中廬在襄陽之南。」
(三)師古曰：「行音下更反。」
(四)師古曰：「凡言變告者，謂告非常之事。」
(五)師古曰：「聞於天子。」
(六)師古曰：「度音大各反。」
(七)張晏曰：「狡猶猾也。」師古曰：「此黃石公三略之言。」

信知漢王畏惡其能，稱疾不朝從。(一)由此日怨望，居常鞅鞅，(二)羞與絳、灌等列。嘗過樊將軍噲，噲趨拜送迎，言稱臣，曰：「大王乃肯臨臣。」信出門，笑曰：「生乃與噲等爲伍！」(三)

〔一〕師古曰：「朝，朝見也。從，從行也。」
〔二〕師古曰：「鞅鞅，志不滿也，音於兩反。」
〔三〕師古曰：「言俱爲列侯。」

上嘗從容與信言諸將〔一〕能各有差。上問曰：「如我，能將幾何？」信曰：「陛下不過能將十萬。」上曰：「如公何如？」曰：「如臣，多多益辦耳。」上笑曰：「多多益辦，何爲爲我禽？」信曰：「陛下不能將兵，而善將將，此乃信之爲陛下禽也。且陛下所謂天授，非人力也。」

〔一〕師古曰：「從音千容反。」

後陳豨爲代相監邊，辭信，信挈其手，〔一〕與步於庭數匝，仰天而嘆曰：「子可與言乎？吾欲與子有言。」豨因曰：「唯將軍命。」信曰：「公之所居，天下精兵處也，而公，陛下之信幸臣也。人言公反，陛下必不信；再至，陛下乃疑；三至，必怒而自將。吾爲公從中起，天下可圖也。」陳豨素知其能，信之，曰：「謹奉教！」

〔一〕師古曰：「挈謂執提之。」

漢十年，豨果反，高帝自將而往，信〔稱〕病不從。陰使人之豨所，而與家臣謀，夜詐赦諸官徒奴，欲發兵襲呂后、太子。部署已定，待豨報。其舍人得罪信，信囚，欲殺之。〔一〕舍人

弟上書變告信欲反狀於呂后。呂后欲召，恐其黨不（亂）〔就〕，〔二〕乃與蕭相國謀，詐令人從帝所來，稱豨已死，羣臣皆賀。相國紿信曰：「雖病，强入賀。」〔三〕信入，呂后使武士縛信，斬之長樂鍾室。〔四〕信方斬，曰：「吾不用蒯通計，反爲女子所詐，豈非天哉！」遂夷信三族。

〔一〕晉灼曰：「楚漢春秋云謝公也。」
〔二〕師古曰：「黨音他朗反。」
〔三〕師古曰：「紿，詐也。」
〔四〕師古曰：「鍾室，謂懸鍾之室。」

高祖已破豨歸，至，聞信死，且喜且哀之，問曰：「信死亦何言？」呂后道其語。高祖曰：「此齊辯士蒯通也。」召欲亨之。通至自說，釋弗誅。〔一〕語在通傳。

〔一〕師古曰：「自說，謂自解說也。釋，放也，置也。」

彭越字仲，昌邑人也。常漁鉅野澤中，爲盜。〔一〕陳勝起，或謂越曰：「豪桀相立畔秦，仲可效之。」越曰：「兩龍方鬭，且待之。」〔二〕

〔一〕師古曰：「漁，捕魚也。鉅野，即今鄆州鉅野（中）〔縣〕。」
〔二〕師古曰：「兩龍，謂秦與陳勝。」

居歲餘，澤間少年相聚百餘人，往從越，「請仲爲長」，越謝不願也。少年强請，乃許。與期旦日日出時，後會者斬。旦日日出，十餘人後，後者至日中。於是越謝曰：「臣老，諸君强以爲長。今期而多後，不可盡誅，誅最後者一人。」令校長斬之。〔一〕皆笑曰：「何至是！請後不敢。」於是越乃引一人斬之，設壇祭，令徒屬。徒屬皆驚，畏越，不敢仰視。乃行略地，收諸侯散卒，得千餘人。

〔一〕師古曰：「一校之長也。校音下教反。」

沛公之從碭北擊昌邑，越助之。昌邑未下，沛公引兵西。越亦將其衆居鉅野澤中，收魏敗散卒。項籍入關，王諸侯，還歸，越衆萬餘人無所屬。齊王田榮叛項王，漢乃使人賜越將軍印，使下濟陰以擊楚。楚令蕭公角將兵擊越，越大破楚軍。漢二年春，與魏豹及諸侯東擊楚，越將其兵三萬餘人，歸漢外黃。〔一〕漢王曰：「彭將軍收魏地，得十餘城，欲急立魏後。今西魏王豹，魏咎從弟，眞魏也。」〔二〕乃拜越爲魏相國，擅將兵，略定梁地。〔三〕

〔一〕師古曰：「於外黃來歸漢。」
〔二〕鄭氏曰：「豹，眞魏後也。」
〔三〕師古曰：「擅，專也，使專爲此事。」

漢王之敗彭城解而西也，越皆亡其所下城，獨將其兵北居河上。漢三年，越常往來爲漢游兵擊楚，絕其糧於梁地。項王與漢王相距滎陽，越攻下睢陽、外黃十七城。項王聞之，

乃使曹咎守成皋，自東收越所下城邑，皆復爲楚。越將其兵北走穀城。項王南走陽夏，〔一〕越復下昌邑旁二十餘城，得粟十餘萬斛，以給漢食。

〔一〕師古曰：「走並音奏。夏音攻雅反。」

漢王敗，使使召越幷力擊楚，越曰：「魏地初定，尙畏楚，未可去。」漢王追楚，爲項籍所敗固陵。乃謂留侯曰：「諸侯兵不從，爲之奈何？」留侯曰：「彭越本定梁地，功多，始君王以魏豹故，拜越爲相國。今豹死亡後，且越亦欲王，而君王不蚤定。〔一〕今取睢陽以北至穀城，皆許以王彭越。」又言所以許韓信。語在高紀。於是漢王發使使越，如留侯策。使者至，越乃引兵會垓下。項籍死，立越爲梁王，都定陶。

〔一〕師古曰：「蚤，古早字。」

六年，朝陳。九年，十年，皆來朝長安。

陳豨反代地，高帝自往擊之，至邯鄲，徵兵梁。梁王稱病，使使將兵詣邯鄲。高帝怒，使人讓梁王。〔一〕梁王恐，欲自往謝。其將扈輒曰：「王始不往，見讓而往，往卽爲禽，不如遂發兵反。」梁王不聽，稱病。梁太僕有罪，亡走漢，告梁王與扈輒謀反。於是上使使掩捕梁王，囚之雒陽。有司治反形已具，〔二〕請論如法。上赦以爲庶人，徙蜀青衣。〔三〕西至鄭，〔四〕逢呂后從長安東，欲之雒陽，道見越。越爲呂后泣涕，自言亡罪，願處故昌邑。呂后許諾，

詔與俱東。至雒陽，呂后言上曰：「彭越壯士也，今徙之蜀，此自遺患，不如遂誅之。妾謹與俱來。」於是呂后令其舍人告越復謀反。廷尉奏請，遂夷越宗族。

〔一〕師古曰：「讓，責也。」
〔二〕張晏曰：「扈輒勸越反，越不聽，而云反形已具，有司非也。」臣瓚曰：「扈輒勸越反，而越不誅輒，是反形已具也。」師古曰：「瓚說是也。」
〔三〕文穎曰：「靑衣，縣名。」
〔四〕師古曰：「即今華州鄭縣是也。」

黥布，六人也，〔一〕姓英氏。少時客相之，當刑而王。及壯，坐法黥，布欣然笑曰：「人相我當刑而王，幾是乎？」〔二〕人有聞者，共戲笑之。布以論輸驪山，〔三〕驪山之徒數十萬人，布皆與其徒長豪桀交通，乃率其曹耦，亡之江中爲羣盜。〔四〕

〔一〕師古曰：「六，縣名也。解在高紀。」
〔二〕臣瓚曰：「幾，近也。」師古曰：「幾音鉅依反。」
〔三〕師古曰：「有罪論決，而輸作於驪山。」
〔四〕師古曰：「曹，輩也。」

陳勝之起也，布乃見番君，〔一〕其衆數千人。番君以女妻之。章邯之滅陳勝，破呂臣軍，

布引兵北擊秦左右校，破之靑波，〔二〕引兵而東。聞項梁定會稽，西度淮，布以兵屬梁。梁西擊景駒、秦嘉等，布常冠軍。〔三〕項梁聞陳涉死，立楚懷王，以布爲當陽君。項梁敗死，懷王與布及諸侯將皆聚彭城。當是時，秦急圍趙，趙數使人請救懷王。懷王使宋義爲上將〔軍〕，項籍與布皆屬之，北救趙。及籍殺宋義河上，自立爲上將軍，使布先涉河，〔四〕擊秦軍，數有利。籍乃悉引兵從之，遂破秦軍，降章邯等。楚兵常勝，功冠諸侯。諸侯兵皆服屬楚者，以布數以少敗衆也。

〔一〕師古曰：「番音蒲何反。」
〔二〕師古曰：「地名也。」
〔三〕師古曰：「言其驍勇爲衆軍之最。」
〔四〕師古曰：「涉謂無舟楫而渡也。」

項籍之引兵西至新安，又使布等夜擊阬章邯秦卒二十餘萬人。至關，不得入，又使布等先從間道破關下軍，〔一〕遂得入。至咸陽，布爲前鋒。項王封諸將，立布爲九江王，都六。尊懷王爲義帝，徙都長沙，乃陰令布擊之。布使將追殺之郴。

〔一〕師古曰：「間道，微道也。」

齊王田榮叛楚，項王往擊齊，徵兵九江，布稱病不往，遣將將數千人行。漢之敗楚彭城，布又稱病不佐楚。項王由此怨布，數使使者譙讓召布，〔一〕布愈恐，不敢往。項王方北憂齊、趙，西患漢，所與者獨布，又多其材，〔二〕欲親用之，以故未擊。

〔一〕師古曰：「譙讓，責之也。譙音在笑反。」
〔二〕師古曰：「多猶重也。」

漢王與楚大戰彭城，不利，出梁地，至虞，〔一〕謂左右曰：「如彼等者，無足與計天下事者。」謁者隨何進曰：「不審陛下所謂。」漢王曰：「孰能爲我使淮南，〔二〕使之發兵背楚，留項王於齊數月，我之取天下可以萬全。」隨何曰：「臣請使之。」乃與二十人俱使淮南。至，太宰主之，〔三〕三日不得見。隨何因說太宰曰：「王之不見何，必以楚爲彊，以漢爲弱，此臣之所爲使。〔四〕使何得見，言之而是邪，是大王所欲聞也；言之而非邪，使何等二十人伏斧質淮南市，〔五〕以明背漢而與楚也。」太宰乃言之王，王見之。隨何曰：「漢王使臣敬進書大王御者，竊怪大王與楚何親也。」淮南王曰：「寡人北鄉而臣事之。」〔六〕隨何曰：「大王與項王俱列爲諸侯，北鄉而臣事之，必以楚爲彊，可以託國也。項王伐齊，身負版築，〔七〕以爲士卒先。大王宜悉淮南之衆，〔八〕身自將，爲楚軍前鋒，今乃發四千人以助楚。夫北面而臣事人者，固若是乎？夫漢王戰於彭城，項王未出齊也，大王宜埽淮南之衆，日夜會戰彭城下。〔九〕今撫萬人之衆，無一人渡淮者，陰拱而觀其孰勝。〔一〇〕夫託國於人者，固若是乎？大

王提空名以鄉楚，〔一一〕而欲厚自託，臣竊爲大王不取也。然大王不背楚者，以漢爲弱也。夫楚兵雖彊，天下負之以不義之名，〔一二〕以其背明約而殺義帝也。然而楚王特以戰勝自彊。漢王收諸侯，還守成皋、滎陽，下蜀、漢之粟，深溝壁壘，分卒守徼乘塞。楚人還兵，間以梁地，〔一三〕深入敵國八九百里，〔一四〕欲戰則不得，攻城則力不能，老弱轉糧千里之外。楚兵至滎陽、成皋，漢堅守而不動，進則不得攻，退則不能解，故楚兵不足罷也。〔一五〕使楚兵勝漢，則諸侯自危懼而相救。夫楚之彊，適足以致天下之兵耳。故楚不如漢，其勢易見也。今大王不與萬全之漢，而自託於危亡之楚，臣竊爲大王或之。臣非以淮南之兵足以亡楚也。夫大王發兵而背楚，項王必留；留數月，漢之取天下可以萬全。臣請與大王杖劍而歸漢王，漢王必裂地而分大王，又況淮南，必大王有也。故漢王敬使使臣進愚計，願大王之留意也。」淮南王曰：「請奉命。」陰許叛楚與漢，未敢泄。

〔一〕師古曰：「即今宋州虞城縣是也。」
〔二〕師古曰：「孰，誰也。」
〔三〕服虔曰：「淮南太宰作內主。」
〔四〕師古曰：「此事正是臣所爲來欲言之。」
〔五〕師古曰：「質，鑕也。言伏於鑕上而斧斬之。鑕音竹林反。」
〔六〕師古曰：「鄉讀曰嚮。次下亦同。」

〔七〕李奇曰：「版，牆版也。築，杵也。」
〔八〕師古曰：「悉，盡也。」
〔九〕師古曰：「埽者，謂盡舉之，如埽地之爲。」
〔一〇〕師古曰：「斂手曰拱。孰，誰也。言不動搖，坐觀成敗也。」
〔一一〕師古曰：「提，舉也。鄉讀曰嚮。」
〔一二〕師古曰：「負，加也。加於身上，若言被也。」
〔一三〕服虔曰：「梁在楚、漢之中央。」師古曰：「閒音居莧反。」
〔一四〕張晏曰：「羽從齊還，當經梁地八九百里，乃得羽地也。」
〔一五〕師古曰：「不足者，言易也。罷讀曰疲。」

楚使者在，〔一〕方急責布發兵，隨何直入曰：「九江王已歸漢，楚何以得發兵！」布愕然。楚使者起，何因說布曰：「事已搆，〔二〕獨可遂殺楚使，毋使歸，而疾走漢幷力。」〔三〕布曰：「如使者教。」因起兵而攻楚。楚使項聲、龍且攻淮南，項王留而攻下邑。〔四〕數月，龍且攻淮南，破布軍。布欲引兵走漢，恐項王擊之，故間行與隨何俱歸漢。

〔一〕文穎曰：「在淮南王所也。」
〔二〕師古曰：「搆，結也。言背楚之事以結成也。」
〔三〕師古曰：「走音奏。次下亦同。」

〔四〕師古曰：「縣名也，在梁地。」

至，漢王方踞牀洗，〔一〕而召布入見。布大怒，悔來，欲自殺。出就舍，張御食飲從官如漢王居，布又大喜過望。〔二〕於是乃使人之九江。楚已使項伯收九江兵，盡殺布妻子。布使者頗得故人幸臣，將衆數千人歸漢。漢益分布兵而與俱北，收兵至成皋。四年秋七月，立布爲淮南王，與擊項籍。布使人之九江，得數縣。五年，布與劉賈入九江，誘大司馬周殷，殷反楚。遂舉九江兵與漢擊楚，破垓下。

〔一〕師古曰：「洗，濯足也，音先典反。」
〔二〕師古曰：「高祖以布先久爲王，恐其意自尊大，故峻其禮，令布折服。已而美其帷帳，厚其飲食，多其從官，以悅其心，此權道也。張音竹亮反，若今言張設。」

項籍死，上置酒對衆折隨何曰腐儒，〔一〕「爲天下安用腐儒哉！」〔二〕隨何跪曰：「夫陛下引兵攻彭城，楚王未去齊也，陛下發步卒五萬人，騎五千，能以取淮南乎？」曰：「不能。」隨何曰：「陛下使何與二十人使淮南，如陛下之意，是何之功賢於步卒數萬，騎五千也。然陛下謂何腐儒，『爲天下安用腐儒』，何也？」上曰：「吾方圖子之功。」〔三〕乃以隨何爲護軍中尉。布遂剖符爲淮南王，都六，九江、廬江、衡山、豫章郡皆屬焉。

〔一〕師古曰：「腐者，爛敗。言無所堪任。」
〔二〕師古曰：「高祖意欲褒賞隨何，恐羣臣不服，故對衆折辱，令其自敍功勞也。」
〔三〕師古曰：「圖，謀也。」

六年，朝陳。七年，朝雒陽。九年，朝長安。

十一年，高后誅淮陰侯，布因心恐。夏，漢誅梁王彭越，盛其醢以徧賜諸侯。〔一〕至淮南，淮南王方獵，見醢，因大恐，陰令人部聚兵，候伺旁郡警急。〔二〕

〔一〕師古曰：「反者被誅，皆以爲醢，即刑法志所云『菹其骨肉』是也。」
〔二〕師古曰：「恐被收捕，即欲發兵反。」

布有所幸姬病，就醫。醫家與中大夫賁赫對門，〔一〕赫乃厚餽遺，從姬飲醫家。姬侍王，從容語次，譽赫長者也。〔二〕王怒曰：「女安從知之？」〔三〕具道，王疑與亂。赫恐，稱病。王愈怒，欲捕赫。赫上變事，乘傳詣長安。〔四〕布使人追，不及。赫至，上變，言布謀反有端，可先未發誅也。〔五〕上以其書語蕭相國，蕭相國曰：「布不宜有此，〔六〕恐仇怨妄誣之。〔七〕請繫赫，使人微驗淮南王。」〔八〕布見赫以罪亡上變，已疑其言國陰事，漢使又來，頗有所驗，遂族赫家，發兵反。

〔一〕師古曰：「賁音肥。姓賁，名赫。」
〔二〕師古曰：「從音千容反。」
〔三〕師古曰：「安從，何由者也。」

〔四〕師古曰：「傳音張戀反。」
〔五〕師古曰：「及其未發兵，先誅伐之。」
〔六〕師古曰：「不應有反謀。」
〔七〕師古曰：「怨音於元反。」
〔八〕師古曰：「微驗，不顯言其事。」

反書聞，上乃赦赫，以爲將軍。召諸侯問：「布反，爲之柰何？」皆曰：「發兵阬豎子耳，何能爲！」汝陰侯滕公以問其客薛公，薛公曰：「是固當反。」滕公曰：「上裂地而封之，疏爵而貴之，〔一〕南面而立萬乘之主，其反何也？」薛公曰：「前年殺彭越，往年殺韓信，〔二〕三人皆同功一體之人也。自疑禍及身，故反耳。」滕公言之上曰：「臣客故楚令尹薛公，其人有籌策，可問。」上乃見問薛公，對曰：「布反不足怪也。使布出於上計，山東非漢之有也；出於中計，勝負之數未可知也；出於下計，陛下安枕而臥矣。」上曰：「何謂上計？」薛公對曰：「東取吳，西取楚，幷齊取魯，傳檄燕、趙，固守其所，山東非漢之有也。」「何謂中計？」「東取吳，西取楚，幷韓取魏，據敖倉之粟，塞成皋之險，勝敗之數未可知也。」「何謂下計？」「東取吳，西取下蔡，歸重於越，身歸長沙，〔三〕陛下安枕而臥，漢無事矣。」上曰：「是計將安出？」〔四〕薛公曰：「出下計。」上曰：「胡爲廢上計而出下計？」〔五〕薛公曰：「布故酈山之徒

也，致萬乘之主，此皆爲身，不顧後爲百姓萬世慮者也，故出下計。」上曰：「善。」封薛公千戶。遂發兵自將東擊布。

〔一〕張晏曰：「疏，分也。」

〔二〕張晏曰：「往年與前年同耳，文相避也。」

〔三〕師古曰：「重，輜重也，音直用反。」

〔四〕師古曰：「是者，謂布也。」

〔五〕師古曰：「胡，何也。」

布之初反，謂其將曰：「上老矣，厭兵，必不能來。使諸將，諸將獨患淮陰、彭越，今已死，餘不足畏。」故遂反。果如薛公揣之，〔一〕東擊荆，荆王劉賈走死富陵。〔二〕盡劫其兵，度淮擊楚。楚發兵與戰徐、僮間，〔三〕爲三軍，欲以相救爲奇。〔四〕或說楚將曰：「布善用兵，民素畏之。且兵法，諸侯自戰其地爲散地。〔五〕今別爲三，彼敗吾一，餘皆走，安能相救！」不聽。布果破其一軍，二軍散走。

〔一〕文穎曰：「揣，度也，音初委反。」

〔二〕師古曰：「縣名，屬臨淮郡。」

〔三〕師古曰：「二縣之間也。」

〔四〕師古曰：「不聚一處，分而爲三，欲互相救，出奇兵。」

〔五〕師古曰：「謂在其本地戀土懷安，故易逃散。」

遂西，與上兵遇蘄西，會甀。〔一〕布兵精甚，上乃壁庸城，〔二〕望布軍置陳如項籍軍。上惡之，與布相望見，隃謂布「何苦而反？」〔三〕布曰：「欲爲帝耳。」上怒罵之，遂戰，破布軍。布走度淮，數止戰，不利，與百餘人走江南。布舊與番君婚，故長沙哀王使人誘布，〔四〕僞與俱亡走越，〔五〕布信而隨至番陽。番陽人殺布茲鄉，〔六〕遂滅之。封賁赫爲列侯，將率封者六人。

〔一〕師古曰：「會音工外反。甀音丈瑞反，解在高紀。」

〔二〕鄧展曰：「地名也。」

〔三〕師古曰：「隃讀曰遙。」

〔四〕晉灼曰：「芮之孫回也。」師古曰：「據表云惠帝二年哀王回始立，今此是芮之子成王臣耳。傳既不同，晉說亦誤也。」

〔五〕師古曰：「僞謂詐爲此計。」

〔六〕師古曰：「鄱陽縣之鄉也。鄱音口堯反。」

盧綰，豐人也，與高祖同里。綰親與高祖太上皇相愛，〔一〕及生男，高祖、綰同日生，里中持羊酒賀兩家。及高祖、綰壯，學書，又相愛也。里中嘉兩家親相愛，生子同日，壯又相愛，復賀羊酒。高祖爲布衣時，有吏事避宅，綰常隨上下。〔二〕及高祖初起沛，綰以客從，入漢爲將軍，常侍中。從東擊項籍，以太尉常從，出入臥內，衣被食飲賞賜，羣臣莫敢望。雖蕭、曹等，特以事見禮，至其親幸，莫及綰者。封爲長安侯。長安，故咸陽也。

〔一〕晉灼曰：「親，父也。綰之父與高祖父太上皇相愛。」

〔二〕師古曰：「避宅，謂不居其家，潛匿東西。」

項籍死，使綰別將，與劉賈擊臨江王共尉，〔一〕還，從擊燕王臧荼，皆破平。時諸侯非劉氏而王者七人。上欲王綰，爲羣臣觖望。〔二〕及虜臧荼，乃下詔，詔諸將相列侯擇羣臣有功者以爲燕王。羣臣知上欲王綰，皆曰：「太尉長安侯盧綰常從平定天下，功最多，可王。」上乃立綰爲燕王。諸侯得幸莫如燕王者。綰立六年，以陳豨事見疑而敗。

〔一〕李奇曰：「共敖子也。」師古曰：「共讀曰龔。」

〔二〕師古曰：「觖謂相觖也。望，怨望也。觖音決。」

豨者，宛句人也，〔一〕不知始所以得從。及韓王信反入匈奴，上至平城還，豨以郎中封爲列侯，以趙相國將監趙、代邊，邊兵皆屬焉。豨少時，常稱慕魏公子，〔二〕及將守邊，招致賓客。常告過趙，〔三〕賓客隨之者千餘乘，邯鄲官舍皆滿。豨所以待客，如布衣交，皆出客下。〔四〕趙相周昌乃求入見上，具言豨賓客盛，擅兵於外，恐有變。上令人覆案豨客居代者諸爲不法事，多連引豨。豨恐，陰令客通使王黃、曼丘臣所。〔五〕漢十年秋，太上皇崩，上因是召豨。豨稱病，遂與王黃等反，自立爲代王，劫略趙、代。上聞，乃赦吏民爲豨所詿誤劫略者。上自擊豨，破之。語在高紀。

〔一〕師古曰：「宛句，縣名也，地理志屬濟陰。宛音於元反。句音劬。」

〔二〕師古曰：「謂信陵君無忌。」

〔三〕師古曰：「因休告之假而過趙。」

〔四〕師古曰：「言屈己禮之，不以富貴自尊大。」

〔五〕師古曰：「二人皆韓王信將。」

初，上如邯鄲擊豨，〔一〕燕王綰亦擊其東北。豨使王黃求救匈奴，綰亦使其臣張勝使匈奴，言豨等軍破。勝至胡，故燕王臧荼子衍亡在胡，見勝曰：「公所以重於燕者，以習胡事也。燕所以久存者，以諸侯數反，兵連不決也。今公爲燕欲急滅豨等，豨等已盡，次亦至燕，公等亦且爲虜矣。公何不令燕且緩豨，而與胡連和？事寬，得長王燕，即有漢急，可以安國。」勝以爲然，乃私令匈奴兵擊燕。綰疑勝與胡反，上書請族勝。勝還報，具道所以爲者。綰寤，乃詐論他人，以脫勝家屬，使得爲匈奴間。〔二〕而陰使范齊之豨所，欲令久連兵毋決。〔三〕

〔一〕師古曰：「如，往也。」

〔二〕師古曰：「閒音居莧反。」

〔三〕晉灼曰：「使豨久亡畔。」

漢既斬豨，其裨將降，言燕王綰使范齊通計謀豨所。上使使召綰，綰稱病。又使辟陽侯審食其、御史大夫趙堯往迎綰，因驗問其左右。綰愈恐，閉匿，〔一〕謂其幸臣曰：「非劉氏而王者，獨我與長沙耳。往年漢族淮陰，誅彭越，皆呂后計。今上病，屬任呂后。〔二〕呂后婦人，專欲以事誅異姓王者及大功臣。」乃稱病不行。其左右皆亡匿。語頗泄，辟陽侯聞之，歸具報，上益怒。又得匈奴降者，言張勝亡在匈奴，為燕使。於是上曰：「綰果反矣！」使樊噲擊綰。綰悉將其宮人家屬，騎數千，居長城下候伺，幸上病瘉，自入謝。〔三〕高祖崩，綰遂將其衆亡入匈奴，匈奴以為東胡盧王。為蠻夷所侵奪，常思復歸。居歲餘，死胡中。

〔一〕師古曰：「閟，閉也，閉其蹤蹟，藏匿其人也。閟音祕。」

〔二〕師古曰：「屬音之欲反。」

〔三〕師古曰：「瘉與愈同。」

高后時，綰妻與其子亡降，會高后病，不能見，舍燕邸，〔一〕為欲置酒見之。高后竟崩，綰妻亦病死。

〔一〕師古曰：「舍，止也。諸侯王及諸郡朝宿之館，在京師者謂之邸。」

孝景帝時，綰孫它人以東胡王降，〔一〕封為惡谷侯。傳至曾孫，有罪，國除。

〔一〕如淳曰：「為東胡王而來降也。東胡，烏丸也。」

吳芮，秦時番陽令也，〔一〕甚得江湖間民心，號曰番君。天下之初叛秦也，黥布歸芮，芮妻之，〔二〕因率越人舉兵以應諸侯。沛公攻南陽，乃遇芮之將梅鋗，〔三〕與偕攻析、酈，〔四〕降之。及項羽相王，〔五〕以芮率百越佐諸侯，從入關，故立芮為衡山王，都邾。〔六〕其將梅鋗功多，封十萬戶，為列侯。項籍死，上以鋗有功，從入武關，故德芮，徙為長沙王，都臨湘，一年薨，謚曰文王，子成王臣嗣。薨，子哀王回嗣。薨，子共王右嗣。〔七〕薨，子靖王差嗣。孝文後七年薨，無子，國除。初，文王芮，高祖賢之，制詔御史：「長沙王忠，其定著令。」〔八〕至孝惠、高后時，封芮庶子二人為列侯，傳國數世絕。

〔一〕師古曰：「番音蒲何反。」

〔二〕師古曰：「嫁女與之也。妻音千計反。他皆類此。」

〔三〕師古曰：「鋗音呼玄反。」

〔四〕師古曰：「二縣也，並屬南陽。酈音郎益反。」

〔五〕李奇曰：「自相尊王也。」

〔六〕師古曰：「邾音朱，又音銖。」

〔七〕師古曰：「共讀曰恭。」

〔八〕鄧展曰：「漢約非劉氏不王，而芮王，故著令中，使特王也。或曰，以芮至忠，故著令也。」師古曰：「尊後說文，或說是也。」

贊曰：昔高祖定天下，功臣異姓而王者八國。張耳、吳芮、彭越、黥布、臧荼、盧綰與兩韓信，皆徼一時之權變，以詐力成功，〔一〕咸得裂土，南面稱孤。見疑彊大，懷不自安，事窮勢迫，卒謀叛逆，終於滅亡。張耳以智全，至子亦失國。唯吳芮之起，不失正道，故能傳號五世，以無嗣絕，慶流支庶，有以矣夫，〔二〕著于甲令而稱忠也！〔三〕

〔一〕師古曰：「徼，要也，音工堯反。」

〔二〕師古曰：「以其不用詐力也。」

〔三〕師古曰：「甲者，令篇之次也。」

校勘記

一八六二頁九行　上不欲就天(子)〔下〕乎？　景祐、殿、局本都作「下」，史記同。

一八六三頁二行　信度何等已數言上，〔一〕不我用，即亡。　注〔一〕原在「言」字下。楊樹達說「上」字當屬上讀，顏於「言」字下斷句，非是。

一八六三頁一〇行　〔王〕必欲拜之，　景祐、殿本都有「王」字，史記同。

一八六四頁二行　信(以)〔已〕拜，上坐。　景祐、殿本都作「已」。

一八六四頁四行　唯〔三〕信亦以為大王弗如也。　王念孫說當作一句讀，「唯」讀為「雖」。史記淮陰侯傳作「惟信亦為大王不如也」，則不得斷「惟」字為句而讀為唯諾之唯矣。

一八六七頁一〇行　從間(道)〔路〕絕其輜重。　景祐、殿本都作「路」。王先謙說作「路」是。

一八六九頁八行　立(爵)〔駐〕傳餐食也。　景祐、殿本都作「駐」。

一八七〇頁二行　諸校(効)〔効〕首虜休，　沈欽韓說「効」當作「效」。按景祐、殿本都作「効」，注同。

一八七〇頁一四行　(故)〔顧〕恐臣計未足用，　景祐、殿、局本都作「顧」。

一八七一頁二行　傾耳以待(禽)〔命〕者。　景祐、汲古、殿、局本都作「命」。

一八七三頁二行　漢兵遠鬭，窮寇〔久〕戰，鋒不可當也。　宋祁說一本「戰」字上有「久」字。按景祐本有。

一八七三頁七行　〔盛〕沙以壅水上流，　景祐、殿本都有「盛」字。王先謙說有「盛」字是。

一八七三頁一五行　南邊(荒)〔楚〕，　景祐、殿本都作「楚」，史記同。

一八七五頁一行　深說以三分天下，(之計)〔鼎足而王〕。　景祐本無「之計」二字，有「鼎足而王」四字。

一八七七頁一四行　信〔稱〕病不從。　宋祁說浙本「病」字上有「稱」字。錢大昭說南監本、閩本有「稱」字。按景祐本有。

一八七八頁一行　恐其黨不(亂)〔就〕，　景祐、殿本都作「就」。王先謙說作「就」是。

一八七八頁一三行　即今鄆州鉅野(中)〔縣〕。景祐、殿本都作「縣」。王先謙說作「縣」是。

一八八二頁三行　懷王使宋義爲上將〔軍〕，景祐本有「軍」字。

漢書卷三十五

荆燕吳傳第五

荆王劉賈，高帝從父兄也，〔一〕不知其初起時。漢元年，還定三秦，賈爲將軍，定塞地，〔二〕從東擊項籍。

〔一〕師古曰：「父之兄弟之子，爲從父兄弟也。言本同祖，從父而别。」

〔二〕師古曰：「司馬欣之國也。塞音先代反。」

漢王敗成皋，北度河，得張耳、韓信軍，軍脩武，深溝高壘，使賈將二萬人，騎數百，擊楚，度白馬津〔一〕入楚地，燒其積聚，〔二〕以破其業，無以給項王軍食。已而楚兵擊之，賈輒避不肯與戰，而與彭越相保。〔三〕

〔一〕師古曰：「即今滑州白馬縣河津也。」

〔二〕師古曰：「倉廩芻藁之屬。」

〔三〕師古曰：「保謂依恃，以自安固。」

漢王追項籍至固陵，使賈南度淮圍壽春。還至，使人間招楚大司馬周殷。〔一〕周殷反楚，佐賈舉九江，迎英布兵，皆會垓下，誅項籍。漢王因使賈將九江兵，與太尉盧綰西南擊臨江王共尉，〔二〕尉死，以臨江爲南郡。

〔一〕師古曰：「間謂私求間隙而招之。」

〔二〕師古曰：「共敖之子也。共讀曰龔。」

賈既有功，而高祖子弱，昆弟少，又不賢，欲王同姓以塡天下，〔一〕乃下詔曰：「將軍劉賈有功，及擇子弟可以爲王者。」羣臣皆曰：「立劉賈爲荆王，王淮東。」立六年而淮南王黥布反，東擊荆。賈與戰，弗勝，走富陵，〔二〕爲布軍所殺。

〔一〕師古曰：「塡音竹刃反。」

〔二〕師古曰：「縣名，地理志屬臨淮郡。」

燕王劉澤，高祖從祖昆弟也。〔一〕高祖三年，澤爲郎中。十一年，以將軍擊陳豨將王黃，封爲營陵侯。

〔一〕師古曰：「言同曾祖，從祖而别也。」

高后時，齊人田生〔一〕游乏資，以畫奸澤。〔二〕澤大說之，〔三〕用金二百斤爲田生壽。〔四〕

田生已得金，卽歸齊。二歲，澤使人謂田生曰：「弗與矣。」〔五〕田生如長安，不見澤，而假大宅，令其子求事呂后所幸大謁者張卿。〔六〕居數月，田生子請張卿臨，親脩具。〔七〕張卿往，見田生帷帳具置如列侯。張卿驚。酒酣，乃屏人說張卿曰：「臣觀諸侯邸第百餘，皆高帝一切功臣。今呂氏雅故本推轂高帝就天下，〔八〕功至大，又有親戚太后之重。太后春秋長，〔九〕諸呂弱，太后欲立呂產爲呂王，王代。(呂)〔太〕后又重發之，〔一〇〕恐大臣不聽。今卿最幸，大臣所敬，何不風大臣以聞太后，〔一一〕太后必喜。諸呂以王，萬戶侯亦卿之有。太后心欲之，而卿爲內臣，不急發，恐(過)〔禍〕及身矣。」張卿大然之，乃風大臣語太后。太后朝，因問大臣。大臣請立呂產爲呂王。太后賜張卿千金，〔一二〕張卿以其半進田生。田生弗受，因說之曰：「呂產王也，諸大臣未大服。今營陵侯澤，諸劉長，爲大將軍，獨此尙觖望。〔一三〕今卿言太后，裂十餘縣王之，彼得王喜，於諸呂王益固矣。」張卿入言之。又太后女弟呂須女亦爲營陵侯妻，故遂立營陵侯澤爲琅邪王。琅邪王與田生之國，急行毋留。〔一四〕出關，太后果使人追之。已出，卽還。

〔一〕晉灼曰：「楚漢春秋云字子春。」
〔二〕服虔曰：「以計畫干之。」文穎曰：「以工畫得寵也。」師古曰：「共爲計策，欲以求王。服說是也。畫音獲。」
〔三〕師古曰：「說讀曰悅。」

〔四〕師古曰：「因飲酒獻壽而與之金。」
〔五〕孟康曰：「與，黨與也。言不復與我爲友也。」文穎曰：「不復與汝相知也。」師古曰：「孟說是。」
〔六〕如淳曰：「奄人也。」
〔七〕師古曰：「親，父也。具，供具也。」
〔八〕如淳曰：「呂公知高祖貴，以女妻之，推轂使爲長者也。」師古曰：「謂翼戴崇奬，以成帝業，若車之行，助推其轂，故得引重而致遠也。」
〔九〕師古曰：「言年老。」
〔一〇〕鄧展曰：「重，難發其事。」
〔一一〕師古曰：「風讀曰諷。其下亦同。」
〔一二〕師古曰：「千斤之金。」
〔一三〕師古曰：「觖音決。」
〔一四〕師古曰：「田生勸之。」

澤王琅邪二年，而太后崩，澤乃曰：「帝少，諸呂用事，諸劉孤弱。」引兵與齊王合謀西，欲誅諸呂。至梁，聞漢灌將軍屯滎陽，澤還兵備西界，遂跳驅至長安。〔一〕代王亦從代至。諸將相與琅邪王共立代王，是爲孝文帝。文帝元年，徙澤爲燕王，而復以琅邪歸齊。〔二〕

〔一〕師古曰：「齊王傳云使祝午紿琅邪王，琅邪王馳見齊王，齊王因留琅邪王，而使祝午盡發琅邪國而幷將其兵。琅邪王既見欺，不得反國，乃說齊王求入關計事，齊王以爲然，乃益具車送琅邪王，與此傳不同，疑此傳誤也。」
〔二〕李奇曰：「本齊地，前分以王澤，今復與齊也。」

澤王燕二年，薨，謚曰敬王。子康王嘉嗣，九年薨。子定國嗣。定國與父康王姬姦，生子男一人。奪弟妻爲姬。與子女三人姦。定國有所欲誅殺臣肥如令郢人，郢人等告定國。〔一〕定國使謁者以它法劾捕格殺郢人滅口。至元朔中，郢人昆弟復上書具言定國事。下公卿，皆議曰：「定國禽獸行，亂人倫，逆天道，當誅。」上許之。定國自殺，立四十二年，國除。哀帝時繼絕世，乃封敬王澤玄孫之孫無終公士歸生爲營陵侯，〔二〕更始中爲兵所殺。〔三〕

〔一〕如淳曰：「定國自欲有所殺餘臣，肥如知，令郢人以告也。」師古曰：「此說非也。肥如，燕之屬縣也。郢人者，县令之名也。定國別欲誅其臣，又欲誅肥如令郢人，而爲郢人等所告也。」
〔二〕師古曰：「無終，其所屬縣也。公士，第一爵。歸生，名也。」
〔三〕師古曰：「更始，劉聖公之年號也。」

吳王濞，高帝兄仲之子也。高帝立仲爲代王。匈奴攻代，仲不能堅守，棄國閒行，走雒陽，自歸，天子不忍致法，廢爲合陽侯。子濞，封爲沛侯。黥布反，高祖自將往誅之。濞年二十，以騎將從破布軍。荆王劉賈爲布所殺，無後。上患吳會稽輕悍，無壯王塡之，〔一〕諸子少，〔二〕乃立濞於沛，爲吳王，〔三〕王三郡五十三城。已拜受印，高祖召濞相之，曰：「若狀

有反相。」〔四〕獨悔，業已拜，〔五〕因拊其背，〔六〕曰：「漢後五十年東南有亂，豈若邪？然天下同姓一家，愼無反！」濞頓首曰：「不敢。」

〔一〕師古曰：「悍，勇也。塡音竹刃反。」
〔二〕師古曰：「少，幼也。」
〔三〕師古曰：「行至沛而封拜濞也。」
〔四〕師古曰：「若，汝也。此下亦同。」
〔五〕師古曰：「獨悔者，心自懷悔，不以語人也。既以封拜爲事，臣下皆知之，故不改。」
〔六〕師古曰：「拊，摩循之也。一曰拊，輕擊之，音芳羽反。」

會孝惠、高后時天下初定，郡國諸侯各務自拊循其民。吳有豫章郡銅山，〔一〕卽招致天下亡命者盜鑄錢，東煑海水爲鹽，以故無賦，國用饒足。〔二〕

〔一〕韋昭曰：「此有豫字，誤也。但當言章郡，今故章也。」
〔二〕如淳曰：「鑄錢煮海，收其利以足國用，故無賦於民也。」

孝文時，吳太子入見，得侍皇太子飲博。吳太子師傅皆楚人，輕悍，又素驕。博爭道，不恭，皇太子引博局提吳太子，殺之。〔一〕於是遣其喪歸葬吳。吳王慍〔二〕曰：「天下一宗，〔三〕死長安卽葬長安，何必來葬！」復遣喪之長安葬。吳王由是怨望，稍失藩臣禮，稱疾不朝。京師知其以子故，驗問實不病，諸吳使來，輒繫責治之。吳王恐，所謀滋甚。〔四〕及後使人爲

秋請，〔五〕上復責問吳使者。使者曰：「察見淵中魚，不祥。〔六〕今吳王始詐疾，〔反〕〔及〕覺，見責急，愈益閉，恐上誅之，計乃無聊。唯上與更始。」〔七〕於是天子皆赦吳使者歸之，而賜吳王几杖，老，不朝。吳得釋，其謀亦益解。然其居國以銅鹽故，百姓無賦。卒踐更，輒予平賈，〔八〕歲時存問茂材，賞賜閭里。〔九〕它郡國吏欲來捕亡人者，頌共禁不與。〔一〇〕如此者三十餘年，以故能使其衆。

〔一〕師古曰：「挑，擿也，音徒計反。」
〔二〕師古曰：「慍，怒也，音於問反。」
〔三〕師古曰：「猶言同姓共爲一家。」
〔四〕師古曰：「滋，益也。」
〔五〕孟康曰：「律，春曰朝，秋曰請，如古諸侯朝聘也。」如淳曰：「濞不自行也，使人代己致請禮。」師古曰：「二說皆是也。請音材姓反。」
〔六〕服虔曰：「天子察見下之私，則不祥也。」
〔七〕師古曰：「言赦其已往之事。」
〔八〕服虔曰：「以當爲更卒，出錢三百，謂之過更。自行爲卒，謂之踐更。吳王欲得民心，爲卒者顧其庸，隨時月與平賈也。」晉灼曰：「謂借人自代爲卒者，官爲出錢，顧其時庸平賈也。」師古曰：「晉說是也。賈讀曰價，謂庸直也。」
〔九〕師古曰：「茂，美也。茂材者，有美材之人也。」

〔一〇〕如淳曰：「頌猶公也。」師古曰：「頌讀曰容。」

朝錯爲太子家令，得幸皇太子，數從容言吳過可削。〔一〕數上書說之，文帝寬，不忍罰，以此吳王日益橫。〔二〕及景帝即位，錯爲御史大夫，說上曰：「昔高帝初定天下，昆弟少，諸子弱，大封同姓，故孽子悼惠王王齊七十二城，〔三〕庶弟元王王楚四十城，兄子王吳五十餘城。封三庶孽，分天下半。今吳王前有太子之隙，詐稱病不朝，於古法當誅。文帝不忍，因賜几杖，德至厚也。不改過自新，乃益驕恣，公即山鑄錢，煮海爲鹽，〔四〕誘天下亡人謀作亂逆。今削之亦反，不削亦反。削之，其反亟，禍小；不削之，其反遲，禍大。」〔五〕三年冬，楚王來朝，錯因言楚王戊往年爲薄太后服，私姦服舍，〔六〕請誅之。詔赦，削東海郡。及前二年，趙王有罪，削其常山郡。膠西王卬以賣爵事有姦，削其六縣。

〔一〕師古曰：「從音千容反。」
〔二〕師古曰：「橫音胡孟反。」
〔三〕師古曰：「孽亦庶也。」
〔四〕師古曰：「公謂顯然爲之也。即，就也。」
〔五〕師古曰：「亟，急也，音居力反。」
〔六〕服虔曰：「服在喪次，而私姦宮中也。」師古曰：「言於服舍爲姦，非宮中也。服舍，居喪之次，堊室之屬也。」

漢廷臣方議削吳，吳王恐削地無已，因欲發謀舉事。念諸侯無足與計者，聞膠西王勇，好兵，諸侯皆畏憚之，於是乃使中大夫應高口說膠西王曰：「吳王不肖，有夙夜之憂，〔一〕不敢自外，使使臣諭其愚心。」王曰：「何以教之？」高曰：「今者主上任用邪臣，聽信讒賊，變更律令，〔二〕侵削諸侯，徵求滋多，誅罰良重，〔三〕日以益甚。語有之曰：『狧穅及米。』〔四〕吳與膠西，知名諸侯也，一時見察，不得安肆矣。〔五〕吳王身有內疾，不能朝請二十餘年，〔六〕常患見疑，無以自白，〔七〕脅肩絫足，猶懼不見釋。〔八〕竊聞大王以爵事有過，所聞諸侯削地，罪不至此，〔九〕此恐不止削地而已。」王曰：「有之，子將柰何？」高曰：「同惡相助，同好相留，同情相求，同欲相趨，同利相死。今吳王自以與大王同憂，願因時循理，棄軀以除患於天下，〔一〇〕意亦可乎？」膠西王瞿然駭曰：〔一一〕「寡人何敢如是？主上雖急，固有死耳，安得不事？」〔一二〕高曰：「御史大夫朝錯營或天子，侵奪諸侯，〔一三〕蔽忠塞賢，朝廷疾怨，諸侯皆有背叛之意，人事極矣。彗星出，蝗蟲起，此萬世一時，而愁勞，聖人所以起也。吳王內以朝錯爲誅，外從大王後車，方洋天下，〔一四〕所向者降，所指者下，莫敢不服。大王誠幸而許之一言，則吳王率楚王略函谷關，守滎陽敖倉之粟，距漢兵，治次舍，須大王。〔一五〕大王幸而臨之，則天下可并，兩主分割，不亦可乎？」王曰：「善。」歸報吳王，猶恐其不果，乃身自爲使者，〔一六〕至膠西面約之。

〔一〕師古曰：「凡言不肖者，謂其鄙陋無所象似也。解在刑法志。」

〔二〕師古曰：「更，改也。」
〔三〕師古曰：「滋亦益也。良，實也，信也。」
〔四〕師古曰：「狧，古舓字。舓，用舌食也，蓋以犬爲喻也。言初舓穅遂至食米也。舓音食爾反。」
〔五〕師古曰：「肆，縱也。」
〔六〕師古曰：「內疾，謂在身中，不顯於外。請音材姓反。」
〔七〕師古曰：「白，明也。」
〔八〕師古曰：「脅，翕也，謂斂之也。絫，古累字也。累足，重足也。並謂懼耳。釋，解也，放也。」
〔九〕師古曰：「言其本罪皆不合削地也。」
〔一〇〕師古曰：「循，順也。」
〔一一〕師古曰：「瞿然，無守之貌，音居具反。」
〔一二〕師古曰：「安，焉也。」
〔一三〕師古曰：「營謂回繞之也。」
〔一四〕師古曰：「方洋猶翱翔也。方音房，又音旁。洋音羊。」
〔一五〕師古曰：「次舍，息止之處也。須，待也。」
〔一六〕師古曰：「潛行而去也。」

膠西羣臣或聞王謀，諫曰：「諸侯地不能爲漢十二，〔一〕爲叛逆以憂太后，非計也。〔二〕今承一帝，尚云不易，假令事成，兩主分爭，患乃益生。」王不聽，遂發使約齊、菑川、膠東、濟

南，皆許諾。

〔一〕師古曰：「不當漢十分之二。」

〔二〕文穎曰：「王之太后也。」

諸侯既新削罰，震恐，多怨錯。及削吳會稽、豫章郡書至，則吳王先起兵，誅漢吏二千石以下。膠西、膠東、菑川、濟南、楚、趙亦皆反，發兵西。齊王後悔，背約城守。濟北王城壞未完，其郎中令劫守王，不得發兵。膠西王、膠東王爲渠率，〔一〕與菑川、濟南共攻圍臨菑。趙王遂亦陰使匈奴與連兵。

〔一〕師古曰：「渠，大也。」

七國之發也，吳王悉其士卒，〔一〕下令國中曰：「寡人年六十二，身自將。少子年十四，亦爲士卒先。諸年上與寡人同，下與少子等，皆發。」二十餘萬人。南使閩、東越，閩、東越亦發兵從。

〔一〕師古曰：「悉，盡也，盡發使行。」

孝景前三年正月甲子，初起兵於廣陵。西涉淮，因并楚兵。發使遺諸侯書曰：「吳王劉濞敬問膠西王、膠東王、菑川王、濟南王、趙王、楚王、淮南王、衡山王、廬江王、故長沙王子：〔一〕幸教！以漢有賊臣錯，無功天下，侵奪諸侯之地，使吏劾繫訊治，以侵辱之爲故，〔二〕

不以諸侯人君禮遇劉氏骨肉，〔三〕絕先帝功臣，進任姦人，誑亂天下，欲危社稷。陛下多病志逸，不能省察。〔四〕欲舉兵誅之，謹聞教。敝國雖狹，地方三千里；〔五〕人民雖少，精兵可具五十萬。寡人素事南越三十餘年，其王諸君皆不辭分其兵以隨寡人，〔六〕又可得三十萬。寡人雖不肖，願以身從諸王。南越直長沙者，因王子定長沙以北，〔七〕西走蜀、漢中。告越、〔八〕楚王、淮南三王，與寡人西面；〔九〕齊諸王與趙王定河間、河內，或入臨晉關，或與寡人會雒陽；〔一〇〕燕王、趙王故與胡王有約，燕王北定代、雲中，轉胡衆入蕭關，走長安，〔一一〕匡正天下，以安高廟。願王勉之。楚元王子、淮南三王或不沐洗十餘年，怨入骨髓，〔一二〕欲壹有所出久矣，〔一三〕寡人未得諸王之意，未敢聽。今諸王苟能存亡繼絕，振弱伐暴，以安劉氏，社稷所願也。吳國雖貧，寡人節衣食用，積金錢，脩兵革，聚糧食，夜以繼日，三十餘年矣。凡皆爲此，〔一四〕願諸王勉之。能斬捕大將者，賜金五千斤，封萬戶；列將，三千斤，封五千戶；裨將，二千斤，封二千戶；二千石，千斤，封千戶：皆爲列侯。其以軍若城邑降者，卒萬人，邑萬戶，如得大將；〔一五〕人戶五千，如得列將；人戶三千，如得裨將；人戶千，如得二千石；其小吏皆以差次受爵金。它封賜皆倍軍法。〔一六〕其有故爵邑者，更益勿因。〔一七〕願諸王明以令士大夫，不敢欺也。寡人金錢在天下者往往而有，非必取於吳，〔一八〕諸王日夜用之不能盡。有當賜者告寡人，寡人且往遺之。敬以聞。」

〔一〕如淳曰：「吳芮後四世無嗣，國除，庶子二人爲列侯，不得嗣王，志將不滿，故誘與之反也。」

〔二〕孟康曰：「故，事也。」師古曰：「言專以侵辱諸侯爲事業。」

〔三〕師古曰：「人君者，言諸王各自君其國。」

〔四〕師古曰：「逸，放也。」

〔五〕師古曰：「狹音胡夾反。」

〔六〕師古曰：「諸君謂其酋豪。」

〔七〕如淳曰：「南越直長沙者，因王子定之。」師古曰：「直，當也。言越地之北，當長沙者也。」

〔八〕如淳曰：「告東越，使定之也。」師古曰：「此說非也。言王子定長沙已北，而西趨蜀及漢中，平定以訖，使報南越也。走音奏。」

〔九〕師古曰：「淮南三王，謂厲王三子爲王者，淮南、衡山、濟北也。」

〔一〇〕師古曰：「臨晉關即今之蒲津關。」

〔一一〕師古曰：「走音奏。」

〔一二〕師古曰：「言心有所懷，志不在洗沐也。」

〔一三〕師古曰：「謂發兵。」

〔一四〕師古曰：「爲此謂欲反也。爲音于僞反。」

〔一五〕師古曰：「以卒萬人或邑萬戶來降附者，其封賞則與大將同。下皆類此。」

〔一六〕服虔曰：「封賜倍漢之常法。」

〔一七〕師古曰：「於舊爵之外，特更與之。」

〔一八〕師古曰：「言處處郡國皆有之。」

七國反書聞，天子乃遣太尉條侯周亞夫將三十六將軍往擊吳楚；遣曲周侯酈寄擊趙，將軍欒布擊齊，大將軍竇嬰屯滎陽監齊趙兵。

初，吳楚反書聞，兵未發，竇嬰言故吳相爰盎。召入見，上問以吳楚之計，盎對曰：「吳楚相遺書，曰『賊臣朝錯擅適諸侯，削奪之地』，〔一〕以故反，名爲西共誅錯，復故地而罷。〔二〕方今計獨斬錯，發使赦七國，復其故地，則兵可毋血刃而俱罷。」〔三〕上從其議，遂斬錯。語具在盎傳。以盎爲泰常，奉宗廟，使吳王，〔四〕吳王弟子德侯爲宗正，〔五〕輔親戚。使至吳，〔六〕吳楚兵已攻梁壁矣。宗正以親故，先入見，諭吳王拜受詔。吳王聞盎來，亦知其欲說，笑而應曰：「我已爲東帝，尚誰拜？」不肯見盎而留軍中，欲劫使將。盎不肯，使人圍守，且殺之。盎得夜亡走梁，〔七〕遂歸報。

〔一〕師古曰：「適讀曰謫。」

〔二〕師古曰：「復音扶目反。次下亦同。」

〔三〕師古曰：「血刃，謂殺傷人而刃著血也。」

〔四〕師古曰：「奉宗廟之指意也。」

〔五〕師古曰：「德哀侯廣之子也，名通。」

〔六〕師古曰：「以親戚之意諭說也。」

〔七〕服虔曰：「梁王與吳戰，盎得弃梁。」

條侯將乘六乘傳，會兵滎陽。〔一〕至雒陽，見劇孟，喜曰：「七國反，吾乘傳至此，不自意全。〔二〕又以爲諸侯已得劇孟，孟今無動，吾據滎陽，〔三〕滎陽以東無足憂者。」至淮陽，問故父絳侯客鄧都尉曰：「策安出？」客曰：「吳(楚)兵銳甚，難與爭鋒。楚兵輕，不能久。方今爲將軍計，莫若引兵東北壁昌邑，以梁委吳，吳必盡銳攻之。將軍深溝高壘，使輕兵絕淮泗口，塞吳饟道。〔四〕使吳、梁相敝而糧食竭，乃以全制其極，破吳必矣。」條侯曰：「善。」從其策，遂堅壁昌邑南，輕兵絕吳饟道。

〔一〕師古曰：「會兵謂集大兵。傳音張戀反。」
〔二〕師古曰：「意不自言得安全至雒陽也。」
〔三〕師古曰：「言劇孟既不動搖，吾又得據滎陽也。」
〔四〕師古曰：「饟，古餉字。」

吳王之初發也，吳臣田祿伯爲大將軍。田祿伯曰：「兵屯聚而西，無它奇道，難以立功。臣願得五萬人，別循江淮而上，收淮南、長沙，入武關，與大王會，此亦一奇也。」吳王太子諫曰：「王以反爲名，此兵難以藉人，〔一〕人亦且反王，柰何？且擅兵而別，多它利害，〔二〕徒自損耳。」吳王卽不許田祿伯。

〔一〕師古曰：「藉，假也。」

〔二〕蘇林曰：「祿伯儻將兵降漢，自爲己利，於吳爲生患害。」師古曰：「蘇說非也。上言『難以藉人，人亦且反王』，是則已疑祿伯矣。下乃云『多它利害』，謂分兵而去，前事不測，或有利害，難可決機耳，非重云畏其降漢者。」

吳少將桓將軍說王曰：「吳多步兵，步兵利險；漢多車騎，車騎利平地。願大王所過城不下，直去，疾西據雒陽武庫，食敖倉粟，阻山河之險以令諸侯，雖無入關，天下固已定矣。大王徐行，留下城邑，漢軍車騎至，馳入梁楚之郊，事敗矣。」吳王問吳老將，老將曰：「此年少(椎)〔推〕鋒可耳，安知大慮！」於是王不用桓將軍計。

王專并將其兵，未度淮，諸賓客皆得爲將、校尉、行間候、司馬，〔一〕獨周丘不用。周丘者，下邳人，亡命吳，酤酒無行，王薄之，不任。周丘乃上謁，說王曰：「臣以無能，不得待罪行間。臣非敢求有所將也，願請王一漢節，必有以報。」王乃予之。周丘得節，夜馳入下邳。下邳時聞吳反，皆城守。至傳舍，召令入戶，使從者以罪斬令。遂召昆弟所善豪吏告曰：「吳反兵且至，屠下邳不過食頃。今先下，家室必完，能者封侯至矣。」出乃相告，下邳皆下。周丘一夜得三萬人，使人報吳王，遂將其兵北略城邑。比至城陽，兵十餘萬，〔二〕破城陽中尉軍。聞吳王敗走，自度無與共成功，〔三〕卽引兵歸下邳。未至，癰發背死。

〔一〕孟康曰：「行伍間候也。」師古曰：「在行伍間，或爲候，或爲司馬也。」
〔二〕師古曰：「比音必寐反。」
〔三〕師古曰：「度音大各反。」

二月，吳王兵既破，敗走，於是天子制詔將軍：「蓋聞爲善者天報以福，爲非者天報以殃。高皇帝親垂功德，建立諸侯，幽王、悼惠王絕無後，孝文皇帝哀憐加惠，〔一〕王幽王子遂、悼惠王子卬等，令奉其先王宗廟，爲漢藩國，德配天地，明並日月。而吳王濞背德反義，誘受天下亡命罪人，亂天下幣，〔二〕稱疾不朝二十餘年。有司數請濞罪，孝文皇帝寬之，欲其改行爲善。今乃與楚王戊、趙王遂、膠西王卬、濟南王辟光、菑川王賢、膠東王雄渠約從謀反，〔三〕爲逆無道，起兵以危宗廟，賊殺大臣及漢使者，迫劫萬民，伐殺無罪，燒殘民家，掘其丘壟，甚爲虐暴。而卬等又重逆無道，〔四〕燒宗廟，鹵御物，〔五〕朕甚痛之。朕素服避正殿，將軍其勸士大夫擊反虜。擊反虜者，深入多殺爲功，斬首捕虜比三百石以上皆殺，無有所置。〔六〕敢有議詔及不如詔者，皆要斬。」

〔一〕師古曰：「憐其國絕，故加恩惠而更封。」
〔二〕如淳曰：「幣，錢也。以私錢殽亂天下錢。」
〔三〕師古曰：「從音子容反。」
〔四〕師古曰：「重音直用反。」
〔五〕如淳曰：「鹵，抄掠也。」師古曰：「御物，供宗廟之服器也。」
〔六〕師古曰：「置，放釋也。」

初，吳王之度淮，與楚王遂西敗棘壁，乘勝而前，銳甚。梁孝王恐，遣將軍擊之，又敗梁兩軍，士卒皆還走。梁數使使條侯求救，條侯不許。又使使愬條侯於上，上使告條侯救梁，又守便宜不行。梁使韓安國及楚死事相弟張羽爲將軍，〔一〕乃得頗敗吳兵。吳兵欲西，梁城守，不敢西，卽走條侯軍，〔二〕會下邑。欲戰，〔三〕條侯壁，不肯戰。吳糧絕，卒飢，數挑戰，遂夜奔條侯壁，驚東南。條侯使備西北，果從西北。不得入，吳大敗，士卒多飢死叛散。於是吳王乃與其戲下壯士千人夜亡去，〔四〕度淮走丹徒，保東越。東越兵可萬餘人，使人收聚亡卒。漢使人以利啗東越，〔五〕東越卽紿吳王，〔六〕吳王出勞軍，使人鏦殺吳王，〔七〕盛其頭，馳傳以聞。〔八〕吳王太子駒亡走閩越。吳王之棄軍亡也，軍遂潰，往往稍降太尉條侯及梁軍。楚王戊軍敗，自殺。

〔一〕李奇曰：「相，卽張尚也。」
〔二〕師古曰：「走音奏。」
〔三〕師古曰：「下邑，梁之縣。」
〔四〕師古曰：「戲讀曰麾，又音許宜反。」
〔五〕師古曰：「啗音徒濫反。解在高紀。」
〔六〕師古曰：「紿，誑也。」
〔七〕孟康曰：「方言戟謂之鏦。」蘇林曰：「鏦音從容之從。」師古曰：「鏦謂以矛戟撞之，音楚江反。」

〔六〕師古曰：「傳音張戀反。」

三王之圍齊臨菑也，三月不能下。漢兵至，膠西、膠東、菑川王各引兵歸國。膠西王徒跣，席稾，飲水，謝太后。王太子德曰：「漢兵還，臣觀之以罷，〔一〕可襲，願收王餘兵擊之，不勝而逃入海，未晚也。」王曰：「吾士卒皆已壞，不可用。」不聽。漢將弓高侯穨當遺王書〔二〕曰：「奉詔誅不義，降者赦，除其罪，復故；不降者滅之。王何處？須以從事。」〔三〕王肉袒叩頭漢軍壁，謁曰：「臣卬奉法不謹，驚駭百姓，乃苦將軍遠道至于窮國，敢請菹醢之罪。」弓高侯執金鼓見之，曰：「王苦軍事，願聞王發兵狀。」王頓首膝行對曰：「今者，朝錯天子用事臣，變更高皇帝法令，侵奪諸侯地。卬等以爲不義，恐其敗亂天下，七國發兵，且以誅錯。今聞錯已誅，卬等謹已罷兵歸。」將軍曰：「王苟以錯爲不善，何不以聞？及未有詔虎符，擅發兵擊義國。以此觀之，意非徒欲誅錯也。」乃出詔書爲王讀之，曰：「王其自圖之。」〔四〕王曰：「如卬等死有餘罪。」遂自殺。太后、太子皆死。膠東、菑川、濟南王皆伏誅。酈將軍攻趙，十月而下之，趙王自殺。濟北王以劫故，不誅。

〔一〕師古曰：「罷讀曰疲。」

〔二〕師古曰：「韓穨當。」

〔三〕師古曰：「言王欲以何理自安處，吾待以行事也。處音昌汝反。」

〔四〕師古曰：「圖，謀也。」

初，吳王首反，并將楚兵，連齊、趙。正月起，三月皆破滅。

贊曰：荊王王也，由漢初定，天下未集，〔一〕故雖疏屬，以策爲王，鎭江淮之閒。劉澤發於田生，權激呂氏，〔二〕然卒南面稱孤者三世。事發相重，豈不危哉！〔三〕吳王擅山海之利，能薄斂以使其衆，逆亂之萌，自其子興。〔四〕古者諸侯不過百里，山海不以封，蓋防此矣。朝錯爲國遠慮，禍反及身。「毋爲權首，將受其咎」，豈謂錯哉！〔五〕

〔一〕師古曰：「集，和也。」

〔二〕晉灼曰：「田生欲王劉澤，先使張卿說封呂產，恐其大臣觖望，澤卒得王，故云以權激呂氏也。」

〔三〕晉灼曰：「劉澤以金與田生，以事張卿，言之呂后，而劉澤得王，故曰事發相重也。」師古曰：「重猶累也。言澤得王，本由田生行說，若其事發覺，則相隨入罪，事相累誤。累音力瑞反。」

〔四〕師古曰：「萌謂始生也。」

〔五〕師古曰：「此逸周書之言，贊引之者，謂錯適當此言耳。」

校勘記

一九〇一頁五行　(呂)〔太〕后又重發之，王先謙說「呂后」譌文，當作「太后」。按殿本作「太后」。

一九〇二頁七行　不急發，恐(過)〔禍〕及身矣。景祐、殿本都作「禍」。王先謙說作「禍」是，史記同。

一九〇五頁一行　(反)〔及〕覺，景祐、殿本都作「及」。王先謙說作「及」是。

一九一三頁四行　吳(楚)兵銳甚，王先愼說「楚」字衍文，史記無「楚」字。

一九一四頁六行　此年少(椎)〔推〕鋒可耳，景祐、殿本都作「推」。王先謙說作「推」是，史記亦作「推」。

漢書卷三十六

楚元王傳第六

楚元王交字游，高祖同父少弟也。〔一〕好書，多材藝。少時嘗與魯穆生、白生、申公俱受詩於浮丘伯。〔二〕伯者，孫卿門人也。〔三〕及秦焚書，各別去。

〔一〕師古曰：「言同父，知其異母。」

〔二〕服虔曰：「白生，魯國奄里人。浮丘伯，秦時儒生。」

〔三〕師古曰：「孫卿姓荀名況，爲楚蘭陵令，漢以避宣帝諱，改之曰孫。」

高祖兄弟四人，長兄伯，次仲，伯蚤卒。〔一〕高祖既爲沛公，景駒自立爲楚王。高祖使仲與審食其留侍太上皇，〔二〕交與蕭、曹等俱從高祖見景駒，遇項梁，共立楚懷王。因西攻南陽，入武關，與秦戰於藍田。至霸上，封交爲文信君，從入蜀漢，還定三秦，誅項籍。即帝位，交與盧綰常侍上，出入臥內，傳言語諸內事隱謀。而上從父兄劉賈數別將。

〔一〕師古曰：「蚤，古早字也。」

〔二〕師古曰：「食音異。其音基。」

漢六年，既廢楚王信，分其地爲二國，立賈爲荊王，交爲楚王，王薛郡、東海、彭城三十六縣，先有功也。後封次兄仲爲代王，長子肥爲齊王。

初，高祖微時，常避事，時時與賓客過其丘嫂食。〔一〕嫂厭叔與客來，陽爲羹盡，轑釜，〔二〕客以故去。已而視釜中有羹，繇是怨嫂。〔三〕及立齊、代王，而伯子獨不得侯。太上皇以爲言，高祖曰：「某非敢忘封之也，爲其母不長者。」七年十月，封其子信爲羹頡侯。〔四〕

〔一〕應劭曰：「丘，姓也。」孟康曰：「西方謂亡女壻爲丘壻。丘，空也，兄亡空有嫂也。」張晏曰：「丘，大也，長嫂稱也。」晉灼曰：「禮謂大婦爲冢婦。」師古曰：「史記丘字作巨。丘、巨皆大也。張、晉二說，其義得之。」

〔二〕服虔曰：「音勞。轑，櫟也。」師古曰：「以勺櫟釜，令爲聲也。櫟音洛，又音歷。」

〔三〕師古曰：「繇與由同。」

〔四〕師古曰：「頡音戛。言其母戛羹釜也。」

元王既至楚，以穆生、白生、申公爲中大夫。高后時，浮丘伯在長安，元王遣子郢客與申公俱卒業。〔一〕文帝時，聞申公爲詩最精，以爲博士。元王好詩，諸子皆讀詩，申公始爲詩傳，號魯詩。〔二〕元王亦次之詩傳，號曰元王詩，〔三〕世或有之。

〔一〕師古曰：「卒，終也。」

〔二〕師古曰：「凡言傳者，謂爲之解說，若今詩毛氏傳也。」

〔三〕師古曰：「次謂綴集之。」

高后時，以元王子郢客爲宗正，封上邳侯。元王立二十三年薨，太子辟非先卒，〔一〕文帝乃以宗正上邳侯郢客嗣，是爲夷王。申公爲博士，失官，隨郢客歸，復以爲中大夫。立四年薨，子戊嗣。文帝尊寵元王，子生，爵比皇子。〔二〕景帝即位，以親親封元王寵子五人：子禮爲平陸侯，富爲休侯，歲爲沈猶侯，〔三〕埶爲宛朐侯，〔四〕調爲棘樂侯。

〔一〕師古曰：「辟非者，猶辟邪辟兵之類也。先卒者，元王未薨之時已卒也。辟音璧。」

〔二〕師古曰：「元王生子，封爵皆與皇子同，所以尊寵元王也。」

〔三〕晉灼曰：「沈音審。王子侯表屬千乘高宛。」

〔四〕師古曰：「埶，古藝字。」

初，元王敬禮申公等，穆生不耆酒，〔一〕元王每置酒，常爲穆生設醴。〔二〕及王戊即位，常設，後忘設焉。穆生退曰：「可以逝矣！醴酒不設，王之意怠，不去，楚人將鉗我於市。」〔三〕稱疾臥。申公、白生強起之曰：「獨不念先王之德與？〔四〕今王一旦失小禮，何足至此！」穆生曰：「易稱『知幾其神乎！〔五〕幾者動之微，吉凶之先見者也。〔六〕君子見幾而作，不俟終日。』先王之所以禮吾三人者，爲道之存故也；今而忽之，是忘道也。〔七〕忘道之人，胡可與久處！豈爲區區之禮哉？」〔八〕遂謝病去。申公、白生獨留。

〔一〕師古曰：「耆讀曰嗜。」

〔二〕師古曰：「醴，甘酒也。少麴多米，一宿而熟，不齊之。」

〔三〕師古曰：「鉗，以鐵束頸也，音其炎反。」

〔四〕師古曰：「與讀曰歟。」

〔五〕師古曰：「下繫之辭也。」

〔六〕師古曰：「見音胡電反。」

〔七〕師古曰：「忽，怠也。」

〔八〕師古曰：「區區，謂小也。」

王戊稍淫暴，二十年，爲薄太后服私姦，削東海、薛郡，乃與吳通謀。二人諫，不聽，胥靡之，〔一〕衣之赭衣，使杵臼雅舂於市。〔二〕休侯使人諫王，王曰：「季父不吾與，我起，先取季父矣。」〔三〕休侯懼，乃與母太夫人奔京師。〔四〕二十一年春，景帝之三年也，削書到，遂應吳王反。其相張尚、太傅趙夷吾諫，不聽。遂殺尚、夷吾，起兵會吳西攻梁，破棘壁，至昌邑南，與漢將周亞夫戰。漢絕吳楚糧道，士饑，吳王走，戊自殺，軍遂降漢。

〔一〕應劭曰：「詩云『若此無罪，淪胥以鋪』。胥靡，刑名也。」晉灼曰：「胥，相也。靡，隨也。古者相隨坐輕刑之名。」師古曰：「聯繫使相隨而服役之，故謂之胥靡，猶今之役囚徒以鎖聯綴耳。晉說近之，而云隨坐輕刑，非也。」

〔二〕晉灼曰：「高肱舉杵，正身而舂之。」師古曰：「爲木杵而手舂，即今所謂步臼者耳，非碓臼也。」

〔三〕師古曰：「不吾與，言不與我同心。」

〔四〕臣瓚曰：「侯母號太夫人。」

漢已平吳楚，景帝乃立宗正平陸侯禮爲楚王，奉元王後，是爲文王。四年薨，子安王道嗣。二十二年薨，子襄王注嗣。十四年薨，子節王純嗣。十六年薨，子延壽嗣。宣帝即位，延壽以爲廣陵王胥武帝子，天下有變必得立，陰欲附倚輔助之，〔一〕故爲其（後）〔后〕母弟趙何齊取廣陵王女爲妻。與何齊謀曰：「我與廣陵王相結，天下不安，發兵助之，使廣陵王立，何齊尚公主，列侯可得也。」因使何齊奉書遺廣陵王曰：「願長耳目，〔二〕毋後人有天下。」〔三〕何齊父長年上書告之。事下有司，考驗辭服，延壽自殺。立三十二年，國除。

〔一〕師古曰：「倚，依也。音於綺反。」

〔二〕師古曰：「言常伺聽，勿失機也。」

〔三〕師古曰：「方爭天下，勿使在人後。」

初，休侯富既奔京師，而王戊反，富等皆坐免侯，削屬籍。後聞其數諫戊，乃更封爲紅侯。太夫人與竇太后有親，懲山東之寇，〔一〕求留京師，詔許之。富子辟彊等四人〔二〕供養，仕於朝。〔三〕太夫人薨，賜塋，〔四〕葬靈戶。〔五〕富傳國至曾孫，無子，絕。

〔一〕師古曰：「懲，創也。」

〔二〕師古曰：「辟音必亦反。彊音居良反。又辟讀曰闢，彊讀曰疆。解在文紀。」

〔三〕師古曰：「四子以在京師供養其祖母，故仕於漢朝也。」

〔四〕師古曰：「塋，冢地，謂爲界域。塋音營。」

〔五〕師古曰：「地名也。」

辟彊字少卿，亦好讀詩，能屬文。〔一〕武帝時，以宗室子隨二千石論議，冠諸宗室。〔二〕清靜少欲，常以書自娛，不肯仕。昭帝即位，或說大將軍霍光曰：「將軍不見諸呂之事乎？處伊尹、周公之位，攝政擅權，而背宗室，不與共職，是以天下不信，卒至於滅亡。今將軍當盛位，帝春秋富，宜納宗室，又多與大臣共事，〔三〕反諸呂道，如是則可以免患。」〔四〕光然之，乃擇宗室可用者。辟彊子德待詔丞相府，〔五〕年三十餘，欲用之。或言父見在，亦先帝之所寵也。遂拜辟彊爲光祿大夫，守長樂衞尉，時年已八十矣。徙爲宗正，數月卒。

〔一〕師古曰：「屬文，謂會綴文辭也，音之欲反。後皆類此。」

〔二〕師古曰：「論議每出宗室之上也。」

〔三〕服虔曰：「共議事也。」師古曰：「每事皆與參共知之。」

〔四〕師古曰：「言諸呂專權，所以滅亡，今納宗室，是反其道，乃可免患也。」

〔五〕師古曰：「於丞相府聽詔命也。」

德字路叔，〔少〕修黃老術，有智略。少時數言事，召見甘泉宮，武帝謂之「千里駒」。〔一〕昭帝初，爲宗正丞，雜治劉澤詔獄。〔二〕父爲宗正，徙大鴻臚丞，遷太中大夫，後復爲宗正，雜案上官氏、蓋主事。德常持老子知足之計。〔三〕妻死，大將軍光欲以女妻之，德不敢取，畏盛滿也。蓋長公主孫譚遮德自言，〔四〕德數責以公主起居無狀。〔五〕侍御史以爲光望不受女，〔六〕承指劾德誹謗詔獄，〔七〕免爲庶人，屏居山田。光聞而恨之，〔八〕復白召德守青州刺史。歲餘，復爲宗正，與立宣帝，〔九〕以定策賜爵關內侯。地節中，以親親行謹厚封爲陽城侯。子安民爲郎中右曹，宗家以德得官宿衞者二十餘人。

〔一〕師古曰：「言若駿馬可致千里也。年齒幼少，故謂之駒。」

〔二〕師古曰：「雜謂以他官共治之也。劉澤，齊孝王之孫，謀反欲殺青州刺史者。」

〔三〕師古曰：「老子德經云『知足不辱』。」

〔四〕師古曰：「公主之孫名譚，自言者，申理公主所坐。」

〔五〕師古曰：「無狀，無善狀也。數音所具反。」

〔六〕師古曰：「望，怨望也。」

〔七〕師古曰：「承指，謂取霍光之意指，德實責數公主，而御史乃以爲受譚寃訴，故云誹謗詔獄。」

〔八〕師古曰：「以御史不知己意。」

〔九〕師古曰：「與讀曰豫。豫其謀議也。」

德寬厚，好施生，〔一〕每行京兆尹事，多所平反罪人。〔二〕家產過百萬，則以振昆弟〔三〕賓客食飲，〔四〕曰：「富，民之怨也。」立十一年，子向坐鑄偽黃金，當伏法，〔五〕德上書訟罪。會薨，大鴻臚奏德訟子罪，失大臣體，不宜賜諡置嗣。制曰：「賜諡繆侯，〔六〕爲置嗣。」傳至孫慶忌，復爲宗正太常。薨，子岑嗣，爲諸曹中郎將，列校尉，至太常。薨，傳子，至王莽敗，乃絕。

〔一〕師古曰：「言好施恩惠於人，而生全之。」

〔二〕蘇林曰：「反音幡，幡罪人辭使從輕也。」

〔三〕師古曰：「振，舉救之。」

〔四〕師古曰：「既以救貧昆弟，又散供食飲之費。」

〔五〕如淳曰：「律，鑄偽黃金棄市也。」

〔六〕師古曰：「繆，惡諡也，以其妄訟子。」

向字子政，〔一〕本名更生。年十二，以父德任爲輦郎。〔二〕既冠，以行修飭擢爲諫大夫。〔三〕是時，宣帝循武帝故事，招選名儒俊材置左右。更生以通達能屬文辭，與王襃、張子僑等並進對，〔四〕獻賦頌凡數十篇。上復興神僊方術之事，而淮南有枕中鴻寶苑祕書。〔五〕書言神僊使鬼物爲金之術，及鄒衍重道延命方，世人莫見，而更生父德武帝時治淮南獄得

其書。更生幼而讀誦，以爲奇，獻之，言黃金可成。上令典尚方鑄作事，〔六〕費甚多，方不驗。上乃下更生吏，吏劾更生鑄僞黃金，繫當死。更生兄陽城侯安民上書，入國戶半，贖更生罪。上亦奇其材，得踰冬減死論。〔七〕會初立穀梁春秋，徵更生受穀梁，講論五經於石渠。〔八〕復拜爲郎中、給事黃門，遷散騎、諫大夫、給事中。

〔一〕師古曰：「名向，字子政。義則相配，而近代學者讀向音餉，既無別釋，臆所據遏，當依本字爲勝也。」
〔二〕服虔曰：「父保任其子爲郎也。輦郎，如今引御輦郎也。」
〔三〕師古曰：「飭，整也，讀與敕同，其字從力。」
〔四〕師古曰：「子僑官至光祿大夫，見藝文志。進對，謂進見而對詔命也。僑字或作蟜，或作喬，皆音鉅驕反。」
〔五〕師古曰：「鴻寶苑祕書，並道術篇名。臧在枕中，言常存錄之不漏泄也。」
〔六〕師古曰：「尚方，主巧作金銀之所。若今之中尚署。」
〔七〕服虔曰：「踰冬，至春行寬大而減死罪。」如淳曰：「獄冬盡當決竟，而得踰冬，復至後冬，故或逢赦，或得減死也。」
〔八〕師古曰：「三輔舊事云石渠閣在未央大殿北，以藏祕書。」
師古曰：「服說是也。」

元帝初即位，太傅蕭望之爲前將軍，少傅周堪爲諸吏光祿大夫，〔一〕皆領尚書事，甚見尊任。更生年少於望之、堪，然二人重之，薦更生宗室忠直，明經有行，擢爲散騎宗正給事中，與侍中金敞拾遺於左右。四人同心輔政，患苦外戚許、史在位放縱，而中書宦官弘

恭、石顯弄權。望之、堪、更生議，欲白罷退之。未白而語泄，遂爲許、史及恭、顯所譖愬，堪、更生下獄，及望之皆免官。語在望之傳。其春地震，夏，客星見昴、卷舌間。〔二〕上感悟，下詔賜望之爵關內侯，奉朝請。秋，徵堪、向，欲以爲諫大夫，恭、顯白皆爲中郎。冬，地復震。時恭、顯、許、史子弟侍中諸曹，皆側目於望之等，更生懼焉，乃使其外親上變事，〔三〕言：

〔一〕師古曰：「加官也。百官公卿表云諸吏所加或列侯、將軍、卿大夫，得舉不法也。」
〔二〕師古曰：「見於昴與卷舌之間也。卷音俱免反。」
〔三〕師古曰：「非常之事，故謂之變也。」

竊聞故前將軍蕭望之等，皆忠正無私，欲致大治，忤於貴戚尚書。〔一〕今道路人聞望之等復進，以爲且復見毀讒，必曰嘗有過之臣不宜復用，是大不然。〔二〕臣聞春秋地震，爲在位執政太盛也，不爲三獨夫動，亦已明矣。〔三〕且往者高皇帝時，季布有罪，至於夷滅，後赦以爲將軍，高后、孝文之間卒爲名臣。〔四〕孝武帝時，兒寬有重罪繫，按道侯韓說諫曰：〔五〕「前吾丘壽王死，陛下至今恨之；〔六〕今殺寬，後將復大恨矣！」上感其言，遂貰寬，〔七〕復用之，位至御史大夫，御史大夫未有及寬者也。又董仲舒坐私爲災異書，主父偃取奏之，下吏，罪至不道，幸蒙不誅，復爲太中大夫，膠西相，以老病免歸。漢有所欲興，常有詔問。〔八〕仲舒爲世儒宗，定議有益天下。孝宣皇帝時，夏侯勝

坐誹謗繫獄三年，免爲庶人。宣帝復用勝，至長信少府，太子太傅，名敢直言，天下美之。若乃羣臣，多此比類，難一二記。〔九〕有過之臣，無負國家，有益天下，此四臣者，足以觀矣。

〔一〕師古曰：「忤猶逆也，音五故反。他皆類此。」
〔二〕師古曰：「嘗不宜用有過之臣者，此議非也。」
〔三〕應劭曰：「謂蕭望之、周堪及向。」師古曰：「獨夫猶言匹夫也。」
〔四〕師古曰：「卒，終也。」
〔五〕師古曰：「說讀曰悅。」
〔六〕師古曰：「恨猶悔也。」
〔七〕師古曰：「貰謂緩恕其罪也。」
〔八〕師古曰：「興謂改作（廬）〔憲〕章。」
〔九〕師古曰：「比音必寐反。」

前弘恭奏望之等獄決，三月，地大震。恭移病出，〔一〕後復視事，天陰雨雪。〔二〕由是言之，地動殆爲恭等。〔三〕

〔一〕師古曰：「移病者，移書言病也，一曰言以病移出，不居官府。」
〔二〕師古曰：「雨音于具反。」

〔三〕師古曰：「殆，近也。」

臣愚以爲宜退恭、顯以章蔽善之罰，〔一〕進望之等以通賢者之路。如此，太平之門開，災異之原塞矣。

〔一〕師古曰：「章，明也。」

書奏，恭、顯疑其更生所爲，白請考姦詐。辭果服，遂逮更生繫獄，下太傅韋玄成、諫大夫貢禹，與廷尉雜考。劾更生前爲九卿，坐與望之、堪謀排車騎將軍高、許、史氏侍中者，毀離親戚，欲退去之，而獨專權。爲臣不忠，幸不伏誅，復蒙恩徵用，不悔前過，而教令人言變事，誣罔不道。更生坐免爲庶人。而望之亦坐使子上書自冤前事，恭、顯白令詣獄置對。〔一〕望之自殺。天子甚悼恨之，乃擢周堪爲光祿勳，堪弟子張猛光祿大夫給事中，大見信任。恭、顯憚之，數譖毀焉。更生見堪、猛在位，幾已得復進，〔二〕懼其傾危，乃上封事諫曰：

〔一〕師古曰：「置對者，立爲對辭。」
〔二〕師古曰：「幾讀曰冀。」

臣前幸得以骨肉備九卿，奉法不謹，乃復蒙恩。竊見災異並起，天地失常，徵表爲國。〔一〕欲終不言，念忠臣雖在甽畝，猶不忘君，惓惓之義也。〔二〕況重以骨肉之親，〔三〕又加以舊恩未報乎！欲竭愚誠，又恐越職，然惟二恩未報，〔四〕忠臣之義，一杼愚意，退

就農畝，死無所恨。〔五〕

〔一〕師古曰：「徵，證也。」

〔二〕師古曰：「甽者，田中之溝也。田溝之法，耜廣五寸，二耜爲耦，一耦之伐，廣尺深尺，謂之甽，六甽而爲一畝。甽音工犬反，字或作畎，其音同耳。惓惓，忠謹之意。惓讀與拳同，音其專反。禮記曰『得一善則拳拳服膺，弗失之矣』。」

〔三〕師古曰：「重音直用反。」

〔四〕師古曰：「惟，思也。」

〔五〕師古曰：「杼謂引而泄之也。音食汝反。」

臣聞舜命九官，〔一〕濟濟相讓，和之至也。衆賢和於朝，則萬物和於野。故簫韶九成，而鳳皇來儀；擊石拊石，百獸率舞。〔二〕四海之內，靡不和寧。及至周文，開基西郊，〔三〕雜遝衆賢，罔不肅和，〔四〕崇推讓之風，以銷分爭之訟。文王既沒，周公思慕，歌詠文王之德，其詩曰：「於穆清廟，肅雝顯相；濟濟多士，秉文之德。」〔五〕當此之時，武王、周公繼政，朝臣和於內，萬國驩於外，故盡得其驩心，以事其先祖。其詩曰：「有來雝雝，至止肅肅，相維辟公，天子穆穆。」〔六〕言四方皆以和來也。諸侯和於下，天應報於上，故周頌曰「降福穰穰」，〔七〕又曰「飴我釐麰」。〔八〕釐麰，麥也，始自天降。此皆

以和致和，獲天助也。

〔一〕師古曰：「尚書禹作司空，棄后稷，契司徒，咎繇作士，垂共工，(作)〔益〕朕虞，伯夷秩宗，夔典樂，龍納言，凡九官也。」

〔二〕師古曰：「韶，舜樂名。舉簫管之屬，示其備也。於韶樂九奏則鳳皇見其容儀，擊鍾鳴磬而百獸相率來舞，言感至和也。」

〔三〕師古曰：「言文王始受命作周也。」

〔四〕師古曰：「雜遝，聚積之貌，遝音大合反。」

〔五〕師古曰：「此周頌祀文王清廟之詩也。於，歎辭也。穆，美也。肅，敬也。雝，和也。顯，明也。相，助也。濟濟，盛也。言文王有清淨之化，敬而且和，光明著見，故濟濟之衆士皆執行文王之德也。於讀曰烏。」

〔六〕師古曰：「此周頌禘太祖之雝詩也。相，助也。辟，百辟也。公，諸侯也。言有此賓客以和而來至(也)〔止〕而敬者，乃助王祭之人，百辟與諸侯耳。於是時，天子則穆穆然。禮記曰『天子穆穆，諸侯皇皇』。辟音璧。」

〔七〕師古曰：「此執競之篇祀武王之詩也。穰穰，多也。音人羊反。」

〔八〕師古曰：「此思文之篇以后稷配天之詩也。飴，遺也，言天遺此物也。飴讀與貽同也。釐音力之反，又讀與來同。麰音牟。」

下至幽、厲之際，朝廷不和，轉相非怨，〔一〕詩人疾而憂之曰：「民之無良，相怨一方。」〔二〕衆小在位而從邪議，歙歙相是而背君子，故其詩曰：「歙歙訿訿，亦孔之哀！謀之其臧，則具是違；謀之不臧，則具是依！」〔三〕君子獨處守正，不橈衆枉，〔四〕勉彊以從王事則反見憎毒讒愬，故其詩曰：「密勿從事，不敢告勞，無罪無辜，讒口嗸嗸！」〔五〕當是之時，日月薄蝕而無光，〔六〕其詩曰：「朔日辛卯，日有蝕之，亦孔之醜！」〔七〕又曰：「彼月而微，此日而微，今此下民，亦孔之哀！」〔八〕又曰：「日月鞠凶，不用其行；四國無政，不用其良！」〔九〕天變見於上，地變動於下，水泉沸騰，山谷易處。其詩曰：「百川沸騰，山冢卒崩，高岸爲谷，深谷爲陵。哀今之人，胡憯莫懲！」〔一〇〕霜降失節，不以其時，其詩曰：「正月繁霜，我心憂傷；民之訛言，亦孔之將！」言民以是爲非，甚衆大也。〔一一〕此皆不和，賢不肖易位之所致也。〔一二〕

〔一〕師古曰：「厲王，夷王之子。厲王生宣王，宣王生幽王。」

〔二〕師古曰：「此小雅角弓之篇刺幽王之詩也。良，善也。言人各爲不善，其意乖離，而相怨也。一方，謂自守一方，所獨異之。」

〔三〕師古曰：「此小雅小旻篇刺幽王之詩也。言在位卿士，歙歙然患其上，訿訿然不供職，各失臣節，甚可哀痛。而謀之善者，則背違之，不善之謀，依而施用，所以爲刺也。歙音翕。訿音紫。」

〔四〕師古曰：「橈，屈也，不爲衆曲而自屈也。橈音女教反。」

〔五〕師古曰：「此小雅十月之交篇刺幽王之詩也。密勿猶黽勉從事也。嗸嗸，衆聲也。言己黽勉行事，不敢自陳勞苦，實無罪辜，而被讒譖嗸嗸然也。嗸音敖。」

〔六〕師古曰：「薄，迫也。謂被掩迫也。」

〔七〕師古曰：「自此已下至『百川沸騰』，皆十月之交詩也。孔，甚也。醜，惡也。周之十月，夏之八月，朔日有辛卯，日月交會，而日見蝕，陰侵於陽。辛，金日也。卯，木辰也。以卯侵金，則臣侵君，故甚惡之。」

〔八〕師古曰：「微，虧微也。言彼月者，當有虧耳，而今此日，乃復微也。言君臣失道，是爲災異，故令人甚哀也。」

〔九〕師古曰：「鞠，告也。言日月不用其常行之道以告凶災者，由四方之國無政理，不能用善人也。」

〔一〇〕師古曰：「沸，涌出也。騰，乘也。冢，山頂也。卒，盡也。胡，何也。憯，曾也。懲，乂也。言百川沸涌而相乘陵，山頂隆高而盡崩壞，陵谷易處，尊卑失序，咎異大矣，誠可畏懼。哀哉今人，何爲曾莫創乂也！憯音千感反。」

〔一一〕張晏曰：「正月，夏之四月也，純陽用事，而反多霜，急恆寒(苦)〔若〕之災也。」師古曰：「此小雅正月之篇刺幽王之詩也。四月正陽之月，故謂之正月。繁，多也。訛，僞也。孔，甚也。將，大也。此言王政乖舛，陽月多霜，害於生物，故己心爲憂傷，而衆庶之人，共爲僞言，以是爲非，排斥賢儁，禍甚大也。」

〔一二〕師古曰：「賢人在下，不肖居上，故云易位。」

自此之後，天下大亂，篡殺殃禍並作，厲王奔彘，〔一〕幽王見殺。〔二〕至乎平王末年，魯隱之始卽位也，〔三〕周大夫祭伯乖離不和，出奔於魯，〔四〕而春秋爲諱，不言來奔，傷其禍殃自此始也。是後尹氏世卿而專恣，〔五〕諸侯背畔而不朝，周室卑微。二百四十二年之間，〔六〕日食三十六，〔七〕地震五，〔八〕山陵崩阤二，〔九〕彗星三見，〔一〇〕夜常星不

見，夜中星隕如雨一，〔一一〕火災十四。〔一二〕長狄入三國，〔一三〕五石隕墜，六鶂退飛，多麋，有蜮、蜚，鸜鵒來巢者，皆一見。〔一四〕晝冥晦。〔一五〕雨木冰。〔一六〕李梅冬實。七月霜降，草木不死。〔一七〕八月殺菽。〔一八〕大雨雹。〔一九〕雨雪靁霆失序相乘。〔二〇〕水、旱、饑，蝝、螽、螟蠭午並起。〔二一〕當是時，禍亂輒應，弒君三十六，〔二二〕亡國五十二，〔二三〕諸侯奔走，不得保其社稷者，不可勝數也。〔二四〕周室多禍：晉敗其師於貿戎；〔二五〕伐其郊；〔二六〕鄭傷桓王；〔二七〕戎執其使；〔二八〕衞侯朔召不往，齊逆命而助朔；〔二九〕五大夫爭權，三君更立，莫能正理。〔三〇〕遂至陵夷不能復興。〔三一〕

〔一〕師古曰：「厲王無道，下不堪命，乃相與畔襲厲王。厲王出奔彘。彘，晉地，今晉州北永安縣是也。」

〔二〕師古曰：「為犬戎所攻，殺幽王于驪山下，虜褒姒，盡取周賂而去。」

〔三〕師古曰：「平王，幽王之子。」

〔四〕張晏曰：「隱元年『祭伯來』，穀梁傳曰『奔也』。」師古曰：「祭音側介反。」

〔五〕師古曰：「春秋公羊經隱公三年『夏四月，尹氏卒。』傳曰『尹氏者何？天子之大夫也。其稱尹氏何？貶也。曷為貶？譏繼卿。繼卿，非禮也。』又詩小雅節南山云『尹氏太師，赫赫師尹，不平謂何！』刺之也。」

〔六〕師古曰：「謂從隱公元年至哀公十四年獲麟也。隱公十一年，桓公十八年，莊公三十二年，閔公〔三〕〔二〕年，僖公三十三年，文公十八年，宣公十八年，成公十八年，襄公三十一年，昭公三十二年，定公十五年，哀公十四年，凡二百四十二年也。」

〔七〕師古曰：「謂隱三年二月己巳；桓三年七月壬辰朔，十七年十月朔；莊十八年三月，二十五年六月辛未朔，二十六年十二月癸亥朔，三十年九月庚午朔；僖五年九月戊申朔，十二年三月庚午，十五年五月；文元年二月癸亥朔，十五年六月辛丑朔；宣八年七月甲子，十年四月丙辰，十七年六月癸卯；成十六年六月丙寅朔，十七年十二月丁巳朔；襄十四年二月乙未朔，十五年秋八月丁巳，二十年冬十月丙辰朔，二十一年九月庚戌朔，冬十月庚辰朔，二十三年二月癸酉朔，二十四年秋七月甲子朔，八月癸巳朔，二十七年冬十二月乙亥朔；昭七年夏四月甲辰朔，十五年六月丁巳朔，十七年夏六月甲戌朔，二十一年秋七月壬午朔，二十二年十二月癸酉朔，二十四年夏五月乙未朔，三十一年十二月辛亥朔；定五年正月辛亥朔，十二年十一月丙寅朔，十五年八月庚辰朔：凡三十六也。」

〔八〕師古曰：「謂文九年九月癸酉，襄十六年五月甲子，昭十九年五月己卯，二十三年八月乙未，哀三年四月甲午，凡五也。」

〔九〕師古曰：「謂僖十四年八月辛卯沙鹿崩，成五年夏梁山崩，凡二也。阤，下頹也，音丈爾反。」

〔一〇〕師古曰：「謂文十四年秋七月有星孛入于北斗，昭十七年冬有星孛于大辰，哀十三年冬十一月有星孛于東方。」

〔一一〕師古曰：「事在莊七年夏四月辛卯。」

〔一二〕師古曰：「桓十四年秋八月壬申御廩災，莊二十年夏齊大災，僖二十年五月乙巳西宮災，成三年二月甲子新宮災，襄九年春宋火，三十年五月甲午宋災，昭九年夏四月陳火，十八年夏五月壬午宋、衞、陳、鄭災，定二年夏五月壬辰雉門及兩觀災，哀三年五月辛卯桓宮、僖宮災，四年六月辛丑亳社災，凡十四也。」

〔一三〕師古曰：「謂春秋文十一年經書『冬十月甲午叔孫得臣敗狄于鹹』，公羊傳曰『狄者何？長狄也，兄弟三人，一者之齊，一者之魯，一者之晉。』之齊榮如，之魯喬如，之晉焚如。長狄，鄋瞞之種。鄋音搜，瞞音末安反。」

〔一四〕師古曰：「謂僖十六年『正月戊申朔，隕石于宋，五。是月，六鶂退飛過宋都。』莊十七年『冬，多麋。』十八年『秋，有蜮。』二十九年『秋，有蜚。』昭二十五年『夏，有鸜鵒來巢。』蜮，短尾狐也。鶂，水鳥也。蜚，負蠜也。鶂音五歷反。蜮音域。蜚音扶味反。鸜音劬。鵒音欲。」

〔一五〕師古曰：「僖十五年『九月己卯晦，震夷伯之廟。』穀梁傳曰『晦，冥也。』」

〔一六〕師古曰：「事在成十六年正月。雨木冰者，氣著樹木結為冰也，今俗呼為間樹。雨音于具反。」

〔一七〕師古曰：「僖三十三年經書『冬隕霜，不殺草。』李梅實，未知在何月也。而此言李梅冬實，又云七月霜降，草木不死，與今春秋不同，未見義所出。」

〔一八〕師古曰：「謂定公元年『十月，隕霜殺菽。』周之十月，夏之八月。菽謂豆也。」

〔一九〕師古曰：「事在僖二十九年秋，及昭三年冬，四年正月。雨音于具反。」

〔二〇〕師古曰：「隱九年三月癸酉大雨震電，庚辰大雨雪，莊六年冬十月雨雪，僖十年冬大雨雪，皆是也。靁，古雷字也。霆，雷之急者也，音大丁反。」

〔二一〕如淳曰：「蠭午猶雜沓也。」師古曰：「謂桓元年秋大水，十三年夏大水，莊七年秋大水，十一年秋宋大水，二十四年秋大水，二十五年秋大水，宣十年秋大水，成五年秋大水，襄二十四年秋七月大水；僖二十一年夏大旱，宣七年秋大旱；宣十年冬饑，十五年冬蝝生饑，襄二十四年冬大饑；桓五年秋螽，僖十五年八月螽，文三年秋雨螽於宋，八年冬螽，宣六年八月螽，十三年秋、十五年秋螽，襄七年八月螽，哀十二年十二月螽，十三年九月螽，十二月螽；隱五年九月螟，八年九月螟，莊六年秋螟：皆是也。螽即螟也。螟，蟲之食苗心者也。螽音終，螟音冥。」

〔二二〕師古曰：「謂隱公四年衞州吁弒其君完；十一年羽父使賊弒公于寪氏；桓二年宋督弒其君與夷；七年曲沃伯誘晉小子侯殺之；十七年鄭高渠彌弒昭公；莊八年齊無知弒其君諸兒；十二年宋萬弒其君捷；十四年傅瑕弒其君鄭子；三十二年共仲使圉人犖賊子般；閔二年共仲使卜齮賊公于武闈；僖十年晉里克弒其君卓，二十四年晉弒懷公于高梁；文元年楚太子商臣弒其君頵；十四年齊公子商人弒其君舍；十六年宋人弒其君杵臼；十八年齊人弒其君商人；魯襄仲殺子惡；莒弒其君庶其；宣二年晉趙盾弒其君夷皋；四年鄭公子歸生弒其君夷；十年陳夏徵舒弒其君平國；成十八年晉弒其君州蒲；襄七年鄭子駟使賊夜弒僖公；二十五年齊崔杼弒其君光；二十六年衞甯喜弒其君剽；二十九年閽弒吳子餘祭；三十年蔡太子般弒其君固；三十一年莒人弒其君密州；昭元年楚公子圍問王疾，縊而弒之；十三年楚公子比弒其君虔于乾谿；十九年許太子止弒其君買；二十七年吳弒其君僚；定十三年薛弒其君比；哀四年盜殺蔡侯申；六年齊陳乞弒其君荼；十年齊人弒悼公：凡三十六。」

〔二三〕師古曰：「謂桓五年州公如曹；莊四年紀侯大去其國；十年齊師滅譚；十三年齊人滅遂；十四年楚子滅息；十六年楚滅鄧；閔元年晉滅耿，滅霍，滅魏；僖五年楚滅弦，晉滅虢，滅虞；十二年楚人滅黃；十七年楚滅項；十九年秦人取梁；二十五年衞侯燬滅邢；二十六年楚人滅夔；三十三年秦滅滑；文四年楚滅江；五年楚人滅六，滅蓼；十六年楚人、秦人、巴人滅庸；宣八年楚人滅舒蓼，九年取根牟；十二年楚子滅蕭；十五年晉師滅赤狄潞氏；成六年取鄟；十七年楚滅舒(蕭)〔庸〕；襄六年莒人滅鄫，齊侯滅萊；十年諸侯滅偪陽；十三年取邿；二十五年楚滅舒鳩；昭四年楚子滅賴；十三年晉滅肥；十六年楚子取戎蠻氏；十七年晉滅陸渾戎；二十一年晉滅鼓；三十年吳滅徐；定四年蔡滅沈；五年楚滅唐；六年鄭滅許；十四年楚人滅頓；十五年楚子滅

胡；哀八年宋公滅曹；又邾滅須句，楚滅權，晉滅焦、楊，楚滅道、房、申：凡五十二。」

〔二四〕師古曰：「謂桓十五年鄭伯突出奔蔡，襄十四年衞侯出奔齊，昭三年北燕伯款出奔齊，二十三年莒子庚輿來奔之類是也。」

〔二五〕師古曰：「貿戎，地名也。春秋公羊經成元年秋，王師敗績于貿戎。傳曰『孰敗之？蓋晉敗之』也。貿音莫侯反。」

〔二六〕師古曰：「郊，周邑也。昭二十三年正月，經書『晉人圍郊』也。」

〔二七〕應劭曰：「王以諸侯伐鄭，鄭伯禦之，射王中肩。」師古曰：「事在桓五年秋。」

〔二八〕師古曰：「隱七年冬，經書『天王使凡伯來聘，戎伐凡伯于楚丘以歸』。」

〔二九〕師古曰：「春秋桓十六年，經書『衞侯朔出奔齊』，穀梁傳曰『天子召而不往也』。」

〔三〇〕應劭曰：「周景王崩，單穆公、劉文公、鞏簡公、甘平公、召莊公，此五大夫相與爭奪，更立王子猛、子朝及敬王，是爲三君也。更音工衡反。」

〔三一〕師古曰：「陵夷謂卑替也。解在成紀及異姓諸侯王表也。」

由此觀之，和氣致祥，乖氣致異；祥多者其國安，異衆者其國危，天地之常經，古今之通義也。今陛下開三代之業，招文學之士，優游寬容，使得並進。今賢不肖渾殽，〔一〕白黑不分，邪正雜糅，忠讒並進。〔二〕章交公車，人滿北軍。〔三〕朝臣舛午，膠戾乖剌，〔四〕更相讒愬，轉相是非。〔五〕傳授增加，文書紛糾，前後錯繆，毀譽渾亂。〔六〕所以營或耳目，感移心意，不可勝載。〔七〕分曹爲黨，往往羣朋，〔八〕將同心以陷正臣。正臣

進者，治之表也；正臣陷者，亂之機也。乘治亂之機，未知孰任，而災異數見，此臣所以寒心者也。夫乘權藉勢之人，子弟鱗集於朝，〔九〕羽翼陰附者衆，輻湊於前，〔一〇〕毀譽將必用，以終乖離之咎。〔一一〕是以日月無光，雪霜夏隕，海水沸出，陵谷易處，列星失行，皆怨氣之所致也。夫遵衰周之軌迹，循詩人之所刺，而欲以成太平，致雅頌，猶卻行而求及前人也。〔一二〕初元以來六年矣，案春秋六年之中，災異未有稠如今者也。〔一三〕夫有春秋之異，無孔子之救，猶不能解紛，〔一四〕況甚於春秋乎？

〔一〕師古曰：「言雜亂也。渾音胡本反，其下亦同。」

〔二〕師古曰：「糅，和也，音汝救反。」

〔三〕如淳曰：「漢儀注中壘校尉主北軍壘門內，尉一人主上書者獄。上章於公車，有不如法者，以付北軍尉，北軍尉以法治之。楊惲上書，遂幽北闕。北闕，公車所在。」

〔四〕師古曰：「言志意不和，各相違背。午音五故反，剌音來曷反。」

〔五〕師古曰：「更音工衡反。」

〔六〕師古曰：「言各任私情，不得其實。」

〔七〕師古曰：「言其誑罔天子也。營謂回繞之。」

〔八〕師古曰：「曹，輩也。」

〔九〕師古曰：「言其相次如魚鱗。」

〔一〇〕師古曰：「輻湊，言如車輻之歸於轂也。」

〔一一〕師古曰：「言讒佞之人毀譽得進，則忠賢被斥，日以乖離也。」

〔一二〕師古曰：「卻音邱略反。」

〔一三〕師古曰：「稠，多也。音直流反。」

〔一四〕師古曰：「紛，亂也。」

原其所以然者，讒邪並進也。讒邪之所以並進者，由上多疑心，既已用賢人而行善政，如或譖之，則賢人退而善政還。〔一〕夫執狐疑之心者，來讒賊之口；持不斷之意者，開羣枉之門。〔二〕讒邪進則衆賢退，羣枉盛則正士消。故易有否泰。〔三〕小人道長，君子道消，君子道消，則政日亂，故爲否。否者，閉而亂也。君子道長，小人道消，小人道消，則政日治，故爲泰。泰者，通而治也。詩又云「雨雪麃麃，見晛聿消」，〔四〕與易同義。昔者鯀、共工、驩兜與舜、禹雜處堯朝，〔五〕周公與管、蔡並居周位，當是時，迭進相毀，〔六〕流言相謗，豈可勝道哉！帝堯、成王能賢舜、禹、周公而消共工、管、蔡，故以大治，榮華至今。孔子與季、孟偕仕於魯，〔七〕李斯與叔孫俱宦於秦，〔八〕定公、始皇賢季、孟、李斯而消孔子、叔孫，故以大亂，汚辱至今。故治亂榮辱之端，在所信任；信任既賢，在於堅固而不移。詩云「我心匪石，不可轉也」。〔九〕言守善篤也。易曰「渙汗

其大號」。〔一〇〕言號令如汗，汗出而不反者也。今出善令，未能踰時而反，是反汗也；〔一一〕用賢未能三旬而退，是轉石也。論語曰：「見不善如探湯。」〔一二〕今二府奏佞讇不當在位，歷年而不去。〔一三〕故出令則如反汗，用賢則如轉石，去佞則如拔山，如此望陰陽之調，不亦難乎！

〔一〕師古曰：「還謂收還也。」

〔二〕師古曰：「枉，曲也。」

〔三〕師古曰：「否音皮鄙反。」

〔四〕師古曰：「此小雅角弓篇刺幽王好讒佞之詩也。麃麃，盛也。見，無雲也。晛，日氣也。聿，辭也。言雨雪之盛麃麃然，至於無雲，日氣始出，而雨雪皆消釋矣。喻小人雖多，王者欲興善政，則賢者升用，而小人誅滅矣。麃音彼驕反。晛音乃見反。」

〔五〕師古曰：「鯀，崇伯之名，即檮杌也。共工，少皞氏之後，即窮奇也。驩兜，帝鴻氏之後，即渾敦也。鯀音工本反。驩音火官反。檮音徒高反。杌音兀。渾音胡本反。敦音徒本反。」

〔六〕師古曰：「迭，互也。音大結反。」

〔七〕師古曰：「季、孟謂季孫、孟孫，皆桓公之後代，執國權而卑公室也。」

〔八〕師古曰：「叔孫者，叔孫通也。」

〔九〕師古曰：「此邶柏舟之詩也，言石性雖堅，尙可移轉，己志貞確，執德不傾，過於石也。」

〔一〇〕師古曰：「此易渙卦九〔四〕〔五〕爻辭也。言王者渙然大發號令，如汗之出也。」
〔一一〕師古曰：「一時，三月也。」
〔一二〕師古曰：「論語載孔子之言。探湯，言其除難無所避也。」
〔一三〕如淳曰：「二府，丞相、御史也。」師古曰：「讇，古諂字。」

是以羣小窺見間隙，緣飾文字，巧言醜詆，〔一〕流言飛文，譁於民間。〔二〕故詩云：「憂心悄悄，慍于羣小。」〔三〕小人成羣，誠足慍也。昔孔子與顏淵、子貢更相稱譽，不爲朋黨；〔四〕禹、稷與皋陶傳相汲引，不爲比周。〔五〕何則？忠於爲國，無邪心也。故賢人在上位，則引其類而聚之於朝，易曰「飛龍在天，大人聚也」；〔六〕在下位，則思與其類俱進，易曰「拔茅茹以其彙，征吉」。〔七〕在上則引其類，在下則推其類，故湯用伊尹，不仁者遠，而衆賢至，類相致也。今佞邪與賢臣並在交戟之內，〔八〕合黨共謀，違善依惡，歙歙訿訿，數設危險之言，欲以傾移主上。如忽然用之，此天地之所以先戒，災異之所以重至者也。〔九〕

〔一〕師古曰：「詆，毀也，辱也。音丁禮反。」
〔二〕師古曰：「譁，讙也。譁音火瓜反。」
〔三〕師古曰：「此邶柏舟言仁而不遇之詩也。悄悄，憂貌。慍，怒也。悄音千小反。」
〔四〕師古曰：「事具見論語。更音工衡反。」

〔五〕師古曰：「事見尚書舜典。比音頻寐反。」
〔六〕師古曰：「此乾卦九五象辭也。言聖王正位，臨馭四方，則賢人君子皆來見也。」
〔七〕鄭氏曰：「彙音謂。彙，類也。茹，牽引也。茅喻君有潔白之德，臣下引其類而仕之。」師古曰：「此泰卦初九爻辭。征，行也。茹音汝據反。」
〔八〕師古曰：「交戟，謂宿衞者。」
〔九〕師古曰：「重音直用反。」

自古明聖，未有無誅而治者也，故舜有四放之罰，〔一〕而孔子有兩觀之誅，〔二〕然後聖化可得而行也。今以陛下明知，誠深思天地之心，迹察兩觀之誅，〔三〕覽否泰之卦，觀雨雪之詩，歷周、唐之所進以爲法，原秦、魯之所消以爲戒，〔四〕考祥應之福，省災異之禍，以揆當世之變，〔五〕放遠佞邪之黨，壞散險詖之聚，〔六〕杜閉羣枉之門，廣開衆正之路，〔七〕決斷狐疑，分別猶豫，使是非炳然可知，則百異消滅，而衆祥並至，太平之基，萬世之利也。

〔一〕師古曰：「謂流共工于幽州，放驩兜于崇山，竄三苗于三危，殛鯀于羽山也。」
〔二〕應劭曰：「少正卯姦人之雄，故孔子攝司寇七日，誅之於兩觀之下。」師古曰：「兩觀，謂闕也。」
〔三〕師古曰：「尋其餘迹而察之。」
〔四〕師古曰：「歷謂歷觀之，原謂思其本也。」

〔五〕師古曰：「省，視也。揆，度也。」
〔六〕師古曰：「險言曰詖，音彼義反。」
〔七〕師古曰：「杜，塞也。」

臣幸得託肺附，〔一〕誠見陰陽不調，不敢不通所聞。竊推春秋災異，以（効）〔救〕今事一二，條其所以，〔二〕不宜宣泄。臣謹重封昧死上。

〔一〕師古曰：「舊解云肺附謂肝肺相附著，猶言心膂也。一說肺謂斫木之肺札也，自言於帝室猶肺札附於大材木也。」
〔二〕師古曰：「以，由也。」

恭、顯見其書，愈與許、史比而怨更生等。〔一〕堪性公方，自見孤立，遂直道而不曲。是歲夏寒，日青無光，恭、顯及許、史皆言堪、猛用事之咎。上內重堪，又患衆口之寖潤，無所取信。時長安令楊興以材能幸，常稱譽堪。上欲以爲助，乃見問興：「朝臣齗齗不可光祿勳，何（也）〔邪〕？」〔二〕興者傾巧士，謂上疑堪，因順指曰：「堪非獨不可於朝廷，自州里亦不可也。臣見衆人聞堪前與劉更生等謀毀骨肉，以爲當誅，故臣前言堪不可誅傷，爲國養恩也。」上曰：「然此何罪而誅？今宜奈何？」興曰：「臣愚以爲可賜爵關內侯，食邑三百戶，勿令典事。明主不失師傅之恩，此最策之得者也。」上於是疑。會城門校尉諸葛豐亦言堪、猛短，上因發怒免豐。語在其傳。又曰：「豐言堪、猛貞信不立，朕閔而不治，又惜其材能未有所効，其左遷堪爲河東太守，猛槐里令。」

〔一〕師古曰：「比音頻寐反。」
〔二〕師古曰：「齗齗，忿嫉之意也。齗音牛斤反。」

顯等專權日甚。後三歲餘，孝宣廟闕災，其晦，日有蝕之。於是上召諸前言日變在堪、猛者責問，皆稽首謝。乃因下詔曰：「河東太守堪，先帝賢之，命而傅朕。資質淑茂，道術通明，〔一〕論議正直，秉心有常，發憤悃愊，〔二〕信有憂國之心。以不能阿尊事貴，孤特寡助，抑厭遂退，〔三〕卒不克明。〔四〕往者衆臣見異，〔五〕不務自修，深惟其故，而反晻昧說天，託咎此人。〔六〕朕不得已，〔七〕出而試之，以彰其材。堪出之後，大變仍臻，衆亦嘿然。堪治未期年，而三老官屬有識之士詠頌其美，使者過郡，靡人不稱。〔八〕此固足以彰先帝之知人，而朕有以自明也。俗人乃造端作基，非議詆欺，〔九〕或引幽隱，非所宜明，意疑以類，欲以陷之，朕亦不取也。朕迫于俗，不得專心，乃著天著大異，朕甚懼焉。今堪年衰歲暮，恐不得自信，〔一〇〕排於異人，將安究之哉？〔一一〕其徵堪詣行在所。」拜爲光祿大夫，秩中二千石，領尚書事。猛復爲太中大夫給事中。顯幹尚書〔事〕，〔一二〕尚書五人，皆其黨也。堪希得見，常因顯白事，事決顯口。會堪疾瘖，不能言而卒。〔一三〕顯誣譖猛，令自殺於公車。更生傷之，乃著疾讒、擿要、救危及世頌，凡八篇，〔一四〕依興古事，悼己及同類也。〔一五〕遂廢十餘年。

〔一〕師古曰："淑，善也。茂，美也。"
〔二〕張晏曰："悃，誠也。愊，緻密也。"師古曰："悃愊，至誠也。悃音口本反。愊音平力反。"
〔三〕師古曰："厭音一甲反，謂不伸也。"
〔四〕師古曰："卒，終也。克，能也。"
〔五〕師古曰："異，災異也。"
〔六〕師古曰："晻，不明也，讀與暗同，又音烏感反。"
〔七〕師古曰："已，止也。"
〔八〕師古曰："靡，無也。"
〔九〕師古曰："詆，毁也，音丁禮反。"
〔一〇〕師古曰："信讀曰伸。"
〔一一〕師古曰："究，竟也，明也。"
〔一二〕師古曰："斡與管同，言管主其事。"
〔一三〕師古曰："瘖音於今反。"
〔一四〕師古曰："擿謂指發之也，音吐歷反。"
〔一五〕師古曰："興謂比喻也，音許證反。"

成帝即位，顯等伏辜，更生乃復進用，更名向。向以故九卿召拜爲中郎，使領護三輔都水。〔一〕數奏封事，遷光祿大夫。是時帝元舅陽平侯王鳳爲大將軍秉政，倚太后，專國權，〔二〕

兄弟七人皆封爲列侯。時數有大異，向以爲外戚貴盛，鳳兄弟用事之咎。而上方精於詩書，觀古文，詔向領校中五經祕書。〔三〕向見尚書洪範，箕子爲武王陳五行陰陽休咎之應。〔四〕向乃集合上古以來歷春秋六國至秦漢符瑞災異之記，推迹行事，連傳禍福，著其占驗，比類相從，各有條目，凡十一篇，號曰洪範五行傳論，奏之。天子心知向忠精，故爲鳳兄弟起此論也，然終不能奪王氏權。

〔一〕蘇林曰："三輔多溉灌渠，悉主之，故言都水。"
〔二〕師古曰："倚音於綺反。"
〔三〕師古曰："言中者以別於外。"
〔四〕師古曰："休，美也，音許求反。它皆類此。"

久之，營起昌陵，數年不成，復還歸延陵，制度泰奢。向上疏諫曰：

臣聞易曰："安不忘危，存不忘亡，是以身安而國家可保也。"〔一〕故賢聖之君，博觀終始，窮極事情，而是非分明。王者必通三統，〔二〕明天命所授者博，非獨一姓也。孔子論詩，至於"殷士膚敏，祼將于京"，〔三〕喟然歎曰："〔四〕"大哉天命！善不可不傳于子孫，是以富貴無常；不如是，則王公其何以戒慎，民萌何以勸勉？"〔五〕蓋傷微子之事周，而痛殷之亡也。雖有堯舜之聖，不能化丹朱之子；雖有禹湯之德，不能訓末孫之桀紂。自古及今，未有不亡之國也。昔高皇帝既滅秦，將都雒陽，感寤劉敬之言，自以德不及周，而賢於秦，遂徙都關中，依周之德，因秦之阻。世之長短，以德爲效，〔六〕故常戰栗，不敢諱亡。孔子所謂"富貴無常"，蓋謂此也。

〔一〕師古曰："易下繫之辭。"
〔二〕應劭曰："二王之後，與己爲三統也。"孟康曰："天地人之始也。"張晏曰："一曰天統，爲周十一月建子爲正，天始施之端也。二曰地統，謂殷以十二月建丑爲正，地始化之端也。三曰人統，謂夏以十三月建寅爲正，人始成之端也。"師古曰："二家之說皆不備也。言王者象天地人之三統，故存三代也。"
〔三〕師古曰："此大雅文王之篇。殷士，殷之卿士也。膚，美也。敏，疾也。祼，灌鬯也。將，行也。京，周京也。言殷之臣有美德而敏疾，乃來助祭于周，行祼鬯之事，是天命無常，歸於有德。"
〔四〕師古曰："喟然，歎息貌，音丘位反。"
〔五〕師古曰："萌與甿同，無知之貌。"
〔六〕師古曰："効謂徵驗也。"

孝文皇帝居霸陵，北臨廁，〔一〕意悽愴悲懷，顧謂羣臣曰："嗟乎！以北山石爲椁，用紵絮斮陳漆其間，〔二〕豈可動哉！"張釋之進曰："使其中有可欲，雖錮南山猶有隙；使其中無可欲，雖無石椁，又何慼焉？"〔三〕夫死者無終極，而國家有廢興，故釋之之言，爲無窮計也。孝文寤焉，遂薄葬，不起山墳。

〔一〕服虔曰："廁，側近水也。"李奇曰："霸陵山北頭廁近霸水，帝登其上以遠望也。"
〔二〕應劭曰："斮，斬也。陳，施也。"孟康曰："斮絮以漆著其間也。"師古曰："美石出京師北山，今宜州石是也，故云以北山石爲椁。紵絮者，可以紵衣之絮也。斮而陳其間，又從而漆之也。紵音張呂反。斮音側略反。"
〔三〕師古曰："有可欲，謂多臧金玉而厚葬之，人皆欲發取之，是有間隙也。無可欲，謂不實器（備）〔備〕而薄葬，人無欲攻掘取之，故無憂慼也。錮謂鑄塞也。云錮南山者，取其深大，假爲喻也。錮音固。"

易曰："古之葬者，厚衣之以薪，臧之中野，不封不樹。〔一〕後世聖人易之以棺椁。"棺椁之作，自黃帝始。黃帝葬於橋山，〔二〕堯葬濟陰，丘壠皆小，葬具甚微。〔三〕舜葬蒼梧，二妃不從。〔四〕禹葬會稽，不改其列。〔五〕殷湯無葬處。〔六〕文、武、周公葬於畢，〔七〕秦穆公葬於雍橐泉宮祈年館下，樗里子葬於武庫，〔八〕皆無丘隴之處。此聖帝明王賢君智士遠覽獨慮無窮之計也。其賢臣孝子亦承命順意而薄葬之，此誠奉安君父，忠孝之至也。

〔一〕師古曰："厚衣之以薪，言積薪以覆之也。不封，謂不聚土爲墳也。不樹，謂不種樹也。衣音於既反。"
〔二〕師古曰："在上郡陽周縣。"
〔三〕晉灼曰："丘壠，冢墳也。"
〔四〕師古曰："二妃，堯之二女。"
〔五〕鄭氏曰："不改樹木百物之列也。"如淳曰："列，隴也。墨子曰'禹葬會稽之山，既葬，收餘壤其上，壠若參耕之

中華書局

時師傳讀而已。詩始萌牙。〔五〕天下衆書往往頗出，皆諸子傳說，猶廣立於學官，爲置博士。在漢朝之儒，唯賈生而已。〔六〕至孝武皇帝，然後鄒、魯、梁、趙頗有詩、禮、春秋先師，〔七〕皆起於建元之間。當此之時，一人不能獨盡其經，或爲雅，或爲頌，相合而成。泰誓後得，博士集而讀之。故詔書稱曰：「禮壞樂崩，書缺簡脫，朕甚閔焉。」時漢興已七八十年，離於全經，固已遠矣。〔八〕

〔一〕師古曰：「迭，互也。音大結反。」

〔二〕師古曰：「籩豆，禮食之器也。以竹曰籩，以木曰豆。籩音邊。」

〔三〕師古曰：「以古事爲是者即畀之。」

〔四〕李奇曰：「掌故，官名也。」

〔五〕師古曰：「言若草木之初生。」

〔六〕師古曰：「謂賈誼。」

〔七〕師古曰：「前學之師也。」

〔八〕師古曰：「言廢絕以久，不可得其眞也。」

及魯恭王壞孔子宅，欲以爲宮，而得古文於壞壁之中，逸禮有三十九，書十六篇。天漢之後，孔安國獻之，遭巫蠱倉卒之難，未及施行。及春秋左氏丘明所修，皆古文舊書，多者二十餘通，臧於祕府，伏而未發。孝成皇帝閔學殘文缺，稍離其眞，乃陳發祕

臧，校理舊文，得此三事，以考學官所傳，經或脫簡，傳或間編。〔一〕傳問民間，則有魯國(柏)〔桓〕公、趙國貫公、膠東庸生之遺學與此同，抑而未施。此乃有識者之所惜閔，士君子之所嗟痛也。往者綴學之士不思廢絕之闕，苟因陋就寡，分文析字，煩言碎辭，學者罷老且不能究其一藝。〔二〕信口說而背傳記，是末師而非往古，至於國家將有大事，若立辟雍、封禪、巡狩之儀，則幽冥而莫知其原。〔三〕猶欲保殘守缺，挾恐見破之私意，而無從善服義之公心，或懷妒嫉，不考情實，雷同相從，隨聲是非，抑此三學，以尚書爲備，〔四〕謂左氏爲不傳春秋，豈不哀哉！

〔一〕師古曰：「脫簡，遺失之。間編，謂舊編爛絕，就更次之，前後錯亂也。間音古莧反。」

〔二〕師古曰：「罷讀曰疲。究，竟也。」

〔三〕師古曰：「幽冥猶暗昧也。」

〔四〕蘇林曰：「備之而已。」臣瓚曰：「當時學者，謂尚書唯有二十八篇，不知本(存)〔有〕百篇也。」師古曰：「瓚說是也。」

今聖上德通神明，繼統揚業，亦閔文學錯亂，學士若茲，雖昭其情，猶依違謙讓，〔一〕樂與士君子同之。故下明詔，試左氏可立不，遣近臣奉指銜命，將以輔弱扶微，與二三君子比意同力，冀得廢遺。〔二〕今則不然，深閉固距，而不肯試，猥以不誦絕之，〔三〕欲以杜塞餘道，絕滅微學。夫可與樂成，難與慮始，此乃衆庶之所爲耳，非所望士君子也。且此數家之事，皆先帝所親論，今上所考視，其古文舊書，皆有徵驗，外內相應，豈苟而已哉！

〔一〕師古曰：「依違，言不專決也。」

〔二〕師古曰：「比，合也。經藝有廢遺者，冀得興立之也。比音頻寐反。」

〔三〕師古曰：「猥，苟也。苟不誦習之，而欲絕去此學。」

夫禮失求之於野，古文不猶愈於野乎？〔一〕往者博士書有歐陽，春秋公羊，易則施、孟，然孝宣皇帝猶復廣立穀梁春秋，梁丘易，大小夏侯尚書，義雖相反，猶並置之。何則？與其過而廢之也，寧過而立之。〔二〕傳曰：「文武之道未墜於地，在人；賢者志其大者，不賢者志其小者。」〔三〕今此數家之言，所以兼包大小之義，豈可偏絕哉！若必專己守殘，〔四〕黨同門，妒道眞，〔五〕違明詔，失聖意，以陷於文吏之議，甚爲二三君子不取也。

〔一〕師古曰：「愈，勝也。」

〔二〕師古曰：「過猶誤。」

〔三〕師古曰：「論語孔子弟子子貢之言。志，識也，一曰記。」

〔四〕師古曰：「專執已所偏見，苟守殘缺之文也。」

〔五〕師古曰：「黨同師之學，妒道藝之眞也。」

其言甚切，諸儒皆怨恨。是時名儒光祿大夫龔勝以歆移書上疏深自罪責，願乞骸骨罷。及儒者師丹爲大司空，亦大怒，奏歆改亂舊章，非毀先帝所立。上曰：「歆欲廣道術，亦何以爲非毀哉？」歆由是忤執政大臣，爲衆儒所訕，〔一〕懼誅，求出補吏，爲河內太守。以宗室不宜典三河，徙守五原，後復轉在涿郡，歷三郡守。數年，以病免官，起家復爲安定屬國都尉。會哀帝崩，王莽持政，莽少與歆俱爲黃門郎，重之，白太后。太后留歆爲右曹太中大夫，遷中壘校尉，羲和，京兆尹，使治明堂辟雍，封紅休侯。典儒林史卜之官，考定律曆，著三統曆譜。

〔一〕師古曰：「訕，謗也，音所諫反。」

初，歆以建平元年改名秀，字穎叔云。〔一〕及王莽篡位，歆爲國師，後事皆在莽傳。

〔一〕應劭曰：「河圖赤伏符云『劉秀發兵捕不道，四夷雲集龍鬭野，四七之際火爲主』，故改名，幾以趣也。」

贊曰：仲尼稱「材難不其然與！」〔一〕自孔子後，綴文之士衆矣，唯孟軻、孫況、董仲舒、司馬遷、劉向、揚雄。〔二〕此數公者，皆博物洽聞，通達古今，其言有補於世。傳曰「聖人不出，其間必有命世者焉」，豈近是乎？〔三〕劉氏洪範論發明大傳，著天人之應；七略剖判藝

文，總百家之緒；三統曆譜考步日月五星之度。有意其推本之也。〔四〕嗚虖！向言山陵之戒，于今察之，〔五〕哀哉！指明梓柱以推廢興，昭矣！〔六〕豈非直諒多聞，古之益友與！〔七〕

〔一〕師古曰：「論語載孔子之言也。賢材難得。與讀曰歟。」
〔二〕師古曰：「孫況即荀卿也。」
〔三〕師古曰：「近音其靳反。」
〔四〕師古曰：「言其究極根本，深有意也。」
〔五〕師古曰：「虖讀曰呼。」
〔六〕師古曰：「昭然明白。」
〔七〕師古曰：「諒，信也。論語稱孔子曰『益者三友，友直，友諒，友多聞，益矣。』贊言向直諒多聞，可謂益矣。與讀曰歟。」

校勘記

一九二五頁五行　故爲其(後)〔后〕母弟趙何齊取廣陵王女爲妻。　宋祁說「後」疑是「后」字。楊樹達說宋說是。

一九二七頁一行　德字路叔(少)，修黃老術，　景祐、殿本都無「叔」字。王念孫說「叔」字誤爲「少」，「少」字與下文「少時」重複，不當有。

一九三二頁一二行　興謂改作(慮)〔憲〕章。　景祐、殿本都作「憲」。王先謙說作「憲」是。

一九三四頁二行　(作)〔益〕朕虞，　景祐、殿本都作「益」。王先謙說作「益」是。

一九三四頁一〇行　言有此賓客以和而來至(也)〔止〕而敬者，　殿本作「至止」。王先謙說殿本是。

一九三六頁九行　急恆寒(苦)〔若〕之災也。　景祐、殿本都作「若」。王先謙說作「若」是。

一九三七頁一四行　閔公(三)〔二〕年，　景祐、殿本都作「二」。王先謙說作「二」是。

一九四〇頁一五行　十七年楚滅舒(蕭)〔庸〕；　景祐、殿本作「庸」。王先謙說作「庸」是。

一九四五頁一行　九(四)〔五〕爻辭也。　景祐、殿本都作「五」，此誤。

一九四七頁四行　以(効)〔救〕今事一二，　景祐、殿本都作「救」。

一九四七頁一〇行　朝臣斷斷不可光祿勳，何(也)〔邪〕？　景祐、殿本都作「邪」。

一九四八頁一三行　顯斡尙書〔事〕，　殿本有「事」字。王先謙說據注文當有。

一九五三頁四行　謂不竇器(脩)〔備〕而薄葬，　景祐、殿本都作「備」。

一九五三頁一〇行　古〔者〕不修墓。　景祐、殿本都有「者」字。

一九五七頁一三行　規橅音(講)〔義〕皆同，　景祐、殿、局本都作「義」，此誤。

一九五八頁六行　而外家日(甚)〔盛〕，　景祐、殿本都作「盛」。王先謙說作「盛」是。

一九六六頁六行　明(日)〔口〕說不了，　景祐、殿本都作「口」。王先謙說作「口」是。

一九六八頁六行　指其(言成數)〔成數言〕也。　殿本作「成數言」。王先謙說殿本是。

一九七〇頁二行　則有魯國(柏)〔桓〕公、　王先謙說「柏」當作「桓」。按殿本作「桓」，景祐本亦作「柏」。

一九七〇頁一二行　不知本(存)〔有〕百篇也。　景祐、殿本都作「有」。王先謙說作「有」是。

漢書卷三十七

季布欒布田叔傳第七

季布，楚人也，爲任俠有名。〔一〕項籍使將兵，數窘漢王。〔二〕項籍滅，高祖購求布千金，敢有舍匿，罪三族。〔三〕布匿濮陽周氏，周氏曰：「漢求將軍急，迹且至臣家，〔四〕能聽臣，臣敢進計；即否，願先自剄。」布許之。乃髡鉗布，衣褐，〔五〕置廣柳車中，〔六〕幷與其家僮數十人，之魯朱家所賣之。〔七〕朱家心知其季布也，買置田舍。乃之雒陽見汝陰侯滕公，〔八〕說曰：「季布何罪？臣各爲其主用，職耳。〔九〕項氏臣豈可盡誅邪？今上始得天下，而以私怨求一人，何示不廣也！且以季布之賢，漢求之急如此，此不北走胡，南走越耳。夫忌壯士以資敵國，此伍子胥所以鞭荆平之墓也。〔一〇〕君何不從容爲上言之？」〔一一〕滕公心知朱家大俠，意布匿其所，乃許諾。侍閒，果言如朱家指。〔一二〕上乃赦布。當是時，諸公皆多布能摧剛爲柔，〔一三〕朱家亦以此名聞當世。布召見，謝，拜郎中。

〔一〕應劭曰：「任謂有堅完可任託以事也。」如淳曰：「相與信爲任，同是非爲俠。」師古曰：「任謂任使其氣力。俠之

言挾也，以權力俠輔人也。任音人禁反。俠音下頰反。」
〔二〕如淳曰：「窘，困也。」師古曰：「窘音求閔反。」
〔三〕師古曰：「舍，止；匿，隱也。」
〔四〕師古曰：「迹謂尋其蹤迹也。」
〔五〕師古曰：「衣，著之也。褐，毛布之衣也。」
〔六〕服虔曰：「東郡謂廣轍車爲廣柳車。」鄧氏曰：「作大柳衣車，若周禮喪車也。」李奇曰：「廣柳，大隆穹也。」晉灼曰：「周禮說『衣翣柳』，柳，聚也，衆飾之所聚也。此爲載以喪車，欲人不知也。」師古曰：「晉、鄧二說是也。隆穹，所謂車耷者耳，非此之謂也。耷音扶晚反。」
〔七〕師古曰：「朱家，魯人，見游俠傳。」
〔八〕師古曰：「夏侯嬰也，本爲滕令，遂號爲滕公。」
〔九〕師古曰：「職，常也。言此乃常道也。一曰職，主掌其事也。」
〔一〇〕師古曰：「子胥，伍員也。荆即楚也。子胥之父伍奢爲平王所殺，子胥奔吳，數與伐楚。平王已卒，其後吳師入郢，子胥掘平王之墓，取屍鞭之三百也。」
〔一一〕師古曰：「從音千容反。」
〔一二〕師古曰：「侍，侍於天子。閒謂事務之隙。」
〔一三〕師古曰：「多猶重也。」

孝惠時，爲中郎將。單于嘗爲書嫚呂太后，〔一〕太后怒，召諸將議之。上將軍樊噲曰：

「臣願得十萬衆，橫行匈奴中。」諸將皆阿呂太后，〔二〕以噲言爲然。布曰：「樊噲可斬也。夫以高帝兵三十餘萬，困於平城，噲時亦在其中。今噲奈何以十萬衆橫行匈奴中，面謾！〔三〕且秦以事胡，陳勝等起。今瘡痍未瘳，〔四〕噲又面諛，欲搖動天下。」是時殿上皆恐，太后罷朝，遂不復議擊匈奴事。

〔一〕師古曰：「嫚謂辭語褻汚也。嫚讀與慢同。」
〔二〕師古曰：「阿，曲也，曲從其意。」
〔三〕師古曰：「謾，欺誑也，音嫚，又音莫連反。」
〔四〕師古曰：「痍，傷也。瘳，差也。痍音夷。瘳音丑留反。」

布爲河東守。孝文時，人有言其賢，召欲以爲御史大夫。人又言其勇，使酒難近。〔一〕至，留邸一月，〔二〕見罷。〔三〕布進曰：「臣待罪河東，陛下無故召臣，此人必有以臣欺陛下者。〔四〕今臣至，無所受事，罷去，此人必有毀臣者。夫陛下以一人譽召臣，一人毀去臣，臣恐天下有識者聞之，有以窺陛下。」〔五〕上默然，慙曰：「河東吾股肱郡，故特召君耳。」布之官。

〔一〕應劭曰：「使酒，酗酒也。」師古曰：「言因酒霑洽而使氣也。近謂附近天子爲大臣也。」
〔二〕師古曰：「邸，諸郡朝宿之舍在京師者也。」
〔三〕師古曰：「既引見而罷，令還郡也。」

〔四〕師古曰：「謂妄言其賢，故云欺也。」
〔五〕師古曰：「窺見陛下淺深也。」

辯士曹丘生數招權顧金錢，〔一〕事貴人趙談等，〔二〕與竇長君善。〔三〕布聞，寄書諫長君曰：「吾聞曹丘生非長者，勿與通。」及曹丘生歸，欲得書請布。〔四〕竇長君曰：「季將軍不說足下，〔五〕足下無往。」固請書，遂行。使人先發書，〔六〕布果大怒，待曹丘。曹丘至，則揖布曰：「楚人諺曰『得黃金百，不如得季布諾』，〔七〕足下何以得此聲梁楚之間哉？且僕與足下俱楚人，使僕游揚足下名於天下，顧不美乎？〔八〕何足下距僕之深也！」布乃大說。〔九〕引入，留數月，爲上客，厚送之。布名所以益聞者，曹丘揚之也。

〔一〕孟康曰：「招，求也。以金錢事權貴，而求得其形勢以自炫耀也。」李奇曰：「持權屬以請人，顧以金錢也。」師古曰：「二家之說皆非也。言招求貴人威權，因以請託，故得他人顧金錢也。」
〔二〕李奇曰：「宦者趙談也。」
〔三〕服虔曰：「景帝舅。」
〔四〕師古曰：「欲得竇長君書與布，爲己紹介也。」
〔五〕師古曰：「說讀曰悅。」
〔六〕師古曰：「使人先致書於布。發，視也。」
〔七〕師古曰：「諺，傳也。」
〔八〕師古曰：「顧，念也。」
〔九〕師古曰：「說讀曰悅。」

布弟季心氣蓋關中，遇人恭謹，爲任俠，方數千里，士爭爲死。嘗殺人，亡吳，從爰絲匿，長事爰絲，〔一〕弟畜灌夫、籍福之屬。嘗爲中司馬，〔二〕中尉郅都不敢加。少年多時時竊借其名以行。〔三〕當是時，季心以勇，布以諾，聞關中。

〔一〕師古曰：「絲，爰盎字。言以兄長之禮事也。」
〔二〕如淳曰：「中尉之司馬。」
〔三〕師古曰：「詐自稱爲心之賓客徒黨也。」

布母弟丁公，〔一〕爲項羽將，逐窘高祖彭城西。短兵接，漢王急，顧謂丁公曰：「兩賢豈相戹哉！」〔二〕丁公引兵而還。及項王滅，丁公謁見高祖，以丁公徇軍中，〔三〕曰：「丁公爲項王臣不忠，使項王失天下者也。」遂斬之，曰：「使後爲人臣無傚丁公也！」

〔一〕晉灼曰：「楚漢春秋云薛人，名固。」師古曰：「此母弟爲同母異父之弟。」
〔二〕孟康曰：「丁公及彭城頻躡追上，故曰兩賢也。」師古曰：「孟說非也。兩賢，高祖自謂并謂固耳，言吾與固俱是賢，豈相戹困也。故固感此言而止也。雖與頻躡俱追，而高祖獨與固言耳。」
〔三〕師古曰：「徇，行示也，音辭俊反。」

欒布，梁人也。彭越爲家人時，嘗與布游，〔一〕窮困，賣庸於齊，爲酒家保。〔二〕數歲別去，而布爲人所略，賣爲奴於燕。爲其主家報仇，〔三〕燕將臧荼舉以爲都尉。荼爲燕王，布爲將。及荼反，漢擊燕，虜布。梁王彭越聞之，乃言上，請贖布爲梁大夫。使於齊，未反，〔四〕漢召彭越責以謀反，夷三族，梟首雒陽，下詔有收視者輒捕之。布還，奏事彭越頭下，祠而哭之。吏捕以聞。上召布罵曰：「若與彭越反邪？吾禁人勿收，若獨祠而哭之，與反明矣。〔五〕趣亨之。」〔六〕方提趣湯，〔七〕顧曰：「願一言而死。」上曰：「何言？」布曰：「方上之困彭城，敗滎陽、成皋間，項王所以不能遂西，徒以彭王居梁地，〔八〕與漢合從苦楚也。〔九〕當是之時，彭王壹顧，與楚則漢破，與漢則楚破。且垓下之會，微彭王，項氏不亡。〔一〇〕天下已定，彭王剖符受封，（亦）欲傳之萬世。今（漢）〔帝〕壹徵兵於梁，彭王病不行，而疑以爲反。反形未見，以苛細誅之，臣恐功臣人人自危也。今彭王已死，臣生不如死，請就亨。」上乃釋布，拜爲都尉。

〔一〕師古曰：「家人，猶言編戶之人也。」
〔二〕孟康曰：「酒家作保。保，庸也。可保信，故謂之保。」師古曰：「謂庸作受顧也。爲保，謂保可任使。」
〔三〕服虔曰：「爲買者報仇也。」

〔四〕師古曰：「反，還也。」
〔五〕師古曰：「若，汝也。」
〔六〕師古曰：「趣讀曰促。促，急也。」
〔七〕師古曰：「提，舉也，舉而欲投之於湯也。趨讀曰趣，趣，嚮也。」
〔八〕師古曰：「徒，但也。」
〔九〕師古曰：「從音子容反。」
〔一〇〕師古曰：「微，無也。」

孝文時，爲燕相，至將軍。布稱曰：「窮困不能辱身，非人也；富貴不能快意，非賢也。」於是嘗有德，厚報之；有怨，必以法滅之。吳楚反時，以功封爲鄃侯，〔一〕復爲燕相。燕齊之間皆爲立社，號曰欒公社。

〔一〕蘇林曰：「鄃音輸，清河縣也。」

布薨，子賁嗣侯，〔一〕孝武時坐爲太常犧牲不如令，國除。

〔一〕師古曰：「賁音奔。」

田叔，趙陘城人也。〔一〕其先，齊田氏也。叔好劍，學黃老術於樂鉅公。〔二〕爲人廉直，喜任俠。〔三〕游諸公。〔四〕趙人舉之趙相趙午，言之趙王張敖，以爲郎中。數歲，趙王賢之，未及

遷。

〔一〕蘇林曰：「陘音刑。」
〔二〕師古曰：「姓樂，名鉅也。公者，老人之稱也。」
〔三〕師古曰：「喜，好也，音許吏反。」
〔四〕師古曰：「諸公，皆長者也。」

會趙午、貫高等謀弒上，事發覺，漢下詔捕趙王及羣臣反者。趙有敢隨王，罪三族。唯田叔、孟舒等十餘人赭衣自髡鉗，隨王至長安。趙王敖事白，得出，〔一〕廢王爲宣平侯，乃進言叔等十人。上召見，與語，漢廷臣無能出其右者。〔二〕上說，〔三〕盡拜爲郡守、諸侯相。叔爲漢中守十餘年。

〔一〕師古曰：「白，明也。」
〔二〕師古曰：「材不勝。」
〔三〕師古曰：「說讀曰悅。」

孝文帝初立，召叔問曰：「公知天下長者乎？」對曰：「臣何足以知之！」上曰：「公長者，宜知之。」叔頓首曰：「故雲中守孟舒，長者也。」是時孟舒坐虜大入雲中免。上曰：「先帝置孟舒雲中十餘年矣，虜常一入，孟舒不能堅守，無故士卒戰死者數百人。長者固殺人乎？」叔叩頭曰：「夫貫高等謀反，天子下明詔，趙有敢隨張王者罪三族，然孟舒自髡鉗，隨張王，以身死之，豈自知爲雲中守哉！漢與楚相距，士卒罷敝，〔一〕而匈奴冒頓新服北夷，來爲邊寇，孟舒知士卒罷敝，不忍出言，士爭臨城死敵，如子爲父，以故死者數百人，孟舒豈毆之哉！〔二〕是乃孟舒所以爲長者。」於是上曰：「賢哉孟舒！」復召以爲雲中守。

〔一〕師古曰：「罷讀爲疲。下亦同。」
〔二〕師古曰：「毆與驅同。言不毆之令戰也。毆字從攴。攴音普木反。」

後數歲，叔坐法失官。梁孝王使人殺漢議臣爰盎，景帝召叔案梁，具得其事。還報，上曰：「梁有之乎？」對曰：「有之。」「事安在？」〔一〕叔曰：「上無以梁事爲問也。〔二〕今梁王不伏誅，是廢漢法也；如其伏誅，太后食不甘味，臥不安席，此憂在陛下。」於是上大賢之，以爲魯相。

〔一〕師古曰：「索其狀也。」
〔二〕師古曰：「言不須更論之也。」

相初至官，民以王取其財物自言者百餘人。叔取其渠率二(千)〔十〕人笞，怒之〔一〕曰：「王非汝主邪？何敢自言主！」魯王聞之，大慚，發中府錢，使相償之。〔二〕相曰：「王自使人償之，不爾，是王爲惡而相爲善也。」〔三〕

〔一〕師古曰：「渠，大也。」
〔二〕師古曰：「中府，王之財物藏也。」

〔三〕師古曰：「不爾，是則王爲惡。」

魯王好獵，相常從入苑中，王輒休相就館。相常暴坐苑外，〔一〕終不休，曰：「吾王暴露，獨何爲舍？」王以故不大出遊。

〔一〕師古曰：「於外自暴露而坐。」

數年以官卒，魯以百金祠，少子仁不受，曰：「義不傷先人名。」

仁以壯勇爲衞將軍舍人，〔一〕數從擊匈奴。衞將軍進言仁爲郎中，至二千石、丞相長史，失官。後使刺三河，還，〔二〕奏事稱意，拜爲京輔都尉。月餘，遷司直。數歲，戾太子舉兵，仁部閉城門，令太子得亡，坐縱反者族。〔三〕

〔一〕張晏曰：「衞青也。」
〔二〕如淳曰：「爲刺史於三河郡。三河謂河南、河內、河東也。」
〔三〕師古曰：「遣仁掌閉城門，乃令太子得出，故云縱反也。」

贊曰：以項羽之氣，而季布以勇顯名楚，身履軍搴旗者數矣，〔一〕可謂壯士。及至困戹奴僇，苟活而不變，何也？〔二〕彼自負其材，受辱不羞，欲有所用其未足也，故終爲漢名將。賢者誠重其死。夫婢妾賤人，感槩而自殺，非能勇也，〔三〕其畫無俚之至耳。〔四〕欒布哭彭

越，田叔隨張敖，赴死如歸，彼誠知所處，〔五〕雖古烈士，何以加哉！

〔一〕鄧展曰：「履軍，戰勝蹈履之。」李奇曰：「搴，拔也。」孟康曰：「搴，斬取也。」師古曰：「謂勝敵拔取旗也。鄧、李二說皆是。搴音騫。今流俗書本改履謂屨，而加典字，云身屨典軍，非也。」

〔二〕師古曰：「僇，古戮字也。奴僇，謂髡鉗爲奴而賣之也。」

〔三〕師古曰：「感槩，謂感念局狹爲小節。槩音工代反。」

〔四〕張晏曰：「言其計畫道理無所至，故自殺耳。」蘇林曰：「俚，賴也。言其計畫無所成賴。」晉灼曰：「揚雄方言曰『俚，聊也』，許慎曰『賴也』。此爲其計畫無所聊賴，至於自殺耳。」師古曰：「晉說是也。」

〔五〕如淳曰：「太史公曰『非死者難，處死者難』也。」

校勘記

一九八〇頁九行　彭王剖符受封，（亦）欲傳之萬世。　景祐本無「亦」字。

一九八〇頁九行　今（漢）〔帝〕壹徵兵於梁，　宋祁說越本「漢」作「帝」。按景祐本作「帝」。

一九八三頁三行　叔取其渠率二（千）〔十〕人筲，　景祐、殿、局本都作「十」。王先謙說作「十」是。

漢書卷三十八

高五王傳第八

高皇帝八男：呂后生孝惠帝，曹夫人生齊悼惠王肥，薄姬生孝文帝，戚夫人生趙隱王如意，趙姬生淮南厲王長，諸姬生趙幽王友、趙共王恢、燕靈王建。〔一〕淮南厲王長自有傳。

〔一〕鄭氏曰：「諸，姬姓也。」張晏曰：「非一之稱也。」師古曰：「諸姬，總言在姬妾之列者耳。其知姓位者，史各具言之。不知氏族及秩次者，則云諸姬也。而趙幽以下三王非必同母，蓋以皆不知其所生之姬姓，故總言之。文三王傳云『諸姬生代孝王參、梁懷王揖』，景十三王傳云『屬諸姬子于栗姬』，此意皆同。張云非一，近得之矣。春秋左氏傳曰『諸子仲子、戎子』，『諸子鬻姒』，此其例也。豈以諸爲姓乎？鄭說非矣。共讀曰恭。其下類此。」

齊悼惠王肥，其母高祖微時外婦也。〔一〕高祖六年立，食七十餘城。諸民能齊言者皆與齊。〔二〕孝惠二年，入朝。帝與齊王燕飲太后前，置齊王上坐，如家人禮。〔三〕太后怒，乃令人酌兩巵鴆酒置前，〔四〕令齊王爲壽。齊王起，帝亦起，欲俱爲壽。太后恐，自起反巵。〔五〕齊

王怪之，因不敢飲，陽醉去。問知其鴆，乃憂，自以爲不得脫長安。〔六〕內史士曰：〔七〕「太后獨有帝與魯元公主，今王有七十餘城，而公主乃食數城。王誠以一郡上太后爲公主湯沐邑，太后必喜，王無患矣。」於是齊王獻城陽郡以尊公主爲王太后。〔八〕呂太后喜而許之。乃置酒齊邸，樂飲，遣王歸國。後十三年薨，子襄嗣。

〔一〕師古曰：「謂與旁通者。」

〔二〕孟康曰：「此時流移，故使齊言者還齊也。」師古曰：「欲其國大，故多封之。」

〔三〕師古曰：「以兄弟齒列，不從君臣之禮，故曰家人也。坐音材臥反。」

〔四〕應劭曰：「鴆鳥黑身赤目，食蝮（鮫）〔蛇〕野葛，以其羽畫酒中，飲之立死。」

〔五〕師古曰：「反音幡。」

〔六〕師古曰：「脫，免也。言死於長安，不得更至齊國也。脫音吐活反。」

〔七〕師古曰：「內史，王官。士者，其名也。」

〔八〕師古曰：「爲齊王太后也。言以母禮事之，所以自媚也。解具在惠紀。」

趙隱王如意，九年立。〔一〕四年，高祖崩，〔二〕呂太后徵王到長安，鴆殺之。無子，絕。

〔一〕師古曰：「高祖之九年也。他皆類此。」

〔二〕師古曰：「趙王之四年。」

趙幽王友，十一年立爲淮陽王。趙隱王如意死，孝惠元年，徙友王趙，凡立十四年。友以諸呂女爲后，不愛，愛它姬。諸呂女怒去，讒之於太后曰：「王曰『呂氏安得王？[一]太后百歲後，吾必擊之。』」太后怒，以故召趙王。趙王至，置邸不見，令衞圍守之，不得食。其羣臣或竊饋之，輒捕論之。趙王餓，乃歌曰：「諸呂用事兮，劉氏微；迫脅王侯兮，彊授我妃。我妃既妒兮，誣我以惡；[二]讒女亂國兮，上曾不寤。我無忠臣兮，何故棄國？[三]自快中野兮，蒼天與直！[四]于嗟不可悔兮，寧早自賊！[五]爲王餓死兮，誰者憐之？呂氏絕理兮，託天報仇！」遂幽死。以民禮葬之長安。

[一]師古曰：「安猶焉也。」
[二]師古曰：「惡音一故反。」
[三]師古曰：「謂不能明白之也。」
[四]師古曰：「天色蒼蒼，故曰蒼天。言己之理直，冀天臨監之。」
[五]師古曰：「賊，害也。悔不早棄趙國而快意自殺於田野之中，今乃被幽餓也。」

高后崩，孝文卽位，立幽王子遂爲趙王。二年，有司請立皇子爲王。上曰：「趙幽王幽死，朕甚憐之。已立其長子遂爲趙王。遂弟辟彊及齊悼惠王子朱虛侯章、東牟侯興居有

功，皆可王。」於是取趙之河間立辟彊，是爲河間文王。文王立十三年薨，子哀王福嗣。一年薨，無子，國除。

趙王遂立二十六年，孝景時鼂錯以過削趙常山郡，諸侯怨，吳楚反，遂與合謀起兵。其相建德、內史王悍諫，不聽。遂燒殺德、悍，[一]發兵住其西界，欲待吳楚俱進，北使匈奴與連和。漢使曲周侯酈寄擊之，趙王城守邯鄲，相距七月。吳楚敗，匈奴聞之，亦不肯入邊。欒布自破齊還，并兵引水灌趙城。城壞，王遂自殺，國除。景帝憐趙相、內史守正死，皆封其子爲列侯。

[一]師古曰：「上云其相建德、內史王悍，下云燒殺德、悍，是爲相姓建名德也。而景武功臣侯表云『遽侯橫父建德，以趙相死事，子侯』，則是不知其姓。表傳不同，疑後人轉寫此傳，誤脫去一建字也。」

趙共王恢。十一年，梁王彭越誅，立恢爲梁王。十六年，趙幽王死，呂后徙恢王趙，恢心不樂。太后以呂產女爲趙王后，王后從官皆諸呂也，內擅權，微司趙王，王不得自恣。王有愛姬，王后鴆殺之。王乃爲歌詩四章，令樂人歌之。王悲思，六月自殺。太后聞之，以爲用婦人故自殺，無思奉宗廟禮，廢其嗣。

燕靈王建。十一年，燕王盧綰亡入匈奴，明年，立建爲燕王。十五年薨，有美人子，[一]太后使人殺之，絕後。

[一]師古曰：「王之美人生子也。」

齊悼惠王子，前後凡九人爲王：太子襄爲齊哀王，次子章爲城陽景王，興居爲濟北王，將閭爲齊王，志爲濟北王，辟光爲濟南王，[一]賢爲菑川王，卬爲膠西王，雄渠爲膠東王。

[一]師古曰：「辟音璧，又讀曰闢。」

齊哀王襄，孝惠六年嗣立。明年，惠帝崩，呂太后稱制。元年，以其兄子鄜侯呂台爲呂王，[一]割齊之濟南郡爲呂王奉邑。[二]明年，哀王弟章入宿衞於漢，高后封爲朱虛侯，以呂祿女妻之。後四年，封章弟興居爲東牟侯，皆宿衞長安。高后七年，割齊琅邪郡，立營陵侯劉澤爲琅邪王。是歲，趙王友幽死于邸。三趙王既廢，高后立諸呂爲三王，擅權用事。

[一]師古曰：「鄜音敷。」
[二]師古曰：「奉音扶用反。他皆類此。」

章年二十，有氣力，忿劉氏不得職。嘗入侍燕飲，高后令章爲酒吏。章自請曰：「臣，將種也，請得以軍法行酒。」高后曰：「可。」酒酣，章進歌舞，已而曰：「請爲太后言耕田。」[一]高后

兒子畜之，[二]笑曰：「顧乃父知田耳，[三]若生而爲王子，安知田乎？」[四]章曰：「臣知之。」太后曰：「試爲我言田意。」章曰：「深耕穊種，立苗欲疏；[五]非其種者，鉏而去之。」[六]太后默然。頃之，諸呂有一人醉，亡酒，[七]章追，拔劍斬之，而還報曰：「有亡酒一人，臣謹行軍法斬之。」太后左右大驚。業已許其軍法，亡以罪也。因罷酒。自是後，諸呂憚章，雖大臣皆依朱虛侯。劉氏爲彊。[八]

[一]師古曰：「欲申諷喻也。」
[二]師古曰：「比之於子也。」
[三]師古曰：「顧，念也。乃，汝也。汝父，謂高帝也。」
[四]師古曰：「若亦汝也。」
[五]師古曰：「穊，稠也。穊種者，言多生子孫也。疏立者，四散置之，令爲藩輔也。穊音冀。」
[六]師古曰：「以斥諸呂也。」
[七]師古曰：「避酒而逃亡。」
[八]師古曰：「爲音于僞反。」

其明年，高后崩。趙王呂祿爲上將軍，呂王產爲相國，皆居長安中，聚兵以威大臣，欲爲亂。章以呂祿女爲婦，知其謀，乃使人陰出告其兄齊王，欲令發兵西，[一]朱虛侯、東牟侯欲從中與大臣爲內應，以誅諸呂，因立齊王爲帝。

〔二〕師古曰：「西謂京師。」

齊王聞此計，與其舅駟鈞、郎中令祝午、中尉魏勃陰謀發兵。齊相召平聞之，〔一〕乃發兵入衞王宮。魏勃紿平曰：〔二〕「王欲發兵，非有漢虎符驗也。而相君圍王，固善。勃請爲君將兵衞衞王。」〔三〕召平信之，乃使魏勃將。勃既將，以兵圍相府。召平曰：「嗟乎！道家之言『當斷不斷，反受其亂』。」遂自殺。於是齊王以駟鈞爲相，魏勃爲將軍，祝午爲內史，悉發國中兵。使祝午紿琅邪王曰：「呂氏爲亂，齊王發兵欲西誅之。齊王自以兒子，年少，不習兵革之事，願舉國委大王。大王自高帝將也，〔四〕習戰事。齊王不敢離兵，〔五〕使臣請大王幸之臨菑見齊王計事，并將齊兵以西平關中之亂。」琅邪王信之，以爲然，乃馳見齊王。齊王與魏勃等因留琅邪王，而使祝午盡發琅邪國而并將其兵。

〔一〕師古曰：「召讀曰邵。」

〔二〕師古曰：「紿，誑也。」

〔三〕師古曰：「謂將兵及衞守之具，以禁衞王，令不得發也。」

〔四〕師古曰：「言自高帝之時已爲將也。」

〔五〕服虔曰：「不敢離其兵而到琅邪。」

琅邪王劉澤既欺，不得反國，乃說齊王曰：「齊悼惠王，高皇帝長子也，推本言之，大王

高皇帝適長孫也，〔一〕當立。今諸大臣狐疑未有所定，而澤於劉氏最爲長年，大臣固待澤決計。今大王留臣無爲也，不如使我入關計事。」齊王以爲然，乃益具車送琅邪王。

〔一〕師古曰：「適讀曰嫡。」

琅邪王既行，齊遂舉兵西攻呂國之濟南。於是齊王遺諸侯王書曰：「高帝平定天下，王諸子弟。悼惠王薨，惠帝使留侯張良立臣爲齊王。惠帝崩，高后用事，春秋高，聽諸呂擅廢帝更立，又殺三趙王，滅梁、趙、燕，以王諸呂，分齊國爲四。〔一〕忠臣進諫，上惑亂不聽。今高后崩，皇帝春秋富，〔二〕未能治天下，固待大臣諸侯。今諸呂又擅自尊官，聚（官）〔兵〕嚴威，劫列侯忠臣，撟制以令天下，〔三〕宗廟以危。寡人帥兵入誅不當爲王者。」

〔一〕師古曰：「本自齊國，更分爲濟南、琅邪、城陽，凡爲四也。」

〔二〕師古曰：「言年幼也。比之於財，方未匱竭，故謂之富。」

〔三〕師古曰：「撟，託也。託天子之制詔也。撟音矯。」

漢聞之，相國呂產等遣大將軍潁陰侯灌嬰將兵擊之。嬰至滎陽，乃謀曰：「諸呂舉兵關中，欲危劉氏而自立，今我破齊還報，是益呂氏資也。」乃留兵屯滎陽，使人諭齊王及諸侯，與連和，〔一〕以待呂氏之變而共誅之。齊王聞之，乃屯兵西界待約。

〔一〕師古曰：「諭謂曉告也。」

呂祿、呂產欲作亂，朱虛侯章與太尉勃、丞相平等誅之。章首先斬呂產，太尉勃等乃盡誅諸呂。而琅邪王亦從齊至長安。

大臣議欲立齊王，皆曰：「母家駟鈞惡戾，虎而冠者也。〔一〕訪以呂氏故，幾亂天下，〔二〕今又立齊王，是欲復爲呂氏也。代王母家薄氏，君子長者，且代王高帝子，於今見在最爲長。以子則順，以善人則大臣安。」於是大臣乃謀迎代王，而遣章以誅呂氏事告齊王，令罷兵。

〔一〕張晏曰：「言鈞惡戾，如虎著冠。」

〔二〕如淳曰：「訪猶方也。」師古曰：「幾音鉅依反。」

灌嬰在滎陽，聞魏勃本教齊王反，既誅呂氏，罷齊兵，使使召責問魏勃。勃曰：「失火之家，豈暇先言丈人後救火乎！」〔一〕因退立，股戰而栗。〔二〕恐不能言者，終無他語。灌將軍孰視，笑曰：「人謂魏勃勇，妄庸人耳，何能爲乎！」乃罷勃。〔三〕勃父以善鼓琴見秦皇帝。及勃少時，欲求見齊相曹參，家貧無以自通，乃常獨早埽齊相舍人門外。舍人怪之，以爲物而司之，得勃。〔四〕勃曰：「願見相君無因，故爲子埽，欲以求見。」於是舍人見勃，曹參因以爲舍人。壹爲參御言事，以爲賢，言之悼惠王。王召見，拜爲內史。始悼惠王得自置二千石。及悼惠王薨，哀王嗣，勃用事重於相。

〔一〕師古曰：「言以社稷將危，故舉兵以匡之，不暇待有詔命也。」

〔二〕師古曰：「股，腳也。戰者，懼之甚也。」

〔三〕師古曰：「放令去。」

〔四〕師古曰：「物謂鬼神。司者，察視之。」

齊王既罷兵歸，而代王立，是爲孝文帝。

文帝元年，盡以高后時所割齊之城陽、琅邪、濟南郡復予齊，而徙琅邪王王燕。益封朱虛侯、東牟侯各二千戶，黃金千斤。

是歲，齊哀王薨，子文王則嗣。十四年薨，無子，國除。

城陽景王章，孝文二年以朱虛侯與東牟侯興居俱立，二年薨。子共王喜嗣。孝文十二年，徙王淮南，五年，復還王城陽，凡立三十三年薨。子頃王延嗣，二十六年薨。子敬王義嗣，九年薨。子惠王武嗣，十一年薨。子荒王順嗣，四十六年薨。子戴王恢嗣，八年薨。子孝王景嗣，二十四年薨。子哀王雲嗣，一年薨，無子，國絕。成帝復立雲兄俚爲城陽王，〔一〕王莽時絕。

〔一〕師古曰：「俚音里。」

濟北王興居初以東牟侯與大臣共立文帝於代邸，曰：「誅呂氏，臣無功，請與太僕滕公

俱入清宮。」〔一〕遂將少帝出，迎皇帝入宮。

〔一〕師古曰：「滕公，夏侯嬰也。」

始誅諸呂時，朱虛侯章功尤大，大臣許盡以趙地王章，盡以梁地王興居。及文帝立，聞朱虛、東牟之初欲立齊王，故黜其功。〔一〕二年，王諸子，乃割齊二郡以王章、興居。章、興居意自以失職奪功。歲餘，章薨，而匈奴大入邊，漢多發兵，丞相灌嬰將擊之，文帝親幸太原。興居以爲天子自擊胡，遂發兵反。上聞之，罷兵歸長安，使棘蒲侯柴將軍〔二〕擊破，虜濟北王。王自殺，國除。

〔一〕師古曰：「不賞之。」
〔二〕張晏曰：「柴武。」

文帝憫濟北王逆亂以自滅，明年，盡封悼惠王諸子罷軍等七人爲列侯。〔一〕至十五年，齊文王又薨，無子。時悼惠王後尚有城陽王在，文帝憐悼惠王適嗣之絕，〔二〕於是乃分齊爲六國，盡立前所封悼惠王子列侯見在者六人爲王。齊孝王將閭以楊虛侯立，濟北王志以安都侯立，菑川王賢以武成侯立，膠東王雄渠以白石侯立，膠西王卬以平昌侯立，濟南王辟光以扐侯立。〔三〕孝文十六年，六王同日俱立。

〔一〕師古曰：「罷音皮彼反，又讀曰疲。」

〔二〕師古曰：「適讀曰嫡。」
〔三〕服虔曰：「扐音勒。扐，平原縣也。」

立十一年，孝景三年，吳楚反，膠東、膠西、菑川、濟南王皆發兵應吳楚。欲與齊，〔一〕齊孝王狐疑，城守不聽。三國兵共圍齊，〔二〕齊王使路中大夫告於天子。〔三〕天子復令路中大夫還報，告齊王堅守，漢兵今破吳楚矣。路中大夫至，三國兵圍臨菑數重，無從入。三國將與路中大夫盟曰：「若反言漢已破矣，〔四〕齊趣下三國，不且見屠。」〔五〕路中大夫既許，至城下，望見齊王，曰：「漢已發兵百萬，使太尉亞夫擊破吳楚，方引兵救齊，齊必堅守無下！」三國將誅路中大夫。

〔一〕師古曰：「與之同反。」
〔二〕張晏曰：「膠西、菑川、濟南也。」
〔三〕張晏曰：「姓路，爲中大夫。」
〔四〕師古曰：「若，汝也。反謂反易其辭也。」
〔五〕師古曰：「趣讀曰促。」

齊初圍急，陰與三國通謀，約未定，會路中大夫從漢來，其大臣乃復勸王無下三國。會漢將欒布、平陽侯等兵至齊，〔一〕擊破三國兵，解圍。已後聞齊初與三國有謀，將欲移兵伐齊。齊孝王懼，飲藥自殺。而膠東、膠西、濟南、菑川王皆伏誅，國除。獨濟北王在。

〔一〕師古曰：「平陽侯，曹襄。」

齊孝王之自殺也，景帝聞之，以爲齊首善，〔一〕以迫劫有謀，非其罪也，召立孝王太子壽，是爲懿王。二十三年薨，子厲王次昌嗣。

〔一〕師古曰：「言其初首無逆亂之心。」

其母曰紀太后。太后取其弟紀氏女爲王后，王不愛。紀太后欲其家重寵，〔一〕令其長女紀翁主入王宮〔二〕正其後宮無令得近王，欲令愛紀氏女。王因與其姊翁主姦。

〔一〕師古曰：「重音直用反。」
〔二〕師古曰：「諸王女曰翁主，而紀氏所生，故謂之紀翁主。」

齊有宦者徐甲，〔一〕入事漢皇太后。〔二〕皇太后有愛女曰脩成君，脩成君非劉氏子，〔三〕太后憐之。脩成君有女娥，太后欲嫁之於諸侯。宦者甲乃請使齊，必令王上書請娥。皇太后大喜，使甲之齊。時主父偃知甲之使齊以取后事，亦因謂甲：「卽事成，幸言偃女願得充王後宮。」甲至齊，風以此事。〔四〕紀太后怒曰：「王有后，後宮備具。且甲，齊貧人，及爲宦者入事漢，初無補益，乃欲亂吾王家！且主父偃何爲者？乃欲以女充後宮！」甲大窮，還報皇太后曰：「王已願尙娥，〔五〕然事有所害，恐如燕王。」燕王者，與其子昆弟姦，坐死。〔六〕故以燕感太后。〔七〕太后曰：「毋復言嫁女齊事。」事濅淫聞於上。〔八〕主父偃由此與齊有隙。

〔一〕師古曰：「宦者，奄人。」
〔二〕張晏曰：「皇太后，武帝之母。」
〔三〕蘇林曰：「皇太后前嫁金氏所生。」
〔四〕師古曰：「風讀曰諷。」
〔五〕師古曰：「尙，配也。」
〔六〕師古曰：「燕王定國傳云『與其子女三人姦』。子昆弟者，言是其子女又長幼非一，故云子昆弟也。一曰，子昆弟者，定國之姊妹也。言定國姦其子女及其姊妹。」
〔七〕師古曰：「言齊王與其姊妹姦，終當坐之致死，不足嫁女與之。」
〔八〕師古曰：「濅，古浸字也。濅淫，猶言漸染也。」

偃方幸用事，因言：「齊臨菑十萬戶，市租千金，〔一〕人衆殷富，鉅於長安，〔二〕非天子親弟愛子不得王此。今齊王於親屬益疏。」乃從容言呂太后時齊欲反，〔三〕及吳楚時孝王幾爲亂。〔四〕今聞齊王與其姊亂。於是武帝拜偃爲齊相，且正其事。偃至齊，急治王後宮宦者爲王通於姊翁主所者，辭及王。王年少，懼以罪爲吏所執誅，乃飲藥自殺。

〔一〕師古曰：「收一市之租，直千金也。」
〔二〕師古曰：「鉅，大也。」
〔三〕師古曰：「從音千容反。」

〔四〕師古曰：「幾音鉅依反。」

是時趙王懼主父偃壹出敗齊，恐其漸疏骨肉，乃上書言偃受金及輕重之短，〔一〕天子亦因囚偃。公孫弘曰：「齊王以憂死，無後，非誅偃無以塞天下之望。」〔二〕偃遂坐誅。

〔一〕師古曰：「輕重，謂用心不平。」

〔二〕師古曰：「塞，滿也。」

厲王立五年，國除。

濟北王志，吳楚反時初亦與通謀，後堅守不發兵，故得不誅，徙王菑川。元朔中，齊國絕。悼惠王後唯有二國：城陽、菑川。菑川地比齊，〔一〕武帝爲悼惠王冢園在齊，乃割臨菑東圜悼惠王冢園邑盡以予菑川，〔二〕令奉祭祀。

〔一〕師古曰：「比，近也，音頻二反。」

〔二〕師古曰：「圜謂周繞之。」

志立三十五年薨，是爲懿王。子靖王建嗣，二十年薨。子頃王遺嗣，三十五年薨。子思王終古嗣。五鳳中，青州刺史奏終古使所愛奴與八子及諸御婢姦，〔一〕終古或參與被席，〔二〕或白晝使（臝）〔蠃〕伏，犬馬交接，〔三〕終古親臨觀。產子，輒曰：「亂不可知，使去其子。」〔四〕事

下丞相御史，奏終古位諸侯王，以令置八子，秩比六百石，所以廣嗣重祖也。而終古禽獸行，亂君臣夫婦之別，悖逆人倫，〔五〕請逮捕。有詔削四縣。二十八年薨。子考王尚嗣，五年薨。子孝王橫嗣，三十一年薨。子懷王交嗣，六年薨。子永嗣，王莽時絕。

〔一〕如淳曰：「八子，妾號。」

〔二〕師古曰：「與讀曰豫。」

〔三〕師古曰：「（臝）〔蠃〕者，露形體也，音郎果反。」

〔四〕師古曰：「去，除也，音丘呂反。」

〔五〕師古曰：「悖，乖也，音步內反。」

贊曰：悼惠之王齊，最爲大國。以海內初定，子弟少，激秦孤立亡藩輔，〔一〕故大封同姓，以塡天下。〔二〕時諸侯得自除御史大夫羣卿以下衆官，如漢朝，漢獨爲置丞相。自吳楚誅後，稍奪諸侯權，左官附益阿黨之法設。〔三〕其後諸侯唯得衣食租稅，貧者或乘牛車。

〔一〕師古曰：「激，感發也，音工歷反。」

〔二〕師古曰：「塡音竹刃反。」

〔三〕張晏曰：「諸侯有罪，傅相不舉奏，爲阿黨。」師古曰：「皆新制律令之條也。左官，解在諸侯王表。附益，言欲增益諸侯王也。」

校勘記

一九八八頁八行　食蝮（蛟）〔蛇〕野葛，景祐、殿、局本都作「蛇」。王先謙說作「蛇」是。

一九八九頁五行　我無忠臣兮，何故棄國？〔三〕　注〔三〕原在「何故」下。劉攽說「棄國」當屬上句。

一九九四頁七行　聚（言）〔兵〕嚴威，景祐、殿本都作「兵」，史記同。

二〇〇一頁一五行　或白晝使（臝）〔蠃〕伏，景祐本作「蠃」。王念孫說此古字之僅存者。

漢書卷三十九

蕭何曹參傳第九

蕭何，沛人也。以文毋害爲沛主吏掾。〔一〕高祖爲布衣時，數以吏事護高祖。高祖爲亭長，常佑之。〔二〕高祖以吏繇咸陽，〔三〕吏皆送奉錢三，何獨以五。〔四〕秦御史監郡者，與從事辨之。〔五〕何乃給泗水卒史事，〔六〕第一。〔七〕秦御史欲入言徵何，何固請，得毋行。〔八〕

〔一〕服虔曰：「爲人解通，無嫉害也。」應劭曰：「雖爲文吏，而不刻害也。」蘇林曰：「毋害，若言無比也。一曰，害，勝也，無能勝害之者。」晉灼曰：「酷吏傳趙禹爲丞相亞夫吏，府中皆稱其廉，然亞夫不任，曰：『極知禹無害，然文深，不可以居大府。』蘇說是也。」師古曰：「害，傷也，無人能傷害之者。蘇、晉兩說皆得其意，服、應非也。」

〔二〕師古曰：「佑，助也。言居家時，爲何所護，及爲亭長，何又擁助也。」

〔三〕師古曰：「繇讀曰傜。傜，役也。」

〔四〕師古曰：「出錢以資行，他人皆三百，何獨五百。奉音扶用反。」

〔五〕張晏曰：「何與共事備辨，明何素有方略也。」蘇林曰：「辨何與從事也。」秦時無刺史，以御史監郡。」師古曰：「二說皆同。」

〔六〕師古曰：「泗水郡，沛所屬也。何爲郡卒史。」

〔七〕師古曰：「課最上。」

〔八〕孟康曰：「當還入相察事，故召何也。」師古曰：「此說非也。御史以何明辨，欲因入奏事之次，言於朝廷，徵何用之。何心不願，以情固請，而御史止，故得不行也。」

及高祖起爲沛公，何嘗爲丞督事。〔一〕沛公至咸陽，諸將皆爭走金帛財物之府分之，〔二〕何獨先入收秦丞相御史律令圖書藏之。沛公具知天下阸塞，戶口多少，彊弱處，民所疾苦者，以何得秦圖書也。

〔一〕師古曰：「督謂監視之也。何爲沛丞，專督衆事。」

〔二〕師古曰：「走謂趣向之，音奏。」

初，諸侯相與約，先入關破秦者王其地。沛公既先定秦，項羽後至，欲攻沛公，沛公謝之得解。羽遂屠燒咸陽，與范增謀曰：「巴蜀道險，秦之遷民皆居蜀。」乃曰：「蜀漢亦關中地也。」故立沛公爲漢王，而三分關中地，王秦降將以距漢王。漢王怒，欲謀攻項羽。周勃、灌嬰、樊噲皆勸之，何諫之曰：「雖王漢中之惡，不猶愈於死乎？」〔一〕漢王曰：「何爲乃死也？」何曰：「今衆弗如，百戰百敗，不死何爲？周書曰『天予不取，反受其咎』。〔二〕語曰『天漢』，其稱甚美。〔三〕夫能詘於一人之下，而信於萬乘之上者，湯武是也。〔四〕臣願大王王漢中，養其民以致賢人，收用巴蜀，還定三秦，天下可圖也。」漢王曰：「善。」乃遂就國，以何爲丞相。何進韓信，漢王以爲大將軍，說漢王令引兵東定三秦。語在信傳。

〔一〕師古曰：「愈，勝也。」

〔二〕師古曰：「周書者，本與尚書同類，蓋孔子所刪百篇之外，劉向所奏有七十一篇。」

〔三〕孟康曰：「語，古語也。言地之有漢，若天之有河漢，名號休美。」臣瓚曰：「流俗語云『天漢』，其言常以漢配天，此美名也。」師古曰：「瓚說是也。天漢，河漢也。」

〔四〕師古曰：「信讀曰伸，古通用字。」

何以丞相留收巴蜀，塡撫諭告，〔一〕使給軍食。漢二年，漢王與諸侯擊楚，何守關中，侍太子，治櫟陽。爲令約束，立宗廟、社稷、宮室、縣邑，輒奏，上可許以從事；〔二〕即不及奏，輒以便宜施行，上來以聞。〔三〕計戶轉漕給軍，漢王數失軍遯去，何常興關中卒，輒補缺。上以此剸屬任何關中事。〔四〕

〔一〕師古曰：「塡音竹刃反。」

〔二〕師古曰：「可其所奏，許其所請，依以行事。」

〔三〕應劭曰：「上來還，乃以所爲聞也。」

〔四〕師古曰：「剸讀與專同，又音章阮反。此即言專擊之急上者也，（又）〔今〕俗語猶然。他皆類此。屬音之欲反。」

漢三年，與項羽相距京、索閒，〔一〕上數使使勞苦丞相。〔二〕鮑生謂何曰：〔三〕「今王暴衣

露蓋，數勞苦君者，有疑君心。爲君計，莫若遣君子孫昆弟能勝兵者悉詣軍所，上益信君。」於是何從其計，漢王大說。〔四〕

〔一〕師古曰：「索音山客反。」

〔二〕師古曰：「勞音來到反。次下亦同。」

〔三〕師古曰：「鮑生，當時有識之士，姓鮑而爲諸生也。」

〔四〕師古曰：「說讀曰悅。」

漢五年，已殺項羽，即皇帝位，論功行封，羣臣爭功，歲餘不決。上以何功最盛，先封爲酇侯，〔一〕食邑八千戶。功臣皆曰：「臣等身被堅執兵，多者百餘戰，少者數十合，攻城略地，大小各有差。今蕭何未有汗馬之勞，徒持文墨議論，不戰，顧居臣等上，何也？」〔二〕上曰：「諸君知獵乎？」曰：「知之。」「知獵狗乎？」曰：「知之。」上曰：「夫獵，追殺獸者狗也，而發縱指示獸處者人也。〔三〕今諸君徒能走得獸耳，功狗也；至如蕭何，發縱指示，功人也。且諸君獨以身從我，多者三兩人；蕭何舉宗數十人皆隨我，功不可忘也！」羣臣後皆莫敢言。

〔一〕文穎曰：「音贊。」師古曰：「先封何者，謂諸功臣舊未爵者，何最在前封也。酇屬南陽，解在高紀。」

〔二〕師古曰：「顧猶反也。」

〔三〕師古曰：「發縱，謂解紲而放之也。指示者，以手指示之，今俗言放狗。縱音子用反，而讀者乃爲蹤蹟之蹤，非也。書本皆不爲蹤字。自有逐蹤之狗，不待人發也。」

列侯畢已受封，奏位次，皆曰：「平陽侯曹參身被七十創，攻城略地，功最多，宜第一。」上已橈功臣多封何，(一)至位次未有以復難之，然心欲何第一。關內侯鄂(千)秋時爲謁者，進曰：「羣臣議皆誤。夫曹參雖有野戰略地之功，此特一時之事。夫上與楚相距五歲，失軍亡衆，跳身遯者數矣，(二)然蕭何常從關中遣軍補其處。非上所詔令召，而數萬衆會上乏絕者數矣。夫漢與楚相守滎陽數年，軍無見糧，(三)蕭何轉漕關中，給食不乏。陛下雖數亡山東，蕭何常全關中待陛下，此萬世功也。今雖無曹參等百數，何缺於漢？(四)漢得之不必待以全。柰何欲以一旦之功(而)加萬世之功哉！蕭何當第一，曹參次之。」上曰：「善。」於是乃令何第一，賜帶劍履上殿，入朝不趨。上曰：「吾聞進賢受上賞，蕭何功雖高，待鄂君乃得明。」於是因鄂(千)秋故所食關內侯邑二千戶，封爲安平侯。是日，悉封何父母兄弟十餘人，皆食邑。乃益封何二千戶，「以嘗繇咸陽時何送我獨贏錢二也」。(五)

(一)應劭曰：「橈，屈也。」師古曰：「音女教反。」
(二)師古曰：「跳身，謂輕身走出也。」
(三)師古曰：「無見在之糧。」
(四)師古曰：「數音所具反。」
(五)師古曰：「贏，餘也。二謂二百也。衆人送皆三百，何獨五百，故云贏二也。」

陳豨反，上自將，至邯鄲。而韓信謀反關中，呂后用何計誅信。語在信傳。上已聞誅信，使使拜丞相爲相國，益封五千戶，令卒五百人一都尉爲相國衞。諸君皆賀，召平獨弔。(一)召平者，故秦東陵侯。秦破，爲布衣，貧，種瓜長安城東，瓜美，故世謂「東陵瓜」，從召平始也。平謂何曰：「禍自此始矣。上暴露於外，而君守於內，非被矢石之難，而益君封置衞者，以今者淮陰新反於中，有疑君心。夫置衞衞君，非以寵君也。(二)願君讓封勿受，悉以家私財佐軍。」何從其計，上說。(三)

(一)師古曰：「召讀曰邵。」
(二)師古曰：「恐其爲變，故守衞之。」
(三)師古曰：「說讀曰悅。」

其秋，黥布反，上自將擊之，數使使問相國何爲。(一)曰：「爲上在軍，拊循勉百姓，悉所有佐軍，如陳豨時。」(二)客又說何曰：「君滅族不久矣。夫君位爲相國，功第一，不可復加。然君初入關，本得百姓心，十餘年矣。皆附君，尙復孳孳得民和。(三)上所謂數問君，畏君傾動關中。今君胡不多買田地，賤貰貣以自汙？上心必安。」(四)於是何從其計，上乃大說。(五)

(一)師古曰：「問其居守，何所營爲。」
(二)師古曰：「悉，盡也，盡所有糧食資用出以佐軍也。」
(三)師古曰：「孳字與孜同。孜孜，言不怠也。」
(四)師古曰：「貰，賖也。貣音土得反。」
(五)師古曰：「說讀曰悅。」

上罷布軍歸，民道遮行，(一)上書言相國彊賤買民田宅數千人。上至，何謁。上笑曰：「今相國乃利民！」民所上書皆以與何，曰：「君自謝民。」後何爲民請曰：「長安地陿，上林中多空地，棄，願令民得入田，毋收稾爲獸食。」(二)上大怒曰：「相國多受賈人財物，爲請吾苑！」乃下何廷尉，械繫之。數日，王衞尉侍，(三)前問曰：「相國胡大罪，陛下繫之暴也？」(四)上曰：「吾聞李斯相秦皇帝，有善歸主，有惡自予。今相國多受賈豎金，爲請吾苑，以自媚於民。(五)故繫治之。」王衞尉曰：「夫職事苟有便於民而請之，眞宰相事也。陛下柰何乃疑相國受賈人錢乎！且陛下距楚數歲，陳豨、黥布反時，陛下自將往，當是時相國守關中，關中搖足則關西非陛下有也。相國不以此時爲利，乃利賈人之金乎？且秦以不聞其過亡天下，夫李斯之分過，又何足法哉！陛下何疑宰相之淺也！」上不懌。(六)是日，使使持節赦出何。何年老，素恭謹，徒跣入謝。上曰：「相國休矣！(七)相國爲民請吾苑不許，我不過爲桀紂主，而相國爲賢相。吾故繫相國，欲令百姓聞吾過。」

(一)師古曰：「在道上遮天子行。」

(二)師古曰：「稾，禾稈也。言恣人田之，不收其稾稅也。稾音工老反。稈音工旱反。」
(三)如淳曰：「百官公卿表『衞尉王氏』，無名字。」師古曰：「史失之也。侍謂侍天子也。」
(四)師古曰：「前問，謂進而請也。胡，何也。」
(五)師古曰：「媚，愛也，求愛於民。」
(六)師古曰：「懌，悅也。感衞尉之言，故慙悔而不悅也。」
(七)師古曰：「令出外自休息。」

高祖崩，何事惠帝。何病，上親自臨視何疾，因問曰：「君卽百歲後，誰可代君？」對曰：「知臣莫如主。」帝曰：「曹參何如？」何頓首曰：「帝得之矣。何死不恨矣！」

何買田宅必居窮辟處，(一)爲家不治垣屋。(二)曰：「令後世賢，師吾儉；不賢，毋爲勢家所奪。」

(一)師古曰：「辟讀曰僻。僻，隱也。」
(二)師古曰：「垣，牆也。」

孝惠二年，何薨，謚曰文終侯。子祿嗣，薨，無子。高后乃封何夫人同爲酇侯，小子延爲筑陽侯。(一)孝文元年，罷同，更封延爲酇侯。薨，子遺嗣。薨，無子。文帝復以遺弟則嗣，有罪免。景帝二年，制詔御史：「故相國蕭何，高皇帝大功臣，所與爲天下也。(二)今其祀絕，朕甚憐之。其以武陽縣戶二千封何孫嘉爲列侯。」嘉，則弟也。薨，子勝嗣，後有罪免。武帝

元狩中，復下詔御史：「以酇戶二千四百封何曾孫慶爲酇侯，布告天下，令明知朕報蕭相國德也。」慶，則子也。薨，子壽成嗣，坐爲太常（犧）〔犧〕牲瘦免。宣帝時，詔丞相御史求問蕭相國後在者，得玄孫建世等十二人，復下詔以酇戶二千封建世爲酇侯。傳子至孫獲，坐使奴殺人減死論。成帝時，復封何玄孫之子南䜌長喜爲酇侯。〔三〕傳子至曾孫，王莽敗乃絕。

〔一〕師古曰：「酇及筑陽皆南陽縣也。今其地（見）〔並〕屬襄州。筑音逐。」

〔二〕師古曰：「爲，治也。亦曰共造其功業。」

〔三〕蘇林曰：「䜌音人足攣躄之攣，鉅鹿縣名也。」師古曰：「喜爲此縣之長。」

曹參，沛人也。秦時爲獄掾，而蕭何爲主吏，居縣爲豪吏矣。〔一〕高祖爲沛公也，參以中涓從。〔二〕擊胡陵、方與，〔三〕攻秦監公軍，大破之。〔四〕東下薛，擊泗水守軍薛郭西。復攻胡陵，取之。徙守方與。方與反爲魏，擊之。豐反爲魏，攻之。賜爵七大夫。北擊司馬欣軍碭東，取狐父、祁善置。〔五〕又攻下邑以西，至虞，擊秦將章邯車騎。攻轅戚及亢父，〔六〕先登。遷爲五大夫。北救東阿，擊章邯軍，陷陳，追至濮陽。攻定陶，取臨濟。南救雍丘，擊李由軍，破之，殺李由，虜秦候一人。章邯破殺項梁也，沛公與項羽引兵而東。楚懷王以沛公爲碭郡長，將碭郡兵。於是乃封參執帛，〔七〕號曰建成君。遷爲戚公，屬碭郡。〔八〕

〔一〕師古曰：「言參及蕭何並爲吏之豪長也。」

〔二〕如淳曰：「中涓，如中謁者也。」師古曰：「涓，絜也，言其在內主知絜清灑埽之事，蓋親近左右也。」

〔三〕師古曰：「音房豫。」

〔四〕孟康曰：「監，御史監郡者。公，名也。」晉灼曰：「按高紀名平也。秦一郡置守尉監三人。」師古曰：「公者，時人尊稱之耳。晉說是也。」

〔五〕文穎曰：「善置，置名也。」晉灼曰：「祁音坻。」師古曰：「狐父、祁，二縣名也。祁音鉅夷反，又音十夷反。父音甫。置若今之驛也。」

〔六〕師古曰：「亢父音抗甫。」

〔七〕鄭氏曰：「楚爵也。」張晏曰：「孤卿也。」

〔八〕師古曰：「爲戚縣之令。」

其後從攻東郡尉軍，破之成武南。擊王離軍成陽南，又攻杠里，大破之。追北，西至開封，擊趙賁軍，破之，〔一〕圍趙賁開封城中。西擊秦將楊熊軍於曲遇，〔二〕破之，虜秦司馬及御史各一人。遷爲執珪。〔三〕從西攻陽武，下轘轅、緱氏，絕河津。擊趙賁軍尸北，破之。〔四〕從南攻犨，與南陽守齮戰陽城郭東，〔五〕陷陳，取宛，虜齮，定南陽郡。〔六〕從西攻武關、嶢關，取之。〔七〕前攻秦軍藍田南，又夜擊其北軍，大破之，遂至咸陽，破秦。

〔一〕師古曰：「賁音奔。」

〔二〕師古曰：「曲音丘羽反。遇音顒。」

〔三〕張晏曰：「侯伯執珪，以朝位比之。」如淳曰：「呂氏春秋『得五員者位執珪』，古爵名也。」

〔四〕孟康曰：「尸鄉之北。」

〔五〕應劭曰：「今堵陽。」

〔六〕師古曰：「高紀言『南陽守齮降，封爲殷侯』，而此傳言虜齮，紀傳不同，疑傳誤。」

〔七〕師古曰：「嶢音堯。」

項羽至，以沛公爲漢王。漢王封參爲建成侯。從至漢中，遷爲將軍。從還定三秦，攻下辯、故道、〔一〕雍、斄。〔二〕擊章平軍於好畤南，破之，圍好畤，取壤鄉。〔三〕擊三秦軍壤東及高櫟，破之。〔四〕復圍章平，平出好畤走。因擊趙賁、內史保軍，破之。東取咸陽，更名曰新城。參將兵守景陵二十日，〔五〕三秦使章平等攻參，參出擊，大破之。賜食邑於寧秦。〔六〕以將軍引兵圍章邯廢丘，以中尉從漢王出臨晉關。至河內，下脩武，度圍津，〔七〕東擊龍且、項佗定陶，破之。〔八〕東取碭、蕭、彭城。擊項籍軍，漢軍大敗走。參以中尉圍取雍丘。王武反於外黃，程處反於燕，〔九〕往擊，盡破之。柱天侯反於衍氏，進破取衍氏。擊羽嬰於昆陽，追至葉。〔一〇〕還攻武彊，〔一一〕因至滎陽。參自漢中爲將軍中尉，從擊諸侯，及項王敗，還至滎陽。〔一二〕

〔一〕鄧展曰：「武都二縣也。」

〔二〕蘇林曰：「右扶風二縣也。斄音胎。」

〔三〕文穎曰：「壤，地名也。」

〔四〕師古曰：「櫟音歷。」

〔五〕孟康曰：「縣名也。」

〔六〕蘇林曰：「今華陰。」

〔七〕師古曰：「在東郡。」

〔八〕師古曰：「且音子餘反。佗音徒何反。」

〔九〕服虔曰：「皆漢將。」師古曰：「燕，東郡之縣，故南燕國。音一千反。」

〔一〇〕師古曰：「葉，南陽縣也，音式涉反。」

〔一一〕師古曰：「武彊城在陽武。」

〔一二〕師古曰：「敗謂戰彭城而敗。」

漢二年，拜爲假左丞相，入屯兵關中。月餘，魏王豹反，以假丞相別與韓信東攻魏將孫遫東張，〔一〕大破之。因攻安邑，得魏將王襄。擊魏王於曲陽，追至東垣，生獲魏王豹。取平陽，得豹母妻子，盡定魏地，凡五十二縣。賜食邑平陽。因從韓信擊趙相國夏說軍於鄔東，〔二〕大破之，斬夏說。韓信與故常山王張耳引兵下井陘，擊成安君陳餘，而令參還圍趙別將戚公於鄔城中。戚公出走，追斬之。乃引兵詣漢王在所。韓信已破趙，爲相國，東擊

齊，參以左丞相屬焉。攻破齊歷下軍，遂取臨淄。還定濟北郡，收著、漯陰、平原、鬲、盧。〔三〕已而從韓信擊龍且軍於上假密，〔四〕大破之，斬龍且，虜亞將周蘭。〔五〕定齊郡，凡得七十縣。得故齊王田廣相田光，其守相許章，及故將軍田既。〔六〕韓信立爲齊王，引兵東詣陳，與漢王共破項羽，而參留平齊未服者。

〔一〕蘇林曰：「東張屬河東。」師古曰：「遬，古速字。」

〔二〕蘇林曰：「鄔，太原縣也。」師古曰：「說讀曰悅。鄔音一戶反，又音乙據反。」

〔三〕師古曰：「五縣名也。時未有濟北郡，史追書之耳。著音竹庶反，又音直庶反。漯音它合反。鬲與隔同。」

〔四〕文穎曰：「或以爲高密。」

〔五〕師古曰：「亞將，次將也。」

〔六〕師古曰：「守相，爲相居守者。」

漢王卽皇帝位，韓信徙爲楚王，參歸相印焉。高祖以長子肥爲齊王，而以參爲相國。高祖六年，與諸侯剖符，賜參爵列侯，食邑平陽萬六百三十戶，世世勿絕。

參以齊相國擊陳豨將張春，破之。黥布反，參從悼惠王將車騎十二萬，與高祖會擊黥布軍，大破之。南至蘄，還定竹邑、相、蕭、留。〔一〕

〔一〕師古曰：「四縣名。」

參功：凡下二國，縣百二十二；得王二人，相三人，將軍六人，大莫囂、郡守、司馬、侯、

御史各一人。〔一〕

〔一〕如淳曰：「囂音敖。」張晏曰：「莫敖，楚卿號也。時近六國，故有令尹、莫敖之官。」

孝惠元年，除諸侯相國法，更以參爲齊丞相。參之相齊，齊七十城。天下初定，悼惠王富於春秋，參盡召長老諸先生，問所以安集百姓。而齊故諸儒以百數，〔一〕言人人殊，參未知所定。聞膠西有蓋公，〔二〕善治黃老言，〔三〕使人厚幣請之。既見蓋公，蓋公爲言治道貴清靜而民自定，推此類具言之。參於是避正堂，舍蓋公焉。〔四〕其治要用黃老術，故相齊九年，齊國安集，大稱賢相。

〔一〕師古曰：「數音所具反。」

〔二〕師古曰：「蓋音古盍反。」

〔三〕張晏曰：「黃帝、老子之書。」

〔四〕師古曰：「舍，止也。」

蕭何薨，參聞之，告舍人趣治行，〔一〕「吾且入相。」居無何，使者果召參。參去，屬其後相〔二〕曰：「以齊獄市爲寄，慎勿擾也。」後相曰：「治無大於此者乎？」參曰：「不然。夫獄市者，所以并容也，今君擾之，姦人安所容乎？吾是以先之。」〔三〕

〔一〕師古曰：「舍人猶家人也，一說私屬官主家事者也。趣讀曰促，謂速也。治行，謂脩治行裝也。」

〔二〕師古曰：「屬音之欲反。」

〔三〕孟康曰：「夫獄市者，兼受善惡，若窮極姦人，姦人無所容竄，久且爲亂。秦人極刑而天下畔，孝武峻法而獄繁，此其效也。」師古曰：「老子云『我無爲，民自化；我好靜，民自正。』參欲以道化爲本，不欲擾其末也。」

始參微時，與蕭何善，及爲宰相，有隙。〔一〕至何且死，所推賢唯參。參代何爲相國，舉事無所變更，壹遵何之約束。〔二〕擇郡國吏長大，〔三〕訥於文辭，謹厚長者，卽召除爲丞相史。吏言文刻深，欲務聲名，輒斥去之。〔四〕日夜飲酒。卿大夫以下吏及賓客見參不事事，〔五〕來者皆欲有言。至者，參輒飲以醇酒，〔六〕度之欲有言，復飲酒，醉而後去，〔七〕終莫得開說，〔八〕以爲常。

〔一〕師古曰：「參自以戰鬭功多，而封賞每在何後，故怨何也。」

〔二〕師古曰：「舉，皆也，言凡事皆無變改。」

〔三〕孟康曰：「取年長大者。」

〔四〕師古曰：「斥，卻也。」

〔五〕如淳曰：「不事丞相之事。」

〔六〕師古曰：「醇酒不澆，謂厚酒也。」

〔七〕師古曰：「度音大各反。飲音於禁反。」

〔八〕如淳曰：「開謂有所啓白。」

相舍後園近吏舍，吏舍日飲歌呼。〔一〕從吏患之，無如何，〔二〕乃請參遊後園。聞吏醉歌

呼，從吏幸相國召按之。乃反取酒張坐飲，〔三〕大歌呼與相和。

〔一〕師古曰：「呼音火故反。其下並同。」

〔二〕師古曰：「從吏，吏之常從相者也。從音材用反。」

〔三〕師古曰：「張設坐席而飲也。坐音才臥反。」

參見人之有細過，掩匿覆蓋之，府中無事。

參子窋爲中大夫。〔一〕惠帝怪相國不治事，以爲「豈少朕與？」〔二〕乃謂窋曰：「女歸，試私從容問乃父〔三〕曰：『高帝新棄羣臣，帝富於春秋，君爲相國，日飲，無所請事，何以憂天下？』然無言吾告女也。」窋既洗沐歸，時間，自從其所諫參。〔四〕參怒而笞之二百，曰：「趣入侍，〔五〕天下事非乃所當言也。」至朝時，帝讓參〔六〕曰：「與窋胡治乎？〔七〕乃者我使諫君也。」〔八〕參免冠謝曰：「陛下自察聖武孰與高皇帝？」上曰：「朕乃安敢望先帝！」參曰：「陛下觀參孰與蕭何賢？」上曰：「君似不及也。」參曰：「陛下言之是也。且高皇帝與蕭何定天下，法令既明具，陛下垂拱，參等守職，遵而勿失，不亦可乎？」惠帝曰：「善。君休矣！」〔九〕

〔一〕師古曰：「窋音張律反。」

〔二〕師古曰：「言豈以我爲年少故也。與讀曰歟。」

〔三〕師古曰：「乃，汝也。」

〔四〕師古曰：「間謂空隙也。自從其所，猶言自出其意也。」

〔五〕師古曰：「趣讀曰促。」
〔六〕師古曰：「讓，責也。」
〔七〕師古曰：「胡，何也。言共留爲何治也。治音丈吏反。」
〔八〕師古曰：「乃者猶言曩者。」
〔九〕師古曰：「且令出休息。」

參爲相國三年，薨，謚曰懿侯。百姓歌之曰：「蕭何爲法，講若畫一；〔一〕曹參代之，守而勿失。載其清靖，民以寧壹。」〔二〕

〔一〕文穎曰：「講或作較。」師古曰：「講，和也。畫一，言整齊也。」
〔二〕師古曰：「載猶乘也。」

窋嗣侯，高后時至御史大夫。傳國至曾孫襄，武帝時爲將軍，擊匈奴，薨。子宗嗣，有罪，完爲城旦。至哀帝時，乃封參玄孫之孫本始爲平陽侯，二千戶，王莽時薨。子宏嗣，建武中先降河北，封平陽侯。至今八侯。

贊曰：蕭何、曹參皆起秦刀筆吏，〔一〕當時錄錄未有奇節。〔二〕漢興，依日月之末光，〔三〕何以信謹守管籥，參與韓信俱征伐。〔四〕天下既定，因民之疾秦法，順流與之更始，二人同心，遂安海內。淮陰、黥布等已滅，唯何、參擅功名，位冠羣臣，聲施後世，〔五〕爲一代之宗臣，〔六〕慶流苗裔，盛矣哉！

〔一〕師古曰：「刀所以削書也，古者用簡牒，故吏皆以刀筆自隨也。」
〔二〕師古曰：「錄錄猶鹿鹿，言在凡庶之中也。」
〔三〕師古曰：「易文言云『聖人作而萬物覩』，又曰『見龍在田，天下文明』。贊言何、參值漢初興，故以日月爲喻耳。」
〔四〕師古曰：「高祖出征，何每居守，故言守管籥。」
〔五〕師古曰：「冠謂居其首。」
〔六〕師古曰：「言爲後世之所尊仰，故曰宗臣也。」

校勘記

二〇〇五頁五行　何乃給泗水卒史事，〔六〕第一。　注〔六〕原在「卒史」下，明舊讀以「事第一」爲句。齊召南說「事」字當屬上句。
二〇〇七頁一五行　（又）〔今〕俗語猶然。　殿、局本都作「今」。
二〇〇九頁二行　關內侯鄂（千）秋時爲謁者，　景祐、殿本都無「千」字，下同。
二〇〇九頁七行　柰何欲以一旦之功（而）加萬世之功哉！　景祐、殿本都無「而」字。
二〇一三頁一行　坐爲太常（儀）〔犧〕牲瘦免。　景祐、殿、局本都作「犧」，此誤。
二〇一三頁五行　今其地（見）〔並〕屬襄州。　景祐、殿本都作「並」。

漢書卷四十

張陳王周傳第十

張良字子房，其先韓人也。大父開地，〔一〕相韓昭侯、宣惠王、襄哀王。父平，相釐王、〔二〕悼惠王。悼惠王二十三年，平卒。卒二十歲，秦滅韓。良（年）少，未宦事韓。韓破，良家僮三百人，弟死不葬，悉以家財求客刺秦王，爲韓報仇，以五世相韓故。〔三〕

〔一〕應劭曰：「大父，祖父；開地，名也。」
〔二〕師古曰：「釐讀曰僖。」
〔三〕師古曰：「從昭侯至悼惠王，凡五君。」

良嘗學禮淮陽，東見倉海君，〔一〕得力士，爲鐵椎重百二十斤。秦皇帝東游，至博狼沙中，〔二〕良與客狙擊秦皇帝，〔三〕誤中副車。〔四〕秦皇帝大怒，大索天下，〔五〕求賊急甚。良乃更名姓，亡匿下邳。〔六〕

〔一〕晉灼曰：「海神也。」如淳曰：「東夷君長也。」師古曰：「二說並非。蓋當時賢者之號也。良既見之，因而求得力士。」

〔二〕服虔曰：「河南陽武南地名也，今有亭。」師古曰：「狼音浪。」
〔三〕師古曰：「狙謂密伺之，音千豫反，字本作覰。」
〔四〕師古曰：「副謂後乘也。」
〔五〕師古曰：「索，搜也。索音山客反。」
〔六〕師古曰：「更，改也。」

良嘗閒從容步游下邳圯上，〔一〕有一老父，衣褐，至良所，〔二〕直墮其履圯下，〔三〕顧謂良曰：「孺子下取履！」〔四〕良愕然，欲歐之。〔五〕爲其老，乃彊忍，下取履，因跪進。父以足受之，笑去。良殊大驚。父去里所，復還，〔六〕曰：「孺子可教矣。後五日平明，與我期此。」良因怪（之），跪曰：「諾。」五日平明，良往。父已先在，怒曰：「與老人期，後，何也？去，後五日蚤會。」〔七〕五日，雞鳴往。父又先在，復怒曰：「後，何也？去，後五日復蚤來。」五日，良夜半往。有頃，父亦來，喜曰：「當如是。」出一編書，〔八〕曰：「讀是則爲王者師。後十年興。十三年，孺子見我，濟北穀城山下黃石卽我已。」〔九〕遂去不見。旦日視其書，乃太公兵法。良因異之，常習（讀）誦。

〔一〕服虔曰：「圯音頤，楚人謂橋曰圯。」應劭曰：「汜水之上也。」文穎曰：「沂水上橋也。」師古曰：「下邳之水，非汜水也，又非沂水。服說是矣。」
〔二〕師古曰：「褐制若裘，今道士所服者是。」

〔三〕師古曰：「直猶故也，一曰正也。」
〔四〕師古曰：「孺，幼也。」
〔五〕師古曰：「愕，驚貌也。毆，擊也，音一口反。」
〔六〕師古曰：「行一里許而還來。」
〔七〕師古曰：「放良令去，戒以後會也。其下亦同。蚤音早。」
〔八〕師古曰：「編謂聯次之也。聯簡牘以為書，故云一編。編音鞭。」
〔九〕師古曰：「已，語終之辭。」

居下邳，為任俠。項伯嘗殺人，從良匿。

後十年，陳涉等起，良亦聚少年百餘人。景駒自立為楚假王，在留。良欲往從之，行道遇沛公。沛公將數千人略地下邳，遂屬焉。沛公拜良為廄將。〔一〕良數以太公兵法說沛公，沛公喜，常用其策。良為它人言，皆不省。〔二〕良曰：「沛公殆天授。」〔三〕故遂從不去。

〔一〕服虔曰：「官名也。」
〔二〕師古曰：「省，視也。」
〔三〕師古曰：「殆，近也。」

沛公之薛，見項梁，共立楚懷王。良乃說項梁曰：「君已立楚後，韓諸公子橫陽君成賢，可立為王，益樹黨。」〔一〕項梁使良求韓成，立為韓王。以良為韓司徒，與韓王將千餘人西略

韓地，得數城，秦輒復取之，往來為游兵潁川。

〔一〕師古曰：「廣立六國之後共攻秦也。」

沛公之從雒陽南出轘轅，良引兵從沛公，下韓十餘城，擊楊熊軍。沛公乃令韓王成留守陽翟，與良俱南，攻下宛，西入武關。沛公欲以二萬人擊秦嶢關下軍，〔一〕良曰：「秦兵尚彊，未可輕。臣聞其將屠者子，賈豎易動以利。〔二〕願沛公且留壁，使人先行，為五萬人具食，益張旗幟諸山上，為疑兵，〔三〕令酈食其持重寶啗秦將。」〔四〕秦將果欲連和俱西襲咸陽，〔五〕沛公欲聽之。良曰：「此獨其將欲叛，士卒恐不從。不從必危，不如因其解擊之。」〔六〕沛公乃引兵擊秦軍，大破之。逐北至藍田，再戰，秦兵竟敗。遂至咸陽，秦王子嬰降沛公。

〔一〕師古曰：「嶢音堯。」
〔二〕師古曰：「商賈之人志無遠大，譬猶僮豎，故云賈豎。」
〔三〕師古曰：「皆所以表已軍之多，誇示敵人。幟音式志反。」
〔四〕師古曰：「啗音徒濫反，解在高紀。」
〔五〕師古曰：「欲與漢王和而隨漢兵襲咸陽。」
〔六〕師古曰：「解讀曰懈。」

沛公入秦，宮室帷帳狗馬重寶婦女以千數，意欲留居之。樊噲諫，沛公不聽。良曰：

「夫秦為無道，故沛公得至此。為天下除殘去賊，宜縞素為資。〔一〕今始入秦，即安其樂，此所謂『助桀為虐』。且『忠言逆耳利於行，毒藥苦口利於病』，願沛公聽樊噲言。」沛公乃還軍霸上。

〔一〕晉灼曰：「資，質也。欲令沛公反秦奢泰，服儉素以為資。」師古曰：「縞，白素也，音工老反。」

項羽至鴻門，欲擊沛公，項伯夜馳至沛公軍，私見良，欲與俱去。良曰：「臣為韓王送沛公，今（有事）〔事有〕急，亡去不義。」乃具語沛公。沛公大驚，曰：「為之柰何？」良曰：「沛公誠欲背項王邪？」沛公曰：「鯫生說我距關毋內諸侯，〔一〕秦地可王也，故聽之。」良曰：「沛公自度能卻項王乎？」〔二〕沛公默然，曰：「今為柰何？」良因要項伯見沛公。沛公與伯飲，為壽，結婚，令伯具言沛公不敢背項王，所以距關者，備它盜也。項羽後解，語在羽傳。

〔一〕服虔曰：「鯫音七垢反。鯫，小人也。」臣瓚曰：「楚漢春秋鯫姓。」師古曰：「服說是也。音才垢反。」
〔二〕師古曰：「卻音丘略反。」

漢元年，沛公為漢王，王巴蜀，賜良金百溢，〔一〕珠二斗，良具以獻項伯。漢王亦因令良厚遺項伯，使請漢中地。〔二〕項王許之。漢王之國，良送至襃中，遣良歸韓。良因說漢王燒絕棧道，〔三〕示天下無還心，以固項王意。乃使良還。行，燒絕棧道。〔四〕

〔一〕服虔曰：「二十兩曰溢。」師古曰：「秦以溢名金，若漢之論斤也。」

〔二〕服虔曰。」本不盡與漢中，故請求之。」
〔三〕師古曰：「棧道，閣道也。」
〔四〕師古曰：「還謂歸還韓。且行且燒，所過之處皆燒之也。」

良歸至韓，聞項羽以良從漢王故，不遣韓王成之國，與俱東，至彭城殺之。時漢王還定三秦，良乃遺項羽書曰：「漢王失職，欲得關中，如約即止，不敢復東。」又以齊反書遺羽，曰：「齊與趙欲并滅楚。」項羽以故北擊齊。

良乃間行歸漢。漢王以良為成信侯，從東擊楚。至彭城，漢王兵敗而還。至下邑，〔一〕漢王下馬踞鞍而問曰：「吾欲捐關已東等棄之，誰可與共功者？」〔二〕良曰：「九江王布，楚梟將，〔三〕與項王有隙，彭越與齊王田榮反梁地，此兩人可急使。而漢王之將獨韓信可屬大事，當一面。〔四〕即欲捐之，捐之此三人，楚可破也。」漢王乃遣隨何說九江王布，而使人連彭越。〔五〕及魏王豹反，使韓信特將北擊之，〔六〕因舉燕、（伐）〔代〕、齊、趙。然卒破楚者，此三人力也。

〔一〕師古曰：「梁國之縣也，今屬宋州。」
〔二〕師古曰：「捐關以東，謂不自有其地，將以與人，令其立功，共破楚也。」
〔三〕師古曰：「梟謂最勇健也。」
〔四〕師古曰：「屬，委也，音之欲反。」

〔五〕師古曰：「與相連結也。」
〔六〕師古曰：「特，獨也。專任之使將也。」

良多病，未嘗特將兵，常爲畫策臣，時時從。

漢三年，項羽急圍漢王於滎陽，漢王憂恐，與酈食其謀橈楚權。〔一〕酈生曰：「昔湯伐桀，封其後杞；武王誅紂，封其後宋。今秦無道，伐滅六國，無立錐之地。陛下誠復立六國後，此皆爭戴陛下德義，願爲臣妾。德義已行，南面稱伯，〔二〕楚必斂衽而朝。」〔三〕漢王曰：「善。趣刻印，先生因行佩之。」〔四〕

〔一〕師古曰：「橈，弱也，音女教反，其字從木。」
〔二〕師古曰：「伯讀曰霸。」
〔三〕師古曰：「衽，衣襟也。」
〔四〕師古曰：「趣讀曰促。佩謂授與六國使帶也。」

酈生未行，良從外來謁漢王。漢王方食，曰：「客有爲我計橈楚權者。」具以酈生計告良，曰：「於子房何如？」良曰：「誰爲陛下畫此計者？陛下事去矣。」漢王曰：「何哉？」良曰：「臣請借前箸以籌之。〔一〕昔湯武伐桀紂封其後者，度能制其死命也。〔二〕今陛下能制項籍死命乎？其不可一矣。武王入殷，表商容閭，〔三〕式箕子門，〔四〕封比干墓，今陛下能乎？其不

可二矣。發鉅橋之粟，〔五〕散鹿臺之財，〔六〕以賜貧窮，今陛下能乎？其不可三矣。殷事以畢，偃革爲軒，〔七〕倒載干戈，示不復用，今陛下能乎？其不可四矣。休馬華山之陽，示無所爲，今陛下能乎？其不可五矣。息牛桃林之壄，〔八〕(示)天下不復輸積，今陛下能乎？其不可六矣。且夫天下游士，(左)(離)親戚，棄墳墓，〔九〕去故舊，從陛下者，但日夜望咫尺之地。今乃立六國後，唯無復立者，〔一〇〕游士各歸事其主，從親戚，反故舊，陛下誰與取天下乎？其不可七矣。且楚唯毋彊，六國復橈而從之，〔一一〕陛下焉得而臣之？其不可八矣。誠用此謀，陛下事去矣。」漢王輟食吐哺，罵曰：「豎儒，幾敗乃公事！」〔一二〕令趣銷印。〔一三〕

〔一〕張晏曰：「求借所食之箸用指畫也。或曰，前世湯武箸明之事，以籌度今時之不若也。」師古曰：「或說非也。箸音直庶反。」
〔二〕師古曰：「度音大各反。」
〔三〕師古曰：「商容，殷賢人也。里門曰閭。表謂顯異之。」
〔四〕師古曰：「式亦表也。一說，至其門而撫車式，所以敬之。」
〔五〕服虔曰：「鉅橋，倉名也。」師古曰：「許慎云鉅鹿之大橋，有漕粟也。」
〔六〕臣瓚曰：「鹿臺，臺名，今在朝歌城中。」師古曰：「劉向云鹿臺大三里，高千尺也。」
〔七〕蘇林曰：「革者，兵車革輅。軒者，朱軒也。」如淳曰：「偃武備而治禮樂也。」
〔八〕晉灼曰：「在弘農閿鄉南谷中。」師古曰：「山海經云『夸父之山，北有林焉，名曰桃林，廣圜三百里』，即謂此也。其山谷今在閿鄉縣東南，湖城縣西南，去湖城三十五里。」

〔九〕師古曰：「(左)(離)者，言其乖避而委離之，以從漢也。」
〔一〇〕師古曰：「既立六國後，土地皆盡，無以封功勞之人，故云無復立者。唯，發語之辭。」
〔一一〕服虔曰：「唯當使楚無彊，彊則六國弱而從之。」晉灼曰：「當今唯楚大，無有彊之者，若復立六國，皆橈而從之，陛下焉得而臣之乎？」師古曰：「服說是也。」
〔一二〕師古曰：「輟，止也。哺，食在口中者也。幾，近也。哺音捕。幾音鉅依反。」
〔一三〕師古曰：「趣讀曰促。」

後韓信破齊欲自立爲齊王，漢王怒。良說漢王，漢王使良授齊王信印。語在信傳。

五年冬，漢王追楚至陽夏南，〔一〕戰不利，壁固陵，諸侯期不至。良說漢王，漢王用其計，諸侯皆至。語在高紀。

〔一〕師古曰：「夏音工雅反。」

漢六年，封功臣。良未嘗有戰鬬功，高帝曰：「運籌策帷幄中，決勝千里外，子房功也。自擇齊三萬戶。」良曰：「始臣起下邳，與上會留，此天以臣授陛下。陛下用臣計，幸而時中，臣願封留足矣，不敢當三萬戶。」乃封良爲留侯，與蕭何等俱封。

上已封大功臣二十餘人，其餘日夜爭功而不決，未得行封。上居雒陽南宮，從復道望見諸將〔一〕往往數人偶語。上曰：「此何語？」良曰：「陛下不知乎？此謀反耳。」上曰：「天下

屬安定，何故而反？」〔二〕良曰：「陛下起布衣，與此屬取天下，今陛下已爲天子，而所封皆蕭、曹故人所親愛，而所誅者皆平生仇怨。今軍吏計功，天下不足以徧封，此屬畏陛下不能盡封，又恐見疑過失及誅，故相聚而謀反耳。」上乃憂曰：「爲將柰何？」良曰：「上平生所憎，羣臣所共知，誰最甚者？」上曰：「雍齒與我有故怨，數窘辱我，〔三〕我欲殺之，爲功多，不忍。」良曰：「今急先封雍齒，以示羣臣，羣臣見雍齒先封，則人人自堅矣。」於是上置酒，封雍齒爲什方侯，〔四〕而急趣丞相御史定功行封。〔五〕羣臣罷酒，皆喜曰：「雍齒且侯，我屬無患矣。」

〔一〕師古曰：「復讀曰複。」
〔二〕師古曰：「屬，近也，言近始安。屬音之欲反。」
〔三〕服虔曰：「未起之時與我有故怨也。」師古曰：「每以勇力困辱高祖。」
〔四〕蘇林曰：「漢中縣也。」師古曰：「地理志屬廣漢，非漢中也。今則屬益州。什音十。」
〔五〕師古曰：「趣音促。」

劉敬說上都關中，上疑之。左右大臣皆山東人，多勸上都雒陽：「雒陽東有成皋，西有殽黽，〔一〕背河鄉雒，其固亦足恃。」〔二〕良曰：「雒陽雖有此固，其中小，不過數百里，田地薄，四面受敵，此非用武之國。夫關中左殽函，右隴蜀，沃野千里，〔三〕南有巴蜀之饒，北有胡苑之利，〔四〕阻三面而固守，獨以一面東制諸侯。諸侯安定，河、渭漕輓天下，西給京

中華書局

師；〔五〕諸侯有變，順流而下，足以委輸。此所謂金城千里，天府之國。〔六〕劉敬說是也。」於是上卽日駕，西都關中。

〔一〕師古曰：「殽，山也。黽，池也，音沔。」
〔二〕師古曰：「鄉讀曰嚮。」
〔三〕師古曰：「沃者，溉灌也。言其土地皆有溉灌之利，故云沃野。」
〔四〕師古曰：「謂安定、北地、上郡之北與胡相接之地，可以畜牧者也。養禽獸謂之苑。」
〔五〕師古曰：「輓，引也。輓音晚。」
〔六〕師古曰：「財物所聚謂之府。言關中之地物產饒多，可備贍給，故稱天府也。」

良從入關，性多疾，卽道引不食穀，〔一〕閉門不出歲餘。

〔一〕孟康曰：「服辟穀藥而靜居行氣。道讀曰導。」

上欲廢太子，立戚夫人子趙王如意。大臣多爭，未能得堅決也。呂后恐，不知所爲。或謂呂后曰：「留侯善畫計，上信用之。」呂后乃使建成侯呂澤劫良，曰：「君常爲上謀臣，今上日欲易太子，〔一〕君安得高枕而臥？」〔二〕良曰：「始上數在急困之中，幸用臣策；今天下安定，以愛欲易太子，骨肉之間，雖臣等百人何益！」呂澤彊要曰：「爲我畫計。」良曰：「此難以口舌爭也。顧上有所不能致者四人。〔三〕四人年老矣，皆以上嫚娒士，〔四〕故逃匿山中，義

不爲漢臣。然上高此四人。今公誠能毋愛金玉璧帛，令太子爲書，卑辭安車，因使辨士固請，宜來。〔五〕來，以爲客，時從入朝，令上見之，則一助也。」於是呂后令呂澤使人奉太子書，卑辭厚禮，迎此四人。四人至，客建成侯所。

〔一〕師古曰：「言日日欲易之。」
〔二〕師古曰：「安，焉也。」
〔三〕師古曰：「顧，念也。四人，謂園公、綺里季、夏黃公、甪里先生，所謂商山四皓也。」
〔四〕師古曰：「嫚與慢同。娒，古侮字。」
〔五〕師古曰：「宜應得其來。」

漢十一年，黥布反，上疾，欲使太子往擊之。四人相謂曰：「凡來者，將以存太子。太子將兵，事危矣。」乃說建成侯曰：「太子將兵，有功卽位不益，〔一〕無功則從此受禍。且太子所與俱諸將，皆與上定天下梟將也，今乃使太子將之，此無異使羊將狼，皆不肯爲用，其無功必矣。臣聞『母愛者子抱』，今戚夫人日夜侍御，趙王常居前，上〔曰〕『終不使不肖子居愛子上』，明〔其〕代太子位必矣。君何不急請呂后承間爲上泣〔二〕言：『黥布，天下猛將，善用兵，今諸將皆陛下故等夷，〔三〕乃令太子將，此屬莫肯爲用，且布聞之，鼓行而西耳。〔四〕上雖疾，彊載輜車，臥而護之，〔五〕諸將不敢不盡力。上雖苦，彊爲妻子計。』」於是呂澤夜見呂后。

呂后承間爲上泣而言，如四人意。上曰：「吾惟之，豎子固不足遣，〔六〕乃公自行耳。」〔七〕於是上自將而東，羣臣居守，皆送至霸上。良疾，強起至曲郵，〔八〕見上曰：「臣宜從，疾甚。楚人剽疾，願上愼毋與楚爭鋒。」〔九〕因說上令太子爲將軍監關中兵。上謂「子房雖疾，彊臥傅太子」。是時叔孫通已爲太傅，良行少傅事。

〔一〕師古曰：「太子嗣君，貴已極矣，雖更立功，位無加益矣。」
〔二〕師古曰：「因空隙之時。」
〔三〕師古曰：「夷，平也，言故時皆齊等。」
〔四〕師古曰：「擊鼓而行，言無所畏。」
〔五〕師古曰：「輜車，衣車也。護謂監領諸將。」
〔六〕師古曰：「惟，思也。」
〔七〕師古曰：「乃公，汝父也。」
〔八〕師古曰：「在新豐西，今俗謂之郵頭。」
〔九〕師古曰：「剽音匹妙反。」

漢十二年，上從破布歸，疾益甚，愈欲易太子。良諫不聽，因疾不視事。叔孫太傅稱說引古，以死爭太子。上陽許之，猶欲易之。及宴，置酒，太子侍。四人者從太子，年皆八十有餘，須眉皓白，衣冠甚偉。〔一〕上怪，問曰：「何爲者？」四人前對，各言其姓名。上乃驚曰：

「吾求公，避逃我，今公何自從吾兒游乎？」四人曰：「陛下輕士善罵，臣等義不辱，故恐而亡匿。今聞太子仁孝，恭敬愛士，天下莫不延頸願爲太子死者，故臣等來。」上曰：「煩公幸卒調護太子。」〔二〕

〔一〕師古曰：「所以謂之四皓。」
〔二〕師古曰：「調謂和平之，護謂保安之。」

四人爲壽已畢，趨去。上目送之，〔一〕召戚夫人指視曰：〔二〕「我欲易之，彼四人爲之輔，羽翼已成，難動矣。呂氏眞乃主矣。」〔三〕戚夫人泣涕，上曰：「爲我楚舞，吾爲若楚歌。」〔四〕歌曰：「鴻鵠高飛，一舉千里。〔五〕羽翼以就，橫絕四海。〔六〕橫絕四海，又可柰何！雖有矰繳，尚安所施！」〔七〕歌數闋，〔八〕戚夫人歔欷流涕，〔九〕上起去，罷酒。竟不易太子者，良本招此四人之力也。

〔一〕師古曰：「以目瞻之訖其出也。」
〔二〕師古曰：「視讀曰示。」
〔三〕師古曰：「乃，汝也。」
〔四〕師古曰：「若亦汝也。」
〔五〕師古曰：「鵠音胡督反。」
〔六〕師古曰：「就，成也。絕謂飛而直度也。」

其明年，平從擊韓王信於代。至平城，爲匈奴圍，七日不得食。高帝用平奇計，使單于閼氏解，圍以得開。[一]高帝既出，其計祕，世莫得聞。高帝南過曲逆，[二]上其城，望室屋甚大，曰：「壯哉縣！吾行天下，獨見雒陽與是耳。」顧問御史：「曲逆戶口幾何？」對曰：「始秦時三萬餘戶，間者兵數起，多亡匿，今見五千餘戶。」於是(召)[詔]御史，更封平爲曲逆侯，盡食之，除前所食戶牖。

[一]師古曰：「閼氏音焉支。」
[二]孟康曰：「中山蒲陰縣。」

平自初從，至天下定後，常以護軍中尉從擊臧荼、陳豨、黥布。凡六出奇計，輒益邑封。奇計或頗祕，世莫得聞也。

高帝從擊布軍還，病創，徐行至長安。燕王盧綰反，上使樊噲以相國將兵擊之。既行，人有短惡噲者。[一]高帝怒曰：「噲見吾病，乃幾我死也！」[二]用平計，召絳侯周勃受詔牀下，曰：「[陳]平乘馳傳載勃代噲將，[三]平至軍中即斬噲頭！」二人既受詔，馳傳未至軍，行計曰：「樊噲，帝之故人，功多，[四]又呂后女弟呂須夫，有親且貴，帝以忿怒故欲斬之，即恐後悔。寧囚而致上，令上自誅之。」未至軍，爲壇，以節召樊噲。噲受詔，即反接，[五]載檻車詣長安，而令周勃代將兵定燕。

[一]師古曰：「陳其短失過惡於上，謂譖毁之。它皆類此。」
[二]孟康曰：「幾幸我死也。幾音冀。」
[三]師古曰：「傳音張戀反。」
[四]師古曰：「行計，謂於道中且計也。」
[五]師古曰：「反縛兩手也。」

平行聞高帝崩，[一]平恐呂后及呂須怒，乃馳傳先去。逢使者詔平與灌嬰屯於滎陽。平受詔，立復馳至宮，哭殊悲，因奏事喪前。呂后哀之，曰：「君出休矣！」平畏讒之就，[二]因固請之，得宿衞中。太后乃以爲郎中令，日傅教帝。[三]是後呂須讒乃不得行。樊噲至，即赦復爵邑。

[一]師古曰：「未至京師，於道中聞高帝崩。」
[二]師古曰：「就，成也，言畏讒毒已者得(其成)[成其]計。」
[三]如淳曰：「傅相之。」

惠帝六年，相國曹參薨，安國侯王陵爲右丞相，平爲左丞相。

王陵，沛人也。始爲縣豪，高祖微時兄事陵。及高祖起沛，入咸陽，陵亦聚黨數千人，居南陽，不肯從沛公。及漢王之還擊項籍，陵乃以兵屬漢。項羽取陵母置軍中，陵使至，則東鄉坐陵母，欲以招陵。[一]陵母既私送使者，泣曰：「願爲老妾語陵，善事漢王。漢王長者，毋以老妾故持二心。妾以死送使者。」遂伏劍而死。項王怒，亨陵母。陵卒從漢王定天下。以善雍齒，雍齒，高祖之仇，陵又本無從漢之意，以故後封陵，爲安國侯。

[一]師古曰：「鄉讀曰嚮。」

陵爲人少文任氣，好直言。爲右丞相二歲，惠帝崩。高后欲立諸呂爲王，問陵。陵曰：「高皇帝刑白馬而盟曰：『非劉氏而王者，天下共擊之。』今王呂氏，非約也。」太后不說。[一]問(左)丞相平及絳侯周勃等，皆曰：「高帝定天下，王子弟；今太后稱制，欲王昆弟諸呂，無所不可。」太后喜。罷朝，陵讓平、勃曰：「始與高帝啑血而盟，諸君不在邪？[二]今高帝崩，太后女主，欲王呂氏，諸君縱欲阿意背約，何面目見高帝於地下乎！」平曰：「於面折廷爭，[三]臣不如君；全社稷，定劉氏後，君亦不如臣。」陵無以應之。於是呂太后欲廢陵，乃陽遷陵爲帝太傅，實奪之相權。陵怒，謝病免，杜門竟不朝請，[四]十年而薨。

[一]師古曰：「說讀曰悅。」
[二]師古曰：「啑，小歠也，音所甲反。」
[三]師古曰：「廷爭，謂當朝廷而諫爭。」
[四]師古曰：「杜，塞也，閉塞其門也。請音才性反。杜字本作敗，音同。」

陵之免，呂太后徙平爲右丞相，以辟陽侯審食其爲左丞相。[一]食其亦沛人也。漢王之敗彭城西，楚取太上皇、呂后爲質，食其以舍人侍呂后。其後從破項籍爲侯，幸於呂太后。及爲相，不治，[二]監宮中，如郎中令，公卿百官皆因決事。

[一]師古曰：「食其音異基。」
[二]鄭氏曰：「不立治處，使止宮中也。」李奇曰：「不治丞相職事也。」師古曰：「李說是也。」

呂須常以平前爲高帝謀執樊噲，數讒平曰：「爲丞相不治事，日飲醇酒，戲婦人。」平聞，日益甚。呂太后聞之，私喜。面質呂須於平前，[一]曰：「鄙語曰『兒婦人口不可用』，顧君與我何如耳，無畏呂須之譖。」[二]

[一]師古曰：「質，對也。」
[二]師古曰：「顧，念也。」

呂太后多立諸呂爲王，平僞聽之。[一]及呂太后崩，平與太尉勃合謀，卒誅諸呂，立文帝，平本謀也。審食其免相，文帝立，舉以爲相。[二]

[一]師古曰：「謂且順從之，不乖牾也。」
[二]如淳曰：「舉猶皆也。衆人之議皆以爲勃、平功多矣。」師古曰：「言文帝以平、勃俱舊臣，有功，皆欲以爲相。」

太尉勃親以兵誅呂氏，功多；平欲讓勃位，乃謝病。文帝初立，怪平病，問之。平曰：

「高帝時，勃功不如臣；及誅諸呂，臣功亦不如勃。願以相讓勃。」於是乃以太尉勃爲右丞相，位第一；平徙爲左丞相，位第二。賜平金千斤，益封三千戶。

居頃之，上益明習國家事，朝而問右丞相勃曰：「天下一歲決獄幾何？」〔一〕勃謝不知。問「天下錢穀一歲出入幾何？」勃又謝不知。汗出洽背，〔二〕媿不能對。上亦問左丞相平。平曰：「（各）有主者。」上曰：「主者爲誰乎？」平曰：「陛下即問決獄，責廷尉；問錢穀，責治粟內史。」上曰：「苟各有主者，而君所主何事也？」平謝曰：「主臣！〔三〕陛下不知其駑下，使待罪宰相。〔四〕宰相者，上佐天子理陰陽，順四時，下遂萬物之宜，〔五〕外塡撫四夷諸侯，內親附百姓，使卿大夫各得任其職也。」上稱善。勃大慙，出而讓平曰：「君獨不素教我乎！」平笑曰：「君居其位，獨不知其任邪？且陛下即問長安盜賊數，又欲彊對邪？」於是絳侯自知其能弗如平遠矣。居頃之，勃謝（病請）免相，而平顓爲丞相。〔六〕

〔一〕師古曰：「臨朝問也。幾音居豈反。」

〔二〕師古曰：「洽，霑也。」

〔三〕文穎曰：「惶恐之辭也，猶今言死罪也。」孟康曰：「主臣，主羣臣也，若今言人主。」晉灼曰：「主，擊也。臣，服也。言其擊服，惶恐之辭。」師古曰：「文、晉二說是也。」

〔四〕師古曰：「駑，凡馬之稱，非駿者也，故以自喩。駑音奴。」

〔五〕師古曰：「遂，申也。」

〔六〕師古曰：「顓與專同。」

孝文二年，平薨，諡曰獻侯。傳子至曾孫何，坐略人妻棄（主）〔市〕。王陵亦至玄孫，坐酎金國除。辟陽侯食其免後三歲而爲淮南王所殺，文帝令其子平嗣侯。淄川王反，辟陽近淄川，平降之，國除。

始平曰：「我多陰謀，道家之所禁。〔一〕吾世即廢，亦已矣，終不能復起，以吾多陰禍也。」其後曾孫陳掌以衞氏親戚貴，〔二〕願得續封，然終不得也。

〔一〕師古曰：「此平謂陳平。」

〔二〕師古曰：「掌妻，衞子夫之姊。」

周勃，沛人。其先卷人也，〔一〕徙沛。勃以織薄曲爲生，〔二〕常以吹簫給喪事，〔三〕材官引彊。〔四〕

〔一〕師古曰：「卷，縣名也，地理志屬河南，音丘權反。其下亦同。」

〔二〕蘇林曰：「薄一名曲。月令曰『具曲植』。」師古曰：「許愼云葦薄爲曲也。」

〔三〕師古曰：「吹簫以樂喪賓，若樂人也。」

〔四〕服虔曰：「能引彊弓弩官也。」孟康曰：「如今挽彊司馬也。」師古曰：「彊音其兩反。」

高祖爲沛公初起，勃以中涓從攻胡陵，下方與。〔一〕方與反，與戰，卻敵。攻豐。擊秦軍碭東。還軍留及蕭。復攻碭，破之。下下邑，先登。賜爵五大夫。攻（闌）〔蒙〕、虞，取之。擊章邯車騎殿。〔二〕略定魏地。攻轅戚、東緡，以往至栗，〔三〕取之。攻齧桑，先登。擊秦軍阿下，破之。追至濮陽，下鄄城。攻都關、定陶，襲取宛朐，得單父令。〔四〕夜襲取臨濟，攻壽張，以前至卷，破李由雍丘下。攻開封，先至城下爲多。〔五〕後章邯破項梁，沛公與項羽引兵東如碭。自初起沛還至碭，一歲二月。楚懷王封沛公號武安侯，爲碭郡長。沛公拜勃爲襄賁令。〔六〕從沛公定魏地，攻東郡尉於成武，破之。攻長社，先登。攻潁陽、緱氏，絕河津。擊趙賁軍尸北。〔七〕南攻南陽守齮，破武關、嶢關。攻秦軍於藍田。至咸陽，滅秦。

〔一〕師古曰：「音房豫。」

〔二〕師古曰：「殿之言塡也，謂鎭軍後以扞敵。勃擊破章邯之殿兵也。殿音丁見反。」

〔三〕師古曰：「緡音昏。」

〔四〕師古曰：「音譬甫。」

〔五〕文穎曰：「勃士卒至者多也。」如淳曰：「周禮『戰功曰多』。」師古曰：「多謂功多也。」

〔六〕師古曰：「賁音肥。」

〔七〕師古曰：「賁音奔。尸即尸鄉。」

項羽至，以沛公爲漢王。漢王賜勃爵爲威武侯。從入漢中，拜爲將軍。還定三秦，賜食

邑懷德。攻槐里、好畤，最。〔一〕北擊趙賁、內史保於咸陽，最。北救漆。〔二〕擊章平、姚卬軍。西定汧。〔三〕還下郿、頻陽。〔四〕圍章邯廢丘，破之。西擊益已軍，破之。〔五〕攻上邽。〔六〕東守嶢關。擊項籍。攻曲遇，最。〔七〕還守敖倉，追籍。籍已死，因東定楚地泗水、東海郡，凡得二十二縣。還守雒陽、櫟陽，賜與潁陰侯共食鍾離。以將軍從高祖擊燕王臧荼，破之易下。所將卒當馳道爲多。〔八〕賜爵列侯，剖符世世不絕。食絳八千一百八十戶。

〔一〕如淳曰：「於將率之中功爲最也。」

〔二〕師古曰：「漆，扶風縣。」

〔三〕師古曰：「汧亦扶風縣，音口肩反。」

〔四〕師古曰：「郿即岐州郿縣也。頻陽在櫟陽東北。郿音媚。」

〔五〕如淳曰：「章邯將也。」

〔六〕師古曰：「邽音圭。」

〔七〕師古曰：「曲音丘禹反。遇音顒。」

〔八〕師古曰：「當高祖所行之前。」

以將軍從高帝擊韓王信於代，降下霍人。以前至武泉，〔一〕擊胡騎，破之武泉北。轉攻韓信軍銅鞮，破之。還，降太原六城。擊韓信胡騎晉陽下，破之，下晉陽。後擊韓信軍於硰

石，〔三〕破之，追北八十里。還攻樓煩三城，因擊胡騎平城下，所將卒當馳道爲多。勃遷爲太尉。

〔一〕孟康曰：「縣屬雲中也。」

〔二〕應劭曰：「硰音沙。」孟康曰：「地名也。」齊恭曰：「硰音赤坐反。」師古曰：「齊音是也。」

（擊）陳豨，屠馬邑。所將卒斬豨將軍乘馬降。〔一〕轉擊韓信、陳豨、趙利軍於樓煩，破之。得豨將宋最、鴈門守圂。〔二〕因轉攻得雲中守遬、丞相箕肆、將軍博。〔三〕定鴈門郡十七縣，雲中郡十二縣。因復擊豨靈丘，破之，斬豨丞相程縱、將軍陳武、都尉高肆。定代郡九縣。

〔一〕師古曰：「姓乘馬，名降也。乘音食孕反。」

〔二〕師古曰：「圂者，鴈門守之名，音下頓反。」

〔三〕師古曰：「遬，古速字也。肆音弋二反。博者，亦豨將之名也。」

燕王盧綰反，勃以相國代樊噲將，擊下薊，〔一〕得綰大將抵、丞相偃、守陘、〔二〕太尉弱、御史大夫施屠渾都。〔三〕破綰軍上蘭，後擊綰軍沮陽。〔四〕追至長城，定上谷十二縣，右北平十六縣，遼東二十九縣，漁陽二十二縣。最從高帝得相國一人，〔五〕丞相二人，將軍、二千石各三人；別破軍二，下城三，定郡五，縣七十九，得丞相、大將各一人。

〔一〕師古曰：「即幽州薊縣也，音計。」

〔二〕張晏曰：「盧綰郡守，陘其名也。」師古曰：「陘音刑。」

〔三〕師古曰：「姓施屠，名渾都。渾音胡昆反。」

〔四〕服虔曰：「沮音阻。」師古曰：「縣名，屬上谷。」

〔五〕師古曰：「最者，凡也。總言其攻戰克獲之數。」

勃爲人木彊敦厚，〔一〕高帝以爲可屬大事。〔二〕勃不好文學，每召諸生說士，東鄉坐責之：〔三〕「趣爲我語。」〔四〕其椎少文如此。〔五〕

〔一〕師古曰：「木謂質樸。彊音其兩反。」

〔二〕師古曰：「屬，委也，音之欲反。」

〔三〕如淳曰：「勃自東鄉，責諸生說士，不以賓主之禮也。」師古曰：「鄉讀曰嚮。」

〔四〕蘇林曰：「音趣舍。」臣瓚曰：「令直言勿稱經書也。」師古曰：「二說皆非也。趣讀曰促。謂令速言也。」

〔五〕服虔曰：「謂訥鈍也。」應劭曰：「今俗名拙語爲椎儲。」師古曰：「椎謂樸鈍如椎也。音直推反。」

勃既定燕而歸，高帝已崩矣，以列侯事惠帝。惠帝六年，置太尉官，以勃爲太尉。十年，高后崩。呂祿以趙王爲漢上將軍，呂產以呂王爲相國，秉權，欲危劉氏。勃與丞相平、朱虛侯章共誅諸呂。語在高后紀。

於是陰謀（乃）〔以〕爲「少帝及濟川、淮陽、恆山王皆非惠帝子，呂太后以計詐名它人子，殺其母，養之後宮，令孝惠子之，立以爲後，用彊呂氏。今已滅諸呂，少帝即長用事，吾屬無類矣，〔一〕不如視諸侯賢者立之。」遂迎立代王，是爲孝文皇帝。

〔一〕師古曰：「云被誅滅無遺種。」

東牟侯興居，朱虛侯章弟也，曰：「誅諸呂，臣無功，請得除宮。」乃與太僕汝陰滕公入宮。滕公前謂少帝曰：「足下非劉氏，不當立。」乃顧麾左右執戟，皆仆兵罷。〔一〕有數人不肯去，（官）〔宦〕者令張釋諭告，亦去。〔二〕滕公召乘輿車載少帝出。少帝曰：「欲持我安之乎？」〔三〕滕公曰：「就舍少府。」乃奉天子法駕，迎皇帝代邸，報曰：「宮謹除。」皇帝入未央宮，有謁者十人持戟衞端門，〔四〕曰：「天子在也，足下何爲者？」不得入。太尉往喻，乃引兵去，皇帝遂入。是夜，有司分部誅濟川、淮陽、常山王及少帝於邸。

〔一〕師古曰：「仆，頓也，音赴。」

〔二〕師古曰：「荆燕吳傳云張擇，今此作釋，參錯不同，未知孰是也？」

〔三〕師古曰：「言往何所也。」

〔四〕師古曰：「端門，殿之正門。」

文帝即位，以勃爲右丞相，賜金五千斤，邑萬戶。居十餘月，人或說勃曰：「君既誅諸呂，立代王，威震天下，而君受厚賞處尊位以厭之，則禍及身矣。」〔一〕勃懼，亦自危，乃謝請歸相印。上許之。歲餘，陳丞相平卒，上復用勃爲（丞）相。十餘月，上曰：「前日吾詔列侯就

國，或頗未能行，丞相朕所重，其爲朕率列侯之國。」乃免相就國。

〔一〕師古曰：「厭謂當之也。言既有大功，又受厚賞而居尊位，以久當之〔不去〕，即禍及矣。厭音一涉反，又音烏狎反。」

歲餘，每河東守尉行縣至絳，絳侯勃自畏恐誅，常被甲，令家人持兵以見。其後人有上書告勃欲反，下廷尉，逮捕勃治之。勃恐，不知置辭。〔一〕吏稍侵辱之。勃以千金與獄吏，獄吏乃書牘背示之，〔二〕曰「以公主爲證」。公主者，孝文帝女也，勃太子勝之尚之，〔三〕故獄吏教引爲證。初，勃之益封，盡以予薄昭。及繫急，薄昭爲言薄太后，太后亦以爲無反事。文帝朝，太后以冒絮提文帝，〔四〕曰：「絳侯綰皇帝璽，將兵於北軍，〔五〕不以此時反，今居一小縣，顧欲反邪！」〔六〕文帝既見勃獄辭，乃謝曰：「吏方驗而出之。」於是使使持節赦勃，復爵邑。勃既出，曰：「吾嘗將百萬軍，安知獄吏之貴也！」

〔一〕師古曰：「置，立也。辭，對獄之辭。」

〔二〕李奇曰：「吏所執簿也。」師古曰：「牘，木簡，以書辭也，音讀。」

〔三〕師古曰：「尚，配也，解在張耳傳。」

〔四〕應劭曰：「陌額絮也。」晉灼曰：「巴蜀異志謂頭上巾爲冒絮。」師古曰：「冒，覆也，老人所以覆其頭。提，擲也。提音徒計反。」

〔五〕應劭曰：「言勃誅諸呂，廢少帝，手實國璽時尚不反，況今更有異乎？」師古曰：「綰謂引結其組，音烏版反。」

〔六〕師古曰：「顧猶回也。」

勃復就國，孝文十一年薨，謚曰武侯。子勝之嗣，尚公主不相中，〔一〕坐殺人，死，國絕。一年，〔文帝乃擇勃子賢者河內太守〕（弟）亞夫復爲侯。

〔一〕如淳曰：「猶言不相合當也。」師古曰：「意不相可也。中音竹仲反。」

亞夫爲河內守時，許負相之：〔一〕「君後三歲而侯。侯八歲，爲將相，持國秉，〔二〕貴重矣，於人臣無二。後九年而餓死。」亞夫笑曰：「臣之兄以代父侯矣，有如卒，子當代，我何說侯乎？然既已貴如負言，又何說餓死？指視我。」〔三〕負指其口曰：「從理入口，此餓死法也。」〔四〕居三歲，兄絳侯勝之有罪，文帝擇勃子賢者，皆推亞夫，乃封爲條侯。〔五〕

〔一〕應劭曰：「許負，河內溫人，老嫗也。」
〔二〕師古曰：「秉音彼命反。」
〔三〕師古曰：「視讀曰示。」
〔四〕師古曰：「從，豎也，音子容反。」
〔五〕師古曰：「縣在勃海。地理志作脩字，其音同耳。」

文帝後六年，匈奴大入邊。以宗正劉禮爲將軍軍霸上，祝茲侯徐厲爲將軍軍棘門，以河內守亞夫爲將軍軍細柳，以備胡。上自勞軍，至霸上及棘門軍，直馳入，將以下騎出入送

迎。已而之細柳軍，軍士吏被甲，銳兵刃，彀弓弩，持滿。〔一〕天子先驅至，不得入。〔二〕先驅曰：「天子且至！」軍門都尉曰：「軍中聞將軍之令，不聞天子之詔。」有頃，上至，又不得入。於是上使使持節詔將軍曰：「吾欲勞軍。」亞夫乃傳言開壁門。壁門士請車騎曰：「將軍約，軍中不得驅馳。」於是天子乃按轡徐行。至中營，將軍亞夫揖，曰：「介冑之士不拜，請以軍禮見。」〔三〕天子爲動，改容式車。〔四〕使人稱謝：〔五〕「皇帝敬勞將軍。」成禮而去。既出軍門，羣臣皆驚。文帝曰：「嗟乎，此眞將軍矣！鄉者霸上、棘門如兒戲耳，〔六〕其將固可襲而虜也。至於亞夫，可得而犯邪！」稱善者久之。月餘，三軍皆罷。乃拜亞夫爲中尉。

〔一〕師古曰：「彀，張也，音遘。」
〔二〕師古曰：「先驅，導駕者也，若今之武候隊矣。」
〔三〕應劭曰：「禮，介者不拜。」
〔四〕師古曰：「古者立乘，凡言式車者，謂俛身撫式，以禮敬人。式，車前橫木也。」
〔五〕師古曰：「謝，告也。」
〔六〕師古曰：「鄉讀曰嚮。」

文帝且崩時，戒太子曰：「卽有緩急，周亞夫眞可任將兵。」文帝崩，亞夫爲車騎將軍。孝景帝三年，吳楚反。亞夫以中尉爲太尉，東擊吳楚。因自請上曰：「楚兵剽輕，難與爭鋒。〔一〕願以梁委之，絕其食道，乃可制也。」上許之。〔二〕

〔一〕師古曰：「剽音匹妙反。」
〔二〕師古曰：「吳王傳云亞夫至淮陽，問鄧都尉，乃用此計，亞夫乃從之。今此云自請而後行。二傳不同，未知孰是。」

亞夫既發，至霸上，趙涉遮說亞夫曰：「將軍東誅吳楚，勝則宗廟安，不勝則天下危，能用臣之言乎？」亞夫下車，禮而問之。涉曰：「吳王素富，懷輯死士久矣。〔一〕此知將軍且行，必置間人於殽黽阸陿之間。且兵事上神密，將軍何不從此右去，走藍田，〔二〕出武關，抵雒陽，〔三〕間不過差一二日，〔四〕直入武庫，擊鳴鼓。諸侯聞之，以爲將軍從天而下也。」〔五〕太尉如其計。至雒陽，使吏搜殽黽間，果得吳伏兵。乃請涉爲護軍。

〔一〕師古曰：「輯與集同。」
〔二〕師古曰：「右謂少西去也。走音奏。」
〔三〕師古曰：「抵，至也。」
〔四〕師古曰：「謂右去行遲止一二日也。」
〔五〕師古曰：「不意其猝至。」

亞夫至，會兵滎陽。〔一〕吳方攻梁，梁急，請救。亞夫引兵東北走昌邑，〔二〕深壁而守。梁王使使請亞夫，亞夫守便宜，不往。梁上書言景帝，景帝詔使救梁。亞夫不奉詔，堅壁不

出，而使輕騎兵弓高侯等絕吳楚兵後食道。吳楚兵乏糧，飢，欲退，數挑戰，終不出。夜，軍中驚，內相攻擊擾亂，至於帳下。亞夫堅臥不起。頃之，復定。吳奔壁東南陬，〔三〕亞夫使備西北。已而其精兵果奔西北，不得入。吳楚既餓，乃引而去。亞夫出精兵追擊，大破吳王濞。吳王濞棄其軍，與壯士數千人亡走，保於江南丹徒。漢兵因乘勝，遂盡虜之，降其縣，購吳王千金。月餘，越人斬吳王頭以告。凡相守攻三月，而吳楚破平。於是諸將乃以太尉計謀爲是。由此梁孝王與亞夫有隙。

〔一〕師古曰：「會，集也。」
〔二〕師古曰：「走音奏。」
〔三〕如淳曰：「陬，隅也。」師古曰：「音子侯反，又音鄒。」

歸，復置太尉官。五歲，遷爲丞相，景帝甚重之。上廢栗太子，亞夫固爭之，不(待)〔得〕。上由此疏之。而梁孝王每朝，常與太后言亞夫之短。

竇太后曰：「皇后兄王信可侯也。」上讓曰：「始南皮及章武先帝不侯，〔一〕及臣卽位，乃侯之，信未得封也。」竇太后曰：「人生各以時行耳。〔二〕竇長君在時，竟不得封侯，死後，乃其子彭祖顧得侯。〔三〕吾甚恨之。帝趣侯信也！」〔四〕上曰：「請得與丞相計之。」亞夫曰：「高帝約『非劉氏不得王，非有功不得侯。不如約，天下共擊之』。今信雖皇后兄，無功，侯之，非約

也。」上默然而沮。〔五〕

〔一〕師古曰：「南皮竇彭祖，太后弟長君之子。章武，太后母弟廣國。」
〔二〕師古曰：「言富貴當及己身也。」
〔三〕師古曰：「顧，反也。」
〔四〕師古曰：「趣讀曰促。」
〔五〕師古曰：「沮者，止壞之意也，音才與反。」

其後匈奴王徐盧等五人降漢，〔一〕上欲侯之以勸後。亞夫曰：「彼背其主降陛下，陛下侯之，即何以責人臣不守節者乎？」上曰：「丞相議不可用。」乃悉封徐盧等爲列侯。亞夫因謝病免相。

〔一〕師古曰：「功臣表云唯徐盧。」

頃之，上居禁中，召亞夫賜食。獨置大胾，〔一〕無切肉，又不置箸。亞夫心不平，顧謂尚席取箸。〔二〕上視而笑曰：「此非不足君所乎？」〔三〕亞夫免冠謝上。上曰：「起。」亞夫因趨出。上目送之，曰：「此鞅鞅，非少主臣也！」

〔一〕師古曰：「胾，大臠，音側吏反。」
〔二〕應劭曰：「尚席，主席者也。」
〔三〕孟康曰：「設胾無箸者，此非不足滿於君所乎？嫌恨之也。」如淳曰：「非故不足君之食具，偶失之也。」師古曰：

「孟說近之。帝言賜君食而不設箸，此由我意於君有不足乎？」

居無何，亞夫子爲父買工官尚方甲楯五百被可以葬者。〔一〕取庸苦之，不與錢。〔二〕庸知其盜買縣官器，怨而上變告子，事連汙亞夫。書既聞，上下吏。吏簿責亞夫，〔三〕亞夫不對。上罵之曰：「吾不用也。」〔四〕召詣廷尉。廷尉責問曰：「君侯欲反何？」亞夫曰：「臣所買器，乃葬器也，何謂反乎？」吏曰：「君縱不欲反地上，即欲反地下耳。」吏侵之益急。初，吏捕亞夫，亞夫欲自殺，其夫人止之，以故不得死，遂入廷尉，因不食五日，歐血而死。國絕。

〔一〕如淳曰：「工官，官名也。」張晏曰：「被，具也。五百具甲楯也。」師古曰：「被音皮義反。」
〔二〕師古曰：「庸謂賃也。苦謂極苦使也。」
〔三〕如淳曰：「簿音主簿之簿，簿問其辭情。」師古曰：「簿問者，書之於簿，一一問之也。」
〔四〕孟康曰：「言不用汝對，欲殺之也。」如淳曰：「恐獄吏畏其復用事，不敢折辱也。」師古曰：「孟說是也。一云，帝責此吏云不勝其任，吾不用汝，故召亞夫令詣廷尉也。」

一歲，上乃更封絳侯勃它子堅爲平曲侯，續絳侯後。傳子建德，爲太子太傅，坐酎金免官。後有罪，國除。

亞夫果餓死。死後，上乃封王信爲蓋侯。至平帝元始二年，繼絕世，復封勃玄孫之子恭爲絳侯，千戶。

贊曰：聞張良之智勇，以爲其貌魁梧奇偉，〔一〕反若婦人女子。故孔子稱「以貌取人，失之子羽」。〔二〕學者多疑於鬼神，〔三〕如良受書老父，亦異矣。高祖數離困阸，良常有力，〔四〕豈可謂非天乎！陳平之志，見於社下，傾側擾攘楚、魏之間，卒歸於漢，而爲謀臣。及呂后時，事多故矣，〔五〕平竟自免，以智終。王陵廷爭，杜門自絕，亦各其志也。周勃爲布衣時，鄙樸庸人，至登輔佐，匡國家難，誅諸呂，立孝文，爲漢伊周，〔六〕何其盛也！始呂后問宰相，高祖曰：「陳平智有餘，王陵少戇，可以佐之；〔七〕安劉氏者必勃也。」又問其次，云「過此以後，非乃所及」。〔八〕終皆如言，聖矣夫！

〔一〕應劭曰：「魁梧，丘虛壯大之意也。」蘇林曰：「梧音悟。」師古曰：「魁，大貌也。梧者，言其可驚悟，今人讀爲吾，非也。」
〔二〕師古曰：「子羽，孔子弟子澹臺滅明字，貌惡而行善，故云然也。」
〔三〕師古曰：「謂無鬼神之事也。」
〔四〕師古曰：「離，遭也。」
〔五〕師古曰：「故謂中屯難也。」
〔六〕師古曰：「處伊尹、周公之任。」
〔七〕師古曰：「戇，愚也，舊音下紺反，今讀音竹巷反。」

〔八〕師古曰：「乃，汝也，言汝亦不及見也。」

校勘記

二〇三三頁四行　良(年)少，　景祐、殿本都無「年」字。
二〇三四頁八行　良因怪(之)，　景祐、殿本都無「之」字。
二〇三四頁三行　常習〔讀〕誦。　宋祁說一本「習」下有「讀」字。按景祐本有。
二〇三七頁六行　今(有事)〔事有〕急，　景祐、殿本都作「事有」。
二〇三八頁一行　因舉燕、(伐)〔代〕、齊、趙。　何焯說「伐」當作「代」。按各本都作「伐」，史記作「代」。
二〇四〇頁三行　(示)天下不復輸積，　景祐、殿本都無「示」字。
二〇四〇頁四行　(左)〔離〕親戚，　景祐、殿本都作「離」，注同。
二〇四四頁三行　上〔曰〕『終不使不肖子居愛子上』，明〔其〕代太子位必矣。　景祐、殿本都有「曰」字「其」字，史記同。
二〇四七頁七行　人生一世〔間〕，　景祐、殿本都有「間」字，史記同。
二〇四一頁六行　遂猶覺(也)。　景祐、殿本都無「也」字。
二〇四四頁三行　出〔其〕郊遠迎謁也。　景祐、殿本都有「其」字。
二〇四五頁四行　於是(召)〔詔〕御史。　景祐、殿本都作「詔」，王先謙說作「詔」是。

二〇四五頁三行　〔陳〕平乘馳傳　景祐、殿本都有「陳」字。
二〇四六頁二行　言見讒毒已者得（其成）〔成其〕計。　王先謙說「其成」字誤倒。
二〇四七頁七行　問〔左〕丞相平　景祐、殿本都有「左」字。
二〇四九頁五行　（各）有主者。　宋祁說越本無「各」字。按景祐本亦無。王念孫說無「各」字是。
二〇四九頁一〇行　勃謝（病請）免相，　宋祁說越本無「病請」二字。按景祐本亦無。
二〇五〇頁三行　坐略人妻棄（主）〔市〕。　景祐、汲古、殿、局本都作「市」，「主」字誤。
二〇五一頁二行　攻（蘭）〔藁〕、廣，取之。　齊召南說史記作「攻藁、廣」，「蘭」當作「藁」。　王先謙說地無「蘭廣」名，齊說是。
二〇五三頁五行　〔擊〕陳豨，　景祐、殿本都有「擊」字，史記亦有，此脫。
二〇五四頁五行　於是陰謀（乃）〔以〕爲　景祐、殿本都作「以」。王先謙說作「以」是。
二〇五五頁五行　有數人不肯去，（官）〔宦〕者令張釋諭告，亦去。　景祐、殿、局本都作「宦」。王先謙說作「宦」是。
二〇五五頁一五行　上復用勃爲（丞）相。　景祐、殿本都無「丞」字。
二〇五六頁二行　以久當之〔不去〕，即禍及矣。　景祐、殿本都有「不去」二字。　王先謙說此脫。
二〇五七頁三行　一年，〔文帝乃擇勃子賢者河內太守〕（弟）亞夫復爲侯。　錢大昭說閩本無「弟」字，「亞

夫」上多十二字。按景祐本同閩本。
二〇六〇頁一〇行　不（待）〔得〕。　錢大昭說「待」當作「得」。按景祐、殿本都作「得」。

漢書卷四十一

樊酈滕灌傅靳周傳第十一

樊噲，沛人也，以屠狗爲事。〔一〕後與高祖俱隱於芒碭山澤間。

〔一〕師古曰：「時人食狗亦與羊豕同，故噲專屠以賣。」

陳勝初起，蕭何、曹參使噲求迎高祖，立爲沛公。〔二〕噲以舍人從攻胡陵、方與，〔三〕還守豐，擊泗水監豐下，破之。〔四〕復東定沛，破泗水守薛西。〔五〕與司馬𡰱戰碭東，〔六〕卻敵，斬首十五級，賜爵國大夫。〔七〕常從，沛公擊章邯軍濮陽，攻城先登，斬首二十三級，賜爵列大夫。〔八〕從攻（陽城）〔城陽〕，先登。下戶牖，〔九〕破李由軍，斬首十六級，賜上閒爵。〔一〇〕後攻圉都尉、東郡守尉於成武，〔一一〕卻敵，斬首十四級，捕虜十六人，〔一二〕賜爵五大夫。從攻秦軍，出亳南。〔一三〕河間守軍於杠里，破之。〔一四〕擊破趙賁軍開封北，〔一五〕以卻敵先登，斬候一人，首六十八級，捕虜二十六人，〔一六〕賜爵卿。從攻破楊熊於曲遇。〔一七〕攻宛陵，先登，斬首八級，捕虜四十四人，賜爵封號賢成君。〔一八〕從攻長社、轘轅，絕河津，東攻秦軍尸鄉，南攻秦軍於犨。

破南陽守齮於陽城。東攻宛城，先登。西至酈，〔一九〕以卻敵，斬首十四級，捕虜四十（四）人，賜重封。〔二〇〕攻武關，至霸上，斬都尉一人，首十級，捕虜百四十六人，降卒二千九百人。

〔一〕師古曰：「高祖時亡在外，故求而迎之。」
〔二〕師古曰：「皆縣名。方音房。與音豫。」
〔三〕師古曰：「泗水，郡名。監謂御史監郡者也，破之於豐縣下。」
〔四〕師古曰：「破郡守於薛縣之西。」
〔五〕師古曰：「秦將章邯之司馬也。𡰱讀與夷同。」
〔六〕文穎曰：「即官大夫也，爵第六級。」
〔七〕文穎曰：「即公大夫也，爵第七級。」
〔八〕師古曰：「陽武縣之鄉。」
〔九〕張晏曰：「得徑上聞也。」如淳曰：「呂氏春秋曰『魏文侯東勝齊於長城，天子賞文侯以上聞』。」晉灼曰：「名通於天子也。」
〔一〇〕師古曰：「圉即陳留圉縣。」
〔一一〕師古曰：「生獲曰虜。」
〔一二〕鄭氏曰：「亳，成湯封邑，今河南偃師湯亭是。」
〔一三〕師古曰：「杠音江。」
〔一四〕師古曰：「賁音奔。」

〔一五〕師古曰：「既斬侯一人，又更斬它首六十八。」

〔一六〕師古曰：「曲音丘羽反。遇音顒。」

〔一七〕張晏曰：「食祿比封君而無邑也。」臣瓚曰：「秦制，列侯乃有封爵。」師古曰：「瓚說非也。楚漢之際，權設寵榮，假其位號，或得邑地，或空受爵，此例多矣。約以秦制，於義不通。」

〔一八〕師古曰：「南陽之縣也，音直益反。」

〔一九〕張晏曰：「益祿也。」如淳曰：「正爵名也。」臣瓚曰：「增封也。」師古曰：「諸家之說皆非也。重封者，加二號耳。」

項羽在戲下，欲攻沛公。沛公從百餘騎因項伯面見項羽，謝無有閉關事。項羽既饗軍士，中酒，〔一〕亞父謀欲殺沛公，令項莊拔劍舞坐中，欲擊沛公，項伯常屏蔽之。時獨沛公與張良得入坐，樊噲居營外，聞事急，乃持盾入。初入營，營衞止噲，〔二〕噲直撞入，立帳下。〔三〕項羽目之，問為誰。張良曰：「沛公參乘樊噲也。」項羽曰：「壯士。」賜之卮酒彘肩。噲既飲酒，拔劍切肉食之。項羽曰：「能復飲乎？」噲曰：「臣死且不辭，豈特卮酒乎！且沛公先入定咸陽，暴師霸上，以待大王。〔四〕大王今日至，聽小人之言，與沛公有隙，臣恐天下解心疑大王也。」項羽默然。沛公如廁，麾噲去。既出，沛公留車騎，〔五〕獨騎馬，噲等四人步從，從山下走歸霸上軍，而使張良謝項羽。羽亦因遂已，〔六〕無誅沛公之心。是日微樊噲奔入營譙讓項羽，沛公幾殆。〔七〕

〔一〕張晏曰：「酒酣也。」師古曰：「飲酒之中也。不醉不醒，故謂之中。中音竹仲反。」

〔二〕師古曰：「營衞，謂營壘之守衞者。」

〔三〕師古曰：「謂以盾撞擊人。撞音丈江反。」

〔四〕師古曰：「時項羽未為王，故高紀云『以待將軍』。此言大王，史追書耳。」

〔五〕師古曰：「沛公所乘之車及從者之騎。」

〔六〕師古曰：「已，止也。」

〔七〕師古曰：「微，無也。譙，責也。殆，危也。譙音才笑反。幾音鉅依反。」

後數日，項羽入屠咸陽，立沛公為漢王。漢王賜噲爵為列侯，號臨武侯。遷為郎中，從入漢中。

還定三秦，別擊西丞白水北，〔一〕（擁）〔雍〕輕車騎雍南，破之。從攻雍、斄城，先登。〔二〕擊章平軍好畤，攻城，先登陷陣，斬縣令丞各一人，首十一級，虜二十人，遷為郎中騎將。從擊秦車騎壤東，〔三〕卻敵，遷為將軍。攻趙賁，下郿、槐里、柳中、咸陽；〔四〕灌廢丘，最。〔五〕至櫟陽，賜食邑杜之樊鄉。〔六〕從攻項籍，屠煮棗，〔七〕擊破王武、程處軍於外黃。攻鄒、魯、瑕丘、薛。項羽敗漢王於彭城，盡復取魯、梁地。噲還至滎陽，益食平陰二千戶，以將軍守廣武一歲。〔八〕項羽引東，從高祖擊項籍，下陽夏，〔九〕虜楚周將軍卒四千人。〔一〇〕圍項籍陳，大破之。〔一一〕屠胡陵。

〔一〕服虔曰：「西丞，縣名也。」晉灼曰：「白水，今廣平魏縣也。地理志無西丞，似秦將名也。」師古曰：「二說並非也。西謂隴西郡西縣也。白水，水名，經西縣東南流而過。言擊西縣之丞於白水之北。」

〔二〕師古曰：「斄讀與部同，縣名，即后稷所封，今武功故城是，音胎。」

〔三〕師古曰：「地名也。」

〔四〕師古曰：「柳中即細柳地也，在長安西。」

〔五〕李奇曰：「以水灌廢丘也。」張晏曰：「最，功第一也。」晉灼曰：「京輔治華陰灌北也。」師古曰：「高紀言『引水灌廢丘』，李說是也。或者云漢王自彭城敗還始灌廢丘，此時未也。此說非矣。彭城還，更灌廢丘，始平定之，無廢丘。此時已當灌矣。」

〔六〕師古曰：「杜縣之鄉也，今曰樊川。」

〔七〕晉灼曰：「地理志無也。清河有煮棗城，功臣表有煮棗侯。」師古曰：「既云攻項籍，屠煮棗，則其地當在大河之南，非清河之城明矣，但未詳其處耳。」

〔八〕師古曰：「即滎陽之廣武。」

〔九〕師古曰：「夏音工雅反。」

〔一〇〕師古曰：「周殷。」

〔一一〕師古曰：「於陳縣圍之。」

項籍死，漢王即皇帝位，以噲有功，益食邑八百戶。其秋，燕王臧荼反，噲從攻虜荼，定燕地。楚王韓信反，噲從至陳，取信，定楚。更賜爵列侯，與剖符，世世勿絕，食舞陽，號為舞

陽侯，除前所食。以將軍從攻反者韓王信於代。自霍人以往至雲中，與絳侯等共定之，益食千五百戶。因擊陳豨與曼丘臣軍，戰襄國，破柏人，先登，降（之）定清河、常山凡二十七縣，殘東垣，〔一〕遷為左丞相。破得綦毋（卬）〔卬〕、尹潘軍於無終、廣昌。〔二〕破豨別將胡人王黃軍代南，因擊韓信軍參合。軍所將卒斬韓信，擊豨胡騎橫谷，斬將軍趙既，虜代丞相馮梁、守孫奮、大將王黃、將軍（大將）一人、太僕解福等十人。與諸將共定代鄉邑七十三。後燕王盧綰反，噲以相國擊綰，破其丞相抵薊南，〔三〕定燕縣十八，鄉邑五十一。益食千三百戶，定食舞陽五千四百戶。從，斬首百七十六級，虜二百八十七人。別，破軍七，下城五，定郡六，縣五十二，得丞相一人，將軍十三人，二千石以下至三百石十二人。

〔一〕張晏曰：「殘有所毀也。」臣瓚曰：「殘謂多所殺傷也。」師古曰：「瓚說是。」

〔二〕師古曰：「姓綦毋，名（卬）〔卬〕也。綦音其。」

〔三〕師古曰：「抵，至也。一說，抵者，其丞相之名也，音丁禮反。」

噲以呂后弟呂須為婦，生子伉，〔一〕故其比諸將最親。先黥布反時，高帝嘗病，〔二〕惡見人，臥禁中，詔戶者無得入羣臣。羣臣絳、灌等莫敢入。十餘日，噲乃排闥直入，〔三〕大臣隨之。上獨枕一宦者臥。噲等見上流涕曰：「始陛下與臣等起豐沛，定天下，何其壯也！今天下已定，又何憊也！〔四〕且陛下病甚，大臣震恐，不見臣等計事，顧獨與一宦者絕乎？〔五〕且

陛下獨不見趙高之事乎？」〔六〕高帝笑而起。

〔一〕師古曰：「伉音抗，又音剛。」
〔二〕師古曰：「黥布未反之前。」
〔三〕師古曰：「闥，宮中小門也，一曰門屏也，音土曷反。」
〔四〕師古曰：「憊，力極也，音蒲拜反。」
〔五〕師古曰：「顧猶反也。」
〔六〕師古曰：「謂始皇崩，趙高矯爲詔命，殺扶蘇而立胡亥。」

其後盧綰反，高帝使噲以相國擊燕。是時高帝病甚，人有惡噲黨於呂氏，〔一〕即上一日宮車晏駕，則噲欲以兵盡誅戚氏、趙王如意之屬。高帝大怒，乃使陳平載絳侯代將，而即軍中斬噲。〔二〕陳平畏呂后，執噲詣長安。至則高帝已崩，呂后釋噲，〔三〕得復爵邑。

〔一〕師古曰：「惡謂毀醬，言其罪惡也。」
〔二〕師古曰：「即，就也。」
〔三〕師古曰：「釋，解也，解免其罪。」

孝惠六年，噲薨，謚曰武侯，子伉嗣。而伉母呂須亦爲臨光侯，（噲）高后時用事顓權，〔一〕大臣盡畏之。高后崩，大臣誅呂須等，因誅伉，舞陽侯中絕數月。孝文帝立，乃復封噲庶子市人爲侯，復故邑。薨，謚曰荒侯。子佗廣嗣。六歲，其舍人上書言：「荒侯市人病

不能爲人，〔二〕令其夫人與其弟亂而生佗廣，佗廣實非荒侯子。」下吏，免。平帝元始二年，繼絕世，封噲玄孫之子章爲舞陽侯，邑千戶。

〔一〕師古曰：「顓與專同。」
〔二〕師古曰：「言無人道也。」

酈商，高陽人也。〔一〕陳勝起，商聚少年得數千人。沛公略地六月餘，商以所將四千人屬沛公於岐。從攻長社，先登，賜爵封信成君。從攻緱氏，絕河津，破秦軍雒陽東。從下宛、穰，定十七縣。別將攻旬關，〔二〕西定漢中。〔三〕

〔一〕師古曰：「酈音歷。」
〔二〕師古曰：「漢中旬水上之關也，今在洵陽縣。」
〔三〕師古曰：「先言攻旬關，定漢中，然後云沛公爲漢王，是則沛公從武關、藍田而來，商時別從西道平定漢中。」

沛公爲漢王，賜商爵信成君，以將軍爲隴西都尉。別定北地郡，破章邯別將於烏氏、栒邑、泥陽，〔一〕賜食邑武城六千戶。從擊項籍軍，與鍾離眛戰，受梁相國印，〔二〕益食四千戶。從擊項羽二歲，攻胡陵。

〔一〕師古曰：「烏氏，安定縣也。栒邑今在豳州。泥陽，北地縣。氏音支。栒音荀。」

〔二〕師古曰：「漢以梁相國印授之。」

漢王即帝位，燕王臧荼反，商以將軍從擊荼，戰龍脫，〔一〕先登陷陣，破荼軍易下，〔二〕卻敵，遷爲右丞相，賜爵列侯，與剖符，世世勿絕，食邑涿郡五千戶。別定上谷，因攻代，受趙相國印。〔三〕與絳侯等定代郡、鴈門，得代丞相程縱、守相郭同、〔四〕將軍以下至六百石十九人。還，以將軍將太上皇衞一歲。十月，以右丞相擊陳豨，殘東垣。又從擊黥布，攻其前垣，〔五〕陷兩陳，得以破布軍，更封爲曲周侯，食邑五千一百戶，除前所食。凡別破軍三，降定郡六，縣七十三，得丞相、守相、大將（軍）各一人，小將（軍）二人，二千石以下至六百石十九人。

〔一〕孟康曰：「地名也。」
〔二〕師古曰：「今易縣。」
〔三〕師古曰：「初受梁相國印，今又受趙相國印。」
〔四〕師古曰：「守相，謂爲相而居守者。」
〔五〕李奇曰：「前鋒堅薮若垣牆也。或曰，軍前以大（軍）（車）自障若垣也。」師古曰：「二說皆非也。謂攻其壁壘之前垣。」

商事孝惠帝、呂后。呂后崩，商疾不治事。〔一〕其子寄，字況，與呂祿善。及高后崩，大臣欲誅諸呂，呂祿爲將軍，軍於北軍，太尉勃不得入北軍，於是乃使人劫商，令其子寄紿呂祿。呂祿信之，與出游，而太尉勃乃得入據北軍，遂以誅諸呂。商是歲薨，謚曰景侯。子寄嗣。

天下稱酈況賣友。

〔一〕文穎曰：「商有疾病，不能治官事。」

孝景時，吳、楚、齊、趙反，上以寄爲將軍，圍趙城，七月不能下。欒布自平齊來，乃滅趙。孝景中二年，寄欲取平原君（姊）爲夫人，〔一〕景帝怒，下寄吏，免。上乃封商它子堅爲繆侯，〔二〕奉商後。傳至玄孫終根，武帝時爲太常，坐巫蠱誅，國除。元始中，賜高祖時功臣自酈商以下子孫爵（乎）（皆）關內侯，食邑凡百餘人。

〔一〕蘇林曰：「景帝王皇后母臧兒也。」
〔二〕師古曰：「繆，所封邑名。」

夏侯嬰，沛人也。爲沛廄司御，每送使客，還過泗上亭，與高祖語，未嘗不移日也。嬰已而試補縣吏，與高祖相愛。高祖戲而傷嬰，人有告高祖。高祖時爲亭長，重坐傷人，〔一〕告故不傷嬰，〔二〕嬰證之。移獄覆，嬰坐高祖繫歲餘，掠笞數百，終脫高祖。

〔一〕如淳曰：「爲吏傷人，其罪重。」
〔二〕蘇林曰：「自告情故，不傷嬰也。」

高祖之初與徒屬欲攻沛也，〔一〕嬰時以縣令史爲高祖使。上降沛一日，〔二〕高祖爲沛

公，賜爵七大夫，以嬰爲太僕，常奉車。〔三〕從攻胡陵，嬰與蕭何降泗水監平，〔四〕平以胡陵降，賜嬰爵五大夫。從擊秦軍碭東，攻濟陽，下戶牖，破李由軍雍丘，以兵車趣攻戰疾，破之，〔五〕賜爵執帛。從擊章邯軍東阿、濮陽下，以兵車趣攻戰疾，破之，賜爵執圭。從擊趙賁軍開封，楊熊軍曲遇。嬰從捕虜六十八人，降卒八百五十人，得印一匱。〔六〕又擊秦軍雒陽東，以兵車趣攻戰疾，賜爵封轉爲滕令。〔七〕因奉車〔八〕從攻定南陽，戰於藍田、芷陽，〔九〕至霸上。沛公爲漢王，賜嬰爵列侯，號昭平侯，復爲太僕，從入蜀漢。

〔一〕師古曰：「謂始亡在外，未被樊噲召時。」
〔二〕師古曰：「謂父老開城門迎高祖時也。」
〔三〕師古曰：「爲沛公御車。」
〔四〕張晏曰：「胡陵，平所止縣，何嘗給之，故與降。」
〔五〕師古曰：「趣讀曰促，謂急速也。次下亦同。」
〔六〕師古曰：「時自相署置官之印。」
〔七〕鄧展曰：「今沛郡公丘縣。」
〔八〕師古曰：「因此又每奉車從攻戰，以至霸上。」
〔九〕師古曰：「芷陽後爲霸陵縣。」

還定三秦，從擊項籍。至彭城，項羽大破漢軍。漢王不利，馳去。見孝惠、魯元，載之。

漢王急，馬罷，虜在後，〔一〕常蹶兩兒棄之，〔二〕嬰常收載行，面雍樹馳。〔三〕漢王怒，欲斬嬰者十餘，卒得脫，而致孝惠、魯元於豐。

〔一〕師古曰：「罷讀曰疲。」
〔二〕服虔曰：「蹶音撥。」晉灼曰：「音足跋物之跋。」師古曰：「服音是。」
〔三〕服虔曰：「高祖欲斬之，故嬰圍樹走，面向樹也。」應劭曰：「古者立乘，嬰恐小兒墮墜，各置一面擁持之。樹，立也。」蘇林曰：「南方人謂抱小兒爲雍樹。」師古曰：「面，偝也。雍，抱持之。言取兩兒，令面背己，而抱持之以馳，故云面雍樹馳。服言圍樹而走，義尤疎越。雍讀曰擁。」

漢王既至滎陽，收散兵，復振，賜嬰食邑沂陽。〔一〕擊項籍下邑，追至陳，卒定楚。至魯，益食茲氏。〔二〕

〔一〕師古曰：「沂音魚依反。」
〔二〕師古曰：「茲氏，縣名，地理志屬太原。」

漢王卽帝位，燕王臧荼反，嬰從擊荼。明年，從至陳，取楚王信。更食汝陰，剖符，世世勿絕。從擊代，至武泉、雲中，益食千戶。因從擊韓信軍胡騎晉陽旁，大破之。追北至平城，爲胡所圍，七日不得通。高帝使使厚遺閼氏，冒頓乃開其圍一角。高帝出欲馳，嬰固徐行，弩皆持滿外鄉，〔一〕卒以得脫。〔二〕益食嬰細陽千戶。〔三〕從擊胡騎句注北，大破之。擊胡騎平城南，三陷陳，功爲多，（閼）〔賜〕所奪邑五百戶。〔四〕從擊陳豨、黥布軍，陷陳卻敵，益千戶，定食汝陰六千九百戶，除前所食。

〔一〕師古曰：「故示閑暇，所以固士卒心，而令敵不測也。鄉讀曰嚮。」
〔二〕師古曰：「卒，終也。」
〔三〕師古曰：「益其邑使食之。」
〔四〕孟康曰：「時有罪過奪邑者，以賜之。」

嬰自上初起沛，常爲太僕從，竟高祖崩。以太僕事惠帝。惠帝及高后德嬰之脫孝惠、魯元於下邑間也，乃賜嬰北第第一，〔一〕曰「近我」，以尊異之。惠帝崩，以太僕事高后。高后崩，代王之來，嬰以太僕與東牟侯入淸宮，廢少帝，以天子法駕迎代王代邸，與大臣共立文帝，復爲太僕。八歲薨，謚曰文侯。傳至曾孫頗，〔二〕尚平陽公主，坐與父御婢姦，自殺，國除。

〔一〕師古曰：「北第者，近北闕之第，嬰最第一也。故張衡西京賦云『北闕甲第，當道直啓』。」
〔二〕師古曰：「頗音普河反。」

初嬰爲滕令奉車，故號滕公。及曾孫頗尚主，主隨外家姓，號孫公主，故滕公子孫更爲孫氏。

灌嬰，睢陽販繒者也。〔一〕高祖爲沛公，略地至雍丘，章邯殺項梁，而沛公還軍於碭，嬰以中涓從，擊破東郡尉於成武及秦軍於杠里，疾鬬，賜爵七大夫。又從攻秦軍亳南、開封、曲遇，戰疾力，〔二〕賜爵執帛，號宣陵君。從攻陽武以西至雒陽，破秦軍尸北。北絕河津，南破南陽守齮陽城東，遂定南陽郡。西入武關，戰於藍田，疾力，至霸上，賜爵執圭，號昌文君。

〔一〕師古曰：「繒者，帛之總名。」
〔二〕孟康曰：「攻戰速疾也。」師古曰：「疾，急速也。力，強力也。」

沛公爲漢王，拜嬰爲郎中，從入漢中，十月，拜爲中謁者。從還定三秦，下櫟陽，降塞王。還圍章邯廢丘，未拔。從東出臨晉關，擊降殷王，定其地。擊項羽將龍且、魏相項佗軍定陶南，疾戰，破之。賜嬰爵列侯，號昌文侯，食杜平鄉。〔一〕

〔一〕師古曰：「杜縣之平鄉。」

復以中謁者從降下碭，以北至彭城。項羽擊破漢王，漢王遁而西，嬰從還，軍於雍丘。王武、魏公申徒反，〔一〕從擊破之。攻下外黃，西收軍於滎陽。楚騎來衆，漢王乃擇軍中可爲騎將者，皆推故秦騎士重泉人李必、駱甲〔二〕習騎兵，今爲校尉，可爲騎將。漢王欲拜之，

中華書局

必、甲曰：「臣故秦民，恐軍不信臣，臣願得大王左右善騎者傅之。」〔三〕嬰雖少，然數力戰，乃拜嬰爲中大夫，令李必、駱甲爲左右校尉，將郎中騎兵擊楚騎於滎陽東，大破之。受詔別擊楚軍後，絕其饟道，〔四〕起陽武至襄邑。擊項羽之將項冠於魯下，破之，所將卒斬右司馬、騎將各一人。〔五〕擊破柘公王武軍燕西，〔六〕所將卒斬樓煩將五人，〔七〕連尹一人。〔八〕擊王武別將桓嬰白馬下，破之，所將卒斬都尉一人。以騎度河南，送漢王到雒陽，從北迎相國韓信軍於邯鄲。還至敖倉，嬰遷爲御史大夫。

〔一〕張晏曰：「故秦將，降爲公，今反。」
〔二〕師古曰：「重泉，縣名也，地理志屬左馮翊。」
〔三〕如淳曰：「傅音附，猶言隨從者。」
〔四〕師古曰：「饟，古餉字。」
〔五〕張晏曰：「主右方之馬，左亦如之。」晉灼曰：「下所謂左右千人之騎。」
〔六〕師古曰：「柘，縣名。公者，柘之令也。王武，其人姓名也。燕亦縣名，古南燕國也。音一千反。」
〔七〕李奇曰：「樓煩，縣名，其人善騎射，故名射士爲樓煩，取其稱也。」師古曰：「解在項羽傳。」
〔八〕蘇林曰：「楚官也。」

三年，以列侯食邑杜平鄉。受詔將郎中騎兵東屬相國韓信，擊破齊軍於歷下，所將卒虜(單)〔車〕騎將(軍)華毋傷〔一〕及將吏四十六人。降下臨淄，得相田光。追齊相田橫至嬴、

博，〔二〕擊破其騎，所將卒斬騎將一人，生得騎將四人。攻下嬴、博，破齊將軍田吸於千乘，斬之。東從韓信攻龍且、留公於假密，〔三〕卒斬龍且，〔四〕生得右司馬、連尹各一人，樓煩將十人，身生得亞將周蘭。〔五〕

〔一〕師古曰：「華音下化反。」
〔二〕師古曰：「二縣名。」
〔三〕師古曰：「留，縣名。公，留令也。攻龍且及留令於假密。」
〔四〕師古曰：「嬰所將之卒也。其下亦同。」
〔五〕師古曰：「亞，次也。」

齊地已定，韓信自立爲齊王，使嬰別將擊楚將公杲於魯北，破之。轉南，破薛郡長，〔一〕身虜騎將(八)〔一人〕。攻(博)〔傅〕陽，前至下相以東南僮、取慮、徐。〔二〕度淮，盡降其城邑，至廣陵。〔三〕項羽使項聲、薛公、郯公復定淮北，嬰度淮擊破項聲、郯公下邳，斬薛公，下下邳、壽春。擊破楚騎平陽，〔四〕遂降彭城。虜柱國項佗，〔五〕降留、薛、沛、酇、蕭、相。〔六〕攻苦、譙，〔七〕復得亞將。與漢王會頤鄉。從擊項籍軍陳下，破之。所將卒斬樓煩將二人，虜將八人。賜益食邑二千五百戶。

〔一〕師古曰：「長，亦如郡守也，時每郡置長。」
〔二〕師古曰：「僮及取慮及徐，三縣名也。取音趨，又音秋。慮音廬。」
〔三〕蘇林曰：「別將兵屯廣陵也。」師古曰：「此說非也。謂從下相以東南盡降城邑，乃至廣陵皆平定。」
〔四〕師古曰：「此平陽在東郡。」
〔五〕師古曰：「佗音徒何反。」
〔六〕師古曰：「凡六縣也。酇音才何反。」
〔七〕師古曰：「二縣也。」

項籍敗垓下去也，嬰以御史大夫將車騎別追項籍至東城，破之。所將卒五人共斬項籍，皆賜爵列侯。降左右司馬各一人，卒萬二千人，盡得其軍將吏。下東城、歷陽。度江，破吳郡長吳下，〔一〕得吳守，遂定吳、豫章、會稽郡。還定淮北，凡五十二縣。

〔一〕如淳曰：「雄長之長也。」師古曰：「此說非也。吳郡長，當時爲吳郡長，嬰破之於吳下。」

漢王即帝位，賜益嬰邑三千戶。以車騎將軍從擊燕王荼。明年，從至陳，取楚王信。還，剖符，世世勿絕，食潁陰二千五百戶。

從擊(漢)〔韓〕王信於代，至馬邑，別降樓煩以北六縣，斬代左將，破胡騎將於武泉北。復從擊信胡騎晉陽下，所將卒斬胡白題將一人。〔一〕又受詔并將燕、趙、齊、梁、楚車騎，擊破胡騎於硰石。〔二〕至平城，爲胡所困。

〔一〕師古曰：「胡名也。」
〔二〕師古曰：「硰音千坐反。」

從擊陳豨，別攻豨丞相侯敞軍曲逆下，破之，卒斬敞及特將五人。〔一〕降曲逆、盧奴、上曲陽、安國、安平。攻下東垣。

〔一〕師古曰：「卒謂所將之卒也。特，獨也，各(特)〔獨〕爲將。」

黥布反，以車騎將軍先出，攻布別將於相，破之，斬亞將樓煩將三人。又進擊破布上柱國及大司馬軍。又進破布別將肥銖。嬰身生得左司馬一人，所將卒斬其小將十人，追北至淮上。益食邑二千五百戶。布已破，高帝歸，定令嬰食潁陰五千戶，除前所食邑。凡從所得二千石二人，別破軍十六，降城四十六，定國一，郡二，縣五十二，得將軍二人，柱國、相各一人，二千石十人。

嬰自破布歸，高帝崩，以列侯事惠帝及呂后。呂后崩，呂祿等欲爲亂。齊哀王聞之，舉兵西，呂祿等以嬰爲大將軍往擊之。嬰至滎陽，乃與絳侯等謀，因屯兵滎陽，風齊王以誅呂氏事，〔一〕齊兵止不前。絳侯等既誅諸呂，齊王罷兵歸。嬰自滎陽還，與絳侯、陳平共立文帝。於是益封嬰三千戶，賜金千斤，爲太尉。

〔一〕師古曰：「風讀曰諷。」

三歲，絳侯勃免相，嬰爲丞相，罷太尉官。是歲，匈奴大入北地，上令丞相嬰將騎八萬五千擊匈奴。匈奴去，濟北王反，詔罷嬰兵。後歲餘，以丞相薨，謚曰懿侯。傳至孫(疆)〔彊〕，有罪，絕。武帝復封嬰孫賢爲臨汝侯，奉嬰後，後有罪，國除。

傅寬，以魏五大夫騎將從，爲舍人，起橫陽。從攻安陽、杠里，趙賁軍於開封，及擊楊熊曲遇、陽武，斬首十二級，賜爵卿。從至霸上。沛公爲漢王，賜寬封號共德君。〔一〕從入漢中，爲右騎將。定三秦，賜食邑雕陰。〔二〕從擊項籍，待懷，〔三〕賜爵通德侯。從擊項冠、周蘭、龍且，所將卒斬騎將一人敖下，〔四〕益食邑。

〔一〕師古曰：「共讀曰恭。」
〔二〕孟康曰：「縣名，屬上郡。」
〔三〕服虔曰：「(侍)〔待〕高帝於懷。懷，縣(召)〔名〕也。」師古曰：「地理志屬河內，即今懷州。」
〔四〕師古曰：「敖，地名。敖倉蓋取此名也。左氏傳曰『敖、鄗之間』。」

屬淮陰，〔一〕擊破齊歷下軍，擊田解。屬相國參，殘博，〔二〕益食邑。因定齊地，剖符世世勿絕，封陽陵侯，二千六百戶，除前所食。爲齊右丞相，備齊。〔三〕五歲爲齊相國。

〔一〕張晏曰：「韓信也。信時爲相國，云淮陰者，終言之也。」

〔二〕師古曰：「參，曹參也。博，太山縣也。」
〔三〕張晏曰：「時田橫未降，故設屯備。」

四月，擊陳豨，屬太尉勃，以相國代丞相噲擊豨。一月，徙爲代相國，將屯。〔一〕二歲，爲丞相，將屯。孝惠五年薨，謚曰景侯。傳至曾孫偃，謀反，誅，國除。

〔一〕如淳曰：「既爲相國，有警則將卒而屯守也。」師古曰：「此說非也。時代國常有屯兵以備邊寇，寬爲代相，兼將此屯兵也。」

靳歙，以中涓從，起宛朐。〔一〕攻濟陽。破李由軍。擊秦軍開封東，斬騎千人將一人，〔二〕首五十七級，捕虜七十三人，賜爵封臨平君。又戰藍田北，斬車司馬二人，〔三〕騎長一人，〔四〕首二十八級，捕虜五十七人。至霸上。沛公爲漢王，賜歙爵建武侯，遷騎都尉。

〔一〕師古曰：「歙音翕。宛音於元反。朐音其于反。」
〔二〕如淳曰：「騎將率號爲千人。漢儀注邊郡置部都尉、千人、司馬、候也。」
〔三〕張晏曰：「主車也。」
〔四〕張晏曰：「騎之長。」

從定三秦。別西擊章平軍於隴西，破之，定隴西六縣，所將卒斬車司馬、候各四人，騎長十二人。從東擊楚，至彭城。漢軍敗還，保雍丘，擊反者王武等。略梁地，別西擊邢說軍菑南，破之，〔一〕身得說都尉二人，司馬、候十二人，降吏卒四千六百八十人。破楚軍滎陽東。食邑四千二百戶。

〔一〕師古曰：「菑，縣名也，後爲考城。說讀曰悅。」

別之河內，擊趙賁軍朝歌，破之，所將卒得騎將二人，車馬二百五十匹。從攻安陽以東，至棘蒲，下十縣。別攻破趙軍，得其將司馬二人，候四人，降吏卒二千四百人。從降下邯鄲。別下平陽，身斬守相，所將卒斬兵守郡一人，〔一〕降鄴。從攻朝歌、邯鄲，又別擊破趙(郡)〔軍〕，降邯鄲郡六縣。還軍敖倉，破項籍軍成皋南，擊絕楚饟道，起滎陽至襄邑。破項冠魯下。略地東至鄫、郯、下邳，南至蘄、竹邑。擊項悍濟陽下。還擊項籍軍陳下，破之。別定江陵，降柱國、大司馬以下八人，身得江陵王，致雒陽，〔二〕因定南郡。從至陳，取楚王信，剖符世世勿絕，定食四千六百戶，爲信武侯。

〔一〕李奇曰：「或以爲郡守也，字反耳。」晉灼曰：「將兵郡守也。」師古曰：「當言兵郡守一人也。」
〔二〕師古曰：「江陵王謂共敖之子共尉也，得而送致於雒陽。」

以騎都尉(從)擊代，攻韓信平城下，還軍東垣。有功，遷爲車騎將軍，并將梁、趙、齊、燕、楚車騎，別擊陳豨丞相敞，破之，〔一〕因降曲逆。從擊黥布有功，益封，定食邑五千三百戶。

〔一〕師古曰：「侯敞。」

凡斬首九十級，虜百四十二人，別破軍十四，降城五十九，定郡、國各一，縣二十三，得王、柱國各一人，二千石以下至五(百)石三十九人。

高后五年，薨，謚曰肅侯。子亭嗣，有罪，國除。

周緤，沛人也。〔一〕以舍人從高祖起沛。至霸上，西入蜀漢，還定三秦，常爲參乘，賜食邑池陽。〔二〕從東擊項羽滎陽，絕甬道，從出度平陰，遇韓信軍襄國，戰有利不利，終亡離上心。上以緤爲信武侯，〔三〕食邑三千三百戶。

〔一〕師古曰：「緤音息列反。」
〔二〕師古曰：「即馮翊池陽縣。」
〔三〕師古曰：「以其忠信，故加此號。」

上欲自擊陳豨，緤泣曰：「始秦攻破天下，未曾自行，今上常自行，是亡人可使者乎？」上以爲「愛我」，賜入殿門不趨。

十二年，更封緤爲鄲城侯，〔一〕孝文五年薨，謚曰貞侯。子昌嗣，有罪，國除。景帝復封緤子應爲鄲侯，〔二〕薨，謚曰康侯。子仲居嗣，坐爲太常有罪，國除。

〔一〕服虔曰：「音菅蒯之蒯。」蘇林曰：「音簿催反。」晉灼曰：「功臣表屬長沙。」師古曰：「此字從崩，從邑，音蒯，非也。呂忱音陪，而楚漢春秋作憑城侯。陪、憑聲相近，此其實也。又音普肯反。」

〔二〕蘇林曰：「音多，屬沛國。」

贊曰：仲尼稱「犂牛之子騂且角，雖欲勿用，山川其舍諸？」〔一〕言士不繫於世類也。語曰「雖有茲基，不如逢時」，〔二〕信矣！樊噲、夏侯嬰、灌嬰之徒，方其鼓刀僕御販繒之時，〔三〕豈自知附驥之尾，〔四〕（勒）〔勒〕功帝籍，慶流子孫哉？當孝文時，天下以酈寄為賣友。夫賣友者，謂見利而忘義也。若寄父為功臣而又執劫，〔五〕雖摧呂祿，以安社稷，誼存君親，可也。

〔一〕師古曰：「論語載孔子為弟子仲弓發此言也。犂，雜色；騂，赤色也。舍，置也。言牛色純而角美，堪為犧牲，雖以其母犂色而不欲用，山川寧肯置之？喻父雖不材，不害子之美。」

〔二〕張晏曰：「茲基，鉏也。言雖有田具，值時乃獲。」

〔三〕師古曰：「鼓刀謂屠狗。」

〔四〕師古曰：「蓋以蚊蝱為喻，言託驥之尾，則涉千里。」

〔五〕師古曰：「周勃等劫其父而令寄行說。」

校勘記

二〇六七頁八行　從攻（陽城）〔城陽〕，　史記作「城陽」，正義說漢書作「陽城」，大錯誤。

二〇六八頁一行　捕虜四十（四）人，　景祐、殿本都作「四十人」，史記同。

二〇七〇頁九行　（擁）〔雍〕輕車騎雍南，　景祐本作「雍」，史記同。王念孫說作「雍」是。

二〇七二頁二行　降（之）定清河、常山凡二十七縣，　王先謙說「之」字衍，史記無。

二〇七二頁三行　破得綦毋（印）〔卬〕，　景祐、殿本都作「卬」。王先謙說作「卬」是。注同。

二〇七二頁五行　將軍（大將）一人，　史記作「將軍太卜」，王先謙疑「大將」即「太卜」之誤。但汲古本史記無「太卜」二字，則此「大將」二字當是衍文。

二〇七三頁四行　（噲）高后時用事顓權，　景祐、殿本都無「噲」字。錢大昭說無「噲」字是。

二〇七四頁七行　得丞相、守相、大將（軍）各一人，小將（軍）二人，　景祐本無二「軍」字。王念孫說景祐本是，史記亦無二「軍」字。

二〇七五頁三行　軍前以大（軍）〔車〕自障若垣也。　景祐、殿本都作「車」。王先謙說作「車」是。

二〇七六頁四行　寄欲取平原君（姊）為夫人，　王先謙說各本無「姊」字，是。

二〇七六頁六行　酈商以下子孫爵（乎）〔皆〕關內侯，　景祐、殿本都作「皆」。王先謙說作「皆」是。

二〇七九頁一行　（閼）〔賜〕所奪邑五百戶。　景祐、殿本都作「賜」。王先謙說「閼」字誤。

二〇八一頁六行　所將卒虜（單）〔車〕騎將（軍）華毋傷　景祐、殿本都作「車」。王先謙說「單」字誤。「華」字上景祐本無「軍」字。

二〇八二頁一〇行　身虜騎將（入）〔一人〕。攻（博）〔傅〕陽，　齊召南說「入」字係「一人」兩字傳寫誤併。沈欽韓說「博陽」當作「傅陽」。

二〇八三頁三行　從擊（漢）〔韓〕王信於代，　景祐、殿、局本都作「韓」，「漢」字誤。

二〇八四頁五行　各（特）〔獨〕為將。　景祐、殿本都作「獨」。王先謙說作「獨」是。

二〇八五頁二行　傳至孫（疆）〔彊〕，　景祐、殿本都作「彊」。

二〇八五頁一〇行　（待）〔待〕高帝於懷。懷，縣（召）〔名〕也。　景祐、殿、局本都作「待」作「名」，此誤。

二〇八七頁七行　又別擊破趙（郡）〔軍〕，　景祐、殿本都作「軍」。王先謙說作「軍」是。

二〇八七頁一四行　以騎都尉〔從〕擊代，　景祐、殿本都有「從」字。

二〇八八頁二行　至五〔百〕石三十九人。　景祐、殿本都有「百」字，此脫。

二〇八九頁六行　（勒）〔勒〕功帝籍，　景祐、殿本都作「勒」。王先謙說作「勒」是。

漢書卷四十二

張周趙任申屠傳第十二

張蒼，陽武人也，好書律曆。秦時爲御史，主柱下方書。〔一〕有罪，亡歸。及沛公略地過陽武，蒼以客從攻南陽。蒼當斬，解衣伏質，〔二〕身長大，肥白如瓠，時王陵見而怪其美士，乃言沛公，赦勿斬。遂西入武關，至咸陽。

〔一〕如淳曰：「方，板也，謂事在板上者也。秦置柱下史，蒼爲御史，主其事。或曰主四方文書也。」師古曰：「下云蒼自秦時爲柱下御史，明習天下圖書計籍，則主四方文書是也。柱下，居殿柱之下，若今侍立御史矣。」

〔二〕師古曰：「質，鍖也。」

沛公立爲漢王，入漢中，還定三秦。陳餘擊走常山王張耳，耳歸漢，漢以蒼爲常山守。從韓信擊趙，蒼得陳餘。趙地已平，漢王以蒼爲代相，備邊寇。已而徙爲趙相，相趙王耳。耳卒，相其子敖。復徙相代。燕王臧荼反，蒼以代相從攻荼有功，（六年）封爲北平侯，食邑千二百戶。

遷爲計相，〔一〕一月，更以列侯爲主計四歲。〔二〕是時蕭何爲相國，而蒼乃自秦時爲柱下御史，明習天下圖書計籍，又善用算律曆，故令蒼以列侯居相府，領主郡國上計者。黥布反，漢立皇子長爲淮南王，而蒼相之。十四年，遷爲御史大夫。

〔一〕文穎曰：「以能計，故號曰計相。」師古曰：「專主計籍，故號計相。」

〔二〕張晏曰：「以列侯典校郡國簿書。」如淳曰：「以其所主，因以爲官號，與計相同。時所卒立，非久施也。」師古曰：「去計相之名，更號主計。」

周昌者，沛人也。其從兄苛，〔一〕秦時皆爲泗水卒史。及高祖（沛起）〔起沛〕，擊破泗水守監，於是苛、昌（自）〔以〕卒史從沛公，沛公以昌爲職志，〔二〕苛爲客。〔三〕從入關破秦。沛公立爲漢王，以苛爲御史大夫，昌爲中尉。

〔一〕師古曰：「苛音何。」

〔二〕應劭曰：「掌主職也。」鄭氏曰：「主旗志也。」師古曰：「志與幟同，音式異反。」

〔三〕張晏曰：「爲帳下賓客，不掌官也。」

漢三年，楚圍漢王滎陽急，漢王出去，而使苛守滎陽城。楚破滎陽城，欲令苛將，苛罵曰：「若趣降漢王！不然，今爲（慮）〔虜〕矣！」〔一〕項羽怒，亨苛。漢王於是拜昌爲御史大夫。常從擊破項籍。六年，與蕭、曹等俱封，爲汾陰侯。苛子成以父死事，封爲高景侯。

〔一〕師古曰：「若，汝也。趣讀曰促。」

昌爲人彊力，敢直言，自蕭、曹等皆卑下之。〔一〕昌嘗燕入奏事，〔二〕高帝方擁戚姬，〔三〕昌還走。〔四〕高帝逐得，騎昌項上，問曰：「我何如主也？」昌仰曰：「陛下即桀紂之主也。」於是上笑之，然尤憚昌。及高帝欲廢太子，而立戚姬子如意爲太子，大臣固爭莫能得，上以留侯策止。而昌庭爭之彊，上問其說，昌爲人吃，〔五〕又盛怒，曰：「臣口不能言，然臣（心）〔期期〕知其（其）不可。陛下欲廢太子，臣期期不奉詔。」〔六〕上欣然而笑，即罷。呂后側耳於東箱聽，〔七〕見昌，爲跪謝曰：「微君，太子幾廢。」〔八〕

〔一〕師古曰：「下音胡稼反。」

〔二〕孟康曰：「以上宴時入奏事。」師古曰：「燕謂安閑之居也。」

〔三〕師古曰：「擁，抱也。」

〔四〕師古曰：「還謂卻退也。」

〔五〕師古曰：「吃，言之難也，音訖。」

〔六〕師古曰：「以口吃，故每重言期期。」

〔七〕師古曰：「正寢之東西室皆曰箱，言似箱篋之形。」

〔八〕師古曰：「微，無也。幾音鉅依反。」

是歲，戚姬子如意爲趙王，年十歲，高祖憂萬歲之後不全也。趙堯爲符璽御史，趙人方與公〔一〕謂御史大夫周昌曰：「君之史趙堯，年雖少，然奇士，君必異之，是且代君之位。」昌笑曰：「堯年少，刀筆吏耳，何至是乎！」居頃之，堯侍高祖，高祖獨心不樂，悲歌，羣臣不知上所以然。堯進請（間）〔問〕曰：「陛下所爲不樂，非以趙王年少而戚夫人與呂后有隙，備萬歲之後而趙王不能自全乎？」高祖曰：「我私憂之，不知所出。」〔二〕堯曰：「陛下獨爲趙王置貴彊相，及呂后、太子、羣臣素所敬憚者乃可。」高祖曰：「然。吾念之欲如是，而羣臣誰可者？」堯曰：「御史大夫昌，其人堅忍伉直，自呂后、太子及大臣皆素嚴憚之。獨昌可。」高祖曰：「善。」於是召昌謂曰：「吾固欲煩公，〔三〕公彊爲我相趙。」〔四〕昌泣曰：「臣初起從陛下，陛下獨奈何中道而棄之於諸侯乎？」高祖曰：「吾極知其左遷，〔五〕然吾私憂趙，念非公無可者。公不得已彊行！」〔六〕於是徙御史大夫昌爲趙相。

〔一〕孟康曰：「方與，縣名。公，其號也。」師古曰：「音房豫。」

〔二〕師古曰：「不知計所出。」

〔三〕師古曰：「固，必也，言必欲勞煩公。」

〔四〕師古曰：「彊音其兩反。次下亦同。」

[五]師古曰：「是時尊右而卑左，故謂貶秩位爲左遷。他皆類此。」
[六]師古曰：「已，止也。」

既行久之，高祖持御史大夫印弄之，曰：「誰可以爲御史大夫者？」孰視堯曰：「無以易堯。」[一]遂拜堯爲御史大夫。堯亦前有軍功食邑，及以御史大夫從擊陳豨有功，封爲江邑侯。

[一]師古曰：「言堯可爲之，餘人不能勝也。易，代也。」

高祖崩，太后使使召趙王，其相昌令王稱疾不行。使者三反，昌曰：「高帝屬臣趙王，[一]王年少，竊聞太后怨戚夫人，欲召趙王幷誅之。臣不敢遣王，王且亦疾，不能奉詔。」太后怒，乃使使召趙相。相至，謁太后，太后罵昌曰：「爾不知我之怨戚氏乎？而不遣趙王！」昌既被徵，高后使使召趙王。王果來，至長安月餘，見鴆殺。昌謝病不朝見，三歲而薨，謚曰悼侯。傳子至孫意，有罪，國除。景帝復封昌孫左車爲安陽侯，有罪，國除。

[一]師古曰：「屬，委也，音之欲反。」

初，趙堯既代周昌爲御史大夫，高祖崩，事惠帝終世。高后元年，怨堯前定趙王如意之畫，[一]乃抵堯罪，以廣阿侯任敖爲御史大夫。

[一]師古曰：「畫謂畫策令周昌爲相。」

任敖，沛人也，少爲獄吏。高祖嘗避吏，吏繫呂后，遇之不謹。任敖素善高祖，怒，擊傷主呂后吏。及高祖初起，敖以客從爲御史，守豐二歲。高祖立爲漢王，東擊項羽，敖遷爲上黨守。陳豨反，敖堅守，封爲廣阿侯，食邑千八百戶。高后時爲御史大夫，三歲免。孝文元年薨，謚曰懿侯。傳子至曾孫越人，坐爲太常廟酒酸不敬，國除。

初任敖免，平陽侯曹窋代敖爲御史大夫。[一]高后崩，與大臣共誅諸呂。後坐事免，以淮南相張蒼爲御史大夫。蒼與絳侯等尊立孝文皇帝，四年，代灌嬰爲丞相。

[一]師古曰：「窋音竹律反。」

漢興二十餘年，天下初定，公卿皆軍吏。蒼爲計相時，緒正律曆。[一]以高祖十月始至霸上，故因秦時本十月爲歲首，不革。[二]推五德之運，以爲漢當水德之時，上黑如故。吹律調樂，入之音聲，及以比定律令。[三]若百工，天下作程品。[四]至於爲丞相，卒就之。[五]故漢家言律曆者本張蒼。蒼(尢)[凡]好書，無所不觀，無所不通，而尤邃律曆。[六]

[一]文穎曰：「緒，尋也，謂本其統緒而正之。」
[二]師古曰：「革，改也。」
[三]如淳曰：「比音比次之比。謂五音清濁，各有所比，不相錯入，以定十二律之法令於樂官，使長行之。或曰，比謂比方之比，音必寐反。」臣瓚曰：「謂以比故取類，以定法律與條令也。」師古曰：「依如氏之說，比音頻二反。」
[四]如淳曰：「若，順也。百工爲器物皆有尺寸斤兩斛斗輕重之宜，使得其法，此之謂順。」晉灼曰：「若，豫及之辭。」師古曰：「言吹律調音以定法令，及百工程品，皆取則也。若，晉說是。」
[五]師古曰：「卒，終也。就，成也。」
[六]師古曰：「邃，深也，音先遂反。」

蒼德安國侯王陵。[一]及貴，父事陵。陵死後，蒼爲丞相，洗沐，常先朝陵夫人上食，然後敢歸家。

[一]師古曰：「以救其死刑故也。」

蒼爲丞相十餘年，魯人公孫臣上書，陳終始五德傳，[一]言漢土德時，其符黃龍見，當改正朔，易服色。事下蒼，蒼以爲非是，罷之。其後黃龍見成紀，於是文帝召公孫臣以爲博士，草立土德時曆制度，[二]更元年。蒼由此自絀，謝病稱老。蒼任人爲中候，[三]大爲姦利，上以爲讓，[四]蒼遂病免。孝景五年薨，謚曰文侯。傳子至孫類，有罪，國除。

[一]師古曰：「傳謂傳次也，音直戀反。」
[二]張晏曰：「以秦水德，漢土勝之。」晉灼曰：「草，創始也。」
[三]張晏曰：「所選舉保任也。按中候，官名。」師古曰：「蒼有所保舉，而其人爲中候之官。」
[四]師古曰：「用此事責蒼。」

初蒼父長不滿五尺，蒼長八尺餘，蒼子復長八尺，及孫類長六尺餘。蒼免相後，口中無齒，食乳，女子爲乳母。[一]妻妾以百數，嘗孕者不復幸。年百餘歲乃卒。著書十八篇，言陰陽律曆事。

[一]師古曰：「言每就飲之。」

申屠嘉，梁人也。以材官蹶張[一]從高帝擊項籍，遷爲隊率。[二]從擊黥布，爲都尉。孝惠時，爲淮陽守。孝文元年，舉故以二千石從高祖者，悉以爲關內侯，食邑二十四人，而嘉食邑五百戶。十六年，遷爲御史大夫。張蒼免相，文帝以皇后弟竇廣國賢有行，欲相之，曰：「恐天下以吾私廣國。」久念不可，而高帝時大臣餘見無可者，[三]乃以御史大夫嘉爲丞相，因故邑封爲故安侯。

[一]如淳曰：「材官之多力，能脚蹋彊弩張之，故曰蹶張。律有蹶張士。」師古曰：「今之弩，以手張者曰擘張，以足蹋者曰蹶張。蹶音厥。擘音布麥反。」
[二]師古曰：「一隊之率也，音所類反。」
[三]師古曰：「見謂見在之人。」

嘉爲人廉直，門不受私謁。是時太中大夫鄧通方愛幸，賞賜累鉅萬。文帝常燕飲通家，

其(見)寵如是。是時嘉入朝，而通居上旁，有怠慢之禮。嘉奏事畢，因言曰：「陛下幸愛羣臣則富貴之，至於朝廷之禮，不可以不肅！」〔一〕上曰：「君勿言，吾私之。」〔二〕罷朝坐府中，嘉爲檄召通詣丞相府，〔三〕不來，且斬通。通恐，入言上。上曰：「汝第往，〔四〕吾今使人召若。」〔五〕通至(詣)丞相府，免冠，徒跣，頓首謝嘉。嘉坐自如，〔六〕弗爲禮，責曰：「夫朝廷者，高皇帝之朝廷也，通小臣，戲殿上，大不敬，當斬。史今行斬之！」〔七〕通頓首，首盡出血，不解。上度丞相已困通，〔八〕使使持節召通，而謝丞相：「此吾弄臣，君釋之。」鄧通既至，爲上泣曰：「丞相幾殺臣。」〔九〕

〔一〕師古曰：「肅，敬也。」
〔二〕師古曰：「言欲私戒敎之。」
〔三〕師古曰：「檄，木書也，長二尺。」
〔四〕師古曰：「第，但也。」
〔五〕師古曰：「若亦汝也。」
〔六〕師古曰：「如其故。」
〔七〕如淳曰：「嘉語其史曰『今便行斬之』。」
〔八〕師古曰：「度音徒各反。」
〔九〕師古曰：「幾音鉅依反。」

嘉爲丞相五歲，文帝崩，孝景即位。二年，鼂錯爲內史，貴幸用事，諸法令多所請變更，議以適罰侵削諸侯。〔一〕而丞相嘉自絀，〔二〕所言不用，疾錯。錯爲內史，門東出，不便，更穿一門，南出。南出者，太上皇廟堧垣也。〔三〕嘉聞錯穿宗廟垣，爲奏請誅錯。客有語錯，錯恐，夜入宮上謁，自歸上。〔四〕至朝，嘉請誅內史錯。上曰：「錯所穿非眞廟垣，乃外堧垣，故冗官居其中，〔五〕且又我使爲之，錯無罪。」罷朝，嘉謂長史曰：「吾悔不先斬錯乃請之，〔六〕爲錯所賣。」至舍，因歐血而死。謚曰節侯。傳子至孫臾，有罪，國除。

〔一〕師古曰：「適讀曰謫。」
〔二〕師古曰：「絀，退也。」
〔三〕服虔曰：「宮外垣餘地也。」如淳曰：「堧音長懦之懦。」師古曰：「堧音如椽反，解在食貨志。」
〔四〕師古曰：「歸首於天子。」
〔五〕師古曰：「冗謂散輩也，如今之散官，音如勇反。」
〔六〕師古曰：「言先斬而後奏。」

自嘉死後，開封侯陶青、桃侯劉舍及武帝時柏至侯許昌、平棘侯薛澤、武彊侯莊青翟、商陵侯趙周，皆以列侯繼踵，齱齱廉謹，〔一〕爲丞相備員而已，無所能發明功名著於世者。

〔一〕師古曰：「齱齱，持整之貌也。齱音初角反。」

贊曰：張蒼文好律曆，爲漢名相，〔一〕而專遵用秦之顓頊曆，何哉？〔二〕周昌，木彊人也。〔三〕任敖以舊德用。〔四〕申屠嘉可謂剛毅守節，然無術學，殆與蕭、曹、陳平異矣。〔五〕

〔一〕師古曰：「文好律曆，猶言名爲好律曆也。」
〔二〕張晏曰：「不考經典，專用顓頊曆，何哉？」師古曰：「何哉，何爲其然哉？」
〔三〕師古曰：「言其彊(直)〔質〕如木石然。彊音其兩反。」
〔四〕張晏曰：「謂傷辱呂后吏。」
〔五〕師古曰：「殆，近也，言其識見不如蕭、曹等也。」

校勘記

二〇九三頁二行 (六年)封爲北平侯，景祐、殿本都無「六年」二字。

二〇九四頁七行 及高祖(沛起)〔起沛〕，景祐、殿本都作「起沛」，此誤倒。

二〇九四頁八行 於是苛、昌(自)〔以〕卒史從沛公，宋祁說越本「自」作「以」。按景祐本作「以」。

二〇九五頁一行 今爲(盧)〔虜〕矣！景祐、殿本都作「虜」。錢大昭說當爲「虜」。

二〇九五頁七行 然臣(心)〔期期〕知其(其)不可。景祐、殿本都無「心」字及下「其」字，「知」上有「期期」二字。

二〇九六頁五行 堯進請(間)〔問〕曰：景祐、殿本都作「問」。王念孫說「請問」義自可通，史記亦作「請問」。

二〇九八頁二行 蒼(尤)〔凡〕好書，無所不觀，景祐本作「凡」。王念孫說「凡」當讀爲「汎」。

二一〇〇頁一行 其(見)寵如是。宋祁說越本無「見」字。按景祐本亦無。

二一〇一頁四行 通至(詣)丞相府，王先謙說「詣」字誤衍。

二一〇三頁五行 言其彊(直)〔質〕如木石然。景祐、殿本都作「質」。

漢書卷四十三

酈陸朱劉叔孫傳第十三

酈食其，陳留高陽人也。〔一〕好讀書，家貧落魄，無衣食業。〔二〕爲里監門，然吏縣中賢豪不敢役，〔三〕皆謂之狂生。

〔一〕師古曰：「食音異。其音基。」

〔二〕鄭氏曰：「魄音薄。」應劭曰：「志行衰惡之貌也。」師古曰：「落魄，失業無次也。酈音歷。」

〔三〕師古曰：「吏及賢者豪者皆不敢使役食其。」

及陳勝、項梁等起，諸將徇地過高陽者數十人，〔一〕食其聞其將皆握齱好荷禮〔二〕自用，不能聽大度之言，食其乃自匿。後聞沛公略地陳留郊，沛公麾下騎士適食其里中子，〔三〕沛公時時問邑中賢豪。騎士歸，食其見，謂曰：「吾聞沛公嫚易人，有大略，此眞吾所願從游，莫爲我先。〔四〕若見沛公，〔五〕謂曰『臣里中有酈生，年六十餘，長八尺，人皆謂之狂生』，自謂我非狂。」騎士曰：「沛公不喜儒，〔六〕諸客冠儒冠來者，沛公輒解其冠，溺其

中。〔七〕與人言，常大罵。未可以儒生說也。」食其曰：「第言之。」〔八〕騎士從容言食其所戒者。〔九〕

〔一〕師古曰：「徇亦略也，音辭峻反。」

〔二〕應劭曰：「握齱，急促之貌。」師古曰：「荷與苛同。苛，細也。齱音初角反。」

〔三〕服虔曰：「食其里中子適會作沛公騎士。」

〔四〕師古曰：「先謂紹介也。」

〔五〕師古曰：「若，汝也。」

〔六〕師古曰：「喜，好也，音許吏反。」

〔七〕師古曰：「溺讀曰尿，音乃釣反。」

〔八〕師古曰：「第，但也。」

〔九〕師古曰：「從音千容反。」

沛公至高陽傳舍，〔一〕使人召食其。食其至，入謁，沛公方踞牀令兩女子洗，〔二〕而見食其。食其入，即長揖不拜，曰：「足下欲助秦攻諸侯乎？欲率諸侯（攻）〔破〕秦乎？」沛公罵曰：「豎儒！〔三〕夫天下同苦秦久矣，故諸侯相率攻秦，何謂助秦？」食其曰：「必欲聚徒合義兵誅無道秦，不宜踞見長者。」於是沛公輟洗，起衣，〔四〕延食其上坐，謝之。食其因言六國從衡時。〔五〕沛公喜，賜食其食，問曰：「計安出？」食其曰：「足下起瓦合之卒，〔六〕收

散亂之兵，不滿萬人，欲以徑入彊秦，此所謂探虎口者也。夫陳留，天下之衝，四通五達之郊也，〔七〕今其城中又多積粟。臣知其令，〔八〕今請使，令下足下。〔九〕即不聽，足下舉兵攻之，臣爲內應。」於是遣食其往，沛公引（兵）隨之，遂下陳留。號食其爲廣野君。

〔一〕師古曰：「傳舍者，人所止息，前人已去，後人復來，轉相傳也。一音張戀反，謂傳置之舍也，其義兩通。它皆類此。」

〔二〕師古曰：「洗足也，音先典反。」

〔三〕師古曰：「言其賤劣如僮豎。」

〔四〕師古曰：「輟，止也。起衣，著衣也。」

〔五〕師古曰：「從音子容反。衡，横也。」

〔六〕師古曰：「瓦合，謂如破瓦之相合，雖曰聚合而不齊同。」

〔七〕如淳曰：「四面往來通之，并數中央，凡五達也。」臣瓚曰：「四通五達，言無險阻也。」

〔八〕師古曰：「素與其縣令相知。」

〔九〕師古曰：「下，降也。」

食其言弟商，使將數千人從沛公西南略地。食其（嘗）〔常〕爲說客，馳使諸侯。

漢三年秋，項羽擊漢，拔滎陽，漢兵遁保鞏。楚人聞韓信破趙，彭越數反梁地，則分兵救之。〔一〕韓信方東擊齊，漢王數困滎陽、成皋，計欲捐成皋以東，屯鞏、雒以距楚。食其因

曰：「臣聞之，知天之天者，王事可成；不知天之天者，王事不可成。王者以民爲天，而民以食爲天。夫敖倉，天下轉輸久矣，臣聞其下乃有藏粟甚多。楚人拔滎陽，不堅守敖倉，乃引而東，令適卒分守成皋，〔二〕此乃天所以資漢。方今楚易取而漢反卻，自奪便，〔三〕臣竊以爲過矣。且兩雄不俱立，楚漢久相持不決，百姓騷動，海內搖蕩，農夫釋耒，紅女下機，〔四〕天下之心未有所定也。願足下急復進兵，收取滎陽，據敖庾之粟，〔五〕塞成皋之險，杜太行之道，〔六〕距飛狐之口，〔七〕守白馬之津，以示諸侯形制之勢，〔八〕則天下知所歸矣。方今燕、趙已定，唯齊未下。今田廣據千里之齊，田間將二十萬之衆軍於歷城，諸田宗彊，負海岱，阻河濟，〔九〕南近楚，齊人多變詐，足下雖遣數十萬師，未可以歲月破也。臣請得奉明詔說齊王使爲漢而稱東藩。」上曰：「善。」

〔一〕師古曰：「（反）〔救〕趙及梁。」

〔二〕師古曰：「適讀曰謫。謫卒謂卒之有罪謫者，即所謂謫戍。」

〔三〕師古曰：「不圖進取，是爲自奪便利也。卻音丘略反。」

〔四〕師古曰：「耒，手耕曲木也，音盧對反。紅讀曰工。」

〔五〕師古曰：「敖庾即敖倉。」

〔六〕師古曰：「太行，山名，在河內野王之北，上黨之南。行音胡剛反。」

〔七〕如淳曰：「上黨壺關也。」臣瓚曰：「飛狐在代郡西南。」師古曰：「瓚說是。壺關無飛狐之名。」

〔八〕師古曰：「以地形而制服。」

〔九〕師古曰：「負，背也。岱，泰山也。」

乃從其畫，復守敖倉，而使食其說齊王，曰：「王知天下之所歸乎？」曰：「不知也。」曰：「知天下之所歸，則齊國可得而有也；若不知天下之所歸，即齊國未可保也。」齊王曰：「天下何歸？」食其曰：「天下歸漢。」齊王曰：「先生何以言之？」曰：「漢王與項王勠力西面擊秦，約先入咸陽者王之，項王背約不與，而王之漢中。項王遷殺義帝，漢王起蜀漢之兵擊三秦，出關而責義帝之負處，收天下之兵，立諸侯之後。降城卽以侯其將，得賂則以分其士，與天下同其利，豪英賢材皆樂爲之用。諸侯之兵四面而至，蜀漢之粟方船而下。〔一〕項王有背約之名，殺義帝之負；於人之功無所記，於人之罪無所忘；〔二〕戰勝而不得其賞，拔城而不得其封；非項氏莫得用事；〔三〕爲人刻印，玩而不能授；〔四〕攻城得賂，積財而不能賞。天下畔之，賢材怨之，而莫爲之用。故天下之士歸於漢王，可坐而策也。夫漢王發蜀漢，定三秦；涉西河之外，援上黨之兵；〔五〕下井陘，誅成安君；破北魏，〔六〕舉三十二城：此黃帝之兵，非人之力，天之福也。今已據敖庾之粟，塞成皋之險，守白馬之津，杜太行之阪，距飛狐之口，天下後服者先亡矣。王疾下漢王，齊國社稷可得而保也；不下漢王，危亡可立而待也。」田廣以爲然，乃聽食其，罷歷下兵守戰備，與食其日縱酒。〔七〕

〔一〕師古曰：「方，併也。」

〔二〕師古曰：「言項羽吝爵賞而念舊惡。」

〔三〕師古曰：「言唯任同姓之親。」

〔四〕孟康曰：「刻斷無復廉鍔也。」臣瓚曰：「項羽吝於爵賞，玩惜侯印，不能以封人。」師古曰：「韓信傳作刓，此作玩，其義各通。孟說非也。」

〔五〕師古曰：「援，引也，音爰。」

〔六〕師古曰：「謂魏豹也。梁地旣有魏名，故謂此爲北。」

〔七〕師古曰：「日日縱意而飮酒。」

韓信聞食其馮軾下齊七十餘城，〔一〕乃夜度兵平原襲齊。齊王田廣聞漢兵至，以爲食其賣己，〔二〕乃亨食其，引兵走。

〔一〕師古曰：「馮讀曰憑。憑，據也。軾，車前橫板隆起者也。云憑軾者，言但安坐乘車而游說，不用兵衆。」

〔二〕師古曰：「言其與韓信通謀。」

漢十二年，曲周侯酈商以丞相將兵擊黥布，有功。高祖舉功臣，思食其。食其子疥〔一〕數將兵，上以其父故，封疥爲高梁侯。後更食武陽，卒，子遂嗣。三世，侯平有罪，國除。

〔一〕師古曰：「疥音介。」

陸賈，楚人也。以客從高祖定天下，名有口辯，〔一〕居左右，常使諸侯。

〔一〕師古曰：「時人皆謂其口辯。」

時中國初定，尉佗平南越，因王之。〔一〕高祖使賈賜佗印爲南越王。賈至，尉佗魋結箕踞見賈。〔二〕賈因說佗曰：「足下中國人，親戚昆弟墳墓在眞定。今足下反天性，棄冠帶，〔三〕欲以區區之越與天子（伉）〔抗〕衡爲敵國，〔四〕禍且及身矣。夫秦失其正，諸侯豪桀並起，〔五〕唯漢王先入關，據咸陽。項籍背約，自立爲西楚霸王，諸侯皆屬，可謂至彊矣。然漢王起巴蜀，鞭笞天下，劫諸侯，遂誅項羽。五年之間，海內平定，此非人力，天之所建也。天子聞君王王南越，而不助天下誅暴逆，將相欲移兵而誅王，天子憐百姓新勞苦，且休之，遣臣授君王印，剖符通使。君王宜郊迎，北面稱臣，〔六〕乃欲以新造未集之越〔七〕屈彊於此。〔八〕漢誠聞之，掘燒君王先人（家）〔冢〕墓，夷種宗族，〔九〕使一偏將將十萬衆臨越，卽越殺王降漢，如反覆手耳。」〔一〇〕

〔一〕師古曰：「佗音徒河反。」

〔二〕服虔曰：「魋音椎，今兵士椎頭髻也。」師古曰：「結讀曰髻。椎髻者，一撮之髻，其形如椎。箕踞，謂伸其兩脚而坐。亦曰箕踞其形似箕。」

〔三〕師古曰：「倍父母之國，無骨肉之恩，是反天性也。」

〔四〕師古曰：「區區，小貌。」

〔五〕師古曰：「正亦政也。」

〔六〕師古曰：「郊迎，謂出郊而迎。」

〔七〕師古曰：「集猶成也。」

〔八〕師古曰：「屈音其勿反。屈彊，謂不柔服也。」

〔九〕師古曰：「夷，平也，謂平除其種族。」

〔一〇〕師古曰：「言其易。」

於是佗乃蹶然起坐，〔一〕謝賈曰：「居蠻夷中久，殊失禮義。」因問賈曰：「我孰與蕭何、曹參、韓信賢？」〔二〕賈曰：「王似賢也。」復問曰：「我孰與皇帝賢？」賈曰：「皇帝起豐沛，討暴秦，誅彊楚，爲天下興利除害，繼五帝三王之業，統天下，理中國。中國之人以億計，地方萬里，居天下之膏腴，人衆車輿，萬物殷富，政由一家，自天地剖判未始有也。〔三〕今王衆不過數萬，皆蠻夷，崎嶇山海間，〔四〕譬如漢一郡，王何乃比於漢！」佗大笑曰：「吾不起中國，故王此。使我居中國，何遽不若漢？」〔五〕乃大說賈，〔六〕留與飮數月。曰：「越中無足與語，至生來，令我日聞所不聞。」〔七〕賜賈橐中裝直千金，〔八〕它送亦千金。〔九〕賈卒拜佗爲南越王，令稱臣奉漢約。歸報，高帝大說，〔一〇〕拜賈爲太中大夫。

〔一〕師古曰：「蹶然，驚起之貌也，音厥。」

〔二〕師古曰：「與，如也。」
〔三〕師古曰：「言自開闢以來未嘗有也。」
〔四〕師古曰：「崎音丘宜反，嶇音區。」
〔五〕師古曰：「言有何迫促而不如漢也。遽音其庶反。」
〔六〕師古曰：「說讀曰悅，謂愛悅之。」
〔七〕師古曰：「言素所不聞者，日聞之。」
〔八〕張晏曰：「珠玉之寶也。裝，裹也。」如淳曰：「明月珠之屬也。」師古曰：「有底曰囊，無底曰橐。言其寶物質輕而價重，可入囊橐以齎行，故曰橐中裝也。」
〔九〕（師古）〔蘇林〕曰：「非橐中物，故曰它送也。」師古曰：「它猶餘也。」
〔10〕師古曰：「說讀曰悅。」

賈時時前說稱詩書。高帝罵之曰：「乃公居馬上得之，安事詩書！」賈曰：「馬上得之，寧可以馬上治乎？且湯武逆取而以順守之，文武並用，長久之術也。昔者吳王夫差、智伯極武而亡；〔一〕秦任刑法不變，卒滅趙氏。〔二〕鄉使秦以并天下，行仁義，法先聖，陛下安得而有之？」〔三〕高帝不懌，〔四〕有慙色，謂賈曰：「試爲我著秦所以失天下，吾所以得之者，〔五〕及古成敗之國。」賈凡著十二篇。每奏一篇，高帝未嘗不稱善，左右呼萬歲，稱其書曰新語。〔六〕

〔一〕師古曰：「夫差，吳王闔閭子也，好用兵，卒爲越所滅。智伯，晉卿荀瑤也，貪而好勝，率韓、魏共攻趙襄子，襄子與韓、魏約，反而喪之。夫音扶。差音楚宜反。」
〔二〕鄭氏曰：「秦之先造父封於趙城，其後以爲（信）〔姓〕。」張晏曰：「莊襄王爲質於趙，還爲太子，遂稱趙氏。」師古曰：「據秦本紀，鄭說是。」
〔三〕師古曰：「鄉讀曰嚮。安，焉也。」
〔四〕師古曰：「懌，和樂也。」
〔五〕師古曰：「著，明也，謂作書明言（也）〔之〕。」
〔六〕師古曰：「其書今見存。」

孝惠時，呂太后用事，欲王諸呂，畏大臣及有口者。〔一〕賈自度不能爭之，〔二〕乃病免。以好時田地善，往家焉。〔三〕有五男，乃出所使越橐中裝，賣千金，分其子，子二百金，令爲生產。賈常乘安車駟馬，從歌鼓瑟侍者十人，寶劍直百金，謂其子曰：「與女約：過女，女給人馬酒食極（飲）〔欲〕，十日而更。〔四〕所死家，得寶劍車騎侍從者。一歲中以往來過它客，率不過再過，〔五〕數擊鮮，毋久溷女爲也。」〔六〕

〔一〕師古曰：「有口謂辯士。」
〔二〕師古曰：「度音徒各反。」
〔三〕師古曰：「好時即今雍州好時縣。」
〔四〕師古曰：「又改向一子處。」
〔五〕師古曰：「非徒至諸子所，又往來經過它處爲賓客，率計一歲之中，每子不過再過至也。上過音工禾反。」
〔六〕服虔曰：「溷，辱也。吾常行，數擊新美食，不久辱汝也。」師古曰：「鮮謂新殺之肉也。溷，亂也。言我至之時，汝宜數數擊殺牲牢，與我鮮食，我不久住，亂累汝也。數音所角反。溷音下困反。」

呂太后時，王諸呂，諸呂擅權，欲劫少主，危劉氏。右丞相陳平患之，力不能爭，恐禍及己。平（嘗）〔常〕燕居深念。〔一〕賈往，不請，直入坐，〔二〕陳平方念，不見賈。〔三〕賈曰：「何念深也？」平曰：「生揣我何念？」〔四〕賈曰：「足下位爲上相，食三萬戶侯，可謂極富貴無欲矣。然有憂念，不過患諸呂、少主耳。」陳平曰：「然。爲之奈何？」賈曰：「天下安，注意相；天下危，注意將。將相和，則士豫附；〔五〕士豫附，天下雖有變，則權不分。權不分，爲社稷計，在兩君掌握耳。臣常欲謂太尉絳侯，〔六〕絳侯與我戲，易吾言。〔七〕君何不交驩太尉，深相結？」爲陳平畫呂氏數事。平用其計，乃以五百金爲絳侯壽，厚具樂飲太尉，〔八〕太尉亦報如之。兩人深相結，呂氏謀益壞。陳平乃以奴婢百人，車馬五十乘，錢五百萬，遺賈爲食飲費。賈以此游漢廷公卿間，〔九〕名聲籍甚。〔10〕及誅呂氏，立孝文，賈頗有力。

〔一〕師古曰：「念，思也。以國家不安，故靜居獨處，思其方策。」
〔二〕師古曰：「言不因門人將命，而徑入自坐。」
〔三〕師古曰：「思慮之深，故不覺賈至。」

〔四〕孟康曰：「揣，度也。」韋昭曰：「揣音初委反。」
〔五〕師古曰：「豫，素也。」
〔六〕師古曰：「謂者，與之言。」
〔七〕師古曰：「言絳侯與我相戲狎，輕易其言耳。」
〔八〕師古曰：「厚爲（其）〔共〕具，而與太尉樂飲。」
〔九〕師古曰：「廷謂朝廷。」
〔10〕孟康曰：「言狼籍（之）〔甚〕盛。」

孝文即位，欲使人之南越，丞相平乃言賈爲太中大夫，往使尉佗，去黃屋稱制，〔一〕令比諸侯，皆如意指。語在南越傳。陸生竟以壽終。

〔一〕師古曰：「黃屋，謂車上之蓋也。黃屋及稱制，皆天子之儀，故令去之。」

朱建，楚人也。故嘗爲淮南王黥布相，有罪去，後復事布。布欲反時，問建，建諫止之。布不聽，聽梁父侯，遂反。〔一〕漢既誅布，聞建諫之，高祖賜建號平原君，家徙長安。

〔一〕如淳曰：「遂者，布臣也。」臣瓚曰：「布用梁甫侯之計而遂反。」師古曰：「瓚說是也。」

爲人辯有口，刻廉剛直，行不苟合，義不取容。辟陽侯行不正，得幸呂太后，〔一〕欲知建，〔二〕建不肯見。及建母死，貧未有以發喪，方假貣服具。〔三〕陸賈素與建善，乃見辟陽

侯，賀曰：「平原君母死。」辟陽侯曰：「平原君母死，何乃賀我？」陸生曰：「前日君侯欲知平原君，平原君義不知君，以其母故。[四] 今其母死，君誠厚送喪，則彼爲君死矣。」辟陽侯乃奉百金稅，[五] 列侯貴人以辟陽侯故，往賻凡五百金。[六]

[一]師古曰：「審食其。」

[二]師古曰：「欲與相知。」

[三]師古曰：「貣音土得反。」

[四]張晏曰：「相知當同恤災危，以母在，故義不知君也。」

[五]師古曰：「贈終者之衣被曰稅。言以百金爲衣被之具。稅音式芮反，其字從衣。」

[六]師古曰：「布帛曰賻。」

久之，人或毀辟陽侯，惠帝大怒，下吏，欲誅之。太后慙，不可言。[一] 大臣多害辟陽侯行，欲遂誅之。辟陽侯困急，使人欲見建。建辭曰：「獄急，不敢見君。」建乃求見孝惠幸臣閎籍孺，[二] 說曰：「君所以得幸帝，天下莫不聞。[三] 今辟陽侯幸太后而下吏，[四] 道路皆言君讒，欲殺之。今日辟陽侯誅，且日太后含怒，亦誅君。君何不肉袒爲辟陽侯言帝？[五] 帝聽君出辟陽侯，太后大驩。兩主俱幸君，君富貴益倍矣。」於是閎籍孺大恐，從其計，言帝，帝果出辟陽侯。辟陽侯之囚，欲見建，建不見，辟陽侯以爲背之，大怒。及其成功出之，

大驚。

[一]師古曰：「不可自言之。」

[二]師古曰：「佞幸傳云高祖時則有籍孺，孝惠有閎孺，斯則二人皆名爲孺，而姓各別。今此云閎籍孺，誤剩籍字，後人所妄加耳。」

[三]師古曰：「言不以材德進。」

[四]師古曰：「下音胡稼反。它皆類此。」

[五]師古曰：「肉袒，謂脫其衣袖而見肉。肉袒者，自挫辱之甚，冀見哀憐。」

呂太后崩，大臣誅諸呂，辟陽侯與諸呂至深，[一] 卒不誅。計畫所以全者，皆陸生、平原君之力也。

[一]如淳曰：「辟陽侯與諸呂相親信，爲罪宜誅者至深也。」師古曰：「直言辟陽侯與諸呂相知，情義至深重耳。如說非也。」

孝文時，淮南厲王殺辟陽侯，以黨諸呂故。孝文聞其客朱建爲其策，使吏捕欲治。聞吏至門，建欲自殺。諸子及吏皆曰：「事未可知，何自殺爲？」建曰：「我死禍絕，不及乃身矣。」[一] 遂自剄。文帝聞而惜之，曰：「吾無殺建意也。」乃召其子，拜爲中大夫。使匈奴，單于無禮，罵單于，遂死匈奴中。

[一]師古曰：「乃，汝也。」

婁敬，齊人也。漢五年，戍隴西，過雒陽，高帝在焉。敬脫輓輅，[一] 見齊人虞將軍曰：「臣願見上言便宜。」虞將軍欲與鮮衣，敬曰：「臣衣帛，衣帛見；[二] 衣褐，衣褐見，[三] 不敢易衣。」虞將軍入言上，上召見，賜食。

[一]蘇林曰：「輅音凍洛之洛。一木橫遮車前，二人挽之，一人推之。」孟康曰：「輅音胡格反。」師古曰：「二音同聲也。」

[二]師古曰：「衣，著也。帛謂繒也。」

[三]師古曰：「此褐謂織毛布之衣。」

已而問敬，敬說曰：「陛下都雒陽，豈欲與周室比隆哉？」上曰：「然。」敬曰：「陛下取天下與周異。周之先自后稷，堯封之邰，[一] 積德絫善十餘世。[二] 公劉避桀居豳。大王以狄伐故，去豳，杖馬箠去居岐，[三] 國人爭歸之。及文王爲西伯，斷虞芮訟，[四] 始受命，呂望、伯夷自海濱來歸之。[五] 武王伐紂，不期而會孟津上八百諸侯，遂滅殷。成王卽位，周公之屬傅相焉，乃營成周都雒，以爲此天下中，[六] 諸侯四方納貢職，道里鈞矣，有德則易以王，無德則易以亡。凡居此者，欲令務以德致人，不欲阻險，令後世驕奢以虐民也。及周之衰，分而爲二，[七] 天下莫朝周，周不能制。非德薄，形勢弱也。今陛下起豐沛，收卒

三千人，以之徑往，卷蜀漢，定三秦，與項籍戰滎陽，大戰七十，小戰四十，使天下之民肝腦塗地，父子暴骸中野，不可勝數，哭泣之聲不絕，傷夷者未起，[八] 而欲比隆成康之時，臣竊以爲不侔矣。[九] 且夫秦地被山帶河，四塞以爲固，卒然有急，百萬之衆可具。[一〇] 因秦之故，資甚美膏腴之地，此所謂天府。[一一] 陛下入關而都之，山東雖亂，秦故地可全而有也。夫與人鬬，不搤其亢，拊其背，未能全勝。[一二] 今陛下入關而都，按秦之故，此亦搤天下之亢而拊其背也。」

[一]師古曰：「邰，邑名也，卽今武功故城是其處，音吐材反。」

[二]師古曰：「絫，古累字。」

[三]師古曰：「箠，馬策也。杖謂柱之也。云杖馬箠者，以示無所攜持也。箠音止蘂反。」

[四]文穎曰：「二國爭田，見文王之德而自和也。」師古曰：「虞，今虞州是也。芮，今芮城縣是也。」

[五]師古曰：「濱，涯也，音賓，又音頻。」

[六]師古曰：「中音竹仲反。」

[七]師古曰：「謂東周君、西周君。」

[八]師古曰：「夷，創也，音痍。」

[九]師古曰：「侔，等也。」

[10]師古曰：「卒讀曰猝。」

〔一〕師古曰：「府，聚也，萬物所聚。」

〔二〕張晏曰：「亢，喉嚨也。」師古曰：「搤與捉同，謂捉持之也。亢音岡，又音下郎反。」

高帝問羣臣，羣臣皆山東人，爭言周王數百年，秦二世則亡，不如都周。上疑未能決。及留侯明言入關便，即日駕西都關中。

於是上曰：「本言都秦地者婁敬，婁者劉也。」賜姓劉氏，拜爲郎中，號曰奉春君。〔一〕

〔一〕張晏曰：「春，歲之始，以其首勸都關中。」

漢七年，韓王信反，高帝自往擊。至晉陽，聞信與匈奴欲擊漢，上大怒，使人使匈奴。匈奴匿其壯士肥牛馬，〔一〕徒見其老弱及羸畜。使者十輩來，皆言匈奴易擊。上使劉敬復往使匈奴，還報曰：「兩國相擊，此宜夸矜見所長。〔二〕今臣往，徒見羸齮老弱，〔三〕此必欲見短，伏奇兵以爭利。愚以爲匈奴不可擊也。」是時漢兵以踰句注，三十餘萬衆，〔四〕兵已業行。上怒，罵敬曰：「齊虜！以舌得官，乃今妄言沮吾軍。」〔五〕械繫敬廣武。〔六〕遂往，至平城，匈奴果出奇兵圍高帝白登，七日然後得解。高帝至廣武，赦敬，曰：「吾不用公言，以困平城。吾已斬先使十輩言可擊者矣。」乃封敬二千戶，爲關內侯，號建信侯。

〔一〕師古曰：「匿，藏也。」

〔二〕師古曰：「見，示也。」

〔三〕師古曰：「齮音漬，謂（見）〔死〕者之肉也。一說齮讀曰瘠。瘠，瘦也。」

〔四〕師古曰：「句注，山名，在鴈門。」

〔五〕師古曰：「沮謂止壞也，音材汝反。」

〔六〕師古曰：「械謂桎梏也。廣武，縣名，屬鴈門。」

高帝罷平城歸，韓王信亡入胡。當是時，冒頓單于兵彊，控弦四十萬騎，〔一〕數苦北邊。上患之，問敬。敬曰：「天下初定，士卒罷於兵革，〔二〕未可以武服也。冒頓殺父代立，妻羣母，以力爲威，未可以仁義說也。獨可以計久遠子孫爲臣耳，然陛下恐不能爲。」上曰：「誠可，何爲不能！顧爲奈何？」〔三〕敬曰：「陛下誠能以適長公主妻單于，〔四〕厚奉遺之，彼知漢女送厚，蠻夷必慕，以爲閼氏，生子必爲太子，代單于。何者？貪漢重幣。陛下以歲時漢所餘彼所鮮數問遺，〔五〕使辯士風諭以禮節。〔六〕冒頓在，固爲子壻；死，外孫爲單于。豈曾聞（外）孫敢與大父亢禮哉？可毋戰以漸臣也。若陛下不能遣長公主，而（令）〔令〕宗室及後宮詐稱公主，彼亦知不肯貴近，無益也。」〔七〕高帝曰：「善。」欲遣長公主。呂后泣曰：「妾唯以一太子、一女，〔八〕奈何棄之匈奴！」上竟不能遣長公主，而取家人子爲公主，妻單于。〔九〕使敬往結和親約。

〔一〕師古曰：「控，引也，謂皆引弓也，音口弄反。」

〔二〕師古曰：「罷讀曰疲。」

〔三〕師古曰：「顧，思念也。」

〔四〕師古曰：「適讀曰嫡，謂皇后所生。」

〔五〕師古曰：「鮮，少也。問遺，謂餉饋之也。鮮音息善反。遺音弋季反。」

〔六〕師古曰：「風讀曰諷。」

〔七〕師古曰：「近音其靳反。」

〔八〕師古曰：「言唯以此自慰。」

〔九〕師古曰：「於外庶人之家取女而名之爲公主。」

敬從匈奴來，因言「匈奴河南白羊、樓煩王，〔一〕去長安近者七百里，輕騎一日一夕可以至。〔二〕秦中新破，〔三〕少民，地肥饒，可益實。夫諸侯初起時，非齊諸田，楚昭、屈、景莫與。〔四〕今陛下雖都關中，實少人。北近胡寇，東有六國彊族，一日有變，陛下亦未得安枕而臥也。臣願陛下徙齊諸田，楚昭、屈、景，燕、趙、韓、魏後，及豪傑名家，且實關中。無事，可以備胡；諸侯有變，亦足率以東伐。此彊本弱末之術也。」上曰：「善。」乃使劉敬徙所言關中十餘萬口。〔五〕

〔一〕張晏曰：「白羊，匈奴國名也。」

〔二〕師古曰：「言匈奴欲來爲寇者。」

〔三〕師古曰：「秦中謂關中，故秦地也。新破，謂經兵革之後未殷實。」

〔四〕師古曰：「皆二國之王族。」

〔五〕師古曰：「今高陵、櫟陽諸田，華陰、好時諸景，及三輔諸屈、諸懷尙多，皆此時所徙。」

叔孫通，薛人也。〔一〕秦時以文學徵，待詔博士。〔二〕數歲，陳勝起，二世召博士諸儒生問曰：「楚戍卒攻蘄入陳，於公何如？」博士諸生三十餘人前曰：「人臣無將，將則反，罪死無赦。〔三〕願陛下急發兵擊之。」二世怒，作色。〔四〕通前曰：「諸生言皆非。夫天下爲一家，毀郡縣城，鑠其兵，視天下弗復用。〔五〕且明主在上，法令具於下，吏人人奉職，四方輻輳，〔六〕安有反者！此特羣盜鼠竊狗盜，〔七〕何足置齒牙間哉？郡守尉（令）〔今〕捕誅，何足憂？」二世喜，盡問諸生，諸生或言反，或言盜。於是二世令御史按諸生言反者下吏，非所宜言。諸生言盜者皆罷之。乃賜通帛二十疋，衣一襲，〔八〕拜爲博士。通已出，反舍，〔九〕諸生曰：「生何言之諛也？」通曰：「公不知，我幾不免虎口！」〔一〇〕乃亡去之薛，薛已降楚矣。

〔一〕晉灼曰：「楚漢春秋名何。」師古曰：「薛，縣名，屬魯國。」

〔二〕師古曰：「於博士中待詔。」

〔三〕臣瓚曰：「將謂爲逆亂也。」師古曰：「將有其意。」
〔四〕師古曰：「不許其言陳勝爲反。作色，謂變動其色。」
〔五〕師古曰：「鑠，銷也。視讀曰示。」
〔六〕師古曰：「輳，聚也，言如車輻之聚於轂也。字或作湊，並音千豆反。」
〔七〕師古曰：「如鼠之竊，如狗之盜。」
〔八〕師古曰：「一襲，上下皆具也，今人呼爲一副也。」
〔九〕師古曰：「還其所居也。」
〔一〇〕師古曰：「幾音鉅依反。」

及項梁之薛，通從之。敗定陶，從懷王。懷王爲義帝，徙長沙，通留事項王。漢二年，漢王從五諸侯入彭城，通降漢王。

通儒服，漢王憎之，乃變其服，服短衣，楚製。〔一〕漢王喜。

〔一〕師古曰：「製謂裁衣之形製。」

通之降漢，從弟子百餘人，然無所進，剸言諸故羣盜壯士進之。〔一〕弟子皆曰：「事先生數年，幸得從降漢，今不進臣等，剸言大猾，何也？」〔二〕通乃謂曰：「漢王方蒙矢石爭天下，〔三〕諸生寧能鬭乎？故先言斬將搴旗之士。〔四〕諸生且待我，我不忘矣。」漢王拜通爲博士，號稷嗣君。〔五〕

〔一〕師古曰：「剸與專同，又音之兗反。此則言專擧之急上者耳。」
〔二〕師古曰：「狡猾之人。」
〔三〕師古曰：「蒙猶被也，冒也。」
〔四〕師古曰：「搴，拔取，音騫。」
〔五〕張晏曰：「后稷佐唐，欲令復如之。」

漢王已幷天下，諸侯共尊爲皇帝於定陶，通就其儀號。〔一〕高帝悉去秦儀法，爲簡易。羣臣飲爭功，醉或妄呼，〔二〕拔劍擊柱，上患之。通知上益饜之，說上曰：「夫儒者難與進取，可與守成。臣願徵魯諸生，與臣弟子共起朝儀。」高帝曰：「得無難乎？」通曰：「五帝異樂，三王不同禮。禮者，因時世人情爲之節文者也。故夏、殷、周禮所因損益可知者，謂不相復也。〔三〕臣願頗采古禮與秦儀雜就之。」上曰：「可試爲之，令易知，度吾所能行爲之。」〔四〕

〔一〕師古曰：「就，成也。」
〔二〕師古曰：「呼音火故反。」
〔三〕師古曰：「復，重也，因也，音扶目反。」
〔四〕師古曰：「度音徒各反。」

於是通使徵魯諸生三十餘人。〔一〕魯有兩生不肯行，曰：「公所事者且十主，皆面諛親貴。今天下初定，死者未葬，傷者未起，又欲起禮樂。禮樂所由起，百年積德而後可興也。〔二〕吾不忍爲公所爲。公所爲不合古，吾不行。公往矣，毋汚我！」通笑曰：「若眞鄙儒，不知時變。」〔三〕

〔一〕師古曰：「通爲使者，而徵諸生。」
〔二〕師古曰：「言（德行）〔行德〕數百年，然後可定禮樂也。」
〔三〕師古曰：「若，汝也。鄙，言不通。」

遂與所徵三十人西，〔一〕及上左右爲學者〔二〕與其弟子百餘人爲緜蕞野外。〔三〕習之月餘，通曰：「上可試觀。」上使行禮，曰：「吾能爲此。」乃令羣臣習肄，〔四〕會十月。

〔一〕師古曰：「西入關。」
〔二〕師古曰：「左右，謂近臣也。爲學，謂素有學術。」
〔三〕應劭曰：「立竹及茅索營之，習禮儀其中也。」如淳曰：「謂以茅翦樹地，爲纂位尊卑之次也。春秋傳曰『置茅蕝』。」師古曰：「蕞與蕝同，並音子悅反。如說是。」
〔四〕師古曰：「肄亦習也，音弋二反。」

漢七年，長樂宮成，諸侯羣臣朝十月。〔一〕儀：〔二〕先平明，〔三〕謁者治禮，引以次入殿門，廷中陳車騎戍卒衞官，設兵，張旗志。〔四〕傳曰「趨」。〔五〕殿下郎中俠陛，陛數百人。〔六〕功臣列侯諸將軍軍吏以次陳西方，東鄉；文官丞相以下陳東方，西鄉。〔七〕大行設九賓，臚

句傳。〔八〕於是皇帝輦出房，百官執戟傳警，〔九〕引諸侯王以下至吏六百石以次奉賀。自諸侯王以下莫不震恐肅敬。至禮畢，盡伏，置法酒。〔一〇〕諸侍坐殿上皆伏抑首，〔一一〕以尊卑次起上壽。觴九行，謁者言「罷酒」。御史執法擧不如儀者輒引去。竟朝置酒，無敢讙譁失禮者。於是高帝曰：「吾乃今日知爲皇帝之貴也。」拜通爲奉常，〔一二〕賜金五百斤。

〔一〕師古曰：「適會七年十月，而長樂宮新成也。漢時尙以十月爲正月，故行朝歲之禮，史家追書十月。」
〔二〕師古曰：「欲敍其下儀法，先言儀如此也。」
〔三〕師古曰：「未平明之前。」
〔四〕師古曰：「志與幟同，音式餌反。」
〔五〕師古曰：「傳聲教入者皆令趨，謂疾行爲敬也。」
〔六〕師古曰：「俠與挾同。挾其兩旁，每陛皆數百人也。」
〔七〕師古曰：「鄉皆讀曰嚮。」
〔八〕蘇林曰：「上傳語告下爲臚，下告上爲句也。」韋昭曰：「大行掌賓客之禮，今之鴻臚也。九賓則周禮九儀也。謂公、侯、伯、子、男、孤、卿、大夫、士也。」師古曰：「臚音廬。」
〔九〕師古曰：「傳聲而唱警。」
〔一〇〕師古曰：「法酒者，猶言禮酌，謂不飲之至醉。」
〔一一〕師古曰：「抑，屈也。謂依禮法不敢平坐而視。」

中華書局

〔三〕師古曰：「解在百官公卿表。後改爲太常也。」

通因進曰：「諸弟子儒生隨臣久矣，與共爲儀，願陛下官之。」高帝悉以爲郎。通出，皆以五百金賜諸生。諸生乃喜曰：「叔孫生聖人，知當世務。」

九年，高帝徙通爲太子太傅。十二年，高帝欲以趙王如意易太子，通諫曰：「昔者晉獻公以驪姬故，廢太子，立奚齊，晉國亂者數十年，爲天下笑。秦以不早定扶蘇，胡亥詐立，自使滅祀，此陛下所親見。今太子仁孝，天下皆聞之；呂后與陛下(共)〔攻〕苦食啖，〔一〕其可背哉！陛下必欲廢適而立少，〔二〕臣願先伏誅，以頸血汙地。」高帝曰：「公罷矣，吾特戲耳。」〔三〕通曰：「太子天下本，本壹搖天下震動，奈何以天下戲！」高帝曰：「吾聽公。」及上置酒，見留侯所招客從太子入見，上迺無易太子志矣。

〔一〕如淳曰：「食無菜茹爲啖。」師古曰：「啖當作淡。淡謂無味之食也。言共攻擊勤苦之事，而食無味之食也。淡音大敢反。」
〔二〕師古曰：「適讀曰嫡。」
〔三〕師古曰：「特，但也。」

高帝崩，孝惠即位，乃謂通曰：「先帝園陵寢廟，羣臣莫習。」徙通爲奉常，〔一〕定宗廟儀法。及稍定漢諸儀法，皆通所論著也。惠帝爲東朝長樂宮，〔二〕及間往，〔三〕數蹕煩民，〔四〕

作復道，方築武庫南，〔五〕通奏事，因請間，〔六〕曰：「陛下何自築復道高帝寢，衣冠月出游高廟？〔七〕子孫奈何乘宗廟道(以)〔上〕行哉！」惠帝懼，曰：「急壞之。」通曰：「人主無過舉。〔八〕今已作，百姓皆知之矣。願陛下爲原廟〔九〕渭北，衣冠月出游之，益廣宗廟，大孝之本。」上乃詔有司立原廟。

〔一〕師古曰：「又重爲之也。」
〔二〕孟康曰：「朝太后於長樂宮。」
〔三〕師古曰：「非大朝時，中間小謁見。」
〔四〕孟康曰：「妨其往來也。」
〔五〕如淳曰：「作復道，方始築武庫南也。」師古曰：「復音方目反。」
〔六〕師古曰：「請空隙之時，不欲對衆言之。」
〔七〕服虔曰：「持高廟中衣，月旦以游於衆廟，已而復之。」應劭曰：「月旦出高帝衣冠，備法駕，名曰游衣冠。」如淳曰：「高祖之衣冠藏在宮中之寢，三月出游，其道正值今之所作復道下，故言乘宗廟道上行也。」晉灼曰：「黃圖高廟在長安城門街東，寢在桂宮北。服言衣藏於廟中，如言宮中，皆非也。」師古曰：「諸家之說皆未允也。謂從高帝陵寢出衣冠，游於高廟，每月一爲之，漢制則然。而後之學者不曉其意，謂以月出之時而夜游衣冠，失之遠也。」
〔八〕師古曰：「舉事不當有過失。」
〔九〕師古曰：「原，重也。先以有廟，今更立之，故云重也。」

惠帝常出游離宮，通曰：「古者有春嘗菓，方今櫻桃孰，可獻，〔一〕願陛下出，因取櫻桃獻宗廟。」上許之。諸菓獻由此興。

〔一〕師古曰：「禮記曰『仲春之月，羞以含桃，先薦寢廟』，即此櫻桃也。今所謂朱櫻者是也。櫻音於耕反。」

贊曰：高祖以征伐定天下，而縉紳之徒騁其知辯，〔一〕並成大業。語曰「廊廟之材非一木之枝，帝王之功非一士之略」，〔二〕信哉！劉敬脫輓輅而建金城之安，叔孫通舍枹鼓而立一王之儀，〔三〕遇其時也。酈生自匿監門，待主然後出，猶不免鼎鑊。〔四〕朱建始名廉直，既距辟陽，不終其節，亦以喪身。陸賈位止大夫，致仕諸呂，〔五〕不受憂責，從容平、勃之間，〔六〕附會將相以彊社稷，身名俱榮，其最優乎！

〔一〕師古曰：「縉紳，儒者之服也，解在郊祀志。」
〔二〕師古曰：「此語本出慎子。」
〔三〕師古曰：「枹者鼓椎，所以擊鼓也。舍枹鼓者，言新罷戰陣之事，別創漢代之禮，故云一王之儀也。枹音桴，其字從木。」
〔四〕師古曰：「鼎大而無足曰鑊，音胡郭反。」
〔五〕師古曰：「以諸呂僭差，託病歸家。」
〔六〕師古曰：「謂和輯陳平、周勃以安漢朝也。從音七容反。」

校勘記

二〇六頁一三行　欲率諸侯(攻)〔破〕秦乎？　景祐、殿本都作「破」，史記同。
二〇七頁三行　沛公引〔兵〕隨之，　景祐、殿本都有「兵」字。王先謙說此脫。
二〇七頁一四行　食其(嘗)〔常〕爲說客，　王先謙說「嘗」字誤，當依史記作「常」。
二〇八頁一〇行　(反)〔救〕趙及梁。　景祐、殿本都作「救」。王先謙說作「救」是。
二一二頁五行　與天子(伉)〔抗〕衡爲敵國，　景祐、殿本都作「抗」。
二一二頁一〇行　掘燒君王先人(家)〔冢〕墓，　景祐、殿、局本都作「冢」，此誤。
二一三頁九行　(師古)〔蘇林〕曰：　景祐、殿本都作「蘇林」。
二一四頁三行　其後以爲(信)〔姓〕。　景祐、殿本都作「姓」，此誤。
二一四頁七行　謂作書明言(也)〔之〕。　景祐本「也」作「之」。
二一四頁一三行　女給人馬酒食極(飲)〔欲〕，　景祐、殿本都作「欲」。
二一五頁六行　平(嘗)〔常〕燕居深念。　景祐本作「嘗」，殿本作「常」，史記同。王先謙說作「嘗」是。
二一六頁五行　厚爲(其)〔共〕具，　景祐、殿本都作「共」。王先謙說作「共」是。
二一六頁七行　言狠籍(之)〔甚〕盛。　景祐、殿本都作「甚」。
二一七頁一行　〔辟陽侯曰：「平原君母死」〕，何乃賀我？」　景祐、殿本都有「何」上九字。王先謙說史

記同，此奪。

二一二三頁一行 眥音漬，謂(見)〔死〕者之肉也。 景祐、殿本都作「死」。王先謙說作「死」是。

二一二三頁二行 豈曾聞(外)孫敢與大父亢禮哉？ 宋祁說越本無「外」字。按景祐本無。

二一二三頁三行 而(今)〔令〕宗室及後宮詐稱公主， 景祐、殿、局本都作「令」，此誤。

二一二四頁八行 郡守尉(令)〔今〕捕誅，何足憂？ 景祐、殿本都作「今」。王先謙說作「今」是。

二一二七頁五行 言(德行)〔行德〕數百年， 景祐、殿本都作「行德」。王先謙說作「行德」是。

二一二九頁六行 呂后與陛下(共)〔攻〕苦食啖， 景祐、殿本都作「攻」。王先謙說作「攻」是。

二一三〇頁二行 子孫奈何乘宗廟道(以)〔上〕行哉！ 景祐、殿本都作「上」。王先謙說作「上」是。

漢書卷四十四

淮南衡山濟北王傳第十四

淮南厲王長，高帝少子也，其母故趙王張敖美人。高帝八年，從東垣過趙，趙王獻美人，厲王母也，幸，有身。趙王不敢內宮，〔一〕為築外宮舍之。〔二〕及貫高等謀反事覺，并逮治王，盡捕王母兄弟美人，繫之河內。厲王母亦繫，告吏曰：「日得幸上，有子。」〔三〕吏以聞，上方怒趙，未及理厲王母。厲王母弟趙兼因辟陽侯言呂后，呂后妒，不肯白，辟陽侯不彊爭。厲王母已生厲王，恚，即自殺。吏奉厲王詣上，上悔，〔四〕令呂后母之，而葬其母真定。真定，厲王母家縣也。

〔一〕師古曰：「不敢更內之於宮中。」

〔二〕師古曰：「舍，止也。」

〔三〕師古曰：「日謂往日。」

〔四〕師古曰：「(以)〔悔〕不理其母。」

十一年，淮南王布反，上自將擊滅布，即立子長為淮南王。王早失母，常附呂后，孝惠、呂后時以故得幸無患，然常心怨辟陽侯，不敢發。及孝文初即位，自以為最親，〔一〕驕蹇，數不奉法。〔二〕上寬赦之。三年，入朝，甚橫。〔三〕從上入苑獵，與上同輦，常謂上「大兄」。厲王有材力，力扛鼎，〔四〕乃往請辟陽侯。辟陽侯出見之，即自袖金椎椎之，〔五〕命從者刑之。〔六〕馳詣闕下，肉袒而謝曰：「臣母不當坐趙時事，辟陽侯力能得之呂后，不爭，罪一也。趙王如意子母無罪，呂后殺之，辟陽侯不爭，罪二也。呂后王諸呂，欲以危劉氏，辟陽侯不爭，罪三也。臣謹為天下誅賊，報母之仇，伏闕下請罪。」文帝傷其志為親，故不治，赦之。

〔一〕師古曰：「時高帝子唯二人在。」

〔二〕師古曰：「蹇謂不順也。」

〔三〕師古曰：「橫音胡孟反。」

〔四〕師古曰：「扛，舉也，音江。」

〔五〕師古曰：「褎，古袖字也。謂以金椎藏置褎中，出而椎之。」

〔六〕如淳曰：「刻其形體，備五刑也。」師古曰：「直斷其首，非五刑也。事見史記。」

當是時，自薄太后及太子諸大臣皆憚厲王。厲王以此歸國益恣，不用漢法，出入警蹕，稱制，自作法令，數上書不遜順。〔一〕文帝重自切責之。〔二〕時帝舅薄昭為將軍，尊重，

上令昭予厲王書諫數之，曰：〔三〕

〔一〕師古曰：「數音所角反。」

〔二〕如淳曰：「重，難也。」

〔三〕師古曰：「數音所具反。」

竊聞大王剛直而勇，慈惠而厚，貞信多斷，是天以聖人之資奉大王也甚盛，不可不察。今大王所行，不稱天資。皇帝初即位，易侯邑在淮南者，〔一〕大王不肯。皇帝卒易之，〔二〕使大王得三縣之實，甚厚。大王以未嘗與皇帝相見，求入朝見，未畢昆弟之歡，〔三〕而殺列侯以自爲名。皇帝不使吏與其間，〔四〕赦大王，甚厚。漢法，二千石缺，輒言漢補，大王逐漢所置，而請自置相、二千石。皇帝骫天下正法而許大王，甚厚。〔五〕大王欲屬國爲布衣，守冢眞定。〔六〕皇帝不許，使大王毋失南面之尊，甚厚。〔七〕大王宜日夜奉法度，修貢職，以稱皇帝之厚德，今乃輕言恣行，以負謗於天下，甚非計也。

〔一〕晉灼曰：「侯邑在淮南者，更易以它郡地封之，不欲使錯在王國。」

〔二〕師古曰：「卒，終也。」

〔三〕師古曰：「畢，盡也。」

〔四〕師古曰：「與讀曰豫，謂不令吏干豫治其事。」

〔五〕蘇林曰：「不從正法，聽王自置二千石。」師古曰：「骫，古委字。骫謂曲也。」

〔六〕師古曰：「屬謂委棄之也，音之欲反。」

〔七〕師古曰：「毋失，不失也。南面之尊，謂王位也。」

夫大王以千里爲宅居，以萬民爲臣妾，此高皇帝之厚德也。高帝蒙霜露，沫風雨，〔一〕赴矢石，野戰(夾)〔攻〕城，身被創痍，〔二〕以爲子孫成萬世之業，艱難危苦甚矣。大王不思先帝之艱苦，日夜怵惕，修身正行，養犧牲，豐絜粢盛，奉祭祀，以無忘先帝之功德，而欲屬國爲布衣，甚過。且夫貪讓國土之名，輕廢先帝之業，不可以言孝。父爲之基，而不能守，不賢。不求守長陵，而求之眞定，先母後父，不誼。數逆天子之令，不順。言節行以高兄，無禮。〔三〕幸臣有罪，大者立斷，小者肉刑，不仁。〔四〕貴布衣一劍之任，賤王侯之位，不知。不好學問大道，觸情妄行，不(詳)〔祥〕。〔五〕此八者，危亡之路也，而大王行之。棄南面之位，奮諸、賁之勇，〔六〕常出入危亡之路，臣之所見，高皇帝之神必不廟食於大王之手，明白。

〔一〕師古曰：「沫亦頮字也。蒙，冒也。沫，洗面也，音胡內反，字從午未之未。」

〔二〕師古曰：「痍音夷。」

〔三〕鄭氏曰：「淮南王呼帝爲大兄也。」師古曰：「鄭說非也。謂請守母冢，自爲名節而表異行，用此矜高於兄耳。」

〔四〕師古曰：「斷謂斬也。」

〔五〕師古曰：「任情意所欲則行之妄行。行音下更反。」

〔六〕應劭曰：「吳專諸，衞孟賁也。」師古曰：「賁音奔。」

昔者，周公誅管叔，放蔡叔，以安周；齊桓殺其弟，以反國；〔一〕秦始皇殺兩弟，遷其母，以安秦；〔二〕頃王亡代，高帝奪之國，以便事；〔三〕濟北舉兵，皇帝誅之，以安漢。〔四〕故周、齊行之於古，秦、漢用之於今，大王不察古今之所以安國便事，而欲以親戚之意望於太上，不可得也。〔五〕亡之諸侯，游宦事人，及舍匿者，論皆有法。〔六〕其在王所，吏主者坐。〔七〕今諸侯子爲吏者，御史主；〔八〕爲軍吏者，中尉主；客出入殿門者，衞尉大行主；諸從蠻夷來歸誼及以亡名數自(古)〔占〕者，內史縣令主。相欲委下吏，無與其禍，不可得也。〔九〕王若不改，漢繫大王邸，論相以下，爲之奈何？夫墮父大業，退爲布衣所哀，〔一〇〕幸臣皆伏法而誅，爲天下笑，以羞先帝之德，〔一一〕甚爲大王不取也。

〔一〕韋昭曰：「子糾兄也，言弟者諱也。」

〔二〕應劭曰：「始皇母與嫪毐私通生二子，事覺誅毐，并殺二弟，遷其母於咸陽宮也。」

〔三〕應劭曰：「頃王，高帝兄仲也。匈奴入代不能守，走歸京師。高帝奪其國，退爲郃陽侯，以便國法也。」師古曰：「便音頻面反。」

〔四〕應劭曰：「濟北王興居與大臣共誅諸呂，自以功大，怨其賞薄，故反。」

〔五〕如淳曰：「太上，天子也。」

〔六〕師古曰：「舍匿，謂容止而藏隱也。」

〔七〕師古曰：「言各有所主，而坐其罪。」

〔八〕如淳曰：「主御史也。自此以下至縣令主皆謂王官屬。」

〔九〕師古曰：「言諸侯王之相欲委罪於在下小吏，而身不干豫之，不可得也。與讀曰豫。」

〔一〇〕師古曰：「墮，毀也。布衣，貧賤之人。王既伏法，則貧賤之人反哀憐之。墮音火規反。」

〔一一〕師古曰：「羞，辱也。」

宜急改操易行，上書謝罪，曰：「臣不幸早失先帝，少孤，呂氏之世，未嘗忘死。〔一〕陛下即位，臣怙恩德驕盈，行多不軌。〔二〕追念辠過，恐懼，伏地待誅不敢起。」皇帝聞之必喜。大王昆弟歡欣於上，羣臣皆得延壽於下；上下得宜，海內常安。願孰計而疾行之。行之有疑，禍如發矢，不可追已。〔三〕

〔一〕服虔曰：「常恐見死也。」

〔二〕師古曰：「軌，法也。」

〔三〕師古曰：「發矢，喻速也。已，語終辭。」

王得書不說。〔一〕六年，令男子但等七十人與棘蒲侯柴武太子奇謀，以輂車四十乘反谷口，〔二〕令人使閩越、匈奴。事覺，治之，乃使使召淮南王。

〔一〕師古曰：「說讀曰悅。」
〔二〕孟康曰：「谷口在長安北，故縣也，處多險阻。」師古曰：「輦車，人輓行以載兵器也。」

王至長安，丞相張蒼，典客馮敬行御史大夫事，與宗正、廷尉雜奏：「長廢先帝法，不聽天子詔，居處無度，爲黃屋蓋儗天子，〔一〕擅爲法令，不用漢法。及所置吏，以其郎中春爲丞相，收聚漢諸侯人及有罪亡者，匿與居，爲治家室，賜與財物爵祿田宅，爵或至關內侯，奉以二千石所當得。〔二〕大夫但、〔三〕士伍開章等七十人〔四〕與棘蒲侯太子奇謀反，欲以危宗廟社稷，謀使閩越及匈奴發其兵。事覺，長安尉奇等往捕開章，長匿不予，與故中尉蕳忌謀，殺以閉口，〔五〕爲棺槨衣衾，葬之肥陵，〔六〕謾吏曰『不知安在』。〔七〕又陽聚土，樹表其上曰『開章死，葬此下』。〔八〕及長身自賊殺無罪者一人；令吏論殺無罪者六人；爲亡命棄市詐捕命者以除罪；〔九〕擅罪人，無告劾繫治城旦以上十四人；赦免罪人死罪十八人，城旦舂以下五十八人；賜人爵關內侯以下九十四人。前日長病，陛下心憂之，使使者賜棗脯，長不肯見拜使者。南海民處廬江界中者反，淮南吏卒擊之。陛下遣使者齎帛五十匹，以賜吏卒勞苦者。長不欲受賜，謾曰『無勞苦者』。南海王織上書獻璧帛皇帝，忌擅燔其書，不以聞。〔一〇〕吏請召治忌，長不遣，謾曰『忌病』。長所犯不軌，當棄市，臣請論如法。」

〔一〕師古曰：「儗，比也。」

〔二〕如淳曰：「賜亡畔來者，如賜其國二千石也。」臣瓚曰：「奉畔者以二千石之秩祿也。」師古曰：「瓚說是也。奉音扶用反。」
〔三〕張晏曰：「大夫，姓也，上云『男子但』，明其本姓大夫也。」如淳曰：「但，大夫名也。」師古曰：「既曰大夫但，又士伍開章，明其爲大夫也。上言男子但等者，總謂反人耳，不妨但爲大夫也。」
〔四〕如淳曰：「律，有罪失官爵，稱士伍也。開章，名。」
〔五〕師古曰：「姓蕳，名忌。蕳音姧，嚴助傳作間字，音同耳。今流俗書本此蕳字或有作簡者，非也，蓋後人所改。既殺開章，所有口語皆無端緒，故云閉口。」
〔六〕師古曰：「肥陵，地名，在肥水之上。」
〔七〕師古曰：「謾，誑也。實葬肥陵，誑云不知處。謾音慢，又音莫連反。次下亦同。」
〔八〕師古曰：「表者，豎木爲之，若柱形也。」
〔九〕晉灼曰：「亡命者當棄市，而王藏之。詐捕不命者而言命，以脫命者之罪。」師古曰：「爲音于僞反。」
〔一〇〕文穎曰：「忌，蕳忌也。」

制曰：「朕不忍置法於王，其與列侯吏二千石議。」列侯吏二千石臣嬰等四十三人議，皆曰：「宜論如法。」制曰：「其赦長死罪，廢勿王。」有司奏：「請處蜀嚴道邛郵，〔一〕遣其子、子母從居，〔二〕縣爲築蓋家室，皆日三食，給薪菜鹽炊食器席蓐。」〔三〕制曰：「食長，給肉日五斤，〔四〕酒二斗。令故美人材人得幸者十人從居。」〔五〕於是盡誅所與謀者。乃遣長，載以輜車，〔六〕令縣次傳。

〔一〕張晏曰：「嚴道，蜀郡縣也。邛，郵置名也。」師古曰：「郵，行書之舍，音尤。」
〔二〕師古曰：「子母者，所生子之姬妾。」
〔三〕師古曰：「炊器，釜鬲之屬。食器，盃椀之屬。」
〔四〕師古曰：「食音飤。」
〔五〕師古曰：「上言子母，則有子者令從之。今此云美人材人，則無子者亦令從之。」
〔六〕師古曰：「輜，衣車也，音甾。」

爰盎諫曰：「上素驕淮南王，不爲置嚴相傅，以故至此。且淮南王爲人剛，今暴摧折之，臣恐其逢霧露病死，陛下有殺弟之名，奈何！」上曰：「吾特苦之耳，令復之。」〔一〕淮南王謂侍者曰：「誰謂乃公勇者？吾以驕不聞過，故至此。」乃不食而死。縣傳者不敢發車封。〔二〕至雍，〔三〕雍令發之，以死聞。上悲哭，謂爰盎曰：「吾不從公言，卒亡淮南王。」盎曰：「淮南王不可奈何，願陛下自寬。」上曰：「爲之奈何？」曰：「獨斬丞相、御史以謝天下乃可。」上即令丞相、御史逮諸縣傳淮南王不發封餽侍者，〔四〕皆棄市。乃以列侯葬淮南王于雍，置守家三十家。

〔一〕師古曰：「暫困苦之，令其自悔，即追還也。復音扶目反。」
〔二〕孟康曰：「檻車有封也。」

〔三〕師古曰：「雍，扶風雍縣。」
〔四〕師古曰：「逮，追捕之也。餽亦饋字耳。」

孝文八年，憐淮南王，王有子四人，年皆七八歲，乃封子安爲阜陵侯，子勃爲安陽侯，子賜爲陽周侯，子良爲東城侯。

十二年，民有作歌歌淮南王曰：「一尺布，尚可縫；一斗粟，尚可舂。兄弟二人，不相容！」〔一〕上聞之曰：「昔堯舜放逐骨肉，周公殺管蔡，〔二〕天下稱聖，不以私害公。天下豈以爲我貪淮南地邪？」乃徙城陽王王淮南故地，而追尊謚淮南王爲厲王，置園如諸侯儀。

〔一〕孟康曰：「尺帛斗粟猶尚不棄，況於兄弟而更相逐乎！」臣瓚曰：「一尺帛可縫而共衣，一斗粟可舂而共食，況以天下之廣，而不相容也。」師古曰：「瓚說是。」
〔二〕師古曰：「鯀及共工皆堯舜之同姓，故云骨肉。」

十六年，上憐淮南王廢法不軌，自使失國早夭，乃徙淮南王喜復王故城陽，而立厲王三子王淮南故地，三分之：阜陵侯安爲淮南王，安陽侯勃爲衡山王，陽周侯賜爲廬江王。東城侯良前薨，無後。

孝景三年，吳楚七國反，吳使者至淮南，（淮南）王欲發兵應之。其相曰：「王必欲應吳，臣願爲將。」王乃屬之。〔一〕相已將兵，因城守，不聽王而爲漢。漢亦使曲城侯將兵救淮南，〔二〕

淮南以故得完。吳使者至廬江，廬江王不應，而往來使越；至衡山，衡山王堅守無二心。孝景四年，吳楚已破，衡山王朝，上以為貞信，乃勞苦之〔三〕曰：「南方卑溼。」徙王王於濟北以褒之。及薨，遂賜謚為貞王。廬江王以邊越，數使使相交，〔四〕徙為衡山王，王江北。

〔一〕師古曰：「屬謂以兵委之也。屬音之欲反。」

〔二〕晉灼曰：「功臣表蟲達也。」師古曰：「晉說非。此蟲達之子耳，名（揵）〔捷〕。達已先薨也。」

〔三〕師古曰：「勞音來到反。」

〔四〕師古曰：「邊越者，邊界與越相接。」

淮南王安為人好書，鼓琴，不喜弋獵狗馬馳騁，〔一〕亦欲以行陰德拊循百姓，流名譽。招致賓客方術之士數千人，作為內書二十一篇，外書甚眾，又有中篇八卷，言神仙黃白之術，〔二〕亦二十餘萬言。時武帝方好藝文，以安屬為諸父，〔三〕辯博善為文辭，甚尊重之。每為報書及賜，〔四〕常召司馬相如等視草乃遣。〔五〕初，安入朝，獻所作內篇，新出，上愛祕之。使為離騷傳，〔六〕旦受詔，日食時上。又獻頌德及長安都國頌。每宴見，談說得失及方技賦頌，昏莫然後罷。

〔一〕師古曰：「喜音許吏反。」

〔二〕張晏曰：「黃，黃金；白，白銀也。」

〔三〕師古曰：「安於天子服屬為從父叔父。」

〔四〕師古曰：「賜，賜書也。」

〔五〕師古曰：「草謂為文之藁草。」

〔六〕師古曰：「傳謂解說之，若毛詩傳。」

安初入朝，雅善太尉武安侯，〔一〕武安侯迎之霸上，與語曰：「方今上無太子，王親高皇帝孫，行仁義，天下莫不聞。宮車一日晏駕，非王尚誰立者！」淮南王大喜，厚遺武安侯寶賂。其羣臣賓客，江淮間多輕薄，以厲王遷死感激安。建元六年，彗星見，淮南王心怪之。或說王曰：「先吳軍時，彗星出，長數尺，然尚流血千里。今彗星竟天，天下兵當大起。」王心以為上無太子，天下有變，諸侯並爭，愈益治攻戰具，積金錢賂遺郡國。遊士妄作妖言阿諛王，王喜，多賜予之。

〔一〕師古曰：「田蚡。」

王有女陵，慧有口。〔一〕王愛陵，多予金錢，為中詗長安，〔二〕約結上左右。元朔二年，上賜淮南王几杖，不朝。后荼愛幸，〔三〕生子遷為太子，取皇太后外孫修成君女為太子妃。〔四〕王謀為反具，畏太子妃知而內泄事，乃與太子謀，令詐不愛，三月不同席。王陽怒太子，閉使與妃同內，終不近妃。妃求去，王乃上書謝歸之。后荼、太子遷及女陵擅國權，奪民田宅，妄致繫人。〔五〕

〔一〕師古曰：「性慧了而口辯。」

〔二〕孟康曰：「詗音偵。西方人以反間為詗。王使其女為偵於中也。」如淳曰：「詗音朽政反。」師古曰：「詗，有所候伺也。如音是矣。偵者，義與詗同，然音則異。偵音丑政反。」

〔三〕師古曰：「荼者，后名也，音塗。」

〔四〕服虔曰：「武帝異姓姊之女也。」應劭曰：「修成君，王太后先適金氏女也。」

〔五〕師古曰：「致，至也，牽引而致之。」

太子學用劍，自以為人莫及，聞郎中雷被巧，〔一〕召與戲。被壹再辭讓，誤中太子。〔二〕太子怒，被恐。此時有欲從軍者輒詣長安，被即願奮擊匈奴。太子數惡被，〔三〕王使郎中令斥免，欲以禁後。〔四〕元朔五年，被遂亡之長安，上書自明。事下廷尉、河南。河南治，〔五〕逮淮南太子。〔六〕王、王后計欲毋遣太子，〔七〕遂發兵。計未定，猶與十餘日。〔八〕會有詔即訊太子。〔九〕淮南相怒壽春丞留太子逮不遣，〔一〇〕劾不敬。王請相，相不聽。王使人上書告相，事下廷尉治。從迹連王，〔一一〕王使人候司。〔一二〕漢公卿請逮捕治王，王恐，欲發兵。太子遷謀曰：「漢使即逮王，令人衣衛士衣，持戟居王旁，有非是者，即刺殺之，臣亦使人刺殺淮南中尉，乃舉兵，未晚也。」是時上不許公卿，而遣漢中尉宏即訊驗王。〔一三〕王視漢中尉顏色和，問斥雷被事耳，自度無何，〔一四〕不發。中尉還，以聞。公卿治者曰：「淮南王安雍閼求奮擊匈奴者雷被等，格明詔，〔一五〕當棄市。」詔不許。請廢勿王，上不許。請削五縣，

可二縣。使中尉宏赦其罪，罰以削地。中尉入淮南界，宣言赦王。王初聞公卿請誅之，未知得削地，聞漢使來，恐其捕之，乃與太子謀如前計。中尉至，即賀王，王以故不發。其後自傷曰：「吾行仁義見削地，寡人甚恥之。」為反謀益甚。諸使者道長安來，〔一六〕為妄言，言上無男，即喜；言漢廷治，有男，即怒，〔一七〕以為妄言，非也。〔一八〕

〔一〕師古曰：「被音皮義反。巧者，善用劍也。」

〔二〕師古曰：「中音竹仲反。」

〔三〕師古曰：「謂讒毀之於王也。」

〔四〕師古曰：「令後人更不敢效之。」

〔五〕師古曰：「章下廷尉及河南令，於河南雜治其事。」

〔六〕師古曰：「追赴河南也。」

〔七〕師古曰：「王與王后共計也。」

〔八〕師古曰：「與讀曰豫。」

〔九〕師古曰：「即，就也。訊，問也。就淮南問之，不逮詣河南。」

〔一〇〕如淳曰：「丞順王意，不遣太子應逮書。」

〔一一〕師古曰：「從讀曰蹤。」

〔一二〕師古曰：「入京師候司其事。」

〔一四〕師古曰：「卽亦就也。」

〔一五〕師古曰：「自計度吏無罪。度音徒各反。」

〔一六〕師古曰：「雍讀曰壅。格音閣，謂放閣不行之。」

〔一七〕師古曰：「道，從也。」

〔一八〕師古曰：「漢廷治者，朝廷皆治理也。治音丈吏反。」

〔一九〕師古曰：「云治及有男皆妄言耳，非眞實也。」

日夜與左吳等按輿地圖，〔一〕部署兵所從入。王曰：「上無太子，宮車卽晏駕，大臣必徵膠東王，不卽常山王，諸侯並爭，吾可以無備乎！且吾高帝孫，親行仁義，陛下遇我厚，吾能忍之；萬世之後，吾寧能北面事豎子乎！」

〔一〕蘇林曰：「輿猶盡載之意。」

王有孽子不害，最長，〔一〕王不愛，后、太子皆不以爲子兄數。〔二〕不害子建，材高有氣，常怨望太子不省其父。〔三〕時諸侯皆得分子弟爲侯，〔四〕淮南王有兩子，一子爲太子，而建父不得爲侯。陰結交，〔五〕欲害太子，以其父代之。太子知之，數捕繫笞建。建具知太子之欲謀殺漢中尉，卽使所善壽春嚴正上書天子曰：「毒藥苦口利病，忠言逆耳利行。今淮南王孫建材能高，淮南王后荼、荼子遷常疾害建。建父不害無罪，擅數繫，欲殺之。今建

在，可徵問，具知淮南王陰事。」書既聞，上以其事下廷尉、河南治。是歲元朔六年也。故辟陽侯孫審卿善丞相公孫弘，怨淮南厲王殺其大父，陰求淮南事而搆之於弘。弘乃疑淮南有畔逆計，深探其獄。〔六〕河南治建，辭引太子及黨與。

〔一〕師古曰：「孽，庶也。」

〔二〕如淳曰：「后不以爲子，太子不以爲兄秩數。」

〔三〕服虔曰：「不省錄著兄弟數中也。」

〔四〕師古曰：「分國邑以封之。」

〔五〕師古曰：「與外人交通爲援。」

〔六〕張晏曰：「探窮其根原。」

初，王數以舉兵謀問伍被，被常諫之，以吳楚七國爲效。〔一〕王引陳勝、吳廣，被復言形勢不同，必敗亡。及建見治，王恐國陰事泄，欲發，復問被，被爲言發兵權變。語在被傳。於是王銳欲發，〔二〕乃令官奴入宮中，作皇帝璽，丞相、御史大夫、將軍、吏中二千石、都官令、丞印，及旁近郡太守、都尉印，漢使節法冠。〔三〕欲如伍被計，使人爲得罪而西，〔四〕事大將軍、丞相；一日發兵，卽刺大將軍衞青，〔五〕而說丞相弘下之，如發蒙耳。〔六〕欲發國中兵，恐相、二千石不聽，王乃與伍被謀，爲失火宮中，相、二千石救火，因殺之。又欲令人衣求盜衣，〔七〕持羽檄從南方來，〔八〕呼言曰「南越兵入」，〔九〕欲因以發兵。乃使人之廬江、會稽爲求盜，未決。

〔一〕師古曰：「晉反事不成。」

〔二〕師古曰：「王意欲發兵如鋒刃之銳利，故云銳也。」

〔三〕師古曰：「法冠，御史冠也。本楚王冠，秦滅楚，以其君冠賜御史。」

〔四〕蘇林曰：「詐作得罪人而西也。」師古曰：「爲得罪之狀而去也。西謂如京師也。」

〔五〕師古曰：「發兵謂王發兵反。」

〔六〕如淳曰：「以物蒙覆其頭，而爲發去之，則其人欲之耳。」晉灼曰：「如發去物上之蒙，直取其易也。」師古曰：「晉說是。」

〔七〕師古曰：「求盜，卒之掌逐捕賊盜者。」

〔八〕師古曰：「羽檄，徵兵之書也，解在高紀。」

〔九〕師古曰：「呼音火故反。」

廷尉以建辭連太子遷聞，上遣廷尉監與淮南中尉逮捕太子。至，淮南王聞，與太子謀召相、二千石，欲殺而發兵。召相，相至；內史以出爲解。〔一〕中尉曰：「臣受詔使，不得見王。」王念獨殺相而內史、中尉不來，無益也，卽罷相。〔二〕計猶與未決。〔三〕太子念所坐者謀殺漢中尉，所與謀殺者已死，以爲口絕，乃謂王曰：「羣臣可用者皆前繫，今無足與舉事者。王以非時發，恐無功，臣願會逮。」〔四〕王亦愈欲休，卽許太子。太子自刑，不殊。〔五〕伍

被自詣吏，具告與淮南王謀反。吏因捕太子、王后，圍王宮，盡捕王賓客在國中者，索得反具以聞。〔六〕上下公卿治，所連引與淮南王謀反列侯、二千石、豪桀數千人，皆以罪輕重受誅。

〔一〕師古曰：「不應召而云已出也。解者，解說也，若今言分疏矣。」

〔二〕師古曰：「遣出去。」

〔三〕師古曰：「與讀曰豫。」

〔四〕師古曰：「會謂應逮書而往也。」

〔五〕晉灼曰：「不殊，不死也。」師古曰：「殊，絕也，雖自刑殺，而身首不絕也。」

〔六〕師古曰：「索，搜也，音山客反。」

衡山王賜，淮南王弟，當坐收。有司請逮捕衡山王，上曰：「諸侯各以其國爲本，不當相坐。與諸侯王列侯議。」趙王彭祖、列侯讓等四十三人皆曰：「淮南王安大逆無道，謀反明白，當伏誅。」膠西王端議曰：「安廢法度，行邪辟，〔一〕有詐僞心，以亂天下，營惑百姓，〔二〕背畔宗廟，妄作妖言。春秋曰『臣毋將，將而誅』。安罪重於將，謀反形已定。臣端所見，其書印圖及它逆亡道事驗明白，當伏法。論國吏二百石以上及比者，〔三〕宗室近幸臣不在法中者，不能相教，皆當免，〔四〕削爵爲士伍，毋得官爲吏。其非吏，它贖死金二斤八兩，〔五〕

以章安之罪，〔六〕使天下明知臣子之道，毋敢復有邪僻背畔之意。」丞相弘、廷尉湯等以聞，上使宗正以符節治王。未至，安自刑殺。后、太子諸所與謀皆收夷。國除爲九江郡。〔七〕

〔一〕師古曰：「辟讀曰僻。下皆類此。」
〔二〕師古曰：「營謂回繞之。」
〔三〕師古曰：「謂眞二百石及秩比二百石以上。」
〔四〕師古曰：「若本有重罪，自從其法，縱無反狀者，亦皆免。」
〔五〕蘇林曰：「非吏故曰它。」師古曰：「爲近幸之人，非吏人者。」
〔六〕師古曰：「章，明也。」
〔七〕師古曰：「夷謂誅滅之。」

衡山王賜，后乘舒生子三人，長男爽爲太子，次女無采，少男孝。姬徐來生子男女四人，美人厥姬生子二人。淮南、衡山相責望禮節，間不相能。〔一〕衡山王聞淮南王作爲畔逆具，亦心結賓客以應之，恐爲所并。

〔一〕師古曰：「兄弟相責故有嫌。」

元光六年入朝，謁者衞慶有方術，欲上書事天子，王怒，故劾慶死罪，强榜服之。〔一〕內史以爲非是，卻其獄。〔二〕王使人上書告內史，內史治，言王不直。〔三〕又數侵奪人田，壞人

冢以爲田。有司請逮治衡山王，上不許，爲置吏二百石以上。〔四〕衡山王以此恚，與奚慈、張廣昌謀，求能爲兵法候星氣者，日夜縱臾王謀反事。〔五〕

〔一〕師古曰：「榜，擊也。擊笞之，令其自服死罪也。榜音彭。」
〔二〕師古曰：「卻，退也。」
〔三〕師古曰：「內史彼治而具言王之意狀。」
〔四〕如淳曰：「漢儀注吏四百石已下自除國中。今以王之惡，天子皆爲置。」
〔五〕如淳曰：「臾讀曰勇。縱臾，猶言勉强也。」師古曰：「縱音子勇反。縱臾謂奬勸也。」

后乘舒死，立徐來爲后，厥姬俱幸。兩人相妒，厥姬乃惡徐來於太子，〔一〕曰「徐來使婢蠱殺太子母。」太子心怨徐來。徐來兄至衡山，太子與飲，以刃刑傷之。后以此怨太子，數惡之於王。女弟無采嫁，棄歸，〔二〕與客姦。太子數以數讓之，〔三〕無采怒，不與太子通。后聞之，卽善遇無采及孝。孝少失母，附后，后以計愛之，〔四〕與共毀太子，王以故數繫笞太子。元朔四年中，人有賊傷后假母者，〔五〕王疑太子使人傷之，笞太子。後王病，太子時稱病不侍。孝、無采惡太子：「實不病，自言，有喜色。」王於是大怒，欲廢太子而立弟孝。后知王決廢太子，又欲并廢孝。后有侍者善舞，王幸之，后欲令與孝亂以汚之，欲并廢二子而以已子廣代之。太子知之，念后數惡已無已時，〔六〕欲與亂以止其口。后飲太子，太子前

爲壽，因據后股求與臥。后怒，以告王。王乃召，欲縛笞之。太子知王常欲廢己而立孝，乃謂王曰：「孝與王御者姦，無采與奴姦，王强食，請上書。」卽背王去。王使人止之，莫能禁，王乃自追捕太子。太子妄惡言，王械繫宮中。

〔一〕師古曰：「惡謂讒毁之也。下皆類此。」
〔二〕師古曰：「爲夫所棄而歸也。」
〔三〕師古曰：「上數音所角反，下數音所具反。」
〔四〕師古曰：「非心實慈念，但以事計須撫之。」
〔五〕師古曰：「繼母也。一曰父之旁妻。」
〔六〕師古曰：「已，止也，數見讒譖無休止。」

孝日益以親幸。王奇孝材能，乃佩之王印，號曰將軍，(今)〔令〕居外家，多給金錢，招致賓客。賓客來者，微知淮南、衡山有逆計，皆將養勸之。〔一〕王乃使孝客江都人枚赫、陳喜作輣車鍛矢，刻天子璽，將、相、軍吏印。王日夜求壯士如周丘等，〔二〕數稱引吳楚反時計畫約束。衡山王非敢效淮南王求卽天子位，畏淮南起并其國，以爲淮南已西，發兵定江淮間而有之，望如是。

〔一〕師古曰：「將讀曰奬。」
〔二〕師古曰：「下邳人，吳王反時請得漢節下下邳者。」

元朔五年秋，當朝，六年，過淮南。淮南王乃昆弟語，〔一〕除前隙，約束反具。〔二〕衡山王卽上書謝病，上賜不朝。乃使人上書請廢太子爽，立孝爲太子。爽聞，卽使所善白嬴之長安上書，言衡山王與子謀逆，言孝作兵車鍛矢，與王御者姦。至長安未及上書，卽吏捕嬴，以淮南事繫。〔三〕王聞之，恐其言國陰事，卽上書告太子，以爲不道。事下沛郡治。元狩元年冬，有司求捕與淮南王謀反者，得陳喜於孝家。吏劾孝首匿喜。〔四〕孝以爲陳喜雅數與王計反，〔五〕恐其發之，聞律先自告除其罪，又疑太子使白嬴上書發其事，卽先自告所與謀反者枚赫、陳喜等。廷尉治，事驗，請逮捕衡山王治。上曰：「勿捕。」遣中尉安、大行息卽問王，〔六〕王具以情實對。吏皆圍王宮守之。中尉、大行還，以聞。公卿請遣宗正、大行與沛郡雜治王。王聞，卽自殺。孝先自告反，告除其罪。〔七〕孝坐與王御婢姦，及后徐來坐蠱前后乘舒，及太子爽坐告王父不孝，皆棄市。諸坐與王謀反者皆誅。國除爲郡。

〔一〕師古曰：「爲相親愛之言。」
〔二〕師古曰：「(其)〔共〕契約爲反具。」
〔三〕師古曰：「漢有司捕繫之。」
〔四〕師古曰：「爲頭首而藏匿之。」
〔五〕師古曰：「數音所角反。」

〔六〕師古曰：「就問之。」

〔七〕師古曰：「先告有反謀，又告人與己反，而自得除反罪。」

濟北貞王勃者，景帝四年徙。徙二年，因前王衡山，凡十四年薨。子式王胡嗣，五十四年薨。子寬嗣。十二年，寬坐與父式王后光、姬孝兒姦，誖人倫，〔一〕又祠祭祝詛上，有司請誅。上遣大鴻臚利召王，王以刃自剄死。國除爲北安縣，屬泰山郡。

〔一〕師古曰：「誖，亂也，音布內反。」

贊曰：詩云「戎狄是膺，荊舒是懲」，〔一〕信哉是言也！淮南、衡山親爲骨肉，疆土千里，列在諸侯，不務遵蕃臣職，以丞輔天子，而剸懷邪辟之計，〔二〕謀爲畔逆，仍父子再亡國，〔三〕各不終其身。此非獨王也，亦其俗薄，臣下漸靡使然。〔四〕夫荊楚剽輕，好作亂，乃自古記之矣。〔五〕

〔一〕師古曰：「此魯頌閟宮之章也。膺，當也，懲，艾也。荊，楚也。舒，羣舒也。言北有戎狄，南有荊舒，土俗彊獷，好爲寇亂，常須以兵膺當而懲艾也。」

〔二〕師古曰：「剸與專同，音之兗反。」

〔三〕師古曰：「仍，頻也。」

〔四〕師古曰：「靡謂相隨從。」

〔五〕師古曰：「剽音匹妙反。」

校勘記

二一三五頁三行　(以)〔悔〕不理其母。　景祐、殿本都作「悔」。

二一三六頁五行　野戰(攻)〔攻〕城。　錢大昭說「攻」當作「攻」。按景祐、殿、局本都作「攻」。

二一三八頁一〇行　觸情妄行，不(詳)〔祥〕。　景祐、殿本都作「祥」。

二一三九頁八行　諸從蠻夷來歸誼及以亡名數自(古)〔占〕者，　景祐、殿、局本都作「占」。此誤。

二一四〇頁一四行　吳使者至淮南，(淮南)王欲發兵應之。　錢大昭說「淮南」二字閩本不重。按景祐、殿本都不重。

二一四五頁五行　此蟲達之子耳，名(撻)〔捷〕。　景祐本作「捷」，與功臣表同。

二一五五頁一〇行　號曰將軍，(今)〔令〕居外家，　景祐、殿、局本都作「令」。

二一五六頁三行　(典)〔共〕契約爲反具。　景祐、殿、局本都作「共」。王先謙說作「共」是。

漢書卷四十五

蒯伍江息夫傳第十五

蒯通，范陽人也，〔一〕本與武帝同諱。〔二〕楚漢初起，武臣略定趙地，號武信君。通說范陽令徐公曰：「臣，范陽百姓蒯通也，竊閔公之將死，故弔之。雖然，賀公得通而生也。」徐公再拜曰：「何以弔之？」通曰：「足下爲令十餘年矣，殺人之父，孤人之子，斷人之足，黥人之首，甚衆。慈父孝子所以不敢事刃於公之腹者，畏秦法也。〔三〕今天下大亂，秦政不施，〔四〕然則慈父孝子將爭接刃於公之腹，以復其怨而成其(功)名。〔五〕此通之所以弔者也。」曰：「何以賀得子而生也？」曰：「趙武信君不知通不肖，使人候問其死生，通且見武信君而說之，〔六〕曰：『必將戰勝而後略地，攻得而後下城，臣竊以爲殆矣。〔七〕用臣之計，毋戰而略地，不攻而下城，傳檄而千里定，可乎？』彼將曰：『何謂也？』〔八〕臣因對曰：『范陽令宜整頓其士卒以守戰者也，怯而畏死，貪而好富貴，故欲以其城先下君。先下君而君不利〔之〕，則邊地之城皆將相告曰「范陽令先降而身死」，必將嬰城固守，〔九〕皆爲金城湯池，不可攻

也。〔一〇〕爲君計者，莫若以黃屋朱輪迎范陽令，使馳騖於燕趙之郊，〔一一〕則邊城皆將相告曰「范陽令先下而身富貴」，必相率而降，猶如阪上走丸也。〔一二〕此臣所謂傳檄而千里定者也。』」徐公再拜，具車馬遣通。通遂以此說武臣。武臣以車百乘，騎二百，侯印迎徐公。燕趙聞之，降者三十餘城，如通策焉。

〔一〕師古曰：「涿郡之縣也，舊屬燕。通本燕人，後游於齊，故高祖云齊辯士蒯通。」

〔二〕師古曰：「本名爲徹，其後史家追書爲通。」

〔三〕李奇曰：「東方人以物臿地中爲事。」師古曰：「事音側吏反。字本作傳，周官考工記又作菑，音皆同耳。」

〔四〕師古曰：「施，設也，立也。」

〔五〕師古曰：「復猶報也，音扶目反。」

〔六〕師古曰：「今將欲見之。」

〔七〕師古曰：「殆，危也。」

〔八〕師古曰：「彼謂武信君也。」

〔九〕孟康曰：「嬰，以城自繞。」

〔一〇〕師古曰：「金以喻堅，湯喻沸熱不可近。」

〔一一〕師古曰：「令衆皆見。」

〔一二〕師古曰：「言乘勢便易。」

後漢將韓信虜魏王，破趙、代，降燕，定三國，引兵將東擊齊。未度平原，聞漢王使酈食其說下齊，信欲止。通說信曰：「將軍受詔擊齊，而漢獨發間使下齊，寧有詔止將軍乎？〔一〕何以得無行！且酈生一士，伏軾掉三寸舌，下齊七十餘城，〔二〕將軍將數萬之衆，乃下趙五十餘城。爲將數歲，反不如一豎儒之功乎！」於是信然之，從其計，遂度河。齊已聽酈生，即留之縱酒，罷備漢守禦。信因襲歷下軍，遂至臨菑。齊王以酈生爲欺己而亨之，因敗走。信遂定齊地，自立爲齊假王。漢方困於滎陽，遣張良即立信爲齊王，以安固之。項王亦遣武涉說信，欲與連和。

〔一〕師古曰：「間使，謂使人伺間隙而單行。」
〔二〕師古曰：「掉，搖也，音徒釣反。」

蒯通知天下權在信，欲說信令背漢，乃先微感信曰：「僕嘗受相人之術，相君之面，不過封侯，又危而不安；相君之背，貴而不可言。」〔一〕信曰：「何謂也？」通因請間，〔二〕曰：「天下初作難也，俊雄豪桀建號壹呼，〔三〕天下之士雲合霧集，魚鱗雜襲，〔四〕飄至風起。〔五〕當此之時，憂在亡秦而已。〔六〕今劉、項分爭，使人肝腦塗地，流離中野，不可勝數。漢王將數十萬衆，距鞏、雒，岨山河，一日數戰，無尺寸之功，折北不救，〔七〕敗滎陽，傷成皋，〔八〕還走宛、葉之間，此所謂智勇俱困者也。楚人起彭城，轉鬭逐北，至滎陽，乘利席勝，威震天下，〔九〕

然兵困於京、索之間，〔一〇〕迫西山而不能進，三年於此矣。〔一一〕銳氣挫於嶮塞，糧食盡於內藏，百姓罷極，無所歸命。〔一二〕以臣料之，〔一三〕非天下賢聖，其勢固不能息天下之禍。當今之時，兩主縣命足下。足下爲漢則漢勝，與楚則楚勝。臣願披心腹，墮肝膽，〔一四〕效愚忠，恐足下不能用也。方今爲足下計，莫若兩利而俱存之，參分天下，鼎足而立，其勢莫敢先動。夫以足下之賢聖，有甲兵之衆，據彊齊，從燕、趙，出空虛之地以制其後，因民之欲，西鄉爲百姓請命，〔一五〕天下孰敢不聽！足下按齊國之故，有淮泗之地，懷諸侯以德，深拱揖讓，〔一六〕則天下君王相率而朝齊矣。蓋聞『天與弗取，反受其咎；時至弗行，反受其殃。』願足下孰圖之。」

〔一〕張晏曰：「言背若，云背畔則大貴。」
〔二〕師古曰：「不欲顯言，故請間隙而私說。」
〔三〕師古曰：「建號者，自立爲侯王。呼音火故反。」
〔四〕師古曰：「雜襲猶雜沓，言相雜而累積。」
〔五〕師古曰：「飄讀曰猋，謂疾風，音必遙反。」
〔六〕師古曰：「志滅秦，所憂者唯此。」
〔七〕師古曰：「折，挫也。北，奔也。不救，謂無援助也。」
〔八〕張晏曰：「於成皋戰傷胸也。」
〔九〕師古曰：「席，因也，若人之在席上。」
〔一〇〕師古曰：「索音山客反。」
〔一一〕師古曰：「至今已三年。」
〔一二〕師古曰：「罷讀曰疲。」
〔一三〕師古曰：「料，量也。」
〔一四〕師古曰：「墮，毀也，音火規反。」
〔一五〕師古曰：「鄉讀曰嚮。齊國在東，故曰西嚮。止楚漢之戰鬭，士卒不死亡，故云請命。」
〔一六〕師古曰：「深拱猶高拱。」

信曰：「漢遇我厚，吾豈可見利而背恩乎！」通曰：「始常山王、成安君故相與爲刎頸之交，及爭張黶、陳釋之事，〔一〕常山王奉頭鼠竄，以歸漢王。〔二〕借兵東下，戰於鄗北，成安君死於泜水之南，〔三〕頭足異處。此二人相與，天下之至驩也，而卒相滅亡者，何也？患生於多欲而人心難測也。今足下行忠信以交於漢王，必不能固於二君之相與也，而事多大於張黶、陳釋之事者，故臣以爲足下必漢王之不危足下，過矣。〔四〕大夫種存亡越，伯句踐，〔五〕立功名而身死。語曰：『野禽殫，走犬亨；〔六〕敵國破，謀臣亡。』故以交友言之，則不過張王與成安君；以忠臣言之，則不過大夫種。此二者，宜足以觀矣。願足下深慮之。且臣聞之，勇略震主者身危，功蓋天下者不賞。足下涉西河，虜魏王，禽夏說，〔七〕下井陘，誅成安君之

罪，以令於趙，脅燕定齊，南摧楚人之兵數十萬衆，遂斬龍且，西鄉以報，〔八〕此所謂功無二於天下，略不世出者也。〔九〕今足下挾不賞之功，戴震主之威，歸楚，楚人不信；歸漢，漢人震恐。足下欲持是安歸乎？〔一〇〕夫勢在人臣之位，而有高天下之名，切爲足下危之。」信曰：「生且休矣，吾將念之。」〔一一〕

〔一〕師古曰：「黶音一點反。」
〔二〕師古曰：「言其迫窘逃亡，如鼠之藏竄。」
〔三〕師古曰：「鄗音呼各反。泜音祗，又音丁計反。」
〔四〕師古曰：「過猶誤也。」
〔五〕師古曰：「令句踐致霸功也。伯讀曰霸。」
〔六〕師古曰：「殫，盡也，音單。」
〔七〕師古曰：「說讀曰悅。」
〔八〕師古曰：「且音子餘反。鄉讀曰嚮。」
〔九〕師古曰：「言其計略奇異，世所希有。」
〔一〇〕師古曰：「安，焉也。此下亦同。」
〔一一〕師古曰：「念猶思也。」

數日，通復說曰：「聽者，事之候也；〔一〕計者，存亡之機也。夫隨廝養之役者，失萬乘

〔四〕師古曰：「屈音具勿反。」
〔五〕師古曰：「與、賢、驕如，王之三臣也。」
〔六〕師古曰：「呼音火故反。嚮讀曰響。」
〔七〕師古曰：「瀕，涯也。海濱謂緣海涯之地。瀕音頻，又音賓。」
〔八〕師古曰：「餽亦饋字也。」
〔九〕師古曰：「屈，盡也，音其勿反。」
〔一〇〕師古曰：「五種，五穀之種也。」
〔一一〕師古曰：「五嶺解在張耳傳。」
〔一二〕師古曰：「南越傳云南海尉任囂謂趙佗曰『聞陳勝等作亂，豪桀叛秦相立』，即被佗書行南海尉事。囂死後，佗始自爲王。今此乃言尉佗先王，陳勝乃反，此蓋伍被一時對辭，不究其實也。」
〔一三〕師古曰：「閭左解在食貨志。」
〔一四〕師古曰：「言不能相保。」
〔一五〕師古曰：「叩，擊也。」
〔一六〕師古曰：「中閒不經一歲也。呼音火故反。」
〔一七〕師古曰：「和音胡（計）〔臥〕反。嚮讀曰響。」
〔一八〕師古曰：「氾，普也。蒸亦衆也。氾音敷劍反。」
〔一九〕師古曰：「言如影之隨形，響之應聲。嚮讀曰響。」

〔二〇〕師古曰：「過，誤也。」
〔二一〕張晏曰：「箕子將朝周，過殷故都，見麥及禾黍，心悲，乃作歌曰：『麥秀之漸漸兮，黍苗之繩繩兮，彼狡童兮，不與我好兮。』狡童謂紂也。」
〔二二〕師古曰：「在羣臣先死。」
〔二三〕如淳曰：「王時所居也。」

後王復召問被：「苟如公言，不可以徼幸邪？」〔一〕被曰：「必不得已，被有愚計。」王曰：「柰何？」被曰：「當今諸侯無異心，百姓無怨氣。朔方之郡土地廣美，民徙者不足以實其地。可爲丞相、御史請書，〔二〕徙郡國豪桀及耐罪以上，以赦令除，家產五十萬以上者，皆徙其家屬朔方之郡，〔三〕益發甲卒，急其會日。〔四〕又僞爲左右都司空上林中都官詔獄書，〔五〕逮諸侯太子及幸臣。〔六〕如此，則民怨，諸侯懼，即使辯士隨而說之，黨可以徼幸。」〔七〕王曰：「此可也。雖然，吾以不至若此，專發而已。」〔八〕後事發覺，被詣吏自告與淮南王謀反（縱）〔蹤〕跡如此。天子以伍被雅辭多引漢美，欲勿誅。張湯進曰：「被首爲王畫反計，罪無赦。」遂誅被。

〔一〕師古曰：「徼，要也。幸，非望之福也。」
〔二〕師古曰：「謂詐爲此文書，令徙人也。」
〔三〕師古曰：「以赦令除，謂過赦免罪者。」
〔四〕師古曰：「促其期日。」
〔五〕晉灼曰：「百官表宗正有左右都司空，上林有水司空，皆主囚徒官也。」師古曰：「中都官，京師諸官府。」
〔六〕師古曰：「追對獄。」
〔七〕師古曰：「黨讀曰儻。」
〔八〕師古曰：「言不須爲此詐，直自發兵而已。」

江充字次倩，趙國邯鄲人也。〔一〕充本名齊，有女弟善鼓琴歌舞，嫁之趙太子丹。齊得幸於敬肅王，爲上客。

〔一〕師古曰：「倩音千見反。」

久之，太子疑齊以己陰私告王，與齊忤，〔一〕使吏逐捕齊，不得，收繫其父兄，按驗，皆棄市。齊遂絕迹亡，西入關，更名充。詣闕告太子丹與同產姊及王後宮姦亂，交通郡國豪猾，攻剽爲姦，〔二〕吏不能禁。書奏，天子怒，遣使者詔郡發吏卒圍趙王宮，收捕太子丹，移繫魏郡詔獄，與廷尉雜治，法至死。

〔一〕師古曰：「言相乖。」
〔二〕師古曰：「剽，劫也，音頻妙反。」

趙王彭祖，帝異母兄也，上書訟太子罪，言「充逋逃小臣，苟爲姦譎，激怒聖朝，〔一〕欲取

必於萬乘以復私怨。〔二〕後雖亨醢，計猶不悔。臣願選從趙國勇敢士，〔三〕從軍擊匈奴，極盡死力，以贖丹罪。」上不許，竟敗趙太子。〔四〕

〔一〕師古曰：「譎，古詭字也。」
〔二〕師古曰：「取必，謂必取勝也。復，報也，音扶目反。」
〔三〕師古曰：「選取勇敢之士（已）〔以〕自隨。」
〔四〕張晏曰：「雖遇赦，終見廢也。」

初，充召見犬臺宮，〔一〕自請願以所常被服冠見上。〔二〕上許之。充衣紗縠禪衣，〔三〕曲裾後垂交輸，〔四〕冠禪纚步搖冠，飛翮之纓。〔五〕充爲人魁岸，容貌甚壯。〔六〕帝望見而異之，謂左右曰：「燕趙固多奇士。」既至前，問以當世政事，上說之。

〔一〕晉灼曰：「黃圖上林有犬臺宮，外有走狗觀也。」師古曰：「今書本犬臺有作太壹字者，誤也。漢無太壹宮也。」
〔二〕師古曰：「被音皮義反。」
〔三〕師古曰：「紗縠，紡絲而織之也。輕者爲紗，縐者爲縠。禪衣，制若今之朝服中禪也。漢官儀曰武賁中郎將衣紗縠禪衣。禪音單，字從衣。次下亦同。」
〔四〕張晏曰：「曲裾者，如婦人衣也。」如淳曰：「交輸，割正幅，使一頭狹若燕尾，垂之兩旁，見於後，是禮深衣『〔續〕袵鉤邊』。賈逵謂之『衣圭』。」蘇林曰：「交輸，如今新婦袍上挂全幅繒角割，名曰交輸裁也。」師古曰：「如、蘇二說皆是也。」

〔五〕服虔曰：「冠禪纚，故行步則搖，以鳥羽作纓也。」蘇林曰：「析翠鳥羽以作蕤也。」臣瓚曰：「飛翮之纓，謂如蟬翼者也。」師古曰：「服說是也。纚，織絲爲之，即今方目紗是也。纚音山爾反。搖音(戈)〔弋〕招反。」

〔六〕師古曰：「魁，大也。岸者，有廉稜如崖岸之形。」

充因自請，願使匈奴。詔問其狀，充對曰：「因變制宜，以敵爲師，事不可豫圖。」上以充爲謁者，使匈奴還，拜爲直指繡衣使者，督三輔盜賊，禁察踰侈。貴戚近臣多奢僭，充皆舉劾，奏請沒入車馬，令身待北軍擊匈奴。〔一〕奏可。充即移書光祿勳中黃門，逮名近臣侍中諸當詣北軍者，移劾門衞，禁止無令得出入宮殿。於是貴戚子弟惶恐，皆見上叩頭求哀，願得入錢贖罪。上許之，令各以秩次輸錢北軍，凡數千萬。上以充忠直，奉法不阿，所言中意。〔二〕

〔一〕文穎曰：「令貴戚身待於北軍也。」

〔二〕師古曰：「中，當也。」

充出，逢館陶長公主行馳道中。〔一〕充呵問之，公主曰：「有太后詔。」充曰：「獨公主得行，車騎皆不得。」〔二〕盡劾沒入官。〔三〕

〔一〕師古曰：「武帝之姑，即陳皇后母也。」

〔二〕師古曰：「從公主之車騎也。」

〔三〕如淳曰：「令乙，騎乘車馬行馳道中，已論者，沒入車馬被具。」

後充從上甘泉，〔一〕逢太子家使〔二〕乘車馬行馳道中，充以屬吏。〔三〕太子聞之，使人謝充曰：「非愛車馬，誠不欲令上聞之，以教敕亡素者。〔四〕唯江君寬之！」充不聽，遂白奏。上曰：「人臣當如是矣。」大見信用，威震京師。

〔一〕師古曰：「甘泉在北山，故言上也。他皆類此。」

〔二〕師古曰：「太子遣人之甘泉請問者也。使音山吏反。」

〔三〕師古曰：「屬音之欲反。」

〔四〕師古曰：「言素不教敕左右。」

遷爲水衡都尉，宗族知友多得其力者。久之，坐法免。

會陽陵朱安世告丞相公孫賀子太僕敬聲爲巫蠱事，連及陽石、諸邑公主，賀父子皆坐誅。語在賀傳。後上幸甘泉，疾病，充見上年老，恐晏駕後爲太子所誅，因是爲姦，奏言上疾祟在巫蠱。〔一〕於是上以充爲使者治巫蠱。充將胡巫掘地求偶人，〔二〕捕蠱及夜祠，視鬼，染汙令有處，〔三〕輒收捕驗治，燒鐵鉗灼，強服之。〔四〕民轉相誣以巫蠱，吏輒劾以大逆亡道，坐而死者前後數萬人。

〔一〕師古曰：「祟謂禍咎之徵也，音息遂反。故其字從出從示。示者，鬼神所以示人也。」

〔二〕張晏曰：「胡者，言不與華同，故充任使之。」

〔三〕張晏曰：「充捕巫蠱及夜祭祠祝詛者，令胡巫視鬼，詐以酒醊地，令有處也。」師古曰：「捕夜祠及視鬼之人，而充遣巫汙染地上，爲祠祭之處，以誣其人也。」

〔四〕師古曰：「以燒鐵或鉗之，或灼之。鉗，鑷也。灼，炙也。鉗音其炎反。」

是時，上春秋高，疑左右皆爲蠱祝詛，有與亡，莫敢訟其冤者。充既知上意，因言宮中有蠱氣，先治後宮希幸夫人，以次及皇后，遂掘蠱於太子宮，得桐木人。〔一〕太子懼，不能自明，收充，自臨斬之。罵曰：「趙虜！亂乃國王父子不足邪！〔二〕乃復亂吾父子也！」太子繇是遂敗。〔三〕語在戾園傳。〔四〕後武帝知充有詐，夷充三族。

〔一〕師古曰：「三輔舊事云充使胡巫作而薶之。」

〔二〕師古曰：「乃，汝也。」

〔三〕師古曰：「繇讀與由同。」

〔四〕師古曰：「即武五子傳也，其中敍戾太子。後加謚，置園邑，故云戾園。」

息夫躬字子微，河內河陽人也。少爲博士弟子，受春秋，通覽記書。〔一〕容貌壯麗，爲衆所異。

〔一〕師古曰：「傳記及諸家之書。」

哀帝初即位，皇后父特進孔鄉侯傅晏與躬同郡，相友善，躬繇是以爲援，交游日廣。〔一〕先是，長安孫寵亦以游說顯名，免汝南太守，〔二〕與躬相結，俱上書，召待詔。是時哀帝被疾，

始即位，而人有告中山孝王太后祝詛上，太后及弟宜鄉侯馮參皆自殺，其罪不明。是後無鹽危山有石自立，開道。〔三〕躬與寵謀曰：「上亡繼嗣，體久不平，關東諸侯，心爭陰謀。今無鹽有大石自立，聞邪臣託往事，以爲大山石立而先帝龍興。〔四〕東平王雲以故與其后日夜祠祭祝詛上，欲求非望。〔五〕而后舅伍宏反因方術以醫技得幸，出入禁門。霍顯之謀將行於杯杓，〔六〕荊軻之變必起於帷幄。事勢若此，告之必成；發國姦，誅主讎，取封侯之計也。」躬、寵乃與中郎右師譚，〔七〕共因中常侍宋弘上變事告焉。上惡之，下有司案驗，東平王雲、雲后謁及伍宏等皆坐誅。〔八〕上擢寵爲南陽太守，譚潁川都尉，弘、躬皆光祿大夫左曹給事中。是時侍中董賢愛幸，上欲侯之，遂下詔云：「躬、寵因賢以聞，封賢爲高安侯，寵爲方陽侯，躬爲宜陵侯，食邑各千戶。賜譚爵關內侯，食邑。」丞相王嘉內疑東平獄事，〔九〕爭不欲侯賢等，語在嘉傳。嘉固言董賢泰盛，寵、躬皆傾覆有佞邪材，恐必撓亂國家，〔一〇〕不可任用。嘉以此得罪矣。

〔一〕師古曰：「繇讀與由同。」

〔二〕師古曰：「爲太守免而歸也。」

〔三〕服虔曰：「山開自成道也。」張晏曰：「從石立之下道徑自通也。」

〔四〕師古曰：「言邪人有此私議。」

〔五〕師古曰：「言求帝位也。」

〔六〕師古曰：「杓，所以抒挹也，字與勺同，音上灼反。」

〔七〕張晏曰：「右師，姓。譚，名也。」

〔八〕師古曰：「譎者，后之名也。」

〔九〕師古曰：「疑不實也。」

〔一〇〕師古曰：「撓，攪也。撓音呼高反。」

躬既親近，數進見言事，論議亡所避。衆畏其口，見之仄目。〔一〕躬上疏歷詆公卿大臣，〔二〕曰：「方今丞相王嘉健而蓄縮，不可用。〔三〕御史大夫賈延墮弱不任職。左將軍公孫祿、司隸鮑宣皆外有直項之名，內實騃不曉政事。〔四〕諸曹以下僕遬不足數。〔五〕卒有彊弩圍城，長戟指闕，〔六〕陛下誰與備之？如使狂夫嘄謼於東崖，〔七〕匈奴飲馬於渭水，邊竟雷動，四野風起，〔八〕京師雖有武蠭精兵，未有能窺左足而先應者也。〔九〕軍書交馳而輻湊，羽檄重迹而押至，〔一〇〕小夫懦臣之徒憒眊不知所爲。〔一一〕其有犬馬之決者，仰藥而伏刃，〔一二〕雖加夷滅之誅，何益禍敗之至哉！」

〔一〕師古曰：「仄，古側字也。」

〔二〕師古曰：「詆謂毀訾也，音丁禮反。」

〔三〕師古曰：「蓄縮，謂忞於事也。」

〔四〕師古曰：「騃，愚也，音五駭反。」

〔五〕師古曰：「僕遬，凡短之貌也。僕音步木反。遬，古速字。」

〔六〕師古曰：「卒讀曰猝。」

〔七〕師古曰：「東崖謂東海之邊也。嘄，古叫字。謼音火故反。」

〔八〕師古曰：「竟讀曰境。」

〔九〕蘇林曰：「窺音跬。」師古曰：「跬，半步也，言一舉足也，音口婢反。」

〔一〇〕文穎曰：「押音狎習之狎。」師古曰：「押至，言相因而至也。羽檄，檄之插羽者也，解在高紀。」

〔一一〕師古曰：「憒，心亂也。眊，目闇也。憒音工內反。眊音莫報反。」

〔一二〕師古曰：「仰藥，仰首而飲藥。」

躬又言：「秦開鄭國渠以富國彊兵，今爲京師，土地肥饒，可度地埶水泉，廣溉灌之利。」〔一〕天子使躬持節領護三輔都水。躬立表，欲穿長安城，引漕注太倉下以省轉輸。議不可成，乃止。

〔一〕師古曰：「度音徒各反。」

董賢貴幸日盛，丁、傅害其寵，孔鄉侯晏與躬謀，欲求居位輔政。會單于當來朝，遣使言病，願朝明年。躬因是而上奏，以爲「單于當以十一月入塞，後以病爲解，〔一〕疑有他變。烏孫兩昆彌弱，卑爰疐彊盛，〔二〕居彊煌之地，〔三〕擁十萬之衆，東結單于，遣子往侍。如因夷彊之威，循烏孫就屠之迹，〔四〕舉兵南伐，并烏孫之勢也。烏孫并，則匈奴盛，而西域危矣。可令降胡詐爲卑爰疐使者來上書曰：『所以遣子侍單于者，非親信之也，實畏之耳。唯天子哀，〔五〕告單于歸臣侍子。願助戊己校尉保惡都奴之界。』因下其章諸將軍，令匈奴客聞焉。則是所謂『上兵伐謀，〔六〕其次伐交』者也。」〔七〕

〔一〕師古曰：「自解說云病。」

〔二〕蘇林曰：「疐音欬嚏之嚏。」晉灼曰：「音詩『載疐其尾』之疐。」師古曰：「以字言之，晉音是，音竹二反。而匈奴傳服虔乃音獻捷之捷，既已失之。末俗學者又改疐字爲㢋，以應服氏之音，尤離眞矣。」

〔三〕臣瓚曰：「是其國所都地名。」

〔四〕孟康曰：「烏孫先王也。」

〔五〕師古曰：「謂閔念之。」

〔六〕服虔曰：「謀者，舉兵伐解之也。」師古曰：「此說非也。言知敵有謀者，則以事而應之，沮其所爲，不用兵革，所以爲貴耳。」

〔七〕師古曰：「知敵有外交連結相援者，則間誤之，令其解散也。」

書奏，上引見躬，召公卿將軍大議。左將軍公孫祿以爲「中國常以威信懷伏夷狄，躬欲逆詐造不信之謀，不可許。且匈奴賴先帝之德，保塞稱蕃。今單于以疾病不任奉朝賀，遣使自陳，不失臣子之禮。臣祿自保沒身不見匈奴爲邊竟憂也。」〔一〕躬掎祿曰：〔二〕「臣爲

國家計幾先，謀將然，〔三〕豫圖未形，〔四〕爲萬世慮。而左將軍公孫祿欲以其犬馬齒保目所見。臣與祿異議，未可同日語也。」上曰：「善。」乃罷羣臣，獨與躬議。

〔一〕師古曰：「竟讀曰境。」

〔二〕師古曰：「掎，從後引之也，謂引蹑其言也，音居綺反。」

〔三〕張晏曰：「幾音冀。」師古曰：「先謀將然者，謂彼欲有其事，則爲謀策以壞之。」

〔四〕師古曰：「圖，謀也，未有形兆而謀之。」

因建言：「往年熒惑守心，太白高而芒光，又角星茀於河鼓，〔一〕其法爲有兵亂。是後訛言行詔籌，經歷郡國，天下騷動，恐必有非常之變。可遣大將軍行邊兵，敕武備，〔二〕斬一郡守以立威，震四夷，因以厭應變異。」〔三〕上然之，以問丞相。丞相嘉對曰：「臣聞動民以行不以言，應天以實不以文。下民微細，猶不可詐，況於上天神明而可欺哉！天之見異，所以敕戒人君，〔四〕欲令覺悟反正，推誠行善。民心說而天意得矣。〔五〕辯士見一端，或妄以意傅著星曆，〔六〕虛造匈奴、烏孫、西羌之難，謀動干戈，設爲權變，非應天之道也。守相有辠，〔七〕車馳詣闕，交臂就死，恐懼如此，而談說者云，動安之危，〔八〕辯口快耳，〔九〕其實未可從。夫議政者，苦其諂諛傾險辯慧深刻也。〔一〇〕諂諛則主德毀，傾險則下怨恨，辯慧則破正道，深刻則傷恩惠。昔秦繆公不從百里奚、蹇叔之言，〔一一〕以敗其師，〔一二〕悔過自責，疾詿誤之臣，

思黃髮之言，〔一三〕名垂於後世。唯陛下觀覽古戒，反覆參考，無以先入之語為主。」〔一四〕

〔一〕師古曰：「弗讀與孛同。」
〔二〕師古曰：「敕，整也。行音下更反。」
〔三〕師古曰：「厭音一涉反。」
〔四〕師古曰：「見謂顯示也。」
〔五〕師古曰：「說讀曰悅。」
〔六〕師古曰：「傅讀曰附。著音治略反。」
〔七〕鄧展曰：「郡守、諸侯相。」
〔八〕師古曰：「之，往也，言搖動安全之計，往就危殆也。」
〔九〕師古曰：「苟快聽者之耳。」
〔一〇〕師古曰：「讇，古諂字。」
〔一一〕師古曰：「繆讀曰穆。」
〔一二〕師古曰：「謂敗於殽。」
〔一三〕師古曰：「語在秦誓。」
〔一四〕師古曰：「先入，謂躬先為此計入於帝耳。」

上不聽，遂下詔曰：「間者災變不息，盜賊衆多，兵革之徵，或頗著見。〔一〕未聞將軍惻然深以為意，簡練戎士，繕修干戈。〔二〕器用鹽惡，〔三〕孰當督之！〔四〕天下雖安，忘戰必危。將

軍與中二千石舉明習兵法有大慮者各一人，將軍二人，詣公車。」〔五〕就拜孔鄉侯傅晏為大司馬衞將軍，陽安侯丁明又為大司馬票騎將軍。

〔一〕師古曰：「謂玄象。」
〔二〕師古曰：「繕，補也。」
〔三〕鄧展曰：「鹽，不堅牢也。」師古曰：「音公戶反。」
〔四〕師古曰：「督，視察也。」
〔五〕師古曰：「堪為將軍者，凡舉二人。」

是日，日有食之，董賢因此沮躬、晏之策。後數日，收晏衞將軍印綬，而丞相御史奏躬辠過。上繇是惡躬等，〔一〕下詔曰：「南陽太守方陽侯寵，素亡廉聲，有酷惡之資，毒流百姓。左曹光祿大夫宜陵侯躬，虛造詐諼之策，〔二〕欲以詿誤朝廷。皆交遊貴戚，趨權門，為名。其免躬、寵官，遣就國。」

〔一〕師古曰：「繇讀與由同。」
〔二〕師古曰：「諼，詐辭也，音虛遠反。」

躬歸國，未有第宅，寄居丘亭。〔一〕姦人以為侯家富，常夜守之。〔二〕躬邑人河內掾賈惠往過躬，教以祝盜方，以桑東南指枝為匕，〔三〕畫北斗七星其上，躬夜自被髮，立中庭，向北斗，〔四〕持匕招指祝盜。〔五〕人有上書言躬懷怨恨，非笑朝廷所進，(侯)〔候〕星宿，視天子吉凶，

與巫同祝詛。上遣侍御史、廷尉監逮躬，繫雒陽詔獄。欲掠問，躬仰天大謼，〔六〕因僵仆。吏就問，云咽已絕，〔七〕血從鼻耳出。食頃，死。黨友謀議相連下獄百餘人。〔八〕躬母聖，坐祠竈祝詛上，大逆不道。聖棄市，妻充漢與家屬徙合浦。躬同族親屬素所厚者，皆免，廢錮。〔九〕哀帝崩，有司奏：「方陽侯寵及右師譚等，皆造作姦謀，罪及王者骨肉，雖蒙赦令，不宜處爵位，在中土。」皆免寵等，徙合浦郡。

〔一〕張晏曰：「丘亭，野亭名。」師古曰：「此說非也。丘，空也。」
〔二〕師古曰：「謂欲盜之，伺其便。」
〔三〕師古曰：「桑東南出之枝。」
〔四〕師古曰：「被音皮義反。」
〔五〕師古曰：「或招或指，所以求福排禍也。」
〔六〕師古曰：「謼，古呼字，音火故反。」
〔七〕師古曰：「咽，喉嚨，音一千反。」
〔八〕師古曰：「親黨及朋友。」
〔九〕師古曰：「終身不得仕。」

初，躬待詔，數危言高論，自恐遭害，著絕命辭曰：「玄雲泱鬱，將安歸兮！〔一〕鷹隼橫厲，鸞俳佪兮！〔二〕矰若浮猋，動則機兮！〔三〕藂棘棧棧，曷可棲兮！〔四〕發忠忘身，自繞罔

兮！冤頸折翼，庸得往兮！〔五〕涕泣流兮萑蘭，〔六〕心結愲兮傷肝。〔七〕虹蜺曜兮日微，〔八〕孽杳冥兮未開。〔九〕痛入天兮鳴謼，冤際絕兮誰語！〔一〇〕仰天光兮自列，招上帝兮我察。〔一一〕秋風為我唫，浮雲為我陰。〔一二〕嗟若是兮欲何留，〔一三〕撫神龍兮攬其須。〔一四〕游曠迴兮反亡期，〔一五〕雄失據兮世我思。」〔一六〕後數年乃死，如其文。

〔一〕師古曰：「泱鬱，盛貌。泱音烏朗反。」
〔二〕師古曰：「厲，疾飛也。鸞，神鳥也，赤靈之精，赤色，五采，雞形，鳴中五音。俳佪，謂不得其所也。」
〔三〕師古曰：「矰，弋射矢也。猋，疾風也。言繒弋張設，其疾若風，動則機發。猋音必遙反。」
〔四〕師古曰：「棧棧，衆盛貌，音仕巾反。」
〔五〕應劭曰：「雖冤頸折翼，庸得不往也。」張晏曰：「陷於讒人之網，何用得去也。」師古曰：「冤，屈也。張說是。」
〔六〕張晏曰：「萑蘭，草名也，蔓延於地，有所依憑則起。躬怨哀帝不用己為大臣以(置)〔致〕治也。」臣瓚曰：「萑蘭，泣涕闌干也。」師古曰：「瓚說是。萑音完。」
〔七〕師古曰：「結愲，亂也。」孟康曰：「愲音骨。」
〔八〕張晏曰：「虹蜺，邪陰之氣，而有照曜，以蔽日月。云讒言流行，忠良浸微也。」
〔九〕如淳曰：「虹蜺覆日光明謂之孽。」師古曰：「孽，邪氣也，音牛列反。」
〔一〇〕張晏曰：「躬自以被讒枉而與君絕也。」師古曰：「鳴謼者，以鳥自喻也。誰語，言無所告語也。謼音火故反。語音牛助反。」

〔一一〕張晏曰：「上帝，天也。招，呼也。」師古曰：「列謂陳列其本心。」
〔一二〕師古曰：「唫，古吟字。」
〔一三〕師古曰：「言變故如是，何用久留而生。」
〔一四〕師古曰：「擥與擥同，謂執持之。」
〔一五〕師古曰：「言一死不可復生。」
〔一六〕師古曰：「雄謂君上也。據謂尊位也。言上失所據，乃思我耳。」

贊曰：仲尼「惡利口之覆邦家」，〔一〕蒯通一說而喪三儁，〔二〕其得不亨者，幸也。伍被安於危國，身爲謀主，忠不終而詐讎，〔三〕誅夷不亦宜乎！書放四罪，〔四〕詩歌青蠅，〔五〕春秋以來，禍敗多矣。昔子翬謀桓而魯隱危，〔六〕欒書搆郤而晉厲弒。〔七〕豎牛奔仲，叔孫卒；〔八〕郈伯毀季，昭公逐；〔九〕費忌納女，楚建走；〔一〇〕宰嚭讒胥，夫差喪；〔一一〕李園進妹，春申斃；〔一二〕上官訴屈，懷王執；〔一三〕趙高敗斯，二世縊；〔一四〕伊戾坎盟，宋痤死；〔一五〕江充造蠱，太子殺；息夫作姦，東平誅：皆自小覆大，繇疏陷親，可不懼哉！可不懼哉！〔一六〕

〔一〕應劭曰：「事具論語。」
〔二〕應劭曰：「亨酈食其，敗田橫，驕韓信也。」
〔三〕李奇曰：「詐爲王畫策，而讎見納也。」師古曰：「讎讀曰（集）〔售〕。謂被初忠於漢，而不能終，爲王畫詐僞之策，而見納用也。」

〔四〕師古曰：「謂流共工，放驩兜，竄三苗，殛鯀也。事見虞書。」
〔五〕師古曰：「小雅青蠅之詩也。其首章曰：『營營青蠅，止於樊，愷悌君子，無信讒言。』蓋蠅之爲蟲，毀汙白黑，以喻佞人變亂善惡。」
〔六〕應劭曰：「公子翬謂隱公曰：『吾將爲君殺桓公，以我爲太宰。』公曰：『爲其少故，今將授之矣。』翬懼，反譖隱公而殺之。」
〔七〕應劭曰：「欒書使楚公子茷語厲公曰：『鄢陵之戰，郤至以爲必敗，欲奉孫周以代君也。』公信之而滅三郤。欒書因是反，弒厲公。」
〔八〕張晏曰：「牛，叔孫穆子之孽子也。仲，正妻子也。牛讒仲，叔孫怒而逐之，奔齊。叔孫病，牛餓殺之。」
〔九〕張晏曰：「郈昭伯毀季平子於昭公，昭公伐平子不勝，因出奔齊。」
〔一〇〕應劭曰：「楚平王爲太子建娶於秦。無忌曰秦女美甚，勸王自納之，因而構焉，云其怨望，今將畔，令王殺之。」
〔一一〕應劭曰：「吳將伐齊，子胥諫之。宰嚭曰：『伍員自以先王謀臣，心常鞅鞅，臨事沮大衆，冀國之敗。』夫差大怒，賜之屬鏤之劍。其明年越滅吳。」
〔一二〕張晏曰：「李園，春申君之舍人也，進其妹於春申君。已有身，使妹謂春申君曰：『楚王無子，百年之後，將立兄弟。君用事日久，多失禮於王之兄弟。兄弟誠立，禍將及身。今妾有子，人莫知。若進妾於王，後若生男，則君之子爲王也。』春申君乃言之王，召入之，遂生男，立爲太子。後（孝）〔考〕烈王薨，李園害春申君之寵，乃刺殺之。」
〔一三〕張晏曰：「屈平忠而有謀，爲上官子蘭所譖，見放逐。後秦昭誘懷王會於武關，遂執以歸，卒死於秦。」
〔一四〕張晏曰：「趙高譖殺李斯而代其位，乃使其壻閻樂攻二世於望夷宮，乞爲黔首，不聽，乃縊而死。」
〔一五〕李奇曰：「伊戾爲太子傅，無寵，欲敗太子，言與楚客盟謀宋，詐歃血加盟書以證之，公以故殺痤。」師古曰：「痤音在戈反。」
〔一六〕師古曰：「覆音芳福反。繇與由同。」

校勘記

二一五九頁七行　以復其怨而成其（功）名。　景祐、殿本都無「功」字，史記張耳陳餘傳同。
二一五九頁一二行　先下君而君不利〔之〕，　景祐本有「之」字。
二一六六頁八行　（對）〔被〕曰：　景祐、殿本都作「被」。
二一七二頁四行　略衡山以擊（盧）〔廬〕江，　景祐、殿本都作「廬」。王先謙說此誤。
二一七三頁一五行　和音胡（計）〔臥〕反。　景祐、殿本都作「臥」，此誤。
二一七四頁一一行　被詣吏自告與淮南王謀反（縱）〔蹤〕跡如此。　景祐、殿本都作「蹤」，此誤。
二一七六頁五行　選取勇敢之士（已）〔以〕自隨。　景祐、殿本都作「以」。
二一七六頁一四行　（績）〔續〕袺鉤邊。　殿本作「續」。王先謙說作「續」是。按景祐本作「續」。
二一七七頁一二行　搖音（戈）〔弋〕招反。　景祐、殿本都作「弋」，此誤。
二一八六頁一六行　（侯）〔候〕星宿，　景祐、殿、局本都作「候」，此誤。

二一八八頁一〇行　以（置）〔致〕治也。　殿本作「致」。王先謙說作「致」是。
二一八九頁一五行　讎讀曰（集）〔售〕。　景祐、殿、局本都作「售」，此誤。
二一九〇頁一六行　後（孝）〔考〕烈王薨，　王先謙說「孝」當作「考」。

漢書卷四十六

萬石衞直周張傳第十六

萬石君石奮，其父趙人也。趙亡，徙溫。〔一〕高祖東擊項籍，過河內，時奮年十五，爲小吏，侍高祖。高祖與語，愛其恭敬，問曰：「若何有？」〔二〕對曰：「有母，不幸失明。家貧。有姊，能鼓瑟。」高祖曰：「若能從我乎？」曰：「願盡力。」於是高祖召其姊爲美人，以奮爲中涓，受書謁，〔三〕徙其家長安中戚里，〔四〕以姊爲美人故也。

〔一〕師古曰：「溫，河內之縣。」
〔二〕師古曰：「若，汝也。有何戚屬？」
〔三〕師古曰：「中涓，官名，主居中而涓潔者也。外有書謁，令奮受之也。涓音蠲。」
〔四〕師古曰：「於上有姻戚者，則皆居之，故名其里爲戚里。」

奮積功勞，孝文時官至太中大夫。無文學，恭謹，舉無與比。〔一〕東陽侯張相如爲太子太傅，免。選可爲傅者，皆推奮爲太子太傅。及孝景即位，以奮爲九卿。迫近，憚之，〔二〕徙

奮爲諸侯相。奮長子建，次甲，次乙，次慶，〔三〕皆以馴行孝謹，〔四〕官至二千石。於是景帝曰：「石君及四子皆二千石，人臣尊寵乃舉集其門。」凡號奮爲萬石君。〔五〕

〔一〕張晏曰：「舉朝無比也。」師古曰：「舉，皆也。」
〔二〕張晏曰：「以其恭敬履度，故難之。」
〔三〕師古曰：「史失其名，故云甲乙耳，非其名。」
〔四〕師古曰：「馴，順也，音巡。」
〔五〕師古曰：「集，合也。凡，最計也。總合其一門之計，五人爲二千石，故號萬石君。」

孝景季年，萬石君以上大夫祿歸老于家，以歲時爲朝臣。〔一〕過宮門闕必下車趨，見路馬必軾焉。〔二〕子孫(謂)〔爲〕小吏，來歸謁，萬石君必朝服見之，不名。子孫有過失，不誚讓，爲便坐，〔三〕對案不食。然後諸子相責，因長老肉袒固謝罪，改之，乃許。子孫勝冠者在側，雖燕必冠，申申如也。〔四〕僮僕訢訢如也，〔五〕唯謹。〔六〕上時賜食於家，必稽首俯伏而食，如在上前。其執喪，哀戚甚。〔七〕子孫遵教，亦如之。萬石君家以孝謹聞乎郡國，雖齊魯諸儒質行，皆自以爲不及也。〔八〕

〔一〕師古曰：「豫朝請。」
〔二〕師古曰：「路馬，天子路車之馬。軾謂撫軾，蓋爲敬也。」
〔三〕師古曰：「便坐於便側之處，非正室也。」
〔四〕師古曰：「申申，整敕之貌。」
〔五〕晉灼曰：「許慎云古欣字也。」師古曰：「晉說非也。此訢讀與誾誾同，謹敬之貌也，音牛巾反。」
〔六〕師古曰：「唯以謹敬爲先。」
〔七〕師古曰：「執喪，猶言持喪服也。禮記曰『執親之喪』。」
〔八〕師古曰：「質，重也。」

建元二年，郎中令王臧以文學獲罪皇太后。〔一〕太后以爲儒者文多質少，今萬石君家不言而躬行，乃以長子建爲郎中令，少子慶爲內史。

〔一〕張晏曰：「竇太后。」

建老白首，萬石君尚無恙。〔一〕每五日洗沐歸謁親，〔二〕入子舍，〔三〕竊問侍者，取親中帬廁牏，身自澣洒，〔四〕復與侍者，不敢令萬石君知之，以爲常。建奏事於上前，即有可言，屏人乃言極切；〔五〕至廷見，如不能言者。〔六〕上以是親而禮之。

〔一〕師古曰：「恙，憂病。」
〔二〕文穎曰：「郎官五日一下。」
〔三〕師古曰：「入諸子之舍，自其所居也，若今言諸房矣。」
〔四〕服虔曰：「親身之衣也。」蘇林曰：「牏音投。賈逵解周官云『牏，行清也』。」孟康曰：「廁，行清；牏，中受糞函者也。東南人謂鑿木空中如曹謂之牏。」晉灼曰：「今世謂反門小袖衫爲侯牏。」師古曰：「親謂父也。中帬，若今

言中衣也。廁牏者，近身之小衫，若今汗衫也。蘇音晉說是矣。洒音先禮反。」
〔五〕師古曰：「有可言，謂有事當奏諫。」
〔六〕師古曰：「廷見，謂當朝而見時。」

萬石君徙居陵里。〔一〕內史慶醉歸，入外門不下車。萬石君聞之，不食。慶恐，肉袒謝請罪，不許。舉宗及兄建肉袒，萬石君讓曰：〔二〕「內史貴人，入閭里，里中長老皆走匿，而內史坐車中自如，固當！」〔三〕乃謝罷慶。〔四〕慶及諸子入里門，趨至家。

〔一〕師古曰：「茂陵邑中之里。」
〔二〕師古曰：「讓，責也。」
〔三〕師古曰：「此深責之也，言內史貴人，正固當爾。」
〔四〕師古曰：「告令去。」

萬石君元朔五年卒，建哭泣哀思，杖乃能行。歲餘，建亦死。諸子孫咸孝，然建最甚，甚於萬石君。

建爲郎中令，奏事下，〔一〕建讀之，驚恐曰：「書『馬』者與尾而五，〔二〕今乃四，不足一，獲譴死矣！」其爲謹慎，雖他皆如是。

〔一〕師古曰：「建有所奏上而被報下也。下音胡亞反。」
〔二〕服虔曰：「作馬字下曲者而五，建時上書誤作四。」師古曰：「馬字下曲者爲尾，并四點爲四足，凡五。」

家，名，名家也，即太史公所論六家之（一）〔二〕也。此說非。」

〔四〕師古曰：「剸與專同，又音之兗反。」

〔五〕師古曰：「退令更平番之。」

〔六〕如淳曰：「不正視，若不見者也。」晉灼曰：「面對囚讀而封之，使其聞見，死而無恨也。」師古曰：「二說皆非也。面謂偝之也，言不忍視之，與呂馬童面之同義。」

老篤，請免，天子亦寵以上大夫祿，歸老于家。家陽陵。子孫咸至大官。

贊曰：仲尼有言「君子欲訥於言而敏於行」，〔一〕其萬石君、建陵侯、塞侯、張叔之謂與？〔二〕是以其教不肅而成，不嚴而治。至石建之澣衣，周仁為垢汙，君子譏之。

〔一〕師古曰：「論語載孔子之言也。訥，遲也。敏，疾也。」

〔二〕師古曰：「與讀曰歟。」

校勘記

二一九四頁九行　子孫（謂）〔為〕小吏，　景祐、殿、局本都作「為」。

二一九七頁三行　治所忠及咸宣（三）〔二〕人。　景祐、殿本都作「二」，此誤。

二一九九頁一六行　懷此（志）〔心〕。　景祐、殿本都作「心」。

二二〇一頁二行　君知所以得（驂）〔參〕乘乎？　殿本作「參」。王先謙說作「參」是。

二二〇二頁一四行　（證）〔疑〕其盜取。　景祐、殿本都作「疑」，此誤。

二二〇五頁一行　即太史公所論六家之（一）〔二〕也。　景祐、殿本都作「二」。王先謙說作「二」是。

漢書

漢蘭臺令史　班　固　撰
唐祕書少監　顏師古　注

第　八　册

卷四七至卷五七（傳二）

中　華　書　局

中華書局

漢書卷四十七

文三王傳第十七

孝文皇帝四男：竇皇后生孝景帝、梁孝王武，諸姬生代孝王參、梁懷王揖。〔一〕

〔一〕師古曰：「不得其姓氏，故曰諸姬，言在諸姬之列者也。解在高五王傳。」

梁孝王武以孝文二年與太原王參、梁王揖同日立。武爲代王，四年徙爲淮陽王，十二年徙梁，自初王通歷已十一年矣。〔一〕

〔一〕師古曰：「總數其爲王之年。」

孝王十四年，入朝。十七年，十八年，比年入朝，留。〔一〕其明年，乃之國。二十一年，入朝。二十二年，文帝崩。二十四年，入朝。二十五年，復入朝。是時，上未置太子，與孝王宴飲，從容言曰：〔二〕「千秋萬歲後傳於王。」王辭謝。雖知非至言，然心內喜。太后亦然。

〔一〕師古曰：「比，頻也。留謂留在京師。」

〔二〕師古曰：「從音千容反。」

其春，吳、楚、齊、趙七國反，先擊梁棘壁，〔一〕殺數萬人。梁王城守睢陽，〔二〕而使韓安國、張羽等爲將軍以距吳、楚。吳、楚以梁爲限，不敢過而西，與太尉亞夫等相距三月。吳、楚破，而梁所殺虜略與漢中分。〔三〕

〔一〕文穎曰：「地名。」

〔二〕師古曰：「據睢陽城而自守。」

〔三〕孟康曰：「梁所虜吳、楚之捷略與漢同。」

明年，漢立太子。梁最親，有功，又爲大國，居天下膏腴地，北界泰山，西至高陽，〔一〕四十餘城，多大縣。孝王，太后少子，愛之，賞賜不可勝道。〔二〕於是孝王築東苑，方三百餘里，廣睢陽城七十里，〔三〕大治宮室，爲復道，自宮連屬於平臺三十餘里。〔四〕得賜天子旌旗，從千乘萬騎，出稱警，入言趩，〔五〕儗於天子。〔六〕招延四方豪桀，自山東游士莫不至：齊人羊勝、公孫詭、鄒陽之屬。〔七〕公孫詭多奇邪計，初見日，王賜千金，官至中尉，號曰公孫將軍。多作兵弩弓數十萬，而府庫金錢且百鉅萬，〔八〕珠玉寶器多於京師。

〔一〕蘇林曰：「陳留北縣。」

〔二〕師古曰：「道謂言。」

〔三〕師古曰：「更廣大之也。晉太康地記云城方十三里，梁孝王築之。鼓倡節杵而後下和之者稱睢陽曲，今踵以爲故。今之樂家睢陽曲是其遺音。」

〔四〕如淳曰：「平臺在大梁東北，離宮所在也。」晉灼曰：「或說在城中東北角。」師古曰：「今其城東二十里所有故臺基，其處寬博，土俗云平臺也。復音方目反。」

〔五〕師古曰：「警者，戒肅也。趩，止行人也。言出入者，互文耳。出亦有趩。漢儀注皇帝輦動，左右侍帷幄者稱警，出殿則傳趩，止人清道也。」

〔六〕師古曰：「儗，比也，音擬。」

〔七〕師古曰：「言皆游梁。」

〔八〕師古曰：「鉅萬，百萬也。有百萬者，言凡百也。」

二十九年十月，孝王入朝。景帝使使持乘輿駟，迎梁王於關下。〔一〕既朝，上疏，因留。以太后故，入則侍帝同輦，出則同車遊獵上林中。梁之侍中、郎、謁者著引籍出入天子殿門，〔二〕與漢宦官亡異。

〔一〕鄧展曰：「但持駟馬往也。」臣瓚曰：「稱乘輿駟，則車馬皆往。言四，不駕六馬耳。天子副車駕四馬。」師古曰：「輿即車也。瓚說是。」

〔二〕師古曰：「著音竹略反。」

十一月，上廢栗太子，太后心欲以梁王爲嗣。大臣及爰盎等有所關說於帝，太后議格，〔一〕孝王不敢復言太后以嗣事。〔二〕事祕，世莫知，乃辭歸國。

〔一〕服虔曰：「格音格閣。」張晏曰：「止也。」蘇林曰：「音閣。」師古曰：「蘇音、張說是。」

〔二〕師古曰：「不敢更以此事言於太后。」

其夏，上立膠東王爲太子。梁王怨爰盎及議臣，乃與羊勝、公孫詭之屬謀，陰使人刺殺爰盎及他議臣十餘人。賊未得也。於是天子意梁，〔一〕逐賊，果梁使之。遣使冠蓋相望於道，覆案梁事。捕公孫詭、羊勝，皆匿王後宮。使者責二千石急，梁相軒丘豹〔二〕及內史安國〔三〕皆泣諫王，王乃令勝、詭皆自殺，出之。上由此怨望於梁王。〔四〕梁王恐，乃使韓安國因長公主謝罪太后，然後得釋。

〔一〕師古曰：「意，疑也。」

〔二〕師古曰：「姓軒丘，名豹。」

〔三〕師古曰：「即韓安國。」

〔四〕師古曰：「望謂責而怨之。」

上怒稍解，因上書請朝。既至關，茅蘭說王，〔一〕使乘布車，〔二〕從兩騎入，匿於長公主園。漢使迎王，王已入關，車騎盡居外，外不知王處。太后泣曰：「帝殺吾子！」（弟）〔帝〕憂恐。於是梁王伏斧質，之闕下謝罪。然後太后、帝皆大喜，相與泣，復如故。悉召王從官入關。然帝益疏王，不與同車輦矣。

〔一〕服虔曰：「茅蘭，孝王大夫也。」

〔二〕張晏曰：「布車降服，自比喪人也。」

三十五年冬，復入朝。上疏欲留，上弗許。歸國，意忽忽不樂。北獵梁山，有獻牛，足上出背上，孝王惡之。六月中，病熱，六日薨。〔一〕

〔一〕張晏曰：「足當處下，所以輔身也。今出背上，象孝王背朝而干上也。北者，陰也，又在梁山，明為梁也。牛者，丑之畜，衝在六月。北方數六，故六月六日王薨也。」

孝王慈孝，每聞太后病，口不能食，常欲留長安侍太后。太后亦愛之。及聞孝王死，竇太后泣極哀，不食，曰：「帝果殺吾子！」帝哀懼，不知所為。與長公主計之，乃分梁為五國，盡立孝王男五人為王，女五人皆令食湯沐邑。奏之太后，太后乃說，為帝壹餐。〔一〕

〔一〕師古曰：「說讀曰悅。餐，古飡字。」

孝王未死時，財以鉅萬計，不可勝數。及死，藏府餘黃金尚四十餘萬斤，他財物稱是。

代孝王參初立為太原王。四年，代王武徙為淮陽王，而參徙為代王，復並得太原，都晉陽如故。〔一〕五年一朝，凡三朝。十七年薨，子共王登嗣。〔二〕二十九年薨，子義嗣。元鼎中，漢廣關，以常山為阻，〔三〕徙代王於清河，是為剛王。並前在代凡立四十年薨，子頃王湯嗣。二十四年薨，子年嗣。

〔一〕師古曰：「如文帝在代時。」

〔二〕師古曰：「共讀曰恭。」

〔三〕師古曰：「依山以為阻。」

地節中，冀州刺史林奏年為太子時與女弟則私通。及年立為王後，則懷年子，其壻使勿舉。〔一〕則曰：「自來殺之。」壻怒曰：「為王生子，自令王家養之。」則送兒頃太后所。〔二〕相聞知，禁止則，令不得入宮。〔三〕年使從季父往來送迎則，〔四〕連年不絕。有司奏年淫亂，年坐廢為庶人，徙房陵，與湯沐邑百戶。立三年，國除。

〔一〕師古曰：「不養也。」

〔二〕師古曰：「頃王之后，年之太后，故曰頃太后。」

〔三〕師古曰：「相者，王之相。」

〔四〕師古曰：「宗室諸從也。」

元始二年，新都侯王莽興滅繼絕，白太皇太后，立年弟子如意為廣宗王，奉代孝王後。莽篡位，國絕。

梁懷王揖，文帝少子也。好詩書，帝愛之，異於他子。五年一朝，凡再入朝。因墮馬死，立十年薨。無子，國除。明年，梁孝王武徙王梁。

梁孝王子五人為王。太子買為梁共王，〔一〕次子明為濟川王，彭離為濟東王，定為山陽王，不識為濟陰王，皆以孝景中六年同日立。

〔一〕師古曰：「共讀曰恭。」

梁共王買立七年薨，子平王襄嗣。

濟川王明以垣邑侯立。七年，坐射殺其中尉，有司請誅，武帝弗忍，廢為庶人，徙房陵，國除。

濟東王彭離立二十九年。彭離驕悍，〔一〕昏莫私與其奴亡命少年數十人行剽，〔二〕殺人取財物以為好。〔三〕所殺發覺者百餘人，國皆知之，莫敢夜行。所殺者子上書告言，有司請誅，武帝弗忍，廢為庶人，徙上庸，國除，為大河郡。

〔一〕師古曰：「悍，勇也。」

〔二〕師古曰：「剽，劫也，音頻妙反。」

〔三〕如淳曰：「以是為好喜之事也。」師古曰：「好音呼到反。」

山陽哀王定立九年薨。亡子，國除。

濟陰哀王不識立一年薨。亡子，國除。

孝王支子四王，皆絕於身。〔一〕

〔一〕師古曰：「支子，謂非正嫡也。」

梁平王襄，母曰陳太后。共王母曰李太后。李太后，親平王之大母也。〔一〕而平王之后曰任后，任后甚有寵於襄。

〔一〕師古曰：「大母，祖母也。共王即李太后所生，故云親祖母也。」

初，孝王有罍尊，〔一〕直千金，戒後世善寶之，毋得以與人。〔二〕任后聞而欲得之。李太后曰：「先王有命，毋得以尊與人。他物雖百鉅萬，猶自恣。」任后絕欲得之。王襄直使人開府取尊賜任后，又王及母陳太后事李太后多不順。有漢使者來，李太后欲自言，王使謁者中郎胡等遮止，閉門。李太后與爭門，措指，〔三〕太后啼謼，〔四〕不得見漢使者。李太后亦私與食官長及郎尹霸等姦亂，王與任后以此使人風止李太后。〔五〕李太后亦已，〔六〕後病薨。病時，任后未嘗請疾；〔七〕薨，又不侍喪。

〔一〕應劭曰：「詩云『酌彼金罍』，罍，畫雲雷之象，以金飾之也。」鄭氏曰：「上蓋刻為山雲雷之象。」師古曰：「鄭說是也。罍，古雷字。」

〔二〕師古曰：「寶謂愛守也。」

〔三〕晉灼曰：「許慎云『措，置』。字借以為笮耳。」師古曰：「音壯客反，謂為門扉所笮。」

〔四〕師古曰：「謼音火故反。」

〔五〕師古曰：「風讀曰諷。止者，止其自言也。」

〔六〕師古曰：「已，止也。」

(七)張晏曰：「請，問也。」

元朔中，睢陽人犴反，(一)人辱其父，而與睢陽太守客俱出同車。犴反殺其仇車上，亡去。睢陽太守怒，以讓梁二千石。二千石以下求反急，執反親戚。反知國陰事，乃上變告梁王與大母爭尊狀。時相以下具知之，欲以傷梁長吏，書聞。天子下吏驗問，有之。公卿治，奏以爲不孝，請誅王及太后。(二)天子曰：「首惡失道，任后也。朕置相吏不逮，(三)無以輔王，故陷不誼，不忍致法。」削梁王五縣，奪王太后湯沐成陽邑，梟任后首于市。中郎胡等皆伏誅。梁餘尙有八城。

(一)師古曰：「犴姓，反名也。犴音岸。」
(二)師古曰：「陳太后。」
(三)師古曰：「逮，及也，言其材知不及。」

襄立四十年薨，子頃王無傷嗣。十一年薨，子敬王定國嗣。四十年薨，子夷王遂嗣。六年薨，子荒王嘉嗣。十五年薨，子立嗣。

鴻嘉中，太傅輔奏：「立一日至十一犯法，臣下愁苦，莫敢親近，不可諫止。願令王，非耕、祠，法駕毋得出宮，盡出馬置外苑，收兵杖藏私府，毋得以金錢財物假賜人。」事下丞相、御史，請許。(一)奏可。後數復敺傷郎，(二)夜私出宮。傅相連奏，坐削或千戶或五百戶，

如是者數焉。

(一)師古曰：「許太傅所奏。」
(二)師古曰：「敺，捶擊，音一口反。」

荒王女弟園子爲立舅任寶妻，寶兄子昭爲立后。數過寶飲食，報寶曰：「我好翁主，(一)欲得之。」寶曰：「翁主，姑也，法重。」立曰：「何能爲！」(二)遂與園子姦。

(一)師古曰：「諸王女皆稱翁主，言其父自主婚也。」
(二)師古曰：「言罪不能至重也。」

積數歲，永始中，相禹奏立對外家怨望，有惡言。有司案驗，因發淫亂事，奏立禽獸行，請誅。太中大夫谷永上疏曰：「臣聞『禮，天子外屛，不欲見外』也。(一)是故帝王之意，不窺人閨門之私，聽聞中冓之言。(二)春秋爲親者諱。詩云『戚戚兄弟，莫遠具爾』。(三)今梁王年少，頗有狂病，始以惡言按驗，既亡事實，而發閨門之私，非本章所指。王辭又不服，猥強劾立，傳致難明之事，(四)獨以偏辭成辠斷獄，亡益於治道。汙衊宗室，(五)以內亂之惡披布宣揚於天下，非所以爲公族隱諱，增朝廷之榮華，昭聖德之風化也。臣愚以爲王少，而父同產長，年齒不倫；梁國之富，足以厚聘美女，招致妖麗；父同產亦有恥辱之心。(六)案事者乃驗問惡言，(七)何故猥自發舒？(八)以三者揆之，殆非人情，疑有所迫切，過誤失言，文吏躡尋，不得轉移。萌牙之時，加恩勿治，上也。(九)既已案驗舉憲，宜及王辭不服，詔廷尉選上德通理之吏，更審考淸問，著不然之效，定失誤之法，(一〇)而反命於下吏，(一一)以廣公族附疏之德，爲宗室刷汙亂之恥，(一二)甚得治親之誼。」天子由是寖而不治。

(一)師古曰：「屛謂當門之牆，以屛蔽者也。外屛，於門外爲之。」
(二)應劭曰：「中冓，材構在堂之中也。」晉灼曰：「魯詩以爲夜也。」師古曰：「冓謂舍之交積材木也。應說近之。冓音工豆反。」
(三)師古曰：「小雅行葦之詩也。戚戚，內相親也。爾，近也。言王之族親，情無疏遠，皆昵近也。」
(四)師古曰：「傳讀曰附。」
(五)孟康曰：「衊音漫。」師古曰：「衊音秣，謂塗染也。」
(六)師古曰：「言其姑亦當自恥，必不與姦。」
(七)師古曰：「本所問者，怨望朝廷之言耳。」
(八)師古曰：「猥，曲也。」
(九)如淳曰：「覆蓋之，則計之上。」
(一〇)師古曰：「著，明也。」
(一一)師古曰：「使者還反，以淸白之狀付有司也。」
(一二)師古曰：「刷謂拭刷除之也，音所劣反。」

居數歲，元延中，立復以公事怨相掾及睢陽丞，使奴殺之，殺奴以滅口。凡殺三人，傷

五人，手敺郎吏二十餘人。上書不拜奏。謀篡死罪囚。(一)有司請誅，上不忍，削立五縣。

(一)師古曰：「逆取曰篡。」

哀帝建平中，立復殺人。天子遣廷尉賞、大鴻臚由持節即訊。(一)至，移書傅、相、中尉曰：「王背策戒，(二)誖暴妄行，(三)連犯大辟，毒流吏民。比比蒙恩，不伏重誅，(四)不思改過，復賊殺人。幸得蒙恩，丞相長史、大鴻臚丞即問。王陽病抵讕，置辭驕嫚，(五)不首主令，與背畔亡異。(六)丞相、御史請收王璽綬，送陳留獄。明詔加恩，復遣廷尉、大鴻臚雜問。今王當受詔置辭，恐復不首實對。書曰：『至于再三，有不用，我降爾命。』(七)傅、相、中尉皆以輔正爲職，『虎兕出於匣，龜玉毀於匱中，是誰之過也？』(八)書到，明以誼曉王。敢復懷詐，罪過益深。傅、相以下，不能輔導，有正法。」

(一)師古曰：「就問也。」
(二)師古曰：「初封時，策書有戒勑之言。」
(三)師古曰：「誖，乖也，音布內反。」
(四)師古曰：「比猶頻也。」
(五)師古曰：「抵，距也。讕，誣諱也。抵音丁禮反。讕音來亶反。」
(六)師古曰：「不首謂不伏其罪也。主令者，於法令之條與背畔無異也。首音失救反。次下亦同。」
(七)師古曰：「此周書多方篇之辭也。言我教汝，至于再三，汝不能用，則我下罰黜汝命也。」

〔九〕師古曰：「此論語孔子責冉有、季路之辭也。言虎兕出於檻，龜玉毁於櫝匵，豈非典守者之過邪？喻輔相人者，當能持危扶顛也。」

立惶恐，免冠對曰：「立少失父母，孤弱處深宮中，獨與宦者婢妾居，漸漬小國之俗，加以質性下愚，有不可移之姿。〔一〕往者傅相亦不純以仁誼輔翼立，大臣皆尚苛刻，刺求微密。讒臣在其間，左右弄口，積使上下不和，更相眄伺。〔二〕宮殿之裏，毛氂過失，亡不暴陳。當伏重誅，以視海內，〔三〕數蒙聖恩，得見貰赦。〔四〕今立自知賊殺中郎曹將，冬月迫促，貪生畏死，即詐僵仆陽病，〔五〕徼幸得踰於須臾。〔六〕謹以實對，伏須重誅。」〔七〕時冬月盡，其春大赦，不治。

〔一〕師古曰：「言不從化也。論語稱孔子曰『唯上智與下愚不移』。」
〔二〕師古曰：「更音工衡反。」
〔三〕師古曰：「視讀曰示。」
〔四〕師古曰：「貰謂寬其罪。」
〔五〕師古曰：「僵仆，倒地也。僵音薑。仆音赴。」
〔六〕師古曰：「冀得踰冬月而減罪也。」
〔七〕師古曰：「須，待也。」

元始中，立坐與平帝外家中山衞氏交通，新都侯王莽奏廢立為庶人，徙漢中。立自殺。

二十七年，國除。後二歲，莽白太皇太后立孝王玄孫之曾孫沛郡卒史音為梁王，奉孝王後。莽篡，國絕。

贊曰：梁孝王雖以愛親故王膏腴之地，〔一〕然會漢家隆盛，百姓殷富，故能殖其貨財，廣其宮室車服。然亦僭矣。怙親亡厭，牛禍告罰，卒用憂死，悲夫！

〔一〕師古曰：「太后愛子，而帝親弟，故曰愛親。」

校勘記

二二一〇頁二行　（弟）〔帝〕憂恐。景祐、殿、局本都作「帝」。王先謙說作「帝」是。
二二一八頁五行　王陽病抵讕，置辭驕嫚，〔五〕注〔五〕原在「置辭」下。劉攽說「驕嫚」當屬上句。王先謙亦說當讀「置辭驕嫚」為句。

漢書卷四十八

賈誼傳第十八

賈誼，雒陽人也，年十八，以能誦詩書屬文稱於郡中。〔一〕河南守吳公聞其秀材，召置門下，〔二〕甚幸愛。文帝初立，聞河南守吳公治平為天下第一，〔三〕故與李斯同邑，而嘗學事焉，〔四〕徵以為廷尉。廷尉乃言誼年少，頗通諸家之書。文帝召以為博士。

〔一〕師古曰：「屬謂綴輯之也，言其能為文也。屬音之欲反。」
〔二〕師古曰：「秀，美也。」
〔三〕師古曰：「治平，言其政治和平也。」
〔四〕師古曰：「事之而從其學也。」

是時，誼年二十餘，最為少。每詔令議下，〔一〕諸老先生未能言，誼盡為之對，人人各如其意所出。諸生於是以為能。文帝說之，〔二〕超遷，歲中至太中大夫。

〔一〕師古曰：「詔有詔令出下及遣議事。」
〔二〕師古曰：「說讀曰悅。」

誼以為漢興二十餘年，天下和洽，宜當改正朔，易服色制度，定官名，興禮樂。乃草具其儀法，〔一〕色上黃，數用五，為官名悉更，奏之。〔二〕文帝謙讓未皇也。〔三〕然諸法令所更定，及列侯就國，其說皆誼發之。於是天子議以誼任公卿之位。絳、灌、東陽侯、馮敬之屬盡害之，〔四〕乃毁誼曰：「雒陽之人年少初學，專欲擅權，紛亂諸事。」於是天子後亦疏之，不用其議，以誼為長沙王太傅。

〔一〕師古曰：「草謂創造之。」
〔二〕師古曰：「更，改也。」
〔三〕師古曰：「皇，暇也。自以為不當改制。」
〔四〕師古曰：「絳，絳侯周勃也。灌，灌嬰也。東陽侯，張相如也。馮敬，時為御史大夫。」

誼既以適去，〔一〕意不自得，及度湘水，〔二〕為賦以弔屈原。屈原，楚賢臣也，被讒放逐，作離騷賦，〔三〕其終篇曰：「已矣！國亡人，莫我知也。」遂自投江而死。誼追傷之，因以自諭。〔四〕其辭曰：

〔一〕師古曰：「適讀曰謫。其下亦同。」
〔二〕師古曰：「湘水出零陵陽海山，北流入江也。」
〔三〕師古曰：「離，遭也。憂動曰騷。遭憂而作此辭。」
〔四〕師古曰：「諭，譬也。」

恭承嘉惠兮，〔一〕竢罪長沙。〔二〕仄聞屈原兮，自湛汨羅。〔三〕造託湘流兮，敬弔先生。〔四〕遭世罔極兮，迺隕厥身。〔五〕烏虖哀哉兮，逢時不祥！〔六〕鸞鳳伏竄兮，鴟鴞翺翔。〔七〕闒茸尊顯兮，讒諛得志；〔八〕賢聖逆曳兮，方正倒植。〔九〕謂隨、夷溷兮，〔一〇〕謂跖、蹻廉；〔一一〕莫邪爲鈍兮，〔一二〕鉛刀爲銛。〔一三〕于嗟默默，生之亡故兮！〔一四〕斡棄周鼎，〔一五〕寶康瓠兮。〔一六〕騰駕罷牛，驂蹇驢兮；〔一七〕驥垂兩耳，服鹽車兮。〔一八〕章父薦屨，漸不可久兮；〔一九〕嗟（若）〔苦〕先生，獨離此咎兮！〔二〇〕

〔一〕師古曰：「恭，敬也。嘉惠，謂詔命也。」

〔二〕師古曰：「竢，古俟字。俟，待也。」

〔三〕師古曰：「仄，古側字。汨，水名，在長沙羅縣，故曰汨羅。湛讀曰沈。汨音莫歷反。」

〔四〕師古曰：「造，至也。言至湘水而因託其流也。造音千到反。」

〔五〕張晏曰：「讒言罔極。」師古曰：「罔，無也。極，中也，無中正之道。一曰極，止也。」

〔六〕師古曰：「虖讀曰呼。」

〔七〕師古曰：「鴟，鴟鵂，怪鳥也。鴞，惡聲之鳥也。鴟音尺夷反。鴞音于驕反。鵂音休。」

〔八〕師古曰：「闒茸，下材不肖之人也。闒音吐盍反。茸音人勇反。」

〔九〕師古曰：「植，立也，音值。」

〔一〇〕應劭曰：「隨，卞隨，湯時廉士，湯以天下讓而不受。夷，伯夷也，不食周粟，餓于首陽之下。」師古曰：「溷，濁也，

音胡困反。」

〔一一〕李奇曰：「跖，秦大盜也。楚之大盜爲莊蹻。」師古曰：「跖音之石反。蹻音居略反。莊周云，盜跖，柳下惠之弟，蓋寓言也。」

〔一二〕應劭曰：「莫邪，吳大夫也，作寶劍，因以冠名。」

〔一三〕晉灼曰：「世俗爲利爲銛徹。」師古曰：「音弋占反。」

〔一四〕應劭曰：「默默，不得意也。」鄧展曰：「言屈原無故遇此禍也。」師古曰：「生，先生也。」

〔一五〕師古曰：「斡，轉也，音管。」

〔一六〕鄭氏曰：「康瓠，瓦盆底也。爾雅曰：『康瓠謂之甈。』」師古曰：「甈音五列反。」

〔一七〕師古曰：「罷讀曰疲。蹇，跛也。」

〔一八〕師古曰：「羈鹽車也。」

〔一九〕師古曰：「章父，殷冠名也。言冠乃居下，屨反在上也。父讀曰甫。」

〔二〇〕應劭曰：「嗟，咨嗟也。勞苦屈原遇此難也。」師古曰：「離，遭也。」

訊曰：〔一〕已矣！國其莫吾知兮，〔二〕子獨壹鬱其誰語？〔三〕鳳縹縹其高逝兮，夫固自引而遠去。〔四〕襲九淵之神龍兮，〔五〕沕淵潛以自珍；〔六〕偭蟂獺以隱處兮，〔七〕夫豈從蝦與蛭螾？〔八〕所貴聖之神德兮，遠濁世而自臧。使麒麟可係而羈兮，豈云異夫犬羊？般紛紛其離此郵兮，〔九〕亦夫子之故也！〔一〇〕歷九州而相其君兮，何必懷此都也？〔一一〕鳳皇翔于千仞兮，覽德煇而下之；〔一二〕見細德之險（徵）〔徵〕兮，遙增擊而去之。〔一三〕彼尋常之汙瀆兮，豈容吞舟之魚！〔一四〕橫江湖之鱣鯨兮，固將制於螻螘。〔一五〕

〔一〕李奇曰：「訊，告也。」張晏曰：「訊，離騷下章亂也。」師古曰：「訊音碎。」

〔二〕師古曰：「一國之人不知我也。」

〔三〕師古曰：「壹鬱猶怫鬱也。」

〔四〕師古曰：「縹縹，輕舉貌，音匹遙反。」

〔五〕鄧展曰：「襲，重也。」師古曰：「九淵，九旋之川，言至深也。」

〔六〕鄧展曰：「沕音昧。」張晏曰：「潛，藏也。」

〔七〕服虔曰：「蟂音梟。」應劭曰：「蟂獺，水蟲害魚者也。偭，背也。欲舍蟂獺，從神龍遊也。」師古曰：「偭音面。」

〔八〕服虔曰：「蛭，水蟲。螾，今之蠙螾也。」孟康曰：「言龍自絕於蟂獺，況從蝦與蛭螾也。」師古曰：「蝦亦水蟲也，音遐。蛭音質。螾字與蚓同，音引，今合韻，當音弋人反。蠙音丘蓮反。」

〔九〕蘇林曰：「般音槃。」孟康曰：「般音班。般，反也。紛紛，擣讒意也。」師古曰：「般，孟音是也。字從丹青之丹。離，遭也。郵，過也。」

〔一〇〕李奇曰：「亦夫子不如麟鳳之故，離此咎也。」師古曰：「此說非也。賈誼自言今之離郵，亦猶屈原耳。」

〔一一〕師古曰：「言往長沙爲傅，不足哀傷，何用苟懷此之都邑，蓋亦誼自寬廣之言。」

〔一二〕師古曰：「八尺曰仞。千仞，言其極高。」

〔一三〕師古曰：「增，重也。言見苛細之人，險阨之證，故重擊其羽而高去。」

〔一四〕應劭曰：「八尺曰尋，倍尋曰常。」師古曰：「水不泄爲汙，音一胡反，又音一故反。」

〔一五〕如淳曰：「鱣、鯨，皆大魚也。」臣瓚曰：「鱣魚無鱗，口在腹下。鯨魚長者長數里。」晉灼曰：「小水不容大魚，而橫鱣鯨於汙瀆，必爲螻螘所制。以況小朝主闇，不容受忠逆之言，亦爲讒賊小臣所害。」師古曰：「鱣音竹連反，字或作鱏。鱏亦大魚也，音淫，又音尋。螻音樓，謂螻蛄也。」

誼爲長沙傅三年，有服飛入誼舍，止於坐隅。〔一〕服似鴞，〔二〕不祥鳥也。誼既以適居長沙，長沙卑濕，誼自傷悼，以爲壽不得長，乃爲賦以自廣。其辭曰：

〔一〕師古曰：「坐音才臥反。」

〔二〕晉灼曰：「異物志曰『有鳥小雞，體有文色，土俗因形名之曰服，不能遠飛，行不出域』也。」

單閼之歲，四月孟夏，〔一〕庚子日斜，服集余舍，〔二〕止于坐隅，貌甚閒暇。〔三〕異物來崒，私怪其故，〔四〕發書占之，讖言其度。〔五〕曰「野鳥入室，主人將去。」問于子服：「余去何之？〔六〕吉虖告我，凶言其災。淹速之度，語余其期。」〔七〕

〔一〕應劭曰：「太歲在卯爲單閼。」師古曰：「閼音一葛反。」

〔二〕孟康曰：「日斜，日昳時。」

〔三〕師古曰：「閒讀曰閑。」

〔四〕孟康曰：「崒音萃。萃，聚集也。」

〔五〕師古曰：「讖，驗也，有徵驗之書也。讖音初禁反。」

〔六〕師古曰：「子服者，言加其美稱也。」

中華書局

〔二〕應劭曰：「抗其頭而剄之也。」師古曰：「隓，毁也。抗，舉也。剄，割頸也。隓音火規反。剄音工鼎反。」
〔三〕師古曰：「曩，久也。謂昔時。」
〔四〕師古曰：「無恙，言無憂病。」
〔五〕師古曰：「殺，雜也。倂音步鼎反。」
〔六〕應劭曰：「禮，卿大夫之支子爲側室。席，大也。」臣瓚曰：「席，藉也。言非有側室之勢爲之資藉也。」師古曰：「瓚說是也。」
〔七〕師古曰：「廑與僅同。廑，劣也，言纔得舍人。」
〔八〕師古曰：「悳，古德字。溽，厚也，音擩。」
〔九〕師古曰：「角，校也，競也。」
〔一〇〕孟康曰：「諉，累也。以疏爲累，言不以國也。」蔡謨曰：「諉者，託也。倘可託言信、越等以疏故反，故其下句曰『臣請試言其親者』。親者亦恃彊爲亂，明信等不以疏也。」師古曰：「蔡說是矣。諉音女瑞反。」
〔一一〕師古曰：「共讀曰恭。」
〔一二〕師古曰：「自以爲於天子爲昆弟，而不論君臣之義。」
〔一三〕師古曰：「慮，大計也，言諸侯皆欲同皇帝之制度，而爲天子之事。」
〔一四〕師古曰：「擅，專也。」
〔一五〕師古曰：「天子車蓋之制。」
〔一六〕師古曰：「不軌，謂不修法制也。致，至也。」

〔一七〕應劭曰：「圜，精正視也。」師古曰：「言驚愕也。」
〔一八〕如淳曰：「馮無擇子，名忠直，爲御史大夫，奏淮南厲王誅之。」師古曰：「悍，勇也。」
〔一九〕師古曰：「始欲發言節制諸侯王，則爲刺客所殺。」
〔二〇〕師古曰：「領，理也。」
〔二一〕師古曰：「易其所以然，謂改其法制使不然。」
〔二二〕師古曰：「徵，證驗也。」
〔二三〕師古曰：「猷，古禍字。」

屠牛坦一朝解十二牛，〔一〕而芒刃不頓者，〔二〕所排擊剝割，皆衆理解也。〔三〕至於髖髀之所，非斤則斧。〔四〕夫仁義恩厚，人主之芒刃也；權勢法制，人主之斤斧也。今諸侯王皆衆髖髀也，釋斤斧之用，而欲嬰以芒刃，〔五〕臣以爲不缺則折。胡不用之淮南、濟北？勢不可也。〔六〕

〔一〕蘇林曰：「孔子時人也。」師古曰：「坦，屠牛者之名也。事見管子。」
〔二〕師古曰：「芒刃，謂刃之利如豪芒也。頓讀曰鈍。」
〔三〕師古曰：「解，支節也，音胡懈反。」
〔四〕師古曰：「髀，股骨也。髖，髀上也。言其骨大，故須斤斧也。髖音寬。髀音陛，又音必爾反。」
〔五〕師古曰：「嬰，繞也。」
〔六〕晉灼曰：「〔一〕〔二〕國皆反誅。何不施之仁恩？勢不可故也。」

臣竊跡前事，〔一〕大抵彊者先反。淮陰王楚最彊，則最先反；韓信倚胡，則又反；〔二〕貫高因趙資，則又反；陳豨兵精，則又反；彭越用梁，則又反；〔三〕黥布用淮南，則又反；盧綰最弱，最後反。長沙乃在二萬五千戶耳，功少而最完，勢疏而最忠，非獨性異人也，亦形勢然也。曩令樊、酈、絳、灌據數十城而王，今雖以殘亡可也；〔四〕令信、越之倫列爲徹侯而居，雖至今存可也。〔五〕然則天下之大計可知已。〔六〕欲諸王之皆忠附，則莫若令如長沙王；欲臣子之勿菹醢，則莫若令如樊、酈等；欲天下之治安，莫若衆建諸侯而少其力。力少則易使以義，國小則亡邪心。〔七〕令海內之勢如身之使臂，臂之使指，莫不制從，諸侯之君不敢有異心，輻湊並進而歸命天子，雖在細民，且知其安，故天下咸知陛下之明。割地定制，令齊、趙、楚各爲若干國，〔八〕使悼惠王、幽王、元王之子孫畢以次各受祖之分地，〔九〕地盡而止，及燕、梁它國皆然。其分地衆而子孫少者，建以爲國，空而置之，須其子孫生者，舉使君之。〔一〇〕諸侯之地其削頗入漢者，爲徙其侯國及封其子孫也，〔一一〕所以數償之；〔一二〕一寸之地，一人之衆，天子亡所利焉，〔一三〕誠以定治而已，故天下咸知陛下之廉。地制壹定，宗室子孫莫慮不王，〔一四〕下無倍畔之心，上無誅伐之志，〔一五〕故天下咸知陛下之仁。法立而不犯，令行而不逆，貫高、利幾之謀不生，柴

奇、開章之計不萌，〔一六〕細民鄉善，大臣致順，〔一七〕故天下咸知陛下之義。臥赤子天下之上而安，植遺腹，朝委裘，而天下不亂，〔一八〕當時大治，後世誦聖。〔一九〕壹動而五業附，陛下誰憚而久不爲此？〔二〇〕

〔一〕師古曰：「尋前事之蹤跡。」
〔二〕師古曰：「倚，依也，音於綺反。」
〔三〕晉灼曰：「用，役用之也。」
〔四〕晉灼曰：「事勢可亡也。」師古曰：「曩亦謂昔時也。」
〔五〕晉灼曰：「事勢可存。」
〔六〕師古曰：「已，語終辭。」
〔七〕師古曰：「使以義，使之遵禮義也。」
〔八〕師古曰：「若干，豫設數也。解在食貨志。」
〔九〕師古曰：「分音扶問反，次下亦同。」
〔一〇〕師古曰：「須，待也。」
〔一一〕師古曰：「徙其侯國，列侯國邑在諸侯王封內而犬牙相入者，則正其疆界，令其隔絕也。封其子孫者，分諸侯王之國邑，各自封其子孫，而受封之人若有罪黜，其地皆入於漢，故云頗入也。」
〔一二〕師古曰：「償者，謂所正列侯疆界，有侵諸侯王者，則漢償之。」
〔一三〕師古曰：「慮，計也。」

〔一四〕師古曰：「倍讀曰偝。」
〔一五〕應劭曰：「柴奇、開章，皆與淮南王謀反者也。」
〔一六〕師古曰：「鄉讀曰嚮。」
〔一七〕張晏曰：「言天下安，雖赤子遺腹在位，猶不危也。」應劭曰：「罝遺腹，朝委裘，皆未有所知也。」孟康曰：「委裘，若容衣，天子未坐朝，事先帝裘衣也。」師古曰：「應、孟二說皆是。」
〔一八〕師古曰：「稱誦其聖明。」
〔一九〕師古曰：「憚，畏難也，音徒旦反。」

天下之勢方病大瘇。〔一〕一脛之大幾如要，一指之大幾如股，〔二〕平居不可屈信，〔三〕一二指搐，身慮亡聊。〔四〕失今不治，必爲錮疾，〔五〕後雖有扁鵲，不能爲已。〔六〕病非徒瘇也，又苦𨂂盭。〔七〕元王之子，帝之從弟也；〔八〕今之王者，從弟之子也。惠王，親兄子也；今之王者，兄子之子也。〔九〕親者或亡分地以安天下，〔一〇〕疏者或制大權以偪天子，〔一一〕臣故曰非徒病瘇也，又苦𨂂盭。可痛哭者，此病是也。

〔一〕如淳曰：「腫足曰瘇。」師古曰：「音上勇反。」
〔二〕師古曰：「幾，並音巨依反。」
〔三〕師古曰：「信讀曰伸。」
〔四〕師古曰：「搐謂動而痛也。聊，賴也。搐音丑六反。」

〔五〕師古曰：「錮疾，堅久之疾。」
〔六〕師古曰：「扁鵲，良醫也。爲，治也。已，語終辭。」
〔七〕師古曰：「𨂂，古蹠字也，音之石反。足下曰蹠，今所呼脚掌是也。盭，古戾字，言足蹠反戾，不可行也。」
〔八〕師古曰：「楚元王，高帝之弟，其子於文帝爲從弟。」
〔九〕師古曰：「惠王，齊悼惠王。」
〔一〇〕師古曰：「廣立蕃屏，則天下安，故曰以安天下。」
〔一一〕師古曰：「偪，古逼字。」

天下之勢方倒縣。凡天子者，天下之首，何也？上也。蠻夷者，天下之足，何也？下也。今匈奴嫚娒侵掠，至不敬也，〔一〕爲天下患，至亡已也，〔二〕而漢歲致金絮采繒以奉之。夷狄徵令，是主上之操也；〔三〕天子共貢，是臣下之禮也。〔四〕足反居上，首顧居下，〔五〕倒縣如此，莫之能解，猶爲國有人乎？〔六〕非亶倒縣而已，〔七〕又類辟，且病痱。〔八〕夫辟者一面病，痱者一方痛。今西邊北邊之郡，雖有長爵不輕得復，〔九〕五尺以上不輕得息，〔一〇〕斥候望烽燧不得臥，〔一一〕將吏被介冑而睡，〔一二〕臣故曰一方病矣。醫能治之，而上不使，〔一三〕可爲流涕者此也。

〔一〕師古曰：「娒，古侮字。」
〔二〕師古曰：「亡已，言不可止也。」
〔三〕師古曰：「徵，召也。令，號令也。操謂主上之所操持也。操音千高反。」
〔四〕師古曰：「共讀曰恭。」
〔五〕師古曰：「顧亦反也，言如人反顧然。」
〔六〕師古曰：「顚倒如此，而不能解救，豈謂國有明智之人乎？」
〔七〕師古曰：「亶讀曰但。」
〔八〕服虔曰：「病（痱）〔辟〕，不能行也。」師古曰：「辟，足病。痱，風。辟音壁。痱音肥。」
〔九〕張晏曰：「長爵，高爵也。雖受高爵之賞，猶將禦寇，不得復除逸豫也。」蘇林曰：「輕，易也。不易得復除，言難也。」師古曰：「復音方目反。」
〔一〇〕如淳曰：「五尺謂小兒也。言無大小皆當自爲戰備。」
〔一一〕文穎曰：「邊方備胡寇，作高土櫓，櫓上作桔皋，桔皋頭兜零，以薪草置其中，常低之，有寇即火然舉之以相告，曰烽。又多積薪，寇至即燃之，以望其煙，曰燧。」張晏曰：「晝舉烽，夜燔燧也。」師古曰：「張說誤也。晝則燔燧，夜則舉烽。」
〔一二〕師古曰：「被音皮義反。」
〔一三〕師古曰：「醫者，誼自謂。」

陛下何忍以帝皇之號爲戎人諸侯，勢既卑辱，而旤不息，長此安窮！〔一〕進謀者率以爲是，固不可解也，亡具甚矣。〔二〕臣竊料匈奴之衆〔三〕不過漢一大縣，以天下之大

困於一縣之衆，甚爲執事者羞之。陛下何不試以臣爲屬國之官以主匈奴？行臣之計，請必係單于之頸而制其命，伏中行說而笞其背，〔四〕舉匈奴之衆唯上之令。〔五〕今不獵猛敵而獵田彘，不搏反寇而搏畜菟，翫細娛而不圖大患，非所以爲安也。德可遠施，威可遠加，而直數百里外威令不信，〔六〕可爲流涕者此也。

〔一〕師古曰：「言長養此患，將何所窮極也。」
〔二〕師古曰：「無治安之具。」
〔三〕師古曰：「料，量也，音聊。」
〔四〕鄭氏曰：「說，奄人也，漢使送公主妻匈奴，說不肯行，强之，因以漢事告匈奴也。」師古曰：「中行，姓也。說，名也。行音胡剛反。說讀曰悅。中行說事具在匈奴傳。」
〔五〕師古曰：「聽天子之命。」
〔六〕師古曰：「信讀曰伸。」

今民賣僮者，〔一〕爲之繡衣絲履偏諸緣，〔二〕內之閑中，〔三〕是古天子后服，所以廟而不宴者也，〔四〕而庶人得以衣婢妾。白縠之表，薄紈之裏，緁以偏諸，〔五〕美者黼繡，〔六〕是古天子之服，今富人大賈嘉會召客者以被牆。〔七〕古者以奉一帝一后而節適，〔八〕今庶人屋壁得爲帝服，倡優下賤得爲后飾，然而天下不屈者，殆未有也。〔九〕且帝之身自衣皁綈，〔一〇〕而富民牆屋被文繡；天子之后以緣其領，庶人孽妾緣其履：〔一一〕

此臣所謂舛也。夫百人作之不能衣一人，〔一二〕欲天下亡寒，胡可得也？一人耕之，十人聚而食之，欲天下亡飢，不可得也。飢寒切於民之肌膚，欲其亡為姦邪，不可得也。國已屈矣，〔一三〕盜賊直須時耳，〔一四〕然而獻計者曰「毋動」，〔一五〕為大耳。〔一六〕夫俗至大不敬也，至亡等也，〔一七〕至冒上也，〔一八〕進計者猶曰「毋為」，可為長太息者此也。

〔一〕如淳曰：「僮謂隸妾也。」

〔二〕服虔曰：「如牙條以作履緣。」師古曰：「偏諸，若今之織成以為要襻及褾領者也。古謂之車馬罽，其上為乘車及騎從之象也。」

〔三〕服虔曰：「閑，賣奴婢闌。」

〔四〕師古曰：「入廟則服之，宴處則不著，蓋貴之也。」

〔五〕晉灼曰：「以偏諸緁著衣也。」師古曰：「緁音妾，謂以偏諸緶著之也。緶音步千反。」

〔六〕師古曰：「黼者，織為斧形。繡者，刺為眾文。」

〔七〕師古曰：「被音皮義反。」

〔八〕師古曰：「得其節而合宜。」

〔九〕師古曰：「屈謂財力盡也，音其勿反。」

〔一〇〕師古曰：「綈，厚繒也，音徒奚反。」

〔一一〕師古曰：「賈，庶賤者。」

〔一二〕師古曰：「衣音於旣反。」

〔一三〕師古曰：「屈音其勿反。」

〔一四〕師古曰：「言待時而發。」

〔一五〕師古曰：「言天下安，不可動搖。」

〔一六〕如淳曰：「好為大語者。」

〔一七〕師古曰：「無尊卑之差。」

〔一八〕師古曰：「冒，犯也。」

商君遺禮義，棄仁恩，〔一〕并心於進取，行之二歲，秦俗日敗。故秦人家富子壯則出分，家貧子壯則出贅。〔二〕借父耰鉏，慮有德色；〔三〕母取箕帚，立而誶語。〔四〕抱哺其子，與公併倨；〔五〕婦姑不相說，則反脣而相稽。〔六〕其慈子耆利，不同禽獸者亡幾耳。〔七〕然并心而赴時，猶曰蹷六國，兼天下。〔八〕功成求得矣，〔九〕終不知反廉愧之節，仁義之厚。〔一〇〕信并兼之法，遂進取之業，〔一一〕天下大敗；眾掩寡，智欺愚，勇威怯，壯陵衰，其亂至矣。是以大賢起之，威震海內，德從天下。〔一二〕曩之為秦者，今轉而為漢矣。然其遺風餘俗，猶尚未改。今世以侈靡相競，而上亡制度，棄禮誼，捐廉恥，日甚，可謂月異而歲不同矣。逐利不耳，慮非顧行也，〔一三〕今其甚者殺父兄矣。盜者剟寢戶之簾，〔一四〕搴兩廟之器，〔一五〕白晝大都之中剽吏而奪之金。〔一六〕矯偽者出幾十萬石粟，〔一七〕賦六百餘萬錢，乘傳而行郡國，〔一八〕此其亡行義之(先)〔尤〕至者也。而大臣特以簿書不報，期會之間，以為大故。〔一九〕至於俗流失，世壞敗，因恬而不知怪，〔二〇〕慮不動於耳目，以為是適然耳。〔二一〕夫移風易俗，使天下回心而鄉道，類非俗吏之所能為也。〔二二〕俗吏之所務，在於刀筆筐篋，〔二三〕而不知大(禮)〔體〕。陛下又不自憂，竊為陛下惜之。

〔一〕師古曰：「謂商鞅。」

〔二〕應劭曰：「出作贅壻也。」師古曰：「謂之贅壻者，言其不當出在妻家，亦猶人身體之有肬贅，非應所有也。一說，贅，質也，家貧無有聘財，以身為質也。贅音之銳反。分音扶問反。」

〔三〕師古曰：「耰，摩田器也，言以耰及鉏借與其父，而容色自矜為恩德也。耰音憂。」

〔四〕服虔曰：「誶猶罵也。」張晏曰：「誶，責讓也。」師古曰：「張說是也。誶音碎。」

〔五〕師古曰：「哺，飤也。言婦抱子而哺之，乃與其舅併倨，無禮之甚也。哺音步。併音步鼎反。」

〔六〕應劭曰：「稽，計也，相與計校也。」師古曰：「說音悅。稽音工奚反。」

〔七〕師古曰：「唯有慈愛其子而貪嗜財利，小異於禽獸也。無幾，言不多也。幾音居豈反。」

〔八〕蘇林曰：「蹷音厥。」師古曰：「蹷謂拔而取之。」

〔九〕師古曰：「求得，所求者得也。」

〔一〇〕師古曰：「反，還也。」

〔一一〕師古曰：「信讀曰伸，一曰信任。」

〔一二〕師古曰：「大賢謂高祖也。德從天下，天下從其德。」

〔一三〕師古曰：「言其所追赴，唯計利與不耳。念慮之中，非顧行之善惡也。」

〔一四〕師古曰：「剟謂割取之也。室有東西箱曰廟，無東西箱曰寢，蓋謂陵上之寢。剟音輟。」

〔一五〕如淳曰：「搴，取也。兩廟，高祖、惠帝廟也。」師古曰：「搴，拔也，音騫，又音蹇。」

〔一六〕師古曰：「白晝，晝日也。言白者，謂不陰晦也。剽，劫也，音頻妙反。」

〔一七〕服虔曰：「吏矯偽徵發，盜出十萬石粟。」師古曰：「服說非也。幾，近也。言詐為文書，以出倉粟近十萬石耳。非謂徵發於下也。幾音鉅依反。」

〔一八〕如淳曰：「此言富者出錢穀，得高爵，或乃為使者，乘傳車循行郡國，以為榮也。」師古曰：「如說亦非也。此又言矯偽之人詐為詔令，妄作賦斂，其數甚多，又詐乘傳而行郡國也。行音下更反。」

〔一九〕師古曰：「特，徒也。言公卿大臣特以簿書期會為急，不知正風俗、厲行義也。」

〔二〇〕師古曰：「恬，安也，音徒兼反。」

〔二一〕師古曰：「適，當也，謂事理當然。」

〔二二〕師古曰：「鄉讀曰嚮。」

〔二三〕師古曰：「刀所以削書札。筐篋所以盛書。」

夫立君臣，等上下，使父子有禮，六親有紀，〔一〕此非天之所為，人之所設也。夫人之所設，不為不立，不植則僵，不修則壞。〔二〕筦子曰：〔三〕「禮義廉恥，是謂四維；四維不張，國乃滅亡。」使筦子愚人也則可，筦子而少知治體，則是豈可不為寒心哉！〔四〕秦滅四維而不張，故君臣乖亂，六親殃戮，姦人並起，萬民離叛，凡十三歲，(而)社稷為

虛。〔五〕今四維猶未備也，故姦人幾幸，而衆心疑惑。〔六〕豈如今定經制，〔七〕令君君臣臣，〔八〕上下有差，父子六親各得其宜，姦人亡所幾幸，而羣臣衆信，上不疑惑！〔九〕此業壹定，世世常安，而後有所持循矣。〔一〇〕若夫經制不定，是猶度江河亡維楫，〔一一〕中流而遇風波，舩必覆矣。〔一二〕可爲長太息者此也。

〔一〕師古曰：「紀，（禮）〔理〕也。」
〔二〕師古曰：「植，建也。僵，偃也，音疆。」
〔三〕師古曰：「筦與管同。管子，管仲也。」
〔四〕師古曰：「若以管子爲愚人，其言不實，則無禮義廉耻可也。若以管子爲微識治體，則當寒心而憂之。」
〔五〕師古曰：「虛讀曰墟，謂丘墟。」
〔六〕師古曰：「幾讀曰冀。次下亦同。」
〔七〕師古曰：「經，常也。」
〔八〕師古曰：「君爲君德，臣爲臣道。」
〔九〕師古曰：「衆信謂共爲忠信也。」
〔一〇〕師古曰：「執持而順行之。」
〔一一〕師古曰：「維所以繫舩，楫所以刺舩也。詩曰『紼纚維之』。楫音集，又音接。」
〔一二〕師古曰：「覆音芳目反。」

夏爲天子，十有餘世，而殷受之。殷爲天子，二十餘世，而周受之。周爲天子，三十餘世，而秦受之。秦爲天子，二世而亡。人性不甚相遠也，〔一〕何三代之君有道之長，而秦無道之暴也？其故可知也。古之王者，太子乃生，固舉以禮，〔二〕使士負之，有司齊肅端冕，〔三〕見之南郊，見于天也。〔四〕過闕則下，過廟則趨，孝子之道也。故自爲赤子而教固已行矣。〔五〕昔者成王幼在襁抱之中，召公爲太保，周公爲太傅，太公爲太師。保，保其身體；傅，傅之德（意）〔義〕；師，道之教訓：〔六〕此三公之職也。於是爲置三少，皆上大夫也，曰少保、少傅、少師，是與太子宴者也。〔七〕故乃孩提有識，三公、三少固明孝仁禮義以道習之，〔八〕逐去邪人，不使見惡行。於是皆選天下之端士〔九〕孝悌博聞有道術者以衞翼之，〔一〇〕使與太子居處出入。故太子乃生而見正事，聞正言，行正道，左右前後皆正人也。夫習與正人居之，不能毋正，猶生長於齊不能不齊言也；習與不正人居之，不能毋不正，猶生長於楚之地不能不楚言也。故擇其所耆，必先受業，乃得嘗之；〔一一〕擇其所樂，必先有習，乃得爲之。孔子曰：「少成若天性，習貫如自然。」〔一二〕及太子少長，知妃色，〔一三〕則入于學。學者，所學之官也。〔一四〕學禮曰：「帝入東學，上親而貴仁，則親疏有序而恩相及矣；帝入南學，上齒而貴信，則長幼有差而民不誣矣；帝入西學，上賢而貴德，則聖智在位而功不遺矣；帝入北學，上貴而尊爵，則貴賤有等而下不隃矣；〔一五〕帝入太學，承師問道，退習而考於太傅，太傅罰其不則而匡其不及，〔一六〕則德智長而治道得矣。此五學者既成於上，則百姓黎民化輯於下矣。」〔一七〕及太子既冠成人，免於保傅之嚴，則有記過之史，〔一八〕徹膳之宰，〔一九〕進善之旌，〔二〇〕誹謗之木，〔二一〕敢諫之鼓。〔二二〕瞽史誦詩，工誦箴諫，〔二三〕大夫進謀，士傳民語。習與智長，故切而不媿；〔二四〕化與心成，故中道若性。三代之禮：春朝朝日，秋暮夕月，所以明有敬也；〔二五〕春秋入學，坐國老，執醬而親餽之，〔二六〕所以明有孝也；行以鸞和，〔二七〕步中采齊，〔二八〕趣中肆夏，〔二九〕所以明有度也；其於禽獸，見其生不食其死，聞其聲不食其肉，故遠庖廚，所以長恩，且明有仁也。〔三〇〕

〔一〕師古曰：「遠音于萬反。」
〔二〕師古曰：「乃，始也。」
〔三〕師古曰：「齊讀曰齋。」
〔四〕師古曰：「見音胡電反。」
〔五〕師古曰：「赤子，言其新生未有眉髮，其色赤。」
〔六〕師古曰：「保，安也。傅，輔也。道讀曰導。其下亦同。」
〔七〕師古曰：「宴謂安居。」
〔八〕師古曰：「孩，小兒也。提謂提撕之。」

〔九〕師古曰：「端，正也，直也。」
〔一〇〕師古曰：「悌音徒繼反。」
〔一一〕師古曰：「耆讀曰嗜。」
〔一二〕師古曰：「貫亦習也，音工宦反。」
〔一三〕師古曰：「妃色，妃匹之色。」
〔一四〕師古曰：「官謂官舍。」
〔一五〕師古曰：「隃與踰同，謂越制。」
〔一六〕師古曰：「則，法也。匡，正也。」
〔一七〕師古曰：「輯與集同。輯，和也。」
〔一八〕師古曰：「有過則記。」
〔一九〕師古曰：「有闕則諫。」
〔二〇〕師古曰：「進善言者，立於旌下。」
〔二一〕師古曰：「議惡事者，書之於木。」
〔二二〕師古曰：「欲顯諫者則擊鼓。」
〔二三〕師古曰：「瞽，無目者也。工，習樂者也。」
〔二四〕師古曰：「每被切磋，故無大過可恥媿之事。」
〔二五〕師古曰：「朝日以朝，夕月以暮，皆迎其初出也。下朝音直遥反。」

〔二六〕師古曰：「餽字與饋同。」

〔二七〕師古曰：「鸞和，車上鈴也，解在禮樂志。」

〔二八〕師古曰：「樂詩名也。字或作薺，又作茨，並音（律）〔才〕私反。」

〔二九〕師古曰：「亦樂詩名。趣讀曰趨。趨，疾步也。凡此中者，謂與其節相應也，並音竹仲反。」

〔三〇〕師古曰：「遠音于萬反。長音竹兩反。」

夫三代之所以長久者，以其輔翼太子有此具也。及秦而不然。其俗固非貴辭讓也，所上者告訐也；〔一〕固非貴禮義也，所上者刑罰也。使趙高傅胡亥而教之獄，所習者非斬劓人，則夷人之三族也。故胡亥今日即位而明日射人，忠諫者謂之誹謗，深計者謂之妖言，其視殺人若艾草菅然。〔二〕豈惟胡亥之性惡哉？彼其所以道之者非其理故也。〔三〕

〔一〕師古曰：「訐謂面相斥罪也，音居謁反。」

〔二〕師古曰：「艾讀曰刈。菅，茅也，音姦。」

〔三〕師古曰：「道讀曰導。」

鄙諺曰：「不習爲吏，視已成事。」又曰：「前車覆，後車誡。」夫三代之所以長久者，其已事可知也；〔一〕然而不能從者，是不法聖智也。〔二〕秦世之所以亟絶者，其轍跡可見也；〔三〕然而不避，是後車又將覆也。夫存亡之變，治亂之機，其要在是矣。天下之命，縣於太子；太子之善，在於早諭教與選左右。〔四〕夫心未濫而先諭教，則化易成

也；開於道術智誼之指，則教之力也。若其服習積貫，則左右而已。〔五〕夫胡、粵之人生而同聲，耆欲不異，〔六〕及其長而成俗，絫數譯而不能相通，行者（有）雖死而不相爲者，〔七〕則教習然也。臣故曰選左右早諭教最急。夫教得而左右正，則太子正矣，太子正而天下定矣。書曰：「一人有慶，兆民賴之。」〔八〕此時務也。

〔一〕師古曰：「已事，已往之事。」

〔二〕師古曰：「法謂則而效之。」

〔三〕師古曰：「亟，急也，音居力反。車跡曰轍。」

〔四〕師古曰：「諭，曉告也。與猶及也。」

〔五〕師古曰：「貫音工宦反。」

〔六〕師古曰：「耆讀曰嗜。」

〔七〕蘇林曰：「言其人之行，不能易事相爲處。」

〔八〕師古曰：「周書呂刑之辭也。一人，天子也。言天子有善，則兆庶獲其利。」

凡人之智，能見已然，不能見將然。〔一〕夫禮者禁於將然之前，而法者禁於已然之後，是故法之所用易見，而禮之所爲生難知也。若夫慶賞以勸善，刑罰以懲惡，先王執此之政，堅如金石，行此之令，信如四時，據此之公，無私如天地耳，豈顧不用哉？〔二〕然而曰禮云禮云者，貴絶惡於未萌，而起教於微眇，〔三〕使民日遷善遠辠而不自知

也。〔四〕孔子曰：「聽訟，吾猶人也，必也使毋訟乎！」〔五〕爲人主計者，莫如先審取舍；〔六〕取舍之極定於內，而安危之萌應於外矣。〔七〕安者非一日而安也，危者非一日而危也，皆以積漸然，不可不察也。人主之所積，在其取舍。以禮義治之者，積禮義；以刑罰治之者，積刑罰。刑罰積而民怨背，禮義積而民和親。故世主欲民之善同，而所以使民善者或異。或道之以德教，或歐之以法令。〔八〕道之以德教者，德教洽而民氣樂；歐之以法令者，法令極而民風哀。哀樂之感，禍福之應也。秦王之欲尊宗廟而安子孫，與湯武同，然而湯武廣大其德行，六七百歲而弗失，秦王治天下，十餘歲則大敗。此亡它故矣，湯武之定取舍審而秦王之定取舍不審矣。夫天下，大器也。今人之置器，置諸安處則安，置諸危處則危。天下之情與器亡以異，在天子之所置之。湯武置天下於仁義禮樂，而德澤洽，禽獸草木廣裕，〔九〕德被蠻貊四夷，絫子孫數十世，此天下所共聞也。秦王置天下於法令刑罰，德澤亡一有，而怨毒盈於世，下憎惡之如仇讎，既幾及身，子孫誅絶，〔一〇〕此天下之所共見也。是非其明效大驗邪！人之言曰：「聽言之道，必以其事觀之，則言者莫敢妄言。」今或言禮誼之不如法令，教化之不如刑罰，人主胡不引殷、周、秦事以觀之也？〔一一〕

〔一〕師古曰：「將然，謂欲有其事。」

〔二〕師古曰：「顧猶反也。」

〔三〕師古曰：「眇，細小也。」

〔四〕師古曰：「見善則遷，畏辠而離。」

〔五〕師古曰：「論語載孔子之言也。言使吾聽訟，與衆人齊等，然能先以德義化之，使其無訟。」

〔六〕師古曰：「取謂所擇用也。舍謂所棄置也。」

〔七〕師古曰：「極，中也。萌，始生也。」

〔八〕師古曰：「道讀曰導。歐與驅同。下皆類此。」

〔九〕師古曰：「裕，饒也。」

〔一〇〕師古曰：「幾音鉅依反。」

〔一一〕師古曰：「胡，何也。」

人主之尊譬如堂，羣臣如陛，衆庶如地。故陛九級上，廉遠地，則堂高；〔一〕陛亡級，廉近地，則堂卑。高者難攀，卑者易陵，〔二〕理勢然也。故古者聖王制爲等列，內有公卿大夫士，外有公侯伯子男，然後有官師小吏，〔三〕延及庶人，等級分明，而天子加焉，故其尊不可及也。里諺曰：「欲投鼠而忌器。」此善諭也。鼠近於器，尚憚不投，恐傷其器，況於貴臣之近主乎！〔四〕廉恥節禮以治君子，故有賜死而亡戮辱。是以黥劓之辠不及大夫，以其離主上不遠也。禮不敢齒君之路馬，蹴其芻者有罰；〔五〕見君之

几杖則起，遭君之乘車則下，入正門則趨；君之寵臣雖或有過，刑戮之辠不加其身者，尊君之故也。此所以爲主上豫遠不敬也，〔六〕所以體貌大臣而厲其節也。〔七〕今自王侯三公之貴，皆天子之所改容而禮之也，古天子之所謂伯父、伯舅也，〔八〕而令與衆庶同黥劓髡刖笞傌棄市之法，〔九〕然則堂不亡陛虖？被戮辱者不泰迫虖？〔一〇〕廉恥不行，大臣無乃握重權、大官而有徒隸亡恥之心虖？夫望夷之事，二世見當以重法者，〔一一〕投鼠而不忌器之習也。

〔一〕師古曰：「級，等也。廉，側隅也。」
〔二〕師古曰：「陵，乘也。」
〔三〕師古曰：「官師，一官之長。」
〔四〕師古曰：「近音其靳反。」
〔五〕師古曰：「齒謂審其齒歲也。芻，所食之草也。蹵音千六反。」
〔六〕師古曰：「遠，離也。」
〔七〕師古曰：「體貌，謂加禮容而敬之。」
〔八〕師古曰：「天子呼諸侯長者，同姓則曰伯父，異姓則曰伯舅。伯，長也。」
〔九〕蘇林曰：「傌音罵。」
〔一〇〕師古曰：「迫，迫天子也。」

〔一一〕如淳曰：「決罪曰當。閻樂殺二世於望夷宮，本由秦制無忌上之風也。」

臣聞之，履雖鮮不加於枕，冠雖敝不以苴履。〔一〕夫嘗已在貴寵之位，天子改容而體貌之矣，吏民嘗俯伏以敬畏之矣，今而有過，帝令廢之可也，退之可也，賜之死可也，滅之可也；若夫束縛之，係緤之，〔二〕輸之司寇，編之徒官，〔三〕司寇小吏詈罵而榜笞之，〔四〕殆非所以令衆庶見也。夫卑賤者習知尊貴者之一旦吾亦乃可以加此也，〔五〕非所以習天下也，非尊尊貴貴之化也。夫天子之所嘗敬，衆庶之所嘗寵，死而死耳，賤人安宜得如此而頓辱之哉！

〔一〕師古曰：「苴者，履中之藉也，音子余反。」
〔二〕師古曰：「緤謂以長繩係之也。緤音先列反。」
〔三〕師古曰：「司寇，主刑罰之官。編，次列也。」
〔四〕師古曰：「榜音彭。」
〔五〕蘇林曰：「知其有一旦之刑。」

豫讓事中行之君，智伯伐而滅之，〔一〕移事智伯。及趙滅智伯，豫讓釁面吞炭，〔二〕必報襄子，五起而不中。人問豫子，豫子曰：「中行衆人畜我，我故衆人事之；智伯國士遇我，我故國士報之。」故此一豫讓也，反君事讎，行若狗彘，已而抗節致忠，行出虖列士，人主使然也。故主上遇其大臣如遇犬馬，彼將犬馬自爲也；如遇官徒，彼將官徒自爲也。頑頓亡恥，〔三〕奊詬亡節，〔四〕廉恥不立，且不自好，〔五〕苟若而可，〔六〕故見利則逝，見便則奪。〔七〕主上有敗，則因而挻之矣；〔八〕主上有患，則吾苟免而已，立而觀之耳；有便吾身者，則欺賣而利之耳。人主將何便於此？〔九〕羣下至衆，而主上至少也，所託財器職業者粹於羣下也。〔一〇〕俱亡恥，俱苟妄，則主上最病。故古者禮不及庶人，刑不至大夫，所以厲寵臣之節也。古者大臣有坐不廉而廢者，不謂不廉，曰「簠簋不飾」；〔一一〕坐汙穢淫亂男女亡別者，不曰汙穢，曰「帷薄不修」；坐罷軟不勝任者，不謂罷軟，曰「下官不職」。〔一二〕故貴大臣定有其辠矣，猶未斥然正以謼之也，〔一三〕尙遷就而爲之諱也。故其在大譴大何之域者，〔一四〕聞譴何則白冠氂纓，〔一五〕盤水加劍，造請室而請辠耳，〔一六〕上不執縛係引而行也。其有中罪者，聞命而自弛，〔一七〕上不使人頸盭而加也。〔一八〕其有大辠者，聞命則北面再拜，跪而自裁，〔一九〕上不使捽抑而刑之也，〔二〇〕曰：「子大夫自有過耳！〔二一〕吾遇子有禮矣。」遇之有禮，故羣臣自憙；〔二二〕嬰以廉恥，故人矜節行。〔二三〕上設廉恥禮義以遇其臣，而臣不以節行報其上者，則非人類也。故化成俗定，則爲人臣者主耳忘身，〔二四〕國耳忘家，公耳忘私，利不苟就，害不苟去，唯義所在。上之化也，故父兄之臣誠死宗廟，法度之臣誠死社稷，輔翼之臣誠死君上，守圄扞敵之臣誠死城郭封疆。故曰聖人有金城者，比物此志也。〔二五〕彼且爲我死，故吾得與之俱生；

彼且爲我亡，故吾得與之俱存；夫將爲我危，故吾得與之皆安。〔二六〕顧行而忘利，守節而伏義，故可以託不御之權，可以寄六尺之孤。〔二七〕此厲廉恥行禮誼之所致也，主上何喪焉！〔二八〕此之不爲，而顧彼之久行，〔二九〕故曰可爲長太息者此也。〔三〇〕

〔一〕師古曰：「行音胡剛反。」
〔二〕鄭氏曰：「釁，漆面以易貌。吞炭，以變聲也。」師古曰：「釁，熏也，以毒藥熏之。」
〔三〕師古曰：「頑讀曰鈍。」
〔四〕師古曰：「奊詬，謂無志分也。奊音胡結反。詬音后。」
〔五〕師古曰：「自好猶言自喜也。好音呼倒反。」
〔六〕師古曰：「若猶然。」
〔七〕師古曰：「逝，往也。」
〔八〕服虔曰：「音挻起。」師古曰：「挻音式延反。」
〔九〕師古曰：「此於人主爲不便也。便音頻面反。」
〔一〇〕蘇林曰：「粹，純也。言其勢悉在羣下。」
〔一一〕師古曰：「簠簋，所以盛飯也。方曰簠，圓曰簋。簠音甫，又音扶。簋音軌。」
〔一二〕師古曰：「罷，廢於事也。軟，弱也。罷讀曰疲。軟音人兗反。」
〔一三〕師古曰：「謼，古呼字。」
〔一四〕師古曰：「譴，責也。何，問也。域，界局也。」

〔二五〕鄭氏曰：「以毛作纓。白冠，喪服也。」

〔二六〕應劭曰：「請室，請罪之室。」蘇林曰：「音絜清。胡公漢官車駕出有請室令在前先驅，此官有別獄也。」如淳曰：「水性平，若已有正罪，君以平法治之也。加劍，當以自刎也。或曰，殺牲者以盤水取頸血，故示若此也。」師古曰：「應、如二說皆是。」

〔二七〕師古曰：「中罪，非大非小也。弛，廢也，自廢而死。弛音式爾反。」

〔二八〕蘇林曰：「不戾其頸而親加刀鋸也。」師古曰：「盭，古戾字，音盧結反。」

〔二九〕師古曰：「裁，謂自刑殺也。」

〔三〇〕師古曰：「捽，持頭髮也。抑謂按之也。捽音才兀反。」

〔三一〕服虔曰：「子者，男子美號。」

〔三二〕師古曰：「憙讀曰喜，音許吏反。憙，好也，好爲志氣也。」

〔三三〕師古曰：「嬰，加也。矜，尙也。」

〔三四〕孟康曰：「唯爲主耳，不念其身。」

〔三五〕李奇曰：「志，記也。凡此上陳廉恥之事，皆古記也。」如淳曰：「比謂比方也。使忠臣以死社稷之志，比於金城也。」師古曰：「二家之說皆非也。此言聖人厲此節行以御羣下，則人皆懷德，勠力同心，國家安固不可毁，狀若金城也。尋其下文，義可曉矣。」

〔三六〕師古曰：「夫，夫人也，亦猶彼人耳。夫音扶。」

〔三七〕應劭曰：「言念主忘身，憂國忘家，如此，可託權柄，不須復制御也。六尺之孤，未能自立者也。」

〔三八〕師古曰：「如此則於主上無所失。」

〔三九〕服虔曰：「彼謂亡國也。」師古曰：「顧，反也。久謂久行之也。言何不爲投鼠忌器之法，而反久行無陛級之事。」

〔四〇〕師古曰：「誼上疏言可爲長太息者六，今此至三而止，蓋史家直取其要切者耳。故下贊云掇其切於世事者著於傳。」

是時丞相絳侯周勃免就國，人有告勃謀反，逮繫長安獄治，卒亡事，復爵邑，故賈誼以此譏上。上深納其言，養臣下有節。是後大臣有罪，皆自殺，不受刑。至武帝時，稍復入獄，自甯成始。

初，文帝以代王入卽位，後分代爲兩國，立皇子武爲代王，參爲太原王，小子勝則梁王矣。後又徙代王武爲淮陽王，而太原王參爲代王，盡得故地。居數年，梁王勝死，亡子。誼復上疏曰：

陛下卽不定制，如今之勢，不過一傳再傳，〔一〕諸侯猶且人恣而不制，豪植而大强，〔二〕漢法不得行矣。陛下所以爲蕃扞及皇太子之所恃者，唯淮陽、代二國耳。〔三〕代北邊匈奴，與强敵爲鄰，能自完則足矣。而淮陽之比大諸侯，廑如黑子之著面，〔四〕適足以餌大國耳，〔五〕不足以有所禁禦。方今制在陛下，制國而令子適足以爲餌，豈可謂工哉！人主之行異布衣。布衣者，飾小行，競小廉，以自託於鄉黨，人主唯天下安社稷固不耳。高皇帝瓜分天下以王功臣，反者如蝟毛而起，〔六〕以爲不可，故蘄去不義諸侯而虛其國。〔七〕擇良日，立諸子雒陽上東門之外，〔八〕畢以爲王，〔九〕而天下安。故大人者，不牽小行，以成大功。

〔一〕服虔曰：「一二傳世也。」

〔二〕師古曰：「植，立也。」

〔三〕師古曰：「蕃（籬）〔扞〕得宜，則嗣王安固，故云皇太子之所恃也。」

〔四〕師古曰：「黑子，今所謂黶子也。著音直略反。」

〔五〕師古曰：「餌謂爲其所呑食。」

〔六〕師古曰：「蝟，蟲名也，其毛爲刺，音謂。」

〔七〕如淳曰：「不義諸侯，彭越、黥布等。」師古曰：「蘄讀與芟同，謂芟刈之。」

〔八〕師古曰：「諸侯國皆在關東，故於東門外立之也。東面最北出門曰上東門。」

〔九〕師古曰：「畢猶盡。」

今淮南地遠者或數千里，越兩諸侯，〔一〕而縣屬於漢。〔二〕其吏民繇役往來長安者，自悉而補，中道衣敝，〔三〕錢用諸費稱此，〔四〕其苦屬漢而欲得王至甚，逋逃而歸諸侯者已不少矣。其勢不可久。臣之愚計，願舉淮南地以益淮陽，而爲梁王立後，割淮陽北邊二三列城〔五〕與東郡以益梁；不可者，可徙代王而都睢陽。梁起於新郪以北著之河，〔六〕淮陽包陳以南揵之江，〔七〕則大諸侯之有異心者，破膽而不敢謀。梁足以扞齊、趙，淮陽足以禁吳、楚，陛下高枕，終亡山東之憂矣，此二世之利也。〔八〕當今恬然，適遇諸侯之皆少，〔九〕數歲之後，陛下且見之矣。夫秦日夜苦心勞力以除六國之旤，今陛下力制天下，頤指如意，〔一〇〕高拱以成六國之旤，難以言智。苟身亡事，畜亂宿旤，孰視而不定，〔一一〕萬年之後，傳之老母弱子，將使不寧，不可謂仁。臣聞聖主言問其臣而不自造事，〔一二〕故使人臣得畢其愚忠。唯陛下財幸！〔一三〕

〔一〕師古曰：「越，過也。兩諸侯，梁及淮陽。」

〔二〕師古曰：「爲縣而屬漢。」

〔三〕應劭曰：「自悉其家資財，補縫作衣。」師古曰：「悉，盡也。」

〔四〕師古曰：「稱音尺孕反。」

〔五〕孟康曰：「列城，縣。」

〔六〕師古曰：「新郪，潁川縣也。郪音千移反。著音直略反。」

〔七〕晉灼曰：「包，取也。」如淳曰：「揵謂立封界也。或曰，揵，接也。」師古曰：「揵音鉅偃反。」

〔八〕如淳曰：「從誼言可二世安耳。」師古曰：「言帝身及太子嗣位之時。」

〔九〕師古曰：「恬，安也。少謂年少。」

〔一〇〕如淳曰：「但動頤指麾，則所欲皆如意。」

〔一一〕師古曰：「畜讀曰蓄。」

〔一二〕師古曰：「欲發言則問其臣。」

〔三〕師古曰：「財與裁同。裁擇而幸從其言。」

文帝於是從誼計，乃徙淮陽王武爲梁王，北界泰山，西至高陽，得大縣四十餘城；徙城陽王喜爲淮南王，撫其民。

時又封淮南厲王四子皆爲列侯。誼知上必將復王之也，上疏諫曰：「竊恐陛下接王淮南諸子，〔一〕曾不與如臣者孰計之也。淮南王之悖逆亡道，天下孰不知其辠？〔二〕陛下幸而赦遷之，自疾而死，天下孰以王死之不當？今奉尊罪人之子，適足以負謗於天下耳。〔三〕此人少壯，豈能忘其父哉？〔四〕白公勝所爲父報仇者，大父與伯父、叔父也。〔五〕白公爲亂，非欲取國代主也，發憤快志，剡手以衝仇人之匈，〔六〕固爲俱靡而已。〔七〕淮南雖小，黥布嘗用之矣，漢存特幸耳。〔八〕夫擅仇人足以危漢之資，於策不便。〔九〕雖割而爲四，四子一心也。予之衆，積之財，此非有子胥、白公報於廣都之中，即疑有剸諸、荆軻起於兩柱之間，〔一〇〕所謂假賊兵爲虎翼者也。〔一一〕願陛下少留計！」

〔一〕孟康曰：「接音捷，捷持欲王淮南諸子也。」臣瓚曰：「謂以恩接待而王之。」師古曰：「二說皆非也。謂接今時當即王之，言不久也。接猶續也，猶今人言續復也。」

〔二〕師古曰：「悖，惑也，音布內反。」

〔三〕師古曰：「言若尊王其子，則是厲王無罪，漢枉殺之。」

〔四〕師古曰：「少壯，猶言稍長大。」

〔五〕師古曰：「白公，楚平王之孫，太子建之子也。大父即祖，謂平王也。伯父、叔父，平王(之)〔諸〕子也。事見春秋傳。」

〔六〕師古曰：「剡，利也，音弋(再)〔冉〕反。」

〔七〕師古曰：「言與仇人俱滅斃也。靡，碎也，音武皮反。」

〔八〕師古曰：「言漢之勝布得存，此直天幸耳。」

〔九〕師古曰：「言假四子以資權，則當危漢。」

〔一〇〕師古曰：「剸諸刺吳王，荆軻刺秦皇。事見春秋傳及燕丹子也。」

〔一一〕應劭曰：「周書云『無爲虎傅翼，將飛入邑，擇人而食之。』」

梁王勝墜馬死，〔一〕誼自傷爲傅無狀，〔二〕常哭泣，後歲餘，亦死。賈生之死，年三十三矣。

〔一〕李奇曰：「文三王傳言揖，此言勝，爲有兩名。」

〔二〕師古曰：「無善狀。」

後四歲，齊文王薨，亡子。文帝思賈生之言，乃分齊爲六國，盡立悼惠王子六人爲王；又遷淮南王喜於城陽，而分淮南爲三國，盡立厲王三子以王之。後十年，文帝崩，景帝立，三年而吳、楚、趙與四齊王合從舉兵，〔一〕西鄉京師，〔二〕梁王扞之，卒破七國。至武帝時，淮南厲王子爲王者兩國亦反誅。

〔一〕韋昭曰：「四齊王，膠東、膠西、菑川、濟南也。」師古曰：「從音子容反。」

〔二〕師古曰：「鄉讀曰嚮。」

孝武初立，舉賈生之孫二人至郡守。賈嘉最好學，世其家。〔一〕

〔一〕師古曰：「言繼其家業。」

贊曰：劉向稱「賈誼言三代與秦治亂之意，其論甚美，通達國體，雖古之伊、管未能遠過也。〔一〕使時見用，功化必盛。爲庸臣所害，甚可悼痛。」追觀孝文玄默躬行以移風俗，〔二〕誼之所陳略施行矣。及欲改定制度，以漢爲土德，色上黃，數用五，及欲試屬國，施五餌三表以係單于，〔三〕其術固以疏矣。誼(以夭)〔亦天〕年早終，雖不至公卿，未爲不遇也。凡所著述五十八篇，掇其切於世事者著于傳云。〔四〕

〔一〕師古曰：「伊，伊尹。管，管仲。」

〔二〕師古曰：「躬行，謂身親儉約之行也。自追觀以下，並史家之詞。」

〔三〕師古曰：「賈誼書謂愛人之狀，好人之技，仁道也；信爲大操，常義也；愛好有實，已諾可期，十死一生，彼將必至：此三表也。賜之盛服車乘以壞其目；賜之盛食珍味以壞其口；賜之音樂婦人以壞其耳；賜之高堂邃宇府庫奴婢以壞其腹；於來降者，上以召幸之，相娛樂，親酌而手食之，以壞其心：此五餌也。」

〔四〕師古曰：「掇，拾也，音丁活反。」

校勘記

二二三三頁六行　諓(訾)〔訾〕先生，　王先謙說史記、文選「訾」都作「呰」，據注文亦當作「呰」。

二二三四頁一七行　見細德之險(徵)〔徵〕兮，　宋祁說浙本「徵」作「徵」，作「徵」者非是。

二二三八頁一六行　何足引持自貴(惜)〔惜〕也。　宋祁說姚本「貴惜」作「貴惜」。按景祐本作「貴惜」。

二二三九頁四行　權勢不(充)〔尤〕，則夸者悲。　景祐本作「尤」。史記集解引莊子亦作「尤」。

二二四〇頁一行　(一)〔二〕國皆反誅。　景祐、殿本都作「二」。王先謙說作「二」是。

二二四一頁六行　病(辟)〔躃〕，不能行也。　王先謙說「躃」爲「辟」之誤。

二二四一頁一六行　此其亡行義之(先)〔尤〕至者也。　殿本作「尤」，景祐本亦作「先」。

二二四五頁三行　而不知大(禮)〔體〕。　景祐、殿本都作「體」。王先謙說作「體」是。

二二四六頁一七行　凡十三歲，〔而〕社稷爲虛。　景祐、殿本都有「而」字。

二二四七頁一五行　紀，(禮)〔理〕也。　景祐、殿本都作「理」。

二二四八頁一六行　傅，傅之德(意)〔義〕；　景祐、殿本都作「義」。王先謙說作「義」是。

二二五一頁一三行　並音(俳)〔才〕私反。　景祐本作「才」。

二二五二頁一二行　行者(有)雖死而不相爲者，　按景祐本作「行者有」，殿本作「行有」。

二二五六頁四行　蕃(翰)〔扞〕得宜，則嗣王安固，　王先謙說「翰」當爲「扞」之誤。

二二六四頁一行　伯父、叔父，平王(之)〔諸〕子也。　景祐、殿本都作「諸」。

二二六四頁二行　音弋(再)〔冉〕反。　景祐、殿本都作「冉」，此誤。

二二六五頁六行　誼(以夭)〔亦天〕年早終，　景祐、殿本都作「亦天」。

漢書卷四十九

爰盎鼂錯傳第十九

師古曰：「鼂，古朝字，其下作朝，蓋通用耳。」

爰盎字絲。其父楚人也，〔一〕故爲羣盜，徙安陵。〔二〕高后時，盎爲呂祿舍人。孝文即位，盎兄噲任盎爲郎中。〔三〕

〔一〕師古曰：「盎音一浪反。」
〔二〕師古曰：「羣盜者，羣衆相隨而爲盜也。」
〔三〕（師古）〔如淳〕曰：「盎爲兄所保任，故得爲郎中也。」

絳侯爲丞相，朝罷趨出，意得甚。〔一〕上禮之恭，常目送之。盎進曰：「丞相何如人也？」上曰：「社稷臣。」盎曰：「絳侯所謂功臣，非社稷臣。社稷臣主在與在，主亡與亡。〔二〕方呂后時，諸呂用事，擅相王，劉氏不絕如帶。〔三〕是時絳侯爲太尉，本兵柄，〔四〕弗能正。呂后崩，大臣相與共誅諸呂，太尉主兵，適會其成功，所謂功臣，非社稷臣。丞相如有驕主色，陛

下謙讓，〔五〕臣主失禮，竊爲陛下弗取也。」後朝，上益莊，丞相益畏。〔六〕已而絳侯望盎曰：「吾與汝兄善，今兒乃毀我！」〔七〕盎遂不謝。

〔一〕師古曰：「意甚自得也。」
〔二〕如淳曰：「人主在時，與共治在時之事；人主雖亡，其法度存，當奉行之。高祖誓非劉氏不王，而勃等聽王諸呂，是從生主之欲，不與亡者也。」
〔三〕師古曰：「言微細也。」
〔四〕師古曰：「執兵權之本。」
〔五〕師古曰：「如，似也。」
〔六〕師古曰：「莊，嚴也。」
〔七〕師古曰：「望，責怨之也。」

及絳侯就國，人上書告以爲反，徵繫請室，〔一〕諸公莫敢爲言，唯盎明絳侯無罪。絳侯得釋，盎頗有力。絳侯乃大與盎結交。

〔一〕師古曰：「請室，獄也，解在賈誼傳。」

淮南厲王朝，殺辟陽侯，〔一〕居處驕甚。盎諫曰：「諸侯太驕必生患，可適削地。」〔二〕上弗許。淮南王益橫。〔三〕謀反發覺，上徵淮南王，遷之蜀，檻車傳送。盎時爲中郎將，諫曰：「陛下素驕之，弗稍禁，以至此，今又暴摧折之。淮南王爲人剛，有如遇霜露行道死，陛下竟爲以天下大弗能容，有殺弟名，柰何？」上不聽，遂行之。

〔一〕師古曰：「自國入朝而殺之。」
〔二〕師古曰：「適讀曰謫。」
〔三〕師古曰：「橫音胡孟反。」

淮南王至雍，病死，聞，〔一〕上輟食，哭甚哀。〔二〕盎入，頓首請辠。〔三〕上曰：「以不用公言至此。」盎曰：「上自寬，此往事，豈可悔哉！且陛下有高世行三，此不足以毀名。」上曰：「吾高世三者何事？」盎曰：「陛下居代時，太后嘗病，三年，陛下不交睫解衣，〔四〕湯藥非陛下口所嘗弗進。夫曾參以布衣猶難之，今陛下親以王者修之，過曾參遠矣。諸呂用事，大臣顓制，〔五〕然陛下從代乘六乘傳，馳不測淵，〔六〕雖賁育之勇不及陛下。〔七〕陛下至代邸，西鄉讓天子者三，南鄉讓天子者再。〔八〕夫許由一讓，〔九〕陛下五以天下讓，過許由四矣。且陛下遷淮南王，欲以苦其志，使改過，有司宿衞不謹，故病死。」於是上乃解，盎繇此名重朝廷。〔一〇〕

〔一〕師古曰：「雍是扶風雍縣也。聞，聞於天子也。」
〔二〕師古曰：「輟，止也。」
〔三〕師古曰：「自責以不强諫也。」
〔四〕師古曰：「睫，目旁毛也。交睫，謂睡寐也。睫音接。」

〔五〕師古曰：「顓與專同。」
〔六〕鄭氏曰：「大臣亂，乘傳而赴之，故曰不測淵。」
〔七〕孟康曰：「孟賁、夏育，皆古勇士也。」
〔八〕師古曰：「鄉讀曰嚮。」
〔九〕師古曰：「許由，古高士也。堯讓天下於由，由不受也。」
〔一〇〕師古曰：「繇讀與由同。」

盎常引大體忼慨。宦者趙談以數幸，常害盎，盎患之。盎兄子種爲常侍騎，諫盎曰：「君衆辱之，後雖惡君，上不復信。」〔一〕於是上朝東宮，趙談驂乘，盎伏車前曰：「臣聞天子所與共六尺輿者，皆天下豪英。今漢雖乏人，陛下獨柰何與刀鋸之餘共載！」於是上笑，下趙談。談泣下車。

〔一〕師古曰：「惡謂譖毀之，言其過惡。」

上從霸陵上，欲西馳下峻阪，盎攬轡。〔一〕上曰：「將軍怯邪？」盎言曰：「臣聞千金之子不垂堂，〔二〕百金之子不騎衡，〔三〕聖主不乘危，不徼幸。今陛下騁六飛，〔四〕馳不測山，有如馬驚車敗，陛下縱自輕，柰高廟、太后何？」上乃止。

〔一〕師古曰：「攬與擥同。」
〔二〕師古曰：「言富人之子則自愛也。垂堂，謂坐堂外邊，恐墜墮也。」

〔三〕如淳曰：「騎，倚也。衡，樓殿邊欄楯也。」師古曰：「騎謂跨之耳，非倚也。」
〔四〕如淳曰：「六馬之疾若飛也。」

上幸上林，皇后、慎夫人從。其在禁中，常同坐。〔一〕及坐，郎署長布席，盎引卻慎夫人坐。〔二〕慎夫人怒，不肯坐。上亦怒，起。盎因前說曰：「臣聞尊卑有序則上下和。今陛下既以立后，慎夫人乃妾，妾主豈可以同坐哉！且陛下幸之，則厚賜之。陛下所以爲慎夫人，適所以禍之也。獨不見『人豕』乎？」〔三〕於是上乃說，〔四〕入語慎夫人。慎夫人賜盎金五十斤。

〔一〕師古曰：「同坐，謂所坐之處高下齊同，無差等也。」
〔二〕蘇林曰：「郎署，上林中直衞之署也。」如淳曰：「盎時爲中郎將，天子幸署，豫設供帳待之，故得卻慎夫人坐也。」師古曰：「卻謂退而卑之也。坐音材臥反。」
〔三〕張晏曰：「戚夫人也。」
〔四〕師古曰：「說讀曰悅。」

然盎亦以數直諫，不得久居中。調爲隴西都尉，〔一〕仁愛士卒，士卒皆爭爲死。遷齊相，徙爲吳相。辭行，種謂盎曰：「吳王驕日久，國多姦，今絲欲刻治，〔二〕彼不上書告君，則利劍刺君矣。南方卑溼，絲能日飲，亡何，說王毋反而已。〔三〕如此幸得脫。」盎用種之計，吳王厚遇盎。

〔一〕師古曰：「調，選也，音徒釣反。」
〔二〕如淳曰：「種稱叔父字曰絲。」
〔三〕師古曰：「無何，言更無餘事。」

盎告歸，道逢丞相申屠嘉，下車拜謁，丞相從車上謝。盎還，媿其吏，〔一〕乃之丞相舍上謁，〔二〕求見丞相。丞相良久乃見。因跪曰：「願請間。」〔三〕丞相曰：「使君所言公事，之曹與長史掾議之，吾且奏之；則私，吾不受私語。」盎卽起說曰：「君爲相，自度孰與陳平、絳侯？」〔四〕丞相曰：「不如。」盎曰：「善，君自謂弗如。夫陳平、絳侯輔翼高帝，定天下，爲將相，而誅諸呂，存劉氏；君乃爲材官蹶張，遷爲隊帥，〔五〕積功至淮陽守，非有奇計攻城野戰之功。且陛下從代來，每朝，郎官者上書疏，未嘗不止輦受。其言不可用，置之；言可采，未嘗不稱善。何也？欲以致天下賢英士大夫，日聞所不聞，以益聖。〔六〕而君自閉箝天下之口，〔七〕而日益愚。夫以聖主責愚相，君受禍不久矣。」丞相乃再拜曰：「嘉鄙人，乃不知，將軍幸教。」引與入坐，爲上客。

〔一〕師古曰：「慙不見禮也。」
〔二〕師古曰：「上謁，若今通名也。」
〔三〕師古曰：「欲因閒隙，私有所白也。」
〔四〕師古曰：「度，計量也。與猶如也。」
〔五〕如淳曰：「隊帥，軍中小官。」師古曰：「帥音所類反。」
〔六〕師古曰：「日日得聞異言也。」
〔七〕師古曰：「箝，鑷也，音其炎反。」

盎素不好鼂錯，錯所居坐，盎輒避；盎所居坐，錯亦避：兩人未嘗同堂語。及孝景卽位，鼂錯爲御史大夫，使吏案盎受吳王財物，抵辠，詔赦以爲庶人。吳楚反聞，〔一〕錯謂丞史曰：〔二〕「爰盎多受吳王金錢，專爲蔽匿，言不反。今果反，欲請治盎，宜知其計謀。」丞史曰：「事未發，治之有絕。〔三〕今兵西向，治之何益！且盎不宜有謀。」〔四〕錯猶與未決。〔五〕人有告盎，盎恐，夜見竇嬰，爲言吳所以反，願(致)〔至〕前，口對狀。〔六〕嬰入言，上乃召盎。盎入見，竟言吳所以反，獨急斬錯以謝吳，吳可罷。上拜盎爲泰常，竇嬰爲大將軍。兩人素相善。是時，諸陵長安中賢大夫爭附兩人，車騎隨者日數百乘。

〔一〕師古曰：「聞，聞於天子。」
〔二〕如淳曰：「百官表御史大夫有兩丞。丞史，丞及史也。」
〔三〕如淳曰：「事未發之時，治之乃有所絕也。」
〔四〕如淳曰：「盎大臣，不宜有姦謀。」
〔五〕師古曰：「與讀曰豫。」

〔六〕師古曰：「至天子之前也。」

及鼂錯已誅，盎以泰常使吳。吳王欲使將，不肯。欲殺之，使一都尉以五百人圍守盎軍中。初，盎爲吳相時，從史盜私盎侍兒。〔一〕盎知之，弗泄，遇之如故。人有告從史，「君知女與侍者通」，乃亡去。盎驅自追之，〔二〕遂以侍者賜之，復爲從史。及盎使吳見守，從史適在守盎校爲司馬，〔三〕乃悉以其裝齎買二石醇醪。〔四〕會天寒，士卒飢渴，飲醉西南陬卒，卒皆臥。〔五〕司馬夜引盎起，曰：「君可以去矣，吳王期旦日斬君。」盎弗信，曰：「何爲者？」司馬曰：「臣故爲君從史盜侍兒者也。」盎乃驚，謝曰：「公幸有親，〔六〕吾不足絫公。」〔七〕司馬曰：「君弟去，〔八〕臣亦且亡，辟吾親，〔九〕君何患！」乃以刀決帳，道從醉卒直出。〔一〇〕司馬與分背，〔一一〕盎解節旄懷之，〔一二〕屐步行七十里，〔一三〕明，見梁騎，馳去，遂歸報。〔一四〕

〔一〕文穎曰：「婢也。」
〔二〕師古曰：「驅馳而追，言疾速。」
〔三〕師古曰：「爲校中之司馬，所領士卒，正當守盎。」
〔四〕師古曰：「裝齎，謂所齎衣物自隨者也。醇者不雜，言其醲也。醪，汁滓合之酒也，音牢。」
〔五〕師古曰：「陬，隅也。飲音於禁反。陬音子侯反，又音鄒。」
〔六〕文穎曰：「言汝有親老。」
〔七〕師古曰：「絫，古累字也，音力瑞反。」

〔八〕師古曰：「弟，但也。」

〔九〕如淳曰：「藏匿吾親，不使遇害也。」晉灼曰：「辟音避。」

〔一〇〕師古曰：「於醉卒之處決帳而開，令通道得亡也。」

〔一一〕師古曰：「一時各去也。」

〔一二〕如淳曰：「不欲令人見。」

〔一三〕如淳曰：「著屐步行而逃亡。」

〔一四〕文穎曰：「梁騎將擊吳楚者也。」師古曰：「遇梁軍之騎，遂因得脫，歸報天子。」

吳楚已破，上更以元王子平陸侯禮爲楚王，以盎爲楚相。嘗上書，不用。盎病免家居，與閭里浮湛，相隨行鬬雞走狗。〔一〕雒陽劇孟嘗過盎，盎善待之。安陵富人有謂盎曰：「吾聞劇孟博徒，〔二〕將軍何自通之？」盎曰：「劇孟雖博徒，然母死，客送喪車千餘乘，此亦有過人者。且緩急人所有。〔三〕夫一旦叩門，不以親爲解，〔四〕不以在亡爲辭，〔五〕天下所望者，獨季心、劇孟。〔六〕今公陽從數騎，〔七〕一旦有緩急，寧足恃乎！」遂罵富人，弗與通。諸公聞之，皆多盎。〔八〕

〔一〕師古曰：「湛讀曰沉。」

〔二〕服虔曰：「博戲之徒也。」

〔三〕師古曰：「凡人在生，不能無緩急之事。」

〔四〕張晏曰：「不語云親不聽也。」臣瓚曰：「凡人之於赴難濟厄，多以有父母爲解，而孟兼行之。」師古曰：「瓚說是也。解者，若今言分疏矣。」

〔五〕師古曰：「或實在家，而辭云不在。」

〔六〕文穎曰：「心，季布弟也。」

〔七〕鄧展曰：「陽，外也。」晉灼曰：「陽猶常也。」師古曰：「鄧說是也。」

〔八〕師古曰：「多猶重。」

盎雖居家，景帝時時使人問籌策。梁王欲求爲嗣，盎進說，其後語塞。〔一〕梁王以此怨盎，使人刺盎。刺者至關中，問盎，稱之皆不容口。〔二〕乃見盎曰：「臣受梁王金刺君，君長者，不忍刺君。然後刺者十餘曹，〔三〕備之！」盎心不樂，家多怪，乃之棓生所問占。〔四〕還，梁刺客後曹果遮刺殺盎安陵郭門外。

〔一〕師古曰：「塞，不行也。」

〔二〕師古曰：「稱美其德，口不能容也。」

〔三〕如淳曰：「曹，輩也。」

〔四〕蘇林曰：「音棓。」文穎曰：「音陪，秦時賢士善術者也。」師古曰：「蘇音文說是。」

鼂錯，潁川人也。〔一〕學申商刑名於軹張恢生所，〔二〕與雒陽宋孟及劉帶同師。以文學爲

太常掌故。〔三〕

〔一〕晉灼曰：「音厝置之厝。」師古曰：「據申屠嘉傳序云『責通請錯，匪躬之故』，以韻而言，晉音是也。潘岳西征賦乃讀爲錯雜之錯，不可依也。」

〔二〕師古曰：「軹縣之儒生姓張名恢，錯從之受申商法也。」

〔三〕應劭曰：「掌故，六百石吏，主故事。」

錯爲人陗直刻深。〔一〕孝文時，天下亡治尚書者，獨聞齊有伏生，故秦博士，治尚書，年九十餘，老不可徵。乃詔太常，使人受之。太常遣錯受尚書伏生所，還，因上書稱說。〔二〕詔以爲太子舍人，門大夫，〔三〕遷博士。又上書言：「人主所以尊顯功名揚於萬世之後者，以知術數也。〔四〕故人主知所以臨制臣下而治其衆，則羣臣畏服矣；知所以聽言受事，則不欺蔽矣；知所以安利萬民，則海內必從矣；知所以忠孝事上，則臣子之行備矣：此四者，臣竊爲皇太子急之。人臣之議或曰皇太子亡以知事爲也，〔五〕臣之愚，誠以爲不然。竊觀上世之君，不能奉其宗廟而劫殺於其臣者，皆不知術數者也。（皇太子所讀書多矣，而未深知術數者也。）皇太子所讀書多矣，而未深知術數者，不問書說也。〔六〕夫多誦而不知其說，所謂勞苦而不爲功。臣竊觀皇太子材智高奇，馭射伎藝過人絕遠，然於術數未有所守者，以陛下爲心也。〔七〕竊願陛下幸擇聖人之術可用今世者，以賜皇太子，因時使太子陳明於前。唯陛下裁察。」上

善之，於是拜錯爲太子家令。〔八〕以其辯得幸太子，太子家號曰「智囊」。〔九〕

〔一〕師古曰：「陗字與峭同。峭謂峻陿也，音千笑反。」

〔二〕師古曰：「稱師法而說其義。」

〔三〕師古曰：「初爲舍人，又爲門大夫。」

〔四〕張晏曰：「術數，刑名之書也。」臣瓚曰：「術數謂法制，治國之術也。」師古曰：「瓚說是也。公孫弘云『擅生殺之力，通壅塞之途，權輕重之數，論得失之道，使遠近情僞必見於上，謂之術』。此與錯所言同耳。」

〔五〕師古曰：「言何用知事。」

〔六〕師古曰：「說謂所說之義也。」

〔七〕張晏曰：「若伯魚須仲尼教，乃讀詩書也。」

〔八〕臣瓚曰：「茂陵中書太子家令秩八百石。」

〔九〕師古曰：「言其一身所有皆是智算，若囊橐之盛物也。」

是時匈奴彊，數寇邊，上發兵以禦之。錯上言兵事，曰：

臣聞漢興以來，胡虜數入邊地，小入則小利，大入則大利；高后時再入隴西，攻城屠邑，敺略畜產；〔一〕其後復入隴西，殺吏卒，大寇盜。竊聞戰勝之威，民氣百倍；〔二〕敗兵之卒，沒世不復。〔三〕自高后以來，隴西三困於匈奴矣，民氣破傷，亡有勝意。今茲隴西之吏，賴社稷之神靈，奉陛下之明詔，和輯士卒，底厲其節，〔四〕起破傷之民

以當乘勝之匈奴，用少擊衆，殺一王，敗其衆而(法曰)大有利。非隴西之民有勇怯，乃將吏之制巧拙異也。故兵法曰：「有必勝之將，無必勝之民。」繇此觀之，〔五〕安邊境，立功名，在於良將，不可不擇也。

〔一〕師古曰：「毆與驅同。」
〔二〕師古曰：「益奮厲也。」
〔三〕師古曰：「永挫折也。」
〔四〕師古曰：「輯與集同。底與砥同。」
〔五〕師古曰：「繇讀與由同。」

臣又聞用兵，臨戰合刃之急者三：〔一〕一曰得地形，二曰卒服習，三曰器用利。兵法曰：丈五之溝，漸車之水，〔二〕山林積石，經川丘阜，〔三〕屮木所在，〔四〕此步兵之地也，車騎二不當一。土山丘陵，曼衍相屬，〔五〕平原廣野，此車騎之地，步兵十不當一。平陵相遠，川谷居間，〔六〕仰高臨下，此弓弩之地也，短兵百不當一。兩陳相近，平地淺(草)〔屮〕，可前可後，此長戟之地也，劍楯三不當一。(雚)〔萑〕葦竹蕭，〔七〕屮木蒙蘢，支葉茂接，〔八〕此矛鋋之地也，〔九〕長戟二不當一。曲道相伏，險阸相薄，此劍楯之地也，弓弩三不當一。士不選練，卒不服習，起居不精，動靜不集，〔一〇〕趨利弗及，避難不畢，前擊後解，與

金鼓之(音)〔指〕相失，〔一一〕此不習勒卒之過也，百不當十。兵不完利，與空手同；甲不堅密，與袒裼同；〔一二〕弩不可以及遠，與短兵同；射不能中，與亡矢同；中不能入，與亡鏃同：〔一三〕此將不省兵之禍也，〔一四〕五不當一。故兵法曰：器械不利，以其卒予敵也；卒不可用，以其將予敵也；將不知兵，以其主予敵也；君不擇將，以其國予敵也。四者，(國)〔兵〕之至要也。

〔一〕師古曰：「合刃，謂交兵。」
〔二〕師古曰：「漸讀曰瀸，謂浸也，音子廉反。」
〔三〕師古曰：「經川，常流之水也。大陸曰阜。」
〔四〕師古曰：「屮，古草字。」
〔五〕師古曰：「曼衍，猶聯延也。屬，續也。衍音弋戰反。屬音之欲反。」
〔六〕師古曰：「遠，離也。」
〔七〕師古曰：「(雚)〔萑〕，(蘸)〔藡〕也。葦，葭也。蕭，蒿也。萑音完。」
〔八〕師古曰：「蒙蘢，覆蔽之貌也。蘢音來東反。」
〔九〕師古曰：「鋋，鐵把短矛也，音上延反。」
〔一〇〕師古曰：「集，齊也。」
〔一一〕師古曰：「金，金鉦也。鼓所以進衆，金所以止衆也。」

〔一二〕應劭曰：「袒裼，肉袒也。」師古曰：「裼音錫。」
〔一三〕師古曰：「鏃，矢鋒也，音子木反。」
〔一四〕師古曰：「省，視也。」

臣又聞小大異形，彊弱異勢，險易異備。〔一〕夫卑身以事彊，小國之形也；合小以攻大，敵國之形也；〔二〕以蠻夷攻蠻夷，中國之形也。〔三〕今匈奴地形技藝與中國異。上下山阪，出入溪澗，中國之馬弗與也；〔四〕險道傾仄，且馳且射，〔五〕中國之騎弗與也；風雨罷勞，飢渴不困，〔六〕中國之人弗與也：此匈奴之長技也。若夫平原易地，輕車突騎，〔七〕則匈奴之衆易撓亂也；〔八〕勁弩長戟，射疏及遠，〔九〕則匈奴之弓弗能格也；堅甲利刃，長短相雜，遊弩往來，什伍俱前，〔一〇〕則匈奴之兵弗能當也；材官騶發，矢道同的，〔一一〕則匈奴之革笥木薦弗能支也；〔一二〕下馬地鬬，劍戟相接，去就相薄，〔一三〕則匈奴之足弗能給也：〔一四〕此中國之長技也。以此觀之，匈奴之長技三，中國之長技五。陛下又興數十萬之衆，以誅數萬之匈奴，衆寡之計，以一擊十之術也。

〔一〕師古曰：「易，平也，音弋豉反。」
〔二〕師古曰：「彼我力均，不能相勝，則須連結外援共制之也。」
〔三〕師古曰：「不煩華夏之兵，使其同類自相攻擊也。」
〔四〕師古曰：「與猶如。」

〔五〕師古曰：「仄，古側字。」
〔六〕師古曰：「罷讀曰疲。」
〔七〕師古曰：「易亦平也。突騎，言其驍銳可用衝突敵人也。」
〔八〕師古曰：「撓，攪也，音火高反，其字從手。一曰，橈，曲也，弱也，音女教反，其字從木。」
〔九〕師古曰：「疏亦闊遠也。」
〔一〇〕師古曰：「五人為伍，二伍為什。」
〔一一〕蘇林曰：「騶音馬騶之騶。」如淳曰：「騶，矢也。處平易之地可以矢相射也。」臣瓚曰：「材官，騎射之官也。射者騶發，其用矢者同中一的，言其工妙也。」師古曰：「騶謂矢之善者也。春秋左氏傳作菆字，其音同耳。材官，有材力者。騶發，發騶矢以射也。手工矢善，故中則同的。的謂所射之準臬也。蘇音失之矣。臬音牛列反，即謂槷也。」
〔一二〕孟康曰：「革笥，以皮作如鎧者被之。木薦，以木板作如楯。一曰，革笥若楯，木薦之以當人心也。」師古曰：「一說非也。笥音息嗣反。」
〔一三〕師古曰：「薄，迫也。」
〔一四〕師古曰：「給謂相連及。」

雖然，兵，凶器；戰，危事也。以大為小，以彊為弱，在俛卬之間耳。〔一〕夫以人之死爭勝，跌而不振，〔二〕則悔之亡及也。帝王之道，出於萬全。今降胡義渠蠻夷之屬

來歸誼者，其衆數千，飲食長技與匈奴同，可賜之堅甲絮衣，勁弓利矢，益以邊郡之良
騎。令明將能知其習俗和輯其心者，(三)以陛下之明約將之。即有險阻，以此當之；平
地通道，則以輕車材官制之。兩軍相爲表裏，各用其長技，衡加之以衆，(四)此萬全之
術也。

(一)師古曰：「言不知其術，則雖大必小，雖強必弱也。俛亦俯字。卬讀曰仰。」
(二)服虔曰：「蹉跌不可復起也。」師古曰：「跌，足失據也。跌音徒結反。」
(三)師古曰：「輯與集同也。」
(四)張晏曰：「衡音橫。」師古曰：「衡即橫耳，無勞借音。」

傳曰：「狂夫之言，而明主擇焉。」臣錯愚陋，昧死上狂言，唯陛下財擇。(一)

(一)師古曰：「財與裁同也。」

文帝嘉之，乃賜錯璽書寵答焉，曰：「皇帝問太子家令：上書言兵體三章，聞之。(一)書言『狂
夫之言，而明主擇焉』。今則不然。言者不狂，而擇者不明，國之大患，故在於此。使夫不
明擇於不狂，是以萬聽而萬不當也。」

(一)李奇曰：「三者，得地形，卒服習，器用利。」

錯復言守邊備塞，勸農力本，當世急務二事，曰：
臣聞秦時北攻胡貉，築塞河上，(一)南攻楊粵，(二)置戍卒焉。其起兵而攻胡、粵者，

非以衛邊地而救民死也，貪戾而欲廣大也，故功未立而天下亂。且夫起兵而不知其勢，
戰則爲人禽，屯則卒積死。夫胡貉之地，積陰之處也，木皮三寸，冰厚六尺，(三)食肉而
飲酪，其人密理，鳥獸毳毛，(四)其性能寒。(五)楊粵之地少陰多陽，其人疏理，鳥獸希
毛，其性能暑。秦之戍卒不能其水土，戍者死於邊，輸者僨於道。(六)秦民見行，如往棄
市，因以讁發之，名曰「讁戍」。先發吏有讁及贅壻、賈人，後以嘗有市籍者，又後以大
父母、父母嘗有市籍者，後入閭，取其左。(七)發之不順，行者深怨，有背畔之心。凡民
守戰至死而不降北者，以計爲之也。(八)故戰勝守固則有拜爵之賞，攻城屠邑則得其財
鹵以富家室，故能使其衆蒙矢石，赴湯火，(九)視死如生。今秦之發卒也，有萬死之害，
而亡銖兩之報，死事之後不得一算之復，(一〇)天下明知禍烈及己也。(一一)陳勝行戍，至
於大澤，爲天下先倡，(一二)天下從之如流水者，秦以威劫而行之敝也。

(一)師古曰：「貉音莫客反。」
(二)張晏曰：「楊州之南越也。」
(三)文穎曰：「土地寒故也。」
(四)師古曰：「密理，謂其肌肉也。毳，細毛也。」
(五)師古曰：「能讀曰耐。此下能暑亦同。」
(六)服虔曰：「僨，仆也。」如淳曰：「僨音奮。」
(七)孟康曰：「秦時復除者居閭之左，後發役不供，復役之也。或云直先發取其左也。」師古曰：「閭，里門也。居閭之
左者，一切皆發之，非謂復除也。解在食貨志。」
(八)師古曰：「北謂敗退。」
(九)師古曰：「蒙，冒犯也。」
(一〇)師古曰：「復，復除也，音方目反。」
(一一)師古曰：「猛火曰烈，取以喻耳。」
(一二)師古曰：「倡讀曰唱。」

胡人衣食之業不著於地，(一)其勢易以擾亂邊竟。(二)何以明之？胡人食肉飲酪，
衣皮毛，非有城郭田宅之歸居，如飛鳥走獸於廣壄，(三)美草甘水則止，草盡水竭則移。
以是觀之，往來轉徙，時至時去，此胡人之生業，而中國之所以離南畮也。(四)今使胡人
數處轉牧行獵於塞下，或當燕代，或當上郡、北地、隴西，以候備塞之卒，卒少則入。陛
下不救，則邊民絕望而有降敵之心；救之，少發則不足，多發，遠縣纔至，則胡又已
去。(五)聚而不罷，爲費甚大；罷之，則胡復入。如此連年，則中國貧苦而民不安矣。

(一)師古曰：「著音直略反。」
(二)師古曰：「竟讀曰境。」
(三)師古曰：「壄，古野字。」

(四)師古曰：「畮，古畝字也。南畝，耕種之處也。」
(五)李奇曰：「纔音裁。」師古曰：「纔，淺也，猶言僅至也。他皆類此。」

陛下幸憂邊境，遣將吏發卒以治塞，甚大惠也。然令遠方之卒守塞，一歲而更，(一)
不知胡人之能，不如選常居者，家室田作，且以備之。以便爲之高城深塹，具藺石，布
渠答，(二)復爲一城其內，城間百五十步。要害之處，通川之道，調立城邑，毋下千
家，(三)爲中周虎落。(四)先爲室屋，具田器，乃募辠人及免徒復作令居之；(五)不足，募
以丁奴婢贖辠及輸奴婢欲以拜爵者；不足，乃募民之欲往者。皆賜高爵，復其家。(六)
予冬夏衣，廩食，能自給而止。(七)郡縣之民得買其爵，以自增至卿。(八)其亡夫若妻者，
縣官買予之。人情非有匹敵，不能久安其處。塞下之民，祿利不厚，不可使久居危難
之地。胡人入驅而能止其所驅者，以其半予之，(九)縣官爲贖其民。(一〇)如是，則邑里相
救助，赴胡不避死。非以德上也，(一一)欲全親戚而利其財也。此與東方之(戎)〔戍〕卒不習
地勢而心畏胡者，功相萬也。(一二)以陛下之時，徙民實邊，使遠方無屯戍之事，塞下之民
父子相保，亡係虜之患，利施後世，名稱聖明，其與秦之行怨民，相去遠矣。(一三)

(一)師古曰：「更謂易代也，音庚，又讀如本字。」
(二)服虔曰：「藺石，可投人石也。」蘇林曰：「渠答，鐵疾藜也。」如淳曰：「藺石，城上雷石也。墨子曰『城上二步一
渠，立程長三尺，冠長十尺，臂長六尺；二步一答，廣九尺，袤十二尺。』」師古曰：「藺石，如說是也。渠答，蘇說

是也。雷音來內反。」
〔三〕師古曰：「調謂算度之也。總計城邑之中令有千家以上也。調音徒鈞反。」
〔四〕鄭氏曰：「虎落者，外蕃也，若今時竹虎也。」蘇林曰：「作虎落於塞要下，以沙布其表，旦視其迹，以知匈奴來入，一名天田。」師古曰：「蘇說非也。虎落者，以竹篾相連遮落之也。」
〔五〕張晏曰：「募民有罪自首，除罪定輸作者也，復作如徒也。」臣瓚曰：「募有罪者及罪人遇赦復作竟其日月者，今皆除其罰，令居之也。」師古曰：「瓚說是也。復音扶目反。」
〔六〕師古曰：「復音方目反。」
〔七〕師古曰：「初徙之時，縣官且廩給其衣食，於後能自供贍乃止也。」
〔八〕孟康曰：「食貨志所謂樂卿者也，朝位從卿而無職也。」師古曰：「孟說非也。樂卿武帝所置耳，錯之上書未得豫言之也。然二十等爵內無有卿名，蓋謂其等級同列卿者也。」
〔九〕孟康曰：「謂胡人入爲寇，驅收中國，能奪得之者，以半與之。」師古曰：「孟說非也。言胡人入爲寇，驅略漢人及畜產，而它人能止得其所驅者，令其本主以半賞之。」
〔一〇〕張晏曰：「得漢人，官爲贖也。」師古曰：「此承上句之言，謂官爲備價贖之耳。張說非也。」
〔一一〕師古曰：「言非以此事欲立德義於主上也。」
〔一二〕如淳曰：「東方諸郡民不習戰鬬當戍邊者也。」
〔一三〕師古曰：「言發怨恨之人使行戍役也。」

上從其言，募民徙塞下。錯復言：

陛下幸募民相徙以實塞下，使屯戍之事益省，輸將之費益寡，〔一〕甚大惠也。下吏誠能稱厚惠，奉明法，〔二〕存卹所徙之老弱，善遇其壯士，和輯其心而勿侵刻，〔三〕使先至者安樂而不思故鄉，則貧民相募而勸往矣。臣聞古之徙遠方以實廣虛也，〔四〕相其陰陽之和，嘗其水泉之味，審其土地之宜，觀其屮木之饒，然後營邑立城，製里割宅，通田作之道，正阡陌之界，先爲築室，家有一堂二內，門戶之閉，〔五〕置器物焉，民至有所居，作有所用，此民所以輕去故鄉而勸之新(色)〔邑〕也。〔六〕爲置醫巫，以救疾病，以脩祭祀，男女有昏，〔七〕生死相卹，墳墓相從，種樹畜長，〔八〕室屋完安，此所以使民樂其處而有長居之心也。

〔一〕如淳曰：「將，送也。或曰，將，資也。」
〔二〕師古曰：「稱，副也。」
〔三〕師古曰：「輯與集同。」
〔四〕師古曰：「所以充實寬廣空虛之地。」
〔五〕張晏曰：「二內，二房也。」
〔六〕師古曰：「之，往也。」
〔七〕師古曰：「昏謂婚姻配合也。」
〔八〕張晏曰：「畜長，六畜也。」師古曰：「種樹謂桑果之屬。長音竹兩反。」

臣又聞古之制邊縣以備敵也，使五家爲伍，伍有長；十長一里，里有假士；四里一連，連有假五百；〔一〕十連一邑，邑有假候：皆擇其邑之賢材有護，〔二〕習地形知民心者，居則習民於射法，出則教民於應敵。故卒伍成於內，則軍正定於外。服習以成，勿令遷徙，〔三〕幼則同游，長則共事。夜戰聲相知，則足以相救；晝戰目相見，則足以相識；驩愛之心，足以相死。如此而勸以厚賞，威以重罰，則前死不還踵矣。〔四〕所徙之民非壯有材力，但費衣糧，不可用也；雖有材力，不得良吏，猶亡功也。

〔一〕服虔曰：「假音假借之假。五百，帥名也。」師古曰：「假，大也，音工雅反。」
〔二〕師古曰：「有保護之能者也。今流俗書本護字作讙，妄改之耳。」
〔三〕師古曰：「各守其業也。」
〔四〕師古曰：「還讀曰旋。旋踵，回旋其足也。」

陛下絕匈奴不與和親，臣竊意其冬來南也，〔一〕壹大治，則終身創矣。〔二〕欲立威者，始於折膠，〔三〕來而不能困，使得氣去，〔四〕後未易服也。愚臣亡識，唯陛下財察。

〔一〕師古曰：「意，疑之也。」
〔二〕師古曰：「創，懲艾也，音初亮反。」
〔三〕蘇林曰：「秋氣至，膠可折，弓弩可用，匈奴常以爲候而出(車)〔軍〕。」
〔四〕師古曰：「使之得勝，逞志氣而去。」

後詔有司舉賢良文學士，錯在選中。上親策詔之，曰：

惟十有五年九月壬子，皇帝曰：昔者大禹勤求賢士，施及方外，〔一〕四極之內，舟車所至，人迹所及，靡不聞命，以輔其不逮；〔二〕近者獻其明，遠者通厥聽，比善戮力，以翼天子。〔三〕是以大禹能亡失德，夏以長楙。〔四〕高皇帝親除大害，去亂從，〔五〕並建豪英，以爲官師，〔六〕爲諫爭，輔天子之闕，而翼戴漢宗也。賴天之靈，宗廟之福，方內以安，澤及四夷。今朕獲執天子之正，以承宗廟之祀，朕既不德，又不敏，明弗能燭，而智不能治，此大夫之所著聞也。故詔有司、諸侯王、三公、九卿及主郡吏，〔七〕各帥其志，以選賢良明於國家之大體，通於人事之終始，及能直言極諫者，各有人數，將以匡朕之不逮。二三大夫之行當此三道，〔八〕朕甚嘉之，故登大夫于朝，親諭朕志。〔九〕大夫其上三道之要，及永惟朕之不德，吏之不平，政之不宣，民之不寧，〔一〇〕四者之闕，悉陳其志，毋有所隱。上以薦先帝之宗廟，下以興愚民之休利，著之于篇，〔一一〕朕親覽焉，觀大夫所以佐朕，至與不至。書之，周之密之，重之閉之。〔一二〕興自朕躬，〔一三〕大夫其正論，毋枉執事。〔一四〕烏虖，戒之！〔一五〕二三大夫其帥志毋怠！

〔一〕師古曰：「施，延也，音弋豉反。」
〔二〕師古曰：「意所不及者，取其言以自輔也。」

〔三〕師古曰：「比，和也。翼，助也。比音頻寐反。」
〔四〕師古曰：「楙，美也。」
〔五〕師古曰：「從音子容反。亂從，謂禍亂之蹤跡也。一曰，亂謂作亂者，從謂合從者，若六國時爲從者也。今書本從下或有順字，或有治字，皆非也，後人妄加之也。」
〔六〕師古曰：「師，長也，各爲一官之長也。字或作帥，音所類反。」
〔七〕師古曰：「主郡吏，謂郡守也。」
〔八〕張晏曰：「三道，國體、人事、直言也。」師古曰：「二三大夫，總謂當時受策者，非止錯一人焉。」
〔九〕師古曰：「諭，告也。」
〔一〇〕師古曰：「永猶深也。惟，思也。」
〔一一〕師古曰：「休，美也。篇謂簡也。」
〔一二〕師古曰：「重音直龍反。」
〔一三〕師古曰：「言朕自發視之。」
〔一四〕張晏曰：「毋爲有司枉橈也。」
〔一五〕師古曰：「虖讀曰呼。」

錯對曰：

平陽侯臣窋、〔一〕汝陰侯臣竈、〔二〕潁陰侯臣何、〔三〕廷尉臣宜昌、隴西太守臣昆邪〔四〕所選賢良太子家令臣錯〔五〕昧死再拜言：臣竊聞古之賢主莫不求賢以爲輔翼，故黃帝得力牧而爲五帝（先），〔六〕大禹得咎繇而爲三王祖，齊桓得筦子而爲五伯長。〔七〕今陛下講于大禹及高皇帝之建豪英也，〔八〕退託於不明，以求賢良，〔九〕讓之至也。臣竊觀上世之傳，〔一〇〕若高皇帝之建功業，陛下之德厚而得賢佐，皆有司之所覽，刻於玉版，藏於金匱，歷之春秋，紀之後世，爲帝者祖宗，與天地相終。今臣窋等乃以臣錯充賦，〔一一〕甚不稱明詔求賢之意。臣錯屮茅臣，亡識知，昧死上愚對，曰：

〔一〕孟康曰：「曹窋，參子也。」
〔二〕如淳曰：「夏侯嬰子也。」
〔三〕文穎曰：「灌嬰子。」
〔四〕服虔曰：「公孫昆邪也。」師古曰：「昆讀曰混，音下昆反。」
〔五〕師古曰：「詔列侯九卿及郡守舉賢良，故錯爲窋等所舉。」
〔六〕服虔曰：「力牧，黃帝之佐也。」
〔七〕師古曰：「筦字與管同。伯讀曰霸。」
〔八〕臣瓚曰：「講謂講議也。」
〔九〕師古曰：「自託不明，是謙退。」
〔一〇〕師古曰：「謂史傳。」

〔一一〕（如淳）曰：「猶言備數也。」臣瓚曰：「充賦，此錯之謙也，云如賦調也。」

詔策曰「明於國家大體」，愚臣竊以古之五帝明之。臣聞五帝神聖，其臣莫能及，故自親事，〔一〕處于法宮之中，明堂之上；〔二〕動靜上配天，下順地，中得人。故衆生之類亡不覆也，根著之徒亡不載也；〔三〕燭以光明，亡偏異也；〔四〕德上及飛鳥，下至水蟲，草木諸產，皆被其澤。〔五〕然後陰陽調，四時節，日月光，風雨時，膏露降，〔六〕五穀孰，祅孽滅，賊氣息，民不疾疫，河出圖，洛出書，神龍至，鳳鳥翔，德澤滿天下，靈光施四海。此謂配天地，治國大體之功也。

〔一〕師古曰：「親理萬機之務。」
〔二〕如淳曰：「法宮，路寢正殿也。」
〔三〕師古曰：「有根著地者皆載之也。著音直略反。」
〔四〕師古曰：「燭，照也。」
〔五〕師古曰：「被音皮義反。」
〔六〕師古曰：「甘露凝如膏。」

詔策曰「通於人事終始」，愚臣竊以古之三王明之。臣聞三王臣主俱賢，故合謀相輔，計安天下，莫不本於人情。人情莫不欲壽，三王生而不傷也；人情莫不欲富，三王厚而不困也；人情莫不欲安，三王扶而不危也；人情莫不欲逸，三王節其力而不盡也。其爲法令也，合於人情而後行之；其動衆使民也，本於人事然後爲之。取人以己，內恕及人。〔一〕情之所惡，不以彊人；情之所欲，不以禁民。是以天下樂其政，歸其德，望之若父母，從之若流水；百姓和親，國家安寧，名位不失，施及後世。〔二〕此明於人情終始之功也。

〔一〕師古曰：「以己之心揆之於人也。」
〔二〕師古曰：「施，延也，音弋豉反。」

詔策曰「直言極諫」，愚臣竊以五伯之臣明之。〔一〕臣聞五伯不及其臣，故屬之以國，任之以事。〔二〕五伯之佐之爲人臣也，察身而不敢誣，〔三〕奉法令不容私，盡心力不敢矜，〔四〕遭患難不避死，見賢不居其上，受祿不過其量，不以亡能居尊顯之位。自行若此，可謂方正之士矣。其立法也，非以苦民傷衆而爲之機陷也，〔五〕以之興利除害，尊主安民而救暴亂也。其行賞也，非虛取民財妄予人也，以勸天下之忠孝而明其功也。故功多者賞厚，功少者賞薄。如此，斂民財以顧其功，〔六〕而民不恨者，知與而安己也。其行罰也，非以忿怒妄誅而從暴心也，〔七〕以禁天下不忠不孝而害國者也。故辠大者罰重，辠小者罰輕。如此，民雖伏罪至死而不怨者，知罪罰之至，自取之也。立法若此，

可謂平正之吏矣。法之逆者，請而更之，不以傷民；〔八〕主行之暴者，逆而復之，不以傷國。〔九〕救主之失，補主之過，揚主之美，明主之功，使主內亡邪辟之行，外亡騫汙之名。〔一〇〕事君若此，可謂直言極諫之士矣。此五伯之所以德匡天下，威正諸侯，功業甚美，名聲章明。舉天下之賢主，五伯與焉，〔一一〕此身不及其臣而使得直言極諫補其不逮之功也。今陛下人民之衆，威武之重，德惠之厚，令行禁止之勢，萬萬於五伯，而賜愚臣策曰「匡朕之不逮」，愚臣何足以識陛下之高明而奉承之！

〔一〕師古曰：「伯讀曰霸。」
〔二〕師古曰：「屬，委也，音之欲反。」
〔三〕師古曰：「各察己之材用，不敢踰越而誣上。」
〔四〕師古曰：「矜謂自伐也。」
〔五〕孟康曰：「機，發也。陷，穽也。」
〔六〕師古曰：「顧，讎也，若今言雇賃也。」
〔七〕師古曰：「從讀曰縱。」
〔八〕師古曰：「更，改也。」
〔九〕師古曰：「謂逆主意而反還之，不令施行，致傷國也。復音扶目反。」
〔一〇〕師古曰：「辟讀曰僻。騫，損也。汙，辱也。」

〔一一〕師古曰：「與讀曰豫。」

詔策曰「吏之不平，政之不宣，民之不寧」，愚臣竊以秦事明之。臣聞秦始并天下之時，其主不及三王，而臣不及其佐，〔一〕然功力不遲者，何也？地形便，山川利，財用足，民利戰。其所與並者六國，六國者，臣主皆不肖，謀不輯，〔二〕民不用，故當此之時，秦最富彊。夫國富彊而鄰國亂者，帝王之資也，故秦能兼六國，立為天子。當此之時，三王之功不能進焉。〔三〕及其末塗之衰也，任不肖而信讒賊；宮室過度，耆欲亡極，〔四〕民力罷盡，賦斂不節；〔五〕矜奮自賢，羣臣恐諛，〔六〕驕溢縱恣，不顧患禍；妄賞以隨(善)〔喜〕意，妄誅以快怒心，法令煩憯，〔七〕刑罰暴酷，輕絕人命，身自射殺；天下寒心，莫安其處。姦邪之吏，乘其亂法，以成其威，獄官主斷，生殺自恣。上下瓦解，各自為制。秦始亂之時，吏之所先侵者，貧人賤民也；至其中節，所侵者富人吏家也；及其末塗，所侵者宗室大臣也。是故親疏皆危，外內咸怨，離散逋逃，人有走心。陳勝先倡，天下大潰，〔八〕絕祀亡世，為異姓福。此吏不平，政不宣，民不寧之禍也。今陛下配天象地，覆露萬民，〔九〕絕秦之迹，除其亂法；躬親本事，廢去淫末；除苛解嬈，〔一〇〕寬大愛人；肉刑不用，辠人亡帑；〔一一〕非謗不治，鑄錢者除；〔一二〕通關去塞，〔一三〕不孽諸侯；〔一四〕賓禮長老，愛卹少孤；辠人有期；〔一五〕後宮出嫁；尊賜孝悌，農民不租；〔一六〕明詔軍師，愛士大夫；求進方正，廢退姦邪；除去陰刑；〔一七〕害民者誅；憂勞百姓，列侯就都；〔一八〕親耕節用，視民不奢。〔一九〕所為天下興利除害，變法易故，以安海內者，大功數十，皆上世之所難及，陛下行之，道純德厚，元元之民幸矣。

〔一〕師古曰：「臣亦不及三王之佐。」
〔二〕師古曰：「輯與集同。輯，和也。」
〔三〕師古曰：「進，前也，言不在秦之前也。」
〔四〕師古曰：「耆讀曰嗜。」
〔五〕師古曰：「罷讀曰疲。」
〔六〕張晏曰：「恐機發陷禍而為諂諛以求自全也。」師古曰：「此說非也。直為恐懼而為諂諛也。恐音丘勇反。」
〔七〕師古曰：「憯，痛也。言痛害於下。憯音千感反。」
〔八〕師古曰：「倡讀曰唱。」
〔九〕如淳曰：「覆，蔭也。露，膏澤也。」
〔一〇〕文穎曰：「嬈，煩繞也。」師古曰：「音如紹反。」
〔一一〕師古曰：「謂除收帑相坐律。亡讀曰無。帑讀曰孥。」
〔一二〕張晏曰：「除鑄錢之律，聽民得自鑄也。」師古曰：「非讀曰誹。」
〔一三〕張晏曰：「文帝十二年，除關不用傳。」
〔一四〕應劭曰：「接之以禮，不以庶孽畜之。」如淳曰：「孽，疑也。去關禁，明無疑於諸侯。」師古曰：「應說是。」

〔一五〕張晏曰：「早決之也。」晉灼曰：「刑法志云『罪人各以輕重不亡逃，有年而免』。滿其年，免為庶人也。」師古曰：「晉說是也。」
〔一六〕張晏曰：「足用則除租也。」
〔一七〕張晏曰：「宮刑也。」
〔一八〕師古曰：「各就其國也。」
〔一九〕師古曰：「視讀曰示。」

詔策曰「永惟朕之不德」，愚臣不足以當之。

詔策曰「悉陳其志，毋有所隱」，愚臣竊以五帝之賢臣明之。臣聞五帝其臣莫能及，則自親之；三王臣主俱賢，則共憂之；五伯不及其臣，則任使之。此所以神明不遺，而聖賢不廢也，〔一〕故各當其世而立功德焉。傳曰「往者不可及，來者猶可待，〔二〕能明其世者謂之天子」，此之謂也。竊聞戰不勝者易其地，民貧窮者變其業。今以陛下神明德厚，資財不下五帝，〔三〕臨制天下，至今十有六年，民不益富，盜賊不衰，邊竟未安，〔四〕其所以然，意者陛下未之躬親，而待羣臣也。今執事之臣皆天下之選已，〔五〕然莫能望陛下清光，〔六〕譬之猶五帝之佐也。陛下不自躬親，而待不望清光之臣，臣竊恐神明之遺也。〔七〕日損一日，歲亡一歲，日月益暮，盛德不及究於天下，〔八〕以傳萬世，愚

臣不自度量，竊爲陛下惜之。昧死上狂惑屮茅之愚，臣言唯陛下財擇。

〔一〕師古曰：「潰，棄也。不棄神明之德，不廢聖賢之名。」
〔二〕師古曰：「言各當其時務立功也。」
〔三〕師古曰：「賫，質也，謂天子之財質。」
〔四〕師古曰：「竟讀曰境。」
〔五〕師古曰：「已，語終之辭。」
〔六〕晉灼曰：「今之臣不能望見陛下之光景所及。」
〔七〕師古曰：「言天子虛棄神明之德。」
〔八〕師古曰：「究，竟也。」

時賈誼已死，對策者百餘人，唯錯爲高第，繇是遷中大夫。〔一〕

〔一〕師古曰：「繇讀與由同。」

錯又言宜削諸侯事，及法令可更定者，書凡三十篇。孝文雖不盡聽，然奇其材。當是時，太子善錯計策，爰盎諸大功臣多不好錯。

景帝卽位，以錯爲內史。錯數請間言事，輒聽，幸傾九卿，法令多所更定。丞相申屠嘉心弗便，力未有以傷。內史府居太上廟堧中，〔一〕門東出，不便，錯乃穿門南出，鑿廟堧垣。丞相大怒，欲因此過爲奏請誅錯。錯聞之，卽請間爲上言之。丞相奏事，因言錯擅鑿廟垣

爲門，請下廷尉誅。上曰：「此非廟垣，乃堧中垣，不致於法。」丞相謝。〔二〕罷朝，因怒謂長史曰：「吾當先斬以聞，乃先請，固誤。」丞相遂發病死。錯以此愈貴。

〔一〕師古曰：「堧者，內垣之外游地也，音人緣反。」
〔二〕師古曰：「以所奏不當天子意，故謝。」

遷爲御史大夫，請諸侯之罪過，削其支郡。〔一〕奏上，上（令）公卿列侯宗室〔雜議〕，莫敢難，獨竇嬰爭之，繇此與錯有隙。〔二〕錯所更令三十章，〔三〕諸侯讙譁。錯父聞之，從潁川來，謂錯曰：「上初卽位，公爲政用事，〔四〕侵削諸侯，疏人骨肉，口讓多怨，公何爲也！」〔五〕錯曰：「固也。〔六〕不如此，天子不尊，宗廟不安。」父曰：「劉氏安矣，而鼂氏危，吾去公歸矣！」遂飲藥死，曰：「吾不忍見禍逮身。」

〔一〕師古曰：「支郡，在國之四邊者也。」
〔二〕師古曰：「繇讀與由同。」
〔三〕師古曰：「更，改也。」
〔四〕如淳曰：「錯爲御史大夫，位三公也。」
〔五〕師古曰：「讓，責也。」
〔六〕師古曰：「言固當如此。」

後十餘日，吳楚七國俱反，以誅錯爲名。上與錯議出軍事，錯欲令上自將兵，而身居

守。會竇嬰言爰盎，詔召入見，上方與錯調兵食。〔一〕上問盎曰：「君嘗爲吳相，知吳臣田祿伯爲人虖？今吳楚反，於公意何如？」對曰：「不足憂也，今破矣。」上曰：「吳王卽山鑄錢，賁海爲鹽，〔二〕誘天下豪桀，白頭舉事，此其計不百全，豈發虖？何以言其無能爲也？」盎對曰：「吳銅鹽之利則有之，安得豪桀而誘之！誠令吳得豪桀，亦且輔而爲誼，不反矣。吳所誘，皆亡賴子弟，亡命鑄錢姦人，故相誘以亂。」錯曰：「盎策之善。」上問曰：「計安出？」盎對曰：「願屏左右。」上屏人，獨錯在。盎曰：「臣所言，人臣不得知。」乃屏錯。錯趨避東箱，甚恨。上卒問盎，〔三〕對曰：「吳楚相遺書，言高皇帝王子弟各有分地，〔四〕今賊臣鼂錯擅適諸侯，削奪之地，〔五〕以故反名爲西共誅錯，復故地而罷。方今計，獨有斬錯，發使赦吳楚七國，復其故地，則兵可毋血刃而俱罷。」於是上默然，良久曰：「顧誠何如，吾不愛一人謝天下。」〔六〕盎曰：「愚計出此，唯上孰計之。」乃拜盎爲太常，密裝治行。

〔一〕師古曰：「調謂計發之也，音徒釣反。」
〔二〕師古曰：「卽，就也。」
〔三〕師古曰：「卒，竟也。」
〔四〕師古曰：「分音扶問反。」
〔五〕師古曰：「適讀曰謫。」
〔六〕師古曰：「顧，念也。誠，實也。」

後十餘日，丞相青翟、中尉嘉、廷尉歐〔一〕劾奏錯曰：「吳王反逆亡道，欲危宗廟，天下所當共誅。今御史大夫錯議曰：『兵數百萬，獨屬羣臣，不可信，〔二〕陛下不如自出臨兵，使錯居守。徐、僮之旁吳所未下者可以予吳。』〔三〕錯不稱陛下德信，欲疏羣臣百姓，又欲以城邑予吳，亡臣子禮，大逆無道。錯當要斬，父母妻子同產無少長皆棄市。臣請論如法。」制曰：「可。」錯殊不知。乃使中尉召錯，紿載行市。〔四〕錯衣朝衣斬東市。〔五〕

〔一〕師古曰：「張歐也，音區。」
〔二〕師古曰：「屬，委也，音之欲反。」
〔三〕鄧展曰：「徐、僮，臨淮二縣也。」
〔四〕師古曰：「紿云乘車案行市中也。行音下更反。」
〔五〕師古曰：「朝衣，朝服也。」

錯已死，謁者僕射鄧公爲校尉，擊吳楚爲將。還，上書言軍事，見上。上問曰：「道軍所來，〔一〕聞鼂錯死，吳楚罷不？」鄧公曰：「吳爲反數十歲矣，發怒削地，以誅錯爲名，其意不在錯也。且臣恐天下之士拑口不敢復言矣。」〔二〕上曰：「何哉？」鄧公曰：「夫鼂錯患諸侯彊大不可制，故請削之，以尊京師，萬世之利也。計畫始行，卒受大戮，〔三〕內杜忠臣之口，外爲諸侯報仇，〔四〕臣竊爲陛下不取也。」於是景帝喟然長息，曰：「公言善，吾亦恨之。」乃拜

鄧公爲城陽中尉。

〔一〕如淳曰：「道路從吳軍所來也。」師古曰：「道軍所來，卽是從軍所來耳，無煩更說道路也。」

〔二〕師古曰：「栝音其炎反。」

〔三〕師古曰：「卒，竟也。」

〔四〕師古曰：「杜，塞也。」

鄧公，成固人也，〔一〕多奇計。建元年中，上招賢良，公卿言鄧先。〔二〕鄧先時免，起家爲九卿。一年，復謝病免歸。其子章，以修黃老言顯諸公間。

〔一〕師古曰：「漢中之縣。」

〔二〕師古曰：「鄧先，猶云鄧先生也。一曰，先者其名也。」

贊曰：爰盎雖不好學，亦善傅會，〔一〕仁心爲質，引義慷慨。遭孝文初立，資適逢世。〔二〕時已變易，〔三〕及吳壹說，果於用辯，〔四〕身亦不遂。鼂錯銳於爲國遠慮，而不見身害。其父睹之，經於溝瀆，〔五〕亡益救敗，不如趙母指括，以全其宗。〔六〕悲夫！錯雖不終，世哀其忠。故論其施行之語著于篇。

〔一〕張晏曰：「因宜附著會合之。」

〔二〕張晏曰：「資，財也，適値其世，得騁其才。」

〔三〕張晏曰：「謂景帝。」

〔四〕師古曰：「謂殺鼂錯也。」

〔五〕師古曰：「論語稱孔子曰：『豈若匹夫匹婦之爲諒也，自經於溝瀆，人莫之知。』故贊引之云。」

〔六〕張晏曰：「趙奢卒，趙使趙括爲將，其母言之趙王曰：『願王易括。』王不許。母要王：『〔括〕有罪，願不坐。』王許之。後括果敗於長平，以母前約故，卒得不坐。」

校勘記

二二六七頁八行　（師古）〔如淳〕曰：　景祐、殿本都作「如淳」，史記集解引亦作「如淳」。

二二七三頁九行　願（敎）〔至〕前，口對狀。　景祐、殿本都作「至」。王先謙說作「至」是。

二二七七頁三行　（皇太子所讀書多矣，而未深知術數者也。）　景祐、汲古、殿、局本都無此十六字。

二二七八頁一行　敗其衆而（注曰）大有利。　宋祁說當從浙本作「敗其衆而有大利」。　王先謙說通志九十七鼂錯傳亦作「敗其衆而有大利」。

二二七九頁二行　平地淺（草）〔屮〕，　景祐、殿本都作「屮」。

二二七九頁三行　（萑）〔萑〕葦竹蕭，　景祐、殿本都作「萑」，此誤。注同。

二二八〇頁一行　與金鼓之（旨）〔指〕相失，　景祐本作「指」。王念孫說作「指」是。

二二八〇頁五行　四者，（囗）〔兵〕之至要也。　景祐、殿本都作「兵」。王先謙說作「兵」是。

二二八〇頁一三行　（䔿亂）〔萑，亂〕也。　景祐、殿本都作「萑亂」，此誤。

二二八六頁一〇行　縣官爲贖其民。〔一〇〕　注〔一〇〕原在「爲贖」下。　劉攽說「其民」當連上句。　王先謙說劉說是。

二二八六頁一一行　此與東方之（戎）〔戍〕卒　景祐、殿本都作「戍」。王先謙說作「戍」是。

二二八八頁六行　此民所以輕去故鄉而勸之新（色）〔邑〕也。　錢大昭說「色」當作「邑」。按景祐、汲古、殿、局本都作「邑」。

二二八九頁一五行　何奴常以爲候而出（車）〔軍〕。　景祐、殿本都作「軍」。王先謙說作「軍」是。

二二九二頁二行　故賁帝得力牧而爲五帝〔先〕，　景祐、殿本都有「先」字。王先謙說有「先」字是。

二二九三頁一行　〔如淳〕曰：　景祐、殿本都有「如淳」二字，此脫。

二二九六頁七行　宗嘗以隨（意）〔喜〕意，　景祐、殿本都作「喜」。

二三〇〇頁一二行　上〔令〕公卿列侯宗室〔雜議〕，　景祐、殿本都有「令」及「雜議」字。

二三〇四頁四行　〔括〕有罪，願不坐。　景祐、殿本都有「括」字。

〔四〕服虔曰：「良士直百金也。」如淳曰：「黃金一斤直萬。言富家子弟可任使也。」師古曰：「百金喻其貴重耳。服說是也。」
〔五〕鄭氏曰：「澹音擔石之擔。」如淳曰：「胡也。匈奴傳曰『晉北有澹林之胡，樓煩之戎也』。」師古曰：「澹音都甘反，又音談。」
〔六〕師古曰：「幾致於霸也。幾音鉅依反。伯讀曰霸。」
〔七〕蘇林曰：「趙幽王。」
〔八〕師古曰：「倡，樂家之女。」
〔九〕服虔曰：「私假錢也。」
〔一〇〕李奇曰：「尺籍所以書軍令。伍符，軍士五五相保之符信也。」如淳曰：「漢軍法曰吏卒斬首，以尺籍書下縣移郡，令人故行，不行奪勞二歲。伍符亦什伍之符，要節度也。」師古曰：「家人子，謂庶人之家子也。」
〔一一〕師古曰：「繇讀與由同。」
〔一二〕師古曰：「說讀曰悅。」
〔一三〕服虔曰：「車戰之士也。」

十年，景帝立，以唐爲楚相。武帝即位，求賢良，舉唐。唐時年九十餘，不能爲官，乃以子遂爲郎。遂字王孫，亦奇士。魏尚，槐里人也。

汲黯字長孺，濮陽人也。其先有寵於古之衞君也。〔一〕至黯十世，世爲卿大夫。以父任，孝景時爲太子洗馬，〔二〕以嚴見憚。

〔一〕文穎曰：「六國時衞弱，但稱君也。」
〔二〕孟康曰：「大臣任舉其子弟爲官。」

武帝即位，黯爲謁者。東粵相攻，上使黯往視之。至吳而還，報曰：「粵人相攻，固其俗，不足以辱天子使者。」河內失火，燒千餘家，上使黯往視之。還報曰：「家人失火，屋比延燒，〔一〕不足憂。臣過河內，河內貧人傷水旱萬餘家，或父子相食，臣謹以便宜，持節發河內倉粟以振貧民。請歸節，伏矯制辠。」〔二〕上賢而釋之，遷爲滎陽令。黯恥爲令，稱疾歸田里。上聞，乃召爲中大夫。以數切諫，不得久留內，遷爲東海太守。

〔一〕師古曰：「比，近也。言屋相近，故連延而燒也。比音頻寐反。」
〔二〕師古曰：「矯，託也，託奉制詔而行之。」

黯學黃老言，治官民，好清靜，擇丞史任之，〔一〕責大指而已，不細苛。黯多病，臥閤內不出。歲餘，東海大治，稱之。上聞，召爲主爵都尉，列於九卿。治務在無爲而已，引大體，不拘文法。

〔一〕如淳曰：「擇郡丞及史任之也。鄭當時爲大司農，官屬丞史，亦是也。」

爲人性倨，少禮，〔一〕面折，不能容人之過。合己者善待之，不合者弗能忍見，士亦以此不附焉。然好游俠，任氣節，行修絜。其諫，犯主之顏色。常慕傅伯、爰盎之爲人。〔二〕善灌夫、鄭當時及宗正劉棄疾。亦以數直諫，不得久居位。

〔一〕師古曰：「倨，簡傲也，音居庶反。」
〔二〕應劭曰：「傅伯，梁人，爲孝王將，素抗直也。」

是時，太后弟武安侯田蚡爲丞相，中二千石拜謁，蚡弗爲禮。黯見蚡，未嘗拜，揖之。上方招文學儒者，上曰吾欲云云，〔一〕黯對曰：「陛下內多欲而外施仁義，柰何欲效唐虞之治乎！」上怒，變色而罷朝。公卿皆爲黯懼。上退，謂人曰：「甚矣，汲黯之戇也！」羣臣或數黯，〔二〕黯曰：「天子置公卿輔弼之臣，寧令從諛承意，陷主於不誼虖？且已在其位，縱愛身，柰辱朝廷何！」

〔一〕張晏曰：「所言欲施仁義也。」師古曰：「云云，猶言如此如此也。史略其辭耳。」
〔二〕師古曰：「數，責之，音所具反。」

黯多病，病且滿三月，上常賜告者數，終不瘉。〔一〕最後，嚴助爲請告。上曰：「汲黯何如人也？」曰：「使黯任職居官，亡以瘉人，〔二〕然至其輔少主守成，雖自謂賁育弗能奪也。」〔三〕上曰：「然。古有社稷之臣，至如汲黯，近之矣。」

〔一〕如淳曰：「杜欽所謂病滿賜告詔恩也。數者，非一也。」師古曰：「數音所角反。瘉與愈同。」
〔二〕師古曰：「瘉，勝也，讀與愈同。」
〔三〕師古曰：「孟賁、夏育，皆古之勇士也。賁音奔。」

大將軍青侍中，上踞廁視之。〔一〕丞相弘宴見，上或時不冠。至如見黯，不冠不見也。上嘗坐武帳，〔二〕黯前奏事，上不冠，望見黯，避帷中，使人可其奏。其見敬禮如此。

〔一〕如淳曰：「廁，溷也。」孟康曰：「廁，牀邊側也。」師古曰：「如說是也。」
〔二〕應劭曰：「武帳，織成帳爲武士象也。」孟康曰：「今御武帳，置兵闌五兵於帳中也。」師古曰：「孟說是也。」

張湯以更定律令爲廷尉，〔一〕黯質責湯於上前，〔二〕曰：「公爲正卿，上不能褒先帝之功業，下不能化天下之邪心，安國富民，使囹圄空虛，何空取高皇帝約束紛更之爲？〔三〕而公以此無種矣！」〔四〕黯時與湯論議，湯辯常在文深小苛，黯憤發，罵曰：「天下謂刀筆吏不可（謂）〔爲〕公卿，果然。必湯也，令天下重足而立，仄目而視矣！」〔五〕

〔一〕師古曰：「更，改也。」
〔二〕師古曰：「質，對之也。」
〔三〕師古曰：「言何爲乃紛亂而改更也。」
〔四〕師古曰：「言當誅及子孫也。」
〔五〕師古曰：「重累其足，言懼甚也。仄，古側字也。」

是時，漢方征匈奴，招懷四夷。黯務少事，間常言與胡和親，毋起兵。〔一〕上方鄉儒術，〔二〕尊公孫弘，及事益多，吏民巧。上分別文法，湯等數奏決讞以幸。而黯常毀儒，面觸弘等徒懷詐飾智以阿人主取容，而刀筆之吏專深文巧詆，〔三〕陷人於罔，以自爲功。上愈益貴弘、湯，弘、湯心疾黯，雖上亦不說也，〔四〕欲誅之以事。〔五〕弘爲丞相，乃言上曰：「右內史界部中多貴人宗室，難治，非素重臣弗能任，請徙黯爲右內史。」數歲，官事不廢。

〔一〕師古曰：「每因閒隙而言也。」
〔二〕師古曰：「鄉讀曰嚮。」
〔三〕師古曰：「詆，毀辱也，音丁禮反。」
〔四〕師古曰：「說讀曰悅。」
〔五〕師古曰：「以事致其罪而誅也。」

大將軍青既益尊，姊爲皇后，然黯與亢禮。或說黯曰：「自天子欲令羣臣下大將軍，〔一〕大將軍尊貴，誠重，君不可以不拜。」黯曰：「夫以大將軍有揖客，反不重耶？」〔二〕大將軍聞，愈賢黯，數請問以朝廷所疑，遇黯加於平日。

〔一〕師古曰：「下音胡稼反。」
〔二〕師古曰：「言能降貴以禮士，最爲重也。」

淮南王謀反，憚黯，曰：「黯好直諫，守節死義；至說公孫弘等，如發蒙耳。」〔一〕

〔一〕師古曰：「說音式銳反。」

上既數征匈奴有功，黯言益不用。

始黯列九卿矣，而公孫弘、張湯爲小吏。及弘、湯稍貴，與黯同位，黯又非毀弘、湯。已而弘至丞相封侯，湯御史大夫，黯時丞史皆與同列，或尊用過之。黯褊心，不能無少望，〔一〕見上，言曰：「陛下用羣臣如積薪耳，後來者居上。」黯罷，上曰：「人果不可以無學，觀汲黯之言，日益甚矣。」〔二〕

〔一〕師古曰：「褊，陿也。望，怨也。」
〔二〕師古曰：「言其鄙俚也。或曰，積薪之言出曾子，故云不可無學也。」

居無何，匈奴渾邪王帥衆來降，〔一〕漢發車二萬乘。縣官亡錢，從民貰馬。〔二〕民或匿馬，馬不具。上怒，欲斬長安令。黯曰：「長安令亡罪，獨斬臣黯，民乃肯出馬。且匈奴畔其主而降漢，徐以縣次傳之，何至令天下騷動，罷中國，甘心夷狄之人乎！」〔三〕上默然。後渾邪王至，賈人與市者，坐當死五百餘人。黯入，請閒，見高門，〔四〕曰：「夫匈奴攻當路塞，絕和親，中國舉兵誅之，死傷不可勝計，而費以鉅萬百數。〔五〕臣愚以爲陛下得胡人，皆以爲奴婢，賜從軍死者家；鹵獲，因與之，以謝天下，塞百姓之心。〔六〕今縱不能，渾邪帥數萬之衆來，虛府庫賞賜，發良民侍養，若奉驕子。愚民安知市買長安中而文吏繩以爲闌出財物如邊關乎？〔七〕陛下縱不能得匈奴之贏以謝天下，〔八〕又以微文殺無知者五百餘人，臣竊爲陛下弗取也。」上弗許，曰：「吾久不聞汲黯之言，今又復妄發矣。」後數月，黯坐小法，會赦，免官。於是黯隱於田園者數年。

〔一〕師古曰：「渾音胡昆反。」
〔二〕師古曰：「貰，賒買也。」
〔三〕師古曰：「罷讀曰疲。」
〔四〕晉灼曰：「三輔黃圖未央宮中有高門殿也。」
〔五〕師古曰：「即數百鉅萬也。」
〔六〕師古曰：「塞，滿也。」
〔七〕應劭曰：「闌，妄也。律，胡市，吏民不得持兵器及鐵出關。雖於京師市買，其法一也。」臣瓚曰：「無符傳出入爲闌也。」
〔八〕師古曰：「贏，餘也，音弋成反。」

會更立五銖錢，民多盜鑄錢者，楚地尤甚。上以爲淮陽，楚地之郊也，〔一〕召黯拜爲淮陽太守。黯伏謝不受印綬，詔數強予，然後奉詔。召上殿，黯泣曰：「臣自以爲填溝壑，不復見陛下，〔二〕不意陛下復收之。臣常有狗馬之心，〔三〕今病，力〔四〕不能任郡事。臣願爲中郎，出入禁闥，補過拾遺，臣之願也。」上曰：「君薄淮陽邪？吾今召君矣。〔五〕顧淮陽吏民不相

得，〔六〕吾徒得君重，〔七〕臥而治之。」黯既辭，過大行李息，曰：「黯棄逐居郡，不得與朝廷議矣。〔八〕然御史大夫湯智足以距諫，詐足以飾非，非肯正爲天下言，專阿主意。主意所不欲，因而毀之；主意所欲，因而譽之。好興事，舞文法，〔九〕內懷詐以御主心，外挾賊吏以爲重。公列九卿不早言之何？〔一〇〕公與之俱受其僇矣！」息畏湯，終不敢言。黯居郡如其故治，淮陽政清。後張湯敗，上聞黯與息言，抵息罪。令黯以諸侯相秩居淮陽。〔一一〕居淮陽十歲而卒。

〔一〕師古曰：「郊謂交道衝要之處也。」
〔二〕師古曰：「填音大賢反。」
〔三〕師古曰：「思報效。」
〔四〕師古曰：「力謂甚也。」
〔五〕師古曰：「言後即召也。」
〔六〕師古曰：「顧謂思念也。」
〔七〕師古曰：「徒，但也。重，威重也。」
〔八〕師古曰：「與讀曰豫。」
〔九〕如淳曰：「舞猶弄也。」
〔一〇〕師古曰：「言何不早言也。」

〔三〕如淳曰：「諸侯王相在郡守上，秩眞二千石。律，眞二千石月得百五十斛，歲凡得千八百石耳。二千石月得百二十斛，歲凡得一千四百四十石耳。」

卒後，上以黯故，官其弟仁至九卿，子偃至諸侯相。黯姊子司馬安亦少與黯爲太子洗馬。安文深巧善宦，四至九卿，以河南太守卒。昆弟以安故，同時至二千石十人。濮陽段宏始事蓋侯信，〔一〕信任宏，〔二〕宏亦再至九卿。然衞人仕者皆嚴憚汲黯，出其下。

〔一〕服虔曰：「景帝王皇后兄也。」

〔二〕蘇林曰：「任，保舉。」

鄭當時字莊，陳人也。其先鄭君嘗事項籍，籍死而屬漢。高祖令諸故項籍臣名籍，鄭君獨不奉詔。詔盡拜名籍者爲大夫，而逐鄭君。鄭君死孝文時。

當時以任俠自喜，脫張羽於阸，〔一〕聲聞梁楚間。孝景時，爲太子舍人。每五日洗沐，常置驛馬長安諸郊，〔二〕請謝賓客，夜以繼日，至明旦，常恐不徧。當時好黃老言，其慕長者，如恐不稱。〔三〕自見年少官薄，然其知友皆大父行，天下有名之士也。〔四〕

〔一〕服虔曰：「梁孝王將，楚相之弟也。」師古曰：「喜音許吏反。脫音佗活反。」

〔二〕如淳曰：「郊，交道四通處也，以請賓客便。」臣瓚曰：「長安四面郊祀之處，閑靜可以請賓客也。」師古曰：「二說

皆非也。此謂長安城外四面之郊耳。邑外謂之郊，近郊二十里。」

〔三〕師古曰：「恐不稱其意。」

〔四〕師古曰：「大父謂祖父。行音胡浪反。」

武帝卽位，當時稍遷爲魯中尉，濟南太守，江都相，至九卿爲右內史。以武安魏其時議，〔一〕貶秩爲詹事，遷爲大司農。

〔一〕師古曰：「議田蚡及竇嬰事。」

當時爲大吏，戒門下：「客至，亡貴賤亡留門（下）者。」執賓主之禮，以其貴下人。性廉，又不治產，卬奉賜給諸公。〔一〕然其餽遺人，不過具器食。〔二〕每朝，候上間說，未嘗不言天下長者。〔三〕其推轂士及官屬丞史，誠有味其言也。〔四〕常引以爲賢於己。未嘗名吏，與官屬言，若恐傷之。聞人之善言，進之上，唯恐後。山東諸公以此翕然稱鄭莊。

〔一〕師古曰：「卬音牛向反。奉音扶用反。」

〔二〕師古曰：「猶今言一盤食也。」

〔三〕師古曰：「候天子間隙之時，其所稱說，皆言長者也。」

〔四〕師古曰：「推轂，言薦擧人，如推轂之運轉也。有味者，其言甚美也。」

使視決河，自請治行五日。〔一〕上曰：「吾聞鄭莊行，千里不齎糧，治行者何也？」然當時在朝，常趨和承意，〔二〕不敢甚斥臧否。漢征匈奴，招四夷，天下費多，財用益屈。〔三〕當時爲大司農，任人賓客僦，〔四〕入多逋負。司馬安爲淮陽太守，發其事，當時以此陷罪，贖爲庶人。頃之，守長史。〔五〕遷汝南太守，數歲，以官卒。昆弟以當時故，至二千石者六七人。

〔一〕如淳曰：「治行，謂莊嚴。」

〔二〕師古曰：「趨讀曰趣。趣，向也。和音胡臥反。」

〔三〕師古曰：「屈，盡也，音其勿反。」

〔四〕晉灼曰：「當時爲大司農，而任使其賓客辜較作僦也。」師古曰：「僦謂受顧賃而載運也。言當時保任其賓客於司農載運也。僦音子就反。」

〔五〕如淳曰：「丞相長史也。」

當時始與汲黯列爲九卿，內行修。兩人中廢，賓客益落。〔一〕當時死，家亡餘財。

〔一〕師古曰：「落，散也。」

先是下邽翟公爲廷尉，〔一〕賓客亦塡門，〔二〕及廢，門外可設爵羅。〔三〕後復爲廷尉，客欲往，翟公大署其門〔四〕曰：「一死一生，乃知交情；一貧一富，乃知交態；一貴一賤，交情乃見。」〔五〕

〔一〕蘇林曰：「邽音圭，京兆縣名也。」

〔二〕師古曰：「塡，滿也，音田。」

〔三〕師古曰：「言其寂靜，無人行也。」

〔四〕師古曰：「署謂書之。」

〔五〕師古曰：「見音胡電反。」

贊曰：張釋之之守法，馮唐之論將，汲黯之正直，鄭當時之推士，不如是，亦何以成名哉！揚子以爲孝文親詘帝尊以信亞夫之軍，〔一〕曷爲不能用頗、牧？彼將有激云爾。〔二〕

〔一〕師古曰：「揚子，謂揚雄也。信讀曰伸。」

〔二〕師古曰：「謂馮唐欲理魏尙，故以此言激文帝也。」

校勘記

二三〇八頁三行　嚮讀曰（嚮）〔嚮〕，　景祐、殿本都作「嚮」，此誤。

二三一二頁九行　王恬（咸）〔啓〕　殿本作「啓」。王念孫說「咸」字誤。

二三一二頁一六行　今學者讀抔爲（抔）〔杯〕勺之（抔）〔杯〕，非也。（抔）〔杯〕非應盛土之物也。　殿本作「杯」，景祐本作「桮」。則是「桮」之誤。

二三一八頁一〇行　天下謂刀筆吏不可（謂）〔爲〕公卿，果然。　景祐、殿本都作「爲」。

二三二二頁五行　今病，力〔四〕不能任郡事。　注〔四〕在「力」字下，明顏讀「今病力」爲句。周壽昌說「力」字屬下句讀似較順。王先謙說周說是。

二三二四頁七行　亡貴賤亡留門（下）者。　宋祁說邵本無「下」字。按景祐本亦無「下」字，史記同。

漢書卷五十一

賈鄒枚路傳第二十一

賈山，潁川人也。祖父（祛）〔祛〕，故魏王時博士弟子也。〔一〕山受學（祛）〔祛〕，所言涉獵書記，不能爲醇儒。〔二〕嘗給事潁陰侯爲騎。〔三〕

〔一〕師古曰：「六國時魏也。」
〔二〕師古曰：「涉若涉水，獵若獵獸，言歷覽之不專精也。醇者，不雜也。」
〔三〕師古曰：「爲騎者，常騎馬而從也。」

孝文時，言治亂之道，借秦爲諭，名曰至言。其辭曰：

臣聞爲人臣者，盡忠竭愚，以直諫主，不避死亡之誅者，臣山是也。臣不敢以久遠諭，願借秦以爲諭，唯陛下少加意焉。

夫布衣韋帶之士，〔一〕修身於內，成名於外，而使後世不絕息。至秦則不然。貴爲天子，富有天下，賦斂重數，百姓任罷，〔二〕赭衣半道，羣盜滿山，〔三〕使天下之人戴目

而視，傾耳而聽。〔四〕一夫大謼，天下嚮應者，陳勝是也。〔五〕秦非徒如此也，起咸陽而西至雍，離宮三百，〔六〕鍾鼓帷帳，不移而具。又爲阿房之殿，殿高數十仞，〔七〕東西五里，南北千步，從車羅騎，四馬鶩馳，旌旗不橈。〔八〕爲宮室之麗至於此，使其後世曾不得聚廬而託處焉。爲馳道於天下，東窮燕齊，南極吳楚，江湖之上，瀕海之觀畢至。〔九〕道廣五十步，三丈而樹，厚築其外，隱以金椎，〔一〇〕樹以青松。爲馳道之麗至於此，使其後世曾不得邪徑而託足焉。死葬乎驪山，吏徒數十萬人，〔一一〕曠日十年。〔一二〕下徹三泉，〔一三〕合采金石，冶銅錮其內，桼塗其外，〔一四〕被以珠玉，飾以翡翠，〔一五〕中成觀游，上成山林。爲葬薶之侈至於此，使其後世曾不得蓬顆蔽冢而託葬焉。〔一六〕秦以熊羆之力，虎狼之心，蠶食諸侯，并吞海內，而不篤禮義，〔一七〕故天殃已加矣。臣昧死以聞，願陛下少留意而詳擇其中。〔一八〕

〔一〕師古曰：「言貧賤之人也。韋帶，以單韋爲帶，無飾也。」
〔二〕師古曰：「數，屢也。任謂役事也。罷讀曰疲，言疲於役使也。」
〔三〕師古曰：「犯罪者則衣赭衣，行道之人半著赭衣，言被罪者衆也。盜賊皆依山爲阻，故云滿山也。」
〔四〕師古曰：「戴目者，言常遠視，有異志也。傾耳而聽，言樂禍亂也。」
〔五〕師古曰：「謼字與呼同。謼，叫也，音火故反。嚮讀曰響。」
〔六〕師古曰：「（此）〔凡〕言離宮者，皆謂於別處置之，非常所居也。」

〔七〕師古曰：「阿房者，言殿之四阿皆爲房也。一說大陵曰阿，言其殿高若於阿上爲房也。房字或作旁，說云始皇作此殿，未有名，以其去咸陽近，且號阿旁。阿，近也。八尺曰仞。」
〔八〕師古曰：「橈，屈也。言庭之廣大，殿之高敞，衆騎馳鶩無所迫觸，建立旌旗不屈橈。橈音女孝反。」
〔九〕師古曰：「瀕，水涯也。瀕海，謂緣海之邊也。畢，盡也。瀕音頻，又音賓，字或作濱，音義同。」
〔一〇〕服虔曰：「作壁如甬道。隱築也，以鐵椎築之。」師古曰：「築令堅實而使隆高耳，不爲甬壁也。隱音於靳反。」
〔一一〕師古曰：「吏以督領，徒以役作也。」
〔一二〕師古曰：「曠，空也，廢也。言爲重役，空廢時日，積年歲也。」
〔一三〕師古曰：「三重之泉，言其深也。」
〔一四〕師古曰：「錮謂鑄而合之也，音固。」
〔一五〕應劭曰：「雄曰翡，雌曰翠。」臣瓚曰：「異物志云翡色赤而大於翠。」師古曰：「鳥各別類，非雄雌異名也。被音皮義反。」
〔一六〕服虔曰：「謂塊墣作冢，喻小也。」臣瓚曰：「蓬顆，猶裸顆小冢也。」晉灼曰：「東北人名土塊爲蓬顆。」師古曰：「諸家之說皆非。顆謂土塊。蓬顆，言塊上生蓬者耳。舉此以對冢上山林，故言蓬顆蔽冢也。顆音口果反。」
〔一七〕師古曰：「篤，厚也。」
〔一八〕師古曰：「中音竹仲反。」

臣聞忠臣之事君也，言切直則不用而身危，不切直則不可以明道，故切直之言，明主所欲急聞，忠臣之所以蒙死而竭知也。〔一〕地之磽者，雖有善種，不能生焉；〔二〕江皋

河瀕，雖有惡種，無不猥大。〔三〕昔者夏商之季世，雖關龍逢、箕子、比干之賢，身死亡而道不用。〔四〕文王之時，豪俊之士皆得竭其智，芻蕘採薪之人皆得盡其力，〔五〕此周之所以興也。故地之美者善養禾，君之仁者善養士。雷霆之所擊，無不摧折者；〔六〕萬鈞之所壓，無不糜滅者。今人主之威，非特雷霆也；〔七〕勢重，非特萬鈞也。開道而求諫，和顏色而受之，用其言而顯其身，士猶恐懼而不敢自盡，又乃況於縱欲恣行暴虐，惡聞其過乎！震之以威，壓之以重，〔八〕則雖有堯舜之智，孟賁之勇，豈有不摧折者哉？〔九〕如此，則人主不得聞其過失矣；弗聞，則社稷危矣。古者聖王之制，史在前書過失，工誦箴諫，〔一〇〕瞽誦詩諫，〔一一〕公卿比諫，〔一二〕士傳言諫（過），庶人謗於道，商旅議於市，〔一三〕然後君得聞其過失也。聞其過失而改之，見義而從之，所以永有天下也。天子之尊，四海之內，其義莫不爲臣。然而養三老於大學，親執醬而餽，執爵而酳，〔一四〕祝鶻在前，祝鯁在後，〔一五〕公卿奉杖，大夫進履，舉賢以自輔弼，求修正之士使直諫。〔一六〕故以天子之尊，尊養三老，視孝也；〔一七〕立輔弼之臣者，恐驕也；置直諫之士者，恐不得聞其過也；學問至於芻蕘者，求善無饜也；商人庶人誹謗已而改之，從善無不聽也。

〔一〕師古曰：「蒙，冒犯也。」
〔二〕師古曰：「磽，埆，瘠薄也。磽音口交反。」

〔三〕李奇曰:「皋,水邊淤地也。」師古曰:「猲,盛也。」

〔四〕服虔曰:「關龍逢,桀之忠臣也。」師古曰:「比干諫紂而紂殺之。論語曰『微子去之,箕子爲之奴,比干諫而死』。」

〔五〕師古曰:「芻,刈草也。蕘,草薪也。言執賤役者也。大雅板之詩曰『詢于芻蕘』。」

〔六〕師古曰:「霆,疾雷也,音廷。」

〔七〕師古曰:「特,獨也。」

〔八〕師古曰:「震,動也。」

〔九〕師古曰:「孟賁,古之勇士。賁音奔。」

〔一〇〕李奇曰:「古有誦詩之工,記過之史,常在君側也。」師古曰:「箴,戒也,音之林反。」

〔一一〕師古曰:「瞽,無目之人。」

〔一二〕李奇曰:「相親比而諫也,或曰比方事類以諫也。」師古曰:「比方是也。」

〔一三〕師古曰:「旅,衆也。」

〔一四〕師古曰:「餽字與饋同。進食曰餽。酳者,少少飲酒,謂食已而蕩口也,音胤。」

〔一五〕師古曰:「餲,古饐字,謂食不下也。以老人好饐餲,故爲備祝以祝之。」

〔一六〕師古曰:「修正,謂修身正行者。」

〔一七〕師古曰:「視讀曰示。」

昔者,秦政力并萬國,富有天下,破六國以爲郡縣,築長城以爲關塞。秦地之固,大小之勢,輕重之權,其與一家之富,一夫之彊,胡可勝計也!〔一〕然而兵破於陳涉,地奪

於劉氏者,何也?秦王貪狼暴虐,殘賊天下,窮困萬民,以適其欲也。〔二〕昔者,周蓋千八百國,以九州之民養千八百國之君,用民之力不過歲三日,什一而籍,〔三〕君有餘財,民有餘力,而頌聲作。〔四〕秦皇帝以千八百國之民自養,力罷不能勝其役,財盡不能勝其求。〔五〕一君之身耳,所以自養者馳騁弋獵之娛,天下弗能供也。〔六〕勞罷者不得休息,飢寒者不得衣食,亡罪而死刑者無所告訴,人與之爲怨,家與之爲讎,〔七〕故天下壞也。秦皇帝身在之時,天下已壞矣,而弗自知也。秦皇帝東巡狩,至會稽、琅邪,刻石著其功,自以爲過堯舜統;〔八〕縣石鑄鍾虡,〔九〕篩土築阿房之宮,〔一〇〕自以爲萬世有天下也。古者聖王作謚,三四十世耳,雖堯舜禹湯文武絫世廣德〔一一〕以爲子孫基業,無過二三十世者也。〔一二〕秦皇帝曰死而以謚法,是父子名號有時相襲也,以一至萬,則世世不相復也,〔一三〕故死而號曰始皇帝,其次曰二世皇帝者,欲以一至萬也。秦皇帝計其功德,度其後嗣,世世無窮,〔一四〕然身死纔數月耳,〔一五〕天下四面而攻之,宗廟滅絕矣。

〔一〕師古曰:「胡,何也。勝,盡也。」

〔二〕師古曰:「適,快也。」

〔三〕師古曰:「什一,謂十分之中公取一也。籍,借也,謂借人力也。一曰爲籌籍而稅之。」

〔四〕師古曰:「頌者,六詩之一,美盛德之形容,蓋帝王之嘉致。」

〔五〕師古曰:「勝,堪也。罷讀曰疲。次下亦同。」

〔六〕師古曰:「弋,繳射也。」

〔七〕師古曰:「言人人爲怨,家家爲讎。」

〔八〕如淳曰:「統,繼也。堯舜子不才,不能長世,而秦自以過堯舜,可至萬世也。」師古曰:「此說非也。統,治也。言自美功德,治理天下過於堯舜也。其下乃言以一至萬之事。」

〔九〕服虔曰:「縣石以爲磬也。」蘇林曰:「秦欲平天下法,使輕重如石之在稱也。」師古曰:「二說皆非也。縣,稱也。石,百二十斤。稱銅鐵之斤石以鑄鍾虡,言其奢泰也。虡,猛獸之名,謂鍾鼓之柎飾爲此獸。虡音鉅。」

〔一〇〕師古曰:「篩以竹簁爲之。篩音師。簁音山爾反。」

〔一一〕師古曰:「絫,古累字。」

〔一二〕張晏曰:「夏十七世,殷三十一世,周三十六世。」

〔一三〕師古曰:「復,重也,音扶目反。」

〔一四〕師古曰:「度音大各反。」

〔一五〕師古曰:「纔音財,暫也,淺也。」

秦皇帝居滅絕之中而不自知者何也?天下莫敢告也。其所以莫敢告者何也?亡養老之義,亡輔弼之臣,亡進諫之士,縱恣行誅,退誹謗之人,殺直諫之士,是以道諛媮合苟容,〔一〕比其德則賢於堯舜,課其功則賢於湯武,天下已潰而莫之告也。〔二〕

詩曰:「匪言不能,胡此畏忌,聽言則對,譖言則退。」此之謂也。〔三〕又曰:「濟濟多士,文王以寧。」〔四〕天下未嘗亡士也,然而文王獨言以寧者何也?文王好仁則仁興,得士而敬之則士用,用之有禮義。

〔一〕師古曰:「道讀曰導,導引主意於邪也。媮與偷同。」

〔二〕師古曰:「水旁決曰潰,言天下之(褱)〔壞〕如水潰。」

〔三〕師古曰:「此大雅桑柔之篇也。言賢者見事之是非,非不能分別言之,而不言者何也?此但畏忌犯顏得罪罰也。又言,言而見聽,則悉意答對;不見信受,則屏退也。今詩本云『聽言則對,誦言如醉』。說者又別爲義,與此不同。」

〔四〕師古曰:「此大雅文王之篇也。濟濟,多威儀也。此言文王以多士之故,能安天下也。」

故不致其愛敬,則不能盡其心;不能盡其心,則不能盡其力;不能盡其力,則不能成其功。故古之賢君於其臣也,尊其爵祿而親之;疾則臨視之亡數,〔一〕死則往弔哭之,臨其小斂大斂,已棺塗而後爲之服錫衰麻絰,〔二〕而三臨其喪;未斂不飲酒食肉,未葬不舉樂,當宗廟之祭而死,爲之廢樂。故古之君人者於其臣也,可謂盡禮矣;服法服,端容貌,正顏色,然後見之。故臣下莫敢不竭力盡死以報其上,功德立於後世,而令聞不忘也。〔三〕

〔一〕師古曰:「言心實憂念之,不爲禮飾也。」

〔二〕師古曰:「已棺,謂已大斂也。塗謂塗殯也。錫衰,十五升布,無事其縷者也。棺音工喚反。」

〔三〕師古曰：「令，善也。聞謂譽之聞也。」

今陛下念思祖考，術追厥功，〔一〕圖所以昭光洪業休德，〔二〕使天下舉賢良方正之士，天下皆訢訢焉，〔三〕曰將興堯舜之道，三王之功矣。天下之士莫不精白以承休德。〔四〕今方正之士皆在朝廷矣，又選其賢者使爲常侍諸吏，與之馳敺射獵，〔五〕一日再三出。臣恐朝廷之解弛，〔六〕百官之墮於事也，諸侯聞之，又必怠於政矣。

〔一〕師古曰：「術亦作述。」
〔二〕師古曰：「圖，謀也。休，美也。」
〔三〕師古曰：「訢讀與欣同。」
〔四〕師古曰：「厲精而爲潔白也。」
〔五〕師古曰：「敺與驅同。」
〔六〕師古曰：「解讀曰懈。弛，放也，音式爾反。」

陛下即位，親自勉以厚天下，損食膳，不聽樂，減外繇衞卒，止歲貢；省廄馬以賦縣傳，〔一〕去諸苑以賦農夫，出帛十萬餘匹以振貧民；禮高年，九十者一子不事，八十者二算不事；〔二〕賜天下男子爵，大臣皆至公卿；發御府金賜大臣宗族，亡不被澤者；赦罪人，憐其亡髮，賜之巾，憐其衣赭書其背，父子兄弟相見也，〔三〕而賜之衣。平獄緩刑，天下莫不說喜。〔四〕是以元年膏雨降，五穀登，此天之所以相陛下也。〔五〕刑輕

於它時而犯法者寡，衣食多於前年而盜賊少，此天下之所以順陛下也。〔六〕臣聞山東吏布詔令，民雖老羸癃疾，扶杖而往聽之，願少須臾毋死，思見德化之成也。今功業方就，名聞方昭，四方鄉風，〔七〕今從豪俊之臣，方正之士，直與之日日獵射，擊兔伐狐，以傷大業，絕天下之望，臣竊悼之。詩曰：「靡不有初，鮮克有終。」〔八〕臣不勝大願，願少衰射獵，以夏歲二月，〔九〕定明堂，造太學，修先王之道。風行俗成，萬世之基定，然後唯陛下所幸耳。〔一〇〕古者大臣不媟，〔一一〕故君子不常見其齊嚴之色，肅敬之容。〔一二〕大臣不得與宴游，〔一三〕方正修潔之士不得從射獵，使皆務其方以高其節，〔一四〕則羣臣莫敢不正身修行，盡心以稱大禮。〔一五〕如此，則陛下之道尊敬，功業施於四海，垂於萬世子孫矣。誠不如此，則行日壞而榮日滅矣。夫士修之於家，而壞之於天子之廷，臣竊愍之。陛下與眾臣宴游，與大臣方正朝廷論議。夫游不失樂，朝不失禮，議不失計，軌事之大者也。〔一六〕

〔一〕師古曰：「賦，給與也。傳音張戀反。」
〔二〕師古曰：「一子不事，蠲其賦役。二算不事，免二口之算賦也。」
〔三〕師古曰：「衣音於既反。」
〔四〕師古曰：「說讀曰悅。」
〔五〕師古曰：「相，助也。」
〔六〕師古曰：「天下之人也。」
〔七〕師古曰：「鄉讀曰嚮。」
〔八〕師古曰：「此大雅蕩之詩也。言人初始皆庶幾於善道，而少有能終之者。」
〔九〕師古曰：「時以十月爲歲首，則(爲)〔謂〕夏正之二月爲五月。今欲定制度，循於古法，故特云用夏歲二月也。夏音胡雅反。」
〔一〇〕師古曰：「言乃可恣意也。」
〔一一〕師古曰：「媟，狎也，音息列反。」
〔一二〕師古曰：「見，顯示也，音胡電反。」
〔一三〕師古曰：「安息曰宴。與讀曰豫。」
〔一四〕師古曰：「方，道也。一曰方謂廉隅也。」
〔一五〕師古曰：「稱，副也。」
〔一六〕師古曰：「軌，法度也。」

其後文帝除鑄錢令，山復上書諫，以爲變先帝法，非是。又訟淮南王無大罪，宜急令反國。又言柴唐子爲不善，足以戒。〔一〕章下詰責，〔二〕對以爲「錢者，亡用器也，而可以易富貴。富貴者，人主之操柄也，〔三〕令民爲之，是與人主共操柄，不可長也。」〔四〕其言多激切，善指事意，然終不加罰，所以廣諫爭之路也。其後復禁鑄錢云。

〔一〕鄧展曰：「淮南傳棘蒲侯柴武太子柴奇與士伍開章謀反。」

〔二〕師古曰：「以其所上之章，令有司詰問。」
〔三〕師古曰：「操，持也，音千高反。」
〔四〕師古曰：「長謂畜養也。言此事宜速禁絕，不可畜養。」

鄒陽，齊人也。漢興，諸侯王皆自治民聘賢。吳王濞招致四方游士，陽與吳嚴忌、枚乘等俱仕吳，皆以文辯著名。久之，吳王以太子事怨望，稱疾不朝，陰有邪謀，陽奏書諫。爲其事尚隱，惡指斥言，故先引秦爲諭，因道胡、越、齊、趙、淮南之難，然後乃致其意。其辭曰：

臣聞秦倚曲臺之宮，〔一〕懸衡天下，〔二〕畫地而不犯，兵加胡越；〔三〕至其晚節末路，張耳、陳勝連從兵之據，〔四〕以叩函谷，咸陽遂危。〔五〕何則？列郡不相親，萬室不相救也。今胡數涉北河之外，上覆飛鳥，下不見伏菟，〔六〕鬬城不休，救兵不止，死者相隨，輦車相屬，〔七〕轉粟流輸，千里不絕。何則？彊趙責於河間，〔八〕六齊望於惠后，〔九〕城陽顧於盧博，〔一〇〕三淮南之心思墳墓。〔一一〕大王不憂，臣恐救兵之不專，〔一二〕胡馬遂進窺於邯鄲，越水長沙，還舟青陽。〔一三〕雖使梁并淮陽之兵，下淮東，越廣陵，以遏越人之糧，漢亦折西河而下，北守漳水，以輔大國，胡亦益進，越亦益深。此臣之所爲大王患也。〔一四〕

〔一〕應劭曰：「始皇帝所治處也，若漢家未央宮。」師古曰：「倚，恃也，音於綺反。」

(二)服虔曰：「關西爲衡。」應劭曰：「衡，平也。」如淳曰：「衡猶稱之(權)〔衡〕也，言其懸法度於其上也。」師古曰：「此說秦自以爲威力彊固，非論平法也。下又言陳勝連從兵之據，則是說從橫之事耳。服釋是也。」

(三)師古曰：「盡地不犯者，法制之行也。」

(四)師古曰：「從音子容反。」

(五)師古曰：「叩，擊也。」

(六)蘇林曰：「言胡來入馬之盛，揚塵上覆飛鳥，下不見伏菟也。一曰，覆，蠱也。言上射飛鳥，下蠱伏菟也。」師古曰：「覆，蠱，是也，音芳目反。」

(七)師古曰：「屬，連也，音之欲反。」

(八)應劭曰：「趙幽王爲呂后所幽死，文帝立其長子遂爲趙王，取趙之河間立遂弟辟彊爲河間王，至子哀王無嗣，國除，遂欲復還得河間。」

(九)孟康曰：「高后割齊濟南郡爲呂(王)台奉邑，又割琅邪郡封營陵侯劉澤爲琅邪王。文帝乃立悼惠王六子爲王。言六齊不保今日之恩，而追怨惠帝與呂后也。一說惠帝二年悼惠王入朝，呂后欲鴆殺之，獻城陽郡，尊魯元公主，得免，六子以此怨之。」

(十)孟康曰：「城陽王喜也。喜父章與弟興居討諸呂有功，本當盡以趙地王章，梁地王興居。文帝聞其欲立齊王，更以二郡王之。章失職，歲餘薨。興居謀死。盧博，濟北王治處，喜顧念而怨也。」

(十一)張晏曰：「淮南厲王三子爲三王，念其父見遷殺，思墓，欲報怨也。」師古曰：「三子爲王，謂淮南、衡山、濟北也。」

(十二)孟康曰：「不專救漢也。」如淳曰：「皆自私怨宿忿，不能爲吳也。若吳舉兵反，天子來討，謂四國但有意，不敢相

救也。」師古曰：「二說皆非也。言諸國各有私怨，欲申其志，不肯專爲吳，非不敢相救也。」

(十三)張晏曰：「青陽，地名。還舟，旋舟船也。言胡爲趙難，越爲吳難，不可恃也。」

(十四)應劭曰：「時趙王遂北通匈奴，吳王濞亦事三越，故鄒陽微言胡越亦自受敵，救兵之不專也。胡馬故曰進，越水故曰深。」蘇林曰：「折，截也。陽知吳王陰通諸齊、趙、淮南、胡、越，欲諫不敢指斥言，故陳胡、越之難，齊、趙之怨，微言梁并淮陽兼越人之壖，漢折西河以輔大國，以破壞其計。欲隱其辭，故豫言胡益進，越益深，爲大王患之，以錯亂其語，若吳爲憂助漢者也。自此以下，乃致其意焉。」師古曰：「蘇說是。」

臣聞交龍襄首奮翼，則浮雲出流，霧雨咸集。(一)聖王底節修德，則游談之士歸義思名。(二)今臣盡智畢議，易精極慮，(三)則無國不可奸；(四)飾固陋之心，則何王之門不可曳長裾乎？然臣所以歷數王之朝，背淮千里而自致者，非惡臣國而樂吳民也，竊高下風之行，尤說大王之義。(五)故願大王之無忽，察聽其志。

(一)師古曰：「襄，舉也。」

(二)師古曰：「底，厲也，音指。」

(三)如淳曰：「改易精思以極盡謀慮也。」

(四)師古曰：「奸音干。」

(五)師古曰：「言在下風側聽，高尚美悅大王之行義也。說讀曰悅。」

臣聞鷙鳥絫百，不如一鶚。(一)夫全趙之時，(二)武力鼎士袨服叢臺之下者一旦成市，(三)而不能止幽王之湛患。(四)淮南連山東之俠，死士盈朝，不能還厲王之西也。(五)然而計議不得，雖諸、賁不能安其位，亦明矣。(六)故願大王審畫而已。(七)

(一)孟康曰：「鶚，大鵰也。」如淳曰：「鷙鳥比諸侯，鶚比天子。」師古曰：「鷙擊之鳥，鷹鸇之屬也。鶚自大鳥而鷙者耳，非鵰也。絫，古累字。鶚音愕。」

(二)服虔曰：「全趙，趙未分之時。」

(三)師古曰：「袨服，盛服也。鼎士，舉鼎之士也。叢臺，趙王之臺也，在邯鄲。袨音州縣之縣。」

(四)師古曰：「幽王謂趙幽王友也。湛讀曰沈。沈患，言幽王爲呂后所幽死。」

(五)師古曰：「厲王，淮南厲王長也。西謂廢遷嚴道而死於雍也。」

(六)師古曰：「諸謂專諸，賁謂孟賁，皆古勇士也。」

(七)師古曰：「畫，計也，音獲。」

始孝文皇帝據關入立，寒心銷志，不明求衣。(一)自立天子之後，使東牟朱虛東褒義父之後，(二)深割嬰兒王之。(三)壤子王梁、代，(四)益以淮陽。卒仆濟北，囚弟於雍者，豈非象新垣平等哉！(五)今天子新據先帝之遺業，左規山東，右制關中，變權易勢，大臣難知。大王弗察，臣恐周鼎復起於漢，新垣過計於朝，(六)則我吳遺嗣，不可期於世矣。(七)高皇帝燒棧道，水章邯，(八)兵不留行，(九)收弊民之倦，東馳函谷，西楚大破。(十)水攻則章邯以亡其城，陸擊則荊王以失其地，(十一)此皆國家之不幾者也。(十二)願

大王孰察之。

(一)張晏曰：「據函谷關立爲天子，諸國聞文帝入關爲之寒心散志也。求衣，夜索衣著，不及待明，意不安也。」臣瓚曰：「文帝入關而立，以天下多難，故乃寒心戰慄，未明而起。」師古曰：「瓚說是。」

(二)應劭曰：「天下已定，文帝遣朱虛侯章東喻齊王，嘉其首舉兵，欲誅諸呂，猶春秋褒邾儀父也。」師古曰：「立天子，謂立爲天子也。義讀曰儀。父讀曰甫。」

(三)應劭曰：「封齊王六子爲王，其中有小小嬰兒者，文帝於骨肉厚也。或曰，皇子武爲代王，參爲太原王，揖爲梁王。」師古曰：「或說是也。」

(四)如淳曰：「文帝之二子。」晉灼曰：「揚雄方言『梁益之間，所愛謂其肥盛曰壤』。或曰，言深割嬰兒王之壤。壤，土也。壤字當上屬也。」師古曰：「或說非也。」

(五)應劭曰：「仆，僵仆也。濟北王興居反，見誅。囚弟於雍者，淮南王長有罪，見徙，死於雍。所以然者，坐二國有姦臣如新垣平等，勸王共反。」師古曰：「仆音赴。」

(六)如淳曰：「新垣平詐言『鼎在泗水中，臣望東北汾陰有金寶氣，鼎其在乎？弗迎，則不至』。爲吳計者，猶新垣平之言，周鼎終不可得也。」服虔曰：「過，誤也。」

(七)師古曰：「言吳當絕滅無遺嗣也。」

(八)應劭曰：「章邯爲雍王，高祖以水灌其城，破之也。」

(九)師古曰：「言無所稽留，不廢於行。」

(十)張晏曰：「項羽自號西楚霸王。」

〔二〕如淳曰：「荆亦楚也，謂項羽敗走。」

〔三〕應劭曰：「曾不可庶幾也。」李奇曰：「不但幾微，乃著見也。或曰幾，危也。此數事於國家皆無危險之慮也。」師古曰：「言漢朝之安，諸侯不當妄起邪意。應說是也。」

吳王不內其言。

是時，景帝少弟梁孝王貴盛，亦待士。於是鄒陽、枚乘、嚴忌知吳不可說，皆去之梁，從孝王游。

陽爲人有智略，忼慨不苟合，〔一〕介於羊勝、公孫詭之間。〔二〕勝等疾陽，惡之孝王。〔三〕孝王怒，下陽吏，將殺之。陽客游以讒見禽，恐死而負絫，〔四〕乃從獄中上書曰：

〔一〕師古曰：「忼音口朗反。」

〔二〕師古曰：「介謂閒廁也。」

〔三〕師古曰：「惡謂讒毀也。其下亦同。」

〔四〕師古曰：「絫音力瑞反。」

臣聞忠無不報，信不見疑，臣常以爲然，徒虛語耳。昔荆軻慕燕丹之義，白虹貫日，太子畏之；〔一〕衞先生爲秦畫長平之事，太白食昴，昭王疑之。〔二〕夫精（誠）變天地而信不諭兩主，豈不哀哉！今臣盡忠竭誠，畢議願知，〔三〕左右不明，卒從吏訊，爲世所

疑。〔四〕是使荆軻、衞先生復起，而燕、秦不寤也。願大王孰察之。

〔一〕應劭曰：「燕太子丹質於秦，始皇遇之無禮，丹亡去，厚養荆軻，令西刺秦王。精誠感天，白虹爲之貫日也。」如淳曰：「白虹，兵象，日爲君，爲燕丹表可克之兆。」師古曰：「精誠若斯，太子尚畏而不信也。太白食昴，義亦如之。」

〔二〕蘇林曰：「白起爲秦伐趙，破長平軍，欲遂滅趙，遣衞先生說昭王益兵糧，爲應侯所害，事用不成。其精誠上達於天，故太白爲之食昴。昴，趙分也，將有兵，故太白食昴。食，干歷之也。」如淳曰：「太白，天之將軍。」

〔三〕張晏曰：「盡其計議，願王知之。」

〔四〕師古曰：「言左右不明者，不欲斥王也。訊謂鞫問也，音信。」

昔玉人獻寶，楚王誅之；〔一〕李斯竭忠，胡亥極刑。〔二〕是以箕子陽狂，接輿避世，〔三〕恐遭此患也。願大王察玉人、李斯之意，而後楚王、胡亥之聽，〔四〕毋使臣爲箕子、接輿所笑。臣聞比干剖心，子胥鴟夷，〔五〕臣始不信，乃今知之。願大王孰察，少加憐焉！

〔一〕應劭曰：「卞和得玉璞，獻之武王，王示玉人，曰石也，刖其右足。武王歿，復獻文王，玉人復曰石也，刖其左足。至成王時，抱其璞哭於郊，乃使玉人攻之，果得寶玉也。」

〔二〕張晏曰：「李斯諫二世以正，而二世殺之，具五刑。」

〔三〕張晏曰：「接輿，楚賢人，陽狂避世。」師古曰：「輿音弋於反。」

〔四〕師古曰：「以謬聽爲後。後猶下也。」

〔五〕應劭曰：「吳王取馬革爲鴟夷，受子胥，沈之江。鴟夷，榼形。」師古曰：「鴟夷，即今之盛酒鴟夷幐。」

語曰「有白頭如新，〔一〕傾蓋如故」。〔二〕何則？知與不知也。故樊於期逃秦之燕，藉荆軻首以奉丹事；〔三〕王奢去齊之魏，臨城自剄以卻齊而存魏。〔四〕夫王奢、樊於期非新於齊、秦而故於燕、魏也，所以去二國死兩君者，行合於志，慕義無窮也。是以蘇秦不信於天下，爲燕尾生；〔五〕白圭戰亡六城，爲魏取中山。〔六〕何則？誠有以相知也。蘇秦相燕，人惡之燕王，燕王按劍而怒，食以駃騠；〔七〕白圭顯於中山，〔八〕人惡之於魏文侯，文侯賜以夜光之璧。何則？兩主二臣，剖心析肝相信，〔九〕豈移於浮辭哉！〔一〇〕

〔一〕孟康曰：「初相識至白頭不相知。」

〔二〕文穎曰：「傾蓋，猶交蓋駐車也。」

〔三〕張晏曰：「於期爲秦將，被讒走之燕。始皇滅其家，又重購之。燕遣荆軻欲刺秦王，於期自刎首，令軻齎往。」師古曰：「之，往也。藉，假也。」

〔四〕孟康曰：「王奢，齊臣也，亡至魏。其後齊伐魏，奢登城謂齊將曰：『今君之來，不過以奢故也，義不苟生，以爲魏累。』遂自剄也。」

〔五〕服虔曰：「蘇秦於秦不出其信，於燕則出尾生之信也。」晉灼曰：「說齊宣王使還燕十城，又令閔王厚葬以弊齊，終死爲燕也。」師古曰：「尾生，古之信士，守志亡軀，故以爲喻。」

〔六〕張晏曰：「白圭爲中山將，亡六城，君欲殺之，亡入魏，魏文侯厚遇之，還拔中山。」

〔七〕孟康曰：「駃騠，駿馬也，生七日而超其母。敬重蘇秦，雖有讒謗，而更食以珍奇之味。」師古曰：「食讀曰飤。駃音決。騠音題。」

〔八〕師古曰：「以拔中山之功而尊顯也。」

〔九〕師古曰：「析，分也。」

〔一〇〕師古曰：「不以浮說而移心。」

故女無美惡，入宮見妒；士無賢不肖，入朝見嫉。昔司馬喜臏腳於宋，卒相中山；〔一〕范睢拉脅折齒於魏，卒爲應侯。〔二〕此二人者，皆信必然之畫，捐朋黨之私，挾孤獨之交，故不能自免於嫉妒之人也。〔三〕是以申徒狄蹈雍之河，〔四〕徐衍負石入海。〔五〕不容於世，義不苟取比周於朝以移主上之心。〔六〕故百里奚乞食於道路，繆公委之以政；〔七〕甯戚飯牛車下，桓公任之以國。〔八〕此二人者，豈素宦於朝，借譽於左右，然後二主用之哉？感於心，合於行，堅如膠桼，昆弟不能離，豈惑於衆口哉？故偏聽生姦，獨任成亂。昔魯聽季孫之說逐孔子，〔九〕宋任子冉之計囚墨翟。〔一〇〕夫以孔、墨之辯，不能自免於讒諛，而二國以危。何則？衆口鑠金，積毀銷骨也。〔一一〕秦用戎人由余而伯中國，〔一二〕齊用越人子臧而彊威、宣。〔一三〕此二國豈係於俗，牽於世，繫奇偏之浮辭哉？

公聽並觀，垂明當世。〔四〕故意合則胡越爲兄弟，由余、子臧是矣；不合則骨肉爲讎敵，朱、象、管、蔡是矣。〔五〕今人主誠能用齊、秦之明，後宋、魯之聽，則五伯不足侔，而三王易爲也。〔六〕

〔一〕蘇林曰：「六國時人，被此刑也。」

〔二〕應劭曰：「魏人也。魏相魏齊疑其以國陰事告齊，乃掠笞數百，拉脅折齒。」師古曰：「後入秦爲相，封爲應侯。拉，摧也，音盧合反。」

〔三〕師古曰：「言直道而行，不求朋黨之助，謂忠信必可恃也。晝，計也，音獲。」

〔四〕服虔曰：「殷之末世(人)〔介士〕也。雍之河，雍州之河也。」師古曰：「雍者，河水溢出爲小流也。言狄初因蹈雍，遂入大河也。爾雅曰『水自河出爲雍』，又曰『江有沱，河有雍』。雍音於龍反。服虔曰雍州之河，非也。」

〔五〕服虔曰：「周之末世人也。」師古曰：「負石者，欲速沈也。」

〔六〕師古曰：「比音頻寐反。」

〔七〕應劭曰：「虞人也，聞秦繆公賢，欲往干之，乏資，乞食以自致也。」

〔八〕應劭曰：「齊桓公夜出迎客，甯戚疾擊其牛角，高歌曰：『南山矸，白石爛，生不逢堯與舜禪。短布單衣適至骭，從昬飯牛薄夜半，長夜曼曼何時旦！』桓公召與語，說之，以爲大夫。」師古曰：「矸字與岸同。骭，脛也。薄，止也。骭音下諫反。曼音莫幹反。」

〔九〕師古曰：「季孫，魯大夫季桓子也，名斯。論語云『齊人歸女樂，季桓子受之，三日不朝，孔子行』。蓋桓子故使定公受齊之女樂，欲令去孔子也。」

〔一〇〕文穎曰：「子冉，子罕也。」

〔一一〕師古曰：「美金見毀，衆共疑之，數被燒鍊，以至銷鑠。讒佞之人，肆其詐巧，離散骨肉，而不覺知。」

〔一二〕師古曰：「伯讀曰霸。」

〔一三〕師古曰：「齊之二王謚也。」

〔一四〕師古曰：「公聽，言不私也。並觀，所見齊同也。」

〔一五〕師古曰：「朱，丹朱，堯子。象，舜弟。管、蔡，周之二叔也。」

〔一六〕師古曰：「侔，等也。伯讀曰霸。」

是以聖王覺寤，(捐)〔捐〕子之之心，而不說田常之賢，〔一〕封比干之後，修孕婦之墓，〔二〕故功業覆於天下。〔三〕何則？欲善亡厭也。夫晉文親其讎，彊伯諸侯；齊桓用其仇，而一匡天下。〔四〕何則？慈仁殷勤，誠加於心，不可以虛辭借也。

〔一〕應劭曰：「燕王噲賢其相子之，欲禪以燕國，國乃大亂。田常，陳恆也。齊簡公悅之，而殺簡公。今使人君去此心，則國家安全也。」師古曰：「說讀曰悅。」

〔二〕應劭曰：「紂刳妊者，觀其胎產。」師古曰：「武王克商，反其故政，乃封修之。」

〔三〕師古曰：「覆猶被也。」

〔四〕張晏曰：「寺人勃鞮爲晉獻公逐文公，斬其袪。及文公即位，用其言以免呂郤之難。管仲射中桓公帶鉤，而用爲相。」師古曰：「伯讀爲霸。下皆類此。」

至夫秦用商鞅之法，東弱韓、魏，立彊天下，卒車裂之。〔一〕越用大夫種之謀，禽勁吳而伯中國，遂誅其身。是以孫叔敖三去相而不悔，〔二〕於陵子仲辭三公爲人灌園。〔三〕今人主誠能去驕傲之心，懷可報之意，披心腹，見情素，〔四〕墮肝膽，施德厚，〔五〕終與之窮達，無愛於士，〔六〕則桀之犬可使吠堯，跖之客可使刺由，〔七〕何況因萬乘之權，假聖王之資乎！然則(荆)〔荊〕軻湛七族，要離燔妻子，豈足爲大王道哉！〔八〕

〔一〕師古曰：「卒，終也。」

〔二〕師古曰：「叔敖三爲楚相，而三去之。繒丘之封人謂之曰：『吾聞處官久者士妒之，祿厚者衆怨之，位尊者君恨之。今相國有此三者，而不得罪於楚之士衆，(仕)〔何〕也？』叔敖曰：『吾三相楚而(不)〔身〕愈卑，每益祿而施愈博，位滋尊而禮愈恭，是以不得罪於楚人也。』」

〔三〕師古曰：「於陵，地名也。子仲，陳仲子也。其先與齊同族，兄戴爲齊相，仲子以爲不義，乃將妻子適楚，居于於陵，自謂於陵子仲。楚王聞其賢，使使者持金百鎰聘之，欲以爲相。仲子不許，遂夫妻相與逃，而爲人灌園，終身不屈其節。」

〔四〕師古曰：「見，顯示之也。素謂心所向也。」

〔五〕師古曰：「墮，毁也，音火規反。」

〔六〕師古曰：「無所吝惜也。」

〔七〕應劭曰：「盜跖之客爲其人使刺由。由，許由也。」師古曰：「此言被之以恩，則用命也。」

〔八〕應劭曰：「荊軻爲燕刺秦始皇，不成而死，其族坐之。湛，沒也。吳王闔閭欲殺王子慶忌，要離詐以罪亡，令吳王燔其妻子。要離走見慶忌，以劍刺之。」張晏曰：「七族，上至曾祖，下至曾孫。」師古曰：「此說云湛七族，無荊字也。尋諸史籍，荊軻無湛族之事，不知陽所云者定何人也。湛讀曰沈。」

臣聞明月之珠，夜光之璧，以闇投人於道，衆莫不按劍相眄者。何則？無因而至前也。蟠木根柢，輪囷離奇，〔一〕而爲萬乘器者，以左右先爲之容也。〔二〕故無因而至前，雖出隨珠和璧，祇怨結而不見德；〔三〕有人先游，則枯木朽株，樹功而不忘。〔四〕今夫天下布衣窮居之士，身在貧羸，〔五〕雖蒙堯、舜之術，挾伊、管之辯，〔六〕懷龍逢、比干之意，而素無根柢之容，雖竭精神，欲開忠於當世之君，〔七〕則人主必襲按劍相眄之迹矣。〔八〕是使布衣之士不得爲枯木(巧)〔朽〕株之資也。

〔一〕蘇林曰：「柢音蔕。」張晏曰：「柢，根下本也。輪囷離奇，委曲盤戾也。」師古曰：「蟠木，屈曲之木也。囷音去輪反。離音力爾反。奇音於綺反。一曰離奇各讀如本字。」

〔二〕師古曰：「萬乘器，天子車輿之屬也。容謂彫刻加飾。」

〔三〕師古曰：「隨國之侯見大蛇傷者，療而愈之，蛇銜明珠以報其德，故稱隨珠。和氏之璧，即下和所獻之玉耳。祇，適也，音支。」

〔四〕師古曰：「先游，謂進納之也。樹，立也。」

〔五〕師古曰：「衣食不充，故羸瘦也。一曰羸謂無威力。」

〔六〕師古曰：「伊，伊尹。管，管仲。」
〔七〕師古曰：「閑謂陳說也。」
〔八〕師古曰：「轋，軍也。言蹤其故跡也。」

是以聖王制世御俗，獨化於陶鈞之上，〔一〕而不牽乎卑辭之語，不奪乎衆多之口。〔二〕故秦皇帝任中庶子蒙〔嘉〕之言，〔三〕以信荆軻，而匕首竊發；〔四〕周文王獵涇渭，載呂尚歸，以王天下。〔五〕秦信左右而亡，周用烏集而王。〔六〕何則？以其能越攣拘之語，馳域外之議，〔七〕獨觀乎昭曠之道也。〔八〕

〔一〕張晏曰：「陶家名模下圓轉者爲鈞，以其制器爲大小，比之於天也。」師古曰：「此說非也。陶家名轉者爲鈞，蓋取周回調鈞耳。言聖王制馭天下，亦猶陶人轉鈞，非陶家轉象天也。」
〔二〕師古曰：「奪者，言欲行善道而爲佞人奪其計也。」
〔三〕師古曰：「蒙者，庶子名也。今流俗書本蒙下輒加恬字，非也。」
〔四〕師古曰：「匕首，短劍也。其首類匕，便於用也。」
〔五〕應劭曰：「西伯出遇呂尚於渭之陽，與語大悅，因載歸。」
〔六〕師古曰：「言文王之得太公，非因舊故，若烏鳥之暴集。」
〔七〕師古曰：「攣音力全反。」
〔八〕師古曰：「昭，明也。曠，廣也。」

今人主沈諂諛之辭，牽帷廧之制，〔一〕使不羈之士與牛驥同皁，〔二〕此鮑焦所以憤於世也。〔三〕

〔一〕孟康曰：「言爲左右便辟侍帷廧臣妾所見牽制矣。」
〔二〕師古曰：「不羈，言才識高遠不可羈係也。皁，歷也。揚雄方言云『梁、宋、齊、楚、燕之間謂歷曰皁』。皁音在早反。」
〔三〕孟康曰：「周之介士也。」師古曰：「鮑焦怨時之不用己，采蔬於道。子貢難曰：『非其時而採其蔬，此焦之有哉？』棄其蔬，乃立枯於洛水之上。蔬謂菜也。」

臣聞盛飾入朝者不以私汙義，底厲名號者不以利傷行。〔一〕故里名勝母，曾子不入；〔二〕邑號朝歌，墨子回車。〔三〕今欲使天下寥廓之士籠於威重之權，脅於位勢之貴，〔四〕回面汙行，以事諂諛之人，〔五〕而求親近於左右，則士有伏死堀穴巖藪之中耳，〔六〕安有盡忠信而趨闕下者哉！

〔一〕師古曰：「底厲，言其自修廉隅，若磨厲於石也。」
〔二〕師古曰：「曾子至孝，以勝母之名不順，故不入也。」
〔三〕晉灼曰：「紂作朝歌之音。朝歌者，不時也。」師古曰：「朝歌，殷之邑名也。淮南子云『墨子非樂，不入朝歌』。」
〔四〕師古曰：「寥廓，遠大之度也。脅，迫也。寥音聊。」
〔五〕師古曰：「回，邪也。汙，不絜也，音一故反。或曰汙，曲也，音一胡反。」

〔九〕師古曰：「堀與窟同。澤無水曰藪。」

書奏孝王，孝王立出之，卒爲上客。

初，勝、詭欲使王求爲漢嗣，王又嘗上書，願賜容車之地徑至長樂宮，自使梁國士衆築作甬道朝太后。爰盎等皆建以爲不可。〔一〕天子不許。梁王怒，令人刺殺盎。上疑梁殺之，使者冠蓋相望責梁王。梁王始與勝、詭有謀，陽爭以爲不可，故見讒。枚先生、嚴夫子皆不敢諫。〔二〕

〔一〕師古曰：「建謂立議。」
〔二〕師古曰：「先生，枚乘。夫子，嚴忌。」

及梁事敗，勝、詭死，孝王恐誅，乃思陽言，深辭謝之，齎以千金，令求方略解罪於上者。陽素知齊人王先生，〔一〕年八十餘，多奇計，即往見，語以其事。王先生曰：「難哉！人主有私怨深怒，欲施必行之誅，誠難解也。以太后之尊，骨肉之親，猶不能止，況臣下乎？昔秦始皇有伏怒於太后，羣臣諫而死者以十數。得茅焦爲廓大義，〔二〕始皇非能說其言也，乃自彊從之耳。〔三〕茅焦亦廑脫死如毛氂耳，〔四〕故事所以難者也。今子欲安之乎？」〔五〕陽曰：「鄒魯守經學，齊楚多辯知，韓魏時有奇節，吾將歷問之。」王先生曰：「子行矣。還，過我而西。」

〔一〕師古曰：「素與相知也。」
〔二〕鄭氏曰：「齊人也。」應劭曰：「茅焦諫云：『陛下車裂假父，有嫉妒之心；囊撲兩弟，有不慈之名；遷母咸陽，有不孝之行。臣竊爲陛下危之。臣所言畢。』乃解衣趣鑊。始皇下殿，左手接之曰：『先生起矣！』即迎太后，遂爲母子如初。」
〔三〕師古曰：「說讀曰悅。」
〔四〕師古曰：「廑，少也。言纔免於死也。廑音巨刃反。」
〔五〕師古曰：「安，焉也。之，往也。」

鄒陽行月餘，莫能爲謀，還過王先生，曰：「臣將西矣，爲如何？」王先生曰：「吾先日欲獻愚計，以爲衆不可蓋，〔一〕竊自薄陋不敢道也。若子行，必往見王長君，士無過此者矣。」鄒陽發寤於心，曰：「敬諾。」辭去，不過梁，徑至長安，因客見王長君。長君者，王美人兄也，後封爲蓋侯。鄒陽留數日，乘間而請曰：〔二〕「臣非爲長君無使令於前，故來侍也；〔三〕愚戇竊不自料，願有謁也。」〔四〕長君跪曰：「幸甚。」陽曰：「竊聞長君弟得幸後宮，天下無有，〔五〕而長君行迹多不循道理者。今爰盎事即窮竟，梁王恐誅。如此，則太后怫鬱泣血，無所發怒，〔六〕切齒側目於貴臣矣。臣恐長君危於絫卵，〔七〕竊爲足下憂之。」長君懼然曰：「將爲之柰何？」〔八〕陽曰：「長君誠能精爲上言之，得毋竟梁事，長君必固自結於太后。太

后厚德長君，入於骨髓，而長君之弟幸於兩宮，〔九〕金城之固也。〔一〇〕又有存亡繼絕之功，德布天下，名施無窮，願長君深自計之。昔者，舜之弟象日以殺舜爲事，〔一一〕及舜立爲天子，封之於有卑。〔一二〕夫仁人之於兄弟，無藏怒，無宿怨，厚親愛而已，是以後世稱之。魯公子慶父使僕人殺子般，〔一三〕獄有所歸，〔一四〕季友不探其情而誅焉；〔一五〕慶父親殺閔公，季子緩追免賊，〔一六〕春秋以爲親親之道也。〔一七〕魯哀姜薨於夷，孔子曰『齊桓公法而不譎』，以爲過也。〔一八〕以是說天子，徼幸梁事不奏。」長君曰：「諾。」乘間入而言之。及韓安國亦見長公主，事果得不治。

〔一〕師古曰：「蜜，覆蔽也。」
〔二〕師古曰：「間謂空隙無事之時。」
〔三〕師古曰：「使令，謂役使之人也。令音力成反。」
〔四〕師古曰：「料，量也。謁，告也。」
〔五〕師古曰：「言獨一耳，無所比類也。」
〔六〕師古曰：「怫鬱，蘊積也。怫音佛。」
〔七〕師古曰：「絫卵者，言其將隤而破碎也。」
〔八〕師古曰：「懼讀曰瞿，音居具反。瞿然，無守之貌。」
〔九〕如淳曰：「太后宮及帝宮也。」

〔一〇〕師古曰：「言其榮寵無極不可壞，故取喻於金城也。」
〔一一〕師古曰：「言日日欲殺也。」
〔一二〕服虔曰：「音畀予之畀也。」師古曰：「地名也，音鼻，今鼻亭是也，在零陵。」
〔一三〕師古曰：「慶父，莊公弟也。子般，莊公太子也。僕人，即鄧扈樂也。父讀曰甫。般字與班同。」
〔一四〕師古曰：「歸罪於鄧扈樂也。」
〔一五〕師古曰：「季友，慶父之弟，不探慶父本情而誅扈樂。」
〔一六〕師古曰：「慶父出奔，季友緩而不追，免其賊亂之罪。」
〔一七〕師古曰：「公羊之說也，言季友親其兄也。」
〔一八〕師古曰：「哀姜，莊公夫人也，淫於二叔，而豫殺閔公，齊人殺之於夷。夷，齊地也。法而不譎者，言守法而行，不能用權以免其親也。」

初，吳王濞與七國謀反，及發，齊、濟北兩國城守不行。漢既破吳，齊王自殺，不得立嗣。濟北王亦欲自殺，幸全其妻子。齊人公孫玃謂濟北王曰：〔一〕「臣請試爲大王明說梁王，通意天子，說而不用，死未晚也。」公孫玃遂見梁王，曰：「夫濟北之地，東接彊齊，南牽吳越，北脅燕趙，此四分五裂之國，〔二〕權不足以自守，勁不足以扞寇，〔三〕又非有奇怪云以待難也，〔四〕雖墜言於吳，非其正計也。〔五〕昔者鄭祭仲許宋人立公子突以活其君，非義也，春秋記之，爲其以生易死，以存易亡也。〔六〕鄉使濟北見情實，示不從之端，〔七〕則吳必先歷齊畢濟北，〔八〕招燕、趙而總之。如此，則山東之從結而無隙矣。〔九〕今吳楚之王練諸侯之兵，敺白徒之衆，〔一〇〕西與天子爭衡，濟北獨底節堅守不下。使吳失與而無助，跬步獨進，〔一一〕瓦解土崩，破敗而不救者，未必非濟北之力也。夫以區區之濟北而與諸侯爭彊，〔一二〕是以羔犢之弱而扞虎狼之敵也。守職不橈，可謂誠一矣。〔一三〕功義如此，尚見疑於上，脅肩低首，絫足撫衿，〔一四〕使有自悔不前之心，〔一五〕非社稷之利也。臣恐藩臣守職者疑之。臣竊料之，〔一六〕能歷西山，徑長樂，抵未央，攘袂而正議者，獨大王耳。〔一七〕上有全亡之功，下有安百姓之名，德淪於骨髓，〔一八〕恩加於無窮，願大王留意詳惟之。」〔一九〕孝王大說，〔二〇〕使人馳以聞。濟北王得不坐，徙封於菑川。

〔一〕師古曰：「玃音俱略反。」
〔二〕張晏曰：「四方受敵，濟北居中爲五。」晉灼曰：「四分，即交五而裂，如田字也。」
〔三〕師古曰：「扞，禦也，音胡旦反。」
〔四〕如淳曰：「非有奇材異計欲以爲亂逆也，但假權許吳以避其禍耳。」晉灼曰：「非有以怪異之心而城守，須待變難而應吳也。」師古曰：「二說皆非也。此言權謀勁力既不能扞守，又無奇怪術以禦難，恐不自全，故墜言於吳也。」
〔五〕蘇林曰：「墜猶失也。」
〔六〕師古曰：「祭仲，鄭大夫祭足也，事鄭莊公，爲公娶鄧曼，生昭公，故祭仲立之。而宋大夫雍氏以女妻莊公而生突。

昭公既立，宋人誘祭仲而執之，曰：『不立突，將死。』祭仲與宋人盟，以厲公歸而立之。昭公奔衞。言足脅於大國，苟順其心，欲以全昭公也。祭音側界反。」
〔七〕師古曰：「鄉讀曰嚮。見謂顯也。」
〔八〕張晏曰：「歷，過。畢，盡收濟北之地。」
〔九〕師古曰：「從音子容反。」
〔一〇〕師古曰：「練，選也。敺與驅同。白徒，言素非軍旅之人，若今言白丁矣。」
〔一一〕師古曰：「半步曰跬，音空蕊反。」
〔一二〕師古曰：「區區，小貌也。」
〔一三〕師古曰：「橈，曲也，音女教反。」
〔一四〕師古曰：「脅，翕也，謂斂也。」
〔一五〕張晏曰：「悔不與吳西也。」
〔一六〕師古曰：「料，量也。」
〔一七〕師古曰：「西山，謂崤及華山也。抵，至也。攘，卻也。袂，衣袖也。攘袂，猶今人云捋臂耳。」
〔一八〕師古曰：「淪，入也。」
〔一九〕師古曰：「惟，思也。」
〔二〇〕師古曰：「說讀曰悅。」

枚乘字叔，淮陰人也，爲吳王濞郎中。吳王之初怨望謀爲逆也，乘奏書諫曰：

臣聞得全者全昌，失全者全亡。舜無立錐之地，以有天下；禹無十戶之聚，以王諸侯。〔一〕湯、武之土不過百里，上不絕三光之明，下不傷百姓之心者，有王術也。〔二〕故父子之道，天性也；忠臣不避重誅以直諫，〔三〕則事無遺策，功流萬世。臣乘願披腹心而效愚忠，唯大王少加意念惻怛之心於臣乘言。

〔一〕師古曰：「聚，聚邑也，音才喻反。」
〔二〕師古曰：「德政和平，上感天象，則日月星辰無有錯謬，故言不絕三光之明也。」
〔三〕師古曰：「言父子君臣，其義一也。」

夫以一縷之任係千鈞之重，上縣無極之高，下垂不測之淵，雖甚愚之人猶知哀其將絕也。馬方駭鼓而驚之，〔一〕係方絕又重鎮之；係絕於天不可復結，隊入深淵難以復出。其出不出，間不容髮。〔二〕能聽忠臣之言，百舉必脫。〔三〕必若所欲爲，危於絫卵，難於上天；變所欲爲，易於反掌，安於太山。今欲極天命之壽，敝無窮之樂，究萬乘之勢，〔四〕不出反掌之易，以居泰山之安，而欲乘絫卵之危，走上天之難，〔五〕此愚臣之所以爲大王惑也。

〔一〕師古曰：「駭亦驚也。鼓，擊鼓也。」

〔二〕蘇林曰：「改計取禍正在今日，言其激切甚急也。」
〔三〕師古曰：「脫者，免於禍也，音土活反。」
〔四〕師古曰：「敝，盡也。究，竟也。」
〔五〕師古曰：「走，趨向之也，音奏。」

人性有畏其景而惡其跡者，卻背而走，跡愈多，景愈疾，〔一〕不知就陰而止，景滅跡絕。欲人勿聞，莫若勿言；欲人勿知，莫若勿爲。欲湯之滄，〔二〕一人炊之，百人揚之，無益也，〔三〕不如絕薪止火而已。不絕之於彼，而救之於此，譬猶抱薪而救火也。養由基，楚之善射者也，去楊葉百步，百發百中。楊葉之大，加百中焉，可謂善射矣。然其所止，乃百步之內耳，比於臣乘，未知操弓持矢也。〔四〕

〔一〕師古曰：「背音步內反。」
〔二〕鄭氏曰：「音悽愴之愴，寒也。」
〔三〕師古曰：「炊謂爨火也。」
〔四〕師古曰：「乘自言所知者遠，非止見百步之中，故謂由基爲不曉射也。」

福生有基，禍生有胎；〔一〕納其基，絕其胎，禍何自來？〔二〕泰山之霤穿石，單極之統斷幹。〔三〕水非石之鑽，索非木之鋸，漸靡使之然也。〔四〕夫銖銖而稱之，至石必差；寸寸而度之，至丈必過。〔五〕石稱丈量，徑而寡失。〔六〕夫十圍之木，始生如蘖，足可搔而絕，手可擢而拔，〔七〕據其未生，先其未形也。磨礱底厲，不見其損，有時而盡；〔八〕種樹畜養，不見其益，有時而大；積德絫行，不知其善，有時而用；棄義背理，不知其惡，有時而亡。臣願大王孰計而身行之，此百世不易之道也。

〔一〕服虔曰：「基、胎，皆始也。」
〔二〕師古曰：「納猶藏也。何自來，言無所從來也。」
〔三〕孟康曰：「西方人名屋梁謂極。單，一也。一梁，謂井鹿盧也。言鹿盧爲綆索久鍥，斷井幹也。」晉灼曰：「統，古綆字也。單，盡也，盡極之綆斷幹。幹，井上四交之幹，常爲汲索所契傷也。」師古曰：「晉說近之。幹者，交木井上以爲欄者也。孟云鹿盧，失其義矣。統、綆皆音鯁。鍥、契皆刻也，音口計反。」
〔四〕師古曰：「靡，盡也。」
〔五〕鄭氏曰：「石，百二十斤。」張晏曰：「乘所轉四萬六千八十銖而至於石，合而稱之必有盈縮也。」師古曰：「言自小以至於大數，則有輕重不同也。度音徒各反。」
〔六〕師古曰：「徑，直也。」
〔七〕師古曰：「如蘖，言若櫱之生牙也。搔謂抓也。搔音索高反。抓音莊交反。」
〔八〕師古曰：「礱亦磨也。底，柔石也；厲，皁石也；皆可以磨者。礱音聾。」

吳王不納。乘等去而之梁，從孝王游。

景帝即位，御史大夫鼂錯爲漢定制度，損削諸侯，吳王遂與六國謀反，舉兵西鄉，〔一〕以誅錯爲名。漢聞之，斬錯以謝諸侯。枚乘復說吳王曰：

〔一〕師古曰：「鄉讀曰嚮。」

昔者，秦西舉胡戎之難，北備榆中之關，〔一〕南距羌筰之塞，〔二〕東當六國之從。〔三〕六國乘信陵之籍，〔四〕明蘇秦之約，厲荊軻之威，并力一心以備秦。然秦卒禽六國，滅其社稷，而并天下，是何也？則地利不同，而民輕重不等也。今漢據全秦之地，兼六國之衆，修戎狄之義，〔五〕而南朝羌筰，此其與秦，地相什而民相百，大王之所明知也。〔六〕今夫讒諛之臣爲大王計者，不論骨肉之義，民之輕重，國之大小，以爲吳禍，〔七〕此臣所以爲大王患也。

〔一〕師古曰：「即今所謂榆關也。」
〔二〕師古曰：「筰，西南夷也，音才各反。」
〔三〕師古曰：「從音子容反。」
〔四〕孟康曰：「魏公子无忌號信陵君。无忌嘗總五國卻秦，有地資也。」
〔五〕師古曰：「修恩義以撫戎狄。」
〔六〕師古曰：「地十倍於秦，衆百倍於秦。」
〔七〕師古曰：「言勸王之反，則於吳爲禍也。」

夫舉吳兵以訾於漢，〔一〕譬猶蠅蚋之附羣牛，腐肉之齒利劍，鋒接必無事矣。〔二〕

天子聞吳率失職諸侯，願責先帝之遺約，〔三〕 今漢親誅其三公，以謝前過，是大王之威加於天下，而功越於湯武也。夫吳有諸侯之位，而實富於天子；有隱匿之名，而居過於中國。〔四〕 夫漢并二十四郡，十七諸侯，方輸錯出，運行數千里不絕於道，其珍怪不如東山之府。〔五〕 轉粟西鄉，陸行不絕，水行滿河，不如海陵之倉。〔六〕 修治上林，雜以離宮，積聚玩好，圈守禽獸，不如長洲之苑。〔七〕 游曲臺，臨上路，不如朝夕之池。〔八〕 深壁高壘，副以關城，不如江淮之險。此臣之所（以）爲大王樂也。〔九〕

〔一〕李奇曰：「訾，量也。」師古曰：「訾子私反。」

〔二〕師古曰：「蚋，蚊屬也。齧謂當之也。蚋音芮，又音人悅反。」

〔三〕師古曰：「失職，謂被削黜，失其常分。」

〔四〕師古曰：「隱匿，謂僻在東南。」

〔五〕張晏曰：「漢時有二十四郡，十七諸侯王也。四方更輸，錯互（更）出攻也。」如淳曰：「東方諸郡以封王侯，不以封者二十四耳。時七國謀反，其餘不反者，十七也。東山，吳王之府藏也。」師古曰：「二說皆非也。言漢此時有二十四郡，十七諸侯，方軌而輸，雜出貢賦，入於天子，猶不如吳之富也。」

〔六〕如淳曰：「言漢京師仰須山東漕運以自給也。」晉灼曰：「海陵，海中山爲倉也。」臣瓚曰：「海陵，縣名也。有吳大倉。」師古曰：「瓚說是也。鄉讀曰嚮。」

〔七〕服虔曰：「吳苑。」孟康曰：「以江水洲爲苑也。」韋昭曰：「長洲在吳東。」

〔八〕張晏曰：「曲臺，長安臺，臨道上。」蘇林曰：「吳以海水朝夕爲池也。」師古曰：「三輔黃圖未央宮有曲臺殿。」

〔九〕師古曰：「言其富饒及游晏之處踰天子也。」

今大王還兵疾歸，尚得十半。〔一〕 不然，漢知吳之有吞天下之心也，赫然加怒，遣羽林黃頭循江而下，〔二〕 襲大王之都；魯東海絕吳之饟道；〔三〕 梁王飭車騎，習戰射，〔四〕 積粟固守，以備滎陽，待吳之飢。大王雖欲反都，亦不得已。〔五〕 夫三淮南之計不負其約，〔六〕 齊王殺身以滅其跡，〔七〕 四國不得出兵其郡，〔八〕 趙囚邯鄲，〔九〕 此不可掩，亦已明矣。〔一〇〕 大王已去千里之國，而制於十里之內矣。〔一一〕 張、韓將北地，〔一二〕 弓高宿左右，〔一三〕 兵不得下壁，軍不得大息，臣竊哀之。願大王孰察焉。

〔一〕師古曰：「十分之中可冀五分無患，故云尚得十半。」

〔二〕蘇林曰：「羽林黃頭郎習水戰者也。」張晏曰：「天子舟立黃旄於其端也。」師古曰：「鄧通以濯船爲黃頭郎。蘇說是也。」

〔三〕師古曰：「饟，古餉字。」

〔四〕師古曰：「飭與勑同。飭，整也。」

〔五〕師古曰：「已，語終之辭。」

〔六〕晉灼曰：「吳楚反，皆守約不從也。」

〔七〕晉灼曰：「齊孝王將閭也。吳楚反，堅守距三國。後欒布聞齊初與三國有謀，欲伐之，王懼自殺。」師古曰：「齊王傳云吳楚已平，齊王乃自殺，今此枚乘諫書即已稱之。二傳不同，當有誤者。」

〔八〕晉灼曰：「膠東、膠西、濟南、淄川王也。發兵應吳楚，皆見誅。」

〔九〕應劭曰：「漢將酈寄圍趙王於邯鄲，與囚無異。」

〔一〇〕師古曰：「言事已彰著。」

〔一一〕師古曰：「梁下屯兵方十里也。」

〔一二〕如淳曰：「張，張羽；韓，韓安國也。時皆仕梁。北地良家子，善騎射者也。」師古曰：「將北地者，言將兵而處吳軍之北以距吳，非北地良家子也。張羽、韓安國不將漢兵，如說非也。」

〔一三〕服虔曰：「韓頹當也。」如淳曰：「宿軍左右也。」師古曰：「宿，止也。言弓高所將之兵屯止於吳軍左右也。」

吳王不用乘策，卒見禽滅。

漢既平七國，乘由是知名。景帝召拜乘爲弘農都尉。乘久爲大國上賓，與英俊並游，得其所好，不樂郡吏，以病去官。

復游梁，梁客皆善屬辭賦，乘尤高。孝王薨，乘歸淮陰。

武帝自爲太子聞乘名，及即位，乘年老，乃以安車蒲輪徵乘，〔一〕 道死。〔二〕 詔問乘子，無能爲文者，後乃得其孽子皋。〔三〕

〔一〕師古曰：「蒲輪，以蒲裹輪。」

〔二〕師古曰：「（道）在道病死也。」

〔三〕師古曰：「孽，庶也。」

皋字少孺。乘在梁時，取皋母爲小妻。乘之東歸也，皋母不肯隨乘，乘怒，分皋數千錢，留與母居。年十七，上書梁共王，〔一〕 得召爲郎。三年，爲王使，與冗從爭，〔二〕 見讒惡遇罪，〔三〕 家室沒入。皋亡至長安。會赦，上書北闕，自陳枚乘之子。上得之大喜，召入見待詔，皋因賦殿中。詔使賦平樂館，善之。拜爲郎，使匈奴。皋不通經術，詼笑類俳倡，〔四〕 爲賦頌，好嫚戲，〔五〕 以故得媟黷貴幸，〔六〕 比東方朔、郭舍人等，而不得比嚴助等得尊官。〔七〕

〔一〕師古曰：「恭王名買，孝王之子也。」

〔二〕師古曰：「冗從，散職之從王者也。冗音人勇反。」

〔三〕師古曰：「惡謂冗從言其短惡之事。」

〔四〕李奇曰：「詼，嘲也。」師古曰：「俳，雜戲也。倡，樂人也。詼音恢。俳音排。嘲音竹交反。」

〔五〕師古曰：「嫚，褻汙也，音慢。」

〔六〕師古曰：「媟，狎也。黷，垢濁也，音瀆。」

〔七〕師古曰：「尊，高也。」

武帝春秋二十九乃得皇子，羣臣喜，故皋與東方朔作皇太子生賦及立皇子禖祝，〔一〕

受詔所爲，皆不從故事，重皇子也。

〔一〕師古曰：「禮月令『祀於高禖』。高禖，求子之神也。武帝晚得太子，喜而立此禖祠，而令皋作祭祀之文也。」

初，衛皇后立，皋奏賦以戒終。〔一〕皋爲賦善於朔也。

〔一〕師古曰：「令慎終如始也。」

從行至甘泉、雍、河東，東巡狩，封泰山，塞決河宣房，游觀三輔離宮館，臨山澤，弋獵射馭狗馬蹵鞠刻鏤，〔一〕上有所感，輒使賦之。爲文疾，受詔輒成，故所賦者多。司馬相如善爲文而遲，故所作少而善於皋。皋賦辭中自言爲賦不如相如，又言爲賦乃俳，見視如倡，自悔類倡也。故其賦有詆娸東方朔，〔二〕又自詆娸。其文骫骳，曲隨其事，皆得其意，〔三〕頗詼笑，不甚閑靡。凡可讀者百二十篇，其尤嫚戲不可讀者尚數十篇。

〔一〕師古曰：「蹵，足蹵之也。鞠以韋爲之，中實以物，蹵蹋爲戲樂也。蹵音千六反。鞠音巨六反。」
〔二〕如淳曰：「娸音欺。詆猶刑辟也。」師古曰：「詆，毀也。娸，醜也。詆音丁禮反。」
〔三〕師古曰：「骫，古委字也。骳音被。骫骳，猶言屈曲也。」

路溫舒字長君，鉅鹿東里人也。父爲里監門。使溫舒牧羊，溫舒取澤中蒲，截以爲牒，編用寫書。〔一〕稍習善，求爲獄小吏，因學律令，轉爲獄史，縣中疑事皆問焉。太守行縣，見

而異之，署決曹史。又受春秋，通大義。舉孝廉，爲山邑丞，〔二〕坐法免，復爲郡吏。

〔一〕師古曰：「小簡曰牒，編聯次之。」
〔二〕蘇林曰：「縣名，在常山。」晉灼曰：「地理志常山有石邑，無山邑。」師古曰：「山邑不知其處。今流俗書本云常山石邑丞，後人妄加石字耳。」

元鳳中，廷尉光以治詔獄，請溫舒署奏曹掾，〔一〕守廷尉史。會昭帝崩，昌邑王賀廢，宣帝初即位，溫舒上書，言宜尚德緩刑。其辭曰：

〔一〕張晏曰：「光，解光。」

臣聞齊有無知之禍，而桓公以興；晉有驪姬之難，而文公用伯。〔一〕近世趙王不終，諸呂作（難）〔亂〕，而孝文爲大宗。繇是觀之，〔二〕禍亂之作，將以開聖人也。故桓文扶微興壞，尊文武之業，澤加百姓，功潤諸侯，雖不及三王，天下歸仁焉。文帝永思至惪，以承天心，崇仁義，省刑罰，通關梁，一遠近，敬賢如大賓，愛民如赤子，內恕情之所安，而施之於海內，是以囹圄空虛，天下太平。夫繼變化之後，必有異舊之恩，此賢聖所以昭天命也。往者，昭帝即世而無嗣，大臣憂戚，焦心合謀，皆以昌邑尊親，援而立之。〔三〕然天不授命，淫亂其心，遂以自亡。深察禍變之故，乃皇天之所以開至聖也。故大將軍受命武帝，股肱漢國，〔四〕披肝膽，決大計，黜亡義，立有德，輔天而行，然後宗廟以安，天下咸寧。

〔一〕師古曰：「伯讀曰霸。」
〔二〕師古曰：「繇讀與由同。」
〔三〕師古曰：「援，引也，音爰。」
〔四〕師古曰：「謂霍光。」

臣聞春秋正即位，大一統而慎始也。陛下初登至尊，與天合符，宜改前世之失，正始受（命）之統，滌煩文，除民疾，存亡繼絕，以應天意。

臣聞秦有十失，其一尚存，治獄之吏是也。秦之時，羞文學，好武勇，賤仁義之士，貴治獄之吏；正言者謂之誹謗，遏過者謂之妖言。〔一〕故盛服先生不用於世，忠良切言皆鬱於胸，〔二〕譽諛之聲日滿於耳；虛美熏心，實禍蔽塞。〔三〕此乃秦之所以亡天下也。方今天下賴陛下恩厚，亡金革之危，飢寒之患，父子夫妻勠力安家，然太平未洽者，獄亂之也。夫獄者，天下之大命也，死者不可復生，𢇍者不可復屬。〔四〕書曰：「與其殺不辜，寧失不經。」〔五〕今治獄吏則不然，上下相敺，以刻爲明；〔六〕深者獲公名，平者多後患。故治獄之吏皆欲人死，非憎人也，自安之道在人之死。是以死人之血流離於市，被刑之徒比肩而立，大辟之計歲以萬數，此仁聖之所以傷也。太平之未洽，凡

以此也。夫人情安則樂生，痛則思死。棰楚之下，何求而不得？故囚人不勝痛，則飾辭以視之；〔七〕吏治者利其然，則指道以明之；上奏畏卻，則鍛練而周內之。〔八〕蓋奏當之成，〔九〕雖咎繇聽之，猶以爲死有餘辜。〔一〇〕何則？成練者衆，文致之罪明也。是以獄吏專爲深刻，殘賊而亡極，媮爲一切，〔一一〕不顧國患，此世之大賊也。故俗語曰：「畫地爲獄，議不入；刻木爲吏，期不對。」〔一二〕此皆疾吏之風，悲痛之辭也。故天下之患，莫深於獄；敗法亂正，離親塞道，莫甚乎治獄之吏。此所謂一尚存者也。

〔一〕師古曰：「遏，止也，音一曷反。」
〔二〕師古曰：「鬱，積也。」
〔三〕師古曰：「熏，氣烝也，音勳。」
〔四〕師古曰：「𢇍，古絕字。屬，連也，音之欲反。」
〔五〕師古曰：「虞書大禹謨載咎繇之言。辜，罪也。經，常也。言人命至重，治獄宜慎，寧失不常之過，不濫無罪之人，所以（常）〔崇〕寬恕也。」
〔六〕師古曰：「敺與驅同。」
〔七〕師古曰：「視讀曰示。」
〔八〕晉灼曰：「精熟周悉，致之法中也。」師古曰：「卻，退也，畏爲上所卻退。卻音丘略反。」
〔九〕師古曰：「當謂處其罪也。」

〔五〕師古曰：「言其尊貴同一等也。」
〔六〕師古曰：「風讀曰諷。」
〔七〕師古曰：「喜，好也，音許吏反。」
〔八〕師古曰：「兼容，謂不嫉惡人令其怨也。」

嬰、蚡俱好儒術，推轂趙綰爲御史大夫，王臧爲郎中令。〔一〕迎魯申公，欲設明堂，令列侯就國，除關，〔二〕以禮爲服制，〔三〕以興太平。舉讁諸竇宗室無行者，除其屬籍。諸外家爲列侯，列侯多尙公主，皆不欲就國，以故毁日至竇太后。太后好黄老言，而嬰、蚡、趙綰等務隆推儒術，貶道家言，是以竇太后滋不說。〔四〕二年，御史大夫趙綰請毋奏事東宮。竇太后大怒，曰：「此欲復爲新垣平邪！」乃罷逐趙綰、王臧，而免丞相嬰、太尉蚡，以柏至侯許昌爲丞相，武彊侯莊青翟爲御史大夫。嬰、蚡以侯家居。

〔一〕師古曰：「推轂，謂升薦之，若轉車轂之爲也。」
〔二〕服虔曰：「除關禁也。」
〔三〕師古曰：「謂喪服之制也。」
〔四〕師古曰：「滋，益也。說讀曰悅。」

蚡雖不任職，以王太后故親幸，數言事，多效，〔一〕士吏趨勢利者皆去嬰而歸蚡。蚡日益横。〔二〕六年，竇太后崩，丞相昌、御史大夫青翟坐喪事不辦，免。上以蚡爲丞相，大司農

韓安國爲御史大夫。天下士郡諸侯愈益附蚡。〔三〕

〔一〕師古曰：「效謂見聽用。」
〔二〕師古曰：「横，恣也，音胡孟反。」
〔三〕師古曰：「郡及諸侯也，猶言郡國耳。」

蚡爲人貌侵，生貴甚。〔一〕又以爲諸侯王多長，〔二〕上初卽位，富於春秋，〔三〕蚡以肺附爲相，〔四〕非痛折節以禮屈之，天下不肅。〔五〕當是時，丞相入奏事，語移日，所言皆聽。薦人或起家至二千石，權移主上。上乃曰：「君除吏盡未？吾亦欲除吏。」〔六〕嘗請考工地益宅，上怒曰：「遂取武庫！」是後乃退。〔七〕召客飲，坐其兄蓋侯北鄉，自坐東鄉，〔八〕以爲漢相尊，不可以兄故私橈。〔九〕由此滋驕，〔一〇〕治宅甲諸第，〔一一〕田園極膏腴，〔一二〕市買郡縣器物相屬於道。〔一三〕前堂羅鐘鼓，立曲旃；〔一四〕後房婦女以百數。諸奏珍物狗馬玩好，不可勝數。〔一五〕

〔一〕服虔曰：「侵，短小也。」師古曰：「生貴，謂自尊高示貴寵也。」
〔二〕張晏曰：「多長年。」
〔三〕師古曰：「謂年幼也。歯歷方久，故云富於春秋也。」
〔四〕師古曰：「舊解云肺附，如肝肺之相附著也。一說，肺，斫木札也，喻其輕薄附著大材也。」
〔五〕師古曰：「痛猶甚也。言以尊貴臨之，皆令其屈節而下已也。」
〔六〕師古曰：「凡言除者，除去故官就新官。」
〔七〕師古曰：「考工，少府之屬官也，主作器械。上責其此請，故謂之曰『何不遂取武庫！』蚡乃退也。」
〔八〕師古曰：「自處尊位也。鄉讀皆曰嚮。」
〔九〕師古曰：「橈，曲也，音女敎反。」
〔一〇〕師古曰：「滋，益也。」
〔一一〕師古曰：「言爲諸第之（長）〔最〕也。以甲乙之次，言甲則爲上矣。」
〔一二〕師古曰：「膏腴，謂肥厚之處。」
〔一三〕師古曰：「屬，連及也，音之欲反。」
〔一四〕如淳曰：「旃，旗之名也，通帛曰旃。曲旃，僭也。」蘇林曰：「禮，大夫建旃。曲，柄上曲也。」師古曰：「蘇說是也。許愼云『旃，旗曲柄也，所以旃表士衆』也。」
〔一五〕師古曰：「奏，進也。」

而嬰失竇太后，益疏不用，無勢，諸公稍自引而怠（驁）〔驁〕，〔一〕唯灌夫獨否。故嬰墨墨不得意，而厚遇夫也。

〔一〕師古曰：「（驁）〔驁〕與傲同。」

灌夫字仲孺，潁陰人也。父張孟，（常）〔嘗〕爲潁陰侯灌嬰舍人，得幸，因進之，〔一〕至二千石，故蒙灌氏姓爲灌孟。〔二〕吳楚反時，潁陰侯灌嬰爲將軍，屬太尉，〔三〕請孟爲校尉。夫以千人與父俱。〔四〕孟年老，潁陰侯彊請之，鬱鬱不得意，故戰常陷堅，遂死吳軍中。漢法，父子俱，有死事，得與喪歸。夫不肯隨喪歸，奮曰：「願取吳王若將軍頭以報父仇。」〔五〕於是夫被甲持戟，募軍中壯士所善願從數十人。〔六〕及出壁門，莫敢前。獨兩人及從奴十餘騎馳入吳軍，至戲下，〔七〕所殺傷數十人。不得前，復還走漢壁，〔八〕亡其奴，獨與一騎歸。夫身中大創十餘，適有萬金良藥，故得無死。〔九〕創少瘳，〔一〇〕又復請將軍曰：「吾益知吳壁曲折，請復往。」〔一一〕將軍壯而義之，恐亡夫，乃言太尉，太尉召固止之。吳軍（敗）〔破〕，夫以此名聞天下。

〔一〕師古曰：「進，薦也。嬰薦孟也。」
〔二〕師古曰：「蒙，冒也。」
〔三〕師古曰：「時潁陰侯是灌嬰之子，名何，轉寫誤爲嬰耳。」
〔四〕孟康曰：「官主千人，如候司馬也。」
〔五〕張晏曰：「自奮厲也。」
〔六〕師古曰：「所善，素與己善者。」
〔七〕師古曰：「戲，大將之旗也，讀與麾同，又音許宜反。」

〔八〕師古曰：「走，趨嚮也，音奏。」
〔九〕師古曰：「萬金者，言其價貴也。金字或作全，言得之者必生全也。」
〔一〇〕師古曰：「繆，差也，音丑流反。」
〔一一〕師古曰：「曲折，猶言委曲也。」

潁陰侯言夫，夫爲郎中將。數歲，坐法去。家居長安中，諸公莫不稱，由是復爲代相。

武帝即位，以爲淮陽天下郊，勁兵處，〔一〕故徙夫爲淮陽太守。入爲太僕。二年，夫與長樂衞尉竇甫飲，輕重不得，〔二〕夫醉，搏甫。〔三〕甫，竇太后昆弟。上恐太后誅夫，徙夫爲燕相。數歲，坐法免，家居長安。

〔一〕師古曰：「郊謂四交輻湊，而兵又勁彊。」
〔二〕晉灼曰：「飲酒輕重不得其平也。」師古曰：「禮數之輕重也。」
〔三〕師古曰：「搏，以手擊之。」

夫爲人剛直，使酒，〔一〕不好面諛。貴戚諸勢在己之右，欲必陵之；士在己左，愈貧賤，尤益禮敬，與鈞。〔二〕稠人廣衆，薦寵下輩。〔三〕士亦以此多之。〔四〕

〔一〕師古曰：「使酒，因酒而使氣也。」
〔二〕師古曰：「右，尊也。左，卑也。鈞，等也。」
〔三〕師古曰：「稠，多也。下輩，下等之人也。每於人衆之中故寵薦也。」

〔四〕師古曰：「多猶重之。」

夫不好文學，喜任俠，已然諾。〔一〕諸所與交通，無非豪桀大猾。家累數千萬，食客日數十百人。〔二〕波池田園，宗族賓客爲權利，〔三〕橫潁川。〔四〕潁川兒歌之曰：「潁水清，灌氏寧；潁水濁，灌氏族。」〔五〕

〔一〕師古曰：「已，必也。謂一言許人，必信之也。喜音許吏反。」
〔二〕師古曰：「或八九十，或百人也。」
〔三〕師古曰：「波讀曰陂。」
〔四〕師古曰：「橫音胡孟反。其下亦同。」
〔五〕師古曰：「深怨嫉之，故爲此言也。」

夫家居，卿相侍中賓客益衰。〔一〕及竇嬰失勢，亦欲倚夫引繩排根生平慕之後棄者。〔二〕夫亦得嬰通列侯宗室爲名高。兩人相爲引重，〔三〕其游如父子然，相得驩甚，無厭，恨相知之晚。

〔一〕師古曰：「以夫居家，而卿相侍中素爲夫之賓客者，漸以衰退不復往也。」
〔二〕蘇林曰：「二人相倚，引繩直排根賓客去之者，不與交通也。」孟康曰：「根者，根格，引繩以彈排擯根格之也。」師古曰：「孟說近之。根音下恩反。格音下各反。言嬰與夫共相提挈，有人生平慕嬰、夫，後見其失職而頗慢弛，如此者，共排退之，不復與交。譬如相對挽繩而根格之也。今吳楚俗猶謂牽引前卻爲根格也。」

〔三〕張晏曰：「相薦達爲聲勢也。」師古曰：「相牽引而致於尊重也。爲音于僞反。」

夫嘗有服，〔一〕過丞相蚡。蚡從容曰：〔二〕「吾欲與仲孺過魏其侯，會仲孺有服。」夫曰：「將軍乃肯幸臨況魏其侯，〔三〕夫安敢以服爲解！〔四〕請語魏其具，〔五〕將軍旦日蚤臨。」〔六〕蚡許諾。夫以語嬰。嬰與夫人益市牛酒，〔七〕夜洒埽張具至旦。〔八〕平明，令門下候司。至日中，蚡不來。嬰謂夫曰：「丞相豈忘之哉？」夫不懌，〔九〕曰：「夫以服請，不宜。」〔一〇〕乃駕，自往迎蚡。蚡特前戲許夫，〔一一〕殊無意往。夫至門，蚡尚臥也。於是夫見，曰：「將軍昨日幸許過魏其，魏其夫妻治具，至今未敢嘗食。」蚡悟，謝曰：「吾醉，忘與仲孺言。」乃駕往。往又徐行，夫愈益怒。及飲酒酣，夫起舞屬蚡，〔一二〕蚡不起。夫徙坐，語侵之。〔一三〕嬰乃扶夫去，謝蚡。蚡卒飲至夜，極驩而去。

〔一〕師古曰：「謂喪服也。」
〔二〕師古曰：「從音千容反。」
〔三〕師古曰：「況，賜也。」
〔四〕師古曰：「解謂辭之也，若今言分疏矣。」
〔五〕師古曰：「具，辦具酒食。」
〔六〕師古曰：「旦日，明旦也。蚤，古早字。」
〔七〕師古曰：「益，多也。」

〔八〕師古曰：「洒音灑，又音所寄反。」
〔九〕師古曰：「懌，悅也。」
〔一〇〕師古曰：「不當忘也。」
〔一一〕師古曰：「特，但也。」
〔一二〕師古曰：「屬，付也，猶今之舞訖相勸也。屬音之欲反。」
〔一三〕師古曰：「徙坐，謂移就其坐也。」

後蚡使藉福請嬰城南田，嬰大望曰：〔一〕「老僕雖棄，將軍雖貴，寧可以勢相奪乎！」不許。夫聞，怒罵福。福惡兩人有隙，乃謾好謝蚡〔二〕曰：「魏其老且死，易忍，且待之。」已而蚡聞嬰、夫實怒不予，亦怒曰：「魏其子嘗殺人，蚡活之。蚡事魏其無所不可，愛數頃田？且灌夫何與也？〔三〕吾不敢復求田。」由此大怒。

〔一〕師古曰：「望，怨也。」
〔二〕師古曰：「謾猶詭也，詐爲好言也。謾讀與慢同，又音莫連反。」
〔三〕師古曰：「與讀曰預。預，干也。」

元光四年春，蚡言灌夫家在潁川，橫甚，民苦之。請案之。上曰：「此丞相事，何請？」夫亦持蚡陰事，爲姦利，受淮南王金與語言。賓客居間，遂已，俱解。〔一〕

〔一〕師古曰：「兩家賓客處於中間和解之。」

夏，蚡取燕王女爲夫人，〔一〕太后詔召列侯宗室皆往賀。嬰過夫，欲與俱，夫謝曰：「夫數以酒失過丞相，〔二〕丞相今者又與夫有隙。」嬰曰：「事已解。」彊與俱。酒酣，蚡起爲壽，坐皆避席伏。已嬰爲壽，獨故人避席，餘半膝席。〔三〕夫行酒，至蚡，蚡膝席曰：「不能滿觴。」夫怒，因嘻笑曰：「將軍貴人也，畢之！」〔四〕時蚡不肯。〔五〕行酒次至臨汝侯灌賢，賢方與程不識耳語，〔六〕又不避席。夫無所發怒，乃罵賢曰：「平生毀程不識不直一錢，今日長者爲壽，乃效女曹兒呫囁耳語！」〔七〕蚡謂夫曰：「程、李俱東西宮衞尉，〔八〕今衆辱程將軍，仲孺獨不爲李將軍地乎？」〔九〕夫曰：「今日斬頭穴匈，何知程、李！」〔一〇〕坐乃起更衣，〔一一〕稍稍去。嬰去，戲夫。〔一二〕夫出，蚡遂怒曰：「此吾驕灌夫罪也。」乃令騎留夫，〔一三〕夫不得出。藉福起爲謝，案夫項令謝。〔一四〕夫愈怒，不肯順。蚡乃戲騎縛夫〔一五〕置傳舍，〔一六〕召長史曰：「今日召宗室，有詔。」〔一七〕劾灌夫罵坐不敬，〔一八〕繫居室。〔一九〕遂其前事，〔二〇〕遣吏分曹逐捕諸灌氏支屬，皆得棄市罪。嬰愧，爲資使賓客請，莫能解。〔二一〕蚡吏皆爲耳目，諸灌氏皆亡匿，夫繫，遂不得告言蚡陰事。

〔一〕師古曰：「燕王澤之子康王嘉女。」

〔二〕師古曰：「言因酒有失，得罪過於丞相。」

〔三〕蘇林曰：「下席而膝半在席上也。」如淳曰：「以膝跪席上也。」師古曰：「如說是也。」

〔四〕張晏曰：「行酒過之爲已畢。」如淳曰：「言雖貴，且當盡酒，以其勢劫之也。」師古曰：「如說近之。言將軍雖貴人也，請盡此觴。嘻，強笑也，音許其反。」

〔五〕師古曰：「不爲盡也。」

〔六〕師古曰：「附耳小語也。」

〔七〕師古曰：「女曹兒猶言兒女輩也。呫音昌涉反。囁音人涉反。」

〔八〕孟康曰：「李廣爲東宮，程不識爲西宮。」

〔九〕蘇林曰：「不爲李將軍除道地邪？」如淳曰：「二人同號比尊，今辱一人，不當爲毀廣邪？」師古曰：「如說近之。言旣毀程，令廣何地自安處。」

〔一〇〕晉灼曰：「斬頭見刺，猶不止也。」

〔一一〕師古曰：「坐謂坐上之人也。更，改也。凡久坐者，皆起更衣，以其寒暖或變也。」

〔一二〕晉灼曰：「戲，古麾字也。」師古曰：「招麾之令出也。漢書多以戲爲麾字。」

〔一三〕師古曰：「騎謂常從之騎也。」

〔一四〕師古曰：「使其拜也。」

〔一五〕師古曰：「戲讀亦曰麾。謂指麾命之而令收縛夫也。」

〔一六〕師古曰：「傳舍，解在酈食其傳。」

〔一七〕師古曰：「長史，丞相長史也。召宗室，謂請召之爲客也。」

〔一八〕師古曰：「於大坐中罵詈，（不爲）〔爲不〕敬。」

〔一九〕師古曰：「居室，署名也，屬少府。其後改名曰保宮。」

〔二〇〕師古曰：「遂，竟也。」

〔二一〕如淳曰：「爲出資費，使人爲夫請罪也。」師古曰：「如說非也。爲資，爲其資地耳，非財物也。爲讀如本字。」

嬰銳爲救夫，嬰夫人諫曰：「灌將軍得罪丞相，與太后家迕，〔一〕寧可救邪？」嬰曰：「侯自我得之，自我捐之，無所恨。〔二〕且終不令灌仲孺獨死，嬰獨生。」乃匿其家，竊出上書。〔三〕立召入，具告言灌夫醉飽事，不足誅。上然之，賜嬰食，曰：「東朝廷辯之。」〔四〕

〔一〕師古曰：「相逆迕也。迕音悟。」

〔二〕師古曰：「言不過失爵耳。」

〔三〕師古曰：「匿，避也。不令家人知之，恐其又止諫也。」

〔四〕如淳曰：「東朝，太后朝也。」張晏曰：「會公卿大夫東朝，共理而分別也。」

嬰東朝，盛推夫善，言其醉飽得過，乃丞相以它事誣罪之。蚡盛毀夫所爲橫恣，罪逆不道。嬰度無可奈何，〔一〕因言蚡短。蚡曰：「天下幸而安樂無事，蚡得爲（胏）〔肺〕附，所好音樂狗馬田宅，所愛倡優巧匠之屬，〔二〕不如魏其、灌夫日夜招聚天下豪桀壯士與論議，腹誹而心謗，卬視天，俛畫地，〔三〕辟睨兩宮間，〔四〕幸天下有變，而欲有大功。〔五〕臣乃不如魏其等所爲。」上問朝臣：「兩人孰是？」御史大夫韓安國曰：「魏其言灌夫父死事，身荷戟馳

不測之吳軍，〔六〕身被數十創，名冠三軍，此天下壯士，非有大惡，爭杯酒，不足引它過以誅也。魏其言是。丞相亦言灌夫通姦猾，侵細民，家累巨萬，橫恣潁川，輘轢宗室，侵犯骨肉，〔七〕此所謂『支大於幹，脛大於股，不折必披』。〔八〕丞相言亦是。唯明主裁之。」主爵都尉汲黯是魏其。內史鄭當時是魏其，後不堅。餘皆莫敢對。上怒內史曰：「公平生數言魏其、武安長短，今日廷論，局趣效轅下駒，〔九〕吾幷斬若屬矣！」〔一〇〕即罷起入，上食太后。太后亦已使人候司，具以語太后。太后怒，不食，曰：「我在也，而人皆藉吾弟，〔一一〕令我百歲後，皆魚肉之乎！〔一二〕且帝寧能爲石人邪！〔一三〕此特帝在，即錄錄，〔一四〕設百歲後，是屬寧有可信者乎？」〔一五〕上謝曰：「俱外家，故廷辨之。〔一六〕不然，此一獄吏所決耳。」是時郎中令石建爲上分別言兩人。

〔一〕師古曰：「度音徒各反。」

〔二〕師古曰：「倡，樂人也。優，諧戲者也。」

〔三〕張晏曰：「視天，占三光也。畫地，知分野所在也。念欲作反事也。」師古曰：「卬讀曰仰。」

〔四〕張晏曰：「占太后與帝吉凶之期也。」師古曰：「辟睨，傍視也。辟音普計反，字本作睥。睨音吾計反。」

〔五〕張晏曰：「幸有反者，當爲將立大功也。」臣瓚曰：「天下有變，謂因國家變難之際得立大功也。」師古曰：「瓚說是。」

〔六〕師古曰：「荷，負也。不測，言其彊盛也。荷音何。」

〔七〕師古曰：「輘轢，謂蹈踐之也。輘音凌，轢音郎擊反。」
〔八〕師古曰：「披音丕靡反。」
〔九〕應劭曰：「駒者，駕著轅下。局趣，蹴小之貌也。」張晏曰：「俛頭於車轅下，隨母而已。」師古曰：「張說非也。駕車不以牝馬。小雅皇皇者華之詩曰『我馬維駒』，非隨母也。」
〔10〕師古曰：「若，汝也。」
〔11〕晉灼曰：「藉，蹈也。」
〔12〕師古曰：「以比魚肉而食噉也。」
〔13〕師古曰：「言徒有人形耳，不知好惡也。一曰，石人者，謂常存不死也。」
〔14〕師古曰：「錄錄，言循衆也。」
〔15〕師古曰：「設猶脫也。」
〔16〕師古曰：「嬰，景帝從舅子。蚡，太后同母弟。故言俱外家。」

蚡已罷朝，出止車門，召御史大夫安國載，〔一〕怒曰：「與長孺共一禿翁，何爲首鼠兩端？」〔二〕安國良久謂蚡曰：「君何不自喜！〔三〕夫魏其毁君，君當免冠解印綬歸，〔四〕曰『臣以（肺）〔肺〕附幸得待罪，固非其任，魏其言皆是。』如此，上必多君有讓，〔五〕不廢君。魏其必媿，杜門齰舌自殺。〔六〕今人毁君，君亦毁之，譬如賈豎女子爭言，何其無大體也！」蚡謝曰：「爭時急，不知出此。」

〔一〕師古曰：「韓安國也。載謂共乘車。」
〔二〕服虔曰：「禿翁，言嬰無官位版授也。首鼠，一前一卻也。」張晏曰：「嬰年老，又嗜酒，頭禿，言當共治一禿翁也。」師古曰：「服說是也。」
〔三〕師古曰：「何不自謙遜爲可喜之事也。喜音許吏反。」
〔四〕師古曰：「歸印綬於天子也。」
〔五〕師古曰：「多猶重也。」
〔六〕師古曰：「杜，塞也。齰，齧也，音仕客反。」

於是上使御史簿責嬰〔一〕所言灌夫頗不讎，〔二〕劾繫都司空。〔三〕孝景時，嬰嘗受遺詔，曰「事有不便，以便宜論上。」〔四〕及繫，灌夫罪至族，事日急，諸公莫敢復明言於上。嬰乃使昆弟子上書言之，幸得召見。〔五〕書奏，案尚書，大行無遺詔。〔六〕詔書獨臧嬰家，嬰家丞封。〔七〕乃劾嬰矯先帝詔害，罪當棄市。〔八〕五年十月，悉論灌夫支屬。嬰良久乃聞有劾，即陽病痱，不食欲死。〔九〕或聞上無意殺嬰，復食，治病，議定不死矣。乃有飛語爲惡言聞上，〔10〕故以十二月晦論棄市渭城。〔11〕

〔一〕師古曰：「簿責，以文簿一一責之也。簿音步戶反。」
〔二〕晉灼曰：「讎，當也。」
〔三〕師古曰：「都司空，宗正屬官也，見百官公卿表。」
〔四〕師古曰：「論說其事而上於天子。」
〔五〕師古曰：「幸，冀也。」
〔六〕如淳曰：「大行，主諸侯官也。」師古曰：「此說非也。大行，景帝大行也。尚書之中無此大行遺詔也。」
〔七〕孟康曰：「以家丞印封遺詔也。」
〔八〕鄭氏曰：「矯詔有害不害也。」
〔九〕師古曰：「痱，風疾也，音肥。」
〔10〕張晏曰：「蚡爲作飛揚誹謗之語也。」臣瓚曰：「無根而至也。」
〔11〕張晏曰：「著日月者，見春垂至，恐遇赦贖之。」

春，蚡疾，一身盡痛，若有擊者，謼服謝罪。〔一〕上使視鬼者瞻之，曰：「魏其侯與灌夫共守，笞欲殺之。」竟死。子恬嗣，元朔中有罪免。

〔一〕晉灼曰：「服音𠾱。關西俗謂得杖呼及小兒啼呼爲呼𠾱。或言蚡號呼謝服罪也。」師古曰：「兩說皆通。謼，古呼字也。若謂啼爲謼服，則謼音火交反，服音平卓反。」

後淮南王安謀反，覺。始安入朝時，蚡爲太尉，迎安霸上，謂安曰：「上未有太子，大王最賢，高祖孫，即（公）〔宮〕車晏駕，非大王立，尚誰立哉？」〔一〕淮南王大喜，厚遺金錢財物。上自嬰、夫事時不直蚡，特爲太后故。及聞淮南事，上曰：「使武安侯在者，族矣。」〔二〕

〔一〕師古曰：「言大王尚不得立，當誰立也？」
〔二〕師古曰：「言其賴自死。」

韓安國字長孺，梁成安人也，後徙睢陽。嘗受韓子、雜說鄒田生所。〔一〕事梁孝王，爲中大夫。吳楚反時，孝王使安國及張羽爲將，扞吳兵於東界。張羽力戰，安國持重，以故吳不能過梁。吳楚破，安國、張羽名由此顯梁。

〔一〕師古曰：「田生，鄒縣人。」

梁王以至親故，得自置相、二千石，出入游戲，僭於天子。〔一〕天子聞之，心不善。太后知帝弗善，乃怒梁使者，弗見，案責王所爲。安國爲梁使，見大長公主而泣〔二〕曰：「何梁王爲人子之孝，爲人臣之忠，而太后曾不省也？〔三〕夫前日吳、楚、齊、趙七國反，自關以東皆合從而西鄉，〔四〕唯梁最親，爲限難。梁王念太后、帝在中，〔五〕而諸侯擾亂，壹言泣數行而下，跪送臣等六人將兵擊卻吳楚，吳楚以故兵不敢西，而卒破亡，梁之力也。今太后以小苛禮責望梁王。〔六〕梁王父兄皆帝王，而所見者大，故出稱蹕，入言警，〔七〕車旗皆帝所賜，即以嫮鄙小縣，〔八〕驅馳國中，欲夸諸侯，令天下知太后、帝愛之也。今梁使來，輒案責之，梁王恐，日夜涕泣思慕，不知所爲。何梁王之忠孝而太后不卹也？」長公主具以告太后，太后喜曰：「爲帝言之。」言之，帝心乃解，而免冠謝太后曰：「兄弟不能相教，乃爲太后遺

憂。」悉見梁使，厚賜之。其後，梁王益親驩。太后、長公主更賜安國直千餘金。〔九〕由此顯，結於漢。

〔一〕師古曰：「僭，擬也。」
〔二〕如淳曰：「大長公主，景帝姊也。」
〔三〕師古曰：「省，視也。」
〔四〕師古曰：「從音子容反。」
〔五〕師古曰：「中，關中也。一說謂京師爲中，猶言中國也。」
〔六〕師古曰：「苛，細也。」
〔七〕師古曰：「趩，止行人也。警，令戒肅也。天子出入皆備此儀。而今云出稱警入言趩者，互舉之耳。」
〔八〕服虔曰：「嫭，夸妒也。」晉灼曰：「嫭音坼嫭之嫭。」鄧展曰：「嫭，好也。自以車服之好曜邊鄙之邑也。」師古曰：「服說、晉音是也。鄙，小縣，言在外鄙之小縣也。」
〔九〕師古曰：「更音工衡反。」

其後，安國坐法抵罪，蒙〔一〕獄吏田甲辱安國。安國曰：「死灰獨不復然乎？」甲曰：「然卽溺之。」〔二〕居無幾，梁內史缺，〔三〕漢使使者拜安國爲梁內史，起（徙）〔徒〕中爲二千石。田甲亡。安國曰：「甲不就官，我滅而宗。」〔四〕甲肉袒謝，安國笑曰：「公等足與治乎？」〔五〕卒善遇之。

〔一〕師古曰：「蒙，梁國之縣也。」
〔二〕師古曰：「溺讀曰尿。」
〔三〕師古曰：「無幾，未多時也。幾音居豈反。」
〔四〕師古曰：「而，汝也。」
〔五〕師古曰：「治謂當敵也，今人猶云對治。治音丈吏反。一曰，不足繩治也。治讀如本字。」

內史之缺也，王新得齊人公孫詭，說之，〔一〕欲請爲內史。竇太后（所）〔聞〕，乃詔王以安國爲內史。

〔一〕師古曰：「說讀曰悅。」

公孫詭、羊勝說王求爲帝太子及益地事，恐漢大臣不聽，乃陰使人刺漢用事謀臣。及殺故吳相袁盎，景帝遂聞詭、勝等計畫，乃遣使捕詭、勝，必得。〔一〕漢使十輩至梁，相以下舉國大索，〔二〕月餘弗得。安國聞詭、勝匿王所，乃入見王而泣曰：「主辱者臣死。大王無良臣，故紛紛至此。今勝、詭不得，請辭賜死。」王曰：「何至此？」安國泣數行下，曰：「大王自度於皇帝，孰與太上皇之與高帝及皇帝與臨江王親？」〔三〕王曰：「弗如也。」安國曰：「夫太上皇、臨江親父子間，然高帝曰『提三尺取天下者朕也』，〔四〕故太上終不得制事，居于櫟陽。臨江，適長太子，〔五〕以一言過，廢王臨江；〔六〕用宮垣事，卒自殺中尉府。〔七〕何則？治天下終不用私亂公。語曰：『雖有親父，安知不爲虎？雖有親兄，安知不爲狼？』〔八〕今大王列在諸侯，訹邪臣浮說，〔九〕犯上禁，橈明法。〔一〇〕天子以太后故，不忍致法於大王。太后日夜涕泣，幸大王自改，大王終不覺寤。有如太后宮車卽晏駕，大王尚誰攀乎？」語未卒，王泣數行而下，謝安國曰：「吾今出之。」卽日詭、勝自殺。漢使還報，梁事皆得釋，〔一一〕安國力也。景帝、太后益重安國。

〔一〕師古曰：「必令得之。」
〔二〕師古曰：「索，搜也，音山客反。」
〔三〕師古曰：「孰與，猶言何如也。」
〔四〕師古曰：「三尺，謂劍也。」
〔五〕師古曰：「適讀曰嫡。」
〔六〕師古曰：「景帝嘗屬諸姬子，太子母栗姬言不遜，由是廢太子，栗姬憂死也。」
〔七〕張晏曰：「以侵壖垣徵，自殺也。」
〔八〕師古曰：「言其恩愛不可必保也。」
〔九〕師古曰：「訹，誘也，音戌。」
〔一〇〕師古曰：「橈，曲也，音女教反。」
〔一一〕師古曰：「釋，解也。」

孝王薨，共王卽位，〔一〕安國坐法失官，家居。武帝卽位，武安侯田蚡爲太尉，親貴用事，安國以五百金遺蚡，蚡言安國太后，上素聞安國賢，卽召以爲北地都尉，遷爲大司農。閩、東越相攻，遣安國、大行王恢將兵。未至越，越殺其王降，漢兵亦罷。其年，田蚡爲丞相，安國爲御史大夫。

〔一〕師古曰：「共讀曰恭。」

匈奴來請和親，上下其議。〔一〕大行王恢，燕人，數爲邊吏，習胡事，議曰：「漢與匈奴和親，率不過數歲卽背約。不如勿許，舉兵擊之。」安國曰：「千里而戰，卽兵不獲利。今匈奴負戎馬足，懷鳥獸心，〔二〕遷徙鳥集，難得而制。得其地不足爲廣，有其衆不足爲彊，自上古弗屬。〔三〕漢數千里爭利，則人馬罷，〔四〕虜以全制其敝，勢必危殆。臣故以爲不如和親。」羣臣議多附安國，於是上許和親。

〔一〕師古曰：「下音胡亞反。」
〔二〕師古曰：「負，恃也。」
〔三〕師古曰：「不內屬於中國。」
〔四〕師古曰：「罷讀曰疲。」

明年，鴈門馬邑豪聶壹〔一〕因大行王恢言：「匈奴初和親，親信邊，可誘以利致之，伏兵

襲擊，必破之道也。」上乃召問公卿曰：「朕飾子女以配單于，幣帛文錦，賂之甚厚。單于待命加嫚，侵盜無已，邊竟數驚，朕甚閔之。〔二〕今欲舉兵攻之，何如？」

〔一〕張晏曰：「豪猶帥也。」

〔二〕師古曰：「竟讀曰境。其下亦同。」

大行恢對曰：「陛下雖未言，臣固願效之。〔一〕臣聞全代之時，〔二〕北有彊胡之敵，內連中國之兵，然尙得養老長幼，種樹以時，倉廩常實，〔三〕匈奴不輕侵也。今以陛下之威，海內爲一，天下同任，〔四〕又遣子弟乘邊守塞，〔五〕轉粟輓輸，以爲之備，〔六〕然匈奴侵盜不已者，無它，以不恐之故耳。〔七〕臣竊以爲擊之便。」

〔一〕師古曰：「效，致也，致其計。」

〔二〕服虔曰：「代未分之時也。」李奇曰：「六國之時全代爲一國，尙能以擊匈奴，況今加以漢之大乎！」

〔三〕師古曰：「樹，殖也。」

〔四〕如淳曰：「任，事也。」

〔五〕師古曰：「乘，登也。登其城而備守也。」

〔六〕師古曰：「輓，引車也，音晩。」

〔七〕師古曰：「不示威令恐懼也。」

御史大夫安國曰：「不然。臣聞高皇帝嘗圍於平城，匈奴至者投鞍高如城者數所。〔一〕

平城之飢，七日不食，天下歌之，及解圍反位，而無忿怒之心。夫聖人以天下爲度者也，〔二〕不以己私怒傷天下之功，故乃遣劉敬奉金千斤，以結和親，至今爲五世利。孝文皇帝又嘗壹擁天下之精兵聚之廣武常谿，〔三〕然終無尺寸之功，而天下黔首無不憂者。孝文寤於兵之不可宿，〔四〕故復合和親之約。此二聖之迹，足以爲效矣。臣竊以爲勿擊便。」

〔一〕師古曰：「解脫其馬，示閑暇也。投積其鞍，若營壘也。」

〔二〕師古曰：「言當隨天下人心而寬大其度量也。」

〔三〕張晏曰：「廣武，雁門縣。常谿，谿名。」

〔四〕師古曰：「宿，久留也。」

恢曰：「不然。臣聞五帝不相襲禮，三王不相復樂，〔一〕非故相反也，各因世宜也。且高帝身被堅執銳，蒙霧露，沐霜雪，行幾十年，〔二〕所以不報平城之怨者，非力不能，所以休天下之心也。今邊竟數驚，士卒傷死，中國槥車相望，〔三〕此仁人之所隱也。〔四〕臣故曰擊之便。」

〔一〕師古曰：「襲，因也。復，重也。復音扶目反。」

〔二〕師古曰：「幾，近也，音鉅依反。」

〔三〕師古曰：「槥，小棺也。從軍死者以槥送致其喪，載槥之車相望於道，言其多也。槥音衞。」

〔四〕張晏曰：「隱，痛也。」

安國曰：「不然。臣聞利不十者不易業，功不百者不變常，是以古之人君謀事必就祖，發政占古語，重作事也。〔一〕且自三代之盛，夷狄不與正朔服色，〔二〕非威不能制，彊弗能服也，以爲遠方絕地不牧之民，不足煩中國也。〔三〕且匈奴，輕疾悍亟之兵也，〔四〕至如猋風，去如收電，〔五〕畜牧爲業，弧弓射獵，〔六〕逐獸隨草，居處無常，難得而制。今使邊郡久廢耕織，以支胡之常事，其勢不相權也。〔七〕臣故曰勿擊便。」

〔一〕師古曰：「祖，祖廟也。占，問也。重猶難之也。」

〔二〕師古曰：「與讀曰豫。」

〔三〕師古曰：「不牧，謂不可牧養也。」

〔四〕師古曰：「悍，勇也。亟，急也，音居力反。」

〔五〕師古曰：「猋，疾風也，音必遙反。」

〔六〕師古曰：「以木曰弧，以角曰弓。」

〔七〕師古曰：「輕重不等也。」

恢曰：「不然。臣聞鳳鳥乘於風，聖人因於時。昔秦繆公都雍，〔一〕地方三百里，知時宜之變，攻取西戎，辟地千里，并國十四，〔二〕隴西、北地是也。及後蒙恬爲秦侵胡，辟數千里，以河爲竟，〔三〕累石爲城，樹榆爲塞，〔四〕匈奴不敢飲馬於河，置熢燧然後敢牧馬。〔五〕夫匈奴獨可以威服，不可以仁畜也。今以中國之盛，萬倍之資，遣百分之一以攻匈奴，譬猶

以彊弩射且潰之癰也，必不留行矣。〔六〕若是，則北發月氏可得而臣也。〔七〕臣故曰擊之便。」

〔一〕師古曰：「繆讀與穆同。」

〔二〕師古曰：「辟讀曰闢。次下亦同。」

〔三〕師古曰：「竟讀曰境。」

〔四〕如淳曰：「塞上種榆也。」

〔五〕師古曰：「熢，古熢字。」

〔六〕師古曰：「留，止也。言無所礙也。」

〔七〕師古曰：「發猶徵召也。言威聲之盛，北自月支以來皆可徵召而爲臣也。氏讀曰支。」

安國曰：「不然。臣聞用兵者以飽待饑，正治以待其亂，定舍以待其勞。〔一〕故接兵覆衆，伐國墮城，〔二〕常坐而役敵國，此聖人之兵也。且臣聞之，衝風之衰，不能起毛羽；〔三〕彊弩之末，力不能入魯縞。〔四〕夫盛之有衰，猶朝之必莫也。今將卷甲輕舉，深入長敺，難以爲功；〔五〕從行則迫脅，衡行則中絕，〔六〕疾則糧乏，徐則後利，〔七〕不至千里，人馬乏食。兵法曰：『遺人獲也。』〔八〕意者有它繆巧可以禽之，則臣不知也；不然，則未見深入之利也。臣故曰勿擊便。」

〔一〕師古曰：「舍，止息也。」

〔二〕師古曰：「殰，敗也。墮，毀也。言兵與敵接則敗其衆，所伐之國則毀其城也。殰音芳目反。墮音火規反。」
〔三〕師古曰：「衝風，疾風之衝突者也。」
〔四〕師古曰：「縞，素也，曲阜之地，俗善作之，尤爲輕細，故以取喻也。」
〔五〕師古曰：「毆與驅同。」
〔六〕師古曰：「從音子容反。衡猶橫也。」
〔七〕師古曰：「後利，謂不及於利。」
〔八〕師古曰：「言以軍遺敵人，令其虜獲也。遺音弋季反。」

恢曰：「不然。夫草木遭霜者不可以風過，〔一〕清水明鏡不可以形逃，〔二〕通方之士，不可以文亂。〔三〕今臣言擊之者，固非發而深入也，將順因單于之欲，誘而致之邊，吾選梟騎壯士陰伏而處以爲之備，審遮險阻以爲其戒。吾勢已定，或營其左，或營其右，或當其前，或絕其後，單于可禽，百全必取。」

〔一〕師古曰：「言易零落。」
〔二〕師古曰：「言美惡皆見。」
〔三〕師古曰：「方，道也。」

上曰：「善。」乃從恢議。陰使聶壹爲間，〔一〕亡入匈奴，謂單于曰：「吾能斬馬邑令丞，以城降，財物可盡得。」單于愛信，以爲然而許之。聶壹乃詐斬死罪囚，縣其頭馬邑城下，

視單于使者爲信，〔二〕曰：「馬邑長吏已死，可急來。」於是單于穿塞，將十萬騎入武州塞。〔三〕

〔一〕師古曰：「間音居莧反。」
〔二〕師古曰：「視讀曰示。」
〔三〕師古曰：「在鴈門。」

當是時，漢伏兵車騎材官三十餘萬，匿馬邑旁谷中。衞尉李廣爲驍騎將軍，太僕公孫賀爲輕車將軍，大行王恢爲將屯將軍，太中大夫李息爲材官將軍。御史大夫安國爲護軍將軍，諸將皆屬。約單于入馬邑縱兵。王恢、李息別從代主擊輜重。〔一〕於是單于入塞，未至馬邑百餘里，覺之，還去。語在匈奴傳。塞下傳言單于已去，漢兵追至塞，度弗及，〔二〕王恢等皆罷兵。

〔一〕師古曰：「輜，衣車也。重謂載重物車也。故行者之資，總曰輜重。重音直用反。」
〔二〕師古曰：「度，音徒各反。」

上怒恢不出擊單于輜重也，恢曰：「始約爲入馬邑城，兵與單于接，而臣擊其輜重，可得利。今單于不至而還，臣以三萬人衆不敵，祇取辱。〔一〕固知還而斬，然完陛下士三萬人。」於是下恢廷尉，廷尉當恢逗橈，當斬。〔二〕恢行千金丞相蚡。蚡不敢言上，而言於太后曰：「王恢首爲馬邑事，今不成而誅恢，是爲匈奴報仇也。」上朝太后，太后以蚡言告上。上曰：「首爲馬邑事者恢，故發天下兵數十萬，從其言，爲此。且縱單于不可得，恢所部擊，猶頗可得，以尉士大夫心。〔三〕今不誅恢，無以謝天下。」於是恢聞，乃自殺。

〔一〕師古曰：「祇，適也，音支。」
〔二〕服虔曰：「逗音企。」應劭曰：「逗，曲行避敵也，橈，顧望也，軍法語也。」蘇林曰：「逗音豆。」如淳曰：「軍法，行而逗留畏愞者要斬。」師古曰：「服、應二說皆非也。逗謂留止也。橈，屈弱也。逗又音住。」
〔三〕師古曰：「或當得其輜重人衆也。（故）〔古〕尉安之字正如此，其後流俗乃加心耳。」

安國爲人多大略，知足以當世取舍，〔一〕而出於忠厚。貪耆財利，〔二〕然所推舉皆廉士賢於己者。於梁舉壺遂、臧固，至它，皆天下名士，〔三〕士亦以此稱慕之，唯天子以爲國器。〔四〕安國爲御史大夫五年，丞相蚡薨。安國行丞相事，引墮車，蹇。〔五〕上欲用安國爲丞相，使使視，蹇甚，乃更以平棘侯薛澤爲丞相。安國病免，〔六〕數月，癒，復爲中尉。

〔一〕師古曰：「舍，止也。取舍，言可取則取，可止則止。」
〔二〕師古曰：「耆讀曰嗜。」
〔三〕師古曰：「於梁舉二人，至於他餘所舉，亦皆名士也。」
〔四〕師古曰：「言臣下皆敬重之，天子一人亦以爲國器。國器者，言其器用重大，可施於國政也。」
〔五〕如淳曰：「爲天子（尊）〔導〕引，而墮車跛蹇也。」

〔六〕師古曰：「以足疾。」

歲餘，徙爲衞尉。而將軍衞青等擊匈奴，破龍城。明年，匈奴大入邊。語在青傳。安國爲材官將軍，屯漁陽，捕生口虜，言匈奴遠去。即上言方佃作時，〔一〕請且罷屯。罷屯月餘，匈奴大入上谷、漁陽。安國壁乃有七百餘人，出與戰，安國傷，入壁。匈奴虜略千餘人及畜產去。上怒，使使責讓安國。徙益東，屯右北平。是時虜言當入東方。

〔一〕師古曰：「安國上奏也。佃，治田也，音與田同。」

安國始爲御史大夫及護軍，後稍下遷。新壯將軍衞青等有功，益貴。安國既斥疏，將屯又失亡多，甚自媿。幸得罷歸，〔一〕乃益東徙，意忽忽不樂，數月，病歐血死。

〔一〕師古曰：「冀得罷歸，以徼幸也。他皆類此。」

壺遂與太史遷等定漢律曆，官至詹事，其人深中篤行君子。上方倚欲以爲相，會其病卒。〔一〕

〔一〕師古曰：「倚謂仗任之也，音於綺反。」

贊曰：竇嬰、田蚡皆以外戚重，灌夫用一時決策，〔一〕而各名顯，並位卿相，大業定矣。然嬰不知時變，夫亡術而不遜，〔二〕蚡負貴而驕溢。〔三〕凶德參會，待時而發，〔四〕藉福區區其

間，惡能救斯敗哉！〔五〕以韓安國之見器，臨其摯而顛墜，〔六〕陵夷以憂死，〔七〕遇合有命，悲夫！若王恢爲兵首而受其咎，豈命也虖？〔八〕

〔一〕師古曰：「謂馳入吳軍，欲報父讎也。」
〔二〕師古曰：「遜，順也。」
〔三〕師古曰：「負，恃也。」
〔四〕師古曰：「三人相遇，故曰參會。」
〔五〕師古曰：「惡音烏，謂於何也。」
〔六〕李奇曰：「摯，極也。」
〔七〕師古曰：「陵夷，卽陵遲也，言漸卑替也。」
〔八〕師古曰：「嘗自己爲之，非由命也。」

校勘記

二三七七頁二行　（敌）〔故〕曰栗太子。　景祐、殿本都作「故」，此誤。
二三八一頁七行　言爲諸第之（長）〔最〕也。　景祐、殿本都作「最」。
二三八一頁一三行　諸公稍自引而怠（驁）〔驁〕，　景祐、殿本都作「驁」，注同。王先謙說作「驁」是。
二三八二頁一行　（常）〔嘗〕爲潁陰侯灌嬰舍人，　宋祁說南本、浙本「常」並作「嘗」。王先謙說南、浙本是。
二三八二頁八行　吳軍（敗）〔破〕，　景祐、殿本都作「破」。

二三八五頁四行　夜洒埽張具至旦。〔八〕　注〔八〕原在「張具」下。王先謙說，「至旦」二字連上爲文，言嬰洒埽張具，自夜達旦。
二三八七頁一〇行　「今日召宗室，有詔」，〔七〕　注〔七〕原在「宗室」下，景祐、汲古、局本同。今從殿本，以「有詔」連上，蚡與長史語止此。
二三八八頁一七行　於大坐中罵詈（不爲）〔爲不〕敬。　景祐、殿本都作「爲不」。
二三八九頁一三行　蚡得爲（胏）〔肺〕附，　殿本「胏」作「肺」，與上蚡傳同。而此及景祐本都作「胏」，與蚡傳異。「肺」「胏」蓋一字之異體。
二三九三頁一四行　卽（公）〔宮〕車晏駕，　景祐、殿本都作「宮」，史記同。王先謙說作「宮」是。
二三九五頁一四行　起（徙）〔徒〕中爲二千石。　景祐、殿本都作「徒」，史記同，此誤。
二三九六頁六行　竇太后（所）〔聞〕，乃詔王以安國爲內史。　楊樹達說「所」是誤字，當從史記作「聞」。
二四〇五頁七行　（故）〔古〕尉安之字正如此，　景祐、殿本都作「古」。王先謙說作「古」是。
二四〇五頁一六行　爲天子（導）〔導〕引，　景祐、殿本都作「導」，此誤。

漢書卷五十三

景十三王傳第二十三

孝景皇帝十四男。王皇后生孝武皇帝。栗姬生臨江閔王榮、河間獻王德、臨江哀王閼。〔一〕程姬生魯共王餘、〔二〕江都易王非、〔三〕膠西于王端。〔四〕賈夫人生趙敬肅王彭祖、中山靖王勝。唐姬生長沙定王發。王夫人生廣川惠王越、膠東康王寄、淸河哀王乘、常山憲王舜。〔五〕

〔一〕師古曰：「閼音烏葛反。」
〔二〕師古曰：「共讀曰恭。下皆類此。」
〔三〕師古曰：「易音改易之易。諡法云『好更故舊曰易』。」
〔四〕師古曰：「于，遠也，言其所行不善，遠乖道德，故以爲諡。」
〔五〕師古曰：「王夫人，卽王皇后之妹也。」

河間獻王德以孝景前二年立，修學好古，實事求是。〔一〕從民得善書，必爲好寫與之，留其眞，〔二〕加金帛賜以招之。繇是四方道術之人不遠千里，〔三〕或有先祖舊書，多奉以奏獻王者，〔四〕故得書多，與漢朝等。是時，淮南王安亦好書，所招致率多浮辯。〔五〕獻王所得書皆古文先秦舊書，〔六〕周官、尙書、禮、禮記、〔七〕孟子、老子之屬，皆經傳說記，七十子之徒所論。〔八〕其學舉六藝，〔九〕立毛氏詩、左氏春秋博士。修禮樂，被服儒術，造次必於儒者。〔一〇〕山東諸儒（者）〔多〕從而游。

〔一〕師古曰：「務得事實，每求眞是也。今流俗書本云求長長老，以是從人得善書，蓋妄加之耳。」
〔二〕師古曰：「眞，正也。留其正本。」
〔三〕師古曰：「不以千里爲遠，而自致也。繇與由同。」
〔四〕師古曰：「奏，進也。」
〔五〕師古曰：「言無實用耳。」
〔六〕師古曰：「先秦，猶言秦先，謂未焚書之前。」
〔七〕師古曰：「禮者，禮經也。禮記者，諸儒記禮之說也。」
〔八〕師古曰：「七十子，孔子弟子也，解具在藝文志。」
〔九〕師古曰：「此六藝謂六經。」
〔一〇〕師古曰：「被服，言常居處其中也。造次，謂所嚮（必）〔所〕行也。被音皮義反。造音千到反。」

武帝時，獻王來朝，獻雅樂，對三雍宮[一]及詔策所問三十餘事。其對推道術而言，得事之中，[二]文約指明。[三]

[一]應劭曰：「辟雍、明堂、靈臺也。雍，和也，言天地君臣人民皆和也。」
[二]師古曰：「中音竹仲反。」
[三]師古曰：「約，少也。指謂義之所趨，若人以手指物也。他皆類此。」

立二十六年薨。中尉常麗以聞，曰：「王身端行治，[一]溫仁恭儉，篤敬愛下，明知深察，惠于鰥寡。」大行令奏：「謚法曰『聰明睿知曰獻』，[二]宜謚曰獻王。」子共王不害嗣，四年薨。子剛王堪嗣，十二年薨。子頃王授嗣，[三]十七年薨。子孝王慶嗣，四十三年薨。子元嗣。

[一]師古曰：「端，直；治，理也。」
[二]師古曰：「睿，深也，通也。」
[三]師古曰：「頃音傾。諸爲謚者，皆類此也。」

元取故廣陵厲王、厲王太子及中山懷王故姬廉等以爲姬。甘露中，冀州刺史敞奏元，事下廷尉，逮召廉等。元迫脅凡七人，令自殺。有司奏請誅元，有詔削二縣，萬一千戶。後元怒少史留貴，留貴踰垣出，欲告元，元使人殺留貴母。有司奏元殘賊不改，不可君國子

民。廢勿王，處漢中房陵。[一]居數年，坐與妻若共乘朱輪車，怒若，又笞擊，令自髡。漢中太守請治(元)，病死。立十七年，國除。

[一]師古曰：「房陵，漢中縣。」

絕五歲，成帝建始元年，復立元弟上郡庫令良，[一]是爲河間惠王。良修獻王之行，母太后薨，服喪如禮。哀帝下詔褒揚曰：「河間王良，喪太后三年，爲宗室儀表，其益封萬戶。」二十七年薨。子尚嗣，王莽時絕。

[一]如淳曰：「漢官北邊郡庫，官兵之所藏，故置令。」

臨江哀王閼以孝景前二年立，三年薨。無子，國除爲郡。

臨江閔王榮以孝景前四年爲皇太子，四歲廢爲臨江王。三歲，坐侵廟壖地爲宮，[一]上徵榮。榮行，祖於江陵北門，[二]既上車，軸折車廢。[三]江陵父老流涕竊言曰：「吾王不反矣！」榮至，詣中尉府對簿。中尉郅都簿責訊王，[四]王恐，自殺。葬藍田，燕數萬銜土置冢上，百姓憐之。

[一]師古曰：「壖音人緣反。解在食貨志及鼂錯傳。」
[二]師古曰：「祖者，送行之祭，因饗飲也。昔黃帝之子纍祖好遠游而死於道，故後人以爲行神也。」
[三]師古曰：「廢，壞也。」
[四]師古曰：「簿皆音薄戶反。訊，問也，音信。」

榮最長，亡子，國除。[一]地入于漢，爲南郡。

[一]師古曰：「榮實最長，而傳居二王之後者，以其從太子被廢，後乃立爲王也。」

魯恭王餘以孝景前二年立爲淮陽王。吳楚反破後，以孝景前三年徙王魯。好治宮室苑囿狗馬，季年好音，[一]不喜辭。[二]爲人口吃難言。[三]

[一]師古曰：「季年，末年也。」
[二]師古曰：「喜音許吏反。」
[三]師古曰：「吃音訖。」

二十八年薨。子安王光嗣，初好音樂輿馬，晚節遴，[一]唯恐不足於財。四十年薨。子孝王慶忌嗣，三十七年薨。子頃王勁嗣，二十八年薨。子文王晙嗣，十八年薨，亡子，國除。哀帝建平三年，復立頃王子郚鄉侯閔爲王。[二]王莽時絕。

[一]師古曰：「晚節猶言末時也。遴與吝同，猶言貪嗇也。」

[二]蘇林曰：「郚音魚，縣名也，屬東海郡。」師古曰：「又音吾。」

恭王初好治宮室，壞孔子舊宅以廣其宮，聞鐘磬琴瑟之聲，遂不敢復壞，於其壁中得古文經傳。

江都易王非以孝景前二年立爲汝南王。吳楚反時，非年十五，有材氣，上書自請擊吳。景帝賜非將軍印，擊吳。吳已破，徙王江都，治故吳國，[一]以軍功賜天子旗。元光中，匈奴大入漢邊，非上書願擊匈奴，上不許。非好氣力，治宮館，招四方豪桀，驕奢甚。二十七年薨，子建嗣。

[一]師古曰：「治謂都之。劉濞所居也。」

建爲太子時，邯鄲人梁蚡持女欲獻之易王，建聞其美，私呼之，因留不出。蚡宣言曰：「子乃與其公爭妻！」建使人殺蚡。蚡家上書，下廷尉考，會赦，不治。易王薨未葬，建居服舍，[一]召易王所愛美人淖姬等凡十人與姦。[二]建女弟徵臣爲蓋侯子婦，[三]以易王喪來歸，建復與姦。建異母弟定國爲淮陽侯，易王最小子也，其母幸立之，[四]具知建事，行錢使男子荼恬上書[五]告建淫亂，不當爲後。事下廷尉，廷尉治恬受人錢財爲上書，論棄市。建罪不治。後數使使至長安迎徵臣，魯恭王太后聞之，[六]遺徵臣書曰：「國中口語籍籍，慎

無復至江都。」〔七〕後建使謁者吉請問共太后，〔八〕太后泣謂吉：「歸以吾言謂而王，〔九〕王前事漫漫，今當自謹，獨不聞燕齊事乎？〔一〇〕言吾爲而王泣也。」吉歸，致共太后語，建大怒，擊吉，斥之。〔一一〕

〔一〕師古曰：「倚廬堊室之次也。」
〔二〕鄭氏曰：「淖音卓王孫之卓。」蘇林曰：「淖音泥淖。」師古曰：「蘇說是，音女教反。」
〔三〕師古曰：「女弟，即妹也。」
〔四〕師古曰：「冀得立其子爲易王嗣。」
〔五〕蘇林曰：「荼音食邪反。」
〔六〕師古曰：「易王卽魯恭王同母之弟，徵臣則太后之孫也，故與書戒之。」
〔七〕師古曰：「籍籍，讙聒之意。」
〔八〕師古曰：「謂請問起居也。」
〔九〕師古曰：「謂，告也。而，汝也。」
〔一〇〕張晏曰：「燕王定國、齊王次昌皆與子昆弟姦，發覺自殺也。」
〔一一〕師古曰：「斥謂退棄之。」

建游章臺宮，令四女子乘小船，建以足蹈覆其船，〔一〕四人皆溺，二人死。後游雷波，〔二〕天大風，建使郎二人乘小船入波中。船覆，兩郎溺，攀船，乍見乍沒。建臨觀大笑，令皆死。〔三〕

〔一〕師古曰：「覆音芳目反。其下亦同。」
〔二〕師古曰：「波讀爲陂。雷陂，陂名。其下云入波中亦同。」
〔三〕師古曰：「不救止之，並死陂中也。」

宮人姬八子有過者，輒令贏立擊鼓，〔一〕或置樹上，久者三十日乃得衣；或髡鉗以鉛杵春，〔二〕不中程，輒掠；〔三〕或縱狼令齧殺之，〔四〕建觀而大笑；或閉不食，令餓死。凡殺不辜三十五人。建欲令人與禽獸交而生子，彊令宮人贏而四據，與羝羊及狗交。〔五〕

〔一〕師古曰：「八子，姬妾官名也。贏者，露其形也，音來果反。」
〔二〕師古曰：「鉛者，錫之類也，音弋全反。」
〔三〕師古曰：「程者，作之課也。掠，笞擊也。」
〔四〕師古曰：「縱，放也。」
〔五〕師古曰：「羝羊，牡羊，音丁奚反。」

專爲淫虐，自知罪多，國中多欲告言者，建恐誅，心內不安，與其后成光共使越婢下神，祝詛上。與郎中令等語怨望：「漢廷使者卽復來覆我，我決不獨死！」〔一〕

〔一〕師古曰：「覆，治也。不獨死，言欲反也。覆音芳目反。」

建亦頗聞淮南、衡山陰謀，恐一日發，爲所并，遂作兵器。號王后父胡應爲將軍。中大夫疾有材力，善騎射，〔一〕號曰靈武君。作治黃屋蓋；刻皇帝璽，鑄將軍、都尉金銀印；作漢使節二十，綬千餘；具置軍官品員，及拜爵封侯之賞；具天下之輿地及軍陳圖。遣人通越繇王閩侯，遺以錦帛奇珍，繇王閩侯亦遺建荃、葛、〔二〕珠璣、〔三〕犀甲、翠羽、蝯熊奇獸，數通使往來，約有急相助。〔四〕及淮南事發，治黨與，頗連及建，建使人多推金錢絕其獄。〔五〕

〔一〕師古曰：「疾者，中大夫之名。」
〔二〕蘇林曰：「荃音詮，細布屬也。」服虔曰：「音蓀，細葛也。」臣瓚曰：「荃，香草也。」師古曰：「服、瓚二說皆非也。許慎云『荃，細布也』。字本作絟，音千全反，又音千劣反，蓋今南方筩布之屬皆爲荃也。葛卽今之葛布也。以荃及葛遺建也。」
〔三〕師古曰：「璣謂珠之不圜者也，音機，又音鬿。」
〔四〕師古曰：「約謂言契也。」
〔五〕師古曰：「行賄賂以滅其蹤緒也。」

後復謂近臣曰：「我爲王，詔獄歲至，生又無驩怡日，壯士不坐死，欲爲人所不能爲耳。」〔一〕建時佩其父所賜將軍印，載天子旗出。積數歲，事發覺，漢遣丞相長史與江都相雜案，索得兵器璽綬節反具，〔二〕有司請捕誅建。制曰：「與列侯吏二千石博士議。」議皆曰：「建失臣子道，積久，輒蒙不忍，遂謀反逆。所行無道，雖桀紂惡不至於此。天誅所不赦，當以謀反法誅。」有詔宗正、廷尉卽問建。〔三〕建自殺，后成光等皆棄市。六年國除，地入于漢，爲廣陵郡。

〔一〕師古曰：「亦言欲反也。」
〔二〕師古曰：「索，搜也。」
〔三〕師古曰：「卽，就也，就其國問之。」

絕百二十一年，平帝時新都侯王莽秉政，興滅繼絕，立建弟盱眙侯子宮爲廣陵王，〔一〕奉易王後。莽篡，國絕。

〔一〕師古曰：「盱音許于反。眙音怡。」

膠西于王端，孝景前三年立。爲人賊盭，又陰痿，〔一〕一近婦人，病數月。有所愛幸少年，以爲郎。郎與後宮亂，端禽滅之，及殺其子母。數犯法，〔二〕漢公卿數請誅端，天子弗忍，而端所爲滋甚。〔三〕有司比再請，削其國，去太半。〔四〕端心慍，遂爲無訾省。〔五〕府庫壞漏，盡腐財物，以鉅萬計，終不得收徙。〔六〕令吏毋得收租賦。端皆去衞，封其宮門，從一門出入。數變名姓，爲布衣，之它國。〔七〕

〔一〕師古曰：「盭，古戾字也，言其性賊害而佷戾也。痿音蕤。」
〔二〕師古曰：「數音所角反。次下亦同。」

〔三〕師古曰：「滋，益也。」
〔四〕張晏曰：「三分之二爲太半，一爲少半。」師古曰：「比，頻也。」
〔五〕蘇林曰：「爲無所省錄也。」師古曰：「訾，訾財也。省，視也。言不視訾財也。」
〔六〕師古曰：「不收又不徙置他處。」
〔七〕師古曰：「之，往也。」

相二千石至者，奉漢法以治，端輒求其罪告之，亡罪者詐藥殺之。所以設詐究變，〔一〕彊足以距諫，知足以飾非。相二千石從王治，則漢繩以法。故膠西小國，而所殺傷二千石甚衆。

〔一〕師古曰：「究，極也。」

立四十七年薨，無子，國除。地入于漢，爲膠西郡。

趙敬肅王彭祖以孝景前二年立爲廣川王。趙王遂反破後，徙王趙。彭祖爲人巧佞，卑諂足共，〔一〕而心刻深，好法律，持詭辯以中人。〔二〕多內寵姬及子孫。相二千石欲奉漢法以治，則害於王家。是以每相二千石至，彭祖衣帛布單衣，〔三〕自行迎除舍，〔四〕多設疑事以詐動之，得二千石失言，中忌諱，輒書之。二千石欲治者，則以此迫劫；不聽，乃上書告之，及

汙以姦利事。彭祖立六十餘年，相二千石無能滿二歲，輒以罪去，大者死，小者刑。以故二千石莫敢治，而趙王擅權。使使即縣爲賈人榷會，〔五〕入多於國租稅。以是趙王家多金錢，然所賜姬諸子，亦盡之矣。

〔一〕師古曰：「共讀曰恭。足恭，謂便辟也。」
〔二〕師古曰：「詭辯，違道之辯也。中，傷也，音竹仲反。」
〔三〕師古曰：「或帛或布以爲單衣。」
〔四〕師古曰：「至除舍迎之也。除舍，謂初所至之舍。」
〔五〕韋昭曰：「平會兩家買賣之賈者。榷者，禁他家，獨王家得爲之也。」師古曰：「即，就也。就諸縣而專榷賈人之會，若今和市矣。榷音角。會音工外反。」

彭祖不好治宮室禨祥，〔一〕好爲吏。上書願督國中盜賊。〔二〕常夜從走卒行徼邯鄲中。〔三〕諸使過客，以彭祖險陂，莫敢留邯鄲。〔四〕

〔一〕服虔曰：「求福也。」師古曰：「禨，鬼俗也，字或作𩴾。淮南子曰『荊人鬼，越人𩴾』。禨祥，總謂鬼神之事也。服說失之。禨音居衣反。」
〔二〕師古曰：「督，視察也。」
〔三〕師古曰：「徼謂巡察也，音工釣反。」
〔四〕師古曰：「使謂京師使人也。過客，行客從趙過者也。陂謂傾側也，音彼義反。」

久之，太子丹與其女弟及同產姊姦。江充告丹淫亂，又使人椎埋攻剽，爲姦甚衆。〔一〕武帝遣使者發吏卒捕丹，下魏郡詔獄，治罪至死。彭祖上書冤訟丹，願從國中勇敢擊匈奴，〔二〕贖丹罪，上不許。久之，竟赦出。後彭祖入朝，因帝姊平陽隆慮公主，〔三〕求復立丹爲太子，上不許。

〔一〕師古曰：「椎殺人而埋之，故曰椎埋。剽，劫也。椎音直佳反，其字從木。剽音頻妙反，其字從刀。」
〔二〕師古曰：「以勇敢自贖。」
〔三〕師古曰：「慮音廬。」

彭祖取江都易王寵姬，王建所姦淖姬者，甚愛之，生一男，號淖子。彭祖以征和元年薨，謚敬肅王。彭祖薨時，淖姬兄爲漢宦者，上召問：「淖子何如？」對曰：「爲人多欲。」上曰：「多欲不宜君國子民。」問武始侯昌，曰：「無咎無譽。」上曰：「如是可矣。」遣使者立昌，是爲頃王，十九年薨。子懷王尊嗣，五年薨。無子，絕二歲。宣帝立尊弟高，是爲哀王，數月薨。子共王充嗣，五十六年薨。子隱嗣，王莽時絕。

初，武帝復以親親故，立敬肅王小子偃爲平干王，〔一〕是爲頃王，十一年薨。子繆王元嗣，二十五年薨。大鴻臚禹奏：「元前以刃賊殺奴婢，子男殺謁者，爲刺史所舉奏，罪名明白。病先令，令能爲樂奴婢從死，〔二〕迫脅自殺者凡十六人，暴虐不道。故春秋之義，誅君

之子不宜立。元雖未伏誅，不宜立嗣。」奏可，國除。

〔一〕孟康曰：「今廣平。」
〔二〕師古曰：「先令者，預爲遺令也。能爲樂，作樂之人也。從死，以殉葬也。」

中山靖王勝以孝景前三年立。武帝初即位，大臣懲吳楚七國行事，議者（勿）〔多〕冤鼂錯之策，〔一〕皆以諸侯連城數十，泰强，欲稍侵削，數奏暴其過惡。〔二〕諸侯王自以骨肉至親，先帝所以廣封連城，犬牙相錯者，爲盤石宗也。〔三〕今或無罪，爲臣下所侵辱，有司吹毛求疵，〔四〕笞服其臣，使證其君，多自以侵冤。

〔一〕師古曰：「言鼂錯策爲是，枉見殺也。」
〔二〕師古曰：「暴謂披布之。」
〔三〕師古曰：「錯，雜也，言其地相交雜。」
〔四〕師古曰：「疵，病也，音才斯反。」

建元三年，代王登、長沙王發、中山王勝、濟川王明來朝，天子置酒，勝聞樂聲而泣。問其故，勝對曰：

臣聞悲者不可爲絫欷，〔一〕思者不可爲歎息。〔二〕故高漸離擊筑易水之上，荊軻爲

中華書局

之低而不食；〔三〕雍門子壹微吟，孟嘗君爲之於邑。〔四〕今臣心結日久，每聞幼眇之聲，不知涕泣之橫集也。〔五〕

〔一〕師古曰：「絫，古累字。累，重也。欷，歔欷也，音許既反。」

〔二〕師古曰：「言聞欷歔之聲，則悲思益甚。」

〔三〕應劭曰：「燕太子丹遣荆軻刺秦王，賓客祖於易水之上，漸離擊筑，士皆垂泣，荆卿不能復食也。」師古曰：「低謂俛首。」

〔四〕張晏曰：「齊之賢者，居雍門，因以爲號。」蘇林曰：「六國時人，名周，善鼓琴，母死無以葬，見孟嘗君而微吟也。」如淳曰：「雍門子以善鼓琴見孟嘗君，先說萬歲之後，高臺既已顚，曲池又已平，墳墓生荆棘，牧豎游其上，孟嘗君亦如是乎？孟嘗君喟然歎息也。」師古曰：「如說是也，蘇失之矣。於邑，短氣貌。於音烏。邑音一合反，或讀如本字。」

〔五〕師古曰：「幼音一笑反。眇音妙。幼妙，精微也。」

夫衆喣漂山，〔一〕聚蟁成靁，〔二〕朋黨執虎，十夫橈椎。〔三〕是以文王拘於牖里，孔子阨於陳、蔡。此乃烝庶之成風，增積之生害也。〔四〕臣身遠與寡，莫爲之先，〔五〕衆口鑠金，積毀銷骨，〔六〕叢輕折軸，羽翮飛肉，〔七〕紛驚逢羅，潸然出涕。〔八〕

〔一〕應劭曰：「喣，吹喣也。」師古曰：「漂，動也。喣音許句反，又音許于反。漂音匹遥反。」

〔二〕師古曰：「蟁，古蚊字。靁，古雷字。言衆蚊飛聲有若雷也。」

〔三〕師古曰：「橈，曲也，音女教反。」

〔四〕師古曰：「烝庶，謂衆人也。」

〔五〕師古曰：「身遠者，去帝京遠。與寡者，少黨與也。先謂素爲延譽也。」

〔六〕師古曰：「解在鄒陽傳。」

〔七〕師古曰：「言積載輕物，物多至令車軸毀折。而鳥之所以能飛翔者，以羽翮扇揚之故也。」

〔八〕晉灼曰：「言皆驚亂遇法罔，可爲出涕者也。」師古曰：「潸，垂涕貌，音所姦反。」

臣聞白日曬光，幽隱皆照；〔一〕明月曜夜，蟁蝱宵見。〔二〕然雲蒸列布，杳冥晝昏；塵埃抪覆，昧不〔見〕泰山。〔三〕何則？物有蔽之也。今臣雍閼不得聞，〔四〕讒言之徒蠭生。〔五〕道遼路遠，曾莫爲臣聞，臣竊自悲也。

〔一〕師古曰：「曬，暴也，舒也，音山豉反，又音力支反。」

〔二〕師古曰：「宵亦夜也。蝱音盲。」

〔三〕師古曰：「抪亦布散也。昧，暗也。抪音鋪。」

〔四〕師古曰：「雍讀曰壅。雍，塞也。閼猶止也，音烏曷反。」

〔五〕師古曰：「蠭生，言衆多也。一曰蠭與鋒同。」

臣聞社鼷不灌，屋鼠不熏。〔一〕何則？所託者然也。臣雖薄也，得蒙肺附；位雖卑也，得爲東藩，屬又稱兄。〔二〕今羣臣非有葭莩之親，鴻毛之重，〔三〕羣居黨議，朋友相爲，使夫宗室擯卻，骨肉冰釋。〔四〕斯伯奇所以流離，比干所以橫分也。〔五〕詩云「我心憂傷，惄焉如擣；假寐永歎，唯憂用老；心之憂矣，疢如疾首」，〔六〕臣之謂也。

〔一〕師古曰：「鼷，小鼠，音奚。」

〔二〕師古曰：「言於戚屬爲帝兄。」

〔三〕張晏曰：「葭，蘆〔葉〕也。莩，葉裏白皮也。」晉灼曰：「莩，葭裏之白皮也，皆取喻於輕薄也。」師古曰：「葭，蘆也。莩者，其筩中白皮至薄者也。葭莩喻（著）〔薄〕，鴻毛喻輕薄甚也。莩音孚。張言葉裏白皮非也。」

〔四〕師古曰：「擯卻，謂斥退也。冰釋，言銷散也。擯音必刃反。卻音丘略反。」

〔五〕師古曰：「伯奇，周尹吉甫之子也，事後母至孝，而後母譖之於吉甫。吉甫欲殺之，伯奇乃亡走山林。比干諫紂，紂怒，殺而剖其心，故云橫分也。」

〔六〕師古曰：「小雅小弁之詩也。惄，思也。擣，築也。不脫衣冠而寐曰假寐。永，長也。疢，病也。言我心中憂思，如被擣築，假寐長歎，以憂致老，至於苦病，如遇首疾也。」

具以吏所侵聞。於是上乃厚諸侯之禮，省有司所奏諸侯事，〔一〕加親親之恩焉。其後更用主父偃謀，令諸侯以私恩自裂地分其子弟，而漢爲定制封號，輒別屬漢郡。漢有厚恩，而諸侯地稍自分析弱小云。

〔一〕師古曰：「省，減也。」

勝爲人樂酒好內，〔一〕有子百二十餘人。常與趙王彭祖相非曰：「兄爲王，專代吏治事。

王者當日聽音樂，御聲色。」趙王亦曰：「中山王但奢淫，不佐天子拊循百姓，何以稱爲藩臣！」

〔一〕師古曰：「好內，就於妻妾也。樂音五教反。」

四十三年薨。子哀王昌嗣，一年薨。子康王昆侈嗣，二十一年薨。子頃王輔嗣，四年薨。子憲王福嗣，十七年薨。子懷王循嗣，十五年薨，無子，絕四十五歲。成帝鴻嘉二年復立憲王弟孫利鄉侯子雲客，是爲廣德夷王。三年薨，無子，絕十四歲。哀帝復立雲客弟廣漢爲廣平王。薨，無後。平帝元始二年復立廣川惠王曾孫倫爲廣德王，奉靖王後。王莽時絕。

長沙定王發，母唐姬，故程姬侍者。景帝召程姬，程姬有所避，不願進，〔一〕而飾侍者唐兒使夜進。上醉，不知，以爲程姬而幸之，遂有身。已乃覺非程姬也。及生子，因名曰發。〔二〕以孝景前二年立。以其母微無寵，故王卑溼貧國。〔三〕

〔一〕師古曰：「謂月事。」

〔二〕張晏曰：「長沙王生，乃發寤己之繆幸唐姬。」

〔三〕應劭曰：「景帝後二年諸王來朝，有詔更前稱壽歌舞。定王但張褎小舉手，左右笑其拙。上怪問之，對曰：『臣國

小地狹，不足回旋。』帝乃以武陵、零陵、桂陽益焉。」

二十八年薨。子戴王庸嗣，二十七年薨。子頃王鮒鮈嗣，〔一〕十七年薨。子剌王建德嗣，〔二〕宣帝時坐獵縱火燔民九十六家，〔三〕殺二人，又以縣官事怨內史，教人誣告以棄市罪，削八縣，罷中尉官。〔四〕三十四年薨。子煬王旦嗣，〔五〕二年薨。無子，絕歲餘。元帝初元三年復立旦弟宗，是爲孝王，五年薨。子魯人嗣，王莽時絕。

〔一〕服虔曰：「鮈音拘。」師古曰：「鮒音附。鮈音劬。字或作胕胸，其音同耳。」

〔二〕師古曰：「剌音來曷反。」

〔三〕師古曰：「縱，放也。」

〔四〕師古曰：「減其官屬，所以貶抑之。」

〔五〕師古曰：「煬音弋向反。」

廣川惠王越以孝景中二年立，十三年薨。子繆王齊嗣，〔一〕四十四年薨。初齊有幸臣乘距，已而有罪，欲誅距。距亡，齊因禽其宗族。距怨王，乃上書告齊與同產姦。〔二〕是後，齊數告言漢公卿及幸臣所忠等，〔三〕又告中尉蔡彭祖捕子明，〔四〕罵曰：「吾盡汝種矣！」〔五〕有司案驗，不如王言，劾齊誣罔，大不敬，請繫治。齊恐，上書願與廣川勇士奮擊匈奴，上許

之。未發，病薨。有司請除國，奏可。

〔一〕師古曰「謚法曰『蔽仁傷善曰繆』。」

〔二〕師古曰：「謂其姊妹也。」

〔三〕師古曰：「所姓，忠名。解具在食貨志。」

〔四〕孟康曰：「彭祖子名明也。」師古曰：「孟說非也。明，廣川王子也。」

〔五〕師古曰：「王誣彭祖罵明云然。」

後數月，下詔曰：「廣川惠王於朕爲兄，朕不忍絕其宗廟，其以惠王孫去爲廣川王。」去即繆王齊太子也，師受易、論語、孝經皆通，好文辭、方技、博弈、倡優。其殿門有成慶畫，短衣大絝長劍，〔一〕去好之，作七尺五寸劍，被服皆效焉。有幸姬王昭平、王地餘，許以爲后。去嘗疾，姬陽成昭信侍視甚謹，〔二〕更愛之。去與地餘戲，得褏中刀，〔三〕笞問狀，服欲與昭平共殺昭信。笞問昭平，不服，以鐵鍼鍼之，〔四〕彊服。乃會諸姬，去以劍自擊地餘，令昭信擊昭平，皆死。昭信曰：「兩姬婢且泄口。」復絞殺從婢三人。後昭信病，夢見昭平等，以狀告去。去曰：「虜乃復見畏我！〔五〕獨可燔燒耳。」掘出尸，皆燒爲灰。

〔一〕晉灼曰：「成慶，荆軻也，衞人謂之慶卿，燕人謂之荆卿。」師古曰：「成慶，古之勇士也，事見淮南子，非荆卿也。」

〔二〕師古曰：「陽成姓也，昭信名也。」

〔三〕師古曰：「褏，古衣袖字。」

〔四〕師古曰：「以鍼刺也。鍼音之林反。」

〔五〕師古曰：「言其見形令我畏忌也。見音胡電反。」

後去立昭信爲后，幸姬陶望卿爲脩靡夫人，主繒帛；崔脩成爲明貞夫人，主永巷。昭信復譖望卿曰：「與我無禮，衣服常鮮於我，〔一〕盡取善繒匄諸宮人。」〔二〕去曰：「若數惡望卿，不能減我愛；〔三〕設聞其淫，我亨之矣。」後昭信謂去曰：「前畫工畫望卿舍，望卿袒裼傅粉其傍。〔四〕又數出入南戶窺郎吏，疑有姦。」去曰：「善司之。」以故益不愛望卿。後與昭信等飲，諸姬皆侍，去爲望卿作歌曰：「背尊章，嫖以忽，〔五〕謀屈奇，起自絕。〔六〕行周流，自生患，諒非望，今誰怨！」〔七〕使美人相和歌之。去曰：「是中當有自知者。」昭信知去已怒，即誣言望卿歷指郎吏臥處，具知其主名，又言郎中令錦被，疑有姦。去即與昭信從諸姬至望卿所，贏其身，更擊之。〔八〕令諸姬各持燒鐵共灼望卿。望卿走，自投井死。昭信出之，椓杙其陰中，〔九〕割其鼻脣，斷其舌。謂去曰：「前殺昭平，反來畏我，〔一〇〕今欲靡爛望卿，使不能神。」〔一一〕與去共支解，置大鑊中，取桃灰毒藥并煑之，召諸姬皆臨觀，連日夜靡盡。復共殺其女弟都。

〔一〕師古曰：「鮮謂新華也。」

〔二〕師古曰：「匄，乞遺之也，音工艾反。」

〔三〕師古曰：「若，汝也。惡謂讒毀也。」

〔四〕師古曰：「袒裼，脫衣露其肩背也。袒音但。裼音錫。」

〔五〕孟康曰：「嫖音匹昭反。」師古曰：「尊章猶言舅姑也。今關中俗婦呼舅(姑)爲鍾。鍾者章聲之轉也。」

〔六〕師古曰：「屈奇，奇異也。屈音其勿反。」

〔七〕師古曰：「諒，信也。言昔被愛寵，信非所望，今見罪責，無所怨也。」

〔八〕師古曰：「更音工衡反。」

〔九〕師古曰：「杙，橜也。椓音竹角反。杙音弋。」

〔一〇〕師古曰：「令我恐畏也。」

〔一一〕師古曰：「靡，碎也，音糜，其下亦同。」

後去數召姬榮愛與飲，昭信復譖之，曰：「榮姬視瞻，意態不善，疑有私。」時愛爲去刺方領繡，〔一〕去取燒之。愛恐，自投井。出之未死，笞問愛，自誣與醫姦。去縛繫柱，燒刀灼潰兩目，〔二〕生割兩股，銷鉛灌其口中。愛死，支解以棘埋之。諸幸於去者，昭信輒譖殺之，凡十四人，皆埋太后所居長壽宮中。宮人畏之，莫敢復迕。〔三〕

〔一〕服虔曰：「如今小兒卻襲衣也。頸下施衿，領正方直。」晉灼曰：「今之婦人直領也。繡爲方領，上刺作黼黻文。王莽傳曰『有人著赤繢方領』。方領，上服也。」師古曰：「晉說是也。」

〔二〕師古曰：「潰，決也。」

中華書局

〔三〕師古曰：「迕，逆也，不敢逆昭信意。」

昭信欲擅愛，曰：「王使明貞夫人主諸姬，淫亂難禁。請閉諸姬舍門，無令出敖。」〔一〕使其大婢爲僕射，〔二〕主永巷，盡封閉諸舍，上籥於后，非大置酒召，不得見。去憐之，爲作歌曰：「愁莫愁，居無聊。〔三〕心重結，意不舒。內茀鬱，憂哀積。〔四〕上不見天，生何益！日崔隤，時不再。〔五〕願棄軀，死無悔。」令昭信聲鼓爲節，以教諸姬歌之，歌罷輒歸永巷，封門。獨昭信兄子初爲乘華夫人，得朝夕見。昭信與去從十餘奴博飲游敖。

〔一〕師古曰：「敖謂游戲也。」
〔二〕師古曰：「大婢，婢之長年也。」
〔三〕師古曰：「聊，賴也。」
〔四〕師古曰：「茀音拂。」
〔五〕師古曰：「崔隤猶言蹉跎也。崔音千回反。隤音頹。」

初去年十四五，事師受易，師數諫正去，〔一〕去益大，逐之。〔二〕內史請以爲掾，師數令內史禁切王家。去使奴殺師父子，不發覺。後去數置酒，令倡俳贏戲坐中〔三〕以爲樂。相彊劾繫倡，闌入殿門，〔四〕奏狀。事下考案，倡辭，本爲王教脩靡夫人望卿弟都歌舞。使者召望卿、都，去對皆淫亂自殺。會赦不治。望卿前亨煑，即取他死人與都死并付其母。〔五〕母

曰：「都是，望卿非也。」數號哭求死，昭信令奴殺之。奴得，辭服。〔六〕本始三年，相內史奏狀，具言赦前所犯。天子遣大鴻臚、丞相長史、御史丞、廷尉正雜治鉅鹿詔獄，奏請逮捕去及后昭信。制曰：「王后昭信、諸姬奴婢證者皆下獄。」辭服。有司復請誅王。制曰：「與列侯、中二千石、二千石、博士議。」議者皆以爲去悖虐，聽后昭信讒言，燔燒亨煑，生割剝人，距師之諫，殺其父子。凡殺無辜十六人，至一家母子三人，逆節絕理。其十五人在赦前，大惡仍重，〔七〕當伏顯戮以示衆。制曰：「朕不忍致王於法，議其罰。」有司請廢勿王，與妻子徙上庸。奏可。與湯沐邑百戶。去道自殺，昭信棄市。

〔一〕師古曰：「數音所角反。其下亦同。」
〔二〕師古曰：「益大，謂年漸長大也。」
〔三〕師古曰：「倡，樂人也。俳，雜戲者也。」
〔四〕如淳曰：「彊，相名也。」
〔五〕師古曰：「死者，尸也。次下求其死亦同。」
〔六〕師古曰：「得者，爲吏所捕得。」
〔七〕師古曰：「仍，頻也。重音直用反。」

立二十二年，國除。後四歲，宣帝地節四年，復立去兄文，是爲戴王。文素正直，數諫王去，故上立焉，二年薨。子海陽嗣，十五年，坐畫屋爲男女贏交接，置酒請諸父姊妹飲，令仰視畫；又海陽女弟爲人妻，而使與幸臣姦；又與從弟調等謀殺一家三人，已殺。甘露四年坐廢，徙房陵，國除。後十五年，平帝元始二年，復立戴王弟襄隄侯子廞爲廣德王，〔一〕奉惠王後，二年薨。子赤嗣，王莽時絕。

〔一〕師古曰：「隄音丁奚反。廞音歆。」

膠東康王寄以孝景中二年立，二十八年薨。淮南王謀反時，寄微聞其事，私作兵車鏃矢，〔一〕戰守備，備淮南之起。及吏治淮南事，辭出之。〔二〕寄於上最親，〔三〕意自傷，發病而死，不敢置後。於是上聞寄有長子賢，母無寵，少子慶，母愛幸，寄常欲立之，爲非次，因有過，遂無所言。上憐之，立賢爲膠東王，奉康王祀，而封慶爲六安王，王故衡山地。膠東王賢立十五年薨，謚爲哀王。子戴王通平嗣，二十四年薨。子頃王音嗣，五十四年薨。子共王授嗣，十四年薨。子殷嗣，王莽時絕。

〔一〕應劭曰：「樓車也，所以看敵國營壘之虛實也。」師古曰：「兵車止謂戰車耳。鏃矢，大鏃之矢，今所謂兵箭者也。鏃音子木反。」
〔二〕師古曰：「辭語所連，出其事。」
〔三〕師古曰：「寄母王夫人即王皇后之妹，於上爲從母，故寄於諸兄弟之中又更親也。此下有常山王云『天子爲最

親』，其義亦同。」

六安共王慶立三十八年薨。子夷王祿嗣，十年薨。子繆王定嗣，二十二年薨。子頃王光嗣，二十七年薨。子育嗣，王莽時絕。

清河哀王乘以孝景中三年立，十二年薨。無子，國除。

常山憲王舜以孝景中五年立。舜，帝少子，驕淫，數犯禁，上常寬之。三十三年薨，子勃嗣爲王。

初，憲王有不愛姬生長男梲，〔一〕梲以母無寵故，亦不得幸於王。王后脩生太子勃。王內多，所幸姬生子平、子商，王后稀得幸。及憲王疾甚，諸幸姬侍病，王后以妒媢不常在，〔二〕輒歸舍。醫進藥，太子勃不自嘗藥，又不宿留侍疾。及王薨，王后、太子乃至。憲王雅不以梲爲子數，〔三〕不分與財物。郎或說太子、王后，令分梲財，皆不聽。太子代立，又不收恤梲。梲怨王后及太子。漢使者視憲王喪，梲自言憲王病時，王后、太子不侍，及薨，六日出舍，〔四〕太子勃私姦、飲酒、博戲、擊筑，與女子載馳，環城過市，〔五〕入獄視囚。天子遣大行

奪驗問，〔六〕逮諸證者，〔七〕王又匿之。吏求捕，勃使人致擊笞掠，擅出漢所疑囚。有司請誅勃及憲王后脩。上曰：「脩素無行，使棁陷之罪。勃無良師傅，不忍致誅。」有司請廢勿王，徙王勃以家屬處房陵，上許之。

〔一〕蘇林曰：「音奪。」師古曰：「音他活反，其字從木。」
〔二〕師古曰：「娼亦妒也。娼音冒。」
〔三〕師古曰：「雅，素也。數音所具反。」
〔四〕如淳曰：「出服舍也。」
〔五〕師古曰：「環，繞也，音宦。」
〔六〕師古曰：「張鶩也。」
〔七〕師古曰：「逮捕之。」

勃王數月，廢，國除。月餘，天子爲最親，詔有司曰：「常山憲王早夭，后妾不和，適孽誣爭，〔一〕陷于不誼以滅國，朕甚閔焉。其封憲王子平三萬戶，爲眞定王；子商三萬戶，爲泗水王。」頃王平立二十五年薨。〔二〕子烈王偃嗣，十八年薨。子孝王由嗣，二十二年薨。子安王雍嗣，二十六年薨。子共王普嗣，十五年薨。子陽嗣，王莽時絕。

〔一〕師古曰：「適音嫡。孽，庶也。」
〔二〕師古曰：「眞定頃王也。」

泗水思王商立十〔一〕年薨。子哀王安世嗣，一年薨，無子。於是武帝憐泗水王絕，復立安世弟賀，是爲戴王。立二十二年薨，有遺腹子煖，〔一〕相內史不以聞。太后上書，昭帝閔之，抵相內史罪，立煖，是爲勤王。〔二〕立三十九年薨。子戾王駿嗣，三十一年薨。子靖嗣，王莽時絕。

〔一〕師古曰：「煖音許遠反。」
〔二〕師古曰：「勤，謚也。」

贊曰：昔魯哀公有言：「寡人生於深宮之中，長於婦人之手，未嘗知憂，未嘗知懼。」〔一〕信哉斯言也！雖欲不危亡，不可得已。〔二〕是故古人以宴安爲鴆毒，〔三〕亡德而富貴，謂之不幸。漢興，至于孝平，諸侯王以百數，率多驕淫失道。何則？沈溺放恣之中，居勢使然也。自凡人猶繫于習俗，而況哀公之倫乎！夫唯大雅，卓爾不羣，河間獻王近之矣。

〔一〕師古曰：「哀公與孔子言也。事見孫卿子。」
〔二〕師古曰：「已，語終辭。」
〔三〕師古曰：「左氏傳管敬仲云『宴安鴆毒，不可懷也』。」

校勘記

二四一〇頁六行　山東諸儒（者）〔多〕從而遊。錢大昕說閩本「者」作「多」。按景祐、殿本都作「多」。

二四一〇頁一六行　造次，謂所嚮（必）〔所〕行也。史記索隱「必」作「所」。王先謙說此誤。

二四二三頁二行　漢中太守請治（元），病死。景祐、殿本都無「元」字。

二四二三頁四行　議者（勿）〔多〕寃鼂錯之策，景祐、殿本都作「多」。王先謙說作「多」是。

二四二四頁八行　昧不〔見〕泰山。錢大昭說，「泰山」上脫「見」字。按景祐、殿本都有「見」字。

二四二五頁五行　葭，蘆〔葉〕也。景祐、殿本都有「葉」字。

二四二五頁六行　葭莩喻（著）〔薄〕，景祐本作「薄」。

二四三〇頁三行　今關中俗婦呼舅（姑）爲鍾。景祐、殿本都無「姑」字。

二四三六頁一行　泗水思王商立十〔一〕年薨。景祐、殿本都有「一」字。史記作「十一年」。

漢書卷五十四

李廣蘇建傳第二十四

李廣，隴西成紀人也。其先曰李信，秦時爲將，逐得燕太子丹者也。廣世世受射。〔一〕孝文十四年，匈奴大入蕭關，〔二〕而廣以良家子從軍擊胡，用善射，殺首虜多，爲郎，騎常侍。〔三〕數從射獵，格殺猛獸，文帝曰：「惜廣不逢時，令當高祖世，萬戶侯豈足道哉！」

〔一〕師古曰：「受射法。」
〔二〕師古曰：「在上郡北。」
〔三〕師古曰：「宜爲郎，常騎以侍天子，故曰騎常侍。」

景帝卽位，爲騎郎將。〔一〕吳楚反時，爲驍騎都尉，從太尉亞夫戰昌邑下，顯名。以梁王授廣將軍印，故還，賞不行。〔二〕爲上谷太守，數與匈奴戰。典屬國公孫昆邪爲上泣曰：〔三〕「李廣材氣，天下亡雙，自負其能，數與虜确，恐亡之。」〔四〕上乃徙廣爲上郡太守。

〔一〕師古曰：「爲騎郎之將，主騎郎。」

〔二〕文穎曰：「廣爲漢將，私受梁印，故不得賞也。」
〔三〕服虔曰：「昆邪，中國人也。」師古曰：「對上而泣也。昆音下溫反。」
〔四〕師古曰：「負，恃也。确謂競勝敗也。确音角。」

匈奴（入）〔侵〕上郡，上使中貴人從廣〔一〕勒習兵擊匈奴。中貴人者將數十騎從，〔二〕見匈奴三人，與戰。射傷中貴人，殺其騎且盡。中貴人走廣，〔三〕廣曰：「是必射鵰者也。」〔四〕廣乃從百騎往馳三人。〔五〕三人亡馬步行，行數十里。廣令其騎張左右翼，〔六〕而廣身自射彼三人者，殺其二人，生得一人，果匈奴射鵰者也。已縛之上山，望匈奴數千騎，見廣，以爲誘騎，驚，上山陳。〔七〕廣之百騎皆大恐，欲馳還走。廣曰：「我去大軍數十里，今如此走，匈奴追射，我立盡。今我留，匈奴必以我爲大軍之誘，不我擊。」〔八〕廣令曰：「前！」未到匈奴陳二里所，止，令曰：「皆下馬解鞍！」騎曰：「虜多如是，解鞍，卽急，柰何？」廣曰：「彼虜以我爲走，今解鞍以示不去，用堅其意。」〔九〕有白馬將出護兵。〔一〇〕廣上馬，與十餘騎奔射殺白馬將，而復還至其百騎中，解鞍，縱馬臥。〔一一〕時會暮，胡兵終怪之，弗敢擊。夜半，胡兵以爲漢有伏軍於傍欲夜取之，卽引去。平旦，廣乃歸其大軍。後徙爲隴西、北地、鴈門、雲中太守。

〔一〕服虔曰：「內臣之貴幸者。」

〔二〕張晏曰：「放（從）〔縱〕遊獵也。」師古曰：「張讀作縱，此說非也。直言將數十騎自隨，在大軍前行而忽遇敵也。從音才用反。」
〔三〕師古曰：「走，趣也，音奏。」
〔四〕文穎曰：「鵰，鳥也，故使善射者射之。」師古曰：「鵰，大鷙鳥也，一名鷲，黑色，翮可以爲箭羽，音彫。」
〔五〕師古曰：「疾馳而逐之。」
〔六〕師古曰：「旁引其騎，若鳥翼之爲。」
〔七〕師古曰：「爲陳以待廣也。」
〔八〕師古曰：「不我擊，不敢擊我也。」
〔九〕師古曰：「示以堅牢，令敵意知之。」
〔一〇〕師古曰：「將之乘白馬者也。護謂監視之。」
〔一一〕師古曰：「縱，放也。」

武帝卽位，左右言廣名將也，由是入爲未央衞尉，而程不識時亦爲長樂衞尉。程不識故與廣俱以邊太守將屯。及出擊胡，而廣行無部曲行陳，〔一〕就善水草頓舍，人人自便，〔二〕不擊（刀）〔刁〕斗自衞，〔三〕莫府省文書，〔四〕然亦遠斥候，未嘗遇害。程不識正部曲行伍營陳，擊（刀）〔刁〕斗，吏治軍簿〔五〕至明，軍不得自便。不識曰：「李將軍極簡易，然虜卒犯之，無以禁；〔六〕而其士亦佚樂，〔七〕爲之死。我軍雖煩擾，虜亦不得犯我。」是時漢邊郡李廣、

程不識爲名將，然匈奴畏廣，士卒多樂從，而苦程不識。〔八〕不識孝景時以數直諫爲太中大夫，爲人廉，謹於文法。

〔一〕師古曰：「續漢書百官志云『將軍領軍，皆有部曲。大將軍營五部，部校尉一人。部下有曲，曲有軍候一人。』今廣尙於簡易，故行道之中而不立部曲也。」
〔二〕師古曰：「頓，止也。舍，息也。便，安利也，音頻面反。其下亦同。」
〔三〕孟康曰：「（刀）〔刁〕斗，以銅作鐎，受一斗。晝炊飯食，夜擊持行夜，名曰（刀）〔刁〕斗。今在滎陽庫中也。」蘇林曰：「形如銷，無緣。」師古曰：「鐎音譙郡之譙，溫器也。銷音火玄反。銷卽銚也。今俗或呼銅銚，音姚。」
〔四〕晉灼曰：「將軍職在征行，無常處，所在爲治，故言莫府也。莫，大也。或曰，衞青征匈奴，絕大莫，大克獲，帝就拜大將軍於幕中府，故曰莫府。莫府之名始於此也。」師古曰：「二說皆非也。莫府者，以軍幕爲義，古字通單用耳。軍旅無常居止，故以帳幕言之。廉頗、李牧市租皆入幕府，此則非因衞靑始有其號。又莫訓大，於義乖矣。」
〔五〕師古曰：「簿，文簿，省所領反。」
〔六〕師古曰：「卒讀曰猝。」
〔七〕師古曰：「佚與逸同。逸樂，謂閑豫也。」
〔八〕師古曰：「苦謂厭苦之也。」

後漢誘單于以馬邑城，使大軍伏馬邑傍，而廣爲驍騎將軍，屬護軍將軍。〔一〕單于覺之，

去，漢軍皆無功。後四歲，廣以衞尉爲將軍，出雁門擊匈奴。匈奴兵多，破廣軍，生得廣。單于素聞廣賢，令曰：「得李廣必生致之。」胡騎得廣，廣時傷，置兩馬閒，絡而盛（之）臥。行十餘里，廣陽死，睨其傍有一兒騎善馬，〔二〕暫騰而上胡兒馬，〔三〕因抱兒鞭馬南馳數十里，得其餘軍。匈奴騎數百追之，廣行取兒弓射殺追騎，〔四〕以故得脫。於是至漢，漢下廣吏。吏當廣亡失多，爲虜所生得，〔五〕當斬，贖爲庶人。

〔一〕師古曰：「韓安國。」
〔二〕師古曰：「睨，邪視也，音五係反。」
〔三〕師古曰：「騰，跳躍也。」
〔四〕師古曰：「且行且射也。」
〔五〕師古曰：「當謂處其罪也。」

數歲，與故潁陰侯屏居藍田南山中射獵。〔一〕嘗夜從一騎出，從人田閒飲。還至亭，霸陵尉醉，呵止廣，廣騎曰：「故李將軍。」尉曰：「今將軍尚不得夜行，何故也！」宿廣亭下。居無何，匈奴入遼西，殺太守，敗韓將軍。〔二〕韓將軍後徙居右北平，死。於是上乃召拜廣爲右北平太守。廣請霸陵尉與俱，〔三〕至軍而斬之，上書自陳謝罪。上報曰：「將軍者，國之爪牙也。司馬法曰：『登車不式，遭喪不服，〔四〕振旅撫師，以征不服；率三軍之心，同戰士之力，故怒形則千里竦，威振則萬物伏；〔五〕是以名聲暴於夷貉，威稜憺乎鄰國。』〔六〕夫報忿除害，捐殘去殺，朕之所圖於將軍也；若乃免冠徒跣，稽顙請罪，豈朕之指哉！〔七〕將軍其率師東轅，彌節白檀，〔八〕以臨右北平盛秋。」〔九〕廣在郡，匈奴號曰「漢飛將軍」，避之，數歲不入界。

〔一〕師古曰：「潁陰侯，灌嬰之孫，名彊。」
〔二〕蘇林曰：「韓安國。」
〔三〕師古曰：「奏請天子而將行。」
〔四〕服虔曰：「式，撫車之式以禮敬人也。式者，車前橫木也，字或作軾。」
〔五〕師古曰：「竦，驚也。」
〔六〕李奇曰：「神靈之威曰稜。憺猶動也。」蘇林曰：「陳留人語恐言憺之。」師古曰：「稜音來登反。憺音徒濫反。」
〔七〕師古曰：「指，意也。」
〔八〕孟康曰：「白檀，縣名也，屬右北平。」李奇曰：「彌節，少安之貌。」師古曰：「彌音亡俾反。」
〔九〕師古曰：「盛秋馬肥，恐虜爲寇，故令折衝禦難也。」

廣出獵，見草中石，以爲虎而射之，中石沒矢，視之，石也。他日射之，終不能入矣。廣所居郡聞有虎，常自射之。及居右北平射虎，虎騰傷廣，廣亦射殺之。

石建卒，上召廣代爲郎中令。元朔六年，廣復爲將軍，從大將軍出定襄。諸將多中首虜率爲侯者，〔一〕而廣軍無功。後三歲，廣以郎中令將四千騎出右北平，博望侯張騫將萬騎與廣俱，異道。行數百里，匈奴左賢王將四萬騎圍廣，廣軍士皆恐，廣乃使其子敢往馳之。敢從數十騎直貫胡騎，出其左右而還，報廣曰：「胡虜易與耳。」軍士乃安。爲圜陳外鄉，〔二〕胡急擊，矢下如雨。漢兵死者過半，漢矢且盡。廣乃令持滿毋發，〔三〕而廣身自以大黃射其裨將，〔四〕殺數人，胡虜益解。會暮，吏士無人色，〔五〕而廣意氣自如，〔六〕益治軍。〔七〕軍中服其勇也。明日，復力戰，而博望侯軍亦至，匈奴乃解去。漢軍罷，弗能追。〔八〕是時廣軍幾沒，〔九〕罷歸。漢法，博望侯後期，當死，贖爲庶人。廣軍自當，亡賞。〔一〇〕

〔一〕如淳曰：「中猶充也，充本法得首若干封侯也。」師古曰：「率謂軍功封賞之科著在法令者也。中音竹仲反。其下率亦同。」
〔二〕師古曰：「鄉讀曰嚮。」
〔三〕師古曰：「注矢於弓弩而引滿之，不發矢也。」
〔四〕服虔曰：「黃肩弩也。」孟康曰：「太公陷堅卻敵，以大黃參連弩也。」晉灼曰：「黃肩即黃閒也，大黃其大者也。」師古曰：「服、晉二說是也。」
〔五〕師古曰：「言懼甚。」
〔六〕師古曰：「自如，猶云如舊。」
〔七〕師古曰：「巡部曲，整行陳也。」

〔八〕師古曰：「罷讀曰疲。」
〔九〕師古曰：「幾音鉅衣反。」
〔一〇〕師古曰：「自當，謂爲虜所勝，又能勝虜，功過相當也。」

初，廣與從弟李蔡俱爲郎，事文帝。景帝時，蔡積功至二千石。武帝元朔中，爲輕車將軍，從大將軍擊右賢王，有功中率，封爲樂安侯。〔一〕元狩二年，代公孫弘爲丞相。蔡爲人在下中，〔二〕名聲出廣下遠甚，然廣不得爵邑，官不過九卿。廣之軍吏及士卒或取封侯。廣與望氣王朔語云：「自漢擊匈奴，廣未嘗不在其中，而諸妄校尉已下，〔三〕材能不及中，〔四〕以軍功取侯者數十人。廣不爲後人，然終無尺寸功以得封邑者，何也？豈吾相不當侯邪？」朔曰：「將軍自念，豈嘗有恨者乎？」〔五〕廣曰：「吾爲隴西守，羌嘗反，吾誘降者八百餘人，詐而同日殺之，至今恨獨此耳。」朔曰：「禍莫大於殺已降，此乃將軍所以不得侯者也。」

〔一〕師古曰：「此傳及百官表並爲樂安侯，而功臣表作安樂侯，是功臣表誤也。」
〔二〕師古曰：「在下輩之中。」
〔三〕張晏曰：「妄猶凡也。」
〔四〕師古曰：「中謂中庸之人也。」
〔五〕師古曰：「恨，悔也。」

廣歷七郡太守，前後四十餘年，得賞賜，輒分其戲下，〔一〕飲食與士卒共之。家無餘財，

終不言生產事。爲人長，爰臂，〔二〕其善射亦天性，雖子孫他人學者莫能及。廣吶口少言，〔三〕與人居，則畫地爲軍陳，射闊狹以飲。專以射爲戲。〔四〕將兵，乏絕處見水，士卒不盡飲，不近水，不盡餐，不嘗食。寬緩不苛，〔五〕士以此愛樂爲用。其射，見敵，非在數十步之內，度不中不發，〔六〕發即應弦而倒。用此，其將數困辱，及射猛獸，亦數爲所傷云。

〔一〕師古曰：「戲讀曰麾，又音許宜反。」
〔二〕如淳曰：「臂如猨臂通肩也。或曰，似當爲緩臂也。」師古曰：「王國風蒹爰之詩云『有兔爰爰』，爰爰，緩意也，其義兩通。」
〔三〕師古曰：「吶亦訥字。」
〔四〕如淳曰：「爲戲求疏密，持酒以飲不勝者也。」
〔五〕師古曰：「苛，細也。」
〔六〕師古曰：「度音徒各反。中音竹仲反。」

元狩四年，大將軍票騎將軍大擊匈奴，廣數自請行。上以爲老，不許；良久乃許之，以爲前將軍。

大將軍青出塞，捕虜知單于所居，乃自以精兵走之，〔一〕而令廣并於右將軍軍，出東道。〔二〕東道少回遠，〔三〕大軍行，水草少，其勢不屯行。〔四〕廣辭曰：「臣部爲前將軍，今大將軍乃徙臣出東道，且臣結髮而與匈奴戰，〔五〕乃今一得當單于，臣願居前，先死單于。」〔六〕

大將軍陰受上指，以爲李廣數奇，〔七〕毋令當單于，恐不得所欲。〔八〕是時公孫敖新失侯，爲中將軍，大將軍亦欲使敖與俱當單于，故徙廣。廣知之，固辭。大將軍弗聽，令長史封書與廣之莫府，〔九〕曰：「急詣部，如書。」廣不謝大將軍而起行，意象慍怒〔一〇〕而就部，引兵與右將軍食其合軍出東道。〔一一〕惑失道，後大將軍。〔一二〕大將軍與單于接戰，單于遁走，弗能得而還。南絕幕，乃遇兩將軍。〔一三〕廣已見大將軍，還入軍。大將軍使長史持糒醪遺廣，〔一四〕因問廣、食其失道狀，曰：「青欲上書報天子失軍曲折。」〔一五〕廣未對。大將軍長史急責廣之莫府上簿。〔一六〕廣曰：「諸校尉亡罪，乃我自失道。吾今自上簿。」

〔一〕師古曰：「走，趣也，音奏。」
〔二〕師古曰：「并，合也，合軍而同道。」
〔三〕師古曰：「回，遶也，曲也，音胡悔反。」
〔四〕張晏曰：「以水草少，不可羣輩也。」
〔五〕師古曰：「言始勝冠即在戰陳。」
〔六〕師古曰：「致死而取單于。」
〔七〕孟康曰：「奇，隻不耦也。」如淳曰：「數爲匈奴所敗，爲奇不耦。」師古曰：「言廣命隻不耦合也。孟說是矣。數音所角反。奇音居宜反。」
〔八〕師古曰：「謂不勝敵也。」
〔九〕師古曰：「之，往也。莫府，衞青行軍府。」
〔一〇〕師古曰：「言慍怒之色形於外也。」
〔一一〕師古曰：「趙食其也。食音異。其音基。」
〔一二〕師古曰：「惑，迷也。在後不及期也。」
〔一三〕師古曰：「絕，渡也。」
〔一四〕師古曰：「糒，乾飯也。醪，汁滓酒也。糒音備。醪音牢。」
〔一五〕師古曰：「曲折猶言委曲也。」
〔一六〕師古曰：「之，往也。簿謂文狀也，音步戶反。」

至莫府，謂其麾下曰：「廣結髮與匈奴大小七十餘戰，今幸從大將軍出接單于兵，而大將軍徙廣部行回遠，又迷失道，豈非天哉！且廣年六十餘，終不能復對刀筆之吏矣！」遂引刀自剄。百姓聞之，知與不知，老壯皆爲垂泣。〔一〕而右將軍獨下吏，當死，贖爲庶人。

〔一〕師古曰：「知謂素相識知也。」

廣三子，曰當戶、椒、敢，皆爲郎。上與韓嫣戲，嫣少不遜，〔一〕當戶擊嫣，嫣走，於是上以爲能。當戶蚤死，〔二〕乃拜椒爲代郡太守，皆先廣死。廣死軍中時，敢從票騎將軍。廣死明年，李蔡以丞相坐詔賜冢地陽陵當得二十畝，蔡盜取三頃，頗賣得四十餘萬，又盜取神道外壖地一畝葬其中，〔三〕當下獄，自殺。敢以校尉從票騎將軍擊胡左賢王，力戰，奪左賢王

旗鼓，斬首多，賜爵關內侯，食邑二百戶，代廣爲郎中令。頃之，怨大將軍青之恨其父，〔四〕乃擊傷大將軍，大將軍匿諱之。居無何，敢從上雍，至甘泉宮獵，〔五〕票騎將軍去病怨敢傷青，射殺敢。去病時方貴幸，上爲諱，云鹿觸殺之。居歲餘，去病死。

〔一〕師古曰：「嫣音偃。」
〔二〕師古曰：「蚤，古早字。」
〔三〕師古曰：「壖音人椽反。」
〔四〕師古曰：「令其父恨而死也。」
〔五〕師古曰：「無何，謂未多時也。雍之所在，地形積高，故云上也。上音時掌反。他皆類此。」

敢有女爲太子中人，愛幸。敢男禹有寵於太子，然好利，亦有勇。嘗與侍中貴人飲，侵陵之，莫敢應。〔一〕後愬之上，上召禹，使刺虎，縣下圈中，未至地，有詔引出之。禹從落中以劍斫絕纍，欲刺虎。〔二〕上壯之，遂救止焉。而當戶有遺腹子陵，將兵擊胡，兵敗，降匈奴。後人告禹謀欲亡從陵，下吏死。

〔一〕師古曰：「言畏其勇氣。」
〔二〕師古曰：「落與絡同，謂當時繼絡之而下也。纍，索也，音力追反。」

陵字少卿，少爲侍中建章監。善騎射，愛人，謙讓下士，〔一〕甚得名譽。武帝以爲有廣

之風，使將八百騎，深入匈奴二千餘里，過居延視地形，不見虜，還。拜爲騎都尉，將勇敢五千人，教射酒泉、張掖以備胡。數年，漢遣貳師將軍伐大宛，使陵將五校兵隨後。行至塞，會貳師還。上賜陵書，陵留吏士，與輕騎五百出敦煌，至鹽水，迎貳師還，復留屯張掖。

〔一〕師古曰：「下音胡亞反。」

天漢二年，貳師將三萬騎出酒泉，擊右賢王於天山。召陵，欲使爲貳師將輜重。〔一〕陵召見武臺，〔二〕叩頭自請曰：「臣所將屯邊者，皆荊楚勇士奇材劍客也，力扼虎，射命中，〔三〕願得自當一隊，〔四〕到蘭干山南以分單于兵，毋令專鄉貳師軍。」〔五〕上曰：「將惡相屬邪！吾發軍多，毋騎予女。」陵對：「無所事騎，〔六〕臣願以少擊衆，步兵五千人涉單于庭。」上壯而許之，因詔彊弩都尉路博德將兵半道迎陵軍。博德故伏波將軍，亦羞爲陵後距，奏言：「方秋匈奴馬肥，未可與戰，臣願留陵至春，俱將酒泉、張掖騎各五千人並擊東西浚稽，可必禽也。」〔七〕書奏，上怒，疑陵悔不欲出而教博德上書，乃詔博德：「吾欲予李陵騎，云『欲以少擊衆』。今虜入西河，其引兵走西河，遮鉤營之道。」〔八〕詔陵：「以九月發，出遮虜鄣，〔九〕至東浚稽山南龍勒水上，徘徊觀虜，即亡所見，從浞野侯趙破奴故道抵受降城休士，〔一〇〕因騎置以聞。〔一一〕所與博德言者云何？〔一二〕具以書對。」陵於是將其步卒五千人出居延，北行三十日，至浚稽山止營，舉圖所過山川地形，使麾下騎陳步樂還以聞。步樂召見，道陵將

率得士死力，上甚說，〔一三〕拜步樂爲郎。

〔一〕師古曰：「重音直用反。」
〔二〕師古曰：「未央宮有武臺殿。」
〔三〕師古曰：「扼謂捉持之也。命中者，所指名處即中之也。扼音厄。」
〔四〕師古曰：「隊，部也，音徒內反。」
〔五〕師古曰：「鄉讀曰向。」
〔六〕師古曰：「猶言不事須騎也。」
〔七〕師古曰：「浚稽，山名。時虜分居此兩山也。浚音峻。稽音雞。」
〔八〕張晏曰：「胡來寇害道，令博德遮之。」師古曰：「走音奏。」
〔九〕師古曰：「鄣者，塞上險要之處，往往修築，別置候望之人，所以自鄣蔽而伺敵也。遮虜，鄣名也。」
〔一〇〕師古曰：「抵，歸也。受降城本公孫敖所築。休，息也。浞音仕角反。」
〔一一〕師古曰：「騎置，謂驛騎也。」
〔一二〕張晏曰：「天子疑陵教博德上書求至春乃俱西也。」
〔一三〕師古曰：「說讀曰悅。」

陵至浚稽山，與單于相直，騎可三萬圍陵軍。軍居兩山間，以大車爲營。陵引士出營外爲陳，前行持戟盾，後行持弓弩，〔一〕令曰：「聞鼓聲而縱，聞金聲而止。」〔二〕虜見漢軍少，

直前就營。陵搏戰攻之，〔三〕千弩俱發，應弦而倒。虜還走上山，漢軍追擊，殺數千人。單于大驚，召左右地兵八萬餘騎攻陵。陵且戰且引，南行數日，抵山谷中。〔四〕連戰，士卒中矢傷，三創者載輦，兩創者將車，一創者持兵戰。陵曰：「吾士氣少衰而鼓不起者，何也？〔五〕軍中豈有女子乎？」始軍出時，關東羣盜妻子徙邊者隨軍爲卒妻婦，大匿車中。陵搜得，皆劍斬之。明日復戰，斬首三千餘級。引兵東南，循故龍城道行，四五日，抵大澤葭葦中，〔六〕虜從上風縱火，陵亦令軍中縱火以自救。〔七〕南行至山下，單于在南山上，使其子將騎擊陵。陵軍步鬬樹木間，復殺數千人，因發連弩射單于，〔八〕單于下走。是日捕得虜，言「單于曰：『此漢精兵，擊之不能下，日夜引吾南近塞，得毋有伏兵乎？』諸當戶君長皆言〔九〕『單于自將數萬騎擊漢數千人不能滅，後無以復使邊臣，令漢益輕匈奴。復力戰山谷間，尚四五十里得平地，不能破，乃還。』」

〔一〕師古曰：「行並音胡剛反。」
〔二〕師古曰：「金謂鉦也，一名鐲，鐲音濁。」
〔三〕如淳曰：「手對戰也。」
〔四〕師古曰：「抵，當也，至也。其下亦同。」
〔五〕師古曰：「擊鼓進士而士氣不起也。一曰，士卒以有妻婦，故聞鼓音而不時起也。」

〔六〕師古曰：「葭即蘆也，音家。」
〔七〕師古曰：「預自燒其旁草木，令虜火不得延及也。」
〔八〕服虔曰：「三十弩共一弦也。」張晏曰：「三十絭共一臂也。」師古曰：「張說是也。絭音去權反，又音眷。」
〔九〕師古曰：「當戶，匈奴官名也。」

是時陵軍益急，匈奴騎多，戰一日數十合，復傷殺虜二千餘人。虜不利，欲去，會陵軍候管敢爲校尉所辱，亡降匈奴，具言「陵軍無後救，射矢且盡，獨將軍麾下及成安侯校各八百人爲前行，以黃與白爲幟，〔一〕當使精騎射之即破矣。」成安侯者，潁川人，父韓千秋，故濟南相，奮擊南越戰死，武帝封子延年爲侯，以校尉隨陵。單于得敢大喜，使騎並攻漢軍，疾呼曰：「李陵、韓延年趣降！」〔二〕遂遮道急攻陵。陵居谷中，虜在山上，四面射，矢如雨下。漢軍南行，未至鞮汗山，〔三〕一日五十萬矢皆盡，即棄車去。士尚三千餘人，徒斬車輻而持之，〔四〕軍吏持尺刀，抵山入陿谷。單于遮其後，乘隅下壘石，〔五〕士卒多死，不得行。昏後，陵便衣獨步出營，〔六〕止左右：「毋隨我，丈夫一取單于耳！」〔七〕良久，陵還，大息曰：「兵敗，死矣！」軍吏或曰：「將軍威震匈奴，天命不遂，後求道徑還歸，如浞野侯爲虜所得，後亡還，天子客遇之，況於將軍乎！」陵曰：「公止！吾不死，非壯士也。」於是盡斬旌旗，及珍寶埋地中，陵歎曰：「復得數十矢，足以脫矣。今無兵復戰，〔八〕天明坐受縛矣！各鳥

獸散，猶有得脫歸報天子者。」〔九〕令軍士人持二升糒，一半冰，〔一〇〕期至遮虜鄣者相待。夜半時，擊鼓起士，鼓不鳴。陵與韓延年俱上馬，壯士從者十餘人。虜騎數千追之，韓延年戰死。陵曰：「無面目報陛下！」遂降。軍人分散，脫至塞者四百餘人。

〔一〕師古曰：「幟，旗也，音式志反。」
〔二〕師古曰：「且攻且呼也。呼音火故反。趣讀曰促。」
〔三〕師古曰：「鞮音丁奚反。」
〔四〕師古曰：「徒，但也。」
〔五〕服虔曰：「山名也。」師古曰：「此說非也。言放石以投人，因山隅曲而下也。壘音盧對反。」
〔六〕蘇林曰：「褰衣卷褏而行也。」師古曰：「此說非也。便衣，謂著短衣小褏也。」
〔七〕師古曰：「言一身獨取也。」
〔八〕師古曰：「兵卽謂矢及矛戟之屬也。」
〔九〕師古曰：「脫，免也，音吐活反。次下亦同。」
〔一〇〕如淳曰：「半讀曰片，或曰五升曰半。」師古曰：「半讀曰判。判，大片也。時冬寒有冰，持之以備渴也。」

陵敗處去塞百餘里，邊塞以聞。上欲陵死戰，召陵母及婦，使相者視之，無死喪色。後聞陵降，上怒甚，責問陳步樂，步樂自殺。羣臣皆罪陵，上以問太史令司馬遷，遷盛言：「陵事親孝，與士信，常奮不顧身以殉國家之急。〔一〕其素所畜積也，〔二〕有國士之風。今舉事

一不幸，全軀保妻子之臣隨而媒孽其短，〔三〕誠可痛也！且陵提步卒不滿五千，深輮戎馬之地，〔四〕抑數萬之師，虜救死扶傷不暇，悉舉引弓之民共攻圍之。轉鬭千里，矢盡道窮，士張空拳，〔五〕冒白刃，北首爭死敵，〔六〕得人之死力，雖古名將不過也。身雖陷敗，然其所摧敗亦足暴於天下。〔七〕彼之不死，宜欲得當以報漢也。」〔八〕初，上遣貳師大軍出，財令陵爲助兵，〔九〕及陵與單于相值，而貳師功少。上以遷誣罔，欲沮貳師，爲陵游說，〔一〇〕下遷腐刑。

〔一〕師古曰：「殉，營也，一曰從也。」
〔二〕師古曰：「畜讀曰蓄。」
〔三〕服虔曰：「媒音欺，謂詆欺也。」孟康曰：「媒，酒教；孽，麴也。謂釀成其罪也。」師古曰：「孟說是也。齊人名麴餅曰媒。」
〔四〕師古曰：「輮，踐也，音人九反。」
〔五〕文穎曰：「拳，弓弩拳也。」師古曰：「拳字與絭同，音去權反，又音眷。」
〔六〕師古曰：「冒，犯也。北首，北嚮也。冒音莫北反。首音式救反。」
〔七〕師古曰：「所摧敗，敗匈奴之兵也。暴猶章也。」
〔八〕師古曰：「冒欲立功以當其罪也。」
〔九〕師古曰：「財與纔同，謂淺也，僅也。史傳通用字。他皆類此。」
〔一〇〕師古曰：「沮謂毀壞之，音才呂反。」

久之，上悔陵無救，曰：「陵當發出塞，乃詔彊弩都尉令迎軍。坐預詔之，得令老將生姦詐。」〔一〕乃遣使勞賜陵餘軍得脫者。

〔一〕孟康曰：「坐預詔彊弩都尉路博德迎陵，博德老將，出塞不至，令陵見沒也。」

陵在匈奴歲餘，上遣因杅將軍公孫敖〔一〕將兵深入匈奴迎陵。敖軍無功還，曰：「捕得生口，言李陵教單于爲兵以備漢軍，故臣無所得。」上聞，於是族陵家，母弟妻子皆伏誅。隴西士大夫以李氏爲愧。〔二〕其後，漢遣使使匈奴，陵謂使者曰：「吾爲漢將步卒五千人橫行匈奴，以亡救而敗，何負於漢而誅吾家？」使者曰：「漢聞李少卿教匈奴爲兵。」陵曰：「乃李緒，非我也。」李緒本漢塞外都尉，居奚侯城，匈奴攻之，緒降，而單于客遇緒，常坐陵上。陵痛其家以李緒而誅，使人刺殺緒。大閼氏欲殺陵，〔三〕單于匿之北方，大閼氏死乃還。

〔一〕孟康曰：「因杅，胡地名也。」師古曰：「杅音于。」
〔二〕師古曰：「恥其不能死節，累及家室。」
〔三〕師古曰：「大閼氏，單于之母。」

單于壯陵，以女妻之，立爲右校王，衞律爲丁靈王，〔一〕皆貴用事。衞律者，父本長水胡人。律生長漢，善協律都尉李延年，延年薦言律使匈奴。使還，會延年家收，律懼并誅，亡還降匈奴。匈奴愛之，常在單于左右。陵居外，有大事，乃入議。

〔一〕師古曰：「丁靈，胡之別種也。立爲王而主其人也。」

昭帝立，大將軍霍光、左將軍上官桀輔政，素與陵善，遣陵故人隴西任立政等三人〔一〕俱至匈奴招陵。立政等至，單于置酒賜漢使者，李陵、衞律皆侍坐。立政等見陵，未得私語，卽目視陵，〔二〕而數數自循其刀環，〔三〕握其足，陰諭之，言可還歸漢也。後陵、律持牛酒勞漢使，博飲，〔四〕兩人皆胡服椎結。〔五〕立政大言曰：「漢已大赦，中國安樂，主上富於春秋，〔六〕霍子孟、上官少叔用事。」〔七〕以此言微動之。陵墨不應，孰視而自循其髮，答曰：「吾已胡服矣！」有頃，律起更衣，立政曰：「咄，少卿良苦！〔八〕霍子孟、上官少叔謝女。」〔九〕陵曰：「霍與上官無恙乎？」〔一〇〕立政曰：「請少卿來歸故鄉，毋憂富貴。」陵字立政曰：「少公，〔一一〕歸易耳，恐再辱，柰何！」語未卒，衞律還，頗聞餘語，曰：「李少卿賢者，不獨居一國。范蠡徧遊天下，由余去戎入秦，今何語之親也！」因罷去。立政隨謂陵曰：「亦有意乎？」〔一二〕陵曰：「丈夫不能再辱。」

〔一〕師古曰：「故人，謂舊與相知者。」
〔二〕師古曰：「以目相視而感動之，今俗所謂眼語者也。」
〔三〕師古曰：「循謂摩順也。」
〔四〕蘇林曰：「博且飲也。」師古曰：「勞音來到反。」
〔五〕師古曰：「結讀曰髻，一撮之髻，其形如椎。」

〔六〕師古曰：「言天子年少。」
〔七〕師古曰：「子孟，光之字；少叔，桀之字也。」
〔八〕師古曰：「言甚勞苦。」
〔九〕師古曰：「謝，以辭相問也。」
〔一〇〕師古曰：「恙，憂病也。」
〔一一〕師古曰：「呼其字。」
〔一二〕師古曰：「隨其後而語之。」

陵在匈奴二十餘年，元平元年病死。

蘇建，杜陵人也。以校尉從大將軍青擊匈奴，封平陵侯。以將軍築朔方。後以衞尉爲遊擊將軍，從大將軍出朔方。後一歲，以右將軍再從大將軍出定襄，亡翕侯，〔一〕失軍當斬，贖爲庶人。其後爲代郡太守，卒官。有三子：嘉爲奉車都尉，賢爲騎都尉，中子武最知名。

〔一〕服虔曰：「趙信也。」

武字子卿，少以父任，兄弟並爲郎，稍遷至栘中廄監。〔一〕時漢連伐胡，數通使相窺觀，匈奴留漢使郭吉、路充國等，前後十餘輩。匈奴使來，漢亦留之以相當。天漢元年，且鞮侯

單于初立，〔二〕恐漢襲之，乃曰：「漢天子我丈人行也。」〔三〕盡歸漢使路充國等。武帝嘉其義，乃遣武以中郎將使持節送匈奴使留在漢者，因厚（輅）〔賂〕單于，答其善意。武與副中郎將張勝及假吏常惠等〔四〕募士斥候百餘人俱。〔五〕既至匈奴，置幣遺單于。單于益驕，非漢所望也。

〔一〕師古曰：「栘中，廄名，爲之監也。栘音移。」
〔二〕師古曰：「且音子閭反。鞮音丁奚反。」
〔三〕師古曰：「丈人，尊老之稱。行音胡浪反。」
〔四〕師古曰：「假吏猶言兼吏也。時權爲使之吏，若今之差人充使典矣。」
〔五〕師古曰：「募人以充士卒，及在道爲斥候者。」

方欲發使送武等，會緱王與長水虞常等謀反匈奴中。〔一〕緱王者，昆邪王姊子也，〔二〕與昆邪王俱降漢，後隨浞野侯沒胡中。〔三〕及衞律所將降者，陰相與謀劫單于母閼氏歸漢。會武等至匈奴，虞常在漢時素與副張勝相知，私候勝曰：「聞漢天子甚怨衞律，常能爲漢伏弩射殺之。吾母與弟在漢，幸蒙其賞賜。」張勝許之，以貨物與常。後月餘，單于出獵，獨閼氏子弟在。虞常等七十餘人欲發，其一人夜亡，告之。單于子弟發兵與戰。緱王等皆死，虞常生得。〔四〕

〔一〕師古曰：「緱音工侯反。」
〔二〕師古曰：「昆音胡門反。」
〔三〕師古曰：「從趙破奴擊匈奴，兵敗而降。」
〔四〕師古曰：「被執獲也。」

單于使衞律治其事。張勝聞之，恐前語發，以狀語武。武曰：「事如此，此必及我。見犯乃死，重負國。」欲自殺，〔一〕勝、惠共止之。虞常果引張勝。單于怒，召諸貴人議，欲殺漢使者。左伊秩訾曰：〔二〕「卽謀單于，何以復加？〔三〕宜皆降之。」單于使衞律召武受辭，〔四〕武謂惠等：「屈節辱命，雖生，何面目以歸漢！」引佩刀自刺。衞律驚，自抱持武，馳召毉。鑿地爲坎，置熅火，〔五〕覆武其上，〔六〕蹈其背以出血。武氣絕，半日復息。〔七〕惠等哭，輿歸營。單于壯其節，朝夕遣人候問武，而收繫張勝。

〔一〕師古曰：「言被匈奴侵犯，然後乃死，是爲更負漢國，故欲先自殺也。重音直用反。」
〔二〕臣瓚曰：「胡官之號也。」
〔三〕師古曰：「言謀（殺）衞律而殺之，其罰太重也。」
〔四〕師古曰：「致單于之命，而取其對也。」
〔五〕師古曰：「熅謂聚火無炎者也，音於云反。炎音弋贍反。」
〔六〕師古曰：「覆身於坎上也。覆音芳目反。」
〔七〕師古曰：「息謂出氣也。」

武益愈，單于使使曉武。〔一〕會論虞常，欲因此時降武。劍斬虞常已，律曰：「漢使張勝謀殺單于近臣，〔二〕當死，單于募降者赦罪。」舉劍欲擊之，勝請降。律謂武曰：「副有罪，當相坐。」武曰：「本無謀，又非親屬，何謂相坐？」復舉劍擬之，武不動。律曰：「蘇君，律前負漢歸匈奴，幸蒙大恩，賜號稱王，擁衆數萬，馬畜彌山，富貴如此。〔三〕蘇君今日降，明日復然。空以身膏草野，誰復知之！」武不應。律曰：「君因我降，與君爲兄弟，今不聽吾計，後雖欲復見我，尚可得乎？」武罵律曰：「女爲人臣子，不顧恩義，畔主背親，爲降虜於蠻夷，何以女爲見？〔四〕且單于信女，使決人死生，不平心持正，反欲鬭兩主，觀禍敗。南越殺漢使者，屠爲九郡；宛王殺漢使者，頭縣北闕；朝鮮殺漢使者，卽時誅滅。獨匈奴未耳。若知我不降明，〔五〕欲令兩國相攻，匈奴之禍從我始矣。」

〔一〕師古曰：「諭說令降也。」
〔二〕師古曰：「衞律自謂也。」
〔三〕師古曰：「彌，滿也。」
〔四〕師古曰：「言何用見女爲也。」
〔五〕師古曰：「若，汝也。言汝知我不肯降明矣。」

律知武終不可脅，白單于。單于愈益欲降之，乃幽武置大窖中，〔一〕絕不飲食。〔二〕天

雨雪，武臥齧雪與旃毛并咽之，[三]數日不死，匈奴以為神，乃徙武北海上無人處，使牧羝，羝乳乃得歸。[四] 別其官屬常惠等，各置他所。

[一]師古曰：「舊米粟之窖而空者也，音工孝反。」
[二]師古曰：「飲音於禁反。食讀曰飤。」
[三]師古曰：「咽，吞也，音宴。」
[四]師古曰：「羝，牡羊也。羝不當產乳，故設此言，示絕其事。若燕太子丹烏白頭、馬生角之比也。羝音丁奚反。乳音人喻反。」

武既至海上，廩食不至，[一]掘野鼠去屮實而食之。[二] 杖漢節牧羊，臥起操持，節旄盡落。積五六年，單于弟於靬王弋射海上。[三] 武能網紡繳，檠弓弩，[四]於靬王愛之，給其衣食。三歲餘，王病，賜武馬畜服匿穹廬。[五] 王死後，人衆徙去。其冬，丁令盜武牛羊，[六]武復窮厄。

[一]師古曰：「無人給飤之。」
[二]蘇林曰：「取鼠所去草實而食之。」張晏曰：「取鼠及草實并而食之。」師古曰：「蘇說是也。屮，古草字。去謂藏之也，音丘呂反。」
[三]師古曰：「靬音居言反。」
[四]師古曰：「繳，生絲縷也，可以弋射。檠謂輔正弓弩也。繳音斫。檠音警，又音巨京反。」

[五]劉德曰：「服匿如小旃帳。」孟康曰：「服匿如甖，小口大腹方底，用受酒酪。穹廬，旃帳也。」晉灼曰：「河東北界人呼小石甖受二斗所曰服匿。」師古曰：「孟、晉二說是也。」
[六]師古曰：「令音零。丁令，即上所謂丁靈耳。」

初，武與李陵俱為侍中，武使匈奴明年，陵降，不敢求武。久之，單于使陵至海上，為武置酒設樂，因謂武曰：「單于聞陵與子卿素厚，故使陵來說足下，虛心欲相待。終不得歸漢，空自苦亡人之地，信義安所見乎？前長君為奉車，[一]從至雍棫陽宮，扶輦下除，[二]觸柱折轅，劾大不敬，伏劍自刎，[三]賜錢二百萬以葬。孺卿從祠河東后土，[四]宦騎與黃門駙馬爭船，[五]推墮駙馬河中溺死，宦騎亡，詔使孺卿逐捕不得，惶恐飲藥而死。來時，大夫人已不幸，[六]陵送葬至陽陵。子卿婦年少，聞已更嫁矣。獨有女弟二人，兩女一男，今復十餘年，存亡不可知。人生如朝露，[七]何久自苦如此！陵始降時，忽忽如狂，自痛負漢，加以老母繫保宮，[八]子卿不欲降，何以過陵？且陛下春秋高，法令亡常，大臣亡罪夷滅者數十家，安危不可知，子卿尚復誰為乎？願聽陵計，勿復有云。」武曰：「武父子亡功德，皆為陛下所成就，位列將，爵通侯，兄弟親近，常願肝腦塗地。今得殺身自效，雖蒙斧鉞湯鑊，誠甘樂之。臣事君，猶子事父也，子為父死亡所恨。願勿復再言。」陵與武飲數日，復曰：「子卿壹聽陵言。」武曰：「自分已死久矣！[九] 王必欲降武，請畢今日之驩，效死於前！」[10] 陵見其至誠，喟然歎曰：「嗟乎，義士！陵與衞律之罪上通於天。」因泣下霑衿，與武決去。[11]

[一]服虔曰：「武兄嘉。」
[二]張晏曰：「主扶輦下除道也。」師古曰：「除謂門屏之間。」
[三]師古曰：「刎，斷也，斷其頸也，音武粉反。」
[四]張晏曰：「武弟賢。」
[五]師古曰：「宦騎，宦者而為騎也。黃門駙馬，天子駙馬之在黃門者。駙，副也。金日磾傳曰『養馬於黃門』也。」
[六]師古曰：「不幸亦謂死。」
[七]師古曰：「朝露見日則晞，人命短促亦如之。」
[八]師古曰：「百官公卿表云少府屬官有居室，武帝太初元年更名保宮。」
[九]師古曰：「分音扶問反。」
[10]師古曰：「效，致也。」
[11]師古曰：「決，別也。」

陵惡自賜武，[一] 使其妻賜武牛羊數十頭。後陵復至北海上，語武：「區脫捕得雲中生口，[二]言太守以下吏民皆白服，曰上崩。」武聞之，南鄉號哭，歐血，旦夕臨。[三]

[一]師古曰：「謂若示己於匈奴中富饒以夸武。」
[二]服虔曰：「區脫，土室，胡兒所作以候漢者也。」李奇曰：「匈奴邊境羅落守衞官也。」晉灼曰：「匈奴傳東胡與匈奴間有棄地千餘里，各居其邊為區脫。又云漢得區脫王，發人民屯區脫以備漢，此為因邊境以為官。李說是也。」

師古曰：「匈奴邊境為候望之室，服說是也。本非官號，區脫王者，以其所部居區脫之處，因呼之耳。李、晉二說皆失之。區讀(曰)〔與〕甌同，音一侯反。脫音土活反。」
[三]師古曰：「鄉讀曰嚮。臨，哭也，音力禁反。」

數月，昭帝即位。數年，匈奴與漢和親。漢求武等，匈奴詭言武死。後漢使復至匈奴，常惠請其守者與俱，得夜見漢使，具自陳道。教使者謂單于，言天子射上林中，得雁，足有係帛書，言武等在某澤中。使者大喜，如惠語以讓單于。[一] 單于視左右而驚，謝漢使曰：「武等實在。」於是李陵置酒賀武曰：「今足下還歸，揚名於匈奴，功顯於漢室，雖古竹帛所載，丹青所畫，何以過子卿！陵雖駑怯，令漢且貰陵罪，[二] 全其老母，使得奮大辱之積志，庶幾乎曹柯之盟，[三]此陵宿昔之所不忘也。收族陵家，為世大戮，陵尚復何顧乎？已矣！令子卿知吾心耳。異域之人，壹別長絕！」陵起舞，歌曰：「徑萬里兮度沙幕，為君將兮奮匈奴。路窮絕兮矢刃摧，士衆滅兮名已隤。老母已死，雖欲報恩將安歸！」[四] 陵泣下數行，因與武決。單于召會武官屬，[五]前以降及物故，凡隨武還者九人。[六]

[一]師古曰：「讓，責也。」
[二]師古曰：「貰，寬也。」
[三]李奇曰：「欲劫單于，如曹劌劫齊桓公柯盟之時。」
[四]師古曰：「隤，墜也，音大回反。」

(三)師古曰：「會謂集聚也。」

(六)師古曰：「物故謂死也，言其同於鬼物而故也。一說，不欲斥言，但云其所服用之物皆已故耳。而說者妄欲改物爲勿，非也。」

武以(元始)[始元]六年春至京師。詔武奉一太牢謁武帝園廟，拜爲典屬國，秩中二千石，賜錢二百萬，公田二頃，宅一區。常惠、徐聖、趙終根皆拜爲中郎，賜帛各二百匹。其餘六人老歸家，賜錢人十萬，復終身。(一)常惠後至右將軍，封列侯，自有傳。武留匈奴凡十九歲，始以彊壯出，及還，須髮盡白。

(一)師古曰：「復音方目反。」

武來歸明年，上官桀子安與桑弘羊及燕王、蓋主謀反。武子男元與安有謀，坐死。初桀、安與大將軍霍光爭權，數疏光過失予燕王，(一)令上書告之。又言蘇武使匈奴二十年不降，還乃爲典屬國，(二)大將軍長史無功勞，爲搜粟都尉，光顓權自恣。(三)及燕王等反誅，窮治黨與，武素與桀、弘羊有舊，數爲燕王所訟，子又在謀中，廷尉奏請逮捕武。霍光寢其奏，免武官。

(一)師古曰：「疏謂條錄之。」

(二)師古曰：「實十九年，而言二十者，欲久其事以見冤屈，故多言也。」

(三)師古曰：「顓與專同。」

數年，昭帝崩，武以故二千石與計謀立宣帝，(一)賜爵關內侯，食邑三百戶。久之，衛將軍張安世薦武明習故事，奉使不辱命，先帝以爲遺言。宣帝即時召武待詔宦者署，(二)數進見，復爲右曹典屬國。以武著節老臣，令朝朔望，號稱祭酒，(三)甚優寵之。

(一)師古曰：「與讀曰預。」

(二)師古曰：「百官公卿表少府屬官有宦者令丞。以其署親近，故令於此待詔也。」

(三)師古曰：「加祭酒之號，所以示優尊也。祭酒，已解在伍被傳。」

武所得賞賜，盡以施予昆弟故人，家不餘財。皇后父平恩侯、帝舅平昌侯、樂昌侯、(一)車騎將軍韓增、丞相魏相、御史大夫丙吉皆敬重武。武年老，子前坐事死，上閔之，問左右：「武在匈奴久，豈有子乎？」武因平恩侯自白：「前發匈奴時，胡婦適產一子通國，有聲問來，願因使者致金帛贖之。」上許焉。後通國隨使者至，上以爲郎。又以武弟子爲右曹。武年八十餘，神爵二年病卒。

(一)師古曰：「平恩侯許伯，平昌侯王無故，樂昌侯王武也。」

甘露三年，單于始入朝。上思股肱之美，乃圖畫其人於麒麟閣，(一)法其形貌，署其官爵姓名。(二)唯霍光不名，曰大司馬大將軍博陸侯姓霍氏，次曰衛將軍富平侯張安世，次曰車騎將軍龍頟侯韓增，次曰後將軍營平侯趙充國，次曰丞相高平侯魏相，次曰丞相博陽侯丙吉，次曰御史大夫建平侯杜延年，次曰宗正陽城侯劉德，次曰少府梁丘賀，次曰太子太傅蕭望之，次曰典屬國蘇武。皆有功德，知名當世，是以表而揚之，明著中興輔佐，列於方叔、召虎、仲山甫焉。(三)凡十一人，皆有傳。自丞相黃霸、廷尉于定國、大司農朱邑、京兆尹張敞、右扶風尹翁歸及儒者夏侯勝等，皆以善終，著名宣帝之世，然不得列於名臣之圖，以此知其選矣。

(一)張晏曰：「武帝獲麒麟時作此閣，圖畫其象於閣，遂以爲名。」師古曰：「漢宮閣疏名云蕭何造。」

(二)師古曰：「署，表也，題也。」

(三)師古曰：「三人皆周宣王之臣，有文武之功，佐宣王中興者也。言宣帝亦重興漢室，而霍光等並爲名臣，皆比於方叔之屬。召讀曰邵。」

贊曰：李將軍恂恂如鄙人，口不能出辭，(一)及死之日，天下知與不知皆爲流涕，彼其中心誠信於士大夫也。諺曰：「桃李不言，下自成蹊。」(二)此言雖小，可以喻大。然三代之將，道家所忌，自廣至陵，遂亡其宗，哀哉！孔子稱「志士仁人，有殺身以成仁，無求生以害仁」，「使於四方，不辱君命」，(三)蘇武有之矣。

(一)師古曰：「恂恂，誠謹貌也，音荀。」

(二)師古曰：「蹊謂徑道也。言桃李以其華實之故，非有所召呼，而人爭歸趣，來往不絕，其下自然成徑，以喻人懷誠信之心，故能潛有所感也。蹊音奚。」

(三)師古曰：「皆論語載孔子之言。」

校勘記

二四四〇頁四行 匈奴(入)[侵]上郡，景祐、殿本都作「侵」。

二四四一頁一行 放(從)[縱]遊獵也。殿本作「縱」。王先謙說作「縱」是。

二四四二頁一四行 不擊(刀)[刁]斗自衛，景祐、殿本都作「刁」，注同。王先謙說作「刁」是。

二四四三頁二行 絡而盛(之)臥，宋祁說越本無「之」字。按景祐本亦無「之」字。

二四四五頁六行 是時廣軍幾沒，(九)罷歸。注(九)原在「罷」字下。王先謙說此師古誤讀，「罷」字連「歸」爲文。

二四六〇頁一行 因厚(賂)[賂]單于，景祐、殿、局本都作「賂」。王先謙說「輅」譌字。

二四六二頁一三行 言謀(殺)衞律而殺之，景祐本有「殺」字。

二四六六頁二行 區讀(曰)[與]甌同，景祐、殿本都作「與」。王先謙說作「與」是。

二四六七頁四行 武以(元始)[始元]六年春至京師。景祐、殿本都作「始元」，此誤倒。

漢書卷五十五

衞青霍去病傳第二十五

衞青字仲卿。其父鄭季，河東平陽人也，以縣吏給事侯家。平陽侯曹壽尚武帝姊陽信長公主。〔一〕季與主家僮衞媼通，〔二〕生青。青有同母兄衞長君及姊子夫，子夫自平陽公主家得幸武帝，故青冒姓爲衞氏。〔三〕衞媼長女君孺，次女少兒，次女則子夫。子夫男弟步廣，皆冒衞氏。〔四〕

〔一〕師古曰：「壽姓曹，爲平陽侯，當是曹參之後，然參傳及功臣侯表並無之，未詳其意也。」
〔二〕師古曰：「僮者，婢女之總稱也。媼者，後年老之號，非當時所呼也。衞者，舉其夫家姓也。」
〔三〕師古曰：「冒謂假稱，若人首之有覆冒也。」
〔四〕師古曰：「言步廣及青二人皆不姓衞，而冒稱。」

青爲侯家人，少時歸其父，父使牧羊。民母之子皆奴畜之，不以爲兄弟數。〔一〕青嘗從人至甘泉居室，〔二〕有一鉗徒相青曰：「貴人也，官至封侯。」青笑曰：「人奴之生，得無笞罵卽

足矣，安得封侯事乎！」

〔一〕服虔曰：「民母，嫡母也。」師古曰：「言鄭季正妻本在編戶之間，以別於公主家也。今流俗書本云『牧羊人間，先母之子不以爲兄弟數』，妄增也。」
〔二〕張晏曰：「居室，甘泉中徒所居也。」

青壯，爲侯家騎，從平陽主。建元二年春，青姊子夫得入宮幸上。皇后，大長公主女也，〔一〕無子，妒。大長公主聞衞子夫幸，有身，妒之，乃使人捕青。青時給事建章，〔二〕未知名。大長公主執囚青，欲殺之。其友騎郎公孫敖與壯士往篡之，〔三〕故得不死。上聞，乃召青爲建章監，侍中。及母昆弟貴，賞賜數日閒累千金。君孺爲太僕公孫賀妻。少兒故與陳掌通，〔四〕上召貴掌。公孫敖由此益顯。子夫爲夫人。青爲太中大夫。

〔一〕文穎曰：「陳皇后，武帝姑女也。」
〔二〕師古曰：「建章宮中。」
〔三〕師古曰：「逆取曰篡。」
〔四〕師古曰：「掌卽陳平曾孫也。」

元光六年，拜爲車騎將軍，擊匈奴，出上谷；公孫賀爲輕車將軍，出雲中；太中大夫公孫敖爲騎將軍，出代郡；衞尉李廣爲驍騎將軍，出雁門：軍各萬騎。青至蘢城，〔一〕斬首虜數百。騎將軍敖亡七千騎，衞尉廣爲虜所得，得脫歸，皆當斬，贖爲庶人。賀亦無功。唯青賜爵關內侯。是後匈奴仍侵犯邊。〔二〕語在匈奴傳。

〔一〕師古曰：「蘢讀與龍同。」
〔二〕師古曰：「仍，頻也。」

元朔元年春，衞夫人有男，立爲皇后。其秋，青復將三萬騎出雁門，李息出代郡。青斬首虜數千。明年，青復出雲中，西至高闕，〔一〕遂至於隴西，捕首虜數千，畜百餘萬，走白羊、樓煩王。遂取河南地爲朔方郡。〔二〕以三千八百戶封青爲長平侯。青校尉蘇建爲平陵侯，張次公爲岸頭侯。〔三〕使建築朔方城。〔四〕上曰：「匈奴逆天理，亂人倫，暴長虐老，〔五〕以盜竊爲務，行詐諸蠻夷，造謀籍兵，數爲邊害。〔六〕故興師遣將，以征厥罪。詩不云乎？『薄伐獫允，至于太原』；〔七〕『出車彭彭，城彼朔方』。〔八〕今車騎將軍青度西河至高闕，獲首二千三百級，車輜畜產畢收爲鹵，已封爲列侯，遂西定河南地，案榆谿舊塞，〔九〕絕梓領，梁北河，討蒲泥，破符離，〔一〇〕斬輕銳之卒，捕伏聽者〔一一〕三千一十七級。〔一二〕執訊獲醜，〔一三〕敺馬牛羊百有餘萬，全甲兵而還，益封青三千八百戶。」其後匈奴比歲入代郡、雁門、定襄、上郡、朔方，〔一四〕所殺略甚衆。語在匈奴傳。

〔一〕師古曰：「高闕，山名也，一曰塞名也，在朔方之北。」
〔二〕師古曰：「當北地郡之北，黃河之南也。」

〔三〕晉灼曰：「河東皮氏亭也。」
〔四〕師古曰：「蘇建築之也。」
〔五〕師古曰：「謂其俗貴少壯而賤長老也。」
〔六〕張晏曰：「從蠻夷借兵鈔邊。」
〔七〕師古曰：「小雅六月之詩，美宣王北(代)〔伐〕也。薄伐者，言逐出之也。獫允，北狄名，卽匈奴也。獫音險。」
〔八〕師古曰：「小雅出車之詩也。彭彭，衆車聲也。朔方，北方也。此詩人美出車而征，因築城以攘獫允也。」
〔九〕如淳曰：「案，尋也。榆谿，舊塞名也。」師古曰：「上郡之北有諸次山，諸次水出焉，東經榆林塞爲榆谿。言軍尋此塞而行也。」
〔一〇〕如淳曰：「絕，度也。爲北河作橋梁也。」晉灼曰：「蒲泥、符離，二王號也。」師古曰：「符離，塞名也。」
〔一一〕張晏曰：「伏於隱處，聽軍虛實。」
〔一二〕師古曰：「本以斬敵一首拜爵一級，故謂一首爲一級，因復名生獲一人爲一級也。」
〔一三〕師古曰：「執訊者，謂生執其人而訊問之也。獲醜者，得其衆也。一曰醜，惡也。訊音信。」
〔一四〕師古曰：「比，頻也。」

元朔五年春，令青將三萬騎出高闕，衞尉蘇建爲遊擊將軍，左內史李沮爲彊弩將軍，〔一〕太僕公孫賀爲騎將軍，代相李蔡爲輕車將軍，皆領屬車騎將軍，俱出朔方。大行李息、岸頭侯張次公爲將軍，俱出右北平。匈奴右賢王當青等兵，以爲漢兵不能至此，飲醉，

漢兵夜至，圍右賢王。右賢王驚，夜逃，獨與其愛妾一人騎數百馳，潰圍北去。漢輕騎校尉郭成等追數百里，弗得，得右賢裨王十餘人，〔二〕衆男女萬五千餘人，畜數十百萬，〔三〕於是引兵而還。至塞，天子使使者持大將軍印，卽軍中拜青爲大將軍，〔四〕諸將皆以兵屬，立號而歸。上曰：「大將軍青躬率戎士，師大捷，獲匈奴王十有餘人，益封青八千七百戶。」而封青子伉爲宜春侯，〔五〕子不疑爲陰安侯，子登爲發干侯。青固謝曰：〔六〕「臣幸得待罪行間，賴陛下神靈，軍大捷，皆諸校力戰之功也。陛下幸已益封臣青，臣青子在繈褓中，未有勤勞，上幸裂地封爲三侯，非臣待罪行間所以勸士力戰之意也。伉等三人何敢受封！」上曰：「我非忘諸校功也，今固且圖之。」乃詔御史曰：「護軍都尉公孫敖三從大將軍擊匈奴，常護軍傅校獲王，〔七〕封敖爲合騎侯。〔八〕都尉韓說從大軍出窴渾，〔九〕至匈奴右賢王庭，爲戲下〔一〇〕搏戰獲王，〔一一〕封說爲龍頟侯。〔一二〕騎將軍賀從大將軍獲王，封賀爲南窌侯。〔一三〕輕車將軍李蔡再從大將軍獲王，封蔡爲樂安侯。校尉李朔、趙不虞、公孫戎奴各三從大將軍獲王，封朔爲陟軹侯，不虞爲隨成侯，戎奴爲從平侯。將軍李沮、李息及校尉豆如意、中郎將綰皆有功，賜爵關內侯。沮、息、如意食邑各三百戶。」其秋，匈奴入代，殺都尉。

〔一〕文穎曰：「沮音爼。」

〔二〕師古曰：「裨王，小王也，若言裨將也。裨音頻移反。」

〔三〕師古曰：「數十萬以至百萬。」

〔四〕師古曰：「卽，就也。」

〔五〕師古曰：「伉音抗，又音工郎反。」

〔六〕師古曰：「固謂再三也。」

〔七〕師古曰：「傅讀曰附。言敖總護諸軍，每附部校，以致克捷而獲王也。校者，營壘之稱，故謂軍之一部爲一校。或曰幡旗之名，非也。每軍一校，則別爲幡耳，不名校也。」

〔八〕晉灼曰：「猶冠軍從票之名也。」

〔九〕服虔曰：「塞名也。」師古曰：「說讀曰悅。窴音田。渾音魂。」

〔一〇〕師古曰：「戲讀曰麾，又音許宜反。言在大將軍麾旗之下，不別統衆也。」

〔一一〕師古曰：「搏戰，擊戰。」

〔一二〕師古曰：「頟字或作額。」

〔一三〕臣瓚曰：「茂陵中書云南窌侯，此本字也。」師古曰：「窌音普教反。窌亦同字。」

明年春，大將軍青出定襄，合騎侯敖爲中將軍，太僕賀爲左將軍，翕侯趙信爲前將軍，衛尉蘇建爲右將軍，郎中令李廣爲後將軍，左內史李沮爲彊弩將軍，咸屬大將軍，斬首數千級而還。月餘，悉復出定襄，斬首虜萬餘人。蘇建、趙信并軍三千餘騎，獨逢單于兵，與戰一日餘，漢兵且盡。信故胡人，降爲翕侯，見急，匈奴誘之，遂將其餘騎可八百犇降單于。〔一〕蘇建盡亡其軍，獨以身得亡去，自歸青。青問其罪正閎、長史安、議郎周霸等：〔二〕「建當云何？」〔三〕霸曰：「自大將軍出，未嘗斬裨將，今建棄軍，可斬，以明將軍之威。」閎、安曰：「不然。兵法『小敵之堅，大敵之禽也』。〔四〕今建以數千當單于數萬，力戰一日餘，士皆不敢有二心。自歸而斬之，是示後無反意也。不當斬。」青曰：「青幸得以肺附待罪行間，〔五〕不患無威，而霸說我以明威，甚失臣意。且使臣職雖當斬將，以臣之尊寵而不敢自擅專誅於境外，其歸天子，天子自裁之，於以風爲人臣不敢專權，不亦可乎？」〔六〕軍吏皆曰「善」。遂囚建行在所。

〔一〕師古曰：「犇，古奔字也。」

〔二〕張晏曰：「正，軍正也。閎，名也。」如淳曰：「律，都軍官長史一人。」

〔三〕師古曰：「謂處斷其罪法何至也？」

〔四〕師古曰：「言衆寡不敵，以其堅戰無有退心，故士卒喪盡也。一說，若建恥敗而不自歸，則亦被匈奴禽之而去。」

〔五〕師古曰：「肺附，謂親戚也。解在田蚡傳也。」

〔六〕師古曰：「風讀曰諷。」

是歲也，霍去病始侯。

霍去病，大將軍青姊少兒子也。其父霍仲孺先與少兒通，生去病。及衛皇后尊，少兒更爲詹事陳掌妻。去病以皇后姊子，年十八爲侍中。善騎射，再從大將軍。大將軍受詔，予壯士，爲票姚校尉，〔一〕與輕勇騎八百直棄大（將）軍數百里赴利，斬捕首虜過當。〔二〕於是上曰：「票姚校尉去病斬首捕虜二千二十八級，得相國、當戶，斬單于大父行藉若侯產，〔三〕捕季父羅姑比，再冠軍，〔四〕以二千五百戶封去病爲冠軍侯。上谷太守郝賢四從大將軍，捕首虜千三百級，封賢爲終利侯。騎士孟已有功，賜爵關內侯，邑二百戶。」

〔一〕服虔曰：「音飄搖。」師古曰：「票音頻妙反。姚音羊召反。票姚，勁疾之貌也。荀悅漢紀作票鷂字。去病後爲票騎將軍，尚取票姚之字耳。今讀者音飄遙，則不當其義也。」

〔二〕師古曰：「言計其所將人數，則捕首虜爲多，過於所當也。一曰漢軍失亡者少，而殺獲匈奴數多，故曰過當也。其下並同。」

〔三〕張晏曰：「藉若，胡侯也。產，名也。」師古曰：「此人單于祖父之行也。行音胡浪反。」

〔四〕師古曰：「亦單于之季父也，羅姑，其名也。比，頻也。」

是歲失兩將軍，亡翕侯，功不多，故青不益封。蘇建至，上弗誅，贖爲庶人。青賜千金。是時王夫人方幸於上，甯乘說青曰：〔一〕「將軍所以功未甚多，身食萬戶，三子皆爲侯者，以皇后故也。今王夫人幸而宗族未富貴，願將軍奉所賜千金爲王夫人親壽。」〔二〕青以五百金

爲王夫人親壽。上聞，問青，青以實對。上乃拜甯乘爲東海都尉。

〔一〕師古曰：「史記云甯乘齊人。」

〔二〕師古曰：「親，母也。」

校尉張騫從大將軍，以嘗使大夏，留匈奴中久，道軍，知善水草處，〔一〕軍得以無飢渴，因前使絕國功，封騫爲博望侯。

〔一〕師古曰：「道讀曰導。」

去病侯三歲，元狩(三)〔二〕年春爲票騎將軍，將萬騎出隴西，有功。上曰：「票騎將軍率戎士隃烏盭，〔一〕討遬濮，〔二〕涉狐奴，〔三〕歷五王國，輜重人衆攝讋者弗取，〔四〕幾獲單于子。〔五〕轉戰六日，過焉支山千有餘里，合短兵，鏖皋蘭下，〔六〕殺折蘭王，斬盧侯王，〔七〕銳悍者誅，全甲獲醜，執渾邪王子〔八〕及相國、都尉，捷首虜八千九百六十級，收休屠祭天金人，〔九〕師率減什七，〔一〇〕益封去病二千二百戶。」

〔一〕師古曰：「隃與踰同。盭，古戾字也。烏盭，山名也。」

〔二〕師古曰：「遬，古速字也。遬濮，匈奴部落名也。」

〔三〕晉灼曰：「水名也。」

〔四〕師古曰：「攝讋，謂振動失志氣。言距戰者誅，服者則赦也。讋音之涉反。」

〔五〕師古曰：「幾音距衣反。」

〔六〕應劭曰：「隴西白石縣塞外河名也。」蘇林曰：「匈奴中山關名也。」李奇曰：「鏖音麃，津名也。」晉灼曰：「世俗謂盡死殺人爲鏖糟。」文穎曰：「鏖音意曹反。」師古曰：「鏖字本從金麃聲，轉寫訛耳。鏖謂苦擊而多殺也。皋蘭，山名也。言苦戰於皋蘭山下而多殺虜也。晉說文音皆得之。今俗猶謂打擊之甚者曰鏖。麃，牡鹿也，音於求反。」

〔七〕張晏曰：「折蘭、盧侯，胡國名也。殺者，殺之而已。斬者，獲其首也。」師古曰：「折蘭，匈奴中姓也。今鮮卑有是蘭姓者，即其種也。折音上列反。」

〔八〕師古曰：「全甲，謂軍中之甲不喪失也。渾音下昆反。」

〔九〕如淳曰：「祭天以金人爲主也。」張晏曰：「佛徒祠金人也。」師古曰：「今之佛像是也。休音許虯反。屠音儲。」

〔一〇〕師古曰：「言其破敵，故匈奴之師十減其七也。一曰，漢兵失亡之數。下皆類此也。」

其夏，去病與合騎侯敖俱出北地，異道。博望侯張騫、郎中令李廣俱出右北平，異道。廣將四千騎先至，騫將萬騎後。匈奴左賢王將數萬騎圍廣，廣與戰二日，死者過半，所殺亦過當。騫至，匈奴引兵去。騫坐行留，當斬，贖爲庶人。〔一〕而去病出北地，遂深入，合騎侯失道，不相得。去病至祁連山，〔二〕捕首虜甚多。上曰：「票騎將軍涉鈞耆，濟居延，〔三〕遂臻小月氏，〔四〕攻祁連山，揚武乎鱳得，〔五〕得單于單桓、酋涂王，〔六〕及相國、都尉以衆降下者二千五百人，可謂能舍服知成而止矣。〔七〕捷首虜三萬二百，獲五王，王母、單于閼氏、王子五十九人，相國、將軍、當戶、都尉六十三人，師大率減什三，益封去病五千四百戶。賜校尉

從至小月氏者爵左庶長。〔八〕鷹擊司馬破奴〔九〕再從票騎將軍斬遬濮王，捕稽且王，〔一〇〕右千騎將(得)王、王母各一人，王子以下四十一人，捕虜三千三百三十人，前行捕虜千四百人，〔一一〕封破奴爲從票侯。〔一二〕校尉高不識從票騎將軍捕呼于耆王王子以下十一人，捕虜千七百六十八人，封不識爲宜冠侯。校尉僕多有功，封爲煇渠侯。」〔一三〕合騎侯敖坐行留不與票騎將軍會，當斬，贖爲庶人。諸宿將所將士馬兵亦不如去病，〔一四〕去病所將常選，〔一五〕然亦敢深入，常與壯騎先其大軍，軍亦有天幸，未嘗困絕也。然而諸宿將常留落不耦。〔一六〕由此去病日以親貴，比大將軍。

〔一〕師古曰：「軍行而輒稽留，故坐法。」

〔二〕師古曰：「祁連山即天山也，匈奴呼天爲祁連。祁音上夷反。」

〔三〕張晏曰：「鈞耆、居延，皆水名也。淺曰涉，深曰濟。」師古曰：「涉謂人馬涉度也。濟謂以舟船。」

〔四〕師古曰：「臻，至也。氏音支。」

〔五〕鄭氏曰：「鱳音鹿，張掖縣也。」師古曰：「鄭說非也。此鱳得，匈奴中地名，而張掖縣轉取其名耳。」

〔六〕張晏曰：「單桓、酋涂，皆胡王也。」師古曰：「酋音才由反。涂音塗。」

〔七〕師古曰：「服而舍之，功成則止也。」

〔八〕師古曰：「第十爵。」

〔九〕師古曰：「趙破奴。」

〔一〇〕師古曰：「且音子閭反。」

〔一一〕師古曰：「前行，謂在軍之前而行。」

〔一二〕張晏曰：「從票騎將軍有功，因以爲號。」

〔一三〕師古曰：「功臣侯表作僕朋，今此作多，轉寫者誤也。煇音暉也。」

〔一四〕師古曰：「宿，舊也。兵，兵器也。」

〔一五〕師古曰：「選取驍銳。」

〔一六〕師古曰：「留謂遲留，落謂墜落，故不諧耦而無功也。」

其後，單于怒渾邪王居西方數爲漢所破，亡數萬人，以票騎之兵也，欲召誅渾邪王。渾邪王與休屠王等謀欲降漢，使人先要道邊。〔一〕是時大行李息將城河上，得渾邪王使，即馳傳以聞。〔二〕上恐其以詐降而襲邊，乃令去病將兵往迎之。去病既度河，與渾邪衆相望。渾邪裨王將見漢軍而多欲不降者，〔三〕頗遁去。去病乃馳入，得與渾邪王相見，斬其欲亡者八千人，遂獨遣渾邪王乘傳先詣行在所，盡將其衆度河，降者數萬人，號稱十萬。既至長安，天子所以賞賜數十鉅萬。封渾邪王萬戶，爲漯陰侯。〔四〕封其裨王呼毒尼爲下摩侯，〔五〕雁疪爲煇渠侯，〔六〕禽黎爲河綦侯，〔七〕大當戶調雖爲常樂侯。〔八〕於是上嘉去病之功，曰：「票騎將軍去病率師征匈奴，西域王渾邪王及厥衆萌咸犇於率，〔九〕以軍糧接食，并將控弦萬有餘人，〔一〇〕誅獟悍，〔一一〕捷首虜八千餘級，降異國之王三十二。戰士不離傷，〔一二〕十萬之衆

〔三〕師古曰：「特將，謂獨別爲將而出征也。」
〔四〕師古曰：「七人自有傳，八人今列於此下，凡十五人也。說讀曰悅。」

李息，郁郅人也，〔一〕事景帝。至武帝立八歲，爲材官將軍，軍馬邑；後六歲，爲將軍，出代；後三歲，爲將軍，從大將軍出朔方：皆無功。凡三爲將軍，其後常爲大行。

〔一〕師古曰：「北地之縣也。郅音之日反。」

公孫敖，義渠人，以郎事景帝。至武帝立十二歲，爲騎將軍，出代，亡卒七千人，當斬，贖爲庶人。後五歲，以校尉從大將軍，封合騎侯。後一歲，以中將軍從大將軍再出定襄，無功。後二歲，以將軍出北地，後票騎，失期當斬，贖爲庶人。後二歲，以校尉從大將軍，無功。後十四歲，以因(杅)〔杅〕將軍築受降城。七歲，復以因杅將軍再出擊匈奴，至余吾，〔一〕亡士多，下吏，當斬，詐死，亡居民間五六歲。後覺，復繫。坐妻爲巫蠱，族。凡四爲將軍。

〔一〕師古曰：「水名也，在朔方北。」

李沮，雲中人，〔一〕事景帝。武帝立十七歲，以左內史爲彊弩將軍。後一歲，復爲彊弩將軍。

〔一〕〔師古曰〕：「沮音組。」

張次公，河東人，以校尉從大將軍，封岸頭侯。其後太后崩，爲將軍，軍北軍。後一歲，

復從大將軍。凡再爲將軍，後坐法失侯。

趙信，以匈奴相國降，爲侯。武帝立十八年，爲前將軍，與匈奴戰，敗，降匈奴。

趙食其，祋祤人。〔一〕武帝立十八年，以主爵都尉從大將軍，斬首六百六十級。元狩三年，賜爵關內侯，黃金百斤。明年，爲右將軍，從大將軍出定襄，迷失道，當斬，贖爲庶人。

〔一〕師古曰：「馮翊之縣也。祋音丁活反，又音丁外反。祤音許羽反。」

郭昌，雲中人，以校尉從大將軍。元封四年，以太中大夫爲拔胡將軍，屯朔方。還擊昆明，無功，奪印。

荀彘，太原廣武人，以御見，侍中，〔一〕用校尉數從大將軍。元封三年，爲左將軍擊朝鮮，無功，坐捕樓船將軍誅。

〔一〕師古曰：「以善御得見，因爲侍中也。御謂御車也。」

最票騎將軍去病凡六出擊匈奴，其四出以將軍，〔一〕斬首虜十一萬餘級。渾邪王以衆降數萬，開河西酒泉之地，西方益少胡寇。四益封，凡萬七千七百戶。其校尉吏有功侯者六人，爲將軍者二人。

〔一〕師古曰：「再出爲票姚校尉也。」

路博德，西河平州人，以右北平太守從票騎將軍，封邳離侯。票騎死後，博德以衞尉爲伏波將軍，伐破南越，益封。其後坐法失侯。爲彊弩都尉，屯居延，卒。

趙破奴，太原人。嘗亡入匈奴，已而歸漢，爲票騎將軍司馬。出北地，封從票侯，坐酎金失侯。後一歲，爲匈河將軍，攻胡至匈河水，無功。後一歲，擊虜樓蘭王，後爲浞野侯。後六歲，以浚稽將軍將二萬騎擊匈奴左王。左王與戰，兵八萬騎圍破奴，破奴爲虜所得，遂沒其軍。居匈奴中十歲，復與其太子安國亡入漢。後坐巫蠱，族。

自衞氏興，大將軍青首封，其後支屬五人爲侯。凡二十四歲而五侯皆奪國。征和中，戾太子敗，衞氏遂滅。而霍去病弟光貴盛，自有傳。

贊曰：蘇建嘗說責「大將軍至尊重，而天下之賢士大夫無稱焉，〔一〕願將軍觀古名將所招選者，勉之哉！」〔二〕青謝曰：「自魏其、武安之厚賓客，天子常切齒。彼親待士大夫，招賢黜不肖者，人主之柄也。人臣奉法遵職而已，何與招士！」〔三〕票騎亦方此意，爲將如此。〔四〕

〔一〕師古曰：「言不爲賢士大夫所稱譽。」
〔二〕師古曰：「勸令招賢薦士也。」
〔三〕師古曰：「與讀曰豫。」

〔四〕師古曰：「方，比類也。」

校勘記

二四七四頁五行　美宜王北(代)〔伐〕也。景祐、殿、局本都作「伐」，此誤。

二四七六頁三行　與輕勇騎八百直棄大(將)軍數百里赴利，劉敞說「大將軍」衍「將」字。

二四七六頁五行　捕季父羅姑比，再冠軍，史記索隱說顏氏云「羅姑比，單于季父名也」。小顏云「比，頻也」。案下文旣云「再冠軍」，無容更言頻也。王先謙說索隱說是。

二四七九頁七行　元狩(三)〔二〕年春　宋祁說，「三」越本作「二」。王念孫說越本是，景祐本及史記並作「元狩二年」。

二四八一頁二行　右千騎將〔得〕王、王母各一人，史記有「得」字，索隱說此千騎將是漢之將。王先謙說，此文自是右千騎將得王、王母各一人，本書脫「得」字。

二四八四頁八行　匈奴亦(從)〔縱〕萬騎。王先謙說「從」當作「縱」，史記作「匈奴亦縱可萬騎」。

二四八九頁三行　冢上有(豎)〔豎〕石，景祐、殿本都作「豎」，此誤。

二四八九頁一六行　皆坐酎(侊)〔金〕失侯。王先謙說「侊」字誤。按景祐、殿、局本都作「金」。

二四九一頁九行　以因(杅)〔杅〕將軍築受降城。景祐、殿、局本都作「杅」。王先謙說作「杅」是。

二四九一頁一四行　〔師古曰〕：「沮音組。」王先謙說，脫「師古曰」三字。按各本都脫。

漢書卷五十六

董仲舒傳第二十六

董仲舒，廣川人也。少治春秋，孝景時爲博士。下帷講誦，弟子傳以久次相授業，或莫見其面。〔一〕蓋三年不窺園，其精如此。〔二〕進退容止，非禮不行，學士皆師尊之。

〔一〕師古曰：「言新學者但就其舊弟子受業，不必親見仲舒。」

〔二〕師古曰：「雖有園圃，不窺視之，言專學也。」

武帝即位，舉賢良文學之士前後百數，〔一〕而仲舒以賢良對策焉。

〔一〕師古曰：「數音所具反。」

制曰：朕獲承至尊休德，〔一〕傳之亡窮，而施之罔極，〔二〕任大而守重，是以夙夜不皇康寧，〔三〕永惟萬事之統，猶懼有闕。〔四〕故廣延四方之豪儁，郡國諸侯公選賢良修絜博習之士，〔五〕欲聞大道之要，至論之極。〔六〕今子大夫褎然爲舉首，〔七〕朕甚嘉之。子大夫其精心致思，朕垂聽而問焉。

〔一〕師古曰：「休，美也。言承先帝極尊之位至美之德也。」

〔二〕師古曰：「罔亦無也。極，盡也。」

〔三〕師古曰：「皇，暇也。康，樂也。」

〔四〕師古曰：「永，深也。惟，思也。統，緒也。」

〔五〕師古曰：「郡，郡守也。國，王國也。諸侯，列侯也。郡國及諸侯，總謂四方在外者。公選，謂以公正之道選士，無偏私也。」

〔六〕師古曰：「極，中也。」

〔七〕服虔曰：「子，男子之美號也。」張晏曰：「褎，進也，爲舉賢良之首也。」師古曰：「褎然，盛服貌也。詩邶風旄丘之篇曰『褎如充耳』。褎音弋授反。」

蓋聞五帝三王之道，改制作樂而天下洽和，百王同之。當虞氏之樂莫盛於韶，〔一〕於周莫盛於勺。〔二〕聖王已沒，鐘鼓筦絃之聲未衰，〔三〕而大道微缺，陵夷至虖桀紂之行，〔四〕王道大壞矣。夫五百年之間，守文之君，當塗之士，欲則先王之法以戴翼其世者甚衆，〔五〕然猶不能反，日以仆滅，〔六〕至後王而後止，豈其所持操或誖繆而失其統與？〔七〕固天降命不可復反，必推之於大衰而後息與？〔八〕烏虖！〔九〕凡所爲屑屑，夙興夜寐，務法上古者，又將無補與？〔一〇〕三代受命，其符安在？災異之變，何緣而起？性命之情，或夭或壽，或仁或鄙，〔一一〕習聞其號，未燭厥理。〔一二〕伊欲風流而令行，刑輕而姦改，〔一三〕百姓和樂，政事宣昭，何脩何飭而膏露降，百穀登，〔一四〕德潤四海，澤臻屮木，〔一五〕三光全，寒暑平，受天之祜，〔一六〕享鬼神之靈，〔一七〕德澤洋溢，施虖方外，延及羣生？〔一八〕

〔一〕師古曰：「韶，舜樂。」

〔二〕張晏曰：「勺，周頌篇也，言能成先祖之功以養天下也。」師古曰：「勺讀與酌同。」

〔三〕師古曰：「筦與管字同。」

〔四〕師古曰：「陵夷，言漸頹替也。解在成紀。」

〔五〕師古曰：「翼，助也。」

〔六〕師古曰：「反，還也。還於正道也。仆，斃也，音赴。」

〔七〕師古曰：「操，執也。誖，乖也。統，緒也。操音千高反。與讀曰歟。後皆類此。」

〔八〕師古曰：「息，止也。」

〔九〕師古曰：「虖讀曰呼。嗚呼，歎辭也。」

〔一〇〕師古曰：「屑屑，動作之貌。補，益也。」

〔一一〕師古曰：「天壽，命也。仁鄙，性也。鄙謂不通也。」

〔一二〕師古曰：「燭，照也。」

〔一三〕師古曰：「伊，惟也。」

〔一四〕師古曰：「登，成也。」

〔一五〕師古曰：「臻，至也。屮，古草字也。」

〔一六〕師古曰：「祜，福也，音怙。」

〔一七〕師古曰：「爲鬼神所歆饗。」

〔一八〕師古曰：「施亦延也。洋音羊。施音弋豉反。」

子大夫明先聖之業，習俗化之變，終始之序，講聞高誼之日久矣，其明以諭朕。〔一〕科別其條，勿猥勿并，〔二〕取之於術，慎其所出。乃其不正不直，不忠不極，枉于執事，書之不泄，興于朕躬，毋悼後害。〔三〕子大夫其盡心，靡有所隱，朕將親覽焉。

〔一〕師古曰：「諭謂曉告也。」

〔二〕師古曰：「猥，積也。并，合也。欲其一二疏理而言之。」

〔三〕師古曰：「極，中也。公卿執事有不忠直而阿枉者，皆令言之。朕自發書，不有漏泄，勿懼有後害而不言也。」

仲舒對曰：

陛下發德音，下明詔，求天命與情性，皆非愚臣之所能及也。臣謹案春秋之中，視前世已行之事，以觀天人相與之際，甚可畏也。國家將有失道之敗，而天乃先出災害以譴告之，〔一〕不知自省，又出怪異以警懼之，〔二〕尚不知變，而傷敗乃至。以此見天心之仁愛人君而欲止其亂也。自非大亡道之世者，天盡欲扶持而全安之，事在彊勉而已矣。〔三〕彊勉學問，則聞見博而知益明；彊勉行道，則德日起而大有功：此皆可使還至

而(立)有效者也。〔四〕詩曰「夙夜匪解」，〔五〕書云「茂哉茂哉！」〔六〕皆彊勉之謂也。

〔一〕師古曰：「譴，責也。」
〔二〕師古曰：「省，覩也。」
〔三〕師古曰：「彊音其兩反。此下並同。」
〔四〕師古曰：「還讀曰旋。旋，速也。」
〔五〕師古曰：「大雅烝人之詩也。夙，早也。解讀曰懈。懈，怠也。其下亦同。」
〔六〕師古曰：「虞書咎繇謨之辭也。茂，勉也。」

道者，所繇適於治之路也，〔一〕仁義禮樂皆其具也。故聖王已沒，而子孫長久安寧數百歲，此皆禮樂教化之功也。王者未作樂之時，乃用先王之樂宜於世者，而以深入教化於民。教化之情不得，雅頌之樂不成，故王者功成作樂，樂其德也。樂者，所以變民風，化民俗也；其變民也易，其化人也著。〔二〕故聲發於和而本於情，接於肌膚，臧於骨髓。故王道雖微缺，而筦絃之聲未衰也。夫虞氏之不為政久矣，然而樂頌遺風猶有存者，是以孔子在齊而聞韶也。夫人君莫不欲安存而惡危亡，然而政亂國危者甚眾，所任者非其人，而所繇者非其道，〔三〕是以政日以仆滅也。夫周道衰於幽厲，非道亡也，幽厲不繇也。至於宣王，思昔先王之德，興滯補弊，明文武之功業，周道粲然復興，

詩人美之而作，上天祐之，為生賢佐，後世稱誦，至今不絕。此夙夜不解行善之所致也。孔子曰「人能弘道，非道弘人」也。〔四〕故治亂廢興在於己，非天降命不可得反，其所操持誖謬失其統也。

〔一〕師古曰：「繇讀與由同。由，從也。適，往也。」
〔二〕師古曰：「著，明也。易音弋豉反。著音竹筯反。」
〔三〕師古曰：「繇讀與由同。下亦類此。」
〔四〕師古曰：「論語載孔子之言也。言明智之人則能行道。內無其質，非道所化。」

臣聞天之所大奉使之王者，必有非人力所能致而自至者，此受命之符也。天下之人同心歸之，若歸父母，故天瑞應誠而至。書曰「白魚入于王舟，有火復于王屋，流為烏」，〔一〕此蓋受命之符也。周公曰「復哉復哉」，〔二〕孔子曰「德不孤，必有鄰」，〔三〕皆積善絫德之效也。〔四〕及至後世，淫佚衰微，〔五〕不能統理羣生，諸侯背畔，殘賊良民以爭壤土，廢德教而任刑罰。刑罰不中，則生邪氣；〔六〕邪氣積於下，怨惡畜於上。〔七〕上下不和，則陰陽繆盭而妖孽生矣。〔八〕此災異所緣而起也。

〔一〕師古曰：「今文尚書泰誓之辭也。謂伐紂之時有此瑞也。復，歸也，音扶目反。」
〔二〕師古曰：「周公覩火烏之瑞，乃曰：『復哉復哉！』復，報也，言周有盛德，故天報以此瑞也。亦見今文泰誓也。」
〔三〕師古曰：「論語載孔子之言也。鄰，近也。言修德者不獨空為之而已，必有近助也。」
〔四〕師古曰：「絫，古累字。」
〔五〕師古曰：「佚與逸同。」
〔六〕師古曰：「中音竹仲反。」
〔七〕師古曰：「畜讀曰蓄。蓄，聚也。」
〔八〕師古曰：「盭，古戾字。孽，災也。」

臣聞命者天之令也，性者生之質也，情者人之欲也。或夭或壽，或仁或鄙，陶冶而成之，不能粹美，〔一〕有治亂之所生，故不齊也。孔子曰：「君子之德風(也)，小人之德屮(也)，屮上之風必偃。」〔二〕故堯舜行德則民仁壽，桀紂行暴則民鄙夭。夫上之化下，下之從上，猶泥之在鈞，唯甄者之所為；〔三〕猶金之在鎔，唯冶者之所鑄。〔四〕「綏之斯倈，動之斯和」，此之謂也。〔五〕

〔一〕師古曰：「陶以喻造瓦，冶以喻鑄金也。言天之生人有似於此也。粹，純也。」
〔二〕師古曰：「論語載孔子之言也。言人之從化，若屮遇風則偃仆也。」
〔三〕師古曰：「甄，作瓦之人也。鈞，造瓦之法其中旋轉者。甄音吉延反。」
〔四〕師古曰：「鎔謂鑄器之模範也。鎔音容。」
〔五〕師古曰：「論語載子貢對陳子禽之言也。綏，安也。言治國家者，安之則競來，動之則和悅耳。」

臣謹案春秋之文，求王道之端，得之於正。〔一〕正次王，王次春。〔二〕春者，天之所為

也；正者，王之所為也。其意曰，上承天之所為，而下以正其所為，正王道之端云爾。然則王者欲有所為，宜求其端於天。天道之大者在陰陽。陽為德，陰為刑；刑主殺而德主生。是故陽常居大夏，而以生育養長為事；陰常居大冬，而積於空虛不用之處。以此見天之任德不任刑也。天使陽出布施於上而主歲功，使陰入伏於下而時出佐陽；陽不得陰之助，亦不能獨成歲。終陽以成歲為名，〔三〕此天意也。王者承天意以從事，故任德教而不任刑。刑者不可任以治世，猶陰之不可任以成歲也。為政而任刑，不順於天，故先王莫之肯為也。今廢先王德教之官，而獨任執法之吏治民，毋乃任刑之意與！〔四〕孔子曰：「不教而誅謂之虐。」〔五〕虐政用於下，而欲德教之被四海，故難成也。

〔一〕師古曰：「謂正月也，音之成反。」
〔二〕師古曰：「解春秋書『春王正月』之一句也。」
〔三〕蘇林曰：「卒以陽名歲，尙德不尙刑也。」師古曰：「謂年首稱春也。即上文所云『王次春』者是也。」
〔四〕師古曰：「與讀曰歟。」
〔五〕師古曰：「論語載孔子之言。」

臣謹案春秋謂一元之意，〔一〕一者萬物之所從始也，元者辭之所謂大也。〔二〕謂一為元者，視大始而欲正本也。〔三〕春秋深探其本，而反自貴者始。故為人君者，正心以

正朝廷，正朝廷以正百官，正百官以正萬民，正萬民以正四方。四方正，遠近莫敢不壹於正，而亡有邪氣奸其間者。〔四〕是以陰陽調而風雨時，羣生和而萬民殖，五穀孰而屮木茂，天地之間被潤澤而大豐美，四海之內聞盛德而皆徠臣，諸福之物，可致之祥，莫不畢至，而王道終矣。

〔一〕師古曰：「釋公始即位何不稱一年而言元年也。」
〔二〕師古曰：「易稱『元者善之長也』，故曰辭之所謂大也。」
〔三〕師古曰：「視讀曰示。」
〔四〕師古曰：「奸，犯也，音干。」

孔子曰：「鳳鳥不至，河不出圖，吾已矣夫！」〔一〕自悲可致此物，而身卑賤不得致也。〔二〕今陛下貴爲天子，富有四海，居得致之位，操可致之勢，〔三〕又有能致之資，〔四〕行高而恩厚，知明而意美，愛民而好士，可謂誼主矣。然而天地未應而美祥莫至者，何也？凡以教化不立而萬民不正也。夫萬民之從利也，如水之走下，〔五〕不以教化隄防之，不能止也。是故教化立而姦邪皆止者，其隄防完也；教化廢而姦邪並出，刑罰不能勝者，其隄防壞也。古之王者明於此，是故南面而治天下，莫不以教化爲大務。立大學以教於國，設庠序以化於邑，〔六〕漸民以仁，摩民以誼，〔七〕節民以禮，故其刑罰甚

輕而禁不犯者，教化行而習俗美也。

〔一〕師古曰：「論語載孔子之言。」
〔二〕師古曰：「鳳鳥河圖，皆王者之瑞。仲尼自歎有德無位，故不至也。」
〔三〕師古曰：「操，執持也，音千高反。」
〔四〕師古曰：「資，材質也。」
〔五〕師古曰：「走音奏。」
〔六〕師古曰：「庠序，教學之處也，所以養老而行禮焉。禮學記曰『古之教者，家有塾，黨有庠，術有序，國有學』也。」
〔七〕師古曰：「漸謂浸潤之，摩謂砥礪之也。」

聖王之繼亂世也，埽除其迹而悉去之，〔一〕復修教化而崇起之。教化已明，習俗已成，子孫循之，〔二〕行五六百歲尚未敗也。至周之末世，大爲亡道，以失天下。秦繼其後，獨不能改，又益甚之，重禁文學，不得挾書，棄捐禮誼而惡聞之，其心欲盡滅先王之道，而顓爲自恣苟簡之治，〔三〕故立爲天子十四歲而國破亡矣。自古以來，未嘗有以亂濟亂，大敗天下之民如秦者也。〔四〕其遺毒餘烈，至今未滅，使習俗薄惡，人民嚚頑，抵冒殊扞，〔五〕孰爛如此之甚者也。孔子曰：「腐朽之木不可彫也，糞土之牆不可圬也。」〔六〕今漢繼秦之後，如朽木糞牆矣，雖欲善治之，亡可柰何。法出而姦生，令下而詐起，〔七〕如以湯止沸，抱薪救火，愈甚亡益也。竊譬之琴瑟不調，甚者必解而更張之，乃可鼓也；爲政而不行，甚者必變而更化之，乃可理也。當更張而不更張，雖有良工不能善調也；當更化而不更化，雖有大賢不能善治也。故漢得天下以來，常欲善治而至今不可善治者，失之於當更化而不更化也。古人有言曰：「臨淵羨魚，不如（蛛）〔退〕而結網。」〔八〕今臨政而願治七十餘歲矣，不如退而更化；更化則可善治，善治則災害日去，福祿日來。詩云：「宜民宜人，受祿于天。」〔九〕爲政而宜於民者，固當受祿于天。夫仁誼禮知信五常之道，王者所當脩飭也；五者脩飭，故受天之祜，而享鬼神之靈，德施于方外，延及羣生也。

〔一〕師古曰：「去亦除也，音丘呂反。」
〔二〕師古曰：「循，順也，順而行之。」
〔三〕蘇林曰：「苟爲簡易之治也。」師古曰：「此說非也。苟謂苟於權利也，簡謂簡於仁義也。簡易乾坤之德，豈傢所行乎？顓與專同。」
〔四〕師古曰：「濟，益也。」
〔五〕文穎曰：「扞，突也。」師古曰：「口不道忠信之言爲嚚。心不則德義之經爲頑。抵，觸也。冒，犯也。殊，絕也。扞，距也。冒讀如字，又音莫克反。」
〔六〕師古曰：「論語載孔子之言也。圬，鏝也，所以泥飾牆也。言內質敗壞不（能）〔可〕修治也。圬音一胡反。鏝音莫干反。」

〔七〕師古曰：「下音胡亞反。」
〔八〕師古曰：「言當自求之。」
〔九〕師古曰：「大雅假樂之詩也。」

天子覽其對而異焉，乃復册之曰：

制曰：蓋聞虞舜之時，游於巖郎之上，〔一〕垂拱無爲，而天下太平。周文王至於日昃不暇食，〔二〕而宇內亦治。夫帝王之道，豈不同條共貫與？〔三〕何逸勞之殊也？

〔一〕文穎曰：「巖郎，殿下小屋也。」晉灼曰：「堂邊廡巖郎，謂嚴峻之郎也。」師古曰：「晉說是也。」
〔二〕師古曰：「昃亦（昊）〔吳〕字。」
〔三〕師古曰：「與讀曰歟。」

蓋儉者不造玄黃旌旗之飾。及至周室，設兩觀，乘大路，朱干玉戚，八佾陳於庭，〔一〕而頌聲興。夫帝王之道豈異指哉？〔二〕或曰良玉不瑑，〔三〕又曰非文無以輔德，二端異焉。

〔一〕師古曰：「兩觀，謂闕也。大路，玉路之車也。干，盾也。戚，鉞也。朱丹其盾，玉爲戚柲也。佾，列也，舞者之行列也。一列八人，天子八列，六十四人也。」
〔二〕師古曰：「言意趣不同。」
〔三〕師古曰：「瑑謂彫刻爲文也，音篆。下皆類此。」

殷人執五刑以督姦，傷肌膚以懲惡。〔一〕成康不式，四十餘年〔二〕天下不犯，囹圄空虛。秦國用之，死者甚衆，刑者相望，秏矣哀哉！〔三〕

〔一〕師古曰：「督，視責也。懲，止也。」

〔二〕師古曰：「式，用也。成康之時刑措不用。」

〔三〕師古曰：「秏，虛也。言用刑酷烈，誅殺甚衆，天下空虛也。秏音呼到反。或曰秏，不明也，言刑罰闇亂，音莫報反。」

烏虖！〔一〕朕夙寤晨興，〔二〕惟前帝王之憲，〔三〕永思所以奉至尊，章洪業，〔四〕皆在力本任賢。〔五〕今朕親耕藉田以爲農先，勸孝弟，崇有德，使者冠蓋相望，問勤勞，恤孤獨，盡思極神，功烈休德未始云獲也。今陰陽錯繆，氛氣充塞，〔六〕羣生寡遂，黎民未濟，〔七〕廉恥貿亂，賢不肖渾(淆)〔殽〕，〔八〕未得其眞，故詳延特起之士，(意)庶幾乎！〔九〕今子大夫待詔百有餘人，或道世務而未濟，稽諸上古之不同，考之于今而難行，毋乃牽於文繫而不得騁(歟)〔與〕？〔一〇〕將所繇異術，所聞殊方與？〔一一〕各悉對，著于篇，〔一二〕毋諱有司。〔一三〕明其指略，切磋究之，以稱朕意。〔一四〕

〔一〕師古曰：「虖讀曰呼。」

〔二〕師古曰：「夙，早也。寤，寐之覺也。興，起也。覺音工孝反。」

〔三〕師古曰：「憲，法也。」

〔四〕師古曰：「永，深也。章，明也。洪，大也。」

〔五〕師古曰：「力本，謂勸力行於本業也。本謂農也。」

〔六〕師古曰：「氛，惡氣也。充，滿也。」

〔七〕師古曰：「遂，成也。」

〔八〕師古曰：「貿，易也。渾殽，雜也。貿音武又反。渾音胡本反。」

〔九〕師古曰：「詳，盡也，一曰審也。」

〔一〇〕師古曰：「牽於文繫，謂慴於文吏之法。與讀曰歟。其下類此。」

〔一一〕師古曰：「繇讀與由同。方謂道也。」

〔一二〕師古曰：「悉謂盡意而對也。」

〔一三〕師古曰：「言不當忌長有司而不極言。」

〔一四〕師古曰：「究，極也。磋音千何反。」

仲舒對曰：

臣聞堯受命，以天下爲憂，而未以位爲樂也，故誅逐亂臣，務求賢聖，是以得舜、禹、稷、卨、咎繇。衆聖輔德，賢能佐職，教化大行，天下和洽，萬民皆安仁樂誼，各得其宜，動作應禮，從容中道。〔一〕故孔子曰「如有王者，必世而後仁」，此之謂也。〔二〕堯在位七十載，乃遜于位以禪虞舜。堯崩，天下不歸堯子丹朱而歸舜。舜知不可辟，〔三〕乃即天子之位，以禹爲相，因堯之輔佐，繼其統業，是以垂拱無爲而天下治。孔子曰「韶盡美矣，又盡善(也)〔矣〕」，〔四〕此之謂也。至於殷紂，逆天暴物，殺戮賢知，殘賊百姓。伯夷、太公皆當世賢者，隱處而不爲臣。守職之人皆奔走逃亡，入于河海。〔五〕天下秏亂，萬民不安，〔六〕故天下去殷而從周。文王順天理物，師用賢聖，是以閎夭、大顚、散宜生等亦聚於朝廷。〔七〕愛施兆民，天下歸之，故太公起海濱而即三公也。〔八〕當此之時，紂尚在上，尊卑昏亂，百姓散亡，故文王悼痛而欲安之，是以日昃而不暇食也。孔子作春秋，先正王而繫萬事，見素王之文焉。〔九〕繇此觀之，〔一〇〕帝王之條貫同，然而勞逸異者，所遇之時異也。孔子曰「武盡美矣，未盡善也」，〔一一〕此之謂也。

〔一〕師古曰：「從音千容反。中音竹仲反。」

〔二〕師古曰：「論語載孔子之言也。言如有受命王者，必三十年，仁政乃成。」

〔三〕師古曰：「辟讀曰避。」

〔四〕師古曰：「論語載孔子之言。韶，舜樂也。孔子嘉舜之德，故聽其樂，而云盡善盡美矣。」

〔五〕師古曰：「謂若鼓方叔、播鼗武、少師陽之屬也。事在禮樂志。」

〔六〕師古曰：「秏，不明也，音莫報反。」

〔七〕臣瓚曰：「皆文王賢臣。」

〔八〕師古曰：「濱，涯也。即，就也。濱音賓，又音頻。」

〔九〕師古曰：「見，顯示也。」

〔一〇〕師古曰：「繇讀與由同。」

〔一一〕師古曰：「亦論語載孔子之言也。武，周武王樂也。以其用兵伐紂，故有慙德，未盡善也。」

臣聞制度文采玄黃之飾，所以明尊卑，異貴賤，而勸有德也。故春秋受命所先制者，改正朔，易服色，所以應天也。然則宮室旌旗之制，有法而然者也。故孔子曰：「奢則不遜，儉則固。」〔一〕儉非聖人之中制也。臣聞良玉不瑑，資質潤美，不待刻瑑，此亡異於達巷黨人不學而自知也。〔二〕然則常玉不瑑，不成文章；君子不學，不成其德。

〔一〕師古曰：「論語載孔子之言。遜，順也。固，陋也。」

〔二〕孟康曰：「人，項橐也。」

臣聞聖王之治天下也，少則習之學，長則材諸位，〔一〕爵祿以養其德，刑罰以威其惡，故民曉於禮誼而恥犯其上。武王行大誼，平殘賊，周公作禮樂以文之，至於成康之隆，囹圄空虛四十餘年。此亦教化之漸而仁誼之流，非獨傷肌膚之效也。至秦則不然。師申商之法，行韓非之說，〔二〕憎帝王之道，以貪狼爲俗，〔三〕非有文德以教訓於(天)下也。誅名而不察實，〔四〕爲善者不必免，而犯惡者未必刑也。是以百官皆飾(空言)虛辭而不顧實，外有事君之禮，內有背上之心，造僞飾詐，趣利無恥；又好用憯酷之吏，〔五〕

賦斂亡度，竭民財力，百姓散亡，不得從耕織之業，羣盜並起。是以刑者甚衆，死者相望，而姦不息，俗化使然也。故孔子曰「導之以政，齊之以刑，民免而無恥」，〔六〕此之謂也。

〔一〕服虔曰：「在位當知材知日有益於政也。」應劭曰：「隨其材之優劣而授之位也。」師古曰：「應說近之。謂授之位以試其材也。」
〔二〕師古曰：「申，申不害也。商，商鞅也。」
〔三〕師古曰：「狼性皆貪，故謂貪爲貪狼也。」
〔四〕師古曰：「誅，責也。」
〔五〕師古曰：「憯，痛也，音千感反。」
〔六〕師古曰：「論語載孔子之言也。言以政法教導之，以刑戮整齊之，則人苟免而已，無恥愧也。」

今陛下并有天下，海內莫不率服，廣覽兼聽，極羣下之知，盡天下之美，至德昭然，施於方外。夜郎、康居，殊方萬里，說德歸誼，〔一〕此太平之致也。然而功不加於百姓者，殆王心未加焉。曾子曰：「尊其所聞，則高明矣；行其所知，則光大矣。高明光大，不在於它，在乎加之意而已。」〔二〕願陛下因用所聞，設誠於內而致行之，則三王何異哉！

〔一〕師古曰：「夜郎，西南夷也。康居，西域國也。說讀曰悅。」

〔二〕師古曰：「曾子之書也。曾子，曾參。」

陛下親耕藉田以爲農先，夙寤晨興，憂勞萬民，思惟往古，而務以求賢，此亦堯舜之用心也，然而未云獲者，士素不厲也。〔一〕夫不素養士而欲求賢，譬猶不（瑑）〔琢〕玉而求文采也。故養士之大者，莫大（虐）〔虖〕太學；太學者，賢士之所關也，〔二〕教化之本原也。今以一郡一國之衆，對亡應書者，〔三〕是王道往往而絕也。臣願陛下興太學，置明師，以養天下之士，數考問以盡其材，則英俊宜可得矣。今之郡守、縣令，民之師帥，所使承流而宣化也；故師帥不賢，則主德不宣，恩澤不流。今吏既亡教訓於下，或不承用主上之法，暴虐百姓，與姦爲市，〔四〕貧窮孤弱，冤苦失職，甚不稱陛下之意。是以陰陽錯繆，氛氣充塞，羣生寡遂，黎民未濟，皆長吏不明，使至於此也。

〔一〕師古曰：「厲謂勸勉之也。一曰砥礪其行也。」
〔二〕師古曰：「關，由也。」
〔三〕師古曰：「書謂舉賢良文學之詔書也。」
〔四〕師古曰：「言小吏有爲姦欺者，守令不舉，乃反與之交易求利也。」

夫長吏多出於郎中、中郎，吏二千石子弟選郎吏，又以富訾，未必賢也。〔一〕且古所謂功者，以任官稱職爲差，〔二〕非（所）謂積日絫久也。故小材雖絫日，不離於小官；賢材雖未久，不害爲輔佐。〔三〕是以有司竭力盡知，務治其業而以赴功。今則不然。（累）〔絫〕日以取貴，積久以致官，是以廉恥貿亂，賢不肖渾殽，未得其真。臣愚以爲使諸列侯、郡守、二千石各擇其吏民之賢者，歲貢各二人以給宿衞，且以觀大臣之能；所貢賢者有賞，所貢不肖者有罰。夫如是，諸侯、吏二千石皆盡心於求賢，天下之士可得而官使也。〔四〕徧得天下之賢人，則三王之盛易爲，而堯舜之名可及也。毋以日月爲功，實試賢能爲上，量材而授官，錄德而定位，〔五〕則廉恥殊路，賢不肖異處矣。陛下加惠，寬臣之罪，令勿牽制於文，使得切磋究之，臣敢不盡愚！

〔一〕師古曰：「訾與貲同。」
〔二〕師古曰：「差，次也。」
〔三〕師古曰：「害猶妨也。」
〔四〕師古曰：「授之以官，以使其材也。」
〔五〕師古曰：「錄謂存視也。」

於是天子復冊之。

制曰：蓋聞「善言天者必有徵於人，〔一〕善言古者必有驗於今」。故朕垂問乎天人之應，上嘉唐虞，下悼桀紂，寖微寖滅寖明寖昌之道，〔二〕虛心以改。今子大夫明於陰陽

所以造化，習於先聖之道業，然而文采未極，豈惑虖當世之務哉？條貫靡竟，統紀未終，意朕之不明與？聽若眩與？〔三〕夫三王之教所祖不同，而皆有失，〔四〕或謂久而不易者道也，意豈異哉？今子大夫既已著大道之極，陳治亂之端矣，其悉之究之，孰之復之。〔五〕詩不云虖？「嗟爾君子，毋常安息，神之聽之，介爾景福。」〔六〕朕將親覽焉，子大夫其茂明之。〔七〕

〔一〕師古曰：「徵，證也。」
〔二〕師古曰：「寖，古浸字。寖，漸也。」
〔三〕師古曰：「眩，惑也，音郡縣之縣。與讀皆曰歟。」
〔四〕師古曰：「祖，始也。」
〔五〕師古曰：「悉，盡也。究，竟也。復，反復重言之也。復音扶目反。」
〔六〕師古曰：「小雅小明之詩也。安息，安處也。介，助也。景，大也。言人君不當苟自安處而已，若能靖恭其位，直道而行，則神聽而知之，助以大福也。」
〔七〕師古曰：「茂，勉也。」

仲舒復對曰：

臣聞論語曰：「有始有卒者，其唯聖人虖！」〔一〕今陛下幸加惠，留聽於承學之臣，〔二〕復下明冊，以切其意，而究盡聖德，非愚臣之所能具也。前所上對，條貫靡竟，統

紀不終，辭不別白，指不分明，此臣淺陋之罪也。

〔一〕師古曰：「論語載孔子之言。卒，終也，言終始如一者，唯聖人能之。」

〔二〕師古曰：「言轉承師說而學之，蓋謙辭也。」

冊曰：「善言天者必有徵於人，善言古者必有驗於今。」臣聞天者羣物之祖也，故徧覆包函而無所殊，〔一〕建日月風雨以和之，經陰陽寒暑以成之。故聖人法天而立道，亦溥愛而亡私，〔二〕布德施仁以厚之，設誼立禮以導之。春者天之所以生也，仁者君之所以愛也；夏者天之所以長也，德者君之所以養也；霜者天之所以殺也，刑者君之所以罰也。繇此言之，〔三〕天人之徵，古今之道也。孔子作春秋，上揆之天道，下質諸人情，參之於古，考之於今。故春秋之所譏，災害之所加也；春秋之所惡，怪異之所施也。書邦家之過，兼災異之變，以此見人之所爲，其美惡之極，乃與天地流通而往來相應，此亦言天之一端也。古者修教訓之官，務以德善化民，民已大化之後，天下常亡一人之獄矣。今世廢而不脩，亡以化民，民以故棄行誼而死財利，是以犯法而罪多，一歲之獄以萬千數。以此見古之不可不用也，〔四〕故春秋變古則譏之。天令之謂命，命非聖人不行；質樸之謂性，性非教化不成；人欲之謂情，情非度制不節。是故王者上謹於承天意，以順命也；下務明教化民，以成性也；正法度之宜，別上下之序，以防欲也；脩

此三者，而大本舉矣。人受命於天，固超然異於羣生，入有父子兄弟之親，出有君臣上下之誼，會聚相遇，則有耆老長幼之施；〔五〕粲然有文以相接，〔六〕驩然有恩以相愛，此人之所以貴也。生五穀以食之，桑麻以衣之，〔七〕六畜以養之，服牛乘馬，圈豹檻虎，是其得天之靈，貴於物也。故孔子曰：「天地之性人爲貴。」〔八〕明於天性，知自貴於物；知自貴於物，然後知仁誼；知仁誼，然後重禮節；重禮節，然後安處善；〔九〕安處善，然後樂循理；〔一〇〕樂循理，然後謂之君子。故孔子曰「不知命，亡以爲君子」，〔一一〕此之謂也。

〔一〕師古曰：「函與含同。殊，異也。」

〔二〕師古曰：「溥，徧也，音普。」

〔三〕師古曰：「繇讀與由同。下皆類此。」

〔四〕師古曰：「古謂古法也。」

〔五〕師古曰：「施，設也，陳設其序。」

〔六〕師古曰：「粲，明貌。」

〔七〕師古曰：「食讀曰飤。衣音於既反。」

〔八〕師古曰：「孝經載孔子之言也。性，生也。」

〔九〕師古曰：「處於善道以爲安。」

〔一〇〕師古曰：「循，順也。」

〔一一〕師古曰：「論語載孔子之言也。」

冊曰：「上嘉唐虞，下悼桀紂，寖微寖滅寖明寖昌之道，虛心以改。」臣聞衆少成多，積小致鉅，〔一〕故聖人莫不以晻致明，以微致顯。〔二〕是以堯發於諸侯，〔三〕舜興虖深山，〔四〕非一日而顯也，蓋有漸以致之矣。言出於己，不可塞也；行發於身，不可掩也。言行，治之大者，君子之所以動天地也。故盡小者大，愼微者著。〔五〕詩云：「惟此文王，小心翼翼。」〔六〕故堯兢兢日行其道，而舜業業日致其孝，〔七〕善積而名顯，德章而身尊，此其寖明寖昌之道也。積善在身，猶長日加益，而人不知也；〔八〕積惡在身，猶火之銷膏，而人不見也。非明虖情性察虖流俗者，孰能知之？此唐虞之所以得令名，而桀紂之可爲悼懼者也。夫善惡之相從，如景鄉之應形聲也。〔九〕故桀紂暴謾，〔一〇〕讒賊並進，賢知隱伏，惡日顯，國日亂，晏然自以如日在天，〔一一〕終陵夷而大壞。夫暴逆不仁者，非一日而亡也，亦以漸至，故桀、紂雖亡道，然猶享國十餘年，此其寖微寖滅之道也。

〔一〕師古曰：「鉅，大也。」

〔二〕師古曰：「晻與暗同。」

〔三〕師古曰：「謂從唐侯升天子之位。」

〔四〕孟康曰：「舜耕於歷山。」

〔五〕師古曰：「能盡衆小，則致高大；能愼至微，則著明也。」

〔六〕師古曰：「大雅大明之詩也。翼翼，恭肅貌。」

〔七〕師古曰：「兢兢，戒愼也。業業，危懼也。」

〔八〕師古曰：「長言身形之脩短，自幼及壯也。」

〔九〕師古曰：「鄉讀曰響。」

〔一〇〕師古曰：「謾與慢同。」

〔一一〕師古曰：「晏然，自安意也。如日在天，言終不墜亡也。」

冊曰：「三王之教所祖不同，而皆有失，或謂久而不易者道也，意豈異哉？」臣聞夫樂而不亂復而不厭者謂之道；〔一〕道者萬世亡弊，弊者道之失也。〔二〕先王之道必有偏而不起之處，故政有眊而不行，〔三〕舉其偏者以補其弊而已矣。三王之道所祖不同，非其相反，將以捄溢扶衰，所遭之變然也。〔四〕故孔子曰：「亡爲而治者，其舜虖！」〔五〕改正朔，易服色，以順天命而已；其餘盡循堯道，何更爲哉！故王者有改制之名，亡變道之實。然夏上忠，殷上敬，周上文者，所繼之捄，當用此也。〔六〕孔子曰：「殷因於夏禮，所損益可知也；周因於殷禮，所損益可知也；其或繼周者，雖百世可知也。」〔七〕此言百王之用，以此三者矣。夏因於虞，而獨不言所損益者，其道如一而所上同也。道之

大原出於天，天不變，道亦不變，是以禹繼舜，舜繼堯，三聖相受而守一道，亡救弊之政也，〔八〕故不言其所損益也。繇是觀之，繼治世者其道同，繼亂世者其道變。今漢繼大亂之後，若宜少損周之文致，〔九〕用夏之忠者。

〔一〕師古曰：「復謂反復行之也，音扶目反。」
〔二〕師古曰：「言有弊非道，由失道故有弊。」
〔三〕師古曰：「眊，不明也，音莫報反。」
〔四〕師古曰：「捄，古救字。」
〔五〕師古曰：「論語載孔子之言。」
〔六〕師古曰：「繼謂所受先代之次也。救謂救其弊也。」
〔七〕師古曰：「論語載孔子之言。謂忠敬與文因循爲敎，立政垂則，不遠此也。」
〔八〕師古曰：「言政和平，不須救弊也。」
〔九〕師古曰：「致，至極也。」

陛下有明德嘉道，愍世俗之靡薄，悼王道之不昭，〔一〕故舉賢良方正之士，論（誼）〔議〕考問，將欲興仁誼之休德，明帝王之法制，〔二〕建太平之道也。臣愚不肖，述所聞，誦所學，道師之言，廑能勿失耳。〔三〕若乃論政事之得失，察天下之息耗，〔四〕此大臣輔佐之職，三公九卿之任，非臣仲舒所能及也。然而臣竊有怪者。夫古之天下亦今之天

下，今之天下亦古之天下，共是天下，古（亦）〔以〕大治，上下和睦，習俗美盛，不令而行，不禁而止，吏亡姦邪，民亡盜賊，囹圄空虛，德潤草木，澤被四海，鳳皇來集，麒麟來游，以古準今，壹何不相逮之遠也！安所繆盭而陵夷若是？〔五〕意者有所失於古之道與？有所詭於天之理與？〔六〕試迹之（於）古，返之於天，黨可得見乎？〔七〕

〔一〕師古曰：「靡，散也。薄，輕也。昭，明也。」
〔二〕師古曰：「休，美也。」
〔三〕師古曰：「廑與僅同。僅，少也。」
〔四〕師古曰：「息，生也。耗，虛也。耗音呼到反。」
〔五〕師古曰：「安，焉也。」
〔六〕師古曰：「與讀皆曰歟。詭，違也。」
〔七〕師古曰：「（反）〔返〕謂還歸之也。黨音他朗反。」

夫天亦有所分予，予之齒者去其角，〔一〕傅其翼者兩其足，〔二〕是所受大者不得取小也。古之所予祿者，不食於力，不動於末，〔三〕是亦受大者不得取小，與天同意者也。夫已受大，又取小，天不能足，而況人乎！此民之所以囂囂苦不足也。〔四〕身寵而載高位，家溫而食厚祿，〔五〕因乘富貴之資力，以與民爭利於下，民安能如之哉！是故衆其奴婢，多其牛羊，廣其田宅，博其產業，畜其積委，〔六〕務此而亡已，以迫蹵民，〔七〕民日削月朘，〔八〕寖以大窮。富者奢侈羨溢，貧者窮急愁苦；〔九〕窮急愁苦而上不救，則民不樂生；民不樂生，尚不避死，安能避罪！此刑罰之所以蕃而姦邪不可勝者也。〔一〇〕故受祿之家，食祿而已，不與民爭業，然後利可均布，而民可家足。此上天之理，而亦太古之道，天子之所宜法以爲制，大夫之所當循以爲行也。故公儀子相魯，〔一一〕之其家見織帛，怒而出其妻，食於舍而茹葵，慍而拔其葵，〔一二〕曰：「吾已食祿，又奪園夫紅女利虖！」〔一三〕古之賢人君子在列位者皆如是，是故下高其行而從其敎，民化其廉而不貪鄙。及至周室之衰，其卿大夫緩於誼而急於利，亡推讓之風而有爭田之訟。故詩人疾而刺之，曰：「節彼南山，惟石巖巖，赫赫師尹，民具爾瞻。」〔一四〕爾好誼，則民鄉仁而俗善；〔一五〕爾好利，則民好邪而俗敗。由是觀之，天子大夫者，下民之所視效，遠方之所四面而內望也。近者視而放之，遠者望而效之，〔一六〕豈可以居賢人之位而爲庶人行哉！夫皇皇求財利常恐乏匱者，庶人之意也；〔一七〕皇皇求仁義常恐不能化民者，大夫之意也。易曰：「負且乘，致寇至。」〔一八〕乘車者君子之位也，負擔者小人之事也，此言居君子之位而爲庶人之行者，其患禍必至也。若居君子之位，當君子之行，則舍公儀休之相魯，亡可爲者矣。〔一九〕

〔一〕師古曰：「謂牛無上齒則有角，其餘無角者則有上齒。」

〔二〕師古曰：「傅讀曰附。附，箸也。言鳥不四足。」
〔三〕師古曰：「末謂工商之業也。」
〔四〕師古曰：「囂讀與嗸同，音敖。嗸嗸，衆怨愁聲也。」
〔五〕師古曰：「載亦乘也。」
〔六〕師古曰：「畜讀曰蓄。」
〔七〕師古曰：「蹵音子育反。」
〔八〕孟康曰：「朘音揎，謂轉褰蹴也。」蘇林曰：「朘音鐫石。俗語謂縮肭爲朘縮。」師古曰：「孟說是也。揎音宣。蹴音子六反。」
〔九〕師古曰：「羨，饒也，讀與衍同，音弋戰反。」
〔一〇〕師古曰：「蕃，多也，音扶元反。」
〔一一〕師古曰：「公儀休。」
〔一二〕師古曰：「食菜曰茹，音（洳）〔汝〕。」
〔一三〕師古曰：「紅讀曰工。」
〔一四〕師古曰：「小雅節南山之詩也。節，高峻貌，巖巖，積石貌。赫赫，顯盛也。師尹，周太師尹氏也。言三公之位，人所瞻仰，若山之高也。節音才結反。」
〔一五〕師古曰：「爾，汝也。鄉讀曰嚮。」
〔一六〕師古曰：「放，依也，音甫往反。」

〔十〕師古曰：「皇皇，急速之貌也。」

〔十一〕師古曰：「此易解卦六〔二〕〔三〕爻辭也。」

〔十二〕師古曰：「舍，廢也。言爲君子之行者，當如公儀休。若廢其所行，則無可爲也。」

春秋大一統者，天地之常經，古今之通誼也。〔一〕今師異道，人異論，百家殊方，指意不同，是以上亡以持一統；法制數變，下不知所守。臣愚以爲諸不在六藝之科孔子之術者，皆絕其道，勿使並進。邪辟之說滅息，〔二〕然後統紀可一而法度可明，民知所從矣。

〔一〕師古曰：「一統者，萬物之統皆歸於一也。春秋公羊傳：『隱公元年，春王正月。何言乎王正月？大一統也。』此言諸侯皆繫統天子，不得自專也。」

〔二〕師古曰：「辟讀曰僻。」

對既畢，天子以仲舒爲江都相，事易王。易王，帝兄，素驕，好勇。仲舒以禮誼匡正，王敬重焉。久之，王問仲舒曰：「粵王句踐與大夫泄庸、種、蠡謀伐吳，〔一〕遂滅之。孔子稱殷有三仁，寡人亦以爲粵有三仁。〔二〕桓公決疑於管仲，寡人決疑於君。」仲舒對曰：「臣愚不足以奉大對。〔三〕聞昔者魯君問柳下惠：〔四〕『吾欲伐齊，何如？』柳下惠曰：『不可。』歸而有憂色，曰：『吾聞伐國不問仁人，此言何爲至於我哉！』徒見問耳，且猶羞之，〔五〕況設詐以伐吳虖？繇此言之，粵本無一仁。夫仁人者，正其誼不謀其利，明其道不計其功，是以仲尼之門，五尺之童羞稱五伯，〔六〕爲其先詐力而後仁誼也。苟爲詐而已，故不足稱於大君子之門也。〔七〕五伯比於他諸侯爲賢，其比三王，猶武夫之與美玉也。」〔八〕王曰：「善。」

〔一〕師古曰：「種，大夫種也。蠡，范蠡也。種音之勇反。蠡音禮。」

〔二〕師古曰：「泄庸一也，大夫種二也，范蠡三也。」

〔三〕師古曰：「大對，謂對大問也。」

〔四〕師古曰：「魯大夫展禽也。柳下，所食（菜）〔采〕邑之名。惠，謚也。」

〔五〕師古曰：「徒，但也。」

〔六〕師古曰：「伯讀曰霸。次下亦同。」

〔七〕張晏曰：「仲尼之門，故稱大也。」

〔八〕應劭曰：「武夫，石而似玉者也。」

仲舒治國，以春秋災異之變推陰陽所以錯行，故求雨，閉諸陽，縱諸陰，其止雨反是；〔一〕行之一國，未嘗不得所欲。中廢爲中大夫。先是遼東高廟、長陵高園殿災，仲舒居家推說其意，屮槀未上，〔二〕主父偃候仲舒，私見，嫉之，竊其書而奏焉。上召視諸儒，〔三〕仲舒弟子呂步舒不知其師書，以爲大愚。於是下仲舒吏，當死，詔赦之。仲舒遂不敢復言災異。

〔一〕師古曰：「謂若閉南門，禁舉火，及開北門，水灑人之類是也。」

〔二〕師古曰：「所作起草爲稾也。」

〔三〕師古曰：「視讀曰示。」

仲舒爲人廉直。是時方外攘四夷，〔一〕公孫弘治春秋不如仲舒，而弘希世用事，〔二〕位至公卿。仲舒以弘爲從諛，弘嫉之。膠西王亦上兄也，尤縱恣，數害吏二千石。弘乃言於上曰：「獨董仲舒可使相膠西王。」膠西王聞仲舒〔三〕大儒，善待之，仲舒恐久獲辠，病免。凡相兩國，輒事驕王，正身以率下，數上疏諫爭，教令國中，所居而治。及去位歸居，終不問家產業，以修學著書爲事。

〔一〕師古曰：「攘，卻也。」

〔二〕師古曰：「希，觀相也。」

〔三〕師古曰：「素聞其賢也。」

仲舒在家，朝廷如有大議，使使者及廷尉張湯就其家而問之，其對皆有明法。自武帝初立，魏其、武安侯爲相而隆儒矣。及仲舒對冊，推明孔氏，抑黜百家。立學校之官，〔一〕州郡舉茂材孝廉，皆自仲舒發之。年老，以壽終於家。家徙茂陵，子及孫皆以學至大官。

〔一〕師古曰：「校音下教反。」

仲舒所著，皆明經術之意，及上疏條教，凡百二十三篇。而說春秋事得失，聞舉、玉杯、蕃露、清明、竹林之屬，〔一〕復數十篇，十餘萬言，皆傳於後世。掇其切當世施朝廷者著于篇。〔二〕

〔一〕師古曰：「皆其所著書名也。杯音布回反。蕃音扶元反。」

〔二〕師古曰：「掇，采拾也，音丁活反。」

贊曰：劉向稱「董仲舒有王佐之材，雖伊呂亡以加，〔一〕筦晏之屬，伯者之佐，殆不及也。」〔二〕至向子歆以爲「伊呂乃聖人之耦，〔三〕王者不得則不興。故顏淵死，孔子曰『噫！天喪余。』〔四〕唯此一人爲能當之，自宰我、子贛、子游、子夏不與焉。〔五〕仲舒遭漢承秦滅學之後，六經離析，下帷發憤，潛心大業，令後學者有所統壹，爲羣儒首。然考其師友淵源所漸，猶未及乎游夏，〔六〕而曰筦晏弗及，伊呂不加，過矣。」至向曾孫龔，篤論君子也，以歆之言爲然。

〔一〕師古曰：「伊，伊尹。呂，呂望也。」

〔二〕師古曰：「筦，筦仲也。晏，晏嬰也。伯者，齊桓、晉文之屬也。伯讀曰霸。」

〔三〕師古曰：「耦，對也。」

〔四〕師古曰：「事見論語。噫，歎聲也。言失其輔佐也。噫音於其反。」

〔五〕師古曰：「與讀曰豫。」

〔六〕師古曰：「漸，浸潤也。游，子游。夏，子夏也。」

校勘記

二四九八頁一五行　此皆可使還至而（立）有效者也。宋祁說越本無「立」字。按景祐本亦無。

二五〇一頁七行　君子之德風（也），小人之德屮（也），宋祁說越本無兩「也」字。按景祐本亦無。

二五〇五頁三行　不如（躰）〔退〕而結網。景祐、殿本都作「退」。

二五〇五頁一五行　言內質敗壞不（能）〔可〕修治也。景祐、殿本都作「可」。王先謙說，依正文則作「可」是。

二五〇六頁八行　昃亦（昊）〔昦〕字。景祐、殿、局本都作「昦」，此誤。

二五〇七頁一〇行　賢不肖渾（淆）〔殽〕，景祐、殿、局本都作「殽」。王先謙說「淆」字後人妄改。

二五〇七頁一〇行　故詳延特起之士，（意）庶幾乎！宋祁說，古浙本有「意」字，他本無。按景祐本無。

二五〇七頁一三行　毋乃牽於文繫而不得騁（歟）〔與〕？殿本作「與」。據注作「與」是。景祐本亦誤。

二五〇九頁二行　韶盡美矣，又盡善（也）〔矣〕，景祐本作「矣」。王念孫說，據顏注，則正文本是「矣」字。

二五一〇頁一三行　非有文德以教訓於（天）下也。宋祁說景德本無「天」字。按景祐本亦無。

二五一〇頁一四行　是以百官皆飾（空言）虛辭而不顧實，景祐本無「空言」二字。

二五一三頁三行　譬猶不（瑑）〔琢〕玉而求文采也。景祐本作「琢」。宋祁說當從此本。按通鑑亦作「琢」。

二五一三頁四行　故養士之大者，莫大（虖）〔庠〕太學；景祐、汲古、殿、局本都作「庠」，此誤。

二五一三頁一五行　且古所謂功者，以任官稱職爲差，非（所）謂積日絫久也。景祐本無下「所」字。王念孫說下「所」字涉上「所」字而衍。

二五一三頁二行　（累）〔絫〕日以取貴，景祐本亦作「累」。殿本作「絫」，則與上文一致。

二五一九頁一三行　論（誼）〔議〕考問，王先謙說此「誼」字不可通，蓋涉下「誼」字而誤。治要引作「論議考問」，當從之。

二五二〇頁一行　共是天下，古（亦）〔以〕大治，錢大昭說「亦」閩本作「以」。王先謙說閩本是，治要正作「古以大治」。

二五二〇頁四行　試迹之（於）古，宋祁說姚本「古」上有「於」字。

二五二〇頁一二行　（反）〔返〕謂還歸之也。殿本作「返」。王先謙說作「返」是。

二五二一頁三行　食菜曰茹，音（洳）〔汝〕。景祐、殿本都作「汝」。

二五二三頁二行　此易解卦六（二）〔三〕爻辭也。景祐、殿本都作「三」，此誤。

二五二四頁七行　柳下，所食（菜）〔采〕邑之名。殿本作「采」，此誤，景祐本亦誤。

二五二五頁六行　膠西王聞仲舒（儒）大儒，善待之。景祐、殿本都無「儒」字。宋祁說古本「大」字下有「儒」字，但不當於「仲舒」下作注，蓋顏注時已失之矣。

漢書卷五十七上

司馬相如傳第二十七上

師古曰：「近代之讀相如賦者多矣，皆改易文字，競爲音說，致失本眞，徐廣、鄒誕生、諸詮之、陳武之屬是也。今依班書舊文爲正，於彼數家，並無取焉。自喻巴蜀之後分爲下卷。」

司馬相如字長卿，蜀郡成都人也。少時好讀書，學擊劍，〔一〕名犬子。〔二〕相如既學，慕藺相如之爲人也，更名相如。〔三〕以訾爲郎，事孝景帝，爲武騎常侍，非其好也。〔四〕會景帝不好辭賦，是時梁孝王來朝，從游說之士齊人鄒陽、淮陰枚乘、吳嚴忌夫子之徒，〔五〕相如見而說之，〔六〕因病免，客游梁，得與諸侯游士居，數歲，乃著子虛之賦。

〔一〕師古曰：「擊劍者，以劍遙擊而中之，非斬刺也。」

〔二〕師古曰：「父母愛之，不欲稱斥，故爲此名也。」

〔三〕師古曰：「藺相如，六國時趙人也，義而有勇，故追慕之。」

〔四〕師古曰：「訾讀與貲同。貲，財也。以家財多得拜爲郎也。武騎常侍秩六百石。」

〔五〕師古曰：「嚴忌本姓莊，當時尊尚，號曰夫子。史家避漢明帝諱，故遂爲嚴耳。」

〔六〕師古曰：「說讀曰悅。」

會梁孝王薨，相如歸，而家貧無以自業。素與臨邛令王吉相善，吉曰：「長卿久宦游，不遂而困，〔一〕來過我。」於是相如往舍都亭。〔二〕臨邛令繆爲恭敬，〔三〕日往朝相如。相如初尚見之，後稱病，使從者謝吉，吉愈益謹肅。

〔一〕師古曰：「遂，達也。」

〔二〕師古曰：「臨邛所治都之亭。」

〔三〕師古曰：「繆，詐也。」

臨邛多富人，卓王孫僮客八百人，〔一〕程鄭亦數百人，〔二〕乃相謂曰：「令有貴客，爲具召之。〔三〕幷召令。」令既至，卓氏客以百數，至日中請司馬長卿，長卿謝病不能臨。臨邛令不敢嘗食，身自迎相如，相如爲不得已而強往，〔四〕一坐盡傾。〔五〕酒酣，臨邛令前奏琴曰：「竊聞長卿好之，願以自娛。」〔六〕相如辭謝，爲鼓一再行。〔七〕是時，卓王孫有女文君新寡，好音，故相如繆與令相重而以琴心挑之。〔八〕相如時從車騎，雍容閒雅，〔九〕甚都。〔一〇〕及飲卓氏弄琴，文君竊從戶窺，心說而好之，〔一一〕恐不得當也。〔一二〕既罷，相如乃令侍人重賜文君侍者通殷勤。文君夜亡奔相如，相如與馳歸成都。家徒四壁立。〔一三〕卓王孫大怒曰：「女不材，我不

忍殺，一錢不分也！」人或謂王孫，王孫終不聽。文君久之不樂，謂長卿曰：「弟俱如臨卭，〔一四〕從昆弟假貣，猶足以爲生，〔一五〕何至自苦如此！」相如與俱之臨卭，盡賣車騎，買酒舍，乃令文君當盧。〔一六〕相如身自著犢鼻褌，〔一七〕與庸保雜作，〔一八〕滌器於市中。〔一九〕卓王孫恥之，爲杜門不出。〔二〇〕昆弟諸公更謂王孫曰：〔二一〕「有一男兩女，所不足者非財也。〔二二〕今文君既失身於司馬長卿，長卿故倦游，〔二三〕雖貧，其人材足依也。且又令客，奈何相辱如此！」〔二四〕卓王孫不得已，〔二五〕分與文君僮百人，錢百萬，及其嫁時衣被財物。文君乃與相如歸成都，買田宅，爲富人。

〔一〕師古曰：「僮謂奴。」
〔二〕師古曰：「程鄭，亦人姓名。言其家富亞王孫也。」
〔三〕師古曰：「具謂酒食之具。召，請也。」
〔四〕師古曰：「示衆人以此意也。」
〔五〕師古曰：「皆傾慕其風采也。」
〔六〕師古曰：「奏，進也。」
〔七〕師古曰：「行謂曲引也。古樂府長歌行短歌行，此其義也。」
〔八〕師古曰：「寄心於琴聲以挑動之也。挑音徒了反。」
〔九〕師古曰：「閒讀曰閑。」
〔一〇〕張揖曰：「甚得都士之節也。」韋昭曰：「都邑之容也。」師古曰：「都，閑美之稱也。張說近之。詩鄭風有女同車

之篇曰『洵美且都』，山有扶蘇之篇又云『不見子都』，則知都者，美也。韋言都邑，失之遠矣。」
〔一一〕師古曰：「說讀曰悅。悅其人而好其音也。」
〔一二〕師古曰：「當謂對偶之。」
〔一三〕師古曰：「徒，空也。但有四壁，更無資產。」
〔一四〕文穎曰：「弟，且也。」張揖曰：「如，往也。」師古曰：「弟，但也，發聲之急耳。酈食其曰『弟言之』，此類甚多，義非且也。」
〔一五〕師古曰：「貣音吐得反。」
〔一六〕郭璞曰：「盧，酒盧。」師古曰：「賣酒之處累土爲盧以居酒瓮，四邊隆起，其一面高，形如鍛盧，故名盧耳。而俗之學者，皆謂當盧爲對溫酒火盧，失其義矣。」
〔一七〕師古曰：「即今之犢也，形似犢鼻，故以名云。犢音之容反。」
〔一八〕師古曰：「庸即謂賃作者。保謂庸之可信任者也。」
〔一九〕師古曰：「滌，洒也。器，食器也。食已則洒之，賤人之役也。洒音先禮反。」
〔二〇〕師古曰：「杜，塞也。」
〔二一〕師古曰：「更，互也，音工衡反。」
〔二二〕師古曰：「言不患少財也。」
〔二三〕文穎曰：「倦，疲也。言疲厭游學，博物多能也。」
〔二四〕師古曰：「言縣令之客，不可以辱也。」
〔二五〕師古曰：「已，止也。」

居久之，蜀人楊得意爲狗監，〔一〕侍上。上讀子虛賦而善之，曰：「朕獨不得與此人同時哉！」得意曰：「臣邑人司馬相如自言爲此賦。」上驚，乃召問相如。相如曰：「有是。然此乃諸侯之事，未足觀，請爲天子游獵之賦。」上令尚書給筆札，〔二〕相如以「子虛」，虛言也，爲楚稱；〔三〕「烏有先生」者，烏有此事也，〔四〕爲齊難；〔五〕「亡是公」者，亡是人也，〔六〕欲明天子之義。故虛藉此三人爲辭，〔七〕以推天子諸侯之苑囿。其卒章歸之於節儉，〔八〕因以風諫。〔九〕奏之天子，天子大說。〔一〇〕其辭曰：

〔一〕師古曰：「主天子田獵犬也。」
〔二〕師古曰：「札，木簡之薄小者也。時未多用紙，故給札以書。札音壯黠反。」
〔三〕師古曰：「稱說楚之美也。」
〔四〕師古曰：「烏，於何也。」
〔五〕師古曰：「難詰楚事也。」
〔六〕師古曰：「亡讀曰無。下皆類此。」
〔七〕師古曰：「藉，假也。」
〔八〕師古曰：「卒，終也。謂終篇之言，若隤牆填壍之比者。」

〔九〕師古曰：「風讀曰諷。」
〔一〇〕師古曰：「說讀曰悅。」

楚使子虛使於齊，齊王悉發車騎與使者出田。〔一〕田罷，子虛過姹烏有先生，〔二〕亡是公存焉。坐定，烏有先生問曰：「今日田樂乎？」子虛曰：「樂。」「獲多乎？」曰：「少。」「然則何樂？」對曰：「僕樂王之欲夸僕以車騎之衆，而僕對以雲夢之事也。」〔三〕曰：「可得聞乎？」

子虛曰：「可。王駕車千乘，選徒萬騎，田於海濱，〔一〕列卒滿澤，罘罔彌山。〔二〕掩菟轔鹿，射麋格麟，〔三〕鶩於鹽浦，割鮮染輪。〔四〕射中獲多，矜而自功，〔五〕顧謂僕曰：『楚亦有平原廣澤遊獵之地饒樂若此者乎？楚王之獵孰與寡人？』〔六〕僕下車對曰：『臣，楚國之鄙人也，幸得宿衞十有餘年，時從出遊，遊於後園，覽於有無，然猶未能徧覩也。又烏足以言其外澤乎？』齊王曰：『雖然，略以子之所聞見言之。』

〔一〕師古曰：「田，獵也。」
〔二〕師古曰：「姹，誇誑之也，音丑亞反，字本作詫也。」
〔三〕張揖曰：「楚藪也。在南郡華容縣。」師古曰：「夢讀如本字，又音莫風反，字或作瞢，其音同耳。」
〔一〕師古曰：「濱，涯也，音賓，又音頻。」
〔二〕師古曰：「罘，覆車也，即今幡車罔也。王國兔爰之詩曰『雉罹于罦』，罦亦罘字耳。彌，竟也。罘音浮。」

〔三〕師古曰：「轔謂車踐轢之也，音吝。格字或作腳，言持引其腳也。」
〔四〕張揖曰：「海水之涯多出鹽也。」李奇曰：「鮮，生也。染，擩也。切生肉，擩車輪，鹽而食之也。」師古曰：「鶩謂亂馳也。擩，搵也。鶩音務。擩音如閱反。搵音一頓反。」
〔五〕師古曰：「自矜其能以爲功也。」
〔六〕師古曰：「與猶如也。」

「僕對曰：『唯唯。〔一〕臣聞楚有七澤，嘗見其一，未覩其餘也。臣之所見，蓋特其小小者耳，名曰雲夢。雲夢者，方九百里，其中有山焉。其山則盤紆岪鬱，隆崇律崒；〔二〕岑崟參差，日月蔽虧；〔三〕交錯糾紛，上干青雲；〔四〕罷池陂陁，下屬江河。〔五〕其土則丹青赭堊，雌黄白坿，錫碧金銀，〔六〕衆色炫燿，照爛龍鱗。〔七〕其石則赤玉玫瑰，琳琘昆吾，〔八〕瑊玏玄厲，〔九〕碝石武夫。〔一〇〕其東則有蕙圃，衡蘭芷若，〔一一〕穹窮昌蒲，江離蘪蕪，〔一二〕諸柘巴且。〔一三〕其南則有平原廣澤，登降陁靡，〔一四〕案衍壇曼，〔一五〕緣以大江，限以巫山。〔一六〕其高燥則生葴析苞荔，〔一七〕薛莎青薠。〔一八〕其埤溼則生藏莨蒹葭，〔一九〕東蘠彫胡，〔二〇〕蓮藕觚盧，〔二一〕奄閭軒于。〔二二〕衆物居之，不可勝圖。〔二三〕其西則有涌泉清池，激水推移，〔二四〕外發夫容蔆華，內隱鉅石白沙。〔二五〕其中則有神龜蛟鼉，毒冒鼊黿。〔二六〕其北則有陰林巨樹，楩柟豫章，〔二七〕桂椒木蘭，檗離朱楊，〔二八〕樝梨梬栗，橘柚芬芳。〔二九〕其上則

有宛雛孔鸞，騰遠射干。〔三〇〕其下則有白虎玄豹，蟃蜒貙豻。〔三一〕

〔一〕師古曰：「唯唯，恭應之辭也，音弋癸反。」
〔二〕郭璞曰：「詰屈竦起也。岪音佛。」
〔三〕張揖曰：「高山壅蔽，日月虧缺半見。」師古曰：「岑音仕林反。崟音吟。」
〔四〕郭璞曰：「言相摎結而峻絕。」
〔五〕郭璞曰：「言旁穨也。屬，連也。罷音疲。陂音婆。陁音馳。」文穎曰：「南方無河也。冀州凡水大小皆謂之河，詩賦通方言耳。」晉灼曰：「文意假借協陁之韻也。」師古曰：「文、晉之說皆非也。下屬江河者，總言山之廣大，所連著遠耳，於文無妨。陂音普河反。屬音之欲反。」
〔六〕張揖曰：「丹，丹沙也。青，青雘也。赭，赤赭也。堊，白堊也。」蘇林曰：「白坿，白石英也。」師古曰：「丹沙，今之朱沙也。青雘，今之空青也。赭，今之赤土也。堊，今之白土也。錫，青金也。碧謂玉之青白色者也。堊音惡。坿音附。雘音一郭反。」
〔七〕師古曰：「言采色相燿，若龍鱗之間雜也。炫音州縣之縣。」
〔八〕張揖曰：「琳，玉也。琘，石之次玉者也。昆吾，山名也，出善金。尸子曰『昆吾之金』。」晉灼曰：「玫瑰，火齊珠也。」師古曰：「火齊珠，今南方之出火珠也。玫音枚。瑰音回，又音瓌。琳音林。琘音旻。」
〔九〕張揖曰：「瑊玏，石之次玉者。玄厲，黑石可用磨也。」如淳曰：「瑊音緘。玏音勒。」
〔一〇〕張揖曰：「皆石之次玉者。碝石，白者如冰，半有赤色。武夫，赤地白采，蔥蘢白黑不分。」郭璞曰：「碝音而兗反。」
〔一一〕張揖曰：「蕙圃，蕙草之圃也。衡，杜衡也，其狀若葵，其臭如蘪蕪。芷，白芷。若，杜若也。」師古曰：「蘭即今澤蘭也。今流俗書本『芷若』下有『射干』字，妄增之也。」
〔一二〕張揖曰：「江離，香草也。蘪蕪，蘄芷也，似蛇牀而香。」師古曰：「蘪蕪即穹窮苗也。」郭璞曰：「江離似水薺，而藥對曰蘪蕪一名江離。張勃又云江離出臨海縣海水中，正青，似亂髮。郭義恭云江離赤葉。諸說不同，未知孰是。今無識之者，然非蘪蕪也，藥對誤耳。」
〔一三〕張揖曰：「諸柘，甘柘也。蒪苴，蘘荷也。」文穎曰：「巴且草一名巴蕉。」師古曰：「文說巴且是也。且音子余反。蒪音普各反。蒪苴自蘘荷耳，非巴且也。」
〔一四〕師古曰：「登，上也。降，下也。陁靡，旁衺也。陁音弋爾反。」
〔一五〕師古曰：「寬廣之貌也。衍音弋戰反。壇音徒但反。曼音莫幹反。」
〔一六〕張揖曰：「巫山在南郡巫縣也。」
〔一七〕張揖曰：「葴，馬藍也。析似燕麥。苞，藨也。荔，馬荔。」蘇林曰：「析音斯。」師古曰：「藨即今所用作席者也。馬荔，今之馬藺也。葴音之林反。苞音包。荔音隸。藨音皮表反。」
〔一八〕張揖曰：「薛，賴蒿也。莎，鎬侯也。青薠似莎而大，生江湖，雁所食。」師古曰：「莎即今青莎草。薠音煩。」
〔一九〕郭璞曰：「藏莨草中牛馬芻。蒹，荻也，似萑而細小。葭，蘆也。」師古曰：「埤音婢，謂下地也。莨音郎。蒹葭音兼遐。荻音敵。」
〔二〇〕張揖曰：「東蘠，實可食。彫胡，菰米也。」師古曰：「東蘠似蓬，其實如葵子也。」
〔二一〕張揖曰：「蓮，荷之實也，其根藕。」張晏曰：「觚盧，扈魯也。」郭璞曰：「菰，蔣也。蘆，葦也。」師古曰：「書不爲菰蘆字，郭說非也，但不知觚蘆於今是何草耳。」

〔二二〕張揖曰：「奄閭，蒿也，子可治疾。軒于，蕕草也，生水中，揚州有之。」師古曰：「奄音淹。蕕音猶。」
〔二三〕師古曰：「勝，舉也。不可盡舉而圖寫之，言其多也。」
〔二四〕郭璞曰：「波抑揚也。」
〔二五〕應劭曰：「夫容，蓮華也。蔆，芰也。」師古曰：「鉅，大也。」
〔二六〕張揖曰：「蛟狀魚身而蛇尾，皮有珠。鼉似蜥蜴而大，身有甲，皮可作鼓。毒冒似觜蠵，甲有文。黿似鼈而大。」師古曰：「張說蛟者，乃是鮫魚，非蛟龍之蛟也。蛟解在武紀。鼉音徒何反，又音大河反。毒音代。冒音妹。他皆倣此。」
〔二七〕服虔曰：「陰林，山北之林也。豫章，大木也，生七年乃可知。」師古曰：「陰林，言其樹木衆而且大，常多陰也。楩音便，又音步田反，即今黄楩木也。柟音南，今所謂楠木。」
〔二八〕師古曰：「桂即藥之所用其皮者也。椒即所食椒樹也。木蘭皮似椒而香，可作面膏藥。檗，黄檗也。離，山梨也。朱楊，赤莖柳也，生水邊。」
〔二九〕張揖曰：「樝似梨而甘。梬，梬棗也。」師古曰：「樝即今所謂樝子也。梬棗即今之梗棗也。柚即橙也，似橘而大，味酢皮厚。樝音側加反。梬音弋整反。柚音弋救反。橙音丈莖反。芬芳，言橘柚之氣也。」
〔三〇〕張揖曰：「宛雛似鳳。孔，孔雀；鸞，鸞鳥也。射干似狐，能緣木。」服虔曰：「騰遠，獸名也。」師古曰：「鸞鳥形如翟而五采文，見山海經。宛音於元反。射音弋舍反。」
〔三一〕郭璞曰：「蟃蜒，大獸似貍，長百尋。貙似貍而大。豻，胡地野犬也，似狐而小。蟃音萬。蜒音延。豻音岸。」師古曰：「蜒又音弋戰反。貙音丑于反。豻合韻音五安反。」

之賢聖，不能名而數之也。」
〔二〇〕師古曰：「見猶至也。言至此國爲客也。若今人自稱云見顧見至耳。」
〔二一〕師古曰：「復，反也，謂不反報也。」

亡是公听然而笑曰：〔一〕「楚則失矣，而齊亦未爲得也。夫使諸侯納貢者，非爲財幣，所以述職也；〔二〕封彊畫界者，非爲守禦，所以禁淫也。〔三〕今齊列爲東蕃，而外私肅慎，〔四〕捐國踰限，越海而田，〔五〕其於義固未可也。且二君之論，不務明君臣之義，正諸侯之禮，徒事爭於游戲之樂，苑囿之大，欲以奢侈相勝，荒淫相越，此不可以揚名發譽，而適足以㝵君自損也。〔六〕

〔一〕師古曰：「听，笑貌也。音斷，又音牛隱反。」
〔二〕郭璞曰：「諸侯朝於天子曰述職。」師古曰：「述，循也，謂順行也。」
〔三〕郭璞曰：「天下有道，守在四夷。立境界者，欲以禁絕淫放耳。」師古曰：「彊讀曰疆。」
〔四〕郭璞曰：「私與通也。」
〔五〕師古曰：「捐，棄也，謂田於青丘也。」
〔六〕師古曰：「㝵，古貶字。」

「且夫齊楚之事又烏足道乎！〔一〕君未覩夫巨麗也，〔二〕獨不聞天子之上林乎？左蒼梧，右西極，〔三〕丹水更其南，〔四〕紫淵徑其北。〔五〕終始霸產，出入涇渭，〔六〕酆鎬潦

潏，紆餘委蛇，經營其內。〔七〕蕩蕩乎八川分流，相背異態，〔八〕東西南北，馳騖往來，〔九〕出乎椒丘之闕，〔一〇〕行乎州淤之浦，〔一一〕徑乎桂林之中，〔一二〕過乎泱莽之壄，〔一三〕汩乎混流，順阿而下，〔一四〕赴隘陿之口，〔一五〕觸穹石，激堆埼，〔一六〕沸乎暴怒，〔一七〕洶涌彭湃，〔一八〕滭弗宓汩，〔一九〕偪側泌瀄，〔二〇〕橫流逆折，轉騰潎洌，〔二一〕滂濞沆溉，〔二二〕穹隆雲橈，〔二三〕宛潬膠盭，〔二四〕踰波趨浥，涖涖下瀨，〔二五〕批巖衝擁，奔揚滯沛，〔二六〕臨坻注壑，瀺灂霣墜，〔二七〕沈沈隱隱，砰磅訇磕，〔二八〕潏潏淈淈，湁潗鼎沸，〔二九〕馳波跳沫，汩急漂疾，〔三〇〕悠遠長懷，寂漻無聲，〔三一〕肆乎永歸。然後灝溔潢漾，〔三二〕安翔徐佪，〔三三〕翯乎滈滈，〔三四〕東注大湖，〔三五〕衍溢陂池。〔三六〕於是蛟龍赤螭，〔三七〕䱭䲛漸離，〔三八〕鰅鰫鰬魠，〔三九〕禺禺魼鰨，〔四〇〕揵鰭掉尾，振鱗奮翼，〔四一〕潛處乎深巖。〔四二〕魚鼈讙聲，萬物衆夥。〔四三〕明月珠子，的皪江靡，〔四四〕蜀石黃碝，水玉磊砢，〔四五〕磷磷爛爛，采色澔汗，〔四六〕叢積乎其中。鴻鷫鵠鴇，駕鵝屬玉，〔四七〕交精旋目，〔四八〕煩鶩庸渠，〔四九〕箴疵鵁盧，〔五〇〕羣浮乎其上。汎淫泛濫，隨風澹淡，〔五一〕與波搖蕩，奄薄水渚，〔五二〕唼喋菁藻，咀嚼菱藕。〔五三〕

〔一〕師古曰：「烏，於何也。道，言也。」
〔二〕師古曰：「巨，大也。麗，美也。」
〔三〕文穎曰：「蒼梧郡屬交州，在長安東南，故言左。爾雅曰西至于豳國爲西極，在長安西，故言右也。」
〔四〕應劭曰：「丹水出上洛冢領山，東南至析縣入鈞水。」師古曰：「更，歷也，音工衡反。」
〔五〕文穎曰：「西河（有）穀羅縣有紫澤，在縣西北，於長安爲在北也。」
〔六〕師古曰：「霸水出藍田谷，西北而入渭。產水亦出藍田谷，北至霸陵入霸。二水終始盡於苑中，不復出也。涇水出安定涇陽开頭山，東至陽陵入渭。渭水出隴西首陽縣鳥鼠同穴山，東北至華陰入河。從苑外來，又出苑去也。开音牽，又音口見反。」
〔七〕應劭曰：「潦，流也。潏，涌出聲也。」張揖曰：「灃水出鄠南山（澧）〔豐〕谷，北入渭。鎬在昆明池北。潦，行潦也。又有潏水，出南山。」晉灼曰：「下言八川，計從丹水以下至潏，除潦爲行潦，凡九川。從霸產以下，爲數凡七川。潏音決。潏，水涌出聲也。除潦潏下爲水，餘適八，下言經營其內，於數則計其外者矣。」師古曰：「應、晉二說皆非也。張言潦爲行潦，又失之。潦音牢，亦水名也，出鄠縣西南山潦谷，而北流入於渭。上言左蒼梧，右西極，丹水更其南，紫泉徑其北。皆謂苑外耳。丹水、紫泉非八川數也。霸、產、涇、渭、豐、鎬、潦、潏，是爲八川。言經營其內，信則然矣。潏，晉音是也。地里志鄠縣有潏水，北過上林苑入渭，而今之鄠縣則無此水。許慎云『潏水在京兆杜陵』，此即今所謂沈水，從皇子陂西北流經昆明池入渭者也。蓋爲字或作水旁穴，與沈字相似，俗人因名沈水乎？將鄠縣潏水今則改名，人不識也？但八川之義，實在於斯耳。」
〔八〕郭璞曰：「變態不同也。」
〔九〕郭璞曰：「言更相錯涉也。」師古曰：「來音盧代反。」
〔一〇〕服虔曰：「丘名也，兩山俱起，象雙闕者。」
〔一一〕師古曰：「水中可居者曰州。淤，漫也。浦，水涯也。淤音於庶反。」

〔一二〕如淳曰：「桂樹之林也。」
〔一三〕張揖曰：「山海經所謂『大荒之野』也。」師古曰：「凡言此者，著水流之長遠也。泱音烏朗反。」
〔一四〕師古曰：「汩，疾貌也。混流，豐流也。曲陵曰阿。汩音于筆反。混音下本反。」
〔一五〕師古曰：「兩岸間相迫近者也。隘音於懈反。陿音狹。」
〔一六〕張揖曰：「穹石，大石也。埼，曲岸頭也。」師古曰：「堆，高阜也，音丁回反。埼音巨依反。」
〔一七〕郭璞曰：「沸，水聲也，音拂。」
〔一八〕師古曰：「洶涌，跳起也。彭湃，相戾也。洶音許勇反。湃音普拜反。」
〔一九〕蘇林曰：「滭音畢。宓音密。」師古曰：「滭弗，盛貌也。宓汩，去疾也。汩音于筆反。」
〔二〇〕郭璞曰：「泌瀄音筆櫛。」師古曰：「偪側，相逼也。泌瀄相楔也。偪字與逼同。楔音先結反。」
〔二一〕孟康曰：「轉騰，相過也。潎洌，相撇也。」師古曰：「潎音匹列反。洌音列。撇又音普結反。」
〔二二〕郭璞曰：「滂音旁。濞音匹祕反。溉音胡慨反。皆水流聲貌。」師古曰：「沆音胡朗反。」
〔二三〕師古曰：「橈，曲也。言水急旋回，如雲之屈曲也。橈音女教反。」
〔二四〕郭璞曰：「憤薄相繆也。」師古曰：「宛音婉。潬音善。盭，古戾字。」
〔二五〕郭璞曰：「踰，躍也。浥，窊陷也。涖涖，聲也。」師古曰：「浥音於俠反。涖音利。瀨，疾流也。」
〔二六〕師古曰：「批，反擊也。擁，曲隈也。言水觸批巖崖而衝隈曲，則奔揚而滯沛然也。批音步結反。滯音丑制反。沛音普蓋反。」
〔二七〕師古曰：「坻謂水中隆高處也。秦風終南之詩曰『宛在水中坻』。坻音遲，瀺音士咸反。灂音才弱反，又音仕角反。」

霣卽隕字。隊音直類反。」

〔二八〕師古曰：「砰音普冰反。磅音普萌反。訇音呼宏反。礚音口蓋反。皆水流鼓怒之聲也。」

〔二九〕郭璞曰：「皆水微轉細涌貌也。淈音骨。湁音勑立反。」師古曰：「潏音決。潗音子入反。言水之流如鑊鼎沸也。」

〔三〇〕晉灼曰：「潝音華給反。」郭璞曰：「潝音許立反。」師古曰：「言水波急馳而白沫跳起，（汨）〔汩〕潝然也。汩音于筆反。潝，晉、郭二音皆通。漂音匹姚反。」

〔三一〕郭璞曰：「懷亦歸，變文耳。漻音聊。」師古曰：「言長流安靜。」

〔三二〕郭璞曰：「皆水無涯際貌。」師古曰：「灝音浩。溔音弋少反。潢音胡廣反。漾音弋丈反。肆，放也。言水放流而長歸也。」

〔三三〕郭璞曰：「言運轉也。」

〔三四〕郭璞曰：「水白光貌也。」師古曰：「翯音胡角反。滈音鎬。」

〔三五〕郭璞曰：「大湖在吳縣，尚書所謂震澤也。」

〔三六〕郭璞曰：「言溢溢而出也。陂池，江旁小水。」

〔三七〕文穎曰：「龍子爲螭。」張揖曰：「赤螭，雌龍也。」如淳曰：「螭，山神也，獸形。」師古曰：「許慎云『离，山神也』，字則單作，螭形若龍，字乃從虫。此作螭，別是一物，既非山神，又非雌龍、龍子，三家之說皆失之。虫音許尾反。」

〔三八〕李奇曰：「周洛曰鮪，蜀曰䱍䲛，出鞏山穴中，三月遡河上，能度龍門之限，則得爲龍矣。漸離，未聞。」師古曰：「䱍音工鄧反。䲛音莫鄧反。」

〔三九〕如淳曰：「鰅音顒。鰬音乾。魠音託。」郭璞曰：「鰫音常容反。鰅魚有文采。鰫似鰱而黑。鰬似鱓。魠，鱤也，一名黃頰。」師古曰：「鰅，如音是也。鰫、鰬、魠，郭說是也。鱓音善。鱤音感也。」

〔四〇〕如淳曰：「魼音去魚反。」晉灼曰：「鰨音奴搨反。」郭璞曰：「禺禺魚皮有毛，黃地黑文。魼，比目魚也，狀似牛脾，細鱗紫色，兩相合乃得行。鰨，鯢魚也，似鮎，有四足，聲如嬰兒。」師古曰：「禺音隅，又音顒。鯢音五奚反。鮎音乃兼反。」

〔四一〕師古曰：「揵，舉也。鰭，魚背上鬣也。掉，搖也。揵音鉅言反。掉音徒釣反。」

〔四二〕郭璞曰：「隱岸底也。」

〔四三〕師古曰：「讙，譁也。夥，多也。讙音許元反。夥音下果反。」

〔四四〕應劭曰：「明月珠子生於江中，其光耀乃照於江邊也。」師古曰：「皪音歷。的皪，光貌也。江靡，江邊靡迤之處也。迤音弋爾反。」

〔四五〕張揖曰：「蜀石，石次玉者也。」郭璞曰：「碝石黃色。水玉，水精也。」師古曰：「碝音如兗反。磊音洛賄反。砢音洛可反，又音可。」

〔四六〕郭璞曰：「皆玉石符采映曜也。」師古曰：「磷音汯。澔音浩。」

〔四七〕張揖曰：「鳿，大鳥也。」郭璞曰：「鷫，鷫鷞也。鴇似雁而無後指。屬玉似鴨而大，長頸赤目，紫紺色。鷫音肅。鴇音保。」師古曰：「鳿，古鴻字。鴇卽今俗呼爲獨豹者也。豹者，鴇聲之譌耳。駕音加。屬音之欲反。鷞音霜。」

〔四八〕郭璞曰：「交精似鳧而脚高，有毛冠，辟火災。旋目，未聞也。」師古曰：「今荆郢間有水鳥，大於鷺而短尾，其色紅白，深目，目旁毛皆長而旋，此其旋目乎？」

〔四九〕郭璞曰：「煩鶩，鴨屬也。庸渠似鳧，灰色而雞脚，一名章渠。鶩音木。」師古曰：「庸渠，卽今之水雞也。」

〔五〇〕張揖曰：「箴疵似魚虎而蒼黑色。鵁，鴢頭鳥也。盧，白雉也。」郭璞曰：「盧，盧鷀也。箴音針。」師古曰：「盧，郭說是也。白雉不浮水上。疵音貲。鵁音火交反。鴢音烏了反。鷀音慈也。」

〔五一〕郭璞曰：「皆鳥任風波自縱漂貌。」師古曰：「汎音馮。氾音敷劍反。澹音大覽反。淡音琰。」

〔五二〕張揖曰：「奄，覆也。草叢生曰薄。」郭璞曰：「薄猶集也。」師古曰：「薄，郭說是也。言奄集渚上而遊戲。」

〔五三〕張揖曰：「蔆，芰也。」郭璞曰：「菁，水草。藻，聚藻也。」師古曰：「唼喋，銜食也。唼音所甲反。喋音丈甲反。咀音才汝反。嚼音才削反。」

「於是乎崇山矗矗，巃嵸崔巍，〔一〕深林巨木，嶄巖參差。〔二〕九嵕巀嶭，南山峩峩，〔三〕巖陁甗錡，嶊崣崛崎，〔四〕振溪通谷，蹇產溝瀆，〔五〕谽呀豁閜，阜陵別隖，〔六〕崴磈嵔廆，丘虛堀礨，〔七〕隱轔鬱壘，登降施靡，〔八〕陂池貏豸，〔九〕允溶淫鬻，〔一〇〕散渙夷陸，〔一一〕亭皋千里，靡不被築。〔一二〕揜以綠蕙，〔一三〕被以江離，糅以蘼蕪，雜以留夷。〔一四〕布結縷，〔一五〕攢戾莎，〔一六〕揭車衡蘭，〔一七〕槀本射干，〔一八〕茈薑蘘荷，〔一九〕葴持若蓀，〔二〇〕鮮支黃礫，〔二一〕蔣芧青薠，〔二二〕布濩閎澤，延曼太原，〔二三〕離靡廣衍，〔二四〕應風披靡，吐芳揚烈，〔二五〕郁郁菲菲，衆香發越，〔二六〕肸蠁布寫，晻薆咇茀。〔二七〕

〔一〕郭璞曰：「皆高峻貌也。巃音籠。嵸音才總反。崔音摧。巍音五回反。」師古曰：「嵸音總。」

〔二〕師古曰：「嶄巖，尖銳貌。參差，不齊也。嶄音士銜反。參音楚林反。差音楚宜反。」

〔三〕師古曰：「九嵕山今在醴泉縣界。巀嶭山卽今所謂嵳峩山也，在三原縣西也。南山，終南山也。峩峩，高貌。嵕音子公反，又音總。巀音截。嶭音齧。巀嶭又音在割、五割反。峩音娥。」

〔四〕張揖曰：「嶊崣，高貌。崛崎，斗絕也。」蘇林曰：「嶊音積水反。崣音卒鄙反。」郭璞曰：「陁，岸際也，音豸。甗錡，隆屈窊折貌。甗音魚晚反。錡音蟻。崛音掘。崎音倚。嶊音作罪反。崣字作委。」師古曰：「蘇、郭兩說並通。郭音作罪反，又音將水反。」

〔五〕張揖曰：「振，拔也。水注川曰溪，注溪曰谷。蹇產，屈折也。」郭璞曰：「自溪及瀆，皆水相通注也。」

〔六〕郭璞曰：「谽呀豁閜，澗谷之形容也。隖，水中山也。谽音呼含反。呀音呼加反。閜音呼下反。隖音擣。」師古曰：「大阜曰陵，言阜陵居在水中，各別爲隖也。豁音呼活反。」

〔七〕郭璞曰：「皆其形勢也。崴音於鬼反。磈音魚鬼反。嵔音惡罪反。廆音瓌。虛音墟。堀音窟。礨音磊。」師古曰：「磈又音於虺反。廆音胡賄反。」

〔八〕郭璞曰：「隱轔鬱壘，堆壟不平貌。轔音洛盡反。」師古曰：「壘音律。施音弋爾反。施靡，猶連延也。」

〔九〕郭璞曰：「陂池，旁頹貌也。陂音皮。貏音衣被之被。」師古曰：「陂又音彼奇反。貏又音彼。」

〔一〇〕張揖曰：「水流溪谷之間也。」師古曰：「溶音容。鬻音育。」

〔一一〕師古曰：「散渙，分散而渙然也。易曰『風行水上，渙』。夷，平也。廣平曰陸。」

〔一二〕師古曰：「爲亭候於皋隰之中，千里相接，皆築令平也。被音皮義反。」

〔一三〕張揖曰：「揜，覆也。綠，王芻也。蕙，薰草也。」師古曰：「綠蕙，言蕙草色綠耳，非王芻也。」

〔一四〕張揖曰：「留夷，新夷也。」師古曰：「留夷，香草也，非新夷。新夷乃樹耳。」

〔二五〕師古曰：「結縷蔓生，著地之處皆生細根，如綫相結，故名結縷，今俗呼鼓箏草。兩幼童對銜之，手鼓中央，則聲如箏也，因以名云。」

〔二六〕師古曰：「攢，聚也。戾莎，言莎草相交戾也。攢音材官反。」

〔二七〕應劭曰：「揭車一名芞輿，香草也。」師古曰：「揭音丘列反。芞音乞。」

〔二八〕師古曰：「槀本，草類白芷，根似芎藭。射干，即烏扇耳。射音弋舍反。」

〔二九〕如淳曰：「茈薑，薑上齊也。」師古曰：「薑之息生者，連其株本，則紫色也。蘘荷，蓴苴也，根旁生筍，可以爲葅，又治蠱毒。茈音紫。蘘音人羊反。」

〔三〇〕如淳曰：「葴音鍼。」張揖曰：「葴持闕。若，杜若也。蓀，香草也。」師古曰：「葴，寒漿也。持當爲符，字之誤耳。符，鬼目也。杜若苗頗類薑，而爲欆葉之狀。今流俗書本持字或作橙，非也。後人妄改耳。其下乃言黃甘橙楱，此無橙也。葴音之林反。蓀音孫。」

〔三一〕師古曰：「鮮支，即今支子樹也。黃礫，今用染者黃屑之木也。二者雖非草類，既云延曼太原，或者賦雜言之耳。」

〔三二〕張揖曰：「蔣，菰也。芧，三稜也。」郭璞曰：「芧音杼。」師古曰：「蔣音將。芧音丈與反。」

〔三三〕郭璞曰：「布濩猶布露也。」師古曰：「閎亦大也。濩音護。延音弋戰反。」

〔三四〕師古曰：「離靡，謂相連不絕也。衍，布也。離音力爾反。」

〔三五〕師古曰：「烈，酷烈之氣也。披音丕蟻反。」

〔三六〕郭璞曰：「香氣射散也。菲音妃。」

〔三七〕師古曰：「肸蠁，盛作也。寫，吐也。晻薆咇茀，皆芳香意也。肸音許乙反。蠁音響。晻音奄，又音烏感反。薆音

愛。咇音步必反。茀音勃。薆字或作隱也。」

「於是乎周覽氾觀，〔一〕縝紛軋芴，〔二〕芒芒恍忽，〔三〕視之無端，察之無涯。〔四〕日出東沼，入虖西陂。〔五〕其南則隆冬生長，涌水躍波；〔六〕其獸則庸旄貘犛，沈牛麈麋，〔七〕赤首圜題，窮奇象犀。〔八〕其北則盛夏含凍裂地，涉冰揭河；〔九〕其獸則麒麟角端，騊駼橐駝，〔一〇〕蛩蛩驒騱，駃騠驢騾。〔一一〕

〔一〕師古曰：「氾，普也，音敷劍反。」

〔二〕孟康曰：「縝紛，衆盛也。軋芴，緻密也。」師古曰：「縝音丑人反。軋音於黠反。芴音勿。」

〔三〕郭璞曰：「言眼亂也。」師古曰：「芒音莫郎反。」

〔四〕師古曰：「涯，畔也，音儀。」

〔五〕張揖曰：「朝出苑之東池，莫入於苑西陂中也。」

〔六〕師古曰：「言其土地氣溫，經冬草木不死，水不凍。」

〔七〕張揖曰：「旄，旄牛，其狀如牛而四節毛。犛牛黑色，出西南徼外。沈牛，水牛也，能沈沒水中。麈似鹿而大。」郭璞曰：「庸牛，領有肉堆。貘似熊，庳脚銳鬐，骨無髓，食銅鐵。貘音貊。犛音貍。」師古曰：「庸牛即今之犎牛也。旄牛即今所謂偏牛者也。犛牛即今之貓牛者也。犛字又音茅。麈音主。」

〔八〕張揖曰：「題，頟也。窮奇狀如牛而蝟毛，其音如嘷狗，食人。」師古曰：「象，大獸也，長鼻，牙長一丈。犀頭似豬，一角在鼻，一角在頟前。」

〔九〕師古曰：「言其土地氣寒，當暑凝凍，地爲之裂，故涉冰而渡河也。揭，褰衣也。詩邶風匏有苦葉之篇曰『深則厲，淺則揭』，揭音丘例反。」

〔一〇〕張揖曰：「雄曰麒，雌曰麟，其狀麇身牛尾，狼題一角，角端似牛，其角可以爲弓。」郭璞曰：「麒似麟而無角，角端似豬，角在鼻上，中作弓。」師古曰：「麒麟角端，郭說是也。橐駝者，言其可負橐囊而駝物，故以名云。」

〔一一〕郭璞曰：「驒騱，駏驉類也。駃騠生三日而超其母。驒音顛。騱音奚。駃音決。騠音提。」

「於是乎離宮別館，彌山跨谷，〔一〕高廊四注，重坐曲閣，〔二〕華榱璧璫，輦道纚屬，〔三〕步櫩周流，長途中宿。〔四〕夷嵕築堂，絫臺增成，〔五〕巖突洞房。〔六〕頫杳眇而無見，仰𠔏橑而捫天，〔七〕奔星更於閨闥，宛虹拖於楯軒。〔八〕青龍蚴蟉於東箱，象輿婉僤於西清，〔九〕靈圄燕於閒館，〔一〇〕偓佺之倫暴於南榮，〔一一〕醴泉涌於清室，通川過於中庭。〔一二〕盤石裖崖，〔一三〕嶔巖倚傾，〔一四〕嵯峨㠑嶫，刻削崢嶸，〔一五〕玫瑰碧琳，珊瑚叢生，〔一六〕瑉玉旁唐，玢豳文鱗，〔一七〕赤瑕駁犖，雜臿其間，〔一八〕鼂采琬琰，和氏出焉。〔一九〕

〔一〕師古曰：「彌，滿也。跨，猶騎也。」

〔二〕師古曰：「廊，堂下四周屋也。重坐，謂增室也。曲閣，閣之屈曲相連者也。」

〔三〕師古曰：「榱，椽也。華謂彫畫之也。璧璫，以玉爲椽頭，當即所謂璇題玉題者也。一曰以玉飾瓦之當也。輦道，謂閣道可以乘輦而行者也。纚屬，纚迤相連屬也。纚音力爾反。屬音之欲反。」

〔四〕師古曰：「步櫩，言其下可行步，即今之步廊也。謂其途長遠，雖經日行之，尚不能達，故中道而宿也。」

〔五〕師古曰：「夷，平也。山之高聚者曰嵕。絫，古累字。言平山而築堂於其上爲累臺也。增，重也，一重爲一成也。嵕音子公反。」

〔六〕師古曰：「於巖穴底爲室，若竈突然，潛通臺上。」

〔七〕師古曰：「頫，古俯字也。杳眇，視遠貌。𠔏，古攀字也。橑，椽也。捫，摸也。言臺榭之高，有升上之者，俯視則不見地，仰攀其椽可以摸天也。橑音老。捫音門。」

〔八〕師古曰：「奔星，流星也。更，歷也。閨闥，宮中小門也。宛虹，曲屈之虹也。拖謂申加於上也。楯軒，軒之闌板也。並言室宇之高，故星虹得經加之也。更音工衡反。虹音紅。拖音吐賀反，又（言）〔音〕徒可反。」

〔九〕師古曰：「象輿，瑞應車也。西清者，西箱清靜之處也。蚴蟉、婉僤，皆行動之貌。蚴音一糾反。蟉音力糾反。僤音善。」

〔一〇〕張揖曰：「靈圄，衆仙號也。」師古曰：「閒讀曰閑。」

〔一一〕郭璞曰：「偓佺，仙人也，食松子而眼方。暴謂偃臥日中也。榮，屋南檐也。偓音握。佺音銓。」

〔一二〕師古曰：「醴泉，瑞水，味甘如醴，言於室中涌出，而通流爲川，從中庭而過也。」

〔一三〕孟康曰：「裖，⿰石尔致也。崖，廉也。以石致川之廉也。」師古曰：「裖⿰石尔並音之忍反。致音直二反。謂重密而累積。」

〔一四〕郭璞曰：「嶔巖，欹貌。」師古曰：「嶔音口銜反。倚音於綺反。」

〔一五〕蘇林曰：「削音陗峻之陗。崢音傖爭反。嶸音戶抨反。」郭璞曰：「言自然若彫刻也。㠑音昨盍反。嶫音五盍反。」師古曰：「直言刻削耳，非云峭峻。郭說是也。㠑音捷。嶫音業。」

〔一六〕郭璞曰：「珊瑚生水底石邊，大者（可）〔樹〕高三尺餘，枝格交錯，無有葉。」

〔三七〕蘇林曰：「玢音分。」郭璞曰：「旁唐言盤礴。玢豳，文理貌。」師古曰：「旁唐，文石也。唐字本作碭，言珉玉及石並玢豳也。玢音彼旻反。豳又音彼閑反。」
〔三八〕張揖曰：「赤瑕，赤玉也。」郭璞曰：「言雜厠崖石中。駁犖，采點也。犖音洛角反。」
〔三九〕晉灼曰：「鼂采闕。」師古曰：「鼂，古朝字也。朝采者，美玉每旦有白虹之氣，光采上出，故名朝采，猶言夜光之璧矣。琬琰，美玉名。和氏之璧，卞和所得，亦美玉也。言今皆出於上林。」

「於是乎盧橘夏孰，〔一〕黃甘橙楱，〔二〕枇杷橪柿，亭柰厚朴，〔三〕梬棗楊梅，〔四〕櫻桃蒲陶，〔五〕隱夫薁棣，〔六〕荅遝離支，〔七〕羅乎後宮，列乎北園，貤丘陵，下平原，〔八〕揚翠葉，扤紫莖，〔九〕發紅華，垂朱榮，煌煌扈扈，照曜鉅野。〔一〇〕沙棠櫟櫧，〔一一〕華楓枰櫨，〔一二〕留落胥邪，仁頻并閭，〔一三〕欃檀木蘭，〔一四〕豫章女貞，〔一五〕長千仞，大連抱，〔一六〕夸條直暢，實葉葰楙，〔一七〕攢立叢倚，連卷欐佹，〔一八〕崔錯癹骫，〔一九〕坑衡閜砢，〔二〇〕垂條扶疏，落英幡纚，〔二一〕紛溶萷蔘，猗柅從風，〔二二〕藰莅芔歙，〔二三〕蓋象金石之聲，管籥之音。〔二四〕柴池茈虒，旋還乎後宮，〔二五〕雜襲絫輯，〔二六〕被山緣谷，循阪下隰，〔二七〕視之無端，究之亡窮。

〔一〕應劭曰：「伊尹書曰『箕山之東，青馬之所，有盧橘夏孰』。」晉灼曰：「此雖賦上林，博引異方珍奇，不係於一也。」師古曰：「盧，黑色也。」
〔二〕郭璞曰：「黃甘，橘屬而味精。楱亦橘之類也，音湊。」張揖曰：「楱，小橘也，出武陵。」師古曰：「橙即柚也，音丈耕反。」

〔三〕張揖曰：「枇杷似斛樹，長葉，子若杏。橪，橪支，香草也。亭，山梨也。厚朴，藥名也。」郭璞曰：「橪支木也。」師古曰：「此二句總論樹木，不得雜以香草也。橪，郭說得之。朴，木皮也。此藥以皮為用，而皮厚，故呼厚朴云。橪音煙。朴音匹角反。」
〔四〕張揖曰：「楊梅，其實似穀子而有核，其味酢，出江南也。」
〔五〕師古曰：「櫻桃，即今之朱櫻也。禮記謂含桃，爾雅謂之荊桃。櫻音於耕反。」
〔六〕師古曰：「隱夫未詳。薁即今之郁李也。棣，今之山櫻桃。薁音於六反。棣音（徙）〔徒〕計反。」
〔七〕張揖曰：「荅遝似李，出蜀。」晉灼曰：「離支大如雞子，皮麤，剝去皮，肌如雞子中黃，味甘多酢少。」師古曰：「遝音沓。離音力智反。」
〔八〕師古曰：「貤猶延也，一曰次第而重也。貤音弋豉反。」
〔九〕師古曰：「扤，搖也，音兀。」
〔一〇〕師古曰：「言其光采之盛也。鉅野，大野。煌音皇。」
〔一一〕張揖曰：「沙棠，狀如棠，黃華赤實，其味似李，無核。呂氏春秋曰『果之美者，沙棠之實』。櫟，果名也。櫧似柃，葉冬不落。」應劭曰：「櫟，采木也。」郭璞曰：「櫧似采柔。」師古曰：「櫟非果名，又非采木之櫟，蓋木蓼也，葉辛，初生可食。櫟音歷。櫧音諸。柃音零。采音菜。柔音食諸反。」
〔一二〕師古曰：「華即今之皮貼弓者也。楓樹脂可為香，今之楓膠香也。爾雅云一名欇欇。枰即平仲木也。櫨，今黃櫨木也。華音胡化反。楓音風。枰音平。櫨音盧。」

〔一三〕張揖曰：「幷閭，椶也。」郭璞曰：「落，櫻也，中作器索。胥邪似并閭，皮可作索。」師古曰：「仁頻即賓根也。頻字或作賓。胥音先余反。邪音弋奢反。椶音鬷。」
〔一四〕孟康曰：「欃檀，檀別名。」郭璞曰：「欃音讒。」
〔一五〕師古曰：「女貞樹冬夏常青，未嘗凋落，若有節操，故以名焉。」
〔一六〕師古曰：「八尺曰仞。連抱者，言非一人所抱。」
〔一七〕郭璞曰：「夸，張布也。」張揖曰：「葰，甬也。」師古曰：「暢，通也，通謂上下相稱也。葰音峻。楙，古茂字也。甬音踊。」
〔一八〕師古曰：「攢立，聚立也。叢倚，相倚也。連卷，屈曲也。欐佹，支柱也。倚音於綺反。卷音丘專反，又音巨專反。欐音力爾反。佹音詭。」
〔一九〕師古曰：「崔錯，交雜也。癹委，蟠戾也。崔音千賄反。癹音步葛反。骫，古委字。」
〔二〇〕師古曰：「坑衡，徑直貌也。閜砢，相扶持也。坑音口庚反。閜音烏可反。砢音來可反。坑字或作抗，言樹之支幹相抗爭衡也。其義兩通。」
〔二一〕師古曰：「扶疏，四布也。英謂華也。幡纚，飛揚貌也。纚音山爾反。」
〔二二〕郭璞曰：「紛溶萷蔘，支竦擢也。猗柅猶阿郁也。萷音簫。蔘音森。猗音於氏反。柅音諾氏反。」師古曰：「溶音容。萷亦音山交反。」
〔二三〕師古曰：「林木鼓動之聲也。藰音劉。莅音利。芔，古卉字也，音諱。歙音翕。」
〔二四〕師古曰：「金石，謂鐘磬也。管長一尺，圍一寸，六孔無底，籥三孔，並以竹為之。」

〔二五〕如淳曰：「茈音此。虒音豸。」張揖曰：「柴池，參差也。茈虒，不齊也。」郭璞曰：「柴音差。還，還繞也，音宦。」
〔二六〕師古曰：「雜襲，相因也。絫輯，重積也。絫，古累字。輯與集同。」
〔二七〕師古曰：「循，順也。下溼曰隰。」

「於是乎玄猨素雌，蜼玃飛蠝，〔一〕蛭蜩玃猱，〔二〕獑胡豰蛫，〔三〕棲息乎其間。長嘯哀鳴，翩幡互經，〔四〕夭蟜枝格，偃蹇杪顛，〔五〕隃絕梁，騰殊榛，〔六〕捷垂條，掉希間，〔七〕牢落陸離，爛漫遠遷。〔八〕

〔一〕張揖曰：「蜼似母猴，卬鼻而長尾。玃似獼猴而大。飛蠝，飛鼠也，其狀如兔而鼠首，以其頿飛。」郭璞曰：「蠝，鼯鼠也，毛紫赤色，飛且生，一名飛生。蜼音聕遺之遺。蠝音誄。」師古曰：「玄猨素雌，言猨之雄者玄黑而雌者白素也。爾雅曰『玃父善顧』也。玃音钁。顧音苦。」
〔二〕如淳曰：「蛭音質。」張揖曰：「蛭，蟣也。蜩，蟬也。玃猱，獼猴也。」師古曰：「方言獸屬，而引蛭蟣水蟲，又及蜩蟬，乖於事類，如說非也，但未詳是何獸耳。猱音乃高反，又音柔，即今所謂戎皮為鞌褥者也。戎音柔，聲之轉耳，非獼猴也。」
〔三〕張揖曰：「獑胡似獼猴，頭上有髦，要以後黑。豰，白狐子也。」郭璞曰：「豰似貙而大，要以後黃，一名黃要，食獼猴。蛫未聞也。獑音讒。豰音呼穀反。蛫音詭。」師古曰：「豰，郭說是也。」
〔四〕郭璞曰：「互經，互相經過也。」
〔五〕郭璞曰：「皆猨猴在樹共戲姿態也。夭蟜，頻申也。」師古曰：「杪顛，枝上端也。蟜音矯。杪音眇。」

〔六〕師古曰：「絕梁，謂正絕水無橋梁也。殊榛，特立株枿也。言超度無梁之水，而跳上株枿之上也。隃字與踰同。榛音仕人反。枿音五曷反。」

〔七〕張揖曰：「捷持縣垂之條，掉往著稀疏無支之間也。」師古曰：「掉音徒釣反。」

〔八〕師古曰：「言其聚散不恆，雜亂移徙也。」

「若此者數百千處，娛游往來，宮宿館舍，〔一〕庖廚不徙，後宮不移，百官備具。〔二〕

〔一〕師古曰：「娛，戲也。戲音許其反。」

〔二〕師古曰：「言所在之處供具皆足也。」

「於是乎背秋涉冬，天子校獵。〔一〕乘鏤象，六玉虯，〔二〕拖蜺旌，〔三〕靡雲旗，〔四〕前皮軒，後道游；〔五〕孫叔奉轡，衞公參乘，〔六〕扈從橫行，出乎四校之中。〔七〕鼓嚴簿，縱獵者，〔八〕江河爲阹，泰山爲櫓，〔九〕車騎靁起，殷天動地，〔一〇〕先後陸離，離散別追，〔一一〕淫淫裔裔，緣陵流澤，雲布雨施。〔一二〕生貔豹，搏豺狼，〔一三〕手熊羆，足壄羊。〔一四〕蒙鶡蘇，〔一五〕絝白虎，〔一六〕被班文，〔一七〕跨壄馬，〔一八〕陵三嵕之危，〔一九〕下磧歷之坻，〔二〇〕徑峻赴險，越壑厲水。〔二一〕推蜚廉，弄解廌，〔二二〕格蝦蛤，鋋猛氏，〔二三〕羂要褭，射封豕。〔二四〕箭不苟害，解脰陷腦；弓不虛發，應聲而倒。〔二五〕

〔一〕李奇曰：「以五校兵出獵也。」師古曰：「李說非也。校獵者，以木相貫穿，總爲闌校，遮止禽獸而獵取之。說者或以爲周官校人掌田獵之馬，因云校獵，亦失其義。養馬稱校人者，謂以爲闌校以養馬耳，故呼爲閑也。事具周禮，

非以獵馬故稱校人。」

〔二〕張揖曰：「鏤象，象路也，以象牙疏鏤其車輅。六玉虯，謂駕六馬，以玉飾其鑣勒，有似玉虯。龍子有角曰虯。」

〔三〕張揖曰：「析羽毛，染以五采，綴以縷爲旌，有似虹蜺之氣也。」師古曰：「拖音土賀反，又音徒可反。」

〔四〕張揖曰：「畫熊虎於旒爲旗，似雲氣。」

〔五〕文穎曰：「皮軒，以虎皮飾車。天子出，道車五乘，游車九乘，在乘輿車前，賦頌爲偶辭耳。」師古曰：「文說非也。言皮軒最居前，而道游次皮軒之後耳，非謂在乘輿之後也。皮軒之上以赤皮爲重蓋，今此制尙存，又非猛獸之皮用飾車也。道讀曰導。」

〔六〕鄭氏曰：「孫叔者，太僕公孫賀也，字子叔。衞公者，大將軍衞青也。大駕，太僕御，大將軍參乘。」師古曰：「參乘，在車之右也。解具在文紀也。」

〔七〕文穎曰：「凡五校，今言四者，一校中隨天子乘輿也。」師古曰：「此說又非也。四校者，闌校之四面也。言其跋扈縱恣而行，出於校之四外也。」

〔八〕孟康曰：「鼓嚴，嚴鼓也。簿，鹵簿也。」師古曰：「縱，放也。簿音步戶反。」

〔九〕蘇林曰：「阹，獵者圍陳遮禽獸也。」張揖曰：「櫓，大盾，以爲翳也。」郭璞曰：「櫓，望樓也。因山谷遮禽獸爲阹。」師古曰：「因江河以遮禽，登泰山而望獲，言田獵之廣遠耳。郭說是也。阹音（怯）〔袪〕。」

〔一〇〕郭璞曰：「殷猶震也。」師古曰：「靁，古雷字也。殷音隱。」

〔一一〕師古曰：「陸離，分散也。言各有所追逐也。追合韻音竹遂反。」

〔一二〕郭璞曰：「言徧山野也。」

〔一三〕郭璞曰：「貔，執夷，虎屬也，音毗。」師古曰：「貔豹二物，皆猛獸也。生謂生取之也。搏，擊也。」

〔一四〕張揖曰：「熊，犬身人足，黑色。羆如熊，黃白色。壄羊，𪊨羊也，似羊而青。」師古曰：「壄羊，今之所謂山羊也，非𪊨羊矣。手，言手擊殺之。足謂蹵蹈而獲之。」

〔一五〕孟康曰：「鶡，鶡尾也。蘇，析羽也。」張揖曰：「鶡似雉，鬬死不卻。」郭璞曰：「蒙其尾爲帽也。鶡音曷。」

〔一六〕張揖曰：「著白虎文絝也。」師古曰：「絝，古袴字。」

〔一七〕師古曰：「被謂衣著之也。班文，亦貙豹之皮也。被音皮義反。」

〔一八〕師古曰：「跨，騎之也。」

〔一九〕師古曰：「陵，上也。三嵕，三㚇之山也。」

〔二〇〕師古曰：「磧歷，沙石之貌也。坻，水中高處也。磧音千狄反。坻音遲。」

〔二一〕師古曰：「厲，以衣度也。」

〔二二〕郭璞曰：「飛廉，龍雀也，鳥身鹿頭。」張揖曰：「解廌似鹿而一角，人君刑罰得中則生於朝廷，主觸不直者，可得而弄也。」師古曰：「推亦謂弄之也，其字從手。今流俗讀作椎擊之椎，失其義矣。解音蟹。廌音丈介反。」

〔二三〕孟康曰：「蝦蛤、猛氏，皆獸名也。」郭璞曰：「今蜀中有獸，狀似熊而小，毛淺有光澤，名猛氏。」師古曰：「鋋，鐵把短矛也。蝦音遐。蛤音閤。鋋音蟬。」

〔二四〕張揖曰：「要褭，馬金（啄）〔喙〕赤色，一日行萬里者。」郭璞曰：「封豕，大豬也。要褭音騕褭。」師古曰：「羂謂羅絭之也，音工犬反。」

〔二五〕張揖曰：「脰，項也。」師古曰：「言射必命中，非詭遇也。脰音豆。」

「於是乘輿弭節徘徊，翱翔往來，〔一〕睨部曲之進退，覽將帥之變態。〔二〕然後侵淫促節，〔三〕儵敻遠去，〔四〕流離輕禽，蹵履狡獸，〔五〕轊白鹿，捷狡菟。〔六〕軼赤電，遺光耀，〔七〕追怪物，出宇宙，〔八〕彎蕃弱，滿白羽，〔九〕射游梟，櫟蜚遽。〔一〇〕擇肉而后發，先中而命處，〔一一〕弦矢分，藝殪仆。〔一二〕

〔一〕郭璞曰：「言周旋也。」

〔二〕師古曰：「睨，衺視也。部曲，解在李廣傳。睨音五計反。」

〔三〕郭璞曰：「言短驅也。」

〔四〕師古曰：「儵然敻然，疾遠貌。」

〔五〕師古曰：「流離，困苦之也。」

〔六〕郭璞曰：「狡菟健跳，故捷取之也。」

〔七〕張揖曰：「軼，過也。」郭璞曰：「皆妖氣爲變怪者，遊光之屬。」

〔八〕張揖曰：「怪物，奇禽也。天地四方曰宇，古往今來曰宙。」師古曰：「張說宙，非也。許氏說文解字云『宙，舟輿所極覆也』。」

〔九〕文穎曰：「彎，牽也。蕃弱，夏后氏之良（工）〔弓〕名。引弓盡箭鏑爲滿。以白羽羽箭，故言白羽也。」師古曰：「彎音烏還反。蕃音扶元反。」

〔一〇〕張揖曰：「梟，惡鳥，故射之也。櫟，梢也。飛遽，天上神獸也，鹿頭而龍身。」郭璞曰：「梟，梟羊也，似人長脣，被

㚔食人。」師古曰：「臬，郭說近是矣，非謂惡鳥之梟也。櫟音洛。遽音鉅。」

〔二〕郭璞曰：「言必如所志者也。」

〔三〕文穎曰：「所射準的爲蓺，一發(矢)〔死〕爲殪。」郭璞曰：「仆，斃也。殪音翳。仆音赴。」師古曰：「言弦矢適分，則殪死而赴，如射蓺也。蓺謂射的，即今之垛上槷也。蓺讀與藝同，字亦作臬，音魚列反。」

「然後揚節而上浮，〔一〕陵驚風，歷駭猋，〔二〕乘虛亡，與神俱，〔三〕藺玄鶴，亂昆雞，〔四〕遒孔鸞，促鵕鸃，〔五〕拂翳鳥，〔六〕捎鳳凰，〔七〕捷鴛鶵，揜焦明。〔八〕

〔一〕郭璞曰：「言騰遊也。」

〔二〕師古曰：「猋謂疾風從下而上也，音必遙反。」

〔三〕張揖曰：「虛無寥廓，與元通靈，言其所乘氣之高，故能出飛鳥之上而與神俱也。」

〔四〕張揖曰：「昆雞似鶴，黃白色。」郭璞曰：「亂者，言亂其行伍也。」

〔五〕郭璞曰：「遒、促，皆迫捕之也。」師古曰：「遒音材由反。」

〔六〕張揖曰：「山海經曰九疑之山有五采之鳥，名曰翳鳥也。」

〔七〕師古曰：「捎音山交反。」

〔八〕張揖曰：「焦明似鳳，西方之鳥也。」

「道盡塗殫，迴車而還，消搖乎襄羊，降集乎北紘，〔一〕率乎直指，〔二〕揜乎反鄉，〔三〕蹷石闕，歷封巒，過鳷鵲，望露寒，〔四〕下棠棃，息宜春，〔五〕西馳宣曲，〔六〕濯鷁牛首，〔七〕

登龍臺，〔八〕掩細柳，〔九〕觀士大夫之勤略，〔一〇〕鈞獵者之所得獲。〔一一〕徒車之所閵轢，〔一二〕騎之所蹂若，人之所蹈藉，〔一三〕與其窮極倦𠜱，驚憚讋伏，〔一四〕不被創刃而死者，它它藉藉，〔一五〕填阬滿谷，掩平彌澤。〔一六〕

〔一〕張揖曰：「淮南子云九州之外曰八澤，八澤之外乃有八紘，北方之紘曰委羽。」郭璞曰：「襄羊猶彷徉也。」師古曰：「紘音宏。」

〔二〕師古曰：「率然直去意。」

〔三〕師古曰：「揜然疾歸貌。」

〔四〕張揖曰：「此四觀武帝建元中作，在雲陽甘泉宮外。」師古曰：「蹷，蹋；歷，經也。蹷音鉅月反。巒音鸞。鳷音支。」

〔五〕張揖曰：「棠棃，宮名，在雲陽東南三十里。」師古曰：「宜春，宮名，在杜縣東，即今曲江池是其處也。」

〔六〕張揖曰：「宣曲，宮名也，在昆明池西。」

〔七〕張揖曰：「牛首，池名也，在上林苑西頭。」師古曰：「濯者，所以刺船也。鷁即鷁首之舟也。濯音直孝反。」

〔八〕張揖曰：「觀名也，在豐水西北，近渭。」

〔九〕郭璞曰：「觀名也，在昆明池南也。」

〔一〇〕師古曰：「略，智略也。觀士之勤，大夫之略也。」

〔一一〕郭璞曰：「平其多少也。」

〔一二〕郭璞曰：「徒，步也。閵，蹸也。轢，輾也，音來各反。」師古曰：「輾音女展反。」

〔一三〕師古曰：「蹂若，謂踐蹋也。蹂音人九反。」

〔一四〕郭璞曰：「窮極倦𠜱，疲憊也。驚憚讋伏，讋怖不動貌。」師古曰：「𠜱音劇。憚音丁曷反。讋音之涉反。」

〔一五〕郭璞曰：「言交橫也。」師古曰：「它音徒何反。」

〔一六〕師古曰：「平，平原也。彌亦滿也。」

「於是乎游戲懈怠，置酒乎顥天之臺，〔一〕張樂乎膠葛之寓，〔二〕撞千石之鐘，〔三〕立萬石之虡，〔四〕建翠華之旗，樹靈鼉之鼓，〔五〕奏陶唐氏之舞，〔六〕聽葛天氏之歌，〔七〕千人倡，萬人和，〔八〕山陵爲之震動，川谷爲之蕩波。〔九〕巴俞宋蔡，淮南干遮，〔一〇〕文成顚歌，〔一一〕族居遞奏，金鼓迭起，〔一二〕鏗鎗闛鞈，洞心駭耳。〔一三〕荆吳鄭衞之聲，〔一四〕韶濩武象之樂，〔一五〕陰淫案衍之音，〔一六〕鄢郢繽紛，激楚結風，〔一七〕俳優侏儒，狄鞮之倡，〔一八〕所以娛耳目樂心意者，麗靡爛漫於前，〔一九〕靡曼美色於後。〔二〇〕

〔一〕張揖曰：「臺高上干皓天也。」師古曰：「顥音胡考反。」

〔二〕郭璞曰：「言曠遠深貌也。」

〔三〕張揖曰：「千石，十二萬斤也。」

〔四〕師古曰：「虡，獸名也。立一百二十萬斤之虡以縣鐘也。」

〔五〕師古曰：「翠華之旗，以翠羽爲旗上葆也。靈鼉之鼓，以鼉皮爲鼓。鼉音徒河反，又音徒丹反。」

〔六〕郭璞曰：「陶唐，堯有天下號也。」如淳曰：「舞咸池。」師古曰：「二家之說皆非也。陶唐當爲陰康，傳寫字誤耳。

古今人表有葛天氏、陰康氏，呂氏春秋曰：『昔陰康氏之始，陰多滯伏湛積，陽道壅塞，不行其序，民氣鬱閼，筋骨縮栗不達，故作爲舞以宣導之。』高誘亦誤解云『陶唐，堯有天下之號也』。案呂氏說陰康之後，方一一歷言黃帝、顓頊、帝嚳，乃及堯、舜作樂之本，皆有次第，豈再陳堯而錯亂其序乎？蓋誘不覩古今人表，妄改易呂氏本文。」

〔七〕張揖曰：「葛天氏，三皇時君號也。其樂三人持牛尾投足以歌八曲：一曰載民，二曰玄鳥，三曰育草木，四曰奮五穀，五曰敬天常，六曰徹帝功，七曰依地德，八曰總禽獸之極。」師古曰：「張說八曲是也。其事亦見呂氏春秋。張云三皇時君，失之矣。」

〔八〕師古曰：「倡讀曰唱。」

〔九〕郭璞曰：「波浪起也。」

〔一〇〕師古曰：「巴俞之人剛勇好舞，初高祖用之，克平三秦，美其功力，後使樂府習之，因名巴俞舞也。宋蔡，二國名。淮南，地名，干遮，曲名也。」

〔一一〕文穎曰：「文成，遼西縣名也。其縣人善歌。顚，益州顚縣，其民能作西南夷歌也。」師古曰：「顚即滇字也，其音則同耳。」

〔一二〕師古曰：「族，聚也。聚居而遞奏也。金，鐘也。鐘之與鼓，亦互起也。迭音徒結反。」

〔一三〕師古曰：「鏗鎗，金聲也。闛鞈，鼓音也。洞，徹也。駭，驚也。鏗音口耕反。鎗音切衡反。闛音託郎反。鞈音榻。」

〔一四〕郭璞曰：「皆淫哇之聲。」

〔一四〕文穎曰：「韶，舜樂也。濩，湯樂也。武，武王樂也。」張揖曰：「象，周公樂也。南人服象，爲虐於夷，成王命周公以兵追之，至於海南，乃爲三象樂也。」
〔一五〕郭璞曰：「流湎曲也。」師古曰：「衍音弋戰反。」
〔一六〕李奇曰：「鄢，今宜城縣也。郢，楚都也。繽紛，舞貌也。」郭璞曰：「激楚，歌曲也。」師古曰：「結風，亦曲名也。繽音匹人反。」
〔一七〕張揖曰：「狄鞮，西方譯名。」郭璞曰：「西戎樂名也。」師古曰：「俳優侏儒，倡樂可狎玩者也。狄鞮，郭說是也。鞮音丁奚反。」
〔一八〕郭璞曰：「言恣所觀也。」
〔一九〕張揖曰：「靡，細也。曼，澤也。」

「若夫青琴虙妃之徒，〔一〕絕殊離俗，〔二〕妖冶閑都，靚莊刻飾，便嬛綽約，〔三〕柔橈嫚嫚，嫵媚孅弱，〔四〕曳獨繭之褕袣，眇閻易以恤削，〔五〕便姍嫳屑，與世殊服，〔六〕芬芳漚鬱，酷烈淑郁，〔七〕皓齒粲爛，宜笑的皪，〔八〕長眉連娟，微睇緜藐，〔九〕色授魂予，心愉於側。〔一〇〕

〔一〕伏儼曰：「青琴，古神女也。」文穎曰：「虙妃，洛水之神女也。」師古曰：「虙讀與伏字同，字本作虙也。」
〔二〕郭璞曰：「世無雙也。」
〔三〕郭璞曰：「靚莊，粉白黛黑也。刻，刻畫鬋鬢也。便嬛，輕麗也。綽約，婉約也。嬛音翾。靚音淨。」師古曰：「妖

冶，美好也。閑都，雅麗也。綽音綽。」
〔四〕師古曰：「橈，動曲也。嫚嫚，柔屈貌也。孅，細也。細弱總謂骨體也。橈音女教反。嫚音於圓反。嫵音武。孅即纖字耳。」
〔五〕張揖曰：「褕，襜褕也。袣，袖也。」郭璞曰：「獨繭，一繭絲也。閻易，衣長貌也。恤削，言如刻畫作之也。」師古曰：「褕音踰。袣音曳。易，弋示反。」
〔六〕師古曰：「言其行步安詳，容服絕異也。便音步千反。姍音先。嫳音步結反。」
〔七〕郭璞曰：「香氣盛也。」師古曰：「漚音一候反。」
〔八〕郭璞曰：「鮮明貌也。」師古曰：「皪音礫。」
〔九〕郭璞曰：「連娟言曲細。緜藐，視遠貌。藐音邈。」師古曰：「微睇，小視也。娟音一全反。睇音大計反。」
〔一〇〕張揖曰：「彼色來授，魂往與接也。」師古曰：「愉，樂也，音踰。」

「於是酒中樂酣，〔一〕天子芒然而思，〔二〕似若有亡，〔三〕曰：『嗟乎，此大奢侈！朕以覽聽餘閒，無事棄日，〔四〕順天道以殺伐，〔五〕時休息(以)於此，〔六〕恐後世靡麗，遂往而不返，非所以爲繼嗣創業垂統也。』〔七〕於是乎乃解酒罷獵，而命有司曰：『地可墾辟，悉爲農郊，以贍氓隸，〔八〕隤牆塡塹，〔九〕使山澤之民得至焉。〔一〇〕實陂池而勿禁，虛宮館而勿仞。〔一一〕發倉廩以救貧窮，補不足，恤鰥寡，存孤獨。出德號，省刑罰，〔一二〕改制度，易服色，革正朔，與天下爲始。』

〔一〕師古曰：「酒中，飲酒中半也。樂酣，奏樂洽也。中音竹仲反。」
〔二〕師古曰：「芒然猶罔然也。芒音莫郎反。」
〔三〕師古曰：「如有失也。」
〔四〕師古曰：「言聽政餘暇，不能棄日也。閒讀曰閑。」
〔五〕郭璞曰：「因秋氣也。」
〔六〕郭璞曰：「謂苑囿中也。」
〔七〕郭璞曰：「言不可以示將來也。」師古曰：「爲音于僞反。」
〔八〕師古曰：「辟讀曰闢。闢，開也。邑外謂之郊，郊野之田故曰農郊也。衞風碩人之詩曰『稅于農郊』也。」
〔九〕師古曰：「隤，墜也，音徒回反。」
〔一〇〕師古曰：「恣其芻牧樵采者也。」
〔一一〕師古曰：「實謂人滿其中，言恣其有所取也。仞亦滿也。勿仞，言(發)〔廢〕罷之也。」
〔一二〕師古曰：「德號，德音之號令也。易夬卦曰『孚號有厲』是也。」

「於是歷吉日以齋戒，〔一〕襲朝服，乘法駕，建華旗，鳴玉鸞，〔二〕游于六藝之圃，馳騖乎仁義之塗，〔三〕覽觀春秋之林，〔四〕射貍首，兼騶虞，〔五〕弋玄鶴，舞干戚，〔六〕載雲罕，揜羣雅，〔七〕悲伐檀，〔八〕樂樂胥，〔九〕修容乎禮園，翱翔乎書圃，〔一〇〕述易道，〔一一〕放怪獸，〔一二〕登明堂，坐清廟，恣羣臣，奏得失，四海之內，靡不受獲。〔一三〕於斯之時，天下大

說，鄉風而聽，隨流而化，〔一四〕芔然興道而遷義，〔一五〕刑錯而不用，德隆於三皇，功羨於五帝。〔一六〕若此，故獵乃可喜也。

〔一〕張揖曰：「歷猶算也。」
〔二〕郭璞曰：「鸞，鈴也，在軛曰鸞，在軾曰和。」
〔三〕郭璞曰：「六藝，禮、樂、射、御、書、數也。塗，道也。」師古曰：「郭說非也。此六藝謂六經者也。」
〔四〕如淳曰：「春秋義理繁茂，故比之於林藪也。」
〔五〕郭璞曰：「貍首，逸詩篇名，諸侯以爲射節。騶虞，召南之卒章，天子以爲射節也。」
〔六〕郭璞曰：「干，盾；戚，斧也。」
〔七〕張揖曰：「罕，畢也，前有九流雲罕之車。詩小雅之材七十四人，大雅之材三十一人，故曰羣雅也。」
〔八〕師古曰：「伐檀，魏國之詩，刺在位貪鄙也。」
〔九〕鄭氏曰：「詩云『于胥樂兮』。」師古曰：「此說非也。謂取小雅桑扈之篇云『君子樂胥，萬邦之屏』耳。胥，有材知之人也。王者樂得有材知之人使在位也。胥音先呂反。」
〔一〇〕師古曰：「此以上皆取經典之嘉辭，以代游獵之娛樂。」
〔一一〕郭璞曰：「修絜靜精微之術。」
〔一二〕張揖曰：「苑中奇怪之獸，不復獵也。」
〔一三〕師古曰：「言天下之人，皆受恩惠，豈直如田獵得獸而已。」
〔一四〕師古曰：「說讀曰悅。鄉讀曰嚮。」

〔五〕師古曰：「歘然猶欻然也。遷，徙也，徙就於義也。歘音許貴反。」

〔六〕師古曰：「錯，置也。羨，饒也。五帝謂黃帝、顓頊、帝嚳、堯、舜也，一曰少昊、顓頊、高辛、堯、舜也。錯音千故反。羨音弋戰反。」

「若夫終日馳騁，勞神苦形，罷車馬之用，抏士卒之精，〔一〕費府庫之財，而無德厚之恩，務在獨樂，不顧衆庶，忘國家之政，貪雉菟之獲，則仁者不繇也。〔二〕從此觀之，齊楚之事，豈不哀哉！地方不過千里，而囿居九百，是草木不得墾辟，而民無所食也。〔三〕夫以諸侯之細，而樂萬乘之所侈，僕恐百姓被其尤也。」〔四〕

〔一〕師古曰：「罷讀曰疲。抏，挫也，音五官反。」

〔二〕師古曰：「繇讀與由同。由，用也。」

〔三〕師古曰：「辟讀曰闢。」

〔四〕師古曰：「尤，過也；被音皮義反。」

於是二子愀然改容，超若自失，〔一〕逡巡避席，曰：「鄙人固陋，不知忌諱，乃今日見教，謹受命矣。」

〔一〕師古曰：「愀，變色貌，音材小反，又音秋誘反。」

賦奏，天子以爲郎。亡是公言上林廣大，山谷水泉萬物，及子虛言雲夢所有甚衆，侈靡多過其實，且非義理所止，故删取其要，歸正道而論之。〔一〕

〔一〕師古曰：「言不尙其侈靡之論，但取終篇歸於正道耳，非謂削除其辭也，而說者便謂此賦已經史家刊剟，失其意矣。」

校勘記

二五四〇頁三行　〔決〕眦卽決獸之目眦，　王先謙說，「曰」下當有「決」字。

二五四九頁二行　西河（右）轂羅縣有紫澤。　景祐、殿本都無上「有」字。

二五四九頁六行　豐水出鄠南山（灃）〔豐〕谷，　景祐本作「豐」。

二五五二頁五行　（汨）〔汩〕澹然也。　景祐、殿、局本都作「汩」，此誤。

二五五八頁七行　又（言）〔音〕徒可反。　殿、局本都作「音」，此誤。　景祐本無「音」字。

二五五八頁一七行　大者（可）〔樹〕高三尺餘，　景祐、殿本都作「樹」。

二五六〇頁七行　棣音（徙）〔徒〕計反。　景祐、殿本都作「徒」，此誤。

二五六四頁一四行　陆音（怯）〔袪〕。　景祐、殿本都作「袪」。　王先謙說作「袪」是。

二五六五頁一五行　馬金（啄）〔喙〕赤色，　殿、局本都作「喙」。　王先謙說作「喙」是。

二五六六頁一四行　蕃弱，夏后氏之良（工）〔弓〕名。　景祐、殿、局本都作「弓」，此誤。

二五六七頁三行　一發（矢）〔死〕爲殪。　景祐、殿、局本都作「死」，此誤。

二五七二頁三行　時休息（以）於此。　王先謙說史記、文選並無「以」字，則無「以」字者是。

二五七三頁一一行　言（發）〔廢〕罷之也。　景祐、殿本都作「廢」。　王先謙說作「廢」是。

漢書卷五十七下

司馬相如傳第二十七下

相如爲郎數歲，會唐蒙使略通夜郎、僰中，〔一〕發巴蜀吏卒千人，郡又多爲發轉漕萬餘人，用軍興法誅其渠率。〔二〕巴蜀民大驚恐。上聞之，乃遣相如責唐蒙等，因諭告巴蜀民以非上意。檄曰：

〔一〕師古曰：「行取曰略。夜郎、僰中，皆西南夷也。僰音蒲北反。」

〔二〕師古曰：「渠，大也。」

告巴蜀太守：蠻夷自擅，不討之日久矣，時侵犯邊境，勞士大夫。陛下卽位，存撫天下，集安中國，然後興師出兵，北征匈奴，單于怖駭，交臂受事，屈膝請和。康居西域，重譯納貢，稽首來享。〔一〕移師東指，閩越相誅；右弔番禺，太子入朝。〔二〕南夷之君，西僰之長，常效貢職，不敢惰怠，延頸舉踵，喁喁然，〔三〕皆鄉風慕義，欲爲臣妾，〔四〕道里遼遠，山川阻深，不能自致。〔五〕夫不順者已誅，而爲善者未賞，故遣中郎將往賓

之，發巴蜀之士各五百人以奉幣，衞使者不然，〔六〕靡有兵革之事，戰鬭之患。今聞其乃發軍興制，〔七〕驚懼子弟，憂患長老，郡又擅爲轉粟運輸，皆非陛下之意也。當行者或亡逃自賊殺，〔八〕亦非人臣之節也。

〔一〕師古曰：「來入朝覲，豫享祀也。一曰享，獻也，獻其國珍也。」

〔二〕文穎曰：「弔，至也。番禺，南海郡治也。東伐越，後至番禺，故言右也。」師古曰：「南越爲東越所伐，漢發兵救之，南越蒙天子德惠，故遣太子入朝，所以云弔耳，非訓至也。」

〔三〕師古曰：「喁喁，衆口向上也，音魚龍反。」

〔四〕師古曰：「鄉讀曰嚮。」

〔五〕師古曰：「致，至也。」

〔六〕張揖曰：「不然之變也。」

〔七〕師古曰：「以發軍之法爲興衆之制也。」

〔八〕師古曰：「賊猶害也。」

夫邊郡之士，聞烽舉燧燔，〔一〕皆攝弓而馳，荷兵而走，〔二〕流汗相屬，惟恐居後，〔三〕觸白刃，冒流矢，〔四〕議不反顧，計不旋踵，人懷怒心，如報私讎。彼豈樂死惡生，非編列之民，而與巴蜀異主哉？〔五〕計深慮遠，急國家之難，而樂盡人臣之道也。故有剖符之封，析圭而爵，位爲通侯，〔六〕居列東第。〔七〕終則遺顯號於後世，傳土地於子

(七)師古曰：「浸淫猶漸漬也。衍溢言有餘也。」
(八)師古曰：「倫，類也。」
(九)師古曰：「內之，謂通其朝獻也。外之，謂棄而絕之也。橫音胡孟反。殺讀曰（試）〔弒〕。」
(一〇)師古曰：「爲人所獲而纍係之，故號泣也。纍，（音）力追（切）〔反〕。」
(一一)師古曰：「鄉讀曰嚮。嚮中國而怨慕也。」
(一二)師古曰：「洋，多也。」
(一三)師古曰：「曷，何也。已，謂怨者之身也。」
(一四)張揖曰：「很戾之夫也。」師古曰：「盭，古戾字。」
(一五)師古曰：「烏猶焉也。已，止也。」
(一六)師古曰：「誚，責也，音材笑反。」
(一七)師古曰：「風，化也。」
(一八)師古曰：「二方謂西夷及南夷也。若魚鱗之相次而仰向承流也。」
(一九)師古曰：「號謂爵號也，一曰受天子之號令也。」
(二〇)張揖曰：「以沬、若水爲關也。」
(二一)師古曰：「鏤謂疏通之以開道也。梁，橋也。孫原，孫水之原也。」
(二二)張揖曰：「駕，行也，使恩遠安長行之也。」
(二三)師古曰：「逖，遠也，言疏遠者不被閉絕也。」

(二四)師古曰：「曶爽，未明也。曶音忽。」
(二五)師古曰：「禔，安也。康，樂也。禔音土支反。」
(二六)師古曰：「（沈）〔拯〕，升也，言人在沈溺之中，升而擧之也。」
(二七)師古曰：「休，美也。」
(二八)師古曰：「陵夷謂弛替也。」
(二九)師古曰：「惡讀與烏同。已，止也。」

「且夫王者固未有不始於憂勤，而終於佚樂者也。(一)然則受命之符合在於此。(二)方將增太山之封，加梁父之事，鳴和鸞，揚樂頌，上咸五，下登三。(三)觀者未覩指，聽者未聞音，猶焦朋已翔乎寥廓，(四)而羅者猶視乎藪澤，(五)悲夫！」

(一)師古曰：「言始能褒勤則終獲逸樂也。佚字與逸同。」
(二)張揖曰：「合在於憂勤逸樂之中也。」
(三)李奇曰：「五帝之德比漢爲減，三王之德漢出其上。」師古曰：「此說非也。咸，皆也，言漢德與五帝皆盛，而登於三王之上也。相如不當言漢減於五帝也。」
(四)師古曰：「寥廓，天上寬廣之處。寥音聊。」
(五)師古曰：「澤無水曰藪。」

於是諸大夫芒然(一)喪其所懷來，失厥所以進，(二)喟然並稱曰：「允哉漢德，(三)此鄙人之所願聞也。百姓雖勞，請以身先之。」敞罔靡徙，遷延而辭避。(四)

(一)師古曰：「芒音莫郎反。」
(二)師古曰：「初有所懷而來，欲進而陳之，今並喪失其來意也。」
(三)師古曰：「允，信也。小雅車攻之詩曰『允矣君子』。」
(四)師古曰：「敞罔，失志貌。靡徙，自抑退也。」

其後人有上書言相如使時受金，失官。居歲餘，復召爲郎。

相如口吃而善著書。常有消渴病。與卓氏婚，饒於財。故其（事）〔仕〕宦，未嘗肯與公卿國家之事，(一)常稱疾閒居，不慕官爵。(二)嘗從上至長楊獵。(三)是時天子方好自擊熊豕，馳逐壄獸，相如因上疏諫。其辭曰：

(一)師古曰：「與讀曰豫。」
(二)師古曰：「閒讀曰閑也。」
(三)師古曰：「長楊宮也，在盩厔。」

臣聞物有同類而殊能者，故力稱烏獲，捷言慶忌，(一)勇期賁育。(二)臣之愚，竊以爲人誠有之，獸亦宜然。今陛下好陵阻險，射猛獸，卒然遇逸材之獸，駭不存之地，(三)犯屬車之清塵，(四)輿不及還轅，人不暇施巧，雖有烏獲、逢蒙之技不能用，(五)枯木朽

株盡爲難矣。是胡越起於轂下，而羌夷接軫也，豈不殆哉！(六)雖萬全而無患，然本非天子之所宜近也。

(一)師古曰：「烏獲，秦武王力士也。慶忌，吳王僚子也，射能捷矢也。」
(二)師古曰：「孟賁，古之勇士也，水行不避蛟龍，陸行不避豺狼，發怒吐氣，聲響動天。夏育，亦猛士也。」
(三)師古曰：「卒讀曰猝，音千忽反，謂暴疾也。不存，不可得安存也。」
(四)應劭曰：「古者諸侯貳車九乘，秦滅九國，兼其車服，漢依秦制，故大駕屬車八十一乘。」師古曰：「屬者，言相連續不絕也。塵謂行而起塵也。言清者，尊貴之意也。而說者乃以爲清道灑塵謂之清塵，非也。屬音之欲反。」
(五)師古曰：「逢蒙，古之善射者也。孟子曰『逢蒙學射於羿也』。」
(六)師古曰：「軫，車後橫木。殆，危也。」

且夫清道而後行，中路而馳，猶時有銜橜之變。(一)況乎涉豐草，騁丘虛，(二)前有利獸之樂，而內無存變之意，其爲害也不〔亦〕難矣！夫輕萬乘之重不以爲安，樂出萬有一危之塗以爲娛，臣竊爲陛下不取。

(一)張揖曰：「銜，馬勒銜也。橜，騑馬口長銜也。」師古曰：「橜謂車之鉤心也。銜橜之變，言馬銜或斷，鉤心或出，則致傾敗以傷人也。橜音鉅月反。」
(二)師古曰：「豐草，茂草也。虛讀曰墟。」

蓋明者遠見於未萌，而知者避危於無形，(一)禍固多藏於隱微而發於人之所忽者

也。故鄙諺曰：「家絫千金，坐不垂堂。」〔二〕此言雖小，可以諭大。臣願陛下留意幸察。

〔一〕師古曰：「萌謂事始，若草木初生者也。」

〔二〕張揖曰：「畏櫩瓦墮中人也。」師古曰：「垂堂者，近堂邊外，自恐墜墮耳，非畏櫩瓦也。言富人之子則自愛深也。」

上善之。還過宜春宮，相如奏賦以哀二世行失。〔一〕其辭曰：

〔一〕師古曰：「宜春本秦之離宮，胡亥於此爲閻樂所殺，故感其處而哀之。」

登陂陁之長阪兮，坌入曾宮之嵯峩。〔一〕臨曲江之隑州兮，望南山之參差。〔二〕巖巖深山之谾谾兮，通谷𧮰乎谽谺。〔三〕汩淢靸以永逝兮，注平皋之廣衍。〔四〕觀衆樹之蓊薆兮，覽竹林之榛榛。〔五〕東馳土山兮，北揭石瀨。〔六〕弭節容與兮，歷弔二世。持身不謹兮，亡國失勢；信讒不寤兮，宗廟滅絕。〔七〕烏乎！操行之不得，〔八〕墓蕪穢而不修兮，魂亡歸而不食。

〔一〕蘇林曰：「坌音馬坌叱之坌。」張揖曰：「坌，並也。」師古曰：「曾，重也。嵯峩，高貌也。陂音普何反。陁音徒何反。坌音普頓反，又音步頓反。」

〔二〕張揖曰：「隑，長也。苑中有曲江之象，中有長洲也。」師古曰：「曲岸頭曰隑。隑即碕字耳。言臨曲岸之洲，今猶謂其處曰曲江。隑音鉅依反。」

〔三〕晉灼曰：「谾音籠，古豅字也。」師古曰：「谾谾，深通貌。𧮰音呼活反。谽，大開貌。谽音呼含反。谺音呼加反。」

〔四〕師古曰：「汩淢，疾貌也。靸然，輕舉意也。皋，水邊地也。汩音于筆反。淢音域。靸音先合反。」

〔五〕師古曰：「蓊薆，蔭蔽貌。榛榛，盛貌。蓊音烏孔反。薆音愛。榛音側巾反。」

〔六〕師古曰：「揭，褰衣而渡也。石而淺水曰瀨，音賴。揭音丘例反。」

〔七〕師古曰：「信讒，謂殺李斯也。」

〔八〕師古曰：「操音千到反。」

相如拜爲孝文園令。上既美子虛之事，相如見上好僊，因曰：「上林之事未足美也，尚有靡者。〔一〕臣嘗爲大人賦，未就，〔二〕請具而奏之。」相如以爲列僊之儒居山澤間，〔三〕形容甚臞，〔四〕此非帝王之僊意也，乃遂奏大人賦。其辭曰：

〔一〕師古曰：「靡，麗也。」

〔二〕師古曰：「就，成也。」

〔三〕師古曰：「儒，柔也，術士之稱也，凡有道術皆爲儒。今流俗書本作傳字，非也，後人所改耳。」

〔四〕師古曰：「臞，瘠也，音鉅句反，又音衢。」

世有大人兮，在乎中州。〔一〕宅彌萬里兮，曾不足以少留。〔二〕悲世俗之迫隘兮，朅輕舉而遠游。〔三〕乘絳幡之素蜺兮，載雲氣而上浮。〔四〕建格澤之修竿兮，〔五〕總光燿之采旄。〔六〕垂旬始以爲幓兮，〔七〕曳彗星而爲髾。〔八〕掉指橋以偃寋兮，〔九〕又猗抳以招搖。〔一〇〕攬攙搶以爲旌兮，靡屈虹而爲綢。〔一一〕紅杳眇以玄湣兮，猋風涌而雲浮。〔一二〕駕應龍象輿之蠖略委麗兮，驂赤螭青虯之蚴蟉宛蜒。〔一三〕低卬夭蟜裾以驕驁兮，詘折隆窮躩以連卷。〔一四〕沛艾赳螑仡以佁儗兮，〔一五〕放散畔岸驤以孱顏。〔一六〕跮踱輵螛容以骫麗兮，〔一七〕蜩蟉偃寋怵臭以梁倚。〔一八〕糾蓼叫奡踏以艐路兮，〔一九〕蔑蒙踊躍騰而狂趡。〔二〇〕莅颯芔歙焱至電過兮，煥然霧除，霍然雲消。〔二一〕

〔一〕師古曰：「大人，以諭天子也。中州，中國也。」

〔二〕師古曰：「彌，滿也。」

〔三〕師古曰：「朅，去意也，音丘例反。」

〔四〕張揖曰：「乘，用也。赤氣爲幡，綴以白氣也。」師古曰：「上音時掌反。」

〔五〕張揖曰：「格澤之氣如炎火狀，黃白色，起地上至天，下大上銳。修，長也。建此氣爲長竿也。」師古曰：「格音胡各反。澤音大各反。」

〔六〕張揖曰：「旄，葆也。總，係也。係光耀之氣於長竿以爲葆也。」師古曰：「總音揔。葆即今所謂纛頭也。」

〔七〕李奇曰：「旬始，氣如雄雞，見北斗旁。」張揖曰：「幓，旒也。縣旬始於葆下，以爲十二旒也。」師古曰：「幓音所銜反。」

〔八〕張揖曰：「髾，燕尾也。椎彗星綴著旒以爲燕尾也。」

〔九〕張揖曰：「指橋，隨風指靡也。偃蹇，委曲貌。」師古曰：「掉音徒釣反。蹇音居偃反。」

〔一〇〕晉灼曰：「猗音依倚反。抳音年綴反。」張揖曰：「猗抳，下垂貌。招搖，跳踃也。」師古曰：「招音韶。踃音蕭。」

〔一一〕張揖曰：「彗星爲攙搶。注旄首曰旌，今以彗星代之也。靡，順也。綢，韜也。以斷虹爲旌杠之韜也。」師古曰：「韜謂(褁)〔裹〕冒旌旗之竿也。攙音初咸反。搶音初衡反。屈音其勿反。綢音直流反。」

〔一二〕蘇林曰：「玄音炫。湣音麪。」晉灼曰：「紅，赤色貌。杳眇，深遠也。玄湣，混合也。言自絳幡以下，衆氣色盛，光采相燿，幽藹炫亂也。」師古曰：「如猋風之涌，如雲之浮，言輕舉也。猋音必遙反。」

〔一三〕文穎曰：「有翼曰應龍，最其神妙者也。」師古曰：「蠖略委麗、蚴蟉宛蜒，皆其行步進止之貌也。蠖音於縛反，麗音力爾反。蚴音一糾反。蟉音力糾反。宛音於元反。蜒音延。」

〔一四〕張揖曰：「裾，直項也。驕驁，縱恣也。詘折，曲委也。隆窮，舉響也。躩，跳也。連卷，句蹄也。」師古曰：「裾音倨。驕音居召反。驁音五到反。躩音鉅縛反。卷音鉅圓反。」

〔一五〕張揖曰：「沛艾，駊騀也。赳螑，申頸低卬也。仡，舉頭也。佁儗，不前也。」師古曰：「沛音普蓋反。赳音古幼反。螑音火幼反。仡音魚乞反。佁音丑吏反。儗音魚吏反。佁儗又音態礙。」

〔一六〕師古曰：「畔岸，自縱之貌也。驤，舉也。孱顏，不齊也。孱音士顏反。」

〔一七〕張揖曰：「跮踱，互前卻也。輵螛，搖目吐舌也。容，龍體貌也。骫麗，左右相隨也。」師古曰：「跮音丑日反。踱音丑略反。輵音遏。螛音曷。骫，古委字也。麗音力爾反。」

〔一八〕張揖曰：「蜩蟉，掉頭也。怵臭，奔走也。梁倚，相著也。」師古曰：「蜩音徒釣反。蟉音盧釣反。怵音黜。臭音丑若反。倚音於綺反。」

〔一九〕張揖曰：「糾蓼，相引也。叫奡，相呼也。踏，下也。艐，著也。皆下著道也。」師古曰：「叫奡，高舉之貌。蓼音力糾反。奡音五到反。踏音沓。艐音屆。」

〔三〇〕張揖曰：「蘐蒙，飛揚也。踊躍，跳也。騰，馳也。趨，奔走也。」師古曰：「蒙音莫孔反。趨音讎。」
〔三一〕張揖曰：「莅颯，飛相及也。芔歘，走相追也。」師古曰：「莅音利。颯音立。芔音諱。歘音翕。」

邪絕少陽而登太陰兮，與真人乎相求。〔一〕互折窈窕以右轉兮，橫厲飛泉以正東。〔二〕悉徵靈圉而選之兮，部署衆神於搖光。〔三〕使五帝先導兮，反大壹而從陵陽。〔四〕左玄冥而右黔雷兮，〔五〕前長離而後矞皇。〔六〕廝征伯僑而役羨門兮，詔岐伯使尚方。〔七〕祝融驚而蹕御兮，清氣氛而后行。〔八〕屯余車而萬乘兮，綷雲蓋而樹華旗。〔九〕使句芒其將行兮，吾欲往乎南娭。〔一〇〕

〔一〕張揖曰：「少陽，東極。太陰，北極。邪度東極而升北極也。真人，謂若士也，游於太陰之中。」師古曰：「真人，至真之人也，非指謂若士也。」
〔二〕張揖曰：「飛泉，飛谷也，在崑崙山西南。」師古曰：「厲，渡也。」
〔三〕張揖曰：「搖光，北斗杓頭第一星。」
〔四〕應劭曰：「五帝，五時，太皞之屬也。」如淳曰：「天極，大星，一明者，太一常居也。」張揖曰：「陵陽，仙人陵陽子明也。」師古曰：「令太一反其所居，而使陵陽侍從於己。」
〔五〕張揖曰：「玄冥，北方黑帝佐也。黔雷，黔嬴也，天上造化神名也。楚辭曰『召黔嬴而見之』。或曰水神也。」
〔六〕服虔曰：「皆神名也。」師古曰：「長離，靈鳥也，解在禮樂志。矞音以出反。」
〔七〕應劭曰：「廝，役也。」張揖曰：「伯僑，仙人王子僑也。羨門，碣石山上仙人羨門高也。尚，主也。岐伯者，黃帝太

醫，屬使主方藥也。」師古曰：「征伯僑者，仙人，姓征，名伯僑，非王子僑也。郊祀志征字作正，其音同耳。或說云征謂役使之，非也。」
〔八〕張揖曰：「祝融，南方炎帝之佐也，獸身人面，乘兩龍。」師古曰：「蹕，止行人也。御，禦也。氛，惡氣也。」
〔九〕師古曰：「綷，合也，合五采雲以爲蓋也。綷音子內反。」
〔一〇〕張揖曰：「句芒，東方青帝之佐也，鳥身人面，乘兩龍。」師古曰：「將行，將領從行也。娭音許其反。」

歷唐堯於崇山兮，過虞舜於九疑。〔一〕紛湛湛其差錯兮，雜遝膠輵以方馳。〔二〕騷擾衝蓯其（相）紛挐兮，滂濞泱軋麗以林離。〔三〕攢羅列聚叢以蘢茸兮，衍曼流爛痑以陸離。〔四〕徑入雷室之砰磷鬱律兮，洞出鬼谷之堀礨崴魁。〔五〕偏覽八紘而觀四海兮，朅度九江越五河。〔六〕經營炎火而浮弱水兮，杭絕浮渚涉流沙。〔七〕奄息葱極氾濫水娭兮，〔八〕使靈媧鼓琴而舞馮夷。〔九〕時若曖曖將混濁兮，召屏翳誅風伯，刑雨師。〔一〇〕西望崑崙之軋沕荒忽兮，〔一一〕直徑馳乎三危。〔一二〕排閶闔而入帝宮兮，載玉女而與之歸。〔一三〕登閬風而遙集兮，亢鳥騰而壹止。〔一四〕低徊陰山翔以紆曲兮，吾乃今日覩西王母。暠然白首戴勝而穴處兮，亦幸有三足烏爲之使。〔一五〕必長生若此而不死兮，雖濟萬世不足以喜。〔一六〕

〔一〕張揖曰：「崇山，狄山也。海外經曰狄山，帝堯葬於其陽。九疑山在零陵營道縣，舜所葬也。」師古曰：「疑，似也。山有九峯，其形相似，故曰九疑。」
〔二〕師古曰：「湛湛，積厚之貌。差錯，交互也。雜遝，重累也。膠輵猶交加也。湛音徒感反。遝音大合反。輵音葛。」
〔三〕張揖曰：「衝蓯，相入貌。滂濞，衆盛貌。泱軋，不前也。麗，靡也。林離，穇攦也。」師古曰：「衝音尺勇反。蓯音相勇反。挐音女居反。滂音普郎反。濞音普備反。泱音烏朗反。軋音於黠反。穇音所林反。攦音所宜反。」
〔四〕張揖曰：「痑，衆貌，一曰罷極也。陸離，參差也。」師古曰：「蘢茸，聚貌。流爛，布散也。痑，自放縱也。蘢音來孔反。茸音而孔反。衍音弋扇反。痑音式爾反，張云罷極，義則非矣。」
〔五〕張揖曰：「雷室，雷淵也。洞，通也。鬼谷在崑崙北直北辰下，衆鬼之所聚也。堀礨崴魁，不平也。」師古曰：「砰磷鬱律，深峻貌。砰音普萌反。磷音力耕反。堀音口骨反。礨音洛賄反。崴音一迴反。」
〔六〕張揖曰：「九江在廬江尋陽縣南，皆東合爲大江者。」服虔曰：「河有九，今越其五也。」晉灼曰：「五河，五湖，取河之聲合其音耳。」師古曰：「服、晉說五河皆非也。五河，五色之河也。仙經說有紫碧絳青黃之河，非謂九河之內，亦非五（河）〔湖〕也。」
〔七〕應劭曰：「楚辭曰『越炎火之萬里』。弱水出張掖刪丹，西至酒泉合黎餘波入于流沙。」張揖曰：「杭，船也。絕，度也。浮渚，流沙中渚也。流沙，沙與水流行也。」師古曰：「弱水謂西域絕遠之水，乘毛車以度者耳，非張掖弱水也。又流沙但有沙流，本無水也。言絕度浮渚，乃涉流沙也。杭音下郎反。」
〔八〕張揖曰：「奄然休息也。葱極，葱領山也，在西域中。」
〔九〕服虔曰：「靈媧，女媧也。伏羲作琴，使女媧鼓之。馮夷，河伯字也，淮南子曰『馮夷得道以潛大川』。」師古曰：「媧音瓜，又工蛙反。」

〔一〇〕應劭曰：「屏翳，天神使也。」張揖曰：「風伯字飛廉。」師古曰：「屏音步丁反。」
〔一一〕張揖曰：「崑崙去中國五萬里，天帝之下都也。其山廣袤百里，高八萬仞，增城九重，面有九井，以玉爲檻，旁有五門，開明獸守之。軋沕荒忽，不分明之貌。」師古曰：「沕音勿。荒音呼廣反。」
〔一二〕張揖曰：「三危山在鳥鼠山之西，與𡺨山相近，黑水出其南陂，書曰『導黑水至于三危』也。」
〔一三〕張揖曰：「玉女，青要、乘弋等也。」
〔一四〕張揖曰：「閬風山在崑崙閶闔之中。遙，遠也。」應劭曰：「亢然高飛，如鳥之騰也。」師古曰：「閬音浪。亢音抗。」
〔一五〕張揖曰：「陰山在崑崙西二千七百里。西王母其狀如人，豹尾虎首，蓬髮暠然白首，石城金室，穴居其中。三足烏，三足青鳥也，主爲西王母取食，在崑崙墟之北。」如淳曰：「山海經曰『西王母梯几而戴勝』。」師古曰：「低徊猶徘徊也。勝，婦人首飾也，漢代謂之（華）〔華〕勝。暠音工老反，字或作翯，音學。」
〔一六〕師古曰：「昔之談者咸以西王母爲仙靈之最，故相如言大人之仙，娛遊之盛，顧視王母，鄙而陋之，不足羨慕也。」

回車朅來兮，絕道不周，〔一〕會食幽都。呼吸沆瀣兮餐朝霞，〔二〕咀噍芝英兮嘰瓊華。〔三〕僸祲尋而高縱兮，紛鴻溶而上厲。〔四〕貫列缺之倒景兮，〔五〕涉豐隆之滂濞。〔六〕騁游道而脩降兮，騖遺霧而遠逝。〔七〕迫區中之隘陜兮，舒節出乎北垠。〔八〕遺屯騎於玄闕兮，〔九〕軼先驅於寒門。〔一〇〕下崢嶸而無地兮，〔一一〕上嵺廓而無天。〔一二〕視眩泯而亡見兮，聽敞怳而亡聞。〔一三〕乘虛亡而上遐兮，超無友而獨存。〔一四〕

〔一〕張揖曰：「不周山在崑崙東南二千三百里也。」

〔二〕張揖曰：「幽都在北方。」如淳曰：「淮南云八極西北曰幽都之門。」應劭曰：「列仙傳陵陽子言春(朝)〔食〕朝霞，朝霞者，日始欲出赤黃氣也。夏食沆瀣，沆瀣，北方夜半氣也。并天地玄黃之氣爲六氣。」師古曰：「沆音胡朗反。瀣音豅。」

〔三〕張揖曰：「芝，草蕍也。榮而不實謂之英。噍，食也。瓊樹生崑崙西流沙濱，大三百圍，高萬仞。華，蘂也，食之長生。」師古曰：「芝英，芝菌之英也。咀音才汝反。噍音才笑反，又音才弱反。嘰音機，又音祈。」

〔四〕張揖曰：「僸，印也。鴻溶，竦踊也。」師古曰：「僸音角甚反。祲音子禁反。鴻音胡孔反。溶音弋孔反。」

〔五〕服虔曰：「列缺，天閃也。人在天上，下向視日月，故景倒在下也。」張揖曰：「貫，穿也。陵陽子明經曰列缺氣去地二千四百里，倒景氣去地四千里，其景皆倒在下也。」

〔六〕應劭曰：「豐隆，雲師也。楚辭曰『吾令豐隆乘雲兮』。淮南子曰『季春三月，豐隆乃出以將雨』。」師古曰：「豐隆將雨，故言涉也。滂濞，雨水多也。滂音普郎反。濞音匹備反。」

〔七〕張揖曰：「馳疾而遺霧在後也。」師古曰：「游，游車也。道，道車也。脩，長也。降，下也。言周覽天上，然後騁車也，循長路而下馳，棄遺霧而遠逝也。道讀曰導。」

〔八〕師古曰：「舒，緩也。垠，崖也，音銀。」

〔九〕張揖曰：「玄闕，北極之山也。」

〔一〇〕應劭曰：「寒門，北極之門也。」師古曰：「軼，過也，音逸。」

〔一一〕師古曰：「峥嶸，深遠貌。峥音仕耕反。嶸音宏。」

〔一二〕師古曰：「嵺廓，廣遠也。嵺音遼。」

〔一三〕師古曰：「眩泯，目不安也。敞怳，耳不諦也。眩音州縣之縣。泯音眄。」

〔一四〕師古曰：「上音時掌反。」

相如既奏大人賦，天子大說，〔一〕飄飄有陵雲氣游天地之閒意。

〔一〕師古曰：「說讀曰悅。」

相如既病免，家居茂陵。天子曰：「司馬相如病甚，可往從悉取其書，若後之矣。」〔一〕使所忠往，〔二〕而相如已死，家無遺書。問其妻，對曰：「長卿未嘗有書也。時時著書，人又取去。長卿未死時，爲一卷書，曰有使來求書，奏之。」其遺札書言封禪事，〔三〕所忠奏焉，天子異之。其辭曰：

〔一〕師古曰：「若，汝也。言汝今去已在他人後也。」

〔二〕師古曰：「使者姓名也，解在食貨志。」

〔三〕師古曰：「書於札而留之，故云遺札。」

伊上古之初肇，自顥穹生民。〔一〕歷選列辟，以迄乎秦。〔二〕率邇者踵武，聽逖者風聲。〔三〕紛輪威蕤，堙滅而不稱者，不可勝數也。〔四〕繼昭夏，崇號謚，略可道者七十有二君。〔五〕罔若淑而不昌，疇逆失而能存？〔六〕

〔一〕師古曰：「肇，始也。顥、穹，皆謂天也。顥言氣顥汗也，穹言形穹隆也。謂自初始有天地以來也。顥音胡老反。」

〔二〕師古曰：「選，數也。辟，君也。迄，至也。辟音璧。」

〔三〕文穎曰：「率，循也。邇，近也。踵，蹈也。武，迹也。逖，遠也。言循履近者之遺迹，聽遠者之風聲。風謂著於雅頌者也。」師古曰：「風聲，總謂遺風嘉聲耳，無繫於雅頌也。」

〔四〕張揖曰：「紛輪威蕤，亂貌。」

〔五〕文穎曰：「昭，明也。夏，大也。德明大，相繼封禪於泰山者，七十有二人也。」

〔六〕應劭曰：「罔，無也。若，順也。淑，善也。疇，誰也。」師古曰：「言行順善者無不昌大，爲逆失者誰能久存也。」

軒轅之前，遐哉邈乎，其詳不可得聞已。〔一〕五三六經載籍之傳，維見可觀也。〔二〕書曰：「元首明哉！股肱良哉！」〔三〕因斯以談，君莫盛於堯，臣莫賢於后稷。后稷創業於唐，公劉發迹於西戎，文王改制，爰周郅隆，大行越成，〔四〕而后陵夷衰微，千載亡聲，豈不善始善終哉！〔五〕然無異端，慎所由於前，謹遺教於後耳。〔六〕故軌迹夷易，易遵也；〔七〕湛恩厖洪，易豐也；〔八〕憲度著明，易則也；垂統理順，易繼也。〔九〕是以業隆於繦保而崇冠乎二后。〔一〇〕揆厥所元，終都攸卒，〔一一〕未有殊尤絕迹可考於今者也。〔一二〕然猶躡梁甫，登大山，建顯號，施尊名。大漢之德，逢涌原泉，沕潏曼羨，〔一三〕旁魄四塞，雲布霧散，〔一四〕上暢九垓，下泝八埏。〔一五〕懷生之類，沾濡浸潤，協氣橫流，武節焱逝，〔一六〕邇陜游原，迥闊泳末，〔一七〕首惡鬱沒，闇昧昭晰，〔一八〕昆蟲闓懌，回首面內。〔一九〕然后囿騶

虞之珍羣，徼麋鹿之怪獸，〔二〇〕導一莖六穗於庖，〔二一〕犧雙觡共抵之獸，〔二二〕獲周餘放龜于岐，〔二三〕招翠黃乘龍於沼。〔二四〕鬼神接靈圉，賓於閒館。〔二五〕奇物譎詭，俶儻窮變。〔二六〕欽哉，符瑞臻茲，猶以爲薄，不敢道封禪。蓋周躍魚隕杭，休之以燎。〔二七〕微夫斯之爲符也，以登介丘，不亦恧乎！〔二八〕進攘之道，何其爽與？〔二九〕

〔一〕師古曰：「遐、邈，皆遠也。已，語終之辭。」

〔二〕師古曰：「五，五帝也。三，三(皇)〔王〕也。」

〔三〕師古曰：「此虞書益稷之辭也。元首，君也。股肱，大臣也。」

〔四〕文穎曰：「郅，至也。行，道也。文王始開王業，改正朔服色，太平之道於是成也。」應劭曰：「大行，道德大行也。」師古曰：「郅音質。」

〔五〕鄭氏曰：「無聲，無有惡聲也。」師古曰：「雖後嗣衰微，政教頹替，猶經千載而無惡聲。」

〔六〕師古曰：「言既創業定制，又垂裕後昆也。」

〔七〕師古曰：「夷、易，皆平也。易音弋豉反。」

〔八〕師古曰：「湛讀曰沈。沈，深也。厖、洪，皆大也。厖音尨。」

〔九〕張揖曰：「垂，縣也。統，緒也。理，道也。文王重易六爻，窮理盡性，縣於後世，其道和順，易續而明，孔子得錯其象而彖其辭也。」師古曰：「統業直言所垂之業，其理至順，故令後嗣易繼之耳，非謂演易也。」

〔一〇〕孟康曰：「繦保謂成王也。二后謂文武也。周公負成王以致太平，功德冠於文武者，遵成法易故也。」

〔一一〕師古曰：「元，始也。都，於也。攸，所也。卒亦終也。言度其所始，究其所終也。」
〔一二〕師古曰：「尤，異也。考，校也。言不得與漢校其德也。」
〔一三〕師古曰：「逢讀曰熢。言如熢火之升，原泉之流也。沕潏曼羨，盛大之意也。沕音勿。潏音聿。羨音(戈)〔弋〕扇反。」
〔一四〕師古曰：「旁魄，廣被也。魄音步各反。」
〔一五〕服虔曰：「暢，達也。垓，重也。天有九重。」如淳曰：「淮南云若士謂盧敖：『吾與汗漫期乎九垓之上。』」孟康曰：「泝，流也。埏，地之八際也。言德上達於九重之天，下流於地之八際。」師古曰：「埏，本音延，合韻音弋戰反。」
〔一六〕師古曰：「言和氣橫被四表，威武如猋之盛。淮南子作八禽也。」
〔一七〕孟康曰：「邇，近也。原，本也。迥，遠也。闊，廣也。泳，浮也。恩德比之於水，近者游其原，遠者浮其末也。」
〔一八〕師古曰：「始爲惡者皆即湮滅，素晻昧者皆得光明也。晣音之舌反。」
〔一九〕文穎曰：「闓、懌，皆樂也。」師古曰：「闓讀曰凱。言四方幽遐，皆懷和樂，回首革面，而內嚮也。」
〔二〇〕師古曰：「言騶虞自擾而充苑囿，怪獸自來若入徼塞。言符瑞之盛也。徼音工釣反。」
〔二一〕鄭氏曰：「導，擇也。一莖六穗，謂嘉禾之米，於庖廚以供祭祀也。」
〔二二〕服虔曰：「犧，牲也。觡，角也。抵，本也。武帝獲白麟，兩角共一本，因以爲牲也。」
〔二三〕文穎曰：「周放畜餘龜於池沼之中，至漢得之於岐山之旁。龜能吐故納新，千歲不死也。」
〔二四〕張揖曰：「乘龍，四龍也。」孟康曰：「翠黃，乘黃也，龍翼馬身，黃帝乘之而仙。言見乘黃而招呼之。禮樂志曰『訾黃

其何不來下』。余吾渥(漥)〔洼〕水中出神馬，故曰乘龍於沼也。」師古曰：「此說非也。言招致翠黃及乘龍於池沼耳。乘音食證反。春秋傳曰『帝賜之乘龍』。」
〔二五〕文穎曰：「是時上求神仙之人，得上郡之巫長陵女子，能與鬼神交接，治病輒愈，置於上林苑中，號曰神君。有似於古之靈圉，禮待之於閒館舍中也。」師古曰：「閒讀曰閑。」
〔二六〕師古曰：「俶音吐歷反。」
〔二七〕應劭曰：「杭，舟也。休，美也。」師古曰：「燎，祭天也。謂武王伐紂，白魚入于王舟，俯取以燎。」
〔二八〕服虔曰：「介，大也。丘，山也。言周以白魚爲瑞，登太山封禪，不亦慙乎？」
〔二九〕張揖曰：「進，周也。攘，漢也。爽，差也。言周未可封禪而封，爲進；漢可封禪而不爲，爲攘也。」師古曰：「攘，古讓字也。」

於是大司馬進曰：〔一〕「陛下仁育羣生，義征不譓，〔二〕諸夏樂貢，百蠻執贄，〔三〕德牟往初，功無與二，〔四〕休烈浹洽，符瑞衆變，期應紹至，不特創見。〔五〕意者太山、梁父設壇場望幸，蓋號以況榮，〔六〕上帝垂恩儲祉，將以慶成，〔七〕陛下嗛讓而弗發也。〔八〕挈三神之歡，缺王道之儀，〔九〕羣臣恧焉。〔一〇〕或謂且天爲質闇，示珍符固不可辭；〔一一〕若然辭之，是泰山靡記而梁父罔幾也。〔一二〕亦各並時而榮，咸濟厥世而屈，說者尚何稱於後，而云七十二君哉？〔一三〕夫修德以錫符，奉符以行事，不爲進越也。〔一四〕故聖王弗替，而修禮(以)〔地〕祇，謁款天神，〔一五〕勒功中岳，以章至尊，〔一六〕舒盛德，發號榮，受厚福，以浸黎民。皇皇哉斯事，天下之壯觀，王者之卒業，不可貶也。〔一七〕願陛下全之。〔一八〕而后因雜縉紳先生之略術，使獲曜日月之末光絕炎，以展采錯事。〔一九〕猶兼正列其義，祓飾厥文，作春秋一藝。〔二〇〕將襲舊六爲七，攄之無窮，〔二一〕俾萬世得激清流，揚微波，蜚英聲，騰茂實。〔二二〕前聖之所以永保鴻名而常爲稱首者用此。〔二三〕宜命掌故悉奏其儀而覽焉。」〔二四〕

〔一〕文穎曰：「大司馬，上公，故先進議也。」
〔二〕文穎曰：「譓，順也。」
〔三〕師古曰：「夏，大也。諸夏謂中國之人，比蠻夷爲大也。」
〔四〕師古曰：「牟，等也。」
〔五〕師古曰：「言符瑞衆多，應期相續而至，不獨初創而見也。」
〔六〕孟康曰：「意者，言太山、梁父設壇場，望聖帝往封禪記號以表榮名也。」師古曰：「幸，臨幸也。蓋，發語辭也。」
〔七〕師古曰：「上帝，天也。言垂恩於下，豫積祉福，用慶告成之禮。」
〔八〕張揖曰：「不肯發意往也。」師古曰：「嗛，古謙字。」
〔九〕應劭曰：「挈，絕也。缺，闕也。」如淳曰：「三神，地祇、天神、山岳也。」師古曰：「挈音口計反。」
〔一〇〕師古曰：「恧，愧也，音女六反。」
〔一一〕師古曰：「言天道質昧，以符瑞見意，不可辭讓也。」

〔一二〕張揖曰：「泰山之上無所表記，梁父壇場無所庶幾也。」
〔一三〕應劭曰：「屈，絕也。言古帝王若但各一時之榮，畢世而絕者，則說者無從顯稱於後也。」師古曰：「屈音其勿反。」
〔一四〕文穎曰：「越，踰也。不爲苟進踰禮也。」
〔一五〕文穎曰：「謁，告也。款，誠也。」師古曰：「替，廢也。不廢封禪之事也。」
〔一六〕張揖曰：「蓋先禮中岳而幸太山也。」師古曰：「章，明也。」
〔一七〕師古曰：「皇皇，盛貌也。卒，終也，字或作本，或作丕，丕，大也。」
〔一八〕張揖曰：「願以封禪全其終也。」
〔一九〕文穎曰：「采，官也。使諸儒記功著業，得觀日月末光殊絕之明，以展其官職，設錯其事業也。」李奇曰：「炎音火之光炎。」師古曰：「炎音弋贍反。錯音千故反。」
〔二〇〕孟康曰：「猶作春秋者，正天時，列人事也。言諸儒既得展事業，因兼正天時，列人事，敍述大義爲一經也。」師古曰：「祓，除也。祓飾者，言除去舊事，更飾新文也。祓音敷勿反。」
〔二一〕文穎曰：「六經加一爲七也。」師古曰：「攄，布也，音丑居反。」
〔二二〕師古曰：「蜚，古飛字。」
〔二三〕師古曰：「稱音尺孕反。」
〔二四〕師古曰：「掌故，太常官屬，主故事者。」

於是天子沛然改容，曰：「俞乎，朕其試哉！」〔一〕乃遷思回慮，總公卿之議，詢封禪之事，詩大澤之博，廣符瑞之富。〔二〕遂作頌曰：

【一】師古曰：「沛然，感動之意也。俞者，然也，然其所請也。沛音普大反。俞音踰。」
【二】孟康曰：「詩所以詠功德，謂下四章之頌也。大澤之博，謂『自我天覆，雲之油油』也。廣符瑞之富，謂『斑斑之獸』以下三章，言符應廣大富饒也。」

自我天覆，雲之油油。〔一〕甘露時雨，厥壤可游。〔二〕滋液滲漉，何生不育！〔三〕嘉穀六穗，我穡曷蓄？〔四〕

【一】蘇林曰：「油音油麻之油。」李奇曰：「油油，雲行貌。孟子曰『油然作雲，沛然下雨』。」
【二】師古曰：「言雨霧滂沛，其澤可以游泳也。」
【三】師古曰：「滲漉，謂潤澤下究，故無生而不育也。滲音山禁反。漉音鹿。」
【四】李奇曰：「我之稼穡，何等不蓄積？」

匪唯雨之，又潤澤之；匪唯偏我，氾布護之；〔一〕萬物熙熙，懷而慕之。名山顯位，望君之來。君兮君兮，侯不邁哉！〔二〕

【一】師古曰：「氾，普也。布護，言遍布也。氾音敷劍反。」
【二】師古曰：「侯，何也。邁，行也。言君何不行封禪。」

般般之獸，樂我君圃；白質黑章，其儀可喜；〔一〕旼旼穆穆，君子之態。〔二〕蓋聞其聲，今視其來。〔三〕厥塗靡從，天瑞之徵。〔四〕茲爾於舜，虞氏以興。〔五〕

【一】師古曰：「謂騶虞也。般字與斑同耳，從丹青之丹。喜音許記反。」

【二】孟康曰：「旼旼，和也。穆穆，敬也。言容態和且敬，有似君子也。」張揖曰：「旼音旻。」
【三】師古曰：「言往昔但聞其聲，今親見其來也。來合韻音郎代反。」
【四】文穎曰：「其來之道何從乎？此乃天瑞之應也。」
【五】文穎曰：「百獸舞，則騶虞在其中也。」

濯濯之麟，游彼靈畤。孟冬十月，君徂郊祀。〔一〕馳我君輿，帝用享祉。〔二〕三代之前，蓋未嘗有。

【一】文穎曰：「濯濯，肥也。武帝冬幸雍，祠五時，獲白麟也。」師古曰：「濯音直角反。大雅靈臺之詩云『麀鹿濯濯』。」
【二】文穎曰：「馳我君車之前也。」師古曰：「帝，天帝也。以此祭天，天既享之，答以祉福也。」

宛宛黃龍，興德而升；〔一〕采色玄耀，炳炳煇煌。〔二〕正陽顯見，覺寤黎烝。〔三〕於傳載之，云受命所乘。〔四〕

【一】文穎曰：「起至德而見也。」
【二】師古曰：「玄讀曰炫。煇煌，光貌。煇音下本反。」
【三】文穎曰：「陽，明也。」師古曰：「黎烝，衆庶也。」
【四】師古曰：「謂易云『時乘六龍以御天也』。」

厥之有章，不必諄諄。〔一〕依類託寓，諭以封巒。〔二〕

【一】文穎曰：「天之所命，表以符瑞，章明其德，不必諄諄然有語言也。」師古曰：「諄諄，告喻之熟也，音之純反。」

【二】文穎曰：「寓，寄也。巒，山也。言依事類託寄，以喻封禪。」

披藝觀之，天人之際已交，上下相發允答。聖王之事，兢兢翼翼。〔一〕故曰於興必慮衰，安必思危。是以湯武至尊嚴，不失肅祗，〔二〕舜在假典，顧省厥遺：〔三〕此之謂也。

【一】師古曰：「兢兢，戒也。翼翼，敬也。」
【二】師古曰：「言居天子之位，猶不忘恭敬也。」
【三】師古曰：「在，察也。假，（天）〔大〕也。典，則也。言舜察璇璣玉衡，恐己政化有所遺失，不合天心。今漢亦當順天意而封禪也。」

相如既卒五歲，上始祭后土。八年而遂禮中岳，封于太山，至梁甫，禪肅然。

相如它所著，若遺平陵侯書、與五公子相難、屮木書篇，不采，采其尤著公卿者云。

贊曰：司馬遷稱「春秋推見至隱，〔一〕易本隱以之顯，〔二〕大雅言王公大人，而德逮黎庶，〔三〕小雅譏小己之得失，其流及上。〔四〕所言雖殊，其合德一也。相如雖多虛辭濫說，然要其歸引之於節儉，此亦詩之風諫何異？」〔五〕揚雄以為靡麗之賦，勸百而風一，〔六〕猶騁鄭衞之聲，曲終而奏雅，不已戲乎！〔七〕

【一】李奇曰：「隱猶微也。言其義顯而文隱，若隱公見弒死，而經不書，隱諱之也。」
【二】張揖曰：「作八卦以通神明之德，是本隱也。有天道焉，有地道焉，有人道焉，以類萬物之情，是之顯也。」師古曰：「之，往也。」
【三】張揖曰：「謂文王、公劉在位，大人之德下及衆民者也。」
【四】張揖曰：「己，詩人自謂也。己小有得失，不得其所，作詩流言，以諷其上也。」師古曰：「小己者，謂卑少之人，以對上言大人耳。」
【五】師古曰：「風讀曰諷，次下亦同。」
【六】師古曰：「奢靡之辭多，而節儉之言少也。」
【七】張揖曰：「不亦輕戲乎哉！」

校勘記

二五七九頁一行　功（業）〔烈〕著而不滅。　景祐、殿本都作「烈」。
二五八一頁八行　除邊關。〔邊關〕益斥，　景祐、殿本都重「邊關」字。
二五八二頁三行　且因宣其使（詣）〔指〕，　錢大昭說「詣」當作「指」。按景祐、殿本都作「指」。
二五八四頁四行　已，（詔）〔語〕終之辭也。　景祐、殿、局本都作「語」，此誤。
二五八五頁一〇行　（跋音步曷反）　殿本此五字在注末。王先謙說在注末是，此誤。按景祐本亦誤。
二五八七頁三行　殺讀曰（試）〔弒〕。　殿本作「弒」。王先謙說作「弒」是。按景祐本亦誤。

二五八七頁四行　絫，（音）力追（切）〔反〕。景祐、殿本無「音」字，「切」作「反」。

二五八八頁三行　（沈）〔拯〕，升也。景祐、殿、局本都作「拯」，此誤。

二五八九頁七行　故其（事）〔仕〕宦，未嘗肯與公卿國家之事。劉奉世說「事」當作「仕」。王先謙說，「仕」「事」音近，又涉下「事」字而譌。史記作「其進仕宦」。

二五九〇頁二行　其爲害也不（亦）難矣！景祐本有「亦」字。王先謙說史記、文選並有「亦」字。

二五九四頁二行　韜謂（褭）〔裹〕冒旌旗之竿也。景祐、殿本都作「裹」。王先謙說作「裹」是。

二五九六頁七行　騷擾衝蓯其（相）紛挐兮，景祐、殿本都無「相」字。

二五九七頁二行　亦非五（河）〔湖〕也。景祐、殿、局本都作「湖」。王先謙說作「湖」是。

二五九八頁九行　漢代謂之（革）〔華〕勝。景祐、殿本都作「華」。王先謙說作「華」是。

二五九九頁一行　春（朋）〔食〕朝霞，景祐、殿、局本都作「食」，此誤。

二六〇二頁六行　三，三（皇）〔王〕也。王先謙說「皇」當作「王」。按史記索隱作「王」。

二六〇三頁三行　㺄音（戈）〔弋〕扇反。景祐、殿本都作「弋」，此誤。

二六〇四頁一行　余吾渥（津）〔洼〕水中出神馬，景祐、殿本都作「洼」，此誤。

二六〇四頁六行　而修禮（以）〔地〕祇，景祐、殿本都作「地」。史記、文選同，此誤。

二六〇九頁七行　假，（天）〔大〕也。景祐、殿本都作「大」，此誤。

漢書

漢蘭臺令史　班　固　撰
唐祕書少監　顏師古　注

第　九　冊

卷五八至卷七〇（傳三）

中　華　書　局

漢書卷五十八

公孫弘卜式兒寬傳第二十八

公孫弘，菑川薛人也。少時爲獄吏，有罪，免。家貧，牧豕海上。年四十餘，乃學春秋雜説。

武帝初即位，招賢良文學士，是時弘年六十，以賢良徵爲博士。使匈奴，還報，不合意，〔一〕上怒，以爲不能，弘乃移病免歸。〔二〕

〔一〕師古曰：「奏事不合天子之意。」
〔二〕師古曰：「移病，謂移書言病也。一曰，以病移居。」

元光五年，復徵賢良文學，菑川國復推上弘。弘謝曰：「前已嘗西，用不能罷，願更選。」國人固推弘，弘至太常。上策詔諸儒：

制曰：蓋聞上古至治，畫衣冠，異章服，而民不犯；陰陽和，五穀登，六畜蕃，〔一〕甘露降，風雨時，嘉禾興，朱屮生，〔二〕山不童，澤不涸；〔三〕麟鳳在郊藪，龜龍游於沼，〔四〕

河洛出圖書；父不喪子，兄不哭弟；北發渠搜，南撫交阯，〔五〕舟車所至，人迹所及，跂行喙息，咸得其宜。〔六〕朕甚嘉之，今何道而臻乎此？〔七〕子大夫修先聖之術，明君臣之義，講論洽聞，有聲乎當世，〔敢〕問子大夫：天人之道，何所本始？吉凶之效，安所期焉？〔八〕禹湯水旱，厥咎何由？仁義禮知四者之宜，當安設施？屬統垂業，物鬼變化，〔九〕天命之符，廢興何如？天文地理人事之紀，子大夫習焉。其悉意正議，詳具其對，著之于篇，〔一〇〕朕將親覽焉，靡有所隱。

〔一〕師古曰：「登，成也。蕃，多也，音扶元反。」
〔二〕師古曰：「屮，古草字。」
〔三〕師古曰：「童，無草木也。涸，水竭也，音胡各反。」
〔四〕師古曰：「邑外謂之郊。澤無水曰藪。沼，池也。」
〔五〕師古曰：「言威德之盛，北則徵發于渠搜，南則綏撫於交阯也。渠搜，遠夷之國也。」
〔六〕師古曰：「跂行，有足而行者也。喙息，謂有口能息者也。跂音岐。喙音許穢反。」
〔七〕師古曰：「臻，至也。」
〔八〕師古曰：「安，焉也。」
〔九〕師古曰：「屬，繫也，音之欲反。其下亦同。」
〔一〇〕師古曰：「悉，盡也。篇，簡也。」

弘對曰：

臣聞上古堯舜之時，不貴爵賞而民勸善，不重刑罰而民不犯，躬率以正而遇民信也；〔一〕末世貴爵厚賞而民不勸，深刑重罰而姦不止，其上不正，遇民不信也。夫厚（當）〔賞〕重刑未足以勸善而禁非，必信而已矣。是故因能任官，則分職治；〔二〕去無用之言，則事情得；不作無用之器，即賦斂省；不奪民時，不妨民力，則百姓富；有德者進，無德者退，則朝廷尊；有功者上，無功者下，則羣臣逡；〔三〕罰當罪，則姦邪止；賞當賢，則臣下勸：凡此八者，治（民）之本也。故民者，業之即不爭，理得則不怨，有禮則不暴，愛之則親上，〔四〕此有天下之急者也。故法不遠義，則民服而不離；和不遠禮，則民親而不暴。〔五〕故法之所罰，義之所去也；〔六〕和之所賞，禮之所取也。禮義者，民之所服也，而賞罰順之，則民不犯禁矣。故畫衣冠，異章服，而民不犯者，此道素行也。

〔一〕師古曰：「躬謂身親行之，遇謂處待之而已。」
〔二〕師古曰：「分音扶問反。」
〔三〕（師古）〔李奇〕曰：「言有次第也。」師古曰：「逡音七旬反，其字從辵。」
〔四〕師古曰：「各得其業則無爭心，各申其理則無所怨，使之由理則無暴慢，子而愛之則知親上也。」

〔五〕師古曰：「遠，違也，音于萬反。」
〔六〕師古曰：「去，除也，音丘呂反。」

臣聞之，氣同則從，聲比則應。〔一〕今人主和德於上，百姓和合於下，〔二〕故心和則氣和，氣和則形和，形和則聲和，聲和則天地之和應矣。故陰陽和，風雨時，甘露降，五穀登，六畜蕃，嘉禾興，朱草生，山不童，澤不涸，此和之至也。故形和則無疾，無疾則不夭，故父不喪子，兄不哭弟。德配天地，明並日月，則麟鳳至，龜龍在郊，河出圖，洛出書，遠方之君莫不說義，〔三〕奉幣而來朝，此和之極也。

〔一〕師古曰：「比亦和也，音頻寐反。」
〔二〕師古曰：「合謂與上合德也。」
〔三〕師古曰：「說讀曰悅。」

臣聞之，仁者愛也，義者宜也，禮者所履也，〔一〕智者術之原也。致利除害，兼愛無私，謂之仁；〔二〕明是非，立可否，謂之義；進退有度，尊卑有分，謂之禮；〔三〕擅殺生之柄，通（壅）塞之塗，〔四〕權輕重之數，論得失之道，使遠近情偽必見於上，謂之術：〔五〕凡此四者，治之本，道之用也，皆當設施，不可廢也。得其要，則天下安樂，法設而不用；〔六〕不得其術，則主蔽於上，官亂於下。此事之情，屬統垂業之本也。

〔一〕師古曰：「履而行之。」

〔二〕師古曰：「致謂引而至也。」

〔三〕師古曰：「分音扶問反。」

〔四〕師古曰：「擅，專也。」

〔五〕師古曰：「見，顯也。」

〔六〕師古曰：「下不犯法，無所加刑也。」

臣聞堯遭鴻水，使禹治之，未聞禹之有水也。若湯之旱，則桀之餘烈也。桀紂行惡，受天之罰；禹湯積德，以王天下。因此觀之，天德無私親，順之和起，逆之害生。此天文地理人事之紀。臣弘愚戇，不足以奉大對。〔一〕

〔一〕師古曰：「大對，大問之對也。」

時對者百餘人，太常奏弘第居下。策奏，天子擢弘對爲第一。召入見，容貌甚麗，拜爲博士，待詔金馬門。〔一〕

〔一〕如淳曰：「武帝時，相馬者東門京作銅馬法獻之，立馬於魯（斑）〔班〕門外，更名魯（斑）〔班〕門爲金馬門。」

弘復上疏曰：「陛下有先聖之位而無先聖之名，有先聖之名而無先聖之吏，是以勢同而治異。先世之吏正，故其民篤；〔一〕今世之吏邪，故其民薄。政弊而不行，令倦而不聽。夫使邪吏行弊政，用倦令治薄民，民不可得而化，此治之所以異也。臣聞周公旦治天下，朞年 二六一七

而變，三年而化，五年而定。唯陛下之所志。」〔二〕書奏，天子以册書答曰：「問：弘稱周公之治，弘之材能自視孰與周公賢？」〔三〕弘對曰：「愚臣淺薄，安敢比材於周公！雖然，愚心曉然見治道之可以然也。夫虎豹馬牛，禽獸之不可制者也，及其教馴服習之，〔四〕至可牽持駕服，唯人之從。〔五〕臣聞揉曲木者不累日，〔六〕銷金石者不累月，夫人之於利害好惡，豈比禽獸木石之類哉？〔七〕朞年而變，臣弘尚竊遲之。」上異其言。 二六一八

〔一〕師古曰：「篤，厚也。」

〔二〕師古曰：「言志所在也。」

〔三〕師古曰：「與猶如也。」

〔四〕師古曰：「馴，順也，音巡。」

〔五〕師古曰：「從人意。」

〔六〕師古曰：「揉謂矯而正之也。累，積也。揉音人九反。」

〔七〕師古曰：「好音呼到反。惡音一故反。」

時方通西南夷，巴蜀苦之，詔使弘視焉。還奏事，盛毁西南夷無所用，上不聽。每朝會議，開陳其端，使人主自擇，不肯面折庭爭。於是上察其行慎厚，辯論有餘，習文法吏事，緣飾以儒術，〔一〕上說之，〔二〕一歲中至左內史。

〔一〕師古曰：「緣飾者，譬之於衣，加純緣者。」

〔二〕師古曰：「說讀曰悅。」

弘奏事，有所不可，不肯庭辯。〔一〕常與主爵都尉汲黯請間，〔二〕黯先發之，弘推其後，上常說，〔三〕所言皆聽，以此日益親貴。嘗與公卿約議，〔四〕至上前，皆背其約以順上指。汲黯庭詰弘曰：「齊人多詐而無情，始爲與臣等建此議，今皆背之，不忠。」上問弘，弘謝曰：「夫知臣者以臣爲忠，不知臣者以臣爲不忠。」上然弘言。左右幸臣每毁弘，上益厚遇之。

〔一〕師古曰：「不於朝廷顯辯論之。」

〔二〕師古曰：「求空隙之暇。」

〔三〕師古曰：「說讀曰悅。」

〔四〕師古曰：「約，要也。」

弘爲人談笑多聞，〔一〕常稱以爲人主病不廣大，人臣病不儉節。養後母孝謹，後母卒，服喪三年。

〔一〕師古曰：「善於談笑而又多聞也。談字或作詼，音恢，謂嘲也，善嘲詭也。」

爲內史數年，遷御史大夫。時又東置蒼海，北築朔方之郡。弘數諫，以爲罷弊中國以奉無用之地，〔一〕願罷之。於是上乃使朱買臣等難弘置朔方之便。發十策，弘不得一。〔二〕弘乃謝曰：「山東鄙人，不知其便若是，願罷西南夷、蒼海，專奉朔方。」上乃許之。 二六一九

〔一〕師古曰：「罷讀曰疲。」

〔二〕師古曰：「言其利害十條，弘無以應之。」

汲黯曰：「弘位在三公，奉祿甚多，〔一〕然爲布被，此詐也。」上問弘，弘謝曰：「有之。夫九卿與臣善者無過黯，然今日庭詰弘，誠中弘之病。夫以三公爲布被，誠飾詐欲以釣名。〔二〕且臣聞管仲相齊，有三歸，〔三〕侈擬於君，〔四〕桓公以霸，亦上僭於君。晏嬰相景公，食不重肉，妾不衣絲，齊國亦治，亦下比於民。〔五〕今臣弘位爲御史大夫，爲布被，自九卿以下至於小吏無差，誠如黯言。且無黯，陛下安聞此言？」上以爲有讓，愈益賢之。 二六二〇

〔一〕師古曰：「奉音扶用反。其下亦同。」

〔二〕師古曰：「釣，取也。言若釣魚之謂也。」

〔三〕師古曰：「三歸，取三姓女也。婦人謂嫁曰歸。」

〔四〕師古曰：「擬，疑也，言相似也。」

〔五〕師古曰：「比，方也。一曰，比，近也，音頻寐反。」

元朔中，代薛澤爲丞相。先是，漢常以列侯爲丞相，唯弘無爵，上於是下詔曰：「朕嘉先聖之道，開廣門路，宣招四方之士，蓋古者任賢而序位，量能以授官，勞大者厥祿厚，德盛者獲爵尊，故武功以顯重，而文德以行褒。其以高成之平津鄉戶六百五十封丞相弘爲平津

侯。」其後以爲故事，至丞相封，自弘始也。

時上方興功業，婁舉賢良。〔一〕弘自見爲舉首，起徒步，數年至宰相封侯，於是起客館，開東閤以延賢人，〔二〕與參謀議。弘身食一肉，脫粟飯，〔三〕故人賓客仰衣食，〔四〕奉祿皆以給之，家無所餘。然其性意忌，外寬內深。〔五〕諸常與弘有隙，無近遠，雖陽與善，後竟報其過。殺主父偃，徙董仲舒膠西，皆弘力也。

〔一〕師古曰：「婁，古屢字。」
〔二〕師古曰：「閤者，小門也，東向開之，避當庭門而引賓客，以別於掾史官屬也。」
〔三〕師古曰：「才脫粟而已，不精（鑿）〔糳〕也。脫音他活反。」
〔四〕師古曰：「故人，平生故交也。仰音牛向反。」
〔五〕師古曰：「意忌，多所忌害也。」

後淮南、衡山謀反，治黨與方急，弘病甚，自以爲無功而封侯，居宰相位，宜佐明主填撫國家，〔一〕使人由臣子之道。〔二〕今諸侯有畔逆之計，此大臣奉職不稱也。〔三〕恐病死無以塞責，〔四〕乃上書曰：「臣聞天下通道五，所以行之者三。君臣、父子、夫婦、長幼、朋友之交，五者天下之通道也；仁、知、勇三者，所以行之也。故曰『好問近乎知，〔五〕力行近乎仁，〔六〕知恥近乎勇。〔七〕知此三者，知所以自治；知所以自治，然後知所以治人。』〔八〕未有不能自治

而能治人者也。陛下躬孝弟，監三王，建周道，兼文武，招徠四方之士，任賢序位，量能授官，將以厲百姓勸賢材也。今臣愚駑，無汗馬之勞，〔九〕陛下（下）過意擢臣弘卒伍之中，〔一〇〕封爲列侯，致位三公。臣弘行能不足以稱，〔一一〕加有負薪之疾，恐先狗馬填溝壑，終無以報德塞責。願歸侯，乞骸骨，避賢者路。」上報曰：「古者賞有功，褒有德，守成（上）文，遭遇右武，〔一二〕未有易此者也。〔一三〕朕夙夜庶幾，獲承至尊，懼不能寧，惟所與共爲治者，君宜知之。〔一四〕蓋君子善善及後世，若茲行，常在朕躬。〔一五〕君不幸罹霜露之疾，何恙不已，〔一六〕乃上書歸侯，乞骸骨，是章朕之不德也。〔一七〕今事少閒，〔一八〕君其存精神，止念慮，輔助醫藥以自持。」因賜告牛酒雜帛。居數月，有瘳，視事。

〔一〕師古曰：「填音竹刃反。」
〔二〕師古曰：「由，從也。」
〔三〕師古曰：「稱，副也。」
〔四〕師古曰：「塞，當也。」
〔五〕師古曰：「疑則問之，故成其智。」
〔六〕師古曰：「屈己濟物，故爲仁也。」
〔七〕師古曰：「不求苟得，故爲勇也。」
〔八〕師古曰：「自『好問近乎知』以下，皆禮記中庸之辭。」
〔九〕師古曰：「言未嘗從軍旅。」
〔一〇〕師古曰：「過猶誤也。」
〔一一〕師古曰：「不副其任也。」
〔一二〕師古曰：「右亦上也，禍亂時則上武耳。」
〔一三〕師古曰：「易，改也。」
〔一四〕師古曰：「惟，思也。知謂知治道也。」
〔一五〕師古曰：「朕常思此，不息於心也。」
〔一六〕師古曰：「罹，遭也。恙，憂也。已，止也。言何憂於疾不止也。禮記曰『疾止復初』也。」
〔一七〕師古曰：「章，明也。」
〔一八〕師古曰：「閒言有空隙也。閒讀曰閑。」

凡爲丞相御史六歲，年八十，終丞相位。其後李蔡、嚴青翟、趙周、石慶、公孫賀、劉屈氂繼踵爲丞相。〔一〕自蔡至慶，丞相府客館丘虛而已，〔二〕至賀、屈氂時壞以爲馬廄車庫奴婢室矣。唯慶以惇謹，復終相位，〔三〕其餘盡伏誅云。

〔一〕師古曰：「繼踵，言相躡也。屈音丘勿反，又鉅勿反。氂音力之反。」
〔二〕師古曰：「言不能進賢，故不繕修其室屋也。虛讀曰墟。」
〔三〕師古曰：「惇，厚也，音敦。」

弘子度嗣侯，爲山陽太守十餘歲，詔徵鉅野令史成詣公車，度留不遣，坐論爲城旦。元始中，修功臣後，下詔曰：「漢興以來，股肱在位，身行儉約，輕財重義，未有若公孫弘者也。位在宰相封侯，而爲布被脫粟之飯，奉祿以給故人賓客，無有所餘，可謂減於制度，〔一〕而率下篤俗者也，〔二〕與內富厚而外爲詭服以釣虛譽者殊科。〔三〕夫表德章義，所以率世厲俗，聖王之制也。其賜弘後子孫之次見爲適者，〔四〕爵關內侯，食邑三百戶。」

〔一〕應劭曰：「禮，貴有常尊，衣服有品。」
〔二〕師古曰：「篤，厚也。」
〔三〕師古曰：「詭，違也。詭服，謂與心志相違也。一曰，違衆之服也。」
〔四〕師古曰：「見音胡電反。適讀曰嫡。」

卜式，河南人也。以田畜爲事。有少弟，弟壯，式脫身出，〔一〕獨取畜羊百餘，田宅財物盡與弟。式入山牧，十餘年，羊致千餘頭，買田宅。而弟盡破其產，式輒復分與弟者數矣。〔二〕

〔一〕師古曰：「脫身謂引身出也。脫音他活反。」
〔二〕師古曰：「數音所角反。」

時漢方事匈奴，式上書，願輸家財半助邊。上使使問式：「欲爲官乎？」式曰：「自（少）〔小〕牧羊，不習仕宦，不願也。」使者曰：「家豈有冤，欲言事乎？」式曰：「臣生與人亡所爭，邑人貧者貸之，〔一〕不善者教之，所居，人皆從式，式何故見冤！」使者曰：「苟，子何欲？」〔二〕式曰：「天子誅匈奴，愚以爲賢者宜死節，有財者宜輸之，如此而匈奴可滅也。」使者以聞。上以語丞相弘。弘曰：「此非人情。不軌之臣〔三〕不可以爲化而亂法，願陛下勿許。」上不報，數歲乃罷式。式歸，復田牧。

〔一〕師古曰：「貸音土戴反。」
〔二〕師古曰：「言子苟如此輸財，必有所欲。」
〔三〕師古曰：「軌亦法也。」

歲餘，會渾邪等降，縣官費衆，倉府空，〔一〕貧民大徙，皆卬給縣官，〔二〕無以盡贍。式復持錢二十萬與河南太守，以給徙民。河南上富人助貧民者，上識式姓名，曰：「是固前欲輸其家半財助邊。」乃賜式外繇四百人，〔三〕式又盡復與官。是時富豪皆爭匿財，〔四〕唯式尤欲助費。上於是以式終長者，乃召拜式爲中郎，賜爵左庶長，〔五〕田十頃，布告天下，尊顯以風百姓。〔六〕

〔一〕師古曰：「倉，粟所積也。府，錢所聚也。」

〔二〕師古曰：「卬音牛向反。」
〔三〕蘇林曰：「外繇謂戍邊也。一人出三百錢，謂之過更。式歲得十二萬錢也。一說，在繇役之外得復除四百人也。」師古曰：「一說是。」
〔四〕師古曰：「匿，藏也。」
〔五〕師古曰：「第十爵。」
〔六〕師古曰：「風讀曰諷。」

初式不願爲郎，上曰：「吾有羊在上林中，欲令子牧之。」式既爲郎，布衣屮蹻而牧羊。〔一〕歲餘，羊肥息。〔二〕上過其羊所，善之。式曰：「非獨羊也，治民亦猶是矣。以時起居，惡者輒去，〔三〕毋令敗羣。」上奇其言，欲試使治民。拜式緱氏令，緱氏便之；遷成皋令，將漕最。〔四〕上以式朴忠，〔五〕拜爲齊王太傅，轉爲相。

〔一〕師古曰：「蹻，即今之鞋也，南方謂之蹻。字本作屩，並音居略反。」
〔二〕師古曰：「息，生也。言羊既肥而又生多也。」
〔三〕師古曰：「去，除也，音丘亙反。」
〔四〕師古曰：「爲縣令而又使（令）領漕，其課最上。」
〔五〕師古曰：「朴，質也。」

會呂嘉反，式上書曰：「臣聞主媿臣死。羣臣宜盡死節，其駑下者宜出財以佐軍，如是則彊國不犯之道也。〔一〕臣願與子男〔二〕及臨菑習弩博昌習船者請行，死之以盡臣節。」〔三〕上賢之，下詔曰：「朕聞報德以德，報怨以直。〔四〕今天下不幸有事，郡縣諸侯未有奮繇直道者也。〔五〕齊相雅行躬耕，〔六〕隨牧蓄番，輒分昆弟，更造，〔七〕不爲利惑。〔八〕日者北邊有興，〔九〕上書助官。往年西河歲惡，率齊人入粟。〔一〇〕今又首奮，〔一一〕雖未戰，可謂義形於內矣。〔一二〕其賜式爵關內侯，黃金四（百）〔十〕斤，田十頃，布告天下，使明知之。」

〔一〕師古曰：「國家威彊而不見侵犯。」
〔二〕師古曰：「子男，自謂其子也。」
〔三〕師古曰：「從軍而致死。」
〔四〕師古曰：「論語稱孔子〔曰〕『以直報怨，以德報德』，故詔引之。」
〔五〕孟康曰：「未有奮迅樂出身勞於繇役者也。」臣瓚曰：「言未有奮厲於正直之道也。」師古曰：「二說皆非也。奮，憤激也。繇讀與由同。由，從也。直道，謂報怨以直，征南越也。言無欲奮厲而從於報怨之道也。」
〔六〕臣瓚曰：「雅，素也。言卜式躬耕於野，不要名利。」晉灼曰：「雅，正也。」師古曰：「晉說是也。言其行雅正，又躬耕也。」
〔七〕師古曰：「言其蓄牧滋多，則與昆弟，而更自營爲也。番音扶元反。」
〔八〕師古曰：「言不惑於利。」
〔九〕師古曰：「日者，往日也。興謂發軍。」

〔一〇〕師古曰：「歲惡，猶凶歲也。禮記曰『歲凶，年穀不登』。」
〔一一〕師古曰：「爲首而奮厲，願從軍也。」
〔一二〕師古曰：「形，見也。」

元鼎中，徵式代石慶爲御史大夫。式既在位，言郡國不便鹽鐵而船有算，可罷。上由是不說式。〔一〕明年當封禪，式又不習文章，貶秩爲太子太傅，以兒寬代之。式以壽終。

〔一〕師古曰：「說讀曰悅。」

兒寬，千乘人也。〔一〕治尚書，事歐陽生。以郡國選詣博士，受業孔安國。貧無資用，嘗爲弟子都養。〔二〕時行賃作，帶經而鉏，休息輒讀誦，其精如此。以射策爲掌故，功次補廷尉文學卒史。〔三〕

〔一〕師古曰：「千乘郡千乘縣也。兒音五奚反。」
〔二〕師古曰：「都，凡衆也。養，主給烹炊者也。貧無資用，故供諸弟子烹炊也。養音弋向反。」
〔三〕蘇林曰：「秩六百石，舊郡亦有也。」臣瓚曰：「漢注卒史秩百石。」師古曰：「瓚說是也。」

寬爲人溫良，有廉知自將，〔一〕善屬文，〔二〕然懦於武，〔三〕口弗能發明也。時張湯爲廷尉，廷尉府盡用文史法律之吏，〔四〕而寬以儒生在其間，見謂不習事，不署曹，〔五〕除爲從史，〔六〕之北地視畜數年。〔七〕還至府，上畜簿，〔八〕會廷尉時有疑奏，已再見卻矣，〔九〕掾史

莫知所爲。寬爲言其意，掾史因使寬爲奏。奏成，讀之皆服，以白廷尉湯。湯大驚，召寬與語，乃奇其材，以爲掾。上寬所作奏，卽時得可。異日，湯見上。問曰：「前奏非俗吏所及，誰爲之者？」湯言兒寬。上曰：「吾固聞之久矣。」湯由是鄉學，〔一〇〕以寬爲奏讞掾，以古法義決疑獄，甚重之。及湯爲御史大夫，以寬爲掾，舉侍御史。見上，語經學。上說之，〔一一〕從問尚書一篇。擢爲中大夫，遷左內史。

〔一〕師古曰：「將，衞也，以智自衞護也。」
〔二〕師古曰：「屬，綴也，音之欲反。」
〔三〕師古曰：「懦，柔也，音乃喚反，又音儒。」
〔四〕師古曰：「史謂善史書者。」
〔五〕張晏曰：「不署爲列曹也。」師古曰：「署，表也，置也。凡言署官，表其秩位，置立爲之也。」
〔六〕師古曰：「從史者，但只隨官僚，不主文書。」畜謂廷尉之畜在北地者，若今諸司公廨牛羊。」
〔七〕師古曰：「之，往也。畜謂廷尉之畜在北地者，若今諸司公廨牛羊。」
〔八〕師古曰：「籌謂文計也。」
〔九〕師古曰：「卻，退也。」
〔一〇〕師古曰：「鄉讀曰嚮。」
〔一一〕師古曰：「說讀曰悅。」

寬既治民，勸農業，緩刑罰，理獄訟，卑體下士，務在於得人心；〔一〕擇用仁厚士，推情與下，不求名聲，吏民大信愛之。寬表奏開六輔渠，〔二〕定水令以廣溉田。〔三〕收租稅，時裁闊狹，與民相假貸，〔四〕以故租多不入。後有軍發，左內史以負租課殿，當免。民聞當免，皆恐失之，大家牛車，小家擔負，輸租繈屬不絕，〔五〕課更以最。上由此愈奇寬。

〔一〕師古曰：「下音胡稼反。」
〔二〕韋昭曰：「六輔謂京兆、馮翊、扶風、河東、河南、河內也。」劉德曰：「於六輔界中爲渠也。」師古曰：「二說皆非也。溝洫志云『兒寬爲左內史，奏請穿六輔渠以益溉鄭國傍高卬之田』，此則於鄭國渠上流南岸更開六道小渠以輔助溉灌耳。今雍州雲陽、三原兩縣界此渠尚存，鄉人名曰六渠，亦號輔渠。故河渠書云『關內則輔渠、靈軹』是也，焉說三河之地哉」
〔三〕師古曰：「爲用水之次具立法，令皆得其所也。」
〔四〕師古曰：「謂有貧弱及農要之時不卽徵收也。貸音土代反。」
〔五〕師古曰：「繈，索也，言輸者接連，不絕於道，若繩索之相屬也，猶今言續索矣。屬音之欲反。」

及議欲放古巡狩封禪之事，〔一〕諸儒對者五十餘人，未能有所定。先是，司馬相如病死，有遺書，頌功德，言符瑞，足以封泰山。上奇其書，以問寬，寬對曰：「陛下躬發聖德，統楫羣元，〔二〕宗祀天地，薦禮百神，精神所鄉，徵兆必報，〔三〕天地並應，符瑞昭明。其封泰山，禪梁父，昭姓考瑞，帝王之盛節也。然享薦之義，不著于經，〔四〕以爲封禪告成，合祛於天地神祇，〔五〕祇戒精專以接神明。總百官之職，各稱事宜而爲之節文。〔六〕唯聖主所由，制定其當，〔七〕非羣臣之所能列。今將舉大事，優游數年，〔八〕使羣臣得人自盡，終莫能成。〔九〕唯天子建中和之極，兼總條貫，〔一〇〕金聲而玉振之，〔一一〕以順成天慶，垂萬世之基。」上然之，乃自制儀，采儒術以文焉。

〔一〕師古曰：「放，依也，音甫往反。」
〔二〕張晏曰：「統，察；楫，聚也。」如淳曰：「曆數之元也。」臣瓚曰：「統猶總覽也。楫當作輯。」師古曰：「輯，楫與集，三字並同。虞書曰『楫五瑞』是也，其字從木。瓚曰當爲輯，不通。」
〔三〕師古曰：「鄉讀曰嚮。徵，證也。」
〔四〕師古曰：「封禪之享薦也，以非常禮，故經無其文。著音竹筯反。」
〔五〕李奇曰：「祛，開散；合，閉也。開閉於天地也。」
〔六〕師古曰：「稱，副也。」
〔七〕師古曰：「當猶中也。」
〔八〕師古曰：「言不決也。」
〔九〕師古曰：「所言不同，各有執見也。」
〔一〇〕師古曰：「極，正也。周禮曰『以爲人極』也。」
〔一一〕師古曰：「言振揚德音，如金玉之聲也。」

既成，將用事，拜寬爲御史大夫，從東封泰山，還登明堂。寬上壽曰：「臣聞三代改制，屬象相因。〔一〕間者聖統廢絕，〔二〕陛下發憤，合指天地，祖立明堂辟雍，〔三〕宗祀泰一，〔四〕六律五聲，〔五〕幽贊聖意，〔六〕神樂四合，各有方象，〔七〕以承嘉祀，爲萬世則，〔八〕天下幸甚。將建大元本瑞，登告岱宗，發祉闓門，以候景至。癸亥宗祀，日宣重光；上元甲子，肅邕永享。〔九〕光輝充塞，天文粲然，〔一〇〕(充)〔見〕象日昭，報降符應。〔一一〕臣寬奉觴再拜，上千萬歲壽。」制曰：「敬舉君之觴。」

〔一〕李奇曰：「政教之法象相因屬也。」師古曰：「屬，連也，音之欲反。」
〔二〕師古曰：「聖統，聖人之遺業，謂禮文也。」
〔三〕師古曰：「祖，始也。」
〔四〕師古曰：「宗，尊也。」
〔五〕師古曰：「六律，謂黃鍾、太蔟、姑洗、蕤賓、夷則、無射也。五聲，宮、商、角、徵、羽也。」
〔六〕師古曰：「幽，深也。贊，明也。」
〔七〕如淳曰：「四方色及五神祭祀聲樂各有等。」
〔八〕師古曰：「則，法也。」
〔九〕李奇曰：「太平之世，日抱重光，謂日有重日也。」蘇林曰：「將，甫始之辭也。太元，太初曆也。本瑞，謂白麟、寶鼎之屬也。以候景至，冬至之景也。上元甲子，太初元年甲子朔旦冬至也。」師古曰：「宗，尊也。肅，敬也。雍，

和也。既敬且和，則長爲天所亨也。闓讀與開同。」

〔一〇〕師古曰：「寋，滿也。燊然，明貌。」

〔一一〕師古曰：「言(大)〔天〕顯示景象，日日昭明也。降下符應，以報德化。」

後太史令司馬遷等言：「曆紀壞廢，漢興未改正朔，宜可正。」上乃詔寬與遷等共定漢太初曆。語在律曆志。

初，梁相褚大通五經，爲博士，時寬爲弟子。及御史大夫缺，徵褚大，大自以爲得御史大夫。至洛陽，聞兒寬爲之，褚大笑。及至，與寬議封禪於上前，大不能及，退而服曰：「上誠知人。」寬爲御史大夫，以稱意任職，故久無有所匡諫於上，官屬易之。〔一〕居位九歲，以官卒。

〔一〕師古曰：「易，輕也，音弋(鼓)〔豉〕反。」

贊曰：公孫弘、卜式、兒寬皆以鴻漸之翼困於燕爵，〔一〕遠迹羊豕之間，〔二〕非遇其時，焉能致此位乎？〔三〕是時，漢興六十餘載，海內艾安，〔四〕府庫充實，而四夷未賓，制度多闕。上方欲用文武，求之如弗及，〔五〕始以蒲輪迎枚生，見主父而歎息。〔六〕羣士慕嚮，異人並出。卜式拔於芻牧，弘羊擢於賈豎，衞青奮於奴僕，日磾出於降虜，斯亦曩時版築飯牛之(明)〔朋〕

已。〔七〕漢之得人，於茲爲盛，儒雅則公孫弘、董仲舒、兒寬，篤行則石建、石慶，質直則汲黯、卜式，推賢則韓安國、鄭當時，定令則趙禹、張湯，文章則司馬遷、相如，滑稽則東方朔、枚皋，〔八〕應對則嚴助、朱買臣，曆數則唐都、洛下閎，協律則李延年，運籌則桑弘羊，奉使則張騫、蘇武，將率則衞青、霍去病，受遺則霍光、金日磾，其餘不可勝紀。〔九〕是以興造功業，制度遺文，後世莫及。孝宣承統，纂修洪業，亦講論六藝，招選茂異，而蕭望之、梁丘賀、夏侯勝、韋玄成、嚴彭祖、尹更始以儒術進，劉向、王褒以文章顯，將相則張安世、趙充國、魏相、丙吉、于定國、杜延年，治民則黃霸、王成、龔遂、鄭弘、召信臣、〔一〇〕韓延壽、尹翁歸、趙廣漢、嚴延年、張敞之屬，皆有功迹見述於世。參其名臣，亦其次也。〔一一〕

〔一〕李奇曰：「漸，進也。鴻一舉而進千里者，羽翼之材也。弘等皆以大材初爲俗所薄，若燕爵不知鴻志也。」師古曰：「易漸卦上九爻辭曰『鴻漸于陸，其羽可以爲儀』。鴻，大鳥。漸，進也。高平曰陸。言鴻進於陸，以其羽翼爲威儀也。喻弘等皆有鴻之羽儀，未進之時，燕爵所輕也。」

〔二〕師古曰：「遠寘其迹也。」

〔三〕師古曰：「焉，於(曰)〔何〕也。」

〔四〕師古曰：「艾讀曰乂。」

〔五〕師古曰：「恐失之。」

〔六〕師古曰：「謂言『公皆安在？何相見之晚！』」

〔七〕師古曰：「版築，傅說也。飯牛，甯戚也。已，語終辭也。飯音扶晚反。」

〔八〕師古曰：「滑稽，轉利之稱也。滑，亂也。稽，礙也。言其變亂無留礙也。一說，稽，考也。言可滑亂不可考校也。滑音骨。稽音工奚反。」

〔九〕師古曰：「紀，記也。」

〔一〇〕師古曰：「召讀曰邵。」

〔一一〕師古曰：「次於武帝時。」

校勘記

二六一四頁三行　〔敢〕問子大夫：　景祐、殿本都有「敢」字。王先謙說有「敢」字是。

二六一五頁四行　夫厚(賞)〔賞〕重刑未足以勸善而禁非，　景祐、汲古、殿、局本都作「賞」，此誤。

二六一五頁七行　凡此八者，治〔民〕之本也。　景祐、殿本都有「民」字。

二六一五頁一四行　(師古)〔李奇〕曰：　景祐、殿本都作「李奇」，此誤。

二六一六頁三行　通〔壅〕塞之塗，　錢大昭說「通」下脫「壅」字。按景祐、殿本都有「壅」字。

二六一七頁一三行　魯(斑)〔班〕門　殿本作「班」。王先謙說作「班」是。

二六二二頁八行　不精(鑿)〔鑿〕也。　李楨說「鑿」當作「鑿」。按景祐、殿本都作「鑿」。

二六二三頁二行　陛下(下)過意擢臣弘卒伍之中，　景祐、殿本都不重「下」字。

二六二三頁四行　守成〔上〕文，　景祐、殿本都有「上」字。王先謙說據下顏注當有。

二六二五頁一行　自(少)〔小〕牧羊，　景祐、殿本都作「小」。

二六二六頁一四行　爲縣令而又使(令)領漕，　景祐、殿本都無下「令」字。

二六二七頁五行　黃金四(百)〔十〕斤，　景祐、殿本都作「十」。王先謙說，以理度之，「十」字是。

二六二七頁九行　論語稱孔子〔曰〕　景祐、殿本都有「曰」字，此脫。

二六三二頁五行　(兂)〔見〕象日昭，　景祐、殿本都作「見」。

二六三三頁三行　言(大)〔天〕顯示景象，　殿本作「天」。王先謙說作「天」是。

二六三三頁九行　音弋(鼓)〔豉〕反。　景祐、殿本都作「豉」，此誤。

二六三三頁一四行　斯亦曩時版築飯牛之(明)〔朋〕已。　殿本作「朋」。王先謙說殿本是。

二六三四頁三行　焉，於(曰)〔何〕也。　景祐、殿本都作「何」，此誤。

漢書卷五十九

張湯傳第二十九

張湯，杜陵人也。父爲長安丞，出，湯爲兒守舍。〔一〕還，鼠盜肉，父怒，笞湯。湯掘熏得鼠及餘肉，劾鼠掠治，傳爰書，訊鞫論報，〔二〕幷取鼠與肉，具獄磔堂下。〔三〕父見之，視文辭如老獄吏，大驚，遂使書獄。〔四〕

〔一〕師古曰：「稱爲兒者，言其尚幼小也。」

〔二〕師古曰：「傳謂傳逮，若今之追逮赴對也。爰，換也，以文書代換其口辭也。訊，考問也。鞫，窮也，謂窮覈之也。論報，謂上論之而獲報也。訊音信。」

〔三〕師古曰：「具爲治獄之文，處正其罪而磔鼠也。」

〔四〕如淳曰：「決獄之書，謂律令也。」

父死後，湯爲長安吏。周陽侯爲諸卿時，〔一〕嘗繫長安，湯傾身事之。及出爲侯，大與湯交，徧見貴人。湯給事內史，爲甯成掾，以湯爲無害，言大府，〔二〕調茂陵尉，〔三〕治方

中。〔四〕

〔一〕師古曰：「姓趙。」

〔二〕師古曰：「大府，丞相府也。無害，言其最勝也，解在蕭何傳。」

〔三〕師古曰：「調，選也，選以爲此官也。調音徒釣反。」

〔四〕孟康曰：「方中，陵上土作方也，湯主治之。」蘇林曰：「天子即位，豫作陵，諱之，故言方中，或言斥土。」如淳曰：「漢注陵方中用地一頃，深十二丈。」師古曰：「蘇說非也。古謂掘地爲阬曰方，今荊楚俗土功築作算程課者，猶以方計之，非謂避諱也。」

武安侯爲丞相，〔一〕徵湯爲史，薦補侍御史。治陳皇后巫蠱獄，深竟黨與，上以爲能，遷太中大夫。與趙禹共定諸律令，務在深文，拘守職之吏。〔二〕已而禹至少府，湯爲廷尉，兩人交驩，兄事禹。〔三〕禹志在奉公孤立，而湯舞知以御人。〔四〕始爲小吏，乾沒，與長安富賈田甲、魚翁叔之屬交私。〔五〕及列九卿，收接天下名士大夫，己心內雖不合，然陽浮道與之。〔六〕

〔一〕師古曰：「田蚡。」

〔二〕蘇林曰：「拘刻於守職之吏。」

〔三〕師古曰：「事之如兄。」

〔四〕師古曰：「舞弄其智，制御它人也。」

〔五〕服虔曰：「乾沒，射成敗也。」如淳曰：「豫居物以待之，得利爲乾，失利爲沒。」師古曰：「乾音干。」

〔六〕師古曰：「陽以道義爲交，非其中心，故云浮也。」

是時，上方鄉文學，〔一〕湯決大獄，欲傅古義，〔二〕乃請博士弟子治尚書、春秋，補廷尉史，平亭疑法。奏讞疑，〔三〕必奏先爲上分別其原，上所是，受而著讞法廷尉挈令，〔四〕揚主之明。〔五〕奏事即譴，湯擿謝，〔六〕鄉上意所便，〔七〕必引正監掾史賢者，曰：「固爲臣議，如（此）上責臣，〔八〕臣弗用，愚抵此。」〔九〕罪常釋。〔一〇〕間即奏事，上善之，曰：「臣非知爲此奏，乃監、掾、史某所爲。」〔一一〕其欲薦吏，揚人之善解人之過如此。所治即上意所欲辠，予監吏深刻者；即上意所欲釋，予監吏輕平者。所治即豪，必舞文巧詆；〔一二〕即下戶羸弱，時口言「雖文致法，上裁察。」於是往往釋湯所言。〔一三〕湯至於大吏，內行修，交通賓客飲食，於故人子弟爲吏及貧昆弟，調護之尤厚。〔一四〕其造請諸公，不避寒暑。〔一五〕是以湯雖文深意忌不專平，然得此聲譽。而深刻吏多爲爪牙用者，依於文學之士。丞相弘數稱其美。

〔一〕師古曰：「鄉讀曰嚮。」

〔二〕師古曰：「傅讀曰附。」

〔三〕李奇曰：「亭亦平也。」師古曰：「亭，均也，調也。言平均疑法及爲讞疑奏之。」

〔四〕韋昭曰：「在板挈也。」師古曰：「著謂明書之也。挈，獄訟之要也。書於讞法挈令以爲後式也。挈音口計反。」

〔五〕師古曰：「言此自天子之意，非由臣下有司。」

〔六〕蘇林曰：「深自挫按也。」師古曰：「若上有責，即摧折而謝也。」

〔七〕師古曰：「謂如天子責湯之指而言其端也。鄉讀曰嚮。」

〔八〕師古曰：「如上之意。」

〔九〕蘇林曰：「坐不用諸掾語，故至於此。」

〔一〇〕臣瓚曰：「謂常見原也。」

〔一一〕師古曰：「間謂非常朝奏者。」

〔一二〕師古曰：「詆，誣也，音丁禮反。其下並同。」

〔一三〕李奇曰：「先見上口言之，欲與輕平，故皆見原釋也。」如淳曰：「雖文書按察致下戶之罪，湯以先口解之矣。上以湯言，輒裁察之，輕其罪也。」師古曰：「李、如二說皆非也。此言下戶羸弱，湯欲佑助，雖具文奏之，而又口奏，言雖律令之文合致此罪，聽上裁察，蓋爲此人希恩宥也。於是上得湯言，往往釋其人辠，非未奏之前口豫言也。」

〔一四〕師古曰：「調，和適之，令得其所也。護謂保佑也。」

〔一五〕師古曰：「造，至詣也。請，謁問也。造音七到反。」

及治淮南、衡山、江都反獄，皆窮根本。嚴助、伍被，上欲釋之，湯爭曰：「伍被本造反謀，而助親幸出入禁闥腹心之臣，乃交私諸侯，如此弗誅，後不可治。」上可論之。〔一〕其治獄所巧排大臣自以爲功，多此類。繇是益尊任，〔二〕遷御史大夫。

〔一〕師古曰：「可湯所奏而論決之。」

〔三〕師古曰：「繇讀與由同。」

會渾邪等降漢，大興兵伐匈奴，山東水旱，貧民流徙，皆卬給縣官，〔一〕縣官空虛。湯承上指，請造白金及五銖錢，籠天下鹽鐵，〔二〕排富商大賈，出告緡令，鉏豪彊并兼之家，舞文巧詆以輔法。〔三〕湯每朝奏事，語國家用，日旰，〔四〕天子忘食。丞相取充位，〔五〕天下事皆決湯。百姓不安其生，騷動，縣官所興未獲其利，姦吏並侵漁，〔六〕於是痛繩以辠。自公卿以下至於庶人咸指湯。湯嘗病，上自至舍視，其隆貴如此。

〔一〕師古曰：「卬音牛向反。」
〔二〕師古曰：「籠羅其事，皆令利入官。」
〔三〕師古曰：「輔，助也。以巧詆助法，言不公平也。」
〔四〕師古曰：「旰，晚也。論事既多，至於日晚。旰音幹。」
〔五〕師古曰：「但充其位而已，無所造設也。」
〔六〕師古曰：「並，且也。」

匈奴求和親，羣臣議前，〔一〕博士狄山曰：「和親便。」上問其便，山曰：「兵，凶器，未易數動。〔二〕高帝欲伐匈奴，大困平城，乃遂結和親。孝惠、高后時，天下安樂，及文帝欲事匈奴，北邊蕭然苦兵。〔三〕孝景時，吳楚七國反，景帝往來東宮間，〔四〕天下寒心數月。〔五〕吳

楚已破，竟景帝不言兵，〔六〕天下富實。今自陛下興兵擊匈奴，中國以空虛，邊大困貧。由是觀之，不如和親。」上問湯，湯曰：「此愚儒無知。」狄山曰：「臣固愚忠，若御史大夫湯，乃詐忠。湯之治淮南、江都，以深文痛詆諸侯，別疏骨肉，使蕃臣不自安，臣固知湯之（爲）詐忠。」於是上作色曰：「吾使生居一郡，能無使虜入盜乎？」〔七〕山曰：「不能。」曰：「居一縣？」曰：「不能。」復曰：「居一鄣間？」〔八〕山自度辯窮且下吏，〔九〕曰：「能。」乃遣山乘鄣。〔一〇〕至月餘，匈奴斬山頭而去。是後羣臣震讋。〔一一〕

〔一〕師古曰：「於上前議事。」
〔二〕師古曰：「言難可屢動。」
〔三〕師古曰：「蕭然猶騷然，擾動之貌也。」
〔四〕師古曰：「謂諸謀於太后也。」
〔五〕師古曰：「懼於兵難也。」
〔六〕師古曰：「訖景帝之身更不議征伐之事。」
〔七〕師古曰：「博士之官，故呼爲生也。」
〔八〕師古曰：「鄣謂塞上要險之處，別築爲城，因置吏士而爲鄣蔽以扞寇也。鄣音之向反。」
〔九〕師古曰：「度，計也。見詰自辯而辭窮，當下吏也。」
〔一〇〕師古曰：「乘，登也，登而守之。」

〔一一〕師古曰：「震，動也。讋，失（失）氣也。讋音之涉反。」

湯客田甲雖賈人，有賢操，〔一〕始湯爲小吏，與錢通，〔二〕及爲大吏，而甲所以責湯行義，有烈士之風。

〔一〕師古曰：「操謂所執持之志行也。音千到反。」
〔二〕師古曰：「爲小吏之時與田甲爲錢財之交。」

湯爲御史大夫七歲，敗。

河東人李文，故嘗與湯有隙，已而爲御史中丞，薦數從中文事有可以傷湯者，不能爲地。〔一〕湯有所愛史魯謁居，知湯弗平，使人上飛變告文姦事。〔二〕事下湯，湯治論殺文，而湯心知謁居爲之。上問：「變事從迹安起？」〔三〕湯陽驚曰：「此殆文故人怨之。」〔四〕謁居病臥閭里主人，湯自往視病，爲謁居摩足。趙國以冶鑄爲業，王數訟鐵官事，湯常排趙王。趙王求湯陰事。謁居嘗案趙王，趙王怨之，并上書告：「湯大臣也，史謁居有病，湯至爲摩足，疑與爲大姦。」事下廷尉。謁居病死，事連其弟，弟繫導官。〔五〕湯亦治它囚導官，見謁居弟，欲陰爲之，而陽不省。〔六〕謁居弟不知而怨湯，使人上書，告湯與謁居謀，（兵）〔共〕變李文。事下減宣。宣嘗與湯有隙，及得此事，窮竟其事，未奏也。會人有盜發孝文園瘞錢，〔七〕丞相青翟朝，與湯約俱謝，〔八〕至前，〔九〕湯念獨丞相以四時行園，當謝，湯無與也，不

謝。〔一〇〕丞相謝，上使御史案其事。湯欲致其文丞相見知，〔一一〕丞相患之。三長史皆害湯，欲陷之。〔一二〕

〔一〕服虔曰：「薦，藉也。文與湯故有隙，已而爲御史中丞，藉己在內臺，中文書有可用傷湯者因會致之，不能爲湯作道地。」蘇林曰：「薦，仍也。」師古曰：「薦、數義同，蘇說是也。數數在中，其有文書事可用傷湯者，不爲作道地也。薦音在見反。數音所角反。大雅雲漢之詩曰『饑饉薦臻』，字亦如此。」
〔二〕師古曰：「飛變猶言急變也。」
〔三〕師古曰：「從讀曰蹤。」
〔四〕師古曰：「殆，近也。」
〔五〕蘇林曰：「漢儀注獄二十六所，導官無獄也。」師古曰：「蘇說非也。導，擇也。以主擇米，故曰導官。事見百官表。時或以諸獄皆滿，故權寄在此署繫之，非本獄所也。」
〔六〕師古曰：「省，視也。」
〔七〕如淳曰：「瘞，埋也，埋錢於園陵以送死也。」
〔八〕師古曰：「將入朝之時爲此要約。」
〔九〕師古曰：「至天子之前。」
〔一〇〕師古曰：「行音下更反。與讀曰豫。無豫謂不干其事也。」
〔一一〕張晏曰：「見知故縱，以其罪罪之也。」
〔一二〕師古曰：「百官表丞相有兩長史，今此云三者，蓋以守者，非正員也。」

中華書局

始，長史朱買臣素怨湯，語在其傳。王朝，齊人，以術至右內史。邊通學短長，〔一〕剛暴人也，官至濟南相。故皆居湯右，〔二〕已而失官，守長史，詘體於湯。〔三〕湯數行丞相事，知此三長史素貴，常陵折之，故三長史合謀曰：「始湯約與君謝，已而賣君；今欲劾君以宗廟事，此欲代君耳。吾知湯陰事。」使吏捕案湯左田信等，〔四〕曰湯且欲爲請奏，信輒先知之，居物致富，與湯分之。〔五〕及它姦事。事辭頗聞。〔六〕上問湯曰：「吾所爲，賈人輒知，益居其物，〔七〕是類有以吾謀告之者。」〔八〕湯不謝，又陽驚曰：「固宜有。」減宣亦奏謁居事。上以湯懷詐面欺，〔九〕使使八輩簿責湯。〔一〇〕湯具自道無此，不服。於是上使趙禹責湯。禹至，讓湯曰：〔一一〕「君何不知分也！〔一二〕君所治，夷滅者幾何人矣！〔一三〕今人言君皆有狀，天子重致君獄，〔一四〕欲令君自爲計，〔一五〕何多以對爲？」〔一六〕湯乃爲書謝曰：「湯無尺寸之功，起刀筆吏，陛下幸致位三公，無以塞責。〔一七〕然謀陷湯者，三長史也。」遂自殺。

〔一〕(師古)(應劭)曰：「短長術興於六國時，長短其語，隱謬用相激怒也。」張晏曰：「蘇秦、張儀之謀，趣彼爲短，歸此爲長，戰國策名長短術也。」

〔二〕師古曰：「言舊在湯上。」

〔三〕師古曰：「謂拜伏也。」

〔四〕李奇曰：「左，證左也。」師古曰：「謂之左者，言除罪人正身之外，又取其左右者考問也。」

〔五〕服虔曰：「居謂儲也。」

〔六〕師古曰：「聞於天子也。」

〔七〕師古曰：「益，多也。」

〔八〕師古曰：「類，似也。」

〔九〕師古曰：「對面欺誣也。」

〔一〇〕晉灼曰：「簿音主簿之簿。簿，悉責也。」師古曰：「以文簿次第一一責之。」

〔一一〕師古曰：「讓亦責也。」

〔一二〕師古曰：「分音扶問反。」

〔一三〕師古曰：「幾音居起反。」

〔一四〕師古曰：「重猶難也。」

〔一五〕師古曰：「言引決也。」

〔一六〕師古曰：「言何用多對。」

〔一七〕師古曰：「塞，當也。」

湯死，家產直不過五百金，皆所得奉賜，〔一〕無它贏。〔二〕昆弟諸子欲厚葬湯，湯母曰：「湯爲天子大臣，被惡言而死，〔三〕何厚葬爲！」載以牛車，有棺而無椁。上聞之，曰：「非此母不生此子。」乃盡按誅三長史。丞相青翟自殺。出田信。上惜湯，復稍進其子安世。

〔一〕師古曰：「奉音扶用反。」

〔二〕師古曰：「贏，餘也。」

〔三〕師古曰：「被，加也，音皮義反。」

安世字子孺，少以父任爲郎。用善書給事尚書，〔一〕精力於職，休沐未嘗出。上行幸河東，嘗亡書三篋，詔問莫能知，唯安世識之，〔二〕具作其事。後購求得書，以相校無所遺失。上奇其材，擢爲尚書令，遷光祿大夫。

〔一〕師古曰：「於尚書中給事也。給，供也。」

〔二〕師古曰：「識，記也，音式志反。」

昭帝卽位，大將軍霍光秉政，以安世篤行，〔一〕光親重之。會左將軍上官桀父子及御史大夫桑弘羊皆與燕王、蓋主謀反誅，光以朝無舊臣，白用安世爲右將軍光祿勳，以自副焉。久之，天子下詔曰：「右將軍光祿勳安世輔政宿衞，肅敬不怠，十有三年，咸以康寧。夫親親任賢，唐虞之道也，其封安世爲富平侯。」

〔一〕師古曰：「篤，厚也。」

明年，昭帝崩，未葬，大將軍光白太后，徙安世爲車騎將軍，與共徵立昌邑王。王行淫亂，光復與安世謀廢王，尊立宣帝。帝初卽位，襃賞大臣，(下)詔曰：「夫襃有德，賞有功，古

今之通義也。車騎將軍光祿勳富平侯安世，宿衞忠正，宣德明恩，勤勞國家，守職秉義，以安宗廟，其益封萬六百戶，功次大將軍光。」安世子千秋、延壽、彭祖，皆中郎將侍中。

大將軍光薨後數月，御史大夫魏相上封事曰：「聖王襃有德以懷萬方，〔一〕顯有功以勸百寮，是以朝廷尊榮，天下鄉風。〔二〕國家承祖宗之業，制諸侯之重，新失大將軍，宜宣章盛德以示天下，顯明功臣以塡藩國。〔三〕毋空大位，以塞爭權，〔四〕所以安社稷絕未萌也。〔五〕車騎將軍安世事孝武皇帝三十餘年，忠信謹厚，勤勞政事，夙夜不怠，與大將軍定策，天下受其福，國家重臣也，宜尊其位，以爲大將軍，毋令領光祿勳事，使專精神，憂念天下，思惟得失。安世子延壽重厚，可以爲光祿勳，領宿衞臣。」上亦欲用之。安世聞指，懼不敢當，請間求見，免冠頓首曰：「老臣耳妄聞，言之爲先事，不言情不達，〔六〕誠自量不足以居大位，繼大將軍後。唯天子財哀，以全老臣之命。」〔七〕上笑曰：「君言泰謙。君而不可，尚誰可者！」〔八〕安世深辭弗能得。後數日，竟拜爲大司馬車騎將軍，領尚書事。數月，罷車騎將軍屯兵，更爲衞將軍，兩宮衞尉，城門、北軍兵屬焉。

〔一〕師古曰：「懷，來也。」

〔二〕師古曰：「鄉讀曰嚮。」

〔三〕師古曰：「塡音竹刃反。」

〔四〕師古曰：「大臣位容，則起爭奪之權也。」
〔五〕師古曰：「未萌，謂變故未生者也。」
〔六〕師古曰：「事未施行而遽言之，故曰先事也。」
〔七〕師古曰：「財與裁同。」
〔八〕師古曰：「言君尚不可，誰更可也！」

時霍光子禹爲右將軍，上亦以禹爲大司馬，罷其右將軍屯兵，以虛尊加之，而實奪其衆。後歲餘，禹謀反，夷宗族，安世素小心畏忌，已內憂矣。〔一〕其女孫敬爲霍氏外屬婦，〔二〕當相坐，安世瘦懼，形於顏色。〔三〕上怪而憐之，以問左右，乃赦敬，以慰其意。安世寖恐。〔四〕職典樞機，以謹慎周密自著，外內無間。〔五〕每定大政，已決，輒移病出，〔六〕聞有詔令，乃驚，使吏之丞相府問焉。自朝廷大臣莫知其與議也。〔七〕

〔一〕師古曰：「忌者，戒盈滿之禍。」
〔二〕師古曰：「女孫，卽今所謂孫女也。」
〔三〕師古曰：「形，見也。」
〔四〕師古曰：「寖，益也。」
〔五〕師古曰：「著，明也。間，隙也。」
〔六〕師古曰：「移病，謂移書言病也。一曰以病而移居。」

〔七〕師古曰：「與讀曰豫。」

嘗有所薦，其人來謝，安世大恨，以爲舉賢達能，豈有私謝邪？絕勿復爲通。〔一〕有郎功高不調，〔二〕自言，安世應曰：「君之功高，明主所知。人臣執事，何長短而自言乎！」絕不許。已而郎果遷。〔三〕莫府長史遷，辭去之官，安世問以過失。〔四〕長史曰：「將軍爲明主股肱，而士無所進，論者以爲譏。」安世曰：「明主在上，賢不肖較然，〔五〕臣下自修而已，何知士而薦之？」其欲匿名迹遠權勢如此。〔六〕

〔一〕師古曰：「有欲謝者，皆不通也。一曰告此人而絕之，更不與相見也。」
〔二〕師古曰：「調，選也，音徒釣反。」
〔三〕師古曰：「安世外陽距之，而實令其遷。」
〔四〕師古曰：「問己有何失。」
〔五〕師古曰：「較，明貌。」
〔六〕師古曰：「遠，離也，音于萬反。」

爲光祿勳，郎有醉小便殿上，主事白行法，安世曰：「何以知其不反水漿邪？〔一〕如何以小過成罪！」郎淫官婢，婢兄自言，安世曰：「奴以恚怒，誣汙衣冠。」(自)〔告〕署適奴。〔二〕其隱人過失，皆此類也。

〔一〕師古曰：「反讀曰翻。」
〔二〕師古曰：「適讀曰謫。」

安世自見父子尊顯，懷不自安，爲子延壽求出補吏，上以爲北地太守。歲餘，上閔安世年老，復徵延壽爲左曹太僕。

初，安世兄賀幸於衞太子，太子敗，賓客皆誅，安世爲賀上書，得下蠶室。〔一〕後爲掖庭令，而宣帝以皇曾孫收養掖庭。賀內傷太子無辜，而曾孫孤幼，所以視養拊循，恩甚密焉。及曾孫壯大，賀教書，令受詩，爲取許妃，以家財聘之。曾孫數有徵怪，〔二〕語在宣紀。賀聞知，爲安世道之，稱其材美。安世輒絕止，以爲少主在上，不宜稱述曾孫。及宣帝卽位，而賀已死。上謂安世曰：「掖(廷)〔庭〕令平生稱我，將軍止之，是也。」上追思賀恩，欲封其冢爲恩德侯，置守冢二百家。〔三〕賀有一子蚤死，〔四〕無子，子安世小男彭祖。〔五〕彭祖又小與上同席研書，指欲封之，先賜爵關內侯。故安世深辭賀封，又求損守冢戶數，稍減至三十戶。上曰：「吾自爲掖(廷)〔庭〕令，非爲將軍也。」安世乃止，不敢復言。遂下詔曰：「其爲故掖(廷)〔庭〕令張賀置守冢三十家。」上自處置其里，〔六〕居冢西鬭雞翁舍南，上少時所嘗游處也。明年，復下詔曰：「朕微眇時，故掖(廷)〔庭〕令張賀輔道朕躬，〔七〕修文學經術，恩惠卓異，厥功茂焉。詩云：『無言不讎，無德不報。』〔八〕其封賀弟子侍中關內侯彭祖爲陽都侯，賜

賀謚曰陽都哀侯。」時賀有孤孫霸，年七歲，拜爲散騎中郎將，賜爵關內侯，食邑三百戶。安世以父子封侯，在位大盛，乃辭祿。詔都內別臧張氏無名錢以百萬數。〔九〕

〔一〕師古曰：「謂腐刑也。凡養蠶者，欲其溫而早成，故爲密室蓄火以置之。而新腐刑亦有中風之患，須入密室乃得以全，因呼爲蠶室耳。」
〔二〕師古曰：「徵，證也。」
〔三〕師古曰：「身死追封，故云封冢也。」
〔四〕師古曰：「蚤，古早字。」
〔五〕師古曰：「言養以爲子。」
〔六〕師古曰：「處，安也，音昌汝反。」
〔七〕師古曰：「道讀曰導。」
〔八〕師古曰：「大雅抑之詩。」
〔九〕文穎曰：「都內，主臧官也。」張晏曰：「安世以還官，官不簿也。」

安世尊爲公侯，食邑萬戶，然身衣弋綈，〔一〕夫人自紡績，家童七百人，皆有手技作事，內治產業，累積纖微，是以能殖其貨，〔二〕富於大將軍光。天子甚尊憚大將軍，然內親安世，心密於光焉。

〔一〕師古曰：「弋，黑色也。綈，厚繒也。」

〔三〕師古曰：「殖，生也。」

元康四年春，安世病，上疏歸侯，乞骸骨。天子報曰：「將軍年老被病，朕甚閔之。雖不能視事，折衝萬里，君先帝大臣，明於治亂，朕所不及，得數問焉，〔一〕何感而上書歸衞將軍富平侯印？〔二〕薄朕忘故，〔三〕非所望也！願將軍強餐食，近醫藥，專精神，以輔天年。」安世復強起視事，至秋薨。天子贈印綬，送以輕車介士，〔四〕謚曰敬侯。賜塋杜東，〔五〕將作穿復土，起冢祠堂。子延壽嗣。

〔一〕師古曰：「言意所不及者，即以問君也。」

〔二〕師古曰：「感，恨也，音胡闇反。」

〔三〕蘇林曰：「本望君重於此也。」師古曰：「蘇說非也。薄猶嫌也，君意嫌朕遺忘故舊，而求去也。」

〔四〕師古曰：「輕車，古之戰車。續漢書曰『彫朱輪輿，不巾不蓋，簪矛戟幢（也）麾，輦弩』。介士謂甲士也。簪，插也。輦，皮篋盛弩也。簪音側事反。輦音服。」

〔五〕師古曰：「塋，冢地也。」

延壽已歷位九卿，既嗣侯，國在陳留，別邑在魏郡，租入歲千餘萬。延壽自以身無功德，何以能久堪先人大國，數上書讓減戶邑，又因弟陽都侯彭祖口陳至誠。天子以爲有讓，乃

徙封平原，并一國，戶口如故，而租稅減半。薨，謚曰愛侯。子勃嗣，爲散騎諫大夫。

元帝初即位，詔列侯舉茂材，勃舉太官獻丞陳湯。〔一〕湯有罪，勃坐削戶二百，會薨，故賜謚曰繆侯。〔二〕後湯立功西域，世以勃爲知人。子臨嗣。

〔一〕蘇林曰：「獻丞，主貢獻物也。」

〔二〕師古曰：「以其所舉不得人，故加惡謚。（謬）〔繆〕者，妄也。」

臨亦謙儉，每登閣殿，常歎曰：「桑、霍爲我戒，豈不厚哉！」〔一〕且死，分施宗族故舊，〔二〕薄葬不起墳。臨尚敬武公主。〔三〕薨，子放嗣。

〔一〕師古曰：「桑，桑弘羊也。霍，霍禹也。言以驕奢致禍也。」

〔二〕師古曰：「言將死之時，多以財分施也。」

〔三〕文穎曰：「成帝姊也。」（陳）〔臣〕瓚曰：「敬武公主是元帝姊也。」師古曰：「二說皆非也。薛宣傳云主怒曰：『嫂何以取妹殺之？』既謂元后爲嫂，是則元帝妹也。」

鴻嘉中，上欲遵武帝故事，與近臣游宴，放以公主子開敏得幸。放取皇后弟平恩侯許嘉女，上爲放供張，〔一〕賜甲第，充以乘輿服飾，號爲天子取婦，皇后嫁女。大官私官並供（具）〔其〕第，〔二〕兩宮使者冠蓋不絕，賞賜以千萬數。放爲侍中中郎將，監平樂屯兵，置莫府，儀比將軍。與上臥起，寵愛殊絕，常從爲微行出游，北至甘泉，南至長楊、五莋，〔三〕鬬雞走馬長安中，積數年。

〔一〕師古曰：「供音居用反。張音竹亮反。」

〔二〕服虔曰：「私官，皇后之官也。」

〔三〕師古曰：「莋與柞同。」

是時上諸舅皆害其寵，白太后。太后以上春秋富，動作不節，甚以過放。〔一〕時數有災異，議者歸咎放等。於是丞相宣、御史大夫方進〔二〕奏：「放驕蹇縱恣，奢淫不制。前侍御史修等四人奉使至放家逐名捕賊，〔三〕時放見在，奴從者閉門設兵弩射吏，距使者不肯內。知男子李游君欲獻女，使樂府音監景武強求不得，〔四〕使奴康等之其家，賊傷三人。又以縣官事怨樂府游徼莽，〔五〕而使大奴駿等四十餘人羣黨盛兵弩，白晝入樂府攻射官寺，縛束長吏子弟，斫破器物，宮中皆犇走伏匿。〔六〕莽自髠鉗，衣赭衣，及守令史調等皆徒跣叩頭謝放，放乃止。奴從者支屬並乘權勢爲暴虐，至求吏妻不得，殺其夫，或恚一人，妄殺其親屬，輒亡入放（弟）〔第〕，不得，幸得勿治。放行輕薄，連犯大惡，有感動陰陽之咎，爲臣不忠首，〔七〕罪名雖顯，前蒙恩。驕逸悖理，〔八〕與背畔無異，臣子之惡，莫大於是，不宜宿衞在位。臣請免放歸國，以銷衆邪之萌，厭海內之心。」〔九〕

〔一〕師古曰：「以放爲罪過。」

〔二〕師古曰：「薛宣、翟方進。」

〔三〕劉德曰：「謂詔捕罪人有名者也。」

〔四〕孟康曰：「音監，監主樂人也。姓景名武。」

〔五〕師古曰：「樂府之游徼名莽。」

〔六〕師古曰：「犇，古奔字。」

〔七〕師古曰：「不忠之罪放爲首。」

〔八〕師古曰：「悖，乖也，音布內反。」

〔九〕師古曰：「萌，始生者也。厭，滿也，音一豔反。」

上不得已，〔一〕左遷放爲北地都尉。數月，復徵入侍中。太后以放爲言，出放爲天水屬國都尉。永始、元延間，比年日蝕，〔二〕故久不還放，璽書勞問不絕。居歲餘，徵放歸第視母公主疾。數月，主有瘳，出放爲河東都尉。上雖愛放，然上迫太后，下用大臣，故常涕泣而遣之。後復徵放爲侍中光祿大夫，秩中二千石。歲餘，丞相方進復奏放，上不得已，免放，賜錢五百萬，遣就國。數月，成帝崩，放思慕哭泣而死。

〔一〕師古曰：「已，止也。」

〔二〕師古曰：「比，頻也。」

初，安世長子千秋與霍光子禹俱爲中郎將，將兵隨度遼將軍范明友擊烏桓。還，謁大

將軍光，問千秋戰鬬方略，山川形勢，千秋口對兵事，畫地成圖，無所忘失。光復問禹，禹不能記，曰：「皆有文書。」光由是賢千秋，以禹爲不材，歎曰：「霍氏世衰，張氏興矣！」及禹誅滅，而安世子孫相繼，自宣、元以來爲侍中、中常侍、諸曹散騎、列校尉者凡十餘人。功臣之世，唯有金氏、張氏，親近寵貴，比於外戚。

放子純嗣侯，恭儉自修，明習漢家制度故事，有敬侯遺風。王莽時不失爵，建武中歷位至大司空，更封富平之別鄉爲武始侯。

張湯本居杜陵，安世武、昭、宣世輒隨陵，〔一〕凡三徙，復還杜陵。

〔一〕服虔曰：「隨所事帝，徙處其陵也。」

贊曰：馮商稱張湯之先與留侯同祖，而司馬遷不言，故闕焉。〔一〕漢興以來，侯者百數，保國持寵，未有若富平者也。湯雖酷烈，及身蒙咎，其推賢揚善，固宜有後。安世履道，滿而不溢。賀之陰德，亦有助云。

〔一〕如淳曰：「班固目錄馮商，長安人，成帝時以能屬書待詔金馬門，受詔續太史公書十餘篇。」師古曰：「劉歆七略云商陽陵人，治湯，事五鹿充宗，能屬文，博通強記，與孟柳俱待詔，頗序列傳，未卒，會病死。」

校勘記

二六三九頁五行 固爲臣議，如（此）上責臣，〔八〕 注〔八〕原在「此」字下。王先謙說「此」是衍文。按史記無「此」字。顏注正解「如上責臣」，當在「臣」字下。

二六四二頁三行 臣固知湯之（爲）詐忠。 景祐、殿本都無「爲」字。

二六四三頁一行 失（失）氣也。 王先謙說「失」字誤衍。按殿本無。

二六四三頁三行 告湯與謁居謀，（兵）〔共〕變李文。 景祐、殿本都作「共」，此誤。

二六四五頁二行 （師古）〔應劭〕曰： 景祐、殿本都作「應劭」。王先謙說作「應劭」是。

二六四七頁一四行 帝初即位，褒賞大臣，〔下〕詔曰： 景祐、殿本都有「下」字。

二六五〇頁一四行 （自）〔告〕署適奴。 景祐、殿本都作「告」。郭嵩燾說作「告」是。

二六五一頁九行 掖（廷）〔庭〕令平生稱我， 殿本作「庭」，下同。王先謙說「廷」字誤。按景祐本亦誤。

二六五三頁一〇行 藴矛戟幢（也）麾，璀弩。 宋祁說別本、浙本無「也」字。王先謙說無「也」字是。

二六五四頁五行 （謬）〔繆〕者，妄也。 景祐、殿本都作「繆」。

二六五四頁一〇行 （陳）〔臣〕瓚曰： 景祐、殿、局本都作「臣」，此誤。

二六五四頁一三行 大官私官並供（具）〔其〕第， 景祐、殿、局本都作「其」，此誤。

二六五五頁一三行 輒亡入放（弟）〔第〕， 王先謙說殿本作「第」是。

漢書卷六十

杜周傳第三十

杜周，南陽杜衍人也。義縱爲南陽太守，以周爲爪牙，薦之張湯，爲廷尉史。使案邊失亡，〔一〕所論殺甚多。奏事中意，任用，〔二〕與減宣更爲中丞者十餘歲。〔三〕

〔一〕文穎曰：「邊卒多亡也。或曰，郡縣主守有所亡失也。」師古曰：「此說皆非也。謂因虜入爲寇，而失人畜甲兵倉廩者也。」

〔二〕師古曰：「以奏事當天子之意旨，故被任用也。中音竹仲反。」

〔三〕師古曰：「更，互也，音工衡反。」

周少言重遲，〔一〕而內深次骨。〔二〕宣爲左內史，周爲廷尉，其治大抵放張湯，〔三〕而善候司。〔四〕上所欲擠者，因而陷之；〔五〕上所欲釋，久繫待問而微見其冤狀。〔六〕客有謂周曰：「君爲天下決平，不循三尺法，〔七〕專以人主意指爲獄，獄者固如是乎？」〔八〕周曰：「三尺安出哉？〔九〕前主所是著爲律，後主所是疏爲令；〔一〇〕當時爲是，何古之法乎！」〔一一〕

〔一〕師古曰：「遲謂性非敏速也。」

〔二〕李奇曰：「其用法深刻至骨。」

〔三〕師古曰：「大抵，大歸也。放，依也，音甫往反。」

〔四〕師古曰：「觀望天子意。」

〔五〕孟康曰：「擠音躋。」師古曰：「擠，墜也。」

〔六〕師古曰：「見，顯也。」

〔七〕孟康曰：「以三尺竹簡書法律也。」師古曰：「循，因也，順也。」

〔八〕師古曰：「言不當然也。」

〔九〕師古曰：「安猶焉也。」

〔一〇〕師古曰：「著謂明表也。疏謂分條也。」

〔一一〕師古曰：「各當其時而爲是也。」

至周爲廷尉，詔獄亦益多矣。二千石繫者新故相因，不減百餘人。郡吏大府舉之廷尉，〔一〕一歲至千餘章。章大者連逮證案數百，小者數十人；遠者數千里，近者數百里。會獄，〔二〕吏因責如章告劾，〔三〕不服，以掠笞定之。〔四〕於是聞有逮證，皆亡匿。獄久者至更數赦十餘歲而相告言，〔五〕大氐盡詆以不道，〔六〕以上廷尉及中都官，詔獄逮至六七萬人，〔七〕吏所增加十有餘萬。〔八〕

[一]如淳曰：「郡吏，太守也。」文穎曰：「大府，公府也。」孟康曰：「舉之廷尉，以章劾付廷尉治之也。」師古曰：「孟說非也。舉，皆也。言郡吏大府獄事皆歸廷尉也。大府，丞相、御史之府也。」
[二]師古曰：「往赴對也。」
[三]師古曰：「皆令服罪如所告劾之本章。」
[四]師古曰：「定其辭，令服也。」
[五]師古曰：「更，歷也。其罪或非赦例，故不得除，而久逃亡不出至於十餘歲，猶相告言，由周用法深刻故也。更音工衡反。」
[六]師古曰：「氐讀與抵同。抵，歸也。詆，誣也。並音丁禮反。」
[七]師古曰：「中都官，凡京師諸官府也。獄辭所及，追考問者六七萬人也。」
[八]師古曰：「吏又於此外以文致之，更增加也。」

周中廢，後爲執金吾，逐捕桑弘羊、衞皇后昆弟子刻深，上以爲盡力無私，遷爲御史大夫。始周爲廷史，有一馬，[一]及久任事，列三公，而兩子夾河爲郡守，家訾累巨萬矣。[二]治皆酷暴，唯少子延年行寬厚云。

[一]師古曰：「廷史，卽廷尉史也。」
[二]師古曰：「訾與貲同。」

延年字幼公，亦明法律。昭帝初立，大將軍霍光秉政，以延年三公子，吏材有餘，補軍司空。[一]始元四年，益州蠻夷反，延年以校尉將南陽士擊益州，還，爲諫大夫。左將軍上官桀父子與蓋主、燕王謀爲逆亂，假稻田使者燕倉知其謀，以告大司農楊敞。敞惶懼，移病，[二]以語延年。延年以聞，桀等伏辜。延年封爲建平侯。

[一]蘇林曰：「主獄官也。」如淳曰：「律，營軍司空、軍中司空各二人。」
[二]師古曰：「移病，謂移書言病也。一曰，以病而移居。」

延年本大將軍霍光吏，首發大姦，[一]有忠節，由是擢爲太僕右曹給事中。光持刑罰嚴，延年輔之以寬。治燕王獄時，御史大夫桑弘羊子遷亡，過父故吏侯史吳。[二]後遷捕得，伏法。會赦，侯史吳自出繫獄，廷尉王平與少府徐仁雜治反事，[三]皆以爲桑遷坐父謀反而侯史吳臧之，非匿反者，乃匿爲隨者也。[四]卽以赦令除吳罪。後侍御史治實，[五]以桑遷通經術，知父謀反而不諫爭，與反者身無異；侯史吳故三百石吏，首匿遷，[六]不與庶人匿隨從者等，吳不得赦。奏請覆治，劾廷尉、少府縱反者。[七]少府徐仁卽丞相車千秋女壻也，故千秋數爲侯史吳言。恐光不聽，千秋卽召中二千石、博士會公車門，議問吳法。[八]議者知大將軍指，皆執吳爲不道。明日，千秋封上衆議，光於是以千秋擅召中二千石以下，外內異言，[九]遂下廷尉平、少府仁獄。朝廷皆恐丞相坐之。延年乃奏記光爭，以爲「吏縱罪人，有常法，今更詆吳爲不道，恐於法深。[一〇]又丞相素無所守持，而爲好言於下，盡其素行也。[一一]至擅召中二千石，甚無狀。[一二]延年愚，以爲丞相久故，及先帝用事，[一三]非有大故，不可棄也。間者民頗言獄深，吏爲峻詆，[一四]今丞相所議，又獄事也，如是以及丞相，恐不合衆心。羣下讙譁，庶人私議，流言四布，延年竊重將軍失此名於天下也！」[一五]光以廷尉、少府弄法輕重，皆論棄市，而不以及丞相，終與相竟。[一六]延年論議持平，合和朝廷，皆此類也。

[一]師古曰：「首謂初首先發之。」
[二]師古曰：「姓侯史，名吳。」
[三]師古曰：「交雜同共治之也。」
[四]孟康曰：「言桑遷但隨坐耳，非自反也。」
[五]師古曰：「重覈其事也。」
[六]師古曰：「首匿者，言身爲謀首而藏匿人也。他皆類此。」
[七]師古曰：「縱，放也。」
[八]師古曰：「(言)〔于〕法律之中吳當得何罪。」
[九]張晏曰：「外則去疾欲盡，內則爲其壻也。」師古曰：「此說非也。外內，謂外朝及內朝也。」

[一〇]師古曰：「詆，誣也。次下亦同。」
[一一]師古曰：「言非故有所執持，但其素行好與在下人言議耳。」
[一二]師古曰：「無善狀。」
[一三]師古曰：「言在位已久，是爲故舊，又嘗及仕先帝而任事也。」
[一四]師古曰：「峻謂峭刻也。」
[一五]師古曰：「重猶難也。以此爲重事也。」
[一六]師古曰：「謂終丞相之身無貶黜也。」

見國家承武帝奢侈師旅之後，數爲大將軍光言：「年歲比不登，流民未盡還，[一]宜修孝文時政，示以儉約寬和，順天心，說民意，年歲宜應。」[二]光納其言，舉賢良，議罷酒榷鹽鐵，皆自延年發之。吏民上書言便宜，有異，輒下延年平處復奏。[三]言可官試者，至爲縣令，或丞相、御史除用，滿歲以狀聞，或抵其罪法，[四]常與兩府及廷尉分章。[五]

[一]師古曰：「比，頻也。」
[二]師古曰：「言儉約寬和，則豐年當應也。說讀曰悅。」
[三]師古曰：「先平處其可否，然後奏言。處音昌汝反。」
[四]師古曰：「抵，至也。言事之人有姦妄者，則(特)致之於罪法。」
[五]如淳曰：「兩府，丞相、御史府也。諸章有所疑，使延年決之。」師古曰：「此說非也。上書言事者，其章或下丞相、

御史，或村延年，故云分章耳，非令決獄也。」

昭帝末，寢疾，徵天下名醫，延年典領方藥。帝崩，昌邑王卽位，廢，大將軍光、車騎將軍張安世與大臣議所立。時宣帝養於掖廷，號皇曾孫，與延年中子佗相愛善，延年知曾孫德美，勸光、安世立焉。宣帝卽位，褒賞大臣，延年以定策安宗廟，益戶二千三百，與始封所食邑凡四千三百戶。詔有司論定策功，大司馬大將軍光功德過太尉絳侯周勃，車騎將軍安世、丞相楊敞功比丞相陳平，前將軍韓增、御史大夫蔡誼功比潁陰侯灌嬰，太僕杜延年功比朱虛侯劉章，後將軍趙充國、大司農田延年、少府史樂成功比典客劉揭，〔一〕皆封侯益土。

〔一〕師古曰：「據如此傳，樂成姓史，而霍光傳云使樂成小家子，則又似姓使，功臣侯表乃云便樂成，三者不同。尋史、使一也，故當姓史，或作使字，而表遂誤爲便耳。」

延年爲人安和，備於諸事，〔一〕久典朝政，上任信之，出卽奉駕，入給事中，居九卿位十餘年，賞賜賂遺，訾數千萬。

〔一〕師古曰：「言皆明習也。」

霍光薨後，子禹與宗族謀反，誅。上以延年霍氏舊人，欲退之，而丞相魏相奏延年素貴用事，官職多姦。遣吏考案，但得苑馬多死，官奴婢乏衣食，〔一〕延年坐免官，削戶二千。後數月，復召拜爲北地太守。延年以故九卿外爲邊吏，治郡不進，〔二〕上以璽書讓延年。〔三〕延

年乃選用良吏，捕(繫)〔擊〕豪彊，郡中清靜。居歲餘，上使謁者賜延年璽書，黃金二十斤，徙爲西河太守，治甚有名。五鳳中，徵入爲御史大夫。延年居父官府，不敢當舊位，坐臥皆易其處。是時四夷和，海內平，延年視事三歲，以老病乞骸骨，天子優之，使光祿大夫持節賜延年黃金百斤、(牛)酒，加致醫藥。延年遂稱(疾)〔病〕篤。賜安車駟馬，罷就第。〔四〕後數月薨，諡曰敬侯，子緩嗣。

〔一〕師古曰：「傳言延年身不犯法，但丞相致之於罪耳。」

〔二〕師古曰：「比於諸郡，不爲最也。」

〔三〕師古曰：「讓，責也。」

〔四〕師古曰：「安車，坐乘之車也。後漢輿服志云『公列侯安車，朱斑輪，倚鹿較，伏熊軾，皁蓋』。倚鹿較者，畫立鹿於車之前兩藩外也。伏熊軾者，車前橫軾爲伏熊之形也。」

緩少爲郎，本始中以校尉從蒲類將軍擊匈奴，〔一〕還爲諫大夫，遷上谷都尉，雁門太守。父延年薨，徵視喪事，拜爲太常，治諸陵縣，每冬月封具獄日，常去酒省食，〔二〕官屬稱其有恩。元帝初卽位，穀貴民流，永光中西羌反，緩輒上書入錢穀以助用，前後數百萬。

〔一〕文穎曰：「趙充國也。」臣瓚曰：「征蒲類海，故以爲名。」

〔二〕師古曰：「獄案已具，當論決之，故封上。」

緩六弟，五人至大官，少弟熊歷五郡二千石，三州牧刺史，有能名，唯中弟欽官不至而最知名。

欽字子夏，少好經書，家富而目偏盲，〔一〕故不好爲吏。茂陵杜鄴與欽同姓字，〔二〕俱以材能稱京師，故衣冠謂欽爲「盲杜子夏」以相別。〔三〕欽惡以疾見詆，〔四〕乃爲小冠，高廣財二寸，〔五〕由是京師更謂欽爲「小冠杜子夏」，而鄴爲「大冠杜子夏」云。

〔一〕師古曰：「盲，目無見也。偏盲者，患一目也。今俗乃以兩目無見者始爲盲，語移轉也。」

〔二〕師古曰：「並字子夏。」

〔三〕師古曰：「衣冠謂士大夫也。」

〔四〕師古曰：「詆，毀也，音丁禮反。」

〔五〕師古曰：「財與纔同，古通用字。」

時帝舅大將軍王鳳以外戚輔政，求賢知自助。鳳父頃侯禁與欽兄緩相善，故鳳深知欽能，奏請欽爲大將軍軍武庫令。職閒無事，欽所好也。〔一〕

〔一〕師古曰：「閒讀曰閑。」

欽爲人深博有謀。自上爲太子時，以好色聞，及卽位，皇太后詔采良家女。欽因是說

大將軍鳳曰：「禮壹娶九女，所以極陽數，廣嗣重祖也；〔一〕必鄉舉求窈窕，不問華色，〔二〕所以助德理內也；娣姪雖缺不復補，所以養壽塞爭也。〔三〕故后妃有貞淑之行，則胤嗣有賢聖之君；制度有威儀之節，則人君有壽考之福。廢而不由，則女德不厭；〔四〕女德不厭，則壽命不究於高年。〔五〕書云『或四三年』，〔六〕言失欲之生害也。〔七〕男子五十，好色未衰；婦人四十，容貌改前。以改前之容侍於未衰之年，而不以禮爲制，則其原不可救而後徠異態；後徠異態，則正后自疑而支庶有閒適之心。〔八〕是以晉獻被納讒之謗，申生蒙無罪之辜。〔九〕今聖主富於春秋，未有適嗣，方鄉術入學，〔一〇〕未親后妃之議。將軍輔政，宜因始初之隆，建九女之制，詳擇有行義之家，求淑女之質，毋必有(聲色)〔色聲〕音技能，爲萬世大法。〔一一〕夫少，戒之在色，〔一二〕小卞之作，可爲寒心。〔一三〕唯將軍常以爲憂。」

〔一〕張晏曰：「陽數一三五七九，九，數之極也。」臣瓚曰：「天子一娶九女，夏殷之制也，欽故舉前代之約以刺今之奢也。」

〔二〕師古曰：「鄉舉者，博問鄉里而舉之也。窈窕，幽閑也。窈音一了反。窕音徒了反。」

〔三〕師古曰：「媵女之內，兄弟之女則謂之姪，已之女弟則謂之娣。塞，絕也。」

〔四〕師古曰：「由，用也，從也。女德不厭，言好色之甚也。」

〔五〕師古曰：「究，竟也。」

〔六〕師古曰：「周書亡逸篇曰『惟湛樂之從，罔或克壽，或十年，或七八年，或五六年，或四三年』，謂逸欲過度則損壽

也。」

〔七〕師古曰：「失讀曰佚。佚與逸同。」

〔八〕師古曰：「間，代也，音居莧反。適讀曰嫡。次下亦同。」

〔九〕師古曰：「蒙亦被也。」

〔一〇〕師古曰：「鄉讀曰嚮。」

〔一一〕師古曰：「惟求淑質，無論美色及音聲技能，如此，則可爲萬代法也。」

〔一二〕師古曰：「論語孔子曰：『君子有三戒，少之時血氣未定，戒之在色。』言好色無節則致損敗，故戒之也。」

〔一三〕張晏曰：「刺幽王廢申后而立褒姒，黜太子宜咎而立伯服也。」臣瓚曰：「小卞之詩，太子之傅作也，哀太子之放逐，愍周室之大壞也。」師古曰：「詩小雅也。二說皆是。卞音盤。」

鳳白之太后，太后以爲故事無有。欽復重言：〔一〕「詩云『殷監不遠，在夏后氏之世』。〔二〕刺戒者至迫近，而省聽者常怠忽，〔三〕可不慎哉！前言九女，略陳其禍福，甚可悼懼，竊恐將軍不深留意。后妃之制，夭壽治亂存亡之端也。迹三代之季世，覽宗、宣之饗國，察近屬之符驗，〔四〕禍敗曷常不由女德？是以佩玉晏鳴，關雎歎之，〔五〕知好色之伐性短年，離制度之生無厭，天下將蒙化，陵夷而成俗也。〔六〕故詠淑女，幾以配上，〔七〕忠孝之篤，仁厚之作也。〔八〕夫君親壽尊，國家治安，誠臣子之至願，所當勉之也。易曰：『正其本，萬物理。』〔九〕凡事論有疑未可立行者，求之往古則典刑無，考之來今則吉凶同，卒搖易之則民

心惑，〔一〇〕若是者誠難施也。今九女之制，合於往古，無害於今，不逆於民心，至易行也，行之至有福也，將軍輔政而不蚤定，〔一一〕非天下之所望也。唯將軍信臣子之願，念關雎之思，〔一二〕逮委政之隆，及始初清明，〔一三〕爲漢家建無窮之基，誠難以忽，不可以遴。」〔一四〕鳳不能自立法度，循故事而已。會皇太后女弟司馬君力〔一五〕與欽兄子私通，事上聞，欽慙懼，乞骸骨去。

〔一〕師古曰：「重音直用反。」

〔二〕師古曰：「大雅蕩之詩也。言殷之所監見，其事不遠，近在夏后氏之時。」

〔三〕師古曰：「忽，忘也。」

〔四〕韋昭曰：「宗，殷高宗也。宣，周宣王也。皆饗國長久。」師古曰：「宗、宣之義，韋說是也。近屬者，謂漢家之事耳。屬猶言甫爾也，音之欲反。」

〔五〕李奇曰：「后夫人雞鳴佩玉去君所，周康王后不然，故詩人歎而傷之。」臣瓚曰：「此魯詩也。」

〔六〕師古曰：「蒙，被也。」

〔七〕師古曰：「關雎之詩云『窈窕淑女，君子好仇』，故云然也。淑，善也。幾讀曰冀。」

〔八〕師古曰：「作謂作詩也。」

〔九〕師古曰：「今易無此文。」

〔一〇〕鄭（玄）〔氏〕曰：「卒，急也。」師古曰：「卒音（于）〔千〕忽反。」

〔一一〕師古曰：「蚤，古早字。」

〔一二〕師古曰：「信讀曰申。」

〔一三〕師古曰：「委政之隆，言天子委鳳政事，權寵隆盛也。始初清明，天子新即位，宜立法制。」

〔一四〕李奇曰：「遴，難也。」師古曰：「遴與吝同。」

〔一五〕蘇林曰：「字君力，爲司馬氏婦。」

後有日蝕地震之變，詔舉賢良方正能直言士，合陽侯梁放舉欽。欽上對曰：「陛下畏天命，悼變異，延見公卿，舉直言之士，將以求天心，迹得失也。〔一〕臣欽愚戇，經術淺薄，不足以奉大對。〔二〕臣聞日蝕地震，陽微陰盛也。臣者，君之陰也；子者，父之陰也；妻者，夫之陰也；夷狄者，中國之陰也。春秋日蝕三十六，地震五，〔三〕或夷狄侵中國，或政權在臣下，或婦乘夫，〔四〕或臣子背君父，事雖不同，其類一也。臣竊觀人事以考變異，則本朝大臣無不自安之人，外戚親屬無乖刺之心，〔五〕關東諸侯無强大之國，三垂蠻夷無逆理之節；〔六〕殆爲後宮。〔七〕何以言之？日以戊申蝕，時加未。戊（夫）〔未〕，土也。土者，中宮之部也。其夜地震未央宮殿中，此必適妾將有爭寵相害而爲患者，〔八〕唯陛下深戒之。變感以類相應，人事失於下，變象見於上。能應之以德，則異咎消亡；不能應之以善，則禍敗至。高宗遭雊雉之戒，飭己正事，享百年之壽，殷道復興，〔九〕要在所以應之。應之非誠不立，非

信不行。宋景公小國之諸侯耳，有不忍移禍之誠，出人君之言三，熒惑爲之退舍。〔一〇〕以陛下聖明，內推至誠，深思天變，何應而不感？何搖而不動？孔子曰：『仁遠乎哉！』〔一一〕唯陛下正后妾，抑女寵，防奢泰，去佚游，躬節儉，親萬事，數御安車，由輦道，〔一二〕親二宮之饗膳，〔一三〕致晨昏之定省。如此，即堯舜不足與比隆，咎異何足消滅！如不留聽於庶事，不論材而授位，殫天下之財以奉淫侈，匱萬姓之力以從耳目，〔一四〕近諂諛之人而遠公方，〔一五〕信讒賊之臣以誅忠良，賢俊失在巖穴，大臣怨於不以，〔一六〕雖無變異，社稷之憂也。天下至大，萬事至衆，祖業至重，誠不可以佚豫爲，不可以奢泰持也。〔一七〕唯陛下忍無益之欲，以全衆庶之命。臣欽愚戇，言不足采。」

〔一〕師古曰：「觀得失之蹤迹也。」

〔二〕師古曰：「大對謂對大問也。」

〔三〕師古曰：「解在劉向傳。」

〔四〕師古曰：「乘，陵也。」

〔五〕師古曰：「刺，戾也，音來曷反。」

〔六〕師古曰：「三垂謂東南西也。」

〔七〕師古曰：「殆，近也。」

〔八〕師古曰：「適讀曰嫡。嫡謂正后也。」

〔九〕師古曰：「幾讀曰冀。」
〔一〇〕師古曰：「左道，不正之道也。」
〔一一〕師古曰：「擠，墜也，音子詣反。」
〔一二〕師古曰：「縱橫陵厲也。」
〔一三〕師古曰：「熏言熏灼之。轑讀曰燎。假借用字。」
〔一四〕師古曰：「齗猶弭。」
〔一五〕師古曰：「杜，塞也。」
〔一六〕師古曰：「言懼之甚，故股戰慄也。」
〔一七〕師古曰：「卒讀曰猝。」

會成帝崩，哀帝卽位，業復上書言：「王氏世權日久，朝無骨鯁之臣，〔一〕宗室諸侯微弱，與繫囚無異，自佐史以上至於大吏皆權臣之黨。曲陽侯根前爲三公輔政，知趙昭儀殺皇子，不輒白奏，反與趙氏比周，恣意妄行，〔二〕譖愬故許后，被加以非罪，〔三〕誅破諸許族，敗元帝外家。內嫉妒同產兄姊紅陽侯立及淳于氏，〔四〕皆老被放棄。新喋血京師，威權可畏。高陽侯薛宣有不養母之名，安昌侯張禹姦人之雄，惑亂朝廷，使先帝負謗於海內，尤不可不慎。陛下初卽位，謙讓未皇，〔五〕孤獨特立，莫可據杖，權臣易世，意若探湯。〔六〕宜蚤以義割恩，安百姓心。竊見朱博忠信勇猛，材略不世出，〔七〕誠國家雄俊之寶臣也，宜徵博置左

右，以塡天下。〔八〕此人在朝，則陛下可高枕而臥矣。昔諸呂欲危劉氏，賴有高祖遺臣周勃、陳平尙存，不者，幾爲姦臣笑。」〔九〕

〔一〕師古曰：「鯁亦骾字。」
〔二〕師古曰：「比音頻寐反。」
〔三〕師古曰：「被音皮義反。」
〔四〕師古曰：「兄，紅陽侯立也。姊，淳于長母也。」
〔五〕師古曰：「皇，暇也。」
〔六〕師古曰：「言重難之，若以手探熱湯也。」
〔七〕師古曰：「言其希有也。」
〔八〕師古曰：「塡音竹刃反。」
〔九〕師古曰：「幾音鉅依反。」

業又言宜爲恭王立廟京師，以章孝道。時高昌侯董宏亦言宜尊帝母定陶王丁后爲帝太后。大司空師丹等劾宏誤朝不道，坐免爲庶人，業復上書訟宏。前後所言皆合指施行，朱博果見拔用。業由是徵，復爲太常。歲餘，左遷上黨都尉。會司隸奏業爲太常選舉不實，業坐免官，復就國。

哀帝崩，王莽秉政，諸前議立廟尊號者皆免，徙合浦。業以前罷黜，故見闊略，〔一〕憂恐，發病死。業成帝初尙帝妹潁邑公主，主無子，薨，業家上書求還京師與主合葬，不許，而賜謚曰荒侯，傳子至孫絕。初，杜周武帝時徙茂陵，至延年徙杜陵云。

〔一〕師古曰：「闊略，謂寬縱不問也。」

贊曰：張湯、杜周並起文墨小吏，致位三公，列於酷吏。而俱有良子，德器自過，〔一〕爵位尊顯，繼世立朝，相與提衡，〔二〕至於建武，杜氏爵乃獨絕。〔三〕迹其福祚，元功儒林之後莫能及也。〔四〕自謂唐杜苗裔，豈其然乎？〔五〕及欽浮沈當世，好謀而成，以建始之初深陳女戒，終如其言，庶幾乎關雎之見微，〔六〕非夫浮華博習之徒所能規也。業因勢而抵陒，〔七〕稱朱博，毀師丹，愛憎之議可不畏哉！

〔一〕師古曰：「言其子德器各過二人之身。」
〔二〕如淳曰：「提衡猶言相提攜也。」臣瓚曰：「衡，平也，言二人齊也。」師古曰：「瓚說是也。」
〔三〕師古曰：「建武之後，張氏尙有張純爲侯，故言杜氏獨絕也。」
〔四〕師古曰：「元功，蕭、曹、張、陳之屬也。儒林，貢、薛、韋、匡之輩。」
〔五〕師古曰：「謂在周爲唐杜氏也。」
〔六〕師古曰：「關雎，國風之始，言夫婦之際政化所由，故云見微。微謂微妙也。」

〔七〕服虔曰：「抵音紙。陒音羲。謂罪敗而復抨彈之，蘇秦書有此法。」師古曰：「抵，擊也。陒，毀也。言因事形勢而擊毀之也。陒音詭。一說陒讀與戲同，音許宜反。戲亦險也，言擊其危險之處，鬼谷有抵戲篇也。」

校勘記

二六六〇頁一五行　大氐盡詆以不道，（○）以上　注〔六〕原在「以上」下。王先謙說索隱「以上」屬下讀，似當從之。

二六六三頁一五行　（言）〔于〕法律之中，吳當得何罪。景祐、殿本都作「于」。

二六六四頁一〇行　輒下延年平處復奏。〔三〕言可官試者，至爲縣令，注〔三〕原在「言」字下。王先謙說「言」字當下屬。

二六六四頁一五行　言事之人有姦妄者，則（特）致之於辠法。殿本「特」作「持」。景祐本無「特」字。

二六六六頁一行　延年乃選用良吏，捕（繫）〔擊〕豪強。劉奉世說「繫」當作「擊」，字之誤也。按景祐本作「擊」。

二六六六頁四行　賜延年黃金百斤，（牛）酒，加致醫藥。延年遂稱（疾）〔病〕篤。宋祁說浙本「酒」字上有「牛」字。按景祐、殿本都無「牛」字。錢大昭說「疾」南監本、閩本作「病」。按景祐、殿本都作「病」。

二六六八頁八行　毋必有（聲色）〔色聲〕音技能，王先謙說，據顏注，明後人傳寫誤倒「色聲」作「聲色」。

二六七〇頁一六行　鄭(玄)〔氏〕曰：　景祐、殿本都作「鄭氏」，「玄」字誤。

二六七〇頁一六行　卒音(于)〔千〕忽反。　景祐、殿本都作「千」，此誤。

二六七二頁三行　戊(夫)〔未〕，土也。　錢大昭說「夫」當作「未」。按景祐、殿、局本都作「未」。

二六七四頁五行　近觀其所爲〔主〕，　宋祁說「爲」字下南本、浙本並有「主」字。王先謙、楊樹達都說當有。

二六七六頁三行　(師古)〔文穎〕曰：　景祐、殿本都作「文穎」。

二六七九頁八行　今(在)〔坐〕長者歸故郡，　錢大昭說「在」當作「坐」。按景祐、殿、局本都作「坐」。

二六八〇頁一行　丹前親(屬)〔鷹〕邑子丞相史能使巫下神，　景祐、殿本都作「鷹」。王先謙說作「鷹」是。

漢書卷六十一

張騫李廣利傳第三十一

張騫，漢中人也，〔一〕建元中爲郎。時匈奴降者言匈奴破月氏王，〔二〕以其頭爲飲器，〔三〕月氏遁而怨匈奴，無與共擊之。〔四〕漢方欲事滅胡，聞此言，欲通使，道必更匈奴中，〔五〕乃募能使者。騫以郎應募，使月氏，與堂邑氏奴甘父〔六〕俱出隴西。徑匈奴，〔七〕匈奴得之，傳詣單于。單于曰：「月氏在吾北，漢何以得往使？吾欲使越，漢肯聽我乎？」留騫十餘歲，予妻，有子，然騫持漢節不失。

〔一〕師古曰：「陳壽益部耆舊傳云騫漢中成固人也。」

〔二〕師古曰：「月氏，西域胡國也。氏音支。」

〔三〕韋昭曰：「飲器，椑榼也。」晉灼曰：「飲器，虎子屬也，或曰飲酒之器也。」師古曰：「匈奴傳云『以所破月氏王頭共飲血盟』，然則飲酒之器是也。韋云椑榼，晉云獸子，皆非也。椑榼，即今之偏榼，所以盛酒耳，非用飲者也。獸子褻器，所以溲便者也。椑音鼙。」

〔四〕師古曰：「無人援助也。」

〔五〕師古曰：「更，過也，音工衡反。」

〔六〕服虔曰：「堂邑，姓也，漢人，其奴名甘父。」師古曰：「堂邑氏之奴，本胡人，名甘父。下云堂邑父者，蓋取主之姓以爲氏，而單稱其名曰父。」

〔七〕師古曰：「道由匈奴過。」

居匈奴西，騫因與其屬亡鄉月氏，〔一〕西走數十日〔二〕至大宛。大宛聞漢之饒財，欲通不得，見騫，喜，問欲何之。騫曰：「爲漢使月氏而爲匈奴所閉道，今亡，唯王使人道送我。〔三〕誠得至，反漢，漢之賂遺王財物不可勝言。」大宛以爲然，遣騫，爲發譯道，抵康居。〔四〕康居傳致大月氏。大月氏王已爲胡所殺，立其夫人爲王。既臣大夏而君之，〔五〕地肥饒，少寇，志安樂，又自以遠遠漢，殊無報胡之心。〔六〕騫從月氏至大夏，竟不能得月氏要領。〔七〕

〔一〕師古曰：「屬謂同使之官屬。鄉讀曰嚮。」

〔二〕師古曰：「走，趨也。不指知其道里多少，故以日數言之。走音奏。一曰走謂奔走也，讀如本字。」

〔三〕師古曰：「道讀曰導。」

〔四〕師古曰：「抵，至也。道讀曰導。」

〔五〕師古曰：「以大夏爲臣，爲之作君也。」

〔六〕師古曰：「下遠音(于)〔于〕萬反。」

〔七〕李奇曰：「要領，要契也。」師古曰：「李說非也。要，衣要也。領，衣領也。凡持衣者則執要與領。言騫不能得月氏意趣，無以持歸於漢，故以要領爲喻。要音一遙反。」

留歲餘，還，並南山，欲從羌中歸，〔一〕復爲匈奴所得。留歲餘，單于死，國內亂，騫與胡妻及堂邑父俱亡歸漢。拜騫太中大夫，堂邑父爲奉使君。

〔一〕師古曰：「並音步浪反。」

騫爲人彊力，寬大信人，〔一〕蠻夷愛之。堂邑父胡人，善射，窮急射禽獸給食。〔二〕初，騫行時百餘人，去十三歲，唯二人得還。

〔一〕師古曰：「彊力，言堅忍於事。」

〔二〕師古曰：「給，供也。」

騫身所至者，大宛、大月氏、大夏、康居，而傳聞其旁大國五六，具爲天子言其地形，所有。〔一〕語皆在西域傳。

〔一〕師古曰：「土地之形及所生之物也。」

騫曰：「臣在大夏時，見邛竹杖、蜀布，〔一〕問安得此，大夏國人曰：『吾賈人往市之身毒國。〔二〕身毒國在大夏東南可數千里。其俗土著，〔三〕與大夏同，而卑溼暑熱。其民乘象以戰。〔四〕其國臨大水焉。』以騫度之，〔五〕大夏去漢萬二千里，居西南。今身毒又居大夏東

南數千里，有蜀物，此其去蜀不遠矣。今使大夏，從羌中，險，羌人惡之；少北，則爲匈奴所得；從蜀，宜徑，又無寇。」〔六〕天子既聞大宛及大夏、安息之屬皆大國，多奇物，土著，頗與中國同俗，而兵弱，貴漢財物；其北則大月氏、康居之屬，兵彊，可以賂遺設利朝也。〔七〕誠得而以義屬之，〔八〕則廣地萬里，重九譯，致殊俗，威德徧於四海。天子欣欣以騫言爲然。乃令因蜀犍爲發間使，四道並出：〔九〕出駹，出莋，出徙、邛，出僰，〔一〇〕皆各行一二千里。其北方閉氐、莋，〔一一〕南方閉巂、昆明。〔一二〕昆明之屬無君長，善寇盜，輒殺略漢使，終莫得通。然聞其西可千餘里，有乘象國，名滇越，〔一三〕而蜀賈間出物者或至焉，〔一四〕於是漢以求大夏道始通滇國。初，漢欲通西南夷，費多，罷之。及騫言可以通大夏，乃復事西南夷。〔一五〕

〔一〕臣瓚曰：「邛，山名。生此竹，高節，可作杖。」服虔曰：「布，細布也。」師古曰：「邛竹杖，人皆識之，無假多釋。而蘇林乃言節間合而體離，誤後學矣。」

〔二〕鄧展曰：「毒音篤。」李奇曰：「一名天篤，則浮屠胡是也。」師古曰：「即敬佛道者。」

〔三〕師古曰：「土著者，謂有城郭常居，不隨畜牧移徙也。著音直略反。其下亦同。」

〔四〕師古曰：「象，大獸，垂鼻長牙。」

〔五〕師古曰：「度，計也。」

〔六〕師古曰：「徑，直也。宜猶當也。從蜀向大夏，其道當直。」

〔七〕師古曰：「設，施也。施之以利，誘令入朝。」

〔八〕師古曰：「謂不以兵革。」

〔九〕師古曰：「間使者，求間隙而行。」

〔一〇〕師古曰：「皆夷種名。駹音尨。莋音材各反。徙音斯。僰音蒲（北）〔北〕反。」

〔一一〕服虔曰：「漢使見閉於夷也。」師古曰：「氐與莋二種也。」

〔一二〕師古曰：「巂、昆明，亦皆夷種名也。巂音先蘂反。」

〔一三〕服虔曰：「滇音顚。滇（烏）〔馬〕出其國。」

〔一四〕師古曰：「間出物，謂私往市者。」

〔一五〕師古曰：「事謂經略通之，專以爲事也。」

騫以校尉從大將軍擊匈奴，知水草處，軍得以不乏，乃封騫爲博望侯。〔一〕是歲元朔六年也。後二年，騫爲衞尉，與李廣俱出右北平擊匈奴。匈奴圍李將軍，軍失亡多，而騫後期當斬，贖爲庶人。是歲驃騎將軍破匈奴西邊，殺數萬人，至祁連山。其秋，渾邪王率衆降漢，而金城、河西（西）並南山至鹽澤，空無匈奴。〔二〕匈奴時有候者到，而希矣。後二年，漢擊走單于於幕北。

〔一〕師古曰：「取其能廣博瞻望。」

〔二〕師古曰：「並音步浪反。」

天子數問騫大夏之屬。騫既失侯，因曰：「臣居匈奴中，聞烏孫王號昆莫。昆莫父難兜

靡本與大月氏俱在祁連、焞煌間，小國也。〔一〕大月氏攻殺難兜靡，奪其地，人民亡走匈奴。子昆莫新生，傅父布就翎侯抱亡置草中，〔二〕爲求食，還，見狼乳之，〔三〕又烏銜肉翔其旁，以爲神，遂持歸匈奴，單于愛養之。及壯，以其父民衆與昆莫，使將兵，數有功。時，月氏已爲匈奴所破，西擊塞王。〔四〕塞王南走遠徙，月氏居其地。昆莫既健，自請單于報父怨，遂西攻破大月氏。大月氏復西走，徙大夏地。昆莫略其衆，因留居，兵稍彊，會單于死，不肯復朝事匈奴。匈奴遣兵擊之，不勝，益以爲神而遠之。〔五〕今單于新困於漢，而昆莫地空。蠻夷戀故地，又貪漢物，誠以此時厚賂烏孫，招以東居故地，漢遣公主爲夫人，結昆弟，其勢宜聽，〔六〕則是斷匈奴右臂也。既連烏孫，自其西大夏之屬皆可招來而爲外臣。」天子以爲然，拜騫爲中郎將，將三百人，馬各二匹，牛羊以萬數，齎金幣帛直數千鉅萬，多持節副使，〔七〕道可便遣之旁國。騫既至烏孫，致賜諭指，〔八〕未能得其決。語在西域傳。騫即分遣副使使大宛、康居、月氏、大夏。烏孫發譯道送騫，〔九〕與烏孫使數十人，馬數十匹，報謝，〔一〇〕因令窺漢，知其廣大。

〔一〕師古曰：「祁連山以東，焞煌以西。」

〔二〕服虔曰：「傅父，如傅母也。」李奇曰：「布就，字也。翎侯，烏孫官名也。爲昆莫作傅父也。」師古曰：「翎侯，烏孫大臣官號，其數非一，亦猶漢之將軍耳。而布就者，又翎侯之中別號，猶右將軍、左將軍耳，非其人之字。翎與翕同。」

〔三〕師古曰：「以乳飲之。」

〔四〕師古曰：「塞音先得反，西域國名，卽佛經所謂釋種者。塞、釋聲相近，本一姓耳。」

〔五〕師古曰：「遠，離也，音于萬反。」

〔六〕師古曰：「言事事聽從於漢。」

〔七〕師古曰：「爲騫之副，而各令持節。」

〔八〕師古曰：「以天子意指曉告之。」

〔九〕師古曰：「道讀曰導。」

〔10〕師古曰：「與騫相隨而來，報謝天子。」

騫還，拜爲大行。歲餘，騫卒。後歲餘，其所遣副使通大夏之屬者皆頗與其人俱來，〔一〕於是西北國始通於漢矣。然騫鑿空，〔二〕諸後使往者皆稱博望侯，以爲質於外國，〔三〕外國由是信之。其後，烏孫竟與漢結婚。

〔一〕晉灼曰：「其國人。」

〔二〕蘇林曰：「鑿，開也。空，通也。騫始開通西域道也。」師古曰：「空，孔也。猶言始鑿其孔穴也。故此下言『當空道』，而西域傳謂『孔道』也。」

〔三〕李奇曰：「質，信也。」

初，天子發書易，〔一〕曰「神馬當從西北來」。得烏孫馬好，名曰「天馬」。及得宛汗血馬，

益壯，更名烏孫馬曰「西極馬」，宛馬曰「天馬」云。而漢始築令居以西，〔二〕初置酒泉郡，以通西北國。因益發使抵安息、奄蔡、犛靬、條支、身毒國。〔三〕而天子好宛馬，使者相望於道，一輩大者數百，少者百餘人，所齎操，大放博望侯時。〔四〕其後益習而衰少焉。〔五〕漢率一歲中使者多者十餘，少者五六輩，遠者八九歲，近者數歲而反。〔六〕

〔一〕鄧展曰：「發易書以卜。」

〔二〕臣瓚曰：「令居，縣名也，屬金城。築塞西至酒泉也。」師古曰：「令音零。」

〔三〕李奇曰：「靬音軒。」服虔曰：「犛靬，張掖縣名也。」師古曰：「抵，至也。自安息以下五國皆西域胡也。犛靬卽大秦國也。張掖驪靬縣蓋取此國爲名耳。驪犛聲相近。靬讀與軒同。李奇音是也，服說非也。」

〔四〕師古曰：「操，持也。所齎持，謂節及幣也。放，依也，音甫往反。」

〔五〕師古曰：「以其串習，故不多發人。」

〔六〕師古曰：「道遠則還遲，近則來疾。」

是時，漢旣滅越，蜀所通西南夷皆震，請吏。置牂柯、越嶲、益州、沈黎、文山郡，欲地接以前通大夏。〔一〕乃遣使歲十餘輩，出此初郡，〔二〕皆復閉昆明，〔三〕爲所殺，奪幣物。於是漢發兵擊昆明，斬首數萬。後復遣使，竟不得通。語在西南夷傳。

〔一〕李奇曰：「欲地界相接至大夏也。」

〔二〕師古曰：「文山以上初置者。」

〔三〕如淳曰：「爲昆明所閉。」

自騫開外國道以尊貴，其吏士爭上書言外國奇怪利害，求使。天子爲其絕遠，非人所樂，聽其言，〔一〕予節，募吏民無問所從來，〔二〕爲具備人衆遣之，以廣其道。來還不能無侵盜幣物，及使失指，〔三〕天子爲其習之，輒覆按致重罪，〔四〕以激怒令贖，〔五〕復求使。使端無窮，而輕犯法。其吏卒亦輒復盛推外國所有，言大者予節，言小者爲副，故妄言無行之徒皆爭相效。其使皆私縣官齎物，〔六〕欲賤市以私其利。〔七〕外國亦厭漢使人人有言輕重，〔八〕度漢兵遠，不能至，〔九〕而禁其食物，以苦漢使。〔10〕漢使乏絕，責怨，至相攻擊。樓蘭、姑師小國，當空道，〔一一〕攻劫漢使王恢等尤甚。而匈奴奇兵又時時遮擊之。使者爭言外國利害，〔一二〕皆有城邑，兵弱易擊。於是天子遣從票侯破奴〔一三〕將屬國騎及郡兵數萬以擊胡，胡皆去。明年，擊破姑師，虜樓蘭王。酒泉列亭鄣至玉門矣。〔一四〕

〔一〕師古曰：「凡人皆不樂去，故有自請爲使者，卽聽而遣之。」

〔二〕師古曰：「不爲限禁遠近，雖家人私隸並許應募。」

〔三〕師古曰：「乖天子指意。」

〔四〕師古曰：「言其串習，不以爲難，必當更求充使也。」

〔五〕師古曰：「令立功以贖罪。」

〔六〕師古曰：「言所齎官物，竊自用之，同於私有。」

〔七〕師古曰：「所市之物，得利多者，不盡入官也。」

〔八〕服虔曰：「漢使言於外國，人人輕重不實。」

〔九〕師古曰：「度，計也。」

〔10〕師古曰：「令其困苦也。」

〔一一〕師古曰：「空卽孔也。」

〔一二〕師古曰：「言服之則利，不討則爲害。」

〔一三〕師古曰：「趙破奴。」

〔一四〕韋昭曰：「玉門關在龍勒界。」

而大宛諸國發使隨漢使來，觀漢廣大，以大鳥卵及犛靬眩人獻於漢，〔一〕天子大說。〔二〕而漢使窮河源，其山多玉石，采來，〔三〕天子案古圖書，名河所出山曰昆侖云。

〔一〕應劭曰：「卵大如一二石甕也。眩，相詐惑也。鄧太后時，西夷檀國來朝賀，詔令爲之。而諫大夫陳禪以爲夷狄僞道不可施行。後數日，尚書陳忠案漢舊書，乃知世宗時犛靬獻見幻人，天子大悅，與俱巡狩，乃知古有此事。」師古曰：「鳥卵如汲水之甕耳，無一二石也。應說失之。眩讀與幻同。卽今吞刀吐火，植瓜種樹，屠人截馬之術皆是也。本從西域來。甕音瓮。」

〔二〕師古曰：「說讀曰悅。」

〔三〕臣瓚曰：「漢使采取持來至漢。」

是時，上方數巡狩海上，乃悉從外國客，大都多人則過之，散財帛賞賜，厚具饒給之，以覽視漢富厚焉。〔一〕大角氐，〔二〕出奇戲諸怪物，多聚觀者，〔三〕行賞賜，酒池肉林，令外國客徧觀各倉庫府臧之積，欲以見漢廣大，傾駭之。〔四〕及加其眩者之工，而角氐奇戲歲增變，其益興，自此始。而外國使更來更去。〔五〕大宛以西皆自恃遠，尚驕恣，未可詘以禮羈縻而使也。

〔一〕師古曰：「視讀曰示。言示之令其觀覽。」
〔二〕師古曰：「氐音丁禮反。解在武紀。」
〔三〕師古曰：「聚都邑人，令觀看，以誇示之。觀音工喚反。」
〔四〕師古曰：「見，顯示。」
〔五〕師古曰：「遞互來去，前後不絕。更音工衡反。」

漢使往既多，其少從率進孰於天子，〔一〕言大宛有善馬在貳師城，匿不肯示漢使。天子既好宛馬，聞之甘心，〔二〕使壯士車令等持千金及金馬以請宛王貳師城善馬。宛國饒漢物，〔三〕相與謀曰：「漢去我遠，而鹽水中數有敗，〔四〕出其北有胡寇，出其南乏水草，又且往往而絕邑，〔五〕乏食者多。漢使數百人爲輩來，常乏食，死者過半，是安能致大軍乎？且貳師馬，宛寶馬也。」遂不肯予漢使。漢使怒，妄言，椎金馬而去。〔六〕宛中貴人怒曰：〔七〕「漢

使至輕我！」遣漢使去，令其東邊郁成王遮攻，殺漢使，取其財物。天子大怒。諸嘗使宛姚定漢等言：「宛兵弱，誠以漢兵不過三千人，强弩射之，即破宛矣。」天子以嘗使浞野侯攻樓蘭，以七百騎先至，虜其王，以定漢等言爲然，而欲侯寵姬李氏，〔八〕乃以李廣利爲將軍，伐宛。

〔一〕孟康曰：「少從，不如計也。或曰，少者，少年從行之微者也。進孰，美語如成孰也。」晉灼曰：「多進虛美之言必成之計於天子，而率不果也。」師古曰：「漢時謂隨使而出外國者爲少從，總言其少年而從使也。從音材用反。事見班固與弟仲升書。進孰者，但空進成孰之言。」
〔二〕師古曰：「志懷美悅，專事求之。」
〔三〕師古曰：「粟有漢地財物，故不貪金馬之幣。」
〔四〕服虔曰：「水名，道從水中行。」師古曰：「沙磧之中不生草木，水又鹹苦，即今敦煌西北惡磧者也。數有敗，晉每自死亡也。」
〔五〕師古曰：「言近道之處無城郭之居也。」
〔六〕如淳曰：「罵詈也。」師古曰：「椎破金馬也。椎音直追反，其字從木。」
〔七〕師古曰：「中貴人，中臣之貴者。」
〔八〕師古曰：「欲封其兄弟。」

鶱孫猛，字子游，有俊才，元帝時爲光祿大夫，使匈奴，給事中，爲石顯所譖，自殺。

李廣利，女弟李夫人有寵於上，產昌邑哀王。太初元年，以廣利爲貳師將軍，發屬國六千騎及郡國惡少年數萬人以往，〔一〕期至貳師城取善馬，故號「貳師將軍」。故浩侯王恢使道軍。既西過鹽水，當道小國各堅城守，不肯給食，攻之不能下。下者得食，不下者數日則去。比至郁成，士財有數千，〔二〕皆飢罷。〔三〕攻郁成城，郁成距之，所殺傷甚衆。貳師將軍與左右計：「至郁成尚不能舉，況至其王都乎？」引而還。往來二歲，至敦煌，士不過什一二。〔四〕使使上書言：「道遠，多乏食，且士卒不患戰而患飢。人少，不足以拔宛。願且罷兵，益發而復往。」〔五〕天子聞之，大怒，使使遮玉門關，曰：「軍有敢入，斬之。」貳師恐，因留屯敦煌。

〔一〕師古曰：「惡少年謂無行義者。」
〔二〕師古曰：「比音必寐反。財與才同。」
〔三〕師古曰：「罷讀曰疲。」
〔四〕師古曰：「十人之中，一二人得還。」
〔五〕師古曰：「益，多也。」

其夏，漢亡浞野之兵二萬餘於匈奴，〔一〕公卿議者皆願罷宛軍，專力攻胡。天子業出兵誅宛，宛小國而不能下，則大夏之屬漸輕漢，而宛善馬絕不來，烏孫、輪臺易苦漢使，〔二〕爲

外國笑。乃案言伐宛尤不便者鄧光等。〔三〕赦囚徒扞寇盜，〔四〕發惡少年及邊騎，歲餘而出敦煌六萬人，〔五〕負私從者不與。〔六〕牛十萬，馬三萬匹，驢橐駝以萬數齎糧，兵弩甚設。〔七〕天下騷動，轉相奉伐宛，五十餘校尉。宛城中無井，汲城外流水，於是遣水工徙其城下水空以穴其城。〔八〕益發戍甲卒十八萬酒泉、張掖北，置居延、休屠以衞酒泉。〔九〕而發天下七科適，〔一〇〕及載糒給貳師，〔一一〕轉車人徒相連屬至敦煌。〔一二〕而拜習馬者二人爲執驅馬校尉，〔一三〕備破宛擇取其善馬云。

〔一〕師古曰：「趙破奴後封浞野侯。浞音士角反。」
〔二〕晉灼曰：「易，輕也。」師古曰：「輪臺亦國名。」
〔三〕師古曰：「案其罪而行罰。」
〔四〕如淳曰：「放囚（徙）〔徒〕使其扞御寇盜。」師古曰：「使從軍爲斥候。」
〔五〕師古曰：「興發部署，歲餘乃得行。」
〔六〕師古曰：「負私糧食及私從者，不在六萬人數中也。與讀曰豫。」
〔七〕師古曰：「施張甚具也。」
〔八〕師古曰：「空，孔也。徙其城下水者，令從他道流，不迫其城也。空以穴其城者，圍而攻之，令作孔使穿穴也。下云『決其水原移之』，又云『圍其城攻之』，皆再敍其事也。一曰，既徙其水，不令於城下流，而因其舊引水入城之孔，攻而穴之。」

〔九〕如淳曰：「立二縣以衞邊也。或曰置二部都尉。」

〔一〇〕師古曰：「適讀曰謫。七科，解在武紀。」

〔一一〕師古曰：「糒，乾飯，音備。」

〔一二〕師古曰：「屬音之欲反。」

〔一三〕師古曰：「習猶便也。一人爲執馬校尉，一人爲驅馬校尉。」

於是貳師後復行，兵多，所至小國莫不迎，出食給軍。至輪臺，輪臺不下，攻數日，屠之。自此而西，平行至宛城，〔一〕兵到者三萬。宛兵迎擊漢兵，漢兵射敗之，宛兵走入保其城。貳師欲攻郁成城，恐留行而令宛益生詐，〔二〕乃先至宛，決其水原，移之，則宛固已憂困。圍其城，攻之四十餘日。宛貴人謀曰：「王毋寡匿善馬，殺漢使。〔三〕今殺王而出善馬，漢兵宜解；即不，乃力戰而死，未晚也。」宛貴人皆以爲然，共殺王。其外城壞，虜宛貴人勇將煎靡。〔四〕宛大恐，走入中城，相與謀曰：「漢所爲攻宛，以王毋寡。」持其頭，遣人使貳師，約曰：「漢無攻我，我盡出善馬，恣所取，而給漢軍食。即不聽我，我盡殺善馬，康居之救又且至。至，我居內，康居居外，與漢軍戰。孰計之，何從？」〔五〕是時，康居候視漢兵尚盛，不敢進。貳師聞宛城中新得漢人知穿井，而其內食尚多。計以爲來誅首惡者毋寡，毋寡頭已至，如此不許，則堅守，而康居候漢兵罷來救宛，破漢軍必矣。〔六〕軍吏皆以爲然，許宛之

約。宛乃出其馬，令漢自擇之，而多出食食漢軍。〔七〕漢軍取其善馬數十匹，中馬以下牝牡三千餘匹，而立宛貴人之故時遇漢善者名昧蔡爲宛王，〔八〕與盟而罷兵。終不得入中城，罷而引歸。

〔一〕師古曰：「平行，言無寇難。」

〔二〕師古曰：「留行謂留止軍而廢其行。」

〔三〕師古曰：「毋寡，宛王名。」

〔四〕師古曰：「宛之貴人爲將而勇者名煎靡也。煎音子延反。」

〔五〕師古曰：「令貳師孰計之，而欲攻戰乎？欲不攻而取馬乎？」

〔六〕師古曰：「罷讀曰疲。」

〔七〕師古曰：「下食讀曰飤。」

〔八〕服虔曰：「蔡音楚言蔡。」師古曰：「昧音本末之末。蔡音千曷反。」

初，貳師起敦煌西，爲人多，道上國不能食，〔一〕分爲數軍，從南北道。校尉王申生、故鴻臚壺充國等千餘人別至郁成，城守不肯給食。申生去大軍二百里，負而輕之，〔二〕攻郁成急。郁成窺知申生軍少，晨用三千人攻殺申生等，數人脫亡，走貳師。〔三〕貳師令搜粟都尉上官桀往攻破郁成，郁成降。其王亡走康居，桀追至康居。康居聞漢已破宛，出郁成王與桀。桀令四騎士縛守詣大將軍。〔四〕四人相謂：「郁成，漢所毒，〔五〕今生將，卒失大事。」〔六〕

欲殺，莫適先擊。〔七〕上邽騎士趙弟拔劍擊斬郁成王。桀等遂追及大將軍。

〔一〕師古曰：「起，發也。道上國，近道諸國也。食讀曰飤。」

〔二〕師古曰：「負，恃也，恃大軍之威而輕敵人。」

〔三〕師古曰：「走音奏。」

〔四〕如淳曰：「時多別將，故謂貳師爲大將軍。」

〔五〕師古曰：「言毒恨。」

〔六〕師古曰：「卒讀曰猝。」

〔七〕師古曰：「適，主也。無有主意先擊者也。音丁歷反。」

初，貳師後行，天子使使告烏孫大發兵擊宛。烏孫發二千騎往，持兩端，不肯前。貳師將軍之東，〔一〕諸所過小國聞宛破，皆使其子弟從入貢獻，見天子，因爲質焉。軍還，入玉門者萬餘人，馬千餘匹。後行，非乏食，戰死不甚多，而將吏貪，不愛卒，侵牟之，以此物故者衆。〔二〕天子爲萬里而伐，不錄其過，乃下詔曰：「匈奴爲害久矣，今雖徙幕北，與旁國謀共要絕大月氏使，遮殺中郎將江、故鴈門守攘。危須以西及大宛皆合約殺期門車令、〔三〕中郎將朝及身毒國使，隔東西道。貳師將軍廣利征討厥罪，伐勝大宛。賴天之靈，從泝河山，涉流沙，通西海，山雪不積，〔四〕士大夫徑度，〔五〕獲王首虜，珍怪之物畢陳於闕。其封廣利爲海西侯，食邑八千戶。」又封斬郁成王者趙弟爲新畤侯；軍正趙始成功最多，爲光祿大夫；

上官桀敢深入，爲少府；李哆有計謀，爲上黨太守。〔六〕軍官吏爲九卿者三人，諸侯相、郡守、二千石百餘人，千石以下千餘人。奮行者官過其望，〔七〕以適過行者皆黜其勞。〔八〕士卒賜直四萬錢。〔九〕伐宛再反，〔一〇〕凡四歲而得罷焉。

〔一〕師古曰：「東，旋軍東出。」

〔二〕師古曰：「侵牟，言如牟賊之食苗也。物故，謂死也。解具在景紀及蘇武傳。」

〔三〕服虔曰：「危須，國名也。」文穎曰：「漢使期門郎也，車令，姓名也。」

〔四〕張晏曰：「是歲雪少，故得往還，喜得天人之應也。」師古曰：「從，由也。泝，逆流而上也。言路由山險，又泝河也。泝音素。」

〔五〕師古曰：「言無屯難也。」

〔六〕師古曰：「哆音昌野反。」

〔七〕孟康曰：「奮，迅也。自樂而行者。」

〔八〕師古曰：「適讀曰謫。言以罪謫而行者，免其所犯，不敍功勞。」

〔九〕師古曰：「或以他財物充之，故云直。」

〔一〇〕師古曰：「再反猶今言兩迴。」

後十一歲，征和三年，貳師復將七萬騎出五原，擊匈奴，度郅居水。〔一〕兵敗，降匈奴，爲單于所殺。語在匈奴傳。

〔一五〕師古曰：「卬讀曰仰。信讀曰伸。列，陳也。」
〔一六〕師古曰：「羞，辱也。」

且事本末未易明也。僕少負不羈之才，長無鄉曲之譽，〔一〕主上幸以先人之故，使得奉薄技，出入周衞之中。〔二〕僕以爲戴盆何以望天，〔三〕故絕賓客之知，忘室家之業，日夜思竭其不肖之材力，務壹心營職，以求親媚於主上。而事乃有大謬不然者。夫僕與李陵俱居門下，素非相善也，趣舍異路，〔四〕未嘗銜盃酒接殷勤之歡。然僕觀其爲人自奇士，事親孝，與士信，臨財廉，取予義，分別有讓，恭儉下人，〔五〕常思奮不顧身以徇國家之急。〔六〕其素所畜積也，〔七〕僕以爲有國士之風。夫人臣出萬死不顧一生之計，赴公家之難，斯已奇矣。今舉事壹不當，而全軀保妻子之臣隨而媒孽其短，〔八〕僕誠私心痛之。且李陵提步卒不滿五千，深踐戎馬之地，足歷王庭，垂餌虎口，橫挑彊胡，〔九〕卬億萬之師，〔一〇〕與單于連戰十餘日，所殺過當。〔一一〕虜救死扶傷不給，〔一二〕旃裘之君長咸震怖，乃悉徵左右賢王，舉引弓之民，〔一三〕一國共攻而圍之。轉鬭千里，矢盡道窮，救兵不至，士卒死傷如積。然李陵一呼勞軍，〔一四〕士無不起，躬流涕，沬血飲泣，張空弮，冒白刃，北首爭死敵。〔一五〕陵未沒時，使有來報，漢公卿王侯皆奉觴上壽。後數日，陵敗書聞，主上爲之食不甘味，聽朝不怡。大臣憂懼，不知所出。僕竊不自料其卑

賤，〔一六〕見主上慘悽怛悼，誠欲效其款款之愚。以爲李陵素與士大夫絕甘分少，〔一七〕能得人之死力，雖古名將不過也。身雖陷敗，彼觀其意，且欲得其當而報漢。〔一八〕事已無可奈何，其所摧敗，功亦足以暴於天下。〔一九〕僕懷欲陳之，而未有路。適會召問，卽以此指推言陵功，〔二〇〕欲以廣主上之意，塞睚眦之辭。未能盡明，〔二一〕明主不深曉，以爲僕沮貳師，而爲李陵游說，〔二二〕遂下於理。拳拳之忠，終不能自列，〔二三〕因爲誣上，卒從吏議。〔二四〕家貧，財賂不足以自贖，交遊莫救，左右親近不爲壹言。身非木石，獨與法吏爲伍，深幽囹圄之中，誰可告愬者！此正少卿所親見，僕行事豈不然邪？李陵既生降，隤其家聲，〔二五〕而僕又茸以蠶室，〔二六〕重爲天下觀笑。〔二七〕悲夫！悲夫！

〔一〕師古曰：「不羈，言其材質高遠，不可羈繫也。負者，亦言無此事也。」
〔二〕服虔曰：「薄技，薄材也。」師古曰：「周衞，言宿衞周密也。」
〔三〕如淳曰：「頭戴盆則不得望天，望天則不得戴盆，事不可兼施。言己方有所造，不暇脩人事也。」師古曰：「言營職務耳，未論造書也。如說失之。」
〔四〕師古曰：「趣，所嚮也。舍，所廢也。」
〔五〕師古曰：「下音胡亞反。」
〔六〕師古曰：「徇，從也，營也。」
〔七〕師古曰：「畜讀曰蓄。」

〔八〕臣瓚曰：「媒謂遘合會之，孽謂爲生其罪釁也。」師古曰：「媒如媒娉之媒，孽如麴孽之孽。一曰齊人謂麴餅爲媒也。」
〔九〕李奇曰：「挑音(銚)〔誂〕。」師古曰：「音徒了反。」
〔一〇〕師古曰：「卬讀曰仰。漢軍北向，匈奴南下，北方地高，故云然。」
〔一一〕師古曰：「率計戰士，殺敵數多，故云過當也。」
〔一二〕師古曰：「給猶供也。」
〔一三〕師古曰：「能引弓者皆發之。」
〔一四〕師古曰：「呼音火故反。」
〔一五〕孟康曰：「沬音頮。」李奇曰：「弮，弩弓也。」師古曰：「沬，古頮字。頮，洒面也。言流血在面如盥頮。冒，犯也。首，嚮也。沬音呼內反，字從午未之未。弮音丘權反。又音眷。冒音莫克反。首音式救反。讀者乃以拳擊之拳，大謬矣。拳則屈指，不當言張。陵時矢盡，故張弩之空弓，非是手拳也。」
〔一六〕師古曰：「料，量也，音聊。」
〔一七〕師古曰：「自絕旨甘，而與衆人分之，共同其少多也。」
〔一八〕師古曰：「欲於匈奴立功而歸，以(其當)〔當其〕破敗之罪。」
〔一九〕師古曰：「謂摧破匈奴之兵也。」
〔二〇〕師古曰：「指，意也。」
〔二一〕師古曰：「睚眦，舉目眥也，猶言顧瞻之頃也。睚音厓。眦音才賜反。」

〔二二〕師古曰：「沮，毀壞也。音才汝反。」
〔二三〕師古曰：「拳拳，忠謹之貌。劉向傳作惓惓字，音義同耳。列，陳也。」
〔二四〕師古曰：「卒，終也。」
〔二五〕孟康曰：「家世爲將有名聲，陵降而隤之也。」師古曰：「隤，墜也，音頹。」
〔二六〕蘇林曰：「茸，次也，若人相俾次。」師古曰：「此說非也。茸音人勇反，推也。蠶室，初腐刑所居溫密之室也。謂推致蠶室之中也。」
〔二七〕師古曰：「觀視之而笑也。」

事未易一二爲俗人言也。僕之先人非有剖符丹書之功，文史星曆近乎卜祝之間，固主上所戲弄，倡優畜之，流俗之所輕也。假令僕伏法受誅，若九牛亡一毛，與螻螘何異？〔一〕而世又不與能死節者比，〔二〕特以爲智窮罪極，不能自免，卒就死耳。何也？素所自樹立使然。人固有一死，死有重於泰山，或輕於鴻毛，用之所趨異也。〔三〕太上不辱先，其次不辱身，其次不辱理色，其次不辱辭令，其次詘體受辱，其次易服受辱，其次關木索被箠楚受辱，〔四〕其次鬄毛髮嬰金鐵受辱，〔五〕其次毀肌膚斷支體受辱，最下腐刑，極矣。〔六〕傳曰「刑不上大夫」，此言士節不可不厲也。猛虎處深山，百獸震恐，及其在穽檻之中，搖尾而求食，〔七〕積威約之漸也。故士有畫地爲牢勢不入，削木爲吏議不對，定計於鮮也。〔八〕今交手足，受木索，暴肌膚，受榜箠，〔九〕幽於圜牆之中，〔一〇〕

當此之時，見獄吏則頭槍地，〔一一〕視徒隸則心惕息。〔一二〕何者？積威約之勢也。及已至此，言不辱者，所謂彊顏耳，曷足貴乎！〔一三〕且西伯，伯也，拘牖里；李斯，相也，具五刑；〔一四〕淮陰，王也，受械於陳；〔一五〕彭越、張敖南鄉稱孤，繫獄具罪；〔一六〕絳侯誅諸呂，權傾五伯，囚於請室；〔一七〕魏其，大將也，衣赭關三木；〔一八〕季布爲朱家鉗奴；灌夫受辱居室。此人皆身至王侯將相，聲聞鄰國，及罪至罔加，不能引決自財。〔一九〕在塵埃之中，古今一體，安在其不辱也！由此言之，勇怯，勢也；彊弱，形也。審矣，曷足怪乎！且人不能蚤自財繩墨之外，已稍陵夷至於鞭箠之間，乃欲引節，斯不亦遠乎！古人所以重施刑於大夫者，殆爲此也。〔二〇〕夫人情莫不貪生惡死，念親戚，顧妻子，至激於義理者不然，〔二一〕乃有不得已也。今僕不幸，蚤失二親，無兄弟之親，獨身孤立，少卿視僕於妻子何如哉？且勇者不必死節，怯夫慕義，何處不勉焉！〔二二〕僕雖怯耎欲苟活，〔二三〕亦頗識去就之分矣，何至自湛溺累紲之辱哉！〔二四〕且夫臧獲婢妾猶能引決，〔二五〕況若僕之不得已乎！所以隱忍苟活，函糞土之中而不辭者，恨私心有所不盡，鄙沒世而文采不表於後也。

〔一〕師古曰：「蟣，蟣蝨也。蝨，虮蟒也。皆蟲之微小者。蟣音棲。」

〔二〕師古曰：「與，許也。不許其能死節。」

〔三〕師古曰：「趨讀曰趨。趨，嚮也。」

〔四〕師古曰：「箠，杖也，音止蘂反。」

〔五〕師古曰：「嬰，繞也。鬄音吐計反。」

〔六〕師古曰：「腐刑，解在景紀。」

〔七〕師古曰：「穽，掘地以陷獸也，音才性反。」

〔八〕文穎曰：「未遇刑自殺，爲鮮明也。」

〔九〕師古曰：「榜音彭。」

〔一〇〕師古曰：「圜牆，獄也，周禮謂之圜土。」

〔一一〕師古曰：「槍，千羊反。」

〔一二〕師古曰：「惕，懼也。息，喘息也。」

〔一三〕師古曰：「强音其兩反。」

〔一四〕師古曰：「說在刑法志。」

〔一五〕師古曰：「高祖僞遊雲夢，而信至陳上謁，（助）〔卽〕見囚執。械謂桎梏之。」

〔一六〕師古曰：「或繫於獄，或至大罪也。鄉讀曰嚮。」

〔一七〕師古曰：「伯讀曰霸。」

〔一八〕師古曰：「三木，在頸及手足。」

〔一九〕師古曰：「財與裁同，古通用字。」

〔二〇〕師古曰：「寘，難也。」

〔二一〕師古曰：「言激於義理者，則不顧念親戚妻子。」

〔二二〕師古曰：「勇敢之人闇於分理，未必能死名節。怯懦之夫心知慕義，則處處皆能勉勵也。」

〔二三〕師古曰：「耎，柔弱也，音人阮反。」

〔二四〕師古曰：「湛讀曰沈。累音力追反。」

〔二五〕應劭曰：「揚雄方言云：『海岱之間，罵奴曰臧，罵婢曰獲。燕之北郊，民而聓婢謂之臧，女而婦奴謂之獲。』」晉灼曰：「臧獲，敗敵所被虜獲爲奴隸者。」師古曰：「應說是也。」

古者富貴而名摩滅，不可勝記，唯俶儻非常之人稱焉。蓋西伯拘而演周易；仲尼厄而作春秋；屈原放逐，乃賦離騷；左丘失明，厥有國語；孫子臏腳，兵法修列；〔一〕不韋遷蜀，世傳呂覽；〔二〕韓非囚秦，說難、孤憤。〔三〕詩三百篇，大氐賢聖發憤之所爲作也。〔四〕此人皆意有所鬱結，不得通其道，故述往事，思來者。〔五〕及如左丘明無目，孫子斷足，終不可用，退論書策以舒其憤，思垂空文以自見。〔六〕僕竊不遜，近自託於無能之辭，網羅天下放失舊聞，考之行事，稽其成敗〔七〕興壞之理，凡百三十篇，亦欲以究天人之際，通古今之變，成一家之言。草創未就，適會此禍，惜其不成，是以就極刑而無慍色。僕誠已著此書，藏之名山，傳之其人通邑大都，〔八〕則僕償前辱之責，雖萬被戮，豈有悔哉！然此可爲智者道，難爲俗人言也。

〔一〕文穎曰：「孫子與龐涓學，而爲龐涓所斷足。」師古曰：「臏音頻忍反。」

〔二〕蘇林曰：「呂氏春秋篇名八覽、六論。」

〔三〕師古曰：「說難、孤憤，韓子之篇名。」

〔四〕師古曰：「氐，歸也，音丁禮反。」

〔五〕師古曰：「令將來之人，見已志也。」

〔六〕師古曰：「見，胡電反。」

〔七〕師古曰：「稽，計也。」

〔八〕師古曰：「其人謂能行其書者。」

且負下未易居，下流多謗議。僕以口語遇遭此禍，重爲鄉黨戮笑，汙辱先人，亦何面目復上父母之丘墓乎？雖累百世，垢彌甚耳！是以腸一日而九回，居則忽忽若有所亡，出則不知所如往。〔一〕每念斯恥，汗未嘗不發背霑衣也。身直爲閨閤之臣，寧得自引深臧於巖穴邪！故且從俗浮湛，與時俯仰，〔二〕以通其狂惑。今少卿乃教以推賢進士，無乃與僕之私指謬乎。〔三〕今雖欲自彫瑑，〔四〕曼辭以自解，〔五〕無益，於俗不信，祇取辱耳。〔六〕要之死日，然後是非乃定。書不能盡意，故略陳固陋。

〔一〕師古曰：「如亦往也。」

〔二〕師古曰：「湛讀曰沈。」

〔三〕師古曰：「指，意也。」

〔四〕師古曰：「瑑，刻也，音篆。」

〔五〕如淳曰：「曼，美也。」師古曰：「曼音萬。」

〔六〕師古曰：「祇，適也。」

遷既死後，其書稍出。宣帝時，遷外孫平通侯楊惲祖述其書，遂宣布焉。至王莽時，求封遷後，爲史通子。〔一〕

〔一〕應劭曰：「以遷世爲史（宜）〔官〕，通於古今也。」李奇曰：「史通國子爵也。」

贊曰：自古書契之作而有史官，其載籍博矣。至孔氏纂之，〔一〕上（繼）〔斷〕唐堯，下訖秦繆。唐虞以前雖有遺文，其語不經，〔二〕故言黃帝、顓頊之事未可明也。及孔子因魯史記而作春秋，而左丘明論輯其本事以爲之傳，〔三〕又纂異同爲國語。又有世本，錄黃帝以來至春秋時帝王公侯卿大夫祖世所出。春秋之後，七國並爭，〔四〕秦兼諸侯，有戰國策。漢興伐秦定天下，有楚漢春秋。故司馬遷據左氏、國語，采世本、戰國策，述楚漢春秋，接其後事，訖于（大）〔天〕漢。其言秦漢，詳矣。至於采經摭傳，〔五〕分散數家之事，甚多疏略，或有抵梧。〔六〕亦其涉獵者廣博，貫穿經傳，馳騁古今，上下數千載間，斯以勤矣。又其是非頗繆

於聖人，〔七〕論大道則先黃老而後六經，序遊俠則退處士而進姦雄，述貨殖則崇勢利而羞賤貧，此其所蔽也。然自劉向、揚雄博極羣書，皆稱遷有良史之材，服其善序事理，辨而不華，質而不俚，〔八〕其文直，其事核，〔九〕不虛美，不隱惡，故謂之實錄。〔一〇〕烏呼！以遷之博物洽聞，而不能以知自全，既陷極刑，幽而發憤，書亦信矣。〔一一〕迹其所以自傷悼，小雅巷伯之倫。〔一二〕夫唯大雅「既明且哲，能保其身」，難矣哉！〔一三〕

〔一〕師古曰：「纂與撰同。」

〔二〕師古曰：「非經典所說。」

〔三〕師古曰：「輯與集同。」

〔四〕服虔曰：「關東六國，與秦七國。」

〔五〕師古曰：「摭，拾也，音之亦反。」

〔六〕如淳曰：「梧讀曰迕，相觸迕也。」師古曰：「抵，觸也。梧，相支柱不安也。梧音悟。」

〔七〕師古曰：「頗，音我反。」

〔八〕劉德曰：「俚，鄙也。」如淳曰：「言雖質，猶不如閭里之鄙言也。」師古曰：「劉說是也。俚音里。」

〔九〕師古曰：「核，堅實也。」

〔一〇〕應劭曰：「言其錄事實。」

〔一一〕師古曰：「言其報任安書，自陳己志，信不謬。」

〔一二〕師古曰：「巷伯，奄官也，遇讒而作詩，列在小雅。其詩曰『萋兮菲兮，成是貝錦』是也。」

〔一三〕師古曰：「尹吉甫作烝民之詩，美宣王而論仲山甫之德，曰『既明且哲，以保其身』。其詩列於大雅，故贊云然。」

校勘記

二七〇七頁二行　失其〔所〕守之職也。　景祐、殿本都有「所」字。

二七〇八頁一六行　錯音千（古）〔各〕反。　景祐、殿本都作「各」。王先謙說作「各」是。

二七〇九頁七行　〔二〕日違犯禮義也。　景祐、殿本都有「二」字。王先謙說此奪。

二七二〇頁一〇行　是余之辠夫！〔二〕身虧不用矣。　注〔二〕原在「辠」字下，王先謙說殿本在「夫」字下，是。

二七二七頁一五行　攻城（戰野）〔野戰〕，　景祐、殿本都作「野戰」。

二七三一頁三行　挑音（銚）〔誂〕。　景祐、殿本都作「誂」。

二七三二頁四行　以（其當）〔當其〕破敗之罪。　殿本作「當其」。王先謙說殿本是。

二七三四頁三行　（助）〔卽〕見囚執。　景祐、殿本都作「卽」。王先謙說作「卽」是。

二七三七頁七行　以遷世爲史（宜）〔官〕，　景祐、殿本都作「官」，此誤。

二七三七頁八行　上（繼）〔斷〕唐堯，下訖秦繆。　吳承仕說，「繼」字無義，字當爲「斷」。藝文志「斷自堯典」，儒林傳「上斷唐虞」，並其證。按藝文志作「上斷于堯」。

二七三七頁一二行　接其後事，訖于（大）〔天〕漢。　楊樹達說，「大漢」無義，當作「天漢」。天漢，武帝年號。

漢書卷六十三

武五子傳第三十三

師古曰：「諸帝子傳皆言王，而此獨云子者，以戾太子在其中也。」

孝武皇帝六男。衞皇后生戾太子，趙婕妤生孝昭帝，王夫人生齊懷王閎，〔一〕李姬生燕刺王旦、廣陵厲王胥，〔二〕李夫人生昌邑哀王髆。〔三〕

〔一〕師古曰：「閎音宏。」

〔二〕師古曰：「不知官秩，故云李姬。諡法『暴戾無親曰刺』。刺音來葛反。」

〔三〕師古曰：「髆音博。」

戾太子據，元狩元年立爲皇太子，年七歲矣。初，上年二十九乃得太子，甚喜，爲立禖，〔一〕使東方朔、枚臯作禖祝。〔二〕少壯，詔受公羊春秋，〔三〕又從瑕丘江公受穀梁。及冠就宮，上爲立博望苑，〔四〕使通賓客，從其所好，故多以異端進者。元鼎四年，納史良娣，〔五〕

產子男進，號曰史皇孫。〔六〕

〔一〕師古曰：「禖，求子之神也，解在枚臯傳。」

〔二〕師古曰：「祝，禖之祝辭。」

〔三〕師古曰：「少壯者，言漸長大也。少讀如本字。」

〔四〕師古曰：「取其廣博觀望也。」

〔五〕韋昭曰：「良娣，太子之內官也。太子有妃，有良娣，有孺子，凡三等。」師古曰：「娣音弟。」

〔六〕張晏曰：「皆以舅氏姓爲氏，以相別也。」師古曰：「進者，皇孫名。」

武帝末，衞后寵衰，江充用事。充與太子及衞氏有隙，〔一〕恐上晏駕後爲太子所誅，會巫蠱事起，充因此爲姦。是時，上春秋高，意多所惡，以爲左右皆爲蠱道祝詛，窮治其事。丞相公孫賀父子，陽石、諸邑公主，〔二〕及皇后弟子長平侯衞伉皆坐誅。〔三〕語在公孫賀、江充傳。

〔一〕師古曰：「充爲直指使者，劾太子家車行馳道上，沒入車馬，太子求充，充不聽也。」

〔二〕師古曰：「兩公主。」

〔三〕師古曰：「伉音抗，又音剛。」

充典治巫蠱，既知上意，白言宮中有蠱氣，入宮至省中，壞御座掘地。上使按道侯韓說、御史章贛、黃門蘇文等助充。〔一〕充遂至太子宮掘蠱，得桐木人。時上疾，辟暑甘泉宮，〔二〕獨皇后、太子在。〔三〕太子召問少傅石德，〔四〕德懼爲師傅幷誅，因謂太子曰：「前丞相父子、兩公主及衞氏皆坐此，今巫與使者掘地得徵驗，不知巫置之邪，將實有也，無以自明，可矯以節收捕充等繫獄，〔五〕窮治其姦詐。且上疾在甘泉，皇后及家吏請問皆不報，〔六〕上存亡未可知，而姦臣如此，太子將不念秦扶蘇事耶？」〔七〕太子急，然德言。

〔一〕師古曰：「說讀曰悅。贛音貢。」

〔二〕師古曰：「辟讀曰避。」

〔三〕師古曰：「在京師。」

〔四〕師古曰：「石慶子。」

〔五〕師古曰：「矯，託也，託詔命也。」

〔六〕蘇林曰：「家吏，皇后吏也。」臣瓚曰：「太子稱家，家吏是太子吏也。」師古曰：「既言皇后及家吏，此爲皇后吏及太子吏耳。瓚說是也。」

〔七〕韋昭曰：「始皇死，趙高詐殺扶蘇而立胡亥也。」

征和二年七月壬午，乃使客爲使者收捕充等。按道侯說疑使者有（詔）〔詐〕，不肯受詔，客格殺說。御史章贛被創突亡，自歸甘泉。太子使舍人無且〔一〕持節夜入未央宮殿長秋門，因長御倚華〔二〕具白皇后，發中廏車載射士，〔三〕出武庫兵，發長樂宮衞，告令百官曰江充反。乃斬充以徇，炙胡巫上林中。〔四〕遂部賓客爲將率，與丞相劉屈氂等戰。長安中擾

亂，言太子反，以故衆不肯附。太子兵敗，亡，不得。〔五〕

〔一〕師古曰：「且音子閭反。」

〔二〕鄭氏曰：「長音長者。」如淳曰：「漢儀注女長御比侍中，皇后見娙娥以下，長御稱謝。倚華，字也。」師古曰：「倚音於綺反。」

〔三〕師古曰：「中廏，皇后車馬所在也。」

〔四〕服虔曰：「作巫蠱之胡人也。炙，燒也。」師古曰：「胡巫受充意指，妄作蠱狀，太子特忿，且欲得其情實，故以火炙之，令毒痛耳。」

〔五〕師古曰：「太子出亡，而吏追捕不得也。」

上怒甚，羣下憂懼，不知所出。〔一〕壺關三老茂上書曰：〔二〕「臣聞父者猶天，母者猶地，子猶萬物也。故天平地安，陰陽和調，物乃茂成；父慈母愛，室家之中，子乃孝順。陰陽不和則萬物夭傷，父子不和則室家（散）〔喪〕亡。故父不父則子不子，君不君則臣不臣，雖有粟，吾豈得而食諸！〔三〕昔者虞舜，孝之至也，而不中於瞽叟；〔四〕孝已被謗，伯奇放流，〔五〕骨肉至親，父子相疑。何者？積毀之所生也。由是觀之，子無不孝，而父有不察。（令）〔今〕皇太子爲漢適嗣，〔六〕承萬世之業，體祖宗之重，親則皇帝之宗子也。江充，布衣之人，閭閻之隸臣耳，〔七〕陛下顯而用之，銜至尊之命以迫蹵皇太子，〔八〕造飾姦詐，羣邪錯謬，是以親戚之路鬲塞而不通。〔九〕太子進則不得上見，退則困於亂臣，獨冤結而亡告，不忍忿忿之心，

起而殺充，恐懼逋逃，〔一〇〕子盜父兵以救難自免耳，臣竊以爲無邪心。詩云：『營營青蠅，止于藩；愷悌君子，無信讒言；讒言罔極，交亂四國。』〔一一〕往者江充讒殺趙太子，天下莫不聞，其罪固宜。〔一二〕陛下不省察，深過太子，〔一三〕發盛怒，舉大兵而求之，三公自將，智者不敢言，辯士不敢說，臣竊痛之。臣聞子胥盡忠而忘其號，〔一四〕比干盡仁而遺其身，〔一五〕忠臣竭誠不顧鈇鉞之誅〔一六〕以陳其愚，志在匡君安社稷也。〔一七〕詩云：『取彼譖人，投畀豺虎。』〔一八〕唯陛下寬心慰意，少察所親，〔一九〕毋患太子之非，亟罷甲兵，無令太子久亡。〔二〇〕臣不勝惓惓，〔二一〕出一旦之命，待罪建章闕下。」書奏，天子感寤。

〔一〕師古曰：「計無所出。」

〔二〕師古曰：「壺關，上黨之縣也。荀悅漢紀云令狐茂，班史不載其姓，不知於何得也。」

〔三〕師古曰：「論語云齊景公問政於孔子，孔子對曰：『君君，臣臣，父父，子子。』公曰：『善哉！信如君不君，臣不臣，父不父，子不子，雖有粟，吾豈得而食諸！』言父子君臣之道不立，則國必危亡，倉廩雖多，吾不得食也。」

〔四〕師古曰：「中，當也。瞽叟，舜父也。言不當其意也。中音竹仲反。」

〔五〕師古曰：「孝已、伯奇並已解於上。」

〔六〕師古曰：「適讀曰嫡。」

〔七〕師古曰：「隸，賤也。」

〔八〕師古曰：「魋音千六反。」

武五子傳第三十三　二七四五

漢書卷六十三　二七四六

〔九〕師古曰：「鬲與隔同。」

〔一〇〕師古曰：「逋，亡也。」

〔一一〕師古曰：「小雅青蠅之詩也。營營，往來之貌也。藩，籬也。愷，樂；悌，易也。言青蠅來往，止於藩籬，變白作黑，讒人搆毀，間親令疏，樂易之君子不當信用。若讒言無極，則四國亦以交亂，宜深察也。」

〔一二〕師古曰：「充宜得罪也。」

〔一三〕師古曰：「以太子爲罪過而深責之。」

〔一四〕師古曰：「忘，亡也。吳王殺之，被以惡名，失其善稱號。」

〔一五〕師古曰：「比干，殷之賢臣，以道諫紂，紂怒殺之，而剖其心也。」

〔一六〕師古曰：「鈇，所以斫人，如今莝刃也，音膚。」

〔一七〕師古曰：「匡，正也。正其失也。」

〔一八〕師古曰：「小雅巷伯之詩。言譖讒之人，誠可疾惡，願投與猛獸食之。畀音必寐反。」

〔一九〕師古曰：「父子之道，天性之親也。」

〔二〇〕師古曰：「亟，急也，音居力反。」

〔二一〕師古曰：「惓讀曰拳，解在劉向傳。」

太子之亡也，東至湖，〔一〕臧匿泉鳩里。〔二〕主人家貧，常賣屨以給太子。太子有故人在湖，聞其富贍，使人呼之〔三〕而發覺。吏圍捕太子，太子自度不得脫，〔四〕即入室距戶自經。山陽男子張富昌爲卒，足蹋開戶，新安令史李壽趨抱解太子，主人公遂格鬬死，皇孫二人皆并遇害。上既傷太子，乃下詔曰：「蓋行疑賞，所以申信也。其封李壽爲邗侯，〔五〕張富昌爲題侯。」〔六〕

〔一〕師古曰：「湖，縣名，今虢州閿鄉、湖城二縣皆其地也。」

〔二〕師古曰：「泉鳩水今在閿鄉縣東南十五里，見有戾太子冢，冢在澗東也。」

〔三〕師古曰：「贍，足也。」

〔四〕師古曰：「度音大各反。」

〔五〕韋昭曰：「邗在河內。」師古曰：「爲其解救太子也。邗音于。」

〔六〕孟康曰：「縣名也。」晉灼曰：「地理志無也。功臣表食邑鉅鹿。」師古曰：「晉說是也。」

久之，巫蠱事多不信。上知太子惶恐無他意，而車千秋復訟太子冤，上遂擢千秋爲丞相，而族滅江充家，焚蘇文於橫橋上，〔一〕及泉鳩里加兵刃於太子者，初爲北地太守，後族。上憐太子無辜，乃作思子宮，爲歸來望思之臺於湖。〔二〕天下聞而悲之。

〔一〕（師古）〔孟康〕曰：「橫音光。」師古曰：「即橫門渭橋也。」

〔二〕師古曰：「言已望而思之，庶太子之魂來歸也。其臺在今湖城縣之西，閿鄉之東，基趾猶存。」

初，太子有三男一女，女者平輿侯嗣子尙焉。及太子敗，皆同時遇害。衞(侯)〔后〕、史良娣葬長安城南。史皇孫、皇孫妃王夫人及皇女孫葬廣明。〔一〕皇孫二人隨太子者，與太子并葬湖。〔二〕

武五子傳第三十三　二七四七

漢書卷六十三　二七四八

〔一〕蘇林曰：「苑名也。」

〔二〕師古曰：「今太子冢北有二冢相次，則二皇孫也。」

太子有遺孫一人，史皇孫子，王夫人男，年十八卽尊位，是爲孝宣帝。帝初卽位，(帝)〔下〕詔曰：「故皇太子在湖，未有號諡，歲時祠，其議諡，置園邑。」有司奏請：「禮『爲人後者，爲之子也』，故降其父母不得祭，〔一〕尊祖之義也。陛下爲孝昭帝後，承祖宗之祀，制禮不踰閑。〔二〕謹行視孝昭帝所爲故皇太子起位在湖，〔三〕史良娣冢在博望苑北，親史皇孫位在廣明郭北。〔四〕諡法曰『諡者，行之迹也』，愚以爲親諡宜曰悼(皇)，母曰悼后，比諸侯王園，置奉邑三百家。故皇太子諡曰戾，置奉邑二百家。史良娣曰戾夫人，置守冢三十家。園置長丞，周衞奉守如法。」以湖閿鄉邪里聚爲戾園，〔五〕長安白亭東爲戾后園，廣明成鄉爲悼園。皆改葬焉。

〔一〕師古曰：「謂本生之父母也。」

〔二〕師古曰：「閑猶限也。」

〔三〕文穎曰：「位，冢位也。」師古曰：「行音下更反。」

〔四〕如淳曰：「親謂父也。」

〔五〕（師古）〔孟康〕曰：「閿，古闅字，從門中𡕒。建安中正作(閴)〔閿〕。」師古曰：「𡕒，舉目使人也。𡕒音許密反。閿字本從𡕒，其後轉訛誤，遂作門中受耳。而郭璞乃音汝授反，蓋失理遠耳。」

後八歲，有司復言：「禮『父爲士，子爲天子，祭以天子』。悼園宜稱尊號曰皇考，立廟，因園爲寢，以時薦享焉。益奉園民滿千六百家，以爲奉明縣。尊戾夫人曰戾后，置園奉邑，及益戾園各滿三百家。」

齊懷王閎與燕王旦、廣陵王胥同日立，皆賜策，各以國土風俗申戒焉，曰：「惟元狩六年四月乙巳，皇帝使御史大夫湯〔一〕廟立子閎爲齊王，〔二〕曰：烏呼！小子閎，受茲青社。〔三〕朕承天序，惟稽古，建爾國家，〔四〕封于東土，世爲漢藩輔。烏呼！念哉，共朕之詔。〔五〕惟命不于常，〔六〕人之好德，克明顯光；義之不圖，俾君子怠。〔七〕悉爾心，允執其中，天祿永終；〔八〕厥有愆不臧，乃凶于乃國，而害于爾躬。〔九〕嗚呼！保國乂民，可不敬與！王其戒之！」〔一〇〕閎母王夫人有寵，閎尤愛幸，立八年，薨，無子，國除。

〔一〕師古曰：「張湯。」
〔二〕師古曰：「於廟授策也。」
〔三〕張晏曰：「王者以五色土爲太社，封四方諸侯，各以其方色土與之，苴以白茅，歸以立社。」
〔四〕師古曰：「言考於古道而立子爲王。」
〔五〕師古曰：「共讀曰恭。言敬聽我詔。」

〔六〕師古曰：「言皇天無親，惟德是輔，善則得之，惡則失之。」
〔七〕師古曰：「言人若好德，則能明顯有光輝；若不圖於義，則君子懈怠，無歸附之者。圖，謀也。俾，使也。」
〔八〕師古曰：「能盡爾心，信執中和之（得）〔德〕，則能終天祿者也。」
〔九〕師古曰：「臧，善也。乃，汝也。」
〔一〇〕師古曰：「保，安也。乂，治也。與讀曰歟。」

燕剌王旦賜策曰：「嗚呼！小子旦，受茲玄社，建爾國家，封于北土，世爲漢藩輔。嗚呼！薰鬻氏虐老獸心，以姦巧邊甿。〔一〕朕命將率，徂征厥罪。〔二〕萬夫長，千夫長，三十有二帥，〔三〕降旗奔師。〔四〕薰鬻徙域，〔五〕北州以妥。〔六〕悉爾心，毋作怨，毋作棐德，〔七〕毋乃廢備。〔八〕非教士不得從徵。〔九〕王其戒之！」

〔一〕服虔曰：「薰鬻，堯時匈奴號也。」孟康曰：「甿音萌。」師古曰：「虐老，謂貴少壯而食甘肥，賤耆老而與粗惡也。獸心，言貪暴而無仁義也。甿，庶人。薰音勳。鬻音育。」
〔二〕師古曰：「徂，往也。」
〔三〕張晏曰：「時所獲三十二帥也。」
〔四〕如淳曰：「昆邪王偃其旗鼓而來降也。」
〔五〕張晏曰：「匈奴徙東。」
〔六〕孟康曰：「古綏字也。」臣瓚曰：「妥，安也。」師古曰：「瓚說是也。妥音他果反。」
〔七〕服虔曰：「棐，薄也。」師古曰：「棐　古匪字也。匪，非也。」
〔八〕師古曰：「禦邊之備不可廢。」
〔九〕張晏曰：「士不素習不得應召。」

旦壯大就國，爲人辯略，博學經書雜說，好星曆數術倡優射獵之事，招致游士。及衛太子敗，齊懷王又薨，旦自以次第當立，上書求入宿衛。上怒，下其使獄。後坐臧匿亡命，削良鄉、安次、文安三縣。武帝由是惡旦，後遂立少子爲太子。

帝崩，太子立，是爲孝昭帝，賜諸侯王璽書。旦得書，不肯哭，曰：「璽書封小。〔一〕京師疑有變。」遣幸臣壽西長、孫縱之、王孺等之長安，〔二〕以問禮儀爲名。王孺見執金吾廣（義）〔意〕，〔三〕問帝崩所病，〔四〕立者誰子，年幾歲。廣意言待詔五莋宮，〔五〕宮中讙言帝崩，諸將軍共立太子爲帝，年八九歲，葬時不出臨。〔六〕歸以報王。王曰：「上棄羣臣，無語言，蓋主又不得見，甚可怪也。」復遣中大夫至京師上書言：「竊見孝武皇帝躬聖道，孝宗廟，慈愛骨肉，和集兆民，德配天地，明並日月，威武洋溢，〔七〕遠方執寶而朝，增郡數十，斥地且倍，〔八〕封泰山，禪梁父，巡狩天下，遠方珍物陳于太廟，德甚休盛，〔九〕請立廟郡國。」奏報聞。時大將軍霍光秉政，褒賜燕王錢三千萬，益封萬三千戶。旦怒曰：「我當爲帝，何賜

也！」遂與宗室中山哀王子劉長、齊孝王孫劉澤等結謀，詐言以武帝時受詔，得職吏事，修武備，備非常。〔一〇〕

〔一〕張晏曰：「文少則封小。」
〔二〕師古曰：「之，往也。」
〔三〕師古曰：「郭廣（義）〔意〕。」
〔四〕師古曰：「因何病而崩。」
〔五〕師古曰：「莋讀與柞同。」
〔六〕師古曰：「臨音力禁反。」
〔七〕師古曰：「洋溢，言盛多也。洋音羊。」
〔八〕師古曰：「斥，開也。」
〔九〕師古曰：「休，美也。」
〔一〇〕如淳曰：「諸侯不得治民與職事，是以爲詐言受詔，得知職事，發兵爲備也。」

長於是爲旦命令羣臣曰：「寡人賴先帝休德，〔一〕獲奉北藩，親受明詔，職吏事，領庫兵，飭武備，〔二〕任重職大，夙夜兢兢，子大夫將何以規佐寡人？且燕國雖小，成周之建國也，〔三〕上自召公，下及昭、襄，〔四〕于今千載，豈可謂無賢哉？寡人束帶聽朝三十餘年，曾無聞焉。其者寡人之不及與？〔五〕意亦子大夫之思有所不至乎？其咎安在？方今寡人欲擣

邪防非，章聞揚和，〔六〕撫慰百姓，移風易俗，厥路何由？子大夫其各悉心以對，寡人將察焉。」

〔一〕師古曰：「休，美也。」
〔二〕師古曰：「飭讀與勅同。飭，整也。」
〔三〕師古曰：「自周以來即爲燕國，言以久遠。」
〔四〕師古曰：「召公，謂召公奭也。昭、襄，六國時燕之二王也。召讀曰邵。」
〔五〕師古曰：「與讀曰歟。」
〔六〕師古曰：「撟，正也。章，表也。撟與矯同，其字從手也。」

羣臣皆免冠謝。郎中成軫謂旦曰：「大王失職，獨可起而索，不可坐而得也。〔一〕大王壹起，國中雖女子皆奮臂隨大王。」旦曰：「前高后時，僞立子弘爲皇帝，諸侯交手事之八年。〔二〕呂太后崩，大臣誅諸呂，迎立文帝，天下乃知非孝惠子也。我親武帝長子，反不得立，上書請立廟，又不聽。立者疑非劉氏。」

〔一〕師古曰：「失職，謂當爲漢嗣而不被用也。索，求也。」
〔二〕師古曰：「交手，謂拱手也。」

卽與劉澤謀爲姦書，言少帝非武帝子，大臣所共立，天下宜共伐之。使人傳行郡國，以搖動百姓。澤謀歸發兵臨淄，與燕王俱起。旦遂招來郡國姦人，賦歛銅鐵作甲兵，數閱其

車騎材官卒，建旌旗鼓車，旄頭先敺，〔一〕郎中侍從者著貂羽，黃金附蟬，〔二〕皆號侍中。旦從相、中尉以下，勒車騎，發民會圍，大獵文安縣，以講士馬，須期日。〔三〕郎中韓義等數諫旦，旦殺義等凡十五人。會缾侯劉成知澤等謀，〔四〕告之青州刺史雋不疑，不疑收捕澤以聞。天子遣大鴻臚丞治，連引燕王。有詔弗治，而劉澤等皆伏誅。益封缾侯。

〔一〕師古曰：「敺與驅同。」
〔二〕晉灼曰：「以翠羽飾冠也。」師古曰：「貂羽，以貂尾爲冠之羽也。附蟬，（謂）〔爲〕金蟬以附冠前也。凡此旄頭先驅，皆天子之制。而貂羽附蟬，又天子侍中之飾，王僭爲之。」
〔三〕師古曰：「講，習也。須，待也。」
〔四〕師古曰：「缾侯，菑川靖王子也。缾音步丁反。」

久之，旦姊鄂邑蓋長公主、〔一〕左將軍上官桀父子與霍光爭權有隙，皆知旦怨光，卽私與燕交通。旦遣孫縱之等前後十餘輩，多齎金寶走馬，〔二〕賂遺蓋主。上官桀及御史大夫桑弘羊等皆與交通，數記疏光過失與旦，令上書告之。桀欲從中下其章。〔三〕旦聞之，喜，上疏曰：「昔秦據南面之位，制一世之命，威服四夷，輕弱骨肉，顯重異族，廢道任刑，無恩宗室。其後尉佗入南夷，陳涉呼楚澤，〔四〕近狎作亂，內外俱發，〔五〕趙氏無炊火焉。〔六〕高皇帝覽蹤迹，觀得失，見秦建本非是，故改其路，規土連城，布王子孫，〔七〕是以支葉扶疏，異姓不

得間也。〔八〕今陛下承明繼成，〔九〕委任公卿，羣臣連與成朋，非毀宗室，〔一〇〕膚受之愬，日騁於廷，惡吏廢法立威，主恩不及下究。〔一一〕臣聞武帝使中郎將蘇武使匈奴，見留二十年不降，還亶爲典屬國。〔一二〕今大將軍長史敞無勞，爲搜粟都尉。〔一三〕又將軍都郎羽林，〔一四〕道上移蹕，〔一五〕太官先置。〔一六〕臣旦願歸符璽，入宿衞，察姦臣之變。」

〔一〕張晏曰：「食邑鄂，蓋侯王信妻也。」師古曰：「爲蓋侯妻是也，非王信。信者，武帝之舅耳，不取鄂邑主爲妻，當是信子頃侯充耳。」
〔二〕師古曰：「走馬，馬之善走者。」
〔三〕師古曰：「下音胡稼反。」
〔四〕師古曰：「呼音火故反。」
〔五〕師古曰：「狎，習也。近習之人，謂趙高也。」
〔六〕韋昭曰：「趙，秦之別氏。」師古曰：「無炊火，言絕祀也。」
〔七〕師古曰：「規，畫也。」
〔八〕師古曰：「間音工莧反。」
〔九〕師古曰：「承聖明之後，繼已成之業。」
〔一〇〕師古曰：「與謂黨與也。」
〔一一〕師古曰：「究，竟也。言不終竟於下。」

〔一二〕師古曰：「亶音但。」
〔一三〕師古曰：「楊敞也。」
〔一四〕張晏曰：「都試郎、羽林也。」師古曰：「都，大也，謂大會試之。漢光祿挈令『諸當試者，不會都所，免之』。」
〔一五〕如淳曰：「移猶傳也。」
〔一六〕師古曰：「昭紀云『詐令人爲燕王旦上書』，又云上曰『朕知此書詐也。將軍都郎屬耳，燕王何以得知之？』而此傳乃云旦自上疏，此下又云帝覺有詐，遂親信光，參錯不同，疑此傳爲誤。」

是時昭帝年十四，覺其有詐，遂親信霍光，而疏上官桀等。桀等因謀共殺光，廢帝，迎立燕王爲天子。旦置驛書，往來相報，許立桀爲王，外連郡國豪桀以千數。旦以語相平，平曰：「大王前與劉澤結謀，事未成而發覺者，以劉澤素夸，好侵陵也。平聞左將軍素輕易，車騎將軍少而驕，臣恐其如劉澤時不能成，又恐既成，反大王也。」旦曰：「前日一男子詣闕，自謂故太子，長安中民趣鄉之，〔一〕正讙不可止，〔二〕大將軍恐，出兵陳之，以自備耳。我帝長子，天下所信，何憂見反？」後謂羣臣：「蓋主報言，獨患大將軍與右將軍王莽。〔三〕今右將軍物故，〔四〕丞相病，幸事必成，徵不久。」令羣臣皆裝。

〔一〕師古曰：「鄉讀曰嚮。」
〔二〕師古曰：「人衆既多，故讙譁也。」
〔三〕張晏曰：「天水人也，字稚叔。」

〔四〕師古曰：「謂死也。」

是時天雨，虹下屬宮中〔一〕飲井水，（水泉）〔井水〕竭。廁中豕羣出，壞大官竈。〔二〕烏鵲鬭死。鼠舞殿端門中。〔三〕殿上戶自閉，不可開。天火燒城門。大風壞宮城樓，折拔樹木。流星下墮。后姬以下皆恐。王驚病，使人祠葭水、台水。〔四〕王客呂廣等知星，爲王言「當有兵圍城，期在九月十月，漢當有大臣戮死者。」語具在五行志。

〔一〕師古曰：「屬猶注也，音之欲反。」
〔二〕師古曰：「廁，養豕圂也。圂音胡困反。」
〔三〕師古曰：「端門，正門也。」
〔四〕晉灼曰：「地理志葭水在廣平南和，台水在雁門。」師古曰：「葭音家。台音怡。」

王愈憂恐，謂廣等曰：「謀事不成，妖祥數見，兵氣且至，柰何？」會蓋主舍人父燕倉知其謀，告之，由是發覺。丞相賜璽書，部中二千石逐捕孫縱之及左將軍桀等，皆伏誅。旦聞之，召相平曰：「事敗，遂發兵乎？」平曰：「左將軍已死，百姓皆知之，不可發也。」王憂懣，〔一〕置酒萬載宮，會賓客羣臣妃妾坐飲。王自歌曰：「歸空城兮，狗不吠，雞不鳴，橫術何廣廣兮，固知國中之無人！」〔二〕華容夫人起舞曰：「髮紛紛兮寘渠，〔三〕骨籍籍兮亡居。〔四〕母求死子兮，妻求死夫。裴回兩渠間兮，君子獨安居！」〔五〕坐者皆泣。

〔一〕師古曰：「懣音滿，又音悶，解在司馬遷傳。」
〔二〕蘇林曰：「廣音曠。」臣瓚曰：「術，道路也。」師古曰：「廣讀如本字。此歌意，言身死之後，國當空也。」
〔三〕孟康曰：「寘音犨。髮歷冪挂岸也。」臣瓚曰：「寘塞溝渠。」師古曰：「瓚說是也。寘音徒（一）〔千〕反。」
〔四〕師古曰：「籍籍，從橫貌也。居，處也。」
〔五〕師古曰：「置酒之宮，池沼所在，其間有渠，故即其所見以爲歌辭也。」

有赦令到，王讀之，曰：「嗟乎！獨赦吏民，不赦我。」因迎后姬諸夫人之明光殿，王曰：「老虜曹爲事當族！」〔一〕欲自殺。左右曰：「黨得削國，〔二〕幸不死。」后（妃）〔姬〕夫人共啼泣止王。會天子使使者賜燕王璽書曰：「昔高皇帝王天下，建立子弟以藩屏社稷。先日諸呂陰謀大逆，劉氏不絕若髮，賴絳侯等誅討賊亂，尊立孝文，以安宗廟，非以中外有人，表裏相應故邪？樊、酈、曹、灌，攜劍推鋒，〔三〕從高（皇）帝墾菑除害，耘鉏海內，〔四〕〔當此之時，〕頭如蓬葆，〔五〕勤苦至矣，然其賞不過（諸）〔封〕侯。今宗室子孫曾無暴衣露冠之勞，裂地而王之，分財而賜之，父死子繼，兄終弟及。今王骨肉至親，敵吾一體，〔六〕乃與他姓異族謀害社稷，親其所疏，疏其所親，有逆悖之心，無忠愛之義。如使古人有知，當何面目復（舉）〔奉〕齊酎見高祖之廟乎！」〔七〕

〔一〕師古曰：「曹，輩也。」
〔二〕師古曰：「黨音他朗反。」
〔三〕師古曰：「樊噲、酈商、曹參、灌嬰等。」
〔四〕師古曰：「菑，古災字。」
〔五〕〔服虔曰〕：〔「頭久不理，如蓬草羽葆也。」師古曰：「草叢生曰葆，音保。」
〔六〕師古曰：「言若四肢之一也。」
〔七〕師古曰：「古人謂先人。」

旦得書，以符璽屬醫工長，〔一〕謝相二千石：「奉事不謹，死矣。」即以綬自絞。后夫人隨旦自殺者二十餘人。天子加恩，赦王太子建爲庶人，賜旦謚曰剌王。旦立三十八年而誅，國除。

〔一〕師古曰：「屬，委也。醫工長，王官之（主）醫者也。屬音之欲反。」

後六年，宣帝即位，封旦兩子，慶爲新昌侯，賢爲（定安）〔安定〕侯，又立故太子建，是爲廣陽頃王，二十九年薨。子穆王舜嗣，二十一年薨。子思王璜嗣，二十年薨。子嘉嗣。王莽時，皆廢漢藩王爲家人，嘉獨以獻符命封扶美侯，賜姓王氏。

廣陵厲王胥賜策曰：「嗚呼！小子胥，受茲赤社，建爾國家，封于南土，世世爲漢藩輔。古人有言曰：『大江之南，五湖之間，其人輕心。揚州保彊，〔一〕三代要服，不及以正。』〔二〕

嗚呼！悉爾心，祗祗兢兢，乃惠乃順，〔三〕毋桐好逸，毋邇宵人，〔四〕惟法惟則！〔五〕書云『臣不作福，不作威』，〔六〕靡有後羞。王其戒之！」〔七〕

〔一〕李奇曰：「保，恃也。」
〔二〕師古曰：「要服，次荒服之內者也。正，政也。要音一遙反。」
〔三〕師古曰：「祗祗，敬也。兢兢，慎也。言當慈惠于下，忠順于上也。」
〔四〕應劭曰：「無好逸游之事，邇近小人也。」張晏曰：「桐音同。」師古曰：「桐音通。桐，輕脫之貌也。」
〔五〕師古曰：「言當依法則。」
〔六〕師古曰：「周書洪範云『臣無有作威作福也』。」
〔七〕師古曰：「言宜戒慎，勿令後有羞辱之事也。」

胥壯大，好倡樂逸游，力扛鼎，〔一〕空手搏熊彘猛獸。動作無法度，故終不得爲漢嗣。

昭帝初立，益封胥萬三千戶，元鳳中入朝，復益萬戶，賜錢二千萬，黃金二千斤，安車駟馬寶劍。及宣帝即位，封胥四子聖、曾、寶、昌皆爲列侯，又立胥小子弘爲高密王。所以褒賞甚厚。

〔一〕師古曰：「扛，舉也，音江。」

始，昭帝時，胥見上年少無子，有覬欲心。〔二〕而楚地巫鬼，〔三〕胥迎女巫李女須，使下

神祝詛。〔三〕女須泣曰：「孝武帝下我。」左右皆（服）〔伏〕。〔四〕言「吾必令胥爲天子。」胥多賜女須錢，使禱巫山。〔五〕會昭帝崩，胥曰：「女須良巫也！」殺牛塞禱。〔六〕及昌邑王徵，復使巫祝詛之。後王廢，胥寖信女須等，〔七〕數賜予錢物。宣帝即位，胥曰：「太子孫何以反得立？」復令女須祝詛如前。又胥女爲楚王延壽后弟婦，數相餽遺，通私書。〔八〕後延壽坐謀反誅，辭連及胥。有詔勿治，賜胥黃金前後五千斤，它器物甚衆。胥又聞漢立太子，謂姬南等曰：「我終不得立矣。」乃止不詛。後胥子南利侯寶坐殺人奪爵，還歸廣陵，與胥姬左修姦。事發覺，繫獄，棄市。相勝之奏奪王射陂草田以賦貧民，〔九〕奏可。胥復使巫祝詛如前。

〔一〕師古曰：「覬音冀。」
〔二〕師古曰：「言其土俗尊尚巫鬼之事。」
〔三〕師古曰：「女須者，巫之名也。」
〔四〕師古曰：「見女須云武帝神下，故伏而聽之。」
〔五〕師古曰：「即楚地之巫山也。」
〔六〕師古曰：「以爲因禱祝詛而崩也。塞音先代反。」
〔七〕師古曰：「寖，古浸字也。寖，漸也，益也。」
〔八〕師古曰：「餽亦饋字。」

〔九〕張晏曰：「射水之陂，在射陽縣。」

胥宮園中棗樹生十餘莖，莖正赤，葉白如素。池水變赤，魚死。有鼠晝立舞王后廷中。胥謂姬南等曰：「棗水魚鼠之怪甚可惡也。」居數月，祝詛事發覺，有司按驗，胥惶恐，藥殺巫及宮人二十餘人以絕口。公卿請誅胥，天子遣廷尉、大鴻臚即訊。〔一〕胥謝曰：「罪死有餘，誠皆有之。〔二〕事久遠，請歸思念具對。」胥既見使者還，置酒顯陽殿，召太子霸及子女董訾、胡生等夜飲，〔三〕使所幸八子郭昭君、家人子趙左君等鼓瑟歌舞。〔四〕王自歌曰：「欲久生兮無終，長不樂兮安窮！〔五〕奉天期兮不得須臾，〔六〕千里馬兮駐待路。〔七〕黃泉下兮幽深，人生要死，何爲苦心！〔八〕何用爲樂心所喜，出入無悰爲樂亟。〔九〕蒿里召兮郭門閱，〔一〇〕死不得取代庸，身自逝。」〔一一〕左右悉更涕泣奏酒，〔一二〕至雞鳴時罷。胥謂太子霸曰：「上遇我厚，今負之甚。我死，骸骨當暴。幸而得葬，薄之，無厚也。」即以綬自絞死。及八子郭昭君等二人皆自殺。天子加恩，赦王諸子皆爲庶人，賜謚曰厲王。立六十四年而誅，國除。

〔一〕師古曰：「就問也。」
〔二〕師古曰：「誠，實也。」
〔三〕師古曰：「董訾、胡生，皆女名。」
〔四〕師古曰：「八子，姬妾之秩號也。家人子，無官秩者也。」
〔五〕師古曰：「人所以欲久生者，貴其安豫無有終極，而我在生，長不歡樂，焉用窮盡年壽也。」
〔六〕張晏曰：「奉天子期，當死，不得復延年。」
〔七〕張晏曰：「二卿亭驛待以答詔命。」
〔八〕師古曰：「言人生必當有死，無假勞心懷悲戚。」
〔九〕韋昭曰：「悰亦樂也，音裁宗反。亟，數，亦疾也，謂不久也。言人生以何爲樂，但以心志所喜好耳。今我出入皆無歡怡，不得久長也。喜音許吏反。亟音邱吏反。」
〔一〇〕師古曰：「蒿里，死人里。」
〔一一〕師古曰：「言死當自去，不如他傜役得顧庸自代也。逝，合韻音上列反。」
〔一二〕師古曰：「更，互也。奏，進也。更音工衡反。」

後七年，元帝復立胥太子霸，是爲孝王，十三年薨。子共王意嗣，〔一〕三年薨。子哀王護嗣，十六年薨，無子，絕。後六年，成帝復立孝王子守，是爲靖王，立二十年薨。子宏嗣，王莽時絕。

〔一〕師古曰：「共讀曰恭。」

初，高密哀王弘本始元年以廣陵王胥少子立，九年薨。子頃王章嗣，三十三年薨。子懷王寬嗣，十一年薨。子愼嗣，王莽時絕。

昌邑哀王髆天漢四年立，十一年薨，子賀嗣。立十三年，昭帝崩，無嗣，大將軍霍光徵王賀典喪。〔一〕璽書曰：「制詔昌邑王：〔二〕使行大鴻臚事少府樂成、〔三〕宗正德、光祿大夫吉、〔四〕中郎將利漢〔五〕徵王，乘七乘傳詣長安邸。」夜漏未盡一刻，以火發書。其日中，賀發，晡時至定陶，行百三十五里，侍從者馬死相望於道。郎中令龔遂諫王，令還郎謁者五十餘人。賀到濟陽，求長鳴雞，〔六〕道買積竹杖。〔七〕過弘農，使大奴善以衣車載女子。〔八〕至湖，〔九〕使者以讓相安樂。〔一〇〕安樂告遂，遂入問賀，賀曰：「無有。」遂曰：「即無有，何愛一善以毀行義！請收屬吏，〔一一〕以湔洒大王。」〔一二〕即捽善，屬衞士長行法。〔一三〕

〔一〕師古曰：「（今）〔令〕爲喪主。」
〔二〕師古曰：「太后璽書。」
〔三〕師古曰：「史樂成。」
〔四〕師古曰：「丙吉也。」
〔五〕師古曰：「不知姓。」
〔六〕師古曰：「鳴聲長者也。」
〔七〕文穎曰：「合竹作杖也。」
〔八〕師古曰：「凡言大奴者，謂奴之尤長大者也。」

〔九〕師古曰：「即湖縣。」

〔一〇〕張晏曰：「使者，長安使人也。」師古曰：「讓，責也。」

〔一一〕師古曰：「以善付吏也。屬音之欲反。其下亦同。」

〔一二〕師古曰：「湔，澣也。洒，濯也。湔音子顚反。洒音先禮反。」

〔一三〕師古曰：「捽，持頭也。衞士長，主衞之官。捽音材兀反。」

賀到霸上，大鴻臚郊迎，騶奉乘輿車。王使僕壽成御，郎中令遂參乘。且至廣明東都門，遂曰：「禮，奔喪望見國都哭。此長安東郭門也。」賀曰：「我嗌痛，不能哭。」〔一〕至城門，遂復言，賀曰：「城門與郭門等耳。」且至未央宮東闕，遂曰：「昌邑帳在是闕外馳道北，〔二〕未至帳所，有南北行道，馬足未至數步，大王宜下車，鄉闕西面伏，哭盡哀止。」〔三〕王曰：「諾。」到，哭如儀。

〔一〕師古曰：「嗌，喉咽也，音益。」

〔二〕文穎曰：「弔哭帳也。」師古曰：「是謂此。」

〔三〕師古曰：「鄉讀曰嚮。」

王受皇帝璽綬，襲尊號。即位二十七日，行淫亂。大將軍光與羣臣議，白孝昭皇后，廢賀歸故國，賜湯沐邑二千戶，故王家財物皆與賀。及哀王女四人各賜湯沐邑千戶。語在霍光傳。國除，爲山陽郡。

初賀在國時，數有怪。嘗見白犬，高三尺，無頭，其頸以下似人，而冠方山冠。後見熊，左右皆莫見。又大鳥飛集宮中。王知，惡之，輒以問郎中令遂。遂爲言其故，語在五行志。王卬天歎曰：「不祥何爲數來！」〔一〕遂叩頭曰：「臣不敢隱忠，數言危亡之戒，大王不說。〔二〕夫國之存亡，豈在臣言哉？願王內自揆度。〔三〕大王誦詩三百五篇，人事浹，王道備，〔四〕王之所行中詩一篇何等也？〔五〕大王位爲諸侯王，行汙於庶人，〔六〕以存難，以亡易，宜深察之。」後又血汙王坐席，王問遂，遂叫然號曰：「宮空不久，祅祥數至。血者，陰憂象也。宜畏慎自省。」賀終不改節。居無何，徵。既即位，後王夢青蠅之矢積西階東，可五六石，以屋版瓦覆，〔七〕發視之，青蠅矢也。以問遂，遂曰：「陛下之詩不云乎？〔八〕『營營青蠅，至于藩；愷悌君子，毋信讒言。』〔九〕陛下左側讒人衆多，如是青蠅惡矣。〔一〇〕宜進先帝大臣子孫親近以爲左右。如不忍昌邑故人，〔一一〕信用讒諛，必有凶咎。願詭禍爲福，皆放逐之。〔一二〕臣當先逐矣。」賀不用其言，卒至於廢。

〔一〕師古曰：「卬讀曰仰。」

〔二〕師古曰：「說讀曰悅。」

〔三〕師古曰：「度音徒各反。」

〔四〕師古曰：「浹，徹也，音子牒反。」

〔五〕師古曰：「言王所行，皆不合法度。王自謂當於何詩之文也。中音竹仲反。」

〔六〕師古曰：「汙，濁穢。」

〔七〕師古曰：「版瓦，大瓦也。」

〔八〕蘇林曰：「猶言陛下所讀之詩也。」

〔九〕師古曰：「已解於上。」

〔一〇〕師古曰：「惡即矢也。越王句踐爲吳王嘗惡，亦其義也。」

〔一一〕師古曰：「如，若也。不忍謂不能疏遠也。」

〔一二〕師古曰：「詭猶反。」

大將軍光更尊立武帝曾孫，是爲孝宣帝。即位，心內忌賀，元康二年遣使者賜山陽太守張敞璽書曰：「制詔山陽太守：其謹備盜賊，察往來過客。毋下所賜書！」〔一〕敞於是條奏賀居處，著其廢亡之效，〔二〕曰：「臣敞地節三年五月視事，故昌邑王居故宮，奴婢在中者百八十三人，閉大門，開小門，廉吏一人爲領錢物市買，朝內食物，〔三〕它不得出入。〔四〕督盜一人別主徼循，察往來者。以王家錢取卒，迾宮清中備盜賊。〔五〕臣敞數遣丞吏行察。〔六〕四年九月中，臣敞入視居處狀，故王年二十六七，爲人青黑色，小目，鼻末銳卑，少須眉，身體長大，疾痿，行步不便。〔七〕衣短衣大絝，冠惠文冠，〔八〕佩玉環，簪筆持牘趨謁。〔九〕臣敞與坐語中庭，閱妻子奴婢。臣敞欲動觀其意，即以惡鳥感之，曰：『昌邑多梟。』故王應曰：『然。

前賀西至長安，殊無梟。復來，東至濟陽，乃復聞梟聲。』臣敞閱至子女持轡，〔一〇〕故王跪曰：『持轡母，嚴長孫女也。』臣敞故知執金吾嚴延年字長孫，女羅紨，〔一一〕前爲故王妻。察故王衣服言語跪起，淸狂不惠。〔一二〕妻十六人，子二十二人，其十一人男，十一人女。昧死奏名籍及奴婢財物簿。臣敞前書言：『昌邑哀王歌舞者張修等十人，無子，又非姬，但良人，無官名，王薨當罷歸。太傅豹等擅留，以爲哀王園中人，所不當得爲，〔一三〕請罷歸。』故王聞之曰：『中人守園，疾者當勿治，相殺傷者當勿法，欲令亟死，太守柰何而欲罷之？』〔一四〕其天資喜由亂亡，終不見仁義如此。〔一五〕後丞相御史以臣敞書聞，奏可。皆以遣。」上由此知賀不足忌。

〔一〕師古曰：「密令警察，不欲宣露也。」

〔二〕師古曰：「著，明也。」

〔三〕師古曰：「每旦一內之。」

〔四〕師古曰：「食物之外皆不得妄有出入。」

〔五〕李奇曰：「迾，遮也。」鄧展曰：「令其宮中淸竫，不得妄有異人也。」師古曰：「以王家錢顧人爲卒也。」

〔六〕師古曰：「行音下更反。」

〔七〕師古曰：「痿，風痺疾也，音人佳反。」

〔八〕蘇林曰：「治獄法冠也。」孟康曰：「今侍中所著也。」服虔曰：「武冠也，或曰趙惠文王所服，故曰惠文。」晉灼曰：

柱後惠文，法冠也。但言惠文，侍中冠。孟說是也。」

〔九〕師古曰：「簪筆，插筆於首也。牘，木簡也。」

〔一〇〕師古曰：「賀之子女名持轡。」

〔一一〕師古曰：「羅紨，其名也。紨音敷。」

〔一二〕蘇林曰：「凡狂者，陰陽脈盡濁。今此人不狂似狂者，故言清狂也。或曰，色理清徐而心不慧曰清狂。清狂，如今白癡也。」

〔一三〕師古曰：「於法不當然。」

〔一四〕師古曰：「亟，急也，音居力反。」

〔一五〕師古曰：「喜，好也。由，從也。喜音許吏反。」

其明年春，乃下詔曰：「蓋聞象有罪，舜封之，骨肉之親，析而不殊。〔一〕其封故昌邑王賀爲海昏侯，食邑四千戶。」〔二〕侍中衞尉金安上上書言：「賀天之所棄，陛下至仁，復封爲列侯。賀嚚頑放廢之人，不宜得奉宗廟朝聘之禮。」奏可。賀就國豫章。

〔一〕師古曰：「析，分也。殊，絕也。」

〔二〕師古曰：「海昏，豫章之縣。」

數年，揚州刺史柯奏賀〔一〕與故太守卒史孫萬世交通，萬世問賀：「前見廢時，何不堅守毋出宮，斬大將軍，而聽人奪璽綬乎？」賀曰：「然。失之。」萬世又以賀且王豫章，不久

爲列侯。賀曰：「且然，〔二〕非所宜言。」有司案驗，請逮捕。制曰：「削戶三千。」後薨。

〔一〕師古曰：「柯者，刺史之名也。」

〔二〕師古曰：「謂亦將如此。」

豫章太守廖奏言：「舜封象於有鼻，〔一〕死不爲置後，以爲暴亂之人不宜爲太祖。〔二〕海昏侯賀死，上當爲後者子充國；〔三〕充國死，復上弟奉親；奉親復死，是天絕之也。陛下聖仁，於賀甚厚，雖舜於象無以加也。宜以禮絕賀，以奉天意。願下有司議。」議皆以爲不宜爲立嗣，國除。

〔一〕師古曰：「廖，太守名也。有鼻在零陵，今鼻亭是也。廖音聊。」

〔二〕師古曰：「謂一國之始祖。」

〔三〕師古曰：「上謂由上其名於有司。」

元帝卽位，復封賀子代宗爲海昏侯，傳子至孫，今見爲〈侯〉。

贊曰：巫蠱之禍，豈不哀哉！此不唯一江充之辜，亦有天時，非人力所致焉。建元六年，蚩尤之旗見，其長竟天。後遂命將出征，略取河南，建置朔方。其春，戾太子生。自是之後，師行三十年，兵所誅屠夷滅死者不可勝數。及巫蠱事起，京師流血，僵尸數萬，〔一〕太子子父皆敗。故太子生長於兵，與之終始，何獨一嬖臣哉！秦始皇卽位三十九年，內平六國，外攘四夷，死人如亂麻，暴骨長城之下，頭盧相屬於道，〔二〕不一日而無兵。由是山東之難興，四方潰而逆秦。秦將吏外畔，賊臣內發，亂作蕭牆，禍成二世。〔三〕故曰「兵猶火也，弗戢必自焚」，〔四〕信矣。是以倉頡作書，「止」「戈」爲「武」。〔五〕聖人以武禁暴整亂，止息干戈，非以爲殘而興縱之也。易曰：「天之所助者順也，人之所助者信也；君子履信思順，自天祐之，吉無不利也。」〔六〕故車千秋指明蠱情，章太子之冤。千秋材知未必能過人也，以其銷惡運，遏亂原，〔七〕因衰激極，道迎善氣，〔八〕傳得天人之祐助云。〔九〕

〔一〕師古曰：「僵，偃也，音居羊反。」

〔二〕師古曰：「盧，領骨也。屬，連也，音之欲反。」

〔三〕師古曰：「蕭牆謂屏牆也，解在五行志。」

〔四〕師古曰：「左傳隱四年衞有州吁之亂，公問於衆仲曰：『州吁其成乎？』對曰：『兵猶火也，不戢將自焚也。』言兵不可妄動，久而不戢，則自焚燒。戢，斂也。」

〔五〕師古曰：「武字從止，從戈，所謂會意。」

〔六〕師古曰：「易上繫辭也。」

〔七〕師古曰：「遏，止也，音一曷反。」

〔八〕師古曰：「激去至極之災，引致福善之氣也。道讀曰導。」

〔九〕師古曰：「傳，引也。」

校勘記

二七四三頁一三行　按道侯說疑使者有（詔）〔詐〕，不肯受詔，錢大昭說「詔」當作「詐」。按景祐、殿本都作「詐」。

二七四四頁一一行　父子不和則室家（散）〔喪〕亡，景祐、殿本都作「喪」。

二七四四頁一三行　（令）〔今〕皇太子爲漢適嗣，錢大昭說「令」當作「今」。按景祐、殿、局本都作「今」。

二七四七頁一三行　（師古）〔孟康〕曰：景祐、殿本都作「孟康」，此誤。

二七四七頁一四行　衞（侯）〔后〕、史良娣葬長安城南。錢大昭說「侯」當作「后」。按景祐、殿、局本都作「后」。

二七四八頁三行　帝初卽位，（帝）〔下〕詔曰：景祐、殿本都作「下」。王先謙說作「下」是。

二七四八頁七行　悼以爲親謚宜曰悼（皇），母曰悼后。王念孫說景祐本無「皇」字是。

二七四八頁一五行　（師古）〔孟康〕曰：「閔，古閔字，從門中旻。建安中正作（閔）閔」。景祐、殿本「師古」作「孟康」，「閔」作「閔」，此誤。

二七五〇頁三行　信執中和之（得）〔德〕，景祐、殿本都作「德」，此誤。

二七五二頁九行　王孺見執金吾廣（義）意，景祐、殿本都作「廣意」，注同。按下文作「廣意」。

二七五四頁六行　〔謂〕〔爲〕金蟬以附冠前也。　景祐、殿本都作「爲」。王念孫説景祐本是。

二七五七頁二行　飲井水，〔水泉〕〔井水〕竭。　景祐本作「井水」。

二七五八頁三行　寘音徒〔一〕〔千〕反。　景祐、殿本都作「千」。王先謙説作「千」是。

二七五八頁七行　后〔妃〕〔姬〕夫人共啼泣止王。　景祐、汲古、殿、局本都作「姬」，此誤。

二七五八頁一〇行　從高〔皇〕帝墾菑除害，　景祐、殿本都有「皇」字。

二七五八頁一〇行　〔當此之時，頭如蓬葆〕，　景祐、殿本有此八字，此脱。

二七五八頁一一行　然其賞不過〔諸〕〔封〕侯。　景祐、殿本都作「封」。王先謙説作「封」是。

二七五八頁一三行　當何面目復〔舉〕〔奉〕齊酎見高祖之廟乎！　景祐、殿本都作「奉」。王先謙説作「奉」是。

二七五九頁三行　〔服虔曰〕：　宋祁説，浙本注文「頭」字上有此三字。又此注二十字，景祐、殿本有，此脱。

二七五九頁九行　王宫之〔主〕醫者也。　景祐、殿本都有「主」字。王先謙説有「主」字是。

二七五九頁一〇行　賢爲〔定安〕〔安定〕侯，　景祐、殿本都作「安定」。王先謙説作「安定」是。

二七六二頁一行　左右皆〔服〕〔伏〕。　景祐、殿本都作「伏」。

二七六四頁八行　〔今〕〔令〕爲喪主。　景祐、殿本都作「令」，此誤。

二七七〇頁一二行　今見爲〔侯〕。　景祐、殿本都有「侯」字。

漢書卷六十四上

嚴朱吾丘主父徐嚴終王賈傳第三十四上

師古曰：「分嚴安以後爲下卷。」

嚴助，會稽吴人，嚴夫子子也，〔一〕或言族家子也。〔二〕郡舉賢良，對策百餘人，武帝善助對，繇是獨擢助爲中大夫。後得朱買臣、吾丘壽王、司馬相如、主父偃、徐樂、嚴安、東方朔、枚皋、膠倉、終軍、嚴葱奇等，並在左右。是時征伐四夷，開置邊郡，軍旅數發，内改制度，朝廷多事，婁舉賢良文學之士。〔三〕公孫弘起徒步，數年至丞相，開東閣，延賢人與謀議，朝覲奏事，因言國家便宜。上令助等與大臣辯論，中外相應以義理之文，〔四〕大臣數詘。〔五〕其尤親幸者，東方朔、枚皋、嚴助、吾丘壽王、司馬相如。相如常稱疾避事。朔、皋不根持論，上頗俳優畜之。〔六〕唯助與壽王見任用，而助最先進。

〔一〕張晏曰：「夫子，嚴忌也。」

〔二〕師古曰：「亦云夫子之族子也。」

〔三〕師古曰：「婁，古屢字。」

〔四〕師古曰：「中謂天子之賓客，若嚴助之輩也。外謂公卿大夫也。」

〔五〕師古曰：「謂計議不如助等，每詘服也，音丘勿反。」

〔六〕師古曰：「論議委隨，不能持正，如樹木之無根柢也。」

建元三年，閩越舉兵圍東甌，東甌告急於漢。時武帝年未二十，以問太尉田蚡。蚡以爲越人相攻擊，其常事，又數反覆，不足煩中國往救也，自秦時棄不屬。〔一〕於是助詰蚡曰：「特患力不能救，德不能覆，誠能，何故棄之？且秦舉咸陽而棄之，何但越也！〔二〕今小國以窮困來告急，天子不振，尚安所愬，〔三〕又何以子萬國乎？」〔四〕上曰：「太尉不足與計。吾新即位，不欲出虎符發兵郡國。」乃遣助以節發兵會稽。會稽守欲距法，不爲發。〔五〕助乃斬一司馬，諭意指，〔六〕遂發兵浮海救東甌。未至，閩越引兵罷。

〔一〕師古曰：「言不臣屬於中華。」

〔二〕師古曰：「舉，總也。言總天下乃至京師皆棄也。」

〔三〕師古曰：「振，舉也，起也。安，焉也。」

〔四〕師古曰：「子謂畜爲臣子也。」

〔五〕師古曰：「以法距之，爲無符驗也。」

〔六〕師古曰：「以天子意指曉告之。」

後三歲，閩越復興兵擊南越。南越守天子約，不敢擅發兵，而上書以聞。上多其義，[一]大爲發興，遣兩將軍將兵誅閩越。淮南王安上書諫曰：

[一]師古曰：「多猶重也。」

陛下臨天下，布德施惠，緩刑罰，薄賦斂，哀鰥寡，恤孤獨，養耆老，振匱乏，盛德上隆，和澤下洽，近者親附，遠者懷德，天下攝然，[一]人安其生，自以〔沒〕身不見兵革。今聞有司舉兵將以誅越，臣安竊爲陛下重之。[二]越，方外之地，劗髮文身之民也。[三]不可以冠帶之國法度理也。自三代之盛，胡越不與受正朔，[四]非彊弗能服，威弗能制也，以爲不居之地，不牧之民，不足以煩中國也。[五]故古者封內甸服，[六]封外侯服，[七]侯衞賓服，[八]蠻夷要服，[九]戎狄荒服，[一〇]遠近勢異也。自漢初定已來七十二年，吳越人相攻擊者不可勝數，然天子未嘗舉兵而入其地也。

[一]孟康曰：「攝，安也，音奴協反。」
[二]師古曰：「重，難也。」
[三]晉灼曰：「淮南云『越人劗髮』，張揖以爲古翦字也。」師古曰：「劗與翦同，〔晉〕〔張〕說是也。」
[四]師古曰：「與讀曰豫。」
[五]師古曰：「地不可居，而民不可牧養也。」

[六]師古曰：「封內謂封圻千里之內也。甸服，主治王田以供祭祀也。」
[七]師古曰：「封外，千里之外也。侯，候也，爲王者斥候。」
[八]服虔曰：「侯服之外，又有衞服。賓，賓見於王也。侯衞二服同爲賓也。」
[九]師古曰：「又在侯衞之外而居九州之〔地〕〔內〕也。要，言以文德要來之耳，音一遥反。」
[一〇]師古曰：「此在九州之外者也。荒，言其荒忽絕遠，來去無常也。」

臣聞越非有城郭邑里也，處谿谷之間，篁竹之中，[一]習於水鬭，便於用舟，地深昧而多水險，[二]中國之人不知其勢阻而入其地，雖百不當其一。得其地，不可郡縣也；攻之，不可暴取也。以地圖察其山川要塞，相去不過寸數，而間獨數百千里，[三]阻險林叢弗能盡著。[四]視之若易，行之甚難。天下賴宗廟之靈，方內大寧，戴白之老不見兵革，[五]民得夫婦相守，父子相保，陛下之德也。越人名爲藩臣，貢酎之奉，不輸大內，[六]一卒之用不給上事。[七]自相攻擊而陛下發兵救之，是反以中國而勞蠻夷也。[八]且越人愚戇輕薄，負約反覆，其不〔可〕用天子之法度，非一日之積也。[九]壹不奉詔，舉兵誅之，臣恐後兵革無時得息也。

[一]服虔曰：「竹叢也。音皇。」師古曰：「竹田曰篁。」
[二]師古曰：「昧，暗也。言多草木。」
[三]師古曰：「間，中間也。或八九百里，或千里也。」

[四]師古曰：「不可盡載於圖也。著音竹助反。」
[五]師古曰：「戴白，言白髮在首。」
[六]應劭曰：「越國僻遠，珍奇之貢，宗廟之祭皆不與也。大內，都內也，國家寶藏也。」師古曰：「百官公卿表云治粟屬官有都內令丞也。」
[七]師古曰：「給，供也。」
[八]師古曰：「疲勞中國之人於蠻夷之地。」
[九]師古曰：「積，久也。」

間者，數年歲比不登，民待賣爵贅子以接衣食，[一]賴陛下德澤振救之，得毋轉死溝壑。四年不登，五年復蝗，民生未復。[二]今發兵行數千里，資衣糧，入越地，[三]輿轎而隃領，[四]拕舟而入水，[五]行數百千里，夾以深林叢竹，水道上下擊石，[六]林中多蝮蛇猛獸，[七]夏月暑時，歐泄霍亂之病相隨屬也，[八]曾未施兵接刃，死傷者必衆矣。前時南海王反，陛下先臣使將軍間忌將兵擊之，[九]以其軍降，處之上淦。[一〇]後復反，會天暑多雨，樓船卒水居擊櫂，[一一]未戰而疾死者過半。親老涕泣，孤子謕號，[一二]破家散業，迎尸千里之外，裹骸骨而歸。悲哀之氣數年不息，長老至今以爲記。曾未入其地而禍已至此矣。

[一]如淳曰：「淮南俗賣子與人作奴婢，名爲贅子，三年不能贖，遂爲奴婢。」師古曰：「贅，質也。一說，云贅子者，謂

令子出就婦家爲贅壻耳。贅壻解在賈誼傳。」
[二]師古曰：「生謂生業。復音〔扶〕〔扶〕目反。」
[三]師古曰：「資猶齎。」
[四]服虔曰：「轎音橋梁，謂隘道輿車也。」臣瓚曰：「今竹輿車也，江表作竹輿以行是也。」項昭曰：「陵絕水曰轎，音旗廟反。領，山領也。不通船車，運轉皆擔輿也。」師古曰：「服音、瓚說是也。項氏繆矣。此直言以轎過領耳，何云陵絕水乎！又旗廟之音無所依據。隃與踰同。」
[五]師古曰：「拕，曳也，音它。」
[六]師古曰：「謂船觸石，難以行也。」
[七]師古曰：「蝮，惡蛇也，音敷福反，解在田儋傳。」
[八]師古曰：「泄，吐也，音弋制反。屬音之欲反。」
[九]文穎曰：「先臣，淮南厲王長也。間忌，人姓名。」師古曰：「淮南王傳作簡忌，此本作間，轉寫字誤省耳。」
[一〇]蘇林曰：「淦音耿弇之弇。」師古曰：「音工含反。」
[一一]師古曰：「言常居舟中水上，而又有擊櫂行舟之役，故多死也。櫂音直孝反。」
[一二]師古曰：「謕，古啼字。」

臣聞軍旅之後，必有凶年，言民之各以其愁苦之氣，薄陰陽之和，感天地之精，[一]而災氣爲之生也。陛下德配天地，明象日月，恩至禽獸，澤及草木，一人有飢寒不終其天年而死者，爲之悽愴於心。今方內無狗吠之警，[二]而使陛下甲卒死亡，暴露中原，霑

漬山谷，邊境之民爲之早閉晏開，〔三〕鼂不及夕，〔四〕臣安竊爲陛下重之。〔五〕

〔一〕師古曰：「薄，迫也。」
〔二〕師古曰：「方內，中國四方之內也。」
〔三〕師古曰：「晏，晚也。言有兵難，故邊城早閉而晚開也。」
〔四〕師古曰：「鼂，古朝字也。言憂危亡不自保也。」
〔五〕師古曰：「重，難也。」

不習南方地形者，多以越爲人衆兵彊，能難邊城。〔一〕淮南全國之時，多爲邊吏，〔二〕臣竊聞之，與中國異。〔三〕限以高山，人迹所絕，車道不通，天地所以隔外內也。其入中國必下領水，領水之山峭峻，漂石破舟，〔四〕不可以大船載食糧下也。越人欲爲變，必先田餘干界中，〔五〕積食糧，乃入伐材治船。邊城守候誠謹，越人有入伐材者，輒收捕，焚其積聚，雖百越，奈邊城何！且越人緜力薄材，〔六〕不能陸戰，又無車騎弓弩之用，然而不可入者，以保地險，而中國之人不能其水土也。〔七〕臣聞越甲卒不下數十萬，所以入之，五倍乃足，〔八〕輓車奉饟者，不在其中。〔九〕南方暑溼，近夏癉熱，〔一〇〕暴露水居，蝮蛇蠚生，〔一一〕疾癘多作，兵未血刃而病死者什二三，雖舉越國而虜之，不足以償所亡。〔一二〕

〔一〕服虔曰：「爲邊城作難也。」
〔二〕師古曰：「全國謂未分爲三之時也。淮南人於邊爲吏，與越接境，故知其地形也。」
〔三〕師古曰：「言其風土不同。」
〔四〕師古曰：「言水流湍急，石爲之漂轉，觸破舟船也。漂音匹遙反。」
〔五〕韋昭曰：「越邑，今鄱陽縣也。」
〔六〕孟康曰：「緜音滅，薄力也。」師古曰：「緜，弱也，言其柔弱如緜，讀如本字。孟說非也。」
〔七〕師古曰：「能，堪也。」
〔八〕師古曰：「不下，言不減也。漢軍多之五倍，然後可入其地也。」
〔九〕師古曰：「輓，引也，音晚。饟亦餉字。」
〔一〇〕師古曰：「癉，黃病，音丁幹反。」
〔一一〕師古曰：「蠚，毒也，音壑。」
〔一二〕師古曰：「舉謂總取也。」

臣聞道路言，閩越王弟甲弒而殺之，〔一〕甲以誅死，其民未有所屬。陛下若欲來內，處之中國，使重臣臨存，〔二〕施德垂賞以招致之，此必攜幼扶老以歸聖德。若陛下無所用之，則繼其絕世，存其亡國，建其王侯，以爲畜越，〔三〕此必委質爲藩臣，世共貢職。〔四〕陛下以方寸之印，丈二之組，塡撫方外，〔五〕不勞一卒，不頓一戟，〔六〕而威德並行。今以兵入其地，此必震恐，以有司爲欲屠滅之也，必雉兔逃入山林險阻。〔七〕背而去之，則復相羣聚；留而守之，歷歲經年，則士卒罷勧，食糧乏絕，〔八〕男子不得耕稼(種樹)〔樹種〕，婦人不得紡績織紝，〔九〕丁壯從軍，老弱轉餉，〔一〇〕居者無食，行者無糧。民苦兵事，亡逃者必衆，隨而誅之，不可勝盡，盜賊必起。

〔一〕師古曰：「甲者，閩王弟之名。」
〔二〕師古曰：「存謂省問之。」
〔三〕李奇曰：「如人畜養六畜也。」師古曰：「直謂畜養之耳，非六畜也。」
〔四〕師古曰：「共讀曰供。」
〔五〕師古曰：「組者，印之綬。」
〔六〕師古曰：「頓，壞也。一曰頓讀曰鈍。」
〔七〕師古曰：「如雉兔之逃竄而入山林險阻之中。」
〔八〕師古曰：「罷讀曰疲。勧亦倦字。」
〔九〕師古曰：「樹，植也。機縷曰紝。紝音人禁反。」
〔一〇〕師古曰：「餉亦饟字。」

臣聞長老言，秦之時嘗使尉屠睢擊越，〔一〕又使監祿鑿渠通道。〔二〕越人逃入深山林叢，不可得攻。留軍屯守空地，曠日(持)〔引〕久，士卒勞倦，越(乃)出擊之。秦兵大

破，乃發適戍以備之。〔三〕當此之時，外內騷動，百姓靡敝，〔四〕行者不還，往者(莫)〔莫〕反，皆不聊生，亡逃相從，羣爲盜賊，於是山東之難始興。此老子所謂「師之所處，荊棘生之」者也。〔五〕兵者凶事，一方有急，四面皆從。臣恐變故之生，姦邪之作，由此始也。周易曰「高宗伐鬼方，三年而克之。」〔六〕鬼方，小蠻夷；高宗，殷之盛天子也。以盛天子伐小蠻夷，三年而後克，言用兵之不可不重也。

〔一〕張晏曰：「郡都尉，姓屠名睢也。」
〔二〕張晏曰：「監郡御史也，名祿。」
〔三〕師古曰：「適讀曰謫。」
〔四〕師古曰：「靡，散也，音糜。」
〔五〕師古曰：「老子道經之言也。師旅行，必殺傷士衆，侵暴田畝，故致荒殘而生荊棘也。」
〔六〕師古曰：「旣濟九三爻辭。」

臣聞天子之兵有征而無戰，言莫敢(挍)〔校〕也。〔一〕如使越人蒙(死)徼幸以逆執事之顏行，〔二〕廝輿之卒有一不備而歸者，〔三〕雖得越王之首，臣猶竊爲大漢羞之。陛下以四海爲境，九州爲家，八(蔬)〔藪〕爲囿，江(海)〔漢〕爲池，〔四〕生民之屬皆爲臣妾。人徒之衆足以奉千官之共，〔五〕租稅之收足以給乘輿之御。玩心神明，秉執聖道，負黼依，〔六〕

馮玉几，(七)南面而聽斷，號令天下，四海之內莫不嚮應。(八)陛下垂德惠以覆露之，(九)使元元之民安生樂業，則澤被萬世，傳之子孫，施之無窮。天下之安猶泰山而四維之也，(一〇)夷狄之地何足以爲一日之閒，(一一)而煩汗馬之勞乎！詩云「王猶允塞，徐方既來」，(一二)言王道甚大，而遠方懷之也。臣聞之，農夫勞而君子養焉，(一三)愚者言而智者擇焉。臣安幸得爲陛下守藩，以身爲鄣蔽，人臣之任也。邊境有警，愛身之死而不畢其愚，非忠臣也。(一四)臣安竊恐將吏之以十萬之師爲一使之任也！(一五)

(一)師古曰：「(技)〔校〕，計也。不敢與計彊弱曲直。」
(二)文穎曰：「顙行猶雁行，在前行，故曰顙也。」師古曰：「蒙，犯也。行音胡郎反。」
(三)張晏曰：「廝，微；輿，衆也。」師古曰：「廝，析薪者。輿，主駕車者。此皆言賤役之人。」
(四)師古曰：「八藪，謂魯有大野，晉有大陸，秦有楊紆，宋有孟諸，楚有雲夢，吳越之閒有具區，齊有海隅，鄭有圃田。」
(五)師古曰：「千官猶百官也，多言之耳。共讀曰供。」
(六)師古曰：「負，背也。白與黑畫爲斧文，謂之黼也。依讀曰扆。扆形如屛風而曲之，畫以黼文，張於戶牖之閒。」
(七)師古曰：「馮讀曰凭。」
(八)師古曰：「嚮讀曰響。」
(九)師古曰：「露謂使之沾潤澤也。或露或覆，言養育也。」
(一〇)師古曰：「維謂聯繫之。」

(一一)如淳曰：「得其地物，不足爲一日閒暇之廢也。」
(一二)師古曰：「大雅常武之詩。猶，道也。允，信也。塞，滿也。既，盡也。言王道信充滿於天下，則徐方淮夷盡來服也。」
(一三)師古曰：「言農夫勤力於耕稼，所得五穀以養君子也。」
(一四)師古曰：「畢，盡也，盡言其意也。」
(一五)師古曰：「言漢發一使鎭撫之，則越人賓服，不煩兵往。」

是時，漢兵遂出，〔未〕踰領，適會閩越王弟餘善殺王以降。漢兵罷。上嘉淮南之意，美將卒之功，乃令嚴助諭意風指於南越。(一)南越王頓首曰：「天子乃幸興兵誅閩越，死無以報！」即遣太子隨助入侍。

(一)師古曰：「風讀曰諷，以天子之意指諷告也。」

助還，又諭淮南曰：「皇帝問淮南王：使中大夫玉上書言事，聞之。朕奉先帝之休德，夙興夜(昧)〔寐〕，明不能燭，(一)重以不德，(二)是以比年凶菑害衆。(三)夫以眇眇之身，託于王侯之上，內有飢寒之民，南夷相攘，(四)使邊騷然不安，朕甚懼焉。今王深惟重慮，(五)明太平以弼朕失，稱三代至盛，際天接地，人迹所及，咸盡賓服，藐然甚慙。(六)嘉王之意，靡有所終，(七)使中大夫助諭朕意，告王越事。」

(一)師古曰：「燭，照也。」
(二)師古曰：「重音直用反。」
(三)師古曰：「菑，古災字。」
(四)師古曰：「攘謂相侵奪也，音人羊反。」
(五)師古曰：「惟，思也。慮，計也。」
(六)如淳曰：「王之所言藐然，聞之甚慙也。」師古曰：「藐，遠也。言不可及也。藐音武卓反。」
(七)師古曰：「靡，無也。終，極也。」

助諭意曰：「今者大王以發屯臨越事上書，陛下故遣臣助告王其事。王居遠，事薄遽，不與王同其計。(一)朝有闕政，遺王之憂，(二)陛下甚恨之。夫兵固凶器，明主之所重出也，(三)然自五帝三王禁暴止亂，非兵，未之聞也。漢爲天下宗，操殺生之柄，(四)以制海內之命，危者望安，亂者卬治。(五)今閩越王狼戾不仁，(六)殺其骨肉，離其親戚，所爲甚多不義，又數舉兵侵陵百越，并兼鄰國，以爲暴彊，陰計奇策，入燔尋陽樓船，(七)欲招會稽之地，以踐句踐之迹。(八)今者，邊又言閩王率兩國擊南越。陛下爲萬民安危久遠之計，使人諭告之曰：『天下安寧，各繼世撫民，禁毋敢相并。』有司疑其以虎狼之心，貪據百越之利，或於逆順，不奉明詔，則會稽、豫章必有長患。且天子誅而不伐，焉有勞百姓苦士卒乎？(九)故遣兩將屯於境上，震威武，揚聲鄉。(一〇)屯曾未會，(一一)天誘其衷，閩王隕命，輒遣使者罷屯，毋

後農時。(一二)南越王甚嘉被惠澤，蒙休德，願革心易行，身從使者入謝。(一三)有狗馬之病，不能勝服，(一四)故遣太子嬰齊入侍；病有瘳，願伏北闕，望大廷，以報盛德。閩王以八月舉兵於冶南，(一五)士卒罷倦，(一六)三王之衆相與攻之，因其弱弟餘善以成其(謀)〔誅〕。至今國空虛，遣使者上符節，請所立，不敢自立，以待天子之明詔。此一舉，不挫一兵之鋒，不用一卒之死，而閩王伏辜，南越被澤，威震暴王，義存危國，此則陛下深計遠慮之所出也。事效見前，(一七)故使臣助來諭王意。」

(一)如淳曰：「薄，迫也。言事迫，不暇得先與王共議之。或曰薄，語助也。」師古曰：「薄，迫，是也。遽，速也，音其據反。」
(二)師古曰：「言朝政有闕，乃使王有憂也。遺猶與也。」
(三)師古曰：「重，難也。」
(四)師古曰：「操，執持也，音千高反。」
(五)師古曰：「卬讀曰仰，謂仰而望之。」
(六)師古曰：「狼性貪戾，凡言狼戾者，謂貪而戾。」
(七)師古曰：「漢有樓船貯在尋陽也。」
(八)師古曰：「先是越王句踐稱霸中國，今越王欲慕之。句音工侯反。」
(九)師古曰：「王者之兵，但行誅耳，無有戰鬬，故云不伐也。」

中華書局

〔10〕師古曰：「鄉讀曰嚮。」
〔11〕師古曰：「言兵未盡集。」
〔12〕師古曰：「令及農時，不待後也。」
〔13〕師古曰：「革，改也。」
〔14〕師古曰：「服謂朝服也。」
〔15〕蘇林曰：「山名也，今名東冶，屬會稽。」
〔16〕師古曰：「罷讀曰疲。」
〔17〕師古曰：「見，顯也。前謂目前。」

於是王謝曰：「雖湯伐桀，文王伐崇，誠不過此。臣安妄以愚意狂言，陛下不忍加誅，使使者臨詔臣安以所不聞，〔一〕臣不勝厚幸！」助由是與淮南王相結而還。上大說。〔二〕

〔一〕師古曰：「先未聞者今得聞也。」
〔二〕師古曰：「說讀曰悅。」

助侍燕從容，〔一〕上問助居鄉里時，助對曰：「家貧，爲友壻富人所辱。」〔二〕上問所欲，對願爲會稽太守。於是拜爲會稽太守。數年，不聞問。〔三〕賜書曰：「制詔會稽太守：君厭承明之廬，〔四〕勞侍從之事，懷故土，〔五〕出爲郡吏。會稽東接於海，南近諸越，〔六〕北枕大江。〔七〕間者，闊焉久不聞問，具以春秋對，毋以蘇秦從橫。」〔八〕助恐，上書謝稱：「春秋天王出居于

鄭，不能事母，故絕之。〔九〕臣事君，猶子事父母也，臣助當伏誅。陛下不忍加誅，願奉三年計最。」〔一〇〕詔許，因留侍中。有奇異，輒使爲文，〔一一〕及作賦頌數十篇。

〔一〕師古曰：「從容，閒語也。從音千容反。」
〔二〕師古曰：「友壻，同門之壻。」
〔三〕師古曰：「無音聲。」
〔四〕張晏曰：「承明廬在石渠閣外。直宿所止曰廬。」
〔五〕師古曰：「懷，思也。」
〔六〕師古曰：「越種非一，故言諸。」
〔七〕師古曰：「枕，臨也。」
〔八〕師古曰：「從音子容反。」
〔九〕師古曰：「周惠王之子襄王也。弟叔帶有寵於惠后，欲立之，故襄王避難而出奔也。僖二十四年經書：『天王出居於鄭。』公羊傳曰：『王者無外，此其言出何？不能乎母也。』」
〔10〕如淳曰：「舊法，當使丞奉歲計，(令)〔今〕躬自欲入奉也。」晉灼曰：「最，凡要也。」
〔11〕師古曰：「謂非常之文。」

後淮南王來朝，厚賂遺助，交私論議。及淮南王反，事與助相連，上薄其罪，欲勿誅。〔一〕廷尉張湯爭，以爲助出入禁門，腹心之臣，而外與諸侯交私如此，不誅，後不可治。助竟棄市。

〔一〕師古曰：「以其過爲輕小。」

朱買臣字翁子，吳人也。家貧，好讀書，不治產業，常艾薪樵，賣以給食，〔一〕擔束薪，行且誦書。其妻亦負戴相隨，數止買臣毋歌嘔道中。〔二〕買臣愈益疾歌，妻羞之，求去。買臣笑曰：「我年五十當富貴，今已四十餘矣。女苦日久，待我富貴報女功。」〔三〕妻恚怒曰：「如公等，終餓死溝中耳，何能富貴？」買臣不能留，卽聽去。其後，買臣獨行歌道中，負薪墓間。故妻與夫家俱上冢，見買臣饑寒，呼飯飲之。〔四〕

〔一〕師古曰：「艾讀曰刈。給，供也。」
〔二〕師古曰：「嘔讀曰謳，音一侯反。」
〔三〕師古曰：「女皆讀曰汝。」
〔四〕師古曰：「飯謂飤之，音扶晚反。飲音於禁反。」

後數歲，買臣隨上計吏爲卒，將重車至長安，〔一〕詣闕上書，書久不報。待詔公車，糧用乏，上計吏卒更乞匄之。〔二〕會邑子嚴助貴幸，薦買臣。召見，說春秋，言楚詞，帝甚說之，〔三〕拜買臣爲中大夫，與嚴助俱侍中。是時方築朔方，公孫弘諫，以爲罷敝中國。〔四〕上使買臣

難詘弘，語在弘傳。後買臣坐事免，久之，召待詔。

〔一〕師古曰：「買臣身自充卒，而與計吏將重車也。載衣食具曰重車。重音直用反。」
〔二〕師古曰：「更音工衡反。乞音氣。匄音工大反。」
〔三〕師古曰：「說讀曰悅。」
〔四〕師古曰：「罷讀曰疲。」

是時，東越數反覆，買臣因言：「故東越王居保泉山，〔一〕一人守險，千人不得上。今聞東越王更徙處南行，去泉山五百里，居大澤中。今發兵浮海，直指泉山，陳舟列兵，席卷南行，可破滅也。」上拜買臣會稽太守。上謂買臣曰：「富貴不歸故鄉，如衣繡夜行，今子何如？」買臣頓首辭謝。詔買臣到郡，治樓船，備糧食、水戰具，須詔書到，軍與俱進。〔二〕

〔一〕師古曰：「泉山即今泉州之山也，臨海，去海十餘里。保者，保守之以自固也。說者乃云保是地名，失之矣。」
〔二〕師古曰：「須，待也。」

初，買臣免，待詔，常從會稽守邸者寄居飯食。〔一〕拜爲太守，買臣衣故衣，懷其印綬，步歸郡邸。直上計時，會稽吏方相與羣飲，〔二〕不視買臣。買臣入室中，守邸與共食，食且飽，少見其綬。〔三〕守邸怪之，前引其綬，視其印，會稽太守章也。守邸驚，出語上計掾吏。皆醉，大呼曰：「妄誕耳！」〔四〕守邸曰：「試來視之。」其故人素輕買臣者入(內)視之，還走，

疾呼曰：「實然！」坐中驚駭，白守丞，〔五〕相推排陳列中庭拜謁。買臣徐出戶。有頃，長安廄吏乘駟馬車來迎，〔六〕買臣遂乘傳去。〔七〕會稽聞太守且至，發民除道，縣吏並送迎，車百餘乘。入吳界，見其故妻、妻夫治道。買臣駐車，呼令後車載其夫妻，到太守舍，置園中，給食之。〔八〕居一月，妻自經死，買臣乞其夫錢，令葬。〔九〕悉召見故人與飲食諸嘗有恩者，皆報復焉。〔一〇〕

〔一〕師古曰：「飯音扶晚反。」
〔二〕師古曰：「直讀曰值。」
〔三〕師古曰：「見，顯示也。」
〔四〕師古曰：「謼，大言也。呼音火故反。次下亦同。」
〔五〕服虔曰：「守邸丞也。」張晏曰：「漢舊郡國丞長吏與計吏俱送計也。」師古曰：「張說是也。謂之守丞者，繫太守而言也。守音式授反。」
〔六〕張晏曰：「故事，大夫乘官車駕駟，如今州牧刺史矣。」
〔七〕師古曰：「傳音張戀反。」
〔八〕師古曰：「食讀曰飤。」
〔九〕師古曰：「乞音氣。」
〔一〇〕師古曰：「復音扶目反。」

居歲餘，買臣受詔將兵，與橫海將軍韓說等俱擊破東越，〔一〕有功。徵入爲主爵都尉，列於九卿。

〔一〕師古曰：「說讀曰悅。」

數年，坐法免官，復爲丞相長史。張湯爲御史大夫。始買臣與嚴助俱侍中，貴用事，湯尙爲小吏，趨走買臣等前。後湯以廷尉治淮南獄，排陷嚴助，買臣怨湯。及買臣爲長史，湯數行丞相事，知買臣素貴，故陵折之。買臣見湯，坐牀上弗爲禮。〔一〕買臣深怨，常欲死之。〔二〕後遂告湯陰事，湯自殺，上亦誅買臣。買臣子山拊〔三〕官至郡守，右扶風。

〔一〕師古曰：「言不動容以禮之也。爲音于僞反。」
〔二〕師古曰：「致死以害之。」
〔三〕如淳曰：「拊音夫。」

吾丘壽王字子贛，趙人也。年少，以善格五召待詔。〔一〕詔使從中大夫董仲舒受春秋，高材通明。遷侍中中郎，坐法免。上書謝罪，願養馬黃門，上不許。〔二〕後願守塞扞寇難，復不許。久之，上疏願擊匈奴，詔問狀，壽王對良善，復召爲郎。

〔一〕蘇林曰：「博之類，不用箭，但行梟散。」孟康曰：「格音各。行伍相各，故言各。」劉德曰：「格五，棊行。簺法曰：簺白乘五，至五格不得行，故云格五。」師古曰：「即今戲之簺也。音先代反。」
〔二〕師古曰：「請於黃門供養馬之事。」

稍遷，會東郡盜賊起，拜爲東郡都尉。上以壽王爲都尉，不復置太守。是時，軍旅數發，年歲不熟，多盜賊。詔賜壽王璽書曰：「子在朕前之時，知略輻湊，〔一〕以爲天下少雙，海內寡二。及至連十餘城之守，任四千石之重，〔二〕職事並廢，盜賊從橫，〔三〕甚不稱在前時，何也？」壽王謝罪，因言其狀。

〔一〕師古曰：「言其無方而至，若車輪之歸於轂。」
〔二〕師古曰：「郡守、都尉皆二千石，以壽王爲都尉，不置太守，兼總二任，故云四千石也。」
〔三〕師古曰：「從音子庸反。」

後徵入爲光祿大夫侍中。丞相公孫弘奏言：「民不得挾弓弩。十賊彍弩，百吏不敢前，〔一〕盜賊不輒伏辜，免脫者衆，害寡而利多，此盜賊所以蕃也。〔二〕禁民不得挾弓弩，則盜賊執短兵，短兵接則衆者勝。以衆吏捕寡賊，其勢必得。盜賊有害無利，則莫犯法，刑錯之道也。臣愚以爲禁民毋得挾弓弩便。」上下其議。壽王對曰：

〔一〕張晏曰：「彍音郭。」師古曰：「引滿曰彍。」
〔二〕師古曰：「蕃亦多也，音扶元反。」

臣聞古者作五兵，非以相害，以禁暴討邪也。〔一〕安居則以制猛獸而備非常，有事

則以設守衞而施行陣。及至周室衰微，上無明王，諸侯力政，彊侵弱，衆暴寡，海內抏敝，〔二〕(是以)巧詐並生。〔是以〕知者陷愚，勇者威怯，苟以得勝爲務，不顧義理。故機變械飾，所以相賊害之具不可勝數。於是秦兼天下，廢王道，立私議，滅詩書而首法令，〔三〕去仁恩而任刑戮，〔四〕墮名城，殺豪桀，〔五〕銷甲兵，折鋒刃。其後，民以耰鉏箠梃相撻擊，〔六〕犯法滋衆，盜賊不勝，〔七〕至於赭衣塞路，羣盜滿山，卒以亂亡。故聖王務教化而省禁防，知其不足恃也。

〔一〕師古曰：「五兵謂矛、戟、弓、劍、戈。」
〔二〕師古曰：「抏，訛盡也，音五官反。」
〔三〕師古曰：「以法令爲首。」
〔四〕師古曰：「去，除也。」
〔五〕師古曰：「墮，毀也，音火規反。」
〔六〕師古曰：「耰，摩田之器也。箠，馬檛也。梃，大杖也。耰音憂。箠音之累反。梃音大鼎反。」
〔七〕師古曰：「滋，益也。不勝，言不可勝也。」

今陛下昭明德，建太平，舉俊材，興學官，三公有司或由窮巷，起白屋，裂地而封，〔一〕宇內日化，方外鄉風，〔二〕然而盜賊猶有者，郡國二千石之罪，非挾弓弩之過也。禮曰男子生，桑弧蓬矢以舉之，明示有事也。〔三〕孔子曰：「吾何執？執射乎？」〔四〕大射

之禮，自天子降及庶人，三代之道也。詩云「大侯既抗，弓矢斯張，射夫既同，獻爾發功」，〔五〕言貴中也。〔六〕愚聞聖王合射以明教矣，未聞弓矢之爲禁也。且所爲禁者，爲盜賊之以攻奪也。攻奪之罪死，然而不止者，大姦之於重誅固不避也。臣恐邪人挾之而吏不能止，良民以自備而抵法禁，〔七〕是擅賊威而奪民救也。〔八〕竊以爲無益於禁姦，而廢先王之典，使學者不得習行其禮，大不便。

〔一〕師古曰：「白屋，以白茅覆屋也。壽王言此者，並以譏公孫弘。」

〔二〕師古曰：「鄉讀曰嚮。」

〔三〕師古曰：「有四方扞禦之事。」

〔四〕師古曰：「論語載孔子之言。」

〔五〕師古曰：「小雅賓之初筵之詩也。侯，所以居的，以皮爲之。天子射豹侯，諸侯射熊侯，卿大夫射麋侯，士射鹿豕侯。抗，舉也。射夫，衆射者也。同，同耦也。言既舉大侯，又張弓矢，分耦而射，則獻其發矢中的之功也。」

〔六〕師古曰：「中音竹仲反。」

〔七〕師古曰：「抵，觸也。」

〔八〕師古曰：「擅，專也。」

書奏，上以難丞相弘。弘詘服焉。

及汾陰得寶鼎，武帝嘉之，薦見宗廟，臧於甘泉宮。羣臣皆上壽賀曰：「陛下得周鼎。」

壽王獨曰非周鼎。上聞之，召而問之，曰：「今朕得周鼎，羣臣皆以爲然，壽王獨以爲非，何也？有說則可，無說則死。」壽王對曰：「臣安敢無說！臣聞周德始乎后稷，長於公劉，大於大王，〔一〕成於文武，顯於周公，德澤上昭，天下漏泉，〔二〕無所不通。上天報應，鼎爲周出，故名曰周鼎。今漢自高祖繼周，亦昭德顯行，布恩施惠，六合和同。至於陛下，恢廓祖業，功德愈盛，天瑞並至，珍祥畢見。昔秦始皇親出鼎於彭城而不能得，天祚有德而寶鼎自出，此天之所以與漢，乃漢寶，非周寶（也）。」上曰：「善。」羣臣皆稱萬歲。是日，賜壽王黃金十斤。後坐事誅。

〔一〕師古曰：「公劉，后稷曾孫也。大王，文王之祖，則古公亶父也。」

〔二〕師古曰：「昭，明也。漏，言潤澤下霑如屋之漏。」

主父偃，齊國臨菑人也。學長短從橫術，〔一〕晚乃學易、春秋、百家之言。游齊諸子閒，〔二〕諸儒生相與排儐，不（客）〔容〕於齊。家貧，假貣無所得，〔三〕北游燕、趙、中山，皆莫能厚，客甚困。以諸侯莫足游者，元光元年，乃西入關見衞將軍。〔四〕衞將軍數言上，上不省。資用乏，留久，諸侯賓客多厭之，乃上書闕下。朝奏，暮召入見。所言九事，其八事爲律令，一事諫伐匈奴，曰：

〔一〕服虔曰：「蘇秦法百家書說也。」師古曰：「長短解在張湯傳。從橫說在藝文志。」

〔二〕師古曰：「諸子，諸侯王子。」

〔三〕師古曰：「貣音土得反。」

〔四〕師古曰：「衞青。」

臣聞明主不惡切諫以博觀，忠臣不避重誅以直諫，是故事無遺策而功流萬世。今臣不敢隱忠避死，以效愚計，願陛下幸赦而少察之。

司馬法曰：「國雖大，好戰必亡；天下雖平，忘戰必危。」〔一〕天下既平，天子大愷，〔二〕春蒐秋獮，諸侯春振旅，秋治兵，所以不忘戰也。〔三〕且怒者逆德也，兵者凶器也，爭者末節也。古之人君一怒必伏尸流血，故聖王重行之。〔四〕夫務戰勝，窮武事，未有不悔者也。

〔一〕師古曰：「司馬穰苴善用兵，著書言兵法，謂之司馬法。一說司馬，古主兵之官，有軍陳用兵之法。」

〔二〕應劭曰：「大愷，周禮還師振旅之樂也。」

〔三〕師古曰：「春爲陽中，其行木也；秋爲陰中，其行金也。金、木，兵器所資，故於此時蒐獮治兵也。蒐，蒐索也，取不孕者。獮，應殺氣也。振，整；旅，衆也。獮音先淺反。」

〔四〕師古曰：「重，難也。」

昔秦皇帝任戰勝之威，蠶食天下，并吞戰國，海內爲一，功齊三代。務勝不休，欲

攻匈奴，李斯諫曰：「不可。夫匈奴無城郭之居，委積之守，遷徙鳥舉，難得而制。輕兵深入，糧食必絕；運糧以行，重不及事。得其地，不足以爲利；得其民，不可調而守也。〔一〕勝必棄之，非民父母。靡敝中國，甘心匈奴，〔二〕非完計也。」秦皇帝不聽，遂使蒙恬將兵而攻胡，郤地千里，以河爲境。地固澤鹵，不生五穀，〔三〕然後發天下丁男以守北河。暴兵露師十有餘年，死者不可勝數，終不能踰河而北。是豈人衆之不足，兵革之不備哉？其勢不可也。又使天下飛芻輓粟，〔四〕起於黃、腄、琅邪負海之郡，轉輸北河，〔五〕率三十鍾而致一石。〔六〕男子疾耕不足於糧饟，〔七〕女子紡績不足於帷幕。百姓靡敝，孤寡老弱不能相養，道死者相望，〔八〕蓋天下始叛也。

〔一〕李奇曰：「不可和調也。」

〔二〕師古曰：「靡，散也，音糜。其下類此。」

〔三〕師古曰：「地多沮澤而鹹鹵。」

〔四〕師古曰：「運載芻稾，令其疾至，故曰飛芻也。輓謂引車船也，音晚。」

〔五〕師古曰：「黃、腄，二縣名也，並在東萊。言自東萊及琅邪緣海諸郡，皆令轉輸至北河也。腄音直瑞反，又音誰。」

〔六〕師古曰：「六斛四斗爲鍾。計其道路所費，凡用百九十二斛，乃得一石至。」

〔七〕師古曰：「餉亦饟字。」

〔八〕師古曰：「道死謂死於路也。」

及至高皇帝定天下，略地於邊，聞匈奴聚代谷之外而欲擊之。御史成諫曰：「不可。夫匈奴，獸聚而鳥散，從之如搏景，〔一〕今以陛下盛德攻匈奴，臣竊危之。」高帝不聽，遂至代谷，果有平城之圍。高帝悔之，乃使劉敬往結和親，然後天下亡干戈之事。

〔一〕師古曰：「搏，擊也。搏人之陰景，言不可得也。」

故兵法曰：「興師十萬，日費千金。」秦常積衆數十萬人，雖有覆軍殺將，係虜單于，〔一〕適足以結怨深讎，不足以償天下之費。夫匈奴行盜侵敺，所以爲業，天性固然。〔二〕上自虞夏殷周，固不程督，〔三〕禽獸畜之，不比爲人。夫不上觀虞夏殷周之統，而下循近世之失，此臣之所以大恐，百姓所疾苦也。且夫兵久則變生，事苦則慮易。〔四〕使邊境之民靡敝愁苦，將吏相疑而外市，〔五〕故尉佗、章邯得成其私，〔六〕而秦政不行，權分二子，此得失之效也。故周書曰：「安危在出令，存亡在所用。」〔七〕願陛下執計之而加察焉。

〔一〕師古曰：「覆音芳目反。」
〔二〕師古曰：「來侵邊境而敺略人畜也。敺與驅同，其字從攴，音普木反。」
〔三〕師古曰：「程，課也。督，視責也。」

〔四〕師古曰：「言思慮變易，失其常也。」
〔五〕張晏曰：「與外國交市己利，若章邯之比也。」
〔六〕師古曰：「佗音徒何反。」
〔七〕師古曰：「此周書者，本尚書之餘。」

是時，徐樂、嚴安亦俱上書言世務。書奏，上召見三人，謂曰：「公皆安在？何相見之晚也！」〔一〕乃拜偃、樂、安皆爲郎中。偃數上疏言事，遷謁者，中郎，中大夫。歲中四遷。

〔一〕師古曰：「言皆者，各在何處。」

偃說上曰：「古者諸侯地不過百里，彊弱之形易制。今諸侯或連城數十，地方千里，緩則驕奢易爲淫亂，急則阻其彊而合從〔一〕以逆京師。今以法割削，則逆節萌起，〔二〕前日朝錯是也。今諸侯子弟或十數，而適嗣代立，〔三〕餘雖骨肉，無尺地之封，則仁孝之道不宣。願陛下令諸侯得推恩分子弟，以地侯之。彼人人喜得所願，上以德施，實分其國，必稍自銷弱矣。」於是上從其計。又說上曰：「茂陵初立，天下豪桀幷兼之家，亂衆民，皆可徙茂陵，內實京師，外銷姦猾，此所謂不誅而害除。」上又從之。

〔一〕師古曰：「從音子容反。」
〔二〕師古曰：「萌謂事之始生，如草木之萌芽也。」
〔三〕師古曰：「適讀曰嫡。」

尊立衞皇后及發燕王定國陰事，偃有功焉。大臣皆畏其口，賂遺累千金。或說偃曰：「大橫！」〔一〕偃曰：「臣結髮游學四十餘年，身不得遂，〔二〕親不以爲子，昆弟不收，賓客棄我，我阸日久矣。丈夫生不五鼎食，死則五鼎亨耳！〔三〕吾日暮，故倒行逆施之。」〔四〕

〔一〕師古曰：「橫音胡孟反。」
〔二〕師古曰：「遂猶達也。」
〔三〕張晏曰：「五鼎食，牛、羊、豕、魚、麋也。諸侯五，卿大夫三。」師古曰：「五鼎亨之，謂被鑊亨之誅。」
〔四〕師古曰：「暮言年齒老也。倒行逆施，謂不遵常理。此語本出五子胥，偃述而稱之。」

偃盛言朔方地肥饒，外阻河，蒙恬築城以逐匈奴，內省轉輸戍漕，廣中國，滅胡之本也。上覽其說，下公卿議，皆言不便。公孫弘曰：「秦時嘗發三十萬衆築北河，終不可就，〔一〕已而棄之。」朱買臣難詘弘，遂置朔方，本偃計也。

〔一〕師古曰：「就，成也。」

元朔中，偃言齊王內有淫失之行，〔一〕上拜偃爲齊相。至齊，偏召昆弟賓客，散五百金予之，數曰：〔二〕「始吾貧時，昆弟不我衣食，賓客不我內門，〔三〕今吾相齊，諸君迎我或千里。吾與諸君絕矣，毋復入偃之門！」乃使人以王與姊姦事動王。王以爲終不得脫，恐效燕王論死，乃自殺。

〔一〕師古曰：「失讀曰佚，音尹一反。」
〔二〕師古曰：「數，責也。數音所具反。」
〔三〕師古曰：「衣音於既反。食讀曰飤。內門，謂內之於門中也。」

偃始爲布衣時，嘗游燕、趙，及其貴，發燕事。趙王恐其爲國患，欲上書言其陰事，爲居中，不敢發。及其爲齊相，出關，卽使人上書，告偃受諸侯金，以故諸侯子多以得封者。及齊王以自殺聞，上大怒，以爲偃劫其王令自殺，乃徵下吏治。偃服受諸侯之金，實不劫齊王令自殺。上欲勿誅，公孫弘爭曰：「齊王自殺無後，國除爲郡，入漢，偃本首惡，非誅偃無以謝天下。」乃遂族偃。

偃方貴幸時，客以千數，及族死，無一人視，獨孔車收葬焉。上聞之，以車爲長者。

徐樂，燕（郡）無終人也。上書曰：

臣聞天下之患，在於土崩，不在瓦解，古今一也。何謂土崩？秦之末世是也。陳涉無千乘之尊，尺土之地，身非王公大人名族之後，〔無〕鄉曲之譽，非有孔、曾、墨子之賢，陶朱、猗頓之富也。然起窮巷，奮棘矜，〔一〕偏袒大呼，天下從風，〔二〕此其故何也？由民困而主不恤，下怨而上不知，俗已亂而政不

修，此三者陳涉之所以爲資也。此之謂土崩。故曰天下之患在乎土崩。

〔一〕師古曰：「棘，戟也。矜者，戟之把也。時秦銷兵器，故但有戟之把耳。矜音巨巾反。此下亦同。」
〔二〕師古曰：「呼音火故反。」

何謂瓦解？吳、楚、齊、趙之兵是也。七國謀爲大逆，號皆稱萬乘之君，帶甲數十萬，威足以嚴其境內，財足以勸其士民，然不能西攘尺寸之地，〔一〕而身爲禽於中原者，此其故何也？非權輕於匹夫而兵弱於陳涉也，當是之時先帝之德未衰，而安土樂俗之民衆，故諸侯無竟外之助。〔二〕此之謂瓦解。故曰天下之患不在瓦解。

〔一〕師古曰：「攘謂侵取漢地。」
〔二〕師古曰：「竟讀曰境。其下同。」

由此觀之，天下誠有土崩之勢，雖布衣窮處之士或首難而危海內，〔一〕陳涉是也，況三晉之君或存乎？〔二〕天下雖未治也，誠能無土崩之勢，雖有彊國勁兵，不得還踵而身爲禽，〔三〕吳楚是也，況羣臣百姓，能爲亂乎？此二體者，安危之明要，賢主之所留意而深察也。

〔一〕師古曰：「首難謂首唱而作難也。」
〔二〕師古曰：「韓、趙、魏三國本共分晉，故稱三晉。」

〔三〕師古曰：「還讀曰旋。」

間者，關東五穀數不登，年歲未復，〔一〕民多窮困，重之以邊境之事，〔二〕推數循理而觀之，民宜有不安其處者矣。不安故易動，易動者，土崩之勢也。故賢主獨觀萬化之原，明於安危之機，修之廟堂之上，而銷未形之患也。其要期使天下無土崩之勢而已矣。故雖有彊國勁兵，陛下逐走獸，射飛鳥，弘游燕之囿，淫從恣之觀，極馳騁之樂自若。〔三〕金石絲竹之聲不絕於耳，帷幄之私俳優朱儒之笑不乏於前，而天下無宿憂。〔四〕名何必夏、子，俗何必成、康！〔五〕雖然，臣竊以爲陛下天然之質，寬仁之資，而誠以天下爲務，則禹、湯之名不難侔，而成、康之俗未必不復興也。〔六〕此二體者立，然後處尊安之實，揚廣譽於當世，親天下而服四夷，餘恩遺德爲數世隆，南面背依攝袂而揖王公，〔七〕此陛下之所服也。〔八〕臣聞圖王不成，其敝足以安。〔九〕安則陛下何求而不得，何威而不成，奚征而不服哉？〔一〇〕

〔一〕師古曰：「復音扶目反。」
〔二〕師古曰：「重音直用反。」
〔三〕師古曰：「自若者，言如其常，無所廢損也。從讀曰縱。」
〔四〕師古曰：「宿，久也。」

〔五〕服虔曰：「夏，禹也。子，湯也。湯，子姓。」
〔六〕師古曰：「侔，等也。」
〔七〕師古曰：「依讀曰扆。已解於上。」
〔八〕師古曰：「服，事也。」
〔九〕師古曰：「言其敝末之法，猶足自安也。」
〔一〇〕〔師古曰：「奚，何也。」〕

校勘記

二七七七頁五行　自以（沒）身不見兵革。　錢大昭說，「自以」下脫「沒」字。按景祐、殿本都有「沒」字。

二七七七頁一三行　（晉）〔張〕說是也。　景祐、殿本都作「張」。王先謙說作「張」是。

二七七八頁四行　而居九州之（地）〔內〕也。　景祐、殿本都作「內」。王先謙說作「內」是。

二七七八頁一三行　其不（可）用天子之法度，　景祐、殿本都無「可」字。

二七八〇頁二行　復音（拱）〔扶〕目反。　景祐、殿本都作「扶」，此誤。

二七八三頁二行　男子不得耕稼（種樹）〔樹種〕，　景祐、殿本都作「樹種」。

二七八三頁一六行　曠日（持）〔引〕久，士卒勞倦，越（乃）出擊之。　景祐本「持」作「引」，「越」下無「乃」字。

二七八四頁一行　行者不還，往者（幕）〔莫〕反，　景祐、汲古、殿、局本都作「莫」，此誤。

二七八四頁三行　言莫敢（校）〔校〕也。　景祐、汲古、殿、局本都作「校」，注同。

二七八四頁一三行　如使越人蒙（死）徼幸以逆執事之顏行，　景祐本無「死」字。

二七八四頁一四行　八（蔬）〔藪〕爲囿，江（海）〔漢〕爲池，　景祐、殿本「蔬」都作「藪」，「海」都作「漢」。

二七八六頁七行　〔未〕踰領，　宋祁說，一本「踰」上有「未」字。王念孫說一本是。

二七八六頁一三行　夙興夜（昧）〔寐〕，　景祐、殿本都作「寐」。王先謙說作「寐」是。

二七八八頁三行　因其弱弟餘善以成其（謀）〔誅〕。　殿本作「誅」。王先謙說殿本是。

二七九〇頁一三行　（令）〔今〕躬自欲入奉也。　景祐本作「今」。殿本「躬」作「助」。

二七九三頁一五行　其故人素輕買臣者入〔內〕視之，　王念孫說景祐本有「內」字是。

二七九六頁二行　（是以）巧詐並生，〔是以〕知者陷愚，　景祐、殿本「是以」二字都在「巧詐並生」下。

二七九八頁六行　乃漢寶，非周寶〔也〕。　景祐、殿本都有「也」字。

二七九八頁一二行　不（客）〔容〕於齊。　錢大昭說「客」疑當作「容」。按景祐、殿本都作「容」，史記同。

二八〇四頁一〇行　徐樂，燕（郡）無終人也。　景祐本無「郡」字。王念孫、王先謙都說燕是國名，「郡」字不當有。

二八〇四頁一三行　〔無〕鄉曲之譽，　王念孫說史記有「無」字，此脫，則文義不明。

二八〇七頁六行　〔師古曰：「奚，何也。」〕　景祐、殿本都有此注。

漢書卷六十四下

嚴朱吾丘主父徐嚴終王賈傳第三十四下

師古曰：「此卷首尙載嚴、朱、吾丘、主父、徐者，存其本書題目，以示不變易也。」

嚴安者，臨菑人也。以故丞相史上書，曰：

臣聞鄒(衍)〔子〕曰：〔一〕「政教文質者，所以云救也，〔二〕當時則用，過則舍之，〔三〕有易則易(也)〔之〕，〔四〕故守一而不變者，未睹治之至也。」今天下人民用財侈靡，車馬衣裘宮室皆競修飾，調五聲使有節族，〔五〕雜五色使有文章，重五味方丈於前，以觀欲天下。〔六〕彼民之情，見美則願之，是教民以侈也。侈而無節，則不可贍，〔七〕民離本而徼末矣。〔八〕末不可徒得，〔九〕故搢紳者不憚為詐，帶劍者夸殺人以矯奪，〔一〇〕而世不知媿，故姦軌浸長。〔一一〕夫佳麗珍怪固順於耳目，故養失而泰，樂失而淫，禮失而采，〔一二〕教失而偽。偽、采、淫、泰，非所以範民之道也。〔一三〕是以天下人民逐利無已，犯法者衆。臣願為民制度以防其淫，使貧富不相燿以和其心。心既和平，其性恬安。恬安不營，則

盜賊銷；盜賊銷，則刑罰少；刑罰少，則陰陽和，四時正，風雨時，草木暢茂，五穀蕃孰，六畜遂字，〔一四〕民不夭厲，和之至也。〔一五〕

〔一〕師古曰：「鄒衍之書也。」
〔二〕師古曰：「以救敝。」
〔三〕師古曰：「非其時則廢置也。」
〔四〕師古曰：「可變易者則易也。」
〔五〕蘇林曰：「族音奏。」師古曰：「節，止也。奏，進也。」
〔六〕孟康曰：「觀猶顯也。」師古曰：「顯示之，使其慕欲也。」
〔七〕師古曰：「贍，足也。」
〔八〕師古曰：「徼，要求也，音工堯反。」
〔九〕師古曰：「徒，空也。」
〔一〇〕師古曰：「夸，大也，競也。矯，偽也。」
〔一一〕師古曰：「浸，漸也。」
〔一二〕如淳曰：「采，飾也。」師古曰：「采者，文過其實也。」
〔一三〕師古曰：「範謂為之立法也。」
〔一四〕師古曰：「蕃，多也。遂，成也。字，生也。蕃音扶元反。」
〔一五〕師古曰：「厲，病也。」

臣聞周有天下，其治三百餘歲，成康其隆也，刑錯四十餘年而不用。及其衰，亦三百餘年，故五伯更起。〔一〕伯者，常佐天子興利除害，誅暴禁邪，匡正海內，以尊天子。五伯既沒，賢聖莫續，天子孤弱，號令不行。諸侯恣行，彊陵弱，衆暴寡。田常篡齊，六卿分晉，並為戰國，此民之始苦也。於是彊國務攻，弱國修守，合從連衡，馳車轂擊，〔二〕介胄生蟣蝨，民無所告愬。

〔一〕師古曰：「伯讀曰霸。(管)〔更〕音工衡反。以下並同。」
〔二〕師古曰：「車轂相擊，言其衆多也。從音子容反。」

及至秦王，蠶食天下，并吞戰國，稱號皇帝，一海內之政，壞諸侯之城。銷其兵，鑄以為鍾虡，〔一〕示不復用。元元黎民得免於戰國，逢明天子，人人自以為更生。〔二〕鄉使秦緩刑罰，薄賦斂，〔三〕省繇役，貴仁義，賤權利，上篤厚，下佞巧，變風易俗，化於海內，則世世必安矣。秦不行是風，循其故俗，為知巧權利者進，篤厚忠正者退，法嚴令苛，讇諛者衆，〔四〕(曰)〔日〕聞其美，(章)〔意〕廣心逸。欲威海外，使蒙恬將兵以北攻彊胡，辟地進境，〔五〕戍於北河，飛芻輓粟以隨其後。又使尉屠睢將樓船之士攻越，使監祿鑿渠運糧，深入越地，越人遁逃。曠日持久，糧食乏絕，越人擊之，秦兵大敗。秦乃使尉佗將卒以戍越。當是時，秦禍北構於胡，南挂於越，〔六〕宿兵於無用之地，〔七〕進而不得

退。行十餘年，丁男被甲，丁女轉輸，苦不聊生，自經於道樹，死者相望。及秦皇帝崩，天下大畔。陳勝、吳廣舉陳，〔八〕武臣、張耳舉趙，項梁舉吳，田儋舉齊，景駒舉郢，周市舉魏，韓廣舉燕，窮山通谷，豪士並起，不可勝載也。然本皆非公侯之後，非長官之吏，〔九〕無尺寸之勢，起閭巷，杖棘矜，應時而動，不謀而俱起，不約而同會，壞長地進，至乎伯王，〔一〇〕時教使然也。秦貴為天子，富有天下，滅世絕祀，窮兵之禍也。故周失之弱，秦失之彊，不變之患也。

〔一〕師古曰：「虡，懸鍾者也。解在賈山、司馬相如傳。」
〔二〕師古曰：「言天下既免戰國之苦，若逢明聖之主則可以更生，而秦皇反為虐政以殘害也。」
〔三〕師古曰：「鄉讀曰嚮。」
〔四〕師古曰：「讇，古諂字。」
〔五〕師古曰：「辟讀曰闢。」
〔六〕師古曰：「挂，懸也。」
〔七〕師古曰：「宿，留也。」
〔八〕師古曰：「舉謂起兵也。」
〔九〕師古曰：「長官謂一官之長也。」
〔一〇〕張晏曰：「長，進益也。」師古曰：「言其稍稍攻伐，進益土境，以至彊大也。長音竹兩反。伯讀曰霸。」

今徇南夷，朝夜郎，降羌僰，略薉州，建城邑，〔一〕深入匈奴，燔其龍城，〔二〕議者美之。此人臣之利，非天下之長策也。今中國無狗吠之警，而外累於遠方之備，靡敝國家，〔三〕非所以子民也。〔四〕行無窮之欲，甘心快意，結怨於匈奴，非所以安邊也。禍挐而不解，兵休而復起，〔五〕近者愁苦，遠者驚駭，非所以持久也。今天下鍛甲摩劍，矯箭控弦，〔六〕轉輸軍糧，未見休時，此天下所共憂也。夫兵久而變起，事煩而慮生。今外郡之地或幾千里，〔七〕列城數十，形束壤制，〔八〕帶脅諸侯，〔九〕非宗室之利也。上觀齊晉所以亡，公室卑削，六卿大盛也；下覽秦之所以滅，刑嚴文刻，欲大無窮也。今郡守之權非特六卿之重也，地幾千里非特閭巷之資也，甲兵器械非特棘矜之用也，以逢萬世之變，則不可勝諱也。〔一〇〕

〔一〕張晏曰：「薉，貉也。」師古曰：「薉與穢同。」
〔二〕師古曰：「燔，燒也。龍城，匈奴祭天處。燔音扶元反。」
〔三〕師古曰：「累音力瑞反。」
〔四〕師古曰：「子謂養之如子也。」
〔五〕師古曰：「挐，相連引也，音女居反。」
〔六〕師古曰：「矯，正曲使直也。控，引也。」
〔七〕師古曰：「幾音鉅依反。次下亦同。」

〔八〕孟康曰：「言其土地形勢，足以東制其民。」
〔九〕師古曰：「帶者，言諸侯之於郡守，譬若佩帶，謂輕小也。脅謂其威力足以脅之也。一曰帶在脅旁，附著之義也。」
〔一〇〕師古曰：「言不可盡諱者，言必滅亡也。」

後以安爲騎馬令。〔一〕

〔一〕師古曰：「主天子之騎馬也。騎音其寄反。」

終軍字子雲，濟南人也。少好學，以辯博能屬文聞於郡中。〔一〕年十八，選爲博士弟子。至府受遣，〔二〕太守聞其有異材，召見軍，甚奇之，與交結。軍揖太守而去，至長安上書言事。武帝異其文，拜軍爲謁者給事中。

〔一〕師古曰：「屬音之欲反。」
〔二〕師古曰：「博士弟子屬太常。受遣者，由郡遣詣京師。」

從上幸雍祠五畤，獲白麟，一角而五蹄。〔一〕時又得奇木，其枝旁出，輒復合於木上。上異此二物，博謀羣臣。〔二〕軍上對曰：

〔一〕師古曰：「每一足有五蹄也。」
〔二〕師古曰：「訪其徵應也。」

臣聞詩頌君德，樂舞后功，異經而同指，明盛德之所隆也。南越竄屛葭葦，與鳥魚羣，〔一〕正朔不及其俗。有司臨境，而東甌內附，閩王伏辜，南越賴救。北胡隨畜薦居，〔二〕禽獸行，虎狼心，上古未能攝。大將軍秉鉞，單于犇幕；〔三〕票騎抗旌，昆邪右衽。〔四〕是澤南洽而威北暢也。〔五〕若罰不阿近，舉不遺遠，設官竢賢，縣賞待功，〔六〕能者進以保祿，罷者退而勞力，〔七〕刑於宇內矣。〔八〕履衆美而不足，懷聖明而不專，〔九〕建三宮之文質，章厥職之所宜，〔一〇〕封禪之君無聞焉。〔一一〕

〔一〕師古曰：「葭，蘆也，成長則曰葦。葭音加。」
〔二〕蘇林曰：「薦，草也。」師古曰：「蘇說非也。薦讀曰荐。荐，屢也。言隨畜牧屢易故居，不安住也。左傳『戎狄荐居』者也。」
〔三〕師古曰：「犇，古奔字。」
〔四〕師古曰：「抗，舉也。右衽，從中國化也。昆音下門反。」
〔五〕師古曰：「洽，溥也。暢，達也。」
〔六〕師古曰：「竢，古俟字。次下亦同。」
〔七〕師古曰：「罷讀曰疲，謂不堪職任者也。勞力，歸農畝也。」
〔八〕師古曰：「刑，法也，言成法於宇內也。一曰，刑，見也。」
〔九〕師古曰：「言自謙也。」
〔一〇〕服虔曰：「三宮，明堂、辟雍、靈臺也。」鄭氏曰：「於三宮班政教，有文質者也。」

〔一一〕張晏曰：「前世封禪之君不聞若斯之美也。」

夫（人）〔天〕命初定，萬事草創，〔一〕及臻六合同風，九州共貫，必待明聖潤色，祖業傳於無窮。〔二〕故周至成王，然後制定，而休徵之應見。〔三〕陛下盛日月之光，垂聖思於勒成，專神明之敬，奉燔瘞於郊宮，〔四〕獻享之精交神，積和之氣塞明，〔五〕而異獸來獲，宜矣。昔武王中流未濟，白魚入於王舟，俯取以燎，羣公咸曰「休哉！」〔六〕今郊祀未見於神祇，而獲獸以饋，〔七〕此天之所以示饗，而上通之符合也。宜因昭時令日，改定告元，〔八〕苴（以）白茅於江淮，發嘉號于營丘，以應緝熙，〔九〕使著事者有紀焉。〔一〇〕

〔一〕師古曰：「謂始受命之君也。」
〔二〕師古曰：「潤色謂光飾之。」
〔三〕師古曰：「休，美也。徵，證也。」
〔四〕師古曰：「燔，祭天也。瘞，祭地也。祭天則燒之，祭地則瘞之。郊宮，謂泰畤及后土也。」
〔五〕師古曰：「塞，荅也。明者，明靈，亦謂神也。」
〔六〕師古曰：「謂伐紂時。解在董仲舒傳。」
〔七〕師古曰：「以饋謂充祭俎也。」
〔八〕張晏曰：「改元年以告神祇也。」師古曰：「昭，明也。令，善也。」
〔九〕服虔曰：「苴，作席也。」張晏曰：「江淮職貢三脊茅爲藉也。」孟康曰：「嘉號，封禪也。泰山在齊分野，故曰營丘

也。或曰登封泰山以明姓號也。」師古曰：「苴音咀，又音子豫反。非苞苴之苴也。」

〔一〇〕師古曰：「謂史官也。紀，記也。」

蓋六鷁退飛，逆也；〔一〕白魚登舟，順也。〔二〕夫明闇之徵，上亂飛鳥，下動淵魚，〔三〕各以類推。今野獸幷角，明同本也；〔四〕衆支內附，示無外也。若此之應，殆將有解編髮，削左衽，襲冠帶，要衣裳，而蒙化者焉。〔五〕斯拱而竢之耳！〔六〕

〔一〕張晏曰：「六鷁退飛，象諸侯畔逆，宋襄公伯道退也。」

〔二〕張晏曰：「周，木德也。舟，木也。殷，水德。魚，水物。魚躍登舟，象諸侯順周，以紂界武王也。」臣瓚曰：「時論者未以周爲木殷爲水也。謂武王伐殷而魚入王舟，象征而必獲，故曰順也。」師古曰：「瓚說是也。」

〔三〕師古曰：「亂，變也。」

〔四〕師古曰：「幷，合也。獸皆兩角，今此獨一，故云幷也。」

〔五〕師古曰：「要衣裳謂著中國之衣裳也。編讀曰辮。要音一遙反。」

〔六〕師古曰：「拱手而待之，言其卽至。」

對奏，上甚異之，由是改元爲元狩。後數月，越地及匈奴名王有率衆來降者，時皆以軍言爲中。〔一〕

〔一〕師古曰：「中音竹仲反。」

元鼎中，博士徐偃使行風俗。〔一〕偃矯制，〔二〕使膠東、魯國鼓鑄鹽鐵。〔三〕還，奏事，徙爲

太常丞。御史大夫張湯劾偃矯制大害，法至死。偃以爲春秋之義，大夫出疆，有可以安社稷，存萬民，顓之可也。〔四〕湯以致其法，不能詘其義。有詔下軍問狀，軍詰偃曰：「古者諸侯國異俗分，百里不通，時有聘會之事，安危之勢，呼吸成變，故有不受辭造命顓己之宜；今天下爲一，萬里同風，故春秋『王者無外』。偃巡封域之中，稱以出疆何也？且鹽鐵，郡有餘臧，〔五〕正二國廢，國家不足以爲利害，而以安社稷存萬民爲辭，何也？」又詰偃：「膠東南近琅邪，北接北海，魯國西枕泰山，東有東海，受其鹽鐵。偃度四郡口數田地，〔六〕率其用器食鹽，不足以幷給二郡邪？將勢宜有餘，而吏不能也？何以言之？偃矯制而鼓鑄者，欲及春耕種贍民器也。〔七〕今魯國之鼓，當先具其備，〔八〕至秋乃能舉火。此言與實反者非？〔九〕偃已前三奏，無詔，〔一〇〕不惟所爲不許，〔一一〕而直矯作威福，以從民望，干名采譽，〔一二〕此明聖所必加誅也。『枉尺直尋』，孟子稱其不可；〔一三〕今所犯罪重，所就者小，〔一四〕偃自予必死而爲之邪？〔一五〕將幸誅不加，欲以采名也？」〔一六〕偃窮詘，服罪當死。軍奏「偃矯制顓行，非奉使體，請下御史徵偃卽罪。」〔一七〕奏可。上善其詰，有詔示御史大夫。

〔一〕師古曰：「行音下更反。」

〔二〕師古曰：「矯，託也。託言受詔也。」

〔三〕如淳曰：「鑄銅鐵，扇熾火，謂之鼓。」

〔四〕師古曰：「顓與專同。下亦類此。」

〔五〕師古曰：「先有畜積。」

〔六〕師古曰：「度，計也，音大各反。」

〔七〕師古曰：「贍，足也。」

〔八〕師古曰：「備者猶今言調度。」

〔九〕師古曰：「重問之。」

〔一〇〕師古曰：「不報聽也。」

〔一一〕師古曰：「惟，思也。」

〔一二〕師古曰：「干，求也。采，取也。」

〔一三〕師古曰：「孟子，孟軻也。八尺曰尋。孟子之書曰陳代問於孟子曰：『枉尺直尋，若可爲也。』孟子曰：『子過矣。枉己者未有能直人者也。』尋長而尺短。故陳代言所直者多，而所曲者少，則可爲之。孟子以爲苟有小曲，則害於大直，故不可也。」

〔一四〕師古曰：「就，成也。」

〔一五〕師古曰：「予，許也。」

〔一六〕師古曰：「幸，冀也。」

〔一七〕師古曰：「徵，召也。卽，就也。」

初，軍從濟南當詣博士，步入關，關吏予軍繻。〔一〕軍問：「以此何爲？」吏曰：「爲復

傳，〔二〕還當以合符。」軍曰：「大丈夫西游，終不復傳還。」棄繻而去。軍爲謁者，使行郡國，〔三〕建節東出關，關吏識之，曰：「此使者乃前棄繻生也。」軍行郡國，所見便宜以聞。還奏事，上甚說。〔四〕

〔一〕張晏曰：「繻音須。繻，符也。書帛裂而分之，若券契矣。」蘇林曰：「繻，帛邊也。舊關出入皆以傳。傳(須)〔煩〕，因裂繻頭合以爲符信也。」師古曰：「蘇說是也。」

〔二〕師古曰：「復，返也。謂返出關更以爲傳。復音扶福反。傳音張戀反。次下亦同。」

〔三〕師古曰：「行音下更反。其後亦同。」

〔四〕師古曰：「說讀曰悅。」

當發使(使)匈奴，〔一〕軍自請曰：「軍無橫草之功，〔二〕得列宿衞，食祿五年。邊境時有風塵之警，臣宜被堅執銳，當矢石，啓前行。〔三〕駑下不習金革之事，今聞將遣匈奴使者，臣願盡精厲氣，奉佐明使，畫吉凶於單于之前。臣年少材下，孤於外官，〔四〕不足以亢一方之任，〔五〕竊不勝憤懣。」詔問畫吉凶之狀，上奇軍對，擢爲諫大夫。

〔一〕師古曰：「漢朝欲遣人爲使於匈奴也。」

〔二〕師古曰：「言行草中，使草偃臥，故云橫草也。」

〔三〕師古曰：「行音下郎反。」

〔四〕師古曰：「孤，遠也。外官謂非侍衞之臣也。」

〔五〕師古曰：「亢，當也，音抗。」

南越與漢和親，乃遣軍使南越，說其王，欲令入朝，比內諸侯。軍自請：「願受長纓，必羈南越王而致之闕下。」〔一〕軍遂往說越王，越王聽許，請舉國內屬。天子大說，〔二〕賜南越大臣印綬，壹用漢法，以新改其俗，令使者留填撫之。〔三〕越相呂嘉不欲內屬，發兵攻殺其王，及漢使者皆死。語在南越傳。軍死時年二十餘，故世謂之「終童」。

〔一〕師古曰：「言如馬羈也。」
〔二〕師古曰：「說讀曰悅。」
〔三〕師古曰：「填音竹刃反。」

王襃字子淵，蜀人也。宣帝時修武帝故事，講論六藝羣書，博盡奇異之好，徵能為楚辭九江被公，〔一〕召見誦讀，益召高材劉向、張子僑、華龍、柳襃等待詔金馬門。〔二〕神爵、五鳳之間，天下殷(當)〔富〕，數有嘉應。上頗作歌詩，欲興協律之事，丞相魏相奏言知音善鼓雅琴者渤海趙定、梁國龔德，皆召見待詔。於是益州刺史王襄欲宣風化於衆庶，聞王襃有俊材，請與相見，使襃作中和、樂職、宣布詩，〔三〕選好事者令依鹿鳴之聲習而歌之。時氾鄉侯何武為僮子，選在歌中。〔四〕久之，武等學長安，歌太學下，轉而上聞。宣帝召見武等觀

之，皆賜帛，謂曰：「此盛德之事，吾何足以當之！」

〔一〕師古曰：「被，姓也，音皮義反。」
〔二〕師古曰：「華音戶化反。」
〔三〕師古曰：「中和者，言政治和平也。樂職者，言百官各得其職也。宣布者，風化普洽，無所不被。」
〔四〕師古曰：「氾音凡。」

襃既為刺史作頌，〔一〕又作其傳，〔二〕益州刺史因奏襃有軼材。〔三〕上乃徵襃。既至，詔襃為聖主得賢臣頌其意。襃對曰：

〔一〕師古曰：「即上中和、樂職、宣布詩也。以美盛德，故謂之頌也。」
〔二〕師古曰：「解釋頌歌之義及作者之意。」
〔三〕師古曰：「軼與逸同。」

夫荷旃被毳者，難與道純綿之麗密；〔一〕羹(黎)〔藜〕唅糗者，不足與論太牢之滋味。〔二〕今臣辟在西蜀，〔三〕生於窮巷之中，長於蓬茨之下，〔四〕無有游觀廣覽之知，顧有至愚極陋之累，〔五〕不足以塞厚望，應明指。〔六〕雖然，敢不略陳愚而抒情素！〔七〕

〔一〕師古曰：「純，絲也。」謂織為繒帛之麗，絲纊之密也。一說，純綿，不雜綿也。」
〔二〕服虔曰：「唅音含。」師古曰：「糗即今之熬米麥所為者，音丘九反，又音昌少反。」
〔三〕師古曰：「辟讀曰僻。」

〔四〕師古曰：「蓬茨，以蓬蓋屋也。茨音才私反。」
〔五〕師古曰：「顧猶反也。累音力瑞反。」
〔六〕師古曰：「塞，當也。」
〔七〕師古曰：「抒猶泄也，音食汝反。」

記曰：共惟春秋法五始之要，〔一〕在乎審己正統而已。夫賢者，國家之器用也。所任賢，則趨舍省而功施普；〔二〕器用利，則用力少而就效衆。故工人之用鈍器也，勞筋苦骨，終日矻矻。〔三〕及至巧冶鑄干將之樸，清水焠其鋒，〔四〕越砥斂其咢，〔五〕水斷蛟龍，陸剸犀革，〔六〕忽若彗氾畫塗。〔七〕如此，則使離婁督繩，公輸削墨，〔八〕雖崇臺五增，延袤百丈，而不溷者，工用相得也。〔九〕庸人之御駑馬，亦傷吻敝策而不進於行，〔一〇〕匈喘膚汗，人極馬倦。及至駕齧厀，驂乘旦，〔一一〕王良執靶，〔一二〕韓哀附輿，〔一三〕縱馳騁騖，忽如景靡，〔一四〕過都越國，蹶如歷塊；〔一五〕追奔電，逐遺風，〔一六〕周流八極，萬里壹息。何其遼哉？人馬相得也。〔一七〕故服絺綌之涼者，不苦盛暑之鬱燠；〔一八〕襲貂狐之煖者，不憂至寒之悽愴。〔一九〕何則？有其具者易其備。賢人君子，亦聖(主)〔王〕之所以易海內也。是以嘔喻受之，〔二〇〕開寬裕之路，以延天下英俊也。〔二一〕夫竭知附賢者，必建仁策；〔二二〕索人求士者，必樹伯迹。〔二三〕昔周公躬吐捉之勞，故有圄空之隆；〔二四〕齊桓設庭燎之禮，

故有匡合之功。〔二五〕由此觀之，君人者勤於求賢而逸於得人。〔二六〕

〔一〕服虔曰：「共，敬也。」張晏曰：「要，春秋稱『元年春王正月』，此五始也。」師古曰：「元者氣之始，春者四時之始，王者受命之始，正月者政教之始，公即位者一國之始，是為五始。共讀曰恭。」
〔二〕師古曰：「趨讀曰趣。普，博也。」
〔三〕應劭曰：「矻矻，勞極貌。」如淳曰：「健作貌也。」師古曰：「如說是也。矻音口骨反。」
〔四〕師古曰：「焠謂(堯)〔燒〕而內水中以堅之也。鋒，刃芒端也。焠音千內反。」
〔五〕晉灼曰：「砥(百)〔石〕出南昌，故曰越也。」師古曰：「咢，刃旁也，音五各反。」
〔六〕師古曰：「剸，截也，音之兗反，又音徒官反。」
〔七〕師古曰：「彗，帚也。氾，氾灑地也。塗，泥也。如以帚埽氾灑之地，以刀畫泥中，言其易。」
〔八〕張晏曰：「離婁，黃帝時明目者也。」應劭曰：「公輸，魯般，性巧者也。」師古曰：「督，察視也。」
〔九〕師古曰：「溷，亂也，音胡頓反。」
〔一〇〕師古曰：「吻，口角也。策，所以擊馬也。」
〔一一〕孟康曰：「良馬低頭，口至厀，故曰齧厀。」張晏曰：「駕則旦至，故曰乘旦。」師古曰：「乘音食證反。」
〔一二〕張晏曰：「王良，郵無恤，字伯樂。」晉灼曰：「靶音霸，謂轡也。」師古曰：「參驗左氏傳及國語、孟子，郵無恤、郵良、劉無止、王良，總一人也。楚辭云『驥躊躇於敝輦，遇孫陽而得代』。王逸云孫陽，伯樂姓名也。列子云伯樂，秦穆公時人。考其年代不相當，張說云良字伯樂，斯失之矣。」
〔一三〕應劭曰：「世本『韓哀作御』。」師古曰：「宋衷云韓哀，韓文侯也。時已有御，此復言作者，加其精巧也。然則善御

者耳，非始作也。」
〔一四〕師古曰：「亂馳曰騖。景驪者，如光景之徙驪也。」
〔一五〕師古曰：「如經歷一塊，言其(起)〔速〕疾之甚。塊音口內反。」
〔一六〕師古曰：「呂氏春秋云『遺風之乘』，言馬行尤疾，每在風前，故遺風於後。今此言逐遺風，則是風之遺逸在後者，馬能逐及也。」
〔一七〕師古曰：「遼謂所行遼。」
〔一八〕師古曰：「鬱，熱氣也。燠，溫也，音於六反。」
〔一九〕師古曰：「悽愴，寒冷也。愞音乃短反。」
〔二〇〕應劭曰：「嘔喩，和悅貌。」師古曰：「嘔音於付反。」
〔二一〕師古曰：「裕，饒也。」
〔二二〕師古曰：「伯讀曰霸。」
〔二三〕師古曰：「一飯三吐飡，一沐三捉髮，以賓賢士，故能成太平之化，刑措不用，囹圄空虛也。」
〔二四〕應劭曰：「有以九九求見桓公，桓公不納。其人曰：『九九小術，而君不納之，況大於九九者乎！』於是桓公設庭燎之禮而見之。居無幾，隰朋自遠而至，齊桓(逐)〔遂〕以霸。」師古曰：「九九，計數之書，若今算經也。匡謂一匡天下也。合謂九合諸侯。」
〔二五〕師古曰：「逸，閒也。」

人臣亦然。昔賢者之未遭遇也，圖事揆策則君不用其謀，陳見悃誠則上不然其

信，〔一〕進仕不得施效，斥逐又非其愆。是故伊尹勤於鼎俎，太公困於鼓刀，〔二〕百里自鬻，甯子飯牛，〔三〕離此患也。〔四〕及其遇明君遭聖主也，運籌合上意，諫諍即見聽，進退得關其忠，任職得行其術，去卑辱奧渫而升本朝，〔五〕離疏釋蹻而享膏粱，〔六〕剖符錫壤而光祖考，傳之子孫，以資說士。〔七〕故世必有聖知之君，而後有賢明之臣。故虎嘯而(冽風)〔風冽〕，〔八〕龍興而致雲，蟋蟀俟秋唫，蜉蝤出以陰。〔九〕易曰：「飛龍在天，利見大人。」〔一〇〕詩曰：「思皇多士，生此王國。」〔一一〕故世平主聖，俊艾將自至，〔一二〕若堯、舜、禹、湯、文、武之君，獲稷、契、皋陶、伊尹、呂望，〔一三〕明明在朝，穆穆列布，〔一四〕聚精會神，相得益章。〔一五〕雖伯牙操遞鍾，〔一六〕逢門子彎烏號，〔一七〕猶未足以喻其意也。

〔一〕師古曰：「悃，至也，音口本反。」
〔二〕師古曰：「勤於鼎俎，謂負鼎俎以干湯也。鼓刀，謂屠牛於朝歌也。」
〔三〕師古曰：「鬻，賣也。呂氏春秋云百里奚之未遇時也，虞亡而虜縛，鬻以五羊之皮。公孫枝得而悅之，獻諸繆公。飯牛，解在鄒陽傳。鬻音弋六反。」
〔四〕師古曰：「離，遭也。」
〔五〕張晏曰：「奧，幽也。渫，狎也，汙也。言敝奧渫汙，不章顯也。」師古曰：「渫音先列反。」
〔六〕應劭曰：「離此疏食，釋此木蹻也。」臣瓚曰：「以繩爲蹻也。」師古曰：「蹻(自)〔即〕今之鞋耳。瓚說是也。蹻音居略反。」

〔七〕師古曰：「談說(也)〔之〕士傳以爲資也。」
〔八〕師古曰：「冽冽，風貌也，音列。」
〔九〕孟康曰：「蜉蝤，渠略也。」師古曰：「蟋蟀，今之促織也。蜉蝤，甲(患)〔蟲〕也，好叢聚而生也，朝生而夕死。蝤音由，字亦作蝣，其音同也。」
〔一〇〕師古曰：「乾卦九五爻辭也。言王者居正陽之位，賢才見之，則利用也。」
〔一一〕師古曰：「大雅文王之詩也。思，語辭也。皇，美也。言美哉，此衆多賢士，生此周王之國也。」
〔一二〕師古曰：「艾讀曰乂。」
〔一三〕師古曰：「契讀與卨同，字本作偰，後從省耳。」
〔一四〕師古曰：「明明，察也。穆穆，美也。」
〔一五〕師古曰：「章，明也。」
〔一六〕晉灼曰：「遞音遞迭之遞。二十四鍾各有節奏，擊之不常，故曰遞。」臣瓚曰：「楚辭云『奏伯牙之號鍾』。號鍾，琴名也。馬融笛賦曰『號鍾高調』。伯牙以善鼓琴，不聞說能擊鍾也。」師古曰：「琴名是也，字既作遞，則與楚辭不同，不得即讀爲號，當依晉音耳。」
〔一七〕師古曰：「逢門，善射者，即逢蒙也。烏號，弓名也。並解在前也。」

故聖主必待賢臣而弘功業，俊士亦俟明主以顯其德。上下俱欲，驩然交欣，千載壹合，論說無疑，翼乎如鴻毛過順風，沛乎如巨魚縱大壑。〔一〕其得意若此，則胡禁不止，

曷令不行？〔二〕化溢四表，橫被無窮，遐夷貢獻，萬祥畢溱。〔三〕是以聖王不徧窺望而視已明，不單頃耳而聽已聰；〔四〕恩從祥風翺，德與和氣游，〔五〕太平之責塞，優游之望得；〔六〕遵游自然之勢，恬淡無爲之場，休徵自至，壽考無疆，雍容垂拱，永永萬年，何必偃卬詘信若彭祖，呴噓呼吸如僑、松，〔七〕眇然絕俗離世哉！〔八〕詩云「濟濟多士，文王以寧」，〔九〕蓋信乎其以寧也！

〔一〕師古曰：「巨亦大也。沛音普大反。」
〔二〕師古曰：「胡、曷皆何也。」
〔三〕師古曰：「溱字與臻同。」
〔四〕師古曰：「單，盡極也。頃讀曰傾。」
〔五〕師古曰：「翺，翔也。」
〔六〕師古曰：「塞，滿也。」
〔七〕如淳曰：「五帝紀彭祖，堯舜時人。列仙傳彭祖，殷大夫也，歷夏至商末，壽年七百。」師古曰：「信讀曰伸。呴噓，皆開口出氣也。僑，王僑，松，赤松子，皆仙人也。呴音許于反。噓音虛。」
〔八〕師古曰：「眇然，高遠之意也。」
〔九〕師古曰：「亦文王之詩也。濟濟，盛貌也。言文王能多用賢人，故邦國得以安寧也。」

是時，上頗好神僊，故褒對及之。

上令褒與張子僑等並待詔，數從褒等放獵，〔一〕所幸宮館，輒爲歌頌，第其高下，以差賜帛。議者多以爲淫靡不急，上曰：「『不有博弈者乎，爲之猶賢乎已！』〔二〕辭賦大者與古詩同義，小者辯麗可喜。〔三〕辟如女工有綺縠，音樂有鄭衞，〔四〕今世俗猶皆以此虞說耳目，〔五〕辭賦比之，尚有仁義風諭，〔六〕鳥獸草木多聞之觀，賢於倡優博弈遠矣。」頃之，擢褒爲諫大夫。

〔一〕師古曰：「放，士衆大獵也，一曰游放及田獵。」
〔二〕師古曰：「此論語載孔子之辭也。言博弈雖非道藝，無事爲之，猶賢也。弈，今之圍(其)〔棊〕也。」
〔三〕師古曰：「喜，好也，音許吏反。」
〔四〕師古曰：「辟讀曰譬。」
〔五〕師古曰：「虞與娛同。說讀曰悅。」
〔六〕師古曰：「風讀曰諷。」

其後太子體不安，苦忽忽善忘，不樂。詔使褒等皆之太子宮虞侍太子，〔一〕朝夕誦讀奇文及所自造作。疾平復，乃歸。〔二〕太子喜褒所爲甘泉及洞簫頌，〔三〕令後宮貴人左右皆誦讀之。

〔一〕師古曰：「之，往也。」
〔二〕師古曰：「復音扶目反。」
〔三〕師古曰：「喜音許吏反。」

後方士言益州有金馬碧雞之寶，可祭祀致也，宣帝使褒往祀焉。褒於道病死，上閔惜之。

賈捐之字君房，賈誼之曾孫也。元帝初即位，上疏言得失，召待詔金馬門。

初，武帝征南越，元封元年立儋耳、珠厓郡，皆在南方海中洲居，〔一〕廣袤可千里，〔二〕合十六縣，戶二萬三千餘。其民暴惡，自以阻絕，數犯吏禁，吏亦酷之，率數年壹反，殺吏，漢輒發兵擊定之。自初爲郡至昭帝始元元年，二十餘年間，凡六反叛。至其五年，罷儋耳郡幷屬珠厓。至宣帝神爵三年，珠厓三縣復反。反後七年，甘露元年，九縣反，輒發兵擊定之。元帝初元元年，珠厓又反，發兵擊之。諸縣更叛，連年不定。〔三〕上與有司議大發軍，捐之建議，以爲不當擊。上使侍中駙馬都尉樂昌侯王商詰問捐之曰：「珠厓內屬爲郡久矣，今背畔逆節，而云不當擊，長蠻夷之亂，虧先帝功德，經義何以處之？」〔四〕捐之對曰：

〔一〕師古曰：「居海中之洲也。水中可居者曰洲。」
〔二〕師古曰：「袤，長也。」
〔三〕師古曰：「更音工衡反。」
〔四〕師古曰：「於六經之內，當何者之科條也。」

臣幸得遭明盛之朝，蒙危言之策，無忌諱之患，〔一〕敢昧死竭卷卷。〔二〕

〔一〕師古曰：「危言，直言也。言出而身危，故云危言。論語稱孔子曰：『邦有道，危言(行危)〔危行〕』。」
〔二〕師古曰：「卷讀與拳同。」

臣聞堯舜，聖之盛也，禹入聖域而不優，〔一〕故孔子稱堯曰「大哉」，韶曰「盡善」，禹曰「無間」。〔二〕以三聖之德，地方不過數千里，(西)被流沙，東漸于海，朔南暨聲教，迄于四海，〔三〕欲與聲教則治之，不欲與者不彊治也。〔四〕故君臣歌德，〔五〕含氣之物各(德)〔得〕其宜。武丁、成王，殷、周之大仁也，〔六〕然地東不過江、黃，西不過氐、羌，南不過蠻荊，北不過朔方。是以頌聲並作，視聽之類咸樂其生，越裳氏重九譯而獻，〔七〕此非兵革之所能致。及其衰也，南征不還，〔八〕齊桓捄其難，〔九〕孔子定其文。〔一〇〕以至乎秦，興兵遠攻，貪外虛內，務欲廣地，不慮其害。然地南不過閩越，北不過太原，而天下潰畔，禍卒在於二世之末，〔一一〕長城之歌至今未絕。

〔一〕臣瓚曰：「禹之功德，裁入聖人區域，但不能優泰耳。」
〔二〕師古曰：「論語稱孔子曰『大哉，堯之爲君也』，又曰『韶，盡美矣，又盡善也』，又曰『禹，吾無間然矣』。韶，舜樂名。間音工莧反。」
〔三〕師古曰：「此引禹貢之辭。漸，入也，一曰浸也。朔，北方也。暨，及也。迄，至也。」
〔四〕師古曰：「與讀曰豫。」
〔五〕師古曰：「言皆有德可歌頌。」

〔六〕師古曰：「武丁，殷之高宗。」
〔七〕晉灼曰：「遠國使來，因九譯言語乃通也。」張晏曰：「越不著衣裳，慕中國化，遣譯來著衣裳也，故曰越裳也。」師古曰：「張說非也。越裳自是國名，非以襲衣裳始爲稱號。王充論衡作越嘗，此則不作衣裳之字明矣。」
〔八〕師古曰：「謂昭王也。(謂)〔爲〕楚所溺也。」
〔九〕師古曰：「謂襄王也。初爲太子，而惠王欲立王子帶，齊桓公爲首止之盟，以定太子之位。事在左傳僖五年。」
〔一〇〕張晏曰：「孔子作春秋，夷狄之國雖大，自稱王者皆貶爲子。」
〔一一〕師古曰：「卒，終也。」

賴聖漢初興，爲百姓請命，平定天下。至孝文皇帝，閔中國未安，偃武行文，則斷獄數百，民賦四十，丁男三年而一事。〔一〕時有獻千里馬者，詔曰：「鸞旗在前，屬車在後，〔二〕吉行日五十里，師行(三)〔三〕十里，朕乘千里之馬，獨先安之？」〔三〕於是還馬，與道里費，而下詔曰：「朕不受獻也，其令四方毋求來獻。」當此之時，逸游之樂絕，奇麗之賂塞，鄭衞之倡微矣。夫後(官)〔宮〕盛色則賢者隱處，佞人用事則諍臣杜口，而文帝不行，故謚爲孝文，廟稱太宗。至孝武皇帝元狩六年，太倉之粟紅腐而不可食，〔四〕都內之錢貫朽而不可(狡)〔校〕。〔五〕乃探平城之事，〔六〕錄冒頓以來數爲邊害，籍兵厲馬，因富民以攘服之。〔七〕西連諸國至于安息，東過碣石以玄菟、樂浪爲郡，〔八〕(比)〔北〕卻匈奴萬里，更起營塞，制南海以爲八郡，則天下斷獄萬數，民賦數百，造鹽鐵酒榷之利以佐用度，

猶不能足。當此之時，寇賊並起，軍旅數發，父戰死於前，子鬭傷於後，女子乘亭鄣，孤兒號於道，老母寡婦飲泣巷哭，〔九〕遙設虛祭，想魂乎萬里之外。淮南王盜寫虎符，陰聘名士，關東公孫勇等詐爲使者，是皆廓地泰大，征伐不休之故也。

〔一〕如淳曰：「常賦歲百二十，歲一事。時天下民多，故出賦四十，三歲而一事。」
〔二〕師古曰：「鸞旗，編以羽毛，列繫幢旁，載於車上，大駕出，則陳於道而先行。屬車，相連屬而陳於後也。屬音之欲反。」
〔三〕師古曰：「安之，言何所適往。」
〔四〕師古曰：「粟久腐壞，則色紅赤也。」
〔五〕師古曰：「(狡)〔校〕謂數計也。」
〔六〕師古曰：「追計其事，故言探。」
〔七〕師古曰：「擴，卻也。」
〔八〕師古曰：「樂音洛。浪音郎。」
〔九〕師古曰：「淚流被面以入於口，故言飲泣也。」

今天下獨有關東，關東大者獨有齊楚，民衆久困，連年流離，離其城郭，相枕席於道路。〔一〕人情莫親父母，莫樂夫婦，至嫁妻賣子，法不能禁，義不能止，此社稷之憂也。今陛下不忍悁悁之忿，欲驅士衆擠之大海之中，〔二〕快心幽冥之地，非所以救助飢

饉，保全元元也。詩云「蠢爾蠻荊，大邦爲讎」，〔三〕言聖人起則後服，中國衰則先畔，動爲國家難，自古而患之久矣，何況乃復其南方萬里之蠻乎！駱越之人父子同川而浴，相習以鼻飲，與禽獸無異，本不足郡縣置也。顓顓獨居一海之中，〔四〕霧露氣溼，多毒草蟲蛇水土之害，人未見虜，戰士自死。又非獨珠厓有珠犀瑇瑁也，〔五〕棄之不足惜，不擊不損威。其民譬猶魚鼈，何足貪也！

〔一〕如淳曰：「席音藉。」師古曰：「席卽藉也，不勞借音。」
〔二〕師古曰：「擠，墜也，音子詣反，又子奚反。」
〔三〕師古曰：「詩小雅采芑之詩也。蠢，動貌也。蠻荊，荊州之蠻也。言敢與大國爲讎敵也。」
〔四〕師古曰：「顓與專同。專專猶區區也，一曰圜貌也。」
〔五〕師古曰：「瑇瑁，文甲也。瑇音代。瑁音妹。」

臣竊以往者羌軍言之，暴師曾未一年，兵出不踰千里，費四十餘萬萬，大司農錢盡，乃以少府禁錢續之。〔一〕夫一隅爲不善，費尚如此，況於勞師遠攻，亡士毋功乎！求之往古則不合，施之當今又不便。臣愚以爲非冠帶之國，禹貢所及，春秋所治，皆可且無以爲。〔二〕願遂棄珠厓，專用恤關東爲憂。

〔一〕師古曰：「少府錢主供天子，故曰禁錢。」
〔二〕師古曰：「爲猶用也。」

對奏，上以問丞相御史。御史大夫陳萬年以爲當擊；丞相于定國以爲「前日興兵擊之連年，護軍都尉、校尉及丞凡十一人，還者二人，卒士及轉輸死者萬人以上，費用三萬萬餘，尚未能盡降。今關東困乏，民難搖動，捐之議是。」上乃從之。遂下詔曰：「珠厓虜殺吏民，背畔爲逆，今廷議者或言可擊，或言可守，或欲棄之，其指各殊。朕日夜惟思議者之言，羞威不行，則欲誅之；狐疑辟難，則守屯田；〔一〕通于時變，則憂萬民。夫萬民之饑餓，與遠蠻之不討，危孰大焉？且宗廟之祭，凶年不備，況乎辟不嫌之辱哉！今關東大困，倉庫空虛，無以相贍，又以動兵，非特勞民，凶年隨之。其罷珠厓郡。民有慕義欲內屬，便處之；〔二〕不欲，勿彊。」珠厓由是罷。

〔一〕師古曰：「辟讀曰避。次下亦同。」
〔二〕師古曰：「欲有來入內郡者，所至之處，卽安置之。」

捐之數召見，言多納用。時中書令石顯用事，捐之數短顯，〔一〕以故不得官，後稀復見。而長安令楊興新以材能得幸，與捐之相善。捐之欲得召見，謂興曰：「京兆尹缺，使我得見，言君蘭，〔二〕京兆尹可立得。」興曰：「縣官嘗言興瘉薛大夫，〔三〕我易助也。君房下筆，言語妙天下，〔四〕使君房爲尚書令，勝五鹿充宗遠甚。」捐之曰：「令我得代充宗，君蘭爲京兆，京兆郡國首，尚書百官本，天下眞大治，士則不隔矣。捐之前言平恩侯可爲將軍，〔五〕期思侯

並可爲諸曹，〔六〕皆如言；又薦謁者滿宣，立爲冀州刺史；言中謁者不宜受事，宦者不宜入宗廟，立止。相薦之信，不當如是乎！」〔七〕興曰：「我復見，言君房也。」捐之復短石顯。興曰：「顯鼎貴，〔八〕上信用之。今欲進，弟從我計，〔九〕且與合意，卽得入矣。」

〔一〕師古曰：「談說其長短。」
〔二〕張晏曰：「楊興字。」
〔三〕張晏曰：「瘉，〔勝〕也。薛廣德爲御史大夫。」師古曰：「瘉與愈同。」
〔四〕師古曰：「於天下最爲精妙耳。」
〔五〕張晏曰：「許嘉也。」
〔六〕師古曰：「期思侯，當是賁赫之後嗣也，而表不載。」
〔七〕師古曰：「冀相薦之效，當如前所言諸事見納用。」
〔八〕如淳曰：「鼎音釘，言方且欲貴矣。」師古曰：「方且，是也。讀如(今)〔本〕字。」
〔九〕師古曰：「弟，但也。」

捐之卽與興共爲薦顯奏，曰：「竊見石顯本山東名族，有禮義之家也。持正六年，未嘗有過，明習於事，敏而疾見，出公門，入私門。〔一〕宜賜爵關內侯，引其兄弟以爲諸曹。」又共爲薦興奏，曰：「竊見長安令興，幸得以知名數召見。興事父母有曾氏之孝，〔二〕事師有顏閔之材，〔三〕榮名聞於四方。明詔舉茂材，列侯以爲首。爲長安令，吏民敬鄉，〔四〕道路皆稱能。

觀其下筆屬文，則董仲舒；進談動辭，則東方生；置之爭臣，則汲直；〔三〕用之介胄，則冠軍侯；施之治民，則趙廣漢；抱公絕私，則尹翁歸。興兼此六人而有之，守道堅固，執義不回，〔六〕臨大節而不可奪，國之良臣也，可試守京兆尹。」

〔一〕師古曰：「言自公庭出，即歸其家，不妄交游。」
〔二〕師古曰：「曾參也。」
〔三〕師古曰：「顏回，閔子騫。」
〔四〕師古曰：「鄉讀曰嚮。」
〔五〕張晏曰：「汲黯方直，故世謂之汲直。」
〔六〕師古曰：「回，邪也。」

石顯聞知，白之上。乃下興、捐之獄，令皇后父陽平侯禁與顯共雜治，奏「興、捐之懷詐僞，以上語相風，更相薦譽，〔一〕欲得大位，漏泄省中語，(罔)〔罔〕上不道。書曰：『讒說殄行，震驚朕師。』〔二〕王制：『順非而澤，不聽而誅。』〔三〕請論如法。」

〔一〕師古曰：「風讀曰諷。更音工衡反。」
〔二〕師古曰：「虞書舜典之辭也。言讒巧之說，殄絕君子之行，震驚我衆。」
〔三〕師古曰：「禮記王制云：『行僞而堅，言僞而辯，學非而博，順非而澤，以疑衆，殺。』謂人有堅爲辯言，不以誠實，學於非道，雖博無用，飾非文過，辭語順澤，不聽教命，有如此者，皆誅殺也。」

捐之竟坐棄市。興減死罪一等，髡鉗爲城旦。成帝時，至部刺史。

贊曰：詩稱「戎狄是膺，荆舒是懲」，〔一〕久矣其爲諸夏患也。漢興，征伐胡越，於是爲盛。究觀淮南、捐之、主父、嚴安之義，深切著明，〔二〕故備論其語。世稱公孫弘排主父，張湯陷嚴助，石顯譖捐之，察其行迹，主父求欲鼎亨而得族，嚴、賈出入禁門招權利，死皆其所也，亦何排陷之恨哉！

〔一〕師古曰：「魯頌閟宮之詩也。膺，當也。懲，創刈也。言魯僖公與齊桓舉義兵，北當戎狄，南創荆蠻與羣舒以靖難。」
〔二〕師古曰：「究，極也。」

校勘記

二八〇九頁五行　臣聞鄙(衍)〔子〕曰：　景祐、殿、局本都作「子」。
二八〇九頁六行　有易則易(也)〔之〕。　景祐、殿本都作「之」。
二八一二頁六行　(晉)〔更〕晉工衡反。　景祐、殿、局本都作「更」，此誤。
二八一二頁三行　(日)〔日〕聞其美，(章)〔意〕廣心逸。　景祐、殿、局本都作「日」作「意」，此誤。
二八一六頁二行　夫(人)〔天〕命初定，萬事草創，　景祐、殿、局本字都作「天」。王先謙說作「天」是。

二八一六頁七行　苴(以)白茅於江淮，　王先謙說「以」字衍。按殿本無「以」字。
二八二〇頁四行　傳(須)〔傾〕，因裂繻頭合以爲符信也。　景祐、殿本都作「傾」。王先謙說作「傾」是。
二八二〇頁九行　當發使(使)匈奴，　景祐本不重「使」字。王念孫說，按注文則正文似祇有一「使」字。
二八二二頁二行　天下殷(當)〔富〕，　景祐、殿、局本都作「富」，此誤。
二八二三頁二行　藜(黎)〔藜〕唅糗者，　景祐、殿本都作「藜」。楊樹達說作「藜」是。
二八二三頁三行　亦聖(主)〔王〕之所以易海內也。　景祐、殿本都作「王」，文選同。
二八二四頁六行　焠謂(堯)〔燒〕而內水中以堅之也。　景祐、殿、局本都作「燒」，此誤。
二八二四頁七行　砥(百)〔石〕出南昌，　景祐、殿本都作「石」，此誤。
二八二五頁三行　言其(起)〔速〕疾之甚。　景祐、殿本都作「速」。
二八二五頁四行　齊桓(逐)〔遂〕以霸。　景祐、殿、局本都作「遂」，此誤。
二八二六頁四行　故虎嘯而(冽風)〔風冽〕，　景祐、殿本都作「風冽」，通鑑同。
二八二六頁五行　蹻(自)〔卽〕今之鞋耳。　景祐、殿本都作「卽」。
二八二七頁一行　談說(也)〔之〕士傳以爲資也。　景祐、汲古、殿、局本都作「之」，此誤。
二八二七頁三行　蚙蝣，甲(患)〔蟲〕也，　景祐、殿、局本都作「蟲」，此誤。
二八二九頁六行　奕，今之圍(其)〔棊〕也。　景祐、局本作「棊」，殿本作「碁」。此誤，汲古本又誤作「甚」。

二八三二頁一行　邦有道，危言(行危)〔危行〕。　景祐、殿、局本都作「危行」，此誤倒。
二八三二頁四行　〔西〕被流沙，　景祐、殿本都有「西」字，此脫。
二八三二頁五行　含氣之物各(德)〔得〕其宜。　景祐、殿、局本都作「得」。
二八三二頁四行　(謂)〔爲〕楚所溺也。　景祐、殿、局本都作「爲」。
二八三三頁一〇行　師行(二)〔三〕十里，　景祐、殿本都作「三」，此誤。
二八三三頁三行　夫後(官)〔宮〕盛色　景祐、殿本都作「宮」，此誤。
二八三三頁四行　貫朽而不可(挍)〔校〕。　景祐、殿本都作「校」，注同。
二八三三頁五行　(比)〔北〕郤匈奴萬里更起營塞，　景祐、殿、局本都作「北」，此誤。
二八三六頁六行　瘉，〔勝〕也。　景祐、殿本都有「勝」字，此脫。
二八三六頁二行　讀如(今)〔本〕字。　殿、局本作「本」。王先謙說作「本」是。
二八三七頁二行　(罔)〔罔〕上不道。　景祐、殿、局本都作「罔」，此誤。

漢書卷六十五

東方朔傳第三十五

東方朔字曼倩，〔一〕平原厭次人也。〔二〕武帝初即位，徵天下舉方正賢良文學材力之士，待以不次之位，〔三〕四方士多上書言得失，自衒鬻者以千數，〔四〕其不足采者輒報聞罷。〔五〕朔初來，上書曰：「臣朔少失父母，長養兄嫂。年十三學書，三冬文史足用。〔六〕十五學擊劍。十六學詩書，〔七〕誦二十二萬言。十九學孫吳兵法，戰陣之具，鉦鼓之教，〔八〕亦誦二十二萬言。凡臣朔固已誦四十四萬言。又常服子路之言。〔九〕臣朔年二十二，長九尺三寸，目若懸珠，齒若編貝，〔一〇〕勇若孟賁，〔一一〕捷若慶忌，〔一二〕廉若鮑叔，〔一三〕信若尾生。〔一四〕若此，可以爲天子大臣矣。臣朔昧死再拜以聞。」

〔一〕師古曰：「倩音千見反。」

〔二〕師古曰：「高祖功臣表有厭次侯爰類，是則厭次之名也其來久矣，而說者乃云後漢始爲縣，於此致疑，斯未通也。厭音一涉反，又音一琰反。」

〔三〕師古曰：「不拘常次，言超擢也。」

〔四〕師古曰：「衒，行賣也。鬻亦賣也。衒音州縣之縣，又音工縣反。」

〔五〕師古曰：「報云天子已聞其所上之書，而罷之令歸。」

〔六〕如淳曰：「貧子冬日乃得學書，言文史之事足可用也。」

〔七〕師古曰：「學劍，遙擊而中之，非斬刺也。」

〔八〕師古曰：「鉦鼓，所以爲進退士衆之節也。鉦音正。」

〔九〕服虔曰：「無宿諾。」

〔一〇〕師古曰：「編，列次也，音鞭。」

〔一一〕師古曰：「孟賁，衞人，古之勇士也。尸子說云：『人謂孟賁生乎？曰勇。貴乎？曰勇。富乎？曰勇。三者人之所難，而皆不足以易勇，故能懾三軍，服猛獸也。』」

〔一二〕師古曰：「王子慶忌也。射之，矢滿把不能中；駟馬追之不能及也。」

〔一三〕師古曰：「齊大夫也，與管仲分財，自取其少。而說者乃妄解云鮑焦，非也。焦自介士耳。」

〔一四〕師古曰：「尾生，古之信士，與女子期於梁下，待之不至，遇水而死。一曰即微生高也。」

朔文辭不遜，高自稱譽，上偉之，〔一〕令待詔公車，〔二〕奉祿薄，未得省見。〔三〕

〔一〕師古曰：「以爲大奇也。」

〔二〕師古曰：「公車令屬衞尉，上書者所詣也。」

〔三〕師古曰：「不被省納，不得見於天子也。奉音扶用反。其下並同。」

久之，朔紿騶朱儒，〔一〕曰：「上以若曹無益於縣官，〔二〕耕田力作固不及人，臨衆處官不能治民，從軍擊虜不任兵事，無益於國用，徒索衣食，〔三〕今欲盡殺若曹。」朱儒大恐，啼泣。朔教曰：「上即過，叩頭請罪。」居有頃，聞上過，朱儒皆號泣頓首。上問：「何爲？」對曰：「東方朔言上欲盡誅臣等。」上知朔多端，召問朔：「何恐朱儒爲？」對曰：「臣朔生亦言，死亦言。朱儒長三尺餘，奉一囊粟，錢二百四十。臣朔長九尺餘，亦奉一囊粟，錢二百四十。朱儒飽欲死，臣朔飢欲死。臣言可用，幸異其禮；不可用，罷之，無令但索長安米。」上大笑，因使待詔金馬門，稍得親近。

〔一〕文穎曰：「朱儒之爲騶者也。」師古曰：「朱儒，短人也。騶本廄之御騶也，後人以爲騎，謂之騶騎。」

〔二〕師古曰：「若，女也。曹，輩也。」

〔三〕如淳曰：「索，盡也。」師古曰：「音先各反。下云索長安米亦同也。」

上嘗使諸數家射覆，〔一〕置守宮盂下，射之，皆不能中。〔二〕朔自贊曰：「臣嘗受易，請射之。」〔三〕乃別著布卦而對曰：〔四〕「臣以爲龍又無角，謂之爲虵又有足，跂跂脈脈善緣壁，是非守宮即蜥蜴。」〔五〕上曰：「善。」賜帛十匹。復使射他物，連中，輒賜帛。〔六〕

〔一〕師古曰：「數家，術數之家也。於覆器之下而置諸物，令闇射之，故云射覆。數音所具反。覆音芳目反。」

〔二〕師古曰：「守宮，蟲名也。術家云以器養之，食以丹砂，滿七斤，擣治萬杵，以點女人體，終身不滅，若有房室之事，

則滅矣。言可以防閑淫逸，故謂之守宮也。今俗呼爲辟宮，辟亦禦扞之義耳。盂，食器也，若盋而大，今之所謂盋盂也。盋音撥。」

〔三〕師古曰：「贊，進也。」

〔四〕師古曰：「別，分也，音彼列反。」

〔五〕師古曰：「跂跂，行貌也。脈脈，視貌也。爾雅云『蠑螈，蜥蜴；蜥蜴，蝘蜓；蝘蜓，守宮』。是則一類耳。揚雄方言云其在澤中者謂之蜥蜴。故朔曰是非守宮則蜥蜴也。蜥音先歷反。蜴音余赤反。蠑音榮。螈音原。蝘音烏典反。蜓音殄。」

〔六〕師古曰：「中音竹仲反。其下並同。」

時有幸倡郭舍人，滑稽不窮，〔一〕常侍左右，曰：「朔狂，幸中耳，非至數也。〔二〕臣願令朔復射，朔中之，臣榜百，不能中，臣賜帛。」〔三〕乃覆樹上寄生，令朔射之。朔曰：「是寠數也。」〔四〕舍人曰：「果知朔不能中也。」朔曰：「生肉爲膾，乾肉爲脯；著樹爲寄生，盆下爲寠數。」上令倡監榜舍人，舍人不勝痛，呼謈。〔五〕朔笑之曰：「咄！口無毛，聲謷謷，〔尻〕〔尻〕益高。」〔六〕舍人恚曰：「朔擅詆欺天子從官，當棄市。」〔七〕上問朔：「何故詆之？」對曰：「臣非敢詆之，乃與爲隱耳。」〔八〕上曰：「隱云何？」朔曰：「夫口無毛者，狗竇也；聲謷謷者，鳥哺鷇也；〔九〕尻益高者，鶴俛啄也。」〔一〇〕舍人不服，因曰：「臣願復問朔隱語，不知，亦當榜。」即妄爲諧語曰：〔一一〕「令壺齟，老柏塗，伊優亞，狋吽牙。何謂也？」〔一二〕朔曰：「令者，命也。壺者，

所以盛也。〔三〕齟者,齒不正也。老者,人所敬也。柏者,鬼之廷也。〔四〕塗者,漸洳徑也。〔五〕伊優亞者,辭未定也。狋吽牙者,兩犬爭也。」舍人所問,朔應聲輒對,變詐鋒出,莫能窮者,左右大驚。上以朔爲常侍郎,遂得愛幸。

〔一〕師古曰:「幸倡,倡優之見幸遇者也。滑音骨。滑稽,解在公孫弘傳。」

〔二〕師古曰:「至,實也。」

〔三〕師古曰:「榜,擊也,音步行反。」

〔四〕蘇林曰:「窶音貧窶之窶,藪音數錢之數。窶數,鉤灌,四股鉤也。」師古曰:「窶數,戴器也,以盆盛物戴於頭者,則以窶數薦之,今賣白團餅人所用者是也。寄生者,芝菌之類,淋潦之日,著樹而生,形有周圜象窶數者,今關中俗亦呼爲寄生。非爲蔦之寄生寓木宛童有(林)〔枝〕葉者也。故朔云『著樹爲寄生,盆下爲窶數』。明其常在盆下。今讀書者不曉其意,謂射覆之物覆在盆下,輒改前『覆守宮盂下』爲盆字,失之遠矣。楊惲傳云『鼠不容穴,銜窶數也』。盆下之物有飲食氣,故鼠銜之,四股鐵鉤,非所銜也。」

〔五〕服虔曰:「暑音暴。」鄧展曰:「呼音髐箭之髐。暑音瓜瓝之瓝。」師古曰:「鄧音是也。謂痛切而叫呼也,與田蚡傳『呼服』音義皆同。一曰,鄧音近之。暑,自冤痛之聲也。舍人榜痛,乃呼云暑。今人痛甚,則稱阿暑,音步高反。是故朔遂韻而諷之云『口無毛,聲謷謷』也。」

〔六〕鄧展曰:「咄音納衰之納也。」師古曰:「咄,叱咄之聲也,音丁骨反。鄧說非也。謷音敖。」

〔七〕師古曰:「詆,毀辱也,音丁禮反。」

〔八〕師古曰:「隱謂隱語也。」

〔九〕項昭曰:「凡鳥哺子而活者爲鷇,生而自啄曰雛。」師古曰:「(雛)〔鷇〕音口豆反。」

〔一〇〕師古曰:「俛即俯字也。俯,低也。啄,鳥觜也。俛又音免。啄音竹救反。」

〔一一〕師古曰:「諧者,和韻之言也。」

〔一二〕張晏曰:「齟音樝梨之樝。」應劭曰:「狋音銀。」師古曰:「齟音側加反,又,壯加反。塗音丈加反。優音一侯反。亞音烏加反。狋音五伊反。吽音五侯反。」

〔一三〕師古曰:「盛,受物也,音時政反。」

〔一四〕師古曰:「言鬼神尚幽闇,故以松柏之樹爲廷府。」

〔一五〕師古曰:「漸洳,浸溼也。漸音子廉反。洳音人庶反。」

久之,伏日,〔一〕詔賜從官肉。大官丞日晏不來,〔二〕朔獨拔劍割肉,謂其同官曰:「伏日當蚤歸,〔三〕請受賜。」即懷肉去。大官奏之。朔入,上曰:「昨賜肉,不待詔,以劍割肉而去之,何也?」朔免冠謝。上曰:「先生起自責也。」朔再拜曰:「朔來!朔來!受賜不待詔,何無禮也!拔劍割肉,壹何壯也!割之不多,又何廉也!歸遺細君,又何仁也!」〔四〕上笑曰:「使先生自責,乃反自譽!」復賜酒一石,肉百斤,歸遺細君。

〔一〕師古曰:「三伏之日也,解在郊祀志。」

〔二〕師古曰:「晏,晚也。」

〔三〕師古曰:「蚤古早字。」

〔四〕師古曰:「細君,朔妻之名。一說,細,小也,朔自比於諸侯,謂其妻曰小君。」

初,建元三年,微行始出,北至池陽,西至黃山,〔一〕南獵長楊,東游宜春。〔二〕微行常用飲酎已。〔三〕八九月中,與侍中常侍武騎及待詔隴西北地良家子能騎射者期諸殿門,故有「期門」之號自此始。微行以夜漏下十刻乃出,常稱平陽侯。〔四〕旦明,入山下馳射鹿豕狐兔,手格熊羆,馳騖禾稼稻秔之地。〔五〕民皆號呼罵詈,〔六〕相聚會,自言鄠杜令。令往,欲謁平陽侯,諸騎欲擊鞭之。令大怒,使吏呵止,獵者數騎見留,乃示以乘輿物,久之乃得去。時夜出夕還,後齎五日糧,會朝長信宮,〔七〕上大驩樂之。是後,南山下乃知微行數出也,然尚迫於太后,未敢遠出。丞相御史知指,〔八〕乃使右輔都尉徼循長楊以東,〔九〕右內史發小民共待會所。〔一〇〕後乃私置更衣,〔一一〕從宣曲以南十二所,中休更衣,〔一二〕投宿諸宮,〔一三〕長楊、五柞、倍陽、宣曲尤幸。〔一四〕於是上以爲道遠勞苦,又爲百姓所患,乃使太中大夫吾丘壽王與待詔能用算者二人,舉籍阿城以南,〔一五〕盩厔以東,宜春以西,提封頃畝,及其賈直,〔一六〕欲除以爲上林苑,屬之南山。〔一七〕又詔中尉、左右內史表屬縣草田,欲以償鄠杜之民。〔一八〕吾丘壽王奏事,上大說稱善。〔一九〕時朔在傍,進諫曰:

〔一〕晉灼曰:「宮名,在槐里。」

〔二〕師古曰:「宜春宮也,在長安城東南。說者乃以爲在鄠,非也。在鄠者,自是宜春觀耳,在長安城西,豈得言東游也?」

〔三〕師古曰:「酎,酒新孰以祭宗廟也。酎音紂。解在景紀。」

〔四〕如淳曰:「平陽侯曹壽尚帝姊,時見尊寵,故稱之。」

〔五〕師古曰:「稻,有芒之穀總稱也。秔,其不黏者也,音庚。」

〔六〕師古曰:「呼音火故反。」

〔七〕師古曰:「五日一朝長信宮,故齎五日糧也。長信,太后之宮也。」

〔八〕師古曰:「指謂天子之意也。」

〔九〕師古曰:「徼,遮繞也。循,行視也。戒備非常也。徼音工釣反。」

〔一〇〕師古曰:「共讀曰供。」

〔一一〕師古曰:「爲休息易衣之處,亦置宮人。」

〔一二〕師古曰:「宣曲,宮名,在昆明池西。」

〔一三〕師古曰:「晝休更衣,夜則別宿於諸宮。」

〔一四〕師古曰:「倍陽,即蓓陽也,其音同耳,宮名,在鄠縣也。」

〔一五〕師古曰:「舉計其數而爲簿籍也。阿城,本秦阿房宮也,以其牆壁崇廣,故俗呼爲阿城。」

〔一六〕師古曰:「提封,亦謂提舉四封之內,總計其數也。賈讀曰價。」

〔一七〕師古曰:「屬,連也,音之欲反。」

門更名東交門。〔九〕賜朔黃金三十斤。董君之寵由是日衰，至年三十而終。後數歲，竇太主卒，與董君會葬於霸陵。是後，公主貴人多踰禮制，自董偃始。

〔一〕師古曰：「持戟列陛側。」

〔二〕師古曰：「辟音頻亦反。」

〔三〕師古曰：「右，尊也。」

〔四〕師古曰：「徑，由也。辟讀曰僻。」

〔五〕師古曰：「蜮，魅也，音或。說者以爲短狐，非也。短狐，射工耳，於此不當其義。今俗猶(河)〔云〕魅蜮也。」

〔六〕應劭曰：「僤，敬也。敬其節直也。」師古曰：「伯姬，宋恭姬也。遇火災，待姆不出而死也。」

〔七〕師古曰：「豎貂、易牙皆齊桓公臣也。管仲有病，桓公往問之曰：『將何以教寡人？』管仲曰：『願君之遠易牙、豎貂。』公曰：『易牙亨其子以快寡人，尚可疑邪？』對曰：『人之情非不愛其子，其子之忍，又將何有於君？』公曰：『豎貂自宮以近寡人，猶可疑邪？』對曰：『人之情非不愛其身也，其身之忍，又將何有於君？』公曰：『諾。』管仲死，盡逐之，而公食不甘，宮不治。居三年，公曰：『仲父不亦過乎？』於是皆復召，即反之。明年，公有病，易牙、豎貂相與作亂，塞宮門，築高牆，不通人。有一婦人踰垣入，至公所。公曰：『我欲食。』婦人曰：『吾無所得。』又曰：『我欲飲。』婦人曰：『吾無所得。』公曰：『何故？』對曰：『易牙、豎貂相與作亂，塞宮門，築高牆，不通人，故無所得。』公慨然歎涕出，曰『嗟乎！聖人所見豈不遠哉？若死者有知，我將何面目見仲父乎！』蒙衣袂而絕乎壽宮，蟲流出於戶，蓋以楊門之扇，三月不葬。」

〔八〕師古曰：「慶父，魯桓公子，莊公弟也。莊公薨，慶父殺莊公之子閔公而欲作亂，不克，奔莒。其後僖公立，以賂求

之於莒，莒人歸之，及密乃縊而死。僖公乃定其位。」

〔九〕蘇林曰：「以偃從此門入，交會於內，故以名焉。」

時天下侈靡趨末，〔一〕百姓多離農畝。上從容問朔：「吾欲化民，豈有道乎？」〔二〕朔對曰：「堯舜禹湯文武成康上古之事，經歷數千載，尚難言也，臣不敢陳。願近述孝文皇帝之時，當世耆老皆聞見之。貴爲天(下)〔子〕，富有四海，身衣弋綈，〔三〕足履革舄，〔四〕以韋帶劍，〔五〕莞蒲爲席，〔六〕兵木無刃，〔七〕衣縕無文，〔八〕集上書囊以爲殿帷；〔九〕以道德爲麗，以仁義爲準。〔一〇〕於是天下望風成俗，昭然化之。今陛下以城中爲小，圖起建章，左鳳闕，右神明，〔一一〕號稱千門萬戶；木土衣綺繡，狗馬被繢罽；〔一二〕宮人簪瑇瑁，垂珠璣；〔一三〕設戲車，教馳逐，飾文采，藂珍怪；〔一四〕撞萬石之鐘，擊雷霆之鼓，〔一五〕作俳優，舞鄭女。上爲淫侈如此，而欲使民獨不奢侈失農，事之難者也。〔一六〕陛下誠能用臣朔之計，推甲乙之帳燔之於四通之衢，〔一七〕卻走馬示不復用，〔一八〕則堯舜之隆宜可與比治矣。易曰：『正其本，萬事理；失之豪氂，差以千里。』〔一九〕願陛下留意察之。」

〔一〕師古曰：「趨讀曰趣。末謂工商之業。」

〔二〕師古曰：「從音千容反。」

〔三〕師古曰：「弋，黑色也。綈，厚繒，音徒奚反。」

〔四〕師古曰：「革，生皮也。不用柔韋，言儉率也。」

〔五〕師古曰：「但空用韋，不加飾。」

〔六〕師古曰：「莞，夫離也，今謂之葱蒲。以莞及蒲爲席，亦尚質也。莞音完，又音官。」

〔七〕服虔曰：「兵器如木而無刃，言不大治兵器也。」

〔八〕師古曰：「縕，亂絮也。言內有亂絮，上無文綵也。縕音於粉反。」

〔九〕師古曰：「集謂合聚也。」

〔一〇〕師古曰：「麗，美也。準，平法也。」

〔一一〕如淳曰：「闕名也。」師古曰：「鳳闕，闕名。神明，臺名也。」

〔一二〕師古曰：「繢，五綵也。罽，織毛也，即氍毹之屬。」

〔一三〕師古曰：「瑇瑁，文甲也。璣，珠之不圜者。瑇音代。瑁音昧。璣音居依反，又音鉅依反。」

〔一四〕師古曰：「藂，古叢字。」

〔一五〕師古曰：「言其聲震大也。」

〔一六〕師古曰：「失農謂失農業也。」

〔一七〕應劭曰：「帳多故以甲乙第之耳。」孟康曰：「西域傳贊云『興造甲乙之帳，絡以隨珠和璧，天子襲翠被，憑玉几，而處其中』也。」師古曰：「謂推而去之。燔，焚燒也。」

〔一八〕師古曰：「卻，退也。走馬，善走之馬也。」

〔一九〕師古曰：「今易無此文，已解於上也。」

朔雖詼笑，〔一〕然時觀察顏色，直言切諫，上常用之。自公卿在位，朔皆敖弄，無所爲屈。〔二〕

〔一〕師古曰：「詼，謿戲也。詼笑，謂謿諧，發言可笑也。詼音恢。其下詼啁、詼諧並同。」

〔二〕師古曰：「敖讀曰傲。爲音于僞反。」

上以朔口諧辭給，〔一〕好作問之。〔二〕嘗問朔曰：「先生視朕何如主也？」朔對曰：「自唐虞之隆，成康之際，未足以諭當世。臣伏觀陛下功德，陳五帝之上，在三王之右。〔三〕非若此而已，誠得天下賢士，公卿在位咸得其人矣。譬若以周邵爲丞相，〔四〕孔丘爲御史大夫，〔五〕太公爲將軍，〔六〕畢公高拾遺於後，〔七〕弁嚴子爲衞尉，〔八〕皋陶爲大理，〔九〕后稷爲司農，〔一〇〕伊尹爲少府，〔一一〕子贛使外國，〔一二〕顏閔爲博士，〔一三〕子夏爲太常，〔一四〕益爲右扶風，〔一五〕季路爲執金吾，〔一六〕契爲鴻臚，〔一七〕龍逢爲宗正，〔一八〕伯夷爲京兆，〔一九〕管仲爲馮翊，〔二〇〕魯般爲將作，〔二一〕仲山甫爲光祿，〔二二〕申伯爲太僕，〔二三〕延陵季子爲水衡，〔二四〕百里奚爲典屬國，〔二五〕柳下惠爲大長秋，〔二六〕史魚爲司直，〔二七〕蘧伯玉爲太傅，〔二八〕孔父爲詹事，〔二九〕孫叔敖爲諸侯相，〔三〇〕子產爲郡守，〔三一〕王慶忌爲期門，〔三二〕夏育爲鼎官，〔三三〕羿爲旄頭，〔三四〕宋萬爲式道候。」〔三五〕上乃大笑。

〔一〕師古曰：「給，捷也。」

〔二〕師古曰：「故勤作之而問以言辭也。」

〔三〕師古曰：「右亦高上也。」

〔四〕師古曰：「周公旦、邵公奭二人也。」

〔五〕應劭曰：「御史大夫職典制度文章。」

〔六〕師古曰：「太公，呂望也。知戰陳征伐之事，故云爲將軍。」

〔七〕師古曰：「畢公高，文王之子也，爲周太師，故云拾遺也。」

〔八〕師古曰：「以其有勇。」

〔九〕師古曰：「以其作士，士亦理官。」

〔一〇〕師古曰：「主播種。」

〔一一〕應劭曰：「伊尹善亨割，大官屬少府，故令作之也。」

〔一二〕師古曰：「以其有辯說。」

〔一三〕師古曰：「顏回、閔子騫爲皆有德行也。」

〔一四〕師古曰：「以有文學故爲太常也。而應劭（曰）以子夏兩字總合爲夔，解云夔知樂，故可以爲太常，此說非也。」

〔一五〕應劭曰：「益作舜虞，掌山澤之官也。諸苑多在右扶風，故令作之。」

〔一六〕師古曰：「亦以有勇力。」

〔一七〕應劭曰：「禼作司徒，敬敷五教。是時諸侯王治民，鴻臚主諸侯王也。」師古曰：「契讀與禼同，字本作偰，蓋後從省耳。」

〔一八〕師古曰：「關龍逢，桀之臣也，忠諫而死也。以其直，無所阿私。」

〔一九〕應劭曰：「帝曰『伯夷，汝作秩宗。』秩宗，主郊廟。京兆與太常同典齋祀，故令爲之。」

〔二〇〕應劭曰：「管仲定民之居，寄軍令於內政，終令匡霸，故令爲馮翊也。」

〔二一〕師古曰：「以其巧也。般與班同。」

〔二二〕晉灼曰：「光祿，主三大夫諫正之官，取其柔亦不茹，剛亦不吐。」

〔二三〕應劭曰：「申伯，周宣王之舅也。太僕主大駕親御，職又密近，故用親親也。」

〔二四〕應劭曰：「水衡主池苑。季子，吳人，故使爲之。」師古曰：「季子即吳公子札。」

〔二五〕應劭曰：「奚，秦人。秦近西戎，曉其風俗，故令爲之。」

〔二六〕師古曰：「惠，魯大夫展禽也。食采柳下，謚曰惠。以其貞絜，故爲大長秋。」

〔二七〕師古曰：「史魚，衞大夫史鰌也。論語稱孔子曰『直哉史魚，邦有道如矢，邦無道如矢』。」

〔二八〕如淳曰：「太傅傅人主使無過。伯玉欲寡其過，故令爲之。」師古曰：「蘧伯玉，衞大夫也，名瑗。蘧音渠。」

〔二九〕應劭曰：「孔父正色而立於朝，則莫敢過而致難乎其君，故爲詹事。」師古曰：「孔父，宋大夫也。父讀曰甫。」

〔三〇〕師古曰：「譽治邦邑也。」

〔三一〕應劭曰：「以其勁捷，可爲期門郎也。」師古曰：「王慶忌卽王子慶忌也。」

〔三二〕（或）師古曰：「夏育，衞人，力舉千鈞。鼎官，今殿前舉鼎者也。」

〔三三〕應劭曰：「羿善射，故令爲旄頭。今以羽林爲之，髮正上向而長衣繡衣，在乘輿車前。」師古曰：「羿音詣。」

〔三四〕師古曰：「萬，宋閔公臣，亦有勇力也。式，表也。表道之候，若今之武候引駕。」

是時朝廷多賢材，上復問朔：「方今公孫丞相、兒大夫、〔一〕董仲舒、夏侯始昌、司馬相如、吾丘壽王、主父偃、朱買臣、嚴助、汲黯、膠倉、終軍、嚴安、徐樂、司馬遷之倫，皆辯知閎達，溢于文辭，〔二〕先生自視，何與比哉？」〔三〕朔對曰：「臣觀其臿齒牙，樹頰胲，〔四〕吐脣吻，擢項頤，〔五〕結股腳，連脽尻，〔六〕遺蛇其迹，行步偊旅，〔七〕臣朔雖不肖，尚兼此數子者。」朔之進對澹辭，皆此類也。〔八〕

〔一〕師古曰：「公孫弘及兒寬也。兒音五奚反。」

〔二〕師古曰：「溢者，言其有餘也。」

〔三〕師古曰：「何與猶言何如也。」

〔四〕師古曰：「頰肉曰胲，音改。」

〔五〕師古曰：「頤，頷下也，音怡。」

〔六〕師古曰：「脽，臀也，音誰。」

〔七〕師古曰：「遺蛇猶逶迤也。偊旅，曲躬貌也。蛇音移。偊音禹。」

〔八〕師古曰：「澹，古贍字也。贍，給也。」

武帝既招英俊，程其器能，用之如不及。〔一〕時方外事胡越，內興制度，國家多事，自公孫弘以下至司馬遷皆奉使方外，或爲郡國守相至公卿，而朔嘗至太中大夫，後常爲郎，與枚皋、郭舍人俱在左右，詼啁而已。〔二〕久之，朔上書陳農戰彊國之計，因自訟獨不得大官，欲

求試用。其言專商鞅、韓非之語也，指意放蕩，頗復詼諧，辭數萬言，終不見用。朔因著論，設客難己，用位卑以自慰諭。其辭曰：

〔一〕師古曰：「程謂量計之也。如不及者，恐失之也。」

〔二〕師古曰：「啁與嘲同，音竹交反。」

客難東方朔曰：「蘇秦、張儀一當萬乘之主，而都卿相之位，〔一〕澤及後世。今子大夫修先王之術，慕聖人之義，諷誦詩書百家之言，不可勝數，著於竹帛，脣腐齒落，服膺而不釋，〔二〕好學樂道之效，明白甚矣；自以智能海內無雙，則可謂博聞辯智矣。然悉力盡忠以事聖帝，曠日持久，官不過侍郎，位不過執戟，意者尚有遺行邪？〔三〕同胞之徒無所容居，其故何也？」〔四〕

〔一〕如淳曰：「都，居也。」

〔二〕師古曰：「服膺，俯服其胸臆也。釋，廢置也。」

〔三〕師古曰：「可遺之行，言不蠱（言）〔善〕也。」

〔四〕蘇林曰：「胞音胞胎之胞也，言親兄弟。」

東方先生喟然長息，仰而應之曰：「是固非子之所能備也。彼一時也，此一時也，豈可同哉？夫蘇秦、張儀之時，周室大壞，諸侯不朝，力政爭權，相禽以兵，幷爲十二國，

未有雌雄，〔一〕得士者彊，失士者亡，故談說行焉。身處尊位，珍寶充內，外有廩倉，澤及後世，子孫長享。今則不然。聖帝流德，天下震懾，諸侯賓服，〔二〕連四海之外以為帶，〔三〕安於覆盂，〔四〕動猶運之掌，〔五〕賢不肖何以異哉？遵天之道，順地之理，物無不得其所；故綏之則安，動之則苦；尊之則為將，卑之則為虜；抗之則在青雲之上，抑之則在深泉之下；用之則為虎，不用則為鼠；雖欲盡節效情，安知前後？夫天地之大，士民之衆，竭精談說，並進輻湊者不可勝數，悉力募之，困於衣食，或失門戶。〔六〕使蘇秦、張儀與僕並生於今之世，曾不得掌故，安敢望常侍郎乎！故曰時異事異。

〔一〕師古曰：「十二國，謂魯、衞、齊、楚、宋、鄭、魏、燕、趙、中山、秦、韓也。」
〔二〕師古曰：「懾，恐也，音之涉反。」
〔三〕師古曰：「言如帶之相連也。」
〔四〕師古曰：「言不可傾搖。」
〔五〕師古曰：「言至易。」
〔六〕師古曰：「言不得所由入也。一曰，謂被誅戮，喪其家室也。」

「雖然，安可以不務修身乎哉！詩云：『鼓鍾于宮，聲聞于外。』〔一〕『鶴鳴于九皋，聲聞于天。』〔二〕苟能修身，何患不榮！太公體行仁義，七十有二(延)〔乃〕設用於文武，

得信厥說，〔三〕封於齊，七百歲而不絕。此士所以日夜孳孳，敏行而不敢怠也。〔四〕辟若鶺鴒，飛且鳴矣。〔五〕傳曰：『天不為人之惡寒而輟其冬，〔六〕地不為人之惡險而輟其廣，君子不為小人之匈匈而易其行。』〔七〕『天有常度，地有常形，君子有常行；君子道其常，小人計其功。』〔八〕詩云：『禮義之不愆，何恤人之言？』〔九〕故曰：『水至清則無魚，人至察則無徒；〔一〇〕冕而前旒，所以蔽明；黈纊充耳，所以塞聰。』〔一一〕明有所不見，聰有所不聞，舉大德，赦小過，無求備於一人之義也。〔一二〕枉而直之，使自得之；優而柔之，使自求之；揆而度之，使自索之。〔一三〕蓋聖人教化如此，欲自得之；自得之，則敏且廣矣。〔一四〕

〔一〕師古曰：「小雅白華之詩也。言苟有於中，必形於外也。」
〔二〕師古曰：「小雅鶴鳴之詩也。言處卑而聲徹其高遠。」
〔三〕師古曰：「設，施也。信讀曰伸。」
〔四〕師古曰：「孳與孜同。敏，勉也。」
〔五〕師古曰：「鶺鴒，雍渠，小青雀也，飛則鳴，行則搖，言其勸苦也。辟讀曰譬。鶺音脊。鴒音零。」
〔六〕師古曰：「輟，止也。」
〔七〕師古曰：「匈匈，讙譊之聲。」
〔八〕師古曰：「道，由也。」
〔九〕師古曰：「逸詩也。愆，過也。恤，憂也。」
〔一〇〕師古曰：「徒，衆也。」
〔一一〕如淳曰：「黈音工苟反。謂以玉為瑱，用黈纊懸之也。」師古曰：「如說非也。黈，黃色也。纊，緜也。以黃緜為丸，用組懸之於冕，垂兩耳旁，示不外聽，非玉瑱之懸也。」
〔一二〕師古曰：「論語仲弓問政於孔子，孔子曰『赦小過，舉賢才。』周公謂魯公曰：『故舊無大故，則不棄也，毋求備於一人。』故朔引此言也。士有百行，功過相除，不可求備也。」
〔一三〕師古曰：「枉，曲也。索亦求也。度音徒各反。」
〔一四〕師古曰：「敏，疾也。」

「今世之處士，魁然無徒，廓然獨居，〔一〕上觀許由，下察接輿，計同范蠡，忠合子胥，〔二〕天下和平，與義相扶，寡耦少徒，固其宜也，〔三〕子何疑於我哉？若夫燕之用樂毅，秦之任李斯，酈食其之下齊，說行如流，曲從如環，所欲必得，功若丘山，海內定，國家安，是遇其時也，子又何怪之邪！語曰『以筦闚天，以蠡測海，〔四〕以莛撞鐘』，〔五〕豈能通其條貫，考其文理，發其音聲哉！〔六〕繇是觀之，譬猶鼱鼩之襲狗，〔七〕孤豚之咋虎，〔八〕至則靡耳，何功之有？〔九〕今以下愚而非處士，雖欲勿困，固不得已，此適足以明其不知權變而終或於大道也。」

〔一〕師古曰：「魁讀曰塊。」
〔二〕師古曰：「許由，堯讓以天下而恥聞之。楚狂接輿陽狂匿跡。范蠡佐句踐，功成而退。子胥忠諫，至死不易。」

〔三〕師古曰：「耦，合也。徒，衆也。」
〔四〕服虔曰：「筦音管。」張晏曰：「蠡，瓠瓢也。」師古曰：「筦，古管字。蠡音來奚反。瓢音平搖反。」
〔五〕文穎曰：「謂稾莛也。」師古曰：「音唐丁反。」
〔六〕師古曰：「考，究也。」
〔七〕服虔曰：「音縱劬。」如淳曰：「鼱鼩，小鼠也，音精劬。」
〔八〕師古曰：「孤豚，孤特之豚也。咋，齧也，音仕客反。」
〔九〕師古曰：「靡，碎滅也。耳，語辭。」

又設非有先生之論，其辭曰：

非有先生仕於吳，進不稱往古以厲主意，退不能揚君美以顯其功，默(默)〔然〕無言者三年矣。吳王怪而問之，曰：「寡人獲先人之功，寄於衆賢之上，夙興夜寐，未嘗敢怠也。今先生率然高舉，遠集吳地，〔一〕將以輔治寡人，誠竊嘉之，體不安席，食不甘味，目不視靡曼之色，耳不聽鐘鼓之音，虛心定志欲聞流議者三年于茲矣。〔二〕今先生進無以輔治，退不揚主譽，竊不為先生取之也。蓋懷能而不見，是不忠也；見而不行，主不明也。〔三〕意者寡人殆不明乎？」非有先生伏而唯唯。〔四〕吳王曰：「可以談矣，寡人將竦意而覽焉。」〔五〕先生曰：「於戲！〔六〕可乎哉？可乎哉？〔七〕談何容易！〔八〕夫談有悖於目拂於耳謬於心而便於身者，〔九〕或有說於目順於耳快於心而毀於行者，〔一〇〕非有

明王聖主，執能聽之？」吳王曰：「何爲其然也？『中人已上可以語上也。』[一] 先生試言，寡人將聽焉。」

[一]師古曰：「率然猶颯然。」
[二]師古曰：「流，末流也，猶言餘論也。」
[三]師古曰：「見，顯也。」
[四]師古曰：「唯唯，恭應也，音弋癸反。」
[五]師古曰：「竦，企待也。」
[六]師古曰：「於讀曰烏。戲讀曰呼。」
[七]師古曰：「言不可。」
[八]師古曰：「不見寬容，則事不易，故曰何容易也。易，弋豉反。」
[九]師古曰：「悖，逆也。拂，違戾也。悖音布內反。拂音佛。」
[一〇]師古曰：「說讀曰悅。」
[一一]師古曰：「引論語載孔子之言。中品之人則可以與言上道也。」

先生對曰：「昔者關龍逢深諫於桀，而王子比干直言於紂，此二臣者，皆極慮盡忠，閔王澤不下流，而萬民騷動，[一] 故直言其失，切諫其邪者，將以爲君之榮，除主之禍也。今則不然，反以爲誹謗君之行，無人臣之禮，[二] 果紛然傷於身，蒙不辜之名，[三]

戮及先人，爲天下笑，故曰談何容易！是以輔弼之臣瓦解，而邪諂之人並進，(遂)及蜚廉、惡來(徵)(革)等。[四] 二人皆詐僞，巧言利口以進其身，陰奉琱瑑刻鏤之好以納其心。[五] 務快耳目之欲，以苟容爲度。遂往不戒，身沒被戮，宗廟崩阤，國家爲虛，[六] 放戮聖賢，親近讒夫。詩不云乎？『讒人罔極，交亂四國』，[七] 此之謂也。故卑身賤體，說色微辭，[八] 愉愉呴呴，終無益於主上之治，[九] 則志士仁人不忍爲也。將儼然作矜嚴之色，深言直諫，上以拂主之邪，下以損百姓之害，[一〇] 則忤於邪主之心，歷於衰世之法。[一一] 故養壽命之士莫肯進也，遂居(家)(深)山之間，積土爲室，編蓬爲戶，彈琴其中，以咏先王之風，亦可以樂而忘死矣。是以伯夷叔齊避周，餓于首陽之下，後世稱其仁。如是，邪主之行固足畏也，故曰談何容易！」

[一]師古曰：「閔，病也。」
[二]師古曰：「不省其忠而被以此罪也。」
[三]師古曰：「蒙，被也。」
[四]蘇林曰：「二人皆紂時邪佞人也。」孟康曰：「蜚濂善走。」師古曰：「蜚，古飛字。」
[五]師古曰：「琱與彫同，畫也。瑑謂刻爲文也，音篆。」
[六]師古曰：「阤，積也。音直氏反。虛讀曰墟。」
[七]師古曰：「小雅青蠅之詩也。解在戾太子傳。」

[八]師古曰：「說讀曰悅。」
[九]師古曰：「愉愉，顏色和也。呴呴，言語順也。呴音許于反。」
[一〇]師古曰：「拂與弼同。損，減也。」
[一一]師古曰：「忤，逆也。歷猶經也，離也。」

於是吳王懼然易容，[一] 捐薦去几，危坐而聽。[二] 先生曰：「接輿避世，箕子被髮陽狂，[三] 此二人者，皆避濁世以全其身者也。使遇明王聖主，得清燕之閒，寬和之色，[四] 發憤畢誠，[五] 圖畫安危，揆度得失，[六] 上以安主體，下以便萬民，則五帝三王之道可幾而見也。[七] 故伊尹蒙恥辱負鼎俎和五味以干湯，[八] 太公釣於渭之陽以見文王。心合意同，謀無不成，計無不從，誠得其君也。深念遠慮，引義以正其身，推恩以廣其下，本仁祖義，[九] 褒有德，祿賢能，誅惡亂，總遠方，一統類，美風俗，此帝王所由昌也。上不變天性，下不奪人倫，則天地和洽，遠方懷之，故號聖王。臣子之職既加矣，於是裂地定封，爵爲公侯，傳國子孫，名顯後世，民到于今稱之，以遇湯與文王也。太公、伊尹以如此，龍逢、比干獨如彼，豈不哀哉！故曰談何容易！」

[一]師古曰：「懼然，失守之貌也。懼音居具反。」
[二]師古曰：「捐薦席而去凴几，自貶損也。」

[三]師古曰：「解並在鄒陽傳。」
[四]師古曰：「閒讀曰閑。閑，暇也。」
[五]師古曰：「畢，盡也。」
[六]師古曰：「圖，謀；畫，計也。」
[七]師古曰：「幾，庶幾。」
[八]師古曰：「蒙，冒也，犯也。」
[九]師古曰：「以仁爲本，以義爲始。」

於是吳王穆然，[一] 俛而深惟，仰而泣下交頤，曰：「嗟乎！余國之不亡也，緜緜連連，殆哉，世(之)不絕也！」[二] 於是正明堂之朝，齊君(臣)之位，舉賢材，布德惠，施仁義，賞有功；躬節儉，減後宮之費，損車馬之用；放鄭聲，遠佞人，[三] 省庖廚，去侈靡；卑宮館，壞苑囿，填池塹，以予貧民無產業者；開內藏，振貧窮，存耆老，卹孤獨；薄賦斂，省刑辟。行此三年，海內晏然，天下大洽，陰陽和調，萬物咸得其宜；國無災害之變，民無飢寒之色，家給人足，畜積有餘，囹圄空虛；[四] 鳳凰來集，麒麟在郊，甘露既降，朱草萌牙；遠方異俗之人鄉風慕義，[五] 各奉其職而來朝賀。故治亂之道，存亡之端，若此易見，而君人者莫肯爲也，臣愚竊以爲過。故詩云：「王國克生，惟周之楨，濟濟多士，文王以寧。」[六] 此之謂也。

〔一〕張晏曰：「穆音默。」師古曰：「穆然，靜思貌。」
〔二〕師古曰：「殆，危也。」
〔三〕師古曰：「逮，離也，音于萬反。」
〔四〕師古曰：「畜讀曰蓄。」
〔五〕師古曰：「鄉讀曰嚮。」
〔六〕師古曰：「大雅文王之詩也。言文王之國生此多士爲周室楨幹之臣，所以安寧也。」

朔之文辭，此二篇最善。其餘有封泰山，責和氏璧及皇太子生禖，屏風，殿上柏柱，平樂觀賦獵，八言、七言上下，〔一〕從公孫弘借車，凡〔劉〕向所錄朔書具是矣。〔二〕世所傳他事皆非也。〔三〕

〔一〕晉灼曰：「八言、七言詩，各有上下篇。」
〔二〕師古曰：「劉向別錄所載。」
〔三〕師古曰：「謂如東方朔別傳及俗用五行時日之書，皆非實事也。」

贊曰：劉向言少時數問長老賢人通於事及朔時者，〔一〕皆曰朔口諧倡辯，不能持論，喜爲庸人誦說，〔二〕故令後世多傳聞者。而楊雄亦以爲朔言不純師，行不純德，其流風遺書蔑如也。〔三〕然朔名過實者，以其詼達多端，不名一行，應諧似優，不窮似智，正諫似直，穢德

似隱。非夷齊而是柳下惠，戒其子以上容：〔四〕「首陽爲拙，〔五〕柱下爲工；〔六〕飽食安步，以仕易農；依隱玩世，詭時不逢。」〔七〕其滑稽之雄乎！〔八〕朔之詼諧，逢占射覆，〔九〕其事浮淺，行於衆庶，童兒牧豎莫不眩耀。而後世好事者因取奇言怪語附著之朔，故詳錄焉。〔一〇〕

〔一〕師古曰：「與朔同時也。」
〔二〕師古曰：「喜音許吏反。爲音于僞反。」
〔三〕師古曰：「言辭義淺薄，不足稱也。」
〔四〕師古曰：「容身避害也。」
〔五〕應劭曰：「伯夷、叔齊不食周粟，餓死首陽山，爲拙。」
〔六〕應劭曰：「老子爲周柱下史，朝隱，故終身無患，是爲工也。」
〔七〕如淳曰：「依違朝隱，樂玩其身於一世也。反時直言正諫，則與富貴不相逢矣。」臣瓚曰：「行與時詭而不逢禍害也。」師古曰：「瓚說是也。詭，違也。」
〔八〕師古曰：「雄謂爲之長帥也。」
〔九〕如淳曰：「逢占，逢人所問而占之也。」師古曰：「此說非也。逢占，逆占事，猶云逆刺也。」
〔一〇〕師古曰：「言此傳所以詳錄朔之辭語者，爲俗人多以奇異妄附於朔故耳。欲明傳所不記，皆非其實也。而今之爲漢書學者，猶更取他書雜說，假合東方朔之事以博異聞，良可歎矣。他皆類此。著音直略反。」

校勘記

二八四四頁三行　（尻）〔尻〕蓋高。王先愼說「尻」當作「尻」，從「九」。按各本皆誤。
二八四五頁九行　非爲蔦之寄生寓木宛童有（林）〔枝〕葉者也。景祐、殿、局本都作「枝」，此誤。
二八四六頁二行　（雛）〔敼〕音口豆反。景祐、殿、局本都作「敼」，此誤。
二八五〇頁一六行　〔隄〕音丁奚反。殿本有「隄」字。
二八五三頁九行　因此（時）〔對〕復爲中郎，殿、局本都作「對」。王先謙說作「對」是。
二八五七頁七行　今俗猶（河）〔云〕魅蜮也。景祐、殿本都作「云」，局本作「呵」。
二八五八頁五行　貴爲天（下）〔子〕，景祐、殿、局本都作「子」，此誤。
二八六一頁一三行　而應劭（日）以子夏兩字總合爲變，景祐、殿本無「日」字。
二八六三頁一五行　（或）〔師古〕曰：王先謙說「或」字誤，當作「師古」。按各本皆誤。
二八六四頁三行　言不盡（言）〔善〕也。景祐、殿本都作「善」。王先謙說作「善」是。
二八六五頁一五行　七十有二（廷）〔乃〕設用於文武，景祐、殿、局本都作「乃」，此誤。
二八六六頁九行　默（默）〔然〕無言者三年矣。景祐、殿本都作「然」。
二八七〇頁一行　〔遂〕及蜚廉、惡來（革）〔革〕等。景祐、殿本都有「遂」字，「革」作「革」。
二八七〇頁七行　遂居（家）〔深〕山之間，景祐、殿本都作「深」。

二八七三頁九行　殆哉，世〔之〕不絕也！景祐、殿本都有「之」字。
二八七三頁九行　齊君〔臣〕之位，景祐、殿、局本都有「臣」字。
二八七三頁八行　凡〔劉〕向所錄朔書具是矣。景祐、殿本都有「劉」字。

漢書卷六十六

公孫劉田王楊蔡陳鄭傳第三十六

公孫賀字子叔，北地義渠人也。賀祖父昆邪，[一]景帝時爲隴西守，以將軍擊吳楚有功，封平曲侯，著書十餘篇。[二]

[一]師古曰：「昆音戶門反。」

[二]師古曰：「藝文志陰陽家有公孫渾邪十五篇是也。」

賀少爲騎士，從軍數有功。自武帝爲太子時，賀爲舍人，及武帝即位，遷至太僕。賀夫人君孺，衞皇后姊也，賀由是有寵。元光中爲輕車將軍，軍馬邑。後四歲，出雲中。後五歲，以車騎將軍從大將軍青出，有功，封南窌侯。[一]後再以左將軍出定襄，無功，坐酎金，失侯。復以浮沮將軍出五原二千餘里，無功。[二]後八歲，遂代石慶爲丞相，封葛繹侯。時朝廷多事，督責大臣。[三]自公孫弘後，丞相李蔡、嚴青翟、趙周三人比坐事死。[四]石慶雖以謹得終，然數被譴。初賀引拜爲丞相，不受印綬，頓首涕泣，曰：「臣本邊鄙，以鞍馬騎射爲官，

材誠不任宰相。」上與左右見賀悲哀，感動下泣，曰：「扶起丞相。」賀不肯起，上乃起去，賀不得已拜。出，左右問其故，賀曰：「主上賢明，臣不足以稱，恐負重責，從是殆矣。」[五]

[一]臣瓚曰：「茂陵中書云封南窌侯，表亦作窌。」師古曰：「窌、窌二字同耳，音普教反。」

[二]師古曰：「沮音子閭反。」

[三]師古曰：「督謂察視也。」

[四]師古曰：「比，頻也。」

[五]師古曰：「殆，危也。」

賀子敬聲，代賀爲太僕，父子並居公卿位。敬聲以皇后姊子，驕奢不奉法，征和中擅用北軍錢千九百萬，發覺，下獄。是時詔捕陽陵朱安世不能得，上求之急，賀自請逐捕安世以贖敬聲罪。上許之。後果得安世。安世者，京師大俠也，聞賀欲以贖子，笑曰：「丞相禍及宗矣。南山之竹不足受我辭，斜谷之木不足爲我械。」[一]安世遂從獄中上書，告敬聲與陽石公主私通，[二]及使人巫祭祠詛上，且上甘泉當馳道埋偶人，[三]祝詛有惡言。下有司案驗賀，窮治所犯，遂父子死獄中，家族。

[一]師古曰：「斜，谷名也，其中多木。械謂桎梏也。言我方欲告丞相事，獄辭且多，械繫方久，故云然也。斜音弋奢反。」

[二]師古曰：「武帝女。」

[三]師古曰：「甘泉宮在北山，故欲往皆言上也。刻木爲人，象人之形，謂之偶人。偶，並也，對也。」

巫蠱之禍起自朱安世，成於江充，遂及公主、皇后、太子，皆敗。語在江充、戾園傳。[一]

[一]師古曰：「武五子傳敍戾太子諡戾，而置園邑，故云戾園也。」

劉屈氂，武帝庶兄中山靖王子也，[一]不知其始所以進。

[一]師古曰：「屈音丘勿反，又音其勿反。」

征和二年春，制詔御史：「故丞相賀倚舊故乘高勢而爲邪，[一]興美田以利子弟賓客，不顧元元，無益邊穀，[二]貨賂上流，[三]朕忍之久矣。終不自革，[四]乃以邊爲援，[五]使內郡自省作車，[六]又令耕者自轉，[七]以困農煩擾畜者，重馬傷秏，武備衰減；[八]下吏妄賦，百姓流亡；又詐爲詔書，以姦傳朱安世。[九]獄已正於理。其以涿郡太守屈氂爲左丞相，分丞相長史爲兩府，以待天下遠方之選。[一〇]夫親親任賢，周唐之道也。以澎戶二千二百封左丞相爲澎侯。」[一一]

[一]師古曰：「帝爲太子，賀已爲舍人，故云舊故。」

[二]如淳曰：「戍邊卒糧乏，不能爲方計以益之也。」

[三]師古曰：「丞相貪冒，受賂于下，故使衆庶貨賄上流執事者也。」

[四]師古曰：「革，改也。」

[五]如淳曰：「使內郡自作車，耕者自轉，所以餽邊，餽邊所以行恩施，爲已名援也。或曰以胡爲援也。」

[六]服虔曰：「詐令內郡自省作車轉輸也。邊屯無事之時，宜自治作車，以給軍用。」師古曰：「令郡自省減諸餘功用而作車也。省音所領反。」

[七]文穎曰：「自輸穀於邊。」

[八]師古曰：「重謂懷孕者也。言轉運之勞，畜產疲困，故(反)使懷孕者爲之傷秏，以減武備也。秏音呼到反。」

[九]師古曰：「傳，逮捕也。」

[一〇]師古曰：「待得賢人當拜爲右丞相。」

[一一]服虔曰：「澎音彭。」晉灼曰：「東海縣。」

其秋，戾太子爲江充所譖，殺充，發兵入丞相府，屈氂挺身逃，亡其印綬。[一]是時上避暑在甘泉宮，丞相長史乘疾置以聞。[二]上問「丞相何爲？」對曰：「丞相祕之，未敢發兵。」上怒曰：「事籍籍如此，何謂祕也？[三]丞相無周公之風矣。周公不誅管蔡乎？」乃賜丞相璽書曰：「捕斬反者，自有賞罰。以牛車爲櫓，[四]毋接短兵，多殺傷士衆。[五]堅閉城門，毋令反者得出。」

[一]師古曰：「挺，引也。獨引身而逃難，故失印綬也。」

[二]師古曰：「置謂所置驛也。」

〔三〕師古曰：「籍籍猶紛紛也。」
〔四〕師古曰：「櫓，楯也。遠與敵戰，故以車爲櫓，用自蔽也。一說櫓，望敵之樓也。」
〔五〕師古曰：「用短兵則士衆多死傷。」

太子既誅充發兵，宣言帝在甘泉病困，疑有變，姦臣欲作亂。上於是從甘泉來，幸城西建章宮，詔發三輔近縣兵，部中二千石以下，丞相兼將。太子亦遣使者撟制〔一〕赦長安中都官囚徒，〔二〕發武庫兵，命少傅石德及賓客張光等分將，使長安囚如侯持節發長水及宣曲胡騎，〔三〕皆以裝會。侍郎莽通使長安，因追捕如侯，告胡人曰：「節有詐，勿聽也。」遂斬如侯，引騎入長安，又發輯濯士，以予大鴻臚商丘成。〔四〕初，漢節純赤，以太子持赤節，故更爲黃旄加上以相別。太子召監北軍使者任安發北軍兵，安受節已，閉軍門不肯應太子。太子引兵去，敺四市人〔五〕凡數萬衆，至長樂西闕下，逢丞相軍，合戰五日，死者數萬人，血流入溝中。〔六〕丞相附兵浸多，〔七〕太子軍敗，南犇覆盎城門，得出。〔八〕會夜司直田仁部閉城門，坐令太子得出，丞相欲斬仁。御史大夫暴勝之謂丞相曰：「司直，吏二千石，當先請，柰何擅斬之？」丞相釋仁。〔九〕上聞而大怒，下吏責問御史大夫曰：「司直縱反者，丞相斬之，法也，大夫何以擅止之？」勝之皇恐，自殺。及北軍使者任安，坐受太子節，懷二心，司直田仁縱太子，皆要斬。上曰：「侍郎莽通獲反將如侯，長安男子景建從通獲少傅石德，可謂元功矣。

大鴻臚商丘成力戰獲反將張光。其封通爲重合侯，建爲德侯，成爲秺侯。」〔一〇〕諸太子賓客，嘗出入宮門，皆坐誅。其隨太子發兵，以反法族。吏士劫略者，皆徙敦煌郡。〔一一〕以太子在外，始置屯兵長安諸城門。後二十餘日，太子得於湖。語在太子傳。〔一二〕

〔一〕師古曰：「撟與矯同，其字從手。矯制，託稱詔命也。」
〔二〕師古曰：「京師諸官府。」
〔三〕師古曰：「長水，校名，宣曲，宮也，並胡騎所屯。今鄠縣東長水鄉即舊營校之地。」
〔四〕師古曰：「輯濯士，主用輯及濯行船者也。短曰輯，長曰濯。輯音集，字本從木，其音同耳。濯字本亦作櫂，並音直孝反。」
〔五〕師古曰：「敺與驅同。」
〔六〕師古曰：「溝，街衢之旁通水者也。」
〔七〕師古曰：「浸，漸也。」
〔八〕師古曰：「長安城南出東頭第一門曰覆盎城門，一號杜門。」
〔九〕師古曰：「釋，放也。」
〔一〇〕孟康曰：「秺音妬，在濟陰成武，今有亭。」
〔一一〕師古曰：「非其本心，然被太子劫略，故徙之也。」
〔一二〕師古曰：「湖，縣名。」

其明年，貳師將軍李廣利將兵出擊匈奴，丞相爲祖道，送至渭橋，〔一〕與廣利辭決。廣利曰：「願君侯早請昌邑王爲太子。〔二〕如立爲帝，君侯長何憂乎？」〔三〕屈氂許諾。昌邑王者，貳師將軍女弟李夫人子也。貳師女爲屈氂子妻，故共欲立焉。是時治巫蠱獄急，內者令郭穰告丞相夫人以丞相數有譴，使巫祠社，祝詛主上，有惡言，及與貳師共禱祠，欲令昌邑王爲帝。有司奏請案驗，罪至大逆不道。有詔載屈氂廚車以徇，〔四〕要斬東市，妻子梟首華陽街。貳師將軍妻子亦收。貳師聞之，降匈奴，宗族遂滅。

〔一〕師古曰：「祖者，送行之祭，因設宴飲焉。」
〔二〕如淳曰：「漢儀注列侯爲丞相，稱君侯。」師古曰：「楊惲傳丘常謂惲爲君侯，是則通呼列侯之尊稱耳，非必在於丞相也。如氏之說，不爲通矣。」
〔三〕師古曰：「如，若也。」
〔四〕師古曰：「廚車，載食之車也。徇，行示也。」

車千秋，本姓田氏，其先齊諸田徙長陵。〔一〕千秋爲高寢郎。〔二〕會衞太子爲江充所譖敗，久之，千秋上急變訟太子冤，〔三〕曰：「子弄父兵，罪當笞；天子之子過誤殺人，當何罪哉！臣嘗夢見一白頭翁教臣言。」是時，上頗知太子惶恐無他意，乃大感寤，召見千秋。至

前，千秋長八尺餘，體貌甚麗，武帝見而說之，〔四〕謂曰：「父子之間，人所難言也，公獨明其不然。此高廟神靈使公教我，公當遂爲吾輔佐。」立拜千秋爲大鴻臚。〔五〕數月，遂代劉屈氂爲丞相，封富民侯。千秋無他材能術學，又無伐閱功勞，〔六〕特以一言寤意，旬月取宰相封侯，世未嘗有也。後漢使者至匈奴，單于問曰：「聞漢新拜丞相，何用得之？」〔七〕使者曰：「以上書言事故。」單于曰：「苟如是，漢置丞相，非用賢也，妄一男子上書卽得之矣。」使者還，道單于語。武帝以爲辱命，欲下之吏。良久，乃貰之。〔八〕

〔一〕師古曰：「劉敬所言徙關東大族者。」
〔二〕師古曰：「高廟衞寢之郎。」
〔三〕師古曰：「所告非常，故云急變也。」
〔四〕師古曰：「說讀曰悅。」
〔五〕師古曰：「當其立見而卽拜之，言不移時也。」
〔六〕師古曰：「伐，積功也。閱，經歷也。」
〔七〕師古曰：「言此人何以得爲相也。」
〔八〕師古曰：「貰，寬縱也，謂釋放之也。其下亦同。」

然千秋爲人敦厚有智，居位自稱，踰於前後數公。〔一〕初，千秋始視事，見上連年治太子獄，誅罰尤多，羣下恐懼，思欲寬廣上意，尉安衆庶。〔二〕乃與御史、中二千石共上壽頌德美，

勸上施恩惠，緩刑罰，玩聽音樂，養志和神，爲天下自虞樂。〔三〕上報曰：「朕之不德，自左丞相與貳師陰謀逆亂，巫蠱之禍流及士大夫。〔四〕朕日一食者累月，乃何樂之聽？痛士大夫常在心，旣事不咎。〔五〕雖然，巫蠱始發，詔丞相、御史督二千石求捕，〔六〕廷尉治，未聞九卿廷尉有所鞫也。〔七〕曩者，江充先治甘泉宮人，轉至未央椒房，〔八〕以及敬聲之疇、李禹之屬謀入匈奴，有司無所發，今丞相親掘蘭臺蠱驗，所明知也。至今餘巫頗脫不止，〔九〕陰賊侵身，遠近爲蠱，朕媿之甚，何壽之有？敬不舉君之觴！謹謝丞相、二千石各就館。〔一〇〕書曰：『毋偏毋黨，王道蕩蕩。』〔一一〕毋有復言。」〔一二〕

〔一〕師古曰：「言稱其職也。」

〔二〕師古曰：「尉安之字，本無心也，是以漢書往往存古體字焉。」

〔三〕師古曰：「虞與娛同。」

〔四〕師古曰：「謂與太子戰死者也。」

〔五〕師古曰：「言旣往之事，不可追咎。」

〔六〕師古曰：「督，察視也。」

〔七〕師古曰：「鞫，問也。」

〔八〕師古曰：「椒房，殿名，皇后所居也。以椒和泥塗壁，取其溫而芳也。」

〔九〕師古曰：「言往往尙爲蠱也。」

〔一〇〕師古曰：「謝，告也。館，（宮）〔官〕舍也。」

〔一一〕師古曰：「周書洪範之辭也。」

〔一二〕師古曰：「不許其更請。」

後歲餘，武帝疾，立皇子鉤弋夫人男爲太子，〔一〕拜大將軍霍光、車騎將軍金日磾、御史大夫桑弘羊及丞相千秋，並受遺詔，輔道少主。〔二〕武帝崩，昭帝初卽位，未任聽政，〔三〕政事壹決大將軍光。千秋居丞相位，謹厚有重德。每公卿朝會，光謂千秋曰：「始與君侯俱受先帝遺詔，今光治內，君侯治外，宜有以教督，使光毋負天下。」〔四〕千秋曰：「唯將軍留意，卽天下幸甚。」終不肯有所言。光以此重之。每有吉祥嘉應，數褒賞丞相。訖昭帝世，國家少事，百姓稍益充實。始元六年，詔郡國舉賢良文學士，問以民所疾苦，於是鹽鐵之議起焉。〔五〕

〔一〕師古曰：「鉤弋，宮名也，昭帝母趙倢伃居之，故號鉤弋夫人也。」

〔二〕師古曰：「道讀曰導。」

〔三〕師古曰：「年幼，故未堪聽政。」

〔四〕師古曰：「督，視也。」

〔五〕師古曰：「議罷鹽鐵之官，令百姓皆得煮鹽鑄錢，因總論政治得失也。」

千秋爲相十二年，薨，諡曰定侯。初，千秋年老，上優之，朝見，得乘小車入宮殿中，故因號曰「車丞相」。子順嗣侯，官至雲中太守，宣帝時以虎牙將軍擊匈奴，坐盜增鹵獲自殺，國除。

桑弘羊爲御史大夫八年，自以爲國家興榷筦之利，〔一〕伐其功，〔二〕欲爲子弟得官，怨望霍光，與上官桀等謀反，遂誅滅。

〔一〕師古曰：「榷謂專其利使入官也。筦卽管字也，義與斡同，皆謂主也。榷解在昭紀。」

〔二〕師古曰：「自矜其功也。」

王訢，濟南人也。〔一〕以郡縣吏積功，稍遷爲被陽令。〔二〕武帝末，軍旅數發，郡國盜賊羣起，繡衣御史暴勝之使持斧逐捕盜賊，以軍興從事，誅二千石以下。勝之過被陽，欲斬訢，訢已解衣伏質，〔三〕仰言曰：「使君顓殺生之柄，威震郡國，〔四〕今復斬一訢，不足以增威，不如時有所寬，以明恩貸，〔五〕令盡死力。」勝之壯其言，貰不誅，因與訢相結厚。

〔一〕師古曰：「訢字與欣同。」

〔二〕孟康曰：「故千乘縣也。被音罷。」師古曰：「音皮彼反。」

〔三〕師古曰：「質，鍖也，欲斬人皆伏於鍖上也。鍖音竹林反。」

〔四〕師古曰：「爲使者，故謂之使君。使音所吏反。顓與專同。」

〔五〕師古曰：「貸猶假也，言饒假之。貸音土戴反。」

勝之使還，薦訢，徵爲右輔都尉，守右扶風。上數出幸安定、北地，過扶風，宮館馳道脩治，供張辦。〔一〕武帝嘉之，駐車，拜訢爲眞，視事十餘年。昭帝時爲御史大夫，代車千秋爲丞相，封宜春侯。明年薨，諡曰敬侯。

〔一〕師古曰：「供音居用反。張音竹亮反。」

子譚嗣，以列侯與謀廢昌邑王立宣帝，〔一〕益封三百戶。薨，子咸嗣。王莽妻卽咸女，莽篡位，宜春氏以外戚寵。〔二〕自訢傳國至玄孫，莽敗，乃絕。

〔一〕師古曰：「與讀曰豫。」

〔二〕張晏曰：「莽諱取同姓，故氏侯邑也。」師古曰：「此說非也。若云王氏則與莽族相涉，故以侯號稱之耳。莽本以與譚得姓不同，祖系各別，故爲婚娶，旣非私竊，不須避諱，諱亦不可掩也。」

楊敞，華陰人也。給事大將軍莫府，爲軍司馬，霍光愛厚之，稍遷至大司農。元鳳中，稻田使者燕蒼知上官桀等反謀，以告敞。敞素謹畏事，不敢言，乃移病臥。〔一〕以告諫大夫杜延年，延年以聞。蒼、延年皆封，敞以九卿不輒言，故不得侯。〔二〕後遷御史大夫，代王訢爲丞相，封安平侯。

〔一〕師古曰：「移病，（謂以）〔謂移〕書言病。一曰以病而移居也。」

〔三〕師古曰：「聞之不即告言也。」

明年，昭帝崩。昌邑王徵即位，淫亂，大將軍光與車騎將軍張安世謀欲廢王更立。議既定，使大司農田延年報敞。敞驚懼，不知所言，汗出洽背，徒唯唯而已。〔一〕延年起至更衣，〔二〕敞夫人遽從東箱〔三〕謂敞曰：「此國大事，今大將軍議已定，使九卿來報君侯。君侯不疾應，與大將軍同心，猶與無決，〔四〕先事誅矣。」延年從更衣還，敞、夫人與延年參語許諾，〔五〕請奉大將軍教令，遂共廢昌邑王，立宣帝。宣帝即位月餘，敞薨，謚曰敬侯。子忠嗣，以敞居位定策安宗廟，益封三千五百戶。

〔一〕師古曰：「唯唯，恭應之辭也，音弋癸反。」
〔二〕師古曰：「古者延賓必有更衣之處也。」
〔三〕師古曰：「遽，速也。」
〔四〕師古曰：「與讀曰豫。」
〔五〕師古曰：「三人共言，故云參語。」

忠弟惲，字子幼，〔一〕以忠任為郎，補常侍騎。〔二〕惲母，司馬遷女也。惲始讀外祖太史公記，頗為春秋。以材能稱。好交英俊諸儒，名顯朝廷，擢為左曹。霍氏謀反，惲先聞知，因侍中金安上以聞，召見言狀。霍氏伏誅，惲等五人皆封，惲為平通侯，遷中郎將。

〔一〕師古曰：「惲音於粉反。」
〔二〕師古曰：「為騎郎而常侍，故謂之常侍騎也。」

郎官故事，令郎出錢市財用，給文書，乃得出，名曰「山郎」。〔一〕移病盡一日，輒償一沐，〔二〕或至歲餘不得沐。其豪富郎，日出游戲，或行錢得善部。〔三〕貨賂流行，傳相放效。〔四〕惲為中郎將，罷山郎，移長度大司農，以給財用。〔五〕其疾病休謁洗沐，皆以法令從事。郎、謁者有罪過，輒奏免，薦舉其高弟有行能者，至郡守九卿。郎官化之，莫不自厲，絕請謁貨賂之端，令行禁止，宮殿之內翕然同聲。由是擢為諸吏光祿勳，親近用事。

〔一〕張晏曰：「山，財用之所出，故取名焉。」
〔二〕晉灼曰：「五日一洗沐也。」師古曰：「言出財用者，雖非休沐，常得在外也。貧者實病，皆以沐假償之也。」
〔三〕師古曰：「郎官之職，各有主部，故行錢財而擇其善，以招權也。」
〔四〕師古曰：「放音甫往反。」
〔五〕應劭曰：「長，久也。一歲之調度也。」蘇林曰：「籌書給縑之長也。」師古曰：「應說是也。言總計一歲所須財用，及文書之調度，而移大司農，以官錢供給之，更不取於郎也。」

初，惲受父財五百萬，及身封侯，皆以分宗族。後母無子，財亦數百萬，死皆予惲，惲盡復分後母昆弟。再受訾千餘萬，皆以分施。其輕財好義如此。

惲居殿中，廉絜無私，郎官稱公平。然惲伐其行治，〔一〕又性刻害，好發人陰伏，同位有忤己者，必欲害之，以其能高人。由是多怨於朝廷，與太僕戴長樂相失，卒以是敗。〔二〕

〔一〕師古曰：「自矜其節行及政治之能也。」
〔二〕師古曰：「卒，終也。」

長樂者，宣帝在民間時與相知，及即位，拔擢親近。長樂嘗使行事（隸）〔肄〕宗廟，〔一〕還謂掾史曰：「我親面見受詔，副帝（隸）〔肄〕，秺侯御。」〔二〕人有上書告長樂非所宜言，事下廷尉。長樂疑惲教人告之，亦上書告惲罪：「高昌侯車犇入北掖門，〔三〕惲語富平侯張延壽曰：『聞前曾有犇車抵殿門，〔四〕門關折，馬死，而昭帝崩。今復如此，天時，非人力也。』左馮翊韓延壽有罪下獄，惲上書訟延壽。郎中丘常謂惲曰：『聞君侯訟韓馮翊，當得活乎？』惲曰：『事何容易！脛脛者未必全也。〔五〕我不能自保，〔六〕真人所謂鼠不容穴銜窶數者也。』〔七〕又中書謁者令宣持單于使者語，視諸將軍、中朝二千石。〔八〕惲曰：『冒頓單于得漢美食好物，謂之殠惡，單于不來明甚。』〔九〕惲上觀西閣上畫人，指桀紂畫謂樂昌侯王武曰：『天子過此，一二問其過，可以得師矣。』〔一〇〕畫人有堯舜禹湯不稱，而舉桀紂。惲聞匈奴降者道單于見殺，惲曰：『得不肖君，大臣為畫善計不用，自令身無處所。〔一一〕若秦時但任小臣，誅殺忠良，竟以滅亡；令親任大臣，即至今耳。〔一二〕古與今如一丘之貉。』〔一三〕惲妄引亡國以誹謗當世，無人臣禮。又語長樂曰：『正月以來，天陰不雨，此春秋所記，夏侯君所言。〔一四〕行必不至河東矣。』〔一五〕以主上為戲語，尤悖逆絕理。」

〔一〕張晏曰：「兼行天子事，先（隸）〔肄〕習威儀也。」師古曰：「肄音弋二反。」
〔二〕師古曰：「我副帝（隸）〔肄〕而秺侯乃為御耳。御謂御車也。秺音丁故反。」
〔三〕師古曰：「犇，古奔字也。」
〔四〕師古曰：「抵，觸也，音丁禮反。」
〔五〕師古曰：「脛脛，直貌也。」
〔六〕師古曰：「言我尚不能自保，訟人何以得活。」
〔七〕李奇曰：「真人，正人也。」如淳曰：「所以不容穴，坐銜窶數自妨，故不得入穴。」師古曰：「窶數，戴器也。窶音其羽反。數音山羽反。解在東方朔傳。惲自云今之訟人，亦於己有妨。」
〔八〕師古曰：「謂譯者所錄也。視讀曰示。」
〔九〕師古曰：「時使者云單于欲來朝，故惲云不來。」
〔一〇〕師古曰：「過此謂經過此也。問其過，謂桀紂之過惡。」
〔一一〕師古曰：「無處所謂死滅也。」
〔一二〕師古曰：「言國祚長遠，可以至今猶不亡也。」
〔一三〕師古曰：「言其同類也。貉，獸名，似狐而善睡，音胡各反。」
〔一四〕張晏曰：「夏侯勝諫昌邑王曰：『天久陰不雨，臣下必有謀上者。』春秋無久陰不雨之異也。漢史記勝所言，故曰『春秋所記』，謂說春秋災異者耳。」師古曰：「春秋有不雨事，說者因論久陰，附著之也。張謂漢史為春秋，失之

矣。」

〔四〕張晏曰：「后土祠在河東，天子歲祠之。」

事下廷尉。廷尉定國考問，左驗明白，〔一〕奏「惲不服罪，而召戶將尊，〔二〕欲令戒飭富平侯延壽，〔三〕曰『太僕定有死罪數事，朝暮人也。〔四〕惲幸與富平侯婚姻，今獨三人坐語，侯言「時不聞惲語」，自與太僕相觸也』。〔五〕尊曰：『不可。』惲怒，持大刀，曰：『蒙富平侯力，得族罪！〔六〕毋泄惲語，令太僕聞之亂餘事。』〔七〕惲幸得列九卿諸吏，宿衞近臣，上所信任，與聞政事，〔八〕不竭忠愛，盡臣子義，而妄怨望，稱引爲訞惡言，〔九〕大逆不道，請逮捕治。」上不忍加誅，有詔皆免惲、長樂爲庶人。

〔一〕師古曰：「定國，于定國也。左，證左也，言當時在其左右見此事者也。」

〔二〕蘇林曰：「直主門戶者也。」師古曰：「戶將，官名，主戶衞，屬光祿也。」

〔三〕師古曰：「飭與敕同。富平侯張延壽也。」

〔四〕師古曰：「言不久活也。」

〔五〕師古曰：「令延壽證云惲無此語，長樂詆之也。」

〔六〕師古曰：「惲言富平侯依太僕言而證之，則我得罪至於族滅，深怨之辭也。」

〔七〕文穎曰：「勿使太僕聞惲此語。」師古曰：「亂餘事者，恐長樂心忿，更加增其餘罪狀也。」

〔八〕師古曰：「與讀曰豫。」

〔九〕師古曰：「訞與妖同。」

惲既失爵位，家居治產業，起室宅，以財自娛。歲餘，其友人安定太守西河孫會宗，知略士也，與惲書諫戒之，爲言大臣廢退，當闔門惶懼，爲可憐之意，〔一〕不當治產業，通賓客，有稱（舉）〔譽〕。惲宰相子，少顯朝廷，一朝〔以〕晻昧語言見廢，〔二〕內懷不服，報會宗書曰：

〔一〕師古曰：「闔，閉也。」

〔二〕師古曰：「晻與暗同。」

惲材朽行穢，文質無所底，〔一〕幸賴先人餘業得備宿衞，遭遇時變以獲爵位，終非其任，卒與禍會。〔二〕足下哀其愚，蒙賜書，教督以所不及，〔三〕殷勤甚厚。然竊恨足下不深惟其終始，〔四〕而猥隨俗之毀譽也。〔五〕言鄙陋之愚心，若逆指而文過，〔六〕默而息乎，恐違孔氏「各言爾志」之義，〔七〕故敢略陳其愚，唯君子察焉！

〔一〕師古曰：「底，致也，音之履反。」

〔二〕師古曰：「卒亦終也。」

〔三〕師古曰：「蒙，被；督，視（也）。」

〔四〕師古曰：「惟，思也。」

〔五〕師古曰：「猥，曲也。」

〔六〕師古曰：「逆足下之意指，而自文飾其過。」

〔七〕師古曰：「論語云顏回季路侍，子曰『盍各言爾志』，故惲引之。」

惲家方隆盛時，乘朱輪者十人，位在列卿，爵爲通侯，總領從官，與聞政事，〔一〕曾不能以此時有所建明，以宣德化，又不能與羣僚同心并力，陪輔朝廷之遺忘，已負竊位素餐之責久矣。〔二〕懷祿貪勢，不能自退，遭遇變故，橫被口語，〔三〕身幽北闕，妻子滿獄。當此之時，自以夷滅不足以塞責，〔四〕豈意得全首領，復奉先人之丘墓乎？伏惟聖主之恩，不可勝量。君子游道，樂以忘憂；小人全軀，說以忘罪。〔五〕竊自思念，過已大矣，行已虧矣，長爲農夫以沒世矣。是故身率妻子，戮力耕桑，灌園治產，以給公上，〔六〕不意當復用此爲譏議也。

〔一〕師古曰：「與讀曰豫。」

〔二〕師古曰：「素，空也。不稱其職，空食祿也。」

〔三〕師古曰：「橫音胡孟反。」

〔四〕師古曰：「塞，補也。」

〔五〕師古曰：「說讀曰悅。」

〔六〕師古曰：「充縣官之賦斂也。」

夫人情所不能止者，聖人弗禁，故君父至尊親，〔一〕送其終也，有時而既。〔二〕臣之

得罪，已三年矣。田家作苦，歲時伏臘，亨羊炰羔，斗酒自勞。〔三〕家本秦也，能爲秦聲。婦，趙女也，雅善鼓瑟。奴婢歌者數人，酒後耳熱，仰天拊缶〔四〕而呼烏烏。〔五〕其詩曰：「田彼南山，蕪穢不治，種一頃豆，落而爲萁。人生行樂耳，須富貴何時！」〔六〕是日也，拂衣而喜，奮褎低卬，〔七〕頓足起舞，誠淫荒無度，不知其不可也。〔八〕惲幸有餘祿，方糴賤販貴，逐什一之利，此賈豎之事，汙辱之處，惲親行之。下流之人，衆毀所歸，不寒而栗。〔九〕雖雅知惲者，猶隨風而靡，〔一〇〕尚何稱譽之有！董生不云乎？「明明求仁義，常恐不能化民者，卿大夫意也；明明求財利，常恐困乏者，庶人之事也。」〔一一〕故「道不同，不相爲謀」。〔一二〕今子尚安得以卿大夫之制而責僕哉！

〔一〕師古曰：「父至親，君至尊。」

〔二〕張晏曰：「喪不過三年，臣見放逐，降居三月，復初。」師古曰：「既，已也。」

〔三〕師古曰：「炰，毛炙肉也，即今所謂爊也。炰音步交反。爊音一高反。勞音來到反。」

〔四〕應劭曰：「缶，瓦器也，秦人擊之以節歌。」師古曰：「缶即今之盆類也。」

〔五〕師古曰：「李斯上書云『擊甕叩缶，彈箏搏髀，而呼烏烏快耳者，眞秦聲也』。是關中舊有此曲也。」

〔六〕張晏曰：「山高而在陽，人君之象也。蕪穢不治，言朝廷之荒亂也。一頃百畝，以喻百官也。言豆者，貞實之物，當在囷倉，零落在野，喻已見放棄也。萁曲而不直，言朝臣皆諂諛也。」師古曰：「萁，豆莖也，音基。須，待也。」

〔七〕師古曰：「褎，古衣袖字。」

〔八〕師古曰：「自謂爲可也。」
〔九〕師古曰：「栗，竦縮也。」
〔10〕師古曰：「言逐衆譏，皆相毀也。」
〔11〕師古曰：「引董仲舒之辭也。仲舒傳作皇皇也。」
〔12〕師古曰：「論語載孔子之辭，惲又引之。爲音于僞反。」

夫西河魏土，文侯所興，有段干木、田子方之遺風，〔一〕漂然皆有節槩，知去就之分。〔二〕頃者，足下離舊土，臨安定，安定山谷之間，昆戎舊壤，〔三〕子弟貪鄙，豈習俗之移人哉？於今乃睹子之志矣。〔四〕方當盛漢之隆，願勉旃，毋多談。〔五〕

〔一〕應劭曰：「段干木、田子方，魏賢人也。」
〔二〕師古曰：「漂然，高遠意。槩，度量也。漂音匹遙反。槩音工代反。分音扶問反。」
〔三〕文穎曰：「昆夷之地也。」
〔四〕師古曰：「言豈隨安定貪鄙之俗而易其操乎？平生謂子爲達道，今乃見子之志與我不同（者）也。」
〔五〕師古曰：「旃，之也。言子當自勉勵以立功名，不須多與我言也。」

又惲兄子安平侯譚爲典屬國，謂惲曰：「西河太守建平杜侯〔一〕前以罪過出，今徵爲御史大夫。侯罪薄，又有功，且復用。」惲曰：「有功何益？縣官不足爲盡力。」惲素與蓋寬饒、韓延壽善，譚卽曰：「縣官實然，蓋司隸、韓馮翊皆盡力吏也，俱坐事誅。」會有日食變，

騶馬猥佐成上書告惲〔二〕「驕奢不悔過，日食之咎，此人所致。」章下廷尉案驗，得所予會宗書，宣帝見而惡之。廷尉當惲大逆無道，〔三〕要斬。妻子徙酒泉郡。譚坐不諫正惲，與相應，有怨望語，免爲庶人。召拜成爲郎，諸在位與惲厚善者，未央衞尉韋玄成、京兆尹張敞及孫會宗等，皆免官。

〔一〕師古曰：「杜延年。」
〔二〕如淳曰：「騶馬，以給騶使乘之。佐，主猥馬吏也。有吏有佐名成者。」
〔三〕師古曰：「當謂處斷其罪。」

蔡義，河內溫人也。以明經給事大將軍莫府。家貧，常步行，資禮不逮衆門下，好事者相合〔一〕爲義買犢車，令乘之。數歲，遷補覆盎城門候。〔二〕

〔一〕師古曰：「言衆斂錢物。」
〔二〕師古曰：「門候，主候時而開閉也。」

久之，詔求能爲韓詩者，徵義待詔，久不進見。義上疏曰：「臣山東草萊之人，行能亡所比，容貌不及衆，然而不棄人倫者，竊以聞道於先師，自託於經術也。願賜淸閒之燕，〔一〕得盡精思於前。」上召見義，說詩，甚說之，〔二〕擢爲光祿大夫、給事中，進授昭帝。數歲，拜爲

少府，遷御史大夫，代楊敞爲丞相，封陽平侯。又以定策安宗廟益封，加賜黃金二百斤。

〔一〕師古曰：「燕，安息也。閒讀曰閑。」
〔二〕師古曰：「下說讀曰悅。」

義爲丞相時年八十餘，短小無須眉，貌似老嫗，行步俛僂，〔一〕常兩吏扶夾乃能行。時大將軍光秉政，議者或言光置宰相不選賢，苟用可顓制者。〔二〕光聞之，謂侍中左右及官屬曰：「以爲人主師當爲宰相，何謂云云？〔三〕此語不可使天下聞也。」

〔一〕師古曰：「俛卽俯字也。僂，曲背也。僂音力主反。」
〔二〕師古曰：「顓與專同。其後類此。」
〔三〕師古曰：「云云，衆語，謂有不選賢之言也。」

義爲相四歲，薨，謚曰節侯。無子，國除。

陳萬年字幼公，沛郡相人也。爲郡吏，察舉，至縣令，遷廣陵太守，〔一〕以高弟入爲右扶風，遷太僕。

〔一〕師古曰：「屢被察廉及舉薦，故得遷之也。」

萬年廉平，內行修，然善事人，賂遺外戚許、史，傾家自盡，尤事樂陵侯史高。丞相丙吉

病，中二千石上謁問疾。〔一〕遣家丞出謝，謝已皆去，萬年獨留，昏夜乃歸。及吉病甚，上自臨，問以大臣行能。吉薦于定國、杜延年及萬年。萬年竟代定國爲御史大夫，八歲病卒。

〔一〕師古曰：「上謁，若今通名也。」

子咸字子康，年十八，以萬年任爲郎。有異材，抗直，數言事，刺譏近臣，書數十上，遷爲左曹。萬年嘗病，召咸敎戒於牀下，語至夜半，咸睡，頭觸屛風。萬年大怒，欲杖之，曰：「乃公敎戒汝，汝反睡，不聽吾言，何也？」咸叩頭謝曰：「具曉所言，大要敎咸讇也。」〔一〕萬年乃不復言。

〔一〕師古曰：「大要，大歸也。讇，古諂字也。」

萬年死後，元帝擢咸爲御史中丞，總領州郡奏事，課第諸刺史，內執法殿中，公卿以下皆敬憚之。是時中書令石顯用事顓權，咸頗言顯短，顯等恨之。時槐里令朱雲殘酷殺不辜，有司舉奏，未下。〔一〕咸素善雲，雲從刺候，敎令上書自訟。〔二〕於是石顯微伺知之，白奏咸漏泄省中語，下獄掠治，〔三〕減死，髡爲城旦，因廢。

〔一〕師古曰：「天子未下其章也。」
〔二〕晉灼曰：「雲從咸刺探伺候事之輕重，咸因敎令上書。」
〔三〕師古曰：「掠，笞擊也，音力向反。」

成帝初卽位，大將軍王鳳以咸前指言石顯，有忠直節，奏請咸補長史。遷冀州刺史，奉使稱意，徵爲諫大夫。復出爲楚內史，北海、東郡太守。坐爲京兆尹王章所薦，章誅，咸免官。起家復爲南陽太守。所居以殺伐立威，豪猾吏及大姓犯法，輒論輸府，〔一〕以律程作司空，〔二〕爲地臼木杵，舂不中程，或私解脫鉗鈦，衣服不如法，〔三〕輒加罪笞。督作劇，不勝痛，〔四〕自絞死，歲數百千人，久者蟲出腐爛，家不得收。其治放嚴延年，其廉不如。所居調發屬縣所出食物以自奉養，〔五〕奢侈玉食。〔六〕然操持掾史，〔七〕郡中長吏皆令閉門自斂，不得踰法。公移敕書曰：〔八〕「卽各欲求索自快，是一郡百太守也，何得然哉！」下吏畏之，豪彊執服，〔九〕令行禁止，然亦以此見廢。咸，三公子，少顯名於朝廷，而薛宣、朱博、翟方進、孔光等仕宦絕在咸後，皆以廉儉先至公卿，而咸滯於郡守。

〔一〕師古曰：「府謂郡之府。」

〔二〕師古曰：「司空，主行役之官。」

〔三〕師古曰：「鉗在頸，鈦在足，皆以鐵爲之。鉗音其炎反。鈦音弟。」

〔四〕師古曰：「作程劇苦，又被督察，笞罰既多，故不勝痛也。」

〔五〕師古曰：「調，徒釣反。」

〔六〕師古曰：「玉食，美食如玉也。」

〔七〕師古曰：「操，執也，音(千向)〔千高〕反。」

〔八〕師古曰：「公然移書以約敕也。」

〔九〕師古曰：「執讀曰慹，音之涉反。」

時車騎將軍王音輔政，信用陳湯。咸數賂遺湯，予書曰：「卽蒙子公力，得入帝城，死不恨。」〔一〕後竟徵入爲少府。少府多寶物，屬官咸皆鉤校，發其姦臧，〔二〕沒入辜榷財物。〔三〕官屬及諸中宮黃門、鉤盾、掖庭官吏，舉奏按論，畏咸，皆失氣。爲少府三歲，與翟方進有隙。方進爲丞相，奏「咸前爲郡守，所在殘酷，毒螫加於吏民。主守盜，受所監。〔四〕而官媚邪臣陳湯以求薦舉。苟得無恥，不宜處位。」咸坐免。頃之，紅陽侯立舉咸方正，爲光祿大夫給事中，方進復奏免之。後數年，立有罪就國，方進奏歸咸故郡，以憂死。

〔一〕師古曰：「子公，湯之字。」

〔二〕師古曰：「鉤音工侯反。」

〔三〕師古曰：「辜，(罪也)。榷，專固也。」

〔四〕如淳曰：「律，主守而盜直十金，棄市。」師古曰：「受所監法，解在景紀。」

鄭弘字穉卿，泰山剛人也。〔一〕兄昌字次卿，亦好學，皆明經，通法律政事。次卿爲太原、涿郡太守，弘爲南陽太守，皆著治迹，條教法度，爲後所述。次卿用刑罰深，不如弘平。遷淮陽相，以高弟入爲右扶風，京師稱之。代韋玄成爲御史大夫。六歲，坐與京房論議免，語在房傳。

〔一〕師古曰：「穉，古稚字。」

贊曰：所謂鹽鐵議者，起始元中，徵文學賢良問以治亂，皆對願罷郡國鹽鐵酒榷均輸，〔一〕務本抑末，毋與天下爭利，然後(敎)化可興。御史大夫弘羊以爲此乃所以安邊竟，制四夷，〔二〕國家大業，不可廢也。當時相詰難，頗有其議文。至宣帝時，汝南(相)〔桓〕寬次公〔三〕治公羊春秋，舉爲郎，至廬江太守丞，博通善屬文，推衍鹽鐵之議，增廣條目，極其論難，著數萬言，〔四〕亦欲以究治亂，成一家之法焉。其辭曰：〔五〕「觀公卿賢良文學之議，『異乎吾所聞』。〔六〕聞汝南朱生言，當此之時，英俊並進，賢良茂陵唐生、文學魯國萬生之徒六十有餘人咸聚闕庭，舒六藝之風，陳治平之原，知者贊其慮，仁者明其施，勇者見其斷，〔七〕辯者騁其辭，斷斷焉，行行焉，〔八〕雖未詳備，斯可略觀矣。中山劉子推言王道，撟當世，反諸正，〔九〕彬彬然弘博君子也。〔一〇〕九江祝生奮史魚之節，發憤懣，譏公卿，〔一一〕介然直而不撓，〔一二〕可謂不畏彊圉矣。桑大夫據當世，合時變，上權利之略，雖非正法，鉅儒宿學不能自解，〔一三〕博物通達之士也。然攝公卿之柄，不師古始，放於末利，〔一四〕處非其位，行非其道，果隕其性，以及厥宗。〔一五〕車丞相履伊呂之列，當軸處中，括囊不言，容身而去，〔一六〕彼哉！彼哉！〔一七〕若夫丞相、御史兩府之士，不能正議以輔宰相，成同類，長同行，阿意苟合，以說其上，〔一八〕『斗筲之徒，何足選也！』」〔一九〕

〔一〕師古曰：「酒榷均輸解在武紀及食貨志。」

〔二〕師古曰：「竟讀曰境。」

〔三〕師古曰：「次公者，寬之字。」

〔四〕師古曰：「卽今之所行鹽鐵論十卷是也。」

〔五〕師古曰：「謂(相)〔桓〕寬總評議其善惡。」

〔六〕師古曰：「論語載子張之言，言不與己志同也，故寬引(之)。」

〔七〕師古曰：「斷音丁喚反。」

〔八〕師古曰：「斷斷，辯爭之貌；行行，剛彊之貌也。斷音牛斤反。行音胡浪反。」

〔九〕師古曰：「正曲曰撟。諸，之也。撟讀(曰)〔與〕矯同，其字從手。」

〔一〇〕師古曰：「彬彬，文章貌也，音彼旻反。」

〔一一〕師古曰：「懣音滿，又莫本反。」

〔一二〕師古曰：「撓，曲也，音女敎反。」

〔一三〕師古曰：「解，釋也，言理不出於弘羊也。」

〔一四〕師古曰：「放，縱也，謂縱心於利也。一說放，依也，音方往反。論語稱孔子曰『放於利而行，多怨』也。」

〔一五〕師古曰：「性，生也，謂與上官桀謀反誅也。」

〔一六〕師古曰：「括，結也。易坤卦六四爻辭曰『括囊，無咎無譽』，言自閉慎如囊之括結也。」

〔一七〕師古曰：「論語云或問子西，孔子曰：『彼哉！彼哉！』言彼人者，無足稱也。」

〔一八〕師古曰：「說讀曰悅。」

〔一九〕師古曰：「筲，竹器也，容一斗。選，數也。論語云子貢問曰：『今之從政者何如？』孔子曰：『噫，斗筲之人，何足選也！』言其材器小劣，不足數也。筲音所交反。選音先阮反。噫，歎聲也。噫音於其反。」

校勘記

二八八〇頁六行　故(反)使懷孕者爲之傷耗，　殿本無「反」字。

二八八六頁一行　館，(宮)〔官〕舍也。　景祐、汲古、殿、局本都作「官」，此誤。

二八八八頁一四行　(謂以)〔謂移〕書言病。　景祐、殿本都作「謂移」。

二八九一頁四行　長樂嘗使行事(隸)〔肄〕宗廟，　景祐、殿、局本都作「肄」。注及下文同。

二八九四頁三行　不當治產業，通賓客，有稱(舉)〔譽〕。　景祐、殿本都作「譽」。楊樹達說作「譽」是。

二八九四頁四行　一朝〔以〕晻昧語言見廢，　殿本有「以」字。王先謙說有「以」字是。

二八九四頁一四行　蒙，蔽；督，視〔也〕。　景祐、殿、局本都有「也」字。

二八九七頁一三行　今乃見子之志與我不同〔者〕也。　景祐、殿本都有「者」字。

二九〇一頁一六行　晉(于向)〔千高〕反。　景祐、殿本都作「千高」，此誤。

二九〇二頁二行　辜，〔罪也〕。　景祐、殿本都有「罪也」二字。

二九〇三頁五行　然後〔敎〕化可興，　錢大昭說南監本、閩本都有「敎」字。按殿本有，景祐本無。

二九〇三頁六行　汝南(相)〔桓〕寬次公治公羊春秋，　景祐、殿、局本都作「桓」。

二九〇四頁九行　故寬引〔之〕。　景祐本有「之」字，他本都脫。

二九〇四頁一三行　撟讀(曰)〔與〕矯同，　景祐、殿、局本都作「與」。

漢書卷六十七

楊胡朱梅云傳第三十七

楊王孫者，孝武時人也。學黃老之術，家業千金，厚自奉養生，亡所不致。〔一〕及病且終，先令其子，〔二〕曰：「吾欲贏葬，以反吾眞，〔三〕必亡易吾意。〔四〕死則爲布囊盛尸，入地七尺，既下，從足引脫其囊，以身親土。」其子欲默而不從，重廢父命，〔五〕欲從(其)〔之〕，心又不忍，乃往見王孫友人祁侯。〔六〕

〔一〕師古曰：「致，至也。」

〔二〕師古曰：「先令，爲遺令。」

〔三〕師古曰：「贏者，不爲衣衾棺槨者也。反，歸也。眞者，自然之道也。贏音郎果反。」

〔四〕師古曰：「易，改也。」

〔五〕師古曰：「重，難也。」

〔六〕師古曰：「祁侯繒賀之孫承嗣者，名它。」

祁侯與王孫書曰：「王孫苦疾，僕迫從上祠雍，未得詣前。〔一〕願存精神，省思慮，進醫藥，厚自持。竊(聞)〔聞〕王孫先令贏葬，令死者亡知則已，若其有知，是戮尸地下，將贏見先人，竊爲王孫不取也。且孝經曰『爲之棺槨衣衾』，是亦聖人之遺制，何必區區獨守所聞？〔二〕願王孫察焉。」

〔一〕師古曰：「詣，至也。至前，言(求)〔來〕見也。」

〔二〕師古曰：「區區，小意也。」

王孫報曰：「蓋聞古之聖王，緣人情不忍其親，故爲制禮，今則越之，〔一〕吾是以贏葬，將以矯世也。〔二〕夫厚葬誠亡益於死者，而俗人競以相高，靡財單幣，腐之地下。〔三〕或乃今日入而明日發，〔四〕此眞與暴骸於中野何異！且夫死者，終生之化，而物之歸者也。歸者得至，化者得變，是物各反其眞也。反眞冥冥，亡形亡聲，乃合道情。夫飾外以華衆，厚葬以鬲眞，〔五〕使歸者不得至，化者不得變，是使物各失其所也。且吾聞之，精神者天之有也，形骸者地之有也。〔六〕精神離形，各歸其眞，故謂之鬼，鬼之爲言歸也。其尸塊然獨處，豈有知哉？〔七〕裹以幣帛，鬲以棺槨，支體絡束，口含玉石，欲化不得，鬱爲枯腊，千載之後，棺槨朽腐，乃得歸土，就其眞宅。繇是言之，焉用久客！〔八〕昔帝堯之葬也，窾木爲匵，葛藟爲緘，〔九〕其穿下不亂泉，上不泄殠。〔一〇〕故聖王生易尚，死易葬也。〔一一〕不加功於亡用，不損

財於亡謂。[三] 今費財厚葬，留歸鬲至，死者不知，生者不得，是謂重惑。於戲！吾不爲也。」[四]

[一]師古曰：「言踰禮而厚葬也。」
[二]師古曰：「正曲曰矯。」
[三]師古曰：「靡，散也。單，盡也。」
[四]師古曰：「言見發掘也。」
[五]師古曰：「鬲與隔同。其後並類此。」
[六]師古曰：「文子稱天氣爲魂。延陵季子云『骨肉下歸於土』，是以云然。」
[七]師古曰：「塊音口對反。」
[八]師古曰：「言不用久爲客也。繇讀與由同。」
[九]服虔曰：「窾音款。款，空也，空木爲匵。」師古曰：「匵即櫝字也。櫝，小棺也。藟，葛藟也。一曰，藟亦草名，葛之類也。緘，束也。藟音力水反。緘音工咸反。」
[一〇]師古曰：「亂，絕也。」
[一一]師古曰：「尙，崇也。言生死皆儉約也。」
[一二]師古曰：「謂者，名稱也，亦指趣也。」
[一三]師古曰：「於讀曰烏。戲讀曰呼。」

祁侯曰：「善。」遂臝葬。

胡建字子孟，河東人也。孝武天漢中，守軍正丞，[一]貧亡車馬，常步與走卒起居，所以尉薦走卒，甚得其心。[二]時監軍御史爲姦，穿北軍壘垣以爲賈區，[三]建欲誅之，乃約其走卒[四]曰：「我欲與公有所誅，吾言取之則取，斬之則斬。」於是當選士馬日，監御史與護軍諸校列坐堂皇上，[五]建從走卒趨至堂皇下拜謁，因上堂(皇)，走卒皆上。建指監御史曰：「取彼。」走卒前曳下堂皇。建曰：「斬之。」遂斬御史。護軍諸校皆愕驚，不知所以。建亦已有成奏在其懷中，遂上奏曰：「臣聞軍法，立武以威衆，誅惡以禁邪。今監御史公穿軍垣以求賈利，[六]私買賣以與士市，不立剛毅之心，勇猛之節，亡以帥先士大夫，尤失理不公。用文吏議，不至重法。黃帝李法曰：[七]『壁壘已定，穿窬不繇路，是謂姦人，姦人者殺。』[八]臣謹按軍法曰：『正亡屬將軍，將軍有罪以聞，[九]二千石以下行法焉。』[一〇]丞於用法疑，[一一]執事不諉上，[一二]臣謹以斬，昧死以聞。」制曰：「司馬法曰『國容不入軍，軍容不入國』，何文吏也？[一三]三王或誓於軍中，欲民先成其慮也；或誓於軍門之外，欲民先意以待事也；[一四]或將交刃而誓，致民志也。[一五]建又何疑焉？」建繇是顯名。

[一]師古曰：「南北軍各有正，正又置丞，而建未得眞官，權守之。」
[二]師古曰：「尉者，自上安之也。薦者，擧籍也。」
[三]師古曰：「坐賣曰賈，爲賣物之區也。區者，小室之名，若今小庵屋之類耳。故衞士之屋謂之區廬，宿衞(官)[宮]外士稱爲區士也。賈音古。其下亦同。」
[四]師古曰：「約，束也。」
[五]師古曰：「校者，軍之諸部校也。室無四壁曰皇。」
[六]師古曰：「公謂顯然爲之。」
[七]蘇林曰：「獄官名也。天文志『左角李，右角將』。」孟康曰：「兵書之法也。」師古曰：「李者，法官之號也，總主征伐刑戮之事也，故稱其書曰李法。蘇說近之。」
[八]師古曰：「窬，小竇也，音踰。繇讀與由同。下皆類此。」
[九]師古曰：「言軍正不屬將軍。將軍有罪過，得表奏之。」
[一〇]孟康曰：「二千石謂軍中校尉、都尉之屬。」
[一一]孟康曰：「丞屬軍正，斬御史於法有疑。」
[一二]師古曰：「諉，累也。言執事者，當見法卽行，不可以事累於上也。諉音女瑞反。累音力瑞反。」
[一三]師古曰：「司馬法亦兵書之名也，解在主父偃傳。詔言在於軍中，何用文吏議也。」
[一四]師古曰：「慮謂計念也。先意謂先爲之意也。」
[一五]師古曰：「欲致民勇志，使不奔北。」

後爲渭城令，治甚有聲。值昭帝幼，皇后父上官將軍安與帝姊蓋主私夫丁外人相善。外人(猗)[驕]恣，怨故京兆尹樊福，使客射殺之。客臧公主廬，吏不敢捕。渭城令建將吏卒圍捕。蓋主聞之，與外人、上官將軍多從奴客往，犇射追吏，[一]吏散走。主使僕射劾渭城令游徼傷主家奴。建報亡它坐。[二]蓋主怒，使人上書告建侵辱長公主，射甲舍門。[三]知吏賊傷奴，辟報故不窮審。[四]大將軍霍光寢其奏。後光病，上官氏代聽事，下吏捕建，建自殺。吏民稱寃，至今渭城立其祠。

[一]師古曰：「犇，古奔字也。奔走赴之而射也。」
[二]服虔曰：「言游徼奉公，無它坐也。」
[三]師古曰：「甲舍卽甲第，公主之宅。」
[四]蘇林曰：「辟，迴也。報，論也。斷獄(也)爲報。故言有故也。不窮審，(不)窮盡其事也。」師古曰：「蘇說非也。言爲游徼避罪而妄報文書，故不窮治也。辟讀曰避。」

朱雲字游，魯人也，徙平陵。少時通輕俠，借客報仇。[一]長八尺餘，容貌甚壯，以勇力聞。年四十，乃變節從博士白子友受易，又事前將軍蕭望之受論語，皆能傳其業。好倜儻大節，[二]當世以是高之。

[一]師古曰：「借，助也，音子夜反。」
[二]師古曰：「倜音吐歷反。」

元帝時，琅邪貢禹爲御史大夫，而華陰守丞嘉上封事，[一]言「治道在於得賢，御史之

〔三〕師古曰：「昭，明也。」

〔四〕師古曰：「大雅蕩之詩曰『雖無老成人，尚有典刑』，言今雖無其人，尚有故法可案用也。又曰『殷監不遠，在夏后之時』，言殷視夏桀之亡，可爲戒也。贊引此者，謂梅福請封孔子後，是案武王克商之法而行之。又視秦滅二周，夷六國，不爲立後，自取喪亡，可爲戒也。」

〔五〕師古曰：「論語稱孔子曰『爲仁由己，而由人乎哉！』此贊引之。再入大府，謂初爲大司徒掾，後爲車騎將軍掾也。」

〔六〕師古曰：「楚辭漁父之歌曰『滄浪之水清，可以濯我纓；滄浪之水濁，可以濯我足。』遇治則仕，遇亂則隱，云敞謝病去職，近於此義也。」

校勘記

二九〇七頁五行　欲從（其）〔之〕，心又不忍。　錢大昭說閩本「其」作「之」。按景祐、殿本都作「之」。

二九〇八頁二行　竊（聞）〔聞〕王孫先令贏葬，　景祐、汲古、殿、局本都作「聞」，此誤。

二九〇八頁五行　言（求）〔來〕見也。　景祐、殿本都作「來」。王先謙說作「來」是。

二九一〇頁四行　因上堂〔皇〕，　錢大昭說「堂」下脫「皇」字。按殿本有。

二九一二頁一行　宿衞（官）〔宮〕外士稱爲區士也。　景祐、殿本都作「宮」。王先謙說作「宮」是。

二九一二頁一七行　外人（嬌）〔驕〕恣，　景祐、殿本都作「驕」。

二九一三頁八行　報，論也。斷獄（也）爲報。故言有故也。不窮審，〔不〕窮盡其事也。　景祐、殿、局本都無

「也」字。殿、局本都有「不」字。王先謙說無「也」字有「不」字是。

二九一三頁四行　欲以匹夫徒（走）〔步〕之人而超九卿之右，　景祐、殿本都作「步」。

二九一三頁七行　而嘉（很）〔狠〕稱雲，　景祐、殿、局本都作「狠」。注同。

二九一三頁一二行　柄臣，執權之（官）〔臣〕。　景祐、殿本都作「臣」。

二九一八頁五行　孝（文）〔武〕皇帝好忠諫，　景祐、殿、局本都作「武」。王先謙說作「武」是。

二九一八頁七行　故淮南（安王）〔王安〕緣間而起，　景祐、殿、局本都作「王安」。

二九二〇頁一三行　（亡）〔有〕益於時，不顧逆順，此所謂伯道者也。　王念孫說，「亡」當爲「有」，蓋涉後文「亡益於時，有遺於世」而誤。

二九二五頁一六行　於孔子爲（祀）〔祖〕列，　景祐、殿本都作「祖」。王先謙說作「祖」是。

二九二六頁五行　示天〔下〕不敢臣。　景祐、殿本都有「下」字。王先謙說有「下」字是。

二九二六頁一〇行　〔初〕，武帝時，　錢大昭說，「武帝」上閩本有「初」字。按殿本有，景祐本無。

二九二七頁九行　云敞字幼（儒）〔孺〕，　景祐、殿本都作「孺」。王先謙說作「孺」是。

二九二七頁一四行　皆當禁（固）〔錮〕，　景祐、殿本都作「錮」。

二九二八頁九行　〔故曰〕　二字據景祐、殿本補。

漢書卷六十八

霍光金日磾傳第三十八

霍光字子孟，票騎將軍去病弟也。父中孺，河東平陽人也，〔一〕以縣吏給事平陽侯家，〔二〕與侍者衞少兒私通而生去病。中孺吏畢歸家，娶婦生光，因絕不相聞。久之，少兒女弟子夫得幸於武帝，立爲皇后，去病以皇后姊子貴幸。既壯大，乃自知父爲霍中孺，未及求問。會爲票騎將軍擊匈奴，道出河東，河東太守郊迎，負弩矢先驅，〔三〕至平陽傳舍，遣吏迎霍中孺。中孺趨入拜謁，將軍迎拜，因跪曰：「去病不早自知爲大人遺體也。」中孺扶服叩頭，〔四〕曰：「老臣得託命將軍，此天力也。」去病大爲中孺買田宅奴婢而去。還，復過焉，乃將光西至長安，時年十餘歲，任光爲郎，稍遷諸曹侍中。去病死後，光爲奉（常）〔車〕都尉光祿大夫，出則奉車，入侍左右，出入禁闥二十餘年，〔五〕小心謹慎，未嘗有過，甚見親信。

〔一〕師古曰：「中讀曰仲。」

〔二〕師古曰：「縣遣吏於侯家供事也。」

〔三〕師古曰：「郊迎，迎於郊界之上也。先驅者，導其路也。」

〔四〕師古曰：「服音蒲北反。」

〔五〕師古曰：「宮中小門謂之闥。」

征和二年，衞太子爲江充所敗，而燕王旦、廣陵王胥皆多過失。是時上年老，寵姬鉤弋趙倢伃有男，〔一〕上心欲以爲嗣，命大臣輔之。察羣臣唯光任大重，可屬社稷。〔二〕上乃使黃門畫者畫周公負成王朝諸侯以賜光。〔三〕後元二年春，上游五柞宮，病篤，光涕泣問曰：「如有不諱，誰當嗣者？」〔四〕上曰：「君未諭前畫意邪？〔五〕立少子，君行周公之事。」光頓首讓曰：「臣不如金日磾。」日磾亦曰：「臣外國人，不如光。」上以光爲大司馬大將軍，日磾爲車騎將軍，及太僕上官桀爲左將軍，搜粟都尉桑弘羊爲御史大夫，皆拜臥內牀下，〔六〕受遺詔輔少主。明日，武帝崩，太子襲尊號，是爲孝昭皇帝。帝年八歲，政事壹決於光。

〔一〕師古曰：「倢伃居鉤弋宮，故稱之。」

〔二〕師古曰：「任，堪也。屬，委也。任音壬。屬音之欲反。」

〔三〕師古曰：「黃門之署，職任親近，以供天子，百物在焉，故亦有畫工。」

〔四〕師古曰：「不諱，言不可諱也。」

〔五〕師古曰：「諭，曉也。」

〔六〕師古曰：「於天子所臥牀前拜職。」

先是，後元年，侍中僕射莽何羅與弟重合侯通謀爲逆，〔一〕時光與金日磾、上官桀等共誅之，功未錄。武帝病，封璽書曰：「帝崩發書以從事。」遺詔封金日磾爲秺侯，上官桀爲安陽侯，光爲博陸侯，〔二〕皆以前捕反者功封。時衞尉王莽子男忽侍中，〔三〕揚語曰：〔四〕「帝（病）〔崩〕，忽常在左右，安得遺詔封三子事！〔五〕羣兒自相貴耳。」光聞之，切讓王莽，〔六〕莽酖殺忽。

〔一〕師古曰：「莽音莫戶反。」

〔二〕文穎曰：「博，大。陸，平。取其嘉名，無此縣也，食邑北海、河〔間〕、東（城）〔郡〕。」師古曰：「蓋亦取鄉聚之名以爲國號，非必縣也，公孫弘平津鄉則是矣。」

〔三〕師古曰：「即右將軍王莽也，其子名忽。」

〔四〕師古曰：「揚謂宣唱之。」

〔五〕師古曰：「安猶焉。」

〔六〕師古曰：「切，深也。讓，責也。」

光爲人沈靜詳審，長財七尺三寸，〔一〕白皙，疏眉目，美須頾。〔二〕每出入下殿門，止進有常處，郎僕射竊識視之，不失尺寸，〔三〕其資性端正如此。初輔幼主，政自己出，〔四〕天下想聞其風采。〔五〕殿中嘗有怪，一夜羣臣相驚，光召尚符璽郎，〔六〕郎不肯授光。光欲奪之，郎按劍曰：「臣頭可得，璽不可得也！」光甚誼之。明日，詔增此郎秩二等。衆庶莫不多光。〔七〕

〔一〕師古曰：「財與纔同。」

〔二〕師古曰：「皙，潔白也。頾，頰毛也。皙音先歷反。頾音人占反。」

〔三〕師古曰：「識，記也，音式志反。」

〔四〕師古曰：「自，從也。」

〔五〕師古曰：「采，文采。」

〔六〕師古曰：「恐有變難，故欲收（其）〔取〕璽。」

〔七〕師古曰：「多猶重也。以此事爲多足重也。」

光與左將軍桀結婚相親，光長女爲桀子安妻。有女年與帝相配，〔一〕桀因帝姊鄂邑蓋主內安女後宮爲倢伃，〔二〕數月立爲皇后。父安爲票騎將軍，封桑樂侯。光時休沐出，桀輒入代光決事。桀父子既尊盛，而德長公主。〔三〕公主內行不修，近幸河間丁外人。桀、安欲爲外人求封，幸依國家故事以列侯尚公主者，光不許。又爲外人求光祿大夫，欲令得召見，又不許。長主大以是怨光。而桀、安數爲外人求官爵弗能得，亦慙。自先帝時，桀已爲九卿，位在光右。〔四〕及父子並爲將軍，有椒房中宮之重，〔五〕皇后親安女，光乃其外祖，而顧專制朝事，〔六〕繇是與光爭權。〔七〕

〔一〕晉灼曰：「漢語光嫡妻東閭氏生安夫人，昭后之母也。」

〔二〕師古曰：「鄂邑，所食邑，爲蓋侯所尚，故云蓋主也。」

〔三〕師古曰：「懷其恩德也。」

〔四〕師古曰：「右，上也。」

〔五〕師古曰：「椒房殿，皇后所居。」

〔六〕師古曰：「顧猶反也。」

〔七〕師古曰：「繇讀與由同。」

燕王旦自以昭帝兄，常懷怨望。及御史大夫桑弘羊建造酒榷鹽鐵，爲國興利，伐其功，〔一〕欲爲子弟得官，亦怨恨光。於是蓋主、上官桀、安及弘羊皆與燕王旦通謀，詐令人爲燕王上書，言「光出都肄郎羽林，道上稱蹕，〔二〕太官先置。〔三〕又引蘇武前使匈奴，拘留二十年不降，還乃爲典屬國，而大將軍長史敞亡功爲搜粟都尉。〔四〕又擅調益莫府校尉。〔五〕光專權自恣，疑有非常。臣旦願歸符璽，入宿衞，察姦臣變。」候司光出沐日奏之。桀欲從中下其事，〔六〕桑弘羊當與諸大臣共執退光。書奏，帝不肯下。

〔一〕師古曰：「伐，矜也。」

〔二〕孟康曰：「都，試也。肄，習也。」師古曰：「謂總閱試習武備也。」

〔三〕師古曰：「供飲食之具。」

〔四〕師古曰：「楊敞也。」

〔五〕師古曰：「調，選也。莫府，大將軍府也。調音徒釣反。」

〔六〕師古曰：「下謂下有司也，音胡稼反。」

明旦，光聞之，止畫室中不入。〔一〕上問「大將軍安在？」左將軍桀對曰：「以燕王告其罪，故不敢入。」有詔召大將軍。光入，免冠頓首謝，上曰：「將軍冠。〔二〕朕知是書詐也，將軍亡罪。」光曰：「陛下何以知之？」上曰：「將軍之廣明，都郎屬耳。〔三〕調校尉以來未能十日，燕王何以得知之？且將軍爲非，不須校尉。」〔四〕是時帝年十四，尚書左右皆驚，而上書者果亡，捕之甚急。桀等懼，白上小事不足遂，〔五〕上不聽。

〔一〕如淳曰：「近臣所止計畫之室也，或曰彫畫之室。」師古曰：「彫畫是也。」

〔二〕師古曰：「令復著冠也。」

〔三〕師古曰：「之，往也。廣明，亭名也。屬耳，近耳也。屬音之欲反。」

〔四〕文穎曰：「帝云將軍欲反，不由一校尉。」

〔五〕師古曰：「遂猶竟也。不須窮竟也。」

後桀黨與有譖光者，上輒怒曰：「大將軍忠臣，先帝所屬以輔朕身，〔一〕敢有毀者坐之。」自是桀等不敢復言，乃謀令長公主置酒請光，伏兵格殺之，因廢帝，迎立燕王爲天子。事發覺，光盡誅桀、安、弘羊、外人宗族。燕王、蓋主皆自殺。光威震海內。昭帝既冠，遂委任光，訖十三年，百姓充實，四夷賓服。

〔一〕師古曰：「屬，委也，音之欲反。其下亦同。」

元平元年，昭帝崩，亡嗣。武帝六男獨有廣陵王胥在，羣臣議所立，咸持廣陵王。王本以行失道，先帝所不用。光內不自安。郎有上書言「周太王廢太伯立王季，文王舍伯邑考立武王，唯在所宜，〔一〕雖廢長立少可也。廣陵王不可以承宗廟。」言合光意。光以其書視丞相敞等，〔二〕擢郎爲九江太守，即日承皇太后詔，遣行大鴻臚事少府樂成、宗正德、光祿大夫吉、中郎將利漢迎昌邑王賀。

〔一〕師古曰：「太伯者，王季之兄。伯邑考，文王長子也。」

〔二〕師古曰：「視讀曰示。敞即楊敞也。」

賀者，武帝孫，昌邑哀王子也。既至，即位，行淫亂。光憂懣，〔一〕獨以問所親故吏大司農田延年。延年曰：「將軍爲國柱石，〔二〕審此人不可，何不建白太后，〔三〕更選賢而立之？」光曰：「今欲如是，於古嘗有此否？」〔四〕延年曰：「伊尹相殷，廢太甲以安宗廟，後世稱其忠。〔五〕將軍若能行此，亦漢之伊尹也。」光乃引延年給事中，陰與車騎將軍張安世圖計，〔六〕遂召丞相、御史、將軍、列侯、中二千石、大夫、博士會議未央宮。光曰：「昌邑王行昏亂，恐危社稷，如何？」羣臣皆驚鄂失色，〔七〕莫敢發言，但唯唯而已。田延年前，離席按劍，曰：「先帝屬將軍以幼孤，寄將軍以天下，以將軍忠賢能安劉氏也。今羣下鼎沸，社稷將傾，且

漢之傳謚常爲孝者，以長有天下，令宗廟血食也。如令漢家絕祀，〔八〕將軍雖死，何面目見先帝於地下乎？今日之議，不得旋踵。〔九〕羣臣後應者，臣請劍斬之。」光謝曰：「九卿責光是也。天下匈匈不安，光當受難。」〔一〇〕於是議者皆叩頭，曰：「萬姓之命在於將軍，唯大將軍令。」〔一一〕

〔一〕師古曰：「懣音滿，又音悶。」

〔二〕師古曰：「柱者，梁下之柱；石者，承柱之礎也。言大臣負國重任，如屋之柱及其石也。」

〔三〕師古曰：「立議而白之。」

〔四〕師古曰：「光不涉學，故有此問也。」

〔五〕師古曰：「商書太甲篇曰『太甲既立，弗明，伊尹放諸桐』是也。」

〔六〕師古曰：「圖，謀也。」

〔七〕師古曰：「凡言鄂者，皆謂阻礙不依順也，後字作愕，其義亦同。」

〔八〕師古曰：「如，若也。」

〔九〕師古曰：「宜速決。」

〔一〇〕師古曰：「受其憂責也。」

〔一一〕師古曰：「言一聽之也。」

光即與羣臣俱見白太后，具陳昌邑王不可以承宗廟狀。皇太后乃車駕幸未央承明殿，詔諸禁門毋內昌邑羣臣。王入朝太后還，乘輦欲歸溫室，中黃門宦者各持門扇，王入，門閉，昌邑羣臣不得入。王曰：「何爲？」大將軍跪曰：「有皇太后詔，毋內昌邑羣臣。」王曰：「徐之，何乃驚人如是！」光使盡驅出昌邑羣臣，置金馬門外。車騎將軍安世將羽林騎收縛二百餘人，皆送廷尉詔獄。令故昭帝侍中中臣侍守王。光敕左右：「謹宿衞，卒有物故自裁，令我負天下，有殺主名。」〔一〕王尚未自知當廢，謂左右：「我故羣臣從官安得罪，而大將軍盡繫之乎。」〔二〕頃之，有太后詔召王。王聞召，意恐，乃曰：「我安得罪而召我哉！」太后被珠襦，〔三〕盛服坐武帳中，侍御數百人皆持兵，期門武士陛戟，陳列殿下。〔四〕羣臣以次上殿，召昌邑王伏前聽詔。光與羣臣連名奏王，尚書令讀奏曰：

〔一〕師古曰：「卒讀曰猝。物故，死也。自裁，自殺也。」

〔二〕師古曰：「安，焉也。」

〔三〕如淳曰：「以珠飾襦也。」晉灼曰：「貫珠以爲襦，形若今革襦矣。」師古曰：「晉說是也。」

〔四〕師古曰：「陛戟謂執戟以衞陛下也。」

丞相臣敞、〔一〕大司馬大將軍臣光、車騎將軍臣安世、〔二〕度遼將軍臣明友、〔三〕前將軍臣增、〔四〕後將軍臣充國、〔五〕御史大夫臣誼、〔六〕宜春侯臣譚、〔七〕當塗侯臣聖、〔八〕隨桃侯臣昌樂、〔九〕杜侯臣屠耆堂、〔一〇〕太僕臣延年、〔一一〕太常臣昌、〔一二〕大司農臣延

年、〔一三〕宗正臣德、〔一四〕少府臣樂成、〔一五〕廷尉臣光、〔一六〕執金吾臣延壽、〔一七〕大鴻臚臣賢、〔一八〕左馮翊臣廣明、〔一九〕右扶風臣德、〔二〇〕長信少府臣嘉、〔二一〕典屬國臣武、〔二二〕京輔都尉臣廣漢、〔二三〕司隸校尉臣辟兵、〔二四〕諸吏文學光祿大夫臣遷、〔二五〕臣畸、〔二六〕臣吉、〔二七〕臣賜、臣管、臣勝、臣梁、臣長幸、〔二八〕臣夏侯勝、〔二九〕太中大夫臣德、〔三〇〕臣卬〔三一〕昧死言皇太后陛下：臣敞等頓首死罪。(大)〔天〕子所以永保宗廟總壹海內者，以慈孝禮誼賞罰爲本。孝昭皇帝早棄天下，亡嗣，臣敞等議，禮曰「爲人後者爲之子也」，昌邑王宜嗣後，遣宗正、大鴻臚、光祿大夫奉節使徵昌邑王典喪。服斬縗，〔三二〕亡悲哀之心，廢禮誼，居道上不素食，〔三三〕使從官略女子載衣車，內所居傳舍。始至謁見，立爲皇太子，常私買雞豚以食。受皇帝信璽、行璽大行前，〔三四〕就次發璽不封。〔三五〕從官更持節，〔三六〕引內昌邑從官騶宰官奴二百餘人，常與居禁闥內敖戲。自之符璽取節十六，〔三七〕朝暮臨，〔三八〕令從官更持節從。〔三九〕爲書曰「皇帝問侍中君卿：〔四〇〕使中御府令高昌奉黃金千斤，賜君卿取十妻。」大行在前殿，〔四一〕發樂府樂器，引內昌邑樂人，擊鼓歌吹作俳倡。〔四二〕會下還，上前殿，〔四三〕擊鐘磬，召內泰壹宗廟樂人輦道牟首，〔四四〕鼓吹歌舞，悉奏衆樂。發長安廚三太牢具祠閣室中，〔四五〕祀已，與從官飲啗。〔四六〕駕法駕，皮軒鸞旗，驅馳北宮、桂宮，弄彘鬭虎。〔四七〕召皇太后御小馬車，〔四八〕使官奴騎乘，遊戲掖庭中。與孝昭皇帝宮人

蒙等淫亂，詔掖庭令敢泄言要斬。

〔一〕師古曰：「楊敞也。」

〔二〕師古曰：「張子孺。」

〔三〕師古曰：「范明友。」

〔四〕師古曰：「韓增。」

〔五〕師古曰：「趙充國。」

〔六〕師古曰：「蔡誼。」

〔七〕師古曰：「王訢子。」

〔八〕師古曰：「姓魏也。」

〔九〕師古曰：「姓趙，故蒼梧王趙光子。」

〔一〇〕師古曰：「故胡人。」

〔一一〕師古曰：「杜延年。」

〔一二〕師古曰：「蒲侯蘇昌。」

〔一三〕師古曰：「田延年。」

〔一四〕師古曰：「劉向父。」

〔一五〕師古曰：「姓史也。」

〔一六〕師古曰：「李光。」

〔一七〕師古曰：「李延壽。」

〔一八〕師古曰：「韋賢。」

〔一九〕師古曰：「田廣明。」

〔二〇〕師古曰：「周德。」

〔二一〕師古曰：「不知姓。」

〔二二〕師古曰：「蘇武。」

〔二三〕師古曰：「趙廣漢。」

〔二四〕師古曰：「不知姓。」

〔二五〕師古曰：「王遷。」

〔二六〕師古曰：「宋畸。」

〔二七〕師古曰：「景吉。」

〔二八〕師古曰：「並不知姓也。」

〔二九〕李奇曰：「同官同名，故以姓別也。」

〔三〇〕師古曰：「不知姓。」

〔三一〕師古曰：「趙充國子也。」

〔三二〕師古曰：「典喪服，謂爲喪主也。斬縗，謂縗裳下不緶，直斬（斬）割之而已。緶音步千反。」

〔三三〕師古曰：「素食，菜食無肉也。言王在道常肉食，非居喪之制也。而鄭康成解喪服素食云『平常之食』，失之遠矣。素食，義亦見王莽傳。」

〔三四〕孟康曰：「漢初有三璽，天子之璽自佩，行璽、信璽在符節臺。大行前，昭帝柩前也。」韋昭曰：「大行，不反之辭也。」

〔三五〕師古曰：「璽既國器，常當緘封，而王於大行前受之，退還所次，遂爾發漏，更不封之，得令凡人皆見，言不重慎也。」

〔三六〕師古曰：「更音工衡反。次下亦同。」

〔三七〕師古曰：「之，往也。自往至署取節也。」

〔三八〕師古曰：「臨，哭臨也，音力禁反。」

〔三九〕師古曰：「更互執節，從至哭臨之所。」

〔四〇〕師古曰：「昌邑之侍中名君卿也。」

〔四一〕師古曰：「俳優，諧戲也。倡，樂人也。俳音排。」

〔四二〕如淳曰：「下謂柩之入冢。葬還不居喪位，便處前殿也。」師古曰：「下音胡稼反。」

〔四三〕鄭氏曰：「祭泰壹神樂人也。」孟康曰：「牟首，地名也，上有觀。」如淳曰：「輦道，閣道也。牟首，屏面也。以屏面自隔，無哀戚也。」臣瓚曰：「牟首，池名也，在上林苑中。方在衰絰而輦游於池，言無哀戚也。」師古曰：「召泰壹樂人，內之於輦道牟首而鼓吹歌舞也。牟首，瓚說是也。屏面之言，失之遠矣。又左思吳都賦云『長塗牟首』，劉逵以爲牟首閣道有室屋也，此說更無所出。或者思及逵據此『輦道牟首』便謬用之乎？」

〔四四〕如淳曰：「黃圖北出中門有長安廚，故謂之廚城門。閣室，閣道之有室者。不知幾何淫祀也。」

〔四五〕師古曰：「啗，食也，音徒敢反。」

〔四六〕師古曰：「皮軒鸞旗皆法駕所陳也。北宮、桂宮並在未央宮北。」

〔四七〕張晏曰：「皇太后所駕遊宮中輦車也。漢廄有果下馬，高三尺，以駕輦。」師古曰：「小馬可於果樹下乘之，故號果下馬。」

太后曰：「止！〔一〕爲人臣子當悖亂如是邪！」〔二〕王離席伏。尚書令復讀曰：

〔一〕師古曰：「令且止讀奏。」

〔二〕師古曰：「責王也。悖，乖也，音布內反。」

取諸侯王、列侯、二千石綬及墨綬、黃綬以并佩昌邑郎官者免奴。〔一〕變易節上黃旄以赤。〔二〕發御府金錢刀劍玉器采繒，賞賜所與遊戲者。與從官官奴夜飲，湛沔於酒。〔三〕詔太官上乘輿食如故。食監奏未釋服未可御故食，〔四〕復詔太官趣具，無關食監。〔五〕太官不敢具，即使從官出買雞豚，詔殿門內，以爲常。〔六〕獨夜設九賓溫室，〔七〕延見姊夫昌邑關內侯。祖宗廟祠未舉，爲璽書使使者持節，以三太牢祠昌邑哀王園廟，稱嗣子皇帝。〔八〕受璽以來二十七日，使者旁午，〔九〕持節詔諸官署徵發，凡千一百二十七事。文學光祿大夫夏侯勝等及侍中傅嘉數進諫以過失，使人簿責勝，〔一〇〕縛嘉繫獄。荒淫迷惑，失帝王禮誼，亂漢制度。臣敞等數進諫，不變更，〔一一〕日以益甚，恐危社稷，

以所親信許、史子弟代之。

〔一〕師古曰：「乳醫，視產乳之疾者。乳音而樹反。」

〔二〕師古曰：「簿音步戶反。」

〔三〕師古曰：「猶與，不決也。與讀曰豫。」

〔四〕師古曰：「署者，題其奏後也。」

〔五〕師古曰：「未知其虛實。」

〔六〕蘇林曰：「特，但也。」

禹爲大司馬，稱病。禹故長史任宣候問，禹曰：「我何病？縣官非我家將軍不得至是，〔一〕今將軍墳墓未乾，盡外我家，〔二〕反任許、史，奪我印綬，令人不省死。」〔三〕宣見禹恨望深，〔四〕乃謂曰：「大將軍時何可復行！〔五〕持國權柄，殺生在手中。廷尉李种、王平、〔六〕左馮翊賈勝胡及車丞相女壻少府徐仁皆坐逆將軍(竟)〔意〕下獄死。使樂成小家子得幸將軍，至九卿封侯。〔七〕百官以下但事馮子都、王子方等，〔八〕視丞相亡如也。〔九〕各自有時，今許、史自天子骨肉，貴正宜耳。大司馬欲用是怨恨，愚以爲不可。」禹默然。數日，起視事。

〔一〕如淳曰：「縣官謂天子。」

〔二〕師古曰：「外謂疏斥之。」

〔三〕師古曰：「不自省有過也。」

〔四〕師古曰：「望，怨也。」

〔五〕師古曰：「言今何得復如此也。」

〔六〕師古曰：「种音沖。」

〔七〕師古曰：「即上所云少府樂成者也。使者，其姓也，字或作史。」

〔八〕服虔曰：「皆光奴。」

〔九〕師古曰：「亡如猶言無所象似也。」

顯及禹、山、雲自見日侵削，數相對啼泣，自怨。山曰：「今丞相用事，縣官信之，盡變易大將軍時法令，以公田賦與貧民，發揚大將軍過失。又諸儒生多窶人子，〔一〕遠客飢寒，喜妄說狂言，〔二〕不避忌諱，大將軍常讎之，〔三〕今陛下好與諸儒生語，人人自使書對事，多言我家者。嘗有上書言大將軍時主弱臣强，專制擅權，今其子孫用事，昆弟益驕恣，恐危宗廟，災異數見，盡爲是也。其言絕痛，山屏不奏其書。後上書者益黠，盡奏封事，輒(使)〔下〕中書令出取之，不關尚書，益不信人。」顯曰：「丞相數言我家，獨無罪乎？」山曰：「丞相廉正，安得罪？我家昆弟諸壻多不謹。又聞民間讙言霍氏毒殺許皇后，〔四〕寧有是邪？」顯恐急，即具以實告山、雲、禹。山、雲、禹驚曰：「如是，何不早告禹等！縣官離散斥逐諸壻，用是故也。此大事，誅罰不小，柰何？」於是始有邪謀矣。

〔一〕師古曰：「窶，貧而無禮，音其羽反。」

〔二〕師古曰：「喜音許吏反。」

〔三〕師古曰：「言嫉之如仇讎也。」

〔四〕師古曰：「讙，衆聲也，音(計)〔許〕爰反。」

初，趙平客石夏善爲天官，〔一〕語平曰：「熒惑守御星，御星，太僕奉車都尉也，不黜則死。」平內憂山等。雲舅李竟所善張赦見雲家卒卒，〔二〕謂竟曰：「今丞相與平恩侯用事，可令太夫人言太后，先誅此兩人。移徙陛下，在太后耳。」長安男子張章告之，事下廷尉。執金吾捕張赦、石夏等，後有詔止勿捕。山等愈恐，相謂曰：「此縣官重太后，故不竟也。〔三〕然惡端已見，又有弒許后事，陛下雖寬仁，恐左右不聽，久之猶發，發即族矣，不如先也。」〔四〕遂令諸女各歸報其夫，皆曰：「安所相避？」〔五〕

〔一〕師古曰：「曉星文者。」

〔二〕師古曰：「卒讀曰猝，忽遽之貌也。」

〔三〕師古曰：「重，難也。竟，窮竟其事也。」

〔四〕師古曰：「言先反。」

〔五〕師古曰：「言無處相避，當受禍也。」

會李竟坐與諸侯王交通，辭語及霍氏，有詔雲、山不宜宿衞，免就第。光諸女遇太后無禮，〔一〕馮子都數犯法，上幷以爲讓，〔二〕山、禹等甚恐。顯夢第中井水溢流庭下，竈居樹上，

又夢大將軍謂顯曰：「知捕兒不？〔三〕亟下捕之。」〔四〕第中鼠暴多，與人相觸，以尾畫地。鴞數鳴殿前樹上。〔五〕第門自壞。雲尙冠里宅中門亦壞。巷端人共見有人居雲屋上，徹瓦投地，就視，亡有，大怪之。禹夢車騎聲正讙來捕禹，舉家憂愁。山曰：「丞相擅減宗廟羔、菟、鼃，〔六〕可以此罪也。」謀令太后爲博平君置酒，〔七〕召丞相、平恩侯以下，使范明友、鄧廣漢承太后制引斬之，因廢天子而立禹。約定未發，雲拜爲玄菟太守。山又坐寫祕書，顯爲上書獻城西第，入馬千匹，以贖山罪。書報聞。〔八〕會事發覺，雲、山、明友自殺，顯、禹、廣漢等捕得。禹要斬，顯及諸女昆弟皆棄市。唯獨霍后廢處昭臺宮。與霍氏相連坐誅滅者數千家。

〔一〕服虔曰：「光諸女自以(爲)〔於〕上官太后爲姨母，遇之無禮。」

〔二〕師古曰：「總以此事責之也。」

〔三〕師古曰：「知見捕否？」

〔四〕蘇林曰：「且疾下捕之。」師古曰：「亟音居力反。」

〔五〕師古曰：「鴞，惡聲之鳥也。古者室屋高大，則通呼爲殿耳，非止天子宮中。其語亦見賈誼傳。鴞音羽驕反。」

〔六〕如淳曰：「高后時定令，敢有擅議宗廟者，棄市。」師古曰：「羔、菟、鼃所以供祭也。」

〔七〕文穎曰：「宣帝外祖母也。」

〔八〕師古曰：「不許之。」

上乃下詔曰：「乃者東織室令史張赦使魏郡豪李竟報冠陽侯雲謀爲大逆，〔一〕朕以大將軍故，抑而不揚，冀其自新。今大司馬博陸侯禹與母宣成侯夫人顯及從昆弟子冠陽侯雲、樂平侯山諸姊妹壻謀爲大逆，欲詿誤百姓。賴(祖宗)〔宗廟〕神靈，先發得，咸伏其辜，〔二〕朕甚悼之。諸爲霍氏所詿誤，事在丙申前，未發覺在吏者，皆赦除之。男子張章先發覺，以語期門董忠，忠告左曹楊惲，惲告侍中金安上。惲召見對狀，後章上書以聞。侍中史高與金安上建發其事，〔三〕言無入霍氏禁闥，卒不得遂其謀，〔四〕皆讎有功。〔五〕封章爲博成侯，忠高昌侯，惲平通侯，安上都成侯，高樂陵侯。」

〔一〕師古曰：「解在宣紀也。」
〔二〕師古曰：「事發而捕得。」
〔三〕師古曰：「言共立意發之也。」
〔四〕師古曰：「遂，成也。」
〔五〕晉灼曰：「讎，等也。」師古曰：「言其功相等類也。」

初，霍氏奢侈，茂陵徐生曰：「霍氏必亡。夫奢則不遜，不遜必侮上。侮上者，逆道也。在人之右，衆必害之。〔一〕霍氏秉權日久，害之者多矣。天下害之，而又行以逆道，不亡何待！」乃上疏言「霍氏泰盛，陛下即愛厚之，宜以時抑制，無使至亡」。書三上，輒報聞。其

後霍氏誅滅，而告霍氏者皆封。人爲徐生上書曰：「臣聞客有過主人者，見其竈直突，傍有積薪，客謂主人，更爲曲突，遠徙其薪，不者且有火患。主人嘿然不應。俄而家果失火，鄰里共救之，幸而得息。於是殺牛置酒，謝其鄰人，灼爛者在於上行，〔二〕餘各以功次坐，而不錄言曲突者。人謂主人曰：『鄉使聽客之言，不費牛酒，終亡火患。〔三〕今論功而請賓，曲突徙薪亡恩澤，燋頭爛額爲上客耶？』主人乃寤而請之。今茂陵徐福數上書言霍氏且有變，宜防絕之。鄉使福說得行，則國亡裂土出爵之費，臣亡逆亂誅滅之敗。往事既已，而福獨不蒙其功，唯陛下察之，貴徙薪曲突之策，使居焦髮灼爛之右。」〔四〕上乃賜福帛十疋，後以爲郎。

〔一〕師古曰：「右，上也。」
〔二〕師古曰：「灼謂被燒炙者也。行音胡(浪)〔郎〕反。」
〔三〕師古曰：「鄉讀曰嚮。次下亦同也。」
〔四〕師古曰：「右，上也。」

宣帝始立，謁見高廟，大將軍光從驂乘，上內嚴憚之，若有芒刺在背。後車騎將軍張安世代光驂乘，天子從容肆體，甚安近焉。〔一〕及光身死而宗族竟誅，故俗傳之曰：「威震主者不畜，霍氏之禍萌於驂乘。」〔二〕

〔一〕師古曰：「肆，放也，展也。近音鉅靳反。」
〔二〕師古曰：「萌謂始生也。」

至成帝時，爲光置守冢百家，吏卒奉祠焉。元始二年，封光從父昆弟曾孫陽爲博陸侯，千戶。

金日磾字翁叔，〔一〕本匈奴休屠王太子也。〔二〕武帝元狩中，票騎將軍霍去病將兵擊匈奴右地，多斬首，虜獲休屠王祭天金人。其夏，票騎復西過居延，攻祁連山，大克獲。於是單于怨昆邪、休屠居西方多爲漢所破，〔三〕召其王欲誅之。昆邪、休屠恐，謀降漢。休屠王後悔，昆邪王殺之，并將其衆降漢。封昆邪王爲列侯。日磾以父不降見殺，與母閼氏、弟倫俱沒入官，輸黃門養馬，時年十四矣。

〔一〕師古曰：「磾音丁奚反。」
〔二〕師古曰：「休音許虯反。屠音儲。」
〔三〕師古曰：「昆音下門反。」

久之，武帝游宴見馬，〔一〕後宮滿側。日磾等數十人牽馬過殿下，莫不竊視，〔二〕至日磾獨不敢。日磾長八尺二寸，容貌甚嚴，馬又肥好，上異而問之，具以本狀對。上奇焉，即日

賜湯沐衣冠，拜爲馬監，遷侍中駙馬都尉光祿大夫。日磾既親近，未嘗有過失，上甚信愛之，賞賜累千金，出則驂乘，入侍左右。貴戚多竊怨，曰：「陛下妄得一胡兒，反貴重之！」上聞，愈厚焉。

〔一〕師古曰：「方於宴游之時，而召閱諸馬。」
〔二〕師古曰：「視宮人。」

日磾母教誨兩子，甚有法度，上聞而嘉之。病死，詔圖畫於甘泉宮，署曰「休屠王閼氏」。〔一〕日磾每見畫常拜，鄉之涕泣，然後乃去。〔二〕日磾子二人皆愛，爲帝弄兒，常在旁側。弄兒或自後擁上項，〔三〕日磾在前，見而目之。〔四〕弄兒走且啼曰：「翁怒。」上謂日磾「何怒吾兒爲？」其後弄兒壯大，不謹，自殿下與宮人戲，日磾適見之，惡其淫亂，遂殺弄兒。弄兒即日磾長子也。上聞之大怒，日磾頓首謝，具言所以殺弄兒狀。上甚哀，爲之泣，已而心敬日磾。

〔一〕師古曰：「題其畫。」
〔二〕師古曰：「鄉讀曰嚮。」
〔三〕師古曰：「擁，抱也。」
〔四〕師古曰：「目，視怒也。」

初，莽何羅與江充相善，及充敗衞太子，何羅弟通用誅太子時力戰得封。後上知太子

二九五四頁二行　輒（使）〔下〕中書令出取之。　景祐、殿本都作「下」。

二九五五頁三行　譁，衆聲也，音（計）〔許〕爰反。　景祐、殿、局本都作「許」，此誤。

二九五六頁九行　光諸女自以（爲）〔於〕上官太后爲姨母，　景祐、殿、局本都作「於」，此誤。

二九五七頁三行　類（廟宗）〔宗廟〕神靈。　景祐、殿本都作「宗廟」。

二九五八頁一〇行　行音胡（浪）〔郎〕反。　景祐、殿本都作「郎」。

二九六三頁八行　四子，常、敞、岑、（旻）〔明〕。　景祐、殿、局本都作「明」，此誤。

二九六三頁一二行　（今）〔岑〕、明皆爲諸曹中郎將，　景祐、殿、局本都作「岑」，此誤。

二九六三頁一四行　上召岑，拜爲（郎）使主客。　景祐、殿本都無「郎」字。

二九六四頁三行　臨敞病〔困〕，拜子爲侍中，　景祐、殿本都有「困」字。　王先謙說有「困」字是。

二九六四頁七行　關（內）都尉，　景祐、殿本都有「內」字。　宋祁說當刪。

二九六六頁一〇行　遂尊其（祖父）〔父祖〕以續日磾，　景祐、殿本都作「父祖」。

漢書卷六十九

趙充國辛慶忌傳第三十九

趙充國字翁孫，隴西上邽人也，〔一〕後徙金城令居。〔二〕始爲騎士，以六郡良家子〔三〕善騎射補羽林。爲人沈勇有大略，少好將帥之節，而學兵法，通知四夷事。〔四〕

〔一〕師古曰：「邽音圭。」

〔二〕師古曰：「令音零。」

〔三〕服虔曰：「金城、隴西、天水、安定、北地、上郡是也。」師古曰：「隴西、天水、安定、北地、上郡、西河是也。昭帝分隴西、天水置金城。充國武帝時已爲假司馬，則初以六郡良家子者非金城也。此名數正與地理志同也。」

〔四〕師古曰：「通知者，謂明曉也。」

武帝時，以假司馬從貳師將軍擊匈奴，大爲虜所圍。漢軍乏食數日，死傷者多，充國乃與壯士百餘人潰圍陷陳，貳師引兵隨之，遂得解。身被二十餘創，貳師奏狀，詔徵充國詣行在所。武帝親見視其創，嗟歎之，拜爲中郎，遷車騎將軍長史。

昭帝時，武都氐人反，〔一〕充國以大將軍護軍都尉將兵擊定之，遷中郎將，將屯上谷，〔二〕還爲水衡都尉。擊匈奴，獲西祁王，〔三〕擢爲後將軍，兼水衡如故。

〔一〕師古曰：「氐音丁奚反。」

〔二〕師古曰：「領兵屯於上谷也。將音子亮反。」

〔三〕文穎曰：「匈奴王也。」

與大將軍霍光定冊尊立宣帝，封營平侯。本始中，爲蒲類將軍征匈奴，斬虜數百級，還爲後將軍、少府。匈奴大發十餘萬騎，南旁塞，至符奚廬山，〔一〕欲入爲寇。亡者題除渠堂降漢言之，遣充國將四萬騎屯緣邊九郡。〔二〕單于聞之，引去。

〔一〕師古曰：「旁，依也，音步浪反。」

〔二〕文穎曰：「五原、朔方之屬也。」師古曰：「九郡者，五原、朔方、雲中、代郡、鴈門、定襄、北平、上谷、漁陽也。四萬騎分屯之，而充國總統領之。」

是時，光祿大夫義渠安國使行諸羌，〔一〕先零豪言願時渡湟水北，〔二〕逐民所不田處畜牧。安國以聞。充國劾安國奉使不敬。是後，羌人旁緣前言，抵冒渡湟水，〔三〕郡縣不能禁。元康三年，先零遂與諸羌種豪二百餘人解仇交質盟詛。〔四〕上聞之，以問充國，對曰：「羌人所以易制者，以其種自有豪，數相攻擊，勢不壹也。往三十餘歲，西羌反時，亦先解仇

合約攻令居，〔五〕與漢相距，五六年乃定。至征和五年，先零豪封煎等通使匈奴，〔六〕匈奴使人至小月氏，〔七〕傳告諸羌曰：『漢貳師將軍衆十餘萬人降匈奴。羌人爲漢事苦。〔八〕張掖、酒泉本我地，地肥美，可共擊居之。』以此觀匈奴欲與羌合，非一世也。間者匈奴困於西方，聞烏桓來保塞，恐兵復從東方起，數使使尉黎、危須諸國，設以子女貂裘，欲沮解之。〔九〕其計不合。疑匈奴更遣使至羌中，道從沙陰地，出鹽澤，過長阬，入窮水塞，南抵屬國，與先零相直。〔一〇〕臣恐羌變未止此，且復結聯他種，宜及未然爲之備。」〔一一〕後月餘，羌侯狼何果遣使至匈奴藉兵，〔一二〕欲擊鄯善、敦煌以絕漢道。〔一三〕充國以爲「狼何，小月氏種，在陽關西南，勢不能獨造此計，疑匈奴使已至羌中，先零、罕、幵乃解仇作約。〔一四〕到秋馬肥，變必起矣。宜遣使者行邊兵豫爲備，敕視諸羌，毋令解仇，〔一五〕以發覺其謀。」於是兩府復白遣義渠安國行視諸羌，分別善惡。安國至，召先零諸豪三十餘人，以尤桀黠，皆斬之。〔一六〕縱兵擊其種人，斬首千餘級。於是諸降羌及歸義羌侯楊玉等恐怒，亡所信鄉，〔一七〕遂劫略小種，背畔犯塞，攻城邑，殺長吏。安國以騎都尉將騎三千屯備羌，至浩亹，〔一八〕爲虜所擊，失亡車重兵器甚衆。〔一九〕安國引還，至令居，以聞。是歲，神爵元年春也。

〔一〕師古曰：「行音下更反。」

〔二〕鄭氏曰：「零音憐。」孟康曰：「豪，帥長也。」師古曰：「湟水出金城臨羌塞外，東入河。湟水之北是漢地。湟音皇。」

〔三〕師古曰：「旁，依也。抵冒，犯突而前。旁音步浪反。冒音莫北反。」

〔四〕師古曰：「羌人無大君長，而諸種豪遞相殺伐，故每有仇讎，往來相報。今解仇交質者，自相親結，欲入漢爲寇也。」

〔五〕師古曰：「合約，共爲要契也。」

〔六〕師古曰：「煎讀曰鶼。」

〔七〕師古曰：「氏音支。」

〔八〕師古曰：「事，使役。」

〔九〕師古曰：「設謂（聞）〔開〕許之也。沮，壞也。欲壞其計，令解散之。沮音才汝反。」

〔一〇〕師古曰：「直，當也。」

〔一一〕師古曰：「未然者，其計未成。」

〔一二〕師古曰：「藉，借也。」

〔一三〕師古曰：「鄯音善。」

〔一四〕蘇林曰：「罕、幵在金城南。」師古曰：「罕、幵，羌之別種也。此下言『遣幵豪雕庫宣天子至德，罕、幵之屬皆聞知明詔』，其下又云『河南大幵、小幵』，則罕羌、幵羌姓族殊矣。幵音口堅反。而地理志天水有罕幵縣，蓋以此二種羌來降，處之此地，因以名縣也。而今之羌姓有罕幵者，總是罕幵之類，合而言之，因爲姓耳。變幵爲井，字之訛也。」

〔一五〕師古曰：「行音下更反。視讀曰示。示，語之也。其下並同。」

〔一六〕師古曰：「桀，堅也，言不順從也。黠，惡也，爲惡堅也。」

〔一七〕師古曰：「恐中國汎怒，不信其心，而納嚮之。鄉讀曰嚮。」

〔一八〕師古曰：「浩音誥。亹音門。水名也，解在地理志。」

〔一九〕師古曰：「重音直用反。」

時充國年七十餘，上老之，使御史大夫丙吉問誰可將者，充國對曰：「亡踰於老臣者矣。」上遣問焉，曰：「將軍度羌虜何如，當用幾人？」〔一〕充國曰：「百聞不如一見。兵難隃度，〔二〕臣願馳至金城，圖上方略。〔三〕然羌戎小夷，逆天背畔，滅亡不久，願陛下以屬老臣，勿以爲憂。」〔四〕上笑曰：「諾。」

〔一〕師古曰：「度，計也，音大各反。其下亦同。」

〔二〕鄭氏曰：「隃，遙也，三輔言也。」師古曰：「隃讀曰遙。」

〔三〕師古曰：「圖其地形，并爲攻討方略，俱奏上也。」

〔四〕師古曰：「屬，委也，音之欲反。」

充國至金城，須兵滿萬騎，〔一〕欲渡河，恐爲虜所遮，即夜遣三校銜枚先渡，〔二〕渡輒營陳，會明，畢，遂以次盡渡。虜數十百騎來，出入軍傍。充國曰：「吾士馬新倦，不可馳逐。此皆驍騎難制，又恐其爲誘兵也。擊虜以殄滅爲期，小利不足貪。」令軍勿擊。遣騎候四

望陿中，亡虜。〔三〕夜引兵上至落都，〔四〕召諸校司馬，謂曰：「吾知羌虜不能爲兵矣。使虜發數千人守杜四望陿中，兵豈得入哉！」〔五〕充國常以遠斥候爲務，行必爲戰備，止必堅營壁，尤能持重，愛士卒，先計而後戰。遂西至西部都尉府，〔六〕日饗軍士，〔七〕士皆欲爲用。虜數挑戰，充國堅守。捕得生口，言羌豪相數責曰：「語汝亡反，今天子遣趙將軍來，年八九十矣，善爲兵。今請欲一鬬而死，可得邪！」

〔一〕師古曰：「須，待也。」

〔二〕師古曰：「銜枚者，欲其無聲，使虜不覺。」

〔三〕文穎曰：「金城有三陿，在南六百里。」師古曰：「山陷而夾水曰陿。四望者，陿名也。陿音狹。」

〔四〕服虔曰：「山名也。」

〔五〕師古曰：「杜，塞也。」

〔六〕孟康曰：「在金城。」

〔七〕師古曰：「日饗飤之。」

充國子右曹中郎將卬，將期門佽飛、羽林孤兒、胡越騎爲支兵，至令居。虜並出絕轉道，〔一〕卬以聞。有詔將八校尉與驍騎都尉、金城太守合疏捕山間虜，〔二〕通轉道津渡。

〔一〕師古曰：「並猶傍也。轉道，運糧之道也。並讀如字，又音步朗反。」

〔二〕蘇林曰：「疏，搜索也。」師古曰：「疏字本作跡，言尋跡而捕之也。」

〔三〕師古曰：「恐其死。」
〔三〕師古曰：「繡衣謂御史。」
〔四〕師古曰：「言豫防之，可無今日之寇也。」
〔五〕師古曰：「行音下更反。」
〔六〕師古曰：「沮，壞也，音才汝反。」
〔七〕服虔曰：「耿壽昌也，爲司農中丞。」
〔八〕師古曰：「言豫儲糧食，可以制敵。」
〔九〕師古曰：「卒讀曰猝。」
〔一〇〕師古曰：「言儻如此，則所憂不獨在羌。」

臣聞兵者，所以明德除害也，故舉得於外，則福生於內，不可不愼。臣所將吏士馬牛食，月用糧穀十九萬九千六百三十斛，鹽千六百九十三斛，茭藁二十五萬二百八十六石。〔一〕難久不解，繇役不息。又恐它夷卒有不虞之變，〔二〕相因並起，爲明主憂，誠非素定廟勝之册。〔三〕且羌虜易以計破，難用兵碎也，故臣愚以爲擊之不便。

〔一〕師古曰：「茭，乾芻也。藁，禾稈也。石，百二十斤。稈音工旱反。」
〔二〕師古曰：「卒讀曰猝。」
〔三〕師古曰：「廟勝，謂謀於廟堂而勝敵也。」

計度臨羌東至浩亹，〔一〕羌虜故田及公田，民所未墾，可二千頃以上，其間郵亭多壞敗者。臣前部士入山，伐材木大小六萬餘枚，皆在水次。願罷騎兵，留弛刑應募，及淮陽、汝南步兵與吏士私從者，合凡萬二百八十一人，用穀月二萬七千三百六十三斛，鹽三百八斛，分屯要害處。冰解漕下，繕鄉亭，浚溝渠，〔二〕治湟陿以西道橋七十所，令可至鮮水左右。田事出，賦人二十晦。〔三〕至四月草生，發郡騎及屬國胡騎伉健各千，倅馬什二，就草，〔四〕爲田者遊兵。以充入金城郡，益積畜，省大費。〔五〕今大司農所轉穀至者，足支萬人一歲食。謹上田處及器用簿，〔六〕唯陛下裁許。

〔一〕師古曰：「度音大各反。」
〔二〕師古曰：「漕下，以水運木而下也。繕，補也。浚，深治也。」
〔三〕師古曰：「田事出，謂至春人出營田也。賦謂班與之也。晦，古畝字。」
〔四〕師古曰：「倅，副也。什二者，千騎則與副馬二百匹也。伉音口浪反。」
〔五〕師古曰：「畜讀曰蓄。」
〔六〕師古曰：「簿音步戶反。」

上報曰：「皇帝問後將軍，言欲罷騎兵萬人留田，卽如將軍之計，虜當何時伏誅，兵當何時得決？孰計其便，復奏。」充國上狀曰：

臣聞帝王之兵，以全取勝，是以貴謀而賤戰。戰而百勝，非善之善者也，故先爲不可勝以待敵之可勝。〔一〕蠻夷習俗雖殊於禮義之國，然其欲避害就利，愛親戚，畏死亡，一也。今虜亡其美地薦草，〔二〕愁於寄託遠遯，骨肉離心，人有畔志，而明主般師罷兵，〔三〕萬人留田，順天時，因地利，以待可勝之虜，雖未卽伏辜，兵決可期月而望。羌虜瓦解，前後降者萬七百餘人，及受言去者凡七十輩，〔四〕此坐支解羌虜之具也。

〔一〕師古曰：「此兵法之辭也。言先自完堅，令敵不能勝我，乃可以勝敵也。」
〔二〕師古曰：「薦，稠草。」
〔三〕鄧展曰：「般音班。班，還也。」
〔四〕如淳曰：「羌胡言欲降，受其言遣去者。」師古曰：「如說非也。謂羌受充國之言，歸相告喻者也。羌虜卽羌賊耳，無豫於胡也。」

臣謹條不出兵留田便宜十二事。步兵九校，〔一〕吏士萬人，留屯以爲武備，因田致穀，威德並行，一也。又因排折羌虜，令不得歸肥饒之墬，〔二〕貧破其衆，以成羌虜相畔之漸，二也。居民得並田作，不失農業，三也。〔三〕軍馬一月之食，度支田士一歲，〔四〕罷騎兵以省大費，四也。至春省甲士卒，循河湟漕穀至臨羌，以眎羌虜，〔五〕揚威武，傳世折衝之具，五也。以閒暇時下所伐材，〔六〕繕治郵亭，充入金城，六也。兵出，乘危徼

幸，〔七〕不出，令反畔之虜竄於風寒之地，離霜露疾疫瘃墯之患，〔八〕坐得必勝之道，七也。亡經阻遠追死傷之害，八也。內不損威武之重，外不令虜得乘間之勢，九也。〔九〕又亡驚動河南大开、小开〔一〇〕使生它變之憂，十也。治湟陿中道橋，令可至鮮水，以制西域，信威千里，〔一一〕從枕席上過師，十一也。〔一二〕大費既省，繇役豫息，以戒不虞，十二也。留屯田得十二便，出兵失十二利。臣充國材下，犬馬齒衰，不識長册，唯明詔博詳公卿議臣採擇。

〔一〕師古曰：「一部爲一校也。」
〔二〕師古曰：「墬，古地字。」
〔三〕師古曰：「並，且也，讀如本字，又音步浪反。」
〔四〕師古曰：「度音大各反。」
〔五〕師古曰：「眎亦示字。」
〔六〕師古曰：「閒讀曰閑。」
〔七〕師古曰：「言不可必勝。」
〔八〕師古曰：「離，遭也。墯謂因寒瘃而墯指者也。」
〔九〕師古曰：「間謂軍之間隙者也。」
〔一〇〕服虔曰：「皆羌種，在河西之河南也。」

〔二〕師古曰：「信讀曰申。」

〔三〕鄭氏曰：「橋成軍行安易，若於枕席上過也。」

上復賜報曰：「皇帝問後將軍，言十二便，聞之。虜雖未伏誅，兵決可期月而望，期月而望者，謂今冬邪，謂何時也？將軍獨不計虜聞兵頗罷，且丁壯相聚，攻擾田者及道上屯兵，復殺略人民，將何以止之？又大开、小开前言曰：『我告漢軍先零所在，兵不往擊，久留，得亡效五年時不分別人而并擊我？』〔一〕其意常恐。今兵不出，得亡變生，與先零為一？將軍孰計復奏。」充國奏曰：

〔一〕如淳曰：「此語謂本始五年伐先零，不分別大小开本意，是以大小开有此言也。」

臣聞兵以計為本，故多算勝少算。先零羌精兵今餘不過七八千人，失地遠客，分散飢凍。罕、开、莫須又頗暴略其羸弱畜產，畔還者不絕，皆聞天子明令相捕斬之賞。臣愚以為虜破壞可日月冀，遠在來春，故曰兵決可期月而望。竊見北邊自敦煌至遼東萬一千五百餘里，乘塞列隧有吏卒數千人，虜數大眾攻之而不能害。今留步士萬人屯田，地勢平易，多高山遠望之便，部曲相保，為塹壘木樵，〔一〕校聯不絕，〔二〕便兵弩，飭鬭具。〔三〕烽火幸通，勢及并力，以逸待勞，兵之利者也。臣愚以為屯田內有亡費之利，外有守禦之備。騎兵雖罷，虜見萬人留田為必禽之具，其土崩歸德，宜不久矣。從

今盡三月，虜馬羸瘦，必不敢捐其妻子於他種中，遠涉河山而來為寇。又見屯田之士精兵萬人，終不敢復將其累重還歸故地。〔四〕是臣之愚計，所以度虜且必瓦解其處，〔五〕不戰而自破之冊也。至於虜小寇盜，時殺人民，其原未可卒禁。〔六〕臣聞戰不必勝，不苟接刃；攻不必取，不苟勞眾。誠令兵出，雖不能滅先零，亶能令虜絕不為小寇，則出兵可也。〔七〕即今同是〔八〕而釋坐勝之道，從乘危之勢，往終不見利，空內自罷敝，〔九〕貶重而自損，非所以視蠻夷也。〔一〇〕又大兵一出，還不可復留，湟中亦未可空，如是，繇役復發也。且匈奴不可不備，烏桓不可不憂。今久轉運煩費，傾我不虞之用以澹一隅，〔一一〕臣愚以為不便。校尉臨眾幸得承威德，奉厚幣，拊循眾羌，諭以明詔，宜皆鄉風。〔一二〕雖其前辭嘗曰「得亡效五年」，宜亡它心，不足以故出兵。臣竊自惟念，奉詔出塞，引軍遠擊，窮天子之精兵，散車甲於山野，雖亡尺寸之功，媮得避慊之便，〔一三〕而亡後咎餘責，此人臣不忠之利，非明主社稷之福也。臣幸得奮精兵，討不義，久留天誅，〔一四〕罪當萬死。陛下寬仁，未忍加誅，（今）〔令〕臣數得孰計。〔一五〕愚臣伏計孰甚，不敢避斧鉞之誅，昧死陳愚，唯陛下省察。

〔一〕師古曰：「樵與譙同，謂為高樓以望敵也，音才消反。」

〔二〕如淳曰：「播校相連也。」師古曰：「此校謂用木自相貫穿以為固者，亦猶周易『荷校滅耳』也。周禮『校人掌王馬之政』，『六廏成校』，蓋用闌校闌養馬也。說文解字云『校，木囚也』，亦謂以木相貫，遮闌禽獸也。今云校聯不絕，言營壘相次。」

〔三〕師古曰：「便，利也。飭，整也，其字從力。」

〔四〕師古曰：「累重謂妻子也。累音力瑞反。重音直用反。」

〔五〕師古曰：「各於其處自瓦解。」

〔六〕師古曰：「卒讀曰猝。」

〔七〕師古曰：「亶讀曰但。」

〔八〕師古曰：「俱不能止小寇盜。」

〔九〕師古曰：「罷讀曰疲。」

〔一〇〕師古曰：「視讀曰示。」

〔一一〕師古曰：「澹，古贍字。贍，給也。」

〔一二〕師古曰：「諭，曉告之。鄉讀曰嚮。」

〔一三〕師古曰：「媮，苟且也。慊亦嫌字。」

〔一四〕師古曰：「言不早殄滅賊也。」

〔一五〕師古曰：「數音所角反。其下亦同。」

充國奏每上，輒下公卿議臣。初是充國計者什三，中什五，最後什八。有詔詰前言不便者，皆頓首服。丞相魏相曰：「臣愚不習兵事利害，後將軍數畫軍冊，其言常是，臣任其計

可必用也。」〔一〕上於是報充國曰：「皇帝問後將軍，上書言羌虜可勝之道，今聽將軍，將軍計善。其上留屯田及當罷者人馬數。將軍强食，慎兵事，自愛！」上以破羌、强弩將軍數言當擊，又用充國屯田處離散，恐虜犯之，於是兩從其計，詔兩將軍與中郎將卬出擊。强弩出，降四千餘人，破羌斬首二千級，中郎將卬斬首降者亦二千餘級，而充國所降復得五千餘人。詔罷兵，獨充國留屯田。

〔一〕師古曰：「任，保也。」

明年五月，充國奏言：「羌本可五萬人軍，凡斬首七千六百級，降者三萬一千二百人，溺河湟飢餓死者五六千人，定計遺脫與煎鞏、黃羝俱亡者不過四千人。羌靡忘等自詭必得，〔一〕請罷屯兵。」奏可，充國振旅而還。

〔一〕師古曰：「詭，責也。自以為憂，責言必能得之。」

所善浩星賜迎說充國，〔一〕曰：「眾人皆以破羌、强弩出擊，多斬首獲降，虜以破壞。然有識者以為虜勢窮困，兵雖不出，必自服矣。將軍即見，宜歸功於二將軍出擊，非愚臣所及。如此，將軍計未失也。」充國曰：「吾年老矣，爵位已極，豈嫌伐一時事以欺明主哉！兵勢，國之大事，當為後法。老臣不以餘命壹為陛下明言兵之利害，卒死，誰當復言之者？」〔二〕卒以其意對。〔三〕上然其計，罷遣辛武賢歸酒泉太守官，充國復為後將軍衛尉。

〔一〕鄭展曰：「浩星，姓；賜，名也。」
〔二〕師古曰：「卒讀曰猝。」
〔三〕師古曰：「卒，終也。」

其秋，羌若零、離留、且種、兒庫〔一〕共斬先零大豪猶非、楊玉首，〔二〕及諸豪弟澤、陽雕、良兒、靡忘皆帥煎鞏、黃羝之屬四千餘人降漢。封若零、弟澤二人爲帥衆王，離留、且種二人爲侯，兒庫爲君，陽雕爲言兵侯，良兒爲君，靡忘爲獻牛君。初置金城屬國以處降羌。

〔一〕師古曰：「且，子閭反。」
〔二〕文穎曰：「猶非，人名也。」師古曰：「猶非及楊玉，二人也。宣紀作酋非，而此傳作猶字，疑紀誤。」

詔舉可護羌校尉者，時充國病，四府舉辛武賢小弟湯。充國遽起奏：「湯使酒，不可典蠻夷。〔一〕不如湯兄臨衆。」時湯已拜受節，有詔更用臨衆。後臨衆病免，五府復舉湯，湯數醉酗羌人，〔二〕羌人反畔，卒如充國之言。

〔一〕師古曰：「使酒，因酒以使氣，若今言惡酒者。」
〔二〕師古曰：「酗音況務反。」師古曰：「即酗字也。醉怒曰酗。」

初，破羌將軍武賢在軍中時與中郎將卬宴語，〔一〕卬道：「車騎將軍張安世始嘗不快上，〔二〕上欲誅之，卬家將軍以爲安世本持橐簪筆〔三〕事孝武帝數十年，見謂忠謹，宜全度

之。〔四〕安世用是得免。」及充國還言兵事，武賢罷歸故官，深恨，上書告卬泄省中語。卬坐禁止而入至充國莫府司馬中亂屯兵〔五〕下吏，自殺。

〔一〕師古曰：「閑宴時共語也。」
〔二〕如淳曰：「所爲行不可上意。」
〔三〕張晏曰：「橐，契囊也。近臣負橐簪筆，從備顧問，或有所紀也。」師古曰：「橐，所以盛書也。有底曰囊，無底曰橐。簪筆者，插筆於首。橐音丁各反，又音託。」
〔四〕師古曰：「全安而免度之，不令喪敗也。」
〔五〕如淳曰：「方見禁止而入至充國莫府司馬中。司馬中，律所謂營軍司馬中也。」

充國乞骸骨，賜安車駟馬、黃金六十斤，罷就第。朝庭每有四夷大議，常與參兵謀，問籌策焉。〔一〕年八十六，甘露二年薨，謚曰壯侯。傳子至孫欽，欽尙敬武公主。主亡子，主敎欽良人習詐有身，名它人子。欽薨，子岑嗣侯，習爲太夫人。岑父母求錢財亡已，忿恨相告。岑坐非子免，國除。元始中，修功臣後，復封充國曾孫伋爲營平侯。〔二〕

〔一〕師古曰：「與讀曰豫。」
〔二〕師古曰：「伋音汲。」

初，充國以功德與霍光等列，畫未央宮。成帝時，西羌嘗有警，上思將帥之臣，追美充國，乃召黃門郎楊雄卽充國圖畫而頌之，〔一〕曰：

〔一〕師古曰：「卽，就也。於畫側而書頌。」

明靈惟宣，戎有先零。先零昌狂，侵漢西疆。漢命虎臣，惟後將軍，整我六師，是討是震。〔一〕旣臨其域，諭以威德，有守矜功，謂之弗克。請奮其旅，于罕之羌，天子命我，從之鮮陽。〔二〕營平守節，婁奏封章，〔三〕料敵制勝，威謀靡亢。〔四〕遂克西戎，還師於京，鬼方賓服，罔有不庭。〔五〕昔周之宣，有方有虎，〔六〕詩人歌功，乃列于雅。〔七〕在漢中興，充國作武，赳赳桓桓，亦紹厥後。〔八〕

〔一〕師古曰：「震合韻音眞。」
〔二〕應劭曰：「酒泉太守辛武賢自將萬騎出張掖擊羌。宣帝使充國共武賢討罕、幵於鮮水之陽也。」
〔三〕師古曰：「婁，古屢字。」
〔四〕師古曰：「料，量也。亢，當也。合韻音康。」
〔五〕師古曰：「鬼方，言其幽昧也。庭，來帝庭也。一說庭，直也。」
〔六〕張晏曰：「方叔、邵虎也。」
〔七〕師古曰：「大雅、小雅之詩也。」
〔八〕師古曰：「赳赳，勁也。桓桓，威也。紹厥後謂繼周之方、邵也。」

充國爲後將軍，徙杜陵。辛武賢自羌軍還後七年，復爲破羌將軍，征烏孫至敦煌，後不出，徵未到，病卒。子慶忌至大官。

辛慶忌字子眞，少以父任爲右校丞，隨長羅侯常惠屯田烏孫赤谷城，與歙侯戰，〔一〕陷陳卻敵。惠奏其功，拜爲侍郎，遷校尉，將吏士屯焉耆國。還爲謁者，尙未知名。元帝初，補金城長史，舉茂材，遷郎中車騎將（軍），朝廷多重之者。轉爲校尉，遷張掖太守，徙酒泉，所在著名。

〔一〕師古曰：「歙卽翕字也。歙侯，烏孫官名。」

成帝初，徵爲光祿大夫，遷左曹中郎將，至執金吾。始武賢與趙充國有隙，後充國家殺辛氏，至慶忌爲執金吾，坐子殺趙氏，左遷酒泉太守。歲餘，大將軍王鳳薦慶忌「前在兩郡著功迹，徵入，歷位朝廷，莫不信鄉。〔一〕質行正直，仁勇得衆心，通於兵事，明略威重，任國柱石。〔二〕父破羌將軍武賢顯名前世，有威西夷。臣鳳不宜久處慶忌之右。」〔三〕乃復徵爲光祿大夫、執金吾。數年，坐小法左遷雲中太守，復徵爲光祿勳。

〔一〕師古曰：「鄉讀曰嚮。」
〔二〕師古曰：「任，堪也。」
〔三〕師古曰：「右，上也。」

時數有災異，丞相司直何武上封事曰：「虞有宮之奇，晉獻不寐；〔一〕衞青在位，淮南寢

謀。故賢人立朝，折衝厭難，勝於亡形。〔二〕司馬法曰：『天下雖安，忘戰必危。』夫將不豫設，則亡以應卒；〔三〕士不素厲，則難使死敵。是以先帝建列將之官，近戚主內，異姓距外，故姦軌不得萌動而破滅，〔四〕誠萬世之長冊也。光祿勳慶忌行義修正，柔毅敦厚，〔五〕謀慮深遠。前在邊郡，數破敵獲虜，外夷莫不聞。乃者大異並見，未有其應。加以兵革久寢。春秋大災未至而豫禦之，〔六〕慶忌宜在爪牙官以備不虞。」〔七〕其後拜爲右將軍諸吏散騎給事中，歲餘徙爲左將軍。

〔一〕應劭曰：「晉獻公欲伐虞，以宮之奇在，寢不寐。」

〔二〕師古曰：「厭，抑也。未有禍難之形，豫勝之也。厭音一葉反。」

〔三〕師古曰：「卒讀曰猝，謂暴也。」

〔四〕師古曰：「始生曰萌。」

〔五〕師古曰：「和柔而能沈毅也。尚書咎繇謨曰『擾而毅』。擾亦柔也。今流俗書本柔字作果者，妄改之。」

〔六〕師古曰：「莊十八年『公追戎於濟西』。公羊傳曰：『此未有伐中國者，言追何？大其未至而豫禦也。』」

〔七〕師古曰：「虞，度也。言有寇難非意所度也。」

慶忌居處恭儉，食飲被服尤節約，然性好輿馬，號爲鮮明，唯是爲奢。爲國虎臣，遭世承平，匈奴、西域親附，敬其威信。年老卒官。長子通爲護羌校尉，中子遵函谷關都尉，少子茂水衡都尉出爲郡守，皆有將帥之風。宗族支屬至二千石者十餘人。

元始中，安漢公王莽秉政，見慶忌本大將軍鳳所成，三子皆能，欲親厚之。是時莽方立威柄，用甄豐、甄邯以自助，豐、邯新貴，威震朝廷。水衡都尉茂自見名臣子孫，兄弟並列，不甚詘事兩甄。時平帝幼，外家衞氏不得在京師，而護羌校尉通長子次兄素與帝從舅衞子伯相善，〔一〕兩人俱游俠，賓客甚盛。及呂寬事起，莽誅衞氏。兩甄搆言諸辛陰與衞子伯爲心腹，有背恩不說安漢公之謀。〔二〕於是司直陳崇舉奏其宗親隴西辛興等侵陵百姓，威行州郡。莽遂按通父子、遵茂兄弟及南郡太守辛伯等，皆誅殺之。辛氏繇是廢。〔三〕慶忌本狄道人，爲將軍，徙昌陵。昌陵罷，留長安。

〔一〕師古曰：「次兄，其字也。兄讀如本字，亦讀曰況。」

〔二〕師古曰：「說讀曰悅。」

〔三〕師古曰：「繇讀與由同。」

贊曰：秦漢已來，山東出相，山西出將。秦將軍白起，郿人；〔一〕王翦，頻陽人。漢興，郁郅王圍、甘延壽，〔二〕義渠公孫賀、傅介子，成紀李廣、李蔡，杜陵蘇建、蘇武，上邽上官桀、趙充國，襄武廉褒，狄道辛武賢、慶忌，皆以勇武顯聞。蘇、辛父子著節，此其可稱列者也，其餘不可勝數。何則？山西天水、隴西、安定、北地處勢迫近羌胡，民俗修習戰備，高上勇力鞍馬騎射。故秦詩曰：「王于興師，修我甲兵，與子皆行。」〔三〕其風聲氣俗自古而然，今之歌謠慷慨，風流猶存耳。

〔一〕師古曰：「郿，扶風之縣也，音媚。」

〔二〕師古曰：「圍爲彊弩將軍，見藝文志。郁音於六反。郅音質。」

〔三〕師古曰：「小戎之詩也，解在地理志。」

校勘記

二九七四頁九行　設謂（闓）〔開〕許之也。景祐、殿本都作「開」。王先謙說作「開」是。

二九八〇頁一一行　長水校尉富昌、酒泉（侯）〔候〕奉世將婼、月氏兵四千人，沈欽韓說，「侯」當爲「候」，奉世即馮奉世。

二九八一頁七行　若有便宜，則當（國）〔固〕守以取安利也。王先謙說，「國」當爲「固」。按景祐、殿、局本都作「固」。

二九八一頁一〇行　（此羌之首帥名王）錢大昭說，閩本無「此羌」句。按景祐本無此句。

二九八四頁一三行　失之毫釐，差（之）〔以〕千里，景祐、殿本都作「以」。

二九九〇頁一三行　（今）〔令〕臣數得孰計。景祐、殿本都作「令」。王先謙說作「令」是。

二九九三頁一三行　師古曰：王先謙說前「師古」誤。按各本皆誤。

二九九六頁三行　遷郎中車騎將（軍），劉敞、齊召南、沈欽韓都說「軍」字衍。

漢書卷七十

傅常鄭甘陳段傳第四十

傅介子，北地人也，〔一〕以從軍爲官。先是龜茲、樓蘭皆嘗殺漢使者，〔二〕語在西域傳。至元鳳中，介子以駿馬監求使大宛，因詔令責樓蘭、龜茲國。

〔一〕師古曰：「趙充國傳贊云『義渠公孫賀、傅介子』，然則介子北地義渠人也。」

〔二〕服虔曰：「龜茲音丘慈。」

介子至樓蘭，責其王教匈奴遮殺漢使：「大兵方至，王苟不教匈奴，匈奴使過至諸國，何爲不言？」王謝服，言「匈奴使屬過，〔一〕當至烏孫，道過龜茲。」介子至龜茲，復責其王，王亦服罪。介子從大宛還到龜茲，龜茲言「匈奴使從烏孫還，在此。」介子因率其吏士共誅斬匈奴使者。還奏事，詔拜介子爲中郎，遷平樂監。

〔一〕師古曰：「屬，近也。近始過去。屬音之欲反。」

介子謂大將軍霍光曰：「樓蘭、龜茲數反覆而不誅，無所懲艾。〔一〕介子過龜茲時，其王

近就人，易得也，〔二〕願往刺之，以威示諸國。」大將軍曰：「龜茲道遠，且驗之於樓蘭。」於是白遣之。

〔一〕師古曰：「艾讀曰乂。」

〔二〕師古曰：「附近而親就，言不相猜阻也。」

介子與士卒俱齎金幣，揚言以賜外國爲名。至樓蘭，樓蘭王意不親介子，介子陽引去，至其西界，使譯謂曰：「漢使者持黃金錦繡行賜諸國，〔一〕王不來受，我去之西國矣。」即出金幣以示譯。譯還報王，王貪漢物，來見使者。介子與坐飲，陳物示之。飲酒皆醉，介子謂王曰：「天子使我私報王。」〔二〕王起隨介子入帳中，屛語，〔三〕壯士二人從後刺之，刃交胸，立死。其貴人左右皆散走。介子告諭以「王負漢罪，天子遣我來誅王，當更立前太子質在漢者。漢兵方至，毋敢動，動，滅國矣！」遂持王首還詣闕，公卿將軍議者咸嘉其功。上乃下詔曰：「樓蘭王安歸嘗爲匈奴間，候遮漢使者，〔四〕發兵殺略衞司馬安樂、光祿大夫忠、期門郎遂成等三輩，及安息、大宛使，盜取節印獻物，〔五〕甚逆天理。平樂監傅介子持節使誅斬樓蘭王安歸首，縣之北闕，以直報怨，〔六〕不煩師衆。其封介子爲義陽侯，食邑七百戶。士刺王者皆補侍郎。」

〔一〕師古曰：「徧往賜之。」

〔二〕師古曰：「謂密有所論。」

〔三〕師古曰：「屛人而獨共語也。」

〔四〕師古曰：「(問)〔言〕爲匈奴之間(爲)〔而〕候伺。」

〔五〕晉灼曰：「此安息、大宛遣使獻漢，而樓蘭王使人盜取所獻之物也。」師古曰：「節及印，漢使者所齎也。獻物，大宛等使所獻也。樓蘭旣殺漢使，又殺諸國使者。」

〔六〕師古曰：「論語載孔子言曰『以直報怨，以德報德』，言怨於我者則直道而報之。故詔引之也。」

介子薨，子敞有罪不得嗣，國除。元始中，繼功臣世，復封介子曾孫長爲義陽侯，王莽敗，乃絕。

常惠，太原人也。少時家貧，自奮應募，隨移中監蘇武使匈奴，〔一〕并見拘留十餘年，昭帝時乃還。漢嘉其勤勞，拜爲光祿大夫。

〔一〕師古曰：「移中，廄名也，音移。解在昭紀。」

是時，烏孫公主上書言「匈奴發騎田車師，〔一〕車師與匈奴爲一，共侵烏孫，唯天子救之！」漢養士馬，議欲擊匈奴。會昭帝崩，宣帝初卽位，本始二年，遣惠使烏孫。公主及昆彌皆遣使，因惠言「匈奴連發大兵擊烏孫，取車延、惡師地，收其人民去，使使脅求公主，〔二〕欲隔絕漢。昆彌願發國半精兵，自給人馬五萬騎，盡力擊匈奴。唯天子出兵以救公主、昆

彌！」於是漢大發十五萬騎，五將軍分道出，〔三〕語在匈奴傳。

〔一〕師古曰：「車師，西域國名也。」

〔二〕師古曰：「脅謂以威迫之也。」

〔三〕師古曰：「祁連將軍田廣明、蒲類將軍趙充國、武牙將軍田順、度遼將軍范明友、前將軍韓增。」

以惠爲校尉，持節護烏孫兵。昆彌自將翖侯以下五萬餘騎〔一〕從西方入至右谷蠡庭，〔二〕獲單于父行及嫂居次，〔三〕名王騎將以下三萬九千人，得馬牛驢贏橐佗五萬餘匹，羊六十餘萬頭，烏孫皆自取鹵獲。惠從吏卒十餘人隨昆彌還，未至烏孫，烏孫人盜惠印綬節。惠還，自以當誅。〔四〕時漢五將皆無功，天子以惠奉使克獲，遂封惠爲長羅侯。復遣惠持金幣還賜烏孫貴人有功者，惠因奏請龜茲國嘗殺校尉賴丹，未伏誅，請便道擊之，宣帝不許。大將軍霍光風惠以便宜從事。〔五〕惠與吏士五百人俱至烏孫，還過，發西國兵二萬人，令副使發龜茲東國二萬人，烏孫兵七千人，從三面攻龜茲，兵未合，先遣人責其王以前殺漢使狀。王謝曰：「乃我先王時爲貴人姑翼所誤耳，我無罪。」惠曰：「卽如此，縛姑翼來，吾置王。」〔六〕王執姑翼詣惠，惠斬之而還。

〔一〕師古曰：「翖卽翕字也。翖侯，烏孫官號也。」

〔二〕師古曰：「谷音鹿。蠡音黎。」

〔三〕晉灼曰：「匈奴女號，若言公主也。」師古曰：「行音胡浪反。」
〔四〕師古曰：「謂失印綬及節爲辱命。」
〔五〕師古曰：「言至前所事命而行也。風讀曰諷。」
〔六〕師古曰：「置猶放。」

後代蘇武爲典屬國，明習外國事，勤勞數有功。甘露中，後將軍趙充國薨，天子遂以惠爲右將軍，典屬國如故。宣帝崩，惠事元帝，三歲薨，謚曰壯武侯。傳國至曾孫，建武中乃絕。

鄭吉，會稽人也，以卒伍從軍，數出西域，由是爲郎。吉爲人彊執，習外國事。〔一〕自張騫通西域，李廣利征伐之後，初置校尉，屯田渠黎。至宣帝時，吉以侍郎田渠黎，積穀，因發諸國兵攻破車師，遷衞司馬，使護鄯善以西南道。〔二〕

〔一〕師古曰：「彊力而有執志者。」
〔二〕師古曰：「鄯音善。」

神爵中，匈奴乖亂，日逐王先賢撣欲降漢，〔一〕使人與吉相聞。吉發渠黎、龜茲諸國五萬人迎日逐王，口萬二千人、小王將十二人隨吉至河曲，頗有亡者，吉追斬之，遂將詣京師。

漢封日逐王爲歸德侯。

〔一〕師古曰：「撣音纏。」

吉既破車師，降日逐，威震西域，遂并護車師以西北道，故號都護。〔一〕都護之置自吉始焉。

〔一〕師古曰：「并護南北二道，故謂之都。都猶大也，總也。」

上嘉其功效，乃下詔曰：「都護西域騎都尉鄭吉，拊循外蠻，宣明威信，〔一〕迎匈奴單于從兄日逐王衆，擊破車師兜訾城，〔二〕功效茂著。其封吉爲安遠侯，食邑千戶。」吉於是中西域而立莫府，〔三〕治烏壘城，鎮撫諸國，誅伐懷集之。漢之號令班西域矣，〔四〕始自張騫而成於鄭吉。語在西域傳。

〔一〕師古曰：「禮云東夷、北狄、西戎、南蠻，然夷蠻戎狄亦四方之總稱耳，故史傳又云百蠻也。」
〔二〕師古曰：「訾音子移反。」
〔三〕師古曰：「中西域者，言最處諸國之中，近遠均也。中音竹仲反。」
〔四〕師古曰：「班，布也。」

吉薨，謚曰繆侯。子光嗣，薨，無子，國除。元始中，錄功臣不以罪絕者，封吉曾孫永爲安遠侯。

甘延壽字君況，北地郁郅人也。少以良家子善騎射爲羽林，投石拔距絕於等倫，〔一〕嘗超踰羽林亭樓，由是遷爲郎。試弁，爲期門，〔二〕以材力愛幸。稍遷至遼東太守，免官。車騎將軍許嘉薦延壽爲郎中諫大夫，使西域都護騎都尉，與副校尉陳湯共誅斬郅支單于，封義成侯。薨，謚曰壯侯。傳國至曾孫，王莽敗，乃絕。

〔一〕應劭曰：「投石，以石投人也。拔距，即下超踰羽林亭樓是也。」張晏曰：「范蠡兵法飛石重十二斤，爲機發，行二百步。延壽有力，能以手投之。拔距，超距也。」師古曰：「投石，應（劭）〔說〕是也。拔距者，有人連坐相把據地，距以爲堅而能拔取之，皆言其有手掣之力。超踰亭樓，又言其趫捷耳，非拔距也。今人猶（言）〔有〕拔爪之戲，蓋拔距之遺法。」
〔二〕孟康曰：「弁，手搏。」

陳湯字子公，山陽瑕丘人也。少好書，博達善屬文。〔一〕家貧匄貣無節，不爲州里所稱。〔二〕西至長安求官，得太官獻食丞。數歲，富平侯張勃與湯交，高其能。初元二年，元帝詔列侯舉茂材，勃舉湯。湯待遷，父死不奔喪，〔三〕司隸奏湯無循行，勃選舉故不以實，坐削（二百戶）〔戶二百〕，會薨，因賜謚曰繆侯。〔四〕湯下獄論。後復以薦爲郎，數求使外國。久之，

遷西域副校尉，與甘延壽俱出。

〔一〕師古曰：「屬音之欲反。」
〔二〕師古曰：「匄，乞也。貣音吐得反。」
〔三〕師古曰：「犇，古奔字。」
〔四〕師古曰：「以其繆舉人也。」

先是，宣帝時匈奴乖亂，五單于爭立，呼韓邪單于與郅支單于俱遣子入侍，漢兩受之。後呼韓邪單于身入稱臣朝見，郅支以爲呼韓邪破弱降漢，不能自還，即西收右地。會漢發兵送呼韓邪單于，郅支由是遂西破呼偈、堅昆、丁令，〔一〕兼三國而都之。怨漢擁護呼韓邪而不助己，困辱漢使者江乃始等。初元四年，遣使奉獻，因求侍子，願爲內附。漢議遣衞司馬谷吉送之。御史大夫貢禹、博士匡衡以爲春秋之義「許夷狄者不壹而足」，〔二〕今郅支單于鄉化未（醇）〔醇〕，〔三〕所在絕遠，宜令使者送其子至塞而還。吉上書言：「中國與夷狄有羈（縻）〔縻〕不絕之義，今既養全其子十年，德澤甚厚，空絕而不送，近從塞還，示（捐棄）〔棄捐〕不畜，〔四〕使無鄉從之心。〔五〕棄前恩，立後怨，不便。議者見前江乃始無應敵之數，知勇俱困，以致恥辱，即豫爲臣憂。臣幸得建彊漢之節，承明聖之詔，宣諭厚恩，不宜敢桀。〔六〕若懷禽獸，加無道於臣，則單于長嬰大罪，〔七〕必遁逃遠舍，不敢近邊。〔八〕沒一使以安百姓，國之

計，臣之願也。願遂至庭。」〔九〕上以示朝者，禹復爭，以爲吉往必爲國取悔生事，不可許。右將軍馮奉世以爲可遣，上許焉。既至，郅支單于怒，竟殺吉等。自知負漢，又聞呼韓邪益彊，遂西奔康居。康居王以女妻郅支，郅支亦以女予康居王。康居甚尊敬郅支，欲倚其威以脅諸國。〔一〇〕郅支數借兵擊烏孫，深入至赤谷城，殺略民人，(歐)〔敺〕畜產，〔一一〕烏孫不敢追，西邊空虛，不居者且千里。郅支單于自以大國，威名尊重，又乘勝驕，不爲康居王禮，怒殺康居王女及貴人、人民數百，或支解投都賴水中。〔一二〕發民作城，日作五百人，二歲乃已。又遣使責闔蘇、大宛諸國歲遺，〔一三〕不敢不予。漢遣使三輩至康居求谷吉等死，〔一四〕郅支困辱使者，不肯奉詔，而因都護上書言：「居困戹，願歸計彊漢，遣子入侍。」〔一五〕其驕嫚如此。

〔一〕服虔曰：「呼偈，小國名，在匈奴北。」師古曰：「偈音起厲反。令與零同。」
〔二〕師古曰：「言(制節)〔節制〕之，不皆稱其所求也。」
〔三〕師古曰：「鄉讀曰嚮。不雜曰醇。醇，一也，厚也。」
〔四〕師古曰：「畜謂愛養也。」
〔五〕師古曰：「鄉讀曰嚮。嚮從謂向化而從命也。」
〔六〕師古曰：「言郅支畏威，當不敢桀黠也。」
〔七〕師古曰：「嬰猶帶也。」
〔八〕師古曰：「舍，止也。」

〔九〕師古曰：「單于庭。」
〔一〇〕師古曰：「倚音於綺反。」
〔一一〕師古曰：「(歐)〔敺〕與驅同。下皆類此。」
〔一二〕師古曰：「支解謂(解)截其四支也。都賴，郅支水名。」
〔一三〕師古曰：「胡廣云康居北可一千里有國名奄蔡，一名闔蘇。然則闔蘇即奄蔡也。歲遺者，年常所獻遺之物。遺音弋季反。」
〔一四〕師古曰：「死，尸也。」
〔一五〕師古曰：「故爲此言以調戲也。歸計謂歸附而受計策也。」

建昭三年，湯與延壽出西域。湯爲人沈勇有大慮，多策謀，喜奇功，〔一〕每過城邑山川，常登望。既領外國，與延壽謀曰：「夷狄畏服大種，其天性也。西域本屬匈奴，今郅支單于威名遠聞，侵陵烏孫、大宛，常爲康居畫計，欲降服之。如得此二國，北擊伊列，西取安息，南排月氏、山離烏弋，數年之間，城郭諸國危矣。〔二〕且其人剽悍，〔三〕好戰伐，數取勝，久畜之，必爲西域患。郅支單于雖所在絕遠，蠻夷無金城強弩之守，如發屯田吏士，敺從烏孫衆兵，〔四〕直指其城下，彼亡則無所之，守則不足自保，〔五〕千載之功可一朝而成也。」延壽亦以爲然，欲奏請之，湯曰：「國家與公卿議，大策非凡所見，事必不從。」〔六〕延壽猶與不聽。〔七〕會其久病，湯獨矯制發城郭諸國兵、車師戊己校尉屯田吏士。延壽聞之，驚起，欲止焉。湯怒，按劍叱延壽曰：「大衆已集會，豎子欲沮衆邪？」〔八〕延壽遂從之，部勒行陳，益置揚威、白虎、合騎之校，〔九〕漢兵胡兵合四萬餘人，延壽、湯上疏自劾奏矯制，陳言兵狀。

〔一〕師古曰：「喜音許吏反。」
〔二〕服虔曰：「山離烏弋不在(二)〔三〕十六國中，去中國二萬里。」師古曰：「謂西域國爲城郭者，言不隨畜牧遷徙，以別於匈奴也。」
〔三〕師古曰：「剽，輕也。悍，勇也。剽音頻妙反，又音匹妙反。悍音胡幹反。」
〔四〕師古曰：「敺，帥之令隨從也。」
〔五〕師古曰：「之，往也。保，安也。」
〔六〕師古曰：「言凡庸之人，不能遠見，故壞其事也。」
〔七〕師古曰：「與讀曰豫。」
〔八〕師古曰：「沮，止也，壞也，音才汝反。」
〔九〕張晏曰：「西域陳法之名也。」師古曰：「張說非也。一校則別爲一部軍，故稱校耳。湯特新置此等諸校名，以爲威聲也。」

即日引軍分行，別爲六校，其三校從南道踰葱領徑大宛，其三校都護自將，發溫宿國，從北道入赤谷，過烏孫，涉康居界，至闐池西。而康居副王抱闐將數千騎，寇赤谷城東，〔一〕殺略大昆彌千餘人，敺畜產甚多。從後與漢軍相及，頗寇盜後重。〔二〕湯縱胡兵擊之，殺四

百六十人，得其所略民四百七十人，還付大昆彌，其馬牛羊以給軍食。又捕得抱闐貴人伊奴毒。

〔一〕文穎曰：「闐音填。」
〔二〕師古曰：「重謂輜重也，音直用反。」

入康居東界，令軍不得爲寇。〔一〕間呼其貴人屠墨見之，〔二〕諭以威信，與飲盟遣去。徑引行，未至單于城可六十里，止營。復捕得康居貴人貝色子男開牟以爲導。貝色子卽屠墨母之弟，〔三〕皆怨單于，由是具知郅支情。

〔一〕師古曰：「勿抄掠。」
〔二〕師古曰：「間謂密呼也。」
〔三〕師古曰：「母之弟卽謂舅也。」

明日引行，未至城三十里，止營。單于遣使問漢兵何以來，應曰：「單于上書言居困戹，願歸計彊漢，身入朝見。天子哀閔單于棄大國，屈意康居，故使都護將軍來迎單于妻子，恐左右驚動，故未敢至城下。」使數往來相答報。延壽、湯因讓之：〔一〕「我爲單于遠來，而至今無名王大人見將軍受事者，〔二〕何單于忽大計，失客主之禮也！〔三〕兵來道遠，人畜罷極，食度且盡，〔四〕恐無以自還，願單于與大臣審計策。」

〔一〕師古曰：「課，責也。」
〔二〕師古曰：「名王，諸王之貴者。受事，受敎命而供事也。」
〔三〕師古曰：「忽，忘也。」
〔四〕師古曰：「罷讀曰疲。度音大各反。」

明日，前至郅支城都賴水上，離城三里，止營傅陳。〔一〕望見單于城上立五采幡織，〔二〕數百人披甲乘城，〔三〕又出百餘騎往來馳城下，步兵百餘人夾門魚鱗陳，〔四〕講習用兵。城上人更招漢軍曰「鬬來！」〔五〕百餘騎馳赴營，營皆張弩持滿指之，騎引卻。頗遣吏士射城門騎步兵，騎步兵皆入。延壽、湯令軍聞鼓音皆薄城下，〔六〕四面圍城，各有所守，穿塹，塞門戶，鹵楯爲前，戟弩爲後，卬射城中樓上人，〔七〕樓上人下走。土城外有重木城，從木城中射，頗殺傷外人。外人發薪燒木城。夜，數百騎欲出外，迎射殺之。

〔一〕師古曰：「傅讀曰敷。敷，布也。」
〔二〕師古曰：「織讀曰幟，音式志反。」
〔三〕師古曰：「乘謂登之備守也。」
〔四〕師古曰：「言其相接次，形若魚鱗。」
〔五〕師古曰：「更，互也，音工行反。」
〔六〕師古曰：「薄，迫也。」

〔七〕師古曰：「卬讀曰仰。」

初，單于聞漢兵至，欲去，疑康居怨己，爲漢內應，又聞烏孫諸國兵皆發，自以無所之。〔一〕郅支已出，復還，曰：「不如堅守。漢兵遠來，不能久攻。」單于乃被甲在樓上，諸閼氏夫人數十皆以弓射外人。外人射中單于鼻，諸夫人頗死。單于下騎，傳戰大內。〔二〕夜過半，木城穿，中人卻入土城，乘城呼。〔三〕時康居兵萬餘騎分爲十餘處，四面環城，亦與相應和。〔四〕夜，數犇營，不利，輒卻。〔五〕平明，四面火起，吏士喜，大呼乘之，〔六〕鉦鼓聲動地。康居兵引卻。漢兵四面推鹵楯，並入土城中。單于男女百餘人走入大內。漢兵縱火，吏士爭入，單于被創死。軍候假丞杜勳斬單于首，得漢使節二及谷吉等所齎帛書。諸鹵獲以畀得者。〔七〕凡斬閼氏、太子、名王以下千五百一十八級，生虜百四十五人，降虜千餘人，賦予城郭諸國所發十五王。〔八〕

〔一〕師古曰：「之，往也。」
〔二〕師古曰：「下騎謂下樓而騎馬也。傳戰，轉戰也。大內，單于之內室也。言且戰且行而入內室。」
〔三〕師古曰：「乘，登也。呼音火故反。次下亦同。」
〔四〕師古曰：「環，繞也，音患。和音胡臥反。」
〔五〕師古曰：「犇，古奔字也。」
〔六〕師古曰：「乘，逐也。」

〔七〕師古曰：「畀，予也。各以與所得人。畀音必寐反。」
〔八〕師古曰：「賦謂班與之也。所發十五王，謂所發諸國之兵，共圍郅支王者也。」

於是延壽、湯上疏曰：「臣聞天下之大義，當混爲一，〔一〕昔有唐虞，今有彊漢。匈奴呼韓邪單于已稱北藩，唯郅支單于叛逆，未伏其辜，大夏之西，以爲彊漢不能臣也。〔二〕郅支單于慘毒行於民，大惡通于天。臣延壽、臣湯將義兵，行天誅，賴陛下神靈，陰陽並應，天氣精明，陷陳克敵，斬郅支首及名王以下。宜縣頭槀街蠻夷邸間，〔三〕以示萬里，明犯彊漢者，雖遠必誅。」事下有司。丞相匡衡、御史大夫繁延壽〔四〕以爲「郅支及名王首更歷諸國，蠻夷莫不聞知。〔五〕月令春『掩骼埋胔』之時，〔六〕宜勿縣。」車騎將軍許嘉、右將軍王商以爲「春秋夾谷之會，優施笑君，孔子誅之，〔七〕方盛夏，首足異門而出。宜縣十日乃埋之。」有詔將軍議是。

〔一〕師古曰：「混，同也，音胡本反。」
〔二〕師古曰：「謂漢爲不能使郅支臣服也。」
〔三〕晉灼曰：「黃圖在長安城門內。」師古曰：「槀街，街名，蠻夷邸在此街也。邸，若今鴻臚客館也。崔浩以爲槀當爲藁，藁街即銅駝街也。此說失之。銅駝街在雒陽，西京無也。」
〔四〕師古曰：「繁音蒲何反。」
〔五〕師古曰：「更音工衡反。」

〔六〕應劭曰：「禽獸之骨曰骼。骼，大也。鳥鼠之骨曰胔。胔，可惡也。」臣瓚曰：「枯骨曰骼，有肉曰胔。」師古曰：「瓚說是也。骼音工客反。胔音才賜反。」
〔七〕師古曰：「夾谷，地名，即祝其也。定十年『公會齊侯於夾谷，孔子攝相事，齊侯奏宮中之樂，俳優侏儒戲於前，孔子歷階而上曰：「匹夫侮諸侯者，罪應誅。」於是斬侏儒，首足異處，齊侯懼，有慚色。』施者，優人之名。夾音頰。」

初，中書令石顯嘗欲以姊妻延壽，延壽不取。及丞相、御史亦惡其矯制，皆不與湯。〔一〕湯素貪，所鹵獲財物入塞多不法。〔二〕司隸校尉移書道上，繫吏士按驗之。湯上疏言：「臣與吏士共誅郅支單于，幸得禽滅，萬里振旅，〔三〕宜有使者迎勞道路。〔四〕今司隸反逆，收繫按驗，是爲郅支報讐也！」上立出吏士，令縣道具酒食以過軍。既至，論功，石顯、匡衡以爲「延壽、湯擅興師矯制，幸得不誅，如復加爵土，則後奉使者爭欲乘危徼幸，生事於蠻夷，〔五〕爲國招難，漸不可開。」元帝內嘉延壽、湯功，而重違衡、顯之議，〔六〕議久不決。

〔一〕師古曰：「與猶許。」
〔二〕師古曰：「不法者，私自取之，不依軍法。」
〔三〕師古曰：「師入曰振旅。振，整也。旅，衆也。」
〔四〕師古曰：「勞音力到反。」
〔五〕師古曰：「(若如)〔如，若〕也。」

〔六〕師古曰：「重，難也。」

故宗正劉向上疏曰：「郅支單于囚殺使者吏士以百數，事暴揚外國，傷威毀重，羣臣皆閔焉。〔一〕陛下赫然欲誅之，意未嘗有忘。西域都護延壽、副校尉湯承聖指，倚神靈，總百蠻之君，攬城郭之兵，〔二〕出百死，入絕域，遂蹈康居，屠五重城，搴歙侯之旗，〔三〕斬郅支之首，縣旌萬里之外，揚威昆山之西，埽谷吉之恥，立昭明之功，萬夷慴伏，莫不懼震。〔四〕呼韓邪單于見郅支已誅，且喜且懼，鄉風馳義，稽首來賓，〔五〕願守北藩，累世稱臣。立千載之功，建萬世之安，羣臣之勳莫大焉。昔周大夫方叔、吉甫爲宣王誅獫狁而百蠻從，其詩曰：『嘽嘽焞焞，如霆如雷，顯允方叔，征伐獫狁，蠻荆來威。』〔六〕易曰：『有嘉折首，獲（非）〔匪〕其醜。』〔七〕言美誅首惡之人，而諸不順者皆來從也。今延壽、湯所誅震，雖易之折首、詩之雷霆不能及也。論大功者不錄小過，舉大美者不疵細瑕。司馬法曰『軍賞不踰月』，欲民速得爲善之利也。蓋急武功，重用人也。吉甫之歸，周厚賜之，其詩曰：『吉甫燕喜，既多受祉，來歸自鎬，我行永久。』〔八〕千里之鎬猶以爲遠，況萬里之外，其勤至矣！延壽、湯既未獲受祉之報，反屈捐命之功，久挫於刀筆之前，〔九〕非所以勸有功厲戎士也。昔齊桓公前有尊周之功，〔一〇〕後有滅項之罪，〔一一〕君子以功覆過而爲之諱行事。〔一二〕貳師將軍李廣利捐五萬之師，靡億萬之費，經四年之勞，〔一三〕而廑獲駿馬三十匹，〔一四〕雖斬宛王毋鼓之首，〔一五〕猶不足以

復費，〔一六〕其私罪惡甚多。孝武以爲萬里征伐，不錄其過，遂封拜兩侯、三卿、二千石百有餘人。今康居國彊於大宛，郅支之號重於宛王，殺使者罪甚於留馬，而延壽、湯不煩漢士，不費斗糧，比於貳師，功德百之。〔一七〕且常惠隨欲擊之烏孫，鄭吉迎自來之日逐，猶皆裂土受爵。故言威武勤勞則大於方叔、吉甫，列功覆過則優於齊桓、貳師，近事之功則高於安遠、長羅，〔一八〕而大功未著，小惡數布，臣竊痛之！宜以時解縣通籍，〔一九〕除過勿治，尊寵爵位，以勸有功。」

〔一〕師古曰：「閔，病也。」

〔二〕師古曰：「攬，總持之也。其字從手。」

〔三〕師古曰：「搴，拔也，音騫。」

〔四〕師古曰：「慴，恐也，音之涉反。」

〔五〕師古曰：「馳義，慕義驅馳而來也。鄉讀曰嚮。」

〔六〕師古曰：「小雅采芑之詩也。嘽嘽，衆也。焞焞，盛也。言車徒既衆且盛，有如雷霆，故能克定獫狁而令荆土之蠻亦畏威而來也。嘽音他丹反。焞音他回反。」

〔七〕師古曰：「離上九爻辭也。嘉，善也。醜，類也。言王者出征，克勝斬首，多獲非類，故以爲善。」

〔八〕師古曰：「小雅六月之詩也。鎬，地名，非豐鎬之鎬。此鎬及方皆在周之北。時獫狁侵鎬及方，至於涇陽。吉甫薄伐，自鎬而還。王以燕禮樂之，多受福賜，以其行役有功，日月長久故也。」

〔九〕師古曰：「捐棄其軀命，曾無所顧也。挫，屈折也。刀筆謂吏也。」

〔一〇〕師古曰：「謂伐楚責苞茅，及會王太子于首止。」

〔一一〕師古曰：「項，國名也。春秋僖十七年夏，滅項。公羊傳曰：『齊滅之也。不言齊，爲桓公諱也。桓常有繼絕存亡之功，故君子爲之諱。』」

〔一二〕師古曰：「行事謂滅項之事也。」

〔一三〕師古曰：「靡，散也，音糜。」

〔一四〕師古曰：「廑與僅同。僅，少也。」

〔一五〕師古曰：「西域傳作毋寡，而此云毋鼓，鼓寡聲相近，蓋戎狄之言不甚諦也。」

〔一六〕師古曰：「復，償也，音扶目反。」

〔一七〕師古曰：「百倍勝之。」

〔一八〕師古曰：「安遠侯鄭吉，長羅侯常惠也。」

〔一九〕孟康曰：「縣，罪未竟也，如言縣罰也。通籍，不禁止，令得出入也。」

於是天子下詔曰：「匈奴郅支單于背畔禮義，留殺漢使者、吏士，甚逆道理，朕豈忘之哉！所以優游而不征者，重動師衆，勞將帥，〔一〕故隱忍而未有云也。今延壽、湯睹便宜，乘時利，結城郭諸國，擅興師矯制而征之，賴天地宗廟之靈，誅討郅支單于，斬獲其首，及閼氏貴人名王以下千數。雖踰義干法，〔二〕內不煩一夫之役，不開府庫之臧，因敵之糧以贍軍

用，立功萬里之外，威震百蠻，名顯四海。爲國除殘，兵革之原息，邊竟得以安。〔三〕然猶不免死亡之患，罪當在於奉憲，朕甚閔之！其赦延壽、湯罪，勿治。」詔公卿議封焉。議者皆以爲宜如軍法捕斬單于令。匡衡、石顯以爲「郅支本亡逃失國，竊號絕域，非眞單于」。元帝取安遠侯鄭吉故事，封千戶，衡、顯復爭。乃封延壽爲義成侯，賜湯爵關內侯，食邑各三百戶，加賜黃金百斤。告上帝、宗廟，大赦天下。拜延壽爲長水校尉，湯爲射聲校尉。

〔一〕師古曰：「重，難也。」

〔二〕師古曰：「干，犯也。」

〔三〕師古曰：「竟讀曰境。」

延壽遷城門校尉，護軍都尉，薨於官。成帝初即位，丞相衡復奏「湯以吏二千石奉使，顓命蠻夷中，〔一〕不正身以先下，而盜所收康居財物，戒官屬曰絕域事不覆校。雖在赦前，不宜處位。」湯坐免。

〔一〕師古曰：「顓與專同。」

後湯上書言康居王侍子非王子也。按驗，實王子也。湯下獄當死。太中大夫谷永上疏訟湯曰：「臣聞楚有子玉得臣，文公爲之仄席而坐；〔一〕趙有廉頗、馬服，彊秦不敢窺兵井陘；〔二〕近漢有郅都、魏尚，匈奴不敢南鄉沙幕。〔三〕由是言之，戰克之將，國之爪牙，不可

不重也。蓋『君子聞鼓鼙之聲，則思將率之臣』。〔四〕竊見關內侯陳湯，前使副西域都護，忿郅支之無道，閔王誅之不加，〔五〕策慮愊億，義勇奮發，〔六〕卒興師奔逝，橫厲烏孫，踰集都賴，〔七〕屠三重城，斬郅支首，報十年之逋誅，雪邊吏之宿恥，〔八〕威震百蠻，武暢西海，漢元以來，征伐方外之將，未嘗有也。今湯坐言事非是，幽囚久繫，歷時不決，執憲之吏欲致之大辟。昔白起爲秦將，南拔郢都，北阬趙括，以纖介之過，賜死杜郵，〔九〕秦民憐之，莫不隕涕。今湯親秉鉞，席卷喋血萬里之外，〔一〇〕薦功(宗)〔祖〕廟，告類上帝，〔一一〕介胄之士靡不慕義。以言事爲罪，無赫赫之惡。周書曰：『記人之功，忘人之過，宜爲君者也。』〔一二〕夫犬馬有勞於人，尚加帷蓋之報，〔一三〕況國之功臣者哉！竊恐陛下忽於鼓鼙之聲，不察周書之意，而忘帷蓋之施，庸臣遇湯，卒從吏議，〔一四〕使百姓介然有秦民之恨，〔一五〕非所以厲死難之臣也。」書奏，天子出湯，奪爵爲士伍。

〔一〕師古曰：「子玉，楚大夫也，得臣其名也。春秋僖二十八年，子玉帥師與晉文公戰于城濮，楚師敗績。晉師三日館穀，而文公猶有憂色，曰：『得臣猶在，憂未歇也。』及楚殺子玉，公喜而後可知也。禮記曰『有憂者仄席而坐』，蓋自貶也。仄，古側字也。」

〔二〕師古曰：「廉頗，趙將也。馬服君趙奢亦趙將也。井陘之口，趙之西界山險道也。」

〔三〕師古曰：「鄉讀曰嚮。」

〔四〕師古曰：「禮之樂記曰『鼓鼙之聲讙，讙以立動，動以進衆。君子聽鼓鼙之聲，則思將率之臣』也。」

〔五〕師古曰：「閔，憂也。」

〔六〕師古曰：「愊億，憤怒之貌也。愊音皮逼反。」

〔七〕如淳曰：「踰，遠也。遠集郅支都賴水上也。」師古曰：「卒讀曰猝。厲，度也。踰讀曰遙。」

〔八〕師古曰：「逋，亡也。」

〔九〕師古曰：「地名也，在咸陽西也。」

〔一〇〕師古曰：「如席之卷。言其疾也。喋血，解在文紀。」

〔一一〕張晏曰：「謂以所征之國事類告天也。」

〔一二〕師古曰：「尚書之外逸書也。」

〔一三〕師古曰：「禮記稱孔子云：『敝帷弗棄，爲薶馬也；敝蓋弗棄，爲薶狗也。』」

〔一四〕師古曰：「以庸臣之禮待遇之也。卒，終也。」

〔一五〕師古曰：「介然猶耿耿。」

後數歲，西域都護段會宗爲烏孫兵所圍，驛騎上書，願發城郭敦煌兵以自救。〔一〕丞相王商、大將軍王鳳及百僚議數日不決。鳳言「湯多籌策，習外國事，可問。」上召湯見宣室。湯擊郅支時中寒病，兩臂不詘申。湯入見，有詔毋拜，示以會宗奏。湯辭謝，曰：「將相九卿皆賢材通明，小臣罷癃，不足以策大事。」〔二〕上曰：「國家有急，君其毋讓。」對曰：「臣以爲此必無可憂也。」上曰：「何以言之？」湯曰：「夫胡兵五而當漢兵一，何者？兵刃朴鈍，弓弩不利。今聞頗得漢巧，然猶三而當一。又兵法曰『客倍而主人半然後敵』，今圍會宗者人衆不足以勝會宗，唯陛下勿憂！且兵輕行五十里，重行三十里，今會宗欲發城郭敦煌，歷時乃至，所謂報讎之兵，非救急之用也。」上曰：「柰何？其解可必乎？度何時解？」〔三〕湯知烏孫瓦合，不能久攻，〔四〕故事不過數日，〔五〕因對曰：「已解矣！」詘指計其日，曰：「不出五日，當有吉語聞。」〔六〕居四日，軍書到，言已解。大將軍鳳奏以爲從事中郎，莫府事壹決於湯。湯明法令，善因事爲勢，納說多從。常受人金錢作章奏，卒以此敗。

〔一〕師古曰：「西域城郭諸國及敦煌兵也。」

〔二〕師古曰：「罷讀曰疲。」

〔三〕師古曰：「度音徒各反。」

〔四〕師古曰：「瓦合謂碎瓦之雜居不齊同。」

〔五〕師古曰：「故事謂以舊事測之。」

〔六〕師古曰：「吉，善也。善謂兵解之事。」

初，湯與將作大匠解萬年相善。自元帝時，渭陵不復徙民起邑。成帝起初陵，數年後，樂霸陵曲亭南，更營之。萬年與湯議，以爲「武帝時工楊光以所作數可意〔一〕自致將作大

匠，及大司農中丞耿壽昌造杜陵賜爵關內侯，將作大匠乘馬延年以勞苦秩中二千石；〔二〕今作初陵而營起邑居，成大功，萬年亦當蒙重賞。子公妻家在長安，兒子生長長安，不樂東方，宜求徙，可得賜田宅，俱善。」湯心利之，即上封事言：「初陵，京師之地，最爲肥美，可立一縣。天下民不徙諸陵三十餘歲矣，關東富人益衆，多規良田，役使貧民，〔三〕可徙初陵，以彊京師，衰弱諸侯，又使中家以下得均貧富。湯願與妻子家屬徙初陵，爲天下先。」於是天子從其計，果起昌陵邑，後徙內郡國民。萬年自詭三年可成，〔四〕後卒不就，〔五〕羣臣多言其不便者。下有司議，皆曰：「昌陵因卑爲高，積土爲山，度便房猶在平地上，〔六〕客土之中不保幽冥之靈，淺外不固，卒徒工庸以鉅萬數，至爇脂火夜作，〔七〕取土東山，且與穀同賈。〔八〕作治數年，天下徧被其勞，國家罷敝，府臧空虛，〔九〕下至衆庶，熬熬苦之。〔一〇〕故陵因天性，據真土，處勢高敞，旁近祖考，前又已有十年功緒，〔一一〕宜還復故陵，勿徙民。」上乃下詔罷昌陵，語在成紀。丞相御史請廢昌陵邑中室，〔一二〕奏未下，人以問湯：「第宅不(得徹)〔徹，得〕毋復發徙？」〔一三〕湯曰：「縣官且順聽羣臣言，猶且復發徙之也。」

〔一〕師古曰：「可天子之意。」

〔二〕師古曰：「姓乘馬，名延年。乘音食孕反。」

〔三〕師古曰：「規，畫也，自占爲疆界也。」

中華書局

〔四〕師古曰：「譙，責也，自以爲憂責也。」
〔五〕師古曰：「卒，終也。就亦成也。」
〔六〕師古曰：「度音徒各反。」
〔七〕師古曰：「難，古然字也。」
〔八〕師古曰：「賈讀曰價。」
〔九〕師古曰：「罷讀曰疲。」
〔一〇〕師古曰：「嗸嗸，衆愁聲。」
〔一一〕師古曰：「緒謂端次也。」
〔一二〕師古曰：「徙人新所起室居。」
〔一三〕師古曰：「問其不被發徹，更移徙邪？」

時成都侯商新爲大司馬衞將軍輔政，素不善湯。商聞此語，白湯惑衆，下獄治，按驗諸所犯。湯前爲騎都尉王莽上書言：「父早死，（犯）〔獨〕不封，母明君共養皇太后，尤勞苦，〔一〕宜封。」竟爲新都侯。後皇太后同母弟苟參爲水衡都尉，死，子伋爲侍中，〔二〕參妻欲爲伋求封，湯受其金五十斤，許爲求比上奏。〔三〕弘農太守張匡坐臧百萬以上，狡猾不道，有詔即訊，〔四〕恐下獄，使人報湯。湯爲訟罪，得踰冬月，許謝錢二百萬，皆此類也。事在赦前。後東萊郡黑龍冬出，人以問湯，湯曰：「是所謂玄門開。微行數出，出入不時，故龍以非時出

也。」又言當復發徙，傳相語者十餘人。丞相御史奏「湯惑衆不道，妄稱詐歸異於上，非所宜言，大不敬。」廷尉增壽議，以爲「不道無正法，〔五〕以所犯劇易爲罪，〔六〕臣下（丞）〔承〕用失其中，故移獄廷尉，〔七〕無比者先以聞，〔八〕所以正刑罰，重人命也。明主哀憫百姓，下制書罷昌陵勿徙吏民，已申布。湯妄以意相謂且復發徙，雖頗驚動，所流行者少，百姓不爲變，不可謂惑衆。湯稱詐，虛設不然之事，非所宜言，大不敬也。」制曰：「廷尉增壽當是。〔九〕湯前有討郅支單于功，其免湯爲庶人，徙邊。」又曰：「故將作大匠萬年佞邪不忠，妄爲巧詐，多賦斂，煩繇役，興卒暴之作，〔一〇〕卒徒蒙辜，死者連屬，〔一一〕毒流衆庶，海內怨望。雖蒙赦令，不宜居京師。」於是湯與萬年俱徙敦煌。

〔一〕師古曰：「莽傳言莽母渠，今此云明君。則明君者字也。」
〔二〕師古曰：「伋音汲。」
〔三〕師古曰：「比，例也，音必寐反。」
〔四〕師古曰：「就其所居考問之。」
〔五〕晉灼曰：「增壽，姓趙也。」
〔六〕師古曰：「易音弋豉反。」
〔七〕如淳曰：「如今讞罪輕重。」
〔八〕師古曰：「比謂相比附也。」
〔九〕師古曰：「當謂處正其罪也。」
〔一〇〕師古曰：「卒讀曰猝。」
〔一一〕師古曰：「蒙，被也，屬音之欲反。」

久之，敦煌太守奏「湯前親誅郅支單于，威行外國，不宜近邊塞。」詔徙安定。

議郎耿育上書言便宜，因冤訟湯曰：「延壽、湯爲聖漢揚鉤深致遠之威，雪國家累年之恥，討絕域不羈之君，係萬里難制之虜，豈有比哉！先帝嘉之，仍下明詔，宣著其功，〔一〕改年垂曆，傳之無窮。〔二〕應是，南郡獻白虎，邊陲無警備。會先帝寢疾，然猶垂意不忘，數使尚書責問丞相，趣立其功。〔三〕獨丞相匡衡排而不予，封延壽、湯數百戶，此功臣戰士所以失望也。孝成皇帝承建業之基，乘征伐之威，兵革不動，國家無事，而大臣傾邪，讒佞在朝，曾不深惟本末之難，以防未然之戒，欲專主威，排妒有功，使湯塊然〔四〕被冤拘囚，不能自明，卒以無罪，老棄敦煌，正當西域通道，令威名折衝之臣旋踵及身，復爲郅支遺虜所笑，誠可悲也！至今奉使外蠻者，未嘗不陳郅支之誅以揚漢國之盛。夫援人之功以懼敵，棄人之身以快讒，〔五〕豈不痛哉！且安不忘危，盛必慮衰，今國家素無文帝累年節儉富饒之畜，〔六〕又無武帝薦延〔七〕梟俊禽敵之臣，獨有一陳湯耳！〔八〕假使異世不及陛下，尚望國家追錄其功，封表其墓，以勸後進也。湯幸得身當聖世，功曾未久，反聽邪臣鞭逐斥遠，使亡逃分竄，

死無處所。〔九〕遠覽之士，莫不計度，〔一〇〕以爲湯功累世不可及，而湯過人情所有，〔一一〕湯尚如此，雖復破絕筋骨，暴露形骸，猶復制於脣舌，爲嫉妒之臣所係虜耳。此臣所以爲國家尤戚戚也。」書奏，天子還湯，卒於長安。

〔一〕師古曰：「仍，頻也。」
〔二〕師古曰：「謂改年爲竟寧也。不以此事，蓋當其年，上書者附著耳。」
〔三〕師古曰：「趣讀曰促。」
〔四〕師古曰：「塊然，獨處之意，如土塊也。音口內反。」
〔五〕師古曰：「援，引也，音爰。」
〔六〕師古曰：「畜讀曰蓄，謂府庫也。」
〔七〕如淳曰：「薦延，使羣臣薦士而延納之。」
〔八〕師古曰：「梟謂斬其首而縣之也。俊謂敵之魁率，郅支是也。春秋左氏傳曰『得俊曰克』。」
〔九〕師古曰：「分謂散離也。虞書舜典曰『分北三苗』。」
〔一〇〕師古曰：「度音大各反。」
〔一一〕師古曰：「言湯所犯之罪過，人情共有此事耳，非特詭異深可誅責也。」

死後數年，王莽爲安漢公秉政，既內德湯舊恩，又欲諂皇太后，以討郅支功尊元帝廟稱高宗。以湯、延壽前功大賞薄，及候丞杜勳不賞，乃益封延壽孫遷千六百戶，追謚湯曰破胡

壯侯，封湯子馮爲破胡侯，勳爲討狄侯。

段會宗字子松，天水上邽人也。竟寧中，以杜陵令五府舉爲西域都護、騎都尉光祿大夫，西域敬其威信。三歲，更盡還，〔一〕拜爲沛郡太守。以單于當朝，徙爲雁門太守。數年，坐法免。西域諸國上書願得會宗，陽朔中復爲都護。

〔一〕如淳曰：「邊吏三歲一更，下言終更皆是也。」師古曰：「更，工衡反。其下並同。」

會宗爲人好大節，矜功名，與谷永相友善。谷永閔其老復遠出，予書戒曰：「足下以柔遠之令德，復典都護之重職，〔一〕甚休甚休！〔二〕若子之材，可優遊都城而取卿相，何必勒功昆山之仄，總領百蠻，懷柔殊俗？子之所長，愚無以喻。〔三〕雖然，朋友以言贈行，敢不略意。〔四〕方今漢德隆盛，遠人賓服，傅、鄭、甘、陳之功沒齒不可復見，願吾子因循舊貫，毋求奇功，〔五〕終更亟還，亦足以復雁門之踦。〔六〕萬里之外以身爲本。願詳思愚言。」

〔一〕師古曰：「柔，安也。柔遠，言能安遠人。虞書舜典曰『柔遠能邇』。」
〔二〕師古曰：「休，美也。」
〔三〕師古曰：「言子思慮深長，當不待己曉告也。」
〔四〕師古曰：「贈行謂將別相贈也。略意，略陳本意也。」

〔五〕師古曰：「貫，事也。」
〔六〕應劭曰：「踦，隻也。會宗從沛郡下爲雁門，又坐法免，爲踦隻不偶也。」師古曰：「亟，急也。復猶補也。亟音居力反。踦音居宜反。」

會宗既出。諸國遣子弟郊迎。小昆彌安日前爲會宗所立，德之，〔一〕欲往謁，諸翎侯止不聽，遂至龜茲謁。城郭甚親附。〔二〕康居太子保蘇匿率衆萬餘人欲降，會宗奏狀，漢遣衞司馬逢迎。〔三〕會宗發戊己校尉兵隨司馬受降。司馬畏其衆，欲令降者皆自縛，保蘇匿怨望，舉衆亡去。會宗更盡還，以擅發戊己校尉之兵乏興，有詔贖論。拜爲金城太守，以病免。

〔一〕師古曰：「懷會宗之恩德也。」
〔二〕師古曰：「謂城郭諸國。」
〔三〕師古曰：「迎之於道，隨所到而逢之，故曰逢迎也。」

歲餘，小昆彌爲國民所殺，諸翎侯大亂。徵會宗爲左曹中郎將光祿大夫，使安輯烏孫，〔一〕立小昆彌兄末振將，〔二〕定其國而還。

〔一〕師古曰：「輯與集同。」
〔二〕服虔曰：「人姓名也。」師古曰：「其名也。昆彌之兄不可別舉姓也。」

明年，末振將殺大昆彌，會病死，漢恨誅不加。元延中，復遣會宗發戊己校尉諸國兵，即誅末振將太子番丘。〔一〕會宗恐大兵入烏孫，驚番丘，亡逃不可得，即留所發兵墊婁地，〔二〕選精兵三十弩，〔三〕徑至昆彌所在，召番丘，責以「末振將骨肉相殺，殺漢公主子孫，未伏誅而死，使者受詔誅番丘。」即手劍擊殺番丘。官屬以下驚恐，馳歸。小昆彌烏犁靡者，末振將兄子也，勒兵數千騎圍會宗，會宗爲言來誅之意：「今圍守殺我，如取漢牛一毛耳。宛王郅支頭縣槀街，烏孫所知也。」昆彌以下服，曰：「末振將負漢，誅其子可也，獨不可告我，令飲食之邪？」〔四〕會宗曰：「豫告昆彌，逃匿之，爲大罪。即飲食以付我，傷骨肉恩，故不先告。」昆彌以下號泣罷去。會宗還奏事，公卿議會宗權得便宜，以輕兵深入烏孫，即誅番丘，〔五〕宣明國威，宜加重賞。天子賜會宗爵關內侯，黃金百斤。

〔一〕師古曰：「番音步安反。」
〔二〕服虔曰：「墊音墊阸之墊。」鄭氏曰：「婁音僂。」師古曰：「墊音丁念反。婁音樓。」
〔三〕李奇曰：「三十人，人持一弩。」
〔四〕師古曰：「飲音於禁反。食讀曰飤。次下亦同。」
〔五〕師古曰：「即，就也。」

是時，小昆彌季父卑爰疐〔一〕擁衆欲害昆彌，漢復遣會宗使安輯，與都護孫建并力。明年，會宗病死烏孫中，年七十五矣，城郭諸國爲發喪立祠焉。

〔一〕師古曰：「疐音竹二反。」

贊曰：自元狩之際，張騫始通西域，至于地節，鄭吉建都護之號，訖王莽世，凡十八人，皆以勇略選，然其有功迹者具此。廉褒以恩信稱，郭舜以廉平著，孫建用威重顯，其餘無稱焉。陳湯儻蕩，不自收斂，〔一〕卒用困窮，議者閔之，故備列云。

〔一〕師古曰：「儻蕩，無行檢也。蕩音蕩。」

校勘記

三〇〇三頁三行　（間）〔言〕爲匈奴之間（爲）〔而〕候伺。景祐、殿本「間」作「言」，「爲」作「而」。
三〇〇七頁六行　投石，應（劭）〔說〕是也。景祐、殿本都作「說」，此誤。
三〇〇七頁七行　今人猶（言）〔有〕拔爪之戲，景祐、殿本都作「有」，此誤。
三〇〇七頁三行　坐削（二百戶）〔戶二百〕，景祐、殿本都作「戶二百」。
三〇〇八頁一〇行　今郅支單于鄉化未（淳）〔醇〕，景祐、殿本都作「醇」。王先謙說「淳」字誤。
三〇〇八頁二行　中國與夷狄有羈（靡）〔縻〕不絕之義，景祐、殿本都作「縻」。王先謙說作「縻」是。
三〇〇八頁三行　示（捐棄）〔棄捐〕不畜，景祐、殿本都作「棄捐」。
三〇〇九頁四行　殺略民人，（敺）〔毆〕畜產，景祐、殿、局本都作「毆」，注同。

三〇〇九頁一〇行　言（制節）〔節制〕之，　景祐、殿本都作「節制」。

三〇一〇頁四行　支解謂〔解〕截其四支也。　景祐、殿本都有「解」字。

三〇一一頁四行　山離烏弋不在（二）〔三〕十六國中，　景祐、殿、局本都作「三」。

三〇一六頁一六行　（若如）〔如，若〕也。　景祐、殿、局本都作「如若」，此誤倒。

三〇一七頁八行　獲（非）〔匪〕其醜。　景祐、殿本都作「匪」，通鑑、易今本並同。

三〇二二頁六行　薦功（宗）〔祖〕廟，　景祐、殿本都作「祖」。

三〇二四頁一一行　第宅不（得徹）〔徹，得〕毋復發徙？　景祐、殿、局本都作「徹得」。王文彬說此誤倒。

三〇二五頁三行　父早死，（犯）〔獨〕不封，　景祐、殿、局本都作「獨」。

三〇二六頁二行　臣下（丞）〔承〕用失其中，　景祐、殿、局本都作「承」。

漢書

漢蘭臺令史　班　固　撰
唐祕書少監　顏師古　注

第　十　册

卷七一至卷八四（傳四）

中華書局

中華書局

漢書卷七十一

雋疏于薛平彭傳第四十一

雋不疑字曼倩，勃海人也。〔一〕治春秋，爲郡文學，進退必以禮，名聞州郡。

〔一〕師古曰：「雋音字兗反，又辭兗反。」

武帝末，郡國盜賊羣起，暴勝之爲直指使者，衣繡衣，持斧，逐捕盜賊，督課郡國，〔一〕東至海，以軍興誅不從命者，〔二〕威振州郡。勝之素聞不疑賢，至勃海，遣吏請與相見。不疑冠進賢冠，帶櫑具劍，〔三〕佩環玦，〔四〕褒衣博帶，〔五〕盛服至門上謁。〔六〕門下欲使解劍，不疑曰：「劍者君子武備，所以衞身，不可解。請退。」吏白勝之。勝之開閤延請，望見不疑容貌尊嚴，衣冠甚偉，勝之躧履起迎。〔七〕登堂坐定，不疑據地曰：「竊伏海瀕，聞暴公子威名舊矣，〔八〕今乃承顏接辭。凡爲吏，太剛則折，太柔則廢，威行施之以恩，然後樹功揚名，永終天祿。」〔九〕勝之知不疑非庸人，〔一〇〕敬納其戒，深接以禮意，問當世所施行。門下諸從事皆州郡選吏，〔一一〕側聽不疑，莫不驚駭。至昏夜，罷去。勝之遂表薦不疑，徵詣公車，拜爲青州

刺史。

〔一〕師古曰：「督謂察視之。」

〔二〕師古曰：「有所追捕及行誅罰，皆依興軍之制。」

〔三〕應劭曰：「櫑具，木摽首之劍，櫑落壯大也。」晉灼曰：「古長劍首以玉作井鹿盧形，上刻木作山形，如蓮花初生未敷時。今大劍木首，其狀似此。」師古曰：「晉說是也。櫑音雷。摽音匹遙反。」

〔四〕師古曰：「環，玉環也。玦即玉佩之玦也。帶環而又著玉佩也。禮記曰『孔子佩象環』也。」

〔五〕師古曰：「褒，大裾也。言着褒大之衣，廣博之帶也。而說者乃以爲朝服垂褒之衣，非也。」

〔六〕師古曰：「上謁，若今通名也。」

〔七〕文穎曰：「躧音纚。」師古曰：「履不著跟曰躧。躧謂納履未正，曳之而行，言其遽也。躧音山爾反。」

〔八〕師古曰：「瀕，厓也。公子，勝之字也。舊，久也。瀕音頻，又音賓。」

〔九〕師古曰：「樹，立也。」

〔一〇〕師古曰：「庸，常也。」

〔一一〕師古曰：「選州郡吏之最者乃得爲從事。」

久之，武帝崩，昭帝即位，而齊孝王孫劉澤交結郡國豪傑謀反，欲先殺青州刺史。不疑發覺，收捕，皆伏其辜。擢爲京兆尹，賜錢百萬。京師吏民敬其威信。每行縣錄囚徒還，〔一〕其母輒問不疑：「有所平反，活幾何人？」〔二〕即不疑多有所平反，母喜笑，爲飲食語言異於

他時；或亡所出，母怒，爲之不食。故不疑爲吏，嚴而不殘。

〔一〕師古曰：「省錄之，知其情狀有冤滯與不也。今云慮四，本錄聲之去者耳，音力具反。而近俗不曉其意，訛其文遂爲思慮之慮，失其源矣。行音下更反。」

〔二〕如淳曰：「反音幡。幡，奏使從輕也。」師古曰：「幾音居起反。」

始元五年，有一男子乘黃犢車，建黃旐，〔一〕衣黃襜褕，著黃冒，〔二〕詣北闕，自謂衞太子。〔三〕公車以聞，〔四〕詔使公卿將軍中二千石雜識視。〔五〕長安中吏民聚觀者數萬人。右將軍勒兵闕下，以備非常。丞相御史中二千石至者（立）〔並〕莫敢發言。京兆尹不疑後到，叱從吏收縛。或曰：「是非未可知，且安之。」〔六〕不疑曰：「諸君何患於衞太子！昔蒯聵違命出奔，輒距而不納，春秋是之。〔七〕衞太子得罪先帝，亡不即死，今來自詣，此罪人也。」遂送詔獄。

〔一〕師古曰：「旐，旌旗之屬，畫龜蛇曰旐。」

〔二〕師古曰：「襜褕，直裾襌衣。襜音昌瞻反。褕音踰。冒所以覆冒其首，即今之下裙冒也。」

〔三〕師古曰：「戾太子。」

〔四〕師古曰：「公車，主受章奏者。」

〔五〕師古曰：「雜，共也。有素識之者，令視知其是非也。」

〔六〕師古曰：「安猶徐也。」

〔七〕師古曰：「蒯聵，衞靈公太子。輒，蒯聵子也。蒯聵得罪於靈公而出奔晉。及靈公卒，使輒嗣位，而晉趙鞅納蒯聵於戚，欲求入衞。魯哀公三年春，齊國夏、衞石曼姑帥師圍戚。公羊傳曰：『曼姑受命於靈公而立輒，曼姑之義固可以距蒯聵也。輒之義可以立乎？曰可。奈何不以父命辭王父命也。』」

天子與大將軍霍光聞而嘉之，曰：「公卿大臣當用經術明於大誼。」繇是名聲重於朝廷，〔一〕在位者皆自以不及也。大將軍光欲以女妻之，不疑固辭，不肯當。久之，以病免，終於家。京師紀之。後趙廣漢爲京兆尹，言「我禁姦止邪，行於吏民，至於朝廷事，不及不疑遠甚。」廷尉驗治何人，竟得姦詐。〔二〕本夏陽人，姓成名方遂，居湖，〔三〕以卜筮爲事。有故太子舍人嘗從方遂卜，謂曰：「子狀貌甚似衞太子。」方遂心利其言，幾得以富貴，〔四〕即詐自稱詣闕。廷尉逮召鄉里識知者張宗祿等，方遂坐誣罔不道，要斬東市。一〔云〕姓張名延年。〔五〕

〔一〕師古曰：「繇讀與由同。」

〔二〕師古曰：「凡不知姓名及所從來者，皆曰何人。他皆類此。」

〔三〕師古曰：「湖，縣名。」

〔四〕師古曰：「幾讀曰冀。」

〔五〕師古曰：「故昭紀謂之張延年。」

疏廣字仲翁，東海蘭陵人也。少好學，明春秋，家居教授，學者自遠方至。徵爲博士太中大夫。地節三年，立皇太子，選丙吉爲太傅，廣爲少傅。數月，吉遷御史大夫，廣徙爲太傅，廣兄子受字公子，亦以賢良舉爲太子家令。受好禮恭謹，敏而有辭。〔一〕宣帝幸太子宮，受迎謁應對，及置酒宴，奉觴上壽，辭禮閑雅，上甚讙說。〔二〕頃之，拜受爲少傅。

〔一〕師古曰：「敏謂所見捷利。」

〔二〕師古曰：「說讀曰悅。」

太子外祖父特進平恩侯許伯以爲太子少，白使其弟中郎將舜監護太子家。上以問廣，廣對曰：「太子國儲副君，師友必於天下英俊，不宜獨親外家許氏。且太子自有太傅少傅，官屬已備，今復使舜護太子家，視陋，非所以廣太子德於天下也。」〔一〕上善其言，以語丞相魏相，相免冠謝曰：「此非臣等所能及。」廣繇是見器重，數受賞賜。〔二〕太子每朝，因進見，太傅在前，少傅在後。父子並爲師傅，朝廷以爲榮。

〔一〕師古曰：「視讀曰示。言獨親外家，示天下以淺陋。」

〔二〕師古曰：「繇讀與由同。」

在位五歲，皇太子年十二，通論語、孝經。廣謂受曰：「吾聞『知足不辱，知止不殆』，『功遂身退，天之道』也。〔一〕今仕(宦)〔官〕至二千石，宦成名立，如此不去，懼有後悔，豈如父子

相隨出關，歸老故鄉，以壽命終，不亦善乎？」受叩頭曰：「從大人議。」即日父子俱移病。〔二〕滿三月賜告，廣遂稱篤，上疏乞骸骨。上以其年篤老，皆許之，加賜黃金二十斤，皇太子贈以五十斤。公卿大夫故人邑子設祖道，供張東都門外，〔三〕送者車數百兩，辭決而去。及道路觀者皆曰：「賢哉二大夫！」或歎息爲之下泣。

〔一〕師古曰：「此皆老子之言，廣引之。殆，危也。遂，成也。」

〔二〕師古曰：「移病卽移書言病也。一曰以病而移居。」

〔三〕蘇林曰：「長安東郭門也。」師古曰：「祖道，餞行也，解在景十三王及劉屈氂傳。供音居共反。張音竹亮反。」

廣既歸鄉里，日令家共具設酒食，〔一〕請族人故舊賓客，與相娛樂。數問其家金餘尙有幾所，趣賣以共具。〔二〕居歲餘，廣子孫竊謂其昆弟老人廣所愛信者曰：「子孫幾及君時頗立產業基阯，〔三〕今日飲食(廢)〔費〕且盡。宜從丈人所，勸說君買田宅。」〔四〕老人卽以閒暇時爲廣言此計，〔五〕廣曰：「吾豈老誖不念子孫哉？〔六〕顧自有舊田廬，〔七〕令子孫勤力其中，足以共衣食，與凡人齊。今復增益之以爲贏餘，但教子孫怠墯耳。賢而多財，則損其志；愚而多財，則益其過。且夫富者，衆人之怨也；吾既亡以教化子孫，不欲益其過而生怨。又此金者，聖主所以惠養老臣也，故樂與鄉黨宗族共饗其賜，以盡吾餘日，不亦可乎！」於是族人說服。〔八〕皆以壽終。

〔一〕師古曰：「日日設之也。共讀曰供。其他類此。」

〔二〕師古曰：「幾所猶言幾許也。趣讀曰促。」

〔三〕師古曰：「幾讀曰冀。」

〔四〕鄧展曰：「宜令意自從丈人所出，無泄吾言也。」師古曰：「丈人，莊嚴之稱也，故親而老者皆稱焉。」

〔五〕師古曰：「閒卽閑字也。」

〔六〕師古曰：「誖，惑也，音布內反。」

〔七〕師古曰：「顧，思念也。」

〔八〕師古曰：「說讀曰悅。」

于定國字曼倩，東海郯人也。〔一〕其父于公爲縣獄史，郡決曹，決獄平，羅文法者于公所決皆不恨。〔二〕郡中爲之生立祠，號曰于公祠。

〔一〕師古曰：「郯音談。」

〔二〕師古曰：「羅，罹也，遭也。」

東海有孝婦，少寡，亡子，養姑甚謹，姑欲嫁之，終不肯。姑謂鄰人曰：「孝婦事我勤苦，哀其亡子守寡。我老，久絫丁壯，柰何？」〔一〕其後姑自經死，〔二〕姑女告吏：「婦殺我母。」吏捕孝婦，孝婦辭不殺姑。吏驗治，孝婦自誣服。具獄上府，〔三〕于公以爲此婦養姑十餘年，

以孝聞，必不殺也。太守不聽，于公爭之，弗能得，乃抱其具獄，哭於府上，〔四〕因辭疾去。太守竟論殺孝婦。郡中枯旱三年。後太守至，卜筮其故，于公曰：「孝婦不當死，前太守彊斷之，咎黨在是乎？」〔五〕於是太守殺牛自祭孝婦冢，因表其墓，天立大雨，歲孰。郡中以此大敬重于公。

〔一〕師古曰：「絫，古累字也，音力瑞反。」

〔二〕師古曰：「不欲累婦，故自殺。」

〔三〕師古曰：「府，郡之曹府也。上音時掌反。」

〔四〕師古曰：「具獄者，獄案已成，其文備具也。」

〔五〕師古曰：「黨音他朗反。」

定國少學法于父，父死，後定國亦爲獄史，郡決曹，補廷尉史，以選與御史中丞從事治反者獄，以材高舉侍御史，遷御史中丞。會昭帝崩，昌邑王徵卽位，行淫亂，定國上書諫。後王廢，宣帝立，大將軍光領尙書事，條奏羣臣諫昌邑王者皆超遷。定國繇是爲光祿大夫，〔一〕平尙書事，甚見任用。數年，遷水衡都尉，超爲廷尉。

〔一〕師古曰：「繇與由同。」

定國乃迎師學春秋，身執經，北面備弟子禮。爲人謙恭，尤重經術士，雖卑賤徒步往

過，定國皆與鈞禮，(一)恩敬甚備，學士咸(譽)〔稱〕焉。其決疑平法，務在哀鰥寡，罪疑從輕，加審慎之心。朝廷稱之曰：「張釋之爲廷尉，天下無冤民；(二)于定國爲廷尉，民自以不冤。」(三)定國食酒至數石不亂，(四)冬月請治讞，飲酒益精明。(五)爲廷尉十八歲，遷御史大夫。

(一)師古曰：「鈞禮猶言亢禮。」
(二)師古曰：「言決罪皆當。」
(三)師古曰：「言知其寬平，皆無冤枉之慮。」
(四)如淳曰：「食酒猶言喜酒也。」師古曰：「若依如氏之說，食字當音嗜，此說非也。下敍定國子永乃言嗜酒耳。食酒者，謂能多飲，費盡其酒，猶云食言焉。今流俗書本輒改食字作飲字，失其眞也。」
(五)師古曰：「讞，平議也，音魚列反。」

甘露中，代黃霸爲丞相，封西平侯。三年，宣帝崩，元帝立，以定國任職舊臣，敬重之。時陳萬年爲御史大夫，與定國並位八年，論議無所拂。(一)後貢禹代爲御史大夫，數處駮議，(二)定國明習政事，率常丞相議可。(三)然上始卽位，關東連年被災害，民流入關，言事者歸咎於大臣。(四)上於是數以朝日引見丞相、御史，(五)入受詔，條責以職事，曰：「惡吏負賊，妄意良民，(六)至亡辜死。或盜賊發，吏不亟追而反繫亡家，(七)後不敢復告，以故寖廣。(八)民多冤結，州郡不理，連上書者交於闕廷。二千石選舉不實，是以在位多不任職。(九)民田有災害，吏不肯除，收趣其租，以故重困。(一〇)關東流民飢寒疾疫，已詔吏轉漕，虛倉廩開府

臧相振救，賜寒者衣，至春猶恐不贍。(一一)今丞相、御史將欲何施以塞此咎？(一二)悉意條狀，陳朕過失。」(一三)定國上書謝罪。

(一)師古曰：「言不相違戾也。拂音佛。」
(二)師古曰：「言與定國不同。」
(三)師古曰：「(言事者)〔天子皆〕可定國所言。」
(四)師古曰：「言事者謂上書陳事也。」
(五)師古曰：「五日一聽朝，故云朝日也。」
(六)師古曰：「賊發不得，恐負其殿，故妄疑善人，致其罪也。」
(七)師古曰：「亟，急也。不急追賊，反禁繫失物之家。」
(八)師古曰：「寖，漸也。」
(九)師古曰：「謂令長丞尉。」
(一〇)師古曰：「趣讀曰促。重音直用反。」
(一一)師古曰：「贍，足也。」
(一二)師古曰：「塞，補也。」
(一三)師古曰：「悉，盡也。」

永光元年，春霜夏寒，日靑亡光，上復以詔條責曰：「郎有從東方來者，言民父子相棄。(一)丞相、御史案事之吏匿不言邪？將從東方來者加增之也？何以錯繆至是？(二)欲知其實。方今年歲未可預知也，卽有水旱，其憂不細。公卿有可以防其未然，救其已然者不？各以誠對，(三)毋有所諱。」定國惶恐，上書自劾，歸侯印，乞骸骨。上報曰：「君相朕躬，不敢怠息，(四)萬方之事，大錄于君。(五)能毋過者，其唯聖人。方今承周秦之敝，俗化陵夷，(六)民寡禮誼，陰陽不調，災咎之發，不爲一端而作，自聖人推類以記，不敢專也，況於非聖者乎！(七)日夜惟思所以，未能盡明。(八)經曰：『萬方有罪，罪在朕躬。』(九)君雖任職，何必顓焉？(一〇)其勉察郡國守相(郡)〔羣〕牧，非其人者毋令久賊民。永執綱紀，務悉聰明，强食慎疾。」(一一)定國遂稱篤，固辭。上乃賜安車駟馬、黃金六十斤，罷就第。數歲，七十餘薨，諡曰安侯。

(一)師古曰：「以遭飢饉不能相養。」
(二)師古曰：「錯，互也。繆，違也。謂吏及東方人言不相同也。」
(三)師古曰：「言能防救已不，宜各以實對。」
(四)師古曰：「息謂自休息。」
(五)師古曰：「大錄，總錄也。」
(六)師古曰：「言頹替也。」
(七)師古曰：「非聖者謂常人。」

(八)師古曰：「所以，所由也。言何由致此災。」
(九)師古曰：「此論語堯曰篇載殷湯伐桀告天之辭。」
(一〇)師古曰：「顓與專同。事不專由君也。」
(一一)師古曰：「悉，盡也。」

子永嗣。少時，耆酒多過失，(一)年且三十，乃折節修行，以父任爲侍中中郎將、長水校尉。定國死，居喪如禮，孝行聞。由是以列侯爲散騎光祿勳，至御史大夫。尙館陶公主施。施者，宣帝長女，成帝姑也，賢有行，永以選尙焉。上方欲相之，會永薨。子恬嗣。恬不肖，薄於行。

(一)師古曰：「耆讀曰嗜。」

始定國父于公，其閭門壞，父老方共治之。(一)于公謂曰：「少高大閭門，令容駟馬高蓋車。我治獄多陰德，未嘗有所冤，子孫必有興者。」至定國爲丞相，永爲御史大夫，封侯傳世云。

(一)師古曰：「閭門，里門也。」

薛廣德字長卿，沛郡相人也。以魯詩教授楚國，龔勝、舍師事焉。蕭望之爲御史大夫，

漢書卷七十二

王貢兩龔鮑傳第四十二

昔武王伐紂，遷九鼎於雒邑，〔一〕伯夷、叔齊薄之，〔二〕餓（死）于首陽，不食其祿，〔三〕周猶稱盛德焉。然孔子賢此二人，以爲「不降其志，不辱其身」也。〔四〕而孟子亦云：「聞伯夷之風者，貪夫廉，懦夫有立志」；〔五〕「奮乎百世之上，（行乎）百世之下莫不興起，非賢人而能若是乎！」

〔一〕師古曰：「九鼎，即夏禹所鑄者也。遷謂從紂都遷之以來。春秋左氏傳曰：『夏之方有德也，遠方圖物，貢金九牧以鑄鼎象物。桀有昏德，鼎遷于商，載祀六百。商紂暴虐，鼎遷于周。』」

〔二〕師古曰：「夷、齊以武王父死不葬而用干戈爲不孝，以臣伐君爲不忠。」

〔三〕師古曰：「馬融云首陽山在河東蒲阪華山之北，河曲之中。高誘則云在雒陽東北。阮籍詠懷詩亦以爲然。今此二山並有夷齊祠耳。而曹大家注幽通賦云隴西首陽縣是也。今隴西亦有首陽山。許慎又云首陽山在遼西。諸說不同，致有疑惑，而伯夷歌云『登彼西山』，則當隴西者近爲是也。」

〔四〕師古曰：「事見論語。」

〔五〕師古曰：「懦，柔弱也，音乃喚反，又音儒。」

漢興有園公、綺里季、夏黃公、甪里先生，〔一〕此四人者，當秦之世，避而入商雒深山，〔二〕以待天下之定也。自高祖聞而召之，不至。其後呂后用留侯計，使皇太子卑辭束帛致禮，安車迎而致之。四人既至，從太子見，高祖客而敬焉，太子得以爲重，遂用自安。語在留侯傳。

〔一〕師古曰：「四皓稱號，本起於此，更無姓名可稱知。此蓋隱居之人，匿跡遠害，不自標顯，祕其氏族，故史傳無得而詳。至於後代皇甫謐、圈稱之徒，及諸地理書說，競爲四人施安姓字，自相錯互，語又不經，班氏不載於書。諸家皆臆說，今並棄略，一無取焉。」

〔二〕師古曰：「即今之商州商雒縣山也。」

其後谷口有鄭子眞，蜀有嚴君平，〔一〕皆修身自保，非其服弗服，非其食弗食。成帝時，元舅大將軍王鳳以禮聘子眞，子眞遂不詘而終。君平卜筮於成都市，以爲「卜筮者賤業，而可以惠衆人。有邪惡非正之問，則依蓍龜爲言利害。與人子言依於孝，與人弟言依於順，與人臣言依於忠，各因勢導之以善，從吾言者，已過半矣。」裁日閱數人，〔二〕得百錢足自養，則閉肆下簾而授老子。〔三〕博覽亡不通，依老子、嚴周之指著書十餘萬言。〔四〕楊雄少時從遊學，以而仕京師顯名，數爲朝廷在位賢者稱君平德。杜陵李彊素善雄，久之爲益州牧，喜謂雄曰：「吾眞得嚴君平矣。」雄曰：「君備禮以待之，彼人可見而不可得詘也。」彊心以爲不然。及至蜀，致禮與相見，卒不敢言以爲從事，乃歎曰：「楊子雲誠知人！」君平年九十餘，遂以其業終，蜀人愛敬，至今稱焉。及雄著書言當世士，稱此二人。其論曰：「或問：君子疾沒世而名不稱，〔五〕盍勢諸名卿可幾？曰：君子德名爲幾。〔六〕梁、齊、楚、趙之君非不富且貴也，〔七〕惡虖成其名！〔八〕谷口鄭子眞不詘其志，耕於巖石之下，名震於京師，豈其卿？豈其卿？楚兩龔之絜，其清矣乎！蜀嚴湛冥，〔九〕不作苟見，不治苟得，〔一〇〕久幽而不改其操，雖隨、和何以加諸？〔一一〕舉茲以旃，不亦寶乎！」〔一二〕

〔一〕師古曰：「地理志謂君平爲嚴遵。三輔決錄云子眞名樸，君平名尊，則君平、子眞皆其字也。」

〔二〕師古曰：「裁與才同。閱，歷也。」

〔三〕師古曰：「肆者，市也，列所坐之處也。」

〔四〕師古曰：「嚴周即莊周。」

〔五〕師古曰：「以身沒而無名爲病。」

〔六〕孟康曰：「盍，何不也，言何不因名卿之勢以求名。」韋昭曰：「言有勢之名卿，庶幾可不朽。楊子以爲不然，唯有德者可以有名。」師古曰：「或人以事有權力之卿，用自表顯，則其名可庶幾而立。楊雄以爲自蓄其德，則有名也。」

〔七〕師古曰：「謂當時諸侯王也。」

〔八〕師古曰：「惡，於何也。惡音烏。」

〔九〕孟康曰：「蜀郡嚴君平湛深玄默無欲也。」師古曰：「湛讀曰沈。」

〔一〇〕師古曰：「不爲苟顯之行，不事苟得之業。」

〔一一〕師古曰：「隨，隨侯珠也。和，和氏璧也。諸，之也。」

〔一二〕師古曰：「旃亦之也。言舉此人而用之，不亦國之寶乎！自此以上皆楊雄之言也。」

自園公、綺里季、夏黃公、甪里先生、鄭子眞、嚴君平皆未嘗仕，然其風聲足以激貪厲俗，近古之逸民也。若王吉、貢禹、兩龔之屬，皆以禮讓進退云。

王吉字子陽，琅邪皋虞人也。少（時）〔好〕學明經，以郡吏舉孝廉爲郎，補若盧右丞，〔一〕遷雲陽令。舉賢良爲昌邑中尉，而王好遊獵，驅馳國中，動作亡節，吉上疏諫，曰：

〔一〕師古曰：「少府之屬官有若盧令丞。漢舊儀以爲主治庫兵者。」

臣聞古者師日行三十里，吉行五十里。詩云：「匪風發兮，匪車揭兮，顧瞻周道，中心怛兮。」〔一〕說曰：是非古之風也，發發者；是非古之車也，揭揭者。蓋傷之也。〔二〕今者大王幸方與，〔三〕曾不半日而馳二百里，百姓頗廢耕桑，治道牽馬，臣愚以爲民不可數變也。〔四〕昔召公述職，〔五〕當民事時，舍於棠下而聽斷焉。〔六〕是時人皆得其所，後世思其仁恩，至虖不伐甘棠，甘棠之詩是也。〔七〕

〔一〕師古曰：「檜國匪風之篇。發發，飄風貌。揭揭，疾驅貌。怛，古怛字，傷也。言見此飄風及疾驅，則顧念哀傷，思

周道也。揭音丘列反。」
(二)師古曰：「今之發發然者非古有道之風也，今之揭揭然者非古有道之車也，故傷之。」
(三)師古曰：「縣名也，音房預。」
(四)師古曰：「數音所角反。」
(五)師古曰：「召讀曰邵。邵公名奭。自陝以西邵公主之。」
(六)師古曰：「舍，止息。」
(七)師古曰：「邵南之詩也，其詩曰『蔽芾甘棠，勿翦勿伐，邵伯所茇。』蔽芾，小樹貌也。甘棠，杜也。茇，舍也。蔽音必二反。芾音方未反。茇音步末反。」

大王不好書術而樂逸游，馮式撙銜，(一)馳騁不止，口倦乎叱咤，(二)手苦於箠轡，(三)身勞乎車輿；朝則冒霧露，晝則被塵埃，(四)夏則為大暑之所暴炙，冬則為風寒之所匽薄。(五)數以耎脆之玉體犯勤勞之煩毒，(六)非所以全壽命之宗也，(七)又非所以進仁義之隆也。(八)

(一)臣瓚曰：「撙，促也。」師古曰：「撙，挫也，音子本反。」
(二)師古曰：「咤亦叱字也，音竹駕反。」
(三)師古曰：「箠，馬策，音止蘂反。」
(四)師古曰：「冒，犯也，音莫克反。」

(五)師古曰：「匽與偃同，言遇疾風則偃靡也。薄，迫也。」
(六)師古曰：「耎，柔也，音而兖反。」
(七)師古曰：「宗，尊也。」
(八)師古曰：「隆，高也。」

夫廣夏之下，細旃之上，(一)明師居前，勸誦在後，上論唐虞之際，下及殷周之盛，考仁聖之風，習治國之道，訢訢焉發憤忘食，日新厥德，(二)其樂豈徒銜橛之間哉！(三)休則俛仰詘信以利形，(四)進退步趨以實下，(五)吸新吐故以練臧，專意積精以適神，(六)於以養生，豈不長哉！大王誠留意如此，則心有堯舜之志，體有喬松之壽，(七)美聲廣譽登而上聞，則福祿其轃而社稷安矣。(八)

(一)師古曰：「廣夏，大屋也。旃與氈同。」
(二)師古曰：「訢，古欣字。」
(三)師古曰：「銜，馬銜也。橛，車鉤心也。張揖以橛為馬之長銜，非也。橛音其月反。」
(四)師古曰：「形，體也。信讀曰伸。」
(五)如淳曰：「今人不行，則膝已下虛弱不實。」
(六)師古曰：「臧，五臧也。練，練其氣也。適，和也。」
(七)師古曰：「喬松，仙人伯喬及赤松子也。」

(八)師古曰：「轃與臻同。臻，至也。」

皇帝仁聖，至今思慕未怠，(一)於宮館囿池弋獵之樂未有所幸，大王宜夙夜念此，以承聖意。諸侯骨肉，莫親大王，大王於屬則子也，於位則臣也，一身而二任之責加焉，恩愛行義孅介有不具者，於以上聞，非饗國之福也。臣吉愚戇，願大王察之。

(一)師古曰：「皇帝謂昭帝也。言武帝晏駕未久，故尚思慕。」

王賀雖不遵道，然猶知敬禮吉，乃下令曰：「寡人造行不能無惰，中(慰)〔尉〕甚忠，數輔吾過。使謁者千秋賜中尉牛肉五百斤，酒五石，脯五束。」其後復放從自若。(一)吉輒諫爭，甚得輔弼之義，雖不治民，國中莫不敬重焉。

(一)師古曰：「從音子用反。」

久之，昭帝崩，亡嗣，大將軍霍光秉政，遣大鴻臚宗正迎昌邑王。吉即奏書戒王曰：「臣聞高宗諒闇，三年不言。(一)今大王以喪事徵，宜日夜哭泣悲哀而已，慎毋有所發。(二)且何獨喪事，凡南面之君何言哉？天不言，四時行焉，百物生焉，(三)願大王察之。大將軍仁愛勇智，忠信之德天下莫不聞，事孝武皇帝二十餘年未嘗有過。先帝棄羣臣，屬以天下，寄幼孤焉，(四)大將軍抱持幼君襁緥之中，布政施教，海內晏然，雖周公、伊尹亡以加也。今帝崩亡嗣，大將軍惟思可以奉宗廟者，攀援而立大王，(五)其仁厚豈有量哉！(六)臣願大王事之

敬之，政事壹聽之，大王垂拱南面而已。願留意，(嘗)〔常〕以為念。」

(一)師古曰：「已解於上。」
(二)師古曰：「發謂興舉衆事。」
(三)師古曰：「論語稱孔子曰『天何言哉？四時行焉，百物生焉。天何言哉？』故吉引之。」
(四)師古曰：「屬音之欲反。」
(五)師古曰：「援，引也，音爰。」
(六)師古曰：「言其深多也。量音力向反。」

王既到，即位二十餘日以行淫亂廢。昌邑羣臣坐在國時不舉奏王罪過，令漢朝不聞知，又不能輔道，陷王大惡，(一)皆下獄誅。唯吉與郎中令龔遂以忠直數諫正得減死，髡為城旦。

(一)師古曰：「道讀曰導。」

起家復為益州刺史，病去官，復徵為博士諫大夫。是時宣帝頗修武帝故事，宮室車服盛於昭帝。時外戚許、史、王氏貴寵，而上躬親政事，任用能吏。吉上疏言得失，曰：

陛下躬聖質，總萬方，帝王圖籍日陳于前，惟思世務，將興太平。詔書每下，民欣然若更生。臣伏而思之，可謂至恩，未可謂本務也。(一)

(一)師古曰：「言天子如此，雖於百姓為至恩，然未盡政務之本也。」

欲治之主不世出，〔一〕公卿幸得遭遇其時，言聽諫從，然未有建萬世之長策，舉明主於三代之隆者也。〔二〕其務在於期會簿書，斷獄聽訟而已，此非太平之基也。

〔一〕師古曰：「言有時遇之不常值。」
〔二〕師古曰：「三代，夏、殷、周。」

臣聞聖王宣德流化，必自近始。朝廷不備，難以言治；左右不正，難以化遠。民者，弱而不可勝，愚而不可欺也。聖主獨行於深宮，得則天下稱誦之，失則天下咸言之。行發於近，必見於遠，故謹選左右，審擇所使；左右所以正身也，所使所以宣德也。詩云：「濟濟多士，文王以寧。」〔一〕此其本也。

〔一〕師古曰：「大雅文王之詩。」

春秋所以大一統者，六合同風，九州共貫也。〔一〕今俗吏所以牧民者，非有禮義科指可世世通行者也，獨設刑法以守之。其欲治者，不知所繇，〔二〕以意穿鑿，各取一切，權譎自在，故一變之後不可復修也。〔三〕是以百里不同風，千里不同俗，戶異政，人殊服，詐僞萌生，刑罰亡極，〔四〕質樸日銷，恩愛寖薄。〔五〕孔子曰「安上治民，莫善於禮」，〔六〕非空言也。王者未制禮之時，引先王禮宜於今者而用之。臣願陛下承天心，發大業，與公卿大臣延及儒生，述舊禮，明王制，敺一世之民濟之仁壽之域，〔七〕則俗何

以不若成康，壽何以不若高宗？〔八〕竊見當世趨務不合於道者，謹條奏，〔九〕唯陛下財擇焉。〔一〇〕

〔一〕師古曰：「解在董仲舒傳。」
〔二〕師古曰：「繇與由同。」
〔三〕師古曰：「言其歛深難久行。」
〔四〕師古曰：「萌生，言其爭出，如草木之初生。」
〔五〕師古曰：「寖，漸也。」
〔六〕師古曰：「孝經載孔子之言。」
〔七〕師古曰：「以仁撫下，則羣生安逸而壽考。」
〔八〕師古曰：「高宗，殷王武丁也，享國百年。」
〔九〕師古曰：「趨讀曰趣。趣，向也。」
〔一〇〕師古曰：「財與裁同。」

吉意以爲「夫婦，人倫大綱，夭壽之萌也。〔一〕世俗嫁娶太早，未知爲人父母之道而有子，是以教化不明而民多夭。聘妻送女亡節，則貧人不及，故不舉子。又漢家列侯尚公主，諸侯則國人承翁主，〔二〕使男事女，夫詘於婦，逆陰陽之位，故多女亂。古者衣服車馬貴賤有章，以褒有德而別尊卑，今上下僭差，人人自制，〔三〕是以貪財（趨）〔誅〕利，不畏死亡。周之所以能致治，刑措而不用者，以其禁邪於冥冥，絕惡於未萌也。」〔四〕又言「舜、湯不用三公九卿之世而舉皋陶、伊尹，〔五〕不仁者遠。〔六〕今使俗吏得任子弟，〔七〕率多驕驁，不通古今，〔八〕至於積功治人，亡益於民，此伐檀所爲作也。〔九〕宜明選求賢，除任子之令。外家及故人可厚以財，不宜居位。去角抵，減樂府，省尚方，〔一〇〕明視天下以儉。〔一一〕古者工不造琱瑑，商不通侈靡，〔一二〕非工商之獨賢，政教使之然也。民見儉則歸本，本立而末成。」其指如此，上以其言迂闊，不甚寵異也。〔一三〕吉遂謝病歸琅邪。

〔一〕師古曰：「由之而生，故云萌。」
〔二〕晉灼曰：「娶天子女則曰尚公主。國人娶諸侯女曰承翁主。尚承皆卑下之名也。」師古曰：「翁主者，言其父自主婚也。解具在高紀。」
〔三〕師古曰：「言無節度。」
〔四〕師古曰：「冥冥，言未有端緒。」
〔五〕李奇曰：「不繼世而爵也。言皋陶、伊尹非三公九卿之世。」
〔六〕師古曰：「任用賢人，放黜讒佞。」
〔七〕張晏曰：「子弟以父兄任爲郎。」
〔八〕師古曰：「驁與傲同。」
〔九〕師古曰：「伐檀，詩篇名，刺不用賢也，在魏國風也。」

〔一〇〕師古曰：「尚方主巧作。」
〔一一〕師古曰：「視讀曰示。」
〔一二〕師古曰：「瑑者，刻鏤爲文。瑑音篆。」
〔一三〕師古曰：「迂，遠也，音于。」

始吉少時學問，居長安。東家有大棗樹垂吉庭中，吉婦取棗以啖吉。〔一〕吉後知之，乃去婦。東家聞而欲伐其樹，鄰里共止之，因固請吉令還婦。里中爲之語曰：「東家有樹，王陽婦去；東家棗完，去婦復還。」其厲志如此。

〔一〕師古曰：「啖謂使食之，音徒濫反。啖亦啗字耳。此義與高紀『啗以利』同。」

吉與貢禹爲友，世稱「王陽在位，貢公彈冠」，〔一〕言其取舍同也。〔二〕元帝初即位，遣使者徵貢禹與吉。吉年老，道病卒，上悼之，復遣使者弔祠云。

〔一〕師古曰：「彈冠者，且入仕也。」
〔二〕師古曰：「取，進趣也。舍，止息也。」

初，吉兼通五經，能爲騶氏春秋，以詩、論語教授，好梁丘賀說易，令子駿受焉。駿以孝廉爲郎。左曹陳咸薦駿賢父子，經明行修，宜顯以厲俗。光祿勳匡衡亦舉駿有專對材。〔一〕遷諫大夫，使責淮陽憲王。〔二〕遷趙內史。吉坐昌邑王被刑後，戒子孫毋爲王國吏，故駿道病，免官歸。起家復爲幽州刺史，遷司隸校尉，奏免丞相匡衡，遷少府。八歲，成帝欲大用

之，出駿爲京兆尹，試以政事。先是京兆有趙廣漢、張敞、王尊、王章，至駿皆有能名，故京師稱曰：「前有趙、張，後有三王。」而薛宣從左馮翊代駿爲少府，會御史大夫缺，谷永奏言：「聖王不以名譽加於實效。〔三〕考績用人之法，〔四〕薛宣政事已試。」〔五〕上然其議。宣爲少府月餘，遂超御史大夫，至丞相。駿乃代宣爲御史大夫，並居位。六歲病卒，翟方進代駿爲大夫。數月，薛宣免，遂代爲丞相。衆人爲駿恨不得封侯。駿爲少府時，妻死，因不復娶，或問之，駿曰：「德非曾參，子非華、元，〔六〕亦何敢娶？」

〔一〕師古曰：「專對謂見問即對，無所疑也。論語稱孔子曰：『使於四方，不能專對，雖多亦奚以爲？』」

〔二〕師古曰：「以其有口辯。」

〔三〕師古曰：「言不聽虛名。」

〔四〕師古曰：「言用人之法，皆須考以功績。」

〔五〕師古曰：「言有效也。」

〔六〕如淳曰：「華與元，曾參之二子也。韓詩外傳曰曾參喪妻不更娶，人問其故，曾子曰：『以華、元善人也。』一曰曾參之子字華元。」師古曰：「二子是也。」

駿子崇以父任爲郎，歷刺史、郡守，治有能名。建平三年，以河南太守徵入爲御史大夫數月。是時成帝舅安成恭侯夫人放寡居，共養長信宮，〔一〕坐祝詛下獄，崇奏封事，爲放言。放外家解氏與崇爲昏，〔二〕哀帝以崇爲不忠誠，策詔崇曰：「朕以君有累世之美，故踰列

次。〔三〕在位以來，忠誠匡國未聞所繇，〔四〕反懷詐諼之辭，〔五〕欲以攀救舊姻之家，大逆之辜，舉錯專恣，〔六〕不遵法度，亡以示百僚。」左遷爲大司農，後徙衞尉左將軍。平帝即位，王莽秉政，大司空彭宣乞骸骨罷，崇代爲大司空，封扶平侯。歲餘，崇復謝病乞骸骨，皆避王莽，莽遣就國。歲餘，爲傅婢所毒，薨，國除。〔七〕

〔一〕師古曰：「放者，夫人之名也。共音居用反。養音弋亮反。」

〔二〕師古曰：「婚姻之家。」

〔三〕師古曰：「謂自祖及身皆有名也。」

〔四〕師古曰：「繇與由同。由，從也。」

〔五〕師古曰：「諼，詐言也，音虛袁反。」

〔六〕師古曰：「錯，置也。」

〔七〕師古曰：「凡言傅婢者，謂傅相其衣服衽席之事。一說傅曰附，謂近幸也。」

自吉至崇，世名清廉，然材器名稱稍不能及父，而祿位彌隆。皆好車馬衣服，其自奉養極爲鮮明，而亡金銀錦繡之物。及遷徙去處，所載不過囊衣，〔一〕不畜積餘財。〔二〕去位家居，亦布衣疏食。天下服其廉而怪其奢，故俗傳「王陽能作黃金」。〔三〕

〔一〕師古曰：「一囊之衣也。有底曰囊，無底曰橐。」

〔二〕師古曰：「畜讀曰蓄。」

〔三〕師古曰：「以其無所求取，不營產業而車服鮮明，故謂自作黃金以給用。」

貢禹字少翁，琅邪人也。以明經絜行著聞，徵爲博士，涼州刺史，病去官。復舉賢良爲河南令。歲餘，以職事爲府官所責，〔一〕免冠謝。禹曰：「冠壹免，安復可冠也！」遂去官。

〔一〕師古曰：「太守之府。」

元帝初即位，徵禹爲諫大夫，數虛己問以政事。〔一〕是時年歲不登，郡國多困，禹奏言：

〔一〕師古曰：「虛己謂聽受其言也。」

古者宮室有制，宮女不過九人，秣馬不過八匹；〔一〕牆塗而不琱，木摩而不刻，〔二〕車輿器物皆不文畫，苑囿不過數十里，與民共之；任賢使能，什一而稅，亡它賦斂繇戍之役，使民歲不過三日，千里之內自給，千里之外各置貢職而已。〔三〕故天下家給人足，頌聲並作。

〔一〕師古曰：「秣，養也，謂以粟米（飯）〔飤〕也。」

〔二〕師古曰：「琱字與彫同。彫，畫也。」

〔三〕師古曰：「言天子以畿內賦斂自供，千里之外令其以時入貢，不欲煩勞也。」

至高祖、孝文、孝景皇帝，循古節儉，宮女不過十餘，廄馬百餘匹。孝文皇帝衣綈

履革，〔一〕器亡琱文金銀之飾。後世爭爲奢侈，轉轉益（盛）〔甚〕，臣下亦相放效，〔二〕衣服履絝刀劍亂於主上，〔三〕主上時臨朝入廟，衆人不能別異，甚非其宜。然非自知奢僭也，猶魯昭公曰：「吾何僭矣？」

〔一〕師古曰：「綈，厚繒，音徒奚反。」

〔二〕師古曰：「放音甫往反。其下亦同。」

〔三〕師古曰：「絝，古袴字。」

今大夫僭諸侯，諸侯僭天子，天子過天道，其日久矣。承衰救亂，矯復古化，在於陛下。〔一〕臣愚以爲盡如太古難，宜少放古以自節焉。論語曰：「君子樂節禮樂。」〔二〕方今宮室已定，亡可奈何矣，其餘盡可減損。故時齊三服官輸物不過十笥，〔三〕方今齊三服官作工各數千人，一歲費數鉅萬。蜀廣漢主金銀器，歲各用五百萬。三工官官費五千萬，〔四〕東西織室亦然。廄馬食粟將萬匹。臣禹嘗從之東宮，〔五〕見賜杯案，盡文畫金銀飾，非當所以賜食臣下也。〔六〕東宮之費亦不可勝計。天下之民所爲大飢餓死者，是也。今民大飢而死，死又不葬，爲犬豬（所）食。〔七〕人至相食，而廄馬食粟，苦其大肥，氣盛怒至，乃日步作之。〔八〕王者受命於天，爲民父母，固當若此乎！天不見邪？武帝時，又多取好女至數千人，以填後宮。〔九〕及棄天下，昭帝幼弱，霍光專事，不知禮正，妄

多臧金錢財物，鳥獸魚鼈牛馬虎豹生禽，凡百九十物，盡瘞臧之，又皆以後宮女置於園陵，大失禮，逆天心，又未必稱武帝意也。昭帝晏駕，光復行之。至孝宣皇帝時，陛下(烏)〔惡〕有所言，〔一〇〕羣臣亦隨故事，甚可痛也！故使天下承化，取女皆大過度，〔一一〕諸侯妻妾或至數百人，豪富吏民畜歌者至數十人，是以內多怨女，外多曠夫。〔一二〕及衆庶葬埋，皆虛地上以實地下。其過自上生，〔一三〕皆在大臣循故事之辠也。

〔一〕師古曰：「正曲曰矯。復音方目反。」

〔二〕師古曰：「論語稱孔子曰『益者三樂，樂節禮樂，樂道人之善，樂多賢友』也。」

〔三〕師古曰：「三服官主作天子之服，在齊地。笥，盛衣竹器，音先嗣反。」

〔四〕如淳曰：「地理志河內懷、蜀郡成都、廣漢皆有工官。工官，主作漆器物者也。」師古曰：「如說非也。三工官，謂少府之屬官，考工室也，右工室也，東園匠也。上已言蜀漢主金銀器，是不入三工之數也。」

〔五〕師古曰：「從天子往太后宮。」

〔六〕師古曰：「食讀曰飤。」

〔七〕師古曰：「食人之骸骨。」

〔八〕師古曰：「日日行步而動作之，以散充溢之氣。」

〔九〕師古曰：「此填字讀與寘同。」

〔一〇〕師古曰：「不能自言減省之事。」

〔一一〕師古曰：「取讀曰娶。」

〔一二〕師古曰：「曠，空也。室家空也。」

〔一三〕師古曰：「自，從也。上謂天子也。」

唯陛下深察古道，從其儉者，大減損乘輿服御器物，三分去二。子產多少有命，審察後宮，擇其賢者留二十人，餘悉歸之。〔一〕及諸陵園女亡子者，宜悉遣。獨杜陵宮人數百，誠可哀憐也。廄馬可亡過數十匹。獨舍長安城南苑地以爲田獵之囿，〔二〕自城西南至山西至鄠皆復其田，以與貧民。〔三〕方今天下飢饉，可亡大自損減以救之，稱天意乎？天生聖人，蓋爲萬民，非獨使自娛樂而已也。故詩曰：「天難諶斯，不易惟王；」「上帝臨女，毋貳爾心。」〔四〕「當仁不讓」，〔五〕獨可以聖心參諸天地，揆之往古，〔六〕不可與臣下議也。若其阿意順指，隨君上下，〔七〕臣禹不勝拳拳，不敢不盡愚心。〔八〕

〔一〕師古曰：「言人產子多少自有定命，非由廣妾媵也，故請止留二十人。」

〔二〕師古曰：「舍，置也。獨留置之，其餘皆廢去。」

〔三〕師古曰：「復音方目反。」

〔四〕師古曰：「大雅大明之詩也。諶，誠也。上帝亦天也。言承天之意，此誠難也。王者之命不妄改易，天常降監，信可畏也，毋貳爾心，機事易失，勿猶豫也。」

〔五〕師古曰：「論語稱孔子曰『當仁不讓於師』，故引之。」

〔六〕師古曰：「揆，度也。」

〔七〕師古曰：「上下猶言高下，謂苟順從也。上音時掌反。」

〔八〕師古曰：「拳拳，解在劉向傳。下鮑宣傳，(倦倦)〔惓惓〕音義亦同。」

天子納善其忠，乃下詔令太僕減食穀馬，水衡減食肉獸，省宜春下苑以與貧民，又罷角抵諸戲及齊三服官。遷禹爲光祿大夫。

頃之，禹上書曰：「臣禹年老貧窮，家訾不滿萬錢，妻子穅豆不贍，裋褐不完。〔一〕有田百三十畝，陛下過意徵臣，〔二〕臣賣田百畝以供車馬。至，拜爲諫大夫，秩八百石，奉錢月九千二百。〔三〕廩食太官，〔四〕又蒙賞賜四時雜繒緜絮衣服酒肉諸果物，德厚甚深。疾病侍醫臨治，〔五〕賴陛下神靈，不死而活。又拜爲光祿大夫，秩二千石，奉錢月萬二千。祿賜愈多，家日以益富，身日以益尊，誠非屮茅愚臣所當蒙也。〔六〕伏自念終亡以報厚(恩)〔德〕，日夜慙愧而已。臣禹犬馬之齒八十一，血氣衰竭，耳目不聰明，非復能有補益，所謂素餐尸祿洿朝之臣也。〔七〕自痛去家三千里，凡有一子，年十二，非有在家爲臣具棺椁者也。誠恐一旦蹎仆氣竭，不復自還，〔八〕洿席薦於宮室，骸骨棄捐，孤魂不歸。不勝私願，願乞骸骨，及身生歸鄉里，〔九〕死亡所恨。」

〔一〕師古曰：「裋者，謂僮豎所著布長襦也。褐，毛布之衣也。裋音豎。」

〔二〕師古曰：「過猶誤也。」

〔三〕師古曰：「奉音扶用反。其下亦同。」

〔四〕師古曰：「謂太官給其食。」

〔五〕師古曰：「侍醫，天子之醫也。」

〔六〕師古曰：「屮，古草字。」

〔七〕師古曰：「洿與汙同，音一故反。」

〔八〕師古曰：「蹎音顚，蹎蹎也。仆音赴。仆，頓也。不自還者，遂死也。還讀曰旋。」

〔九〕師古曰：「及身生，謂及未死之前。」

天子報曰：「朕以生有伯夷之廉，史魚之直，〔一〕守經據古，不阿當世，孳孳於民，俗之所寡，〔二〕故親近生，幾參國政。〔三〕今未得久聞生之奇論也，而云欲退，意豈有所恨與？〔四〕將在位者與生殊乎？〔五〕往者嘗令金敞語生，欲及生時祿生之子，既已諭矣，今復云子少。夫以王命辨護生家，雖百子何以加？傳曰亡懷土，〔六〕何必思故鄉！生其强飯慎疾以自輔。」後月餘，以禹爲長信少府。會御史大夫陳萬年卒，禹代爲御史大夫，列於三公。

〔一〕師古曰：「生謂先生也。史魚，衞大夫史鰌也。論語稱孔子曰『直哉史魚，邦有道如矢，邦無道如矢』，言其壹志。」

〔二〕師古曰：「孳與孜同。孜孜，不怠也。寡，少也，言少有此人。」

〔三〕師古曰：「幾讀曰冀。」

〔四〕師古曰：「與讀曰歟。」

〔五〕師古曰：「言志趣不同。」

〔六〕師古曰：「論語孔子曰：『君子懷德，小人懷土。』」

自禹在位，數言得失，書數十上。禹以爲古民亡賦算口錢，起武帝征伐四夷，重賦於民，民產子三歲則出口錢，故民重困，〔一〕至於生子輒殺，甚可悲痛。宜令兒七歲去齒乃出口錢，年二十乃算。

〔一〕師古曰：「重音直用反。」

又言古者不以金錢爲幣，專意於農，故一夫不耕，必有受其飢者。今漢家鑄錢，及諸鐵官皆置吏卒徒，攻山取銅鐵，一歲功十萬人已上，中農食七人，是七十萬人常受其飢也。鑿地數百丈，銷陰氣之精，地臧空虛，不能含氣出雲，斬伐林木亡有時禁，水旱之災未必不繇此也。〔二〕自五銖錢起已來七十餘年，民坐盜鑄錢被刑者衆，富人積錢滿室，猶亡厭足。民心（搖動）〔動搖〕商賈求利，東西南北各用智巧，好衣美食，歲有十二之利，〔三〕而不出租稅。農夫父子暴露中野，不避寒暑，捽屮杷土，手足胼胝，〔四〕已奉穀租，又出槀稅，〔五〕鄉部私求，不可勝供。〔六〕故民棄本逐末，耕者不能半。貧民雖賜之田，猶賤賣以賈，〔七〕窮則起爲盜賊。何者？末利深而惑於錢也。是以姦邪不可禁，其原皆起於錢也。疾其末者絕其本，

宜罷採珠玉金銀鑄錢之官，亡復以爲幣。市井勿得販賣，〔八〕除其租銖之律，〔九〕租稅祿賜皆以布帛及穀。使百姓壹歸於農，復古道便。〔十〕

〔一〕師古曰：「繇讀與由同。」

〔二〕師古曰：「若有萬錢爲賈，則獲二千之利。」

〔三〕師古曰：「捽，拔取也。屮，古草字也。杷，手掊之也。胼，併也。胝，繭也。捽音才兀反。杷音蒲巴反，其字從木。胼音步千反。胝音竹尸反。掊音蒲交反。」

〔四〕師古曰：「槀，禾稈也。」

〔五〕師古曰：「言鄉部之吏又私有所求，不能供之。」

〔六〕師古曰：「賣田與人而更爲商賈之業。」

〔七〕師古曰：「賤買貴賣曰販。」

〔八〕師古曰：「租稅之法皆依田畝，不得雜計百物之銖兩。」

〔九〕師古曰：「追遵古法，於事便也。復音扶目反。」

又言諸離宮及長樂宮衞可減其太半，以寬繇役。〔一〕又諸官奴婢十萬餘人戲遊亡事，稅良民以給之，歲費五六鉅萬，宜免爲庶人，廩食，〔二〕令代關東戍卒，乘北邊亭塞候望。〔三〕

〔一〕師古曰：「繇讀曰傜。」

〔二〕師古曰：「給其食。」

〔三〕師古曰：「乘，登也。」

又欲令近臣自諸曹侍中以上，家亡得私販賣，與民爭利，犯者輒免官削爵，不得仕宦。

禹又言：

孝文皇帝時，貴廉絜，賤貪汙，賈人、贅壻及吏坐贓者皆禁錮不得爲吏，賞善罰惡，不阿親戚，罪白者伏其誅，〔一〕疑者以與民，〔二〕亡贖罪之法，故令行禁止，海內大化，天下斷獄四百，與刑錯亡異。武帝始臨天下，尊賢用士，闢地廣境數千里，自見功大威行，遂從耆欲，〔三〕用度不足，乃行壹切之變，使犯法者贖罪，入穀者補吏，是以天下奢侈，官亂民貧，盜賊並起，亡命者衆。郡國恐伏其誅，則擇便巧史書習於計簿能欺上府者，以爲右職；〔四〕姦軌不勝，則取勇猛能操切百姓者，以苛暴威服下者，使居大位。〔五〕故亡義而有財者顯於世，欺謾而善書者尊於朝，〔六〕誖逆而勇猛者貴於官。〔七〕故俗皆曰：「何以孝弟爲？財多而光榮。何以禮義爲？史書而仕宦。何以謹慎爲？勇猛而臨官。」故黥劓而髡鉗者猶復攘臂爲政於世，行雖犬彘，家富勢足，目指氣使，是爲賢耳。〔八〕故謂居官而置富者爲雄桀，處姦而得利者爲壯士，兄勸其弟，父勉其子，俗之壞敗，乃至於是！察其所以然者，皆以犯法得贖罪，求士不得眞賢，相守崇財利，〔九〕誅不行之所致也。

〔一〕師古曰：「白，明也。」

〔二〕師古曰：「罪疑從輕也。」

〔三〕師古曰：「從讀曰縱。耆讀曰嗜。」

〔四〕師古曰：「上府謂所屬之府。右職，高職也。」

〔五〕師古曰：「操，持也。切，刻也。操音千高反。」

〔六〕師古曰：「謾，誑也。謾音慢，又音武連反。」

〔七〕師古曰：「誖，亂也。音布內反。」

〔八〕師古曰：「動目以指物，出氣以使人。」

〔九〕師古曰：「相，諸侯相也。守，郡守也。崇，尚也。」

今欲興至治，致太平，宜除贖罪之法。相守選舉不以實，及有臧者，輒行其誅，亡但免官，〔一〕則爭盡力爲善，貴孝弟，賤賈人，進眞賢，舉實廉，而天下治矣。孔子，匹夫之人耳，以樂道正身不解之故，〔二〕四海之內，天下之君，微孔子之言亡所折中。〔三〕況乎以漢地之廣，陛下之德，處南面之尊，秉萬乘之權，因天地之助，其於變世易俗，調和陰陽，陶治萬物，化正天下，易於決流抑隊。〔四〕自成康以來，幾且千歲，〔五〕欲爲治者甚衆，然而太平不復興者，何也？以其舍法度而任私意，奢侈行而仁義廢也。

〔一〕師古曰：「不止免官而已。」

〔二〕師古曰：「屛讀曰㑌。」
〔三〕師古曰：「微亦無也。折，斷也。非孔子之言則無以爲中也，音竹仲反。斷音丁煥反。」
〔四〕師古曰：「決欲流之水，抑將隊之物，言其便易。」
〔五〕師古曰：「幾音鉅依反。」

陛下誠深念高祖之苦，〔一〕醇法太宗之治，正己以先下，選賢以自輔，開進忠正，致誅姦臣，遠放謟佞，〔二〕放出園陵之女，罷倡樂，絕鄭聲，去甲乙之帳，退僞薄之物，修節儉之化，驅天下之民皆歸於農，如此不解，〔三〕則三王可侔，五帝可及。唯陛下留意省察，天下幸甚。

〔一〕師古曰：「言取天下艱難也。」
〔二〕師古曰：「遠，離也。音于萬反。謟，古諂字。」
〔三〕師古曰：「解讀曰懈。」

天子下其議，令民產子七歲乃出口錢，自此始。又罷上林宮館希幸御者，及省建章、甘泉宮衞卒，減諸侯王廟衞卒省其半。餘雖未盡從，然嘉其質直之意。禹又奏欲罷郡國廟，定漢宗廟迭毀之禮，皆未施行。〔一〕

〔一〕師古曰：「迭，互也。親盡則毀，故曰迭毀。迭音大結反。」

爲御史大夫數月卒，天子賜錢百萬，以其子爲郎，官至東郡都尉。禹卒後，上追思其議，

竟下詔罷郡國廟，定迭毀之禮。〔然通儒或非之〕，語在韋玄成傳。

兩龔皆楚人也，勝字君賓，舍字君倩。〔一〕二人相友，並著名節，故世謂之楚兩龔。少皆好學明經，勝爲郡吏，舍不仕。

〔一〕師古曰：「倩音千見反。」

久之，楚王入朝，聞舍高(明)〔名〕，聘舍爲常侍，不得已隨王，歸國固辭，願卒學，復至長安。〔二〕而勝爲郡吏，三舉孝廉，以王國人不得宿衞。補吏，再爲尉，壹爲丞，勝輒至官乃去。州舉茂材，爲重泉令，〔二〕病去官。大司空何武、執金吾閻崇薦勝，哀帝自爲定陶王固已聞其名，徵爲諫大夫。引見，勝薦龔舍及亢父甯壽、濟陰侯嘉，〔三〕有詔皆徵。勝曰：「竊見國家徵醫巫，常爲駕，徵賢者宜駕。」上曰：「大夫乘私車來邪？」勝曰：「唯唯。」〔四〕有詔爲駕。龔舍、侯嘉至，皆爲諫大夫。甯壽稱疾不至。

〔一〕師古曰：「卒，終也，終其經業。」
〔二〕師古曰：「重泉，左馮翊縣也。」
〔三〕師古曰：「亢音抗。父音甫。」
〔四〕師古曰：「唯唯，恭應之詞也，音(戈)〔弋〕癸反。」

勝居諫官，數上書求見，言百姓貧，盜賊多，吏不良，風俗薄，災異數見，不可不憂。制度泰奢，刑罰泰深，賦斂泰重，宜以儉約先下。其言祖述王吉、貢禹之意。爲大夫二歲餘，遷丞相司直，徙光祿大夫，守右扶風。數月，上知勝非撥煩吏，乃復還勝光祿大夫〔一〕諸吏給事中。勝言董賢亂制度，繇是逆上指。〔二〕

〔一〕師古曰：「依舊官。」
〔二〕師古曰：「繇讀與由同。」

後歲餘，丞相王嘉上書薦故廷尉梁相等，尙書劾奏嘉「言事恣意，迷國罔上，不道。」下將軍中朝者議，左將軍公孫祿、司隸鮑宣、光祿大夫孔光等十四人皆以爲嘉應迷國不道法。勝獨書議曰：「嘉資性邪僻，所舉多貪殘吏。位列三公，陰陽不和，諸事並廢，咎皆繇嘉，〔一〕迷國不疑，〔二〕今舉相等，過微薄。」日暮議者罷。明旦復會，左將軍祿問勝：「君議亡所據，今奏當上，宜何從？」〔三〕勝曰：「將軍以勝議不可者，通劾之。」〔四〕博士夏侯常見勝應祿不和，起至勝前謂曰：「宜如奏所言。」〔五〕勝以手推常曰：「去！」

〔一〕師古曰：「繇讀與由同。」
〔二〕文穎曰：「信必迷國，不疑也。」
〔三〕師古曰：「今欲奏此事，君定從何議也？」

〔四〕師古曰：「并劾勝。」
〔五〕師古曰：「謂如尙書所劾奏也。」

後數日，復會議可復孝惠、孝景廟不，議者皆曰宜復。勝曰：「當如禮。」常復謂勝：「禮有變。」勝疾言曰：「去！是時之變。」〔一〕常恚，謂勝曰：「我視君何若，〔二〕君欲小與衆異，外以采名，君乃申徒狄屬耳！」〔三〕

〔一〕師古曰：「疾，急也。言時人意自變耳，禮不變也。」
〔二〕師古曰：「何若，言無所似也。」
〔三〕服虔曰：「殷之末世介士也，自沈於河者。」

先是常又爲勝道高陵有子殺母者。勝白之，尙書問：「誰受？」〔一〕對曰：「受夏侯常。」尙書使勝問常，常連恨勝，〔二〕即應曰：「聞之白衣，戒君勿言也。〔三〕奏事不詳，妄作觸罪。」〔四〕勝窮，亡以對尙書，即自劾奏與常爭言，洿辱朝廷。事下御史中丞，召詰問，劾奏「勝吏二千石，常位大夫，皆幸得給事中，與論議，〔五〕不崇禮義，而居公門下相非恨，疾言辯訟，婧謾亡狀，〔六〕皆不敬。」制曰：「貶秩各一等。」勝謝罪，乞骸骨。上乃復加賞賜，以子博爲侍郎，出勝爲渤海太守。勝謝病不任之官，積六月免歸。

〔一〕師古曰：「言於誰聞之也。」
〔二〕師古曰：「連恨謂再被(謪)〔譖〕去。」

〔三〕服虔曰：「聞之白衣耳，戒君勿言之，如何便上之邪？」師古曰：「白衣，給官府趨走賤人，若今諸司亭長掌固之屬。」
〔四〕師古曰：「言奏事不審，妄有發作自觸罪。」
〔五〕師古曰：「與讀曰豫。」
〔六〕師古曰：「疾，急也。嫚，古慢字。謾讀與慢同。亡狀，無善狀也。」

上復徵爲光祿大夫。勝常稱疾臥，數使子上書乞骸骨，會哀帝崩。

初，琅邪邴漢亦以清行徵用，至京兆尹，後爲太中大夫。王莽秉政，勝與漢俱乞骸骨。自昭帝時，涿郡韓福以德行徵至京師，賜策書束帛遣歸。詔曰：「朕閔勞以官職之事，其務修孝弟以教鄉里。行道舍傳舍，〔一〕縣次具酒肉，食從者及馬。〔二〕長吏以時存問，常以歲八月賜羊一頭，酒二斛。不幸死者，賜複衾一，祠以中牢。」於是王莽依故事，白遣勝、漢。策曰：「惟元始二年六月庚寅，光祿大夫、太中大夫耆艾二人以老病罷。太皇太后使謁者僕射策詔之曰：蓋聞古者有司年至則致仕，所以恭讓而不盡其力也。今大夫年至矣，朕愍以官職之事煩大夫，其上子若孫若同產、同產子一人。〔三〕大夫其修身守道，以終高年。賜帛及行道舍宿，歲時羊酒衣衾，皆如韓福故事。所上子男皆除爲郎。」於是勝、漢遂歸老于鄉里。漢兄子曼容亦養志自修，爲官不肯過六百石，輒自免去，其名過出於漢。

〔一〕師古曰：「於傳舍止宿，若今官人行得過驛也。」
〔二〕師古曰：「道次給酒肉，並飤其從者及馬也。食讀曰飤。」
〔三〕師古曰：「同產，兄弟也。同產子，即兄弟子也。」

初，龔舍以龔勝薦，徵爲諫大夫，病免。復徵爲博士，又病去。頃之，哀帝遣使者即楚拜舍爲太山太守。〔一〕舍家居在武原，使者至縣請舍，欲令至廷拜授印綬。〔二〕舍曰：「王者以天下爲家，何必縣官？」遂於家受詔，便道之官。既至數月，上書乞骸骨。上徵舍，至京兆東湖界，〔三〕固稱病篤。天子使使者收印綬，拜舍爲光祿大夫。數賜告，舍終不肯起，乃遣歸。

〔一〕師古曰：「即猶就也。」
〔二〕師古曰：「廷謂縣之庭內。」
〔三〕師古曰：「湖，縣也，時屬京兆。」

舍亦通五經，以魯詩教授。舍、勝既歸鄉里，郡二千石長吏初到官皆至其家，如師弟子之禮。舍年六十八，王莽居攝中卒。

莽既篡國，遣五威將帥行天下風俗，將帥親奉羊酒存問勝。明年，莽遣使者即拜勝爲講學祭酒，〔一〕勝稱疾不應徵。後二年，莽復遣使者奉璽書，太子師友祭酒印綬，安車駟馬迎勝，即拜，〔二〕秩上卿，先賜六月祿直以辦裝，使者與郡太守、縣長吏、三老官屬、行義諸生千人以上入勝里致詔。〔三〕使者欲令勝起迎，久立門外。勝稱病篤，爲牀室中戶西南牖下，〔四〕東首加朝服拕紳。〔五〕使者入戶，西行南面立，致詔付璽書，遷延再拜奉印綬，內安車駟馬，進謂勝曰：「聖朝未嘗忘君，制作未定，待君爲政，思聞所欲施行，以安海內。」勝對曰：「素愚，加以年老被病，命在朝夕，隨使君上道，必死道路，〔六〕無益萬分。」使者要說，〔七〕至以印綬就加勝身，勝輒推不受。使者即上言：「方盛夏暑熱，勝病少氣，可須秋涼乃發。」〔八〕有詔許。使者五日壹與太守俱問起居，爲勝兩子及門人高暉等言：「朝廷虛心待君以茅土之封，雖疾病，宜動移至傳舍，示有行意，必爲子孫遺大業。」暉等白使者語，勝自知不見聽，即謂暉等：「吾受漢家厚恩，亡以報，今年老矣，旦暮入地，誼豈以一身事二姓，下見故主哉？」勝因敕以棺斂喪事：〔九〕「衣周於身，棺周於衣。勿隨俗動吾冢，種柏，作祠堂。」〔一〇〕語畢，遂不復開口飲食，積十四日死，死時七十九矣。使者、太守臨斂，賜複衾祭祠如法。門人衰絰治喪者百數。有老父來弔，哭甚哀，既而曰：「嗟虖！薰以香自燒，膏以明自銷。〔一一〕龔生竟夭天年，非吾徒也。」遂趨而出，莫知其誰。勝居彭城廉里，後世刻石表其里門。

〔一〕師古曰：「即，就也。就其家而拜之。」
〔二〕師古曰：「就家迎之，因拜官。」

〔三〕師古曰：「行義謂鄉邑有行義之人也。諸生謂學徒也。行音下更反。」
〔四〕師古曰：「牖，窗也。於戶之西室之南牖下也。」
〔五〕師古曰：「拕，引也。臥著朝衣，故云加引大帶於體也。論語稱孔子『疾，君視之，東首加朝服拕紳』，故放之也。拕音土賀反。」
〔六〕師古曰：「示若尊敬使者，故謂之使君。」
〔七〕師古曰：「要音一遙反。說音式銳反。」
〔八〕師古曰：「須，待也。」
〔九〕師古曰：「棺音工喚反。斂音力贍反。」
〔一〇〕師古曰：「若葬多設器備，則恐被掘，故云動吾冢也。亦不得種柏及作祠堂，皆不隨俗。」
〔一一〕師古曰：「薰，芳草。」

鮑宣字子都，渤海高城人也。好學明經，爲縣鄉嗇夫，守束州丞。〔一〕後爲都尉太守功曹，舉孝廉爲郎，病去官，復爲州從事。大司馬衞將軍王商辟宣，薦爲議郎，後以病去。哀帝初，大司空何武除宣爲西曹掾，甚敬重焉，薦宣爲諫大夫，遷豫州牧。歲餘，丞相司直郭欽奏「宣舉錯煩苛，代二千石署吏聽訟，所察過詔條。〔二〕行部乘傳去法駕，〔三〕駕一馬，〔四〕舍宿鄉亭，爲衆所非。」宣坐免。歸家數月，復徵爲諫大夫。

自成帝至王莽時，清名之士，琅邪又有紀逡王思，齊則薛方子容，太原則郇越臣仲、郇相稚賓，沛郡則唐林子高、唐尊伯高，〔一〕皆以明經飭行顯名於世。〔二〕

〔一〕師古曰：「幷列其人本土及姓名字也。後皆類此。逡音千旬反。郇音荀，又音胡頑反。今荀郇二姓並有之，俱稱周武王之後也。」

〔二〕師古曰：「飭，謹也，讀與敕同。」

紀逡、兩唐皆仕王莽，封侯貴重，歷公卿位。唐林數上疏諫正，有忠直節。唐尊衣敝履空，〔一〕以瓦器飲食，又以歷遺公卿，〔二〕被虛僞名。〔三〕

〔一〕服虔曰：「履猶屨也。」師古曰：「衣音於旣反。著敝衣躡空履也。空，穿也。」

〔二〕服虔曰：「以瓦器遺之。」

〔三〕師古曰：「被音皮義反。」

郇越、相，同族昆弟也，並舉州郡孝廉茂材，數病，去官。越散其先人訾千餘萬，以分施九族州里，志節尤高。相王莽時徵爲太子四友，病死，莽太子遣使裞以衣衾，〔一〕其子攀棺不聽，曰：「死父遺言，師友之送勿有所受，今於皇太子得託友官，故不受也。」京師稱之。

〔一〕師古曰：「贈喪衣服曰裞。裞音式芮反，其字從衣。」

薛方嘗爲郡掾祭酒，嘗徵不至，及莽以安車迎方，方因使者辭謝曰：「堯舜在上，下有巢

由，今明主方隆唐虞之德，小臣欲守箕山之節也。」〔一〕使者以聞，莽說其言，不強致。〔二〕方居家以經教授，喜屬文，〔三〕著詩賦數十篇。

〔一〕張晏曰：「許由隱於箕山，在陽城，有許由冢。」

〔二〕師古曰：「說讀曰悅。」

〔三〕師古曰：「喜音許吏反。屬音之欲反。」

始隃麋郭欽，哀帝時爲丞相司直，〔一〕奏免豫州牧鮑宣、京兆尹薛修等，又奏董賢，左遷盧奴令，平帝時遷南郡太守。而杜陵蔣詡元卿爲兗州刺史，亦以廉直爲名。王莽居攝，欽、詡皆以病免官，歸鄉里，臥不出戶，卒於家。

〔一〕師古曰：「隃麋，扶風之縣也。隃音踰。」

齊栗融客卿、北海禽慶子夏、蘇章游卿、山陽曹竟子期皆儒生，去官不仕於莽。莽死，漢更始徵竟以爲丞相，封侯，欲視致賢人，銷寇賊。〔一〕竟不受侯爵。會赤眉入長安，欲降竟，竟手劍格死。

〔一〕師古曰：「視讀曰示。」

世祖即位，徵薛方，道病卒。兩龔、鮑宣子孫皆見褒表，至大官。

贊曰：易稱「君子之道，或出或處，或默或語」，〔一〕言其各得道之一節，譬諸草木，區以別矣。〔二〕故曰山林之士往而不能反，朝廷之士入而不能出，二者各有所短。春秋列國卿大夫及至漢興將相名臣，懷祿耽寵以失其世者多矣！〔三〕是故清節之士於是爲貴。然大率多能自治而不能治人。王、貢之材，優於龔、鮑。守死善道，勝實蹈焉。〔四〕貞而不諒，薛方近之。〔五〕郭欽、蔣詡好遯不汙，絕紀、唐矣！〔六〕

〔一〕師古曰：「上繫辭也。謂發跡雖異，同歸於道。」

〔二〕師古曰：「言蘭桂異類而各芬馨也。」

〔三〕師古曰：「懷，思也，言不能去。」

〔四〕師古曰：「論語稱孔子曰：『篤信好學，守死善道，危邦不入，亂邦不居。』今龔勝不受莽官，蹈斯之迹也。」

〔五〕師古曰：「論語稱孔子曰『君子貞而不諒』，謂君子之人正其道耳，言不必信也。薛方志避亂朝，詭引巢許爲喻，近此義也。」

〔六〕師古曰：「欽、詡不仕於莽，遯逃濁亂，不汙其節，殊於紀逡及兩唐。」

校勘記

三〇五五頁三行　餓〔死〕于首陽，　殿本有「死」字，無「于」字。景祐本有「死」字，又有「于」字。

三〇五五頁五行　奮乎百世之上，（行乎）百世之下莫不興起，　景祐、殿本都無「行乎」二字。

三〇五七頁四行　或問：君子疾沒世而名不稱，盍勢諸？名，卿可幾。　楊樹達說，近人汪榮寶注法言，以

「名」一字爲句，「卿可幾」三字爲句，是也。諸說以「名卿」連讀，非是。

三〇五八頁七行　少（時）〔好〕學明經，　景祐、殿本都作「好」。王先謙說作「好」是。

三〇六一頁六行　中（慰）〔尉〕甚忠，　景祐、殿、局本都作「尉」，此誤。

三〇六二頁一行　願留意，（營）〔常〕以爲念。　景祐、殿本都作「常」。王先謙說作「常」是。

三〇六四頁一六行　是以貪財（趨）〔誅〕利，　景祐、殿本都作「誅」。

三〇六九頁二行　謂以粟米（飯）〔飤〕也。　景祐、殿本都作「飤」。

三〇七〇頁一行　後世爭爲奢侈，轉轉益（盛）〔甚〕，　景祐、殿本都作「甚」，通鑑同。

三〇七〇頁一三行　爲犬豬（所）食。　宋祁說浙本無「所」字。按景祐本無「所」字。

三〇七一頁一五行　陛下（烏）〔惡〕有所言，　景祐、殿本都作「惡」。楊樹達說作「惡」是。

三〇七三頁三行　下鮑宣傳（倦倦）〔惓惓〕音義亦同，　景祐、殿本都作「惓惓」。

三〇七三頁一〇行　伏自念終亡以報厚（恩）〔德〕，　景祐、殿本都作「德」。

三〇七五頁二行　民心（搖動）〔動搖〕，　景祐、殿本都作「動搖」。

三〇八〇頁一行　〔然通儒或非云〕，　景祐、殿本都有此六字。

三〇八〇頁五行　聞舍高（明）〔名〕，聘舍爲常侍。　景祐、殿本都作「名」。王先謙說作「名」是。

三〇八〇頁一四行　音（戈）〔弋〕癸反。　景祐、殿本都作「弋」，此誤。

三〇八二頁一六行　連恨謂再被（謂）〔譖〕去。　殿本作「譖」，此誤。
三〇九〇頁八行　官（如）〔奴〕給書計，　景祐、殿本都作「奴」，此誤。
三〇九二頁一〇行　天（下）〔不〕可久負，　王先謙說「下」字誤。按景祐、殿本都作「不」。
三〇九三頁一〇行　沐（沐）猶蒙蒙也。　殿本重「沐」字。王先謙說重「沐」字是。
三〇九四頁九行　雄，爲之雄豪〔也〕。　景祐、殿本都有「也」字。

漢書卷七十三

韋賢傳第四十三

韋賢字長孺，魯國鄒人也。其先韋孟，家本彭城，爲楚元王傅，傅子夷王及孫王戊。〔一〕戊荒淫不遵道，孟作詩風諫。後遂去位，徙家於鄒，又作一篇。其諫詩曰：

〔一〕師古曰：「官爲楚王傅而歷相三王也。」

肅肅我祖，國自豕韋，〔一〕黼衣朱紱，四牡龍旂。〔二〕彤弓斯征，撫寧遐荒，〔三〕總齊羣邦，以翼大商，〔四〕迭彼大彭，勳績惟光。〔五〕至于有周，歷世會同。〔六〕王赧聽譖，寔絕我邦。〔七〕我邦既絕，厥政斯逸，〔八〕賞罰之行，非繇王室。〔九〕庶尹羣后，靡扶靡衞，五服崩離，宗周以隊。〔一〇〕我祖斯微，遷于彭城，〔一一〕在予小子，勤誒厥生，〔一二〕阸此嫚秦，耒耜以耕。〔一三〕悠悠嫚秦，上天不寧，乃眷南顧，授漢于京。〔一四〕

〔一〕應劭曰：「在商爲豕韋氏也。」
〔二〕師古曰：「黼衣畫爲斧形，而白與黑爲彩也。朱紱爲朱裳畫爲亞文也。亞，古弗字也，故因謂之。紱字又作黻，其

音同聲。」
〔三〕師古曰：「言受彤弓之賜，於此得專征伐也。」
〔四〕師古曰：「翼，佐助也。」
〔五〕應劭曰：「國語曰『大彭、豕韋爲商伯』。」師古曰：「迭，互也。自言豕韋氏與大彭互爲伯於殷商也。迭音徒結反。」
〔六〕師古曰：「繼爲諸侯預盟會之事也。」
〔七〕應劭曰：「王赧，周末王，聽讒受譖，絕豕韋氏也。」
〔八〕應劭曰：「言自絕豕韋氏之後，政教逸漏，不由王者也。」臣瓚曰：「逸，放也。管仲曰『令而不行謂之放』。」師古曰：「瓚說是也。」
〔九〕師古曰：「繇與由同也。」
〔一〇〕應劭曰：「五服謂甸服、侯服、綏服、要服、荒服也。」師古曰：「庶尹，衆官之長也。羣后，諸侯也。隊，失也，音直類反。」
〔一一〕師古曰：「言我之先祖於此遂微也。䙴，古遷字。其下並同。」
〔一二〕師古曰：「誒，歎聲，音許其反。」
〔一三〕師古曰：「言遭秦暴嫚，無有列位，躬耕於野。」
〔一四〕師古曰：「高祖起在豐沛，於秦爲南，故曰南顧。言以秦之京邑，授與漢也。」

於赫有漢，四方是征，〔一〕靡適不懷，萬國逌平。〔二〕乃命厥弟，建侯於楚，俾我小臣，惟傅是輔。兢兢元王，恭儉淨壹，〔三〕惠此黎民，納彼輔弼。饗國漸世，垂烈于後，〔四〕

乃及夷王，克奉厥緒。咨命不永，唯王統祀，〔五〕左右陪臣，此惟皇士。〔六〕

〔一〕師古曰：「於讀曰烏。烏，歎辭也。赫，明貌。凡此詩中諸歎辭稱於者，其音皆同。」
〔二〕師古曰：「懷，思也，來也。逌，古攸字。攸，所也。言漢兵所往之處，人皆思附而來，萬國所以平也。」
〔三〕師古曰：「兢兢，謹戒也。」
〔四〕師古曰：「元王立二十七年而薨，垂遺業於後嗣也。」
〔五〕師古曰：「咨，嗟也。永，長也。夷王立四年而薨，戊乃嗣位，故言不永也。」
〔六〕師古曰：「爾雅云：『皇，正也。』」

如何我王，不思守保，不惟履冰，以繼祖考！〔一〕邦事是廢，逸游是娛，犬馬繇繇，是放是驅。〔二〕務彼鳥獸，忽此稼苗，烝民以匱，我王以媮。〔三〕所弘非德，所親非俊，唯囿是恢，唯諛是信。〔四〕睮睮諂夫，咢咢黃髮，〔五〕如何我王，曾不是察！既藐下臣，追欲從逸，〔六〕嫚彼顯祖，輕茲削黜。

〔一〕師古曰：「惟亦思也，言不思念敬慎如履薄冰之義，用繼其祖考之業也。」
〔二〕師古曰：「繇與悠同。悠悠，行貌。放，放犬也。驅，驅馬也。」
〔三〕師古曰：「媮與愉同，樂也。言衆人失此稼穡，以致困匱，而王反以為樂也。」
〔四〕師古曰：「恢，大也。諛，諂言也。」
〔五〕如淳曰：「睮睮，自媚貌也。」師古曰：「咢咢，直言也。睮音踰。咢音五各反。」

〔六〕應劭曰：「藐，遠也。言疏遠忠賢之輔，追情欲，從逸遊也。」臣瓚曰：「藐，陵藐也。」師古曰：「藐與邈同。應說是也。下臣，孟自謂也。從讀曰縱。」

嗟嗟我王，漢之睦親，〔一〕曾不夙夜，以休令聞！〔二〕穆穆天子，臨爾下土，明明羣司，執憲靡顧。〔三〕正遐繇近，殆其怙茲，〔四〕嗟嗟我王，曷不此思！

〔一〕師古曰：「睦，密也，言服屬近。」
〔二〕師古曰：「休，美也。令，善也。聞，聲名也。」
〔三〕師古曰：「靡，無也。言執天子之法，無所顧望也。顧讀如古，協韻。」
〔四〕師古曰：「言欲正遠人，先從近〔親〕始，而王怙恃與漢戚屬，不自勗慎，以致危殆也。繇讀與由同。」

非思非鑒，嗣其罔則，〔一〕彌彌其失，岌岌其國。〔二〕致冰匪霜，致隊靡嫚，瞻惟我王，昔靡不練。〔三〕興國救顚，孰違悔過，追思黃髮，秦繆以霸。〔四〕歲月其徂，年其逮耇，〔五〕於昔君子，庶顯于後。〔六〕我王如何，曾不斯覽！〔七〕黃髮不近，胡不時監！〔八〕

〔一〕師古曰：「不思鑒戒之義，是令後嗣無所法則也。」
〔二〕應劭曰：「彌彌猶稍稍也，罪過茲甚也。岌岌，欲毀壞也。」師古曰：「岌岌，危動貌，音五合反。」
〔三〕師古曰：「言堅冰之成起於微霜，隕隊之咎由於怠嫚也。練猶閱歷之，言往昔之事，皆在王心，無所不閱也。」
〔四〕師古曰：「言興復邦國，救止顚隊之道，無如能自悔其過惡。秦穆公伐鄭，為晉所敗而歸，乃作秦誓曰：『雖則員然，尚猶詢茲黃髮，則罔所愆。』謂雖有員然之失，庶幾以道謀於黃髮之賢，則行無所過矣。黃髮，老壽之人也，謂髮落更生黃者也。員與云同。」
〔五〕師古曰：「逮，及也。耇者，老人面色如垢也。言歲月驟往，年將及耇，不可殆忽。」
〔六〕師古曰：「於，歎辭也。言昔之君子，庶幾善道，所以能光顯於後世也。」
〔七〕師古曰：「覽，視也，叶韻音濫。」
〔八〕師古曰：「黃髮不近者，斥遠耇老之人也。近音其靳反。」

其在鄒詩曰：

微微小子，既耇且陋，〔一〕豈不牽位，穢我王朝。〔二〕王朝肅清，唯俊之庭，顧瞻余躬，懼穢此征。〔三〕

〔一〕師古曰：「自言年老，材質鄙陋也。」
〔二〕應劭曰：「言豈不戀此爵位乎？以王朝汙穢不肅清故也。」師古曰：「此說非也。恐己穢王朝，所以去耳，故下又言『懼穢此征』也。」
〔三〕李奇曰：「於此便行也。」師古曰：「此皆孟已去遜辭，不欲顯王之過惡也。」

我之退征，請于天子，天子我恤，矜我髮齒。赫赫天子，明悊且仁，懸車之義，以洎小臣。〔一〕嗟我小子，豈不懷土？庶我王寤，越遷于魯。〔二〕

〔一〕應劭曰：「古者七十縣車致仕。洎，及也。天子以縣車之義及我也。」師古曰：「洎音鉅異反。」
〔二〕應劭曰：「言豈不懷土乎？庶幾王之寤覺，欲還輔相之，相近居魯也。」

既去禰祖，惟懷惟顧，〔一〕祁祁我徒，戴負盈路。〔二〕爰戾于鄒，翦茅作堂，〔三〕我徒我環，築室于牆。〔四〕

〔一〕師古曰：「父廟曰禰。言去其父祖舊居，所以懷顧也。禰音乃禮反。」
〔二〕師古曰：「祁祁，衆貌。一曰祁祁，徐行也。徒謂學徒也。戴負者，謂隨其徙居也。」
〔三〕師古曰：「戾，至也。翦字與剪同。」
〔四〕師古曰：「環，繞也。」

我既遷逝，心存我舊，夢我瀆上，立于王朝。〔一〕其夢如何？夢爭王室。其爭如何？夢王我弼。〔二〕寤其外邦，歎其喟然，〔三〕念我祖考，泣涕其漣。〔四〕微微老夫，咨既遷絕，〔五〕洋洋仲尼，視我遺烈。〔六〕濟濟鄒魯，禮義唯恭，誦習弦歌，于異他邦。〔七〕我雖鄙耇，心其好而，我徒侃爾，樂亦在而。〔八〕

〔一〕應劭曰：「瀆上，孟所居彭城東里名(曰)〔也〕。猶不忘本也。」
〔二〕師古曰：「弼，戾也。言夢爭王室之事，王違戾我言也。」
〔三〕師古曰：「夢在王朝，及寐之寤，乃在鄒也。寤，覺也。喟音丘位反。覺音工效反。」
〔四〕師古曰：「漣漣，泣下貌，音連。」
〔五〕師古曰：「咨，嗟也。絕謂與舊居絕也。」
〔六〕師古曰：「洋洋，美盛也。烈，業也。視讀曰示。孔子，鄒人，故言示我遺業也。洋音祥，又音羊。」

(七)師古曰:「覆禮樂之數,不同餘士也。」
(八)師古曰:「而省,句(端)〔絕〕之辭。侃,和樂貌,音口旦反。」

孟卒于鄒。或曰其子孫好事,述先人之志而作是詩也。

自孟至賢五世。賢爲人質朴少欲,篤志於學,(一)兼通禮、尚書,以詩教授,號稱鄒魯大儒。徵爲博士,給事中,進授昭帝詩,稍遷光祿大夫詹事,至大鴻臚。昭帝崩,無嗣,大將軍霍光與公卿共尊立孝宣帝。帝初即位,賢以與謀議,安宗廟,賜爵關內侯,食邑。(二)徙爲長信少府。(三)以先帝師,甚見尊重。本始三年,代蔡義爲丞相,封扶陽侯,(四)食邑七百戶。時賢七十餘,爲相五歲,地節三年,以老病乞骸骨,賜黃金百斤,罷歸,加賜弟一區。丞相致仕自賢始。年八十二薨,謚曰節侯。

(一)師古曰:「篤,厚也。」
(二)師古曰:「與讀曰豫。」
(三)師古曰:「長信者,太后宮名,爲太后官屬也。」
(四)孟康曰:「屬沛郡。」

賢四子:長子方山爲高寢令,早終;次子弘,至東海太守;次子舜,留魯守墳墓;少子玄成,復以明經歷位至丞相。故鄒魯諺曰:「遺子黃金滿籯,不如一經。」(一)

(一)如淳曰:「籯,竹器,受三四斗。今陳留俗有此器。」蔡謨曰:「滿籯者,言其多耳,非器名也。若論陳留之俗,則我

陳人也,不聞有此器。」師古曰:「許慎說文解字云『籯,笭也』,揚雄方言云『陳、楚、宋、魏之間謂筲爲籯』,然則筐籠之屬是也。今書本籯字或作盈,又是盈滿之義,蓋兩通也。」

玄成字少翁,以父任爲郎,常侍騎。少好學,修父業,尤謙遜下士。(一)出遇知識步行,輒下從者,與載送之,(二)以爲常。其接人,貧賤者益加敬,繇是名譽日廣。(三)以明經擢爲諫大夫,遷大河都尉。(四)

(一)師古曰:「下音胡亞反。」
(二)師古曰:「輟從者之車馬也。」
(三)師古曰:「繇與由同。」
(四)服虔曰:「今東平郡也。本爲濟東國,後王國除,爲大河郡。」

初,玄成兄弘爲太常丞,職奉宗廟,典諸陵邑,煩劇多罪過。父賢以弘當爲嗣,故敕令自免。(一)弘懷謙,不去官。(二)及賢病篤,弘竟坐宗廟事繫獄,罪未決。室家問賢當爲後者,賢恚恨不肯言。於是賢門下生博士義倩等與宗家計議,(三)共矯賢令,(四)使家丞上書言大行,(五)以大河都尉玄成爲後。賢薨,玄成在官聞喪,又言當爲嗣,玄成深知其非賢雅意,即陽爲病狂,臥便利,妄笑語昏亂。(六)徵至長安,既葬,當襲爵,以病狂不應召。大鴻臚(奉)〔奏〕狀,章下丞相御史案驗。玄成素有名聲,士大夫多疑其欲讓爵辟兄者。(七)案事丞相史乃與玄成書(八)曰:「古之辭讓,必有文義可觀,故能垂榮於後。今子獨壞容貌,蒙恥辱,爲狂癡,光曜晻而不宣。(九)微哉!子之所託名也。(一〇)僕素愚陋,過爲宰相執事,(一一)願少聞風聲。不然,恐子傷高而僕爲小人也。」玄成友人侍郎章亦上疏言:「聖王貴以禮讓爲國,宜優養玄成,勿枉其志,(一二)使得自安衡門之下。」(一三)而丞相御史遂以玄成實不病,劾奏之。有詔勿劾,引拜。玄成不得已受爵。宣帝高其節,以玄成爲河南太守。兄弘太山都尉,遷東海太守。

(一)師古曰:「恐其有罪見黜,妨爲繼嗣,故令以病去官也。」
(二)師古曰:「謂若欲代父爲侯,故避嫌不肯也。」
(三)師古曰:「博士姓義名倩也。宗家,賢之同族也。倩音千見反。」
(四)師古曰:「矯,託也。」
(五)師古曰:「爲文書於大行,以言其事也。」
(六)師古曰:「便利,大小便。」
(七)師古曰:「辟讀曰避。」
(八)師古曰:「即案驗玄成事者。」
(九)師古曰:「晻讀與暗同。」
(一〇)李奇曰:「名,聲名也。」

(一一)師古曰:「過猶謬也。」
(一二)師古曰:「枉,屈也。」
(一三)師古曰:「衡門,謂橫一木於門上,貧者之所居也。」

數歲,玄成徵爲未央衛尉,遷太常。坐與故平通侯楊惲厚善,惲誅,黨友皆免官。後以列侯侍祀孝惠廟,當晨入廟,天雨淖,(一)不駕駟馬車而騎至廟下。有司劾奏,等輩數人皆削爵爲關內侯。玄成自傷貶黜父爵,歎曰:「吾何面目以奉祭祀!」作詩自劾責,曰:

(一)師古曰:「淖,泥也,音女教反。」

赫矣我祖,侯于豕韋,賜命建伯,有殷以綏。(一)厥績既昭,車服有常,朝宗商邑,四牡翔翔。(二)德之令顯,慶流于裔,宗周至漢,羣后歷世。(三)

(一)師古曰:「建,立也。立爲伯也。綏,安也。以有此伯,故天下安也。」
(二)師古曰:「翔翔,安舒貌。」
(三)應劭曰:「歷世有爵位。」

肅肅楚傅,輔翼元、夷,(一)厥駟有庸,惟慎惟祗。(二)嗣王孔佚,越遷于鄒,(三)五世壙僚,至我節侯。(四)

(一)師古曰:「元王、夷王也。」
(二)孟康曰:「駟,駟馬也。尚書『車服以庸』。庸,功也。」師古曰:「庸亦常也,即上車服有常同義也。祗,敬也。」

(五)師古曰：「孔，甚也。佚與逸同。」

(四)應劭曰：「自孟至賢五世無官。」曠，空也。」

惟我節侯，顯德遐聞，(一)左右昭、宣，五品以訓。(二)既耇致位，惟懿惟奐，(三)厥賜祁祁，百金洎館。(四)國彼扶陽，在京之東，惟帝是留，政謀是從。繹繹六轡，是列是理，(五)威儀濟濟，朝享天子。天子穆穆，是宗是師，(六)四方遐爾，觀國之煇。(七)

(一)師古曰：「聞，合韻音問。」

(二)師古曰：「左右，助也，言爲相也。五品，五教也。訓，理也。左讀曰佐，右讀曰佑。」

(三)師古曰：「言以年致仕也。懿，美也。奐，盛也。」

(四)師古曰：「祁祁，行來貌。洎，及也。」

(五)師古曰：「繹繹，和調之貌。」

(六)師古曰：「穆穆，天子之容也。宗，尊也，言天子尊之以爲師。」

(七)師古曰：「煇，光也。」

茅土之繼，在我俊兄，惟我俊兄，是讓是形。(一)於休厥德，於赫有聲，(二)致我小子，越留於京。(三)惟我小子，不肅會同，(四)媠彼車服，黜此附庸。(五)

(一)師古曰：「形，見也。言其謙讓志節顯見也。」

(二)師古曰：「於，歎辭也。休，美也。」

(三)師古曰：「言致爵位於己身而留在京師，豫朝請。」

(四)師古曰：「肅，敬也。」

(五)師古曰：「媠，古惰字也。削爵爲關內侯，故云黜此附庸，言見黜而爲附庸也。」

赫赫顯爵，自我隊之；微微附庸，自我招之。誰能忍媿，寄之我顏；誰將遐征，從之夷蠻。(一)於赫三事，匪俊匪作，於蔑小子，終焉其度。(二)誰謂華高，企其齊而；誰謂德難，厲其庶而。(三)嗟我小子，于貳其尤，(四)隊彼令聲，申此擇辭。(五)四方羣后，我監我視，威儀車服，唯肅是履！(六)

(一)師古曰：「言己恥辱之甚，無所自措，故曰誰有能忍媿者，以我顏寄之；誰欲遐行去者，當與相從，適於蠻夷，不能見朝廷之士也。」

(二)師古曰：「於，歎辭也。三事，三公之位也。度，居也。言三公顯職，以賢俊爲之，我雖微蔑，方自勉厲，終當居此也。度音大各反。後並同。」

(三)師古曰：「華，華山也。華山雖高，企仰則能齊觀。道德不易，克厲然庶幾可及也。」

(四)師古曰：「于，往也。尤，過也。自戒云，今以往勿貳其過。一曰，貳(謂)不一也，言心不專一，致此過也。」

(五)師古曰：「令，善也。擇，可擇之辭。一曰，擇謂創也。」

(六)師古曰：「戒他人。」

初，宣帝寵姬張婕妤男淮陽憲王好政事，通法律，上奇其材，有意欲以爲嗣，然用太子起於細微，又早失母，故不忍也。久之，上欲感風憲王，輔以禮讓之臣，(一)乃召拜玄成爲淮陽中尉。是時王未就國，玄成受詔，與太子太傅蕭望之及五經諸儒雜論同異於石渠閣，條奏其對。及元帝即位，以玄成爲少府，遷太子太傅，至御史大夫。永光中，代于定國爲丞相。貶黜十年之間，遂繼父相位，封侯故國，榮當世焉。玄成復作詩，自著復玷缺之艱難，(二)因以戒示子孫，曰：

(一)師古曰：「風讀曰諷。」

(二)師古曰：「玉缺曰玷。復音房目反。艱，古艱字。玷音丁念反。」

於肅君子，既令厥德，(一)儀服此恭，棣棣其則。(二)咨余小子，既德靡逮，(三)曾是車服，荒嫚以隊。(四)

(一)師古曰：「於，歎辭也。肅，敬也。令，善也。言君子之人，皆肅敬以善其德也。」

(二)李奇曰：「習威儀也。」師古曰：「詩邶柏舟曰『威儀逮逮，不可選也』。逮逮，閑習之貌，音徒繫反。」

(三)師古曰：「逮，及也，自言德不及也。」

(四)師古曰：「曾之言則也。」

明明天子，俊德烈烈，不遂我遺，恤我九列。(一)我既茲恤，惟夙惟夜，(二)畏忌是申，供事靡惰。(三)天子我監，登我三事，(四)顧我傷隊，爵復我舊。

(一)師古曰：「恤，安也。九列，卿之位，謂少府。」

(二)師古曰：「夙，早也。言早夜常自戒也。」

(三)師古曰：「申，言自約束也。惰，古惰字。」

(四)師古曰：「監，察也。三事，三公之位，謂丞相也。」

我既此登，望我舊階，先后茲度，漣漣孔懷。(一)司直御事，我熙我盛；(二)羣公百僚，我嘉我慶。于異卿士，非同我心，三事惟囏，莫我肯矜。(三)赫赫三事，力雖此畢，非(吾)[我]所度，退其罔日。(四)昔我之隊，畏不此居，(五)今我度茲，戚戚其懼。(六)

(一)應劭曰：「我既此登，爲丞相也。先后茲度，父所在也。」臣瓚曰：「案古文宅度同。」師古曰：「先后即先君也。以父嘗居此位，故泣涕而甚思之也。」

(二)師古曰：「司直，丞相司直也。御事，治事之吏也。言司直及治事之人助我興盛而爲職務也。」

(三)師古曰：「言己居尊位，懼不克勝，而羣公百官，皆來相慶，是與我心不同也。」

(四)師古曰：「我雖畢力於此，然懼非所居，貶退無日。」

(五)師古曰：「居，合韻音基庶反。」

(六)師古曰：「度亦居也。」

嗟我後人，命其靡常，靖享爾位，瞻仰靡荒。(一)慎爾會同，戒爾車服，無媠爾儀，以保爾域。(二)爾無我視，不慎不整；我之此復，惟祿之幸。(三)於戲後人，惟肅惟栗。(四)無忝顯祖，以蕃漢室！

〔一〕師古曰：「靖，謀也。享，當也。言天(會)〔命〕無常，唯善是祜。謀當爾位，無荒怠也。」

〔二〕師古曰：「嫱亦古惰字也。域謂封邑也。」

〔三〕師古曰：「言我之得復此爵，乃蒙天之福幸而遇之，爾等不當視效而怠慢也。」

〔四〕師古曰：「於戲讀曰嗚乎。」

玄成為相七年，守正持重不及父賢，而文采過之。建昭三年薨，謚曰共侯。初，賢以昭帝時徙平陵，玄成別徙杜陵，病且死，因使者自白曰：「不勝父子恩，願乞骸骨，歸葬父墓。」上許焉。

子頃侯寬嗣。薨，子僖侯育嗣。薨，子節侯沈嗣。自賢傳國至玄孫乃絕。玄成兄高寢令方山子安世歷郡守，大鴻臚，長樂衞尉，朝廷稱有宰相之器，會其病終。而東海太守弘子賞亦明詩。哀帝為定陶王時，賞為太傅。哀帝即位，賞以舊恩為大司馬車騎將軍，列為三公，賜爵關內侯，食邑千戶，亦年八十餘，以壽終。宗族至吏二千石者十餘人。

初，高祖時，令諸侯王都皆立太上皇廟。至惠帝尊高帝廟為太祖廟，景帝尊孝文廟為太宗廟，行所嘗幸郡國各立太祖、太宗廟。至宣帝本始二年，復尊孝武廟為世宗廟，行所巡狩亦立焉。凡祖宗廟在郡國六十八，合百六十七所。〔一〕而京師自高祖下至宣帝，與太上皇、悼皇考各自居陵旁立廟，〔二〕并為百七十六。又園中各有寢、便殿。〔三〕日祭於寢，月祭

於廟，時祭於便殿。寢，日四上食；廟，歲二十五祠；〔四〕便殿，歲四祠。又月一游衣冠。而昭靈后、武哀王、昭哀后、孝文太后、孝昭太后、衞思后、戾太子、戾后各有寢園，與諸帝合，凡三十所。一歲祠，上食二萬四千四百五十五，用衞士四萬五千一百二十九人，祝宰樂人萬二千一百四十七人，養犧牲卒不在數中。

〔一〕師古曰：「六十八者，郡國之數也。百六十七所，宗廟之數也。」

〔二〕師古曰：「悼皇考者，宣帝之父，即史皇孫。」

〔三〕如淳曰：「黃圖高廟有便殿，是中央正殿也。」師古曰：「如說非也。凡言便殿、便室者，皆非正大之處。寢者，陵上正殿，若平生露寢矣。便殿者，寢側之(便)〔別〕殿耳。」

〔四〕如淳曰：「月祭朔望，加臘月二十五。」晉灼曰：「漢儀注宗廟一歲十二祠。五月嘗麥。六月、七月三伏、立秋貙婁，又嘗粢。八月先夕饋飱，皆一太牢，酎祭用九太牢。十月嘗稻，又飲蒸，二太牢。十(一)月嘗，十二月臘，二太牢。又每月一太牢，如閏加一祀，與此上十二為二十五祠。」師古曰：「晉說是也。」

至元帝時，貢禹奏言：「古者天子七廟，今孝惠、孝景廟皆親盡，宜毀。及郡國廟不應古禮，宜正定。」天子是其議，未及施行而禹卒。永光四年，乃下詔先議罷郡國廟，曰：「朕聞明王之御世也，遭時為法，因事制宜。〔一〕往者天下初定，遠方未賓，因嘗所親以立宗廟，〔二〕蓋建威銷萌，一民之至權也。〔三〕今賴天地之靈，宗廟之福，四方同軌，蠻貊貢職，〔四〕久遵而不定，令疏遠卑賤共承尊祀，〔五〕殆非皇天祖宗之意，朕甚懼焉。傳不云乎？『吾不與祭，如不祭。』〔六〕其與將軍、列侯、中二千石、二千石、諸大夫、博士、議郎議。」丞相玄成、御史大夫鄭弘、太子太傅嚴彭祖、少府歐陽地餘、諫大夫尹更始等七十人皆曰：「臣聞祭，非自外至者也，繇中出，生於心也。〔七〕故唯聖人為能饗帝，孝子為能饗親。〔八〕立廟京師之居，躬親承事，四海之內各以其職來助祭，尊親之大義，五帝三王所共，不易之道也。〔九〕詩云：『有來雍雍，至止肅肅，相維辟公，天子穆穆。』〔一〇〕春秋之義，父不祭於支庶之宅，君不祭於臣僕之家，王不祭於下土諸侯。臣等愚以為宗廟在郡國，宜無修，臣請勿復修。」奏可。因罷昭靈后、武哀王、昭哀后、衞思后、戾太子、戾后園，皆不奉祠，裁置吏卒守焉。

〔一〕師古曰：「言不必同也。」

〔二〕師古曰：「親謂親臨幸處也。」

〔三〕師古曰：「銷遏逆亂，使不得萌生。」

〔四〕師古曰：「同軌，言車轍皆同，示法制齊也。」

〔五〕師古曰：「共讀曰恭。」

〔六〕師古曰：「論語載孔子之言。與讀曰預。」

〔七〕師古曰：「繇讀與由同。」

〔八〕師古曰：「言情禮皆備。」

〔九〕師古曰：「易，改也。」

〔一〇〕師古曰：「此周頌雍篇(祖)〔禘〕太祖之詩也。雍雍，和也。肅肅，敬也。相，助也。辟，百辟卿士也。公，諸侯也。有來而和者，至而敬者，助王禘祭，是百辟諸侯也。天子是時則穆穆然承事也。」

罷郡國廟後月餘，復下詔曰：「蓋聞明王制禮，立親廟四，祖宗之廟，萬世不毀，所以明尊祖敬宗，著親親也。〔一〕朕獲承祖宗之重，惟大禮未備，戰栗恐懼，不敢自顓，〔二〕其與將軍、列侯、中二千石、二千石、諸大夫、博士議。」玄成等四十四人奏議曰：「禮，王者始受命，諸侯始封之君，皆為太祖。以下，五廟而迭毀，〔三〕毀廟之主臧乎太祖，五年而再殷祭，言壹禘壹祫也。〔四〕祫祭者，毀廟與未毀廟之主皆合食於太祖，父為昭，子為穆，孫復為昭，古之正禮也。〔五〕祭義曰：『王者禘其祖自出，〔六〕以其祖配之，而立四廟。』言始受命而王，祭天以其祖配，而不為立廟，親盡也。立親廟四，親親也。親盡而迭毀，親疏之殺，示有終也。〔七〕周之所以七廟者，以后稷始封，文王、武王受命而王，是以三廟不毀，與親廟四而七。非有后稷始封，文、武受命之功者，皆當親盡而毀。成王成二聖之業，〔八〕制禮作樂，功德茂盛，廟猶不世，以行為謚而已。〔九〕禮，廟在大門之內，不敢遠親也。〔一〇〕臣愚以為高帝受命定天下，宜為帝者太祖之廟，世世不毀，承後屬盡者宜毀。今宗廟異處，昭穆不序，宜入就太祖廟而序昭穆如禮。太上皇、孝惠、孝文、孝景廟皆親盡宜毀，皇考廟親未盡，如故。」〔一一〕大司馬車騎將軍許嘉等二十九人以為孝文皇帝除誹謗，去肉刑，躬節儉，不受獻，罪人不帑，不私

二。天子七日而殯，七月而葬；諸侯五日而殯，五月而葬；此喪事尊卑之序也，與廟數相應。其文曰：『天子三昭三穆，與太祖之廟而七；諸侯二昭二穆，與太祖之廟而五。』故德厚者流光，德薄者流卑。〔一四〕春秋左氏傳曰：『名位不同，禮亦異數。』自上以下，降殺以兩，禮也。〔一五〕七者，其正法數，可常數者也。宗不在此數中。宗，變也，〔一六〕苟有功德則宗之，不可預爲設數。故於殷，太甲爲太宗，大戊曰中宗，武丁曰高宗。〔一七〕周公爲毋逸之戒，舉殷三宗以勸成王。〔一八〕繇是言之，宗無數也，〔一九〕然則所以勸帝者之功德博矣。以七廟言之，孝武皇帝未宜毀；以所宗言之，則不可謂無功德。禮記祀典曰：『夫聖王之制祀也，功施於民則祀之，以勞定國則祀之，能救大災則祀之。』竊觀孝武皇帝，功德皆兼而有焉。凡在於異姓，猶將特祀之，況于先祖？或說天子五廟無見文，又說中宗、高宗者，宗其道而毀其廟。名與實異，非尊德貴功之意也。詩云：『蔽芾甘棠，勿鬋勿伐，邵伯所茇。』〔二〇〕思其人猶愛其樹，況宗其道而毀其廟乎？迭毀之禮自有常法，無殊功異德，固以親疏相推及。至祖宗之序，多少之數，經傳無明文，至尊至重，難以疑文虛說定也。孝宣皇帝舉公卿之議，用衆儒之謀，既以爲世宗之廟，建之萬世，宣布天下。臣愚以爲孝武皇帝功烈如彼，孝宣皇帝崇立之如此，不宜毀。」上覽其議而從之。制曰：「太僕舜、中壘校尉歆議可。」

〔一〕師古曰：「小雅六月之詩也。薄伐，言逐出之。」

〔二〕師古曰：「小雅采芑之詩也。嘽嘽，衆也。推推，盛也。顯，明也。允，信也。方叔，周之卿士，命爲將率也。言出師衆盛，有如雷霆。方叔又能信明其德，既伐獫狁，懲其侵暴，則南荊之蠻，亦畏威而來服也。嘽嘽音他丹反。推音他回反。」

〔三〕師古曰：「宗器，宗廟之器也。」

〔四〕師古曰：「纖，纔也，音思廉反。」

〔五〕師古曰：「論語載孔子之言也。微，無也。被髮左衽，戎狄之服。言無管仲佐齊桓公征討，則中夏皆將爲夷狄也。」

〔六〕師古曰：「伯讀曰霸。」

〔七〕師古曰：「氏讀曰支。」

〔八〕師古曰：「罷讀曰疲。」

〔九〕師古曰：「昆音下門反。」

〔一〇〕師古曰：「樂音來各反。浪音郎。」

〔一一〕師古曰：「婼音而遮反。」

〔一二〕師古曰：「斥，開也。遠，廣也。」

〔一三〕師古曰：「櫨讀曰摹，其字從木。」

〔一四〕師古曰：「流謂流風餘福。」

〔一五〕師古曰：「殺音所例反。」

〔一六〕師古曰：「言非常數，故云變也。」

〔一七〕師古曰：「太甲，湯之孫，太丁之子也。太戊，太庚之子，雍己之弟也。武丁，小乙之子。」

〔一八〕師古曰：「毋逸，尚書篇名。戒以無逸豫也。」

〔一九〕師古曰：「繇與由同也。」

〔二〇〕師古曰：「召南甘棠之詩也。解已在前。鬋字與翦同。茇音步葛反。」

歆又以爲「禮，去事有殺，〔一〕故春秋外傳曰：『日祭，月祀，時享，歲貢，終王。』祖爾則日祭，曾高則月祀，二祧則時享，壇墠則歲貢，〔二〕大禘則終王。〔三〕德盛而游廣，親親之殺也；〔四〕彌遠則彌尊，故禘爲重矣。孫居王父之處，正昭穆，則孫常與祖相代，此遷廟之殺也。聖人於其祖，出於情矣，禮無所不順，故無毀廟。〔五〕自貢禹建迭毀之議，惠、景及太上寢園廢而爲虛，〔六〕失禮意矣。」

〔一〕師古曰：「去，除也。殺，漸也。去音丘呂反。殺音所例反。其下並同也。」

〔二〕張晏曰：「去祧爲壇。築土爲壇，除地爲墠。祧音他堯反。墠音善。」

〔三〕服虔曰：「蠻夷，終王乃入助祭，各以其珍貢，以共大禘之祭也。」師古曰：「每一王終，新王即位，乃來助祭。」

〔四〕如淳曰：「游亦流也。」

〔五〕晉灼曰：「以情推子，以子況祖，得人心，禮何所違，故無毀棄不禘之主也。謂下三廟廢而爲虛者也。」

〔六〕師古曰：「虛讀曰墟。」

至平帝元始中，大司馬王莽奏：「本始元年丞相義等議，〔一〕謚孝宣皇帝親曰悼園，置邑

三百家，至元康元年，丞相相等奏，〔二〕父爲士，子爲天子，祭以天子，悼園宜稱尊號曰『皇考』，立廟，益故奉園民滿千六百家，以爲縣。臣愚以爲皇考廟本不當立，累世奉之，非是。又孝文太后南陵、〔三〕孝昭太后雲陵園，雖前以禮不復修，陵名未正。謹與大司徒晏等百四十七人議，皆曰孝宣皇帝以兄孫繼統爲孝昭皇帝後，以數，故孝元世以孝景皇帝及皇考廟親未盡，不毀。此兩統貳父，違於禮制。案義奏親謚曰『悼』，裁置奉邑，皆應經義。相奏悼園稱『皇考』，立廟，益民爲縣，違離祖統，乖繆本義。父爲士，子爲天子，祭以天子者，乃謂若虞舜、夏禹、殷湯、周文、漢之高祖受命而王者也，非謂繼祖統爲後者也。臣請皇高祖考廟奉明園毀勿修，〔四〕罷南陵、雲陵爲縣。」奏可。

〔一〕師古曰：「蔡義也。」

〔二〕師古曰：「魏相也。」

〔三〕師古曰：「在霸陵之南，故曰南陵。」

〔四〕張晏曰：「奉明園，悼皇考園也。」

司徒掾班彪曰：〔一〕漢承亡秦絕學之後，祖宗之制因時施宜。自元、成後學者（番）〔蕃〕滋，〔二〕貢禹毀宗廟，匡衡改郊兆，何武定三公，後皆數復，故紛紛不定。〔三〕何者？禮文缺

微，古今異制，各爲一家，未易可偏定也。考觀諸儒之議，劉歆博而篤矣。

〔一〕師古曰：「漢書諸贊，皆固所爲。其有叔皮先論述者，(謂)固亦具顯以示後人，而或者〔謂〕固竊盜父名，觀此可以免矣。」

〔二〕師古曰：「蕃音扶元反。」

〔三〕師古曰：「數音所角反。復音扶目反。」

校勘記

三一〇四頁八行 言欲正遠人，先從近〔親〕始。景祐、殿本都有「親」字。

三一〇六頁一行 孟所居彭城東里名(曰)〔也〕。景祐、殿本都作「也」。王先謙說作「也」是。

三一〇七頁二行 而者，句(端)〔絕〕之辭。殿本作「絕」，景祐本作「端」。

三一〇八頁四行 大鴻臚(奉)〔奏〕狀，景祐、殿本都作「奏」。王先謙說作「奏」是。

三一一二頁三行 貳〔謂〕不一也，景祐、殿本都有「謂」字。

三一一四頁六行 非(旨)〔我〕所度，景祐、殿本都作「我」。

三一一五頁一行 言天(會)〔命〕無常，唯善是祐。景祐、殿、局本都作「命」，此誤。

三一一六頁八行 便殿者，寢側之(便)〔別〕殿耳。景祐、殿本都作「別」。

三一一六頁一〇行 十〔一〕月晦，景祐、殿本都有「一」字。

三一一八頁一行 此周頌雍篇(祖)〔禘〕太祖之詩也。景祐、殿、局本都作「禘」。王先謙說作「禘」是。

三一一九頁七行 (一)〔壹〕，一祭之也。殿本作「壹」。王先謙說殿本是。

三一二〇頁三行 禘案上世帝王承祖禰之大(義)〔禮〕，宋祁說越本作「禮」。錢大昭說閩本作「禮」。按景祐本作「禮」。

三一二三頁五行 明繼祖不(得)〔復〕顧其私祖母也。景祐、殿本都作「復」。

三一二四頁一〇行 六藝，(之)〔六〕經也。景祐本作「之」，殿本作「六」。王先謙說作「六」是。

三一三〇頁三行 自元、成後學者(番)〔蕃〕滋，景祐、殿本都作「蕃」。王先謙說作「蕃」是。

三一三一頁二行 其有叔皮先論述者，(謂)固亦具顯以示後人，而或者〔謂〕固竊盜父名，觀此可以免矣。宋祁說，越本「謂」字在後「或者」下。劉攽說，「謂」字合在「或者」下。按景祐、局本都在「或者」下。

漢書卷七十四

魏相丙吉傳第四十四

魏相字弱翁，濟陰定陶人也，〔一〕徙平陵。少學易，爲郡卒史，舉賢良，以對策高第，爲茂陵令。頃之，御史大夫桑弘羊客詐稱御史止傳，〔二〕丞不以時謁，客怒縛丞。相疑其有姦，收捕，案致其罪，論棄客市，〔三〕茂陵大治。

〔一〕師古曰：「說者謂相即魏無知之後，蓋承淺近之言，爲妄說矣。」

〔二〕師古曰：「傳謂縣之傳舍。」

〔三〕師古曰：「殺之於市。」

後遷河南太守，禁止姦邪，豪彊畏服。會丞相車千秋死，先是千秋子爲雒陽武庫令，自見失父，而相治郡嚴，恐久獲罪，乃自免去。相使掾追呼之，遂不肯還。相獨恨曰：「大將軍聞此令去官，必以爲我用丞相死不能遇其子。使當世貴人非我，殆矣！」〔一〕武庫令西至長安，大將軍霍光果以責過相曰：「幼主新立，以爲函谷京師之固，武庫精兵所聚，故以丞相弟

爲關都尉，子爲武庫令。今河南太守不深惟國家大策，〔二〕苟見丞相不在而斥逐其子，何淺薄也！」後人有告相賊殺不辜，事下有司。河南卒戍中都官者二三千人，〔三〕遮大將軍，自言願復留作一年以贖太守罪。河南老弱萬餘人守關欲入上書，關吏以聞。大將軍用武庫令事，遂下相廷尉獄。〔四〕久繫踰冬，會赦出。復有詔守茂陵令，遷楊州刺史。考案郡國守相，多所貶退。相與丙吉相善，時吉爲光祿大夫，與相書曰：「朝廷已深知弱翁(行治)〔治行〕，方且大用矣。願少慎事自重，臧器于身。」〔五〕相心善其言，爲霽威嚴。〔六〕居部二歲，徵爲諫大夫，復爲河南太守。

〔一〕師古曰：「殆，危也。」

〔二〕師古曰：「惟，思也。」

〔三〕師古曰：「來京師諸官府爲戍卒，若今衞士上番分守諸司。」

〔四〕師古曰：「光心以武庫令事嫌之，而下其賊殺不辜之獄也。」

〔五〕師古曰：「易下繫辭云『君子臧器於身，待時而動』。言不顯見其材能。」

〔六〕蘇林曰：「霽音限齊之齊。」臣瓚曰：「此雨霽字也。霽，止也。」師古曰：「二說皆是也。音才詣反，又音子詣反。」

數年，宣帝即位，徵相入爲大司農，遷御史大夫。四歲，大將軍霍光薨，上思其功德，以其子禹爲右將軍，兄子樂平侯山復領尚書事。〔一〕相因平恩侯許伯奏封事，言：「春秋譏世

卿，惡宋三世爲大夫，〔二〕及魯季孫之專權，皆危亂國家。自後元以來，祿去王室，政繇冢宰。〔三〕今光死，子復爲大將軍，兄子秉樞機，昆弟諸壻據權勢，在兵官。光夫人顯及諸女皆通籍長信宮，〔四〕或夜詔門出入，驕奢放縱，恐寖不制。〔五〕宜有以損奪其權，破散陰謀，以固萬世之基，全功臣之世。」又故事諸上書者皆爲二封，署其一曰副，領尚書者先發副封，所言不善，屏去不奏。相復因許伯白，去副封以防雍蔽。〔六〕宣帝善之，詔相給事中，皆從其議。霍氏殺許后之謀始得上聞。乃罷其三侯，令就第，〔七〕親屬皆出補吏。於是韋賢以老病免，相遂代爲丞相，封高平侯，食邑八百戶。及霍氏怨相，又憚之，謀矯太后詔，先召斬丞相，然後廢天子。事發覺，伏誅。宣帝始親萬機，厲精爲治，練羣臣，核名實，而相總領衆職，甚稱上意。

〔一〕師古曰：「山者，去病之孫。今言兄子，此傳誤。」
〔二〕師古曰：「解在五行志。」
〔三〕師古曰：「繇與由同。」
〔四〕師古曰：「通籍謂禁門之中皆有名籍，恣出入也。」
〔五〕師古曰：「寖，漸也。不制，不可制御也。」
〔六〕師古曰：「雍讀曰壅。」
〔七〕師古曰：「禹及雲、山也。」

元康中，匈奴遣兵擊漢屯田車師者，不能下。上與後將軍趙充國等議，欲因匈奴衰弱，出兵擊其右地，使不敢復擾西域。相上書諫曰：「臣聞之，救亂誅暴，謂之義兵，兵義者王；敵加於己，不得已而起者，謂之應兵，兵應者勝；爭恨小故，不忍憤怒者，謂之忿兵，兵忿者敗；利人土地貨寶者，謂之貪兵，兵貪者破；恃國家之大，矜民人之衆，欲見威於敵者，謂之驕兵，兵驕者滅：此五者，非但人事，乃天道也。間者匈奴嘗有善意，所得漢民輒奉歸之，未有犯於邊境，雖爭屯田車師，不足致意中。今聞諸將軍欲興兵入其地，臣愚不知此兵何名者也。今邊郡困乏，父子共犬羊之裘，食草萊之實，常恐不能自存，難於動兵。〔一〕『軍旅之後，必有凶年』，〔二〕言民以其愁苦之氣，傷陰陽之和也。出兵雖勝，猶有後憂，恐災害之變因此以生。今郡國守相多不實選，〔三〕風俗尤薄，水旱不時。案今年計，子弟殺父兄、妻殺夫者，凡二百二十二人，臣愚以爲此非小變也。今左右不憂此，〔四〕乃欲發兵報纖介之忿於遠夷，殆孔子所謂『吾恐季孫之憂不在顓臾而在蕭牆之內』也。〔五〕願陛下與平昌侯、樂昌侯、平恩侯及有識者詳議乃可。」〔六〕上從（其）〔相〕言而止。

〔一〕師古曰：「不可以兵事勩之。」
〔二〕師古曰：「此引老子道經之言。」
〔三〕師古曰：「言不得其人。」

〔四〕師古曰：「左右謂近臣在天子左右者。」
〔五〕師古曰：「論語季氏將伐顓臾，孔子謂冉有、季路曰：『吾恐季孫之憂不在顓臾而在蕭牆之內。』故相引之。顓臾，魯附庸國。蕭牆，屏牆也，解在五行志。」
〔六〕師古曰：「平昌侯王無故、樂昌侯王武，並帝之舅。平恩侯許伯，皇太子外祖父也。」

相明易經，有師法，好觀漢故事及便宜章奏，〔一〕以爲古今異制，方今務在奉行故事而已。數條漢興已來國家便宜行事，及賢臣賈誼、鼂錯、董仲舒等所言，奏請施行之，曰：「臣聞明主在上，賢輔在下，則君安虞而民和睦。〔二〕臣相幸得備位，不能奉明法，廣教化，理四方，以宣聖德。民多背本趨末，〔三〕或有飢寒之色，爲陛下之憂，臣相罪當萬死。臣相知能淺薄，不明國家大體，時用之宜，惟民終始，未得所繇。〔四〕竊伏觀先帝聖德仁恩之厚，勤勞天下，垂意黎庶，憂水旱之災，爲民貧窮發倉廩，賑乏餧；〔五〕遣諫大夫博士巡行天下，〔六〕察風俗，舉賢良，平冤獄，冠蓋交道；〔七〕省諸用，寬租賦，弛山澤波池，〔八〕禁秣馬酤酒貯積：〔九〕所以周急繼困，慰安元元，便利百姓之道甚備。臣相不能悉陳，昧死奏故事詔書凡二十三事。臣謹案王法必本於農而務積聚，量入制用以備凶災，〔一〇〕亡六年之畜，尚謂之急。〔一一〕元鼎二年，平原、勃海、太山、東郡溥被災害，〔一二〕民餓死於道路。二千石不豫慮其難，使至於此，〔一三〕賴明詔振捄，乃得蒙更生。〔一四〕今歲不登，穀暴騰踊，〔一五〕臨秋收斂猶有乏

者，至春恐甚，亡以相恤。西羌未平，師旅在外，兵革相乘，臣竊寒心，宜蚤圖其備。〔一六〕唯陛下留神元元，帥繇先帝盛德以撫海內。」〔一七〕上施行其策。

〔一〕師古曰：「既觀國家故事，又觀前人所奏便宜之章也。」
〔二〕師古曰：「虞與娛同。」
〔三〕師古曰：「本，農業也。末，商賈也。趨讀曰趣。」
〔四〕師古曰：「惟，思也。繇讀與由同。由，從也，因也。」
〔五〕師古曰：「餧，餓也，音乃賄反。」
〔六〕師古曰：「行音下更反。」
〔七〕師古曰：「言其往來不絕也。」
〔八〕師古曰：「弛，放也，言不禁障之也。波音陂。」
〔九〕師古曰：「秣，以粟米飤馬也。酤酒者，糜費深也。貯積者，滯米粟也。」
〔一〇〕師古曰：「謂視年歲之豐儉。」
〔一一〕師古曰：「畜讀曰蓄。禮記王制云：『國無九年之蓄曰不足，無六年之蓄曰急，無三年之蓄曰國非其國也。』」
〔一二〕師古曰：「溥與普同。」
〔一三〕師古曰：「慮，思也。」
〔一四〕師古曰：「捄，古救字。」
〔一五〕師古曰：「價忽大貴也。」

〔一六〕師古曰：「蚤，古早字也。」

〔一七〕師古曰：「帥，循也。繇與由同。由，從也。」

又數表采易陰陽及明堂月令奏之，〔一〕曰：「臣相幸得備員，奉職不修，不能宣廣教化。陰陽未和，災害未息，咎在臣等。臣聞易曰：『天地以順動，故日月不過，四時不忒；聖王以順動，故刑罰清而民服。』〔二〕天地變化，必繇陰陽，〔三〕陰陽之分，以日爲紀。日冬夏至，則八風之序立，萬物之性成，各有常職，不得相干。東方之神太昊，乘震執規司春；〔四〕南方之神炎帝，乘離執衡司夏；〔五〕西方之神少昊，乘兌執矩司秋；〔六〕北方之神顓頊，乘坎執權司冬；〔七〕中央之神黃帝，乘坤艮執繩司下土。〔八〕茲五帝所司，各有時也。東方之卦不可以治西方，南方之卦不可以治北方。春興兌治則飢，秋興震治則華，冬興離治則泄，〔九〕夏興坎治則雹。明王謹於尊天，慎于養人，故立羲和之官以乘四時，〔一〇〕節授民事。〔一一〕君動靜以道，奉順陰陽，則日月光明，風雨時節，寒暑調和。三者得敘，則災害不生，五穀熟，絲麻遂，〔一二〕中木茂，鳥獸蕃，〔一三〕民不夭疾，衣食有餘。若是，則君尊民說，上下亡怨，〔一四〕政教不違，禮讓可興。夫風雨不時，則傷農桑；農桑傷，則民飢寒；飢寒在身，則亡廉恥，寇賊姦宄所繇生也。〔一五〕臣愚以爲陰陽者，王事之本，羣生之命，自古賢聖未有不繇者也。天子之義，必純取法天地，而觀於先聖。高皇帝所述書天子所服第八〔一六〕曰：『大謁者臣章受

詔長樂宮，曰：「令羣臣議天子所服，以安治天下。」相國臣何、御史大夫臣昌〔一七〕謹與將軍臣陵、太子太傅臣通等議：〔一八〕「春夏秋冬天子所服，當法天地之數，中得人和。故自天子王侯有土之君，下及兆民，能法天地，順四時，以治國家，身亡禍殃，年壽永究，〔一九〕是奉宗廟安天下之大禮也。臣請法之。中謁者趙堯舉春，〔二〇〕李舜舉夏，兒湯舉秋，貢禹舉冬，〔二一〕四人各職一時。」大謁者襄章奏，制曰：「可。」』孝文皇帝時，以二月施恩惠於天下，賜孝弟力田及罷軍卒，祠死事者，頗非時節。〔二二〕御史大夫朝錯時爲太子家令，奏言其狀。臣相伏念陛下恩澤甚厚，然而災氣未息，竊恐詔令有未合當時者也。願陛下選明經通知陰陽者四人，各主一時，時至明言所職，以和陰陽，天下幸甚！」相數陳便宜，上納用焉。

〔一〕師古曰：「表爲標明之。采，撮取也。」

〔二〕師古曰：「豫卦象辭也。忒，差也。」

〔三〕師古曰：「繇與由同。」

〔四〕張晏曰：「木爲仁，仁者生，生者圜，故爲規。」

〔五〕張晏曰：「火爲禮，禮者齊，齊者平，故爲衡。」

〔六〕張晏曰：「金爲義，義者成，成者方，故爲矩。」

〔七〕張晏曰：「水爲智，智者謀，謀者重，故爲權。」

〔八〕張晏曰：「土爲信，信者誠，誠者直，故爲繩。」

〔九〕師古曰：「天地之氣不閉密也。」

〔一〇〕師古曰：「乘，治也。」

〔一一〕師古曰：「各依其節而授以事。」

〔一二〕師古曰：「遂，成也。」

〔一三〕師古曰：「中，古草字。蕃，多也，音扶元反。」

〔一四〕師古曰：「說讀曰悅。」

〔一五〕師古曰：「亂在外爲姦，在內爲宄。繇與由同。其下類此。」

〔一六〕如淳曰：「第八，天子衣服之制也，於施行詔書第八。」

〔一七〕師古曰：「蕭何、周昌也。」

〔一八〕師古曰：「陵，王陵。通，叔孫通。」

〔一九〕師古曰：「究，竟也。」

〔二〇〕應劭曰：「四時各舉所施行政事。」服虔曰：「主一時衣服禮物朝祭百事也。」師古曰：「服說是也。」

〔二一〕師古曰：「高帝時自有一貢禹也。兒音五奚反。」

〔二二〕師古曰：「罷軍卒，卒之疲於軍事者也。罷音疲。一曰新從軍而休罷者也，音薄蟹反。」

相敕掾史案事郡國及休告從家還至府，輒白四方異聞，或有逆賊風雨災變，郡不上，相輒奏言之。時丙吉爲御史大夫，同心輔政，上皆重之。相爲人嚴毅，不如吉寬。視事九歲，

神爵三年薨，謚曰憲侯。子弘嗣，甘露中有罪削爵爲關內侯。〔一〕

〔一〕師古曰：「弘坐騎至宗廟下，大不敬也。」

丙吉字少卿，魯國人也。治律令，爲魯獄史。積功勞，稍遷至廷尉右監。坐法失官，歸爲州從事。武帝末，巫蠱事起，吉以故廷尉監徵，〔一〕詔治巫蠱郡邸獄。時宣帝生數月，以皇曾孫坐衞太子事繫，吉見而憐之。又心知太子無事實，重哀曾孫無辜，〔二〕吉擇謹厚女徒，令保養曾孫，置閒燥處。〔三〕吉治巫蠱事，連歲不決。後元二年，武帝疾，往來長楊、五柞宮，〔四〕望氣者言長安獄中有天子氣，於是上遣使者分條中都官詔獄繫者，〔五〕亡輕重一切皆殺之。內謁者令郭穰夜到郡邸獄，吉閉門拒使者不納，曰：「皇曾孫在。他人亡辜死者猶不可，況親曾孫乎！」相守至天明不得入，穰還以聞，因劾奏吉。武帝亦寤，曰：「天使之也。」因赦天下。郡邸獄繫者獨賴吉得生，恩及四海矣。〔六〕曾孫病，幾不全者數焉，〔七〕吉數敕保養乳母加致醫藥，視遇甚有恩惠，以私財物給其衣食。

〔一〕師古曰：「被召詣京師。」

〔二〕師古曰：「重音直用反。」

〔三〕師古曰：「閒讀曰閑。閑，寬靜之處也。燥，高敞也。」

〔四〕師古曰：「長楊、五柞宮並在盩厔，往來二宮之間。」
〔五〕師古曰：「條謂疏錄之。」
〔六〕師古曰：「吉拒閉使者，天子感寤，乃普赦天下。其郡邸繫獄者，既因吉得生，而赦宥之恩遂及四海也。」
〔七〕師古曰：「幾音鉅依反。數音所角反。次下亦同。」

後吉為車騎將軍軍市令，遷大將軍長史，霍光甚重之，入為光祿大夫給事中。昭帝崩，亡嗣，大將軍光遣吉迎昌邑王賀。賀即位，以行淫亂廢，光與車騎將軍張安世諸大臣議所立，未定。吉奏記光曰：「將軍事孝武皇帝，受襁褓之屬，任天下之寄，〔一〕孝昭皇帝早崩亡嗣，海內憂懼，欲亟聞嗣主，〔二〕發喪之日以大誼立後，〔三〕所立非其人，復以大誼廢之，〔四〕天下莫不服焉。方今社稷宗廟羣生之命在將軍之壹舉。竊伏聽於衆庶，察其所言，諸侯宗室在（列位）〔位列〕者，未有所聞於民間也。而遺詔所養武帝曾孫名病已在掖庭外家者，〔五〕吉前使居郡邸時見其幼少，至今十八九矣，通經術，有美材，行安而節和。願將軍詳大議，參以蓍龜，豈宜褒顯，先使入侍，〔六〕令天下昭然知之，然後決定大策，天下幸甚！」光覽其議，〔七〕遂尊立皇曾孫，遣宗正劉德與吉迎曾孫於掖庭。宣帝初即位，賜吉爵關內侯。

〔一〕師古曰：「屬音之欲反。」
〔二〕師古曰：「亟，急也，音居力反。」
〔三〕師古曰：「雖無嫡嗣，旁立支屬，令宗廟有奉，故云大誼。」

〔四〕師古曰：「恐危社稷，故廢黜之。」
〔五〕蘇林曰：「外家猶言外人民家，不在宮中。」晉灼曰：「出郡邸獄，歸在外家史氏，後入掖庭耳。」師古曰：「晉說是也。」
〔六〕師古曰：「侍太后。」
〔七〕師古曰：「省納而用之。」

吉為人深厚，不伐善。自曾孫遭遇，吉絕口不道前恩，〔一〕故朝廷莫能明其功也。地節三年，立皇太子，吉為太子太傅，數月，遷御史大夫。及霍氏誅，上躬親政，省尚書事。是時，掖庭宮婢則令民夫上書，自陳嘗有阿保之功。〔二〕章下掖庭令考問，則辭引使者丙吉知狀。掖庭令將則詣御史府以視吉。〔三〕吉識，謂則曰：「汝嘗坐養皇曾孫不謹督笞，汝安得有功？〔四〕獨渭城胡組、淮陽郭徵卿有恩耳。」分別奏組等共養勞苦狀。〔五〕詔吉求組、徵卿，已死，有子孫，皆受厚賞。詔免則為庶人，賜錢十萬。上親見問，然後知吉有舊恩，而終不言。上大賢之，制詔丞相：「朕微眇時，御史大夫吉與朕有舊恩，厥德茂焉。〔六〕詩不云虖？『亡德不報。』〔七〕其封吉為博陽侯，邑千三百戶。」臨當封，吉疾病，上將使人加紼而封之，及其生存也。〔八〕上憂吉疾不起，太子太傅夏侯勝曰：「此未死也。臣聞有陰德者，必饗其樂以及子孫。今吉未獲報而疾甚，非其死疾也。」後病果瘉。〔九〕吉上書固辭，自陳不宜以空名受賞。上報曰：「朕之封君，非空名也，而君上書歸侯印，是顯朕之不德也。方今天下少事，君其專精神，省思慮，近醫藥，以自持。」後五歲，代魏相為丞相。

〔一〕師古曰：「遭遇謂升大位也。」
〔二〕師古曰：「謂未為宮婢時，有舊夫見在俗間者。」
〔三〕師古曰：「視讀曰示。」
〔四〕師古曰：「督謂視察之。」
〔五〕師古曰：「共音居用反。養音弋亮反。」
〔六〕師古曰：「茂，美也。」
〔七〕師古曰：「大雅抑之詩。」
〔八〕應劭曰：「吉時病不能起，欲如君視疾，（如）〔加〕朝服拖紳，就封之也。」師古曰：「紼，繫印之組也，音弗也。」
〔九〕師古曰：「瘉與愈同。」

吉本起獄法小吏，後學詩、禮，皆通大義。及居相位，上寬大，好禮讓。掾史有罪臧，不稱職，輒予長休告，〔一〕終無所案驗。客或謂吉曰：「君侯為漢相，姦吏成其私，然無所懲艾。」〔二〕吉曰：「夫以三公之府有案吏之名，吾竊陋焉。」後人代吉，因以為故事，公府不案吏，自吉始。

〔一〕師古曰：「長給休假，令其去職也。」

〔二〕師古曰：「艾讀曰乂。」

於官屬掾史，務掩過揚善。吉馭吏耆酒，數逋蕩，〔一〕嘗從吉出，醉歐丞相車上。〔二〕西曹主吏白欲斥之，〔三〕吉曰：「以醉飽之失去士，使此人將復何所容？〔四〕西曹地忍之，〔五〕此不過汙丞相車茵耳。」〔六〕遂不去也。此馭吏邊郡人，習知邊塞發犇命警備事，〔七〕嘗出，適見驛騎持赤白囊，邊郡發犇命書馳來至。馭吏因隨驛騎至公車刺取，〔八〕知虜入雲中、代郡，遽歸府見吉白狀，〔九〕因曰：「恐虜所入邊郡，二千石長吏有老病不任兵馬者，宜可豫視。」吉善其言，召東曹案邊長吏，瑣科條其人。〔一〇〕未已，詔召丞相、御史，問以虜所入郡吏，吉具對。御史大夫卒遽不能詳知，〔一一〕以得譴讓。〔一二〕而吉見謂憂邊思職，馭吏力也。吉乃歎曰：「士亡不可容，能各有所長。嚮使丞相不先聞馭吏言，何見勞勉之有？」掾史繇是益賢吉。〔一三〕

〔一〕師古曰：「逋，亡也。蕩，放也。謂亡其所供之職而游放也。耆讀曰嗜。」
〔二〕師古曰：「歐，吐也，音一口反。」
〔三〕師古曰：「斥，棄逐。」
〔四〕師古曰：「言無所容身也。」
〔五〕李奇曰：「地猶第也。」師古曰：「地亦但也，語聲之急也。」
〔六〕師古曰：「茵，蓐也，音因。」
〔七〕師古曰：「犇，古奔字也。有命則奔赴之，言應速也。」

〔八〕師古曰：「刺謂探候之也。」
〔九〕師古曰：「遽，速也。」
〔一〇〕張晏曰：「瑣，錄也。欲科條其人老少及所經歷，知其本以文武進也。」
〔一一〕師古曰：「卒讀曰猝。」
〔一二〕師古曰：「讓，責也。」
〔一三〕師古曰：「繇與由同。」

吉又嘗出，逢清道羣鬭者，死傷橫道，〔一〕吉過之不問，掾史獨怪之。吉前行，逢人逐牛，牛喘吐舌。〔二〕吉止駐，使騎吏問：「逐牛行幾里矣？」掾史獨謂丞相前後失問，或以譏吉，吉曰：「民鬭相殺傷，長安令、京兆尹職所當禁備逐捕，歲竟丞相課其殿最，奏行賞罰而已。宰相不親小事，非所當於道路問也。方春少陽用事，未可大熱，〔三〕恐牛近行，用暑故喘，此時氣失節，恐有所傷害也。三公典調和陰陽，職（所）當憂，是以問之。」掾史乃服，以吉知大體。

〔一〕李奇曰：「清道時反羣鬭也。」師古曰：「清道，謂天子當出，或有齋祠，先令道路清淨。」
〔二〕師古曰：「喘，急息，音昌兗反。」
〔三〕師古曰：「少音式邵反。」

五鳳三年春，吉病篤。上自臨問吉，曰：「君即有不諱，誰可以自代者？」〔一〕吉辭謝曰：

「羣臣行能，明主所知，愚臣無所能識。」上固問，吉頓首曰：「西河太守杜延年明於法度，曉國家故事，前爲九卿十餘年，今在郡治有能名。廷尉于定國執憲詳平，天下自以不冤。太僕陳萬年事後母孝，惇厚備於行止。此三人能皆在臣右，唯上察之。」上以吉言皆是而許焉。及吉薨，御史大夫黃霸爲丞相，徵西河太守杜延年爲御史大夫，會其年老，乞骸骨，病免。以廷尉于定國代爲御史大夫。黃霸薨，而定國爲丞相，太僕陳萬年代定國爲御史大夫，居位皆稱職，上稱吉爲知人。

〔一〕師古曰：「不諱，言死不可復言也。」

吉薨，謚曰定侯。子顯嗣，甘露中有罪削爵爲關內侯，官至衞尉太僕。始顯少爲諸曹，嘗從祠高廟，至夕牲日，乃使出取齋衣。〔一〕丞相吉大怒，謂其夫人曰：「宗廟至重，而顯不敬慎，亡吾爵者必顯也。」夫人爲言，然後乃已。〔二〕吉中子禹爲水衡都尉，少子高爲中壘校尉。

〔一〕師古曰：「未祭一日，其夕展視牲具，謂之夕牲。」
〔二〕師古曰：「免其罪罰也。」

元帝時，長安士伍尊上書，〔一〕言「臣少時爲郡邸小吏，竊見孝宣皇帝以皇曾孫在郡邸獄。是時治獄使者丙吉見皇曾孫遭離無辜，吉仁心感動，涕泣悽惻，選擇復作胡組養視皇孫，吉常從。臣尊日再侍臥庭上。〔二〕後遭條獄之詔，吉扞拒大難，不避嚴刑峻法。既遭大赦，吉謂守丞誰如，皇孫不當在官，〔三〕使誰如移書京兆尹，遣與胡組俱送京兆尹，不受，復還。及組日滿當去，皇孫思慕，吉以私錢顧組，令留與郭徵卿並養數月，乃遣組去。後少內嗇夫白吉曰：『食皇孫亡詔令。』〔四〕時吉得食米肉，月月以給皇孫。吉即時病，〔五〕輒使臣尊朝夕請問皇孫，視省席蓐燥濕。候伺組、徵卿，不得令晨夜去皇孫敖盪，〔六〕數奏甘毳食物。〔七〕所以擁全神靈，成育聖躬，功德已亡量矣。時豈豫知天下之福，而徼其報哉！〔八〕誠其仁恩內結於心也。雖介之推割肌以存君，不足（比也）〔以比〕。〔九〕孝宣皇帝時，臣上書言狀，幸得下吉，吉謙讓不敢自伐，刪去臣辭，〔一〇〕專歸美於組、徵卿。組、徵卿皆以受田宅賜錢，吉封爲博陽侯。臣尊不得比組、徵卿。臣年老居貧，死在旦暮，欲終不言，恐使有功不著。吉子顯坐微文奪爵爲關內侯，臣愚以爲宜復其爵邑，〔一一〕以報先人功德。」先是顯爲太僕十餘年，與官屬大爲姦利，臧千餘萬，司隸校尉昌案劾，罪至不道，奏請逮捕。上曰：「故丞相吉有舊恩，朕不忍絕。」免顯官，奪邑四百戶。後復以爲城門校尉。顯卒，子昌嗣爵關內侯。

〔一〕師古曰：「先嘗有爵，經奪免之，而與士卒爲伍，故稱士伍。其人名尊。」
〔二〕師古曰：「郡邸之庭也。時皇孫孩弱，常在襁褓，故指言臥也。」
〔三〕孟康曰：「郡守丞也，來詣京師邸治獄，姓誰名如。言皇孫不當在獄官，宜屬郡縣也。」文穎曰：「不當在郡邸官

也。」師古曰：「守丞者，守獄官之丞耳，非郡丞也。誰如者，其人名，不作雝字，言姓，文非也。」
〔四〕師古曰：「少內，掖庭主府臧之官也。食讀曰飤。詔令無文，無從得其廩具也。」
〔五〕師古曰：「有病時也。」
〔六〕師古曰：「去，離也。敖，游戲也。盪，放也。盪讀與蕩同。」
〔七〕師古曰：「奏，進也。毳讀與脆同。」
〔八〕師古曰：「徼，要也，音工堯反。」
〔九〕師古曰：「韓詩外傳云：『晉公子重耳之亡也，過曹，里鳧須以從，因盜其資而逃。重耳無糧，餒不能行，介子推割其股肉以食重耳，然後能行也。』」
〔一〇〕師古曰：「刪，削也。」
〔一一〕師古曰：「復音防目反。」

成帝時，修廢功，以吉舊恩尤重，鴻嘉元年制詔丞相御史：「蓋聞褒功德，繼絕統，所以重宗廟，廣賢聖之路也。故博陽侯吉以舊恩有功而封，今其祀絕，朕甚憐之。夫善善及子孫，古今之通誼也，其封吉孫中郎將關內侯昌爲博陽侯，奉吉後。」國絕三十二歲復續云。昌傳子至孫，王莽時乃絕。

贊曰：古之制名，必繇象類，〔一〕遠取諸物，近取諸身。故經謂君爲元首，臣爲股肱，〔二〕

明其一體，相待而成也。是故君臣相配，古今常道，自然之勢也。近觀漢相，高祖開基，蕭、曹爲冠，〔三〕孝宣中興，丙、魏有聲。是時黜陟有序，衆職修理，公卿多稱其位，〔四〕海內興於禮讓。覽其行事，豈虛虖哉！〔五〕

〔一〕師古曰：「繇與由同。」
〔二〕師古曰：「謂虞書益稷云『元首明哉，股肱良哉』也。」
〔三〕師古曰：「名位在衆臣之上。」
〔四〕師古曰：「稱，副也。」
〔五〕師古曰：「言君明臣賢，所以致治，非徒然也。」

校勘記

三一三四頁五行　朝廷已深知弱翁(行治)〔治行〕，　景祐、殿本都作「治行」。王先謙說作「治行」是。
三一三六頁三行　上從(其)〔相〕言而止。　景祐、殿本都作「相」。
三一四三頁一〇行　諸侯宗室在(列位)〔位列〕者，　景祐、殿本都作「位列」。
三一四五頁一〇行　(如)〔加〕朝服拖紳，　景祐、殿本都作「加」。
三一四七頁一二行　三公典調和陰陽，職(所)當憂，　景祐、殿本都無「所」字。
三一四九頁七行　雖介之推割肌以存君，不足(比也)〔以比〕。　景祐、殿本都作「以比」。

漢書卷七十五

眭兩夏侯京翼李傳第四十五

眭弘字孟，魯國蕃人也。〔一〕少時好俠，鬭雞走馬，長乃變節，從嬴公受春秋。〔二〕以明經爲議郎，至符節令。

〔一〕師古曰：「眭音息隨反。今河朔尙有此姓，音字皆然。而韋昭、應劭並云音桂，非也。今有炅姓，乃音桂耳。漢之(決錄)〔炔欽〕又不作眭字，寧可混糅將爲一族？又近代學者旁引炅氏譜以相附著。私譜之文出於閭巷，家自爲說，事非經典，苟引先賢，妄相假託，無所取信，寧足據乎？蕃音皮。」
〔二〕師古曰：「嬴，姓也。公，長老之號耳。」

孝昭元鳳三年正月，泰山萊蕪山南匈匈有數千人聲，民視之，有大石自立，高丈五尺，大四十八圍，入地深八尺，三石爲足。石立後有白烏數千下集其旁。是時昌邑有枯社木臥復生，〔一〕又上林苑中大柳樹斷枯臥地，亦自立生，有蟲食樹葉成文字，曰「公孫病已立」，孟推春秋之意，以爲「石柳皆陰類，下民之象，(而)泰山者岱宗之嶽，王者易姓告代之處。今

大石自立，僵柳復起，〔二〕非人力所爲，此當有從匹夫爲天子者。枯社木復生，故廢之家公孫氏當復興者也。」孟意亦不知其所在，即說曰：「先師董仲舒有言，雖有繼體守文之君，不害聖人之受命。漢家堯後，有傳國之運。漢帝宜誰差天下，求索賢人，〔三〕禪以帝位，〔四〕而退自封百里，如殷周二王後，以承順天命。」孟使友人內官長賜上此書。〔五〕時，昭帝幼，大將軍霍光秉政，惡之，下其書廷尉。奏賜、孟妄設祆言惑衆，大逆不道，皆伏誅。後五年，孝宣帝興於民間，即位，徵孟子爲郎。

〔一〕師古曰：「社木，社主之樹也。」
〔二〕師古曰：「僵，偃也，偃臥於地，音居羊反。」
〔三〕孟康曰：「誰，問；差，擇也。問擇天下賢人。」
〔四〕師古曰：「禮，古禪字也。」
〔五〕師古曰：「內官，署名。百官表云：『內官長丞，初屬少府，中屬主爵，後屬宗正。』賜者，其長之名。」

夏侯始昌，魯人也。通五經，以齊詩、尙書教授。自董仲舒、韓嬰死後，武帝得始昌，甚重之。始昌明於陰陽，先言柏梁臺災日，至期日果災。時昌邑王以少子愛，上爲選師，始昌爲太傅。年老，以壽終。族子勝亦以儒顯名。

夏侯勝字長公。初，魯共王分魯西寧鄉〔一〕以封子節侯，別屬大河，大河後更名東平，故勝爲東平人。勝少孤，好學，從始昌受尚書及洪範五行傳，說災異。後事蕳卿，〔二〕又從歐陽氏問。爲學精孰，所問非一師也。善說禮服。〔三〕徵爲博士、光祿大夫。會昭帝崩，昌邑王嗣立，數出。〔四〕勝當乘輿前諫曰：「天久陰而不雨，臣下有謀上者，陛下出欲何之？」〔五〕王怒，謂勝爲祅言，縛以屬吏。〔六〕吏白大將軍霍光，光不舉法。是時，光與車騎將軍張安世謀欲廢昌邑王。光讓安世以爲泄語，安世實不言。乃召問勝，勝對言：「在洪範傳曰『皇之不極，厥罰常陰，時則下人有伐上者』，惡察察言，〔七〕故云臣下有謀。」光、安世大驚，以此益重經術士。後十餘日，光卒與安世(共)白太后，〔八〕廢昌邑王，尊立宣帝。光以爲羣臣奏事東宮，太后省政，〔九〕宜知經術，白令勝用尚書授太后。遷長信少府，賜爵關內侯，以與謀廢立，〔10〕定策安宗廟，益千戶。

〔一〕師古曰：「共讀如恭。恭王名餘，景帝之子也。」
〔二〕師古曰：「姓蕳名卿。蕳音姦。」
〔三〕師古曰：「禮之喪服也。」
〔四〕師古曰：「每出游戲也。」
〔五〕師古曰：「之，往也。」

〔六〕師古曰：「屬，委也。音之欲反。」
〔七〕師古曰：「惡謂忌諱也。察(謂)〔爲〕計謀不敢明顯言之也。五行志曰『不敢察察言』也。」
〔八〕師古曰：「卒，終也。」
〔九〕師古曰：「省，視也。」
〔10〕師古曰：「與讀曰豫。」

宣帝初即位，欲褒先帝，詔丞相御史曰：「朕以眇身，蒙遺德，承聖業，奉宗廟，夙夜惟念。〔一〕孝武皇帝躬仁誼，厲威武，北征匈奴，單于遠遁，南平氐羌、昆明、甌駱兩越，〔二〕東定薉、貉、朝鮮，〔三〕廓地斥境，立郡縣，百蠻率服，款塞自至，珍貢陳於宗廟；協音律，造樂歌，薦上帝，封太山，立明堂，改正朔，易服色；明開聖緒，尊賢顯功，興滅繼絕，褒周之後；備天地之禮，廣道術之路。上天報況，〔四〕符瑞並應，寶鼎出，白麟獲，海效鉅魚，〔五〕神人並見，山稱萬歲。功德茂盛，不能盡宣，而廟樂未稱，〔六〕朕甚悼焉。其與列侯、二千石、博士議。」於是羣臣大議廷中，皆曰：「宜如詔書。」長信少府勝獨曰：「武帝雖有攘四夷廣土斥境之功，然多殺士衆，竭民財力，奢泰亡度，天下虛耗，〔七〕百姓流離，物故者(過)半。〔八〕蝗蟲大起，赤地數千里，〔九〕或人民相食，畜積至今未復。〔10〕亡德澤於民，不宜爲立廟樂。」公卿共難勝曰：「此詔書也。」勝曰：「詔書不可用也。人臣之誼，宜直言正論，非苟阿意順指。議已出口，雖死不悔。」於是丞相義、御史大夫廣明〔一一〕劾奏勝非議詔書，毀先帝，不道，及丞相長史黃霸阿縱勝，不舉劾，俱下獄。有司遂請尊孝武帝廟爲世宗廟，奏盛德、文始、五行之舞，天下世世獻納，以明盛德。武帝巡狩所幸郡國凡四十九，皆立廟，如高祖、太宗焉。

〔一〕師古曰：「惟，思也。」
〔二〕師古曰：「甌駱皆越號。」
〔三〕張晏曰：「薉也，貉也，在遼東之東。」師古曰：「薉字與穢字同。貉音莫客反。」
〔四〕師古曰：「況，賜也。」
〔五〕師古曰：「效，致也。鉅，大也。」
〔六〕師古曰：「稱，副也。」
〔七〕師古曰：「耗，減也。音呼到反。」
〔八〕師古曰：「物故謂死也。」
〔九〕師古曰：「言無五穀之苗。」
〔10〕師古曰：「畜讀曰蓄。」
〔一一〕師古曰：「蔡義、田廣明。」

勝、霸既久繫，霸欲從勝受經，勝辭以罪死。霸曰：「『朝聞道，夕死可矣』。」〔一〕勝賢其言，遂授之。繫再更冬，講論不怠。〔二〕

〔一〕師古曰：「論語稱孔子曰『朝聞道，夕死可矣』，故霸引之。」
〔二〕師古曰：「更，歷也，音工衡反。」

至四年夏，關東四十九郡同日地動，或山崩，壞城郭室屋，殺六千餘人。上乃素服，避正殿，遣使者弔問吏民，賜死者棺錢。下詔曰：「蓋災異者，天地之戒也。朕承洪業，託士民之上，未能和羣生。曩者地震北海、琅邪，壞祖宗廟，朕甚懼焉。其與列侯、中二千石博問術士，有以應變，補朕之闕，毋有所諱。」因大赦，勝出爲諫大夫給事中，霸爲揚州刺史。

勝爲人質樸守正，簡易亡威儀。見時謂上爲君，〔一〕誤相字於前，〔二〕上亦以是親信之。〔三〕嘗見，出道上語，〔四〕上聞而讓勝，〔五〕勝曰：「陛下所言善，臣故揚之。堯言布於天下，至今見誦。臣以爲可傳，故傳耳。」朝廷每有大議，上知勝素直，謂曰：「先生通正言，無懲前事。」〔六〕

〔一〕師古曰：「見，見於天子。」
〔二〕師古曰：「前，天子之前也。君前臣名不當相呼字也。」
〔三〕師古曰：「知其質樸也。」
〔四〕師古曰：「入見天子而以其言爲外人道之。」
〔五〕師古曰：「讓，責也。」
〔六〕師古曰：「通謂陳道之也。懲，創也。前事謂坐議廟樂事。」

勝復爲長信少府，遷太子太傅。受詔撰尚書、論語說，〔一〕賜黃金百斤。年九十卒官，賜冢塋，葬平陵。太后賜錢二百萬，爲勝素服五日，以報師傅之恩，儒者以爲榮。

〔一〕師古曰：「解說其意，若今義疏也。」

始，勝每講授，常謂諸生曰：「士病不明經術；經術苟明，其取青紫如俛拾地芥耳。〔一〕學經不明，不如歸耕。」

〔一〕師古曰：「地芥謂草芥之橫在地上者。俛而拾之，言其易而必得也。青紫，卿大夫之服也。俛即俯字也。」

勝從父子建字長卿，〔一〕自師事勝及歐陽高，左右采獲，〔二〕又從五經諸儒問與尚書相出入者，牽引以次章句，具文飾說。勝非之曰：「建所謂章句小儒，破碎大道。」建亦非勝爲學疏略，難以應敵。建卒自顓門名經，〔三〕爲議郎博士，至太子少傅。勝子兼爲左曹太中大夫，孫堯至長信少府、司農、鴻臚，曾孫蕃郡守、州牧、長樂少府。勝同產弟子賞爲梁內史，梁內史子定國爲豫章太守。而建子千秋亦爲少府、太子少傅。

〔一〕師古曰：「從父昆弟之子，名建字長卿。」

〔二〕師古曰：「言於勝及高兩處采問疑義而得(之)。」

〔三〕師古曰：「顓與專同。專門者，自別爲一家之學。」

京房字君明，東郡頓丘人也。治易，事梁人焦延壽。延壽字贛。〔一〕贛貧賤，以好學得幸梁王，王共其資用，〔二〕令極意學。既成，爲郡史，察舉補小黃令。以候司先知姦邪，盜賊不得發。〔三〕愛養吏民，化行縣中。舉最當遷，〔四〕三老官屬上書願留贛，有詔許增秩留，〔五〕卒於小黃。贛常曰：「得我道以亡身者，必京生也。」其說長於災變，分六十四卦，更直日用事，以風雨寒溫爲候：〔六〕各有占驗。房用之尤精。好鍾律，知音聲。初元四年以孝廉爲郎。

〔一〕師古曰：「贛音貢。」

〔二〕師古曰：「共讀曰恭。」

〔三〕師古曰：「以其常先知姦邪，故欲爲盜賊者，不敢起發。」

〔四〕師古曰：「以課最而被舉，故欲遷爲他官也。」

〔五〕師古曰：「依許留而增其秩。」

〔六〕孟康曰：「分卦直日之法，一爻主一日，六十四卦爲三百六十日。餘四卦，震、離、兌、坎，爲方伯監司之官。所以用震、離、兌、坎者，是二至二分用事之日，又是四時各專王之氣。各卦主時，其占法各以其日觀其善惡也。」師古曰：「更音工衡反。」

永光、建昭間，西羌反，日蝕，又久青亡光，陰霧不精。〔一〕房數上疏，先言其將然，〔二〕近數月，遠一歲，所言屢中，天子說之。〔三〕數召見問，房對曰：「古帝王以功舉賢，則萬化成，瑞應著，〔四〕末世以毀譽取人，故功業廢而致災異。宜令百官各試其功，災異可息。」詔使房作其事，房奏考功課吏法。〔五〕上令公卿朝臣與房會議溫室，〔六〕皆以房言煩碎，令上下相司，不可許。上意鄉之。〔七〕時部刺史奏事京師，上召見諸刺史，令房曉以課事，刺史復以爲不可行。唯御史大夫鄭弘、光祿大夫周堪初言不可，後善之。

〔一〕師古曰：「精謂日光清明也。」

〔二〕師古曰：「言且欲有此事。」

〔三〕師古曰：「說讀曰悅。」

〔四〕師古曰：「萬化，萬機之事，施教化者也。一曰萬物之類也。」

〔五〕晉灼曰：「令丞尉治一縣，崇教化亡犯法者輒遷。有盜賊，滿三日不覺者則尉事也。令覺之，自除，二尉負其（罪）〔辠〕。率相准如此法。」

〔六〕師古曰：「溫室，殿名也。」

〔七〕師古曰：「鄉讀曰嚮。」

是時中書令石顯顓權，〔一〕顯友人五鹿充宗爲尚書令，與房同經，論議相非。二人用事，房嘗宴見，〔二〕問上曰：「幽厲之君何以危？所任者何人也？」上曰：「君不明，而所任者巧佞。」房曰：「知其巧佞而用之邪，將以爲賢也？」上曰：「賢之。」房曰：「然則今何以知其不賢也？」上曰：「以其時亂而君危知之。」房曰：「若是，任賢必治，任不肖必亂，必然之道也。幽厲何不覺寤而更求賢，曷爲卒任不肖以至於是？」〔三〕上曰：「臨亂之君各賢其臣，令皆覺

寤，天下安得危亡之君？」房曰：「齊桓公、秦二世亦嘗聞此君而非笑之，然則任豎刁、趙高，政治日亂，盜賊滿山，何不以幽厲卜之而覺寤乎？」上曰：「唯有道者能以往知來耳。」房因免冠頓首，曰：「春秋紀二百四十二年災異，以視萬世之君。〔四〕今陛下即位已來，日月失明，星辰逆行，山崩泉涌，地震石隕，夏霜冬靁，〔五〕春凋秋榮，隕霜不殺，水旱螟蟲，民人飢疫，盜賊不禁，刑人滿市，春秋所記災異盡備。〔六〕陛下視今爲治邪，亂邪？」上曰：「亦極亂耳。尚何道！」房曰：「今所任用者誰與？」〔七〕上曰：「然幸其瘉於彼，又以爲不在此人也。」〔八〕房曰：「夫前世之君亦皆然矣。臣恐後之視今，猶今之視前也。」上良久乃曰：「今爲亂者誰哉？」房曰：「明主宜自知之。」上曰：「不知也；如知(之)，何故用之？」〔九〕房曰：「上最所信任，與圖事帷幄之中進退天下之士者是矣。」〔一〇〕房指謂石顯，上亦知之，謂房曰：「已諭。」〔一一〕

〔一〕師古曰：「顓與專同。」

〔二〕師古曰：「以閒宴時而入見天子。」

〔三〕師古曰：「卒，終也。」

〔四〕師古曰：「視讀曰示。」

〔五〕師古曰：「靁，古雷字。」

〔六〕師古曰：「言今皆備有之。」
〔七〕師古曰：「與讀曰歟。」
〔八〕師古曰：「瘉與愈同，愈猶勝也。言今之災異及政道猶幸勝於往日，又不由所任之人。」
〔九〕師古曰：「如，若也。」
〔一〇〕師古曰：「圖，謀也。」
〔一一〕師古曰：「言已曉此意。」

房罷出，後上令房上弟子曉知考功課吏事者，欲試用之。房上中郎任良、姚平，「願以爲刺史，試考功法，臣得通籍殿中，爲奏事，以防雍塞。」〔一〕石顯、五鹿充宗皆疾房，欲遠之，〔二〕建言宜試以房爲郡守。〔三〕元帝於是以房爲魏郡太守，秩八百石，居得以考功法治郡。房自請，願無屬刺史，得除用它郡人，自第吏千石已下，〔四〕歲竟乘傳奏事。〔五〕天子許焉。

〔一〕師古曰：「雍讀曰壅。」
〔二〕師古曰：「出之，令遠去。」
〔三〕師古曰：「立議云然也。」
〔四〕如淳曰：「令長屬縣，自課第殿最。」
〔五〕師古曰：「傳音張戀反。其下亦同。」

房自知數以論議爲大臣所非，內與石顯、五鹿充宗有隙，不欲遠離左右，及爲太守，憂懼。房以建昭二年二月朔拜，上封事曰：「辛酉以來，蒙氣衰去，太陽精明，臣獨欣然，以爲陛下有所定也。然少陰倍力而乘消息。〔一〕臣疑陛下雖行此道，猶不得如意，臣竊悼懼。守陽平侯鳳欲見未得，至己卯，臣拜爲太守，此言上雖明下猶勝之效也。〔二〕臣出之後，恐必爲用事所蔽，身死而功不成，故願歲盡乘傳奏事，蒙哀見許。乃辛巳，蒙氣復乘卦，太陽侵色，〔三〕此上大夫覆陽而上意疑也。〔四〕己卯、庚辰之間，必有欲隔絕臣令不得乘傳奏事者。」

〔一〕孟康曰：「房以消息卦爲辟。辟，君也。息卦曰太陰，消卦曰太陽，其餘卦曰少陰少陽，謂臣下也。并力雜卦氣干消息也。」
〔二〕師古曰：「言權臣蔽主之明，故已出爲郡守也。」
〔三〕張晏曰：「晉卦、解卦也。太陽侵色，謂大壯。」
〔四〕師古曰：「覆，掩蔽也。」

房未發，上令陽平侯鳳承制詔房，止無乘傳奏事。房意愈恐，去至新豐，因郵上封事〔一〕曰：「臣〔前〕以六月中言遯卦不効，法曰：『道人始去，寒，涌水爲災。』〔二〕至其七月，涌水出。臣弟子姚平謂臣曰：『房可謂知道，未可謂信道也。房言災異，未嘗不中，今涌水已出，道人當逐死，尚復何言？』臣曰：『陛下至仁，於臣尤厚，雖言而死，臣猶言也。』〔三〕平又曰：『房可

謂小忠，未可謂大忠也。昔秦時趙高用事，有正先者，非刺高而死，〔四〕高威自此成，故秦之亂，正先趣之。』〔五〕今臣得出守郡，自詭效功，〔六〕恐未效而死。惟陛下毋使臣塞涌水之異，〔七〕當正先之死，爲姚平所笑。」

〔一〕師古曰：「郵，行書者也，若今傳送文書矣。郵音尤。」
〔二〕師古曰：「道人，有道術之人也。天氣寒而又有水涌出也。」
〔三〕師古曰：「自云不避死也。」
〔四〕孟康曰：「姓正名先，秦博士也。」
〔五〕師古曰：「趣讀曰促。」
〔六〕師古曰：「詭，責也，〔自以爲憂責也〕。」
〔七〕師古曰：「塞亦當也。」

房至陝，復上封事〔一〕曰：「乃丙戌小雨，丁亥蒙氣去，然少陰并力而乘消息，戊子益甚，到五十分，蒙氣復起。〔二〕此陛下欲正消息，雜卦之黨并力而爭，消息之氣不勝。彊弱安危之機不可不察。己丑夜，有還風，盡辛卯，〔三〕太陽復侵色，至癸巳，日月相薄，〔四〕此邪陰同力而太陽爲之疑也。臣前白九年不改，必有星亡之異。〔五〕臣願出任良試考功，臣得居內，星亡之異可去。議者知如此於身不利，臣不可蔽，故云使弟子不若試師。臣爲刺史又當奏事，故復云爲刺史恐太守不與同心，不若以爲太守，此其所以隔絕臣也。陛下不違其言而

遂聽之，此乃蒙氣所以不解，太陽亡色者也。臣去朝稍遠，太陽侵色益甚，唯陛下毋難還臣而易逆天意。〔六〕邪說雖安于人，天氣必變，故人可欺，天不可欺也，願陛下察焉。」房去月餘，竟徵下獄。

〔一〕師古曰：「陝，弘農之縣也，音式冉反。」
〔二〕孟康曰：「分一日爲八十分，分起夜半，是爲戊子之日日在巳西而蒙也。蒙常以晨夜，今向中而蒙起，是臣黨盛君不勝也。」
〔三〕孟康曰：「諸卦氣以寒溫不效後九十一日爲還風。還風，暴風也。風爲教令，言正令還也。」
〔四〕孟康曰：「京房傳曰：『雖非日月同宿之時，陰道盛，猶上薄日光如此，但日無光不食也。』」
〔五〕張晏曰：「九，陽數之極也。」孟康曰：「晝食爲旣，夜食爲盡，而星亡爲星不見也。」
〔六〕師古曰：「易，輕也。音弋豉反。」

初，淮陽憲王舅張博從房受學，以女妻房。房與相親，每朝見，輒爲博道其語，〔一〕以爲上意欲用房議，而羣臣惡其害己，故爲衆所排。博曰：「淮陽王上親弟，敏達好政，欲爲國忠。〔二〕今欲令王上書求入朝，得佐助房。」房曰：「得無不可？」〔三〕博曰：「前楚王朝薦士，何爲不可？」房曰：「中書令石顯、尚書令五鹿君相與合同，巧佞之人也，事縣官十餘年；及丞相韋侯，皆久亡補於民，可謂亡功矣。〔四〕此尤不欲行考功者也。淮陽王卽朝見，勸上行考功，事善；不然，但言丞相、中書令任事久而不治，可休丞相，以御史大夫鄭弘代之，遷中

書令置他官，以鉤盾令徐立代之，如此，房考功事得施行矣。」博具從房記諸所說災異事，〔因〕〔因〕令房爲淮陽王作求朝奏草，皆持東與淮陽王。石顯微司具知之，以房親近，未敢言。及房出守郡，顯告房與張博通謀，非謗政治，歸惡天子，註誤諸侯王，語在憲王傳。初，房見，道幽厲事，出爲御史大夫鄭弘言之。房、博皆棄市，弘坐免爲庶人。房本姓李，推律自定爲京氏，死時年四十一。

〔一〕師古曰：「所與天子言，皆具說之。」
〔二〕師古曰：「爲音于僞反。」
〔三〕師古曰：「恐不可也。」
〔四〕師古曰：「韋玄成也。」

翼奉字少君，東海下邳人也。治齊詩，與蕭望之、匡衡同師。三人經術皆明，衡爲後進，望之施之政事，而奉惇學不仕，好律曆陰陽之占。元帝初即位，諸儒薦之，徵待詔宦者署，數言事宴見，天子敬焉。

時，平昌侯王臨以宣（布）〔帝〕外屬侍中，稱詔欲從奉學其術。奉不肯與言，而上封事曰：「臣聞之於師，治道要務，在知下之邪正。人誠鄉正，雖愚爲用；〔一〕若乃懷邪，知益爲害。知

下之術，在於六情十二律而已。北方之情，好也；好行貪狼，申子主之。〔二〕東方之情，怒也；怒行陰賊，亥卯主之。〔三〕貪狼必待陰賊而後動，陰賊必待貪狼而後用，二陰並行，是以王者忌子卯也。禮經避之，春秋諱焉。〔四〕南方之情，惡也；惡行廉貞，寅午主之。〔五〕西方之情，喜也；喜行寬大，巳酉主之。〔六〕二陽並行，是以王者吉午酉也。詩曰：『吉日庚午。』〔七〕上方之情，樂也；樂行姦邪，辰未主之。〔八〕下方之情，哀也；哀行公正，戌丑主之。〔九〕辰未屬陰，戌丑屬陽，萬物各以其類應。今陛下明聖虛靜以待物至，萬事雖衆，何聞而不諭，〔10〕豈況乎執十二律而御六情！於以知下參實，亦甚優矣，萬不失一，自然之道也。乃正月癸未日加申，有暴風從西南來。未主姦邪，申主貪狼，風以大陰下抵建前，是人主左右邪臣之氣也。〔11〕平昌侯比三來見臣，皆以正辰加邪時。辰爲客，時爲主人。以律知人情，王者之祕道也，〔12〕愚臣誠不敢以語邪人。」

〔一〕師古曰：「鄉讀曰嚮。」
〔二〕孟康曰：「北方水，水生於申，盛於子。水性觸地而行，觸物而潤，多所好故；多好則貪而無厭，故爲貪狼也。」
〔三〕孟康曰：「東方木，木生於亥，盛於卯。木性受水氣而生，貫地而出，故爲怒；以陰氣賊害土，故爲陰賊也。」
〔四〕李奇曰：「北方陰也，卯又陰賊，故爲二陰，王者忌之，不擧樂。春秋、禮記說皆同。賈氏說：『桀以乙卯亡，紂以甲子喪，惡以爲戒。』」張晏曰：「子刑卯，卯刑子，相刑之日，故以爲忌。而云夏以乙卯亡，殷以甲子亡，不推湯武以興，此說非也。」師古曰：「儒者以爲子卯夏殷亡日，大失之矣。何儒亮以爲學者雖駁云，只取夏殷亡日，不論殷周之興，以爲大失，不博考其義。且天人之際，其理相符，有德者昌，無德者亡。以桀紂之暴虐，又遇惡日，其理必亡。以湯武之德，固先天而天不違，所謂德能消殃矣，豈殃能消德也！」
〔五〕孟康曰：「南方火，火生於寅，盛於午。火性炎猛，無所（加）〔容〕受，故爲惡；其氣精專嚴整，故爲廉貞。」
〔六〕孟康曰：「西方金，金生於巳，盛於酉。金之爲物，喜以利刃加於萬物，故爲喜；利刃所加，無不寬大，故曰寬大也。」
〔七〕師古曰：「小雅吉日之詩也。其詩曰『吉日庚午，既差我馬』，言以庚午之吉日簡擇車馬以出田也。」
〔八〕孟康曰：「上方謂北與東也。陽氣所萌生，故爲上。辰，窮水也。未，窮木也。翼氏風角曰『木落歸本，水流歸末』，故木利在亥，水利在辰，盛衰各得其所，故樂也。水窮則無隙不入，木上出，窮則旁行，故爲姦邪。」
〔九〕孟康曰：「下方謂南與西也。陰氣所萌生，故爲下。戌，窮火也。丑，窮金也。翼氏風角曰『金剛火彊，各歸其鄉』，故火刑於午，金刑於酉。酉午，金火之盛也。盛時而受刑，至窮無所歸，故曰哀也。火性無所私，金性方剛，故曰公正。」
〔10〕師古曰：「諭謂曉解之。」
〔11〕張晏曰：「初元二年，歲在甲戌，正月二十二日癸未也，太陰在太歲後。」孟康曰：「時太陰在未，月建在寅，風從未下至寅南也。建爲主氣，太陰臣氣也，加主氣，是人主左右邪臣驗也。」晉灼曰：「癸未日風，未辰也，時加申。張說是也。」
〔12〕張晏曰：「平昌侯欲依上來學，爲時邪也。風日加申，申知祕道也。」孟康曰：「謂乙丑之日也。丑爲正日，加未而來爲邪時。」晉灼曰：「奉以未爲邪時，占知平昌侯爲邪人，此當言皆以邪辰加邪時，字誤作正耳。下言大邪之見，辰時俱邪是也。翼氏曰『五行動爲五音，四時散爲十二律』也。」

上以奉爲中郎，召問奉：「來者以善日邪時，孰與邪日善時？」奉對曰：「師法用辰不用日。〔一〕辰爲客，時爲主人。見於明主，侍者爲主人。〔二〕辰正時邪，見者正，侍者邪；辰邪時正，見者邪，侍者正。忠正之見，侍者雖邪，辰時俱正；〔三〕大邪之見，侍者雖正，辰時俱邪。〔四〕即以自知侍者之邪，而時邪辰正，見者反邪；〔五〕即以自知侍者之正，而時正辰邪，見者反正。〔六〕辰爲常事，時爲一行。〔七〕辰疏而時精，其效同功，必參五觀之，然後可知。故曰：察其所繇，省其進退，〔八〕參之六合五行，則可以見人性，知人情。難用外察，從中甚明，故詩之爲學，情性而已。五性不相害，六情更興廢。〔九〕觀性以曆，〔10〕觀情以律，〔11〕明主所宜獨用，難與二人共也。故曰：『顯諸仁，藏諸用。』〔12〕露之則不神，獨行則自然矣，唯奉能用之，學者莫能行。」

〔一〕孟康曰：「假令甲子日，子爲辰，甲爲日，用子不用甲也。」
〔二〕張晏曰：「禮，君燕見臣，則使臣爲主人，故侍者爲主人。」
〔三〕孟康曰：「大正厭小邪也。凡辰時屬南與西爲正，北與東爲邪。」晉灼曰：「以上占推之，南方巳午、西方酉戌、東北寅丑爲正，西南申未、北方亥子、東方辰卯爲邪。」
〔四〕孟康曰：「大邪厭小正也。」
〔五〕孟康曰：「凡占以見者爲本。今自知侍者邪，而時復邪，則邪無所施，故屬見者。」晉灼曰：「上言忠正客見，侍者雖邪，辰時俱正，然則小邪屬主人矣。何以知之，見者以大正來反我小邪故也。」

〔六〕孟康曰：「已自知侍者正，而時復正，則正無所施。辰雖邪，而見者更正也。」晉灼曰：「上言大邪客見，侍者雖正，辰時俱邪，然則小正屬主人矣。以此法占之，卽以自知主人之正，而時正辰邪矣。何以知之？見者以大邪來反我小正故也。」

〔七〕孟康曰：「假令甲子日，則一日一夜爲子。時，十二時也。日加之，行過也。」

〔八〕師古曰：「繇與由同。」

〔九〕師古曰：「更音工衡反。」

〔一〇〕張晏曰：「性謂五行也。曆謂日也。」晉灼曰：「翼氏五性：肝性靜，靜行仁，甲己主之；心性躁，躁行禮，丙辛主之；脾性力，力行信，戊癸主之；肺性堅，堅行義，乙庚主之；腎性智，智行敬，丁壬主之也。」

〔一一〕張晏曰：「情謂六情，廉貞、寬大、公正、姦邪、陰賊、貪狼也。律，十二律也。」

〔一二〕師古曰：「易上繫之辭也。道周萬物，故曰顯諸仁；日用不知，故曰藏諸用也。」

是歲，關東大水，郡國十一飢，疫尤甚。上乃下詔江海陂湖園池屬少府者以假貧民，勿租稅；損大官膳，減樂府員，省苑(囿)〔馬〕，諸宮館稀御幸者勿繕治；太僕少府減食穀馬，水衡省食肉獸。明年二月戊午，地震。其夏，齊地人相食。七月己酉，地復震。上曰：「蓋聞賢聖在位，陰陽和，風雨時，日月光，星辰靜，黎庶康寧，考終厥命。今朕共承天地，託于公侯之上，明不能燭，德不能綏，災異並臻，連年不息。乃二月戊午，地大震于隴西郡，毀落太上廟殿壁木飾，壞敗獂道縣〔一〕城郭官寺及民室屋，厭殺人衆，山崩地裂，水泉涌出。一

年地再動，天惟降災，震驚朕躬。治有大虧，咎至於此。夙夜兢兢，不通大變，深懷鬱悼，未知其序。比年不登，元元困乏，不勝飢寒，以陷刑辟，朕甚閔焉，憯怛於心。〔二〕已詔吏虛倉廩，開府臧，振捄貧民。〔三〕羣司其茂思天地之戒，〔四〕有可蠲除減省以便萬姓者，各條奏。悉意陳朕過失，靡有所諱。」〔五〕因赦天下，舉直言極諫之士。奉奏封事曰：

〔一〕師古曰：「獂音(完)〔桓〕。」

〔二〕師古曰：「憯音千感反。」

〔三〕師古曰：「捄，古救字。」

〔四〕師古曰：「茂，勉也。」

〔五〕師古曰：「悉，盡也。」

臣聞之於師曰，天地設位，懸日月，布星辰，分陰陽，定四時，列五行，以視聖人，名之曰道。〔一〕聖人見道，然後知王治之象，故畫州土，建君臣，立律曆，陳成敗，以視賢者，名之曰經。賢者見經，然後知人道之務，則詩、書、易、春秋、禮、樂是也。易有陰陽，詩有五際，〔二〕春秋有災異，皆列終始，推得失，考天心，以言王道之安危。至秦乃不說，傷之以法，〔三〕是以大道不通，至於滅亡。今陛下明聖，深懷要道，燭臨萬方，〔四〕布德流惠，靡有闕遺。罷省不急之用，振救困貧，賦醫藥，賜棺錢，〔五〕恩澤甚厚。又舉直言，求過失，盛德純備，天下幸甚。

〔一〕師古曰：「視讀曰示。下亦類此。」

〔二〕應劭曰：「君臣、父子、兄弟、夫婦、朋友也。」孟康曰：「詩內傳曰：『五際，卯、酉、午、戌、亥也。陰陽終始際會之歲，於此則有變改之政也。』」

〔三〕師古曰：「說音悅。言不悅詩、書而以文法傷文學之人也。」

〔四〕師古曰：「燭，照也。」

〔五〕師古曰：「賦謂分給之。」

臣奉竊學齊詩，聞五際之要十月之交篇，〔一〕知日蝕地震之效昭然可明，猶巢居知風，穴處知雨，〔二〕亦不足多，適所習耳。臣聞人氣內逆，則感動天地；天變見於星氣日蝕，地變見於奇物震動。所以然者，陽用其精，陰用其形，猶人之有五臧六體，五臧象天，六體象地。故臧病則氣色發於面，體病則欠申動於貌。今年太陰建於甲戌，律以庚寅初用事，曆以甲午從春。〔三〕曆中甲庚，律得參陽，性中仁義，情得公正貞廉，〔四〕百年之精歲也。正以精歲，本首王位，〔五〕日臨中時接律而地大震，其後連月久陰，雖有大令，猶不能復，〔六〕陰氣盛矣。古者朝廷必有同姓以明親親，必有異姓以明賢賢，此聖王之所以大通天下也。同姓親而易進，異姓疏而難通，故同姓一，異姓五，乃爲平

均。今左右亡同姓，獨以舅后之家爲親，異姓之臣又疏。二后之黨滿朝，非特處位，勢尤奢僭過度，呂、霍、上官足以卜之，甚非愛人之道，又非後嗣之長策也。陰氣之盛，不亦宜乎！

〔一〕師古曰：「小雅篇名也。」

〔二〕師古曰：「巢居，烏鵲之屬也。穴處，狐貍之類也。」

〔三〕孟康曰：「太陰在甲戌，則太歲在子。十一月庚寅日，黃鍾律初起用事也。」

〔四〕張晏曰：「甲庚皆三陽。甲在東方爲仁，庚在西方爲義。戌爲公正，寅午爲廉貞。」晉灼曰：「木數三。寅在東方，木位之始，故曰參陽也。」師古曰：「中音竹仲反。」

〔五〕張晏曰：「春也。」

〔六〕師古曰：「大令謂虛倉廩，開府庫之屬也。復，補也，音扶目反。」

臣又聞未央、建章、甘泉宮才人各以百數，皆不得天性。〔一〕若杜陵園，其已御見者，臣子不敢有言，雖然，太皇太后之事也。及諸侯王園，與其後宮，宜爲設員，出其過制者，此損陰氣應天救邪之道也。今異至不應，災將隨之。其法大水，極陰生陽，反爲大旱，甚則有火災，春秋宋伯姬是矣。〔二〕唯陛下財察。〔三〕

〔一〕師古曰：「言絕男女之好也。」

〔二〕師古曰：「伯姬，魯成公女，宋恭公之夫人也。幽居守寡，既久而遇火災，極陰生陽也。」

〔三〕師古曰：「財與裁同。」

明年夏四月乙未，孝武園白鶴館災。奉自以爲中，上疏曰：「臣前上五際地震之效，曰極陰生陽，恐有火災。不合明聽，未見省答，臣竊內不自信。今白鶴館以四月乙未，時加於卯，月宿亢災，與前地震同法。臣奉乃深知道之可信也。不勝拳拳，願復賜間，卒其終始。」〔一〕

〔一〕師古曰：「間，空隙也。卒，盡也。」

上復延問以得失。奉以爲祭天地於雲陽汾陰，及諸寢廟不以親疏迭毀，皆煩費，違古制。又宮室苑囿，奢泰難供，以故民困國虛，亡累年之畜。所繇來久，〔一〕不改其本，難以末正，乃上疏曰：

〔一〕師古曰：「畜讀曰蓄。繇與由同。」

臣聞昔者盤庚改邑以興殷道，聖人美之。〔一〕竊聞漢德隆盛，在於孝文皇帝躬行節儉，外省繇役。其時未有甘泉、建章及上林中諸離宮館也。未央宮又無高門、武臺、麒麟、（凰）〔鳳〕皇、白虎、玉堂、金華之殿，獨有前殿、曲臺、漸臺、宣室、溫室、承明耳。孝文欲作一臺，度用百金，〔二〕重民之財，廢而不爲，其積土基，至今猶存，〔三〕又下遺詔，不起山墳。故其時天下大和，百姓洽足，德流後嗣。

〔一〕師古曰：「盤庚，殷王名也。將遷亳，殷衆庶咸怨，作盤庚三篇以告之，遂乃遷都，事見尚書也。」

〔二〕師古曰：「度，計也，音大各反。」

〔三〕師古曰：「今在新豐縣南，驪山頂上也。」

如令處於當今，因此制度，必不能成功名。天道有常，王道亡常，亡常者所以應有常也。必有非常之主，然後能立非常之功。臣願陛下徙都於成周，左據成皋，（左）〔右〕阻黽池，前鄉崧高，後介大河，〔一〕建滎陽，扶河東，南北千里以爲關，而入敖倉；地方百里者八九，足以自娛；東厭諸侯之權，西遠羌胡之難，〔二〕陛下共已亡爲，〔三〕按成周之居，兼盤庚之德，萬歲之後，長爲高宗。漢家郊兆寢廟祭祀之禮多不應古，臣奉誠難亶居而改作，〔四〕故願陛下遷都正本。衆制皆定，亡復繕治宮館不急之費，歲可餘一年之畜。〔五〕

〔一〕師古曰：「鄉讀曰嚮。介，隔也，礙也。」

〔二〕師古曰：「厭，抑也。音一葉反。遠音于萬反。」

〔三〕師古曰：「共讀曰恭。」

〔四〕如淳曰：「亶居猶虛居也，欲徙都乃可更制度也。」師古曰：「亶讀曰但。但居，謂依舊都也。」

〔五〕師古曰：「畜讀曰蓄。次下亦同。」

臣聞三代之祖積德以王，然皆不過數百年而絕。周至成王，有上賢之材，因文武之業，以周召爲輔，〔一〕有司各敬其事，在位莫非其人。〔二〕天下甫二世耳，〔三〕然周公猶作詩書深戒成王，以恐失天下。書則曰：「王毋若殷王紂。」〔四〕其詩則曰：「殷之未喪師，克配上帝；宜監于殷，駿命不易。」〔五〕今漢初取天下，起於豐沛，以兵征伐，德化未洽，後世奢侈，國家之費當數代之用，非直費財，又乃費士。孝武之世，暴骨四夷，不可勝數。有天下雖未久，至於陛下八世九主矣，〔六〕雖有成王之明，然亡周召之佐。〔七〕今東方連年飢饉，加之以疾疫，百姓菜色，或至相食。〔八〕地比震動，天氣溷濁，日光侵奪。〔九〕繇此言之，〔一〇〕執國政者豈可以不懷怵惕而戒萬分之一乎！故臣願陛下因天變而徙都，所謂與天下更始者也。天道終而復始，窮則反本，故能延長而亡窮也。今漢道未終，陛下本而始之，於以永世延祚，不亦優乎！如因丙子之孟夏，順太陰以東行，〔一一〕到後七年之明歲，必有五年之餘蓄，然後大行考室之禮，〔一二〕雖周之隆盛，亡以加此。唯陛下留神，詳察萬世之策。

〔一〕師古曰：「召讀曰邵。」

〔二〕師古曰：「言所任皆得賢材也。」

〔三〕師古曰：「甫，始也。」

〔四〕師古曰：「周書亡逸篇也。其書曰周公曰：『烏虖！毋若殷王紂之迷亂，酗于酒德哉！』是也。」

〔五〕師古曰：「詩大雅文王之詩也。師，衆也。駿，大也。言殷家自帝乙以上，未喪天下之時，皆能配天而行。至紂荒

怠，自取敗滅。今宜以殷王賢愚爲鏡，知天之大命甚難也。」

〔六〕如淳曰：「呂后爲主，不得爲世，故八世九主矣。」

〔七〕師古曰：「召讀曰邵。」

〔八〕師古曰：「人專食菜，故肌膚靑黃，爲菜色也。」

〔九〕師古曰：「比，頻也。溷，汙也，音下頓反。」

〔一〇〕師古曰：「繇與由同。」

〔一一〕張晏曰：「如因今丙子之四月也。太陰是時在甲戌，當轉在乙亥、丙子，左旋之也。」

〔一二〕李奇曰：「凡宮新成，殺牲以釁祭，致其五祀之神，謂之考室。」師古曰：「考，成也，成其禮也。詩小雅斯干之詩序曰『斯干，宣王考室也』，故奉引之。」

書奏，天子異其意，答曰：「問奉：今園廟有七，云東徙，狀何如？」奉對曰：「昔成王徙洛，般庚遷殷，其所避就，皆陛下所明知也。非有聖明，不能一變天下之道。臣奉愚戇狂惑，唯陛下裁赦。」

其後，貢禹亦言當定迭毀禮，上遂從之。及匡衡爲丞相，奏徙南北郊，其議皆自奉發之。

奉以中郎爲博士、諫大夫，年老以壽終。子及孫，皆以學在儒官。

李尋字子長，平陵人也。治尚書，與張孺、鄭寬中同師。寬中等守師法教授，尋獨好洪範災異，又學天文月令陰陽。事丞相翟方進，方進亦善爲星曆，除尋爲吏，數爲翟侯言事。帝舅曲陽侯王根爲大司馬票騎將軍，厚遇尋。是時多災異，根輔政，數虛己問尋。尋見漢家有中衰阸會之象，其意以爲且有洪水爲災，乃說根曰：

書云「天聰明」，〔一〕蓋言紫宮極樞，通位帝紀，〔二〕太微四門，廣開大道，〔三〕五經六緯，尊術顯士，〔四〕翼張舒布，燭臨四海，〔五〕少微處士，爲比爲輔，〔六〕故次帝廷，女宮在後。〔七〕聖人承天，賢賢易色，取法於此。〔八〕天官上相上將，皆顓面正朝，〔九〕憂責甚重，要在得人。得人之效，成敗之機，不可不勉也。昔秦穆公說諓諓之言，任仡仡之勇，身受大辱，社稷幾亡。〔一〇〕悔過自責，思惟黃髮，任用百里奚，卒伯西域，德列王道。〔一一〕二者禍福如此，可不慎哉！

〔一〕師古曰：「虞書皋陶謨之辭也。天視聽，人君之行不可不畏慎也。」
〔二〕孟康曰：「紫宮，天之北宮也。極，天之北極星也，樞是其迴轉者也。天文志曰『天極其一明者，太一常居也』。太一，天皇大帝也，與通極爲一體，故曰通位帝紀也。」
〔三〕孟康曰：「太微，天之南宮也。四門，太微之四門也。」
〔四〕孟康曰：「六緯，五經與樂緯也。」張晏曰：「六緯，五經就孝經緯也。」師古曰：「六緯者，五經之緯及樂緯也。孟說是也。」

〔五〕張晏曰：「翼二十八星，十八度。舒布，張廣也。翼翅夾張，故言也。」
〔六〕孟康曰：「少微四星在太微西，主處士儒學之官，爲太微輔佐也。」
〔七〕孟康曰：「言少微四星在太微次。太微爲天帝廷。女宮謂軒轅星也。」
〔八〕師古曰：「賢賢，尊上賢人。易色，輕略於色，不貴之也。易音弋二反。」
〔九〕孟康曰：「朝太微宮垣也。西垣爲上將，東垣爲上相，各專一面而正天之朝事也。」
〔一〇〕師古曰：「諓諓，小善也。仡仡，壯健也。謂聽杞子、逢孫、楊孫之言，言鄭可襲，乃使孟明視、西乞術、白乙丙帥師伐鄭，遂爲晉襄公所禦而敗於殽，三帥盡獲，匹馬隻輪皆無反者。諓音踐。仡音（目）〔巨〕乙反，又音牛乞反。」
〔一一〕師古曰：「謂晉歸三帥之後，穆公自悔，作秦誓云：『雖則員然，尚猶詢茲黃髮，則罔所愆。』自言前有云然之過，今庶幾以道謀此黃髮賢老，則行事無所過失矣。百里奚本虞人也，穆公用之，卒成霸業。」

夫士者，國家之大寶，功名之本也。將軍一門九侯，二十朱輪，漢興以來，臣子貴盛，未嘗至此。夫物盛必衰，自然之理，唯有賢友彊輔，庶幾可以保身命，全子孫，安國家。

書曰「曆象日月星辰」，〔一〕此言仰視天文，俯察地理，觀日月消息，候星辰行伍，揆山川變動，參人民繇俗，〔二〕以制法度，考禍福。舉錯誖逆，咎敗將至，徵兆爲之先見。〔三〕明君恐懼修正，側身博問，轉禍爲福；不可救者，卽蓄備以待之，故社稷亡憂。

竊見往者赤黃四塞，地氣大發，動土竭民，天下擾亂之徵也。彗星爭明，〔一〕庶雄爲桀，大寇之引也。〔二〕此二者已頗效矣。城中訛言大水，奔走上城，朝廷驚駭，女孽入宮，〔三〕此獨未效。間者重以水泉涌溢，旁宮闕仍出。〔四〕月、太白入東井，犯積水，缺天淵。〔五〕日數湛於極陽之色。〔六〕羽氣乘宮，〔七〕起風積雲。又錯以山崩地動，河不用其道。〔八〕盛冬靁電，潛龍爲孽。〔九〕繼以隕星流彗，維、塡上見，〔一〇〕日蝕有背鄉。〔一一〕此亦高下易居，洪水之徵也。不憂不改，洪水乃欲盪滌，流彗乃欲埽除；改之，則有年亡期。〔一二〕故屬者頗有變改，小貶邪猾，〔一三〕日月光精，時雨氣應，〔一四〕此皇天右漢亡已也，〔一五〕何況致大改之！

〔一〕師古曰：「虞書堯典之辭也。」
〔二〕師古曰：「繇讀與謠同。繇俗者，謂若童謠及輿人之誦。」
〔三〕師古曰：「誖，乖也，音布內反。」
〔一〕張晏曰：「與日月爭明。」
〔二〕師古曰：「將引致大寇也。」
〔三〕應劭曰：「謂小女陳持弓也。」
〔四〕李奇曰：「旁宮闕而出水也。」師古曰：「旁，附也。仍，頻也。重音直用反。旁音薄郎反。」
〔五〕張晏曰：「犯東井，有水災。」孟康曰：「積水一星在北河北。天淵十星在北斗星東南。缺者，拂其角而過之也。」

〔六〕張晏曰：「衆陽之宗，故爲極陽也。色宜明耀，而無光也。」
〔七〕孟康曰：「天文志曰西方爲羽。羽，少陰之位。少陰臣氣，乘於君也。」晉灼曰：「羽，北方水也，水陰爲臣。宮，中央土也，土爲君。今水乘土，言臣氣勝於君也。」
〔八〕師古曰：「錯，雜也。言河徙流不從故道也。」
〔九〕孟康曰：「黑龍冬見。」張晏曰：「五行傳曰：『龍見井中，幽囚之象也。』」
〔一〇〕孟康曰：「有地維星，有四塡星，皆妖星也。」晉灼曰：「天文志四塡星出四隅，去地可四丈，地維藏光亦出四隅，去地可二丈，若月始出，所見下有亂者亡，有德者昌。」
〔一一〕師古曰：「背音步內反。鄉讀曰嚮。」
〔一二〕師古曰：「言可延期，得禳災。」
〔一三〕師古曰：「屬者謂近時也。屬音之欲反。」
〔一四〕師古曰：「精謂光明也。」
〔一五〕師古曰：「右讀曰祐。」

宜急博求幽隱，拔擢天士，任以大職。〔一〕諸闒茸佞讇，抱虛求進，〔二〕及用殘賊酷虐聞者，若此之徒，皆嫉善憎忠，壞天文，敗地理，涌趯邪陰，湛溺太陽，〔三〕爲主結怨於民，〔四〕宜以時廢退，不當得居位。誠必行之，凶災銷滅，子孫之福不旋日而至。政治感陰陽，猶鐵炭之低卬，見效可信者也。〔五〕及諸蓄水連泉，務通利之。修舊隄防，省池

淳稅，以助損邪陰之盛。案行事，考變易，訛言之效，未嘗不至。請徵韓放，〔六〕掾周敞、王望可與圖之。

〔一〕李奇曰：「天士，知天道者也。」晉灼曰：「嚴君平言師於天士。天士，應宿合鼎之臣也。」師古曰：「李說是也。」
〔二〕師古曰：「闒音吐臘反。茸音人勇反。讇，古諂字。」
〔三〕師古曰：「趯字與躍同。湛讀曰沈。」
〔四〕師古曰：「爲音于僞反。」
〔五〕孟康曰：「天文志云『縣土炭』也，以鐵易土耳。先冬夏至，縣鐵炭於衡，各一端，令適停。冬，陽氣至，炭仰而鐵低。夏，陰氣至，炭低而鐵仰。以此候二至也。」
〔六〕服虔曰：「姓名也，曉水。」

根於是薦尋。哀帝初卽位，召尋待詔黃門，使侍中衞尉傅喜問尋曰：「間者水出地動，日月失度，星辰亂行，災異仍重，〔一〕極言毋有所諱。」尋對曰：

〔一〕師古曰：「重音直用反。」

陛下聖德，尊天敬地，畏命重民，悼懼變異，不忘疏賤之臣，幸使重臣臨問，愚臣不足以奉明詔。竊見陛下新卽位，開大明，除忌諱，博延名士，靡不並進。臣尋位卑術淺，過隨衆賢待詔，〔一〕食太官，衣御府，久汙玉堂之署。〔二〕比得召見，亡以自效。〔三〕復特見延問至誠，自以逢不世出之命，願竭愚心，不敢有所避，庶幾萬分有一可采。唯棄須

臾之間，宿留瞽言，〔四〕考之文理，稽之五經，揆之聖意，以參天心。夫變異之來，各應象而至，臣謹條陳所聞。

〔一〕師古曰：「過猶謬也。」
〔二〕師古曰：「玉堂殿在未央宮。」
〔三〕師古曰：「比，頻也。」
〔四〕師古曰：「間謂空隙之時也。宿音先就反。留音力救反。」

易曰：「縣象著明，莫大乎日月。」〔一〕夫日者，衆陽之長，輝光所燭，萬里同晷，人君之表也。〔二〕故日將旦，清風發，羣陰伏，君以臨朝，不牽於色。日初出，炎以陽，君登朝，佞不行，忠直進，不蔽障。日中輝光，君德盛明，大臣奉公。日將入，專以壹，君就房，有常節。君不修道，則日失其度，晻昧亡光。〔三〕各有云爲。其於東方作，日初出時，〔四〕陰雲邪氣起者，法爲牽於女謁，〔五〕有所畏難；日出後，爲近臣亂政；日中，爲大臣欺誣；日且入，爲妻妾役使所營。〔六〕間者日尤不精，光明侵奪失色，邪氣珥蜺數作。本起於晨，相連至昏，其日出後至日中間差瘉。〔七〕小臣不知內事，竊以日視陛下志操，衰於始初多矣。其咎恐有以守正直言而得罪者，傷嗣害世，不可不愼也。唯陛下執乾剛之德，彊志守度，毋聽女謁邪臣之態。諸保阿乳母甘言悲辭之託，斷而勿聽。勉彊大

誼，絕小不忍；良有不得已，可賜以財貨，不可私以官位，誠皇天之禁也。日失其光，則星辰放流。〔八〕陽不能制陰，陰桀得作。間者太白正晝經天。宜隆德克躬，以執不軌。

〔一〕師古曰：「上繫之辭也。在天成象，故曰縣象也。」
〔二〕師古曰：「晷，景也。」
〔三〕師古曰：「晻與暗同，又音烏感反。」
〔四〕師古曰：「作，起也。日出之時，人物皆起。」
〔五〕服虔曰：「謁，請也。」
〔六〕師古曰：「營謂繞也。」
〔七〕師古曰：「瘉與愈同。」
〔八〕張晏曰：「日夜食則失光，晝立六尺木，不見其景也。日陽失光明，陰得施也。」

臣聞月者，衆陰之長，銷息見伏，百里爲品，千里立表，萬里連紀，〔一〕妃后大臣諸侯之象也。朔晦正終始，弦爲繩墨，望成君德，春夏南，秋冬北。間者，月數以春夏與日同道，〔二〕過軒轅上后受氣，〔三〕入太微帝廷（楊）〔揚〕光輝，犯上將近臣，列星皆失色，厭厭如滅，〔四〕此爲母后與政亂朝，〔五〕陰陽俱傷，兩不相便。外臣不知朝事，竊信天文卽如此，近臣已不足杖矣。〔六〕屋大柱小，可爲寒心。〔七〕唯陛下親求賢士，無彊所惡，以崇社稷，尊彊本朝。〔八〕

〔一〕孟康曰：「品，同也，言百里內數度同也。千里則當立表度其景，萬里則繼其本所起紀其宿度也。」
〔二〕孟康曰：「房有四星，其間有三道。春夏南行，南頭第一星裏道也。秋冬北行，北頭第一星裏道也。與日同道者，謂中央道也。此三道者，日月五星之所由也。」
〔三〕孟康曰：「軒轅南大星爲后。」
〔四〕鄭氏曰：「厭音壓桑之壓。」師古曰：「音烏黠反。」
〔五〕師古曰：「與讀曰豫。」
〔六〕師古曰：「杖謂倚任也。」
〔七〕師古曰：「言天下事重大，臣之任當得賢能者。」
〔八〕師古曰：「邪佞之人誠可賤惡，勿得寵異，令其盛彊也。」

臣聞五星者，五行之精，五帝司命，應王者號令爲之節度。歲星主歲事，爲統首，號令所紀，今失度而盛，此君指意欲有所爲，未得其節也。又填星不避歲星者，后帝共政，相留於奎、婁，〔一〕當以義斷之。（營）〔熒〕惑往來亡常，周歷兩宮，作態低卬，〔二〕入天門，上明堂，貫尾亂宮。〔三〕太白發越犯庫，〔四〕兵寇之應也。貫黃龍，入帝庭，〔五〕當門而出，隨熒惑入天門，至房而分，欲與熒惑爲患，不敢當明堂之精。此陛下神靈，故禍亂不成也。熒惑厥弛，〔六〕佞巧依勢，微言毀譽，進類蔽善。〔七〕太白出端門，〔八〕臣有不臣者。火入室，金上堂，〔九〕不以時解，其憂凶。填、歲相守，又主內亂。宜察蕭牆之內，

毋忽親疏之微，〔一〇〕誅放佞人，防絕萌牙，以盪滌濁濊，消散積惡，〔一一〕毋使得成禍亂。辰星主正四時，當效於四仲；四時失序，則辰星作異。今出於歲首之孟，天所以譴告陛下也。政急則出蚤，政緩則出晚，政絕不行則伏不見而爲彗茀。〔一二〕四孟皆出，爲易王命；四季皆出，星家所諱。今幸獨出寅孟之月，蓋皇天所以篤右陛下也，〔一三〕宜深自改。

〔一〕張晏曰：「歲星爲帝，塡星爲女主也。」
〔二〕張晏曰：「兩宮謂紫微、太微。」
〔三〕孟康曰：「角兩星爲天門，房爲明堂，尾爲後宮。」蘇林曰：「常占（常）〔當〕從尾北，而今貫之，尾爲後宮之義也。」
〔四〕張晏曰：「發越，疾貌也。庫，天庫也。」孟康曰：「奎爲天庫。」
〔五〕張晏曰：「黃龍，軒轅也。」
〔六〕張晏曰：「厥弛，動搖貌。」
〔七〕師古曰：「進其黨類而擁蔽善人。」
〔八〕孟康曰：「端門，太微正南門。」
〔九〕張晏曰：「熒惑入營室也。」孟康曰：「火入室謂熒惑歷兩宮也。金謂太白也。上堂，入房星也。」
〔一〇〕師古曰：「微謂其事微。」
〔一一〕師古曰：「濊與穢同也。」

〔一二〕師古曰：「茀與孛同。」
〔一三〕師古曰：「篤，厚也。右與祐同。祐猶助也。」

治國故不可以戚戚，欲速則不達。經曰：「三載考績，三考黜陟。」〔一〕加以號令不順四時，既往不咎，來事之師也。間者春三月治大獄，時賊陰立逆，恐歲小收；季夏舉兵法，時寒氣應，恐後有霜雹之災；秋月行封爵，其月土濕奧，〔二〕恐後有雷雹之變。夫以喜怒賞罰，而不顧時禁，雖有堯舜之心，猶不能致和。善言天者，必有效於人。設上農夫而欲冬田，肉袒深耕，汗出種之，然猶不生者，非人心不至，天時不得也。易曰：「時止則止，時行則行，動靜不失其時，其道光明。」〔三〕書曰：「敬授民時。」〔四〕故古之王者，尊天地，重陰陽，敬四時，嚴月令。順之以善政，則和氣可立致，猶枹鼓之相應也。〔五〕今朝廷忽於時月之令，諸侍中尚書近臣宜皆令通知月令之意，設羣下請事；若陛下出令有謬於時者，當知爭之，以順時氣。

〔一〕師古曰：「虞書舜典之辭也，言三年一考功績，三考一行黜陟也。」
〔二〕張晏曰：「遠於月令也。」師古曰：「奧，溫也，音於六反。」
〔三〕師古曰：「此艮卦象辭也。言動止隨時則有光明也。」
〔四〕師古曰：「虞書堯典之辭也。言授下以四時之命，不可不敬也。」
〔五〕師古曰：「枹，擊鼓之椎也，音孚。其字從木也。」

臣聞五行以水爲本，其星玄武婺女，天地所紀，終始所生。〔一〕水爲準平，王道公正修明，則百川理，落脈通；〔二〕偏黨失綱，則踊溢爲敗。書云「水曰潤下」，〔三〕陰動而卑，不失其道。天下有道，則河出圖，洛出書，故河、洛決溢，所爲最大。今汝、潁畎澮皆川水漂踊，與雨水並爲民害，〔四〕此詩所謂「爗爗震電，不寧不令，百川沸騰」者也。〔五〕其咎在於皇甫卿士之屬。〔六〕唯陛下留意詩人之言，少抑外親大臣。

〔一〕孟康曰：「婺女，須女也，北方天地之統，陰陽之終始也。」
〔二〕師古曰：「落謂經絡也。」
〔三〕師古曰：「周書洪範之辭也。」
〔四〕師古曰：「畎澮，小流也。許愼說廣尺深尺曰畎，廣二尋深二仞謂之澮。川者，水貫穿而通流也。畎音工犬反。澮音工外反。」
〔五〕師古曰：「詩小雅十月之交之詩也。爗爗，光貌。寧，安；令，善也。言陰陽失和，雷電失序，不安不善，故百川又沸騰。」
〔六〕師古曰：「皇甫卿士，周室女寵之族也，解在劉向傳。」

臣聞地道柔靜，陰之常義也。地有上中下，其上位震，應妃后不順，中位應大臣作亂，下位應庶民離畔。震或於其國，國君之咎也。四方中央連國歷州俱動者，其異最

大。間者關東地數震，五星作異，亦未大逆，宜務崇陽抑陰，以救其咎；固志建威，閉絕私路，拔進英雋，退不任職，以彊本朝。夫本彊則精神折衝，本弱則招殃致凶，爲邪謀所陵。〔一〕聞往者淮南王作謀之時，其所難者，獨有汲黯，（以爲）公孫弘等不足言也。弘，漢之名相，於今亡比，而尚見輕，何況亡弘之屬乎？故曰朝廷亡人，則爲賊亂所輕，其道自然也。天下未聞陛下奇策固守之臣也。語曰，何以知朝廷之衰？人人自賢，不務於通人，故世陵夷。〔二〕

〔一〕師古曰：「折衝，言有欲衝突爲害者，則能折挫之。」
〔二〕師古曰：「通人謂薦達賢材也。陵夷謂頹替也。」

馬不伏歷，不可以趨道；士不素養，不可以重國。〔一〕詩曰「濟濟多士，文王以寧」，〔二〕孔子曰「十室之邑，必有忠信」，〔三〕非虛言也。陛下秉四海之衆，曾亡柱幹之固守聞於四境，殆開之不廣，取之不明，勸之不篤。傳曰：「土之美者善養禾，君之明者善養士。」中人皆可使爲君子。〔四〕詔書進賢良，赦小過，無求備，以博聚英雋。如近世貢禹，以言事忠切蒙尊榮，當此之時，士厲身立名者多。禹死之後，日日以衰。及京兆尹王章坐言事誅滅，智者結舌，〔五〕邪僞並興，外戚顓命，〔六〕君臣隔塞，至絕繼嗣，女宮作亂。〔七〕此行事之敗，誠可畏而悲也。

〔一〕師古曰：「伏歷謂伏槽歷而秣之也。趨讀曰趣。」
〔二〕師古曰：「大雅文王之詩也。已解於上。」
〔三〕師古曰：「論語載孔子之言也。」
〔四〕師古曰：「言在所以勸厲之。」
〔五〕師古曰：「不敢出言也。」
〔六〕師古曰：「顓與專同。」
〔七〕師古曰：「謂趙飛燕姊妹也。」

本在積任母后之家，非一日之漸，往者不可及，來者猶可追也。先帝大聖，深見天意昭然，使陛下奉承天統，欲矯正之也。宜少抑外親，選練左右，舉有德行道術通明之士充備天官，然後可以輔聖德，保帝位，承大宗。下至郎吏從官，行能亡以異，又不通一藝，及博士無文雅者，宜皆使就南畝，〔一〕以視天下，〔二〕明朝廷皆賢材君子，於以重朝尊君，滅凶致安，此其本也。臣自知所言害身，不辟死亡之誅，唯財留神，反覆覆愚臣之言。〔三〕

〔一〕師古曰：「遣歸農業。」
〔二〕師古曰：「視讀曰示。」
〔三〕師古曰：「財與裁同，謂裁量而反思之。」

是時哀帝初立，成帝外家王氏未甚抑黜，而帝外家丁、傅新貴，祖母傅太后尤驕恣，欲稱尊號。丞相孔光、大司空師丹執政諫爭，久之，上不得已，遂免光、丹而尊傅太后。語在丹傳。上雖不從尋言，然采其語，每有非常，輒問尋。尋對屢中，遷黃門侍郎。以尋言且有水災，故拜尋為騎都尉，使護河隄。

初，成帝時，齊人甘忠可詐造天官曆、包元太平經十二卷，以言「漢家逢天地之大終，當更受命於天，天帝使真人赤精子，下教我此道。」忠可以教重平夏賀良、容丘丁廣世、〔一〕東郡郭昌等，中壘校尉劉向奏忠可假鬼神罔上惑衆，下獄治服，未斷病死。賀良等坐挾學忠可書以不敬論，後賀良等復私以相教。哀帝初立，司隸校尉解光亦以明經通災異得幸，白賀良等所挾忠可書。事下奉車都尉劉歆，歆以為不合五經，不可施行。而李尋亦好之。光曰：「前歆父向奏忠可下獄，歆安肯通此道？」時郭昌為長安令，勸尋宜助賀良等。尋遂白賀良等皆待詔黃門，數召見，陳說「漢曆中衰，當更受命。成帝不應天命，故絕嗣。今陛下久疾，變異屢數，〔二〕天所以譴告人也。宜急改元易號，乃得延年益壽，皇子生，災異息矣。得道不得行，咎殃且亡，〔三〕不有洪水將出，災火且起，滌盪（人民）〔民人〕。」

〔一〕服虔曰：「重平，勃海縣也。」晉灼曰：「容丘，東海縣也。」
〔二〕師古曰：「數音所角反。」

〔三〕師古曰：「言知道不能行之，必有殃咎，將至滅亡。」

哀帝久寢疾，幾其有益，〔一〕遂從賀良等議。於是詔制丞相御史：「蓋聞尚書『五曰考終命』，〔二〕言大運壹終，更紀天元人元，考文正理，推曆定紀，數如甲子也。朕以眇身入繼太祖，承皇天，總百僚，子元元，未有應天心之效。即位出入三年，災變數降，日月失度，星辰錯謬，高下貿易，〔三〕大異連仍，盜賊並起。〔四〕朕甚懼焉，戰戰兢兢，唯恐陵夷。〔五〕惟漢興至今二百載，曆紀開元，皇天降非材之右，漢國再獲受命之符，〔六〕朕之不德，曷敢不通夫受天之元命，必與天下自新。其大赦天下，以建平二年為太初（元將）元年，號曰陳聖劉太平皇帝。漏刻以百二十為度。布告天下，使明知之。」後月餘，上疾自若。〔七〕賀良等復欲妄變政事，大臣爭以為不可許。賀良等奏言大臣皆不知天命，宜退丞相御史，以解光、李尋輔政。上以其言亡驗，遂下賀良等吏，而下詔曰：「朕獲保宗廟，為政不德，變異屢仍，恐懼戰栗，未知所繇。〔八〕待詔賀良等建言改元易號，增益漏刻，可以永安國家。朕信道不篤，過聽其言，〔九〕幾為百姓獲福。〔一〇〕卒無嘉應，久旱為災。以問賀良等，對當復改制度，皆背經誼，違聖制，不合時宜。夫過而不改，是為過矣。六月甲子詔書，非赦令也，皆蠲除之。〔一一〕賀良等反道惑衆，姦態當窮竟。」皆下獄，光祿勳平當、光祿大夫毛莫如與御史中丞、廷尉雜治，當賀良等執左道，亂朝政，〔一二〕傾覆國家，誣罔主上，不道。賀良等皆伏誅。尋及解光減死一等，徙

敦煌郡。

〔一〕師古曰：「幾讀曰冀。」
〔二〕師古曰：「周書洪範五福之數也。言得壽考而終其命也。」
〔三〕師古曰：「言山崩川竭也。」
〔四〕師古曰：「仍，頻也。」
〔五〕師古曰：「慮漸滅亡也。」
〔六〕師古曰：「右讀曰祐。祐，助也。帝自言不材而得天助也。」
〔七〕師古曰：「自若言如故也。」
〔八〕師古曰：「繇讀與由同。」
〔九〕師古曰：「過，誤也。」
〔一〇〕師古曰：「幾讀曰冀。」
〔一一〕師古曰：「唯赦令不改，餘皆除之。」
〔一二〕師古曰：「當謂處正其罪名。」

贊曰：幽贊神明，通合天人之道者，莫著乎易、春秋。〔一〕然子贛猶云「夫子之文章可得而聞，〔二〕夫子之言性與天道不可得而聞」已矣。〔三〕漢興推陰陽言災異者，孝武時有董仲

舒、夏侯始昌，昭、宣則眭孟、夏侯勝，元、成則京房、翼奉、劉向、谷永，哀、平則李尋、田終術。此其納說時君著明者也。察其所言，仿佛一端。〔四〕假經設誼，依託象類，或不免乎「億則屢中」。〔五〕仲舒下吏，夏侯囚執，眭孟誅戮，李尋流放，此學者之大戒也。京房區區，不量淺深，危言刺譏，構怨彊臣，罪辜不旋踵，亦不密以失身，悲夫！〔六〕

〔一〕師古曰：「幽，深；贊，明也。」

〔二〕師古曰：「謂易辭文言及春秋之屬是。」

〔三〕師古曰：「性命玄遠，天道幽深，故孔子不言之也。此皆論語述子貢之言也。」

〔四〕師古曰：「仿讀曰髣。佛與髴同。」

〔五〕師古曰：「論語稱孔子曰『賜不受命，而貨殖焉，億則屢中』，故此贊引之，言仲舒等億度，所言既多，故時有中者耳，非必道術皆通明也。億音於力反。」

〔六〕師古曰：「易上繫辭曰『君不密則失臣，臣不密則失身』，故贊引之也。」

校勘記

三一五三頁六行 漢之(泱錄)〔炔欽〕又不作眭字，宋祁說，「泱錄」浙本作「炔欽」。葉德輝說，儒林傳許商門人有齊人炔欽，則作「泱錄」者誤也。

三一五三頁一三行 (而)泰山者岱宗之嶽，景祐、殿本都無「而」字。

三一五五頁八行 光卒與安世(共)白太后，景祐、殿本都無「共」字。

三一五六頁二行 察(謂)〔爲〕計謀不敢明顯言之也。景祐、殿本都作「爲」。王先謙說「爲」「謂」同字。

三一五六頁一三行 物故者(過)半。宋祁說，「者」字下疑有「過」字。按景祐本無「過」字，殿本亦無。

三一五九頁一三行 言於勝及高兩處采問疑義而得(之)。宋祁說，注末當有「之」字。按景祐本無「之」字，殿本亦無。

三一六一頁八行 令覺之，自除，二尉負其(一)〔辠〕。殿本作「辠」。王先謙說作「辠」是。

三一六三頁八行 如知(之)，何故用之？景祐、殿本都無「之」字，通鑑同。

三一六四頁一三行 臣〔前〕以六月中言遯卦不效，景祐、殿本都有「前」字。

三一六五頁九行 詭，責也，〔自以爲憂責也〕。景祐、殿本都有後六字。

三一六七頁二行 (因)〔因〕令房爲淮陽王作求朝奏草，景祐、殿本都作「因」。

三一六七頁一三行 平昌侯王臨以宣(布)〔帝〕外屬侍中，景祐、殿、局本都作「帝」，此誤。

三一六九頁一二行 無所(加)〔容〕受，景祐、殿本都作「容」。王先謙說作「容」是。

三一七二頁一三行 省苑(圄)〔馬〕，景祐本作「馬」。王念孫說景祐本是。

三一七三頁五行 貛音(完)〔桓〕。景祐、殿本都作「桓」。

三一七五頁一三行 (凰)〔鳳〕皇、景祐、殿本都作「鳳」，此誤。

三一七六頁四行 左據成皋，(左)〔右〕阻黽池，景祐、殿、局本都作「右」。

三一八〇頁八行 仡，(目)〔巨〕乙反，景祐、殿、局本都作「巨」，此誤。

三一八五頁一三行 入太微帝廷(楊)〔揚〕光煇，景祐、殿本都作「揚」，此誤。

三一八六頁一三行 (營)〔熒〕惑往來亡常，劉攽說「營」當作「熒」。按殿本作「熒」。

三一八七頁八行 常占(常)〔當〕從尾北，景祐、殿本都作「當」，王先謙說作「當」是。

三一九〇頁三行 〔以爲〕公孫弘等不足言也。景祐、殿本都有「以爲」二字。

三一九二頁一三行 滌盪(人民)〔民人〕。景祐、殿本都作「民人」。

三一九三頁七行 以建平二年爲太初(元將)元年，景祐、殿本都無「元將」二字。

三一九三頁一三行 六月甲子詔書，非赦令也，皆蠲除之。〔一〕注〔一〕原在「也」字下，改從景祐、殿本。

漢書卷七十六

趙尹韓張兩王傳第四十六

趙廣漢字子都，涿郡蠡吾人也，〔一〕故屬河間。〔二〕少爲郡吏、州從事，以廉絜通敏下士爲名。〔三〕舉茂材，平準令。察廉爲陽翟令。以治行尤異，遷京輔都尉，守京兆尹。會昭帝崩，而新豐杜建爲京兆掾，護作平陵方上。〔四〕建素豪俠，賓客爲姦利，廣漢聞之，先風告。建不改，〔五〕於是收案致法。〔六〕中貴人豪長者爲請無不至，終無所聽。〔七〕宗族賓客謀欲篡取，〔八〕廣漢盡知其計議主名起居，〔九〕使吏告曰：「若計如此，且并滅家。」令數吏將建棄市，莫敢近者。京師稱之。

〔一〕師古曰：「蠡音禮。」

〔二〕師古曰：「冒蠡吾舊屬河間，後屬涿郡。」

〔三〕師古曰：「敏謂材識捷疾也。下音胡嫁反。」

〔四〕孟康曰：「壙臧上也。」師古曰：「方上〔解〕在張湯傳。」

〔五〕師古曰：「風讀曰諷。」

〔六〕師古曰：「致，至也。令至於罪罰之法。」

〔七〕師古曰：「中貴人，居中朝而貴者也。豪，豪桀也。長者，有名德之人也。」

〔八〕師古曰：「逆取曰篡。」

〔九〕師古曰：「起居謂居止之處，及欲發起之狀。」

是時，昌邑王徵卽位，行淫亂，大將軍霍光與羣臣共廢王，尊立宣帝。廣漢以與議定策，賜爵關內侯。〔一〕

〔一〕師古曰：「與讀曰豫。」

遷潁川太守。郡大姓原、褚宗族橫恣，〔一〕賓客犯爲盜賊，前二千石莫能禽制。廣漢既至數月，誅原、褚首惡，郡中震栗。

〔一〕李奇曰：「原音元。」師古曰：「原、褚，二姓也。原讀如本字。橫音胡孟反。」

先是，潁川豪桀大姓相與爲婚姻，吏俗朋黨。廣漢患之，厲使其中可用者受記，〔一〕出有案問，既得罪名，行法罰之，廣漢故漏泄其語，令相怨咎。〔二〕又教吏爲缿筩，〔三〕及得投書，削其主名，而託以爲豪桀大姓子弟所言。其後彊宗大族家家結爲仇讎，姦黨散落，風俗大改。吏民相告訐，〔四〕廣漢得以爲耳目，盜賊以故不發，發又輒得。壹切治理，威名流聞，〔五〕及匈奴降者言匈奴中皆聞廣漢。

〔一〕服虔曰：「受相訟牋記也。」師古曰：「擇其中可使者，獎厲而使之。」

〔二〕師古曰：「遺知其事由某人發，故結怨咎也。」

〔三〕蘇林曰：「缿音項，如瓶，可受投書。」孟康曰：「筩，竹筩也，如今官受密事筩也。」師古曰：「缿，若今盛錢臧瓶，爲小孔，可入而不可出。或缿或(筒)〔筩〕，皆爲此制，而用受書，令投於其中也。筩音同。」

〔四〕師古曰：「面相斥曰訐，音居乂反，又音居謁反。」

〔五〕師古曰：「言諸事皆治理也。治音直吏反。一切，解在平紀。」

本始二年，漢發五將軍擊匈奴，徵廣漢以太守將兵，屬蒲類將軍趙充國。從軍還，復用守京兆尹，滿歲爲眞。

廣漢爲二千石，以和顏接士，其尉薦待遇吏，殷勤甚備。〔一〕事推功善，歸之於下，曰：「某掾卿所爲，非二千石所及。」行之發於至誠。吏見者皆輸寫心腹，無所隱匿，咸願爲用，僵仆無所避。〔二〕廣漢聰明，皆知其能之所宜，盡力與否。其或負者，輒先聞知，風諭不改，乃收捕之，〔三〕無所逃，按之辠立具，卽時伏辜。

〔一〕如淳曰：「尉亦薦藉也。」師古曰：「尉薦謂安尉而薦達之。」

〔二〕師古曰：「僵，偃也。仆，頓也。僵音薑。仆音赴。」

〔三〕師古曰：「風讀曰諷。」

廣漢爲人彊力，天性精於吏職。見吏民，或夜不寢至旦。尤善爲鉤距，以得事情。〔一〕鉤距者，設欲知馬賈，則先問狗，〔二〕已問羊，又問牛，然後及馬，參伍其賈，以類相準，則知馬之貴賤不失實矣。唯廣漢至精能行之，它人效者莫能及也。郡中盜賊，閭里輕俠，其根株窟穴所在，及吏受取請求銖兩之姦，皆知之。長安少年數人會窮里空舍謀共劫人，〔三〕坐語未訖，廣漢使吏捕治具服。富人蘇回爲郎，二人劫之。〔四〕有頃，廣漢將吏到家，自立庭下，使長安丞龔奢叩堂戶曉賊，〔五〕曰：「京兆尹趙君謝兩卿，無得殺質，此宿衞臣也。釋質，束手，得善相遇，幸逢赦令，或時解脫。」〔六〕二人驚愕，又素聞廣漢名，卽開戶出，下堂叩頭，廣漢跪謝曰：「幸全活郎，甚厚！」送獄，敕吏謹遇，給酒肉。至冬當出死，豫爲調棺，給斂葬具，告語之，〔七〕皆曰：「死無所恨！」

〔一〕蘇林曰：「鉤得其情，使不得去也。」晉灼曰：「鉤，致；距，閉也。使對者無疑，若不問而自知，衆莫覺所由以閉，其術爲距也。」師古曰：「晉說是也。」

〔二〕師古曰：「賈讀曰價。」

〔三〕師古曰：「窮里，里中之極隱處。」

〔四〕師古曰：「劫取其身爲質，令家將財物贖之。」

〔五〕師古曰：「曉謂曉告之。」

〔六〕師古曰：「若束手自來，雖合處牢獄，當善處遇之，或逢赦令，則得免脫也。脫音吐活反。」

〔七〕師古曰：「調，辦具之也。棺斂，以棺衣斂尸也。調音徒釣反。棺音工喚反。斂音力贍反。」

廣漢嘗記召湖都亭長，〔一〕湖都亭長西至界上，界上亭長戲曰：「至府，爲我多謝問趙君。」〔二〕亭長既至，廣漢與語，問事畢，謂曰：「界上亭長寄聲謝我，〔三〕何以不爲致問？」亭長叩頭服實有之。廣漢因曰：「還爲吾謝界上亭長，勉思職事，有以自效，京兆不忘卿厚意。」其發姦擿伏如神，皆此類也。〔四〕

〔一〕師古曰：「爲書記以召之，若今之下符追呼人也。」
〔二〕師古曰：「多，厚也，言殷勤，若今人言千萬問訊矣。」
〔三〕師古曰：「謝，告也。」
〔四〕師古曰：「擿謂動發之也，音它狄反。」

廣漢奏請，令長安游徼獄吏秩百石，〔一〕其後百石吏皆差自重，不敢枉法妄繫留人。京兆政清，吏民稱之不容口。長老傳以爲自漢興以來治京兆者莫能及。左馮翊、右扶風皆治長安中，〔二〕犯法者從迹喜過京兆界。〔三〕廣漢歎曰：「亂吾治者，常二輔也！誠令廣漢得兼治之，直差易耳。」

〔一〕師古曰：「特增其秩以厲其行。」
〔二〕師古曰：「治音直吏反。」

〔三〕師古曰：「從讀曰蹤。喜音許吏反。」

初，大將軍霍光秉政，廣漢事光。及光薨後，廣漢心知微指，〔一〕發長安吏自將，與俱至光子博陸侯禹第，直突入其門，廋索私屠酤，椎破盧罌，斧斬其門關而去。〔二〕時光女爲皇后，聞之，對帝涕泣。帝心善之，以召問廣漢。廣漢由是侵犯貴戚大臣。所居好用世吏子孫新進年少者，〔三〕專厲彊壯蠭氣，〔四〕見事風生，無所回避，〔五〕率多果敢之計，莫爲持難。廣漢終以此敗。

〔一〕師古曰：「識天子意也。」
〔二〕師古曰：「廋讀與搜同，謂入室求之也。盧所以居罌，罌所以盛酒也。盧解在食貨志、司馬相如傳。罌音於耕反。」
〔三〕師古曰：「言舊吏家子孫而其人後出求進，又年少也。」
〔四〕師古曰：「蠭與鋒同，言鋒銳之氣。」
〔五〕師古曰：「風生，言其速疾不可當也。回，曲也。」

初，廣漢客私酤酒長安市，丞相（史）〔吏〕逐去（客）。客疑男子蘇賢言之，以語廣漢。廣漢使長安丞按賢，〔一〕尉史禹故劾賢爲騎士屯霸上，不詣屯所，乏軍興。〔二〕賢父上書訟罪，告廣漢，事下有司覆治。禹坐要斬，請逮捕廣漢。有詔即訊，〔三〕辭服，會赦，貶秩一等。廣漢疑其邑子榮畜教令，〔四〕後以它法論殺畜。人上書言之，事下丞相御史，案驗甚急。廣漢使所親信長安人爲丞相府門卒，令微司丞相門內不法事。地節三年七月中，丞相傅婢有過，自絞死。廣漢聞之，疑丞相夫人妒殺之府舍。而丞相奉齋酎入廟祠，〔五〕廣漢得此，使中郎趙奉壽風曉丞相，〔六〕欲以脅之，毋令窮正己事。丞相不聽，按驗愈急。廣漢欲告之，先問太史知星氣者，言今年當有戮死大臣，廣漢即上書告丞相罪。制曰：「下京兆尹治。」廣漢知事迫切，遂自將吏卒突入丞相府，召其夫人跪庭下受辭，〔七〕收奴婢十餘人去，責以殺婢事。丞相魏相上書自陳：「妻實不殺婢。廣漢數犯罪法不伏辜，以詐巧迫脅臣相，幸臣相寬不奏。願下明使者治廣漢所驗臣相家事。」事下廷尉治（罪），實丞相自以過譴笞傅婢，出至外弟乃死，不如廣漢言。司直蕭望之劾奏：「廣漢摧辱大臣，欲以劫持奉公，逆節傷化，不道。」宣帝惡之，下廣漢廷尉獄，又坐賊殺不辜，鞠獄故不以實，擅斥除騎士乏軍興數罪。〔八〕天子可其奏。吏民守闕號泣者數萬人，或言「臣生無益縣官，願代趙京兆死，使得牧養小民」。廣漢竟坐要斬。

〔一〕師古曰：「按，致其罪也。」
〔二〕文穎曰：「尉史，尉部史也。禹，其名。」
〔三〕師古曰：「令就問之，不追入獄也。」
〔四〕師古曰：「蘇賢同邑之子也。令音力成反。」

〔五〕師古曰：「將酎祭宗廟而先絜齋也。」
〔六〕師古曰：「風讀曰諷。」
〔七〕師古曰：「受其對辭也。」
〔八〕師古曰：「斥除，逐遣之。」

廣漢雖坐法誅，爲京兆尹廉明，威制豪彊，小民得職。〔一〕百姓追思，歌之至今。

〔一〕師古曰：「得職，各得其常所也。」

尹翁歸字子兄，〔一〕河東平陽人也，徙杜陵。翁歸少孤，與季父居。爲獄小吏，曉習文法。喜擊劍，人莫能當。〔二〕是時大將軍霍光秉政，諸霍在平陽，奴客持刀兵入市鬭變，吏不能禁，〔三〕及翁歸爲市吏，莫敢犯者。公廉不受餽，〔四〕百賈畏之。

〔一〕師古曰：「兄讀曰況。」
〔二〕師古曰：「喜音許吏反。」
〔三〕師古曰：「變，亂也。」
〔四〕師古曰：「餽亦饋字也。」

後去吏居家。會田延年爲河東太守，行縣至平陽，悉召故吏五六十人，延年親臨見，令有文者東，有武者西。閱數十人，次到翁歸，獨伏不肯起，對曰：「翁歸文武兼備，唯所施

設。」功曹以爲此吏倨敖不遜，〔一〕延年曰：「何傷？」遂召上辭問，〔二〕甚奇其對，除補卒史，便從歸府。案事發姦，窮竟事情，延年大重之，自以能不及翁歸，徙署督郵。河東二十八縣，分爲兩部，閎孺部汾北，翁歸部汾南。〔三〕所舉應法，得其罪辜，屬縣長吏雖中傷，莫有怨者。舉廉爲緱氏尉，歷守郡中，所居治理，〔四〕遷補都內令，舉廉爲弘農都尉。

〔一〕師古曰：「敖讀曰傲。」
〔二〕師古曰：「爲文辭而問之。」
〔三〕師古曰：「閎，姓也，音宏。」
〔四〕師古曰：「歷於郡中守丞尉之職也。」

徵拜東海太守，過辭廷尉于定國。定國家在東海，欲屬託邑子兩人，〔一〕令坐後堂待見。定國與翁歸語終日，不敢見其邑子。既去，定國乃謂邑子曰：「此賢將，汝不任事也，又不可干以私。」〔二〕

〔一〕師古曰：「邑子，同邑人之子也。屬音之欲反。」
〔二〕師古曰：「任，堪也。干，求也。」

翁歸治東海明察，郡中吏民賢不肖，及姦邪罪名盡知之。縣縣各有記籍。自聽其政，〔一〕有急名則少緩之；吏民小解，輒披籍。〔二〕縣縣收取黠吏豪民，案致其罪，高至於死。收取

人必於秋冬課吏大會中，及出行縣，〔三〕不以無事時。其有所取也，以一警百，吏民皆服，恐懼改行自新。東海大豪郯許仲孫〔四〕爲姦猾，亂吏治，郡中苦之。二千石欲捕者，輒以力勢變詐自解，終莫能制。翁歸至，論棄仲孫市，一郡怖栗，莫敢犯禁。東海大治。

〔一〕師古曰：「言決斷諸縣姦邪之事，不委令長。」
〔二〕服虔曰：「披有罪者籍也。」師古曰：「解讀曰懈。」
〔三〕師古曰：「於大會之中及行縣時則收取罪人，以警衆也。行音下更反。」
〔四〕師古曰：「郯縣之豪，姓許名仲孫。」

以高第入守右扶風，滿歲爲眞。選用廉平疾姦吏以爲右職，接待以禮，好惡與同之；其負翁歸，罰亦必行。治如在東海故迹，姦邪罪名亦縣縣有名籍。盜賊發其比伍中，〔一〕翁歸輒召其縣長吏，曉告以姦黠主名，教使用類推迹盜賊所過抵，〔二〕類常如翁歸言，無有遺(託)〔脫〕。〔三〕緩於小弱，急於豪彊。豪彊有論罪，輸掌畜官，〔四〕使斫莝，〔五〕責以員程，不得取代。〔六〕不中程，輒笞督，〔七〕極者至以鈇自剄而死。〔八〕京師畏其威嚴，扶風大治，盜賊課常爲三輔最。〔九〕

〔一〕師古曰：「比謂左右相次者也。五家爲伍，若今五保也。比音頻寐反。」
〔二〕師古曰：「抵，歸也。所經過及所歸投也。」

〔三〕師古曰：「類猶率也。」
〔四〕師古曰：「論罪，決罪也。扶風畜牧所在，有苑師之屬，故曰掌畜官也。畜音許救反。」
〔五〕師古曰：「莝，斬芻，音千臥反。」
〔六〕師古曰：「員，數也。計其人及日數爲功程。」
〔七〕師古曰：「督，責也。」
〔八〕師古曰：「鈇，斫莝刃也，音大夫之夫。使其斫莝，故因以莝刃自剄。而說者或謂爲斧，或云劍鈇，皆失之也。」
〔九〕師古曰：「言發則獲之，無有遺失，故爲最也。」

翁歸爲政雖任刑，其在公卿之間清絜自守，語不及私，然溫良嗛退，不以行能驕人，〔一〕甚得名譽於朝廷。視事數歲，元康四年病卒。家無餘財，天子賢之，制詔御史：「朕夙興夜寐，以求賢爲右，〔二〕不異親疏近遠，務在安民而已。扶風翁歸廉平鄉正，〔三〕治民異等，早夭不遂，不得終其功業，朕甚憐之。其賜翁歸子黃金百斤，以奉其祭祠。」

〔一〕師古曰：「嗛，古以爲謙字。」
〔二〕師古曰：「右猶上也。」
〔三〕師古曰：「鄉讀曰嚮。」

翁歸三子皆爲郡守。少子岑歷位九卿，至後將軍。而閎孺亦至廣陵相，有治名。由是世稱田延年爲知人。

韓延壽字長公，燕人也，徙杜陵。少爲郡文學。父義爲燕郎中。剌王之謀逆也，義諫而死，燕人閔之。是時昭帝富於春秋，大將軍霍光持政，徵郡國賢良文學，問以得失。時魏相以文學對策，以爲「賞罰所以勸善禁惡，政之本也。日者燕王爲無道，〔一〕韓義出身彊諫，爲王所殺。義無比干之親而蹈比干之節，〔二〕宜顯賞其子，以示天下，明爲人臣之義。」光納其言，因擢延壽爲諫大夫，遷淮陽太守。治甚有名，徙潁川。

〔一〕師古曰：「日者猶言往日也。」
〔二〕師古曰：「殷之比干，紂之諸父，諫紂而死，故以爲喻也。」

潁川多豪彊，難治，國家常爲選良二千石。先是，趙廣漢爲太守，患其俗多朋黨，故構會吏民，令相告訐，〔一〕一切以爲聰明，潁川由是以爲俗，民多怨讎。延壽欲更改之，教以禮讓，恐百姓不從，乃歷召郡中長老爲鄉里所信向者數十人，設酒具食，親與相對，接以禮意，人人問以謠俗，民所疾苦，〔二〕爲陳和睦親愛銷除怨咎之路。長老皆以爲便，可施行，因與議定嫁娶喪祭儀品，略依古禮，不得過法。延壽於是令文學校官諸生皮弁執俎豆，〔三〕爲吏民行喪嫁娶禮。百姓遵用其教，賣偶車馬下里僞物者，棄之市道。〔四〕數年，徙爲東郡太守，黃霸代延壽居潁川，霸因其迹而大治。

[一]師古曰：「構，結也。」
[二]師古曰：「謠俗謂閭里歌謠，政教善惡也。」
[三]師古曰：「校亦學也，音效。」
[四]張晏曰：「下里，地下蒿里僞物也。」師古曰：「偶謂木土爲之，象眞車馬之形也。偶，對也。棄其物於市之道上也。」

延壽爲吏，上禮義，好古教化，所至必聘其賢士，以禮待用，廣謀議，納諫爭；舉行喪讓財，表孝弟有行；修治學官，[一]春秋鄉(社)[射]，陳鍾鼓管弦，盛升降揖讓，及都試講武，設斧鉞旌旗，習射御之事。治城郭，收賦租，先明布告其日，以期會爲大事，吏民敬畏趨鄉之。[二]又置正、五長，[三]相率以孝弟，不得舍姦人。[四]閭里仟佰有非常，吏輒聞知，姦人莫敢入界。其始若煩，後吏無追捕之苦，民無箠楚之憂，[五]皆便安之。接待下吏，恩施甚厚而約誓明。或欺負之者，延壽痛自刻責：「豈其負之，何以至此？」[六]吏聞者自傷悔，其縣尉至自刺死。及門下掾自剄，人救不殊，因瘖不能言。[七]延壽聞之，對掾史涕泣，遣吏醫治視，[八]厚復其家。[九]

[一]師古曰：「學官謂庠序之舍也。」
[二]師古曰：「趨讀曰趣。鄉讀曰嚮。」
[三]師古曰：「正若今之鄉正、里正也。五長，同伍之中置一人爲長也。」

[四]師古曰：「舍，止也。」
[五]師古曰：「箠，杖也。楚，荆木也，即今之荆子也。箠音止蘂反。」
[六]師古曰：「言豈我負之邪，其人何以爲此事？」
[七]師古曰：「殊，絕也。以人救之，故身首不相絕也。瘖音於今反。」
[八]師古曰：「遣醫治之而吏護視之。」
[九]師古曰：「復音方目反。」

延壽嘗出，臨上車，騎吏一人後至，敕功曹議罰白。[一]還至府門，門卒當車，願有所言。延壽止車問之，卒曰：「孝經曰：『資於事父以事君，而敬同，故母取其愛，而君取其敬，兼之者父也。』[二]今旦明府早駕，久駐未出，騎吏父來至府門，不敢入。騎吏聞之，趨走出謁，適會明府登車。以敬父而見罰，得毋虧大化乎？」延壽舉手輿中曰：「微子，太守不自知過。」[三]歸舍，召見門卒。卒本諸生，聞延壽賢，無因自達，故代卒，[四]延壽遂待用之。其納善聽諫，皆此類也。在東郡三歲，令行禁止，斷獄大減，爲天下最。

[一]師古曰：「令定其罪名而更白之。」
[二]師古曰：「資，取也。取事父之道以事君，其敬則同也。母則極愛，君則極敬，不如父之兼敬愛也。」
[三]師古曰：「微，無也。」
[四]師古曰：「代人爲卒也。」

入守左馮翊，滿歲稱職爲眞。歲餘，不肯出行縣。[一]丞掾數白：「宜循行郡中，覽觀民俗，考長吏治迹。」延壽曰：「縣皆有賢令長，督郵分明善惡於外，行縣恐無所益，重爲煩擾。」[二]丞掾皆以爲方春月，可壹出勸耕桑。延壽不得已，行縣至高陵，民有昆弟相與訟田自言，延壽大傷之，曰：「幸得備位，爲郡表率，不能宣明教化，至令民有骨肉爭訟，既傷風化，重使賢長吏、嗇夫、三老、孝弟受其恥，[三]咎在馮翊，當先退。」是日移病不聽事，因入臥傳舍，閉閤思過。一縣莫知所爲，令丞、嗇夫、三老亦皆自繫待罪。於是訟者宗族傳相責讓，此兩昆弟深自悔，皆自髡肉袒謝，願以田相移，終死不敢復爭。[四]延壽大喜，開閤延見，內酒肉與相對飲食，厲勉以意告鄉部，有以表勸悔過從善之民。[五]延壽乃起聽事，勞謝令丞以下，引見尉薦。郡中歙然，莫不傳相敕厲，不敢犯。延壽恩信周徧二十四縣，莫復以辭訟自言者。推其至誠，吏民不忍欺紿。[六]

[一]師古曰：「行音下更反。其後亦同。」
[二]師古曰：「重音直用反。」
[三]師古曰：「重音直用反。」
[四]師古曰：「移猶傳也。一說兄以讓弟，弟又讓之，故云相移。」
[五]師古曰：「以其悔過從善，故令表顯以示勸勵。」

[六]師古曰：「紿，誑也。」

延壽代蕭望之爲左馮翊，而望之遷御史大夫。侍謁者福爲望之道延壽在東郡時放散官錢千餘萬。望之與丞相丙吉議，吉以爲更大赦，不須考。[一]會御史當問(事)[東]郡，望之因令并問之。[二]延壽聞知，即部吏案校望之在馮翊時廩犧官錢放散百餘萬。廩犧吏掠治急，自引與望之爲姦。延壽劾奏，移殿門禁止望之。望之自奏「職在總領天下，聞事不敢不問，而爲延壽所拘持。」上由是不直延壽，各令窮竟所考。望之卒無事實，而望之遣御史案東郡，具得其事。延壽在東郡時，試騎士，[三]治飾兵車，畫龍虎朱爵。延壽衣黃紈方領，[四]駕四馬，傳總，建幢棨，[五]植羽葆，[六]鼓車歌車。[七]功曹引車，皆駕四馬，載棨戟。五騎爲伍，分左右部，軍假司馬、千人持幢旁轂。[八]歌者先居射室，[九]望見延壽車，噭咷楚歌。[一〇]延壽坐射室，騎吏持戟夾陛列立，騎士從者帶弓韣羅後。[一一]令騎士兵車四面營陳，被甲鞮鞪居馬上，抱弩負籣。[一二]又使騎士戲車弄馬盜驂。[一三]延壽又取官銅物，候月蝕鑄作刀劍鉤鐔，放效尚方事。[一四]及取官錢帛，私假繇使吏。[一五]及治飾車甲三百萬以上。

[一]師古曰：「更音工衡反。」
[二]師古曰：「望之以延壽代已爲馮翊，而有能名出己之上，故忌害之，欲陷以罪法。」
[三]師古曰：「每歲大試也。」

得大位。

〔一〕師古曰：「浩，大也。穰，盛也。言人衆之多也。穰音人掌反。」

〔二〕孟康曰：「在長安中。」臣瓚曰：「在章臺下街也。」

〔三〕師古曰：「便面，所以障面，蓋（車）〔扇〕之類也。不欲見人，以此自障面則得其便，故曰便面，亦曰屏面。今之沙門所持竹扇，上袤平而下圜，卽古之便面也。音頻面反。」

〔四〕應劭曰：「憮，大也。」孟康曰：「憮音詡。北方人謂媚好爲詡畜。」蘇林曰：「憮音嫵。」師古曰：「本以好媚爲稱，何說於大乎？蘇音是。」

敞與蕭望之、于定國相善。始敞與定國俱以諫昌邑王超遷。定國爲大夫平尚書事，敞出爲刺史，時望之爲大行丞。後望之先至御史大夫，定國後至丞相，敞終不過郡守。爲京兆九歲，坐與光祿勳楊惲厚善，後惲坐大逆誅，公卿奏惲黨友，不宜處位，等比皆免，〔一〕而敞奏獨寢不下。〔二〕敞使（卒）〔賊〕捕掾絮舜有所案驗。〔三〕舜以敞劾奏當免，不肯爲敞竟事，私歸其家。人或諫舜，舜曰：「吾爲是公盡力多矣，今五日京兆耳，安能復案事？」敞聞舜語，卽部吏收舜繫獄。是時冬月未盡數日，案事吏晝夜驗治舜，竟致其死事。舜當出死，敞使主簿持教告舜曰：「五日京兆竟何如？冬月已盡，延命乎？」〔四〕乃棄舜市。會立春，行冤獄使者出，〔五〕舜家載尸，幷編敞教，〔六〕自言使者。使者奏敞賊殺不辜。天子薄其罪，〔七〕欲令敞

得自便利，〔八〕卽先下敞前坐楊惲不宜處位奏，免爲庶人。敞免奏既下，詣闕上印綬，便從闕下亡命。〔九〕

〔一〕師古曰：「比，例也，音必寐反。」

〔二〕師古曰：「天子惜敞，故留所奏事不出。」

〔三〕李奇曰：「絮音挐。」師古曰：「賊捕掾，主捕賊者也。絮，姓也，音女居反，又音人餘反。」

〔四〕師古曰：「言汝不欲望延命乎？」

〔五〕師古曰：「行音下更反。」

〔六〕師古曰：「編，聯也，聯之於章前也。」

〔七〕師古曰：「以其事爲輕小也。」

〔八〕師古曰：「從輕法以免也。便音頻面反。」

〔九〕師古曰：「不還其本縣邑也。」

數月，京師吏民解弛，〔一〕枹鼓數起，而冀州部中有大賊。天子思敞功效，使使者卽家在所召敞。〔二〕敞身被重劾，〔三〕及使者至，妻子家室皆泣惶懼，而敞獨笑曰：「吾身亡命爲民，郡吏當就捕，今使者來，此天子欲用我也。」卽裝隨使者詣公（書）〔車〕上（車）〔書〕曰：「臣前幸得備位列卿，待罪京兆，坐殺賊捕掾絮舜。舜本臣敞素所厚吏，數蒙恩貸，〔四〕以臣有章劾當免，受記考事，〔五〕便歸臥家，謂臣『五日京兆』，背恩忘義，傷化薄俗。臣竊以舜無

狀，枉法以誅之。臣敞賊殺無辜，鞫獄故不直，雖伏明法，死無所恨。」天子引見敞，拜爲冀州刺史。敞起亡命，復奉使典州。既到部，而廣川王國羣輩不道，賊連發，不得。敞以耳目發起賊主名區處，〔六〕誅其渠帥。廣川王姬昆弟及王同族宗室劉調等通行爲之囊橐，〔七〕吏逐捕窮窘，蹤迹皆入王宮。敞自將郡國吏，車數百兩，〔八〕圍守王宮，搜索調等，果得之殿屋重轑中。〔九〕敞傳吏皆捕格斷頭，〔10〕縣其頭王宮門外。因劾奏廣川王。天子不忍致法，削其戶。敞居部歲餘，冀州盜賊禁止。守太原太守，滿歲爲眞，太原郡淸。

〔一〕師古曰：「弛，放也，音式爾反。」

〔二〕師古曰：「就其所居處而召之。」

〔三〕師古曰：「謂前有賊殺不辜之事。」

〔四〕師古曰：「貸音土帶反。」

〔五〕師古曰：「記，書也。若今之州縣爲符敎也。」

〔六〕師古曰：「區謂居止之所也。」

〔七〕師古曰：「言容止賊盜，若囊橐之盛物也。」

〔八〕師古曰：「一乘車爲（二）兩也。」

〔九〕蘇林曰：「轑，椽也。重轑，重棼中。」師古曰：「重棼卽今之廊舍也，一邊虛爲兩夏者也。轑音老。棼音扶分反。」

〔10〕師古曰：「傳讀曰附。言敞自監護吏而捕之。」

頃之，宣帝崩。元帝初卽位，待詔鄭朋薦敞先帝名臣，宜傅輔皇太子。上以問前將軍蕭望之，望之以爲敞能吏，任治煩亂，材輕非師傅之器。天子使使者徵敞，欲以爲左馮翊。會病卒。敞所誅殺太原吏吏家怨敞，隨至杜陵刺殺敞中子璜。敞三子官皆至都尉。

初，敞爲京兆尹，而敞弟武拜爲梁相。是時梁王驕貴，民多豪彊，號爲難治。敞問武：「欲何以治梁？」武敬憚兄，謙不肯言。敞使吏送至關，戒吏自問武。武應曰：「馭黠馬者利其銜策，梁國大都，吏民凋敝，且當以柱後惠文彈治之耳。」〔一〕秦時獄法吏冠柱後惠文，武意欲以刑法治梁。吏還道之，敞笑曰：「審如掾言，武必辨治梁矣。」武既到官，其治有迹，亦能吏也。

〔一〕應劭曰：「柱後，以鐵爲柱，今法冠是也，一名惠文冠。」晉灼曰：「漢注法冠也，一號柱後惠文，以纚裹鐵柱卷。秦制執法服，今御史服之，謂之解廌，一角。今冠兩角，以解廌爲名耳。」師古曰：「晉說是也。纚卽今方目紗也。纚音山爾反。卷音去權反。」

敞孫竦，王莽時至郡守，封侯，博學文雅過於敞，然政事不及也。竦死，敞無後。

王尊字子贛，〔一〕涿郡高陽人也。少孤，歸諸父，使牧羊澤中。尊竊學問，能史書。年十三，求爲獄小吏。數歲，給事太守府，問詔書行事，尊無不對。〔二〕太守奇之，除補書佐，署

守屬監獄。〔三〕久之，尊稱病去，事師郡文學官，〔四〕治尚書、論語，略通大義。復召署守屬治獄，爲郡決曹史。數歲，以令舉幽州刺史從事。〔五〕而太守察尊廉，補遼西鹽官長。〔六〕數上書言便宜事，事下丞相御史。

〔一〕師古曰：「讀音買。」
〔二〕師古曰：「以施行詔條問之，皆曉其事。」
〔三〕師古曰：「署爲守屬，令監獄主囚也。監音工銜反。」
〔四〕師古曰：「郡有文學官，而尊事之以爲師也。」
〔五〕如淳曰：「漢儀注刺史得擇所部二千石卒史與從事。」
〔六〕如淳曰：「地理志遼西有鹽官。」

初元中，舉直言，遷虢令，〔一〕轉守槐里，兼行美陽令事。春正月，美陽女子告假子不孝，曰：「兒常以我爲妻，妒笞我。」尊聞之，遣吏收捕驗問，辭服。尊曰：「律無妻母之法，聖人所不忍書，此經所謂造獄者也。」〔二〕尊於是出坐廷上，取不孝子縣磔著樹，使騎吏五人張弓射殺之，吏民驚駭。

〔一〕如淳曰：「本西虢也，屬右扶風。」
〔二〕晉灼曰：「歐陽尚書有此造獄事也。」師古曰：「非常刑名，造殺戮之法。」

後上行幸雍，過虢，尊供張如法而辦。〔一〕以高弟擢爲安定太守。到官，出教告屬縣曰：「令長丞尉奉法守城，爲民父母，〔二〕抑彊扶弱，宣恩廣澤，甚勞苦矣。太守以今日至府，願諸君卿勉力正身以率下。故行貪鄙，能變更者與爲治。〔三〕明慎所職，毋以身試法。」又出教敕掾功曹「各自底厲，助太守爲治。其不中用，趣自避退，毋久妨賢。〔四〕夫羽翮不修，則不可以致千里；閫內不理，無以整外。〔五〕府丞悉署吏行能，分別白之。賢爲上，毋以富。賈人百萬，不足與計事。昔孔子治魯，七日誅少正卯，今太守視事已一月矣，五官掾張輔懷虎狼之心，貪汙不軌，〔六〕一郡之錢盡入輔家，然適足以葬矣。今將輔送獄，直符史詣閤下，從太守受其事。〔七〕丞戒之戒之！相隨入獄矣！」〔八〕輔繫獄數日死，盡得其狡猾不道，百萬姦臧。威震郡中，盜賊分散，入傍郡界。豪彊多誅傷伏辜者。坐殘賊免。

〔一〕師古曰：「尊雖行美陽令，而就虢供張也。供音居用反。張音竹亮反。」
〔二〕師古曰：「城謂縣城也。」
〔三〕師古曰：「更，改也。有如此者太守乃共爲治者也。」
〔四〕師古曰：「趣讀曰促。」
〔五〕師古曰：「閫，門橛也，音魚烈反。」
〔六〕師古曰：「汙，濁也。不軌，不修法制也。」
〔七〕師古曰：「直符史，若今之當直佐史也。」

〔八〕師古曰：「意丞欲戒張輔，令其避罪，故以此言豫敕之。」

起家，復爲護羌將軍轉校尉，〔一〕護送軍糧委輸。而羌人反，絕轉道，〔二〕兵數萬圍尊。尊以千餘騎奔突羌賊。功未列上，〔三〕坐擅離部署，會赦，免歸家。

〔一〕師古曰：「爲校尉主轉運事，而屬護羌將軍。」
〔二〕師古曰：「絕轉運之道。」
〔三〕師古曰：「未列上於天子也。」

涿郡太守徐明薦尊不宜久在閭巷，上以尊爲郿令，〔一〕遷益州刺史。先是，琅邪王陽爲益州刺史，行部至邛郲九折阪，〔二〕歎曰：「奉先人遺體，奈何數乘此險！」〔三〕後以病去。及尊爲刺史，至其阪，問吏曰：「此非王陽所畏道邪？」吏對曰：「是。」尊叱其馭曰：「驅之！〔四〕王陽爲孝子，王尊爲忠臣。」尊居部二歲，懷來徼外，蠻夷歸附其威信。博士鄭寬中使行風俗，〔五〕舉奏尊治狀，遷爲東平相。

〔一〕師古曰：「右扶風之縣，音媚。」
〔二〕應劭曰：「在蜀郡嚴道縣。」臣瓚曰：「郲，山名也。」師古曰：「郲音來。」
〔三〕師古曰：「乘，登也。」
〔四〕師古曰：「驅馬令疾行也。」
〔五〕師古曰：「行音下更反。」

是時，東平王以至親驕奢不奉法度，傅相連坐。〔一〕及尊視事，奉璽書至庭中，王未及出受詔，尊持璽書歸舍，食已乃還。致詔後，謁見王，太傅在前說相鼠之詩。〔二〕尊曰：「毋持布鼓過雷門！」〔三〕王怒，起入後宮。尊亦直趨出就舍。先是王數私出入，驅馳國中，與后姬家交通。尊到官，召敕廄長：「大王當從官屬，鳴和鸞乃出，自今有令駕小車，叩頭爭之，言相教不得。」後尊朝王，王復延請登堂。尊謂王曰：「尊來爲相，人皆弔尊也，以尊不容朝廷，故見使相王耳。天下皆言王勇，顧但負貴，安能勇？〔四〕如尊乃勇耳。」王變色視尊，意欲格殺之，卽好謂尊曰：「願觀相君佩刀。」〔五〕尊舉掖，顧謂傍侍郎：「前引佩刀視王，〔六〕王欲誣相拔刀向王邪？」王情得，〔七〕又雅聞尊高名，大爲尊屈，酌酒具食，相對極驩。太后徵史奏尊〔八〕「爲相倨慢不臣，王血氣未定，不能忍。愚誠恐母子俱死。今妾不得使王復見尊。陛下不留意，妾願先自殺，不忍見王之失義也。」尊竟坐免爲庶人。大將軍王鳳奏請尊補軍中司馬，擢爲司隸校尉。

〔一〕師古曰：「前任傅相者頻坐以王得罪。」
〔二〕師古曰：「相鼠，鄘風篇名，刺無禮之詩也。其辭曰：『相鼠有皮，人而無儀！人而無儀，不死何爲！』相，視也。言視鼠有皮，雖處高顯之地，偷食苟得，不知廉恥，人無禮儀，亦與鼠同，不如速死也。」
〔三〕師古曰：「雷門，會稽城門也，有大鼓。越擊此鼓，聲聞洛陽，故尊引之也。布鼓謂以布爲鼓，故無聲。」

何鄙也！」

〔一〕師古曰：「牛衣，編亂麻爲之，即今俗呼爲龍具者。」

〔二〕師古曰：「自謂將死，故辭決。」

〔三〕如淳曰：「激厲抗揚之意也。」師古曰：「卬讀曰仰。仰頭爲倢。」

後章仕宦歷位，及爲京兆，欲上封事，妻又止之曰：「人當知足，獨不念牛衣中涕泣時耶？」章曰：「非女子所知也。」書遂上，果下廷尉獄，妻子皆收繫。章小女年可十二，夜起號哭曰：「平生獄上呼囚，(素)〔數〕常至九，今八而止。〔一〕我君(數)〔素〕剛，先死者必君。」明日問之，章果死。妻子皆徙合浦。

〔一〕張晏曰：「平生，先時也。獄卒夜閱囚時有九人，常呼問九人。今八人便止，知一人死也。」

大將軍鳳薨後，弟成都侯商復爲大將軍輔政，白上還章妻子故郡。其家屬皆完具，采珠致産數百萬，時蕭育爲泰山太守，皆令贖還故田宅。

章爲京兆二歲，死不以其罪，衆庶冤紀之，號爲三王。王駿自有傳，駿即王陽子也。

贊曰：自孝武置左馮翊、右扶風、京兆尹，而吏民爲之語曰：「前有趙、張，後有三王。」然劉向獨序趙廣漢、尹翁歸、韓延壽，馮商傳王尊，揚雄亦如之。〔一〕廣漢聰明，下不能欺，延

壽厲善，所居移風，然皆計上不信，以失身墮功。〔二〕翁歸抱公絜己，爲近世表。張敞衎衎，履忠進言，〔三〕緣飾儒雅，刑罰必行，縱赦有度，條教可觀，然被輕嫿之名。〔四〕王尊文武自將，〔五〕所在必發，譎詭不經，好爲大言。王章剛直守節，不量輕重，以陷刑戮，妻子流遷，哀哉！

〔一〕張晏曰：「劉向作新序，不道王尊。馮商續史記，爲作傳。雄作法言，亦論其美也。」

〔二〕師古曰：「墮，毁也，音火規反。」

〔三〕師古曰：「衎衎，彊敏之貌也，音口旱反。」

〔四〕師古曰：「嫿，古惰字也。謂走馬拊馬及畫眉。」

〔五〕師古曰：「將，助也。」

校勘記

三一九九頁三行　方上〔解〕在張湯傳。　宋祁說「方上」下當有「解」字。按景祐本有「解」字。

三二〇二頁五行　或觞或(简)〔筩〕，　景祐、汲古、殿、局本都作「筩」，此誤。

三二〇四頁三行　丞相(史)〔吏〕逐去(客)。　景祐本「史」作「吏」。景祐、殿本都無「客」字。

三二〇五頁七行　事下廷尉治(罪)，　景祐本無「罪」字。王念孫說「罪」字後人所加。

三二〇八頁一〇行　類常如翁歸言，無有遺(託)〔脫〕。　景祐、殿、局本都作「脫」。王先謙說作「脫」是。

三二一一頁七行　春秋鄉(社)〔射〕，　景祐、殿本都作「射」。王先謙說作「射」是。

三二一四頁三行　會御史當問(事)東郡，　景祐本無「事」字。

三二一七頁三行　皆嚼其(官邑)〔庸〕，　景祐、殿本都作「庸」。

三二二〇頁八行　樊姬爲(之)不食鳥獸之肉。　景祐本無「之」字。

三二二〇頁一三行　葉(陽)〔音〕式涉反。　景祐、殿本都作「音」。

三二二三頁四行　蓋(車)〔扇〕之類也。　景祐、殿本都作「扇」，此誤。

三二二三頁一一行　(卒)〔賊〕捕掾，　景祐、殿本都作「賊」，此誤。

三二二四頁一四行　詣公(書)〔車〕上(車)〔書〕　景祐、殿本都作「詣公車上書」，此誤倒。

三二二五頁一四行　一乘車爲〔一〕兩也。　景祐本有「一」字。

三二三一頁一一行　不以時(皆)〔白〕奏行罰，景祐、殿、局本都作「白」，此誤。

三二三三頁一〇行　倨嫚姍(嫚)〔上〕，　景祐、汲古、殿、局本都作「上」，此誤。

三二三三頁一〇行　傳坐(先)〔免〕。　景祐、殿、局本都作「免」，此誤。

三二三五頁八行　功(者)〔著〕職修，　景祐、殿、局本都作「著」，此誤。

三二三六頁一行　絕詐欺之(谷)〔路〕。　景祐、殿本都作「路」。王先謙說作「路」是。

三二三六頁一三行　謂其口(而惡)〔惡而〕心不信也。　景祐、殿本都作「惡而」。王先謙說作「惡而」是。

三二三七頁三行　懲，(傷)〔創〕也。　景祐本作「創」，他本都誤。

三二三九頁七行　(素)〔數〕常至九，今八而止。我君(數)〔素〕剛，　景祐、殿本上「素」作「數」，下「數」作「素」，此互譌。

漢書卷七十七

蓋諸葛劉鄭孫毋將何傳第四十七

蓋寬饒字次公，魏郡人也。〔一〕明經爲郡文學，以孝廉爲郎。舉方正，對策高第，遷諫大夫，行郎中戶將事。〔二〕劾奏衞將軍張安世子侍中陽都侯彭祖不下殿門，〔三〕并連及安世居位無補。彭祖時實下門，寬饒坐舉奏大臣非是，〔四〕左遷爲衞司馬。〔五〕

〔一〕師古曰：「蓋音公盍反。」
〔二〕師古曰：「百官公卿表郎中令屬官有郎中車、戶、騎三將，蓋各以所主爲名也。戶將者，主戶衞也。」
〔三〕師古曰：「過殿門不下車也。」
〔四〕師古曰：「不以實也。」
〔五〕蘇林曰：「如今衞士令也。」臣瓚曰：「漢注有衞屯司馬。」

先是時，衞司馬在部，見衞尉拜謁，常爲衞官繇使市買。〔一〕寬饒視事，案舊令，遂揖官屬以下行衞者。〔二〕衞尉私使寬饒出，寬饒以令詣官府門上謁辭。〔三〕尚書責問衞尉，〔四〕由

是衞官不復私使候、司馬。候、司馬不拜，出先置衞，輒上奏辭，〔五〕自此正焉。

〔一〕師古曰：「繇讀與徭同。」
〔二〕蘇林曰：「衞尉官屬也。或曰留遣使行衞者也。」師古曰：「或說非也。行音下更反。」
〔三〕文穎曰：「私見使而公辭尚書也。」蘇林曰：「以法詣衞尉府門上謁也。」師古曰：「文說是也。」
〔四〕文穎曰：「由寬饒以法令不給使，尚書責衞尉，不復使司馬。」
〔五〕如淳曰：「天子出，爲天子先導。先天子發，故上奏辭。」

寬饒初拜爲司馬，未出殿門，斷其禪衣，令短離地，〔一〕冠大冠，帶長劍，躬案行士卒廬室，視其飲食居處，有疾病者身自撫循臨問，加致醫藥，遇之甚有恩。及歲盡交代，上臨饗罷衞卒，〔二〕衞卒數千人皆叩頭自請，願復留共更一年，〔三〕以報寬饒厚德。宣帝嘉之，以寬饒爲太中大夫，使行風俗，〔四〕多所稱舉貶黜，奉使稱意。擢爲司隸校尉，刺舉無所迴避，小大輒舉，所劾奏衆多，廷尉處其法，半用半不用，〔五〕公卿貴戚及郡國吏繇使至長安，皆恐懼莫敢犯禁，〔六〕京師爲清。

〔一〕師古曰：「禪音單，其字從衣。」
〔二〕師古曰：「得代當歸者也。」
〔三〕師古曰：「更猶今言上番也，音工衡反。」
〔四〕師古曰：「行音下更反。」

〔五〕師古曰：「以其峻刻，故有不用者。」
〔六〕師古曰：「繇讀與徭同，供徭役及爲使而來者。」

平恩侯許伯入第，〔一〕丞相、御史、將軍、中二千石皆賀，寬饒不行。許伯請之，乃往，從西階上，東鄉特坐。〔二〕許伯自酌曰：「蓋君後至。」寬饒曰：「無多酌我，我乃酒狂。」丞相魏侯笑曰：「次公醒而狂，何必酒也？」坐者皆屬目卑下之。〔三〕酒酣樂作，長信少府檀長卿起舞，爲沐猴與狗鬬，〔四〕坐皆大笑。寬饒不說，卬視屋而歎〔五〕曰：「美哉！然富貴無常，忽則易人，此如傳舍，所閱多矣。〔六〕唯謹慎爲得久，君侯可不戒哉！」因起趨出，劾奏長信少府以列卿而沐猴舞，失禮不敬。上欲罪少府，許伯爲謝，良久，上乃解。

〔一〕師古曰：「許伯，皇太子外祖也。入第者，治第新成，始入居之。」
〔二〕師古曰：「言自尊抗，無所詘也。鄉讀曰嚮。」
〔三〕師古曰：「屬猶注也，音之欲反。下音胡稼反。」
〔四〕師古曰：「沐猴，獮猴。」
〔五〕師古曰：「說讀曰悅。卬讀曰仰。」
〔六〕師古曰：「言如客舍行客，輒過之，故多所經歷也。」

寬饒爲人剛直高節，志在奉公。家貧，奉錢月數千，〔一〕半以給吏民爲耳目言事者。身爲司隸，子常步行自戍北邊，〔二〕公廉如此。然深刻喜陷害人，〔三〕在位及貴戚人與爲怨，〔四〕

又好言事刺譏，奸犯上意。〔五〕上以其儒者，優容之，然亦不得遷。同列後進或至九卿，寬饒自以行清能高，有益於國，而爲凡庸所越，愈失意不快，數上疏諫爭。太子庶子王生高寬饒節，而非其如此，予書曰：「明主知君絜白公正，不畏彊禦，〔六〕故命君以司察之位，擅君以奉使之權，尊官厚祿已施於君矣。君宜夙夜惟思當世之務，奉法宣化，憂勞天下，雖日有益，月有功，猶未足以稱職而報恩也。自古之治，三王之術各有制度。〔七〕今君不務循職而已，乃欲以太古久遠之事匡拂天子，〔八〕數進不用難聽之語以摩切左右，非所以揚令名全壽命者也。方今用事之人皆明習法令，言足以飾君之辭，文足以成君之過，君不惟蘧氏之高蹤，〔九〕而慕子胥之末行，〔一〇〕用不訾之軀，臨不測之險，〔一一〕竊爲君痛之。夫君子直而不挺，曲而不詘。〔一二〕大雅云：『既明且哲，以保其身。』〔一三〕狂夫之言，聖人擇焉。唯裁省覽。」寬饒不納其言。

〔一〕師古曰：「奉音扶用反。」
〔二〕蘇林曰：「子自行戍，不取代。」
〔三〕師古曰：「喜音許吏反。」
〔四〕師古曰：「人人皆怨之。」
〔五〕師古曰：「奸音干。」

〔六〕師古曰：「彊禦，彊梁而禦善者也。」
〔七〕師古曰：「三王謂夏、殷、周，文質不同也。」
〔八〕師古曰：「匡，正也。拂讀曰弼。」
〔九〕師古曰：「蘧伯玉，邦無道，則可卷而懷之。」
〔一〇〕師古曰：「伍子胥知吳王不可諫，而不能止，自取誅滅也。」
〔一一〕師古曰：「訾與貲同。不貲者，言無貲量可以比之，貴重之極也。不測謂深也。」
〔一二〕師古曰：「挺然，直貌。言雖執直道，而遭遇時變，與時紆曲，然其本志不屈橈也。挺音吐鼎反。」
〔一三〕師古曰：「烝民之詩也。言明智者可以自全，不至亡身。」

是時上方用刑法，信任中尚書宦官，寬饒奏封事曰：「方今聖道寖廢，儒術不行，〔一〕以刑餘爲周召，〔二〕以法律爲詩書。」〔三〕又引韓氏易傳言：「五帝官天下，三王家天下，家以傳子，官以傳賢，若四時之運，功成者去，不得其人則不居其位。」書奏，上以寬饒怨謗終不改，下其書中二千石。時執金吾議，以爲寬饒指意欲求禪，大逆不道。〔四〕諫大夫鄭昌愍傷寬饒忠直憂國，以言事不當意而爲文吏所詆挫，〔五〕上書頌寬饒曰：〔六〕「臣聞山有猛獸，藜藿爲之不采；國有忠臣，姦邪爲之不起。司隸校尉寬饒居不求安，食不求飽，〔七〕進有憂國之心，退有死節之義，上無許、史之屬，下無金、張之託，〔八〕職在司察，直道而行，多仇少與，〔九〕上書陳國事，有司劾以大辟，臣幸得從大夫之後，官以諫爲名，不敢不言。」上不聽，

遂下寬饒吏。寬饒引佩刀自剄北闕下，衆莫不憐之。

〔一〕師古曰：「寖，漸也。」
〔二〕師古曰：「言使奄人當權軸也。周謂周公旦也，召謂召公奭也。召讀曰邵。」
〔三〕師古曰：「言以（行）〔刑〕法成教化也。」
〔四〕師古曰：「禪，古禪字。言欲使天子傳位於己。」
〔五〕師古曰：「詆，毀也。挫，折也。」
〔六〕師古曰：「頌謂稱其美。」
〔七〕師古曰：「論語稱孔子曰『君子食無求飽，居無求安』，故引之。」
〔八〕應劭曰：「許伯，宣帝皇后父。史高，宣帝外家也。金，金日磾也。張，張安世也。此四家屬無不聽。」師古曰：「此說非也。許氏、史氏有外屬之恩，金氏、張氏自託在於近狎也。屬讀如本字也。」
〔九〕師古曰：「仇，怨讎也。與，黨與也。」

諸葛豐字少季，琅邪人也。以明經爲郡文學，名特立剛直。貢禹爲御史大夫，除豐爲屬，舉侍御史。元帝擢爲司隸校尉，刺舉無所避，京師爲之語曰：「間何闊，逢諸葛。」〔一〕上嘉其節，加豐秩光祿大夫。

〔一〕師古曰：「言間者何久闊不相見，以逢諸葛故也。」

時侍中許章以外屬貴幸，奢淫不奉法度，賓客犯事，與章相連。豐案劾章，欲奏其事，適逢許侍中私出，豐駐車舉節詔章曰：「下！」欲收之。章迫窘，馳車去，豐追之。許侍中因得入宮門，自歸上。〔一〕豐亦上奏，於是收豐節。司隸去節自豐始。

〔一〕師古曰：「歸誠乞哀於天子也。」

豐上書謝曰：「臣豐駑怯，文不足以勸善，武不足以執邪。陛下不量臣能否，拜爲司隸校尉，未有以自效，復秩臣爲光祿大夫，官尊責重，非臣所當處也。又迫年歲衰暮，常恐卒塡溝渠，〔一〕（德）無以報厚〔德〕，使論議士譏臣無補，長獲素餐之名。〔二〕故常願捐一旦之命，不待時而斷姦臣之首，縣於都市，編書其罪，〔三〕使四方明知爲惡之罰，然後卻就斧鉞之誅，〔四〕誠臣所甘心也。夫以布衣之士，尚猶有刎頸之交，〔五〕今以四海之大，曾無伏節死誼之臣，率盡苟合取容，阿黨相爲，念私門之利，忘國家之政。邪穢濁溷之氣上感于天，〔六〕是以災變數見，百姓困乏。此臣下不忠之效也，臣誠恥之亡已。凡人情莫不欲安存而惡危亡，然忠臣直士不避患害者，誠爲君也。今陛下天覆地載，物無不容，〔七〕使尚書令堯賜臣豐書曰：『夫司隸者刺舉不法，善善惡惡，非得顓之也。〔八〕免處中和，順經術意。』恩深德厚，臣豐頓首幸甚。臣竊不勝憤懣，願賜清宴，〔九〕唯陛下裁幸。」上不許。

〔一〕師古曰：「卒讀曰猝。」

〔二〕師古曰：「素，空也。言不舉職務，空食祿秩而已。」
〔三〕師古曰：「編謂聯次簡牘也。」
〔四〕師古曰：「卻，退也。」
〔五〕師古曰：「刎，斷也，音吻。」
〔六〕師古曰：「溷亦濁也，音下頓反。」
〔七〕師古曰：「如天之覆，如地之載也。」
〔八〕師古曰：「善善，褒賞善人也。惡惡，誅罰惡人也。顓與專同。」
〔九〕師古曰：「懣音滿。」

是後所言益不用，豐復上書言：「臣聞伯奇孝而棄於親，子胥忠而誅於君，〔一〕隱公慈而殺於弟，〔二〕叔武弟而殺於兄。〔三〕夫以四子之行，屈平之材，〔四〕然猶不能自顯而被刑戮，豈不足以觀哉！使臣殺身以安國，蒙誅以顯君，〔五〕臣誠願之。獨恐未有云補，而爲衆邪所排，令讒夫得遂，正直之路雍塞，〔六〕忠臣沮心，智士杜口，〔七〕此愚臣之所懼也。」

〔一〕師古曰：「並解於上也。」
〔二〕師古曰：「魯隱公欲立弟桓公，爲其尚少，己且攝位，而卒爲桓公所殺。」
〔三〕師古曰：「叔武，衞成公之弟夷叔也。成公避晉之難，出奔陳，使大夫元咺奉叔武以居守。其後晉人納成公，成公疑叔武而先期入，叔武將沐，聞君至，喜，捉髮走出，前驅射而殺之。事在左傳僖二十八年。叔武弟音大計反。」

〔四〕師古曰：「屈平即是屈原也。」
〔五〕師古曰：「蒙，被也。」
〔六〕師古曰：「雍讀曰壅。」
〔七〕師古曰：「沮，壞；杜，塞也。沮音才汝反。」

豐以春夏繫治人，在位多言其短。上徙豐爲城門校尉，豐上書告光祿勳周堪、光祿大夫張猛。上不直豐，乃制詔御史：「城門校尉豐，前與光祿勳堪、光祿大夫猛在朝之時，數稱言堪、猛之美。豐前爲司隸校尉，不順四時，修法度，專作苛暴，以獲虛威，朕不忍下吏，以爲城門校尉。不內省諸己，〔一〕而反怨堪、猛，以求報舉，〔二〕告案無證之辭，暴揚難驗之罪，毀譽恣意，不顧前言，〔三〕不信之大者也。朕憐豐之耆老，不忍加刑，其免爲庶人。」終於家。

〔一〕師古曰：「省，察也。」
〔二〕師古曰：「舉言其事以報怨。」
〔三〕師古曰：「前言謂譽堪、猛之美。今乃更言其短，是不顧也。」

劉輔，河間宗室〔人〕也。舉孝廉，爲襄賁令。〔一〕上書言得失，召見，上美其材，擢爲諫大夫。會成帝欲立趙倢伃爲皇后，先下詔封倢伃父臨爲列侯。輔上書言：「臣聞天之所與必先賜以符瑞，天之所違必先降以災變，此神明之徵應，自然之占驗也。昔武王、周公承順天地，以饗魚烏之瑞，〔二〕然猶君臣祗懼，動色相戒，況於季世，不蒙繼嗣之福，屢受威怒之異者虖！雖夙夜自責，改過易行，畏天命，念祖業，妙選有德之世，考卜窈窕之女，〔三〕以承宗廟，順神祇心，塞天下望，〔四〕子孫之祥猶恐晚暮，今乃觸情縱欲，傾於卑賤之女，欲以母天下，不畏于天，不媿于人，惑莫大焉。里語曰：『腐木不可以爲柱，卑人不可以爲主。』天人之所不予，必有禍而無福，市道皆共知之，〔五〕朝廷莫肯壹言，臣竊傷心。自念得以同姓拔擢，尸祿不忠，汚辱諫爭之官，不敢不盡死，唯陛下深察。」書奏，上使侍御史收縛輔，繫掖庭祕獄，〔六〕羣臣莫知其故。

〔一〕蘇林曰：「賁音肥，東海縣也。」
〔二〕師古曰：「謂伐紂時有白魚、赤烏之瑞也。事見今文尚書。」
〔三〕師古曰：「窈窕，幽閑也。」
〔四〕師古曰：「塞，滿也。」
〔五〕師古曰：「市道，市中之道也。一曰市人及行於道路者也。」
〔六〕師古曰：「漢書舊儀掖庭詔獄令丞宦者爲之，主理婦人女官也。」

於是中朝左將軍辛慶忌、右將軍廉褒、光祿勳師丹、太中大夫谷永〔一〕俱上書曰：「臣聞明王垂寬容之聽，崇諫爭之官，廣開忠直之路，不罪狂狷之言，〔二〕然後百僚在位，竭忠盡謀，不懼後患，朝廷無諂諛之士，元首無失道之愆。〔三〕竊見諫大夫劉輔，前以縣令求見，擢爲諫大夫，此其言必有卓詭切至，當聖心者，〔四〕故得拔至於此。旬日之間，收下祕獄，臣等愚，以爲輔幸得託公族之親，在諫臣之列，新從下土來，未知朝廷體，獨觸忌諱，不足深過。小罪宜隱忍而已，如有大惡，宜暴治理官，與衆共之。〔五〕昔趙簡子殺其大夫鳴犢，孔子臨河而還。〔六〕今天心未豫，〔七〕災異屢降，水旱迭臻，〔八〕方當隆寬廣問，褒直盡下之時也。而行慘急之誅於諫爭之臣，震驚羣下，失忠直心。假令輔不坐直言，所坐不著，〔九〕天下不可戶曉。〔一〇〕同姓近臣本以言顯，其於治親養忠之義誠不宜幽囚于掖庭獄。公卿以下見陛下進用輔亟，而折傷之暴，〔一一〕人有懼心，〔一二〕精銳銷耎，〔一三〕莫敢盡節正言，非所以昭有虞之聽，廣德美之風也。〔一四〕臣等竊深傷之，唯陛下留神省察。」

〔一〕孟康曰：「中朝，內朝也。大司馬左右前後將軍、侍中、常侍、散騎、諸吏爲中朝。丞相以下至六百石爲外朝也。」
〔二〕師古曰：「狷，急也，音絹。」
〔三〕師古曰：「元首謂天子也。諐，古諐字也。」
〔四〕師古曰：「卓，高遠也。詭，異於衆也。」
〔五〕師古曰：「令衆人知其罪狀而罰之。」

〔六〕張晏曰：「趙簡子欲分晉國，故先殺鳴犢，又聘孔子。孔子聞其死，至河而還也。」師古曰：「戰國策說二人姓名云『鳴犢、鐸犨』，而史記及古今人表並以爲鳴犢、竇犨，蓋鐸、犢及竇，其聲相近，故有不同耳。今永等指舉殺鳴犢一人，不論竇犨也。」
〔七〕張晏曰：「豫，悅豫也。」
〔八〕師古曰：「迭，互也。音徒結反。」
〔九〕師古曰：「著，明也。」
〔一〇〕師古曰：「言不可家家曉喻之也。」
〔一一〕師古曰：「亟，急也。」
〔一二〕師古曰：「人人皆懼也。」
〔一三〕蘇林曰：「耎，弱也。」師古曰：「音乃喚反。」
〔一四〕師古曰：「舜有敢諫之鼓，故言有虞之聽也。一曰謂達四聰也。」

上乃徙繫輔共工獄，〔一〕減死罪一等，論爲鬼薪。終於家。

〔一〕蘇林曰：「考工也。」師古曰：「少府之屬官也，亦有詔獄。共讀與龔同。」

鄭崇字子游，本高密大族，世與王家相嫁娶。〔一〕祖父以訾徙平陵。父賓明法令，爲御史，事貢公，〔二〕名公直。崇少爲郡文學史，至丞相大車屬。〔三〕弟立與高武侯傅喜同門學，

農。會越嶲郡上黃龍游江中，太師孔光、大司徒馬宮等咸稱莽功德比周公，宜告祠宗廟。寶曰：「周公上聖，召公大賢。尚猶有不相說，著於經典，兩不相損。〔一〕今風雨未時，百姓不足，每有一事，羣臣同聲，〔二〕得無非其美者。」〔三〕時大臣皆失色，侍中奉車都尉甄邯即時承制罷議者。會寶遣吏迎母，母道病，留弟家，獨遣妻子。司直陳崇以奏寶，事下三公即訊。〔四〕寶對曰：「年七十誖眊，恩衰共養，營妻子，如章。」〔五〕寶坐免，終於家。建武中，錄舊德臣，以寶孫伉爲諸長。〔六〕

〔一〕師古曰：「周書君奭之序曰『召公爲保，周公爲師，相成王爲左右，召公不說，周公作君奭』是也。兩不相損者，言俱有令名也。召讀曰邵。說讀曰悅。」
〔二〕師古曰：「言雷同阿附，妄說福祥。」
〔三〕師古曰：「言此非朝廷美事也。」
〔四〕師古曰：「就問之也。」
〔五〕師古曰：「誖，惑也。眊與耄同。自言老耄，心志亂惑，供養之恩衰，具如所奏之章也。誖音布內反。共讀曰供，音居用反。」
〔六〕師古曰：「伉音抗。諸，琅邪之縣也。」

毋將隆字君房，東海蘭陵人也。大司馬車騎將軍王音內領尚書，外典兵馬，踵故選置

從事中郎，〔一〕與參謀議，奏請隆爲從事中郎，遷諫大夫。成帝末，隆奏封事言：「古者選諸侯入爲公卿，以褒功德，宜徵定陶王使在國邸，以填萬方。」〔二〕其後上竟立定陶王爲太子，隆遷冀州牧、潁川太守。哀帝即位，以高第入爲京兆尹，遷執金吾。

〔一〕師古曰：「踵猶躡也，言承躡故事也。」
〔二〕師古曰：「填音竹刃反。」

時侍中董賢方貴，上使中黃門發武庫兵，前後十輩，送董賢及上乳母王阿舍。隆奏言：「武庫兵器，天下公用，國家武備，繕治造作，皆度大司農錢。〔一〕大司農錢自乘輿不以給共養，〔二〕共養勞賜，壹出少府。蓋不以本臧給末用，不以民力共浮費，〔三〕別公私，示正路也。古者諸侯方伯得顓征伐，乃賜斧鉞。〔四〕漢家邊吏，職在距寇，亦賜武庫兵，皆任其事然後蒙之。春秋之誼，家不臧甲，所以抑臣威，損私力也。今賢等便僻弄臣，私恩微妾，而以天下公用給其私門，契國威器共其家備。〔五〕民力分於弄臣，武兵設於微妾，建立非宜，以廣驕僭，非所以示四方也。孔子曰：『奚取於三家之堂！』〔六〕臣請收還武庫。」上不說。〔七〕

〔一〕蘇林曰：「用度皆出大司農。」
〔二〕師古曰：「共音居用反。養音弋向反。」
〔三〕師古曰：「共讀曰供。」
〔四〕師古曰：「顓與專同也。」
〔五〕李奇曰：「契，缺也。」晉灼曰：「契，取也。」師古曰：「李說是也。共讀曰供。」
〔六〕師古曰：「三家，謂魯大夫叔孫、仲孫、季孫也。論語云：『三家者，以雍徹。孔子曰：「相維辟公，天子穆穆」，奚取於三家之堂！』言三家以雍徹食，此乃天子之禮耳，何爲在三家之堂也！」
〔七〕師古曰：「說讀曰悅。」

頃之，傅太后使謁者買諸官婢，賤取之，復取執金吾官婢八人。隆奏言賈賤，請更平直。〔一〕上於是制詔丞相、御史大夫：「交讓之禮興，則虞芮之訟息。〔二〕隆位九卿，既無以匡朝廷之不逮，而反奏請與永信宮爭貴賤之賈，程奏顯言，〔三〕衆莫不聞。舉錯不由誼理，〔四〕爭求之名自此始，無以示百僚，傷化失俗。」以隆前有安國之言，〔五〕左遷爲沛郡都尉，遷南郡太守。

〔一〕師古曰：「賈讀曰價。其下亦同。」
〔二〕師古曰：「虞、芮，二國名。文王爲西伯，爲斷其訟，二國各慙而止也。」
〔三〕蘇林曰：「露奏也。」
〔四〕師古曰：「錯音千故反。」
〔五〕如淳曰：「徵定陶王使在國邸也。」

王莽少時，慕與隆交，隆不甚附。哀帝崩，莽秉政，使大司徒孔光奏隆前爲冀州牧治中

山馮太后獄冤陷無辜，不宜處位在中土。本中謁者令史立、侍御史丁玄自典考之，但與隆連名奏事。史立時爲中太僕，丁玄泰山太守，及尚書令趙昌譖鄭崇者爲河內太守，皆免官，徙合浦。

何並字子廉，祖父以吏二千石自平輿徙平陵。〔一〕並爲郡吏，至大司空掾，事何武。武高其志節，舉能治劇，爲長陵令，道不拾遺。

〔一〕師古曰：「平（陵）〔輿〕，汝南之縣也。」

初，邛成太后外家王氏貴，〔一〕而侍中王林卿通輕俠，傾京師。後坐法免，賓客愈盛，歸長陵上冢，因留飲連日。並恐其犯法，自造門上謁，〔二〕謂林卿曰：「冢間單外，君宜以時歸。」〔三〕林卿曰：「諾。」先是林卿殺婢壻埋冢舍，〔四〕並具知之，以非己時，又見其新免，故不發舉，欲無令留界中而已，即且遣吏奉謁傳送。林卿素驕，慙於賓客，並度其爲變，儲兵馬以待之。〔五〕林卿既去，北度涇橋，令騎奴還至寺門，拔刀剝其建鼓。〔六〕並自從吏兵追林卿。行數十里，林卿迫窘，乃令奴冠其冠被其襜褕自代，乘車從童騎，〔七〕身變服從間徑馳去。會日暮追及，收縛冠奴，奴曰：「我非侍中，奴耳。」並心自知已失林卿，乃曰：「王君困，自稱奴，得脫死邪？」叱吏斷頭持還，縣所剝鼓置都亭下，署曰：「故侍中王林卿坐殺人埋

冢舍，使奴剝寺門鼓。」〔八〕吏民驚駭。林卿因亡命，衆庶讙譁，以爲實死。〔九〕成帝太后以邛成太后愛林卿故，聞之涕泣，爲言哀帝。哀帝問狀而善之，遷並隴西太守。

〔一〕應劭曰：「宣帝王皇后父奉光封邛成侯，成帝母亦姓王，故以父爵別之也。」
〔二〕師古曰：「造，至也，音千到反。」
〔三〕師古曰：「單外，言在郊郭之外而單露。」
〔四〕師古曰：「婢壻，外人與其婢姦者也。冢舍，守冢之舍也。」
〔五〕師古曰：「儲，豫備也。度音徒各反。」
〔六〕師古曰：「諸官曹之所通呼爲寺。建鼓一名植鼓。建，立也。謂植木而旁懸鼓焉。縣有此鼓者，所以召集號令，爲開閉之時。」
〔七〕師古曰：「襜褕，曲裾禪衣也。童騎，童奴之騎也。」
〔八〕師古曰：「署謂書表其事也。」
〔九〕師古曰：「讙譁，衆議也。讙音許元反。」

徙潁川太守，代陵陽嚴詡。詡本以孝行爲官，謂掾史爲師友，有過輒閉閤自責，終不大言。郡中亂，王莽遣使徵詡，官屬數百人爲設祖道，詡據地哭。掾史曰：「明府吉徵，不宜若此。」詡曰：「吾哀潁川士，身豈有憂哉！我以柔弱徵，必選剛猛代。代到，將有僵仆者，故相弔耳。」〔一〕詡至，拜爲美俗使者。〔二〕是時潁川鍾元爲尚書令，領廷尉，用事有權。弟威爲

郡掾，臧千金。〔三〕並爲太守，（故）〔過〕辭鍾廷尉，廷尉免冠爲弟請一等之罪，〔四〕願蚤就髡鉗。並曰：「罪在弟身與君律，不在於太守。」元懼，馳遣人呼弟。陽翟輕俠趙季、李款多畜賓客，以氣力漁食閭里，〔五〕至姦人婦女，持吏長短，從橫郡中，〔六〕聞並且至，皆亡去。並下車求勇猛曉文法吏且十人，使文吏治三人獄，武吏往捕之，各有所部。敕曰：「三人非負太守，乃負王法，不得不治。鍾威所犯多在赦前，驅使入函谷關，勿令汙民間；不入關，乃收之。趙、李桀惡，雖遠去，當得其頭，以謝百姓。」鍾威負其兄，止雒陽，〔七〕吏格殺之。亦得趙、李它郡，持頭還，並皆縣頭及其具獄於市。郡中清靜，表善好士，〔八〕見紀潁川，名次黃霸。性清廉，妻子不至官舍。數年，卒。疾病，召丞掾作先令書，〔九〕曰：「告子恢，吾生素餐日久，死雖當得法賻，勿受。〔一〇〕葬爲小椁，亶容下棺。」〔一一〕恢如父言。王莽擢恢爲關都尉。建武中以並孫爲郎。

〔一〕師古曰：「僵，偃也。仆，頓也。僵音薑。仆音赴。」
〔二〕文穎曰：「宣美風化使者。」
〔三〕師古曰：「臧謂致罪之臧也。」
〔四〕如淳曰：「減死罪一等。」
〔五〕師古曰：「漁者，謂侵奪取之，若漁獵之爲也。」
〔六〕師古曰：「從音子用反。橫音胡孟反。」
〔七〕師古曰：「負謂恃其權力也。」
〔八〕師古曰：「好音呼到反。」
〔九〕師古曰：「先爲遺令也。」
〔一〇〕如淳曰：「公令，吏死官，得法賻。」師古曰：「贈終者布帛曰賻，音附。」
〔一一〕張晏曰：「禮三重棺。趙簡子曰：『不設屬辟，下卿之罰也。』或曰但下棺，無餘器物也。」師古曰：「言止作小椁，纔容下棺而已，無令高大也。亶讀曰但。」

贊曰：蓋寬饒爲司臣，正色立於朝，雖詩所謂「國之司直」無以加也。〔一〕若采王生之言以終其身，斯近古之賢臣矣。諸葛、劉、鄭雖云狂瞽，有異志焉。孔子曰：「吾未見剛者。」〔二〕以數子之名迹，然毋將汙於冀州，〔三〕孫寶橈於定陵，〔四〕況俗人乎！何並之節，亞尹翁歸云。

〔一〕師古曰：「詩鄭風羔裘之篇曰『彼己之子，邦之司直』，言其德美，可主正直之任也。」
〔二〕師古曰：「論語稱孔子之言也。言有剛德者爲難也。」
〔三〕孟康曰：「汙，下也。」師古曰：「毋將隆爲冀州牧，與史立、丁元共奏馮太后事，是爲汙曲也。汙音一胡反。」
〔四〕師古曰：「橈亦曲也。謂受淳于長託而不治杜稺季也。橈音女敎反。」

校勘記

三二四八頁四行　言以（行）〔刑〕法成敎化也。景祐、殿本都作「刑」。王先謙說作「刑」是。
三二四九頁六行　常恐卒塡溝渠，（德）無以報厚〔德〕，景祐、殿本都作「無以報厚德」。
三二五一頁三行　河間宗室〔人〕也，景祐、殿本都有「人」字。
三二五六頁五行　蚤，古（㫺）〔早〕字也。景祐、殿、局本都作「早」，此誤。
三二五八頁三行　（也）〔由〕商不任職，致有賊盜，景祐、殿本都作「由」。
三二六六頁六行　平（陵）輿，汝南之縣也。周壽昌說「平陵」當作「平輿」。按景祐本正作「平輿」。
三二六八頁一行　並爲太守，（故）〔過〕辭鍾廷尉，景祐、殿本都作「過」。王先謙說作「過」是。

漢書卷七十八

蕭望之傳第四十八

蕭望之字長倩，東海蘭陵人也，〔一〕徙杜陵。家世以田爲業，至望之，好學，治齊詩，事同縣后倉且十年。以令詣太常受業，〔二〕復事同學博士白奇，〔三〕又從夏侯勝問論語、禮服。〔四〕京師諸儒稱述焉。

〔一〕師古曰：「近代譜諜妄相託附，乃云望之蕭何之後，追次昭穆，流俗學者共祖述焉。但酇侯漢室宗臣，功高位重，子孫胤緒具詳表、傳。長倩鉅儒達學，名節並隆，博覽古今，能言其祖。市朝未變，年載非遥，長老所傳，耳目相接，若其實承何後，史傳寧得弗詳？漢書既不敍論，後人焉所取信？不然之事，斷可識矣。」

〔二〕如淳曰：「令郡國官有好文學敬長肅政教者，二千石奏上，與計偕，詣太常受業如弟子也。」

〔三〕師古曰：「常同於后倉受業，而奇後爲博士。」

〔四〕師古曰：「禮之喪服也。」

是時大將軍霍光秉政，長史丙吉薦儒生王仲翁與望之等數人，皆召見。先是左將軍上

官桀與蓋主謀殺光，光既誅桀等，後出入自備。吏民當見者，露索去刀兵，兩吏挾持。〔一〕望之獨不肯聽，自引出閤曰：「不願見。」吏牽持匈匈。光聞之，告吏勿持。望之既至前，說光曰：「將軍以功德輔幼主，將以流大化，致於洽平，〔二〕是以天下之士延頸企踵，爭願自(効)〔効〕，以輔高明。今士見者皆先露索挾持，恐非周公相成王躬吐握之禮，致白屋之意。」〔三〕於是光獨不除用望之，而仲翁等皆補大將軍史。三歲間，仲翁至光祿大夫給事中，望之以射策甲科爲郎，〔四〕署小苑東門候。〔五〕仲翁出入從倉頭廬兒，〔六〕下車趨門，傳呼甚寵，〔七〕顧謂望之曰：「不肯錄錄，反抱關爲。」〔八〕望之曰：「各從其志。」

〔一〕師古曰：「索，搜也，露形體而搜也。索音山客反。」

〔二〕師古曰：「令太平之化通洽四方也。」

〔三〕師古曰：「周公攝政，一沐三握髮，一飯三吐餔，以接天下之士。白屋，謂白蓋之屋以茅覆之，賤人所居。蓋音合。」

〔四〕師古曰：「射策者，謂爲難問疑義書之於策，量其大小署爲甲乙之科，列而置之，不使彰顯。有欲射者，隨其所取得而釋之，以知優劣。射之，言投射也。對策者，顯問以政事經義，令各對之，而觀其(人)〔文〕辭定高下也。」

〔五〕師古曰：「署，補署也。門候，主候時而開閉也。」

〔六〕師古曰：「皆官府之給賤役者也，解在貢禹傳。」

〔七〕師古曰：「趨讀曰趣。趣，嚮也。下車而嚮門，傳聲而呼侍從者，甚有尊寵也。」

〔八〕師古曰：「錄錄謂循常也。言望之不能隨例搜索，以(爲)〔遂〕俉執政，不得大官而守門也。」

後數年，坐弟犯法，不得宿衞，免歸爲郡吏。及御史大夫魏相除望之爲屬，察廉爲大行治禮丞。

時大將軍光薨，子禹復爲大司馬，兄子山領尚書，〔一〕親屬皆宿衞內侍。地節三年夏，京師雨雹，望之因是上疏，願賜清閒之宴，口陳災異之意。〔二〕宣帝自在民間聞望之名，曰：「此東海蕭生邪？下少府宋畸問狀，〔三〕無有所諱。」望之對，以爲「春秋昭公三年大雨雹，是時季氏專權，卒逐昭公。鄉使魯君察於天變，宜亡此害。〔四〕今陛下以聖德居位，思政求賢，堯舜之用心也。然而善祥未臻，陰陽不和，是大臣任政，一姓擅勢之所致也。附枝大者賊本心，私家盛者公室危。〔五〕唯明主躬萬機，選同姓，舉賢材，以爲腹心，與參政謀，令公卿大臣朝見奏事，明陳其職，以考功能。如是，則庶事理，公道立，姦邪塞，私權廢矣。」對奏，天子拜望之爲謁者。時上初即位，思進賢良，多上書言便宜，輒下望之問狀，高者請丞相御史，〔六〕次者中二千石試事，滿歲以狀聞，〔七〕下者報聞，或罷歸田里，所白處奏皆可。〔八〕累遷諫大夫，丞相司直，歲中三遷，官至二千石。其後霍氏竟謀反誅，望之寖益任用。〔九〕

〔一〕師古曰：「霍山，去病之孫。今云兄子者，轉寫誤爾。」

〔二〕師古曰：「閒讀曰閑。」

〔三〕師古曰：「畸音居宜反。」

〔四〕師古曰：「鄉讀曰嚮。亡讀曰無。」

〔五〕師古曰：「本心，樹之本株也。」

〔六〕師古曰：「望之以其人所言之狀請於丞相御史，或以奏聞，即見超擢。」

〔七〕師古曰：「試令行其所言之事，或以諸它職事試之。」

〔八〕師古曰：「當主上之意也。」

〔九〕師古曰：「寖，漸也。」

是時選博士諫大夫通政事者補郡國守相，以望之爲平原太守。望之雅意在本朝，遠爲郡守，內不自得，乃上疏曰：「陛下哀愍百姓，恐德化之不究，〔一〕悉出諫官以補郡吏，所謂憂其末而忘其本者也。朝無爭臣則不知過，國無達士則不聞善。〔二〕願陛下選明經術，溫故知新，通於幾微謀慮之士以爲內臣，與參政事。諸侯聞之，則知國家納諫憂政，亡有闕遺。若此不怠，成康之道其庶幾乎！〔三〕外郡不治，豈足憂哉？」書聞，徵入守少府。宣帝察望之經明持重，論議有餘，材任宰相，〔四〕欲詳試其政事，復以爲左馮翊。望之從少府出爲左遷，恐有不合意，即移病。〔五〕上聞之，使侍中成都侯金安上諭意曰：「所用皆更治民以考功。〔六〕君前爲平原太守日淺，故復試之於三輔，非有所聞也。」〔七〕望之即視事。

〔一〕師古曰：「究，竟也，謂周徧於天下。」

〔二〕師古曰：「達士謂達於政事也。」
〔三〕師古曰：「周成康二王致太平也。」
〔四〕師古曰：「任，堪也。」
〔五〕師古曰：「移病謂移書言病。一曰以病而移居。」
〔六〕師古曰：「更猶經歷也，音工衡反。」
〔七〕師古曰：「所聞謂聞其短失。」

是歲西羌反，漢遣後將軍征之。京兆尹張敞上書言：「國兵在外，軍以夏發，隴西以北，安定以西，吏民並給轉輸，田事頗廢，素無餘積，雖羌虜以破，來春民食必乏。窮辟之處，買亡所得，〔一〕縣官穀度不足以振之。〔二〕願令諸有辠，非盜受財殺人及犯法不得赦者，皆得以差入穀此八郡贖罪。〔三〕務益致穀以豫備百姓之急。」事下有司，望之與少府李彊議，以爲「民函陰陽之氣，有(七)(好)義欲利之心，〔四〕在教化之所助。堯在上，不能去民欲利之心，而能令其欲利不勝其好義也；雖桀在上，不能去民好義之心，而能令其好義不勝其欲利也。故堯、桀之分，在於義利而已，道民不可不慎也。〔五〕今欲令民量粟以贖罪，如此則富者得生，貧者獨死，是貧富異刑而法不壹也。人情，貧窮，父兄囚執，聞出財得以生活，爲人子弟者將不顧死亡之患，敗亂之行，以赴財利，求救親戚。一人得生，十人以喪，如此，伯夷之

行壞，公綽之名滅。〔六〕政教壹傾，雖有周召之佐，恐不能復。〔七〕古者臧於民，不足則取，有餘則予。詩曰『爰及矜人，哀此鰥寡』，〔八〕上惠下也。又曰『雨我公田，遂及我私』，〔九〕下急上也。今有西邊之役，民失作業，雖戶賦口斂以贍其困乏，〔一〇〕古之通義，百姓莫以爲非。以死救生，恐未可也。〔一一〕陛下布德施教，教化既成，堯舜亡以加也。今議開利路以傷既成之化，臣竊痛之。」

〔一〕師古曰：「辟讀曰僻也。」
〔二〕師古曰：「度音徒各反。」
〔三〕師古曰：「差，次也。八郡，卽隴西以北，安定以西。」
〔四〕師古曰：「函與含同也。」
〔五〕師古曰：「道讀曰導。」
〔六〕師古曰：「公綽，魯大夫孟公綽也。論語稱孔子曰：『若臧武仲之智，公綽之不欲，卞莊子之勇，冉求之藝，文之以禮樂，可以爲成人矣。』」
〔七〕師古曰：「召讀曰邵。復音扶目反。」
〔八〕師古曰：「小雅鴻雁之詩也。矜人，可哀矜之人，謂貧弱者也。言王者惠澤下及哀矜之人以至鰥寡。」
〔九〕師古曰：「小雅大田之詩也。言衆庶喜於時雨，先潤公田，又及私田，是則其心先公後私。雨音于具反。」
〔一〇〕師古曰：「率戶而賦，計口而斂也。」

〔二〕師古曰：「子弟竭死以救父兄，令其生也。」

於是天子復下其議兩府，丞相、御史以難問張敞。敞曰：「少府左馮翊所言，常人之所守耳。昔先帝征四夷，兵行三十餘年，百姓猶不加賦，而軍用給。今羌虜一隅小夷，跳梁於山谷間，漢但令辠人出財減辠以誅之，其名賢於煩擾良民橫興賦斂也。〔一〕又諸盜及殺人犯不道者，百姓所疾苦也，皆不得贖；首匿、見知縱、所不當得爲之屬，議者或頗言其法可蠲除，〔二〕今因此令贖，其便明甚，何化之所亂？甫刑之罰，小過赦，薄罪贖，〔三〕有金選之品，〔四〕所從來久矣，何賊之所生？敞備皁衣二十餘年，〔五〕嘗聞罪人贖矣，未聞盜賊起也。竊憐涼州被寇，方秋饒時，民尚有飢乏，病死於道路，況至來春將大困乎！不早慮所以振救之策，而引常經以難，恐後爲重責。常人可與守經，未可與權也。敞幸得備列卿，以輔兩府爲職，不敢不盡愚。」

〔一〕師古曰：「橫音胡孟反。」
〔二〕師古曰：「以其罪輕而法重，故常欲除此科條。」
〔三〕師古曰：「呂侯爲周穆王司寇，作贖刑之法，謂之呂刑。後改爲甫侯，故又稱甫刑也。」
〔四〕應劭曰：「選音刷，金銖兩名也。」師古曰：「音刷是也。字本作鋝，鋝即鍰也，其重十一銖二十五分銖之十三。一曰重六兩。呂刑曰：『墨辟疑赦，其罰百鍰；劓辟疑赦，其罰惟倍；剕辟疑赦，其罰倍差；宮辟疑赦，其罰六百鍰；大辟疑赦，其罰千鍰。』是其品也。」

〔五〕如淳曰：「雖有五時服，至朝皆著皁衣。」

望之、彊復對曰：「先帝聖德，賢良在位，作憲垂法，爲無窮之規，永惟邊竟之不贍，〔一〕故金布令甲曰〔二〕『邊郡數被兵，離飢寒，〔三〕夭絕天年，父子相失，令天下共給其費』，〔四〕固爲軍旅卒暴之事也。〔五〕聞天漢四年，常使死罪人入五十萬錢減死罪一等，豪彊吏民請奪假貣，〔六〕至爲盜賊以贖罪。其後姦邪橫暴，羣盜並起，〔七〕至攻城邑，殺郡守，充滿山谷，吏不能禁，明詔遣繡衣使者以興兵擊之，〔八〕誅者過半，然後衰止。愚以爲此使死罪贖之敗也，故曰不便。」時丞相魏相、御史大夫丙吉亦以爲羌虜且破，轉輸略足相給，遂不施敞議。望之爲左馮翊三年，京師稱之，遷大鴻臚。

〔一〕師古曰：「惟，思也。竟讀曰境。其下亦同。」
〔二〕師古曰：「金布者，令篇名也。其上有府庫金錢布帛之事，因以名篇。令甲者，其篇甲乙之次。」
〔三〕師古曰：「離，遭也。」
〔四〕師古曰：「同共給之也。自此以上，令甲之文。」
〔五〕師古曰：「卒讀曰猝。言此令文專爲軍旅猝暴而施設。」
〔六〕師古曰：「貣音土得反。」
〔七〕師古曰：「橫音胡孟反。」
〔八〕師古曰：「軍興之法也。」

是制詔丞相御史：「前將軍望之傅朕八年，亡它罪過，今事久遠，識忘難明。〔三〕其赦望之罪，收前將軍光祿勳印綬，及堪、更生皆免爲庶人。」而朋爲黄門郎。

〔一〕張晏曰：「朋，會稽人，會稽并屬楚。」蘇林曰：「楚人𢺁急也。」
〔二〕師古曰：「華音胡化反。」
〔三〕師古曰：「蟜音亙遙反，字或作僑。」
〔四〕師古曰：「濊與穢同。」
〔五〕師古曰：「言不能盡記，有遺忘者，故難明。」

後數月，制詔御史：「國之將興，尊師而重傅。故前將軍望之傅朕八年，道以經術，厥功茂焉。〔一〕其賜望之爵關内侯，食邑六百戶，給事中，朝朔望，坐次將軍。」天子方倚欲以爲丞相，〔二〕會望之子散騎中郎伋上書訟望之前事，〔三〕事下有司，復奏「望之前所坐明白，無譖訴者，〔四〕而教子上書，稱引亡辜之詩，失大臣體，不敬，請逮捕。」弘恭、石顯等知望之素高節，不詘辱，建白「望之〔五〕前爲將軍輔政，欲排退許、史，專權擅朝。幸得不坐，復賜爵邑，與聞政事，〔六〕不悔過服罪，深懷怨望，教子上書，歸非於上，〔七〕自以託師傅，懷終不坐。〔八〕非頗詘望之於牢獄，塞其怏怏心，則聖朝亡以施恩厚。」〔九〕上曰：「蕭太傅素剛，安肯就吏？」顯等曰：「人命至重，望之所坐，語言薄罪，必亡所憂。」上乃可其奏。

〔一〕師古曰：「道讀曰導。茂，美也。」
〔二〕師古曰：「倚音於綺反。」
〔三〕師古曰：「伋音級。」
〔四〕師古曰：「言望之自有罪，非人譖毀而訴之也。」
〔五〕師古曰：「建立此議而白之於天子。」
〔六〕師古曰：「與讀曰豫。」
〔七〕師古曰：「言歸惡於天子也。」
〔八〕師古曰：「言恃舊恩，自謂終無罪，坐懷此心。」
〔九〕服虔曰：「非，不也。」

顯等封以付謁者，敕令召望之手付，因令太常急發執金吾車騎馳圍其第。使者至，召望之。望之欲自殺，其夫人止之，以爲非天子意。望之以問門下生朱雲。雲者好節士，勸望之自裁。於是望之卬天歎曰：〔一〕「吾嘗備位將相，年踰六十矣，老入牢獄，苟求生活，不亦鄙乎！」字謂雲曰：「游，〔二〕趣和藥來，無久留我死！」〔三〕竟飲鴆自殺。天子聞之驚，拊手曰：「曩固疑其不就牢獄，果然殺吾賢傅！」是時太官方上晝食，上乃卻食，爲之涕泣，哀慟左右。〔四〕於是召顯等責問以議不詳。〔五〕皆免冠謝，良久然後已。

〔一〕師古曰：「卬讀曰仰。」
〔二〕師古曰：「朱雲字游，呼其字。」
〔三〕師古曰：「趣讀曰促。」
〔四〕師古曰：「慟，動也。」
〔五〕師古曰：「詳，審也。」

望之有罪死，有司請絕其爵邑。有詔加恩，長子伋嗣爲關内侯。天子追念望之不忘，每歲時遣使者祠祭望之冢，終元帝世。望之八子，至大官者育、咸、由。

育字次君，少以父任爲太子庶子。元帝卽位，爲郎，病免，後爲御史。大將軍王鳳以育名父子，著材能，除爲功曹，遷謁者，使匈奴副校尉。〔一〕後爲茂陵令，會課，育第六。〔二〕而漆令郭舜殿，見責問，〔三〕育爲之請，扶風怒曰：「君課第六，裁自脫，〔四〕何暇欲爲左右言？」〔五〕及罷出，傳召茂陵令詣後曹，〔六〕當以職事對。〔七〕育徑出曹，書佐隨牽育，育案佩刀曰：「蕭育杜陵男子，何詣曹也！」〔八〕遂趨出，欲去官。明旦，詔召入，拜爲司隸校尉。育過扶風府門，官屬掾史數百人拜謁車下。後坐失大將軍指免官。復爲中郎將使匈奴。歷冀州、青州兩郡刺史，長水校尉，泰山太守，入守大鴻臚。以鄠名賊梁子政阻山爲害，久不伏辜，〔九〕育爲右扶風數月，盡誅子政等。坐與定陵侯淳于長厚善免官。

〔一〕師古曰：「時令校尉爲使於匈奴而育爲之副使，故授副校尉也。」
〔二〕師古曰：「如今之考第高下。」
〔三〕師古曰：「殿，後也。言有所負，最居下也。殿音丁見反。」
〔四〕師古曰：「脫，免也，音吐活反。」
〔五〕師古曰：「左右者，言與同列在其左右，若今言旁人也。」
〔六〕如淳曰：「賊曹、決曹皆後曹。」
〔七〕師古曰：「忿其爲漆令言，故欲以職事責之。」
〔八〕師古曰：「自言欲免官而去，但是杜陵一白衣男子耳，何須召我詣曹乎？」
〔九〕師古曰：「名賊者，自顯其名，無所避匿，言其彊也。」

哀帝時，南郡江中多盜賊，拜育爲南郡太守。上以育者舊名臣，乃以三公使車載育入殿中受策，〔一〕曰：「南郡盜賊羣輩爲害，朕甚憂之。以太守威信素著，故委南郡太守，之官，其於爲民除害，安元元而已，亡拘於小文。」加賜黄金二十斤。育至南郡，盜賊靜。病去官，起家復爲光祿大夫執金吾，以壽終於官。

〔一〕孟康曰：「使車，三公奉使之車，若安車也。」

育爲人嚴猛尚威，居官數免，稀遷。少與陳咸、朱博爲友，著聞當世。往者有王陽、貢公，故長安語曰「蕭、朱結綬，王、貢彈冠」，言其相薦達也。始育與陳咸俱以公卿子顯名，咸

最先進，年十八爲左曹，二十餘御史中丞。時朱博尚爲杜陵亭長，爲咸、育所攀援，入王氏。〔一〕後遂並歷刺史郡守相，及爲九卿，而博先至將軍上卿，歷位多於咸、育，遂至丞相。育與博後有隙，不能終，故世以交爲難。

〔一〕師古曰：「援，引也，音爰。」

咸字仲，爲丞相史，舉茂材，好畤令，遷淮陽、泗水內史，張掖、弘農、河東太守。所居有迹，數增秩賜金。後免官，復爲越騎校尉、護軍都尉、中郎將，使匈奴，至大司農，終官。

由字子驕，爲丞相西曹衞將軍掾，遷謁者，使匈奴副校尉。後舉賢良，爲定陶令，遷太原都尉，安定太守。治郡有聲，多稱薦者。初，哀帝爲定陶王時，由爲定陶令，失王指，頃之，制書免由爲庶人。哀帝崩，爲復土校尉、京輔左輔都尉，遷江夏太守。平江賊成重等有功，增秩爲陳留太守。元始中，作明堂辟雍，大朝諸侯，徵由爲大鴻臚，會病，不及賓贊，〔一〕還歸故官，病免。復爲中散大夫，終官。家至吏二千石者六七人。

〔一〕師古曰：「贊導九賓之事。」

贊曰：蕭望之歷位將相，籍師傅之恩，可謂親昵亡間。〔一〕及至謀泄隙開，讒邪搆之，卒爲便嬖宦豎所圖，〔二〕哀哉！〔不然〕，望之堂堂，折而不橈，〔三〕身爲儒宗，有輔佐之能，近古社稷臣也。

〔一〕師古曰：「間，隙也。」

〔二〕師古曰：「圖，謀也。」

〔三〕師古曰：「橈，曲也，音女教反。」

校勘記

三二七三頁三行　爭願自〔効〕〔効〕，景祐、殿本都作「効」，此誤。

三二七三頁一三行　而觀其〔人〕〔文〕辭定高下也。景祐、殿本都作「文」，此誤。

三二七四頁一行　言望之不能隨例搜索，以〔爲〕〔進〕牾執政，景祐、殿、局本都作「進」，此誤。

三二七五頁一一行　民函陰陽之氣，有〔仁〕〔好〕義欲利之心，殿本作「好」。王先謙說作「好」是。

三二八〇頁一五行　侍中謁者良使〔丞〕〔承〕制詔望之，景祐、殿本都作「承」。

三二八一頁一〇行　〔員〕〔員〕四十五人，景祐、殿本都作「員」，此誤。

三二八二頁一五行　言其來〔服〕，荒忽亡常。景祐、殿本都有「服」字。

三二八五頁一五行　俟，待〔世〕〔也〕。景祐、殿、局本都作「也」，此誤。

三二九二頁二行　〔不然〕，望之堂堂，景祐、殿本都有「不然」二字。

漢書卷七十九

馮奉世傳第四十九

馮奉世字子明，上黨潞人也，〔一〕徙杜陵。其先馮亭，爲韓上黨守。秦攻上黨，絕太行道，〔二〕韓不能守，馮亭乃入上黨城守於趙。〔三〕趙封馮亭爲華陽君，與趙將括距秦，〔四〕戰死於長平。宗族繇是分散，〔五〕或留潞，或在趙。在趙者爲官帥將，〔六〕官帥將子爲代相。及秦滅六國，而馮亭之後馮毋擇、馮去疾、馮劫皆爲秦將相焉。

〔一〕師古曰：「潞音路。」

〔二〕師古曰：「太行，山名，險道所經行也。行音胡郎反。」

〔三〕師古曰：「據守上黨城而以降趙。」

〔四〕師古曰：「括，趙括，趙奢之子也。」

〔五〕師古曰：「繇讀與由同。」

〔六〕師古曰：「帥音所類反，字或作師，其義兩通。」

漢興，文帝時馮唐顯名，即代相子也。至武帝末，奉世以良家子選爲郎。昭帝時，以

功次補武安長。失官，年三十餘矣，乃學春秋涉大義，讀兵法明習，前將軍韓增奏以爲軍司空令。本始中，從軍擊匈奴。軍罷，復爲郎。

先是時，漢數出使西域，多辱命不稱，或貪汙，爲外國所苦。〔一〕是時烏孫大，有擊匈奴之功，而西域諸國新輯，〔二〕漢方善遇，欲以安之，選可使外國者。前將軍增舉奉世以衞候使持節送大宛諸國客。至伊脩城，〔三〕都尉宋將言莎車與旁國共攻殺漢所置莎車王萬年，〔四〕并殺漢使者奚充國。時匈奴又發兵攻車師城，不能下而去。莎車遣使揚言北道諸國已屬匈奴矣，於是攻劫南道，與歃盟畔漢，從鄯善以西皆絕不通。〔五〕都護鄭吉、校尉司馬意皆在北道諸國間。奉世與其副嚴昌計，以爲不亟擊之則莎車日彊，〔六〕其勢難制，必危西域。遂以節諭告諸國王，因發其兵，南北道合萬五千人進擊莎車，攻拔其城。莎車王自殺，傳其首詣長安。諸國悉平，威振西域。奉世乃罷兵以聞。宣帝召見韓增，曰：「賀將軍所舉得其人。」奉世遂西至大宛。大宛聞其斬莎車王，敬之異於它使。得其名馬象龍而還。〔七〕上甚說，〔八〕下議封奉世。〔九〕丞相、將軍皆曰：「春秋之義，大夫出疆，有可以安國家，則顓之可也。〔一〇〕奉世功效尤著，宜加爵土之賞。」少府蕭望之獨以奉世奉使有指，〔一一〕而擅矯制違命，發諸國兵，雖有功效，不可以爲後法。即封奉世，開後奉使者利，以奉世爲比，〔一二〕爭逐發兵，要功萬里之外，〔一三〕爲國家生事於夷狄。漸不可長，奉世不宜受封。上善望之議，以奉

世爲光祿大夫、水衡都尉。

〔一〕師古曰：「苦謂困辱之。」
〔二〕師古曰：「輯與集同。集，和也。」
〔三〕師古曰：「伊脩城在鄯善國，漢於其中置屯田吏士也。」
〔四〕師古曰：「莎車，國名；萬年，其（名王）〔王名〕也。莎音素和反。」
〔五〕師古曰：「鄯音善。」
〔六〕師古曰：「亟，急也，音居力反。」
〔七〕師古曰：「言馬形似龍者。」
〔八〕師古曰：「說讀曰悅。」
〔九〕師古曰：「下其事令議之。」
〔一〇〕師古曰：「顓與專同。」
〔一一〕師古曰：「本爲發諸國客。」
〔一二〕師古曰：「比音必寐反。」
〔一三〕師古曰：「逐，競也。」

元帝即位，爲執金吾。上郡屬國歸義降胡萬餘人反去。初，昭帝末，西河屬國胡伊酋若王亦將衆數千人畔，〔一〕奉世輒持節將兵追擊。〔二〕右將軍典屬國常惠薨，奉世代爲右將

軍典屬國，加諸吏之號。數歲，爲光祿勳。

〔一〕師古曰：「酋音才由反。」
〔二〕師古曰：「言西河、上郡羌胡反畔，子明再追擊之。」

永光二年秋，隴西羌彡姐旁種反，〔一〕詔召丞相韋玄成、御史大夫鄭弘、大司馬車騎將軍王接、左將軍許嘉、右將軍奉世入議。是（歲時）〔時，歲〕比不登，〔二〕京師穀石二百餘，〔三〕邊郡四百，關東五百。四方饑饉，朝廷方以爲憂，而遭羌變。玄成等漠然莫有對者。〔四〕奉世曰：「羌虜近在竟內背畔，〔五〕不以時誅，亡以威制遠蠻。臣願帥師討之。」上問用兵之數，對曰：「臣聞善用兵者，役不再興，糧不三載，故師不久暴而天誅亟決。〔六〕往者數不料敵，〔七〕而師至於折傷；再三發軵，〔八〕則曠日煩費，威武虧矣。今反虜無慮三萬人，〔九〕法當倍用六萬人。然羌戎弓矛之兵耳，器不犀利，〔一〇〕可用四萬人，一月足以決。」丞相、御史、兩將軍皆以爲民方收斂時，未可多發；萬人屯守之，且足。奉世曰：「不可。天下被饑饉，士馬羸秏，〔一一〕守戰之備久廢不簡，〔一二〕夷狄皆有輕邊吏之心，而羌首難。〔一三〕今以萬人分屯數處，虜見兵少，必不畏懼，戰則挫兵病師，守則百姓不救。如此，怯弱之形見，羌人乘利，諸種並和，〔一四〕相扇而起，臣恐中國之役不得止於四萬，非財幣所能解也。故少發師而曠日，〔一五〕與一舉而疾決，利害相萬也。」〔一六〕固爭之，不能得。有詔益二千人。

〔一〕師古曰：「彡音所廉反，又音先廉反。姐音紫。今西羌尚有此姓，而彡音先冉反。」
〔二〕師古曰：「比，（類）〔頻〕也。登，成也。」
〔三〕師古曰：「一石直二百餘錢也。下皆類此。」
〔四〕師古曰：「漠，無聲也，音莫。」
〔五〕師古曰：「竟讀曰境。」
〔六〕師古曰：「暴，露也。亟，急也，音居力反。」
〔七〕師古曰：「料，量也，音聊。」
〔八〕如淳曰：「軵，推也。淮南子曰『內郡軵車而餉』。音而隴反。」
〔九〕師古曰：「無慮，舉凡之言也，無小思慮而大計也。」
〔一〇〕如淳曰：「今俗刀兵利爲犀。」晉灼曰：「犀，堅也。」師古曰：「晉說是。」
〔一一〕師古曰：「秏，減也，音呼到反。」
〔一二〕師古曰：「簡謂選揀。」
〔一三〕師古曰：「言創首爲寇難也。」
〔一四〕師古曰：「和，應也，音胡臥反。」
〔一五〕師古曰：「曠，空也，空費其日而無功也。」
〔一六〕師古曰：「相比則爲萬倍也。」

於是遣奉世將萬二千人騎，以將屯爲名。〔一〕典屬國任立、護軍都尉韓昌爲偏裨，到隴

西，分屯三處。典屬國爲右軍，屯白石；護軍都尉爲前軍，屯臨洮；奉世爲中軍，屯首陽西極上。〔二〕前軍到降同阪，〔三〕先遣校尉在前與羌爭地利，又別遣校尉救民於廣陽谷。羌虜盛多，皆爲所破，殺兩校尉。奉世具上地形部衆多少之計，願益三萬六千人乃足以決事。書奏，天子大爲發兵六萬餘人，拜太常弋陽侯任千秋爲奮武將軍以助焉。奉世上言：「願得其衆，不須（復）煩大將。」因陳轉輸之費。

〔一〕師古曰：「且云領兵屯田，不言討賊。」
〔二〕如淳曰：「西極，山名也。」
〔三〕師古曰：「阪，平陂也。降同者，阪名也。阪音府板反。降音下江反。陂音普何反。」

上於是以璽書勞奉世，且讓之，〔一〕曰：「皇帝問將兵右將軍，〔二〕甚苦暴露。羌虜侵邊境，殺吏民，甚逆天道，故遣將軍帥士大夫行天誅。以將軍材質之美，奮精兵，誅不軌，百下百全之道也。今乃有畔敵之名，〔三〕大爲中國羞。以昔不閑習之故邪？〔四〕以恩厚未洽，信約不明也？〔五〕朕甚怪之。上書言羌虜依深山，多徑道，不得不多分部遮要害，須得後發營士，足以決事，部署已定，勢不可復置大將，聞之。前爲將軍兵少，不足自守，故發近所騎，日夜詣，〔六〕非爲擊也。〔七〕今發三輔、河東、弘農越騎、迹射、佽飛、彀者、羽林孤兒及呼速絫、嗕種，〔八〕方急遣。〔九〕且兵，凶器也，必有成敗者，患策不豫定，料敵不審也，故復遣奮武

將軍。兵法曰大將軍出必有偏裨，所以揚威武，參計策，將軍又何疑焉？夫愛吏士，得衆心，舉而無悔，禽敵必全，將軍之職也。若乃轉輸之費，則有司存，將軍勿憂。須奮武將軍兵到，合擊羌虜。」〔一〇〕

〔一〕師古曰：「讓，責也，責其不須大將。」
〔二〕師古曰：「官爲右將軍而將兵在外，故謂之將兵右將軍也。」
〔三〕如淳曰：「不敢當敵攻戰，爲畔敵也。」
〔四〕師古曰：「言未嘗當羌虜，不測其形便。」
〔五〕師古曰：「言將軍恩惠未洽於士卒，又不能明其約誓，使在下信也。」
〔六〕師古曰：「近所，隨近之處也。日夜，言兼行不休息也。詣，詣軍所。」
〔七〕師古曰：「助其守。」
〔八〕劉德曰：「㝹音辱，羌別種也。彀者，謂能張弩者也。彀音工豆反。㚃音力追反。㝹音乃彀反。」
〔九〕師古曰：「言令速至軍所也。」
〔一〇〕師古曰：「須，待也。」

十月，兵畢至隴西。十一月，並進。羌虜大破，斬首數千級，餘皆走出塞。兵未決間，漢復發募士萬人，拜定襄太守韓安國爲建威將軍。〔一〕未進，聞羌破，還。上曰：「羌虜破散創艾，亡〔逃〕出塞，〔二〕其罷吏士，頗留屯田，備要害處。」

〔一〕師古曰：「自別有此安國，非武帝時人也。」
〔二〕師古曰：「創艾謂懲懼也。創音初向反。艾讀曰乂。」

明年二月，奉世還京師，更爲左將軍，光祿勳如故。其後錄功拜爵，下詔曰：「羌虜桀黠，賊害吏民，攻隴西府寺，燔燒置亭，〔一〕絕道橋，甚逆天道。左將軍光祿勳奉世前將兵征討，斬捕首虜八千餘級，鹵馬牛羊以萬數。賜奉世爵關內侯，食邑五百戶，黃金六十斤。」裨將、校尉三十餘人，皆拜。

〔一〕師古曰：「置謂置驛之所也。」

後歲餘，奉世病卒。居爪牙官前後十年，爲折衝宿將，功名次趙充國。

奮武將軍任千秋者，其父宮，昭帝時以丞相徵事捕斬反者左將軍上官桀，封侯，宣帝時爲太常，薨。千秋嗣後，復爲太常。成帝時，樂昌侯王商代奉世爲左將軍，而千秋爲右將軍，後亦爲左將軍。子孫傳國，至王莽乃絕云。

奉世死後二年，西域都護甘延壽以誅郅支單于封爲列侯。時丞相匡衡亦用延壽矯制生事，據蕭望之前議，以爲不當封，而議者咸美其功，上從衆而侯之。於是杜欽上疏，追訟奉世前功曰：「前莎車王殺漢使者，約諸國背畔。〔一〕左將軍奉世以衞候便宜發兵誅莎車王，策定城郭，功施邊境。〔二〕議者以奉世奉使有指，春秋之義亡遂事，漢家之法有矯制，〔三〕故不得侯。今匈奴郅支單于殺漢使者，亡保康居，都護延壽發城郭兵屯田吏士四萬餘人以誅斬之，封爲列侯。臣愚以爲比罪則郅支薄，量敵則莎車衆，用師則奉世寡，計勝則奉世爲功於邊境安，慮敗則延壽爲禍於國家深。其違命而擅生事同，延壽割地封，而奉世獨不錄。臣聞功同賞異則勞臣疑，罪鈞刑殊則百姓惑；疑生無常，惑生不知所從；亡常則節趨不立，〔四〕不知所從則百姓無所（措）〔錯〕手足。〔五〕奉世圖難忘死，信命殊俗，〔六〕威功白著，爲世使表，〔七〕獨抑厭而不揚，〔八〕非聖主所以塞疑厲節之意也。願下有司議。」上以先帝時事，不復錄。

〔一〕師古曰：「約謂共爲契約。」
〔二〕師古曰：「城郭者，謂西域諸國爲城郭而居者。」
〔三〕師古曰：「無遂事者，謂臨時制宜，前事不可必遂也。漢家之法，擅矯詔命，雖有功勞不加賞也。」
〔四〕師古曰：「趨讀曰趣。趣謂意所嚮。」
〔五〕師古曰：「錯，置也，音千故反。」
〔六〕師古曰：「圖難，謀除國難也。信讀曰伸。」
〔七〕師古曰：「白著謂顯明也。表猶首。」
〔八〕師古曰：「厭音一涉反。」

奉世有子男九人，女四人。長女媛以選充後宮，爲元帝昭儀，產中山孝王。元帝崩，媛爲中山太后，隨王就國。奉世長子譚，太常舉孝廉爲郎，功次補天水司馬。〔一〕奉世擊西羌，譚爲校尉，隨父從軍有功，未拜病死。譚弟野王、逡、立、參至大官。〔二〕

〔一〕如淳曰：「漢注邊郡置都尉及千人、司馬，皆不治民也。」
〔二〕師古曰：「逡音千旬反。」

野王字君卿，受業博士，通詩。少以父任爲太子中庶子。年十八，上書願試守長安令。宣帝奇其志，問丞相魏相，相以爲不可許。後以功次補當陽長，遷爲櫟陽令，徙夏陽令。元帝時，遷隴西太守，以治行高，入爲左馮翊。歲餘，而池陽令並素行貪汙，輕野王外戚年少，治行不改。野王部督郵掾祋祤趙都〔一〕案驗，得其主守盜十金罪，收捕。並不首吏，〔二〕都格殺。並家上書陳冤，事下廷尉。都詣吏自殺以明野王，京師稱其威信，遷爲大鴻臚。

〔一〕師古曰：「都，祋祤人而爲掾也。祋音丁活反，又音丁外反。祤音許羽反。」
〔二〕師古曰：「不首吏，謂不伏從收捕也。」

數年，御史大夫李延壽病卒，在位多舉野王。上使尚書選第中二千石，〔一〕而野王行能第一。上曰：「吾用野王爲三公，後世必謂我私後宮親屬，以野王爲比。」〔二〕乃下詔曰：「剛彊堅固，確然亡欲，大鴻臚野王是也。心辨善辭，可使四方，少府五鹿充宗是也。廉絜節

儉，太子少傅張譚是也。其以少傅爲御史大夫。」上繇下第而用譚，〔三〕越次避嫌不用野王，以昭儀兄故也。野王乃歎曰：「人皆以女寵貴，我兄弟獨以賤！」野王雖不爲三公，甚見器重，有名當世。

〔一〕師古曰：「定其高下之差也。」
〔二〕師古曰：「比，例也，音必寐反。」
〔三〕師古曰：「繇讀與由同。」

成帝立，有司奏野王王舅，不宜備九卿。以秩出爲上郡太守，〔一〕加賜黃金百斤。朔方刺史蕭育奏封事，薦言「野王行能高妙，內足與圖身，外足以慮化。〔二〕竊惜野王懷國之寶，而不得陪朝廷與朝者並。野王前以王舅出，以賢復入，明國家樂進賢也。」上自爲太子時聞知野王。會其病免，復以故二千石使行河隄，因拜爲琅邪太守。是時，成帝長舅陽平侯王鳳爲大司馬大將軍，輔政八九年矣，時數有災異，京兆尹王章譏鳳顓權不可任用，薦野王代鳳。上初納其言，而後誅章，語在元后傳。於是野王懼不自安，遂病，滿三月賜告，與妻子歸杜陵就醫藥。大將軍鳳風御史中丞劾奏野王〔三〕賜告養病而私自便，〔四〕持虎符出界歸家，奉詔不敬。杜欽時在大將軍莫府，欽素高野王父子行能，奏記於鳳，爲野王言曰：「竊見令曰，吏二千石告，過長安謁，〔五〕不分別予賜。〔六〕今有司以爲予告得歸，賜告不得，是一

律兩科，失省刑之意。〔七〕夫三最予告，令也；〔八〕病滿三月賜告，詔恩也。令告則得，詔恩則不得，失輕重之差。又二千石病賜告得歸有故事，不得去郡亡著令。〔九〕傳曰：『賞疑從予，所以廣恩勸功也；〔一〇〕罰疑從去，所以慎刑，闕難知也。』〔一一〕今釋令與故事而假不敬之法，〔一二〕甚違闕疑從去之意。即以二千石守千里之地，任兵馬之重，不宜去郡，將以制刑爲後法者，則野王之罪，在未制令前也。刑賞大信，不可不慎。」鳳不聽，竟免野王。郡國二千石病賜告不得歸家，自此始。

〔一〕如淳曰：「以鴻臚秩爲太守。」
〔二〕師古曰：「圖，謀；慮，思也。」
〔三〕師古曰：「風讀曰諷。」
〔四〕師古曰：「便，安也，音頻面反。」
〔五〕如淳曰：「謁者，自白得告也。律，吏二千石以上告歸歸寧，道不過行在所者，便道之官無辭。」
〔六〕如淳曰：「予，予告也。賜，賜告也。」
〔七〕師古曰：「省，減也，音所領反。」
〔八〕師古曰：「在官連有三最，則得予告也。」
〔九〕如淳曰：「律施行無不得去郡之文也。」
〔一〇〕師古曰：「疑當賞不當賞則與之，疑厚薄則從厚。」

〔一一〕師古曰：「疑當罰不當罰則赦之，疑輕重則從輕。」
〔一二〕師古曰：「釋，廢棄也。假謂假託法律而致其罪。」

初，野王嗣父爵爲關內侯，免歸。數年，年老，終于家。子座嗣爵，〔一〕至孫坐中山太后事絕。

〔一〕師古曰：「座音才戈反。」

逡字子產，通易。太常察孝廉爲郎，補謁者。建昭中，選爲復土校尉。光祿勳于永舉茂材，爲美陽令。功次遷長樂屯衞司馬，清河都尉，隴西太守。治行廉平，年四十餘卒。爲都尉時，言河隄方略，在溝洫志。

立字聖卿，通春秋。以父任爲郎，稍遷諸曹。竟寧中，以王舅出爲五原屬國都尉。數年，遷五原太守，徙西河、上郡。立居職公廉，治行略與野王相似，而多知有恩貸，〔一〕好爲條教。吏民嘉美野王、立相代爲太守，歌之曰：「大馮君，小馮君，兄弟繼踵相因循，聰明賢知惠吏民，政如魯、衞德化鈞，周公、康叔猶二君。」〔二〕後還爲東海太守，下溼病痺。〔三〕天子聞之，徙立爲太原太守。更歷五郡，〔四〕所居有迹。年老卒官。

〔一〕師古曰：「貸音吐戴反。」
〔二〕師古曰：「論語稱孔子曰『魯衞之政，兄弟也。』言周公、康叔親則兄弟，治國之政又相似。」
〔三〕師古曰：「東海土地下溼，故立病痺也。痺音必寐反。」
〔四〕師古曰：「更音工衡反。」

參字叔平，學通尚書。少爲黃門郎給事中，宿衞十餘年。參爲人矜嚴，好修容儀，進退恂恂，甚可觀也。〔一〕參，昭儀少弟，行又敕備，以嚴見憚，終不得親近侍帷幄。竟寧中，以王舅出補渭陵食官令。〔二〕以數病徙爲寢中郎，〔三〕有詔勿事。〔四〕陽朔中，中山王來朝，參擢爲上河農都尉。〔五〕病免官，復爲渭陵寢中郎。永始中，超遷代郡太守。以邊郡道遠，徙爲安定太守。數歲，病免，復爲諫大夫，使領護左馮翊都水。綏和中，立定陶王爲皇太子，以中山王見廢，〔六〕故封王舅參爲宜鄉侯，以慰王意。參之國，上書願至中山見王、太后。行未到而王薨。王病時，上奏願貶參爵以關內侯食邑留長安。上憐之，下詔曰：「中山孝王短命早薨，願以舅宜鄉侯參爲關內侯，歸家，朕甚愍之。其還參京師，以列侯奉朝請。」五侯皆敬憚之。〔七〕丞相翟方進亦甚重焉，數謂參：「物禁太甚。〔八〕君侯以王舅見廢，不得在公卿位，今五侯至尊貴也，與之並列，宜少詘節卑體，視有所宗。〔九〕而君侯盛修容貌以威嚴加

之，此非所以下五侯而自益著也。」〔10〕參性好禮儀，終不改其恆操。頃之，哀帝即位，帝祖母傅太后用事，追怨參姊中山太后，陷以祝詛大逆之罪，語在外戚傳。參以同產當相坐，謁者承制召參詣廷尉，參自殺。且死，仰天歎曰：「參父子兄弟皆備大位，身至封侯，今被惡名而死，姊弟不敢自惜，傷無以見先人於地下！」死者十七人，衆莫不憐之。宗族徙歸故郡。

〔一〕師古曰：「恂恂，謹信之貌，音荀。」
〔二〕如淳曰：「給陵上祭祀之事。」
〔三〕師古曰：「亦渭陵之寢郎也。」
〔四〕張晏曰：「不與勞役，職事擾之。」師古曰：「雖居其官，不親職也。」
〔五〕師古曰：「上河在西河富平，於此爲農都尉。」
〔六〕師古曰：「見廢，謂不得爲漢嗣也。」
〔七〕師古曰：「王氏五侯也。」
〔八〕師古曰：「言萬物之禁，在於太甚，人道亦當隨時，不宜獨異。」
〔九〕師古曰：「視讀曰示。宗，尊也。」
〔10〕師古曰：「下音胡亞反。」

贊曰：詩稱「抑抑威儀，惟德之隅」。〔一〕宜鄉侯參鞠躬履方，擇地而行，〔二〕可謂淑人君子，然卒死於非罪，不能自免，〔三〕哀哉！讒邪交亂，貞良被害，自古而然。故伯奇放流，〔四〕孟子宮刑，〔五〕申生雉經，〔六〕屈原赴湘，〔七〕小弁之詩作，離騷之辭興。〔八〕經曰：「心之憂矣，涕既隕之。」〔九〕馮參姊弟，亦云悲矣！

〔一〕師古曰：「大雅抑之詩也。抑抑，密也。隅，廉也。言有密靜之德，著於威儀，則其持心有廉隅。」
〔二〕師古曰：「鞠躬，謹敬貌。履方，蹈方直之道也。鞠音居六反。」
〔三〕師古曰：「卒，終也。」
〔四〕師古曰：「說苑云王國子前母子伯奇，後母子伯封，兄弟相重。後母欲令其子立爲太子，乃譖伯奇，而王信之，乃放伯奇也。」
〔五〕張晏曰：「寺人孟子，賢者，被讒見宮刑，作巷伯之詩也。」
〔六〕師古曰：「國語云晉獻公黜太子申生，乃雉經于新城之廟。舊爲俛頸閉氣而死，若雉之爲。」
〔七〕師古曰：「楚辭漁父之篇云屈原曰『寧赴湘流，葬於江魚腹中』也。」
〔八〕師古曰：「小弁，小雅篇名也，太子之傅作焉，刺幽王信讒，黜申后而放太子宜咎也。離騷經，屈原所作也。離，遭也。騷，憂也。遭憂而作辭。弁音盤。」
〔九〕師古曰：「即小弁之詩也。隕，墜也。」

校勘記

三二九五頁五行 萬年，其(名王)〔王名〕也。景祐、殿本都作「王名」。王先謙說作「王名」是。
三二九六頁五行 是(歲時)〔時，歲〕比不登，景祐、殿本都作「時歲」，此誤倒。
三二九七頁二行 比，(類)〔頻〕也。景祐、殿本都作「頻」，此誤。
三二九八頁五行 不須(復)煩大將。景祐、殿本都無「復」字。
三二九九頁一五行 羌虜破散創艾，亡〔逃〕出塞。景祐、殿本都有「逃」字。
三三〇一頁四行 不知所從則百姓無所(措)〔錯〕手足。殿本作「錯」。王先謙說，據注，正文「措」當作「錯」。

漢書卷八十

宣元六王傳第五十

孝宣皇帝五男。許皇后生孝元帝，張倢伃生淮陽憲王欽，衞倢伃生楚孝王囂，〔一〕公孫倢伃生東平思王宇，戎倢伃生中山哀王竟。

〔一〕師古曰：「囂音敖。」

淮陽憲王欽，元康三年立，母張倢伃有寵於宣帝。霍皇后廢後，上欲立張倢伃爲后。久之，懲艾霍氏欲害皇太子，〔一〕乃更選後宮無子而謹愼者，乃立長陵王倢伃爲后，令母養太子。后無寵，希御見，唯張倢伃最幸。而憲王壯大，好經書法律，聰達有材，帝甚愛之。太子寬仁，喜儒術，〔二〕上數嗟歎憲王，曰：「眞我子也！」常有意欲立張倢伃與憲王，然用太子起於微細，上少依倚許氏，〔三〕及即位而許后以殺死，太子蚤失母，故弗忍也。〔四〕久之，上以故丞相韋賢子玄成陽狂讓侯兄，經明行高，稱於朝廷，乃召拜玄成爲淮陽中尉，欲感諭

憲王，輔以推讓之臣，由是太子遂安。宣帝崩，元帝即位，乃遣憲王之國。

〔一〕師古曰：「艾讀曰乂。乂，創也。」
〔二〕師古曰：「喜，好也，音許吏反。」
〔三〕師古曰：「倚音於起反。」
〔四〕師古曰：「蚤，古早字也。」

時張倢伃已卒，憲王有外祖母，舅張博兄弟三人歲至淮陽見親，〔一〕輒受王賜。後王上書，請徙外家張氏於國，博上書，願留守墳墓，獨不徙。王恨之。後博至淮陽，王賜之少。博言：「負責數百萬，〔二〕願王爲償。」王不許。博辭去，令弟光恐（王）云王遇大人益解，〔三〕博欲上書爲大人乞骸骨去。王乃遣人持黃金五十斤送博。博喜，還書謝，〔四〕爲諂語盛稱譽王，因言：「當今朝廷無賢臣，災變數見，足爲寒心。萬姓咸歸望於大王，大王奈何恬然〔五〕不求入朝見，輔助主上乎？」使弟光數說王宜聽博計，令於京師說用事貴人爲王求朝。王不納其言。

〔一〕師古曰：「憲王外祖母隨王在淮陽，博等每來謁見其母。」
〔二〕師古曰：「責謂假貸人財物未償者也。責音側懈反。」
〔三〕師古曰：「恐謂怖動也。大人，博自稱其母也。解讀曰懈。」
〔四〕師古曰：「還書，報書。」
〔五〕師古曰：「恬然，安靜貌也。恬音大敎反。」

後光欲至長安，辭王，復言「願盡力與博共爲王求朝。」王即日至長安，可因平陽侯。」光得王欲求朝語，馳使人語博。博知王意動，復遺王書曰：「博幸得肺腑，〔一〕數進愚策，未見省察。北游燕趙，欲循行郡國求幽隱之士，聞齊有駟先生者，善爲司馬兵法，大將之材也，博得謁見，承間進問五帝三王究竟要道，卓爾非世俗之所知。〔二〕今邊境不安，天下騷動，微此人其莫能安也。〔三〕又聞北海之瀕有賢人焉，〔四〕累世不可逮，然難致也。〔五〕得此二人而薦之，功亦不細矣。博願馳西以此赴助漢急，無財幣以通顯之。趙王使謁者持牛酒，黃金三十斤勞博，博不受；〔六〕復使人願尙女，聘金二百斤，博未許。〔七〕會得光書云大王已遣光西，與博并力求朝。博自以棄捐，不意大王還意反義，結以朱顏，〔八〕願殺身報德。朝事何足言！大王誠賜咳唾，使得盡死，湯禹所以成大功也。駟先生蓄積道術，書無不有，〔九〕願知大王所好，請得輒上。」王得書喜說，〔一〇〕報博書曰：「子高乃幸左顧存恤，發心惻隱，〔一一〕顯至誠，納以嘉謀，語以至事，〔一二〕雖亦不敏，敢不諭意！〔一三〕今遣有司爲子高償責二百萬。」

〔一〕師古曰：「自云於王有親也。」
〔二〕師古曰：「卓爾，高遠貌也。自言見駟先生問以要道，知其高遠也。」
〔三〕師古曰：「微，無也。」

〔四〕師古曰：「瀕，涯也，音頻，又音賓。」
〔五〕師古曰：「逮，及也，言其材智不可及也。致，至也。難得召而至也。」
〔六〕師古曰：「勞謂問遺之，音來到反。」
〔七〕師古曰：「尙女者，王欲取博女以自配也。」
〔八〕師古曰：「還猶回也。」
〔九〕師古曰：「言凡是書籍皆有之。」
〔一〇〕如淳曰：「上與王也。」
〔一一〕師古曰：「左顧猶言枉顧也。」
〔一二〕師古曰：「以至極之事告語我。」
〔一三〕師古曰：「諭，曉也。」

是時，博女壻京房以明易陰陽得幸於上，數召見言事。自謂爲石顯、五鹿充宗所排，謀不得用，數爲博道之。博常欲誑耀淮陽王，即具記房諸所說災異及召見密語，持予淮陽王以爲信驗，詐言「已見中書令石君求朝，許以金五百斤。賢聖制事，蓋慮功而不計費。〔一〕昔禹治鴻水，百姓罷勞，〔二〕成功既立，萬世賴之。今聞陛下春秋未滿四十，髮齒墮落，太子幼弱，佞人用事，陰陽不調，百姓疾疫飢饉死者且半，鴻水之害殆不過此。〔三〕大王緒欲救世，〔四〕將比功德，何可以忽？〔五〕博已與大儒知道者爲大王爲便宜奏，〔六〕陳安危，指災異，

大王朝見，先口陳其意而後奏之，上必大說。〔七〕事成功立，大王即有周、邵之名，邪臣散亡，公卿變節，功德亡比，而梁、趙之寵必歸大王，〔八〕外家亦將富貴，何復望大王之金錢？」王喜說，〔九〕報博書曰：「乃者詔下，止諸侯朝者，寡人憯然不知所出。〔一〇〕子高素有顏冉之資，臧武之智，〔一一〕子貢之辯，〔一二〕卞莊子之勇，〔一三〕兼此四者，世之所鮮。〔一四〕既開端緒，願卒成之。〔一五〕求朝，義事也，奈何行金錢乎！」博報曰：「已許石君，須以成事。」〔一六〕王以金五百斤予博。

〔一〕師古曰：「志在成功，不惜財費也。」

〔二〕師古曰：「罷讀曰疲。」

〔三〕師古曰：「謂堯時水災不大於今。」

〔四〕師古曰：「緒，業也，一曰始爲端緒。」

〔五〕師古曰：「言比功德於古帝王也。忽，怠忘也。」

〔六〕師古曰：「大儒知道，謂京房也。道，道術也。」

〔七〕師古曰：「說讀曰悅。」

〔八〕如淳曰：「梁王，景帝弟，欲爲嗣。趙王如意幾代惠帝也。」

〔九〕師古曰：「說讀曰悅。」

〔一〇〕師古曰：「憯，痛也。不知計策何所出也。憯音才感反。」

〔一一〕師古曰：「顏，顏回也。冉，冉耕也，字伯牛。皆孔子弟子。論語稱孔子曰：『德行顏淵、閔子騫、冉伯牛、仲弓。』臧武者，魯大夫臧武仲也，名紇。論語稱孔子曰『若臧武仲之智』，故王引之爲言也。」

〔一二〕師古曰：「論語稱孔子云『言語，宰我、子貢』。」

〔一三〕師古曰：「卞莊子，古之勇士。」

〔一四〕師古曰：「鮮，少也，音先踐反。」

〔一五〕師古曰：「卒，終也。」

〔一六〕師古曰：「須，待也。」

會房出爲郡守，離左右，顯具得此事告之。房漏泄省中語，博兄弟詿誤諸侯王，誹謗政治，狡猾不道，皆下獄。有司奏請逮捕欽，上不忍致法，遣諫大夫王駿賜欽璽書曰：「皇帝問淮陽王。有司奏王，王舅張博數遺王書，非毀政治，謗訕天子，褒舉諸侯，稱引周、湯，以諂惑王，〔一〕所言尤惡，悖逆無道。王不舉奏而多與金錢，報以好言，辠至不赦，朕惻焉不忍聞，〔二〕爲王傷之。推原厥本，不祥自博，〔三〕惟王之心，匪同于凶。已詔有司勿治王事，遣諫大夫駿申諭朕意。〔四〕詩不云乎？『靖恭爾位，正直是與。』〔五〕王其勉之！

〔一〕師古曰：「諂，古諂字也。」

〔二〕師古曰：「惻，痛也。」

〔三〕師古曰：「祥，善也。自，從也。不善之事，從博起也。」

〔四〕師古曰：「申謂約束之。」

〔五〕師古曰：「大雅小明之詩也。與，偕也。言人能安靜而恭以守其位，偕於正直，則明神聽之，用錫福善。」

駿諭指曰：〔一〕「禮爲諸侯制相朝聘之義，蓋以考禮壹德，尊事天子也。〔二〕且王不學詩乎？詩云：『俾侯於魯，爲周室輔。』〔三〕今王舅博數遺王書，所言悖逆。王幸受詔策，通經術，〔四〕知諸侯名譽不當出竟。〔五〕天子普覆，德布於朝，而恬有博言，〔六〕多予金錢，與相報應，不忠莫大焉。故事，諸侯王獲罪京師，罪惡輕重，縱不伏誅，必蒙遷削貶黜之罪，〔七〕未有但已者也。〔八〕今聖主赦王之罪，又憐王失計忘本，爲博所惑，加賜璽書，使諫大夫申諭至意，殷勤之恩，豈有量哉！博等所犯（罪）惡大，羣下之所共攻，王法之所不赦也。自今以來，王毋復以博等累心，〔九〕務與衆棄之。春秋之義，大能變改。〔一〇〕易曰『藉用白茅，无咎』，〔一一〕言臣子之道，改過自新，絜己以承上，然後免於咎也。王其留意慎戒，惟思所以悔過易行，塞重責，稱厚恩者。〔一二〕如此，則長有富貴，社稷安矣。」

〔一〕師古曰：「璽書之外，天子又有指意，并令駿曉告於王也。」

〔二〕師古曰：「考，成也。壹德謂不二其心也。」

〔三〕師古曰：「魯頌閟宮之詩也。言立周公子伯禽，使爲諸侯於魯國而作周家之藩輔。」

〔四〕如淳曰：「詔策，若廣陵王策曰『無邇宵人，毋作匪德』也。經術之義，不得內交。」

〔五〕師古曰：「竟讀曰境。」

〔六〕師古曰：「恬，安也。聞博邪言，安而受之。」

〔七〕師古曰：「故事者，言舊制如此也。」

〔八〕師古曰：「但，徒也，空也。已，止也。未有空然而止者也。」

〔九〕師古曰：「累音力瑞反。」

〔一〇〕師古曰：「以有過而能變改者爲大。」

〔一一〕師古曰：「此大過初六爻辭也。茅者，絜白之物，取其自然，故用藉致享於神，慎之至也。」

〔一二〕師古曰：「塞猶補也。稱，副也。」

於是淮陽王欽免冠稽首謝曰：「奉藩無狀，〔一〕過惡暴列，〔二〕陛下不忍致法，加大恩，遣使者申諭道術守藩之義。伏念博罪惡尤深，當伏重誅。臣欽願悉心自新，奉承詔策。〔三〕頓首死罪。」

〔一〕師古曰：「無善狀。」

〔二〕師古曰：「暴謂章顯也。」

〔三〕師古曰：「悉，盡也。」

京房及博兄弟三人皆棄市，妻子徙邊。

至成帝即位，以淮陽王屬爲叔父，敬寵之，異於它國。王上書自陳舅張博時事，頗爲石顯等所侵，因爲博家屬徙者求還。丞相御史復劾欽：「前與博相遺私書，指意非諸侯王所

宜，蒙恩勿治，事在赦前。不悔過而復稱引，自以爲直，失藩臣體，不敬。」上加恩，許王還徙者。

三十六年薨。子文王玄嗣，二十六年薨。子縯嗣，〔一〕王莽時絕。

〔一〕孟康曰：「縯音引。」師古曰：「音弋善反。」

楚孝王囂，甘露二年立爲定陶王，三年徙楚。成帝河平中入朝，時被疾，天子閔之，下詔曰：「蓋聞『天地之性人爲貴，人之行莫大於孝』。〔一〕楚王囂素行孝順仁慈，之國以來二十餘年，孅介之過未嘗聞，朕甚嘉之。今乃遭命，離于惡疾，〔二〕夫子所痛，曰：『蔑之，命矣夫，斯人也而有斯疾也！』〔三〕朕甚閔焉。夫行純茂而不顯異，則有國者將何勖哉？〔四〕書不云乎？『用德章厥善。』〔五〕今王朝正月，詔與子男一人俱，〔六〕其以廣戚縣戶四千三百封其子勳爲廣戚侯。」明年，囂薨。子懷王文嗣，一年薨，無子，絕。明年，成帝復立文弟平陸侯衍，是爲思王。二十一年薨，子紆嗣，王莽時絕。

〔一〕師古曰：「孝經載孔子之言。」

〔二〕師古曰：「離亦遭也。」

〔三〕師古曰：「夫子，孔子也。論語云伯牛有疾，子問之，自牖執其手，曰：『蔑之，命矣夫，斯人也而有斯疾也！』蔑，無

也。言命之所遭，無有善惡，如斯善人而有如此惡疾，深痛之也。」

〔四〕師古曰：「純，大也。一曰善也。茂，美也。勖，勉厲也。」

〔五〕師古曰：「商書盤庚之辭也。言褒賞有德以明其善行。」

〔六〕師古曰：「從王入朝也。」

初，成帝時又立紆弟景爲定陶王。廣戚侯勳薨，謚曰煬侯，子顯嗣。平帝崩，無子，王莽立顯子嬰爲孺子，奉平帝後。莽篡位，以嬰爲定安公。漢既誅莽，更始時嬰在長安，平陵方望等頗知天文，以爲更始必敗，嬰本統當立者也，〔一〕共起兵將嬰至臨涇，立爲天子。更始遣丞相李松擊破殺嬰云。

〔一〕師古曰：「言其屬已繼平帝後當正統。」

東平思王宇，甘露二年立。元帝即位，就國。壯大，通姦犯法，〔一〕上以至親貰弗罪，傅相連坐。〔二〕

〔一〕師古曰：「與姦猾交通，好犯法。」

〔二〕師古曰：「頻坐王獲罪。」

久之，事太后，內不相得，太后上書言之，求守杜陵園。〔一〕上於是遣太中大夫張子蟜〔二〕奉璽書敕諭之，〔三〕曰：「皇帝問東平王。蓋聞親親之恩莫重於孝，尊尊之義莫大於忠，故諸侯在位不驕以致孝道，制節謹度以翼天子，〔四〕然後富貴不離於身，而社稷可保。今聞王自修有闕，本朝不和，〔五〕流言紛紛，謗自內興，朕甚憯焉，爲王懼之。〔六〕詩不云乎？『毋念爾祖，述修厥德，永言配命，自求多福。』〔七〕朕惟王之春秋方剛，〔八〕忽於道德，〔九〕意有所移，忠言未納，〔一〇〕故臨遣太中大夫子蟜諭王朕意。〔一一〕孔子曰：『過而不改，是謂過矣。』〔一二〕王其深惟孰思之，無違朕意。」

〔一〕張晏曰：「宣帝陵也。宮人無子，乃守園陵也。」

〔二〕師古曰：「蟜字或作僑，並音鉅昭反。」

〔三〕師古曰：「約敕而曉告之也。」

〔四〕師古曰：「翼，佐也。」

〔五〕師古曰：「謂東平國之朝也。」

〔六〕師古曰：「憯，痛也，音千感反。」

〔七〕師古曰：「大雅文王之詩也。無念，念也。言當念爾先祖之道，修其德，則長配天命，此乃所以自求多福。」

〔八〕師古曰：「言其年少血氣盛。」

〔九〕師古曰：「忽，遺忘也。」

〔一〇〕師古曰：「謂漸染其惡人而移其性，未受忠言也。」

〔一一〕師古曰：「親臨遣之，令以朕意曉告王。」

〔一二〕師古曰：「論語載孔子之言也。謂人有失行，許以自新。」

又特以璽書賜王太后，曰：「皇帝使諸吏宦者令承問東平王太后。朕有聞，〔一〕王太后少加意焉。夫福善之門莫美於和睦，患咎之首莫大於內離。今東平王出繈褓之中而託于南面之位，加以年齒方剛，涉學日寡，驁忽臣下，〔二〕不自它於太后，〔三〕以是之間，能無失禮義者，其唯聖人乎！傳曰：『父爲子隱，直在其中矣。』〔四〕王太后明察此意，不可不詳。閨門之內，母子之間，同氣異息，骨肉之恩，豈可忽哉！豈可忽哉！昔周公戒伯禽曰：『故舊無大故，則不可棄也，毋求備於一人。』〔五〕夫以故舊之恩，猶忍小惡，而況此乎！已遣使者諭王，王既悔過服罪，太后寬忍以貰之，〔六〕後宜不敢。〔七〕王太后彊餐，止思念，慎疾自愛。」

〔一〕師古曰：「言母子不和也。不欲指斥言之，故云有聞也。」

〔二〕師古曰：「驁讀（曰）〔與〕傲同。」

〔三〕李奇曰：「不自它者，親之辭也。」師古曰：「言不自同它人。」

〔四〕師古曰：「論語云葉公謂孔子曰：『吾黨有直躬者，其父攘羊而子證之。』孔子曰：『吾黨之直者異於是，父爲子隱，子爲父隱，直在其中矣。』故引之也。」

〔五〕師古曰：「事見論語。言人有小惡，當思其善，不可責以備行而即棄之耳。」

〔六〕師古曰：「貰猶緩。」

〔七〕師古曰：「言王於後當不敢更爲非也。」

宇慙懼，因使者頓首謝死罪，願洒心自改。〔一〕詔書又敕傅相曰：「夫人之性皆有五常，及其少長，耳目牽於耆欲，〔二〕故五常銷而邪心作，情亂其性，利勝其義，〔三〕而不失厥家者，未之有也。今王富於春秋，氣力勇武，獲師傅之教淺，加以少所聞見，自今以來，非五經之正術，敢以游獵非禮道王者，輒以名聞。」〔四〕

〔一〕師古曰：「洒音先弟反。」
〔二〕師古曰：「耆讀曰嗜。」
〔三〕張晏曰：「性者，所受而生也。情者，見物而動者也。」
〔四〕師古曰：「道讀曰導。」

宇立二十年，元帝崩。宇謂中謁者信等曰：「漢大臣議天子少弱，未能治天下，以為我知文法，建欲使我輔佐天子。〔一〕我見尚書晨夜極苦，使我為之，不能也。今暑熱，縣官年少，〔二〕持服恐無處所，〔三〕我危得之！」〔四〕比至下，宇凡三哭，〔五〕飲酒食肉，妻妾不離側。又姬朐臑故親幸，後疏遠，〔六〕數歎息呼天。宇聞，斥朐臑為家人子，〔七〕掃除永巷，數笞擊之。朐臑私疏宇過失，數令家告之。宇覺知，絞殺朐臑。有（詔）〔司〕奏請逮捕，有詔削樊、亢父二縣。〔八〕後三歲，天子詔有司曰：「蓋聞仁以親親，古之道也。前東平王有闕，〔九〕有司請廢，朕不忍。又請削，朕不敢專。惟王之至親，未嘗忘於心。今聞王改行自新，尊修經

術，親近仁人，非法之求，不以奸吏，〔一〇〕朕甚嘉焉。傳不云乎？朝過夕改，君子與之。其復前所削縣如故。」〔一一〕

〔一〕師古曰：「建謂立其議。」
〔二〕張晏曰：「不敢指斥成帝，謂之縣官也。」
〔三〕如淳曰：「言不從道，冀如昌邑王也。」
〔四〕孟康曰：「危，殆也。我殆得為天子也。」師古曰：「危者，猶今之言險不得之也。」
〔五〕張晏曰：「下，下棺也。」師古曰：「比音必寐反。」
〔六〕服虔曰：「朐音劬。臑音奴溝反，又音奴皐反。」
〔七〕師古曰：「黜其秩位。」
〔八〕師古曰：「音抗甫。」
〔九〕師古曰：「闕謂過失也。」
〔一〇〕師古曰：「奸音干。」
〔一一〕師古曰：「復音扶目反。」

後年來朝，上疏求諸子及太史公書，上以問大將軍王鳳，對曰：「臣聞諸侯朝聘，考文章，正法度，非禮不言。今東平王幸得來朝，不思制節謹度，以防危失，〔一〕而求諸書，非朝聘之義也。諸子書或反經術，非聖人，或明鬼神，信物怪；〔二〕太史公書有戰國從横權譎之謀，漢興之初謀臣奇策，天官災異，地形阸塞：皆不宜在諸侯王。不可予。不許之辭宜曰：『五經聖人所制，萬事靡不畢載。王審樂道，傅相皆儒者，旦夕講誦，足以正身虞意。〔三〕夫小辯破義，小道不通，致遠恐泥，皆不足以留意。〔四〕諸益於經術者，不愛於王。』」〔五〕對奏，天子如鳳言，遂不與。

〔一〕師古曰：「危失謂失道而傾危也。」
〔二〕師古曰：「物亦鬼。」
〔三〕師古曰：「虞與娛同也。」
〔四〕師古曰：「論語稱孔子曰：『雖小道必有可觀者焉，致遠恐泥，是以君子不為也。』泥謂陷滯不通也，音乃細反。」
〔五〕師古曰：「愛，惜也，於王無所惜。」

立三十三年薨，〔一〕子煬王雲嗣。哀帝時，無鹽危山土自起覆草，如馳道狀，又瓠山石轉立。〔二〕雲及后謁自之石所祭，治石象瓠山〔三〕立石，束倍草，并祠之。〔四〕建平三年，息夫躬、孫寵等共因幸臣董賢告之。是時，哀帝被疾，多所惡，事下有司，逮王、后謁下獄驗治，言使巫傅恭、婢合歡等祠祭詛祝上，〔五〕為雲求為天子。雲又與知災異者高尚等指星宿，言上疾必不愈，雲當得天下。石立，宣帝起之表也。有司請誅王，有詔廢徙房陵。雲自殺，謁棄市。立十七年，國除。

〔一〕師古曰：「皇覽云東平思王冢在無鹽，人傳言王在國思歸京師，後葬，其冢上松柏皆西靡也。」
〔二〕晉灼曰：「漢注作報山。山脅石一枚，轉側起立，高九尺六寸，旁行一丈，廣四尺也。」師古曰：「報山，山名也。古作瓠字，為其形似瓠耳。晉說是也。」
〔三〕蘇林曰：「於宮中作山象。」
〔四〕師古曰：「倍草，黃倍草也，音步賄反。」
〔五〕如淳曰：「傅恭，巫姓字。」

元始元年，王莽欲反哀帝政，〔一〕白太皇太后，立雲太子開明為東平王，又立思王孫成都為中山王。開明立三年，薨，無子。復立開明兄嚴鄉侯信子匡為東平王，奉開明後。王莽居攝，東郡太守翟義與嚴鄉侯信謀舉兵誅莽，立信為天子。兵敗，皆為莽所滅。

〔一〕師古曰：「改其所為也。」

中山哀王竟，初元二年立為清河王。三年，徙中山，以幼少未之國。建昭四年，薨邸，葬杜陵，無子，絕。太后歸居外家戎氏。

孝元皇帝三男。王皇后生孝成帝，傅昭儀生定陶共王康，〔一〕馮昭儀生中山孝王興。

[一]師古曰：「共讀曰恭。」

定陶共王康，永光三年立爲濟陽王。八年，徙爲山陽王。八年，徙定陶。王少而愛，[一]長多材藝，習知音聲，上奇器之。母昭儀又幸，幾代皇后太子。[二]語在元后及史丹傳。

[一]師古曰：「言少小即爲帝所愛。」

[二]師古曰：「幾音鉅衣反。」

成帝即位，緣先帝意，厚遇異於它王。十九年薨，子欣嗣。十五年，成帝無子，徵入爲皇太子。上以太子奉大宗後，不得顧私親，乃立楚思王子景爲定陶王，奉共王後。成帝崩，太子即位，是爲孝哀帝。即位二年，追尊共王爲共皇，置寢廟京師，序昭穆，儀如孝元帝。[一]徙定陶王景爲信都王云。[二]

[一]如淳曰：「恭王，元帝子也。爲廟京師，列昭穆之次。如元帝，言如天子之儀。」

[二]如淳曰：「不復爲定陶王立後者，哀帝自以己爲後故。」

中山孝王興，建昭二年(王)[立]爲信都王。十四年，徙中山。成帝之議立太子也，御史大夫孔光以爲尚書有殷及王，兄終弟及，[一]中山王元帝之子，宜爲後。成帝以中山王不材，又兄弟，不得相入廟。外家王氏與趙昭儀皆欲用哀帝爲太子，故遂立焉。上乃封孝王

舅馮參爲宜鄉侯，而益封孝王萬戶，以尉其意。三十年，薨，子衎嗣。[二]七年，哀帝崩，無子，徵中山王衎入即位，是爲平帝。太皇太后以帝爲成帝後，故立東平思王孫桃鄉頃侯子成都爲中山王，奉孝王後。王莽時絕。

[一]師古曰：「謂兄死以弟代立，非父子相繼，故言及。」

[二]師古曰：「諸侯王表云『中山孝王薨，綏和二年王箕子嗣』。而(平紀)元始二年詔云：『皇帝二名，通於器物，今更名合於古制。』是則嗣位之時名爲箕子，未諱衎也。今此傳云子衎嗣，蓋史家追書之也。」

贊曰：孝元之後，徧有天下，[一]然而世絕於孫，豈非天哉！淮陽憲王於時諸侯爲聰察矣，張博誘之，幾陷無道。[二]詩云「貪人敗類」，[三]古今一也。

[一]師古曰：「孝元之子孫獨得爲天子也。」

[二]師古曰：「幾音鉅依反。」

[三]師古曰：「大雅蕩之詩也。類，善也。言貪惡之人不可習近，則敗善也。」

校勘記

三三二二頁八行　令弟光恐(王)云王遇大人忿解，宋祁說「恐」字下疑有「王」字。按景祐、殿本都無「王」字。

三三一七頁八行　博等所犯(罪)惡大，宋祁說，「犯」字下當有「罪」字。按景祐、殿本都無「罪」字。

三三二三頁一〇行　驚讀(曰)[與]傲同。景祐、殿本都作「與」。

三三二三頁一三行　有(詔)[司]奏請逮捕。錢大昭說，「詔」當作「司」。按景祐、殿本都作「司」。

三三二七頁一三行　建昭二年(王)[立]爲信都王。劉敞說上「王」字當作「立」字。

三三二八頁五行　而[平紀]元始二年詔云：宋祁說浙本有「平紀」二字。按景祐本有「平紀」二字。

漢書卷八十一

匡張孔馬傳第五十一

匡衡字稚圭，東海承人也。〔一〕父世農夫，至衡好學，家貧，庸作以供資用，〔二〕尤精力過絕人。諸儒爲之語曰：「無說詩，匡鼎來；〔三〕匡說詩，解人頤。」〔四〕

〔一〕師古曰：「承音證。」

〔二〕師古曰：「庸作，言賣功庸爲人作役而受顧也。」

〔三〕服虔曰：「鼎猶言當也，若言匡且來也。」應劭曰：「鼎，方也。」張晏曰：「匡衡少時字鼎，長乃易字稚圭。世所傳衡與貢禹書，上言『衡敬報』，下言『匡鼎白』，知是字也。」師古曰：「服、應二說是也。賈誼曰『天子春秋鼎盛』，其義亦同，而張氏之說蓋穿鑿矣。假有其書，乃是後人見此傳云『匡鼎來』，不曉其意，妄作衡書云『鼎白』耳。字以表德，豈人之所自稱乎？今有西京雜記者，其書淺俗，出於里巷，多有妄說，乃云匡衡小名鼎，蓋絕知者之聽。」

〔四〕如淳曰：「使人笑不能止也。」

衡射策甲科，以不應令除爲太常掌故，〔一〕調補平原文學。〔二〕學者多上書薦衡經明，當世少雙，令爲文學就官京師；後進皆欲從衡平原，衡不宜在遠方。事下太子太傅蕭望之、

少府梁丘賀問，衡對詩諸大義，其對深美。望之奏衡經學精習，說有師道，可觀覽。宣帝不甚用儒，遣衡歸官。而皇太子見衡對，私善之。

〔一〕師古曰：「投射得甲科之策，而所對文指不應令條也。儒林傳說歲課甲科爲郎中，乙科爲太子舍人，景科補文學掌故。今不應令，是不中甲科之令，所以止爲掌故。」

〔二〕師古曰：「調，選也，音徒釣反。」

會宣帝崩，元帝初卽位，樂陵侯史高以外屬爲大司馬車騎將軍，領尚書事，前將軍蕭望之爲副。望之名儒，有師傅舊恩，天子任之，多所貢薦。高充位而已，〔一〕與望之有隙。長安令楊興說高曰：「將軍以親戚輔政，貴重於天下無二，然衆庶論議令問休譽不專在將軍者何也？〔二〕彼誠有所聞也。〔三〕以將軍之莫府，海內莫不卬望，〔四〕而所舉不過私門賓客，乳母子弟，人情(以)〔忽〕不自知，〔五〕然一夫竊議，語流天下。夫富貴在身而列士不譽，是有狐白之裘而反衣之也。〔六〕古人病其若此，故卑體勞心，以求賢爲務。傳曰：以賢難得之故因曰事不待賢，以食難得之故而曰飽不待食，或之甚者也。平原文學匡衡材智有餘，經學絕倫，但以無階朝廷，故隨牒在遠方。〔七〕將軍誠召置莫府，學士歙然歸仁，〔八〕與參事議，觀其所有，貢之朝廷，必爲國器，〔九〕以此顯示衆庶，名流於世。」高然其言，辟衡爲議曹史，薦衡於上，上以爲郎中，遷博士，給事中。

〔一〕師古曰：「言凡事不在也。」

〔二〕師古曰：「令，善；問，名；休，美也。」

〔三〕師古曰：「以其不能進賢也。」

〔四〕師古曰：「卬讀曰仰。」

〔五〕師古曰：「言高輕忽此事，不自知其非。」

〔六〕師古曰：「狐白，謂狐掖下之皮，其色純白，集以爲裘，輕柔難得，故貴也。反衣之者，以其毛在內也，今人則以背毛爲裘而棄其白，蓋取厚而溫也。衣音於既反。」

〔七〕師古曰：「階謂升次也。隨牒，謂隨選補之恆牒，不被超擢者。」

〔八〕師古曰：「誠謂實行之也。歙音翕。」

〔九〕師古曰：「所有，謂材藝所長。」

是時，有日蝕地震之變，上問以政治得失，衡上疏曰：

臣聞五帝不同(樂)〔禮〕，三王各異教，民俗殊務，所遇之時異也。陛下躬聖德，開太平之路，閔愚吏民觸法抵禁，〔一〕比年大赦，〔二〕使百姓得改行自新，天下幸甚。臣竊見大赦之後，姦邪不爲衰止，今日大赦，明日犯法，相隨入獄，此殆導之未得其務也。蓋保民者，「陳之以德義」，「示之以好惡」，〔三〕觀其失而制其宜，故動之而和，綏之而安。今天下俗貪財賤義，好聲色，上侈靡，廉恥之節薄，淫辟之意縱，〔四〕綱紀失序，疏

者踰內，〔五〕親戚之恩薄，婚姻之黨隆，苟合徼幸，以身設利。不改其原，〔六〕雖歲赦之，刑猶難使錯而不用也。〔七〕

〔一〕師古曰：「抵，觸也。」

〔二〕師古曰：「比，頻也。」

〔三〕師古曰：「保，養也。陳，施也。孝經曰『陳之以德義而民莫遺其親』，『示之以好惡而民知禁』，故衡引以爲言。」

〔四〕師古曰：「辟讀曰僻。」

〔五〕師古曰：「疏者，妻妾之家。內者，同姓骨肉也。踰謂過越也。」

〔六〕師古曰：「設，施也。原，本也。」

〔七〕師古曰：「歲赦，謂每歲一赦也。錯，置也，音千故反。」

臣愚以爲宜壹曠然大變其俗。孔子曰：「能以禮讓爲國乎，何有？」〔一〕朝廷者，天下之楨幹也。公卿大夫相與循禮恭讓，則民不爭；〔二〕好仁樂施，則下不暴；上義高節，則民興行；寬柔和惠，則衆相愛。四者，明王之所以不嚴而成化也。何者？朝有變色之言，則下有爭鬬之患；上有自專之士，則下有不讓之人；上有克勝之佐，則下有傷害之心；上有好利之臣，則下有盜竊之民：此其本也。〔三〕今俗吏之治，皆不本禮讓，而上克暴，或忮害好陷人於罪，〔四〕貪財而慕勢，故犯法者衆，姦邪不止，雖嚴刑峻法，猶不爲變。此非其天性，有由然也。〔五〕

〔一〕師古曰：「論語載孔子之言。謂能以禮讓治國，則其事甚易。」

〔二〕師古曰：「循，順也。」

〔三〕師古曰：「言下之所行，皆取化於上也。」

〔四〕師古曰：「忮，堅也。謂酷害之心堅也。忮音之豉反。」

〔五〕師古曰：「非其天性自惡，由上失於教化耳。」

臣竊考國風之詩，周南、召南被賢聖之化深，故篤於行而廉於色。〔一〕鄭伯好勇，而國人暴虎；〔二〕秦穆貴信，而士多從死；〔三〕陳夫人好巫，而民淫祀；〔四〕晉侯好儉，而民畜聚；〔五〕太王躬仁，邠國貴恕。〔六〕由此觀之，治天下者審所上而已。〔七〕今之僞薄忮害，不讓極矣。臣聞教化之流，非家至而人說之也。〔八〕賢者在位，能者布職，朝廷崇禮，百僚敬讓。道德之行，由內及外，自近者始，然後民知所法，遷善日進而不自知。是以百姓安，陰陽和，神靈應，而嘉祥見。詩曰：「商邑翼翼，四方之極；壽考且寧，以保我後生。」〔九〕此成湯所以建至治，保子孫，化異俗而懷鬼方也。〔一〇〕今長安天子之都，親承聖化，然其習俗無以異於遠方，郡國來者無所法則，或見侈靡而放效之。〔一一〕此教化之原本，風俗之樞機，宜先正者也。

〔一〕師古曰：「篤，厚也。謂樂得淑女以配君子，憂在進賢，不淫其色之類也。」

〔二〕師古曰：「詩鄭風太叔于田之篇曰：『襢裼暴虎，獻于公所。將叔無狃，戒其傷汝。』襢裼，肉袒也。暴虎，空手以搏之也。公，鄭莊公也。將，請也。叔，莊公之弟太叔也。狃，忕也。汝亦太叔也。言以莊公好勇之故，太叔肉袒空手搏虎，取而獻之。國人愛叔，故請之曰勿忕爲之，恐傷汝也。襢音袒，裼音錫，字並從衣。將音千羊反。狃音女九反。」

〔三〕應劭曰：「秦穆公與羣臣飲酒，酒酣，公曰：『生共此樂，死共此哀。』於是奄息、仲行、鍼虎許諾。及公薨，皆從死。黃鳥詩所爲作也。」

〔四〕張晏曰：「胡公夫人，武王之女大姬，無子，好祭鬼神，鼓舞而祀，故其詩云：『坎其擊鼓，宛丘之下，無冬無夏，值其鷺羽。』」

〔五〕師古曰：「唐風山有樞之詩序云：『刺晉昭公也，不能修道以正其國，有財不能用，有鐘鼓不能以自樂。』其詩曰，『子有衣裳，弗曳弗婁。子有車馬，弗馳弗驅。宛其死矣，它人是愉。』故其俗皆吝嗇而積財也。嗇讀曰嗇。」

〔六〕師古曰：「太王，周文王之祖，卽古公亶父也。國於邠，修德行義。戎狄攻之，欲得地，與之。人人皆怒欲戰。古公曰：『以我故戰，殺人父子而居之，予不忍也。』乃與其私屬度漆沮，踰梁山，止於岐下。邠人舉國扶老攜弱，盡復歸古公於岐下。及它旁國聞古公仁，亦多歸之。邠卽今豳州，是其地也。言化太王之仁，故其俗皆貴誠恕。」

〔七〕師古曰：「上謂崇尚也。」

〔八〕師古曰：「言非家家皆到，人人勸說也。」

〔九〕師古曰：「商頌殷武之詩也。商邑，京師也。極，中也。言商邑之禮俗翼翼然可則傚，乃四方之中正也。王則壽考且安，以此全守我子孫也。」

〔一〇〕應劭曰：「鬼方，遠方也。」

〔一一〕師古曰：「放，依也，音甫往反。」

臣聞天人之際，精祲有以相盪，〔一〕善惡有以相推，事作乎下者象動乎上，陰陽之理各應其感，陰變則靜者動，陽蔽則明者晻，〔二〕水旱之災隨類而至。今關東連年饑饉，百姓乏困，或至相食，此皆生於賦斂多，民所共者大，〔三〕而吏安集之不稱之效也。陛下祗畏天戒，哀閔元元，大自減損，省甘泉、建章宮衞，罷珠崖，偃武行文，將欲度唐虞之隆，絕殷周之衰也。〔四〕諸見罷珠崖詔書者，莫不欣欣，人自以將見太平也。宜遂減宮室之度，省靡麗之飾，考制度，修外內，近忠正，遠巧佞，放鄭衞，進雅頌，舉異材，開直言，任溫良之人，退刻薄之吏，顯絜白之士，昭無欲之路，〔五〕覽六蓺之意，察上世之務，明自然之道，博和睦之化，以崇至仁，匡失俗，易民視，〔六〕令海內昭然咸見本朝之所貴，道德弘於京師，淑問揚乎疆外，〔七〕然後大化可成，禮讓可興也。

〔一〕李奇曰：「祲，氣也。言天人精氣相動也。」師古曰：「祲謂陰陽氣相浸漸以成災祥者也，音子鴆反。」

〔二〕鄧展曰：「靜者動，謂地震也。明者晻，謂日蝕也。」師古曰：「晻與暗同。」

〔三〕師古曰：「共讀曰供。」

〔四〕師古曰：「度，過也。絕謂除其惡政也。」

〔五〕師古曰：「昭亦明也。」

〔六〕師古曰：「匡，正也。易，變也。」

〔七〕師古曰：「淑，善也。問，名也。」

上說其言，〔一〕遷衡爲光祿大夫、太子少傅。

〔一〕師古曰：「說讀曰悅。」

時，上好儒術文辭，頗改宣帝之政，言事者多進見，人人自以爲得上意。又傅昭儀及子定陶王愛幸，寵於皇后、太子。〔一〕衡復上疏曰：

〔一〕師古曰：「寵，踰也。」

臣聞治亂安危之機，在乎審所用心。蓋受命之王務在創業垂統傳之無窮，繼體之君心存於承宣先王之德而褒大其功。昔者成王之嗣位，思述文武之道以養其心，休烈盛美皆歸之二后而不敢專其名，〔一〕是以上天歆享，鬼神祐焉。其詩曰：「念我皇祖，陟降廷止。」〔二〕言成王常思祖考之業，而鬼神祐助其治也。

〔一〕師古曰：「休亦美也。烈，業也。后，君也。二君，文王、武王也。」

〔二〕師古曰：「周頌閔予小子之詩。言成王常念文王、武王之德，奉而行之，故鬼神上下臨其朝廷。」

陛下聖德天覆，子愛海內，然陰陽未和，姦邪未禁者，殆論議者未丕揚先帝之盛功，〔一〕爭言制度不可用也，務變更之，〔二〕所更或不可行，而復復之，〔三〕是以羣下更相

是非，〔四〕吏民無所信。臣竊恨國家釋樂成之業，而虛爲此紛紛也。〔五〕願陛下詳覽統業之事，留神於遵制揚功，以定羣下之心。大雅曰：「無念爾祖，聿修厥德。」〔六〕孔子著之孝經首章，蓋至德之本也。傳曰：「審好惡，理情性，而王道畢矣。」能盡其性，然後能盡人物之性；能盡人物之性，可以贊天地之化。〔七〕治性之道，必審己之所有餘，而强其所不足。〔八〕蓋聰明疏通者戒於大察，寡聞少見者戒於壅蔽，〔九〕勇猛剛強者戒於大暴，仁愛溫良者戒於無斷，湛靜安舒者戒於後時，〔一〇〕廣心浩大者戒於遺忘。必審己之所當戒，而齊之以義，然後中和之化應，而巧僞之徒不敢比周而望進。〔一一〕唯陛下戒所以崇聖德。

〔一〕師古曰：「丕，大也。丕字或作本，言修其本業而顯揚也。」
〔二〕師古曰：「更，改也。」
〔三〕師古曰：「下復音扶目反。」
〔四〕師古曰：「更音工衡反。」
〔五〕師古曰：「釋，廢也。樂成，謂已成之業，人情所樂也。」
〔六〕師古曰：「大雅文王之詩也。無念，念也。聿，述也。」
〔七〕師古曰：「贊，明也。」
〔八〕師古曰：「强，勉也，音其兩反。」

〔九〕師古曰：「雍讀曰壅。」
〔一〇〕師古曰：「湛讀曰沈。」
〔一一〕師古曰：「比音頻寐反。」

臣又聞室家之道修，則天下之理得，故詩始國風，〔一〕禮本冠婚。〔二〕始乎國風，原情性而明人倫也；本乎冠婚，正基兆而防未然也。福之興莫不本乎室家，（之道）〔道之〕衰莫不始乎梱內。〔三〕故聖王必慎妃后之際，別適長之位。〔四〕禮之於內也，卑不隃尊，新不先故，〔五〕所以統人情而理陰氣也。其尊適而卑庶也，適子冠乎阼，禮之用醴，〔六〕衆子不得與列，所以貴正體而明嫌疑也。非虛加其禮文而已，乃中心與之殊異，故禮探其情而見之外也。聖人動靜游燕，所親物得其序；〔七〕得其序，則海內自修，百姓從化。如當親者疏，當尊者卑，〔八〕則佞巧之姦因時而動，以亂國家。故聖人慎防其端，禁於未然，不以私恩害公義。陛下聖德純備，莫不修正，則天下無爲而治。詩云：「于以四方，克定厥家。」〔九〕傳曰：「正家而天下定矣。」〔一〇〕

〔一〕師古曰：「關雎美后妃之德，而爲國風之首。」
〔二〕師古曰：「禮記冠義曰：『冠者，禮之始也。』婚義曰：『婚者，禮之本也。』」
〔三〕師古曰：「梱與閫同，謂門橛也，音苦本反。」
〔四〕師古曰：「適讀曰嫡。其下並同。」
〔五〕師古曰：「隃與踰同。」
〔六〕師古曰：「阼，主階也。醴，甘酒也，貴於衆酒。」
〔七〕師古曰：「言凡物大小高卑，皆有次序。」
〔八〕師古曰：「如，若也。」
〔九〕師古曰：「周頌桓之詩也。言欲治四方者，先當能定其家，從內以及外。」
〔一〇〕師古曰：「易家人卦之（彖也）〔彖辭〕。」

衡爲少傅數年，數上疏陳便宜，及朝廷有政議，傅經以對，〔一〕言多法義。上以爲任公卿，〔二〕由是爲光祿勳、御史大夫。建昭三年，代韋玄成爲丞相，封樂安侯，食邑六百戶。

〔一〕師古曰：「傅讀曰附。附，依也。」
〔二〕師古曰：「任，堪也。」

元帝崩，成帝即位，衡上疏戒妃匹，勸經學威儀之則，曰：

陛下秉至孝，哀傷思慕不絕於心，未有游虞弋射之宴，〔一〕誠隆於慎終追遠，無窮已也。〔二〕竊願陛下雖聖性得之，猶復加聖心焉。〔三〕詩云「煢煢在疚」，〔四〕言成王喪畢思慕，意氣未能平也，蓋所以就文武之業，崇大化之本也。〔五〕

〔一〕師古曰：「虞與娛同。」
〔二〕師古曰：「慎終，慎孝道之終也。追遠，不忘本也。論語稱孔子『慎終追遠，則民德歸厚矣。』故衡引之。」

〔三〕師古曰：「言天性已自然矣，又當加意也。」
〔四〕師古曰：「周頌閔予小子之詩。煢煢，憂貌也。疚，病也。」
〔五〕師古曰：「就，成也。」

臣又聞之師曰：「妃匹之際，生民之始，萬福之原。」婚姻之禮正，然後品物遂而天命全。〔一〕孔子論詩以關雎爲始，言太上者民之父母，〔二〕后夫人之行不侔乎天地，則無以奉神靈之統而理萬物之宜。〔三〕故詩曰：「窈窕淑女，君子好仇。」〔四〕言能致其貞淑，不貳其操，情欲之感無介乎容儀，〔五〕宴私之意不形乎動靜，〔六〕夫然後可以配至尊而爲宗廟主。此綱紀之首，王教之端也，自上世已來，三代興廢，未有不由此者也。願陛下詳覽得失盛衰之效以定大基，采有德，戒聲色，近嚴敬，遠技能。〔七〕

〔一〕師古曰：「遂，成也。」
〔二〕師古曰：「太上，居尊上之位也。」
〔三〕師古曰：「侔，等也。」
〔四〕師古曰：「周南關雎之詩也。窈窕，幽閒也。仇，匹也。」
〔五〕服虔曰：「不見色於容儀也。」師古曰：「介，繫也。言不以情欲繫心，而著於容儀者。」
〔六〕師古曰：「形，見也。」
〔七〕師古曰：「無德之人，雖有技能則斥遠之。」

竊見聖德純茂，專精詩書，好樂無厭。〔一〕臣衡材駑，無以輔相善義，宜揚德音。〔二〕臣聞六經者，聖人所以統天地之心，著善惡之歸，明吉凶之分，通人道之正，〔三〕使不悖於其本性者也。〔四〕故審六藝之指，則人天之理可得而和，草木昆蟲可得而育，此永永不易之道也。〔五〕及論語、孝經，聖人言行之要，宜究其意。〔六〕

〔一〕師古曰：「樂音五教反。」
〔二〕師古曰：「相，助也。」
〔三〕師古曰：「分音扶問反。」
〔四〕師古曰：「悖，乖也，音布內反。」
〔五〕師古曰：「易，變也。」
〔六〕師古曰：「究，盡也。」

臣又聞聖王之自爲動靜周旋，奉天承親，臨朝享臣，物有節文，以章人倫。〔一〕蓋欽翼祗栗，事天之容也；溫恭敬遜，承親之禮也；正躬嚴恪，臨衆之儀也；〔二〕嘉惠和說，饗下之顏也。〔三〕舉錯動作，物遵其儀，故形爲仁義，動爲法則。孔子曰：「德義可尊，容止可觀，進退可度，以臨其民，是以其民畏而愛之，則而象之。」〔四〕大雅云：「敬慎威儀，惟民之則。」〔五〕諸侯正月朝覲天子，天子惟道德，昭穆穆以視之，〔六〕又觀以禮

樂，饗醴乃歸。〔七〕故萬國莫不獲賜祉福，蒙化而成俗。今正月初幸路寢，臨朝賀，置酒以饗萬方，傳曰「君子慎始」，願陛下留神動靜之節，使羣下得望盛德休光，〔八〕以立基楨，天下幸甚！

〔一〕師古曰：「物，事也，事事皆有節文。」
〔二〕師古曰：「嚴讀曰儼。」
〔三〕師古曰：「說讀曰悅。饗，燕饗也。」
〔四〕師古曰：「孝經載孔子之言也。則，法也。象，似也。」
〔五〕師古曰：「抑之詩。」
〔六〕師古曰：「昭，明也。穆穆，天子之容也。視讀曰示。」
〔七〕師古曰：「觀亦視也。饗醴，以醴酒饗也。」
〔八〕師古曰：「休，美也。」

上敬納其言。頃之，衡復奏正南北郊，罷諸淫祀，語在郊祀志。

初，元帝時，中書令石顯用事，自前相韋玄成及衡皆畏顯，不敢失其意。至成帝初即位，衡乃與御史大夫甄譚共奏顯，追條其舊惡，并及黨與。於是司隸校尉王尊劾奏：「衡、譚居大臣位，知顯等專權勢，作威福，爲海內患害，不以時白奏行罰，而阿諛曲從，附下罔上，無大臣輔政之義。既奏顯等，不自陳不忠之罪，而反揚著先帝任用傾覆之徒，〔一〕罪至不道。」有詔勿劾。衡慙懼，上疏謝罪，因稱病乞骸骨，上丞相樂安侯印綬。上報曰：「君以道德修明，位在三公，先帝委政，遂及朕躬。君遵修法度，勤勞公家，朕嘉與君同心合意，庶幾有成。今司隸校尉尊妄詆欺，加非於君，〔二〕朕甚閔焉。方下有司問狀，〔三〕君何疑而上書歸侯乞骸骨，是章朕之未燭也。〔四〕傳不云乎？『禮義不愆，何恤人之言！』〔五〕君其察焉。專精神，近醫藥，强食自愛。」因賜上尊酒、養牛。〔六〕衡起視事。上以新即位，褒優大臣，然羣下多是王尊者。衡嘿嘿不自安，每有水旱，風雨不時，連乞骸骨讓位。上輒以詔書慰撫，不許。

〔一〕師古曰：「著，明也。」
〔二〕師古曰：「詆，毀也，音丁禮反。」
〔三〕師古曰：「問司隸。」
〔四〕師古曰：「燭，照也。」
〔五〕師古曰：「愆，過也。恤，憂也。」
〔六〕師古曰：「上尊，解在薛廣德傳。」

久之，衡子昌爲越騎校尉，醉殺人，繫詔獄。越騎官屬與昌弟且謀篡昌。〔一〕事發覺，衡免冠徒跣待罪，天子使謁者詔衡冠履。而有司奏衡專地盜土，衡竟坐免。

〔一〕師古曰：「逆取曰篡。」

初，衡封僮之樂安鄉，〔一〕鄉本田隄封三千一百頃，〔二〕南以閩佰爲界。〔三〕初元元年，郡圖誤以閩佰爲平陵佰。積十餘歲，衡封臨淮郡，〔四〕遂封眞平陵佰以爲界，多四百頃。至建始元年，郡乃定國界，上計簿，更定圖，言丞相府。衡謂所親吏趙殷曰：〔五〕「主簿陸賜故居奏曹，習事，曉知國界，署集曹掾。」明年治計時，衡問殷國界事：「曹欲柰何？」殷曰：「賜以爲舉計，令郡實之。〔六〕恐郡不肯從實，可令家丞上書。」衡曰：「顧當得不耳，何至上書？」〔七〕亦不告曹使舉也，聽曹爲之。後賜與屬明舉計曰：「案故圖，樂安鄉南以平陵佰爲界，不（足）〔從〕故而以閩佰爲界，解何？」〔八〕郡即復以四百頃付樂安國。衡遣從史之僮，收取所還田租穀千餘石入衡家。司隸校尉駿、少府忠行廷尉事劾奏「衡監臨盜所主守直十金以上。〔九〕春秋之義，諸侯不得專地，所以壹統尊法制也。衡位三公，輔國政，領計簿，知郡實，正國界，計簿已定而背法制，專地盜土以自益，及賜、明阿承衡意，猥舉郡計，亂減縣界，〔一〇〕附下罔上，擅以地附益大臣，皆不道。」於是上可其奏，勿治，丞相免爲庶人，終於家。

〔一〕文穎曰：「屬臨淮郡。」
〔二〕師古曰：「提封，舉其封界內之總數。」

(三)師古曰：「佰者，田之東西界也。閩者，佰之名也。佰音莫客反。」
(四)蘇林曰：「平陵佰在閩佰南，誤十餘歲，衡乃始封此鄉。」晉灼曰：「舉郡而言耳，自封縣也。」
(五)師古曰：「所親，素所親任者。」
(六)師古曰：「舉發上計之簿，令郡(故)〔改〕從平陵佰以為定實。」
(七)師古曰：「顧，念也。」
(八)師古曰：「不足故者，不依故圖而滿足也。解何者，以分解此時意，猶今言分疏也。」
(九)師古曰：「十金以上，當時律定罪之次，若今律條言一尺以上、一匹以上。」
(一〇)師古曰：「猥，曲也。」

子咸亦明經，歷位九卿。家世多為博士者。

張禹字子文，河內軹人也，至禹父徙家蓮(臼)〔勺〕。(一)禹為兒，數隨家至市，喜觀於卜相者前。(二)久之，頗曉其別蓍布卦意，(三)時從旁言。卜者愛之，又奇其面貌，謂禹父：「是兒多知，可令學經。」及禹壯，至長安學，從沛郡施讎受易，琅邪王陽、膠東庸生問論語，既皆明習，有徒眾，舉為郡文學。甘露中，諸儒薦禹，有詔太子太傅蕭望之問。禹對易及論語大義，望之善焉，奏禹經學精習，有師法，可試事。(四)奏寖，罷歸故官。(五)久之，試為博士。初元中，立皇太子，而博士鄭寬中以尚書授太子，薦言禹善論語。詔令禹授太子論語，由是

遷光祿大夫。數歲，出為東平內史。

(一)師古曰：「左馮翊縣名也，音鑿酌。」
(二)師古曰：「至其人之前而觀之。喜音許吏反。」
(三)師古曰：「別，分也，音彼列反。」
(四)師古曰：「試以職事也。」
(五)師古曰：「寖謂不下也。」

元帝崩，成帝即位，徵禹、寬中，皆以師賜爵關內侯，寬中食邑八百戶，禹六百戶。拜為諸吏光祿大夫，秩中二千石，給事中，領尚書事。是時，帝舅陽平侯王鳳為大將軍輔政專權，而上富於春秋，謙讓，方鄉經學，敬重師傅。(一)而禹與鳳並領尚書，內不自安，數病上書乞骸骨，欲退避鳳。上報曰：「朕以幼年執政，萬機懼失其中，君以道德為師，故委國政。君何疑而數乞骸骨，忽忘雅素，欲避流言？(二)朕無聞焉。(三)君其固心致思，總秉諸事，推以孳孳，無違朕意。」加賜黃金百斤、養牛、上尊酒，太官致餐，侍醫視疾，使者臨問。(四)禹惶恐，復起視事，河平四年代王商為丞相，封安昌侯。

(一)師古曰：「鄉讀曰嚮。」
(二)師古曰：「雅素，故也。謂師傅故舊之恩。」
(三)師古曰：「不聞有毀短之言。」
(四)師古曰：「侍醫，侍天子之醫。」

為相六歲，鴻嘉元年以老病乞骸骨，上加優再三，乃聽許。賜安車駟馬，黃金百斤，罷就第，以列侯朝朔望，位特進，見禮如丞相，置從事史五人，益封四百戶。天子數加賞賜，前後數千萬。

禹為人謹厚，內殖貨財，(一)家以田為業。及富貴，多買田至四百頃，皆涇、渭溉灌，極膏腴上賈。(二)它財物稱是。禹性習知音聲，內奢淫，身居大第，後堂理絲竹筦弦。(三)

(一)師古曰：「殖，生也。」
(二)師古曰：「賈讀曰價。」
(三)如淳曰：「今樂家五日一習樂為理樂。」師古曰：「筦亦管字。」

禹成就弟子尤著者，淮陽彭宣至大司空，沛郡戴崇至少府九卿。宣為人恭儉有法度，而崇愷弟多智，(一)二人異行。禹心親愛崇，敬宣而疏之。崇每候禹，常責師宜置酒設樂與弟子相娛。禹將崇入後堂飲食，婦女相對，優人筦弦鏗鏘極樂，昏夜乃罷。(二)而宣之來也，禹見之於便坐，(三)講論經義，日晏賜食，不過一肉卮酒相對。(四)宣未嘗得至後堂。及兩人皆聞知，各自得也。(五)

(一)師古曰：「愷，樂也。弟，易也。言性和樂而簡易。」

(二)師古曰：「極樂，盡其歡樂之情。」
(三)師古曰：「便坐，謂非正寢，在於旁側可以延賓者也。坐音才臥反。」
(四)師古曰：「一豆之肉，一卮行酒。」
(五)服虔曰：「各自為得宜。」

禹年老，自治冢塋，起祠室，好平陵肥牛亭部處地，(一)又近延陵，奏請求之，上以賜禹，詔令平陵徙亭它所。曲陽侯根聞而爭之：「此地當平陵寢廟衣冠所出游道，禹為師傅，不遵謙讓，至求衣冠所游之道，又徙壞舊亭，重非所宜。(二)孔子稱『賜愛其羊，我愛其禮』，(三)宜更賜禹它地。」根雖為舅，上敬重之不如禹，根言雖切，猶不見從，卒以肥牛亭地賜禹。根由是害禹寵，數毀惡之。(四)天子愈益敬厚禹。禹每病，輒以起居聞，(五)車駕自臨問之。上親拜禹牀下，禹頓首謝恩，(因)歸誠，言「老臣有四男一女，愛女甚於男，遠嫁為張掖太守蕭咸妻，不勝父子私情，思與相近。」上即時徙咸為弘農太守。又禹小子未有官，上臨候禹，禹數視其小子，上即禹牀下拜為黃門郎，給事中。

(一)師古曰：「肥牛，亭名。欲得置冢之地為冢塋。」
(二)師古曰：「重音直用反。」
(三)師古曰：「論語云子貢欲去告朔之餼羊，孔子曰：『賜也，爾愛其羊，我愛其禮。』故引之。」
(四)師古曰：「惡謂言其過惡。」

〔七〕師古曰：「謂其食飲寢臥之增損。」

禹雖家居，以特進爲天子師，國家每有大政，必與定議。〔一〕永始、元延之間，日蝕地震尤數，吏民多上書言災異之應，譏切王氏專政所致。上懼變異數見，意頗然之，未有以明見，乃車駕至禹弟，辟左右，〔二〕親問禹以天變，因用吏民所言王氏事示禹。禹自見年老，子孫弱，又與曲陽侯不平，恐爲所怨。禹則謂上曰：「春秋二百四十二年間，日蝕三十餘，地震五（十六），或爲諸侯相殺，或夷狄侵中國。災變之異深遠難見，故聖人罕言命，不語怪神。〔三〕性與天道，自子贛之屬不得聞，〔四〕何況淺見鄙儒之所言！陛下宜修政事以善應之，與下同其福喜，此經義意也。新學小生，亂道誤人，宜無信用，以經術斷之。」上雅信愛禹，由此不疑王氏。後曲陽侯根及諸王子弟聞知禹言，皆喜說，〔五〕遂親就禹。禹見時有變異，若上體不安，擇日絜齋露蓍，〔六〕正衣冠立筮，得吉卦則獻其占，如有不吉，禹爲感動憂色。

〔一〕師古曰：「與讀曰豫。」

〔二〕師古曰：「辟讀曰闢。」

〔三〕師古曰：「罕，稀也。論語云『子罕言利與命與仁』，又曰『子不語怪力亂神』。」

〔四〕師古曰：「論語云『夫子之言性與天道，不可得而聞也』，謂孔子未嘗言性命之事及天道。」

〔五〕師古曰：「說讀曰悅。」

〔六〕服虔曰：「露（筮）蓍於星宿下，明日乃用。言得天氣也。」師古曰：「蓍，草名，筮者所用也，音式夷反。」

成帝崩，禹及事哀帝，建平二年薨，謚曰節侯。禹四子，長子宏嗣侯，官至太常，列於九卿。三弟皆爲校尉散騎諸曹。

初，禹爲師，以上難數對己問經，爲論語章句獻之。始魯扶卿及夏侯勝、王陽、蕭望之、韋玄成皆說論語，篇第或異。禹先事王陽，後從庸生，采獲所安，最後出而尊貴。諸儒爲之語曰：「欲爲論，念張文。」由是學者多從張氏，餘家寖微。〔一〕

〔一〕師古曰：「寖，漸也。」

孔光字子夏，孔子十四世之孫也。孔子生伯魚鯉，〔一〕鯉生子思伋，〔二〕伋生子上帛，帛生子家求，求生子眞箕，箕生子高穿。穿生順，順爲魏相。順生鮒，鮒爲陳涉博士，死陳下。鮒弟子襄爲孝惠博士，長沙太傅。襄生忠，忠生武及安國，武生延年。延年生霸，字次儒。霸生光焉。安國、延年皆以治尚書爲武帝博士。安國至臨淮太守。霸亦治尚書，事太傅夏侯勝，昭帝末年爲博士，宣帝時爲太中大夫，以選授皇太子經，遷詹事，高密相。是時，諸侯王相在郡守上。

〔一〕師古曰：「名鯉，字伯魚。先言其字者，孔氏自爲譜諜，示尊其先也。下皆類此。」

〔二〕師古曰：「伋音級。」

元帝即位，徵霸，以師賜爵關內侯，食邑八百戶，號襃成君，〔一〕給事中，加賜黃金二百斤，第一區，徙名數于長安。〔二〕霸爲人謙退，不好權勢，常稱爵位泰過，何德以堪之！上欲致霸相位，自御史大夫貢禹卒，及薛廣德免，輒欲拜霸。霸讓位，自陳至三，上深知其至誠，乃弗用。以是敬之，賞賜甚厚。及霸薨，上素服臨弔者再，至賜東園祕器錢帛，策贈以列侯禮，謚曰烈君。

〔一〕如淳曰：「爲帝師，教令成就，故曰襃成君。」

〔二〕師古曰：「名數，戶籍也。」

霸四子，長子福嗣關內侯。次子捷、捷弟喜皆列校尉諸曹。光，最少子也，經學尤明，年未二十，舉爲議郎。光祿勳匡衡舉光方正，爲諫大夫。坐議有不合，左遷虹長，〔一〕自免歸教授。成帝初即位，舉爲博士，數使錄冤獄，行風俗，〔二〕振贍流民，奉使稱旨，由是知名。是時，博士選三科，高（第）爲尚書，次爲刺史，其不通政事，以久次補諸侯太傅。光以高第爲尚書，觀故事品式，數歲明習漢制及法令。上甚信任之，轉爲僕射，尚書令。〔三〕有詔光周密謹愼，未嘗有過，加諸吏官，以子男放爲侍郎，給事黃門。數年，遷諸吏光祿大夫，秩中二千石，給事中，賜黃金百斤，領尚書事。後爲光祿勳，復領尚書，諸吏給事中如故。凡典樞機十餘年，守法度，修故事。上有所問，據經法以心所安而對，不希指苟合；〔四〕如或

不從，不敢强諫爭，以是久而安。時有所言，輒削草稾，〔五〕以爲章主之過，以奸忠直，人臣大罪也。〔六〕有所薦舉，唯恐其人之聞知。沐日歸休，兄弟妻子燕語，終不及朝省政事。或問光：「溫室省中樹皆何木也？」〔七〕光嘿不應，更答以它語，其不泄如是。光帝師傅子，少以經行自著，進官蚤成。〔八〕不結黨友，養游說，有求於人。既性自守，亦其勢然也。〔九〕徙光祿勳爲御史大夫。

〔一〕師古曰：「不合，謂不合天子意也。虹，沛之縣也，音貢。」

〔二〕師古曰：「行音下更反。」

〔三〕師古曰：「先爲僕射，後爲尚書令。」

〔四〕師古曰：「希指，希望天子之旨意也。」

〔五〕（師古）〔服虔〕曰：「言已繕（事）書，輒削壞其草。」

〔六〕師古曰：「奸，求也。奸忠直之名也。奸音干。」

〔七〕晉灼曰：「長樂宮中有溫室殿。」

〔八〕師古曰：「蚤，古早字。」

〔九〕師古曰：「言以名父之子，學官早成，不須黨援也。」

綏和中，上即位二十五年，無繼嗣，至親有同產弟中山孝王及同產弟子定陶王在。定陶王好學多材，於帝子行。〔一〕而王祖母傅太后陰爲王求漢嗣，私事趙皇后、昭儀及帝舅大

司馬驃騎將軍王根，故皆勸上。上於是召丞相翟方進、御史大夫光、右將軍廉褒、後將軍朱博，皆引入禁中，議中山、定陶王誰宜爲嗣者。方進、根以爲定陶王帝弟之子，禮曰「昆弟之子猶子也」，「爲其後者爲之子也」，定陶王宜爲嗣。褒、博皆如方進、根議。光獨以爲禮立嗣以親，中山王先帝之子，帝親弟也，以尚書盤庚殷之及王爲比，〔二〕中山王宜爲嗣。上以禮兄弟不相入廟，又皇后、昭儀欲立定陶王，故遂立爲太子。光以議不中意，左遷廷尉。〔三〕

〔一〕師古曰：「行音胡浪反。」

〔二〕師古曰：「兄終弟及也。比音必寐反。」

〔三〕師古曰：「中，當也。」

光久典尙書，練法令，號稱詳平。時定陵侯淳于長坐大逆誅，長小妻廼始等六人皆以長事未發覺時棄去，或更嫁。及長事發，丞相方進、大司空武議，〔一〕以爲「令，犯法者各以法時律令論之，〔二〕明有所訖也。〔三〕長犯大逆時，廼始等見爲長妻，已有當坐之罪，與身犯法無異。後乃棄去，於法無以解。〔四〕請論。」光議以爲「大逆無道，父母妻子同產無少長皆棄市，欲懲後犯法者也。〔五〕夫婦之道，有義則合，無義則離。長未自知當坐大逆之法，而棄去廼始等，或更嫁，義已絕，而欲以爲長妻論殺之，名不正，不當坐。」有詔光議是。

〔一〕師古曰：「翟方進及何武。」

〔二〕師古曰：「此(其)〔具〕引令條之文也。法時謂始犯法之時也。」

〔三〕師古曰：「訖，止也。」

〔四〕師古曰：「解，免也。」

〔五〕師古曰：「懲，創止也。」

是歲，右將軍褒、後將軍博坐定陵、紅陽侯〔一〕皆免爲庶人。以光爲左將軍，居右將軍官職，執金吾王咸爲右將軍，居後將軍官職。罷後將軍官。數月，丞相方進薨，召左將軍光，當拜，已刻侯印書贊，〔二〕上暴崩，卽其夜於大行前拜受丞相博山侯印綬。

〔一〕師古曰：「廉褒、朱博坐與淳于長、王立交厚也。」

〔二〕師古曰：「贊，進也，延進而拜之。書贊者，書贊辭於策也。」

哀帝初卽位，躬行儉約，省減諸用，政事由己出，朝廷翕然，望至治焉。褒賞大臣，益封光千戶。時成帝母太皇太后自居長樂宮，而帝祖母定陶傅太后在國邸，有詔問丞相、大司空：「定陶共王太后宜當何居？」光素聞傅太后爲人剛暴，長於權謀，自帝在襁褓而養長敎道至於成人，帝之立又有力。光心恐傅太后與政事，〔一〕不欲令與帝旦夕相近，卽議以爲定陶太后宜改築宮。大司空何武曰：「可居北宮。」上從武言。北宮有紫房復道通未央宮，〔二〕傅太后果從復道朝夕至帝所，求欲稱尊號，貴寵其親屬，使上不得直道(而)行。〔三〕頃之，太后從弟子傅遷在左右尤傾邪，上免官遣歸故郡。傅太后怒，上不得已復留遷。光與大司空師丹奏言：「詔書『侍中駙馬都尉遷巧佞無義，漏泄不忠，國之賊也，免歸故郡。』復有詔止。天下疑惑，無所取信，虧損聖德，誠不小愆。陛下以變異連見，避正殿，見羣臣，思求其故，至今未有所改。〔四〕臣請歸遷故郡，以銷姦黨，應天戒。」卒不得遣，復爲侍中。脅於傅太后，皆此類也。

〔一〕師古曰：「與讀曰豫。」

〔二〕師古曰：「復讀曰複。」

〔三〕師古曰：「不得依正直之道。」

〔四〕師古曰：「舊有不善之事，皆未改除。」

又傅太后欲與成帝母俱稱尊號，羣下多順指，言母以子貴，宜立尊號以厚孝道。唯師丹與光持不可。〔一〕上重違大臣正議，〔二〕又內迫傅太后，猗違者連歲。〔三〕丹以罪免，而朱博代爲大司空。光自先帝時議繼嗣有持異之隙矣，又重忤傅太后指，〔四〕由是傅氏在位者與朱博爲表裏，共毀譖光。後數月遂策免光曰：「丞相者，朕之股肱，所與共承宗廟，統理海內，〔五〕輔朕之不逮以治天下也。朕既不明，災異重仍，〔六〕日月無光，山崩河決，五星失行，是章朕之不德而股肱之不良也。〔七〕君前爲御史大夫，輔翼先帝，出入八年，卒無忠言嘉謀，

今相朕，出入三年，憂國之風復無聞焉。陰陽錯謬，歲比不登，〔八〕天下空虛，百姓饑饉，父子分散，流離道路，以十萬數。而百官羣職曠廢，〔九〕姦軌放縱，盜賊並起，或攻官寺，殺長吏。數以問君，君無怵惕憂懼之意，對毋能爲。〔一〇〕是以羣卿大夫咸惰哉莫以爲意，咎由君焉。君秉社稷之重，總百僚之任，上無以匡朕之闕，下不能綏安百姓。書不云乎？『毋曠庶官，天工人其代之。』〔一一〕於虖！〔一二〕君其上丞相博山侯印綬，罷歸。」〔一三〕

〔一〕蘇林曰：「執持不可。」

〔二〕師古曰：「重，難也。」

〔三〕如淳曰：「不決事之言也。」師古曰：「猗違猶依違耳。猗音於奇反。」

〔四〕師古曰：「重音直用反。」

〔五〕師古曰：「共讀曰恭。」

〔六〕師古曰：「仍，頻也。重音直用反。」

〔七〕師古曰：「章，明也。」

〔八〕師古曰：「比，頻也。」

〔九〕師古曰：「曠，空也。」

〔一〇〕師古曰：「言盜賊不能爲害。」

〔一一〕師古曰：「虞書咎繇謨之辭也。位非其人，是爲空官。言人代天理官，不可以天官私非其材。」

〔三〕師古曰：「於讀曰烏。虖讀曰呼。」

〔三〕師古曰：「漢舊儀云丞相有它過，使者奉策書，即時步出府，乘棧車歸田里。」

光退閭里，杜門自守。〔一〕而朱博代爲丞相，數月，坐承傅太后指妄奏事自殺。平當代爲丞相，數月薨。王嘉復爲丞相，數諫爭忤指。旬歲間閲三相，〔二〕議者皆以爲不及光。上由是思之。

〔一〕師古曰：「杜，塞也。」

〔二〕師古曰：「閲猶歷也。」

會元壽元年正月朔日有蝕之，後十餘日傅太后崩。是月徵光詣公車，問日蝕事。光對曰：「臣聞日者，衆陽之宗，人君之表，至尊之象。君德衰微，陰道盛彊，侵蔽陽明，則日蝕應之。書曰『羞用五事』，『建用皇極』。〔一〕如貌、言、視、聽、思失，〔二〕大中之道不立，則咎徵薦臻，六極屢降。皇之不極，是爲大中不立，其傳曰『時則有日月亂行』，謂朓、側匿，〔三〕甚則薄蝕是也。又曰『六沴之作』，〔四〕歲之朝曰三朝，〔五〕其應至重。乃正月辛丑朔日有蝕之，變見三朝之會。上天聰明，苟無其事，變不虛生。書曰『惟先假王正厥事』，〔六〕言異變之來，起事有不正也。臣聞師曰，天(右)〔左〕與王者，〔七〕故災異數見，以譴告之，欲其改更。若不畏懼，有以塞除，而輕忽簡誣，則凶罰加焉，其至可必。〔八〕詩曰：『敬之敬之，天惟顯思，

命不易哉！』〔九〕又曰：『畏天之威，于時保之。』〔一〇〕皆謂不懼者凶，懼之則吉也。陛下聖德聰明，兢兢業業，〔一一〕承順天戒，敬畏變異，勤心虛己，延見羣臣，思求其故，然後敕躬自約，總正萬事，放遠讒說之黨，援納斷斷之介，〔一二〕退去貪殘之徒，進用賢良之吏，平刑罰，薄賦斂，恩澤加於百姓，誠爲政之大本，應變之至務也。天下幸甚。書曰『天既付命正厥德』，〔一三〕言正德以順天也。又曰『天棐諶辭』，〔一四〕言有誠道，天輔之也。明承順天道在於崇德博施，加精致誠，孳孳而已。〔一五〕俗之祈禳小數，終無益於應天塞異，銷禍興福，〔一六〕較然甚明，無可疑惑。」〔一七〕

〔一〕師古曰：「周書洪範之言。羞，進也。皇，大也。極，中也。」

〔二〕師古曰：「如，若也。」

〔三〕孟康曰：「朓，行疾也。側匿，行遲也。」師古曰：「朓音吐了反。」

〔四〕師古曰：「沴，惡氣也，音戾。」

〔五〕師古曰：「歲之朝，月之朝，日之朝，故曰三朝。」

〔六〕師古曰：「商書高宗肜日之辭也。假，至也。言先代至道之王必正其事。」

〔七〕師古曰：「(右)〔左〕讀曰(佑)〔佐〕。(佑)〔佐〕，助也。」

〔八〕師古曰：「言輕忽天戒，簡傲欺誣者，其罰必至。」

〔九〕師古曰：「周頌敬之篇。顯，明也。思，辭也。言天甚明察，宜敬之，以承受天命甚難。」

〔一〇〕師古曰：「周頌我將之詩。言必敬天之威，於是乃得安。」

〔一一〕師古曰：「兢兢，戒也。業業，危也。」

〔一二〕師古曰：「援，引也。斷斷，專壹之貌。介謂一介之人。援音爰。」

〔一三〕師古曰：「商書高宗肜日之辭。言既受天命，宜正其德。」

〔一四〕師古曰：「周書大誥之辭。棐，輔也。諶，誠也。諶辭，至誠之辭也。棐音匪。諶音上林反。」

〔一五〕師古曰：「孳孳，不怠也。孳音兹。」

〔一六〕師古曰：「祈，求福也。禳，除禍也。」

〔一七〕師古曰：「較，明貌也，音角。」

書奏，上說，〔一〕賜光束帛，拜爲光祿大夫，秩中二千石，給事中，位次丞相。詔光舉可尚書令者封上，光謝曰：「臣以朽材，前比歷位典大職，卒無尺寸之效，〔二〕幸免罪誅，全保首領，今復拔擢，備内朝臣，與聞政事。〔三〕臣光智謀淺短，犬馬齒載，〔四〕誠恐一旦顛仆，無以報稱。〔五〕竊見國家故事，尚書以久次轉遷，非有踔絶之能，不相踰越。〔六〕尚書僕射敞，公正勤職，通敏於事，可尚書令。謹封上。」敞以舉故，爲東平太守。敞姓成公，東海人也。

〔一〕師古曰：「說讀曰悅。」

〔二〕師古曰：「卒，終也。」

〔三〕師古曰：「與讀曰豫。」

〔四〕師古曰：「載，老也，讀與耋同。今書本有作截字者，俗爲誤也。」

〔五〕師古曰：「稱，副也。」

〔六〕師古曰：「踔，高遠也，音竹角反。」

光爲大夫月餘，丞相嘉下獄死，〔一〕御史大夫賈延免。光復爲御史大夫，二月(復)〔爲〕丞相，復故國博山侯。上乃知光前免非其罪，以過近臣毀短光者，復免傅嘉，曰：「前爲侍中，毀譖仁賢，誣愬大臣，令俊艾者久失其位。〔二〕嘉傾覆巧僞，挾姦以罔上，崇黨以蔽朝，傷善以肆意。〔三〕詩不云乎？『讒人罔極，交亂四國。』〔四〕其免嘉爲庶人，歸故郡。」

〔一〕師古曰：「王嘉也。」

〔二〕師古曰：「艾讀曰乂。」

〔三〕師古曰：「肆，極也。」

〔四〕師古曰：「小雅青蠅之詩，解在車千秋傳。」

明年，定三公官，光更爲大司徒。會哀帝崩，太皇太后以新都侯王莽爲大司馬，徵立中山王，是爲平帝。帝年幼，太后稱制，委政於莽。初，哀帝罷黜王氏，故太后與莽怨丁、傅、董賢之黨。莽以光爲舊相名儒，天下所信，太后敬之，備禮事光。所欲搏擊，輒爲草，以太后指風光令上之，〔一〕睚眥莫不誅傷。〔二〕莽權日盛，光憂懼不知所出，上書乞骸骨。莽白太后：「帝幼少，宜置師傅。」徙光爲帝太傅，位四輔，給事中，領宿衞供養，行内〔三〕署門戶，省

服御食物。〔四〕明年，徙爲太師，而莽爲太傅。光常稱疾，不敢與莽並。有詔朝朔望，領城門兵。莽又風羣臣奏莽功德，稱宰衡，位在諸侯王上，百官統焉。光愈恐，固稱疾辭位。太后詔曰：「太師光，聖人之後，先師之子，德行純淑，道術通明，居四輔職，輔道于帝。〔五〕今年耆有疾，俊艾大臣，惟國之重，其猶不可以闕焉。〔六〕書曰『無遺耇老』，〔七〕國之將興，尊師而重傅。其令太師毋朝，十日一賜餐。賜太師靈壽杖，〔八〕黃門令爲太師省中坐置几，太師入省中用杖，賜餐十七物，〔九〕然後歸老于第，官屬按職如故。」〔10〕

〔一〕師古曰：「謂文書之稾草也。風讀曰諷。次下亦同。」
〔二〕師古曰：「厓音崖。眥音漬。厓又音五懈反。眥又音仕懈反。解具在杜欽傳。」
〔三〕師古曰：「行內，行在所之內中，猶言禁中也。」
〔四〕師古曰：「省，視也。」
〔五〕師古曰：「道讀曰導。」
〔六〕師古曰：「艾讀曰乂。」
〔七〕師古曰：「周書召誥之辭也。言不遺老成之人也。」
〔八〕孟康曰：「扶老杖也。」服虔曰：「靈壽，木名。」師古曰：「木似竹，有枝節，長不過八九尺，圍三四寸，自然有合杖制，不須削治也。」
〔九〕師古曰：「食具有十七種物。」

〔10〕師古曰：「言十日一入朝，受此寵禮。它日則常在家自養，而其屬官依常各行職務。」

光凡爲御史大夫、丞相各再，壹爲大司徒、太傅、太師，歷三世，居公輔位前後十七年。自爲尚書，止不敎授，後爲卿，時會門下大生講問疑難，舉大義云。其弟子多成就爲博士大夫者，見師居大位，幾得其助力，〔一〕光終無所薦舉，至或怨之。其公如此。

〔一〕師古曰：「幾讀曰冀。」

光年七十，元始五年薨。莽白太后，使九卿策贈以太師博山侯印綬，賜乘輿祕器，金錢雜帛。少府供張，諫大夫持節與謁者二人使護喪事，博士護行禮。太后亦遣中謁者持節視喪。公卿百官會弔送葬。載以乘輿轀輬及副各一乘，〔一〕羽林孤兒諸生合四百人輓送，車萬餘兩，道路皆舉音以過喪。〔二〕將作穿復土，可甲卒五百人，起墳如大將軍王鳳制度。謚曰簡烈侯。

〔一〕師古曰：「轀輬車及副各一乘也。轀輬，解具在霍光傳。」
〔二〕師古曰：「喪到之處，行道之人皆舉音哭，須過乃止。」

初，光以丞相封，後益封，凡食邑萬一千戶。病甚，上書讓還七千戶，及還所賜一弟。子放嗣。莽簒位後，以光兄子永爲大司馬，封侯。昆弟子至卿大夫四五人。始光父霸以初元元年爲關內侯食邑。霸上書求奉孔子祭祀，元帝下詔曰：「其令師褒成君關內侯霸以所食邑八百戶祀孔子焉。」故霸還長子福名數於魯，奉夫子祀。霸薨，子福嗣。福薨，子房嗣。房薨，子莽嗣。元始元年，封周公、孔子後爲列侯，食邑各二千戶。莽更封爲褒成侯，後避王莽，更名均。

馬宮字游卿，東海戚人也。治春秋嚴氏，以射策甲科爲郎，遷楚長史，免官。後爲丞相史司直。師丹薦宮行能高絜，遷廷尉平，青州刺史，汝南、九江太守，所在見稱。徵爲詹事，光祿勳，右將軍，代孔光爲大司徒，封扶德侯。光爲太師薨，宮復代光爲太師，兼司徒官。

初，宮哀帝時與丞相御史雜議帝祖母傅太后謚，及元始中，王莽發傅太后陵徙歸定陶，以民葬之，追誅前議者。宮爲莽所厚，獨不及，內慙懼，上書謝罪乞骸骨。莽以太皇太后詔賜宮策曰：「太師大司徒扶德侯上書言『前以光祿勳議故定陶共王母謚，曰「婦人以夫爵尊爲號，謚宜曰孝元傅皇后，稱渭陵東園。」臣知妾不得體君，卑不得敵尊，而希指雷同，詭經辟說，〔一〕以惑誤上。爲臣不忠，當伏斧鉞之誅，幸蒙洒心自新，〔二〕又令得保首領。伏自惟念，入稱四輔，出備三公，爵爲列侯，誠無顏復望闕廷，無心復居官府，無宜復食國邑。願上太師大司徒扶德侯印綬，避賢者路。』下君章有司，皆以爲四輔之職爲國維綱，三公之任鼎足承君，不有鮮明固守，無以居位。如君言至誠可聽，惟君之惡在洒心前，不敢文過，朕甚

多之，〔三〕不奪君之爵邑，以著『自古皆有死』之義。〔四〕其上太師大司徒印綬使者，以侯就弟。」王莽簒位，以宮爲太子師，卒官。

〔一〕師古曰：「詭，違。辟讀曰僻。」
〔二〕師古曰：「洒音先禮反。」
〔三〕師古曰：「多猶重也。」
〔四〕孟康曰：「以宮上書不文過爲信，不奪其爵邑。」師古曰：「論語載孔子言曰：『自古皆有死，民無信不立』，故引之。」

本姓馬矢，宮仕學，稱馬氏云。

贊曰：自孝武興學，公孫弘以儒相，其後蔡義、韋賢、玄成、匡衡、張禹、翟方進、孔光、平當、馬宮及當子晏咸以儒宗居宰相位，服儒衣冠，〔一〕傳先王語，其醞藉可也，〔二〕然皆持祿保位，被阿諛之譏。彼以古人之迹見繩，烏能勝其任乎！〔三〕

〔一〕孟康曰：「方領逢掖之衣。」
〔二〕師古曰：「醞藉，謂如醞釀及薦藉，道其寬博重厚也。醞音於問反。藉音才夜反。」
〔三〕如淳曰：「迹謂旣明且哲也。繩謂抨彈之也。」師古曰：「古人之迹，謂直道以事人也。烏，何也。抨音普耕反。」

中華書局

校勘記

三三三三頁一〇行　人情(以)〔怨〕不自知，　景祐、殿、局本都作「怨」。王先謙說作「怨」是。

三三三三頁一三行　臣聞五帝不同(樂)〔禮〕，　景祐、殿本都作「禮」。

三三四〇頁五行　(之道)〔道之〕衰莫不始乎梱內。　錢大昭說「之道」二字當乙。按殿、局本作「道之」，景祐本亦作「之道」。

三三四一頁六行　易家人卦之(彖也)〔彖辭〕。　景祐、殿本都作「彖辭」。

三三四六頁三行　積十餘歲，衡封臨淮郡，〔四〕　注〔四〕原在「衡封」下。楊樹達說敦煌殘卷子本漢書此注在「臨淮郡」下，「衡封臨淮郡」五字屬讀。

三三四六頁八行　不(足)〔從〕故而以閩佰爲界，解何？　殘卷本作「從」。

三三四七頁二行　〔晉灼曰：「舉郡而言耳，自封縣也。」〕　殘卷本多此十二字。

三三四七頁四行　令郡(故)〔改〕從平陵佰以爲定實。　景祐、殿本都作「改」。

三三四七頁一〇行　至禹父徙家蓮(自)〔勺〕。　景祐、殿、局本都作「勺」，此誤。

三三五〇頁一〇行　禹頓首謝恩，〔因〕歸誠，　宋祁說「恩」字下當有「因」字。王念孫說宋說是。殘卷本有「因」字。

三三五二頁五行　地震五(十六)，　宋祁、劉敞都說「十六」兩字疑衍。按景祐本無「十六」兩字。

三三五二頁一六行　露(蓍)易蓍於星宿下，　殿本無「蓍」字。

三三五三頁一二行　高(第)爲尚書，　景祐、殿本都無「第」字。

三三五四頁一〇行　(師古)〔服虔〕曰：「言已縛(事)書，　景祐、殿本都作「服虔」，無「事」字。

三三五六頁一行　此(其)〔具〕引令條之文也。　景祐、殿本都作「具」。

三三五六頁一五行　使上不得直道(而)行。　景祐、殿本都無「而」字。

三三五九頁一四行　天(右)〔左〕與王者，　景祐本作「左」，注同。王念孫說作「左」是。

三三六二頁四行　二月(復)〔爲〕丞相，　景祐、殿、局本都作「爲」。王先謙說作「爲」是。

漢書卷八十二

王商史丹傅喜傳第五十二

王商字子威，涿郡蠡吾人也，〔一〕徙杜陵。商父武，武兄無故，皆以宣帝舅封。無故爲平昌侯，武爲樂昌侯。語在外戚傳。

〔一〕師古曰：「蠡音禮。」

商少爲太子中庶子，以肅敬敦厚稱。父薨，商嗣爲侯，推財以分異母諸弟，身無所受，居喪哀戚。於是大臣薦商行可以厲羣臣，義足以厚風俗，宜備近臣。繇是擢爲諸曹侍中中郎將。〔二〕元帝時，至右將軍、光祿大夫。是時，定陶共王愛幸，幾代太子。〔三〕商爲外戚重臣輔政，擁佑太子，頗有力焉。〔四〕

〔一〕師古曰：「繇讀與由同。」

〔二〕師古曰：「共讀曰恭。幾音鉅依反。」

〔三〕師古曰：「佑，助也。」

元帝崩，成帝卽位，甚敬重商，徙爲左將軍。而帝元舅大司馬大將軍王鳳顓權，行多驕僭。商論議不能平鳳，鳳知之，亦疏商。建始三年秋，京師民無故相驚，言大水至，百姓奔走相蹂躪，〔一〕〔老弱號呼〕，〔二〕長安中大亂。天子親御前殿，召公卿議。大將軍鳳以爲太后與上及後宮可御船，令吏民上長安城以避水。羣臣皆從鳳議。左將軍商獨曰：「自古無道之國，水猶不冒城郭。〔三〕今政治和平，世無兵革，上下相安，何因當有大水一日暴至？此必訛言也，〔四〕不宜令上城，重驚百姓。」〔五〕上乃止。有頃，長安中稍定，問之，果訛言。上於是美壯商之固守，數稱其議。而鳳大慙，自恨失言。

〔一〕師古曰：「蹂，踐也。躪，轢也。蹂音人九反。躪音藺。」

〔二〕〔師古曰：「呼音火故反。」〕

〔三〕師古曰：「冒，蒙覆也。」

〔四〕師古曰：「訛，僞也。」

〔五〕師古曰：「重音直用反。」

明年，商代匡衡爲丞相，益封千戶，天子甚尊任之。爲人多質有威重，〔一〕長八尺餘，身體鴻大，容貌甚過絕人。河平四年，單于來朝，引見白虎殿。〔二〕丞相商坐未央廷中，單于前，拜謁商。〔三〕商起，離席與言，單于仰視商貌，大畏之，遷延卻退。天子聞而歎曰：「此眞

漢相矣！」

〔一〕師古曰：「多質，言不爲文飾。」

〔二〕師古曰：「在未央宮中。」

〔三〕師古曰：「單于將見天子，而經未央廷中過也。」

初，大將軍鳳連昏楊肜爲琅邪太守，〔一〕其郡有災害十四，已上。商部屬按問，〔二〕鳳以曉商〔三〕曰：「災異天事，非人力所爲。肜素善吏，宜以爲後。」〔四〕商不聽，竟奏免肜，奏果寢不下，鳳重以是怨商，〔五〕陰求其短，使人上書言商閨門內事。天子以爲暗昧之過，不足以傷大臣，鳳固爭，下其事司隸。

〔一〕如淳曰：「連昏者，婚家之婚親也。」

〔二〕如淳曰：「部屬猶差次。差次其屬令治之。」

〔三〕師古曰：「告語也。」

〔四〕師古曰：「且勿按問也。」

〔五〕師古曰：「重音直用反。」

先是皇太后嘗詔問商女，欲以備後宮。時女病，商意亦難之，以病對，不入。及商以閨門事見考，自知爲鳳所中，〔一〕惶怖，更欲內女爲援，乃因新幸李婕妤家白見其女。

〔一〕師古曰：「中，傷也，音竹仲反。」

會日有蝕之，太中大夫蜀郡張匡，其人佞巧，上書願對近臣陳日蝕咎。下朝者〔一〕左將軍丹等問匡，〔二〕對曰：「竊見丞相商作威作福，從外制中，取必於上，〔三〕性殘賊不仁，遣票輕吏微求人罪，〔四〕欲以立威，天下患苦之。前頻陽耿定上書言商與父傅通，及女弟淫亂，〔五〕奴殺其私夫，疑商教使。〔六〕章下有司，商私怨懟。〔七〕商子俊欲上書告商，俊妻左將軍丹女，持其書以示丹，丹惡其父子乖迕，〔八〕爲女求去。商不盡忠納善以輔至德，知聖主崇孝，遠別不親，〔九〕後庭之事皆受命皇太后，太后前聞商有女，欲以備後宮，商言有固疾，後有耿定事，更詭道因李貴人家內女。〔一〇〕執左道以亂政，〔一一〕誣罔誖大臣節，〔一二〕故應是而日蝕。周書曰：『以左道事君者誅。』〔一三〕易曰：『日中見昧，則折其右肱。』〔一四〕往者丞相周勃再建大功，及孝文時纖介怨恨，而日爲之蝕，於是退勃使就國，卒無怵愁憂。〔一五〕今商無尺寸之功，而有三世之寵，〔一六〕身位三公，宗族爲列侯、吏二千石、侍中諸曹，給事禁門內，連昏諸侯王，權寵至盛。審有內亂殺人怨懟之端，宜窮（意）〔竟〕考問。臣聞秦丞相呂不韋見王無子，意欲有秦國，卽求好女以爲妻，陰知其有身而獻之王，產始皇帝。及楚相春申君亦見王無子，心利楚國，卽獻有身妻而產懷王。自漢興幾遭呂、霍之患，〔一七〕今商有不仁之性，乃因怨以內女，其姦謀未可測度。前孝景世七國反，將軍周亞夫以爲卽得雒陽劇孟，關東非漢之有。今商宗族權勢，合貲鉅萬計，私奴以千數，非特劇孟匹夫之徒也。且失道之至，親戚畔之，閨門內亂，父子相訐，〔一八〕而欲使之宣明聖化，調和海內，豈不謬哉！商視事五年，官職陵夷而大惡著於百姓，甚虧損盛德，有鼎折足之凶。〔一九〕臣愚以爲聖主富於春秋，卽位以來，未有懲姦之威，加以繼嗣未立，大異並見，尤宜誅討不忠，以遏未然。〔二〇〕行之一人，則海內震動，百姦之路塞矣。」

〔一〕文穎曰：「令下朝者平之也。」孟康曰：「中朝臣也。」師古曰：「文說是也。下音胡稼反。」

〔二〕師古曰：「史丹也。」

〔三〕師古曰：「意欲所行，必果之。」

〔四〕師古曰：「票，疾也。微謂私求之也。票音頻妙反，又音匹妙反。」

〔五〕師古曰：「傅謂傅婢也。」

〔六〕師古曰：「私夫，女弟之私與姦通者。」

〔七〕師古曰：「懟音直類反。」

〔八〕師古曰：「迕，逆也。」

〔九〕師古曰：「遠離女色而分別之，故云不親也。」

〔一〇〕師古曰：「詭，違也。」

〔一一〕師古曰：「左道，僻左之道，謂不正。」

〔一二〕師古曰：「誖，乖也，音布內反。」

〔一三〕師古曰：「逸書也。」

〔一四〕蘇林曰：「日者君之象，中者明之盛，盛而昧，折去右肱之臣，用無咎也。」師古曰：「此豐卦九三爻辭。」

〔一五〕師古曰：「卒，終也。愁，古惕字。」

〔一六〕師古曰：「自宣帝至成帝凡三主。」

〔一七〕師古曰：「幾音鉅依反。」

〔一八〕師古曰：「訐，告斥其罪也，音居謁反。」

〔一九〕師古曰：「易鼎卦九四爻辭曰：『鼎折足，覆公餗，其形渥，凶。』餗，鼎實也，謂所亨之物也。渥，厚也。言鼎折其足，則覆喪其實，喻大臣非其任，則虧敗國典，故宜加以厚刑。」

〔二〇〕師古曰：「遏，止也。未然，謂未有其事，恐將然也。」

於是左將軍丹等奏：「商位三公，爵列侯，親受詔策爲天下師，不遵法度以翼國家，〔一〕而回辟下媚以進其私，〔二〕執左道以亂政，爲臣不忠，罔上不道，甫刑之辟，皆爲上戮，罪名明白。臣請詔謁者召商詣若盧詔獄。」〔三〕上素重商，知匡言多險，制曰「弗治」。鳳固爭之，於是制詔御史：「蓋丞相以德輔翼國家，典領百寮，協和萬國，爲職任莫重焉。今樂昌侯商爲丞相，出入五年，未聞忠言嘉謀，而有不忠執左道之辜，陷于大辟。前商女弟內行不修，奴賊殺人，疑商教使，爲商重臣，故抑而不窮。今或言商不以自悔而反怨懟，朕甚傷之。惟商與先帝有外親，未忍致于理。其赦商罪。使者收丞相印綬。」

〔一〕師古曰：「翼，助也。」
〔二〕師古曰：「回，衺也。辟讀曰僻。」
〔三〕孟康曰：「若盧，獄名，屬少府，黃門內寺是也。」

商免相三日，發病歐血薨，謚曰戾侯。而商子弟親屬爲駙馬都尉、侍中、中常侍、諸曹大夫郎吏者，皆出補吏，莫得留給事宿衞者。有司奏商罪過未決，請除國邑。有詔長子安嗣爵爲樂昌侯，至長樂衞尉、光祿勳。

商死後，連年日蝕地震，直臣京兆尹王章上封事召見，訟商忠直無罪，言鳳顓權蔽主。鳳竟以法誅章，語在元后傳。至元始中，王莽爲安漢公，誅不附己者，樂昌侯安見被以罪，自殺，國除。〔一〕

〔一〕師古曰：「被，加也，音皮義反。」

史丹字君仲，魯國人也，徙杜陵。祖父恭有女弟，武帝時爲衞太子良娣，產悼皇考。皇考者，孝宣帝父也。宣帝微時依倚史氏。〔一〕語在史良娣傳。及宣帝卽尊位，恭已死，三子，高、曾、玄。曾、玄皆以外屬舊恩封，曾爲將陵侯，玄平臺侯。高侍中貴幸，以發舉反者大司馬霍禹功封樂陵侯。宣帝疾病，拜高爲大司馬車騎將軍，領尚書事。帝崩，太子襲尊號，是爲

孝元帝。高輔政五年，乞骸骨，賜安車駟馬黃金，罷就第。薨，謚曰安侯。

〔一〕師古曰：「倚音於綺反。」

自元帝爲太子時，丹以父高任爲中庶子，侍從十餘年。元帝卽位，爲駙馬都尉侍中，出常驂乘，甚有寵。上以丹舊臣，皇考外屬，親信之，詔丹護太子家。是時，傅昭儀子定陶共王有材藝，子母俱愛幸，而太子頗有酒色之失，母王皇后無寵。

建昭之間，元帝被疾，不親政事，留好音樂。〔一〕或置鼙鼓殿下，〔二〕天子自臨軒檻上，隤銅丸以擿鼓，〔三〕聲中嚴鼓之節。〔四〕後宮及左右習知音者莫能爲，而定陶王亦能之，上數稱其材。丹進曰：「凡所謂材者，敏而好學，溫故知新，〔五〕皇太子是也。若乃器人於絲竹鼓鼙之間，則是陳惠、李微高於匡衡，可相國也。」〔六〕於是上嘿然而咲。〔七〕其後，中山哀王薨，太子前弔。哀王者，帝之少弟，與太子遊學相長大。〔八〕上望見太子，感念哀王，悲不能自止。太子既至前，不哀。上大恨曰：「安有人不慈仁而可奉宗廟爲民父母者乎！」上以責謂丹。〔九〕丹免冠謝上曰：「臣誠見陛下哀痛中山王，至以感損。向者太子當進見，臣竊戒屬毋涕泣，感傷陛下。〔一〇〕罪乃在臣，當死。」上以爲然，意乃解。丹之輔相，皆此類也。

〔一〕孟康曰：「留意於音樂也。」
〔二〕師古曰：「鼙本騎上之鼓，音步迷反。」
〔三〕師古曰：「檻軒，闌版也。隤，下也。擿，投也。隤音頹。擿音持益反。一曰，擿，磓也，音丁歷反。磓音丁回反。」
〔四〕李奇曰：「莊嚴之鼓節也。」晉灼曰：「疾擊之鼓也。」師古曰：「李說是也。」
〔五〕師古曰：「敏，速疾也。溫，厚也。溫故，厚蓄故事也。」
〔六〕如淳曰：「器人，取人器能也。陳惠、李微是時好音者也。」服虔曰：「二人皆黃門鼓吹也。」
〔七〕師古曰：「咲，古笑字。」
〔八〕師古曰：「同處（同）〔長〕養以至於壯大。」
〔九〕師古曰：「謂者，告語也。」
〔一〇〕師古曰：「屬音之欲反。」

竟寧元年，上寑疾，傅昭儀及定陶王常在左右，而皇后、太子希得進見。上疾稍侵，意忽忽不平，〔一〕數問尚書以景帝時立膠東王故事。是時，太子長舅陽平侯王鳳爲衞尉、侍中，與皇后、太子皆憂，不知所出。〔二〕丹以親密臣得侍視疾，候上間獨寑時，丹直入臥內，頓首伏青蒲上，〔三〕涕泣言曰：「皇太子以適長立，積十餘年，〔四〕名號繫於百姓，天下莫不歸心臣子。〔五〕見定陶王雅素愛幸，今者道路流言，爲國生意，以爲太子有動搖之議。審若此，公卿以下必以死爭，不奉詔。臣願先賜死以示羣臣！」天子素仁，不忍見丹涕泣，言又切至，上意大感，喟然太息曰：「吾日困劣，而太子、兩王幼少，意中戀戀，亦何不念乎！然無有此議。且皇后謹慎，先帝又愛太子，吾豈可違指！駙馬都尉安所受此語？」〔六〕丹卽卻，頓首曰：

「愚臣妄聞，罪當死！」〔七〕上因納，謂丹曰：「吾病寑加，恐不能自還。〔八〕善輔道太子，毋違我意！」〔九〕丹嘘唏而起。〔一〇〕太子由是遂爲嗣矣。

〔一〕師古曰：「稍侵，言漸篤也。平，和也。」
〔二〕師古曰：「不知計所出。」
〔三〕服虔曰：「青緣蒲席也。」應劭曰：「以青規地曰青蒲，自非皇后不得至此。」孟康曰：「以蒲青爲席，用蔽地也。」師古曰：「應說是也。」
〔四〕師古曰：「適讀曰嫡。」
〔五〕師古曰：「自託爲臣子。」
〔六〕師古曰：「安，焉也。」
〔七〕師古曰：「卻，退也，離青蒲上。」
〔八〕師古曰：「寑，漸也。不自還者，言當遂至崩亡也。還讀曰旋。」
〔九〕師古曰：「道讀曰導。」
〔一〇〕師古曰：「嘘音虛。唏音許既反。」

元帝竟崩，成帝初卽位，擢丹爲長樂衞尉，遷右將軍，賜爵關內侯，食邑三百戶，給事中，後徙左將軍、光祿大夫。鴻嘉元年，上遂下詔曰：「夫褒有德，賞元功，古今通義也。左將軍丹往時導朕以忠正，秉義醇壹，舊德茂焉。其封丹爲武陽侯，國東海郯之武彊聚，戶千

一百。」〔一〕

〔一〕如淳曰：「褎，字喻反。褎，邑居也。」

丹爲人足知，愷弟愛人，〔一〕貌若儻蕩不備，〔二〕然心甚謹密，故尤得信於上。丹兄嗣父爵爲侯，讓不受分。丹盡得父財，身又食大國邑，重以舊恩，數見褒賞，〔三〕賞賜累千金，僮奴以百數，後房妻妾數十人，內奢淫，好飲酒，極滋味聲色之樂。爲將軍前後十六年，永始中病乞骸骨，上賜策曰：「左將軍寢病不衰，〔四〕願歸治疾，朕愍以官職之事久留將軍，使躬不瘳。使光祿勳賜將軍黃金五十斤，安車駟馬，其上將軍印綬。宜專精神，務近醫藥，以輔不衰。」

〔一〕師古曰：「愷，樂也。弟，易也。言有和樂簡易之德。」
〔二〕師古曰：「儻蕩，疏誕無檢也。」
〔三〕師古曰：「重音直用反。」
〔四〕師古曰：「言病不損也。」

丹歸第數月薨，謚曰頃侯。有子男女二十人，九男皆以丹任並爲侍中諸曹，親近在左右。史氏凡四人侯，至卿大夫二千石者十餘人，皆訖王莽乃絕，唯將陵侯曾無子，絕於身云。

傅喜字稚游，河內溫人也，哀帝祖母定陶傅太后從父弟。少好學問，有志行。哀帝立爲太子，成帝選喜爲太子庶子。哀帝初即位，以喜爲衞尉，遷右將軍。是時，王莽爲大司馬，乞骸骨，避帝外家。上既聽莽退，衆庶歸望於喜。喜從弟孔鄉侯晏親與喜等，〔一〕而女爲皇后。又帝舅陽安侯丁明，皆親以外屬封。喜執謙稱疾。傅太后始與政事，喜數諫之，〔二〕由是傅太后不欲令喜輔政。上於是用左將軍師丹代王莽爲大司馬，賜喜黃金百斤，上將軍印綬，以光祿大夫養病。

〔一〕如淳曰：「俱傅太后從父弟也。」
〔二〕師古曰：「與讀曰豫。」

大司空何武、尙書令唐林皆上書言：「喜行義修絜，忠誠憂國，內輔之臣也，今以寢病，一旦遣歸，衆庶失望，皆曰傅氏賢子，以論議不合於定陶太后故退，百寮莫不爲國恨之。忠臣，社稷之衞，魯以季友治亂，〔一〕楚以子玉輕重，〔二〕魏以無忌折衝，〔三〕項以范增存亡。故楚跨有南土，帶甲百萬，鄰國不以爲難，子玉爲將，則文公側席而坐，及其死也，君臣相慶。〔四〕百萬之衆，不如一賢，故秦行千金以間廉頗，〔五〕漢散萬金以疏亞父。〔六〕喜立於朝，陛下之光輝，傅氏之廢興也。」〔七〕上亦自重之。明年正月，乃徙師丹爲大司馬，封高武侯。

〔一〕師古曰：「謂季氏亡，則魯不昌。」
〔二〕師古曰：「謂楚殺子玉而晉侯喜可知。」
〔三〕師古曰：「信陵君。」
〔四〕師古曰：「已解在上也。」
〔五〕師古曰：「趙孝成王七年，秦與趙兵相距長平。趙將廉頗固壁不戰，秦乃使人反間於趙，曰：『秦之所惡，獨畏趙奢之子趙括爲將耳。』趙王信之，因以括爲將，代廉頗，而括軍遂敗，數十萬之衆降秦，秦皆阬之。」
〔六〕師古曰：「事在陳平傳。」
〔七〕如淳曰：「傅喜顯則傅氏興，其廢亦如之。」晉灼曰：「用喜於陛下有光明，而傅氏之廢復得興也。」師古曰：「如說是也。」

丁、傅驕奢，皆嫉喜之恭儉。又傅太后欲求稱尊號，與成帝母齊尊，喜與丞相孔光、大司空師丹共執正議。傅太后大怒，上不得已，先免師丹以感動喜，喜終不順。後數月，遂策免喜曰：「君輔政出入三年，未有昭然匡朕不逮，而本朝大臣遂其姦心，〔一〕咎由君焉。其上大司馬印綬，就第。」傅太后又自詔丞相御史曰：「高武侯喜無功而封，內懷不忠，附下罔上，與故大司空丹同心背畔，放命圮族，〔二〕虧損德化，罪惡雖在赦前，不宜奉朝請，其遣就國。」後又欲奪喜侯，上亦不聽。

〔一〕師古曰：「遂，成也，申也。」
〔二〕應劭曰：「放棄敎令，毀其族類。」

喜在國三歲餘，哀帝崩，平帝即位，王莽用事，免傅氏官爵歸故郡，晏將妻子徙合浦。莽白太后下詔曰：「高武侯喜姿性端慤，論議忠直，〔一〕雖與故定陶太后有屬，終不順指從邪，介然守節，以故斥逐就國。傳不云乎？『歲寒然後知松柏之後凋也。』〔二〕其還喜長安，以故高安侯莫府賜喜，位特進，奉朝請。」喜雖外見褒賞，孤立憂懼，後復遣就國，以壽終。莽賜謚曰貞侯。子嗣，莽敗乃絕。〔三〕

〔一〕師古曰：「慤，謹也，音口角反。」
〔二〕師古曰：「論語載孔子之言，以喻有節操之人也。」
〔三〕師古曰：「史不得其子名也。」

贊曰：自宣、元、成、哀外戚興者，許、史、三王、丁、傅之家，〔一〕皆重侯累將，窮貴極富，見其位矣，未見其人也。〔二〕陽平之王多有材能，好事慕名，其勢尤盛，曠貴最久。〔三〕然至於莽，亦以覆國。王商有剛毅節，廢黜以憂死，非其罪也。史丹父子相繼，高以重厚，位至三公。丹之輔道副主，掩惡揚美，傅會善意，〔四〕雖宿儒達士無以加焉。及其歷房闥，入臥內，

推至誠，犯顏色，動寤萬乘，轉移大謀，卒成太子，安母后之位。「無言不讎」，終獲忠貞之報。〔三〕傅喜守節不傾，亦蒙後凋之賞。哀、平際會，禍福速哉！

〔一〕師古曰：「三王，謂叩成侯及商、鳳三家也。」
〔二〕師古曰：「言無善人也。」
〔三〕師古曰：「陽平謂王鳳之家也。言居非其位，是爲曠官，故云曠貴。」
〔四〕師古曰：「道讀曰導。傅讀曰附。」
〔五〕師古曰：「大雅抑之詩曰：『無言不讎，無德不報。』故贊引之以喻丹也。」

校勘記

三三七〇頁三行　〔老弱號呼〕，景祐、殿本都有此四字，並有注文「師古曰呼音火故反」八字。
三三七二頁二行　宜窮（意）〔竟〕考問。　錢大昭說「意」當作「竟」。按景祐、殿本都作「竟」。
三三七七頁六行　同處（同）〔長〕養以至於壯大。景祐、殿本都作「長」。王先謙說作「長」是。

漢書卷八十三

薛宣朱博傳第五十三

薛宣字贛君，東海郯人也。〔一〕少爲廷尉書佐、都船獄史。後以大司農斗食屬察廉，補不其丞。〔二〕琅邪太守趙貢行縣，〔三〕見宣，甚說其能。〔四〕從宣歷行屬縣，〔五〕還至府，令妻子與相見，戒曰：「贛君至丞相，我兩子亦中丞相史。」察宣廉，遷樂浪都尉丞。〔六〕幽州刺史舉茂材，爲宛句令。〔七〕大將軍王鳳聞其能，薦宣爲長安令，治果有名，以明習文法詔補御史中丞。

〔一〕師古曰：「贛音貢。郯音談。」
〔二〕師古曰：「斗食者，祿少，一歲不滿百石，計日以斗爲數也。不其，縣名也。其音基。」
〔三〕師古曰：「行音下更反。其下亦同。」
〔四〕師古曰：「說讀曰悅。」
〔五〕師古曰：「以宣自從也。」
〔六〕師古曰：「趙貢察舉宣，故得遷也。樂音洛。浪音郎。」

〔七〕師古曰：「樂浪屬幽州，故爲刺史所舉也。宛音於元反。句音劬。」

是時，成帝初卽位，宣爲中丞，執法殿中，外總部刺史，上疏曰：「陛下至德仁厚，哀閔元元，躬有日仄之勞，而亡佚豫之樂，〔一〕允執聖道，刑罰惟中，〔二〕然而嘉氣尚凝，陰陽不和，〔三〕是臣下未稱，而聖化獨有不洽者也。臣竊伏思其一端，殆吏多苛政，政教煩碎，大率咎在部刺史，或不循守條職，〔四〕舉錯各以其意，多與郡縣事，〔五〕至開私門，聽讒佞，以求吏民過失，譴呵及細微，責義不量力。〔六〕郡縣相迫促，亦內相刻，流至衆庶。是故鄉黨闕於嘉賓之懽，九族忘其親親之恩，飲食周急之厚彌衰，送往勞來之禮不行。〔七〕夫人道不通，則陰陽否鬲，〔八〕和氣不興，未必不由此也。詩云：『民之失德，乾餱以愆。』〔九〕鄙語曰：『苛政不親，煩苦傷恩。』方刺史奏事時，宜明申敕，〔一〇〕使昭然知本朝之要務。臣愚不知治道，唯明主察焉。」上嘉納之。

〔一〕師古曰：「周書亡逸之篇稱文王之德曰『至于日中仄，弗皇暇食』，宣引此言也。仄，古側字也。佚與逸同。」
〔二〕師古曰：「允，信也。中音竹仲反。」
〔三〕師古曰：「凝謂不通也。」
〔四〕師古曰：「刺史所察，本有六條，今則踰越故事，信意舉劾，妄爲苛刻也。六條解在百官公卿表。」
〔五〕師古曰：「錯，置也，音千故反。與讀曰豫。豫，干也。」
〔六〕師古曰：「言求備於人。」

〔七〕師古曰：「勞音郎到反。來音郎代反。」

〔八〕師古曰：「否，閉也，音皮鄙反。鬲與隔同。」

〔九〕師古曰：「小雅伐木之詩也。餱，食也，解在元紀。餱音侯。」

〔一〇〕師古曰：「申，束也，謂約束也。」

宣數言政事便宜，舉奏部刺史郡國二千石，所貶退稱進，白黑分明，〔一〕繇是知名。〔二〕出爲臨淮太守，政教大行。會陳留郡有大賊廢亂，〔三〕上徙宣爲陳留太守，盜賊禁止，吏民敬其威信。入守左馮翊，滿歲稱職爲眞。

〔一〕師古曰：「稱，舉也。白黑猶言清濁也。」

〔二〕師古曰：「繇讀與由同。」

〔三〕師古曰：「廢亂者，政教不行也。」

始高陵令(陽)〔楊〕湛、櫟陽令謝游皆貪猾不遜，持郡短長，前二千石數案不能竟。〔一〕及宣視事，詣府謁，宣設酒飯與相對，接待甚備。已而陰求其罪臧，具得所受取。宣察湛有改節敬宣之效，乃手自牒書，條其姦臧，〔二〕封與湛曰：「吏民條言君如牒，或議以爲疑於主守盜。〔三〕馮翊敬重令，又念十金法重，不忍相暴章。〔四〕故密以手書相曉，欲君自圖進退，可復伸眉於後。〔五〕卽無其事，復封還記，得爲君分明之。」〔六〕湛自知罪臧皆應記，〔七〕而宣辭語溫潤，無傷害意。湛卽時解印綬付吏，爲記謝宣，終無怨言。而櫟陽令游自以大儒有名，輕

宣。宣獨移書顯責之曰：「告櫟陽令：吏民言令治行煩苛，適罰作使千人以上；〔八〕賊取錢財數十萬，給爲非法；〔九〕賣買聽任富吏，賈數不可知。〔一〇〕證驗以明白，欲遣吏考案，恐負舉者，恥辱儒士，〔一一〕故使掾平鐫令。〔一二〕孔子曰：『陳力就列，不能者止。』〔一三〕令詳思之，方調守。」〔一四〕游得檄，亦解印綬去。

〔一〕師古曰：「雖每案驗之，不能窮竟其事。」

〔二〕師古曰：「牒書謂書於簡牒也。」

〔三〕孟康曰：「法有主守盜，斷官錢自入己也。」

〔四〕師古曰：「依當時律條，臧直十金，則至重罪。」

〔五〕師古曰：「伸眉，言無憂也。且令自去職不廢，其後更爲官。」

〔六〕師古曰：「記謂所與湛書也。分明謂考問使知清白也。宣恐其距諱，卽欲驗治之。」

〔七〕師古曰：「與宣書記相當。」

〔八〕師古曰：「適讀曰謫。」

〔九〕師古曰：「言斂取錢財，以供給與造非法之用。」

〔一〇〕師古曰：「賈讀曰價。」

〔一一〕師古曰：「游本因薦舉得官，而身又是儒者，故云然。」

〔一二〕如淳曰：「平，鐫，激切使之自知過也。」晉灼曰：「王常爲光武鐫說其將帥。此爲徐以微言鐫鑿遣之也。」師古曰：「平，掾之名。鐫謂琢鑿也。鐫音子全反。」

〔一三〕師古曰：「論語載孔子之答冉有、季路之言也。列，次也。言自審己之力用而就官次，不能則退。」

〔一四〕師古曰：「言欲選人且代游守令職。」

又頻陽縣北當上郡、西河，爲數郡湊，多盜賊。其令平陵薛恭本縣孝者，功次稍遷，未嘗治民，職不辦。而粟邑縣小，辟在山中，〔一〕民謹樸易治。令鉅鹿尹賞久郡用事吏，爲樓煩長，舉茂材，遷在粟。宣卽以令奏賞與恭換縣。〔二〕二人視事數月，而兩縣皆治。宣因移書勞勉之曰：「昔孟公綽優於趙魏而不宜滕薛，〔三〕故或以德顯，或以功舉，『君子之道，焉可憮也！』〔四〕屬縣各有賢君，馮翊垂拱蒙成。〔五〕願勉所職，卒功業。」〔六〕

〔一〕師古曰：「辟讀曰僻。」

〔二〕師古曰：「時令條有材不稱職得改之。」

〔三〕師古曰：「孟公綽，魯大夫也。論語云『孔子曰：孟公綽爲趙魏老則優，不可以爲滕薛大夫。』言器能各有所施也。趙魏，晉之卿族。老謂家之長相也。滕薛，小國諸侯也。」

〔四〕蘇林曰：「憮，同也，兼也。」晉灼曰：「憮音誣。」師古曰：「論語載子夏之言。謂行業不同，所守各異，唯聖人爲能體備之。」

〔五〕師古曰：「自言端拱無爲而受縣之成功。」

〔六〕師古曰：「卒，終也。」

宣得郡中吏民罪名，輒召告其縣長吏，使自行罰。曉曰：「府所以不自發舉者，不欲代縣治，奪賢令長名也。」長吏莫不喜懼，免冠謝宣歸恩受戒者。

宣爲吏賞罰明，用法平而必行，所居皆有條教可紀，多仁恕愛利。〔一〕池陽令舉廉吏獄掾王立，府未及召，聞立受囚家錢。宣責讓縣，縣案驗獄掾，乃其妻獨受繫者錢萬六千，受之再宿，獄掾實不知。掾慙恐自殺。宣聞之，移書池陽曰：「縣所舉廉吏獄掾王立，家私受賕，而立不知，殺身以自明。立誠廉士，甚可閔惜！其以府決曹掾書立之柩，以顯其魂。〔二〕府掾史素與立相知者，皆予送葬。」

〔一〕師古曰：「愛人而安利也。」

〔二〕師古曰：「以此職追贈。」

及日至休吏，〔一〕賊曹掾張扶獨不肯休，坐曹治事。宣出教曰：「蓋禮貴和，人道尙通。日至，吏以令休，所繇來久。〔二〕曹雖有公職事，家亦望私恩意。掾宜從衆，歸對妻子，設酒肴，請鄰里，壹笑相樂，〔三〕斯亦可矣！」扶慙愧。官屬善之。

〔一〕師古曰：「冬夏至之日不省官事，故休吏。」

〔二〕師古曰：「繇讀與由同。由，從也。」

〔三〕應劭曰：「以壺矢相樂也。」晉灼曰：「書篆形『壹笑』字象壺矢，因曰壺矢。此說非也。」師古曰：「晉說是也。壹笑，

謂一爲歎咲耳。咲，古笑字也。」

宣爲人好威儀，進止雍容，甚可觀也。性密靜有思，〔一〕思省吏職，求其便安。〔二〕下至財用筆研，皆爲設方略，利用而省費。〔三〕吏民稱之，郡中淸靜。遷爲少府，共張職辦。〔四〕

〔一〕師古曰：「有智思也，音先寺反。」
〔二〕師古曰：「省，視也。」
〔三〕師古曰：「利，便也。省，減也。便於用而減於費也。省音所領反。」
〔四〕師古曰：「共讀曰供，音居用反。張音竹亮反。」

月餘，御史大夫于永卒，谷永上疏曰：「帝王之德莫大於知人，知人則百僚任職，天工不曠。〔一〕故皋陶曰：『知人則哲，能官人。』〔二〕御史大夫內承本朝之風化，外佐丞相統理天下，任重職大，非庸材所能堪。今當選於羣卿，以充其缺。得其人則萬姓欣喜，百僚說服；〔三〕不得其人則大職墮斁，王功不興。〔四〕虞帝之明，在茲壹舉，可不致詳！竊見少府宣，材茂行絜，達於從政，前爲御史中丞，執憲轂下，〔五〕不吐剛茹柔，〔六〕舉錯時當；〔七〕出守臨淮、陳留，二郡稱治；爲左馮翊，崇教養善，威德並行，衆職修理，姦軌絕息，辭訟者歷年不至丞相府，赦後餘盜賊什分三輔之一。〔八〕功效卓爾，自左內史初置以來未嘗有也。〔九〕孔子曰：『如有所譽，其有所試。』〔一〇〕宣考績功課，簡在兩府，〔一一〕不敢過稱以奸欺誣之罪。〔一二〕臣聞賢材莫大於治人，宣已有效。其法律任廷尉有餘，經術文雅足以謀王體，斷國論；身兼數器，有『退食自公』之節。〔一三〕宣無私黨游說之助，臣恐陛下忽於羔羊之詩，舍公實之臣，任華虛之譽，是用越職，陳宣行能，唯陛下留神考察。」上然之，遂以宣爲御史大夫。

〔一〕師古曰：「工，官也。曠，空也。」
〔二〕師古曰：「虞書皋陶謨之辭也。哲，智也。無所不知，故能官人也。」
〔三〕師古曰：「說讀曰悅。」
〔四〕師古曰：「墮，毀也。斁，壞也。墮音火規反。斁音丁固反。」
〔五〕師古曰：「言在天子輦轂之下。」
〔六〕師古曰：「大雅（蒸人）〔烝民〕之詩云『惟仲山甫，剛亦不吐，柔亦不茹』，言其平正也。茹，食也，音人庶反。」
〔七〕師古曰：「言其合時而當理也。當音丁浪反。」
〔八〕文穎曰：「減三輔之賊什九也。」
〔九〕師古曰：「馮翊本左內史之地，故云然。」
〔一〇〕師古曰：「論語載孔子之言也。所以晉舉人者，必嘗試之以事。」
〔一一〕師古曰：「簡，大也，一曰明也。兩府，丞相、御史府也。」
〔一二〕師古曰：「過稱，謂踰其實而妄稱譽之也。奸，犯也，音干。」
〔一三〕師古曰：「自，從也。召南羔羊之詩，美在位皆節儉正直。其詩曰：『退食自公，委蛇委蛇。』言卿大夫履行淸絜，減退膳食，率從公道也。」

數月，代張禹爲丞相，封高陽侯，食邑千戶。宣除趙貢兩子爲史。貢者，趙廣漢之兄子也，爲吏亦有能名。宣爲相，府辭訟例不滿萬錢不爲移書，後皆遵用薛侯故事。然官屬譏其煩碎無大體，不稱賢也。時天子好儒雅，宣經術又淺，上亦輕焉。

久之，廣漢郡盜賊羣起，丞相御史遣掾史逐捕不能克。上乃拜河東都尉趙護爲廣漢太守，以軍法從事。數月，斬其渠帥鄭躬，〔一〕降者數千人，乃平。會邛成太后崩，喪事倉卒，吏賦斂以趨辦。〔二〕其後上聞之，以過丞相御史，遂冊免宣曰：「君爲丞相，出入六年，忠孝之行，率先百僚，朕無聞焉。〔三〕朕既不明，變異數見，歲比不登，倉廩空虛，〔四〕百姓飢饉，流離道路，疾疫死者以萬數，人至相食，盜賊並興，羣職曠廢，是朕之不德而股肱不良也。乃者廣漢羣盜橫恣，殘賊吏民，朕惻然傷之，數以問君，君對輒不如其實。西州鬲絕，幾不爲郡。〔五〕三輔賦斂無度，酷吏並緣爲姦，〔六〕侵擾百姓，詔君案驗，復無欲得事實之意。九卿以下，咸承風指，同時陷于謾欺之辜，咎繇君焉！〔七〕有司法君領職解嫚，〔八〕開謾欺之路，傷薄風化，無以帥示四方。不忍致君于理，其上丞相高陽侯印綬，罷歸。」

〔一〕師古曰：「渠，大也。」
〔二〕師古曰：「邛成太后，宣帝王皇后也。趨讀曰趣。言苟取辦。」
〔三〕師古曰：「不聞其有此行也。」

〔四〕師古曰：「比，頻也。登，成也。年穀不成。」
〔五〕師古曰：「鬲與隔同。幾音鉅依反。」
〔六〕師古曰：「並音步浪反。」
〔七〕師古曰：「謾，誑也，音慢，又音莫干反。繇讀與由同。」
〔八〕師古曰：「法謂據法以劾也。解讀曰懈。嫚與慢同。」

初，宣爲丞相，而翟方進爲司直。宣知方進名儒，有宰相器，深結厚焉。後方進竟代爲丞相，思宣舊恩，宣免後二歲，薦宣明習文法，練國制度，〔一〕前所坐過薄，可復進用。上徵宣，復爵高陽侯，加寵特進，位次師安昌侯，給事中，視尚書事。宣復尊重。任政數年，後坐善定陵侯淳于長罷就第。

〔一〕師古曰：「練猶熟也。言其詳熟。」

初，宣有兩弟，明、修。明至南陽太守。修歷郡守、京兆尹、少府，善交接，得州里之稱。後母常從修居官。宣爲丞相時，修爲臨菑令，宣迎後母，修不遣。後母病死，修去官持服。宣謂修三年服少能行之者，兄弟相駮不可，〔一〕修遂竟服，繇是兄弟不和。〔二〕

〔一〕師古曰：「駮者，執意不同，猶如色之間雜。」
〔二〕師古曰：「繇讀與由同。」

久之，哀帝初即位，博士申咸給事中，亦東海人也，毀宣不供養行喪服，薄於骨肉，前以

不忠孝免，不宜復列封侯在朝省。宣子況爲右曹侍郎，數聞其語，賕客楊明，欲令創咸面目，使不居位。〔一〕會司隸缺，況恐咸爲之，遂令明遮斫咸宮門外，斷鼻脣，身八創。

〔一〕師古曰：「創謂傷之也，音初良反。其下並同。」

事下有司，御史中丞衆等奏：「況朝臣，父故宰相，再封列侯，不相敕丞化，而骨肉相疑，疑咸受修言以謗毀宣。咸所言皆宣行迹，衆人所共見，公家所宜聞。況知咸給事中，恐爲司隸舉奏宣，而公令明等迫切宮闕，要遮創戮近臣於大道人衆中，欲以鬲塞聰明，杜絕論議之端。〔二〕桀黠無所畏忌，萬衆讙譁，流聞四方，不與凡民忿怒爭鬭者同。臣聞敬近臣，爲近主也。禮，下公門，式路馬，〔三〕君畜產且猶敬之。春秋之義，意惡功遂，不免於誅，〔四〕上浸之源不可長也。〔五〕況首爲惡，明手傷，功意俱惡，〔五〕皆大不敬。明當以重論，及況皆棄市。」廷尉直以爲「律曰『鬭以刃傷人，完爲城旦，其賊加罪一等，與謀者同罪。』詔書無以詆欺成罪。〔六〕傳曰：『遇人不以義而見疻者，與痏人之罪鈞，惡不直也。』〔七〕咸厚善修，而數稱宣惡，流聞不誼，不可謂直。〔八〕況以故傷咸，計謀已定，後聞置司隸，因前謀而趣明，〔九〕非以恐咸爲司隸故造謀也。本爭私變，雖於掖門外傷咸道中，與凡民爭鬭無異。殺人者死，傷人者刑，古今之通道，三代所不易也。孔子曰：『必也正名。』名不正，則至於刑罰不中；刑罰不中，而民無所錯手足。〔一〇〕今以況爲首惡，明手傷爲大不敬，公私無差。春秋之義，原心定

罪。〔一一〕原況以父見謗發忿怒，無它大惡。加詆欺，輯小過成大辟，〔一二〕陷死刑，違明詔，恐非法意，不可施行。聖王不以怒增刑。明當以賊傷人不直，〔一三〕況與謀者皆爵減完爲城旦。」〔一四〕上以問公卿議臣。丞相孔光、大司空師丹以中丞議是，自將軍以下至博士議郎皆是廷尉。況竟減罪一等，徙敦煌。宣坐免爲庶人，歸故郡，卒於家。

〔一〕師古曰：「鬲與隔同。杜，塞也。」

〔二〕師古曰：「過公門則下車，見路馬則撫式，蓋崇敬也。式，車前橫木。」

〔三〕師古曰：「遂，成也。言舉意不善，雖有成功猶加誅。」

〔四〕師古曰：「浸，近也。言傷戮大臣，有所逼近也。浸字或作侵。侵，犯也，其義兩通。長音竹兩反。」

〔五〕孟康曰：「手傷人爲功，使人行傷人者爲意。」

〔六〕師古曰：「詆，毀也，音丁禮反。」

〔七〕應劭曰：「以杖手毆擊人，剝其皮膚，腫起青黑而無創瘢者，律謂疻痏。遇人不以義爲不直，雖見毆與毆人罪同也。」師古曰：「疻音侈。痏音鮪。」

〔八〕師古曰：「言咸爲修而毀宣，是不誼而不直。」

〔九〕師古曰：「趣讀曰促。」

〔一〇〕師古曰：「論語載孔子之言也。錯，置也，音千故反。」

〔一一〕師古曰：「原謂尋其本也。」

〔一二〕師古曰：「輯與集同。集，合也。」

〔一三〕師古曰：「以其受賕也。」

〔一四〕師古曰：「以其身有爵級，故得減罪而爲完也。況身及同謀之人，皆從此科。」

宣子惠亦至二千石。始惠爲彭城令，宣從臨淮遷至陳留，過其縣，橋梁郵亭不修。〔一〕宣心知惠不能，留彭城數日，案行舍中，處置什器，〔二〕觀視園菜，終不問惠以吏事。惠自知治縣不稱宣意，遣門下掾送宣至陳留，令掾進見，自從其所問宣不教戒惠吏職之意。〔三〕宣笑曰：「吏道以法令爲師，可問而知。及能與不能，自有資材，何可學也？」衆人傳稱，以宣言爲然。

〔一〕師古曰：「郵，行書之舍，亦如今之驛及行道館舍也，音尤。」

〔二〕師古曰：「處，安也。什器，爲生之具也，解在平紀。」

〔三〕師古曰：「若自出其意，不云惠使之言。」

初，宣後封爲侯時，妻死，而敬武長公主寡居，上令宣尙焉。及宣免歸故郡，公主留京師。後宣卒，主上書願還宣葬延陵，奏可。況私從敦煌歸長安，會赦，因留與主私亂。哀帝外家丁、傅貴，主附事之，而疏王氏。元始中，莽自尊爲安漢公，主又出言非莽。而況與呂寬相善，及寬事覺時，莽并治況，發揚其罪，使使者以太皇太后詔賜主藥。主怒曰：「劉氏孤

弱，王氏擅朝，排擠宗室，〔一〕且嫂何與取妹披抉其閨門而殺之？」〔二〕使者迫守主，〔三〕遂飲藥死。況梟首於市。白太后云主暴病薨。太后欲臨其喪，莽固爭，乃止。

〔一〕師古曰：「擠，墜也，音子詣反。」

〔二〕師古曰：「敬武公主，宣帝女也，故謂元后爲嫂。披，發也。抉，挑也。與讀曰豫。豫，干也。言此事不干於嫂也。抉音一穴反。挑音它凋反。」

〔三〕師古曰：「守而逼之。」

朱博字子元，杜陵人也。家貧，少時給事縣爲亭長，好客少年，捕搏敢行。〔一〕稍遷爲功曹，伉俠好交，〔二〕隨從士大夫，不避風雨。是時，前將軍望之子蕭育、御史大夫萬年子陳咸以公卿子著材知名，博皆友之矣。時諸陵縣屬太常，博以太常掾察廉，補安陵丞。後去官入京兆，歷曹史列掾，出爲督郵書掾，所部職辦，郡中稱之。

〔一〕師古曰：「好賓客及少年而追捕擊搏無所避也。」

〔二〕師古曰：「伉，健也，音口浪反。」

而陳咸爲御史中丞，坐漏泄省中語下獄。博去吏，間步至廷尉中，〔一〕候伺咸事。咸掠治困篤，博詐得爲醫入獄，得見咸，具知其所坐罪。博出獄，又變姓名，爲咸驗治數百，〔二〕卒免咸死罪。咸得論出，而博以此顯名，爲郡功曹。

〔一〕師古曰：「去吏，自解職也。閒步，謂步行而伺閒隙以去。」
〔二〕師古曰：「謂被掠笞也。」

久之，成帝即位，大將軍王鳳秉政，奏請陳咸爲長史。咸薦蕭育、朱博除莫府屬，鳳甚奇之，舉博櫟陽令，徙雲陽、平陵〔三〕〔二〕縣，以高弟入爲長安令。京師治理，遷冀州刺史。

博本武吏，不更文法，〔一〕及爲刺史行部，〔二〕吏民數百人遮道自言，官寺盡滿。從事白請且留此縣錄見諸自言者，事畢乃發，欲以觀試博。博心知之，告外趣駕。〔三〕既白駕辦，博出就車見自言者，使從事明敕告吏民：「欲言縣丞尉者，刺史不察黃綬，各自詣郡。〔四〕欲言二千石墨綬長吏者，使者行部還，詣治所。〔五〕其民爲吏所冤，及言盜賊辭訟事，各使屬其部從事。」〔六〕博駐車決遣，四五百人皆罷去，如神。吏民大驚，不意博應事變乃至於此。後博徐問，果老從事教民聚會。博殺此吏，州郡畏博威嚴。徙爲并州刺史、護漕都尉，遷琅邪太守。

〔一〕師古曰：「更，歷也，音工衡反。」
〔二〕師古曰：「行音下更反。」
〔三〕師古曰：「趣讀曰促。」
〔四〕師古曰：「丞尉職卑皆黃綬。」
〔五〕師古曰：「治所，刺史所止理事處。」
〔六〕師古曰：「屬，委也，音之欲反。」

齊郡舒緩養名，〔一〕博新視事，右曹掾史皆移病臥。〔二〕博問其故，對言「惶恐！〔三〕故事二千石新到，輒遣吏存問致意，乃敢起就職。」博奮髯抵几曰：〔四〕「觀齊兒欲以此爲俗邪！」乃召見諸曹史書佐及縣大吏，選視其可用者，出教置之。〔五〕皆斥罷諸病吏，白巾走出府門。郡中大驚。頃之，門下掾贛遂耆老大儒，教授數百人，拜起舒遲。博出教主簿：〔六〕「贛老生不習吏禮，主簿且教拜起，閑習乃止。」又敕功曹：「官屬多褒衣大袑，〔七〕不中節度，自今掾史衣皆令去地三寸。」博尤不愛諸生，所至郡輒罷去議曹，曰：「豈可復置謀曹邪！」文學儒吏時有奏記稱說云云，博見謂曰：「如太守漢吏，奉三尺律令以從事耳，亡奈生所言聖人道何也！〔八〕且持此道歸，堯舜君出，爲陳說之。」其折逆人如此。視事數年，大改其俗，掾史禮節如楚、趙吏。

〔一〕師古曰：「言齊人之俗，其性遲緩，多自高大以養名聲。」
〔二〕師古曰：「右曹，上曹也。移病，謂移書言病也，一曰以病而移居也。」
〔三〕師古曰：「言懼新太守之威。」
〔四〕師古曰：「髯，頰毛也。抵，擊也，音紙。」
〔五〕師古曰：「皆新補置，以代移病者。」
〔六〕師古曰：「以此教告主簿。」
〔七〕師古曰：「袑音紹，謂大袴也。」

〔八〕師古曰：「言不能用。」

博治郡，常令屬縣各用其豪桀以爲大吏，文武從宜。〔一〕縣有劇賊及它非常，博輒移書以詭責之。其盡力有效，必加厚賞；懷詐不稱，誅罰輒行。〔二〕以是豪强慹服。〔三〕姑幕縣有羣輩八人報仇廷中，皆不得。〔四〕長吏自繫書言府，賊曹掾史自白請至姑幕。事留不出。功曹諸掾即皆自白，復不出。於是府丞詣閤，博乃見丞掾曰：「以爲縣自有長吏，府未嘗與也，丞掾謂府當與之邪？」〔五〕閤下書佐入，博口占檄文曰：〔六〕「府告姑幕令丞：言賊發不得，有書。〔七〕檄到，令丞就職，游徼王卿力有餘，如律令！」〔八〕王卿得敕惶怖，親屬失色，晝夜馳騖，十餘日間捕得五人。博復移書曰：「王卿憂公甚效！檄到，齎伐閱詣府。〔九〕部掾以下亦可用，漸盡其餘矣。」〔一〇〕其操持下，皆此類也。

〔一〕師古曰：「各因其材而任之。」
〔二〕師古曰：「稱，副也。」
〔三〕師古曰：「慹音之涉反。」
〔四〕師古曰：「於縣廷之中報仇殺人，而其賊亡，捕不得也。」
〔五〕師古曰：「與讀皆曰豫。」
〔六〕師古曰：「隱度其言口授之。占音之贍反。」
〔七〕師古曰：「言已得縣之文書如此。」

〔八〕師古曰：「游徼職主捕盜賊，故云如律令。」
〔九〕師古曰：「伐，功勞也。閱，所經歷也。」
〔一〇〕師古曰：「部掾，所部之掾也。」

以高弟入守左馮翊，滿歲爲眞。其治左馮翊，文理聰明殊不及薛宣，而多武譎，網絡張設，少愛利，敢誅殺。〔一〕然亦縱舍，時有大貸，〔二〕下吏以此爲盡力。

〔一〕師古曰：「言少仁愛而不能便利於人。」
〔二〕師古曰：「縱，放也。舍，置也。貸謂寬假於下也，音吐戴反。」

長陵大姓尚方禁〔一〕少時嘗盜人妻，見斫，創著其頰。府功曹受賂，白除禁調守尉。博聞知，以它事召見，視其面，果有瘢。〔二〕博辟左右問禁：〔三〕「是何等創也？」禁自知情得，〔四〕叩頭服狀。博笑曰：「〔大〕丈夫固時有是。〔五〕馮翊欲洒卿恥，抆拭用禁，〔六〕能自效不？」禁且喜且懼，對曰：「必死！」〔七〕博因敕禁：「毋得泄語，有便宜，輒記言。」〔八〕因親信之以爲耳目。禁晨夜發起部中盜賊及它伏姦，有功效。博擢禁連守縣令。久之，召見功曹，閉閤數責以禁等事，與筆札（便）〔使〕自記，「積受取一錢以上，無得有所匿。〔九〕欺謾半言，斷頭矣！」〔一〇〕功曹惶怖，具自疏姦臧，大小不敢隱。博知其對以實，乃令就席，受敕自改而已。投刀使削所記，遣出就職。功曹後常戰栗，不敢蹉跌，〔一一〕博遂成就之。〔一二〕

〔一〕師古曰：「姓尙方，名禁。」
〔二〕師古曰：「瘢，創痕也，音盤。痕音胡恩反。」
〔三〕師古曰：「辟讀曰闢。」
〔四〕師古曰：「言其得被斫之情狀。」
〔五〕師古曰：「言情欲之事，人所不免。」
〔六〕師古曰：「抆拭，摩也。洒音先禮反。抆音文粉反。」
〔七〕師古曰：「言盡死力也。」
〔八〕師古曰：「不令泄抆拭之言，而外有便宜之事，爲書記以言於博。」
〔九〕師古曰：「積累前後受取之事。」
〔一〇〕師古曰：「謾，詆也，音慢，又音莫連反。」
〔一一〕師古曰：「蹉音千何反。跌音徒結反。」
〔一二〕師古曰：「言進達也。」

遷爲大司農。歲餘，坐小法，左遷犍爲太守。先是南蠻若兒數爲寇盜，〔一〕博厚結其昆弟，使爲反間，襲殺之，〔二〕郡中清。

〔一〕師古曰：「若兒，其豪長之名。」
〔二〕師古曰：「間音居莧反。」

徙爲山陽太守，病免官。復徵爲光祿大夫，遷廷尉，職典決疑，當讞平天下獄。博恐爲

官屬所誣，視事，召見正監典法掾史，謂曰：「廷尉本起於武吏，不通法律，幸有衆賢，亦何憂！然廷尉治郡斷獄以來且二十年，亦獨耳剽日久，〔一〕三尺律令，人事出其中。〔二〕掾史試與正監共撰前世決事吏議難知者數十事，持以問廷尉，得〔爲〕諸君覆意之。」〔三〕正監以爲博苟強，意未必能然，即共條白焉。博皆召掾史，並坐而問，爲平處其輕重，十中八九。〔四〕官屬咸服博之疏略，材過人也。每遷徙易官，所到輒出奇譎如此，以明示下爲不可欺者。

〔一〕師古曰：「剽，劫也，猶言行賸也。剽音頻妙反。」
〔二〕師古曰：「言可以人情知之。」
〔三〕如淳曰：「但欲用意覆之，不近法律事故也。」師古曰：「覆音芳目反。」
〔四〕師古曰：「中音竹仲反。」

久之，遷後將軍，與紅陽侯立相善。立有罪就國，有司奏立黨友，博坐免。後歲餘，哀帝即位，以博名臣，召見，起家復爲光祿大夫，遷爲京兆尹，數月超爲大司空。

初，漢興襲秦官，置丞相、御史大夫、太尉。至武帝罷太尉，始置大司馬以冠將軍之號，非有印綬官屬也。及成帝時，何武爲九卿，建言「古者民樸事約，〔一〕國之輔佐必得賢聖，然猶則天三光，備三公官，各有分職。〔二〕今末俗（文）〔之〕弊，政事煩多，宰相之材不能及古，而丞相獨兼三公之事，所以久廢而不治也。宜建三公官，定卿大夫之任，分職授政，以考功效。」其後上以問師安昌侯張禹，禹以爲然。時曲陽侯王根爲大司馬票騎將軍，而何武爲御史大夫。於是上賜曲陽侯根大司馬印綬，置官屬，罷票騎將軍官，以御史大夫何武爲大司空，封列侯，皆增奉如丞相，〔三〕以備三公官焉。議者多以爲古今異制，漢自天子之號下至佐史皆不同於古，而獨改三公，職事難分明，無益於治亂。是時御史府吏舍百餘區井水皆竭；又其府中列柏樹，常有野鳥數千棲宿其上，晨去暮來，號曰「朝夕鳥」，鳥去不來者數月，長老異之。〔四〕後二歲餘，朱博爲大司空，奏言「帝王之道不必相襲，各繇時務。〔五〕高皇帝以聖德受命，建立鴻業，置御史大夫，位次丞相，典正法度，以職相參，總領百官，上下相監臨，歷載二百年，天下安寧。今更爲大司空，與丞相同位，未獲嘉祐。故事，選郡國守相高第爲中二千石，選中二千石爲御史大夫，任職者爲丞相，位次有序，所以尊聖德，重國相也。今中二千石未更御史大夫而爲丞相，〔六〕權輕，非所以重國政也。臣愚以爲大司空官可罷，復置御史大夫，遵奉舊制。臣願盡力，以御史大夫爲百僚率。」哀帝從之，乃更拜博爲御史大夫。會大司馬喜免，以陽安侯丁明爲大司馬衞將軍，置官屬，大司馬冠號如故事。後四歲，哀帝遂改丞相爲大司徒，復置大司空、大司馬焉。

〔一〕師古曰：「立此議而奏之也。約，少也。」
〔二〕師古曰：「則，法也。三光，日、月、星也。分音扶問反。」

〔三〕師古曰：「奉音扶用反。」
〔四〕師古曰：「史言此者，著御史大夫之職當休廢也。」
〔五〕師古曰：「繇讀與由同。」
〔六〕師古曰：「更，經也，音工衡反。」

初，何武爲大司空，又與丞相方進共奏言：「古選諸侯賢者以爲州伯，書曰『咨十有二牧』，〔一〕所以廣聰明，燭幽隱也。今部刺史居牧伯之位，秉一州之統，選第大吏，所薦位高至九卿，所惡立退，任重職大。春秋之義，用貴治賤，不以卑臨尊。刺史位下大夫，而臨二千石，輕重不相準，失位次之序。臣請罷刺史，更置州牧，以應古制。」奏可。及博奏復御史大夫官，又奏言：「漢家至德溥大，宇內萬里，〔二〕立置郡縣。部刺史奉使典州，督察郡國，吏民安寧。故事，居部九歲舉爲守相，其有異材功效著者輒登擢，秩卑而賞厚，咸勸功樂進。〔三〕前丞相方進奏罷刺史，更置州牧，秩眞二千石，位次九卿。九卿缺，以高第補，其中材則苟自守而已，恐功效陵夷，〔四〕姦軌不禁。臣請罷州牧，置刺史如故。」奏可。

〔一〕師古曰：「虞書舜典之辭也。」
〔二〕師古曰：「溥與普同。」
〔三〕師古曰：「勸功，自勸勉而立功也。」
〔四〕師古曰：「陵夷，漸廢替。」

博爲人廉儉，不好酒色游宴。自微賤至富貴，食不重味，案上不過三桮。夜寢早起，妻希見其面。有一女，無男。然好樂士大夫，爲郡守九卿，賓客滿門，欲仕宦者薦舉之，欲報仇怨者解劍以帶之。其趨事待士如是，博以此自立，然終用敗。

初，哀帝祖母定陶太后欲求稱尊號，太后從弟高武侯傅喜爲大司馬，與丞相孔光、大司空師丹共持正議。孔鄉侯傅晏亦太后從弟，諂諛欲順指，會博新徵用爲京兆尹，與交結，謀成尊號，以廣孝道。繇是師丹先免，〔一〕博代爲大司空，數燕見奏封事，言「丞相光志在自守，不能憂國；大司馬喜至尊至親，阿黨大臣，無益政治。」上遂罷喜遣就國，免光爲庶人，以博代光爲丞相，封陽鄉侯，食邑二千戶。博上書讓曰：「故事封丞相不滿千戶，而獨臣過制，誠慙懼，願還千戶。」上許焉。傅太后怨傅喜不已，使孔鄉侯晏風丞相，令奏免喜侯。〔二〕博受詔，與御史大夫趙玄議，玄言「事已前決，得無不宜？」〔三〕博曰：「已許孔鄉侯有指。匹夫相要，尚相得死，何況至尊？博唯有死耳！」玄卽許可。博惡獨斥奏喜，以故大司空氾鄉侯何武前亦坐過免就國，〔四〕事與喜相似，卽并奏：「喜、武前在位，皆無益於治，雖已退免，爵土之封非所當得也。請皆免爲庶人。」上知傅太后素常怨喜，疑博、玄承指，卽召玄詣尚書問狀。玄辭服，有詔左將軍彭宣與中朝者雜問。宣等劾奏：「博宰相，玄上卿，晏以外親封位特進，股肱大臣，上所信任，不思竭誠奉公，務廣恩化，爲百寮先，皆知喜、武前已蒙恩

詔決，事更三赦，〔五〕博執左道，虧損上恩，以結信貴戚，背君鄉臣，〔六〕傾亂政治，姦人之雄，附下罔上，爲臣不忠不道；玄知博所言非法，枉義附從，大不敬；晏與博議免喜，失禮不敬。臣請詔謁者召博、玄、晏詣廷尉詔獄。」制曰：「將軍、中二千石、二千石、諸大夫、博士、議郎議。」右將軍蟜望等四十四人〔七〕以爲「如宣等言，可許。」諫大夫龔勝等十四人以爲「春秋之義，姦以事君，常刑不舍。〔八〕魯大夫叔孫僑如欲顓公室，譖其族兄季孫行父於晉，晉執囚行父以亂魯國，春秋重而書之。〔九〕今晏放命圮族，干亂朝政，要大臣以罔上，本造計謀，職爲亂階，〔一〇〕宜與博、玄同罪，罪皆不道。」上減玄死罪三等，削晏戶四分之一，假謁者節召丞相詣廷尉詔獄。博自殺，國除。

〔一〕師古曰：「繇讀與由同。」
〔二〕師古曰：「風讀曰諷。」
〔三〕師古曰：「得無猶言無乃也。」
〔四〕師古曰：「氾音凡。」
〔五〕師古曰：「詔已罷官，事又經三赦也。更音工衡反。」
〔六〕師古曰：「鄉讀曰嚮。」
〔七〕師古曰：「蟜音矯。」
〔八〕師古曰：「舍，置也。」
〔九〕師古曰：「僑如，叔孫宣伯也。行父，季文子也。宣伯通於成公之母穆姜，欲去季孟而取其室，使告晉曰：『魯之有季孟，猶晉之有欒范也，政令於是乎成。今其謀曰晉政多門，不可從也。若欲得志於魯，請止行父而殺之。不然，歸必畔矣。』晉人執文子于苕丘。事在成十六年。」
〔一〇〕師古曰：「此引詩小雅巧言之章也。職，主也。階者，基之漸也。」

初博以御史爲丞相，封陽鄉侯，玄以少府爲御史大夫，並拜於前殿，延登受策，有音如鍾聲。語在五行志。

贊曰：薛宣、朱博皆起佐史，歷位以登宰相。宣所在而治，爲世吏師，及居大位，以苛察失名，〔一〕器誠有極也。博馳騁進取，不思道德，已亡可言，〔二〕又見孝成之世委任大臣，假借用權。〔三〕世主已更，好惡異前，〔四〕復附丁、傅，稱順孔鄉。〔五〕事發見詰，遂陷誣罔，辭窮情得，仰藥飲鴆。〔六〕孔子曰：「久矣哉，由之行詐也！」博亦然哉！〔七〕

〔一〕師古曰：「苛，（副）〔細〕也。」
〔二〕師古曰：「言其事行不足可道也。」
〔三〕鄧展曰：「假音休假。借音以物借人。」
〔四〕師古曰：「更，改也。」
〔五〕師古曰：「稱，副也。副其所求而順其意也。稱音尺孕反。」

〔六〕師古曰：「仰藥謂仰頭而飲藥也。」
〔七〕師古曰：「論語云子疾病，子路欲使門人爲臣。子曰：『久矣哉，由之行詐也！無臣而爲有臣，吾誰欺？欺天乎？』故贊引之。」

校勘記

三三八七頁二行　始高陵令（陽）〔楊〕湛、　景祐、殿本都作「楊」。
三三九二頁九行　大雅（蒸人）〔烝民〕之詩，　殿本作「烝民」，景祐本作「烝人」。
三三九九頁四行　徙雲陽、平陵（三）〔二〕縣，　楊樹達說「三」當作「二」，景祐本亦誤。
三四〇三頁一〇行　（大）丈夫固時有是。　景祐本無「大」字。王念孫說「大」字後人所加。
三四〇三頁一三行　與筆札（便）〔使〕自記，　景祐、殿本都作「使」。朱一新說作「使」是。
三四〇四頁三行　得〔爲〕諸君覆意之。　景祐、殿本都有「爲」字，此脫。
三四〇四頁一四行　今末俗（文）〔之〕弊，政事煩多。　景祐、殿本都作「之」。
三四〇九頁一一行　苛，（副）〔細〕也。　景祐、殿本都作「細」，此誤。

漢書卷八十四

翟方進傳第五十四

翟方進字子威，汝南上蔡人也。家世微賤，至方進父翟公，好學，爲郡文學。方進年十二三，失父孤學，給事太守府爲小史，號遲頓不及事，〔一〕數爲掾史所詈辱。方進自傷，乃從汝南蔡父相問己能所宜。〔二〕蔡父大奇其形貌，謂曰：「小史有封侯骨，當以經術進，努力爲諸生學問。」方進既厭爲小史，聞蔡父言，心喜，因病歸家，辭其後母，欲西至京師受經。母憐其幼，隨之長安，織屨以給方進讀，經博士受春秋。積十餘年，經學明習，徒衆日廣，諸儒稱之。以射策甲科爲郎。二三歲，舉明經，遷議郎。

〔一〕師古曰：「頓讀曰鈍。」

〔二〕師古曰：「言從何術藝可以自達。」

是時宿儒有清河胡常，〔一〕與方進同經。常爲先進，名譽出方進下，〔二〕心害其能，論議不右方進。〔三〕方進知之，候伺常大都授時，〔四〕遣門下諸生至常所問大義疑難，因記其說。

如是者久之，常知方進之宗讓己，〔五〕內不自得，其後居士大夫之間未嘗不稱述方進，遂相親友。

〔一〕師古曰：「宿，久舊也。」

〔二〕師古曰：「常官學雖在前，而名譽不及方進。」

〔三〕師古曰：「毁短也。」

〔四〕師古曰：「都授，謂總集諸生大講授也。」

〔五〕師古曰：「宗，尊也。」

河平中，方進轉爲博士。數年，遷朔方刺史，居官不煩苛，所察應條輒舉，甚有威名。再三奏事，〔一〕遷爲丞相司直。從上甘泉，行馳道中，司隸校尉陳慶劾奏方進，沒入車馬。既至甘泉宮，會殿中，慶與廷尉范延壽語，時慶有章劾，自道：「行事以贖論，〔二〕今尚書持我事來，當於此決。前我爲尚書時，嘗有所奏事，忽忘之，留月餘。」〔三〕方進於是舉劾慶曰：「案慶奉使刺舉大臣，故爲尚書，知機事周密壹統，明主躬親不解。〔四〕慶有罪未伏誅，無恐懼心，豫自設不坐之比。〔五〕又暴揚尚書事，言遲疾無所在，虧損聖德之聰明，奉詔不謹，皆不敬，〔六〕臣謹以劾。」慶坐免官。

〔一〕師古曰：「刺史歲盡輒奏事京師也。」

〔二〕師古曰：「當祭泰時時，行事有闕失，罪合贖。」

〔三〕師古曰：「言此者，冀尚書忘己之事不奏。」

〔四〕師古曰：「解讀曰懈。」

〔五〕師古曰：「比，例也，音必寐反。」

〔六〕師古曰：「既自云不坐，又言遲疾無所在，此之二條於法皆爲不敬。」

會北地浩商爲義渠長所捕，亡，〔一〕長取其母，與豭豬連繫都亭下。〔二〕商兄弟會賓客，自稱司隸掾、長安縣尉，殺義渠長妻子六人，亡。丞相、御史請遣掾史與司隸校尉、部刺史并力逐捕，察無狀者，〔三〕奏可。司隸校尉涓勳奏言：「春秋之義，王人微者序乎諸侯之上，尊王命也。臣幸得奉使，以督察公卿以下爲職，〔四〕今丞相宣請遣掾史，以宰士督察天子奉使命大夫，〔五〕甚誖逆順之理。〔六〕宣本不師受經術，因事以立姦威。案浩商所犯，一家之禍耳，而宣欲專權作威，乃害於乃國，不可之大者。〔七〕願下中朝特進列侯、將軍以下，正國法度。」議者以爲丞相掾不宜移書督趣司隸。〔八〕會浩商捕得伏誅，家屬徙合浦。

〔一〕師古曰：「義渠，北地之縣也。商被縣長捕而逃亡。」

〔二〕師古曰：「以深辱之。豭，牡豕也，音家。」

〔三〕師古曰：「無狀，謂商及義渠長本狀之邃曲也。」

〔四〕師古曰：「督，視也。」

〔五〕師古曰：「謂丞相掾史爲宰士者，言其宰相之屬官，而位爲士也。奉使命大夫，謂司隸也。」

〔六〕師古曰：「誖，乖也，音布內反。」

〔七〕師古曰：「周書洪範云『臣之有作福作威，乃凶于乃國，害于厥躬』，故引之。」

〔八〕師古曰：「趣讀曰促。」

故事，司隸校尉位在司直下，初除，謁兩府，〔一〕其有所會，居中二千石前，與司直並迎丞相、御史。初，方進新視事，而涓勳亦初拜爲司隸，不肯謁丞相、御史大夫，後朝會相見，禮節又倨。〔二〕方進陰察之，勳私過光祿勳辛慶忌，又出逢帝舅成都侯商道路，下車立，須過，乃就車。〔三〕於是方進舉奏其狀，因曰：「臣聞國家之興，尊尊而敬長，爵位上下之禮，王道綱紀。〔四〕春秋之義，尊上公謂之宰，海內無不統焉。丞相進見聖主，御坐爲起，在輿爲下。〔五〕羣臣宜皆承順聖化，以視四方。〔六〕勳吏二千石，幸得奉使，不遵禮儀，輕謾宰相，賤易上卿，〔七〕而又詘節失度，邪諂無常，〔八〕色厲內荏。〔九〕墮國體，〔一〇〕亂朝廷之序，不宜處位。臣請下丞相免勳。」

〔一〕師古曰：「丞相及御史也。」

〔二〕師古曰：「倨，傲也。」

〔三〕師古曰：「須，待也。」

〔四〕師古曰：「言王道綱紀以尊卑上下之禮爲大也。」

〔五〕師古曰：「漢舊儀云皇帝見丞相起，謁者贊稱曰『皇帝爲丞相起』。起立乃坐。皇帝在道，丞相迎謁，謁者贊稱曰

『皇帝爲丞相下輿』。立乃升車。」

〔七〕師古曰：「謾讀與慢同。易音弋豉反。」

〔八〕師古曰：「讇，古諂字也。私過辛慶忌，見王商而下車，是邪諂也。」

〔九〕應劭曰：「荏，屈橈也。」師古曰：「論語稱孔子曰：『色厲而內荏，譬諸小人，其猶穿窬之盜也與！』言外色莊厲而內懷荏弱，故方進引以爲言。」

〔一〇〕師古曰：「隳，毀也，音火規反。」

時太中大夫平當給事中，奏言「方進國之司直，不自敕正以先羣下，前親犯令行馳道中，司隸慶平心舉劾，方進不自責悔而內挾私恨，伺記慶之從容語言，〔一〕以詆欺成罪。〔二〕後丞相宣以一不道賊，〔三〕請遣掾督趣司隸校尉，司隸校尉勳自奏暴於朝廷，今方進復舉奏勳。議者以爲方進不以道德輔正丞相，苟阿助大臣，欲必勝立威，〔四〕宜抑絕其原。勳素行公直，姦人所惡，可少寬假，使遂其功名。」上以方進所舉應科，不得用逆詐廢正法，〔五〕遂貶勳爲昌陵令。方進旬歲間免兩司隸，〔六〕朝廷由是憚之。丞相宣甚器重焉，常誡掾史：「謹事司直，翟君必在相位，不久。」

〔一〕師古曰：「從音七容反。」

〔二〕師古曰：「詆，毀也，音丁禮反。」

〔三〕如淳曰：「律，殺不辜一家三人爲不道。」

〔四〕師古曰：「必勝，必取勝。」

〔五〕師古曰：「逆詐者，謂以詐意逆猜人也。逆，迎也。論語（日子）〔子曰〕『不逆詐』。」

〔六〕師古曰：「旬，徧也，滿也。旬歲猶言滿歲也，若十日之一周。」

是時起昌陵，營作陵邑，貴戚近臣子弟賓客多辜榷爲姦利者，〔一〕方進部掾史覆案，發大姦臧數千萬。上以爲任公卿，〔二〕欲試以治民，徙方進爲京兆尹，（傅）〔搏〕擊豪彊，京師畏之。時胡常爲青州刺史，聞之，與方進書曰：「竊聞政令甚明，爲京兆能，則恐有所不宜。」〔三〕方進心知所謂，其後少弛威嚴。〔四〕

〔一〕師古曰：「榷，專也。辜榷者，言已自專之，它人取者輒有辜罪。」

〔二〕師古曰：「任，堪也。」

〔三〕師古曰：「言當犯迕貴戚而見毀。」

〔四〕師古曰：「弛，解也。」

居官三歲，永始二年遷御史大夫。數月，會丞相薛宣坐廣漢盜賊羣起及太皇太后喪時三輔吏並徵發爲姦，〔一〕免爲庶人。方進亦坐爲京兆尹時奉喪事煩擾百姓，左遷執金吾。二十餘日，丞相官缺，羣臣多舉方進，上亦器其能，遂擢方進爲丞相，封高陵侯，食邑千戶。身既富貴，而後母尚在，方進內行修飾，供養甚篤。〔二〕及後母終，既葬三十六日，除服起視事，以爲身備漢相，不敢踰國家之制。〔三〕爲相公絜，請託不行郡國。〔四〕持法刻深，舉奏牧守九卿，峻文深詆，〔五〕中傷者尤多。如陳咸、朱博、蕭育、逢信、孫閎之屬，皆京師世家，以材能少歷牧守列卿，知名當世，而方進特立後起，十餘年間至宰相，據法以彈咸等，皆罷退之。

〔一〕師古曰：「並音步浪反。」

〔二〕師古曰：「飾，謹也。篤，厚也。」

〔三〕師古曰：「漢制自文帝遺詔之後，國家遵以爲常。大功十五日，小功十四日，緦麻七日。方進自以大臣，故云不敢踰制。」

〔四〕師古曰：「言不以私事託於四方郡國。」

〔五〕師古曰：「詆，毀也，音丁禮反。」

初，咸最先進，自元帝初爲御史中丞顯名朝廷矣。成帝初卽位，擢爲部刺史，歷楚國、北海、東郡太守。陽朔中，京兆尹王章譏切大臣，而薦琅邪太守馮野王可代大將軍王鳳輔政，東郡太守陳咸可御史大夫。是時方進甫從博士爲刺史云。〔一〕後方進爲京兆尹，咸從南陽太守入爲少府，與方進厚善。先是逢信已從高弟郡守歷京兆、太僕爲衞尉矣，官簿皆在方進之右。〔二〕及御史大夫缺，三人皆名卿，俱在選中，而方進得之。會丞相宣有事與方進相連，上使五二千石雜問丞相、御史，〔三〕咸詰責方進，冀得其處，方進心恨。初大將軍鳳奏除

陳湯爲中郎，與從事。〔四〕鳳薨後，從弟車騎將軍音代鳳輔政，亦厚湯。逢信、陳咸皆與湯善，湯數稱之於鳳、音所。久之，音薨，鳳弟成都侯商復爲大司馬衞將軍輔政。商素憎陳湯，白其罪過，下有司案驗，遂免湯，徙敦煌。時方進新爲丞相，陳咸內懼不安，乃令小冠杜子夏往觀其意，微自解說。〔五〕子夏既過方進，揣知其指，不敢發言。〔六〕居亡何，〔七〕方進奏咸與逢信「邪枉貪汙，營私多欲。皆知陳湯姦佞傾覆，利口不軌，而親交賂遺，以求薦舉。後爲少府，數饋遺湯。信、咸幸得備九卿，不思盡忠正身，內自知行辟亡功效，〔八〕而官媚邪臣，欲以徼幸，苟得亡恥。孔子曰：『鄙夫可與事君也與哉！』〔九〕咸、信之謂也。過惡暴見，不宜處位，臣請免以示天下。」奏可。

〔一〕師古曰：「甫，始也。」

〔二〕師古曰：「簿謂伐閱也。簿音主簿之簿。」

〔三〕晉灼曰：「大臣獄重，故以秩二千石五人詰責之。」

〔四〕師古曰：「每有政事皆與謀之而行也。」

〔五〕師古曰：「解說猶今言分疏。」

〔六〕師古曰：「揣謂探求之，音初委反。」

〔七〕師古曰：「無何猶言無幾，謂少時。」

〔八〕師古曰：「辟讀曰僻。」

〔九〕師古曰：「論語載孔子之言也，謂鄙夫不可與事君也。與哉，與讀曰歟。」

後二歲餘，詔舉方正直言之士，紅陽侯立舉咸對策，拜爲光祿大夫給事中。方進復奏：「咸前爲九卿，坐爲貪邪免，自知罪惡暴陳，依託紅陽侯立徼幸，有司莫敢舉奏。冒濁苟容，〔一〕不顧恥辱，不當蒙方正舉，備內朝臣。」并劾紅陽侯立選舉故不以實。有詔免咸，勿劾立。

〔一〕師古曰：「冒，貪蔽也。」

後數年，皇太后姊子侍中衞尉定陵侯淳于長有罪，上以太后故，免官勿治罪。有司奏請遣長就國，長以金錢與立，立上封事爲長求留曰：「陛下既託文以皇太后故，〔一〕誠不可更有它計。」〔二〕後長陰事發，遂下獄。方進劾立「懷姦邪，亂朝政，欲傾誤要主上，狡猾不道，請下獄。」上曰：「紅陽侯，朕之舅，不忍致法，遣就國。」於是方進復奏立黨友曰：「立素行積爲不善，衆人所共知。邪臣自結，附託爲黨，庶幾立與政事，欲獲其利。〔三〕今立斥逐就國，所交結尤著者，不宜備大臣，爲郡守。案後將軍朱博、鉅鹿太守孫閎、故光祿大夫陳咸與立交通厚善，相與爲腹心，有背公死黨之信，〔四〕欲相攀援，死而後已；〔五〕皆內有不仁之性，而外有儁材，過絕(於)人(倫)，勇猛果敢，處事不疑，所居皆尙殘賊酷虐，苛刻慘毒以立威，而亡纖介愛利之風。〔六〕天下所共知，愚者猶惑。孔子曰：『人而不仁如禮何！人而不仁如

樂何！』〔七〕言不仁之人，亡所施用；不仁而多材，國之患也。此三人皆內懷姦猾，國之所患，而深相與結，信於貴戚姦臣，此國家大憂，大臣所宜沒身而爭也。〔八〕昔季孫行父有言曰：『見有善於君者愛之，若孝子之養父母也；見不善者誅之，若鷹鸇之逐鳥爵也。』〔九〕翅翼雖傷，不避也。貴戚彊黨之衆誠難犯，犯之，衆敵並怨，善惡相冒。〔一〇〕臣幸得備宰相，不敢不盡死。請免博、閎、咸歸故郡，以銷姦雄之黨，絕羣邪之望。」奏可。咸既廢錮，復徙故郡，以憂發疾而死。

〔一〕蘇林曰：「託於詔文也。」
〔二〕師古曰：「言不宜遣長就國。」
〔三〕師古曰：「與讀曰豫。」
〔四〕師古曰：「死黨，盡死力於朋黨也。」
〔五〕師古曰：「援，引也。已，止也。援音爰。」
〔六〕師古曰：「愛利，謂仁愛而欲安利人也。」
〔七〕師古曰：「論語載孔子之言也。言用不仁之人，則禮樂廢壞。」
〔八〕師古曰：「沒，盡也。」
〔九〕師古曰：「事見左氏傳。行父，魯卿季文子也。鸇似鷂而小，今謂之鸇。鸇音之然反。」
〔一〇〕師古曰：「冒，覆蔽也。」

方進知能有餘，兼通文法吏事，以儒雅緣飭法律，號爲通明相，天子甚器重之，奏事亡不當意，內求人主微指以固其位。初，定陵侯淳于長雖外戚，然以能謀議爲九卿，新用事，方進獨與長交，稱薦之。及長坐大逆誅，諸所厚善皆坐長免，上以方進大臣，又素重之，爲隱諱。方進內慙，上疏謝罪乞骸骨。上報曰：「定陵侯長已伏其辜，君雖交通，傳不云乎，朝過夕改，君子與之，〔一〕君何疑焉？其專心壹意毋怠，近醫藥以自持。」方進乃起視事，條奏長所厚善京兆尹孫寶、右扶風蕭育，刺史二千石以上免二十餘人，其見任如此。

〔一〕師古曰：「與，許也。」

方進雖受穀梁，然好左氏傳、天文星曆，其左氏則國師劉歆，星曆則長安令田終術師也。〔一〕厚李尋，以爲議曹。爲相九歲，綏和二年春熒惑守心，尋奏記言：「應變之權，君侯所自明。往者數白，三光垂象，變動見端，〔二〕山川水泉，反理視患，〔三〕民人訛謠，斥事感名。〔四〕三者既效，可爲寒心。今提揚眉，矢貫中，〔五〕狼奮角，弓且張，〔六〕金歷庫，土逆度，〔七〕輔湛沒，火守舍，〔八〕萬歲之期，近慎朝暮。〔九〕上無惻怛濟世之功，下無推讓避賢之效，欲當大位，爲具臣以全身，難矣！〔一〇〕大責日加，安得但保斥逐之戮？〔一一〕闔府三百餘人，唯君侯擇其中，與盡節轉凶。」〔一二〕

〔一〕如淳曰：「劉歆及田終術二人皆受學於方進。」

〔二〕張晏曰：「九年之中而日三食，月朓側匿，星孛營室、東井，熒惑守心。」
〔三〕張晏曰：「元延中，嶓山崩，壅江，江水不流。山，地之鎭，宜固而崩。水逆流，反於常理，所以示人患也。」師古曰：「視讀曰示。」
〔四〕如淳曰：「斥事，井水溢之事也。有言溢者，後果井溢。感名，『燕燕尾涎涎』是也。」
〔五〕服虔曰：「提，攝提星也。揚眉，揚其芒角也。矢，枉矢也。」孟康曰：「綏和元年正月，枉矢從東南入北斗攝提與北斗杓建寅貫攝提中是也。」張晏曰：「矢一星。貫中者，謂正直弧中也。」
〔六〕張晏曰：「狼，一星。奮角者，有芒角也。狼芒角則盜賊起。天弓九星不欲明，明猶張也，兵起之象。」
〔七〕張晏曰：「庫二十星在軫南。金，太白也，歷武庫則兵起。土，鎭星也。逆度，逆行也。」
〔八〕張晏曰：「北斗第四星旁一小星曰輔，沈沒不見，則天下之兵銷。三十日爲守舍，謂日月所經宿舍也。一曰火守舍，熒惑守心。」師古曰：「湛讀曰沈。」
〔九〕師古曰：「萬歲之期，謂死也。慎朝暮者，言其事在朝夕。」
〔一〇〕師古曰：「具，謂具位之臣，無功德也。」
〔一一〕師古曰：「言其事重，不但斥逐而已也。」
〔一二〕師古曰：「三百餘人，謂丞相之官屬也。」

方進憂之，不知所出。會郎賁麗善爲星，〔一〕言大臣宜當之。上乃召見方進。還歸，未及引決，上遂賜册曰：「皇帝問丞相：君有孔子之慮，孟賁之勇，朕嘉與君同心一意，庶幾有成。惟君登位，於今十年，災害並臻，民被飢餓，加以疾疫溺死，關門牡開，〔二〕失國守備，盜

賊黨輩。〔三〕吏民殘賊，毆殺良民，〔四〕斷獄歲歲多前。上書言事，交錯道路，懷姦朋黨，相爲隱蔽，皆亡忠慮，羣下兇兇，更相嫉妒，〔五〕其咎安在？觀君之治，無欲輔朕富民便安元元之念。間者郡國穀雖頗孰，〔六〕百姓不足者尙衆，前去城郭，未能盡還，夙夜未嘗忘焉。朕惟往時之用，與今一也，〔七〕百僚用度各有數。君不量多少，一聽羣下言，用度不足，奏請一切增賦，稅城郭堧及園田，過更，筭馬牛羊，〔八〕增益鹽鐵，變更無常。朕既不明，隨奏許可。（使）〔後〕議者以爲不便，制詔下君，君云賣酒醪，後請止。未盡月，復奏議令賣酒醪。朕誠怪君，何持容容之計，無忠固意，〔九〕將何以輔朕帥道羣下？而欲久蒙顯尊之位，豈不難哉！〔一〇〕傳曰：『高而不危，所以長守貴也。』〔一一〕欲退君位，尙未忍。君其孰念詳計，塞絕姦原，憂國如家，務便百姓以輔朕。朕既已改，君其自思，强食慎職。使尙書令賜君上尊酒十石，養牛一，君審處焉。」

〔一〕師古曰：「賁，姓也。麗，名也。賁音肥。」
〔二〕張晏曰：「元延元年，章門、函谷門牡自亡。」
〔三〕師古曰：「黨，衆多。」
〔四〕師古曰：「毆，擊也，音一口反。」
〔五〕師古曰：「更音工衡反。」
〔六〕師古曰：「間謂近者以來也。」

〔七〕師古曰：「謂財用也。」
〔八〕張晏曰：「一切，權時也。堧，城郭旁地。園田入多，益其稅也。百人爲卒，取一人所賦常爲之月用二千，使人直之，謂之過更。又牛馬羊頭數出稅，筭千輸二十也。」師古曰：「堧音人緣反，解在食貨志。」
〔九〕師古曰：「容容，隨衆上下也。」
〔一〇〕師古曰：「蒙，冒也。」
〔一一〕師古曰：「孝經之言也。」

方進卽日自殺。〔一〕上祕之，遣九卿册贈以丞相高陵侯印綬，賜乘輿祕器，少府供張，柱檻皆衣素。〔二〕天子親臨弔者數至，禮賜異於它相故事。〔三〕謚曰恭侯。長子宣嗣。

〔一〕如淳曰：「漢儀注有天地大變，天下大過，皇帝使侍中持節乘四白馬，賜上尊酒十斛，牛一頭，策告殃咎。使者去半道，丞相卽上病。使者還，未白事，尙書以丞相不起病聞。」
〔二〕師古曰：「柱，屋柱也。檻，軒前闌版也。皆以白素衣之。」
〔三〕師古曰：「漢舊儀云丞相有疾，皇帝法駕親至問疾，從西門入。卽薨，移居第中，車駕往弔，賜棺、棺斂具，賜錢、葬地。葬日，公卿已下會葬焉。」

宣字太伯，亦明經篤行，君子人也。及方進在，爲關都尉、南郡太守。〔一〕

〔一〕師古曰：「言方進未死之時宣已爲此官。」

少子曰義。義字文仲，少以父任爲郎，稍遷諸曹，年二十出爲南陽都尉。宛令劉立與曲陽侯爲婚，又素著名州郡，輕義年少。義行太守事，行縣至宛，〔一〕丞相史在傳舍。立持酒肴謁丞相史，對飲未訖，會義亦往，外吏白都尉方至，立語言自若。〔二〕須臾義至，內謁徑入，〔三〕立乃走下。義既還，大怒，陽以他事召立至，以主守盜十金，賊殺不辜，部掾夏恢等收縛立，傳送鄧獄。〔四〕恢亦以宛大縣，恐見篡奪，白義可因隨後行縣送鄧。〔五〕義曰：「欲令都尉自送，則如勿收邪！」〔六〕載環宛市乃送，〔七〕吏民不敢動，威震南陽。

〔一〕師古曰：「行音下更反。其下並同。」
〔二〕師古曰：「自若，言如故。」
〔三〕師古曰：「內謁，猶今之通名也。」
〔四〕師古曰：「部分其掾而遣之。鄧亦南陽之縣。」
〔五〕師古曰：「因太守行縣，以立自隨，卽送鄧之獄。」
〔六〕師古曰：「言若都尉自送至獄，不如本不收治。」
〔七〕師古曰：「環，繞也，音下串反。」

立家輕騎馳從武關入語曲陽侯，曲陽侯白成帝，帝以問丞相。方進遣吏敕義出宛令。宛令已出，吏還白狀。方進曰：「小兒未知爲吏也，其意以爲入獄當輒死矣。」〔一〕

〔一〕師古曰：「謂其不知立有所恃挾以自免脫。」

後義坐法免，起家而爲弘農太守，遷河（南）〔內〕太守、青州牧。所居著名，有父風烈。徙

爲東郡太守。

數歲，平帝崩，王莽居攝，義心惡之，乃謂姊子上蔡陳豐曰：「新都侯攝天子位，號令天下，故擇宗室幼稚者以爲孺子，依託周公輔成王之義，且以觀望，〔一〕必代漢家，其漸可見。方今宗室衰弱，外無彊蕃，天下傾首服從，莫能亢扞國難。吾幸得備宰相子，身守大郡，父子受漢厚恩，義當爲國討賊，以安社稷。欲舉兵西誅不當攝者，選宗室子孫輔而立之。設令時命不成，死國埋名，猶可以不慙於先帝。〔二〕今欲發之，乃肯從我乎？」〔三〕豐年十八，勇壯，許諾。

〔一〕師古曰：「言漸試天下人心。」
〔二〕師古曰：「埋名，謂身埋而名立。」
〔三〕師古曰：「乃，汝也。」

義遂與東郡都尉劉宇、嚴鄉侯劉信、信弟武平侯劉璜結謀。及東郡王孫慶素有勇略，以明兵法，徵在京師，義乃詐移書以重罪傳逮慶。〔一〕於是以九月都試日〔二〕斬觀令，〔三〕因勒其車騎材官士，募郡中勇敢，部署將帥。嚴鄉侯信者，東平王雲子也。雲誅死，信兄開明嗣爲王，薨，無子，而信子匡復立爲王，故義舉兵幷東平，立信爲天子。義自號大司馬柱天大將軍，以東平王傅蘇隆爲丞相，中尉皋丹爲御史大夫，移檄郡國，言莽鴆殺孝平皇帝，矯

攝尊號，今天子已立，共行天罰。〔四〕郡國皆震，比至山陽，衆十餘萬。〔五〕

〔一〕師古曰：「追赴獄也。」

〔二〕如淳曰：「太守、都尉、令長、丞尉會都試，課殿最也。」

〔三〕文穎曰：「觀，縣名。」師古曰：「音工喚反。」

〔四〕師古曰：「共讀曰恭。」

〔五〕師古曰：「比音必寐反。」

莽聞之，大懼，乃拜其黨親輕車將軍成武侯孫建爲奮武將軍，光祿勳成都侯王邑爲虎牙將軍，明義侯王駿爲强弩將軍，春王城門校尉王況爲震威將軍，〔一〕宗伯忠孝侯劉宏爲奮衝將軍，中少府建威侯王昌爲中堅將軍，中郎將震羌侯竇兄爲奮威將軍，〔二〕凡七人，自擇除關西人爲校尉軍吏，將關東甲卒，發奔命以擊義焉。復以太僕武讓爲積弩將軍屯函谷關，將作大匠蒙鄉侯逯並爲橫壄將軍屯武關，〔三〕羲和紅休侯劉歆爲揚武將軍屯宛，太保後丞丞陽侯甄邯爲大將軍屯霸上，〔四〕常鄉侯王惲爲車騎將軍屯平樂館，騎都尉王晏爲建威將軍屯城北，城門校尉趙恢爲城門將軍，皆勒兵自備。

〔一〕師古曰：「春王，長安城東出北頭第一門也。本名宣平門，莽更改焉。」

〔二〕師古曰：「兄讀曰況。」

〔三〕師古曰：「逯，姓也。並，名也。逯音祿，又音鹿。今東郡有逯姓，二音並行。書本逯字或作逮。今河朔有逮姓，

自呼音徒戴反，其義兩通。」

〔四〕師古曰：「丞陽侯音烝。」

莽日抱孺子（謂）〔會〕羣臣而稱曰：「昔成王幼，周公攝政，而管蔡挾祿父以畔，〔一〕今翟義亦挾劉信而作亂。自古大聖猶懼此，況臣莽之斗筲！」〔二〕羣臣皆曰：「不遭此變，不章聖德。」莽於是依周書作大誥，〔三〕曰：

〔一〕師古曰：「祿父，紂子也。父讀曰甫。」

〔二〕師古曰：「斗筲，自喻材器小也，解在公孫劉田傳。」

〔三〕師古曰：「武王崩，周公相成王而三監、淮夷叛，周公作大誥。莽自比周公，故依放其事。」

惟居攝二年十月甲子，攝皇帝若曰：大誥道諸侯王、三公、列侯于汝卿大夫、元士御事。〔一〕不弔，天降喪于趙、傅、丁、董。〔二〕洪惟我幼沖孺子，當承繼嗣無疆大歷服事，〔三〕予未遭其明悊能道民於安，況其能往知天命！〔四〕熙！我念孺子，若涉淵水，〔五〕予惟往求朕所濟度，奔走〔六〕以傅近奉承高皇帝所受命，〔七〕予豈敢自比於前人乎！〔八〕天降威明，用寧帝室，遺我居攝寶龜。〔九〕太皇太后以丹石之符，乃紹天明意，〔一〇〕詔予即命居攝踐祚，如周公故事。

〔一〕應劭曰：「言以大道告於諸侯以下也。御事，主事也。」

〔二〕應劭曰：「趙飛燕、傅太后、丁太后、董賢也。」師古曰：「不弔，言不爲天所弔閔。降，下也。」

〔三〕師古曰：「洪，大也。惟，思也。沖，稚也。大思幼稚孺子，當承繼漢家無竟之歷，服行政事。」

〔四〕師古曰：「予，莽自稱也。言不遭遇明智之人以自輔佐，而道百姓於安，蓋爲謙辭也。道讀曰導。」

〔五〕師古曰：「熙，嘆辭。」

〔六〕師古曰：「言我當求所以濟度之，故奔走盡力，不憚勤勞。」

〔七〕師古曰：「傅讀曰附。近音其靳反。」

〔八〕師古曰：「前人謂周公。」

〔九〕師古曰：「威明猶言明威也。遺音弋季反。」

〔一〇〕師古曰：「紹，承也。」

反虜故東郡太守翟義擅興師動衆，曰「有大難于西土，西土人亦不靖。」〔一〕於是動嚴鄉侯信，誕敢犯祖亂宗之序。〔二〕天降威遺我寶龜，固知我國有呰災，使民不安，〔三〕是天反復右我漢國也。〔四〕粵其聞日，〔五〕宗室之儁有四百人，〔六〕民獻儀九萬夫，〔七〕予敬以終於此謀繼嗣圖功。〔八〕我有大事，休，予卜并吉，〔九〕故我出大將告郡太守、諸侯相、令、長曰：「予得吉卜，予惟以汝于伐東郡嚴鄉逋播臣。」〔一〇〕爾國君或者無不反曰：「難大，民亦不靜，亦惟在帝宮諸侯宗室，於小子族父，敬不可征。」〔一一〕帝不違卜，〔一二〕故予爲沖人長思厥難曰：「烏虖！義、信所犯，誠動鰥寡，哀哉！」〔一三〕予遭天役遺，大解難於

予身，以爲孺子，不身自卹。〔一四〕

〔一〕師古曰：「曰者，述翟義之言云爾也。西土謂（西京）〔京師〕也，言在東郡之西也。」

〔二〕師古曰：「誕，大也。」

〔三〕師古曰：「呰，病也。言天所以降威遺龜者，知國有災病，義、信當反，天下不安之故也。呰讀與疵同。」

〔四〕師古曰：「復音扶目反。右讀曰祐。」

〔五〕孟康曰：「翟義反書上聞日也。」師古曰：「粵，發語辭也。」

〔六〕孟康曰：「諸劉見在者。」

〔七〕孟康曰：「民之表儀，謂賢者。」

〔八〕師古曰：「我用此宗室之儁及獻儀者共謀國事，終成其功。」

〔九〕師古曰：「大事，戎事也。言人謀既從，卜又并吉，是爲美也。」

〔一〇〕師古曰：「逋，亡也。播，散也。」

〔一一〕師古曰：「言爾等國君或有言曰，禍難既大，衆庶不安，又劉信國之宗室，於孺子爲族父，當加禮敬，不可征討。」

〔一二〕師古曰：「卜既得吉，天命不違。」

〔一三〕師古曰：「無妻無夫之人亦同受其害，故可哀哉。」

〔一四〕師古曰：「言天以漢家役事遺我，而令身解其難，故我征伐以爲孺子除亂，非自憂己身也。」

予義彼國君泉陵侯上書〔一〕曰：「成王幼弱，周公踐天子位以治天下，六年，朝諸侯

〔一〕師古曰：「言義未發兵之前。」

〔二〕師古曰：「比音必寐反。」

〔三〕師古曰：「假音土歷反。」

〔四〕師古曰：「言歸其本族，自絕於翟氏。」

莽盡壞義第宅，汙池之。〔一〕發父方進及先祖冢在汝南者，燒其棺柩，夷滅三族，誅及種嗣，至皆同坑，以棘五毒并葬之。〔二〕而下詔曰：「蓋聞古者伐不敬，取其鱷鯢築武軍，封以為大戮，於是乎有京觀以懲淫慝。〔三〕乃者反虜劉信、翟義誖逆作亂於東，而芒竹羣盜趙明、霍鴻造逆西土，〔四〕遣武將征討，咸伏其辜。惟信、義等始發自濮陽，結姦無鹽，殄滅於圉。趙明依阻槐里環隄，〔五〕霍鴻負倚盩厔芒竹，〔六〕咸用破碎，亡有餘類。其取反虜逆賊之鱷鯢，聚之通路之旁，濮陽、無鹽、圉、槐里、盩厔凡五所，各方六丈，高六尺，築為武軍，封以為大戮，薦樹之棘。〔七〕建表木，高丈六尺。〔八〕書曰『反虜逆賊鱷鯢』，在所長吏常以秋循行，〔九〕勿令壞敗，以懲淫慝焉。」

〔一〕師古曰：「汙，停水也，音烏。」

〔二〕如淳曰：「野葛、狼毒之屬也。」

〔三〕師古曰：「此左傳載楚莊王之辭也。鱷鯢，大魚為害者也。以此比敵人之勇桀者。京，高丘也。觀謂如闕形也。懲，創乂也。慝，惡也。鱷，古鯨字，音其京反。鯢音五奚反。觀音工喚反。」

〔四〕師古曰：「芒竹在盩厔南界，芒水之曲而多竹林也，即(中)〔今〕司竹園是其地矣。芒音亡。」

〔五〕師古曰：「槐里縣界其中，有環曲之隄，而明依之以自固也。」

〔六〕師古曰：「負，恃也。倚音於綺反。」

〔七〕師古曰：「薦讀曰荐。荐，重也，聚也。」

〔八〕師古曰：「表者，所以標明也。」

〔九〕師古曰：「行音下更反。」

初，汝南舊有鴻隙大陂，郡以為饒，〔一〕成帝時，關東數水，陂溢為害。方進為相，與御史大夫孔光共遣掾行(事)〔視〕，〔二〕以為決去陂水，其地肥美，省隄防費而無水憂，遂奏罷之。及翟氏滅，鄉里歸惡，言方進請陂下良田不得而奏罷陂云。王莽時常枯旱，郡中追怨方進，童謠曰：「壞陂誰？翟子威。飯我豆食羹芋魁。〔三〕反乎覆，陂當復。〔四〕誰云者？兩黃鵠。」〔五〕

〔一〕師古曰：「鴻隙，陂名，藉其溉灌及魚鼈萑蒲之利，以多財用。」

〔二〕師古曰：「行音下更反。」

〔三〕師古曰：「言田無溉灌，不生秔稻，又無黍稷，但有豆及芋也。豆食者，豆為飯也。羹芋魁者，以芋根為羹也。飯音扶晚反。食音飤。」

〔四〕師古曰：「事之反覆無常，言禍兮福所倚。」

〔五〕師古曰：「託言有神來告之。」

司徒掾班彪曰：「丞相方進以孤童攜老母，羈旅入京師，身為儒宗，致位宰相，盛矣。當莽之起，蓋乘天威，雖有賁育，奚益於敵？〔一〕義不量力，懷忠憤發，以隕其宗，悲夫！」

〔一〕師古曰：「賁謂孟賁，育謂夏育，皆古之勇士。言得之無益，不能敵莽也。賁音奔。」

校勘記

三四一六頁三行　論語(曰子)〔子曰〕『不逆詐』。　殿本作「子曰」。王先謙說殿本是。按景祐本亦誤倒。

三四一六頁六行　(愽)〔搏〕擊豪彊，　景祐、殿本都作「搏」。王先謙說作「搏」是。

三四一九頁一四行　而外有儁材，過絕(於)人(倫)；　景祐本無「於」字。景祐、殿本都有「倫」字。

三四二三頁五行　(使)〔後〕議者以為不便，　景祐、殿本都作「後」，此誤。

三四二五頁一六行　遷河(南)內太守，　景祐、殿本都作「河內」。

三四二八頁三行　莽日抱孺子(謂)〔會〕羣臣而稱曰：　景祐、殿、局本都作「會」。朱一新說作「會」是。

三四二八頁一二行　予惟往求朕所濟度，　奔走〔六〕以傅近奉承高皇帝所受命，　王念孫說「奔走」當屬下句。皮錫瑞說王說是。

三四三〇頁二行　西土謂(西京)〔京師〕也。　景祐、殿本都作「京師」。

三四三一頁三行　然後復(予)〔子〕明辟。　景祐、殿、局本都作「子」。王先謙說作「子」是。

三四三三頁一〇行　天(用)〔明〕威輔漢始而大大矣。　景祐、殿本都作「明」。朱一新說作「明」是。

三四三四頁四行　〔粵天輔誠，爾不得易定！〕　景祐、殿本都有此九字，此脫，注十九字亦脫。

三四三四頁六行　害敢不(卜)〔于〕從？　景祐、殿本都作「于」。按注云「往從」，作「于」是。

三四三四頁一四行　則子當築(室)〔堂〕而(御名)〔構〕棼橑以成之。　景祐、殿本「室」都作「堂」，「御名」都作「構」。

三四三五頁一五行　諸將東(破)〔至〕陳留菑，　景祐、殿本都作「至」。錢大昭說「破」字誤。

三四四〇頁一行　即(中)〔今〕司竹園是其地矣。　景祐、殿本都作「今」，此誤。

三四四〇頁八行　共遣掾行(事)〔視〕，　景祐、殿本都作「視」，此誤。

二十四史

中華書局

漢書

漢蘭臺令史　班　固　撰

唐祕書少監　顏師古　注

第　十　一　册

卷八五至卷九五(傳五)

中　華　書　局

漢書卷八十五

谷永杜鄴傳第五十五

谷永字子雲，長安人也。父吉，爲衞司馬，使送郅支單于侍子，〔一〕爲郅支所殺，語在陳湯傳。永少爲長安小史，後博學經書。建昭中，御史大夫繁延壽〔二〕聞其有茂材，除補屬，舉爲太常丞，數上疏言得失。

〔一〕師古曰：「爲使而送之還本國也。郅音質。」

〔二〕師古曰：「即李延壽也。一姓繁，音蒲何反。」

建始三年冬，日食地震同日俱發，詔舉方正直言極諫之士，太常陽城侯劉慶忌舉永待詔公車。對曰：

陛下秉至聖之純德，懼天地之戒異，飭身修政，〔一〕納問公卿，又下明詔，帥舉直言，〔二〕燕見紬繹，以求咎愆，〔三〕使臣等得造明朝，承聖問。〔四〕臣材朽學淺，不通政事。竊聞明王即位，正五事，建大中，以承天心，〔五〕則庶徵序於下，日月理於上；〔六〕如人

君淫溺後宮，般樂游田，〔七〕五事失於躬，大中之道不立，則咎徵降而六極至。〔八〕凡災異之發，各象過失，以類告人。乃十二月朔戊申，日食婺女之分，地震蕭牆之內，〔九〕二者同日俱發，以丁寧陛下，〔一〇〕厥咎不遠，宜厚求諸身。〔一一〕意豈陛下志在閨門，未卹政事，不慎舉錯，〔一二〕婁失中與？〔一三〕內寵大盛，女不遵道，嫉妒專上，妨繼嗣與？古之王者廢五事之中，失夫婦之紀，妻妾得意，謁行於內，勢行於外，至覆傾國家，或亂陰陽。〔一四〕昔褒姒用國，宗周以喪；〔一五〕閻妻驕扇，日以不臧。〔一六〕此其效也。經曰：「皇極，皇建其有極。」〔一七〕傳曰：「皇之不極，是謂不建，時則有日月亂行。」

〔一〕師古曰：「飭與敕同。敕，整也。」

〔二〕師古曰：「帥舉，謂公卿守相皆令舉也。帥字或作師。師，衆也。」

〔三〕師古曰：「紬讀曰抽。紬繹者，引其端緒也。」

〔四〕師古曰：「造，至也，音千到反。」

〔五〕師古曰：「五事，貌、言、視、聽、思也。大中卽皇極也。解在五行志。」

〔六〕師古曰：「庶，衆也。徵，證也。」

〔七〕師古曰：「如，若也。般讀與盤同。」

〔八〕師古曰：「六極，謂一曰凶短折，二曰疾，三曰憂，四曰貧，五曰惡，六曰弱。」

〔九〕師古曰：「蕭牆，屏牆也，解在五行志。」

中華書局

〔一〇〕師古曰：「丁寧謂再三告示也。」
〔一一〕師古曰：「厚猶深也。」
〔一二〕師古曰：「志在閨門，謂留心於女色也。錯，置也，音千故反。」
〔一三〕師古曰：「婁，古屢字也。與讀曰歟。下皆類此。」
〔一四〕師古曰：「謁，請也。內則所請必行，外則擅其權力，言女寵盛也。」
〔一五〕師古曰：「褒姒，褒人所獻之女也。幽王惑之，卒有犬戎之禍。」
〔一六〕師古曰：「閻，嬖寵之族也。扇，熾也。臧，善也。魯詩小雅十月之交篇曰『此日而食，于何不臧』，又曰『閻妻扇方處』，言厲王無道，內寵熾盛，政化失理，故致災異，日爲之食，爲不善也。」
〔一七〕師古曰：「周書洪範之辭也。皇，大也。極，中也。大立其有中，所以行九疇之義也。」

陛下踐至尊之祚爲天下主，奉帝王之職以統羣生，方內之治亂，在陛下所執。〔一〕誠留意於正身，勉强於力行，損燕私之閒以勞天下，〔二〕放去淫溺之樂，罷歸倡優之关，〔三〕絕卻不享之義，慎節游田之虞，〔四〕起居有常，循禮而動，躬親政事，致行無倦，安服若性。〔五〕經曰：「繼自今嗣王，其毋淫于酒，毋逸于游田，惟正之共。」〔六〕未有身治正而臣下邪者也。

〔一〕師古曰：「方內，四方之內也。」
〔二〕師古曰：「損，減也。閒讀曰閑。勞，憂也。」

〔三〕師古曰：「关，古笑字。」
〔四〕師古曰：「卻，退也。享，當也。言所爲不善，不當天心也。一曰天不祐之，不歆享其祀也。虞與娛同。」
〔五〕師古曰：「致，至也。安心而服行之，如天性自然也。」
〔六〕師古曰：「周書無逸之辭也。言從今以往，繼業嗣立之王毋過欲於酒，毋放於田獵，惟宜正身恭己也。共讀曰恭。」

夫妻之際，王事綱紀，安危之機，聖王所致慎也。昔舜飭正二女，以崇至德；〔一〕楚莊忍絕丹姬，以成伯功；〔二〕幽王惑於褒姒，周德降亡；魯桓脅於齊女，社稷以傾。〔三〕誠修後宮之政，明尊卑之序，貴者不得嫉妒專寵，以絕驕嫚之端，抑褒、閻之亂，賤者咸得秩進，各得厥職，〔四〕以廣繼嗣之統，息白華之怨，〔五〕後宮親屬，饒之以財，勿與政事，〔六〕以遠皇父之類，損妻黨之權，〔七〕未有閨門治而天下亂者也。

〔一〕師古曰：「虞書堯典云『釐降二女于嬀汭，嬪于虞』。謂堯以二女妻舜，觀其治家，欲使治國，而舜釐敕正躬以待二女，其德益崇，遂受堯禪也。飭與敕同。」
〔二〕應劭曰：「楚莊王得丹姬，三月不聽朝。保申諫，忍絕不復見，乃勤政事，遂爲盟主也。」師古曰：「丹姬是楚文王姬也。莊王用申公巫臣之諫，不納夏姬。谷永集丹字作夏，是也。今此傳作丹，轉寫誤耳。應氏就而謬釋，非本實也。伯讀曰霸。」
〔三〕師古曰：「解並在五行志。」
〔四〕師古曰：「秩，次也，以次而進御也。」

〔五〕師古曰：「詩小雅白華之篇也。幽王惑於褒姒而黜申后，故國人作此詩以刺之。永言此者，譏成帝專寵趙昭儀也。」
〔六〕師古曰：「與讀曰豫。」
〔七〕師古曰：「皇父，周卿士也。小雅十月之交詩曰『皇父卿士，番惟司徒』，刺厲王淫於色，故皇父之屬因嬖寵而爲官也。遠音于萬反。父讀曰甫。」

治遠自近始，習善在左右。昔龍筦納言，而帝命惟允；〔一〕四輔既備，成王靡有過事。〔二〕誠敕正左右齊栗之臣，〔三〕戴金貂之飾執常伯之職者，〔四〕皆使學先王之道，知君臣之義，濟濟謹孚，無敖戲驕恣之過，〔五〕則左右肅艾，〔六〕羣僚仰法，化流四方。經曰：「亦惟先正克左右。」〔七〕未有左右正而百官枉者也。〔八〕

〔一〕師古曰：「龍，舜臣名也。筦字與管同。管，主也。虞書舜典曰帝曰：『龍，命汝作納言，夙夜出納朕命惟允。』允，信也。」
〔二〕師古曰：「四輔，謂左輔、右弼、前疑、後丞也。周書洛誥稱成王曰：『誕保文武受命，亂爲四輔。』」
〔三〕孟康曰：「左右謂尚書官也。齊栗，言其鑒齊萬事，（嘗）〔常〕戰栗謹敬也。」
〔四〕師古曰：「常伯，侍中也。伯，長也，常使長事者也。一曰常任使之人，此爲長也。」
〔五〕師古曰：「孚，信也。」
〔六〕師古曰：「肅，敬也。艾讀曰乂。乂，治也。」

〔七〕師古曰：「周書君牙之辭也。言王者欲正百官，要在能先正其左右近臣也。」
〔八〕師古曰：「枉，曲也。」

治天下者尊賢考功則治，簡賢違功則亂。〔一〕誠審思治人之術，歡樂得賢之福，論材選士，必試於職，明度量以程能，考功實以定德，〔二〕無用比周之虛譽，毋聽寖潤之譖愬，〔三〕則抱功修職之吏無蔽傷之憂，比周邪僞之徒不得即工，〔四〕小人日銷，俊艾日隆。〔五〕經曰：「三載考績，三考黜陟幽明。」〔六〕又曰：「九德咸事，俊艾在官。」〔七〕未有功賞得於前衆賢布於官而不治者也。

〔一〕師古曰：「簡，略也，謂輕慢也。」
〔二〕師古曰：「程，效也。」
〔三〕師古曰：「比周，言阿黨親密也。寖潤，積漸之深也。比音頻寐反。」
〔四〕李奇曰：「即，就也。工，官也。」
〔五〕師古曰：「艾讀曰乂。其下亦同。」
〔六〕師古曰：「虞書舜典之辭也。言居官者三年一考其功，三考則退其幽闇無功者，升其昭明有功者。」
〔七〕師古曰：「虞書咎繇謨之辭也。言使九德之人皆用事，俊桀治能之士並在官也。九德，謂寬而栗，柔而立，愿而恭，亂而敬，擾而毅，直而溫，簡而廉，剛而塞，强而義。」

堯遭洪水之災，天下分絕爲十二州，制遠之道微〔一〕而無乖畔之難者，德厚恩深，

無怨於下也。秦居平土，一夫大呼而海內崩析者，〔二〕刑罰深酷，吏行殘賊也。夫違天害德，爲上取怨於下，莫甚乎殘賊之吏。誠放退殘賊酷暴之吏〔一〕〔錮〕廢勿用，益選溫良上德之士以親萬姓，〔三〕平刑釋冤以理民命，〔四〕務省繇役，毋奪民時，薄收賦稅，毋殫民財，〔五〕使天下黎元咸安家樂業，不苦踰時之役，〔六〕不患苛暴之政，不疾酷烈之吏，〔七〕雖有唐堯之大災，民無離上之心。〔八〕經曰：「懷保小人，惠于鰥寡。」〔九〕未有德厚吏良而民畔者也。

〔一〕孟康曰：「本九州，洪水隔分，更爲十二州，處所離遠，相制之道微也。」師古曰：「十二州謂冀、兗、豫、青、徐、荆、揚、雍、梁、幽、并、營也。」

〔二〕師古曰：「呼音火故反。」

〔三〕師古曰：「親謂愛養之。」

〔四〕師古曰：「釋，解也。」

〔五〕師古曰：「殫，盡也，音單。」

〔六〕師古曰：「古者行役不踰時。時謂三月，是爲一〔月〕〔時〕。」

〔七〕師古曰：「言免此疾患。」

〔八〕師古曰：「堯遭洪水，故云大災。」

〔九〕師古曰：「周書無逸之辭也。懷，和也。保，安也。」

臣聞災異，皇天所以譴告人君過失，猶嚴父之明誡。畏懼敬改，則禍銷福降；忽然簡易，則咎罰不除。經曰：「饗用五福，畏用六極。」〔一〕傳曰：「六沴作見，若不共御，六罰既侵，六極其下。」〔二〕今三年之間，災異鋒起，小大畢具，所行不享上帝，〔三〕上帝不豫，〔四〕炳然甚著。不求之身，無所改正，疏舉廣謀，又不用其言，〔五〕是循不享之迹，無謝過之實也，天責愈深。此五者，王事之綱紀，南面之急務，唯陛下留神。

〔一〕師古曰：「周書洪範之辭。饗，當也。言所行當於天心，則降以五福；若所爲不善，則以六極畏罰之。五福，一曰壽，二曰富，三曰康寧，四曰攸好德，五曰考終命。六極之解已具於前。」

〔二〕師古曰：「此洪範之傳也。沴，災氣也。共讀曰恭。御讀曰禦。言敬而修德以禦災。」

〔三〕師古曰：「享，當也。不當天心。」

〔四〕師古曰：「豫，悅也。」

〔五〕晉灼曰：「疏，遠也。」

對奏，天子異焉，特召見永。

其夏，皆令諸方正對策，語在杜欽傳。永對畢，因曰：「臣前幸得條對災異之效，禍亂所極，言關於聖聽。書陳於前，陛下委棄不納，而更使方正對策，背可懼之大異，問不急之常論，廢承天之至言，角無用之虛文，〔一〕欲末殺災異，滿讕誣天，〔二〕是故皇天勃然發怒，甲己之間暴風三溱，拔樹折木，〔三〕此天至明不可欺之效也。」上特復問永，永對曰：「日食地震，皇后貴妾專寵所致。」語在五行志。

〔一〕師古曰：「角，競也。」

〔二〕師古曰：「末殺，掃滅也。滿讕謂欺罔也。殺音先曷反。讕音來亶反。」

〔三〕師古曰：「自甲至己，凡六日也。溱與臻同。臻，至也。」

是時，上初卽位，謙讓委政元舅大將軍王鳳，議者多歸咎焉。永知鳳方見柄用，〔一〕陰欲自託，乃復曰：

〔一〕師古曰：「言任用之授以權也。」

方今四夷賓服，皆爲臣妾，北無薰粥冒頓之患，〔一〕南無趙佗、呂嘉之難，三垂晏然，靡有兵革之警。〔二〕諸侯大者乃食數縣，漢吏制其權柄，不得有爲，亡吳、楚、燕、梁之勢。百官盤互，親疏相錯，〔三〕骨肉大臣有申伯之忠，〔四〕洞洞屬屬，小心畏忌，〔五〕無重合、安陽、博陸之亂。〔六〕三者無毛髮之辜，不可歸咎諸舅。此欲以政事過差丞相父子、中尙書宦官，檻塞大異，皆瞽說欺天者也。〔七〕竊恐陛下舍昭昭之白過，忽天地之明戒，聽晻昧之瞽說，〔八〕歸咎乎無辜，倚異乎政事，〔九〕重失天心，〔一〇〕不可之大者也。〔一一〕

〔一〕師古曰：「粥音〔戈〕〔弋〕六反。」

〔二〕師古曰：「晏，安也。」

〔三〕師古曰：「盤互，盤結而交互也。錯，間雜也。互字或作牙，言如豕牙之盤曲，犬牙之相入也。」

〔四〕師古曰：「申伯，周申后之父。」

〔五〕師古曰：「洞洞，驚竦也。屬屬，專謹也。洞音動。屬音之欲反。」

〔六〕師古曰：「重合，莽通；安陽，上官桀；博陸，霍禹也。」

〔七〕師古曰：「檻，義取檻柙之檻。檻，猶閉也，其字從木。瞽說，言不中道，若無目之人也。」

〔八〕師古曰：「舍謂留也。晻字與暗同，又音一感反。」

〔九〕師古曰：「倚，依也，音於綺反。次下亦同。」

〔一〇〕師古曰：「重音直用反。」

〔一一〕師古曰：「此則爲大不可也。」

陛下卽位，委任遵舊，未有過政。元年正月，白氣較然起乎東方，〔一〕至其四月，黃濁四塞，覆冒京師，申以大水，著以震蝕。〔二〕各有占應，相爲表裏，百官庶事無所歸倚，陛下獨不怪與？〔三〕白氣起東方，賤人將興之表也；黃濁冒京師，王道微絕之應也。夫賤人當起而京師道微，二者已醜。〔四〕陛下誠深察愚臣之言，致懼天地之異，長思宗廟之計，改往反過，抗湛溺之意，解偏駮之愛，〔五〕奮乾剛之威，平天覆之施，使列妾得人人更進，猶尙未足也，〔六〕急復益納宜子婦人，毋擇好醜，毋避嘗字，〔七〕毋論年齒。推

法言之，陛下得繼嗣於微賤之間，乃反爲福。得繼嗣而已，母非有賤也。〔八〕後宮女史使令有直意者，廣求於微賤之間，〔九〕以遇天所開右，〔一〇〕慰釋皇太后之憂慍，〔一一〕解謝上帝之譴怒，則繼嗣蕃滋，災異訖息。〔一二〕陛下則不深察愚臣之言，忽於天地之戒，咎根不除，水雨之災，山石之異，將發不久；發則災異已極，天變成形，臣雖欲捐身關策，不及事已。〔一三〕

〔一〕師古曰：「皎，明貌。」
〔二〕師古曰：「申，重也。著，明也。」
〔三〕師古曰：「倚音於綺反。與讀曰歟。」
〔四〕師古曰：「已，甚也。」
〔五〕師古曰：「抗，舉也。湛讀曰沈。皎，不周普也。」
〔六〕師古曰：「更，互也，音工衡反。」
〔七〕如淳曰：「王鳳上小妻弟以納後宮，以嘗字乳。王章言之，坐死。今永及此，爲鳳洗前過也。」
〔八〕師古曰：「苟得子耳，勿論其母之貴賤。」
〔九〕師古曰：「(求)〔直〕，當也。令音力成反。」
〔一〇〕師古曰：「右讀曰佑。佑，助也。」
〔一一〕師古曰：「釋，散也。」

〔一二〕師古曰：「蕃，多也。訖，止也。蕃音扶元反。」
〔一三〕師古曰：「言禍敗既成，不可如何也。已，語終辭也。」

疏賤之臣，至敢直陳天意，斥譏帷幄之私，欲間離貴后盛妾，〔一〕自知忤心逆耳，必不免於湯鑊之誅。此天保右漢家，使臣敢直言也。〔二〕三上封事，然後得召；待詔一旬，然後得見。夫由疏賤納至忠，甚苦；〔三〕由至尊聞天意，甚難。語不可露，願具書所言，因侍中奏陛下，以示腹心大臣。〔四〕腹心大臣以爲非天意，臣當伏妄言之誅；即以爲誠天意也，奈何忘國家大本，背天意而從欲！〔五〕唯陛下省察熟念，厚爲宗廟計。

〔一〕師古曰：「間音居莧反。」
〔二〕師古曰：「右讀曰佑。」
〔三〕師古曰：「由，從也。苦，勞苦也。」
〔四〕如淳曰：「永爲鳳言，而言示腹心大臣，無不可矣。」
〔五〕師古曰：「從讀曰縱。」

時對者數十人，永與杜欽爲上第焉。上皆以其書示後宮。後上嘗賜許皇后書，采永言以責之，語在外戚傳。

永既陰爲大將軍鳳說矣，能實最高，由是擢爲光祿大夫。永奏書謝鳳曰：「永斗筲之材，〔一〕質薄學朽，無一日之雅，左右之介，〔二〕將軍說其狂言，〔三〕擢之皂衣之吏，廁之爭臣之末，不聽浸潤之譖，不食膚受之愬，〔四〕雖齊桓、晉文用士篤密，察父悊兄覆育子弟，誠無以加！〔五〕昔豫子吞炭壞形以奉見異，〔六〕齊客隕首公門以報恩施，〔七〕知氏、孟嘗猶有死士，何況將軍之門！」鳳遂厚之。

〔一〕師古曰：「筲，竹器也。斗筲，喻小而不大也。解在公孫劉田傳。筲音所交反。」
〔二〕師古曰：「雅，素也。介，紹也。言非宿素之交，又無介紹而進也。」
〔三〕師古曰：「說讀曰悅。」
〔四〕師古曰：「食猶受納也。膚受，謂初入皮膚至骨髓，言其深也。」
〔五〕師古曰：「察，明也。悊，智也。」
〔六〕師古曰：「豫讓也。爲智伯報讎，欲殺趙襄子，恐人識之，故吞炭以變其聲，黶面以壞其形，云『智伯國士遇我』故也。」
〔七〕師古曰：「舍人魏子三收邑入，不與孟嘗。孟嘗怒之，魏子曰：『假與賢者。』齊湣王受讒，孟嘗出奔，魏子所與粟賢者到宮門自剄，以明孟嘗之心。」

數年，出爲安定太守。時上諸舅皆修經書，任政事。平阿侯譚年次當繼大將軍鳳輔政，尤與永善。陽朔中，鳳薨。鳳病困，薦從弟御史大夫音以自代。上從之，以音爲大司馬車騎將軍，領尚書事，而平阿侯譚位特進，領城門兵。永聞之，與譚書曰：「君侯躬周召之德，執管晏之操，〔一〕敬賢下士，樂善不倦，〔二〕宜在上將久矣，以大將軍在，故抑鬱於家，不得舒

憤。今大將軍不幸蚤薨，〔三〕絫親疏，序材能，宜在君侯。〔四〕拜吏之日，京師士大夫悵然失望。此皆永等愚劣，不能褒揚萬(一)〔分〕。〔五〕屬聞以特進領城門兵，〔六〕是則車騎將軍秉政雍容于內，而至戚賢舅執管籥於外也。愚竊不爲君侯喜。宜深辭職，自陳淺薄不足以固城門之守，收太伯之讓，保謙謙之路，〔七〕闔門高枕，爲知者首。願君侯與博覽者參之，〔八〕小子爲君侯安此。」譚得其書大感，遂辭讓不受領城門職。由是譚、音相與不平。

〔一〕師古曰：「召讀曰邵。其下亦同。」
〔二〕師古曰：「下音胡亞反。」
〔三〕師古曰：「蚤，古早字。」
〔四〕師古曰：「絫，古累字。累親疏，謂積累其次而計之。」
〔五〕師古曰：「言萬分之一。」
〔六〕師古曰：「屬，近也，音之欲反。」
〔七〕師古曰：「太伯，王季之兄也，讓不爲嗣而適吳越。」
〔八〕師古曰：「參驗其事。」

永遠爲郡吏，恐爲音所危，病滿三月免。音奏請永補營軍司馬，永數謝罪自陳，得轉爲長史。

音用從舅越親輔政，威權損於鳳時。永復說音曰：「將軍履上將之位，食膏腴之都，任

周召之職，擁天下之樞，〔一〕可謂富貴之極，人臣無二，天下之責四面至矣，將何以居之？宜夙夜孳孳，〔二〕執伊尹之彊德，以守職匡上，誅惡不避親愛，舉善不避仇讎，以章至公，立信四方。〔三〕篤行三者，乃可以長堪重任，久享盛寵。〔四〕太白出西方六十日，法當參天，今已過期，〔五〕尚在桑榆之間，質弱而行遲，形小而光微。〔六〕熒惑角怒明大，逆行守尾。其逆，常也；守尾，變也。意豈將軍忘湛漸之義，委曲從順，〔七〕所執不彊，不廣用士，尚有好惡之忌，蕩蕩之德未純，〔八〕方與將相大臣乖離之萌也？何故始襲司馬之號，俄而金火並有此變？上天至明，不虛見異，唯將軍畏之慎之，深思其故，改求其路，以享天意。」音猶不平，薦永爲護苑使者。

〔一〕師古曰：「擁，持也。」
〔二〕師古曰：「孳孳，不怠也。孳與孜同。」
〔三〕師古曰：「章，明也。」
〔四〕師古曰：「篤，厚也。享，當也。」
〔五〕服虔曰：「太白出，當居天三分之一。已過期，言其行遲，在戌亥之間。」
〔六〕如淳曰：「言其行遲象王音也。永見音爲司馬，以疏閒親，自以位過，故以太白喻司馬，司馬主兵故也。是永之佞曲從茍合也。」
〔七〕師古曰：「湛讀曰沈。漸讀曰潛。周書洪範曰『沈潛剛克』，言人性沈密（謂）〔而〕潛深者，行之以剛則能堪也，故

激勸之云爾。」
〔八〕師古曰：「此永自知有忤於音，故以斯言自救解。」

音薨，成都侯商代爲大司馬衞將軍，永乃遷爲涼州刺史。奏事京師訖，當之部，時有黑龍見東萊，上使尚書問永，受所欲言。〔一〕永對曰：

臣聞王天下有國家者，患在上有危亡之事，而危亡之言不得上聞；如使危亡之言輒上聞，〔一〕則商周不易姓而迭興，三正不變改而更用。〔二〕夏商之將亡也，行道之人皆知之，〔三〕晏然自以若天有日莫能危，〔四〕是故惡日廣而不自知，大命傾而不寤。易曰：「危者有其安者也，亡者保其存者也。」〔五〕陛下誠垂寬明之聽，無忌諱之誅，使芻蕘之臣得盡所聞於前，不懼於後患，直言之路開，則四方衆賢不遠千里，輻湊陳忠，羣臣之上願，社稷之長福也。

〔一〕師古曰：「永有所言，令尚書即受之。」

〔一〕師古曰：「如，若也。有即上聞。」
〔二〕師古曰：「迭音徒結反。更音工衡反。」
〔三〕師古曰：「凡在道路行者也。」
〔四〕師古曰：「自謂如日在天而無有能傷危也。」
〔五〕師古曰：「下繫之辭也。言安必思危，存不忘亡，乃得保其安存。」

漢家行夏正，夏正色黑，黑龍，同姓之象也。〔一〕龍陽德，由小之大，〔二〕故爲王者瑞應。未知同姓有見本朝無繼嗣之慶，多危殆之隙，欲因擾亂舉兵而起者邪？將動心冀爲後者，殘賊不仁，若廣陵、昌邑之類？臣愚不能處也。〔三〕元年九月黑龍見，其晦，日有食之。今年二月己未夜星隕，乙酉，日有食之。六月之間，大異四發，二而同月，三代之末，春秋之亂，未嘗有也。臣聞三代所以隕社稷喪宗廟者，皆由婦人與羣惡沈湎於酒。書曰：「乃用婦人之言，自絕于天；」〔四〕「四方之逋逃多罪，是宗是長，是信是使。」〔五〕詩云：「燎之方陽，寧或滅之？赫赫宗周，褒姒威之！」〔六〕易曰：「濡其首，有孚失是。」〔七〕秦所以二世十六年而亡者，養生泰奢，奉終泰厚也。二者陛下兼而有之，臣請略陳其效。

〔一〕張晏曰：「夏以建寅爲正，萬物在地中，色黑，今黑龍見，同姓象也。」
〔二〕師古曰：「言因小以至大。」
〔三〕師古曰：「處謂斷決也。」
〔四〕師古曰：「今文周書泰誓之辭。婦人，妲己。言紂用妲己之言，自取殄滅，非天絕之。」
〔五〕師古曰：「亦泰誓之辭也。宗，尊也。言紂容納逃亡多罪之人，親信使用，尊而長之。」
〔六〕師古曰：「小雅正月之詩。威亦滅也，言火燎方熾，寧有能滅之者乎？而宗周之盛，乃爲褒姒所滅，怨其甚也。威音呼悅反。」

〔七〕師古曰：「未濟上九爻辭也。言躭樂無節，飲酒濡首，有信之道於是遂失也。濡，濕也。」

易曰「在中饋，無攸遂」，〔一〕言婦人不得與事也。〔二〕詩曰：「懿厥哲婦，爲梟爲鴟；」「匪降自天，生自婦人。」〔三〕建始、河平之際，許、班之貴，頃動前朝，〔四〕熏灼四方，賞賜無量，空虛內臧，女寵至極，不可上矣；〔五〕今之後起，天所不饗，什倍於前。〔六〕廢先帝法度，聽用其言，官秩不當，縱釋王誅，〔七〕驕其親屬，假之威權，從横亂政，〔八〕刺舉之吏，莫敢奉憲。又以掖庭獄大爲亂阱，〔九〕榜箠瘠於炮格，〔一〇〕絕滅人命，主爲趙、李報德復怨，〔一一〕反除白罪，建治正吏，〔一二〕多繫無辜，掠立迫恐，〔一三〕至爲人起責，分利受謝。〔一四〕生入死出者，不可勝數。是以日食再既，〔一五〕以昭其辜。〔一六〕

〔一〕師古曰：「家人六二爻辭也。餽與饋同。饋，食也。言婦人之道居中主食，孫順而已，無所必遂。」
〔二〕師古曰：「與讀曰豫。」
〔三〕師古曰：「大雅瞻卬之詩。懿，美也。哲，智也。言幽王以哲婦爲美，實乃爲梟鴟也。婦謂褒姒也。梟鴟，惡聲之鳥，故以諭焉。又言此禍亂非從天而下，以寵褒姒之故，生此災耳。」
〔四〕師古曰：「許皇后及班倢伃之家。」
〔五〕師古曰：「上猶加也。」
〔六〕如淳曰：「謂趙、李本從卑賤起也。」
〔七〕師古曰：「縱，放也。釋，解也。王誅，謂王法當誅者。」

〔八〕師古曰：「從音子用反。横音胡孟反。」
〔九〕師古曰：「穿地爲坑阱以拘繫人也。亂者，言其非正而又多也。阱音材性反。」
〔一〇〕師古曰：「𤻮，痛也。炮格，紂所作刑也。膏塗銅柱，加之(以)火上，令罪人行其上，輒墮炭中，笑而以爲樂。𤻮音千感反。」
〔一一〕師古曰：「復亦報也，音扶福反。」
〔一二〕師古曰：「反讀曰幡。罪之明白者反而除之，吏之公正者建議刻治也。」
〔一三〕師古曰：「掠笞服之，立其罪名。」
〔一四〕師古曰：「言富賈有錢，假託其名，代之爲主，放與它人，以取利息而共分之，或受報謝，別取財物。」
〔一五〕孟康曰：「既，盡也。」
〔一六〕師古曰：「昭，明也。」

王者必先自絕，然后天絕之。陛下棄萬乘之至貴，樂家人之賤事，〔一〕厭高美之尊號，好匹夫之卑字，〔二〕崇聚僄輕無義小人以爲私客，〔三〕數離深宮之固，挺身晨夜，與羣小相隨，〔四〕烏集雜會，飲醉吏民之家，〔五〕亂服共坐，流湎媟嫚，溷殽無別，閔免遁樂，晝夜在路。〔六〕典門戶奉宿衞之臣執干戈而守空宮，公卿百僚不知陛下所在，積數年矣。

〔一〕師古曰：「謂私畜田及奴婢財物。」

〔二〕孟康曰：「成帝好微行，更作私字以相呼。」
〔三〕師古曰：「僄，疾也，音頻妙反，又音匹妙反。」
〔四〕師古曰：「挺，引也，音大鼎反。」
〔五〕師古曰：「言聚散不恆，如烏鳥之集。」
〔六〕師古曰：「閔免猶黽勉也。遁，流遁也。」

王者以民爲基，民以財爲本，財竭則下畔，下畔則上亡。是以明王愛養基本，不敢窮極，使民如承大祭。〔一〕今陛下輕奪民財，不愛民力，聽邪臣之計，去高敞初陵，捐十年功緒，〔二〕改作昌陵，反天地之性，因下爲高，積土爲山，發徒起邑，並治宮館，大興繇役，重增賦斂，徵(法)〔發〕如雨，〔三〕役百乾谿，費疑驪山，〔四〕靡敝天下，〔五〕五年不成而後反故。又廣旴營表，〔六〕發人冢墓，斷截骸骨，暴揚尸柩。百姓財竭力盡，愁恨感天，災異婁降，饑饉仍臻。〔七〕流散冗食，餧死於道，以百萬數。〔八〕公家無一年之畜，百姓無旬日之儲，〔九〕上下俱匱，無以相救。詩云：「殷監不遠，在夏后之世。」〔一〇〕願陛下追觀夏、商、周、秦所以失之，以鏡考己行。〔一一〕有不合者，臣當伏妄言之誅！〔一二〕

〔一〕師古曰：「言常畏慎。」
〔二〕師古曰：「緒謂功作之端次。」
〔三〕師古曰：「言其多也。」
〔四〕師古曰：「疑讀曰儗。儗，比也。言勞役之功百倍於楚靈王，費財之廣比於秦始皇。」
〔五〕師古曰：「靡，散也，音式皮反。」
〔六〕晉灼曰：「旴音吁。旴，大也。」
〔七〕師古曰：「婁，古屢字也。仍，頻也。」
〔八〕師古曰：「冗亦散也。餧，餓也。冗音人勇反。餧音乃賄反。」
〔九〕師古曰：「畜讀曰蓄。」
〔一〇〕師古曰：「大雅蕩之詩也。」
〔一一〕師古曰：「鏡謂監照之。考，校也。」
〔一二〕師古曰：「言上之所爲，違於節儉，皆與永言同。」

漢興九世，百九十餘載，繼體之主七，皆承天順道，遵先祖法度，或以中興，或以治安。至於陛下，獨違道縱欲，輕身妄行，當盛壯之隆，無繼嗣之福，有危亡之憂，積失君道，不合天意，亦已多矣。爲人後嗣，守人功業，如此，豈不負哉！方今社稷宗廟禍福安危之機在於陛下，陛下誠肯發明聖之德，昭然遠寤，畏此上天之威怒，深懼危亡之徵兆，蕩滌邪辟之惡志，〔一〕厲精致政，專心反道，〔二〕絕羣小之私客，免不正之詔除，〔三〕悉罷北宮私奴車馬媠出之具，〔四〕克己復禮，毋貳微行出飲之過，〔五〕以防迫切之禍，深惟日食再既之意，抑損椒房玉堂之盛寵，〔六〕毋聽後宮之請謁，除掖庭之亂獄，

出炮格之陷阱，誅戮邪佞之臣及左右執左道以事上者，以塞天下之望，且止諸繕治宮室，闕更減賦，盡休力役，〔七〕存卹振捄困乏之人，以弭遠方，〔八〕厲崇忠直，放退殘賊，無使素餐之吏久尸厚祿，以次貫行，固執無違，〔九〕夙夜孳孳，婁省無怠，〔一〇〕舊愆畢改，新德既章，〔一一〕纖介之邪不復載心，則赫赫大異庶幾可銷，天命去就庶幾可復，〔一二〕社稷宗廟庶幾可保。唯陛下留神反覆，熟省臣言。臣幸得備邊部之吏，不知本朝失得，瞽言觸忌諱，罪當萬死。

〔一〕師古曰：「辟讀曰僻。」
〔二〕師古曰：「反猶還也。」
〔三〕師古曰：「除謂除補爲官者。」
〔四〕師古曰：「媠亦惰字耳。惰出，惰游也。」
〔五〕師古曰：「貳謂重爲之也。論語稱孔子云顏回『不貳過』。」
〔六〕師古曰：「椒房，皇后所居。玉堂，嬖幸之舍也。」
〔七〕師古曰：「闕亦謂減削之。更謂更卒也，音工衡反。」
〔八〕師古曰：「捄，古救字也。弭，安也。」
〔九〕師古曰：「貫，聯續也。謂上所陳衆條諸事，宜次第相續行之，不當更遠異也。貫音工端反。」
〔一〇〕師古曰：「婁，古屢字也。屢省，屢自觀省也。」

〔三〕師古曰：「章，明也。」
〔三〕師古曰：「去就者，言去離無德而就有德。」

成帝性寬而好文辭，又久無繼嗣，數爲微行，多近幸小臣，趙、李從微賤專寵，皆皇太后與諸舅夙夜所常憂。至親難數言，故推永等使因天變而切諫，勸上納用之。永自知有內應，展意無所依違，〔一〕每言事輒見答禮。〔二〕至上此對，上大怒。衛將軍商密擿永令發去。〔三〕上使侍御史收永，敕過交道廄者勿追。〔四〕御史不及永，還，上意亦解，自悔。明年，徵永爲太中大夫，遷光祿大夫給事中。

〔一〕師古曰：「展，申也。」
〔二〕師古曰：「加禮而答之。」
〔三〕師古曰：「擿謂發動之，音乇歷反。」
〔四〕晉灼曰：「交道廄去長安六十里，近延陵。」

元延元年，爲北地太守。時災異尤數，永當之官，上使衛尉淳于長受永所欲言。永對曰：

臣永幸得以愚朽之材爲太中大夫，備拾遺之臣，從朝者之後，進不能盡思納忠輔宣聖德，退無被堅執銳討不義之功，猥蒙厚恩，仍遷至北地太守。絕命隕首，身膏(草野)

〔野草〕，不足以報塞萬分。陛下聖德寬仁，不遺易忘之臣，〔一〕垂周文之聽，下及芻蕘之愚，有詔使衛尉受臣永所欲言。臣聞事君之義，有言責者盡其忠，〔二〕有官守者修其職。臣永幸得免於言責之辜，有官守之任，〔三〕當畢力遵職，養綏百姓而已，〔四〕不宜復關得失之辭。忠臣之於上，志在過厚，是故遠不違君，死不忘國。昔史魚既沒，餘忠未訖，委柩後寢，以屍達誠；〔五〕汲黯身外思內，發憤舒憂，遺言李息。〔六〕經曰：「雖爾身在外，乃心無不在王室。」〔七〕臣永幸得給事中出入三年，雖執干戈守邊垂，思慕之心常存於省闥，是以敢越郡吏之職，陳累年之憂。

〔一〕師古曰：「易忘，言其微賤不足記也。」
〔二〕師古曰：「謂職當諫爭。」
〔三〕師古曰：「言不爲諫官，但郡守耳。」
〔四〕師古曰：「綏，安也。」
〔五〕如淳曰：「禮，大夫殯於正室，士於適室。韓非曰史魚卒，委柩後寢，衞君弔而問之，曰：『不能進蘧伯玉，退彌子瑕，以屍諫也。』」
〔六〕師古曰：「謂論張湯也，事見黯傳。」
〔七〕師古曰：「周書康王之誥也。言諸蕃屏之臣，身雖在外，其心常當忠篤而在王室。」

臣聞天生蒸民，不能相治，〔一〕爲立王者以統理之，方制海內非爲天子，列土封疆非爲諸侯，皆以爲民也。垂三統，列三正，去無道，開有德，不私一姓，明天下乃天下之天下，非一人之天下也。王者躬行道德，承順天地，博愛仁恕，恩及行葦，〔二〕籍稅取民不過常法，宮室車服不踰制度，事節財足，黎庶和睦，則卦氣理效，五徵時序，百姓壽考，庶屮蕃滋，〔三〕符瑞並降，以昭保右。〔四〕失道妄行，逆天暴物，窮奢極欲，湛湎荒淫，〔五〕婦言是從，誅逐仁賢，離逖骨肉，羣小用事，〔六〕峻刑重賦，百姓愁怨，則卦氣悖亂，咎徵著郵，〔七〕上天震怒，災異婁降，日月薄食，五星失行，山崩川潰，水泉踊出，妖孽並見，茀星耀光，〔八〕饑饉荐臻，百姓短折，萬物夭傷。終不改寤，惡洽變備，不復譴告，更命有德。詩云：「乃眷西顧，此惟予宅。」〔九〕

〔一〕師古曰：「蒸，衆也。」
〔二〕師古曰：「詩大雅行葦之篇曰『敦彼行葦，牛羊勿踐履』，言政化所及，仁道霑被，雖草木至賤，無所殘傷。」
〔三〕師古曰：「庶，衆也。屮，古草字也。蕃，多也，音扶元反。」
〔四〕師古曰：「保，安也。右，助也。言爲天所安助也。右讀曰佑。」
〔五〕師古曰：「湛讀曰沈。」
〔六〕師古曰：「逖，遠也。」
〔七〕師古曰：「悖，乖也。郵字與尤同。尤，過也。悖音布內反。」
〔八〕師古曰：「茀與孛同，音步內反。」

〔九〕師古曰：「大雅皇矣之詩也。言天以殷紂爲惡不變，乃眷然西顧，見文王之德，而與之宅居也。」

夫去惡奪弱，遷命賢聖，天地之常經，百王之所同也。加以功德有厚薄，期質有修短，時世有中季，天道有盛衰。〔一〕陛下承八世之功業，當陽數之標季，〔二〕涉三七之節紀，〔三〕遭无妄之卦運，〔四〕直百六之災阸。〔五〕三難異科，雜焉同會。〔六〕建始元年以來二十載間，羣災大異，交錯鋒起，多於春秋所書。八世著記，久不塞除，〔七〕重以今年正月己亥朔日有食之，〔八〕三朝之會，〔九〕四月丁酉四方衆星白晝流隕，七月辛未彗星橫天。乘三難之際會，畜衆多之災異，〔一〇〕因之以饑饉，接之以不贍。彗星，極異也，土精所生，流隕之應出於飢變之後，兵亂作矣，厥期不久，隆德積善，懼不克濟。〔一一〕內則爲深宮後庭將有驕臣悍妾醉酒狂悖卒起之敗，〔一二〕北宮苑囿街巷之中臣妾之家幽閒之處〔一三〕徵舒、崔杼之亂；〔一四〕外則爲諸夏下土將有樊並、蘇令、陳勝、項梁奮臂之禍。內亂朝暮，日戒諸夏，〔一五〕舉兵以火角爲期。〔一六〕安危之分界，宗廟之至憂，〔一七〕臣永所以破膽寒心，〔一八〕豫言之累年。下有其萌，然後變見於上，〔一九〕可不致慎！

〔一〕師古曰：「中讀曰仲。」
〔二〕孟康曰：「陽九之末季也。」師古曰：「標音必遙反。」
〔三〕孟康曰：「至平帝乃三七二百一十歲之厄，今已涉向其節紀。」

〔四〕應劭曰：「天必先雲而後雷，雷而後雨，而今無雲而雷。无妄者，無所望也。萬物无所望於天，災異之最大者也。」師古曰：「取易之无妄卦爲義。」

〔五〕師古曰：「直，當也。」

〔六〕師古曰：「雜，謂相參也。一曰雜音先合反。雜焉，總萃貌。」

〔七〕李奇曰：「高祖以來至元帝，著記災異未塞除也。」

〔八〕師古曰：「重音直用反。」

〔九〕師古曰：「歲月日三者之始，故云三朝。」

〔一〇〕師古曰：「畜讀曰蓄。蓄，積聚也。」

〔一一〕師古曰：「修德積善尙恐不濟，況不脩不積者乎。」

〔一二〕師古曰：「卒讀曰猝。」

〔一三〕師古曰：「閒讀曰閑。」

〔一四〕師古曰：「陳夏徵舒殺其君平國，齊崔杼弒其君光。」

〔一五〕師古曰：「內亂，則禍在朝暮；諸夏，則日戒有兵。」

〔一六〕張晏曰：「以熒惑芒角爲期。」

〔一七〕師古曰：「分音扶問反。」

〔一八〕師古曰：「言懼甚。」

〔一九〕師古曰：「萌謂事之始生，如草木萌牙者也。」

禍起細微，姦生所易。〔一〕願陛下正君臣之義，無復與羣小媟黷燕飲；〔二〕中黃門後庭素驕慢不謹嘗以醉酒失臣禮者，悉出勿留。勤三綱之嚴，修後宮之政，〔三〕抑遠驕妒之寵，崇近婉順之行，加惠失志之人，懷柔怨恨之心。〔四〕保至尊之重，秉帝王之威，朝覲法出而後駕，陳兵清道而後行，無復輕身獨出，飲食臣妾之家。三者既除，內亂之路塞矣。

〔一〕師古曰：「易，輕也，音弋豉反。」

〔二〕師古曰：「媟，狎也。黷，汙也。」

〔三〕師古曰：「三綱，君臣、父子、夫婦也。」

〔四〕師古曰：「懷，和也。」

諸夏舉兵，萌在民饑饉而吏不卹，興於百姓困而賦斂重，發於下怨離而上不知。易曰：「屯其膏，小貞吉，大貞凶。」〔一〕傳曰：「飢而不損茲謂泰，厥災水，厥咎亡。」〔二〕訞辭曰：「關動牡飛，辟爲無道，臣爲非，厥咎亂臣謀篡。」〔三〕王者遭衰難之世，有飢饉之災，不損用而大自潤，故凶；百姓困貧無以共求，〔四〕愁悲怨恨，故水；城關守國之固，固將去焉，故牡飛。往年郡國二十一傷於水災，禾黍不入。今年蠶麥咸惡。百川沸騰，江河溢決，大水泛濫郡國十五有餘。比年喪稼，〔五〕時過無宿麥。〔六〕百姓失業流散，羣輩守關。〔七〕大異較炳如彼，水災浩浩，黎庶窮困如此，宜損常稅小自潤之時，〔八〕而有司奏請加賦，甚繆經義，逆於民心，布怨趨禍之道也。牡飛之狀，殆爲此發。古者穀不登虧膳，災婁至損服，凶年不塈塗，明王之制也。〔九〕詩云：「凡民有喪，扶服捄之。」〔一〇〕論語曰：「百姓不足，君孰予足？」〔一一〕臣願陛下勿許加賦之奏，益減大官、導官、中御府、均官、掌畜、廩犧用度，止尚方、織室、京師郡國工服官發輸造作，以助大司農。流恩廣施，振贍困乏，開關梁，內流民，恣所欲之，〔一二〕以救其急。立春，遣使者循行風俗，宣布聖德，〔一三〕存卹孤寡，問民所苦，勞二千石，〔一四〕敕勸耕桑，毋奪農時，以慰綏元元之心，防塞大姦之隙。〔一五〕諸夏之亂，庶幾可息。

〔一〕孟康曰：「膏者所以潤人肌膚，爵祿亦所以養人者也。小貞，臣也。大貞，君也。遭屯難飢荒，君當開倉廩，振百姓，而反吝，則凶；臣吝嗇，則吉。論語曰：『出內之吝，謂之有司。』」師古曰：「易屯卦九五爻辭。」

〔二〕師古曰：「洪範傳之辭。」

〔三〕師古曰：「易訞占之辭也。訞即妖字耳。」

〔四〕師古曰：「共讀曰供。無以供在上之所求。」

〔五〕師古曰：「比，頻也。」

〔六〕師古曰：「時過者，失時不得種也。秋種夏收，故云宿麥。」

〔七〕如淳曰：「欲入就賤穀也。」

〔八〕師古曰：「言所潤益於己者，當減小之。」

〔九〕師古曰：「塈，如今仰泥屋也，音許既反。」

〔一〇〕師古曰：「邶國谷風之詩。服音蒲北反。捄，古救字。」

〔一一〕師古曰：「論語載有若對魯哀公之辭也。言百姓不足，君安得獨足乎？」

〔一二〕師古曰：「之，往也。」

〔一三〕師古曰：「行音下更反。」

〔一四〕師古曰：「勞，慰勉也。二千石，謂郡守、諸侯相也，音來到反。」

〔一五〕師古曰：「綏，安也。」

臣聞上主可與爲善而不可與爲惡，下主可與爲惡而不可與爲善。陛下天然之性，疏通聰敏，上主之姿也。〔一〕少省愚臣之言，感寤三難，〔二〕深畏大異，定心爲善，捐忘邪志，毋貳舊愆，厲精致（改）〔政〕，至誠應天，則積異塞於上，禍亂伏於下，何憂患之有？竊恐陛下公志未專，私好頗存，尙愛羣小，不肯爲耳！

〔一〕師古曰：「姿，材也。」

〔二〕師古曰：「省，視也。」

對奏，天子甚感其言。

永於經書，汎爲疏達，〔一〕與杜欽、杜鄴略等，不能洽浹如劉向父子及揚雄也。其於天

官、京氏易最密，故善言災異，前後所上四十餘事，略相反覆，專攻上身與後宮而已。黨於王氏，上亦知之，不甚親信也。

〔一〕師古曰：「汎，普也，音敷劍反。」

永所居任職，〔一〕爲北地太守歲餘，衞將軍商薨，曲陽侯根爲票騎將軍，薦永，徵入爲大司農。歲餘，永病，三月，有司奏請免。故事，公卿病，輒賜告，至永獨卽時免。數月，卒於家。本名竝，以尉氏樊竝反，更名永云。

〔一〕師古曰：「言所處之官皆稱職。」

杜鄴字子夏，本魏郡繁陽人也。祖父及父積功勞皆至郡守，武帝時徙茂陵。鄴少孤，其母張敞女。鄴壯，從敞子吉學問，得其家書。以孝廉爲郎。

與車騎將軍王音善。平阿侯譚不受城門職，後薨，上閔悔之，乃復令譚弟成都侯商位特進，領城門兵，得舉吏如將軍府。鄴見音前與平阿有隙，卽說音曰：「鄴聞人情，恩深者其養謹，愛至者其求詳。〔一〕夫戚而不見殊，孰能無怨？〔二〕此棠棣、角弓之詩所爲作也。〔三〕昔秦伯有千乘之國，而不能容其母弟，春秋亦書而譏焉。〔四〕周召則不然，〔五〕忠以相輔，義以相匡，同己之親，等己之尊，不以聖德獨兼國寵，又不爲長專受榮任，分職於陝，並爲弼疑。〔六〕

故內無感恨之隙，外無侵侮之羞，〔七〕俱享天祐，兩荷高名者，蓋以此也。竊見成都侯以特進領城門兵，復有詔得舉吏如五府，此明詔所欲寵也。將軍宜承順聖意，加異往時，每事凡議，必與及之，指爲誠發，出於將軍，則孰敢不說諭？〔八〕昔文侯寤大鴈之獻而父子益親，〔九〕陳平共壹飯之籑而將相加驩，〔一〇〕所接雖在楹階俎豆之間，其於爲國折衝厭難，豈不遠哉！〔一一〕竊慕倉唐、陸子之義，所白奧內，唯深察焉。」〔一二〕音甚嘉其言，由是與成都侯商親密，二人皆重鄴。後以病去郎。商爲大司馬衞將軍，除鄴主簿，以爲腹心，舉侍御史。哀帝卽位，遷爲涼州刺史。鄴居職寬舒，少威嚴，數年以病免。

〔一〕師古曰：「詳，悉也。」

〔二〕師古曰：「戚，近也。殊謂異於疏也。」

〔三〕師古曰：「棠棣、角弓皆小雅篇名也。棠棣美燕兄弟，角弓刺不親九族也。」

〔四〕師古曰：「秦景公母弟公子鍼有寵於其父桓公，景公立，鍼懼而奔晉。事在昭元年，故經書『秦伯之弟鍼出奔晉』。傳曰『稱弟，罪秦伯也』。」

〔五〕師古曰：「言周公召公無私怨也。」

〔六〕師古曰：「分職於陝，謂自陝以東周公主之，自陝以西召公主之。陝卽今陝州縣也，音式冉反。而說者妄云分郟是潁川郟縣，繆矣。弼疑，謂左輔右弼前疑後承也。」

〔七〕師古曰：「感音胡闇反。」

〔八〕師古曰：「言此之意指皆出忠誠，彼必和悅，無憂乖異也。說讀曰悅。」

〔九〕師古曰：「魏文侯廢太子擊，立擊弟訢，封擊於中山，三年不往來。擊臣趙倉唐進大鴈於文侯，應對以禮，文侯感寤，廢訢而召立擊，父子更親也。」

〔一〇〕師古曰：「陳平用陸賈說，以五百金爲絳侯具食是也。共讀曰供。」

〔一一〕師古曰：「厭音一葉反。」

〔一二〕師古曰：「奧內，室中隱奧之處也。」

是時，帝祖母定陶傅太后稱皇太太后，帝母丁姬稱帝太后，而皇后卽傅太后從弟子也。傅氏侯者三人，丁氏侯者二人。又封傅太后同母弟子鄭業爲陽信侯。傅太后尤與政專權。〔一〕元壽元年正月朔，上以皇后父孔鄉侯傅晏爲大司馬衞將軍，而帝舅陽安侯丁明爲大司馬票騎將軍。臨拜，日食，詔舉方正直言。扶陽侯韋育舉鄴方正，鄴對曰：

〔一〕師古曰：「與讀曰豫。」

臣聞禽息憂國，碎首不恨；〔一〕卞和獻寶，刖足願之。〔二〕臣幸得奉直言之詔，無二者之危，敢不極陳！臣聞陽尊陰卑，卑者隨尊，尊者兼卑，天之道也。是以男雖賤，各爲其家陽；女雖貴，猶爲其國陰。故禮明三從之義，〔三〕雖有文母之德，必繫於子。〔四〕春秋不書紀侯之母，陰義殺也。〔五〕昔鄭伯隨姜氏之欲，終有叔段篡國之禍；周襄王內迫惠后之難，而遭居鄭之危。〔六〕漢興，呂太后權私親屬，又以外孫爲孝惠后，是時繼嗣不

明，凡事多晻，〔七〕晝昏冬雷之變，不可勝載。竊見陛下行不偏之政，每事約儉，非禮不動，誠欲正身與天下更始也。然嘉瑞未應，而日食地震，民訛言行籌，傳相驚恐。案春秋災異，以指象爲言語，〔八〕故在於得一類而達之也。日食，明陽爲陰所臨，坤卦乘離，明夷之象也。〔九〕坤以法地，爲土爲母，以安靜爲德。震，不陰之效也。〔一〇〕占象甚明，臣敢不直言其事！

〔一〕應劭曰：「禽息，秦大夫，薦百里奚而不見納。繆公出，當車以頭擊闑，腦乃播出，曰『臣生無補於國而不如死也』！繆公感寤而用百里奚，秦以大治。」

〔二〕師古曰：「解在鄒陽傳。」

〔三〕師古曰：「謂婦人在家從父，旣嫁從夫，夫死從子。」

〔四〕師古曰：「文母，文王之妃太姒也。」

〔五〕師古曰：「隱(三)〔二〕年『紀侯使(履)〔裂〕繻來逆女』。公羊傳曰『婚禮不稱主人』，主人謂壻也。『不稱母，母不通也。』殺謂減降也，音所例反。」

〔六〕師古曰：「解並在前。」

〔七〕師古曰：「晻與暗同。」

〔八〕師古曰：「謂天不言，但以景象指意告喻人。」

〔九〕應劭曰：「明夷之卦：『上六，不明晦，初登于天，後入于地。』明夷者，明傷也。初登于天者，初爲天子，言以善聞于天也。後入于地者，傷賢害仁，佞惡在朝，必以惡終入于地也。」

〔10〕師古曰：「言地當安靜而今乃震，是爲不遵陰道也。」

昔曾子問從令之義，孔子曰：「是何言與！」〔一〕善閔子騫守禮不苟，從親所行，無非理者，故無可間也。〔二〕前大司馬新都侯莽退伏弟家，以詔策決，復遣就國。高昌侯宏去蕃自絕，猶受封土。〔三〕制書侍中駙馬都尉遷不忠巧佞，免歸故郡，〔四〕間未旬月，則有詔還，大臣奏正其罰，卒不得遣，而反兼官奉使，顯寵過故。及陽信侯業，皆緣私君國，非功義所止。〔五〕諸外家昆弟無賢不肖，並侍帷幄，布在列位，〔六〕或典兵衞，或將軍屯，寵意并於一家，積貴之勢，世所希見所希聞也。至乃并置大司馬將軍之官。皇甫雖盛，三桓雖隆，魯爲作三軍，無以甚此。當拜之日，晻然日食。〔七〕不在前後，臨事而發者，明陛下謙遜無專，承指非一，所言輒聽，所欲輒隨，〔八〕有罪惡者不坐辜罰，無功能者畢受官爵，流漸積猥，正尤在是，〔九〕欲令昭昭以覺聖朝。昔詩人所刺，春秋所譏，指象如此，殆不在它。由後視前，忿邑非之，〔10〕逮身所行，不自鏡見，則以爲可，計之過者。〔11〕疏賤獨偏見，疑內亦有此類。〔12〕天變不空，保右世主如此之至，奈何不應！〔13〕

〔一〕師古曰：「曾子問子：『從父之令，可謂孝乎？』孔子非之。事見孝經。與讀曰歟。」
〔二〕師古曰：「論語稱孔子曰『孝哉閔子騫，人不間於其父母昆弟之言』是也。間音居莧反。」
〔三〕師古曰：「萱宏也。」

〔四〕師古曰：「傅遷也。」
〔五〕師古曰：「謂緣私恩而得封爵爲一國之君耳，非有功而侯也。」
〔六〕師古曰：「不問賢與不肖，皆親近在位。」
〔七〕師古曰：「晻音烏感反。」
〔八〕師古曰：「謂皆迫於太后也。」
〔九〕師古曰：「尤，過也。言過惡正在於此。」
〔10〕師古曰：「由，從也。邑，於邑也。」
〔11〕師古曰：「逮，及也。鏡，鑒照也。自以所行爲可，是計策之誤也。」
〔12〕如淳曰：「在外而賤，舉錯有過失，爲主上所疑也。」師古曰：「此說非也。言天子不自見其過。疏賤獨偏見，鄴自謂傍觀而見之也。疑內亦有此類，謂後宮嬖幸非理寵遇，亦有如傅遷、鄭業等妄受恩賞者。」
〔13〕（應劭）〔師古〕曰：「右讀曰佑。應謂應天戒而修德政。」

臣聞野雞著怪，高宗深動；〔一〕大風暴過，成王怛然。〔二〕願陛下加致精誠，思承始初，事稽諸古，〔三〕以厭下心，〔四〕則黎庶羣生無不說喜，〔五〕上帝百神收還威怒，禎祥福祿何嫌不報！〔六〕

〔一〕師古曰：「謂雊升鼎耳，故懼而修德，解在五行志。」
〔二〕師古曰：「謂成王信流言而疑周公，天乃雷電以風，禾盡偃，大木斯拔，王乃啓金縢之書，悔而還周公。」
〔三〕師古曰：「每事皆考於古昔。」
〔四〕師古曰：「厭，滿也，音一贍反。」
〔五〕師古曰：「說讀曰悅。」
〔六〕師古曰：「嫌，疑也。」

鄴未拜，病卒。鄴言民訛言行籌，及谷永言王者買私田，彗星隕石牡飛之占，語在五行志。

初，鄴從張吉學，吉子竦又幼孤，從鄴學問，亦著於世，尤長小學。〔一〕鄴子林，清靜好古，亦有雅材，建武中歷位列卿，至大司空。其正文字過於鄴、竦，故世言小學者由杜公。

〔一〕師古曰：「小學，謂文字之學也。周禮『八歲入小學，保氏教國子以六書』，故因名云。」

贊曰：孝成之世，委政外家，諸舅持權，重於丁、傅在孝哀時。故杜鄴敢譏丁、傅，而欽、永不敢言王氏，其勢然也。及欽欲挹損鳳權，而鄴附會音、商。永陳三七之戒，斯爲忠焉，至其引申伯以阿鳳，隙平阿於車騎，〔一〕指金火以求合，〔二〕可謂諒不足而談有餘者。〔三〕孔子稱「友多聞」，三人近之矣。〔四〕

〔一〕師古曰：「謂勸王譚不受城門之職。」
〔二〕師古曰：「謂陳金火之變說音云『蕩蕩之德未純』。冀音親己，忘舊怨也。」
〔三〕師古曰：「諒，信也。」

〔四〕師古曰：「孔子云：『友直，友諒，友多聞，益矣。』贊言杜鄴、杜欽、谷永無直諒之德，但多聞也。」

校勘記

三四四七頁三行　（嘗）〔常〕戰栗謹敬也。景祐、殿本都作「常」，此誤。
三四四九頁二行　誠放退殘賊酷暴之吏（一）〔錮〕廢勿用，景祐、殿本都作「錮」。
三四四九頁三行　是爲一（月）〔時〕。景祐、殿本都作「時」。王先謙說作「時」是。
三四五二頁五行　粥音（戈）〔弋〕六反。景祐、殿本都作「弋」。
三四五三頁四行　（求）〔直〕，當也。景祐、殿、局本都作「直」，此誤。
三四五六頁二行　不能褒揚萬（一）〔分〕。景祐、殿本都作「分」。王文彬說疑作「分」是。
三四五七頁六行　言人性沈密（謂）〔而〕潛深者，殿本作「而」。王先謙說作「而」是。按景祐本亦作「謂」。
三四六二頁三行　加之（以）火上，景祐本無「以」字，殿本有「以」字，無「上」字。
三四六三頁九行　徵（法）〔發〕如雨，景祐、殿本都作「發」，此誤。
三四六五頁五行　身膏（草野）〔野草〕，景祐、殿、局本都作「野草」。
三四七三頁一行　厲精致（改）〔政〕，景祐、殿本都作「政」。
三四七六頁一行　隱（三）〔二〕年，紀侯使（履）〔裂〕繻來逆女。殿本「三」作「二」，「履」作「裂」。
三四七八頁一行　（應劭）〔師古〕曰：景祐、殿本都作「師古」。

漢書卷八十六

何武王嘉師丹傳第五十六

何武字君公，蜀郡郫縣人也。〔一〕宣帝時，天下和平，四夷賓服，神爵、五鳳之間婁蒙瑞應。〔二〕而益州刺史王襄使辯士王褒頌漢德，作中和、樂職、宣布詩三篇。〔三〕武年十四五，與成都楊覆衆等共習歌之。是時，宣帝循武帝故事，求通達茂異士，召見武等於宣室。〔四〕上曰：「此盛德之事，吾何足以當之哉！」以褒爲待詔，武等賜帛罷。

〔一〕師古曰：「郫音疲。」

〔二〕師古曰：「婁，古屢字也。」

〔三〕師古曰：「中和者，言政教隆平，得中和之道也。樂職，謂百官萬姓樂得其常道也。宣布，德化周洽，徧於四海也。」

〔四〕師古曰：「殿名也，解在賈誼傳。」

武詣博士受業，治易。以射策甲科爲郎，與翟方進交志相友。光祿勳舉四行，〔一〕遷爲鄠令，坐法免歸。

〔一〕師古曰：「元帝永光元年詔舉質樸、敦厚、遜讓、有行義各一人。時詔書又令光祿歲以此科第郎從官，故武以此四行得舉之也。」

武兄弟五人，皆爲郡吏，郡縣敬憚之。武弟顯家有市籍，租常不入，縣數負其課。〔一〕市嗇夫求商捕辱顯家，〔二〕顯怒，欲以吏事中商。〔三〕武曰：「以吾家租賦繇役不爲衆先，奉公吏不亦宜乎！」武卒白太守，召商爲卒吏，州里聞之皆服焉。

〔一〕師古曰：「以顯家不入租，故每令縣負課殿。」

〔二〕師古曰：「求，姓；商，名也。」

〔三〕師古曰：「中傷之也，又音竹仲反。」

久之，太僕王音舉武賢良方正，徵對策，拜爲諫大夫，遷揚州刺史。所舉奏二千石長吏必先露章，服罪者爲虧除，免之而已；〔一〕不服，極法奏之，抵罪或至死。

〔一〕師古曰：「虧，減也。減（係）〔除〕其狀，直令免去也。」

九江太守戴聖，禮經號小戴者也，行治多不法，前刺史以其大儒，優容之。及武爲刺史，行部錄囚徒，有所舉以屬郡。〔一〕聖曰：「後進生何知，乃欲亂人治！」〔二〕皆無所決。武使從事廉得其罪，〔三〕聖懼，自免。後爲博士，毀武於朝廷。武聞之，終不揚其惡。而聖子賓客爲羣盜，得，〔四〕繫廬江，聖自以子必死。武平心決之，卒得不死。自是後，聖慙服。武每奏事至京師，〔五〕聖未嘗不造門謝恩。〔六〕

〔一〕師古曰：「屬，委也，音之欲反。」

〔二〕師古曰：「言武仕學未久，故謂之後進生也。」

〔三〕師古曰：「廉，察也。」

〔四〕師古曰：「聚爲羣盜而吏捕得也。」

〔五〕師古曰：「刺史每歲盡，則入奏事於京師也。」

〔六〕師古曰：「造，至也，音千到反。」

武爲刺史，二千石有罪，應時舉奏，其餘賢與不肖敬之如一，是以郡國各重其守相，州中清平。行部必先卽學官見諸生，〔一〕試其誦論，問以得失，然後入傳舍，出記問墾田頃畝，五穀美惡，〔二〕已乃見二千石，以爲常。〔三〕

〔一〕師古曰：「卽，就也。學官，學舍也。」

〔二〕師古曰：「記謂教命之書。」

〔三〕師古曰：「常依次第也。」

初，武爲郡吏時，事太守何壽。壽知武有宰相器，以其同姓故厚之。後壽爲大司農，其兄子爲廬江長史。時武奏事在邸，壽兄子適在長安，壽爲具召武弟顯及故人楊覆衆等，〔一〕酒酣，見其兄子，〔二〕曰：「此子揚州長史，〔三〕材能駑下，未嘗省見。」〔四〕顯等甚慙，退以謂

武，武曰：「刺史古之方伯，上所委任，一州表率也，職在進善退惡。吏治行有茂異，民有隱逸，乃當召見，不可有所私問。」顯、覆衆强之，不得已召見，賜巵酒。〔五〕歲中，廬江太守舉之。〔六〕其守法見憚如此。

〔一〕師古曰：「具謂酒食之具也。」

〔二〕師古曰：「令出見顯等。」

〔三〕師古曰：「言揚州部內長史也。」

〔四〕師古曰：「省，視也。言不爲武所識拔也。」

〔五〕師古曰：「對賜一巵之酒也。」

〔六〕師古曰：「終得武之力助也。」

爲刺史五歲，入爲丞相司直，丞相薛宣敬重之。出爲清河太守，數歲，坐郡中被災害什四以上免。久之，大司馬曲陽侯王根薦武，徵爲諫大夫。遷兗州刺史，入爲司隸校尉，徙京兆尹。二歲，坐舉方正所舉者召見槃辟雅拜，〔一〕有司以爲詭衆虛僞。〔二〕武坐左遷楚內史，遷沛郡太守，復入爲廷尉。綏和（三）〔元〕年，御史大夫孔光左遷廷尉，武爲御史大夫。成帝欲修辟雍，通三公官，〔三〕卽改御史大夫爲大司空。〔四〕武更爲大司空，封氾鄉侯，食邑千戶。氾鄉在琅邪不其，〔五〕哀帝初卽位，褒賞大臣，更以南陽犨之博望鄉爲氾鄉侯國，〔六〕增邑千

戶。

〔一〕服虔曰：「行禮容拜也。」師古曰：「槃辟猶言槃旋也。辟音闢。」
〔二〕師古曰：「詭，違也。」
〔三〕師古曰：「通，開也，謂更開置之。」
〔四〕師古曰：「就其所任之人而并官俱改，不別拜授也。」
〔五〕師古曰：「爲後改食博望鄉，故此指言在琅邪不其也。氾音凡。其音基。」
〔六〕師古曰：「犨音昌牛反。」

武爲人仁厚，好進士，獎稱人之善。〔一〕爲楚內史厚兩龔，在沛郡厚兩唐，〔二〕及爲公卿，薦之朝廷。此人顯於世者，何侯力也，世以此多焉。〔三〕然疾朋黨，問文吏必於儒者，問儒者必於文吏，以相參檢。欲除吏，先爲科例以防請託。其所居亦無赫赫名，去後常見思。

〔一〕師古曰：「獎，勸也，進而勸之。」
〔二〕師古曰：「兩龔，龔勝、龔舍也。兩唐，唐林、唐尊也。」
〔三〕師古曰：「多，重也，重武進賢也。」

及爲御史大夫司空，與丞相方進共奏言：「往者諸侯王斷獄治政，內史典獄事，相總綱紀輔王，中尉備盜賊。今王不斷獄與政，〔一〕中尉官罷，職并內史，郡國守相委任，所以壹統信，安百姓也。〔二〕今內史位卑而權重，威職相踰，不統尊者，難以爲治。臣請相如太守，內

史如都尉，以順尊卑之序，平輕重之權。」制曰：「可。」以內史爲中尉。初武爲九卿時，奏言宜置三公官，又與方進共奏罷刺史，更置州牧，後皆復復故，〔三〕語在朱博傳。唯內史事施行。

〔一〕師古曰：「與讀曰豫。」
〔二〕師古曰：「令百姓信之而安附也。」
〔三〕師古曰：「又依其舊也。下復音扶目反。」

多所舉奏，號爲煩碎，不稱賢公。功名略比薛宣，其材不及也，而經術正直過之。武後母在郡，遣吏歸迎。會成帝崩，吏恐道路有盜賊，後母留止，左右或譏武事親不篤。〔一〕哀帝亦欲改易大臣，遂策免武曰：「君舉錯煩苛，不合衆心，〔二〕孝聲不聞，惡名流行，無以率示四方。其上大司空印綬，罷歸就國。」後五歲，諫大夫鮑宣數稱冤之，天子感丞相王嘉之對，而高安侯董賢亦薦武，武由是復徵爲御史大夫。月餘，徙爲前將軍。

〔一〕師古曰：「左右謂天子側近之臣。」
〔二〕師古曰：「錯，置也，音千故反。」

先是，新都侯王莽就國，數年，上以太皇太后故徵莽還京師。莽從弟成都侯王邑爲侍中，矯稱太皇太后指白哀帝，爲莽求特進給事中。哀帝復請之，事發覺。〔一〕太后爲謝，上以太后故不忍誅之，左遷邑爲西河屬國都尉，削千戶。後有詔舉大常，莽私從武求舉，武不敢舉。後數月，哀帝崩，太后卽日引莽入，收大司馬董賢印綬，詔有司舉可大司馬者。莽故大司馬，辭位辟丁、傅，〔二〕衆庶稱以爲賢，又太后近親，自大司徒孔光以下舉朝皆舉莽。武爲前將軍，素與左將軍公孫祿相善，二人獨謀，以爲往時孝惠、孝昭少主之世，外戚呂、霍、上官持權，幾危社稷，〔三〕今孝成、孝哀比世無嗣，〔四〕方當選立親近輔幼主，不宜令異姓大臣持權，〔五〕親疏相錯，爲國計便。〔六〕於是武舉公孫祿可大司馬，而祿亦舉武。太后竟自用莽爲大司馬。莽風有司劾奏武、公孫祿互相稱舉，〔七〕皆免。

〔一〕師古曰：「哀帝反更以此事請於太后，太后本無此言，故矯事發覺也。復音扶目反。」
〔二〕師古曰：「辟讀曰避。」
〔三〕師古曰：「幾音鉅依反。」
〔四〕師古曰：「比，頻也。」
〔五〕師古曰：「異姓謂非宗室及外戚。」
〔六〕師古曰：「錯謂間雜也。」
〔七〕師古曰：「風讀曰諷。」

武就國後，莽寖盛，爲宰衡，〔一〕陰誅不附己者。元始三年，呂寬等事起。時大司空甄豐承莽風指，〔二〕遣使者乘傳案治黨與，〔三〕連引諸所欲誅，上黨鮑宣，南陽彭偉、杜公子，〔四〕

郡國豪桀坐死者數百人。武在見誣中，大理正檻車徵武，武自殺。衆人多冤武者，莽欲厭衆意，令武子況嗣爲侯，〔五〕謚武曰刺侯。〔六〕莽篡位，免況爲庶人。

〔一〕師古曰：「寖，漸也。」
〔二〕師古曰：「風謂風采也。指，意也。」
〔三〕師古曰：「傳音張戀反。」
〔四〕師古曰：「彭偉及杜公子二人皆南陽人。」
〔五〕師古曰：「厭，滿也，音一贍反。」
〔六〕師古曰：「刺音來曷反。」

王嘉字公仲，平陵人也。以明經射策甲科爲郎，坐戶殿門失闌免。〔一〕光祿勳于永除爲掾，察廉爲南陵丞，〔二〕復察廉爲長陵尉。鴻嘉中，舉敦朴能直言，召見宣室，對政事得失，超遷太中大夫。出爲九江、河南太守，治甚有聲。徵入爲大鴻臚，徙京兆尹，遷御史大夫。建平三年代平當爲丞相，封新甫侯，加食邑千一百戶。

〔一〕師古曰：「戶，止也。嘉掌守殿門，止不當入者而失闌入之，故坐免也。春秋左氏傳曰『屈蕩戶之』。」
〔二〕師古曰：「南陵，縣名，屬宣（州）〔城〕。」

嘉爲人剛直嚴毅有威重，上甚敬之。哀帝初立，欲匡成帝之政，多所變動，〔一〕嘉上疏

曰：

〔一〕師古曰：「匡，正也，正其乖失者。」

臣聞聖王之功在於得人。孔子曰：「材難，不其然與！」〔一〕「故繼世立諸侯，象賢也。」〔二〕雖不能盡賢，天子爲擇臣，立命卿以輔之。〔三〕居是國也，累世尊重，然後士民之衆附焉，是以教化行而治功立。今之郡守重於古諸侯，往者致選賢材，賢材難得，拔擢可用者，或起於囚徒。昔魏尚坐事繫，文帝感馮唐之言，遣使持節赦其辠，拜爲雲中太守，匈奴忌之。武帝擢韓安國於徒中，拜爲梁內史，骨肉以安。〔四〕張敞爲京兆尹，有罪當免，黠吏知而犯敞，敞收殺之，其家自冤，使者覆獄，劾敞賊殺人，〔五〕上逮捕不下，〔六〕會免，亡命數十日，宣帝徵敞拜爲冀州刺史，卒獲其用。前世非私此三人，貪其材器有益於公家也。

〔一〕師古曰：「論語載孔子之言也。材難，謂有賢材者難得也。與讀曰歟。」
〔二〕師古曰：「象其先父祖之賢耳，非必其人皆有德也。」
〔三〕師古曰：「命卿，命於天子者也。」
〔四〕師古曰：「言梁孝王得免罪也。」
〔五〕師古曰：「覆音芳目反。」
〔六〕師古曰：「言使者上奏請逮捕敞，而天子不下其事也。下音胡稼反。」

孝文時，吏居官者或長子孫，以官爲氏，倉氏、庫氏則倉庫吏之後也。其二千石長吏亦安官樂職，然後上下相望，莫有苟且之意。其後稍稍變易，公卿以下傳相促急，又數改更政事，〔一〕司隸、部刺史察過悉劾，發揚陰私，〔二〕吏或居官數月而退，送故迎新，交錯道路。中材苟容求全，〔三〕下材懷危內顧，〔四〕壹切營私者多。二千石益輕賤，吏民慢易之。〔五〕或持其微過，增加成辠，言於刺史、司隸，或至上書章下；〔六〕衆庶知其易危，〔七〕小失意則有離畔之心。前山陽亡徒蘇令等從橫，〔八〕吏士臨難，莫肯伏節死義，以守相威權素奪也。〔九〕孝成皇帝悔之，下詔書，二千石不爲縱，〔一〇〕遣使者賜金，尉厚其意，誠以爲國家有急，取辦於二千石，二千石尊重難危，乃能使下。

〔一〕師古曰：「更亦變也。」
〔二〕師古曰：「悉，盡也。言事無大小盡皆舉劾，過於所察之條也。」
〔三〕師古曰：「不敢操持羣下也。」
〔四〕師古曰：「常恐獲罪，每爲私計也。」
〔五〕師古曰：「易亦輕也，音弋豉反。」
〔六〕師古曰：「依其所上之章而下令治之。」
〔七〕師古曰：「言易可（憝）〔傾〕危也。」
〔八〕師古曰：「從音子用反。橫音胡孟反。」
〔九〕師古曰：「守，郡守也。相，諸侯相也。素奪，謂先不假之威權也。」
〔一〇〕孟康曰：「二千石不以故縱爲罪，所以優也。」

孝宣皇帝愛其良民吏，〔一〕有章劾，事留中，會赦壹解。〔二〕故事，尚書希下章，爲煩擾百姓，證驗繫治，或死獄中，章文必有「敢告之」字乃下。〔三〕唯陛下留神於擇賢，記善忘過，容忍臣子，勿責以備。〔四〕二千石、部刺史、三輔縣令有材任職者，人情不能不有過差，宜可闊略，〔五〕令盡力者有所勸。此方今急務，國家之利也。前蘇令發，〔六〕欲遣大夫使逐問狀，時見大夫無可使者，〔七〕召盩厔令尹逢拜爲諫大夫遣之。（令）〔今〕諸大夫有材能者甚少，宜豫畜養可成就者，則士赴難不愛其死；臨事倉卒乃求，非所以明朝廷也。

〔一〕師古曰：「良，善也。良人吏，善治百姓者。」
〔二〕師古曰：「不即下治其事，恐爲擾動，故每留中。或經赦令，一切皆解散也。」
〔三〕師古曰：「所以丁寧告者之辭，絕其相誣也。」
〔四〕師古曰：「不求備於一人也。」
〔五〕師古曰：「當寬恕其小罪也。」
〔六〕師古曰：「謂蘇令等初發起爲盜賊也。」
〔七〕師古曰：「謂見在大夫皆不堪爲使也。」

嘉因薦儒者公孫光、滿昌及能吏蕭咸、薛修等，皆故二千石有名稱。天子納而用之。

會息夫躬、孫寵等因中常侍宋弘上書告東平王雲祝詛，又與后舅伍宏謀弒上爲逆，雲等伏誅，躬、寵擢爲吏二千石。是時，侍中董賢愛幸於上，上欲侯之而未有所緣，傅嘉勸上因東平事以封賢。上於是定躬、寵告東平本章，〔一〕掇去宋弘，更言因董賢以聞，〔二〕欲以其功侯之，皆先賜爵關內侯。頃之，欲封賢等，上心憚嘉，乃先使皇后父孔鄉侯傅晏持詔書視丞相御史。〔三〕於是嘉與御史大夫賈延上封事言：「竊見董賢等三人始賜爵，衆庶匈匈，咸曰賢貴，其餘并蒙恩，〔四〕至今流言未解。陛下仁恩於賢等不已，宜暴賢等本奏語言，〔五〕延問公卿大夫博士議郎，考合古今，明正其義，然後乃加爵土；不然，恐大失衆心，海內引領而議。暴平其事，必有言當封者，在陛下所從；天下雖不說，咎有所分，〔六〕不獨在陛下。前定陵侯淳于長初封，其事亦議。大司農谷永以長當封，衆人歸咎於永，先帝不獨蒙其譏。〔七〕臣嘉、臣延材駑不稱，死有餘責。〔八〕知順指不迕，可得容身須臾，〔九〕所以不敢者，思報厚恩也。」上感其言，止，數月，遂下詔封賢等，因以切責公卿曰：「朕居位以來，寢疾未瘳，〔一〇〕反逆之謀，相連不絕，賊亂之臣，近侍帷幄。前東平王雲與后謁祝詛朕，使侍醫伍宏等內侍案脈，〔一一〕幾危社稷，殆莫甚焉！〔一二〕昔楚有子玉得臣，晉文爲之側席而坐；〔一三〕近事，汲黯折淮南之謀。今雲等至有圖弒天子逆亂之謀者，是公卿股肱莫能悉心務聰明以銷厭未萌

之故。〔一四〕賴宗廟之靈，侍中駙馬都尉賢等發覺以聞，咸伏厥辜。書不云乎？『用德章厥善。』〔一五〕其封賢爲高安侯，南陽太守寵爲方陽侯，左曹光祿大夫躬爲宜陵侯。」

〔一〕師古曰：「定開改治也。」
〔二〕師古曰：「掇讀曰剟。剟，削也，削去其名也。剟音竹劣反。」
〔三〕師古曰：「視讀曰示。」
〔四〕師古曰：「言董賢以貴寵故妄得封，而躬、寵等遂蒙恩。」
〔五〕師古曰：「暴謂章露也。」
〔六〕師古曰：「說讀曰悅。」
〔七〕師古曰：「蒙，被也。」
〔八〕師古曰：「稱，副也。」
〔九〕師古曰：「迕，逆也。」
〔一〇〕師古曰：「繆，差也，音丑留反。」
〔一一〕師古曰：「衆謂切診也。」
〔一二〕師古曰：「幾音鉅依反。殆亦危也。」
〔一三〕師古曰：「已解於上。」
〔一四〕師古曰：「悉，盡也。務聰明者，廣視聽也。厭音一涉反。」
〔一五〕師古曰：「商書盤庚之辭也。」

後數月，日食，舉直言，嘉復奏封事曰：

臣聞咎繇戒帝舜曰：「亡敖佚欲有國，兢兢業業，一日二日萬機。」〔一〕箕子戒武王曰：「臣無有作威作福，亡有玉食；臣之有作威作福玉食，害于而家，凶于而國，人用側頗辟，民用僭慝。」〔二〕言如此則逆尊卑之序，亂陰陽之統，而害及王者，其國極危。國人傾仄不正，民用僭差不壹，此君不由法度，上下失序之敗也。武王躬履此道，隆至成康。〔三〕自是以後，縱心恣欲，法度陵遲，〔四〕至於臣弒君，子弒父。父子至親，失禮患生，何況異姓之臣？孔子曰：「道千乘之國，敬事而信，節用而愛人，使民以時。」〔五〕孝文皇帝備行此道，海內蒙恩，爲漢太宗。孝宣皇帝賞罰信明，施與有節，記人之功，忽於小過，〔六〕以致治平。孝元皇帝奉承大業，溫恭少欲，都內錢四十萬萬，水衡錢二十五萬萬，少府錢十八萬萬。〔七〕嘗幸上林，後宮馮貴人從臨獸圈，猛獸驚出，貴人前當之，元帝嘉美其義，賜錢五萬。〔八〕掖庭見親，有加賞賜，屬其人勿衆謝。〔九〕示平惡偏，重失人心，賞賜節約。是時外戚貲千萬者少耳，故少府水衡見錢多也。〔一〇〕雖遭初元、永光凶年饑饉，加有西羌之變，外奉師旅，內振貧民，終無傾危之憂，以府臧內充實也。孝成皇帝時，諫臣多言燕出之害，〔一一〕及女寵專愛，耽於酒色，損德傷年，其言甚切，然終不怨怒也。寵臣淳于長、張放、史育，育數貶退，家貲不滿千萬，放斥逐就國，長榜死於獄。〔一二〕不以私愛害公義，故雖多內議，朝廷安平，〔一三〕傳業陛下。

〔一〕師古曰：「虞書咎繇謨之辭也。言有國之人不可傲慢逸欲，但當戒慎危懼，以理萬事之機也。敖讀曰傲。」
〔二〕師古曰：「周書洪範載箕子對武王之辭也。玉食，精好如玉也。而，汝也。頗，偏也。僭，不信也。慝，惡也。」
〔三〕師古曰：「言武王能履法度，故至成康之時，德化隆盛也。」
〔四〕師古曰：「陵遲即陵夷也，言漸頹替也。」
〔五〕師古曰：「論語載孔子之言也。道，治也。千乘謂兵車千乘，說在刑法志。」
〔六〕師古曰：「忽，忘也。」
〔七〕師古曰：「言不費用，故蓄積也。」
〔八〕師古曰：「此言雖嘉其義而賞亦不多。」
〔九〕師古曰：「掖庭宮人，有親戚來見而帝賜之者，屬其家勿使於衆人中謝也。屬音之欲反。」
〔一〇〕師古曰：「見在之錢也。」
〔一一〕師古曰：「燕出謂微行也。」
〔一二〕師古曰：「榜，笞擊也，音彭。」
〔一三〕師古曰：「雖有好內之譏，而不害政也。」

陛下在國之時，好詩書，上儉節，徵來所過道上稱誦德美，此天下所以回心也。〔一〕初即位，易帷帳，去錦繡，乘輿席緣綈繒而已。〔二〕共皇寢廟比比當作，〔三〕憂閔元元，惟

用度不足，〔四〕以義割恩，輒且止息，今始作治。而駙馬都尉董賢亦起官寺上林中，又爲賢治大第，開門鄉北闕，〔五〕引王渠灌園池，〔六〕使者護作，〔七〕賞賜吏卒，甚於治宗廟。賢母病，長安廚給祠具，〔八〕道中過者皆飲食。〔九〕爲賢治器，器成，奏御乃行，或物好，特賜其工，自貢獻宗廟三宮，猶不至此。〔一〇〕賢家有賓婚及見親，諸官並共，〔一一〕賜及倉頭奴婢，人十萬錢。使者護視，發取市物，百賈震動，〔一二〕道路讙譁，羣臣惶惑。詔書罷苑，而以賜賢二千餘頃，均田之制從此墮壞。〔一三〕奢僭放縱，變亂陰陽，災異衆多，百姓訛言，持籌相驚，〔一四〕被髮徒跣而走，乘馬者馳，天惑其意，不能自止。或以爲籌者策失之戒也。陛下素仁智慎事，今而有此大譏。

〔一〕師古曰：「墍爲治也。」
〔二〕師古曰：「綈，厚繒也，音徒奚反。」
〔三〕師古曰：「共皇，哀帝之父，即定陶恭王也。比比猶頻頻也。共讀曰恭。」
〔四〕師古曰：「惟，思也。」
〔五〕師古曰：「鄉讀曰嚮。」
〔六〕蘇林曰：「王渠，官渠也，猶今御溝也。」晉灼曰：「渠名也，在城東覆盎門外。」師古曰：「晉說是。」
〔七〕師古曰：「護，監視也。」
〔八〕師古曰：「長安有廚官，主爲官食。」

〔九〕如淳曰：「轉於道中，故行人皆得飲食。」
〔一〇〕師古曰：「三宮，天子、太后、皇后也。」
〔一一〕師古曰：「見親，親戚相見也。並供，言百官各以所掌事及財物就供之。共讀曰供。」
〔一二〕師古曰：「賈謂販賣之人也。言百賈者，非一之稱也。賈音古。」
〔一三〕孟康曰：「自公卿以下至於吏民名曰均田，皆有頃數，於品制中令均等。今賜賢二千餘頃，則壞其等制也。」師古曰：「蘸，古死字。墮音火規反。」
〔一四〕師古曰：「言行西王母籌也。」

孔子曰：「危而不持，顛而不扶，則將安用彼相矣！」〔一〕臣嘉幸得備位，竊內悲傷不能通愚忠之信；身死有益於國，不敢自惜。唯陛下慎己之所獨鄉，察衆人之所共疑。〔二〕往者寵臣鄧通、韓嫣〔三〕驕貴失度，逸豫無厭，小人不勝情欲，卒陷罪辜。〔四〕亂國亡軀，不終其祿，所謂愛之適足以害之者也。宜深覽前世，以節賢寵，全安其命。

〔一〕師古曰：「論語稱季氏將伐顓臾，冉有、季路見於孔子，孔子以此言責之，以其不匡諫也。」
〔二〕師古曰：「鄉讀曰嚮。」
〔三〕師古曰：「嫣音偃。」
〔四〕師古曰：「卒，終也。」

於是上寖不說，〔一〕而愈愛賢，不能自勝。

〔一〕師古曰：「寖，漸也。說讀曰悅。」

會祖母傅太后薨，上因託傅太后遺詔，令成帝母王太后下丞相御史，益封賢二千戶，及賜孔鄉侯、汝昌侯、陽新侯國。〔一〕嘉封還詔書，〔二〕因奏封事諫上及太后曰：「臣聞爵祿土地，天之有也。書云：『天命有德，五服五章哉！』〔三〕王者代天爵人，尤宜慎之。裂地而封，不得其宜，則衆庶不服，感動陰陽，其害疾自深。〔四〕今聖體久不平，此臣嘉所內懼也。高安侯賢，佞幸之臣，陛下傾爵位以貴之，單貨財以富之，〔五〕損至尊以寵之，〔六〕主威已黜，府藏已竭，唯恐不足。財皆民力所爲，孝文皇帝欲起露臺，重百金之費，克己不作。今賢散公賦以施私惠，一家至受千金，往古以來貴臣未嘗有此，流聞四方，皆同怨之。里諺曰：『千人所指，無病而死。』臣常爲之寒心。今太皇太后以永信太后遺詔，詔丞相御史益賢戶，賜三侯國，臣嘉竊惑。山崩地動，日食於三朝，〔七〕皆陰侵陽之戒也。前賢已再封，晏、商再易邑，業緣私橫求，恩已過厚，〔八〕求索自恣，不知厭足，甚傷尊（卑）〔尊〕之義，不可以示天下，爲害痛矣！臣驕侵罔，陰陽失節，〔九〕氣感相動，害及身體。陛下寢疾久不平，繼嗣未立，宜思正萬事，順天人之心，以求福祐，奈何輕身肆意，〔一〇〕不念高祖之勤苦垂立制度欲傳之於無窮哉！孝經曰：『天子有爭臣七人，雖無道，不失其天下。』〔一一〕臣謹封上詔書，不敢露見，非愛死而不自法，恐天下聞之，故不敢自劾。愚（贛）〔戇〕數犯忌諱，唯陛下省察。」

〔一〕師古曰：「傅晏、傅商、鄭業也。」
〔二〕師古曰：「還謂卻上之於天子也。」
〔三〕師古曰：「虞書咎繇謨之辭也。言皇天命於有德者以居列位，天子諸侯卿大夫士尊卑之服采章各異也。」
〔四〕師古曰：「言此氣損害，故令天子身自有疾也。」
〔五〕師古曰：「單，盡也。」
〔六〕師古曰：「言上意傾慕，爲下所窺也。」
〔七〕師古曰：「歲月日之朝也。已解於上。」
〔八〕師古曰：「橫音胡孟反。」
〔九〕師古曰：「罔謂誣蔽也。」
〔一〇〕師古曰：「肆，放也。」
〔一一〕師古曰：「言上能納諫，則免於過惡也。」

初，廷尉梁相與丞相長史、御史中丞及五二千石雜治東平王雲獄，時冬月未盡二旬，而相心疑雲冤，獄有飾辭，〔一〕奏欲傳之長安，〔二〕更下公卿覆治。尚書令鞫譚、僕射宗伯鳳以爲可許。〔三〕天子以相等皆見上體不平，外內顧望，操持兩心，〔四〕幸雲踰冬，無討賊疾惡主讎之意，制詔免相等皆爲庶人。後數月大赦，嘉奏封事薦相等明習治獄，「相計謀深沈，譚頗知雅文，鳳經明行修，聖王有計功除過，〔五〕臣竊爲朝廷惜此三人。」書奏，上不能平。〔六〕

後二十餘日，嘉封還益董賢戶事，上乃發怒，召嘉詣尚書，責問以「相等前坐在位不盡忠誠，外附諸侯，操持兩心，背人臣之義，今所稱相等材美，足以相計除罪。君以道德，位在三公，以總方略一統萬類分明善惡爲職，知相等罪惡陳列，著聞天下，時輒以自劾，今又稱譽相等，云爲朝廷惜之。大臣舉錯，恣心自在，〔七〕迷國罔上，近由君始，將謂遠者何！〔八〕對狀」。〔九〕嘉免冠謝罪。

〔一〕師古曰：「假飾之辭，非其實也。」
〔二〕師古曰：「傳謂移其獄事也。」
〔三〕師古曰：「鞫及宗伯皆姓也。鞫音居六反。」
〔四〕師古曰：「操音千高反。」
〔五〕師古曰：「收采其功，以（明）〔免〕罪過也。」
〔六〕師古曰：「心怒也。」
〔七〕師古曰：「錯，置也。」
〔八〕師古曰：「近臣尚然，則遠者固宜爾也。」
〔九〕師古曰：「敕令具對也。」

事下將軍中朝者。光祿大夫孔光、左將軍公孫祿、右將軍王安、光祿勳馬宮、光祿大夫龔勝劾嘉迷國罔上不道，請與廷尉雜治。勝獨以爲嘉備宰相，諸事並廢，咎由嘉生；〔一〕嘉

坐薦相等，徵溥，以應迷國罔上不道，恐不可以示天下。遂可光等奏。

〔一〕師古曰：「孔光以下衆共劾嘉，而勝獨爲異議也。」

光等請謁者召嘉詣廷尉詔獄，制曰：「票騎將軍、御史大夫、中二千石、二千石、諸大夫、博士、議郎議。」衞尉雲等五十人以爲「如光等言可許」。議郎龔等以爲「嘉言事前後相違，無所執守，不任宰相之職，宜奪爵土，免爲庶人。」永信少府猛等十人以爲「聖王斷獄，必先原心定罪，探意立情，故死者不抱恨而入地，生者不銜怨而受罪。明主躬聖德，重大臣刑辟，廣延有司議，欲使海內咸服。嘉罪名雖應法，聖王之於大臣，在輿爲下，御坐則起，〔一〕疾病視之無數，死則臨弔之，廢宗廟之祭，進之以禮，退之以義，誅之以行。〔二〕案嘉本以相等爲罪，罪惡雖著，大臣括髮關械、裸躬就笞，〔三〕非所以重國褒宗廟也。今春月寒氣錯繆，霜露數降，宜示天下以寬和。臣等不知大義，唯陛下察焉。」有詔假謁者節，召丞相詣廷尉詔獄。

〔一〕師古曰：「解在翟方進傳。」

〔二〕師古曰：「言大臣之死，積累其行而爲誄也。誄者，累德行之文。」

〔三〕師古曰：「括，結也。關，貫也。裸，露也。」

使者既到府，掾史涕泣，共和藥進嘉，嘉不肯服。主簿曰：「將相不對理陳冤，相踵以爲

故事，〔一〕君侯宜引決。」〔二〕使者危坐府門上。〔三〕主簿復前進藥，嘉引藥杯以擊地，謂官屬曰：「丞相幸得備位三公，奉職負國，當伏刑都市以示萬衆。丞相豈兒女子邪，何謂咀藥而死！」〔四〕嘉遂裝出，見使者再拜受詔，乘吏小車，去蓋不冠，隨使者詣廷尉。廷尉收嘉丞相新甫侯印綬，縛嘉載致都船詔獄。

〔一〕師古曰：「踵由躡也。」

〔二〕師古曰：「令自殺也。」

〔三〕師古曰：「以逼促嘉也。」

〔四〕師古曰：「咀，嚼也，音才汝反。」

上聞嘉生自詣吏，大怒，使將軍以下與五二千石雜治。吏詰問嘉，嘉對曰：「案事者思得實。竊見相等前治東平王獄，不以雲爲不當死，欲關公卿示重慎；置驛馬傳囚，勢不得踰冬月，誠不見其外內顧望阿附爲雲驗。復幸得蒙大赦，相等皆良善吏，臣竊爲國惜賢，不私此三人。」獄吏曰：「苟如此，則君何以爲罪？猶當？有以負國，不空入獄矣。」吏稍侵辱嘉，嘉喟然卬天歎曰：〔一〕「幸得充備宰相，不能進賢退不肖，以是負國，死有餘責。」吏問賢不肖主名，嘉曰：「賢，故丞相孔光、故大司空何武，不能進；惡，高安侯董賢父子，佞邪亂朝，而不能退。罪當死，死無所恨。」嘉繫獄二十餘日，不食歐血而死。帝舅大司馬票騎將軍丁明素重嘉而憐之，上遂免明，以董賢代之，語在賢傳。

〔一〕師古曰：「卬讀曰仰。」

嘉爲相三年誅，國除。死後上覽其對而思嘉言，復以孔光代嘉爲丞相，徵用何武爲御史大夫。元始四年，詔書追錄忠臣，封嘉子崇爲新甫侯，追謚嘉爲忠侯。

師丹字仲公，琅邪東武人也。治詩，事匡衡。舉孝廉爲郎。元帝末，爲博士，免。建始中，州舉茂材，復補博士，出爲東平王太傅。丞相方進、御史大夫孔光舉丹論議深博，廉正守道，徵入爲光祿大夫、丞相司直。數月，復以光祿大夫給事中，由是爲少府、光祿勳、侍中，甚見尊重。成帝末年，立定陶王爲皇太子，以丹爲太子太傅。哀帝卽位，爲左將軍，賜爵關內侯，食邑，領尚書事，遂代王莽爲大司馬，封高樂侯。月餘，徙爲大司空。

上少在國，見成帝委政外家，王氏僭盛，常內邑邑。卽位，多欲有所匡正。封拜丁、傅，奪王氏權。丹自以師傅居三公位，得信於上，上書言：「古者諒闇不言，聽於冢宰，〔一〕三年無改於父之道。〔二〕前大行尸柩在堂，而官爵臣等以及親屬，赫然皆貴寵。封舅爲陽安侯，皇后尊號未定，豫封父爲孔鄉侯。出侍中王邑、射聲校尉王邯等。詔書比下，變動政事，〔三〕卒暴無漸。〔四〕臣縱不能明陳大義，復曾不能牢讓爵位，〔五〕相隨空受封侯，增益陛下之過。

間者郡國多地動，水出流殺人民，日月不明，五星失行，此皆舉錯失中，號令不定，法度失理，陰陽溷濁之(恩)〔應〕也。〔六〕臣伏惟人情無子，年雖六七十，猶博取而廣求。〔七〕孝成皇帝深見天命，燭知至德，〔八〕以壯年克己，立陛下爲嗣。先帝暴棄天下而陛下繼體，四海安寧，百姓不懼，此先帝聖德當合天人之功也。臣聞天威不違顏咫尺，〔九〕願陛下深思先帝所以建立陛下之意，且克己躬行以觀羣下之從化。天下者，陛下之家也，胏附何患不富貴，不宜倉卒。先帝不量臣愚，以爲太傅，陛下以臣託師傅，故亡功德而備鼎足，封大國，加賜黃金，位爲三公，職在左右，〔一〇〕不能盡忠補過，而令庶人竊議，災異數見，此臣之大罪也。臣不敢言乞骸骨歸於海濱，恐嫌於僞。誠慙負重責，義不得不盡死。」書數十上，多切直之言。

〔一〕師古曰：「論語云子張曰：『書云高宗諒闇，三年不言。』孔子曰：『何必高宗，古之人皆然。君薨，百官總己以聽於冢宰三年。』諒，信也。闇，默然也。」

〔二〕師古曰：「論語稱孔子曰：『父在觀其志，父沒觀其行；三年無改於父之道，可謂孝矣。』」

〔三〕師古曰：「比，頻也。」

〔四〕師古曰：「卒讀曰猝。」

〔五〕師古曰：「牢，堅也。」

〔六〕師古曰：「溷音胡頓反。」

〔七〕師古曰：「取讀曰娶。」

〔八〕師古曰：「燭，照也。至德，指謂哀帝。」

〔九〕師古曰：「言常若在前，宜自肅懼也。」

〔一〇〕師古曰：「左右，助也。左讀曰佐。右讀曰佑。」

初，哀帝即位，成帝母稱太皇太后，成帝趙皇后稱皇太后，而上祖母傅太后與母丁后皆在國邸，自以定陶共王爲稱。高昌侯董宏上書言：「秦莊襄王母本夏氏，而爲華陽夫人所子，〔一〕及即位後，俱稱太后。宜立定陶共王后爲皇太后。」事下有司，時丹以左將軍與大司馬王莽共劾奏宏「知皇太后至尊之號，天下一統，而稱引亡秦以爲比喻，詿誤聖朝，非所宜言，大不道。」上新立，謙讓，納用莽、丹言，免宏爲庶人。傅太后大怒，要上欲必稱尊號，上於是追尊定陶共王爲共皇，尊傅太后爲共皇太后，丁后爲共皇后。郎中令泠襃、黃門郎段猶等復奏言：〔二〕「定陶共皇太后、共皇后皆不宜復引定陶蕃國之名以冠大號，車馬衣服宜皆稱皇之意，〔三〕置吏二千石以下各供厥職，〔四〕又宜爲共皇立廟京師。」上復下其議，有司皆以爲宜如襃、猶言。丹議獨曰：「聖王制禮取法於天地，故尊卑之禮明則人倫之序正，人倫之序正則乾坤得其位而陰陽順其節，人主與萬民俱蒙祐福。尊卑者，所以正天地之位，不可亂也。今定陶共皇太后、共皇后以定陶共爲號者，母從子妻從夫之義也。欲立官置吏，車服與太皇太后並，非所以明尊卑亡二上之義也。定陶共皇號謚已前定，義不得復

改。禮：『父爲士，子爲天子，祭以天子，其尸服以士服。』子亡爵父之義，尊父母也。爲人後者爲之子，故爲所後服斬衰三年，而降其父母朞，明尊本祖而重正統也。孝成皇帝聖恩深遠，故爲共王立後，奉承祭祀，今共皇長爲一國太祖，萬世不毀，恩義已備。陛下既繼體先帝，持重大宗，承宗廟天地社稷之祀，義不得復奉定陶共皇祭入其廟。今欲立廟於京師，而使臣下祭之，是無主也。又親盡當毀，空去一國太祖不墮之祀，〔五〕而就無主當毀不正之禮，非所以尊厚共皇也。」丹由是浸不合上意。〔六〕

〔一〕師古曰：「莊襄王，始皇之父也。華陽夫人，孝文王之夫人也。子謂養以爲子也。」

〔二〕師古曰：「泠音零。」

〔三〕師古曰：「皇者，至尊之號，其服御宜皆副稱之也。稱音尺孕反。」

〔四〕師古曰：「謂詹事、太僕、少府等衆官也。」

〔五〕師古曰：「墮亦毀也，音火規反。」

〔六〕師古曰：「浸，漸也。」

會有上書言古者以龜貝爲貨，今以錢易之，民以故貧，宜可改幣。上以問丹，丹對言可改。章下有司議，皆以爲行錢以來久，難卒變易。〔一〕丹老人，忘其前語，後從公卿議。又丹使吏書奏，吏私寫其草，丁、傅子弟聞之，使人上書告丹上封事行道人偏持其書。上以問將軍中朝臣，皆對曰：「忠臣不顯諫，大臣奏事不宜漏泄，令吏民傳寫流聞四方。『臣不密則失身』，〔二〕宜下廷尉治。」事下廷尉，廷尉劾丹大不敬。事未決，給事中博士申咸、炔欽上書，〔三〕言「丹經行無比，〔四〕自近世大臣能若丹者少。發憤懣，奏封事，不及深思遠慮，使主簿書，漏泄之過不在丹。以此貶黜，恐不厭衆心。」〔五〕尚書劾咸、欽：「幸得以儒官選擢備腹心，上所折中定疑，〔六〕知丹社稷重臣，議罪處罰，國之所慎，咸、欽初傳經義以爲當治，〔七〕事以暴列，乃復上書妄稱譽丹，前後相違，不敬。」上貶咸、欽秩各二等，遂策免丹曰：「夫三公者，朕之腹心也，輔善相過，匡率百僚，和合天下者也。朕既不明，委政於公，間者陰陽不調，寒暑失常，變異婁臻，〔八〕山崩地震，河決泉涌，流殺人民，百姓流連，無所歸心，司空之職尤廢焉。君在位出入三年，未聞忠言嘉謀，而反有朋黨相進不公之名。乃者以挺力田議改幣章示君，〔九〕君內爲朕建可改不疑；〔一〇〕以君之言博考朝臣，君乃希衆雷同，外以爲不便，令觀聽者歸非於朕。朕隱忍不宣，爲君受愆。朕疾夫比周之徒〔一一〕虛僞壞化，寖以成俗，故屢以書飭君，〔一二〕幾君省過求己，〔一三〕而反不受，退有後言。及君奏封事，傳於道路，布聞朝市，言事者以爲大臣不忠，辜陷重辟，獲虛采名，謗譏匈匈，流於四方。腹心如此，謂疏者何？殆謬於二人同心之利焉，〔一四〕將何以率示羣下，附親遠方？朕惟君位尊任重，慮不周密，懷謾迷國，〔一五〕進退違命，反覆異言，甚爲君恥之，非所以共承天地，永保國家之意。〔一六〕以君嘗

託傅位，未忍考於理，已詔有司赦君勿治。其上大司空高樂侯印綬，罷歸。」

〔一〕師古曰：「卒讀曰猝。」

〔二〕師古曰：「易上繫之辭。」

〔三〕蘇林曰：「炔音桂。」

〔四〕師古曰：「比音必寐反。」

〔五〕師古曰：「厭音一贍反。」

〔六〕師古曰：「折，斷也。取其言以斷事之中而定所疑。」

〔七〕師古曰：「傅讀曰附。」

〔八〕師古曰：「婁，古屢字。」

〔九〕師古曰：「挺，引拔也，謂特拔異力田之人優寵之也。挺音徒鼎反。而說者以挺爲縣名，失之遠矣。」

〔一〇〕師古曰：「共立此議也。」

〔一一〕師古曰：「比音頻寐反。」

〔一二〕師古曰：「飭與敕同。」

〔一三〕師古曰：「省，視也。自求諸己，不尤人也。幾音冀。」

〔一四〕師古曰：「易上繫辭曰『二人同心，其利斷金』，故詔書引之。」

〔一五〕師古曰：「謾，詐也，音虛袁反。」

〔一六〕師古曰：「共讀曰恭。」

尙書令唐林上疏曰：「竊見免大司空丹策書，泰深痛切，君子作文，爲賢者諱。丹經爲世儒宗，德爲國黃耇，〔一〕親傅聖躬，位在三公，所坐者微，海內未見其大過，事既已往，免爵大重，京師識者咸以爲宜復丹邑爵，使奉朝請，〔二〕四方所瞻卬也。〔三〕惟陛下財覽衆心，有以尉復師傅之臣。」〔四〕上從林言，下詔賜丹爵關內侯，食邑三百戶。

〔一〕師古曰：「黃耇，老人之稱也。黃謂白髮落更生黃者也。耇，老人面色不淨如垢也。」

〔二〕師古曰：「識者，謂有識之人也。請音材性反。」

〔三〕師古曰：「卬讀曰仰。」

〔四〕師古曰：「財與裁同。復，報也，音扶目反。」

丹既免數月，上用朱博議，尊傅太后爲皇太太后，丁后爲帝太后，與太皇太后及皇太后同尊，又爲共皇立廟京師，儀如孝元皇帝。博遷爲丞相，復與御史大夫趙玄奏言：「前高昌侯宏首建尊號之議，而爲丹所劾奏，免爲庶人。時天下衰麤，委政於丹。〔一〕丹不深惟褒廣尊親之義而妄稱說，抑貶尊號，虧損孝道，不忠莫大焉。陛下聖仁，昭然定尊號，宏以忠孝復封高昌侯。丹惡逆暴著，雖蒙赦令，不宜有爵邑，請免爲庶人。」奏可。丹於是廢歸鄉里者數年。

〔一〕師古曰：「言新有成帝之喪，斬衰麤服，故天子不親政事也。」

平帝卽位，新都侯王莽白太皇太后發掘傅太后、丁太后冢，奪其璽綬，更以民葬之，定陶隳廢共皇廟。〔一〕諸造議泠褒、段猶等皆徙合浦，復免高昌侯宏爲庶人。徵丹詣公車，賜爵關內侯，食故邑。數月，太皇太后詔大司徒、大司空曰：「夫褒有德，賞元功，先聖之制，百王不易之道也。故定陶太后造稱僭號，甚悖義理。〔二〕關內侯師丹端誠於國，不顧患難，執忠節，據聖法，分明尊卑之制，確然有柱石之固，臨大節而不可奪，可謂社稷之臣矣。有司條奏邪臣建定稱號者已放退，而丹功賞未加，殆繆乎先賞後罰之義，非所以章有德報厥功也。其以厚丘之中鄉戶二千一百封丹爲義陽侯。」月餘薨，諡曰節侯。子業嗣，王莽敗乃絕。

〔一〕師古曰：「隳音火規反。」

〔二〕師古曰：「悖，乖也，音布內反。」

贊曰：何武之舉，王嘉之爭，師丹之議，〔一〕考其禍福，乃效於後。〔二〕當王莽之作，外內咸服，董賢之愛，疑於親戚，〔三〕武、嘉區區，以一蕢障江河，用沒其身。〔四〕丹與董宏更受賞罰，〔五〕哀哉！故曰「依世則廢道，違俗則（免）〔危〕殆」，〔六〕此古人所以難受爵位者也。

〔一〕師古曰：「何武舉公孫祿爲大司馬，王嘉爭益董賢封邑，師丹議丁、傅不宜稱尊號。」

〔二〕師古曰：「終以王莽篡位，董賢遇禍，丁、傅喪敗。」

〔三〕師古曰：「疑讀曰擬。擬，比也。」

〔四〕師古曰：「蕢，織草爲器，所以盛土也。一蕢之土，固不能障塞江河，是以其身沉沒也。蕢音匱。」

〔五〕師古曰：「更，互也。宏初建議尊號，爲丹所劾而免爵土。及丹廢黜，宏復獲封。至王莽執政，宏爲庶人，丹受國邑。故云互受賞罰也。更音工衡反。」

〔六〕師古曰：「言隨時曲直則廢於正道，違忤流俗則其身不安也。」

校勘記

三四八三頁二一行　減（條）〔除〕其狀，直令免去也。景祐、殿本都作「除」。王先謙說作「除」是。

三四八四頁一三行　綏和（三）〔元〕年，景祐、殿本都作「元」。朱一新說作「三」誤。

三四八八頁一四行　屬宣（州）〔城〕。景祐、殿本都作「宣城」。

三四九〇頁一五行　言易可（輕）〔傾〕危也。景祐、殿本都作「傾」。王先謙說作「傾」是。

三四九一頁七行　（令）〔今〕諸大夫有材能者甚少，景祐、殿、局本都作「今」，此誤。

三四九八頁一一行　甚傷尊（卑）〔尊〕之義，景祐、殿本都作「尊尊」，通鑑同。

三四九八頁一五行　愚（贛）〔戇〕數犯忌諱，景祐、殿本都作「戇」。王先謙說此脫「戇」下「心」。

三五〇〇頁一〇行　收采其功，以（明）〔免〕罪過也。景祐、殿本都作「免」。王先謙說作「免」是。

三五〇四頁二行　陰陽溷濁之（患）〔應〕也。景祐、殿本都作「應」。

三五一〇頁一三行　違俗則（免）〔危〕殆，景祐、殿本都作「危」。

漢書卷八十七上

揚雄傳第五十七上

師古曰：「自長揚賦以後分爲下卷。」

揚雄字子雲，蜀郡成都人也。其先出自有周伯僑者，以支庶初食采於晉之(楊)〔揚〕，〔一〕因氏焉，不知伯僑周何別也。〔二〕揚在河、汾之間，〔三〕周衰而揚氏或稱侯，號曰揚侯。會晉六卿爭權，韓、魏、趙興而范、中行、知伯弊。當是時，偪揚侯，〔四〕揚侯逃於楚巫山，因家焉。〔五〕楚漢之興也，揚氏遡江上，處巴江州。〔六〕而揚季官至廬江太守。漢元鼎間避仇復遡江上，處嶓山之陽曰郫，〔七〕有田一壥，有宅一區，〔八〕世世以農桑爲業。自季至雄，五世而傳一子，故雄亡它揚於蜀。〔九〕

〔一〕師古曰：「采，官也。以官受地，謂之采地。」

〔二〕師古曰：「別謂分系緒也。」

〔三〕應劭曰：「左傳霍、揚、韓、魏皆姬姓也。揚，今河東揚縣。」

〔四〕晉灼曰：「漢名臣奏載張衡說，云晉大夫食采於揚，爲揚氏，食我有罪而揚氏滅。無揚侯。有揚侯則非六卿所偪也。」師古曰：「晉說是也。雄之自序譜諜蓋爲疏謬，范、中行不與知伯同時滅，何得言當是時偪揚侯乎？偪，古逼(也)〔字〕。」

〔五〕師古曰：「巫山，今在荆州西南也。」

〔六〕李奇曰：「江州，縣名也，巴郡所治也。」師古曰：「遡謂逆流而上也，音素。」

〔七〕師古曰：「嶓山，江水所出也。山南曰陽。郫，縣名也。嶓音旻。郫音疲。」

〔八〕晉灼曰：「周禮，上地夫一壥，一百畝也。」

〔九〕師古曰：「蜀諸姓揚者皆非雄族，故言雄無它揚。」

雄少而好學，不爲章句，訓詁通而已，〔一〕博覽無所不見。爲人簡易佚蕩，〔二〕口吃不能劇談，〔三〕默而好深湛之思，〔四〕清靜亡爲，少耆欲，〔五〕不汲汲於富貴，不戚戚於貧賤，〔六〕不修廉隅以徼名當世。〔七〕家產不過十金，乏無儋石之儲，晏如也。〔八〕自有大度，非聖哲之書不好也；非其意，雖富貴不事也。顧嘗好辭賦。〔九〕

〔一〕師古曰：「詁謂指義也。」

〔二〕張晏曰：「佚音鐵。蕩音讜。」晉灼曰：「佚蕩，緩也。」

〔三〕鄭氏曰：「劇，甚也。」晉灼曰：「或作遽。遽，疾也。口吃不能疾言。」師古曰：「劇亦疾也，無煩作遽也。」

〔四〕師古曰：「湛讀曰沈。」

〔五〕師古曰：「耆讀曰嗜。」

〔六〕師古曰：「汲汲，欲速之義，如井汲之爲也。」

〔七〕師古曰：「徼，要也，音工堯反。徼字或作激。激，發也，音工歷反。」

〔八〕師古曰：「儋石，解在蒯通傳。」

〔九〕師古曰：「顧，反也。」

先是時，蜀有司馬相如，作賦甚弘麗溫雅，雄心壯之，每作賦，常擬之以爲式。〔一〕又怪屈原文過相如，至不容，作離騷，自投江而死，悲其文，讀之未嘗不流涕也。以爲君子得時則大行，不得時則龍蛇，〔二〕遇不遇命也，何必湛身哉！〔三〕乃作書，往往摭離騷文而反之，〔四〕自嶓山投諸江流以弔屈原，名曰反離騷；又旁離騷作重一篇，名曰廣騷；〔五〕又旁惜誦以下至懷沙一卷，名曰畔牢愁。〔六〕畔牢愁、廣騷文多不載，獨載反離騷，其辭曰：

〔一〕師古曰：「擬謂比象也。」

〔二〕應劭曰：「易曰『龍蛇之蟄，以存身也』。」師古曰：「大行，安步徐行。」

〔三〕師古曰：「湛讀曰沈。謂投水而死。」

〔四〕師古曰：「摭，拾取也，音之亦反。」

〔五〕師古曰：「旁，依也，音步浪反。其下類此。重音直用反。」

〔六〕李奇曰：「畔，離也。牢，聊也。與君相離，愁而無聊也。」師古曰：「惜誦、懷沙皆屈原所作九章中之名也。」

有周氏之蟬嫣兮，或鼻祖於汾隅，〔一〕靈宗初諜伯僑兮，流于末之揚侯。〔二〕淑周楚之豐烈兮，超既離虖皇波，〔三〕因江潭而淮記兮，欽弔楚之湘纍。〔四〕

〔一〕應劭曰：「蟬嫣，連也，言與周氏親連也。」劉德曰：「鼻，始也。」師古曰：「雄自言系出周氏而食采於揚，故云始祖於汾隅也。嫣音於連反。」

〔二〕應劭曰：「諜，譜也，言從伯僑以來可得而敘也。」

〔三〕應劭曰：「淑，善也。言去汾隅從巫山得周楚之美烈也。超，遠也。」晉灼曰：「離，歷也。皇，大也。」師古曰：「言其先祖所居經河及江也。河江，四瀆之水，故云大波也。虖，古乎字。其下並同。」

〔四〕蘇林曰：「潭，水邊也。」鄧展曰：「淮，往也。」李奇曰：「諸不以罪死曰纍，荀息、仇牧皆是也。屈原赴湘死，故曰湘纍也。」師古曰：「記，書記也，謂弔文也。言因江水之邊而投書記以往弔也。欽，敬也。潭音尋。淮音于放反。纍音力追反。」

惟天軌之不辟兮，何純絜而離紛！〔一〕紛纍以其淟涊兮，暗纍以其繽紛。〔二〕

〔一〕師古曰：「天軌，猶言天路。辟，開也。離，遭也。紛，難也。言天路不開，故使純善貞絜之人遭此難也。易曰：『天地閉，賢人隱。』辟讀曰闢。」

〔二〕應劭曰：「淟涊，穢濁也。」師古曰：「繽紛，交雜也。淟音吐典反。涊音乃典反。繽音匹人反。」

漢十世之陽朔兮，招搖紀于周正，〔一〕正皇天之清則兮，度后土之方貞。〔二〕圖纍承彼洪族兮，又覽纍之昌辭，〔三〕帶鉤矩而佩衡兮，履欃槍以爲綦。〔四〕素初貯厥麗服兮，

何文肆而質䶍！〔五〕資娵娃之珍髢兮，鬻九戎而索賴。〔六〕

〔一〕晉灼曰：「十世數高祖、呂后至成帝也。成帝八年乃稱陽朔。」應劭曰：「招搖，斗杓星也，主天時。周正，十一月也。」蘇林曰：「言已以此時弔屈原也。」

〔二〕應劭曰：「平正司法者莫過於天，養物均調者莫過於地也。父伯庸名我為平以法天，字我為原以法地也。」晉灼曰：「此雄取離騷辭反之，應說是也。」師古曰：「應、晉二說皆非也。自漢十世以下，四句不道屈原也，此乃雄自論己心所履行取法天地耳。自圖纍以下方論屈原云也。」

〔三〕師古曰：「圖，按其本系之圖書也。洪，大也。覽，省視也。昌，美也。」

〔四〕應劭曰：「鉤，規也。矩，方也。衡，平也。」鄧展曰：「欃槍，妖星也。」晉灼曰：「綦，履跡也。此反屈原雖佩帶方平之行，而蹈惡人跡，以致放退也。」師古曰：「綦，履下飾也。欃音初咸反。槍音初行反。綦音其。」

〔五〕應劭曰：「貯，積也。肆，放也。䶍，狹也。」如淳曰：「文肆者，楚辭遠游乘龍之言也。質䶍者，恨世不用己而自沈也。」師古曰：「麗服謂『扈江離與辟芷，紉秋蘭以為佩』之類是也。䶍音械。」

〔六〕孟康曰：「娵，閭娵也。娃，吳娃也。髢，髲也。賴，得也。九戎被髮，髢雖珍好，無所用也。」師古曰：「娵、娃皆美女也。賴，利也。言屈原以高行仕楚，亦猶賫美女之髢賣於九戎而求其利，必不得也。娵音子踰反。娃音烏佳反。髢音徒計反。」

鳳皇翔於蓬陼兮，豈駕鵝之能捷！〔一〕騁驊騮以曲囏兮，驢騾連蹇而齊足。〔二〕枳棘之榛榛兮，蝯貁擬而不敢下，〔三〕靈修既信椒、蘭之唼佞兮，吾纍忽焉而不蚤睹？〔四〕

〔一〕應劭曰：「蓬陼，蓬萊之陼也，在海中。」晉灼曰：「捷，及也。」師古曰：「駕鵝，鳥名也，解在司馬相如傳。駕音加。」

〔二〕師古曰：「驊騮，駿馬名也，其色如華而赤也。言使駿馬馳騖於屈曲艱阻之中，則與驢騾齊足也。驊音華。連音力展反。囏，古艱字。」

〔三〕師古曰：「榛榛，梗穢貌也。蝯，善攀援。貁似猴，卬鼻而長尾。擬，疑也。榛音臻，又士臻反。貁音弋授反。」

〔四〕服虔曰：「靈修，楚王也。」蘇林曰：「椒、蘭，令尹子椒、子蘭也。」師古曰：「蚤，古早字也。唼佞，讒言也。唼音妾。」

衿芰茄之綠衣兮，被夫容之朱裳，〔一〕芳酷烈而莫聞兮，(固)不如襞而幽之離房。〔二〕閨中容競淖約兮，相態以麗佳，〔三〕知眾嫭之嫉妒兮，何必颺纍之蛾睂？〔四〕

〔一〕應劭曰：「衿音衿系之衿。衿，帶也。芰，蔆也。」師古曰：「衿音其禁反。茄亦荷字也，見張揖古今字詁。被音披，又音皮義反。」

〔二〕師古曰：「襞，疊衣也。離房，別房也。襞音璧。」

〔三〕應劭曰：「眾士競善，猶女競容也。」師古曰：「淖約，善容止也。相態以麗佳，言競為佳麗之態以相傾也。淖音綽。」

〔四〕晉灼曰：「離騷云『眾女嫉余之蛾睂』。」師古曰：「嫭，美貌也。颺，古揚字也。蛾睂，形若蠶蛾睂也。此亦譏屈原自舉蛾睂令眾嫉之。嫭音胡故反。睂，古眉字。」

懿神龍之淵潛，竢慶雲而將舉，亡春風之被離兮，孰焉知龍之所處？〔一〕愍吾纍之眾芬兮，颺爗爗之芳苓，遭季夏之凝霜兮，慶夭顇而喪榮。〔二〕

〔一〕晉灼曰：「龍竢風雲而後升，士須明君而後進。國無道則愚，誰知其所邪？」師古曰：「懿，美也。竢，待也。龍以潛居待雲為美，以譏屈原不能隱德，自取禍也。被讀曰披。」

〔二〕晉灼曰：「雄愍屈原光香，奄先秋遇凋，生亦不辰也。」張晏曰：「慶，辭也。」師古曰：「爗爗，光盛。苓，香草名，音零。慶讀與羌同。顇，古悴字。」

橫江、湘以南漼兮，云走乎彼蒼吾，馳江潭之汎溢兮，將折衷虖重華。〔一〕舒中情之煩或兮，恐重華之不纍與，〔二〕陵陽侯之素波兮，豈吾纍之獨見許？〔三〕

〔一〕應劭曰：「舜葬蒼梧，在江湘之南，屈原欲啟質聖人，陳己情愛也。」師古曰：「漼，往也。走，趣也。重華，舜名也。漼音于放反。走音奏。潭音尋。衷音竹仲反。」

〔二〕張晏曰：「舜聖，卒避父害以全身，賫於事父以事君，恐不與屈原為黨與。」

〔三〕應劭曰：「陽侯，古之諸侯也，有罪自投江，其神為大波。陵，乘也。言屈原襲陽侯之罪，而欲折中求舜，未必獨見然許之也。」

精瓊靡與秋菊兮，將以延夫天年；臨汨羅而自隕兮，恐日薄於西山。〔一〕解扶桑之總轡兮，縱令之遂奔馳，〔二〕鸞皇騰而不屬兮，豈獨飛廉與雲師！〔三〕

〔一〕應劭曰：「精，細；靡，屑也。瓊，玉之華也。」晉灼曰：「離騷云『精瓊靡以為粻兮』，『予夕餐秋菊之落英』。又曰『老冉冉其將至』，『日忽忽其將暮』。」師古曰：「此又譏屈原，云瓊靡秋菊，將以延年，崦嵫忽迫，喜於未暮，何乃

自投汨羅，言行相反！」

〔二〕應劭曰：「總，結也。扶桑，日所拂木也。」晉灼曰：「離騷云『總余轡於扶桑，聊消搖以相羊』。屈原言結我車轡於扶桑，以留日之入，人年得不老。日以喻君，而反離朝自沈，解轡縱君，使遂奔馳也。」

〔三〕應劭曰：「楚辭云『鸞皇為余先戒兮』，『後飛廉使奔屬』，『雲師告余以未具』。飛廉，風伯也。雲師，豐隆也。鸞皇，俊鳥也。」晉灼曰：「已縱其轡使之奔馳，鸞皇迅飛亦無所及，非獨飛廉、雲師，言莊嚴未具，使君不適道也。」

卷薜芷與若蕙兮，臨湘淵而投之；棍申椒與菌桂兮，赴江湖而漚之。〔一〕費椒稰以要神兮，又勤索彼瓊茅，〔二〕違靈氛而不從兮，反湛身於江皋！〔三〕

〔一〕師古曰：「離騷云『貫薜荔之落蘂』，『雜杜衡與芳芷』，『又樹蕙之百畝』，『雜申椒與菌桂』，皆以自喻德行芬芳也。今何為自投江湘而喪此芳乎？棍，大束也。漚，漬也，今漚麻也。棍音下本反，漚音一搆反。又音一侯反。」

〔二〕孟康曰：「椒稰，以椒香米饊也。離騷曰『懷椒稰而要之』。」晉灼曰：「離騷云『索瓊茅以筳篿』。」師古曰：「索，求也。瓊茅，靈草也。筳篿，析竹所用卜也。稰音所，又音思呂反。筳音廷。篿音專。」

〔三〕晉灼曰：「靈氛，古之善占者。離騷曰『欲從靈氛之吉占兮，心猶豫而狐疑』。」師古曰：「既不從靈氛之占，何為費椒稰而勤瓊茅也？湛讀曰沈。江皋，江水邊之游地也。」

纍既𠬤夫傅說兮，奚不信而遂行？〔一〕徒恐鷤搗之將鳴兮，顧先百草為不芳！〔二〕

〔一〕晉灼曰：「𠬤，慕也。離騷曰『說操築於傅巖兮，武丁用之而不疑』。」師古曰：「𠬤，古攀字。既攀援傅說，何不信其所行，自見用而遂去？」

〔三〕師古曰：「離騷云『鷤鴂之先鳴兮，使夫百草爲不芳』。雄言終以自沈，何惜芳草而憂鷤鴂也？鴂，鴂字也。鷤鴂鳥一名買鵤，一名子規，一名杜鵑，常以立夏鳴，鳴則衆芳皆歇。鷤音大系反。鴂音桂。鷤字或作鶗，亦音題。鴂又音決。鵤音詭。」

初纍棄彼虙妃兮，更思瑤臺之逸女，〔一〕抨雄鴆以作媒兮，何百離而曾不壹耦！〔二〕乘雲蜺之旖柅兮，望昆侖以樛流，覽四荒而顧懷兮，奚必云女彼高丘？〔三〕

〔一〕師古曰：「離騷云『吾令豐隆乘雲兮，求虙妃之所在』，又曰『望瑤臺之偃蹇兮，見有娀之佚女』。此又譏其執心不定也。虙妃，古神女。有娀女，即簡狄也。虙讀曰伏。」
〔二〕師古曰：「離騷云『吾令鴆爲媒兮，鴆告余以不好，雄鳩之鳴逝兮，余猶惡其佻巧』，故云百離不一耦也。抨，使也。耦，合也。抨音普耕反。」
〔三〕蘇林曰：「離騷云『登閬風而緤馬，忽反顧以流涕，哀高丘之無女』。女以喻士，高丘謂楚也。」師古曰：「離騷又云『揚雲蜺之晻藹』。閬風在昆侖山上，故云望昆侖也。旖柅，雲貌也。樛流猶周流也。女，仕也，何必要仕於楚也。旖音於綺反。旎音女綺反。樛音居虯反。女音尼據反。」

既亡鸞車之幽藹兮，（焉）駕八龍之委蛇？〔一〕臨江瀕而掩涕兮，何有九招與九歌？〔二〕夫聖哲之（不）遭兮，固時命之所有；雖增欷以於邑兮，吾恐靈修之不纍改。〔三〕昔仲尼之去魯兮，斐斐遲遲而周邁，〔四〕終回復於舊都兮，何必湘淵與濤瀨！〔五〕溷漁父之餔歠兮，絜沐浴之振衣，〔六〕棄由、聃之所珍兮，蹠彭咸之所遺！〔七〕

〔一〕晉灼曰：「離騷云『駕八龍之蜿蜿兮，載雲旗之委蛇』。」師古曰：「言既無鸞車，則不得云駕八龍也。幽藹猶晻藹也。蛇音移。」
〔二〕晉灼曰：「離騷云『攬茹蕙以掩涕』，又曰『奏九歌以舞韶』。」師古曰：「此又譏其哀樂不相副也。招讀曰韶。」
〔三〕師古曰：「離騷云『曾歔欷余鬱邑兮，哀朕時之不當』。增，重也。雄言自古聖哲，皆有不遇，屈原雖自歎於邑，而楚王終不改寤也。於邑，短氣也。於音烏。邑音烏合反。於邑亦讀如本字。」
〔四〕師古曰：「斐斐，往來貌也。音芳非反。」
〔五〕師古曰：「言孔子去其本邦，遲遲系戀，意在舊都，裴回反覆。屈原何獨不懷鄢郢而赴江湘也？濤，大波也。瀨，急流也。濤音大高反。」
〔六〕師古曰：「漁父云『何不餔其糟而歠其醨』？屈原以爲溷濁，不肯從之，乃云『新沐者必彈冠，新浴者必振衣也』。餔音必胡反。歠音昌悅反。」
〔七〕師古曰：「由，許由也。聃，老聃也。二人守道，不爲時俗所汙，然保已全身，無殘辱之醜。彭咸，殷之介士也，不得其志，投江而死。此又非屈原不慕由、聃高蹤，而遵彭咸遺蹟。蹠，蹈也，（亦）〔音〕之亦反。」

孝成帝時，客有薦雄文似相如者，上方郊祠甘泉泰畤、汾陰后土，以求繼嗣，召雄待詔承明之庭。〔一〕正月，從上甘泉，還奏甘泉賦以風。〔二〕其辭曰：

〔一〕師古曰：「承明殿在未央宮。」
〔二〕師古曰：「風讀曰諷。」

惟漢十世，將郊上玄，定泰畤，雍神休，尊明號，〔一〕同符三皇，錄功五帝，卹胤錫羨，拓迹開統。〔二〕於是乃命羣僚，歷吉日，協靈辰，〔三〕星陳而天行。〔四〕詔招搖與泰陰兮，伏鉤陳使當兵，〔五〕屬堪輿以壁壘兮，梢夔魖而抶獝狂。〔六〕八神奔而警蹕兮，振殷轔而軍裝；〔七〕蚩尤之倫帶干將而秉玉戚兮，飛蒙茸而走陸梁。〔八〕齊總總撙撙，其相膠轕兮，猋駭雲訊，奮以方攘；〔九〕駢羅列布，鱗以雜沓兮，柴虒參差，魚頡而鳥䀛；〔一〇〕翕赫曶霍，霧集蒙合兮，半散照爛，粲以成章。〔一一〕

〔一〕晉灼曰：「雍，祐也。休，美也。言見祐護以休美之辭也。」師古曰：「雍，聚也。明號，謂總三皇五帝之號而稱皇帝也。雍讀曰擁。」
〔二〕應劭曰：「卹，憂也。胤，續也。錫，與也。羨，饒也。拓，廣也。時成帝憂無繼嗣，故修祠泰畤、后土，言神明饒與福祥，廣迹而開統也。」師古曰：「羨音弋戰反。拓音託。」
〔三〕師古曰：「歷選吉日而合善時也。」
〔四〕師古曰：「如星之陳，象天之行也。」
〔五〕張晏曰：「禮記云『招搖在上，急繕其怒』。太陰，歲後三辰也。」服虔曰：「鉤陳，紫宮外營陳星。」
〔六〕張晏曰：「堪輿，天地總名也。」孟康曰：「堪輿，神名，造圖宅書者。木石之怪曰夔，夔神如龍，有角，人面。魖，耗鬼也。獝狂亦惡鬼也。今皆梢而去之。」師古曰：「堪輿，張說是也。屬，委也，以壁壘委之。梢，擊也。抶，笞也。梢音山交反。魖音虛。屬音之欲反。抶音丑乙反。獝音揆聿反。」

〔七〕師古曰：「自招搖至獝狂，凡八神也。殷轔，盛貌也。軍裝，爲軍戎之飾裝也。轔音來忍反。」
〔八〕張晏曰：「玉戚，以玉爲戚柲也。」晉灼曰：「飛者蒙茸而亂，走者陸梁而跳也。」師古曰：「茸音人蒙反。柲，柄也，音祕。」
〔九〕晉灼曰：「方攘，半散也。」師古曰：「總總撙撙，聚貌也。膠轕猶言膠加也。訊亦奮訊也。撙音子本反。訊音信。攘音人羊反。」
〔一〇〕師古曰：「柴虒參差，不齊貌也。頡䀛，上下也。柴音初蟻反。虒音豸。參音初林反。頡音胡結反。䀛音胡剛反。」
〔一一〕師古曰：「翕赫曶霍，開合之貌也。霧，地氣發也。蒙，天氣下也。如霧之集，如蒙之合也。半散照爛，言其分布而光明也。曶讀與忽同。」

於是乘輿乃登夫鳳皇兮翳華芝，〔一〕駟蒼螭兮六素虯，〔二〕蠖略蕤綏，灕虖幓纚。〔三〕帥爾陰閉，霅然陽開，〔四〕騰清霄而軼浮景兮，夫何旟旐郅偈之旖柅也！〔五〕流星旄以電燭兮，咸翠蓋而鸞旗。〔六〕敦萬騎於中營兮，方玉車之千乘。〔七〕聲駍隱以陸離兮，輕先疾雷而馺遺風。〔八〕陵高衍之嵱嵷兮，超紆譎之清澄。〔九〕登椽欒而羾天門兮，馳閶闔而入凌兢。〔一〇〕

〔一〕師古曰：「鳳皇者，車以鳳皇爲飾也。翳，蔽也。以華芝爲蔽也。」
〔二〕師古曰：「四、六，駕數也，言或四或六也。螭似龍，一名地螻。虯卽龍之無角者。」

〔三〕師古曰：「蠖略蕤綏，蚪蟉貌也。灕虖幓纚，車飾貌也。蠖音於鑊反。灕音離。幓音森，其字從巾。纚音所宜反。」
〔四〕晉灼曰：「帥，聚也。霅，散也。」師古曰：「霅音所甲反，又音先合反。」
〔五〕師古曰：「騰，升也。霄，日旁氣也。軼，過也。畫鳥隼曰旟，龜蛇曰旐。郅偈，竿杠之狀也。旖柅，旒縿之形也。郅音吉，又音質。偈音居桀反。旖音猗。柅音女支反。」
〔六〕師古曰：「如星之流，如電之照也。咸，皆也。」
〔七〕師古曰：「敦讀曰屯。屯，聚也。方，並也。」
〔八〕師古曰：「颮然，疾意也。駍音普萌反。颮音先合反。」
〔九〕孟康曰：「衍，無厓岸也。紆譎，曲折也。」李奇曰：「嵱音踊。嵷音竦。」如淳曰：「嵱嵷，上下衆多貌。」師古曰：「衍即所謂墳衍者也。」
〔一〇〕服虔曰：「椽欒，甘泉南山也。」李奇曰：「羾音貢。」蘇林曰：「羾，至也。」師古曰：「入凌兢者，(亦)〔言〕寒涼戰栗之處也。兢音鉅陵反。」

是時未轃夫甘泉也，乃望通天之繹繹。〔一〕下陰潛以慘廩兮，上洪紛而相錯；〔二〕直嶢嶢以造天兮，厥高慶而不可虖疆度。〔三〕平原唐其壇曼兮，列新雉於林薄；〔四〕攢并閭與茇苦兮，紛被麗其亡鄂。〔五〕崇丘陵之駊騀兮，深溝嶔巖而爲谷；〔六〕𨓩𨓩離宮般以相燭兮，封巒石關施靡虖延屬。〔七〕

〔一〕師古曰：「轃與臻同。轃，至也。通天，臺名也。言雖未至甘泉，則遙望見通天臺也。繹繹，相連貌。」

〔二〕師古曰：「慘廩，亦寒涼之意也。洪，大也。紛，亂雜也。錯，互也。廩讀如本字，又音來感反。」
〔三〕師古曰：「嶢嶢，高貌。造，至也。慶，發語辭也。疆，境也。度，量也。言此臺至天，其高不可究竟而量度也。嶢音堯。造音千到反。慶讀曰羌。度音大各反。」
〔四〕鄧展曰：「唐，道也。」服虔曰：「新雉，香草也。雉、夷聲相近。」師古曰：「言平原之道壇曼然廣大，又列樹辛夷於林薄之間也。草藂生曰薄。新雉即辛夷耳，爲樹甚大，非香草也。其木枝葉皆芳，一名新矧。壇音徒旦反。曼音莫旦反。」
〔五〕如淳曰：「并閭，其葉隨時政，政平則平，政不平則傾也。」師古曰：「如氏所說自是平慮耳。此并閭謂椶樹也。茇苦，草名也。鄂，垠也。茇音步末反。苦音括。被，皮義反。麗讀如本字。被麗又音披離。」
〔六〕蘇林曰：「駊騀音叵我。」師古曰：「駊騀，高大狀也。嶔巖，深險貌也。嶔音口銜反。」
〔七〕應劭曰：「言秦離宮三百，武帝復往往修治之。」師古曰：「𨓩，古往字。往往，言所往之處則有之。般，連貌也。燭，照也。封巒、石關皆宮名也。施靡，相及貌。屬，連也。般音盤。施音弋爾反。屬音之欲反。」

於是大夏雲譎波詭，嶊嶉而成觀，〔一〕仰撟首以高視兮，目冥眴而亡見。〔二〕正瀏濫以弘惝兮，指東西之漫漫，〔三〕徒回回以徨徨兮，魂固眇眇而昏亂。〔四〕據軨軒而周流兮，忽軮軋而亡垠。〔五〕翠玉樹之青蔥兮，壁馬犀之瞵㻞。〔六〕金人仡仡其承鍾虡兮，嵌巖巖其龍鱗，〔七〕揚光曜之燎燭兮，乘景炎之炘炘，〔八〕配帝居之縣圃兮，象泰壹之威神。〔九〕洪臺掘其獨出兮，㩳北極之嶟嶟，〔一〇〕列宿乃施於上榮兮，日月纔經於柍桭，〔一一〕雷鬱律而巖突兮，電儵忽於牆藩。〔一二〕鬼魅不能自還兮，半長途而下顛。〔一三〕歷倒景而絕飛梁兮，浮蔑蠓而撇天。〔一四〕

〔一〕孟康曰：「言夏屋變巧，乃爲雲氣水波相譎詭也。嶊嶉，材木之崇積貌也。」晉灼曰：「嶊音經水反。」師古曰：「嶉音子水反。觀謂形也，音工喚反。經音丑成反。」
〔二〕師古曰：「撟，舉也。冥眴，視不諦也。撟與矯同，其字從手。冥音莫見反。眴音州縣之縣。」
〔三〕服虔曰：「惝音敞。」師古曰：「瀏濫猶汎濫。弘惝，高大也。漫漫，長也。瀏音劉。」
〔四〕師古曰：「言駭其深博。」
〔五〕師古曰：「軨軒謂前軒之軨也。軨者，軒間小木也，字與櫺同。周流，周視也。軮軋，遠相映也。軨音零。軮音烏朗反。軋音於黠反。」
〔六〕應劭曰：「瞵音鄰。」晉灼曰：「㻞音豳。」師古曰：「玉樹者，武帝所作，集衆寶爲之，用供神也，非謂自然生之。而左思不曉其意，以爲非本土所出，蓋失之矣。馬犀者，馬瑙及犀角也。以此二種飾殿之壁。瞵㻞，文貌。」
〔七〕師古曰：「仡仡，勇健狀。嵌，開張貌，言其鱗甲開張，若真龍之形也。仡音魚乙反，又音其乞反。嵌音火敢反。」
〔八〕師古曰：「炘炘，光盛貌也。炎音弋贍反。炘音欣。」
〔九〕服虔曰：「曾城、縣圃、閬風，昆侖之山三重也，天帝神在其上。」
〔一〇〕應劭曰：「掘，特貌也。㩳，至也。」晉灼曰：「嶟嶟，秕㩳也。」師古曰：「言高臺特出乃至北極，其狀竦峭，嶟嶟然也。掘音其勿反。㩳音竹指反。嶟音千旬反，又音遵。」
〔一一〕服虔曰：「柍，中央也。桭，屋梠也。」師古曰：「施，延也。榮，屋翼也。凡此者言屋宇高大之甚。施音弋豉反。柍

音央。桭音辰。一曰施，直謂安施(音)之耳，讀如本字。」
〔一二〕師古曰：「鬱律，雷聲也。儵忽，電光也。藩，藩籬也。儵音式六反。藩音甫元反。」
〔一三〕師古曰：「言屋之高深，雖鬼魅亦不能至其極而反，故於長途之半而顛墜也。還讀曰旋，或作逮。逮，及也。」
〔一四〕晉灼曰：「飛梁，浮道之橋也。蔑蠓，(疾)〔蚊〕也。」師古曰：「撇猶拂也。蠓音莫孔反。撇音西列反，又音普結反。」

左欃槍右玄冥兮，前熛闕後應門；〔一〕陰西海與幽都兮，涌醴汩以生川。〔二〕蛟龍連蜷於東厓兮，白虎敦圉虖昆侖。〔三〕覽樛流於高光兮，溶方皇於西清。〔四〕前殿崔巍兮，和氏瓏玲，〔五〕炕浮柱之飛榱兮，神莫莫而扶傾，〔六〕閌閬閬其寥廓兮，似紫宮之崢嶸。〔七〕駢交錯而曼衍兮，峻嵲隗虖其相嬰。〔八〕乘雲閣而上下兮，紛蒙籠以掍成。〔九〕曳紅采之流離兮，颺翠氣之冤延。〔一〇〕襲琁室與傾宮兮，若登高妙遠，肅虖臨淵。〔一一〕

〔一〕晉灼曰：「大人賦『攙欃槍以爲旌』。又曰『左玄冥而右黔雷』。雄擬相如故云爾。熛闕，赤色之闕，南方之帝曰赤熛怒，應門正在熛闕之內也。」師古曰：「熛音匹遙反。」
〔二〕如淳曰：「言闕之高乃陰西海也。」師古曰：「蔭映西海也，以及幽都。幽都，北方絕遠之地也。涌醴，醴泉涌出汩汩然也。汩音于筆反。」
〔三〕師古曰：「連蜷，卷曲貌。敦圉，盛怒也。言甘泉宮中皆有此象也。蜷音拳，敦音屯。」
〔四〕服虔曰：「高光，宮名也。」師古曰：「樛流，屈折也。溶然，閑暇貌也。方皇，彷徨也。西清，西廂清閑之處也。溶音容。」

中華書局

〔五〕孟康曰：「以和氏璧爲梁璧帶也，其聲玲瓏也。」晉灼曰：「以黃金爲璧帶，含藍田璧。瓏玲，明見貌也。」師古曰：「嶊嶵，高貌。瓏玲，晉說是也。嶊音才回反。嶵音五回反。瓏音聾。玲音零。」

〔六〕師古曰：「炕與抗同。抗，擧也。榱，屋椽也。言擧立浮柱而駕飛榱，其形危竦，有神於闇莫之中扶持，故不傾也。」

〔七〕師古曰：「閌，高門貌。閬閬，空虛也。寥廓，宏遠也。紫宮，天帝之宮也。崢嶸，深邃也。閌音抗。閬音浪。寥音僚。崢音仕耕反。嶸音宏。」

〔八〕師古曰：「言宮室臺觀相連不絕也。峻，安施之貌。㠑隗猶崔巍也。衍音(赤)〔亦〕戰反。峻音乞賄反。㠑音鼻。隗音五賄反。」

〔九〕師古曰：「乘，登也。雲閣，亦言其高入於雲也。蒙籠，深通貌。掍成，言其有若自然也。掍音胡本反。」

〔十〕師古曰：「言宮室曠大，自然有紅翠之氣。」

〔十一〕服虔曰：「襲，繼也。桀作琁室，紂作傾宮，以此微諫也。」應劭曰：「登高遠望，當以亡國爲戒，若臨深淵也。」

回猋肆其碭駭兮，翍桂椒，鬱栘楊。〔一〕香芬茀以穹隆兮，擊薄櫨而將榮。〔二〕鄉呹肸以掍根兮，聲駍隱而歷鍾，〔三〕排玉戶而颺金鋪兮，發蘭惠與穹窮。〔四〕惟弸彋其拂汨兮，稍暗暗而靚深。〔五〕陰陽清濁穆羽相和兮，若夔、牙之調琴。〔六〕般、倕棄其剞劂兮，王爾投其鉤繩。〔七〕雖方征僑與偓佺兮，猶仿佛其若夢。〔八〕

〔一〕師古曰：「回猋，回風也。肆，放也。碭，過也。駭，動也。翍，古披字。鬱，聚也。栘，唐棣也。楊，楊樹也。言回風放起，過動衆樹，則桂椒披散而栘楊鬱聚也。碭音徒浪反。栘音移。」

〔二〕師古曰：「言桂椒香氣乃擊薄櫨及屋翼也。薄，柎也。櫨音盧。」

〔三〕師古曰：「又言風之動樹，聲響振起衆根合，駍隱而盛，歷入殿上之鍾也。根猶株也。鄉讀與響同。呹音丑乙反。肸音許乙反。掍音下本反。駍音普耕反。」

〔四〕李奇曰：「鋪，門首也。」師古曰：「言風之所至，又排門揚鋪，擊動鍰鈕，回旋入宮，發奮衆芳。」

〔五〕蘇林曰：「弸音石墮井弸爾之弸。彋音宏。」孟康曰：「弸彋，風吹帷帳鼓貌。」師古曰：「拂汨亦風動貌。暗暗，幽隆。靚即靜字耳。弸音普萌反。拂音普密反。汨音于密反。暗音烏感反。」

〔六〕張晏曰：「聲細不過羽，穆然相和也。」師古曰：「夔，舜典樂也。牙，伯牙也。」

〔七〕應劭曰：「剞，曲刃也。劂，曲鑿也。」師古曰：「般，公輸般也。倕，共工也。王爾亦巧人也，見淮南子。言土木之功窮極巧麗，故令般、倕之徒棄其常法也。般讀與班同。倕音垂。剞音居爾反。劂音居衞反。」

〔八〕晉灼曰：「方，常也。征，行也。言宮觀之高峻，雖使仙人常行其上，恐遽不識其形觀，猶仿佛若夢也。」師古曰：「方謂並行也。征僑，姓征名伯僑，仙人也。偓佺亦仙人名。偓音屋。佺音詮。仿佛即髣髴字也。征，郊祀志作正字，其音同。」

於是事變物化，目駭耳回，〔一〕蓋天子穆然珍臺閒館琁題玉英蝺蜎蠖濩之中，〔二〕惟夫所以澄心清魂，儲精垂恩，〔三〕感動天地，逆釐三神者。〔四〕乃搜逑索耦皋、伊之徒，冠倫魁能，〔五〕函甘棠之惠，挾東征之意，〔六〕相與齊虖陽靈之宮。〔七〕靡薜荔而爲席兮，折瓊枝以爲芳，〔八〕噏清雲之流瑕兮，飲若木之露英，〔九〕集虖禮神之囿，登乎頌祇之堂。〔十〕建光燿之長旓兮，昭華覆之威威，〔十一〕攀琁璣而下視兮，行遊目虖三危，陳衆車(所)〔於〕東阬兮，肆玉釱而下馳，漂龍淵而還九垠兮，窺地底而上回。〔十二〕風從從而扶轄兮，鸞鳳紛其御蕤，〔十三〕梁弱水之濎濴兮，躡不周之逶蛇，〔十四〕想西王母欣然而上壽兮，屏玉女而卻虙妃。〔十五〕玉女無所眺其清盧兮，虙妃曾不得施其蛾眉。〔十六〕方挈道德之精剛兮，(眸)〔侔〕神明與之爲資。〔十七〕

〔一〕師古曰：「言驚視聽也。」

〔二〕應劭曰：「題，頭也。榱椽之頭，皆以玉飾，言其英華相燭也。」張晏曰：「蝺蜎蠖濩，刻鏤之形。」師古曰：「穆然，天子之容也。蝺蜎蠖濩，言屋中之深廣也。閒讀曰閑。蝺音一尭反。蜎音下尭反。蠖音烏郭反。濩音胡郭反。」

〔三〕師古曰：「言絜精以待，冀神降福。」

〔四〕師古曰：「釐讀曰禧。禧，福也。」

〔五〕應劭曰：「冠其羣倫魁桀也。」師古曰：「言選擇賢臣，可匹耦於古賢皋陶、伊尹之類，冠等倫而魁桀。」

〔六〕師古曰：「甘棠之惠，邵公奭也。東征之意，周公旦也。」

〔七〕師古曰：「齊，同也，同集於此也。祭天之處，故曰陽靈之宮也。」

〔八〕師古曰：「靡，纖密也，謂纖織之也。一曰靡謂偃而靡之藉地也。」

〔九〕師古曰：「言其齋戒自新，居處飲食皆芳絜也。瑕謂日旁赤氣也。露英，言其英華之露。」

〔十〕師古曰：「頌，敬也，登以祭也。地神曰祇。」

〔十一〕服虔曰：「昭，明也。華覆，華蓋也。」師古曰：「威威猶威蕤也。旓，旗之旒也，一曰燕尾。旓音所交反。」

〔十二〕張晏曰：「三危，山名也。」晉灼曰：「釱，車轄也。九垠，九垓也。」師古曰：「假設言周流曠遠，升降天地，爲神通一也。肆，放也。阬，大阜也，讀與岡同。釱音大，又音弟。還讀曰旋。」

〔十三〕師古曰：「從從，前進之意也。御猶乘也。蕤，車之垂飾纓蕤也。從音竦。今書御字或作銜者，俗妄改也。」

〔十四〕服虔曰：「崑崙之東有弱水，度之若濎濴耳。」師古曰：「濎濴，小水之貌。不周，山名。逶蛇亦言不艱難也。濎音吐定反。濴音熒。又音胡鎣反。蛇音移。」

〔十五〕師古曰：「西王母在西方，周穆王所見者也。玉女、虙妃，皆神女也。虙讀曰伏。」

〔十六〕服虔曰：「盧，目童子也。」

〔十七〕晉灼曰：「等天地之忖量也。」師古曰：「挈，總也，音寬，其字從手。」

於是欽柴宗祈。燎熏皇天，〔一〕招繇泰壹。擧洪頤，樹靈旗。〔二〕樵蒸焜上，配藜四施，〔三〕東燭倉海，西燿流沙，北熿幽都，南煬丹厓。〔四〕玄瓚觩醪，秬鬯泔淡，〔五〕肸蠁豐融，懿懿芬芬。〔六〕炎感黃龍兮，熛訛碩麟，〔七〕選巫咸兮叫帝閽，開天庭兮延羣神。〔八〕儐暗藹兮降清壇，瑞穰穰兮委如山。〔九〕

〔一〕師古曰：「欽，敬也。柴，積柴也。宗，尊也。祈，求福也。」

〔二〕張晏曰：「招搖、泰壹，皆神名也。」服虔曰：「洪頤，旗名也。」李奇曰：「欲伐南越，告祈太一，畫旗樹太一壇上，名靈旗，以指所伐之國也。見郊祀志。」

〔三〕張晏曰：「配黎，披離也。」師古曰：「樵，木薪也。蒸，麻幹也。焜，同也。言以樵及蒸燎火，炎上於天，又披離四出。」
〔四〕服虔曰：「丹厓，丹水之厓也。」師古曰：「爌，古晃字。煬，熱也。言柴燎之光遠及四表也。煬音弋向反。」
〔五〕服虔曰：「以玄玉飾之，故曰玄瓚。」張晏曰：「瓚受五升，口徑八寸，以圭爲柄，用灌鬯。觩鏐，其貌也。」應劭曰：「泔淡，滿也。」師古曰：「觩音虯。鏐音力幽反。泔音胡感反。淡音大敢反。」
〔六〕師古曰：「言秬鬯之芬烈也。」
〔七〕師古曰：「言光炎熛盛，感神物也。訛，化也。碩，大也。熛音必遙反。」
〔八〕服虔曰：「令巫祝叫呼天門也。」師古曰：「巫咸，古神巫之名。」
〔九〕張晏曰：「儐，贊也。」師古曰：「晻藹，神之形影也。穰穰，多也。委，積也。晻音烏感反。」

於是事畢功弘，回車而歸，度三巒兮偈棠棃。〔一〕天閫決兮地垠開，八荒協兮萬國諧。〔二〕登長平兮雷鼓磕，天聲起兮勇士厲，〔三〕雲飛揚兮雨滂沛，于胥德兮麗萬世。〔四〕

〔一〕師古曰：「三巒即封巒，觀名也。棠梨，宮名。偈讀曰憩。」
〔二〕師古曰：「天閫，天門之閫也。決亦開也。言德澤普洽無極限也。」
〔三〕師古曰：「長平，涇水上坂名也。磕，擊鼓聲也。天聲，聲至天也。聲字或作嚴，言擊嚴鼓也。厲，奮也。」
〔四〕師古曰：「于，曰也。胥，皆也。麗，美也。沛音普大反。」

亂曰：〔一〕崇崇圜丘，隆隱天兮，〔二〕登降峛䔢，單埢垣兮。〔三〕增宮嵾差，駢嵯峨

兮，〔四〕岭巆嶙峋，洞亡厓兮。〔五〕上天之縡，杳旭卉兮，〔六〕聖皇穆穆，信厥對兮。〔七〕徠祇郊禋，神所依兮，〔八〕俳佪招搖，靈遟迡兮。〔九〕煇光眩燿，隆厥福兮，〔一〇〕子子孫孫，長亡極兮。

〔一〕師古曰：「亂者，理也，總理一賦之終也。」
〔二〕師古曰：「言其高。」
〔三〕師古曰：「峛䔢，上下之道也。單，周也。埢垣，圜貌也。峛音力爾反。䔢音弋爾反。單音蟬。埢音拳。」
〔四〕師古曰：「增，重也。嵾差，不齊也。駢，並也。嵾音初林反。駢音步千反。嵯音材何反。峨音娥。」
〔五〕師古曰：「岭巆，深邃貌。嶙峋，節級貌。岭音零。巆音營。嶙音隣。峋音荀。」
〔六〕師古曰：「縡，事也。杳，高遠也。旭卉，疾速也。縡讀與載同。」
〔七〕李奇曰：「對，配也。能與天地相配也。詩云『帝作邦作對』。」師古曰：「穆穆，美也。信，實也。」
〔八〕師古曰：「言以祇敬而來郊祭禋饗，則神祇依附。」
〔九〕師古曰：「言神久留安處，不即去也。招音上遙反。遟音栖。迡音（叉）〔丈〕夷反。」
〔一〇〕師古曰：「眩音州縣之縣。」

甘泉本因秦離宮，既奢泰，〔一〕而武帝復增通天、高光、迎風。宮外近則洪厓、旁皇、儲胥、弩陆，遠則石關、封巒、枝鵲、露寒、棠棃、師得，遊觀屈奇瑰瑋，〔二〕非木摩而不彫，牆塗而不畫，周宣所考，般庚所遷，夏卑宮室，唐虞棌椽三等之制也。〔三〕且爲其已久矣，非成帝所造，

欲諫則非時，欲默則不能已，故遂推而隆之，乃上比於帝室紫宮，〔四〕若曰此非人力之所（能）〔爲〕，黨鬼神可也。〔五〕又是時趙昭儀方大幸，每上甘泉，常法從，〔六〕在屬車間豹尾中。〔七〕故雄聊盛言車騎之衆，參麗之駕，非所以感動天地，逆釐三神。〔八〕又言「屏玉女，卻虙妃」，以微戒齊肅之事。賦成奏之，天子異焉。

〔一〕師古曰：「本秦之林光宮也。」
〔二〕師古曰：「棠棃宮在甘泉苑垣外，師得宮在櫟陽界，其餘皆甘泉苑垣內之宮觀也。陆音祛。」
〔三〕師古曰：「小雅斯干之詩序曰：『宣王考室也。』考謂成也。般庚，殷王名也。遷謂遷都亳也。唐虞謂堯舜也。棌，柞木也。三等，土增三等，言不過也。棌音采，又音菜，其字從木。」
〔四〕師古曰：「帝謂天也。」
〔五〕師古曰：「黨音它莽反。」
〔六〕師古曰：「法從者，以言法當從耳，非失禮也。一曰從法駕也。」
〔七〕服虔曰：「大駕屬車八十一乘，作三行，尚書御史乘之。最後一乘縣豹尾，豹尾以前皆爲省中。」
〔八〕師古曰：「參，三神也。麗，偶也。」

其三月，將祭后土，上乃帥羣臣橫大河，湊汾陰。〔一〕既祭，行遊介山，回安邑，〔二〕顧龍門，覽鹽池，〔三〕登歷觀，〔四〕陟西岳以望八荒，迹殷周之虛，眇然以思唐虞之風。〔五〕雄以爲臨川羨魚不如歸而結罔，〔六〕還，上河東賦以勸，其辭曰：

〔一〕師古曰：「橫，橫度之也。湊，趣也。」
〔二〕師古曰：「介山在汾陰東北。回謂邅過。」
〔三〕師古曰：「龍門山在今蒲州龍門縣北。鹽池在今虞州安邑縣南。」
〔四〕師古曰：「歷山上有觀也。」晉灼曰：「在河東蒲阪縣。」
〔五〕師古曰：「陟，升也。西岳華山之上高峻，故言以望八荒。殷都河內，周在岐豐，堯都平陽，舜都蒲阪，皆可（相）〔想〕見，故云迹殷周之墟，思唐虞之風也。虛讀曰墟。」
〔六〕師古曰：「言成帝追觀先代遺迹，思欲齊其德號，故雄勸令自興至治，以儗帝皇之風。」

伊年暮春，將瘞后土，〔一〕禮靈祇，謁汾陰于東郊，〔二〕因茲以勒崇垂鴻，發祥隤祉，欽若神明者，盛哉鑠乎，越不可載已！〔三〕於是命羣臣，齊法服，整靈輿，乃撫翠鳳之駕，六先景之乘，〔四〕掉犇星之流旃，彏天狼之威弧。〔五〕張燿日之玄旄，揚左纛，被雲梢。〔六〕奮電鞭，驂雷輜，〔七〕鳴洪鍾，建五旗。〔八〕(義)〔羲〕和司日，顏倫奉輿，〔九〕風發飆拂，神騰鬼趡；〔一〇〕千乘霆亂，萬騎屈橋，〔一一〕嘻嘻旭旭，天地稠嶅。〔一二〕簸丘跳巒，涌渭躍涇。〔一三〕秦神下讋，跖魂負沴；〔一四〕河靈矍踢，爪華蹈衰。〔一五〕遂臻陰宮，穆穆肅肅，蹲蹲如也。〔一六〕

〔一〕師古曰：「伊，是也，謂是祠甘泉之年也。祭地曰瘞薶，故曰瘞后土。瘞音乙例反。」
〔二〕師古曰：「京師之東故曰東郊也。」

〔三〕師古曰：「勒崇垂鴻，勒崇名而垂鴻業也。隤，降也。祉，福也。欽，敬也。若，順也。鑠，美也。越，曰也。已，辭也。言發祥降福，敬順神明，其事盛美，不可盡載。」

〔四〕師古曰：「翠鳳之駕，天子所乘車，爲鳳形而飾以翠羽也。先景，爲馬行速疾，常在景前也。」

〔五〕晉灼曰：「有狼、弧之星也。」師古曰：「彏，急張也，音钁。」

〔六〕張晏曰：「雲梢，梢雲也。」師古曰：「梢與旓同。旓者，旌旗之流，以雲爲旓也。被音皮義反。」

〔七〕師古曰：「轔，衣車也。淮南子云『電以爲鞭策，雷以爲車輪』，故雄用此言也。」

〔八〕師古曰：「洪，大也。尚書大傳云『天子左右五鍾，天子將出則撞黃鍾之鍾，左五鍾皆應，入則撞蕤賓之鍾，右五鍾皆應。』漢舊儀云皇帝車駕建五旗。蓋謂五色之旗也，以木牛承其下，取其負重致遠。」

〔九〕師古曰：「倫，古善御者也。羲和，日御名。」

〔十〕師古曰：「颮，回風也。趡，走也。颮音必遙反。趡音子笑反，又音才笑反。」

〔十一〕師古曰：「霆䨨，言如雷霆之盛而䨨動也。屈橋，(言)壯捷貌。屈音其勿反。橋音其召反。」

〔十二〕服虔曰：「稠嶻，動搖貌。」師古曰：「嘻嘻旭旭，自得之貌。嘻音許其反。稠音徒弔反。嶻音五到反。」

〔十三〕師古曰：「山小而銳曰嶠。言車騎之威，匌隱之盛，至於涌躍涇、渭，跳𨒪丘山者也。」

〔十四〕蘇林曰：「秦文公時庭中有怪化爲牛，走到南山梓樹中，伐梓樹，後化入豐水，文公惡之，故作其象以厭焉。今之茸頭是也，故曰秦神。」服虔曰：「沴，河岸之坻也。」晉灼曰：「沴，渚也。」師古曰：「跖，蹈也。言此神怖懼，下入水中自蹈其魂而負沴渚，蓋戚懼之甚也。跖音之亦反。坻音直尸反。」

〔十五〕蘇林曰：「河靈，巨靈也。華，華山也。衰，衰山也。掌據之，足蹈之也。踢音試郎反。」服虔曰：「踢音石奐反。」

師古曰：「夔踢，驚動之貌。夔音鐲。踢音惕，二音並通。爪，古掌字。凡言此者，以車騎之衆，羽旄之盛，故秦神、河靈莫不恐懼而自放也。」

〔十六〕師古曰：「陰宮，汾陰之宮也。穆穆，靜也。肅肅，敬也。蹲蹲，行有節也。蹲音千旬反。」

靈祇既鄉，五位時敍，〔一〕絪縕玄黃，將紹厥後。〔二〕於是靈輿安步，周流容與，〔三〕以覽虖介山。嗟文公而愍推兮，勤大禹於龍門，〔四〕灑沈(葘)〔菑〕於豁瀆兮，播九河於東瀕。〔五〕登歷觀而遙望兮，聊浮游以經營。樂往昔之遺風兮，喜虞氏之所耕。〔六〕瞰帝唐之嵩高兮，脈隆周之大寧。〔七〕汨低回而不能去兮，行睨陔下與彭城。〔八〕濊南巢之坎坷兮，易豳岐之夷平。〔九〕乘翠龍而超河兮，陟西岳之嶢崝。〔十〕雲飛飛而來迎兮，澤滲灕而下降，〔十一〕鬱蕭條其幽藹兮，滃汎沛以豐隆。〔十二〕叱風伯於南北兮，呵雨師於西東，〔十三〕參天地而獨立兮，廓盪盪其亡雙。〔十四〕

〔一〕師古曰：「鄉讀曰嚮。」服虔曰：「五位，五方之神。」

〔二〕師古曰：「絪縕，天地合氣也。玄黃，天地色也。易下繫辭曰『天地絪縕，萬物化淳。』坤文言曰『玄黃者，天地之雜色也。天玄而地黃。』將，大也。言天地之氣大興發於祭祀之後。絪音因。縕音於云反。」

〔三〕師古曰：「靈輿，天子之輿也。容與而安豫也。與讀曰豫。」

〔四〕師古曰：「龍門山，禹鑿之以通河水，故勤勞之。」

〔五〕師古曰：「灑，分也。(葘)〔菑〕，古災字也。沈災，洪水也。豁，開也。瀆謂江、河、淮、濟也。播，布也。九河名在地理志。東瀕，東海之瀕也。禹分治洪水之災，通之四瀆，布散九河於東海之瀕也。灑音所宜反。瀕音頻，又音賓。」

〔六〕師古曰：「舜耕歷山，故云然。」

〔七〕師古曰：「瞰、脈，皆視也。帝唐，堯也。嵩亦高也。嵩高者，謂孔子云『巍巍乎唯天爲大，唯堯則之』也。一曰：堯會遊於陽城，故於嵩高山設其遺蹟也。大寧者，詩大雅云『濟濟多士，文王以寧』。瞰音苦濫反。脈即覓字。」

〔八〕應劭曰：「睨，不正視也。彭城，項羽所都也。」晉灼曰：「陔下，項羽敗處也。」師古曰：「汨，往意也。低回猶言徘徊也。行，且也，意且欲往視也。汨音于筆反。睨音五系反。」

〔九〕李奇曰：「南巢，桀敗處也。易，樂也。」師古曰：「濊與穢同。坎坷，不平貌。坎音口紺反。坷音口賀反。易音弋豉反。」

〔十〕師古曰：「翠龍，穆天子所乘馬也。西岳即華山也。嶢崝謂嶕嶢而崝嶸也。嶢音堯。崝音士耕反。」

〔十一〕師古曰：「飛，古霏字。飛飛，雲起貌。澤，雨露也。滲灕，流貌也。降，下也。滲音林。灕音離。降音胡江反。」

〔十二〕師古曰：「皆雲雨之貌。滃音烏孔反。汎音敷劍反。沛音普蓋反。」

〔十三〕師古曰：「言皆從命也。」

〔十四〕師古曰：「天地曰二儀，王者大位，與之合德，故曰參天地。參之言三也。盪盪，大貌。」

遵逝虖歸來，〔一〕以函夏之大漢兮，彼曾何足與比功？〔二〕建乾坤之貞兆兮，將悉總之以羣龍。〔三〕麗鉤芒與驂蓐收兮，服玄冥及祝融。〔四〕敦衆神使式道兮，奮六經以攄

頌。〔五〕隃於穆之緝熙兮，過清廟之雝雝；〔六〕軼五帝之遐迹兮，躡三皇之高蹤。〔七〕既發軔於平盈兮，誰謂路遠而不能從？〔八〕

〔一〕師古曰：「遵路而旋京師也。」

〔二〕服虔曰：「函夏，函諸夏也。」師古曰：「函，包容也。彼謂堯、舜、殷、周也。函讀與含同。」

〔三〕張晏曰：「乾六爻悉稱龍也。」

〔四〕師古曰：「鉤芒，東方神。蓐收，西方神。玄冥，北方神。祝融，南方神。麗，並駕也。驂，三馬也。言皆役服也。」

〔五〕師古曰：「敦，勉也。式，表也。六經謂易、詩、書、春秋、禮、樂也。攄，散也。頌謂詩頌，所以美盛德之形容也，言發其志而爲歌頌也。攄音丑於反。頌讀曰容。」

〔六〕師古曰：「周頌清廟之詩云『於穆清廟，肅雝顯相』，昊天有成命之詩曰『於緝熙』，言漢德之盛，皆過之也。隃讀與踰同。於讀曰烏。」

〔七〕師古曰：「軼亦過也，音逸。」

〔八〕服虔曰：「軔，止車之木，將行，故發去。平盈之地無高下也。」師古曰：「軔音刃。」

其十二月羽獵，〔一〕雄從。以爲昔在二帝三王，〔二〕宮館臺榭沼池苑囿林麓藪澤財足以奉郊廟，御賓客，充庖廚而已，〔三〕不奪百姓膏腴穀土桑柘之地。女有餘布，男有餘粟，國家殷富，上下交足，故甘露零其庭，醴泉流其唐，〔四〕鳳皇巢其樹，黃龍游其沼，麒麟臻其囿，神爵棲其林。昔者禹任益虞而上下和，屮木茂；〔五〕成湯好田而天下用足；文王囿百里，民

以爲尙小，齊宣王囿四十里，民以爲大，裕民之與奪民也。〔六〕武帝廣開上林，南至宜春、鼎胡、御宿、昆吾，〔七〕旁南山而西，至長楊、五柞，〔八〕北繞黃山，瀕渭而東，〔九〕周袤數百里。〔一〇〕穿昆明池象滇河，〔一一〕營建章、鳳闕、神明、馺娑，〔一二〕漸臺、泰液〔一三〕象海水周流方丈、瀛洲、蓬萊。〔一四〕游觀侈靡，窮妙極麗。雖頗割其三垂以贍齊民，〔一五〕然至羽獵田車戎馬器械儲偫禁禦所營，〔一六〕尙泰奢麗誇詡，〔一七〕非堯、舜、成湯、文王三驅之意也。〔一八〕又恐後世復修前好，不折中以泉臺，〔一九〕故聊因校獵賦以風，〔二〇〕其辭曰：

〔一〕服虔曰：「士負羽。」
〔二〕應劭曰：「二帝，堯、舜。三王，夏、殷、周。」
〔三〕師古曰：「財讀與纔同。御，侍也。充，當也。」
〔四〕應劭曰：「爾雅『廟中路謂之唐』。」
〔五〕師古曰：「益，臣名也，任以爲虞。虞，主山澤之官也。上，山也。下，平地也。屮，古草字。」
〔六〕師古曰：「裕，饒也。」
〔七〕晉灼曰：「鼎胡，宮也，黃圖以爲在藍田。昆吾，地名也，有亭。」師古曰：「宜春近下杜，御宿在樊川西也。」
〔八〕師古曰：「旁音步浪反。」
〔九〕師古曰：「循渭水涯而東也。瀕音頻，又音賓。」
〔一〇〕師古曰：「袤，長也，音茂。」

揚雄傳第五十七上　三五四一

漢書卷八十七上　三五四二

〔一一〕師古曰：「滇音丁賢反。」
〔一二〕師古曰：「殿名也。（師古曰）馺音先合反。娑音先河反。」
〔一三〕師古曰：「漸臺在泰液池中。漸，浸也，言爲池水所浸也。」
〔一四〕服虔曰：「海中三山名。法效象之。」
〔一五〕師古曰：「贍，給也。齊人，解在食貨志。」
〔一六〕師古曰：「營謂(圍)〔圍〕守也。」
〔一七〕師古曰：「詡，大也，音許羽反。」
〔一八〕師古曰：「三驅，古射獵之等也。一爲乾豆，二爲賓客，三爲充君之庖也。」
〔一九〕服虔曰：「魯莊公築泉臺，非禮也，至文公毀之，公羊譏云『先祖爲之而毀之，勿居而已』。」今揚雄以宮觀之盛，非成帝所造，勿修而已，當以泉臺折中也。」
〔二〇〕師古曰：「校獵謂圍守禽獸而大獵也。風讀曰諷。」

或稱戲農，豈或帝王之彌文哉？〔一〕論者云否，各亦並時而得宜，奚必同條而共貫？〔二〕則泰山之封，烏得七十而有二儀？〔三〕是以創業垂統者俱不見其爽，遐邇五三孰知其是非？〔四〕遂作頌曰：麗哉神聖，處於玄宮，富旣與地虖侔訾，貴正與天虖比崇。〔五〕齊桓曾不足使扶轂，楚嚴未足以爲驂乘；〔六〕陿三王之阸薜，嶠高舉而大興；〔七〕建道德以爲師，友仁義與爲朋。

〔一〕師古曰：「設或人云，言儉質者皆槩伏戲、神農爲之首，是則豈謂後代帝王彌加文飾乎？故論者答之於下也。論者，雄自謂也。彌猶稍稍也。諸家之釋，皆不當意，徒爲煩雜，故無所取。」
〔二〕師古曰：「所尙不必同也。」
〔三〕孟康曰：「言封禪各異也。」師古曰：「若不如是，於何得七十二儀也？」
〔四〕師古曰：「爽，差也。創業垂統，皆無差忒。五帝三王，誰是誰非，言文質政教各不同也。」
〔五〕師古曰：「頌漢德也。玄宮，言淸淨也。訾與貲同。」
〔六〕師古曰：「薜亦僻字也。嶠，舉步貌也，音去昭反。」
〔七〕師古曰：「寥廓，空曠也。登閎，高遠也。寥音聊。」

歷五帝之寥廓，涉三皇之登閎；〔八〕

於是玄冬季月，天地隆烈，〔一〕萬物權輿於內，徂落於外，〔二〕帝將惟田于靈之囿，〔三〕開北垠，受不周之制，〔四〕以終始顓頊、玄冥之統。〔五〕乃詔虞人典澤，東延昆鄰，西馳闛闔。〔六〕儲積共偫，戍卒夾道，〔七〕斬叢棘，夷野草，〔八〕禦自汧、渭，經營酆、鎬，〔九〕章皇周流，出入日月，天與地沓。〔一〇〕爾乃虎路三嵏以爲司馬，圍經百里而爲殿門。〔一一〕外則正南極海，邪界虞淵，〔一二〕鴻濛沆茫，碣以崇山。〔一三〕營合圍會，然后先置虖白楊之南，昆明靈沼之東。〔一四〕賁育之倫，蒙盾負羽，杖鏌邪而羅者以萬計，〔一五〕其餘荷垂天之畢，張竟壄之罘，靡日月之朱竿，曳彗星之飛旗。〔一六〕青雲爲紛，紅蜺爲繯，屬之虖昆侖之虛，〔一七〕渙若天星之羅，浩如濤水之波，〔一八〕淫淫與與，前後要遮。〔一九〕欃槍爲闉，明月爲候，〔二〇〕熒惑司命，天弧發射，〔二一〕鮮扁陸離，駢衍佖路。〔二二〕徽車輕武，鴻絧緁獵，〔二三〕殷殷軫軫，被陵緣阪，窮冥極遠者，相與迾虖高原之上；〔二四〕羽騎營營，昈分殊事，〔二五〕繽紛往來，轠轤不絕，若光若滅者，布虖青林之下。〔二六〕

揚雄傳第五十七上　三五四三

漢書卷八十七上　三五四四

〔一〕師古曰：「北方色黑，故曰玄冬。隆烈者，陰氣盛。」
〔二〕師古曰：「權輿，始也。徂落，死也。言草木萌牙始生於內，而枝葉凋毀死傷於外也。」
〔三〕師古曰：「靈囿，有靈德之苑囿也。詩大雅靈臺之篇曰『王在靈囿』。」
〔四〕孟康曰：「西北爲不周風，謂冬時也。」師古曰：「垠，厓也，音銀。」
〔五〕應劭曰：「顓頊、玄冥，皆北方之神，主殺戮也。」
〔六〕張晏曰：「東至昆明之邊也。」師古曰：「昆明池邊也。闛闔，門名也。闛讀與闔同也，又音吐郎反。」
〔七〕師古曰：「共讀曰供。偫音丈紀反。」
〔八〕師古曰：「夷，平也。」
〔九〕應劭曰：「禦，禁也。」師古曰：「將獵其中，故止禁不得人行及獸出也。汧、渭以東，酆、鎬以西，皆爲獵圍也。」
〔一〇〕師古曰：「章皇周流，言匝徧也，謂苑囿之大，遙望日月皆從中出入，而天地之際沓然縣遠也。說者反以沓爲沓，解云重沓，非唯乖理，蓋以失韻。」
〔一一〕晉灼曰：「路音落。」服虔曰：「以竹虎落此山也。」應劭曰：「外門爲司馬門，殿門在內也。」師古曰：「落，燾也，以繩周繞之也。三嵏，三峯聚之山也。嵏音子公反。」

〔一二〕應劭曰:「虞淵,日所入。」

〔一三〕師古曰:「鴻濛沆茫,廣大貌。碣,山特立貌。鴻音胡孔反。濛音莫孔反。沆音胡浪反。茫音莽。碣音竭。」

〔一四〕張晏曰:「先置供具於前。」服虔曰:「白楊,觀名。」

〔一五〕師古曰:「賁,孟賁也。育,夏育也。皆古之勇士也。鏌邪,大戟也。羅,列遮禽獸。鏌音莫。邪音弋奢反。」

〔一六〕如淳曰:「垂天,言長大如天之垂也。」師古曰:「畢,田罔也。罘,幡車罔也。」

〔一七〕師古曰:「紛,眊也。繯,系也。屬,綴也。昆侖,西極之山也。繯音下犬反。屬音之欲反。虛讀曰墟。」

〔一八〕師古曰:「天星之羅,言布列也。濤水之波,言廣大。」

〔一九〕師古曰:「淫淫與與,往來貌。」

〔二〇〕孟康曰:「闉,闕戰自障蔽,如城門外女垣也。」

〔二一〕張晏曰:「熒惑,法使,司不祥。天弧,虛、危上二星也。」

〔二二〕師古曰:「鮮扁,輕疾貌。駢衍,言其並廣大也。佖,次比也,一曰滿也。扁音篇。駢音步千反。佖音頻一反,又音步結反。」

〔二三〕師古曰:「徽車,有徽(熾)〔幟〕之車也。鴻絧,直馳貌。緁獵,相差次也。鴻音胡孔反。絧音徒孔反。緁音捷。」

〔二四〕師古曰:「殷軫,盛也。冥,幽深也。殷讀曰隱。」

〔二五〕蘇林曰:「昈,明也。」師古曰:「營營,周旋貌也。言其服飾分明,各殊異也。昈音戶。」

〔二六〕孟康曰:「轠轤,連屬貌。」如淳曰:「轠音雷。轤音盧。」師古曰:「繽紛,衆疾也。轠轤,環轉也。繽音匹人反。」

於是天子乃以陽鼂始出虖玄宮,〔一〕撞鴻鍾,建九(流)〔旒〕,六白虎,載靈輿,蚩尤並轂,蒙公先驅。〔二〕立歷天之旂,曳捎星之旃,〔三〕辟歷列缺,吐火施鞭。〔四〕萃傱允溶,淋離廓落,戲八鎭而開關;〔五〕飛廉、雲師,吸嚊潚率,鱗羅布列,攢以龍翰。〔六〕秋秋蹌蹌,入西園,切神光;〔七〕望平樂,徑竹林,〔八〕蹂蕙圃,踐蘭唐。〔九〕舉烽烈火,轡者施披,〔一〇〕方馳千駟,校騎萬師。〔一一〕虓虎之陳,從橫膠轕,猋泣雷厲,驞駍駖磕,〔一二〕洶洶旭旭,天動地岋。〔一三〕羨漫半散,蕭條數千萬里外。〔一四〕

〔一〕師古曰:「陽朝,日出之後也。北方之宮,故曰玄宮。」

〔二〕服虔曰:「蒙公,蒙恬也。」孟康曰:「神名也。」師古曰:「服說是也。並音步浪反。」

〔三〕師古曰:「歷,經也。捎猶拂也。歷天捎雲,言其高也。捎音所交反。」

〔四〕應劭曰:「辟歷,雷也。列缺,天隙電照也。」師古曰:「言獵火之熾,及馳騎奮鞭,如電吐光,及象其疾。」

〔五〕應劭曰:「四方四隅爲八鎭。」如淳曰:「不言九者,一鎭在中,天子居之故也。」師古曰:「戲讀曰麾,謂指麾八鎭使之開闢也。傱音先勇反,又音聳。溶音容。」

〔六〕師古曰:「吸嚊,開張也。潚率,聚斂也。言布列則如魚鱗之羅,攢聚則如龍之豪翰。嚊音許冀反。潚音肅。翰合韻音韓。」

〔七〕師古曰:「秋秋蹌蹌,騰驤之貌。切神光者,言車之衆(飭)〔飾〕相切摩而光起,有若神也。蹌音千羊反。」

〔八〕張晏曰:「平樂,館名也。」晉灼曰:「在上林中。」

〔九〕師古曰:「蕙圃,蕙草之圃也。蘭唐,陂唐之上多生蘭也。」

〔一〇〕師古曰:「轡者,御人執轡也。」

〔一一〕師古曰:「方馳,並驅也。校騎,騎而爲部校者也。」

〔一二〕服虔曰:「虓音哮。」鄧展曰:「泣音粒。」師古曰:「哮虎之陳,謂勇士奮怒,狀如猛獸而爲行陳也。泣,猋風疾貌也。驞駍駖磕,皆聲響衆盛也。哮音火交反。轕音葛。驞音匹人反。駍音普萌反。駖音力鎣反。磕音口盍反。」

〔一三〕蘇林曰:「岋音岋岋動搖之岋。」師古曰:「洶音匈。岋音五合反。」

〔一四〕師古曰:「羨音弋戰反。」

若夫壯士忼慨,殊鄉別趣,〔一〕東西南北,騁耆奔欲。〔二〕拕蒼豨,跋犀犛,蹶浮麋。〔三〕斮巨狿,搏玄蝯,〔四〕騰空虛,歫連卷,〔五〕踔夭蟜,娭澗門,〔六〕莫莫紛紛,山谷爲之風猋,林叢爲之生塵。〔七〕及至獲夷之徒,蹶松柏,掌疾棃;〔八〕獵蒙蘢,轔輕飛;〔九〕履般首,帶修蛇;〔一〇〕鉤赤豹,摼象犀;〔一一〕跇巒阬,超唐陂。〔一二〕車騎雲會,登降闇藹,〔一三〕泰華爲旒,熊耳爲綴。〔一四〕木仆山還,漫若天外,〔一五〕儲與乎大溥,聊浪乎宇內。〔一六〕

〔一〕師古曰:「鄉讀曰嚮。」

〔二〕師古曰:「言隨其所欲而各馳騁取之也。耆讀曰嗜。欲,合韻音弋樹反。」

〔三〕張晏曰:「跋,蹋也。」鄭氏曰:「蹶音馬蹄蹶之蹶。」師古曰:「拕,曳也。跋,反戾也。蹶,蹴也。浮麋,水上浮者也。拕音佗。跋音步末反。」

〔四〕師古曰:「斮,斬也。狿,獸名也。解在司馬相如傳。斮音側略反。」

〔五〕張晏曰:「連卷之木也。」師古曰:「歫即距字也。卷音拳。」

〔六〕師古曰:「踔,走也。夭蟜亦木枝曲也。娭,戲也。踔音丑孝反,又音徒釣反。蟜音嬌。娭音許其反。」

〔七〕師古曰:「莫莫,塵埃貌。紛紛,亂起貌。」

〔八〕服虔曰:「獲夷,能獲夷狄者也。」師古曰:「掌,以掌擊也。」

〔九〕師古曰:「蒙蘢,草木所蒙蔽處也。轔,轢也。輕飛猶言輕禽也。轔音吝。」

〔一〇〕如淳曰:「般音班。班首,虎之類也。」師古曰:「履謂踐履之也。修,長也。」

〔一一〕師古曰:「摼,古牽字。」

〔一二〕師古曰:「跇,渡也。巒阬,並解於上。唐陂,陂之有隄唐者也。阬音剛。跇音弋制反。」

〔一三〕師古曰:「闇音烏感反。」

〔一四〕師古曰:「旒,旌旗之旒也。綴,所以縣旌也。」

〔一五〕如淳曰:「還音旋。言山爲之回旋也。」

〔一六〕服虔曰:「儲與,相羊也。溥,水厓也。」師古曰:「聊浪,言游放也。與音餘。溥音普,浪音琅。」

於是天淸日晏,〔一〕逢蒙列眥,羿氏控弦。〔二〕皇車幽輵,光純天地,〔三〕望舒彌轡,〔四〕翼乎徐至於上蘭。〔五〕移圍徙陳,浸淫蹵部,〔六〕曲隊堅重,各按行伍。〔七〕壁壘天旋,神抶電擊,〔八〕逢之則碎,近之則破,鳥不及飛,獸不得過,軍驚師駭,刮野埽地。〔九〕及至罕車飛揚,武騎聿皇;〔一〇〕蹈飛豹,絹嘄陽;〔一一〕追天寶,出一方;〔一二〕應駍聲,擊流

光。壄盡山窮，囊括其雌雄，〔一三〕沈沈容容，遙噱虖紘中。〔一四〕三軍芒然，窮冘閼與，〔一五〕亶觀夫票禽之紲隃，犀兕之抵觸，熊羆之挐攫，虎豹之淩遽，〔一六〕徒角搶題注，蹶竦讋怖，魂亡魄失，觸輻關脰。〔一七〕妄發期中，進退履獲，〔一八〕創淫輪夷，丘累陵聚。〔一九〕

〔一〕師古曰：「晏，無雲也。」

〔二〕師古曰：「逢蒙及羿，皆古善射者。列，整也。控，引也。」

〔三〕李奇曰：「純，緣也。」師古曰：「幽輵，車聲也。輵音一轄反。純音之允反。」

〔四〕師古曰：「望舒，月御也。彌，斂也。言天子之車斂轡徐行，故假望舒為言耳。彌音莫爾反。」

〔五〕晉灼曰：「上蘭觀在上林中。」

〔六〕師古曰：「部，軍之部校也，言稍聚逼而重。蹙音千欲反。」

〔七〕師古曰：「隊亦部也。按，依也。隊音徒內反。行音胡郎反。」

〔八〕師古曰：「言所抶擊如鬼神雷電也。抶音丑乙反。」

〔九〕師古曰：「言殺獲皆盡，無遺餘也。掃音先早反。」

〔一〇〕師古曰：「罕車，畢罕之車也。聿皇，疾貌。」

〔一一〕師古曰：「梟陽，費費也，人面黑身，有毛，反踵，見人則笑，脣蔽其目。狷音工犬反。梟音工聊反。費音扶味反。」

〔一二〕應劭曰：「天寶，陳寶也。」晉灼曰：「天寶雞頭人身。」

〔一三〕如淳曰：「陳寶神來下時，駍然有聲，又有光精也。」應劭曰：「下時窮極山川天地之間，然後得其雌雄也。」師古曰：「雄在陳倉，雌在南陽也。故云野盡山窮也。駍音普萌反。」

〔一四〕師古曰：「口內之上下名為噱，言禽獸奔走倦極，皆遙張噱吐舌於紘罔之中也。」師古曰：「噱音其略反。紘，古紘字。」

〔一五〕孟康曰：「冘，行也。閼，止也。言三軍之盛，窮閼禽獸，使不得逸漏也。」晉灼曰：「閼與，容暇之貌也。芒音莫郎反。冘音淫。閼音於庶反。與音豫。」

〔一六〕師古曰：「亶讀曰但。票禽，輕疾之禽也。紲與跇同。紲，度也。隃與踰同。挐，牽引也。攫，搏持之也。淩，戰栗也。遽，惶也。票音頻妙反。紲音弋制反。觸，合韻音昌樹反。挐音女居反。攫音钁。遽音詎。」

〔一七〕師古曰：「徒亦但也。搶猶刺也。題，額也。脰，頸也。言衆獸迫急，以角搶地，以額注地，或自觸車輻，關頸而死也。搶音千羊反。蹶音子育反。脰音豆。」

〔一八〕師古曰：「言矢雖妄發而必有中，進則履之，退則獲之。」

〔一九〕師古曰：「淫，過也。夷，平也。言創過大，血流平於車輪也。丘累陵聚，言其積多。」

於是禽殫中衰，〔一〕相與集於靖冥之館，〔二〕以臨珍池。灌以岐梁，溢以江河，〔三〕東瞰目盡，西暢亡厓，〔四〕隨珠和氏，焯爍其陂。〔五〕玉石嶜崟，眩燿青熒，〔六〕漢女水潛，怪物暗冥，不可殫形。〔七〕玄鸞孔雀，翡翠垂榮，〔八〕王雎關關，鴻鴈嚶嚶，〔九〕羣娭虖其中，噍噍昆鳴；〔一〇〕鳧鷖振鷺，上下砰磕，聲若雷霆。〔一一〕乃使文身之技，水格鱗蟲，〔一二〕淩堅冰，犯嚴淵，探巖排碕，薄索蛟螭，〔一三〕蹈獱獺，據黿鼉，〔一四〕抾靈蠵。〔一五〕入洞穴，出蒼梧，〔一六〕乘鉅鱗，騎京魚。〔一七〕浮彭蠡，目有虞。〔一八〕方椎夜光之流離，剖明月之珠胎，〔一九〕鞭洛水之虙妃，餉屈原與彭胥。〔二〇〕

〔一〕師古曰：「殫，盡也。中，射中也，音竹仲反。」

〔二〕晉灼曰：「靖冥，深閑之館。」

〔三〕晉灼曰：「梁，梁山也。」服虔曰：「珍池，山下之流也。」

〔四〕師古曰：「瞰，視也。目盡，極望〔也〕；亡厓〔也〕，言廣遠也。」

〔五〕師古曰：「焯，古灼字也。焯爍，光貌。爍音式藥反。」

〔六〕師古曰：「玉石，石之似玉者也。嶜崟，高銳貌。青熒，言其色青而有光熒也。嶜音仕金反。崟音牛林反。」

〔七〕應劭曰：「漢女，鄭交甫所逢二女，弄大珠，大如荊雞子。」師古曰：「不可殫形，不能盡其形貌之狀。」

〔八〕師古曰：「言其毛羽有光華。」

〔九〕師古曰：「王雎，雎鳩也。關關，和聲也。嚶嚶，相命〔聲〕也。嚶音於行反。」

〔一〇〕師古曰：「娭，戲也。昆，同也。娭音許其反。噍音子由反。」

〔一一〕師古曰：「鳧，水鳥，即今之野鴨也。鷖，鳧屬也。鷺，白鳥也。振者，言振羽翼而飛也。詩大雅曰『鳧鷖在涇』，周頌曰『振鷺于飛』，三者皆水鳥也。言其羣飛上下，翅翼之聲若雷霆也。鷖音烏奚反。砰音普萌反。」

〔一二〕服虔曰：「文身，越人也，能入水取物。」

〔一三〕師古曰：「嚴，言不可犯也。巖，水岸嶔巖之處也。碕，曲岸也。薄，迫也。索，搜求也。碕音鉅依反。嶔音口銜反。」

〔一四〕蘇林曰：「獱音賓。」師古曰：「獺，形如狗，在水中食魚。獱，小獺也。獺音它曷反。」

〔一五〕鄭氏曰：「抾音怯。」應劭曰：「蠵，大龜也。雄曰毒冒，雌曰觜蠵。」師古曰：「抾，挹（抆）〔取〕也，又音祛。蠵音弋隨反，又音攜。」

〔一六〕晉灼曰：「洞穴，禹穴也。」師古曰：「洞，通也。」

〔一七〕師古曰：「京，大也，或讀為鯨。鯨，大魚也。」

〔一八〕應劭曰：「彭蠡，大澤，在豫章。」師古曰：「目猶視也，望也。有虞謂舜陟方在江南，言遙望也。」

〔一九〕師古曰：「珠在蛤中若懷妊然，故謂之胎也。椎音直佳反，其字從木。」

〔二〇〕師古曰：「彭，彭咸，胥，伍子胥，皆水死者。虙讀曰伏。」

於茲虖鴻生鉅儒，俄軒冕，雜衣裳，〔一〕修唐典，匡雅頌，揖讓於前。〔二〕昭光振燿，蠁曶如神，〔三〕仁聲惠於北狄，武義動於南鄰。〔四〕是以旃裘之王，胡貉之長，移珍來享，抗手稱臣。〔五〕前入圍口，後陳盧山。〔六〕羣公常伯楊朱、墨翟之徒〔七〕喟然稱曰：〔八〕「崇哉乎德，雖有唐、虞、大夏、成周之隆，何以侈茲！太古之覲東嶽，禪梁基，舍此世也，其誰與哉？」

〔一〕師古曰：「俄俄，陳畢之貌。雜者，言衣與裳皆雜色也。」

〔二〕師古曰：「匡，正也。」

〔三〕師古曰：「蠁與嚮同。曶與忽同。」

〔四〕師古曰：「南方有金鄰之國，極遠也，故云南鄰。一曰，鄰邑也。」

〔五〕如淳曰：「以物與人曰移。」師古曰：「貉，東北夷也。享，獻也。抗，舉手也，言其肅恭合掌而拜也。貉音莫百反。」
〔六〕孟康曰：「單于南庭山也。」
〔七〕師古曰：「常伯，侍中也。解在谷永傳。楊朱、墨翟，取古賢以爲喻也。」
〔八〕師古曰：「喟，歎息也，音丘位反。」

上猶謙讓而未俞也，〔一〕方將上獵三靈之流，下決醴泉之滋，〔二〕發黃龍之穴，窺鳳皇之巢，臨麒麟之囿，幸神雀之林；奢雲夢，侈孟諸，〔三〕非章華，是靈臺，〔四〕罕徂離宮而輟觀游，〔五〕土事不飾，木功不彫，承民乎農桑，〔六〕勸之以弗迨，儕男女使莫違；〔七〕恐貧窮者不徧被洋溢之饒，開禁苑，散公儲，創道德之囿，弘仁惠之虞，〔八〕馳弋乎神明之囿，覽觀乎羣臣之有亡；放雉菟，收罝罘，麋鹿芻蕘與百姓共之，〔九〕蓋所以臻茲也。於是醇洪鬯之德，豐茂世之規，〔一〇〕加勞三皇，勗勤五帝，不亦至乎！乃祗莊雍穆之徒，〔一一〕立君臣之節，崇賢聖之業，未皇苑囿之麗，游獵之靡也，〔一二〕因回軫還衡，〔一三〕背阿房，反未央。

〔一〕張晏曰：「俞，然也。」師古曰：「俞音踰。」
〔二〕如淳曰：「三靈，日月星垂象之應也。」師古曰：「流者，言其和液下流。」
〔三〕師古曰：「雲夢，楚藪澤名也。春秋昭公三年『楚靈王與鄭伯田于江南之夢』。孟諸，宋藪澤名。文公十年『楚穆王欲伐宋，昭公導之以田孟諸』。言今皆以二者爲奢侈而改也。」

〔四〕師古曰：「言以楚靈王章華之臺爲非，而周文王靈臺之制爲是也。」
〔五〕師古曰：「罕，希也。徂，往也。輟，止也。」
〔六〕師古曰：「承，舉也。」
〔七〕師古曰：「儕，耦也。違謂失婚姻時也。儕音仕皆反。」
〔八〕師古曰：「虞與娛同。」
〔九〕師古曰：「芻所以(飯)〔飤〕牛馬。蕘，草薪。」
〔一〇〕師古曰：「洪，大也。鬯與暢同。暢，通也。」
〔一一〕師古曰：「祗莊，敬也。雍穆，和也。」
〔一二〕師古曰：「皇，暇也。」
〔一三〕師古曰：「軫，輿後横木也。衡，轅前横木也。」

校勘記

三五一三頁四行　以支庶初食采於晉之(楊)〔揚〕。　景祐、殿本都作「揚」，下文及注原作「楊」者並照改。
三五一四頁二行　偪，古逼(也)〔字〕。　殿本作「字」。王先謙說殿本是。
三五一八頁七行　(固)不如襞而幽之離房。　景祐、殿本都無「固」字。
三五二一頁一三行　(焉)駕八龍之委蛇？　景祐、殿本都無「焉」字。
三五二二頁一四行　夫聖哲之(不)遭兮，　景祐、殿本都無「不」字。
三五二三頁一三行　(亦)〔音〕之亦反。　景祐、殿、局本都作「音」，此誤。
三五二五頁一〇行　(亦)〔言〕寒涼戰栗之處也。　景祐、殿本都作「言」，此誤。
三五二八頁一行　一曰施，直謂安施(音)之耳，　景祐本無「音」字，此衍。
三五二八頁四行　蔑蠓，(蚊)〔蚊〕也。　殿、局本都作「蚊」。
三五二九頁六行　衍音(亦)〔亦〕戰反。　景祐、殿、局本都作「亦」，此誤。
三五三〇頁一五行　冠倫魁能，〔五〕　注〔五〕原在「能」字上，明顏師古以「冠倫魁」斷句。劉攽、劉敞、齊召南、王先謙都說「能」字當屬上讀，文選同。
三五三二頁二行　陳衆車(所)〔於〕東阬兮，　景祐、殿本都作「於」。王先謙說作「於」是。
三五三二頁五行　(眸)〔侔〕神明與之爲資。　景祐、殿本都作「侔」。
三五三三頁一〇行　招繇泰壹，　王先謙說招搖雖亦神名，施於此處則不類。按禮樂志「體招搖若永望」顏注「申動貌」。下文「徘徊招搖」同。
三五三四頁一三行　追音(又)〔丈〕夷反。　景祐本作「丈」。王先謙說作「丈」是。
三五三五頁二行　若曰此非人力之所(能)〔爲〕，　景祐、殿本都作「爲」。
三五三六頁五行　皆可(相)〔想〕見，　殿本作「想」。王先謙說作「想」是。
三五三六頁一二行　(義)〔羲〕和司日，　景祐、汲古、殿、局本都作「羲」，此誤。

三五三七頁一二行　屈橋，(言)壯捷貌。　景祐、殿本都無「言」字，此衍。
三五三八頁五行　灑沈(菑)〔菑〕於豁瀆兮，　錢大昭說「菑」當作「菑」。按殿本作「菑」。
三五四二頁二行　(師古曰)駁音先合反。　景祐、殿本都無「師古曰」三字，此衍。
三五四三頁六行　營謂(圜)〔圍〕守也。　景祐、殿本都作「圍」，此誤。
三五四三頁一三行　黴車，有黴(熾)〔幟〕之車也。　景祐、殿本都作「幟」，此誤。
三五四五頁一七行　撞鴻鍾，建九(流)〔旒〕。　景祐、殿本都作「旒」。
三五四六頁一四行　言車之衆(飭)〔飾〕　殿本作「飾」。王先謙說殿本是。
三五五一頁五行　目盡，極望〔也〕。亡厓(也)，言廣遠也。　殿本「也」字在「極望」下。王先謙說殿本是。
三五五一頁一〇行　相命〔聲〕也。　景祐、殿本都有「聲」字。
三五五二頁一行　拔，挹(抆)〔取〕也。　景祐、殿、局本都作「取」。
三五五四頁六行　芻所以(飯)〔飤〕牛馬。　景祐、殿本都作「飤」。

漢書卷八十七下

揚雄傳第五十七下

明年，上將大誇胡人以多禽獸，秋 命右扶風發民入南山，西自褒斜，東至弘農，南敺漢中，〔一〕張羅罔罝罘，捕熊羆豪豬虎豹狖玃狐菟麋鹿，〔二〕載以檻車，輸長楊射熊館。〔三〕以罔爲周阹，〔四〕（從）〔縱〕禽獸其中，令胡人手搏之，自取其獲，上親臨觀焉。是時，農民不得收斂。雄從至射熊館，還，上長楊賦，聊因筆墨之成文章，故藉翰林以爲主人，子墨爲客卿以風。〔五〕其辭曰：

〔一〕師古曰：「褒斜，南山二谷名也。漢中，今梁州也。斜音弋奢反。」

〔二〕師古曰：「狖似獼猴，仰鼻而長尾。玃亦獼猴類也，長臂善搏。玃身長，金色。狖音弋授反。玃音钁。」

〔三〕師古曰：「長楊，宮名也，在盩厔縣，其中有射熊館。」

〔四〕李奇曰：「阹，遮禽獸圍陳也。」師古曰：「阹音祛。」

〔五〕師古曰：「藉，借也。風讀曰諷。」

子墨客卿問於翰林主人曰：「蓋聞聖主之養民也，仁霑而恩洽，動不爲身。〔一〕今年獵長楊，先命右扶風，左太華而右褒斜，〔二〕椓（截）〔嶻〕嶭而爲弋，紆南山以爲罝，〔三〕羅千乘於林莽，列萬騎於山隅，〔四〕帥軍踤阹，錫戎獲胡。〔五〕搤熊羆，拕豪豬，〔六〕木雍槍纍，以爲儲胥，〔七〕此天下之窮覽極觀也。雖然，亦頗擾于農民。三旬有餘，其廑至矣，〔八〕而功不圖，〔九〕恐不識者，外之則以爲娛樂之遊，內之則不以爲乾豆之事，〔一〇〕豈爲民乎哉！且人君以玄默爲神，澹泊爲德，〔一一〕今樂遠出以露威靈，〔一二〕數搖動以罷車甲，〔一三〕本非人主之急務也，蒙竊或焉。」〔一四〕

〔一〕師古曰：「言憂百姓也。」

〔二〕師古曰：「太華卽西嶽華山。」

〔三〕師古曰：「嶻嶭卽所謂嵳峩山也，在京師之北。凡言此者，示獵圍之寬廣也。嶻嶭音截櫱，又音材葛反，又音五葛反。」

〔四〕師古曰：「草平曰莽。」

〔五〕師古曰：「踤，足蹵之也。錫戎獲胡，言以禽獸賜戎狄，令胡人獲取之。踤音才恤反。」

〔六〕師古曰：「搤，捉持之也。豪豬亦名帚豲也，自爲牝牡者也。搤音戹。拕音佗。豲音（完）〔桓〕。」

〔七〕蘇林曰：「木擁柵其外，又以竹槍纍爲外儲也。」服虔曰：「儲胥猶言有餘也。」師古曰：「儲，峙也。胥，須也。以木擁槍及纍繩連結以爲儲胥，言有儲畜以待所須也。槍音千羊反。纍音力佳反。」

〔八〕師古曰：「廑，古勤字。」

〔九〕張晏曰：「不可圖畫以示後人。」師古曰：「此說非也。圖，謀也，言百姓甚勤勞矣，而不見謀贍恤之事。」

〔一〇〕師古曰：「乾豆，三驅之一也。乾豆者，言爲脯羞以充實豆，薦宗廟。」

〔一一〕師古曰：「澹泊，安靜也。澹音徒濫反。泊音步各反，又音魄。」

〔一二〕師古曰：「露謂顯暴不深固。」

〔一三〕師古曰：「罷讀曰疲。」

〔一四〕師古曰：「蒙，自謂蒙蔽也。」

翰林主人曰：「吁，謂之茲邪！〔一〕若客，所謂知其一未睹其二，見其外不識其內者也。僕嘗倦談，不能一二其詳，〔二〕請略舉凡，而客自覽其切焉。」〔三〕

〔一〕師古曰：「吁，疑怪之辭也。謂茲邪，猶云何爲如此也。吁音于。」

〔二〕師古曰：「詳，悉也。」

〔三〕師古曰：「凡，大指也。切，要也。」

客曰：「唯，唯。」

主人曰：「昔有彊秦，封豕其士，窫窳其民，鑿齒之徒相與摩牙而爭之，〔一〕豪俊麋沸雲擾，羣黎爲之不康。〔二〕於是上帝眷顧高祖，高祖奉命，順斗極，運天關，橫鉅海，票昆侖，〔三〕提劍而叱之，所麾城（擲）〔摲〕邑，下將降旗，〔四〕一日之戰，不可殫記。〔五〕當此

之勤，頭蓬不暇疏，飢不及餐，〔六〕鞮鍪生蟣蝨，介冑被霑汗，〔七〕以爲萬姓請命虖皇天。乃展民之所詘，振民之所乏，〔八〕規億載，恢帝業，七年之間而天下密如也。〔九〕

〔一〕應劭曰：「淮南子云，堯之時窫窳、封豨、鑿齒皆爲民害。窫窳類貙，虎爪食人。」服虔曰：「鑿齒〔齒〕長五寸，似鑿，亦食人。」李奇曰：「以喻秦貪婪，殘食其民也。」師古曰：「封，大也。窫音於黠反。窳音愈。」

〔二〕師古曰：「黎，衆；康，安也。」

〔三〕師古曰：「票猶言搖動也，音匹昭反。」

〔四〕李奇曰：「（擲）〔摲〕音車轍之轍。」師古曰：「（擲）〔摲〕，舉手擬之也。」

〔五〕師古曰：「殫，盡也。不可盡記，言其多也。」

〔六〕師古曰：「蓬謂髮亂如蓬也。」

〔七〕師古曰：「鞮鍪卽兜鍪也。鞮音丁奚反。鍪音牟。蟣音居豈反。」

〔八〕師古曰：「展，申也。振，起也。」

〔九〕師古曰：「密，靜也。」

「逮至聖文，隨風乘流，方垂意於至寧，躬服節儉，綈衣不敝，革鞜不穿，〔一〕大夏不居，木器無文。〔二〕於是後宮賤瑇瑁而疏珠璣，卻翡翠之飾，除彫瑑之巧，〔三〕惡麗靡而不近，斥芬芳而不御，〔四〕抑止絲竹晏衍之樂，憎聞鄭衞幼眇之聲，〔五〕是以玉衡正而太階平也。〔六〕

〔一〕師古曰：「言不穿敝而已，無取紛華也。䩦，革履，音踏。」
〔二〕師古曰：「大夏，夏屋也。」
〔三〕師古曰：「瑑，刻鏤也。瑑音篆。」
〔四〕師古曰：「斥，卻也。」
〔五〕師古曰：「衍音弋戰反。幼音一笑反。眇音妙。」
〔六〕師古曰：「玉衡，天儀也。太階，解在東方朔傳。」

「其後熏鬻作虐，東夷橫畔，〔一〕羌戎睚眦，閩越相亂，〔二〕遐萌爲之不安，中國蒙被其難。〔三〕於是聖武勃怒，爰整其旅，乃命票、衞，〔四〕汾沄沸渭，雲合電發，〔五〕猋騰波流，機駭蠭軼，〔六〕疾如奔星，擊如震霆，〔七〕砰轒轀，破穹廬，〔八〕腦沙幕，髓余吾。〔九〕遂獵乎王廷。〔一〇〕敺橐它，燒熐蠡，〔一一〕分剓單于，磔裂屬國，〔一二〕夷阬谷，拔鹵莽，刊山石，〔一三〕蹂屍輿廝，係累老弱，〔一四〕兗鋋瘢耆、金鏃淫夷者數十萬人，〔一五〕皆稽顙樹頷，扶服蛾伏，〔一六〕二十餘年矣，尚不敢惕息。〔一七〕夫天兵四臨，幽都先加，〔一八〕回戈邪指，南越相夷，〔一九〕靡節西征，羌僰東馳。是以遐方疏俗殊鄰絕黨之域，〔二〇〕自上仁所不化，茂德所不綏，莫不蹻足抗手，請獻厥珍，〔二一〕使海內澹然，〔二二〕永亡邊城之災，金革之患。

〔一〕師古曰：「鬻音弋六反。橫音胡孟反。」
〔二〕師古曰：「睚眦，瞋目貌。睚音五懈反。眦音仕懈反。睚字或作矔，矔者怒其目眥也，音工喚反。」

〔三〕師古曰：「遐，遠也。」
〔四〕師古曰：「票，票騎霍去病。衞，衞青也。」
〔五〕師古曰：「汾沄沸渭，奮擊貌。汾音紛。沄音雲。」
〔六〕師古曰：「猋，疾風也。騰，舉也。蠭與鋒同。軼，過也。如機之駭，如蠭之過，言其疾也。軼與逸同。」
〔七〕師古曰：「霆，雷之急者，音廷。」
〔八〕應劭曰：「轒轀，匈奴車也。」師古曰：「穹廬，氈帳也。轒音扶云反。轀音於云反。」
〔九〕師古曰：「腦塗沙幕地，髓入余吾水，言其大破死亡。髓，古髓字。」
〔一〇〕孟康曰：「匈奴王廷也。」
〔一一〕張晏曰：「熐蠡，乾酪也，以爲酪母。燒之，壞其養生之具也。」師古曰：「熐音覓。蠡音黎，又音來戈反。」
〔一二〕師古曰：「剓與犛同，謂剺析也。犛音力私反。」
〔一三〕師古曰：「鹵莽，淺草之地也。阬音口衡反。莽音莫戶反。」
〔一四〕師古曰：「言已死則蹂踐其屍，破傷者則輿之而行也。廝，破折也，音斯。累音力追反。」
〔一五〕如淳曰：「兗，括也。」孟康曰：「瘢耆，馬脊創瘢處也。」蘇林曰：「以耆字爲著字。著音債之著，鏃著其頭也。」師古曰：「鋋，鐵矜小矛也。淫夷，過傷也。據如、孟氏之說，則箭括及鋋所中，皆有創瘢於耆，而被金鏃過傷者復衆也。如蘇氏以耆字爲著字，依其所釋，則括及鋋所傷皆有瘢，又著金鏃於頭上而過傷者亦多矣。用字既別，分句不同。據今書本多作耆字，宜從孟說。鋋音蟬，又音延。著音竹略反。矜音互巾反。」
〔一六〕如淳曰：「叩頭時項下向，則頷樹上向也。」師古曰：「樹，豎也。頷音胡感反。服音蒲北反。蛾與蟻同。蛾伏者，言其伏如蟲蟻也。」
〔一七〕師古曰：「惕息，懼而小息也。息，出入氣也。」
〔一八〕師古曰：「幽都，北方，謂匈奴。」
〔一九〕師古曰：「夷，傷也，一曰平殄也。」
〔二〇〕師古曰：「疏亦遠也。鄰，邑也。」
〔二一〕師古曰：「蹻，舉也，音矯。」
〔二二〕師古曰：「澹，安也，音徒濫反。」

「今朝廷純仁，遵道顯義，并包書林，聖風雲靡；〔一〕英華沈浮，洋溢八區，普天所覆，莫不沾濡；士有不談王道者則樵夫笑之。〔二〕故意者以爲事罔隆而不殺，物靡盛而不虧，〔三〕故平不肆險，安不忘危。〔四〕乃時以有年出兵，整輿竦戎，〔五〕振師五莋，習馬長楊，〔六〕簡力狡獸，校武票禽。〔七〕乃萃然登南山，瞰烏弋，〔八〕西厭月𥜿，東震日域。〔九〕又恐後世迷於一時之事，常以此取國家之大務，淫荒田獵，陵夷而不禦也，〔一〇〕是以車不安軔，日未靡旃，從者彷彿，骫屬而還；〔一一〕亦所以奉太宗之烈，遵文武之度，復三王之田，反五帝之虞；〔一二〕使農不輟耰，工不下機，〔一三〕婚姻以時，男女莫違；〔一四〕出愷弟，行簡易，矜劬勞，休力役；〔一五〕見百年，存孤弱，帥與之同苦樂。然後陳鐘鼓之樂，鳴鞀磬之和，建碣磍之虡，〔一六〕拮隔鳴球，掉八列之舞；〔一七〕酌允鑠，肴樂胥，〔一八〕聽廟中之

雍雍，受神人之福祜；〔一九〕歌投頌，吹合雅。其勤若此，故眞神之所勞也。〔二〇〕方將俟元符，〔二一〕以禪梁甫之基，增泰山之高，延光于將來，比榮乎往號，豈徒欲淫覽浮觀，馳騁秔稻之地，周流梨栗之林，蹂踐芻蕘，誇詡衆庶，盛狖玃之收，多麋鹿之獲哉！且盲不見咫尺，而離婁燭千里之隅；〔二二〕客徒愛胡人之獲我禽獸，曾不知我亦已獲其王侯。」

〔一〕師古曰：「靡，合韻音武義反。」
〔二〕師古曰：「樵夫，采樵之人。」
〔三〕師古曰：「罔、靡，皆無也。殺，衰也。音所例反。」
〔四〕服虔曰：「肆，棄也。」師古曰：「肆，放也，不放心於險而嘗思念也。」
〔五〕師古曰：「有年，有豐年也。因豐年而時出兵也。竦，勤也。」
〔六〕師古曰：「振亦整也。莋與柞同。」
〔七〕師古曰：「校，計量也。票禽，輕疾之禽也。票音頻妙反，又音西妙反。」
〔八〕晉灼曰：「萃，集也。」服虔曰：「三十六國，烏弋最在其西。」師古曰：「瞰，遠視也。音口濫反。」
〔九〕服虔曰：「𥜿音窟，穴。月𥜿，月所生也。」師古曰：「日域，日初出之處也。厭音一涉反。」
〔一〇〕師古曰：「禦，止也。」
〔一一〕張晏曰：「從者見彷彿，委屬迴旋。」師古曰：「車不安軔，未及止也。日未靡旃，不移景也。彷彿讀曰髣髴。骫，古委字也。屬音之欲反。還讀曰旋也。」

〔一二〕師古曰：「虞與娛同，合韻音牛具反。」
〔一三〕師古曰：「耰，摩田之器也。音憂。」
〔一四〕師古曰：「已解於上也。」
〔一五〕師古曰：「易，合韻音弋赤反。」
〔一六〕孟康曰：「碣磍，刻猛獸爲之，故其形碣磍而盛怒也。」師古曰：「鞀，古鼗字。鞀，小鼓也。碣音一轄反。磍音轄。」
〔一七〕師古曰：「拮隔，擊考也。鳴球，玉磬也。掉，搖也，搖身而舞也。一曰：拮隔，彈鼓也。鳴球，以玉飾琴瑟也。拮音居黠反。球音求，又音虯。掉音徒釣反。」
〔一八〕張晏曰：「允，信也。鑠，美也。言酌信義以當酒，師禮樂以爲肴也。」師古曰：「小雅車攻之詩曰『允矣君子，展也大成』，周頌酌之詩曰『於鑠王師』，小雅桑扈之詩曰『君子樂胥』，故引之爲言也。胥音先呂反。」
〔一九〕師古曰：「大雅思齊之詩曰『雝雝在宮，肅肅在廟』，小雅桑扈之詩曰『受天之祜』。祜，福也，音戶。」
〔二〇〕師古曰：「大雅旱麓之詩曰『愷弟君子，神所勞矣』。勞謂勞來之，猶言勸勉也，故雄引之云。勞音郎到反。」
〔二一〕師古曰：「元，善也。符，瑞也。」
〔二二〕師古曰：「離婁，古明目者。一號離朱。燭，照也。」

言未卒，墨客降席再拜稽首曰：「大哉體乎！允非小子之所能及也。〔一〕乃今日發矇，廓然已昭矣！」

〔一〕師古曰：「允，信也。」

哀帝時丁、傅、董賢用事，諸附離之者或起家至二千石。〔一〕時雄方草太玄，有以自守，

泊如也。〔二〕或謿雄以玄尚白，〔三〕而雄解之，號曰解謿。其辭曰：

〔一〕師古曰：「離，著也，音麗。」
〔二〕師古曰：「泊，安靜也，音步各反。」
〔三〕師古曰：「玄，黑色也。言雄作之不成，其色猶白，故無祿位也。」

客謿揚子曰：「吾聞上世之士，人綱人紀，〔一〕不生則已，生則上尊人君，下榮父母，析人之圭，儋人之爵，〔二〕懷人之符，分人之祿，紆青拕紫，朱丹其轂。〔三〕今子幸得遭明盛之世，處不諱之朝，與羣賢同行，〔四〕歷金門上玉堂有日矣，〔五〕曾不能畫一奇，出一策，上說人主，下談公卿。目如燿星，舌如電光，壹從壹衡，論者莫當，〔六〕顧而作太玄五千文，〔七〕支葉扶疏，獨說十餘萬言，〔八〕深者入黃泉，高者出蒼天，大者含元氣，纖者入無倫，〔九〕然而位不過侍郎，擢纔給事黃門。〔一〇〕意者玄得毋尚白乎？何爲官之拓落也？」〔一一〕

〔一〕師古曰：「爲衆人之綱紀也。」
〔二〕師古曰：「析亦分也。儋，荷負也。」
〔三〕師古曰：「青紫謂綬之色也。紆，縈也。拕，曳也。拕音吐賀反，又音徒可反。」
〔四〕師古曰：「同行謂同行列。」
〔五〕應劭曰：「金門，金馬門也。」晉灼曰：「黃圖有大玉堂、小玉堂殿也。」
〔六〕師古曰：「從音子容反。」
〔七〕師古曰：「顧，反也。」
〔八〕師古曰：「扶疏，分布也。」
〔九〕師古曰：「纖微之甚，無等倫。」
〔一〇〕師古曰：「纔，淺也，言僅得之也。纔音才。」
〔一一〕師古曰：「拓落，不耦也。拓音託。」

揚子笑而應之曰：「客徒欲朱丹吾轂，不知一跌將赤吾之族也！〔一〕往者周罔解結，羣鹿爭逸，〔二〕離爲十二，合爲六七，〔三〕四分五剖，並爲戰國。〔四〕士無常君，國亡定臣，得士者富，失士者貧，矯翼厲翮，恣意所存，〔五〕故士或自盛以橐，或鑿坏以遁。〔六〕是故騶衍以頡亢而取世資，〔七〕孟軻雖連蹇，猶爲萬乘師。〔八〕

〔一〕師古曰：「跌，足失厝也。見誅殺者必流血，故云赤族。跌音徒結反。」
〔二〕師古曰：「謂戰國時諸侯也。」
〔三〕師古曰：「十二，謂魯、衞、齊、楚、宋、鄭、燕、秦、韓、趙、魏、中山也。六七者，齊、趙、韓、魏、燕、楚六國及秦爲七也。」
〔四〕晉灼曰：「道其分離之意，四分則交五而裂如田字。」
〔五〕師古曰：「言來去如鳥之飛，各任所息也。」

〔六〕應劭曰：「自盛以橐，謂范雎也。鑿坏，謂顏闔也。魯君聞顏闔賢，欲以爲相，使者往聘，因鑿後垣而亡。坏，壁也。」蘇林曰：「坏音陪。」師古曰：「又音普回反。」
〔七〕應劭曰：「衍，齊人也。著書所言皆天事，故齊人曰『談天衍』。遊諸侯，所言則以爲迂闊遠於事情，然終不屈。嘗仕於齊，位至卿。」師古曰：「頡亢，上下不定也。頡音下結反。亢音胡浪反。」
〔八〕張晏曰：「連蹇，難也，言値世之屯難也。」師古曰：「連音輦。」

「今大漢左東海，右渠搜，前番禺，後陶塗。〔一〕東南一尉，〔二〕西北一候。〔三〕徽以糾墨，製以質鈇，〔四〕散以禮樂，風以詩書，〔五〕曠以歲月，結以倚廬。〔六〕天下之士，雷動雲合，魚鱗雜襲，咸營于八區，〔七〕家家自以爲稷契，人人自以爲咎繇，戴縰垂纓而談者皆擬於阿衡，〔八〕五尺童子羞比晏嬰與夷吾；〔九〕當塗者入青雲，失路者委溝渠，旦握權則爲卿相，夕失勢則爲匹夫；譬若江湖之雀，勃解之鳥，乘鴈集不爲之多，雙鳧飛不爲之少。〔一〇〕昔三仁去而殷虛，〔一一〕二老歸而周熾，〔一二〕子胥死而吳亡，種、蠡存而粵伯，〔一三〕五羖入而秦喜，樂毅出而燕懼，〔一四〕范雎以折摺而危穰侯，〔一五〕蔡澤雖噤吟而笑唐舉。〔一六〕故當其有事也，非蕭、曹、子房、平、勃、樊、霍則不能安；當其亡事也，章句之徒相與坐而守之，亦亡所患。〔一七〕故世亂，則聖哲馳騖而不足；世治，則庸夫高枕而有餘。

〔一〕如淳曰：「小國也。」師古曰：「騊駼馬出北海上。今此云後陶塗，則是北方國名也。本國出馬，因以爲名。今書本陶字有作椒者，流俗所改。」

〔二〕孟康曰：「會稽東部都尉也。」
〔三〕孟康曰：「敦煌玉門關候也。」
〔四〕師古曰：「言有罪者則係於徽墨，尤惡者則斬以鈇質也。徽、糾、墨，皆繩也。質，鍖也。鈇，莝刃也，音膚。鍖音竹林反。」
〔五〕師古曰：「風，化也。」
〔六〕孟康曰：「在倚廬行服三年也。」應劭曰：「漢律以不爲親行三年服不得選舉。」師古曰：「倚廬，倚牆至地而爲之，無楣柱。倚音於綺反。」
〔七〕師古曰：「八區，八方也。」
〔八〕師古曰：「繼，韜髮者也，音山爾反。」
〔九〕師古曰：「夷吾，管仲也。羞比之也，以其不爲王者之佐。」
〔一〇〕應劭曰：「乘鴈，四鴈也。」師古曰：「雀字或作匡。鳥字或作島。島，海中山也，其義兩通。乘音食證反。」
〔一一〕師古曰：「論語稱『微子去之，箕子爲之奴，比干諫而死』。孔子曰：『殷有三仁焉。』虛，空也。一曰虛讀曰墟，言其亡國爲丘墟。」
〔一二〕應劭曰：「二老，伯夷、太公也。」
〔一三〕師古曰：「伯讀曰霸。」
〔一四〕師古曰：「五羖謂百里奚也。買以羖羊之皮五，故稱五羖也。」
〔一五〕晉灼曰：「揩，古拉字也。」

〔一六〕師古曰：「噤吟，顉頤之貌。澤從唐舉相，謂之曰：『聖人不相，殆先生乎！』澤曰：『吾自知富貴。』噤音鉅錦反。吟音魚錦反。舉，合韻音居御反。」
〔一七〕師古曰：「章句小儒也。患，合韻音胡關反。」

「夫上世之士，或解縛而相，〔一〕或釋褐而傅；〔二〕或倚夷門而笑，〔三〕或橫江潭而漁；〔四〕或七十說而不遇，〔五〕或立談閒而封侯；〔六〕或枉千乘於陋巷，〔七〕或擁帚彗而先驅。〔八〕是以士頗得信其舌而奮其筆，〔九〕窒隙蹈瑕而無所詘也。〔一〇〕當今縣令不請士，郡守不迎師，羣卿不揖客，將相不俛眉；〔一一〕言奇者見疑，行殊者得辟，〔一二〕是以欲談者宛舌而固聲，欲行者擬足而投迹。〔一三〕鄉使上世之士處虖今，〔一四〕策非甲科，行非孝廉，舉非方正，獨可抗疏，時道是非，〔一五〕高得待詔，下觸聞罷，〔一六〕又安得青紫？

〔一〕孟康曰：「管仲也。」
〔二〕孟康曰：「甯戚也。」
〔三〕應劭曰：「侯嬴也。爲夷門卒，秦伐趙，趙求救，無忌將十餘人往辭嬴，嬴無所戒。更還，嬴笑之，以謀告無忌也。」
〔四〕（師古）〔服虔〕曰：「漁父也。」師古曰：「江潭而漁，潭音覃。漁，合韻音牛助反。」
〔五〕應劭曰：「孔丘也。」
〔六〕服虔曰：「薛公也。」
〔七〕應劭曰：「齊有小臣稷，桓公一日三至而不得見，從者曰：『可以止矣！』桓公曰：『士之傲爵祿者，固輕其主，主傲霸王者亦輕其士，縱彼傲爵祿者，吾庸敢傲霸王乎！』遂見之。」
〔八〕應劭曰：「鄒衍之燕，昭王郊迎，擁彗爲之先驅也。」師古曰：「彗亦以掃者也，音似歲反。」
〔九〕師古曰：「信讀曰申。」
〔一〇〕李奇曰：「君臣上下，有釁罅瑕隙乖離之漸，則可抵而取也。」師古曰：「釁，釁罅也。罅音呼稼反。」
〔一一〕師古曰：「自高抗也。俛，低也。」
〔一二〕師古曰：「辟，罪法。」
〔一三〕師古曰：「宛，屈也。固，閉也。擬，疑也。」
〔一四〕師古曰：「鄉讀曰嚮。」
〔一五〕師古曰：「抗，舉也，謂上之也。疏者，疏條其事而言之。疏音所據反。」
〔一六〕師古曰：「報聞而罷之。」

「且吾聞之，炎炎者滅，隆隆者絕；觀雷觀火，爲盈爲實，天收其聲，地藏其熱。〔一〕高明之家，鬼瞰其室。〔二〕攫挐者亡，默默者存；〔三〕位極者宗危，自守者身全。是故知玄知默，守道之極；爰清爰靜，游神之廷；〔四〕惟寂惟寞，守德之宅。世異事變，人道不殊，彼我易時，未知何如。〔五〕今子乃以鴟梟而笑鳳皇，執蝘蜓而嘲龜龍，〔六〕不亦病乎！子徒笑我玄之尚白，吾亦笑子之病甚，不遭臾跗、扁鵲，〔七〕悲夫！」

〔一〕師古曰：「炎炎，火光也。隆隆，雷聲也。人之觀火聽雷，謂其盈實，終以天收雷聲，地藏火熱，則爲虛無。言極

盛者亦滅亡也。」
〔二〕李奇曰：「鬼神害盈而福謙也。」師古曰：「瞰，視也。音口濫反。」
〔三〕師古曰：「攫挐，妄有搏執牽引也。挐音女居反。」
〔四〕師古曰：「靜，合韻音才性反。」
〔五〕李奇曰：「或能勝之。」
〔六〕師古曰：「蝘蜓，蜥蜴也。蝘音烏典反。蜓音殄。」
〔七〕師古曰：「二人皆古之良醫也。跗音甫無反。」

客曰：「然則靡玄無所成名乎？〔一〕范、蔡以下何必玄哉？」

〔一〕師古曰：「靡亦無。」

揚子曰：「范雎，魏之亡命也，折脅拉髂，免於徽索，〔一〕翕肩蹈背，扶服入橐，〔二〕激卬萬乘之主，〔三〕界涇陽抵穰侯而代之，〔四〕當也。〔五〕蔡澤，山東之匹夫也，顉頤折頞，涕涶流沫，〔六〕西揖彊秦之相，搤其咽，炕其氣，附其背而奪其位，〔七〕時也。〔八〕天下已定，金革已平，都於雒陽，婁敬委輅脫輓，掉三寸之舌，〔九〕建不拔之策，舉中國徙之長安，〔一〇〕適也。〔一一〕五帝垂典，三王傳禮，百世不易，叔孫通起於枹鼓之閒，〔一二〕解甲投戈，遂作君臣之儀，得也。〔一三〕甫刑靡敝，秦法酷烈，〔一四〕聖漢權制，而蕭何造律，宜也。〔一五〕故有造蕭何律於唐虞之世，則誖矣；〔一六〕有作叔孫通儀於夏殷之時，則惑矣；有建婁敬

之策於成周之世，則繆矣；有談范、蔡之說於金、張、許、史之間，則狂矣。〔夫〕蕭規曹隨，〔七〕留侯畫策，陳平出奇，功若泰山，嚮若阺隤，〔八〕唯其人之贍知哉，亦會其時之可爲也。〔九〕故爲可爲於可爲之時，則從；爲不可爲於不可爲之時，則凶。夫藺先生收功於章臺，〔一〇〕四晧采榮於南山，〔一一〕公孫創業於金馬，〔一二〕票騎發迹於祁連，〔一三〕司馬長卿竊訾於卓氏，東方朔割（名）〔炙〕於細君。〔一四〕僕誠不能與此數公者並，故默然獨守吾太玄。」

〔一〕師古曰：「髂，骨也。徽，繩也。髂音格。」
〔二〕師古曰：「翕，歛也。服音蒲北反。」
〔三〕如淳曰：「卬，怒也。言秦安得王，獨太后穰侯耳。」師古曰：「卬讀曰仰。」
〔四〕蘇林曰：「抵音紙。界，間其兄弟使疏。」應劭曰：「涇陽，秦昭王弟，貴用事也。」
〔五〕師古曰：「言當其際。」
〔六〕師古曰：「頷，曲頤也，音欽。」
〔七〕張晏曰：「蔡澤說范雎以功成身退，禍福之機。適值雎有間於王，因薦以自代。」師古曰：「搤謂捻持之。咽，头也。吭，絕也。咽音一千反。吭音抗。」
〔八〕師古曰：「遇其時。」
〔九〕師古曰：「軫音胡格反。輓音晚。掉音徒釣反。解在劉敬傳。」

〔一〇〕師古曰：「不拔，謂其堅固不拔也。中國謂京師。」
〔一一〕師古曰：「中其適。」
〔一二〕師古曰：「枹音孚。」
〔一三〕師古曰：「得其所。」
〔一四〕師古曰：「靡，散也，音縻。」
〔一五〕師古曰：「合其宜。」
〔一六〕師古曰：「誖，乖也，音布內反。」
〔一七〕師古曰：「隨，從也。言蕭何始作規模，曹參因而從之。」
〔一八〕師古曰：「阺音氐。巴蜀人名山旁堆欲墮落曰阺。應劭以爲天水隴氏，失之矣。氐音丁禮反。」
〔一九〕師古曰：「非唯其人贍知，乃會時之可爲也。」
〔二〇〕孟康曰：「秦昭王、趙成王飲於此臺，藺相如前折昭王也。」晉灼曰：「相如獻璧於此臺。」師古曰：「晉說是也，謂齎璧入秦，秦不與趙地，相如詭取其璧，使人間以歸趙也。史記始皇本紀云章臺在渭南，而秦、趙會飲乃在黽池，非章臺也，孟說失之。」
〔二一〕師古曰：「榮者，謂聲名也。一曰，榮謂草木之英，采取以充食。」
〔二二〕孟康曰：「公孫弘對策金馬門。」
〔二三〕師古曰：「霍去病也。祁音止夷反。」
〔二四〕師古曰：「割，損也。言以肉歸遺細君，是損割其名。」

雄以爲賦者，將以風也，〔一〕必推類而言，極麗靡之辭，閎侈鉅衍，競於使人不能加也，〔二〕既乃歸之於正，然覽者已過矣。〔三〕往時武帝好神仙，相如上大人賦，欲以風，〔四〕帝反縹縹有陵雲之志。〔五〕繇是言之，賦勸而不止，明矣。〔六〕又頗似俳優淳于髡、優孟之徒，〔七〕非法度所存，賢人君子詩賦之正也，於是輟不復爲。〔八〕而大潭思渾天，〔九〕參摹而四分之，〔一〇〕極於八十一。旁則三摹九据，〔一一〕極之七百二十九贊，亦自然之道也。故觀易者，見其卦而名之；觀玄者，數其畫而定之。玄首四重者，非卦也，數也。其用自天元推一晝一夜陰陽數度律曆之紀，九九大運，與天終始。故玄三方、九州、二十七部、八十一家、二百四十三表、七百二十九贊，分爲三卷，曰一二三，與泰初歷相應，亦有顓頊之曆焉。揲之以三策，〔一二〕關之以休咎，絣之以象類，〔一三〕播之以人事，〔一四〕文之以五行，擬之以道德仁義禮知。無主無名，要合五經，苟非其事，文不虛生。爲其泰曼漶而不可知，〔一五〕故有首、衝、錯、測、攡、瑩、數、文、掜、圖、告十一篇，〔一六〕皆以解剝玄體，離散其文，章句尚不存焉。〔一七〕玄文多，故不著；觀之者難知，學之者難成。客有難玄大深，衆人之不好也，雄解之，號曰解難。其辭曰：

〔一〕師古曰：「風讀曰諷，下以諷刺上也。」
〔二〕師古曰：「言專爲廣大之言。」

〔三〕師古曰：「言其末篇反從之正道，故觀覽之者但得浮華，而無益於諷諫也。」
〔四〕師古曰：「風讀曰諷。」
〔五〕師古曰：「縹音匹昭反。」
〔六〕師古曰：「繇讀與由同。」
〔七〕師古曰：「髡、孟皆滑稽。」
〔八〕師古曰：「輟，止也。」
〔九〕師古曰：「潭，深也。渾天，天象也。渾音胡昆反。」
〔一〇〕蘇林曰：「三（拆）〔析〕而四分天之宿度甲乙也。」
〔一一〕晉灼曰：「据，今據字也。據猶位也，處也。」
〔一二〕蘇林曰：「三三而分之。」師古曰：「揲音食列反。」
〔一三〕晉灼曰：「絣，雜也。」師古曰：「絣，併也，音幷。」
〔一四〕師古曰：「播，布也。」
〔一五〕張晏曰：「曼音滿。漶音緩。」師古曰：「曼漶，不分別貌，猶言濛鴻也。曼音莫幹反。漶音奐。」
〔一六〕晉灼曰：「攡音離。」服虔曰：「掜音睨。」師古曰：「攡音摛。」
〔一七〕師古曰：「玄中之文雖有章句，其旨深妙，尙不能盡存，故解剝而離散也。」

客難揚子曰：「凡著書者，爲衆人之所好也，美味期乎合口，工聲調於比耳。〔一〕今吾子乃抗辭幽說，閎意眇指，〔二〕獨馳騁於有亡之際，而陶冶大鑪，旁薄羣生，〔三〕歷覽

者茲年矣，而殊不痻。〔四〕亶費精神於此，而煩學者於彼，〔五〕譬畫者畫於無形，弦者放於無聲，殆不可乎？」〔六〕

〔一〕師古曰：「比，和也，音頻二反。」
〔二〕師古曰：「眇讀曰妙。」
〔三〕師古曰：「旁薄猶言滂薄也。」
〔四〕師古曰：「茲，益也。茲年，言其久也。不痻，不曉其意。」
〔五〕師古曰：「亶讀曰但。」
〔六〕師古曰：「放，依也。殆，近也。放音甫往反。」

揚子曰：「俞。〔一〕若夫閎言崇議，幽微之塗，蓋難與覽者同也。昔人有觀象於天，視度於地，察法於人者，天麗且彌，地普而深，〔二〕昔人之辭，乃玉乃金。〔三〕彼豈好爲艱難哉？勢不得已也。〔四〕獨不見夫翠虯絳螭之將登虖天，〔五〕必聳身於倉梧之淵；不階浮雲，翼疾風，虛舉而上升，則不能撠膠葛，騰九閎。〔六〕日月之經不千里，則不能燭六合，燿八紘；〔七〕泰山之高不嶕嶢，則不能浡滃雲而散歊烝。〔八〕是以宓犧氏之作易也，〔九〕緜絡天地，經以八卦，文王附六爻，〔一〇〕孔子錯其象而彖其辭，然後發天地之臧，定萬物之基。典謨之篇，雅頌之聲，不溫純深潤，則不足以揚鴻烈而章緝熙。〔一一〕蓋

胥靡爲宰，〔一二〕寂寞爲尸；〔一三〕大味必淡，大音必希；〔一四〕大語叫叫，大道低回。〔一五〕是以聲之眇者不可同於衆人之耳，〔一六〕形之美者不可棍於世俗之目，〔一七〕辭之衍者不可齊於庸人之聽。〔一八〕今夫弦者，高張急徽，追趨逐耆，則坐者不期而附矣；〔一九〕試爲之施咸池，揄六莖，發（蕭）〔簫〕韶，詠九成，則莫有和也。〔二〇〕是故鍾期死，伯牙絕弦破琴而不肯與衆鼓；〔二一〕玃人亡，則匠石輟斤而不敢妄斲。〔二二〕師曠之調鍾，竢知音者之在後也；〔二三〕孔子作春秋，幾君子之前睹也。〔二四〕老聃有遺言，貴知我者希，〔二五〕此非其操與！」〔二六〕

〔一〕師古曰：「俞，然也。音踰。」
〔二〕師古曰：「麗，著也，日月星辰之所著也。彌，廣也。普，遍也。」
〔三〕師古曰：「貞實美麗如金玉也。」
〔四〕師古曰：「已，止也。」
〔五〕師古曰：「虯、螭，解並在前。」
〔六〕師古曰：「撠，揭也。膠葛，上清之氣也。騰，升也。九閎，九天之門。撠音戟。揭音居足反。」
〔七〕師古曰：「燭，照也。六合，謂天地四方。八紘，八方之綱維也。紘音宏。」
〔八〕師古曰：「嶕嶢，高貌也。浡滃，盛也。滃，雲氣貌。歊烝，氣上出也。嶕嶢音樵堯。浡音勃。滃音一孔反。歊音許昭反。」
〔九〕師古曰：「宓音伏。」
〔一〇〕師古曰：「因而重之。」
〔一一〕師古曰：「造化鴻大也。烈，業也。緝熙，光明也。」
〔一二〕李奇曰：「造化之神，宰制萬物也。」鄧展曰：「胥，相也。靡，無也。言相師以無爲作宰者也。」
〔一三〕李奇曰：「道化以寂寞爲主。」
〔一四〕師古曰：「淡謂無至味也，音徒濫反。」
〔一五〕師古曰：「叫叫，遠聲也。低回，紆衍也。」
〔一六〕〔師古曰〕：「眇讀曰妙。」
〔一七〕師古曰：「棍亦同也，音胡本反。」
〔一八〕師古曰：「衍，旁廣也。」
〔一九〕師古曰：「徵，琴徵也，所以表發撫抑之處。追趨逐耆，隨所趨嚮愛嗜而追逐之也。趨讀曰趣。耆讀曰嗜。」
〔二〇〕師古曰：「揄，引也。和，應也。揄音踰。和音胡臥反。」
〔二一〕師古曰：「解在司馬遷傳。」
〔二二〕服虔曰：「玃，古之善塗墍者也。施廣領大袖以仰塗，而領袖不汙。有小飛泥誤著其鼻，因令匠石揮斤而斲，知匠石之善斲，故敢使之也。」師古曰：「墍即今之仰泥也。玃，抆拭也，故謂塗者爲玃人。玃音乃高反，又音乃回反。今書本玃字有作郢者，流俗改之。墍音許既反。」
〔二三〕應劭曰：「晉平公鑄鍾，工者以爲調矣，師曠曰：『臣竊聽之，知其不調也。』至於師涓，而果知鍾之不調。是師曠欲善調之鍾，爲後世之有知音。」

〔二四〕師古曰：「幾讀曰冀。」
〔二五〕師古曰：「老子德經云『知我者希，則我貴矣』。」
〔二六〕師古曰：「與讀曰歟。」

雄見諸子各以其知舛馳，〔一〕大氐詆訾聖人，即爲怪迂，析辯詭辭，以撓世事，〔二〕雖小辯，終破大道而或衆，使溺於所聞而不自知其非也。及太史公記六國，歷楚漢，（記）〔訖〕麟止，不與聖人同，是非頗謬於經。〔三〕故人時有問雄者，常用法應之，譔以爲十三卷，〔四〕象論語，號曰法言。法言文多不著，獨著其目：〔五〕

〔一〕師古曰：「舛，相背。」
〔二〕師古曰：「大氐，大歸也。詆，訾，毀也。迂，遠也。析，分也。詭，異也。言諸子之書，大歸皆非毀周孔之教，爲巧辯異辭以撓亂時政也。訾音紫。迂音于。撓音火高反，其字從手也。」
〔三〕師古曰：「頗音普我反。」
〔四〕師古曰：「譔與撰同。」
〔五〕師古曰：「雄（以）〔有〕序，著篇之意。」

天降生民，倥侗顓蒙，〔一〕恣于情性，聰明不開，訓諸理。〔二〕譔學行第一。

〔一〕鄭氏曰：「童蒙無所知也。」師古曰：「倥音空。侗音同。顓與專同。」
〔二〕師古曰：「訓，告也。」

自魯商瞿子木受易孔子，〔一〕以授魯橋庇子庸。〔二〕子庸授江東馯臂子弓。〔三〕子弓授燕周醜子家。子家授東武孫虞子乘。子乘授齊田何子裝。及秦禁學，易爲筮卜之書，獨不禁，故傳受者不絕也。漢興，田何以齊田徙杜陵，號杜田生，〔四〕授東武王同子中、雒陽周王孫、丁寬、齊服生，皆著易傳數篇。〔五〕同授淄川楊何，字叔元，元光中徵爲太中大夫。齊卽墨成，至城陽相。〔六〕廣川孟但，爲太子門大夫。魯周霸、莒衡胡、〔七〕臨淄主父偃，皆以易至大官。要言易者本之田何。

〔一〕師古曰：「商瞿，姓也。瞿音衢。」
〔二〕師古曰：「姓橋，名庇，字子庸。它皆類此。庇音必寐反。」
〔三〕師古曰：「馯，姓也，音韓。」
〔四〕師古曰：「高祖用婁敬之言徙關東大族，故何以舊齊田氏見徙也。初徙時未爲杜陵，蓋史家本其地追言之也。」
〔五〕師古曰：「田生授王同、周王孫、丁寬、服生四人，而四人皆著易傳也。子中，王同字也。中讀曰仲。」
〔六〕師古曰：「姓卽墨，名成。」
〔七〕師古曰：「莒人姓衡，名胡也。」

丁寬字子襄，梁人（一王）〔也〕。初，梁項生從田何受易，時寬爲項生從者，讀易精敏，材過項生，遂事何。學成，何謝寬。〔一〕寬東歸，何謂門人曰：「易以東矣。」〔二〕寬至雒陽，復從周王孫受古義，號周氏傳。景帝時，寬爲梁孝王將軍距吳楚，號丁將軍，作易說三萬言，訓故舉大誼而已，〔三〕今小章句是也。寬授同郡碭田王孫。〔四〕王孫授施讎、孟喜、梁丘賀。繇是易有施、孟、梁丘之學。〔五〕

〔一〕師古曰：「告令罷去。」
〔二〕師古曰：「言丁寬(行)〔得〕其法術以去。」
〔三〕師古曰：「故謂經之旨趣也。它皆類此。」
〔四〕師古曰：「碭者，梁郡之縣也，音唐，又音宕。」
〔五〕師古曰：「繇與由同。後類此。」

施讎字長卿，沛人也。沛與碭相近，讎爲童子，從田王孫受易。後讎徙長陵，田王孫爲博士，復從卒業，〔一〕與孟喜、梁丘賀並爲門人。謙讓，常稱學廢，不教授。及梁丘賀爲少府，事多，乃遣子臨分將門人張禹等從讎問。讎自匿不肯見，賀固請，不得已乃授臨等。於是賀薦讎：「結髮事師數十年，〔二〕賀不能及。」詔拜讎爲博士。甘露中與五經諸儒雜論同異於石渠閣。〔三〕讎授張禹、琅邪魯伯。伯爲會稽太守，禹至丞相。禹授淮陽彭宣、沛戴崇子平。崇爲九卿，宣大司空。禹、宣皆有傳。魯伯授太山毛莫如少路、〔四〕琅邪邴丹曼容，著清名。莫如至常山太守。此其知名者也。繇是施家有張、彭之學。

〔一〕師古曰：「卒，終也。」
〔二〕師古曰：「言從結髮爲童丱，卽從師學，著其早也。」
〔三〕師古曰：「三輔故事云石渠閣在未央殿北，以藏祕書也。」
〔四〕師古曰：「姓毛，名莫如，字少路。」

孟喜字長卿，東海蘭陵人也。父號孟卿，〔一〕善爲禮、春秋，授后蒼、疏廣。世所傳后氏禮、疏氏春秋，皆出孟卿。孟卿以禮經多，春秋煩雜，乃使喜從田王孫受易。喜好自稱譽，得易家候陰陽災變書，詐言師田生且死時枕喜厀，獨傳喜，諸儒以此耀之。〔二〕同門梁丘賀疏通證明之，〔三〕曰：「田生絕於施讎手中，時喜歸東海，安得此事？」又蜀人趙賓好小數書，後爲易，飾易文，以爲「箕子明夷，陰陽氣亡箕子；箕子者，萬物方荄茲也」。〔四〕賓持論巧慧，易家不能難，皆曰「非古法也」。〔五〕云受孟喜，喜爲名之。〔六〕後賓死，莫能持其說。喜因不肯仞，〔七〕以此不見信。喜舉孝廉爲郎，曲臺署長，〔八〕病免，爲丞相掾。博士缺，衆人薦喜。上聞喜改師法，遂不用喜。喜授同郡白光少子、沛翟牧子兄，〔九〕皆爲博士。繇是有翟、孟、白之學。

〔一〕師古曰：「時人以卿呼之，若言公矣。」
〔二〕師古曰：「用爲光榮也。」
〔三〕師古曰：「同門，同師學者也。疏通猶言分別也。證明，明其僞也。」
〔四〕師古曰：「易明夷卦彖曰：『內文明而外柔順，以蒙大難。文王以之。利艱貞，晦其明也。內難而能正其志，箕子以之。』而六五爻辭曰：『箕子之明夷，利貞。』此箕子者，謂殷父師說洪範者也，而賓妄爲說耳。荄茲，言其根荄方滋

茂也。荄音該，又音皆。」
〔五〕師古曰：「心不服。」
〔六〕師古曰：「名之者，承取其名，云實授也。」
〔七〕師古曰：「仞亦名也。仞音刃。」
〔八〕師古曰：「曲臺，殿名。署者，主供其事也。」
〔九〕師古曰：「兄讀曰況。」

梁丘賀字長翁，琅邪諸人也。以能心計，爲武騎。從太中大夫京房受易。房者，淄川楊何弟子也。〔一〕房出爲齊郡太守，賀更事田王孫。宣帝時，聞京房爲易明，求其門人，得賀。賀時爲都司空令，坐事，論免爲庶人。待詔黃門數入說教侍中，〔二〕以召賀。賀入說，上善之，〔三〕以賀爲郎。會八月飲酎，行祠孝昭廟，〔四〕先敺旄頭劍挺墯墜，首垂泥中，〔五〕刃鄉乘輿車，〔六〕馬驚。於是召賀筮之，有兵謀，不吉。上還，使有司侍祠。是時霍氏外孫代郡太守任宣坐謀反誅，〔七〕宣子章爲公車丞，亡在渭城界中，夜玄服入廟，居郎間，〔八〕執戟立廟門，待上至，欲爲逆。發覺，伏誅。故事，上常夜入廟，其後待明而入，自此始也。賀以筮有應，繇是近幸，爲太中大夫，給事中，至少府。爲人小心周密，上信重之。年老終官。傳子臨，亦入說，爲黃門郎。甘露中，奉使問諸儒於石渠。臨學精孰，專行京房法。琅邪王吉通五

經，聞臨說，善之。時宣帝選高材郎十人從臨講，吉乃使其子郎中駿上疏從臨受易。臨代五鹿充宗君孟爲少府，駿御史大夫，自有傳。充宗授平陵士孫張仲方、〔九〕沛鄧彭祖子夏、齊衡咸長賓。張爲博士，至揚州牧，光祿大夫給事中，家世傳業；彭祖，眞定太傅；咸，王莽講學大夫。繇是梁丘有士孫、鄧、衡之學。

〔一〕師古曰：「自別一京房，非焦延壽弟子爲課吏法者。或書字誤耳，不當爲京房。」
〔二〕師古曰：「爲諸侍中說經爲教授。」
〔三〕師古曰：「說於天子之前。」
〔四〕師古曰：「行謂天子出。」
〔五〕師古曰：「挺，引也，劍自然引拔出也。墬，古地字。」
〔六〕師古曰：「鄉讀曰嚮。」
〔七〕師古曰：「霍光傳云任宣霍氏之壻，此云外孫，誤也。」
〔八〕師古曰：「郎皆皂衣，故章玄服以朝也。」
〔九〕師古曰：「姓士孫，名張，字仲方。」

京房受易梁人焦延壽。〔一〕延壽云嘗從孟喜問易。會喜死，房以爲延壽易卽孟氏學，翟牧、白生不肯，皆曰非也。至成帝時，劉向校書，考易說，以爲諸易家說皆祖田何、楊叔〔元〕、丁將軍，大誼略同，唯京氏爲異，黨焦延壽獨得隱士之說，〔二〕託之孟氏，不相與同。房以明

災異得幸，爲石顯所譖誅，自有傳。房授東海殷嘉、河東姚平、河南乘弘，〔三〕皆爲郎、博士。繇是易有京氏之學。

〔一〕師古曰：「延壽其字，名贛。」
〔二〕師古曰：「黨讀曰儻。」
〔三〕師古曰：「乘，姓也，音食證反。」

費直字長翁，東萊人也。〔一〕治易爲郎，至單父令。〔二〕長於卦筮，亡章句，徒以彖象系辭十篇文言解說上下經。琅邪王璜平中能傳之。〔三〕璜又傳古文尙書。

〔一〕師古曰：「費音扶味反。」
〔二〕師古曰：「單音善。父音甫。」
〔三〕師古曰：「中讀曰仲。」

高相，沛人也。治易與費公同時，其學亦亡章句，專說陰陽災異，自言出於丁將軍。傳至相，相授子康及蘭陵毋將永。康以明易爲郎，永至豫章都尉。及王莽居攝，東郡太守翟誼謀舉兵誅莽，事未發，康候知東郡有兵，私語門人，門人上書言之。後數月，翟誼兵起，莽召問，對受師高康。莽惡之，以爲惑衆，斬康。繇是易有高氏學。高、費皆未嘗立於學官。

伏生，濟南人也，〔一〕故爲秦博士。孝文時，求能治尙書者，天下亡有，聞伏生治之，欲召。時伏生年九十餘，老不能行，於是詔太常，使掌故朝錯往受之。〔二〕秦時禁書，伏生壁藏之，其後大兵起，流亡。漢定，伏生求其書，亡數十篇，獨得二十九篇，卽以教於齊、魯之間。齊學者由此頗能言尙書，山東大師亡不涉尙書以教。伏生教濟南張生及歐陽生。張生爲博士，而伏生孫以治尙書徵，弗能明定。是後魯周霸、雒陽賈嘉頗能言尙書云。〔三〕

〔一〕張晏曰：「名勝，伏生碑云也。」
〔二〕師古曰：「衞宏定古文尙書序云『伏生老，不能正言，言不可曉也，使其女傳言教錯。齊人語多與潁川異，錯所不知者凡十二三，略以其意屬讀而已』。」
〔三〕師古曰：「嘉者，賈誼之孫也。」

歐陽生字和伯，千乘人也。事伏生，授倪寬。寬又受業孔安國，至御史大夫，自有傳。寬有俊材，初見武帝，語經學。上曰：「吾始以尙書爲樸學，弗好，及聞寬說，可觀。」乃從寬問一篇。歐陽、大小夏侯氏學皆出於寬。寬授歐陽生子，世世相傳，至曾孫高子陽，爲博士。〔一〕高孫地餘長賓以太子中庶子授太子，後爲博士，論石渠。元帝卽位，地餘侍中，貴幸，至少府。戒其子曰：「我死，官屬卽送汝財物，愼毋受。汝九卿儒者子孫，以廉絜著，可以自成。」及地餘死，少府官屬共送數百萬，其子不受。天子聞而嘉之，賜錢百萬。地餘少

子政爲王莽講學大夫。由是尙書世有歐陽氏學。

〔一〕師古曰：「名高，字子陽。」

林尊字長賓，濟南人也。事歐陽高，爲博士，論石渠。後至少府、太子太傅，授平陵平當、梁陳翁生。當至丞相，自有傳。翁生信都太傅，家世傳業。由是歐陽有平、陳之學。翁生授琅邪殷崇、楚國龔勝。崇爲博士，勝右扶風，自有傳。而平當授九江朱普公文、上黨鮑宣。普爲博士，宣司隸校尉，自有傳。徒衆尤盛，知名者也。

夏侯勝，其先夏侯都尉，從濟南張生受尙書，以傳族子始昌。始昌傳勝，勝又事同郡蕑卿。〔一〕蕑卿者，倪寬門人。勝傳從兄子建，建又事歐陽高。勝至長信少府，建太子太傅，自有傳。由是尙書有大小夏侯之學。

〔一〕師古曰：「蕑音姦。」

周堪字少卿，齊人也。與孔霸俱事大夏侯勝。霸爲博士。堪譯官令，論於石渠，經爲最高，後爲太子少傅，而孔霸以太中大夫授太子。及元帝卽位，堪爲光祿大夫，與蕭望之並領尙書事，爲石顯等所譖，皆免官。望之自殺，上愍之，乃擢堪爲光祿勳，語在劉向傳。堪授牟卿及長安許商長伯。牟卿爲博士。霸以帝師賜爵號褒成君，傳子光，亦事牟卿，至丞相，自有傳。由是大夏侯有孔、許之學。商善爲算，著五行論曆，四至九卿，號其門人沛唐林子

高爲德行，平陵吳章偉君爲言語，重泉王吉少音爲政事，齊炔欽幼卿爲文學。〔一〕王莽時，林、吉爲九卿，自表上師冢，大夫博士郎吏爲許氏學者，各從門人，會車數百兩，儒者榮之。欽、章皆爲博士，徒衆尤盛。章爲王莽所誅。

〔一〕師古曰：「依孔子目弟子顏回以下爲四科也。炔音桂。」

張山拊字長賓，平陵人也。〔一〕事小夏侯建，爲博士，論石渠，至少府。授同縣李尋、鄭寬中少君、山陽張無故子儒、信都秦恭延君、陳留假倉子驕。無故善修章句，爲廣陵太傅，守小夏侯說文。恭增師法至百萬言，〔二〕爲城陽內史。倉以謁者論石渠，至膠東相。尋善說災異，爲騎都尉，自有傳。寬中有儁材，以博士授太子，成帝即位，賜爵關內侯，食邑八百戶，遷光祿大夫，領尚書事，甚尊重。會疾卒，谷永上疏曰：「臣聞聖王尊師傅，褒賢儁，顯有功，生則致其爵祿，死則異其禮謚。昔周公薨，成王葬以變禮，而當天心。〔三〕公叔文子卒，衞侯加以美謚，著爲後法。〔四〕近事，大司空朱邑、右扶風翁歸德茂夭年，孝宣皇帝愍冊厚賜，贊命之臣靡不激揚。〔五〕關內侯鄭寬中有顏子之美質，包商、偃之文學，〔六〕嚴然總五經之眇論，立師傅之顯位，〔七〕入則鄉唐虞之閎道，王法納乎聖聽，〔八〕出則參冢宰之重職，功列施乎政事，退食自公，私門不開，〔九〕散賜九族，田畝不益，德配周召，忠合羔羊，未得登司徒，有家臣，〔一〇〕卒然早終，尤可悼痛！〔一一〕臣愚以爲宜加其葬禮，賜之令謚，〔一二〕以章尊

師褒賢顯功之德。」上弔贈寬中甚厚。由是小夏侯有鄭、張、秦、假、李氏之學。寬中授東郡趙玄，無故授沛唐尊，恭授魯馮賓。賓爲博士，尊王莽太傅，玄哀帝御史大夫，至大官，知名者也。

〔一〕師古曰：「拊音膚。」

〔二〕師古曰：「言小夏侯本所說之文不多，而秦恭又更增益，故至百萬言也。」

〔三〕師古曰：「周公死，成王欲葬之於成周，天乃雷雨以風，禾盡偃，大木斯拔。國大恐。王乃葬周公於畢，示不敢臣也。事見尚書大傳，而與古文尚書不同。」

〔四〕師古曰：「公叔文子，衞大夫公叔發也。文子卒，其子請謚於君。君曰：『昔者衞國凶飢，夫子爲粥與國之餓者，不亦惠乎？衞國有難，夫子以其死衞寡人，不亦貞乎？夫子聽衞國之政，修其班制，以與四鄰交，衞國社稷不辱，不亦文乎？謂夫子貞惠文子。』事見禮記檀弓。」

〔五〕師古曰：「贊，佐也。」

〔六〕師古曰：「論語云『文學子游、子夏』。商，子夏名。偃，子游名。」

〔七〕師古曰：「嚴與儼同。眇讀曰妙。」

〔八〕師古曰：「鄉讀曰嚮。閎，大也。言陳聖王之法，聞於天子。」

〔九〕師古曰：「『退食自公』，召南羔羊詩之辭，言貶退所食之祿，而從至公之道也。」

〔一〇〕師古曰：「司徒，掌禮教之官，言寬中學行堪爲之也。家臣，若今諸公國官及府佐也。」

〔一一〕師古曰：「卒讀曰猝。」

〔一二〕師古曰：「令，善也。」

孔氏有古文尚書，孔安國以今文字讀之，因以起其家逸書，得十餘篇，蓋尚書茲多於是矣。遭巫蠱，未立於學官。安國爲諫大夫，授都尉朝，〔一〕而司馬遷亦從安國問故。遷書載堯典、禹貢、洪範、微子、金縢諸篇，多古文說。都尉朝授膠東庸生。庸生授清河胡常少子，〔二〕以明穀梁春秋爲博士、部刺史，又傳左氏。常授虢徐敖。敖爲右扶風掾，又傳毛詩，授王璜、平陵塗惲子眞。子眞授河南桑欽君長。王莽時，諸學皆立。劉歆爲國師，璜、惲等皆貴顯。世所傳百兩篇者，出東萊張霸，分析合二十九篇以爲數十，又采左氏傳、書敘爲作首尾，凡百二篇。篇或數簡，文意淺陋。成帝時求其古文者，霸以能爲百兩徵，以中書校之，非是。〔三〕霸辭受父，父有弟子尉氏樊並。時太中大夫平當、侍御史周敞勸上存之。〔四〕後樊並謀反，乃黜其書。

〔一〕服虔曰：「朝名，都尉姓。」

〔二〕師古曰：「少子，亦常字也。」

〔三〕師古曰：「以霸私增加分析，故與中書之文不同也。中書，天子所藏之書也。」

〔四〕師古曰：「存者，立其學。」

申公，魯人也。少與楚元王交俱事齊人浮丘伯受詩。漢興，高祖過魯，申公以弟子從師入見于魯南宮。呂太后時，浮丘伯在長安，楚元王遣子郢與申公俱卒學。〔一〕元王薨，郢嗣立爲楚王，令申公傅太子戊。戊不好學，病申公。〔二〕及戊立爲王，胥靡申公。〔三〕申公愧之，歸魯退居家教，終身不出門。復謝賓客，〔四〕獨王命召之乃往。弟子自遠方至受業者千餘人，申公獨以詩經爲訓故以教，亡傳，〔五〕疑者則闕弗傳。蘭陵王臧既從受詩，已通，事景帝爲太子少傅，免去。武帝初即位，臧乃上書宿衞，累遷，一歲至郎中令。及代趙綰亦嘗受詩申公，爲御史大夫。綰、臧請立明堂以朝諸侯，不能就其事，〔六〕乃言師申公。於是上使使束帛加璧，安車以蒲裹輪，駕駟迎申公，弟子二人乘軺傳從。〔七〕至，見上，上問治亂之事。申公時已八十餘，老，對曰：「爲治者不〔至〕〔在〕多言，顧力行何如耳。」〔八〕是時上方好文辭，見申公對，默然。然已招致，即以爲太中大夫，舍魯邸，〔九〕議明堂事。太皇竇太后喜老子言，不說儒術，〔一〇〕得綰、臧之過，以讓上曰：「此欲復爲新垣平也！」〔一一〕上因廢明堂事，下綰、臧吏，皆自殺。申公亦病免歸，數年卒。弟子爲博士十餘人，孔安國至臨淮太守，周霸膠西內史，夏寬城陽內史，碭魯賜東海太守，蘭陵繆生長沙內史，徐偃膠西中尉，鄒人闕門慶忌膠東內史，〔一二〕其治官民皆有廉節稱。其學官弟子行雖不備，而至於大夫、郎、掌故以百數。申公卒以詩、春秋授，而瑕丘江公盡能傳之，徒衆最盛。及魯許生、免中徐公，〔一三〕皆守學教

授。韋賢治詩，事(博士)大江公及許生，〔一四〕又治禮，至丞相。傳子玄成，以淮陽中尉論石渠，後亦至丞相。玄成及兄子賞以詩授哀帝，至大司馬車騎將軍，自有傳。由是魯詩有韋氏學。

〔一〕師古曰：「鄒即鄒客也。」
〔二〕師古曰：「患苦也。」
〔三〕師古曰：「胥靡，相係而作役，解具在楚元王傳也。」
〔四〕師古曰：「身既不出門，非受業弟子，其它賓客來者又謝遣之，不與相見也。」
〔五〕師古曰：「口說其指，不爲解說之傳。」
〔六〕師古曰：「就，成也。」
〔七〕師古曰：「傳音張戀反。」
〔八〕師古曰：「覼，念也。力行，(爲)〔謂〕勉力爲行也。」
〔九〕師古曰：「舍，止息也。」
〔一〇〕師古曰：「喜音許既反。說讀曰悅。」
〔一一〕師古曰：「讓，責也。」
〔一二〕李奇曰：「姓闕門，名慶忌。」
〔一三〕蘇林曰：「免中，縣名也。」李奇曰：「邑名也。」師古曰：「李說是也。」
〔一四〕晉灼曰：「大江公即瑕丘江公也。以異下博士江公，故稱大。」

王式字翁思，東平新桃人也。事免中徐公及許生。式爲昌邑王師。昭帝崩，昌邑王嗣立，以行淫亂廢，昌邑羣臣皆下獄誅，唯中尉王吉、郎中令龔遂以數諫減死論。式繫獄當死，治事使者責問曰：「師何以亡諫書？」式對曰：「臣以詩三百五篇朝夕授王，至於忠臣孝子之篇，未嘗不爲王反復誦之也；〔一〕至於危亡失道之君，未嘗不流涕爲王深陳之也。臣以三百五篇諫，是以亡諫書。」使者以聞，亦得減死論，歸家不教授。山陽張長安幼君〔二〕先事式，後東平唐長賓、沛褚少孫亦來事式，問經數篇，式謝曰：「聞之於師具是矣，自潤色之。」〔三〕不肯復授。唐生、褚生應博士弟子選，詣博士，摳衣登堂，頌禮甚嚴，〔四〕試誦說，有法，疑者丘蓋不言。〔五〕諸博士驚問何師，對曰事式。皆素聞其賢，共薦式。詔除下爲博士。〔六〕式徵來，衣博士衣而不冠，曰：「刑餘之人，何宜復充禮官？」既至，止舍中，會諸大夫博士，共持酒肉勞式，皆注意高仰之。〔七〕博士江公世爲魯詩宗，〔八〕至江公著孝經說，心嫉式，謂歌吹諸生曰：〔九〕「歌驪駒。」〔一〇〕式曰：「聞之於師：客歌驪駒，主人歌客毋庸歸。〔一一〕今日諸君爲主人，日尚早，未可也。」江翁曰：「經何以言之？」〔一二〕式曰：「在曲禮。」江翁曰：「何狗曲也！」〔一三〕式恥之，陽醉遏墜。〔一四〕式客罷，讓諸生曰：「我本不欲來，〔一五〕諸生彊勸我，竟爲豎子所辱！」遂謝病免歸，終於家。張生、唐生、褚生皆爲博士。張生論石渠，至淮陽中尉。唐生楚太傅。由是魯詩有張、唐、褚氏之學。張生兄子游卿爲諫大夫，以詩授元帝。其門人琅邪王扶爲泗水中尉，陳留許晏爲博士。由是張家有許氏學。初，薛廣德亦事王式，以博士論石渠，授龔舍。廣德至御史大夫，舍泰山太守，皆有傳。

〔一〕師古曰：「復音方目反。」
〔二〕李奇曰：「長安，名。」
〔三〕師古曰：「言所聞師說具盡於此，若嫌簡略，任更潤色。」
〔四〕師古曰：「摳衣，謂以手內舉之，令離地也。摳音口侯反。頌讀曰容。」
〔五〕蘇林曰：「丘蓋不言，不知之意也。」如淳曰：「齊俗以不知爲丘。」師古曰：「二說皆非也。論語載孔子曰：『蓋有不知而作之者，我無是也。』欲遵此意，故效孔子自稱丘耳。蓋者，發語之辭。」
〔六〕師古曰：「下除官之書也。下音胡嫁反。」
〔七〕師古曰：「勞音來到反。」
〔八〕師古曰：「爲魯詩者所宗師也。」
〔九〕如淳曰：「其學官自有此法，酒坐歌吹以相樂也。」
〔一〇〕服虔曰：「逸詩篇名也，見大戴禮。客欲去，歌之。」文穎曰：「其辭云『驪駒在門，僕夫具存；驪駒在路，僕夫整駕』也。」
〔一一〕文穎曰：「庸，用也。主人禮未畢，且無用歸也。」
〔一二〕師古曰：「於經何所有此言？」
〔一三〕師古曰：「意怒，故妄發言。言狗者，輕賤之甚也。今流俗書本云何曲狗，妄改之也。」

〔一四〕師古曰：「遏，失據而倒也。墜，古地字。遏音徒浪反。」
〔一五〕師古曰：「讓，責也。」

轅固，齊人也。以治詩孝景時爲博士，與黃生爭論於上前。黃生曰：「湯武非受命，乃殺也。」固曰：「不然。夫桀紂荒亂，天下之心皆歸湯武，湯武因天下之心而誅桀紂，桀紂之民弗爲使而歸湯武，湯武不得已而立，非受命(而)〔爲〕何？」〔一〕黃生曰：「『冠雖敝必加於首，履雖新必貫於足。』〔二〕何者？上下之分也。〔三〕今桀紂雖失道，然君上也；湯武雖聖，臣下也。夫主有失行，臣不正言匡過以尊天子，反因過而誅之，代立南面，非殺而何？」固曰：「必若云，〔四〕是高皇帝代秦即天子之位，非邪？」於是上曰：「食肉毋食馬肝，未爲不知味也；言學者毋言湯武受命，不爲愚。」〔五〕遂罷。竇太后好老子書，召問固。固曰：「此家人言耳。」〔六〕太后怒曰：「安得司空城旦書乎！」〔七〕乃使固入圈擊彘。上知太后怒，而固直言無辠，乃假固利兵。〔八〕下，固刺彘正中其心，彘應手而倒。太后默然，亡以復辠。後上以固廉直，拜爲清河太傅，疾免。武帝初即位，復以賢良徵。諸儒多嫉毀曰固老，罷歸之。時固已九十餘矣。公孫弘亦徵，仄目而事固。〔九〕固曰：「公孫子，務正學以言，無曲學以阿世！」諸齊以詩顯貴，皆固之弟子也。昌邑太傅夏侯始昌最明，自有傳。

〔一〕師古曰：「此非受命更何爲？」

二十四史

中華書局

〔二〕師古曰：「語見太公六韜也。」
〔三〕師古曰：「分音扶問反。」
〔四〕師古曰：「謂必如黃生之言。」
〔五〕師古曰：「馬肝有毒，食之憙殺人，幸得無食。言湯武爲殺，是背經義，故以爲喻也。」
〔六〕師古曰：「家人言僮隸之屬。」
〔七〕服虔曰：「道家以儒法爲急，比之於律令也。」
〔八〕師古曰：「假，給與也。利兵，兵刃之利者。」
〔九〕師古曰：「言深憚之。」

后蒼字近君，東海郯人也。事夏侯始昌。始昌通五經，蒼亦通詩禮，爲博士，至少府，授翼奉、蕭望之、匡衡。奉爲諫大夫，望之前將軍，衡丞相，皆有傳。衡授琅邪師丹、伏理斿君、潁川滿昌君都。君都爲詹事，理高密太傅，家世傳業。丹大司空，自有傳。由是齊詩有翼、匡、師、伏之學。滿昌授九江張邯、琅邪皮容，皆至大官，徒衆尤盛。

韓嬰，燕人也。孝文時爲博士，景帝時至常山太傅。嬰推詩人之意，而作內外傳數萬言，其語頗與齊、魯間殊，然歸一也。淮南賁生受之。〔一〕燕趙間言詩者由韓生。韓生亦以易授人，推易意而爲之傳。燕趙間好詩，故其易微，唯韓氏自傳之。武帝時，嬰嘗與董仲舒論於上前，其人精悍，處事分明，〔二〕仲舒不能難也。後其孫商爲博士。孝宣時，涿郡韓生其

後也，以易徵，待詔殿中，曰：「所受易卽先太傅所傳也。嘗受韓詩，不如韓氏易深，太傅故專傳之。」司隸校尉蓋寬饒本受易於孟喜，見涿韓生說易而好之，卽更從受焉。

〔一〕師古曰：「賁音肥。」
〔二〕師古曰：「悍，勇銳。」

趙子，河內人也。事燕韓生，授同郡蔡誼。誼至丞相，自有傳。誼授同郡食子公與王吉。吉爲昌邑〔王〕中尉，自有傳。食生爲博士，授泰山栗豐。吉授淄川長孫順。順爲博士，豐部刺史。由是韓詩有王、食、長孫之學。豐授山陽張就，順授東海髮福，皆至大官，徒衆尤盛。

毛公，趙人也。治詩，爲河間獻王博士，授同國貫長卿。長卿授解延年。延年爲阿武令，授徐敖。敖授九江陳俠，爲王莽講學大夫。由是言毛詩者，本之徐敖。

漢興，魯高堂生傳士禮十七篇，而魯徐生善爲頌。〔一〕孝文時，徐生以頌爲禮官大夫，傳子至孫延、襄。〔二〕襄，其資性善爲頌，不能通經；延頗能，未善也。襄亦以頌爲大夫，至廣陵內史。延及徐氏弟子公戶滿意、（栢）〔桓〕生、單次皆爲禮官大夫。〔三〕而瑕丘蕭奮以禮至淮陽太守。諸言禮爲頌者由徐氏。

〔一〕蘇林曰：「漢舊儀有二郎爲此頌貌威儀事。有徐氏，徐氏後有張氏，不知經，但能盤辟爲禮容。天下郡國有容史，皆詣魯學之。」師古曰：「頌讀與容同。下皆類此。」
〔二〕師古曰：「延及襄二人。」
〔三〕師古曰：「姓公戶，名滿意也。與桓生及單次凡三人。單音善。」

孟卿，東海人也。事蕭奮，以授后倉、魯閭丘卿。倉說禮數萬言，號曰后氏曲臺記，〔一〕授沛聞人通漢子方、〔二〕梁戴德延君、戴聖次君、沛慶普孝公。孝公爲東平太傅。德號大戴，爲信都太傅；聖號小戴，以博士論石渠，至九江太守。由是禮有大戴、小戴、慶氏之學。通漢以太子舍人論石渠，至中山中尉。普授魯夏侯敬，又傳族子咸，爲豫章太守。大戴授琅邪徐良斿卿，爲博士、州牧、郡守，家世傳業。小戴授梁人橋仁季卿、楊榮子孫。〔三〕仁爲大鴻臚，家世傳業，榮琅邪太守。由是大戴有徐氏，小戴有橋、楊氏之學。

〔一〕服虔曰：「在曲臺校書著記，因以爲名。」師古曰：「曲臺殿在未央宮。」
〔二〕如淳曰：「聞人，姓也，名通漢，字子方。」
〔三〕師古曰：「子孫，榮之字也。」

胡母生字子都，齊人也。治公羊春秋，爲景帝博士。與董仲舒同業，仲舒著書稱其德。

年老，歸教於齊，齊之言春秋者宗事之，公孫弘亦頗受焉。而董生爲江都相，自有傳。弟子遂之者，蘭陵褚大，東平嬴公，廣川段仲，溫呂步舒。〔一〕大至梁相，步舒丞相長史，唯嬴公守學不失師法，爲昭帝諫大夫，授東海孟卿、魯眭孟。孟爲符節令，坐說災異誅，自有傳。

〔一〕師古曰：「遂謂名位成達者。」

嚴彭祖字公子，東海下邳人也。與顏安樂俱事眭孟。孟弟子百餘人，唯彭祖、安樂爲明，質問疑誼，各持所見。孟曰：「春秋之意，在二子矣！」孟死，彭祖、安樂各顓門教授。〔一〕由是公羊春秋有顏、嚴之學。彭祖爲宣帝博士，至河南、東郡太守。以高第入爲左馮翊，遷太子太傅，廉直不事權貴。或說曰：「天時不勝人事，君以不修小禮曲意，亡貴人左右之助，經誼雖高，不至宰相。願少自勉強！」彭祖曰：「凡通經術，固當修行先王之道，何可委曲從俗，苟求富貴乎！」彭祖竟以太傅官終。授琅邪王中，爲元帝少府，〔二〕家世傳業。中授同郡公孫文、東門雲。雲爲荊州刺史，文東平太傅，徒衆尤盛。雲坐爲江賊拜辱命，下獄誅。〔三〕

〔一〕師古曰：「顓與專同。專門言各自名家。」
〔二〕師古曰：「中讀曰仲。」
〔三〕師古曰：「逢見賊而拜也。」

顏安樂字公孫，魯國薛人，眭孟姊子也。家貧，爲學精力，官至齊郡太守丞，後爲仇家所殺。安樂授淮陽泠豐次君、[一]淄川任公。公爲少府，豐淄川太守。由是顏家有泠、任之學。始貢禹事嬴公，成於眭孟，至御史大夫，疏廣事孟卿，至太子太傅，皆自有傳。廣授琅邪筦路，[二]路爲御史中丞。禹授潁川堂谿惠，[三]惠授泰山冥都，[四]都爲丞相史。都與路又事顏安樂，故顏氏復有筦、冥之學。路授孫寶，爲大司農，自有傳。豐授馬宮、琅邪左咸。咸爲郡守九卿，徒衆尤盛。(官)〔宮〕至大司徒，自有傳。

[一]師古曰：「泠音零。」

[二]師古曰：「筦亦管字也。」

[三]師古曰：「姓堂谿也。」

[四]師古曰：「冥音莫零反。」

瑕丘江公受穀梁春秋及詩於魯申公，傳子至孫爲博士。武帝時，江公與董仲舒並。仲舒通五經，能持論，善屬文。江公吶於口，[一]上使與仲舒議，不如仲舒。而丞相公孫弘本爲公羊學，比輯其議，卒用董生。[二]於是上因尊公羊家，詔太子受公羊春秋，由是公羊大興。太子既通，復私問穀梁而善之。其後浸微，[三]唯魯榮廣王孫、皓星公二人受焉。廣盡能傳其詩、春秋，高材捷敏，與公羊大師眭孟等論，數困之，[四]故好學者頗復受穀梁。沛蔡

千秋少君、梁周慶幼君、丁姓子孫[五]皆從廣受。千秋又事皓星公，爲學最篤。宣帝即位，聞衞太子好穀梁春秋，以問丞相韋賢、長信少府夏侯勝及侍中樂陵侯史高，皆魯人也，言穀梁子本魯學，公羊氏乃齊學也，宜興穀梁。時千秋爲郎，召見，與公羊家並說，上善穀梁說，擢千秋爲諫大夫給事中，後有過，左遷平陵令。復求能爲穀梁者，莫及千秋。上愍其學且絕，乃以千秋爲郎中戶將，[六]選郎十人從受。汝南尹更始翁君本自事千秋，能說矣，會千秋病死，徵江公孫爲博士。劉向以故諫大夫通達待詔，受穀梁，欲令助之。江博士復死，乃徵周慶、丁姓待詔保宮，[七]使卒授十人。自元康中始講，至甘露元年，積十餘歲，皆明習。乃召五經名儒太子太傅蕭望之等大議殿中，平公羊、穀梁同異，各以經處是非。時公羊博士嚴彭祖、侍郎申輓、伊推、宋顯，[八]穀梁議郎尹更始、待詔劉向、周慶、丁姓並論。公羊家多不見從，願請內侍郎許廣，使者亦並內穀梁家中郎王亥，各五人，[九]議三十餘事。望之等十一人各以經誼對，多從穀梁。由是穀梁之學大盛。慶、姓皆爲博士。[一〇]姓至中山太傅，授楚申章昌曼君，[一一]爲博士，至長沙太傅，徒衆尤盛。尹更始爲諫大夫、長樂戶將，又受左氏傳，取其變理合者以爲章句，傳子咸及翟方進、琅邪房鳳。咸至大司農，方進丞相，自有傳。

[一]師古曰：「屬音之欲反。吶，古訥字。」

[二]師古曰：「比，次也。輯，合也。比音頻寐反。輯與集同。」

[三]師古曰：「浸，漸也。」

[四]師古曰：「孟等窮屈也。」

[五]師古曰：「姓丁，名姓，字子孫。」

[六]師古曰：「戶將，官名，解在楊惲、蓋寬饒傳。」

[七]師古曰：「保宮，少府之屬宮也，本名居室。」

[八]師古曰：「輓音晚。」

[九]師古曰：「使者，謂當時詔遣監議者也。內(外)〔謂〕引入議所也。公羊家旣請內許廣，而使者因並內王亥也。」

[一〇]師古曰：「周慶、丁姓，二人也。」

[一一]李奇曰：「姓申章，名昌，字曼君。」

房鳳字子元，不其人也。[一]以射策乙科爲太史掌故。太常舉方正，爲縣令都尉，失官。大司馬票騎將軍王根奏除補長史，薦鳳明經通達，擢爲光祿大夫，遷五官中郎將。時光祿勳王龔以外屬內卿，[二]與奉車都尉劉歆共校書，三人皆侍中。歆白左氏春秋可立，哀帝納之，以問諸儒，皆不對。歆於是數見丞相孔光，爲言左氏以求助，光卒不肯。唯鳳、龔許歆，遂共移書責讓太常博士，語在歆傳。大司空師丹奏歆非毀先帝所立，上於是出龔等補吏，龔爲弘農，歆河內，鳳九江太守，至青州牧。始江博士授胡常，常授梁蕭秉君房，王莽時爲

講學大夫。由是穀梁春秋有尹、胡、申章、房氏之學。

[一]師古曰：「琅邪之縣也。其音基。」

[二]如淳曰：「卭成太后親也。內卿光祿勳治宮中。」

漢興，北平侯張蒼及梁太傅賈誼、京兆尹張敞、太中大夫劉公子皆修春秋左氏傳。誼爲左氏傳訓故，授趙人貫公，爲河間獻王博士，子長卿爲蕩陰令，[一]授清河張禹長子。[二]禹與蕭望之同時爲御史，數爲望之言左氏，望之善之，上書數以稱說。後望之爲太子太傅，薦禹於宣帝，徵禹待詔，未及問，會疾死。授尹更始，[三]更始傳子咸及翟方進、胡常。常授黎陽賈護季君，哀帝時待詔爲郎，授蒼梧陳欽子佚，以左氏授王莽，至將軍。而劉歆從尹咸及翟方進受。由是言左氏者本之賈護、劉歆。

[一]師古曰：「蕩陰，河內之縣也。蕩音湯。」

[二]如淳曰：「非成帝師張禹也。」

[三]師古曰：「禹先授更始。」

贊曰：自武帝立五經博士，開弟子員，設科射策，勸以官祿，訖於元始，百有餘年，傳業者寖盛，支葉蕃滋，[一]一經說至百餘萬言，大師衆至千餘人，蓋祿利之路然也。[二]初，書唯

有歐陽，禮后，易楊，春秋公羊而已。至孝宣世，復立大小夏侯尚書，大小戴禮，施、孟、梁丘易，穀梁春秋。至元帝世，復立京氏易。平帝時，又立左氏春秋、毛詩、逸禮、古文尚書，所以罔羅遺失，兼而存之，是在其中矣。〔三〕

〔一〕師古曰：「寖，漸也。蕃，多也。滋，益也。」

〔二〕師古曰：「言爲經學者則受爵祿而獲其利，所以益勸。」

〔三〕如淳曰：「雖有虛妄之說，是當在其中，故兼而存之。」

校勘記

三五八九頁三行　六(學)〔藝〕者，　景祐本作「藝」。王念孫說作「藝」是。

三五八九頁九行　煥乎其有文章(也)！　景祐本無「也」字，與今本論語同。

三五八九頁九行　又(云)〔曰〕：周監於二(世)〔代〕，　「云」，景祐、殿本都作「曰」。「世」，景祐本作「代」，與今本論語同。

三五八九頁一三行　「目」(音以)立先王之教，　王先謙說「音以」二字後人妄加。按景祐本有，殿本無。

三五九二頁二行　魯諸儒持孔氏禮器(而)〔往〕歸之，　景祐、殿、局本都作「往」。

三五九七頁一行　商瞿子木　沈欽韓說，索隱商姓，瞿名，字子木，未有以商瞿爲複姓者。

三五九七頁一四行　梁人(一王)〔也。初〕梁項生從田何受易，　景祐、汲古、殿、局本都作「也初」，此誤。

三五九八頁四行　言丁寬(行)〔得〕其法術以去。　景祐、殿本都作「得」。

三六〇二頁一五行　楊叔〔元〕、　王先謙說，上文云楊何字叔元，藝文志班自注同，此脫「元」字。

三六〇八頁九行　爲治者不(至)〔在〕多言，　殿、局本都作「在」，史記同。

三六〇九頁一行　事(博士)大江公及許生，　景祐本無「博士」二字。王念孫說，據晉灼注，景祐本是。

三六〇九頁一二行　力行，(爲)〔謂〕勉力爲行也。　景祐、殿本都作「謂」。

三六一三頁五行　非受命(而)〔爲〕何？　景祐、殿本都作「爲」。朱一新說，按注則「爲」字是。

三六一四頁六行　吉爲昌邑〔王〕中尉，　景祐、殿本都有「王」字。

三六一四頁一三行　(桓)〔桓〕生、　景祐、殿本都作「桓」。

三六一七頁六行　(官)〔宮〕至大司徒，自有傳。　劉攽說「官」當作「宮」。按劉說是，各本並誤。

三六一九頁八行　內(外)〔謂〕引入議所也。　景祐、殿、局本都作「謂」，此誤。

漢書卷八十九

循吏傳第五十九

師古曰：「循，順也，上順公法，下順人情也。」

漢興之初，反秦之敝，與民休息，凡事簡易，禁罔疏闊，而相國蕭、曹以寬厚清靜爲天下帥，〔一〕民作「畫一」之歌。〔二〕孝惠垂拱，高后女主，不出房闥，而天下晏然，民務稼穡，衣食滋殖。〔三〕至於文、景，遂移風易俗。是時循吏如河南守吳公、蜀守文翁之屬，皆謹身帥先，居以廉平，不至於嚴，而民從化。

〔一〕師古曰：「帥，導也。」

〔二〕師古曰：「謂歌曰『蕭何爲法，講若畫一；曹參代之，守而勿失』。」

〔三〕師古曰：「滋，益也。殖，生也。」

孝武之世，外攘四夷，內改法度，〔一〕民用彫敝，姦軌不禁。〔二〕時少能以化治稱者，惟江都相董仲舒、內史公孫弘、兒寬，居官可紀。三人皆儒者，通於世務，明習文法，以經術潤飾

吏事，天子器之。仲舒數謝病去，弘、寬至三公。

〔一〕師古曰：「攘，卻也。」

〔二〕師古曰：「不可禁。」

孝昭幼沖，霍光秉政，承奢侈師旅之後，海內虛耗，光因循守職，無所改作。至於始元、元鳳之間，匈奴鄉化，百姓益富，〔一〕舉賢良文學，問民所疾苦，於是罷酒榷而議鹽鐵矣。

〔一〕師古曰：「鄉讀曰嚮。」

及至孝宣，繇仄陋而登至尊，〔一〕興于閭閻，〔二〕知民事之艱難。自霍光薨後始躬萬機，厲精爲治，五日一聽事，自丞相已下各奉職而進。及拜刺史守相，輒親見問，觀其所繇，退而考察所行以質其言，〔三〕有名實不相應，必知其所以然。常稱曰：「庶民所以安其田里而亡歎息愁恨之心者，政平訟理也。〔四〕與我共此者，其唯良二千石乎！」〔五〕以爲太守，吏民之本也，數變易則下不安，民知其將久，不可欺罔，乃服從其教化。故二千石有治理效，輒以璽書勉厲，增秩賜金，或爵至關內侯，公卿缺則選諸所表以次用之。〔六〕是故漢世良吏，於是爲盛，稱中興焉。若趙廣漢、韓延壽、尹翁歸、嚴延年、張敞之屬，皆稱其位，然任刑罰，或抵罪誅。〔七〕王成、黃霸、朱邑、龔遂、鄭弘、召信臣等，〔八〕所居民富，所去見思，生有榮號，死見奉祀，此廩廩庶幾德讓君子之遺風矣。〔九〕

〔一〕師古曰：「仄，古側字。仄陋，言非正統，而身經微賤也。繇與由同。次下類此。」
〔二〕師古曰：「閭，里門也。閻，里中門也。言從里巷而即大位也。」
〔三〕師古曰：「質，正也。」
〔四〕師古曰：「訟理，言所訟見理而無冤滯也。」
〔五〕師古曰：「謂郡守、諸侯相。」
〔六〕師古曰：「所表，謂增秩賜金爵也。」
〔七〕師古曰：「抵，至也，音丁禮反。」
〔八〕師古曰：「召讀曰邵。」
〔九〕師古曰：「虞虞，言有風采也。」

文翁，廬江舒人也。少好學，通春秋，以郡縣吏察舉。景帝末，爲蜀郡守，仁愛好教化。見蜀地辟陋有蠻夷風，〔一〕文翁欲誘進之，乃選郡縣小吏開敏有材者張叔等十餘人親自飭厲，〔二〕遣詣京師，受業博士，或學律令。減省少府用度，買刀布蜀物，齎計吏以遺博士。〔三〕數歲，蜀生皆成就還歸，文翁以爲右職，〔四〕用次察舉，官有至郡守刺史者。

〔一〕師古曰：「辟讀曰僻。」
〔二〕師古曰：「飭與敕同。」

〔三〕如淳曰：「金馬書刀，今賜計吏是也。作馬形於刀環內，以金鏤之。」晉灼曰：「刀，書刀；布，布刀也。舊時蜀郡工官作金馬書刀者，似佩刀形，金錯其拊。布刀，謂婦人割裂財布刀也。」師古曰：「少府，郡掌財物之府，以供太守者也。刀，凡蜀刀有環者也。布，蜀布細密（者）也。二者蜀人作之皆善，故齎以爲貨，無限於書刀布刀也。如、晉二說皆煩而不當也。」
〔四〕師古曰：「郡中高職也。」

又修起學官於成都市中，〔一〕招下縣子弟以爲學官弟子，〔二〕爲除更繇，〔三〕高者以補郡縣吏，次爲孝弟力田。常選學官僮子，使在便坐受事。〔四〕每出行縣，益從學官諸生明經飭行者與俱，〔五〕使傳教令，出入閨閤。〔六〕縣邑吏民見而榮之，數年，爭欲爲學官弟子，富人至出錢以求之。繇是大化，〔七〕蜀地學於京師者比齊魯焉。至武帝時，乃令天下郡國皆立學校官，自文翁爲之始云。

〔一〕師古曰：「學官，學之官舍也。」
〔二〕師古曰：「下縣，四郊之縣，非郡所治也。」
〔三〕師古曰：「不令從役也。更音工衡反。繇讀曰傜。」
〔四〕師古曰：「便坐，別坐，可以視事，非正廷也。坐音財臥反。」
〔五〕師古曰：「益，多也。飭，整也，讀與敕同。」
〔六〕師古曰：「閨閤，內中小門也。」
〔七〕師古曰：「繇讀曰由。」

文翁終於蜀，吏民爲立祠堂，歲時祭祀不絕。至今巴蜀好文雅，文翁之化也。〔一〕

〔一〕師古曰：「文翁學堂于今猶在益州城內。」

王成，不知何郡人也。爲膠東相，治甚有聲。宣帝最先褒之，地節三年下詔曰：「蓋聞有功不賞，有罪不誅，雖唐虞不能以化天下。今膠東相成，勞來不怠，〔一〕流民自占八萬餘口，〔二〕治有異等之效。〔三〕其賜成爵關內侯，秩中二千石。」未及徵用，會病卒官。後詔使丞相御史問郡國上計長吏守丞以政令得失，或對言前膠東相成僞自增加，以蒙顯賞，是後俗吏多爲虛名云。

〔一〕師古曰：「謂勸勉招懷百姓也。勞音郎到反。來音郎代反。」
〔二〕師古曰：「隱度名數而來附業也。占音之贍反。」
〔三〕師古曰：「異於常等。」

黃霸字次公，淮陽陽夏人也，〔一〕以豪桀役使徙雲陵。〔二〕霸少學律令，喜爲吏，〔三〕武帝末以待詔入錢賞官，補侍郎謁者，〔四〕坐同產有罪劾免。〔五〕後復入穀沈黎郡，補左馮翊二

百石卒史。〔六〕馮翊以霸入財爲官，不署右職，〔七〕使領郡錢穀計。〔八〕簿書正，以廉稱，〔九〕察補河東均輸長，〔一〇〕復察廉爲河南太守丞。霸爲人明察內敏，〔一一〕又習文法，然溫良有讓，足知，善御衆。爲丞，處議當於法，合人心，太守甚任之，吏民愛敬焉。

〔一〕師古曰：「夏音工雅反。」
〔二〕師古曰：「身爲豪桀而役使鄉里人也。」
〔三〕師古曰：「喜謂愛好也，音許吏反。」
〔四〕孟康曰：「賞官，主賞賜之官也。」師古曰：「此說非也，因入錢而見賞以官。」
〔五〕師古曰：「同產謂兄弟也。」
〔六〕如淳曰：「三輔郡得仕用它郡人，而卒史獨二百石，所謂尤異者也。」
〔七〕師古曰：「輕其爲人也。右職，高職也。」
〔八〕師古曰：「計謂出入之數也。」
〔九〕師古曰：「言無所侵隱，故簿書皆正，不虛謬也。」
〔一〇〕師古曰：「以廉見察而遷補。」
〔一一〕師古曰：「內敏，言心思捷疾也。」

自武帝末，用法深。昭帝立，幼，大將軍霍光秉政，大臣爭權，上官桀等與燕王謀作亂，光既誅之，遂遵武帝法度，以刑罰痛繩羣下，繇是俗吏上嚴酷以爲能，〔一〕而霸獨用寬和爲

〔一〕師古曰：「餽與饋同。」

〔二〕師古曰：「離亦遭。」

初邑病且死，屬其子〔一〕曰：「我故爲桐鄉吏，其民愛我，必葬我桐鄉。後世子孫奉嘗我，不如桐鄉民。」〔二〕及死，其子葬之桐鄉西郭外，民果（然）共爲邑起冢立祠，歲時祠祭，至今不絕。

〔一〕師古曰：「屬音之欲反。」

〔二〕師古曰：「嘗謂蒸嘗之祭。」

龔遂字少卿，山陽南平陽人也。以明經爲官，至昌邑郎中令，事王賀。賀動作多不正，遂爲人忠厚，剛毅有大節，內諫爭於王，外責傅相，引經義，陳禍福，至於涕泣，蹇蹇亡已。〔一〕面刺王過，王至掩耳起走，曰「郎中令善媿人。」〔二〕及國中皆畏憚焉。〔三〕王嘗久與騶奴宰人游戲飲食，賞賜亡度，遂入見王，涕泣厀行，左右侍御皆出涕。王曰：「郎中令何爲哭？」遂曰：「臣痛社稷危也！願賜清閒竭愚。」王辟左右，〔四〕遂曰：「大王知膠西王所以爲無道亡乎？」王曰：「不知也。」曰：「臣聞膠西王有諛臣侯得，王所爲儗於桀紂也，〔五〕得以爲堯舜也。王說其諂諛，嘗與寑處，〔六〕唯得所言，以至於是。〔七〕今大王親近羣小，漸漬邪惡

所習，存亡之機，不可不慎也。臣請選郎通經術有行義者與王起居，坐則誦詩書，立則習禮容，宜有益。」王許之。遂乃選郎中張安等十人侍王。居數日，王皆（去遂）〔逐去〕安等。久之，宮中數有妖怪，王以問遂，遂以爲有大憂，宮室將空，語在昌邑王傳。會昭帝崩，亡子，昌邑王賀嗣立，官屬皆徵入。王相安樂遷長樂衞尉，遂見安樂，流涕謂曰：「王立爲天子，日益驕溢，諫之不復聽，今哀痛未盡，〔八〕日與近臣飲食作樂，鬭虎豹，召皮軒，車九流，驅馳東西，所爲誖道。〔九〕古制寬，大臣有隱退，今去不得，陽狂恐知，身死爲世戮，奈何？君，陛下故相，宜極諫爭。」王即位二十七日，卒以淫亂廢。昌邑羣臣坐陷王於惡不道，皆誅，死者二百餘人，唯遂與中尉王陽以數諫爭得減死，髡爲城旦。

〔一〕師古曰：「蹇蹇，不阿順之意也。易蹇卦曰『王臣蹇蹇』。」

〔二〕師古曰：「媿，古愧字。愧，辱也。」

〔三〕師古曰：「王及國人皆憚之。」

〔四〕師古曰：「閒讀曰閑。辟音闢。」

〔五〕師古曰：「儗，比也。」

〔六〕師古曰：「說讀曰悅。」

〔七〕師古曰：「唯用得之邪言，故至亡。」

〔八〕師古曰：「謂新居喪服。」

〔九〕師古曰：「誖，乖也，音布內反。」

宣帝即位，久之，渤海左右郡歲饑，盜賊並起，〔一〕二千石不能禽制。上選能治者，丞相御史舉遂可用，上以爲渤海太守。時遂年七十餘，召見，形貌短小，宣帝望見，不副所聞，心內輕焉，謂遂曰：「渤海廢亂，朕甚憂之。君欲何以息其盜賊，以稱朕意？」遂對曰：「海瀕遐遠，不霑聖化，〔二〕其民困於飢寒而吏不恤，故使陛下赤子盜弄陛下之兵於潢池中耳。〔三〕今欲使臣勝之邪，將安之也？」〔四〕上聞遂對，甚說，〔五〕答曰：「選用賢良，固欲安之也。」遂曰：「臣聞治亂民猶治亂繩，不可急也；唯緩之，然後可治。臣願丞相御史且無拘臣以文法，得一切便宜從事。」上許焉，加賜黃金，贈遣乘傳。至渤海界，〔六〕郡聞新太守至，發兵以迎，遂皆遣還，移書敕屬縣悉罷逐捕盜賊吏。諸持鉏鉤田器者皆爲良民，吏無得問，〔七〕持兵者乃爲盜賊。遂單車獨行至府，郡中翕然，盜賊亦皆罷。〔八〕渤海又多劫略相隨，聞遂教令，即時解散，棄其兵弩而持鉤鉏。盜賊於是悉平，民安土樂業。遂乃開倉廩假貧民，〔九〕選用良吏，尉安牧養焉。

〔一〕師古曰：「左右謂側近相次者。」

〔二〕師古曰：「瀕，涯也，音頻，又音賓。」

〔三〕師古曰：「赤子猶言初生幼小之意也。積水曰潢，（曰）〔音〕黃。」

〔四〕師古曰：「勝謂以威力克而殺之也。安謂以德化撫而安之。」

〔五〕師古曰：「說讀曰悅。」

〔六〕師古曰：「傳音張戀反。」

〔七〕師古曰：「鉤，鐮也。」

〔八〕師古曰：「罷讀曰疲。言爲盜賊久，心亦罷厭。」

〔九〕師古曰：「假謂給與。」

遂見齊俗奢侈，好末技，不田作，乃躬率以儉約，勸民務農桑，令口種一樹榆、百本𩐯、五十本葱、一畦韭，〔一〕家二母彘、五雞。〔二〕民有帶持刀劍者，使賣劍買牛，賣刀買犢，曰：「何爲帶牛佩犢！」春夏不得不趨田畝，〔三〕秋冬課收斂，益蓄果實菱芡。勞來循行，郡中皆有畜積，〔四〕吏民皆富實。獄訟止息。

〔一〕師古曰：「每一口即如此種也。」

〔二〕師古曰：「每一家則如此養之也。」

〔三〕師古曰：「趨讀曰趣。趣，嚮也。」

〔四〕師古曰：「蔆，芰也。芡，雞頭也。勞來，勸勉也。畜讀（皆）曰蓄。芡音儉。勞音盧到反。來音盧代反。」

數年，上遣使者徵遂，議曹王生願從。功曹以爲王生素耆酒，亡節度，不可使。〔一〕遂不忍逆，從至京師。王生日飲酒，不視太守。〔二〕會遂引入宮，王生醉，從後呼，〔三〕曰：「明府且

止，願有所白。」遂還問其故，〔四〕王生曰：「天子即問君何以治渤海，君不可有所陳對，宜曰『皆聖主之德，非小臣之力也』。」遂受其言。既至前，上果問以治狀，遂對如王生言。天子說其有讓，〔五〕笑曰：「君安得長者之言而稱之？」遂因前曰：「臣非知此，乃臣議曹教戒臣也。」上以遂年老不任公卿，拜為水衡都尉，議曹王生為水衡丞，以褒顯遂云。水衡典上林禁苑，共張宮館，〔六〕為宗廟取牲，官職親近，上甚重之，以官壽卒。〔七〕

〔一〕師古曰：「耆讀曰嗜。」
〔二〕師古曰：「日日恆飲酒也。」
〔三〕師古曰：「呼音火故反。」
〔四〕師古曰：「還，回也。」
〔五〕師古曰：「說讀曰悅。」
〔六〕師古曰：「共音居用反。張音知亮反。下亦同。」
〔七〕師古曰：「以壽終而卒於官也。」

召信臣字翁卿，九江壽春人也。〔一〕以明經甲科為郎，出補穀陽長。舉高第，遷上蔡長。其治視民如子，所居見稱述。超為零陵太守，病歸。復徵為諫大夫，遷南陽太守，其治如上蔡。

〔一〕師古曰：「召讀曰(劭)〔邵〕。」

信臣為人勤力有方略，好為民興利，務在富之。躬勸耕農，出入阡陌，止舍離鄉亭，〔一〕稀有安居時。行視郡中水泉，〔二〕開通溝瀆，起水門提閼凡數十處，〔三〕以廣溉灌，歲歲增加，多至三萬頃。民得其利，畜積有餘。〔四〕信臣為民作均水約束，〔五〕刻石立於田畔，以防分爭。禁止嫁娶送終奢靡，務出於儉約。府縣吏家子弟好游敖，不以田作為事，輒斥罷之，甚者案其不法，以視好惡。〔六〕其化大行，郡中莫不耕稼力田，百姓歸之，戶口增倍，盜賊獄訟衰止。吏民親愛信臣，號之曰召父。荊州刺史奏信臣為百姓興利，郡以殷富，賜黃金四十斤。遷河南太守，治行常為第一，復數增秩賜金。

〔一〕師古曰：「言休息之時，皆在野次。」
〔二〕師古曰：「行音下更反。」
〔三〕師古曰：「閼，所以壅水，音一曷反。」
〔四〕師古曰：「畜讀曰蓄。」
〔五〕師古曰：「言用之有次第也。」
〔六〕師古曰：「視讀曰示。」

竟寧中，徵為少府，列於九卿，奏請上林諸離遠宮館稀幸御者，勿復繕治共張，又奏省樂府黃門倡優諸戲，及宮館兵弩什器減過泰半。太官園種冬生葱韭菜茹，覆以屋廡，〔一〕晝夜難蘊火，待溫氣乃生，〔二〕信臣以為此皆不時之物，有傷於人，不宜以奉供養，及它非法食物，悉奏罷，省費歲數千萬。〔三〕信臣年老以官卒。

〔一〕師古曰：「廡，周室也。茹音人庶反。廡音舞。」
〔二〕師古曰：「難，古然字。蘊火，蓄火也。蘊音於云反。」
〔三〕師古曰：「槩所費者，今皆省也。」

元始四年，詔書祀百辟卿士有益於民者，〔一〕蜀郡以文翁，九江以召父應詔書。歲時郡二千石率官屬行禮，奉祠信臣冢，而南陽亦為立祠。

〔一〕師古曰：「百辟，百官。」

校勘記

三六二六頁三行　布，蜀布細密(環)也。景祐本無「環」字，此衍。
三六三〇頁三行　周密，不泄(陋)〔漏〕也。景祐、殿本都作「漏」。王先謙說作「漏」是。
三六三三頁五行　以水澆之，則味(醨)〔漓〕薄。殿本作「漓」。王先謙說作「漓」是。
三六三七頁四行　民果(然)共為邑起冢立祠，景祐本無「然」字。王念孫說「然」字後人所加。
三六三八頁二行　王皆(去逐)〔逐去〕安等，景祐、殿本都作「逐去」。朱一新說此誤倒。
三六三九頁五行　積水曰潢，(曰)〔音〕黃。景祐、殿本都作「音」，此誤。

三六四〇頁四行　畜讀(皆)曰蓄。景祐、殿本都無「皆」字。王先謙說此衍。
三六四二頁一行　召讀曰(劭)〔邵〕。景祐、殿本都作「邵」。王先謙說作「邵」是。

漢書卷九十

酷吏傳第六十

孔子曰：「導之以政，齊之以刑，民免而無恥；導之以德，齊之以禮，有恥且格。」〔一〕老氏稱：「上德不德，是以有德；下德不失德，是以無德。法令滋章，盜賊多有。」〔二〕信哉是言也！法令者，治之具，而非制治清濁之原也。〔三〕昔天下之罔嘗密矣，〔四〕然（不）〔姦〕軌愈起，其極也，上下相遁，至於不振。〔五〕當是之時，吏治若救火揚沸，〔六〕非武健嚴酷，惡能勝其任而媮快乎？〔七〕言道德者，溺於職矣。〔八〕故曰：「聽訟吾猶人也，必也使無訟乎！」〔九〕「下士聞道大笑之。」〔10〕非虛言也。

〔一〕師古曰：「論語載孔子之言也。格，至也。謂御以政刑，則人思苟免，不恥於惡；化以德禮，則下知愧辱，而至於治也。」

〔二〕師古曰：「老子德經之言也。上德體合自然，是以爲德；下德務於修建，更以喪之。法令繁則巧詐益起，故多盜賊也。」

〔三〕師古曰：「言爲治之體，亦須法令，而法令非治之本。」

〔四〕師古曰：「謂秦時。」

〔五〕師古曰：「遁，避也。言吏避於君，民避於吏，至乎喪敗，不可振救也。」

〔六〕師古曰：「言迫急也。本敝不除，則其末難正。」

〔七〕師古曰：「惡讀曰烏。烏，於何也。媮，苟且也。」

〔八〕師古曰：「溺謂沉滯而不舉也。」

〔九〕師古曰：「論語載孔子之辭也。言使我聽獄訟，猶凡人耳，然而立政施德，則能使其絕於爭訟。」

〔10〕師古曰：「老子道經之言也。大道玄深，非其所及，故致笑也。」

漢興，破觚而爲圜，斲琱而爲樸，〔一〕號爲罔漏吞舟之魚。〔二〕而吏治蒸蒸，不至於姦，〔三〕黎民艾安。〔四〕由是觀之，在彼不在此。〔五〕高后時，酷吏獨有侯封，刻轢宗室，侵辱功臣。〔六〕呂氏已敗，遂夷侯封之家。〔七〕孝景時，鼂錯以刻深頗用術輔其資，〔八〕而七國之亂發怒於錯，錯卒被戮。〔九〕其後有郅都、甯成之倫。〔10〕

〔一〕孟康曰：「觚，方也。」師古曰：「去嚴刑而從簡易，抑巧僞而務敦厚也。琱謂刻鏤也，字與彫同。」

〔二〕師古曰：「言其疏也。」

〔三〕師古曰：「蒸蒸，純一之貌也。」

〔四〕師古曰：「黎，庶也。艾讀曰乂。乂，治也。」

〔五〕師古曰：「言不在於嚴酷也。」

〔六〕師古曰：「轢謂陵踐也，音來的反。」

〔七〕師古曰：「誅除也。」

〔八〕師古曰：「資，材也。」

〔九〕師古曰：「卒，終也。」

〔10〕師古曰：「郅音之日反。」

郅都，河東大陽人也。以郎事文帝。景帝時爲中郎將，敢直諫，面折大臣於朝。嘗從入上林，賈姬在廁，〔一〕野彘入廁，上目都，〔二〕都不行。上欲自持兵救賈姬，都伏上前曰：「亡一姬復一姬進，天下所少寧姬等邪？陛下縱自輕，奈宗廟太后何？」上還，彘亦不傷賈姬。太后聞之，賜都金百斤，上亦賜金百斤，由此重都。

〔一〕師古曰：「賈姬即賈夫人，生趙敬肅王彭祖、中山靖王勝者。」

〔二〕師古曰：「動目以使也。」

濟南瞷氏宗人三百餘家，豪猾，〔一〕二千石莫能制，於是景帝拜都爲濟南守。至則誅瞷氏首惡，餘皆股栗。〔二〕居歲餘，郡中不拾遺，旁十餘郡守畏都如大府。〔三〕

〔一〕應劭曰：「瞷音馬瞷眼之瞷。」師古曰：「音閑。」

〔二〕師古曰：「言懼之甚，至於股脚戰栗也。」

〔三〕師古曰：「言猶如統屬之也。」

都爲人，勇有氣，公廉，不發私書，問遺無所受，請寄無所聽。常稱曰：「已背親而出，身固當奉職死節官下，終不顧妻子矣。」

都遷爲中尉，丞相條侯至貴居也，〔一〕而都揖丞相。是時民樸，畏罪自重，而都獨先嚴酷，致行法不避貴戚，列侯宗室見都側目而視，號曰「蒼鷹」。〔二〕

〔一〕師古曰：「居，怠傲，讀與倨同。」

〔二〕師古曰：「言其鷙擊之甚。」

臨江王徵詣中尉府對簿，〔一〕臨江王欲得刀筆爲書謝上，〔二〕而都禁吏弗與。魏其侯使人間予臨江王。〔三〕臨江王既得，爲書謝上，因自殺。竇太后聞之，怒，以危法中都，〔四〕都免歸家。景帝乃使使即拜都爲鴈門太守，〔五〕便道之官，〔六〕得以便宜從事。匈奴素聞郅都節，舉邊爲引兵去，竟都死不近鴈門。匈奴至爲偶人象都，〔七〕令騎馳射，莫能中，其見憚如此。匈奴患之。乃中都以漢法。景帝曰：「都忠臣。」欲釋之。〔八〕竇太后曰：「臨江王獨非忠臣乎？」於是斬都也。

〔一〕師古曰：「簿者，獄辭之文書也，音步戶反。」

〔二〕師古曰：「刀，所以削治書也。古者書於簡牘，故必用刀焉。」
〔三〕師古曰：「伺閒隙而私與也。」
〔四〕師古曰：「謂搆成其罪也。中音竹仲反。次下亦同。」
〔五〕師古曰：「就家拜。」
〔六〕師古曰：「不令〔致〕〔至〕闕陳謝也。」
〔七〕師古曰：「以木爲人，象都之形也。偶，對也。」
〔八〕師古曰：「釋，置也，解也。謂放免也。」

甯成，南陽穰人也。以郎謁者事景帝。好氣，爲少吏，必陵其長吏；爲人上，操下急如東溼。〔一〕猾賊任威。稍遷至濟南都尉，而郅都爲守。始前數都尉步入府，因吏謁守如縣令，其畏都如此。及成往，直淩都出其上。都素聞其聲，善遇，與結驩。久之，都死，後長安左右宗室多犯法，〔二〕上召成爲中尉。其治效郅都，其廉弗如，然宗室豪桀人皆惴恐。〔三〕

〔一〕師古曰：「操，執持也。東溼，言其急之甚也。溼物則易束。操音千高反。」
〔二〕師古曰：「長安左右，京邑之中也。」
〔三〕師古曰：「惴，戰栗也。人人皆戰恐也。惴音之瑞反。」

武帝即位，徙爲內史。外戚多毀成之短，抵罪髡鉗。是時九卿死即死，少被刑，而成刑

極，自以爲不復收，〔一〕乃解脫，詐刻傳出關歸家。〔二〕稱曰：「仕不至二千石，賈不至千萬，安可比人乎！」〔三〕乃貰貣陂田千餘頃，〔四〕假貧民，役使數千家。〔五〕數年，會赦，致產數千萬，爲任俠，持吏長短，出從數十騎。其使民，威重於郡守。

〔一〕如淳曰：「以被重刑，將不復見收用也。」師古曰：「刑極者，言殘毀之重也。」
〔二〕師古曰：「輒解脫鉗鈦而亡去也。傳，所以出關之符也，音張戀反。」
〔三〕師古曰：「賈謂販賣之。」
〔四〕師古曰：「貰貣，假取之也。貣音吐得反。」
〔五〕師古曰：「假謂雇賃也。」

周陽由，其父趙兼以淮南王舅侯周陽，〔一〕故因氏焉。〔二〕由以宗家任爲郎，事文帝。景帝時，由爲郡守。武帝即位，吏治尚脩謹，然由居二千石中最爲暴酷驕恣。所愛者，撓法活之；所憎者，曲法滅之。〔三〕所居郡，必夷其豪。〔四〕爲守，視都尉如令；爲都尉，陵太守，奪之治。汲黯爲忮，〔五〕司馬安之文惡，〔六〕俱在二千石列，同車未嘗敢均茵馮。〔七〕後由爲河東都尉，與其守勝屠公爭權，相告言，〔八〕勝屠公當抵罪，〔議〕〔義〕不受刑，自殺，而由棄市。

〔一〕師古曰：「封爲周陽侯。」
〔二〕師古曰：「遂改趙姓而爲周陽也。」
〔三〕師古曰：「撓亦屈曲也，音女教反。」
〔四〕師古曰：「平除之。」
〔五〕師古曰：「忮，意堅也，音章豉反。」
〔六〕孟康曰：「以文法傷害人也。」
〔七〕師古曰：「茵，車中蓐也。馮，車中所馮者也。言此二人皆下讓由，故同車之時自處其偏側，不均敵也。馮讀曰憑。」
〔八〕師古曰：「勝屠，姓也。」

自甯成、周陽由之後，事益多，民巧法，大抵吏治類多成、由等矣。〔一〕

〔一〕師古曰：「大抵，大歸也，音丁禮反。」

趙禹，斄人也。〔一〕以佐史補中都官，〔二〕用廉爲令史，事太尉周亞夫。亞夫爲丞相，禹爲丞相史，府中皆稱其廉平。然亞夫弗任，曰：「極知禹無害，〔三〕然文深，〔四〕不可以居大府。」武帝時，禹以刀筆吏積勞，遷爲御史。上以爲能，至中大夫。與張湯論定律令，作見知，吏傳相監司以法，盡自此始。

〔一〕師古曰：「斄讀曰邰，扶風縣也，音胎。」
〔二〕師古曰：「京師諸官爲吏也。」

〔三〕師古曰：「無害，言無人能勝之者。」
〔四〕應劭曰：「禹持文法深刻。」

禹爲人廉裾，〔一〕爲吏以來，舍無食客。公卿相造請，〔二〕禹終不行報謝，務在絕知友賓客之請，〔三〕孤立行一意而已。見法輒取，亦不覆案求官屬陰罪。〔四〕嘗中廢，已爲廷尉。始條侯以禹賊深，及禹爲少府九卿，酷急。至晚節，事益多，吏務爲嚴峻，而禹治加緩，名爲平。王溫舒等後起，治峻禹。禹以老，徙爲燕相。數歲，誖亂有罪，免歸。〔五〕後十餘年，以壽卒于家。

〔一〕師古曰：「裾亦傲也，讀與倨同。」
〔二〕師古曰：「造音千到反。」
〔三〕師古曰：「以此意告報公卿。」
〔四〕師古曰：「不見知者無所搜求也。」
〔五〕師古曰：「誖，惑也，言其心意昏惑也。誖音布內反。」

義縱，河東人也。少年時嘗與張次公俱攻剽，爲羣盜。〔一〕縱有姊，以醫幸王太后。〔二〕太后問：「有子兄弟爲官者乎？」姊曰：「有弟無行，不可。」太后乃告上，上拜義姁弟縱爲中

郎，〔三〕補上黨郡中令。治敢往，少溫籍，〔四〕縣無逋事，〔五〕舉第一。遷爲長陵及長安令，直法行治，不避貴戚。以捕桉太后外孫脩成子中，〔六〕上以爲能，遷爲河內都尉。至則族滅其豪穰氏之屬，河內道不拾遺。而張次公亦爲郎，以勇悍從軍，〔七〕敢深入，有功，封爲岸頭侯。

〔一〕師古曰：「剽，劫也，音頻妙反。」
〔二〕師古曰：「武帝母。」
〔三〕孟康曰：「姁，縱姊名也。」師古曰：「姁音許于反。」
〔四〕服虔曰：「敢行暴害之政。」師古曰：「少溫籍，言無所含容也。溫音於問反。籍音才夜反。」
〔五〕師古曰：「逋，亡也，負也，音必胡反。」
〔六〕師古曰：「脩成君，王太后所生金氏女也。中者，其子名也，讀曰仲。」
〔七〕師古曰：「悍音胡旦反。」

甯成家居，上欲以爲郡守，御史大夫弘曰：〔一〕「臣居山東爲小吏時，甯成爲濟南都尉，其治如狼牧羊。成不可令治民。」上乃拜成爲關都尉。歲餘，關吏稅肄郡國出入關者，〔二〕號曰：「寧見乳虎，無直甯成之怒。」〔三〕其暴如此。義縱自河內遷爲南陽太守，聞甯成家居南陽，及至關，甯成側行送迎，然縱氣盛，弗爲禮。至郡，遂桉甯氏，破碎其家。成坐有罪，及孔、暴之屬皆奔亡，〔四〕南陽吏民重足一迹。而平氏朱彊、杜衍杜周爲縱爪牙之吏，任用，〔五〕遷爲廷尉史。

〔一〕師古曰：「公孫弘。」
〔二〕李奇曰：「肆，閱也。」師古曰：「肆音弋二反。」
〔三〕師古曰：「猛獸產乳，養護其子，則搏噬過常，故以喻也。直讀曰值，一曰直當。」
〔四〕師古曰：「孔氏、暴氏二家素豪猾者。」
〔五〕師古曰：「平氏、杜衍，二縣名也。」

軍數出定襄，定襄吏民亂敗，於是徙縱爲定襄太守。縱至，掩定襄獄中重罪二百餘人，及賓客昆弟私入相視者亦二百餘人。縱壹切捕鞠，曰「爲死罪解脫」。〔一〕是日皆報殺四百餘人。〔二〕郡中不寒而栗，猾民佐吏爲治。〔三〕

〔一〕孟康曰：「壹切皆捕之也。律，諸囚徒私解脫桎梏鉗赭，加罪一等；爲人解脫，與同罪。縱鞠相賂餉者二百人以爲解脫死罪，盡殺之。」師古曰：「鞠，窮也，謂窮治也。」
〔二〕師古曰：「奏請得報而論殺。」
〔三〕師古曰：「百姓有素豪猾爲罪惡者，今畏縱之嚴，反爲吏耳目，助治公務以自效。」

是時趙禹、張湯爲九卿矣，然其治尚寬，輔法而行，縱以鷹擊毛摯爲治。〔一〕後會更五銖錢白金起，〔二〕民爲姦，京師尤甚，乃以縱爲右內史，王溫舒爲中尉。溫舒至惡，所爲弗先言縱，縱必以氣陵之，〔三〕敗壞其功。其治，所誅殺甚多，然取爲小治，姦益不勝，〔四〕直指始出矣。吏之治以斬殺縛束爲務，閻奉以惡用矣。〔五〕縱廉，其治效郅都。上幸鼎湖，病久，已而卒起幸甘泉，〔六〕道不治。上怒曰：「縱以我爲不行此道乎？」銜之。〔七〕至冬，楊可方受告緡，縱以爲此亂民，部吏捕其爲可使者。天子聞，使杜式治，以爲廢格沮事，〔八〕棄縱市。後一歲，張湯亦死。

〔一〕師古曰：「言如鷹隼之擊，奮毛羽執取飛鳥也。」
〔二〕師古曰：「更，改也。」
〔三〕師古曰：「言溫舒雖酷惡，而縱又甚也。」
〔四〕晉灼曰：「取音趣。」
〔五〕師古曰：「閻奉以嚴惡之故而見任用，言時政尚急刻也。」
〔六〕師古曰：「已謂病愈也。言帝久病，既得愈，而忽然即幸甘泉。卒讀曰猝。」
〔七〕師古曰：「銜，含也。苞含在心，以爲過也。」
〔八〕孟康曰：「武帝使楊可主告緡，沒入其財物，縱捕爲可使者。此爲廢格詔書，沮已成之事也。」師古曰：「沮，壞也，音材汝反。格讀曰閣。」

王溫舒，陽陵人也。少時椎埋爲姦。〔一〕已而試縣亭長，〔二〕數廢。數爲吏，以治獄至廷尉史。事張湯，遷爲御史，督盜賊，殺傷甚多。稍遷至廣平都尉，擇郡中豪敢往吏十餘人爲爪牙，〔三〕皆把其陰重罪，〔四〕而縱使督盜賊，〔五〕快其意所欲得。此人雖有百罪，弗法；〔六〕

即有避回，夷之，亦滅宗。〔七〕以故齊趙之郊盜不敢近廣平，廣平聲爲道不拾遺。上聞，遷爲河內太守。

〔一〕師古曰：「椎殺人而埋之。椎音直追反，其字從木。」
〔二〕師古曰：「試，補也。」
〔三〕師古曰：「豪桀而性果敢，一往無所顧者，以爲吏也。」
〔四〕師古曰：「把音布馬反。」
〔五〕師古曰：「縱，放也。督，察視也。」
〔六〕師古曰：「言所捕盜賊得其人而快溫舒意者，則不問其先所犯罪也。法謂行法也。」
〔七〕師古曰：「避回，謂不盡意捕擊也。回音胡內反。」

素居廣平時，皆知河內豪姦之家。及往，以九月至，令郡具私馬五十疋，爲驛自河內至長安，〔一〕部吏如居廣平時方略，捕郡中豪猾，相連坐千餘家。上書請，大者至族，小者乃死，家盡沒入償臧。〔二〕奏行不過二日，得可，事論報，至流血十餘里。〔三〕河內皆怪其奏，以爲神速。盡十二月，郡中無犬吠之盜。其頗不得，失之旁郡，追求，會春，溫舒頓足歎曰：「嗟乎，令冬月益展一月，卒吾事矣！」〔四〕其好殺行威不愛人如此。

〔一〕師古曰：「以私馬於道上往往置驛也。」
〔二〕師古曰：「以臧致罪者，既沒入之，又令出倍臧，或收入官，或還其主也。」

(三)師古曰：「天子可其奏而論決之。殺人既多，故血流十餘里。」
(四)師古曰：「立春之後，不復行刑，故云然。展，伸也。」

上聞之，以爲能，遷爲中尉。其治復放河內，(一)徙請召猜禍吏與從事，(二)河內則楊皆、麻戊，關中楊贛、成信等。(三)義縱爲內史，憚之，未敢恣治。(四)及縱死，張湯敗後，徙爲廷尉。而尹齊爲中尉坐法抵罪，溫舒復爲中尉。爲人少文，居它惛惛不辯，(五)至於中尉則心開。素習關中俗，知豪惡吏，豪惡吏盡復爲用。吏苛察淫惡少年，投缿購告言姦，(六)置伯落長以收司姦。(七)溫舒多諂，善事有勢者；即無勢，視之如奴。有勢家，雖有姦如山，弗犯；無勢，雖貴戚，必侵辱。(八)舞文巧請下戶之猾，以動大豪。(九)其治中尉如此。姦猾窮治，大氐盡靡爛獄中，(一〇)行論無出者。其爪牙吏虎而冠。(一一)於是中尉部中中猾以下皆伏，有勢者爲遊聲譽，稱治。數歲，其吏多以權貴富。(一二)

(一)師古曰：「放，依也，音甫往反。」
(二)應劭曰：「徙，但也。猜，疑也。取吏好猜疑作敗害者，任用之。」
(三)師古曰：「此皆猜敗者。」
(四)師古曰：「言溫舒憚縱，不得恣其酷暴。」
(五)師古曰：「言爲餘官則心意蔽塞，職事不舉。惛音昏。」
(六)師古曰：「缿，所以受投書也，音項。解在趙廣漢傳也。」

(七)師古曰：「伯亦長帥之稱也。置伯及邑落之長，以收捕司察姦人也。」
(八)師古曰：「謂不居權要之職者。」
(九)師古曰：「弄法爲巧，而治下戶之狡猾者，用諷動大豪之家。所以然者，爲大豪中有權要，不可治故也。請謂奏請。」
(一〇)師古曰：「大氐，大歸也。靡，碎也。氐音丁禮反。靡音武皮反。」
(一一)師古曰：「言其殘暴之甚也，非有人情。」
(一二)師古曰：「爲權貴之家所擁佑，故積受取致富者也。」

溫舒擊東越還，議有不中意，(一)坐以法免。是時上方欲作通天臺而未有人，溫舒請覆中尉脫卒，得數萬人作。(二)上說，(三)拜爲少府。徙右內史，治如其故，姦邪少禁。坐法失官，復爲右輔，行中尉，如故操。

(一)師古曰：「不當天子意也。中音竹仲反。」
(二)師古曰：「覆校脫漏未爲卒者也。脫音它活反。」
(三)師古曰：「說讀曰悅。」

歲餘，會宛軍發，(一)詔徵豪吏。溫舒匿其吏華成，及人有變告溫舒受員騎錢，它姦利事，罪至族，自殺。(二)其時兩弟及兩婚家亦各自坐它罪而族。光祿勳徐自爲曰：「悲夫！夫古有三族，而王溫舒罪至同時而五族乎！」(三)溫舒死，家絫千金。(四)

(一)孟康曰：「發兵伐大宛。」
(二)師古曰：「員騎，騎之有正員也。」
(三)師古曰：「溫舒與弟同三族，而兩妻家各一，故爲五也。」
(四)師古曰：「絫，古累字。」

尹齊，東郡茌平人也。(一)以刀筆吏稍遷至御史。事張湯，湯數稱以爲廉。武帝使督盜賊，斬伐不避貴勢。遷關都尉，聲甚於甯成。上以爲能，拜爲中尉。吏民益彫敝，輕齊木彊少文，(二)豪惡吏伏匿而善吏不能爲治，(三)以故事多廢，抵罪。(四)後復爲淮陽都尉。王溫舒敗後數年，病死，家直不滿五十金。所誅滅淮陽甚多，及死，仇家欲燒其尸，妻亡去，歸葬。

(一)師古曰：「茌音仕疑反。」
(二)師古曰：「木，質也，言如木石之爲也。」
(三)師古曰：「惡吏不肯爲用，獨善吏在，故不能治事也。」
(四)師古曰：「以職事多廢，故至於坐罪也。」

楊僕，宜陽人也。以千夫爲吏。(一)河南守舉爲御史，使督盜賊關東，治放尹齊，(二)以敢擊行。(三)稍遷至主爵都尉，上以爲能。南越反，拜爲樓船將軍，有功，封將梁侯。東越

反，上欲復使將，爲其伐前勞，(四)以書敕責之曰：「將軍之功，獨有先破石門、尋陿，(五)非有斬將騫旗之實也，(六)烏足以驕人哉！(七)前破番禺，捕降者以爲虜，掘死人以爲獲，是一過也。建德、呂嘉逆罪不容於天下，(八)將軍擁精兵不窮追，超然以東越爲援，是二過也。(九)士卒暴露連歲，爲朝會不置酒，將軍不念其勤勞，而造佞巧，請乘傳行塞，(一〇)因用歸家，懷銀黃，垂三組，夸鄉里，是三過也。(一一)失期內顧，以道惡爲解，(一二)失尊尊之序，是四過也。欲請蜀刀，問君賈幾何，對曰率數百，(一三)武庫日出兵而陽不知，挾僞干君，是五過也。(一四)受詔不至蘭池宮，(一五)明日又不對。假令將軍之吏問之不對，令之不從，其罪何如？推此心以在外，江海之間可得信乎！今東越深入，將軍能率衆以掩過不？」僕惶恐，對曰：「願盡死贖罪！」與王溫舒俱破東越。後復與左將軍荀彘俱擊朝鮮，爲彘所縛，語在朝鮮傳。還，免爲庶人，病死。

(一)孟康曰：「千夫若五大夫。武帝以軍用不足，令民出錢穀爲之。」師古曰：「所謂武功賞官，以寵戰士。」
(二)師古曰：「放，依也，音甫往反。」
(三)師古曰：「果敢擊斷而行其治也。」
(四)師古曰：「伐謂矜恃也。」
(五)劉德曰：「南越中險地名也。」
(六)師古曰：「騫與搴同。搴，拔取之。」

〔七〕師古曰：「烏，於何也。」
〔八〕師古曰：「建德，南越王名也，尉佗玄孫也。呂嘉，其相也。」
〔九〕師古曰：「以僕不窮追之故，令建德得以東越爲援也。」
〔一〇〕師古曰：「傳音張戀反。行音下更反。」
〔一一〕師古曰：「銀，銀印也。黃，金印也。僕爲主爵都尉，又爲樓船將軍，并將梁侯三印，故三組也。組，印綬也。」
〔一二〕師古曰：「內顧，言思妻妾也。解謂自解說也，若今言分疏。」
〔一三〕孟康曰：「僕嘗爲將，諳官蜀刀，詔問賈，答言比數率數百也。」師古曰：「賈讀曰價。」
〔一四〕師古曰：「干，犯也。」
〔一五〕如淳曰：「本出軍時，欲使之蘭池宮，頓而不去。蘭池宮在渭城。」

咸宣，楊人也。〔一〕以佐史給事河東守。衞將軍青使買馬河東，〔二〕見宣無害，言上，徵爲廄丞。官事辦，稍遷至御史及〔中〕丞，使治主父偃及淮南反獄，所以微文深詆殺者甚衆，〔三〕稱爲敢決疑。數廢數起，爲御史及中丞者幾二十歲。〔四〕王溫舒爲中尉，而宣爲左內史。其治米鹽，〔五〕事小大皆關其手，自部署縣名曹實物，官吏令丞弗得擅搖，痛以重法繩之。居官數年，壹切爲小治辯，然獨宣以小至大，能自行之，難以爲經。〔六〕中廢爲右扶風，坐怒其吏成信，信亡藏上林中，宣使郿令將吏卒，〔七〕闌入上林中蠶室門攻亭格殺信，射中苑門，〔八〕

宣下吏，爲大逆當族，自殺。而杜周任用。

〔一〕師古曰：「咸音減省之減。楊，河東之邑。」
〔二〕師古曰：「將軍衞青充使而於河東買馬也。」
〔三〕師古曰：「詆，誣也。」
〔四〕師古曰：「幾音鉅依反。」
〔五〕師古曰：「米鹽，細雜也。」
〔六〕師古曰：「經，常也，不可爲常法也。」
〔七〕師古曰：「郿，扶風縣也，音媚。」
〔八〕師古曰：「中音竹仲反。」

是時郡守尉諸侯相二千石欲爲治者，大抵盡效王溫舒等，而吏民益輕犯法，盜賊滋起。〔一〕南陽有梅免、百政，〔二〕楚有段中、杜少，〔三〕齊有徐勃，燕趙之間有堅盧、范主之屬。大羣至數千人，擅自號，攻城邑，取庫兵，釋死罪，〔四〕縛辱郡守都尉，殺二千石，爲檄告縣趣具食；〔五〕小羣以百數，掠鹵鄉里者不可稱數。於是上始使御史中丞、丞相長史使督之，〔六〕猶弗能禁，〔七〕乃使光祿大夫范昆、諸部都尉及故九卿張德等衣繡衣持節，虎符發兵以興擊，〔八〕斬首大部或至萬餘級。及以法誅通行飲食，坐相連郡，甚者數千人。數歲，乃頗得其渠率。〔九〕散卒失亡，復聚黨阻山川，往往而羣，無可奈何。於是作沈命法，〔一〇〕曰：「羣盜起不發覺，發覺而弗捕滿品者，〔一一〕二千石以下至小吏主者皆死。」其後小吏畏誅，雖有盜弗敢發，恐不能得，坐課累府，府亦使不言。〔一二〕故盜賊寖多，〔一三〕上下相爲匿，以避文法焉。

〔一〕師古曰：「滋亦益也。」
〔二〕師古曰：「梅，百，皆姓也。」
〔三〕師古曰：「中讀曰仲。」
〔四〕師古曰：「釋，解也。」
〔五〕師古曰：「趣讀曰促。」
〔六〕師古曰：「出爲使者督察也。」
〔七〕師古曰：「禁音居禽反。」
〔八〕師古曰：「以軍興之法而討擊也。」
〔九〕師古曰：「渠，大也。」
〔一〇〕應劭曰：「沈，沒也。敢蔽匿盜賊者，沒其命也。」孟康曰：「沈，藏匿也。命，亡逃也。」師古曰：「應說是。」
〔一一〕師古曰：「品，率也，以人數爲率也。」
〔一二〕孟康曰：「縣有盜賊，府亦并坐，使縣不言之也。」師古曰：「府，郡府也。累音力瑞反。」
〔一三〕師古曰：「寖，漸也。」

田廣明字子公，鄭人也。〔一〕以郎爲天水司馬。功次遷河南都尉，以殺伐爲治。郡國盜

賊並起，遷廣明爲淮陽太守。歲餘，故城父令公孫勇與客胡倩等謀反，〔二〕倩詐稱光祿大夫，從車騎數十，言使督盜賊，止陳留傳舍，太守謁見，欲收取之。廣明覺知，發兵皆捕斬焉。而公孫勇衣繡衣，乘駟馬車至圉，〔三〕圉使小史侍之，亦知其非是，守尉魏不害與廄嗇夫江德、尉史蘇昌共收捕之。上封不害爲當塗侯，德轑陽侯，〔四〕昌蒲侯。初，四人俱拜於前，小史竊言。武帝問：「言何？」對曰：「爲侯者得東歸不？」上曰：「女欲不？貴矣。〔五〕女鄉名爲何？」對曰：「名遺鄉。」上曰：「用遺汝矣。」〔六〕於是賜小史爵關內侯，食遺鄉六百戶。

〔一〕師古曰：「京兆鄭縣，即今之華州。」
〔二〕師古曰：「倩音千見反。」
〔三〕師古曰：「陳留圉縣。」
〔四〕師古曰：「轑音遼。」
〔五〕師古曰：「言汝意欲歸不？吾今貴汝，謂賜之爵也。」
〔六〕師古曰：「遺音弋季反。」

上以廣明連禽大姦，徵入爲大鴻臚，擢廣明兄雲中代爲淮陽太守。昭帝時，廣明將兵擊益州，還，賜爵關內侯，徙衞尉。後出爲左馮翊，治有能名。宣帝初立，代蔡義爲御史大夫，以前爲馮翊與議定策，〔一〕封昌水侯。歲餘，以祁連將軍將兵擊匈奴，出塞至受降城。受降都尉前死，喪柩在堂，廣明召其寡妻與姦。既出不至質，〔二〕引軍空還。下太守杜延年簿

責，[四]廣明自殺闕下，國除。兄雲中爲淮陽守，亦敢誅殺，吏民守闕告之，竟坐棄市。

[一]師古曰：「與讀曰豫。」

[二]服虔曰：「質，所期處也。」

[三]師古曰：「簿音步戶反。」

田延年字子賓，先齊諸田也，徙陽陵。[一]延年以材略給事大將軍莫府，霍光重之，遷爲長史。出爲河東太守，選拔尹翁歸等以爲爪牙，誅鉏豪彊，姦邪不敢發。以選入爲大司農。會昭帝崩，昌邑王嗣位，淫亂，霍將軍憂懼，與公卿議廢之，莫敢發言。延年按劍，廷叱羣臣，[二]即日議決，語在光傳。宣帝即位，延年以決疑定策封陽成侯。

[一]師古曰：「高祖時徙之，其地後爲陽陵縣。」

[二]師古曰：「止於朝廷之中而叱之也，若言廷爭矣。」

先是，茂陵富人焦氏、賈氏以數千萬陰積貯炭葦諸下里物。[一]昭帝大行時，方上事暴起，[二]用度未辦，延年奏言「商賈或豫收方上不祥器物，冀其疾用，欲以求利，[三]非民臣所當爲。請沒入縣官。」奏可。富人亡財者皆怨，出錢求延年罪。初，大司農取民牛車三萬兩爲僦，[四]載沙便橋下，送致方上，車直千錢，延年上簿詐增僦直車二千，凡六千萬，盜取

其半。焦、賈兩家告其事，下丞相府。丞相議奏延年「主守盜三千萬，不道」。霍將軍召問延年，欲爲道地，[五]延年抵曰：[六]「本出將軍之門，蒙此爵位，[七]無有是事。」光曰：「即無事，當窮竟。」[八]御史大夫田廣明謂太僕杜延年：「春秋之義，以功覆過。當廢昌邑王時，非田子賓之言大事不成。今縣官出三千萬自乞之何哉？[九]願以愚言白大將軍。」延年言之大將軍，大將軍曰：「誠然，實勇士也！當發大議時，震動朝廷。」光因舉手自撫心曰：「使我至今病悸！[一〇]謝田大夫曉大司農，通往就獄，得公議之。」[一一]田大夫使人語延年，延年曰：「幸縣官寬我耳，何面目入牢獄，使衆人指笑我，卒徒唾吾背乎！」即閉閣獨居齊舍，[一二]偏袒持刀東西步。數日，使者召延年詣廷尉。聞鼓聲，自刎死，[一三]國除。

[一]孟康曰：「死者歸蒿里，葬地下，故曰下里。」師古曰：「以數千萬錢爲本，而貯此物也。」

[二]師古曰：「方上謂壙中也。昭帝暴崩，故其事倉猝。」

[三]師古曰：「疾，速也。」

[四]師古曰：「一乘爲一兩。僦謂賃之與雇直也，音子就反。」

[五]師古曰：「爲之開通道路，使有安全之地也。」

[六]師古曰：「抵，拒諱也，音丁禮反。」

[七]師古曰：「延年嘗給事莫府，又爲大將軍長史，故云然也。」

[八]師古曰：「既無實事，當令有司窮治，盡其理。」

[九]師古曰：「自謂乞與之也。乞音氣。」

[一〇]師古曰：「悸，心動也，音揆。」

[一一]師古曰：「曉者，告白意指也。通者，從公家通理也。光忿其拒諱，故不佑之。」

[一二]師古曰：「齊讀曰齋。」

[一三]晉灼曰：「使者至司農，司農發詔書，故鳴鼓也。」師古曰：「刎謂斷頸也。」

嚴延年字次卿，東海下邳人也。其父爲丞相掾，延年少學法律丞相府，歸爲郡吏。以選除補御史掾，舉侍御史。是時大將軍霍光廢昌邑王，尊立宣帝。宣帝初即位，延年劾奏光「擅廢立，亡人臣禮，不道」。奏雖寢，然朝廷肅焉敬憚。延年後復劾大司農田延年持兵干屬車，[一]大司農自訟不干屬車。事下御史中丞，譴責延年何以不移書宮殿門禁止大司農，而令得出入宮。於是覆劾延年闌內罪人，法至死。[二]延年亡命。會赦出，丞相御史府徵書同日到，延年以御史書先至，詣御史府，復爲掾。宣帝識之，[三]拜爲平陵令，坐殺不辜，去官。後爲丞相掾，復擢好時令。神爵中，西羌反，彊弩將軍許延壽請延年爲長史，從軍敗西羌，還爲涿郡太守。

[一]師古曰：「干，犯也。屬車，天子後車也，音之欲反。」

[二]張晏曰：「故事有所劾奏，並移宮門，禁止不得入。」師古曰：「覆，反也，反以此事劾之。覆音芳目反。」

[三]張晏曰：「識其前劾霍光擅廢立。」

時郡比得不能太守，[一]涿人畢野白等由是廢亂。[二]大姓西高氏、東高氏，[三]自郡吏以下皆畏避之，莫敢與牾，[四]咸曰：「寧負二千石，無負豪大家。」賓客放爲盜賊，[五]發，輒入高氏，吏不敢追。浸浸日多，[六]道路張弓拔刃，然後敢行，其亂如此。延年至，遣掾蠡吾趙繡按高氏得其死罪。繡見延年新將，[七]心內懼，即爲兩劾，欲先白其輕者，觀延年意怒，乃出其重劾。延年已知其如此矣。趙掾至，果白其輕者，延年索懷中，得重劾，[八]即收送獄。夜入，晨將至市論殺之，先所按者死，[九]吏皆股弁。[一〇]更遣吏分考兩高，窮竟其姦，誅殺各數十人。郡中震恐，道不拾遺。

[一]師古曰：「比，頻也。」

[二]師古曰：「廢公法而狡亂也。」

[三]師古曰：「兩高氏各以所居東西爲號者。」

[四]師古曰：「牾，逆也，音悟。」

[五]師古曰：「放，縱也。」

[六]師古曰：「浸，漸也。」

[七]師古曰：「新爲郡將也，謂郡守爲郡將者，以其兼領武事也。」

〔八〕師古曰：「索，搜也，音山客反。」
〔九〕師古曰：「在高氏前死。」
〔一〇〕師古曰：「股戰若弁。弁謂撫手也。」

三歲，遷河南太守，賜黃金二十斤。豪彊脅息，〔一〕野無行盜，威震旁郡。其治務在摧折豪彊，扶助貧弱。貧弱雖陷法，曲文以出之；其豪桀侵小民者，以文內之。〔二〕衆人所謂當死者，一朝出之；所謂當生者，詭殺之。〔三〕吏民莫能測其意深淺，戰栗不敢犯禁。桉其獄，皆文致不可得反。〔四〕

〔一〕師古曰：「脅，斂也。屏氣而息。」
〔二〕師古曰：「飾文而入之爲罪。」
〔三〕師古曰：「詭，違正理而殺也。」
〔四〕師古曰：「致，至密也。言其文案整密也。反音幡。」

延年爲人短小精悍，敏捷於事，〔一〕雖子貢、冉有通藝於政事，不能絕也。吏忠盡節者，厚遇之如骨肉，皆親鄉之，〔二〕出身不顧，以是治下無隱情。然疾惡泰甚，中傷者多，尤巧爲獄文，善史書，所欲誅殺，奏成於手，中主簿親近史不得聞知。奏可論死，奄忽如神。冬月，傳屬縣囚，會論府上，〔三〕流血數里，河南號曰「屠伯」。〔四〕令行禁止，郡中正清。

〔一〕師古曰：「悍，勁也。」

酷吏傳第六十　三六六九

漢書卷九十　三六七〇

〔二〕師古曰：「鄉讀曰嚮。」
〔三〕師古曰：「總集郡府而論殺。」
〔四〕鄧展曰：「言延年殺人，如屠兒之殺六畜。伯，長也。」

是時張敞爲京兆尹，素與延年善。敞治雖嚴，然尚頗有縱舍，聞延年用刑刻急，乃以書諭之曰：「昔韓盧之取菟也，上觀下獲，〔一〕不甚多殺。願次卿少緩誅罰，思行此術。」延年報曰：「河南天下喉咽，二周餘斃，〔二〕莠（甚）〔盛〕苗穢，何可不鉏也？」〔三〕自矜伐其能，終不衰止。時黃霸在潁川以寬恕爲治，郡中亦平，婁蒙豐年，〔四〕鳳皇下，上賢焉，下詔稱揚其行，加金爵之賞。延年素輕霸爲人，及比郡爲守，褒賞反在己前，〔五〕心內不服。河南界中又有蝗蟲，府丞義出行蝗，還見延年，延年曰：「此蝗豈鳳皇食邪？」義又道司農中丞耿壽昌爲常平倉，利百姓，延年曰：「丞相御史不知爲也，當避位去。壽昌安得權此？」〔六〕後左馮翊缺，上欲徵延年，符已發，爲其名酷復止。〔七〕延年疑少府梁丘賀毀之，心恨。會琅邪太守以視事久病，滿三月免，延年自知見廢，謂丞曰：「此人尚能去官，我反不能去邪？」〔八〕又延年察獄史廉，有臧不入身，〔九〕延年坐選舉不實貶秩，笑曰：「後敢復有舉人者矣！」〔一〇〕丞義年老頗悖，〔一一〕素畏延年，恐見中傷。延年本嘗與義俱爲丞相史，實親厚之，無意毀傷也，饋遺之甚厚。義愈益恐，自筮得死卦，忽忽不樂，取告至長安，〔一二〕上書言延年罪名十事。已拜奏，因飲藥自殺，以明不欺。事下御史丞按驗，有此數事，以結延年，〔一三〕坐怨望非謗政治不道棄市。

〔一〕應劭曰：「韓盧，六國時韓氏之黑犬也。」孟康曰：「言良犬之取菟，仰觀人主之意而獲之，喻不妄殺。」
〔二〕師古曰：「喉咽，言其所在襟要，如人體之有喉咽也。二周，東西周君國也。咽音一千反。」
〔三〕師古曰：「莠，秕穀所（在）〔生〕也。苗，粟苗也。莠音誘。」
〔四〕師古曰：「婁，古屢字。」
〔五〕師古曰：「比，接近也，音頻二反。」
〔六〕師古曰：「作此倉非奇異之功也，公卿不知爲之，是曠官也。壽昌安得擅此以爲權乎？」
〔七〕應劭曰：「符，竹使符也，臧在符節臺，欲有所拜，召治書御史符節令發符下太尉也。」
〔八〕師古曰：「與丞言云爾。」
〔九〕師古曰：「延年察舉其獄史爲廉，而此人乃有臧罪，然臧不入身也。」
〔一〇〕師古曰：「言已濫被貶秩，後人寧敢復舉人乎？」
〔一一〕師古曰：「心思惑亂。悖音布內反。」
〔一二〕師古曰：「取休假。」
〔一三〕師古曰：「結，正其罪也。」

初，延年母從東海來，欲從延年臘，〔一〕到雒陽，適見報囚。〔二〕母大驚，便止都亭，不肯入府。延年出至都亭謁母，母閉閤不見。延年免冠頓首閤下，良久，母乃見之，因數責延年：〔三〕「幸得備郡守，專治千里，不聞仁愛教化，有以全安愚民，顧乘刑罰多刑殺人，〔四〕欲以立威，豈爲民父母意哉！」延年服罪，重頓首謝，〔五〕因自爲母御，歸府舍。母畢正臘，〔六〕謂延年：「天道神明，人不可獨殺。〔七〕我不意當老見壯子被刑戮也！〔八〕行矣！去女東歸，埽除墓地耳。」〔九〕遂去。歸郡，見昆弟宗人，復爲言之。後歲餘，果敗。東海莫不賢知其母。〔一〇〕延年兄弟五人皆有吏材，至大官，東海號曰「萬石嚴嫗」。〔一一〕次弟彭祖，至太子太傅，在儒林傳。

酷吏傳第六十　三六七一

漢書卷九十　三六七二

〔一〕師古曰：「建丑之（日）〔月〕爲臘祭，因會飲，若今之蜡節也。」
〔二〕師古曰：「奏報行決也。」
〔三〕師古曰：「數音所具反。」
〔四〕師古曰：「顧，反也。乘，因也。」
〔五〕師古曰：「重音直用反。」
〔六〕師古曰：「臘及正歲禮畢也。正音之盈反。」
〔七〕師古曰：「言多殺人者，己亦當死。」
〔八〕師古曰：「言素意不自謂如此也。」
〔九〕師古曰：「言待其喪至也。」

〔一〇〕師古曰：「稱其賢知也。」

〔一一〕師古曰：「一門之中五二千石，故總云萬石。」

尹賞字子心，鉅鹿楊氏人也。以郡吏察廉爲樓煩長。舉茂材，粟邑令。左馮翊薛宣奏賞能治劇，徙爲頻陽令，坐殘賊免。後以御史舉爲鄭令。

永始、元延間，上怠於政，貴戚驕恣，紅陽長仲兄弟交通輕俠，臧匿亡命。〔一〕而北地大豪浩商等報怨，殺義渠長妻子六人，往來長安中。丞相御史遣掾求逐黨與，詔書召捕，久之乃得。長安中姦猾浸多，閭里少年羣輩殺吏，受賕報仇，〔二〕相與探丸爲彈，〔三〕得赤丸者斫武吏，得黑丸者斫文吏，白者主治喪；〔四〕城中薄暮塵起，剽劫行者，死傷橫道，枹鼓不絕。〔五〕賞以三輔高第選守長安令，得壹切便宜從事。賞至，修治長安獄，穿地方深各數丈，致令辟爲郭，〔六〕以大石覆其口，名爲「虎穴」。乃部戶曹掾史，與鄉吏、亭長、里正、父老、伍人，〔七〕雜舉長安中輕薄少年惡子，〔八〕無市籍商販作務，而鮮衣凶服被鎧扞持刀兵者，悉籍記之，〔九〕得數百人。賞一朝會長安吏，車數百兩，分行收捕，皆劾以爲通行飲食羣盜。〔一〇〕賞親閱，見十置一，〔一一〕其餘盡以次內虎穴中，百人爲輩，覆以大石。數日壹發視，皆相枕藉死，便輿出，瘞寺門桓東，〔一二〕楬著其姓名，〔一三〕百日後，乃令死者家各自發取其尸。親屬號

哭，道路皆歔欷。長安中歌之曰：「安所求子死？桓東少年場。〔一四〕生時諒不謹，枯骨後何葬？」〔一五〕賞所置皆其魁宿，〔一六〕或故吏善家子失計隨輕黠願自改者，財數十百人，〔一七〕皆貰其罪，〔一八〕詭令立功以自贖。〔一九〕盡力有效者，因親用之爲爪牙，追捕甚精，甘耆姦惡，甚於凡吏，〔二〇〕賞視事數月，盜賊止，郡國亡命散走，各歸其處，不敢闚長安。

〔一〕鄧展曰：「紅陽姓，長仲字也。」如淳曰：「紅陽，南陽縣也。長姓，仲字也。」師古曰：「姓紅陽而兄字長，弟字仲。今書長字或作張者非也，後人所改耳。一曰紅陽侯王立之子，兄弟長少者也。」

〔二〕師古曰：「或有自怨於吏，或受人賕賂報仇讎也。」

〔三〕師古曰：「爲彈丸作赤、黑、白三色，而共探取之也。彈音徒旦反。」

〔四〕師古曰：「其黨與有爲吏及它人所殺者，則主其喪事也。」

〔五〕師古曰：「枹，擊鼓椎也，音孚。其字從木。」

〔六〕師古曰：「致謂積累之也。令辟，甎甎也。郭謂四周之內也。致讀如本字，又音緻。令音零。辟音避歷反。」

〔七〕師古曰：「五家爲伍。伍人者，各其同伍之人也。」

〔八〕師古曰：「惡子，不承父母教命者。」

〔九〕師古曰：「凶服，危險之服。鎧，甲也，扞，臂衣也。籍記，爲名籍以記之。」

〔一〇〕師古曰：「飲音於禁反。食讀曰飤。」

〔一一〕師古曰：「置，放也。」

〔一二〕如淳曰：「瘞，埋也。舊亭傳於四角面百步築土四方，上有屋，屋上有柱出，高丈餘，有大板貫柱四出，名曰桓表。縣所治夾兩邊各一桓。陳宋之俗言桓聲如和，今猶謂之和表。」師古曰：「卽華表也。」

〔一三〕師古曰：「楬，杙也。椓杙於瘞處而書死者名也。楬音竭，杙音弋，字並從木。」

〔一四〕師古曰：「安猶焉也。死謂尸也。」

〔一五〕師古曰：「諒，信也。葬字合韻音子郎反。」

〔一六〕師古曰：「魁，根本也。宿，久舊也。」

〔一七〕師古曰：「財與纔同。」

〔一八〕師古曰：「貰，緩也。」

〔一九〕師古曰：「詭，責也。」

〔二〇〕師古曰：「耆讀曰嗜。」

江湖中多盜賊，以賞爲江夏太守，捕格江賊及所誅吏民甚多，坐殘賊免。南山羣盜起，以賞爲右輔都尉，遷執金吾，督大姦猾。三輔吏民甚畏之。

數年卒官。疾病且死，戒其諸子曰：「丈夫爲吏，正坐殘賊免，追思其功效，則復進用矣。一坐軟弱不勝任免，終身廢棄無有赦時，其羞辱甚於貪汙坐臧。愼毋然！」賞四子皆至郡守，長子立爲京兆尹，皆尙威嚴，有治辦名。

贊曰：自郅都以下皆以酷烈爲聲，然都抗直，引是非，爭大體。張湯以知阿邑人主，與俱上下，〔一〕時辯當否，國家賴其便。趙禹据法守正。〔二〕杜周從諛，以少言爲重。張湯死後，罔密事叢，〔三〕以寖耗廢，〔四〕九卿奉職，救（國）〔過〕不給，〔五〕何暇論繩墨之外乎！自是以至哀、平，酷吏衆多，然莫足數，此其知名見紀者也。其廉者足以爲儀表，〔六〕其汙者方略教道，壹切禁姦，〔七〕亦質有文武焉。雖酷，稱其位矣。〔八〕湯、周子孫貴盛，故別傳。〔九〕

〔一〕蘇林曰：「邑音人相悒納之悒。」師古曰：「如蘇氏之說，邑字音烏合反。然今之書本或作色字，此言阿諛，觀人主顏色而上下也。其義兩通。」

〔二〕師古曰：「据音據。」

〔三〕師古曰：「叢謂衆也。」

〔四〕師古曰：「寖，漸也。耗，亂也，音莫報反。」

〔五〕師古曰：「給，供也。」

〔六〕師古曰：「謂有儀形可表明者。」

〔七〕師古曰：「汙，濁也。道讀曰導。」

〔八〕師古曰：「稱音尺孕反。」

〔九〕師古曰：「言所以不列於酷吏之篇也。」

校勘記

三六四五頁五行　然(不)〔姦〕軌愈起，景祐、殿本都作「姦」。王先謙說作「姦」是。

三六四九頁五行　不令(致)〔至〕闕陳謝也。景祐、殿本都作「至」。王先謙說作「至」是。

三六五〇頁一三行　(議)〔義〕不受刑，自殺，劉敞、王先謙都說「議」當爲「義」。史記不誤。

三六五三頁三行　公卿相造請，〔三〕禹終不行報謝，務在絕知友賓客之請，〔四〕孤立行一意而已。注〔三〕原在「不行」下，明顏讀「報謝」屬下句。劉敞說「報謝」當屬上句。按史記此句作「禹終不報謝」，則劉說是。茲從殿本。

三六五三頁一五行　及孔、暴之屬皆奔亡，〔四〕南陽吏民重足一迹。注〔四〕原在「南陽」下。劉攽說「南陽」屬下句。按史記讀如劉說。

三六六二頁二行　稍遷至御史及〔中〕丞，王先謙說史記「丞」作「中丞」，此奪。下文亦作「中丞」，尤其明證。

三六七〇頁六行　秀(甚)〔盛〕苗穢，景祐、殿本都作「盛」。

三六七一頁五行　秀，粃穀所(在)〔生〕也。景祐、殿本都作「生」。王先謙說作「生」是。

三六七三頁八行　建丑之(日)〔月〕爲臘祭，景祐、殿本都作「月」，此誤。

三六七六頁三行　救(國)〔過〕不給，景祐、殿本都作「過」。

漢書卷九十一

貨殖傳第六十一

昔先王之制，自天子公侯卿大夫士至于皁隸抱關擊㮩者，〔一〕其爵祿奉養宮室車服棺槨祭祀死生之制各有差品，小不得僭大，賤不得踰貴。夫然，故上下序而民志定。於是辯其土地川澤丘陵衍沃原隰之宜，〔二〕教民種樹畜養；〔三〕五穀六畜及至魚鼈鳥獸雚蒲材幹器械之資，〔四〕所以養生送終之具，靡不皆育。育之以時，而用之有節。屮木未落，斧斤不入於山林；〔五〕豺獺未祭，罝網不布於壄澤；〔六〕鷹隼未擊，矰弋不施於徯隧。〔七〕既順時而取物，然猶山不茬櫱，澤不伐夭，〔八〕蝝魚麛卵，咸有常禁。〔九〕所以順時宣氣，蕃阜庶物，〔一〇〕稸足功用，如此之備也。〔一一〕然後四民因其土宜，各任智力，夙興夜寐，以治其業，相與通功易事，交利而俱贍，〔一二〕非有徵發期會，而遠近咸足。故易曰「后以財成輔相天地之宜，以左右民」，〔一三〕「備物致用，立成器以爲天下利，莫大乎聖人」，〔一四〕此之謂也。管子云古之四民不得雜處。〔一五〕士相與言仁誼於閒宴，〔一六〕工相與議技巧於官府，商相與語財利於市井，〔一七〕農

相與謀稼穡於田壄，朝夕從事，不見異物而遷焉。〔一八〕故其父兄之教不肅而成，子弟之學不勞而能，各安其居而樂其業，甘其食而美其服，雖見奇麗紛華，非其所習，辟猶戎翟之與于越，不相入矣。〔一九〕是以欲寡而事節，財足而不爭。於是在民上者，道之以德，〔二〇〕齊之以禮，故民有恥而且敬，貴誼而賤利。此三代之所以直道而行，不嚴而治之大略也。〔二一〕

〔一〕師古曰：「皁，養馬者也。隸之言著也，屬著於人也。抱關，守門者也。擊㮩，守夜擊木以警衆也。㮩音士各反。」

〔二〕師古曰：「衍謂地平延者也。沃，水之所灌沃也。廣平曰原，下溼曰隰。」

〔三〕師古曰：「樹，殖也。」

〔四〕師古曰：「雚，藡也，即今之荻也。械者，器之總名也。雚音桓。藡音五官反。荻音敵。」

〔五〕師古曰：「禮記月令云：『季秋之月，草木黃落，乃伐薪爲炭。』」

〔六〕師古曰：「禮記王制云：『獺祭魚，然後虞人入澤梁；豺祭獸，然後田獵。』月令：『孟春之月，獺祭魚。』『季秋之月，豺乃祭獸戮禽。』罝，兔網也，音嗟。」

〔七〕師古曰：「隼亦鷙鳥，即今所呼爲鶻者也。月令：『孟秋之月，鷹乃祭鳥，用始行戮。』弋，繳射也。矰者，弋之矢也。徯隧，徑道也。矰音曾。徯音奚。隧音遂。鶻音胡骨反。」

〔八〕師古曰：「茬，古槎字也。槎，邪斫木也。櫱，㱙斫之也。此夭謂草木之方長未成者也。槎音士牙反。櫱音五葛反。夭音烏老反。」

〔九〕師古曰：「蝝，小蟲也。麛，鹿子也。卵，鳥卵也。月令：『孟春之月，毋殺孩蟲，毋麛毋卵。』蝝音弋全反。麛音莫奚

反。」

〔一〇〕師古曰：「蕃，多也。阜，盛也。蕃音扶元反。」

〔一一〕師古曰：「稽即蓄字。」

〔一二〕師古曰：「言以其所有，交易所無，而不匱乏。」

〔一三〕師古曰：「泰卦象辭也。后，君也。左右，助也。言王者資財用以成教，贊天地之化育，以救助其衆庶也。左右讀曰佐佑。」

〔一四〕師古曰：「上繫之辭也。備物致用，謂備取百物而極其功用。」

〔一五〕師古曰：「管仲之書也。」

〔一六〕師古曰：「閑讀曰閑。」

〔一七〕師古曰：「凡言市井者，市交易之處，井共汲之所，故總而言之也。說者云因井而爲市，其義非也。」

〔一八〕師古曰：「言非其本業則弗觀覩，故能各精其事，不移易。」

〔一九〕孟康曰：「于越，南方越名也。」師古曰：「于，發語聲也。戎蠻之語則然。于越猶句吳耳。辟讀曰譬。」

〔二〇〕師古曰：「道讀曰導。」

〔二一〕師古曰：「直道而行，謂以德禮率下，不飾僞也。」

及周室衰，禮法墮，〔一〕諸侯刻桷丹楹，大夫山節藻棁，〔二〕八佾舞於庭，雍徹於堂。〔三〕其流至乎士庶人，莫不離制而棄本，稼穡之民少，商旅之民多，穀不足而貨有餘。

〔一〕師古曰：「墮，毁也，音火規反。」

〔二〕師古曰：「桷，椽也。楹，柱也。節，栭也。山，刻爲山形也。棁，侏儒柱也。藻謂刻鏤爲水藻之文也。刻桷丹楹，魯桓宮也。山節藻棁，臧文仲也。」

〔三〕師古曰：「八列舞於庭，謂季氏也。以雍樂徹食，三家則然，事見論語。」

陵夷至乎桓、文之後，〔一〕禮誼大壞，上下相冒，國異政，家殊俗，耆欲不制，僭差亡極。〔二〕於是商通難得之貨，工作亡用之器，士設反道之行，以追時好而取世資。〔三〕僞民背實而要名，姦夫犯害而求利，篡弒取國者爲王公，圉奪成家者爲雄桀。〔四〕禮誼不足以拘君子，刑戮不足以威小人。富者木土被文錦，犬馬餘肉粟，而貧者裋褐不完，唅菽飲水。〔五〕其爲編戶齊民，同列而以財力相君，雖爲僕虜，猶亡慍色。故夫飾變詐爲姦軌者，自足乎一世之間；守道循理者，不免於飢寒之患。其教自上興，繇法度之無限也。〔六〕故列其行事，以傳世變云。

〔一〕師古曰：「齊桓、晉文也。」

〔二〕師古曰：「耆讀曰嗜，其下並同。極，止也。」

〔三〕師古曰：「追，逐也。」

〔四〕師古曰：「圉謂禁守其人也。」

〔五〕師古曰：「裋，布長襦也。褐，編枲衣也。裋音豎。唅亦含字也。菽，豆也。」

〔六〕師古曰：「繇讀與由同。」

昔粵王句踐困於會稽之上，乃用范蠡、計然。〔一〕計然曰：「知鬭則修備，時用則知物，二者形則萬貨之情可得見矣。〔二〕故旱則資舟，水則資車，物之理也。」〔三〕推此類而脩之，十年國富，厚賂戰士，遂報彊吳，刷會稽之恥。〔四〕范蠡歎曰：「計然之策，十用其五而得意。既以施國，吾欲施之家。」乃乘扁舟，〔五〕浮江湖，變姓名，適齊爲鴟夷子皮，〔六〕之陶爲朱公。〔七〕以爲陶天下之中，諸侯四通，貨物所交易也，乃治產積居，與時逐〔八〕而不責於人。故善治產者，能擇人而任時。十九年之間三致千金，而再散分與貧友昆弟。後年衰老，聽子孫脩業而息之，〔九〕遂至鉅萬。故言富者稱陶朱。

〔一〕孟康曰：「姓計名然，越臣也。」蔡謨曰：「計然者，范蠡所著書篇名耳，非人也。謂之計然者，所計而然也。羣書所稱句踐之賢佐，種、蠡爲首，豈聞復有姓計名然者乎？若有此人，越但用半策便以致霸，是功重於范蠡，蠡之師也，焉有如此而越國不記其事，書籍不見其名，史遷不述其傳乎？」師古曰：「蔡說謬矣。據古今人表，計然列在第四等，豈是范蠡書篇乎？計然一號計研，故賓戲曰『研、桑心計於無垠』，即謂此耳。計然者，濮上人也，博學無所不通，尤善計算，嘗南遊越，范蠡卑身事之。其書則有萬物錄，著五方所出，皆直述之。事見皇覽及晉中經簿。又吳越春秋及越絕書並作計倪，此則倪、研及然聲皆相近，實一人耳。何云書籍不見哉？」

〔二〕師古曰：「形，顯見。」

〔三〕師古曰：「旱極則水，水極則旱，故於旱時而預蓄舟，水時預蓄車，以待其貴，收其利也。」

〔四〕師古曰：「刷謂拭除之也，音所劣反。」

〔五〕孟康曰：「特舟也。」師古曰：「音匹延反。」

〔六〕師古曰：「自號鴟夷者，言若盛酒之鴟夷，多所容受，而可卷懷，與時張弛也。鴟夷，皮之所爲，故曰子皮。」

〔七〕孟康曰：「陶即今定陶也。」

〔八〕孟康曰：「逐時而居貨也。」師古曰：「此說非也。言豫居貨物隨時而逐利。」

〔九〕師古曰：「息，生也。」

子贛既學於仲尼，退而仕衞，〔一〕發貯鬻財曹、魯之間。〔二〕七十子之徒，賜最爲饒，〔三〕而顏淵簞食瓢飲，在于陋巷。〔四〕子贛結駟連騎，束帛之幣聘享諸侯，所至，國君無不分庭與之抗禮。〔五〕然孔子賢顏淵而譏子贛，曰：「回也其庶乎，屢空。賜不受命，而貨殖焉，意則屢中。」〔六〕

〔一〕師古曰：「孔子弟子，姓端木，名賜也。」

〔二〕師古曰：「多有積貯，趣時而發。鬻，賣之也。鬻音弋六反。」

〔三〕師古曰：「言於弟子之中最爲富。」

〔四〕師古曰：「簞，笥也。食，飯也。瓢，瓠勺也。一簞之飯，一瓢之飲，至貧也。簞音丁安反。食音似。瓢音頻遙反。」

〔五〕師古曰：「爲賓主之禮。」

〔六〕師古曰：「論語載孔子之言也。顏回庶幾聖道，雖數空匱，而樂在其中。子贛不受教命，唯財是殖，億度是非，幸

而中耳。意讀曰億。中音竹仲反。」

白圭，周人也。當魏文侯時，李克務盡地力，而白圭樂觀時變，故人棄我取，人取我予。能薄飲食，忍嗜欲，節衣服，與用事僮僕同苦樂，趨時若猛獸摯鳥之發。故曰：「吾治生猶伊尹、呂尚之謀，孫吳用兵，商鞅行法是也。故智不足與權變，勇不足以決斷，仁不能以取予，彊不能以有守，雖欲學吾術，終不告也。」蓋天下言治生者祖白圭。〔一〕

〔一〕師古曰：「祖，始也，以其法爲本始也。」

猗頓用盬鹽起，〔一〕邯鄲郭縱以鑄治成業，與王者埒富。〔二〕

〔一〕師古曰：「猗頓，魯之窮士也。盬，鹽池也。於盬造鹽，故曰盬鹽。盬音古。」
〔二〕師古曰：「埒，等也。」

烏氏蠃畜牧，〔一〕及衆，斥賣，〔二〕求奇繒物，間獻戎王。〔三〕戎王十倍其償，予畜，畜至用谷量牛馬。〔四〕秦始皇令蠃比封君，以時與列臣朝請。〔五〕

〔一〕師古曰：「氏音支。烏氏，姓也。蠃，名也。其人爲畜牧之業也。」
〔二〕師古曰：「畜牧蕃盛，其數多則出而賣之也。」
〔三〕師古曰：「避時之禁，故伺間隙私遺戎王。」
〔四〕師古曰：「言其數饒不可計算，故以山谷多少言之。」
〔五〕師古曰：「與讀曰豫。請音才性反。」

巴寡婦清，〔一〕其先得丹穴，而擅其利數世，〔二〕家亦不訾。〔三〕清寡婦能守其業，用財自衞，人不敢犯。始皇以爲貞婦而客之，爲築女懷清臺。

〔一〕師古曰：「以其行絜，故號曰清也。」
〔二〕師古曰：「丹，丹砂也。穴者，山谷之穴出丹也。」
〔三〕師古曰：「言資財衆多無限數。訾音子移反。」

秦漢之制，列侯封君食租稅，歲率戶二百。千戶之君則二十萬，朝覲聘享出其中。庶民農工商賈，率亦歲萬息二千，百萬之家卽二十萬，而更繇租賦出其中，〔一〕衣食好美矣。故曰陸地牧馬二百蹏，〔二〕牛千蹏角，〔三〕千足羊，〔四〕澤中千足彘，水居千石魚波，〔五〕山居千章之萩。〔六〕安邑千樹棗；燕、秦千樹栗；蜀、漢、江陵千樹橘；淮北榮南河濟之間千樹萩；〔七〕陳、夏千畝桼；〔八〕齊、魯千畝桑麻；渭川千畝竹；及名國萬家之城，帶郭千畝畝鍾之田，〔九〕若千畝卮茜，〔一〇〕千畦薑韭：〔一一〕此其人皆與千戶侯等。

〔一〕師古曰：「更音工衡反。繇讀曰徭。」
〔二〕孟康曰：「五十匹也。」師古曰：「蹏，古蹄字。」
〔三〕孟康曰：「百六十七頭也。馬貴而牛賤，以此爲率也。」師古曰：「百六十七頭牛，則爲蹄與角凡一千二也。言千者，舉成數也。」
〔四〕師古曰：「凡言千足者，二百五十頭也。」
〔五〕師古曰：「波讀曰陂。言有大陂養魚，一歲收千石魚也。說者不曉，乃改其波字爲皮，又讀爲披，皆失之矣。」
〔六〕孟康曰：「萩任方章者千枚也。」師古曰：「大材曰章，解在百官公卿表。萩卽楸樹字也。其下並同也。」
〔七〕師古曰：「滎亦水名，濟水所溢作也，卽今所謂滎澤也。」
〔八〕師古曰：「陳，陳縣也，夏，夏縣也，皆屬淮陽。種桼樹而取其汁。夏音揠。」
〔九〕孟康曰：「一鍾受六斛四斗。」師古曰：「一畝收鍾者凡千畝也。」
〔一〇〕（師古）〔孟康〕曰：「茜草、卮子可用染也。」師古曰：「茜音千見反。」
〔一一〕師古曰：「畦音攜。」

諺曰：「以貧求富，農不如工，工不如商，刺繡文不如倚市門。」此言末業，貧者之資也。〔一〕通邑大都酤一歲千釀，〔二〕醯醬千瓨，〔三〕漿千儋，〔四〕屠牛羊彘千皮，穀糴千鍾，〔五〕薪稾千車，船長千丈，〔六〕木千章，竹竿萬个，〔七〕軺車百乘，〔八〕牛車千兩；〔九〕木器桼者千枚，銅器千鈞，〔一〇〕素木鐵器若卮茜千石，〔一一〕馬蹏噭千，〔一二〕牛千足，羊彘千雙，〔一三〕童手指千，〔一四〕筋角丹沙千斤，其帛絮細布千鈞，文采千匹，〔一五〕荅布皮革千石，〔一六〕桼千大斗，〔一七〕糱麴鹽豉千合，〔一八〕鮐鮆千斤，〔一九〕鯫鮑千鈞，〔二〇〕棗栗千石者三之，〔二一〕狐貂裘千皮，羔羊裘千石，〔二二〕旃席千具，它果采千種，〔二三〕子貸金錢千貫，節駔儈，〔二四〕貪賈三之，廉賈五之，〔二五〕亦比千乘之家，此其大率也。

〔一〕師古曰：「言其易以得利也。」
〔二〕師古曰：「千瓮以釀酒。」
〔三〕師古曰：「瓨，長頸罌也，受十升。瓨音胡雙反。」
〔四〕孟康曰：「儋，罌也。」師古曰：「儋，人儋之也，一儋兩罌。儋音丁濫反。」
〔五〕師古曰：「謂常糴取而居之。」
〔六〕師古曰：「總積船之丈數也。」
〔七〕孟康曰：「个者，一个兩个。」師古曰：「个讀曰箇。箇，枚也。」
〔八〕師古曰：「軺車，輕小之車也。軺音弋昭反。」
〔九〕師古曰：「車一乘曰一兩。謂之兩者，言其轅輪兩兩而耦。」
〔一〇〕孟康曰：「三十斤爲一鈞。」
〔一一〕孟康曰：「百二十斤爲石。素木，素器也。」
〔一二〕師古曰：「噭，口也。蹄與口共千，則爲馬二百也。噭音江釣反，又音口釣反。」
〔一三〕師古曰：「彘卽豕。」
〔一四〕孟康曰：「童，奴婢也。古者無空手游口，皆有作務，作務須手指，故曰手指，以別馬牛蹏角也。」師古曰：「手指謂有巧伎者。指千則人百。」
〔一五〕師古曰：「文，文繒也。帛之有色者曰采。」
〔一六〕孟康曰：「荅布，白疊也。」師古曰：「麤厚之布也，其價賤，故與皮革同其量耳，非白疊也。荅者，厚重之貌，而讀

者妄爲榻音，非也。」

〔一七〕師古曰：「大斗者，異於量米粟之斗也。今俗猶有大量。」

〔一八〕師古曰：「麴糱以斤石稱之，輕重齊則爲合。鹽豉則斗斛量之，多少等亦爲合。合者，相配偶之言耳。今西楚荆沔之俗賣鹽豉者，鹽豉各一升則各爲裹而相隨焉，此則合也。說者不曉，乃讀爲升合之合，又改作台，競爲解說，失之遠矣。」

〔一九〕師古曰：「鮐，海魚也。鮆，刀魚也，飲而不食者。鮐音胎，又音菭。鮆音薺，又音才爾反。而說者妄讀鮐爲夷，非唯失於訓物，亦不知音矣。」

〔二〇〕師古曰：「鮿，膊魚也，卽今不著鹽而乾者也。鮑，今之鮑魚也。鮿音輒。膊音普各反。鮑音於業反。而說者乃讀鮑爲鮠魚之鮠，音五回反，失義遠矣。鄭康成以爲鮑於煏室乾之，亦非也。煏室乾之，卽鮿耳。蓋今巴荆人所呼鰎魚者是也。音居偃反。秦始皇載鮑亂臭，則是鮑魚耳。而煏室乾者，本不臭也。煏音蒲北反。」

〔二一〕師古曰：「三千石。」

〔二二〕師古曰：「狐貂貴，故計其數；羔羊賤，故稱其量也。」

〔二三〕師古曰：「果采，謂於山野采取(果)〔果〕賣也。」

〔二四〕孟康曰：「節，節物貴賤也。謂除估儈，其餘利比於千乘之家也。」師古曰：「儈者，合會二家交易者也。駔者，其首率也。駔音子朗反。儈音工外反。」

〔二五〕孟康曰：「貪賈，未當賣而賣，未當買而買，故得利少，而十得其三。廉賈，貴乃賣，賤乃買，故十得五也。」

蜀卓氏之先，趙人也，用鐵冶富。秦破趙，遷卓氏之蜀，夫妻推輦行。〔一〕諸遷虜少有餘財，爭與吏，求近處，處葭萌。〔二〕唯卓氏曰：「此地陿薄。吾聞㟭山之下沃壄，下有踆鴟，至死不飢。〔三〕民工作(市)〔布〕，易賈。」乃求遠遷。致之臨邛，大憙，卽鐵山鼓鑄，〔四〕運籌算，賈滇、蜀民，〔五〕富至童八百人，田池射獵之樂擬於人君。

〔一〕師古曰：「步車曰輦。」

〔二〕師古曰：「縣名也，地理志屬廣漢。葭音家。」

〔三〕孟康曰：「踆音蹲。水鄉多鴟，其山下有沃野灌溉。」師古曰：「孟說非也。踆鴟謂芋也，其根可食，以充糧，故無飢年。華陽國志曰汶山郡都安縣有大芋如蹲鴟也。」

〔四〕師古曰：「卽，就也。」

〔五〕師古曰：「行販賣於滇、蜀之間也。滇音丁賢反。」

程鄭，山東遷虜也，亦冶鑄，賈魋結民，富埒卓氏。〔一〕

〔一〕師古曰：「魋結，西南夷也。言程鄭行賈，求利於其人也。埒，等也。魋音直追反。結讀曰髻。」

程、卓既衰，至成、哀間，成都羅裒訾至鉅萬。初，裒賈京師，隨身數十百萬，〔一〕爲平陵石氏持錢。其人彊力。石氏訾次如、苴，〔二〕親信，厚資遺之，令往來巴蜀，數年間致千餘萬。裒舉其半賂遺曲陽、定陵侯，〔三〕依其權力，賒貸郡國，人莫敢負。〔四〕擅鹽井之利，期年所得自倍，〔五〕遂殖其貨。

〔一〕師古曰：「言其自有數十萬，且至百萬。」

〔二〕孟康曰：「平陵如氏、苴氏也。石氏勤力，故訾次二人也。」師古曰：「孟說非也。其人彊力，謂羅裒耳。訾次如、苴，自謂石氏之饒財也。苴音側于反。」

〔三〕師古曰：「謂王根、淳于長也。」

〔四〕師古曰：「貸音吐戴反。」

〔五〕師古曰：「期音基。」

宛孔氏之先，梁人也，用鐵冶爲業。秦滅魏，遷孔氏南陽，大鼓鑄，規陂田，連騎游諸侯，因通商賈之利，有游閑公子之名。〔一〕然其贏得過當，瘉於孅嗇，〔二〕家致數千金，故南陽行賈盡法孔氏之雍容。

〔一〕師古曰：「閒讀曰閑，言其志寬大，不在急促。公子者，公侯貴人之子也，言其舉動性行有似之也，若今言諸郎矣。」

〔二〕師古曰：「瘉讀爲愈。愈，勝也。孅，細也。嗇，愛吝也。言其於利雖不汲汲苟得，然所獲贏餘多於細吝者也。孅與纖同。下云周人旣孅，義亦類此。」

魯人俗儉嗇，而丙氏尤甚，以鐵冶起，富至鉅萬。然家自父兄子弟約，頫有拾，卬有取，〔一〕貰貸行賈徧郡國。鄒、魯以其故，多去文學而趨利。

〔一〕師古曰：「頫，古俯字也。俯仰必有所取拾，無鉅細好惡也。」

齊俗賤奴虜，而刀閒獨愛貴之。〔一〕桀黠奴，人之所患，唯刀閒收取，使之逐魚鹽商賈之

利，或連車騎交守相，然愈益任之，終得其力，起數千萬。故曰「寧爵無刀」，〔二〕言能使豪奴自饒，而盡其力也。刀閒既衰，至成、哀間，臨淄姓偉訾五千萬。〔三〕

〔一〕師古曰：「刀姓，閒名也。刀音貂。」

〔二〕孟康曰：「刀閒能畜豪奴，奴或有連車騎交守相。奴自謂：『寧欲免去作民有爵邪？無將止爲刀氏作奴乎？』無，發聲助也。」

〔三〕師古曰：「姓姓，名偉。」

周人既孅，而師史尤甚，轉轂百數，〔一〕賈郡國，無所不至。雒陽街居在齊秦楚趙之中，富家相矜以久賈，〔二〕過邑不入門。設用此等，故師史能致十千萬。〔三〕

〔一〕師古曰：「轉轂，謂以車載物而逐利者。」

〔二〕孟康曰：「謂街巷居民無田地，皆相矜久賈在此諸國也。」師古曰：「此說非也。言雒陽之地居在諸國之中，無所之所，若大街衢，故其賈人無所不至而多得利，不憚久行也。中音竹仲反。」

〔三〕師古曰：「十千萬，卽萬萬也。言其財至萬萬也。一曰至千萬者十焉。」

師史既衰，至成、哀、王莽時，雒陽張長叔、薛子仲訾亦十千萬。莽皆以爲納言士，欲法武帝，然不能得其利。〔一〕

〔一〕師古曰：「法武帝者，言用卜式、東郭咸陽、孔僅等爲官也。」

宣曲任氏，其先爲督道倉吏。〔一〕秦之敗也，豪桀爭取金玉，任氏獨窖倉粟。〔二〕楚漢相

距茶陽，民不得耕種，米石至萬，而豪桀金玉盡歸任氏，任氏以此起富。富人奢侈，而任氏折節爲力田畜。人爭取賤賈，任氏獨取貴善，〔三〕富者數世。〔四〕然任公家約，非田畜所生不衣食，公事不畢則不得飲酒食肉。〔五〕以此爲閭里率，故富而主上重之。

〔一〕孟康曰：「若今(史)〔吏〕督租穀使上道輸在所也。」師古曰：「於京師四方諸道督其租耳。道者，非謂上道也。」
〔二〕師古曰：「取倉粟而窖藏之也。窖音工孝反。」
〔三〕師古曰：「言其居賈之物，不計貴賤，唯在良美也。賈讀曰價。」
〔四〕師古曰：「折節力田，務於本業，先公後私，率道閭里，故云善富。」
〔五〕師古曰：「任公，任氏之父也。言家爲此私約制也。晉灼以爲任用公家之約，此說非也。」

塞之斥也，唯橋桃以致馬千匹，牛倍之，羊萬，粟以萬鍾計。〔一〕

〔一〕孟康曰：「邊塞主斥候卒也。唯此一人能致富若此。」師古曰：「此說非也。塞斥者，言國家斥開邊塞，更令寬廣，故橋桃得恣其畜牧也。姓橋名桃。以萬鍾計者，不論斗斛千萬之數，每率舉萬鍾而計之者，其饒多也。」

吳楚兵之起，長安中列侯封君行從軍旅，齎貸子錢家，〔一〕子錢家以爲關東成敗未決，莫肯予。唯(母)〔毋〕鹽氏出捐千金貸，〔二〕其息十之。三月，吳楚平。一歲之中，則(母)〔毋〕鹽氏息十倍，用此富關中。

〔一〕師古曰：「行者須齎糧而出，於子錢家貸之也。貸謂求假之也，音吐得反。」
〔二〕師古曰：「貸謂假與之，音吐戴反。」

關中富商大賈，大氐盡諸田，〔一〕田牆、田蘭。韋家栗氏、安陵杜氏亦鉅萬。前富者既衰，自元、成訖王莽，京師富人杜陵樊嘉，茂陵摯綱，平陵如氏、苴氏，長安丹王君房，豉樊少翁，王孫大卿，爲天下高訾。〔二〕樊嘉五千萬，其餘皆鉅萬矣。王孫卿以財養士，與雄桀交，王莽以爲京司市師，漢司東市令也。

〔一〕師古曰：「氐讀曰抵。抵，歸也。」
〔二〕師古曰：「王君房賣丹，樊少翁及王孫大卿賣豉，亦致高訾。訾讀與資同。高訾謂多資財。」

此其章章尤著者也。其餘郡國富民兼業顓利，〔一〕以貨賂自行，取重於鄉里者，不可勝數。故秦楊以田農而甲一州，〔二〕翁伯以販脂而傾縣邑，張氏以賣醬而隃侈，質氏以洒削而鼎食，〔三〕濁氏以(冒)〔胃〕脯而連騎，〔四〕張里以馬醫而擊鍾，皆越法矣。然常循守事業，積累贏利，漸有所起。至於蜀卓，宛孔，齊之刀閒，公擅山川銅鐵魚鹽市井之入，運其籌策，上爭王者之利，下錮齊民之業，〔五〕皆陷不軌奢僭之惡。又況掘冢搏掩，犯姦成富，〔六〕曲叔、稽發、雍樂成之徒，〔七〕猶復齒列，〔八〕傷化敗俗，大亂之道也。

〔一〕師古曰：「顓與專同。」
〔二〕孟康曰：「以田地過限，從此而富，爲州中第一也。」
〔三〕服虔曰：「治刀劍者也。」如淳曰：「作刀劍削者。」師古曰：「二說皆非也。洒，灑也。削謂刀劍室也。謂人有刀劍削故惡者，主爲洒刷之，去其垢穢，更飾令新也。洒音先禮反。削音先召反。」
〔四〕晉灼曰：「今太官常以十月作沸湯燖羊胃，以末椒薑坋之，暴使燥是也。」師古曰：「燖音似廉反。坋音蒲頓反。」
〔五〕師古曰：「錮亦謂專取之也。」
〔六〕師古曰：「搏掩謂搏擊掩襲，取人物者也。搏字或作博。一說，搏，六博也；掩，意錢之屬也；皆戲而賭取財物。」
〔七〕師古曰：「姓曲名叔，姓稽名發，姓雍名樂成也。稽音工奚反。」
〔八〕師古曰：「身爲罪惡，尚復與良善之人齊齒並列。」

校勘記

三六八七頁七行　(師古)〔孟康〕曰：景祐、殿、局本都作「孟康」。
三六八九頁二行　謂於山野采取(菓)〔果〕實也。景祐、殿本都作「果」。王先謙說作「果」是。
三六九〇頁三行　民工作(市)〔布〕，景祐、汲古、殿、局本都作「布」。
三六九三頁二行　人爭取賤賈，任氏獨取貴善，〔三〕富者數世。〔四〕　注〔三〕原在「貴」字下，明顏讀善字屬下。王念孫說，此當以「任氏獨取貴善」爲句，「富者數世」爲句。王先謙說王讀是。
三六九三頁四行　若今(史)〔吏〕督租穀使上道輸在所也。景祐、殿本都作「吏」。
三六九三頁一二行　唯(母)〔毋〕鹽氏出捐千金貸，殿本作「毋」，下同。按史記作「無」。
三六九四頁九行　濁氏以(冒)〔胃〕脯而連騎，景祐、殿本都作「胃」，此誤。

漢書卷九十二

游俠傳第六十二

古者天子建國，諸侯立家，自卿大夫以至于庶人各有等差，是以民服事其上，而下無覬覦。〔一〕孔子曰：「天下有道，政不在大夫。」〔二〕百官有司奉法承令，以脩所職，失職有誅，侵官有罰。夫然，故上下相順，而庶事理焉。

〔一〕師古曰：「覬，幸也。覦，欲也。幸得其所欲也。覬音冀。覦音踰，又音諭。」

〔二〕師古曰：「論語載孔子之言也，謂權不移於下也。」

周室既微，禮樂征伐自諸侯出。桓文之後，大夫世權，陪臣執命。〔一〕陵夷至於戰國，合從連衡，力政爭彊。〔二〕繇是列國公子，魏有信陵，趙有平原，齊有孟嘗，楚有春申，〔三〕皆藉王公之勢，競爲游俠，雞鳴狗盜，無不賓禮。〔四〕而趙相虞卿棄國捐君，以周窮交魏齊之厄；〔五〕信陵無忌竊符矯命，戮將專師，以赴平原之急：〔六〕皆以取重諸侯，顯名天下。搤掔而游談者，以四豪爲稱首。〔七〕於是背公死黨之議成，守職奉上之義廢矣。

〔一〕師古曰：「齊桓、晉文，周之二霸也。陪，重也。」

〔二〕師古曰：「力政者，棄背禮義專任威力也。從音子容反。」

〔三〕師古曰：「繇讀與由同。信陵君魏無忌，平原君趙勝，孟嘗君田文，春申君黃歇。」

〔四〕師古曰：「謂孟嘗君用雞鳴而得亡出關，因狗盜而取狐白裘也。」

〔五〕師古曰：「魏齊，虞卿之交也，將爲范睢所殺，卿救之也。」

〔六〕師古曰：「秦兵圍趙，趙相平原君告急於無忌，無忌因如姬以竊兵符，矯魏僖侯命代晉鄙爲將，而令朱亥鎚殺晉鄙，遂率兵救趙，秦兵以卻，而趙得全。」

〔七〕師古曰：「搤，捉持也。掔，古手腕字也。四豪即魏信陵以下也。搤音厄。」

及至漢興，禁網疏闊，未之匡改也。〔一〕是故代相陳豨從車千乘，而吳濞、淮南皆招賓客以千數。外戚大臣魏其、武安之屬競逐於京師，布衣游俠劇孟、郭解之徒馳鶩於閭閻，權行州域，力折公侯。衆庶榮其名迹，覬而慕之。雖其陷於刑辟，自與殺身成名，若季路、仇牧，死而不悔也。〔二〕故曾子曰：「上失其道，民散久矣。」〔三〕非明王在上，視之以好惡，齊之以禮法，民曷繇知禁而反正乎！〔四〕

〔一〕師古曰：「匡，正也。」

〔二〕師古曰：「季路，孔子弟子也，姓仲名由，衞人也。衞有蒯聵之亂，季路聞之，故入赴難，遇孟黶石乞以戈擊之，斷纓。季路曰：『君子死，冠不免。』結纓而死。仇牧，宋大夫也。宋萬殺閔公，仇牧聞之，趨而至，手劍而叱之。萬臂擊仇牧，碎首，齒著于門闔。言游俠之徒自許節操，同於季路、仇牧。」

〔三〕師古曰：「論語載(孔)〔曾〕子之言也，解在刑法志。」

〔四〕師古曰：「視讀曰示。繇讀曰由。」

古之正法：五伯，三王之辠人也；〔一〕而六國，五伯之辠人也。夫四豪者，又六國之辠人也。況於郭解之倫，以匹夫之細，竊殺生之權，其罪已不容於誅矣。觀其溫良泛愛，振窮周急，謙退不伐，亦皆有絕異之姿。惜乎不入於道德，苟放縱於末流，殺身亡宗，非不幸也！

〔一〕師古曰：「伯讀曰霸。下皆類此。」

自魏其、武安、淮南之後，天子切齒，衞、霍改節。然郡國豪桀處處各有，京師親戚冠蓋相望，亦古今常道，莫足言者。唯成帝時，外家王氏賓客爲盛，而樓護爲帥。及王莽時，諸公之間陳遵爲雄，閭里之俠原涉爲魁。〔一〕

〔一〕師古曰：「魁者，斗之所用盛而杓之本也。故言根本者皆云魁。」

朱家，魯人，高祖同時也。魯人皆以儒教，而朱家用俠聞。所臧活豪士以百數，其餘庸人不可勝言。然終不伐其能，歆其德，〔一〕諸所嘗施，唯恐見之。振人不贍，先從貧賤始。家亡餘財，衣不兼采，食不重味，乘不過軥牛。〔二〕專趨人之急，甚於己私。〔三〕既陰脫季布之厄，及布尊貴，終身不見。自關以東，莫不延頸願交。楚田仲以俠聞，父事朱家，自以爲行弗及也。田仲死後，有劇孟。

〔一〕孟康曰：「有德於人，而不自美也。」師古曰：「歆，浚也，謂不稱顯。」

〔二〕晉灼曰：「軥，軥棍也。軥牛，小牛也。」師古曰：「軥，重挽也，音工豆反。晉說是也。」

〔三〕師古曰：「趨讀曰趣。趣，向也。」

劇孟者，洛陽人也。周人以商賈爲資，劇孟以俠顯。吳楚反時，條侯爲太尉，乘傳東，〔一〕將至河南，得劇孟，喜曰：「吳楚舉大事而不求劇孟，吾知其無能爲已。」〔二〕天下騷動，大將軍得之若一敵國云。劇孟行大類朱家，而好博，多少年之戲。然孟母死，自遠方送喪蓋千乘。及孟死，家無十金之財。而符離王孟，亦以俠稱江淮之間。〔三〕是時，濟南瞯氏、陳周庸亦以豪聞。〔四〕景帝聞之，使使盡誅此屬。其後，代諸白、梁韓毋辟、陽翟薛況、陝寒孺，紛紛復出焉。〔五〕

〔一〕師古曰：「乘傳車而東，出爲大將也。傳音張戀反。」

〔二〕師古曰：「已，語終辭。」

〔三〕師古曰：「符離，沛郡之縣也。」

〔四〕師古曰：「瞯音閑。」

〔五〕師古曰：「代郡白姓非一家也，故稱諸焉。梁國人姓韓，名毋辟。陽翟屬潁川。陝即今陝州陝縣也。薛況、寒孺，

皆人姓名也。辟讀曰避。」

郭解，河內軹人也，〔一〕溫善相人許負外孫也。解父任俠，孝文時誅死。解爲人靜悍，〔二〕不飲酒。少時陰賊感槩，〔三〕不快意，所殺甚衆。以軀藉友報仇，〔四〕臧命作姦剽攻，〔五〕休乃鑄錢掘冢，〔六〕不可勝數。適有天幸，窘急常得脫，若遇赦。

〔一〕師古曰：「軹音只。」
〔二〕師古曰：「性沉靜而勇悍。」
〔三〕師古曰：「陰賊者，陰懷賊害之意也。感槩者，感意氣而立節槩也。」
〔四〕師古曰：「藉，古藉字也。藉謂借助也。」
〔五〕師古曰：「臧命，臧亡命之人也。剽，劫也。攻謂穿窬而盜也。剽音匹妙反。」
〔六〕師古曰：「不報仇剽攻，則鑄錢發冢也。」

及解年長，更折節爲儉，以德報怨，厚施而薄望。然其自喜爲俠益甚。〔一〕既已振人之命，不矜其功，〔二〕其陰賊著於心本發於睚眦如故云。〔三〕而少年慕其行，亦輒爲報讎，不使知也。

〔一〕師古曰：「自好喜爲此名也。喜音許吏反。」
〔二〕師古曰：「振謂舉救也。矜，夸恃也。」

〔三〕師古曰：「著音直略反。心本猶言本心也。睚音崖。眦音漬。睚眦又音五懈、士懈反，解具在杜欽傳。」

解姊子負解之勢，〔一〕與人飲，使之釂，非其任，彊灌之。〔二〕人怒，刺殺解姊子，（去亡）〔亡去〕。解姊怒曰：「以翁伯時人殺吾子，賊不得！」〔三〕棄其尸道旁，弗葬，欲以辱解。解使人微知賊處。〔四〕賊窘自歸，〔五〕具以實告解。解曰：「公殺之當，吾兒不直。」遂去其賊，〔六〕辠其姊子，收而葬之。諸公聞之，皆多解之義，〔七〕益附焉。

〔一〕師古曰：「負，恃也。」
〔二〕師古曰：「盡爵曰釂。其人不飲，而使盡爵，乃彊灌之，故怨怒也。釂音子笑反。彊音其兩反。」
〔三〕師古曰：「翁伯，解字也。」
〔四〕師古曰：「微，伺問之也。」
〔五〕師古曰：「窘，困急。」
〔六〕師古曰：「除去其罪也。去音丘呂反。」
〔七〕師古曰：「多猶重也。」

解出，人皆避，有一人獨箕踞視之。解問其姓名，客欲殺之。解曰：「居邑屋不見敬，是吾德不脩也，〔一〕彼何辠！」乃陰請尉史曰：「是人吾所重，至踐更時脫之。」〔二〕每至直更，數過，吏弗求。〔三〕怪之，問其故，解使脫之。箕踞者乃肉袒謝辠。少年聞之，愈益慕解之行。

〔一〕師古曰：「邑屋猶今人言村舍、巷舍也。」
〔二〕師古曰：「踐更，爲踐更之卒也。脫，免也。更音工衡反。脫音它活反。」
〔三〕師古曰：「直，當也，次當爲更也。數音所角反。」

洛陽人有相仇者，邑中賢豪居間以十數，終不聽。〔一〕客乃見解。解夜見仇家，仇家曲聽。〔二〕解謂仇家：「吾聞洛陽諸公在間，多不聽。今子幸而聽解，解奈何從它縣奪人邑賢大夫權乎！」乃夜去，不使人知，曰：「且毋庸，待我去，令洛陽豪居間乃聽。」〔三〕

〔一〕師古曰：「居中間爲道地和輯之，而不見許也。」
〔二〕師古曰：「屈曲從其言。」
〔三〕師古曰：「庸，用也。且無用休，待洛陽豪更言之乃從其言也。」

解爲人短小，恭儉，出未嘗有騎，〔一〕不敢乘車入其縣庭。〔二〕之旁郡國，爲人請求事，事可出，出之；〔三〕不可者，各令厭其意，〔四〕然後乃敢嘗酒食。諸公以此嚴重之，爭爲用。邑中少年及旁近縣豪夜半過門，常十餘車，請得解客舍養之。〔五〕

〔一〕師古曰：「不以騎自隨也。」
〔二〕師古曰：「所屬之縣也。」
〔三〕如淳曰：「事可爲免出者，出之。」
〔四〕師古曰：「厭，滿也，音一贍反。」
〔五〕師古曰：「舍，止也。言解多藏亡命，喜事少年與解同志者，知亡命者多歸解，故夜將車來迎取其人居止而養之。」

及徙豪茂陵也，解貧，不中訾。〔一〕吏恐，不敢不徙。衞將軍爲言「郭解家貧，不中徙」。上曰：「解布衣，權至使將軍，此其家不貧！」〔二〕解徙，諸公送者出千餘萬。軹人楊季主子爲縣掾，鬲之，〔三〕解兄子斷楊掾頭。解入關，關中賢豪知與不知，聞聲爭交驩。〔四〕邑人又殺楊季主，季主家上書人又殺闕下。〔五〕上聞，乃下吏捕解。解亡，置其母家室夏陽，身至臨晉。臨晉籍少翁素不知解，因出關。〔六〕籍少翁已出解，解傳太原，所過輒告主人處。吏逐迹至籍少翁，少翁自殺，口絕。久之得解，窮治所犯爲，而解所殺，皆在赦前。

〔一〕師古曰：「中，充也，言訾財不充合徙之數也。中音竹仲反。其下亦同。」
〔二〕師古曰：「將軍爲之言，是爲其所使也。」
〔三〕師古曰：「鬲塞其送，不令解得之也。鬲與隔同。」
〔四〕師古曰：「知謂先相知。」
〔五〕師古曰：「於闕下殺上書人。」
〔六〕師古曰：「出解於關也。」

軹有儒生侍使者坐，客譽郭解，生曰：「解專以姦犯公法，何謂賢？」解客聞之，殺此生，斷舌。吏以責解，解實不知殺者，殺者亦竟莫知爲誰。吏奏解無罪。御史大夫公孫弘議曰：「解布衣爲任俠行權，以睚眦殺人，解不知，此辠甚於解知殺之。當大逆無道。」〔一〕遂族解。

〔一〕師古曰：「當謂處斷其罪。」

自是之後，俠者極衆，而無足數者。然關中長安樊中子，槐里趙王孫，長陵高公子，西河郭翁中，〔一〕太原魯翁孺，臨淮兒長卿，〔二〕東陽陳君孺，雖爲俠而恂恂有退讓君子之風。〔三〕至若北道姚氏，西道諸杜，南道仇景，東道佗羽公子，〔四〕南陽趙調之徒，盜跖而居民間者耳，曷足道哉！此乃鄉者朱家所羞也。〔五〕

〔一〕師古曰：「中讀皆曰仲。」
〔二〕師古曰：「兒音五奚反。」
〔三〕師古曰：「恂恂，謹信之貌也，音荀。」
〔四〕師古曰：「據京師而言，指其東西南北而謂也。姓佗，名羽，字公子。佗，古他字。」
〔五〕師古曰：「鄉讀曰嚮。」

萬章字子夏，長安人也。〔一〕長安熾盛，街閭各有豪俠，章在城西柳市，〔二〕號曰「城西萬子夏」。爲京兆尹門下督，從至殿中，〔三〕侍中諸侯貴人爭欲揖章，莫與京兆尹言者。章逡循甚懼。其後京兆不復從也。〔四〕

〔一〕師古曰：「萬音拒。」
〔二〕師古曰：「漢宮闕疏云細柳倉有柳市。」

〔三〕師古曰：「章從京兆也。」
〔四〕師古曰：「更不以章自隨也。」

與中書令石顯相善，亦得顯權力，門車常接轂。至成帝初，石顯坐專權擅勢免官，徙歸故郡。顯貲巨萬，當去，留牀席器物數百萬直，欲以與章，章不受。賓客或問其故，章歎曰：「吾以布衣見哀於石君，〔一〕石君家破，不能有以安也，〔二〕而受其財物，此爲石氏之禍，萬氏反當以爲福邪！」諸公以是服而稱之。

〔一〕師古曰：「言爲石顯所哀憐。」
〔二〕師古曰：「言力不能救。」

河平中，王尊爲京兆尹，捕擊豪俠，殺章及箭張回、〔一〕酒市趙君都、賈子光，〔二〕皆長安名豪，報仇怨養刺客者也。

〔一〕服虔曰：「作箭者姓張，名回。」
〔二〕服虔曰：「酒市中人也。」

樓護字君卿，齊人。父世醫也，護少隨父爲醫長安，出入貴戚家。護誦醫經、本草、方術數十萬言，長者咸愛重之，共謂曰：「以君卿之材，何不宦學乎？」繇是辭其父，學經傳，〔一〕爲京兆吏數年，甚得名譽。

〔一〕師古曰：「繇讀與由同。」

是時王氏方盛，賓客滿門，五侯兄弟爭名，其客各有所厚，不得左右，〔一〕唯護盡入其門，咸得其驩心。結士大夫，無所不傾，其交長者，尤見親而敬，衆以是服。爲人短小精辯，論議常依名節，聽之者皆竦。與谷永俱爲五侯上客，長安號曰「谷子雲筆札，樓君卿脣舌」，言其見信用也。母死，送葬者致車二三千兩，閭里歌之曰：「五侯治喪樓君卿。」

〔一〕師古曰：「不相經過也。」

久之，平阿侯舉護方正，〔一〕爲諫大夫，使郡國。護假貸，〔二〕多持幣帛，過齊，上書求上先人冢，因會宗族故人，各以親疏與束帛，一日散百金之費。使還，奏事稱意，擢爲天水太守。數歲免，家長安中。時成都侯商爲大司馬衞將軍，罷朝，欲候護，其主簿諫：「將軍至尊，不宜入閭巷。」商不聽，遂往至護家。家狹小，官屬立車下，久住移時，天欲雨，主簿謂西曹諸掾曰：「不肯彊諫，反雨立閭巷！」商還，或白主簿語，商恨，以他職事去主簿，終身廢錮。

〔一〕師古曰：「王譚也。」
〔二〕師古曰：「官以物假貸貧人，令護監之。貸音吐戴反。」

後護復以薦爲廣漢太守。元始中，王莽爲安漢公，專政，莽長子宇與妻兄呂寬謀以血

塗莽第門，欲懼莽令歸政。發覺，莽大怒，殺宇，而呂寬亡。寬父素與護相知，寬至廣漢過護，不以事實語也。到數日，名捕寬詔書至，〔一〕護執寬。莽大喜，徵護入爲前煇光，〔二〕封息鄉侯，列於九卿。

〔一〕師古曰：「舉姓名而捕之也。」
〔二〕師古曰：「莽分三輔置前煇光，後丞烈，以護爲之。煇音暉。」

莽居攝，槐里大賊趙朋、霍鴻等羣起，延入前煇光界，護坐免爲庶人。其居位，爵祿賂遺所得亦緣手盡。既退居里巷，時五侯皆已死，年老失勢，賓客益衰。至王莽篡位，以舊恩召見護，封爲樓舊里附城。〔一〕而成都侯商子邑爲大司空，貴重，商故人皆敬事邑，唯護自安如舊節，邑亦父事之，不敢有闕。時請召賓客，邑居樽下，稱「賤子上壽」。〔二〕坐者百數，皆離席伏，護獨東鄉正坐，〔三〕字謂邑曰：「公子貴如何！」〔四〕

〔一〕師古曰：「莽爲此爵名，效古之附庸也。」
〔二〕師古曰：「言以父禮事。」
〔三〕師古曰：「鄉讀曰嚮。」
〔四〕蘇林曰：「邑字公子也。」

初，護有故人呂公，無子，歸護。護身與呂公、妻與呂嫗同食。及護家居，妻子頗厭呂

公。護聞之，流涕責其妻子曰：「呂公以故舊窮老託身於我，義所當奉。」遂養呂公終身。護卒，子嗣其爵。

陳遵字孟公，杜陵人也。祖父遂，字長子，宣帝微時與有故，相隨博弈，〔一〕數負進。〔二〕及宣帝即位，用遂，稍遷至太原太守，乃賜遂璽書曰：「制詔太原太守：官尊祿厚，可以償博進矣。妻君寧時在旁，知狀。」〔三〕遂於是辭謝，因曰：「事在元平元年赦令前。」其見厚如此。元帝時，徵遂爲京兆尹，至廷尉。

〔一〕師古曰：「博，六博。弈，圍碁也。」

〔二〕師古曰：「進者，會禮之財也，謂博所賭也，解在高紀。一說進，勝也，帝博而勝，故遂有所負。」

〔三〕師古曰：「史皇孫名進而此詔不諱之，蓋史家追書故有其字耳。君寧，遂妻名也。云妻知負博之狀者，著舊恩之深也。」

遵少孤，與張竦伯松俱爲京兆史。竦博學通達，以廉儉自守，而遵放縱不拘，操行雖異，然相親友，哀帝之末俱著名字，爲後進冠。〔一〕並入公府，公府掾史率皆羸車小馬，不上鮮明，而遵獨極輿馬衣服之好，門外車騎交錯。又日出醉歸，〔二〕曹事數廢。西曹以故事適之，〔三〕侍曹輒詣寺舍白遵曰：「陳卿今日以某事適。」遵曰：「滿百乃相聞。」故事，有百適者

斥，滿百，西曹白請斥。大司徒馬宮大儒優士，又重遵，〔四〕謂西曹：「此人大度士，奈何以小文責之？」乃舉遵能治三輔劇縣，補郁夷令。〔五〕久之，與扶風相失，〔六〕自免去。

〔一〕如淳曰：「爲後進人士之冠首也。」

〔二〕師古曰：「言每日必出飲也。」

〔三〕師古曰：「案舊法令而罰之也。適讀曰讁。此下皆同。」

〔四〕師古曰：「優禮賢士，而尤敬重遵。」

〔五〕師古曰：「右扶風之縣。」

〔六〕師古曰：「意不相得也。」

槐里大賊趙朋、霍鴻等起，遵爲校尉，擊朋、鴻有功，封嘉威侯。居長安中，列侯近臣貴戚皆貴重之。牧守當之官，及郡國豪桀至京師者，莫不相因到遵門。

遵耆酒，〔一〕每大飲，賓客滿堂，輒關門，取客車轄投井中，雖有急，終不得去。〔二〕嘗有部刺史奏事，過遵，值其方飲，刺史大窮，候遵霑醉時，突入見遵母，〔三〕叩頭自白當對尚書有期會狀，母乃令從（從）〔後〕閤出去。〔四〕遵大率常醉，然事亦不廢。

〔一〕師古曰：「耆讀曰嗜。」

〔二〕師古曰：「既關閉門，又投車轄也。而說者便欲改轄字爲錧，云門之錧籥，妄穿鑿耳。錧自主人所執，何煩投井也。」

〔三〕師古曰：「霑涇言其大醉也。霑音竹占反。」

〔四〕師古曰：「以其前門關閉，故從後閤出之也。」

長八尺餘，長頭大鼻，容貌甚偉。略涉傳記，贍於文辭。性善書，與人尺牘，主皆藏去以爲榮。〔一〕請求不敢逆，所到，衣冠懷之，唯恐在後。〔二〕時列侯有與遵同姓字者，每至人門，曰陳孟公，坐中莫不震動，既至而非，因號其人曰陳驚坐云。

〔一〕師古曰：「去亦藏也，音丘呂反，又音舉。」

〔二〕師古曰：「懷，來也，謂招來而禮之。」

王莽素奇遵材，在位多稱譽者，繇是起爲河南太守。〔一〕既至官，當遣從史西，召善書吏十人於前，治私書謝京師故人。遵馮几，〔二〕口占書吏，且省官事，〔三〕書數百封，親疏各有意，河南大驚。數月免。

〔一〕師古曰：「繇讀與由同。」

〔二〕師古曰：「馮讀曰憑。」

〔三〕師古曰：「占，隱度也。口隱其辭以授吏也。占音之贍反。」

初，遵爲河南太守，而弟級爲荆州牧，當之官，俱過長安富人故淮陽王外家左氏飲食作樂。後司直陳崇聞之，劾奏「遵兄弟幸得蒙恩超等歷位，遵爵列侯，備郡守，級州牧奉使，皆以舉直察枉宣揚聖化爲職，不正身自慎。始遵初除，乘藩車入閭巷，〔一〕過寡婦左阿君置酒

謌謳，遵起舞跳梁，頓仆坐上，暮因留宿，爲侍婢扶臥。遵知飲酒飫宴有節，〔二〕禮不入寡婦之門，而湛酒溷肴，〔三〕亂男女之別，輕辱爵位，羞汙印韍，〔四〕惡不可忍聞。臣請皆免。」遵既免，歸長安，賓客愈盛，飲食自若。〔五〕

〔一〕師古曰：「藩車，車之有屏蔽者。」

〔二〕師古曰：「宴食曰飫。飫音於庶反。」

〔三〕師古曰：「湛讀曰沈，又音耽。」

〔四〕師古曰：「此韍謂印之組也。」

〔五〕師古曰：「言自如其故。」

久之，復爲九江及河內都尉，凡三爲二千石。而張竦亦至丹陽太守，封淑德侯。後俱免官，以列侯歸長安。竦居貧，無賓客，時時好事者從之質疑問事，論道經書而已。〔一〕而遵晝夜呼號，〔二〕車騎滿門，酒肉相屬。〔三〕

〔一〕師古曰：「質，正也。」

〔二〕師古曰：「呼音火故反。」

〔三〕師古曰：「屬，連續也。屬音之欲反。」

先是黃門郎揚雄作酒箴以諷諫成帝，其文爲酒客難法度士，譬之於物，曰：「子猶瓶矣。觀瓶之居，居井之眉，〔一〕處高臨深，動常近危。酒醪不入口，臧水滿懷，不得左右，牽於纆

徽。一旦叀礙，爲瓽所轠，〔二〕身提黃泉，骨肉爲泥。〔三〕自用如此，不如鴟夷。〔四〕鴟夷滑稽，腹如大壺，〔五〕盡日盛酒，人復借酤。〔六〕常爲國器，託於屬車，〔七〕出入兩宮，經營公家。繇是言之，酒何過乎！」〔八〕遵大喜之，〔九〕常謂張竦：「吾與爾猶是矣。足下諷誦經書，苦身自約，〔一〇〕不敢差跌，〔一一〕而我放意自恣，浮湛俗間，〔一二〕官爵功名，不減於子，而差獨樂，顧不優邪！」〔一三〕竦曰：「人各有性，長短自裁。子欲爲我亦不能，吾而效子亦敗矣。雖然，學我者易持，效子者難將，吾常道也。」

〔一〕師古曰：「眉，井邊地，若人目上之有眉。」
〔二〕師古曰：「纆徽，井索也。叀，縣也。瓽，井以甎爲甃者也。轠，擊也。言瓶忽縣礙不得下，而爲井瓽所擊，則破碎也。叀音上絹反。瓽音丁浪反。轠音雷。諸家之說，或以叀爲疐，或音衞，又以瓽爲甓，皆失之。甃音側救反。」
〔三〕師古曰：「提，擲也，擲入黃泉之中也。提音徒計反。」
〔四〕師古曰：「鴟夷，韋囊以盛酒，即今鴟夷（榺）〔幐〕也。」
〔五〕師古曰：「滑稽，圜轉縱捨無窮之狀。滑音骨。稽音雞。」
〔六〕師古曰：「盡猶竟日也。」
〔七〕師古曰：「天子屬車，常載酒食，故有鴟夷也。屬音之欲反。」
〔八〕師古曰：「繇讀與由同。其下類此。」
〔九〕師古曰：「喜，好愛也，音許吏反。」

〔一〇〕師古曰：「約猶束也。」
〔一一〕師古曰：「跌音徒結反。」
〔一二〕師古曰：「湛讀曰沈。」
〔一三〕師古曰：「顧，念也。」

及王莽敗，二人俱客於池陽，〔一〕竦爲賊兵所殺。〔二〕更始至長安，大臣薦遵爲大司馬護軍，與歸德侯劉颯俱使匈奴。〔三〕單于欲脅詘遵，遵陳利害，爲言曲直，單于大奇之，遣還。會更始敗，遵留朔方，爲賊所敗，時醉見殺。

〔一〕師古曰：「左馮翊之縣也。」
〔二〕李奇曰：「竦知有賊當去，會反支日，不去，因爲賊所殺。桓譚（日）〔以〕爲通人之蔽也。」
〔三〕鄧展曰：「颯音立。」

原涉字巨先。祖父武帝時以豪桀自陽翟徙茂陵。〔一〕涉父哀帝時爲南陽太守。天下殷富，大郡二千石死官，賦斂送葬皆千萬以上，妻子通共受之，以定產業。時又少行三年喪者。及涉父死，讓還南陽賻送，行喪冢廬三年，繇是顯名京師。禮畢，扶風謁請爲議曹，〔二〕衣冠慕之輻輳。爲大司徒史丹舉能治劇，爲谷口令，〔三〕時年二十餘。谷口聞其名，不言而治。

〔一〕師古曰：「陽翟，潁川之縣也。」
〔二〕師古曰：「禮畢，行喪終服也。」
〔三〕師古曰：「左馮翊之縣，今之雲陽谷口是其處也。」

先是涉季父爲茂陵秦氏所殺，涉居谷口半歲所，自劾去官，欲報仇。谷口豪桀爲殺秦氏，亡命歲餘，逢赦出。郡國諸豪及長安、五陵諸爲氣節者皆歸慕之。〔一〕涉遂傾身與相待，人無賢不肖闐門，〔二〕在所閭里盡滿客。或譏涉曰：「子本吏二千石之世，結髮自修，以行喪推財禮讓爲名，正復讎取仇，猶不失仁義，何故遂自放縱，爲輕俠之徒乎？」涉應曰：「子獨不見家人寡婦邪？始自約敕之時，意乃慕宋伯姬及陳孝婦，〔三〕不幸壹爲盜賊所汙，遂行淫失，〔四〕知其非禮，然不能自還。吾猶此矣！」〔五〕

〔一〕師古曰：「五陵，謂長陵、安陵、陽陵、茂陵、平陵也。班固西都賦曰『南望杜、霸，北眺五陵』，是知霸陵、杜陵非此五陵之數也。而說者以爲高祖以下至茂陵爲五陵，失其本意。」
〔二〕師古曰：「闐字與寘同，音大千反。」
〔三〕師古曰：「伯姬，魯宣公女，嫁於宋恭公。恭公卒，伯姬寡居。至景公時，伯姬之宮夜火，左右曰：『夫人少避火。』伯姬曰：『婦人之義，保傅不具，夜不下堂。』遂逮於火而死。陳孝婦者，其夫當行，戒屬孝婦曰：『幸有老母，吾若不來，汝善養吾母。』孝婦曰：『諾。』夫果死，孝婦養姑愈謹。其父母將取嫁之，孝婦固欲自殺，父母懼而不取，遂使養姑。淮陽太守以聞，朝廷高其義，賜黃金四十斤，復之終身。號曰孝婦。」

〔四〕師古曰：「失讀曰泆。」
〔五〕師古曰：「還讀曰旋，謂反歸故操。」

涉自以爲前讓南陽賻送，身得其名，而令先人墳墓儉約，非孝也。乃大治起冢舍，周閣重門。初，武帝時，京兆尹曹氏葬茂陵，民謂其道爲京兆仟。涉慕之，乃買地開道，立表署曰南陽仟，人不肯從，謂之原氏仟。費用皆卬富人長者，〔一〕然身衣服車馬纔具，妻子內困。專以振施貧窮赴人之急爲務。人嘗置酒請涉，涉入里門，客有道涉所知母病避疾在里宅者。〔二〕涉即往候，叩門。家哭，涉因入弔，問以喪事。家無所有，涉曰：「但絜埽除沐浴，待涉。」還至主人，對賓客歎息曰：「人親臥地不收，涉何心鄉此！〔三〕願徹去酒食。」賓客爭問所當得，涉乃側席而坐，〔四〕削牘爲疏，〔五〕具記衣被棺木，下至飯含之物，分付諸客。〔六〕諸客奔走市買，至日昳皆會。〔七〕涉親閱視已，謂主人：「願受賜矣。」既共飲食，涉獨不飽，乃載棺物，從賓客往至喪家，爲棺斂勞俫畢葬。〔八〕其周急待人如此。後人有毀涉者曰「姦人之雄也」，喪家子即時刺殺言者。

〔一〕師古曰：「卬音牛向反。」
〔二〕師古曰：「在此里之中宅上。」
〔三〕師古曰：「鄉讀曰向。」
〔四〕師古曰：「禮，有憂者側席而坐。今涉卹人之喪，故側席。」

〔五〕師古曰：「牘，木簡也。疏音所慮反。」

〔六〕師古曰：「飯音扶晚反。含音胡紺反。」

〔七〕師古曰：「跌音徒結反。」

〔八〕師古曰：「勞倈謂慰勉賓客也。棺音工喚反。斂音力贍反。勞音郎到反。倈音郎代反。」

賓客多犯法，辠過數上聞。王莽數收繫欲殺，輒復赦出之。涉懼，求爲卿府掾史，欲以避客。文母太后喪時，守復土校尉。〔一〕已爲中郎，后免官。涉欲上冢，不欲會賓客，密獨與故人期會。涉單車敺上茂陵，〔二〕投暮，入其里宅，因自匿不見人。遣奴至市買肉，奴乘涉氣與屠爭言，斫傷屠者，亡。是時，茂陵守令尹公〔三〕新視事，涉未謁也，聞之大怒。知涉名豪，欲以示衆厲俗，遣兩吏脅守涉。至日中，奴不出，吏欲便殺涉去。涉迫窘不知所爲。會涉所與期上冢者車數十乘到，皆諸豪也，共說尹公。尹公不聽，諸豪則曰：「原巨先奴犯法不得，使肉袒自縛，箭貫耳，詣廷門謝辠，於君威亦足矣。」尹公許之。涉如言謝，復服遣去。〔四〕

〔一〕蘇林曰：「文母太后，元后也。」

〔二〕師古曰：「敺與驅同。」

〔三〕師古曰：「守茂陵令，未眞爲之。」

〔四〕師古曰：「令涉如故著衣服也。復音扶目反。」

初，涉與新豐富人祁太伯爲友，太伯同母弟王游公素嫉涉，時爲縣門下掾，說尹公曰：「君以守令辱原涉如是，一旦眞令至，君復單車歸爲府吏，涉刺客如雲，殺人皆不知主名，可爲寒心。涉治冢舍，奢僭踰制，辠惡暴著，主上知之。今爲君計，莫若墮壞涉冢舍，條奏其舊惡，〔一〕君必得眞令。如此，涉亦不敢怨矣。」尹公如其計，莽果以爲眞令。涉繇此怨王游公，選賓客，遣長子初從車二十乘劫王游公家。游公母卽祁太伯母也，諸客見之皆拜，傳曰「無驚祁夫人」。遂殺游公父及子，斷兩頭去。〔二〕

〔一〕師古曰：「墮，毁也，音火規反。」

〔二〕師古曰：「殺游公及其父。」

涉性略似郭解，外溫仁謙遜，而內隱〔一〕好殺。睚眦於塵中，（獨）〔觸〕死者甚多。王莽末，東方兵起，諸王子弟多薦涉能得士死，可用。莽乃召見，責以辠惡，赦貰，〔二〕拜鎭戎大尹（天水太守）。涉至官無幾，長安敗，〔三〕郡縣諸假號起兵攻殺二千石長吏以應漢。諸假號素聞涉名，爭問原尹何在，拜謁之。時莽州牧使者依附涉者皆得活。傳送致涉長安，更始西屛將軍申屠建請涉與相見，大重之。故茂陵令尹公壞涉冢舍者爲建主簿，涉本不怨也。涉從建所出，尹公故遮拜涉，謂曰：「易世矣，宜勿復相怨！」涉曰：「尹君，何壹魚肉涉也！」〔四〕涉用是怒，使客刺殺主簿。

〔一〕師古曰：「隱，匿其情也。」

〔二〕師古曰：「貰謂寬其罪。」

〔三〕師古曰：「無幾，言無多時也。幾音居豈反。」

〔四〕師古曰：「言以涉爲魚肉，不以人遇之。」

涉欲亡去，申屠建內恨恥之，陽言「吾欲與原巨先共鎭三輔，豈以一吏易之哉！」賓客通言，令涉自繫獄謝，建許之。賓客車數十乘共送涉至獄。建遣兵道徼取涉於車上，〔一〕送車分散馳，遂斬涉，縣之長安市。〔二〕

〔一〕師古曰：「徼，要也，音工堯反。」

〔二〕師古曰：「縣其首。」

自哀、平間，郡國處處有豪桀，然莫足數。其名聞州郡者，霸陵杜君敖，池陽韓幼孺，馬領繡君賓，西河漕中叔，皆有謙退之風。〔一〕王莽居攝，誅鉏豪俠，名捕漕中叔，不能得。〔二〕素善强弩將軍孫建，莽疑建藏匿，泛以問建。〔三〕建曰：「臣名善之，誅臣足以塞責。」莽性果賊，無所容忍，然重建，不竟問，遂不得也。中叔子少游，復以俠聞於世云。

〔一〕師古曰：「馬領，北地之縣。繡、漕，皆姓也。漕音才到反。中讀曰仲。」

〔二〕師古曰：「指其名而捕之。」

〔三〕師古曰：「泛者，以常語問之，不切責也。泛音敷劍反。」

校勘記

三六九九頁二行 論語載（孔）〔曾〕子之言也。 景祐、殿本都作「曾子」。

三七〇〇頁六行 乘傳東，〔一〕將至河南， 注〔一〕原在「至」字上，明顏讀以「將」字斷句。王先謙說當從「東」字斷，「將」字屬下讀，不若顏說。

三七〇三頁二行 人怒，刺殺解姊子，（去亡）〔亡去〕。 王先謙說史記作「亡去」，是，此誤倒。

三七一〇頁一三行 母乃令從（從）〔後〕閤出去。 王先謙說下「從」字誤。按景祐、殿、局本都作「後」。

三七一三頁一一行 卽今鴟夷（滕）〔幐〕也。 汲古、局本作「幐」，景祐、殿本作「滕」。按「幐」本字，「滕」借字，「幐」字誤。

三七一四頁九行 桓譚（曰）〔以〕爲通人之蔽也。 景祐、殿本都作「以」。王先謙說作「以」是。

三七一八頁九行 睚眦於塵中，（獨）〔觸〕死者甚多。 王念孫說「獨」當作「觸」。

三七一八頁一一行 拜鎭戎大尹（天水太守）。 錢大昕說「天水太守」四字疑本注文，後人誤入正文。

漢書卷九十三

佞幸傳第六十三

漢興，佞幸寵臣，高祖時則有籍孺，孝惠有閎孺。此兩人非有材能，但以婉媚貴幸，〔一〕與上臥起，公卿皆因關說。〔二〕故孝惠時，郎侍中皆冠鵔鸃，貝帶，〔三〕傅脂粉，化閎、籍之屬也。兩人徙家安陵。其後寵臣，孝文時士人則鄧通，宦者則趙談、北宮伯子；〔四〕孝武時士人則韓嫣，〔五〕宦者則李延年；孝元時宦者則弘恭、石顯；孝成時士人則張放、淳于長；孝哀時則有董賢。孝景、昭、宣時皆無寵臣。景帝唯有郎中令周仁。昭帝時，駙馬都尉秺侯金賞〔六〕嗣父車騎將軍日磾爵爲侯，二人之寵取過庸，不篤。〔七〕宣帝時，侍中中郎將張彭祖少與帝微時同席研書，及帝即尊位，彭祖以舊恩封陽都侯，出常參乘，號爲愛幸。其人謹敕，無所虧損，〔八〕爲其小妻所毒薨，國除。

〔一〕師古曰：「婉，順也。媚，悅也。」

〔二〕師古曰：「關說者，言由之而納說，亦如行者之有關津。」

〔三〕師古曰：「以鵔鸃毛羽飾冠，海貝飾帶。鵔鸃即鷩鳥也。鵔音峻。鸃音儀。說在司馬相如傳。」

〔四〕師古曰：「姓北宮，名伯子。」

〔五〕師古曰：「嫣音偃。」

〔六〕師古曰：「秺音丁護反。」

〔七〕師古曰：「纔過於常人耳，不能大厚也。」

〔八〕師古曰：「敕，整也。」

鄧通，蜀郡南安人也，以濯船爲黃頭郎。〔一〕文帝嘗夢欲上天，不能，有一黃頭郎推上天，顧見其衣尻帶後穿。〔二〕覺而之漸臺，〔三〕以夢中陰目求推者郎，〔四〕見鄧通，其衣後穿，夢中所見也。召問其名姓，姓鄧，名通。鄧猶登也，文帝甚說，〔五〕尊幸之，日日異。通亦愿謹，不好外交，〔六〕雖賜洗沐，不欲出。於是文帝賞賜通鉅萬以十數，〔七〕官至上大夫。

〔一〕師古曰：「濯船，能持濯行船也。土勝水，其色黃，故刺船之郎皆著黃帽，因號曰黃頭郎也。濯讀曰擢，音直孝反。」

〔二〕師古曰：「衣尻帶後，謂衣當尻上而居革帶之下處也。」

〔三〕師古曰：「覺謂寢寤之寤也。未央殿西南有蒼池，池中有漸臺。覺音工孝反。」

〔四〕師古曰：「默而視之，求所夢者。」

〔五〕師古曰：「說讀曰悅。」

〔六〕師古曰：「專謹曰愿，音願，又音原。」

〔七〕師古曰：「每賜輒鉅萬，如此者十數。」

文帝時間如通家游戲，〔一〕然通無他伎能，不能有所薦達，獨自謹身以媚上而已。上使善相人者相通，曰：「當貧餓死。」上曰：「能富通者在我，何說貧？」於是賜通蜀嚴道銅山，得自鑄錢。〔二〕鄧氏錢布天下，其富如此。

〔一〕師古曰：「間謂投隙私行，不公顯也。如，往也。」

〔二〕師古曰：「嚴道屬蜀郡。縣有蠻夷曰道。」

文帝嘗病癰，鄧通常爲上嗽吮之。〔一〕上不樂，從容問曰：「天下誰最愛我者乎？」通曰：「宜莫若太子。」太子入問疾，上使太子齰癰。〔二〕太子(嗽)〔齰〕癰而色難之。已而聞通嘗爲上齰〔之〕，太子慙，繇是心恨通。〔三〕

〔一〕師古曰：「嗽音山角反。吮音自兗反。」

〔二〕師古曰：「齰，齧也，齧出其膿血。齰音仕客反。」

〔三〕師古曰：「繇讀與由同。其下類此。」

及文帝崩，景帝立，鄧通免，家居。居無何，人有告通盜出徼外鑄錢，〔一〕下吏驗問，頗有，遂竟案，〔二〕盡沒入之，通家尙負責數鉅萬。〔三〕長公主賜鄧通，〔四〕吏輒隨沒入之，一簪

不得著身。於是長公主乃令假衣食。〔五〕竟不得名一錢，寄死人家。

〔一〕師古曰：「徼猶塞也。東北謂之塞，西南謂之徼。塞者，以障塞爲名。徼者，取徼遮之義也。徼音工釣反。」

〔二〕師古曰：「遂，成也，成其罪狀。」

〔三〕張晏曰：「顧人採銅鑄錢，未還庸直，而會沒入故也。」師古曰：「此說非也。積其前後所犯合沒官者數多，除其見在財物以外，尙有負官數鉅萬，故云吏輒隨沒入之耳，非負顧庸之私直。」

〔四〕師古曰：「即館陶長公主，文帝之女也。」

〔五〕晉灼曰：「使假貸而私爲償之也。」師古曰：「此說非也。公主給其衣食也，而號云假借之耳，非通自有也。恐吏沒入，故託云然。此所謂不得名一錢。」

趙談者，以星氣幸，北宮伯子長者愛人，故親近，然皆不比鄧通。

韓嫣字王孫，弓高侯穨當之孫也。武帝爲膠東王時，嫣與上學書相愛。及上爲太子，愈益親嫣。嫣善騎射，聰慧。上即位，欲事伐胡，而嫣先習兵，〔一〕以故益尊貴，官至上大夫，賞賜儗鄧通。〔二〕

〔一〕師古曰：「言舊自便習。」

〔二〕師古曰：「儗，比也。」

始時，嫣常與上共臥起。江都王入朝，從上獵上林中。天子車駕趕道未行，〔一〕先使嫣乘副車，從數十百騎馳視獸。江都王望見，以爲天子，辟從者，伏謁道旁。〔二〕嫣驅不見。既

過，江都王怒，爲皇太后泣，請得歸國〔三〕入宿衞，比韓嫣。太后繇此銜嫣。

〔一〕師古曰：「已稱蹕，止行人訖，而天子未出也。」

〔二〕師古曰：「辟去其從者，而身獨伏謁也。辟音闢。」

〔三〕師古曰：「還爵封於天子也。」

嫣侍，出入永巷不禁，〔一〕以姦聞皇太后。太后怒，使使賜嫣死。上爲謝，終不能得，嫣遂死。

〔一〕師古曰：「言上恣其出入也。」

嫣弟說，亦愛幸，〔一〕以軍功封案道侯，巫蠱時爲戾太子所殺。子增封龍雒侯，〔二〕大司馬車騎將軍，自有傳。〔三〕

〔一〕師古曰：「說讀曰悅。」

〔二〕師古曰：「雒字或作額。」

〔三〕師古曰：「在韓信傳末。」

李延年，中山人，身及父母兄弟皆故倡也。〔一〕延年坐法腐刑，給事狗監中。〔二〕女弟得幸於上，號李夫人，列外戚傳。延年善歌，爲新變聲。是時上方興天地諸祠，欲造樂，令司馬相如等作詩頌。延年輒承意弦歌所造詩，爲之新聲曲。而李夫人產昌邑王，延年繇是貴

爲協律都尉，佩二千石印綬，而與上臥起，其愛幸埒韓嫣。〔三〕久之，延年弟季與中人亂，出入驕恣。及李夫人卒後，其愛弛，〔四〕上遂誅延年兄弟宗族。

〔一〕師古曰：「樂人也。」

〔二〕師古曰：「掌天子之狗，於其中供事也。」

〔三〕師古曰：「埒，等齊。」

〔四〕師古曰：「弛，解也，音式爾反。」

是後寵臣，大氐外戚之家也。〔一〕衞青、霍去病皆愛幸，然亦以功能自進。

〔一〕師古曰：「氐，歸也，音丁禮反。」

石顯字君房，濟南人；弘恭，沛人也。皆少坐法腐刑，爲中黃門，以選爲中尚書。宣帝時任中書官，恭明習法令故事，善爲請奏，能稱其職。恭爲令，顯爲僕射。元帝即位數年，恭死，顯代爲中書令。

是時，元帝被疾，不親政事，方隆好於音樂，以顯久典事，中人無外黨，〔一〕精專可信任，遂委以政。事無小大，因顯白決，貴幸傾朝，百僚皆敬事顯。顯爲人巧慧習事，能探得人主微指，內深賊，持詭辯以中傷人，〔二〕忤恨睚眦，輒被以危法。〔三〕初元中，前將軍蕭望之及光祿大夫周堪、宗正劉更生皆給事中。望之領尚書事，知顯專權邪辟，〔四〕建白以爲「尚書百官之本，國家樞機，〔五〕宜以通明公正處之。武帝游宴後庭，故用宦者，非古制也。宜罷中書宦官，應古不近刑人。」〔六〕元帝不聽，繇是大與顯忤。後皆害焉，望之自殺，堪、更生廢錮，不得復進用，語在望之傳。後太中大夫張猛、魏郡太守京房、御史中丞陳咸、待詔賈捐之皆嘗奏封事，或召見，言顯短。顯求索其辠，房、捐之棄市，猛自殺於公車，咸抵辠，髡爲城旦。及鄭令蘇建得顯私書奏之，後以它事論死。自是公卿以下畏顯，重足一迹。〔七〕

〔一〕師古曰：「少骨肉之親，無婚姻之家也。」

〔二〕師古曰：「詭，違也，違道之辯。」

〔三〕師古曰：「被，加也，音皮義反。」

〔四〕師古曰：「辟讀曰僻。」

〔五〕師古曰：「立此議而白之。」

〔六〕師古曰：「禮『刑人不在君側』，故曰應古。」

〔七〕師古曰：「言極恐懼，不敢自寬縱。」

顯與中書僕射牢梁、少府五鹿充宗結爲黨友，諸附倚者皆得寵位。〔一〕民歌之曰：「牢邪石邪，五鹿客邪！印何纍纍，綬若若邪！」〔二〕言其兼官據勢也。

〔一〕師古曰：「倚，依也，音於綺反。」

〔二〕師古曰：「纍纍，重積也。若若，長貌。纍音力追反。」

顯見左將軍馮奉世父子爲公卿著名，女又爲昭儀在內，顯心欲附之，薦言昭儀兄謁者逡〔一〕修敕宜侍帷幄。〔二〕天子召見，欲以爲侍中，逡請間言事。上聞逡言顯顓權，〔三〕天子大怒，罷逡歸郎官。其後御史大夫缺，羣臣皆舉逡兄大鴻臚野王行能第一，天子以問顯，顯曰：「九卿無出野王者。然野王親昭儀兄，臣恐後世必以陛下度越衆賢，〔四〕私後宮親以爲三公。」上曰：「善，吾不見是。」〔五〕乃下詔嘉美野王，廢而不用，語在野王傳。

〔一〕師古曰：「逡音千旬反。」

〔二〕師古曰：「敕，整也。」

〔三〕師古曰：「顓與專同。其下類此。」

〔四〕師古曰：「度，過也。」

〔五〕師古曰：「言不見此理。」

顯內自知擅權事柄在掌握，恐天子一旦納用左右耳目，有以間己，〔一〕乃時歸誠，取一信以爲驗。顯嘗使至諸官有所徵發，顯先自白，恐後漏盡宮門閉，請使詔吏開門。上許之。顯故投夜還，稱詔開門入。後果有上書告顯顓命矯詔開宮門，天子聞之，笑以其書示顯。顯因泣曰：「陛下過私小臣，屬任以事，〔二〕羣下無不嫉妬欲陷害臣者，事類如此非一，唯獨

明主知之。愚臣微賤，誠不能以一軀稱快萬衆，〔三〕任天下之怨，〔四〕臣願歸樞機職，受後宮掃除之役，死無所恨，唯陛下哀憐財幸，〔五〕以此全活小臣。」天子以爲然而憐之，數勞勉顯，加厚賞賜，賞賜及賂遺訾一萬萬。〔六〕

〔一〕師古曰：「間音工莧反。」

〔二〕師古曰：「過猶誤也。屬，委也。屬音之欲反。」

〔三〕師古曰：「稱音尺孕反。」

〔四〕師古曰：「任猶當也。」

〔五〕師古曰：「財與裁同。」

〔六〕師古曰：「賂遺，謂百官羣下所遺也。訾讀與貲同。」

初，顯聞衆人匈匈，言己殺前將軍蕭望之。望之當世名儒，顯恐天下學士姍己，〔一〕病之。是時，明經著節士琅邪貢禹爲諫大夫，顯使人致意，深自結納。顯因薦禹天子，歷位九卿，至御史大夫，禮事之甚備。議者於是稱顯，以爲不妬譖望之矣。顯之設變詐以自解免取信人主者，皆此類也。

〔一〕師古曰：「姍，古訕字。訕，謗也，音所諫反。」

元帝晚節寢疾，〔一〕定陶恭王愛幸，顯擁祐太子頗有力。元帝崩，成帝初即位，遷顯爲

長信中太僕，秩中二千石。顯失倚，離權數月，丞相御史條奏顯舊惡，及其黨牢梁、陳順皆免官。顯與妻子徙歸故郡，憂滿不食，道病死。〔二〕諸所交結，以顯爲官，皆廢罷。少府五鹿充宗左遷玄菟太守，御史中丞伊嘉爲鴈門都尉。長安謠曰：「伊徙鴈，鹿徙菟，去牢與陳實無賈。」〔三〕

〔一〕師古曰：「晚節猶言末時也。」

〔二〕師古曰：「滿讀曰懣，音悶。」

〔三〕師古曰：「賈讀曰價。」

淳于長字子孺，魏郡元城人也。少以太后姊子爲黃門郎，未進幸。會大將軍王鳳病，長侍病，晨夜扶丞左右，甚有甥舅之恩。鳳且終，以長屬託太后及帝。〔一〕帝嘉長義，拜爲列校尉諸曹，遷水衡都尉侍中，至衛尉九卿。

〔一〕師古曰：「屬音之欲反。」

久之，趙飛燕貴幸，上欲立以爲皇后，太后以其所出微，難之。長主往來通語東宮。〔一〕歲餘，趙皇后得立，上甚德之，乃追顯長前功，下詔曰：「前將作大匠解萬年奏請營作昌陵，罷弊海內，〔二〕侍中衛尉長數白宜止徙家反故處，〔三〕朕以長言下公卿，議者皆合長計。首

建至策，民以康寧。〔四〕其賜長爵關內侯。」後遂封爲定陵侯，大見信用，貴傾公卿。外交諸侯牧守，賂遺賞賜亦絫鉅萬。〔五〕多畜妻妾，淫於聲色，不奉法度。

〔一〕師古曰：「主猶專。」

〔二〕師古曰：「罷讀曰疲。」

〔三〕師古曰：「陵置邑，徙人以實之。長奏令止所徙之家各還本處。」

〔四〕師古曰：「康，安也。」

〔五〕師古曰：「絫，古累字也。其下亦同。」

初，許皇〔后〕坐執左道廢處長定宮，而后姊孊爲龍頟思侯夫人，〔一〕寡居。長與孊私通，因取爲小妻。許后因孊賂遺長，欲求復爲倢伃。長受許后金錢乘輿服御物前後千餘萬，詐許爲白上，立以爲左皇后。孊每入長定宮，輒與孊書，戲侮許后，嫚易無不言。〔二〕交通書記，賂遺連年。是時，帝舅曲陽侯王根爲大司馬票騎將軍，輔政數歲，久病，數乞骸骨。長以外親居九卿位，次第當代根。根兄子新都侯王莽心害長寵，私聞長取許孊，受長定宮賂遺。莽侍曲陽侯疾，因言「長見將軍久病，意喜，自以當代輔政，至對衣冠議語署置。」〔三〕具言其辠過。根怒曰：「即如是，何不白也？」莽曰：「未知將軍意，故未敢言。」根曰：「趣白東宮。」〔四〕莽求見太后，具言長驕佚，〔五〕欲代曲陽侯，對莽母上車，〔六〕私與長定貴人姊

通，受取其衣物。太后亦怒曰：「兒至如此！往白之帝！」莽白上，上乃免長官，遣就國。

〔一〕晉灼曰：「孊音靡。」

〔二〕師古曰：「嫚，褻汙也。易，輕也。易音弋豉反。」

〔三〕師古曰：「自謂當輔政，故豫言某人爲某官，某人爲某事。」

〔四〕師古曰：「趣讀曰促。」

〔五〕師古曰：「佚讀與逸同。」

〔六〕師古曰：「莽母於長，舅之妻也，上車當於異處。便於前上，言不敬。」

初，長爲侍中，奉兩宮使，親密。〔一〕紅陽侯立獨不得爲大司馬輔政，立自疑爲長毀譖，常怨毒長。上知之。及長當就國也，立嗣子融從長請車騎，〔二〕長以珍寶因融重遺立，立因爲長言。於是天子疑焉，下有司案驗。吏捕融，立令融自殺以滅口。上愈疑其有大姦，遂逮長繫洛陽詔獄窮治。長具服戲侮長定宮，〔三〕謀立左皇后，辠至大逆，死獄中。妻子當坐者徙合浦，母若歸故郡。〔四〕紅陽侯立就國。將軍卿大夫郡守坐長免罷者數十人。莽遂代根爲大司馬。久之，還長母及子酺於長安。〔五〕後酺有罪，莽復殺之，徙其家屬〔歸〕故郡。

〔一〕師古曰：「言爲使者傳言語於太后及帝，欲立趙飛燕之類。」

〔二〕師古曰：「嗣子謂嫡長子，當爲嗣者也。」

〔三〕師古曰：「侮，古侮字。」

〔四〕師古曰：「若者，其母名。」

〔五〕師古曰：「醻音瀋。」

始長以外親親近，〔一〕其愛幸不及富平侯張放。放常與上臥起，俱爲微行出入。

〔一〕師古曰：「親近謂近幸於天子。近音其靳反。」

董賢字聖卿，雲陽人也。父恭，爲御史，任賢爲太子舍人。哀帝立，賢隨太子官爲郎。〔一〕二歲餘，賢傳漏在殿下，〔二〕爲人美麗自喜，〔三〕哀帝望見，說其儀貌，〔四〕識而問之，曰：「是舍人董賢邪？」因引上與語，拜爲黃門郎，繇是始幸。問及其父爲雲中侯，即日徵爲霸陵令，遷光祿大夫。賢寵愛日甚，爲駙馬都尉侍中，出則參乘，入御左右，旬月間賞賜絫鉅萬，貴震朝廷。常與上臥起。嘗晝寢，偏藉上褏，〔五〕上欲起，賢未覺，〔六〕不欲動賢，乃斷褏而起。其恩愛至此。賢亦性柔和便辟，善爲媚以自固。每賜洗沐，不肯出，(嘗)〔常〕留中視醫藥。上以賢難歸，詔令賢妻得通引籍殿中，止賢廬，〔七〕若吏妻子居官寺舍。又(詔)〔召〕賢女弟以爲昭儀，位次皇后，更名其舍爲椒風，以配椒房云。〔八〕昭儀及賢與妻旦夕上下，並侍左右。賞賜昭儀及賢妻亦各千萬數。遷賢父爲少府，賜爵關內侯，食邑，復徙爲衞尉。又以賢妻父爲將作大匠，弟爲執金吾。詔將作大匠爲賢起大第北闕下，重殿洞門，〔九〕木土

之功窮極技巧，柱檻衣以綈錦。〔一〇〕下至賢家僮僕皆受上賜，及武庫禁兵，上方珍寶。其選物上弟盡在董氏，而乘輿所服乃其副也。及至東園祕器，珠襦玉柙，豫以賜賢，無不備具。〔一一〕又令將作爲賢起冢塋義陵旁，內爲便房，剛柏題湊，〔一二〕外爲徼道，周垣數里，門闕罘罳甚盛。

〔一〕師古曰：「東宮官屬，隨例遷也。」

〔二〕師古曰：「傳漏，奏時刻。」

〔三〕師古曰：「喜音許吏反。」

〔四〕師古曰：「說讀曰悅。」

〔五〕師古曰：「藉謂身臥其上也。褏，古袖字。」

〔六〕師古曰：「覺，寤之寤也，音工效反。」

〔七〕師古曰：「廬謂殿中所宿止處也。」

〔八〕師古曰：「皇后殿稱椒房。欲配其名，故曰椒風。」

〔九〕師古曰：「重殿謂有前後殿，洞門謂門門相當也。皆僭天子之制度者也。」

〔一〇〕師古曰：「檻謂軒闌之板也。綈，厚繒也，音徒奚反。」

〔一一〕師古曰：「東園，署名也。漢舊儀云東園祕器作棺梓，素木長二丈，崇廣四尺。珠襦，以珠爲襦，如鎧狀，連縫之，以黃金爲鏤，要以下，玉爲柙，至足，亦縫以黃金爲縷。」

〔一二〕孟康曰：「堅剛之柏也。」師古曰：「題湊解在霍光傳。」

上欲侯賢而未有緣。會待詔孫寵、息夫躬等告東平王雲后謁祠祀祝詛，〔一〕下有司治，皆伏其辜。上於是令躬、寵爲因賢告東平事者，乃以其功下詔封賢爲高安侯，躬宜陵侯，寵方陽侯，食邑各千戶。頃之，復益封賢二千戶。丞相王嘉內疑東平事冤，甚惡躬等，數諫爭，以賢爲亂國制度，嘉竟坐言事下獄死。

〔一〕師古曰：「謁者，后之名。」

上初即位，祖母傅太后、母丁太后皆在，兩家先貴。傅太后從弟喜先爲大司馬輔政，數諫，失太后指，免官。上舅丁明代爲大司馬，亦任職，頗害賢寵，及丞相王嘉死，明甚憐之。上寖重賢，欲極其位，〔一〕而恨明如此，遂冊免明曰：「前東平王雲貪欲上位，祠祭祝詛，雲后舅伍宏以醫待詔，與校祕書郎楊閎結謀反逆，禍甚迫切。賴宗廟神靈，董賢等以聞，咸伏其辜。將軍從弟侍中奉車都尉吳、族父左曹屯騎校尉宣皆知宏及栩丹諸侯王后親，〔二〕而宜除用丹爲御屬，吳與宏交通厚善，數稱薦宏。宏以附吳得興其惡心，因醫技進，幾危社稷，〔三〕朕以恭皇后故，不忍有云。〔四〕將軍位尊任重，既不能明威立義，折消未萌，〔五〕又不深疾雲、宏之惡，而懷非君上，阿爲宣、吳，〔六〕反痛恨雲等揚言爲羣下所冤，又親見言伍宏善醫，死可惜也，〔七〕賢等獲封極幸。嫉妬忠良，非毀有功，於戲傷哉！〔八〕蓋『君親無將，將

而誅之』。〔九〕是以季友鴆叔牙，春秋賢之；趙盾不討賊，謂之弒君。〔一〇〕朕閔將軍陷于重刑，故以書飭。〔一一〕將軍遂非不改，復與丞相嘉相比，〔一二〕令嘉有依，得以罔上。有司致法將軍請獄治，朕惟噬膚之恩未忍，〔一三〕其上票騎將軍印綬，罷歸就第。」遂以賢代明爲大司馬衞將軍，冊曰：「朕承天序，惟稽古建爾于公，以爲漢輔。往悉爾心，統辟元戎，〔一四〕折衝綏遠，匡正庶事，允執其中。天下之衆，受制於朕，以將爲命，以兵爲威，可不慎與！」〔一五〕是時賢年二十二，雖爲三公，常給事中，領尚書，百官因賢奏事。以父恭不宜在卿位，徙爲光祿大夫，秩中二千石。弟寬信代賢爲駙馬都尉。董氏親屬皆侍中諸曹奉朝請，寵在丁、傅之右矣。〔一六〕

〔一〕師古曰：「寖，益也。」

〔二〕師古曰：「栩，姓也，音許羽反。」

〔三〕師古曰：「幾音鉅依反。」

〔四〕師古曰：「恭皇后，謂丁后，即哀帝母。」

〔五〕師古曰：「未萌，謂禍難之未生者。」

〔六〕師古曰：「以君上爲非，懷此心也。」

〔七〕師古曰：「見，見天子也。」

〔八〕師古曰：「於讀曰烏，戲讀曰呼。」

〔九〕師古曰：「將謂將爲逆亂也。」

〔一〇〕師古曰：「季友，魯桓公少子，莊公母弟也。叔牙亦桓公子。莊公有疾，叔牙欲立其同母兄慶父，故季友使鍼季鴆之。公羊傳曰：『季子殺兄何善爾？誅不得避兄弟，君臣之義也。』趙盾，晉大夫趙宣子也，靈公欲殺之。宣子將出奔，而趙穿攻靈公於桃園，宣子未出山而復。太史書曰：『趙盾弒其君。』宣子曰：『不然』。曰：『子爲正卿，亡不越境，反不討賊，非子而誰？』孔子曰：『董狐，古之良史也，書法不隱。趙宣子，古之良大夫也，爲法受惡。』」

〔一一〕師古曰：「飭與敕同。」

〔一二〕師古曰：「比謂比周也，音頻寐反。」

〔一三〕孟康曰：「易曰『噬膚滅鼻』。噬，食也。膚，膏也。喻爵祿恩澤加之，不忍誅也。」師古曰：「孟說非也。易噬嗑卦九二爻辭曰『噬膚滅鼻』。噬膚者，言自齧其肌膚。詔云，爲明是恭后之親，有肌膚之愛，是以不忍加法，故引噬膚之言也。」

〔一四〕師古曰：「忝，蠹也。統，領也。辟，君也。元戎，大衆也。言爲元戎之主而統之也。辟音必亦反。」

〔一五〕師古曰：「與讀曰歟。」

〔一六〕師古曰：「右，上也。」

明年，匈奴單于來朝，宴見，羣臣在前。單于怪賢年少，以問譯，〔一〕上令譯報曰：「大司馬年少，以大賢居位。」單于乃起拜，賀漢得賢臣。

〔一〕師古曰：「傳語之人也。」

初，丞相孔光爲御史大夫，時賢父恭爲御史，事光。及賢爲大司馬，與光並爲三公，上

故令賢私過光。光雅恭謹，知上欲尊寵賢，及聞賢當來也，光警戒衣冠出門待，望見賢車乃卻入。賢至中門，光入閤，既下車，乃出拜謁，送迎甚謹，不敢以賓客均敵之禮。賢歸，上聞之喜，立拜光兩兄子爲諫大夫常侍。賢繇是權與人主侔矣。〔一〕

〔一〕師古曰：「侔，等也。」

是時，成帝外家王氏衰廢，唯平阿侯譚子去疾，哀帝爲太子時爲庶子得幸，及即位，爲侍中騎都尉。上以王氏亡在位者，遂用舊恩親近去疾，復進其弟閎爲中常侍。閎妻父蕭咸，前將軍望之子也，久爲郡守，病免，爲中郎將。兄弟並列，賢父恭慕之，欲與結婚姻。閎爲賢弟駙馬都尉寬信求咸女爲婦，咸惶恐不敢當，私謂閎曰：「董公爲大司馬，册文言『允執其中』，此乃堯禪舜之文，非三公故事，長老見者，莫不心懼。此豈家人子所能堪邪！」〔一〕閎性有知略，聞咸言，心亦悟。乃還報恭，深達咸自謙薄之意。恭歎曰：「我家何用負天下，而爲人所畏如是！」意不說。〔二〕後上置酒麒麟殿，〔三〕賢父子親屬宴飲，王閎兄弟侍中中常侍皆在側。上有酒所，〔四〕從容視賢笑，〔五〕曰：「吾欲法堯禪舜，何如？」閎進曰：「天下乃高皇帝天下，非陛下之有也。陛下承宗廟，當傳子孫於亡窮。統業至重，天子亡戲言！」上默然不說，〔六〕左右皆恐。於是遣閎出，後不得復侍宴。

〔一〕師古曰：「家人猶言庶人也，蓋咸自謂。」

〔二〕師古曰：「說讀曰悅。」

〔三〕師古曰：「在未央宮。」

〔四〕師古曰：「言酒在體中。」

〔五〕師古曰：「從音千容反。」

〔六〕師古曰：「說讀曰悅。」

賢第新成，功堅，〔一〕其外大門無故自壞，賢心惡之。後數月，哀帝崩。太皇太后召大司馬賢，引見東廂，問以喪事調度。賢內憂，不能對，免冠謝。太后曰：「新都侯莽前以大司馬奉送先帝大行，曉習故事，吾令莽佐君。」賢頓首幸甚。太后遣使者召莽。既至，以太后指使尚書劾賢帝病不親醫藥，禁止賢不得入出宮殿司馬中。賢不知所爲，詣闕免冠徒跣謝。莽使謁者以太后詔即闕下册賢〔二〕曰：「間者以來，陰陽不調，菑害並臻，〔三〕元元蒙辜。〔四〕夫三公，鼎足之輔也，高安侯賢未更事理，〔五〕爲大司馬不合衆心，非所以折衝綏遠也。其收大司馬印綬，罷歸第。」即日賢與妻皆自殺，家惶恐夜葬。莽疑其詐死，有司奏請發賢棺，至獄診視。〔六〕莽復風大司徒光奏「賢〔七〕質性巧佞，翼姦以獲封侯，〔八〕父子專朝，兄弟並寵，多受賞賜，治第宅，造冢壙，放效無極，不異王制，〔九〕費以萬萬計，國家爲空虛。父子驕蹇，至不爲使者禮，〔一〇〕受賜不拜，辠惡暴著。賢自殺伏辜，死後父恭等不悔過，

乃復以沙畫棺〔一一〕四時之色，左蒼龍，右白虎，上著金銀日月，玉衣珠璧以棺，〔一二〕至尊無以加。恭等幸得免於誅，不宜在中土。臣請收沒入財物縣官。諸以賢爲官者皆免。」父恭、弟寬信與家屬徙合浦，母別歸故郡鉅鹿。長安中小民讙譁，鄉其弟哭，幾獲盜之。〔一三〕縣官斥賣董氏財凡四十三萬萬。賢既見發，臝診其尸，〔一四〕因埋獄中。

〔一〕師古曰：「言盡功力而作之，極堅牢也。功字或作攻。攻，治也，言作治之甚堅牢。」

〔二〕師古曰：「即，就也。」

〔三〕師古曰：「菑，古災字。」

〔四〕師古曰：「蒙，被也。」

〔五〕師古曰：「更，歷也，音工衡反。」

〔六〕師古曰：「謂發冢取其棺柩也。診，驗也，音軫。」

〔七〕師古曰：「風讀曰諷。光，孔光也。」

〔八〕師古曰：「翼，進也。」

〔九〕師古曰：「放，依也，音甫往反。」

〔一〇〕師古曰：「言不敬天子之使。」

〔一一〕師古曰：「以朱砂塗之，而又雕畫也。」

〔一二〕師古曰：「以此物棺斂也。棺音工喚反。」

〔三〕師古曰：「陽往哭之，實欲竊盜也。鄉讀曰嚮。幾讀曰冀。」
〔四〕師古曰：「槖，囊形也，音郎果反。」

賢所厚吏沛朱詡自劾去大司馬府，買棺衣收賢尸葬之。王莽聞之而大怒，以它辠擊殺詡。詡子浮建武中貴顯，至大司馬，司空，封侯。而王閎王莽時爲牧守，所居見紀，莽敗乃去官。世祖下詔曰：「武王克殷，表商容之閭。〔一〕閎修善謹敕，兵起，吏民獨不爭其頭首。今以閎子補吏。」至墨綬卒官。蕭咸外孫云。

〔一〕師古曰：「商容，殷賢人。」

贊曰：柔曼之傾意，〔一〕非獨女德，蓋亦有男色焉。觀籍、閎、鄧、韓之徒非一，而董賢之寵尤盛，父子並爲公卿，可謂貴重人臣無二矣。然進不繇道，〔二〕位過其任，莫能有終，所謂愛之適足以害之者也。漢世衰於元、成，壞於哀、平。哀、平之際，國多釁矣。〔三〕主疾無嗣，弄臣爲輔，鼎足不彊，棟幹微撓。〔四〕一朝帝崩，姦臣擅命，董賢縊死，丁、傅流放，辜及母后，奪位幽廢，〔五〕咎在親便嬖，所任非仁賢。故仲尼著「損者三友」，〔六〕王者不私人以官，殆爲此也。〔七〕

〔一〕師古曰：「曼，澤也，言其質柔而色理光澤也。」

〔二〕師古曰：「言本不以德進。繇讀與由同。」
〔三〕師古曰：「釁謂閒隙也。」
〔四〕師古曰：「撓，弱也，音女教反。」
〔五〕師古曰：「謂貶皇太后趙氏爲孝成皇后，退居北宮，哀皇后傅氏退居桂宮。」
〔六〕師古曰：「論語稱孔子曰『損者三友：友便辟，友善柔，友便佞，損矣。』」
〔七〕師古曰：「殆，近也。」

校勘記

三七二三頁一〇行 太子(嗽)〔齰〕癰而色難之。已而聞通嘗爲上齰〔之〕， 景祐、殿本「嗽」作「齰」，下「齰」字下有「之」字。
三七二三頁一六行 遂竟案，〔二〕 注〔二〕原在「遂」字下。劉攽說「遂」字屬下句。王先謙說劉說是。
三七三二頁八行 初，許皇(后)坐執左道 景祐、殿、局本都有「后」字，此脫。
三七三三頁三行 徙其家屬(歸)故郡。 景祐、殿本有「歸」字。王先謙說有「歸」字是。
三七三三頁一〇行 (嘗)〔常〕留中視醫藥。 景祐、殿本都作「常」。王先謙說作「常」是。
三七三三頁一一行 又(詔)〔召〕賢女弟以爲昭儀， 景祐、殿本都作「召」。楊樹達說作「召」是。

漢書卷九十四上

匈奴傳第六十四上

匈奴，其先夏后氏之苗裔，曰淳維。〔一〕唐虞以上有山戎、獫允、薰粥，〔二〕居于北邊，隨草畜牧而轉移。其畜之所多則馬、牛、羊，其奇畜則橐佗、驢、驘、駃騠、騊駼、驒奚。〔三〕逐水草遷徙，無城郭常居耕田之業，然亦各有分地。〔四〕無文書，以言語爲約束。兒能騎羊，引弓射鳥鼠，〔五〕少長則射狐菟，〔六〕肉食。〔七〕士力能彎弓，盡爲甲騎。其俗，寬則隨畜田獵禽獸爲生業，急則人習戰攻以侵伐，〔八〕其天性也。其長兵則弓矢，短兵則刀鋋。〔九〕利則進，不利則退，不羞遁走。苟利所在，不知禮義。自君王以下咸食畜肉，衣其皮革，被旃裘。壯者食肥美，老者飲食其餘。貴壯健，賤老弱。父死，妻其後母；兄弟死，皆取其妻妻之。其俗有名不諱而無字。

〔一〕師古曰：「以殷時始奔北邊。」
〔二〕師古曰：「皆匈奴別號。獫音險。粥音(戈)〔弋〕六反。」

〔三〕師古曰：「橐佗，言能負橐囊而馱物也。驘，驢種而馬生也。駃騠，俊馬也，生七日而超其母。騊駼，馬類也，生北海。驒奚，駏驉類也。佗音徒何反。駃音決。騠音提。騊音桃。駼音塗。驒音顛。」
〔四〕師古曰：「分音扶問反。其下亦同。」
〔五〕師古曰：「言其幼小則能射。」
〔六〕師古曰：「少長言漸大。」
〔七〕師古曰：「言無米粟，唯食肉。」
〔八〕師古曰：「人人皆習之。」
〔九〕師古曰：「鋋，鐵把小矛也，音蟬。」

夏道衰，而公劉失其稷官，變于西戎，〔一〕邑于豳。〔二〕其後三百有餘歲，戎狄攻太王亶父，〔三〕亶父亡走于岐下，〔四〕豳人悉從亶父而邑焉，作周。〔五〕其後百有餘歲，周西伯昌伐畎夷。〔六〕後十有餘年，武王伐紂而營雒邑，復居于酆鄗，放逐戎夷涇、洛之北，〔七〕以時入貢，名曰荒服。其後二百有餘年，周道衰，而周穆王伐畎戎，〔八〕得四白狼四白鹿以歸。自是之後，荒服不至。於是作呂刑之辟。〔九〕至穆王之孫懿王時，王室遂衰，戎狄交侵，暴虐中國。中國被其苦，詩人始作，疾而歌之，曰：「靡室靡家，獫允之故；」「豈不日戒，獫允孔棘。」〔一〇〕至懿王曾孫宣王，興師命將以征伐之，詩人美大其功，曰：「薄伐獫允，至於太原；」〔一一〕「出車彭彭，」「城彼朔方。」〔一二〕是時四夷賓服，稱爲中興。

[一]師古曰：「公劉，后稷之曾孫也。變，化也，謂行化於其俗。」

[二]師古曰：「即今之豳州是其地也。」

[三]師古曰：「自公劉至亶父凡九君也。父讀曰甫。」

[四]師古曰：「岐山之下。」

[五]師古曰：「始作周國也。」

[六]師古曰：「西伯昌即文王也。畎音工犬反。畎夷即畎戎也，又曰昆夷。昆字或作混，又作緄，二字並音工本反。昆、緄、畎聲相近耳。亦曰犬戎也。山海經云：『黃帝生苗龍，苗龍生融吾，融吾生弄明，弄明生白犬。白犬有二，牝牡，是爲犬戎。』許氏說文解字曰『赤狄本犬種也』，故字從犬。」

[七]師古曰：「此洛即漆沮水也，本出上郡雕陰泰冒山，而東南入于渭。」

[八]師古曰：「穆王，成王孫，康王子也。」

[九]師古曰：「即尚書呂刑篇是也。辟，法也，音闢。」

[一〇]師古曰：「小雅采薇之詩也。孔，甚也。棘，急也。言征役踰時，靡有室家夫婦之道者，以有玁允之難故也。豈不日日相警戒乎？玁允之難甚急。」

[一一]師古曰：「小雅六月之詩也。薄伐，言逐出之。」

[一二]師古曰：「小雅出車之詩也。彭彭，盛也。朔方，北方也。言玁允既去，北方安靜，乃築城以守。」

至于幽王，用寵姬褒姒之故，與申（后）〔侯〕有隙。[一]申侯怒而與畎戎共攻殺幽王于麗山之下，[二]遂取周之地，鹵獲而居于涇渭之間，侵暴中國。秦襄公救周，於是周平王去酆

鄗而東徙于雒邑。[三]當時秦襄公伐戎至郊，[四]始列爲諸侯。後六十有五年，而山戎越燕而伐齊，齊釐公與戰于齊郊。[五]後四十四年，而山戎伐燕。燕告急齊，齊桓公北伐山戎，山戎走。後二十餘年，而戎翟至雒邑，伐周襄王，[六]襄王出奔于鄭之氾邑。[七]初，襄王欲伐鄭，故取翟女爲后，與翟共伐鄭。已而黜翟后，翟后怨，而襄王繼母曰惠后，有子帶，欲立之，於是惠后與翟后、子帶爲內應，開戎翟，戎翟以故得入，破逐襄王，而立子帶爲王。於是戎翟或居於陸渾，[八]東至于衞，侵盜尤甚。周襄王既居外四年，乃使使告急於晉。晉文公初立，欲修霸業，乃興師伐戎翟，誅子帶，迎內襄王于洛邑。

[一]師古曰：「幽王，宣王之子。」

[二]師古曰：「麗讀曰驪。」

[三]師古曰：「平王，幽王之子。」

[四]師古曰：「郊，古岐字。」

[五]師古曰：「釐讀曰僖。」

[六]師古曰：「襄王，惠王之子。」

[七]蘇林曰：「氾音凡，今潁川襄城是也。」師古曰：「以襄王嘗處之，因號襄城。」

[八]師古曰：「今伊闕南陸渾山川是其地。」

當是時，秦晉爲强國。晉文公攘戎翟，居于西河圁、洛之間，[一]號曰赤翟、白翟。[二]而秦穆公得由余，西戎八國服於秦。故隴以西有緜諸、畎戎、狄獂之戎，[三]在岐、梁、涇、漆之北有義渠、大荔、烏氏、朐衍之戎，[四]而晉北有林胡、樓煩之戎，燕北有東胡、山戎。[五]各分散谿谷，自有君長，往往而聚者百有餘戎，然莫能相壹。

[一]晉灼曰：「圁音嚚。三倉作圁。地理志『圁水出上郡白土縣西，東流入河。』」師古曰：「圁水即今銀州銀水是也。舊本作圁，晉說是也。後轉寫者誤爲圓耳。洛水亦謂漆沮。」

[二]師古曰：「春秋所書晉師滅赤狄潞氏，郤缺獲白狄子者。」

[三]師古曰：「皆在天水界，即緜諸道及貆道是也。獂音(完)〔桓〕。」

[四]師古曰：「此漆水在新平。荔音隸。氏音支。朐音許于反。」

[五]服虔曰：「烏桓之先也，後爲鮮卑。」

自是之後百有餘年，晉悼公使魏絳和戎翟，戎翟朝晉。後百有餘年，趙襄子踰句注而破之，并代以臨胡貉。[一]後與韓魏共滅知伯，分晉地而有之，則趙有代、句注以北，而魏有西河、上郡，以與戎界邊。其後，義渠之戎築城郭以自守，而秦稍蠶食之，至於惠王，遂拔義渠二十五城。惠王伐魏，魏盡入西河及上郡于秦。秦昭王時，義渠戎王與宣太后亂，有二子。[二]宣太后詐而殺義渠戎王於甘泉，遂起兵伐滅義渠。於是秦有隴西、北地、上郡，築長城以距胡。而趙武靈王亦變俗胡服，習騎射，北破林胡、樓煩，自代並陰山下至高闕爲

塞，[三]而置雲中、鴈門、代郡。其後燕有賢將秦開，爲質於胡，胡甚信之。歸而襲破東胡，（東胡）卻千餘里。[四]與荊軻刺秦王秦舞陽者，開之孫也。燕亦築長城，自造陽至襄平，[五]置上谷、漁陽、右北平、遼西、遼東郡以距胡。當是時，冠帶戰國七，而三國邊於匈奴。[六]其後趙將李牧時，匈奴不敢入趙邊。後秦滅六國，而始皇帝使蒙恬將數十萬之(物)〔衆〕北擊胡，悉收河南地，因河爲塞，築四十四縣城臨河，徙適戍以充之。[七]而通直道，自九原至雲陽，因邊山險，塹谿谷，可繕者繕之，[八]起臨洮至遼東萬餘里。又度河據陽山北假中。[九]

[一]師古曰：「貉音莫伯反。」

[二]師古曰：「即昭王母也。」

[三]師古曰：「並音步浪反。高闕，解在衞青霍去病傳。」

[四]師古曰：「卻，退也，音丘略反。」

[五]師古曰：「造陽，地名，在上谷界。襄平即遼東所治也。」

[六]如淳曰：「燕、趙、秦。」

[七]師古曰：「適讀曰謫。有罪謫合徙戍者，令徙居之。」

[八]師古曰：「繕，補也。」

[九]師古曰：「北假，地名。」

當是時，東胡彊而月氏盛。[一]匈奴單于曰頭曼，[二]頭曼不勝秦，北徙。十有餘年而蒙

恬死，諸侯畔秦，中國擾亂，諸秦所徙適邊者皆復去，〔三〕於是匈奴得寬，復稍度河南與中國界於故塞。

〔一〕師古曰：「氏音支。」
〔二〕師古曰：「曼音莫安反。」
〔三〕師古曰：「適讀曰謫。」

單于有太子，名曰冒頓。後有愛閼氏，生少子，〔一〕頭曼欲廢冒頓而立少子，乃使冒頓質於月氏。冒頓既質，而頭曼急擊月氏。月氏欲殺冒頓，冒頓盜其善馬，騎亡歸。頭曼以爲壯，令將萬騎。冒頓乃作鳴鏑，〔二〕習勒其騎射，〔三〕令曰：「鳴鏑所射而不悉射者斬。」行獵獸，有不射鳴鏑所射輒斬之。已而，冒頓以鳴鏑自射善馬，左右或莫敢射，冒頓立斬之。居頃之，復以鳴鏑自射其愛妻，左右或頗恐，不敢射，復斬之。頃之，冒頓出獵，以鳴鏑射單于善馬，左右皆射之。於是冒頓知其左右可用，從其父單于頭曼獵，以鳴鏑射頭曼，其左右皆隨鳴鏑而射殺頭曼，盡誅其後母與弟及大臣不聽從者。於是冒頓自立爲單于。

〔一〕師古曰：「閼氏，匈奴皇后號也。閼音於連反。氏音支。」
〔二〕應劭曰：「髐箭也。」師古曰：「鏑音嫡。髐音呼交反。」
〔三〕師古曰：「勒其所部騎，皆習射也。」

冒頓既立，時東胡强，聞冒頓殺父自立，乃使使謂冒頓曰：「欲得頭曼時號千里馬。」冒頓問羣臣，羣臣皆曰：「此匈奴寶馬也，勿予。」冒頓曰：「奈何與人鄰國愛一馬乎？」遂與之。頃之，東胡以爲冒頓畏之，使使謂冒頓曰：「欲得單于一閼氏。」冒頓復問左右，左右皆怒曰：「東胡無道，乃求閼氏！請擊之。」冒頓曰：「奈何與人鄰國愛一女子乎？」遂取所愛閼氏予東胡。東胡王愈驕，西侵。與匈奴中間有棄地莫居千餘里，各居其邊爲甌脫。〔一〕東胡使使謂冒頓曰：「匈奴所與我界甌脫外棄地，匈奴不能至也，吾欲有之。」冒頓問羣臣，或曰：「此棄地，予之。」於是冒頓大怒，曰：「地者，國之本也，奈何予人！」諸言與者，皆斬之。冒頓上馬，令國中有後者斬，遂東襲擊東胡。東胡初輕冒頓，不爲備。及冒頓以兵至，大破滅東胡王，虜其民衆畜產。既歸，西擊走月氏，南并樓煩、白羊河南王，〔二〕悉復收秦所使蒙恬所奪匈奴地者，與漢關故河南塞，至朝那、膚施，〔三〕遂侵燕、代。是時漢方與項羽相距，中國罷於兵革，〔四〕以故冒頓得自强，控弦之士三十餘萬。〔五〕

〔一〕服虔曰：「甌脫，作土室以伺也。」師古曰：「境上候望之處，若今之伏宿（處）〔舍〕也。甌音一侯反。脫音土活反。」
〔二〕師古曰：「二王之居在河南。」
〔三〕師古曰：「朝那屬安定。膚施屬上郡。」
〔四〕師古曰：「罷讀曰疲。」
〔五〕師古曰：「控，引也。控弦，言能引弓者。」

自淳維以至頭曼千有餘歲，時大時小，別散分離，尚矣，〔一〕其世傳不可得而次。然至冒頓，而匈奴最强大，盡服從北夷，而南與諸夏爲敵國，其世（信）〔姓〕官號可得而記云。

〔一〕師古曰：「尚，久遠。」

單于姓攣鞮氏，〔一〕其國稱之曰「撐犁孤塗單于」。〔二〕匈奴謂天爲「撐犁」，謂子爲「孤塗」，單于者，廣大之貌也，言其象天單于然也。置左右賢王，左右谷蠡，〔三〕左右大將，左右大都尉，左右大當戶，左右骨都侯。匈奴謂賢曰「屠耆」，故常以太子爲左屠耆王。自左右賢王以下至當戶，大者萬餘騎，小者數千，凡二十四長，立號曰「萬騎」。其大臣皆世官。呼衍氏，蘭氏，〔四〕其後有須卜氏，此三姓，其貴種也。諸左王將居東方，直上谷以東，〔五〕接穢貉、朝鮮；右王將居西方，直上郡以西，接氐、羌；而單于庭直代、雲中。各有分地，逐水草移徙。而左右賢王、左右谷蠡最大國，左右骨都侯輔政。諸二十四長，亦各自置千長、百長、什長、裨小王、〔六〕相、都尉、當戶、且渠之屬。〔七〕

〔一〕師古曰：「攣音力全反。鞮音丁奚反。」
〔二〕蘇林曰：「撐音牚距之牚。」師古曰：「晉丈庚反。」
〔三〕師古曰：「谷音鹿。蠡音盧奚反。」
〔四〕師古曰：「呼衍，即今鮮卑姓呼延者是也。蘭姓今亦有之。」
〔五〕師古曰：「直，當也。其下亦同也。」
〔六〕師古曰：「裨音頻移反。」
〔七〕師古曰：「且音子餘反。今之沮渠姓，蓋本因此官。」

歲正月，諸長小會單于庭，祠。五月，大會龍城，祭其先、天地、鬼神。秋，馬肥，大會蹛林，課校人畜計。〔一〕其法，拔刃尺者死，坐盜者沒入其家；有罪，小者軋，〔二〕大者死。獄久者不滿十日，一國之囚不過數人。而單于朝出營，拜日之始生，夕拜月。其坐，長左而北向。〔三〕日上戊己。其送死，有棺槨金銀衣裳，而無封樹喪服；近幸臣妾從死者，多至數十百人。〔四〕舉事常隨月，盛壯以攻戰，月虧則退兵。其攻戰，斬首虜賜一卮酒，而所得鹵獲因以予之，得人以爲奴婢。故其戰，人人自爲趣利，〔五〕善爲誘兵以包敵。〔六〕故其逐利，如鳥之集；其困敗，瓦解雲散矣。戰而扶轝死者，盡得死者家財。

〔一〕服虔曰：「蹛音帶，匈奴秋社八月中皆會祭處也。」師古曰：「蹛者，繞林木而祭也。鮮卑之俗，自古相傳，秋天之祭，無林木者尚豎柳枝，衆騎馳遶三周乃止。此其遺法。計者，人畜之數。」
〔二〕服虔曰：「刃刻其面也。」如淳曰：「軋，檛杖也。」師古曰：「二說皆非也。軋謂輾轢其骨節，若今之厭踝者也。軋

音於黠反。輾音女展反。」

〔三〕師古曰：「左者，以左爲尊。」

〔四〕師古曰：「或數十人，或百人。」

〔五〕師古曰：「趨讀曰趣。趣，向也。」

〔六〕師古曰：「包裹取之。」

後北服渾窳、屈射、丁零、隔昆、（龍）新犂之國。〔一〕於是匈奴貴人大臣皆服，以冒頓爲賢。

〔一〕師古曰：「五小國也。渾音胡昆反。窳音（戈）〔弋〕主反。犂音犁。」

是時，漢初定，徙韓王信於代，都馬邑。匈奴大攻圍馬邑，韓信降匈奴。匈奴得信，因引兵南踰句注，攻太原，至晉陽下。高帝自將兵往擊之。會冬大寒雨雪，〔一〕卒之墮指者十二三，於是冒頓陽敗走，誘漢兵。漢兵逐擊冒頓，冒頓匿其精兵，見其羸弱，於是漢悉兵，多步兵，三十二萬，北逐之。高帝先至平城，步兵未盡到，冒頓縱精兵三十餘萬騎圍高帝於白登，七日，〔二〕漢兵中外不得相救餉。匈奴騎，其西方盡白，東方盡駹，北方盡驪，南方盡騂馬。〔三〕高帝乃使使間厚遺閼氏，〔四〕閼氏乃謂冒頓曰：「兩主不相困。今得漢地，單于終非能居之。且漢主有神，單于察之。」冒頓與韓信將王黃、趙利期，而兵久不來，疑其與漢有謀，亦取閼氏之言，乃開圍一角。於是高皇帝令士皆持滿傅矢外鄉，從解角直出，〔五〕得與大軍合，而冒頓遂引兵去。漢亦引兵罷，使劉敬結和親之約。

〔一〕師古曰：「雨音于具反。」

〔二〕師古曰：「白登在平城東南，去平城十餘里。」

〔三〕師古曰：「駹，青馬也。驪，深黑；騂，赤馬也。駹音尨。騂音先營反。」

〔四〕師古曰：「求間隙而私遺之。」

〔五〕師古曰：「傅讀曰附。鄉讀曰嚮。言滿引弓弩，注矢外捍，從解圍之隅（直角）〔角直〕以出去。」

是後韓信爲匈奴將，及趙利、王黃等數背約，侵盜代、鴈門、雲中。居無幾何，陳豨反，〔一〕與韓信合謀擊代。漢使樊噲往擊之，復收代、鴈門、雲中郡縣，不出塞。是時匈奴以漢將數率衆往降，〔二〕故冒頓常往來侵盜代地。於是高祖患之，乃使劉敬奉宗室女翁主爲單于閼氏，〔三〕歲奉匈奴絮繒酒食物各有數，約爲兄弟以和親，冒頓乃少止。後燕王盧綰復反，率其黨且萬人降匈奴，往來苦上谷以東，終高祖世。

〔一〕師古曰：「無幾何，言無多時也。幾音居豈反。」

〔二〕師古曰：「即謂韓信、陳豨之屬耳。」

〔三〕師古曰：「諸王女曰翁主者，言其父自主婚。」

孝惠、高后時，冒頓寖驕，〔一〕乃爲書，使使遺高后曰：「孤僨之君，〔二〕生於沮澤之中，〔三〕長於平野牛馬之域，數至邊境，願遊中國。陛下獨立，孤僨獨居。兩主不樂，無以自虞，〔四〕願以所有，易其所無。」高后大怒，召丞相平及樊噲、季布等，議斬其使者，發兵而擊之。樊噲曰：「臣願得十萬衆，橫行匈奴中。」問季布，布曰：「噲可斬也！前陳豨反於代，漢兵三十二萬，噲爲上將軍，時匈奴圍高帝於平城，噲不能解圍。天下歌之曰：『平城之下亦誠苦！七日不食，不能彀弩。』〔五〕今歌唫之聲未絕，傷痍者甫起，〔六〕而噲欲搖動天下，妄言以十萬衆橫行，是面謾也。〔七〕且夷狄譬如禽獸，得其善言不足喜，惡言不足怒也。」高后曰：「善。」令大謁者張澤報書曰：「單于不忘弊邑，賜之以書，弊邑恐懼。退日自圖，〔八〕年老氣衰，髮齒墮落，行步失度，單于過聽，不足以自汙。〔九〕弊邑無罪，宜在見赦。竊有御車二乘，馬二駟，以奉常駕。」冒頓得書，復使使來謝曰：「未嘗聞中國禮義，陛下幸而赦之。」因獻馬，遂和親。

〔一〕師古曰：「寖，漸也。」

〔二〕如淳曰：「僨，仆也。猶言不能自立也。」師古曰：「僨音方問反。」

〔三〕師古曰：「沮，浸溼之地，音子豫反。」

〔四〕師古曰：「虞與娛同。」

〔五〕師古曰：「彀，張也，音工豆反。」

〔六〕師古曰：「唫，古吟字。痍，創也。甫，始也。痍音夷。」

〔七〕師古曰：「謾，欺誑也，音慢，又音莫連反。」

〔八〕師古曰：「圖，謀也。」

〔九〕師古曰：「過，誤也。」

至孝文即位，復修和親。其三年夏，匈奴右賢王入居河南地爲寇，於是文帝下詔曰：「漢與匈奴約爲昆弟，無侵害邊境，所以輸遺匈奴甚厚。今右賢王離其國，將衆居河南地，非常故。〔一〕往來入塞，捕殺吏卒，敺侵上郡保塞蠻夷，令不得居其故。〔二〕陵轢邊吏，入盜，甚驁無道，〔三〕非約也。其發邊吏車騎八萬詣高奴，〔四〕遣丞相灌嬰將擊右賢王。」右賢王走出塞，文帝幸太原。是時，濟北王反，文帝歸，罷丞相擊胡之兵。

〔一〕師古曰：「言異於常，非舊事。」

〔二〕師古曰：「敺與驅同。保塞蠻夷，謂本來屬漢而居邊塞自保守。」

〔三〕師古曰：「轢音來各反。驁與傲同。」

〔四〕師古曰：「上郡之縣也。」

其明年，單于遺漢書曰：「天所立匈奴大單于敬問皇帝無恙。前時皇帝言和親事，稱書意合驩。〔一〕漢邊吏侵侮右賢王，右賢王不請，〔二〕聽後義盧侯難支等計，與漢吏相恨，絕二主之約，離昆弟之親。皇帝讓書再至，發使以書報，不來，漢使不至。〔三〕漢以其故不和，鄰

中華書局

翁主如故約。終景帝世，時時小入盜邊，無大寇。

〔一〕師古曰：「險阨之處，在代郡之南，南衛燕趙之中。」

〔二〕師古曰：「遠，離也，音于萬反。」

武帝卽位，明和親約束，厚遇關市，饒給之。匈奴自單于以下皆親漢，往來長城下。漢使馬邑人聶翁壹〔一〕間闌出物與匈奴交易，〔二〕陽爲賣馬邑城以誘單于。單于信之，而貪馬邑財物，乃以十萬騎入武州塞。漢伏兵三十餘萬馬邑旁，御史大夫韓安國爲護軍將軍，護四將軍以伏單于。〔三〕單于既入漢塞，未至馬邑百餘里，見畜布野而無人牧者，怪之，乃攻亭。時雁門尉史行徼，見寇，保此亭，〔四〕單于得，欲刺之。尉史知漢謀，乃下，〔五〕具告單于。單于大驚，曰：「吾固疑之。」乃引兵還。出曰：「吾得尉史，天也。」以尉史爲天王。漢兵約單于入馬邑而縱（兵），〔六〕單于不至，以故無所得。將軍王恢部出代擊胡輜重，〔七〕聞單于還，兵多，不敢出。漢以恢本建造兵謀而不進，誅恢。自是後，匈奴絕和親，攻當路塞，〔八〕往往入盜於邊，不可勝數。然匈奴貪，尚樂關市，耆漢財物，〔九〕漢亦通關市不絕以中之。〔10〕

〔一〕師古曰：「姓聶名壹。翁者，老人之稱也。」

〔二〕孟康曰：「私出塞交易。」

〔三〕師古曰：「伏兵而待單于也。」

〔四〕師古曰：「漢律，近塞郡皆置尉，百里一人，士史、尉史各二人巡行徼塞也。行音下孟反。」

〔五〕師古曰：「尉史在亭樓上，虜欲以矛戟刺之，懼，乃自下以謀告。」

〔六〕師古曰：「放兵以擊單于。」

〔七〕師古曰：「重音直用反。」

〔八〕師古曰：「塞之當行道處者。」

〔九〕師古曰：「耆讀曰嗜。」

〔10〕師古曰：「以關市中其意。中音竹仲反。」

自馬邑軍後五歲之秋，漢使四將各萬騎擊胡關市下。將軍衞青出上谷，至龍城，得胡首虜七百人。公孫賀出雲中，無所得。公孫敖出代郡，爲胡所敗七千。李廣出雁門，爲胡所敗，匈奴生得廣，廣道亡歸。〔一〕漢囚敖、廣，敖、廣贖爲庶人。其冬，匈奴數千人盜邊，漁陽尤甚。漢使將軍韓安國屯漁陽備胡。其明年秋，匈奴二萬騎入漢，殺遼西太守，略二千餘人。又敗漁陽太守軍千餘人，圍將軍安國。〔二〕安國時千餘騎亦且盡，會燕救之，至，匈奴乃去，又入雁門殺略千餘人。於是漢使將軍衞青將三萬騎出雁門，李息出代郡，擊胡，得首虜數千。其明年，衞青復出雲中以西至隴西，擊胡之樓煩、白羊王於河南，得胡首虜數千，羊百餘萬。於是漢遂取河南地，築朔方，復繕故秦時蒙恬所爲塞，因河而爲固。漢亦棄上谷之斗辟縣造陽地以予胡。〔三〕是歲，元朔二年也。

〔一〕師古曰：「於道上亡還。」

〔二〕師古曰：「卽韓安國也。」

〔三〕孟康曰：「縣斗辟曲近胡。」師古曰：「斗，絕也。縣之斗曲入匈奴界者，其中造陽地也。辟讀曰僻。」

其後冬，軍臣單于死，其弟左谷蠡王伊稺斜自立爲單于，攻敗軍臣單于太子於單。於單亡降漢，漢封於單爲陟安侯，數月死。

伊稺斜單于既立，其夏，匈奴數萬騎入代郡，殺太守共友，〔一〕略千餘人。秋，又入雁門，殺略千餘人。其明年，又入代郡、定襄、上郡，各三萬騎，殺略數千人。匈奴右賢王怨漢奪之河南地而築朔方，數寇盜邊，及入河南，侵擾朔方，殺略吏民甚衆。

〔一〕師古曰：「共友，太守姓名也。共讀曰龔。」

其明年春，漢遣衞青將六將軍十餘萬人出朔方高闕。右賢王以爲漢兵不能至，飲酒醉。漢兵出塞六七百里，夜圍右賢王。右賢王大驚，脫身逃走，精騎往往隨後去。漢將軍得右賢王人衆男女萬五千人，裨小王十餘人。其秋，匈奴萬騎入代郡，殺都尉朱央，略千餘人。

其明年春，漢復遣大將軍衞青將六將軍，十餘萬騎，仍再出定襄數百里，〔一〕擊匈奴，得首虜前後萬九千餘級，而漢亦亡兩將軍，三千餘騎。右將軍建得以身脫，而前將軍翕侯趙信兵不利，降匈奴。趙信者，故胡小王，降漢，漢封爲翕侯，以前將軍與右將軍并軍，介獨遇單于兵，故盡沒。〔二〕單于既得翕侯，以爲自次王，〔三〕用其姊妻之，與謀漢。信教單于益北絕幕，〔四〕以誘罷漢兵，徼極而取之，〔五〕毋近塞。〔六〕單于從之。其明年，胡數萬騎入上谷，殺數百人。

〔一〕師古曰：「仍，頻也。」

〔二〕晉灼曰：「介音戛。」師古曰：「介，特也。本雖并軍，至遇單于時特也。介讀如本字。」

〔三〕師古曰：「自次者，尊重次於單于。」

〔四〕師古曰：「直度曰絕。」

〔五〕師古曰：「罷讀曰疲。徼，要也。誘令疲，要其困極，然後取之。徼音工堯反。」

〔六〕師古曰：「不近塞居，所以疲勞漢兵也。」

明年春，漢使票騎將軍去病將萬騎出隴西，過焉耆山千餘里，得胡首虜八千餘級，得休屠王祭天金人。〔一〕其夏，票騎將軍復與合騎侯數萬騎出隴西、北地二千里，過居延，攻祁連山，得胡首虜三萬餘級，裨小王以下十餘人。是時，匈奴亦來入代郡、雁門，殺略數百人。

漢使博望侯及李將軍廣出右北平，擊匈奴左賢王。左賢王圍李廣，廣軍四千人死者過半，殺虜亦過當。會博望侯軍救至，李將軍得脫，盡亡其軍。合騎侯後票騎將軍期，及博望侯皆當死，贖爲庶人。

〔一〕孟康曰：「匈奴祭天處本在雲陽甘泉山下，秦奪其地，後徙之休屠王右地，故休屠有祭天金人象也。」師古曰：「作金人以爲天神之主而祭之，卽今佛像是其遺法。」

其秋，單于怒昆邪王、休屠王居西方爲漢所殺虜數萬人，欲召誅之。昆邪、休屠王恐，謀降漢，漢使票騎將軍迎之。昆邪王殺休屠王，并將其衆降漢，凡四萬餘人，號十萬。於是漢已得昆邪，則隴西、北地、河西益少胡寇，徙關東貧民處所奪匈奴河南地新秦中以實之，〔一〕（西）〔而〕減北地以西戍卒半。明年春，匈奴入右北平、定襄各數萬騎，殺略千餘人。

〔一〕師古曰：「新秦，解在食貨志。」

其（明）年春，漢謀以爲「翕侯信爲單于計，居幕北，以爲漢兵不能至」。乃粟馬，〔一〕發十萬騎，私負從馬凡十四萬匹，〔二〕糧重不與焉。〔三〕令大將軍青、票騎將軍去病中分軍，大將軍出定襄，票騎將軍出代，咸約絕幕擊匈奴。〔四〕單于聞之，遠其輜重，〔五〕以精兵待於幕北。與漢大將軍接戰一日，會暮，大風起，漢兵縱左右翼圍單于。單于自度戰不能與漢兵，〔六〕遂獨與壯騎數百潰漢圍西北遁走。漢兵夜追之不得，行捕斬首虜凡萬九千級，〔七〕

北至窴顏山趙信城而還。〔八〕

〔一〕師古曰：「以粟秣馬也。」
〔二〕師古曰：「私負衣裝者及私將馬從者，皆非公家發與之限。」
〔三〕師古曰：「負戴糧食者。重音直用反。與讀曰豫。」
〔四〕師古曰：「約謂爲其要。」
〔五〕師古曰：「徙其輜重令遠去。」
〔六〕師古曰：「與猶如也。度音徒各反。」
〔七〕師古曰：「且行且捕斬之。」
〔八〕孟康曰：「趙信所作，因以名城。」師古曰：「窴音徒千反。」

單于之走，其兵往往與漢軍相亂而隨單于。單于久不與其大衆相得，右谷蠡王以爲單于死，乃自立爲單于。眞單于復得其衆，右谷蠡乃去號，復其故位。

票騎之出代二千餘里，與左王接戰，漢兵得胡首虜凡七萬餘人，左王將皆遁走。票騎封於狼居胥山，禪姑衍，臨翰海而還。

是後匈奴遠遁，而幕南無王庭。漢度河自朔方以西至令居，〔一〕往往通渠置田官，吏卒五六萬人，稍蠶食，地接匈奴以北。〔二〕

〔一〕師古曰：「令音零。下亦類此。」
〔二〕師古曰：「其地相接不絕。」

初，漢兩將大出圍單于，所殺虜八九萬，而漢士物故者亦萬數，〔一〕漢馬死者十餘萬匹。匈奴雖病，遠去，而漢馬亦少，無以復往。單于用趙信計，遣使好辭請和親。天子下其議，或言和親，或言遂臣之。丞相長史任敞曰：「匈奴新困，宜使爲外臣，朝請於邊。」〔二〕漢使敞使於單于。單于聞敞計，大怒，留之不遣。先是漢亦有所降匈奴使者，單于亦輒留漢使相當。漢方復收士馬，會票騎將軍去病死，於是漢久不北擊胡。

〔一〕師古曰：「物故謂死也。」
〔二〕師古曰：「請音材性反。」

數歲，伊穉斜單于立十三年死，子烏維立爲單于。是歲，元鼎三年也。烏維單于立，而漢武帝始出巡狩郡縣。其後漢方南誅兩越，不擊匈奴，匈奴亦不入邊。

烏維立三年，漢已滅兩越，遣故太僕公孫賀將萬五千騎出九原二千餘里，至浮苴井，〔一〕從票侯趙破奴萬餘騎出令居數千里，至匈奴河水，〔二〕皆不見匈奴一人而還。

〔一〕師古曰：「苴音子餘反。武紀苴字作沮，其音同。」
〔二〕臣瓚曰：「水名也。去令居千里。」

是時，天子巡邊，親至朔方，勒兵十八萬騎以見武節，〔一〕而使郭吉風告單于。〔二〕既至

匈奴，匈奴主客問所使，〔三〕郭吉卑體好言曰：「吾見單于而口言。」單于見吉，吉曰：「南越王頭已縣於漢北闕下。今單于卽能前與漢戰，天子自將兵待邊；卽不能，亟南面而臣於漢。〔四〕何但遠走，亡匿於幕北寒苦無水草之地爲？」〔五〕語卒，單于大怒，立斬主客見者，而留郭吉不歸，遷辱之北海上。而單于終不肯爲寇於漢邊，休養士馬，習射獵，數使使好辭甘言求和親。

〔一〕師古曰：「見，示也。」
〔二〕師古曰：「風讀曰諷。」
〔三〕師古曰：「主客，主接諸客者也。問以何事而來。」
〔四〕師古曰：「亟，急也，音居力反。」
〔五〕師古曰：「但，空也。」

漢使王烏等闚匈奴。匈奴法，漢使不去節，不以墨黥其面，不得入穹廬。〔一〕王烏，北地人，習胡俗，去其節，黥面入廬。單于愛之，陽許曰：「吾爲遣其太子入質於漢，以求和親。」〔二〕

〔一〕師古曰：「以墨黥面也。」
〔二〕師古曰：「言爲王烏故遣太子入質。」

漢使楊信使於匈奴。是時漢東拔濊貉、朝鮮以爲郡，〔一〕而西置酒泉郡以隔絕胡與羌通之路。又西通月氏、大夏，以翁主妻烏孫王，以分匈奴西方之援國。又北益廣田至眩雷爲塞，〔二〕而匈奴終不敢以爲言。是歲，翕侯信死，漢用事者以匈奴已弱，可臣從也。楊信爲人剛直屈强，素非貴臣也，〔三〕單于不親。欲召入，不肯去節，乃坐穹廬外見楊信。楊信說單于曰：「即欲和親，以單于太子爲質於漢。」單于曰：「非故約。故約，漢常遣翁主，給繒絮食物有品，以和親，〔四〕而匈奴亦不復擾邊。今乃欲反古，〔五〕令吾太子爲質，無幾矣。」〔六〕匈奴俗，見漢使非中貴人，其儒生，以爲欲說，折其辭辯；少年，以爲欲刺，折其氣。每漢兵入匈奴，匈奴輒報償。漢留匈奴使，匈奴亦留漢使，必得當乃止。

〔一〕師古曰：「濊與穢同，亦或作薉。」
〔二〕服虔曰：「眩雷，地在烏孫北也。眩音州縣之縣。」
〔三〕師古曰：「屈音其勿反。强音其兩反。」
〔四〕師古曰：「品謂等差也。」
〔五〕師古曰：「反，違也。」
〔六〕師古曰：「言遣太子爲質，則匈奴國中所餘者無幾，皆當盡也。幾音居豈反。」

楊信既歸，漢使王烏等如匈奴。匈奴復讇以甘言，〔一〕欲多得漢財物，紿王烏曰：「吾欲

入漢〔二〕見天子，面相結爲兄弟。」王烏歸報漢，漢爲單于築邸于長安。匈奴曰：「非得漢貴人使，吾不與誠語。」〔三〕匈奴使其貴人至漢，病，服藥欲愈之，不幸而死。漢使路充國佩二千石印綬，使送其喪，厚幣直數千金。單于以爲漢殺吾貴使者，乃留路充國不歸。諸所言者，單于特空紿王烏，〔四〕殊無意入漢，遣太子來質。於是匈奴數使奇兵侵犯漢邊。漢乃拜郭昌爲拔胡將軍，及浞野侯屯朔方以東，備胡。〔五〕

〔一〕師古曰：「讇，古諂字。」
〔二〕師古曰：「紿，詐也。」
〔三〕師古曰：「誠，實也。」
〔四〕師古曰：「特，但也。」
〔五〕師古曰：「浞野侯，趙破奴也。浞音仕角反。」

烏維單于立十歲死，子詹師廬立，年少，號爲兒單于。是歲，元封六年也。自是後，單于益西北，左方兵直雲中，右方兵直酒泉、敦煌。

兒單于立，漢使兩使，一人弔單于，一人弔右賢王，欲以乖其國。使者入匈奴，匈奴悉將致單于。單于怒而悉留漢使。漢使留匈奴者前後十餘輩，而匈奴使來漢，亦輒留之相當。

是歲，漢使貳師將軍西伐大宛，而令因杅將軍築受降城。〔一〕其冬，匈奴大雨雪，〔二〕畜多飢寒死，而單于年少，好殺伐，國中多不安。左大都尉欲殺單于，使人閒告漢〔三〕曰：「我欲殺單于降漢，漢遠，漢即來兵近我，我即發。」〔四〕初漢聞此言，故築受降城，猶以爲遠。

〔一〕師古曰：「杅音于。」
〔二〕師古曰：「雨音于具反。」
〔三〕師古曰：「私來報。」
〔四〕師古曰：「來兵，言以兵來也。」

其明年春，漢使浞野侯破奴將二萬騎出朔方北二千餘里，〔一〕期至浚稽山而還。〔二〕浞野侯既至期，左大都尉欲發而覺，單于誅之，發兵擊浞野侯。浞野侯行捕首虜數千人。還，未至受降城四百里，匈奴八萬騎圍之。浞野侯夜出自求水，匈奴生得浞野侯，因急擊其軍。軍吏畏亡將而誅，莫相勸而歸，軍遂沒於匈奴。單于大喜，遂遣兵攻受降城，不能下，乃侵入邊而去。明年，單于欲自攻受降城，未到，病死。

〔一〕師古曰：「以迎左大都尉。」
〔二〕師古曰：「浚音俊。稽音雞。在武威北。」

兒單于立三歲而死。子少，匈奴乃立其季父烏維單于弟右賢王句黎湖爲單于。〔一〕是

歲，太初三年也。

〔一〕師古曰：「句音鉤。」

句黎湖單于立，漢使光祿徐自爲出五原塞數百里，遠者千里，築城障列亭至盧朐，〔一〕而使游擊將軍韓說、長平侯衞伉屯其旁，〔二〕使强弩都尉路博德築居延澤上。

〔一〕師古曰：「盧朐，山名也。朐音劬。」
〔二〕師古曰：「說讀曰悅。伉音抗，即衞青子。」

其秋，匈奴大入雲中、定襄、五原、朔方，殺略數千人，敗數二千石而去，行壞光祿所築亭障。又使右賢王入酒泉、張掖，略數千人。會任文擊救，〔一〕盡復失其所得而去。聞貳師將軍破大宛，斬其王還，單于欲遮之，不敢，其冬病死。

〔一〕服虔曰：「任文，漢將也。」師古曰：「擊救者，擊匈奴而自救漢人。」

句黎湖單于立一歲死，其弟左大都尉且鞮侯立爲單于。〔一〕

〔一〕師古曰：「且音子余反。鞮音丁奚反。」

漢既誅大宛，威震外國，天子意欲遂困胡，乃下詔曰：「高皇帝遺朕平城之憂，〔一〕高后時單于書絕悖逆。昔齊襄公復九世之讎，春秋大之。」〔二〕是歲，太初四年也。

〔一〕師古曰：「遺，留也。」

〔二〕師古曰：「公羊傳莊四年春，齊襄公滅紀，復讎也。襄公之九世祖昔爲紀侯所譖，而亨殺于周，故襄公滅紀也。九世猶可以復讎乎？曰：雖百世可也。」

且鞮侯單于初立，恐漢襲之，盡歸漢使之不降者路充國等於漢。單于乃自謂「我兒子，安敢望漢天子！漢天子，我丈人行。」〔一〕漢遣中郎將蘇武厚幣賂遺單于，單于益驕，禮甚倨，非漢所望也。明年，浞野侯破奴得亡歸漢。

〔一〕師古曰：「丈人，尊老之稱也。行音胡浪反。」

其明年，漢使貳師將軍將三萬騎出酒泉，擊右賢王於天山，得首虜萬餘級而還。匈奴大圍貳師，幾不得脫。〔一〕漢兵物故什六七。〔二〕漢又使因杅將軍出西河，與強弩都尉會涿邪山，亡所得。使騎都尉李陵將步兵五千人出居延北千餘里，與單于會，合戰，陵所殺傷萬餘人，兵食盡，欲歸，單于圍陵，陵降匈奴，其兵得脫歸漢者四百人。單于乃貴陵，以其女妻之。

〔一〕師古曰：「幾音鉅依反。」

〔二〕師古曰：「物故謂死也。」

後二歲，漢使貳師將軍六萬騎，步兵七萬，出朔方；強弩都尉路博德將萬餘人，與貳師會；游擊將軍說步兵三萬人，出五原；〔一〕因杅將軍敖將騎萬，步兵三萬人，出雁門。匈奴

聞，悉遠其累重於余吾水北，〔二〕而單于以十萬待水南，與貳師接戰。貳師解而引歸，與單于連鬬十餘日。游擊亡所得。因杅與左賢王戰，不利，引歸。

〔一〕師古曰：「即上韓說也。」

〔二〕師古曰：「累重謂妻子資產也。累音力瑞反。重音直用反。」

明年，且鞮侯單于死，立五年，長子左賢王立爲狐鹿姑單于。是歲，太始元年也。

初，且鞮侯兩子，長爲左賢王，次爲左大將，病且死，言立左賢王。左賢王未至，貴人以爲有病，更立左大將爲單于。左賢王聞之，不敢進。左大將使人召左賢王而讓位焉。左賢王辭以病，左大將不聽，謂曰：「即不幸死，傳之於我。」左賢王許之，遂立爲狐鹿姑單于。狐鹿姑單于立，以左大將爲左賢王，數年病死，其子先賢撣不得代，〔一〕更以爲日逐王。日逐王者，賤於左賢王。單于自以其子爲左賢王。

〔一〕師古曰：「撣音纏。」

單于既立六年，而匈奴入上谷、五原，殺略吏民。其年，匈奴復入五原、酒泉，殺兩部都尉。於是漢遣貳師將軍七萬人出五原，御史大夫商丘成將三萬餘人出西河，重合侯莽通將四萬騎出酒泉千餘里。單于聞漢兵大出，悉遣其輜重，徙趙信城北邸郅居水。〔一〕左賢王驅其人民度余吾水六七百里，居兜銜山。單于自將精兵左安侯度姑且水。〔二〕

〔一〕師古曰：「邸，至也，音丁禮反。郅音之日反。」

〔二〕師古曰：「且音子余反。」

御史大夫軍至追(斜)〔邪〕徑，無所見，還。〔一〕匈奴使大將與李陵將三萬餘騎追漢軍，至浚稽山合，轉戰九日，漢兵陷陳卻敵，殺傷虜甚衆。至蒲奴水，虜不利，還去。

〔一〕師古曰：「從疾道而追之，不見虜而還也。邪音似嗟反。」

重合侯軍至天山，匈奴使大將偃渠與左右呼知王將二萬餘騎要漢兵，見漢兵強，引去。重合侯無所得失。是時，漢恐車師兵遮重合侯，乃遣闓陵侯將兵別圍車師，〔一〕盡得其王民衆而還。

〔一〕師古曰：「闓讀與開同。」

貳師將軍將出塞，匈奴使右大都尉與衞律將五千騎要擊漢軍於夫羊句山狹。〔一〕貳師遣屬國胡騎二千與戰，虜兵壞散，死傷者數百人。漢軍乘勝追北，至范夫人城，〔二〕匈奴奔走，莫敢距敵。會貳師妻子坐巫蠱收，聞之憂懼。其掾胡亞夫亦避罪從軍，說貳師曰：「夫人室家皆在吏，若還不稱意，適與獄會，郅居以北可復得見乎？」〔三〕貳師由是狐疑，欲深入要功，遂北至郅居水上。虜已去，貳師遣護軍將二萬騎度郅居之水。一日，逢左賢王左大將，將二萬騎與漢軍合戰一日，漢軍殺左大將，虜死傷甚衆。軍長史與決眭都尉煇渠侯

謀〔四〕曰：「將軍懷異心，欲危衆求功，恐必敗。」謀共執貳師。貳師聞之，斬長史，引兵還至速邪烏燕然山。〔五〕單于知漢軍勞倦，自將五萬騎遮擊貳師，相殺傷甚衆。夜塹漢軍前，深數尺，從後急擊之，軍大亂敗，貳師降。單于素知其漢大將貴臣，以女妻之，尊寵在衞律上。

〔一〕服虔曰：「夫羊，地名也。」師古曰：「句山，西山也。句音鉤。」

〔二〕應劭曰：「本漢將築此城。將亡，其妻率餘衆完保之，因以爲名也。」張晏曰：「范氏能胡詛者。」

〔三〕如淳曰：「以就誅後，雖復欲降匈奴，不可得。」

〔四〕晉灼曰：「本匈奴官也。功臣表歸義侯僕多子(雷)〔雷〕後以屬國都尉擊匈奴，封煇渠。煇渠，魯(國)〔陽〕縣也。」師古曰：「眭音息隨反。煇音輝。僕多者，字當爲朋。」

〔五〕師古曰：「速邪烏，地名也，燕然山在其中。燕(一音)〔音一〕千反。」

其明年，單于遣使遺漢書云：「南有大漢，北有強胡。胡者，天之驕子也，不爲小禮以自煩。今欲與漢闓大關，取漢女爲妻，〔一〕歲給遺我糵酒萬石，稷米五千斛，〔二〕雜繒萬匹，它如故約，則邊不相盜矣。」漢遣使者報送其使，單于使左右難漢使者，曰：「漢，禮義國也。貳師道前太子發兵反，何也？」使者曰：「然。乃丞相私與太子爭鬬，太子發兵欲誅丞相，丞相誣之，故誅丞相。此子弄父兵，罪當笞，小過耳。孰與冒頓單于身殺其父代立，常妻後母，禽獸行也！」單于留使者，三歲乃得還。

〔一〕師古曰：「闓讀與開同。」

〔一〕師古曰：「嘐音乃穀反。」
〔二〕師古曰：「呼遬累者，其官號也。遬，古速字也。累音力追反。」

呼韓邪之敗也，左伊秩訾王爲呼韓邪計，勸令稱臣入朝事漢，從漢求助，如此匈奴乃定。呼韓邪議問諸大臣，皆曰：「不可。匈奴之俗，本上氣力而下服役，〔一〕以馬上戰鬬爲國，故有威名於百蠻。戰死，壯士所有也。〔二〕今兄弟爭國，不在兄則在弟，雖死猶有威名，子孫常長諸國。〔三〕漢雖彊，猶不能兼并匈奴，奈何亂先古之制，臣事於漢，卑辱先單于，〔四〕爲諸國所笑！雖如是而安，何以復長百蠻！」左伊秩訾曰：「不然。彊弱有時，今漢方盛，烏孫城郭諸國皆爲臣妾。〔五〕自且鞮侯單于以來，匈奴日削，不能取復，〔六〕雖屈彊於此，未嘗一日安也。〔七〕今事漢則安存，不事則危亡，計何以過此！」諸大人相難久之。呼韓邪從其計，引衆南近塞，遣子右賢王銖婁渠堂入侍。〔八〕郅支單于亦遣子右大將駒于利受入侍。是歲，甘露元年也。

〔一〕師古曰：「以服役於人爲下。」
〔二〕師古曰：「言人皆有此事耳。」
〔三〕師古曰：「爲諸國之長帥也。」
〔四〕師古曰：「言忝辱之更令卑下也。」

〔五〕師古曰：「謂西域諸國爲城郭而居也。」
〔六〕師古曰：「且音子餘反。復音扶目反。」
〔七〕師古曰：「屈音其勿反。」
〔八〕師古曰：「婁音力于反。」

明年，呼韓邪單于款五原塞，〔一〕願朝三年正月。〔二〕漢遣車騎都尉韓昌迎，發過所七郡郡二千騎，爲陳道上。〔三〕單于正月朝天子于甘泉宮，漢寵以殊禮，位在諸侯王上，贊謁稱臣而不名。賜以冠帶衣裳，黃金璽盭綬，〔四〕玉具劍，〔五〕佩刀，弓一張，矢四發，〔六〕棨戟十，〔七〕安車一乘，鞍勒一具，〔八〕馬十五匹，黃金二十斤，錢二十萬，衣被七十七襲，〔九〕錦繡綺縠雜帛八千匹，絮六千斤。禮畢，使使者道單于先行，宿長平。〔一〇〕上自甘泉宿池陽宮。上登長平，詔單于毋謁，〔一一〕其左右當戶之羣臣皆得列觀，及諸蠻夷君長王侯數萬，咸迎於渭橋下，夾道陳。上登渭橋，咸稱萬歲。單于就邸，留月餘，遣歸國。單于自請願留居光祿塞下，〔一二〕有急保漢受降城。〔一三〕漢遣長樂衞尉高昌侯董忠、車騎都尉韓昌將騎萬六千，又發邊郡士馬以千數，送單于出朔方雞鹿塞。〔一四〕詔忠等留衞單于，助誅不服，又轉邊穀米糒，〔一五〕前後三萬四千斛，給贍其食。是歲，郅支單于亦遣使奉獻，漢遇之甚厚。明年，兩單于俱遣使朝獻，漢待呼韓邪使有加。明年，呼韓邪單于復入朝，禮賜如初，加衣百一十襲，錦帛九千匹，絮八千斤。以有屯兵，故不復發騎爲送。

〔一〕師古曰：「款，叩也。」
〔二〕師古曰：「會正旦之朝賀也。」
〔三〕師古曰：「所過之郡，每爲發兵陳列於道，以爲寵衞也。」
〔四〕師古曰：「盭，古戾字。戾，草名也。以戾染綬，亦諸侯王之制也。」
〔五〕孟康曰：「摽首鐔衞盡用玉爲之也。」師古曰：「鐔，劍口旁橫出者也。衞，劍鼻也。鐔音淫。衞字本作璏，其音同耳。」
〔六〕服虔曰：「發，十二矢也。」韋昭曰：「射禮三而止，每射四矢，故以十二爲一發也。」師古曰：「發猶今言箭一放兩放也。今則以一矢爲一放也。」
〔七〕師古曰：「棨戟，有衣之戟也。棨音啓。」
〔八〕師古曰：「勒，馬轡也。」
〔九〕師古曰：「一稱爲一襲，猶今人之言一副衣服也。」
〔一〇〕師古曰：「道讀曰導。長平，涇水上坂也，解在宣紀。」
〔一一〕師古曰：「不令拜也。」
〔一二〕師古曰：「徐自爲所築者也。」
〔一三〕師古曰：「保，守也。於此自守。」
〔一四〕師古曰：「在朔方窳渾縣西北。」

〔一五〕師古曰：「糒，乾飯也，音備。」

始郅支單于以爲呼韓邪降漢，兵弱不能復自還，即引其衆西，欲攻定右地。又屠耆單于小弟本侍呼韓邪，亦亡之右地，收兩兄餘兵得數千人，自立爲伊利目單于，道逢郅支，合戰，郅支殺之，并其兵五萬餘人。聞漢出兵穀助呼韓邪，即遂留居右地。自度力不能定匈奴，〔一〕乃益西近烏孫，欲與并力，遣使見小昆彌烏就屠。烏就屠見呼韓邪爲漢所擁，郅支亡虜，欲攻之以稱漢，〔二〕乃殺郅支使，持頭送都護在所，發八千騎迎郅支。郅支見烏孫兵多，其使又不反，勒兵逢擊烏孫，破之。〔三〕因北擊烏揭，〔四〕烏揭降。發其兵西破堅昆，北降丁令，〔五〕并三國。數遣兵擊烏孫，常勝之。堅昆東去單于庭七千里，南去車師五千里，郅支留都之。

〔一〕師古曰：「度音徒各反。」
〔二〕師古曰：「稱漢朝之意也。稱音尺孕反。」
〔三〕師古曰：「以兵逆之，相逢即擊，故云逢擊。」
〔四〕師古曰：「揭音丘例反。」
〔五〕師古曰：「令音零。」

元帝初即位，呼韓邪單于復上書，言民衆困乏。漢詔雲中、五原郡轉穀二萬斛以給焉。

郅支單于自以道遠，又怨漢擁護呼韓邪，遣使上書求侍子。漢遣谷吉送之，郅支殺吉。漢不知吉音問，而匈奴降者言聞甌脫皆殺之。〔一〕呼韓邪單于使來，漢輒簿責之甚急。〔二〕明年，漢遣車騎都尉韓昌、光祿大夫張猛送呼韓邪單于侍子，求問吉等，因赦其罪，勿令自疑。〔三〕昌、猛見單于民衆益盛，塞下禽獸盡，單于足以自衞，不畏郅支。聞其大臣多勸單于北歸者，〔四〕恐北去後難約束，〔五〕昌、猛即與爲盟約曰：「自今以來，漢與匈奴合爲一家，世世毋得相詐相攻。有竊盜者，相報，行其誅，償其物；〔六〕有寇，發兵相助。漢與匈奴敢先背約者，受天不祥。令其世世子孫盡如盟。」昌、猛與單于及大臣俱登匈奴諾水東山，〔七〕刑白馬，單于以徑路刀金留犁撓酒，〔八〕以老上單于所破月氏王頭爲飲器者共飲血盟。昌、猛還奏事，公卿議者以爲「單于保塞爲藩，雖欲北去，猶不能爲危害。昌、猛擅以漢國世世子孫與夷狄詛盟，令單于得以惡言上告于天，羞國家，傷威重，〔九〕不可得行。宜遣使往告祠天，與解盟。昌、猛奉使無狀，罪至不道。」〔一〇〕上薄其過，〔一一〕有詔昌、猛以贖論，勿解盟。其後呼韓邪竟北歸庭，人衆稍稍歸之，國中遂定。

〔一〕師古曰：「於甌脫得聲問，云殺之。」

〔二〕師古曰：「簿責，以文簿一一責之也。簿音步戶反。」

〔三〕師古曰：「疑者，疑漢欲討伐也。」

〔四〕師古曰：「塞下無禽獸，則射獵無所得，又不畏郅支，故欲北歸舊處。」

〔五〕師古曰：「不可更共爲誓要。」

〔六〕師古曰：「漢人爲盜於匈奴，匈奴人爲盜於漢，皆相告報而誅償。」

〔七〕師古曰：「諾水即今突厥地諾真水也。」

〔八〕應劭曰：「徑路，匈奴寶刀也。金，契金也。留犁，飯匕也。撓，和也。契金著酒中，撓攪飲之。」師古曰：「契，刻；撓，攪也，音呼高反。」

〔九〕師古曰：「羞，辱也。」

〔一〇〕師古曰：「無狀，蓋無善狀。」

〔一一〕師古曰：「以其罪過爲輕薄。」

郅支既殺使者，自知負漢，又聞呼韓邪益彊，恐見襲擊，欲遠去。會康居王數爲烏孫所困，與諸翕侯計，以爲匈奴大國，烏孫素服屬之，今郅支單于困阸在外，可迎置東邊，使合兵取烏孫以立之，〔一〕長無匈奴憂矣。即使使至堅昆通語郅支。郅支素恐，又怨烏孫，聞康居計，大說，〔二〕遂與相結，引兵而西。康居亦遣貴人，橐它驢馬數千匹，迎郅支。郅支人衆中寒道死，〔三〕餘財三千人到康居。〔四〕其後，都護甘延壽與副陳湯發兵即康居誅斬郅支，〔五〕語在延壽、湯傳。

〔一〕師古曰：「言與郅支并力共滅烏孫，以其地立郅支，令居之也。」

〔二〕師古曰：「說讀曰悅。」

〔三〕師古曰：「中寒，傷於寒也。道死，死於道上也。」

〔四〕師古曰：「財與纔同。」

〔五〕師古曰：「即，就也。」

郅支既誅，呼韓邪單于且喜且懼，上書言曰：「常願謁見天子，誠以郅支在西方，恐其與烏孫俱來擊臣，以故未得至漢。今郅支已伏誅，願入朝見。」竟寧元年，單于復入朝，禮賜如初，加衣服錦帛絮，皆倍於黃龍時。單于自言願壻漢氏以自親。〔一〕元帝以後宮良家子王牆字昭君賜單于。單于驩喜，上書願保塞上谷以西至敦煌，〔二〕傳之無窮，請罷邊備塞吏卒，以休天子人民。天子令下有司議，議者皆以爲便。郎中侯應習邊事，以爲不可許。上問狀，應曰：「周秦以來，匈奴暴桀，寇侵邊境，漢興，尤被其害。臣聞北邊塞至遼東，外有陰山，東西千餘里，草木茂盛，多禽獸，本冒頓單于依阻其中，治作弓矢，來出爲寇，是其苑囿也。至孝武世，出師征伐，斥奪此地，攘之於幕北。〔三〕建塞徼，起亭隧，〔四〕築外城，設屯戍，以守之，然後邊境得用少安。幕北地平，少草木，多大沙，匈奴來寇，少所蔽隱，從塞以南，徑深山谷，往來差難。邊長老言匈奴失陰山之後，過之未嘗不哭也。如罷備塞戍卒，示夷狄之大利，不可一也。今聖德廣被，天覆匈奴，〔五〕匈奴得蒙全活之恩，稽首來臣。夫夷狄

之情，困則卑順，彊則驕逆，天性然也。前以罷外城，省亭隧，今裁足以候望通㸑火而已。古者安不忘危，不可復罷，二也。中國有禮義之教，刑罰之誅，愚民猶尚犯禁，又況單于，能必其衆不犯約哉！三也。〔六〕自中國尚建關梁以制諸侯，所以絕臣下之覬欲也。〔七〕設塞徼，置屯戍，非獨爲匈奴而已，亦爲諸屬國降民，本故匈奴之人，恐其思舊逃亡，四也。近西羌保塞，與漢人交通，吏民貪利，侵盜其畜產妻子，以此怨恨，起而背畔，世世不絕。今罷乘塞，則生嫚易分爭之漸，五也。〔八〕往者從軍多沒不還者，子孫貧困，一旦亡出，從其親戚，六也。又邊人奴婢愁苦，欲亡者多，曰『聞匈奴中樂，無奈候望急何！』然時有亡出塞者，七也。盜賊桀黠，羣輩犯法，如其窘急，亡走北出，則不可制，八也。起塞以來百有餘年，非皆以土垣也，或因山巖石，木柴僵落，谿谷水門，〔九〕稍稍平之，卒徒築治，功費久遠，不可勝計。臣恐議者不深慮其終始，欲以壹切省繇戍，〔一〇〕十年之外，百歲之內，卒有它變，障塞破壞，亭隧滅絕，當更發屯繕治，累世之功不可卒復，九也。〔一一〕如罷戍卒，省候望，單于自以保塞守御，必深德漢，〔一二〕請求無已。小失其意，則不可測。開夷狄之隙，虧中國之固，十也。非所以永持至安，威制百蠻之長策也。」

〔一〕師古曰：「嘗欲取漢女而身爲漢家壻。」

〔二〕師古曰：「保，守也。自請保守之，令無寇盜。」

〔三〕師古曰：「斥，開也。攘，卻也，音人羊反。」
〔四〕師古曰：「隧謂深開小道而行，避敵鈔寇也。隧音遂。」
〔五〕師古曰：「如天之覆也。」
〔六〕師古曰：「必，極也，極保之也。」
〔七〕師古曰：「覬音冀。」
〔八〕師古曰：「乘塞，登之而守也。嫚易猶相欺侮也。易音弋豉反。」
〔九〕師古曰：「僵落，謂山上樹木摧折或立死枯僵墮落者。僵音薑。」
〔一〇〕師古曰：「壹切謂權時也，解在平紀。繇讀曰傜。」
〔一一〕師古曰：「卒讀皆曰猝。」
〔一二〕師古曰：「於漢自稱恩德也。」

對奏，天子有詔：「勿議罷邊塞事。」使車騎將軍口諭單于〔一〕曰：「單于上書願罷北邊吏士屯戍，子孫世世保塞。單于鄉慕禮義，〔二〕所以爲民計者甚厚，此長久之策也，朕甚嘉之。中國四方皆有關梁障塞，非獨以備塞外也，亦以防中國姦邪放縱，出爲寇害，故明法度以專衆心也。敬諭單于之意，〔三〕朕無疑焉。爲單于怪其不罷，故使大司馬車騎將軍嘉曉單于。」單于謝曰：「愚不知大計，天子幸使大臣告語，甚厚！」

〔一〕師古曰：「將軍許嘉也。諭謂曉告。」

〔二〕師古曰：「鄉讀曰嚮。」
〔三〕師古曰：「言已曉知其意也。」

初，左伊秩訾爲呼韓邪畫計歸漢，竟以安定。其後或讒伊秩訾自伐其功，常鞅鞅，〔一〕呼韓邪疑之。左伊秩訾懼誅，將其衆千餘人降漢，漢以爲關內侯，食邑三百戶，令佩其王印綬。〔二〕及竟寧中，呼韓邪來朝，與伊秩訾相見，謝曰：「王爲我計甚厚，令匈奴至今安寧，王之力也，德豈可忘！我失王意，使王去不復顧留，〔三〕皆我過也。今欲白天子，請王歸庭。」伊秩訾曰：「單于賴天命，自歸於漢，得以安寧，單于神靈，天子之祐也，我安得力！既已降漢，又復歸匈奴，是兩心也。願爲單于侍（吏）〔使〕於漢，不敢聽命。」〔四〕單于固請不能得而歸。

〔一〕師古曰：「伐謂矜其功力。」
〔二〕師古曰：「雖於漢爲關內侯，而依匈奴王號與印綬。」
〔三〕師古曰：「言不復顧念而留住匈奴中。」
〔四〕師古曰：「言爲單于充使，留侍於漢，不能還匈奴。」

王昭君號寧胡閼氏，〔一〕生一男伊屠智牙師，爲右日逐王。呼韓邪立二十八年，建始二年死。始呼韓邪嬖左伊秩訾兄呼衍王女二人。長女顓渠閼氏，生二子，長曰且莫車，〔二〕次曰囊知牙斯。少女爲大閼氏，生四子，長曰雕陶莫皋，次曰且麋胥，〔三〕皆長於且莫車，少子咸、樂二人，皆小於囊知牙斯。又它閼氏子十餘人。顓渠閼氏貴，且莫車愛。呼韓邪病且死，欲立且莫車，其母顓渠閼氏曰：「匈奴亂十餘年，不絕如髮，賴蒙漢力，故得復安。今平定未久，人民創艾戰鬬，〔四〕且莫車年少，百姓未附，恐復危國。我與大閼氏一家共子，〔五〕不如立雕陶莫皋。」大閼氏曰：「且莫車雖少，大臣共持國事，今舍貴立賤，後世必亂。」〔六〕單于卒從顓渠閼氏計，立雕陶莫皋，約令傳國與弟。呼韓邪死，雕陶莫皋立，爲復株絫若鞮單于。〔七〕

〔一〕師古曰：「言胡得之，國以安寧也。」
〔二〕師古曰：「且音子餘反。」
〔三〕師古曰：「且音子餘反。胥音先於反。」
〔四〕師古曰：「創音初亮反。艾讀曰乂。」
〔五〕師古曰：「一家，言親姊妹也。共子，兩人所生恩慈無別也。」
〔六〕師古曰：「舍謂棄置也。」
〔七〕師古曰：「復音服。絫音力追反。」

復株絫若鞮單于立，遣子右致盧兒王醯諧屠奴侯入侍，以且麋胥爲左賢王，且莫車爲左谷蠡王，囊知牙斯爲右賢王。復株絫單于復妻王昭君，生二女，長女云爲須卜居次，〔一〕

小女爲當于居次。〔二〕

〔一〕李奇曰：「居次者，女之號，若漢言公主也。」文穎曰：「須卜氏，匈奴貴族也。」
〔二〕文穎曰：「當于亦匈奴大族也。」師古曰：「須卜、當于，皆其夫家氏族。」

河平元年，單于遣右皋林王伊邪莫演等奉獻朝正月。〔一〕既罷，遣使者送至蒲反。〔二〕伊邪莫演言「欲降。卽不受我，我自殺，終不敢還歸。」使者以聞，下公卿議。議者或言宜如故事，受其降。光祿大夫谷永、議郎杜欽以爲「漢興，匈奴數爲邊害，故設金爵之賞以待降者。今單于詘體稱臣，列爲北藩，遣使朝賀，無有二心，漢家接之，宜異於往時。今既享單于聘貢之質，〔三〕而更受其逋逃之臣，是貪一夫之得而失一國之心，擁有罪之臣而絕慕義之君也。假令單于初立，欲委身中國，未知利害，〔四〕私使伊邪莫演詐降以卜吉凶，受之虧德沮善，〔五〕令單于自疏，不親邊吏；或者設爲反間，欲因而生隙，〔六〕受之適合其策，使得歸曲而直責。〔七〕此誠邊竟安危之原，師旅動靜之首，〔八〕不可不詳也。不如勿受，以昭日月之信，抑詐諼之謀，懷附親之心，便」。〔九〕對奏，天子從之。遣中郎將王舜往問降狀。伊邪莫演曰：「我病狂妄言耳。」遣去。歸到，官位如故，不肯令見漢使。明年，單于上書願朝河平四年正月，遂入朝，加賜錦繡繒帛二萬匹，絮二萬斤，它如竟寧時。

〔一〕師古曰：「演音衍。」

〔二〕師古曰：「河東之縣也。」
〔三〕師古曰：「享，當也。質，誠也。」
〔四〕師古曰：「假令猶言或當也。」
〔五〕師古曰：「沮，壞也，音材汝反。」
〔六〕師古曰：「閒音居莧反。」
〔七〕師古曰：「歸曲於漢，而以直義來責也。」
〔八〕師古曰：「竟讀曰境。」
〔九〕師古曰：「諼，詐辭也，音許遠反。」

復株絫單于立十歲，鴻嘉元年死。弟且麋胥立，爲搜諧若鞮單于。

搜諧單于立，遣子左祝都韓王朐留斯侯入侍，〔一〕以且莫車爲左賢王。搜諧單于立八歲，元延元年，爲朝二年發行，〔二〕未入塞，病死。弟且莫車立，爲車牙若鞮單于。

〔一〕師古曰：「朐音許于反。」
〔二〕師古曰：「欲會二年歲首之朝（會）〔禮〕，故豫發其國而行。」

車牙單于立，遣子右於涂仇撣王烏夷當入侍，〔一〕以囊知牙斯爲左賢王。車牙單于立四歲，綏和元年死。弟囊知牙斯立，爲烏珠留若鞮單于。

〔一〕師古曰：「涂音徒。撣音纏。」

烏珠留單于立，以第二閼氏子樂爲左賢王，以第五閼氏子輿爲右賢王，〔一〕遣子右股奴王烏鞮牙斯入侍。漢遣中郎將夏侯藩、副校尉韓容使匈奴。時帝舅大司馬票騎將軍王根領尚書事，或說根曰：「匈奴有斗入漢地，直張掖郡，〔二〕生奇材木，箭竿就羽，〔三〕如得之，於邊甚饒，國家有廣地之實，將軍顯功，垂於無窮。」根爲上言其利，上直欲從單于求之，〔四〕爲有不得，傷命損威。〔五〕根即但以上指曉藩，令從藩所說而求之。〔六〕藩至匈奴，以語次說單于曰：「竊見匈奴斗入漢地，直張掖郡。漢三都尉居塞上，士卒數百人寒苦，候望久勞。單于宜上書獻此地，直斷閼之，省兩都尉士卒數百人，以復天子厚恩，〔七〕其報必大。」〔八〕單于曰：「此天子詔語邪，將從使者所求也？」藩曰：「詔指也，然藩亦爲單于畫善計耳。」單于曰：「孝宣、孝元皇帝哀憐父呼韓邪單于，從長城以北匈奴有之。此溫偶駼王所居地也，〔九〕未曉其形狀所生，請遣使問之。」〔一〇〕藩、容歸漢。後復使匈奴，至則求地。單于曰：「父兄傳五世，漢不求此地，至知獨求，何也？已問溫偶駼王，匈奴西邊諸侯作穹廬及車，皆仰此山材木，〔一一〕且先父地，不敢失也。」藩還，遷爲太原太守。單于遣使上書，以藩求地狀聞。詔報單于曰：「藩擅稱詔從單于求地，法當死，更大赦二，〔一二〕今徙藩爲濟南太守，不令當匈奴。」明年，侍子死，歸葬。復遣子左於駼仇撣王稽留昆入侍。〔一三〕

〔一〕師古曰：「此二人皆烏珠留之弟也。第二閼氏，即上所謂大閼氏也。第五閼氏，亦呼韓邪單于之閼氏。」

〔二〕師古曰：「斗，絶也。直，當也。」
〔三〕師古曰：「就，大雕也，黄頭赤目，其羽可爲箭。竿音工旱反。」
〔四〕師古曰：「直猶正耳。」
〔五〕師古曰：「詔命不行，故云傷命也。」
〔六〕師古曰：「自以藩意說單于而求之。」
〔七〕師古曰：「復亦報。」
〔八〕師古曰：「漢得此地，必厚報賞單于。」
〔九〕師古曰：「偶音五口反。駼音塗。次下亦同。」
〔一〇〕師古曰：「所生，謂山之所出草木、鳥獸爲用者。」
〔一一〕師古曰：「謂諸小王爲諸侯者，效中國之言耳。仰音牛向反。」
〔一二〕師古曰：「更，經也，音功衡反。」
〔一三〕師古曰：「撣音纏。稽音雞。」

至哀帝建平二年，烏孫庶子卑援疐〔一〕翕侯人衆入匈奴西界，寇盜牛畜，頗殺其民。單于聞之，遣左大當戶烏夷泠〔二〕將五千騎擊烏孫，殺數百人，略千餘人，敺牛畜去。〔三〕卑援疐恐，遣子趨逯爲質匈奴。〔四〕單于受，以狀聞。漢遣中郎將丁野林、副校尉公乘音使匈奴，責讓單于，告令還歸卑援疐質子。單于受詔，遣歸。

〔一〕師古曰：「援音爰。疐音竹二反。」
〔二〕師古曰：「泠音零。」
〔三〕師古曰：「敺與驅同。」
〔四〕師古曰：「逯音錄。」

建平四年，單于上書願朝五年。時哀帝被疾，或言匈奴從上游來厭人，〔一〕自黃龍、竟寧時，單于朝中國輒有大故。〔二〕上由是難之，以問公卿，亦以爲虛費府帑，〔三〕可且勿許。單于使辭去，未發，黃門郎揚雄上書諫曰：

〔一〕服虔曰：「游猶流也。河水從西北來，故曰上游也。」師古曰：「上游，亦總謂地形耳，不必係於河水也。厭音一涉反。」
〔二〕師古曰：「大故謂國之大喪。」
〔三〕師古曰：「府，物所聚也。帑，藏金帛之所也，音它莽反，又音奴。」

臣聞六經之治，貴於未亂；兵家之勝，貴於未戰。〔一〕二者皆微，〔二〕然而大事之本，不可不察也。今單于上書求朝，國家不許而辭之，臣愚以爲漢與匈奴從此隙矣。本北地之狄，五帝所不能臣，三王所不能制，其不可使隙甚明。臣不敢遠稱，請引秦以來明之：

〔一〕師古曰：「已亂而後治之，戰鬬而後獲勝，則不足貴。」

〔三〕師古曰：「微謂精妙也。」

以秦始皇之彊，蒙恬之威，帶甲四十餘萬，然不敢窺西河，乃築長城以界之。會漢初興，以高祖之威靈，三十萬衆困於平城，士或七日不食。時奇譎之士石畫之臣甚衆，〔一〕卒其所以脫者，世莫得而言也。〔二〕又高皇后嘗忿匈奴，羣臣庭議，樊噲請以十萬衆橫行匈奴中，季布曰：「噲可斬也，妄阿順指！」於是大臣權書遺之，〔三〕然後匈奴之結解，中國之憂平。及孝文時，匈奴侵暴北邊，候騎至雍甘泉，京師大駭，發三將軍屯細柳、棘門、霸上以備之，數月乃罷。孝武卽位，設馬邑之權，欲誘匈奴，使韓安國將三十萬衆徼於便墬，〔四〕匈奴覺之而去，徒費財勞師，一虜不可得見，況單于之面乎！其後深惟社稷之計，規恢萬載之策，〔五〕乃大興師數十萬，使衞青、霍去病操兵，前後十餘年。〔六〕於是浮西河，絕大幕，破寘顏，襲王庭，窮極其地，追奔逐北，封狼居胥山，禪於姑衍，以臨翰海，〔七〕虜名王貴人以百數。自是之後，匈奴震怖，益求和親，然而未肯稱臣也。

〔一〕鄧展曰：「石，大也。」師古曰：「石言堅固如石也。畫，計策也，音獲。」
〔二〕師古曰：「卒，終也。莫得而言，謂自免之計，其事醜惡，故不傳。」
〔三〕師古曰：「以權道爲書，順辭以答之。」

〔四〕師古曰：「徼，要也，音工堯反。墬，古地字。」
〔五〕師古曰：「恢，大也。」
〔六〕師古曰：「操，持也，音千高反。」
〔七〕師古曰：「積土爲封，而又禪祭也。」

且夫前世豈樂傾無量之費，役無罪之人，快心於狼望之北哉？〔一〕以爲不壹勞者不久佚，不暫費者不永寧，〔二〕是以忍百萬之師以摧餓虎之喙，運府庫之財塡盧山之壑而不悔也。〔三〕至本始之初，匈奴有桀心，〔四〕欲掠烏孫，侵公主，乃發五將之師十五萬騎獵其南，而長羅侯以烏孫五萬騎震其西，皆至質而還。〔五〕時鮮有所獲，〔六〕徒奮揚威武，明漢兵若雷風耳。雖空行空反，尙誅兩將軍。故北狄不服，中國未得高枕安寢也。逮至元康、神爵之間，大化神明，鴻恩溥洽，而匈奴內亂，五單于爭立，日逐、呼韓邪攜國歸(死)〔化〕，扶伏稱臣，〔七〕然尙羈縻之，計不顓制。〔八〕自此之後，欲朝者不距，不欲者不彊。〔九〕何者？外國天性忿鷙，〔一〇〕形容魁健，〔一一〕負力怙氣，〔一二〕難化以善，易隸以惡，〔一三〕其彊難詘，其和難得。故未服之時，勞師遠攻，傾國殫貨，伏尸流血，破堅拔敵，如彼之難也；既服之後，慰薦撫循，交接賂遺，威儀俯仰，如此之備也。往時嘗屠大宛之城，蹈烏桓之壘，探姑繒之壁，〔一四〕籍蕩姐之場，〔一五〕艾朝鮮之旃，拔兩越之旗，〔一六〕近不過旬月之役，遠不離二時之勞，〔一七〕固已犂其庭，埽其閭，〔一八〕郡縣而置之，雲徹席卷，後無餘菑。〔一九〕唯北狄爲不然，眞中國之堅敵也，三垂比之懸矣，前世重之茲甚，〔二〇〕未易可輕也。

〔一〕師古曰：「匈奴中地名也。」
〔二〕師古曰：「佚與逸同。」
〔三〕師古曰：「喙，口也，摧百萬之師於獸口也。盧山，匈奴中山也。喙音許穢反。」
〔四〕師古曰：「桀，堅也。言其起立不順。」
〔五〕師古曰：「質，信也，謂所期處。」
〔六〕師古曰：「鮮，少也，音先踐反。」
〔七〕師古曰：「伏音蒲北反。」
〔八〕師古曰：「顓與專同。專制謂以爲臣妾也。」
〔九〕師古曰：「彊音其兩反。」
〔一〇〕師古曰：「鷙，佷也，音竹二反。」
〔一一〕師古曰：「魁，大也。」
〔一二〕師古曰：「負，恃也。」
〔一三〕師古曰：「隸謂附屬之也。惡謂威也。」
〔一四〕師古曰：「姑繒，謂西南夷種也，在益州，見昭紀也。」
〔一五〕劉德曰：「羌屬也。」師古曰：「籍猶蹈也。姐音紫。」

〔一六〕師古曰：「艾讀曰刈。刈，絕也。」
〔一七〕師古曰：「離，歷也。三月爲一時。」
〔一八〕師古曰：「犂，耕也。」
〔一九〕師古曰：「菑，古災字也。」
〔二〇〕師古曰：「茲，益也。」

今單于歸義，懷款誠之心，欲離其庭，陳見於前，此乃上世之遺策，神靈之所想望，國家雖費，不得已者也。〔一〕奈何距以來厭之辭，疏以無日之期，消往昔之恩，開將來之隙！夫款而隙之，使有恨心，負前言，緣往辭，〔二〕歸怨於漢，因以自絕，終無北面之心，威之不可，諭之不能，焉得不爲大憂乎！夫明者視於無形，聰者聽於無聲，誠先於未然，卽蒙恬、樊噲不復施，棘門、細柳不復備，馬邑之策安所設，衞、霍之功何得用，五將之威安所震？〔三〕不然，壹有隙之後，雖智者勞心於內，辯者轂擊於外，〔四〕猶不若未然之時也。且往者圖西域，制車師，〔五〕置城郭都護三十六國，費歲以大萬計者，〔六〕豈爲康居、烏孫能踰白龍堆而寇西邊哉？〔七〕乃以制匈奴也。夫百年勞之，一日失之，費十而愛一，臣竊爲國不安也。唯陛下少留意於未亂未戰，以遏邊萌之禍。

〔一〕師古曰：「已，止也。」
〔二〕師古曰：「言單于因緣往昔和好之辭以怨漢也。」

[三]師古曰：「先於未然，謂計策素定，禦難折衝。」
[四]師古曰：「轂擊，言使車交馳，其轂相擊也。」
[五]師古曰：「圖，謀也。」
[六]師古曰：「財用之費，一歲數百萬也。」
[七]孟康曰：「龍堆形如土龍身，無頭有尾，高大者二三丈，埤者丈餘，皆東北向，相似也，在西域中。」

書奏，天子寤焉，召還匈奴使者，更報單于書而許之。賜雄帛五十匹，黃金十斤。單于未發，會病，復遣使願朝明年。故事，單于朝，從名王以下及從者二百餘人。單于又上書言：「蒙天子神靈，人民盛壯，願從五百人入朝，以明天子盛德。」上皆許之。

元壽二年，單于來朝，上以太歲厭勝所在，[一]舍之上林苑蒲陶宮。[二]告之以加敬於單于，[三]單于知之。加賜衣三百七十襲，錦繡繒帛三萬匹，絮三萬斤，它如河平時。既罷，遣中郎將韓況送單于。單于出塞，到休屯井，北度車田盧水，道里回遠。[四]況等乏食，單于乃給其糧，失期不還五十餘日。

[一]師古曰：「厭音一涉反。」
[二]師古曰：「舍，止宿。」
[三]師古曰：「云以敬於單于，故令止上林。」
[四]師古曰：「回音胡內反。」

初，上遣稽留昆隨單于去，到國，復遣稽留昆同母兄右大且方與婦入侍。[一]還歸，復遣且方同母兄左日逐王都與婦入侍。是時，漢平帝幼，太皇太后稱制，新都侯王莽秉政，欲說太后以威德至盛異於前，[二]乃風單于[三]令遣王昭君女須卜居次云入侍[四]太后，所以賞賜之甚厚。

[一]師古曰：「且音子閭反。」
[二]師古曰：「說讀曰悅。以此事取悅於太后。」
[三]師古曰：「風讀曰諷。」
[四]師古曰：「云者，其女名。」

會西域車師後王句姑、[一]去胡來王唐兜[二]皆怨恨都護校尉，將妻子人民亡降匈奴，語在西域傳。單于受置左谷蠡地，遣使上書言狀曰：「臣謹已受。」詔遣中郎將韓隆、王昌、副校尉甄阜、侍中謁者帛敞、長水校尉王歙使匈奴，[三]告單于曰：「西域內屬，不當得受，[四]今遣之。」[五]單于曰：「孝宣、孝元皇帝哀憐，為作約束，自長城以南天子有之，長城以北單于有之。有犯塞，輒以狀聞；有降者，不得受。臣知父呼韓邪單于蒙無量之恩，死遺言曰：『有從中國來降者，勿受，輒送至塞，以報天子厚恩。』此外國也，得受之。」使者曰：「匈奴骨肉相攻，國幾絕，[六]蒙中國大恩，危亡復續，妻子完安，累世相繼，宜有以報厚恩。」

單于叩頭謝罪，執二虜還付使者。詔使中郎將王萌待西域惡都奴界上逆受。[七]單于遣使送到國，因請其罪。使者以聞，有詔不聽，[八]會西域諸國王斬以示之。乃造設四條：[九]中國人亡入匈奴者，烏孫亡降匈奴者，西域諸國佩中國印綬降匈奴者，烏桓降匈奴者，皆不得受。遣中郎將王駿、王昌、副校尉甄阜、王尋使匈奴，班四條與單于，雜函封，[一〇]付單于，令奉行，因收故宣帝所為約束封函還。時，莽奏令中國不得有二名，因使使者以風單于，[一一]宜上書慕化，為一名，漢必加厚賞。單于從之，上書言：「幸得備藩臣，竊樂太平聖制，臣故名囊知牙斯，今謹更名曰知。」莽大說，[一二]白太后，遣使者答諭，厚賞賜焉。

[一]師古曰：「句音鉤。」
[二]師古曰：「為其去胡而來降漢，故以為王號。」
[三]師古曰：「歙音翕。」
[四]師古曰：「既屬漢家，不得復臣匈奴。」
[五]師古曰：「今即遣還。」
[六]師古曰：「幾音鉅依反。」
[七]服虔曰：「惡都奴，西域之谷名也。」師古曰：「逆受，迎而受之。」
[八]師古曰：「不免其罪。」
[九]師古曰：「更新為此制也。」

[一〇]師古曰：「與璽書同一函而封之。」
[一一]師古曰：「風讀曰諷。」
[一二]師古曰：「說讀曰悅。」

漢既班四條，後護烏桓使者告烏桓民，毋得復與匈奴皮布稅。匈奴以故事遣使者責烏桓稅，[一]匈奴人民婦女欲賈販者皆隨往焉。烏桓距曰：「奉天子詔條，(之)〔不〕當予匈奴稅。」匈奴使怒，收烏桓酋豪，縛到懸之。酋豪昆弟怒，共(入)〔殺〕匈奴使及其官屬，收略婦女馬牛。單于聞之，遣使發左賢王兵入烏桓責殺使者，因攻擊之。烏桓分散，或走上山，或東保塞。匈奴頗殺人民，敺婦女弱小且千人去，[二]置左地，告烏桓曰：「持馬畜皮布來贖之。」烏桓見略者親屬二千餘人持財畜往贖，匈奴受，留不遣。[三]

[一]師古曰：「故時常稅，是以求之。」
[二]師古曰：「敺與驅同。」
[三]師古曰：「受其皮布而留人不遣。」

王莽之篡位也，建國元年，遣五威將王駿率甄阜、王颯、陳饒、帛敞、丁業六人，[一]多齎金帛，重遺單于，諭曉以受命代漢狀，因易單于故印。故印文曰「匈奴單于璽」，莽更曰「新匈奴單于章」。[二]將率既至，授單于印紱，[三]詔令上故印紱。單于再拜受詔。譯前，欲解

取故印紱，單于舉掖授之。左姑夕侯蘇從旁謂單于曰：「未見新印文，宜且勿與。」單于止，不肯與。請使者坐穹廬，單于欲前爲壽。五威將曰：「故印紱當以時上。」單于曰：「諾。」復舉掖授譯。蘇復曰：「未見印文，且勿與。」單于曰：「印文何由變更！」遂解故印紱奉上，將率受。著新紱，不解視印，飲食至夜乃罷。右率陳饒謂諸將率曰：「鄉者姑夕侯疑印文，幾令單于不與人。[四]如令視印，見其變改，必求故印，此非辭說所能距也。既得而復失之，辱命莫大焉。不如椎破故印，以絕禍根。」將率猶與，莫有應者。[五]饒，燕士，果悍，[六]即引斧椎壞之。明日，單于果遣右骨都侯當白將率曰：「漢賜單于印，言『璽』不言『章』，又無『漢』字，諸王已下乃有『漢』言『章』。今(印)〔即〕去『璽』加『新』，與臣下無別。願得故印。」將率示以故印，謂曰：「新室順天制作，故印隨將率所自爲破壞。單于宜承天命，奉新室之制。」當還白，單于知已無可柰何，又多得賂遺，即遣弟右賢王輿奉馬牛隨將率入謝，因上書求故印。

[一]師古曰：「颯音立。」
[二]師古曰：「新者，莽自係其國號。」
[三]師古曰：「紱者，印之組也，音弗。」
[四]師古曰：「鄉讀曰嚮。幾音鉅依反。」

[五]師古曰：「與讀曰豫。」
[六]師古曰：「果，決也。悍，勇也，音胡幹反。」

將率還到左犂汗王咸所居地，見烏桓民多，以問咸。咸具言狀，[一]將率曰：「前封四條，不得受烏桓降者，亟還之。」[二]咸曰：「請密與單于相聞，得語，歸之。」單于使咸報曰：「當從塞內還之邪，從塞外還之邪？」將率不敢顓決，以聞。詔報，從塞外還之。

[一]師古曰：「謂前驅略得婦女弱小，贖之不還者。」
[二]師古曰：「亟，急也，音居力反。」

單于始用夏侯藩求地有距漢語，後以求稅烏桓不得，因寇略其人民，釁由是生，重以印文改易，[一]故怨恨。乃遣右大且渠蒲呼盧訾等十餘人將兵衆萬騎，以護送烏桓爲名，[二]勒兵朔方塞下。朔方太守以聞。

[一]師古曰：「重音直用反。」
[二]師古曰：「陽言云護送烏桓人衆，實來爲寇。」

明年，西域車師後王須置離謀降匈奴，都護但欽誅斬之。置離兄狐蘭支將人衆二千餘人，敺畜產，舉國亡降匈奴，[一]單于受之。狐蘭支與匈奴共入寇，擊車師，殺後成長，[二]傷都護司馬，復還入匈奴。

[一]師古曰：「敺與驅同。舉其一國之人皆亡降也。」
[二]師古曰：「後成，車師小國名也。長，其長帥也。」

時戊己校尉史陳良、終帶、司馬丞韓玄、右曲候任商等見西域頗背叛，聞匈奴欲大侵，恐并死，即謀劫略吏卒數百人，共殺戊己校尉刀護，[一]遣人與匈奴南犂汗王南將軍相聞。匈奴南將軍二千騎入西域迎良等，良等盡脅略戊己校尉吏士男女二千餘人入匈奴。玄、商留南將軍所，良、帶徑至單于庭，人衆別置零吾水上田居。單于號良、帶曰烏桓都將軍，留居單于所，數呼與飲食。西域都護但欽上書言匈奴南將軍右伊秩訾將人衆寇擊諸國。莽於是大分匈奴爲十五單于，遣中郎將藺苞、副校尉戴級將兵萬騎，多齎珍寶至雲中塞下，招誘呼韓邪單于諸子，欲以次拜之。使譯出塞誘呼右犂汗王咸、咸子登、助三人，至則脅拜咸爲孝單于，賜安車鼓車各一，黃金千斤，雜繒千匹，戲戟十；[二]拜助爲順單于，賜黃金五百斤；傳送助、登長安。莽封苞爲宣威公，拜爲虎牙將軍；封級爲揚威公，拜爲虎賁將軍。單于聞之，怒曰：「先單于受漢宣帝恩，不可負也。今天子非宣帝子孫，何以得立？」遣左骨都侯、右伊秩訾王呼盧訾及左賢王樂將兵入雲中益壽塞，大殺吏民。是歲，建國三年也。

[一]師古曰：「刀音貂。」
[二]師古曰：「戲戟，有旗之戟也。戲音許宜反，又音麾。」

是後，單于歷告左右部都尉、諸邊王，入塞寇盜，大輩萬餘，中輩數千，少者數百，殺鴈門、朔方太守、都尉，略吏民畜產不可勝數，緣邊虛耗。莽新即位，怙府庫之富欲立威，乃拜十二部將率，發郡國勇士，武庫精兵，各有所屯守，轉委輸於邊。議滿三十萬衆，齎三百日糧，同時十道並出，窮追匈奴，內之于丁令，[一]因分其地，立呼韓邪十五子。

[一]師古曰：「逐之遣入丁令地。令音零。」

莽將嚴尤諫曰：「臣聞匈奴爲害，所從來久矣，未聞上世有必征之者也。後世三家周、秦、漢征之，然皆未有得上策者也。周得中策，漢得下策，秦無策焉。當周宣王時，獫允內侵，至于涇陽，命將征之，盡境而還。其視戎狄之侵，譬猶蟁蝱之螫，敺之而已。[一]故天下稱明，是爲中策。漢武帝選將練兵，約齎輕糧，深入遠戍，[二]雖有克獲之功，胡輒報之，兵連禍結三十餘年，中國罷耗，匈奴亦創艾，[三]而天下稱武，是爲下策。秦始皇不忍小恥而輕民力，築長城之固，延袤萬里，[四]轉輸之行，起於負海，疆境既完，中國內竭，以喪社稷，是爲無策。今天下遭陽九之阸，比年饑饉，西北邊尤甚。發三十萬衆，具三百日糧，東援海代，南取江淮，然後乃備。[五]計其道里，一年尚未集合，兵先至者聚居暴露，師老械弊，勢不可用，此一難也。邊既空虛，不能奉軍糧，內調郡國，不相及屬，此二難也。[六]計一人三百日食，用糒十八斛，非牛力不能勝；牛又當自齎食，加二十斛，重矣。胡地沙鹵，多乏水草，

以往事揆之，軍出未滿百日，牛必物故且盡，〔七〕餘糧尚多，人不能負，此三難也。胡地秋冬甚寒，春夏甚風，多齎鬴鍑薪炭，重不可勝，〔八〕食糒飲水，以歷四時，師有疾疫之憂，是故前世伐胡，不過百日，非不欲久，勢力不能，此四難也。輜重自隨，則輕鋭者少，〔九〕不得疾行，虜徐遁逃，勢不能及，幸而逢虜，又累輜重，〔一〇〕如遇險阻，銜尾相隨，〔一一〕虜要遮前後，危殆不測，此五難也。大用民力，功不可必立，臣伏憂之。今既發兵，宜縱先至者，令臣尤等深入霆擊，且以創艾胡虜。」〔一二〕莽不聽尤言，轉兵穀如故，天下騷動。

〔一〕師古曰：「蝱，古蚊字也。蝱音盲。螫音式亦反。敺與驅同。」
〔二〕師古曰：「約，少也。少齎衣裝。」
〔三〕師古曰：「罷讀曰疲。耗，損也。創音初向反。艾讀曰乂。次下亦同。」
〔四〕師古曰：「袤，長也，音茂。」
〔五〕師古曰：「揆，引也，音癸。」
〔六〕師古曰：「調，發也，音徒釣反。屬音之欲反。」
〔七〕師古曰：「物故謂死也。」
〔八〕師古曰：「鬴，古釜字也。鍑，釜之大口者也。鍑音富。」
〔九〕師古曰：「重音直用反。其下亦同。」
〔一〇〕師古曰：「累音力瑞反。」

〔一一〕師古曰：「銜，馬銜也。尾，馬尾也。言前後單行，不得並驅。」
〔一二〕師古曰：「請率見到之兵，且以擊虜。」

咸既受莽孝單于之號，馳出塞歸庭，具以見脅狀白單于。單于更以爲於粟置支侯，匈奴賤官也。後助病死，莽以登代助爲順單于。

厭難將軍陳欽、〔一〕震狄將軍王巡屯雲中葛邪塞。是時，匈奴數爲邊寇，殺將率吏士，略人民，敺畜產去甚衆。〔二〕捕得虜生口驗問，皆曰孝單于咸子角數爲寇。兩將以聞。四年，莽會諸蠻夷，斬咸子登於長安市。

〔一〕師古曰：「厭音一涉反。」
〔二〕師古曰：「敺與驅同。」

初，北邊自宣帝以來，數世不見煙火之警，人民熾盛，牛馬布野。及莽撓亂匈奴，與之構難，〔一〕邊民死亡係獲，又十二部兵久屯而不出，吏士罷弊，〔二〕數年之間，北邊虛空，野有暴骨矣。

〔一〕師古曰：「撓，擾也，音火高反。」
〔二〕師古曰：「罷讀曰疲。」

烏珠留單于立二十一歲，建國五年死。匈奴用事大臣右骨都侯須卜當，卽王昭君女伊墨居次云之壻也。云常欲與中國和親，又素與咸厚善，見咸前後爲莽所拜，故遂越輿而立咸爲烏累若鞮單于。〔一〕

〔一〕師古曰：「累音力追反。」

烏累單于咸立，以弟輿爲左谷蠡王。烏珠留單于子蘇屠胡本爲左賢王，以弟屠耆閼氏子盧渾爲右賢王。〔二〕烏珠留單于在時，左賢王數死，以爲其號不祥，更易命左賢王曰「護于」。護于之尊最貴，次當爲單于，故烏珠留單于授其長子以爲護于，欲傳以國。咸怨烏珠留單于貶賤己號，不欲傳國，及立，貶護于爲左屠耆王。云、當遂勸咸和親。

〔一〕師古曰：「渾音胡昆反。」

天鳳元年，云、當遣人之西河虎猛制虜塞下，〔一〕告塞吏曰欲見和親侯。和親侯王歙者，王昭君兄子也。〔二〕中部都尉以聞。莽遣歙、歙弟騎都尉展德侯颯使匈奴，〔三〕賀單于初立，賜黃金衣被繒帛，紿言侍子登在，因購求陳良、終帶等。單于盡收四人及手殺校尉刀護賊芝音妻子以下二十七人，皆械檻付使者，遣廚唯姑夕王富等四十人送歙、颯。莽作焚如之刑，燒殺陳良等，〔四〕罷諸將率屯兵，但置游擊都尉。單于貪莽賂遺，故外不失漢故事，然內利寇掠。〔五〕又使還，知子登前死，怨恨，寇虜從左地入，不絕。使者問單于，輒曰：「烏桓與匈奴無狀黠民共爲寇入塞，譬如中國有盜賊耳！咸初立持國，威信尚淺，盡力禁止，不敢有二心。」

〔一〕師古曰：「虎猛，縣名，制虜塞在其界。」
〔二〕師古曰：「歙音翕。」
〔三〕師古曰：「颯音立。」
〔四〕應劭曰：「易有焚如、死如、棄如之言，莽依此作刑名也。」如淳曰：「焚如、死如、棄如者，謂不孝子也。不畜於父母，不容於朋友，故燒殺棄之，莽依此作刑名也。」師古曰：「易離卦九四爻辭也。」
〔五〕師古曰：「入爲寇而虜掠。」

天鳳二年五月，莽復遣歙與五威將王咸率伏黯、丁業等六人，使送右廚唯姑夕王，因奉歸前所斬侍子登及諸貴人從者喪，皆載以常車。〔一〕至塞下，單于遣云、當子男大且渠奢等至塞迎。咸等至，多遺單于金珍，因諭說改其號，號匈奴曰「恭奴」，單于曰「善于」，賜印綬。封骨都侯當爲後安公，當子男奢爲後安侯。單于貪莽金幣，故曲聽之，然寇盜如故。咸、歙又以陳良等購金付云、當，令自差與之。〔二〕十二月，還入塞，莽大喜，賜歙錢二百萬，悉封黯等。

〔一〕劉德曰：「縣易車也。」舊司農出錢市車，縣次易牛也。」
〔二〕師古曰：「差其次第多少。」

單于咸立五歲，天鳳五年死，弟左賢王輿立，爲呼都而尸道皋若鞮單于。匈奴謂孝曰

「若鞮」。自呼韓邪後，與漢親密，見漢謚帝爲「孝」，慕之，故皆爲「若鞮」。

呼都而尸單于輿既立，貪利賞賜，遣大且渠奢與云女弟當(尸)〔于〕居次子醯櫝王〔一〕俱奉獻至長安。莽遣和親侯歙與奢等俱至制虜塞下，與云、當會，因以兵迫脅，將至長安。云、當小男從塞下得脫，歸匈奴。當至長安，莽拜爲須卜單于，欲出大兵以輔立之。兵調度亦不合，而匈奴愈怒，並入北邊，北邊由是壞敗。會當病死，莽以其庶女陸逯任妻後安公奢，〔二〕所以尊寵之甚厚，終爲欲出兵立之者。〔三〕會漢兵誅莽，云、奢亦死。

〔一〕師古曰：「櫝音讀。」

〔二〕李奇曰：「陸逯，邑也。莽改公主曰任。奢本爲侯，莽以女妻之，故進爵爲公。」師古曰：「逯音錄。任音壬。」

〔三〕師古曰：「言爲此計意不止。」

更始二年冬，漢遣中郎將歸德侯颯、大司馬護軍陳遵使匈奴，授單于漢舊制璽綬，王侯以下印綬，因送云、當餘親屬貴人從者。單于輿驕，謂遵、颯曰：「匈奴本與漢爲兄弟，匈奴中亂，〔一〕孝宣皇帝輔立呼韓邪單于，故稱臣以尊漢。今漢亦大亂，爲王莽所篡，匈奴亦出兵擊莽，空其邊境，令天下騷動思漢，莽卒以敗而漢復興，亦我力也，當復尊我！」遵與相牚距，〔二〕單于終持此言。其明年夏，還。會赤眉入長安，更始敗。

〔一〕師古曰：「言中閒之時也，讀如本字，又音竹仲反。」

〔二〕師古曰：「牚謂支柱也，音丈庚反，又丑庚反。」

贊曰：書戒「蠻夷猾夏」，〔一〕詩稱「戎狄是膺」，〔二〕春秋「有道守在四夷」，〔三〕久矣夷狄之爲患也。故自漢興，忠言嘉謀之臣曷嘗不運籌策相與爭於廟堂之上乎？高祖時則劉敬，呂后時樊噲、季布，孝文時賈誼、朝錯，孝武時王恢、韓安國、朱買臣、公孫弘、董仲舒，人持所見，各有同異，然總其要，歸兩科而已。縉紳之儒則守和親，介胄之士則言征伐，皆偏見一時之利害，而未究匈奴之終始也。自漢興以至于今，曠世歷年，多於春秋，其與匈奴，有脩文而和親之矣，有用武而克伐之矣，有卑下而承事之矣，〔四〕有威服而臣畜之矣，詘伸異變，強弱相反，是故其詳可得而言也。

〔一〕師古曰：「虞書舜典載舜命皋陶作士之言也。猾，亂也。夏謂中夏諸國也。」

〔二〕師古曰：「魯頌閟宮之詩，美僖公興師與齊桓討難。膺，當也。」

〔三〕師古曰：「春秋左氏傳昭(三十二)〔二十三〕年楚囊瓦爲令尹，城郢。沈尹戌曰：『古者天子，守在四夷。』言德及遠。」

〔四〕師古曰：「下音胡亞反。」

昔和親之論，發於劉敬。是時天下初定，新遭平城之難，故從其言，約結和親，賂遺單于，冀以救安邊境。孝惠、高后時遵而不違，匈奴寇盜不爲衰止，而單于反以加驕倨。逮至孝文，與通關市，妻以漢女，增厚其賂，歲以千金，而匈奴數背約束，邊境屢被其害。是以文帝中年，赫然發憤，遂躬戎服，親御鞌馬，從六郡良家材力之士，〔一〕馳射上林，講習戰陳，聚天下精兵，軍於廣武，顧問馮唐，與論將帥，喟然歎息，思古名臣，此則和親無益，已然之明效也。

〔一〕師古曰：「六郡，謂隴西、天水、安定、北地、上郡、西河也。其安定、天水、西河，武帝所置耳，史本其土地，而追言也。」

仲舒親見四世之事，猶復欲守舊文，頗增其約。以爲「義動君子，利動貪人，如匈奴者，非可以仁義說也，〔一〕獨可說以厚利，結之於天耳。〔二〕故與之厚利以沒其意，〔三〕與盟於天以堅其約，質其愛子以累其心，〔四〕匈奴雖欲展轉，奈失重利何，奈欺上天何，奈殺愛子何。〔五〕夫賦斂行賂不足以當三軍之費，城郭之固無以異於貞士之約，〔六〕而使邊城守境之民父兄緩帶，稚子咽哺，〔七〕胡馬不窺於長城，而羽檄不行於中國，不亦便於天下乎！」察仲舒之論，考諸行事，乃知其未合於當時，而有闕於後世也。當孝武時，雖征伐克獲，而士馬物故亦略相當；雖開河南之野，建朔方之郡，亦棄造陽之北九百餘里。匈奴人民每來降漢，單于亦輒拘留漢使以相報復，〔八〕其桀驁尚如斯，〔九〕安肯以愛子而爲質乎？此不合當

時之言也。若不置質，空約和親，是襲孝文既往之悔，而長匈奴無已之詐也。〔一〇〕夫邊城不選守境武略之臣，脩障隧備塞之具，厲長戟勁弩之械，恃吾所以待邊寇。而務賦斂於民，遠行貨賂，割剝百姓，以奉寇讎。信甘言，守空約，而幾胡馬之不窺，不已過乎！〔一一〕

〔一〕師古曰：「此說謂勸諭。」

〔二〕師古曰：「此說讀曰悅。」

〔三〕師古曰：「沒，溺也。」

〔四〕師古曰：「累音力瑞反。」

〔五〕師古曰：「展轉，爲移動其心。」

〔六〕晉灼曰：「堅城固守，不勝遣貞士爲和親之約也。」

〔七〕師古曰：「咽，吞也。哺謂所食在口者也。咽音宴。哺音捕。」

〔八〕師古曰：「復音扶目反。」

〔九〕師古曰：「驁與傲同。」

〔一〇〕師古曰：「襲，重也，重疊爲其事。」

〔一一〕師古曰：「幾讀曰冀。」

至孝宣之世，承武帝奮擊之威，直匈奴百年之運，〔一〕因其壞亂幾亡之阸，〔二〕權時施宜，覆以威德，然後單于稽首臣服，遣子入侍，〔三〕世稱藩，賓於漢庭。是時邊城晏閉，

牛馬布野，〔三〕三世無犬吠之警，𥝩庶亡干戈之役。〔四〕

〔一〕師古曰：「亶，當也。」

〔二〕師古曰：「幾，近也，音鉅依反。」

〔三〕師古曰：「晏，晚也。」

〔四〕師古曰：「𥝩，古黎字。」

後六十餘載之間，遭王莽篡位，始開邊隙，單于由是歸怨自絕，莽遂斬其侍子，邊境之禍搆矣。故呼韓邪始朝於漢，漢議其儀，而蕭望之曰：「戎狄荒服，言其來服荒忽無常，時至時去，宜待以客禮，讓而不臣。如其後嗣遂逃竄伏，〔一〕使於中國不爲叛臣。」及孝元時，議罷守塞之備，侯應以爲不可，可謂盛不忘衰，安必思危，遠見識微之明矣。至單于咸棄其愛子，昧利不顧，〔二〕侵掠所獲，歲鉅萬計，而和親賂遺，不過千金，安在其不棄質而失重利也？仲舒之言，漏於是矣。

〔一〕師古曰：「遯，古遁字。」

〔二〕師古曰：「昧，貪也，音妹。」

夫規事建議，不圖萬世之固，而媮恃一時之事者，未（必）〔可〕以經遠也。〔一〕若乃征伐之功，秦漢行事，嚴尤論之當矣。故先王度土，中立封畿，〔二〕分九州，列五服，〔三〕物土貢，制

外內，〔四〕或脩刑政，或昭文德，遠近之勢異也。是以春秋內諸夏而外夷狄。〔五〕夷狄之人貪而好利，被髮左衽，人面獸心，其與中國殊章服，異習俗，飲食不同，言語不通，辟居北垂寒露之野，〔六〕逐草隨畜，射獵爲生，隔以山谷，雍以沙幕，〔七〕天地所以絕外內也。是故聖王禽獸畜之，不與約誓，不就攻伐；約之則費賂而見欺，攻之則勞師而招寇。其地不可耕而食也，其民不可臣而畜也，是以外而不內，疏而不戚，〔八〕政教不及其人，正朔不加其國；來則懲而御之，去則備而守之。〔九〕其慕義而貢獻，則接之以禮讓，羈靡不絕，使曲在彼，蓋聖王制御蠻夷之常道也。

〔一〕師古曰：「媮與偷同。」

〔二〕師古曰：「度音大各反。中音竹仲反。」

〔三〕師古曰：「九州、五服，解並在前。」

〔四〕師古曰：「物土貢者，各因其土所生之物而貢之也。制外內，謂五服之差，遠近異制。」

〔五〕師古曰：「春秋成十五年『諸侯會吳於鍾離』。公羊傳曰：『曷爲殊會？吳外也。曷爲外？春秋內中國而外諸夏，內諸夏而外夷狄也。』」

〔六〕師古曰：「辟讀曰僻。」

〔七〕師古曰：「雍讀曰壅。」

〔八〕師古曰：「戚，近也。」

〔九〕師古曰：「懲謂使其創乂。」

校勘記

三八〇六頁八行　願爲單于侍（史）〔使〕於漢，　景祐、殿、局本都作「使」。王先謙說作「使」是。

三八〇九頁一三行　欲會二年歲首之朝（會）〔禮〕，　景祐、殿本都作「禮」。

三八一四頁五行　快心於狼望之北哉？　王先謙據通鑑胡注，以「狼望」爲狼煙候望之地，與顏注異。

三八一四頁一〇行　呼韓邪攜國歸（死）〔化〕，　王念孫說「歸死」二字於義不可通，漢紀孝哀紀、通典邊防十一並作「歸化」。

三八二〇頁五行　（之）〔不〕當予匈奴稅。　錢大昭說「之」當作「不」。按景祐、殿、局本都作「不」。

三八二〇頁六行　共（入）〔殺〕匈奴使及其官屬，　錢大昭說「入」當作「殺」。按景祐、殿、局本都作「殺」。

三八二二頁八行　今（印）〔卽〕去『璽』加『新』，　景祐本作「卽」。王念孫說作「卽」是，卽者若也。

三八二九頁二行　云女弟當（戶）〔于〕居次　王先謙說「戶」當爲「于」。按見上文。

三八三〇頁二行　春秋「有道守在四夷」，　楊樹達說，賈子春秋篇「天子有道，守在四夷」，此春秋舊說。「有道」二字當在引號內。

三八三〇頁一一行　春秋左氏傳昭（三十三）〔二十三〕年　按當作「二十三年」，各本並誤。

三八三二頁一六行　（二）〔三〕世稱藩，　景祐、殿、局本都作「三」。王先謙說作「三」是。

三八三三頁一四行　未（必）〔可〕以經遠也。　景祐、殿本都作「可」。王先謙說作「可」是。

漢書卷九十五

西南夷兩粵朝鮮傳第六十五

(西)〔南〕夷君長以十數，夜郎最大。〔一〕其西，靡莫之屬以十數，滇最大。〔二〕自滇以北，君長以十數，邛都最大。〔三〕此皆椎結，〔四〕耕田，有邑聚。其外，西自桐師以東，北至葉榆，〔五〕名爲嶲、昆明，〔六〕編髮，〔七〕隨畜移徙，亡常處，亡君長，地方可數千里。自嶲以東北，君長以十數，徙、莋都最大。〔八〕自莋以東北，君長以十數，冉駹最大。〔九〕其俗，或土著，或移徙。〔一〇〕在蜀之西。自駹以東北，君長以十數，白馬最大，皆氐類也。此皆巴蜀西南外蠻夷也。

〔一〕師古曰：「後爲縣，屬牂柯郡。」
〔二〕師古曰：「地有滇池，因爲名也。滇音顚。」
〔三〕師古曰：「今之邛州本其地。」
〔四〕師古曰：「椎音直追反。結讀曰髻。爲髻如椎之形也。陸賈傳及貨殖傳皆作魋字，音義同耳。此下朝鮮傳亦同。」

〔五〕師古曰：「葉榆，澤名，因以立號，後爲縣，屬益州郡。」
〔六〕師古曰：「嶲即今之嶲州也。昆明又在其西南，即今之南寧州，諸爨所居，是其地也。嶲音髓。」
〔七〕師古曰：「編音步典反。」
〔八〕師古曰：「徙及莋都，二國也。徙後爲徙縣，屬蜀郡。莋都後爲沈黎郡。徙音斯。莋音材各反。」
〔九〕師古曰：「今夔州、開州首領多姓冉者，本皆冉種也。駹音尨。」
〔一〇〕師古曰：「土著，謂有常處著於土地也。著音直略反。」

始楚威王時，使將軍莊蹻將兵循江上，〔一〕略巴、黔中以西。〔二〕莊蹻者，楚莊王苗裔也。蹻至滇池，方三百里，〔三〕旁平地肥饒數千里，〔四〕以兵威定屬楚。欲歸報，會秦擊奪楚巴、黔中郡，道塞不通，因乃以其衆王滇，變服，從其俗，以長之。〔五〕秦時嘗破，略通五尺道，〔六〕諸此國頗置吏焉。十餘歲，秦滅。及漢興，皆棄此國而關蜀故徼。〔七〕巴蜀民或竊出商賈，取其莋馬、僰僮、旄牛，以此巴蜀殷富。

〔一〕師古曰：「循，順也。謂緣江而上也。蹻音居略反。」
〔二〕師古曰：「黔中，即今黔州是其地，本巴人也。」
〔三〕師古曰：「地理志益州滇池縣，其澤在西北。華陽國志云澤下流淺狹，狀如倒池，故云滇池。」
〔四〕師古曰：「池旁之地也。」
〔五〕師古曰：「爲其長帥也。」

〔六〕師古曰：「其處險阸，故道纔廣五尺。」
〔七〕師古曰：「西南之徼，猶北方塞也。徼音工釣反。」

建元六年，大行王恢擊東粵，東粵殺王郢以報。恢因兵威使番陽令唐蒙風曉南粵。〔一〕南粵食蒙蜀枸醬，〔二〕蒙問所從來，曰：「道西北牂柯江，〔三〕江廣數里，出番禺城下。」〔四〕蒙歸至長安，問蜀賈人，獨蜀出枸醬，多持竊出市夜郎。夜郎者，臨牂柯江，江廣百餘步，足以行船。南粵以財物役屬夜郎，西至桐師，然亦不能臣使也。蒙乃上書說上曰：「南粵王黃屋左纛，〔五〕地東西萬餘里，名爲外臣，實一州主。今以長沙、豫章往，水道多絕，難行。竊聞夜郎所有精兵可得十萬，浮船牂柯，出不意，此制粵一奇也。誠以漢之彊，巴蜀之饒，通夜郎道，爲置吏，甚易。」上許之。乃拜蒙以郎中將，將千人，食重萬餘人，〔六〕從巴(莋)〔苻〕關入，遂見夜郎侯多同。〔七〕厚賜，諭以威德，約爲置吏，使其子爲令。〔八〕夜郎旁小邑皆貪漢繒帛，以爲漢道險，終不能有也，乃且聽蒙約。還報，乃以爲犍爲郡。發巴蜀卒治道，自僰道指牂柯江。蜀人司馬相如亦言西夷邛、莋可置郡。使相如以郎中將往諭，皆如南夷，爲置一都尉，十餘縣，屬蜀。

〔一〕師古曰：「番音蒲何反。風讀曰諷。」
〔二〕晉灼曰：「枸音矩。」劉德曰：「枸樹如桑，其椹長二三寸，味酢。取其實以爲醬，美，蜀人以爲珍味。」師古曰：「劉說

非也。子形如(赤)〔桑〕椹耳。緣木而生，非樹也。子又不長二三寸，味尤辛，不酢。今宕渠則有之。食讀曰飤。」
〔三〕師古曰：「道，由也，由此而來也。」
〔四〕師古曰：「番音普安反。禺音隅。」
〔五〕師古曰：「言爲天子之車服。」
〔六〕師古曰：「食糧及衣重也。重音直用反。」
〔七〕師古曰：「多同，其侯名也。」
〔八〕師古曰：「比之於漢縣也。」

當是時，巴蜀四郡通西南夷道，載轉相饟。〔一〕數歲，道不通，士罷餓餧，離暑溼，死者甚衆。〔二〕西南夷又數反，發兵興擊，耗費亡功。〔三〕上患之，使公孫弘往視問焉。還報，言其不便。及弘爲御史大夫，時方築朔方，據河逐胡，弘等因言西南夷爲害，〔四〕可且罷，專力事匈奴。上許之，罷西夷，獨置南夷兩縣一都尉，稍令犍爲自保就。〔五〕

〔一〕師古曰：「饟，古餉字。」
〔二〕師古曰：「罷讀曰疲。餧，飢也。離，遭也。餧音能賄反。」
〔三〕師古曰：「耗，損也，音呼到反。」
〔四〕師古曰：「嘗通西南夷大爲損害。」
〔五〕師古曰：「令自保守，且脩成其郡縣。」

中華書局

及元狩元年，博望侯張騫言使大夏時，見蜀布、邛竹杖，問所從來，曰「從東南身毒國，〔一〕可數千里，得蜀賈人市。」或聞邛西可二千里有身毒國。騫因盛言大夏在漢西南，慕中國，患匈奴隔其道，誠通蜀，身毒國道便近，又亡害。於是天子乃令王然于、柏始昌、呂越人等十餘輩間出西南夷，〔二〕指求身毒國。至滇，滇王當羌乃留爲求道。〔三〕四歲餘，皆閉昆明，莫能通。〔四〕滇王與漢使言：「漢孰與我大？」〔五〕及夜郎侯亦然。各自以一州王，不知漢廣大。使者還，因盛言滇大國，足事親附。〔六〕天子注意焉。

〔一〕師古曰：「即天竺也，亦曰捐篤也。」
〔二〕師古曰：「求閒隙而出也。」
〔三〕師古曰：「當羌，滇王名。」
〔四〕師古曰：「爲昆明所閉塞。」
〔五〕師古曰：「與猶如。」
〔六〕師古曰：「言可專事招來之，令其親附。」

及至南粵反，上使馳義侯因犍爲發南夷兵。且蘭君恐遠行，旁國虜其老弱，〔一〕乃與其衆反，殺使者及犍爲太守。漢乃發巴蜀罪人當擊南粵者八校尉擊之。會越已破，漢八校尉不下，中郎將郭昌、衞廣引兵還，行誅隔滇道者且蘭，〔二〕斬首數萬，遂平南夷爲牂柯郡。夜

郎侯始倚南粵，南粵已滅，還誅反者，〔三〕夜郎遂入朝，上以爲夜郎王。南粵破後，及漢誅且蘭、邛君，并殺筰侯，冄駹皆震恐，請臣置吏。以邛都爲粵嶲郡，筰都爲沈黎郡，冄駹爲文山郡，廣漢西白馬爲武都郡。

〔一〕師古曰：「恐發兵與漢行後，其國空虛，而旁國來寇，鈔取其老弱也。且音子餘反。」
〔二〕師古曰：「言因軍行而便誅之也。」
〔三〕師古曰：「謂軍還而誅且蘭。」

使王然于以粵破及誅南夷兵威風諭滇王入朝。〔一〕滇王者，其衆數萬人，其旁東北勞深、靡莫皆同姓相杖，未肯聽。〔二〕勞、莫數侵犯使者吏卒。元封二年，天子發巴蜀兵擊滅勞深、靡莫，以兵臨滇。滇王始首善，以故弗誅。〔三〕滇王離西夷，〔四〕滇舉國降，請置吏入朝。於是以爲益州郡，賜滇王王印，復長其民。〔五〕西南夷君長以百數，獨夜郎、滇受王印。滇，小邑也，最寵焉。

〔一〕師古曰：「風讀曰諷。」
〔二〕師古曰：「杖猶倚也，相依倚爲援而不聽滇王入朝也。杖音直亮反。」
〔三〕師古曰：「言初始以來，常有善意。」
〔四〕師古曰：「言東嚮事漢。」
〔五〕師古曰：「爲之長帥。」

後二十三歲，孝昭始元元年，益州廉頭、姑繒民反，殺長吏。牂柯、談指、同並等二十四邑，凡三萬餘人皆反。〔一〕遣水衡都尉發蜀郡、犍爲犇命萬餘人〔二〕擊牂柯，大破之。後三歲，姑繒、葉榆復反，遣水衡都尉呂辟胡將郡兵擊之。〔三〕辟胡不進，蠻夷遂殺益州太守，乘勝與辟胡戰，士戰及溺死者四千餘人。明年，復遣軍正王平與大鴻臚田廣明等並進，大破益州，斬首捕虜五萬餘級，獲畜產十餘萬。上曰：「鉤町侯亡波率其邑君長人民擊反者，〔四〕斬首捕虜有功，其立亡波爲鉤町王。大鴻臚廣明賜爵關內侯，食邑三百戶。」後間歲，武都氐人反，〔五〕遣執金吾馬適建、龍頟侯韓增與大鴻臚廣明將兵擊之。

〔一〕師古曰：「並音伴。」
〔二〕師古曰：「犇，古奔字。奔命，解在昭紀。」
〔三〕師古曰：「辟音璧。」
〔四〕師古曰：「鉤音鉅于反。町音大鼎反。」
〔五〕師古曰：「間歲，隔一歲。」

至成帝河平中，夜郎王興與鉤町王禹、漏臥侯俞〔一〕更舉兵相攻。〔二〕牂柯太守請發兵誅興等，議者以爲道遠不可擊，乃遣太中大夫蜀郡張匡持節和解。興等不從命，刻木象漢吏，

立道旁射之。杜欽說大將軍王鳳曰：「太中大夫匡使和解蠻夷王侯，王侯受詔，已復相攻，輕易漢使，不憚國威，其效可見。恐議者選耎，復守和解，〔三〕太守察動靜，有變乃以聞。如此，則復曠一時，〔四〕王侯得收獵其衆，申固其謀，黨助衆多，各不勝忿，必相殄滅。自知罪成，狂犯守尉，〔五〕遠臧溫暑毒草之地，雖有孫吳將，賁育士，〔六〕若入水火，往必焦沒，知勇亡所施。屯田守之，費不可勝量。宜因其罪惡未成，未疑漢家加誅，陰敕旁郡守尉練士馬，〔七〕大司農豫調穀積要害處，〔八〕選任職太守往，以秋涼時入，誅其王侯尤不軌者。即以爲不毛之地，亡用之民，聖王不以勞中國，〔九〕宜罷郡，放棄其民，絕其王侯勿復通。如以先帝所立累世之功不可墮壞，〔一〇〕亦宜因其萌牙，早斷絕之，及已成形然後戰師，則萬姓被害。」

〔一〕孟康曰：「漏臥，夷邑名，後爲縣。」師古曰：「俞音踰。」
〔二〕師古曰：「更，互也，音工衡反。」
〔三〕師古曰：「選耎，怯不前之意也。選音息兗反。耎音人兗反。」
〔四〕師古曰：「曠，空也。一時，三月也。言空廢一時不早發兵也。」
〔五〕師古曰：「言起狂勃之心而殺守尉也。」
〔六〕師古曰：「孫，孫武也。吳，吳起也。賁，孟賁也。育，夏育也。」
〔七〕師古曰：「練，簡也。」
〔八〕師古曰：「調，發也。要害者，在我爲要，於敵爲害也。調音徒釣反。」

〔九〕師古曰：「即猶若也。不毛，言不生草木。」

〔一〇〕師古曰：「如亦若也。墮，毀也，音火規反。」

大將軍鳳於是薦金城司馬陳立爲牂柯太守。立者，臨邛人，前爲連然長，不韋令，〔一〕蠻夷畏之。及至牂柯，諭告夜郎王興，興不從命，立請誅之。未報，乃從吏數十人出行縣，〔二〕至興國且同亭，〔三〕召興。興將數千人往至亭，從邑君數十人入見立。立數責，因斷頭。〔四〕邑君曰：「將軍誅亡狀，爲民除害，願出曉士衆。」以興頭示之，皆釋兵降。〔五〕鉤町王禹、漏臥侯俞震恐，入粟千斛，牛羊勞吏士。立還歸郡，興妻父翁指與興子邪務收餘兵，迫脅旁二十二邑反。至冬，立奏募諸夷與都尉長史分將攻翁指等。翁指據阸爲壘，立使奇兵絕其饟道，縱反間以誘其衆。〔六〕都尉萬年曰：「兵久不決，費不可共。」〔七〕引兵獨進，敗走，趨立營。〔八〕立怒，叱戲下令格之。〔九〕都尉復還戰，立引兵救之。時天大旱，立攻絕其水道。蠻夷共斬翁指，持首出降。立已平定西夷，徵詣京師。會巴郡有盜賊，復以立爲巴郡太守，秩中二千石居，賜爵左庶長。〔一〇〕徙爲天水太守，勸民農桑爲天下最，賜金四十斤。入爲左曹衞將軍、護軍都尉，卒官。

〔一〕蘇林曰：「音益州縣也。」

〔二〕師古曰：「行音下更反。」

〔三〕師古曰：「且音子餘反。」

〔四〕師古曰：「數音所具反。」

〔五〕師古曰：「釋，解也。」

〔六〕師古曰：「間音居莧反。」

〔七〕師古曰：「共讀曰供。」

〔八〕師古曰：「趨讀曰趣。趣，向也。」

〔九〕師古曰：「戲音許宜反，又音麾。解在高紀及灌夫傳。」

〔一〇〕師古曰：「第十爵也。」

王莽篡位，改漢制，貶鉤町王以爲侯。王邯怨恨，〔一〕牂柯大尹周歆詐殺邯。邯弟承攻殺歆，州郡擊之，不能服。三邊蠻夷愁擾盡反，復殺益州大尹程隆。莽遣平蠻將軍馮茂發巴、蜀、犍爲吏士，賦斂取足於民，以擊益州。出入三年，疾疫死者什七，巴、蜀騷動。莽徵茂還，誅之。更遣寧始將軍廉丹與庸部牧史熊〔二〕大發天水、隴西騎士，廣漢、巴、蜀、犍爲吏民十萬人，轉輸者合二十萬人，擊之。始至，頗斬首數千，其後軍糧前後不相及，士卒飢疫，三歲餘死者數萬。而粵嶲蠻夷任貴亦殺太守枚根，自立爲邛穀王。〔三〕會莽敗漢興，誅貴，復舊號云。〔四〕

〔一〕師古曰：「邯，其王名也。邯音酣。」

〔二〕師古曰：「莽改益州爲庸部。」

〔三〕師古曰：「枚根，太守之姓名。」

〔四〕師古曰：「此漢興者，謂光武中興也。」

南粵王趙佗，眞定人也。〔一〕秦并天下，略定揚粵，〔二〕置桂林、南海、象郡，以適徙民與粵雜處。〔三〕十三歲，至二世時，南海尉任囂〔四〕病且死，召龍川令趙佗〔五〕語曰：「聞陳勝等作亂，豪桀叛秦相立，南海辟遠，恐盜兵侵此。〔六〕吾欲興兵絕新道，〔七〕自備待諸侯變，會疾甚。且番禺負山險阻，〔八〕南北東西數千里，頗有中國人相輔，此亦一州之主，可爲國。郡中長吏亡足與謀者，故召公告之。」即被佗書，行南海尉事。〔九〕囂死，佗即移檄告橫浦、陽山、湟谿關〔一〇〕曰：「盜兵且至，急絕道聚兵自守。」因稍以法誅秦所置吏，以其黨爲守假。〔一一〕秦已滅，佗即擊并桂林、象郡，自立爲南粵武王。

〔一〕師古曰：「眞定，本趙國之縣也。佗音徒何反。」

〔二〕師古曰：「本揚州之分，故云揚粵。」

〔三〕師古曰：「適讀曰謫。謫有罪者，徙之於越地，與其土人雜居。」

〔四〕師古曰：「囂音敖。」

〔五〕師古曰：「龍川，南海之縣也，即今之循州。」

〔六〕師古曰：「辟讀曰僻。」

〔七〕師古曰：「秦所開越道也。」

〔八〕師古曰：「負，倚也。」

〔九〕師古曰：「被，加也，音皮義反。」

〔一〇〕師古曰：「湟音皇。」

〔一一〕師古曰：「令爲郡縣之職，或守或假也。」

高帝已定天下，爲中國勞苦，故釋佗不誅。〔一〕十一年，遣陸賈立佗爲南粵王，與剖符通使，使和輯百粵，〔二〕毋爲南邊害，與長沙接境。

〔一〕師古曰：「釋，置也。」

〔二〕師古曰：「輯與集同也。」

高后時，有司請禁粵關市鐵器。佗曰：「高皇帝立我，通使物，今高后聽讒臣，別異蠻夷，鬲絕器物，〔一〕此必長沙王計，欲倚中國，〔二〕擊滅南海并王之，自爲功也。」於是佗乃自尊號爲南武帝，發兵攻長沙邊，敗數縣焉。高后遣將軍隆慮侯竈擊之，〔三〕會暑溼，士卒大疫，兵不能隃領。〔四〕歲餘，高后崩，即罷兵。佗因此以兵威財物賂遺閩粵、西甌駱，役屬焉，〔五〕東西萬餘里。乃乘黃屋左纛，稱制，與中國侔。〔六〕

〔一〕師古曰：「鬲與隔同。」

〔三〕師古曰：「倚音於綺反。」
〔四〕師古曰：「周竈也。慮音廬。」
〔五〕師古曰：「隃與踰同。下皆類此。」
〔六〕師古曰：「西甌即駱越也。言西者，以別東甌也。」
〔七〕師古曰：「侔，等也。」

文帝元年，初鎮撫天下，使告諸侯四夷從代來即位意，諭盛德焉。〔一〕乃爲佗親冢在眞定置守邑，〔二〕歲時奉祀。召其從昆弟，尊官厚賜寵之。詔丞相平舉可使粵者，平言陸賈先帝時使粵。上召賈爲太中大夫，謁者一人爲副使，賜佗書曰：「皇帝謹問南粵王，甚苦心勞意。朕，高皇帝側室之子，〔三〕棄外奉北藩于代，道里遼遠，壅蔽樸愚，未嘗致書。〔四〕高皇帝棄羣臣，孝惠皇帝即世，高后（自）〔自〕臨事，不幸有疾，日進不衰，〔五〕以故誖暴乎治。〔六〕諸呂爲變故亂法，不能獨制，乃取它姓子爲孝惠皇帝嗣。賴宗廟之靈，功臣之力，誅之已畢。朕以王侯吏不釋之故，〔七〕不得不立，今即位。乃者聞王遺將軍隆慮侯書，求親昆弟，請罷長沙兩將軍。〔八〕朕以王書罷將軍博陽侯，親昆弟在眞定者，已遣人存問，脩治先人冢。前日聞王發兵於邊，爲寇災不止。當其時長沙苦之，南郡尤甚，雖王之國，庸獨利乎！〔九〕必多殺士卒，傷良將吏，寡人之妻，孤人之子，獨人父母，得一亡十，朕不忍爲也。朕欲定地犬

牙相入者，以問吏，吏曰『高皇帝所以介長沙土也』，〔一〇〕朕不得擅變焉。吏曰：『得王之地不足以爲大，得王之財不足以爲富，服領以南，王自治之。』〔一一〕雖然，王之號爲帝。兩帝並立，亡一乘之使以通其道，是爭也；爭而不讓，仁者不爲也。願與王分棄前患，〔一二〕終今以來，通使如故。〔一三〕故使賈馳諭告王朕意，王亦受之，毋爲寇災矣。上褚五十衣，中褚三十衣，下褚二十衣，遺王。〔一四〕願王聽樂娛憂，存問鄰國。」〔一五〕

〔一〕師古曰：「言不以威武加於遠方也。」
〔二〕師古曰：「親謂父母也。」
〔三〕師古曰：「言非正嫡所生也。」
〔四〕師古曰：「言未得通使於越。」
〔五〕師古曰：「言疾病益甚也。」
〔六〕師古曰：「誖，乖也，音布內反。」
〔七〕孟康曰：「辭讓帝位不見置也。」
〔八〕師古曰：「佗之昆弟在故鄉者求訪之，而兩將軍將兵擊越者請罷之，以賓附於漢也。言親昆弟者，謂有服屬者也。」
〔九〕師古曰：「言越兵寇邊，長沙、南郡皆厭苦之。而漢軍亦當相拒，方有戰鬭，於越亦非利也。」
〔一〇〕師古曰：「介，隔也。」

〔一一〕蘇林曰：「山領名也。」如淳曰：「長沙南界也。」
〔一二〕師古曰：「彼此共棄，故云分。」
〔一三〕師古曰：「從今通使至於終久，故云終今以來也。」
〔一四〕師古曰：「以綿裝衣曰褚。上中下者，綿之多少薄厚之差也。褚音竹呂反。」
〔一五〕師古曰：「謂東越及甌駱等。」

陸賈至，南粵王恐，乃頓首謝，願奉明詔，長爲藩臣，奉貢職。於是下令國中曰：「吾聞兩雄不俱立，兩賢不並世。漢皇帝賢天子。自今以來，去帝制黃屋左纛。」因爲書稱：「蠻夷大長老夫臣佗昧死再拜上書皇帝陛下：老夫故粵吏也，高皇帝幸賜臣佗璽，以爲南粵王，使爲外臣，時內貢職。〔一〕孝惠皇帝即位，義不忍絕，所以賜老夫者厚甚。高后自臨用事，近細士，信讒臣，〔二〕別異蠻夷，出令曰：『毋予蠻夷外粵金鐵田器；馬牛羊〔三〕即予，予牡，毋與牝。』〔四〕老夫處辟，馬牛羊齒已長，〔五〕自以祭祀不脩，有死罪，使內史藩、中尉高、御史平凡三輩上書謝過，皆不反。又風聞老夫父母墳墓已壞削，兄弟宗族已誅論。〔六〕吏相與議曰：『今內不得振於漢，外亡以自高異。』〔七〕故更號爲帝，自帝其國，非敢有害於天下也。高皇后聞之大怒，削去南粵之籍，使使不通。老夫竊疑長沙王讒臣，故敢發兵以伐其邊。且南方卑溼，蠻夷中西有西甌，其衆半羸，〔八〕南面稱王；東有閩粵，其衆數千人，亦稱王；西

北有長沙，其半蠻夷，亦稱王。〔九〕老夫故敢妄竊帝號，聊以自娛。老夫身定百邑之地，東西南北數千萬里，帶甲百萬有餘，然北面而臣事漢，何也？不敢背先人之故。老夫處粵四十九年，于今抱孫焉。然夙興夜寐，寢不安席，食不甘味，目不視靡曼之色，耳不聽鍾鼓之音者，以不得事漢也。今陛下幸哀憐，復故號，〔一〇〕通使漢如故，老夫死骨不腐，改號不敢爲帝矣！謹北面因使者獻白璧一雙，翠鳥千，犀角十，紫貝五百，桂蠹一器，〔一一〕生翠四十雙，孔雀二雙。昧死再拜，以聞皇帝陛下。」

〔一〕師古曰：「言以時輸入貢職。」
〔二〕師古曰：「細士猶言小人也。」
〔三〕師古曰：「言非中國，故云外越。」
〔四〕師古曰：「恐其蕃息。」
〔五〕師古曰：「辟讀曰僻。齒已長，謂老矣。」
〔六〕師古曰：「風聞，聞風聲。」
〔七〕師古曰：「振，起也。」
〔八〕師古曰：「羸謂劣弱也。」
〔九〕師古曰：「言長沙之國半雜蠻夷之人。」
〔一〇〕師古曰：「復音扶目反。」

奉其頭致大行。大行曰：「所爲來者，誅王。王頭至，不戰而殞，利莫大焉。」乃以便宜案兵告大司農軍，而使使奉王頭馳報天子。詔罷兩將軍兵，曰：「郢等首惡，獨無諸孫繇君丑不與謀。」〔三〕乃使郎中將立丑爲粵繇王，奉閩粵祭祀。

〔一〕師古曰：「言漢地廣大，兵衆盛強，今雖勝之，後必更來也。」

〔二〕師古曰：「鏦音初江反。」

〔三〕張晏曰：「繇，邑號也。」師古曰：「繇音搖。與讀曰豫。」

餘善以殺郢，威行國中，民多屬，竊自立爲王，繇王不能制。上聞之，爲餘善不足復興師，曰：「餘善首誅郢，師得不勞。」因立餘善爲東粵王，與繇王並處。

至元鼎五年，南粵反，餘善上書請以卒八(十)〔千〕從樓船擊呂嘉等。兵至揭陽，以海風波爲解，〔一〕不行，持兩端，陰使南粵。〔二〕及漢破番禺，樓船將軍僕上書願請引兵擊東粵。上以士卒勞倦，不許。罷兵，令諸校留屯豫章梅領待命。〔三〕

〔一〕師古曰：「解者，自解說，若今言分疏。」

〔二〕師古曰：「遣使與相知。」

〔三〕師古曰：「聽詔命也。」

明年秋，餘善聞樓船請誅之，漢兵留境，且往，〔一〕乃遂發兵距漢道，號將軍騶力等爲

「吞漢將軍」，入白沙、武林、梅領，殺漢三校尉。是時，漢使大司農張成、故山州侯齒將屯，〔二〕不敢擊，卻就便處，〔三〕皆坐畏懦誅。餘善刻「武帝」璽自立，詐其民，爲妄言。〔四〕上遣橫海將軍韓說出句章，〔五〕浮海從東方往；樓船將軍僕出武林，〔六〕中尉王溫舒出梅領，粵侯爲戈船、下瀨將軍出如邪、白沙，元封元年冬，咸入東粵。東粵素發兵距嶮，使徇北將軍守武林，敗樓船軍數校尉，殺長史。樓船軍卒錢唐榱終古斬徇北將軍，〔七〕爲語兒侯。〔八〕自兵未往。

〔一〕師古曰：「言兵在境首，恐將來討之。」

〔二〕師古曰：「齒，城陽恭王子也，舊封山州侯。」

〔三〕師古曰：「卻，退也，音丘略反。」

〔四〕師古曰：「妄自尊大也。」

〔五〕師古曰：「說讀曰悅。句章，會稽之縣。」

〔六〕師古曰：「楊僕也。」

〔七〕師古曰：「錢唐，會稽縣也。榱，姓；終古，名也。榱音袁。」

〔八〕孟康曰：「越中地也。今吳南亭是。」師古曰：「語字或作禦，或作籞，其音同。」

故粵衍侯吳陽前在漢，漢使歸諭餘善，不聽。及橫海軍至，陽以其邑七百人反，攻粵軍於漢陽。及故粵建成侯敖與繇王居股謀，俱殺餘善，以其衆降橫海軍。封居股爲東成侯，

萬戶；封敖爲開陵侯；〔一〕封陽爲卯石侯，〔二〕橫海將軍說爲按道侯，橫海校尉福爲繚嫈侯。〔三〕福者，城陽王子，故爲海常侯，坐法失爵，從軍亡功，以宗室故侯。及東粵將多軍，〔四〕漢兵至，棄軍降，封爲無錫侯。故甌駱將左黃同斬西于王，封爲下鄜侯。〔五〕

〔一〕師古曰：「功臣表云開陵侯建成以故東粵建成侯斬餘善侯，二千戶。而此傳云名敖，疑表誤。」

〔二〕師古曰：「功臣表作外石，與此不同，疑表誤。」

〔三〕師古曰：「繚音遼。嫈音於耕反。」

〔四〕李奇曰：「多軍，名。」

〔五〕師古曰：「鄜音郛。」

於是天子曰「東粵陿多阻，閩粵悍，數反覆」，〔一〕詔軍吏皆將其民徙處江淮之間。東粵地遂虛。

〔一〕師古曰：「悍，勇也。」

朝鮮王滿，燕人。自始燕時，嘗略屬眞番、朝鮮，〔一〕爲置吏築障。〔二〕秦滅燕，屬遼東外徼。漢興，爲遠難守，復修遼東故塞，至浿水爲界，〔三〕屬燕。燕王盧綰反，入匈奴，滿亡命，聚黨千餘人，椎結蠻夷服而東走出塞，度浿水，居秦故空地上下障，稍役屬眞番、朝鮮蠻夷

及故燕、齊亡在者王之，〔四〕都王險。〔五〕

〔一〕師古曰：「戰國時燕國略得此地。」

〔二〕師古曰：「障，所以自障蔽也，音之亮反。」

〔三〕師古曰：「浿水在樂浪縣，音普蓋反。」

〔四〕師古曰：「燕、齊之人亡居此地，及眞番、朝鮮蠻夷皆屬滿也。」

〔五〕李奇曰：「地名也。」

會孝惠、高后天下初定，遼東太守即約滿爲外臣，保塞外蠻夷，毋使盜邊；蠻夷君長欲入見天子，勿得禁止。以聞，上許之，以故滿得以兵威財物侵降其旁小邑，眞番、臨屯皆來服屬，方數千里。

傳子至孫右渠，〔一〕所誘漢亡人滋多，〔二〕又未嘗入見；〔三〕眞番、辰國欲上書見天子，又雍閼弗通。〔四〕元封二年，漢使涉何譙諭右渠，終不肯奉詔。〔五〕何去至界，臨浿水，使馭刺殺送何者朝鮮裨王長，〔六〕即渡水，馳入塞，遂歸報天子曰「殺朝鮮將」。上爲其名美，弗詰，拜何爲遼東東部都尉。朝鮮怨何，發兵攻襲，殺何。

〔一〕師古曰：「滿死傳子，子死傳孫。右渠者，其孫名也。」

〔二〕師古曰：「滋，益也。」

〔三〕師古曰：「不朝見天子也。」

〔四〕師古曰：「辰謂辰韓之國也。雍讀曰壅。」
〔五〕師古曰：「譙，責讓也，音才笑反。」
〔六〕師古曰：「長者，裨王名也。送何至浿水，何因刺殺之。」

天子募罪人擊朝鮮。其秋，遣樓船將軍楊僕從齊浮勃海，兵五萬，左將軍荀彘出遼東，誅右渠。右渠發兵距險。左將軍卒多率遼東士〔一〕兵先縱，敗散。多還走，坐法斬。〔二〕樓船將齊兵七千人先至王險。右渠城守，窺知樓船軍少，卽出擊樓船，樓船軍敗走。將軍僕失其衆，遁山中十餘日，稍求收散卒，復聚。左將軍擊朝鮮浿水西軍，未能破。

〔一〕如淳曰：「遼東兵多也。」
〔二〕師古曰：「於法合斬。」

天子爲兩將未有利，乃使衞山因兵威往諭右渠。右渠見使者，頓首謝：「願降，恐將詐殺臣；今見信節，請服降。」遣太子入謝，獻馬五千匹，及餽軍糧。〔一〕人衆萬餘持兵，方度浿水，使者及左將軍疑其爲變，謂太子已服降，宜令人毋持兵。太子亦疑使者左將軍詐之，遂不度浿水，復引歸。山報，天子誅山。

〔一〕師古曰：「餽亦饋字。」

左將軍破浿水上軍，乃前至城下，圍其西北。樓船亦往會，居城南。右渠遂堅城守，數

月未能下。

左將軍素侍中，幸，〔一〕將燕代卒，悍，乘勝，軍多驕。樓船將齊卒，入海已多敗亡，其先與右渠戰，困辱亡卒，卒皆恐，將心慙，其圍右渠，常持和節。左將軍急擊之，朝鮮大臣乃陰間使人私約降樓船，〔二〕往來言，尚未肯決。左將軍數與樓船期戰，樓船欲就其約，不會。左將軍亦使人求間隙降下朝鮮，不肯，心附樓船。以故兩將不相得。左將軍心意樓船前有失軍罪，〔三〕今與朝鮮和善而又不降，疑其有反計，未敢發。天子曰：「將率不能前，乃使衞山諭降右渠，不能顓決，與左將軍相誤，卒沮約。〔四〕今兩將圍城又乖異，以故久不決。」使故濟南太守公孫遂往正之，有便宜得以從事。遂至，左將軍曰：「朝鮮當下久矣，不下者，樓船數期不會。」具以素所意告遂曰：「今如此不取，恐爲大害，非獨樓船，又且與朝鮮共滅吾軍。」遂亦以爲然，而以節召樓船將軍入左將軍軍計事，卽令左將軍戲下執縛樓船將軍，〔五〕并其軍。以報，天子(許)〔誅〕遂。

〔一〕師古曰：「親幸於天子。」
〔二〕師古曰：「與樓船爲要約而請降。」
〔三〕師古曰：「意，疑也。」
〔四〕師古曰：「顓與專同。卒，終也。沮，壞也。」
〔五〕師古曰：「戲讀與麾同。」

左將軍已并兩軍，卽急擊朝鮮。朝鮮相路人、相韓陶、尼谿相參、將軍王唊〔一〕相與謀曰：「始欲降樓船，樓船今執，獨左將軍并將，戰益急，恐不能與，〔二〕王又不肯降。」陶、唊、路人皆亡降漢。路人道死。元封三年夏，尼谿相參乃使人殺朝鮮王右渠來降。王險城未下，故右渠之大臣成已又反，復攻吏。左將軍使右渠子長、〔三〕降相路人子最，〔四〕告諭其民，誅成已。故遂定朝鮮爲眞番、臨屯、樂浪、玄菟四郡。封參爲澅淸侯，〔五〕陶爲秋苴侯，〔六〕唊爲平州侯，長爲幾侯。最以父死頗有功，爲沮陽侯。左將軍徵至，坐爭功相嫉乖計，棄市。樓船將軍亦坐兵至列口當待左將軍，〔七〕擅先縱，失亡多，當誅，贖爲庶人。

〔一〕應劭曰：「凡五人也，戎狄不知官紀，故皆稱相。」師古曰：「相路人一也，相韓陶二也，尼谿相參三也，將軍王唊四也。應氏乃云五人，誤讀爲句，謂尼谿人名，失之矣。不當尋下文乎？唊音頰。」
〔二〕如淳曰：「不能與左將軍相持也。」師古曰：「此說非也。不能與，猶言不如也。」
〔三〕師古曰：「右渠之子名長。」
〔四〕師古曰：「相路人前已降漢而死於道，故謂之降相。最者，其子名。」
〔五〕師古曰：「澅音獲。」
〔六〕晉灼曰：「功臣表秋苴屬勃海。」師古曰：「苴音千餘反。」
〔七〕蘇林曰：「列口，縣名也。度海先得之。」

贊曰：楚、粵之先，歷世有土。及周之衰，楚地方五千里，而句踐亦以粵伯。〔一〕秦滅諸侯，唯楚尚有滇王。漢誅西南夷，獨滇復寵。及東粵滅國遷衆，繇王居股等猶爲萬戶侯。三方之開，皆自好事之臣。故西南夷發於唐蒙、司馬相如，兩粵起嚴助、朱買臣，朝鮮由涉何。遭世富盛，〔動〕能成功，然已勤矣。〔二〕追觀太宗塡撫尉佗，〔三〕豈古所謂「招攜以禮，懷遠以德」者哉！〔四〕

〔一〕師古曰：「伯讀曰霸。」
〔二〕師古曰：「已，甚也。言其事甚勤勞。」
〔三〕師古曰：「言文帝以恩德安撫之也。塡音竹刃反。」
〔四〕師古曰：「春秋左氏傳僖七年諸侯盟于甯母，管仲言於齊侯曰：『臣聞之，招攜以禮，懷遠以德。』攜謂離貳者也。懷，來也。言有離貳者則招集之，恃險遠者則懷來之也。故贊引之。」

校勘記

三八三七頁三行　(西)〔南〕夷君長以十數，　錢大昭說「西」當作「南」。按景祐、殿、局本都作「南」。
三八三九頁九行　從巴(筰)〔苻〕關入，　王念孫說「筰」是「苻」之誤。按景祐本正作「苻」。
三八四〇頁一行　子形如(赤)〔桑〕椹耳。　景祐、殿、局本都作「桑」。

三八四四頁三行　一時，〔二〕〔三〕月也。　景祐、汲古、殿、局本都作「三」，此誤。

三八四九頁一〇行　高后（白）〔自〕臨事，　景祐、汲古、殿、局本都作「自」。王先謙說「白」乃轉寫誤耳。

三八五八頁一五行　（又）〔及〕粵揭陽令史定降漢，　景祐、殿本都作「及」。

三八六一頁九行　以卒八（十）〔千〕　景祐、殿、局本都作「千」。王先謙說作「千」是。

三八六五頁五行　左將軍卒多率遼東（二）士兵先縱，　王先謙說史記作「卒正多」，多是卒正名，如解非。

三八六六頁一行　天子（許）〔誅〕遂。　王先謙說史記贊「荀彘爭勞，與遂皆誅」，作「誅」無疑。按各本皆誤。

三八六八頁四行　〔動〕能成功，　景祐、殿本都有「動」字。

漢書

漢蘭臺令史　班固　撰

唐祕書少監　顏師古　注

第十二冊

卷九六至卷一〇〇（傳六）

中華書局

漢書卷九十六上

西域傳第六十六上

師古曰：「自烏孫國已後分爲下卷。」

西域以孝武時始通，本三十六國，其後稍分至五十餘，(一)皆在匈奴之西，烏孫之南。南北有大山，中央有河，東西六千餘里，南北千餘里。東則接漢，阸以玉門、陽關，(二)西則限以葱嶺。(三)其南山，東出金城，與漢南山屬焉。(四)其河有兩原：一出葱嶺山，一出于闐。(五)于闐在南山下，其河北流，與葱嶺河合，東注蒲昌海。蒲昌海，一名鹽澤者也，去玉門、陽關三百餘里，廣袤三百里。(六)其水亭居，冬夏不增減，皆以爲潛行地下，南出於積石，爲中國河云。

(一)師古曰：「司馬彪續漢書云至于哀、平，有五十五國也。」
(二)孟康曰：「(陽)〔二〕關皆在敦煌西界。」師古曰：「阸，塞也。」
(三)師古曰：「西河舊事云葱嶺其山高大，上悉生葱，故以名焉。」

(四)師古曰：「屬，聯也，音之欲反。」
(五)師古曰：「闐字與寘同，音徒賢反，又音徒見反。」
(六)師古曰：「袤，長也，音茂。」

自玉門、陽關出西域有兩道。從鄯善傍南山北，波河西行至莎車，爲南道；(一)南道西踰葱嶺則出大月氏、安息。(二)自車師前王廷隨北山，波河西行至疏勒，爲北道；北道西踰葱嶺則出大宛、康居、奄蔡焉(耆)。

(一)師古曰：「波河，循河也。鄯音上扇反。傍音步浪反。波音彼義反。此下皆同也。」
(二)師古曰：「氏音支。」

西域諸國大率土著，(一)有城郭田畜，與匈奴、烏孫異俗，故皆役屬匈奴。(二)匈奴西邊日逐王置僮僕都尉，使領西域，常居焉耆、危須、尉黎間，賦稅諸國，取富給焉。(三)

(一)師古曰：「言著土地而有常居，不隨畜牧移徙也。著音直略反。」
(二)師古曰：「服屬於匈奴，爲其所役使也。」
(三)師古曰：「給，足也。」

自周衰，戎狄錯居涇渭之北。(一)及秦始皇攘卻戎狄，築長城，界中國，(二)然西不過臨洮。(三)

(一)師古曰：「錯，雜也。」
(二)師古曰：「爲中國之竟界也。」
(三)師古曰：「洮音土高反。」

漢興至于孝武，事征四夷，廣威德，而張騫始開西域之迹。其後驃騎將軍擊破匈奴右地，降渾邪、休屠王，(一)遂空其地，始築令居以西，(二)初置酒泉郡，後稍發徙民充實之，分置武威、張掖、敦煌，(三)列四郡，據兩關焉。自貳師將軍伐大宛之後，西域震懼，多遣使來貢獻，漢使西域者益得職。(四)於是自敦煌西至鹽澤，往往起亭，而輪臺、渠犂皆有田卒數百人，置使者校尉領護，(五)以給使外國者。(六)

(一)師古曰：「屠音除。」
(二)師古曰：「令音鈴。」
(三)師古曰：「敦音徒門反。」
(四)師古曰：「賞其勤勞，皆得拜職也。」
(五)師古曰：「統領保護營田之事也。」
(六)師古曰：「收其所種五穀以供之。」

至宣帝時，遣衞司馬使護鄯善以西數國。及破姑師，未盡殄，(一)分以爲車師前後王及山北六國。時漢獨護南道，未能盡并北道也，然匈奴不自安矣。其後日逐王畔單于，將衆

來降，護鄯善以西使者鄭吉迎之。既至漢，封日逐王爲歸德侯，吉爲安遠侯。是歲，神爵三年也。乃因使吉并護北道，故號曰都護。都護之起，自吉置矣。(二)僮僕都尉由此罷，匈奴益弱，不得近西域。於是徙屯田，田於北胥鞬，(三)披莎車之地，(四)屯田校尉始屬都護。都護督察烏孫、康居諸外國(五)動靜，有變以聞。可安輯，安輯之；可擊，擊之。(六)都護治烏壘城，去陽關二千七百三十八里，與渠犂田官相近，土地肥饒，於西域爲中，故都護治焉。

(一)師古曰：「雖破其國，未能滅之。」
(二)師古曰：「都猶總也，言總護南北之道。」
(三)師古曰：「胥鞬，地名也。胥音先餘反。鞬音居言反。」
(四)師古曰：「披，分也。」
(五)師古曰：「督，視也。」
(六)師古曰：「輯與集同。」

至元帝時，復置戊己校尉，屯田車師前王庭。是時匈奴東蒲類王茲力支將人衆千七百餘人降都護，都護分車師後王之西爲烏貪訾離地以處之。

自宣、元後，單于稱藩臣，西域服從，其土地山川王侯戶數道里遠近翔實矣。(一)

(一)師古曰：「翔與詳同，假借用耳。」

出陽關，自近者始，曰婼羌。〔一〕婼羌國王號去胡來王。〔二〕去陽關千八百里，去長安六千三百里，辟在西南，不當孔道。〔三〕戶四百五十，口千七百五十，勝兵者五百人。西與且末接。〔四〕隨畜逐水草，不田作，仰鄯善、且末穀。〔五〕山有鐵，自作兵，兵有弓、矛、服刀、劍、甲。〔六〕西北至鄯善，乃當道云。

〔一〕孟康曰：「婼音兒。」師古曰：「音而遮反。」
〔二〕師古曰：「言去離胡戎來附漢也。」
〔三〕師古曰：「辟讀曰僻。孔道者，穿山險而爲道，猶今言穴徑耳。」
〔四〕師古曰：「且音子餘反。」
〔五〕師古曰：「賴以自給也。仰音牛向反。」
〔六〕劉德曰：「服刀，拍髀也。」師古曰：「拍音貊。髀音俾，又音陛。」

鄯善國，本名樓蘭，王治扜泥城，〔一〕去陽關千六百里，去長安六千一百里。戶千五百七十，口萬四千一百，勝兵二千九百十二人。輔國侯、卻胡侯、〔二〕鄯善都尉、擊車師都尉、左右且渠、擊車師君各一人，譯長二人。西北去都護治所千七百八十五里，至山國千三百

六十五里，〔三〕西北至車師千八百九十里。地沙鹵，少田，寄田仰穀旁國。〔四〕國出玉，多葭葦、檉柳、胡桐、白草。〔五〕民隨畜牧逐水草，有驢馬，多槖它。〔六〕能作兵，與婼羌同。

〔一〕師古曰：「扜音一胡反。」
〔二〕師古曰：「卻音丘略反，其字從卩。卩音節。下皆類此。」
〔三〕師古曰：「此國山居，故名山國也。」
〔四〕師古曰：「寄於它國種田，又糴旁國之穀也。仰音牛向反。」
〔五〕孟康曰：「白草，草之白者。胡桐似桑而多曲。」師古曰：「檉柳，河柳也，今謂之赤檉。白草似莠而細，無芒，其乾孰時正白色，牛馬所嗜也。胡桐亦似桐，不類桑也。蟲食其樹而沫出下流者，俗名爲胡桐淚，言似眼淚也，可以汗金銀也，今工匠皆用之。流俗語訛呼淚爲律。檉音丑成反。」
〔六〕師古曰：「它，古他字也，音徒何反。」

初，武帝感張騫之言，甘心欲通大宛諸國，使者相望於道，一歲中多至十餘輩。樓蘭、姑師當道，苦之，〔一〕攻劫漢使王恢等，又數爲匈奴耳目，令其兵遮漢使。漢使多言其國有城邑，兵弱易擊。於是武帝遣從票侯趙破奴將屬國騎〔二〕及郡兵數萬擊姑師。王恢數爲樓蘭所苦，上令恢佐破奴將兵。破奴與輕騎七百人先至，虜樓蘭王，遂破姑師，因暴兵威以動烏孫、大宛之屬。〔三〕還，封破奴爲浞野侯，恢爲浩侯。〔四〕於是漢列亭障至玉門矣。

〔一〕師古曰：「每供給使者受其勞費，故厭苦之。」
〔二〕師古曰：「屬國謂諸外國屬漢也。」
〔三〕師古曰：「暴謂顯揚也。」
〔四〕蘇林曰：「浩音昊。」

樓蘭既降服貢獻，匈奴聞，發兵擊之。於是樓蘭遣一子質匈奴，一子質漢。後貳師軍擊大宛，匈奴欲遮之，貳師兵盛不敢當，即遣騎因樓蘭候漢使後過者，欲絕勿通。時漢軍正任文將兵屯玉門關，爲貳師後距，〔一〕捕得生口，知狀以聞。上詔文便道引兵捕樓蘭王。將詣闕，簿責王，〔二〕對曰：「小國在大國間，不兩屬無以自安。願徙國入居漢地。」上直其言，遣歸國，〔三〕亦因使候司匈奴。匈奴自是不甚親信樓蘭。

〔一〕師古曰：「後距者，居後以距敵。」
〔二〕師古曰：「以文簿一一責之。簿音(簿)〔步〕戶反。」
〔三〕師古曰：「以其言爲直。」

征和元年，樓蘭王死，國人來請質子在漢者，欲立之。質子常坐漢法，下蠶室宮刑，故不遣。報曰：「侍子，天子愛之，不能遣。其更立其次當立者。」樓蘭更立王，漢復責其質子，亦遣一子質匈奴。後王又死，匈奴先聞之，遣質子歸，得立爲王。〔一〕漢遣使詔新王，令入朝，天子將加厚賞。樓蘭王後妻，故繼母也，謂王曰：「先王遣兩子質漢皆不還，奈何欲往

朝乎？」王用其計，謝使曰：「新立，國未定，願待後年入見天子。」然樓蘭國最在東垂，近漢，當白龍堆，乏水草，常主發導，負水儋糧，送迎漢使，又數爲吏卒所寇，懲艾不便與漢通。〔二〕後復爲匈奴反間，〔三〕數遮殺漢使。其弟尉屠耆降漢，具言狀。

〔一〕師古曰：「匈奴在漢前聞樓蘭王死，故即遣質子還也。」
〔二〕師古曰：「艾讀曰乂。」
〔三〕師古曰：「間音居莧反。」

元鳳四年，大將軍霍光白遣平樂監傅介子往刺其王。介子輕將勇敢士，齎金幣，揚言以賜外國爲名。既至樓蘭，詐其王欲賜之，王喜，與介子飲，醉，將其王屏語，壯士二人從後刺殺之，貴人左右皆散走。介子告諭以「王負漢罪，天子遣我誅王，當更立王弟尉屠耆在漢者。漢兵方至，毋敢動，自令滅國矣！」介子遂斬王嘗歸首，〔一〕馳傳詣闕，〔二〕縣首北闕下。封介子爲義陽侯。乃立尉屠耆爲王，更名其國爲鄯善，爲刻印章，賜以宮女爲夫人，備車騎輜重，〔三〕丞相〔將軍〕率百官送至橫門外，〔四〕祖而遣之。〔五〕王自請天子曰：「身在漢久，今歸，單弱，而前王有子在，恐爲所殺。國中有伊循城，其地肥美，願漢遣〔二〕〔一〕將屯田積穀，令臣得依其威重。」於是漢遣司馬一人、吏士四十人，田伊循以塡撫之。〔六〕其後更置都尉。伊循官置始此矣。

〔一〕師古曰：「嘗歸者，其王名也。昭紀言安歸，今此作嘗歸，紀傳不同，當有誤者。」
〔二〕師古曰：「傳音張戀反。」
〔三〕師古曰：「重音直用反。」
〔四〕孟康曰：「橫音光。」
〔五〕師古曰：「爲設祖道之禮也。」
〔六〕師古曰：「塡音竹刃反。」

鄯善當漢道衝，西通且末七百二十里。自且末以往皆種五穀，土地草木，畜產作兵，略與漢同，有異乃記云。

且末國，王治且末城，去長安六千八百二十里。戶二百三十，口千六百一十，勝兵三百二十人。輔國侯、左右將、譯長各一人。西北至都護治所二千二百五十八里，北接尉犂，南至小宛可三日行。有蒲陶諸果。西通精絕二千里。

小宛國，王治扜零城，〔一〕去長安七千二百一十里。戶百五十，口千五十，勝兵二百人。輔國侯、左右都尉各一人。西北至都護治所二千五百五十八里，東與婼羌接，辟南不當道。〔二〕

〔一〕師古曰：「扜音烏。」
〔二〕師古曰：「辟讀曰僻。下皆類此。」

精絕國，王治精絕城，去長安八千八百二十里。戶四百八十，口三千三百六十，勝兵五百人。精絕都尉、左右將、譯長各一人。北至都護治所二千七百二十三里，南至戎盧國四日行，地阸陿，西通扜彌四百六十里。〔一〕

〔一〕師古曰：「扜音烏。」

戎盧國，王治卑品城，去長安八千三百里。戶二百四十，口千六百一十，勝兵三百人。東北至都護治所二千八百五十八里，東與小宛、南與婼羌、西與渠勒接，辟南不當道。

扜彌國，王治扜彌城，去長安九千二百八十里。戶三千三百四十，口二萬四十，勝兵三千五百四十人。輔國侯、左右將、左右都尉、左右騎君各一人，譯長二人。東北至都護治所三千五百五十三里，南與渠勒、東北與龜茲、西北與姑墨接，〔一〕西通于闐三百九十里。今名寧彌。

〔一〕師古曰：「龜音丘。茲音慈。」

渠勒國，王治鞬都城，〔一〕去長安九千九百五十里。戶三百一十，口二千一百七十，勝兵三百人。東北至都護治所三千八百五十二里，東與戎盧、西與婼羌、北與扜彌接。

〔一〕師古曰：「鞬音居言反。」

于闐國，王治西城，去長安九千六百七十里。戶三千三百，口萬九千三百，勝兵二千四百人。輔國侯、左右將、左右騎君、東西城長、譯長各一人。東北至都護治所三千九百四十七里，南與婼羌接，北與姑墨接。于闐之西，水皆西流，注西海；其東，水東流，注鹽澤，河原出焉。〔一〕多玉石。〔二〕西通皮山三百八十里。

〔一〕蘇林曰：「即中國河也。」
〔二〕師古曰：「玉石，玉之璞也。一曰石之似玉也。」

皮山國，王治皮山城，去長安萬五十里。戶五百，口三千五百，勝兵五百人。左右將、左右都尉、騎君、譯長各一人。東北至都護治所四千二百九十二里，西南至烏秅國千三百四十里，〔一〕南與天篤接，北至姑墨千四百五十里，西南當罽賓、烏弋山離道，西北通莎車三百八十里。

〔一〕鄭氏曰：「烏秅音鷃拏。」師古曰：「烏音一加反。秅音直加反。急言之聲如鷃拏耳，非正音也。」

烏秅國，王治烏秅城，去長安九千九百五十里。戶四百九十，口二千七百三十三，勝兵七百四十人。東北至都護治所四千八百九十二里，北與子合、蒲犂，西與難兜接。山居，田石間。有白草。累石爲室。民接手飲。〔一〕出小步馬，〔二〕有驢無牛。其西則有縣度，〔三〕去陽關五千八百八十八里，去都護治所五千二(百)〔十〕里。縣度者，石山也，谿谷不通，以繩索相引而度云。

〔一〕師古曰：「自高山下谿澗中飲水，故接連其手，如蝯之爲。」
〔二〕孟康曰：「種小能步也。」師古曰：「此說非也。小，細也。細步，(言其)能蹀足，即今所謂百步千跡者也。豈謂其小種乎？」
〔三〕師古曰：「縣繩而度也。縣，古縣字耳。」

西夜國，王號子合王，治呼犍谷，〔一〕去長安萬二百五十里。戶三百五十，口四千，勝兵

謹間，至冒頓單于攻破月氏，而老上單于殺月氏，以其頭爲飲器，月氏乃遠去，過大宛，西擊大夏而臣之，〔二〕都嬀水北爲王庭。其餘小衆不能去者，保南山羌，號小月氏。

〔一〕師古曰：「自恃其彊盛，而輕易匈奴也。」

〔二〕師古曰：「解在張騫傳。」

大夏本無大君長，城邑往往置小長，民弱畏戰，故月氏徙來，皆臣畜之，共稟漢使者。〔一〕有五翖侯：〔二〕一曰休密翖侯，治和墨城，去都護二千八百四十一里，去陽關七千八百二里；二曰雙靡翖侯，治雙靡城，去都護三千七百四十一里，去陽關七千七百八十二里；三曰貴霜翖侯，治護澡城，〔三〕去都護五千九百四十里，去陽關七千九百八十二里；四曰肸頓翖侯，〔四〕治薄茅城，去都護五千九百六十二里，去陽關八千二百二里；五曰高附翖侯，治高附城，去都護六千四十一里，去陽關九千二百八十三里。凡五翖侯，皆屬大月氏。

〔一〕師古曰：「同受節度也。」

〔二〕師古曰：「翖即翕字。」

〔三〕師古曰：「澡音藻。」

〔四〕師古曰：「肸音許乙反。」

康居國，王冬治樂越匿地。〔一〕到卑闐城。〔二〕去長安萬二千三百里。不屬都護。至越

匿地馬行七日，至王夏所居蕃內九千一百四里。〔三〕戶十二萬，口六十萬，勝兵十二萬人。東至都護治所五千五百五十里。與大月氏同俗。東羈事匈奴。〔四〕

〔一〕師古曰：「樂音來各反。」

〔二〕師古曰：「闐音徒千反。」

〔三〕師古曰：「王每冬寒夏暑，則徙別居不一處。」

〔四〕師古曰：「爲匈奴所羈牽也。」

宣帝時，匈奴乖亂，五單于並爭，漢擁立呼韓邪單于，而郅支單于怨望，殺漢使者，西阻康居。〔一〕其後都護甘延壽、副校尉陳湯發戊己校尉西域諸國兵至康居，誅滅郅支單于，語在甘延壽、陳湯傳。是歲，元帝建昭三年也。

〔一〕師古曰：「依其險阻，以自保固也。」

至成帝時，康居遣子侍漢，貢獻，然自以絕遠，獨驕嫚，不肯與諸國相望。都護郭舜數上言：「本匈奴盛時，非以兼有烏孫、康居故也；及其稱臣妾，非以失二國也。漢雖皆受其質子，然三國內相輸遺，交通如故，亦相候司，見便則發；合不能相親信，離不能相臣役。以今言之，結配烏孫竟未有益，反爲中國生事。然烏孫既結在前，今與匈奴俱稱臣，義不可距。而康居驕黠，訖不肯拜使者。〔一〕都護吏至其國，坐之烏孫諸使下，王及貴人先飲食已，乃飲啗都護吏，〔二〕故爲無所省以夸旁國。〔三〕以此度之，何故遣子入侍？其欲賈市爲好，辭之詐也。匈奴百蠻大國，〔四〕今事漢甚備，聞康居不拜，且使單于有自下之意，〔五〕宜歸其侍子，絕勿復使，〔六〕以章漢家不通無禮之國。敦煌、酒泉小郡及南道八國，給使者往來人馬驢橐駝食，皆苦之。〔七〕空罷耗所過，送迎驕黠絕遠之國，〔八〕非至計也。」漢爲其新通，重致遠人，〔九〕終羈縻而未絕。

〔一〕師古曰：「訖，竟也。」

〔二〕師古曰：「飲音於禁反。啗音徒濫反。」

〔三〕師古曰：「言故不省視漢使也。」

〔四〕師古曰：「於百蠻之中，最大國也。」

〔五〕師古曰：「言單于見康居不事漢，以之爲高，自以事漢爲太卑，而欲改志也。」

〔六〕師古曰：「不通使於其國也。」

〔七〕師古曰：「言二郡八國皆以此事爲困苦。」

〔八〕師古曰：「所過，所經過之處。驕黠謂康居使也。罷讀曰疲。耗音呼到反。」

〔九〕師古曰：「以此聲名爲重也。」

其康居西北可二千里，有奄蔡國。控弦者十餘萬(六)〔人〕。與康居同俗。臨大澤，無崖，蓋北海云。

康居有小王五：一曰蘇䪥王，治蘇䪥城，〔一〕去都護五千七百七十六里，去陽關八千二十五里；二曰附墨王，治附墨城，去都護五千七百六十七里，去陽關八千二十五里；三曰窳匿王，〔二〕治窳匿城，去都護五千二百六十六里，去陽關七千五百二十五里；四曰罽王，治罽城，去都護六千二百九十六里，去陽關八千五百五十五里；五曰奧鞬王，〔三〕治奧鞬城，去都護六千九百六里，去陽關八千三百五十五里。凡五王，屬康居。

〔一〕師古曰：「䪥音下戒反。」

〔二〕師古曰：「窳音庾。」

〔三〕師古曰：「奧音於六反。鞬音居言反。」

大宛國，王治貴山城，去長安萬二千(二)〔五〕百五十里。戶六萬，口三十萬，勝兵六萬人。副王、輔國王各一人。東至都護治所四千三十一里，北至康居卑闐城千五百一十里，西南至大月氏六百九十里。北與康居、南與大月氏接，土地風氣物類民俗與大月氏、安息同。大宛左右以蒲陶爲酒，富人藏酒至萬餘石，久者至數十歲不敗。俗耆酒，馬耆目宿。〔一〕

〔一〕師古曰：「耆讀曰嗜。」

宛別邑七十餘城，多善馬。馬汗血，言其先天馬子也。〔一〕

〔一〕（師古）〔孟康〕曰：「言大宛國有高山，其上有馬不可得，因取五色母馬置其下與集，生駒，皆汗血，因號曰天馬子云。」

張騫始爲武帝言之，上遣使者持千金及金馬，以請宛善馬。宛王以漢絕遠，大兵不能至，愛其寶馬不肯與。漢使妄言，〔一〕宛遂攻殺漢使，取其財物。於是天子遣貳師將軍李廣利將兵前後十餘萬人伐宛，連四年。宛人斬其王毋寡首，獻馬三千匹，漢軍乃還，語在張騫傳。貳師既斬宛王，更立貴人素遇漢善者名昧蔡爲宛王。〔二〕後歲餘，宛貴人以爲昧蔡諂，使我國遇屠，〔三〕相與（兵）〔共〕殺昧蔡，立毋寡弟蟬封爲王，遣子入侍，質於漢，漢因使使賂賜鎮撫之。又發（數）〔使〕十餘輩，抵宛西諸國〔四〕求（其）〔奇〕物，因風諭以（代）〔伐〕宛之威。〔五〕宛王蟬封與漢約，歲獻天馬二匹。漢使采蒲陶、目宿種歸。天子以天馬多，又外國使來衆，益種蒲陶、目宿離宮館旁，極望焉。〔六〕

〔一〕師古曰：「謂詈辱宛王。」
〔二〕師古曰：「昧音秣。蔡音千曷反。」
〔三〕師古曰：「讇，古諂字。」
〔四〕師古曰：「抵，至也。」
〔五〕師古曰：「風讀曰諷。」
〔六〕師古曰：「今北道諸州舊安定、北地之境往往有目宿者，皆漢時所種也。」

自宛以西至安息國，雖頗異言，然大同，自相曉知也。其人皆深目，多須頿。善賈市，爭分銖。貴女子，女子所言，丈夫乃決正。其地（皆）〔無〕絲漆，不知鑄鐵器。及漢使亡卒降，教鑄作它兵器。〔一〕得漢黃白金，輒以爲器，不用爲幣。

〔一〕師古曰：「漢使至其國及有亡卒降其國者，皆敎之也。」

自烏孫以西至安息，近匈奴。匈奴嘗困月氏，〔一〕故匈奴使持單于一信到國，國傳送食，〔二〕不敢留苦。〔三〕及至漢使，非出幣物不得食，不市畜不得騎，所以然者，以遠漢，而漢多財物，〔四〕故必市乃得所欲。及呼韓邪單于朝漢，後咸尊漢矣。

〔一〕師古曰：「困，苦也。」
〔二〕師古曰：「言畏之甚也。食讀曰飤。」
〔三〕師古曰：「不敢留連及困苦之也。」
〔四〕師古曰：「遠音于萬反。」

桃槐國，王去長安萬一千八十里。〔一〕戶七百，口五千，勝兵千人。

〔一〕師古曰：「槐音回。」

休循國，王治鳥飛谷，在蔥嶺西，去長安萬二百一十里。戶三百五十八，口千三十，勝兵四百八十人。東至都護治所三千一百二十一里，至捐毒衍敦谷二百六十里，西北至大宛國九百二十里，西至大月氏千六百一十里。民俗衣服類烏孫，因畜隨水草，本故塞種也。

捐毒國，王治衍敦谷，去長安九千八百六十里。戶三百八十，口千一百，勝兵五百人。東至都護治所二千八百六十一里。至疏勒。南與蔥領屬，〔一〕無人民。西上蔥領，則休循也。西北至大宛千三十里，北與烏孫接。衣服類烏孫，隨水草，依蔥領，本塞種也。

〔一〕師古曰：「屬，聯也，音之欲反。」

莎車國，王治莎車城，去長安九千九百五十里。戶二千三百三十九，口萬六千三百七十三，勝兵三千四十九人。輔國侯、左右將、左右騎君、備西夜君各一人，都尉二人，譯長四人。東北至都護治所四千七百四十六里，西至疏勒五百六十里，西南至蒲犂七百四十里。有鐵山，出青玉。

宣帝時，烏孫公主小子萬年，莎車王愛之。莎車王無子死，死時萬年在漢。莎車國人計欲自託於漢，又欲得烏孫心，即上書請萬年爲莎車王。漢許之，遣使者奚充國送萬年。萬年初立，暴惡，國人不說。〔一〕莎車王弟呼屠徵殺萬年，并殺漢使者，自立爲王，約諸國背漢。會衞候馮奉世使送大宛客，即以便宜發諸國兵擊殺之，更立它昆弟子爲莎車王。還，拜奉世爲光祿大夫。是歲，元康元年也。

〔一〕師古曰：「說讀曰悅。」

疏勒國，王治疏勒城，去長安九千三百五十里。戶千五百一十，口萬八千六百四十七，勝兵二千人。疏勒侯、擊胡侯、輔國侯、都尉、左右將、左右騎君、左右譯長各一人。東至都護治所二千二百一十里，南至莎車五百六十里。有市列，西當大月氏、大宛、康居道也。

尉頭國，王治尉頭谷，去長安八千六百五十里。戶三百，口二千三百，勝兵八百人。左右都尉各一人，左右騎君各一人。東至都護治所千四百一十一里，南與疏勒接，山道不通，西至捐毒千三百一十四里，徑道馬行二日。田畜隨水草，衣服類烏孫。

校勘記

三八七二頁二行　（陽）〔二〕關皆在敦煌西界。　景祐、殿本都作「二」，此誤。

三八七三頁五行　北道西踰蔥嶺則出大宛、康居、奄蔡焉（耆）。　景祐本無「耆」字。王念孫說景祐本是，

「焉」字絕句，「耆」字後人妄加之。

三八七七頁一〇行　薄音(簿)〔步〕戶反。　景祐、殿本都作「步」，此誤。

三八七八頁三行　丞相〔將軍〕率百官送至橫門外，　景祐、殿本都有「將軍」二字。

三八七八頁一三行　願漢遣(二)〔一〕將屯田積穀，　景祐、殿本都作「一」。　王先謙說作「一」是。

三八八二頁七行　去都護治所五千一(百)〔十〕里。　景祐、殿本都作「十」。

三八八二頁一〇行　細步，〔言其〕能蹀足，　景祐、殿本都有「言其」二字。

三八八三頁二行　蒲犂(反)〔及〕依耐、　景祐、殿本都作「及」，此誤。

三八八五頁一三行　皆銷(治)〔治〕石汁，　景祐、殿本都作「治」。　王先謙說疑是「治」字。

三八八九頁八行　(者)兩角〔者〕或爲辟邪。　景祐、殿本都作「兩角者」，此誤倒。

三八九三頁一五行　控弦者十餘萬(大)〔人〕。　殿本作「人」，景祐本作「大」。　王先謙說作「人」是。

三八九四頁九行　去長安萬二千(二)〔五〕百五十里。　景祐、殿本都作「五」。

三八九五頁一行　(師古)〔孟康〕曰：　景祐、殿本都作「孟康」。

三八九五頁七行　相與(兵)〔共〕殺昧蔡，　景祐、殿本都作「共」，此誤。

三八九五頁八行　又發(數)〔使〕十餘輩，抵宛西諸國(四)求(其)〔奇〕物，因風諭以(代)〔伐〕宛之威。　景祐、殿本「數」都作「使」，「其」都作「奇」，「代」都作「伐」。

西域傳第六十六上　三八九九

漢書卷九十六上　三九〇〇

三八九六頁二行　其地(皆)〔無〕絲漆，　王念孫說「皆」當爲「無」，通典正作「無絲漆」。按史記大宛傳作「皆無絲漆」。

漢書卷九十六下

西域傳第六十六下

烏孫國，大昆彌治赤谷城，〔一〕去長安八千九百里。戶十二萬，口六十三萬，勝兵十八萬八千八百人。相，大祿，左右大將二人，侯三人，大將、都尉各一人，大監二人，大吏一人，舍中大吏二人，騎君一人。東至都護治所千七百二十一里，西至康居蕃內地五千里。地莽平。多雨，寒。山多松樠。〔二〕不田作種樹，〔三〕隨畜逐水草，與匈奴同俗。國多馬，富人至四五千匹。民剛惡，貪(狠)〔狼〕無信，多寇盜，最爲彊國。故服匈奴，〔四〕後盛大，取羈屬，不肯往朝會。〔五〕東與匈奴、西北與康居、西與大宛、南與城郭諸國相接。本塞地也，大月氏西破走塞王，塞王南越縣度，大月氏居其地。後烏孫昆莫擊破大月氏，大月氏徙西臣大夏，而烏孫昆莫居之，故烏孫民有塞種、大月氏種云。

〔一〕師古曰：「烏孫於西域諸戎其形最異。今之胡人靑眼、赤須，狀類獼猴者，本其種也。」

〔二〕師古曰：「莽平謂有草莽而平坦也。一曰莽莽平野之貌。樠，木名，其心似松，音武元反。」

西域傳第六十六下　三九〇一

〔三〕師古曰：「樹，植也。」

〔四〕師古曰：「故謂舊時也。服，屬於匈奴也。」

〔五〕師古曰：「言幾羈縻屬之而已。」

漢書卷九十六下　三九〇二

始張騫言烏孫本與大月氏共在敦煌間，今烏孫雖彊大，可厚賂招，令東居故地，妻以公主，與爲昆弟，以制匈奴。語在張騫傳。武帝卽位，令騫齎金幣往。昆莫見騫如單于禮，〔一〕騫大慙，謂曰：「天子致賜，王不拜，則還賜。」〔二〕昆莫起拜，其它如故。

〔一〕師古曰：「昆莫自比於單于。」

〔二〕師古曰：「還賜，謂將賜物還歸漢也。」

初，昆莫有十餘子，中子大祿彊，善將，〔一〕將衆萬餘騎別居。大祿兄太子，太子有子曰岑陬。〔二〕太子蚤死，〔三〕謂昆莫曰：「必以岑陬爲太子。」昆莫哀許之。大祿怒，乃收其昆弟，將衆畔，謀攻岑陬。昆莫與岑陬萬餘騎，令別居，昆莫亦自有萬餘騎以自備。國分爲三，大總羈屬昆莫。騫既致賜，諭指曰：「烏孫能東居故地，則漢遣公主爲夫人，結爲昆弟，共距匈奴，不足破也。」烏孫遠漢，未知其大小，〔四〕又近匈奴，服屬日久，其大臣皆不欲徙。昆莫年老國分，不能專制，乃發使送騫，因獻馬數十匹報謝。其使見漢人衆富厚，歸其國，其國後乃益重漢。

[一]師古曰：「言其材力優彊，能爲將。」
[二]師古曰：「岑音仕林反。陬音子侯反。」
[三]師古曰：「蚤，古早字。」
[四]師古曰：「遠音于萬反。」

匈奴聞其與漢通，怒欲擊之。又漢使烏孫，乃出其南，抵大宛、月氏，相屬不絕。[一]烏孫於是恐，使使獻馬，願得尚漢公主，爲昆弟。天子問羣臣，議許，曰：「必先內聘，然後遣女。」烏孫以馬千匹聘。[二]漢元封中，遣江都王建女細君爲公主，以妻焉。賜乘輿服御物，爲備官屬宦官侍御數百人，贈送甚盛。烏孫昆莫以爲右夫人。匈奴亦遣女妻昆莫，昆莫以爲左夫人。

[一]師古曰：「抵，至也。屬音之欲反。」
[二]師古曰：「入聘財。」

公主至其國，自治宮室居，歲時一再與昆莫會，置酒飲食，以幣帛賜王左右貴人。昆莫年老，語言不通，公主悲愁，自爲作歌曰：「吾家嫁我兮天一方，遠託異國兮烏孫王。穹廬爲室兮旃爲牆，以肉爲食兮酪爲漿。[一]居常土思兮心內傷，[二]願爲黃鵠兮歸故鄉。」[三]天子聞而憐之，間歲遣使者持帷帳錦繡給遺焉。[四]

[一]師古曰：「食謂飯，音飤。」
[二]師古曰：「土思，謂憂思而懷本土。」
[三]師古曰：「鵠音下督反。」
[四]師古曰：「間歲者，謂每隔一歲而往也。」

昆莫年老，欲使其孫岑陬尚公主。公主不聽，上書言狀，天子報曰：「從其國俗，欲與烏孫共滅胡。」岑陬遂妻公主。昆莫死，岑陬代立。岑陬者，官號也，名軍須靡。昆莫，王號也，名獵驕靡。後書「昆彌」云。[一]岑陬尚江都公主，生一女少夫。[二]公主死，漢復以楚王戊之孫解憂爲公主，妻岑陬。岑陬胡婦子泥靡尚小，岑陬且死，以國與季父大祿子翁歸靡，曰：「泥靡大，以國歸之。」

[一]師古曰：「昆莫本是王號，而其人名獵驕靡，故書云昆彌。昆取昆莫，彌取驕靡。彌、靡音有輕重耳，蓋本一也。後遂以昆彌爲其王號也。」
[二]師古曰：「名少夫。」

翁歸靡既立，號肥王，復尚楚主解憂，生三男兩女：長男曰元貴靡；次曰萬年，爲莎車王；次曰大樂，爲左大將；長女弟史爲龜茲王絳賓妻；小女素光爲若呼翖侯妻。[一]

[一]師古曰：「弟史、素光皆女名。」

昭帝時，公主上書，言「匈奴發騎田車師，車師與匈奴爲一，共侵烏孫，唯天子幸救之！」漢養士馬，議欲擊匈奴。會昭帝崩，宣帝初即位，公主及昆彌皆遣使上書，言「匈奴復連發大兵侵擊烏孫，取車延、惡師地，收人民去，使使謂烏孫趣持公主來，[一]欲隔絕漢。昆彌願發國半精兵，自給人馬五萬騎，盡力擊匈奴。唯天子出兵以救公主、昆彌。」漢兵大發十五萬騎，五將軍分道並出。語在匈奴傳。遣校尉常惠使持節護烏孫兵，昆彌自將翖侯以下五萬騎從西方入，至右谷蠡王庭，獲單于父行及嫂、居次、名王、犂汙都尉、千長、騎將以下四萬級，馬牛羊驢橐駝七十餘萬頭，烏孫皆自取所虜獲。還，封惠爲長羅侯。是歲，本始三年也。漢遣惠持金幣賜烏孫貴人有功者。

[一]師古曰：「趣讀曰促。」

元康二年，烏孫昆彌因惠上書：「願以漢外孫元貴靡爲嗣，得令復尚漢公主，結婚重親，畔絕匈奴，願聘馬贏各千匹。」詔下公卿議，大鴻臚蕭望之以爲「烏孫絕域，變故難保，不可許。」上美烏孫新立大功，又重絕故業，[一]遣使者至烏孫，先迎取聘。昆彌及太子、左右大將、都尉皆遣使，凡三百餘人，入漢迎取少主。上乃以烏孫主解憂弟子相夫爲公主，置官屬侍御百餘人，舍上林中，學烏孫言。[二]天子自臨平樂觀，會匈奴使者、外國君長大角抵，設樂而遣之。使長(盧)〔羅〕侯光祿大夫惠爲副，凡持節者四人，送少主至敦煌。未出塞，聞烏

孫昆彌翁歸靡死，烏孫貴人共從本約，立岑陬子泥靡代爲昆彌，號狂王。惠上書：「願留少主敦煌，惠馳至烏孫責讓不立元貴靡爲昆彌，還迎少主。」事下公卿，望之復以爲「烏孫持兩端，難約結。前公主在烏孫四十餘年，恩愛不親密，邊竟未得安，[三]此已事之驗也。今少主以元貴靡不立而還，信無負於夷狄，中國之福也。少主不止，繇役將興，其原起此。」天子從之，徵還少主。

[一]師古曰：「重，難也。故業，謂先與烏孫婚親也。」
[二]師古曰：「舍，止也。」
[三]師古曰：「竟讀曰境。」

狂王復尚楚主解憂，生一男鴟靡，不與主和，又暴惡失衆。漢使衞司馬魏和意、副候任昌送侍子，公主言狂王爲烏孫所患苦，易誅也。遂謀置酒會，罷，使士拔劍擊之。劍旁下，[一]狂王傷，上馬馳去。其子細沈瘦[二]會兵圍和意、昌及公主於赤谷城。數月，都護鄭吉發諸國兵救之，乃解去。漢遣中郎將張遵持醫藥治狂王，賜金二十斤，采繒。因收和意、昌係瑣，從尉犂檻車至長安，斬之。車騎將軍長史張翁留驗公主與使者謀殺狂王狀，主不服，叩頭謝，張翁捽主頭罵詈。[三]主上書，翁還，坐死。副使季都別將醫養視狂王，狂王從十餘騎送之。都還，坐知狂王當誅，見便不發，下蠶室。

〔一二〕師古曰：「視讀曰示。爲文學，謂學經書之人。」

〔一三〕師古曰：「見，顯示。」

〔一四〕師古曰：「言其夸張也。」

〔一五〕孟康曰：「其繇曰『枯楊生華』，象曰『枯楊生華，何可久也！』謂匈奴破不久也。」

〔一六〕師古曰：「今便利之時，後不可再得也。」

〔一七〕師古曰：「行將謂遣將率行也。」

〔一八〕師古曰：「上遣諸將，而於卦中貳師最吉也。」

〔一九〕師古曰：「言不效也。謬，妄也。」

〔二〇〕師古曰：「於軍所行之道及水上埋牛羊。」

〔二一〕師古曰：「能音耐。」

〔二二〕師古曰：「言死及被虜略，幷自離散也。」

〔二三〕師古曰：「隧者，依深險之處開通行道也。」

〔二四〕師古曰：「伯讀曰霸。五霸尙恥不爲，況今大漢也。」

〔二五〕師古曰：「搜索者，恐其或私齎文書也。」

〔二六〕師古曰：「言邊塞有闌出逃亡之人，而（止）〔主〕者不禁。又長吏利於皮肉，多使障候之卒獵獸，故令燧火有乏。又其人勞苦，因致奔亡。凡有此失，皆不集於所（亡）〔上〕文書。」

〔二七〕師古曰：「旣不上書，所以當時不知，至有降者來，及捕生口，或虜得匈奴人言之，乃知此事。」

〔二八〕孟康曰：「先是令長吏各以秩養馬，亭有牝馬，民養馬皆復不事。後馬多絕乏，至此復修之也。」師古曰：「此說非也。馬復，因養馬以免徭賦也。復音方目反。」

〔二九〕師古曰：「與上計者同來赴對也。」

初，貳師將軍李廣利擊大宛，還過杅彌，杅彌遣太子賴丹爲質於龜茲。廣利責龜茲曰：「外國皆臣屬於漢，龜茲何以得受杅彌質？」即將賴丹入至京師。昭帝乃用桑弘羊前議，以杅彌太子賴丹爲校尉，將軍田輪臺，輪臺與渠犂地皆相連也。龜茲貴人姑翼謂其王曰：「賴丹本臣屬吾國，今佩漢印綬來，迫吾國而田，必爲害。」王即殺賴丹，而上書謝漢，漢未能征。

宣帝時，長羅侯常惠使烏孫還，便宜發諸國兵，〔一〕合五萬人攻龜茲，責以前殺校尉賴丹。龜茲王謝曰：「乃我先王時爲貴人姑翼所誤，我無罪。」執姑翼詣惠，惠斬之。時烏孫公主遣女來至京師學鼓琴，漢遣侍郎樂奉送主女，過龜茲。龜茲前遣人至烏孫求公主女，未還。會女過龜茲，龜茲王留不遣，復使使報公主，主許之。後公主上書，願令女比宗室入朝，而龜茲王絳賓亦愛其夫人，上書言得尙漢外孫爲昆弟，願與公主女俱入朝。元康元年，遂來朝賀。王及夫人皆賜印綬。夫人號稱公主，賜以車騎旗鼓，歌吹數十人，綺繡雜繒琦珍凡數千萬。〔二〕留且一年，厚贈送之。後數來朝賀，樂漢衣服制度，歸其國，治宮室，作徼道周衞，出入傳呼，撞鐘鼓，如漢家儀。外國胡人皆曰：「驢非驢，馬非馬，若龜茲王，所謂贏也。」絳賓死，其子丞德自謂漢外孫，成、哀帝時往來尤數，漢遇之亦甚親密。

〔一〕師古曰：「以便宜擅發兵也。」

〔二〕師古曰：「琦音奇。」

東通尉犂六百五十里。

尉犂國，王治尉犂城，去長安六千七百五十里。戶千二百，口九千六百，勝兵二千人。尉犂侯、安世侯、左右將、左右都尉、擊胡君各一人，譯長二人。西至都護治所三百里，南與鄯善、且末接。

危須國，王治危須城，去長安七千二百九十里。戶七百，口四千九百，勝兵二千人。擊胡侯、擊胡都尉、左右將、左右都尉、左右騎君、擊胡君、譯長各一人。西至都護治所五百里，至焉耆百里。

焉耆國，王治員渠城，〔一〕去長安七千三百里。戶四千，口三萬二千一百，勝兵六千人。

擊胡侯、卻胡侯、輔國侯、左右將、左右都尉、擊胡左右君、擊車師君、歸義車師君各一人，擊胡都尉、擊胡君各二人，譯長三人。西南至都護治所四百里，南至尉犂百里，北與烏孫接。近海水多魚。

〔一〕師古曰：「員音于權反。」

烏貪訾離國，王治于婁谷，去長安萬三百三十里。戶四十一，口二百三十一，勝兵五十七人。輔國侯、左右都尉各一人。東與單桓、南與且彌、西與烏孫接。〔一〕

〔一〕師古曰：「且音子余反。」

卑陸國，王治天山東乾當國，〔一〕去長安八千六百八十里。戶二百二十七，口千三百八十七，勝兵四百二十二人。輔國侯、左右將、左右都尉、左右譯長各一人。西南至都護治所千二百八十七里。

〔一〕師古曰：「乾音干。」

卑陸後國，王治番渠類谷，〔一〕去長安八千七百一十里。戶四百六十二，口千一百三十

七，勝兵三百五十人。輔國侯、都尉、譯長各一人，將二人。東與郁立師、北與匈奴、西與劫國、南與車師接。

〔一〕師古曰：「番音盤。」

郁立師國，王治內咄谷，〔一〕去長安八千八百三十里。戶百九十，口千四百四十五，勝兵三百三十一人。輔國侯、左右都尉、譯長各一人。東與車師後城長、西與卑陸、北與匈奴接。

〔一〕師古曰：「咄音丁忽反。」

單桓國，王治單桓城，去長安八千八百七十里。戶二十七，口百九十四，勝兵四十五人。輔國侯、將、左右都尉、譯長各一人。

蒲類國，王治天山西疏榆谷，去長安八千三百六十里。戶三百二十五，口二千三十二，勝兵七百九十九人。輔國侯、左右將、左右都尉各一人。西南至都護治所千三百八十七里。

蒲類後國，王去長安八千六百三十里。戶百，口千七十，勝兵三百三十四人。輔國侯、

將、左右都尉、譯長各一人。

西且彌國，王治天山東于大谷，〔一〕去長安八千六百七十里。戶三百三十二，口千九百二十六，勝兵七百三十八人。西且彌侯、左右將、左右騎君各一人。西南至都護治所千四百八十七里。

〔一〕師古曰：「且音子余反。」

東且彌國，王治天山東兌虛谷，去長安八千二百五十里。戶百九十一，口千九百四十八，勝兵五百七十二人。東且彌侯、左右都尉各一人。西南至都護治所千五百八十七里。

劫國，王治天山東丹渠谷，去長安八千五百七十里。戶九十九，口五百，勝兵百一十五人。輔國侯、都尉、譯長各一人。西南至都護治所千四百八十七里。

狐胡國，王治車師柳谷，去長安八千二百里。戶五十五，口二百六十四，勝兵四十五人。輔國侯、左右都尉各一人。西至都護治所千一百四十七里，至焉耆七百七十里。

山國，王去長安七千一百七十里。〔一〕戶四百五十，口五千，勝兵千人。輔國侯、左右將、左右都尉、譯長各一人。西至尉犂二百四十里，西北至焉耆百六十里，西至危須二百六十里，東南與鄯善、且末接。山出鐵，民山居，寄田糴穀於焉耆、危須。

〔一〕師古曰：「常在山下居，不爲城治也。」

車師前國，王治交河城。河水分流繞城下，故號交河。去長安八千一百五十里。戶七百，口六千五十，勝兵千八百六十五人。輔國侯、安國侯、左右將、都尉、歸漢都尉、車師君、通善君、鄉善君各一人，〔一〕譯長二人。西南至都護治所千八百七里，至焉耆八百三十五里。

〔一〕師古曰：「鄉讀曰嚮。」

車師後(王)國，〔王〕治務塗谷，去長安八千九百五十里。戶五百九十五，口四千七百七十四，勝兵千八百九十人。擊胡侯、左右將、左右都尉、道民君、譯長各一人。〔一〕西南至都護治所千二百三十七里。

〔一〕師古曰：「道讀曰導。」

車師都尉國，戶四十，口三百三十三，勝兵八十四人。

車師後城長國，戶百五十四，口九百六十，勝兵二百六十人。

武帝天漢二年，以匈奴降者介和王爲開陵侯，將樓蘭國兵始擊車師，匈奴遣右賢王將數萬騎救之，漢兵不利，引去。征和四年，遣重合侯馬通將四萬騎擊匈奴，道過車師北，復遣開陵侯將樓蘭、尉犂、危須凡六國兵別擊車師，勿令得遮重合侯。諸國兵共圍車師，車師王降服，臣屬漢。

昭帝時，匈奴復使四千騎田車師。宣帝卽位，遣五將將兵擊匈奴，〔一〕車師田者驚去，車師復通於漢。匈奴怒，召其太子軍宿，欲以爲質。軍宿，焉耆外孫，不欲質匈奴，亡走焉耆。車師王更立子烏貴爲太子。及烏貴立爲王，與匈奴結婚姻，教匈奴遮漢道通烏孫者。

〔一〕師古曰：「謂本始二年御史大夫田廣明爲祁連將軍，後將軍趙充國爲蒲類將軍，雲中太守田順爲武牙將軍，及度遼將軍范明友、前將軍韓增，凡五將也。」

地節二年，漢遣侍郎鄭吉、校尉司馬憙〔一〕將免刑罪人田渠犂，積穀，欲以攻車師。至秋收穀，吉、憙發城郭諸國兵萬餘人，自與所將田士千五百人共擊車師，攻交河城，破之。王尙在其北石城中，未得，會軍食盡，吉等且罷兵，歸渠犂田。(秋收)〔收秋〕畢，復發兵攻車師王於石城。王聞漢兵且至，北走匈奴求救，匈奴未爲發兵。王來還，與貴人蘇猶議欲降

漢，恐不見信。蘇猶教王擊匈奴邊國小蒲類，斬首，略其人民，以降吉。車師旁小金附國隨漢軍後盜車師，車師王復自請擊破金附。

〔一〕師古曰：「憙音許吏反。」

匈奴聞車師降漢，發兵攻車師，吉、憙引兵北逢之，匈奴不敢前。吉、憙即留一候與卒二十人留守王，吉等引兵歸渠犂。車師王恐匈奴兵復至而見殺也，乃輕騎奔烏孫，吉即迎其妻子置渠犂。東奏事，至酒泉，有詔還田渠犂及車師，益積穀以安西國，侵匈奴。吉還，傳送車師王妻子詣長安，賞賜甚厚，每朝會四夷，常尊顯以示之。於是吉始使吏卒三百人別田車師。得降者言，單于大臣皆曰「車師地肥美，近匈奴，使漢得之，多田積穀，必害人國，不可不爭也。」果遣騎來擊田者，吉乃與校尉盡將渠犂田士千五百人往田，匈奴復益遣騎來，漢田卒少不能當，保車師城中。匈奴將即其城下謂吉曰：〔一〕「單于必爭此地，不可田也。」圍城數日乃解。後常數千騎往來守車師，吉上書言：「車師去渠犂千餘里，間以河山，〔二〕北近匈奴，漢兵在渠犂者勢不能相救，願益田卒。」公卿議以爲道遠煩費，可且罷車師田者。詔遣長羅侯〔三〕將張掖、酒泉騎出車師北千餘里，揚威武車師旁。胡騎引去，吉乃得出，歸渠犂，凡三校尉屯田。

〔一〕師古曰：「即，就也。」

〔二〕師古曰：「間，隔也，音居莧反。」

〔三〕師古曰：「常惠也。」

車師王之走烏孫也，烏孫留不遣，遣使上書，願留車師王，備國有急，可從西道以擊匈奴。漢許之。於是漢召故車師太子軍宿在焉耆者，立以爲王，盡徙車師國民令居渠犂，遂以車師故地與匈奴。車師王得近漢田官，與匈奴絕，亦安樂親漢。後漢使侍郎殷廣德責烏孫，求車師王烏(孫)貴，將詣闕，〔一〕賜第與其妻子居。是歲，元康四年也。其後置戊己校尉屯田，居車師故地。

〔一〕師古曰：「烏孫遣其將之貴者入漢朝。」

元始中，車師後王國有新道，出五船北，通玉門關，往來差近，戊己校尉徐普欲開以省道里半，避白龍堆之阸。車師後王姑句〔一〕以道當爲拄置，〔二〕心不便也。地又頗與匈奴南將軍地接，普欲分明其界然後奏之，召姑句使證之，不肯，繫之。姑句數以牛羊賕吏，求出不得。姑句家矛端生火，其妻股紫陬〔三〕謂姑句曰：「矛端生火，此兵氣也，利以用兵。前車師前王爲都護司馬所殺，今久繫必死，不如降匈奴。」即馳突出高昌壁，入匈奴。

〔一〕師古曰：「句音鉤。」

〔二〕師古曰：「拄者，支拄也。言有所置立，而支拄於己，故心不便也。拄音竹羽反，又音竹具反。其字從手，而讀之者或不曉，以拄爲梁柱之柱，及分破其句，言置柱於心，皆失之矣。」

〔三〕師古曰：「陬音子侯反。」

又去胡來王唐兜，國比大種赤水羌，〔一〕數相寇，不勝，告急都護。都護但欽不以時救助，唐兜困急，怨欽，東守玉門關。玉門關不內，即將妻子人民千餘人亡降匈奴。匈奴受之，而遣使上書言狀。是時，新都侯王莽秉政，遣中郎將王昌等使匈奴，告單于西域內屬，不當得受。單于謝罪，執二王以付使者。莽使中郎王萌待西域惡都奴界上逢受。〔二〕單于遣使送，因請其罪。〔三〕使者以聞，莽不聽，詔下會西域諸國王，陳軍斬姑句、唐兜以示之。

〔一〕師古曰：「比，近也，音頻寐反。」

〔二〕師古曰：「逢受，謂先至待之，逢見即受取也。」

〔三〕師古曰：「請免其罪也。」

至莽篡位，建國二年，以廣新公甄豐爲右伯，當出西域。車師後王須置離聞之，與其右將股鞮、左將尸泥支謀曰：〔一〕「聞甄公爲西域太伯，當出，故事給使者牛羊穀芻茭，導譯，前五威將過，所給使尚未能備。今太伯復出，國益貧，恐不能稱。」〔二〕欲亡入匈奴。戊己校尉刀護聞之，〔三〕召置離驗問，辭服，乃械致都護但欽在所埒婁城。〔四〕置離人民知其不還，皆哭而送之。至，欽則斬置離。置離兄輔國侯狐蘭支將置離衆二千餘人，驅畜產，舉國亡降匈奴。〔五〕

〔一〕師古曰：「鞮音丁奚反。」

〔二〕師古曰：「不副所求也。」

〔三〕師古曰：「刀音彫。」

〔四〕師古曰：「埒婁，城名。埒音劣。婁音樓。」

〔五〕師古曰：「盡率一國之衆也。」

是時，莽易單于璽，單于恨怒，遂受狐蘭支降，遣兵與共寇擊車師，殺後城長，傷都護司馬，及狐蘭兵復還入匈奴。時戊己校尉刀護病，遣史陳良屯桓且谷備匈奴寇。〔一〕史終帶取糧食，司馬丞韓玄領諸壁，右曲候任商領諸壘，相與謀曰：「西域諸國頗背叛，匈奴欲大侵，要死。可殺校尉，將人衆降匈奴。」〔二〕即將數千騎至校尉府，脅諸亭令燔積薪，〔三〕分告諸壁曰：「匈奴十萬騎來入，吏士皆持兵，後者斬！」得三(百四)〔四百〕人，去校尉府數里止，晨火爇。〔四〕校尉開門擊鼓收吏士，良等隨入，遂殺校尉刀護及子男四人、諸昆弟子男，獨遺婦女小兒。〔五〕止留戊己校尉城，遣人與匈奴南將軍相聞，南將軍以二千騎迎良等。良等盡脅略戊己校尉吏士男女二千餘人入匈奴。單于以良、帶爲烏賁都尉。〔六〕

〔一〕師古曰：「且音子余反。」

〔二〕如淳曰：「言匈奴來侵，會當死耳，可降匈奴也。」師古曰：「要音一妙反。」
〔三〕師古曰：「示爲燧火也。」
〔四〕師古曰：「古然字。」
〔五〕師古曰：「遺，留置不殺也。」
〔六〕師古曰：「賁音奔。」

後三歲，單于死，弟烏纍單于咸立，〔一〕復與莽和親。莽遣使者多齎金幣賂單于，購求陳良、終帶等。單于盡收四人及手殺刀護者芝音妻子以下二十七人，皆械檻車付使者。到長安，莽皆燒殺之。其後莽復欺詐單于，和親遂絕。匈奴大擊北邊，而西域亦瓦解。焉耆國近匈奴，先叛，殺都護但欽，莽不能討。

〔一〕師古曰：「纍音力追反。」

天鳳(二)〔三〕年，乃遣五威將王駿、西域都護李崇將戊己校尉出西域，諸國皆郊迎，送兵穀。焉耆詐降而聚兵自備。駿等將莎車、龜茲兵七千餘人，分爲數部入焉耆，焉耆伏兵要遮駿。及姑墨、尉犂、危須國兵爲反間，還共襲擊駿等，皆殺之。唯戊己校尉郭欽別將兵，後至焉耆。焉耆兵未還，欽擊殺其老弱，引兵還。莽封欽爲剼胡子。〔一〕李崇收餘士，還保龜茲。數年莽死，崇遂沒，西域因絕。

〔一〕鄭展曰：「剼音衫。」師古曰：「剼，絕也，音子小反。字本作剿，轉寫誤耳。」

最凡國五十。自譯長、城長、君、監、吏、大祿、百長、千長、都尉、且渠、當戶、將、相至侯、王，皆佩漢印綬，凡三百七十六人。而康居、大月氏、安息、罽賓、烏弋之屬，皆以絕遠不在數中，其來貢獻則相與報，不督錄總領也。

贊曰：孝武之世，圖制匈奴，患其兼從西國，結黨南羌，〔一〕乃表河(曲)〔西〕，列(西)〔四〕郡，開玉門，通西域，以斷匈奴右臂，隔絕南羌、月氏。單于失援，由是遠遁，而幕南無王庭。

〔一〕師古曰：「圖，謀也。從音子容反。」

遭值文、景玄默，養民五世，天下殷富，財力有餘，士馬彊盛。故能睹犀布、瑇瑁則建珠崖七(部)〔郡〕，〔一〕感枸醬、竹杖則開牂柯、越巂，〔二〕聞天馬、蒲陶則通大宛、安息。自是之後，明珠、文甲、通犀、翠羽之珍盈於後宮，〔三〕蒲梢、龍文、魚目、汗血之馬充於黃門，〔四〕鉅象、師子、猛犬、大雀之羣食於外囿。〔五〕殊方異物，四面而至。於是廣開上林，穿昆明池，營千門萬戶之宮，立神明通天之臺，興造甲乙之帳，〔六〕落以隨珠和璧，〔七〕天子負黼依，襲翠被，馮玉几，而處其中。〔八〕設酒池肉林以饗四夷之客，作巴俞都盧、海中碭極、漫衍魚龍、角抵之戲以觀視之。〔九〕及賂遺贈送，萬里相奉，師旅之費，不可勝計。至於用度不足，乃榷酒酤，筦鹽鐵，鑄白金，造皮幣，算至車船，租及六畜。民力屈，財用竭，〔一〇〕因之以凶年，寇盜並起，道路不通，直指之使始出，衣繡杖斧，斷斬於郡國，然後勝之。是以末年遂棄輪臺之地，而下哀痛之詔，豈非仁聖之所悔哉！且通西域，近有龍堆，遠則蔥嶺，身熱、頭痛、縣度之阨。淮南、杜欽、揚雄之論，皆以爲此天地所以界別區域，絕外內也。書曰「西戎即序」，〔一一〕禹既就而序之，非上威服致其貢物也。

〔一〕師古曰：「瑇音代。瑁音妹。」
〔二〕師古曰：「枸音矩。」
〔三〕如淳曰：「文甲即瑇瑁也。通犀，中央色白，通兩頭。」
〔四〕孟康曰：「四駿馬名也。」師古曰：「梢馬音所交反。」
〔五〕師古曰：「鉅亦大。」
〔六〕師古曰：「其數非一，以甲乙次第名之也。」
〔七〕師古曰：「落與絡同。」
〔八〕師古曰：「依讀曰扆。扆如小屛風，而畫爲黼文也。白與黑謂之黼，又爲斧形。襲，重衣也。被音皮義反。」
〔九〕晉灼曰：「都盧，國名也。」李奇曰：「都盧，體輕善緣者也。碭極，樂名也。」師古曰：「巴人，巴州人也。俞，水名，今渝州也。巴俞之人，所謂賨人也，勁銳善舞，本從高祖定三秦有功，高祖喜觀其舞，因令樂人習之，故有巴俞之樂。漫衍者，即張衡西京賦所云『巨獸百尋，是爲漫延』者也。魚龍者，爲舍利之獸，先戲於庭極，畢乃入殿前激

水，化成比目魚，跳躍漱水，作霧障日，畢，化成黃龍八丈，出水敖戲於庭，炫燿日光。西京賦云『海鱗變而成龍』，即爲此色也。俞音踰。碭音大浪反。衍音弋戰反。視讀曰示。觀示者，觀之令觀也。」
〔一〇〕師古曰：「屈音其勿反。」
〔一一〕師古曰：「禹貢之辭也。序，次也。」

西域諸國，各有君長，兵衆分弱，無所統一，雖屬匈奴，不相親附。匈奴能得其馬畜旃罽，而不能統率與之進退。與漢隔絕，道里又遠，得之不爲益，棄之不爲損。盛德在我，無取於彼。故自建武以來，西域思漢威德，咸樂內屬。唯其小邑鄯善、車師，界迫匈奴，尚爲所拘。而其大國莎車、于闐之屬，數遣使置質于漢，願請屬都護。聖上遠覽古今，因時之宜，羈縻不絕，辭而未許。雖大禹之序西戎，周公之讓白雉，太宗之卻走馬，義兼之矣，亦何以尚茲！〔一〕

〔一〕師古曰：「『西戎即序』，說已在前。昔周公相成王，越裳氏重九譯而獻白雉。至，王問周公，公曰：『德不加焉，則君子不饗其質；政不施焉，則君子不臣其遠。吾何以獲此物也？』譯曰：『吾受命國之黃耇曰「久矣天之無烈風雷雨，意中國有聖人乎？盍往朝之」，然後歸之。』王稱先王之神所致，以薦宗廟。太宗，漢文帝也。卻走馬，謂有人獻千里馬，不受，還之，賜道路費也。老子德經曰『天下有道，卻走馬以糞』，故贊引也。」

校勘記

三九〇一頁七行　貪(很)〔狠〕無信，景祐、殿本都作「狠」。

三九〇五頁一五行　使長（盧）〔羅〕侯光祿大夫惠爲副，　錢大昭說「盧」當作「羅」。按景祐、殿本都作「羅」。

三九〇七頁一行　不正下（之）。　景祐本無「之」字。殿本「之」作「也」。

三九〇七頁一一行　詔（焉）烏就屠詣長羅侯赤谷城，　錢大昭說「焉」字衍。按景祐、殿本都無「焉」字。

三九〇八頁五行　願使烏孫鎮撫星（彌）〔靡〕，　景祐、殿、局本都作「靡」，此誤。

三九〇八頁六行　卒百人送（烏孫）焉。　景祐本無「烏孫」二字。

三九〇九頁三行　小昆（靡）〔彌〕末振將恐爲所并，　景祐、殿本都作「彌」。王先謙說作「彌」是。

三九〇九頁六行　漢恨不自（責）誅末振將，　景祐本無「責」字。

三九一〇頁八行　東至都護治所（一）〔二〕千二十一里，南至（於）〔于〕闐　景祐、殿本「一」都作「二」，「於」都作「于」。

三九一三頁三行　故輪臺（以）東捷枝、渠犂皆故國，　景祐本無「以」字。

三九一三頁四行　宜給足不（可）乏。　王念孫說「可」字衍。

三九一三頁五行　務使以時益種五穀。〔三〕張掖、酒泉　注〔三〕原在「張掖酒泉」下。齊召南說「張掖酒泉」當連下讀。茲從殿本。

三九一三頁六行　故興（師）遣貳師將軍，　景祐本無「師」字。錢大昭說無「師」字是。按通鑑亦無。

三九一三頁一三行　重合侯（毋）〔得〕虜候者，　錢大昭說「毋」當作「得」。按景祐、殿本都作「得」。

三九一五頁一五行　而（止）〔主〕者不禁。　景祐、殿本都作「主」，此誤。

三九一五頁一六行　皆不集於所（亡）〔上〕文書。　景祐、殿、局本都作「上」，此誤。

三九二一頁一〇行　車師後（王）國，〔王〕　錢大昭說，依前後例當作「車師後國，王」。按殿本不誤。

三九二三頁一四行　（秋收）〔收秋〕畢，　景祐、殿本都作「收秋」。

三九二四頁六行　求車師王烏（孫）貴，將詣闕，　錢大昕說此誤衍「孫」字，顏曲爲之說。

三九二六頁一一行　得三（百四）〔四百〕人，　景祐、殿本都作「四百」。

三九二七頁一一行　天鳳（二）〔三〕年，　景祐、殿本都作「三」。

三九二八頁五行　乃表河（曲）〔西〕，列（西）〔四〕郡，　王念孫說「曲」當爲「西」字之誤。下「西」字景祐本作「四」。錢大昭說作「四」是。

三九二八頁九行　七（部）〔郡〕，　景祐、殿本都作「郡」。

漢書卷九十七上

外戚傳第六十七上

自古受命帝王及繼體守文之君，〔一〕非獨內德茂也，蓋亦有外戚之助焉。夏之興也以塗山，〔二〕而桀之放也用末喜；〔三〕殷之興也以有娀（又）〔及〕有㜪，〔四〕而紂之滅也嬖妲己；〔五〕周之興也以姜嫄及太任、太姒，〔六〕而幽王之禽也淫褒姒。〔七〕故易基乾坤，詩首關雎，〔八〕書美釐降，〔九〕春秋譏不親迎。〔一〇〕夫婦之際，人道之大倫也。〔一一〕禮之用，唯昏姻爲兢兢。〔一二〕夫樂調而四時和，陰陽之變，萬物之統也，可不慎與！〔一三〕人能弘道，末如命何。〔一四〕甚哉妃匹之愛，君不能得之臣，父不能得之子，況卑下乎！〔一五〕既驩合矣，或不能成子姓，〔一六〕成子姓矣，而不能要其終，豈非命也哉！孔子罕言命，蓋難言之。〔一七〕非通幽明之變，惡能識乎性命！〔一八〕

〔一〕師古曰：「繼體謂嗣位也。守文，言遵成法，不用武功也。」

〔二〕師古曰：「禹娶塗山氏之女而生啓也。」

〔三〕師古曰：「末喜，桀之妃，有施氏女也，美於色，薄於德，女子行，丈夫心。桀常置末喜於膝上，聽用其言，昏亂失道。於是湯伐之，遂放桀，與末喜死於南巢。」

〔四〕師古曰：「有娀，國名，其女簡狄吞燕卵而生卨，爲殷始祖。有㜪氏女，湯妃也。娀音嵩。㜪音詵。」

〔五〕師古曰：「妲己，紂之妃，有蘇氏女也，美好辯辭，興於姦宄，嬖幸於紂。紂用其言，毒虐衆庶。於是武王伐紂，戰於牧野，紂師倒戈，不爲之戰。武王克殷，致天之罰，斬妲己頭，縣之於小白旗，以爲紂之亡者，由此女也。」

〔六〕師古曰：「姜嫄，有邰氏之女，帝嚳之妃也，履大人迹而生后稷，爲周始祖。太任，文王母；太姒，武王母也。嫄音原。」

〔七〕師古曰：「謂黜申后而致犬戎，舉僞烽而諸侯莫救也。」

〔八〕師古曰：「基亦始。」

〔九〕師古曰：「釐，理也。尚書堯典稱舜之美，云『釐降二女于嬀汭』，言堯欲觀舜治迹，以己二女妻之，舜能以治降下二女，以成其德。」

〔一〇〕師古曰：「春秋公羊經：『隱二年，紀履須來逆女。』傳曰：『外逆女不書，此何以書？譏也。何譏爾？始不親迎也。』」

〔一一〕師古曰：「倫，理也。」

〔一二〕師古曰：「兢兢，戒慎也。」

〔一三〕師古曰：「與讀曰歟。」

〔一四〕師古曰：「末，無也。論語載孔子曰：『人能弘道，非道弘人。』又稱子路曰：『道之將興，命也；道之將廢，命也。公伯寮如命何？』故引之。」

〔三〕師古曰：「言雖君父之尊，不能奪其所好而移其本意。」
〔四〕師古曰：「姓，生也。」
〔五〕師古曰：「論語曰『子罕言利與命與仁』。罕者，希也。」
〔六〕師古曰：「惡音烏，謂於何也。論語稱子貢曰：『夫子之文章可得而聞也，夫子之言性與天道不可得而聞也已矣！』謂孔子不言性命及天道。而學者誤讀，謂孔子之言自然與天道合，非唯失於文句，實乃大乖意旨。」

漢興，因秦之稱號，帝母稱皇太后，祖母稱太皇太后，適稱皇后，〔一〕妾皆稱夫人。又有美人、良人、八子、七子、長使、少使之號焉。〔二〕至武帝制倢伃、娙娥、傛華、充依，各有爵位，〔三〕而元帝加昭儀之號，〔四〕凡十四等云。〔五〕昭儀位視丞相，爵比諸侯王。倢伃視上卿，比列侯。娙娥視中二千石，比關內侯。〔六〕傛華視眞二千石，比大上造。〔七〕美人視二千石，比少上造。〔八〕八子視千石，比中更。〔九〕充依視千石，比左更。〔一〇〕七子視八百石，比右庶長。〔一一〕良人視八百石，比左庶長。〔一二〕長使視六百石，比五大夫。〔一三〕少使視四百石，比公乘。〔一四〕五官視三百石。〔一五〕順常視二百石。無涓、共和、娛靈、保林、良使、夜者皆視百石。〔一六〕上家人子、中家人子視有秩斗食云。〔一七〕五官以下，葬司馬門外。〔一八〕

〔一〕師古曰：「適讀曰嫡。后亦君也。天曰皇天，地曰后土，故天子之妃，以后爲稱，取象二儀。」
〔二〕師古曰：「良，善也。八、七，祿秩之差也。長使、少使，主供使者。」
〔三〕師古曰：「倢，言接幸於上也。伃，美稱也。娙娥，皆美貌也。傛傛猶言奕奕也，便習之意也。充依，言充後庭而

依秩序也。倢音接。伃音予，字或從女，其音同耳。娙音五經反。傛音容。」
〔四〕師古曰：「昭顯其儀，示隆重也。」
〔五〕師古曰：「除皇后，自昭儀以下至秩百石，十四等。」
〔六〕師古曰：「中二千石，實得二千石也。中之言滿也。月得百八十斛，是爲一歲凡得二千一百六十石。言二千者，舉成數耳。」
〔七〕師古曰：「眞二千石，月得百五十斛，一歲凡得千八百石耳。大上造，第十六爵。」
〔八〕師古曰：「二千石，月得百二十斛，一歲凡得一千四百四十石耳。少上造，第十五爵。」
〔九〕師古曰：「中更，第十三爵也。更，公衡反，其下亦同。」
〔一〇〕師古曰：「左更，第十二爵。」
〔一一〕師古曰：「右庶長，第十一爵。」
〔一二〕師古曰：「左庶長，第十爵。」
〔一三〕師古曰：「五大夫，第九爵。」
〔一四〕師古曰：「公乘，第八爵。」
〔一五〕師古曰：「五官，所掌亦象外之五官也。」
〔一六〕師古曰：「涓，絜也。無涓，言無所不絜也。共讀曰恭，言恭順而和柔也。娛靈，可以娛樂情靈也。保，安也。保林，言其可安衆如林也。良使，使令之善者也。夜者，主職夜事。令音力成反。」
〔一七〕師古曰：「家人子者，言採擇良家子以入宮，未有職號，但稱家人子也。斗食謂佐史也。謂之斗食者，言一歲不滿百石，日食一斗二升。」
〔一八〕服虔曰：「陵上司馬門之外。」

高祖呂皇后，父呂公，單父人也，〔一〕好相人。高祖微時，呂公見而異之，乃以女妻高祖，生惠帝、魯元公主。高祖爲漢王，元年封呂公爲臨泗侯，二年立孝惠爲太子。

〔一〕師古曰：「單音善。父音甫。」

後漢王得定陶戚姬，愛幸，生趙隱王如意。太子爲人仁弱，高祖以爲不類己，常欲廢之而立如意，「如意類我」。戚姬常從上之關東，日夜啼泣，欲立其子。呂后年長，常留守，希見，益疏。如意且立爲趙王，留長安，幾代太子者數。〔一〕賴公卿大臣爭之，及叔孫通諫，用留侯之策，得無易。

〔一〕師古曰：「幾音鉅依反。數音所角反。」

呂后爲人剛毅，佐高帝定天下，兄二人皆爲列將，從征伐。長兄澤爲周呂侯，次兄釋之爲建成侯，逮高祖而侯者三人。高祖四年，臨泗侯呂公薨。

高祖崩，惠帝立，呂后爲皇太后，乃令永巷囚戚夫人，髡鉗衣赭衣，令舂。戚夫人舂且歌曰：「子爲王，母爲虜，終日舂薄暮，常與死爲伍！〔一〕相離三千里，當誰使告女？」〔二〕太

后聞之大怒，曰：「乃欲倚女子邪？」〔三〕乃召趙王誅之。使者三反，〔四〕趙相周昌不遣。太后召趙相，相徵至長安。使人復召趙王，王來。惠帝慈仁，知太后怒，自迎趙王霸上，入宮，挾與起居飲食。數月，帝晨出射，趙王不能蚤起，太后伺其獨居，使人持鴆飲之。遲帝還，趙王死。〔五〕太后遂斷戚夫人手足，去眼煇耳，飲瘖藥，〔六〕使居鞠域中，〔七〕名曰「人彘」。居數月，乃召惠帝視「人彘」。帝視而問知其戚夫人，乃大哭，因病，歲餘不能起。使人請太后曰：「此非人所爲。臣爲太后子，終不能復治天下！」〔八〕以此日飲爲淫樂，不聽政，七年而崩。

〔一〕師古曰：「與死罪者爲伍也。」
〔二〕師古曰：「女讀曰汝。此下皆同。」
〔三〕師古曰：「乃亦汝。」
〔四〕師古曰：「反，還也。三還猶今言三回也。」
〔五〕師古曰：「遲音直二反，解在高紀。」
〔六〕師古曰：「去其眼精，以藥熏耳令聾也。瘖，不能言也，以瘖藥飲之也。飲音於禁反。瘖音於今反。」
〔七〕師古曰：「鞠域，如蹹鞠之域，謂窟室也。鞠音巨六反。」
〔八〕師古曰：「令太后視事，己自如太子然。」

太后發喪，哭而泣不下。〔一〕留侯子張辟彊爲侍中，年十五，謂丞相陳平曰：「太后獨有

帝，今哭而不悲，君知其解未？」〔三〕陳平曰：「何解？」辟彊曰：「帝無壯子，太后畏君等。今請拜呂台、呂產爲將，將兵居南北軍，及諸呂皆官，居中用事。如此則太后心安，君等幸脫禍矣！」〔三〕丞相如辟彊計請之，太后說，其哭乃哀。〔四〕呂氏權由此起。乃立孝惠後宮子爲帝，太后臨朝稱制。復殺高祖子趙幽王友、共王恢〔五〕及燕（靈）王建（子）。遂立周呂侯子台爲呂王，〔六〕台弟產爲梁王，建城侯釋之子祿爲趙王，台子通爲燕王，又封諸呂凡六人皆爲列侯，追尊父呂公爲呂宣王，兄周呂侯爲悼武王。

〔一〕師古曰：「泣謂淚也。」
〔二〕師古曰：「解猶解說其意。」
〔三〕師古曰：「脫，免也。」
〔四〕師古曰：「說讀曰悅。」
〔五〕師古曰：「共讀曰恭。」
〔六〕師古曰：「台音土來反。」

太后持天下八年，病犬禍而崩，語在五行志。病困，以趙王祿爲上將軍居北軍，梁王產爲相國居南軍，戒產、祿曰：「高祖與大臣約，非劉氏王者天下共擊之，今王呂氏，大臣不平。我即崩，恐其爲變，必據兵衞宮，慎毋送喪，爲人所制。」太后崩，太尉周勃、丞相陳平、

朱虛侯劉章等共誅產、祿，悉捕諸呂男女，無少長皆斬之。而迎立代王，是爲孝文皇帝。

孝惠張皇后。宣平侯敖尚帝姊魯元公主，有女。惠帝即位，呂太后欲爲重親，以公主女配帝爲皇后。欲其生子，萬方終無子，乃使陽爲有身，取後宮美人子名之，〔一〕殺其母，立所名子爲太子。

〔一〕師古曰：「名爲皇后子。」

惠帝崩，太子立爲帝，四年，乃自知非皇后子，出言曰：「太后安能殺吾母而名我！我壯即爲所爲。」〔一〕太后聞而患之，恐其作亂，乃幽之永巷，言帝病甚，左右莫得見。太后下詔廢之，語在高后紀。遂幽死，更立恆山王弘爲皇帝，而以呂祿女爲皇后。欲連根固本牢甚，〔二〕然而無益也。呂太后崩，大臣正之，卒滅呂氏。少帝恆山、淮南、濟川王，皆以非孝惠子誅。獨置孝惠皇后，廢處北宮，〔三〕孝文後元年薨，葬安陵，不起墳。

〔一〕師古曰：「爲其所爲，謂所生之母也。並音于僞反。」
〔二〕師古曰：「牢，堅也。」
〔三〕師古曰：「置，留也。北宮，在未央宮之北。」

高祖薄姬，文帝母也。父吳人，秦時與故魏王宗女魏媼通，生薄姬。而薄姬父死山陰，因葬焉。〔一〕及諸侯畔秦，魏豹立爲王，而魏媼內其女於魏宮。許負相薄姬，當生天子。是時項羽方與漢王相距滎陽，天下未有所定。豹初與漢擊楚，及聞許負言，心喜，因背漢而中立，與楚連和。〔二〕漢使曹參等虜魏王豹，以其國爲郡，而薄姬輸織室。豹已死，漢王入織室，見薄姬，有詔內後宮，歲餘不得幸。

〔一〕師古曰：「山陰，會稽之縣。」
〔二〕師古曰：「自謂當得天下。」

始姬少時，與管夫人、趙子兒相愛，約曰：「先貴毋相忘！」已而管夫人、趙子兒先幸漢王。漢王四年，坐河南成皋靈臺，此兩美人侍，相與笑薄姬初時約。漢王問其故，兩人俱以實告。漢王心悽然憐薄姬，是日召，欲幸之。對曰：「昨暮夢龍據妾胸。」上曰：「是貴徵也，吾爲汝成之。」遂幸，有身。歲中生文帝，年八歲立爲代王。自有子後，希見。高祖崩，諸幸姬戚夫人之屬，呂后怒，皆幽之不得出宮。而薄姬以希見故，得出從子之代，爲代太后。太后弟薄昭從如代。〔一〕

〔一〕師古曰：「如，往也。」

代王立十七年，高后崩。大臣議立後，疾外家呂氏彊暴，皆稱薄氏仁善，故迎立代王爲

皇帝，尊太后爲皇太后，封弟昭爲軹侯。〔一〕太后母亦前死，葬櫟陽北。乃追尊太后父爲靈文侯，會稽郡致園邑三百家，長丞以下使奉守寢廟，上食祠如法。櫟陽亦置靈文夫人園，令如靈文侯園儀。太后蚤失父，其奉太后外家魏氏有力，〔二〕乃召復魏氏，〔三〕賞賜各以親疏受之。薄氏侯者一人。

〔一〕師古曰：「軹音只。」
〔二〕師古曰：「言太后爲外家所養也。」
〔三〕師古曰：「優復之也。復音方目反。」

太后後文帝二歲，孝景前二年崩，〔一〕葬南陵。〔二〕用呂后不合葬長陵，〔三〕故特自起陵，近文帝。

〔一〕師古曰：「言文帝崩後二歲，太后乃崩。」
〔二〕師古曰：「薄太后陵在霸陵之南，故稱南陵，即今所謂薄陵。」
〔三〕師古曰：「以呂后是正嫡，故薄不得合葬也。」

孝文竇皇后，景帝母也，呂太后時以良家子選入宮。太后出宮人以賜諸王各五人，竇姬與在行中。〔一〕家在清河，願如趙，近家，〔二〕請其主遣宦者吏「必置我籍趙之伍中」。〔三〕宦

者忘之，誤置籍代伍中。籍奏，詔可。當行，竇姬涕泣，怨其宦者，不欲往，相彊乃肯行。至代，代王獨幸竇姬，生女嫖。〔四〕孝惠七年，生景帝。

〔一〕師古曰：「與讀曰豫。」
〔二〕師古曰：「如，往也。」
〔三〕師古曰：「主遣宦者吏，謂宦者爲吏而主發遣宮人者也。籍謂名簿也。伍猶列也。」
〔四〕師古曰：「嫖音匹昭反。」

代王王后生四男，先代王未入立爲帝而王后卒，及代王爲帝後，王后所生四男更病死。〔一〕文帝立數月，公卿請立太子，而竇姬男最長，立爲太子。竇姬爲皇后，女爲館陶長公主。〔二〕明年，封少子武爲代王，後徙梁，〔三〕是爲梁孝王。

〔一〕師古曰：「更，互也，音公衡反。」
〔二〕師古曰：「年最長，故謂長公主。」
〔三〕師古曰：「初封代王，後更爲梁王。」

竇皇后親蚤卒，葬觀津。〔一〕於是薄太后乃詔有司追封竇后父爲安成侯，母曰安成夫人，令清河置園邑二百家，長丞奉守，比靈文園法。

〔一〕師古曰：「觀津，清河之縣也。觀音工喚反。」

竇后兄長君。弟廣國字少君，年四五歲時，家貧，爲人所略賣，其家不知處。傳十餘家至宜陽，爲其主人入山作炭。暮臥岸下百餘人，岸崩，盡厭殺臥者，〔一〕少君獨脫不死。〔二〕自卜，數日當爲侯。從其家之長安，〔三〕聞皇后新立，家在觀津，姓竇氏。廣國去時雖少，識其縣名及姓，又嘗與其姊采桑，墮，〔四〕用爲符信，上書自陳。皇后言帝，召見問之，具言其故，果是。復問其所識，〔五〕曰：「姊去我西時，與我決傳舍中，匄沐沐我，已，飯我，乃去。」〔六〕於是竇皇后持之而泣，侍御左右皆悲。乃厚賜之，家於長安。絳侯、灌將軍等曰：「吾屬不死，命乃且縣此兩人。〔七〕此兩人所出微，不可不爲擇師傅，又復放呂氏大事也。」〔八〕於是乃選長者之有節行者與居。竇長君、少君由此爲退讓君子，不敢以富貴驕人。

〔一〕師古曰：「厭音一甲反。」
〔二〕師古曰：「脫，免也。」
〔三〕師古曰：「從其主家也。之，往也。」
〔四〕師古曰：「墮謂墮樹。」
〔五〕師古曰：「識，記也，音式志反。」
〔六〕師古曰：「乞沐具而爲之沐，沐訖又飯食之也。飯音扶晩反。」
〔七〕師古曰：「恐其後擅權，則將相大臣當被害。」
〔八〕師古曰：「放音甫往反。」

竇皇后疾，失明。文帝幸邯鄲愼夫人、尹姬，皆無子。文帝崩，景帝立，皇后爲皇太后，乃封廣國爲章武侯。長君先死，封其子彭祖爲南皮侯。吳楚反時，太后從昆弟子竇嬰俠，喜士，〔一〕爲大將軍，破吳楚，封魏其侯。竇氏侯者凡三人。

〔一〕師古曰：「喜音許吏反。」

竇太后好黃帝、老子言，景帝及諸竇不得不讀老子尊其術。太后後景帝六歲，凡立五十一年，元光六年崩，〔一〕合葬霸陵。遺詔盡以東宮金錢財物賜長公主嫖。〔二〕至武帝時，魏其侯竇嬰爲丞相，後誅。

〔一〕師古曰：「武紀建元六年，太皇太后崩。此傳云後景帝六歲是也。而以建元爲元光，則是參錯。又當言凡立四十五年，而云五十一。再三乖謬，皆是此傳誤。」
〔二〕師古曰：「東宮，太后所居。」

孝景薄皇后，孝文薄太后家女也。景帝爲太子時，薄太后取以爲太子妃。景帝立，立薄妃爲皇后，無子無寵。立六年，薄太后崩，皇后廢。廢後四年薨，葬長安城東平望亭南。

孝景王皇后，武帝母也。父王仲，槐里人也。母臧兒，故燕王臧荼孫也，爲仲妻，生男

信與兩女。而仲死，臧兒更嫁爲長陵田氏婦，生男蚡、勝。臧兒長女嫁爲金王孫婦，生一女矣，而臧兒卜筮曰兩女當貴，欲倚兩女，〔一〕奪金氏。金氏怒，不肯與決，乃內太子宮。太子幸愛之，生三女一男。男方在身時，王夫人夢日入其懷，以告太子，太子曰：「此貴徵也。」未生而文帝崩，景帝即位，王夫人生男。是時，薄皇后無子。後數歲，景帝立齊栗姬男爲太子，而王夫人男爲膠東王。

〔一〕師古曰：「冀其貴而依倚之得尊寵也。倚音於綺反。」

長公主嫖有女，欲與太子爲妃，栗姬妒，而景帝諸美人皆因長公主見得貴幸，栗姬日怨怒，謝長主，不許。長主欲與王夫人，王夫人許之。會薄皇后廢，長公主日譖栗姬短。景帝嘗屬諸姬子，〔一〕曰：「吾百歲後，善視之。」栗姬怒不肯應，言不遜，景帝心銜之而未發也。

〔一〕師古曰：「諸姬子，諸姬所生之子也。屬音之欲反。此下皆同。」

長公主日譽王夫人男之美，帝亦自賢之。又耳曩者所夢日符，〔一〕計未有所定。王夫人又陰使人趣大臣立栗姬爲皇后。〔二〕大行奏事，文曰：「『子以母貴，母以子貴。』今太子母號宜爲皇后。」帝怒曰：「是乃所當言邪！」〔三〕遂案誅大行，而廢太子爲臨江王。栗姬愈恚，不得見，以憂死。卒立王夫人爲皇后，〔四〕男爲太子。封皇后兄信爲蓋侯。

〔一〕師古曰：「耳常聽聞而記之也。符猶瑞應。」

〔二〕師古曰：「趣讀曰促。」
〔三〕師古曰：「乃，汝也。言此事非汝所當得言。」
〔四〕師古曰：「卒，終也。」

初，皇后始入太子家，後女弟兒姁亦復入，〔一〕生四男。兒姁蚤卒，四子皆爲王。〔二〕皇后長女爲平陽公主，次南宮公主，次隆慮公主。〔三〕

〔一〕師古曰：「姁音許于反。諸婦人之名字，音皆同。」
〔二〕師古曰：「謂廣川惠王越，膠東康王寄，清河哀王乘，常山憲王舜。」
〔三〕師古曰：「慮音廬。」

皇后立九年，景帝崩。武帝即位，爲皇太后，尊太后母臧兒爲平原君，封田蚡爲武安侯，勝爲周陽侯。王氏、田氏侯者凡三人。蓋侯信好酒，田蚡、勝貪，巧於文辭。蚡至丞相，追尊王仲爲共侯，〔一〕槐里起園邑二百家，長丞奉守。及平原君薨，從田氏葬長陵，亦置園邑如共侯法。

〔一〕師古曰：「共讀曰恭。」

初，皇太后微時所(謂)〔爲〕金王孫生女俗，在民間，蓋諱之也。〔一〕武帝始立，韓嫣白之。〔二〕帝曰：「何爲不蚤言？」乃車駕自往迎之。其家在長陵小市，直至其門，使左右入求

之。家人驚恐，女逃匿。扶將出拜，帝下車立曰：「大姊，何藏之深也？」載至長樂宮，與俱謁太后，太后垂涕，女亦悲泣。帝奉酒，前爲壽。錢千萬，奴婢三百人，公田百頃，甲第，以賜姊。太后謝曰：「爲帝費。」因賜湯沐邑，號修成君。男女各一人，女嫁諸侯，男號修成子仲，以太后故，橫於京師。〔三〕太后凡立二十五年，後景帝十五歲，元朔三年崩，合葬陽陵。

〔一〕師古曰：「言隨流俗而在閭巷，未顯貴。」
〔二〕師古曰：「嫣音偃。」
〔三〕師古曰：「橫音胡孟反。」

孝武陳皇后，長公主嫖女也。曾祖父陳嬰與項羽俱起，後歸漢，爲堂邑侯。傳子至孫午，午尚長公主，生女。

初，武帝得立爲太子，長主有力，取主女爲妃。及帝即位，立爲皇后，擅寵驕貴，十餘年而無子，聞衞子夫得幸，幾死者數焉。〔一〕上愈怒。后又挾婦人媚道，頗覺。元光五年，上遂窮治之，女子楚服等坐爲皇后巫蠱祠祭祝詛，大逆無道，相連及誅者三百餘人。楚服梟首於市。使有司賜皇后策曰：「皇后失序，惑於巫祝，〔二〕不可以承天命。其上璽綬，罷退居長門宮。」

〔一〕師古曰：「幾音鉅依反。數音所角反。」
〔二〕師古曰：「言失德義之序，而妄祝詛也。」

明年，堂邑侯午薨，主男須嗣侯。主寡居，私近董偃。十餘年，主薨。須坐淫亂，兄弟爭財，當死，自殺，國除。後數年，廢后乃薨，葬霸陵郎官亭東。

孝武衞皇后字子夫，生微也。其家號曰衞氏，出平陽侯邑。子夫爲平陽主謳者。〔一〕武帝即位，數年無子。平陽主求良家女十餘人飾置家。帝祓霸上，〔二〕還過平陽主。主見所偫美人，〔三〕帝不說。既飲，謳者進，帝獨說子夫。〔四〕帝起更衣，子夫侍尚衣〔五〕軒中，得幸。〔六〕還坐驩甚，賜平陽主金千斤。主因奏子夫送入宮。子夫上車，主拊其背曰：「行矣！〔七〕彊飯勉之。〔八〕即貴，願無相忘！」入宮歲餘，不復幸。武帝擇宮人不中用者斥出之，子夫得見，涕泣請出。上憐之，復幸，遂有身，尊寵。召其兄衞長君、弟青侍中。而子夫生三女，元朔元年生男據，遂立爲皇后。

〔一〕師古曰：「齊歌曰謳，音一侯反。」
〔二〕孟康曰：「祓，除也。於霸水上自祓除，今三月上巳祓禊也。」師古曰：「祓音廢。禊音系。」
〔三〕師古曰：「偫，儲偫也。偫音丈紀反。」

〔四〕師古曰：「說皆讀曰悅。」
〔五〕如淳曰：「以帷帳障尊者也。」晉灼曰：「代侍五尚之衣。」師古曰：「二說皆非也。尚，主也。時於軒中侍帝，權主衣裳。」
〔六〕師古曰：「軒謂軒車，即今車之施幰者。」
〔七〕師古曰：「拊謂摩循之也。行矣，猶今言好去。」
〔八〕師古曰：「彊音其兩反。飯音扶晚反。」

先是衞長君死，乃以青爲將軍，擊匈奴有功，封長平侯。青三子(皆)〔在〕襁褓中，皆爲列侯。及皇后姊子霍去病亦以軍功爲冠軍侯，至大司馬票騎將軍。青爲大司馬大將軍。衞氏支屬侯者五人。青還，尚平陽主。

皇后立七年，而男立爲太子。後色衰，趙之王夫人、中山李夫人有寵，皆蚤卒。後有尹倢伃、鉤弋夫人更幸。〔一〕衞后立三十八年，遭巫蠱事起，江充爲姦，太子懼不能自明，遂與皇后共誅充，發兵，兵敗，太子亡走。詔遣宗正劉長樂、執金吾劉敢奉策收皇后璽綬，自殺。黃門蘇文、姚定漢輿置公車令空舍，盛以小棺，瘞之城南桐柏。〔二〕衞氏悉滅。宣帝立，乃改葬衞后，追謚曰思后，置園邑三百家，長丞周衞奉守焉。〔三〕

〔一〕師古曰：「更，互也，音工衡反。」
〔二〕師古曰：「瘞，薶也。桐柏，亭名也。瘞音於例反。」

〔三〕師古曰：「葬在杜門外大道東，以倡優雜伎千人樂其園，故號千人聚。其地在今長安城內金城坊西北隅是。」

孝武李夫人，本以倡進。〔一〕初，夫人兄延年性知音，善歌舞，武帝愛之。每爲新聲變曲，聞者莫不感動。延年侍上起舞，歌曰：「北方有佳人，絕世而獨立，一顧傾人城，再顧傾人國。寧不知傾城與傾國，佳人難再得！」〔二〕上嘆息曰：「善！世豈有此人乎？」平陽主因言延年有女弟，上乃召見之，實妙麗善舞。由是得幸，生一男，是爲昌邑哀王。李夫人少而蚤卒，上憐閔焉，圖畫其形於甘泉宮。及衞思后廢後四年，武帝崩，大將軍霍光緣上雅意，以李夫人配食，〔三〕追上尊號曰孝武皇后。

〔一〕師古曰：「倡，樂人，音昌。」
〔二〕師古曰：「非不吝惜城與國也，但以佳人難得，愛悅之深，不覺傾覆。」
〔三〕師古曰：「緣，因也。雅意，素着之意。」

初，李夫人病篤，上自臨候之，夫人蒙被謝曰：「妾久寢病，形貌毀壞，不可以見帝。願以王及兄弟爲託。」上曰：「夫人病甚，殆將不起，一見我屬託王及兄弟，豈不快哉？」夫人曰：「婦人貌不修飾，不見君父。妾不敢以燕媠見帝。」〔一〕上曰：「夫人弟一見我，〔二〕將加賜千金，而予兄弟尊官。」夫人曰：「尊官在帝，不在一見。」上復言欲必見之，夫人遂轉鄉歔

欷而不復言。〔三〕於是上不說而起。〔四〕夫人姊妹讓之曰：〔五〕「貴人獨不可一見上屬託兄弟邪？何爲恨上如此？」夫人曰：「所以不欲見帝者，乃欲以深託兄弟也。我以容貌之好，得從微賤愛幸於上。夫以色事人者，色衰而愛弛，〔六〕愛弛則恩絕。上所以攣攣顧念我者，乃以平生容貌也。〔七〕今見我毀壞，顏色非故，必畏惡吐棄我，意尚肯復追思閔錄其兄弟哉！」及夫人卒，上以后禮葬焉。其後，上以夫人兄李廣利爲貳師將軍，封海西侯，延年爲協律都尉。

〔一〕師古曰：「媠與惰同。謂不嚴飾。」
〔二〕師古曰：「弟，但也。」
〔三〕師古曰：「鄉讀曰嚮，轉面而嚮裏也。歔音虛。欷音許旣反。」
〔四〕師古曰：「說讀曰悅。」
〔五〕師古曰：「讓，責也。」
〔六〕師古曰：「弛，解也，音式爾反。」
〔七〕師古曰：「攣音力全反，又讀曰戀。」

上思念李夫人不已，方士齊人少翁言能致其神。乃夜張燈燭，設帷帳，陳酒肉，而令上居他帳，遙望見好女如李夫人之貌，還幄坐而步。〔一〕又不得就視，上愈益相思悲感，爲作詩曰：「是邪，非邪？〔二〕立而望之，偏何姍姍其來遲！」〔三〕令樂府諸音家絃歌之。上又自爲作賦，以傷悼夫人，其辭曰：

〔一〕師古曰：「夫人之神於幄中坐，又出而徐步。」
〔二〕師古曰：「言所見之狀定是夫人以否。」
〔三〕師古曰：「姍姍，行貌，音先安反。」

美連娟以脩嫮兮，〔一〕命樔絕而不長，〔二〕飾新宮以延貯兮，泯不歸乎故鄉。〔三〕慘鬱鬱其蕪穢兮，隱處幽而懷傷，釋輿馬於山椒兮，奄修夜之不陽。〔四〕秋氣（潛）〔憯〕以淒淚兮，桂枝落而銷亡，〔五〕神煢煢以遙思兮，精浮游而出畺。託沈陰以壙久兮，惜蕃華之未央，〔六〕念窮極之不還兮，惟幼眇之相羊。〔七〕函菱荴以俟風兮，芳雜襲以彌章，〔八〕的容與以猗靡兮，縹飄姚虖愈莊。〔九〕燕淫衍而撫楹兮，連流視而娥揚，〔一〇〕旣激感而心逐兮，包紅顏而弗明。〔一一〕驩接狎以離別兮，宵寤夢之芒芒，〔一二〕忽遷化而不反兮，魄放逸以飛揚。何靈魂之紛紛兮，哀裴回以躊躇，〔一三〕勢路日以遠兮，遂荒忽而辭去。〔一四〕超兮西征，屑兮不見。〔一五〕寖淫敞克，寂兮無音，〔一六〕思若流波，怛兮在心。〔一七〕

〔一〕師古曰：「嫮，美也。連娟，纖弱也。嫮音互。娟音一全反。」
〔二〕師古曰：「樔，截也，音子小反。」
〔三〕師古曰：「新宮，待神之處。貯與佇同。佇，待也。泯然，滅絕意。」
〔四〕孟康曰：「山椒，山陵也，置輿馬於山陵也。」師古曰：「自慘鬱鬱以下，皆言夫人身處墳墓而隱翳也。修，長也。

陽，明也。」
〔五〕師古曰：「淒淚，寒涼之意也。桂枝芳香，亦喻夫人也。憯音千感反。淚音戾。」
〔六〕師古曰：「沈陰，言在地下也。壙與曠同。未央猶未半也。言年歲未半，而早落蕃華，故痛惜之。蕃音扶元反。」
〔七〕師古曰：「惟，思也。幼眇猶窈窕也。相羊，翺翔也。幼音一小反。相音襄。」
〔八〕李奇曰：「荴音敷。」孟康曰：「菱音綏，華中齊也。夫人之色如春華含菱敷散，以待風也。」師古曰：「雜襲，重積也。」
〔九〕孟康曰：「言夫人之顏色的然盛美，雖在風中縹姚，愈益端嚴也。」師古曰：「縹音匹妙反。」
〔一〇〕師古曰：「追述平生歡宴之時也。娥揚，揚其娥眉。」
〔一一〕晉灼曰：「包，藏也。謂夫人藏其顏色，不肯見帝屬其家室也。」師古曰：「此說非也。心逐者，帝自言中心追逐夫人不能已也。包紅顏者，言在墳墓之中不可見也。」
〔一二〕師古曰：「言絕接狎之驩，而遂離別也。宵，夜也。芒芒，無知之貌也。芒音莫郎反。」
〔一三〕師古曰：「躊躇，住足也。躊音疇。躇合韻音丈預反。」
〔一四〕師古曰：「荒音呼廣反。」
〔一五〕師古曰：「屑然，疾意也。以日爲喻，故言西征。」
〔一六〕師古曰：「克，古悅字。」
〔一七〕師古曰：「流波，言恩寵不絕也。怛，悼也，音丁曷反。」

亂曰：〔一〕佳俠函光，隕朱榮兮，〔二〕嫉妒闒（茸）〔茸〕，將安程兮！〔三〕方時隆盛，年

天傷兮，〔四〕弟子增欷，洿沫悵兮。〔五〕悲愁於邑，喧不可止兮。〔六〕嚮不虛應，亦云已兮。〔七〕嫶妍太息，嘆稚子兮，〔八〕懰慄不言，倚所恃兮。〔九〕仁者不誓，豈約親兮？〔一〇〕既往不來，申以信兮。〔一一〕去彼昭昭，就冥冥兮，既下新宮，不復故庭兮。〔一二〕嗚呼哀哉，想魂靈兮！

〔一〕師古曰：「亂，理也，總理賦中之意。」
〔二〕孟康曰：「佳俠猶佳麗。」
〔三〕師古曰：「言嫉妒闒茸之徒不足與夫人爲程品也。闒茸，衆賤之稱也。闒音吐獵反。茸音人勇反。」
〔四〕師古曰：「傷合韻音式向反。」
〔五〕應劭曰：「弟，夫人弟兄也。子，昌邑王也。」孟康曰：「洿沫，涕洟也。」晉灼曰：「沫音水沬面之沬。言涕淚洿集覆面下也。」師古曰：「沫，晉說是也。悵，惆悵也。洿音烏。洿，下也。沬音呼內反，字從午未之未也。」
〔六〕師古曰：「朝鮮之間謂小兒泣不止名爲喧，音許遠反。」
〔七〕師古曰：「嚮讀曰響。響之隨聲，必當有應，而今涕泣(從)〔徒〕自已耳，夫人不知之，是虛其應。」
〔八〕孟康曰：「夫人蒙被，歔欷不見，帝哀其子小而孤也。」晉灼曰：「三輔謂憂愁面省瘦曰嫶冥。嫶冥猶嫶妍也。」師古曰：「嫶音在消反。」
〔九〕孟康曰：「恃平日之恩，知上必感念之也。」師古曰：「懰慄，哀愴之意也。懰音劉。慄音栗。」
〔一〇〕如淳曰：「仁者之行惠偵一不以爲恩施，豈有親親而反當以誓約乎？」

〔一一〕師古曰：「死者一往不返，情念酷痛，重以此心爲信，不有忽忘也。信合韻音新。」
〔一二〕師古曰：「故庭謂平生所居室之庭也。復音扶目反。」

其後李延年弟季坐姦亂後宮，廣利降匈奴，家族滅矣。

孝武鉤弋趙倢伃，昭帝母也，家在河間。武帝巡狩過河間，望氣者言此有奇女，天子亟使使召之。既至，女兩手皆拳，上自披之，手卽時伸。由是得幸，號曰拳夫人。先是其父坐法宮刑，爲中黃門，死長安，葬雍門。〔一〕

〔一〕師古曰：「雍門在長安西北孝里西南，去長安三十里。廣記云趙父冢在門西也。」

拳夫人進爲倢伃，居鉤弋宮，〔一〕大有寵，(元)〔太〕始三年生昭帝，號鉤弋子。任身十四月乃生，上曰：「聞昔堯十四月而生，今鉤弋亦然。」乃命其所生門曰堯母門。後衞太子敗，而燕王旦、廣陵王胥多過失，寵姬王夫人男齊懷王、李夫人男昌邑哀王皆蚤薨，鉤弋子年五六歲，壯大多知，〔二〕上常言「類我」，又感其生與衆異，甚奇愛之，心欲立焉，以其年穉母少，恐女主顓恣亂國家，猶與久之。〔三〕

〔一〕師古曰：「黃圖鉤弋宮在城外，漢武故事曰在直門南也。」
〔二〕師古曰：「壯大者，言其形體偉大。」

〔三〕師古曰：「與讀曰豫。」

鉤弋倢伃從幸甘泉，有過見譴，以憂死，〔一〕因葬雲陽。〔二〕後上疾病，乃立鉤弋子爲皇太子。拜奉車都尉霍光爲大司馬大將軍，輔少主。明日，帝崩。昭帝卽位，追尊鉤弋倢伃爲皇太后，發卒二萬人起雲陵，邑三千戶。追尊外祖趙父爲順成侯，詔右扶風置園邑二百家，長丞奉守如法。順成侯有姊君姁，賜錢二百萬，奴婢第宅以充實焉。諸昆弟各以親疏受賞賜。趙氏無在位者，唯趙父追封。

〔一〕師古曰：「譴，責也，音口戰反。」
〔二〕師古曰：「在甘泉宮南，今土俗人嘑爲女陵。」

孝昭上官皇后。祖父桀，隴西上邽人也。少時爲羽林期門郎，從武帝上甘泉，天大風，車不得行，解蓋授桀。桀奉蓋，雖風常屬車；〔一〕雨下，蓋輒御。上奇其材力，遷未央廄令。上嘗體不安，及愈，見馬，〔二〕馬多瘦，上大怒：「令以我不復見馬邪！」欲下吏，桀頓首曰：「臣聞聖體不安，日夜憂懼，意誠不在馬。」〔三〕言未卒，泣數行下。上以爲忠，由是親近，爲侍中，稍遷至太僕。武帝疾病，以霍光爲大將軍，太僕桀爲左將軍，皆受遺詔輔少主。以前捕斬反者莽通功，封桀爲安陽侯。

〔一〕師古曰：「屬，連也，音之欲反。」
〔二〕師古曰：「見謂呈見之，音胡電反。」
〔三〕師古曰：「誠，實也。」

初，桀子安取霍光女，結婚相親，光每休沐出，桀常代光入決事。昭帝始立，年八歲，帝長姊鄂邑蓋長公主居禁中，共養帝。〔一〕蓋主私近子客河間丁外人。〔二〕上與大將軍聞之，不絕主驩，有詔外人侍長主。長主內周陽氏女，令配耦帝。時上官安有女，卽霍光外孫，安因光欲內之。光以爲尚幼，不聽。安素與丁外人善，說外人曰：「聞長主內女，安子容貌端正，誠因長主時得入爲后，〔三〕以臣父子在朝而有椒房之重，〔四〕成之在於足下，漢家故事常以列侯尚主，足下何憂不封侯乎？」外人喜，言於長主。長主以爲然，詔召安女入爲倢伃，安爲騎都尉。月餘，遂立爲皇后，年甫六歲。〔五〕

〔一〕師古曰：「共音居用反。養音弋亮反。」
〔二〕師古曰：「子客，子之賓客也。外人，其名也。」
〔三〕師古曰：「以時得入。」
〔四〕師古曰：「椒房，殿名，在未央宮，皇后所居。」
〔五〕師古曰：「甫，始也。」

安以后父封桑樂侯，食邑千五百戶，遷車騎將軍，日以驕淫。受賜殿中，出對賓客言：

「與我婿飲，大樂！」見其服飾，使人歸，欲自燒物。安醉則裸行內，與後母及父諸良人、侍御皆亂。[一]子病死，仰而罵天。數守大將軍光，爲丁外人求侯，[二]及桀欲妄官祿外人，[三]光執正，皆不聽。又桀妻父所幸充國爲太醫監，闌入殿中，下獄當死。冬月且盡，蓋主爲充國入馬二十匹贖罪，乃得減死論。於是桀、安父子深怨光而重德蓋主。知燕王旦帝兄，不得立，亦怨望，桀、安卽記光過失予燕王，令上書告之，又爲丁外人求侯。燕王大喜，上書稱：「子路喪姊，朞而不除，孔子非之。子路曰：『由不幸寡兄弟，不忍除之。』[四]故曰『觀過知仁』。[五]今臣與陛下獨有長公主爲姊，陛下幸使丁外人侍之，外人宜蒙爵號。」書奏，上以問光，光執不許。及告光罪過，上又疑之，愈親光而疏桀、安。桀、安寖恚，[六]遂結黨與謀殺光，誘徵燕王至而誅之，因廢帝而立桀。或曰：「當如皇后何？」安曰：「逐麋之狗，當顧菟邪！[七]且用皇后爲尊，一旦人主意有所移，雖欲爲家人亦不可得，[八]此百世之一時也。」事發覺，燕王、蓋主皆自殺。語在霍光傳。桀、安宗族既滅，皇后以年少不與謀，[九]亦光外孫，故得不廢。皇后母前死，葬茂陵郭東，追尊曰敬夫人，置園邑二百家，長丞奉守如法。皇后自使私奴婢守桀、安家。[一〇]

[一]師古曰：「良人謂妾也。侍御則衆婢矣。」
[二]師古曰：「守，求請之。」

[三]師古曰：「不由材德，故云妄。」
[四]師古曰：「事見禮記。由，子路之名。」
[五]師古曰：「論語云孔子曰：『人之過也，各於其黨，觀過斯知仁矣。』引此言者，謂子路厚於骨肉，雖違禮制，是其仁愛。」
[六]師古曰：「寖，漸也。」
[七]師古曰：「言所求者大，不顧小也。」
[八]師古曰：「家人，言凡庶匹夫。」
[九]師古曰：「與讀曰豫。」
[一〇]師古曰：「廟記云上官桀、安家並在霍光冢東，東去夏侯勝冢二十步。」

光欲皇后擅寵有子，帝時體不安，左右及醫皆阿意，言宜禁內，雖宮人使令皆爲窮絝，多其帶，[一]後宮莫有進者。

[一]服虔曰：「窮絝，有前後當，不得交通也。」師古曰：「使令，所使之人也。絝，古袴字也。窮絝卽今之緄襠袴也。令音力征反。緄音下昆反。」

皇后立十歲而昭帝崩，后年十四五云。昌邑王賀徵卽位，尊皇后爲皇太后。光與太后共廢王賀，立孝宣帝。宣帝卽位，爲太皇太后。凡立四十七年，年五十二，建昭二年崩，合葬平陵。

衞太子史良娣，宣帝祖母也。太子有妃，有良娣，有孺子，妻妾凡三等，子皆稱皇孫。史良娣家本魯國，有母貞君，兄恭。以元鼎四年入爲良娣，生男進，號史皇孫。[一]

[一]師古曰：「進者，皇孫之名。」

武帝末，巫蠱事起，衞太子及良娣、史皇孫皆遭害。史皇孫有一男，號皇曾孫，時生數月，猶坐太子繫獄，積五歲乃遭赦。治獄使者邴吉憐皇曾孫無所歸，載以(附)〔付〕史恭。恭母貞君年老，見孫孤，甚哀之，自養視焉。

後曾孫收養於掖庭，遂登至尊位，是爲宣帝。而貞君及恭已死，恭三子皆以舊恩封。長子高爲樂陵侯，曾爲將陵侯，玄爲平臺侯，及高子丹以功德封武陽侯，侯者凡四人。高至大司馬車騎將軍，丹左將軍，自有傳。

史皇孫王夫人，宣帝母也，名翁須，太始中得幸於史皇孫。皇孫妻妾無號位，皆稱家人子。征和二年，生宣帝。帝生數月，衞太子、皇孫敗，家人子皆坐誅，莫有收葬者，唯宣帝得全。卽尊位後，追尊母王夫人謚曰悼后，祖母史良娣曰戾后，皆改葬，起園邑，長丞奉守。語在戾太子傳。地節三年，求得外祖母王媼，媼男無故，無故弟武皆隨使者詣闕。時乘黃

牛車，故百姓謂之黃牛媼。

初，上卽位，數遣使者求外家，久遠，多似類而非是。既得王媼，令太中大夫任宣與丞相御史屬雜考問鄉里識知者，皆曰王媼。媼言名妄人，家本涿郡蠡吾平鄉。[一]年十四嫁爲同鄉王更得妻。更得死，嫁爲廣望王迺始婦，[二]產子男無故、武，女翁須。翁須年八九歲時，寄居廣望節侯子劉仲卿宅，仲卿謂迺始曰：「予我翁須，自養長之。」媼爲翁須作縑單衣，[三]送仲卿家。仲卿教翁須歌舞，往來歸取冬夏衣。居四五歲，翁須來言「邯鄲賈長兒求歌舞者，仲卿欲以我與之。」媼卽與翁須逃走，之平鄉。[四]仲卿載迺始共求媼，媼惶急，將翁須歸，曰：「兒居君家，非受一錢也，[五]奈何欲予它人？」仲卿詐曰：「不也。」後數日，翁須乘長兒車馬過門，呼曰：「我果見行，[六]當之柳宿。」[七]媼與迺始之柳宿，見翁須相對涕泣，謂曰：「我欲爲汝自言。」[八]翁須曰：「母置之，[九]何家不可以居？[一〇]自言無益也。」媼與迺始還求錢用，隨逐至中山盧奴，見翁須與歌舞等比五人同處，[一一]媼與翁須共宿。明日，迺始留視翁須，媼還求錢，欲隨至邯鄲。媼歸，糶買未具，迺始來歸曰：「翁須已去，我無錢用隨也。」因絕至今，不聞其問。賈長兒妻貞及從者師遂辭：[一二]「往二十歲，太子舍人侯明從長安來求歌舞者，請翁須等五人。長兒使遂送至長安，皆入太子家。」及廣望三老更始、劉仲卿妻其等四十五人辭，皆驗。[一三]宣奏王媼悼后母明白，上皆召見，賜無故、武爵關

內侍，旬月間，賞賜以鉅萬計。頃之，制詔御史賜外祖母號爲博平君，以博平、蠡吾兩縣戶萬一千爲湯沐邑。封舅無故爲平昌侯，武爲樂昌侯，食邑各六千戶。

〔一〕師古曰：「蠡音禮。」
〔二〕師古曰：「廣望亦涿郡之縣。」
〔三〕師古曰：「縑即今之絹也，音兼。」
〔四〕師古曰：「之，往也。」
〔五〕師古曰：「言未嘗得其聘幣。」
〔六〕師古曰：「呼音火故反。」
〔七〕蘇林曰：「聚邑名也，在中山盧奴東北三十里。」
〔八〕師古曰：「言自訟理，不肯行。」
〔九〕師古曰：「置之猶言(在)〔任〕聽之，不須自言。」
〔一〇〕師古曰：「言所去處，皆可安居。」
〔一一〕師古曰：「比音必寐反。」
〔一二〕師古曰：「辭，對辭。」
〔一三〕師古曰：「其者，仲卿妻之名。」

初，廼始以本始四年病死，後三歲，家乃富貴，追賜謚曰思成侯。詔涿郡治冢室，置園

邑四百家，長丞奉守如法。歲餘，博平君薨，謚曰思成夫人。詔徙思成侯合葬奉明顧成廟南，置園邑長丞，〔一〕罷涿郡思成園。王氏侯者二人，無故子接爲大司馬車騎將軍，而武子商至丞相，自有傳。

〔一〕師古曰：「本號廣明，故戾太子傳云皇孫及王夫人皆葬廣明，其後以置園邑奉守，改曰奉明。」

孝宣許皇后，元帝母也。父廣漢，昌邑人，少時爲昌邑王郎。從武帝上甘泉，誤取它郎鞍以被其馬，發覺，吏劾從行而盜，當死，有詔募下蠶室。〔一〕後爲宦者丞。上官桀謀反時，廣漢部索，〔二〕其殿中廬有索長數尺可以縛人者數千枚，滿一篋緘封，〔三〕廣漢索不得，它吏往得之。〔四〕廣漢坐論爲鬼薪，輸掖庭，後爲暴室嗇夫。時宣帝養於掖庭，號皇曾孫，與廣漢同寺居。〔五〕時掖庭令張賀，本衞太子家吏，及太子敗，賀坐下刑，以舊恩養視皇曾孫甚厚。及曾孫壯大，賀欲以女孫妻之。是時，昭帝始冠，長八尺二寸。賀弟安世爲右將軍，與霍將軍同心輔政，聞賀稱譽皇曾孫，欲妻以女，安世怒曰：「曾孫乃衞太子後也，幸得以庶人衣食縣官，足矣，勿復言予女事。」於是賀止。時許廣漢有女平君，年十四五，當爲內者令歐侯氏子婦。〔六〕臨當入，歐侯氏子死。其母將行卜相，〔七〕言當大貴，母獨喜。賀聞許嗇夫有女，乃置酒請之，〔八〕酒酣，爲言「曾孫體近，下人，乃關內侯，〔九〕可妻也。」廣漢許諾。明日，媼聞之，怒。〔一〇〕廣漢重令爲介，〔一一〕遂與曾孫，一歲生元帝。數月，曾孫立爲帝，平君爲倢伃。是時，霍將軍有小女，與皇太后有親。公卿議更立皇后，皆心儀霍將軍女，〔一二〕亦未有言。上乃詔求微時故劍，大臣知指，白立許倢伃爲皇后。既立，霍光以后父廣漢刑人不宜君國，歲餘乃封爲昌成君。

〔一〕孟康曰：「死罪囚欲就宮者聽之。」
〔二〕師古曰：「部分搜索罪人也。索音山客反。」
〔三〕師古曰：「殿中廬，桀所止宿廬舍在宮中者也。緘，束篋也，音工咸反。」
〔四〕師古曰：「須得此繩索者，用爲桀之反具。」
〔五〕師古曰：「寺者，掖庭之官舍。」
〔六〕師古曰：「歐侯，姓也。歐音烏溝反。」
〔七〕師古曰：「將領自隨而行卜。」
〔八〕師古曰：「請，召也。召嗇夫飲酒也。」
〔九〕師古曰：「言曾孫之身於帝爲近親，縱其人材下劣，尚作關內侯。審本或無人字。」
〔一〇〕師古曰：「廣漢之妻不欲與曾孫。」
〔一一〕師古曰：「更令人作媒而結婚姻。重音直用反。」
〔一二〕服虔曰：「儀音蟻。」晉灼曰：「儀，向也。」師古曰：「晉說是也，謂附向之。」

霍光夫人顯欲貴其小女，道無從。〔一〕明年，許皇后當娠，病。女醫淳于衍者，霍氏所愛，嘗入宮侍皇后疾。衍夫賞爲掖庭戶衞，謂衍「可過辭霍夫人行，〔二〕爲我求安池監。」衍如言報顯。顯因生心，辟左右，〔三〕字謂衍：「少夫幸報我以事，〔四〕我亦欲報少夫，可乎？」〔五〕衍曰：「夫人所言，何等不可者！」〔六〕顯曰：「將軍素愛小女成君，欲奇貴之，願以累少夫。」〔七〕衍曰：「何謂邪？」顯曰：「婦人免乳大故，十死一生。〔八〕今皇后當免身，可因投毒藥去也，〔九〕成君即得爲皇后矣。如蒙力事成，富貴與少夫共之。」衍曰：「藥雜治，當先嘗，安可？」〔一〇〕顯曰：「在少夫爲之耳。將軍領天下，誰敢言者？緩急相護，但恐少夫無意耳！」衍良久曰：「願盡力。」即擣附子，齎入長定宮。皇后免身後，衍取附子幷合大醫大丸以飲皇后。〔一一〕有頃曰：「我頭岑岑也，藥中得無有毒？」〔一二〕對曰：「無有。」遂加煩懣，崩。〔一三〕衍出，過見顯，相勞問，〔一四〕亦未敢重謝衍。〔一五〕後人有上書告諸醫侍疾無狀者，皆收繫詔獄，劾不道。顯恐(事)急，即以狀具語光，因曰：「既失計爲之，無令吏急衍！」光驚鄂，默然不應。其後奏上，署衍勿論。〔一六〕

〔一〕師古曰：「從，因也，由也。無由得內其女。」
〔二〕師古曰：「過辭夫人，乃行入宮也。」
〔三〕師古曰：「辟音闢，謂屏去之。」

〔四〕如淳曰：「稱衍字曰少夫，親之也。」晉灼曰：「報我以事，謂求池監也。」
〔五〕晉灼曰：「報少夫謀弒許后事。」
〔六〕師古曰：「無事而不可。」
〔七〕師古曰：「累，託也，音力瑞反。」
〔八〕師古曰：「免乳謂產子也。大故，大事也。乳音人喻反。」
〔九〕師古曰：「去謂除去皇后也，音丘呂反。」
〔一〇〕師古曰：「與衆醫共雜治之，人有先嘗者，何可行毒？」
〔一一〕晉灼曰：「大丸，今澤蘭丸之屬。」
〔一二〕師古曰：「岑岑，痺悶之意。」
〔一三〕師古曰：「懣音滿，又音悶。」
〔一四〕師古曰：「勞音來到反。」
〔一五〕師古曰：「恐人知覺之。」
〔一六〕李奇曰：「光題其奏也。」師古曰：「言之於帝，故解釋耳，光不自署也。」

許后立三年而崩，謚曰恭哀皇后，葬杜南，是爲杜陵南園。〔一〕後五年，立皇太子，乃封太子外祖父昌成君廣漢爲平恩侯，位特進。後四年，復封廣漢兩弟，舜爲博望侯，延壽爲樂成侯。許氏侯者凡三人。廣漢薨，謚曰戴侯，無子，絕。葬南園旁，置邑三百家，長丞奉守如

法。宣帝以延壽爲大司馬車騎將軍，輔政。元帝即位，復封延壽中子嘉爲平恩侯，奉戴侯後，亦爲大司馬車騎將軍。

〔一〕師古曰：「即今之所謂小陵者，去杜陵十八里。」

孝宣霍皇后，大司馬大將軍博陸侯光女也。母顯，既使淳于衍陰殺許后，顯因爲成君衣補，〔一〕治入宮具，勸光內之，果立爲皇后。

〔一〕師古曰：「謂縫作嫁時衣被也。爲音于僞反。」

初許后起微賤，登至尊日淺，從官車服甚節儉，五日一朝皇太后於長樂宮，親奉案上食，以婦道共養。及霍后立，亦修許后故事。而皇太后親霍后之姊子，故常竦體，敬而禮之。皇后轝駕侍從甚盛，賞賜官屬以千萬計，與許后時縣絕矣。上亦寵之，顓房燕。〔一〕立三歲而光薨。後一歲，上立許后男爲太子，昌成君者爲平恩侯。顯怒恚不食，歐血，曰：「此乃民間時子，安得立？即后有子，反爲王邪！」復教皇后令毒太子。皇后數召太子賜食，保阿輒先嘗之，后挾毒不得行。後殺許后事頗泄，顯遂與諸壻昆弟謀反，發覺，皆誅滅。使有司賜皇后策曰：「皇后熒惑失道，懷不德，挾毒與母博陸宣成侯夫人顯謀欲危太子，無人母之恩，不宜奉宗廟衣服，不可以承天命。烏呼傷哉！其退避宮，上璽綬有司。」霍后立五年，廢處昭臺宮。〔二〕後十二歲，徙雲林館，乃自殺，葬昆吾亭東。〔三〕

〔一〕師古曰：「顓與專同。」
〔二〕師古曰：「在上林中。」
〔三〕師古曰：「昆吾，地名，在藍田。」

初，霍光及兄驃騎將軍去病皆自以功伐封侯居位，宣帝以光故，封去病孫山、山弟雲皆爲列侯，侯者前後四人。

孝宣王皇后。其先高祖時有功賜爵關內侯，自沛徙長陵，傳爵至后父奉光。奉光少時好鬬雞，宣帝在民間數與奉光會，相識。奉光有女年十餘歲，每當適人，所當適輒死，故久不行。及宣帝即位，召入後宮，稍進爲倢伃。是時，館陶（主）〔王〕母華倢伃〔一〕及淮陽憲王母張倢伃、楚孝王母衞倢伃皆愛幸。

〔一〕師古曰：「華音戶花反。」

霍皇后廢後，上憐許太子蚤失母，〔一〕幾爲霍氏所害，〔二〕於是乃選後宮素謹慎而無子者，遂立王倢伃爲皇后，令母養太子。自爲后後，希見無寵。封父奉光爲邛成侯。立十六年，宣帝崩，元帝即位，爲皇太后。封太后兄舜爲安平侯。後二年，奉光薨，謚曰共侯，葬長

門南，置園邑二百家，長丞奉守如法。元帝崩，成帝即位，爲太皇太后。復爵太皇太后弟駿爲關內侯，食邑千戶。王氏列侯二人，關內侯一人。舜子章，章從弟咸，皆至左右將軍。時成帝母亦姓王氏，故世號太皇太后爲邛成太后。

〔一〕師古曰：「許后所生，故曰許太子。」
〔二〕師古曰：「幾音巨依反。」

邛成太后凡立四十九年，年七十餘，永始元年崩，合葬杜陵，稱東園。〔一〕奉光孫勳坐法免。元始中，成帝太后下詔曰：「孝宣王皇后，朕之姑，深念奉質共脩之義，恩結于心。〔二〕惟邛成共侯國廢祀絕，朕甚閔焉。其封共侯曾孫堅固爲邛成侯。」至王莽乃絕。

〔一〕師古曰：「雖同塋兆而別爲墳，王后陵次宣帝陵東，故曰東園也。」
〔二〕師古曰：「質讀曰贄。」

校勘記

三九三三頁四行　殷之興也以有娀（又）〔及〕有䜣，景祐、殿、局本都作「及」。王先謙說作「及」是。
三九三九頁四行　燕（靈）王建〔子〕。景祐本無「靈」字，有「子」字。周壽昌說何焯校本同，何校是。
三九四七頁一四行　皇太后微時所（謂）〔爲〕金王孫生女俗，在民間，蓋諱之也。景祐、殿本都作「爲」。錢大昕說「俗」是金氏女之名。王先謙說錢說是，顏注誤。

廢氣於後宮，視后妾無能懷任保全者，〔二〕以著繼嗣之微，賤人將起也。〔三〕至其九月，流星如瓜，出於文昌，貫紫宮，尾委曲如龍，臨於鉤陳，此又章顯前尤，著在內也。〔四〕其後則有北宮井溢，南流逆理，數郡水出，流殺人民。後則訛言傳相驚震，女童入殿，咸莫覺知。〔五〕夫河者水陰，四瀆之長，今乃大決，沒漂陵邑，〔六〕斯昭陰盛盈溢，違經絕紀之應也。乃昔之月，鼠巢于樹，野鵲變色。五月庚子，鳥焚其巢太山之域。易曰：「鳥焚其巢，旅人先咲後號咷。喪牛于易，凶。」〔七〕言王者處民上，如鳥之處巢也，不顧卹百姓，百姓畔而去之，若鳥之自焚也，雖先快意說咲，〔八〕其後必號而無及也。百姓喪其君，若牛亡其毛也，故稱凶。泰山，王者易姓告代之處，今正於岱宗之山，甚可懼也。三月癸未，大風自西搖祖宗寢廟，揚裂帷席，折拔樹木，頓僵車輦，毀壞檻屋，災及宗廟，足為寒心！四月己亥，日蝕東井，轉旋且索，與既無異。〔九〕己猶戊也，亥復水也，〔十〕明陰盛，咎在內。於戊己，虧君體，著絕世於皇極，顯禍敗及京都。於東井，變怪衆備，末重益大，來數益甚。成形之禍月以迫切，不救之患日寖婁深，〔十一〕咎敗灼灼若此，豈可以忽哉！〔十二〕

〔一〕師古曰：「日者猶言往日也。」

〔二〕師古曰：「視讀曰示。」

〔三〕師古曰：「著，明也。」

〔四〕師古曰：「尤，過也。」

〔五〕師古曰：「謂陳持弓也。」

〔六〕師古曰：「大阜曰陵。」

〔七〕師古曰：「咲，古笑字也。咷音桃。解並在谷永傳。」

〔八〕師古曰：「說讀曰悅。」

〔九〕師古曰：「轉旋且索，言須臾之間則欲盡也。既亦盡耳，春秋書『日有食之，既』。故詔引以為言也。索音先各反。」

〔十〕張晏曰：「己戊皆中宮，為君。亥為水，陰氣也。」

〔十一〕師古曰：「寖，甚也。婁，古屢字。」

〔十二〕師古曰：「灼灼，明白貌也。忽，怠忘也。」

書云「高宗肜日，粵有雊雉。〔一〕祖己曰：『惟先假王正厥事。』」又曰「雖休勿休，惟敬五刑，以成三德。」〔二〕即飭椒房及掖庭耳。〔三〕今皇后有所疑，便不便，其條刺，使大長秋來白之。〔四〕吏拘於法，亦安足過？蓋矯枉者過直，古今同之。〔五〕且財（帛）〔幣〕之省，特牛之祠，其於皇后，所以扶助德美，為華寵也。咎根不除，災變相襲，〔六〕祖宗且不血食，何戴侯也！傳不云乎？「以約失之者鮮。」〔七〕審皇后欲從其奢與？〔八〕朕亦當法孝武皇帝也，如此則甘泉、建章可復興矣。世俗歲殊，時變日化，遭事制宜，因時而移，舊之非者，何可放焉！〔九〕君子之道，樂因循而重改作。昔魯人為長府，閔子騫曰：「仍舊貫如之何？何必改作！」〔十〕蓋惡之也。詩云：「雖無老成人，尚有典刑，曾是莫聽，大命以傾。」〔十一〕孝文皇帝，朕之師也。皇太后，皇后成法也。假使太后在彼時不如職，今見親厚，又惡可以踰乎！〔十二〕皇后其刻心秉德，毋違先后之制度，力誼勉行，稱順婦道，〔十三〕減省羣事，謙約為右。〔十四〕其孝東宮，毋闕朔望，〔十五〕推誠永究，爰何不臧！〔十六〕養名顯行，以息衆讙，〔十七〕垂則列妾，使有法焉。〔十八〕皇后深惟毋忽！

〔一〕師古曰：「肜音弋中反。」

〔二〕師古曰：「解並在谷永傳。」

〔三〕師古曰：「謂祖己所言皆以戒後宮也。飭與敕同。」

〔四〕師古曰：「條謂分條之也。刺謂書之於刺板也。刺音千賜反。」

〔五〕師古曰：「矯，正也。枉，曲也。言意在正曲，遂過於直。」

〔六〕師古曰：「襲，重累也。」

〔七〕師古曰：「論語載孔子之言也。鮮，少也。謂能行儉約而有過失之事，如此者少也。鮮音先踐反。」

〔八〕師古曰：「與讀曰歟。」

〔九〕師古曰：「放音甫往反。」

〔十〕師古曰：「事見論語。長府，藏貨之府也。閔子騫，孔子弟子也。名損。仍，因也。貫，事也。因舊事則可，何乃復更改作乎？」

〔十一〕師古曰：「大雅蕩之詩也。老成人，舊故之臣也。典刑，常法也。言闇亂之時不用舊法，以至傾危。」

〔十二〕師古曰：「言假令太后昔時不得其志，不依常理，而皇后今被親厚，何可踰於太后制度乎？婦不可踰姑也。惡音烏。」

〔十三〕師古曰：「稱，副也。」

〔十四〕師古曰：「以謙約為先。」

〔十五〕師古曰：「東宮，太后所居也。朔望，朝謁之禮也。」

〔十六〕師古曰：「究，竟也。爰，于也。臧，善也。于何不善，言何事而不善也。」

〔十七〕師古曰：「讙，譁，衆議也，音許元反。」

〔十八〕師古曰：「言垂法於後宮，使皆遵行也。」

是時大將軍鳳用事，威權尤盛。其後，比三年日蝕，〔一〕言事者頗歸咎於鳳矣。而谷永等遂著之許氏，許氏自知為鳳所不佑。〔二〕久之，皇后寵亦益衰，而後宮多新愛。后姊平安剛侯夫人謁等為媚道祝謯後宮有身者王美人及鳳等，〔三〕事發覺，太后大怒，下吏考問，謁等誅死，許后坐廢處昭臺宮，〔四〕親屬皆歸故郡山陽，后弟子平恩侯旦就國。凡立十四年而廢，在昭臺歲餘，還徙長定宮。〔五〕

〔一〕師古曰：「比，頻也。」

〔二〕師古曰：「佑，助也。」

〔三〕師古曰：「詛，古詛字。」

〔四〕師古曰：「在上林苑中。」

〔五〕師古曰：「三輔黃圖林光宮有長定宮。」

後九年，上憐許氏，下詔曰：「蓋聞仁不遺遠，誼不忘親。前平安剛侯夫人謁坐大逆罪，家屬幸蒙赦令，歸故郡。朕惟平恩戴侯，先帝外祖，魂神廢棄，莫奉祭祀，念之未嘗忘于心。其還平恩侯旦及親屬在山陽郡者。」是歲，廢后敗。先是廢后姊孊寡居，與定陵侯淳于長私通，〔一〕因爲之小妻。長紿之曰：〔二〕「我能白東宮，復立許后爲左皇后。」廢后因孊私賂遺長，數通書記相報謝。長書有誖謾，〔三〕發覺，天子使廷尉孔光持節賜廢后藥，自殺，葬延陵交道廄西。

〔一〕師古曰：「孊者，后姊之名也，音靡。」

〔二〕師古曰：「紿，誑也。」

〔三〕師古曰：「誖，惑亂也。謾，媟汙也。誖音布內反。謾與慢同。」

孝成班倢伃，帝初即位選入後宮。始爲少使，蛾而大幸，〔一〕爲倢伃，居增成舍，〔二〕再就館，〔三〕有男，數月失之。成帝遊於後庭，嘗欲與倢伃同輦載，倢伃辭曰：「觀古圖畫，賢聖

之君皆有名臣在側，三代末主乃有嬖女，〔四〕今欲同輦，得無近似之乎？」〔五〕上善其言而止。太后聞之，喜曰：「古有樊姬，今有班倢伃。」〔六〕倢伃誦詩及窈窕、德象、女師之篇。〔七〕每進見上疏，依則古禮。〔八〕

〔一〕如淳曰：「蛾，無幾之頃也。」師古曰：「蛾與俄同，古字通用。」

〔二〕應劭曰：「後宮有八區，增成第三也。」

〔三〕蘇林曰：「外舍產子也。」晉灼曰：「謂陽祿與柘觀。」

〔四〕師古曰：「嬖，愛也，音必計反。」

〔五〕師古曰：「近音鉅靳反。」

〔六〕張晏曰：「楚王好田，樊姬爲不食禽獸之肉。」

〔七〕師古曰：「詩謂關雎以下也。窈窕、德象、女師之篇，皆古箴戒之書也。故傳云誦詩及窈窕以下諸篇，明詩外別有此篇耳。而說者便謂窈窕等即是詩篇，蓋失之矣。」

〔八〕師古曰：「則，法也。」

自鴻嘉後，上稍隆於內寵。倢伃進侍者李平，平得幸，立爲倢伃。上曰：「始衞皇后亦從微起。」乃賜平姓曰衞，所謂衞倢伃也。其後趙飛燕姊弟亦從自微賤興，踰越禮制，寖盛於前。〔一〕班倢伃及許皇后皆失寵，稀復進見。鴻嘉三年，趙飛燕譖告許皇后、班倢伃挾媚道，祝詛後宮，詈及主上。許皇后坐廢。考問班倢伃，倢伃對曰：「妾聞『死生有命，富貴在

天。』〔二〕修正尚未蒙福，爲邪欲以何望？使鬼神有知，不受不臣之愬；〔三〕如其無知，愬之何益？故不爲也。」上善其對，憐憫之，賜黃金百斤。

〔一〕師古曰：「踰與踰同。寖，漸也。」

〔二〕師古曰：「論語載子夏對司馬牛之言也。」

〔三〕師古曰：「祝詛主上是不臣也。」

趙氏姊弟驕妒，倢伃恐久見危，求共養太后長信宮，〔一〕上許焉。倢伃退處東宮，作賦自傷悼，其辭曰：

〔一〕師古曰：「共音居用反。養音弋向反。」

承祖考之遺德兮，何性命之淑靈，〔一〕登薄軀於宮闕兮，充下陳於後庭。〔二〕蒙聖皇之渥惠兮，當日月之盛明，〔三〕揚光烈之翕赫兮，奉隆寵於增成。既過幸於非位兮，竊庶幾乎嘉時，〔四〕每寤寐而絫息兮，申佩離以自思，〔五〕陳女圖以鏡監兮，顧女史而問詩。悲晨婦之作戒兮，〔六〕哀褒、閻之爲郵；〔七〕美皇、英之女虞兮，榮任、姒之母周。〔八〕雖愚陋其靡及兮，敢舍心而忘茲？〔九〕歷年歲而悼懼兮，閔蕃華之不滋。〔一〇〕痛陽祿與柘館兮，仍繈褓而離災，〔一一〕豈妾人之殃咎兮？將天命之不可求。

〔一〕師古曰：「何，任也，負也。」

〔二〕師古曰：「陳，列也。」

〔三〕師古曰：「渥，厚也。」

〔四〕師古曰：「嘉，善也。」

〔五〕師古曰：「絫息，言懼而喘息也。離，袿衣之帶也。女子適人，父親結其離而戒之，故云自思也。絫，古累字。」

〔六〕張晏曰：「書云『牝雞之晨，惟家之索』，喻婦人無男事也。」

〔七〕師古曰：「小雅刺幽王之詩曰『赫赫宗周，褒姒滅之』，『閻妻煽方處』，故云爲郵。郵，過也。」

〔八〕師古曰：「皇，娥皇，英，女英，堯之二女也。女，妻也。虞，虞舜也。任，太任，文王之母；姒，太姒，武王之母也。女虞，女音尼據反。」

〔九〕師古曰：「舍，息也。」

〔一〇〕師古曰：「滋，益也。言時逝不留，華色落也。蕃音扶元反。」

〔一一〕服虔曰：「二館名也，生子此館，皆失之也。」師古曰：「二觀並在上林中。仍，頻也。離，遭也。」

白日忽已移光兮，遂晻莫而昧幽，〔一〕猶被覆載之厚德兮，不廢捐於罪郵。〔二〕奉共養于東宮兮，託長信之末流，〔三〕共洒埽於帷幄兮，永終死以爲期。〔四〕願歸骨於山足兮，依松柏之餘休。〔五〕

〔一〕師古曰：「晻與暗同，又音烏感反。莫讀曰暮。一曰，莫，靜也，讀如本字。」

〔二〕師古曰：「言主上之恩比於天地，雖有罪過，不廢棄也。被音皮義反。」

〔三〕師古曰：「末流謂恩顧之末也。一曰流謂等列也。共音居用反。饗音弋向反。」
〔四〕師古曰：「共音居容反。洒音灑，又音所寄反。埽音先到反。」
〔五〕師古曰：「山足謂陵下也。休，蔭也。」

重曰：〔一〕潛玄宮兮幽以清，應門閉兮禁闥扃。〔二〕華殿塵兮玉階菭，中庭萋兮綠草生。〔三〕廣室陰兮帷幄暗，房櫳虛兮風泠泠。〔四〕感帷裳兮發紅羅，紛綷縩兮紈素聲。〔五〕神眇眇兮密靚處，君不御兮誰爲榮？〔六〕俯視兮丹墀，思君兮履綦。〔七〕仰視兮雲屋，雙涕兮橫流。〔八〕顧左右兮和顏，酌羽觴兮銷憂。〔九〕惟人生兮一世，忽一過兮若浮。已獨享兮高明，處生民兮極休。〔一〇〕勉虞精兮極樂，與福祿兮無期。〔一一〕綠衣兮白華，自古兮有之。〔一二〕

〔一〕師古曰：「重者，情志未申，更作賦也。音直用反。」
〔二〕師古曰：「正門謂之應門。扃，短關也，音工熒反。」
〔三〕師古曰：「菭，水氣所生也。萋萋，青草貌也。菭音臺。萋音妻。」
〔四〕師古曰：「櫳，疏檻也，音來東反。泠音零。」
〔五〕師古曰：「感，動也。言風動發帷裳羅綺也。綷縩，衣聲也。綷音千賄反。縩音蔡。」
〔六〕師古曰：「靚字與靜同。」
〔七〕孟康曰：「丹墀，赤地也。」師古曰：「綦，履下飾也。言視殿上之地，則想君履綦之跡也。綦音其。」

〔八〕師古曰：「雲屋，言其黮黭，狀若雲也。黮音徒感反。黭音徒對反。」
〔九〕劉德曰：「酒行疾如羽也。」孟康曰：「羽觴，爵也，作生爵形，有頭尾羽翼。」如淳曰：「以瑇瑁覆翠羽於下徹上見。」師古曰：「孟說是也。」
〔一〇〕師古曰：「享，當也。休，美也。」
〔一一〕師古曰：「此虞與娛同。」
〔一二〕師古曰：「綠衣，詩邶風刺妾上僭夫人失位。白華，小雅篇，周人刺幽王黜申后也。」

至成帝崩，倢伃充奉園陵，薨，因葬園中。

孝成趙皇后，本長安宮人。〔一〕初生時，父母不舉，三日不死，乃收養之。及壯，屬陽阿主家，〔二〕學歌舞，號曰飛燕。〔三〕成帝嘗微行出，過陽阿主，作樂。上見飛燕而說之，〔四〕召入宮，大幸。有女弟復召入，俱爲倢伃，貴傾後宮。

〔一〕師古曰：「本宮人以賜陽阿主家也。宮人者，省中侍使官婢，名曰宮人，非天子掖庭中也。事見漢舊儀。言長安者，以別甘泉等諸宮省也。」
〔二〕師古曰：「陽阿，平原之縣也。今俗書阿字作河。又或爲河陽，皆後人所妄改耳。」
〔三〕師古曰：「以其體輕故也。」
〔四〕師古曰：「說讀曰悅。」

許后之廢也，上欲立趙倢伃。皇太后嫌其所出微甚，難之。太后姊子淳于長爲侍中，數往來傳語，得太后指，上立封趙倢伃父臨爲成陽侯。後月餘，乃立倢伃爲皇后。追以長前白罷昌陵功，封爲定陵侯。

皇后既立，後寵少衰，而弟絕幸，爲昭儀。居昭陽舍，其中庭彤朱，而殿上髤漆，〔一〕切皆銅沓（冒）黃金塗，〔二〕白玉階，〔三〕壁帶往往爲黃金釭，函藍田璧，明珠、翠羽飾之，〔四〕自後宮未嘗有焉。姊弟顓寵十餘年，卒皆無子。〔五〕

〔一〕師古曰：「以漆漆物謂之髤，音許求反，又許昭反。今關東俗，器物一再著漆者謂之捎漆。捎即髤聲之轉重耳。髤字或作䰍，音義亦與髤同。今關西俗云黑髤盤、朱髤盤，其音如此，兩義並通。」
〔二〕師古曰：「切，門限也，音千結反。沓，冒其頭也。塗，以金塗銅上也。沓音它合反。」
〔三〕師古曰：「階，所由升殿陛也。」
〔四〕服虔曰：「釭，壁中之橫帶也。」晉灼曰：「以金環飾之也。」師古曰：「壁帶，壁之橫木露出如帶者也。於壁帶之中，往往以金爲釭，若車釭之形也。其釭中著玉璧、明珠、翠羽耳。藍田，山名，出美玉。釭音工，流俗讀之音江，非也。」
〔五〕師古曰：「顓與專同。卒，終也。」

末年，定陶王來朝，王祖母傅太后私賂遺趙皇后、昭儀，定陶王竟爲太子。

明年春，成帝崩。帝素彊，無疾病。是時楚思王衍、梁王立來朝，明旦當辭去，上宿供

張白虎殿。〔一〕又欲拜左將軍孔光爲丞相，已刻侯印書贊。〔二〕昏夜平善，鄉晨，傅絝韤〔三〕欲起，因失衣，不能言，晝漏上十刻而崩。民間歸罪趙昭儀，皇太后詔大司馬莽、丞相大司空曰：「皇帝暴崩，羣衆讙譁怪之。掖庭令輔等在後庭左右，侍燕迫近，雜與御史、丞相、廷尉治問皇帝起居發病狀。」趙昭儀自殺。

〔一〕師古曰：「白虎殿在未央宮中。供音居用反。張音竹亮反。」
〔二〕師古曰：「贊謂延拜之文。」
〔三〕應劭曰：「傅，著也。」師古曰：「鄉讀曰嚮。傅讀曰附。絝，古袴字也。韤音武伐反。」

哀帝既立，尊趙皇后爲皇太后，封太后弟侍中駙馬都尉欽爲新成侯。趙氏侯者凡二人。後數月，司隸解光奏言：

臣聞許美人及故中宮史曹宮皆御幸孝成皇帝，產子，子隱不見。

臣遣從事掾業、史望〔一〕驗問知狀者掖庭獄丞籍武，故中黃門王舜、吳恭、靳嚴，官婢曹曉、道房、張棄，故趙昭儀御者于客子、王偏、臧兼等，皆曰宮即曉子女，前屬中宮，爲學事史，通詩，授皇后。房與宮對食，〔二〕元延元年中宮語房曰：「陛下幸宮。」後數月，曉入殿中，見宮腹大，問宮。宮曰：「御幸有身。」其十月中，宮乳掖庭牛官令舍，〔三〕有婢六人。中黃門田客持詔記，盛綠綈方底，〔四〕封御史中丞印，予武曰：「取牛官令舍

婦人新產兒，婢六人，盡置暴室獄，毋問兒男女，誰兒也！」武迎置獄。宮曰：「善臧我兒胞，〔五〕丞知是何等兒也！」〔六〕後三日，客持詔記與武，問：「兒死未？手書對牘背。」〔七〕武即書對：「兒見在，未死。」有頃，客出曰：「上與昭儀大怒，奈何不殺？」武叩頭啼曰：「不殺兒，自知當死；殺之，亦死！」即因客奏封事，曰：「陛下未有繼嗣，子無貴賤，唯留意！」奏入，客復持詔記予武曰：「今夜漏上五刻，持兒與舜，會東交掖門。」武因問客：「陛下得武書，意何如？」曰：「憆也。」〔八〕武以兒付舜。舜受詔，內兒殿中，爲擇乳母，告「善養兒，且有賞。毋令漏泄！」舜擇棄爲乳母，時兒生八九日。後三日，客復持詔記，封如前予武，中有封小綠篋，記曰：「告武以篋中物書予獄中婦人，武自臨飲之。」〔九〕武發篋中有裹藥二枚，赫蹏書，〔一〇〕曰「告偉能：努力飲此藥，不可復入。女自知之！」〔一一〕偉能即宮。宮讀書已，曰：「果也，欲姊弟擅天下！我兒男也，額上有壯髮，類孝元皇帝。〔一二〕今兒安在？危殺之矣！〔一三〕奈何令長信得聞之？」〔一四〕宮飲藥死。後宮婢六人召入，出語武曰：「昭儀言『女無過。〔一五〕寧自殺邪，若外家也？』〔一六〕我曹言願自殺。」〔一七〕即自繆死。〔一八〕武皆表奏狀。棄所養兒十一日，〔一九〕宮長李南以詔書取兒去，〔二〇〕不知所置。〔二一〕

〔一〕師古曰：「業者掾之名，望者吏之名也，皆不言其姓。」

〔二〕應劭曰：「宮人自相與爲夫婦名對食，甚相妒忌也。」
〔三〕師古曰：「乳，產也，音而具反。下皆類此。」
〔四〕師古曰：「綈，厚繒也。綠，其色也。方底，盛書囊，形若今之算幐耳。綈音大奚反。」
〔五〕師古曰：「胞謂胎之衣也，音苞。」
〔六〕師古曰：「意言是天子兒耳。」
〔七〕師古曰：「牘，木簡也。時以爲詔記問之，故令於背上書對辭。」
〔八〕服虔曰：「憆，直視貌也。」師古曰：「憆音丑庚反。字本作瞠，其音同耳。」
〔九〕師古曰：「飲音於禁反。」
〔一〇〕孟康曰：「蹏猶地也，染紙素令赤而書之，若今黃紙也。」鄧展曰：「赫音兄弟鬩牆之鬩。」應劭曰：「赫蹏，薄小紙也。」晉灼曰：「今謂薄小物爲鬩蹏。鄧音應說是也。」師古曰：「孟說非也。今書本赫字或作擊。」
〔一一〕師古曰：「女讀曰汝。」
〔一二〕師古曰：「壯髮，當額前侵下而生，今俗呼爲圭頭者是也。」
〔一三〕師古曰：「危，險也。猶今人言險不殺耳。」
〔一四〕師古曰：「謂太后。」
〔一五〕師古曰：「言我知汝無罪過也。女讀曰汝。」
〔一六〕晉灼曰：「寧便自殺，出至外舍死也。」
〔一七〕師古曰：「曹，輩也。」

〔一八〕晉灼曰：「繆音繆縛之繆。」鄭氏曰：「自縊也。」師古曰：「繆，絞也，音居虬反。」
〔一九〕師古曰：「棄謂張棄也。」
〔二〇〕晉灼曰：「漢儀注有女長御，比侍中。宮長豈此邪？」
〔二一〕師古曰：「終竟不知置何所也。」

許美人前在上林涿沐館，數召入飾室中若舍，〔一〕一歲再三召，留數月或半歲御幸。元延二年褱子，〔二〕其十一月乳。〔三〕詔使嚴持乳醫及五種和藥丸三，送美人所。後客子、偏、兼聞昭儀謂成帝曰：「常紿我言從（宮中）〔中宮〕來，〔四〕即從中宮來，許美人兒何從生中？許氏竟當復立邪！」〔五〕懟，以手自擣，〔六〕以頭擊壁戶柱，從牀上自投地，啼泣不肯食，曰：「今當安置我，欲歸耳！」帝曰：「今故告之，反怒爲！」〔七〕殊不可曉也。」〔八〕帝亦不食。昭儀曰：「陛下自知是，不食爲何？〔九〕陛下常自言『約不負女』，〔一〇〕今美人有子，竟負約，謂何？」帝曰：「約以趙氏，故不立許氏。使天下無出趙氏上者，毋憂也！」後詔使嚴持綠囊書予許美人，告嚴曰：「美人當有以予女，受來，置飾室中簾南。」〔一一〕美人以葦篋一合盛所生兒，緘封，及綠囊報書予嚴。嚴持篋書，置飾室簾南去。帝與昭儀坐，使客子解篋緘。未已，〔一二〕帝使客子、偏、兼皆出，自閉戶，獨與昭儀在。須臾開戶，嘑客子、偏、兼，使緘封篋及綠綈方底，推置屏風東。恭受詔，持

篋方底予武，皆封以御史中丞印，曰：「告武：篋中有死兒，埋屏處，勿令人知。」武穿獄樓垣下爲坎，埋其中。

〔一〕師古曰：「或暫入，或留止也。」
〔二〕師古曰：「褱，本懷字。」
〔三〕師古曰：「乳謂產子也，音而樹反。其下亦同。」
〔四〕師古曰：「紿，誑也。中宮，皇后所居。」
〔五〕晉灼曰：「昭儀前要帝不得立許美人爲皇后，而今有子中，許氏竟當復立爲皇后邪！此前約之言也。」師古曰：「此說非也。言美人在內中，何從得兒而生也，故言何從生中。次此下，乃始言約耳。」
〔六〕師古曰：「懟，怨怒也。擣，築也。懟音直類反。」
〔七〕師古曰：「故以許美人產子告汝，何爲反怒？」
〔八〕師古曰：「言其不可告語也。」
〔九〕師古曰：「何爲不食也。」
〔一〇〕師古曰：「女讀曰汝。次下亦同。」
〔一一〕師古曰：「簾，戶簾也，音廉。」
〔一二〕師古曰：「緘，束篋之繩也，音居咸反。」

故長定許貴人及故成都、平阿侯家婢王業、任孋、公孫習前免爲庶人，〔一〕詔召入，

屬昭儀爲私婢。成帝崩，未幸梓宮，〔二〕倉卒悲哀之時，昭儀自知罪惡大，知業等故許氏、王氏婢，恐事泄，而以大婢羊子等賜予業等各且十人，以慰其意，屬無道我家過失。〔三〕

〔一〕師古曰：「孋音麗。」
〔二〕師古曰：「言未入斂也。」
〔三〕師古曰：「屬音之欲反。」

元延二年五月，故掖庭令吾丘遵謂武曰：〔一〕「掖庭丞吏以下皆與昭儀合通，無可與語者，獨欲與武有所言。我無子，武有子，是家輕族人，得無不敢乎？〔二〕掖庭中御幸生子者輒死，又飲藥傷墮者無數，欲與武共言之大臣，票騎將軍貪耆錢，不足計事，〔三〕奈何令長信得聞之？」遵後病困，謂武：「今我已死，前所語事，武不能獨爲也，慎語！」〔四〕

〔一〕師古曰：「姓吾丘，名遵。」
〔二〕蘇林曰：「是家謂成帝也。不敢斥，故言是家。」師古曰：「遵自以無子，故無所顧懼，武既有子，恐禍相及，當止不敢言也。」
〔三〕師古曰：「耆讀曰嗜。」

外戚傳第六十七下　三九九五

漢書卷九十七下　三九九六

〔四〕師古曰：「言汝脫不能獨爲，勿漏泄其語。」

皆在今年四月丙辰赦令前。臣謹案永光三年男子忠等發長陵傅夫人冢。事更大赦，〔一〕孝元皇帝下詔曰：「（比）〔此〕朕不當所得赦也。」窮治，盡伏辜，天下以爲當。魯嚴公夫人殺世子，齊桓召而誅焉，春秋予之。〔二〕趙昭儀傾亂聖朝，親滅繼嗣，家屬當伏天誅。前平安剛侯夫人謁坐大逆，同產當坐，以蒙赦令，歸故郡。今昭儀所犯尤誖逆，罪重於謁，而同產親屬皆在尊貴之位，迫近幃幄，〔三〕羣下寒心，非所以懲惡崇誼示四方也。請事窮竟，丞相以下議正法。

〔一〕師古曰：「更音工衡反。」
〔二〕師古曰：「嚴公夫人謂哀姜也。予謂許予之也。解具在五行志。」
〔三〕師古曰：「近音鉅靳反。」

哀帝於是免新成侯趙欽、欽兄子成陽侯訢，皆爲庶人，將家屬徙遼西郡。時議郎耿育上疏言：

臣聞繼嗣失統，廢適立庶，〔一〕聖人法禁，古今至戒。然大伯見歷知適，逡循固讓，〔二〕委身吳粵，權變所設，不計常法，致位王季，以崇聖嗣，卒有天下，〔三〕子孫承業，七八百載，功冠三王，道德最備，是以尊號追及大王。故世必有非常之變，然後乃有非常之謀。孝成皇帝自知繼嗣不以時立，念雖末有皇子，萬歲之後未能持國，〔四〕權柄之重，制於女主，女主驕盛則耆欲無極，〔五〕少主幼弱則大臣不使，〔六〕世無周公抱負之輔，恐危社稷，傾亂天下。知陛下有賢聖通明之德，仁孝子愛之恩，懷獨見之明，內斷於身，故廢後宮就館之漸，絕微嗣禍亂之根，〔七〕乃欲致位陛下以安宗廟。愚臣既不能深援安危，定金匱之計，〔八〕又不知推演聖德，述先帝之志，〔九〕乃反覆校省內，暴露私燕，〔一〇〕誣汙先帝傾惑之過，成結寵妾妒媚之誅，甚失賢聖遠見之明，逆負先帝憂國之意。

〔一〕師古曰：「適讀曰嫡。次下亦同。」
〔二〕師古曰：「歷謂王季，即文王之父也。知適謂知其當爲適嗣也。」
〔三〕師古曰：「卒，終也。」
〔四〕師古曰：「末，晚暮也。萬歲，言晏駕也。」
〔五〕師古曰：「耆讀曰嗜。」
〔六〕師古曰：「不使，不可使從命也。」
〔七〕師古曰：「微嗣者，謂幼主也。」
〔八〕師古曰：「愚臣謂解光等也。援，引也。金匱，言長久之法可藏於金匱石室者也。援音爰。」
〔九〕師古曰：「演，廣也，音弋善反。」

外戚傳第六十七下　三九九七

漢書卷九十七下　三九九八

〔一〇〕師古曰：「私燕謂成帝閑宴之私也。覆音芳目反。」

夫論大德不拘俗，立大功不合衆，此乃孝成皇帝至思所以萬萬於衆臣，陛下聖德盛茂所以符合於皇天也，豈當世庸庸斗筲之臣所能及哉！且褒廣將順君父之美，匡捄銷滅既往之過，〔一〕古今通義也。事不當時固爭，防禍於未然，各隨指阿從，以求容媚，晏駕之後，尊號已定，萬事已訖，乃探追不及之事，訐揚幽昧之過，〔二〕此臣所深痛也！

〔一〕師古曰：「捄，古救字。」
〔二〕師古曰：「訐音居謁反。」

願下有司議，即如臣言，宜宣布天下，使咸曉知先帝聖意所起。不然，空使謗議上及山陵，下流後世，遠聞百蠻，近布海內，甚非先帝託後之意也。蓋孝子善述父之志，善成人之事，唯陛下省察！

哀帝爲太子，亦頗得趙太后力，遂不竟其事。傅太后恩趙太后，趙太后亦歸心，〔一〕故成帝母及王氏皆怨之。

〔一〕師古曰：「恩謂以厚恩接遇之。一曰，恩謂銜其立哀帝爲嗣之恩也。」

哀帝崩，王莽白太后詔有司曰：「前皇太后與昭儀俱侍帷幄，姊弟專寵錮寢，執賊亂之

謀，殘滅繼嗣以危宗廟，誖天犯祖，〔一〕無爲天下母之義。貶皇太后爲孝成皇后，〔二〕徙居北宮。」後月餘，復下詔曰：「皇后自知罪惡深大，朝請希闊，〔三〕失婦道，無共養之禮，而有狼虎之毒，〔四〕宗室所怨，海內之讎也，而尚在小君之位，誠非皇天之心。夫小不忍亂大謀，恩之所不能已者義之所割也。〔五〕今廢皇后爲庶人，就其園。」是日自殺。凡立十六年而誅。先是有童謠曰：「燕燕，尾涎涎，〔六〕張公子，時相見。木門倉琅根，燕飛來，啄皇孫。皇孫死，燕啄矢。」成帝每微行出，常與張放俱，而稱富平侯家，故曰張公子。倉琅根，宮門銅鍰也。〔七〕

〔一〕師古曰：「誖，違也。祖，先帝也。」
〔二〕晉灼曰：「使哀帝不母，罪之也。」
〔三〕師古曰：「請，謁也。闊猶闕也。」
〔四〕師古曰：「共讀曰供，音居用反。養音弋向反。其下並同。」
〔五〕師古曰：「言以義割恩也。」
〔六〕師古曰：「涎涎，光澤之貌也，音徒見反。」
〔七〕師古曰：「鍰讀與環同。」

孝元傅昭儀，哀帝祖母也。父河內溫人，蚤卒，母更嫁爲魏郡鄭翁妻，生男惲。昭儀少

爲上官太后才人，自元帝爲太子，得進幸。元帝卽位，立爲倢伃，甚有寵。爲人有材略，善事人，下至宮人左右，飲酒酹地，皆祝延之。〔一〕產一男一女，女爲平都公主，男爲定陶恭王。恭王有材藝，尤愛於上。元帝既重傅倢伃，及馮倢伃亦幸，生中山孝王，上欲殊之於後宮，以二人皆有子爲王，上尚在，未得稱太后，乃更號曰昭儀，賜以印綬，在倢伃上。昭其儀，尊之也。至成、哀時，趙昭儀、董昭儀皆無子，猶稱焉。

〔一〕師古曰：「酹，以酒沃地也。祝延，祝之使長年也。酹音來外反。祝音之受反。」

元帝崩，傅昭儀隨王歸國，稱定陶太后。後十年，恭王薨，子代爲王。王母曰丁姬。傅太后躬自養視，既壯大，成帝無繼嗣。時中山孝王在。元延四年，孝王及定陶王皆入朝。傅太后多以珍寶賂遺趙昭儀及帝舅票騎將軍王根，陰爲王求漢嗣。皆見上無子，欲豫自結爲久長計，更稱譽定陶王。〔一〕上亦自器之，明年，遂徵定陶王立爲太子，語在哀紀。月餘，天子立楚孝王孫景爲定陶王，奉恭王後。太子議欲謝，少傅閻崇以爲「春秋不以父命廢王父命，〔二〕爲人後之禮不得顧私親，不當謝。」太傅趙玄以爲當謝，太子從之。詔問所以謝狀，尚書劾奏玄，左遷少府，以光祿勳師丹爲太傅。詔傅太后與太子母丁姬自居定陶國邸，下有司議皇太子得與傅太后、丁姬相見不，有司奏議不得相見。頃之，成帝母王太后欲令傅太后、丁姬十日一至太子家，成帝曰：「太子丞正統，當共養陛下，不得復顧私親。」王太后曰：「太子小，而傅太后抱養之，今至太子家，以乳母恩耳，不足有所妨。」於是令傅太后得至太子家。丁姬以不小養太子，獨不得。

〔一〕師古曰：「更音工衡反。」
〔二〕師古曰：「王父謂祖也。」

成帝崩，哀帝卽位。王太后詔令傅太后、丁姬十日一至未央宮。高昌侯董宏希指，〔一〕上書言宜立丁姬爲帝太后。師丹劾奏「宏懷邪誤朝，不道。」上初卽位，謙讓，從師丹言止。後乃白令王太后下詔，尊定陶恭王爲恭皇。哀帝因是曰：「春秋『母以子貴』，尊傅太后爲恭皇太后，丁姬爲恭皇后，各置左右詹事，食邑如長信宮、中宮。追尊恭皇太后父爲崇祖侯，恭皇后父爲褒德侯。」後歲餘，遂下詔曰：「漢家之制，推親親以顯尊尊，定陶恭皇之號不宜復稱定陶。其尊恭皇太后爲帝太太后，丁后爲帝太后。」後又更號帝太太后爲皇太太后，稱永信宮，帝太后稱中安宮，而成帝母太皇太后本稱長信宮，成帝趙后爲皇太后，並四太后，各置少府、太僕，秩皆中二千石。爲恭皇立寢廟於京師，比宣帝父悼皇考制度，序昭穆於前殿。〔二〕

〔一〕師古曰：「希望天子意指也。」
〔二〕如淳曰：「廟之前曰殿，半以後曰寢。」

傅太后父同產弟四人，曰子孟、中叔、子元、幼君。〔一〕子孟子喜至大司馬，封高武侯。中叔子晏亦大司馬，封孔鄉侯。幼君子商封汝昌侯，爲太后父崇祖侯後，更號崇祖曰汝昌哀侯。太后同母弟鄭惲前死，以惲子業爲陽信侯，追尊惲爲陽信節侯。鄭氏、傅氏侯者凡六人，大司馬二人，九卿二千石六人，侍中諸曹十餘人。

〔一〕師古曰：「中讀曰仲。」

傅太后既尊，後尤驕，與成帝母語，至謂之嫗。與中山孝王母馮太后並事元帝，追怨之，陷以祝詛罪，令自殺。元壽元年崩，合葬渭陵，稱孝元傅皇后云。

定陶丁姬，哀帝母也，易祖師丁將軍之玄孫。〔一〕家在山陽瑕丘，父至廬江太守。始定陶恭王先爲山陽王，而丁氏內其女爲姬。王后姓張氏，其母鄭禮，卽傅太后同母弟也。太后以親戚故，欲其有子，然終無有。唯丁姬河平四年生哀帝。丁姬爲帝太后，兩兄忠、明。明以帝舅封陽安侯。忠蚤死，封忠子滿爲平周侯。太后叔父憲、望。望爲左將軍，憲爲太僕。明爲大司馬票騎將軍輔政。丁氏侯者凡二人，大司馬一人，將軍、九卿、二千石六人，侍中諸曹亦十餘人。丁、傅以一二年間暴興尤盛。然哀帝不甚假以權勢，權勢不如王氏在成帝世也。

〔一〕師古曰：「〔始祖〕〔祖，始〕也。儒林傳丁寬易之始師。」

建平二年，丁太后崩。上曰：「詩云『穀則異室，死則同穴』。〔一〕昔季武子成寢，杜氏之墓在西階下，請合葬而許之。〔二〕附葬之禮，自周興焉。孝子事亡如事存，帝太后宜起陵恭皇之園。」遣大司馬票騎將軍明東送葬于定陶，貴震山東。

〔一〕師古曰：「王國大車之詩也。穀，生也。」
〔二〕師古曰：「事見禮記。」

哀帝崩，王莽秉政，使有司舉奏丁、傅罪惡。莽以太皇太后詔皆免官爵，丁氏徙歸故郡。莽奏貶傅太后號爲定陶共王母，丁太后號曰丁姬。元始五年，莽復言「共王母、丁姬前不臣妾，〔一〕至葬渭陵，冢高與元帝山齊，懷帝太后、皇太太后璽綬以葬，〔二〕不應禮。禮有改葬，請發共王母及丁姬冢，取其璽綬消滅，徙共王母及丁姬歸定陶，葬共王冢次，而葬丁姬復其故。」〔三〕太后以爲既已之事，不須復發。莽固爭之，太后詔曰：「因故棺爲致椁作冢，〔四〕祠以太牢。」謁者護既發傅太后冢，崩壓殺數百人；開丁姬椁戶，火出炎四五丈，〔五〕吏卒以水沃滅乃得入，燒燔椁中器物。

〔一〕師古曰：「不遵臣妾之道。」
〔二〕師古曰：「懷謂挾之以自隨也。」
〔三〕師古曰：「復音扶目反。」

〔四〕師古曰：「致謂累也。」
〔五〕師古曰：「炎音弋贍反。」

莽復奏言：「前共王母生，僭居桂宮，皇天震怒，災其正殿；丁姬死，葬踰制度，今火焚其椁。此天見變以告，當改如媵妾也。臣前奏請葬丁姬復故，非是。〔一〕共王母及丁姬棺皆名梓宮，珠玉之衣非藩妾服，請更以木棺代，去珠玉衣，葬丁姬媵妾之次。」奏可。既開傅太后棺，臭聞數里。公卿在位皆阿莽指，入錢帛，遣子弟及諸生四夷，凡十餘萬人，操持作具，助將作掘平共王母、丁姬故冢，二旬間皆平。莽又周棘其處以爲世戒云。〔二〕時有羣燕數千，銜土投丁姬穿中。〔三〕丁、傅既敗，孔鄉侯晏將家屬徙合浦，宗族皆歸故郡。唯高武侯喜得全，自有傳。

〔一〕師古曰：「言尙太僭也。」
〔二〕師古曰：「以棘周繞也。」
〔三〕師古曰：「穿謂壙中也。」

孝哀傅皇后，定陶太后從弟子也。哀帝爲定陶王時，傅太后欲重親，取以配王。王入爲漢太子，傅氏女爲妃。哀帝卽位，成帝大行尙在前殿，而傅太后封傅妃父晏爲孔鄉侯，與帝舅陽安侯丁明同日俱封。時師丹諫，以爲「天下自王者所有，親戚何患不富貴？而倉卒若是，其不久長矣！」晏封後月餘，傅妃立爲皇后。傅氏既盛，晏最尊重。哀帝崩，王莽白太皇太后下詔曰：「定陶共王太后與孔鄉侯晏同心合謀，背恩忘本，專恣不軌，與至尊同稱號，終沒，至乃配食於左坐，〔一〕誖逆無道。今令孝哀皇后退就桂宮。」後月餘，復與孝成趙皇后俱廢爲庶人，就其園自殺。

〔一〕應劭曰：「若禮以其妃配者也。坐於左而並食。」師古曰：「坐音材臥反。」

孝元馮昭儀，平帝祖母也。元帝卽位二年，以選入後宮。時父奉世爲執金吾。昭儀始爲長使，數月至美人，後五年就館生男，拜爲倢伃。時父奉世爲右將軍光祿勳，奉世長男野王爲左馮翊，父子並居朝廷，議者以爲器能當其位，非用女寵故也。而馮倢伃內寵與傅昭儀等。

建昭中，上幸虎圈鬭獸，後宮皆坐。熊佚出圈，〔一〕攀檻欲上殿。左右貴人傅昭儀等皆驚走，馮倢伃直前當熊而立，左右格殺熊。上問：「人情驚懼，何故前當熊？」倢伃對曰：「猛獸得人而止，妾恐熊至御坐，故以身當之。」元帝嗟嘆，以此倍敬重焉。傅昭儀等皆慙。明年夏，馮倢伃男立爲信都王，尊倢伃爲昭儀。元帝崩，爲信都太后，與王俱居儲元宮。〔二〕河平中，隨王之國。後徙中山，是爲孝王。

〔一〕師古曰：「佚字與逸同。」
〔二〕師古曰：「黃圖在上林苑中。」

後徵定陶王爲太子，封中山王舅參爲宜鄉侯。參，馮太后少弟也。是歲，孝王薨，有一男，嗣爲王，時未滿歲，有眚病，〔一〕太后自養視，數禱祠解。〔二〕

〔一〕孟康曰：「災眚之眚，謂妖病也。」服虔曰：「身盡靑也。」蘇林曰：「名爲肝厥，發時脣口手足十指甲皆靑。」師古曰：「下云禱祠解舍，孟說是也。未滿歲者，謂爲王未滿歲也。眚音所領反，字不作靑，服、〔虔〕〔蘇〕誤也。」
〔二〕師古曰：「解音懈。」

哀帝卽位，遣中郎謁者張由將醫治中山小王。由素有狂易病，〔一〕病發怒去，西歸長安。尙書簿責擅去狀，〔二〕由恐，因誣言中山太后祝詛上及太后。太后卽傅昭儀也，素常怨馮太后，因是遣御史丁玄案驗，盡收御者官吏及馮氏昆弟在國者百餘人，分繫雒陽、魏郡、鉅鹿。數十日無所得，更使中謁者令史立〔三〕與丞相長史大鴻臚丞雜治。立受傅太后指，幾得封侯，〔四〕治馮太后女弟習及寡弟婦君之，死者數十人。巫劉吾服祝詛。醫徐遂成言習、君之曰「武帝時醫修氏刺治武帝得二千萬耳，〔五〕今愈上，不得封侯，不如殺上，令中山王代，可得封。」立等劾奏祝詛謀反，大逆。責問馮太后，無服辭。立曰：「熊之上殿何其勇，今何怯也！」太后還謂左右：「此乃中語，前世事，〔六〕吏何用知之？是欲陷我效也！」〔七〕乃

飲藥自殺。

〔一〕師古曰：「狂易者，狂而變易常性也。」
〔二〕師古曰：「簿責，以文簿一一責問也。」
〔三〕師古曰：「官爲中謁者令，姓史，名立。」
〔四〕師古曰：「幾讀曰冀。」
〔五〕師古曰：「刺治謂箴之。」
〔六〕師古曰：「中語，謂宮中之言語也。」
〔七〕師古曰：「效，徵驗也。」

先未死，有司請誅之，上不忍致法，廢爲庶人，徙雲陽宮。既死，有司復奏「太后死在未廢前。」有詔以諸侯王太后儀葬之。宜鄉侯參、君之、習夫及子當相坐者，或自殺，或伏法。參女弁爲孝王后，有兩女，有司奏免爲庶人，與馮氏宗族徙歸故郡。張由以先告賜爵關內侯，史立遷中太僕。

哀帝崩，大司徒孔光奏「由前誣告骨肉，立陷人入大辟，爲國家結怨於天下，以取秩遷，獲爵邑，幸蒙赦令，請免爲庶人，徙合浦」云。

中山衞姬，平帝母也。父子豪，中山盧奴人，官至衞尉。子豪女弟爲宣帝倢伃，生楚孝

王；長女又爲元帝倢伃，生平陽公主。成帝時，中山孝王無子，上以衞氏吉祥，以子豪少女配孝王。元延四年，生平帝。

（平帝）年二歲，孝王薨，代爲王。哀帝崩，無嗣，太皇太后與新都侯莽迎中山王立爲帝。莽欲顓國權，懲丁、傅行事，〔一〕以帝爲成帝後，母衞姬及外家不當得至京師。乃更立宗室桃鄉侯子成都爲中山王，奉孝王後，遣少傅左將軍甄豐賜衞姬璽綬，卽拜爲中山孝王后，以苦陘縣爲湯沐邑。又賜帝舅衞寶、寶弟玄爵關內侯。賜帝三妹，謁臣號修義君，哉皮爲承禮君，鬲子爲尊德君，〔二〕食邑各二千戶。莽長子宇非莽隔絕衞氏，恐久後受禍，卽私與衞寶通書記，教衞后上書謝恩，因陳丁、傅舊惡，幾得至京師。〔三〕莽白太皇太后詔有司曰：「中山孝王后深分明爲人後之義，條陳故定陶傅太后、丁姬誖天逆理，上僭位號，〔四〕徙定陶王於信都，爲共王立廟於京師，如天子制，不畏天命，侮聖人言，〔五〕壞亂法度，居非其制，稱非其號。是以皇天震怒，火燒其殿，六年之間大命不遂，禍殃仍重，〔六〕竟令孝哀帝受其餘災，大失天心，夭命暴崩，又令共王祭祀絕廢，精魂無所依歸。朕惟孝王后深說經義，明鏡聖法，懼古人之禍敗，近事之咎殃，畏天命，奉聖言，是乃久保一國，長獲天祿，而令孝王永享無疆之祀，福祥之大者也。朕甚嘉之。夫褒義賞善，聖王之制，其以中山故安戶七千益中山后湯沐邑，加賜及中山王黃金各百斤，增傅相以下秩。」

〔一〕師古曰：「懲，創艾也。」
〔二〕師古曰：「鬲音歷。」
〔三〕師古曰：「幾讀曰冀。」
〔四〕師古曰：「誖，違也。」
〔五〕師古曰：「論語稱孔子曰：『君子有三畏：畏天命，畏大人，畏聖人之言。小人不知天命而不畏也，狎大人，侮聖人之言。』故此文引之也。侮，古侮字。」
〔六〕師古曰：「遂猶延也。重音直用反。」

衞后日夜啼泣，思見帝，而但益戶邑。宇復教令上書求至京師。會事發覺，莽殺宇，盡誅衞氏支屬。衞寶女爲中山王后，免后，徙合浦。〔一〕唯衞后在，〔二〕王莽篡國，廢爲家人，後歲餘卒，葬孝王旁。

〔一〕師古曰：「黜其后位而徙也。」
〔二〕師古曰：「中山孝王后也。」

孝平王皇后，安漢公太傅大司馬莽女也。平帝卽位，年九歲，成帝母太皇太后稱制，而莽秉政。莽欲依霍光故事，以女配帝，太后意不欲也。莽設變詐，令女必入，因以自重，事在莽傳。太后不得已而許之，遣長樂少府夏侯藩、宗正劉宏、少府宗伯鳳、尙書令平晏納采，〔一〕太師光、大司徒馬宮、大司空甄豐、左將軍孫建、執金吾尹賞、行太常事太中大夫劉

歆及太卜、太史令以下四十九人賜皮弁素績，〔二〕以禮雜卜筮，太牢祠宗廟，待吉月日。明年春，遣大司徒宮、大司空豐、左將軍建、右將軍甄邯、光祿大夫歆奉乘輿法駕，迎皇后於安漢公第。〔三〕宮、豐、歆授皇后璽紱，〔四〕登車稱警蹕，便時上林延壽門，〔五〕入未央宮前殿。羣臣就位行禮，大赦天下。益封父安漢公地滿百里，賜迎皇后及行禮者，自三公以下至騶宰執事長樂、未央宮、安漢公第者，皆增秩，賜金帛各有差。皇后立三月，以禮見高廟。尊父安漢公號曰宰衡，位在諸侯王上。賜公夫人號曰功顯君，食邑。封公子安爲褒新侯，臨爲賞都侯。

〔一〕師古曰：「官爲少府，姓宗伯，名鳳也。納采者，禮記云婚禮納采問名，謂采擇其可者。」
〔二〕師古曰：「皮弁，以鹿皮爲冠，形如人手之弁合也。素績謂素裳也。朱衣而素裳。績字或作積。積謂襞積之，若今之襵爲也。」
〔三〕師古曰：「本自莽第，以皇后在是，因呼曰宮。」
〔四〕師古曰：「紱，所以繫璽，音弗。」
〔五〕師古曰：「取時日之便也，音頻面反。」

后立歲餘，平帝崩。莽立孝宣帝玄孫嬰爲孺子，莽攝帝位，尊皇后爲皇太后。三年，莽卽眞，以嬰爲定安公，改皇太后號爲定安公太后。太后時年十八矣，爲人婉瘱有節操。〔一〕

自劉氏廢，常稱疾不朝會。莽敬憚傷哀，欲嫁之，乃更號爲黃皇室主，〔三〕令立國將軍成新公孫建世子豫飾將醫往問疾。〔三〕后大怒，笞鞭其旁侍御。因發病，不肯起，莽遂不復彊也。及漢兵誅莽，燔燒未央宮，后曰：「何面目以見漢家！」自投火中而死。

〔一〕師古曰：「婉，順也。瘱，靜也，音烏計反。」

〔二〕師古曰：「莽自謂土德，故云黃皇。室主者，若漢之稱公主。」

〔三〕師古曰：「豫，盛飾也，音丈，又音象。一曰，豫，首飾也，在兩耳後，刻鏤而爲之。」

贊曰：易著吉凶而言謙盈之效，天地鬼神至于人道靡不同之。〔一〕夫女寵之興，繇至微而體至尊，〔二〕窮富貴而不以功，此固道家所畏，禍福之宗也。序自漢興，終于孝平，外戚後庭色寵著聞二十有餘人，然其保位全家者，唯文、景、武帝太后及邛成后四人而已。至如史良娣、王悼后、許恭哀后身皆夭折不辜，而家依託舊恩，不敢縱恣，是以能全。其餘大者夷滅，小者放流，烏嘑！鑒茲行事，變亦備矣。

〔一〕師古曰：「易謙卦曰『天道虧盈而益謙，地道變盈而流謙，鬼神害盈而福謙，人道惡盈而好謙』。」

〔二〕師古曰：「繇與由同。」

校勘記

三九七四頁三行　將軍宜尊(重)之敬之，　景祐本無「重」字。

三九七四頁一四行　妾誇布服糲食，　李慈銘說孟注不可通，「誇」蓋許后之名。楊樹達說李說是。

三九七六頁五行　(官)〔宦〕吏忮佷，　景祐、殿、局本都作「宦」，注同。

三九七六頁六行　終不肯給妾纖微內邪？〔三〕　注〔三〕原在「纖微」下，明顏讀「內邪」屬下句。周壽昌、楊樹達都說當屬上句讀。「纖微內」即上所云「纖微之間」。

三九七八頁一六行　今正於(王)〔皇〕極之月，　殿本作「皇」。

三九八〇頁一三行　且財(帛)〔幣〕之省，　景祐、殿本都作「幣」。

三九八九頁五行　切皆銅沓(冒)黃金塗，　景祐本無「冒」字。王念孫說「冒」字涉注文而衍。

三九九三頁七行　常給我言從(宮中)〔中宮〕來，　景祐、殿、局本都作「中宮」，此誤倒。

三九九六頁三行　(比)〔此〕眹不當所得赦也。　殿本作「此」。王先謙說作「此」是。

四〇〇三頁一行　(始祖)〔祖，始〕也。　景祐、殿本都作「祖始」。王先謙說作「祖始」是。

四〇〇六頁六行　服、(虔)〔蘇〕誤也。　景祐、殿本都作「蘇」，此誤。

四〇〇八頁三行　〔平帝〕年二歲，　景祐、殿本都有「平帝」二字。

四〇一〇頁二行　迎皇后於安漢公第。〔三〕宮、豐、歆授皇后璽紱，　注〔三〕原在「宮」字下，顏以「宮」與「第」連文。董教增說此當以「第」爲句，「宮」字連下「豐歆」讀，顏說失之。

漢書卷九十八

元后傳第六十八

孝元皇后，王莽之姑也。莽自謂黃帝之後，其自本曰：〔一〕黃帝姓姚氏，八世生虞舜。舜起嬀汭，以嬀爲姓。〔二〕至周武王封舜後嬀滿於陳，是爲胡公，十三世生完。完字敬仲，犇齊，〔三〕齊桓公以爲卿，姓田氏。十一世，田和有齊國，(三)〔二〕世稱王，至王建爲秦所滅。項羽起，封建孫安爲濟北王。至漢興，安失國，齊人謂之「王家」，因以爲氏。

〔一〕師古曰：「述其本系。」

〔二〕師古曰：「嬀，水名也。水曲曰汭。言因水爲姓也。汭音而銳反。」

〔三〕師古曰：「犇，古奔字。」

文、景間，安孫遂字伯紀，處東平陵，〔一〕生賀，字翁孺。爲武帝繡衣御史，逐捕魏郡羣盜堅盧等黨與，及吏畏懦逗遛當坐者，〔二〕翁孺皆縱不誅。它部御史暴勝之等奏殺二千石，誅千石以下，〔三〕及通行飲食坐連及者，大部至斬萬餘人，語見酷吏傳。翁孺以奉使不稱

免，〔四〕嘆曰：「吾聞活千人有封子孫，吾所活者萬餘人，後世其興乎！」

〔一〕師古曰：「濟南之縣。」

〔二〕師古曰：「懦音乃喚反。逗音住，又音豆。」

〔三〕師古曰：「二千石者，奏而殺之，其千石以下，則得專誅。」

〔四〕師古曰：「不稱謂不副所委。」

翁孺既免，而與東平陵終氏爲怨，乃徙魏郡元城委粟里，爲三老，魏郡人德之。元城建公曰：〔一〕「昔春秋沙麓崩，晉史卜之，曰：『陰爲陽雄，土火相乘，〔二〕故有沙麓崩。後六百四十五年，宜有聖女興。其齊田乎！』〔三〕今王翁孺徙，正直其地，〔四〕日月當之。元城郭東有五鹿之虛，即沙鹿地也。〔五〕後八十年，當有貴女興天下」云。

〔一〕服虔曰：「元城人年老者也。」

〔二〕李奇曰：「此龜繇文也。陰，元后也。陽，漢也。王氏舜後，土也。漢，火也。故曰土火相乘，陰盛而沙麓崩。」

〔三〕張晏曰：「陰數八，八八六十四。土數五，故六百四十五歲也。春秋僖十四年，沙麓崩，歲在乙亥，至〔哀帝元壽二年〕，哀帝崩，元后始攝政，歲在庚申，沙麓崩後六百四十五歲。」

〔四〕師古曰：「直亦當。」

〔五〕師古曰：「虛讀曰墟。」

(王)翁孺生禁，字稚君，少學法律長安，爲廷尉史。本始三年，生女政君，即元后也。禁

有大志，不修廉隅，好酒色，多取傍妻，凡有四女八男：長女君俠，次卽元后政君，次君力，次君弟；長男鳳孝卿，次曼元卿，譚子元，崇少子，商子夏，立子叔，根稚卿，逢時季卿。唯鳳、崇與元后政君同母。母，適妻，魏郡李氏女也。〔一〕後以妒去，更嫁爲河內苟賓妻。

〔一〕師古曰：「適讀曰嫡。」

初，李親任政君在身，〔一〕夢月入其懷。及壯大，婉順得婦人道。嘗許嫁未行，所許者死。後東平王聘政君爲姬，未入，王薨。禁獨怪之，使卜數者相政君，〔二〕「當大貴，不可言。」禁心以爲然，乃敎書，學鼓琴。五鳳中，獻政君，年十八矣，入掖庭爲家人子。

〔一〕師古曰：「任，懷任。」
〔二〕師古曰：「數，計也。若言今之祿命書也。數音所具反。」

歲餘，會皇太子所愛幸司馬良娣病，且死，謂太子曰：「妾死非天命，乃諸娣妾良人更祝詛殺我。」〔一〕太子憐之，且以爲然。及司馬良娣死，太子悲恚發病，忽忽不樂，因以過怒諸娣妾，莫得進見者。久之，宣帝聞太子恨過諸娣妾，欲順適其意，乃令皇后擇後宮家人子可以虞侍太子者，〔二〕政君與在其中。〔三〕及太子朝，皇后乃見政君等五人，微令旁長御問知太子所欲。太子殊無意於五人者，不得已於皇后，〔四〕彊應曰：「此中一人可。」〔五〕是時政君坐近太子，又獨衣絳緣諸于，〔六〕長御卽以爲（是）。皇后使侍中杜輔、掖庭令濁賢交送政君

太子宮，〔七〕見丙殿。得御幸，有身。先是者，太子後宮娣妾以十數，御幸久者七八年，莫有子，及王妃壹幸而有身。甘露三年，生成帝於甲館畫堂，爲世適皇孫。〔八〕宣帝愛之，自名曰驁，字太孫，常置左右。

〔一〕師古曰：「更音工衡反。」
〔二〕師古曰：「此虞與娛同。」
〔三〕師古曰：「與讀曰豫。」
〔四〕師古曰：「恐不副皇后意，故言不得已。」
〔五〕師古曰：「非其本心，故曰彊也。」
〔六〕師古曰：「諸于，大掖衣，卽袿衣之類也。」
〔七〕師古曰：「濁，姓也。交送，謂侍中、掖庭令雜爲使。」
〔八〕師古曰：「適讀曰嫡。」

後三年，宣帝崩，太子卽位，是爲孝元帝。立太孫爲太子，以母王妃爲婕妤，封父禁爲陽平侯。後三日，婕妤立爲皇后，禁位特進，禁弟弘至長樂衞尉。永光二年，禁薨，謚曰頃侯。長子鳳嗣侯，爲衞尉侍中。皇后自有子後，希復進見。太子壯大，寬博恭慎，語在成紀。其後幸酒，樂燕樂，〔一〕元帝不以爲能。而傅昭儀有寵於上，生定陶共王。王多材藝，上甚愛之，坐則側席，行則同輦，〔二〕常有意欲廢太子而立共王。時鳳在位，與皇后、太子同心憂

懼，賴侍中史丹擁右太子，〔三〕語在丹傳。上亦以皇后素謹慎，而太子先帝所常留意，故得不廢。

〔一〕師古曰：「幸酒，好酒也。樂宴樂，好燕私之樂也。解具在成紀。」
〔二〕師古曰：「側席謂附近御坐。」
〔三〕師古曰：「右讀曰佑，助也。」

元帝崩，太子立，是爲孝成帝。尊皇后爲皇太后，以鳳爲大司馬大將軍領尚書事，益封五千戶。王氏之興自鳳始。又封太后同母弟崇爲安成侯，食邑萬戶。鳳庶弟譚等皆賜爵關內侯，食邑。

其夏，黃霧四塞終日。〔一〕天子以問諫大夫楊興、博士駟勝等，對皆以爲「陰盛侵陽之氣也。高祖之約也，非功臣不侯，今太后諸弟皆以無功爲侯，非高祖之約，外戚未曾有也，故天爲見異。」〔二〕言事者多以爲然。鳳於是懼，上書辭謝曰：「陛下卽位，思慕諒闇，〔三〕故詔臣鳳典領尚書事，上無以明聖德，下無以益政治。今有茀星天地赤黃之異，〔四〕咎在臣鳳，當伏顯戮，以謝天下。今諒闇已畢，大義皆舉，宜躬親萬機，以承天心。」因乞骸骨辭職。上報曰：「朕承先帝聖緒，涉道未深，不明事情，是以陰陽錯繆，日月無光，赤黃之氣，充塞天下。咎在朕躬，今大將軍乃引過自予，欲上尚書事，歸大將軍印綬，罷大司馬官，是明朕之

不德也。朕委將軍以事，誠欲庶幾有成，顯先祖之功德。將軍其專心固意，輔朕之不逮，毋有所疑。」

〔一〕師古曰：「塞，滿也。言四方皆滿。」
〔二〕師古曰：「見，顯示。」
〔三〕師古曰：「商書云『高宗諒闇』。諒，信；闇，默也。言居父喪信默，三年不言也。」
〔四〕師古曰：「茀與孛同。」

後五年，諸吏散騎安成侯崇薨，謚曰共侯。有遺腹子奉世嗣侯，太后甚哀之。明年，河平二年，上悉封舅譚爲平阿侯，商成都侯，立紅陽侯，根曲陽侯，逢時高平侯。五人同日封，故世謂之「五侯」。太后同產唯曼蚤卒，〔一〕餘畢侯矣。太后母李親，苟氏妻，生一男名參，寡居。頃侯禁在時，太后令禁還李親。〔二〕太后憐參，欲以田蚡爲比而封之。〔三〕上曰：「封田氏，非正也。」以參爲侍中水衡都尉。王氏子弟皆卿大夫侍中諸曹，分據勢官滿朝廷。

〔一〕張晏曰：「同父則爲同產，不必同母也。上言唯鳳、崇同母也。」
〔二〕師古曰：「召還王氏。」
〔三〕李奇曰：「田蚡與孝景王后同母異父，得封故也。」師古曰：「比，例也，音必寐反。」

大將軍鳳用事，上遂謙讓無所顓。〔一〕左右常薦光祿大夫劉向少子歆通達有異材。上

召見歆,誦讀詩賦,甚說之;(二)欲以爲中常侍,召取衣冠。臨當拜,左右皆曰:「未曉大將軍。」(三)上曰:「此小事,何須關大將軍?」左右叩頭爭之。上於是語鳳,鳳以爲不可,乃止。其見憚如此。

(一)師古曰:「顓與專同。凡事皆不自專也。」
(二)師古曰:「說讀曰悅。」
(三)師古曰:「曉猶白。」

上即位數年,無繼嗣,體常不平。(一)定陶共王來朝,太后與上承先帝意,遇共王甚厚,賞賜十倍於它王,不以往事爲纖介。(二)共王之來朝也,天子留,不遣歸國。上謂共王:「我未有子,人命不諱,(三)一朝有它,且不復相見。(四)爾長留侍我矣!」其後天子疾益有瘳,共王因留國邸,旦夕侍上,上甚親重。大將軍鳳心不便共王在京師,會日蝕,鳳因言:「日蝕陰盛之象,爲非常異。定陶王雖親,於禮當奉藩在國。今留侍京師,詭正非常,(五)故天見戒。(六)宜遣王之國。」上不得已於鳳而許之。(七)共王辭去,上與相對(涕)泣而決。

(一)師古曰:「言多疾疢。」
(二)師古曰:「往事,謂先帝時欲以代太子也。言無纖介之嫌恨。」
(三)師古曰:「人命無常,不可諱。」

(四)師古曰:「它謂晏駕也。」
(五)師古曰:「詭,違也。」
(六)師古曰:「見,顯示。」
(七)師古曰:「言迫於鳳不得止。」

京兆尹王章素剛直敢言,以爲鳳建遣共王之國非是,(一)乃奏封事言日蝕之咎矣。天子召見章,延問以事,章對曰:「天道聰明,(佐)〔佑〕善而災惡,以瑞異爲符效。今陛下以未有繼嗣,引近定陶王,(二)所以承宗廟,重社稷,上順天心,下安百姓。此正義善事,當有祥瑞,何故致災異?災異之發,爲大臣顓政者也。今聞大將軍猥歸日蝕之咎於定陶王,(三)建遣之國,苟欲使天子孤立於上,顓擅朝事以便其私,非忠臣也。且日蝕,陰侵陽,臣顓君之咎,今政事大小皆自鳳出,天子曾不一舉手,鳳不內省責,反歸咎善人,推遠定陶王。(四)且鳳誣罔不忠,非一事也。前丞相樂昌侯商(五)本以先帝外屬,內行篤,有威重,位歷將相,國家柱石臣也,其人守正,不肯詘節隨鳳委曲,卒用閨門之事爲鳳所罷,身以憂死,衆庶愍之。又鳳知其小婦弟張美人已嘗適人,(六)於禮不宜配御至尊,託以爲宜子,內之後宮,苟以私其妻弟。聞張美人未嘗任身就館也。(七)且羌胡尚殺首子以盪腸正世,(八)況於天子而近已出之女也!此三者皆大事,陛下所自見,足以知其餘,及它所不見者。(九)鳳不可令久典事,宜退使就第,還忠賢以代之。」

(一)師古曰:「建立其議也。」
(二)師古曰:「近音巨靳反。」
(三)師古曰:「猥猶曲也。」
(四)師古曰:「遠音于萬反。」
(五)師古曰:「王商也。」
(六)師古曰:「小婦,妾也。弟謂女弟,即妹也。」
(七)師古曰:「是則不爲宜子,明鳳所言非實。」
(八)師古曰:「盪,洗滌也。言婦初來所生之子或它姓。」
(九)師古曰:「以所見者譬之,則不見者可知。」

自鳳之白罷商後遣定陶王也,上不能平。及聞章言,天子感寤,納之,謂章曰:「微京兆尹直言,吾不聞社稷計!(一)且唯賢知賢,君試爲朕求可以自輔者。」於是章奏封事,薦中山孝王舅琅邪太守馮野王「先帝時歷二卿,忠信質直,知謀有餘。野王以王舅出,以賢復入,明聖主樂進賢也。」上自爲太子時數聞野王先帝名卿,聲譽出鳳遠甚,方倚欲以代鳳。

(一)師古曰:「微,無也。」

初,章每召見,上輒辟左右。(一)時太后從弟長樂衞尉弘子侍中音(二)獨側聽,具知章

言,以語鳳。鳳聞之,稱病出就第,上疏乞骸骨,謝上曰:「臣材駑愚戇,得以外屬兄弟七人封爲列侯,宗族蒙恩,賞賜無量。輔政出入七年,國家委任臣鳳,所言輒聽,薦士常用。無一功善,陰陽不調,災異數見,咎在臣鳳奉職無狀,此臣一當退也。五經傳記,師所誦說,咸以日蝕之咎在於大臣非其人,易曰『折其右肱』,(三)此臣二當退也。河平以來,臣久病連年,數出在外,曠職素餐,此臣三當退也。(四)陛下以皇太后故不忍誅廢,臣猶自知當遠流放,又重自念,(五)兄弟宗族所蒙不測,當殺身靡骨死輦轂下,(六)不當以無益之故有離寢門之心。誠歲餘以來,所苦加侵,(七)日日益甚,不勝大願,願乞骸骨,歸自治養,冀賴陛下神靈,未埋髮齒,期月之間,幸得瘳愈,復望帷幄,不然,必寘溝壑。臣以非材見私,天下知臣受恩深也;以病得全骸骨歸,天下知臣被恩見哀,重巍巍也。(八)進退於國爲厚,萬無纖介之議。(九)唯陛下哀憐!」其辭指甚哀,太后聞之爲垂涕,不御食。

(一)師古曰:「辟讀曰闢。」
(二)師古曰:「弘者,太后之叔父也。音則從父弟。」
(三)師古曰:「豐卦九三爻辭也。肱,臂也。」
(四)師古曰:「空曠職任,徒受祿秩也。」
(五)師古曰:「重音直用反。」

〔六〕師古曰：「靡，碎也，音武皮反。」
〔七〕師古曰：「誠，實也。」
〔八〕師古曰：「巍巍，高貌。重音直用反。」
〔九〕師古曰：「論者不云疏斥外戚也。」

上少而親倚鳳，弗忍廢，乃報鳳曰：「朕秉事不明，政事多闕，故天變（屢）〔婁〕臻，咸在朕躬。〔一〕將軍乃深引過自予，欲乞骸骨而退，則朕將何嚮焉！書不云乎？『公毋困我。』〔二〕務專精神，安心自持，期於亟瘳，稱朕意焉。」〔三〕於是鳳起視事。上使尚書劾奏章「知野王前以王舅出補吏，而私薦之，欲令在朝阿附諸侯；又知張美人體御至尊，而妄稱引羌胡殺子蕩腸，非所宜言。」遂下章吏。廷尉致其大逆罪，以為「比上夷狄，欲絕繼嗣之端；背畔天子，私為定陶王。」章死獄中，妻子徙合浦。

〔一〕師古曰：「婁，古屢字。」
〔二〕師古曰：「周書洛誥載成王告周公辭也。言公必須留京師，毋得遠去，而令我困。」
〔三〕師古曰：「亟，急。瘳，差也。」

自是公卿見鳳，側目而視，郡國守相刺史皆出其門。〔一〕又以侍中太僕音為御史大夫，列于三公。而五侯羣弟，爭為奢侈，賂遺珍寶，四面而至；後庭姬妾，各數十人，僮奴以千百數，羅鐘磬，舞鄭女，作倡優，狗馬馳逐；大治第室，起土山漸臺，洞門高廊閣道，連屬彌

望。〔二〕百姓歌之曰：「五侯初起，曲陽最怒，壞決高都，連竟外杜，〔三〕土山漸臺西白虎。」〔四〕〔其〕奢僭如此。然皆通敏人事，好士養賢，傾財施予，以相高尚。

〔一〕師古曰：「言為其家寮屬者，皆得大官。」
〔二〕師古曰：「彌，竟也。言望之極目也。屬音之欲反。」
〔三〕服虔曰：「壞決高都水入長安。高都水在長安西也。」孟康曰：「杜、鄠二縣之閒田畝一金。言其境自長安至杜陵也。」李奇曰：「長安有高都、（水）〔外〕杜里，既壞決高都作殿，復衍及外杜里。」師古曰：「成都侯商自擅穿帝城引水耳，曲陽無此事。又雖大作第宅，不得從長安至杜陵也。（按）李說為（近）是。」
〔四〕師古曰：「皆放效天子之制也。」

鳳輔政凡十一歲。陽朔三年秋，鳳病，天子數自臨問，親執其手，涕泣曰：「將軍病，如有不可言，平阿侯譚次將軍矣。」〔一〕鳳頓首泣曰：「譚等雖與臣至親，行皆奢僭，無以率導百姓，不如御史大夫音謹敕，〔二〕臣敢以死保之。」及鳳且死，上疏謝上，復固薦音自代，〔言〕譚等五人必不可用。天子然之。

〔一〕師古曰：「不可言，謂死也，不欲斥言之。」
〔二〕師古曰：「敕，整也。」

初，譚倨，不肯事鳳，〔一〕而音敬鳳，卑恭如子，故薦之。鳳薨，天子臨弔贈寵，送以輕車介士，軍陳自長安至渭陵，諡曰敬成侯。子襄嗣侯，為衞尉。御史大夫音竟代鳳為大司馬車騎將軍，而平阿侯譚位特進，領城門兵。谷永說譚，令讓不受城門職，由是與音不平，語在永傳。

〔一〕師古曰：「倨，慢也，音據。」

音既以從舅越親用事，小心親職，歲餘，上下詔曰：「車騎將軍音宿衞忠正，勤勞國家，前為御史大夫，以外親宜典兵馬，入為將軍，不獲宰相之封，朕甚慊焉！其封音為安陽侯，食邑與五侯等，俱三千戶。」

初，成都侯商嘗病，欲避暑，從上借明光宮。〔一〕後又穿長安城，引內灃水注第中大陂以行船，立羽蓋，張周帷，輯濯越歌。〔二〕上幸商第，見穿城引水，意恨，內銜之，未言。後微行出，過曲陽侯第，又見園中土山漸臺似類白虎殿。〔三〕於是上怒，以讓車騎將軍音。商、根兄弟欲自黥劓謝太后。上聞之大怒，乃使尚書責問司隸校尉、京兆尹「知成都侯商擅穿帝城，決引灃水，曲陽侯根驕奢僭上，赤墀青瑣，〔四〕紅陽侯立父子臧匿姦猾亡命，賓客為羣盜，司隸、京兆皆阿縱不舉奏正法。」二人頓首省戶下。又賜車騎將軍音策書曰：「外家何甘樂禍敗，〔五〕而欲自黥劓，相戮辱於太后前，傷慈母之心，以危亂國！外家宗族彊，上一身寖弱日久，〔六〕今將一施之。〔七〕君其召諸侯，令待府舍。」〔八〕是日，詔尚書奏文帝時誅將軍薄昭故事。車騎將軍音藉槀請罪，〔九〕商、立、根皆負斧質謝。上不忍誅，然後得已。

〔一〕師古曰：「黃圖云明光宮在城內，近桂宮也。」
〔二〕師古曰：「輯與楫同，濯與櫂同，皆所以行船也。令執楫櫂人為越歌也。輯為櫂之短者也。今吳越之人呼為橈，音饒。越歌，為越之歌。」
〔三〕師古曰：「黃圖云在未央宮。」
〔四〕孟康曰：「以青畫戶邊鏤中，天子制也。」如淳曰：「門楣格再重，如人衣領再重，裏者青，名曰青瑣，天子門制也。」師古曰：「孟說是。青瑣者，刻為連環文，而青塗之也。」
〔五〕師古曰：「言此罪過，並身自為之。」
〔六〕師古曰：「寖，漸也。」
〔七〕師古曰：「行刑罰。」
〔八〕師古曰：「令總集音之府舍，待詔命。」
〔九〕師古曰：「自坐槀上，言就刑戮也。」

久之，平阿侯譚薨，諡曰安侯，子仁嗣侯。太后憐弟曼蚤死，獨不封，曼寡婦渠供養東宮，子莽幼孤不及等比，〔一〕常以為語。平阿侯譚、成都侯商及在位多稱莽者。久之，上復下詔追封曼為新都哀侯，而子莽嗣爵為新都侯。後又封太后姊子淳于長為定陵侯。王氏親屬，侯者凡十人。

〔一〕師古曰：「比音必寐反。」

上悔廢平阿侯譚不輔政而薨也，乃復進成都侯商以特進，領城門兵，置幕府，得舉吏如將軍。杜鄴說車騎將軍音令親附商，語在鄴傳。王氏爵位日盛，唯音爲修整，數諫正，有忠節，輔政八年，薨。弔贈如大將軍，謚曰敬侯。子舜嗣侯，爲太僕侍中。特進成都侯商代音爲大司馬衞將軍，而紅陽侯立位特進，領城門兵。商輔政四歲，病乞骸骨，天子愍之，更以爲大將軍，益封二千戶，賜錢百萬。商薨，弔贈如大將軍故事，謚曰景成侯，子況嗣侯。紅陽侯立次當輔政，有罪過，語在孫寶傳。上乃廢立而用光祿勳曲陽侯根爲大司馬票騎將軍，歲餘益封千七百戶。高平侯逢時無材能名稱，是歲薨，謚曰戴侯，子買之嗣侯。

綏和元年，上即位二十餘年無繼嗣，而定陶共王已薨，子嗣立爲王。王祖母定陶傅太后重賂遺票騎將軍根，爲王求漢嗣，根爲言，上亦欲立之，遂徵定陶王爲太子。時根輔政五歲矣，乞骸骨，上乃益封根五千戶，賜安車駟馬，黃金五百斤，罷就第。

先是定陵侯淳于長以外屬能謀議，爲衞尉侍中，在輔政之次。是歲，新都侯莽告長伏罪與紅陽侯立相連，〔一〕長下獄死，立就國，語在長傳。故曲陽侯根薦莽以自代，上亦以爲莽有忠直節，遂擢莽從侍中騎都尉光祿大夫爲大司馬。

〔一〕師古曰：「伏罪，謂舊罪陰伏未發者也。」

歲餘，成帝崩，哀帝即位。太后詔莽就第，避帝外家。哀帝初優莽，不聽。莽上書固乞

骸骨而退。上乃下詔曰：「曲陽侯根前在位，建社稷策。侍中太僕安陽侯舜往時護太子家，導朕，忠誠專壹，有舊恩。新都侯莽憂勞國家，執義堅固，庶幾與爲治，太皇太后詔休就第，朕甚閔焉。其益封根二千戶，舜五百戶，莽三百五十戶。以莽爲特進，朝朔望。」又還紅陽侯立京師。哀帝少而聞知王氏驕盛，心不能善，以初立，故優之。

後月餘，司隸校尉解光奏：「曲陽侯根宗重身尊，三世據權，五將秉政，天下輻湊自效。〔一〕根行貪邪，臧累鉅萬，縱橫恣意，〔二〕大治（第宅）〔室第〕，第中起土山，立兩市，殿上赤墀，戶青瑣；遊觀射獵，使奴從者被甲持弓弩，陳爲步兵；止宿離宮，水衡共張，〔三〕發民治道，百姓苦其役。內懷姦邪，欲筦朝政，〔四〕推親近吏主簿張業以爲尚書，蔽上壅下，內塞王路，外交藩臣，驕奢僭上，壞亂制度。案根骨肉至親，社稷大臣，〔五〕先帝棄天下，根不悲哀思慕，山陵未成，公聘取故掖庭女樂五官殷嚴、王飛君等，〔六〕置酒歌舞，捐忘先帝厚恩，背臣子義。及根兄子成都侯況幸得以外親繼父爲列侯侍中，不思報厚恩，亦聘取故掖庭貴人以爲妻，皆無人臣禮，大不敬不道。」於是天子曰：「先帝遇根、況父子，至厚也，今乃背忘恩義！」以根嘗建社稷之策，〔七〕遣就國。免況爲庶人，歸故郡。根及況父商所薦舉爲官者，皆罷。

〔一〕師古曰：「效，獻也，獻其款誠。」

〔二〕師古曰：「橫音胡孟反。」

〔三〕師古曰：「共音居用反。張音竹亮反。」

〔四〕師古曰：「筦與管同。」

〔五〕師古曰：「至親謂於成帝爲舅。」

〔六〕如淳曰：「五官，官名也。外戚傳曰五官視三百石。」

〔七〕師古曰：「謂立哀帝爲嗣也。」

後二歲，傅太后、帝母丁姬皆稱尊號。有司奏「新都侯莽前爲大司馬，貶抑尊號之議，虧損孝道，及平阿侯仁臧匿趙昭儀親屬，皆就國。」天下多冤王氏。

諫大夫楊宣上封事言：「孝成皇帝深惟宗廟之重，稱述陛下至德以承天序，聖策深遠，恩德至厚。惟念先帝之意，豈不欲以陛下自代，奉承東宮哉！〔一〕太皇太后春秋七十，數更憂傷，〔二〕敕令親屬引領以避丁、傅。〔三〕行道之人爲之隕涕，況於陛下，時登高遠望，獨不慙於延陵乎！」哀帝深感其言，復封商中子邑爲成都侯。

〔一〕師古曰：「言供養太后。」

〔二〕師古曰：「更，經也，音工衡反。」

〔三〕師古曰：「引領，自引首領而退也。」

元壽元年，日蝕。賢良對策多訟新都侯莽者，上於是徵莽及平阿侯仁還京師侍太后。

曲陽侯根薨，國除。

明年，哀帝崩，無子，太皇太后以莽爲大司馬，與共徵立中山王奉哀帝後，是爲平帝。帝年九歲，（常）〔當〕年被疾，太后臨朝，委政於莽，莽顓威福。紅陽侯立莽諸父，平阿侯仁素剛直，莽內憚之，令大臣以罪過奏遣立、仁就國。莽日誑燿太后，言輔政致太平，羣臣奏請尊莽爲安漢公。後遂遣使者迫守立、仁令自殺，賜立謚曰荒侯，子柱嗣，仁謚曰剌侯，子術嗣。是歲，元始三年也。明年，莽風羣臣奏立莽女爲皇后。〔一〕又奏尊莽爲宰衡，莽母及兩子皆封爲列侯，語在莽傳。

〔一〕師古曰：「風讀曰諷。」

莽既外壹羣臣，令稱己功德，又內媚事旁側長御以下，賂遺以千萬數。白尊太后姊妹君俠爲廣恩君，君力爲廣惠君，君弟爲廣施君，皆食湯沐邑，日夜共譽莽。莽又知太后婦人厭居深宮中，莽欲虞樂以市其權，〔一〕乃令太后四時車駕巡狩四郊，〔二〕存見孤寡貞婦。春幸繭館，〔三〕率皇后列侯夫人桑，遵霸水而祓除；〔四〕夏遊篽宿、鄠、杜之間；〔五〕秋歷東館，望昆明，集黃山宮；冬饗飲飛羽，〔六〕校獵上蘭，〔七〕登長平館，〔八〕臨涇水而覽焉。太后所至屬縣，輒施恩惠，賜民錢帛牛酒，歲以爲常。太后從容言曰：〔九〕「我始入太子家時，見於丙殿，至今五六十歲尚頗識之。」〔一〇〕莽因曰：「太子宮幸近，可壹往遊觀，不足以爲勞。」於

是太后幸太子宮，甚說。〔二〕太后旁弄兒病在外舍，〔三〕莽自親候之。其欲得太后意如此。

〔一〕張晏曰：「以遊觀之樂易其權，若市買。」師古曰：「此虞與娛同。」
〔二〕師古曰：「邑外謂之郊，近二十里也。」
〔三〕師古曰：「漢宮閣疏云上林苑有繭觀，蓋蠶繭之所也。」
〔四〕師古曰：「桑，採桑也。遵，循也，謂緣水邊。」
〔五〕師古曰：「鬭宿苑在長安城南，今之御宿川是也。」
〔六〕師古曰：「黃山宮在槐里。飛羽殿在未央宮中。羽字或作雨。」
〔七〕師古曰：「上蘭，觀名也，在上林中。」
〔八〕師古曰：「在長平坂也。」
〔九〕師古曰：「從音千容反。」
〔一〇〕師古曰：「識，記也，音式志反。」
〔一一〕師古曰：「說讀曰悅。」
〔一二〕服虔曰：「宮婢侍史生兒，取以作弄兒也。」

平帝崩，無子，莽徵宣帝玄孫選最少者廣戚侯子劉嬰，年二歲，託以卜相爲最吉。乃風公卿奏請立嬰爲孺子，〔一〕令宰衡安漢公莽踐祚居攝，如周公傅成王故事。太后不以爲可，力不能禁，於是莽遂爲攝皇帝，改元稱制焉。俄而宗室安衆侯劉崇及東郡太守翟義等惡之，

更舉兵欲誅莽。〔二〕太后聞之，曰：「人心不相遠也。〔三〕我雖婦人，亦知莽必以是自危，不可。」其後，莽遂以符命自立爲眞皇帝，先奉諸符瑞以白太后，太后大驚。

〔一〕師古曰：「風讀曰諷。」
〔二〕師古曰：「更音工衡反。」
〔三〕師古曰：「言所見者同。」

初，漢高祖入咸陽至霸上，秦王子嬰降於軹道，奉上始皇璽。及高祖誅項籍，卽天子位，因御服其璽，世世傳受，號曰漢傳國璽。以孺子未立，璽臧長樂宮。及莽卽位，請璽，太后不肯授莽。莽使安陽侯舜諭指。舜素謹敕，太后雅愛信之。舜既見，太后知其爲莽求璽，怒罵之曰：「而屬父子宗族蒙漢家力，富貴累世，〔一〕既無以報，受人孤寄，乘便利時，奪取其國，〔二〕不復顧恩義。人如此者，狗豬不食其餘，〔三〕天下豈有而兄弟邪！且若自以金匱符命爲新皇帝，〔四〕變更正朔服制，亦當自更作璽，傳之萬世，何用此亡國不祥璽爲，而欲求之？我漢家老寡婦，旦暮且死，欲與此璽俱葬，終不可得！」太后因涕泣而言，旁側長御以下皆垂涕。舜亦悲不能自止，良久乃仰謂太后：「臣等已無可言者。〔五〕莽必欲得傳國璽，太后寧能終不與邪！」太后聞舜語切，恐莽欲脅之，乃出漢傳國璽，投之地以授舜，曰：「我老已死，〔知〕〔如〕而兄弟，今族滅也！」舜既得傳國璽，奏之，莽大說，〔六〕乃爲太后置酒未

央宮漸臺，大縱衆樂。

〔一〕師古曰：「而，汝也。」
〔二〕師古曰：「孤寄，言以孤寄託之。」
〔三〕師古曰：「言惡賤。」
〔四〕師古曰：「若亦汝。」
〔五〕師古曰：「言不可諫止。」
〔六〕師古曰：「說讀曰悅。」

莽又欲改太后漢家舊號，易其璽綬，恐不見聽，而莽疏屬王諫欲諂莽，上書言：「皇天廢去漢而命立新室，太皇太后不宜稱尊號，當隨漢廢，以奉天命。」莽乃車駕至東宮，親以其書白太后。太后曰：「此言是也！」〔一〕莽因曰：「此誖德之臣也，〔二〕罪當誅！」於是冠軍張永獻符命銅璧，文言「太皇太后當爲新室文母太皇太后」。〔三〕莽乃下詔曰：「予視羣公，咸曰『休哉！』〔四〕其文字非刻非畫，厥性自然。』予伏念皇天命予爲子，更命太皇太后爲『新室文母太皇太后』，協于新（室）故交代之際，信於漢氏。哀帝之代，世傳行詔籌，爲西王母共具之祥，〔五〕當爲歷代（爲）母，昭然著明。予祗畏天命，敢不欽承！謹以令月吉日，親率羣公諸侯卿士，奉上皇太后璽紱，〔六〕以當順天心，光于四海焉。」太后聽許。莽於是鴆殺王諫，而封

張永爲貢符子。

〔一〕師古曰：「恚懟之辭也。」
〔二〕師古曰：「誖，乖也，音布內反。」
〔三〕服虔曰：「銅璧，如璧形，以銅爲之也。」
〔四〕師古曰：「視讀曰示。休，美也。」
〔五〕師古曰：「共音居用反。」
〔六〕師古曰：「（比）〔此〕紱謂璽之組也。」

初，莽爲安漢公時，又諂太后，奏尊元帝廟爲高宗，太后晏駕後當以禮配食云。及莽改（號）太后爲新室文母，絕之於漢，不令得體元帝。墮壞孝元廟，〔一〕更爲文母太后起廟，獨置孝元廟故殿以爲文母篹食堂，〔二〕既成，名曰長壽宮。以太后在，故未謂之廟。莽以太后好出遊觀，乃車駕置酒長壽宮，請太后。既至，見孝元廟廢徹塗地，太后驚，泣曰：「此漢家宗廟，皆有神靈，與何治而壞之！〔三〕且使鬼神無知，又何用廟爲！如令有知，我乃人之妃妾，豈宜辱帝之堂以陳饋食哉！」私謂左右曰：「此人嫚神多矣，能久得祐乎！」飲酒不樂而罷。

〔一〕師古曰：「墮，毀也，音火規反。」
〔二〕孟康曰：「篹音撰。」晉灼曰：「篹，具也。」

〔三〕師古曰：「與音預。言此何罪，於汝無所（過）〔干〕預，何爲毀壞之！」

自莽篡位後，知太后怨恨，求所以媚太后無不爲，然愈不說。〔一〕莽更漢家黑貂，著黃貂，〔二〕又改漢正朔伏臘日。太后令其官屬黑貂，至漢家正臘日，獨與其左右相對飲酒食。

〔一〕師古曰：「說讀曰悅。」

〔二〕孟康曰：「侍中所著貂也。莽更漢制也。」師古曰：「更亦改。」

太后年八十四，建國五年二月癸丑崩。三月乙酉，合葬渭陵。莽詔大夫揚雄作誄曰：「太陰之精，沙麓之靈，作合於漢，配元生成。」著其協於元城沙麓。（泰）〔太〕陰精者，謂夢月也。太后崩後十年，漢兵誅莽。

初，紅陽侯立就國南陽，與諸劉結恩，立少子丹爲中山太守。世祖初起，丹降爲將軍，戰死。上閔之，封丹子泓爲武桓侯，至今。〔一〕

〔一〕師古曰：「泓音於宏反。」

司徒掾班彪曰：三代以來，春秋所記，王公國君，與其失世，稀不以女寵。漢興，后妃之家呂、霍、上官，幾危國者數矣。〔一〕及王莽之興，由孝元后歷漢四世爲天下母，饗國六十餘載，羣弟世權，更持國柄，〔二〕五將十侯，卒成新都。位號已移於天下，而元后卷卷猶握一

璽，〔三〕不欲以授莽，婦人之仁，悲夫！

〔一〕師古曰：「幾音巨依反。數音所角反。」

〔二〕師古曰：「更音工衡反。」

〔三〕師古曰：「卷音其圓反。解在劉向傳。」

校勘記

四〇一三頁五行　田和有齊國，（三）〔二〕世稱王。宋祁說舊本「三」作「二」。按景祐本作「二」。楊樹達說實五世。

四〇一四頁三行　至（哀帝元壽二年），哀帝崩，景祐、殿本都有「至」下六字。

四〇一四頁一六行　（王）翁孺生禁，景祐、殿本都無「王」字。

四〇一五頁一五行　長御即以爲（是）。錢大昭說「爲」下脫「是」字。按景祐、殿、局本都不脫。

四〇一九頁一三行　上與相對（涕）泣而決。景祐、殿本有「涕」字。

四〇二〇頁六行　天道聰明，（佐）〔佑〕善而災惡，景祐、殿本都作「佑」。

四〇二三頁五行　故天變（屢）〔婁〕臻，景祐、殿本都作「婁」，並有師古注四字。

四〇二四頁二行　〔其〕奢僭如此。景祐、汲古、殿、局本都有「其」字，此脫。

四〇二四頁六行　長安有高都、（水）〔外〕杜里，景祐本作「外」。

四〇二四頁七行　（按）李說爲（近）是。景祐、殿本都無「按」字、「近」字。

四〇二四頁一二行　〔言〕譚等五人必不可用。景祐、殿本都有「言」字，此脫。

四〇二六頁六行　大治（第宅）〔室第〕，景祐、殿本都作「室第」。

四〇三〇頁三行　帝年九歲，（常）〔當〕年被疾，景祐本作「當」。

四〇三二頁一五行　（知）〔如〕而兄弟，今族滅也！景祐本作「如」。楊樹達說作「如」是。

四〇三三頁一三行　協于新（室）故交代之際，何焯、李慈銘、楊樹達都說「室」字衍。

四〇三三頁一四行　當爲歷代（爲）母，楊樹達說「爲母」「爲」字疑因上文「爲」字而衍。按讀爲「當歷代爲母」亦通。

四〇三四頁七行　（比）〔此〕紱謂璽之組也。景祐、殿本都作「此」，此誤。

四〇三四頁八行　及莽改〔號〕太后爲新室文母，景祐、殿本都有「號」字。

四〇三五頁一行　於汝無所（過）〔干〕預，景祐、殿、局本都作「干」。

四〇三五頁七行　（泰）〔太〕陰精者，殿本作「太」。

漢書卷九十九上

王莽傳第六十九上

王莽字巨君，孝元皇后之弟子也。元后父及兄弟皆以元、成世封侯，居位輔政，家凡九侯、五大司馬，語在元后傳。〔一〕唯莽父曼蚤死，不侯。〔二〕莽羣兄弟皆將軍五侯子，乘時侈靡，〔三〕以輿馬聲色佚游相高，〔四〕莽獨孤貧，因折節爲恭儉。受禮經，師事沛郡陳參，勤身博學，被服如儒生。〔五〕事母及寡嫂，養孤兄子，行甚敕備。〔六〕又外交英俊，內事諸父，曲有禮意。陽朔中，世父大將軍鳳病，〔七〕莽侍疾，親嘗藥，亂首垢面，不解衣帶連月。鳳且死，以託太后及帝，拜爲黃門郎，遷射聲校尉。

〔一〕師古曰：「外戚傳言十侯，此云九侯，以鳳本嗣禁爲侯。」
〔二〕師古曰：「蚤，古早字。」
〔三〕師古曰：「乘，因也，因貴戚之時。」
〔四〕師古曰：「佚字與逸同。」

〔五〕師古曰：「被音皮義反。」
〔六〕師古曰：「敕，整也。」
〔七〕師古曰：「謂伯父也，以居長嫡而繼統也。」

久之，叔父成都侯商上書，願分戶邑以封莽，及長樂少府戴崇、侍中金涉、胡騎校尉箕閎、上谷都尉陽並、中郎陳湯，皆當世名士，咸爲莽言，上由是賢莽。永始元年，封莽爲新都侯，國南陽新野之都鄉，千五百戶。遷騎都尉光祿大夫侍中，宿衞謹敕，爵位益尊，節操愈謙。散輿馬衣裘，振施賓客，〔一〕家無所餘。收贍名士，交結將相卿大夫甚衆。故在位更推薦之，〔二〕游者爲之談說，虛譽隆洽，傾其諸父矣。敢爲激發之行，處之不慙恧。〔三〕

〔一〕師古曰：「振，舉也。」
〔二〕師古曰：「更音工衡反。」
〔三〕師古曰：「激，急動也。恧，愧也。激音工歷反。恧音女六反。」

莽兄永爲諸曹，蚤死，有子光，莽使學博士門下。莽休沐出，振車騎，〔一〕奉羊酒，勞遺其師，恩施下竟同學。〔二〕諸生縱觀，長老嘆息。光年小於莽子宇，莽使同日內婦，賓客滿堂。須臾，一人言太夫人苦某痛，當飲某藥，比客罷者數起焉。〔三〕（爲）〔嘗〕私買侍婢，昆弟或頗聞知，莽因曰：「後將軍朱子元無子，〔四〕莽聞此兒種宜子，〔五〕爲買之。」即日以婢奉子元。其匿情求名如此。

〔一〕師古曰：「振，整也。一曰，振，張起也。」
〔二〕師古曰：「竟，周徧也。」
〔三〕師古曰：「比音必寐反。數音所角反。」
〔四〕師古曰：「謂朱博。」
〔五〕師古曰：「此兒謂所買婢也。」

是時，太后姊子淳于長以材能爲九卿，先進在莽右。〔一〕莽陰求其罪過，因大司馬曲陽侯根白之，長伏誅，莽以獲忠直，語在長傳。根因乞骸骨，薦莽自代，上遂擢爲大司馬。是歲，綏和元年也，年三十八矣。莽既拔出同列，繼四父而輔政，〔二〕欲令名譽過前人，遂克己不倦，聘諸賢良以爲掾史，賞賜邑錢悉以享士，愈爲儉約。母病，公卿列侯遣夫人問疾，莽妻迎之，衣不曳地，布蔽膝。見之者以爲僮使，問知其夫人，皆驚。

〔一〕師古曰：「名位居其右。右，前也。」
〔二〕師古曰：「鳳、商、音、根四人皆爲大司馬，而莽之諸父也。」

輔政歲餘，成帝崩，哀帝即位，尊皇太后爲太皇太后。太后詔莽就第，避帝外家。莽上疏乞骸骨，哀帝遣尚書令詔莽曰：「先帝委政於君而棄羣臣，朕得奉宗廟，誠嘉與君同心合

意。今君移病求退，〔一〕以著朕之不能奉順先帝之意，〔二〕朕甚悲傷焉。已詔尚書待君奏事。」又遣丞相孔光、大司空何武、左將軍師丹、衞尉傅喜白太后曰：「皇帝聞太后詔，甚悲。大司馬即不起，皇帝即不敢聽政。」太后復令莽視事。

〔一〕師古曰：「移書言病也。一曰，以病而移居也。」
〔二〕師古曰：「著，明也。」

時哀帝祖母定陶傅太后、母丁姬在，高昌侯董宏上書言：「春秋之義，母以子貴，丁姬宜上尊號。」莽與師丹共劾宏誤朝不道，語在丹傳。後日，未央宮置酒，內者令爲傅太后張幄，坐於太皇太后坐旁。〔一〕莽案行，責內者令曰：「定陶太后藩妾，何以得與至尊並！」徹去，更設坐。傅太后聞之，大怒，不肯會，重怨恚莽。〔二〕莽復乞骸骨，哀帝賜莽黃金五百斤，安車駟馬，罷就第。公卿大夫多稱之者，上乃加恩寵，置使家，中黃門〔三〕十日一賜餐。下詔曰：「新都侯莽憂勞國家，執義堅固，朕庶幾與爲治。太皇太后詔莽就第，朕甚閔焉。其以黃郵聚戶三百五十益封莽，〔四〕位特進，給事中，朝朔望見禮如三公，〔五〕車駕乘綠車從。」〔六〕後二歲，傅太后、丁姬皆稱尊號，丞相朱博奏：「莽前不廣尊尊之義，抑貶尊號，虧損孝道，當伏顯戮，幸蒙赦令，不宜有爵土，請免爲庶人。」上曰：「以莽與太皇太后有屬，勿免，遣就國。」

〔一〕師古曰：「坐，並音材臥反。」
〔二〕師古曰：「會謂至置酒所也。重音直用反。」
〔三〕蘇林曰：「使黃門在其家中爲使令。」
〔四〕服虔曰：「黃郵在南陽棘陽縣。」
〔五〕師古曰：「見天子之禮也。見音胡電反。」
〔六〕師古曰：「綠車，皇孫之車，天子出行，令莽乘之以從，所以寵也。」

莽杜門自守，其中子獲殺奴，〔一〕莽切責獲，令自殺。在國三歲，吏上書冤訟莽者以百數。〔二〕元壽元年，日食，賢良周護、宋崇等對策深頌莽功德，上於是徵莽。

〔一〕師古曰：「獲者，莽子之名也。今書本有作護字者，流俗所改耳。」
〔二〕師古曰：「言其合管朝政，不當就國也。」

始莽就國，南陽太守以莽貴重，選門下掾宛孔休守新都相。〔一〕休謁見莽，莽盡禮自納，休亦聞其名，與相答。後莽疾，休候之，莽緣恩意，進其玉具寶劍，欲以爲好。〔二〕休不肯受，莽因曰：「誠見君面有瘢，〔三〕美玉可以滅瘢，欲獻其瑑耳。」即解其瑑，〔四〕休復辭讓。莽曰：「君嫌其賈邪？」〔五〕遂椎碎之，〔六〕自裹以進休，休乃受。及莽徵去，欲見休，休稱疾不見。

〔一〕師古曰：「姓孔名休，宛縣人。」
〔二〕師古曰：「結歡好也，音呼到反。」

〔三〕師古曰：「瘢，創痕也。痕音下恩反。」
〔四〕服虔曰：「瑑音衞。」蘇林曰：「劍鼻也。」師古曰：「瑑字本作璏，從王彘聲，後轉寫者訛也。瑑自雕瑑字耳，音（篆）〔篆〕也。」
〔五〕師古曰：「賈讀曰價，言其所有價直也。」
〔六〕師古曰：「椎音直追反，其字從木。」

莽還京師歲餘，哀帝崩，無子，而傅太后、丁太后皆先薨，太皇太后即日駕之未央宮收取璽綬，遣使者馳召莽。詔尚書，諸發兵符節，百官奏事，中黃門、期門兵皆屬莽。莽白：「大司馬高安侯董賢年少，不合衆心，收印綬。」賢即日自殺。太后詔公卿舉可大司馬者，大司徒孔光、大司空彭宣舉莽，前將軍何武、後將軍公孫祿互相舉。太后拜莽爲大司馬，與議立嗣。安陽侯王舜莽之從弟，其人修飭，〔一〕太后所信愛也，莽白以舜爲車騎將軍，使迎中山王奉成帝後，是爲孝平皇帝。帝年九歲，太后臨朝稱制，委政於莽。莽白趙氏前害皇子，傅氏驕僭，遂廢孝成趙皇后、孝哀傅皇后，皆令自殺，語在外戚傳。

〔一〕師古曰：「飭讀與敕同。敕，整也。」

莽以大司徒孔光名儒，相三主，太后所敬，天下信之，於是盛尊事光，引光女壻甄邯爲侍中奉車都尉。諸哀帝外戚及大臣居位素所不說者，〔一〕莽皆傅致其罪，〔二〕爲請奏，令邯持與光。光素畏慎，不敢不上之，莽白太后，輒可其奏。於是前將軍何武、後將軍公孫祿坐互相舉免，丁、傅及董賢親屬皆免官爵，徙遠方。紅陽侯立太后親弟，雖不居位，莽以諸父內敬憚之，畏立從容言太后，令己不得肆意，〔三〕乃復令光奏立舊惡：「前知定陵侯淳于長犯大逆罪，多受其賂，爲言誤朝；〔四〕後白以官婢楊寄私子爲皇子，衆言曰呂氏、少帝復出，紛紛爲天下所疑，難以示來世，成襁褓之功。請遣立就國。」太后不聽。莽曰：「今漢家衰，比世無嗣，〔五〕太后獨代幼主統政，誠可畏懼，力用公正先天下，尚恐不從，〔六〕今以私恩逆大臣議如此，羣下傾邪，亂從此起！宜可且遣就國，安後復徵召之。」〔七〕太后不得已，遣立就國。莽之所以脅持上下，皆此類也。

〔一〕師古曰：「說讀曰悅。」
〔二〕師古曰：「傅讀曰附。附益而引致之令入罪。」
〔三〕師古曰：「肆，放也。」
〔四〕師古曰：「妄稱譽之，誤惑朝廷也。」
〔五〕師古曰：「比，頻也。」
〔六〕師古曰：「力，勉力。」
〔七〕師古曰：「安猶徐也。」

於是附順者拔擢，忤恨者誅滅。王舜、王邑爲腹心，甄豐、甄邯主擊斷，平晏領機事，劉

歆典文章，孫建爲爪牙。豐子尋、歆子棻、〔一〕涿郡崔發、南陽陳崇皆以材能幸於莽。莽色厲而言方，〔二〕欲有所爲，微見風采，〔三〕黨與承其指意而顯奏之，莽稽首涕泣，固推讓焉，上以惑太后，下用示信於衆庶。

〔一〕師古曰：「棻或作檒字，音扶云反。」
〔二〕師古曰：「外示凜厲之色，而假爲方直之言。」
〔三〕師古曰：「見音胡電反。」

始，風益州令塞外蠻夷獻白雉，〔一〕元始元年正月，莽白太后下詔，以白雉薦宗廟。羣臣因奏言太后「委任大司馬莽定策安宗廟。故大司馬霍光有安宗廟之功，益封三萬戶，疇其爵邑，比蕭相國。莽宜如光故事。」太后問公卿曰：「誠以大司馬有大功當著之邪？」〔二〕將以骨肉故欲異之也？」於是羣臣乃盛陳「莽功德致周成白雉之瑞，千載同符。聖王之法，臣有大功則生有美號，故周公及身在而託號於周。莽有定國安漢家之大功，宜賜號曰安漢公，益戶，疇爵邑，上應古制，下準行事，以順天心。」太后詔尚書具其事。

〔一〕師古曰：「風讀曰諷。下皆類此。」
〔二〕師古曰：「著，明也。」

莽上書言：「臣與孔光、王舜、甄豐、甄邯共定策，今願獨條光等功賞，寢置臣莽，勿隨羣

列。」甄邯白太后下詔曰：「『無偏無黨，王道蕩蕩。』〔一〕屬有親者，義不得阿。君有安宗廟之功，不可以骨肉故蔽隱不揚。君其勿辭。」莽復上書讓。太后詔謁者引莽待殿東箱，莽稱疾不肯入。太后使尚書令恂詔之曰：「君以選故而辭以疾，〔二〕君任重，不可闕，以時亟起。」〔三〕莽遂固辭。太后復使長信太僕閎承制召莽，莽固稱疾。左右白太后，宜勿奪莽意，但條孔光等，莽乃肯起。太后下詔曰：「太傅博山侯光宿衞四世，世爲傅相，忠孝仁篤，行義顯著，建議定策，益封萬戶，以光爲太師，與四輔之政。〔四〕車騎將軍安陽侯舜積累仁孝，使迎中山王，折衝萬里，功德茂著，益封萬戶，以舜爲太保。左將軍光祿勳豐宿衞三世，忠信仁篤，〔五〕使迎中山王，輔導共養，以安宗廟，〔六〕封豐爲廣陽侯，食邑五千戶，以豐爲少傅。皆授四輔之職，疇其爵邑，各賜第一區。侍中奉車都尉邯宿衞勤勞，建議定策，封邯爲承陽侯，食邑二千四百戶。」〔七〕四人既受賞，莽尚未起，羣臣復上言：「莽雖克讓，朝所宜章，以時加賞，明重元功，無使百僚元元失望。」太后乃下詔曰：「大司馬新都侯莽三世爲三公，典周公之職，建萬世策，功(能)〔德〕爲忠臣宗，化流海內，遠人慕義，越裳氏重譯獻白雉。其以召陵、新息二縣戶二萬八千益封莽，復其後嗣，疇其爵邑，〔八〕封功如蕭相國。以莽爲太傅，幹四輔之事，號曰安漢公。以故蕭相國甲第爲安漢公第，定著於令，傳之無窮。」

〔一〕師古曰：「尚書洪範之言也。蕩蕩，廣平之貌也。故引之。」

〔二〕師古曰：「選，善也。國家欲褒其善，加號疇邑，乃以疾辭。」

〔三〕師古曰：「亟，急也，音居力反。」

〔四〕師古曰：「與讀曰豫。」

〔五〕師古曰：「篤，厚也。」

〔六〕師古曰：「共音居用反。養音弋亮反。」

〔七〕師古曰：「承音蒸。」

〔八〕師古曰：「復音方目反。」

於是莽爲惶恐，不得已而起受策。策曰：「漢危無嗣，而公定之；四輔之職，三公之任，而公幹之；羣僚衆位，而公宰之：功德茂著，宗廟以安，蓋白雉之瑞，周成象焉。〔一〕故賜嘉號曰安漢公，輔翼于帝，期於致平，〔二〕毋違朕意。」莽受太傅安漢公號，讓還益封疇爵邑事，云願須百姓家給，然後加賞。〔三〕羣公復爭，太后詔曰：「公自期百姓家給，是以聽之。其令公奉、舍人、賞賜皆倍故。〔四〕百姓家給人足，大司徒、大司空以聞。」莽復讓不受，而建言宜立諸侯王後及高祖以來功臣子孫，大者封侯，或賜爵關內侯食邑，然後及諸在位，各有第序。上尊宗廟，增加禮樂；下惠士民鰥寡，恩澤之政無所不施。語在平紀。

〔一〕師古曰：「言莽致白雉之瑞，有周公相成王之象。」

〔二〕師古曰：「致太平。」

〔三〕師古曰：「給，足也。家給，家家自足。」

〔四〕師古曰：「奉，所食之奉也。舍人，私府吏員也。倍故，數多於(人)〔故〕各一倍也。奉音扶用反。」

莽既說衆庶，〔一〕又欲專斷，知太后猒政，乃風公卿〔二〕奏言：「往者，吏以功次遷至二千石，及州部所舉茂材異等吏，率多不稱，宜皆見安漢公。又太后不宜親省小事。」令太后下詔曰：「皇帝幼年，朕且統政，比加元服。〔三〕今衆事煩碎，朕春秋高，精氣不堪，殆非所以安躬體而育養皇帝者也。故選忠賢，立四輔，羣下勸職，永以康寧。孔子曰：『巍巍乎，舜禹之有天下而不與焉！』〔四〕自今以來，(非)〔惟〕封爵乃以聞。他事，安漢公、四輔平決。州牧、二千石及茂材吏初除奏事者，輒引入至近署對安漢公，考故官，問新職，以知其稱否。」於是莽人人延問，致密恩意，厚加贈送，其不合指，顯奏免之，權與人主侔矣。

〔一〕師古曰：「說讀曰悅。」

〔二〕師古曰：「風讀曰諷。」

〔三〕師古曰：「比至平帝加元服以來，太后且統政也。比音必寐反。」

〔四〕師古曰：「論語載孔子之言也。巍巍，高貌也。言舜禹之治天下，委任賢臣以成其功，而不身親其事也。與讀曰豫。」

莽欲以虛名說太后，〔一〕白言「親承前孝哀丁、傅奢侈之後，百姓未贍者多，太后宜且衣

繒練，頗損膳，以視天下。」〔二〕莽因上書，願出錢百萬，獻田三十頃，付大司農助給貧民。於是公卿皆慕效焉。莽帥羣臣奏言：「陛下春秋尊，久衣重練，減御膳，誠非所以輔精氣，育皇帝，安宗廟也。臣莽數叩頭省戶下，白爭未見許。今幸賴陛下德澤，間者風雨時，甘露降，神芝生，蓂莢、朱草、嘉禾，休徵同時並至。〔三〕臣莽等不勝大願，願陛下愛精休神，闊略思慮，〔四〕遵帝王之常服，復太官之法膳，使臣子各得盡驩心，備共養。惟哀省察！」莽又令太后下詔曰：「蓋聞母后之義，思不出乎門閾。〔五〕國不蒙佑，皇帝年在襁褓，未任親政，戰戰兢兢，懼於宗廟之不安。國家之大綱，微朕孰當統之？〔六〕是以孔子見南子，周公居攝，蓋權時也。〔七〕勤身極思，憂勞未綏，故國奢則視之以儉，〔八〕矯枉者過其正，而朕不身帥，將謂天下何！夙夜夢想，五穀豐孰，百姓家給，比皇帝加元服，委政而授焉。〔九〕今誠未皇于輕靡而備味，〔一〇〕庶幾與百僚有成，其勗之哉！」〔一一〕每有水旱，莽輒素食，〔一二〕左右以白。太后遣使者詔莽曰：「聞公菜食，憂民深矣。今秋幸孰，公勤於職，以時食肉，愛身爲國。」

〔一〕師古曰：「說讀曰悅。」

〔二〕師古曰：「繒練謂帛無文者。視讀曰示。」

〔三〕師古曰：「休，美也。徵，證也。」

〔四〕師古曰：「闊，寬也。略，簡也。」

二十四史

中華書局

〔五〕師古曰：「闉，門樻也，音域。」
〔六〕師古曰：「微，無也。」
〔七〕師古曰：「南子，衞靈公夫人。孔子欲說靈公以治道，故見南子也。」
〔八〕師古曰：「視讀曰示。」
〔九〕師古曰：「比音必寐反。」
〔一〇〕師古曰：「皇，暇也。靡，細也。」
〔一一〕師古曰：「勗，勉也。」
〔一二〕師古曰：「素食即菜食也，解在霍光傳。」

莽念中國已平，唯四夷未有異，乃遣使者齎黄金幣帛，重賂匈奴單于，使上書言：「聞中國譏二名，故名囊知牙斯今更名知，慕從聖制。」又遣王昭君女須卜居次入侍。所以誑耀媚事太后，下至旁側長御，方故萬端。

莽既尊重，欲以女配帝爲皇后，以固其權，奏言：「皇帝即位三年，長秋宮未建，液廷媵未充。〔一〕乃者，國家之難，本從亡嗣，配取不正。請考論五經，定取禮，〔二〕正十二女之義，以廣繼嗣。博采二王後及周公孔子世列侯在長安者適子女。」〔三〕事下有司，上衆女名，王氏女多在選中者。莽恐其與己女爭，即上言：「身亡德，子材下，不宜與衆女並采。」太后以爲至誠，乃下詔曰：「王氏女，朕之外家，其勿采。」庶民、諸生、郎吏以上守闕上書者日

千餘人，公卿大夫或詣廷中，或伏省戶下，咸言：「明詔聖德巍巍如彼，安漢公盛勳堂堂若此，今當立后，獨奈何廢公女？天下安所歸命！願得公女爲天下母。」莽遣長史以下分部曉止公卿及諸生，〔四〕而上書者愈甚。太后不得已，聽公卿采莽女。莽復自白：「宜博選衆女。」公卿爭曰：「不宜采諸女以貳正統。」〔五〕莽白：「願見女。」太后遣長樂少府、宗正、尚書令納采見女，還奏言：「公女漸漬德化，有窈窕之容，〔六〕宜承(大)〔天〕序，奉祭祀。」有詔遣大司徒、大司空策告宗廟，雜加卜筮，皆曰：「兆遇金水王相，卦遇父母得位，〔七〕所謂『康强』之占，『逢吉』之符也。」信鄉侯佟上言：「〔八〕『春秋，天子將娶於紀，則褒紀子稱侯』，〔九〕安漢公國未稱古制。」〔一〇〕事下有司，皆(白)〔曰〕：「古者天子封后父百里，尊而不臣，以重宗廟，孝之至也。佟言應禮，可許。請以新野田二萬五千六百頃益封莽，滿百里。」莽謝曰：「臣莽子女誠不足以配至尊，復聽衆議，益封臣莽。伏自惟念，得託肺腑，獲爵土，如使子女誠能奉稱聖德，臣莽國邑足以共朝貢，〔一一〕不須復加益地之寵。願歸所益。」太后許之。有司奏「故事，聘皇后黃金二萬斤，爲錢二萬萬。」莽深辭讓，受四千萬，而以其三千三百萬予十一媵家。羣臣復言：「今皇后受聘，踰羣妾亡幾。」〔一二〕有詔，復益二千三百萬，合爲三千萬。莽復以其千萬分予九族貧者。

〔一〕師古曰：「液與掖同音通用。」
〔二〕師古曰：「取皆讀曰娶。」
〔三〕師古曰：「適讀曰嫡。謂妻所生也。」
〔四〕師古曰：「分音扶問反。」
〔五〕師古曰：「(言)皇后之位當在莽女也。」
〔六〕師古曰：「窈窕，幽閑也。」
〔七〕孟康曰：「金水相生也。」張晏曰：「金王則水相也。遇父母，謂泰卦乾下坤上，天下於地，是配享之卦。」師古曰：「王音于放反。」
〔八〕師古曰：「王子侯表清河綱王子豹始封新鄉侯，傳爵至曾孫佟，王莽篡位賜姓王，即謂此也。而此傳作信鄉侯，古者新信同音故耳。佟音(從)〔徒〕冬反。」
〔九〕師古曰：「解在外戚恩澤侯表也。」
〔一〇〕師古曰：「稱，副也，音尺孕反。其下亦同。」
〔一一〕師古曰：「共讀曰供。」
〔一二〕師古曰：「亡幾，不多也。亡讀曰無。幾音居豈反。其下並同。」

陳崇時爲大司徒司直，與張敞孫竦相善。竦者博通士，爲崇草奏，稱莽功德，〔一〕崇奏之，曰：

〔一〕師古曰：「草謂創立其文也。」

竊見安漢公自初束脩，〔一〕值世俗隆奢麗之時，蒙兩宮厚骨肉之寵，〔二〕被諸父赫赫之光，〔三〕財饒勢足，亡所啎意，〔四〕然而折節行仁，克心履禮，拂世矯俗，確然特立；〔五〕惡衣惡食，陋車駑馬，妃匹無二，閨門之內，孝友之德，衆莫不聞；清靜樂道，溫良下士，〔六〕惠于故舊，篤于師友。孔子曰「未若貧而樂，富而好禮」，〔七〕公之謂矣。

〔一〕師古曰：「束脩謂初學官之時。」
〔二〕師古曰：「兩宮謂成帝及太后。」
〔三〕師古曰：「被音皮義反。」
〔四〕師古曰：「啎，逆也，無人能逆其意也。啎音五故反。」
〔五〕師古曰：「拂，違也。矯，正也。拂音佛。」
〔六〕師古曰：「下音胡嫁反。」
〔七〕師古曰：「論語子貢問曰：『貧而無諂，富而無驕，何如？』孔子曰：『可也，未若貧而樂，富而好禮者也。』」

及爲侍中，故定陵侯淳于長有大逆罪，公不敢私，建白誅討。〔一〕周公誅管蔡，季子鴆叔牙，〔二〕公之謂矣。

〔一〕師古曰：「首言其事也。」
〔二〕師古曰：「解並在前。」

是以孝成皇帝命公大司馬，委以國統。孝哀即位，高昌侯董宏希指求美，造作二

統，〔一〕公手劾之，以定大綱。建白定陶太后不宜在乘輿幄坐，〔二〕以明國體。詩曰「柔亦不茹，剛亦不吐，不侮鰥寡，不畏强圉」，〔三〕公之謂矣。

〔一〕晉灼曰：「欲令丁姬爲帝太后也。」
〔二〕師古曰：「坐音才臥反。」
〔三〕師古曰：「大雅蒸人之詩，美仲山甫之德。茹，食也。强圉，强梁圉扞也。」

深執謙退，推誠讓位。定陶太后欲立僭號，憚彼面刺幄坐之義，佞惑之雄，朱博之疇，懲此長、宏手劾之事，上下壹心，讒賊交亂，詭辟制度，遂成簒號，〔一〕斥逐仁賢，誅殘戚屬，而公被胥、原之訴，遠去就國，〔二〕朝政崩壞，綱紀廢弛，危亡之禍，不隧如髮。〔三〕詩云「人之云亡，邦國殄顇」，〔四〕公之謂矣。

〔一〕師古曰：「詭，違也。辟讀曰僻。」
〔二〕應劭曰：「胥、原，子胥、屈原也。」師古曰：「遠去朝廷，而就其侯國。」
〔三〕師古曰：「弛，解也，音式爾反。隧音直類反。」
〔四〕師古曰：「大雅瞻仰之詩也。殄，盡也。顇，病也。言爲政不善，賢人奔亡矣，天下邦國盡困病也。顇與（萃）〔悴〕同，音才醉反。」

當此之時，宮亡儲主，董賢據重，加以傅氏有女之援，〔一〕皆自知得罪天下，結讎中山，〔二〕則必同憂，斷金相翼，〔三〕藉假遺詔，頻用賞誅，先除所憚，急引所附，遂誣往冤，

更徵遠屬，事勢張見，其不難矣！〔四〕賴公立入，即時退賢，及其黨親。當此之時，公運獨見之明，奮亡前之威，〔五〕盱衡厲色，振揚武怒，〔六〕乘其未堅，厭其未發，〔七〕震起機動，敵人摧折，雖有賁育不及持刺，〔八〕雖有樗里不及回知，〔九〕雖有鬼谷不及造次，〔一〇〕是故董賢喪其魂魄，遂自絞殺。人不還踵，日不移晷，〔一一〕霍然四除，更爲寧朝。非陛下莫引立公，非公莫克此禍。詩云「惟師尚父，時惟鷹揚，亮彼武王」，〔一二〕孔子曰「敏則有功」，〔一三〕公之謂矣。

〔一〕師古曰：「謂哀帝傅皇后。」
〔二〕張晏曰：「傅太后譖中山馮太后，陷以祝詛之罪。」
〔三〕師古曰：「引易繫辭『二人同心，其利斷金』。翼，助也。」
〔四〕師古曰：「言哀帝既崩，丁、傅、董賢欲稱遺詔，樹立黨親，共立幼主，以據國權也。遠屬，國之宗室疏遠者也。」
〔五〕師古曰：「無前謂無有敢當之者。」
〔六〕孟康曰：「眉上曰衡。盱衡，舉眉揚目也。」師古曰：「盱音許于反。」
〔七〕師古曰：「厭音一涉反。」
〔八〕師古曰：「孟賁、夏育皆古勇士也。持刺謂持兵（力）〔刃〕以刺。」
〔九〕師古曰：「樗里子名疾，秦惠王之弟也，爲秦相，時人號曰智囊。」
〔一〇〕師古曰：「鬼谷先生，蘇秦之師，善談說。」

〔一一〕師古曰：「還讀曰旋。晷，景也。言其速疾。」
〔一二〕師古曰：「大雅大明之詩也。師尚父，太公也。亮，助也。言太公武毅，若鷹之飛揚，佐助武王以克殷也。」
〔一三〕師古曰：「論語載孔子對子張之言也。敏，疾也。言應事速疾，乃能成功。」

於是公乃白內故泗水相豐、斄令邯，〔一〕與大司徒光、車騎將軍舜建定社稷，奉節東迎，皆以功德受封益土，爲國名臣。書曰「知人則哲」，〔二〕公之謂也。

〔一〕師古曰：「甄豐、甄邯也。斄讀曰邰。」
〔二〕師古曰：「虞書咎繇謨之辭也。哲，智也。」

公卿咸歎公德，同盛公勳，皆以周公爲比，〔一〕宜賜號安漢公，益封二縣，公皆不受。傳曰申包胥不受存楚之報，晏平仲不受輔齊之封，〔二〕孔子曰「能以禮讓爲國乎何有」，〔三〕公之謂也。

〔一〕師古曰：「比音必寐反。」
〔二〕師古曰：「申包胥，楚大夫也。吳師入郢，楚昭王出奔，包胥如秦乞師，秦出師以救楚。昭王反國欲賞，包胥辭曰：『吾爲君也，非爲身也。』遂不受。晏平仲，齊大夫晏嬰也，以道佐齊景公。景公欲封之，讓而不受。」
〔三〕師古曰：「論語載孔子之言也。解在董仲舒傳。」

將爲皇帝定立妃后，有司上名，公女爲首，公深辭讓，迫不得已然後受詔。父子之親天性自然，欲其榮貴甚於爲身，皇后之尊侔於天子，當時之會千載希有，然而公惟國

家之統，揖大福之恩，〔一〕事事謙退，動而固辭。書曰「舜讓于德不嗣」，〔二〕公之謂矣。

〔一〕師古曰：「揖謂讓而不當也。」
〔二〕（書）〔師古〕曰：「虞書舜典之辭，言舜自讓德薄，不足以繼帝堯之事也。」

自公受策，以至于今，亹亹翼翼，日新其德，〔一〕增修雅素以命下國，後儉隆約以矯世俗，〔二〕割財損家以帥羣下，彌躬執平以逮公卿，〔三〕教子尊學以隆國化。僮奴衣布，馬不秣穀，食飲之用，不過凡庶。詩云「溫溫恭人，如集于木」，〔四〕孔子曰「食無求飽，居無求安」，〔五〕公之謂矣。

〔一〕師古曰：「亹亹，勉也。翼翼，敬也。亹音武匪反。」
〔二〕師古曰：「後，退也。矯，正也。後音千旬反，其字從彳。」
〔三〕師古曰：「彌讀與弭同。」
〔四〕師古曰：「小雅小宛之詩。溫溫，柔貌也。如集于木，恐隕墜耳。」
〔五〕師古曰：「論語載孔子之言也。謂君子好學樂道，故志不在安飽。」

克身自約，糴食逮給，〔一〕物物卬市，日閡亡儲。〔二〕又上書歸孝哀皇帝所益封邑，入錢獻田，殫盡舊業，爲衆倡始。〔三〕於是小大鄉和，承風從化，〔四〕外則王公列侯，內則帷幄侍御，翕然同時，各竭所有，或入金錢，或獻田畝，以振貧窮，收贍不足者。昔令尹

子文朝不及夕，魯公儀子不茹園葵，〔五〕公之謂矣。

〔一〕師古曰：「纔得粗及僅足而已。」

〔二〕師古曰：「物物卬市，言其衣食所須皆買之於市，不自營作，而不奪工商利也。闋，盡也。日闋，言當日即盡，不蓄積也。卬音牛向反。闋音空穴反。」

〔三〕師古曰：「倡音尺尚反。」

〔四〕師古曰：「鄉讀曰嚮。」

〔五〕張晏曰：「令尹子文自毀其家以紓楚國之難，仕而逃祿，朝不及夕也。」師古曰：「子文，楚令尹鬬穀於菟也。公儀子，魯國相公儀休也，拔其園葵，不奪園夫之利。食菜曰茹，音人諸反。」

開門延士，下及白屋，〔一〕婁省朝政，綜管衆治，〔二〕親見牧守以下，考迹雅素，審知白黑。詩云「夙夜匪解，以事一人」，〔三〕易曰「終日乾乾，夕惕若厲」，〔四〕公之謂矣。

〔一〕師古曰：「白屋，謂庶人以白茅覆屋者也。」

〔二〕師古曰：「婁，古屢字。」

〔三〕師古曰：「大雅烝人之詩也。一人，天子也。解讀曰懈。」

〔四〕師古曰：「乾卦九三爻辭也。乾乾，自強之意。惕，懼也。厲，病也。」

比三世爲三公，再奉送大行，〔一〕秉冢宰職，填安國家，〔二〕四海輻（奏）〔湊〕，靡不得所。書曰「納于大麓，列風雷雨不迷」，〔三〕公之謂矣。

〔一〕師古曰：「比，頻也。」

〔二〕師古曰：「填音竹刃反。」

〔三〕師古曰：「虞書舜典敍舜之德。麓，錄也。言堯使舜大錄萬機之政。一曰，山足曰麓。言有聖德，雖遇風雷不迷惑也。」

此皆上世之所鮮，禹稷之所難，〔一〕而公包其終始，一以貫之，可謂備矣！〔二〕是以三年之間，化行如神，嘉瑞疊累，豈非陛下知人之效，得賢之致哉！故非獨君之受命也，臣之生亦不虛矣。是以伯禹錫玄圭，周公受郊祀，〔三〕蓋以達天之使，不敢擅天之功也。〔四〕揆公德行，爲天下紀；〔五〕觀公功勳，爲萬世基。基成而賞不配，紀立而褒不副，〔六〕誠非所以厚國家，順天心也。

〔一〕師古曰：「鮮音先踐反。」

〔二〕師古曰：「論語稱孔子謂曾子曰『參乎，吾道一以貫之』，謂忠恕。」

〔三〕師古曰：「尙書禹貢云『禹錫玄圭，告厥成功』，言賞治水功成也。禮記明堂位曰：『成王幼弱，周公踐天子之位以治天下。七年，乃致政於成王。成王以周公爲有勳勞於天下，封周公於曲阜，地方七百里，革車千乘，命魯公世世祀周公以天子禮樂。是以魯君孟春乘大路，旂十有二旒，日月之章，祀帝于郊，配以后稷，天子之禮也。』」

〔四〕師古曰：「言天降賢材以助王者，王者當申達其用，而不敢自專。」

〔五〕師古曰：「揆，度也。紀，理也。」

〔六〕師古曰：「配，對也。」

高皇帝褒賞元功，相國蕭何邑戶既倍，又蒙殊禮，奏事不名，入殿不趨，封其親屬十有餘人。樂善無厭，班賞亡遴，〔一〕苟有一策，即必爵之，是故公孫戎位在充郎，選繇旄頭，壹明樊噲，封二千戶。〔二〕孝文皇帝褒賞絳侯，益封萬戶，賜黃金五千斤。孝武皇帝卹錄軍功，裂三萬戶以封衞青，青子三人，或在繈褓，皆爲通侯。孝宣皇帝顯著霍光，增戶命疇，封者三人，延及兄孫。夫絳侯即因漢藩之固，杖朱虛之鯁，依諸將之遞，據相扶之勢，其事雖醜，要不能遂。〔三〕霍光即席常任之重，乘大勝之威，未嘗遭時不行，陷假離朝，〔四〕朝之執事，亡非同類，割斷歷久，統政曠世，雖曰有功，所因亦易，然猶有計策不審過徵之累。〔五〕及至靑、戎，摽末之功，〔六〕一言之勞，然猶皆蒙丘山之賞。課功絳、霍，造之與因也；比於靑、戎，地之與天也。而公又有宰治之效，乃當上與伯禹、周公等盛齊隆，兼其褒賞，豈特與若云者同日而論哉？〔七〕然曾不得蒙靑等之厚，臣誠惑之！

〔一〕師古曰：「遴與恡同。」

〔二〕孟康曰：「公孫戎奴也，高帝時爲旄頭郎。」晉灼曰：「楚漢春秋上東圍項羽，聞樊噲反，旄頭公孫戎明之，卒不反，封戎二千戶。」師古曰：「此公孫戎耳，非戎奴也。戎奴自武帝時人，孟說誤矣。繇讀與由同。」

〔三〕李奇曰：「言勃之功不遂，而霍光據席常任也。」晉灼曰：「醜，衆也。言勃欲誅諸呂，其事雖衆，要不能以呂后在時而遂意也。」師古曰：「二說皆非也。遞，繞也，謂相圍繞也。言絳侯之時，漢家外有藩屏盤石之固，內有朱虛骨鯁之强，諸將同心圍繞扶翼，呂氏之黨雖欲作亂，心懷醜惡，事必不成。言勃之功不足多也。遞音帶。」

〔四〕服虔曰：「言光未嘗陷假不遇，而離去朝也。莽嘗退就國，是陷假也。」師古曰：「假，升也。陷假者，被陷害而去所升之位也。」

〔五〕師古曰：「光誤徵昌邑王，不得其人也。累音力瑞反。」

〔六〕服虔曰：「摽音刀末之摽。謂衞青、公孫戎也。」師古曰：「摽音匹遙反。」

〔七〕師古曰：「若云，謂若向者所云絳、霍、青、戎也。」

臣聞功亡原者賞不限，德亡首者褒不檢。〔一〕是故成王之（與）〔於〕周公也，度百里之限，〔二〕越九錫之檢，開七百里之宇，〔三〕兼商、奄之民，〔四〕賜以附庸殷民六族，〔五〕大路大旂，〔六〕封父之繁弱，夏后之璜，〔七〕祝宗卜史，〔八〕備物典策，〔九〕官司彝器，〔一〇〕白牡之牲，〔一一〕郊望之禮。〔一二〕王曰：「叔父，建爾元子。」〔一三〕子父俱延拜而受之。〔一四〕可謂不檢亡原者矣。非特止此，六子皆封。〔一五〕詩曰：「亡言不讎，亡德不報。」〔一六〕報當如之，不如非報也。〔一七〕近觀行事，高祖之約非劉氏不王，然而番君得王長沙，下詔稱忠，定著於令，〔一八〕明有大信不拘於制也。春秋晉悼公用魏絳之策，諸夏服從。鄭伯獻樂，悼公於是以半賜之。絳深辭讓，晉侯曰：「微子，寡人不能濟河。夫賞，國之典，不可廢也。子

其受之。」魏絳於是有金石之樂，春秋善之，〔一九〕取其臣竭忠以辭功，君知臣以遂賞也。今陛下既知公有周公功德，不行成王之褒賞，遂聽公之固辭，不顧春秋之明義，則民臣何稱，萬世何述？誠非所以爲國也。臣愚以爲宜恢公國，令如周公，〔二〇〕建立公子，令如伯禽。所賜之品，亦皆如之。諸子之封，皆如六子。即羣下較然輸忠，黎庶昭然感德。〔二一〕臣誠輸忠，民誠感德，則於王事何有？〔二二〕唯陛下深惟祖宗之重，敬畏上天之戒，儀形虞、周之盛，〔二三〕敕盡伯禽之賜，無遴周公之報，〔二四〕(今)〔令〕天法有設，後世有祖，〔二五〕天下幸甚！

〔一〕師古曰：「無原，謂不可測其本原也。無首，謂無出其上者也。檢，局也。」
〔二〕師古曰：「度亦踰越也。」
〔三〕師古曰：「解並在前也。」
〔四〕師古曰：「商、奄，二國名。」
〔五〕師古曰：「謂條氏、徐氏、蕭氏、索氏、長勺氏、尾勺氏也。」
〔六〕師古曰：「解已在前也。」
〔七〕師古曰：「封父，古諸侯也。繁弱，大弓名也。半璧曰璜。父讀曰甫。」
〔八〕師古曰：「太祝、太宗、太卜、太史，凡四官。」
〔九〕師古曰：「既有備物，而加之策書也。一曰，典策，春秋之制也。」

〔一〇〕師古曰：「官司，百官也。彝器，常用之器也。一曰，彝，祭宗廟酒器也。周禮有六彝。彝，法也，言器有所法象之貌耳。」
〔一一〕師古曰：「明堂位曰『季夏六月，以禘禮祀周公於太廟，牲用白牡』。」
〔一二〕師古曰：「郊即(上祀)〔祀上〕帝於郊也。望謂望山川而祭之也。」
〔一三〕師古曰：「魯頌閟宮之詩曰：『王曰叔父，建爾元子，俾侯于魯。』謂命周公以封伯禽爲魯公也。」
〔一四〕師古曰：「謂周公拜前，魯公拜後。」
〔一五〕師古曰：「周公六子，伯禽之弟也。」
〔一六〕師古曰：「大雅抑之詩也。讎，用也。有善言則用之，有德者必報之。一曰，讎，對也。賞當其言也。」
〔一七〕服虔曰：「報賞當如其德，不如德者，非報也。」
〔一八〕師古曰：「謂吳芮也。解在芮傳。番音蒲河反。」
〔一九〕師古曰：「事見左傳襄十一年。徵，無也。」
〔二〇〕師古曰：「恢，大也。」
〔二一〕師古曰：「較，明貌也。」
〔二二〕師古曰：「曾臻其極無闕遺。」
〔二三〕師古曰：「儀形謂則而象之。」
〔二四〕師古曰：「敕，備也。遴與吝同。」
〔二五〕師古曰：「祖，始也。以此爲法之始。」

太后以視羣公，〔一〕羣公方議其事，會呂寬事起。

〔一〕師古曰：「視讀曰示。」

初，莽欲擅權，白太后：「前哀帝立，背恩義，自貴外家丁、傅，撓亂國家，幾危社稷。〔一〕今帝以幼年復奉大宗，爲成帝後，宜明一統之義，以戒前事，爲後代法。」於是遣甄豐奉璽綬，即拜帝母衞姬爲中山孝王后，賜帝舅衞寶、寶弟玄爵關內侯，皆留中山，不得至京師。莽子宇，非莽隔絕衞氏，恐帝長大後見怨。宇即私遣人與寶等通書，教令帝母上書求入。語在衞后傳。莽不聽。宇與師吳章及婦兄呂寬議其故，章以爲莽不可諫，而好鬼神，可爲變怪以驚懼之，章因推類說令歸政於衞氏。宇即使寬夜持血灑莽第，門吏發覺之，莽執宇送獄，飲藥死。宇妻焉懷子，〔二〕繫獄，須產子已，殺之。〔三〕莽奏言：「宇爲呂寬等所詿誤，流言惑衆，(惡)與管蔡同罪，臣不敢隱其誅。」甄邯等白太后下詔曰：「夫唐堯有丹朱，周文王有管蔡，此皆上聖亡奈下愚子何，以其性不可移也。公居周公之位，輔成王之主，而行管蔡之誅，不以親親害尊尊，朕甚嘉之。昔周公誅四國之後，大化乃成，至於刑錯。〔四〕公其專意翼國，期於致平。」〔五〕莽因是誅滅衞氏，窮治呂寬之獄，連引郡國豪桀素非議己者，內及敬武公主、〔六〕梁王立、紅陽侯立、平阿侯仁，使者迫守，皆自殺。死者以百數，海內震焉。大司馬護軍褒奏言：「安漢公遭子宇陷於管蔡之辜，子愛至深，爲帝室故不敢顧私。惟宇遭辜，喟

然憤發作書八篇，以戒子孫。宜班郡國，令學官以教授。」事下羣公，請令天下吏能誦公戒者，以著官簿，比孝經。〔七〕

〔一〕師古曰：「撓，擾也，音火高反。幾音巨依反。」
〔二〕師古曰：「焉，其名。」
〔三〕師古曰：「須，待也。」
〔四〕師古曰：「四國謂三監及淮夷耳。」
〔五〕師古曰：「翼，助也。」
〔六〕師古曰：「元帝女弟也。」
〔七〕師古曰：「著官簿，言用之得選舉也。」

四年春，郊祀高祖以配天，宗祀孝文皇帝以配上帝。四月丁未，莽女立爲皇后，大赦天下。遣大司徒司直陳崇等八人分行天下，覽觀風俗。〔一〕

〔一〕師古曰：「行音下更反。」

太保舜等奏言：「春秋列功德之義，太上有立德，其次有立功，其次有立言，唯至德大賢然後能之。其在人臣，則生有大賞，終爲宗臣，殷之伊尹，周之周公是也。」及民上書者八千餘人，咸曰：「伊尹爲阿衡，周公爲太宰，周公享七子之封，有過上公之賞。宜如陳崇言。」章下有司，有司請「還前所益二縣及黃郵聚、新野田，采伊尹、周公稱號，加公爲宰衡，位上

公。掾史秩六百石。三公言事，稱『敢言之』。羣吏毋得與公同名。出從期門二十人，羽林三十人，前後大車十乘。賜公太夫人號曰功顯君，食邑二千戶，黃金印赤韍。〔一〕封公子男二人，安爲褒新侯，臨爲賞都侯。加后聘三千七百萬，合爲一萬萬，以明大禮。」太后臨前殿，親封拜。安漢公拜前，二子拜後，如周公故事。莽稽首辭讓，出奏封事，願獨受母號，還安、臨印韍及號位戶邑。事下太師光等，皆曰：「賞未足以直功，〔二〕謙約退讓，公之常節，終不可聽。」莽求見固讓。太后下詔曰：「公每見，叩頭流涕固辭，今移病，固當聽其讓，令眂事邪？〔三〕將當遂行其賞，遣歸就第也？」光等曰：「安、臨親受印韍，策號通天，其義昭昭。黃郵、召陵、新野之田爲入尤多，〔四〕皆止於公，公欲自損以成國化，宜可聽許。治平之化當以時成，宰衡之官不可世及。納徵錢，乃以尊皇后，非爲公也。功顯君戶，止身不傳。褒新、賞都兩國合三千戶，甚少矣。忠臣之節，亦宜自屈，而信主上之義。〔五〕宜遣大司徒、大司空持節承制，詔公亟入眂事。〔六〕詔尚書勿復受公之讓奏。」奏可。

〔一〕師古曰：「此韍，印之組也。」
〔二〕師古曰：「直，當也。」
〔三〕師古曰：「眂，古視字。」
〔四〕師古曰：「召讀邵。」

〔五〕師古曰：「信讀曰申。」
〔六〕師古曰：「亟，急也，音居力反。」

莽乃起眂事，上書言：「臣以元壽二年六月戊午倉卒之夜，以新都侯引入未央宮；庚申拜爲大司馬，充三公位；元始元年正月丙辰拜爲太傅，賜號安漢公，備四輔官；今年四月甲子復拜爲宰衡，位上公。臣莽伏自惟，爵爲新都侯，號爲安漢公，官爲宰衡、太傅、大司馬，爵貴號尊官重，一身蒙大寵者五，誠非鄙臣所能堪。據元始三年，天下歲已復，官屬宜皆置。〔一〕穀梁傳曰：『天子之宰，通于四海。』〔二〕臣愚以爲，宰衡官以正百僚平海內爲職，而無印信，名實不副。臣莽無兼官之材，今聖朝既過誤而用之，臣請御史刻宰衡印章曰『宰衡太傅大司馬印』，成，授臣莽，上太傅與大司馬之印。」太后詔曰：「可。韍如相國，〔三〕朕親臨授焉。」莽乃復以所益納徵錢千萬，遺與長樂長御奉共養者。〔四〕太保舜奏言：「天下聞公不受千乘之土，辭萬金之幣，散財施予千萬數，莫不鄉化。〔五〕蜀郡男子路建等輟訟慙怍而退，雖文王卻虞芮何以加！〔六〕宜報告天下。」奏可。宰衡出，從大車前後各十乘，直事尚書郎、侍御史、謁者、中黃門、期門羽林。〔七〕宰衡常持節，所止，謁者代持之。〔八〕宰衡掾史秩六百石，三公稱「敢言之」。

〔一〕如淳曰：「前時飢，省官職，今豐，宜復之也。」師古曰：「復音扶目反。」
〔二〕師古曰：「宰，治也。治衆事者，謂大臣也。」
〔三〕師古曰：「韍亦謂組也。」
〔四〕師古曰：「太后之長御也。共音居用反。養音弋亮反。」
〔五〕師古曰：「鄉讀曰嚮。」
〔六〕師古曰：「卻，退也。虞、芮，二國名也，並在河之東。二國之君相與爭田，久而不平，聞文王之德，乃往斷焉。入周之境，則耕者讓畔，行者讓路，乃相謂曰：『我小人也，不可以履君子之庭。』遂相讓，以其所爭爲閑田而退。」
〔七〕師古曰：「自此以上，皆從宰衡出。」
〔八〕師古曰：「相代而持也。」

是歲，莽奏起明堂、辟雍、靈臺，爲學者築舍萬區，作市、常滿倉，制度甚盛。立樂經，益博士員，經各五人。徵天下通一藝教授十一人以上，及有逸禮、古書、毛詩、周官、爾雅、天文、圖讖、鍾律、月令、兵法、史篇文字，〔一〕通知其意者，皆詣公車。網羅天下異能之士，至者前後千數，皆令記說廷中，將令正乖繆，壹異說云。羣臣奏言：「昔周公奉繼體之嗣，據上公之尊，然猶七年制度乃定。夫明堂、辟雍，墮廢千載莫能興，〔二〕今安漢公起于第家，輔翼陛下，四年于茲，功德爛然。〔三〕公以八月載生魄庚子〔四〕奉使朝，用書〔五〕臨賦營築，越若翊辛丑，〔六〕諸生、庶民大和會，十萬衆並集，平作二旬，大功畢成。〔七〕唐虞發舉，成周造業，誠亡以加。宰衡位宜在諸侯王上，賜以束帛加璧，大國乘車、安車各一，〔八〕驪馬二

駟。」〔九〕詔曰：「可。其議九錫之法。」

〔一〕孟康曰：「史籀所作十五篇古文書也。」師古曰：「周宣王太史史籀所作大篆書也。籀音直救反。」
〔二〕師古曰：「墮，毀也，音火規反。」
〔三〕師古曰：「爛然，章明之貌。」
〔四〕師古曰：「載，始也。魄，月魄也。」
〔五〕孟康曰：「賦功役之書。」
〔六〕師古曰：「翊，明也。辛丑者，庚子之明日也。越，發語辭也。」
〔七〕師古曰：「平作，謂不促遽也。平字或作丕。丕亦大也。」
〔八〕服虔曰：「大國乘車，如大國王之乘車也。」
〔九〕師古曰：「驪馬，並駕也。」

冬，大風吹長安城東門屋瓦且盡。

五年正月，祫祭明堂，諸侯王二十八人，列侯百二十人，宗室子九百餘人，徵助祭。禮畢，封孝宣曾孫信等三十六人爲列侯，餘皆益戶賜爵，金帛之賞各有數。是時，吏民以莽不受新野田而上書者前後四十八萬七千五百七十二人，及諸侯王、公、列侯、宗室見者皆叩頭言，宜亟加賞於安漢公。〔一〕於是莽上書曰：「臣以外屬，越次備位，未能奉稱。〔二〕伏念聖德純茂，承天當古，制禮以治民，作樂以移風，四海奔走，百蠻並輳，〔三〕辭去之日，莫不隕涕。

非有款誠,豈可虛致?自諸侯王已下至於吏民,咸知臣莽上與陛下有葭莩之故,〔一〕又得典職,每歸功列德者,輒以臣莽爲餘言。臣見諸侯面言事於前者,未嘗不流汗而慙愧也。雖性愚鄙,至誠自知,德薄位尊,力少任大,夙夜悼栗,常恐汚辱聖朝。今天下治平,風俗齊同,百蠻率服,皆陛下聖德所自躬親,太師光、太保舜等輔政佐治,羣卿大夫莫不忠良,故能以五年之間至致此焉。臣莽實無奇策異謀。奉承太后聖詔,宣之于下,不能得什一;受羣賢之籌畫,而上以聞,不能得什伍。〔五〕當被無益之辜,所以敢且保首領須臾者,誠上休陛下餘光,而下依羣公之故也。〔六〕陛下不忍衆言,輒下其章於議者。臣莽前欲立奏止,恐其遂不肯止。今大禮已行,助祭者畢辭,不勝至願,願諸章下議者皆寢勿上,使臣莽得盡力畢制禮作樂事。事成,以傳示天下,與海內平之。即有所間非,則臣莽當被詿上誤朝之罪;〔七〕如無他譴,得全命賜骸骨歸家,避賢者路,是臣之私願也。惟陛下哀憐財幸!」〔八〕甄邯等白太后,詔曰:「可。唯公功德光於天下,是以諸侯王、公、列侯、宗室、諸生、吏民翕然同辭,連守闕庭,故下其章。諸侯、宗室辭去之日,復見前重陳,〔九〕雖曉喻罷遣,猶不肯去。告以孟夏將行厥賞,莫不驩悅,稱萬歲而退。今公每見,輒流涕叩頭言願不受賞,賞即加不敢當位。方制作未定,事須公而決,故且聽公。制作畢成,羣公以聞。究于前議,〔10〕其九錫禮儀亟奏。」〔11〕

〔一〕師古曰:「亟,急也。」

〔二〕師古曰:「稱音尺證反。」

〔三〕師古曰:「螓即臻字也。」

〔四〕師古曰:「葭,蘆也。莩者,其筩裏白皮也。言其輕薄而附著也,故以爲喻。葭音加。莩音孚。」

〔五〕師古曰:「言皆不曉,又遺忘也。」

〔六〕師古曰:「休,庇廕也。」

〔七〕師古曰:「間音居莧反。」

〔八〕師古曰:「此財與裁同,通用。」

〔九〕師古曰:「重音直用反。」

〔10〕師古曰:「究,竟也。」

〔11〕師古曰:「亟,急也。」

於是公卿大夫、博士、議郎、列侯(富平侯)張純等九百二人皆曰:「聖帝明王招賢勸能,德盛者位高,功大者賞厚。故宗臣有九命上公之尊,則有九錫登等之寵。〔一〕今九族親睦,百姓既章,萬國和協,黎民時雍,〔二〕聖瑞畢溱,太平已洽。〔三〕帝者之盛莫隆於唐虞,而陛下任之;忠臣茂功莫著於伊周,而宰衡配之。所謂異時而興,如合符者也。謹以六藝通義,經文所見,周官、禮記宜於今者,爲九命之錫。〔四〕臣請命錫。」奏可。策曰:

〔一〕張晏曰:「宗臣有勳勞爲上公,國所宗者也。周禮『上公九命』,九命。九賜也。」師古曰:「登等,謂升於常等也。」

〔二〕師古曰:「章,明也。時,是也。雍亦和也。自此已上皆取堯典敍堯德之言也。」

〔三〕師古曰:「溱亦與臻同。」

〔四〕師古曰:「禮含文嘉云:『九錫者,車馬、衣服、樂縣、朱戶、納陛、武賁、鈇鉞、弓矢、秬鬯也。』」

惟元始五年五月庚寅,太皇太后臨于前殿,延登,(請)〔親〕詔之曰:公進,虛聽朕言。〔一〕前公宿衞孝成皇帝十有六年,納策盡忠,白誅故定陵侯淳于長,以彌亂發姦,〔二〕登大司馬,職在內輔。孝哀皇帝即位,驕妾窺欲,姦臣萌亂,公手劾高昌侯董宏,改正故定陶共王母之僭坐。自是之後,朝臣論議,靡不據經。以病辭位,歸于第家,爲賊臣所陷。就國之後,孝哀皇帝覺寤,復還公長安,臨病加劇,猶不忘公,復特進位。是夜倉卒,國無儲主,姦臣充朝,危殆甚矣。朕惟定國之計莫宜于公,引納于朝,即日罷退高安侯董賢,轉漏之間,忠策輒建,綱紀咸張。綏和、元壽,再遭大行,萬事畢舉,禍亂不作。輔朕五年,人倫之本正,天地之位定。〔三〕欽承神祇,經緯四時,復千載之廢,矯百世之失,〔四〕天下和會,大衆方輯。〔五〕詩之靈臺,書之作雒,鎬京之制,商邑之度,於今復興。〔六〕昭章先帝之元功,明著祖宗之令德,推顯嚴父配天之義,修立郊禘宗祀之禮,以光大孝。是以四海雍雍,萬國慕義,蠻夷殊俗,不召自至,漸化端冕,奉珍

助祭。〔七〕尋舊本道,遵術重古,動而有成,事得厥中。至德要道,通於神明,祖考嘉享。光耀顯章,天符仍臻,元氣大同。麟鳳龜龍,衆祥之瑞,七百有餘。遂制禮作樂,有綏靖宗廟社稷之大勳。普天之下,惟公是賴,官在宰衡,位(在)〔爲〕上公。今加九命之錫,其以助祭,共文武之職。〔八〕乃遂及厥祖。〔九〕於戲,豈不休哉!〔10〕

〔一〕師古曰:「進前虛己而聽也。」

〔二〕師古曰:「彌讀曰弭。弭,止也。」

〔三〕張晏曰:「定冠婚之儀,徙南北之郊也。」

〔四〕張晏曰:「封先代之後,立古文經,定迭毁之禮也。」

〔五〕師古曰:「輯與集字同。」

〔六〕師古曰:「靈臺,所以觀氣象者也。文王受命,作邑于豐,始立此臺,兆庶自勸,就其功作,故大雅靈臺之詩曰:『經始靈臺,經之營之,庶人攻之,不日成之。』作雒,謂周公營洛邑以爲王都,所謂成周也。周書洛誥曰:『召公既相宅,周公往營成周,使來告卜,作洛誥。』豐、鎬相近,故總曰鎬京。成周既成,遷殷頑民使居之,故云商邑之度也。」

〔七〕師古曰:「蠻夷漸染朝化而正衣冠,奉其國珍來助祭。」

〔八〕師古曰:「共讀曰供。」

〔九〕師古曰:「榮寵之命,上延其先祖也。」

支親，建立王侯，南面之孤，計以百數。收復絕屬，存亡續廢，〔三〕得比肩首，復爲人者，嬪然成行，〔四〕所以藩漢國，輔漢宗也。建辟雍，立明堂，班天法，流聖化，朝羣后，昭文德，宗室諸侯，咸益土地。天下喁喁，引領而歎，〔五〕頌聲洋洋，滿耳而入。〔六〕國家所以服此美，膺此名，饗此福，受此榮者，豈非太皇太后日昃之思，陛下夕惕之念哉！何謂？〔七〕亂則統其理，危則致其安，禍則引其福，絕則繼其統，幼則代其任，晨夜屑屑，寒暑勤勤，〔八〕無時休息，孶孶不已者，〔九〕凡以爲天下，厚劉氏也。〔一〇〕臣無愚智，民無男女，皆諭至意。〔一一〕

〔一〕師古曰：「幾亦音巨依反。」
〔二〕師古曰：「陛下謂莽也。服音蒲北反。」
〔三〕師古曰：「復音扶目反。」
〔四〕師古曰：「嬪然，多貌也。行，列也。嬪音匹人反。行音下郎反。」
〔五〕師古曰：「喁喁，衆口向上也，音顒。」
〔六〕師古曰：「論語載孔子曰：『師摯之始，關雎之亂，洋洋乎盈耳哉！』故揀引之也。洋音羊，又音翔。」
〔七〕師古曰：「先爲設問，復陳其事也。」
〔八〕師古曰：「屑屑猶切切，動作之意也。」
〔九〕師古曰：「孶孶，不怠之意也，音與孜同。」

〔一〇〕師古曰：「爲音于僞反。」
〔一一〕師古曰：「諭，曉也。」

而安衆侯崇乃獨懷悖惑之心，操畔逆之慮，〔一〕興兵動衆，欲危宗廟，惡不忍聞，罪不容誅，誠臣子之仇，宗室之讎，國家之賊，天下之害也。是故親屬震落而告其罪，民人潰畔而棄其兵，進不跬步，退伏其殃。〔二〕百歲之母，孩提之子，〔三〕同時斷斬，懸頭竿杪，〔四〕珠珥在耳，首飾猶存，爲計若此，豈不誖哉！〔五〕

〔一〕師古曰：「悖，乖也。」
〔二〕師古曰：「半步曰跬，謂一舉足也，音（宗）〔空〕蘂反。」
〔三〕師古曰：「嬰兒始孩，人所提挈，故曰孩提也。孩者，小兒笑也。」
〔四〕師古曰：「杪，末也，音莫小反。」
〔五〕師古曰：「誖，惑也，音布內反。」

臣聞古者畔逆之國，既以誅討，（而）〔則〕豬其宮室以爲汙池，納垢濁焉，〔一〕名曰凶虛，〔二〕雖生菜茹，而人不食。〔三〕四牆其社，覆上棧下，示不得通。〔四〕辨社諸侯，〔五〕出門見之，著以爲戒。〔六〕方今天下聞崇之反也，咸欲籓衣手劍而叱之。其先至者，則拂其頸，〔七〕衝其匈，刃其軀，切其肌；後至者，欲撥其門，仆其牆，〔八〕夷其屋，焚其器，〔九〕應聲滌地，則時成創。〔一〇〕而宗室尤甚，言必切齒焉。何則？以其背畔恩義，而不知重德之所在也。宗室所居或遠，嘉幸得先聞，不勝憤憤之願，願爲宗室倡始，〔一一〕父子兄弟負籠荷鍤，馳之南陽，〔一二〕豬崇宮室，令如古制。及崇社宜如亳社，以賜諸侯，用永監戒。願下四輔公卿大夫議，以明好惡，視四方。〔一三〕

〔一〕李奇曰：「掘其宮以爲池，用貯水也。」師古曰：「豬謂畜水汙下也。汙音烏。」
〔二〕師古曰：「虛讀曰墟。墟，故居也，言凶人所居也。」
〔三〕師古曰：「所食之菜曰茹，音人庶反。」
〔四〕師古曰：「棧謂以簀蔽之也。下則棧之，上則覆之，所以隔塞不通陰陽之氣。」
〔五〕孟康曰：「辨，布也。布崇社國，國各作一，見以爲戒也。」師古曰：「辨讀曰班。」
〔六〕師古曰：「著，明也。」
〔七〕師古曰：「拂，戾也，音佛。」
〔八〕師古曰：「仆，倒也。」
〔九〕師古曰：「夷，平也。」
〔一〇〕師古曰：「滌地猶言塗地。則時，即時也。創，傷也，音初良反。」
〔一一〕師古曰：「倡音（先）〔昌〕向反。」
〔一二〕師古曰：「籠，所以盛土也。鍤，鍫也。」
〔一三〕師古曰：「視讀曰示。」

於是莽大說。〔一〕公卿曰：「皆宜如嘉言。」莽白太后下詔曰：「惟嘉父子兄弟，雖與崇有屬，不敢阿私，或見萌牙，相率告之，及其禍成，同共讎之，應合古制，忠孝著焉。其以杜衍戶千封嘉爲（師）〔帥〕禮侯，嘉子七人皆賜爵關內侯。」後又封竦爲淑德侯。長安（謂）〔爲〕之語曰：「欲求封，過張伯松；〔二〕力戰鬭，不如巧爲奏。」莽又封南陽吏民有功者百餘人，汙池劉崇室宅。後謀反者，皆汙池云。

〔一〕師古曰：「說讀曰悅。」
〔二〕師古曰：「竦之字。」

羣臣復白：「劉崇等謀逆者，以莽權輕也。宜尊重以塡海內。」〔一〕五月甲辰，太后詔莽朝見太后稱「假皇帝」。

〔一〕師古曰：「塡音竹刃反。」

冬十月丙辰朔，日有食之。

十二月，羣臣奏請：「益安漢公宮及家吏，置率更令，廟、廄、廚長丞，中庶子，虎賁以下百餘人，又置衞士三百人。安漢公廬爲攝省，府爲攝殿，第爲攝宮。」奏可。

莽白太后下詔曰：「故太師光雖前薨，功效已列。太保舜、大司空豐、輕車將軍邯、步兵將軍建皆爲誘進單于籌策，又典靈臺、明堂、辟雍、四郊，定制度，開子午道，與宰衡同心說

德，〔一〕合意并力，功德茂著。封舜子匡爲同心侯，林爲說德侯，光孫壽爲合意侯，豐孫匡爲并力侯。益邯、建各三千戶。

〔一〕師古曰：「說音悅。次下亦同。」

是歲，西羌龐恬、傅幡等〔一〕怨莽奪其地作西海郡，反攻西海太守程永，永奔走。莽誅永，遣護羌校尉竇況擊之。

〔一〕師古曰：「幡音敷元反，其字從巾。」

二年春，竇況等擊破西羌。

五月，更造貨：錯刀，一直五千；契刀，一直五百；大錢，一直五十，與五銖錢並行。民多盜鑄者。禁列侯以下不得挾黃金，輸御府受直，然卒不與直。

九月，東郡太守翟義都試，勒車騎，因發犇命，立嚴鄉侯劉信爲天子，〔一〕移檄郡國，言莽「毒殺平帝，攝天子位，欲絕漢室，今共行天罰誅莽。」〔二〕郡國疑惑，衆十餘萬。莽惶懼不能食，晝夜抱孺子告禱郊廟，放大誥作策，〔三〕遣諫大夫桓譚等班於天下，諭以攝位當反政孺子之意。〔四〕遣王邑、孫建等八將軍擊義，分屯諸關，守阸塞。槐里男子趙明、霍鴻等起兵，以和翟義，〔五〕相與謀曰：「諸將精兵悉東，京師空，可攻長安。」衆稍多，至且十萬人，莽

恐，遣將軍王奇、王級將兵拒之。以太保甄邯爲大將軍，受鉞高廟，領天下兵，左杖節，右把鉞，屯城外。王舜、甄豐晝夜循行殿中。〔六〕

〔一〕師古曰：「東平煬王之子。」

〔二〕師古曰：「共讀作(供)〔恭〕。」

〔三〕師古曰：「放，依也。大誥，周書篇名，周公所作也。放音甫往反。」

〔四〕師古曰：「諭，曉告(也)〔之〕。」

〔五〕師古曰：「和音胡臥反。」

〔六〕師古曰：「行音下更反。」

十二月，王邑等破翟義於圉。司威陳崇使監軍〔一〕上書言：「陛下奉天洪範，心合寶龜，〔二〕膺受元命，豫知成敗，(感)〔咸〕應兆占，是謂配天。配天之主，慮則移氣，言則動物，施則成化。臣崇伏讀詔書下日，竊計其時，聖思始發，而反虜仍破；〔三〕詔文始書，反虜大敗；制書始下，反虜畢斬。衆將未及齊其鋒芒，臣崇未及盡其愚慮，而事已決矣。」莽大說。〔四〕

〔一〕師古曰：「爲使而監軍於外。」

〔二〕師古曰：「心與龜合也。」

〔三〕師古曰：「思，慮也。」

〔四〕師古曰：「說讀曰悅。」

三年春，地震。大赦天下。

王邑等還京師，西與王級等合擊明、鴻，皆破滅，語在翟義傳。莽大置酒未央宮白虎殿，勞賜將帥。詔陳崇治校軍功，第其高下。莽乃上奏曰：「明聖之世，國多賢人，故唐虞之時，可比屋而封，至功成事就，則加賞焉。至於夏后塗山之會，執玉帛者萬國，諸侯執玉，附庸執帛。周武王孟津之上，尚有八百諸侯。周公居攝，郊祀后稷以配天，宗祀文王於明堂以配上帝，是以四海之內各以其職來祭，蓋諸侯千八百矣。禮記王制千七百餘國，是以孔子著孝經曰：『不敢遺小國之臣，而況於公侯伯子男乎？故得萬國之歡心以事其先王。』此天子之孝也。秦爲亡道，殘滅諸侯以爲郡縣，欲擅天下之利，故二世而亡。高皇帝受命除殘，考功施賞，建國數百，後稍衰微，其餘僅存。太皇太后躬統大綱，廣封功德以勸善，興滅繼絕以永世，是以大化流通，旦暮且成。遭羌寇害西海郡，反虜流言東郡，逆賊惑衆西土，忠臣孝子莫不奮怒，所征殄滅，盡備厥辜，天下咸寧。今制禮作樂，實考周爵五等，地四等，有明文；〔一〕殷爵三等，有其說，無其文。〔二〕孔子曰：『周監於二代，郁郁乎文哉！吾從周。』〔三〕臣請諸將帥當受爵邑者爵五等，地四等。」奏可。於是封者高爲侯伯，次爲子男，當賜爵關內侯者更名曰附城，凡數百人。擊西海者以「羌」爲號，槐里以「武」爲號，翟義以

「虜」爲號。

〔一〕蘇林曰：「爵五等：公、侯、伯、子、男也。地四等：公一等，侯伯二等，子男三等，附庸四等。」

〔二〕師古曰：「公一等，侯二等，伯、子、男三等。」

〔三〕師古曰：「論語載孔子之言也。監，視也。二代，夏、殷也。郁郁，文章貌。」

羣臣復奏言：「太后修功錄德，遠者千載，近者當世，或以文封，或以武爵，深淺大小，靡不畢舉。今攝皇帝背依踐祚，宜異於宰國之時，制作雖未畢已，〔一〕宜進二子爵皆爲公。春秋『善善及子孫』，『賢者之後，宜有土地』。成王廣封周公庶子六(子)〔人〕，皆有茅土。及漢家名相大將蕭、霍之屬，咸及支庶。兄子光，可先封爲列侯；諸孫，制度畢已，大司徒、大司空上名，如前詔書。」太后詔曰：「進攝皇帝子褒新侯安爲新舉公，賞都侯臨爲褒新公，封光爲衍功侯。」是時，莽還歸新都國，羣臣復白以封莽孫宗爲新都侯。莽既滅翟義，自謂威德日盛，獲天人助，遂謀即眞之事矣。

〔一〕師古曰：「已，止也。」

九月，莽母功顯君死，意不在哀，令太后詔議其服。少阿、羲和劉歆與博士諸儒七十八人皆曰：「居攝之義，所以統立天功，興崇帝道，成就法度，安輯海內也。〔一〕昔殷成湯既沒，而太子蚤夭，其子太甲幼少不明，伊尹放諸桐宮而居攝，以興殷道。周武王既沒，周道未

漢書卷九十九中

王莽傳第六十九中

始建國元年正月朔，莽帥公侯卿士奉皇太后璽韍，〔一〕上太皇太后，順符命，去漢號焉。

〔一〕師古曰：「韍謂璽之組，音弗。」

初，莽妻宜春侯王氏女，立爲皇后。〔一〕本生四男：宇、獲、安、臨。二子前誅死，安頗荒忽，〔二〕乃以臨爲皇太子，安爲新嘉辟。〔三〕封宇子六人：千爲功隆公，壽爲功明公，吉爲功成公，宗爲功崇公，世爲功昭公，利爲功著公。大赦天下。

〔一〕師古曰：「王訢爲丞相，初封宜春侯，傳爵至孫咸。莽妻，咸之女。」
〔二〕師古曰：「荒音呼廣反。」
〔三〕師古曰：「辟，君也。謂之辟者，取爲國君之義，音璧。」

莽乃策命孺子曰：「咨爾嬰，昔皇天右乃太祖，〔一〕歷世十二，享國二百一十載，曆數在于予躬。詩不云乎？『侯服于周，天命靡常。』〔二〕封爾爲定安公，永爲新室賓。於戲！〔三〕

敬天之休，〔四〕往踐乃位，毋廢予命。」又曰：「其以平原、安德、漯陰、鬲、重丘，凡戶萬，〔五〕地方百里，爲定安公國。立漢祖宗之廟於其國，與周後並，行其正朔、服色。世世以事其祖宗，永以命德茂功，享歷代之祀焉。以孝平皇后爲定安太后。」讀策畢，莽親執孺子手，流涕歔欷，〔六〕曰：「昔周公攝位，終得復子明辟，今予獨迫皇天威命，不得如意！」哀歎良久。中傅將孺子下殿，北面而稱臣。百僚陪位，莫不感動。

〔一〕師古曰：「右讀曰佑。佑，助也。」
〔二〕師古曰：「大雅文王之詩也。言殷之後嗣，乃爲諸侯，服事周室，是天命無常也。謂微子爲宋公也。」
〔三〕師古曰：「於戲音曰嗚呼。」
〔四〕師古曰：「休，美也。」
〔五〕師古曰：「五縣也。漯音它合反。鬲音與隔同。」
〔六〕師古曰：「歔音虛。欷音許氣反。」

又按金匱，輔臣皆封拜。以太傅、左輔、驃騎將軍安陽侯王舜爲太師，封安新公；大司徒就德侯平晏爲太傅，就新公；少阿、羲和、京兆尹紅休侯劉歆爲國師，嘉新公；廣漢梓潼哀章爲國將，美新公：是爲四輔，位上公。太保、後承承陽侯甄邯〔一〕爲大司馬，承新公；丕進侯王尋爲大司徒，章新公；步兵將軍成都侯王邑爲大司空，隆新公：是爲三公。大阿、右拂、大司空、衞將軍廣陽侯甄豐〔二〕爲更始將軍，廣新公；京兆王興爲衞將軍，奉新公；輕車將軍成武侯孫建爲立國將軍，成新公；京兆王盛爲前將軍，崇新公：是爲四將。凡十一公。王興者，故城門令史。王盛者，賣餅。莽按符命求得此姓名十餘人，兩人容貌應卜相，徑從布衣登用，以視神焉。〔三〕餘皆拜爲郎。是日，封拜卿大夫、侍中、尚書官凡數百人。諸劉爲郡守，皆徙爲諫大夫。

〔一〕師古曰：「承陽音烝陽。」
〔二〕師古曰：「拂讀曰弼。」
〔三〕師古曰：「視讀曰示。」

改明光宮爲定安館，定安太后居之。以故大鴻臚府爲定安公第，皆置門衞使者監領。敕阿乳母不得與語，常在四壁中，〔一〕至於長大，不能名六畜。後莽以女孫宇子妻之。

〔一〕孟康曰：「令定安公居四壁中，不得有所見。」

莽策羣司曰：「歲星司肅，東(獄)〔嶽〕太師典致時雨，〔一〕青煒登平，考景以晷。〔二〕熒惑司悊，南嶽太傅典致時奧，〔三〕赤煒頌平，考聲以律。〔四〕太白司艾，西嶽國師典致時陽，〔五〕白煒象平，考量以銓。〔六〕辰星司謀，北嶽國將典致時寒，〔七〕玄煒和平，考星以漏。〔八〕月刑元股左，司馬典致武應，考方法矩，〔九〕主司天文，欽若昊天，敬授民時，力來農事，以豐年

穀。〔一〇〕日德元厷右，司徒典致文瑞，考圜合規，〔一一〕主司人道，五教是輔，帥民承上，宣美風俗，五品乃訓。〔一二〕斗平元心中，司空典致物圖，考度以繩，〔一三〕主司地里，平治水土，掌名山川，衆殖鳥獸，蕃茂草木。」各策命以其職，如典誥之文。

〔一〕應劭曰：「貌之不恭，是謂不肅。肅，敬也。厥罰常雨。常雨，水也。故申戒厥任，欲使雨澤以時也。」晉灼曰：「衆物生於東方，故戒太師也。」
〔二〕服虔曰：「煒音暉。」如淳曰：「青氣之光輝也。」晉灼曰：「言青陽之氣始升而上，以成萬物也。春秋分立表以正東西。東，日之始出也，故考景以晷屬焉。」
〔三〕應劭曰：「視之不明，是謂不悊。悊，智也。厥罰常燠。燠，暑也。」晉灼曰：「南方，盛陽之位。太傅，師導之稱，故戒之也。」師古曰：「奧音於六反。」
〔四〕晉灼曰：「頌，寬頌也。夏，假也。物假大，乃宜平也。六月陰氣之始，故爲地統。地之中數六，六爲律，律有形有色，色尚黃，故考聲以律屬焉。」師古曰：「頌讀曰容。」
〔五〕應劭曰：「言之不從，是謂不艾。艾，安也。厥罰常陽。陽，旱也。」師古曰：「艾讀曰乂。」
〔六〕應劭曰：「量，斗斛也。銓，權衡也。」晉灼曰：「象，形也，萬物無不成形於西方，大小輕重皆可知，故稱量屬焉。」
〔七〕應劭曰：「聽之不聰，是謂不謀。謀，圖也。厥罰常寒。」晉灼曰：「北，伏也。陽氣伏於下，陰主殺，故戒國將。」
〔八〕應劭曰：「推五星行度以漏刻也。」晉灼曰：「和，合也。萬物皆合藏於北方，水又主平，故曰和平。曆度起於斗分，日月紀於攝提，攝提值斗杓所指以建時節，故考星屬焉。」

〔九〕張晏曰：「月爲刑，司馬主武，又典天，故使主威刑也。」
〔一〇〕師古曰：「欽，敬也。若，順也。力來，勸勉之也。來音郎代反。」
〔一一〕張晏曰：「日爲陽位。」晉灼曰：「肱，圜也。五教在寬，則和氣感物，四靈見象，故文瑞屬焉。」師古曰：「厷，古肱字。」
〔一二〕師古曰：「五教，謂父義、母慈、兄友、弟恭、子孝也。五品即五常，謂仁、義、禮、智、信。」
〔一三〕張晏曰：「斗，北斗也，主齊七政。司空主水土，土爲中，故責之。」孟康曰：「易『河出圖，洛出書』，司空主水土，責以其物也。」晉灼曰：「中央爲四季土。土者信，信者直，故爲繩。」

置大司馬司允，〔一〕大司徒司直，大司空司若，〔二〕位皆孤卿。更名大司農曰羲和，後更爲納言，大理曰作士，太常曰秩宗，大鴻臚曰典樂，少府曰共工，〔三〕水衡都尉曰予虞，與三公司卿凡九卿，分屬三公。每一卿置大夫三人，一大夫置元士三人，凡二十七大夫，八十一元士，分主中都官諸職。更名光祿勳曰司中，太僕曰太御，衞尉曰太衞，執金吾曰奮武，中尉曰軍正，又置大贅官，主乘輿服御物，〔四〕後又典兵秩，位皆上卿，號曰六監。改郡太守曰大尹，都尉曰太尉，縣令長曰宰，御史曰執法，公車司馬曰王路四門，長樂宮曰常樂室，未央宮曰壽成室，前殿曰王路堂，〔五〕長安曰常安。更名秩百石曰庶士，三百石曰下士，四百石曰中士，五百石曰命士，六百石曰元士，千石曰下大夫，比二千石曰中大夫，二千石曰上大夫，中二千石曰卿。車服黻冕，各有差品。〔六〕又置司恭、司徒、司明、司聰、司中大夫及誦詩工、

徹膳宰，以司過。策曰：「予聞上聖欲昭厥德，罔不慎修厥身，用綏于遠，是用建爾司于五事。毋隱尤，毋將虛，〔七〕好惡不愆，立于厥中。〔八〕於戲，勗哉！」〔九〕令王路設進善之旌，非謗之木，（欲）〔敢〕諫之鼓。〔一〇〕諫大夫四人常坐王路門受言事者。

〔一〕師古曰：「允，信也。」
〔二〕師古曰：「若，順也。」
〔三〕師古曰：「共音曰龔。」
〔四〕師古曰：「贅，聚也，言財物所聚也，音之銳反。」
〔五〕服虔曰：「如言路寢也。」
〔六〕師古曰：「此黻謂衣裳之黻。」
〔七〕師古曰：「尤，過也。將，助也。虛謂虛美也。言勿隱吾過，而助爲虛美。」
〔八〕師古曰：「愆，違也。」
〔九〕師古曰：「於戲讀曰嗚呼。勗，勉也。」
〔一〇〕師古曰：「非音曰誹。」

封王氏齊縗之屬爲侯，大功爲伯，小功爲子，緦麻爲男，其女皆爲任。〔一〕男以「睦」、女以「隆」爲號焉，〔二〕皆授印韍。〔三〕令諸侯立太夫人、夫人、世子，亦受印韍。

〔一〕師古曰：「任，充也。男服之義，男亦任也，音壬。」
〔二〕師古曰：「臨、隆，皆其受封邑之號，取嘉名也。」
〔三〕師古曰：「韍亦印之組。次下並同。」

又曰：「天無二日，土無二王，百王不易之道也。漢氏諸侯或稱王，至于四夷亦如之，違於古典，繆於一統。其定諸侯王之號皆稱公，及四夷僭號稱王者皆更爲侯。」

又曰：「帝王之道，相因而通；盛德之祚，百世享祀。予惟黃帝、帝少昊、帝顓頊、帝嚳、帝堯、帝舜、帝夏禹、皋陶、伊尹咸有聖德，假于皇天，〔一〕功烈巍巍，光施于遠。予甚嘉之，營求其後，將祚厥祀。」惟王氏，虞帝之後也，出自帝嚳；劉氏，堯之後也，出自顓頊。於是封姚恂爲初睦侯，奉黃帝後；〔二〕梁護爲脩遠伯，奉少昊後；〔三〕皇孫功隆公千，奉帝嚳後；劉歆爲祁烈伯，奉顓頊後；國師劉歆子疊爲伊休侯，奉堯後；〔四〕媯昌爲始睦侯，奉虞帝後；山遵爲褒謀子，奉皋陶後；伊玄爲褒衡子，奉伊尹後。漢後定安公劉嬰，位爲賓。周後衞公姬黨，更封爲章平公，亦爲賓。殷後宋公孔弘，運轉次移，更封爲章昭侯，位爲恪。〔五〕夏後遼西姒豐，封爲章功侯，亦爲恪。〔六〕四代古宗，宗祀于明堂，以配皇始祖考虞帝。周公後褒魯子姬就，宣尼公後褒成子孔鈞，已前定焉。

〔一〕師古曰：「假，至也，升也，音工雅反。」
〔二〕服虔曰：「姚，舜姓，故封爲黃帝後。」

〔三〕服虔曰：「以爲伯益之後，故封之。」
〔四〕師古曰：「上言紅休侯劉歆爲國師嘉新公，今此云劉歆爲祁烈伯，又言國師劉歆子爲伊休侯，是則祁烈伯自別一劉歆，非國師也。」
〔五〕師古曰：「恪，敬也。言待之加敬，亦如賓也。周以舜後并杞、宋爲三恪也。」
〔六〕服虔曰：「姒，夏姓。」

莽又曰：「予前在攝時，建郊宮，定祧廟，立社稷，〔一〕神祇報況，〔二〕或光自上復于下，流爲烏，〔三〕或黃氣熏烝，昭燿章明，以著黃、虞之烈焉。〔四〕自黃帝至于濟南伯王，而祖世氏姓有五矣。〔五〕黃帝二十五子，分賜厥姓十有二氏。虞帝之先，受姓曰姚，其在陶唐曰媯，在周曰陳，在齊曰田，在濟南曰王。予伏念皇初祖考黃帝，皇始祖考虞帝，以宗祀于明堂，宜序於祖宗之親廟。其立祖廟五，親廟四，后夫人皆配食。郊祀黃帝以配天，黃后以配地。〔六〕以新都侯東弟爲大禖，歲時以祀。〔七〕家之所尚，種祀天下。〔八〕姚、媯、陳、田、王氏凡五姓者，皆黃、虞苗裔，予之同族也。書不云乎？『惇序九族。』〔九〕其令天下上此五姓名籍于秩宗，皆以爲宗室。世世復，無有所與。〔一〇〕其元城王氏，勿令相嫁娶，以別族理親焉。」〔一一〕封陳崇爲統睦侯，奉胡王後；〔一二〕田豐爲世睦侯，奉敬王後。〔一三〕

〔一〕師古曰：「遠祖曰祧，音吐堯反。」

〔二〕師古曰：「況，賜也。」
〔三〕師古曰：「復音扶目反。」
〔四〕師古曰：「烈，餘業(反)〔也〕。自云承黃、虞之後。」
〔五〕師古曰：「濟南伯王，莽之高祖。」
〔六〕孟康曰：「黃帝之后也。」
〔七〕師古曰：「禖，祀也。立此大祠，常以歲時祀其先也。」
〔八〕師古曰：「言國已立大禖祠先祖矣，其衆庶之家所倘者，各令傳祀勿絕，普天之下同其法。」
〔九〕師古曰：「虞書咎繇謨之辭也。惇，厚也。」
〔一〇〕師古曰：「復音方目反。與讀曰預。」
〔一一〕師古曰：「元城王氏不得與四姓昏娶，以其同祖也。餘它王氏，則不禁焉。」
〔一二〕孟康曰：「追王陳胡公。」
〔一三〕孟康曰：「追王陳敬仲。」

天下牧守皆以前有翟義、趙明等領州郡，懷忠孝，封牧爲男，守爲附城。又封舊恩戴崇、金涉、箕閎、楊並等子皆爲男。

遣騎都尉囂等〔一〕分治黃帝園位於上都橋時，〔二〕虞帝於零陵九疑，胡王於淮陽陳，敬王於齊臨淄，愍王於城陽莒，〔三〕伯王於濟南東平陵，孺王於魏郡元城，〔四〕使者四時致祠。

其廟當作者，以天下初定，且祫祭於明堂太廟。

〔一〕師古曰：「囂音許驕反。」
〔二〕師古曰：「橋山之上，故曰橋時也。」
〔三〕服虔曰：「齊愍王。」
〔四〕師古曰：「莽之高祖名遂字伯紀，曾祖名賀字翁孺，故謂之伯王、孺王。」

以漢高廟爲文祖廟。〔一〕莽曰：「予之皇始祖考虞帝受嬗于唐，〔二〕漢氏初祖唐帝，世有傳國之象，〔三〕予復親受金策於漢高皇帝之靈。惟思襃厚前代，何有忘時？漢氏祖宗有七，〔四〕以禮立廟于定安國。其園寢廟在京師者，勿罷，祠薦如故。予以秋九月親入漢氏高、元、成、平之廟。諸劉更屬籍京兆大尹，勿解其復，各終厥身，〔五〕州牧數存問，勿令有侵冤。」

〔一〕師古曰：「欲法舜受終於文祖。」
〔二〕師古曰：「嬗，古禪字。」
〔三〕師古曰：「堯傳舜，漢傳莽，自以舜後，故言有傳國之象。」
〔四〕蘇林曰：「漢本祀祖宗有四，莽以元帝、成帝、平帝爲宗，故有七。」
〔五〕師古曰：「復音方目反。」

又曰：「予前在大麓，至于攝假，〔一〕深惟漢氏三七之阸，赤德氣盡，思索廣求，〔二〕所以

輔劉延期之(述)〔術〕，靡所不用。以故作金刀之利，幾以濟之。〔三〕然自孔子作春秋以爲後王法，至于哀之十四而一代畢，協之於今，亦哀之十四也。〔四〕赤世計盡，終不可强濟。皇天明威，黃德當興，隆顯大命，屬予以天下。〔五〕今百姓咸言皇天革漢而立新，〔六〕廢劉而興王。夫『劉』之爲字『卯、金、刀』也，正月剛卯，金刀之利，皆不得行。〔七〕博謀卿士，僉曰天人同應，昭然著明。其去剛卯莫以爲佩，除刀錢勿以爲利，承順天心，快百姓意。」乃更作小錢，徑六分，重一銖，文曰「小錢直一」，與前「大錢五十」者爲二品，並行。欲防民盜鑄，乃禁不得挾銅炭。

〔一〕師古曰：「大麓者，謂爲大司馬、宰衡時，妄引『舜納于大麓，烈風雷雨不迷』也。攝假，謂初爲攝皇帝，又爲假皇帝。」
〔二〕師古曰：「索亦求也，音山客反。」
〔三〕師古曰：「幾讀曰冀。」
〔四〕張晏曰：「漢哀帝即位六年，平帝五年，居攝三年，凡十四年。」
〔五〕師古曰：「屬音之欲反。」
〔六〕師古曰：「革，改也。」
〔七〕服虔曰：「剛卯，以正月卯日作佩之，長三(尺)〔寸〕，廣一寸，四方，或用(五)〔玉〕，或用金，或用桃，著革帶佩之。今有玉在者，銘其一面曰『正月剛卯』。金刀，莽所鑄之錢也。」晉灼曰：「剛卯長一寸，廣五分，四方。當中央從穿

作孔，以采絲(茸)〔葺〕其底，如冠纓頭蕤。刻其上面，作兩行書，文曰『正月剛卯既央，靈殳四方，赤青白黃，四色是當。帝令祝融，以教夔、龍，庶疫剛癉，莫我敢當。』其一銘曰『疾日嚴卯，帝令夔化，順爾固伏，化茲靈殳。既正既直，既觚既方，庶疫剛癉，莫我敢當。』」師古曰：「今往往有土中得玉剛卯者，案大小及文，服說是也。莽以劉字上有卯，下有金，旁又有刀，故禁剛卯及金刀也。」

(是歲)四月，徐鄉侯劉快結黨數千人起兵於其國。〔一〕快兄殷，故漢膠東王，時改爲扶崇公。快舉兵攻即墨，殷閉城門，自繫獄。吏民距快，快敗走，至長廣死。莽曰：「昔予之祖濟南愍王困於燕寇，自齊臨淄出保于莒。宗人田單廣設奇謀，獲殺燕將，復定齊國。今即墨士大夫復同心殄滅反虜，予甚嘉其忠者，憐其無辜。其赦殷等，非快之妻子它親屬當坐者皆勿治。弔問死傷，賜亡者葬錢，人五萬。殷知大命，深疾惡快，以故輒伏厥辜。其滿殷國戶萬，地方百里。」又封符命臣十餘人。

〔一〕師古曰：「快，膠東恭王子也。而王子侯表作快，字從火，與此不同，疑表誤。」

莽曰：「古者，設廬井八家，一夫一婦田百畝，什一而稅，則國給民富而頌聲作。〔一〕此唐虞之道，三代所遵行也。秦爲無道，厚賦稅以自供奉，罷民力以極欲，〔二〕壞聖制，廢井田，是以兼并起，貪鄙生，强者規田以千數，弱者曾無立錐之居。又置奴婢之市，與牛馬同蘭，〔三〕制於民臣，顓斷其命。姦虐之人因緣爲利，至略賣人妻子，逆天心，誖人倫，〔四〕繆於

『天地之性人爲貴』之義。〔五〕書曰『予則奴戮女』，〔六〕唯不用命者，然後被此辜矣。漢氏減輕田租，三十而稅一，常有更賦，罷癃咸出，〔七〕而豪民侵陵，分田劫假。厥名三十稅一，實什稅五也。〔八〕父子夫婦終年耕芸，〔九〕所得不足以自存。故富者犬馬餘菽粟，驕而爲邪；貧者不厭糟糠，窮而爲姦。〔一〇〕俱陷于辜，刑用不錯。〔一一〕予前在大麓，始令天下公田口井，〔一二〕時則有嘉禾之祥，遭反虜逆賊且止。今更名天下田曰『王田』，奴婢曰『私屬』，皆不得賣買。其男口不盈八，而田過一井者，分餘田予九族鄰里鄉黨。故無田，今當受田者，如制度。敢有非井田聖制，無法惑衆者，投諸四裔，以禦魑魅，〔一三〕如皇始祖考虞帝故事。」

〔一〕師古曰：「給，足也。」
〔二〕師古曰：「罷讀曰疲。」
〔三〕師古曰：「蘭謂遮蘭之，若牛馬蘭圈也。」
〔四〕師古曰：「誖，亂也。誖音布內反。」
〔五〕師古曰：「孝經稱孔子曰『天地之性人爲貴』，故引之。性，生也。」
〔六〕師古曰：「夏書甘誓之辭也。奴戮，戮之以爲奴也。說書者以爲帑，子也，戮及妻子。此說非也。泰誓云『囚奴正士』，豈及子之謂乎？女讀曰汝。」
〔七〕師古曰：「更音工衡反。罷音疲。癃音隆。」
〔八〕師古曰：「解並在食貨志。」

〔九〕師古曰：「芸字與耘同。」
〔一〇〕師古曰：「厭，飽也。」
〔一一〕師古曰：「錯，置也，音千故反。」
〔一二〕師古曰：「計口而爲井田。」
〔一三〕師古曰：「魑，山神也。魅，老物精也。魑音螭。魅音媚。」

是時百姓便安漢五銖錢，以莽錢大小兩行難知，又數變改不信，皆私以五銖錢市買。譌言大錢當罷，莫肯挾。莽患之，復下書：「諸挾五銖錢，言大錢當罷者，比非井田制，投四裔。」於是農商失業，食貨俱廢，民人至涕泣於市道。及坐賣買田宅奴婢，鑄錢，自諸侯卿大夫至于庶民，抵罪者不可勝數。

秋，遣五威將王奇等十二人班符命四十二篇於天下。德祥五事，符命二十五，福應十二，凡四十二篇。其德祥言文、宣之世黃龍見於成紀、新都，高祖考王伯墓門梓柱生枝葉之屬。符命言井石、金匱之屬。福應言雌雞化爲雄之屬。其文爾雅依託，皆爲作說，〔一〕大歸言莽當代漢有天下云。總而說之曰：「帝王受命，必有德祥之符瑞，協成五命，申以福應，〔二〕然後能立巍巍之功，傳于子孫，永享無窮之祚。故新室之興也，德祥發於漢三七九世之後。〔三〕肇命於新都，受瑞於黃支，〔四〕開王於武功，定命於子同，〔五〕成命於巴宕，〔六〕申福於十二應，天所以保祐新室者深矣，固矣！武功丹石出於漢氏平帝末年，火德銷盡，土德當代，皇天眷然，去漢與新，以丹石始命於皇帝。皇帝謙讓，以攝居之，未當天意，故其秋七月，天重以三能文馬。〔七〕皇帝復謙讓，未卽位，故三以鐵契，四以石龜，五以虞符，六以文圭，七以玄印，八以茂陵石書，九以玄龍石，十以神井，十一以大神石，十二以銅符帛圖。申命之瑞，寖以顯著，〔八〕至于十二，以昭告新皇帝。皇帝深惟上天之威不可不畏，故去攝號，猶尙稱假，改元爲初始，欲以承塞天命，克厭上帝之心。〔九〕然非皇天所以鄭重降符命之意，〔一〇〕故是日天復決（其）以勉書。〔一一〕又侍郎王盱見人衣白布單衣，赤繢方領，〔一二〕冠小冠，立于王路殿前，謂盱曰：『今日天同色，以天下人民屬皇帝。』〔一三〕盱怪之，行十餘步，人忽不見。至丙寅暮，漢氏高廟有金匱圖策：『高帝承天命，以國傳新皇帝。』明旦，宗伯忠孝侯劉宏以聞，乃召公卿議，未決，而大神石人談曰：『趣新皇帝之高廟受命，毋留！』〔一四〕於是新皇帝立登車，之漢氏高廟受命。受命之日，丁卯也。丁，火，漢氏之德也。卯，劉姓所以爲字也。明漢劉火德盡，而傳於新室也。皇帝謙謙，旣備固讓，十二符應迫著，命不可辭，〔一五〕懼然祗畏，葦然閔漢氏之終不可濟，〔一六〕亹亹在左右之不得從意，〔一七〕爲之三夜不御寢，三日不御食。延問公侯卿大夫，僉曰：『宜奉如上天威命。』於是乃改元定號，海內更始。新室旣定，神祇懽喜，申以福應，吉瑞累仍。〔一八〕詩曰：『宜民宜人，受祿于天；保右命之，自天申之。』〔一九〕此之謂也。」五威將奉符命，齎印綬，王侯以下及吏官名更者，〔二〇〕外及匈奴、西域，徼外蠻夷，皆卽授新室印綬，因收故漢印綬。賜吏爵人二級，民爵人一級，女子百戶羊酒，蠻夷幣帛各有差。大赦天下。

〔一〕師古曰：「爾雅，近正也。謂近於正經，依古義而爲之說。」
〔二〕師古曰：「五命，謂五行之次，相承以受命也。申，重也。」
〔三〕蘇林曰：「二百一十歲，九天子也。」
〔四〕孟康曰：「獻生犀。」
〔五〕孟康曰：「梓潼縣也，莽改也。」
〔六〕晉灼曰：「巴郡宕渠縣也。」
〔七〕服虔曰：「三台星也。」晉灼曰：「許愼說，文馬縞身金精，周成王時犬戎獻之。」師古曰：「能音台。」
〔八〕師古曰：「寖，漸也。」
〔九〕師古曰：「塞，當也。厭，滿也。」
〔一〇〕師古曰：「鄭重猶言頻煩也。重音直用反。」
〔一一〕孟康曰：「哀章所作策書也。言數有瑞應，莽自謙居攝，天復決其疑，勸勉令爲眞也。」晉灼曰：「勉字當爲黽。是日自復有黽書及天下金匱圖策事也。」師古曰：「孟說是。」
〔一二〕師古曰：「繢者，會五采也。以布爲單衣，以赤加繢爲其方領也。盱音許于反。繢音胡內反。」

(二)師古曰：「假令驕有惡心，亦當且慰安。」
(三)師古曰：「猥，多也，厚也。被，加也，音皮義反。」
(四)師古曰：「和，應也，音胡臥反。」
(五)師古曰：「共讀曰恭。」
(六)師古曰：「紬音與抽同。」
(七)張晏曰：「是歲在壬申，刑在東方。」
(八)師古曰：「虓音火交反。」

莽志方盛，以爲四夷不足吞滅，專念稽古之事，復下書曰：「伏念予之皇始祖考虞帝，受終文祖，在璇璣玉衡以齊七政，遂類于上帝，禋于六宗，望秩于山川，徧于羣神，巡狩五嶽，羣后四朝，敷奏以言，明試以功。(一)予之受命即眞，到于建國五年，已五載矣。陽九之阸既度，百六之會已過。歲在壽星，填在明堂，倉龍癸酉，德在中宮。(二)觀晉掌歲，龜策告從，(三)其以此年二月建寅之節東巡狩，具禮儀調度。」(四)羣公奏請募吏民人馬布帛綿，又請內郡國十二買馬，發帛四十五萬匹，輸常安，前後毋相須。(五)至者過半，莽下書曰：「文母太后體不安，其且止待後。」

(一)師古曰：「解並在前。」
(二)服虔曰：「倉龍，太歲也。」張晏曰：「太歲起於甲寅爲龍，東方倉。癸德在中宮也。」晉灼曰：「壽星，角亢也。東

宮倉龍，房心也。心爲明堂，填星所在，其國昌。莽自謂土也，土行主填星。癸德在中宮，宮又土也。」
(三)孟康曰：「觀辰星進退。掌，主也。」晉灼曰：「國語晉文公以卯出酉入，過五鹿得土，歲在壽星，其日戊申。莽欲法之，以爲吉祥。正以二月建寅之節東巡狩者，取萬物生之始也。覩晉識太歲所在，宿度所合，卜筮皆吉，故法之。」
(四)師古曰：「調音徒釣反。」
(五)師古曰：「須，待也。」

是歲，改十一公號，以「新」爲「心」，後又改「心」爲「信」。

五年二月，文母皇太后崩，葬渭陵，與元帝合而溝絕之。(一)立廟於長安，新室世世獻祭。元帝配食，坐於牀下。莽爲太后服喪三年。

(一)如淳曰：「葬於司馬門內，作溝絕之。」

大司馬孔永乞骸骨，賜安車駟馬，以特進就朝位。同風侯逯並爲大司馬。

是時，長安民聞莽欲都雒陽，不肯繕治室宅，(一)或頗徹之。莽曰：「玄龍石文曰『定帝德，國雒陽』。符命著明，敢不欽奉！以始建國八年，歲纏星紀，(二)在雒陽之都。其謹繕脩常安之都，勿令壞敗。敢有犯者，輒以名聞，請其罪。」

(一)師古曰：「繕，補也。」
(二)孟康曰：「纏，居也。星紀在斗、牽牛間。」師古曰：「纏，踐歷也，音直連反。」

是歲，烏孫大小昆彌遣使貢獻。大昆彌者，中國外孫也。其胡婦子爲小昆彌，而烏孫歸附之。莽見匈奴諸邊並侵，意欲得烏孫心，乃遣使者引小昆彌使置大昆彌使上。保成師友祭酒滿昌劾奏使者曰：「夷狄以中國有禮誼，故詘而服從。大昆彌，君也，今序臣使於君使之上，非所以有夷狄也。奉使大不敬！」莽怒，免昌官。

西域諸國以莽積失恩信，焉耆先畔，殺都護但欽。

十一月，彗星出，二十餘日，不見。

是歲，以犯挾銅炭者多，除其法。

明年改元曰天鳳。

天鳳元年正月，赦天下。

莽曰：「予以二月建寅之節行巡狩之禮，太官齎糒乾肉，內者行張坐臥，(一)所過毋得有所給。(二)予之東巡，必躬載耒，每縣則耕，以勸東作。(三)予之南巡，必躬載耨，每縣則薅，以勸南僞。(四)予之西巡，必躬載銍，每縣則穫，以勸西成。予之北巡，必躬載拂，每縣則粟，以勸蓋藏。(五)畢北巡狩之禮，即于土中居雒陽之都焉。敢有趨讙犯法，輒以軍法從

事。」(六)羣公奏言：「皇帝至孝，往年文母聖體不豫，躬親供養，衣冠稀解。因遭棄羣臣悲哀，顏色未復，飲食損少。今一歲四巡，道路萬里，春秋尊，非糒乾肉之所能堪。且無巡狩，須闋大服，以安聖體。(七)臣等盡力養牧兆民，奉稱明詔。」(八)莽曰：「羣公、羣牧、羣司、諸侯、庶尹願盡力相帥養牧兆民，欲以稱予，繇此敬聽，(九)其勗之哉！毋食言焉。更以天鳳七年，歲在大梁，倉龍庚辰，行巡狩之禮。厥明年，歲在實沈，倉龍辛巳，即土之中雒陽之都。」乃遣太傅平晏、大司空王邑之雒陽，營相宅兆，圖起宗廟、社稷、郊兆云。

(一)師古曰：「糒，乾飯也。張坐臥，謂帷帳茵席也。糒音備。」
(二)師古曰：「言自齎食及帷帳以行，在路所經過，不須供費也。」
(三)師古曰：「耒，耕曲木也，音力對反。」
(四)師古曰：「耨，鉏也。薅，耘去草也。耨音奴豆反。薅音火高反。僞讀曰訛。訛，化也。」
(五)師古曰：「拂音佛，所以擊治禾者也，今謂之連枷。粟謂治粟。」
(六)劉德曰：「趨讙，走呼也。」
(七)師古曰：「闋，盡也，音口決反。」
(八)師古曰：「稱，副也。」
(九)師古曰：「繇讀與由同。」

三月壬申晦，日有食之。大赦天下。策大司馬逯並曰：「日食無光，干戈不戢，其上大

司馬印韍，就侯氏朝位。太傅平晏勿領尚書事，省侍中諸曹兼官者。以利苗男訢爲大司馬。」〔一〕

〔一〕如淳曰：「利苗，邑名。」

莽即眞，尤備大臣，抑奪下權，朝臣有言其過失者，輒拔擢。孔仁、趙博、費興等以敢擊大臣，故見信任，〔一〕擇名官而居之。公卿入宮，吏有常數，太傅平晏從吏過例，掖門僕射苛問不遜，〔二〕戊曹士收繫僕射。〔三〕莽大怒，使執法發車騎數百圍太傅府，捕士，卽時死。大司空士夜過奉常亭，亭長苛之，告以官名，亭長醉曰：「寧有符傳邪？」〔四〕士以馬箠擊亭長，〔五〕亭長斬士，亡，郡縣逐之。家上書，〔六〕莽曰：「亭長奉公，勿逐。」大司空邑斥士以謝。國將哀章頗不清，莽爲選置和叔，〔七〕敕曰：「非但保國將閨門，當保親屬在西州者。」諸公皆輕賤，而章尤甚。

〔一〕師古曰：「費音扶味反。」

〔二〕師古曰：「僕射苛問平晏，其言不遜。」

〔三〕應劭曰：「莽自以士行，故使太傅置戊曹士。士，掾也。」蘇林曰：「士者，曹掾，屬公府，諸曹次第之名也。」師古曰：「應說是。」

〔四〕師古曰：「傳音張戀反。」

〔五〕師古曰：「箠，策也，音止蘂反。」

〔六〕師古曰：「亭長家上書自治。」

〔七〕師古曰：「特爲置此官。」

四月，隕霜，殺屮木，〔一〕海瀕尤甚。〔二〕六月，黃霧四塞。七月，大風拔樹，飛北闕直城門屋瓦。〔三〕雨雹，殺牛羊。

〔一〕師古曰：「屮，古草字。」

〔二〕師古曰：「邊海之地也。瀕音頻，又音賓。」

〔三〕師古曰：「北闕直城門瓦皆飛也。直城門，長安城門名也。解在成紀。」

莽以周官、王制之文，置卒正、連率、大尹，職如太守；屬令、屬長，職如都尉。置州牧、部監二十五人，見禮如三公。監位上大夫，各主五郡。公氏作牧，侯氏卒正，伯氏連率，子氏屬令，男氏屬長，皆世其官。其無爵者爲尹。分長安城旁六鄉，置帥各一人。分三輔爲六尉郡，〔一〕河東、河內、弘農、河南、潁川、南陽爲六隊郡，〔二〕置大夫，職如太守；屬正，職如都尉。更名河南大尹曰保忠信卿。益河南屬縣滿三十。置六郊州長各一人，人主五縣。及它官名悉改。大郡至分爲五。郡縣以亭爲名者三百六十，以應符命文也。緣邊又置竟尉，以男爲之。〔三〕諸侯國閒田，爲黜陟增減云。〔四〕莽下書曰：「常安西都曰六鄉，衆縣曰六尉。義陽東都曰六州，衆縣曰六隊。粟米之內曰內郡，〔五〕其外曰近郡。有鄣徼者曰邊郡。合百二十有五郡。九州之內，縣二千二百有三。公作甸服，是爲惟城；諸在侯服，是爲惟寧；在采、任諸侯，是爲惟翰；〔六〕在賓服，是爲惟屏；〔七〕在揆文教，奮武衞，是爲惟垣；在九州之外，是爲惟藩：〔八〕各以其方爲稱，總爲萬國焉。」其後，歲復變更，一郡至五易名，而還復其故。吏民不能紀，每下詔書，輒繫其故名，曰：「制詔陳留大尹、太尉：其以益歲以南付新平。〔九〕新平，故淮陽。以雍丘以東付陳定。陳定，故梁郡。以封丘以東付治亭。治亭，故東郡。以陳留以西付祈隧。祈隧，故滎陽。陳留已無復有郡矣。大尹、太尉，皆詣行在所。」其號令變易，皆此類也。

〔一〕師古曰：「三輔黃圖云：『渭城、安陵以西，北至栒邑、義渠十縣，屬京尉大夫府，居故長安寺；高陵以北十縣，屬師尉大夫府，居故廷尉府；新豐以東，至湖十縣，屬翊尉大夫府，居城東；霸陵、杜陵，東至藍田，西至武功、郁夷十縣，屬光尉大夫府，居城南；茂陵、槐里以西，至汧十縣，屬扶尉大夫府，居城西；長陵、池陽以北，至雲陽、祋祤十縣，屬列尉大夫府，居城北。』」

〔二〕師古曰：「隊音遂。」

〔三〕師古曰：「竟音曰境。」

〔四〕師古曰：「閒音閑。以擬有功封賜，有罪黜陟也。」

〔五〕師古曰：「禹貢去王城四百里納粟，五百里納米，皆在甸服之內。」

〔六〕師古曰：「采，采服也。任，男服也。」

〔七〕師古曰：「賓服卽古衞服也，取諸侯賓服以爲名。」

〔八〕師古曰：「凡此惟城以下，取詩大雅板之篇云『价人惟藩，大師惟垣，大邦惟屏，大宗惟翰，懷德惟寧，宗子惟城』，以爲名號也。解在諸侯王表。」

〔九〕蘇林曰：「陳留圉縣，莽改曰益歲。」

令天下小學，戊子代甲子爲六旬首。冠以戊子爲元日，〔一〕昏以戊寅之旬爲忌日。〔二〕百姓多不從者。

〔一〕師古曰：「冠音工喚反。元，善也。」

〔二〕師古曰：「昏謂娶妻也。」

匈奴單于知死，弟咸立爲單于，求和親。莽遣使者厚賂之，詐許還其侍子登，因購求陳良、終帶等。單于卽執良等付使者，檻車詣長安。莽燔燒良等於城北，令吏民會觀之。緣邊大飢，人相食。諫大夫如普行邊兵，〔一〕還言「軍士久屯塞苦，邊郡無以相贍。今單于新和，宜因是罷兵。」校尉韓威進曰：「以新室之威而吞胡虜，無異口中蚤蝨。臣願得勇敢之士五千人，不齎斗糧，飢食虜肉，渴飲其血，可以橫行。」莽壯其言，以威爲將軍。然采普言，徵還諸將在邊者。免陳欽等十八人，又罷四關塡都尉諸屯兵。會匈奴使還，單于知侍子登前誅死，發兵寇邊，莽復發軍屯。於是邊民流入內郡，爲人奴婢，乃禁吏民敢挾邊

民者棄市。

〔一〕師古曰:「行音下更反。」

益州蠻夷殺大尹程隆,三邊盡反。遣平蠻將軍(馬)〔馮〕茂將兵擊之。

寧始將軍侯輔免,講易祭酒戴參爲寧始將軍。

二年二月,置酒王路堂,公卿大夫皆佐酒。〔一〕大赦天下。

〔一〕師古曰:「助行酒。」

是時,日中見星。

大司馬苗訢左遷司命,以延德侯陳茂爲大司馬。

訛言黃龍墮死黃山宮中,百姓犇走往觀者有萬數。莽惡之,〔一〕捕繫問語所從起,不能得。

〔一〕師古曰:「莽自謂黃德,故有此妖。」

單于咸既和親,求其子登屍,莽欲遣使送致,恐咸怨恨害使者,乃收前言當誅侍子者故將軍陳欽,以他辠繫獄。欽曰:「是欲以我爲說於匈奴也。」〔二〕遂自殺。莽選儒生能顓對者〔三〕濟南王咸爲大使,五威將琅邪伏黯等爲帥,使送登屍。敕令掘單于知墓,棘鞭其屍。

王莽傳第六十九中　四一三九

又令匈奴卻塞於漠北,責單于馬萬匹,牛三萬頭,羊十萬頭,及稍所略邊民生口在者皆還之。莽好爲大言如此。咸到單于庭,陳莽威德,責單于背畔之辠,應敵從橫,單于不能詘,遂致命而還之。入塞,咸病死,封其子爲伯,伏黯等皆爲子。

漢書卷九十九中　四一四〇

〔一〕師古曰:「說,解說也。託言以其前建議誅侍子,今故殺之。」

〔二〕師古曰:「顓與專同。專對,謂應對無方,能專其事。」

莽意以爲制定則天下自平,故銳思於地里,制禮作樂,講合六經之說。公卿旦入暮出,議論連年不決,不暇省獄訟冤結民之急務。縣宰缺者,數年守兼,〔一〕一切貪殘日甚。中郎將、繡衣執法在郡國者,並乘權勢,傳相舉奏。又十一公士分布勸農桑,班時令,案諸章,冠蓋相望,交錯道路,召會吏民,逮捕證左,郡縣賦斂,遞相賕賂,白黑紛然,〔二〕守闕告訴者多。莽自見前顓權以得漢政,故務自擥衆事,〔三〕有司受成苟免。〔四〕諸寶物名、帑藏、錢穀官,皆宦者領之;〔五〕吏民上封事書,宦官左右開發,尚書不得知。其畏備臣下如此。又好變改制度,政令煩多,當(奏)〔奉〕行者,輒質問乃以從事,〔六〕前後相乘,憒眊不渫。〔七〕莽常御燈火至明,猶不能勝。尚書因是爲姦寢事,上書待報者連年不得去,拘繫郡縣者逢赦而後出,衞卒不交代三歲矣。穀常貴,邊兵二十餘萬人仰衣食,縣官愁苦。〔八〕五原、代郡尤被其毒,起爲盜賊,數千人爲輩,轉入旁郡。莽遣捕盜將軍孔仁將兵與郡縣合擊,歲餘乃定,邊郡亦略將盡。〔九〕

〔一〕師古曰:「不拜正官,權令人守兼。」

〔二〕師古曰:「白黑謂清濁也。紛然,亂意也,言清濁不分也。」

〔三〕師古曰:「擥與擥同,其字從手。」

〔四〕師古曰:「莽事事自決,成熟乃以付吏,吏苟免罪責而已。」

〔五〕師古曰:「帑音他莽反,又音奴。」

〔六〕師古曰:「質,正也。」

〔七〕師古曰:「乘,積也,登也。憒眊,不明也。渫,散也,徹也。憒音工內反。眊音莫報反。」

〔八〕師古曰:「仰音牛向反。」

〔九〕師古曰:「言其逃亡,結爲盜賊,在者少也。」

邯鄲以北大雨霧,水出,深者數丈,流殺數千人。

立國將軍孫建死,司命趙閎爲立國將軍。寧始將軍戴參歸故官,南城將軍廉丹爲寧始將軍。

三年二月乙酉,地震,大雨雪,〔一〕關東尤甚,深者一丈,竹柏或枯。大司空王邑上書言:「視事八年,功業不效,司空之職尤獨廢頓,至乃有地震之變。願乞骸骨。」莽曰:「夫地

王莽傳第六十九中　四一四一

有動有震,震者有害,動者不害。春秋記地震,易繫坤動,動靜辟脅,萬物生焉。〔二〕災異之

漢書卷九十九中　四一四二

變,各有云爲。天地動威,以戒予躬,公何辜焉,而乞骸骨,非所以助予者也。使諸吏散騎司祿大衞脩寧男遵諭予意焉。」

〔一〕師古曰:「雨音于具反。」

〔二〕師古曰:「辟音闢。闢,開也。脅,收斂也。易上繫之辭曰:『夫坤,其動也闢,其靜也翕,是以廣生焉。』故莽引之也。翕脅之聲相近,義則同。」

五月,莽下吏祿制度,曰:「予遭陽九之阸,百六之會,國用不足,民人騷動,自公卿以下,一月之祿十緵布二匹,〔一〕或帛一匹。予每念之,未嘗不戚焉。今阸會已度,府帑雖未能充,略頗稍給,其以六月朔庚寅始,賦吏祿皆如制度。」四輔公卿大夫士,下至輿僚,凡十五等。僚祿一歲六十六斛,稍以差增,上至四輔而爲萬斛云。莽又曰:「『普天之下,莫非王土;率土之賓,莫非王臣。』〔二〕蓋以天下養焉。周禮膳羞百有二十品,今諸侯各食其同、國、則;〔三〕辟、任、附城食其邑;〔四〕公、卿、大夫、元士食其采。〔五〕多少之差,咸有條品。歲豐穰則充其禮,〔六〕有災害則有所損,與百姓同憂喜也。其用上計時通計,天下幸無災害者,太官膳羞備其品矣;即有災害,以什率多少而損膳焉。東嶽太師立國將軍保東方三州一部二十五郡;南嶽太傅前將軍保南方二州一部二十五郡;西嶽國師寧始將軍保西方一

州二部二十五郡；北嶽國將衞將軍保北方二州一部二十五郡；大司馬保納卿、言卿、仕卿、作卿、京尉、扶尉、兆隊、右隊、中部左洎前七部；〔七〕大司徒保樂卿、典卿、宗卿、秩卿、翼尉、光尉、左隊、前隊、中部、右部，有五郡；大司空保予卿、虞卿、共卿、工卿、師尉、列尉、祈隊、後隊、中部洎後十郡；〔八〕及六司，六卿，皆隨所屬之公保其災害，亦以十率多少而損其祿。郎、從官、中都官吏食祿都內之委者，以太官膳羞備損而爲節。〔九〕諸侯、辟、任、附城、羣吏亦各保其災害。幾上下同心，〔一〇〕勸進農業，安元元焉。」莽之制度煩碎如此，課計不可理，吏終不得祿，各因官職爲姦，受取賕賂以自共給。〔一一〕

〔一〕孟康曰：「緵，八十（縷）〔縷〕也。」師古曰：「緵音子公反。」
〔二〕師古曰：「莽引小雅北山之詩也。」
〔三〕師古曰：「謂公食同，侯伯食國，子男食則也。」
〔四〕師古曰：「辟，君也。任，公主也。辟音璧。任音壬。」
〔五〕師古曰：「謂因官職而食地也。」
〔六〕師古曰：「穰音人掌反。」
〔七〕服虔曰：「大司馬保此官，皆如郡守也。」晉灼曰：「左與前故特七部。」師古曰：「洎亦臮字也。臮，及也。隊音遂。此下並同。」
〔八〕師古曰：「共讀曰龔。」

〔九〕師古曰：「言隨其多少。」
〔一〇〕師古曰：「幾音曰冀。」
〔一一〕師古曰：「共讀曰供。」

是月戊辰，長平館西岸崩，邕涇水不流，毀而北行。〔一〕遣大司空王邑行視，〔二〕還奏狀，羣臣上壽，以爲河圖所謂「以土填水」，〔三〕匈奴滅亡之祥也。乃遣并州牧宋弘、游擊都尉任萌等將兵擊匈奴，至邊止屯。

〔一〕師古曰：「邕讀曰壅。」
〔二〕師古曰：「行音下更反。」
〔三〕師古曰：「填讀與鎮同。」

七月辛酉，霸城門災，民間所謂青門也。〔一〕

〔一〕師古曰：「三輔黃圖云長安城東出南頭名霸城門，俗以其色青，名曰青門。」

戊子晦，日有食之。大赦天下。復令公卿大夫諸侯二千石舉四行各一人。〔一〕大司馬陳茂以日食免，武建伯嚴尤爲大司馬。〔二〕

〔一〕師古曰：「依漢光祿之四科。」
〔二〕如淳曰：「莽之伯、子、男號也。」

十月戊辰，王路朱鳥門鳴，晝夜不絕，崔發等曰：「虞帝闢四門，通四聰。〔一〕門鳴者，明當修先聖之禮，招四方之士也。」於是令羣臣皆賀，所舉四行從朱鳥門入而對策焉。

〔一〕師古曰：「虞書敍舜之德也，『闢四門，明四目，達四聰』，故引之。」

平蠻將軍馮茂擊句町，士卒疾疫，死者什六七，賦斂民財什取五，益州虛耗而不克，徵還下獄死。更遣寧始將軍廉丹與庸部牧史熊擊句町，頗斬首，有勝。莽徵丹、熊，丹、熊願益調度，必克乃還。復大賦斂，就都大尹馮英不肯給，上言「自越巂遂久仇牛、同亭邪豆之屬反畔以來，積且十年，〔一〕郡縣距擊不已。續用馮茂，苟施一切之政。僰道以南，山險高深，茂多毆衆遠居，〔二〕費以億計，吏士離毒氣死者什七。〔三〕今丹、熊懼於自詭期會，〔四〕調發諸郡兵穀，復訾民取其十四，〔五〕空破梁州，功終不遂。〔六〕宜罷兵屯田，明設購賞。」莽怒，免英官。後頗覺寤，曰：「英亦未可厚非。」復以英爲長沙連率。

〔一〕服虔曰：「遂久，縣也。仇牛等越巂旁夷。」
〔二〕師古曰：「毆讀與驅同。」
〔三〕師古曰：「離，遭也。」
〔四〕師古曰：「詭，責也。自以爲憂責。」
〔五〕師古曰：「發人訾財，十取其四也。」
〔六〕師古曰：「遂，成也。」

翟義黨王孫慶捕得，莽使太醫、尚方與巧屠共刳剝之，〔一〕量度五藏，〔二〕以竹筳導其

脈，知所終始，〔三〕云可以治病。〔四〕

〔一〕師古曰：「刳，剖也，音口胡反。」
〔二〕師古曰：「度音徒各反。」
〔三〕師古曰：「筳，竹挺也，音庭。」
〔四〕師古曰：「以知血脈之原，則盡攻療之道也。」

是歲，遣大使五威將王駿、西域都護李崇將戊己校尉出西域，諸國皆郊迎貢獻焉。諸國前殺都護但欽，駿欲襲之，命佐帥何封、戊己校尉郭欽別將。〔一〕焉耆詐降，伏兵擊駿等，皆死。欽、封後到，襲擊老弱，從車師還入塞。莽拜欽爲填外將軍，〔二〕封剿胡子，〔三〕何封爲集胡男。西域自此絕。

〔一〕師古曰：「別領兵在後也。將音子亮反。」
〔二〕師古曰：「填音竹刃反。」
〔三〕師古曰：「剿音子小反。」

校勘記

四一〇一頁二行　東（嶽）〔嶽〕太師　景祐、殿本都作「嶽」，此誤。
四一〇四頁三行　（欽）〔敢〕諫之鼓。　景祐本作「敢」。王念孫說作「敢」是。
四一〇七頁三行　烈，餘業（反）〔也〕。　景祐、殿本都作「也」，此誤。

四一〇九頁一行　所以輔劉延期之(述)〔術〕，景祐、殿、局本都作「術」，此誤。

四一〇九頁一五行　長三(尺)〔寸〕，廣一寸，四方，或用(五)〔玉〕，景祐、殿、局本「尺」都作「寸」，通鑑注同。「五」都作「玉」，此誤，下同。

四一一〇頁一行　以采絲(茸)〔葺〕其底，殿本作「葺」。王先謙說殿本是。

四一一〇頁五行　(是歲)四月，景祐本無「是歲」二字。

四一一三頁七行　故是日天復決(其)以勉書。李慈銘說「其」字衍。

四一一七頁一行　命(堂)〔掌〕威侯王奇曰：王念孫說「堂」當作「掌」。按下文「堂威」，通鑑作「掌威」。

四一二三頁三行　大司空邑弟左(關)〔闕〕將軍(堂)〔掌〕威侯奇，錢大昭說「關」當作「闕」。按景祐、殿本都作「闕」。王先謙說「堂」當作「掌」。通鑑並同。

四一三七頁六行　(摻)〔操〕持萬物，景祐、殿本都作「操」。王先謙說作「操」是。

四一三八頁一行　厭難將軍陳(歆)〔欽〕楊樹達說上下文都作「欽」，「歆」是誤字。

四一三九頁三行　遣平蠻將軍(馬)〔馮〕茂將兵擊之。景祐、殿本都作「馮」。

四一四〇頁三行　當(奏)〔奉〕行者，景祐、殿本都作「奉」。王先謙說「奏」字誤。

四一四三頁八行　縷，八十(綫)〔縷〕也。景祐、殿、局本都作「縷」。

漢書卷九十九下

王莽傳第六十九下

四年五月，莽曰：「保成師友祭酒唐林、故諫議祭酒琅邪紀逡，〔一〕孝弟忠恕，敬上愛下，博通舊聞，德行醇備，至於黃髮，靡有愆失。〔二〕其封林爲建德侯，逡爲封德侯，位皆特進，見禮如三公。〔三〕賜弟一區，錢三百萬，授几杖焉。」

〔一〕師古曰：「逡音千旬反，字或從彳，其音同耳。」

〔二〕師古曰：「黃髮，老稱，謂白髮盡落，更生黃者。」

〔三〕師古曰：「朝見之禮。」

六月，更授諸侯茅土於明堂，曰：「予制作地理，建封五等，考之經藝，合之傳記，通於義理，論之思之，至於再三，自始建國之元以來九年于茲，乃今定矣。予親設文石之平，陳菁茅四色之土，〔一〕欽告于岱宗泰社后土、先祖先妣，以班授之。〔二〕各就厥國，養牧民人，用成功業。其在緣邊，若江南，非詔所召，遣侍于帝城者，納言掌貨大夫且調都內故錢，予

其祿，〔三〕公歲八十萬，侯伯四十萬，子男二十萬。」然復不能盡得。莽好空言，慕古法，多封爵人，性實遴嗇，〔四〕託以地理未定，故且先賦茅土，用慰喜封者。

〔一〕師古曰：「尚書禹貢『包匭菁茅』，儒者以爲菁，菜名也，茅，三脊茅也。而莽此言以菁茅爲一物，則是謂善茅爲菁茅也。土有五色，而此云四者，中央之土不以封也。菁音精。」

〔二〕師古曰：「欽，敬也。班，布也。」

〔三〕師古曰：「調謂發取之，音徒釣反。次下亦同。」

〔四〕師古曰：「遴讀與吝同。」

是歲，復明六筦之令。每一筦下，爲設科條防禁，犯者罪至死，吏民抵罪者浸衆。又一切調上公以下諸有奴婢者，率一口出錢三千六百，天下愈愁，盜賊起。納言馮常以六筦諫，莽大怒，免常官。置執法左右刺姦。選用能吏侯霸等分督六尉、六隊，〔一〕如漢刺史，與三公士郡一人從事。

〔一〕師古曰：「督，察也。隊音遂。」

臨淮瓜田儀等爲盜賊，依阻會稽長州，〔一〕琅邪女子呂母亦起。初，呂母子爲縣吏，爲宰所冤殺。〔二〕母散家財，以酤酒買兵弩，〔三〕陰厚貧窮少年，得百餘人，遂攻海曲縣，殺其宰以祭子墓。引兵入海，其衆浸多，後皆萬數。莽遣使者卽赦盜賊，還言「盜賊解，輒復合。問

其故，皆曰愁法禁煩苛，不得舉手。力作所得，不足以給貢稅。閉門自守，又坐鄰伍鑄錢挾銅，姦吏因以愁民。民窮，悉起爲盜賊。」莽大怒，免之。其或順指，言「民驕黠當誅」，及言「時運適然，且滅不久」，莽說，輒遷之。[四]

[一]服虔曰：「姓瓜田，名儀。」師古曰：「長州即枚乘所云長州之苑。」

[二]師古曰：「宰，縣令。」

[三]師古曰：「黠音姑。」

[四]師古曰：「說讀曰悅。」

是歲八月，莽親之南郊，鑄作威斗。威斗者，以五石銅爲之，[一]若北斗，長二尺五寸，欲以厭勝衆兵。[二]既成，令司命負之，莽出在前，入在御旁。鑄斗日，大寒，百官人馬有凍死者。

[一]李奇曰：「以五色藥石及銅爲之。」蘇林曰：「以五色銅礦冶之。」師古曰：「李說是也。若今作鍮石之爲。」

[二]師古曰：「厭音一葉反。」

五年正月朔，北軍南門災。

以大司馬司允費興爲荊州牧，見，問到部方略，興對曰：「荊、揚之民率依阻山澤，以漁

采爲業。[一]間者，國張六筦，稅山澤，妨奪民之利，連年久旱，百姓飢窮，故爲盜賊。興到部，欲令明曉告盜賊歸田里，假貸犂牛種食，[二]闊其租賦，[三]幾可以解釋安集。」[四]莽怒，免興官。

[一]師古曰：「漁謂捕魚也。采謂采取蔬果之屬。」

[二]師古曰：「貸音土戴反。」

[三]師古曰：「闊，寬也。」

[四]師古曰：「幾讀曰冀。」

天下吏以不得奉祿，並爲姦利，郡尹縣宰家累千金。莽下詔曰：「詳考始建國二年胡虜猾夏以來，諸軍吏及緣邊吏大夫以上爲姦利增產致富者，收其家所有財產五分之四，以助邊急。」公府士馳傳天下，考覆貪饕，[一]開吏告其將，奴婢告其主，幾以禁姦，[二]姦愈甚。

[一]師古曰：「傳音張戀反。饕音吐高反。」

[二]師古曰：「幾讀曰冀。」

皇孫功崇公宗坐自畫容貌，被服天子衣冠，刻印三：一曰「維祉冠存己夏處南山臧薄冰」，[一]二曰「肅聖寶繼」，[二]三曰「德封昌圖」。[三]又宗舅呂寬家前徙合浦，私與宗通，發覺按驗，宗自殺。莽曰：「宗屬爲皇孫，爵爲上公，知寬等叛逆族類，而與交通；刻銅印三，文意甚害，不知厭足，窺欲非望。春秋之義，『君親毋將，將而誅焉。』[四]迷惑失道，自取此辜，烏呼哀哉！宗本名會宗，以制作去二名，今復名會宗。貶厥爵，改厥號，賜謚爲功崇繆伯，以諸伯之禮葬于故同穀城郡。」[五]宗姊妨爲衞將軍王興夫人，祝詛姑，殺婢以絕口。事發覺，莽使中常侍䠠惲責問妨，[六]并以責興，皆自殺。事連及司命孔仁妻，亦自殺。仁見莽免冠謝，莽使尚書劾仁：「乘乾車，駕巛馬，左蒼龍，右白虎，前朱雀，後玄武，右杖威節，左負威斗，號曰赤星，非以驕仁，乃以尊新室之威命也。仁擅免天文冠，大不敬。」有詔勿劾，更易新冠。其好怪如此。[七]

[一]文穎曰：「祉，福祚也。冠存己，欲襲代也。」應劭曰：「夏處南山，就陰涼也。臧薄冰，亦以除暑也。」

[二]應劭曰：「莽自謂承聖舜後，能肅敬，得天寶龜以立。宗欲繼其緒。」

[三]蘇林曰：「宗自言以德見封，當遂昌熾，受天下圖籍。」

[四]師古曰：「春秋公羊傳之辭也。以公子牙將爲殺逆而誅之，故云然也。親謂父母也。」

[五]師古曰：「同者，宗所封一同之地。」

[六]師古曰：「䠠音帶，又音徒蓋反。」

[七]師古曰：「言莽性好爲鬼神怪異之事。」

以直道侯王涉爲衞將軍。涉者，曲陽侯根子也。根，成帝世爲大司馬，薦莽自代，莽恩

之，[一]以爲曲陽非令稱，[二]乃追謚根曰直道讓公，涉嗣其爵。

[一]師古曰：「懷其舊恩也。」

[二]師古曰：「令，善也。曲陽之名，非善稱也。」

是歲，赤眉力子都、樊崇等以饑饉相聚，起於琅邪，轉鈔掠，衆皆萬數。遣使者發郡國兵擊之，不能克。

六年春，莽見盜賊多，乃令太史推三萬六千歲曆紀，六歲一改元，布天下。下書曰：「紫閣圖曰『太一、黃帝皆僊上天，[一]張樂崑崙虔山之上。後世聖主得瑞者，當張樂秦終南山之上。』[二]予之不敏，奉行未明，乃今諭矣。復以寧始將軍爲更始將軍，以順符命。易不云乎？『日新之謂盛德，生生之謂易。』[三]予其饗哉！」欲以誑燿百姓，銷解盜賊。衆皆笑之。

[一]師古曰：「僊，古仙字。上，升也。」

[二]服虔云：「長安南山，詩所謂終南，故秦地，故言秦也。」

[三]李奇曰：「易道生諸當生者也。」師古曰：「下繫之辭。體化合變，故曰日新。」

初獻新樂於明堂、太廟。羣臣始冠麟韋之弁。[一]或聞其樂聲，曰：「清厲而哀，非興國

之聲也。」

〔一〕李奇曰：「鹿皮冠。」

是時，關東饑旱數年，力子都等黨衆寖多。〔一〕更始將軍廉丹擊益州不能克，徵還。更遣復位後大司馬護軍郭興、庸部牧李曅擊蠻夷若豆等，太傅犧叔士孫喜淸潔江湖之盜賊。而匈奴寇邊甚。莽乃大募天下丁男及死罪囚、吏民奴，名曰豬突豨勇，以爲銳卒。一切稅天下吏民，訾三十取一，縑帛皆輸長安。令公卿以下至郡縣黃綬皆保養軍馬，〔二〕多少各以秩爲差。又博募有奇技術可以攻匈奴者，將待以不次之位。言便宜者以萬數：或言能度水不用舟楫，〔三〕連馬接騎，濟百萬師；或言不持斗糧，服食藥物，三軍不飢；或言能飛，一日千里，可窺匈奴。莽輒試之，取大鳥翮爲兩翼，〔四〕頭與身皆著毛，通引環紐，飛數百步墮。莽知其不可用，苟欲獲其名，皆拜爲理軍，賜以車馬，待發。

〔一〕師古曰：「寖，漸也。」
〔二〕師古曰：「保者，言不許其有死失。」
〔三〕師古曰：「楫，所以刺舟也，音集，其字從木。」
〔四〕師古曰：「羽本曰翮，音胡隔反。」

初，匈奴右骨都侯須卜當，其妻王昭君女也，嘗內附。莽遣昭君兄子和親侯王歙誘呼

（管）〔當〕至塞下，脅將詣長安，强立以爲須卜善于後安公。〔一〕始欲誘迎當，大司馬嚴尤諫曰：「當在匈奴右部，兵不侵邊，單于動靜，輒語中國，此方面之大助也。于今迎當置長安稾街，一胡人耳，〔二〕不如在匈奴有益。」莽不聽。既得當，欲遣尤與廉丹擊匈奴，皆賜姓徵氏，號二徵將軍，當誅單于輿而立當代之。〔三〕出車城西橫廄，未發。尤素有智略，非莽攻伐西夷，數諫不從，著古名將樂毅、白起不用之意及言邊事凡三篇，奏以風諫莽。〔四〕及當出廷議，尤固言匈奴可且以爲後，先憂山東盜賊。莽大怒，乃策尤曰：「視事四年，蠻夷猾夏不能遏絕，寇賊姦宄不能殄滅，不畏天威，不用詔命，皃佷自臧，持必不移，〔五〕懷執異心，非沮軍議。〔六〕未忍致于理，其上大司馬武建伯印韍，〔七〕歸故郡。」以降符伯董忠爲大司馬。

〔一〕師古曰：「善于者，匈奴之號也。後安公者，中國之爵。兩加之。」
〔二〕師古曰：「稾街，蠻夷館所在也，解在陳湯傳。稾音工早反。」
〔三〕師古曰：「輿者，時見爲單于之名。」
〔四〕師古曰：「風讀曰諷。」
〔五〕師古曰：「皃，古貌字也。皃佷，言其佷戾見於容貌也。臧，善也。自以爲善，而固持其所見，不可移易。」
〔六〕師古曰：「沮，壞也，音材汝反。」
〔七〕師古曰：「韍者，印之組。」

翼平連率田況奏郡縣訾民不實，〔一〕莽復三十稅一。以況忠言憂國，進爵爲伯，賜錢二

百萬。衆庶皆詈之。青、徐民多棄鄉里流亡，老弱死道路，壯者入賊中。

〔一〕師古曰：「舉百姓貲財，不以實數。」

夙夜連率韓博上言：「有奇士，長丈，大十圍，來至臣府，曰欲奮擊胡虜。自謂巨毋霸，出於蓬萊東南，五城西北昭如海瀕，〔一〕軺車不能載，三馬不能勝。即日以大車四馬，建虎旗，載霸詣闕。霸臥則枕鼓，以鐵箸食，此皇天所以輔新室也。願陛下作大甲高車，賁育之衣，遣大將一人與虎賁百人迎之於道。京師門戶不容者，開高大之，以視百蠻，〔二〕鎭安天下。」博意欲以風莽。〔三〕莽聞惡之，留霸在所新豐，〔四〕更其姓曰巨母氏，謂因文母太后而霸王符也。〔五〕徵博下獄，以非所宜言，棄市。

〔一〕師古曰：「昭如，海名也。瀕，涯也，音頻，又音賓。」
〔二〕晉灼曰：「視音曰示。」
〔三〕晉灼曰：「諷言毋得篡盜而霸。」
〔四〕師古曰：「在所，謂其見到之處。」
〔五〕師古曰：「莽字巨君，若言文母出此人，使我致霸王。」

明年改元曰地皇，從三萬六千歲曆號也。

地皇元年正月乙未，赦天下。下書曰：「方出軍行師，敢有趨讙犯法者，輒論斬，毋須時，〔一〕盡歲止。」〔二〕於是春夏斬人都市，百姓震懼，道路以目。

〔一〕師古曰：「趨讙，謂趨走而讙譁也。須，待也。」
〔二〕師古曰：「至此歲盡而止。」

二月壬申，日正黑。莽惡之，下書曰：「乃者日中見昧，陰薄陽，黑氣爲變，百姓莫不驚怪。兆域大將軍王匡遣吏考問上變事者，欲蔽上之明，是以適見于天，〔一〕以正于理，塞大異焉。」

〔一〕師古曰：「適音讁。讁，責也，音徒厄反。見音胡電反。」

莽見四方盜賊多，復欲厭之，〔一〕又下書曰：「予之皇初祖考黃帝定天下，將兵爲上將軍，建華蓋，立斗獻，〔二〕內設大將，外置大司馬五人，大將軍二十五人，偏將軍百二十五人，裨將軍千二百五十人，校尉萬二千五百人，司馬三萬七千五百人，候十一萬二千五百人，當百二十二萬五千人，〔三〕士吏四十五萬人，士千三百五十萬人，〔四〕應協於易『弧矢之利，以威天下』。〔五〕予受符命之文，稽前人，將條備焉。」〔六〕於是置前後左右中大司馬之位，賜諸州牧號爲大將軍，郡卒正、連帥、大尹爲偏將軍，屬令長裨將軍，縣宰爲校尉。乘傳使者經歷郡國，日且十輩，〔七〕倉無見穀〔八〕以給，傳車馬不能足，賦取道中車馬，〔九〕取辦於民。

〔一〕師古曰：「厭音一葉反。」
〔二〕師古曰：「獻音犧。謂斗魁及杓末，如勺之形也。」
〔三〕晉灼曰：「當亦官名也。」師古曰：「當百，官名，百非其數。」
〔四〕晉灼曰：「自五大司馬至此皆以五乘之也。」師古曰：「晉說非也。從上計之，或五或十，或兩或三。」
〔五〕師古曰：「易下繫辭曰『弦木爲弧，剡木爲矢，弧矢之利，以威天下。』言所立將率，以合此意。木弓曰弧。」
〔六〕師古曰：「稽，考也，考法於前人也。」
〔七〕師古曰：「傳音張戀反。次下亦同。」
〔八〕師古曰：「見謂見在也。」
〔九〕師古曰：「於道中行者，即執取之，以充事也。」

七月，大風毀王路堂。復下書曰：「乃壬午餔時，有列風雷雨發屋折木之變，〔一〕予甚弁焉，予甚栗焉，予甚恐焉。〔二〕伏念一旬，迷乃解矣。〔三〕昔符命文立安爲新遷王，〔四〕臨國雒陽，爲統義陽王。是時予在攝假，謙不敢當，而以爲公。其後金匱文至，議者皆曰：『臨國雒陽爲統，謂據土中爲新室統也，宜爲皇太子。』自此後，臨久病，雖瘳不平，朝見挈茵輿行。〔五〕見王路堂者，張於西廂及後閣更衣中，〔六〕又以皇后被疾，臨且去本就舍，妃妾在東永巷。〔七〕壬午，列風毀王路西廂及後閣更衣中室。昭寧堂池東南榆樹大十圍，東僵，擊東閣，閣即東永巷之西垣也。皆破折瓦壞，發屋拔木，予甚驚焉。又候官奏月犯心前星，厥有占，

予甚憂之。伏念紫閣圖文，太一、黃帝皆得瑞以僊，後世褎主當登終南山。〔八〕所謂新遷王者，乃太一新遷之後也。〔九〕統義陽王乃用五統以禮義登陽上遷之後也。臨有兄而稱太子，名不正。宣尼公曰：『名不正，則言不順，至於刑罰不中，民無錯手足。』〔一〇〕惟即位以來，陰陽未和，風雨不時，數遇枯旱蝗螟爲災，穀稼鮮耗，百姓苦飢，〔一一〕蠻夷猾夏，寇賊姦宄，人民正營，無所錯手足。〔一二〕深惟厥咎，在名不正焉。其立安爲新遷王，臨爲統義陽王，幾以保全二子，〔一三〕子孫千億，外攘四夷，內安中國焉。」

〔一〕師古曰：「列風，暴列之風。」
〔二〕師古曰：「弁，疾也。一曰弁，撫手也，言驚懼也。」
〔三〕師古曰：「先言列風雷雨，後言迷乃解矣，蓋取舜『納于大麓，列風雷雨不迷』以爲言也。」
〔四〕服虔曰：「安，莽第三子也。遷音仙。莽改汝南新蔡曰新遷。」師古曰：「遷猶僊耳，不勞假借音。」
〔五〕服虔曰：「有疾以執茵輿之行也。」晉灼曰：「漢儀注皇后、婕妤乘輦，餘者以茵，四人舉以行。豈今之板輿而鋪茵乎？」師古曰：「晉說非也。此直謂坐茵褥之上，而令四人對舉茵之四角，輿而行，何謂板輿乎？」
〔六〕李奇曰：「張，帳也。」晉灼曰：「更衣中，謂朝賀易衣服處，室屋名也。」
〔七〕師古曰：「言臨侍疾，故去其本所居，而來就此止息，是以妃妾在東永巷也。」
〔八〕李奇曰：「褎主，大主也。」
〔九〕服虔曰：「太一、黃帝欲令安追繼其後也。」

〔一〇〕師古曰：「論語載孔子對子路之言。錯，安置也，音千故反。莽追謚孔子爲褒成宣尼公。」
〔一一〕師古曰：「鮮，少也。耗，虛也。鮮音先踐反。耗音火到反。」
〔一二〕師古曰：「正營，惶恐不安之意也。正音征。」
〔一三〕師古曰：「幾讀曰冀。」

是月，杜陵便殿乘輿虎文衣廢臧在室匣中者〔一〕出，自樹立外堂上，〔二〕良久乃委地。吏卒見者以聞，莽惡之，下書曰：「寶黃廝赤，〔三〕其令郎從官皆衣絳。」

〔一〕師古曰：「匣，匱也，音狎。」
〔二〕師古曰：「樹，豎也。」
〔三〕服虔曰：「以黃爲寶，自用其行氣也。廝赤，廝役賤者皆衣赤，賤漢行也。」

望氣爲數者多言有土功象，莽又見四方盜賊多，欲視爲自安能建萬世之基者，〔一〕乃下書曰：「予受命遭陽九之阸，百六之會，府帑空虛，百姓匱乏，宗廟未修，且祫祭於明堂太廟，夙夜永念，非敢寧息。深惟吉昌莫良於今年，予乃卜波水之北，郎池之南，惟玉食。〔二〕予又卜金水之南，明堂之西，亦惟玉食。予將(新)〔親〕築焉。」於是遂營長安城南，〔三〕提封百頃。九月甲申，莽立載行視，〔四〕親舉築三下。司徒王尋、大司空王邑持節，及侍中常侍執法杜林等數十人將作。〔五〕崔發、張邯說莽曰：「德盛者文縟，〔六〕宜崇其制度，宣視海內，〔七〕且令萬世之後無以復加也。」莽乃博徵天下工匠諸圖畫，以望法度算，及吏民以義入錢穀助作者，

駱驛道路。〔八〕壞徹城西苑中建章、承光、包陽、大臺、儲元宮及平樂、當路、陽祿館，凡十餘所，〔九〕取其材瓦，以起九廟。是月，大雨六十餘日。令民入米六百斛爲郎，其郎吏增秩賜爵至附城。九廟：一曰黃帝太初祖廟，二曰帝虞始祖昭廟，三曰陳胡王統祖穆廟，四曰齊敬王世祖昭廟，五曰濟北愍王王祖穆廟，凡五廟不墮云；〔一〇〕六曰濟南伯王尊禰昭廟，七曰元城孺王尊禰穆廟，八曰陽平頃王戚禰昭廟，九曰新都顯王戚禰穆廟。殿皆重屋。太初祖廟東西南北各四十丈，高十七丈，餘廟半之。爲銅薄櫨，〔一一〕飾以金銀琱文，〔一二〕窮極百工之巧。帶高增下，〔一三〕功費數百鉅萬，卒徒死者萬數。

〔一〕師古曰：「視音示。」
〔二〕劉德曰：「長安南也。」晉灼曰：「黃圖波、浪，二水名也，在甘泉苑中。」師古曰：「晉說非也。黃圖有西波池、郎池，皆在石城南上林中。玉食，謂龜爲玉兆之文而墨食也。波音(波)〔彼〕皮反。」
〔三〕師古曰：「蓋所謂金水之南，明堂之西。」
〔四〕師古曰：「立載謂立而乘車也。行音下更反。」
〔五〕師古曰：「將領築作之人。」
〔六〕師古曰：「文，禮文也。縟，繁也，音辱。」
〔七〕師古曰：「視讀曰示。」
〔八〕師古曰：「駱驛，言不絕。」

〔九〕師古曰：「自建章以下至陽祿，皆上林苑中館。」
〔一○〕師古曰：「隳，毀也，音火規反。」
〔一一〕師古曰：「薄櫨，柱上枅，即今所謂楷也。櫨音盧。」
〔一二〕師古曰：「琱字與彫同。」
〔一三〕師古曰：「本因高地而建立之，其旁下者更增築。」

鉅鹿男子馬適求等謀舉燕趙兵以誅莽，〔一〕大司空士王丹發覺以聞。莽遣三公大夫逮治黨與，〔二〕連及郡國豪傑數千人，皆誅死。封丹爲輔國侯。

〔一〕師古曰：「馬適，姓也。求，名也。」
〔二〕師古曰：「逮，逮捕之也。已解於上。」

自莽爲不順時令，百姓怨恨，莽猶安之，又下書曰：「惟設此壹切之法以來，常安六鄉巨邑之都，枹鼓稀鳴，盜賊衰少，〔一〕百姓安土，歲以有年，此乃立權之力也。今胡虜未滅誅，蠻僰未絕焚，江湖海澤麻沸，盜賊未盡破殄，〔二〕又興奉宗廟社稷之大作，民衆動搖。今復壹切行此令，盡二年止之，以全元元，救愚姦。」

〔一〕師古曰：「亘，大也。枹，所以擊鼓者也，音孚，其字從木。」
〔二〕師古曰：「麻沸，言如亂麻而沸涌。」

是歲，罷大小錢，更行貨布，長二寸五分，廣一寸，直貨錢二十五。貨錢徑一寸，重五

銖，枚直一。兩品並行。敢盜鑄錢及偏行布貨，伍人知不發舉，皆沒入爲官奴婢。〔一〕

〔一〕師古曰：「伍人，同伍之人，若今伍保者也。」

太傅平晏死，以予虞唐尊爲太傅。尊曰：「國虛民貧，咎在奢泰。」乃身短衣小褎，乘牝馬柴車，〔一〕藉槁，瓦器，〔二〕又以歷遺公卿。〔三〕出見男女不異路者，尊自下車，以象刑赭幡汙染其衣。〔四〕莽聞而說之，〔五〕下詔申敕公卿思與厥齊。〔六〕封尊爲平化侯。

〔一〕師古曰：「柴車即棧車。」
〔二〕師古曰：「藉槀，去蒲蒻也。瓦器，以瓦爲食器。」
〔三〕師古曰：「以瓦器盛食，遺公卿也。」
〔四〕師古曰：「赭幡，以赭汁漬巾幡。」
〔五〕師古曰：「說讀曰悅。」
〔六〕師古曰：「令與尊同此操行也。論語稱孔子曰『見賢思齊』，故莽云然。」

是時，南郡張霸、江夏羊牧、王匡等起雲杜綠林，號曰下江兵，〔一〕衆皆萬餘人。武功中水鄉民三舍墊爲池。〔二〕

〔一〕晉灼曰：「本起江夏雲杜縣，後分西上，入南郡，屯藍田，故號下江兵也。」
〔二〕師古曰：「墊，陷也，音丁念反。」

二年正月，以州牧位三公，刺舉怠解，〔一〕更置牧監副，秩元士，冠法冠，行事如漢刺史。

〔一〕師古曰：「解讀曰懈。」

是月，莽妻死，諡曰孝睦皇后，葬渭陵長壽園西，令永侍文母，名陵曰億年。初，莽妻以莽數殺其子，涕泣失明，莽令太子臨居中養焉。莽妻旁侍者原碧，莽幸之。後臨亦通焉，恐事泄，謀共殺莽。臨妻愔，國師公女，〔一〕能爲星，語臨宮中且有白衣會。臨喜，以爲所謀且成。後貶爲統義陽王，出在外第，愈憂恐。會莽妻病困，臨予書曰：「上於子孫至嚴，前長孫、中孫年俱三十而死。〔二〕今臣臨復適三十，誠恐一旦不保中室，則不知死命所在！」〔三〕莽候妻疾，見其書，大怒，疑臨有惡意，不令得會喪。既葬，收原碧等考問，具服姦、謀殺狀。莽欲祕之，使殺案事使者司命從事，埋獄中，家不知所在。賜臨藥，臨不肯飲，自刺死。使侍中票騎將軍同說侯林賜魂衣璽韍，〔四〕策書曰：「符命文立臨爲統義陽王，此言新室即位三萬六千歲後，爲臨之後者乃當龍陽而起。前過聽議者，以臨爲太子，有烈風之變，輒順符命，立爲統義陽王。在此之前，自此之後，不作信順，弗蒙厥佑，夭年隕命，嗚呼哀哉！迹行賜諡，諡曰繆王。」又詔國師公：「臨本不知星，事從愔起。」愔亦自殺。

〔一〕師古曰：「愔音一尋反。」

〔二〕師古曰：「中讀曰仲。」
〔三〕李奇曰：「中室，臨之母也。」晉灼曰：「長樂宮中殿也。」師古曰：「二說皆非也。中室，室中也。臨自言欲於室中自保全，不可得耳。」
〔四〕師古曰：「說讀曰悅。」

是月，新遷王安病死。初，莽爲侯就國時，幸侍者增秩、懷能、開明。懷能生男興，增秩生男匡、女曄，開明生女捷，皆留新都國，以其不明故也。〔一〕及安疾甚，莽自病無子，爲安作奏，使上言：「興等母雖微賤，屬猶皇子，不可以棄。」章視羣公，〔二〕皆曰：「安友于兄弟，〔三〕宜及春夏加封爵。」於是以王車遣使者迎興等，封興爲功脩公，匡爲功建公，曄爲睦脩任，捷爲睦逮任。孫公明公壽病死，旬月四喪焉。莽壞漢孝武、孝昭廟，分葬子孫其中。

〔一〕師古曰：「言侍者或與外人私通所生子女，不可分明也。」
〔二〕師古曰：「視讀曰示。以所上之章偏示之。」
〔三〕師古曰：「友，愛也。善兄弟曰友。」

魏成大尹李焉與卜者王況謀，況謂焉曰：「新室即位以來，民田奴婢不得賣買，數改錢貨，徵發煩數，軍旅騷動，四夷並侵，百姓怨恨，盜賊並起，漢家當復興。君姓李，李音徵，徵火也，〔一〕當爲漢輔。」因爲焉作讖書，言「文帝發忿，居地下趣軍，北告匈奴，南告越人。〔二〕江中劉信，執敵報怨，復續古先，四年當發軍。江湖有盜，自稱樊王，姓爲劉氏，萬人成

行，〔三〕不受赦令，欲動秦、雒陽。十一年當相攻，太白揚光，歲星入東井，其號當行。」〔四〕又言莽大臣吉凶，各有日期。會合十餘萬言。焉令吏寫其書，吏亡告之。莽遣使者卽捕焉，獄治皆死。

〔一〕師古曰：「徵音竹里反。」
〔二〕師古曰：「趣讀曰促。」
〔三〕師古曰：「行音胡郎反。」
〔四〕師古曰：「號謂號令也。」

三輔盜賊麻起，〔一〕乃置捕盜都尉官，令執法謁者追擊長安中，建鳴鼓攻賊幡，而使者隨其後。遣太師犧仲景尙、更始將軍護軍王黨將兵擊靑、徐，國師和仲曹放助郭興擊句町。轉天下穀幣詣西河、五原、朔方、漁陽，每一郡以百萬數，欲以擊匈奴。

〔一〕師古曰：「言起者如亂麻也。」

秋，隕霜殺菽，關東大饑，蝗。

民犯鑄錢，伍人相坐，沒入爲官奴婢。其男子檻車，兒女子步，以鐵鎖琅當其頸，傳詣鍾官，以十萬數。〔一〕到者易其夫婦，〔二〕愁苦死者什六七。孫喜、景尙、曹放等擊賊不能克，軍師放縱，百姓重困。〔三〕

〔一〕師古曰：「琅當，長鎖也。鍾官，主鑄錢之官也。」
〔二〕師古曰：「改相配匹，不依其舊也。」
〔三〕師古曰：「重音直用反。」

莽以王況讖言荆楚當興，李氏爲輔，欲厭之，〔一〕乃拜侍中掌牧大夫李棽爲大將軍、揚州牧，賜名聖，〔二〕使將兵奮擊。

〔一〕師古曰：「厭音一葉反。」
〔二〕師古曰：「改其舊名，以聖代讖。棽音所林反。」

上谷儲夏自請願說瓜田儀，〔一〕莽以爲中郎，使出儀。〔二〕儀文降，未出而死。〔三〕莽求其尸葬之，爲起冢、祠室，謚曰瓜寧殤男，幾以招來其餘，〔四〕然無肯降者。

〔一〕服虔曰：「儲夏，人姓也。」
〔二〕師古曰：「說之令自出。」
〔三〕師古曰：「上文書言降，而身未出。」
〔四〕師古曰：「幾讀曰冀。」

閏月丙辰，大赦天下，天下大服民私服在詔書前亦釋除。〔一〕

〔一〕張晏曰：「莽妻本以此歲死，天下大服也。私服，自喪其親。皆除之。」

郎陽成脩獻符命，言繼立民母，又曰：「黃帝以百二十女致神僊。」莽於是遣中散大夫、謁者各四十五人分行天下，〔一〕博采鄉里所高有淑女者上名。

〔一〕師古曰：「行音下更反。」

莽夢長樂宮銅人五枚起立，莽惡之，念銅人銘有「皇帝初兼天下」之文，卽使尙方工鐫滅所夢銅人膺文。〔一〕又感漢高廟神靈，〔二〕遣虎賁武士入高廟，拔劍四面提擊，〔三〕斧壞戶牖，〔四〕桃湯赭鞭鞭灑屋壁，〔五〕令輕車校尉居其中，又令中軍北壘居高寢。〔六〕

〔一〕師古曰：「鐫，鑿也，音子全反。」
〔二〕師古曰：「謂夢見譴責。」
〔三〕師古曰：「提，擲也，音徒計反。」
〔四〕師古曰：「以斧斫壞之。」
〔五〕師古曰：「桃湯灑之，赭鞭鞭之也。赭，赤也。」
〔六〕師古曰：「徙北軍壘之兵士於高廟寢中屯居也。」

或言黃帝時建華蓋以登僊，莽乃造華蓋九重，高八丈一尺，金瑵羽葆，〔一〕載以祕機四輪車，〔二〕駕六馬，力士三百人黃衣幘，車上人擊鼓，輓者皆呼「登僊」。莽出，令在前。百官竊言「此似輭車，非僊物也。」〔三〕

〔一〕師古曰：「瑵讀曰爪。謂蓋弓頭爲爪形。」
〔二〕服虔曰：「蓋高八丈，其杠皆有屈膝，可上下屈申也。」師古曰：「言潛爲機關，不使外見，故曰祕機也。」

〔三〕師古曰：「輭車，載喪車，音而。」

是歲，南郡秦豐衆且萬人。平原女子遲昭平能說（經博）〔博經〕以八投，〔一〕亦聚數千人在河阻中。莽召問羣臣禽賊方略，皆曰：「此天囚行尸，命在漏刻。」故左將軍公孫祿徵來與議，〔二〕祿曰：「太史令宗宣典星曆，候氣變，以凶爲吉，亂天文，誤朝廷。太傅平化侯飾虛僞以媮名位，『賊夫人之子』。〔三〕國師嘉信公顚倒五經，毀師法，令學士疑惑。明學男張邯、地理侯孫陽造井田，使民棄土業。犧和魯匡設六筦，以窮工商。說符侯崔發阿諛取容，令下情不上通。宜誅此數子以慰天下！」又言：「匈奴不可攻，當與和親。臣恐新室憂不在匈奴，而在封域之中也。」莽怒，使虎賁扶祿出。然頗采其言，左遷魯匡爲五原卒正，以百姓怨非故。六筦非匡所獨造，莽厭衆意而出之。〔四〕

〔一〕服虔曰：「博奕經，以八箭投之。」
〔二〕師古曰：「與讀曰豫。」
〔三〕師古曰：「論語稱子路使子羔爲費宰，孔子曰『賊夫人之子』，言羔未知政道，而使宰邑，所以爲賊害也。故祿引此而言。」
〔四〕師古曰：「厭，滿也，音一豔反。」

初，四方皆以飢寒窮愁起爲盜賊，稍稍羣聚，常思歲熟得歸鄉里。衆雖萬數，亶稱巨

四方盜賊往往數萬人攻城邑，殺二千石以下。太師王匡等戰數不利。莽知天下潰畔，事窮計迫，乃議遣風俗大夫司國憲等分行天下，〔一〕除井田奴婢山澤六筦之禁，卽位以來詔令不便於民者皆收還之。待見未發，會世祖與兄齊武王伯升、宛人李通等〔二〕帥舂陵子弟數千人，招致新市平林朱鮪、陳牧等合攻拔棘陽。是時嚴尤、陳茂破下江兵，成丹、王常等數千人別走，入南陽界。

〔一〕師古曰：「行音下更反。」

〔二〕師古曰：「世祖謂光武皇帝。」

十一月，有星孛于張，東南行，五日不見。莽數召問太史令宗宣，諸術數家皆繆對，言天文安善，羣賊且滅。莽差以自安。

四年正月，漢兵得下江王常等以爲助兵，擊前隊大夫甄阜、屬正梁丘賜，皆斬之，殺其衆數萬人。初，京師聞青、徐賊衆數十萬人，訖無文號旌旗表識，〔一〕咸怪異之。好事者竊言：「此豈如古三皇無文書號諡邪？」〔二〕莽亦心怪，以問羣臣，羣臣莫對。唯嚴尤曰：「此不足怪也。自黃帝、湯、武行師，必待部曲旌旗號令，今此無有者，直飢寒羣盜，犬羊相聚，不知爲之耳。」莽大說，〔三〕羣臣盡服。及後漢兵劉伯升起，皆稱將軍，攻城略地，旣殺甄阜，移書稱說。莽聞之憂懼。

〔一〕師古曰：「文謂文章；號謂大位號也。一曰，號謂號令也。識讀與幟同，音（忒）〔式〕志反。」

〔二〕師古曰：「欲其事成，故云然也。」

〔三〕師古曰：「說讀曰悅。」

漢兵乘勝遂圍宛城。初，世祖族兄聖公先在平林兵中。三月辛巳朔，平林、新市、下江兵將王常、朱鮪等共立聖公爲帝，改年爲更始元年，拜置百官。莽聞之愈恐。欲外視自安，〔一〕乃染其須髮，進所徵天下淑女杜陵史氏女爲皇后，聘黃金三萬斤，車馬奴婢雜帛珍寶以巨萬計。莽親迎於前殿兩階閒，成同牢之禮于上西堂。備和嬪、美御、和人三，位視公；嬪人九，視卿；美人二十七，視大夫；御人八十一，視元士：凡百二十人，皆佩印韍，執弓韣。〔二〕封皇后父諶爲和平侯，拜爲寧始將軍，諶子二人皆侍中。是日，大風發屋折木。羣臣上壽曰：「乃庚子雨水灑道，辛丑清靚無塵，〔三〕其夕穀風迅疾，從東北來。〔四〕辛丑，巽之宮日也。巽爲風爲順，后誼明，母道得，溫和慈惠之化也。易曰：『受茲介福，于其王母。』〔五〕禮曰：『承天之慶，萬福無疆。』〔六〕諸欲依廢漢火劉，皆沃灌雪除，殄滅無餘雜矣。百穀豐茂，庶草蕃殖，〔七〕元元驩喜，兆民賴福，天下幸甚！」莽日與方士涿郡昭君等於後宮考驗方術，縱淫樂焉。大赦天下，然猶曰：「故漢氏舂陵侯羣子劉伯升與其族人婚姻黨與，妄流言惑衆，悖畔天命，及手害更始將軍廉丹、前隊大夫甄阜、屬正梁丘賜，及北狄胡虜逆輿（洎）〔泊〕南僰虜若豆、孟遷，不用此書。〔八〕有能捕得此人者，皆封爲上公，食邑萬戶，賜寶貨五千萬。」

〔一〕師古曰：「視讀曰示。」

〔二〕師古曰：「禮記月令『仲春之月玄鳥至之日，以太牢祠于高禖，天子親往，后妃率九嬪御，乃禮天子所御。帶以弓韣，授以弓矢，于高禖之前』。韣，弓衣也。帶之者，求男子之祥也，故莽依放之焉。韣音獨。」

〔三〕師古曰：「靚即靜字也。」

〔四〕師古曰：「穀風即谷風。」

〔五〕師古曰：「晉卦六二爻也。介，大也。王母，君母。」

〔六〕師古曰：「禮之祝詞。」

〔七〕師古曰：「蕃，滋也。殖，生也。」

〔八〕師古曰：「輿，匈奴單于名也。泊，及也。若豆、孟遷，蠻僰之名也。言伯升已下，孟遷以上，不在赦令之限也。」

又詔：「太師王匡、國將哀章、司命孔仁、兗州牧壽良、卒正王閎、揚州牧李聖亟進所部州郡兵〔一〕凡三十萬衆，迫措青、徐盜賊。〔二〕納言將軍嚴尤、秩宗將軍陳茂、車騎將軍王巡、左隊大夫王吳亟進所部州郡兵凡十萬衆，迫措前隊醜虜。明告以生活丹青之信，〔三〕復迷惑不解散，皆幷力合擊，殄滅之矣！大司空隆新公，宗室戚屬，前以虎牙將軍東指則反虜破壞，西擊則逆賊靡碎，〔四〕此乃新室威寶之臣也。如黠賊不解散，將遣大司空將百萬之師征伐剿絕之矣！」〔五〕遣七公幹士隗囂等七十二人分下赦令曉諭云。囂等旣出，因逃亡矣。

〔一〕師古曰：「亟，急也。」

〔二〕師古曰：「措讀與笮同，音莊客反。下亦放此。」

〔三〕師古曰：「生活，謂來降者不殺之也。丹青之信，言明著也。」

〔四〕師古曰：「靡，散也，音武皮反。」

〔五〕師古曰：「剿，截也，音（予）〔子〕小反。」

四月，世祖與王常等別攻潁川，下昆陽、郾、定陵。〔一〕莽聞之愈恐，遣大司空王邑馳傳之雒陽，〔二〕與司徒王尋發衆郡兵百萬，號曰「虎牙五威兵」，平定山東。得顓封爵，政決於邑，除用徵諸明兵法六十三家術者，各持圖書，受器械，備軍吏。傾府庫以遣邑，多齎珍寶猛獸，欲視饒富，用怖山東。〔三〕邑至雒陽，州郡各選精兵，牧守自將，定會者四十二萬人，餘在道不絕，車甲士馬之盛，自古出師未嘗有也。

〔一〕師古曰：「三縣之名也。郾音一扇反。」

〔二〕師古曰：「傳音張戀反。」

〔三〕師古曰：「視讀曰示。」

六月，邑與司徒尋發雒陽，欲至宛，道出潁川，過昆陽。昆陽時已降漢，漢兵守之。嚴尤、陳茂與二公會，二公縱兵圍昆陽。嚴尤曰：「稱尊號者在宛下，宜亟進。〔一〕彼破，諸城自定矣。」邑曰：「百萬之師，所過當滅，今屠此城，喋血而進，〔二〕前歌後舞，顧不快邪！」遂圍城數十重。城中請降，不許。嚴尤又曰：「『歸師勿遏，圍城爲之闕』，〔三〕可如兵法，使得逸出，以怖宛下。」邑又不聽。會世祖悉發郾、定陵兵數千人來救昆陽，尋、邑易之，〔四〕自將萬餘人行陳，〔五〕敕諸營皆按部毋得動，獨迎，與漢兵戰，不利。大軍不敢擅相救，漢兵乘勝殺尋。昆陽中兵出並戰，邑走，軍亂。（天）〔大〕風蜚瓦，〔六〕雨如注水，大衆崩壞號譁，〔七〕虎豹股栗，〔八〕士卒奔走，各還歸其郡。邑獨與所將長安勇敢數千人還雒陽。關中聞之震恐，盜賊並起。

〔一〕師古曰：「亟，急也。」
〔二〕師古曰：「喋音牒。」
〔三〕師古曰：「此兵法之言也。遏，遮也。闕，不合也。」
〔四〕師古曰：「輕易之也。易音亦豉反。」
〔五〕師古曰：「巡行軍陳也。行音下更反。」
〔六〕師古曰：「蜚，古飛字。」
〔七〕師古曰：「譁音火故反。」

〔八〕師古曰：「言戰懼甚。」

又聞漢兵言，莽鴆殺孝平帝。莽乃會公卿以下於王路堂，開所爲平帝請命金縢之策，泣以視羣臣。〔一〕命明學男張邯稱說其德及符命事，因曰：「易言『伏戎于莽，升其高陵，三歲不興』。〔二〕『莽』，皇帝之名。『升』謂劉伯升。『高陵』謂高陵侯子翟義也。言劉升、翟義爲伏戎之兵於新皇帝世，猶殄滅不興也。」羣臣皆稱萬歲。又令東方檻車傳送數人，言「劉伯升等皆行大戮」。（臣）〔民〕知其詐也。

〔一〕師古曰：「視讀曰示。」
〔二〕師古曰：「同人卦九三爻辭也。莽，平草也。言伏兵戎於草莽之中，升高陵而望，不敢前進，至于三歲不能起也。」

先是，衞將軍王涉素養道士西門君惠。君惠好天文讖記，爲涉言：「星孛掃宮室，劉氏當復興，國師公姓名是也。」涉信其言，以語大司馬董忠，數俱至國師殿中廬道語星宿，〔一〕國師不應。後涉特往，對歆涕泣言：「誠欲與公共安宗族，〔二〕奈何不信涉也！」歆因爲言天文人事，東方必成。涉曰：「新都哀侯小被病，功顯君素耆酒，〔三〕疑帝本非我家子也。〔四〕董公主中軍精兵，涉領宮衞，伊休侯主殿中，如同心合謀，共劫持帝，東降南陽天子，可以全宗族；不者，俱夷滅矣！」伊休侯者，歆長子也，爲侍中五官中郎將，莽素愛之。歆怨莽殺其三子，又畏大禍至，遂與涉、忠謀，欲發。歆曰：「當待太白星出，乃可。」忠以司中大贅起武侯孫伋亦主兵，復與伋謀。伋歸家，顏色變，不能食。妻怪問之，語其狀。妻以告弟雲陽陳邯，邯欲告之。七月，伋與邯俱告，莽遣使者分召忠等。時忠方講兵都肄，〔五〕護軍王咸謂忠謀久不發，恐漏泄，不如遂斬使者，勒兵入。忠不聽，遂與歆、涉會省戶下。莽令[illegible]惲責問，皆服。中黃門各拔刃將忠等送廬，忠拔劍欲自刎，侍中王望傳言大司馬反，黃門持劍共格殺之。省中相驚傳，勒兵至郎署，皆拔刃張弩。更始將軍史諶行諸署，〔六〕告郎吏曰：「大司馬有狂病，發，已誅。」皆令弛兵。〔七〕莽欲以厭凶，〔八〕使虎賁以斬馬劍挫忠，〔九〕盛以竹器，傳曰「反虜出」。下書赦大司馬官屬吏士爲忠所詿誤，謀反未發覺者。收忠宗族，以醇醯毒藥、尺白刃叢（棘）〔棘〕并一坎而埋之。劉歆、王涉皆自殺。莽以二人骨肉舊臣，惡其內潰，〔一〇〕故隱其誅。伊休侯疊又以素謹，歆訖不告，〔一一〕但免侍中中郎將，更爲中散大夫。後日殿中鉤盾土山僊人掌旁有白頭公青衣，〔一二〕郎吏見者私謂之國師公。衍功侯喜素善卦，莽使筮之，曰：「憂兵火。」莽曰：「小兒安得此左道？是乃予之皇祖叔父子僑欲來迎我也。」

〔一〕師古曰：「廬者，宿止之處。道謂說之也。」
〔二〕師古曰：「誠，實也。」
〔三〕師古曰：「耆讀曰嗜。」
〔四〕如淳曰：「言莽母洛薄嗜酒，淫逸得莽耳，非王氏子也。設此詐欲以自別不受誅。」

〔五〕師古曰：「肄，習也，大習兵也。肄音亦二反。」
〔六〕師古曰：「行音下更反。」
〔七〕師古曰：「弛，放也。」
〔八〕師古曰：「厭，當也，音一葉反。」
〔九〕師古曰：「挫讀曰剉，音千臥反。」
〔一〇〕師古曰：「王涉，骨肉也。劉歆，舊臣。」
〔一一〕師古曰：「訖猶竟也。歆竟不以所謀告之。」
〔一二〕鄭氏曰：「僊人以掌承（露）承（盛）〔露盤〕也。」

莽軍師外破，大臣內畔，左右亡所信，不能復遠念郡國，欲謼邑與計議。〔一〕崔發曰：「邑素小心，今失大衆而徵，恐其執節引決，宜有以大慰其意。」於是莽遣發馳傳諭邑：〔二〕「我年老毋適子，〔三〕欲傳邑以天下。敕亡得謝，見勿復道。」邑到，以爲大司馬。大長秋張邯爲大司徒，崔發爲大司空，司中壽容苗訢爲國師，同說侯林爲衞將軍。莽憂懣不能食，〔四〕亶飲酒，啗鰒魚。〔五〕讀軍書倦，因馮几寐，不復就枕矣。〔六〕性好時日小數，及事迫急，亶爲厭勝。遣使壞渭陵、延陵園門罘罳，曰：「毋使民復思也。」又以墨洿色其周垣。〔七〕號將至曰「歲宿」，申水爲「助將軍」，右庚「刻木校尉」，前丙「耀金都尉」，又曰：「執大斧，伐枯木；流大水，滅發火。」如此屬不可勝記。

〔一〕師古曰：「謼音呼。」
〔二〕師古曰：「詔諭告之。傳音張戀反。」
〔三〕師古曰：「適讀曰嫡。」
〔四〕師古曰：「懣音滿，又音悶。」
〔五〕師古曰：「亶音但。下亦類此。鰒，海魚也，音雹。」
〔六〕師古曰：「馮讀曰憑。」
〔七〕師古曰：「洿染之變其舊色也。洿音一故反。」

秋，太白星流入太微，燭地如月光。

成紀隗崔兄弟共劫大尹李育，〔一〕以兄子隗囂爲大將軍，攻殺雍州牧陳慶、安定卒正王旬，并其衆，移書郡縣，數莽罪惡萬於桀紂。

〔一〕師古曰：「成紀，隴西之縣。」

是月，析人鄧曄、于匡起兵南鄉百餘人。〔一〕時析宰將兵數千屯鄡亭，備武關。〔二〕曄、匡謂宰曰：「劉帝已立，君何不知命也！」宰請降，盡得其衆。曄自稱輔漢左將軍，匡右將軍，拔析、丹水，攻武關，都尉朱萌降。進攻右隊大夫宋綱，殺之，西拔湖。〔三〕莽愈憂，不知所出。崔發言：「周禮及春秋左氏，國有大災，則哭以厭之。〔四〕故易稱『先號咷而後笑』。〔五〕宜呼嗟告天以求救。」莽自知敗，乃率羣臣至南郊，陳其符命本末，仰天曰：「皇天既命授臣

莽，何不殄滅衆賊？即令臣莽非是，願下雷霆誅臣莽！」因搏心大哭，氣盡，伏而叩頭。又作告天策，自陳功勞千餘言。諸生小民會旦夕哭，爲設飧粥，〔六〕甚悲哀及能誦策文者除以爲郎，至五千餘人。⿺走豐惲將領之。

〔一〕師古曰：「析，南陽之縣。南鄉，析縣之鄉名。析音先歷反。」
〔二〕師古曰：「鄡音口堯反。」
〔三〕師古曰：「湖，弘農之縣也，本屬京兆。」
〔四〕師古曰：「周禮春官之屬女巫氏之職曰：『凡邦之大災，歌哭而請。』哭者所以告哀也。春秋左氏傳宣十二年『楚子圍鄭，旬有七日，鄭人卜行成，不吉；卜臨于太宮，且巷出車，吉。國人大臨，守陴者皆哭。』故發引之以爲言也。厭音一葉反。」
〔五〕師古曰：「同人九五爻辭。號咷，哭也。咷音逃。」
〔六〕師古曰：「飧，古飡字，音千安反。」

莽拜將軍九人，皆以虎爲號，號曰「九虎」，將北軍精兵數萬人東，內其妻子宮中以爲質。時省中黃金萬斤者爲一匱，尚有六十匱，黃門、鉤盾、臧府、中尚方處處各有數匱。長樂御府、中御府及都內、平準帑藏錢帛珠玉財物甚衆，〔一〕莽愈愛之，賜九虎士人四千錢。衆重怨，無鬬意。〔二〕九虎至華陰回谿，距隘，北從河南至山。于匡持數千弩，乘堆挑戰。鄧曄將二萬餘人從閿鄉南出棗街、作姑，〔三〕破其一部，北出九虎後擊之。六虎敗走。史熊、王況皆鬬死，莽使使責死者安在，皆自殺；其四虎亡。〔四〕三虎郭欽、陳翬、成重收散卒，保京師倉。〔五〕

〔一〕師古曰：「御府有令丞，少府之屬官也，掌珍物。中御府者，皇后之府藏也。平準令丞屬大司農，亦珍貨所在也。」
〔二〕師古曰：「重音直用反。」
〔三〕師古曰：「閿讀與聞同。作姑，邪道所由也。」
〔四〕師古曰：「六人敗走，二人皆鬬自殺，四人亡。」
〔五〕師古曰：「九人之中，六人敗走，三人保倉也。京師倉在華陰灌北渭口也。翬音暉。」

鄧曄開武關迎漢，丞相司直李松將二千餘人至湖，與曄等共攻京師倉，未下。曄以弘農掾王憲爲校尉，將數百人北度渭，入左馮翊界，降城略地。李松遣偏將軍韓臣等徑西至新豐，與莽波水將軍戰，波水走。韓臣等追奔，遂至長門宮。王憲北至頻陽，所過迎降。〔一〕大姓櫟陽申碭、下邽王大皆率衆隨憲。屬縣斄嚴春、〔二〕茂陵董喜、藍田王孟、槐里汝臣、盩厔王扶、陽陵嚴本、杜陵屠門少之屬，〔三〕衆皆數千人，假號稱漢將。

〔一〕師古曰：「所至之處，人皆來迎而降附也。」
〔二〕師古曰：「屬縣，三輔諸縣也。斄屬右扶風。斄讀與邰同。其人姓嚴，名春。」
〔三〕師古曰：「姓屠門，名少。」

時李松、鄧曄以爲京師小小倉尚未可下，何況長安城，當須更始帝大兵到。即引軍至

華陰，治攻具。而長安旁兵四會城下，聞天水隗氏兵方到，皆爭欲先入城，貪立大功鹵掠之利。

莽遣使者分赦城中諸獄囚徒，皆授兵，殺豨飲其血，與誓曰：「有不爲新室者，社鬼記之！」更始將軍史諶將度渭橋，皆散走。諶空還。衆兵發掘莽妻子父祖冢，燒其棺椁及九廟、明堂、辟雍，火照城中。或謂莽曰：「城門卒，東方人，不可信。」莽更發越騎士爲衞，門置六百人，各一校尉。

十月戊申朔，兵從宣平城門入，民間所謂都門也。〔一〕張邯行城門，逢兵見殺。〔二〕王邑、王林、王巡、⿺走豐惲等分將兵距擊北闕下。漢兵貪莽封力戰者七百餘人。〔三〕會日暮，官府邸第盡犇亡。二日己酉，城中少年朱弟、張魚等恐見鹵掠，趨讙並和，〔四〕燒作室門，斧敬法闥，〔五〕謼曰：「反虜王莽，何不出降？」〔六〕火及掖廷承明，黃皇室主所居也。莽避火宣室前殿，火輒隨之。宮人婦女謕諕曰：「當奈何！」時莽紺袀服，〔七〕帶璽韍，持虞帝匕首。天文郎桉栻於前，〔八〕日時加某，莽旋席隨斗柄而坐，曰：「天生德於予，漢兵其如予何！」〔九〕莽時不食，少氣困矣。

〔一〕師古曰：「長安城東出北頭第一門。」
〔二〕師古曰：「行音下更反。」

〔三〕師古曰：「獲莽當得封，故貪之而力戰。」
〔四〕師古曰：「衆羣行讙而自相和也。和音呼臥反。」
〔五〕師古曰：「敬法，殿名也。闥，小門也。謂斧斫之也。」
〔六〕師古曰：「譁音火故反。其下亦同。」
〔七〕師古曰：「䚙，古啼字也。紺，深青而揚赤色也。袀，純也。純爲紺服也。袀音均，又弋旬反。」
〔八〕師古曰：「栻，所以占時日。天文郎，今之用栻者也。音式。」
〔九〕師古曰：「論語稱孔子曰：『天生德於予，桓魋其如予何？』故莽引之以爲言也。」

三日庚戌，晨旦明，羣臣扶掖莽，自前殿南下椒除，〔一〕西出白虎門，和新公王揖奉車待門外。莽就車，之漸臺，欲阻池水，猶抱持符命、威斗，公卿大夫、侍中、黃門郎從官尙千餘人隨之。王邑晝夜戰，罷極，〔二〕士死傷略盡，馳入宮，間關至漸臺，〔三〕見其子侍中睦解衣冠欲逃，邑叱之令還，父子共守莽。軍人入殿中，譁曰：「反虜王莽安在？」有美人出房曰：「在漸臺。」衆兵追之，圍數百重。臺上亦弓弩與相射，稍稍落去。矢盡，無以復射，短兵接。王邑父（平）〔子〕、䜣惲、王巡戰死，莽入室。下餔時，衆兵上臺，王揖、趙博、苗訢、唐尊、王盛、中常侍王參等皆死臺上。商人杜吳殺莽，取其綬。校尉東海公賓就，故大行治禮，〔四〕見吳問綬主所在。曰：「室中西北陬間。」〔五〕就識，斬莽首。軍人分裂莽身，支節肌骨臠分，爭相殺者

數十人。〔六〕公賓就持莽首詣王憲。憲自稱漢大將軍，城中兵數十萬皆屬焉，舍東宮，〔七〕妻莽後宮，乘其車服。

〔一〕服虔曰：「邪行閣道下者也。」師古曰：「除，殿陛之道也。椒，取芬香之名也。」
〔二〕師古曰：「罷讀曰疲。」
〔三〕師古曰：「間關猶言崎嶇展轉也。」
〔四〕師古曰：「公賓，姓也。就，名也。以先經治禮，故識天子綬也。」
〔五〕師古曰：「陬，隅也，音子侯反，又音鄒。」
〔六〕師古曰：「三輔舊事云，臠，切千段也。」
〔七〕師古曰：「舍，止宿也。」

六日癸丑，李松、鄧曄入長安，將軍趙萌、申屠建亦至，以王憲得璽綬不輒上，多挾宮女，建天子鼓旗，收斬之。傳莽首詣更始，縣宛市，百姓共提擊之，〔一〕或切食其舌。

〔一〕師古曰：「提，擲也，音徒計反。」

莽揚州牧李聖、司命孔仁兵敗山東，聖格死，仁將其衆降，已而歎曰：「吾聞食人食者死其事。」拔劍自刺死。及曹部監杜普、陳定大尹沈意、九江連率賈萌皆守郡不降，爲漢兵所誅。賞都大尹王欽及郭欽守京師倉，聞莽死，乃降，更始義之，皆封爲侯。太師王匡、國將哀章降雒陽，傳詣宛，斬之。嚴尤、陳茂敗昆陽下，走至沛郡譙，自稱漢將，召會吏民。尤爲稱說王莽篡位天時所亡聖漢復興狀，茂伏而涕泣。聞故漢鍾武侯劉聖聚衆汝南稱尊號，尤、茂降之。以尤爲大司馬，茂爲丞相。十餘日敗，尤、茂并死。郡縣皆舉城降，天下悉歸漢。

初，申屠建嘗事崔發爲詩，〔一〕建至，發降之。後復稱說，〔二〕建令丞相劉賜斬發以徇。史諶、王延、王林、王吳、趙閎亦降，復見殺。初，諸假號兵人人望封侯。申屠建既斬王憲，又揚言三輔黠共殺其主。吏民惶恐，屬縣屯聚，建等不能下，馳白更始。

〔一〕師古曰：「就發學詩。」
〔二〕師古曰：「妄言符命，不順漢。」

二年二月，更始到長安，下詔大赦，非王莽子，他皆除其罪，故王氏宗族得全。三輔悉平，更始都長安，居長樂宮。府藏完具，獨未央宮燒攻莽三日，死則案堵復故。更始至，歲餘政敎不行。明年夏，赤眉樊崇等衆數十萬人入關，立劉盆子，稱尊號，攻更始，更始降之。赤眉遂燒長安宮室市里，害更始。民飢餓相食，死者數十萬，長安爲虛，〔一〕城中無人行。宗廟園陵皆發掘，唯霸陵、杜陵完。六月，世祖即位，然後宗廟社稷復立，天下艾安。〔二〕

〔一〕師古曰：「虛讀曰墟。」
〔二〕師古曰：「艾讀曰乂。」

贊曰：王莽始起外戚，折節力行，以要名譽，宗族稱孝，師友歸仁。及其居位輔政，成、哀之際，勤勞國家，直道而行，動見稱述。豈所謂「在家必聞，在國必聞」，「色取仁而行違」者邪？〔一〕莽既不仁而有佞邪之材，又乘四父歷世之權，遭漢中微，國統三絕，而太后壽考爲之宗主，故得肆其姦慝，以成篡盜之禍。〔二〕推是言之，亦天時，非人力之致矣。及其竊位南面，處非所據，顚覆之勢險於桀紂，而莽晏然自以黃、虞復出也。乃始恣睢，奮其威詐，〔三〕滔天虐民，窮凶極惡，〔四〕毒流諸夏，亂延蠻貉，猶未足逞其欲焉。是以四海之內，囂然喪其樂生之心，〔五〕中外憤怨，遠近俱發，城池不守，支體分裂，遂令天下城邑爲虛，〔六〕丘壠發掘，害徧生民，辜及朽骨，自書傳所載亂臣賊子無道之人，考其禍敗，未有如莽之甚者也。昔秦燔詩書以立私議，莽誦六藝以文姦言，〔七〕同歸殊塗，俱用滅亡，皆炕龍絕氣，非命之運，〔八〕紫色蠅聲，餘分閏位，〔九〕聖王之驅除云爾！〔一〇〕

〔一〕師古曰：「論語載孔子對子張之言也。不仁之人假仁者之色，而所行則違之。朋黨比周，故能在家在國皆有名譽。故贊引之。」
〔二〕師古曰：「肆，放也，極也。」
〔三〕師古曰：「睢音呼季反。」

〔四〕師古曰：「滔，漫也。」
〔五〕師古曰：「囂然，衆口愁貌也。音五高反。」
〔六〕師古曰：「虛讀曰墟。」
〔七〕師古曰：「以六經之事文飾姦言。」
〔八〕服虔曰：「易曰『亢龍有悔』，謂無德而居高位也。」蘇林曰：「非命，非天命之命也。」
〔九〕應劭曰：「紫，閒色；鼃，邪音也。」服虔曰：「言莽不得正王之命，如歲月之餘分爲閏也。」師古曰：「鼃者，樂之淫聲，非正曲也。近之學者，便謂鼃之鳴，已失其義。又欲改此贊鼃聲爲蠅聲，引詩『匪雞則鳴，蒼蠅之聲』，尤穿鑿矣。」
〔10〕蘇林曰：「聖王，光武也。爲光武驅除也。」師古曰：「言驅逐蠲除，以待聖人也。」

校勘記

四一五五頁一五行　莽遣昭君兄子和親侯王歙誘呼(嘗)〔當〕至塞下，　景祐、殿、局本都作「當」，此誤。
四一六一頁一三行　予將(新)〔親〕築焉。　景祐、殿本都作「親」。王先謙說作「親」是。
四一六三頁一〇行　波音(波)〔彼〕皮反。　景祐、殿本都作「彼」，此誤。
四一七〇頁二行　平原女子遲昭平能說(經博)〔博經〕以八投，　王念孫說，「經博」當爲「博經」，故服注云「博奕經，以八箭投之」。
四一八〇頁二行　識讀與幟同，音(志)〔式〕志反。　景祐、殿本都作「式」。

王莽傳第六十九下　四一九五

漢書卷九十九下　四一九六

四一八二頁二行　及北狄胡虜逆輿(洎)〔泊〕南夷虜若豆、孟遷，　景祐、殿、局本都作「泊」，此誤。
四一八二頁八行　剽，截也，音(予)〔子〕小反。　景祐、殿本都作「子」，此誤。
四一八三頁七行　(天)〔大〕風蜚瓦，　殿、局本都作「大」。王先謙說作「大」是。
四一八四頁六行　(臣)〔民〕知其詐也。　景祐、殿、局本都作「民」。王先謙說作「民」是。
四一八五頁八行　叢(棘)〔棘〕　景祐、殿、局本都作「棘」，此誤。
四一八六頁八行　僊人以掌承(露)承(盤)〔露盤〕也。　景祐、殿本都作「僊人以掌承承露盤」，此誤。
四一九一頁一三行　王邑父(平)〔子〕、　景祐、殿本都作「子」。王先謙說「平」字誤。

漢書卷一百上

敘傳第七十上

師古曰：「自敘漢書以後分爲下卷。」

班氏之先，與楚同姓，令尹子文之後也。子文初生，棄於瞢中，而虎乳之。〔一〕楚人謂乳「穀」，謂虎「於檡」，〔二〕故名穀於檡，字子文。楚人謂虎「班」，其子以爲號。〔三〕秦之滅楚，遷晉、代之閒，因氏焉。〔四〕

〔一〕師古曰：「瞢，雲瞢澤也。春秋左氏傳曰：『楚若敖娶於䢵，生鬭伯比。若敖卒，從其母畜於䢵，淫於䢵子之女，生子文焉。䢵夫人使棄諸瞢中，獸乳之。䢵子田，見之，懼而歸，夫人以告，遂使收之。』瞢與夢同，並音莫鳳反，又音莫鳳反。」
〔二〕如淳曰：「穀音構。牛羊乳汁曰構。」師古曰：「穀讀如本字，又音乃苟反。於音烏。檡字或作菟，並音塗。」
〔三〕師古曰：「子文之子鬭班，亦爲楚令尹。」
〔四〕師古曰：「遂以班爲姓。」

始皇之末，班壹避墜於樓煩，〔一〕致馬牛羊數千羣。值漢初定，與民無禁，當孝惠、高后時，以財雄邊，〔二〕出入弋獵，旌旗鼓吹，年百餘歲，以壽終，故北方多以「壹」爲字者。〔三〕

敘傳第七十上　四一九七

漢書卷一百上　四一九八

〔一〕師古曰：「墜，古地字。樓煩，鴈門之縣。」
〔二〕師古曰：「國家不設衣服車旗之禁，故班氏以多財而爲邊地之雄豪。」
〔三〕師古曰：「馬邑人聶壹之類也。今流俗書本多改此傳壹字爲懿，非也。」

壹生孺。孺爲任俠，州郡歌之。孺生長，官至上谷守。長生回，以茂材爲長子令。〔一〕回生況，舉孝廉爲郎，積功勞，至上河農都尉，〔二〕大司農奏課連最，入爲左曹越騎校尉。成帝之初，女爲倢伃，致仕就第，貲累千金，徙昌陵。昌陵後罷，大臣名家皆占數于長安。〔三〕

〔一〕師古曰：「上黨之縣。長讀如本字。」
〔二〕師古曰：「上河，地名。農都尉者，典農事。」
〔三〕師古曰：「占，度也。自隱度家之(日)〔口〕數而著名籍也。占音之贍反。」

況生三子：伯、斿、穉。伯少受詩於師丹。大將軍王鳳薦伯宜勸學，召見宴昵殿，〔一〕容貌甚麗，誦說有法，拜爲中常侍。時上方鄉學，〔二〕鄭寬中、張禹朝夕入說尚書、論語於金華殿中，〔三〕詔伯受焉。既通大義，又講異同於許商，遷奉車都尉。數年，金華之業絕，出與王、許子弟爲羣，在於綺襦紈絝之閒，非其好也。〔四〕

〔一〕張晏曰：「親戚宴飲會同之殿。」
〔二〕師古曰：「鄉讀曰嚮。」

[四]師古曰：「金華殿在未央宮。」
[五]晉灼曰：「白綺之襦，冰紈之綺也。」師古曰：「紈，素也。綺，今細綾也。並貴戚子弟之服。」

家本北邊，志節忼慨，數求使匈奴。河平中，單于來朝，上使伯持節迎於塞下。會定襄大姓石、李羣輩報怨，殺追捕吏，[一]伯上狀，因自請願試守期月。[二]上遣侍中中郎將王舜馳傳代伯護單于，[三]并奉璽書印綬，即拜伯爲定襄太守。[四]定襄聞伯素貴，年少，自請治劇，畏其下車作威，吏民竦息。伯至，請問耆老父祖故人有舊恩者，[五]迎延滿堂，日爲供具，[六]執子孫禮。郡中益弛。[七]諸所賓禮皆名豪，懷恩醉酒，共諫伯宜頗攝錄盜賊，具言本謀亡匿處。伯曰：「是所望於父師矣。」[八]乃召屬縣長吏，選精進掾史，[九]分部收捕，[一〇]及它隱伏，旬日盡得。郡中震㮚，咸稱神明。[一一]歲餘，上徵伯。伯上書願過故郡上父祖冢。有詔，太守都尉以下會。[一二]因召宗族，各以親疏加恩施，散數百金。北州以爲榮，長老紀焉。[一三]道病中風，[一四]既至，以侍中光祿大夫養病，[一五]賞賜甚厚，數年未能起。

[一]師古曰：「報私怨而殺人，吏追捕之，又殺吏。」
[二]師古曰：「欲守定襄太守。期音基。」
[三]師古曰：「傳音張戀反。」
[四]師古曰：「即，就也，就其所居而拜。」
[五]師古曰：「請，召也。」

[六]師古曰：「酒食之具也。供音居用反。」
[七]師古曰：「弛，解也。見伯不用威刑，故自解縱。」
[八]師古曰：「齒爲諸父，尊之如師，故曰父師。」
[九]師古曰：「精明而進趨也。」
[一〇]師古曰：「分音扶問反。」
[一一]師古曰：「㮚，古栗字。」
[一二]師古曰：「同赴其所。」
[一三]師古曰：「紀，記也。」
[一四]師古曰：「中，傷也，爲風所傷。」
[一五]師古曰：「受其秩俸而在家自養也。」

會許皇后廢，班倢伃供養東宮，[一]進侍者李平爲倢伃，而趙飛燕爲皇后，伯遂稱篤。久之，上出過臨候伯，伯惶恐，起眂事。[二]

[一]李奇曰：「元后，成帝母。」
[二]師古曰：「眂，古視字。」

自大將軍薨後，[一]富平、定陵侯張放、淳于長等始愛幸，出爲微行，行則同輿執轡；入侍禁中，設宴飲之會，及趙、李諸侍中皆引滿舉白，[二]談咲大噱。[三]時乘輿幄坐張畫屏風，[四]畫紂醉踞妲己作長夜之樂。上以伯新起，數目禮之，[五]因顧指畫而問伯：「紂爲無道，至於是虖？」伯對曰：「書云『乃用婦人之言』，[六]何有踞肆於朝？[七]所謂衆惡歸之，不如是之甚者也。」[八]上曰：「苟不若此，此圖何戒？」伯曰：「『沈湎于酒』，微子所以告去也；[九]『式號式謼』，大雅所以流連也。[一〇]詩書淫亂之戒，其原皆在於酒。」上乃喟然歎曰：「吾久不見班生，今日復聞讜言！」[一一]放等不懌，[一二]稍自引起更衣，因罷出。時長信庭林表適使來，聞見之。[一三]

[一]師古曰：「王鳳。」
[二]服虔曰：「舉滿桮，有餘白瀝者，罰之也。」孟康曰：「舉白，見驗飲酒盡不也。」師古曰：「謂引取滿觴而飲，飲訖，舉觴告白盡不也。一說，白者，罰爵之名也。飲有不盡者，則以此爵罰之。魏文侯與大夫飲酒，令曰：『不釂者，浮以大白。』於是公乘不仁舉白浮君者也。」
[三]師古曰：「咲，古笑字也。噱噱，笑聲也。音其略反。或曰，噱謂脣口之中，大笑則見，此說非。」
[四]師古曰：「坐音材臥反。」
[五]師古曰：「目視而敬之。」
[六]師古曰：「今文尚書泰誓之辭。」
[七]師古曰：「肆，放也，陳也。」
[八]師古曰：「論語稱孔子曰『紂之不善，不如是之甚也。是以君子惡居下流，天下之惡皆歸焉』。故伯引此爲言。」

[九]師古曰：「微子，殷之卿士，封於微，爵稱子也。殷紂錯亂天命，微子作誥，告箕子、比干而去紂。其誥曰『用沈酗于酒，用亂敗厥德于下。我其發出狂，吾家耄遜于荒』。事見尚書微子篇。」
[一〇]師古曰：「大雅蕩之詩曰『式號式謼，俾晝作夜』。言醉酒號呼，以晝爲夜也。流連，謂作詩之人嗟歎，而泣涕流連也。而說者乃以流連爲荒亡，蓋失之矣。大雅所以流連，不謂飲酒之人也。謼音火故反。」
[一一]師古曰：「讜言，善言也。音黨。」
[一二]師古曰：「懌，悅也，音亦。」
[一三]孟康曰：「長信，太后宮名也。庭林表，宮中婦人官名也。」師古曰：「長信宮庭之林表也。林表官名耳，庭非官稱也。」

後上朝東宮，太后泣曰：「帝間顏色瘦黑，[一]班侍中本大將軍所舉，宜寵異之，益求其比，以輔聖德。[二]宜遣富平侯且就國。」上曰：「諾。」車騎將軍王音聞之，以風丞相御史[三]奏富平侯罪過，上乃出放爲邊都尉。後復徵入，太后與上書曰：「前所道尚未效，[四]富平侯反復來，其能默虖？」[五]上謝曰：「請今奉詔。」是時許商爲少府，師丹爲光祿勳，上於是引商、丹入爲光祿大夫，伯遷水衡都尉，與兩師並侍中，[六]皆秩中二千石。每朝東宮，常從；及有大政，俱使諭指於公卿。上亦稍厭游宴，復修經書之業，太后甚悅。丞相方進復奏，富平侯竟就國。會伯病卒，年三十八，朝廷愍惜焉。

[一]師古曰：「間謂比日也。」

漢使伏劍而死，以固勉陵。其後果定於漢，陵爲宰相封侯。夫以匹婦之明，〔三〕猶能推事理之致，探禍福之機，而全宗祀於無窮，垂策書於春秋，〔四〕而況大丈夫之事虖！是故窮達有命，吉凶由人，嬰母知廢，陵母知興，審此四者，帝王之分決矣。〔五〕

〔一〕師古曰：「而，汝也。」
〔二〕師古曰：「屬，委也，音之欲反。」
〔三〕師古曰：「凡言匹夫匹婦，謂凡庶之人，一夫一婦當相配匹。」
〔四〕師古曰：「春秋，史書記事之總稱。」
〔五〕師古曰：「分音扶問反。」

蓋在高祖，其興也有五：〔一〕一曰帝堯之苗裔，二曰體貌多奇異，三曰神武有徵應，四曰寬明而仁恕，五曰知人善任使。加之以信誠好謀，達於聽受，見善如不及，用人如由己，從諫如順流，趣時如嚮赴；〔二〕當食吐哺，納子房之策；拔足揮洗，揖酈生之說；寤戍卒之言，斷懷土之情；〔三〕高四皓之名，割肌膚之愛；〔四〕舉韓信於行陳，收陳平於亡命，英雄陳力，羣策畢舉：此高祖之大略，所以成帝業也。若乃靈瑞符應，又可略聞矣。初劉媼任高祖而夢與神遇，〔五〕震電晦冥，有龍蛇之怪。及其長而多靈，有異於衆，是以王、武感物而折券，呂公覩形而進女；秦皇東游以猒其氣，呂后望雲而知

所處；〔六〕始受命則白蛇分，西入關則五星聚。故淮陰、留侯謂之天授，非人力也。

〔一〕師古曰：「王命論敍高祖之德，及班氏漢書敍目所稱引，事皆具見本書，不須更解，以穢篇籍。其有辭句隱互，尋覽難知者，則具釋焉。浮汎之說蓋無取也。」
〔二〕師古曰：「嚮讀曰響。如響之赴聲也。」
〔三〕師古曰：「洛陽近沛，高祖來都關中，故云斷懷土之情也。斷音丁喚反。」
〔四〕晉灼曰：「不立戚夫人子。」
〔五〕師古曰：「任謂懷任也。」
〔六〕師古曰：「猒音一葉反。」

歷古今之得失，驗行事之成敗，稽帝王之世運，考五者之所謂，取舍不厭斯位，符瑞不同斯度，〔一〕而苟昧於權利，越次妄據，〔二〕外不量力，內不知命，則必喪保家之主，失天年之壽，遇折足之凶，伏鈇鉞之誅。〔三〕英雄誠知覺寤，畏若禍戒，〔四〕超然遠覽，淵然深識，收陵、嬰之明分，絕信、布之覬覦，〔五〕距逐鹿之瞽說，審神器之有授，毋貪不可幾，爲二母之所咲，〔六〕則福祚流于子孫，天祿其永終矣。

〔一〕劉德曰：「厭，當也。」師古曰：「音一涉反。」
〔二〕師古曰：「昧，貪也。」
〔三〕師古曰：「鈇音方于反。」
〔四〕師古曰：「若，順也。」
〔五〕師古曰：「分音扶問反。覬音冀。覦音踰。」
〔六〕師古曰：「不可幾，謂不可庶幾而望也。一說，幾讀曰冀。」

知隗囂終不寤，乃避墜於河西。〔一〕河西大將軍竇融嘉其美德，訪問焉。〔二〕舉茂材，爲徐令，以病去官。後數應三公之召。仕不爲祿，所如不合；〔三〕學不爲人，博而不俗；言不爲華，述而不作。

〔一〕師古曰：「墜，古地字。」
〔二〕師古曰：「每事皆與謀。」
〔三〕師古曰：「如，往也。不苟得祿，故所往之處，不合其意。」

有子曰固，弱冠而孤，〔一〕作幽通之賦，以致命遂志。〔二〕其辭曰：

〔一〕師古曰：「謂年二十也。」
〔二〕劉德曰：「致，極也。陳吉凶性命，遂明己之意。」

系高頊之玄胄兮，氏中葉之炳靈，〔一〕繇凱風而蟬蛻兮，雄朔野以颺聲。〔二〕皇十紀而鴻漸兮，有羽儀於上京。〔三〕巨滔天而泯夏兮，考遘愍以行謠，〔四〕終保己而貽則兮，里上仁之所廬。〔五〕懿前烈之純淑兮，窮與達其必濟，〔六〕咨孤矇之眇眇兮，將圮絕而罔階，〔七〕豈余身之足殉兮？愇世業之可懷。〔八〕

〔一〕應劭曰：「系，連也。胄，緒也。言己高陽顓頊之連緒也。顓頊北方水位，故稱玄。中葉，謂令尹子文也。虎乳，故曰炳靈。」
〔二〕應劭曰：「凱風，南風也。朔，北方也。言先祖自楚遷北，若蟬之蛻也。」師古曰：「繇讀與由同。由，從也。蛻音稅。颺讀與揚同。」
〔三〕應劭曰：「十紀，漢十世也。」張晏曰：「易曰『鴻漸于陸，其羽可以爲儀』。成帝時，班況女爲倢伃，父子並在京師爲朝臣也。」晉灼曰：「皇，漢皇也。」
〔四〕應劭曰：「巨，王莽字巨君也。」張晏曰：「彪遇王莽之敗，憂思歌謠也。」師古曰：「滔，漫也，言不畏天也。泯，滅也。夏，諸夏也。考，班固自言其父也。遘，遇也。愍，憂也。徒歌曰謠。」
〔五〕師古曰：「言其父遭時濁亂，以道自安，終遺盛法而處仁者所居也。論語稱孔子曰：『里仁爲美，擇不處仁，焉得智？』故引以爲辭。」
〔六〕師古曰：「固自言美前人之餘業，窮則獨善，達能兼濟也。濟合韻音子齊反。」
〔七〕師古曰：「眇眇，微細也。圮，毀也。固自言孤弱，懼將毀絕先人之跡，無階路以自成。」
〔八〕師古曰：「殉，營也。愇字與韙同。韙，是也。懷，思也。愇音于匪反。」

靖潛處以永思兮，經日月而彌遠，匪黨人之敢拾兮，庶斯言之不玷。〔一〕魂煢煢與神交兮，精誠發於宵寐，夢登山而迥眺兮，覿幽人之髣髴，〔二〕擥葛藟而授余兮，眷峻谷曰勿隧。〔三〕吻昕寤而仰思兮，心蒙蒙猶未察，〔四〕黃神邈而靡質兮，儀遺讖以臆對。〔五〕

曰乘高而遌神兮，道遐通而不迷，〔六〕葛緜緜於樛木兮，詠南風以爲綏，〔七〕蓋惴惴之臨深兮，乃二雅之所祗。〔八〕既誶爾以吉象兮，又申之以烱戒：〔九〕盍孟晉以迨羣兮？辰倏忽其不再。〔一〇〕

〔一〕（師古）〔蘇林〕曰：「拾音負拾之拾。」應劭曰：「拾，更也。自謙不敢與鄉人更進也。」師古曰：「靖，古靜字也。拾音其業反。玷，缺也。更音工衡反。」

〔二〕張晏曰：「幽人，神人也。」師古曰：「覿，見也，音迪。」

〔三〕師古曰：「擥，執取也。言入峻谷者當攀葛藟，可以免於顛墜，猶處時俗者當據道義，然後得用自立。故設此喻，託以夢也。葛藟，蔓也。一說，藟，葛屬也。葛之與藟，皆有蔓焉。擥音攬。其字從手。藟音力水反。」

〔四〕孟康曰：「昒昕，早旦也。覺寤思念，未知其吉凶也。」師古曰：「昒音忽。昕音欣。」

〔五〕應劭曰：「黃帝善占夢，久遠無從得問，準其讖書，以意求其象也。賈誼曰『讖言其度』。」應劭曰：「讖，渹臆也。」師古曰：「對，合韻音丁忽反。」

〔六〕師古曰：「登山見神，故曰乘高也。遌，遇也，音五故反，又音五各反。」

〔七〕應劭曰：「周南國風其詩曰：『南有樛木，葛藟纍之，樂只君子，福履綏之。』」師古曰：「樛木，下垂之木也。綏，安也。樛音居虬反。纍音力追反。」

〔八〕師古曰：「詩小雅小宛之篇曰：『惴惴小心，如臨于谷。』惴惴，恐懼之貌也。小旻篇曰：『戰戰兢兢，如臨深淵，如履薄冰。』言恐墜陷也。故云二雅之所祗。惴音之瑞反。」

〔九〕師古曰：「誶，告也。烱，明也。誶音碎。烱音公迥反。」

〔一〇〕服虔曰：「盍，何不也。孟，勉也。晉，進也。迨，及也。何不早進仕以及羣也？」師古曰：「辰，時也。倏忽，疾也。言時疾過，不再來也。倏音式六反。」

承靈訓其虛徐兮，竚盤桓而且俟，〔一〕惟天墜之無窮兮，鱻生民之晦在。〔二〕紛屯亶與蹇連兮，何艱多而智寡！〔三〕上聖寤而後拔兮，豈羣黎之所御！〔四〕昔衞叔之御昆兮，昆爲寇而喪予。〔五〕管彎弧欲斃讎兮，讎作后而成己。〔六〕變化故而相詭兮，孰云豫其終始！〔七〕雍造怨而先賞兮，丁繇惠而被戮；〔八〕栗取吊于逌吉兮，王膺慶於所慼。〔九〕畔回穴其若茲兮，北叟頗識其倚伏。〔一〇〕單治裏而外凋兮，張修襮而內逼，〔一一〕欥中龢爲庶幾兮，顏與冉又不得。〔一二〕溺招路以從己兮，謂孔氏猶未可，安慆慆而不萉兮，卒隕身虖世禍。〔一三〕游聖門而靡救兮，顧覆醢其何補？〔一四〕固行行其必凶兮，免盜亂爲賴道；〔一五〕形氣發于根柢兮，柯葉彙而靈茂。〔一六〕恐罔蛹之責景兮，慶未得其云已。〔一七〕

〔一〕孟康曰：「虛徐，懷疑也。」張晏曰：「竚，久也。俟，待也。」

〔二〕晉灼曰：「鱻，古鮮字也。」應劭曰：「晦，無幾也。」師古曰：「墜，古地字也。鱻，少也。言天地長久而人壽短促也。鱻音先踐反。」

〔三〕孟康曰：「世艱難多，智者少，故遇禍也。」師古曰：「易屯卦六二爻辭曰『屯如亶如』，蹇卦六四爻辭曰『往蹇來連』，皆謂險難之時也。亶音竹延反。連音力善反。」

〔四〕師古曰：「黎，衆也。言上聖之人猶遇紛難，覩機能寤，然後自拔。文王羑里，孔子於匡是也。至於衆庶，豈能豫禦之哉？」

〔五〕孟康曰：「御，迎也。昆，兄也。衞叔武迎兄成公，成公令前驅，射殺之。」師古曰：「御音五駕反。衞叔，解在五行志。」

〔六〕師古曰：「謂管仲射桓公中帶鉤，桓公反國，以爲相也。」

〔七〕師古曰：「詭，違也。」

〔八〕師古曰：「雍，雍齒也。丁，丁公也。繇讀與由同。」

〔九〕應劭曰：「栗，孝景姬也，有子而以妬見廢。王，宣帝王倢伃也，以無子爲憂，而以謹敕得母元帝也。」師古曰：「逌，古攸字也。攸亦所也。」

〔一〇〕師古曰：「畔，亂貌也。回穴，轉旋之意也。叟，老人稱也。淮南子曰：『北塞上之人，其馬無故亡入胡中，人皆吊之。其父曰：「此何詎不爲福？」居數月，其馬將胡駿馬而歸，人皆賀之。對曰：「此何詎不爲禍？」家富馬良，其子好騎，墮而折髀，人皆吊之。對曰：「此何詎不爲福？」居一年，胡夷大入，丁壯者皆控弦而戰，塞上之人死者十九，此獨以跛之故，父子相保。』老子德經曰：『禍兮福所倚，福兮禍所伏。』故頗識其倚伏。倚音於綺反。」

〔一一〕應劭曰：「單，單豹也，靜居其所，以理五內，處深山，爲虎所食。張，張毅也，外修恭敬，斯徒馬圉皆與亢禮，不勝其勞，內熱而死。」師古曰：「襮，表也。單音善。襮音布谷反。」

〔一二〕師古曰：「欥，古聿字也。龢，古和字也。聿，曰也。曰中和之道可以庶幾免於禍難，而顏回早死，冉耕惡疾，爲善之人又不得其報也。」

〔一三〕鄧展曰：「慆慆，亂貌也。萉，避也。」師古曰：「溺，桀溺也。路，子路也。論語稱『長沮、桀溺耦而耕，孔子過之，使子路問津焉。桀溺曰：「子，孔丘之徒歟？」對曰：「然。」曰：「慆慆者，天下皆是也。而誰以易之？且而與其從避人之士，豈若從避世之士哉？」』言天下皆亂，汝將用誰變易之乎？避人之士謂孔子，避世之士溺自謂也。而子路安之，卒不能避，乃遇蒯聵之亂，身死敵也。慆音土高反。萉音扶味反，字本作腓，其音同。」

〔一四〕師古曰：「禮記曰：『孔子哭子路於中庭。既哭，進使者而問故。使者曰：「醢之矣。」遂命覆醢。』賦言子路游於聖人之門，而孔子不能救之以免於難，雖爲覆醢，無所補益。」

〔一五〕師古曰：「論語稱『閔子侍側，誾誾如也；子路，行行如也。子樂，曰：「若由也，不得其死然。」』又稱『子路曰：「君子尚勇乎？」曰：「君子義以爲上。君子有勇而無義爲亂，小人有勇而無義爲盜。」』賦言子路稟行行之性，其凶必也，所以免爲於亂盜者，賴聞道於孔子也。行行，剛強之貌。行音胡浪反。」

〔一六〕師古曰：「柢，本也。彙，盛也。靈，善也。言草木本根氣強，則枝葉盛而善美；人之先祖有大功德，則胤緒亦蕃昌也。柢音丁計反。茂合韻音莫口反。」

〔一七〕師古曰：「慶，發語辭，讀與羌同。已，止也。莊子云：『罔兩問景曰：「曩子行，今子止，曩子坐，今子起，何其無持操歟？」景曰：「吾有待而然。吾所待，又有待而然。」』賦言景之行止皆隨於形，草木枝葉各稟根柢，人之餘慶資以積善，亦猶此也。」

黎淳耀于高辛兮，芈彊大於南汜；〔一〕嬴取威於百儀兮，姜本支虖三止；〔二〕既仁得其信然兮，卬天路而同軌。〔三〕東厶虐而殲仁兮，王合位虖三五；〔四〕戾女烈而喪孝

兮，伯徂歸於龍虎：〔五〕發還師以成性兮，重醉行而自耦。〔六〕震鱗漦于夏庭兮，帀三正而滅（周）〔姬〕；〔七〕巽羽化于宣宮兮，彌五辟而成災。〔八〕

〔一〕應劭曰：「黎，楚之先也。（醇）〔淳〕，美也。高辛，帝嚳之號。芈，楚姓。汜，（崖）〔涯〕也。」師古曰：「言黎在高辛之時爲火正，有美光耀，故其後嗣霸有楚國於南方也。汜，江水之別也，音祀。召南之詩曰『江有汜』。芈音弭。」

〔二〕應劭曰：「嬴，秦姓也，伯益之後也。伯益爲虞，有儀鳥獸百物之功，秦所由取威於六國也。姜，齊姓也。止，禮也。齊，伯夷之後。伯夷爲秩宗，典天地人鬼之禮也。」

〔三〕劉德曰：「人道既然，仰觀天道，又同法也。」師古曰：「仁得，謂求仁而得仁。卬讀曰仰。」

〔四〕應劭曰：「東以，紂也。殲，盡也。王，武王也。欲合五位三所，即國語歲日月星辰之所在也。」師古曰：「以，古鄰字也。仁即三仁也。國語稱泠州鳩對景王曰：『昔武王伐殷，歲在鶉火，月在天駟，日在析木之津，辰在斗柄，星在天黿。星與日辰之位皆在北維，顓頊之所建也，我姬氏出自天黿。又析木者，有建星及牽牛焉，則我皇妣大姜之姪。伯陵之後，逢公之所憑神也。歲之所在，則我有周之分野也。月之所在，辰爲農祥也，我太祖后稷之所經緯也。王欲合是五位三所而用之。』五位，謂歲日月辰星也。三所，謂逢公所憑神，周分野所在，后稷所經緯也。」

〔五〕孟康曰：「伯，晉文公也。歲在卯出，歷十九年，過一周，歲在酉入；卯爲龍，酉爲虎也。」師古曰：「戎女，驪戎之女，謂驪姬也。烈，酷也。孝謂太子申生也。伯讀曰霸，言文公霸諸侯也。徂，往也。言以龍往出，以（獸）〔虎〕歸入也。」

〔六〕師古曰：「發，武王名也。性，命也。武王初觀兵於孟津，八百諸侯不期而會，皆曰紂可伐矣。武王曰：『爾未知天性。』還師二年，紂殺比干，囚箕子，武王乃伐克之，於是成天命也。重謂重耳，晉文公名也。耦，合也。文公初出

奔至齊，齊桓公妻之，有馬二十乘。文公欲安之，齊姜乃與子犯謀，醉而遣之。後遂反國，與時會也。」

〔七〕應劭曰：「易震爲龍，鱗蟲之長也。漦，沫也。」師古曰：「謂褒姒也，解在五行志。三正，歷夏、殷、周也。漦音丑之反。正音之盈反。」

〔八〕應劭曰：「易巽爲雞，羽蟲也。宣帝時，未央宮路軨廏中雌雞化爲雄，元后統政之祥也。至平帝，歷五世而王莽纂位。」

道悠長而世短兮，敻冥默而不周，〔一〕胥仍物而鬼諏兮，乃窮宙而達幽。〔二〕嬀巢姜於孺筮兮，旦算祀于挈龜。〔三〕宣、曹興敗於下夢兮，魯、衞名謚於銘謠。〔四〕妣聆呱而刻石兮，許相理而鞠條。〔五〕道混成而自然兮，術同原而分流。〔六〕神先心以定命兮，命隨行以消息。〔七〕斡流遷其不濟兮，故遭罹而贏縮。〔八〕三欒同於一體兮，雖移盈然不忒。〔九〕洞參差其紛錯兮，斯衆兆之所惑。〔一〇〕周、賈盪而貢憤兮，齊死生與誷福，〔一一〕抗爽言以矯情兮，信畏犧而忌服。〔一二〕

〔一〕劉德曰：「敻，遠也。周，至也。冥默，玄深不可通至也。」

〔二〕應劭曰：「胥，須也。仍，因也。諏，謀也。易曰：『人謀鬼謀，百姓與能。』往古來今曰宙。聖人須因卜筮，然後謀鬼神，極古今，通幽微也。」

〔三〕應劭曰：「嬀，陳姓也。巢，居也。姜，齊姓也。孺，少也。陳完少時，其父厲公使周史卜，得居有齊國之卦也。」李奇曰：「算，數也。祀，年也。周公卜居洛，得世三十，年七百也。」師古曰：「挈，契也。詩大雅緜緜之篇曰『爰挈我龜』，言刻開之，灼而卜之。挈音口計反。」

〔四〕應劭曰：「周宣王牧人夢衆魚與旟旐之祥，而中興。曹伯陽國人夢衆君子立于社宮，謀亡曹，而曹亡也。」孟康曰：「魯文成之世，童謠言『稠父喪勞，宋父以驕』。後昭公名稠，遂死於野井。定公名宋，即位而驕。衞靈公掘地得石椁，其銘曰『靈公』，遂以爲謚。」

〔五〕應劭曰：「妣，叔向之母也。石，叔向之子也。聽其號聲，知其後必滅羊舌氏。許負相周亞夫，從理入口，當餓死。鞠，窮也。條，亞夫所封也。」師古曰：「鞠，告也。」

〔六〕師古曰：「大道混壹，歸於自然，人之所趣雖有流別，本則同耳。」

〔七〕師古曰：「言神明之道，雖在人心之前已定命矣，然亦隨其所行，以致禍福。」

〔八〕師古曰：「斡，轉也。言人之生，各有遭遇，不能必濟，免於困厄，各隨其所逢以致贏虧也。」

〔九〕孟康曰：「晉大夫欒書，書子黶，黶子盈。書賢而覆黶，黶惡而害盈也。」師古曰：「欒書，欒武子也。黶，欒桓子也。盈，欒懷子也。春秋左氏傳稱秦伯問於士鞅曰：『晉大夫其誰先亡？』對曰：『其欒氏乎！欒黶汰虐以甚，猶可以免。其在盈乎！武子之德在人，如周人之思邵公，愛其甘棠，況其子乎？欒黶死，盈之善未能及人。武子所施沒矣，黶之惡實彰，將於是乎在。』其後至襄公二十一年，終爲范宣子所逐，而出奔楚，自楚適齊。二十三年，自齊入于晉，晉人遂滅欒氏也。」

〔一〇〕師古曰：「衆兆，兆庶也。」

〔一一〕孟康曰：「莊周、賈誼也。貢，惑也。憤，亂也。放盪惑亂死生禍福之正也。」

〔一二〕孟康曰：「莊周不欲爲犧牛，賈誼惡忌服鳥也。」師古曰：「抗，舉也。爽，差也。謂二人雖舉言齊死生，壹禍福，而

心實不然，是差謬也。」

所貴聖人之至論兮，順天性而斷誼。〔一〕物有欲而不居兮，亦有惡而不避，〔二〕守孔約而不貳兮，乃輶德而無累。〔三〕三仁殊而一致兮，夷、惠舛而齊聲。〔四〕木偃息以蕃魏兮，申重繭以存荆。〔五〕紀焚躬以衞上兮，皓頤志而弗營。〔六〕侯屮木之區別兮，苟能實而必榮。要沒世而不朽兮，乃先民之所程。〔七〕

〔一〕師古曰：「斷誼，謂以誼斷之。斷音丁喚反。」

〔二〕師古曰：「言富貴人之所欲，不以其道則君子不居；死亡人之所惡，處得其節則君子不避也。」

〔三〕師古曰：「孔，甚也。輶，輕也。言守其甚約，執心不貳，舉德至輕，無所累惑，斯爲可矣。詩大雅烝人之篇曰：『德輶如毛，人鮮克舉之。』輶音弋九反，又音猶。」

〔四〕師古曰：「三仁，紂賢臣也。論語稱『微子去之，箕子爲之奴，比干諫而死』。孔子曰：『殷有三仁焉。』夷，伯夷也。惠，柳下惠也。論語又稱『逸人伯夷、叔齊、虞仲、夷逸、朱張、柳下惠、少連』。賦言微子、箕子、比干所行各異，而並稱仁。伯夷不義武王伐殷，至于不食周粟而死。柳下惠三黜不去，戀父母之邦。志執乖舛，俱有令名。」

〔五〕師古曰：「木，段干木也。客居魏，魏文侯敬而禮之，過其閭未嘗不軾也。秦欲伐魏，或諫曰：『魏君賢者是禮，國人稱（人）〔仁〕，未可圖也。』秦遂止兵。申謂申包胥。荆即楚也。繭，足下傷起如繭也。楚昭王時，吳師入郢，昭王出奔。申包胥如秦乞師，蹶越險阻，曾繭重胝，立於秦庭，號哭七日。秦哀公出師救楚，而敗吳師。昭王反國，將賞包胥。包胥辭曰：『吾所以重繭，爲君耳，非爲身也。』逃不受賞。」

〔六〕師古曰：「紀，紀信也，脫漢王於難而為項羽所燒。皓，四皓也，處商洛深山，高祖求之不得，自養其志，無所詘屈。」

〔七〕應劭曰：「侯，維也。」張晏曰：「苟能有仁義之道，必有榮名也。」師古曰：「侯，發語辭也。爾雅曰：『伊、惟，侯也。』程，正也。言人之操行，所尚不同，立德立言，期于不朽，亦猶蘭蕙松栝，各有本性，馨烈材幹，並擅貞芳。此乃古昔賢人以為正道也。論語稱子夏曰『君子之道，譬諸草木，區以別矣』，故賦引之。」

觀天罔之紘覆兮，實棐諶而相順，〔一〕謨先聖之大繇兮，亦𠀤悳而助信。〔二〕虞韶美而儀鳳兮，孔忘味於千載。〔三〕素文信而底麟兮，漢賓祚于異代。〔四〕精通靈而感物兮，神動氣而入微。養游睇而猨號兮，李虎發而石開。〔五〕非精誠其焉通兮，苟無實其孰信！〔六〕操末技猶必然兮，矧湛躬於道眞！〔七〕

〔一〕應劭曰：「棐，輔也。諶，誠也。相，助也。」師古曰：「尚書大誥曰：『天棐諶辭。』詩大雅蕩之篇曰：『天生烝人，其命匪諶。』易上繫辭曰：『天之所助者，順也。』賦言天道惟誠是輔，唯順是助，故引以為辭也。棐讀與匪同。諶音上林反。」

〔二〕劉德曰：「𠀤，近也。」師古曰：「謨，謀也。繇，道也。𠀤，古鄰字。詩小雅巧言之篇曰：『秩秩大繇，聖人謨之。』論語稱孔子曰：『德不孤，必有鄰。』易上繫辭曰：『人之所助者信也。』賦言若能謀聖人之大道，有德者必為同志所依，履信者必獲他人之助。謨音謨，又音莫。」

〔三〕師古曰：「韶，舜樂名也。虞書舜典曰：『簫韶九成，鳳皇來儀。』論語云：『孔子在齊聞韶，三月不知肉味。』賦言孔

子去舜千歲也。」

〔四〕應劭曰：「底，致也。孔子作春秋素王之文，有視明禮修之信，而致麟。漢封其後為褒成，又紹嘉公係殷後，為二代之客。」

〔五〕師古曰：「養，養由基也，楚之善射者。游睇，流眄也。楚王使由基射猨，操弓而眄之，猨抱木而號，知其必見中也。李，李廣也，夜遇石，以為猛獸而射之，中石沒羽也。」

〔六〕師古曰：「信，合韻音新。」

〔七〕師古曰：「矧，況也。湛讀曰耽。躬，親也。射者微技，猶能精誠感於猨石，況立身種德，親耽大道而不倦者乎！」

登孔、顥而上下兮，緯羣龍之所經，〔一〕朝貞觀而夕化兮，猶諠己而遺形，〔二〕若胤彭而偕老兮，訴來哲以通情。〔三〕

〔一〕應劭曰：「顥，太顥也。孔，孔子也。羣龍喻羣聖也。自伏羲下訖孔子，終始天道備矣。」孟康曰：「孔，甚也。顥，大也。聖人作經，賢者緯之也。」師古曰：「應說孔、顥，是也。孟說經緯，是也。顥音胡老反。」

〔二〕應劭曰：「貞，正也。觀，見也。諠，忘也。易曰：『天地之道，貞觀者也。』」張晏曰：「言朝觀大道而夕死可也。」師古曰：「形己尚可遺忘，況外物者哉？諠音許元反，又音許遠反。」

〔三〕師古曰：「彭，彭祖也。老，老聃也。言有繼續彭祖之志，升躡老聃之跡者，則可與言至道而通情也。」

亂曰：天造屮昧，立性命兮，〔一〕復心弘道，惟賢聖兮。〔二〕渾元運物，流不處兮，〔三〕保身遺名，民之表兮。舍生取誼，亦道用兮，〔四〕憂傷夭物，忝莫痛兮！〔五〕昊爾太素，曷渝色兮？〔六〕尚粵其幾，淪神域兮！〔七〕

〔一〕應劭曰：「天道始造萬物，草創於冥昧之中，皆立其性命也。」師古曰：「易屯卦彖辭曰『天造草昧』，故賦引之。」

〔二〕應劭曰：「易曰：『復其見天地之心乎！』論語曰：『人能弘道。』」師古曰：「復音扶目反。」

〔三〕師古曰：「渾元，天地之氣也。處，止也。渾音胡昆反。」

〔四〕應劭曰：「孟子曰：『生，我所欲也；義，我所欲也。二者不可得兼，舍生而取義也。』」師古曰：「舍，置也。」

〔五〕晉灼曰：「忝，沒也，言死莫痛於是也。」師古曰：「此說非也。忝，辱也。言不遂性命，自取憂傷，為物所夭，既辱且痛，莫過於是。」

〔六〕服虔曰：「守死善道，不染流俗，是為浩爾太素，何有變渝者哉？」師古曰：「渝音踰。」

〔七〕應劭曰：「尚，上也。粵，於也。易曰：『知幾，其神乎！』淪，入也。」師古曰：「尚，庶幾也，願也。」

永平中為郎，典校祕書，專篤志於博學，以著述為業。或譏以無功，又感東方朔、揚雄自論以不遭蘇、張、范、蔡之時，曾不折之以正道，明君子之所守，故聊復應焉。其辭曰：

賓戲主人曰：「蓋聞聖人有壹定之論，列士有不易之分，亦云名而已矣。〔一〕故太上有立德，其次有立功。夫德不得後身而特盛，功不得背時而獨章，是以聖喆之治，棲棲皇皇，〔二〕孔席不煖，墨突不黔。〔三〕由此言之，取舍者昔人之上務，著作者前列之餘事耳。〔四〕今吾子幸游帝王之世，躬帶冕之服，〔五〕浮英華，湛道德，〔六〕譬龍虎之文，舊

矣。〔七〕卒不能攄首尾，奮翼鱗，振拔洿塗，跨騰風雲，〔八〕使見之者景駭，聞之者嚮震。〔九〕徒樂枕經籍書，紆體衡門，〔一〇〕上無所蒂，下無所根。獨攄意虖宇宙之外，銳思於豪芒之內，潛神默記，恆以年歲。〔一一〕然而器不賈於當己，用不效於一世，〔一二〕雖馳辯如濤波，摛藻如春華，〔一三〕猶無益於殿最。〔一四〕意者，且運朝夕之策，定合會之計，使存有顯號，亡有美謚，不亦優虖？」

〔一〕如淳曰：「唯貴得名也。」

〔二〕師古曰：「不安之意也。」

〔三〕師古曰：「孔，孔子；墨，墨翟也。突，竈突也。黔，黑也。言志在明道，不暇安居。」

〔四〕劉德曰：「取者，施行道德；舍者，守靜無為也。」

〔五〕師古曰：「帶，大帶也。冕，冠也。」

〔六〕師古曰：「湛讀曰沈。英華，謂名譽也。言外則有美名善譽，內則履道崇德也。」

〔七〕孟康曰：「譬，被也。易曰『大人虎變，其文炳也』，言文章之盛久也。」晉灼曰：「譬，視也。言目厭見其文久矣。」師古曰：「尋其下句，孟說是也。譬音莫限反。」

〔八〕師古曰：「攄，申也。洿，停水也。塗，泥也。以龍為喻也。洿音一故反，又音烏。」

〔九〕師古曰：「嚮讀曰響。見景則駭，聞響則震。合韻音之人反。」

〔一〇〕師古曰：「紆，屈也。衡門，橫一木於門上。」

〔一〕如淳曰：「恒音亙竟之亙。」師古曰：「宇宙之外，言宏廣也。豪芒之內，喻纖微也。恒音工贈反。」
〔二〕劉德曰：「賈，讎也。」師古曰：「當已，謂及已身尚在，猶言當年也。賈音古，又音工暇反。讎音上究反。」
〔三〕師古曰：「大波曰濤。摛，布也。藻，文辭也。」
〔四〕師古曰：「殿音丁見反。」

主人逌爾而咲曰：〔一〕「若賓之言，斯所謂見勢利之華，闇道德之實，守窔奧之熒燭，未卬天庭而覩白日也。〔二〕曩者王塗蕪穢，周失其御，侯伯方軌，戰國橫騖，於是七雄虓闞，分裂諸夏，〔三〕龍戰而虎爭。游説之徒，風颺電激，並起而救之，〔四〕其餘猋飛景附，煜霅其間者，蓋不可勝載。〔五〕當此之時，搦朽摩鈍，鈆刀皆能壹斷，〔六〕是故魯連飛一矢而蹶千金，虞卿以顧眄而捐相印也。〔七〕夫啾發投曲，感耳之聲，合之律度，淫鼃而不可聽者，非韶、夏之樂也；〔八〕因勢合變，偶時之會，風移俗易，乖忤而不可通者，非君子之法也。〔九〕及至從人合之，衡人散之，〔一〇〕亡命漂説，羇旅騁辭，〔一一〕商鞅挾三術以鑽孝公，李斯奮時務而要始皇，〔一二〕彼皆躡風雲之會，履顛沛之勢，〔一三〕據徼乘邪以求一日之富貴，〔一四〕朝爲榮華，夕而焦瘁，〔一五〕福不盈眥，眥(益)〔溢〕於世，〔一六〕凶人且以自悔，況吉士而是賴虖！〔一七〕且功不可以虛成，名不可以僞立，韓設辯以徼君，呂行詐以賈國。〔一八〕説難既酋，其身乃囚；秦貨既貴，厥宗亦隧。〔一九〕是故仲尼抗浮雲之志，孟

軻養浩然之氣，〔二〇〕彼豈樂爲迂闊哉？道不可以貳也。〔二一〕方今大漢洒埽羣穢，夷險芟荒，〔二二〕廓帝紘，恢皇綱，基隆於羲、農，規廣於黃、唐；其君天下也，炎之如日，威之如神，函之如海，養之如春。〔二三〕是以六合之內，莫不同原共流，沐浴玄德，〔二四〕稾卬太和，枝附葉著，〔二五〕譬猶屮木之殖山林，鳥魚之毓川澤，〔二六〕得氣者蕃滋，失時者苓落，〔二七〕參天墬而施化，豈云人事之厚薄哉？〔二八〕今子處皇世而論戰國，耀所聞而疑所覿，〔二九〕欲從旄敦而度高虖泰山，懷氿濫而測深虖重淵，亦未至也。」〔三〇〕

〔一〕師古曰：「逌，古攸字也。攸，咲貌也。」
〔二〕應劭曰：「爾雅，東南隅謂之窔，西南隅謂之奧。」師古曰：「窔、奧，室中之二隅也。熒燭，熒熒小光之燭也。卬讀曰仰。窔音烏了反，其字從穴夭聲也。」
〔三〕應劭曰：「七雄，秦及六國也。」師古曰：「虓音呼交反。闞音呼敢反。」
〔四〕師古曰：「颺讀與揚同。」
〔五〕師古曰：「猋，疾風也。煜霅，光貌也。煜音于及反。霅音下甲反。煜又音育。」
〔六〕師古曰：「搦，按也，音女角反。斷音丁煥反。」
〔七〕應劭曰：「魯連，齊人也。齊圍燕，燕將保於聊城。魯連係帛書於矢射與之，爲陳利害。燕將得之，泣而自殺。讓切魏新垣衍，使不尊秦爲帝。秦時圍邯鄲，爲卻五十里，趙遂以安。趙王以千金爲魯連壽，不受。魏齊爲秦所購，追急走趙，趙相虞卿與齊有故，然愍其窮，於是解相印，間行與奔魏公子無忌也。」李奇曰：「蹶，蹋也，距也。」師古曰：「蹷音厥，又音其月反。」
〔八〕李奇曰：「鼃，不正之音也。」師古曰：「啾發，啾啾小聲而發也。投曲，趣合屈曲也。感耳，動應衆庶之耳也。然而不合律度，君子所不聽也。淫鼃，非正之聲也，不謂鼃黽之鳴也。啾音子由反。」
〔九〕師古曰：「雖偶當時之會，而不可以移風易俗。」
〔一〇〕師古曰：「從音子庸反。」
〔一一〕師古曰：「漂，浮也，音匹遥反。」
〔一二〕應劭曰：「王、霸、富國彊兵，爲三術也。」師古曰：「王一也，霸二也，富國彊兵三也。」
〔一三〕師古曰：「顛沛，僵仆也。」
〔一四〕師古曰：「徼，要也。據可以要迎之時也。徼音工堯反。徼字或作激。激，發也。」
〔一五〕師古曰：「焦音在消反。瘁與悴同。」
〔一六〕李奇曰：「當富貴之間，視不滿目，故言不盈眥也。」
〔一七〕師古曰：「賴，利也。」
〔一八〕師古曰：「賈，市賈也，音古。」
〔一九〕應劭曰：「酋音酋豪之酋。酋，雄也。説難，韓非書篇名也。呂不韋效千金於秦，立子楚爲王，封十萬戶侯，以陰事自殺也。」師古曰：「呂不韋初見子楚在趙，而云『此奇貨可居』，故班氏謂子楚爲秦貨耳。安説效千金乎？應説失之矣。」
〔二〇〕張晏曰：「孔子云『不義而富且貴，於我如浮雲。』孟子曰：『我善養吾浩然之氣，而無害，則塞乎天地之間也。』」

師古曰：「浩然，純壹之氣也。」
〔二一〕師古曰「迂，遠也，音于。」
〔二二〕師古曰：「洒音所蟹反，汛也。汛音信。」
〔二三〕師古曰：「函，容也，讀與含同。」
〔二四〕師古曰：「原，水泉之本也。流者，其末流也。」
〔二五〕師古曰：「卬讀曰仰。著音直略反。」
〔二六〕師古曰：「殖，生也，長也。毓與育同。」
〔二七〕師古曰：「苓與零同。」
〔二八〕師古曰：「墬，古地字。」
〔二九〕師古曰：「覿，見也，音徒歷反。」
〔三〇〕應劭曰：「爾雅，前高曰旄丘，如覆敦者敦丘，側出曰氿泉，正出曰濫泉。」師古曰：「敦音丁回反。度音徒各反。氿音軌。」

賓曰：「若夫鞅、斯之倫，衰周之凶人，既聞命矣。敢問上古之士，處身行道，輔世成名，可述於後者，默而已虖？」

主人曰：「何爲其然也！昔咎繇謨虞，箕子訪周，〔一〕言通帝王，謀合聖神；殷説夢發於傳巖，周望兆動於渭濱，〔二〕齊甯激聲於康衢，漢良受書於邳沂，〔三〕皆俟命而神

交，匪詞言之所信，〔四〕故能建必然之策，展無窮之勳也。近者陸子優繇，新語以興；〔五〕董生下帷，發藻儒林；劉向司籍，辯章舊聞；揚雄覃思，法言、大玄：〔六〕皆及旹君之門闈，究先聖之壼奧，〔七〕婆娑虖術藝之場，休息虖篇籍之囿，以全其質而發其文，用納虖聖聽，列炳於後人，斯非其亞與！〔八〕若乃夷抗行於首陽，惠降志於辱仕，〔九〕顏耽樂於簞瓢，孔終篇於西狩，〔一〇〕聲盈塞於天淵，眞吾徒之師表也。且吾聞之：壹陰壹陽，天墜之方；〔一一〕乃文乃質，王道之綱；有同有異，聖喆之常。故曰：愼修所志，守爾天符，委命共己，味道之腴，〔一二〕神之聽之，名其舍諸！〔一三〕賓又不聞龢氏之璧韞於荊石，〔一四〕隨侯之珠藏於蜯蛤虖？〔一五〕歷世莫眂，不知其將含景耀，吐英精，曠千載而流夜光也。應龍潛於潢汙，魚黿媟之，〔一六〕不覩其能奮靈德，合風雲，超忽荒，而躆顥蒼也。〔一七〕故夫泥蟠而天飛者，應龍之神也；先賤而後貴者，龢、隨之珍也；旹闇而久章者，君子之眞也。〔一八〕若乃牙、曠清耳於管絃，離婁眇目於豪分；〔一九〕逢蒙絕技於弧矢，班輸榷巧於斧斤；〔二〇〕良、樂軼能於相馭，烏獲抗力於千鈞；〔二一〕龢、鵲發精於鍼石，研、桑心計於無垠。〔二二〕僕亦不任廁技於彼列，故密爾自娛於斯文。」〔二三〕

〔一〕師古曰：「訪亦謀。」

〔二〕師古曰：「說，傅說也。解已在前。望謂太公望，卽呂尙也。鈞於渭水，文王將出獵，卜之，曰：『所得非龍非螭、非

豹非羆，乃帝王之輔。』果遇呂尙於渭陽，與語大悅，曰：『吾太公望子久矣。』故號曰太公望。」

〔三〕鄭氏曰：「五達曰康，四達曰衢。」晉灼曰：「沂，崖也。下邳水之崖也。」師古曰：「甯，甯戚也。擊激，謂叩角所歌也。沂音牛斤反。」

〔四〕師古曰：「信合韻音新。」

〔五〕鄭氏曰：「優繇，不仕也。」師古曰：「繇讀與由同。」

〔六〕師古曰：「覃，大也，深也。」

〔七〕應劭曰：「宮中門謂之闈，宮中巷謂之壼。」師古曰：「壼音苦本反。」

〔八〕師古曰：「亞，次也。與讀曰歟。」

〔九〕師古曰：「夷，伯夷也。惠，柳下惠也。辱仕謂爲士師三黜也。」

〔一〇〕師古曰：「謂作春秋止於獲麟也。狩合韻音守。」

〔一一〕師古曰：「墜，古地字。」

〔一二〕師古曰：「共讀曰恭。腴，肥也。」

〔一三〕師古曰：「舍，廢也。諸，之也。言修志委命，則明神聽之，祐以福祿，自然有名，永不廢也。」

〔一四〕師古曰：「龢，古和字也。韞亦臧也，音於粉反。」

〔一五〕師古曰：「蜯卽蚌字也，音平項反。蛤音工合反。」

〔一六〕師古曰：「應龍，龍有翼者。潢汙，停水也。媟謂侮狎之也。潢音黃。汙音烏。」

〔一七〕師古曰：「躆，以足據持也。顥，顥天也。元氣顥汗，故曰顥天。其色蒼蒼，故曰蒼天。躆音戟。」

〔一八〕師古曰：「時闇，有時而闇也。」

〔一九〕師古曰：「牙，伯牙也。曠，師曠也。離婁，明目者也。眇，細視也。」

〔二〇〕師古曰：「逢蒙，古善射者也。班輸卽魯公輸班也。一說，班，魯班也，與公輸氏爲二人也，皆有巧藝也。古樂府云：『誰能爲此器，公輸與魯班。』榷，專也，一曰競也。榷音角。」

〔二一〕師古曰：「良，王良也。樂，伯樂也。軼與逸同。相，相馬也。馭，善馭也。烏獲，壯士也。」

〔二二〕孟康曰：「研，古之善計也。桑，桑弘羊也。」師古曰：「和，秦醫和也。鵲，扁鵲也。研，計研也，一號計倪，亦曰計然。垠，厓也。」

〔二三〕師古曰：「密，靜也，安也。」

校勘記

四一九八頁一〇行　自隱度家之(日)〔口〕數　景祐、殿本都作「口」，此誤。

四二〇三頁六行　左將軍(師)〔史〕丹　景祐、殿本都作「史丹」。王先謙說非「師丹」。

四二〇三頁一六行　漢(書)〔舊〕儀云秩四百石，　景祐、殿本都作「舊」，此誤。

四二一五頁四行　(師古)〔蘇林〕曰：　景祐、殿本都作「蘇林」，此誤。

四二一五頁一〇行　應劭曰：　王先謙說兩「應劭」有一誤。

四二一九頁二行　帀三正而滅(周)〔姬〕；　文選作「姬」，與下「災」字協韻。此蓋涉注文而誤。

四二二九頁三行　(醇)〔淳〕，美也。汜，(崖)〔涯〕也。　殿本作「淳」、「涯」。王先謙說殿本是。

四二二九頁一四行　以(獸)〔虎〕歸入也。　殿本作「虎」。

四二三三頁四行　國人稱(人)〔仁〕，　景祐、殿、局本都作「仁」，此誤。

四二三七頁一三行　畝(益)〔溢〕於世，　景祐、殿本都作「溢」。王先謙說「益」字誤。

漢書卷一百下

敍傳第七十下

固以爲唐虞三代，詩書所及，世有典籍，故雖堯舜之盛，必有典謨之篇，然後揚名於後世，冠德於百王，〔一〕故曰「巍巍乎其有成功，煥乎其有文章也！」〔二〕漢紹堯運，以建帝業，至於六世，史臣乃追述功德，私作本紀，〔三〕編於百王之末，廁於秦、項之列。太初以後，闕而不錄，故探篹前記，綴輯所聞，〔四〕以述漢書，起元高祖，終于孝平王莽之誅，十有二世，二百三十年，綜其行事，旁貫五經，上下洽通，〔五〕爲春秋考紀、表、志、傳，凡百篇。〔六〕其敍曰：〔七〕

〔一〕師古曰：「德爲百王之上也。」

〔二〕師古曰：「此篇論語載孔子美堯舜之言也。」

〔三〕師古曰：「謂武帝時司馬遷作史記。」

〔四〕師古曰：「篹與撰同。輯與集同。」

〔五〕師古曰：「固所撰諸表序及志，經典之義在於是也。」

〔六〕師古曰：「春秋考紀，謂帝紀也。而俗之學者不詳此文，乃云漢書一名春秋考紀，蓋失之矣。」

〔七〕師古曰：「自『皇矣漢祖』以下諸敍，皆班固自論撰漢書意，此亦依放史記之敍目耳。史遷則云爲某事作某本紀、某列傳。班固謙，不言（然）〔作〕而改言述，蓋避作者之謂聖，而取述者之謂明也。但後之學者不曉此爲漢書敍目，見有述字，因謂此文追述漢書之事，乃呼爲『漢書述』，失之遠矣。摯虞尚有此惑，其餘曷足怪乎！」

皇矣漢祖，纂堯之緒，實天生德，聰明神武。秦人不綱，罔漏于楚，〔一〕爰茲發迹，斷蛇奮旅。神母告符，朱旗乃舉，粵蹈秦郊，嬰來稽首。革命創制，三章是紀，應天順民，五星同晷。〔二〕項氏畔換，黜我巴、漢，〔三〕西土宅心，戰士憤怨。〔四〕乘釁而運，席卷三秦，割據河山，保此懷民。〔五〕股肱蕭、曹，社稷是經，爪牙信、布，腹心良、平，龔行天罰，赫赫明明。述高紀第一。

〔一〕師古曰：「言秦失綱維，故高祖因時而起。罔漏于楚，謂項羽雖有害虐之心，終免於患也。一說，楚王陳涉初起，後又破滅也。」

〔二〕師古曰：「晷，景也。」

〔三〕孟康曰：「畔，反也。換，易也。不用義帝要，換易與高祖漢中也。」師古曰：「此說非也。畔換，強恣之貌，猶言跋扈也。詩大雅皇矣篇曰『無然畔換』。」

〔四〕劉德曰：「宅，居也。西方人皆居心於高祖，猶係心也。書曰『惟衆宅心』。」晉灼曰：「西土，關西也。高祖入關，約法三章，秦民大悅，皆宅心高祖。」

〔五〕師古曰：「保，安也。懷民，懷德之人也。」

孝惠短世，高后稱制，罔顧天顯，呂宗以敗。〔一〕述惠紀第二，高后紀第三。

〔一〕劉德曰：「罔，無也。顧，念也。顯，明也。言呂氏無念天之明道者，徒念王諸呂，以至於敗亡。」

太宗穆穆，允恭玄默，化民以躬，帥下以德。農不供貢，辠不收孥，〔一〕宮不新館，陵不崇墓。〔二〕我德如風，民應如屮，〔三〕國富刑清，登我漢道。〔四〕述文紀第四。

〔一〕張晏曰：「除民田租之稅，是不供貢也。」

〔二〕師古曰：「墓，合韻音謨。」

〔三〕師古曰：「論語稱孔子曰：『君子之德風，小人之德屮也。』故引以爲辭。」

〔四〕師古曰：「登，成也。」

孝景涖政，諸侯方命，〔一〕克伐七國，王室以定。匪怠匪荒，務在農桑，著于甲令，民用寧康。〔二〕述景紀第五。

〔一〕孟康曰：「尚書云『方命圮族』，言鯀之惡，壞其族類。吳楚七國亦然。」

〔二〕師古曰：「甲令，即景紀令甲也。」

世宗曄曄，思弘祖業，〔一〕疇咨熙載，髦俊並作。〔二〕厥作伊何？百蠻是攘，〔三〕恢我疆宇，外博四荒。〔四〕武功既抗，亦迪斯文，〔五〕憲章六學，統壹聖眞。封禪郊祀，登秩百神；協律改正，饗茲永年。〔六〕述武紀第六。

〔一〕師古曰：「曄曄，盛貌也。」

〔二〕師古曰：「疇，誰也。咨，謀也。熙，興也。載，事也。謀於衆賢，誰（能）〔可〕任用，故能興其事業也。作，起也。」

〔三〕師古曰：「攘，卻也。」

〔四〕師古曰：「恢，廣也。博，大也。」

〔五〕劉德曰：「迪，進也。」

〔六〕張晏曰：「改正謂從建寅之月也。」

孝昭幼沖，冢宰惟忠。燕、蓋譸張，實叡實聰，〔一〕辠人斯得，邦家和同。述昭紀第七。

〔一〕如淳曰：「譸音輈。」應劭曰：「譸張，誑也。」

中宗明明，寅用刑名，〔一〕時舉傅納，聽斷惟精。〔二〕柔遠能邇，燀燿威靈，〔三〕龍荒幕朔，莫不來庭。〔四〕丕顯祖烈，尚於有成。〔五〕述宣紀第八。

〔一〕鄧展曰：「寅，敬也。」

〔二〕李奇曰：「時，是也。於是時也，選用賢者。」師古曰：「傅讀曰敷。虞書舜典曰『敷納以言』。敷，陳也，謂有陳言者則納而用之。」

〔三〕師古曰：「虞書舜典曰『柔遠能邇』。柔，安也。能，善也。故引之云。燀，熾也，音充善反。」

〔四〕孟康曰：「龍白龍堆荒服沙幕也。」師古曰：「龍，匈奴祭天龍城，非謂白龍堆也。朔，北方也。」

〔五〕師古曰：「丕，大也。烈，業也。」

孝元翼翼，高明柔克，〔一〕賓禮故老，優繇亮直。〔二〕外割禁闈，內損御服，離宮不衞，山陵不邑。〔三〕閹尹之呰，穢我明德。〔四〕述元紀第九。

〔一〕師古曰：「翼翼，敬也。尚書洪範云『高明柔克』，謂人雖有高明之度，而當執柔，乃能成德也。敍言元帝有柔克之姿也。」

〔二〕師古曰：「故老謂貢禹、薛廣德也。優繇謂寬容也。亮直謂朱雲也。繇讀與由同。」

〔三〕張晏曰：「不徙民著縣也。」

〔四〕如淳曰：「任弘恭、石顯使爲政，以病其治也。」師古曰：「謂宦人爲閹者，言其精氣奄閉不泄也。一曰(王)〔主〕奄閉門者。尹，正也。呰與疵同。」

孝成煌煌，臨朝有光，威儀之盛，如圭如璋。壼闈恣趙，朝政在王，〔一〕炎炎燎火，亦允不陽。〔二〕述成紀第十。

〔一〕師古曰：「趙謂趙皇后及昭儀也。王謂外家王鳳、王音等。」

〔二〕張晏曰：「天子盛威，若燎火之陽，今委政王氏，不炎熾矣。」師古曰：「允，信也。」

孝哀彬彬，克攬威神，〔一〕彫落洪支，底剭鼎臣。〔二〕婉孌董公，惟亮天功，大過之困，實橈實凶。〔三〕述哀紀第十一。

〔一〕師古曰：「彬彬，文質備也。言哀帝忿孝成之時權在臣下，故自攬持其威神也。攬，執取也，其字從手。」

〔二〕服虔曰：「彫落洪支，廢退王氏也。底，致也。周禮有屋誅，誅大臣於屋下，不露也。易曰『鼎折足，其形渥，凶』，謂誅朱博、王嘉之屬也。」晉灼曰：「剭，刑也。」師古曰：「剭者，厚刑，謂重誅也，音握。服言屋下，失其義也。」

〔三〕應劭曰：「以董賢爲三公，乃欲共成天功也。易大過卦『棟橈，凶』，言以小材而爲棟梁，不堪其任，至於折橈而凶也。」師古曰：「婉孌，美貌。亮，助也。尚書舜典曰『貪亮天功』，故引之也。橈，曲也，音女教反。」

孝平不造，新都作宰，不周不伊，喪我四海。〔一〕述平紀第十二。

〔一〕師古曰：「造，成也。遭家業不成。周頌曰『閔予小子，遭家不造』，故引之也。言其自號(宰)〔宰〕衡，而無周公、伊尹之忠也。」

漢初受命，諸侯並政，制自項氏，十有八姓。述異姓諸侯王表第一。

太祖元勳，啓立輔臣，支庶藩屏，侯王並尊。述諸侯王表第二。

侯王之祉，祚及宗子，公族蕃滋，支葉碩茂。〔一〕述王子侯表第三。

〔一〕師古曰：「茂，合韻音莫口反。」

受命之初，贊功剖符，奕世弘業，爵土乃昭。〔一〕述高惠高后孝文功臣侯表第四。

〔一〕師古曰：「贊功，佐命之功也。奕，大也。」

景征吳楚，武興師旅，後昆承平，亦有紹土。〔一〕述景武昭宣元成哀功臣侯表第五。

〔一〕師古曰：「言景、武之時以軍功，故封侯者多，昭、宣以後雖承平，尙有以勳獲爵土者。」

亡德不報，爰存二代，〔一〕宰相外戚，昭韙見戒。〔二〕述外戚恩澤侯表第六。

〔一〕應劭曰：「二代，二王後也。」師古曰：「二代，謂殷、周也。言德澤深遠，故至漢朝其子孫又受茅土，以奉祭祀。」

〔二〕張晏曰：「韙，是也。明其是者，戒其非也。」

漢迪於秦，有革有因，〔一〕觕舉僚職，並列其人。〔二〕述百官公卿表第七。

〔一〕劉德曰：「迪，至也。」

〔二〕晉灼曰：「觕音麤觕之觕。」師古曰：「觕音才戶反，謂大略也。」

篇章博舉，通于上下，略差名號，九品之敍。述古今人表第八。

元元本本，數始於一，〔一〕產氣黃鍾，造計秒忽。〔二〕八音七始，五聲六律，〔三〕度量權衡，曆算逌出。〔四〕官失學微，六家分乖，〔五〕壹彼壹此，庶研其幾。述律曆志第一。

〔一〕張晏曰：「數之元本，起於初九之一也。」

〔二〕劉德曰：「秒，禾芒也。忽，蜘蛛網細者也。」師古曰：「秒音眇，其字從禾。」

〔三〕劉德曰：「七始，天地四方人之始也。」師古曰：「解在禮樂志。」

〔四〕師古曰：「逌，古攸字也。攸，所也。」

〔五〕劉德曰：「六家，謂黃帝、顓頊、夏、殷、周、魯曆也。」

上天下澤，春靁奮作，〔一〕先王觀象，爰制禮樂。厥後崩壞，鄭衞荒淫，風流民化，湎湎紛紛。〔二〕略存大綱，以統舊文。述禮樂志第二。

〔一〕劉德曰：「兌下乾上履，坤下震上豫。履，禮也。豫，樂也。取易象制禮作樂。」師古曰：「易象曰『上天下澤履，雷出地奮豫』，故具引其文。」

〔二〕師古曰：「言上風既流，下人則化也。湎湎，流移也。紛紛，雜亂也。湎音莫踐反。」

靁電皆至，天威震耀，五刑之作，是則是效，〔一〕威實輔德，刑亦助教。季世不詳，背本爭末，〔二〕吳、孫狙詐，申、商酷烈。〔三〕漢章九法，太宗改作，〔四〕輕重之差，世有定籍。述刑法志第三。

〔一〕劉德曰：「震下離上，噬嗑，利用獄。雷電，取象天威也。」師古曰：「易象辭曰『雷電，噬嗑，先王以明罰敕法』，故引之。」

〔二〕師古曰：「不詳謂不盡用刑之理也。周書呂刑曰『告爾詳刑』。」

〔三〕師古曰：「狙音千豫反。」

〔四〕張晏曰：「改，除肉刑也。」

厥初生民，食貨惟先。割制廬井，定爾土田，什一供貢，下富上尊。商以足用，茂遷有無，貨自龜貝，至此五銖。揚搉古今，監世盈虛。〔一〕述食貨志第四。

〔一〕師古曰：「揚，舉也。搉，引也。揚搉者，舉而引之，陳其趣也。搉音居學反。」

昔在上聖，昭事百神，類帝禋宗，望秩山川，明德惟馨，永世豐年。季末淫祀，營信巫

史，〔一〕大夫臚岱，侯伯僭畤，〔二〕放誕之徒，緣間而起。〔三〕瞻前顧後，正其終始。述郊祀志第五。

〔一〕鄧展曰：「營，惑也。」

〔二〕鄭氏曰：「臚岱，季氏旅於太山是也。」應劭曰：「僭畤，秦文公造（四）〔西〕畤祭天是也。」師古曰：「旅，陳也。臚亦陳也。臚旅聲相近，其義一耳。」

〔三〕師古曰：「謂方士言神仙之術也。」

炫炫上天，縣象著明，〔一〕日月周輝，星辰垂精。百官立法，宮室混成，〔二〕降應王政，景以燭形。〔三〕三季之後，厥事放紛，〔四〕舉其占應，覽故考新。述天文志第六。

〔一〕師古曰：「炫炫，光耀之貌，音胡眄反。縣，古懸字。」

〔二〕張晏曰：「星辰有宮室百官，各應其象以見咎徵也。」

〔三〕張晏曰：「王政失於此，星辰變於彼，猶景之象形。」

〔四〕師古曰：「三季，三代之末也。放，失也。紛，亂也。」

河圖命庖，洛書賜禹，八卦成列，九疇逌敘。〔一〕世代寔寶，光演文武，春秋之占，咎徵是舉。告往知來，王事之表。述五行志第七。

〔一〕李奇曰：「河圖即八卦也。洛書即洪範九疇也。」師古曰：「庖，庖犧也。逌，古攸字。」

坤作墬勢，高下九則，〔一〕自昔黃、唐，經略萬國，（爕）〔燮〕定東西，疆理南北。〔二〕三代損

益，降及秦、漢，革剗五等，制立郡縣。〔三〕略表山川，彰其剖判。述地理志第八。

〔一〕張晏曰：「易曰『地勢坤』。」劉德曰：「九則，九州土田上中下九等也。」師古曰：「墬，古地字。易象曰『地勢坤，君子以厚德載物』。高下謂地形也。一曰，地之肥瘠。」

〔二〕師古曰：「（爕）〔燮〕，和也。疆理謂立封疆而統理之。」

〔三〕晉灼曰：「剗音剗削之剗。」師古曰：「音初限反。」

夏乘四載，百川是導。〔一〕唯河爲艱，災及後代。商竭周移，秦決南涯，〔二〕自茲距漢，北亡八支。〔三〕文陻棗野，武作瓠歌，〔四〕成有平年，後遂滂沱。〔五〕爰及溝渠，利我國家。述溝洫志第九。

〔一〕師古曰：「四載，解在溝洫志。」

〔二〕服虔曰：「河竭而商亡。移亦河移徙也。」如淳曰：「秦始皇本紀決河灌大梁，遂滅之，通爲溝，入淮、泗。」

〔三〕服虔曰：「本有九河，今塞，餘有一也。」

〔四〕服虔曰：「陻音因。文帝塞河於酸棗也。」張晏曰：「河決瓠子，武帝親臨，悼功不成而作歌。」

〔五〕劉德曰：「成帝治河已平，改元曰河平元年。」

虙羲畫卦，書契後作，〔一〕虞夏商周，孔纂其業，篹書刪詩，綴禮正樂，〔二〕彖系大易，因史立法。〔三〕六學既登，遭世罔弘，〔四〕羣言紛亂，諸子相騰。〔五〕秦人是滅，漢修其缺，劉向司籍，九流以別。〔六〕爰著目錄，略序洪烈。〔七〕述藝文志第十。

〔一〕師古曰：「虙讀與伏同。」

〔二〕師古曰：「篹與撰同。」

〔三〕師古曰：「謂修春秋定帝王之文。」

〔四〕師古曰：「罔，無也。無能弘大正道也。」

〔五〕師古曰：「騰，馳也。」

〔六〕應劭曰：「儒、道、陰陽、法、名、墨、從橫、雜、農，凡九家。」

〔七〕師古曰：「洪，大也。烈，業也。」

上嫚下暴，惟盜是伐，〔一〕勝、廣熛起，梁、籍扇烈。〔二〕赫赫炎炎，遂焚咸陽，宰割諸夏，命立侯王，誅嬰放懷，詐虐以亡。述陳勝項籍傳第一。

〔一〕師古曰：「易上繫辭云：『小人而乘君子之器，盜思奪之矣；上嫚下暴，盜思伐之矣。』引此言者，謂秦胡亥之時。」

〔二〕師古曰：「飛火曰熛。扇，熾也。烈，猛也。言陳勝初起而項羽（益）〔烈〕盛也。熛音必遙反。」

張、陳之交，斿如父子，攜手遯秦，拊翼俱起。〔一〕據國爭權，還爲豺虎，〔二〕耳（諫）〔謀〕甘公，作漢藩輔。述張耳陳餘傳第二。

〔一〕應劭曰：「遯，逃也。」師古曰：「遯，古遁字也。拊翼，以雞爲喻，言知將旦，則鼓擊其翼而鳴也。」

〔二〕師古曰：「言反相吞噬也。」

三枿之起，本根既朽，〔一〕枯楊生華，曷惟其舊！〔二〕横雖雄材，伏于海隝，沐浴尸鄉，北面奉首，旅人慕殉，義過黃鳥。〔三〕述魏豹田儋韓信傳第三。

〔一〕劉德曰：「詩云『包有三枿』。爾雅曰『烈、枿，餘也』。謂木斫髡而復枿生也。喻魏、齊、韓皆滅而復起，若髡木更生也。」師古曰：「枿音五葛反。」

〔二〕應劭曰：「易云『枯楊生華』，暫貴之意也。曷惟其舊，言不能久也。」師古曰：「枯楊生華，大過卦九五爻辭也。舊，合韻音臼。」

〔三〕劉德曰：「黃鳥之詩刺秦穆公要人從死，言今横不要而有從者，故曰過之。」

信惟餓隸，布實黥徒，越亦狗盜，芮尹江湖。〔一〕雲起龍襄，化爲侯王，〔二〕割有齊、楚，跨制淮、梁。〔三〕綰自同閈，鎮我北疆，〔四〕德薄位尊，非胙惟殃。吳克忠信，胤嗣乃長。述韓彭英盧吳傳第四。

〔一〕張晏曰：「吳芮爲番陽令，在江湖之間。尹，主也。」

〔二〕師古曰：「襄，舉也。」

〔三〕張晏曰：「韓信前王齊，徙楚。英布王淮南，彭越王梁也。」

〔四〕應劭曰：「閈音扞。盧綰與高祖同里，楚名里門爲閈。」師古曰：「左氏傳云『高其閈閎』，嘗通語耳，非專楚也。」

賈廑從旅，爲鎮淮、楚。〔一〕澤王琅邪，權激諸呂。濞之受吳，疆土踰矩，〔二〕雖戒東南，終用齊斧。〔三〕述荊燕吳傳第五。

〔一〕張晏曰：「劉賈晚乃從軍也。」晉灼曰：「廑，無幾也。」師古曰：「二說皆非也。廑，古以為勤字。言賈從軍，有勤勞也。」
〔二〕師古曰：「矩，法制也。」
〔三〕張晏曰：「齊斧，越斧也，以整齊天下也。」晉灼曰：「雖戒勿反而反，竟用此斧於吳也。」師古曰：「易云『喪其齊斧』，故引以為辭。」

太上四子：伯兮早夭，仲氏王代，斿宅于楚。〔一〕戊實淫軼，平陸乃紹。〔二〕其在于京，奕世宗正，〔三〕劬勞王室，用侯陽成。子政博學，三世成名，〔四〕述楚元王傳第六。

〔一〕師古曰：「詩衞風云『伯兮朅兮』，鄘風又曰『仲氏任只』。此序方論高祖兄伯及仲，故引二句為之辭也。」
〔二〕師古曰：「楚王戊為薄太后服姦，削東海郡，遂與吳共反而誅。景帝更立平陸侯禮，續元王之後也。」
〔三〕師古曰：「正，合韻音征。」
〔四〕師古曰：「謂劉德、劉向、劉歆，俱有名聞。」

季氏之詘，辱身毀節，信于上將，議臣震栗。〔一〕欒公哭梁，田叔殉趙，見危授命，誼動明主。布歷燕、齊，叔亦相魯，民思其政，或金或社。〔二〕述季布欒布田叔傳第七。

〔一〕張晏曰：「申意於上將。上將，樊噲也，欲以十萬衆橫行匈奴中，布曰『噲可斬也』。時議臣皆恐。」師古曰：「信讀曰申。」
〔二〕李奇曰：「魯人愛田叔，死，送之以金。齊貴欒布，為生立社。」

高祖八子，二帝六王。三趙不辜，淮厲自亡，燕靈絕嗣，齊悼特昌。掩有東土，自岱徂海，支庶分王，前後九子。六國誅斃，適齊亡祀。城陽、濟北，後承我國。〔一〕赳赳景王，匡漢社稷。〔二〕述高五王傳第八。

〔一〕張晏曰：「濟北王志，吳楚反後徙王菑川。元朔中，齊國絕，悼惠王後唯有城陽、菑川，武帝乃割臨菑環悼惠王冢，以與菑川，令奉祀也。」師古曰：「適讀曰嫡。」
〔二〕師古曰：「赳赳，武貌，音糾。」

猗與元勳，包漢舉信，〔一〕鎮守關中，足食成軍，營都立宮，定制修文。平陽玄默，繼而弗革，〔二〕民用作歌，化我淳德。漢之宗臣，是謂相國。述蕭何曹參傳第九。

〔一〕劉德曰：「包，取也。」師古曰：「包漢，謂勸高祖且王漢中也。舉信，舉韓信也。信合韻音新。」
〔二〕師古曰：「革，改也。言曹參為相，守靜無為，一遵蕭何約束，不變改也。」

留侯襲秦，作漢腹心，〔一〕圖折武關，解阸鴻門。〔二〕推齊銷印，敺致越、信；〔三〕招賓四老，惟寧嗣君。陳公擾攘，歸漢乃安，〔四〕斃范亡項，走狄擒韓，〔五〕六奇既設，我罔艱難。〔六〕安國廷爭，致仕杜門。絳侯矯矯，誅呂尊文。亞夫守節，吳楚有勳。述張陳王周傳第十。

〔一〕劉德曰：「襲秦，椎始皇於博狼沙中。」
〔二〕師古曰：「圖折武關，謂從沛公入武關，說令為疑兵，又啗秦將以利，勸因其怠懈擊之類也。」
〔三〕師古曰：「敺與驅同。越，彭越也。信亦韓信也。謂於垓下圍項羽時也。信合韻音新。」
〔四〕師古曰：「擾音人養反。」
〔五〕師古曰：「走狄謂解平城之圍也。禽韓，偽游雲夢也。」
〔六〕師古曰：「罔，無也。」

舞陽鼓刀，滕公廄騶，〔一〕潁陰商販，曲周庸夫，攀龍附鳳，並乘天衢。〔二〕述樊酈滕灌傅靳周傳第十一。

〔一〕師古曰：「鼓刀謂屠狗也。」
〔二〕師古曰：「乘，登也。」

北平志古，司秦柱下，〔一〕定漢章程，律度之緒。建平質直，犯上干色；〔二〕廣阿之廑，食厥舊德。〔三〕故安執節，責通請錯，蹇蹇帝臣，匪躬之故。〔四〕述張周趙任申屠傳第十二。

〔一〕師古曰：「志，記也，謂多記古事也。司，主也。」
〔二〕師古曰：「周昌先封建成侯，蓋謂此也。平字當為成，傳寫誤耳。」
〔三〕張晏曰：「任敖也。吏遇呂后不謹，敖擊傷主吏也。」師古曰：「廑亦勤字也。易訟卦六三爻辭曰『食舊德』，食猶饗也。」
〔四〕師古曰：「易蹇卦六二爻辭曰『王臣蹇蹇，匪躬之故』。此言申屠嘉召責鄧通，請誅朝錯，皆不為己身，實有蹇蹇之節也。」

食其監門，長揖漢王，畫襲陳留，進收敖倉，塞隘杜津，王基以張。〔一〕賈作行人，百越來賓，從容風議，博我以文。〔二〕敬繇役夫，遷京定都，〔三〕內強關中，外和匈奴。叔孫奉常，與時抑揚，稅介免冑，禮義是創。〔四〕或悊或謀，觀國之光。〔五〕述酈陸朱婁叔孫傳第十三。〔六〕

〔一〕師古曰：「杜亦塞也。謂說令塞白馬津。」
〔二〕李奇曰：「作新語也。」師古曰：「論語稱顏回喟然歎曰『夫子博我以文』，謂以文章開博我也。此言陸賈嘗之越也。從音千容反。風讀曰諷。」
〔三〕師古曰：「繇讀與由同。言劉敬由戍卒而來納說。」
〔四〕師古曰：「稅，舍也。介，甲也。創，始造之也。創，合韻音初良反。」
〔五〕師古曰：「詩小雅小旻之篇曰『或悊或謀』，言有智者，有謀者。易觀卦六四爻辭曰『觀國之光，利用賓于王』。故合而為言。」
〔六〕師古曰：「本傳作朱、劉，終書其賜姓也。此言朱、婁，本其舊族耳。」

淮南僭狂，二子受殃。安辯而邪，賜頑以荒，敢行稱亂，窘世薦亡。〔一〕述淮南衡山濟北傳第十四。

〔一〕師古曰：「窘，仍也。薦讀曰荐。荐，再也。長遷死雍，其子安又自殺也。」

蒯通壹說，三雄是敗，覆酈驕韓，田橫顛沛。被之拘係，乃成患害。〔一〕充、躬罔極，交亂弘大。〔二〕述蒯伍江息夫傳第十五。

〔一〕師古曰：「言伍被初不從王反，王繫其父母，乃進邪謀，終以遇害也。」

〔四〕張晏曰：「玉食，珍食也。」

開國承家，有法有制，家不臧甲，國不專殺。〔一〕矧乃齊民，作威作惠，〔二〕如台不匡，禮法是謂！〔三〕述游俠傳第六十二。

〔一〕師古曰：「殺，合韻音所例反。」
〔二〕師古曰：「矧，況也。齊民，齊等之人也。」
〔三〕如淳曰：「台，我也。我，國家也。」師古曰：「匡，正也。台音怡。」

彼何人斯，竊此富貴！營損高明，作戒後世。〔一〕述佞幸傳第六十三。

〔一〕師古曰：「詩小雅巧言之篇，刺讒人也。其詩曰：『彼何人斯？居河之麋。』賤而惡之也。此敘亦深疾佞幸之人，故引詩文以譏之。營，惑也。」

於惟帝典，戎夷猾夏；〔一〕周宣攘之，亦列風雅。〔二〕宗幽既昏，淫於褒女，〔三〕戎敗我驪，遂亡酆鄗。〔四〕大漢初定，匈奴強盛，圍我平城，寇侵邊境。〔五〕至于孝武，爰赫斯怒，王師雷起，霆擊朔野。〔六〕宣承其末，乃施洪德，震我威靈，五世來服。〔七〕王莽竊命，是傾是覆，備其變理，為世典式。述匈奴傳第六十四。

〔一〕師古曰：「於，歎辭也。帝典，虞書舜典也。載舜命咎繇作士，戒之曰：『蠻夷猾夏。』猾，亂也。夏，諸夏也。於讀曰烏。」
〔二〕師古曰：「攘，卻也。」

〔三〕師古曰：「宗幽，幽王居宗周也。」
〔四〕張晏曰：「申侯與戎共伐周，敗於驪山下，遂殺幽王。平王東徙都成周。」
〔五〕師古曰：「境合韻音竟。」
〔六〕師古曰：「霆，疾雷也，音廷。」
〔七〕師古曰：「自宣至平凡五帝。」

西南外夷，種別域殊。南越尉佗，自王番禺。攸攸外寓，閩越、東甌。〔一〕爰洎朝鮮，燕之外區。漢興柔遠，與爾剖符。〔二〕皆恃其岨，乍臣乍驕，孝武行師，誅滅海隅。述西南夷兩越朝鮮傳第六十五。

〔一〕師古曰：「攸攸，遠貌。」
〔二〕師古曰：「柔，安也。剖符，謂封之也。」

西戎即序，夏后是表。〔一〕周穆觀兵，荒服不旅。〔二〕漢武勞神，圖遠甚勤。王師驒驒，致誅大宛。〔三〕姼姼公主，乃女烏孫，〔四〕使命乃通，條支之瀕。〔五〕昭、宣承業，都護是立，總督城郭，三十有六，修奉朝貢，各以其職。述西域傳第六十六。

〔一〕張晏曰：「表，外也。禹就敘以為外國也。」師古曰：「此說非也。表，明也，明以德化也。」
〔二〕張晏曰：「觀，示也。旅，陳也。犬戎終王而朝周，穆王以不享征之，是以荒服不陳於廷也。」
〔三〕鄭氏曰：「驒驒，盛也。」師古曰：「此說非也。小雅四牡之詩曰：『四牡騑騑，嘽嘽駱馬。』嘽嘽，喘息之貌。馬勞則喘，此敘言漢遠征西域，人馬疲弊也。驒音乇丹反。」
〔四〕孟康曰：「姼音題。姼姼、愓愓，愛也。」師古曰：「此說非也。姼音上支反。姼姼，好貌也。魏詩葛屨之篇曰『好人提提』，音義同耳。女，妻也，音乃據反。言漢以好女配烏孫也。」
〔五〕師古曰：「瀕，涯也，音頻，又音賓。」

詭矣禍福，刑于外戚。〔一〕高后首命，呂宗顛覆。薄姬䃍魏，宗文產德。〔二〕竇后違意，考盤于代。〔三〕王氏仄微，世武作嗣。子夫既興，扇而不終。〔四〕鉤弋憂傷，孝昭以登。上官幼尊，類禡厥宗。〔五〕史娣、王悼，身遇不祥，及宣饗國，二族後光。恭哀產元，夭而不遂。邛成乘序，履尊三世。〔六〕飛燕之妖，禍成厥妹。丁、傅僭恣，自求凶害。中山無辜，乃喪馮、衞。〔七〕惠張、景薄，武陳、宣霍，成許、哀傅，平王之作，事雖歆羨，非天所度。〔八〕怨咎若茲，如何不恪！〔九〕述外戚傳第六十七。

〔一〕師古曰：「詭，違也。言禍福相違，終始不一也。」
〔二〕如淳曰：「薄姬在魏，許負相，當生天子。魏豹聞負言，不與漢，遂禽而死也。」師古曰：「䃍，古墜字。」
〔三〕師古曰：「詩衞風曰『考盤在澗』。考，成也。盤，樂也。此敘言竇姬初欲適趙，而向代，違其本意，卒以成樂也。」
〔四〕師古曰：「扇，熾也。」
〔五〕應劭曰：「詩云『是類是禡』。禮，將征伐，告天而祭謂之類，告以事類也。至所征伐之地，表而祭之謂之禡。禡者，馬也。馬者兵之首，故祭其先神也。言上官后雖幼尊貴，家族以惡逆誅滅也。」師古曰：「禡音莫暇反。」

〔六〕張晏曰：「至成帝乃崩也。」師古曰：「乘序，謂登至尊之處也。」
〔七〕師古曰：「馮昭儀，中山孝王母也，為傅氏所陷。衞姬，中山孝王后也，為王莽所滅。」
〔八〕師古曰：「作，起也。度，居也。言惠帝至平帝王皇后七人，時雖處尊位，人心羨慕，以非天意所居，故終用不昌也。度音徒各反。」
〔九〕師古曰：「恪，敬也。」

元后娠母，月精見表。〔一〕遭成之逸，政自諸舅。〔二〕陽平作威，誅加卿宰。〔三〕成都煌煌，假我明光。〔四〕曲陽（歊歊）〔歊歊〕，亦朱其堂。〔五〕新都亢極，作亂以亡。述元后傳第六十八。

〔一〕師古曰：「娠音身。」
〔二〕師古曰：「言成帝貪自逸樂，而委政於王氏。」
〔三〕師古曰：「謂王商及王章也。」
〔四〕師古曰：「煌煌，熾貌。」
〔五〕師古曰：「（歊歊）〔歊歊〕，氣盛也，音許驕反。」

咨爾賊臣，篡漢滔天，行驕夏癸，虐烈商辛。〔一〕偽稽黃、虞，繆稱典文，〔二〕衆怨神怒，惡復誅臻。〔三〕百王之極，究其姦昏。述王莽傳第六十九。

〔一〕張晏曰：「桀名癸，紂名辛。」
〔二〕師古曰：「稽，考也。」

〔三〕張晏曰：「復，周也。臻，至也。十二歲歲星一復，莽稱帝十三歲而見誅也。左氏傳曰『美惡周必復』。」師古曰：「復音扶目反。」

凡漢書，敘帝皇，〔一〕列官司，建侯王。〔二〕準天地，統陰陽，〔三〕闡元極，步三光。〔四〕分州域，物土疆，〔五〕窮人理，該萬方。〔六〕緯六經，綴道綱，〔七〕總百氏，贊篇章。〔八〕函雅故，通古今，〔九〕正文字，惟學林。〔一〇〕述敘傳第七十。

〔一〕張晏曰：「十二紀也。」
〔二〕張晏曰：「百官表及諸侯王表也。」
〔三〕張晏曰：「準天地，天文志也。統，合也。陰陽，五行志也。」
〔四〕張晏曰：「闡，大也。元，始也。極，至也。三光，日月星也。大推上極元始以來，及星辰度數，謂律曆志。」
〔五〕張晏曰：「地理及溝洫志也。」
〔六〕張晏曰：「人理，古今人表。萬方，謂郊祀志有日月星辰天下山川人鬼之神。」
〔七〕張晏曰：「藝文志也。」
〔八〕師古曰：「贊，明也。」
〔九〕張晏曰：「包含雅訓之故，及古今之語。」
〔一〇〕師古曰：「信惟文學之林藪也。凡此總說帝紀、表、志、列傳，備有天地鬼神人事，政治道德，術藝文章。汎而言之，盡在漢書耳，亦不皆如張氏所說也。」

校勘記

四二三六頁四行 不言(然)〔作〕而改言述，景祐本作「作」。
四二三八頁三行 誰(能)〔可〕任用，景祐、殿本都作「可」。王先謙說作「可」是。
四二三九頁八行 一日(王)〔主〕奄閉門者。景祐、殿本都作「主」，此誤。
四二四〇頁六行 言其自號(寧)〔宰〕衡，景祐、殿、局本都作「宰」，此誤。
四二四三頁四行 秦文公造(四)〔西〕時祭天是也。殿本作「西」。王先謙說作「西」是。
四二四三頁一六行 (變)〔燮〕定東西，錢大昭說「變」當作「燮」。按景祐、殿、局本都作「燮」。注同。
四二四五頁二行 言陳勝初起而項羽(益)〔烈〕盛也。景祐、殿本都作「烈」。
四二四五頁三行 耳(諫)〔謀〕甘公，錢大昭說「諫」當作「謀」。按景祐、殿本都作「謀」。
四二五二頁四行 遻，遇(之)也。景祐、殿本都無「之」字。
四二五三頁二行 (子)〔支〕，父母之四支也。殿本作「文」。王先謙說作「支」是。
四二五七頁一五行 六(者)謂武帝也。王先謙說「六者」當爲「六世」。按景祐本無「者」字。
四二五九頁五行 武帝臨終之命，(也)〔霍〕光能導達顯揚也。殿本「也」作「霍」。王先謙說殿本是。
四二六一頁一行 仍，(類)〔頻〕也。景祐、殿本都作「頻」，此誤。
四二六一頁二行 造迭毀之(義)〔議〕也。景祐本作「義」，殿本作「議」。王先謙說作「議」是。
四二六三頁五行 以文雅助治(述)〔術〕也。景祐、殿、局本都作「術」，此誤。
四二六三頁一六行 音弋(敘)〔救〕反。景祐、殿本都作「救」，此誤。
四二七〇頁七行 曲陽(歆歆)〔歊歊〕，景祐、殿本都作「歊」，此誤。